中國巫術通史

選堂

上册

高国藩 著

凤凰出版社

图书在版编目（CIP）数据

中国巫术通史 / 高国藩著. -- 南京 : 凤凰出版社, 2015.10 （2024.11重印）
ISBN 978-7-5506-2214-2

Ⅰ. ①中… Ⅱ. ①高… Ⅲ. ①巫术－历史－中国 Ⅳ. ①B992.5

中国版本图书馆CIP数据核字(2015)第212320号

书　　名　中国巫术通史
著　　者　高国藩
责任编辑　林日波　陆扬
责任监制　程明娇
出版发行　凤凰出版社(原江苏古籍出版社)
　　　　　发行部电话025-83223462
出版社地址　江苏省南京市中央路165号,邮编:210009
照　　排　南京凯建文化发展有限公司
印　　刷　南京爱德印刷有限公司
　　　　　江苏省南京市江宁区东善桥秣周中路99号,邮编:211153
开　　本　718毫米×1005毫米　1/16
印　　张　85
字　　数　1526千字
版　　次　2015年10月第1版
印　　次　2024年11月第8次印刷
标准书号　ISBN 978-7-5506-2214-2
定　　价　480.00元(全二册)
　　　　　(本书凡印装错误可向承印厂调换,电话:025-57928003)

作者简介

高国藩，1956年毕业于山东大学中文系，获学士学位。旋入北京大学文学研究所（即今中国社会科学院文学研究所），受业于郑振铎教授门下，诗作曾受过郭沫若先生的指导，红学研究曾受过俞平伯先生的指导。1979年6月考入南京大学中文系任教。曾任南京大学文学院教授，博士生导师，南京大学中国语言文学博士后科研流动站合作导师，享有政府特殊津贴专家。主要从事中国古典文学、民俗文化学、敦煌学研究和文学创作。

1949年开始发表作品，使用原姓名，或笔名南坚，诗文散见于香港《大公报》、香港《文汇报》、《北京文艺》、《文艺学习》、《奔流》、《前哨》、《旅大文艺》、《青岛文艺》、《陕西文艺》、《东海》、《新港》、《大众日报》、《新民晚报》、《青岛日报》、《新华日报》、《新山大》、《诗刊》、《雨花》、《山东文学》等报刊。文学创作出版过新诗集《骆驼的蹄印》、《红鬃马》和《孺子牛》三部，新诗理论专集《新月的诗神——论闻一多与徐志摩》，民间童话小说《青蛙王子》等。至今出版著作40余部，发表论文380余篇，字数达千万字。多部学术著作获奖：

1991年，《敦煌民俗学》荣获江苏省人民政府颁发的江苏省人文社会科学优秀成果三等奖；2001年，又荣获中国文学艺术界联合会、中国民间文艺家协会颁发的"首届中国民间文艺山花奖·学术著作奖"一等奖。

1995年，《敦煌古俗与民俗流变——中国民俗探微》荣获国家教委首届中国高校人文社会科学研究优秀成果二等奖。

2001年，《中国巫术史》荣获江苏省人民政府颁发的1999—2000年度江苏省哲学社会科学优秀成果一等奖。

我所爱我所爱的大中华
我愿意永远为你尽忠
你有久远的历史和文化
使我常觉得骄傲和光荣

——现代中国民歌

目　录

序

中国古代神话传说中所谓的神仙、魔鬼、妖怪，是人们试图解释和战胜各种超自然力量用以自我安慰而演绎出的原始思维性作品。所谓“巫”和“巫术”，乃至宗教，亦然。只不过，“巫”和“巫术”以及宗教，更具有秉承和顺应“天道”的意识。“巫”和“巫术”，处于人类文化史上的原始宗教的元典性位置，是个原发点，亦即原始意识形态的主要源代码之一。沟通人神天地，是巫觋的独特身份与“神圣”职责；卜筮与压胜，是巫觋独到的技能。这些人类的原始思维的智慧，合而构成并开启了人类进化进程的加速器。

年庚长我一轮有余的高国藩先生，尽管经历了许多世事沧桑和坎坷的磨难，仪态仍然十分年轻，是我很谈得来的忘年交，也是我十分敬重的一位前辈学者。早年，我曾先后拜读过他的《中国巫术史》、《敦煌古俗与民俗流变——中国民俗探微》、《中国民俗探微——敦煌巫术与巫术流变》等一系列颇有影响的专著。耄耋之年，高国老又向世人奉献出一部皇皇百余万字的《中国巫术通史》，实在令人赞叹、敬佩！

承高国老不弃，嘱我作序，实难承当。其难之所在，不仅是年资嫌晚，还在于我一向于此道缺少专门的研究和积累。两项合之，则不免诚惶诚恐矣。捧读高先生沉甸甸的书稿清样，我的心情尤其沉重，既感叹高先生的学养、执着与学术激情不老，亦甚感自愧。好在巫术文化一直也是我的社会文化史研究视野绕不过的节点性领域，加之难违一位老人的盛情嘱托，于是，便在一边拜读大作的同时，一边恶补式地阅读手头所藏相关典籍文献，随笔记下一些阅读札记。然后，将这些十分零散的读书札记略作梳理，权充作序是也。通篇贯穿的一个思想，是要科学地解读并升华古老的巫术智慧。我想，或者，这也可能是高国藩先生几十年孜孜以求探析中国巫术文化和撰写这部《中国巫术通史》的理念之一。

巫术：人类认知世界的原始智慧

巫觋与巫术是几乎与人类童年开智、人类文化史同样古老的社会文化现象。

瑞士古典学兼宗教学家弗里茨·格拉夫在其问世于 1994 年的《古代世界

的巫术》一书中谈道：

> 在古典时期(classical antiquity)，巫术活动无处不在。柏拉图(Plato)和苏格拉底(Socrates)的同时代人把伏都玩偶(Voodoo)放在坟墓和门槛上(其中有些玩偶在现代的博物馆中尚可见到)；西塞罗(Cicero)的一个同事自称因受咒语作用而丧失了记忆，西塞罗对此微笑；老普林尼(Elder Pliny)则宣称谁都惧怕受捆绑咒语(binding spells)之害。古典时期特奥斯城(Teos)的居民以咒语来诅咒任何进攻该城邦的人；十二铜表法明文规定禁止用巫术把某处田地的庄稼转移到另一处；帝国的法典包含详尽的对于一切巫术行为的惩罚条款——只有爱情咒语和天气巫术例外。很多杰出的希腊人和罗马人曾被指控施行巫术，从共和国的元老到公元六世纪的哲学家波伊提乌(Boethius)，不绝如缕。要不是苏格拉底生活在雅典，他也难免遭此风险。古代巫术世代相传：源自古埃及纸草书的希腊咒语，在哥伦布(Christopher Columbus)时代占星术的手抄本中又以拉丁文的形式改头换面重新出现；琉善(Lucian)讲述的巫师的学徒的故事，在欧洲文学和音乐中非常有名；倘若没有希腊和罗马的先驱，近代巫师的形象是难以设想的。在一定意义上，巫术属于古代及其遗产，如同神庙、六韵步诗和大理石雕像一样。(〔瑞士〕弗里茨·格拉夫著，王伟译《古代世界的巫术》，华东师范大学出版社 2013 年版，第 1—2 页)

贺兰山东麓发现的数以万计的古代岩画，记录了大致从春秋战国到西夏时期生息在这一地区的羌戎、月氏、匈奴、鲜卑、铁勒、突厥、党项等民族人类先民放牧、狩猎、争斗、祭祀、舞蹈乃至交媾等生活场景。与世界各地发现的古代岩画题材相似，贺兰山岩画所记录的舞蹈活动场景，大都是巫觋共舞，透示出巫术意识，具有巫术活动的性质，是舞、巫同源说的重要佐证之一。无论此说最终得以确立与否，至少可以说，祭祀、祈祷、祝颂的巫舞，自古就是娱神、通神的主要仪式形式，从客观上是促进舞蹈艺术成熟与发展的重要因素之一。至于宫廷舞蹈娱乐天子的意义，更在于强化帝王的巫君的神圣权威，其性质无异于娱神。

医、巫同源，在于以巫疗疾祛病。“蛊”乃是将某种毒虫置于器皿以惑人，是一种具有超自然的力量的原始巫术。最初始化的病毒学认知，当是以为生病或是死亡因蛊毒所致。既然蛊毒可以致病致亡，反之，防御巫蛊则可防病，消除蛊毒则可祛病矣。当然，都需借助于巫术。元僧人继洪辑《岭南卫生方》、明李时珍《本草纲目》等古代经典医籍，均辑有制造蛊毒和以巫蛊祛病之法。如《本草纲目·虫部四》所谓“取百虫入瓮中，经年开之，必有一虫尽食诸虫，即此名为蛊”。在社会生活中，既然巫蛊可以致人病和亡，当然亦可用作御敌、害人，于是蛊毒便转换成了攻击性武器。《左传·昭公元年》“晋侯求医于秦”，唐孔颖达疏“何谓蛊”云“以毒药药人，令人不自知者，今律谓之蛊毒”，则此非以蛊毒祛病而是害人，历代史籍多不乏有关“巫蛊之祸”的记载。“天子”凭借“天意”成为“巫君”以平天下，民间则有以巫蛊之术相互争斗的恶习。汉语里用来表示“蛊的迷惑”或“蛊的诱惑”的民俗语汇“蛊惑”的民俗语源，即源出于此。为防止蛊毒恶俗贻害社会生活秩序，维护天子这个顶级巫君的权威，自汉代起巫蛊一直为法律所严厉禁止。

人们往往将通常既有知识难以解释的、匪夷所思的所谓超自然力量或者超自然现象神秘化，而且采用通过揣测、想象或幻象创造出有异于常识的知识系统加以异化性解读，于是便形成了具有巫术性质或巫术色彩的知识系统。

宗教是人类社会发展到一定历史阶段出现的属于社会意识形态的一种文化现象。其本质主要在于，相信现实世界之外存在超自然的神秘力量或实体，主宰着自然进化、人世命运；它同神话一样，是人类的一种心灵寄托。发端于人类初民原始智慧的巫术，已经显示了这种原始的意识形态。因而，巫术亦可谓人类童年的原始宗教。

咒语与谶纬:原始巫术的语言智慧

人类文化史上，最主要的原生态或说是原发性的文化源代码，还有语言等工具。

文化人类学家认为，“咒语永远是巫术行为底核心”，“举行巫术的时候，永远有字眼说出来或者唱出来……咒乃是巫术要素中特别重要的。对于土人，所谓知道巫术就是知道咒；任何巫术行为之中，仪式都是集中在咒语底唪诵”（〔英〕马林诺夫斯基著，李安宅译《巫术科学宗教与神话》，中国民间文艺出版社1986年版，第56、123页）。当这种巫术衍生出攻击型或泄愤型的诅咒性詈骂亦即咒骂时，流行便更为广泛。近年来出现的一些显具咒骂色彩的“雷人”标语，如“故意破坏花草树木，财断人亡”、“在此大小便者断子绝孙”、“此处禁止大小便，违者阳痿生痔疮”等，可以让人油然联想到灵石崇拜的“泰山石敢当”、汉代瓦当上的咒语文字“盗瓦者死”乃至与祖宗相关联的国骂。凡此种种，显然有悖文明，不合公序良俗，应予纠正。至于有些本属原始巫术遗风的已经褪去或淡化了巫术的本质，蜕化为一种俗信性质的习俗，例如日常生活中情急之下的赌咒、毒誓，气急发狠的诅咒，急切渴盼的祈愿，等等。诸如此类，只要所用无伤大雅，不违背相关法规和公序良俗，则似无需刻意禁之，在社会生活的自然规范之下顺其自然就是。

人类社会最基本的信息载体和交流工具是语言。人类最大也是最初始的智慧，是通过创造语言并以语言思维突破混沌世界的朦胧帷幔，认知自然以及自然与人类自身相处的世界。

“在原始人心中，在无数情况下所体验到的语词的社会力量，成了一种自然的甚至超自然的力量。”(〔德〕恩斯特·卡西尔著，甘阳译《人论》，上海译文出版社1985年版，第142页)当然，语言巫术也几乎同时相伴而生。世界上许多民族都有语言文字崇拜和相关的起源神话，认为语言神授，印度典籍《吠陀》奉语言为神，《淮南子·本经》认为“昔者苍颉作书，而天雨粟，鬼夜哭”是汉语汉字之始。原始巫文化的炽盛，令语言非但逃不脱巫术文化的沾染，还必然成为巫术的一个重要门类——语言巫术。巫术活动大都需要通过言语活动来实现，当巫术活动中赋予语言以“超自然力量”时，便形成了巫术语言和语言巫术。如果说，祈颂、咒语算作语言巫术一翼的话，那么，发端于秦汉时期巫师、方士编造预示吉凶隐语的谶纬，则是语言巫术的另一翼。

《四库全书总目》说，“谶者诡为隐语，预决吉凶”，“纬者经之支流，衍及旁义”，实质皆属巫术化的神学预言。尽管有王充《论衡》等的雄辩力斥，两汉谶纬之学仍是促进了经学的神学化，使之同“四书五经”之《易经》一道堂而皇之地进入中国传统学术主流成为经典，甚至曾一时凌驾于经书之上并用以干预朝政。在此引领下，也造成了民间卜筮之风历久不衰。

巫觋的身份、职责、与技能

沟通人神天地，是巫觋的独特身份与“神圣”职责；卜筮与压胜，是巫觋独到的技能。

在西方文化的视野中，“古代巫术的内涵丰富；以咒语和诅咒造成损害仅是其中一端，远非全部。巫术仪式不但可用以伤害敌人和对手，而且也为达到更高的灵性(spirituality)提供了途径。这些仪式能够开辟通往至高无上神灵的道路，至少也可以和赫利俄斯神(Helios)零距离吃顿饭或者同塞特神(Seth)打个照面。巫师与神灵的世界有直接的联系，早在品达(Pindar)的时代，巫术就被视为神赐。那些具有超凡魅力的人也可能被视为巫师：提亚那的阿波罗尼乌斯(Apollonius of Tyana)[译按：新毕达哥拉斯主义哲学家，约活动在公元一世纪，菲洛斯特拉图斯(Philostratus)著有其传记，详见第四章]、哲学家普罗提诺(Plotinus)、演说家里巴尼乌斯(Libanius)，以及摩西和耶稣，他们都被认为拥有超越凡人的力量”(《古代世界的巫术》，第2页)。在古代先民眼里，巫觋是人类中的智者，是当时博学的科学家，其智慧和知识引领着社会的发展。巫与科学的相似性，在于科学与巫术的关联。对此，英国人类学家、民族学家、宗教史学家詹姆斯·G·弗雷泽的研究有颇富文采的生动解读，他认为：

> 巫术与科学在认识世界的概念上，两者是相近的。二者都认定事件的演替是完全有规律的和肯定的。并且由于这些演变是由不变的规律所决定的，所以它们是可以准确地预见到和推算出来的。一切不定的、偶然的和意外的因素均被排除在自然进程之外。对那些深知事物的起因、并能接触到这部庞大复杂的宇宙自然机器运转奥秘的发条的人来说，巫术与科学这二者似乎都为他开辟了具有无限可能性的前景。于是，巫术同科学一样都在人们的头脑中产生了强烈的吸引力；强有力地刺激着对于知识的追求。它们用对于未来的无限美好的憧憬，去引诱那疲倦了的探索者、困乏了的追求者，让他穿越对当今现实感到失望的荒野。巫术与科学将他带到极高极高的山峰之巅，在那里，越过他脚下的滚滚浓雾和层层乌云，可以看到天国之都的美景，它虽然遥远，但却沐浴在理想的光辉之中，放射着超凡的灿烂光华！（〔英〕詹·乔·弗雷泽著，徐育新等译《金枝——巫术与宗教之研究》，中国民间文艺出版社1987年版，第76页）

这一点，同以中国古代文化为代表的东方文化的认识十分相近。《新唐书·黎干传》："时大旱，干造土龙，自与巫觋对舞，弥月不应。"其原理，是"天人相感，阴阳相和"（唐陈子昂《谏政理书》）。于是，巫觋便尽职尽责地进入角色，履行其天赋之责。其天赋之责，无非卜筮和压胜。民间俗语"又做师娘又做鬼"，是说巫觋与"天子"一样，也具有亦人亦神的双重身份。此说并非空穴来风，而是言之有据，早已见诸主流学术经典，如《说文解字》云，"觋，能斋肃事神明也。在男曰觋，在女曰巫"；以及徐锴注所言，巫觋"能见神也"。再如《荀子·正论》"出户而巫觋有事"杨倞注："女曰巫，男曰觋。"汉王符《潜夫论·巫列》："巫觋祝请亦其助也。"

巫术：人类的原始知识体系

巫术是什么，它是怎么发生的？著名人类学家泰勒在探析原始文化时注意到："巫术是建立在联想之上而以人类的智慧为基础的一种能力，但是在相当大的程度上，同样也是以人类的愚钝为基础的一种能力。这是我们理解魔法的关键。人早在低级智力状态中就学会了在思想中把那些他发现了彼此间的实际联系的事物结合起来。但是，以后他就曲解了这种联系，得出了错误的结论：联想当然是以实际上的同样联系为前提的。以此为指导，他就力求用这种方法来发现、预言和引出事变，而这种方法，正如我们现在所看到的这种，具有纯粹幻想的性质。根据蒙昧人、野蛮人和文明人生活中广泛众多的事实，可以鲜明地按迹探求魔法术的发展：其起因是把想象的联系跟现实的联系错误地混同了起来；从它们兴起的那种低级文化到保留了它们的那种高级文化。"（〔英〕爱德华·泰勒著，连树声译《原始文化》，上海文艺出版社1992年版，第121页；作者原注："泰勒：《早期人类史》，第6和第10章。"）个中所谓的"巫术是建立在联想之上而以人类的智慧为基础的一种能力"及其所体现的"用这种方法来发现、预言和引出事变"，便是人类原始智慧的巫术知识体系。

弗雷泽认为，出自原始人对自然规律的认识和思考的"相似律"和"接触律"是巫术思维的两个基础，他说："总之，巫术是一种被歪曲了的自然规律的体系，也是一套谬误的指导行动的准则；它是一种伪科学，也是一种没有成效的技艺。巫术，作为一种自然法则体系，即关于决定世上各种事件发生顺序的规律的一种陈述，可称之为'理论巫术'；而巫术作为人们为达到其目的所必须遵守的戒律，则可称之为'应用巫术'。"（《金枝——巫术与宗教之研究》，第19—20页）或可言之，以"相似律"和"接触律"两种巫术思维为基础的"理论巫术"和"应用巫术"，即原始巫术的两种基本知识体系。

在中国历史上，有着一个庞大的、纷繁复杂的巫术知识体系。这个巫术知识体系关涉社会生活的方方面面、各个环节和角落。

从《永乐大典》、《四库全书》、《古今图书集成》等著名的类书、百科全书，到《便民图纂》、《新板全补天下便用文林妙锦万宝全书》、《新刊天下民家便用万锦全书》等通俗日用类书，无不备有巫术卜筮专题。这些，无疑说明巫术卜筮早已成为人们应对社会生活所必备的基本知识体系。

防病治病和健康保健，是人类维系生存的最基本的知识系统。世界上许多地方或民族的文化史证明，医、巫同源；人类的医学知识系统，就是发端于原始巫术的知识系统之一。记载和构建中国传统医学知识体系的历代中医文献典籍，几乎全无例外地、多少不一地含有巫医巫术内容，包括"祝由科"这样典型的巫术医疗技术。宋、元两代的医学"十三科"中，专门列有"祝由科"。"祝由科"用以治病疗疾的所谓咒法、祝法、符法之类，实质皆属巫术。

富有民间文化本色的魔怪小说《封神演义》以谐音巫术、言语巫术、副语言巫术以及文字魔力语义巫术等语言文字巫术，淋漓尽致地展示了中国古代传统巫术文化，尤其展现了民间语言巫术知识体系的完备与丰富多彩。

民间民俗文化所延续久远的原始巫术知识体系，除了诸多禁忌与崇拜外，各种民间神祇蔚为大观，从基本生计到日常生活饮食起居，无所不及，例如：被视为祈望安居的全能保护神如城隍、土地、门神、灶神、井神、床神乃至厕神；护佑市井五行八作各业的行业祖师，如保镖业祖师爷达摩，爆竹业的祝融、李畋、马钧，制笔业的蒙恬，蚕丝业的嫘祖、马头娘，茶行茶坊的陆羽，木作业的鲁班，文运神魁星，染坊祖师梅葛二仙，药王孙思邈，酒神嵇康，梨园行老郎神，乃至娼妓业的管仲、白眉神，偷儿行当的盗跖、时迁，等等。

现代社会的巫术情结与遗绪

李泽厚的“巫史传统论”认为，西方由“巫”脱魅而走向科学（认知，由巫术中的技艺发展而来）与宗教（情感，由巫术中的情感转化而来）的分途。中国则由“巫”而“史”，而直接过渡到“礼”（人文）、“仁”（人性）的理性化塑建（李泽厚《说巫史传统》，上海译文出版社 2012 年版，第 17 页）。现代社会的巫术情结与遗绪，即出自这种“巫史传统”。

《礼记·曲礼》云：“非其所祭而祭之，名曰淫祀。淫祀无福。”近年来淫祀之风颇盛，亦正是古老的巫风之遗。《说文解字》谓：“巫，祝也。女能事无形，以舞降神者也。”《尚书·伊训》：“敢有恒舞于宫，酣歌于室，时谓巫风。”孔传：“常舞则荒淫。乐酒曰酣，酣歌则废德。”一时间，城乡庙宇翻新重建、活人墓极尽奢华、求签问卜等淫祀巫风之盛；一些讲究朝向风水的办公楼成了风水吉屋典范，镇邪石兽、“转运石”袪邪辟邪压胜等五花八门的吉祥物，一时成了堂而皇之的必备时尚装饰物；不信苍天信鬼神的官员级别越来越高，江湖大师群魔乱舞成了权贵的座上宾、首席智囊人物；等等。诸般旧俗陋习卷土重来，几有燎原之势，文化阴霾与气象雾霾“交相辉映”。而且，示其范、助其势者，颇多自称无神论之权贵的身影。如此这般，何怪乎其盛其炽！如此愈演愈烈的淫祀压胜巫风之霾，亟待辨风正俗的科学治理，实在不可等闲视之。

在现代文明学知识体系视野中，巫术越来越显得滑稽可笑、愚昧和不可思议。但是，也不得不正视，迄今仍有一些看似滑稽可笑、愚昧和不可思议的现象或事物，难以在现代文明学知识体系视野和现代认知中获得科学的解读。追溯至远古，人类的文化史几乎就是从巫术发端的。而且，巫术文化几乎一直伴随着人类文化一路走来。但是巫术有点像黑洞，对于许多人来说，它似乎是不可见的。当代的社会人类学家们怀疑究竟有没有巫术存在。“关于巫术与宗教的分野，长期以来就有激烈的争辩，尚未得出明确结论；无论如何，始于神学的讨论在学术界继续着。在很长一段时期，古代科学忽视了这种现象。”（《古代世界的巫术》，第 2 页）卡希尔的《人论》在研究“神话与宗教”时也谈道：“至于宗教思想，它决不是必然地与理性的或哲学的思想相对立的”；“宗教不仅在理论的意义上始终是个谜，而且在伦理的意义上也始终是个谜。它充满了理论上的自相矛盾，也充满了伦理上的自相矛盾。它鼓励我们与自然交往，与人交往，与超自然的力量和诸神本身交往；然而它的结果则恰恰相反：在它的具体表现中它成了人们之间最深的纠纷和激烈斗争之源泉。宗教自称拥有一种绝对真理；但是它的历史却是一部有着各种错误和邪说的历史。它给予我们一个远远超出我们人类经验范围的超验世界的诺言和希望，而它本身却始终停留在人间，而且是太人间化了”（《人论》，第 92—93 页）。充斥着浓重的神学迷信色彩的谶纬之学以及各种显为荒诞的伪科学、非科学的卜筮巫术之所以历久不败，主要在于个中包含了一些人们可以直接体悟到的天文、历数、地理等自然科学知识和生活生产经验，其鱼龙混杂、良莠杂存，颇具欺骗性。

以现代科学解读并升华古老的初民智慧

现实社会生活中是否真的存在所谓“异于常人力量”的“超自然的力量”，其之所以一直是个未解之谜，就在于难以用业已获得世人共识的现代科学知识和手段加以解释和验证。尽管有些远古先民创造的神话可以从后世的考古以及其他发掘发现中获得若干蛛丝马迹的关联，但大多只能引发人们兴趣盎然的猜测而已，几乎还难以获得实质性的确证。尽管如此，诸如此类的具有积极祈愿的幻象式的理想化愿望，从蒙昧时代至今，这种原始思维的遗绪，一直丝缕不绝地被传承着。何以如此这般，似乎可以追溯到人类的巫术文化传统。

现代科学智慧，要不断地纠正人类自身认识上的种种偏差与荒唐的误解。对《易》的哲学解读，就是一种升华。作为人类社会生活史上一度十分辉煌的巫文化的最终归结，应是从原始蒙昧而又冒昧的幻象意识升华为对大自然的敬畏，升华为哲学思想，进而通过科学智慧不断地提升适应大自然的积极生存能力和生存质量——现代文明进程中的生存智慧，使之转化为秉承“天道”的现代文明所赋予的“理欲”（天理人欲）。

在文化史的进程中，巫术的形成与发展流变是个复杂的历史过程。巫术是人类探寻顺应“天道”的原始智慧和原始知识系统，但不是一成不变的静态的、封闭的系统。

如何面对源远流长的，关涉社会生活的方方面面、各个环节和角落，庞大的、纷繁复杂的巫术知识体系，以及现代社会中的巫术情结与遗绪，这正是当今需要深入研究中国巫术历史和巫术文化的意义所在。愚意以为，至少应关注三个方面。

首先，要还原巫术文化原生态的本来面目，将其作为一项珍贵的人类文化遗产，把物质和非物质两个方面全方位地储藏到博物馆去，加以有效的保护。同时，以现代科学的多元视角，开展全方位、多层面的学术研究和解析。

其次，“古代科学忽视了这种现象”，现代科学不应绕行。通过科学地辨风正俗，理性地破除文化糟粕意义上的巫术文化，破除巫术迷信情结，杜绝各种荒唐的迷信行为。

再次，通过科学研究，一如从《易经》中提取二进制和哲学思想那样，发掘提炼富含原始思维的原始巫术哲学思想，使之在现代文明中获得升华。

总之，我以为，今天研究巫术文化现象的一个最重要的现实意义，在于廓清一个基本认识，那就是：“天道”者，自然规律及其规范是也。秉承、顺应“天道”，是“天理”对“人欲”的规范，是人类理应遵守的基本公德。否则，便会受到“天道”的惩罚性“报应”。以现代科学解读并汲取古老的初民智慧精华，这是使古老的巫术文化在现代文明中获得升华的关键所在。

乙未五月廿一小暑日

（曲彦斌，民俗学家、语言学家。辽宁社会科学院社会学研究员，非物质文化遗产研究中心主任，《文化学刊》杂志社社长、主编。中国刑事警察学院中国民俗语言与隐语行话研究所所长。著（编）有《曲彦斌文集》等学术专著、译著、辞典 30 余部，发表学术论文 200 余篇；先后荣获全国及省级奖 20 余项。）

序

与高教授相识，是在30年前的一次会议上。因为我也从事民俗学研究，所以知道他是研究敦煌民俗的专家。他有多部研究敦煌民俗的专著：《敦煌民俗学》、《中国民俗探微——敦煌巫术与巫术流变》、《敦煌俗文化学》、《敦煌算命风俗》、《敦煌符咒风俗》等等。我30年前在北京琉璃厂买了他的《敦煌民俗学》。敦煌学是一门国际化的学问。如果从敦煌写本发现的1900年算起，现在已经走过了百余年的历程。敦煌学的研究包括历史学、文献学、文学、艺术、宗教等诸方面，但是涉猎敦煌民俗学的研究者不多。早在30年前，高教授就提出"敦煌民俗学"的概念，并且一下子扎根研究了几十年，可以说对于敦煌学来说，敦煌民俗学的研究别出心裁，对于民俗学来说，这样的研究也是别开生面，为民俗学增添了别样的光彩。之后偶有遇见，都各忙其事。没有想到，在去年甘肃泾川召开的关于西王母的会议上，他告知我，他完成了《中国巫术通史》，我当时并没有太留意，直到我拿到百余万字的书稿时，才感到书的厚重，也佩服高教授的功底，这是他已经到了耄耋之年的奉献。

巫术属于原始宗教的研究范畴，它是在原始思维的指导下，人类为了达到在当时本不能达到的目的，而渴望和希冀达到预想目的的操作行为。人之所以称为"人"，一是石器的使用，一是巫术观念和行为的产生。对原始宗教的研究，国外的人类学者和民俗学者走在了前沿。民俗学的各个学派——神话学派、人类学派、心理学派、社会学派、结构学派都研究了巫术。众所周知，神话与巫术存在密切的关系，弗雷泽《金枝》的超人贡献是从巫术层面破译了神话，而弗雷泽的神话仪式观念直接导致了以穆瑞(Gibert Murray)和珍尼·哈里森(Jane Ellen Harrison)为代表的神话仪式学派的产生。社会学家涂尔干认为原始宗教是不可回避的社会事实，他研究了原始宗教与原始社会的关系，认为原始宗教观念反映在巫术行为上，巫术与原始社会的日常生活存在着密切的联系。接着，马塞尔·莫斯(Marcel Mauss)对于巫术的研究涉及了巫术的定义、巫术的功能、巫术的特征、巫术与科学的关系等各个方面；而马林诺夫斯基的巫术理论研究了巫术与初民社会的日常生活的密切关系。这些著作对于中国巫术的研究起了导航作用。

由于中国过早地过渡到成熟的封建礼仪社会，所以对于民俗学的研究起步不长。由于极左思潮的长期干扰，关于民间信仰的研究更是讳莫如深。当然，巫术的研究也绝对是一个禁区。改革开放以来，学术界冲破了长期的禁锢，开始涉猎以往被"冠"以迷信的禁区，一些学者开始步入研究巫术的圣坛。据我所知有曲六乙、宋兆麟、张紫晨、林河等数位先生，钟敬文先生主编的《民俗学概论》第一次把民间信仰及巫术写进了大学的教科书。这都是拓荒者的行为。但是在我国人文科学的浩荡研究队列中，能够选择这个前沿课题的毕竟是少数，在几百种人文杂志中，能够发表巫术研究论文的也是少数，高教授就是其中的一位。

研究中国巫术的学者是在拓荒，而撰写《中国巫术通史》这样的选题更存在相当的难度。一是虽然在新时期有学者涉猎巫术的研究，但是这毕竟是一个知者甚少的偏僻的研究课题；二是我国巫术的研究只是初起阶段，与国外的赫赫成果与理论建树相比，还存在相当的差距，想研究与研究成果的涌现是两码事。

选择这个研究课题的勇气是来源于对巫术研究高屋建瓴的认知。巫术是什么？巫术是在人文科学的研究中应该丢弃的"垃圾"还是人类原初的智慧，是人类的"迷途"、"迷信"还是人类文化的遗存和知识的储藏库？在不少人处于知之甚少或者处于极左思潮的迫害而余惊未消阶段的时候，高教授有着明晰的认识："巫术是我国丰富的非物质文化遗产宝库中特殊的品种。……巫术体现了中国祖先对现实世界所作过的不懈探索和对掌握客观规律的不懈追求。"联合国教科文组织 2003 年 10 月 17 日在巴黎通过的《保护非物质文化遗产公约·总则》第二条"定义"对"非物质文化遗产"作了界定。在"定义"条目之下，还作了更为具体的解释，其中包括"有关自然界和宇宙的知识和实践"一条，而人类的史前文化巫术就属于此类。这样清晰明确的认识是符合科学发展观的，也积聚着长久以来我国人文科学可开拓新领域和新思维的表白。

高教授研究巫术史确实是迎难而上。无论是撰写哪方面的"史"，都需好"刀笔"。有人以为写史只是材料的爬梳和堆积，其实所谓"刀笔"就是有在丰富史料的基础上做出严谨的科学结论的功夫。而爬罗史料首先是一个难点。我国是文献大国，经史子集浩如烟海，从浩如烟海的记载中"淘宝"可谓大海捞针。高教授搜集了正史、通志、历代丛书、文人笔记、地方志、出土文书、占卜符咒、文学诗歌等多种资料，就其主要参考书目看，仅清代的书目就包括 80 余种，其中有相当一部分是为一般学者所不常引用的，也就是说是罕见的。其工作量的浩繁及其学术文献功底由此可窥豹一斑。令人珍惜的是，高教授在爬罗剔抉、刮垢磨光大量文献资料的同时，还关注了相当数量的少数民族的巫术资料。长期以来，汉族的典籍中常用“胡”、“蛮”、“番”、“夷”一类带有贬义的词汇来贬斥少数民族的文化，大汉族主义斥之为“文化落后”，同时这也成为少数民族自己的压抑和背负。巫术文化大量遗存于少数民族的生活中，对此有的学者已经做了相当充分的研究。呈现在我们面前的《中国巫术通史》对于少数民族巫术材料的搜集和呈现，不仅体现了高教授较为宽阔的学术视野，并且其本身就具有保护非物质文化遗产的意义和价值。

高教授追求的，并非只停留在材料的完整搜集和整理上，因而《中国巫术通史》能成为一部质量较高的、深入全面研究巫术的专著，全书以我国历史的纵坐标为纬线，其对于以往不得而知的历代巫术做了系统呈现，概括具有清晰性、完整性、丰富性、科学性。其前五章，对于巫术的概念、巫术的起源，巫术与原始人生活中的医药、绘画、音乐、舞蹈等关系，对于巫师的功能以及巫术的分类等都进行了研究。高教授既借鉴了西方的理论，又熟谙我国的国情，在此基础上，他得出了自己的学术结论，这些结论是令人信服的。应该指出的是，关于巫术的理论不仅分布在前五章，而是贯穿在整个历史纵坐标的巫术史的分析之中，可以说其分析包括上层社会巫及巫术的呈现，也包括中层和下层社会巫及巫术的呈现，通过这样的呈现，我们透视出当时千姿百态的社会生活的图景，我想这就是一位学者研究的意义：从研究巫术和巫师而折射出中国社会的历史、文学、艺术及数不胜数的民俗风情。这是一本民俗生活的图画，其实，不只是民俗生活的图画，还从某种角度上说有补史的价值。世界的古老文明，如埃及文明、印度文明都是断裂的，而中华文明没有断裂，其文化脉络在巫文化中也有所呈现。应该提到的是这本书文图并茂，图文互相诠释，和合而美。

值得商榷的是，高教授的《导言》在谈到巫文化的时候，说巫文化源自于人的心理，这是正确的，但是巫术更重要的是人的文化心理导致的文化行为，巫术是在巫师操作的仪式上展开的，巫术是虚妄的，但是它表现了人们在生活中对驾驭事物的渴望，激起人们在困顿中生活的勇气和信心。这方面，高教授谈的稍显不足。

由于高教授早年有作为一个文学青年而被无缘无故打成“右派”的坎坷经历，在新时期他要把损失的时间补偿回来，所以到了 80 岁高龄而不辍笔耕，他耕耘的是一片长满荆棘和野草的荒地，他收获的也是他人得不到的幸福。

感谢他对民俗学的新贡献。

邢　莉

于中央民族大学宿舍自宅三足乌书屋

2015 年炎夏

（邢莉，蒙古族，民俗学家。著作丰硕，已出版《游牧文化》、《游牧中国：一种北方的生活态度》、《天神之谜》、《观音信仰》、《中国女性民俗文化》、《摇篮边的祝福：中国诞生礼》及《草原文化》、《草原牧俗》、《游牧习俗》、《观音——神圣与世俗》等。现为中央民族大学教授，民俗学博士点申报的得主，民俗学博士生导师，中国文化部非物质文化遗产保护专家委员会委员，首都博物馆学会非物质遗产保护委员会主任，中国民俗学会常务理事。）

序

高国藩先生是诗人，是人类学家、民俗学家，是大学者，在推动学术研究方面也贡献卓著。我认识他，快三十年了，但知道他在写《中国巫术通史》仍大吃一惊。这题目如此之大，虽说他积累甚富，早在 1999 年便已出版《中国巫术史》（该书荣获江苏省哲学社会科学优秀成果一等奖），写起来可能驾轻就熟，然而这毕竟不是容易做的题目，要花绝大气力呢！

他写完后，我看了更加惊叹。因为他的巫术通史，事实上就是在讲整个中国人的巫文化。巫，看起来好像不难明白，《说文解字》即曾解释巫就是降神者，故巫术云云，当然就是指一切降神驱鬼、与鬼神打交道之法。但细思即知情况不那么简单。例如迎神驱鬼时常用咒语与符箓，故咒与符均可视为巫人之术。可是咒语和符箓本身却可以单独存在并发挥其作用。这些作用常可与鬼神无关，是咒与符本身就具有的效能。

例如孙思邈《千金翼方》中有禁咒两卷，什么病念什么咒语即可获致什么疗效，乃是与一般医家用药完全一样的，故列入药典中，推荐给病人。此类咒语与降神毫无干系，然施术者与病家都相信它拥有治疗之效。此种“相信”和“运用”，整体即属于一种巫文化。因为施者与受者都不能完全了解为什么念什么咒就会有什么效果，只是在一种社会文化中相信并接受之而已。为何相信？一部分取决于疗效，一部分由于社会心理及该文化社群之知识结构。若无此社会心理和相应的知识结构，则虽咒符仍然有具体疗效，依然不能被该文化社群理解、认同或接受。

现今医科大学教授《千金翼方》的多了，可是不是把这两卷禁经删了，就是根本不教咒语；谈及符咒，则均斥为迷信、不科学，就是这个缘故。实则所谓科学，即今之巫术也。巫为总名，巫术、巫文化底下有许多分支，名号颇不相同，今之科学，便属其中之一端。换言之，巫术涉及的，不仅为鬼神。巫与鬼神相关者，不过是某些时代某些地区或某文化社群对巫术的一种解释。如不用精灵与鬼神来解释巫术、巫现象，也可以用交感、模拟、反抗等原理来解释，或乞灵于所谓科学，量子啦，物理啦，场啦，原子啦，等等。因此不能以为巫术仅是一种原始的文化或思维，它是遍布古今的。更不能把巫和封建、鬼神信仰、不科学等同起来，它也是遍存于中外的。

那么，巫到底是什么？《说文解字》讲的其实也没错，降神之“神”若不看死，则确实可提供给我们一条思路。盖人本来有思维、有精神，是思虑与行动之主体；但某些时候，我虽仍是我，可是似乎另有一精神主宰者进入我身体中。这时原有的主体退位或隐蔽了，由另一个主体来导引我行动或说话，此即一般所说的降神，神下降，进入了我。各种宗教之神圣经验都是如此的，圣灵充满、佛在心中、神与我同在等等，只是说词不一样而已，均属于巫术之一类。

这降神之“神”，重点是指替代了我原有精神之另一作用者：人在被降神、附体之后，认为一切言行均不再是我做的，而是“他”，是另一起具体作用者。这个“他”，常被解释为精灵、鬼神，但也可被解释为某种客观的原理原则，例如天命、气运、理数、五行、八字，或交感、模仿、反抗、科学等等。总之，这时之言语、行动、发生了什么事、出现了什么效果，均非我所能知，有时我甚至被蒙在鼓里，主体隐匿不彰。要待事后，神退了，也就是走出巫术状态了，才豁若初醒、恍然大悟。

所以，巫术事实上就是相信“有个人自我之外，尚有能起作用者”的一种思路和行动。例如我正谈着恋爱，但我相信恋爱能不能谈成，关键不在我，而在于月老是否帮忙，或某种咒语、符箓、术法（下蛊、把鼠尾烧成灰喝、饮足底泥之酒等，详见高先生书第二十七章第五节）是否奏效。我要身体健康，但不是从保健、锻炼、调节食色等方面着手，而是希望神灵或符咒能起作用等，都是巫术、巫思维。由伦理学上所说道德的“自律”与“他律”来看，巫正是一种他律的态度。凡相信人生与世界常是不由自主的，皆属于此。

高先生谈的，就是这一路思维之总体状况。故由上古一直讲到现当代中国人的生老病死，贯串一切民俗、宗教、医疗、商业、政治活动，也遍及汉、满、女真、党项、契丹、蒙古、吐蕃、苗、瑶各族。恢宏博大，气象万千。而具体解说，则多依据他频年踏勘调查之所得，故亲切有味。引经据典，又能要言不烦，探骊得珠。故虽大书，多达一百五十余万言，却读来如短秘珍笈，唯恐易尽。其中胜义纷纶，不及备论，只能请读者诸君自去细细品味，我此处聊为喤引而已。

（龚鹏程，1956 年生于台湾省，祖籍江西省吉安市。台湾师范大学博士。博涉四部，兼通三教。著作近百部，遍及文、史、哲、宗教、艺术、管理、社会、政治、大众传播诸领域，广大精微，且能融贯古今。曾获台湾行政部门研究奖、中山文艺理论奖、中兴文艺奖章等。曾受邀赴美国哈佛大学教授中华文化，美国国会图书馆收藏其五十部著作。曾任淡江大学文学院院长，南华大学、佛光大学及美国欧亚大学创校校长，国际佛学研究中心主任。并开创出版学、未来学、生死学、生命学、美学与艺术管理、环境管理、殡葬管理、非营利事业管理等新学科，皆卓见成效，影响深远。曾在台湾文教部门任职，后兼台北市政府顾问；历任《中国晨报》总主笔，《联合报》、《民生报》、《中时晚报》主笔；学生书局总编辑；中国古典文学研究会会长、艺术行政学会会长、龚立逑教育基金会会长、海峡两岸文化统合会会长等。在艺文创作方面：诗文集行世三十余年，获选为台湾散文十五大家之一，并获大陆首届朱自清散文奖。其书法造诣高深，亦曾在台北、澳门、厦门、杭州及法国卢浮宫等地举办书法个展。在侠武方面：曾任中华少林禅武学会、中华武侠文学会会长，中国武侠文学学会顾问。并策划侠文化节、掌门人大会等。2004年以后，龚鹏程先生移居大陆，讲学南北。历任北京大学、清华大学、北京师范大学、南京师范大学、南京大学、四川大学诸校教席。现为国务院中国国学中心顾问、北京大学中文系教授、北京大学文化资源研究中心主任、龚鹏程国学院院长、都江堰国学院院长、马一浮纪念馆馆长等。）

序

南京大学文学院高国藩先生的力作《中国巫术通史》即将由凤凰出版社出版，嘱我写一篇序言。说实话我比高先生晚一辈，哪有资格给他的大著写序言啊？写序言似乎都是比自己年资更高的哲人才能做的事，我肯定不合适。可是，高先生一脸真诚，绝非戏言，我又怎么可以拒绝呢？我想，老先生之所以这么信赖我，可能是由于我向凤凰出版社推荐了他的书稿且被接受出版，所以他认为我该写这篇序言。这不，上周高先生还着急地打长途电话跟我说出版社的交稿期限到了，问我写好了没有。我当时人在杭州，还没有写，就说在外地不方便看清样，回南京就写。可是回到南京，一直还犹豫该不该写，怎么写。不管怎样，书已排印，不能辜负了老先生的期望。

我与高先生最初见面是在中国敦煌吐鲁番学会1988年的北京会议上，那次敦煌吐鲁番语言文学分会的专家学者都在一起探讨学术问题，而会长季羡林先生在大会上提出了“敦煌吐鲁番在中国，敦煌吐鲁番学在世界”的著名思想观点，结束了多年来国内外学者争论不休的话题。此后多年，我与高先生似乎没有碰过面，我都是从拜读他的论著中了解他，并且也有过一点商榷讨教。直到1999年我从浙江大学调到南京师范大学任教，听说高先生宣布退出敦煌学界，不再与大家交往。我不明就里，作为敦煌吐鲁番学会的常务理事，觉得既然到了江苏地面，就应该努力与大家建立联系。正好那时中国社会科学院文学研究所张锡厚先生应我校文学院院长何永康先生之邀来讲学，院长让我陪同一下，于是就提到了高先生。原来张先生与高先生是多年好友，张先生说高先生其实很愿意跟朋友来往，建议我们可以见见。就是在张先生的推动下，我与高先生终于找机会在南京大学边上的丹枫雨露茶室见面了，而且后来又有几次见面聊天。我这才发现，高先生非常健谈，而且很愿意谈，把他一生的遭遇几乎毫无保留地绘声绘色地讲给我听，一聊就是几个小时。原来，高先生早已到了退休年龄，当时从南京大学中文系退休之后，又去了三江学院任教，还在韩国、中国香港等地从事学术交流和教学活动，并未闲着，也不是真的就跟学术界不来往了。尤其是谈话末了，高先生说他最后还有一桩心事未了，有三部书稿希望能够出版，其中最重要的一部就是《中国巫术通史》。我以前只知道高先生出过几部敦煌民俗学的著作很有影响，却不知道他倾心竭虑撰著的这么一部大著到退休许多年之后还没有得到完整出版。于是我答应帮他推荐出版，并且与当时凤凰出版社编辑室主任王华宝先生取得联系。很快，书稿被接受出版。

《中国巫术通史》的出版，将是中国学术界尤其是民俗学界的一件大事。原来，高先生早年在北京大学文学研究所（即今中国社会科学院文学研究所前身）师从著名民俗学、民间文学专家郑振铎先生，中间又得到郭沫若等先生点拨，在民俗学、古代民间文学的研究上和新诗创作上，都显得才气过人、前途无量，在报刊上发表的作品颇获好评。然而，由于他的耿直秉性和不识时务，在别人都深藏不露的时候，他却写了一篇题为《木偶》的诗作，结果因此贾祸，被划为右派，发回原籍劳动改造，在南京郊县当了多年的肥猪饲养员，过着多年的光棍生活，直到恢复高考之后若干年才被起用调入南京大学中文系任教。一个原本天资颇高、少年得志的读书人，经历了这样的大起大落、百种磨难，到了退休多年之后，八十多岁垂垂老矣，还孜孜兀兀一心记挂恩师郑振铎先生和他的民俗学、民间文学，要把用毕生精力撰写的《中国巫术通史》予以出版，其精神实在令人感动！反观我们这辈人，一旦退休，可能就什么都懒得写了，既不需要评职称，也挣不了钱，出再多的书、发再多的论文，似乎都没有实际意义了。我自己最近的内心思想就差不多是这样子。我二十二年前撰写的博士论文到现在都懒得出版，也不知道哪天再想起来会去修订修订。中华书局与我签约已久，都不好意思来催我了。

然而，回过头来再仔细想一想，退休以后就真的不必写书写文章了吗？那倒未必。对于有的人来说，退休就是退休了，万事大吉，反正在职时写的论著就是用来混文凭、混职称的，退休之后不写是英明决策，从此不必浪费纸张油墨，不必浪费读者的精力时间；对于另一些人来说，过去的大好时光没能用来著书立说，现在退休了正好有时间和精力来完成夙愿，几乎撇清了功利目的，只为曾经许下的誓愿，要把恩师的学问继承下来、传之久远，要为人类文明作出一点贡献。高先生显然属于第二种人。

说到这里，我不能不发一下我的一个不识时务的论调：学者，尤其是文科学者，只要身体健康，愿意继续从事研究工作，所在单位就应该充分尊重他们，积极给他们提供有利条件，而不是一刀切勒令他们到年龄就退休。古代什么都是越老越好，固然有点偏颇，可是现在反过来走向另一个极端，也太极端了。学校虽然也设有几个“终身教授”、“资深教授”之类，可是那很少的名额似乎又都成了某些职务、身份的人的一种福利，未必真与学问高低挂钩。事情就是这样。不说白不说，说了也白说。该说还说。

我虽然做了多年的古籍整理与研究，尤其是敦煌变文、王梵志诗、儿郎伟之类的俗文学作品的校录整理，但是要谈民俗学，尤其是巫术，真的是外行，不敢插嘴。不过我相信中国的巫术很了不起，高先生对中国巫术的研究也很了不起，将来能认真通读这部《中国巫术通史》的读者也都很了不起。

最后我要说一点，高先生的著作绝非一点疏误都没有，但是他的著作都绝对是具有填补空白的开创性著作。与其去读一字不错的陈词滥调，不如读读有点疑问但是极具启迪的新著，因为这样的新著带给我们的信息量要大得多。

江浙散人黄征2015年夏写于金陵石头城下

（黄征，南京师范大学美术学院特聘教授，博士生导师，九三学社江苏省委员会常委，九三学社南师大委员会主委，江苏省政协文史委员会委员。）

自　序

中国自五四运动以来，在人文科学领域，出版了数百种学科史，但就是没有出版过一部中国巫术史。巫术，被20世纪西方文化人类学者描述了千万次，被定位为野蛮人与弱智者所施行的行为。在中国，有许多人轻视、鄙视、忽视巫术，认为巫术代表了假恶丑，不能算传统文化，研究它没有什么用。鉴于此，要认识中国巫术必须首先破除西方文化人类学者偏执的巫术观念。

中国巫术，作为一种特殊的信仰文化形态与巫术思维，有着非常丰富的内容，散见于和别国不同的浩如烟海的古典文献中。古代巫术文献，累世相因，渗透到中国各种各样的文化形态之中。想要把中国巫术的范围缩小一点，像有些历史只有几百年的外国那样，只局限于现在性和"脚的艺术"之巫术，那是不可能的。中国文化有五六千年的历史，中国巫术也有五六千年的历史，这一点证据确凿地被刻在殷墟出土的甲骨文中，被铸在金文鼎铭中，被印在古代木版书籍中。

但是，不要以为单纯依靠翻检浩如烟海的中国古典文献，就能够将中国巫术史尤其是通史写成。辛亥革命以来出现过诸多大学者，他们对巫与巫术发表过非常精辟的见解，但当时并没有具备写成中国巫术史的条件。因为中国是一个拥有五十六个民族的伟大国家，要写成一部巫术史不能单靠堆积单一的文献资料，它必须有民俗资料配合，和各学科文化发展齐头并进、互相呼应，才能形成一个巫文化传承整体。晚清至民国时期，中国饱受着帝国主义国家的敲榨，被迫签订了许多不平等条约，国土被蚕食，军阀混战，社会动荡，人民生活在贫穷饥饿的境地。面对这样的局面，政府及个人何尝有心力从事民俗调查研究？尽管上世纪40年代芮逸夫及其弟子单枪匹马到湘西去调查，但收效有限。那力量是太单薄了，不能够将几十个民族的民俗资料收揽无余。1949年中华人民共和国成立后，百业俱兴，文化逐步繁荣，尤其是实行改革开放政策之后，知识分子境遇得到了改善，学术研究氛围浓厚，撰写《中国巫术通史》的条件逐步成熟。

我是"30后"的人，1956年毕业于山东大学中文系，获学士学位。获冯沅君教授推荐，进入北京大学文学研究所跟随郑振铎先生研究敦煌民俗学和敦煌民间文学。经过三十多年的研究积累，《敦煌民俗学》于1989年11月在上海文艺出版社出版，《敦煌民间文学》于1994年4月在台湾联经出版事业有限公司出版。

进北大以后适逢郑师振铎从苏联回来，他指示我写一篇《歌唱苏联红军的东北民谣》，这是我在北大文学研究所写的唯一一篇研究文章，四千五百字。写好以后，郑师指示投俄文《友好报》，1956年底接到当时在该报做编辑的梁金广(即后来《艳阳天》的作者浩然)的信和一笔145元的稿费。我惊呆了，这么高的稿费，是我当时两个半月的工资。他又约我到苏联展览馆莫斯科餐厅吃晚饭，告诉我说文章正在被译成俄文，不日见报。这是我与浩然的唯一一次合作和见面，他点的莫斯科红菜汤，我至今难忘。等读到他的名著《艳阳天》时，我已被下放至农村中学做工友，无缘与之再见矣。

自从1956年夏进入北京大学文学研究所跟随郑师振铎研究以来，对巫术及其衍生的民俗怎样定性，从哪个角度去论述，有太多问题困扰着我，也有太多坎坷使我走不过去。当时，文学所已并入中国社会科学院，搬至中关村，我曾给郭沫若院长写信，请他对拙著《夏禹与涂山》两千行叙事诗提意见。此诗是我根据冯沅君教授所译马伯乐《书经中的神话》中的资料所写，主要也是研究巫术史。情节大略是写夏禹施巫术变形为一头熊，钻山洞时不小心把山上的石头蹬下山坡，滚动的石头把山下送饭报时的鼓敲响了，这时涂山妻已有身孕，听到鼓声，便上山来送饭。到山上一看，哟！你大禹原来是一头熊哇！正钻洞引水呢，我是天上的仙女，怎么就成了野兽——一头熊的妻子。于是万念俱灰，掉头就走。大禹钻出洞来休息，发现大事不好，就在后面紧追不舍。涂山妻很累，走到山崖边，走不动了，就化为一尊

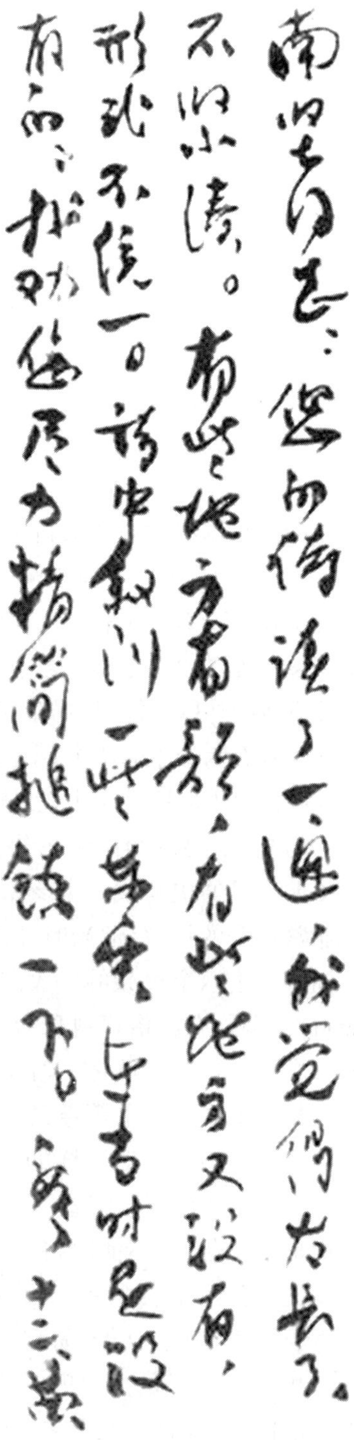

望夫石永远守望在山顶。大禹终于走到其旁，轻轻抚摸着望夫石的肚子，抚摸三遍，又亲吻三遍，最后大叫三声：“还我儿来！还我儿来！还我儿来！”声如洪钟不断传向远方的山谷。这时望夫石的肚子忽然裂开，喷出一滩血，带出一胞胎。大禹向前接住，翻开胞衣现出一个婴孩——他就是夏启。大禹抱住夏启举向那一轮冉冉升起的朝阳，大叫道：“我的儿！夏启呀，我整天打洞，疏理洪水，双腿已经直不起来，只有一拐一拐地走路，倘若我倒下不再起来，你一定要继承祖父和我的遗志，将治水的大业完成！”那小孩夏启却大声哭喊着：“哇！哇！……”

不久就接到郭老亲笔信，我当时很兴奋，觉得这首长诗按郭老的意见改一改还是可以发表的。然而 1957 年春节以后，情况大变，反右运动全面展开。但郭老的信却指引我走向奋斗和有意义的人生，撰写一部关于中国巫术史的著作成为我的梦想，终生的追求。

我被划为右派分子，保留公职，下放到农村中学里做工友。直到 1979 年初才返城。5 月，我考入南京大学任教，从此决心默默耕耘与治学；入校后第一件事是撰写《夸父神话略谈》，发表于《南京大学学报》(哲学社会科学)1980 年第 1 期。从改革开放第一年开始，我即在南京大学担任敦煌民俗学与中国民间文学的教学与研究工作。由于实习经费有限，我每年带中国学生与外国留学生下乡采风和调查民俗，时间都有限，多不过十天半月，少则一星期；而且也走不远，一般总在苏南与苏北，最远一次跑进湖北神农架原始森林。因此，调查来的材料不太丰富，只能在讲民俗学课时用来锦上添花。但幸运的是，南京大学图书馆由于有前身中央大学与金陵大学两校藏书的底子，藏有大量的古籍文献和零散的民俗资料，为我提供了便利。数经寒暑，我终于写成了《中国巫术史》，1999 年由上海三联书店出版。这可以说是中国自五四以来唯一一部系统的巫术研究专著，于 2001 年荣获“1999—2000 年度江苏省哲学社会科学优秀成果一等奖”。

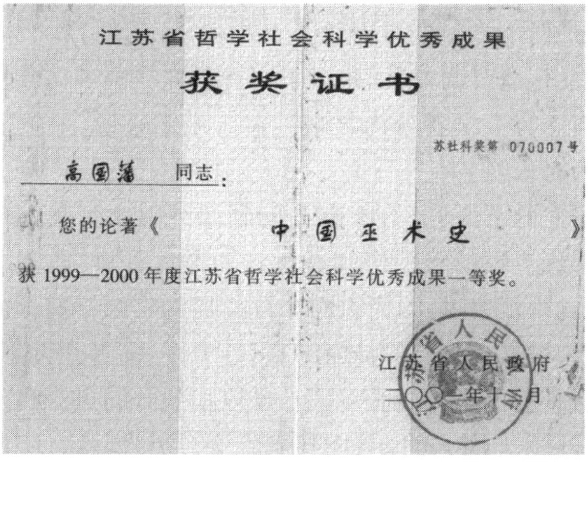
江苏省哲学社会科学优秀成果

获奖证书

苏社科奖第 070007 号

高国藩 同志：

您的论著《 中国巫术史 》

获 1999—2000 年度江苏省哲学社会科学优秀成果一等奖。

江苏省人民政府

二〇〇一年十[illegible]月

随着改革开放的推进以及社会的进步,国家越来越重视和尊重各个民族的信仰和风俗习惯,同时强调调查研究,大力实践具有中国特色社会主义文化的“没有调查就没有发言权”的理论,调动各省文化干部集体下乡采风,获取一手资料。于是,相关人员以北京为中心,在广西、云南、贵州、四川、甘肃、宁夏、青海、新疆、内蒙古、西藏、湖南、湖北、福建、广东、海南、辽宁、吉林、黑龙江等全国各地展开搜集整理活动,最后,由中央民族委员会负责,将调查汇集来的材料编成《中国少数民族社会历史调查资料丛刊》;另外文化部下属各文化艺术机构调查收集所得,也被编成了各民族文化艺术丛书,真是蔚为大观。这些资料中有详细珍贵的各个民族的信仰民俗史料。正是在这种文化飞速发展的形势下,在吸收我国社会主义文化建设成果的基础上,我又信心十足地继续《中国巫术通史》的撰写。

2001 年起,我即开始在原《中国巫术史》基础上充实提高,至今已过去十多年。之所以此时进行再研究,与文化背景明朗化也有密切关系。2003 年联合国教科文组织通过《保护非物质文化遗产公约》,当时的中国国家主席胡锦涛已在公约上签字。对此我振奋不已,可以说,非物质文化遗产观念已把人们对中国巫术的认识完全更新。

此前的一部《中华人民共和国文物保护法》基于“取其精华,去其糟粕”的认识,对始终和民间风俗交织在一起的巫术,采取谨慎隔离的态度,学者研究起来特别困难,条条框框特别多。《保护非物质文化遗产公约》的颁行以及中国国家领导人的签字认可,是一件具有划时代意义的大事。这样,我认为研究中国巫术的整体气候已经变暖,从正面肯定其价值和意义的时刻已经到来。这一部贯穿五六千年的《中国巫术通史》,也将从一个侧面,展现中国五六千年综合性的非物质文化遗产的历史。

2011 年 2 月 25 日,《中华人民共和国非物质文化遗产法》正式颁布。该法强调了保存与保护两个方面的重要性。其中第十五条写到严格管理境外人员入境进行非物质文化遗产调查,因此对于调查研究我国各民族巫术信仰历史及现状来说,就是当下有关学者分内之事。对于巫术来说,虽然消失得已太多太多,但现在重视为时未晚。

如今,随着研究的全面和深入,有些问题始终困扰着我。有学者以岩画理论为根据,结合现代少数民族民俗调查材料和考古资料,往上推测我国原始社会的情况。我总觉得很玄乎,因为它们和夏商周的实际情况很少有关系。又有以石器时代理论为根据,划分新石器和旧石器岩画,前者几万年前,后者又是几万年前,和中国岩画对比,我总觉不踏实,难以找到共同点。我认为图腾信仰理论前贤已经认同,已被熟知,可以从中找到答案。另外,通过考古文物对照中国古典文献来寻求答案，也比较实在。

在一定程度上，《中国巫术通史》实实在在是一部中国非物质文化遗产的历史，是一部中国信仰文化通史，民俗文化皆从它衍生。中国巫术在世界上特立的原因，缘于中国有一个儒家学派和一个道家学派。孔子的中庸之道时刻调节着巫术的发展方向，扼制邪恶势力，而在文化艺术层面加强巫术融入民俗的程度。孔子提倡研究《周易》卜筮之书，倡导《周易》卜筮书的哲学思维的世俗化及其深入民间。老子的《道德经》对天地万物又作了具体哲学的概括，老庄哲学依靠道教的传播而深入人心。三千年以来的巫师，莫不对儒道两家崇拜得五体投地，潜移默化并不由自主地就将巫术不断导向民俗文化艺术的方向，形成信仰文化中心。

儒家对商周时代的巫师制造礼器和导向礼俗，都是持有肯定态度的。但殊不知命运多舛，秦灭国学，焚书坑儒，造成三代文化断层，遂使巫师创造的礼仪和礼器身首分离，以至于湮没无闻。巫术的信仰文化因素更被忽略，只能转入民间演绎，随着名声被末流败坏，遂使三代巫师的历史贡献被遗忘。

巫术随着时代发展，不断变换着形式并与时消长，其内含的信仰文化积极因素不断地被其他社会文化门类吸收，展现出无穷魅力，对其进行充分的研究并加以合理的揭示也可以使人们完全认识它们原来是夏商周巫术本身的延续。我认为中国民俗文化艺术中时时有一种巫术厌胜思维贯穿其中，这可从厌胜艺术祥瑞文物中找寻到它们隐密的来源和根据。除此之外，中国古老的方块字，帮了巫师和巫术的大忙，诸多内涵丰富的写意文字，将人类一切复杂的情绪都给表露出来，和拼音文字断然有别，加之中国古典文献的记载浩如烟海，巫术思维和巫师真正的韬光养晦之策正在其中矣。有必要说明，对中国语言文字的认识，我还是依据五四以来传统的看法，即把中国语言称“国语”，今称“普通话”，把中国文字称“中文”。中国语言文字是中国五十六个民族共同使用的语言文字，像各代各民族巫术厌胜品中的镜厌胜品之铭文用中文，标志为龙厌胜或凤厌胜，如元、辽、金、西夏等时期均常见；当然这并不妨碍各民族拥有各自的语言文字。

我相信，《中国巫术通史》对我国建设有特色的社会主义文化是有补益的，对于文化工程的设计、对于旅游事业的促进也是不可忽视的，读者在研习本书以后自会发现，无容赘言矣。

高国藩

2014 年 9 月 18 日改定于南京大学

导　言

《中国巫术通史》记述了中国人从古到今的巫术信仰和行为及其所渗透进的社会生活各方面。古代巫术，作为早就被认定的传统信仰文化被中华民族广泛运用在谋求生存的实用技艺里。从宫廷到民间，巫术实际是精神活动和物质生活领域的认知形式以及实用方法。

巫师是巫术的施行者。先有众人的巫术感知才能有巫师的原始巫术思维，因此巫师是善于学习者与借鉴者，从而获得异于常人的特殊技艺和功能，具有非凡的感知，所以他们能够以集中系统的巫术思维创造出许许多多概括世事的巫术活动，最终成为一个整体的部落巫术。各类巫术都体现了当时的生产水平以及认知能力，与人类发展各阶段的思想心态和对客观世界的控制能力相适应。最重要的是，通过一系列有形的巫术活动，人类增强了改造自然的信心和对自身能力增长的认知，并且相信能够通过自己发明的巫术手段达到预定的目标。

人们普遍认为只有巫师能够用语言和物品解释巫术活动所内含的意义，也只有他们能操纵某些象征符号，举行仪式，施用法术，使这些象征符号具有影响个人和家庭、氏族乃至整个民族（群体）的超自然力量，从而使原始文化不断积累，形成神话、传说、天文、历法、歌舞、祭祀等等知识和技能。掌握这些知识和技能，就能够增强或减弱巫术影响人的力量。巫师拥有所谓的超自然力量，而且制造出控制它的物品，使有欲求者能够利用这种超自然的力量影响于世、影响于人，于是他们用巫术导演了古今人间许许多多的悲剧与喜剧。

巫术与现实之间始终存在着不可调和的矛盾，随着社会的进步与发展，其中的愚昧方面不断暴露出来，这些曾一度是社会迷信的来源，但巫术中包涵的信仰文化智慧终究作为一种非物质文化遗产或文物而流存人间，具有重要的历史地位和现实影响力，是有中国特色的社会主义文化的有机组成部分。

中国巫术是一个复杂的以信仰文化为中心的存在体系，需要全面占有从古至今确凿的史料，并以敦煌唐人巫术为核心，来探究其历史，这样才能从总体上把握中国巫术丰富的内容和中华古国固有的文化特色。因此本书以敦煌唐人巫术为核心，对我国原始时代、商周、春秋战国、汉、魏晋、南北朝、隋、唐、五代、宋、元、明、清，以及民国至今的巫术流变历史作了系统的梳理和概述。

首先阐明巫术开创于原始先民治水和改火等庄严神圣的劳动，夏、商、周三代巫术的特点就是反抗和制约邪恶的自然灾害，以致影响到后世，各朝均把反抗邪恶巫术——即厌胜巫术放在治国的重要位置。然后着重对巫师制造的施术物品及其施术目的进行考述，肯定巫师对古代祭祀礼仪发挥的导向作用；探究了厌胜巫术包括施术物品在形成文化与宗教的源头，及其在发展过程中对文化与宗教作出的贡献。

对各朝皇帝、嫔妃、太子、皇族、大臣等等使用巫术的情况作了论析。本来三代巫术是针对自然灾害而发，不论夏禹治水铸鼎，还是燧人氏钻木取火，他们重视的是祭祀及其施术的厌胜巫术品，如鼎是造福于人的，体现人的生存权利的至高无上；但是，若统治者把针对自然灾害而发的巫术用在政治上排除异己乃至杀人灭口，这就不能怪罪于巫术本身。而如此一来，使用者只能导致王朝速朽，致生暴力更替，进而殃及人民的灾祸。

对各朝异族统治者的纵巫与胡巫传播“杀人巫术”也作了论析。实际上胡巫也是假借“巫术”，把它当作政治上排除异己的手段，这同样不能怪罪于原始先民面对自然灾害而发的巫术本身。

对各朝民间演绎的巫术、各类巫术特点、佛道宗教对各朝巫术的渗透也作了论述。佛教在中国化与本土化过程中，适时接受巫术的影响，争取到人民的笃信；而道教总体而言受到各朝统治者推崇，自上而下促使巫文化朝民俗方向发展并与之融合。

对巫师的巫术思维也进行了探讨。中国巫文化以巫术思维为核心，其思维特点一是天人合一，二是变形求生，三是以神助人，四是以鬼为邪，五是逢凶化吉，等等。当然，古代无神论者与有神论者对巫术思维的理解不同，而正反两方面巫术思维都能衍生出民间非物质文化遗产，理应都进行研究。

中国巫术已历经五六千年历史传承，具有一些鲜明特点。首先，它始终伴随着我国各个朝代统治阶级的爱好与专宠而发展。当然，这决不是单纯的。《汉书·地理志》说：“随君上之情欲，故谓之俗。”[①]“因此，我国传统的民俗文化观便是指，在漫长历史岁月里，在山川、祭祀、五常、君情等要素制约下形成的民间习俗的文化形态。”[②]在有些朝代，尽管统治阶级时常口头上宣称反对巫术与巫师，甚至还订出一些法律条文，但是皇帝与皇后或嫔妃仍照行不误，这样上行

① (汉)班固撰《汉书》卷二八下，中华书局 1962 年版，第 1640 页。

② 高国藩著《中国俗文化学》，东亚文化出版社 2006 年版，第 7 页。

而下效之,巫术始终存在,从而在客观上推动了信仰文化与宗教的发展。

其次,中国巫术有它的民族差异性,中华各民族之文明开发均较早,但发展并不平衡。中原地区自秦国焚书坑儒以后,巫师在各个朝代中已没有地位。但在各少数民族中,不管是唐代鲜卑族,宋代契丹族、党项族、女真族,乃至元代的蒙古族,清代满族,其巫师地位普遍较高,有些还有官位,但他们始终受三代巫师们的高文化水平影响,难以与之割断关系,他们崇爱中原本土文化,大力推崇龙文化与凤文化等,从而对中国文化作出了不可磨灭的贡献。在现今云南等省少数民族中,巫术、文化、宗教与政治往往是结合在一起的,巫师往往就是氏族、村社头人。这类各少数民族保留下来的原生态巫术信仰文化,受到现代生活与文化的冲击,也派生出来丰富多彩的非原生态巫术的民俗文化艺术。

再次,中国巫术在很大程度上是宗教附属品。中古时代的敦煌,由于其地理位置重要,既是东西方贸易的交通要冲,又是东西方文化荟萃的中心,它以最大的宽容态度,吸纳了中古时代流传的各类民间巫术信仰文化,形成了宗教巫术的文化艺术多样性。敦煌巫术的内容相当全面,为我们提供了研究中国古代巫文化的珍贵资料(请参阅笔者系列敦煌民俗学相关论著)。

如果说,中国神话表现的是人类天真浪漫的幻想,那么,中国巫术信仰文化则表现的是人类追求实现幻想与和平发展的超自然手段;但二者交相感应,融合在一起,你中有我,我中有你。巫术,同宗教命运不一样。无论佛教、道教,它们都堂而皇之地每日在全国公开活动,有自己的庙观,有成千上万的群众持久地追随和顶礼膜拜;而巫术种类各别,地方性突出,虽部分也有祠庙,但只是在融合于节日风俗时,才会吸引群众参与祭祀。由于时代的进步,施行巫术往往显得非常神秘,甚至被看作是装神弄鬼,不能得到人们认同,很多时候会遭到无神论者的鄙视,甚至猛烈的言行攻击,巫师们则百口难辩,处于被动地位。但由于有些巫师传布的厌胜巫术得到人们的认同,并融进了民间风俗和文化艺术之中,他们最终能侥幸地逃过劫难,而艰难地生存下来。

研究巫术有什么意义呢?就笔者而言,本书的撰写就是希望在梳理历史文献过程中突出中华民族全面的巫文化。林惠祥总结出广义的英美人类学,其中分为体质人类学(Physical Authropology)与文化人类学(Cultural Anthropology)。前者归于旧派人类学,重在人体学研究;后者归于新派人类学,重在原始文化研究。[①] 他指出:"据以前的人类学大家泰勒(E. B. Tylor)所下的定义,文化乃是'一团复合物(complex whole),包含知识、信仰、艺术、道德、法律、风俗

① 林惠祥著《文化人类学》,商务印书馆 1991 年版,第 9 页。

以及其他凡人类因为社会的成员而获得的能力及习惯'。"[①]按笔者的理解,这里谈的"复合物"文化,其实就是这一团"复合物"通过口头和行为表现的非物质文化——信仰文化。

所谓"巫文化",是以巫与巫师特有的巫术思维来看待世界的一种独特的非物质信仰文化。在这个色彩斑斓的巫文化领域中,自然知识与社会知识、男人习俗与女人习俗、各种记载它们的文字与各种图画,涵盖了精神方面的信仰和道德,古代文化与现代文化奇异地交织在一起,充分展示了巫术思维的概括性、社会功能及其催发文化艺术的效用。

第一,巫文化充分地表现了人的生理与心理现象。不论是普遍的生育、性爱、衰老、死亡等生理现象,或者是特殊的恐惧、热爱、欢乐、悲伤、幻梦等心理现象,哪怕是细枝末节,都能在巫术领域得到扩大地反映。

第二,巫文化充分地表现了各个朝代流行的各种思潮。原始社会思潮的拙朴,商代思潮的祈求稳定,周代思潮的强调《易》理,春秋战国思潮的进取多变,两汉思潮的求仙养生和长宜子孙,隋代思潮的蛊惑人心,唐代思潮的富丽堂皇,宋代思潮的恪守礼仪,等等,莫不在巫文化中得到直接与间接的体现,这既显现了各个时代不同的特点,而且又直接或间接影响到历史的发展。

第三,巫文化充分地表现了客观世界的多彩与复杂。作为一种特殊的文化现象,巫文化和中国几千年以来的诸多非物质文化遗产一样,是集体创造的,其传承全凭言传身教。由于它与客观世界的全方位的密切关系,不仅本身具有重要的理论研究价值,更具有政治学、法学、哲学、经济学、历史学、考古学、伦理学、社会学、建筑学、医学、美学、文学、艺术学、宗教学、生物学、人类学、天文学、民俗学、心理学等多元的文化理论价值。

巫术是我国丰富的非物质文化遗产宝库中特殊的品种,当我们展示其漫长而多姿多态的历史画卷的时候,无疑会感受到它给中国人文科学增添了耀人的光彩。巫术体现了中国祖先对现实世界所作过的不懈探索和对掌握客观规律的不懈追求。

通过对中华各族巫术发展的追源溯流,我们可以发现,各少数民族的巫术大都因对人民有利而演化为丰富多彩的节日文化风俗。现排比出十一个民族及僜人的巫术演变成节日文化风俗的实例,以观察和对比巫文化社会功能的复杂性,并判断它们的人民性。

1. 哈尼族阿玛施节。阿玛施,哈尼语的意思是祭祀神树。云南省哈尼族于每年农历二月属龙日举行祭树神节。相传远古时,人和鬼是兄弟,后因不合而

① 林惠祥著《文化人类学》,商务印书馆 1991 年版,第 4 页。

分家，鬼住草木丛中，人住杂草不长处，鬼常跑去扰乱人，于是人到天神处告状，天神同情人类，遂让女儿变作树给人类当护寨神，并叫人每年此日到鬼住的地方敲锣打鼓，生火烧灰变为巫术的象征符号，盖住草木，以镇恶鬼。久而久之，便成了祭祀节日。祭寨神树是以家族为单位的，各个家族都有自己的树神，届时，巫师登场，先挥舞巫术法器，即带有巫术力的长刀，在寨内游走，意为将村里的火神、瘟神皆赶出去，然后将涂有狗血而具有巫术力的木刀、木棍悬挂在村口，称为断路，认为这样鬼魂就无法进寨，外人见状也不能进寨。然后，巫师带领寨人修理水井，各家取来清水洗净祭品，各户去一男人，大家一起在树神前杀一头纯黑毛大猪，用其具有巫术力的头和脚献祭，其余则平分给各户，意为与神共享。如有不生育的妇女，可到神树前抱抱供祭的猪脚，哈尼族人认为这样可以得子。①

各种生理和心理现象在此巫术中体现无疑。人们由惧怕魔鬼，热爱天神，创造出用天下大自然万物镇压恶鬼的方法。巫师的作用巨大，不仅祭神、驱鬼，而且还带领大家参与劳作，例如修理水井以保护水资源等等，这种信仰文化的力量和巫师对人有益无害，在生活中是不可缺少的。哈尼族祖先们通过让不孕妇女抱抱供祭祀的猪脚这种交感巫术的土俗来延续子孙的繁衍，使族人获得心理和精神的慰藉，从而形成善良的风俗。

2. 布依族扫寨节。贵州省安龙一带布依族的传统节日，时间在农历三月三日。传说这一天是山神王的生日，如果人们不宰猪杀牛进行祭祀，山神王就要放出蝗虫来侵害庄稼。祭祀仪式很庄严，每户只留一老者参加，其余人全部躲出寨外。参加祭祀的人不准讲话，不准吸烟，只限穿青蓝色衣服。老魔公（即巫师）身穿巫袍登场，口中念着带有巫术力的咒词："山王菩萨土地公，一齐请入我寨中，来陪寨神吃顿饭，回去各人显神功，驱除五鬼赶豺狼，保佑人畜平安五谷丰。"另有三名中年男子敲打着大铓锣、小铜锣和铙，跟随魔公。仪式完毕后，参加祭祀者要陪"神"吃饭。吃祭品时不得将汤、屑洒落在衣裤上，否则人畜将会遭到豺狼虎豹的伤害。吃不完的东西可分给各家。祭祀之日，特别忌讳外人入寨。有外人进寨则叫作"踩山"，预示将招致灾难。若踩山人愿意出资，备办一只雄鸡和一块"刀头肉"，变为巫术的象征符号，由寨老择日重新祭祀，便可无事。否则以后寨中发生任何灾难，一切损失都要由踩山人赔偿。②

---

① 莫福山主编《中国民间节日文化辞典》，职工教育出版社 1990 年版，第 4 页。

② 李朝龙、李廷兰编著《贵州少数民族风情录·巫术篇》，贵州教育出版社 1995 年版，第 428—429 页。参见《布依族原始宗教与禁忌》、《布依族传统节日》，韦廉舟《苗布依族风土志稿》，载《少数民族民俗资料》第二集上册，中国当代文学研究会少数民族文学分会 1985 年刊，第 189—190、271—284 页。

地方法规问题在此巫术中凸现出来。不论谁经过布依族风俗“踩山”所禁之地，均预示将招致灾难，就必须出资摆脱面临的困境。此外，老巫师的巫术象征符号作用及其所表现的文化形态都不可忽视，他穿的巫袍，他念的咒词，以及演示巫术所用的大铓锣、小铜锣和铙都属艺术学研究的范围。

3. 达斡尔族敖包沃贝节。达斡尔族的传统节日，一般每年春秋两季各择吉日举行一次，黑龙江省齐齐哈尔一带达斡尔族则选定每年八月十八日举行，节期一天。敖包，即高冈或山上用石块堆积而成的圆锥形祭坛，在达斡尔族人心目中，它象征着民族保护神或山神。节日当天，人们身着礼服，抬着供品，聚集在敖包周围。先在敖包上插立带有青枝绿叶的柳树或桦树树枝，象征五谷丰盛、六畜兴旺。祭祀时，以煮熟的牛、羊、猪肉为供品，并向敖包洒白酒、奶酪，张挂各色彩旗、布条。而后，在敖包四面点火焚香，主祭者巴格其（萨满助手，也是巫师）首先登场，朗读祭文。萨满（即巫师）则围绕敖包唱求神歌，跳吉祥舞。参加祭祀者齐向敖包叩拜，祈祷风调雨顺、家畜平安。祭毕，大家共食祭品并进行摔跤、赛马、射箭、歌舞等娱乐活动。①

4. 鄂温克族奥米那楞节。内蒙古鄂温克族传统宗教节日。奥米那楞，鄂温克语，意为四月会或四月节；每年四月初三举行。但内蒙古自治区陈巴尔虎旗鄂温克族则多在农历八月间举行，历时四至七天。节前，主祭萨满出行，由人陪同到各家走转。每到一家，要按太阳升落方向绕毡房走三圈并边唱边敲鼓。主人拿一碗牛奶往陪同人身上洒，家里其他人则往他们身上泼洒酸奶，直至他们进毡房绕火堂三圈站到西南角后停止。这时，主妇将一碗奶泼洒到毡房顶上，然后以烟敬客。节日当天，人们携带牛、羊、马肉以及布、砖茶、糖、油、哈达等礼物前往主祭萨满家里。主祭萨满家院内立一棵桦树，再于屋内立一棵柳树，两树间系一根麻绳，树枝与麻绳的上面挂满五色布条，这些都是交感巫术的象征符号，仪式开始，主祭萨满与陪祭萨满共同跳神，并向神灵祈求氏族兴旺与庇佑。围观者围成十几个圆圈，歌舞唱和，之后举行赛马、射箭、摔跤等活动。②

5. 景颇族采草节。云南省景颇族每年农历九、十月间举行的民间节日。传说古时有一位姑娘，名叫戛安图空，她种了一片旱谷子，豪猪总来偷吃，她就设计了一个捕兽器，把豪猪套住，要它赔偿损失。豪猪说吃进肚子里的东西已经

---

① 莫福山主编《中国民间节日文化辞典》，职工教育出版社 1990 年版，第 10 页。参见任继愈主编《宗教词典》，上海辞书出版社 1981 年版，第 838 页；陈永龄主编《民族词典》，上海辞书出版社 1987 年版，第 1006 页；叶大兵、乌丙安主编《中国风俗辞典》，上海辞书出版社 1990 年版，第 767 页。

② 莫福山主编《中国民间节日文化辞典》，职工教育出版社 1990 年版，第 11 页。参见任继愈主编《宗教词典》，上海辞书出版社 1981 年版，第 1035 页；陈永龄主编《民族词典》，上海辞书出版社 1987 年版，第 1095 页。

赔不出来，就叫戛安图空采来酸甜苦辣四种草，然后教她做成药酒。从此，景颇族就学会了酿酒。景颇族为了纪念戛安图空，在每年的秋季采草制药酒以前，都要举行仪式。由寨子里的长老选一对既有德又有貌的优秀男、女青年，然后由巫师（董萨）和有威望的老人带领他们背着米酒、鸡蛋、糯米饭，到山上去，选好一块空地，青年和老人面对面坐好。巫师登场，吟唱戛安图空的故事。唱完以后，大家才开始采草，这样草便成为巫术象征符号。景颇族认为，采草的仪式越隆重，做出来的药酒质量越好。①

6. 苗族稻斋节。海南省苗族每年农历六月初七举行的传统节日。活动由斋主主持。在节前的农历二月初二要选出斋主以及文武道公（即祭祀巫师和通神巫师）二人。三人向各家族凑米、鸡（或蛋）、香等祭品。稻斋节这天，人们便到指定地点杀鸡祭谷神。仪式完毕，道公便登场跳舞，在锣鼓伴奏下，文道公舞步缓慢，武道公舞步急促。舞毕，文武道公各焚四五张“元宝”谢神，“元宝”可以用干苞谷壳代替。第二天早上，两位男子抬一只箩，内放一把谷子，这也是一种巫术象征符号，由小道公敲锣打鼓沿途护送到斋主家。斋主则派两名女子出来迎接，并向抬箩人敬酒。男女四人各唱一首歌，意思是把谷魂招来了。至此，稻斋节结束。②

7. 僜人德亚（祭鬼）节。西藏自治区僜人民间宗教节日，每年农历春节或秋收季节择日举行，求福免灾。这一天各村寨都要杀牛祭鬼，此时牛肉也就成了巫术象征符号，由“刮亚明”（即巫师）率先登场，主持隆重的祭祀仪式，祈求鬼灵不要作祟，保佑人畜安康。仪式完毕，人们就欢聚在一起，吃肉饮酒驱邪，唱歌跳舞，通宵达旦，尽兴方散。这也是青年男女的社交机会，于此期间恋爱求偶。③

8. 纳西族祭祖节。云南省纳西族节日，亦称“祭锅庄”。不忘祖宗是纳西族人的头等大事，必须将祭祀巫术提到最高级，完全由巫师领导进行。每年农历十月以内择时举行，在永宁一带，各户轮流祭祀时，院里放三张小桌，摆上酒、茶、鸡、猪肉、粑粑、柑橘、梨、核桃和瓜子。桌子上方排三行四列十二根青杆树枝，枝旁放一颗石子，青杆树枝前插一根剥了皮的一米多高的白杨树，这些都是巫师布置的巫术象征符号，分别代表天、地、山神和祖先。仪式由巫师主持，另有两个男人当助手。杀猪以后，把猪血涂在树枝和石子上，使它们增加象征符号的巫术力，并且放少量生猪肉作初祭，猪肉无疑更增加祭祖的巫术分量，使子孙表达心理感情时更虔诚。每当巫师念完一位祖先的名字，巫师助手就放一点

① 唐祈、彭维金主编《中华民族风俗辞典》，江西教育出版社1988年版，第53页。
② 莫福山主编《中国民间节日文化辞典》，职工教育出版社1990年版，第79页。
③ 莫福山主编《中国民间节日文化辞典》，职工教育出版社1990年版，第80页。

猪肉在祭盘内，念完一代祖先则放一大块肉，使象征符号巫术力逐步加大。祭毕，把杨树枝、三根青杆树枝和全部石子以及部分祭品，抛到院外，让野兽吃祭品。其余青杆树枝用石头压在正屋房顶上，枝梢朝北以示纪念北来的祖先。最后，在场的人分吃祭品和其他食物。如果进行集体祭祀，则是各户把猪抬到固定地点，巫师念各代祖先名字，然后将每头猪的一只耳朵割下并剪一点毛，作初祭。当场杀猪后，巫师割下每头猪的脖子肉一块，烤熟以后再祭祖，祭后分食。最后炒猪肝再作三祭，此炒肝将巫术象征符号之巫术力发挥到极致，代表所有祭祀的人都要做有心肝的人，对祖先及这一片生养族人的大地无比虔诚。故祭锅庄展现的是纳西族爱祖先和爱故乡的感情，它从古代一直流传到当代自属必然。①

9. 土家族洗神节。湖北省鄂西一带土家族民间宗教节日，在每年农历十一月初一举行。土家族的民间信仰是白虎神和大神、二神、三神等神祇，平日就画成神像置于神龛中。洗神节当天，土家族人身着盛装，杀猪宰羊，举行洗神的仪式。先置三牲作祭礼，然后燃烛烧香，俗称"老师子"的男巫就亮相登场，只见他手持巫术法器——司刀和会牌，跳起傩舞以驱邪，然后口吹牛角号招神，接着从地上取出一个土罐，这就是他制造的巫术象征符号，只见他打开盖子向四处扬洒，俗称"放兵"，借以祈求人畜平安、五谷丰登。随后一群青年男女登场耍火棍，大家载歌载舞，通宵达旦，尽兴方散。②

10. 畲族招兵节。旧时广东省的畲族在农历十二月选择吉日，或者在正月初一到初五之间，举行招兵节仪式。每两年或者五年举行一次。活动以家族为单位，由各户捐资，请道教法师（即畲族巫师）主持。招兵节前就在祠堂前搭好一个高台，上面设有神坛。招兵节分两段举行。前一段：按照法师的安排，用米斗当香炉，插上青、白、红、黑、黄五色旗作为象征符号，表示东、西、南、北、中五营兵马旗。招兵开始，法师登场作法，只见他口中念念有词，接着取出法器——一只牛角，吹起响亮的牛角号。然后就做起了占卜巫术，只见他把两个蚶钱抛在案点上，作为巫术象征符号，若是一阴一阳（胜杯），就有了答案，表示兵马已到。台下的群众便挑选几个男青年，各领一令旗，到公厅正面去拜祖。后一段：过两三天，举行结束仪式，叫作"推龙"。每一户准备一只鸡、一只鸭和若干金银首饰到村口再祭祀，主要是送别法师。道教法师一般只收鸡鸭作为报酬，不受金银。相传畲族人的祖先盘瓠在江苏茅山学法以后，得以统兵扶正压邪。后人

① 莫福山主编《中国民间节日文化辞典》，职工教育出版社1990年版，第247—248页。
② 莫福山主编《中国民间节日文化辞典》，职工教育出版社1990年版，第367页。

因而举行招兵仪式，借以祝愿平安，祈求子孙昌盛。[①]

11. 彝族芝固节。四川省和云南省大小凉山一带彝族民间的农业祭祀节日，又称“祈丰年”。每年春耕和秋收时择日举行。届时，人们邀请毕摩（即巫师）前来主持作法。只见他做起模仿巫术，用稻草扎制一个齐罗尼荷神，即五谷丰登神，另外用稻草扎制饿鬼若干个，做成象征符号。接着指挥杀鸡、宰羊，用之设供祭神，台上有祖神、山神和齐罗尼荷神牌位。然后施术，把鸡血淋在草人身上便具有了巫术力，用生羊肉敬山神和齐罗尼荷神。用煮熟的羊内脏做象征符号敬祖神，因羊内脏内有心肝，依顺势巫法，代表后世子孙有心肝，富忠诚之情，并将羊肉汤洒向四方敬鬼魂。随后，再由毕摩念经，把几个草鬼、一个鬼模样的木人（象征符号）抛到门外，以示驱鬼。毕摩再念招魂经，召亡灵回来享祭，而后把一束树枝（象征符号）送到门外坝上，以示丰收。[②]

12. 羌族祭山神节。四川省阿坝一带羌族的宗教节日，每年农历三月或五月择日举行。羌族普遍崇拜“阿渥尔”（一种乳白色的石英石），并把它比拟为各种神灵偶像。山神偶像就是上搭神龛的一块大白石头。节前，大家集资，交给该年的“会首”（节日主办者）买羊、香烛、杂酒，并请好端公（即巫师）。祭日，人人着新衣，带着月牙形、三叉形的馍和一些煮熟的猪肉，随着端公和会首一起上山，临近山神（石头）时，只见端公开始施法术：(1) 用小竹箭对空而射，跳跃至山神前礼拜并诵祝辞，再撒青稞。(2) 会首配合，同时用香烛、纸花、馍等献祭。(3) 众人配合，把酒灌入羊耳朵，并大吼三声，吼得羊直发抖，形成象征符号，表示山神已经领受。(4) 端公在羊的旁边，根据羊抖动的情况，占成“羊抖卜”，预测农业年成丰歉。(5) 随后端公开始跳神，展示通神的特异功能，同时分发他的象征符号，即把事先准备好的杉树枝交给众人带回家，插在屋顶“阿渥尔”旁（每一家屋顶都有“阿渥尔”），以求吉利。(6) 端公跳神完毕，围火休息。会首配合，率人在神树林宰羊，以羊血涂山神石的尖端，把羊角放在山神石旁。端公念经。(7) 羊肉煮熟，众人分食之，饮酒后，由端公带着跳锅庄舞。祭山神后，照例封山不许砍柴、采药等等。[③]

以上流传在十一个中国少数民族及僜人中的民间巫术，都是信仰文化活动的展示。中国民间巫术信仰文化中贯穿着热爱本土和勿忘祖宗的主要思想，遍

---

① 莫福山主编《中国民间节日文化辞典》，职工教育出版社 1990 年版，第 407 页。

② 莫福山主编《中国民间节日文化辞典》，职工教育出版社 1990 年版，第 410 页。

③ 职慧勇、徐万邦编著《节日：色彩斑斓的盛会》，中国民族摄影出版社 1998 年版，第 153—154 页。参见《羌族简史》编写组编《羌族简史》第五章《羌族的习俗、文艺和科技》，四川民族出版社 1986 年版，第 111—113 页；莫福山主编《中国民间节日文化辞典》，职工教育出版社 1990 年版，第 271 页；唐祈、彭维金主编《中华民族风俗辞典》，江西教育出版社 1988 年版，第 554 页。

及辽阔广大的穷乡僻壤，其与儒家思想是合拍的，逐渐演变为民间风俗传统，发展到现代，一定程度上成了中国五十六个民族团结起来的根深蒂固的巨大凝聚力。总体上，各朝代对巫术都持既反对又包容的态度，在历史发展过程中动态地区分巫术的好坏、利弊、善恶，尊重人民的信仰自由，才使得这个伟大凝聚力没有遭到严重削弱和破坏。

巫术作为一种中国特殊的民俗信仰文化现象，它的种类十分繁多。在这部《中国巫术通史》专著中，笔者采用了“交感巫术”、“模仿巫术”、“反抗巫术”、“蛊道巫术”四种分类法。为此，需作如下四点说明：

第一，对交感巫术与模仿巫术的区分，是英国学者詹·乔·弗雷泽《金枝》一书的重要成就之一，这种区分对研究世界巫术有普遍的意义，基本为各国巫术研究者所采用。这两类巫术所采取的两种原则，是感应律（Principle of Sympathy）和象征律（Principle of Symbolism）。这两种原则在 20 世纪 30 年代已为我国学者所采用，但是，也许是觉得它对巫术的分类尚不全面，所以林惠祥著《民俗学》、方纪生编著《民俗学概论》，又都加了一个原则，即反抗律（Principle of Antipathy），这样就增加了一类反抗巫术。笔者感到林惠祥先生的巫术分类十分简明扼要，但是笔者在研究的过程中，发现我国蛊道巫术与以上三类巫术完全不同，它面广量大，且有五六千年以上的流变史，若纳入交感巫术中，甚觉勉强，遂决定把蛊道巫术单独列为一类，所以就将中国巫术分为四类。有学者又将中国巫术分为祭祀巫术、驱鬼巫术、招魂巫术、祈求巫术、诅咒巫术、避邪巫术、禁忌巫术等等。这种分类没有抓住巫术的内在特征，其原则依据不能涵盖巫术全体，例如祭祀、驱鬼、招魂、祈求、诅咒、避邪、禁忌都是巫术仪式的特征，而不是巫术本身结构的特征。实际上，本书所论四类巫术中，任何一类巫术都可以进行这些巫术仪式，我们不能将巫术的信仰文化仪礼狭隘地等同于巫术类别的动作，否则将会造成混乱。

第二，巫术的施术目的大都具有实用性和与民有利的性质。不论本书所论四类巫术采用什么具体物品施术，也不管它们能制造出来多少施术物品，如动物、草木、石材、头发、指甲、衣服、鞋子、符咒、蛊虫等等，都有它实用的目的，有的是求子，有的是治病，有的是祭祖，有的是为了恋爱，不一而足，但目的大都是正当的。至于云南傣族的“竹片诅咒”、“头发诅咒”，四川彝族的“撮日”，西藏珞巴族的“略太”，两广苗、瑶等族的畜蛊，等等，这些巫术本来是为保护本民族不受侵犯而存在的。一般来说，上述地区的巫师代表的人群由于身处偏远山林，与外界沟通少，尤为注意对外来人鉴别和区分，一旦视之为威胁，就会设计出反击巫术对其暗中加以伤害或进行神判。本书在选材上，侧重于分析为正当目的而施行的巫术，对反击巫术区别对待。但随着时代的进步，反击巫术在中国早已消逝,因此不存在对号入座的可能性。

第三,巫术仪式并不简单,它借助一整套法术和礼器的综合来实现。为了使读者了解它的全貌,本书对许多巫术作了详尽的剖析,凡作为重点的巫术,适当选取巫术实物图片或咒语加以分析或解说,再逐一列出巫法仪式及其符箓,最后写出巫师认为的施术象征符号的“结果”。但是,必须指出,所有巫术都是人类的原初设想和智慧融合的产物。

如今21世纪,联合国教科文组织倡导保护非物质文化遗产,2003年通过了《保护非物质文化遗产公约》,正是在这一背景下,我们将巫术文化定性为非物质文化。中国巫术在其历史的发展过程中,很大程度上已经升华为文化艺术以及民族风俗。中国五十六个民族中任何一个民族都是智慧的民族,其巫术之所以自古流传至今,乃由于它对民众的精神与心理有安慰作用与排解作用,在其他各种文化氛围不足的环境里,这种信仰文化能够激励起人们奋发求生存的民族精神。

我们不能不承认民间巫术对社会稳定和发展所起过的“良药”和规范秩序的作用。再者,民间巫术是社会科学与自然科学的融合体,其思想核心是象征符号,其引导的行为大都是无害的,是符合人文和谐的,即如中国巫师创制的趋吉避凶、勿忘祖宗、求子催生、长寿祝福等等象征符号。以上说过历朝都是既查禁巫术,又包容巫术,实际就是优胜劣汰,从而一定程度上保护了某些巫术流传发展为民俗,而今成为非物质文化遗产。

第四,四大巫术与宗教间的关系值得探讨。四大巫术确有被宗教融合吸收之处,因为巫术本身就是特殊的宗教仪式。本书中有不少佛教与道教等宗教利用巫术之实例,这只能说明巫术影响之大,连宗教都不能不对它加以笼络与吸收。但是,宗教利用了巫术,却不能说巫术已经发展成普遍的大众的宗教了。巫师身影出现在原始宗教中,但并不能说明原始宗教都是巫师创造的。古代汉族的巫觋,他们只是具有宗教思想和特殊技能的个人与群体,并不能说他们已是什么“巫觋教”;彝族的毕摩,他们也只是具有宗教思想的个人与群体,也不能说他们已经形成了“毕摩教”。

当然,“巫教”是存在的。西藏的苯教,是在古代就已经盛行的一种原始宗教,崇奉天地、山水、林木等神鬼精怪以及自然物。它最初流行在后藏、阿里,后来传播到西藏各地。它在吐蕃朝前期的宗教思想中占有主导地位,但是在佛教传入西藏以后,8世纪吐蕃奴隶主信仰起佛教的喇嘛教,开始兴佛教而抑制苯教。眼见势力渐渐衰微,苯教就吸收佛经的部分内容形成苯教经书,又进一步推衍了教理和教义,结果形成了藏传佛教的一个教派。此派重视祭祀、跳神、占卜、禳解等。云南的东巴教也是如此,它是丽江纳西族信奉的一种原始宗教。

信仰多神祇，崇拜日月星辰以及山水风火等自然现象，认为万物有灵。它的经书为《东巴经》。巫师就叫东巴，尊奉神话人物丁巴什罗为其始祖神。唐代以来，由于纳西族与吐蕃频繁来往，曾受过西藏苯教的影响，遂又分离出打巴教的支派。

宗教关心的是它的神祇是不是被人们信奉，经书是不是被人们诵读，而巫术只不过是它们用来发展自己宗派势力的一种手段而已。巫术与巫师大多存在于没有宗教或较少受宗教控制的地方。本书所概括的四类巫术，除标明有佛道巫术以外，绝大多数都是巫师在民间自由创造的信仰文化。一般来说，巫师不仅会信奉释迦，也会信奉太上老君。在他们眼里，天地间一切都是神灵，有各种不同的崇拜，他们施行的巫术（信仰文化）受天地一切神灵的护佑。纵观五六千年的中国巫术史，各时代都有鲜明的巫文化标志，其实际就是一部中国信仰文化通史。

这一部五十六章的《中国巫术通史》，宏观上已有序地将各时代的巫术信仰文化分别写出，取其精华，去其糟粕，展示了中国祖先充分的文化自信。从原始时代至今五六千年不断奋斗，中国人战胜天灾，谋求生存和发展的功绩可歌可泣，其中信仰文化作为一种和平手段，发挥了惊人的成系统的力量，成为人类信仰文化的楷模。

此外，从原始宗教的角度来看，还有自然崇拜、动物崇拜、多神崇拜、祖先崇拜、占卜崇拜等等各类崇拜。这一部分崇拜型的信仰文化，则需要微观地分析考察，具体的专题如西王母崇拜、观音崇拜、天马崇拜、雨师崇拜、风伯崇拜、白蛇崇拜、树神崇拜、鲁班崇拜、关公崇拜、《周易》占卜崇拜……只有追源溯流，进行细微解读，才能探其究竟。这则是《中国巫术通史》的续编，我希望能早日奉献给读者。

第一章　中国巫术的基本概念

第一节　什么是中国巫术

什么是中国巫术？中国巫术是我们祖先在东亚这一幅员辽阔的本土，经历五六千年之久，运用反抗、模仿、交感、蛊道四种巫术方式，实现运用超自然力来控制和改造客观世界所形成的综合性的民俗文化，是非物质文化遗产的构成部分。

其内涵一，中国巫术包括施术说明和艺术形态两部分。伟大的中华民族，有悠久的历史和文化，巫术在其中已存在和演变几千年，且演化出高级有形形态，即艺术形态，成为综合文化生态领域的源泉。艺术形态化生文化遗产（包括物质文化遗产和非物质文化遗产），是值得人们保存的文化瑰宝。中国巫术原生态部分因巫师的逐渐消失，而逐步消亡。巫术不可复制，巫文化却可延续。它留下形象的文化遗产，就是次生态的艺术形态，因此中国巫术本身便具有文化性和历史性。

反抗巫术虽已消失，但留下许多厌胜艺术品，以致国内外博物馆争相收藏。模仿巫术虽已消失，但留下的神仙或神兽塑像也进了博物馆。交感巫术因治水而铸造鼎，因改火而发明钻木取火，鼎和钻木就是它的艺术形态；有些交感巫术虽然消失，但留下了祭祀庙宇和祭物，即使因天灾人祸渐次损毁，但还有古典文献中的详细记载。蛊道巫术虽已消失，但留下了巫医们欲战胜它和控制它所创造的药方，故中国巫术与中草药有密切关系，值得子孙们永远回忆巫医们所经历的艰辛和度过的可尊敬的钻研药方的岁月。总而言之，巫术所形成的文化产品，在中国文化中占有显要地位，它是消失不了的。

1. 夏禹像〔周锡保著《中国古代服饰史》，中国戏剧出版社 1984 年版，第 12 页，图十八。〕

其内涵二，本书需向世人说明，中国古典文献中记载的巫术，不是五六千年来的原生态，它已经过了祖先们不断努力地搜寻、记录、保存，并不断转变为民俗和文化。

全国各地林林总总的民俗及其艺术，基本都是从中国巫术中的反抗巫术、模仿巫术、交感巫术、蛊道巫术中演化出来的。中国巫术具有鲜明的地方性，但随时推移，也具有传播性，从这一个地方传播到那一个地方。地域不同，其内含的文化性便存在差异，体现在风俗中以及行为创造的厌胜艺术品中。要全面深入地认识它，首先就需要根据历史唯物主义观点，古今结合和中外结合，审时度势地加以审视和肯定，并且应当细心地加以分析和解剖，才能找准巫术的文化起源和它发展的规律，以对巫师的历史地位及其功劳作出肯定的评价。

唯一不能做的，便是强行引进外国巫术理论谴责中国巫术是所谓“荒诞的痼疾”。18世纪以来，西方民俗学者为适应殖民主义要求到世界各地进行民俗调查，获得了大量“野蛮人”的全面的原生态巫术，取得了不少重要成果，这诚然是巫术理论研究的里程碑。但是，西方民俗学者的巫术调查唯一所缺的是中国巫术，西方所有的有关巫术论著中，对中国巫术仅涉及一鳞半爪，所得的认识无疑是管窥蠡测。因此西方的原生态巫术理论，不适合次生态的中国巫术。

2. 人物御龙帛画(战国)〔《长沙汉墓帛画》，文物出版社1973年版。〕

其内涵三，中国巫术的目的是战胜大自然，避免灾害，其性本善。五四以来，巫术曾被称为“魔术”。林惠祥著《文化人类学》曰：“神巫，即运用魔术的人。”所谓“白的魔术”(white magic)、“黑的魔术”(black magic)[①]，是外来名词，巫术实质和现在游乐杂技场中的魔术玩要并不是一回事。古代有将女巫称为“魔媪”者，如《南史》卷五《齐本纪下·废帝东昏侯》曰：“又曲信小祠，日有十数，师巫魔媪，迎送纷纭。”[②]在原始时代，人类对于大自然的千变万化，有着一种从恐惧到敬畏再到适应和克服的过程，对大自然的认识和改造能力由弱到强做着努力，在这一过程中相信有一种超自然的力量在支配千变万化的大自然，遂产生自然崇拜；又由于大自然的变化有着不可把握的神秘

---

① 林惠祥著《文化人类学》，商务印书馆1991年版，第263页。

② (唐)李延寿撰《南史》卷五，中华书局1975年版，第155—156页。

性，于是便相信有超自然的神灵力量在操纵着大自然，由这两种力量造成大自然具有魔术性(Magical Virture)和魔术力(Magical Power)。因此对于神灵，巫师的宗教情绪以及心理状态，表现出崇拜与敬畏，虔诚地笃信，全心地依赖，从而去祈求和施法，进而去试验与克服。中国祖先为生存、养生和长寿，便凭借对大自然神秘的认识，创造了各种法术，以期能够寄托和实现某些愿望，达到养生和战胜大自然灾害之目的，这种法术就叫巫术。因此，中国巫术的动机通常是高尚的，是中国祖先求生存的本能反应，它的本质便具有善良性。因此我们不能容许用邪恶眼光看待中国巫术，必须尊重中国各民族的祖先及其巫术文化创造。

中国从原始社会发展至今已有五六千年的历史，各族人民长期以农耕为主，巫术战胜大自然灾害的目的依然存在。如贵州省镇远县涌溪龙姓苗族古时深受鼠害之苦，因而有灭鼠节。每一年农历腊月初一举行。涌溪龙姓苗族每至冬闲，各家各户自觉灭鼠。有的到野外安夹板捕鼠，有的则在田边挖鼠洞灭鼠，捉到老鼠就开膛破肚洗净，挂在火炕上烘干，等到腊月初一全家共餐。这一天每家至少要准备两只大老鼠，如果没有捕得老鼠，就要模拟老鼠形状做两个“老鼠粑粑”，祭祀祖宗，这是模仿巫术加交感(祭祀)巫术之双重巫术。为什么祭祖？因为祖先深受鼠害。传说龙姓苗族祖先从前在大旱时，粮食歉收，只剩下五升糯米，也被老鼠吃光，结果全族只有展开人人参加的捉鼠大战，把抓来的老鼠开膛破肚，把老鼠胃中没有消化完的糯米挖出来，做成两个“老鼠粑粑”，由巫师来施以模仿巫术用以灭鼠。从此灭鼠节吃“老鼠粑粑”并祭祖相因成俗。[①] 巫术就是这样，如果事实上一时战胜不了困难和噩运，就要通过某种寄托，在愿望上取得胜利，即在心理上战胜也是好的。谁也不能防害灭鼠巫术行动，这已经成为龙姓苗族统一的认识和坚定的意志。

3. 神农（汉代画像石刻）〔袁珂编著《中国神话传说词典》，上海辞书出版社 1985 年版，第 299 页。〕

中国巫术以战胜自然灾害为主要目的，是先人的求生存本能的反应，具有乐观性，而且乐观性是宜增不宜减，因此中国巫术很大程度上是一种“人定胜天”之信心和意志的心理表现。

① 莫福山主编《中国民间节日文化辞典·吃老鼠粑粑》，职工教育出版社 1990 年版，第 51 页。

仡佬族每年农历六月初二的民间传统节日吃虫节也是这样的。古时仡佬族山乡蝗虫灾害严重，粮食歉收，族中长老请来道士施以符箓和咒语巫术，虫子不能动了，有位叫甲娘的妇女，就把蝗虫捉来用油炸了吃，非常可口，所以就有了吃蝗虫的食物风俗。仡佬族起初吃蝗虫时原有道士画符念咒施巫术配合，现在当然没有了，而演化成诅咒，人们一边吃一边说："吃！嚼它个粉身碎骨，吃它个断子绝孙！"食毕，全村男女老幼齐聚在村中"吃虫庙"前，载歌载舞，庆祝吃蝗胜利。然后人们排成长队，敲锣打鼓，穿行于田垄之间，边走边捉害虫，并且插上染有鸡血而施以魔力的小白旗，表示一切害虫丧期已到，可以向害虫示威。[①]可见古代仡佬族灭蝗巫术是人人参与的，这才在以后形成节俗。时至今日，这种吃蝗虫、战胜蝗虫灾害的乐观精神是一定要保持的。

其内涵四，中国巫术在原始社会大都是为养生目的自发形成的，遂具有养生性。汉代桓谭撰《新论》云："五福：寿、富、贵、安乐、子孙众多。"[②]汉代观念，原始巫师只知道维护生存（寿、子孙），故而巫术最初便内含医学因素，古医字写作"毉"，从巫，所以巫医是为自身生存和为克服大自然造成的种种困难来施行法术。中国古代把巫医、淮南万毕术、《易》卜等都概括到方术中，因此，其巫术观念一定程度上与现代医学一样，即关爱生命。秦汉间出现的传说是上古元阳真人所传古医书《补注黄帝内经素问》卷四《移精变气论》记载：

> 歧伯对曰：往古人居禽兽之间，动作以避寒，阴居以避暑，内无眷慕之累，外无伸官之形，此恬憺之世，邪不能深入也。故毒药不能治其内，针石不能治其外，故可移精祝由而已。[③]

祝由是古代巫师为求生存而创造的以祝祷符咒治病的巫术，直至清代还有以符咒治病的"祝由科"。巫术就是在以上所述的这种求生存过程中逐渐产生的，一开始便有两种形态，之后又加入第三种形态。

4. 沮诵与仓颉（祈南汉画像墓中室南壁东段）〔采自《中国古代服饰史》〕

① 莫福山主编《中国民间节日文化辞典·吃虫节》，职工教育出版社1990年版，第50页。

② （汉）桓谭撰，（清）冯孙翼辑《桓子新论》，《四部备要》本，中华书局1936年据问经堂辑本校刊，第8页。

③ （唐）王冰注，（宋）林亿等校正，（宋）孙兆重改误《补注黄帝内经素问》，上海古籍出版社1986年影印《二十二子》本，第890页。

第一种形态，超自然力巫术。其特征是不涉及神灵观念，而且不对客观物体加以神化，全凭一种虚构的幻想的超自然力量求生存。治水巫术与改火巫术是中国最早的两大超自然力白巫术。它们产生于原始时代，自商代后增加了新的内容。从商代的祭爟、西周的国火，到春秋四次改火、战国五次改火，发展到汉代为崇尚五种不同颜色的巫术。颜色巫术对后世产生了深远影响，那就是促使世人热爱生活和养生。

这种超自然力，西方叫“曼纳”（美拉尼西亚语 Mana 的音译）。人类学家兼传教士英国人科德林顿（Robert Henry Codrington，1830—1922）到中太平洋诸岛之美拉尼西亚去，他发现当地土人信仰一种无人称的超自然的神秘力量，它们通过客观物体（如水、石、骨等）可以令其起作用。这种力量一旦被人们通过附着的物体而获得，它就能转移或丢失，甚至可以遗传。它虽然不是被崇拜的对象，但是能被特殊的人物（即巫师）所沟通，巫师能借助它使别人获福或受灾。当然，这是英国人的发现，借用在中国巫术研究上，还需要结合中国巫术的具体情况。中国巫师主要借助客观物体，如治水用九鼎厌胜，治火用改色厌胜，以便首先在精神上避祸化灾，辟邪祈福，主要强调获福，而不借此降灾。这种预防衰亡的养生功能，是中国巫师创造的有别于国外任何巫术的最杰出的表现。

这种超自然力的原始巫术，由于不涉及神灵观念而较易区分。交感巫术多属此种形态。例如以发爪代替身体，是爱惜生命的体现。发爪中有超自然力，它能代表一个人的生命，据说将爱人的发爪悄悄拿来，施以巫术，便能使爱人更加爱惜生命。它不涉及神灵，但是古人认为超自然力一向能量巨大。有些超自然力巫术是原始自然力巫术的衍化。例如，唐代有一种“鞭桑除丧”交感巫术，由于“桑”与“丧”谐音，因此买马鞭悬挂在东北方向的桑树上，意味着鞭笞丧事，即象征战胜死亡。唐代咒语成婚的交感巫术也是如此，贯穿着养生宗旨。

第二种形态，原始神灵巫术。其特征是涉及神灵，其巫术思维是“以神助民”。原始先民认为万物有灵，这种神灵原始性便是助民。原始神灵巫术对客体加以神化，并向其敬拜与祷告，力图通过神灵来影响或控制客体，达到使人类安然生存之目的。由于原始神灵巫术只涉及原始神灵，因而较易区分。例如脚印巫术，古人信仰的天神是一位巨人，其巨大的脚印就有厌胜性，便被认为具有神力，女人踩着他的脚印后便受感应而怀孕，生下不平凡的人物来使种族延续。《太平御览》卷七八《太昊庖牺氏》引《诗含神雾》曰：“大迹出雷泽，华胥履之，生伏牺。宋均注曰：雷泽，二（地）名。华胥，伏牺母。”①

---

① （宋）李昉等撰《太平御览》卷七八《皇王部三》，中华书局 1960 年影印本，第 364 页。

5. 轩辕黄帝像(汉代武梁祠画像石)〔采自《中国古代服饰史》〕

华胥履大人迹而生伏牺,是战胜水与火两种巫术的结合反映,是为了人类的延续。再如女娲用黄土造人,皋陶神用一角羊——獬豸进行神判定罪的巫术,亦是神灵巫术。

除了原始神还有原始灵怪。例如《抱朴子》中记述的丹鱼[①]以及《述异志》、《水经注》中说的丹鱼,它是一种灵鱼,用它的血涂在脚上,可以步行水上,这也是原始神灵治水巫术之一。

《周易》占卜巫术,是从原始社会而来的神灵巫术,应该也属于从中国文字巫术演化出来的原始卜筮巫术。殷墟甲骨文中的卜筮巫术之"帝",即属于原始神灵,必须和外域传入的(如佛教)或本土形成的(如道教)宗教之神鬼进行严格的区别。考古学发现,中国文明(包括《周易》和甲骨文之卜筮巫术文化)自始就表现出成熟的文明高度,勿容置疑。占卜巫术比较复杂,它是对各种带有标志的预兆的吉凶加以检验的巫术方法,又称《易》卜,包括占梦、杯筊、占风、占候、占雪等。《说文解字》释"占"称:"占,视兆问也。"[②]原始时代,占卜多用蓍草或龟甲。商代以后,占卜多用火烧龟甲,看裂纹之兆,刻文记录后,以定吉凶。周代设有"占人",专管占卜,"占蓍龟之卦兆吉凶"[③],创立《周易》文字卜卦。但不同的民族和地区,有不同的占卜方法。如高山族有水占,珞巴族有米卜,赫哲族有骨卜,等等。

第三种形态,神仙鬼怪巫术。它所涉及的神鬼多半是社会发展过程中逐渐植入的宗教的神,或带有宗教性的鬼怪。《周易》占卜巫术中没有这一类神仙鬼怪巫术。神仙鬼怪巫术是对原始巫术改造过的重生巫术,其形态表现得比较复杂,最常见的有九种,分属模仿、交感、反抗、蛊道巫术四类。

(一) 佛教巫术。这种巫术为僧人根据原始巫术改造而成。例如,法 Pel. chin. 3874《观世音及世尊符印十二通及神咒》[④],其所涉养生内容中,模仿、交感、反抗、蛊道巫术都有。

(二) 道教巫术。这种巫术为汉魏晋时期道士根据原始巫术改造而成。例

① (晋)葛洪撰《抱朴子》内篇卷四,上海古籍出版社 1990 年影印《诸子百家丛书》本,第 29 页。

② (汉)许慎撰,(宋)徐铉校定《说文解字》卷四上,中华书局 1963 年影印本,第 70 页上。

③ (汉)郑玄注,(唐)贾公彦疏《周礼注疏》卷一七,中华书局 1980 年影印阮元校刻《十三经注疏》本,第 755 页。

④ 上海古籍出版社、法国国家图书馆编《法藏敦煌西域文献》第 29 册,上海古籍出版社 2003 年版,第 46—47 页。

如,魏晋时的“黄白术”的模仿巫术便是道士发明。晋干宝撰《搜神记》卷一载葛玄“从左元放受《九丹液仙经》”[1],他因此修炼成了神仙,“作请雨土人”,即用土偶求雨,书符,顷刻大雨便至。这是道教模仿、交感巫术结合之作,其本质具有养生性。

(三)驱鬼巫术。这种巫术为近世各民族中所通见,满族萨满的驱鬼治病,彝族毕摩的“牛力母”驱鬼作法[2],苗族鬼师的过阴治鬼,青海河湟汉族的燎火送鬼治病,海南黎族的做鬼忌,福建畲族打暗(做王)以驱鬼[3],等等,模仿和交感巫术交织在一起,亦重在养生。

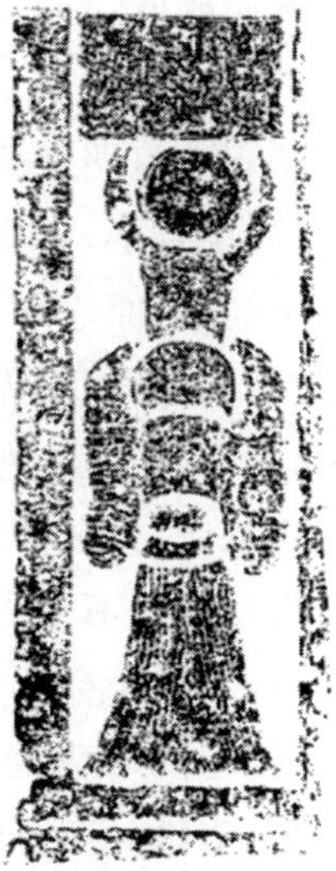

6. 汉画像石上的巫师,头上两角〔山东省博物馆等编《山东汉画像石选集》,齐鲁书社 1982 年版,图 426。〕

(四)杂神巫术。这种巫术中所膜拜的神,都是在阶级社会中所产生。例如,扶乩巫术中所膜拜的紫姑神,南方沿海祭祀巫术中所膜拜的妈祖神,广州求子巫术中所膜拜的金花小娘神,江西耳报巫术中所膜拜的樟柳神,宋代求子巫术中所膜拜的九子母神,元代模仿巫术中所膜拜的纳赤该神,明代妓女巫术中所膜拜的白眉神[4],等等。这些巫术中出现的神,都是地方性甚至行业性的小神。模仿、交感、反抗等巫术都涉及。

(五)神判巫术。这种巫术虽然产生于原始社会,但其在奴隶社会后形成较为野蛮的重生巫术。如沸油捞物、脚踩炽铁、舌舔炽铁、竹针刺手、棒击人头、火中拾物等等。神判巫术至近现代已发展到“赌咒”阶段。据《广西瑶族社会历史调查》载:“解放以前,瑶族也有神判的习惯,当地叫赌咒。如果有偷盗案件或者债利、土地争端,经过村中族长老人解决没有结果时,原告就用神判的方法来判决。如果被告承认赌咒,纠纷即算结果,原告也不向被告索取任何东西了。赌咒有几种:一种是赌雷庙,由原告人杀 2 只鸡,并用一大串钱纸,叫管庙人巫公

---

① (晋)干宝撰,汪绍楹校注《搜神记》卷一《葛玄》,中华书局 1979 年版,第 12 页。按,该经名称歧出,葛洪《神仙传》载作《九丹金液仙经》,《抱朴子》内篇卷四《金丹》则作《金丹仙经》、《金液丹经》。

② 牛力母,彝语音译,意为“送干病鬼”。参见唐祈、彭维金主编《中华民族风俗辞典》,江西教育出版社 1988 年版,第 563 页。

③ 过阴、做鬼忌、打暗,参见叶大兵、乌丙安主编《中国风俗辞典》,上海辞书出版社 1990 年版,第 795、808、793 页。

④ 白眉神,参见赵杏根著《中国百神全书——民间神灵源流》,南海出版公司 1993 年版,第 384 页。

去开庙赌咒，巫公先作喃道：‘××人如果为人心不正，偷人家东西（或者瞒别人钱财），合家绝灭。’被告就随巫公念过咒语，重念一遍，赌咒就算结束。这种赌咒是双方争端严重时举行。一种是在本祖宗神位面前赌咒。这种赌咒，不杀鸡，只烧香纸，由被告人念咒即可。房族兄弟争端就举行这种赌咒。另一种赌咒很简便，原告拿一把火、烧一盆水在屋檐外给被告念咒后灭火即可，这种赌咒，争端不大，不需用老人作证。赌咒有集体的和个人的。某人被偷米，偷牛、羊，见不到人赃，就召集附近村人到雷庙赌咒。被偷东西，有人脏物证，但被告人不承认，或者怀疑某人，用个人赌咒的方法。”①由此可见，神判巫术呈现出从伤害身体向不伤害身体发展的趋势。

（六）政治巫术。古代一切涉及政治斗争的巫术均属此。如汉代有巫蛊之狱等，三国时曹操、曹睿、董卓、孙权都爱巫、信巫，南北朝时宋齐梁陈统治者都信巫，隋唐时期统治阶级也借巫术明争暗斗。这种害人的黑巫术从战国和西汉起，贯穿于整个古代历史，主要流行于统治阶层，是中国巫术的另类，深刻体现出古代政治本质的丑恶与污浊。

（七）厌胜巫术。厌胜巫术在原始、奴隶、封建社会都渗入文化之中，夏商周时期，青铜、玉厌胜品为主流且有深远影响。在唐代，纸墨笔砚、铜镜等都有巫术性，巫术咒语为韵文，具有浓郁的文化性质。这种巫术一般是反抗和交感巫术的复合体。

7. 唐祥瑞镜（日本京都国立博物馆藏，镜上有同心鸟、嘉麦、比目鱼、连理树、合璧、凤凰、嘉禾、合欢莲、比翼、连理竹等铭文）〔（日）小南一郎著《西王母与七夕传承》，株式会社平凡社1991年版。〕

（八）妇女巫术。这种巫术涉及恋爱、月经、避孕、催生、妊娠、婚外恋、求子、令妻爱夫、令夫爱妻、治纯生女、催乳等等，大都是模仿、交感、反抗巫术的综合运用。

（九）蛊道巫术。先秦时已有巫师培养蛊虫害人，同时也探索防治之法，如烟熏、食疗、咒驱、以蛊治蛊、诵经治蛊等。这种巫术反映在宫廷里，有汉代宫廷爆发的巫蛊斗争，隋炀帝利用蛊来勾引美女，初唐韦皇后用巫蛊害人，等等。蛊道巫术常配合模仿、交感、反抗巫术而用。

纵观我国巫术发展史，以第三种形态巫术即神仙鬼怪巫术最为丰富、复杂。

① 广西壮族自治区编辑组编《广西瑶族社会历史调查》第五册，广西民族出版社1986年版，第390页。

原始社会是人类社会发展的童年时期，远谈不上有政治和宗教，人类对崇拜的自然界中各种事物都感到神秘，欲对其加以解释，便求助于巫术。巫师与巫术的产生，是人类发展的童年时期所共同的历史现象。

8. 长沙马王堆汉墓一号墓出土的"非衣"帛画〔潜明兹著《中国神话学》，宁夏人民出版社 1994 年版，插图四。〕

原始巫术总体上表现出当时氏族、村社与大自然的对立。当时氏族与村社领导者往往是巫师，他们一身有几任，是家长、氏族长、村社长，成为维护"三长"血缘关系之纽带。巫师既要除鬼，又要医病，还要从事生产，且无意从中脱身，因为整个氏族和村社必须为生存而战，维系生命的一切生活必需品都要向大自然索取。在这种情况下，巫术就成为谋生和平衡生活必需品的一种手段，巫师也就成了氏族历史和文化的传播人，祭祀、施术和预防灾害就成为团结氏族和村社的力量，巩固全族奋斗的意识，强化大自然属于全族共有的信念，维护本族的安定和发展。进入阶级社会以后，人们生活中又出现了鬼魂与杂神，其能导致不祥和灾祸，也由巫师来厌胜。驱邪赶鬼、安居生产以及精神安慰主要都靠巫师，巫师为实现他的施术结果，对鬼神心存敬畏，但并不一味满足鬼神漫无边际的需求。南唐谭峭称："为巫者鬼必附之，设像者神必主之，盖乐所飨也。"① 巫术是由巫师来掌握的，巫师所行的各种各样的巫术仪式与典礼，首先是顺应，以得到自然与神灵的欢心，取得谅解，平息忿怒；但更重要的是克服，怎么克服？商代巫师刻出玉蟠龙佩戴以保护人，归结到一点，就是使神灵实现巫师施术的要求来保护人。如唐代巫师祭神，也以"巫祝乐神"为核心。唐张读撰《宣室志》卷二记载："故相李回，少时尝久疾，其兄斩召巫祝，于庭中设酒食以乐神。方面壁而卧，忽闻庭中喧然，回视，见堂下有数十人，或衣黄衣绿，竞接酒食而啖之。良久将散，巫欲撤其席，忽有一神自空而降，左右两翅。诸鬼皆辟易四散，且曰：'陆大夫神至矣。'巫者亦惊曰：'陆大夫神来。'即命致酒食于庭。其首俯于筵上，食之且尽，乃就饮其酒，俄顷，其貌赪然，若有醉色，遂飞去。群鬼亦随而失。后

① (五代)谭峭撰，丁祯彦、李似珍点校《化书》卷五《巫像》，中华书局 1996 年版，第 53 页。

数日，回疾愈。”[①]可见，李回病愈（保护的结果），全靠取得神灵欢心，使鬼邪消逝，祭神乐神取得成功，终是巫祝是施术治好病之要求。

原始社会中，部落酋长往往是具有强健体魄和高超武力之人，在战斗中能够冲锋在前，保卫部落的安全。同时，原始先民也愿意相信他们有能力来对付生活中那些冥冥可怖的东西。作为家族、氏族、村社的组织者和轴心，他们也自信有控制自然力的技能。巫师的作用和地位是不容否定的，要尊重他们的历史存在和在社会进程中的贡献。

其内涵五，中国巫术具有多学科性，文学、哲学、文化学、民俗学、美学、艺术学、法学、医学、博物学，不一而足，因而涉及诸多非物质文化遗产内容。可以说，中国巫术是一门综合学问，拒绝中国巫术就等于拒绝了一部分中国文化，否定中国巫术也就等于否定了一部分中国文化。学者要采取实事求是、科学严谨的研究态度，绝不能一方面利用中国巫术做学问，一方面又在大谈特谈中国巫术如何荒诞可笑。

总之，中国巫术以上五层内涵是统一的，是融合在一起的；其表明了中国巫术是一门博大精深的学问，是中国古人智慧的结晶，而不是荒诞的迷魂药。

第二节　由巫师的称呼概谈巫术

巫师的称呼多种多样。《补注黄帝内经素问》卷一《上古天真论》：“黄帝曰：余闻上古有真人者，提挈天地，把握阴阳，呼吸精气，独立守神，肌肉若一，故能寿敝天地，无有终时，此其道生。”[②]为了“寿敝天地”，历代各民族巫师前赴后继地进行有关治病和长寿的实验巫术，于是就产生了众多巫师，并且称呼日益多样化。

国外对巫师的称呼主要有：一、Wizard（巫师）；二、Witch（女巫）；三、Sorcerer（禁厌师）；四、Medicine Man（医巫）；五、Shaman（萨满）；六、Priest（僧侣）；七、Magician（术士）。相对来说，我国各民族对巫师的称呼丰富得多（参见本书第三章第三节），这里只借由称呼来略谈巫术概貌。

一、海南黎族称巫师为“娘母”。娘母起初是专门由女性担任的，后来男性也可担任，但要穿上黎族女人的服饰。[③]

① （唐）张读撰，张永钦、侯志明点校《宣室志》卷二《陆大夫神》，中华书局1983年版，第26页。

② （唐）王冰注，（宋）林亿等校正，（宋）孙兆重改误《补注黄帝内经素问》卷一，上海古籍出版社1986年影印《二十二子》本，第876页。

③ 叶大兵、乌丙安主编《中国风俗辞典》，上海辞书出版社1990年版，第754页。参见唐祈、彭维金主编《中华民族风俗辞典》，江西教育出版社1988年版，第514页。

二、西藏墨脱县的门巴族称男巫为“昂巴”(门巴语的音译),意思为“使用咒术的人”。这是专门指那些施咒术者,当人们没有办法直接杀死仇人的时候,便请昂巴到自己家里施行巫术。门巴族人认为昂巴有神秘的魔力,只要昂巴把仇人的名字、年龄写在纸上,再把仇人的头发或衣服碎片装进牛角,念咒埋在近水的地方,就能使仇人患病身亡。①

三、西藏墨脱县的门巴族称专门从事请神的女巫为“觉母”和“把莫”(门巴语音译),二者皆自称是女神的化身。②

四、在内蒙古呼伦贝尔及黑龙江蒙古族聚居区,人们把男巫(男萨满)称为“波”(蒙古语音译)。波分为“白路向”派和“黑路向”派,白派行佛医,黑派行巫术与巫医。波被认为有神灵附体,神灵叫“翁格达”。当有人请波把神召来为人治病时,波就将一小铜偶用红线拴牢,放于斗装的小米上。这铜偶便是神灵之主,于是波祷告、念咒、击鼓、跳跃,又模拟跛脚、残臂、奔马,请来神,为人除病安宅。③

五、云南陇川地区的阿昌族称巫师为“勃跑”或“活袍”(阿昌语音译),傣语称“莫陶”,汉语称“魔头”。阿昌族的每个村寨都有,他们是专门为村民念大家鬼、小家鬼和送魂的,当已死的祖先在阴间想吃的时候,就回到家里来咬人,谁被咬着谁就会得祖先死前的那种病,于是阿昌人便认为要请勃跑来与家鬼(已死的祖先)沟通。勃跑施行模拟巫术,他先举行一个祭大家鬼的仪式,扎好两个纸人(一男一女),上面写明已死祖先夫妇的姓名,祭送时,用两根白线,一根两头分别系在牛耳和男纸人手上,另一根两头分别系在猪耳和女纸人手上,这样勃跑就能与家鬼沟通了。勃跑对家鬼说:“你们要的猪和牛,你们的子孙已经准备好了,请收下吧!”念完便把牛和猪当场杀掉,将肉做成菜,祭在祖先牌位前,再念一天一夜的经,这样就能保大家平安无事了。④

六、云南贡山的独龙族称巫师为“南木萨”或“纳木萨”(独龙语音译),他们被认为是天上的“格蒙”(至上神)派遣到世间的南木使者选定之人,选定后,南木萨便为人们治病,是人们的终身朋友。⑤

---

① 叶大兵、乌丙安主编《中国风俗辞典》,上海辞书出版社 1990 年版,第 731 页。

② 叶大兵、乌丙安主编《中国风俗辞典》,上海辞书出版社 1990 年版,第 743 页。参见唐祈、彭维金主编《中华民族风俗辞典》,江西教育出版社 1988 年版,第 596 页。

③ 叶大兵、乌丙安主编《中国风俗辞典》,上海辞书出版社 1990 年版,第 734 页。

④ 叶大兵、乌丙安主编《中国风俗辞典》,上海辞书出版社 1990 年版,第 736 页。参见唐祈、彭维金主编《中华民族风俗辞典》,江西教育出版社 1988 年版,第 548—549 页。

⑤ 叶大兵、乌丙安主编《中国风俗辞典》,上海辞书出版社 1990 年版,第 738 页。

七、广西左、右江流域的壮族称女巫为“鬼婆”，其施法术离不开鸡。每月初一与月半，鬼婆把一只活鸡投入瓮中喂养称之为“鸡鬼”，并用它来施术。当有人生疟疾病，长期不愈时，便被认为是鸡鬼入身，于是恳请鬼婆将鸡鬼召回；或请道公、巫婆来施术赶鸡鬼。[①]

9. 南木萨

八、广西西北部的壮族则称女巫为“迷雅”、“雅禁”、“布雅”、“禁婆”（壮语音译），也就是巫婆的意思。据说在中秋节晚找一妇女，用布蒙着她的头，由许多妇女围着她唱“雅禁歌”，请雅禁神附其身，不久她便会神魂颠倒，时而口出痴言狂语，时而同人对唱山歌，解答人们命运之吉凶。[②]

九、四川西北部的羌族称巫师为“许”（羌语音译）或“释比”，凡祭山、还愿、驱鬼、治病、安神、除秽、招魂、消灾、合婚、命名、敬神都由他主持。“许”在家里供历代祖师和“猴头祖师”，他们大多要经过三五年的学习，施术的时候，都必须懂得经典，熟悉法事，有一套自用的法器。他们都具有一定的社会历史知识和经验，因此，在羌族社会中有较高的地位，兼有巫师、祭师和医师等多种身份，甚至起着某种精神领袖的作用。羌族巫师施法的巫术包括：1. 与预卜结合（通常使用羊骨卜、鸡蛋卜）。羊骨卜以羊肩胛骨一块，用艾火烧炙，经许念经后取出，仔细察看。羊骨经火烧而产生裂纹，若裂纹纵直呈十字则吉；斜倾作叉状或作零乱的若干细线则凶。2. 送鬼（送茅人），踩红锅、踩犁铧头。施法前洗净手，燃柏枝熏身。施法时穿短褂、白裙或披豹皮，戴金钱猴皮三角帽；法器有羊皮鼓、鬼头神杖、铜锣、铜镜等。[③]

十、四川、云南、贵州、广西的彝族称巫师为“苏尼”（彝语音译），其施法术需要用到鸡或者羊、猪。凡有人生病，必认为有鬼作祟，要请苏尼捉鬼，苏尼把鸡或者羊、猪血滴在代表鬼的一根树杈上，然后边击鼓，边旋转跳跃，跳完后把树杈丢到野外，这样就表示鬼被驱逐了。[④]

十一、闽、粤、台客家人称巫师为“客子师”，认为他能沟通鬼神。每当有人

---

① 叶大兵、乌丙安主编《中国风俗辞典》，上海辞书出版社 1990 年版，第 741 页。

② 叶大兵、乌丙安主编《中国风俗辞典》，上海辞书出版社 1990 年版，第 746 页。

③ 叶大兵、乌丙安主编《中国风俗辞典》，上海辞书出版社 1990 年版，第 716 页；唐祈、彭维金主编《中华民族风俗辞典》，江西教育出版社 1988 年版，第 558—559 页。参见《羌族简史》编写组编《羌族简史》第五章《祭祀和巫师》，四川民族出版社 1986 年版，第 112—113 页。

④ 叶大兵、乌丙安主编《中国风俗辞典》，上海辞书出版社 1990 年版，第 721 页。

生病时，便请他来驱鬼，他先抓一把米来卜卦，然后身披袍服，头裹红巾，摇旗挥刀，鸣锣击鼓，吹角念咒，然后当场书写符箓，祈禳作法，驱邪压煞。仪式往往要从天黑一直进行到天亮。[①]

十二、云南金平的哈尼族称巫师为“尼阿玛为”，有正、副之分，从全村各家男家长中卜选产生。卜选方法是用鸡头卦，卦顺者当选，一直担任到去世。尼阿玛为的职责是主持村寨的农业祭祀。[②]

10. 苏　尼

综上所述，我国少数民族诸巫师施行的巫术，几乎都是第三类形态。但巫师们施行巫术的形式有所不同，“昂巴”对装进牛角的头发或碎衣服施术，是交感，“波”用铜偶召神、“勃跑”用纸人召鬼都为模仿，而“客子师”画符驱邪又是反抗。形式上虽有差异，但其巫术基本性质相同，都是依靠幻想超自然力，对客体加以影响和控制。

第三节　巫术经典咒语的流传

巫术通常是以言传身教的方式相传的。《补注黄帝内经素问》卷八《宝命全形论》曰：“黄帝问曰：天覆地载，万物悉备，莫贵于人，人以天地之气生，四时之法成，君王众庶，尽欲全形……”[④]巫术既为生存而创设，“莫贵于人”，自然以巫师为主。然远古之时，未有文字，只能借重“口授相传”或“动作相传”方式。

四川西北部羌族的巫师“许”或“释比”所念的经典与咒语，就是世世代代通过口授相传的。这种经典，都是韵文，四字一句，两句一节，“许”不解释，你就听不懂。他们实际上是一种不脱离农业生产的宗教职业者，在诸如祭山、还愿、驱鬼、治病、安葬以及新生婴儿的命名等活动中都离不开“许”，其传承是通过师徒制度完成的，男孩十四五岁开始学习，三四年便能基本掌握相关知识，极为有效

① 叶大兵、乌丙安主编《中国风俗辞典》，上海辞书出版社 1990 年版，第 743 页。

② 宋恩常整理《金平县一区马鹿塘哈尼族社会调查》，《民族问题五种丛书》云南省编辑委员会编《哈尼族社会历史调查》，云南民族出版社 1982 年版，第 60 页。

④ （唐）王冰注，（宋）林亿等校正，（宋）孙兆重改误《补注黄帝内经素问》卷八，上海古籍出版社 1986 年影印《二十二子》本，第 905 页。

与稳定。[1]“西早”是景颇族的专职祭师，和大董萨有相同地位。景颇族认为，西早是“死人的官”，主要负责主持死人的送魂仪式，也就是将死人的魂沿着祖宗迁徙来的路线送回老家去，只有西早最熟悉这条路线，也只有西早能与死者打交道，故从性质看，祭师西早具有巫师的职能，能通鬼神。[2]《云南省德宏傣族、景颇族自治州社会概况——景颇族调查材料之四》指出：“在念送死人魂时，不能将它所经过的到老家的路念错，否则认为不仅死人的鬼魂送不走，而且连自己的魂也会迷失方向不能归来，因为在念鬼时，念者的魂也伴随着死人的魂。念完鬼后，主人要送礼给西早，礼品视各家经济情况自己决定。”[3]

任何事物总具有两面性。一方面，有些巫术非自觉的欺骗性和非科学性是显而易见的；但另一方面，巫师施术的法器、经书或魔杖又成了各族珍贵文物的标志性代表。

羌族巫术中运用的“日卜”法器，是一种直径有二尺，单面绷皮，另一面为一横木条以便抓握的羊皮鼓。这虽是巫术之法器，但它又是羌族文化的反映，成了珍贵的工艺品。民间舞蹈的动作也是巫师传授的。[4]《羌族简史》第五章《舞蹈和民族乐器》指出：“‘跳皮鼓’，实际上是巫师作法时所跳的一种宗教舞蹈。它伴随鼓声动作敏捷、矫健、激烈、节奏明快，烘托出一种热烈紧张的气氛。”[5]巫术孕育舞蹈，舞蹈动作是巫师身传的，直至现在仍然这样。

羌族至今仍有巫师，注重祭祀巫术。羌族人自称“日玛”(zma)、“日麦”(zme)、“尔玛”(xma)或“尔麦”(xme)，他们主要分布在四川省阿坝藏族自治州所属的茂汶羌族自治县、汶川县、理县、黑水县、松潘县、甘孜藏族自治州的丹巴县以及绵阳市的北川羌族自治县等县。[6]

《羌族简史》第五章《祭祀和巫术》又指出，羌族“巫师所念的经典与咒语，全凭记忆，世代口授相传。这种经典均为韵文，音韵悠美，四字一句，两句一节，但大多晦涩难懂”[7]。这又是值得珍视的古老的民歌。

阿昌族的“勃跑”，在人死后，就被请去诵经，他唱起天公遮帕麻和地母遮咪麻的唱词，他所念的每一折诵词，都是一篇完整的民间故事。古歌《遮帕麻和遮

① 叶大兵、乌丙安主编《中国风俗辞典》，上海辞书出版社1990年版，第716页；唐祈、彭维金主编《中华民族风俗辞典》，江西教育出版社1988年版，第558—559页。

② 唐祈、彭维金主编《中华民族风俗辞典》，江西教育出版社1988年版，第540页。

③ 全国人民代表大会民族委员会办公室编《云南省德宏傣族景颇族自治州社会概况——景颇族调查材料之四》，1958年刊印，第186页。

④ 唐祈、彭维金主编《中华民族风俗辞典》，江西教育出版社1988年版，第533页。

⑤ 《羌族简史》编写组编《羌族简史》第五章，四川民族出版社1986年版，第122页。

⑥ 《羌族简史》修订本编写组编《羌族简史》(修订本)，民族出版社2008年版，第1页。

⑦ 《羌族简史》编写组编《羌族简史》第五章，四川民族出版社1986年版，第113页。

咪麻》，便是阿昌族著名的"创世纪"巫歌。[①] 由此可见，民间文学也是在巫术中孕育产生的，我国各民族巫术是重要的非物质文化遗产资源。

11. 羌族男女图〔华梅著《中国服装史》，天津人民美术出版社 1989 年版，第 110 页。〕

12. 阿昌族妇女图〔华梅著《中国服装史》，第 120 页。〕

总之，中国各民族的巫术经典、咒语、法器等的流传是同民间文化交织在一起的，也是同各种巫术法事配合在一起进行的。巫师们多半是不脱离农业生产的宗教职业者。在少数民族中巫师是受人尊敬的智者，人们在极其封闭和极其贫困的生活中，遇到生老病死之事，都要找他们咨询一番。在此意义上，巫师的巫术非但不是鸦片，恰恰相反，其在人们历经的生老病死苦难当中他们还研制了有一定实际效用的中草药剂，为人们所信赖，所以巫师的职能才得以世代传承，一直延续到今天。我们只有尊重巫师和巫术的存在和发展才是明智之举。

① 《阿昌族简史》编写组编《阿昌族简史》，云南人民出版社 1986 年版，第 88 页。

第二章　巫术与原始医学、原始艺术

现代巫术凡是涉及神鬼的，绝大多数已经成为人们抨击的对象，但对原始巫术却不能简单地加以否定。如果拿它与宗教相比较，原始巫术的第一种形态，仅局部涉及或并不涉及神灵观念，其反映出人类试图掌握那些超自然的力量，而非对客观物体加以普遍的神化，乃至顶礼膜拜，祈求神的赐予。这类巫术极力想用人（即巫师）的力量来控制客体以达到预定的目的，因而与原始宗教相比较，巫术更具有进步因素。由此而言，对现代巫术中那些从古代传承来的积极成分，也应当区别对待，予以肯定的评价。

第一节　巫术与原始医学

中医和草药大都自巫术中产生并不断发展。《管子》卷一《权修篇》曰："上恃龟筮，好用巫医。"[①]记载春秋史事的《国语》晋语八第十四亦曰："平公有疾，秦景公使医和视之，出曰：'不可为也。'"[②]在殷周时代，巫即医，繁体字"毉"本身就是医和巫的合体字。这在一定程度上说明中国原始先民所具备的一定医药知识都与巫术活动有关。

《世本·作篇》云："神农和药济人。"[③]原始先民已经能够区分一些疑难的病症，知道以某些动植物来治病，并区别其有毒与无毒。《淮南子》卷一九《修务训》云："（神农）尝百草之滋味，水泉之甘苦，令民知所辟就。当此之时，一日而遇七十毒。"高诱注："此神农之为也。"[④]《搜神记》卷一《神农》云："神农以赭鞭鞭

---

① （周）管仲撰，（唐）房玄龄注，（明）刘绩增注《管子》卷一，上海古籍出版社 1986 年影印《二十二子》本，第 94 页。

② 徐元诰撰，王树民、沈长云点校《国语集解》，中华书局 2002 年版，第 434 页。

③ （汉）宋衷注，（清）茆泮林辑《世本》，《丛书集成初编》本，商务印书馆 1937 年版，第 106 页。

④ （汉）刘安撰，（汉）高诱注，（清）庄逵吉校《淮南子》卷一九，上海古籍出版社 1986 年影印《二十二子》本，第 1296 页。

百草，尽知其平毒寒温之性，臭味所主。以播百谷。故天下号神农也。”①唐司马贞《史记索隐·三皇本纪第二》亦云：“故号神农氏，于是作蜡祭，以赭鞭鞭草木，始尝百草，始有医药。”②

1. 神农尝百草〔（宋）陈旉撰《农书》，明嘉靖九年（1530）山东布政司刊本。〕

古史之记载已显现了神农的巫师特征，那“赭鞭”，相传是神农氏用以检验百草性味的赤色的鞭子，实际便是巫师的魔杖，具备了能够区分百草药性是有毒或无毒的魔术力。原始的医学总是和巫术交织在一起的，我国古代医学文献《黄帝内经》充分说明了这一点。另外，《韩诗外传》云：“上古医曰茅父，茅父之为医也，以莞为席，以蒭为狗，北面而祝之，发十言耳。”③这说明，上古的巫医们以蒲草（莞）为席，以草（蒭）编为狗，进行模仿巫术，并且面向北方不断发出“十言”咒语（祝），作出或凶或吉的预言。上古时期的医疗实践和巫术紧密地交织在一起，但值得指出的是，神农治病已采用“作医方”的办法。明董斯张撰《广博物志》卷二二引《物原》云：“神农始究息脉，辩药性，制针灸，作医方。”④

2. 肺神图〔（明）王圻、王思义编集《三才图会》，上海古籍出版社 1988 年影印本。下同〕

中医学和中药学都源于巫医非凡的巫术想象力。中国古代巫医认为，人的内脏当中，某些脏器内是有神灵存在的。古巫医认为，人类的肺里有“肺神”。宋张君房编集《云笈七签》卷一四称为《肺藏图》，《三才图会》改为《肺神图》。

《三才图会》身体一卷《肺神图》曰：“神名皓华，字虚成。肺之状为虎，主藏魄，象如悬磬，色如缟映红。生心上，对胸，有六叶。脉出于少商。少商，左手大指端内侧，去指甲二分许舀（陷）之中。”⑤巫医虽然对肺神有巫术幻想，状如

① （晋）干宝撰，汪绍楹校注《搜神记》卷一，中华书局 1979 年版，第 1 页。

② （唐）司马贞撰《史记索隐》卷三〇，景印文渊阁《四库全书》第 246 册，台湾“商务印书馆”股份有限公司 1986 年版（按，以下此信息从略），第 663 页。

③ （汉）韩婴撰，许维遹校释《韩诗外传集释》卷一〇《第九章》，中华书局 1980 年版，第 345—346 页。

④ （明）董斯张撰《广博物志》卷二二《方伎》，景印文渊阁《四库全书》第 980 册，第 447 页。

⑤ （明）王圻、王思义编集《三才图会》身体一卷，上海古籍出版社 1988 年影印本，第 1352 页。

虎，但可用手指控制它。

古巫医认为，人类的脾里有脾神。《三才图会》身体一卷《脾神图》曰：“神名常在，字魂庭。脾之状如神凤，主藏魂，象如覆盆，色如缟映黄。正掩脐上近前，横覆于胃。脉出于隐白。隐白，左足大指端侧，去甲角如韭叶。”[①]《云笈七签》称为《脾藏图》。人的脾神状如神凤，而神凤是会给人们带来吉祥的，巫医遂发明指捉法。

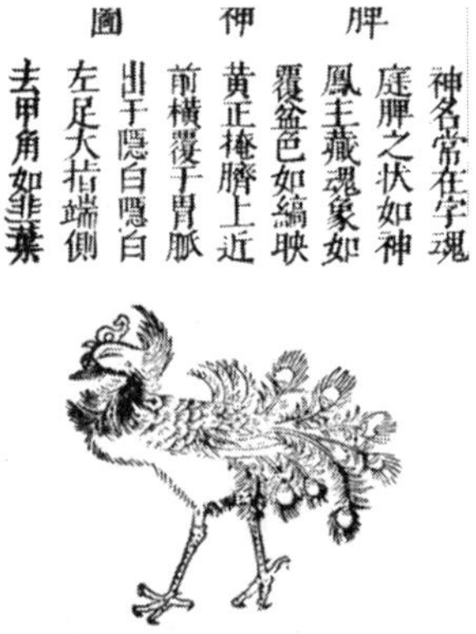

3. 脾神图

4. 捉凤指法

古巫医显然又认为人类的脾神——神凤，是可以捉住的。怎么捉？古巫医从弹琴指法获得联想[②]，通过针灸、搭脉、辨药等法去实践，从中找到正确的答案。巫医正是这样一步一步促进中医医药学理的形成和完备。

5. 心神图

古巫医认为，人类的心里有心神。《三才图会》身体一卷《心神图》曰：“神名丹元，字守灵。心之状如朱雀，主藏神，象如莲花下垂，色如缟映绛。生居肺中肝上，对鸠尾下一寸。心脉出于中冲。中冲，左手指端，去甲二分许陷者之中。”[③]《云笈七签》称为《心藏图》。朱雀是四灵之一，是守护人之生命的神。故《三才图会》又援引《灵枢·本输篇》道出心神治疗心病的医学原理云：“心者，五脏六腑之大主也，精神之所舍也。其藏坚固，邪弗能容也。容之则心伤，心伤则神去，神

① （明）王圻、王思义编集《三才图会》身体一卷，上海古籍出版社 1988 年影印本，第 1357 页。
② （明）王圻、王思义编集《三才图会》人事一卷，上海古籍出版社 1988 年影印本，第 1560 页。
③ （明）王圻、王思义编集《三才图会》身体一卷，上海古籍出版社 1988 年影印本，第 1363 页。

去则死矣。故诸邪之在于心者，皆在于心之包络。包络者，心主之脉也，故独无输焉。”[1]此中医病理学显然肯定心内有一只心神朱雀，居住在心的精神之舍里。一个人精神上不能受重大打击，不能容忍任何邪恶精神进入，容之则心伤，心伤则神不守舍，心神朱雀就会飞走，而心神一去，人就死定了。由此可见，中医学最初来源于巫医无疑焉。

古巫医认为，人类的肾里有肾神，长相奇特。《三才图会》身体一卷《肾神图》曰：“神名玄冥，字育婴。肾之状，玄鹿两头，主藏志，象如圆石子二，色如缟映紫。生对脐，搏着腰脊。左为正肾，配五脏，右为命门，男以藏精，女以系胞。肾脉出于涌泉，涌泉在足中心。”[2]《云笈七签》称为《肾藏图》。巫医有惊人的想象力，肾神是一只玄鹿，有两个头，可以左顾右盼。按《三才图会》援引《三十六难》曰：“命门者，诸神精之所舍，原气之所系也。”[3]玄鹿就住在命门内。男人就在命门里藏精子，女人就在命门里藏卵子。也就是说，肾强盛，男女才能生孩子绵延后代。此中医医理是有科学性的，故被世人所笃信。

6. 肾神图

古巫医认为，人类的胆里有胆神。《三才图会》身体二卷《胆神图》曰：“神名龙耀，字威明。胆之状如龟蛇混形，其象如悬匏，色青紫，附于肝中。”[4]《云笈七签》称为《胆藏图》。“龟蛇混形”即四灵中的玄武，亦是有灵性之神。

7. 胆神图

8. 肝神图

---

① (明)王圻、王思义编集《三才图会》身体一卷，上海古籍出版社1988年影印本，第1364页。
② (明)王圻、王思义编集《三才图会》身体一卷，上海古籍出版社1988年影印本，第1372页。
③ (明)王圻、王思义编集《三才图会》身体二卷，上海古籍出版社1988年影印本，第1373页。
④ (明)王圻、王思义编集《三才图会》身体二卷，上海古籍出版社1988年影印本，第1377页。

古巫医认为，人类的肝里有肝神。巫医显然认为中国人的内脏中肝脏最重要，因为肝神是一条龙。《三才图会》身体二卷《肝神图》曰："神名龙烟，字含明。肝之状为龙，主藏魂。象如悬匏，色如缟映绀。生心下而近后，右四叶，左三叶。脉出于大敦。大敦，左大指端，三毛之中也。"①《云笈七签》称为《肝藏图》。

虽然古巫医认为人体内有肺神、脾神、心神、肾神、胆神、肝神，但是他们并没有听命于神灵的摆布，相反，他们认定要去掌握一种超自然的力量，使人类摆脱疾病而生存，于是，搭脉、辩药、针灸等医法一一被发明。

当然，原始时代之医术，显然也与巫术幻想有关。神农与炎帝合二为一，在秦汉之间的《世本》中确立。汉班固撰《白虎通义》卷四《五行》云："炎帝者，太阳也。"②故神农炎帝为太阳神。在他治理的日林国内，有一种"仙人镜"，和现在医院里的 X 射线差不多，它能照见人的五脏六腑，什么病都能看得出。梁任昉撰《述异记》卷下云："日林国有神药数千种。其西南有石镜，方数百里，光明莹彻，可鉴五脏六腑，亦名仙人镜。国中人若有疾，辄照其形，遂知疾起何脏腑；即采神药饵之，无不愈。其国人寿三千岁，亦有长生者。"③

神农时白民巫师们还探索出借助野兽来为人类治病。元陈芬撰《芸窗私志》云："神农时白民进药兽，人有疾病，则拊其兽授之语，语如白民所传，不知何语。语已，兽辄如野外衔一草归，捣汁服之即愈。后黄帝命风后纪其何草，起何疾，久之如方悉验。古传黄帝尝百草，非也。故虞卿曰'黄帝师药兽而知医'。"④

这种药兽治病之巫术，传自中华民族的始祖——黄帝。巫师对兽使用巫术，使兽获得治病的感应力，从野外衔回药草，人们捣烂服之即病愈。当然，这仍是巫术之幻想。不过，巫术医学幻想常常是医学发明的前兆。原始巫医为人们驱邪治病，在运用咒语、画符、喷水等等法术之外，常常加入中草药。纳西族的"东巴"为人治病，除了念《消灾经》，也会给病人服药和擦药，就是明证。彝族巫师"毕摩"所用《祭经》中还有古医术专章，如《喂药章》曰："古来之病症，数数九十九，山中的草药，百余二十样。病先一日来，药迟一日至，药迟无足虑，良药自内入，病症向外出，我为尔呗耄，为尔述药剂，药剂上百起。"⑤"呗耄"就是"毕摩"。《祭经》内还有《采药歌》曰："采药采药兮，采药到天间，天间产良药，药枝

---

① (明)王圻、王思义编集《三才图会》身体二卷，上海古籍出版社 1988 年影印本，第 1380 页。

② (清)陈立撰，吴则虞点校《白虎通疏证》卷四，中华书局 1994 年版，第 177 页。

③ (梁)任昉撰《述异记》卷下，景印文渊阁《四库全书》第 1047 册，第 630 页。按，此南北朝"仙人镜"的出现并非孤立的，秦汉时期有魔镜巫术，参见本书第十一章第四节。

④ (明)陶宗仪编《说郛一百二十号》号三一引，上海古籍出版社 1988 年影印《说郛三种》本，第 1457 页。

⑤ (彝族)王光荣著《通天人之际的彝巫"腊摩"》，云南人民出版社 1994 年版，第 139 页。

伸地上；女子来采药，男子来炮制，杵臼来舂捣，石磨来研磨，铜锅来煎熬，铁匙来调搅，煎药处来煎，药沸声腾腾。”[①]诸如此类的医学方法被称为“巫医术”。

至春秋战国时代，巫与医才逐渐有所分离。汉司马迁撰《史记》卷一〇五《扁鹊仓公列传》云：“信巫不信医，六不治也。”[②]说明在秦汉以后，由于科学文明演进，逐渐出现贵医而贱巫的情况，故信巫被看作“六不治”之病的一种。

但是巫医术在世界许多地方仍然存在。根据《化石》1984 年第 4 期载王人龙编译《揭开伏都教“还魂尸”之谜》一文云，西印度群岛中的海地有“还魂尸”之传说，即人死亡十多年后又活了过来，究其原因是当地巫师用了一种颇有效的麻醉性草药，能使人深度昏迷，若干年后人再醒过来。可见巫师虽施用专门害人的黑巫术，但却无意中对麻醉药作了有益的探索和成功的实验，反而促进了人类医学之发展。巫术的进步性，多半是巫师不自觉的产物，巫术中孕育的人类早期的医学，就是通过这样曲折的方式反映出来的。

史书上曾经提到匈奴有一种医，是专门治疾救人的巫师。汉班固撰《汉书·苏武传》载，苏武在匈奴引佩刀自杀后，卫律驰往召医，凿地为坎，即地穴，下置温火，把苏武放在上面，还用脚踩他的后背，使之出血，苏武原先已气绝，半天以后才渐渐苏醒。[③] 由此可知，当时匈奴的巫医已经懂得急救以及治疗刀伤的一些知识，他们是匈奴医学文化的代表。

巫医术尽管不为后代所肯定，但是从历史发展的客观情况看，第一，巫医探索的恒心值得肯定。《论语·子路》记载：“子曰：‘南人有言曰：“人而无恒，不可以作巫医。”善夫。’‘不恒其德，或承之羞。’子曰：‘不占而已矣。’”[④]意思是，孔子说：“南国的人有句话说：‘人如果没有持久的心，就不能够做巫人和医士。’这话说得真好啊。”《易经》上也说：“如果不能够使德行常久，人人都可以羞辱他。”孔子进而批评说：“人没有持久的心，乃是不肯遵循《易经》的这一爻辞的意思罢了。”《论语》此章的旨意，是孔子告诫人对德行和事业都要有持久不懈的心，以巫医有恒心举例。

第二，巫医互相学习的精神也值得肯定。唐韩愈《师说》云：“巫医乐师百工之人，不耻相师。士大夫之族，曰师曰弟子云者，则群聚而笑之。问之，则曰：‘彼与彼年相若也，道相似也，位卑则足羞，官盛则近谀。’呜呼！师道之不复，可

---

① （彝族）王光荣著《通天人之际的彝巫“腊摩”》，云南人民出版社 1994 年版，第 140 页。

② （汉）司马迁撰《史记》卷一〇五，中华书局 1959 年版，第 2794 页。

③ （汉）班固撰《汉书》卷五四，中华书局 1962 年版，第 2461 页。

④ （魏）何晏集解，（宋）邢昺疏《论语注疏》卷一三，中华书局 1980 年影印阮元校刻《十三经注疏》本，第 2508 页。

知矣。巫医乐师百工之人，君子不齿，今其智乃反不能及，其可怪也欤？”[1]古代巫医的聪明正在于他们“不耻相师”，没有地位高下之观念。

第三，巫医的某些外科异术值得肯定。至宋代，巫医声名已经有些狼藉。宋范正敏撰《遁斋闲览》“医巫”条曰：“田岩，闽人，以医著名，尤善治瘵疾。察形诊候，度疾浅深，以计所酬之直，约定始肯为治。多至五百千，少不下百千，疾平受。期以时月，未尝有失。岩后自得瘵疾，历试平日所用之方，无一验，遂死。南人信巫，有疾疠不召医，惟命巫使行禁咒。辛巳年，临汀大疫，郡巫尽死，余人不治多自瘥，然则医巫岂足恃乎？”[2]瘵疾即痨病。医巫田岩只会给别人治“病”，到了关键时候，才知道自己的巫医药方一个也不灵，连自己的病都无法治疗。田岩还是懂一点内科医术的巫医，一般的医巫不懂内科医术，到了大疫流行之时，一个地区的巫都死个净光，所以就更不足以依赖了。

内科疑难病症不能治，但某些外科伤病还是可治的。清代清凉道人编《听雨轩笔记》卷一《杂记》中记述他亲眼所见岭南巫师的外科异术的神奇，文曰：

> 粤俗尚鬼，故其地师巫邪术为最多。如昔人所云，放蛊易腿之类是已。兹以目睹熟闻之事，略具数条，皆确凿而可征，非若得之传闻者，疑信相参，仅资谈吻已也。乾隆丙子，予客桂林太守商公所，馆于署之东偏恒余园，中书楼三间，予居其下，楼上虽未败坏，而木皆朽蠹。小仆崔升者，本城人，一日于楼头凭栏徙倚，讵阑干外实而中虚，从空倒坠于阶石之上，头碎胸裂，一息奄然。予以为必死矣，遂给以药资，令其父负回，未及旬而崔升仍进署执役，骇问其速愈之故，曰：请巫师化水耳。其法以五色纸书符其上，口诵咒而旁人鸣钲鼓助之，演法良久，焚符于水碗中，以饮病者，血即顿止，次日结痂矣。予视其头破处，仅如红线一缕，胸前黡如钱大，饮食行动如常，初无疾苦也。[3]

外科神奇异术一般用于蛊道巫术致人换腿的大外科手术中。文中崔升因楼上护栏损坏而坠楼，古代的楼多为二层，跌下来易受严重外伤，懂中医的巫师一般能治。诵咒焚符只是巫术形式而已。清凉道人还举出梧州“化水”医治之

① (唐)韩愈《师说》，韩兆琦等《唐宋八大家名篇赏析》，北京十月文艺出版社 1987 年版，第 3—4 页。

② (宋)范正敏撰《遁斋闲览》，(明)陶宗仪编《说郛一百卷》卷三二，上海古籍出版社 1988 年影印《说郛三种》本，第 552 页。

③ (清)清凉道人编《听雨轩笔记》卷一，《笔记小说大观》第二十五册，江苏广陵古籍刻印社 1983 年版，第 324 页。

法。此法何以有神效，古来一向未予深究，未知确实与否，但从救治结果来看，其有值得肯定之处。

清代巫医的末流，声名已到狼藉不堪的地步。徐珂编撰《清稗类钞》方伎类《巫以利刃加人腹》条云："王文简公士祯尝于秋审时，见山西妖巫以利刃加人腹而咒之，云能愈疾。已而刃入腹，病者肠出而死，巫亦论抵。"①清代巫医将病人治死，官府是要查办的，因此人们不敢再随意找巫医看病。

在清代，由于中医的普及和深得人心，人们被蛇咬，宁愿去找中医用祖传秘方治疗，也不会找巫医。治蛇毒的巫医，遂转行以特殊的抓蛇功能来娱乐民众，或通过向药店供应毒蛇等有关药物来谋生。徐珂编撰《清稗类钞》方伎类《巫拘蛇》条曰："乾隆时，有南客馆京师，巫也，自言能拘蛇。其居停主人欲观其法，不可，强之至再，允焉。乃命竹工削竹签百枝，长三尺许，锯其两端，如箭锥。至期，约主人及外客，以麻绳束竹签，捆载而行，同赴西山石佛庙。踞石台上，步罡书符，口喃喃作词。俄顷，微风起，草中索索作声，蛇果大至，先小后大，盘旋回绕，有若锦者，有若花者，众咸诧为未见。最后有一蛇至，不甚大，遍体光黝如漆，昂其首，向前视客。客色遽变，怃然曰：'殆矣。'急书符退之。众蛇皆散，独黝黑者不去，吻舌张口，似有怒态。客披发跣足，持咒，啮舌血噀之，始去。顾众曰：'君等可归矣。此蛇来，与吾较法，我不可去，去则贻祸主人。'乃命众人以绳束其身，捆于石佛背上，以所携竹签置手旁，促众人去。次日客归，众询所以，云：'是夜风雨大作，蛇乘空而来，张口吸气，似欲相吞。予望其气来，乃以竹签一枝投之，签为气蹑入其腹。如是数十次，气渐衰，签亦将尽。俄闻庙门外有崩撼之声，蛇毙于地，风雨亦息。'"②乾隆时的这位巫师，实际也是道观里的道士，原有抓蛇的特异功能，加上道教的符咒术，所以施行的治蛇巫术令人吃惊。

广西南宁一例也是这样。徐珂编撰《清稗类钞》方伎类《南宁巫能役蛇》条云："南宁地卑湿，多烟瘴，蛇虺繁殖，土人强以其形名之，有草鞋蛇，作枯草色，扁如人掌；有圆蛇，如鹅卵，伏沙中，斑斓类文石，一触人气，即暴长，皆能螫人立毙。有巫善持咒役蛇，可以招之来，挥之去。其施术，恒在夜半，先择旷僻之地，列炬于其四周，裸体披发，足践二雄鸡，拔剑划地，喃喃诵咒。其徒四人环立四隅，分执鼓角钲钹。欲观者，则各佩一符于襟，含一丸药于口，潜立其后。倏而大小异蛇联络奔赴，绕地三匝，始去。"③

现代巫医使用中草药和打卦求神结合，虽有值得肯定之处，但效果有限，在

① 徐珂编撰《清稗类钞》，中华书局 1984 年版，第十册，第 4564 页。

② 徐珂编撰《清稗类钞》，中华书局 1984 年版，第十册，第 4564—4565 页。

③ 徐珂编撰《清稗类钞》，中华书局 1984 年版，第十册，第 4565 页。

穷山僻壤之地难以借此控制疫疾流行。根据《广西隆林磨基乡仡佬族社会历史调查报告》记载:“解放前仡佬族住的么基乡没有什么医院和卫生所的设置,当时人们得了病只是任其发展,有时是用占卜送鬼神,巫师喃吆的方法来解除病害,造成死亡现象和体质消弱现象是严重的,前十几年该乡附近的一个屯因生天花差不多全屯人都死光啦!人们的卫生条件也是非常差的。这是与经济条件贫困有着密切的关系。”又记载:“大水井的情况和全乡的情况也是一样的,对任何的病症全是无计可施,只是任其发展听天由命,有时请巫婆巫师给点便法野药吃。该屯的人们寿命是很短的,一般50多岁就死去了。”[①]这是1958年冬调查所得的仡佬族资料。在新中国成立前非常贫困落后的状态下,偏远地区巫婆、巫师用中草药治病(古传医方)已难能可贵,虽有时无济于事,但也不应该完全抹杀其作用。

第二节　巫术与音乐舞蹈

古代乐舞伴随巫术活动而产生和发展。有巫必有舞。在现已发现的洞穴壁画中就有旧石器时代晚期巫舞的题材。舞蹈者戴着动物面具,装扮成禽类与野兽,甚至装扮成神状,唱巫歌,跳巫舞。这在远古神话中已有颇多的记述,并且一直延续到现在,如云南特有民族纳西族的东巴舞。

9. 纳西族的东巴舞〔宋兆麟著《巫与巫术》,四川民族出版社1989年版,第344页,图32。〕

据《庄子·盗跖》云:“神农之世,卧则居居,起则于于,民知其母,不知其父,与麋鹿共处,耕而食,织而衣,无有相害之心,此至德之隆也。”[②]当求雨时,巫祝舞蹈便盛行。清马骕撰《绎史》卷四引《神农求雨书》云:“春夏雨日而不雨,甲乙命为青龙,又为火龙,东方小童舞之;丙丁不雨,命为赤龙,南方壮者舞之;戊己不雨,命为黄龙,壮者舞之;庚辛不雨,命为白龙,又为火龙,西方老人舞之。壬癸不雨,命为黑龙,北方老人舞之。如此

① 中国科学院民族研究所广西少数民族社会历史调查组编《广西隆林磨基乡仡佬族社会历史调查报告》,1964年刊印,第31页。按,引文中个别疏误,径改。下同。

② (周)庄周撰,(晋)郭象注,(唐)陆德明音义《庄子》卷九,上海古籍出版社1986年影印《二十二子》本,第79页。

不雨，潜处阖南门，置水其外，开北门，取人骨埋之。如此不雨，命巫祝而暴之；如此不雨，神仙积薪击鼓而焚之。”①

这些舞蹈，小童舞、壮者舞、老人舞都与巫祝施行求雨巫术交织在一起，夹杂以埋人骨、击鼓、燃薪等巫术仪式，真是历历如绘。神农氏自然是男巫，是他沟通人神的。另外，他造音乐器具——琴，即是为了“通神”，《桓子新论》卷一《琴道篇》云：“昔神农氏继宓羲而王天下，上观法于天，下取法于地，于是始削桐为琴，练丝为弦，以通神明之德，合天地之和焉。”②

雷公舞是人扮雷神的模仿巫术，并以击鼓舞蹈为主。《论衡·雷虚篇》云：“图画之工，图雷之状，累累如连鼓之形；又图一人，若力士之容，谓之雷公，使之左手引连鼓，右手推椎，若击之状。其意以为雷声隆隆者，连鼓相扣击之（意）〔音〕也。”③这种击鼓舞，一般会伴随着模仿自然之音的歌声，并击石为音节，扮百兽而舞。《吕氏春秋》卷五《仲夏纪·古乐》云：“帝尧立，乃命质为乐。质乃效山林溪谷之音以歌，乃以麋輅置缶而鼓之，乃拊石击石，以象上帝玉磬之音，以致舞百兽。”④凤凰舞则以模拟凤鸟的舞蹈为主。《尚书·虞书·益稷》云：“箫韶九成，凤皇来仪。”⑤舞者扮为雌雄凤凰而舞。凤凰舞代表和平与安宁，所以《山海经》卷一《南山经》云：“（凤皇）自歌自舞，见则天下安宁。”⑥《山海经》卷一八《海内经》亦云：“有鸾鸟自歌，凤鸟自舞。凤鸟首文曰德，翼文曰顺，膺文曰仁，背文曰义，见则天下和。”⑦《淮南子》卷六《览冥训》则云：“凤皇之翔，至德也。雷霆不作，风雨不兴，川谷不澹，草木不摇。”⑧

牛尾舞自然也是巫舞。《吕氏春秋》卷五《古乐》云：“昔葛天氏之乐，三人操牛尾，投足以歌八阕：一曰《载民》，二曰《玄鸟》，三曰《遂草木》，四曰《奋五谷》，

---

① （清）马骕撰《绎史》卷四，景印文渊阁《四库全书》第 365 册，第 86 页。

② （汉）桓谭撰，（清）孙冯翼辑《桓子新论》，《四部备要》本，中华书局据问经堂辑本校刊，第 3 页。

③ （汉）王充撰，陈蒲清点校《论衡》卷六，岳麓书社 2006 年版，第 85 页。

④ （秦）吕不韦撰，（汉）高诱注，（清）毕沅校《吕氏春秋》卷五，上海古籍出版社 1986 年影印《二十二子》本，第 644 页。

⑤ （汉）孔安国传，（唐）孔颖达等正义《尚书正义》卷二，中华书局 1980 年影印阮元校刻《十三经注疏》本，第 144 页。

⑥ （晋）郭璞传，（清）毕沅校《山海经》卷一，上海古籍出版社 1986 年影印《二十二子》本，第 1340 页。

⑦ （晋）郭璞传，（清）毕沅校《山海经》卷一八，上海古籍出版社 1986 年影印《二十二子》本，第 1386 页。

⑧ （汉）刘安撰，（汉）高诱注，（清）庄逵吉校《淮南子》卷六，上海古籍出版社 1986 年影印《二十二子》本，第 1232 页。

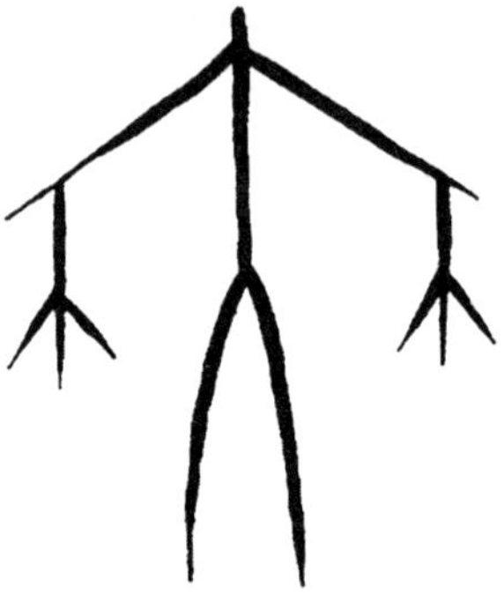

10. 殷商甲骨文"舞"字〔摹自王襄编《簠室殷契类纂》正编第五，天津博物院 1920 年石印本。〕

五曰《敬天常》，六曰《建帝功》，七曰《依地德》，八曰《总禽兽之极》。"①甲骨文中的"舞"，如图 10 所示，便是一人两手操牛尾，正是其形象反映。"玄鸟"、"敬天常"、"依地德"等巫舞，是用以祭祀农神之祖先与天地之舞。

原始时代以后，巫舞因适应生产生活的需要而得以流传下来。商代传入宫廷。《尚书·伊训》："曰：敢有恒舞于宫，酣歌于室，时谓巫风。"孔传："常舞则荒淫。乐酒曰酣，酣歌则废德。事鬼神曰巫，言无政。"②意思是，成汤说胆敢有在宫室里经常纵情饮酒、观赏歌舞的，这是所谓的巫觋的风俗。商汤对此巫风是持否定态度的，但巫以歌舞事神则为当时之风俗。《墨子·非乐》亦曰："先王之书汤之《官刑》有之，曰：'其恒舞于宫，是谓巫风。'"③周代仍有求雨巫舞。《周礼·司巫》云："若国大旱，则帅巫而舞雩。"④司巫率众巫跳神。屈原《九歌》中也有巫舞之记载，《楚辞补注》卷二《九歌序》曰："《九歌》者，屈原之所作也。昔楚国南郢之邑，沅湘之间，其俗信鬼而好祠。其祠必作歌乐鼓舞以乐诸神。"⑤先秦时期曾禁止这种酣歌狂舞的巫风，必定是巫师们狂舞过分引起反感。唐代敦煌则有驱傩舞，即驱鬼舞。斯二〇五五《除夕钟馗驱傩文》描述舞蹈装扮，笔者在《敦煌民俗学》中有所阐述："唱《儿郎伟》驱傩时，敦煌民间具体做法便是这样：有的化装成'熊罴爪硬'，有的化装成'钢头银额'，主角伟郎儿需要先化装成一个驱鬼的钟馗，全身披着特制的豹皮、皮上用朱砂染赤，口中唱着'捉取江游浪鬼'的《儿郎伟》，声势浩大地进行驱傩。"⑥

唐代诗人王维写有迎神巫歌，《鱼山神女祠歌·迎神》云："坎坎击鼓，鱼山之下。吹洞箫，望极浦。女巫进，纷屡舞。陈瑶席，湛清酤。风凄凄兮夜雨，不

---

① (秦)吕不韦撰，(汉)高诱注，(清)毕沅校《吕氏春秋》卷五，上海古籍出版社 1986 年《二十二子》影印本，第 643 页。

② (汉)孔安国传，(唐)孔颖达等正义《尚书正义》卷八，中华书局 1980 年影印阮元校刻《十三经注疏》本，第 163 页。

③ (周)墨翟撰，(清)毕沅校注《墨子》卷八，上海古籍出版社 1986 年影印《二十二子》本，第 251 页。

④ (汉)郑玄注，(唐)贾公彦疏《周礼注疏》卷二六，中华书局 1980 年影印阮元校刻《十三经注疏》本，第 816 页。

⑤ (汉)王逸章句，(宋)洪兴祖补注《楚辞补注》卷二，景印文渊阁《四库全书》第 1062 册，第 146—147 页。

⑥ 高国藩著《敦煌民俗学》，上海文艺出版社 1989 年版，第 495 页。

知神之来兮不来，使我心兮苦复苦。”①唐代迎神巫舞显然带有吹箫、击鼓之伴奏，并且还设祭神之宴席。

11. 沂南画像石上的驱鬼神——方相氏〔宋兆麟《巫与巫术》，图19。〕

总之，上述古代实例均说明巫术不仅孕育了音乐舞蹈，而且继续对后代有广泛之影响。在云南25个少数民族里，以佤族的巫术孕育出的歌舞艺术最为突出。据《佤族景颇族舞蹈》一书介绍，佤族到1949年新中国成立前夕，还处在原始社会末期，“由于佤族特殊的社会发展形态，闭塞的交通，封闭式的地理条件，独特的生产、生活方式和简单纯朴的社会意识，加之对万物有灵的宗教信仰很深，使植根于佤族人民劳动和生活中的民间舞蹈，绝大部分带有浓厚的原始性和祭祀性”②。流传在阿佤山地区的原始古老的祭祀性的歌舞中，还有砍人头祭谷巫术、剽牛巫术、头发巫术的歌舞，可谓是巫术孕育歌舞艺术的活化石。

《佤族景颇族舞蹈》一书在“几种有代表性的民间舞蹈”一节介绍说：“在阿佤山区，凡遇重大的祭祀或喜庆活动，都要举行剽牛祭祀。开始，仅是少数部落头人和魔巴（巫师）举行仪式，以后群众也参加欢庆，祭祀性的剽牛活动，逐渐形成群众性的‘剽牛舞’。‘剽牛舞’佤语称‘考刷卖’，流行于西盟、沧源、澜沧、孟连、耿马、双江等地。通常先以剽牛仪式开始，好像舞蹈的一段引子。即先将要剽的牛捆在木制的牛角叉上，魔巴持长刀诵经毕，即令一名慓悍的男子，用铁剽戳进牛腹将牛刺倒。按照佤族的习俗，在场的人都参加分食牛肉，剽牛过后，要取牛肝占卦、做鬼的仪式，剽牛仪式结束后，人们聚集在剽牛人家的门外，围着篝火，不分男女老幼，不限人数多少，大家手拉手围成圆圈，随领唱者齐声而歌，边歌边舞。歌词内容大多是表现民族历史、祭祀、劳动、生活等。伴奏的乐器如芦笙、佤笛、㖫或德、独弦琴等，可任选其一，复配以铓锣、象脚鼓、镲等。”③由此可见，从巫术活动中衍化出来音乐舞蹈及其乐器品种很多，这种祭祀巫术因而具有鲜明的文化艺术特征。

① 《全唐诗》卷一二五，中华书局1960年版，第四册，第1263页。

② 张亚锦、刘金吾编著《佤族景颇族舞蹈》，云南人民出版社1994年版，第4页。

③ 张亚锦、刘金吾编著《佤族景颇族舞蹈》，云南人民出版社1994年版，第6页。

第三节　巫术与绘画雕刻

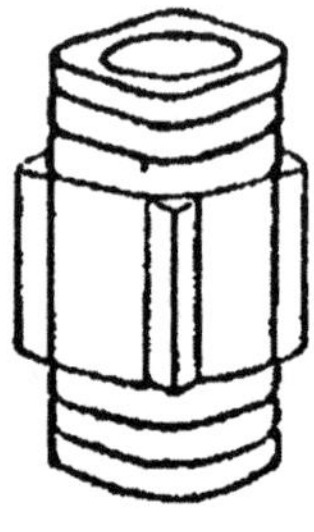

12. 玉琮〔《辞源》修订本，商务印书馆 1982 年版，第三册，第 2063 页。〕

1936 年首次发现于浙江余杭良渚镇的良渚文化，是新石器时代晚期的文化，其中出土有玉琮。据《周礼·春官·大宗伯》云："（周人）以玉作六器，以礼天地四方。以苍璧礼天，以黄琮礼地。"注云："琮，八方，象地。"[①]可见玉琮是商周时代巫师用于祭地的一种法器，四面八角象征四面八方。出土的玉琮分为两类：一类器宽大于器高（短筒）；一类器高大于器宽（长筒），图 12 即属于此类。琮面上雕刻有兽面纹、飞鸟纹等。这批玉器是作为墓葬品埋入土中的，它们都与巫术有关，是为了避凶祛邪，保佑死者平安吉祥。

此种巫术又孕育了雕塑、雕刻和绘画。以巫术孕育绘画为例。原始先民的画有一类是刻在岩石上的，称为"岩画"。我国各地有不少原始先民的"岩画"遗迹，具体参见下表所列举。

编　号	省　份	地　点	岩画名称
1	新疆	和田地区皮山县桑株乡乌尔其村	桑株岩画
2	新疆	伊犁尼勒克县红光牧场东南	尼勒克县岩画
3	新疆	伊犁哈萨克自治州昭苏县阿克亚孜河畔	阿克亚孜岩画
4	新疆	伊犁霍城县北	干沟岩画
5	新疆	伊犁霍城县塔木达什（大石头）	昆带山岩画
6	新疆	伊犁额敏县城东	卡拉伊米里岩画
7	新疆	伊犁裕民县城西南	红石头泉岩画
8	新疆	西起库尔勒，北连吐鲁番	库鲁克（兴地）岩画
9	新疆	博尔塔拉蒙古自治州温泉县东北 50 公里	穹库斯台、卡拉斯白岩画
10	新疆	塔城阿西尔达斡尔民族乡北 10 公里塔尔巴哈台山口和阿尔泰县东 30 公里唐布拉山口	唐布拉等山口岩画

① （汉）郑玄注，（唐）贾公彦疏《周礼注疏》卷一八，中华书局 1980 年影印阮元校刻《十三经注疏》本，第 762 页。

续表

编　号	省　份	地　点	岩画名称
11	新疆	阿尔泰县境内	(1) 乌图不拉克岩画 (2) 多尕特岩画 (3) 多尕特第二亚群岩画
12	云南	沧源佤族自治县勐省、曼帕、曼坎等地山岩	沧源岩画
13	广西	宁明县明江两岸之花山、珠山、高山、龙峡等地	花山岩画
14	四川	珙县洛表镇	麻塘坝岩画(九盏灯、狮子岩、猪圈门等处)
15	江苏	连云港锦屏镇	将军崖岩画①
16	西藏	定日县南果乡达拉山北坡的门吉地方	定日岩画
17	西藏	普兰县、札达县阿里三围	阿里岩画
18	内蒙古	阴山地区	阴山岩画
19	内蒙古	昭乌达盟地区	白岔河流域岩画
20	甘肃	嘉峪关西北黑山	嘉峪关岩画
21	宁夏	青铜峡广武乡等处	贺兰山岩画
22	青海	海北藏族自治州刚察县吉尔孟乡哈龙沟等处	青海地区岩画

巫术与岩画关系密切，正如朱天顺先生《原始宗教》中所说，原始人类的一切社会活动都离不开宗教和巫术，不仅原始宗教渗透到社会生活的各个方面，巫术也是渗透到社会生活各个方面的②，岩画就是如此。岩画是交感巫术的反映。原始人不会无缘无故地在岩石上刻画，他们刻岩画是有目的的。岩画是他们施行交感巫术的一种方式，他们向往什么就画什么，于是被画的物品便被认为具有了感应的魔术力，画射野兽便被认为行猎一定会有收获。例如，新疆

13. 新疆天山以北撒尔乔湖岩画〔高国藩著《敦煌巫术与巫术流变——中国民俗探微》，河海大学出版社 1993 年版。〕

① 关于江苏省将军崖岩画，参见高国藩《海州石头文化》附详细图片，载台北《故宫学术季刊》第九卷第三期(1992 年 4 月)。

② 朱天顺著《原始宗教》，上海人民出版社 1978 年版。

天山以北裕民县撒尔乔湖的狩猎岩画，图像似与举行宗教仪式有关，狩猎图似有巫术意义。

刻画者应当是巫师或巫师所授意之人，他有意将猎人的箭杆画得很长，紧紧抵住野兽，意谓控制着猎物，上面所画一只野羊，显然也被巫术所控制。新疆尼勒克县岩画中也有一幅巫术狩猎图，它完全体现出巫师的巫术设计，下方两只小鹿跟着母鹿，母鹿后则紧跟着一条猎狗，只要猎人一张弓射箭，猎物便会被射中而就缚。

14. 新疆尼勒克县红十月公社岩画

另外，画一些肥壮的动物，便意味着牧业一定丰收。例如，新疆霍城县干沟岩画，便画了一些肥壮的奔腾跳跃的羊：

15. 新疆霍城县干沟岩画

新疆额敏县卡拉伊米里渠的卡伊卡爱山坡上的岩画，便画了一些肥壮的牦牛：

16. 新疆额敏县卡伊卡爱岩画

新疆裕民县城西南红石头泉岩画，则画了一幅十分和谐的放牧牛羊图：

17. 新疆裕民县红石头泉岩画

所有这些放牧的巫术岩画，都被认为对牧业丰收具有某种保护的巫术力，它能保证牛羊的健壮，因此，原始先民在岩上便大画特画各种放牧图。

值得注意的是，新疆考古研究所王炳华研究员在1987年夏发现了位于呼图壁县城西南大约75公里的天山山脉中生殖崇拜的岩画，时代属于原始社会后期。在中国岩画中，这是首次发现生殖巫术岩画。《解放日报》1988年3月18日第3版文章报道了有关情况。岩画所在的山体，东西长14米，上下高9米，在岩壁上布满着二三百个大小不等的人物形象，大者过于真人，小者只有一二十厘米。这些男女人物或卧或立，手舞足蹈之状表现出神巫师的特征。他（她）们或衣或裸，生殖部位都做了艺术性的夸张，显然带有巫术魔力，男女旁边有许多小人及小老虎、小猴子等动物都有勃起的阳具。这些都非常明显地反映出用巫术祈求生殖繁衍、生活繁荣的特点。

18. 四川珙县麻塘坝九盏灯的岩画〔四川省博物馆、珙县文化馆（袁明森执笔）《四川珙县“僰人”悬棺及岩画调查记》，文物编辑委员会编《文物资料丛刊》(2)，文物出版社1978年版。下同〕

19. 四川珙县麻塘坝狮子岩的岩画

以上新疆岩画中出现的人只是放牧者和狩猎者，还没有见到长角的巫师，但不排除这些岩画创作者本身就是巫师。在四川珙县麻塘坝、九盏灯等地的岩画则出现了巫师形象。

珙县麻塘坝九盏灯岩画中偏左一人，头上有一只角，是巫师装扮的特征，他一手执招魂幡，为在太阳下放牧行祭祀礼；左上方也有两个头上各一只角的巫师，遥相呼应。右下一巫师舞于马上，似乎在追逐太阳。巫师装扮有一只角并不奇怪，古希腊一位叫潘神的巫师，头上就有一只角。但珙县岩画中的巫师却是群体，他们既是放牧者又是祭祀者，一身而二任，可见原始社会巫师是参与生产的。

珙县狮子岩的岩画上，就不是每人头上都有角了，但依然有不少是戴角的巫师。这说明，在原始社会，信奉巫术的人很多，参与生产的巫师也很多。

岩画，被认为是新石器时代晚期的原始艺术，同时，它们也是巫术艺术。通过岩画，人们可以发现原始绘画艺术在巫术中孕育的过程。据研究推测，以上天山以北地区岩画的年代不晚于公元8世纪，即产生于唐代；珙县岩画可能产生于宋代以后，说明两地在唐宋时可能还处于原始社会阶段。

内蒙古的阴山岩画，集中分布在阴山西段深邃峡谷的断崖立壁上，以及沟旁岩石和山巅巨石之上，形成了许多岩画群。公元5世纪，北魏郦道元已经有所发现，将其载入《水经注》一书中，并把刻有岩画的山称作"画石山"，或称之为"石迹阜"。1976年8月以来，内蒙古文物考古工作者又发现了大批阴山岩画，已经拓描了一千余幅。阴山岩画以羊、马、牛、鹿、狍、罕达犴、狐狸、野驴、骆驼、狼、狗、虎、豹、龟、蛇等野生动物图像最为多见，而且分布最广。单只的或者成群的都有，个体的大小都不一样，神态逼真，生意盎然。岩画计有行猎图、迁徙图、舞蹈图、人头像、圣像、神灵图、日月星图、征战图等，另外还有原始数字、文字符号，或者族徽符号、手印、动物足迹、云朵图形等。历代的游览者题铭也有很多，蒙古文、汉文、藏文、回鹘文、西夏文等，不一而足。岩画的繁简精粗不一致，境界古朴，形象生动，千姿百态，刻法粗犷有力，显示了岩画创作者的写实功力和丰富的想象力。阴山岩画都为巫觋、萨满和喇嘛教僧人所作。制作的方法有敲凿法、磨制法或者凿磨法兼用，但也有少数是刻画，还有用白灰画的各种动物、喇嘛教的法器、藏文的六字真言等等。阴山岩画刻画的时间从商朝起，延续到清代，反映了中国古代北方游牧民族的社会经济生活、宗教观念、审美情趣、意识形态和世界观等广阔的领域，以及中国各民族之间在文化上的相互影响、联系。它们既是研究中国巫术发展史的珍贵资料，也是研究中国古代北方游牧民族的历史文化和民族关系的珍贵资料。阴山岩画有许多特点，数量众多、分布广泛、内容丰富、题材多样、艺术精湛、技法工巧、时代延续久远、作画的民族众多等等，堪称中国已经发现的岩画之最，其在世界范围内也是鲜见的，被外国学者誉为"中国规模最大的古岩画宝库"。

20. 内蒙古阴山“牛羊马鹿”岩画〔盖山林著《阴山岩画》,文物出版社 1986 年版。下同〕

21. 内蒙古阴山岩画行猎图

内蒙古阴山岩画,有对动物“牛羊马鹿”的描绘,似为崇拜对象。

内蒙古阴山岩画,有对行猎场景的描绘,似为狩猎成功而祝祷的巫术仪式。

内蒙古阴山岩画,有对猎人放牧生活的描绘,似为祝放牧丰收的巫术仪式。

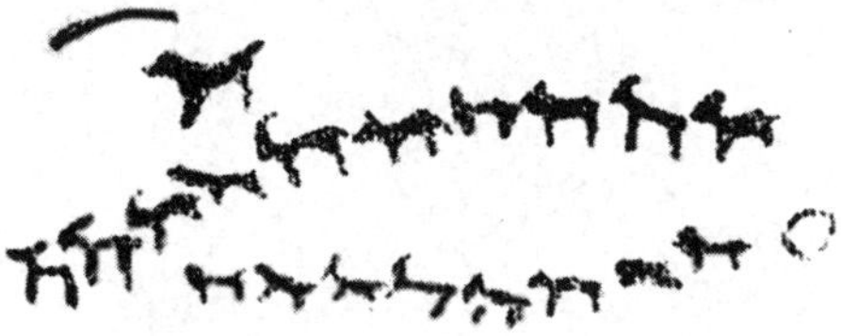

22. 内蒙古阴山岩画山羊群放图

内蒙古阴山岩画,有对骑马、骑骆驼、骑牛等游牧民族迁徙生活的描绘,似为祝迁徙成功的巫术仪式。

23. 内蒙古阴山岩画迁徙图

内蒙古阴山岩画,也有描绘彼此用魔绳拴在一起舞蹈的跳舞场景。

24. 内蒙古阴山岩画跳舞图

内蒙古白岔河流域岩画，根据 1981 年昭乌达盟文物工作站和克什克腾旗文化馆的专题调查，共发现 9 处 48 组，其中位于克什克腾旗南部的永兴村村北的白岔河北岸悬上发现 3 组，用白色颜料在悬岩顶部绘制，第 3 组距离地面 30 米，面积 2.5 米×1.8 米，表现的是巫术狩猎仪式的群猎情景。

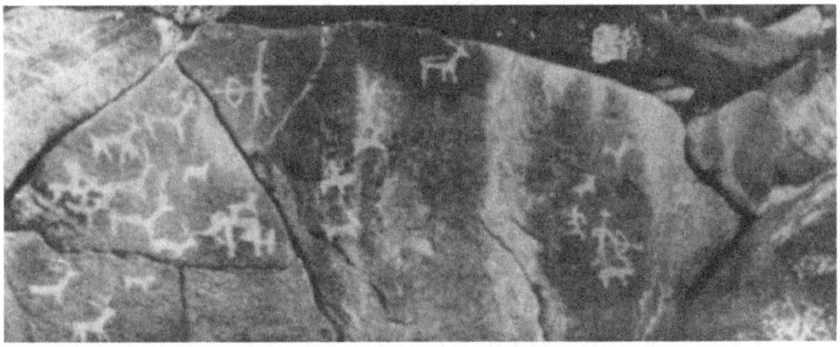

25. 内蒙古白岔河流域永兴岩画群猎图〔张松柏、刘志一《内蒙古白岔河流域岩画调查报告》，《文物》1984 年第 2 期。〕

在岩石刻画以外，巫术还孕育了另一种雕刻艺术——木刻。如云南彝族雕刻的木马，在彝文古籍《查诗拉书》殡葬祭词中表现得很明显，该书第十一章《敬送马篇》记载："传说送魂途中人人有马骑，丧者魂魄在送魂途中也要骑马行。为了送'马'给死者，丧家的一位毕摩念完《敬贡献篇》后，另一位毕摩要右手拿着事先用松木雕砍成的木马，面朝远方移动着慢步念诵《敬送马篇》。"这是流传在云南哀牢山区彝族村寨的殡葬祭词。"毕摩"就是彝族巫师，彝族人认为死者也要骑马到阴间去，因而巫师就要"右手拿着事先用松木雕砍成的木马"，念经以后让死者的魂魄骑着到阴间去。用松木雕刻的木马是典型的模仿巫术创造的艺术品。"毕摩"所唱殡葬祭词是五言民歌体，语言通俗易懂，直白无华，词云：

黄马配金鞍，等待你来骑。敬送马篇章，让我来唱诵：
嗯——丧者哟！魂魄皆骑马，六祖骑马行，君主骑马行。

臣子骑马行，毕摩骑马行，平民骑马行，你舅骑马行。
抬斧上高山，砍倒青松木，松木做成马，良马送给你。
这匹肥壮马，关在厩中养；麦叶给马吃，稻叶喂给马。
谷子给马吃，玉米喂给马；清泉给马饮，盐水给马喝。
看看四支脚，就象粗铁柱。看看马喘气，就象云雾飞。
看看马眼睛，就象星星闪；看看马笼头，金链闪金光。
看看马身子，绸缎两边飘；金鞍亮晃晃，十五月亮般。
看看马尾巴，如同小米穗；看看马鬃毛，犹似松树林。
这层青天底，这块大地上，这样的良马，实在难寻到。
君不骑此马，臣不骑此马，毕不骑此马，主人也不骑。
不是君的马，不是臣的马，不是毕的马，不是主人马。
嗯——丧者哟！这是你的马。良马你来牵，宝马你来骑。
寻祖道路上，坡路有九条。若是不骑马，难爬九座坡。
寻宗道路上，九条平路长；若是不骑马，平路难走完。
寻考道路上，深涧有九个；若是不骑马，难过九深涧。
寻妣道路上，大河有九条；若是不骑马，难过九条河。
嗯——丧者哟！来把马鞍配。配鞍从左面，骑马从左上。
你牛你来牵，你羊你来赶；你猪你来拉，你马你来骑。
敬送马篇章，到此唱诵完。①

艺术也孕育在反抗巫术的厌胜品中。新疆民丰县尼雅遗址东汉墓出土的“锦护膊”，其彩色图案以孔雀、仙鹤、辟邪、夔龙等祥瑞的禽兽为主，都是厌胜品，又以卷曲的植物藤蔓及两蕾一花作间隔，中间还有用隶书绣的“五星出东方利中国”字样，是一件巫术化的精美锦缎艺术品。

26. 锦护膊（新疆博物馆藏）

① 云南省少数民族古籍整理出版规划办公室编，普学旺、梁红、罗希吾戈译注《查诗拉书》（十五章），云南民族出版社 1987 年版，第 79—81 页。

第三章　巫师的条件、类别、名称、古名拾遗

第一节　巫师的基本条件

从古代文献和当代我国少数民族中的情况来看，担任巫师需要具备以下几个基本条件：

其一，巫师要有较高的品德。据《云南省德宏傣族景颇族自治州社会概况——景颇族调查材料之四》记载，景颇族便对“董萨”有严格要求，“他必须是人民的表率，不抢人、不偷人、不串姑娘，不吃死牛猪等的肉”，只有这样，“他念鬼时，才符合拾的鬼的要求，五谷才能丰登，寨子才能安全”，否则他便不配当巫师。[①] 因此，巫师在原始部落中是生存技能卓绝和品德高尚之人，他借助巫术，带领全部落在自然界中搏斗，不断繁衍、发展。就此而言，我们应当尊重巫师的存在。

其二，巫师最好经由世袭，祖传世家会备受信任。如洪迈《夷坚志》丁志卷二〇《陈巫女》云：“南城士人于仲德，为子斫纳妇陈氏。陈世为巫，女在家时，尝许以事神，既嫁，神日日来惑蛊之。每至，必一犬踔跃前导，陈则盛饰入室以须。众皆见犬不见人，逾时始去。于氏以为挠，召道士奏章告天。陈稍苏，自言：‘比苦心志罔罔，不忆人事，唯觉在朱门洞户宫室之中，服饰供帐，华丽焕好。一美男子如贵人，相与燕处。如是甚久，其母忽怒，呼谓子曰：“不合留妇人于此，今上天有命，汝将奈何？盍以平日所积钱为自脱计？”子亦甚惧，遽云：“急遣归！”自尔复常。’于氏父子计，以妇本巫家，故为神所扰，不若及其无恙时善遣之。遂令归父母家，竟复使为巫。”[②]这一女巫就是“世为巫”者，很显然是通神女巫，是母女相传的。

---

① 全国人民代表大会民族委员会办公室编写组编《云南省德宏傣族景颇族自治州社会概况——景颇族调查材料之四》，1958 年刊本，第 186 页。

② （宋）洪迈撰，何卓点校《夷坚志》丁志卷二〇，中华书局 1981 年版，第 708 页。

又如纳西族的“东巴”是父子相传的。据《贵州世传祭司陈作真回忆录》载：“因我家是世代祖传的毕摩，所以老祖人就被杨家请去当掌坛师。杨家绝后，余家就来顶其家业。余家居古蔺县永潦寨，在永潦是大土司。余家为什么能顶杨家产业呢？听老人们说：我们彝族官家里余、杨、苏、陇、卢几姓，原都是扯勒土司后代，扯勒家败后为躲避官府斩草除根，才分成几姓。所以他们一家绝了后，另一家能顶进其产业。余家顶进后，把家建在距龙场驿不远的长中。我家老祖人仍在他家当掌坛师，负责他家一切红白喜事及平时的各种祭祀活动。”①可见巫师由于是世袭的，往往被旺族土司包下来，巫师陈作真还说：“我祖父陈棠生，传我父亲陈文光，传我，再传我子陈大江。在此地落业共传了十八代人。”②

巫师通常是生理有缺陷者，或有癫狂病、神经质。病态之人演虚幻之巫术，人们便用虚幻的心情去接受，巫术的效果便会显得格外逼真。残疾者往往更热爱生命，大彻大悟后便适宜做巫师，但是他一定会服从部落中主要巫师的领导并施行其巫术设计。

我国古巫就有由经过大病的人担任的。《南齐书》卷五五《孝义传》中记载了一位女巫：“诸暨东洿里屠氏女，父失明，母痼疾，亲戚相弃，乡里不容。女移父母远住苎罗，昼樵采，夜纺绩，以供养。父母俱卒，亲营殡葬，负土成坟。忽闻空中有声云：‘汝至性可重，山神欲相驱使。汝可为人治病，必得大富。’女谓是魃魅，弗敢从，遂得病。积时，邻舍人有中溪蜮毒者，女试治之，自觉病便差，遂以巫道为人治疾，无不愈。家产日益，乡里多欲娶之，以无兄弟，誓守坟墓不肯嫁，为山贼劫杀。县令于琳之具言郡，太守王敬则不以闻。”③文中所记的女巫，便是先得病而后成巫医者，而且据说先有神在空中给她传话，叫她给人治病，于是使她先得病而成为女巫。这个在空中给她传话的人，就是在后面操纵她的主要巫师，令其按他的巫术设计而施术。所谓“溪蜮毒”，“蜮”即“虾蟆”，《周礼·秋官·蝈氏》汉代郑玄注云：“郑司农云：蝈读为蜮，蜮，虾蟆也。”④故所谓“溪蜮毒”，似为虾蟆蛊一类之蛊毒。屠氏女病愈以后，有所领悟，遂以专门给人治虾蟆蛊出了名，这又是南朝时浙江诸暨地区流行巫蛊之反映。

在唐代，有的占卜巫师是盲人。唐李冗撰《独异志》卷上《刘辟求卦》条云：“唐刘辟初登第，诣卜者葫芦生筮得一卦，以定官禄。葫芦生双瞽，卦成，谓辟

---

①② （彝族）罗勇记录整理《贵州世传祭司陈作真回忆录》，（彝族）卢央著《彝族星占学》附录三，云南人民出版社1989年版，第175页。

③ （梁）萧子显撰《南齐书》卷五五，中华书局1983年版，第960页。参见（唐）李延寿撰《南史》卷七三，中华书局1975年版，第1817页。

④ （汉）郑玄注，（唐）贾公彦疏《周礼注疏》卷三七，中华书局1980年影印阮元校刻《十三经注疏》本，第889页。

曰：'自此二十年，禄在西南，不得善终。'辟留束素与之。其后脱褐，从韦令公于西川，官至御史大夫，为行军司马。既二十年，韦病薨，使辟入奏，请益东川。诏未允。辟乃微服单骑，复诣葫芦生。筮之，揲蓍成卦，谓辟曰：'吾二十年前常与一人曾卜得"无妄之随"，今复得此卦，非曩昔贤乎？'辟即依阿唯诺。葫芦生曰：'若审其人，祸将至矣。'辟不甚信。乃归蜀，果叛。宪宗皇帝擒之，戮之藁街。"①盲人葫芦生两次卜得刘辟不得善终，"辟不甚信"，不能猛然警醒，而竟叛乱，被擒杀，实乃咎由自取。显然葫芦生后面还有一个教授他占卜的巫师存在，若他不经过专门指授，何以能成为占卜巫师？

不仅在古代，就是在现代乡间的巫师，也通常是由那些大病不死的人担任。朱宜初《论原始巫》中曾指出巫师的资格，他说："迷信者认为巫能将人与鬼神的爱憎、好恶、要求、感情等相互沟通起来，传递人与鬼神之间的信息。所以迷信者认为那种大病不死或大难不死的人最有资格成为巫。死里逃生，说明那是鬼神没有收留他，将他放回人间，在他身上注入了神秘性，使他充当人与鬼神之间的使者。笔者在云南德宏州三台山亲眼见到一景颇族董萨（类似'巫师'），他眼睛瞎，无手无脚，据云是在河里炸鱼时被炸成这个样子的，但他在缺医少药的山寨居然活了下来，于是当了'董萨'。云南元阳县彝族的师娘（巫），通常也由大病不死者充当。"②巫师身上的神秘性，世袭者是先天具备的，大难不死者则是后天获得的。苗族巫公有的也是由大病不死的人担任。据《广西苗族社会历史调查》所载《隆林各族自治县苗族社会历史调查》一文说："巫公不论什么阶级的人都可以做。一人病三四个月后，乱说梦话，就认为这人要成巫公。用三张纸，三枝香，点放在桌上。请巫公来传教，病人用布盖脸。一两个月后成为巫公。"③此传教巫公就是巫术设计者。

1. 幻人吐火（现存南阳汉画馆）〔吴曾德著《汉代画象石》，文物出版社1984年版，第100页，图六二。〕

其三，巫师须具有特异功能。这一基本条件在举行神判巫术时，尤其显得重要。汉代巫师就具有吐火功能。

晋代巫师具有断舌、吐火的特异功能。例

① （唐）李冗撰，张永钦、侯志明点校《独异志》卷上，中华书局1983年版，第11页。

② 朱宜初《论原始巫》，张紫晨选编《民俗调查与研究》，河北人民出版社1988年版，第415—416页。

③ 邢凤麟等调查整理《隆林各族自治县苗族社会历史调查》，广西壮族自治区编辑组编《广西苗族社会历史调查》，广西民族出版社1987年版，第77页。

如，晋干宝《搜神记》卷二说的胡巫就是这样："晋永嘉中，有天竺胡人，来渡江南。其人有数术，能断舌复续、吐火，所在人士聚观。将断时，先以舌吐示宾客。然后刀截，血流覆地。乃取置器中，传以示人。视之，舌头半舌犹在。既而还，取含续之，坐有顷，坐人见舌则如故，不知其实断否。其续断，取绢布，与人各执一头，对剪，中断之。已而取两断合视，绢布还连续，无异故体。时人多疑以为幻，阴乃试之，真断绢也。其吐火，先有药在器中，取火一片，与黍糖合之，再三吹呼，已而张口，火满口中，因就爇取以炊，则火也。又取书纸及绳缕之属投火中，众共视之，见其烧爇了尽。乃拨灰中，举而出之，故向物也。"[①]断舌、吐火的特异功能似为天竺胡巫所传入，直至现在，中亚与南亚诸国街头仍可见有吐火巫师，但已演变为杂戏。

宋代民间巫师会立火砖、拈沸水的特异功能，在宋洪迈《夷坚志》支丁卷三《李氏红蛇》有记载："巫拾碎瓦一器，赤足践蹈。……巫又煅方砖通红，而立其上，煎汤百沸，置大镬，用手拈掇，顿于头，旋走三匝。"[②]但是，据说此种特异功能的获得，是由于巫师持有特殊的"治汤火咒"，《夷坚志》支丁卷四《治汤火咒》就有记载，参阅本书第四十一章第二节。

到了清末，巫师把"断舌"变成了"刮舌"，特异功能变作了自残。徐珂编撰《清稗类钞》方伎类《巫降神》条曰："巫有降神之术，尝以之为人治疾病，觅失物。有延之者，辄红巾裹头而至，从以侍者二。入门，即踞高座，披发瞪视。未几而回袖作舞，侍者亟挟持之，乃以刀刮舌使破，喷血书符以焚之。至是而神降，有所问，即答，声甚微，侍者为达之。语毕而更以舌血作符，焚之于室隅。若治疾，则又焚之于净水中，使饮。久之而安坐如常人，则神去矣。"[③]巫师以自残来争取信奉者的同情，以维持日益萎缩的信众市场，其惨淡境况，令人不忍睹。

第二节　中国巫师的类别

巫师的主要功能是沟通人与神，故凡是巫师都有通神的技能。但是，若细致考察一下，巫师通神的方法各不相同，因此可以分为若干类别。

---

① (晋)干宝撰，汪绍楹校注《搜神记》卷二，中华书局1979年版，第23页。本条同见《艺文类聚》卷一七、《太平御览》卷三六七、卷七二七、卷八一七及《法苑珠林》卷七六、《太平广记》卷二八四。干宝所记盖是当时实际情况。

② (宋)洪迈撰，何卓点校《夷坚志》支丁卷三，中华书局1981年版，第986页。

③ 徐珂编撰《清稗类钞》，中华书局1984年版，第十册，第4559—4560页。

第一，通神巫师。这类巫师的特征是神灵附体，作出能见到鬼神的样子，或模拟神灵的言行。例如晋代的夏侯综便是一位通神巫师，《搜神后记》卷六《误中鬼脚》条云："夏侯综为安西参军，常见鬼骑马满道，与人无异。尝与人载行，忽牵人语，指道上一小儿云：'此儿正须大病。'须臾，此儿果病，殆死。其母闻之，诘综。综云：'无他，此儿向于道中掷涂，误中一鬼脚。鬼怒，故病汝儿尔。得以酒饭遗鬼，即差。'母如言而愈。"①夏侯综能见鬼的所作所为，因而又能为中鬼害的人治病，但他不用药医治，而仅是让人祭祀酒饭而已。历代巫师大都有这种能通鬼神的特点。

唐代民间有通神巫师能听到神说话。《北梦琐言》卷一四《神告罗弘信子绍威附》云："中和(881—885)中，魏博帅罗弘信，初为本军步射小校，掌牧圉之事。曾宿于魏州观音院门外，其地有神祠，俗号曰'白须翁'。巫有宋迁一作'千'。者，忽诣弘信谓曰：'夜来神忽有语，君不久为此地主。'弘信怒曰：'欲危我耶？'他日，复以此言来告弘信，弘信因令密之。不期岁，果有军变，推弘信为帅。"②巫师宋迁由于能听到神说话，故具有料事如神的特异功能。

宋代民间有女巫也能通鬼神。《夷坚志》丙志卷五《叶议秀才》云："绍兴二年(1132)，处州青田人潘绂、闾丘观俱为萧山尉，同处一寺。乡人叶议秀才以家贫母老来相依，日饭尉家，夜则寝僧舍。时三衢柴生能相手纹谈祸福，视叶手，惊曰：'君色殊不佳，法当杀人，否则为人所杀。近三日事尔，切勿妄出，正恐不得免焉。'叶素怯懦，且方侨寄为客，与人未款曲，度必无如是事，姑应曰：'诺。'越三日，薄暮，二尉留与饮，中夕醉归。同室僧已寝，一盗在外，尾其后以入。发箧有声，僧觉之，潜起，将取杖击盗，正与盗遇，盗以刃伤僧，僧绝叫而走。叶熟睡，闻乎声，蹶然起。盗适当前，叶急持其袂，盗虑不得脱，掣其肘曰：'放我！不然，将杀汝！'叶醉甚，持之愈急，盗恐众至，乃剚刃而去。叶即死。二尉闻之，惧以是坐罪，迹捕未获，见叶从庑下掩腹入僧房，左右无一睹者。邑有女巫，能通鬼神事，遣询之。方及门，巫举止言语如叶平生，大恸曰：'为我谢二尉。我以宿业，不幸死，今已得凶人，更数日就擒，无所憾，独念母老且贫。吾囊中所贮，可及百千，望为火吾骸，收遗骨及余资与母，则存没受赐矣。'尉悉如所戒。后五日，果得盗。"③叶议秀才死得冤枉，女巫通鬼神，故能模拟鬼说话，让人为叶氏安排后事。《夷坚志》丁志卷六《翁吉师》云："崇安县有巫翁吉师者，事神著验，村民趋向籍籍。绍兴辛巳(1161)九月旦，正为人祈祷，忽作神言曰：'吾当远出，无

① (晋)陶潜撰，汪绍楹校注《搜神后记》卷六，中华书局1981年版，第45页。
② (宋)孙光宪撰《北梦琐言》卷一四，景印文渊阁《四库全书》第1036册，第95页。
③ (宋)洪迈撰，何卓点校《夷坚志》丙志卷五，中华书局1981年版，第402页。

得辄与人问事治病。'"[①]宋代通神女巫四娘，能邀鬼同行，但鬼受门神所制。《夷坚志》甲志卷一一《五郎鬼》云："钱塘有女巫曰四娘者，鬼凭之，目为五郎。有问休咎者，鬼作人语酬之。或问先世，验其真伪，虽千里外，酬对如响，莫不谐合。故咸安王韩公兄世良尤信昵，导王令召之。巫至韩府，而五郎者不至。巫踧踖不自安，乃出。后数日，偶至灵隐寺，鬼辄呼之。巫诘其曩日不应命，曰：'门神御我于外，不能达也。'"[②]这里的五郎鬼居然变似女巫四娘的仆人。但是，通神巫师施行驱鬼巫术，通晓鬼事，也有担心被鬼报复而死去者。宋代临川巫便是被鬼害死的。《夷坚志》乙志卷一五《临川巫》云："临川有巫，所事神曰'木平三郎'，专为人逐捕鬼魅，灵验章著，远近趋向之。自以与鬼为仇敌，虑其能害己，日日戒家人云：'如外人访我，不以亲疏长少，但悉以不在家先告之，然后白我。'里中人方耕田，见两客负戴行支径中，褰裳蹋步，若有碍其前者。耕者曰：'何为乃尔?'曰：'水深路滑，沮洳满径，急欲前进而不可。'耕者笑曰：'平地无水，安得有是言?'两客悟，谢曰：'眼花昏妄，赖君指迷也。'欣然直前，曾不留碍，径至巫门，自称建州某官人，顷为祟所挠，得法师救护，今遣我赍新茶来致谢。家人喜，引之入，劳苦尉藉，始以告巫。巫问何在，曰：'已入矣。'大惊曰：'常戒汝云何?今无及矣。'使出询其人，无所见。巫知必死，正付嘱后事，忽如人击其背，即踣于地，涎凝喉中，顷之死。"[③]

清代民间有巫师能够就地一滚以招魂，正是通神巫师的特征。徐珂编撰《清稗类钞》方伎类《就地滚招魂不至》条曰："有巫者名就地滚，能以术致亡者之魂。其为术也，先伏地，喃喃诵咒，诵毕，就地一滚，则亡者之魂附其身，与家人问答如生时，其术甚验，故得是名，而其真姓名转不甚著矣。一日，有士人托致其父之魂，良久不至。巫甚愧，往见其师而问焉，师曰：'其人之父，必大恶人也。'巫曰：'此亦儒流，未闻其有大罪孽。'师曰：'然则其人必生天矣。'巫请其说，师曰：'汝但能行召亡之术，而未能知亡者之情状也。夫人之生也，为血肉之躯，其质重浊，故虽圣贤如孔、孟，有蟠天际地之学，神勇如贲、获，有裂兕曳牛之力，而离地一步，即不能行。及其死也，此块然之质，埋藏地下，而其余气尚存，则轻清而上升矣。大凡其气益清，则其升益高，故孔、孟、颜、曾，千秋崇祀，而在人间绝无肸蠁。盖其气已升至极高之地，去人甚远也。苟有一分浊气未净，即不能上与太清为体，于是有赫然森列而为明神者焉。其品愈下，则浊气愈多，而去人亦益近。至于寻常之人，则生本凡庸，死亦阘冗，不过依其子孙以居。汝平

① （宋）洪迈撰，何卓点校《夷坚志》丁志卷六，中华书局 1981 年版，第 585 页。
② （宋）洪迈撰，何卓点校《夷坚志》甲志卷一一，中华书局 1981 年版，第 97 页。
③ （宋）洪迈撰，何卓点校《夷坚志》乙志卷一五，中华书局 1981 年版，第 308—309 页。

时所一召而即至者，皆此等鬼也。若夫凶恶之人，清气久绝，纯乎浊气，生前有形有质，尚可混迹人间，死后形质既离，便非大地所载，其气愈沈愈下，堕入九幽，去人亦远。吾始疑其人之父为大恶人，恐其堕入九幽，故非吾术所能召也。既非此类，则必其人之气浊少而清多，已超然在声臭之外，故吾知其已生天也。”①

一般来说，古代把通神巫师统称为“巫祝”，其活动要点为：

其一，跳通神舞蹈。《说文解字》云：“巫，祝也。女能事无形，以舞降神者也。”②汉桓谭撰《新论》亦云：“昔楚灵王骄逸轻下，信巫祝之道，躬儛坛前。吴人来攻，其国人告急，而灵王鼓舞自若。”③

其二，为人祷告长寿。《韩非子》卷一九《显学》：“今巫祝之祝人曰：‘使若千秋万秋。’千岁万岁之声括耳，而一日之寿无征于人，此人所以简巫祝也。”④

其三，设祠祭祀，歌舞酬神。杜甫《南池》诗云：“南有汉王祠，终朝走巫祝。歌舞散灵衣，荒哉旧风俗。”⑤

其四，仿神。巫师们还宣称神灵在某个时候邀他们而附其体，他们便作出模拟神灵的样子。《中华风俗志》记载了旧时南京走阴差巫婆的表演：“俗云人死必有阴差来引，而阴差非阳差领入不可。有一种奸猾妇人（巫婆），自谓在冥受此阳差职分，往来冥路。人家有久病不愈者，每延请若辈，赴阴查察之。或睡于床，或卧于地，佯为死去，勿令人摇动，一小时后而醒，谓之还阳。睡时信口开河，胡言乱语，而乡愚常信以为真。”⑥神灵附体的特征大体是浑身颤抖，胡言乱语，佯为死去。古代巫师有的还要吞麻籽来自我麻醉，以便通神。汉《百草经》云：“麻蕡，味辛平。主五劳七伤，利五藏。下血寒气，多食令人见鬼，狂走。久服通神明，轻身。”⑦

第二，占卜巫师。这类巫师的特征是专门为人求占卜卦来通神，以预测人的吉凶。我国巫师占卜吉凶，可谓历史悠久。甲骨文中所见，商代凡是小事大事都要找巫师来占卜。如卜是否丰收：“乙丑卜，韦贞，我受年。”（《粹》871）卜

---

① 徐珂编撰《清稗类钞》，中华书局1984年版，第十册，第4573—4574页。

② （汉）许慎撰，（宋）徐铉校定《说文解字》卷五上，中华书局1963年影印本，第100页上。

③ （宋）李昉等撰《太平御览》卷七三五《方术部十六·巫下》引，中华书局1960年影印本，第3258页。

④ （周）韩非撰《韩非子》卷一九，上海古籍出版社1986年影印《二十二子》本，第1186页。

⑤ 《全唐诗》卷二二〇，中华书局1960年版，第2323页。

⑥ 胡朴安编《中华风俗志》下篇卷三，上海文艺出版社1988年影印本，第26页。

⑦ 《神农本草经》（简称《本草经》）卷一，任继愈主编《中国科学技术典籍通汇·医学卷》，河南教育出版社1995年影印，第552页。

“受年”即是问丰收。卜是否下雨：“壬子卜，今日雨？不雨？”（《粹》670）卜沚地是否有羌人来侵扰：“癸……卜，壬贞，羌其征沚。”（《粹》1770）在商周时代，《易经》就是一本占卜巫师占卜用的巫书。古巫师以龟蓍为卜，《礼记·曲礼上》：“龟为卜，策（蓍）为筮。”①但周人占卜是有严格规则的，据《礼记·曲礼上》记载：一是“卜筮不过三”。汉郑玄注云：“求吉不过三。”频繁求吉不允许。二是“卜筮不相袭”。汉郑玄注云：“卜不吉则又筮，筮不吉则又卜，是渎龟策也。晋献公卜取骊姬，不吉，公曰：‘筮之。’是也。”②卜筮相袭，就是亵渎龟策，就像晋献公娶骊姬，卜不吉，还要再筮，就被认为是荒唐的。据传汉代有鸡骨卜，北宋乐史撰《太平寰宇记》记载，广西贺州“俗重鬼，尝以鸡骨卜。《汉书》云：‘越巫以鸡骨卜。’有草名冠脱，高一丈，叶如荷，而茎中有瓤”③。

晋代占卜巫师中流行卦卜，是从商周时代《易》卜中衍化出来的一种文字形态。传说晋代文学家郭璞便是占卜巫师，专门治卦卜，其《易》卜有遵循“卦言”的特征。晋陶潜撰《搜神后记》卷二《杜不愆》云：“高平郗超，字嘉宾，年二十余，得重病。庐江杜不愆，少就外祖郭璞学《易》卜，颇有经验。超令试占之。卦成，不愆曰：‘案卦言之，卿所恙寻愈。然宜于东北三十里上官姓家，索其所养雄雉，笼而绊之，置东檐下。却后九日景午日午时，必当有野雌雉飞来，与交合。即毕，双飞去。若如此，不出二十日，病都除。又是休应，年将八十，位极人臣。若但雌逝雄留者，病一周方差。年半八十，名位亦失。’超时正羸笃，虑命在旦夕，笑而答曰：‘若保八十之半，便有余矣。一周病差，何足为淹。’然未之信。或劝依其言索雄，果得。至景午日，超卧南轩之下观之。至日晏，果有雌雉飞入笼，与雄雉交而去。雄雉不动。超叹息曰：‘管、郭之奇，何以尚此！’超病逾年乃起。至四十，卒于中书郎。”④以上杜不愆从郭璞那里学来的《易》卜便遵循了“卦言”，而且有料事如神的特点，郭璞之卜自应如此。《搜神后记》卷二《郭璞预属》又云：“中兴初，郭璞每自为卦，知其凶终。尝行经建康栅塘，逢一趋步少年，甚寒，便牵住，脱丝布袍与之。其人辞不受，璞曰：‘但取，后自当知。’其人受而去。及当死，果此人行刑。旁人皆为求属。璞曰：‘我托之久矣。’此人为之欷歔哽咽。

---

① （汉）郑玄注，（唐）孔颖达等正义《礼记正义》卷三，中华书局1980年影印阮元校刻《十三经注疏》本，第1252页。

② （汉）郑玄注，（唐）孔颖达等正义《礼记正义》卷三，中华书局1980年影印阮元校刻《十三经注疏》本，第1251页。

③ （宋）乐史撰《太平寰宇记》卷一六一《岭南道五·贺州》，景印文渊阁《四库全书》第470册，第497页。

④ （晋）陶潜撰，汪绍楹校注《搜神后记》卷二，中华书局1981年版，第15—16页。

行刑既毕，此人乃说。”[①]这条卦卜也是属于料事如神的。

晋代占卜巫师所使用的卦辞，是简短扼要的，有针对性与提示性。如沈宗是晋代民间占卜巫师，《搜神后记》卷九《虎卜吉》云：“丹阳人沈宗，在县治下，以卜为业。义熙中，左将军檀侯镇姑孰，好猎，以格虎为事。忽有一人，着皮裤，乘马，从一人，亦着皮裤；以纸裹十余钱，来诣宗卜，云：‘西去觅食好，东去觅食好？’宗为作卦，卦成，占之：‘东向吉，西向不利。’因就宗乞饮，内口着瓯中，状如牛饮。既出，东行百余步，从者及马皆化为虎。自此以后，虎暴非常。”[②]沈宗为虎所幻化者占卜，并告之以避祸去处，卦辞是灵验的，但地方因此虎患严重。

晋代的策（蓍）筮也是占卜巫师之所为，如《搜神后记》卷二《镜罂》载：“王文献曾令郭璞筮己一年吉凶，璞曰：‘当有小不吉利。可取广州二大罂，盛水，置床张二角，名曰“镜好”，以厌之。至某时，撤罂去水。如此其灾可消。’至日忘之。寻失铜镜，不知所在。后撤去水，乃见所失镜在于罂中。罂口数寸，镜大尺余。王公复令璞筮镜罂之意。璞云：‘撤罂违期，故至此妖。邪魅所为，无他故也。’使烧车辖而镜立出。”[③]这是以巫术物品（罂）厌胜，用蓍草测试吉凶。巫师还发明用虱子占卜，唐段成式撰《酉阳杂俎》续集卷二《支诺皋中》载：“相传人将死，虱离身。或云取病者虱于床前，可以卜病。将差，虱行向病者，背则死。”[④]据《夷坚志》载，宋代有“骰卜”巫师以六子皆赤为登科及第之兆。据元代杨果套数〔仙侣〕《赏花时·春情》有“再不曾暗掷金钱卜远人”之句，知其时有“钱卜”。扶乩也是属于占卜巫师玩的把戏，明代盛行之。明冯梦龙编《警世通言》卷一五《金令史美婢酬秀童》云：“后有人于徽商家扶鸾，（张）皮雀降笔，自称‘原是天上苟元帅……’。”[⑤]清代一度盛行“衣襟卜”，纪昀撰《阅微草堂笔记》记载人病笃时，暗剪其贴身内衣襟一片焚烧，灰有白色斑纹，斑纹如篆籀者必死。这是衣服顺势巫术与占卜结合，属交感巫术一类。

占卜巫师在广西瑶族还保留有比较原始的形态。据《十万大山山子瑶社会历史调查》称：“每个村寨都有会打卦、做法的巫师。山子瑶称打卦为‘款瓜’，做法为‘款巴’。会打卦的人不一定会做法，会做法的人也不一定会打卦。因此，巫师实际上有两种，一种‘款卦’（打卦），一种‘款巴’（作法驱鬼）。”[⑥]

---

① （晋）陶潜撰，汪绍楹校注《搜神后记》卷二，中华书局 1981 年版，第 15 页。

② （晋）陶潜撰，汪绍楹校注《搜神后记》卷九，中华书局 1981 年版，第 57 页。

③ （晋）陶潜撰，汪绍楹校注《搜神后记》卷二，中华书局 1981 年版，第 14—15 页。

④ （唐）段成式撰，方南生点校《酉阳杂俎》续集卷二，中华书局 1981 年版，第 210 页。

⑤ （明）冯梦龙编，严敦易校注《警世通言》卷一五，人民文学出版社 1956 年版，第 202 页。

⑥ 关于瑶族打卦，见广西壮族自治区编辑组编《广西瑶族社会历史调查》第六册，广西民族出版社 1987 年版，第 276 页。

2. 黎族(文中说瑶族)占卜巫师为孩子招魂〔宋兆麟著《巫与巫术》,四川民族出版社1989年版,图22。〕

第三,医药巫师,也就是巫医。当然,前两类巫师也可以通神治病或占卜治病,但巫医的特点是掌握祖传医方而又与巫术有关。例如,《搜神后记》卷六《腹中鬼》云:“李子豫,少善医方,当代称其通灵。许永为豫州刺史,镇历阳。其弟得病,心腹疼痛十余年,殆死。忽一夜,闻屏风后有鬼谓腹中鬼曰:‘何不速杀之。不然,李子豫当从此过。以朱丸打汝,汝其死矣。’腹中鬼对曰:‘吾不畏之。’及旦,许永遂使人候子豫,果来。未入门,病者自闻中有呻吟声。及子豫入视,曰:‘鬼病也。’遂于巾箱中出八毒赤丸子与服之。须臾,腹中雷鸣鼓转,大利数行,遂差。今八毒丸方是也。”①

李子豫便是晋代的医药巫师,他具有这类巫师比较典型的两个特征:一是“通灵”,即能同鬼神打交道;二是有祖传秘方,掌握了“八毒赤丸”的灵丹妙药。这类巫师医病方法多种多样,如禳灾、画符念咒等等。专门禳灾的,如《酉阳直隶州总志》卷一九《风俗志·祈禳》载,民间百姓有病,即请此类巫师来治,采取禳灾法,施行“破石打胎”巫术,“病人久病,巫言魂已投胎,破石打之,并断其远近日月,有邻妇胎堕而此处病痊者”②,驱其鬼邪,病方痊愈。专门画符念咒的,如旧时经常在农村听闻治小儿夜啼的咒语:“天皇皇,地皇皇,我家有个夜哭郎,过往君子念三遍,一觉睡到大天亮。”注云:“儿童夜哭,多写此歌,遍贴各处,谓可以禳解。”③

又有巫师治病专门采取移病法的,如清采蘅子撰《虫鸣漫录》记载了南方人治麻风病,往往用巫术和移病之法。又如明李时珍著《本草纲目》主治卷四治“胡臭”也是采取巫术的移病法:“炊饭。热拭腋下,与犬食之,七日一次,愈乃止。”④

又如有专门采取“聚吉法”的,是浙江湖州地区生育之迷信,如“小孩体弱多病,有用红封纸袋,向熟识别姓人派取钱文,苟满百家,即将所得之钱,购制项锁

---

① (晋)陶潜撰,汪绍楹校注《搜神后记》卷六,中华书局1981年版,第42—43页。

② (清)冯世瀛、冉崇文等编纂,酉阳自治县档案局整理《酉阳直隶州总志》卷一九,巴蜀书社2009年版,第515页。

③ 雪如女士编《北平歌谣续集》,明社出版部1930年版,第33页。

④ (明)李时珍著《本草纲目》主治卷四,人民卫生出版社1975年版,第一册,第307页。

一环，围于颈际，俗意使带之，关煞开通，身无疾病也”①。以上诸法均为巫医经常采取者。

巫医发展到现代，则只有迷信而谈不上任何医学科学。《民国西丰县志》卷二〇《礼俗》之“祈祷”部分记载了辽宁省铁岭地区的九种巫医治病的巫法，可分为三组。

第一组：送祟、立撞磕、看冲撞之巫法。《县志》载云：“乡村之民，迷信殊深。患病者有送祟、立撞磕、看冲撞等法。送祟者，谓有邪魔作祟，延巫师或长者以香楮、浆水送之。立撞磕，谓为家属死者或野外鬼神所缠绕者，焚纸并浆水送之，或许朔日焚香上供酬之。看冲撞者，知某人善此术，烦其看冲撞何神、何物；物则移动方向，神则许焚香上供。”

第二组：许愿、跳神、过阴之巫法。《县志》载云：“若病久不愈，则有许愿、跳神、过阴等法。许愿者，由亲人于神前焚香，跪许宰猪祭神，愈则请亲友吃喜猪。跳神者，请巫师至家设坛，焚香击鼓，作婆娑舞，以驱邪祟，愈则重酬巫师。过阴者，疑前世冤孽为阴间所锻炼致疾，请活犄角（即生人充阴差）至阴司查之，以便祷解。”

第三组：送替身、跳墙、收魂之巫法。《县志》载云：“若小儿患病，则有送替身、跳墙、收魂等法。送替身者，其父母购买纸人，书小儿之名，于庙会之日焚于神前，意其儿已作神佛弟子，后必与儿更名。跳墙者，祷告时许为某庙跳墙和尚，预定几岁，至庙会日，庙祝为剃发，留头顶发，设一长凳，小儿跳过，庙祝以杖击之，即逐出之意也。收魂者，幼儿受惊吓或神识昏迷，其父母以瓢盛水至受惊处，随洒随唤；亦有写收魂码于灶神前供之，至夜焚于病者之前。小儿夜啼不眠，以纸剪人形，以火焚，以溺器覆之，谓之‘烧夜星’。”②

以上三组九种医法都是现代巫师之“杰作”，他们不治疗人身上的病原体，而只在与病无关的客观生活中设置人为的障碍，采用祭师巫师的巫法，或拜神、或烧纸、或祭纸人、或杀猪、或跳凳、或改名字等等，均施用模拟、交感等巫术，也运用祭祀、诅咒等常见的巫术仪式。东北巫师又有叫人拜“胡仙”疗病的，情况也是如此。《民国海城县志》卷四《人事志》之“神道”载：“胡仙，即狐仙也，得道通灵，能为人消灾疗病，信奉者颇多。亦有为之立庙者，称曰胡仙堂，或称大仙堂，各庙亦多附祀者。前清最崇信，凡金库、仓敖皆供奉，以为护守。巫者奉之为主神，为人疗病，每著灵异。据信者云，胡仙常化老翁、老媪或

---

① 胡朴安编《中华风俗志》下篇卷四《生产之迷信》，上海文艺出版社 1988 年影印本，第 39 页。

② （民国）萧德润修，张恩书纂；曹肇元补修，希廉补纂《民国西丰县志》卷二〇，《中国地方志集成·辽宁府县志辑 12》，凤凰出版社 2006 年影印民国二十七年（1938）铅印本，第 546 页。

美少年、美女，游戏人间，犯者必获谴。故庙中塑像，老少男女不等，皆为清代服装。如有人求祝而验，则必至庙挂红悬额。"①

第四，祭祀巫师。古代祭祀由巫师来主持是没有疑问的，这在甲骨文中已有记载：1. "辛亥卜，小帝北巫"(《合》34157)，"帝"即"禘"(祭祀)。这是指巫祭祀北方土神。2. "帝东巫"(《合》5662)。这是指巫祭祀东方土神。3. "巫帝一犬"(《合》21074)。巫师祭祀时，通常要杀狗或杀猪。4. "乙酉卜，巫帝一犬"(《合》34160)。5. "庚……巫帝二犬"(《合》21076)。6. "……帝三犬"(《合》21077)。7. "巫帝一犬、一豕"(《合》21078)。

3. 甲骨文第 34157 片②

4. 甲骨文第 5662 片③

5. 甲骨文第 21074 片④

6. 甲骨文第 34160 片⑤

7. 甲骨文第 21076 片⑥

8. 甲骨文第 21077 片⑦

9. 甲骨文第 21078 片⑧

① (民国)陈荫翘、常守陈修，戚星岩纂《民国海城县志》卷四，《中国地方志集成·辽宁府县志辑 8》，凤凰出版社 2006 年影印民国二十六年(1937)年铅印本，第 196—197 页。

② 郭沫若主编《甲骨文合集》第十一册，中华书局 1982 年版，第 4249 页。

③ 郭沫若主编《甲骨文合集》第三册，中华书局 1978 年版，第 823 页。

④⑥⑦ 郭沫若主编《甲骨文合集》第七册，中华书局 1980 年版，第 2716 页。

⑤ 郭沫若主编《甲骨文合集》第十一册，中华书局 1982 年版，第 4235 页。

⑧ 郭沫若主编《甲骨文合集》第七册，中华书局 1980 年版，第 2717 页。

据以上甲骨文记载，祭祀（禘）有时要杀一只狗、两只狗乃至三只狗，或一狗一猪，等等。

我国商周时代祭祀已很盛行。关于商代五祀，据《事物纪原》卷二《五祀》条引《世本》云："商汤作五祀，（户、）井、灶、中霤、行。至周而七，曰门、行、厉、户、灶、司命、中霤也。"[①]至周代已七祀，《礼记·祭法》云："王为群姓立七祀……王自为立七祀。"孔颖达疏云："七祀者，前是为民所立，与众共之，四时常祀，及为群姓祷祀，其自为立者，王自祷祭。"[②]这"七祀"流传到汉代，全国上下四时常祭，除全国祷祭归国君主持外，其他皆由祭祀巫师主持。"七祀"所祭神鬼均为居人间察人过并对人发出谴告的小神。

古代祭祀巫师不但担任较高官职，而且具有较高的文化知识水平，通晓历史与天文。发展到现代，在我国少数民族中还有此类巫师，他们是祭祀本族神灵的，他们被称为"祭司"、"端公"等。彝族的毕摩、普米族的汉规、纳西族的东巴、壮族的鬼公等等都是祭祀巫师。羌族的端公是祭祀羌族保护神——白石神的。羌族信仰的诸神皆以乳白色的石英石为代表，供奉在房屋顶部正中的最高处的白石被称为天神——白石神。白石神作为地位最高的神灵，每一年的夏历正月、五月、十月，羌族人要杀羊、杀牛或杀鸡吊狗，邀请端公来祭祀白石神，保佑人畜的平安。景颇族的"董萨"是祭祀巫师。"董萨"是景颇语音译，汉语称之为"魔头"。在景颇族社会中，"董萨"是专门从事祭鬼活动的巫师。"董萨"有大中小的区别，大者统称斋瓦，主持的是杀牛祭祀等有关的重大宗教活动；中者是以猪为祭品，在规模居中的祭祀中念鬼；小者负责准备祭鬼时所用的祭品，一般为鸡、干鱼、老鼠、蛋类。"董萨"在祭祀时祈求神灵赐福消灾，保佑五谷丰登、人畜两旺，并讲述有关开天辟地、人类起源，以及本民族来历的历史传说等。他们还在农业生产、血族复仇或对疑案进行神判等活动中主持宗教的仪式，还有兼职占卜巫术，以及巫术治病等事情。

总之，以上四种不同的巫术活动，形成了四类巫师，他们的共同之处就是通鬼神，正如唐末五代时谭景升撰《谭子化书》卷五《巫像》所说："为巫者，鬼必附之；设象者，神必主之，盖乐所飨也。"[③]

---

① （宋）高承撰《事物纪原》卷二，景印文渊阁《四库全书》第920册，第40页。

② （汉）郑玄注，（唐）孔颖达等正义《礼记正义》卷四六，中华书局1980年影印阮元校刻《十三经注疏》本，第1590页。

③ （五代）谭景升撰《谭子化书》卷五，（明）陶宗仪编《说郛一百二十号》号七，上海古籍出版社1988年影印《说郛三种》本，第323页。

第三节　中国各民族巫师名称一览表

编　号	名　称	省份、民族与性别
1	么尼	云南、贵州、四川彝族女巫(通)
	毕摩	云南、贵州、四川彝族巫师(祭)
	苏尼(又称“香巴”)	云南、贵州、四川彝族男巫(通)
2	尼玛认(大巫师) 尼玛 尼玛切尼(小巫师)	云南福贡怒族男巫(祭)
	达施	云南福贡怒族男巫(占)
3	尼扒	云南傈僳族男巫(祭)
	柯扒	云南傈僳族巫师(祭)
	逼扒	云南傈僳族巫师,低于尼扒、柯扒(占)
4	魔巴	云南拉祜族巫师(苦聪)(祭)
5	纽布(又称“尼纽布”)	西藏珞巴族巫师(通)
6	把阿(把窝)	西藏门巴族巫师(医)
7	迷推	云南德宏、保山景颇族巫师(通)
	斋瓦(大魔头)	云南德宏景颇族巫师(祭)
	董萨	云南德宏景颇族巫师(祭)
	强仲	云南德宏景颇族巫师(“董萨”助手)
8	汉规①	云南普米族巫师(祭)
9	释比(又称“阿爸许”)	四川羌族男性巫师(祭)
10	落童(又称“落娘”)	广东畲族巫师(祭)
11	薄摩	云南西双版纳布朗族巫师(占)
12	尼禡	贵州水族女巫(占)

①　汉规有两个助手,一叫“哈师毕”,或叫“师西毕”,祭祀巫师,亦称“讳规”;一叫“毕朴”,送葬巫师。

续表

编号	名称	省份、民族与性别
13	土老师①	湖南湘西土家族巫师(祭)
14	纳木桑(南木萨或纳木沙)	云南贡山独龙族巫师(占)(祭)
	乌	云南贡山独龙族巫师(占)
15	登龙庆	西藏门巴族送鬼巫师(医)
	觉母、把莫	西藏门巴族女巫师(医)
16	迷雅(布雅)②	广西西北部壮族女巫(通)
17	东巴(董巴)	云南纳西族东巴教男性巫师(祭)
18	贝玛(贝牟)	云南哈尼族男巫师(占)
19	乌得干(乌得根)	内蒙古蒙古族女巫(北方)(占)
	波(博)	内蒙古蒙古族男巫(通)
20	比目巴	云南勐海西双版纳拉祜族巫师(占)
21	魔巴(奔柴)	云南佤族男性巫师(占)
22	娘母	海南黎族巫师(医)
23	勃跑(活袍)	云南陇川阿昌族巫师(医)
24	鬼师	贵州台江苗族男巫师(祭)
25	客子师	台湾、福建、广东客家人巫师(医)
26	西波③	云南昆明彝族巫师(祭)
27	闪么(赛母)	云南、四川、贵州白族女巫(占)
	闪波(赛波)	云南、四川、贵州白族男巫(占)
28	雅达干,又译作“雅德根”(男女萨满统称)④	内蒙古达斡尔族萨满教巫师(通)
29	刮债明(亦称“刮亚明”)	西藏僜人巫师

① 土家语叫“梯玛”。

② 或称“雅禁”,俗称禁婆。

③ 或称“贝莫”、“毕摩”、“溪婆”、“系婆”、“奚婆”、“傒卜”。如(元)李京撰《云南志略》:“有疾不识医药,惟用男巫,号曰大溪婆。”(《说郛》本)(明)郑颙纂,陈文修《(景泰)云南图经志书》卷二载:“土人称巫师曰大奚婆。”(明景泰刻本)(清)鄂尔泰等监修,靖道谟等编纂《云南通志》卷二四作“巫号大觋皤”(景印文渊阁《四库全书》第570册,第237页),(明)谢肇淛撰《滇略》卷九作“男巫号曰大觋皤”(景印文渊阁《四库全书》第494册,第226页)。

④ 内蒙古自治区编辑组编《达斡尔族社会历史调查》,内蒙古人民出版社1985年版,第258页。

续表

编　号	名　称	省份、民族与性别
30	萨满(又称“喀木”)	新疆哈萨克族巫师(通)
31	魔公(又称“报魔”、“布魔”,汉族称“神汉”)	贵州黔南布依族男巫
32	萨满	黑龙江赫哲族巫师(通)
	师婆①	清代北京女巫(通)
33	胡求	台湾高山族巫师
34	西早	云南景颇族巫师(祭)
35	楼面(搂面、楼缅)	广东连南瑶族巫师
36	那曼	云南金平瑶族巫师
37	萨满	内蒙古鄂温克族巫师(通)
38	社主(又称“社头”)	广西瑶族巫师(通)
39	巅刮露	广西板瑶巫师(通)
40	唉瓜(欸瓜)	广西山子瑶巫师(通)
41	巫婆(巴雅,译为“布婆”)②	广西罗城下里仫佬族女巫(通)
	(1)道师(仫佬话“Mu bo”) (2)茅山师	广西罗城下里仫佬族巫师(鬼师)(通)
42	白马	贵州苗族巫师(通)
43	白摩	云南澜沧江两岸布朗族巫师(祭)
	召曼(布占、借相)	云南澜沧江两岸布朗族巫师(祭)
44	白腊包(基诺族女巫称“莫培”)	云南西双版纳基诺族男性巫师(通)
	寨父	云南西双版纳基诺族巫师(祭)
	白拉婆	云南西双版纳基诺族巫师(占)
	摩披	云南西双版纳基诺族巫师(医)
45	窝郎	云南佤族巫师(祭)

① (清)李光庭著,石继昌点校《乡言解颐》卷三《人部·人》有谚云:“跟着好人学好人,跟着师婆跳假神。”中华书局1982年版,第27页。

② 广西壮族自治区编辑组编《广西仫佬族社会历史调查》,广西民族出版社1985年版,第258页。

续表

编　号	名　称	省份、民族与性别
46	鬼公	广西壮族巫师(祭)
	布摩	广西壮族巫师(祭)
47	鬼师	广西、贵州水族巫师(祭)
48	阿嘎钦	黑龙江、内蒙古鄂伦春族巫师(占) 黑龙江等地达斡尔巫师(占)
49	察依克	新疆哈萨克族巫师(占)
50	伊东冷(八车冷,杭阿郎)	黑龙江赫哲族巫师(占)
	修林库萨满	黑龙江赫哲族巫师(医)
51	汝朗布	西藏珞巴族巫师(占)
	汝郭布	西藏珞巴族巫师(医)
	尼妈	西藏珞巴族巫师(恶)
52	摩呼腊	云南傣族巫师(占)
53	胜乃莽	贵州、湖南苗族巫师(占)
54	甲立	东北满族巫师萨满之助手
55	莫昆萨满	东北鄂伦春族、鄂温克族巫师
56	多能	云南威信苗族巫师(占)
57	努歪	云南景颇族巫师(占)
58	纠玛	云南西双版纳哈尼族巫师(祭)
	尼帕	云南西双版纳哈尼族巫师(医)
59	巴尔西	内蒙古萨满教达斡尔族巫师(医)
	巴列必	内蒙古萨满教达斡尔族女巫(通)
	巴格其	内蒙古萨满教达斡尔族巫师(祭)
60	仙婆	福建汉族客家人女巫(通)
61	尕巴赛	海南黎族巫师(祭)
62	达巴(打巴)	云南宁蒗达巴教彝族男巫(祭)
63	先生公	广东连南瑶族巫师(占)
64	米剂	西藏珞巴族巫师(占)
65	奇彦其	内蒙古达斡尔萨满教巫师(占)

续表

编　号	名　称	省份、民族与性别
66	昂巴	西藏墨脱门巴族巫师(恶)
	帕树	西藏墨脱门巴族巫师(祭)
67	鬼婆	广西左右江壮族女巫(受害人)
68	喀木	新疆维吾尔族巫师(通)
69	雅牙①	贵州南部、西南部布依族女巫(通)
70	禁公②	海南岛白沙、乐东、保亭、琼中黎族男巫(黑)
	禁母③	海南岛白沙、乐东、保亭、琼中黎族女巫(黑)
71	米亚楼(禹古苏)	云南碧江怒族巫师
72	拿木沙(又称“董木沙”)	云南贡山北部怒族巫师(祭、占)
73	尼玛(达施)	云南福贡怒族巫师
74	夺木萨	云南贡山独龙河地区独龙族巫师(医)
75	厄阿玛	云南红河地区哈尼族巫师(祭)
76	师公、道公(又称“师爷”)④	广西大瑶山瑶族巫师(祭、占)
77	师爸⑤	广东北部乳源瑶族巫师(占)
78	爸目	西藏墨脱珞巴族巫师(通)
79	屋托钦	黑龙江、内蒙古鄂伦春族巫师(医)
80	巴列钦	黑龙江等地达斡尔族女巫(医)
81	巴力格尔	新疆哈萨克族巫师(医)
82	道奇	辽宁、新疆锡伯族巫师(医)
83	巴奇朗	黑龙江赫哲族巫师(医)
	弗力兰	黑龙江赫哲族巫师(小儿医)
	德斯库	黑龙江赫哲族巫师(瘟病医)
	阿哈	黑龙江赫哲族萨满教巫师(医)
	佛日朗	黑龙江赫哲族萨满教巫师(祭)
84	录锡	云南永胜县“他鲁苏”人巫师(占)
85	德勒库尔萨满	黑龙江、内蒙古鄂伦春族治小儿病巫师

① 汉族称“觋婆”，俗称“迷纳婆”、“迷纳”。

② 黎语称“琶丁禁”。

③ 黎语称“百丁禁”。

④ 广西壮族自治区编辑组编《广西瑶族社会历史调查》，广西民族出版社 1984 年版，第 416 页。

⑤ 广东瑶人巫师又被称为“巫爸”，见江应梁撰《广东瑶人之宗教信仰及其经咒》，载《民俗》1937 年第 1 卷第 3 期。广西瑶族“师公”，见胡起望、范宏贵著《盘村瑶族》，民族出版社 1983 年版。

续表

编　号	名　称	省份、民族与性别
86	摩亚	云南德宏傣族巫医
	摩皮	云南德宏傣族巫师(祭)
87	怕滔	海南省黎族巫师(通)
	怕楼	海南省黎族巫师(祭)
88	师毕(全称“师西毕”)	云南兰坪普米族巫师(占)
89	讳规(又称“达巴”)	云南宁蒗普米族巫师(占)
90	道公①	广西环江玉环毛难族送葬巫师(通)
91	道公(文道公跳慢舞,武道公跳快舞)	海南省苗族巫师(通、祭)
92	道士(又分正教、丙教)	广西环江毛难族巫师(通)
	鬼师(又分文教、武教)	广西环江毛难族巫师(通)
	巫师(开路、下葬)	广西环江毛难族送葬巫师(通)
	鬼谷先生(看八字卜卦)	广西环江毛难族巫师(占)
	法童(降童扶乩)	广西环江毛难族巫师(通)
93	野敬婆(法师、巫婆)	广西罗城仫佬族女巫(通)
	梅山弟子(法师) 依饭	广西罗城仫佬族巫师(通)
	茅山弟子(法师) 追魂	广西罗城仫佬族巫师(通)
	佛门弟子(法师) 打道场	广西罗城仫佬族巫师(通)
	地理先生(法师) 风水、葬坟	广西罗城仫佬族丧葬巫师(通)
94	迷拉②	贵州毕节大南山苗族巫师(占)
95	道士(打道场)③	广西龙胜伶人巫师(通)
	师公(做法事)	广西龙胜伶人巫师(通)
96	巫公	广西隆林苗族巫师(通)
97	鬼师	广西融水苗族巫师(通)

① 官话称“法师”。广西壮族自治区编辑组编《广西仫佬族毛难族社会历史调查》,广西民族出版社 1987 年版,第 47 页。

② 贵州省编辑组编《苗族社会历史调查(三)》,贵州民族出版社 1987 年版,第 71 页。

③ 广西壮族自治区编辑组编《广西苗族社会历史调查・龙胜伶人情况调查》,广西民族出版社 1987 年版,第 100 页。

续表

编　号	名　称	省份、民族与性别
98	茅山派师傅(击鼓跳跃)①	广西防城京族、越族巫师(通)
	正一派师傅(静坐念经)	广西防城京族、越族巫师(通)
99	降生童(作法除妖)	广西防城京族巫师(通)
100	生童(扶乩问神)	广西防城越族巫师(通)
101	师公(择吉祭庙卜卦问神)②	广西龙胜平等乡侗族巫师(通、占)
102	北墨(彝语)、巫公(汉语)③	广西隆林彝族丧葬巫师(通)
	巫公(念彝文经文)	广西隆林彝族祛病生育巫师(通)
103	师公④	湖南江华瑶族巫师(通)
	巫婆	湖南江华瑶族女巫(医)
104	魔公⑤	广西南丹大瑶寨瑶族丧葬巫师(通)
105	师公(打斋、跳神、祭庙、送葬)	广西环江长北乡后山屯瑶族巫师(祭)
106	道师(送鬼)	广西富川富阳瑶族巫师(祭)
	巫婆(占卦、看病、送鬼)	广西富川富阳瑶族女巫
107	道公(开路、赶鬼、超度、做盘王)	广西贺县新华乡瑶族巫师(占、医)
108	巫公、入魔、坐马⑥	广西凌云后龙山背篓瑶巫师(医、通)
109	摩公⑦	广西那坡县者祥屯彝族送葬巫师(通)
110	老师子	湖北鄂西土家族巫师(通)
111	达来	云南潞西、盈江等地崩龙族巫师(通)

① 广西壮族自治区编辑组编《广西京族社会历史调查》,广西民族出版社 1987 年版,第 49 页。

② 广西壮族自治区编辑组编《广西侗族社会历史调查》,广西民族出版社 1987 年版,第 249 页。

③ 广西壮族自治区编辑组编《广西彝族、仫佬族、水族社会历史调查·隆林各族自治州彝族社会历史调查》,广西民族出版社 1987 年版,第 38 页。

④ 广西壮族自治区编辑组编《湖南瑶族社会历史调查·江华瑶族自治州瑶族社会历史调查》,广西民族出版社 1986 年版,第 125、174 页。

⑤ 广西壮族自治区编辑组编《广西瑶族社社会历史调查·南丹县大瑶寨瑶族社会历史调查》,广西民族出版社 1985 年版,第 62 页。

⑥ 广西壮族自治区编辑组编《广西瑶族社会历史调查》第五册,广西民族出版社 1986 年版,第 12 页。

⑦ 广西壮族自治区编辑组编《广西彝族、佐佬族、水族社会历史调查》,广西民族出版社 1987 年版,第 82 页。

第四节　古代巫师名称拾遗

一　神保

周代时巫人之类的名称。《诗经·小雅·楚茨》云："先祖是皇，神保是飨。"[①]意思是，祖宗归来喜洋洋，巫人来把酒肉尝。宋朱熹撰《诗集传》卷一三云："神保，盖尸之嘉号。《楚辞》所谓灵保，亦以巫降神之称也。"[②]按"尸"者，古代祭祀时，代死者受祭，象征死者神灵的人，盖巫祝之类者。

二　祝

又称庙祝。周、汉以下至宋代时对祠庙中祭祀男巫的通称。《诗经·小雅·楚茨》云："工祝致告，徂赉孝孙。"[③]意思是，巫师传告祖宗语，要给孝孙送福来。《史记·封禅书》亦云："始名山大川在诸侯，诸侯祝各自奉祠，天子官不领。"[④]宋洪迈撰《夷坚志》丁志卷五《威怀庙神》云："陈秀公升之少年时，家苦贫，朋友勉以应乡举，公虽行而心不乐，过庙入谒，祝杯筊曰：'某家贫，今非费数千不可动，亦无所从出，敢以决于灵侯。'举三投之，皆阴也，意愈不乐……"[⑤]《夷坚志》丁志卷一五《杜默谒项王》云："和州士人杜默，累岁不成名，性英傥不羁，因过乌江，入谒项王庙，时正被酒沾醉，才炷香拜讫，径升偶坐，据神颈拊其首而恸……泪如雨。庙祝畏其必获罪，强扶掖下，掖之出，犹回首长叹，不能自释。祝秉烛入，检视神像，亦垂泪向未已。"[⑥]

三　龟人

周代时对占卜巫师的称呼，春官之属。祭祀时奉龟供卜。《周礼·春官·龟人》："龟人，掌六龟之属，各有名物。"[⑦]唐王起撰《寅月衅龟赋》："斗柄潜移，葭

---

① （汉）毛公传，（汉）郑玄笺，（唐）孔颖达等正义《毛诗正义》卷二〇，中华书局 1980 年影印阮元校刻《十三经注疏》本，第 468 页。

② （宋）朱熹撰《诗集传》卷一三，上海古籍出版社 1958 年版，第 153 页。

③ （汉）毛公传，（汉）郑玄笺，（唐）孔颖达等正义《毛诗正义》卷二〇，中华书局 1980 年影印阮元校刻《十三经注疏》本，第 469 页。

④ （汉）司马迁撰《史记》卷二八，中华书局 1959 年版，第 1380 页。

⑤ （宋）洪迈撰，何卓点校《夷坚志》丁志卷五，中华书局 1981 年版，第 578 页。

⑥ （宋）洪迈撰，何卓点校《夷坚志》丁志卷一五，中华书局 1981 年版，第 668 页。

⑦ （汉）郑玄注，（唐）贾公彦疏《周礼注疏》卷二四，中华书局 1980 年影印阮元校刻《十三经注疏》本，第 804 页。

灰稍畅，簭氏之占有待，龟人之职无旷。”①

四　巫尪

春秋时对祈雨女巫的称呼。《左传·僖公二十一年》：“夏，大旱。公欲焚巫尪。”杜预注云：“巫尪，女巫也。主祈祷请雨者。”②

五　巫祝

战国时对通神巫师的称呼。《韩非子·显学》云：“今巫祝之祝人曰：‘使若千秋万岁。’千岁万岁之声括耳，而一日之寿无征于人，此人所以简巫祝也。”③唐杜甫撰《南池》诗云：“南有汉王祠，终朝走巫祝。”④

六　灵氛

战国时楚国对占卜巫师的称呼。《楚辞·离骚》：“索藑茅以筳篿兮，命灵氛为余占之。”王逸注：“灵氛，古明占吉凶者。”⑤

七　灵子

战国时楚国对女巫的称呼。《楚辞·九歌·云中君》云：“灵连蜷兮既留。”汉王逸注云：“灵，巫也。楚人名巫为灵子。”⑥

八　灵巫

战国和汉代军队战前在迎敌祠举行誓师大会，对祭祀巫师的称呼。《墨子·迎敌祠》曰：“从外宅诸名大祠，灵巫或祷焉，给祷牲。”⑦汉陆贾撰《新语·资执》曰：“退而不用，乃使灵巫求福请命。”⑧

九　日者

战国、汉代及其后对占卜巫师的通称。《墨子·贵义》云：“子墨子北之齐，

---

① (清)董诰等编，孙映逵等点校《全唐文》卷六四一，山西教育出版社 2002 年版，第 3824 页。

② (晋)杜预注，(唐)孔颖达等正义《春秋左传正义》卷一四，中华书局 1980 年影印阮元校刻《十三经注疏》本，第 1811 页。

③ (周)韩非撰《韩非子》卷一九，上海古籍出版社 1986 年影印《二十二子》本，第 1186 页。

④ 《全唐诗》卷二二〇，中华书局 1960 年版，第 2323 页。

⑤ (汉)王逸撰《楚辞章句》卷一，景印文渊阁《四库全书》第 1062 册，第 11 页。

⑥ (汉)王逸撰《楚辞章句》卷二，景印文渊阁《四库全书》第 1062 册，第 17 页。

⑦ (周)墨翟撰，(清)毕沅校注《墨子》卷一五，上海古籍出版社 1986 年影印《二十二子》本，第 276 页。

⑧ (汉)陆贾撰《新语》卷下，景印文渊阁《四库全书》第 695 册，第 380 页。

遇日者。”[①]汉司马迁撰《史记》有褚少孙补《日者传》。[②] 宋洪迈撰《夷坚志》支甲卷八《朱讽得子》云：“下邳朱讽，往京师赴省试。至宋城，逢日者占轨革影，邀而卜之，遇《益》之《垢》。”[③]

十　灵保

战国时楚国对通神巫师的称呼。《楚辞·九歌·东君》云：“思灵保兮贤姱。”宋洪兴祖注云：“说者曰：‘灵保，神巫也。’”[④]

十一　卜人

汉代时对占卜巫师的称呼。《史记》卷一〇《孝文本纪》云：“卜人曰：‘所谓天王者乃天子。’”[⑤]

十二　魔媪

南北朝时对通神女巫的称呼。《南史》卷五《齐本纪下·废帝东昏侯》云：“（废帝东昏侯）又曲信小祠，日有十数，师巫魔媪，迎送纷纭。”[⑥]

十三　祝师

南北朝时对能用符咒变物者的称呼。北齐颜之推撰《颜氏家训·归心》云：“世有祝师及诸幻术，犹能履火蹈刃，种瓜移井，倏忽之间，十变五化。”[⑦]

十四　师姥

隋代时对占卜女巫的称呼。《隋书》卷四五《房陵王勇传》云：“（杨勇）尝令师姥卜吉凶。”[⑧]

十五　师婆

初唐时宫廷对女巫的称呼。唐张鷟撰《朝野佥载》卷三云：“韦庶人之全盛日，好厌祷，并将昏镜以照人，令其速乱，与崇仁坊邪俗师婆阿来专行厌魅。”[⑨]

---

① （周）墨翟撰，（清）毕沅校注《墨子》卷二〇，上海古籍出版社 1986 年影印《二十二子》本，第 266 页。

② （汉）司马迁撰《史记》卷一二七，中华书局 1959 年版，第 3215 页。

③ （宋）洪迈撰，何卓点校《夷坚志》支甲卷八，中华书局 1981 年版，第 777 页。

④ （宋）洪兴祖撰《楚词补注》卷二，景印文渊阁《四库全书》第 1062 页，第 157 页。

⑤ （汉）司马迁撰《史记》卷一〇，中华书局 1959 年版，第 414 页。

⑥ （唐）李延寿撰《南史》卷五，中华书局 1975 年版，第 155—156 页。

⑦ （北齐）颜之推撰，王利器集解《颜氏家训集解》卷五，上海古籍出版社 1980 年版，第 353 页。

⑧ （唐）魏徵等撰《隋书》卷四五，中华书局 1973 年版，第 1235 页。

⑨ （唐）张鷟撰，赵守俨校注《朝野佥载》卷三，中华书局 1979 年版，第 62 页。

十六　鬼师

初唐时宫廷对男巫师的称呼。唐张鷟撰《朝野佥载》卷三云："韦庶人葬其父韦玄贞，号酆王。葬毕，官人路见鬼师雍文智，诈宣酆王教曰：'常作官人，甚大艰苦，宜与赏，着绿者与绯。'韦庶人悲恸，欲依鬼教与之。"①

十七　鸡师

晚唐时对以鸡治病之巫师的称呼。唐段成式撰《酉阳杂俎》前集卷五载："蜀有费鸡师，目赤无黑睛，本濮人也。成式长庆初见之，已年七十余。或为人解灾，必用一鸡，设祭于庭。又取江石如鸡卵，令疾者握之，乃踏步作气嘘叱，鸡旋转而死，石亦四破。成式旧家人永安，初不信，尝谓曰：'尔有大厄。'因丸符逼令吞之。复去其左足鞋及袜，符展在足心矣。"②

十八　巫女

五代时对女巫的称呼。唐刘蜕撰《悯祷辞》云："役巫女兮鼍鼓坎坎，风笛摇空兮舞袂衫衫。"③

十九　太保、师人

宋代时南方对巫师的称呼。宋俞琰撰《书斋夜话》卷一载："今之巫者，言神巫其体，盖犹古之'尸'，故南方俚俗称巫为'大保'，又呼为'师人'。'师'字即是'尸'字，'师'与'尸'声相近也。"④

二十　医巫

宋代时对医药巫师的通称。宋洪迈撰《夷坚志》丁志卷五《陈通判女》云："兴化陈子辉，绍兴戊午，待南雄通判阙，居乡里。……(其女)卧床则已死。气虽绝而心微温，医巫拯疗不效，凡奄奄百二十日。"⑤

二十一　祝郎

宋代时对男巫的称呼。宋梅尧臣撰《将行赛昭亭祠喜雨》诗云："萧萧灵风来，蹲蹲祝郎舞。"⑥

---

① (唐)张鷟撰，赵守俨校注《朝野佥载》卷三，中华书局1979年版，第62—63页。

② (唐)段成式撰，方南生点校《酉阳杂俎》前集卷五，中华书局1981年版，第55—56页。

③ (唐)刘蜕撰《文泉子集》卷一，景印文渊阁《四库全书》第1082册，第621页。

④ (宋)俞琰撰《书斋夜话》卷一，景印文渊阁《四库全书》第865册，第614页。

⑤ (宋)洪迈撰，何卓点校《夷坚志》丁志卷五，中华书局1981年版，第574页。

⑥ (宋)梅尧臣撰《宛陵集》卷三七，景印文渊阁《四库全书》第1099册，第281页。

二十二　夷婆

宋代时对南海诸蕃国女巫的称呼。宋周去非著《岭外代答》卷一〇《志异门·圣佛》曰:“南海诸蕃国皆敬圣佛。……女巫数辈,谓之夷婆,庙多鼓舞,血食无虚日。”①

二十三　厮乩

又称“厮占”,西夏对占卜巫师的称呼。用羊骨占卜,故属占卜巫师之列。宋沈括撰《梦溪笔谈》卷一八《技艺》云:“西戎用羊卜,谓之跋焦,卜师谓之厮乩。”②

二十四　端公

宋、明时代对男巫的别称。宋赵彦卫撰《云麓漫钞》卷一二载:“自后多说神怪,以桀黠者四出,号端公,诳取施利,每及万缗。”③清唐甄撰《潜书·抑尊》亦云:“蜀人之事神也,必冯(凭)巫,谓巫为端公。禳则为福,诅则为殃。”④湘、鄂、黔、桂、川等地区,古代均称巫师为“端公”。

二十五　神巫

元代对巫师的称呼。《元史》卷一一九《木华黎传》云:“木华黎……生时有白气出帐中。神巫异之,曰:‘此非常儿也。’及长,沉毅多智略,猿臂善射,挽弓二石强。”⑤

二十六　刀巴

明清时云南丽江夷民对巫师的称呼。《丽江府志》载礼仪民俗之“丧礼”称:“土人亲死,既入棺,夜用土巫名‘刀巴’者杀牛羊致祭,亲戚男女毕集,以醉为哀。”⑥土人指“夷民”。

二十七　灵姑

清初山东淄川地区对当地女巫之称呼。徐珂编撰《清稗类钞》方伎类《灵姑

---

① (宋)周去非著,屠友祥校注《岭外代答》卷一〇,上海远东出版社1996年版,第270页。

② (宋)沈括撰《梦溪笔谈》卷一八,景印文渊阁《四库全书》第862册,第808页。

③ (宋)赵彦卫撰《云麓漫钞》卷一二,景印文渊阁《四库全书》第864册,第385页。

④ (清)唐甄撰《潜书》上篇下,《四库全书存目丛书》子部第95册,齐鲁书社1995年影印本,第419页。

⑤ (明)宋濂等撰《元史》卷一一九,中华书局1976年版,第2929页。

⑥ 丁世良、赵放主编《中国地方志民俗资料汇编》西南卷(下),北京图书馆出版社1991年版,第819页。

为人治疾》条曰："康熙时，淄川有灵姑者，能于人前请仙。"①

二十八　鬼魁

清代广东高要人对女巫的称呼。清屈大均著《广东新语》卷一一《土言》条云："高要人谓婿曰郎家，女巫曰鬼魁。"②

二十九　禁魇婆

清代粤东及海南岛黎族对女巫的称呼。清袁枚著《子不语》卷二一《禁魇婆》条云："黎女有禁魇婆，能禁咒人致死。"③

三十　垂仲

清代西藏的藏族对巫师的称呼。《西藏见闻录》载民间语言之"方言（人称部分）"云："巫师曰垂仲。"又载信仰民俗之"医卜"云："惜俗不重医而信巫……或向垂仲以叩问吉凶。"④

三十一　鬼使

清末蒙古族对巫师的称呼。徐珂编撰《清稗类钞》方伎类《鬼使》条曰："蒙古僧道而外，有所谓鬼使者，巫也。为其通人鬼之交，故名。"⑤

三十二　海连搭尔

清末至民国年间新疆缠回人对巫师的称呼。《新疆概观》云："凡祈禳之事，皆由专门行教者任之，呼为'海连搭尔'，如内地巫师之类。其帽用驼毛细绳，红白相间，织成高尖月斧形，缘以皮边。衣较普通者袖大而密纫如衲。腰系驼毛大带，垂绦于前，以玉石、红绿线等项悬于襟上。如有邪祟者，请海连搭尔禳之，名为捉鬼。无香烛、牲酒之设，但有羊皮小鼓，面径尺余，高约三寸，框里周缀铁环，摇之锵然。"⑥

三十三　肚仙

清末对通神巫师的称呼。徐珂编撰《清稗类钞》方伎类《肚仙驱鬼》条云：

---

① 徐珂编撰《清稗类钞》，中华书局 1984 年版，第十册，第 4571 页。

② （清）屈大均著《广东新语》卷一一，中华书局 1985 年版，第 341 页。

③ （清）袁枚著，朱纯点校《子不语》卷二一，岳麓书社 1985 年版，第 478 页。

④ 丁世良、赵放主编《中国地方志民俗资料汇编》西南卷（下），北京图书馆出版社 1991 年版，第 876 页。

⑤ 徐珂编撰《清稗类钞》，中华书局 1984 年版，第十册，第 4563 页。

⑥ 吴绍璘编著《新疆概观》第十章《种族探蠡》，上海仁声印书局民国二十二（1933）年版，第 195—196 页。

“慈溪有王姓者，于粤寇乱时失其子，请肚仙探之。”①

三十四 白马

民国年间云南马关地区对夷巫的称呼。《马关县志》载信仰民俗之“依人之迷信”云：“有病不求医，而求白马（夷巫之称）。不拘贫富，家有病，辄曰送鬼。”②

三十五 阿闭

民国年间云南蒙化县猓猡（今彝族）对巫司的称呼。《蒙化县志稿》载信仰民俗之“猓猡”曰：“疾病不服药，惟信鬼，用阿闭禳之。阿闭者，汉言巫司也。”③

三十六 香通

民国年间云南泸水地区对巫祝的俗称。《泸水志》载信仰民俗之“巫祝”曰：“巫祝，俗名‘香通’，能除鬼怪。夷民不服药，遇疾病祈神祷鬼。巫祝能者颇多，别无异教。”④

三十七 迷拉

贵州毕节县大南山苗族对祭祀巫师的称呼。《苗族社会历史调查（三）》第二编《毕节县大南山苗族社会历史调查资料》记载由迷拉祛除的“恶鬼”称：“迷拉即巫师，是从事迷信活动的人。他们不是以此为职业，而是农民兼任。有人请到了，他才去进行卜鬼、祛鬼活动。”⑤

---

① 徐珂编撰《清稗类钞》，中华书局 1984 年版，第十册，第 4572 页。

② 丁世良、赵放主编《中国地方志民俗资料汇编》西南卷（下），北京图书馆出版社 1991 年版，第 825 页。

③ 丁世良、赵放主编《中国地方志民俗资料汇编》西南卷（下），北京图书馆出版社 1991 年版，第 865 页。

④ 丁世良、赵放主编《中国地方志民俗资料汇编》西南卷（下），北京图书馆出版社 1991 年版，第 868 页。

⑤ 贵州省编辑组编《苗族社会历史调查（三）》，贵州民族出版社 1987 年版，第 71 页。

第四章　巫师的装扮与乐器

第一节　巫师的装扮

古代巫师的装扮最主要的特征是“头上长角”，这是因为在他从事沟通人与神的巫术活动时，首先就必须化装，其头上的角，多半是所戴的兽皮帽子，与其猎物有关。

迄今研究者能见到的最早的巫师形象，是欧洲奥瑞纳文化时期史前人所绘岩画上的巫师。这是欧洲旧石器时代晚期的岩画，岩画上的巫师头上戴着鹿角，身上披着兽皮，颏下留着长须，臀部安着马尾，赤着双脚正在那里跳巫舞。其头上戴的鹿角，当然与他的猎物有关，象征着他的勇敢。这就是原始巫典型的形象。

1. 法国三兄弟(Les Trois Freres)洞穴壁上史前人所绘巫的化装施术〔陈兆复、邢琏著《外国岩画发展史》，上海人民出版社 1993 年版，第 62 页。〕

古代印度的巫师形象也是头上有角的，如印度青铜器时代的所谓“角神”，实际是一个头上戴着公牛角的巫师。他的四周簇拥着各种野生动物，所以他被叫作帕苏帕提，即“万兽之神”。人们在驯服野生动物时，必须由他来沟通动物和人与神的关系，进行祈祷、占卜，以避凶求吉。其头戴饰有野生公牛角的帽子，仍然与其猎物有关。

2. 古代印度巫师〔(英)玛格丽特·穆礼著，黄建人译《女巫与巫术》，漓江出版社 1992 年版，第 25 页。〕

在我国四川珙县新石器时代的岩画中，头上一只角、两只角、三只角的巫师都有。如图 3 岩画中间举双十魔杖的巫师是三只角，右上的巫师是两只角，右下用左手提着水罐的巫师是一只角。

东北达斡尔族巫师萨满就有头戴鹿角的习惯，在举行“奥米那楞”仪式时，以红布包头，仪式后即成为正式萨满，然后带三枚鹿角叉，就成了头戴三只角的巫师形象。鄂温克族萨满在举行第一次考验性的仪式以后，就头戴六只鹿角叉，第二次戴八只角，第三次戴十只角，第四次戴十二只角，鹿角越多表示本领越大，经历越丰富。叶尼塞人萨满有一个鹿皮箍箍在头上，就成了他化装的兽皮帽子，有的萨满就在其上插两根鹿角和一把匕首。东北大森林中野生鹿资源丰富，萨满头上的鹿角正是其猎物，象征他们的勇敢和机智的。羌族的端公头戴猴头帽，穿的是白色的法衣，脚蹬羊皮鞋。野生猴类就是端公的猎物，故戴猴头帽。

3. 四川珙县麻塘坝猪圈门岩画〔于锦绣、杨淑荣分主编《中国各民族原始宗教资料集成：考古卷》，中国社会科学出版社 1996 年版，第 567 页图 6。〕

河南信阳长台关楚墓出土的楚瑟彩绘里的巫师，却是化装成三只角禽鸟的形象。这位先秦时期的楚巫，手作爪形，身上披着象征鸟翼的宽大的袍子，像现在的斗篷，头上矗起三只角，两只尖角向后，类似鸟的双耳，一只倒三角长在额前，类似禽类的冠。

中南各民族的巫师以前多戴雉羽帽，模仿羽人，但是后来都改为戴布帽子，拖一条纸带做成的“尾巴”。湖南苗族巫师即戴黑色梯形筒状的布帽子；广西壮族巫师头戴布制的狮子帽，背后拖一条象征鸟尾的纸尾巴。

4. 河南信阳楚墓出土楚瑟漆画上的巫师〔中国历史博物馆编《中国古代史参考图录・战国时期》，上海教育出版社 1989 年版，第 128 页。〕

像此类禽鸟的装扮，我们在西藏隆子县珞巴族的巫师跳神的时候也可发现。巫师戴虎皮帽，上面插有黄鹰的翅膀，象征有黄鹰的本领。巫师衣服上挂有红色的、黄色的、绿色的彩线，每一根线下都拴有黄鹰的尾羽，而其腰间佩刀的刀鞘上面也有黄鹰的头皮。凉山彝族巫师的禽鸟装扮更为特别。巫师头上戴一顶斗笠，其顶端是突起的，被称为“冲天帽”，斗笠顶上安一对雕刻的老鹰，且在帽带子上扎有鹰爪。这种禽鸟装扮是象征性的。丽江纳西族的东巴，头戴五佛冠，表示多种意思，其一是它们代表达拉米悲、大鹏鸟、丁巴什罗、青龙以及郎九敬九诸神，其中只有一种是禽鸟，即大鹏鸟，就此而言，有点禽鸟装的象征意义即可。

完成于秦汉间的《山海经》记载的原始巫，头上也有“长角”的，角也是兽角。

《山海经·海内北经》云："戎其为人，人首三角。"[①]戎头上有三只角，他上身赤裸，露着肚脐，赤着双脚，表现为典型巫师的装扮。直至清代，民间巫师头上虽已改为梳髻，但仍赤着双脚，借祷告施巫术。

5. 戎〔马昌仪著《古本山海经图说》，山东画报出版社 2002 年版。〕

6. 清代民间巫师〔采自《近代秘密社会史料》第一卷〕

《山海经》中提到一位神蠱围，《中次八经》云："骄山……神蠱围处之，其状如人。"[②]他头上有两只尖尖的野牛角，全身赤裸，扭动躯体施术通神时，头肩部仿佛在喷发着火焰，手与脚都化装成蹄爪型。又《山海经·北山经》云："女娃游于东海，溺而不返，故为精卫，常衔西山之木石，以堙于东海。"[③]《东次三经》中有神巫名为东山神，头上有两只野牛角，全身披甲，乃是古代军队中之巫师形象。

7. 神蠱围〔采自《古本山海经图说》。下同〕

8. 东山神

① (晋)郭璞传，(清)毕沅校正《山海经》卷一二，上海古籍出版社 1986 年影印《二十二子》本，第 1375 页。

② (晋)郭璞传，(清)毕沅校正《山海经》卷五，上海古籍出版社 1986 年影印《二十二子》本，第 1363 页。

③ (晋)郭璞传，(清)毕沅校正《山海经》卷三，上海古籍出版社 1986 年影印《二十二子》本，第 1353 页。

《山海经·海外东经》载:“雨师妾在其北,其为人黑,两手各操一蛇;左耳有青蛇,右耳有赤蛇。一曰在十日北,为人黑身人面,各操一龟。”[①]雨师妾也是先秦神巫之一,为驯蛇巫师的形象。又《山海经·海外北经》载:“博父国沅曰:《淮南子·坠形训》无此国,云夸父。……在聂耳东,其为人大,右手操青蛇,左手操黄蛇。邓林在其东,二树木。一曰博父。沅曰:……言夸父一作博父。”[②]《中次十二经》载:“洞庭之山……是多怪神,状如人而载蛇,左右手操蛇。”[③]洞庭山怪神的形象是左右手各握一条蛇,又把一条蛇插在头髻上。

9. 雨师妾

10. 夸父国驯蛇巫师

11. 洞庭山怪神

在今江苏省淮安市高庄战国墓出土的青铜礼器上,也可以看到驯蛇巫师的形象,头上有两只角,一手抓法器,一手抓蛇。在汉墓的画像砖上,也煅烧有驯蛇巫师的形象。

12. 江苏淮安市高庄战国墓出土青铜礼器上的驯蛇巫师形象

13. 汉墓画像砖上的驯蛇师形象

① (晋)郭璞传,(清)毕沅校正《山海经》卷九,上海古籍出版社1986年影印《二十二子》本,第1373页。

② (晋)郭璞传,(清)毕沅校正《山海经》卷八,上海古籍出版社1986年影印《二十二子》本,第1372页。

③ (晋)郭璞传,(清)毕沅校正《山海经》卷八,上海古籍出版社1986年影印《二十二子》本,第1368页。

由以上例证可见，中外古巫的装扮都是头上有角的，或者两只角，或者三只角。至今贵州苗族巫师的装扮依然如此，头上戴着野牛角装饰的帽子。

14. 贵州苗族巫师

苗族民间巫师在禳鬼的时候，头上戴着竹篾扎的像三个牛犄角的帽子，身上穿的是百衲衣——即由各种颜色布条补缀成的法衣。乍一看，就好像一个头生三只角，浑身长着长毛的怪物。关于这种装扮的来历，苗族民间故事《鬼师头生三只角》中有记述，摘编如下：

灭鬼英雄名叫戈里。一天，他去赶场，碰见专摄姑娘魂的“色鬼”。这种鬼，常常变成标致的小伙子，去找姑娘对歌谈爱，把姑娘哄得神魂颠倒时，就把她的魂儿摄走。

色鬼喝得醉醺醺的，戈里扶着色鬼在荒山旷野里走，走到三棵大枫树下。色鬼指着中间的那棵枫树说：“你脱下左脚的草鞋，敲它两下！”戈里敲第一下，树上滚下两条巨大的毛毛虫，毛毛虫在地上一滚，变成两条大黑狗扑向戈里，被色鬼喝住了。戈里再敲第二下，树下不远处便出现几幢房子，传出姑娘的哭声，有两个黑影从房子里跳出来，大声说：“两个弟兄，快拿你们得来的姑娘魂看看。”戈里知道色鬼到家了，把色鬼送到家，他便回家了。

戈里决心除掉这伙色鬼，回到家想出了办法：他把架锅用的铁三角反戴在头上，身上倒披棕衣，手拿锋利的柴刀和叉鱼的钢叉，又走到枫树下。他用草鞋敲一下枫树，滚下两只毛毛虫，戈里不等它们变成狗就用叉扎死了它们；又敲一下，跳出来几个黑影，戈里爬上树挥起柴刀砍树桠，众鬼四散逃开。戈里冲到鬼住的地方，把姑娘魂集中起来，见到这些姑娘已变得痴痴呆呆，他念起咒语：“东方来，东方去；西边来，西边归。行南方，走北地；家乡路，认仔细。”姑娘们这才慢慢醒过来，慌忙找路回家。

第二天晚上，戈里来到群鬼的住处，群鬼没发现他就是三只角怪物，对他说：“我们这里昨晚来了个怪物，头生三只角，浑身长倒毛，杀死看家狗，放走姑娘魂。”众鬼叫着要搬家。戈里说：“搬到我们住的岩洞中来吧！不要被怪物发现。”众鬼说：“我们变成蛤蟆跳进岩洞去。”戈里赶紧回到家里，先在火上熬起一锅桐油，然后又像前次那样装扮好，另外又提了一个大须笼，这种装鱼笼口大颈小肚子大，颈内有倒须，鱼能进不能出。戈里把须笼放在蛤蟆必经的山道上，等鬼变的蛤蟆一到笼边，戈里便大声吼叫起来。蛤蟆们回头一看，又是三只角怪物来了，吓得拼命挤进须笼。戈里用滚沸的桐油把它们统统烫死了。但是，那晚有一只瘸腿鬼变的蛤蟆，来不及跳进须笼，因此鬼才没绝种。后来鬼师捉鬼，都要学戈里，把自己装扮成头生三只角、浑身长倒毛的怪物形象。①

另外，古代巫师装扮也有戴假面具的，傩舞中戴假面具就是古巫风的遗留。

还需指出的是，古代巫师施术时通常是穿红色的外衣。如《夷坚志》支丁卷三《李氏红蛇》云："招村巫马氏子施法考验。巫著绯衣，集邻里仆僮数十辈，如驱傩队结束。绕李向所游处山下，鸣金击鼓，立大旗，书四字曰'青阳大展'，齐声叫噪，称烧山捉鬼。"②绯(红)衣有辟邪作用。

15. 江西傩舞及其面具〔宋兆麟著《巫与巫术》，四川民族出版社 1989 年版，第 346 页。〕

西北蒙古族巫师则是用红布扎头。《清稗类钞》方伎类《鬼使》条曰："蒙古僧道而外，有所谓鬼使者，巫也。为其通人鬼之交，故名。其人头戴布巾，而以尺许红布扎头，头插缋有鬼魅之小牌，身服青布海青，腰系红布带，不袜而草履，手执牛角以吹，声如筚篥。人有病，则延之以跳神，丧事亦用之。官署遇日月蚀及祈晴祷雨，皆令执役。"③

我国古代的巫师装扮也有无角的，广西左江崖壁画中的巫师形象就是这样。画面中三人作青蛙状，右二人佩戴刀剑，当是巫师兼首领双重身份。广西左江历来水灾严重，因而那里的巫师擅以跳青蛙舞施术。④

16. 广西左江崖壁画中的巫师形象〔宋兆麟著《巫与巫术》，第 174 页。〕

① 原故事流传于黔东南一带，由苗族田应深、潘大荣口述，葆中、家驹搜集。载黔东南州文艺研究室主编、扬鬃编《风俗的起源》，上海文艺出版社 1988 年版，第 325—329 页。

② (宋)洪迈撰，何卓点校《夷坚志》支丁卷三，中华书局 1981 年版，第 986 页。

③ 徐珂编撰《清稗类钞》，中华书局 1984 年版，第十册，第 4563 页。

④ 参见于锦绣、杨椒荣分主编《中国各民族原始宗教资料集成·考古卷》，中国社会科学出版社 1996 年版，第 498—517 页。

第二节　巫师的乐器

巫术是艺术之源。艺术，包括绘画、书法、音乐、舞蹈、戏剧等等，都起源于巫术。巫师大多是能歌善舞的，他们沟通鬼神，取悦于鬼神，要运用各种各样的乐器。这些乐器，就是巫术的法器，也被称为“巫具”，即从事巫术活动的工具。

一　鼖鼓

巫师运用得最多的巫具是鼓，主要有鼖鼓、雷鼓、铜鼓、带柄手鼓、达卜手鼓等。在周代，巫师在施行军事巫术、祭天地巫术、祭鬼神巫术时，大多用鼓；一直延续到现代。据文献记载，三千年多前的周代有丰富的鼓工艺品。《周礼·鼓人》云：“教为鼓而辨其声用。以雷鼓鼓神祀，以灵鼓鼓社祭，以路鼓鼓鬼享，以鼖鼓鼓军事。”[①]雷鼓是大型的八面鼓，灵鼓是中型的六面鼓，路鼓是小型的四面鼓。而鼖鼓呢？《尔雅·释乐》曰：“大鼓谓之鼖。”[②]北魏墓出土的抬鼓俑抬着的就是鼖鼓。由于体积大，在崎岖的路上只能抬着它走。明王圻、王思义编集《三才图会》中绘有鼖鼓架立时的图形。

17. 北魏墓出土泥胎彩绘抬鼓俑〔丁晓愉编绘《中国古俑白描》，北京工艺美术出版社 1991 年版。〕

18. 鼖鼓〔采自《三才图会》。下同〕

《三才图会》器用三卷《鼖鼓》曰：“鼓之小者谓之应，大者谓之鼖。《周官·鼓

① (汉)郑玄注，(唐)贾公彦疏《周礼注疏》卷一二，中华书局 1980 年影印阮元校刻《十三经注疏》本，第 720 页。

② (晋)郭璞注，(宋)邢昺疏《尔雅注疏》卷五，中华书局 1980 年影印阮元校刻《十三经注疏》本，第 2601 页。

人》'以鼖鼓鼓军事'。节声乐亦用之。《诗》云:'鼖鼓惟镛。'"①鼖鼓原为用于巫术的乐器,在周代被用于军事,因而有巫师参加军事活动。巫师参加军事活动,直到三国时代依然盛行。巫师在军队中施行巫术时,鼓声就成为鼓舞士气的乐器。

二　雷鼓

汉代有一种雷鼓被用于占卜巫术。汉焦延寿撰《焦氏易林》卷三曰:"丰。雷鼓东行,稼穑凋伤,大夫执政,君赞其明。"②雷鼓历史悠久。《周礼·鼓人》曰:"以雷鼓鼓神祀。"郑玄注:"雷鼓,八面鼓也。神祀,祀天神也。"③

19. 雷鼓〔采自《三才图会》〕

三　铜鼓

宋代南方民族巫师用铜鼓和沙锣。《宋史·蛮夷传》:"雍熙元年(984),黔南言溪峒夷獠疾病,击铜鼓、沙锣以祀神鬼,诏释其铜禁。"④巫师用鼓的传统,直至民国仍延续。具体来说,铜鼓是古代南方的壮族、瑶族、苗族、仡佬族、布依族、侗族、水族等民族使用的重要乐器,亦即巫术的法器(祭祀器)。此种巫术祭祀器来源久远,沿至隋唐。隋代有岭南诸獠"铸铜为大鼓","悬于庭中,置酒以招同类"⑤之记载。唐代此风仍盛行,《岭表录异》卷上载:

> 蛮夷之乐,有铜鼓焉。形如腰鼓而一头有面,鼓面圆二尺许,面与身连,全用铜铸。其身遍有虫鱼花草之状,通体均匀,厚二分已来,炉铸之妙,实为奇巧。击之响亮,不下鸣鼍。贞元中,骠国进乐有玉螺铜鼓,即知南蛮

① (明)王圻、王思义编集《三才图会》器用三卷,上海古籍出版社1988年影印本,第1127页。

② (汉)焦延寿撰《焦氏易林》卷三,景印文渊阁《四库全书》第808册,第376页。

③ (汉)郑玄注,(唐)贾公彦疏《周礼注疏》卷一二,中华书局1980年影印阮元校刻《十三经注疏》本,第721页。

④ (元)脱脱等撰《宋史》卷四九三,中华书局1985年版,第14174页。

⑤ (唐)魏徵等撰《隋书》卷三一《地理志下》,中华书局1973年版,第888页。

酋首之家，皆有此鼓也。咸通末，幽州张直方贬龚州刺史，到任后，修葺州城，因掘土得一铜鼓，载以归京。到襄汉，以为无用之物，遂舍于延庆禅院，用代木鱼，悬于斋室。今见存焉。僖宗朝，郑细镇番禺日，有林蔼者为高州太守。有乡墅小儿，因牧牛，闻田中有蛤鸣，牧童遂捕之；蛤跃入一穴，遂掘之，深丈，即蛮酋冢也。蛤乃无踪，穴中得一铜鼓，其色翠绿，土蚀数处损阙，其上隐起，多铸蛙黾之状。疑其鸣蛤即鼓精也。遂状其缘由，纳于广帅，悬于武库。今尚存焉。[①]

以上记述是唐代铜鼓巫术艺术的信史，而蛤蟆即鼓精之神话，也是关于非物质文化遗产的珍贵资料。总的来说，铜鼓乃古巫师艺术智慧的结晶品。

民间巫师在祀鬼巫术中创造了铜鼓乐器及铜鼓艺术，被官府作为正式乐器载入史册。一套铜鼓包括铜鼓和铜点。关于铜鼓。《皇朝礼器图式》卷九曰："巡幸铙吹乐铜鼓。谨按王圻《三才图会》：铜鼓，铸铜为之，虚其一面，悬而击之。本朝定制巡幸铙吹乐铜鼓，范铜为之，形如金。面径九寸七分二厘，深一寸六分一厘；中隆起八分一厘，径二寸六分七厘；边穿圆孔二，以黄绒紃悬之。击以椎，木质，通结黄线。凯旋铙歌乐铜鼓同。"[②]关于铜点。《皇朝礼器图式》卷九又曰："巡幸铙吹乐铜点。谨按王圻《三才图会》：点，即古之更点。以之配铜鼓，谓之点子。本朝定制巡幸铙吹乐铜点，范铜为之，如铜鼓而小。面径四寸八分六厘，深一寸八厘；中隆起四分八厘，径一寸六分二厘。穿孔系紃，亦如铜鼓。击以椎，如镈钟击具之制。凯旋凯歌乐铜点同。"[③]

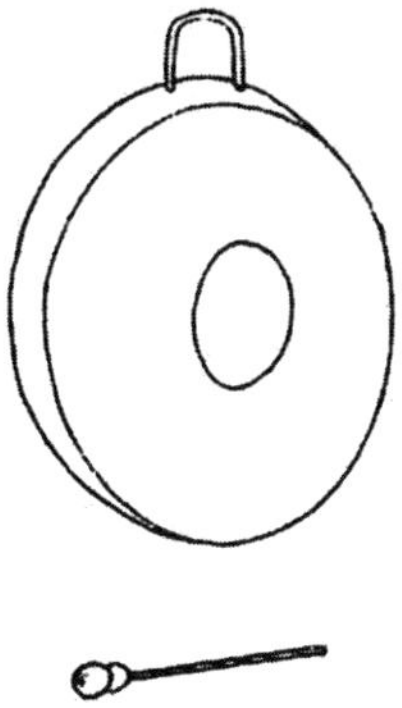

20. 铜鼓〔采自《皇朝礼器图式》〕

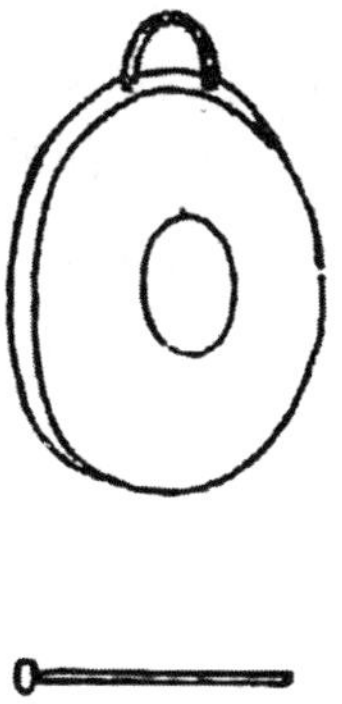

21. 铜点〔采自《皇朝礼器图式》〕

① （唐）刘恂撰《岭表录异》卷上，景印文渊阁《四库全书》第589册，第81—82页。

②③ （清）允禄等撰，福隆安等校补《皇朝礼器图式》卷九，景印文渊阁《四库全书》第656册，第488页。

据《皇朝礼器图式》所说，古代的铜鼓原来是“悬而击之”的，就是挂在架子上的。《三才图会》器用三卷曰：“点，即古之更点。今俗乐以之配于铜鼓，谓之‘点子’。铜鼓，铸铜为之，虚其一面，悬而击之。南蛮多精此器，其声闻数里者，蛮人亦以为珍。”①

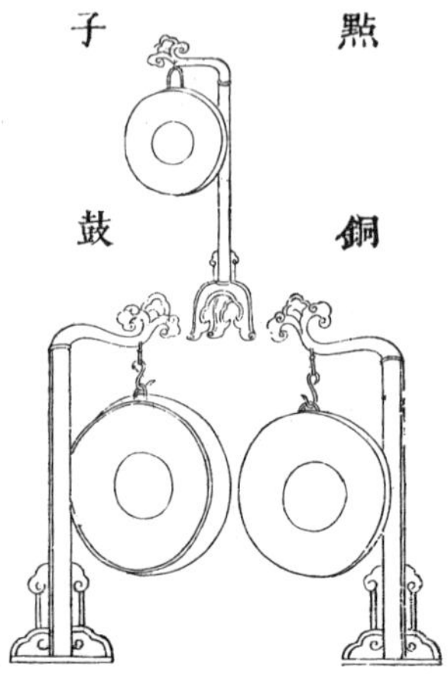

22. 铜鼓、点子（铜点）〔采自《三才图会》〕

铜鼓是水族民众在端节、卯节的祭鼓，并被作为神器上供。江河湖泊中出现怪异，需用铜鼓镇邪，要举行“者左”等原始宗教巫术仪式，敲铜鼓以激励奔放的生命力。瑶族视铜鼓为传家宝，举行重大的祭祀巫术等活动，都要敲响铜鼓，唱歌跳舞。击鼓有专门的鼓师，他在祭神时又是主持祭礼的司仪。居住在贵州安顺黑寨、和坝大狗场一带的仡佬族，在举行跳神巫术时，也要敲起铜鼓，跳起“地戏”（一种民间舞蹈），与布依族的“地戏”基本相似。这种具有巫术驱傩性质的活动，在跳神巫术舞蹈时，要以青布遮脸，额部戴一具木制的“鬼脸壳”（面具），在铜鼓声中，边跳巫舞，边唱巫歌。

四　带柄手鼓

明朝带柄之手鼓，没有彩穗。《三才图会》器用三卷曰：“手鼓，其制匾而小，亦有柄。今歌者，左手执，而右手击之。”②至清代其形制稍为复杂，朝廷中称“燕飨清乐手鼓”。《皇朝礼器图式》卷九曰：“燕飨清乐手鼓。谨按马端临《文献通考》：鞀鼓，和鼓，有柄；王圻《三才图会》：手鼓，制匾而小。本朝定制燕飨清乐手鼓，木匡冒革，以柄贯而擎之。面径九寸一分，中围三尺二寸四厘，厚二寸一分。面素，匡髹以朱并绘花文，绿缘涂金钉，上下衔金云，两旁金镮垂五彩流苏。顶高五寸。柄通长一尺五寸，髹朱，末饰金云。桴髹檀色。”③此手鼓往往也为巫师所用。清杨宾撰《柳边纪略》云：“跳神者，或用女巫，或以冢妇，以铃系臀后，摇之作声，而手击鼓，鼓以单牛皮冒铁圈，有环数枚在柄，且击且摇，其声索索然。而口致颂祷之词，词不可辨，祷毕跳跃旋转，有老虎回回诸名色。”④

---

① （明）王圻、王思义编集《三才图会》器用三卷，上海古籍出版社 1988 年影印本，第 1132 页。

② （明）王圻、王思义编集《三才图会》器用三卷，上海古籍出版社 1988 年影印本，第 1133 页。

③ （清）允禄等撰，福隆安等校补《皇朝礼器图式》卷九，景印文渊阁《四库全书》第 656 册，第 498 页。

④ （清）杨宾撰《柳边纪略》，《丛书集成初编》本，商务印书馆 1936 年版，第 70 页。

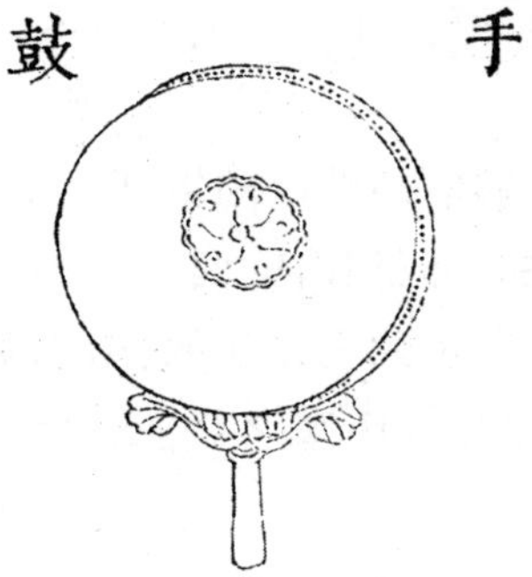

23. 明朝带柄之手鼓〔采自《三才图会》〕

24. 清朝带柄之手鼓〔采自《皇朝礼器图式》〕

五　祭祀诵经击鼓

胡朴安《中华风俗志》下篇卷一“黑龙江”部分载：“巫风盛行，家有病者，不知医药之事，辄招巫入室诵经，装束如方士状，以鼓随之，应声跳舞。云病由某祟，飞镜驱之，向病身按摩数次遂愈。或延喇嘛治之。”又云：“伊彻满洲病，亦请萨玛跳神，而请札林一人为之相。札林，唱神歌者也。祭以羊，腥用鲤。萨玛降神，亦击鼓。神来则萨玛无本色，如老虎神来狰狞，妈妈神来噢咻，姑娘神来腼觍，各因所凭而肖之。”①

巫师为什么要用鼓？有人认为：“魔鬼害怕大的声响，为此……只有雷声能够驱走恶鬼。于是，萨玛就敲神鼓来表示雷声。”②

六　长鼓

瑶族人直至新中国成立前后还有“跳盘王”的传统，且一定要由巫师和族中老歌手教唱(领唱)《盘王歌》。瑶族人“跳盘王”时一定要敲击用木棒和羚羊皮制成的长鼓；还盘王愿时，需要请来“师公(巫师)四人，歌头一人，歌女四人，吹笛一人，总共十人。……初三开堂起鼓需宰猪一头”③。

七　达卜

无把手鼓。维吾尔语意为“手鼓”。这种维吾尔族和乌兹别克族人的打击乐器，常为巫师们跳神时所使用。这种手鼓，《皇朝礼器图式》卷九记载曰：“燕飨回部乐达卜。谨按乾隆二十五年(1760)钦定燕飨兼设回部乐达卜，木匡，上

---

① 胡朴安编《中华风俗志》，上海文艺出版社1988年影印本，第131、142页。

② 见郭燕顺、孙运来编《民族译文集》(第一辑)，吉林省社会科学院苏联研究室1983年刊行，第316页。

③ 广西壮族自治区编辑组编《湖南瑶族社会历史调查》，广西民族出版社1986年版，第123页。

冒以革，形如手鼓而无柄。径一尺三寸六分五厘，厚二寸二分七厘五毫。通髹以黄，面绘采狮二，以手击之。”①

后来改进的达卜，在木框内壁上钉有许多能够活动发声的铜环。巫舞时，两手“虎口”扶住鼓框，除拇指以外其余各手指，都可以拍击鼓面。巫舞达到高潮时，则扔鼓于空中，腾跳迎接。据考证，达卜是苏美尔人发明的，名称源自希伯来语，是波斯、阿拉伯文化通过古老的丝绸之路传入中国之一证。达卜在新疆维吾尔自治区的农村和牧区极为普遍。

25. 达卜〔采自《皇朝礼器图式》〕

26. 金人击鼓俑雕砖〔采自《中国古俑白描》〕

八　木鼓

斯巴，基诺族语音译，意译为“木鼓”。木鼓反映了基诺族起源久远的历史，是基诺族巫师使用的最神圣的祭器和乐器。鼓长约一米五，直径一米，鼓面是牛皮，鼓身为一中间挖空的粗圆树干。鼓内放置一把小刀和一个铜铃。

据基诺族民间传说记述，在很古的时候，地上发洪水，淹没了万物，但有一家人，父亲为他的一儿一女做了一个大木鼓，并叫兄妹俩躲进木鼓里；同时，送给他们一把小刀，一个铜铃。父亲告诉他们，每天敲鼓三下，如果鼓声不清脆，那就说明鼓仍然泡在水里，铜铃就不会响；如果鼓声清脆，就说明洪水已退，鼓皮已干。鼓身碰到大树、石头或陆地，就会把铜铃震响。到那时，就用小刀把牛皮划开，从鼓里出来。说完，父亲就把兄妹俩装进鼓里，任其在洪水里漂流。结果，漂流了七天七夜，大鼓漂到皆朱（基诺族的山寨名），洪水退去。木鼓最后滚落在一块大岩石上，碰响了铜铃。兄妹从木鼓里出来，皆朱里只剩下他们兄妹

① （清）允禄等撰，福隆安等校补《皇朝礼器图式》卷九，景印文渊阁《四库全书》第656册，第520页。

俩，妹妹只好羞涩地和哥哥结婚，繁衍了基诺族。木鼓救了基诺族的祖先，因此基诺族敬木鼓为神灵，平时木鼓被挂在祭寨神“周米遂巴”处，任何人都不能摸、不能动，只有巫师祭祀神灵和祖先时才能使用。

九　皮鼓

皮鼓也称“革鼓”。水族在端节等重要节日举行宗教巫术活动时，都要敲击铜鼓和皮鼓。皮鼓是用整段圆木刨光镂空，再用以硝制理的牛皮蒙住两头，鼓身长一米五左右，直径在五十厘米左右。巫师在祭祀神灵和祖先时，敲铜鼓，要以皮鼓伴奏，有各种鼓谱，形成了特有的鼓文化。水族人在祭祀巫术进行时敲击木鼓，浑厚而低沉的皮鼓声和铿锵激越的铜鼓声交织，让人油然而生一股奋发拼搏的力量。

十　羊皮鼓

羌族巫术活动中使用的巫具，即羊皮鼓。羌语称为“日卜”。鼓的直径为二尺，单面绷皮，另一面为一横木条，以便抓握。巫师打羊皮鼓之意是借鼓点节奏记住并念出经句。

十一　胡琴

唐代巫师使用的巫具，除琵琶外，也流行胡琴，如《太平广记》卷二八三《许至雍》中的巫师，便是“呼啸舞拜，弹胡琴”[①]的。《皇朝礼器图式》卷九曰：“燕飨笳吹乐胡琴。谨按《元史·礼乐志》：胡琴，卷颈龙首二弦，用弓捩之，弓之弦以马尾。”[②]

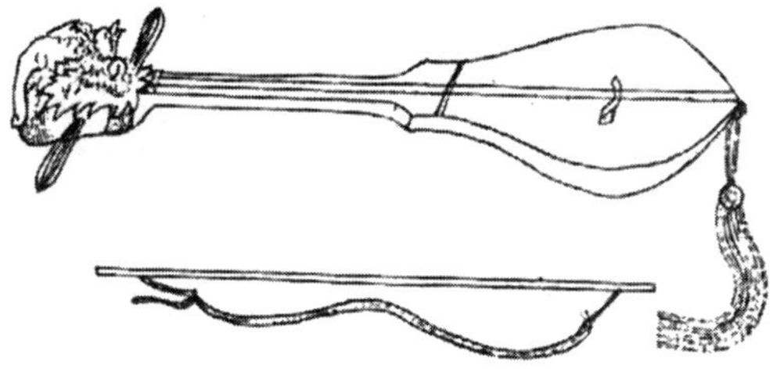

27. 胡琴〔采自《皇朝礼器图式》。下同〕

① （宋）李昉等撰，汪绍楹点校《太平广记》卷二八三，中华书局 1961 年版，第 2259 页。

② （清）允禄等撰，福隆安等校补《皇朝礼器图式》卷九，景印文渊阁《四库全书》第 656 册，第 506 页。

十二 笛

宋代道教巫师曾经使用过笛。《夷坚志》乙志卷一八《张淡道人》云："衢州人徐逢原，居郡之峡山，少年时好与方外人处。有张淡道人过之，留馆其门，巾服萧然，唯著青巾夹道衣，中无所有，虽盛冬不益也。每月夕，则携铁笛入山间吹之，彻晓乃止。"张淡道人善于施模仿巫术："其徒有头陁一人，又秘藏纸画牛一头，每与客戏，则取图挂壁，剉生草其旁，良久，草或食尽，或齮龁过半，遗粪在地可扫也。后以牛与头陁。"①道士吹铁笛，可能就是为了唤牛的，因为牧牛吹笛乃是古代民间传统风俗，故而施画牛巫术之道士，吹笛便是常理。

《皇朝礼器图式》卷八曰："本朝定制朝会中和韶乐笛。断竹为之。阳月用姑洗笛，径四分三厘五毫。吹孔至末，一尺二寸五分一厘七毫。阴月用仲吕笛，径四分一厘六毫，吹孔至末一尺一寸九分七厘二毫。俱长一尺八寸二分八厘六毫。"②同卷又曰："朝会中和韶乐笛。谨按许慎《说文》：笛，七孔筒也。智匠《古今乐录》：横吹，张骞入西域始传之。《宋史·乐志》：六窍为篴，六律之声备焉。马端临《文献通考》：笛首为龙头，有绶带下垂。《元史·礼乐志》：龙笛横吹之管，首制龙头。"③

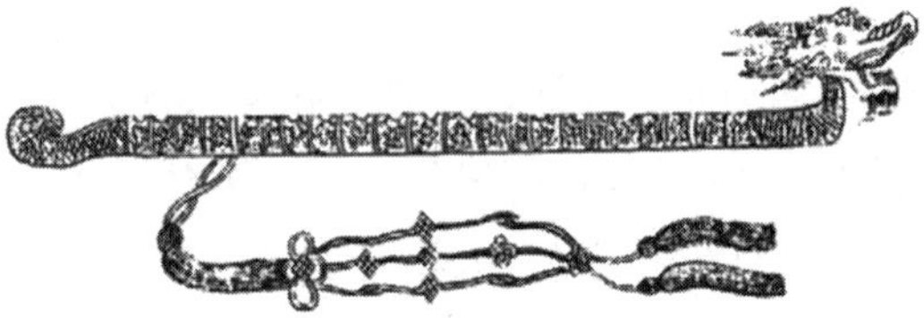

28. 姑洗笛

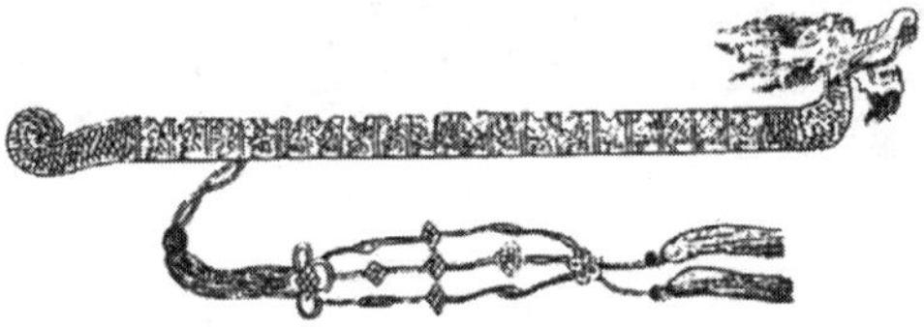

29. 仲吕笛

---

① (宋)洪迈撰，何卓点校《夷坚志》乙志卷一八，中华书局1981年版，第335页。

② (清)允禄等撰，福隆安等校补《皇朝礼器图式》卷八，景印文渊阁《四库全书》第656册，第467—468页。

③ (清)允禄等撰，福隆安等校补《皇朝礼器图式》卷八，景印文渊阁《四库全书》第656册，第467页。

十三　角

宋代巫师吹角施行巫术。《夷坚志》丁志卷一四《刘十九郎》云:"(乡人)复邀致他巫,巫惩前事,欲掩鬼不备,乃从后门施法,持刀吹角,诵水火轮咒而入,病者即日皆安。"①但各时代、各地方的巫师使用的角并不相同。《皇朝礼器图式》卷九曰:"巡幸铙吹乐蒙古角。谨按本朝定制巡幸铙吹乐蒙古角,规木为之,中虚,末哆,上长四尺七寸三分,下长三尺五寸二分,金口长一尺六寸七分,径七寸二分九厘。内径微大而声浊者雄,微小而声清者雌,长短若一,以角哨入管端吹之。"②蒙古巫师使用蒙古角,乐器并不简单,要分公蒙古角和母蒙古角,且讲究吹法。《皇朝礼器图式》卷九又曰:"巡幸铙吹乐金口角。谨按陈旸《乐书》:陶侃表有奉献金口角之说,谓之'吹金',岂以金其口而名之耶?"③晋人已经传说金口角的嘴子是用纯金做的。蒙古角也有金口,长一尺六寸多,想必元清两朝已使用纯金的"吹金"。但金口角很短,《皇朝礼器图式》卷九又曰:"本朝定制巡幸铙吹乐金口角,规木为管,两端铜口,上弇下哆,管长九寸八分九厘,管上内径三分一厘,金口长二寸一分六厘,为葫芦形。"④管长只有九寸八分九厘,是为小角。

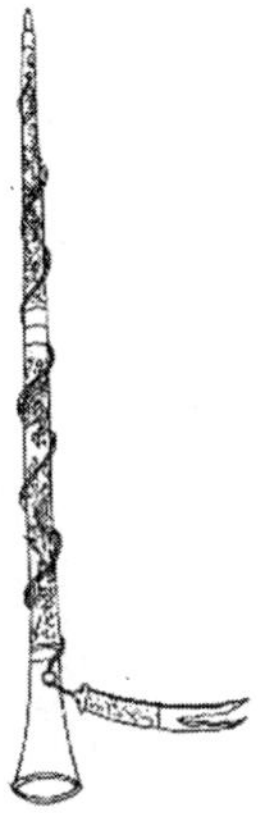

30. 蒙古角

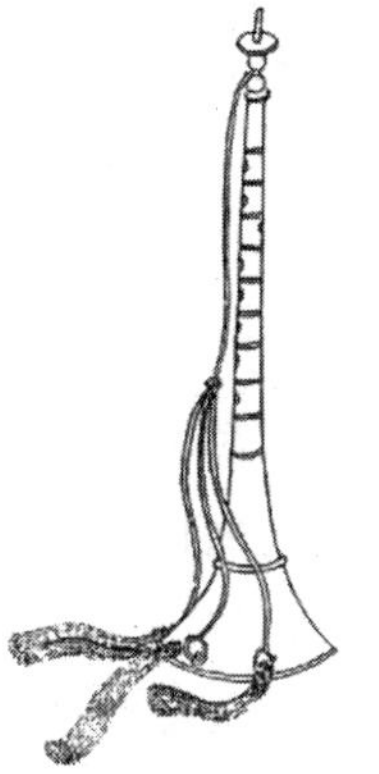

31. 金口角

《皇朝礼器图式》卷九曰:"卤簿鼓吹大乐大铜角。谨按《隋书·音乐志》:长鸣色角一百二十具供大驾。《唐书·礼乐志》:平高昌,收其乐,有铜角。王圻《三才图会》:古角以木为之,今以铜,即古角之变体也。"⑤大铜角通长三尺六寸七分二厘。

《皇朝礼器图式》卷九曰:"卤簿鼓吹大乐小铜角。谨按《隋书·音乐志》:次鸣色角一百二十具供大驾。"小铜角的特点是长:"通长四尺一寸,上二尺三寸七分,下一尺九寸四分,各有圆球相衔引纳,如大铜角。上口径二分,下口径四寸

---

① (宋)洪迈撰,何卓点校《夷坚志》丁志卷一四,中华书局 1981 年版,第 660 页。

② (清)允禄等撰,福隆安等校补《皇朝礼器图式》卷九,景印文渊阁《四库全书》第 656 册,第 490 页。

③④ (清)允禄等撰,福隆安等校补《皇朝礼器图式》卷九,景印文渊阁《四库全书》第 656 册,第 489 页。

⑤ (清)允禄等撰,福隆安等校补《皇朝礼器图式》卷九,景印文渊阁《四库全书》第 656 册,第 483 页。

三分，相衔处径五分，上半藏二寸一分，亦系红黄绫。”①

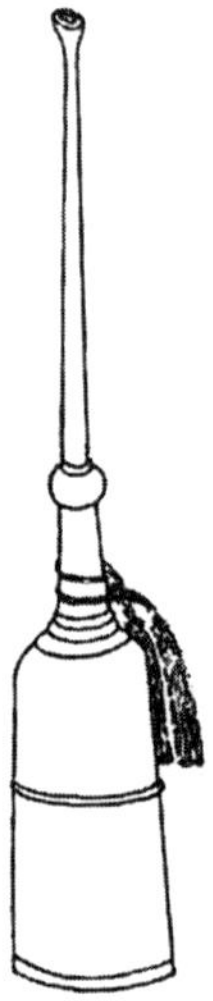

32. 大铜角

33. 小铜角

湘西土家族把牛角作为祭神的法器，根据牛角形态和曲调的不同类型，为牛角冠以“玉皇角”、“老君角”、“龙门角”、“大圣角”等法号。牛角成为祭祀神灵和祖先时土老师（祭祀巫师）吹奏的主要乐器，那深沉雄壮的牛角号声震动山河。与流行于湘西土家族的牛角乐器相配的牛角曲牌，在当地土老师手头还流传着抄本，有“高音唔哩”、“低音唔哩”、“快唔哩”、“慢唔哩”等谱子。土老师在施行巫术时，要一曲分两口气吹完，因此必须先有长气的训练，并讲究吹奏技巧。土老师也因此成了名副其实的演奏艺术家。

十四　锣

巫师并不单独用锣。广东兴宁一带的巫师“跳茅山”时，鸣锣吹角同时进行。《（咸丰）兴宁县志》卷四《风俗志》云：“（当地人）病鲜服药，信巫觋，鸣锣吹角，咒鬼令他适，名曰‘跳茅山’。”②

锣有“锣”与“云锣”之分。《皇朝礼器图式》卷九曰：“耕耤禾词乐锣。谨按陈旸《乐书》：后魏宣武以后有打沙锣。”③《皇朝礼器图式》卷八曰：“朝会丹陛大

---

① （清）允禄等撰，福隆安等校补《皇朝礼器图式》卷九，景印文渊阁《四库全书》第656册，第484页。

② （清）仲振履原本，张鹤龄续纂《兴宁县志》卷四，清咸丰六年（1856）修、民国十八年（1929）铅印，成文出版社1966年影印本，第136页。

③ （清）允禄等撰，福隆安等校补《皇朝礼器图式》卷九，景印文渊阁《四库全书》第656册，第497页。

乐云锣。谨按《元史·礼乐志》：云璈制以铜为小锣。王圻《三才图会》：云锣即云璈，十面同一木架。”①

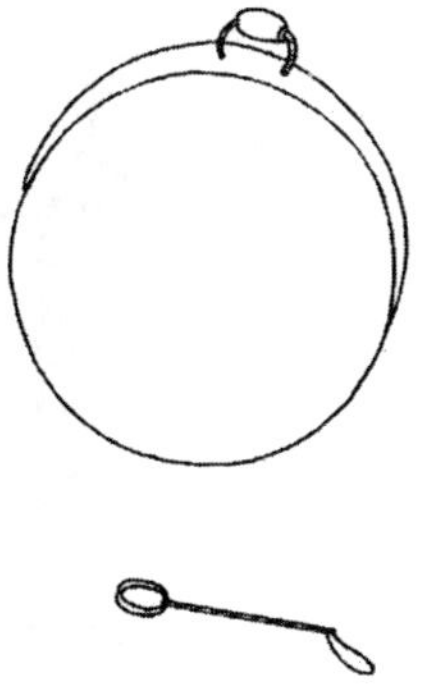

34. 小锣

35. 云锣

清代巫师施行巫术也有鸣锣的。清李调元撰《南越笔记》卷一《俗尚师巫》载：“永安俗尚师巫，人有病，辄以八字问巫，巫始至，破一鸡卵，视其中黄白若何，以知其病之轻重，轻则以酒馔禳之，重则画神像于堂。巫作姣好女子，吹牛角，鸣锣而舞。以花竿荷一鸡而歌，其舞曰赎魂之舞，曰破胎之舞。歌曰鸡歌，曰暖花歌。暖花者，凡男婴儿有病，巫则以五彩团结群花环之，使亲串各指一花以祝。祝已而歌，是曰暖花。巫自刳其臂血以涂符，是曰显阳。七月七夕，则童子过关，十四夕，则迎先祖。男子或结场度水受白牒黄诰，妇人或请仙姐施舍钗钿。仙姐与女巫不同，女巫以男子为之，仙姐以瞽人之妇为之。”②永安即今广东省河源市紫金县，位于广东东中部。

十五　筝、月琴

清代东北巫师使用的巫具。清昭梿撰《啸亭杂录》卷九《满洲跳神仪》云：“巫人用女使。吉服舞刀，祝祠曰‘敬献糕饵，以祈康年’诸词。主人跪击神版，诸护卫击神版及弹弦、筝、月琴以和之，其声呜呜可听。巫者歌毕念祝词，主人敬聆毕，叩首，兴。”③《皇朝礼器图式》卷九曰：“燕飨庆隆舞乐筝。谨按应劭《风俗

① （清）允禄等撰，福隆安等校补《皇朝礼器图式》卷九，景印文渊阁《四库全书》第 656 册，第 476 页。

② （清）李调元撰《南越笔记》卷一，《丛书集成初编》本，商务印书馆 1936 年版，第 5 页。

③ （清）昭梿撰，何英芳点校《啸亭杂录》卷九，中华书局 1980 年版，第 279 页。

通》：‘筝形如瑟。’刘熙《释名》：‘筝，施弦高急，筝筝然。’”[①]由此推测汉代巫师已经使用筝。《皇朝礼器图式》卷九曰：“燕飨番部合乐月琴。谨按马端临《文献通考》：‘月琴形圆，项长，上按四弦十三品，象琴之徽，转弦应律，晋阮咸造也。’”[②]月琴可能是晋人阮咸根据巫师乐器改造所成。

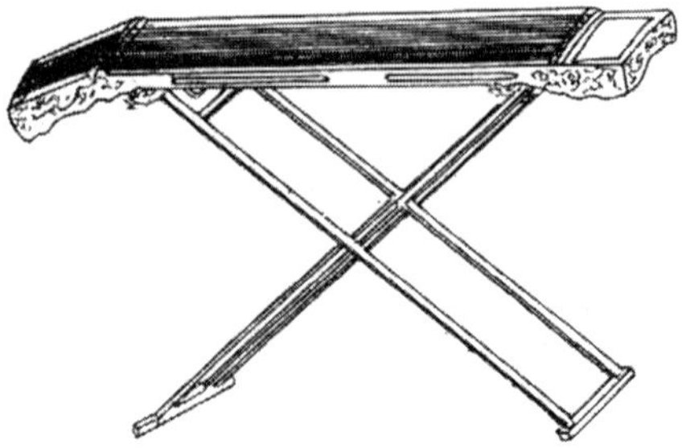

36. 筝

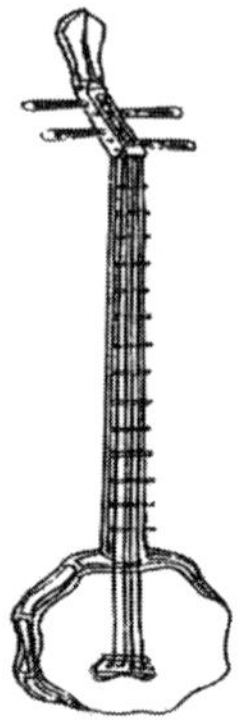

37. 月琴

十六　笙

海南省、贵州省、云南省等地巫师使用的巫具。清代海南岛女巫的乐器叫“黎笙”。清李调元撰《南越笔记》卷四《金华夫人》云：“女巫琼州特重，每神会，必择女巫之妓少者，唱蛮词，吹黎笙以为乐。人妖淫而神亦尔，尤伤风教。”[③]《皇朝礼器图式》卷八曰：“朝会中和韶乐笙。谨按《书·益稷》：‘笙镛以间。’《礼记·明堂位》：‘女娲氏之笙簧。’《尔雅·释乐》：‘大笙谓之巢，小者谓之和。’《周礼·春官》‘笙师’郑康成注：‘郑司农云笙十三簧。’马端临《文献通考》：唐乐图所传十七管之笙，通黄钟，均声清乐用之。宋朝大乐所传之笙，并十七簧。陈旸《乐书》：其簧十二，以应十二律，其一以象闰也。”[④]

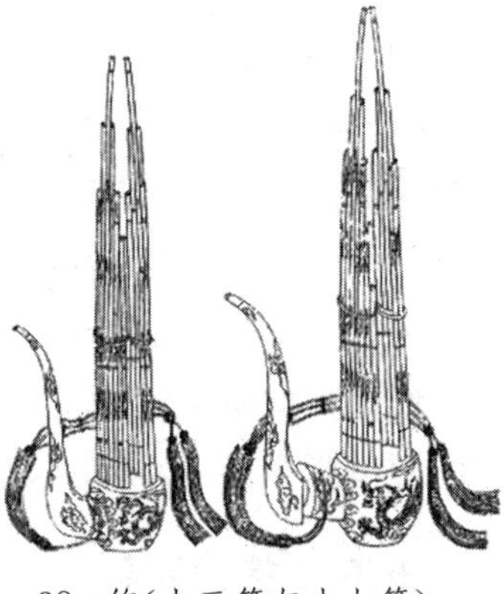

38. 笙（十三簧与十七簧）

---

① （清）允禄等撰，福隆安等校补《皇朝礼器图式》卷九，景印文渊阁《四库全书》第656册，第500页。

② （清）允禄等撰，福隆安等校补《皇朝礼器图式》卷九，景印文渊阁《四库全书》第656册，第509页。

③ （清）李调元撰《南越笔记》卷四，《丛书集成初编》本，商务印书馆1936年版，第65页。

④ （清）允禄等撰，福隆安等校补《皇朝礼器图式》卷九，景印文渊阁《四库全书》第656册，第469页。

十七　唢呐

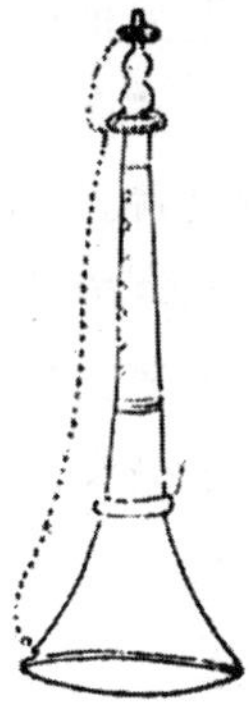
39. 唢呐〔采自《三才图会》。下同〕

唢呐始出于苗族，是从吹芦笙发展而来的。民间传说古三苗国有一个芦笙吹得极好的人，不仅扬名三苗国，而且连天上的玉皇大帝和西王母都知晓。后来，他从天上的神仙那里得到一种法器，一端好像吹火筒，一端有一个碗口大的叉盘。他吹了一下，其音比洞箫、笛子更为响亮，悦耳之声与铜鼓、芦笙也有不同，于是给这个器物取名为“唢呐”。那位神仙又教给他一百二十首唢呐曲子，要他在祭祀神仙和祖宗时使用。

《三才图会》器用三卷曰：“唢呐，其制如喇叭，七孔，首尾以铜为之。管则用木，不知起于何代。当是军中之乐也，今民间多用之。”①

十八　钟

古代广西巫师使用的巫具。《百粤风土记》云：“粤人淫祀而上鬼，病不服药，日事祈祷。视贫富为丰杀，延巫鸣钟铙，跳跃歌舞，结幡焚楮，酾酒椎牛，日夕不休。事毕，插柳枝户外，以禁往来。”②钟是悬着的，以木槌击之发声。《三才图会》器用三卷《编钟歌钟》曰：“编钟十二，同在一簴为堵，钟磬各堵为镛，小胥以十六枚在一簴为堵。《隋志》云：编钟，小钟也，各应律吕大小，以次编而悬之上下，皆八十二为钲钟，四为清钟，春秋言歌钟二律。”③

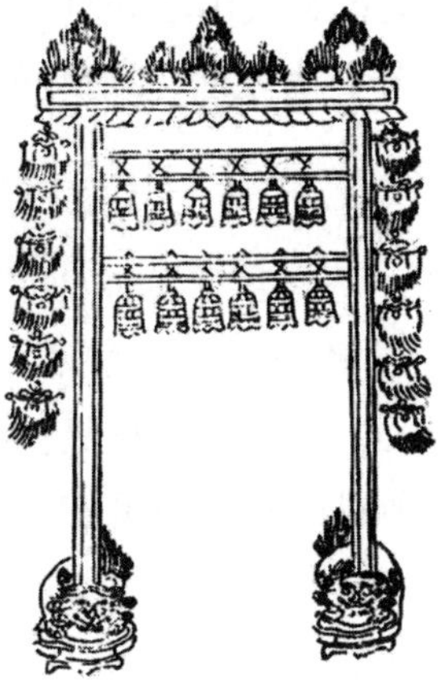
40. 编钟

铙却是像钟形，口朝上，小型，用手执把，也是以槌敲击作响。周代巫师施术时，是用它来止鼓声的，《周礼·地官·鼓人》云：“以金铙止鼓。”郑玄注：“铙，如铃，无舌，有柄，执而鸣之，以止击鼓。”④

---

① （明）王圻、王思义编集《三才图会》器用三卷，上海古籍出版社 1988 年影印本，第 1134 页。

② （明）谢肇淛撰《百粤风土记》，清抄本。

③ （明）王圻、王思义编集《三才图会》器用三卷，上海古籍出版社 1988 年影印本，第 1116 页。

④ （汉）郑玄注，（唐）贾公彦疏《周礼注疏》卷一二，中华书局 1980 年影印阮元校刻《十三经注疏》本，第 721 页。

十九　海螺

41. 海螺

湖南地区巫师“司公”使用的巫具。《三才图会》器用三卷曰：“海螺，即以螺之大者，吹作波啰之声，盖仿佛于笳而为之者。”[①]徐珂编撰《清稗类钞》方伎类《司公撞锣》条云：“湘俗患病之家，延巫至家祈祷，吹螺鸣金，口中喃喃作辞。传言其辞出于远古，率含骚些之遗声，名曰马脚，俗谓之司公撞锣。至夕，扛神至各处，金鼓喧阗，奔走若狂，名之曰打猖。”[②]

二十　竹梆

四川省和重庆市的土家族土老师（巫师）使用的巫具。土老师为民众“消灾求福”跳起“竹梆舞”，它是土家族颇有特色的民间舞蹈，主要流行于今重庆黔江区黄溪一带。这种民间舞蹈，源于土老师祭祀神灵的活动。土老师拿着竹梆，一边敲击，一边跳舞，一边唱念经文。后来，土家人改其旧有的神灵因素，赋以新的内容，发展成优美的民间舞蹈。舞者各持一节竹梆，有节奏地敲打，在清脆的竹梆声伴随下翩翩起舞。

二十一　八宝铜铃

湖南省西部和四川省的土家族土老师（巫师）在施行祭祀巫术时使用的巫具，并配合着牛角法器一并使用。它构成了土家族八宝铜铃舞这一民间舞蹈之核心。八宝铜铃舞最初是土老师在祭祖活动中，为祖宗进行“解钱”之巫术仪式时所跳的舞。只见土老师头戴凤冠帽子，身穿八幅罗裙，口吹牛角，手舞八宝铜铃，一边跳，一边唱。他按照人字形路线来回走动，一只脚立地旋转，转速快而身体稳，雄健有力。八宝铜铃象征土老师的一匹宝马，铜铃上所系的五色丝带则象征宝马的鬃毛。土老师用他的舞蹈动作，表现出喂马、逗马、上马、跨马、奔马、下马的动作。随着舞姿的变化，铃声叮当作响，悠扬悦耳；八幅罗裙随风飘动，犹如孔雀开屏。他用舞蹈动作配合祭祖的歌表现出土家人对祖先的崇敬和忠心，表现出这一交感巫术迷人的魅力。与其说它是交感巫术，不如说它是纯粹的艺术；与其说头戴凤冠帽子的土老师是巫师，不如说他是地地道道的艺术家。现场观看之群众，无不为之动容。群众很喜欢围观这种巫术跳神活动，并

① （明）王圻、王思义编集《三才图会》器用三卷，上海古籍出版社 1988 年影印本，第 1134 页。
② 徐珂编撰《清稗类钞》，中华书局 1984 年版，第十册，第 4562 页。

且时常有人自发地同土老师对唱起来。久而久之，土家人中的知识分子便在此基础上，进行综合改编，最终发展成一出舞姿优美的八宝铜铃舞。必须指出两点：一是八宝铜铃舞的原创者当属土老师无疑；二是土老师表现的逗马等一系列优美动作，在今后的传承改编过程中理应保留。

42. 陶彩绘唐人驯马俑〔采自《中国古俑白描》〕

二十二　棕扇

云南省哈尼族祭祀巫师追玛使用的巫具。在“昂玛突”节、“里玛主”节和丧葬时[①]，由祭祀巫师追玛率领，先在寨神树或葬地祭祀神灵和祖先，再由追玛双手持棕扇、合扇向神祖行三次礼以后，即在铓锣声中跳起棕扇舞。追玛领跳棕扇舞，原有养生祛病作用，能跳掉身上的疾病，求得神灵祖先的保护，有单人独跳、双人对跳，又有“白鹤展翅”、“白鹇吸水”、“蝴蝶采花”、“老鹰叼小鸡”等等舞蹈动作，有利于健身。新中国成立后被文艺工作者发掘整理，搬上文艺舞台，获得了观众的好评，但哈尼族追玛原创的功劳却逐渐被人们忘却。

综上所述，巫术是孕育文化艺术的温床。中国古代巫术对于乐舞艺术的产生和发展所作出不能磨灭的贡献，功莫大焉。各地巫师所使用的乐器并不相同，东北巫师多用鼓与铃，广东巫师多用牛角与锣，广西巫师多用钟与铙，海南女巫多用笙，蒙古巫师多用角，等等。同时，我们也要注意，各个时代巫师所使用的乐器也不尽相同。二者共同说明了一点，即从原始社会开始，正是在巫师施行的巫术中产生了文化艺术和宗教。它们的特点，则是从最初的口头状态，逐渐过渡到实物并被载入典籍之中，不断得到发展，成为流传至今的非物质文化遗产。

---

① 昂玛突，又写作艾玛突、埃玛突，哈尼语，即祭寨神，时在农历二月第一个属龙日。里玛主，哈尼语，一种农事祭典，又称“开秧门”节，时在农历四月第一个属羊日。

第五章 贯穿中国巫术史的四大类巫术

中国巫术总体上可以概括为交感巫术、模仿巫术、反抗巫术、蛊道巫术四大类。这四大类巫术或演化成民间风俗，或融入宗教，已经从最初单一的口头流传逐步过渡到口、书相传，许多内容见载于中国浩如烟海的古典文献（包括宗教文献），成为珍贵的非物质文化遗产。四大类巫术已经分别演化成诸多的文化艺术门类，和中国人的精神世界千丝万缕地交织在一起，不可须臾分开。因此，中国巫术既不全是伪科学，也不全是迷信品，更不全是麻醉剂，不能采取完全谴责和否定的态度。它在一定程度上是科学的萌芽与试验，是中华民族独有的民俗文化。

第一节 交感巫术原理及其多种形态

交感巫术（Sympathetic Magic）是以感应律（Principle of Sympathy）原则确立的，即施术给此一物，而有关联的另一物却感受到了魔术力。最常见的是人们到庙里烧香拜神许愿。

交感巫术又分为两种巫法，一种是人体分出去的各部分，仍然能够继续得到相互的感应，叫作“顺势巫法”（Homoeopathic）。头发、指甲、眼睫毛、眉毛、腋下毛等等，即便离开了人体，仍然与人体有密切关系，如果施术于头发、指甲、眉毛等，就能影响于人体。

一种是凡是曾经接触过的两种东西，以后即使是分开了，也能够互相感应，这叫作“接触巫法”（Contagious）。一个人的脚印、衣物因为曾经接触过这个人的身体，施术其上，它便能与人体互相感应，其人将受影响。

从现在的观念看，我国古人的原始意识未必体会到这两种巫法的统一性，就心理分析而言，这种巫术应称为“交感巫术”，因为它只不过是两种联想的不同的运用。前者是因“相似”的联想而发，后者则是因“接触”的联想而发；前者把“相似”当作了同一，后者则把“接触”看作一种联结。

从现存中国文献来看，交感巫术的特征是这样的，即在许多情况下，顺势巫法与接触巫法是交织在一起表现的。某人接触过的东西，如衣服，或原来属于某人的东西，如头发、指甲等，受到巫术影响，他们的本主也就会受到影响。如果它们被火烧，本主就会觉得热不可耐；如果它们被冰冻，本主就会觉得全身寒冷；如果它们被毁灭，本主的性命就难保。正因为一个人曾经接触的东西，尤其是曾经属于一个人身体某一部位的东西，对这个人有很大影响，所以人们对待这些东西都是十分小心谨慎的。

在中国，有些禽兽是人们怕见或忌见的，这些禽兽主要分为两类，一类是能招致人倒霉的。如乌鸦，人们出门望见它便以为不吉利，有“乌鸦叫祸”之说。另一类是不但可怕而且能成精的。如狐狸，在民间传说中，它们有报复人、迷惑人、伤害人的本领，而且特别喜欢攫取人身上与生命有关的东西。宋张君房撰《云笈七签》卷四七云：“凡梳头发及爪，皆埋之，勿投水火，正尔抛掷，一则敬父母之遗体，二则有鸟曰鸺鹠，夜入人家取其爪发，则伤魂。”[①]为什么头发、指甲被鸺鹠取去，人的灵魂会被认为能受到伤害呢？因为它们是人身体的一部分，它们的遭遇会影响到本主。

头发、指甲不能被禽兽得去，更不能被会施法术的人得到，否则本主或者丧失生命，或者自主权被剥夺，或者心为人所颠倒支配。唐代有种传说：“人逃走，取其发于纬车上却转之，则迷乱不知所适。”[②]头发旋转不已，人的心也就会迷乱，这可以说是本主与头发同感说的最恰切的例证。又如我们通常会说“结发夫妻”。为什么会有这个词呢？民间有这样一种风俗：新娘梳头时，将鬓边的头发分出一股，另外从新郎头发中取下若干根，同编成一个小抓髻，那新郎的头发并不是无关紧要的，其实是与新娘生命相关的，他既把如此宝贵的头发给了新娘，就好像给了她一张“保单”。头发相结，心也相连，从此以后他们成为恩爱夫妻。这种风俗便是交感巫术的观念的反映。

这样，交感巫术便有一种复叠型的特征，以此类推，男女双方的衣服复叠在一起，也会互感爱情。高山族的巫术中便有这样衣服复叠型的例证：

> 巫师不仅可以为人消灾除病，而且还能教唆鬼神蛊惑人心，使人改变意志和感情。布衣人的巫师神通广大，村里常有小伙子爱上一位姑娘遭到冷遇而求助巫术者，巫师挥动茅草，唱诵默祷之后，窃取男女二人的上衣，

---

① (宋)张君房撰《云笈七签》卷四七，景印文渊阁《四库全书》第1060册，第508页。

② (明)李时珍著《本草纲目》人部卷五二《发》引唐陈藏器语，人民卫生出版社1981年版，第四册，第2928页。

复叠在一起，接着，拿水果和茅草放在叠合的衣物旁边，一边高声朗诵咒语，请神成全琴瑟之好。巫术之后，巫师托第三者想方设法拿水果给那位姑娘品尝，姑娘从此会一改冷若冰霜的态度，积极主动地去恋爱那位小伙子，如同公主钟情于英雄，感情日笃。据说，巫术既可把素昧平生的男女撮合成一对鸳鸯，白头偕老，也可使形影相随的夫妻变成冤家，各分西东。巫师的神通可以说无所不能，因而，人人十分敬畏。①

这种恋爱巫术便是复叠型的。总之，顺势巫法与接触巫法都需采用复叠的交感魔力。

1. 高山族〔华梅著《中国服装史》，天津人民美术出版社 1994 年版。〕

中国交感巫术表现出多种形态，现今大都已经演变为民间风俗。中国最早出现的交感巫术就是占卜巫术。原始时代占卜巫术的特征是天人感应，黄帝神占梦也是以梦为神示，认为梦的内容和现实生活之间即将发生的事情有着天人感应的内在联系，所以发展成象征、预兆。后有先秦的脚印巫术，有汉魏南北朝的治水求雨、性爱求子、和气催眠的巫术，有敦煌唐人的煮石巫术、埋石巫术、石粉巫术，有唐代的求偶、代死、男女换衣增爱巫术，有宋代的燃目求雨、身夹木片、活人休死妻巫术，等等。

2. 打相思卦〔采自《新刻绣像批评金瓶梅》〕

宋僧赞宁撰《感应类从志》记载了各种各样的交感巫术谚语，如积灰知风，悬炭识雨；僵蚕拭唇，马不咬人；狼皮在槽，马不食谷；木瓜翻鱼，秦椒伏雀；等等。巫师试验怎么捉鱼和捕雀，发现喂鱼木瓜灰拌麦饭，鱼会胀肚浮水上；喂雀辣椒末和稻米，雀儿会被辣得伏地不动。可惜此书散失过多，明陶宗仪编《说郛》中保存了 18 条。②

交感巫术促生了许多古代文化艺术作品。有了宋明时期流传的占鬼卦，就出现了《金瓶梅》第八回“盼情郎佳人占鬼卦”之文学作品。所谓“占鬼卦”即“相思卦”，掷杯筊以占卜，原文曰：“用纤手向脚上脱

① 许良国、曾思奇编著《高山族风俗志》，中央民族学院出版社 1988 年版，第 81 页。

② （明）陶宗仪编《说郛一百二十号》号一〇九，上海古籍出版社 1988 年影印《说郛三种》本，第 5054—5056 页。

下两只红绣鞋儿来，试打一个相思卦。正是：逢人不敢高声语，暗卜金钱问远人。有《山坡羊》为证：凌波罗袜，天然生下，红云染就相思卦。……”①

在商代，周文王在羑里把八卦演绎为六十四卦，其后《周易》的文字卦辞、方术的蓍卜等形式，逐渐演化为算命、抽签、打卦，相关内容被写在竹简、木片、纸上，并且配以插图流行民间，反映出天地和人的精神能够互相感应，是为交感巫术。至东汉，佛教传入中国，相关内容与佛教结合后便流行于寺庙。再至宋朝，就有人编集为一本书，题名《天竺灵签》，有嘉定年间（1208—1224）刊行本。第七十七签曰：

累滞未能苏，求名莫远图。
登舟风浪急，咫尺隔天衢。
解曰：此卦主伤财损失，阴小不宁。缘卦中一堆钱破，水中一舟欹侧，皆不祥也。不宜登途求望远出，宜退身守旧矣。

第七十八签曰：

但存公道正，何愁理未忠。
松柏苍苍翠，前山禄马重。
解曰：此卦宜出入求望，必获遂意。卦中松柏苍苍翠，乃茂盛之意。利见贵人，整顿文书，求望有气，虽迟必有禄。

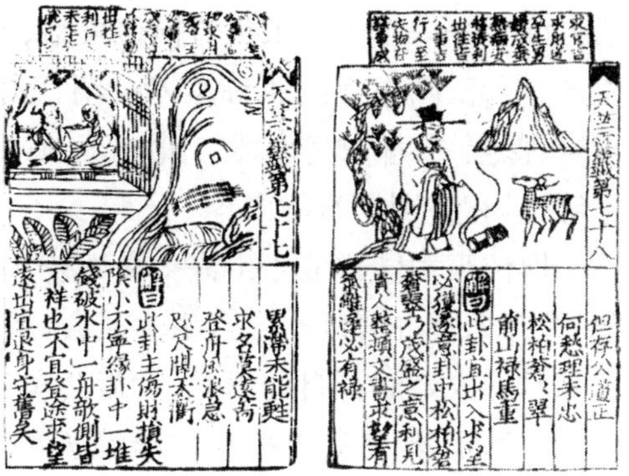

3.《天竺灵签》第七十七签和第七十八签〔郑振铎辑《中国古代版画丛刊》，古典文学出版社 1958 年版，第一册。〕

以上卦文流传千年没有变化，真是以不变应万变，求签者通过占卜调节心理、体悟生命、指导人生。这也是人的一种精神需求。

第二节　模仿巫术原理及其多种形态

模仿巫术（Imitable Magic）是以象征律（Principle of Symbolism）原则确立的，即施术给一种象征的人（纸人、泥人、蜡人等），而使对应的本人感受到了魔术力。

① 齐烟、汝梅校点《新刻绣像批评金瓶梅》卷二，齐鲁书社 1989 年版，第 96 页。

模仿巫术也分为两种形态，一种是同类生死巫法，如仿照某人形状做一木偶，此木偶便与某人同类，假如置此木偶于死地，便象征某人也已死亡；另一种是同类相疗巫法，这是最早的巫术医学产生的原则，即吃动物的某一部分，便能补救人的某一部分。

先秦、两汉的模仿巫术已渗透进军事、政治、祭祀、医疗、神判等领域；魏晋南北朝的模仿巫术则涉及求爱、求雨、求医、制药、变虎、驱鼠等。唐代有造反、游乐、求偶、盗财、除祸、化生等模仿巫术，还有月老配偶和合咒、符与印式等巫术。敦煌有恋爱、召燕、灭鼠、镇宅、生育等巫术。五代有画龙求雨、巫术选臣、活男配女神等巫术。宋代有模似冥婚、治疗遗精、摩睺罗等巫术。元代有婚姻、生产、生育、画中女投胎等巫术。明代有拜草人、勾人魂等巫术。清代有求子、魇魔、保福、打醋弹等巫术。此外，还有古今改火巫术、无头模仿巫术、淮南万毕术等，具有特别丰富的内容。

模仿巫术同样催生出许多文学艺术作品，也不可忽视。梁武帝在天监七年(508)开始举办普度水陆众生大斋会，超度人间一切鬼魂，形成了交感巫术和模仿巫术的大杂烩。自此以后，大斋会在各代多地都有举行。明代成化年间便出现了一部汇集天堂诸神和地狱诸鬼的图像集——《水陆道场神鬼图像》。其中的神鬼个体形象离奇古怪，无所不有，极尽想象之可能。

4. 明佚名绘《水陆道场神鬼图像》之一〔本社编《中国古代版画丛刊二编》，上海古籍出版社 1994 年影印本。〕

右图没有标明神鬼名称，但这个神的面目并不狰狞，好像是演员化妆，有两撇小胡须，他怒发冲冠骑在龙上，有四只手臂，两只高举着魔巾，两只持利剑挥动，左右有两个鬼头，好像是被他砍掉的，烈火在四周燃烧，表现了在罪恶的世界，欲冲破黑暗网罗的一种生命的动感。

占梦巫术中的梦中生子类，某种程度上亦属模仿巫术。一般来说占卜巫术是属于交感巫术的，但梦中生子却另当别论，其涉及原始宗教、道教、佛教，内涵比较复杂，我们应当肯定它的文化性，从中去透视它的人文背景。例如，敦煌本《悉达太子修道因缘》中摩耶夫人梦见的“乘象入胎”，明成化二十二年(1486)刊本《释氏源流》中的“摩耶托梦”和“乘象入胎”是同样的。参见第三十章第二节。

悉达太子就是后来的释迦牟尼，佛教的始祖。无独有偶，中国道教的始祖老子，据道教文献记载，也是他母亲做梦生下来的。《太上老君八十一化图说》

云：老子在道教中被尊为太上老君，他在殷商十八王阳甲庚申岁寄胎托娠，其时在公元前十六至前十五世纪之间。老子的母亲被称为玄妙玉女，尊称为圣母。圣母一天睡午觉梦见天开数丈，有众仙捧日而出，她吞下一个“日精”，化为五色流珠而有孕。在胎八十一年，即经过十九王盘庚、二十王小辛、二十一王小乙，到二十二王武丁庚辰岁的二月十五日，圣母攀树剖左腋而生下老子，生而白首。不过，由于年代久远，老子诞生之说不一。清代茆泮林辑《玄中记》又云，老子之父李灵飞得修生之道，不仕，其妻尹氏昼寝，梦天开数丈，见太上老君乘日精驾九龙而下，化为五色流珠，尹氏吞之而有孕。清朝光绪十七年(1891)刊本《太上老君八十一化图说》中的“诞圣日”有所描绘。

5. 摩耶梦见悉达乘象入胎〔(明)释宝成撰《释氏源流》，中国书店出版社 2010 年版。〕

6. 圣母梦见吞日而生老子〔采自《太上老君八十一化图说》〕

这不过是古代有关模仿巫术的民间传说而已，但其中所蕴含的阳光能帮助人类孕育出优质胎儿的构想却是具有科学性质的萌芽。

第三节　反抗巫术原理及其多种形态

反抗巫术(Antipathetic Magic)是以反抗律(Principle of Antipathy)原则确立的，即巫术中使用的物品及驱邪者，对巫师欲反对的对象具有明显的反抗性质。例如,我国民间厌胜文物、放爆竹、挂避邪物、带护身符、跳驱鬼舞等,对鬼邪来说就有反抗的魔力。

我国目前所见最早的反抗巫术实物是商周时代的反抗巫术厌胜物,即玉器、青铜器等文物,主要用于祭祀和驱邪,着眼于趋吉辟凶和防患于未然。因此在夏商周时代(统称三代),其巫术主要是用厌胜物,开创了中国巫术的崭新天地。文献中有关于夏代的玉器、青铜器的记载,但是没有发现实物。迄今发现的商周时代的玉器、青铜器等文物都是精美的艺术品,文物本身的价值使人不能不感佩古代巫师竟然文化转型如此之早,实际上早在原始社会他们已是身怀绝技的能人,他们想实现的是用厌胜巫术控制天灾人祸。汉唐人最为怀念三代,尤其是儒家和道家。可是秦始皇焚书坑儒,连同所剩留的三代巫师们都被活埋,故当时礼乐崩坏,害人巫术层出不穷,人心不古,这已是被认可的定论。

至汉代,巫术有所变化。汉顺帝时,琅玡宫崇上其师于吉所得神书一百七十卷之《太平经》,号《太平清领书》。此书已佚,今存之《太平经》乃是一部杂糅了阴阳五行、政治伦理、巫术医方、长生求仙的巫书。这部书实际出自道家巫师之手。其中不仅有"兴国广嗣之术"、"阴阳五行术"等,更重点网罗了反抗巫术之"巫觋杂语"、符咒仪式等。[①]《三国志·张鲁传》载汉末张鲁在汉中,首先便是以这种"造作道书"之法来创设"五斗米道"[②]。反抗巫术中的符咒术,在汉末已深入人心。这种巫术是因我国道教崇盛而流行。符咒术的表现形式首先为符。《道藏》所载《黄帝九鼎神丹经诀》卷五就有入名山赍召高山君符(召高山君使除虎狼之害用)、登山符(辟邪精、百鬼老物、虎狼毒虫用)、老君黄庭三十九真秘符(辟百鬼用)、去虎狼之符(辟诸精用)等等。[③] 其次为配合符用的箓文。如《河图八海三河要诀保命箓》中的召神令:"将军营卫身形,延生度厄,涉□□□,龙神保迎,风波静息,急急如律令。"之后列出所召神的名单,包括玄老玄留大将军、玄老通天大将军、太上胄盖大将军、太上黄盖大将军等等。再次为符派生出来的四方形或三角形的符印。例如《太上北极伏魔神咒杀鬼箓》中收入两颗符印,一名"北极杀鬼印",一名"北极酆都召鬼神印",据说可治一切疾病,可驱一切缠身的妖魔。最后便是许多趋吉避凶之厌胜物。唐欧阳询撰《艺文类聚》卷七"总载山"引《地镜》所载:"入名山,必先斋五十日,牵白犬,抱白鸡,以盐一胜。《太平御览》三十八作

---

① 《道藏》,文物出版社、上海书店、天津古籍出版社1988年影印本,第24册,第311页。

② (晋)陈寿撰《三国志》卷八,中华书局1959年版,第263页。

③ (明)炼丹家孤刚子撰《黄帝九鼎神丹经诀》,《道藏》,文物出版社、上海书店、天津古籍出版社1988年影印本,第18册,第809页。

升。山神大喜，芝草、异药、宝玉为出。未到山百步，呼曰林林央央，此山王名，知之却百邪。”[①]白犬、白鸡便为厌胜物。这是入山探宝者为壮胆而施行配合呼名的反抗巫术。宋李石撰《续博物志》卷七云：“陶隐居云：‘学道之士居山，宜养白犬、白鸡，可以辟邪。’”[②]可见古人入山养白犬、白鸡厌胜由来已久，为独居生活增加生气。

中国反抗巫术也表现出多种形态。有各种辟邪求吉物（如铜镜）与厌胜的瓦当；钱币厌胜；唐代道教以反抗巫术的符咒治病；唐代道教的各种护身符、隐身符；敦煌佛教的护身符，特别是波头摩印、如意摩尼印、旃檀摩兀印、神足印、如意轮印、爱乐之印、观世音如意印等，这些佛印大都来自密宗，与气功有关，据传能用来施功治病；还有清代秘密社会的巫术；道教的禳梦巫术；佛教的禳梦巫术，均包含丰富的内容。

7. “寿山福海”铭文铜镜厌胜

反抗巫术也催生了诸多文学艺术品。如《新刻绣像批评金瓶梅》第十二回“刘理星魇胜求财”云：“（刘婆对潘金莲说）比如有父子不和，兄弟不睦，大妻小妻争斗，教了俺老公去说了，替他用镇物安镇，画些符水与他吃了，不消三日，教他父子亲热，兄弟和睦，妻妾不争。”这就是宋代符咒巫术的神效。刘婆还夸她老公刘理星（实际是个巫师）施行的反抗巫术有多种神效，她对潘金莲说有一家：“新娶个媳妇儿，是小人家女儿，有些手脚儿不稳，常偷盗婆婆家东西往娘家去。丈夫知道，常被责打。俺老公与他回背，书了一道符，烧灰放在水缸下埋着。合家大小吃了缸内水，眼看媳妇偷盗，只相没看见一般。又放一件镇物在枕头内，男子汉睡了那枕头，好似手封住了的，再不打他了。”[③]

8. 厌胜术〔采自《新刻绣像批评金瓶梅》〕

唐人曾经把供孕妇使用的“难产符”记录下

① （唐）欧阳询撰，汪绍楹校《艺文类聚》卷七，上海古籍出版社 1982 年版，第 122 页。
② （宋）李石撰，李之亮点校《续博物志》，巴蜀书社 1991 年版，第 99 页。
③ 齐烟、汝梅校点《新刻绣像批评金瓶梅》卷三，齐鲁书社 1989 年版，第 155 页。

来。敦煌遗书斯二四九八中收入两种“难产符”，一种是大型难产符，另一种是小型难产符印，是唐人发明的反抗巫术之道教符咒，用于医治妇女难产。[1] 反抗巫术和中医结合在宋代继续有发展。

宋朱瑞章编《卫生家宝产科备要》卷一不仅有“催生符”，在《产图》一节还有：(1) 入月安产图；(2) 体玄子借地法；(3) 禁草法；(4) 禁水法；(5) 产前将护法；(6) 产后将护法；(7) 逐月安产藏衣并十三神行游法（一共十二幅巫术图）；(8) 催生符；(9) 符贴上写者式；(10) 保生丸；(11) 当归丸；(12) 当归建中汤。以上诸法、诸方，都是天人合一巫术观应用于医学的表现。

具有反抗巫术性质的催生符是继承敦煌唐人难产符发展的。因为它是用道教符篆治病的，这在西医看起来简直是不可想象的事情，肯定会被斥为“荒唐”。宋代巫医在施行符咒巫术时，按照施术要求，迅速将催生符烧掉，将纸灰倒入一碗水中，令产妇服用。故云：“符贴上写者式：催生治产难灵符，每遇产妇将欲上草时，灯焰上烧灰，不得飞扬了，急投盏中，用净水温调服，须臾即产。”[2] 比起敦煌唐人的难产符来说，催生巫术所用除了符咒灰就是净水，可以说是催产的“水巫术”。少了桃子汤、桃仁、醋和藕等四味中药，表面看起来简陋多了。但实际上大有讲究，因为它要配合使用治难产十二道方以及《逆产方八道》、《横产方六道》、《胎衣不下方七道》等。研究可知，这些配合催生符的医方都带有巫术性，例如治难产的方子里，有一道是这样：“取桃仁分破，书一片作可字，一片作出字，依前还合，令母吞之即产。此天真法也，神效。”[3]吃一枚桃仁还要分两瓣儿，一瓣写“可”字，一瓣写“出”字，巫医施术以后就产生交感魔术力，“可出”的魔力就传达到胎儿身体，因而顺“出”产门。这是交感巫术和模仿巫术结合的双重巫术。可见宋代巫医接生是非常认真准备的，一切都不马虎。

9. 催生符〔采自《卫生家宝产科备要》〕

配合催生方，还有催生符的咒语，它是地道的道教咒语。

例一，《体玄子借地法》的咒语是接生中医念给产妇听

① 关于催生符，请参考敦煌唐人难产符，见高国藩著《敦煌古俗与民俗流变——中国民俗探微》第三章第八节，河海大学出版社 1989 年版，第 114—118 页。

② （宋）朱瑞章编，（宋）徐国安整理，杨金萍点校《卫生家宝产科备要》卷一，上海科学技术出版社 2003 年版，第 12—13 页。

③ （宋）朱瑞章编，（宋）徐国安整理，杨金萍点校《卫生家宝产科备要》卷六，上海科学技术出版社 2003 年版，第 111 页。

的，就成了名副其实的“巫医”咒语：“东借十步，西借十步，南借十步，北借十步，上借十步，下借十步。壁方之中，四十余步，安产借地，恐有秽污。或有东海神王，或有西海神王，或有南海神王，或有北海神王，或有日游将军白虎夫人。远去十丈，轩辕招摇；举高十丈，天符地轴；入地十丈，令此地空闭。产妇某氏，安居无所妨碍，无所畏忌，诸神拥护，百邪速去。急急如律令敕。”①这是驱邪求吉咒语。巫医请来四个神王，还有日游将军、白虎夫人、轩辕黄帝前来助佑，对产妇起着精神鼓舞作用。

例二，《禁草法》的咒语是：“铺草及毡褥讫，即咒曰：铁铁汤汤，非公所当，是王一言得之铜，一言得之铁，母子相生俱篾铁。急急如律令。”②铜和铁都是坚硬物，在产床铺好草和毡褥以后使用此咒语，就起到以语言音声鼓励母子意志坚强的作用，故云“母子相生俱篾铁”。

例三，为了配合“水巫术”治难产，还有《禁水法》咒语要念，这是施术的必要程序：“欲产时，贮水咒曰：南无三宝水，水在井中为井水，水在河中为河水，水在器中为净水，水在法中为真水，自知非真，莫当真水。以净持浊，以正治邪，日游月杀，五士将军，青龙白虎，朱雀玄武，招摇天狗，轩辕女妖，天吞地吞，悬尸闭肚，六甲禁讳，十二神王，土符伏神，各安所在，不得动静，不得忌干，若有动静，若有忌干，施以神咒，当摄汝形。阿佉尼阿毗罗，莫多梨，娑地梨，沙诃。”③

这一道《禁水法》咒语是杂糅道佛以治女人难产的催生咒，是配合催生符使用的产前贮水咒。南无，佛教术语，是众生向佛至心归依信顺之语。《宋本广韵》卷一“模第十一”：“南无，出释典。”④《穆天子传》曰：“膜拜而受。”一言曰膜，两言即南无。玄应《一切经音义》卷六曰：“南无，或作南谟，或言那模，皆以归礼译之。”慧苑《新译大方广佛华严经音义》卷二曰：“南无，正云蔺忙，此曰敬礼。”可见咒语一开始就要向佛虔诚敬礼；然后恭敬三宝，三宝者，佛教名数。《观无量寿经》曰：“恭敬三宝，奉事师长。”指一切佛陀（Buddha）乃佛宝，佛陀所说的教法乃法宝，随教法而修业者乃僧宝。佛者觉知之义，法者法轨之义，僧者和合之义。可知三宝水，于觉知、于法轨、于和合，均有以正治邪之功效。但是，《禁水法》的核心却并非是佛教的抽象理念，而是道教的巫术哲学性。哪个神出游有四灵——即《禁水法》咒语所说有“青龙、白虎、朱雀、玄武”陪同？当然是老子。

---

①② （宋）朱瑞章编，（宋）徐国安整理，杨金萍点校《卫生家宝产科备要》卷一，上海科学技术出版社2003年版，第2页。

③ （宋）朱瑞章编，（宋）徐国安整理，杨金萍点校《卫生家宝产科备要》卷一，上海科学技术出版社2003年版，第3页。

④ （宋）陈彭年等撰《宋本广韵》，中国书店1982年影印本，第60页。

《抱朴子》内篇卷一五《杂应》曰："老君真形者，思之，姓李名聃，字伯阳，身长九尺，黄色，鸟喙，隆鼻，秀眉长五寸，耳长七寸，额有三理上下彻，足有八卦，以神龟为床，金楼玉堂，白银为阶，五色云为衣，重叠之冠，锋铤之剑，从黄童百二十人，左有十二青龙，右有二十六白虎，前有二十四朱雀，后有七十二玄武，前道十二穷奇，后从三十六辟邪。雷电在上，晃晃昱昱。此事出于仙经中也。"[①]老子出行，四灵在旁之说，出于汉代，并非晋代葛洪首言。宋洪适撰《隶释》卷三载汉延熹八年(165)陈相边韶《老子铭》："老子姓李，字伯阳，楚相县人也。……随日九变，与时消息，规榘三光，四灵在旁，存想丹田，大一紫房，道成化身，蝉蜕渡世。"[②]由此推知，《禁水法》中的"真水"，与《老子》第八章中的"上善若水"，意为"最高的善像水那样"，是紧密相关的，《老子》说的"善利万物而不争"的水才是真水。所以，只有道教巫术的哲学性含义，才能解释何谓"真水"。

第四节　蛊道巫术原理及其多种形态

蛊道巫术(Poisonous Magic)不同于交感巫术、模仿巫术和反抗巫术，据《搜神记》所说，它是巫师用一种特殊的毒虫来左右人的一切，以达到某种目的的巫术。尤其在福建、两广、贵州、云南，甚至西藏等省，从古至今，流传着这种可怕的魔术毒虫——蛊的传闻，旧时人们论述它的可怖，真可谓"谈虫色变"，它正是民间神秘巫术的反映。

蛊，或被认为是蛊虫，或被认为是蛊毒，即毒药。《左传·昭公元年》载："赵孟曰：'何谓蛊？'对曰：'淫溺惑乱之所生也。'"孔颖达疏："以毒药药人，令人不自知者，今律谓之蛊毒。"[③]据孔颖达之意，蛊就是毒药。《左传·昭公元年》又载："于文，皿虫为蛊。"杜预注："文，字也。皿，器也。器受虫害者为蛊。"[④]器究竟怎么"受"蛊呢？就是古时传说的百种毒虫在器皿中互咬后仅剩一个最毒之虫，即"蛊"。《左传·昭公元年》又载："谷之飞，亦为蛊。"杜预注："谷久积则变为飞虫，名曰蛊。"[⑤]

蛊毒，《辞海》释义为："中医学名词。指诸种虫蛇毒气，包括古代所称氐羌毒、猫鬼、野道、射工、沙虱、水毒等。中毒患者出现心腹刺痛，胸胁支满，吐血下

① (晋)葛洪撰《抱朴子》，上海古籍出版社1990年影印《诸子百家丛书》本，第116页。

② (宋)洪适撰《隶释》，《四部丛刊三编》影印明万历刊本。

③④⑤ (晋)杜预注，(唐)孔颖达等正义《春秋左传正义》卷四一，中华书局1980年影印阮元校刻《十三经注疏》本，第2025页。

血，寒热闷乱，面色青黄或枯黑等危象。'以其毒害势甚，故云蛊毒'。亦指某些毒药，如钩吻、鸩毒等(见《诸病源候论・蛊毒病诸候》)。"⑥

白族把蛊说成"稍聘"，是白语音译，即"养蛊"。白族认为蛊是一种似妖非妖、似鬼非鬼的东西。蛊专门吸病人的血，或趁人生病时，蚕食人的肉体。蛊有鸡蛊、狗蛊、驴蛊等。养蛊的人多为妇女，容易被蛊咬的人，多为儿童和妇女。蛊一见某个人生病，或者受伤，就会乘虚而入，附着在病人的身上，或吸人血，或食人肉，弄得病痛者面黄肌瘦，直到死去。有此病的人需请会治蛊的老妇人，用鸡蛋或者面团，在病人身上轻轻擦拭，把蛊从人体吸入鸡蛋或者面团中。然后放在火里烧，或者放在锅中，用大火煮，把蛊煮跑，病人才会康复。

民间传说大都认定"百虫互咬只剩一蛊"说，谈起来煞有介事，仿佛真有那么回事。文人雅士也相信它，把它写进了笔记小说之中，甚至一部分古代医学家也相信它，把它写进医药书籍里。这种巫术也有漫长的流变史，三千多年都在断断续续、时隐时现地发展衍化着，变出了各种各样的形态。

蛊是巫师手中制服别人的工具，巫师施出的蛊道巫术有四种不同的形态。

一是毒虫蛊。例如，蜘蛛蛊、蛷螋蛊、蜈蚣蛊、蜣螂蛊、金蚕蛊等等，它们全是百虫互咬后仅存的一只最毒的昆虫。有的毒虫蛊翅膀长出来能飞，就被称为"飞蛊"。

二是动物蛊。侧重家畜类动物，如狗豕蛊、猫鬼巫蛊；此外如爬行动物有蛇蛊、蜥蜴蛊；水陆两栖动物有蛤蟆蛊(又称"蛊蟆")；介于兽与禽之间的动物，如鹰嘴虎身的蛊称"蛊雕"；鱼类的蛊有泥鳅蛊；还有鼠蛊；也有长出翅膀的"飞蛇蛊"。

三是植物蛊。有黄谷蛊、树蛊、稻田蛊、不拘草蛊，这些毒蛊均以毒虫蛊为媒介，毒虫蛊咬人一口，据称该人肉内或肚中，便会钻出有毒植物来，使人死去。

四是物品蛊。如篾片蛊、石头蛊、疳蛊、肿蛊、癫蛊；这类蛊属于非生物传染源，巫师施术于这些无生物，如篾片钻入人体就变为"篾片蛊"，毒蛇粉放入食品中，在人体内化为"疳蛊"等。

一个人传染蛊毒与否，难以预防。据称蛊毒传染渠道有三种，一为食物传染，巫师在食物中下蛊；二为接触传染，被蛊虫叮咬；三为空气传染，称"蛊气"，蛊气被吸入肺内则会使全身溃烂，有的巫师嗅觉特别灵敏，能闻出蛊气。

为了消灭蛊毒对人的毒害，古代各个朝代的草医、土医、江湖郎中、巫医、道士均被调动起来治蛊，对中草药、矿物等加以研究，做了大量解除蛊毒的试验，

---

⑥ 《辞海》(1979年版缩印本)，上海辞书出版社1980年版，第1861—1862页。

已认定梨卢、野葛、升麻、卢精、鬼督邮、细辛、马兜铃、桔梗、蘘荷[1]、甘草、白矾等有解毒作用,具有药用价值。有的巫师说青鱼有解毒作用,一时间人们大捉青鱼吃;又说婴孩胞衣有解毒作用,一时间又胞衣难求了。宋代杨朏撰《闽海蛊毒记》一卷,明代周履靖校刻《金笥玄玄》,清代路顺德纂、缪福照重订《治蛊新方》一卷,清代燃犀道人撰《驱蛊燃犀录》一卷,是研究古代蛊毒的重要资料。治蛊与投蛊,中医学在与巫术的较量中得到发展。

佛教对医治蛊毒另有见解,和尚们认为治蛊应在体外进行,如念佛经、带佛符,把中草药制成药囊挂在颈上。佛教对蛊毒进行的是善意的精神治疗,发展至今佛符已变成了有创意的旅游文化产品。

在广西十万大山中,山子瑶曾经存在"放蛊毒"巫术。《十万大山山子瑶社会历史调查》"(七)宗教信仰"一节载:"放蛊毒是山子瑶中谈虎色变的巫术,当地人称为'放鬼'。人们之间有了什么冤仇后,一方生病,经医治不好,往往会怀疑对方'放鬼'作弄。一旦被怀疑'放鬼',轻则被驱逐,重则被捕杀,还连累到家属子女。解放前,这类事情就发生过几件,如渌西村××××因被怀疑会'放鬼',而遭人杀死在江坡河中;解放后,虽然经过多次宣传,破除迷信,但至今仍有人相信'放鬼'的事。瑶族群众下山居住后,附近壮族村子里有人畜生病、死亡,往往怀疑瑶族'放鬼',弄得瑶族也不安心,影响民族关系。据说,'放鬼'有两种办法:一是'放鬼',即将一些蛊毒放入水或食物之中,他人饮食之后,致人生病、死亡;一是'禁鬼',即施法术,将他人生魂禁住,使人失魂落魄,生病死亡。其实,这都是没有科学根据的臆说。"[2]

但是,山子瑶由于有巫师驱鬼,"放蛊毒"始终在巫师的驱逐之中,村民们比较放心。《十万大山山子瑶社会历史调查》"(七)宗教信仰"一节又载:"山子瑶'款法'巫师为人作法送鬼,使用咒语、祭献等巫术。咒语有申诉,有解说,有祈求,有发誓许愿,有哀怨,有呵斥,还有怒骂。巫师在关门节为村民举行驱鬼仪式时,一面烧香燃炮,一面冲着门外大声喊叫:'现在我们过年了,给点香你们(外鬼)吃,吃完各自回到自己的住处,不许再来我们村里,如再进来我们就开枪打!'在举行引水仪式时,则反复吟唱:'东海龙王开水来,西海龙王开水来,南海龙王开水来,北海龙王开水来!'祭献作为巫术,通常使用鸡、鱼、肉、酒以及香纸,还有姜。数量有限,有时只烧一柱香和三五张纸,没有肉时用鱼、虾、鸟也可

---

① 蘘荷,一种姜科多年生草本植物,可食。俗名"洋生姜"。(清)曹寅《淳化镇》诗云:"逍遥惯熟山园路,开遍蘘荷向午花。"(《楝亭集》上,上海古籍出版社1978年影印本,第17页)

② 广西壮族自治区编辑组编《广西瑶族社会历史调查》第六册,广西民族出版社1987年版,第277页。

以。没有听说用整猪整羊祭献神灵的事，这可能与山子瑶生产发展水平较低下，祭品不易筹备有关。此外，还有符图及模拟术。符图与汉、壮地区相似，即画些象字型、人型的东西贴在墙上，借以驱鬼，这可能是受到汉、壮族道教影响的结果。模拟术有用茅草制的剑，山区几乎每家都有，借以镇鬼驱邪。舞蹈只有师公在做斋醮、过盘王节时才用，一般巫师不跳。”①

居住在西藏喜马拉雅山区的一些民族中，旧时也有少数妇女参与蛊道巫术。她们把自己制造的毒剂，暗中放进酒里、茶中，使喝过的人在不知不觉中中毒身亡。当地人认为死者身前的“福气”，例如健康、长寿、富有等，就可以转移到投毒妇女的身上。这种黑巫术，仅在女性中传承。不过，投毒的对象，不包括官员、喇嘛等有权势者。除此之外，不分亲疏都可投毒。有些妇人也就此毒害和她有仇的人。当地人也对此黑巫术深恶痛绝，一旦发现，就将施术之人赶出村庄。现在投放蛊毒害人之事已经基本销声匿迹。

就蛊道巫术而言，它已渐渐消逝而变成故事，而与蛊道巫术相伴生的诸多医方则保留在一些古代医书典籍中流传至今。宋代李璆、张致远原辑，元代释继洪纂修《岭南卫生方》中卷“《集验》治蛊毒诸方”中载有验蛊毒法、佛说解蛊毒神咒、灸蛊毒法、治蚂蟥蛊毒，“治蛊毒挑生及蒙汗诸中毒神效诸方”中则载有在上膈方、在下膈方等，从中可概见宋元两代及以前各代的中医对蛊道巫术的顽强抗争。

① 广西壮族自治区编辑组编《广西瑶族社会历史调查》第六册，广西民族出版社 1987 年版，第 277 页。

第六章　原始时代巫术

不懂中国巫术就不能理解中国文化。中国巫术内容丰富复杂，有漫长的流变史，各个时代的巫术情况，就交感巫术、模仿巫术、反抗巫术、蛊道巫术来说均有明显的传承线索，但是各代巫术产生的背景相殊，概貌亦有所不同，影响均广大深远，故从本章起依时代顺序加以论述。

第一节　神话与巫术

远古神话时代自然是处于原始社会历史阶段，当时也是巫术盛行的时期。传说所谓“盘古开天辟地”、“女娲补天”、“女娲抟土造人”，实际就是模仿巫术之范例；而所谓“华胥履迹生伏羲”，又是足迹巫术——交感巫术中重要的一种。另外，最可怕的蛊道巫术，在伏羲时已经形成，伏羲实际也是一个男巫。神话时代的巫术有以下几个方面可以探讨。

第一，盘古开天辟地是以模仿巫术开始的，整个宇宙被看作一个人形。

徐整《三五历纪》：“天地混沌如鸡子，盘古生其中。万八千岁，天地开辟，阳清为天，阴浊为地。盘古在其中，一日九变，神于天，圣于地。天日高一丈，地日厚一丈，盘古日长一丈，如此万八千岁。天数极高，地数极深，盘古极长。后乃有三皇。数起于一，立于三，成于五，盛于七，处于九，故天去地九万里。”①

1. 盘古氏像

清马骕撰《绎史》卷一引《五运历年记》曰：“首生盘古，垂死化身。气成风云，声为雷霆，左眼为日，右眼为月，四肢五体为四极五岳，血液为江河，筋脉为地里，肌肉为田土，发髭为星辰，

① (唐)欧阳询撰，汪绍楹校《艺文类聚》卷一，上海古籍出版社 1982 年版，第 2—3 页。

皮毛为草木，齿骨为金石，精髓为珠玉，汗流为雨泽。身之诸虫，因风所感，化为黎氓。”[①]这种具有哲学含义的模仿巫术至今还存在于中国民歌里，如拉祜族民间史诗《牡帕密帕》厄莎造天造地，“厄莎用左眼做太阳，厄莎用右眼做月亮”[②]。广西南丹瑶族地区有盘古庙，是一茅棚，里面放三个人形石头，左为天帝，中为盘古，右为玉皇大帝。每年三月三十日杀鸡祭祀，六月三十日杀猪或牛祭祀。庙老主持，魔公（巫师）祈福。道教尊盘古为盘古真人，晋葛洪《枕中书》云“盘古真人天地之精，自号原始大王”，“生天皇十三头，治三万六千岁，书为扶桑大帝东王公，号曰元阳父；又生九光玄女，号曰太真西王母”，“次得八帝，大庭氏、庖羲、神农、祝融、五龙氏等”[③]。前蜀杜光庭撰《录异记》卷四载：“广都县有盘古三郎庙，颇有灵应。民之过门，稍不致敬，必加显验，或为人殴击，或道途颠蹶。由是远近畏而敬之。县民杨知遇者，尝受《正一盟威箓》。一夕醉甚，将还其家，路远月黑，因庙门过，大呼曰：‘余正一弟子也。酒醉月黑，无伴还家，愿得神力，示以归路。’俄有一炬火，自庙门出，前引之，比至其家，二十余里，虽狭桥细路，略无蹉跌，火炬亦无见矣。乡里之人尤惊异之。”[④]在古人心里，盘古在日常生活中关爱人类子孙，故有以上盘古庙的故事。

外国也曾有盘古遗迹，在今斯里兰卡。《明史》卷三二六《外国传·锡兰山》云：“王所居侧有大山，高出云汉。其颠有巨人足迹，入石深二尺，长八尺余，云是盘古遗迹。”[⑤]

女娲参与开天辟地的伟大工程。她的贡献，除造人外，是炼五色石去补天，才使天地安宁永存，人类得以繁衍。《楚辞·天问》：“女娲有体，孰制匠之？”汉王逸注：“传言女娲人头蛇身，一日七十化。其体如此，谁所制匠而图之乎？”[⑥]女娲造人以后就去补天。《淮南子·览冥训》曰：“往古之时，四极废，九州裂，天不兼覆，地不周载；火爁炎而不灭，水浩洋而不息；猛兽食颛民，鸷鸟攫老弱。于是女娲炼五色石以补苍天，断鳌足以立四极，杀黑龙以济冀州，积芦灰以止淫水。”[⑦]

---

① （清）马骕撰《绎史》卷一，景印文渊阁《四库全书》第 365 册，第 69 页。

② 昆明师范学院中文系一九五七级部分学生搜集，刘辉豪整理《牡帕密帕》，云南人民出版社 1979 年版，第 6 页。

③ （明）陶宗仪编《说郛一百二十弓》弓七，上海古籍出版社 1988 年影印《说郛三种》本，第 332—333 页。

④ （前蜀）杜光庭撰《录异记》，《道藏》，文物出版社、上海书店、天津古籍出版社 1988 年影印本，第 10 册，第 868 页。

⑤ （清）张廷玉等撰《明史》，中华书局 1974 年版，第 8445 页。

⑥ （汉）王逸撰《楚辞章句》卷三，景印文渊阁《四库全书》第 1062 册，第 29 页。

⑦ （汉）刘安撰，（汉）高诱注，（清）庄逵吉校《淮南子》卷六，上海古籍出版社 1986 年影印《二十二子》本，第 1232 页。

女娲的五色石，对后世五采巫术的产生影响深远。所谓“五采”即五色，青、赤、白、黑、黄五种颜色。《尚书·虞书·禹贡》曰：“厥贡惟土五色。”①清孙星衍撰《尚书今古文注疏》云：“《周书·作雒解》云：‘诸受命于周，乃建大社于国中。其壝：东，青土；南，赤土；西，白土；北，骊土；中央，舋以黄土。’”②汉代改火巫术中的五色就是据此而来。

2. 汉画像女娲伏羲图〔采自《巫与巫术》〕

上古五采巫术首先促成了中医五色望诊术的兴起，中医认为人的体内五脏健康与否是全反映在面部的五种气色上的，并据此诊断人的疾病。《史记》卷一〇五《扁鹊仓公列传》曰：“(阳)庆年七十余，无子，使(淳于)意尽去其故方，更悉以禁方予之，传黄帝、扁鹊之脉书，五色诊病，知人死生，决嫌疑，定可治，及药论，甚精。”张守节《正义》引《八十一难》曰：“五藏有色，皆见于面，亦当与寸口尺内相应也。”③可见中医望诊之法自黄帝神话时代就已开始了。故清吴谦、刘裕铎等纂《医宗金鉴》卷五〇《编辑幼科杂病心法要诀·察色》又曰：“欲识小儿百病原，先从面部色详观。五部五色应五藏，诚中形外理昭然。”注云：“五色者，青为肝色，赤为心色，黄为脾色，白为肺色，黑为肾色也。面青主是惊风之证，面赤主火热，面黄主伤脾伤食，面白主虚寒，面黑主痛，多是恶候。”④综上可知，中国医术起源于医疗巫术，并有久远的流变史。此外，与面部五脏部位配合的还有各个穴位，这是中国古医巫卓越智慧之创造。

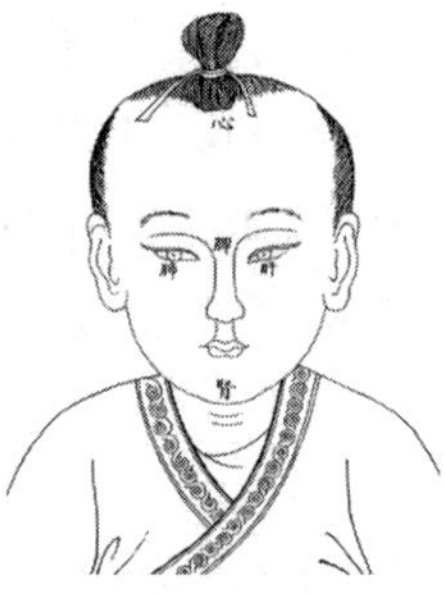

3. 幼科面部五脏部位图〔采自《医宗金鉴》。下同〕

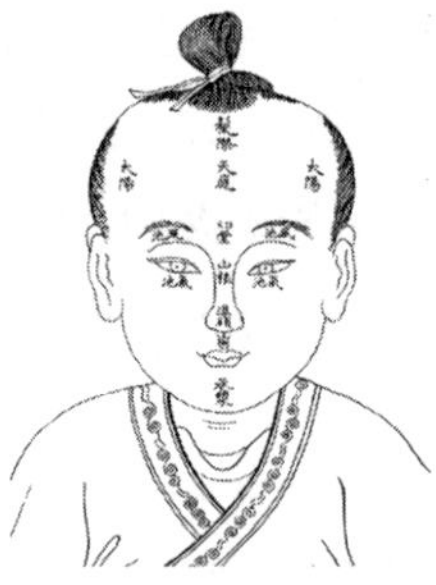

4. 幼科面部穴位图

① (汉)孔安国传，(唐)孔颖达等正义《尚书正义》卷五，中华书局1980年影印阮元校刻《十三经注疏》本，第141页。

② (清)孙星衍撰，陈抗、盛冬铃点校《尚书今古文注疏》卷三，中华书局1986年版，第155页。

③ (汉)司马迁撰《史记》卷一〇五，中华书局1959年版，第2794页。

④ (清)吴谦、刘裕铎等纂《医宗金鉴》，景印文渊阁《四库全书》第781册，第359页。

第二，当时的神巫是直接辅助各个大神的。宋李昉等撰《太平御览》卷七九《黄帝轩辕氏》引《归藏》云："昔黄神与炎神争斗涿鹿之野，将战，筮于巫咸，曰：'果哉，而有咎。'"①这里"黄神"是指黄帝，"炎神"是指炎帝，巫咸便是帮助黄帝神出谋划策的。巫咸是神巫，《楚辞·离骚》云："巫咸将夕降兮，怀椒糈而要之。"王逸注："巫咸，古神巫也。"②显然是由神巫来调和社会矛盾。《太平御览》卷七二一《医一》引《世本》曰："巫咸，尧臣也，以鸿术为帝尧之医。"③这里巫咸又是"尧之医"，说明巫咸既是个巫医，也是个会用筮草卜卦的占卜巫师，故王逸注称其为"神巫"。

第三，当时巫医多，有名的不少，他们是一个群体，与巫咸一样，有时也要兼职做占卜巫师。《山海经·海内西经》云："开明东有巫彭、巫抵、巫阳、巫履、巫凡、巫相，皆神医也。《世本》曰'巫彭作医'，《楚词》曰'帝告巫阳'。夹窫窳之尸，皆操不死之药以距之。为距却死气，求更生也。"④以神医前面的"巫"字为标志，说明他们都是巫医。《山海经·大荒西经》又说："大荒之中，有山名曰丰沮玉门，日月所入。有灵山，巫咸、巫即、巫朌、巫彭、巫姑、巫真、巫礼、巫抵、巫谢、巫罗十巫，从此升降，百药爰在。群巫上下，此山采药往来也。"⑤此十巫也是巫医，从"百药爰在"及"巫彭"重见可推知其巫医特征。但在《楚辞·招魂》中天帝却要巫阳占卜："帝告巫阳曰：'有人在下，我欲辅之。魂魄离散，汝筮予之。'巫阳对曰：'掌梦！上帝其命难从；若必筮予之，恐后之谢，不能复用巫阳焉。'"⑥

第四，当时的神巫和巫医都集中住在一起，因此有巫咸国之称。《山海经·海外西经》云："巫咸国在女丑北，右手操青蛇，左手操赤蛇，在登葆山，群巫所从上下也。采药往来。"⑦"巫咸"，据《归藏》说黄帝"筮于"其人，王逸说他是"神巫"，《世本》、《山海经·大荒西经》则说他是尧时著名巫医，故知其国是由神巫和巫医组成。巫咸国在巫咸山上，晋代郭璞写有《巫咸山赋》加以描述与歌颂，收录于《艺文类聚》卷七《山部上·总载山》，现征引如下：

---

① (宋)李昉等撰《太平御览》卷七九，中华书局1960年影印本，第367—368页。

② (汉)王逸撰《楚辞章句》卷一，景印文渊阁《四库全书》第1062册，第12页。

③ (宋)李昉等撰《太平御览》卷七二一，中华书局1960年影印本，第3194页。

④ (晋)郭璞传，(清)毕沅校《山海经》卷一一，上海古籍出版社1986年影印《二十二子》本，第1375页。

⑤ (晋)郭璞传，(清)毕沅校《山海经》卷一六，上海古籍出版社1986年影印《二十二子》本，第1382—1383页。

⑥ (汉)王逸撰《楚辞章句》卷九，景印文渊阁《四库全书》第1062册，第60—61页。

⑦ (晋)郭璞传，(清)毕沅校《山海经》卷七，上海古籍出版社1986年影印《二十二子》本，第1370页。

盖巫咸者，实以鸿术为帝尧医。生为上公，死为贵神，岂封斯山而因以名之乎？

伊巫咸之名山，崛孤停而嵘峙，体岑峭以隆颓，冠崇岭以峻起，配华霍以助镇，致灵润乎百里。尔乃寒泉悬涌，浚湍流带，林薄丛茏，幽蔚隐蔼。八风之所归起，游鸟之所喧会，潜瑕石，杨兰茝。回翔鵷集，凌鵁鶬翳。禽鸟栖阳以晨鸣，熊虎窟阴而夕嘷。①

《汉书》卷二八上《地理志》第八上“河东郡”曰：“安邑，巫咸山在南，盐池在西南。”②《太平寰宇记》卷六《陕州夏县》：“巫咸山一名覆奥山。……巫咸祠，在县东五里巫咸山下。即商臣也。”③《水经注》卷六《涑水》曰：“安邑，禹都也。禹娶涂山氏女，思恋本国，筑台以望之，今城南门，台基犹存。……涑水西南径监盐县故城，城南有盐池，上承盐水。水出东南薄山，西北流径巫咸山北。《地理志》曰：山在安邑县南。……谷口岭上，有巫咸祠。其水又径安邑故城南，又西流注于盐池。”④据此，巫咸山当在山西省夏县。郭璞是山西省闻喜县人，距离巫咸山很近，故而写赋歌颂家乡的巫咸山和湍急的涑水，并表示巫医作为中国医药之源头的不可否定，而应弘扬之。《巫咸山赋》中（前五句是序）描写虽说诗化，但是蛮荒之景象突出。所谓“八风”，当为《吕氏春秋·有始》所称炎风、滔风、熏风、巨风、凄风、飂风、厉风、寒风，即巫师们生活于可怖的八风之风口，与鸟兽寒泉为伴，并非是繁华的人间世界。郭璞南迁经过山西夏县，巫咸山在此，故其《登百尺楼赋》又有“瞻禹台之隆崛，奇巫咸之孤峙”之语，记其所见。⑤

5. 蟠龙纹彩陶盘（仰韶文化时期）〔宋成林、宋名辉等编撰《龙凤图集》，南方出版社 1998 年版。〕

第五，四灵巫文化已经初见端倪。四灵传说之黄龙出自虞舜时候。晋顾野王《玉符瑞图·龙出》云：“虞舜时，黄龙从洛水出诣舜，鳞甲成字。舜即位，与三公临观，黄龙五采负图出舜前。”⑥黄龙负图主要因它是龙之长者。阙名《孙氏瑞应图》

① （唐）欧阳询撰，汪绍楹校《艺文类聚》卷七，上海古籍出版社 1982 年版，第 126 页。

② （汉）班固撰《汉书》卷二八上，中华书局 1962 年版，第 1523 页。

③ （宋）乐史撰《太平寰宇记》，景印文渊阁《四库全书》第 469 册，第 46 页。

④ （北魏）郦道元撰，陈桥驿点校《水经注》卷六，上海古籍出版社 1990 年版，第 132 页。

⑤ 关于郭璞，请参阅高国藩著《八代文学探微》第五章，东亚文化出版社 2006 年版，第 58—72 页。

⑥ （明）陶宗仪编《说郛一百二十弓》弓六〇，上海古籍出版社 1988 年影印《说郛三种》本，第 2770 页。

曰:“黄龙者,神之精,四龙之长也。王者不漉,池沼水得达深渊,则应气而游池沼。”[①]近世考古发现,原始时代仰韶文化中已有龙的形象出现。此外,在二里头文化的陶片上,也有一头双身龙的形象出现。

在河南濮阳西水坡 M45 仰韶文化早期墓葬中也曾发现用蚌壳铺塑的一龙一虎图案[②],是龙虎厌胜图,可见原始社会已有巫术厌胜术。文献记载及考古发现说明,“龙凤文化,是华夏儿女独创的精神文化,与社会进步,人类思维的发展息息相关”[③]。应龙有灵性,出于黄帝时,曾帮助黄帝统一中华大地。《史记·五帝本纪》司马贞《索隐》引皇甫谧云:“黄帝使应龙杀蚩尤于凶黎之谷。”《山海经·大荒北经》:“蚩尤作兵伐黄帝,黄帝乃令应龙攻之冀州之野。应龙畜水,蚩尤请风伯、雨师,从大风雨。黄帝乃下天女曰魃,雨止,遂杀蚩尤。”[④]

6. 双身龙陶片(二里头文化时期)〔潜明兹著《中国神话学》,宁夏人民出版社 1994 年版。〕

中国人既是龙的传人,也是驾御龙的能手,从远古时起,华夏诸神已将龙驯服为自己的坐骑。“东方句芒,鸟身人面,乘两龙。”(《山海经·海外东经》)东方句芒为乘龙飞天之神。

7. 应龙〔采自《古本山海经图说》。下同〕

8. 句芒乘两龙

---

① (明)陶宗仪编《说郛一百二十弓》弓六〇,上海古籍出版社 1988 年影印《说郛三种》本,第 2768 页。

② 濮阳市文物管理委员会等撰《河南濮阳西水坡遗址发掘简报》,《文物》1988 年第 3 期。

③ 宋成林、宋名辉等编撰《龙凤图集·前言》,南方出版社 1998 年版。

④ (晋)郭璞传,(清)毕沅校《山海经》卷一七,上海古籍出版社 1986 年影印《二十二子》本,第 1384 页。

“南方祝融，兽身人面，乘两龙。”(《山海经·海外南经》)南方祝融亦为乘龙飞天之神。

“西方蓐收，左耳有蛇，乘两龙。”(《山海经·海外西经》)西方蓐收亦为乘龙飞天之神。

9. 祝融乘两龙

10. 蓐收乘两龙

“(帝喾)春夏乘龙，秋冬乘马。”(《大戴礼记·五帝德》)帝喾亦为乘龙飞天之神。

“(颛顼)乘龙而至四海。”(《大戴礼记·五帝德》)颛顼亦为乘龙飞天之神。

“西南海之外，赤水之南，流沙之西，有人珥两青蛇，乘两龙，名曰夏后开(启)。”(《山海经·大荒西经》)夏禹之子夏启亦为乘龙飞天之神。

“大乐之野，夏后启于此儛九代；乘两龙，云盖三层。”(《山海经·海外西经》)

“从极之渊深三百仞，维冰夷恒都焉。冰夷，冯夷也。《淮南》云冯夷得道以潜大川，即河伯也。冰夷人面，乘两龙。一曰中极之渊。”(《山海经·海内北经》)冰夷(冯夷)亦为乘龙飞天之神。

11. 凤凰

四灵之凤皇(即凤凰)，在原始传说中已是德、义、礼、仁、信之化身。《山海经·南山经》云：“有鸟焉，其状如鸡，五采而文，名曰凤皇，首文曰德，翼文曰义，背文曰礼，膺文曰仁，腹文曰信。是鸟也，饮食自然，自歌自舞，见则天下安宁。”①

四灵之龟也是龙所繁衍，是龙子，又称为

① (晋)郭璞传，(清)毕沅校《山海经》卷一，上海古籍出版社 1986 年影印《二十二子》本，第 1340 页。

龙龟。《山海经·北山经》云："堤水出焉，而东流注于泰泽，其中多龙龟。"[①]清郝懿行云："疑即吉吊也，龙种龟身。"龙龟是龙子。清缪荃孙辑《北梦琐言逸文》卷四云："海上人云，龙生三卵，一为吉吊。"[②]

12. 龙龟

四灵之麒麟，《山海经》不载，最早见载于《春秋》。

第六，有当时的石头崇拜神话在后世演变为石头巫术的情况存在。例如清张邦伸撰《锦里新编》卷一四《异闻一》云："刳儿坪在石泉县南石纽山下，山绝壁上有'禹穴'二字，大径八尺，系太白书。坪下近江处，白石累累，俱有血点浸入，刮之不去。相传鲧纳有莘氏，胸臆折而生禹，石上皆其血溅之迹。土人云取石煎水，可治产难。"[③]

石上之血是神女有莘氏生夏禹时的产血，后人取石煎水，就有催产巫术力。女人饮煎石水治难产，此为交感巫术无疑。清代民间传说是从清代巫师记忆中衍化出来的，他们只不过利用了神话的幼稚与唯心的一面，将之糅合在他们传承的交感巫术中。

13. 夏禹王像〔采自《三才图会》〕

第七，远古的神话保存着原始巫师施术时的步法——禹步。夏禹王具有神与巫师的双重性，可以说这是孔子作出的准确结论。《论语·泰伯》云："子曰：禹，吾无间然矣！菲饮食而致孝乎鬼神，恶衣服而致美乎黻冕，卑宫室而尽力乎沟洫。禹，吾无间然矣。"[④]孔子的意思是说，像禹的为人，我是找不出可以指摘的瑕疵了，自己吃着菲薄的食物，却是用丰盛的祭品孝敬祖宗和神明……自己住着矮小的房屋，却是尽力开凿水道预防水患。按孔子的话理解，夏禹便有着"致孝乎鬼神"的身份，显然是沟通鬼神的巫师之特点。禹化熊钻

① （晋）郭璞传，（清）毕沅校《山海经》卷三，上海古籍出版社1986年影印《二十二子》本，第1350页。

② 《北梦琐言逸文》卷四，转引自袁珂《中国神话传说词典》，上海辞书出版社1985年版，第150页。

③ （清）张邦伸撰《锦里新编》卷一四，巴蜀书社1984年影印本，下册，第795—796页。

④ （魏）何晏集解，（宋）邢昺疏《论语注疏》卷八，中华书局1980年影印阮元校刻《十三经注疏》本，第2488页。

洞疏导洪水，就是运用模仿巫术在治水，他施巫术时采取的步法便是一种交感巫术奇特的巫师舞步模拟法。禹步即巫步。秦代发展出单独的禹步巫术。据出土的湖北睡虎地秦简《日书》记载，秦人走禹步时，需要一边清除道路，一边念着咒语。《日书》曰："行到邦门困（阃），禹步三，勉壹步，謼（呼）：'皋，敢告曰：某行毋（无）咎，先为禹除道。'即五画地，掓其画中央土而怀之。"[①]呼喊的咒语是命令式的，"某行毋（无）咎"即"让我出行没有灾祸"。"敢告"就是警告。这是巫师对神灵带有强制性的指令，不是一味屈从和献媚。咒语念完，还要"五画地"。"五"标志五行，《国语·晋语一》："且夫口，三五之门也。"韦昭注："口所以纪三辰，宣五行，故谓之门。"[②]即画五个半圆当门，然后再在五个半圆的中央取五把土揣在怀里，作为对故土的怀恋。这一秦人禹步巫术在怀里揣土之举，当是后人携带故土远行之源，表达不忘故国故乡的思恋之情。

《吕氏春秋·行论》认为："禹不敢怨，而反事之，官为司空，以通水潦。颜色黧黑，步不相过。"[③]意为禹因劳顿而留下残疾，不能正常行走。这种"禹步"不仅和五行有关，也与八卦有关，更与道教祭祀巫术有关。东晋葛洪撰《抱朴子》内篇卷一一《仙药》云："设醮祭以酒脯，祈而取之，皆从日下禹步闭气而往也。"[④]在斋醮进行祭祀巫术时，就要禹步闭气施以法术。《洞神八帝元变经·禹步致灵第四》云："好道者众，求者蜂起，推演百端。汉淮南王刘安已降，乃有王子年撰集之文，沙门惠宗修纂之句，触类长之，便成九十余条种。举足不同，咒颂各异，详而验之，莫贤于先举左足，三步九迹，迹成离坎卦。"[⑤]可见跳禹步时，一要念道教"咒颂"，二要按照"离坎卦"等八卦模式来飨斋祭祀。另外，采仙药也要讲究踏禹步前往。《抱朴子》内篇卷一一《仙药》云："（菌芝）皆当禹步往采取之，刻以骨刀，阴干末服方寸匕，令人升仙，中者数千岁，下者千岁也。"[⑥]以禹步采药施以交感巫术，即采龙形仙芝，交相感应得长寿。《仙药》又云："龙仙芝，状如升龙之相负也，以叶为鳞，其根则如蟠龙，服一枚则得千岁矣。"[⑦]跳禹步还讲究保护自己，克敌制胜。如走在深林中，遭遇老虎、野狼、毒蛇，此时巫法配合禹步就非常

---

① 睡虎地秦墓竹简整理小组编《睡虎地秦墓竹简》，文物出版社 1990 年版，第 223 页。

② 徐元诰撰，王树民、沈长云点校《国语集解》晋语一第七《献公卜伐骊戎》，中华书局 2002 年版，第 252 页。

③ （秦）吕不韦撰，（汉）高诱注，（清）毕沅校《吕氏春秋》卷二〇，上海古籍出版社 1986 年影印《二十二子》本，第 706 页。

④ （晋）葛洪撰《抱朴子》，上海古籍出版社 1990 年影印《诸子百家丛书》本，第 76 页。

⑤ 《道藏》，文物出版社、上海书店、天津古籍出版社 1988 年影印本，第 28 册，第 398 页。

⑥ （晋）葛洪撰《抱朴子》，上海古籍出版社 1990 年影印《诸子百家丛书》本，第 80 页。

⑦ （晋）葛洪撰《抱朴子》，上海古籍出版社 1990 年影印《诸子百家丛书》本，第 79 页。

重要，讲究一击制胜，百发百中。《抱朴子》内篇卷一六《黄白》曰："又以一丸，禹步掷虎狼蛇蝮，皆即死。"①又强调住在山林中要防范毒蛇突击，在毒蛇来临之前，就要防备，心里想着毒蛇，施巫法时配合禹步。《抱朴子》内篇卷一七《登涉》云："介先生法，到山中住，思作五色蛇各一头，乃闭炁以青竹及小木板屈刺之，左徊禹步，思作吴蚣数千板，以衣其身，乃去，终亦不逢蛇也。"②禹步之神态表现，首要的是模拟大禹治水时因艰辛跋涉造成的跛足状态，用禹步体现对夏禹劳苦的尊敬和崇拜。道教正是通过吸收原始禹步巫术充实其巫术经典的内容。

道教徒跳禹步，除表达对夏禹的精神崇拜，在肢体动作上也有三点相应要求：

一是瘸跳。如周荀况撰《荀子·非相》云："禹跳，汤偏。"③禹跳，即瘸跳。道教招役神灵施巫时必须拐足跳动而舞。

二是疾行。汉董仲舒撰《春秋繁露·三代改制质文第二十三》云："至禹生发于背，形体长，长足肵，疾行先左，随以右，劳左佚右也。性长于行，习地明水。"④即道教招役神灵施术时要求有疾走之动作，且要求熟悉环境。

三是跛足。汉扬雄撰《扬子法言》卷一〇《重黎》云："昔者，姒氏治水土而巫步多禹。姒氏，禹也。治水土，涉山川，病足，故行跛也。禹自圣人，是以鬼神猛兽、蜂虿蛇虺莫之螫耳，而俗巫多效禹步。"⑤明董斯张《广博物志》卷二五引《帝王世纪》云："世传禹病偏枯，足不相过，至今巫称禹步是也。"⑥即招役神灵施术时必须模拟夏禹治水及其劳累病态的跛足动作。

周尸佼撰《尸子》卷下对"禹步"加以现实之解释说："古者龙门未辟，吕梁未凿，河出于孟门之上，大溢逆流，无有丘陵、高阜，灭之，名曰洪水。禹于是疏河决江，十年不窥其家。手不爪，胫不生毛，生偏枯之病，步不相过，人曰禹步。"⑦所谓"偏枯"，即半身不遂。据此，原始时代巫术促使了中医产生。《黄帝内经

---

① （晋）葛洪撰《抱朴子》，上海古籍出版社1990年影印《诸子百家丛书》本，第127页。

② （晋）葛洪撰《抱朴子》，上海古籍出版社1990年影印《诸子百家丛书》本，第134页。

③ （周）荀况撰，（唐）杨倞注，（清）卢文弨、谢墉校《荀子》卷三，上海古籍出版社1986年影印《二十二子》本，第295页。

④ （汉）董仲舒撰《春秋繁露》卷七，上海古籍出版社1986年影印《二十二子》本，第784页。

⑤ （汉）扬雄撰，（晋）李轨注《扬子法言》卷一〇，上海古籍出版社1986年影印《二十二子》本，第820页。

⑥ （明）董斯张撰《广博物志》卷二五，景印文渊阁《四库全书》第980册，第524页。

⑦ （周）尸佼撰，（清）汪继培辑《尸子》卷下，上海古籍出版社1986年影印《二十二子》本，第375页。

素问·风论》云:“黄帝问曰:风之伤人也……或为偏枯。”[①]另《黄帝内经素问·生气通天论》亦云:“汗出偏沮,使人偏枯。”[②]这就形成道教招役神灵施术时,要模拟一种半身不遂的跛足巫步,使道教斋醮通神巫师显出因劳苦而感神的样子,并借此对夏禹作虔诚的崇拜。

总的看来,禹步产生于原始时代,对后世巫术有广泛深远之影响。其一,跛态的禹步为后世跛态的巫师所承袭。正如前面已指出的那样,巫师通常是由神经质者、癫痫病者或缺臂少腿等生理残疾者担任,以显露其身体的神秘性,故用大禹跛态之禹步来施行巫法,乃理所当然。其二,道士大都扮演巫师的角色。道教根据禹步,又确定夏禹巫师之身份。《洞神八帝元变经·禹步致灵第四》云:“禹步者,盖是夏禹所为术,召役神灵之行步。此为万术之根源,玄机之要旨。昔大禹治水,不可预测高深,故设黑矩重望,以程其事。或有伏泉磐石,非眼所及者,必召海若河宗、山神地祇问以决之。然禹届南海之滨,见鸟禁咒,能令大石翻动。此鸟禁时,常作是步。禹遂模写其行,令之入术。自兹以还,无术不验。因禹制作,故曰禹步。”[③]模拟鸟类走步和鸣叫竟能翻动大石,亦可证禹能通人世与神界之特殊巫师之身份,且其禹步是自鸟步而来,愈能显出巫术之模拟性。其三,佛教徒见皇帝时,也来学道教之“禹步”。例如《北齐书》卷三二《陆法和传》记载,陆法和晋见北齐文宣帝时,“文宣闻其奇术,虚心相见,备三公卤簿,于城南十二里供帐以待之。法和遥见邺城,下马禹步。辛术谓曰:‘公既万里归诚,主上虚心相待,何为作此术?’法和手持香炉,步从路车,至于馆”[④]。这是佛教徒学习道教的法术,在见皇帝前走禹步,全为了适应当时的环境,表示尊重中国传统。其四,唐代时禹步在道教徒中普遍适用。道观中童子烧香,也要弯弯曲曲走“禹步”,唐王昌龄《武陵开元观黄炼师院三首》之一云:“松间白发黄尊师,童子烧香禹步时。欲访桃源入溪路,忽闻鸡犬使人疑。”[⑤]巫术步法成为道士焚香时必走之步伐。其五,敦煌唐人的道教巫步,将禹步发展为道教必修科目《踏魁罡步斗法》。[⑥]

第八,远古的神话中,以模仿巫术较为盛行。不仅女娲造人、精卫化鸟、刑

① (唐)王冰注,(宋)林亿等校正,(宋)孙兆重改误《补注黄帝内经素问》卷一二,上海古籍出版社1986年影印《二十二子》本,第921页。

② (唐)王冰注,(宋)林亿等校正,(宋)孙兆重改误《补注黄帝内经素问》卷一,上海古籍出版社1986年影印《二十二子》本,第878页。

③ 《道藏》,文物出版社、上海书店、天津古籍出版社1988年影印本,第28册,第398页。

④ (唐)李百药撰《北齐书》卷三二,中华书局1972年版,第430页。

⑤ 《全唐诗》卷一四三,中华书局1960年版,第1451页。

⑥ 法Pel. chin. 3810敦煌写卷,上海古籍出版社、法国国家图书馆编《法藏敦煌西域文献》第28册,上海古籍出版社2004年版,第134—135页。请参阅高国藩著《敦煌古俗与民俗流变——中国民俗探微》第三章,河海大学出版社1989年版。

天舞干戚等等是流行的模仿巫术，鲧化黄熊也是模仿巫术的表现。《楚辞·天问》中就叙述了鲧化黄熊与巫有关的内容：

阻穷西征，	鲧死后向西奔道路险阻，
岩何越焉？	高山巨岩他是如何越过？
化为黄熊，	化为黄熊入于羽山深渊，
巫何活焉？	西方巫师怎样把他救活？
咸播秬黍，	鲧教会了民众播种黑黍，
莆雚是营；	还把水滨的白蒲草清除，
何由并投，	鲧与驩兜三苗一起放逐，
而鲧疾修盈？①	难道他的罪行不容饶恕？

其中“巫何活焉”便道明鲧化黄熊的巫术本质。同样，禹从鲧的腹中变出来（《楚辞·天问》称“伯禹腹鲧”）、禹的妻涂山氏化石、禹的儿子夏王启从石头里出来，也都是模仿巫术。宋朱熹《楚辞集注》卷三采《淮南子》云：“禹治水时，自化为熊，以通轘辕之道，涂山氏见之而惭，遂化为石，时方孕启，禹曰：‘归我子！’于是石破北方而启生。”②可见鲧、禹治水俱奉行模仿巫术，但禹治水成功后，随即创造厌胜九鼎来祭祀，以预防水灾，又创造了历史。

总之，原始时代之巫术常表现出中国人早期天真烂漫之想象力。物质贫乏，因而巫术所涉物品几乎全由大自然所赐予，体现了卜筮、古医与自然神秘性之联系。原始时代先民治病不仅靠巫师施行超自然力的法术，也靠他们探索出来的中医医术。上古元阳真人传下的古医书《黄帝内经》中《移精变气论》就记载：“黄帝问曰：余闻古之治病，惟其移精变气，可祝由而已。”③“祝由”即巫医中的男巫求助于鬼神的诅咒术。由以上资料又可见，原始社会是以亲属血缘为主体的社会，但不论是女娲补天、造人，还是华胥履迹、鲧化黄熊、胸拆生禹④，都是巫师创造的结果，也就是原始社会的亲属关系是巫师们的杰作，各种造人的生育巫术，正是巫师创造人间亲属关系的工具，有不可忽视的文化内涵。

---

① （宋）洪兴祖撰《楚辞补注》卷三，景印文渊阁《四库全书》第1062册，第170页。

② （宋）朱熹撰《楚辞集注》卷三，景印文渊阁《四库全书》第1062册，第328页。

③ （唐）王冰注，（宋）林亿等校正，宋孙兆重改误《补注黄帝内经》卷四，上海古籍出版社1986年影印《二十二子》本，第890页。

④ （汉）宋衷注，（清）张澍粹集补注《世本》卷四《帝系篇》载：“禹母修己，吞神珠如薏苡，胸拆生禹。”商务印书馆1937年版，第87页。

第二节　最古老的巫师居处——巫山

在我国远古时代，巫师们是群居在一起的，所居之地就叫“巫山”，也叫“灵山”。这是文献记载中可知的最早的神话时代巫师的一个居处。

灵山就是巫山，因为在先秦两汉时期灵(靈、靈)与巫同。《说文解字》云：“靈，靈巫，以玉事神。从玉，霝声。靈，靈或从巫。”[①]说明“灵”(巫师)是为人们沟通神的。先秦时就把巫称为“灵”或“灵子”。屈原《楚辞・九歌・东皇太一》云：“灵偃蹇兮姣服。”王逸注曰：“灵谓巫也。”[②]屈原《楚辞・九歌・云中君》亦云：“灵连蜷兮既留。”王逸注曰：“灵，巫也。楚人名巫为灵子。”[③]

神巫们正是在巫山上升于天堂，研究对人们有益的百种药物，故称“百药”，这是古巫师之想象的实施。

这座巫山包括的巫术内容可以概述为以下几点：

第一，十巫。这是远古时代最有名的巫师，古人还绘有他们的图像。

对于这十巫，郭璞《山海经图赞》之《巫咸》歌颂他们称：

> 群有十巫，巫咸所统。经技是搜，术艺是综。采药灵山，随时登降。[③]

郭璞说十巫主要之事是“采药灵山”以研究医术。但究竟有哪十巫，古无定论。《山海经・大荒西经》说是巫咸、巫即、巫肦、巫彭、巫姑、巫真、巫礼、巫抵、巫谢、巫罗；《周礼・春官》说是巫更、巫咸、巫式、巫目、巫易、巫比、巫祠、巫参、巫环，“此九巫，读皆当为筮字之误”[④]；《酉阳杂俎》则说：

14. 十巫图〔采自《古本山海经图说》。下同〕

---

① (汉)许慎撰，(宋)徐铉校定《说文解字》卷一上，中华书局 1963 年影印本，第 13 页下。

②③ (汉)王逸撰《楚辞章句》卷二，景印文渊阁《四库全书》第 1062 册，第 17 页。

③ (晋)郭璞撰，聂恩彦校注《郭弘农集校注》卷二，山西人民出版社 1991 年版，第 215 页。

④ (汉)郑玄注，(唐)贾公彦疏《周礼注疏》卷二四，中华书局 1980 年影印阮元校刻《十三经注疏》本，第 805 页。

“大荒中有灵山，有十巫：咸、即、盼、彭、姑、真、礼、抵、谢、罗，从此升降。”①巫名虽不尽相同，但其中都有“巫咸”，所以郭璞说这十巫是“巫咸所统”。这就意味着原始社会总体上为医药巫师所统治。

“巫咸”实际是对远古至上古之交的神巫的统称。这期间各时代都称神巫为“巫咸”：(1) 黄帝与炎帝时有“巫咸”，如《太平御览》卷七九引《归藏》云：“昔黄神与炎神争斗涿鹿之野，将战，筮于巫咸，曰：‘果哉，而有咎。’”②此时的巫咸是占卜巫师。又如宋罗泌撰《路史・后纪三》：“乃命司怪主卜，巫咸、巫阳主筮。”③说神农使巫咸主筮，故巫咸仍是个占卜巫师。(2) 尧时也有巫咸，如《太平御览》卷七二一引《世本》云：“巫咸，尧臣也，以鸿术为帝尧之医。”则帝尧时的巫咸是一个巫医。汉王充撰《论衡》卷二三《言毒篇》同意巫咸为巫医说，云：“巫咸能以祝延人之疾、愈人之祸者，生于江南，含烈气也。”④(3) 殷帝太戊时也有巫咸，如《太平御览》卷七九〇引《外国图》云：“昔殷帝大(太)戊使巫咸祷于山河。”⑤则殷太戊时的巫咸是一个祭祀巫师。(4) 殷中宗时也有巫咸。战国楚时屈原《离骚》云：“巫咸将夕降兮，怀椒糈而要之。”(意思是，听说巫咸今晚将要降神，我带着花椒精米去接他。)王逸注云：“巫咸，古神巫也，当殷中宗之世。”则殷中宗时的巫咸实际是一个通神巫师。正由于巫咸是各时代神巫的统称，故清张澍粹集补注《世本・作篇》云：“巫咸作筮。”宋衷注云：“巫咸，不知何时人。”⑥这说明远古与上古时期以巫咸为代表，巫师主要从事医药、占卜、祭祀工作，由此推知巫师在原始社会占有文化主导的地位。

第二，巫师的神通——操不死药。《山海经・海内西经》云：“开明东有巫彭、巫抵、巫阳、巫履、巫凡、巫相，夹窫窳之尸，皆操不死之药以距之。窫窳者，蛇身人面，贰负臣所杀也。”⑦窫窳的形象有交感巫术最重视的有魔力的长发，因而具有巫术性，再加上它是一个蛇身人面的怪物，因而充满了神秘性。

---

① (唐)段成式撰，方南生点校《酉阳杂俎》前集卷一四《诺皋记上》，中华书局 1981 年版，第 127 页。

② (宋)李昉等撰《太平御览》卷七九，中华书局 1960 年影印本，第 367—368 页。

③ (宋)罗泌撰《路史》，景印文渊阁《四库全书》第 383 册，第 92 页。

④ (汉)王充撰，陈蒲清点校《论衡》卷二三，岳麓书社 2006 年版，第 293 页。

⑤ (宋)李昉等撰《太平御览》卷七九〇，中华书局 1960 年影印本，第 3499 页。

⑥ (汉)宋衷注，(清)张澍粹集补注《世本》卷一，《丛书集成初编》本，商务印书馆 1937 年版，第 10 页。

⑦ (晋)郭璞传，(清)毕沅校《山海经》卷一一，上海古籍出版社 1986 年影印《二十二子》本，第 1375 页。

《山海经》说:“其(窫窳)音如婴儿,是食人。”[①]可见它是个吃人妖怪,有可爱的婴儿之声。

这些神巫都是神医,操有长生不死之药,能使被贰负杀死的窫窳起死回生。“皆操不死之药以距之”,郭璞注云:“为距却死气,求更生也。”而且郭璞《山海经图赞》亦云:“窫窳无罪,见害贰负。帝命群巫,操药夹守。遂沦溺渊,变为龙首。”[②]这又见于《山海经·海内南经》:“窫窳龙首,居弱水中。”郭璞注:“窫窳,本蛇身人面,为贰负臣所杀,复化而成此物也。”[③]贰负臣消灭吃人妖怪,反倒受到惩罚,《山海经·海内西经》云:“贰负之臣曰危,危与贰负杀窫窳。帝乃梏之疏属之山,桎其右足,反缚两手与发,系之山上木。在开题西北。”[④]这一受冤屈的贰负臣,其形象也有巫术意味。他有少女般的长发,八字胡与山羊胡都很漂亮,这都具有交感巫术之魔力。但是,他杀了吃人的妖怪窫窳,却被天帝处死,到鬼国去了。《山海经·海内北经》云:“鬼国在贰负之尸北,为物人面而一目。一曰贰负神在其东,为物人面蛇身。”[⑤]也许是天帝对贰负的惩罚,令他也变成被他杀死的窫窳的模样——人面蛇身。

15. 窫窳

16. 贰负臣

原始时代操不死之药的神巫,追求的是长寿和长生不死。《楚辞·天问》即云:“黑水玄趾,三危安在?延年不死,寿何所止?”[⑥](意思是,染人手脚的黑水在何处?青鸟居住的三危山在哪里?玄趾三危的人长寿不死,他们到底活到哪天

① (晋)郭璞传,(清)毕沅校《山海经》卷三,上海古籍出版社1986年影印《二十二子》本,第1350页。

② (晋)郭璞撰,晋恩彦校注《郭弘农集校注》卷二,山西人民出版社1991年版,第251页。

③④ (晋)郭璞传,(清)毕沅注《山海经》卷一〇,上海古籍出版社1986年影印《二十二子》本,第1374页。

⑤ (晋)郭璞传,(清)毕沅注《山海经》卷一二,上海古籍出版社1986年影印《二十二子》本,第1375页。

⑥ (宋)洪兴祖撰《楚辞补注》卷三,景印文渊阁《四库全书》第1062册,第167页。

为止?)其一,巫师们想象有不死民的存在,故《山海经·海外南经》:“不死民在其东,其为人黑色,寿不死。一曰在穿匈国东。”郭璞注:“有员邱山,上有不死树,食之乃寿。亦有赤泉,饮之不老。”①不死民生存的环境,首要的是有不死树这一植物,供给使人长寿的食品,还要有赤泉给人提供饮水,水是生命的源泉。其二,巫师们想象也有不死国的存在。《山海经·大荒南经》:“有不死之国,阿姓,甘木是食。”郭璞注:“甘木,即不死树,食之不老。”②不死国的环境里,也同样有诸如不死树的植物。其三,巫师们想象有不死山的存在。《山海经·海内经》:“流沙之东,黑水之间,有山名不死之山。”郭璞注:“即员邱也。”③晋张华《博物志·物产》亦曰:“员丘山上有不死树,食之乃寿。有赤泉,饮之不老。”④但是张华认为,员丘山“多大蛇,为人害,不得居也”。这是张华代表的后世人的多虑。其四,巫师们想象长生不死,一再强调饮水最为重要。最好的是天降之甘露。《太平御览》卷一二引古本《山海经》:“仙丘降甘露,人常饮之。又曰诸沃之野,摇山之民,甘露是饮,不寿者八百岁。”⑤饮甘露般的水,最少也会活到八百岁。如此的巫术构想,就给长寿巫术的发明和发展找到了理由。

以上大致勾勒了巫师操不死之药神话故事之全貌,显然是远古巫师之编造。

第三,巫肦即“巫臷民肦姓”。《山海经·大荒南经》云:“有臷民之国。为人黄色。帝舜生无淫,降臷处,是谓巫臷民。巫臷民肦姓,食谷,不绩不经,服也。言自然有布帛也。不稼不穑,食也。言五谷自生也;种之为稼,收之为穑。爰有歌舞之鸟,鸾鸟自歌,凤鸟自舞。爰有百兽,相群爰处,百谷所聚。”⑥

“巫臷民肦姓”,意味着这是肦姓巫师家族,整个家族都从事巫术。肦为古姓。如文所示,这个巫师家族有凭空变出布帛来制衣的魔力,也有让五谷自生之魔力。吃饱了,穿暖了,有百兽与百鸟来与他们一起娱乐与歌舞,好不快乐。

由此可知,中国远古的巫师对未来美好富足的生活也充满了幻想,他们的巫术也正是围绕着争取改善物质条件及提高生活水平而努力。这也构成了巫

---

① (晋)郭璞传,(清)毕沅注《山海经》卷六,上海古籍出版社 1986 年影印《二十二子》本,第 1369 页。

② (晋)郭璞传,(清)毕沅注《山海经》卷一五,上海古籍出版社 1986 年影印《二十二子》本,第 1381 页。

③ (晋)郭璞传,(清)毕沅注《山海经》卷一八,上海古籍出版社 1986 年影印《二十二子》本,第 1386 页。

④ (晋)张华撰,范宁校证《博物志校证》卷一,中华书局 1980 年版,第 13 页。

⑤ (宋)李昉等撰《太平御览》卷一二,中华书局 1960 年影印本,第 63 页。

⑥ (晋)郭璞传,(清)毕沅校《山海经》卷一五,上海古籍出版社 1986 年影印《二十二子》本,第 1381—1382 页。

师进步因素之一环,但这些巫师的幻想也是不自觉的创造性之流露,是巫师的空想到试验的起步。

总之,通过巫师山、巫师国所描写的中国原始社会图景可见,原始社会并不完全是妇女占主导地位,而是“在男曰觋,在女曰巫”的“制神之处位次主”社会。按照《国语·楚语下》所述,正是少皞氏“民神不杂,民之精爽不携贰者,而又能齐肃衷正”时。但随着少皞氏衰落,九黎乱德,人人祭神,家家为巫,人人各自为之,都乱了套,民神杂糅的局面出现,随随便便祭神的人亵渎神灵,反倒惹起祸端。少皞传到颛顼时,来了个“绝地天通”,“颛顼受之,乃命南正重司天以属神,命火正黎司地以属民”[①]。管民则有专门的民官,祭神则有专门的巫官,各司其职,反倒和谐了。正是巫师构造了整个原始社会神灵和家庭亲属关系网络。巫师还将他们的触角渗透到生老病死、婚丧嫁娶、衣食住行等方面。原始社会既以巫师为主导,受生产力低下的影响,巫师有崇高地位,他与常人不一样,正是借由巫术来制衡自然界而服务于民,来笼络与宠爱每个人。酋长也要听从巫师的意见。黄帝与炎帝争斗,也要先将巫咸找来让他占卜吉凶,听听他的意见,这就说明巫师对酋长是多么重要。

第三节　踩脚印——原始时代交感巫术

脚印,古时称足迹。脚印巫术是一种十分古老的交感巫术,它在远古神话时代曾经盛行一时。伏羲是怎么出生的?传说他的母亲华胥,有一天到雷泽去游玩,看到一双巨人的脚印感到好奇,便用自己的双脚踩上去比量,这一试,感到全身颤动,巨人的足迹产生了魔力,使她怀孕,结果生下了伏羲。

17. 伏羲画八卦图〔采自《三才图会》〕

唐司马贞撰《史记索隐》卷三〇《三皇本纪》云:“太皞庖牺(伏羲)氏,风姓,代燧人氏继天而王。母曰华胥,履大人迹于雷泽,而生庖牺于成纪,蛇身人首,有圣德。仰则观象于天,俯则观法于地。旁观鸟兽之文与地之宜。近取诸身,远取诸物,始画八卦以通神明之德,以类万物之情,造书契以代结绳之政,于是始制嫁娶,以俪皮

---

① 徐元诰撰,王树民、沈长云点校《国语集解》楚语下第十八《昭王问于观射父》,中华书局2002年版,第512、515页。

为礼，结网罟以教佃渔，故曰宓牺氏。”[①]唐人认为庖牺氏最大的贡献就是创制八卦巫术文化。

《诗含神雾》云：“大迹出雷泽，华胥履之，生伏牺（伏羲）。”宋均注曰：“雷泽，泽名；华胥，伏牺母。”[②]《孝经援神契》云：“华胥履迹，怪生皇牺。”宋均注云：“迹，灵威仰之迹也。履迹而生，以为奇怪也。”[③]《水经注》卷二四《瓠子河》云：“瓠河又左径雷泽北，其泽薮在大成阳县故城西北十余里，昔华胥履大迹处也。”[④]这种履迹怀孕的传说从水系统巫术演变而来，实乃脚印交感巫术在水边的反映。华胥履迹在雷泽，雷泽在古成阳县西北，靠近瓠子河，瓠子河在今河南濮阳市南，而成阳县即今河南信阳东北。这古老脚印交感巫术之传说，便首先产生在瓠子河，属于水系统神话。《三皇本纪》所言“结网罟以教佃渔”也和水系统有密切关系。

在中国神话晚期，即公元前11世纪的商周两代之交，产生了姜嫄神话，也是一个脚印交感巫术之反映，说明在那时仍然流行脚印巫术。

姜嫄神话最早被记载在我国首部民歌集《诗经》之中，其中《大雅·生民》反映了生殖崇拜，脚印象征女阴，诗云：

厥初生民，	说起最早生出周代的人，
时维姜嫄。	她是帝喾的元妃——姜嫄。
生民如何？	她生出来的人怎么样啊？
克禋克祀，	她到效外去祭天和礼拜，
以弗无子。	祓除不祥求得一个儿子。
履帝武敏歆，	她踩到神的脚印而心动，
攸介攸止。	肚子便大起来而有身孕。
载震载夙，	小孩子在肚中转动和安静，
载生载育，	后来便生下孩子来抚养，
时维后稷。[⑤]	他便是周代始祖——后稷。

《史记》记载：“周后稷，名弃。其母有邰氏女，曰姜原。姜原为帝喾元妃。

① （唐）司马贞撰《史记索隐》卷三〇，景印文渊阁《四库全书》第246册，第662页。

②③ （宋）李昉等撰《太平御览》卷七八《皇王部三·太昊庖牺氏》，中华书局1960年影印本，第364页。

④ （北魏）郦道元撰，陈桥驿点校《水经注》卷二四，上海古籍出版社1990年版，第471页。

⑤ （汉）毛公传，（汉）郑玄笺，（唐）孔颖达等正义《毛诗正义》卷一七，中华书局1980年影印阮元校刻《十三经注疏》本，第528页。

姜原出野，见巨人迹，心忻然说，欲践之，践之而身动如孕者。居期而生子，以为不祥，弃之隘巷，马牛过者皆辟不践；徙置之林中，适会山林多人，迁之；而弃渠中冰上，飞鸟以其翼覆荐之。姜原以为神，遂收养长之。初欲弃之，因名曰弃。”①后稷出生和水催生有关，故此脚印巫术属于水催生的生殖崇拜巫术。

据我国古典文献记载，周民族盛行的帝喾妃履迹巫术，其要点为：第一，帝喾元妃姜嫄所履的为“巨人”脚印。“巨人”者，上帝也，即神的足迹。《吴越春秋·吴太伯传》云：“吴之前君太伯者，后稷之苗裔也。后稷其母，台氏之女姜嫄，为帝喾元妃。年少未孕，出游于野，见大人迹而观之，中心欢然，喜其形像，因履而践之。身动，意若为人所感。后妊娠，恐被淫泆之祸，遂祭祀以求，谓无子，履上帝之迹，天犹令有之。姜嫄怪而弃于厄狭之巷，牛马过者折易而避之。复弃于林中，适会伐木之人多。复置于泽中冰上，众鸟以羽覆之。后稷遂得不死。姜嫄以为神，收而养之。长因名弃。”②由此可见，古人认为姜嫄所履之迹为神的足迹。“天犹令有之”，这显然是古巫师之认识。隘巷、林中、冰上当是这种巫术演示的现场。

18. 帝喾高辛氏〔采自《三才图会》〕

第二，履迹巫术是一种求子巫术，这在古史中也有明确之记载。汉刘向撰《列女传》卷一《母仪传·弃母姜嫄》云：“弃母姜者嫄，邰侯之女也。当尧之时，行见巨人迹，好而履之，归而有娠，浸以益大。心怪恶之，卜筮禋祀以求无子。终生子。以为不祥，而弃之隘巷，牛羊避而不践。乃送之平林之中，后伐平林者咸荐之覆之。乃取置寒冰之上，飞鸟伛翼之。姜嫄以为异，乃收以归，因命曰弃。姜嫄之性，清静专一，好种稼穑。及弃长，而教之种树桑麻。弃之性明而仁，能育其教，卒致其名。尧使弃居稷官，更国邰地，遂封弃于邰，号曰后稷。及尧崩，舜即位，乃命之曰：‘弃！黎民阻饥，汝居稷，播时百谷。’其后世世居稷，至周文、武而兴为天子。君子谓姜嫄静而有化。《诗》云：‘赫赫姜嫄，其德不回，上帝是依。’又曰：‘思文后稷，克配彼天，立我烝民。’此之谓也。颂曰：弃母姜嫄，清静专一。履迹而孕，惧弃于野。鸟兽覆翼，乃复收恤。卒为帝佐，母道既毕。”③周代始祖后稷乃借履迹巫术而生。

---

① (汉)司马迁撰《史记》卷四《周本纪》，中华书局 1959 年版，第 111 页。

② (汉)赵晔撰，(元)徐天祜音注，苗麓点校，辛正审订《吴越春秋》卷一，江苏古籍出版社 1992 年版，第 1—2 页。

③ (汉)刘向撰，张涛译注《列女传译注》卷一，山东大学出版社 1990 年版，第 6—7 页。

第三，既然是求子巫术，行巫术之女子，不一定要履男子之足迹以生子，也可以穿男子之衣服以生子，因男子之足迹或衣服，对于所爱的女子，都有交感巫术之魔力，这在古史中也是有明确之记载的。汉王充撰《论衡·吉验篇》云："后稷之时〔母〕，履大人迹；或言衣帝喾之服，坐息帝喾之处，妊身。怪而弃之隘巷，牛马不敢践之；置之冰上，鸟以翼覆之，庆集其身。母知其神怪，乃收养之。长大佐尧，位至司马。"[①]可见这种履迹巫术，也可换为穿衣巫术，在行术女子穿男衣之后，必须再坐息于男子坐息之处，将履迹转变为"坐迹"而交感受孕产子。

第四，这种履迹巫术已化为山上的大脚印之古迹。《太平御览》卷三八八引《述征记》云："齐有龙盘山，上有大脚，姜嫄所履迹。"[②]这条记载显然是说，这种古迹是为女子求子所用，她们只要卜筮求子，像姜嫄一样履迹便可怀孕产子，因此这种龙盘山之大脚印，是专门为求子者所设。

综上所述，脚印——这一古老的交感巫术，古代记载相当完备，其中贯穿的水功效颇值得关注。

第四节　原始时代求子的模仿巫术

模仿巫术有漫长的流变史，从现有材料看，它产生于原始社会早期，见载于远古神话中。那时还是人类诞生的初期，生产水平极低，难以维持衣食温饱。人类对于天上的日月圆缺，地上的旱涝灾害，对自己的生老病死、食物的丰歉等等一切事情，尚找不出原因来，只有把宇宙万物归因于神鬼主宰。沟通人类与神鬼之交通者，先是女巫，后来才扩充到男巫，因为人类是从母系氏族社会开始过渡的。

在原始社会早期那种历史条件之下，女巫具有绝对的权威性，在愚昧的原始人中，她们较早地开始了对于世界万物因果关系的探讨，她们探讨的第一个问题便是人类是如何诞生的。女娲正是中国巫术史上第一个女巫，她的最为精彩的巫术，便是用黄土造人的模仿巫术，这种巫术是炎黄子孙从远古以来都笃信不疑的。中国巫术史之漫长历程正是从原始社会早期的模仿巫术开始的。模仿巫术在中国巫术中有最为丰富的内容，可总称为原始求子巫术。

《太平御览》卷七八引《风俗通》云："俗说天地开辟，未有人民，女娲抟黄土作人，剧务，力不暇供，乃引绳于绠泥中，举以为人。故富贵者，黄土人也；贫贱

① （汉）王充撰，陈蒲清点校《论衡》卷二，岳麓书社2006年版，第24页。

② （宋）李昉等撰《太平御览》卷三八八《人事部二十九·迹》，中华书局1960年影印本，第1795页。

凡庸者，絙人也。”[①]李白《上云乐》诗亦云：“女娲戏黄土，团作愚下人。散在六合间，蒙蒙若沙尘。”[②]

这实际是古代女巫幻想化巫术的反映。女娲用黄泥做了一个一个小泥人，然后施巫术于这些小泥人，于是最初的人就被认为是这么产生的。所谓“富贵者”、“贫贱者”，是阶级形成，社会贫富差别出现后才附会的。由“女娲抟黄土作人”来看，女娲便是最古老的女巫了。“抟土作人”之巫术，可称为“泥人模仿巫术”，是人类孩童时代之产物。这种泥人模仿巫术在世界上其他地区民族中也存在。希伯来神话里有记述，耶和华神“用地上的尘土造了一个人的身体，把生气吹进他的鼻孔，使他成为有灵的活人，起名亚当”。“神使他沉睡后，就从他身上取出一条肋骨，再把肉合起来；然后用那条肋骨造了一个女人，带她到亚当跟前。亚当看见后高兴地欢呼起来：‘啊！她是我骨中的骨，肉中的肉！她要称为女人，她是从男人身上出来的。’”[③]亚当是泥土做成，仙气吹进他的鼻孔，于是变为活人，而女人（夏娃）是亚当的肋骨作成，实际也是泥土做成。泥人模仿巫术之神话断言，黄土做成的人（如女娲用黄土做人）自然是黄种人，而暗红土做成的人，自然便是黑种人。北美洲迈都族印第安人神话说，天地开创者用暗红色的泥土和了水，做成了男女两个泥人，再用脂水烧锻，使他们都活了起来，男名古克苏，女名晨星，从此世界上便有了人类。世界各国泥人神话何其相似，可见泥人模仿巫术在原始社会曾风行全世界；而引绳、脂水烧锻都是巫术施行的具体方法。

至于《淮南子·说林训》云：“黄帝生阴阳，上骈生耳目，桑林生臂手，此女娲所以七十化也。”高诱注：“黄帝，古天神也。始造人之时，化生阴阳。上骈、桑林，皆神名。女娲，王天下者也。七十变造化，此言造化治世非一人之功也。”[④]这也是女娲黄土做人神话之衍化。泥人模仿巫术之承传，使女娲又成为婚姻女神。《路史》卷一一云：“（女娲）以其载媒，是以后世有国，是祀为皋禖之神，因典祠焉，又曰皇母。”[⑤]卷三九又称：“皋禖之神，女娲是㑯。”[⑥]称女娲为“皋禖之神”，可见远古时期由女巫任婚姻之神，施以泥人模仿巫术之后，进行诸如这般的巫法仪式，男女才能相配。女巫实际是人类婚配的第一个媒婆，泥人模仿巫

---

① （宋）李昉等撰《太平御览》卷七八《皇王部三·女娲氏》，中华书局1960年影印本，第365页。

② 《全唐诗》卷一六二，中华书局1960年版，第1687页。

③ 《圣经·旧约》“创世纪”，中国圣经出版社1979年版，第19页。

④ （汉）刘安撰，（汉）高诱注，（清）庄逵吉校《淮南子》卷一七，上海古籍出版社1986年影印《二十二子》本，第1285页。

⑤ （宋）罗泌撰，《路史》卷一一，景印文渊阁《四库全书》第383册，第85页。

⑥ （宋）罗泌撰，《路史》卷三九，景印文渊阁《四库全书》第383册，第572页。

术之发现能说明，巫术在人类婚姻中之意义巨大，施术的目的在于求子，使部落人口得以增长，生产得以发展。

女娲在后世成了民众“求嗣之神”，人们纷纷设立女娲庙加以祭祀。清代凌扬藻撰《蠡勺编》卷二九云，祭祀女娲已有漫长的历史，他在《女娲庙》中载：“阳湖赵氏曰：《三皇本纪》，女娲氏亦风姓，有神圣之德，代宓羲立，号曰女希氏，以木德王，是女娲古帝王之圣者。《风俗通》云：女娲祷祀神祇，为女婚姻，置行媒，自此始。《路史》因之，谓女娲佐太昊。祷于神祇，而为女妇，正姓氏，职婚姻，是曰神媒，则女娲亦创置婚姻媒妁之人，而非女身也。自王充《论衡》引董仲舒之说，雨不霁，祭女娲，谓仲舒之意，盖以女娲古妇人为帝王者，男阳女阴，二气为害，故祭女娲以求祐也。于是《北史・祖珽》谓陆令萱实妇人之英杰者，女娲以来，未见其比。即《伊川易传》于坤六五亦云：妇居尊位，女娲、武氏是也。则俗讹女娲为妇人久矣。按康熙壬申，太常卿金德瑛奉命祭历代帝王陵寝，使还，上疏曰：臣见女娲氏陵前寝宫中，塑女像，旁侍嫔御，乡愚奉为求嗣之神，等诸淫祀，窃思断鳌炼石，虽圣人所不言，和乐诛凶，岂当阳为女德？推其命氏，盖如姚姒、姬姜之伦，远在洪荒，难求日角龙颜之肖，理宜毁去旧像，设立牌位，黩亵私祈，概行禁绝。仰符圣主尊崇古圣之心，永饬守臣蠲洁烝尝之典。事下礼部议，从之。”①

凌扬藻认为女娲是男人，是“古帝王之圣者”，但所举史料，俱证女娲是“神媒”，即“求嗣之神”。“古妇人为帝王者”，实际是从一位做泥人的女巫衍变成为婚姻之女神，影响深远。前蜀杜光庭撰《录异记》卷八云：“房州上庸界有伏羲女娲庙，云是抟土为人民之所，古迹在焉。又华陕界黄河中有小洲岛，古树数根，河水泛涨，终不能没，云是女娲墓。大历年中，连日风雨晦暝，雷电不已，晴霁之后，忽失此墓，不知所在。”②

原始社会是母系制度之社会，这种社会自然是由女巫施行人类与天神之沟通，女巫施行了泥人模仿巫术，也施行石人模仿巫术。夏民族始祖神，即启的母亲涂山氏，实际也是女巫，她擅长的是石人模仿巫术。她宣称启是从石头中生出来的，还造出了这样一种神话来，说自己曾变为石人，启便是从石人的肚子里产出来的。文献中对启母化石有诸多记载，有的说是由于禹化为熊，涂山氏害怕而变石生启。清马骕撰《绎史》卷一二引《随巢子》云：“禹娶涂山，治鸿水，通轘辕山，化为熊，涂山氏见之，惭而去，至嵩高山下化为石。禹曰：‘归我子！’石

---

① （清）凌扬藻撰《蠡勺编》卷二九，《丛书集成初编》本，商务印书馆 1936 年版，第 480—481 页。

② （前蜀）杜光庭撰《录异记》卷八《伏羲女娲庙》，《道藏》，文物出版社、上海书店、天津古籍出版社 1988 年影印本，第 10 册，第 879 页。

破北方而生启。”[①]下面一条说得更妙，还有鼓声事。《楚辞·天问》洪兴祖补注引古本《淮南子》(今本无)云：“禹治鸿水，通轘辕山，化为熊，谓涂山氏曰：‘欲饷，闻鼓声乃来。’禹跳石，误中鼓，涂山氏往，见禹方作熊，惭而去。至嵩高山下，化为石，方生启。禹曰：‘归我子！’石破北方而启生。”[②]这显系女巫施石人巫术造作之神话，汉代已化为传说。《穆天子传》卷五云：“丙辰，天子南游于黄阙室之丘，以观夏后启之所居。”[③]由传说再衍化为启母庙且有启母之石像，《路史·余论九·启母石》云：“按元封元年(前110)，武帝幸缑氏，制曰：‘朕用事华山，至中岳，见夏后启母石。’伏云：启母化为石，启生其中。地在嵩北，有少室姨神庙。登封北十二里，云启母之姨，而偃师西二十五复有启母小姨行庙。”[④]至清代则又有一个“启母”之说。例如，清景日昣撰《说嵩》卷四《石阙》条云：“《汉书·郊祀志》曰：孝武时，立夏后启母石等庙，元帝罢之，候神使者七十余人，皆遣归家。当元狩礼嵩时，启母已立庙矣。少室石阙，亦汉镌，则少姨庙当与同时，乃罗泌《路史》载。偃师西二里，复有启母小姨行庙，何欤？古传涂山氏，饷夫闻鼓，何与广德所祀，张勃疏圣河，饷至鸣鼓事，酷相类耶？岂恢奇动听，传闻者剽附为之欤？而《名胜志》所载：怀远县古涂山有禹会村，石坂下，巨石危立，俨然妪立，人呼启母石，居人每刲血以祭，至以粉黛妆饰石首。则有两启母，更诧异也。”[⑤]怀远县民众每年血祭启母之习俗，应为求子习俗，是为石人模仿巫术之遗留。

总之，求子模仿巫术就孕育在泥人与石人模仿巫术的神话之中。泥人模仿巫术之神话在今云南省贡山地区独龙族中仍可见其残留形态。独龙族信仰至上神，独龙语音译为“格蒙”(或译为“嘎姆朋”)。据当地传说，格蒙神居住在“木代”——天的最高处。他用泥土创造了一对兄妹，在洪水以后，成婚繁衍出独龙族。这个传说与女娲用泥土造人相似。《中国少数民族文学》云：“在荒远的古代，世上没有人。后来，嘎姆和嘎莎两个天神来到了姆傣义、陇嘎地方，在一块巨大的岩石上用双手搓出泥土，又用泥土揉成了泥巴团，然后再用泥巴团捏成了人。嘎姆和嘎莎刚捏出的人既不会呼吸，又没有血液，于是，他俩就在人身上吹了口

---

① (清)马骕撰《绎史》卷一二，景印文渊阁《四库全书》第365册，第168页。

② (汉)王逸章句，(宋)洪兴祖补注《楚辞》卷三，《四部丛刊》影印明翻宋本。

③ (晋)郭璞注《穆天子传》卷五，景印文渊阁《四库全书》第1042册，第260页。按，原注云：“疑此言太室之丘。嵩高山，启母在此山化为石，而子启亦登仙，故其上有启石也。皆见《归藏》及《淮南子》。”

④ (宋)罗泌撰《路史》卷四六，景印文渊阁《四库全书》第383册，第641页。

⑤ (清)景日昣撰《说嵩》卷四，《四库全书存目丛书》史部第238册，齐鲁书社1996年影印本，第63页。

气，让人会呼吸，有血液，并教会人如何繁殖后代。那时，女人更聪明能干一些，这是因为嘎姆和嘎莎在捏她们的时候，在肋巴骨上多放了一些泥巴的缘故。”①

第五节　原始时代无头模仿巫术与适音巫术

无头模仿巫术的奇异处在于，人被砍去了脑袋也仍然能活下去并且继续战斗。这虽然是古代巫师的虚妄幻想，但是似已被古人所接受，故传说描述得神秘异常，认为人世有活着的无头人，这是它的特征。无头模仿巫术产生于原始社会时代，那位与黄帝神大战的蚩尤，可能就变成了一个无头人了。《太平御览》卷七九引《帝王世纪》曰：“（黄帝）讨蚩尤氏，擒之于涿鹿之野，使应龙杀之于凶黎之丘。”②可见，蚩尤已经被应龙杀死在凶黎之丘。但是《管子》卷一四《五行》又说：“昔者黄帝得蚩尤而明于天道，得大常而察于地利，得奢龙而辩于东方，得祝融而辩于南方，得大封而辩于西方，得后土而辩于北方。黄帝得六相而天地治，神明至。”③蚩尤既然已被杀了，怎么又被任命为六相之首？于是古人在《山海经图》中，就将蚩尤画成了无头人，或接头人。

19. 蚩尤〔《古本山海经图说》。下同〕

蚩尤既是“六相之首”，就成为无头的“巫相”了，可能就是那《山海经·海内西经》中的巫相。这种巫术实际产生于奴隶制社会。

最为著名的无头模仿巫术，当然就是那个被天神砍去了头的刑天，他虽失去了头，但他仍然战斗不息，其故事似也产生于奴隶社会。《山海经·海外西经》：“形夭（刑天）与帝至此争神，帝断其首，葬之常羊之山，乃以乳为目，以脐为口，操干戚以舞。”④刑天的斗志比蚩尤还要顽强。蚩尤被砍去了头，只有听从黄帝神的号令，做了他的无头相。刑天被天帝砍去了头，且他的头被葬于常羊山，但刑天还是以两个乳头

20. 刑天

① 毛星主编《中国少数民族文学》，湖南人民出版社1983年版，第557页。

② （宋）李昉等撰《太平御览》卷七九，中华书局1960年影印本，第367页。

③ （周）管仲撰，（唐）房玄龄注，（明）刘绩增注《管子》卷一四，上海古籍出版社1986年影印《二十二子》本，第149页。

④ （晋）郭璞传，（清）毕沅校《山海经》卷七，上海古籍出版社1986年影印《二十二子》本，第1370页。

当眼睛，以肚脐做嘴巴，左手拿盾（“干”），右手拿斧（“戚”），继续战斗不息。刑天顽强的反抗精神，赢得了古人赞颂。晋代陶渊明《读山海经十三首》之九云：“形夭无李本、焦本作刑天舞。干戚，猛志故常在。同物既无虑，化去不复悔。徒设在昔心，良晨讵可待？”[①]

要理解以上《山海经》中的说法，有以下几点值得注意。

一、常羊之山，又称“常阳之山”。《山海经·大荒西经》云：“大荒之中，有山名曰常阳之山，日月所入。”[②]可见它在偏西“日月所入”之处。正如《山海经·大荒西经》说：“西南大荒之（中）隅，有偏句常羊之山。”[③]

二、“刑天”又称“形残之尸”。《淮南子·坠形训》云：“西方有形残之尸。”高诱注：“形残之尸于是以两乳为目，腹脐为口，操干戚以舞，天神断其手后，天帝断其首也。”[④]故知以上文中之“帝”为“天帝”。

三、“刑天”又称“邢天”，原本是神农氏手下的音乐之神。宋罗泌撰《路史·后纪三》云：“（神农）乃命邢天作扶梨（犁）之乐，制丰年之咏，以荐禧来，是曰《下谋》。”罗苹注：“扶犁一作扶来，即伏羲之凤来，来、犁古音同尔。”[⑤]刑与邢，二字古通。以现代眼光看，这纯粹是奴隶时代巫师设计的一种模仿巫术罢了，只不过是把它编成了神话传说。商代人似乎已崇信无头巫术，将这种巫术运用于丧葬与军事中。[⑥]“轰轰烈烈的奴隶起义，构成了一些神话。刑天反帝是其中之一。”他对上帝欲取而代之，“这即意味着，奴隶不是跟个别的奴隶主算账了，而是跟整个奴隶主阶级斗争了”[⑦]。但是，在奴隶社会中，人们的军事知识还很匮乏，奴隶们虽然是起来反抗了，但施行的却是“夏耕之尸”之类的无头巫术，这就注定会导致斗争失败。

21. 祭祀中和韶舞干
〔采自《皇朝礼器图式》〕

四、陶渊明诗一作“刑天舞干戚”，应理解为刑天跳“干

① 逯钦立校注《陶渊明集》卷四，中华书局 1979 年版，第 138 页。

② （晋）郭璞传，（清）毕沅校《山海经》卷一六，上海古籍出版社 1986 年影印《二十二子》本，第 1383 页。

③ （晋）郭璞传，（清）毕沅校《山海经》卷一六，上海古籍出版社 1986 年影印《二十二子》本，第 1384 页。

④ （汉）刘安撰，（汉）高诱注，（清）庄逵吉校《淮南子》卷四，上海古籍出版社 1986 年影印《二十二子》本，第 1222 页。

⑤ （宋）罗泌撰《路史》卷一二，景印文渊阁《四库全书》第 383 册，第 93 页。

⑥ 参看本书第七章第三节。

⑦ 刘城淮著《中国上古神话》，上海文艺出版社 1988 年版，第 778 页。

戚舞”，即手持干与戚而舞，是为原始时代之巫舞。周代人已将干戚舞用于祭祀，使干戚艺术化。干为朱色之干，戚实际上已是玉戚，即玉斧头，完全演化为厌胜艺术品，成为巫师舞蹈时手中完美的道具。

至清代，干演变为“祭祀中和韶舞干”，戚演变为“祭祀中和韶舞戚”。《皇朝礼器图式》卷九《祭祀中和韶舞干》曰：“谨按《周礼·春官》：司干掌舞器。郑康成注：干舞者，所持谓楯也。《春秋公羊传》：万者何？干舞也。马端临《文献通考》：朱质而绘以龙，龙之外，又绘以杂羽。其系之也以绣韦，其属绣韦也以纷。舞者所执之干，其制如此。本朝定制祭祀中和韶舞干，木质圭首，中高三尺六寸四分五厘，旁高三尺二寸四分，上阔七寸二分九厘，下阔六寸四分八厘，上绘龙首，加五采，下绘交龙，缘以五色羽文，中心粉地朱书，佾各四字，曰：雨旸时若，四海永清，仓箱大有，八方敉宁，奉三永奠，得一为正，百神受职，万国来庭。背髹朱，有曲木柄，执以左手。凡坛庙武舞皆用之。”①

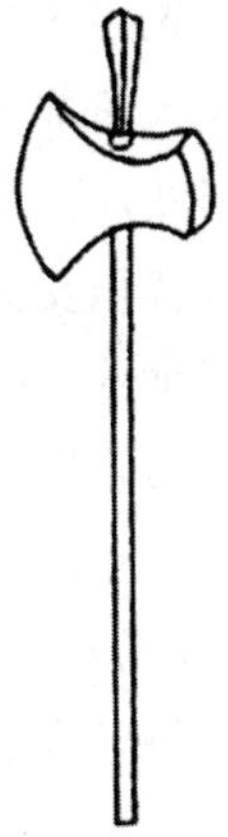

22. 祭祀中和韶舞戚〔采自《皇朝礼器图式》〕

由上可见，元代马端临已认为干舞最初是周代祭祀舞，干是“朱质而绘以龙”的艺术厌胜品。清代的祭祀中和韶舞干，愈加具有厌胜巫术的趋吉辟凶象征符号意义，干上“雨旸时若”等三十二字已经完全体现。如“雨旸时若”出自儒家经典《尚书》，是周代形成的成语。雨旸，《尚书·洪范》：“曰雨，曰旸。”指雨天和晴天。雨旸时若，《尚书·洪范》：“曰肃，时雨若；曰乂，时旸若。”是指晴雨适时、气候调和的意思。

《皇朝礼器图式》卷九《祭祀中和韶舞戚》曰：“谨按《礼记·明堂位》：朱干玉戚，冕而舞大武。郑康成注：戚，斧也。马端临《文献通考》：玉戚，剥玉以饰其柄。本朝定制祭祀中和韶舞戚，木质，髹以黑，刃白。自背至刃，五寸一分二厘，背阔一寸八分二厘。刃阔四寸五分五厘，厚一寸二分一厘。柲自戚以上黑，圭首如刃色，长二寸八分八厘，下朱，长一尺五寸七分七厘，围三寸五分五厘，执以右手。凡坛庙武舞皆用之。”②汉代还是玉戚，到元代，就变成以玉“饰其柄”矣，再到清代，已变成“木质”。

无头巫术的干戚舞，乃是巫师装扮成无头神操干戚跳巫舞。看似只需一个

---

① （清）允禄等撰，福隆安等校补《皇朝礼器图式》卷九，景印文渊阁《四库全书》第656册，第493—494页。

② （清）允禄等撰，福隆安等校补《皇朝礼器图式》卷九，景印文渊阁《四库全书》第656册，第494—495页。

假面就能解决问题，但其有复杂的艺术背景和深厚的文化底蕴，巫舞表达的巫术象征符号，是反抗一切妨害人类生存的天灾人祸。在原始时代，争取生存是巫师首先要为他的部落考虑的头等大事，他用无头巫术表达战斗到底的气概，鼓舞族人争取生存的可能。

当然，跳干戚舞可以附着在无头巫术中，但整体而言，乐器和歌舞的产生，乃包含音乐交感巫术特殊的天人感应巫术思维。古人将音乐交感巫术称之为“适音”巫术，又称“和乐”巫术。炎帝是音乐神，他感到天下阴阳不调和，树上的果实是靠阴阳二气而生，但是风却把阳气畜积，果实就易掉落，怎么办？于是他就叫臣子士达造一把“五弦瑟”出来，只要一弹这把五弦瑟，召集阴气，克制了阳气，二气乃得以调和，果实成熟，民生安定，百姓跳起舞，唱起歌，庆祝丰收矣。《吕氏春秋》卷五《仲夏纪・古乐》云：

> 乐所由来者尚也，必不可废。有节有侈，有正有淫矣。贤者以昌，不肖者以亡。昔古朱襄氏之治天下也，朱襄氏，古天子炎帝之别号。多风而阳气畜积，万物散解，果实不成，解，落也。有核曰果。故士达作为五弦瑟，以来阴气，以定群生。士达，朱襄氏之臣。昔葛天氏之乐，三人操牛尾，投足以歌八阕：葛天氏，古帝名。投足，犹蹀足。阕，终。张揖曰：葛天氏，三皇时君号也。见《文选・上林赋》注。一曰《载民》，二曰《玄鸟》，三曰《遂草木》，四曰《奋五谷》，五曰《敬天常》，六曰《建帝功》，七曰《依地德》，八曰《总禽兽之极》。上皆乐之八篇名也。①

由此可见，葛天氏又发明操牛尾舞，唱八阕歌，使民众载歌载舞，以催玄鸟生蛋、草木生长、五谷成熟，并祭祀天神，颂扬上帝的功劳和大地的恩惠，使所有的禽兽都自由成长。此牛尾舞、八阕歌，概括了适音巫术的效用，明确体现了古人对音乐歌舞的崇拜信仰。近似的，如古人对生殖崇拜巫术的实施，就是在五谷扬花之际，到野外田间祭祀天地，模仿男女交媾，催五谷结实。

第六节　原始时代立桃人模仿巫术

在原始时代，模仿巫术已经盛行，而且渗透到岁时、军事、政治、祭祀、医疗、

---

① （秦）吕不韦撰，（汉）高诱注，（清）毕沅校《吕氏春秋》卷五，上海古籍出版社 1986 年影印《二十二子》本，第 643 页。

神判等各个方面。模仿巫术从先秦时已逐渐转化为社会风俗，延续到汉代直至后世。春节时贴桃符于大门，此俗就是起源于先秦的桃人、桃符之御凶巫术。汉应劭撰《风俗通义》祀典第八《桃梗苇茭画虎》已说得相当清楚了：

谨按《黄帝书》："上古之时，有神荼与郁垒昆弟二人，性能执鬼。度朔山上有桃树，二人于树下简阅百鬼，无道理妄为人祸害，神荼与郁垒缚以苇索，执以食虎。"于是县官常以腊除夕饰桃人，垂苇茭，画虎于门，皆追效于前事，冀以御凶也。

桃梗，梗者，更也，岁终更始，受介祉也。《战国策》："齐孟尝君将西入秦，谏者千数而弗听。苏秦欲止之，曰：'臣之来也，过于淄上，有土偶人焉，与桃梗相与语，谓土偶人曰："子西岸之土也，埏子以为人，至岁八月，天霖雨，淄水至，则子残矣。"曰："不然。吾西岸之土也，残则复西岸耳。今子东国桃木也，削子以为人，隆雨下，淄水至，洪子而泛泛将何如矣。"夫秦四塞之国，譬若虎口而入之，则不知其可。'孟尝君乃止。"①

按应劭在《风俗通义》中的说法，立桃人模仿巫术产生在原始时代黄帝之时。《论衡·订鬼篇》引古本《山海经》云："沧海之中，有度朔之山。上有大桃木，其屈蟠三千里，其枝间东北曰鬼门，万鬼所出入也。上有二神人，一曰神荼，一曰郁垒，主阅领万鬼。恶害之鬼，执以苇索而以食虎。于是黄帝乃作礼以时驱之，立大桃人，门户画神荼、郁垒与虎，悬苇索以御凶魅。"②如此看来，桃人模仿巫术产生于黄帝时代当无疑，且说明先秦之时人们即已认为鬼畏桃木，遂以桃木制成桃人，用来驱鬼辟邪。汉代人常在除夕，饰桃人立于门侧以御凶辟邪。《后汉书志·礼仪中》即云："设桃梗、郁櫑、苇茭。"③至魏晋时代，依然如此。如《晋书·礼志上》云："岁旦常设苇茭桃梗，磔鸡于宫及百寺之门，以禳恶气。"④南北朝后，制桃人多衍化为绘门神。《荆楚岁时记》云："帖画鸡，或斫镂五采及土鸡于户上，悬苇索于其上，插桃符其傍，百鬼畏之。岁旦，绘二神披甲持钺，贴

23. 神荼郁垒门神〔南阳市博物馆《南阳汉代画像石刻》，上海人民美术出版社 1981 年版。〕

① （汉）应劭撰，吴树平校释《风俗通义校释》，天津人民出版社 1980 年版，第 306 页。
② （汉）王充著，陈蒲清点校《论衡》卷二二，岳麓书社 2006 年版，第 290 页。
③ （晋）司马彪撰，（梁）刘昭注补《后汉书志》第五，中华书局 1965 年版，第 3128 页。
④ （唐）房玄龄等撰《晋书》卷一九，中华书局 1974 年版，第 600 页。

于户之左右,左神荼,右郁垒,谓之门神。"①这仍源于汉代。

很显然,绘门神并贴于户,是桃人模仿巫术之传承。蔡邕《独断》卷上云:"十二月岁竟,常以先腊之夜逐除之也。乃画荼垒并悬苇索于门户,以御凶也。"②故绘门神仍源于汉。桃人与绘神之俗同时流行于后世。《酉阳杂俎》记载唐代桃人模仿巫术说:"俗好于门上画虎头,书聻字,谓阴刀鬼名,可息疟疠也。予读《汉旧仪》,说傩逐疫鬼,又立桃人、苇索、沧耳、虎等。聻为合沧耳也。"③汉唐风俗近似,此即一例。

第七节　原始时代神判——一角羊判案

神判(Ordeal)是世界各民族都曾流行的原始巫术。它是以神兽的触觉来测验与判断一个人有罪或无罪的特殊方法。这种神秘的审判法,是由巫师来主持的:第一,巫师以神兽的感悟代替人性,并将此认作人的智慧结晶。第二,巫师以神兽的感悟性来揭明罪恶的一切,以幻想性来代表真理,由此建立法律。第三,原始社会人类是以超自然法则为传统,最初的法律也是以信神为准则的。巫师要求法律顺乎"天神"的意志,于是创立了神判。

神判巫术在我国原始时代开始盛行,其典型代表是獬豸判案。

相传尧的手下有一个刑罚官。《说苑·君道》云:"当尧之时……皋陶为大理。"④大理,是掌管刑法的官名。皋陶神的样子很特别,《白虎通义·圣人》云:"皋陶鸟喙,是谓至诚;决狱明白,察于人情。"⑤他有一张似鸟嘴的尖嘴,样子虽奇特,但有"至信"(出言必信)之特点。《三才图会》载:"东望山有獬豸者,神兽也。尧前有之,能触邪。状如羊,一角,四足。王者狱讼,平则至。《御史台故事》云:御史法冠,一名獬豸,

24. 獬豸(一)〔采自《三才图会》〕

① (梁)宗懔著,姜彦稚辑校《荆楚岁时记》,岳麓书社 1986 年版,第 6 页。
② (汉)蔡邕撰《独断》卷上,景印文渊阁《四库全书》第 850 册,第 83 页。
③ (唐)段成式撰,方南生点校《酉阳杂俎》续集卷四《贬误》,中华书局 1981 年版,第 232 页。
④ (汉)刘向撰《说苑》卷一,景印文渊阁《四库全书》第 696 册,第 6 页。
⑤ (汉)班固撰《白虎通义》卷下,景印文渊阁《四库全书》第 850 册,第 45 页。

神羊也，有一角，楚王尝获之。”①

皋陶利用一只神兽“鮭䚦”即獬豸来办案。《论衡·是应篇》描述鮭䚦审定罪行说：“鮭（鯱）〔䚦〕者，一角之羊也，性知有罪。皋陶治狱，其罪疑者令羊触之，有罪则触，无罪则不触。斯盖天生一角圣兽，助狱为验，故皋陶敬羊，起坐事之。”②由此可见，鮭䚦神判的特征是以兽之灵性为判案根据。“一角羊”遂成为原始法律的象征。

鮭䚦，在汉代还有以下四种称呼与说法：

第一，解廌。《说文解字》云：“廌，解廌兽也。似山牛，一角。古者决讼，令触不直。”“荐（薦），兽之所食草，从廌，从草。古者神人以廌遗黄帝，帝曰：‘何食何处？’曰：‘食荐；夏处水泽，冬处松柏。’”③这种神兽像牛，食荐，是神人送给黄帝的，它在法堂上专用角触不正直的人。

第二，解豸。《路史·余论四·解豸》引古本王充《论衡》云：“皋陶之时，有解豸者如羊而一角，青色，四足，性知曲直，识有罪，能触不直。皋陶跪事之，治狱罪疑者，令羊触之，故天下无冤。”④这种神兽似羊，皋陶跪在它面前等它灵性显现。

第三，獬廌。《路史·余论四·解豸》引《神异经》云：“獬廌性忠直，见邪则触之，困则未止。东荒之兽，故立狱阶东北，依所在也。”⑤这种神兽专门立于狱阶东北判案。关于獬廌还有一说法，说它像一角鹿。梁萧统编、唐李善注《文选》卷三五《七下》晋张景阳《七命》云：“挫獬廌。”注云：“张揖《汉书》注曰：‘獬廌，似鹿而一角也。’”⑥

第四，獬豸。汉杨孚《异物志》曰：“东北荒中有兽，名獬豸，一角，性忠。见人斗，则触不直者。闻人论，则咋不正者。”⑦“楚王尝获此兽，因象其形，以制衣冠。”⑧梁任昉撰《述异记》卷上云：“獬豸者，一角之羊也。性知人有罪。皋陶治狱，其罪疑者，令羊触之。”⑨

由上可见，独角圣兽神判巫术的核心故事（羊判）虽产生于原始时代，但是如汉代巫师说明的，巫师们施行巫术之前，往往先要创造出一个故事来代表天

---

① （明）王圻、王思义编集《三才图会》鸟兽三卷《獬豸》，上海古籍出版社 1986 年影印本，第 2202 页。

② （汉）王充撰，陈蒲清点校《论衡》卷一七，岳麓书社 2006 年版，第 228 页。

③ （汉）许慎撰，（宋）徐铉校定《说文解字》卷一〇上，中华书局 1963 年影印本，第 202 页。

④⑤ （宋）罗泌撰《路史》卷四一，景印文渊阁《四库全书》第 383 册，第 587 页。

⑥ （梁）萧统编，（唐）李善注《文选》卷三五，中华书局 1977 年影印本，第 494 页。

⑦ （东汉）杨孚撰《异物志》，广东科技出版社 2009 年影印本，第 9—10 页。

⑧ （唐）房玄龄等撰《晋书》卷二五，中华书局 1974 年版，第 768 页。

⑨ （明）陶宗仪编《说郛一百二十弓》弓六五，上海古籍出版社 1988 年影印《说郛三种》本，第 3037 页。

神的意志，以概括巫术特定的内容。值得注意的是，神判巫术在我国周代至春秋战国时期已转变为人判。

一、《诗经·鲁颂·泮水》："淑问如皋陶，在泮献囚。"①

二、《左传·文公五年》："皋陶、庭坚不祀忽诸。德之不建，民之无援，哀哉！"②

三、《论语·颜渊》："舜有天下，选于众，举皋陶，不仁者远矣。"③

据文献记载来看，春秋以前的传说，只提皋陶是舜时掌管刑法的官而不提神兽；春秋战国时的传说，皋陶依然与人治、刑法联系在一起，例如：

一、《管子·法法》："舜之有天下也……皋陶为李。古治狱之官，作此李官。"④李，通"理"，即主管刑法的官员。

二、《尸子》卷下："皋陶择羝之裘以御之。"⑤

三、《荀子·非相》："皋陶之状，色如削瓜。"杨倞注："如削皮之瓜，青绿色。"⑥此或可形容为铁面。

四、《世本·作篇》："皋陶作五刑。"⑦

五、《淮南子·主术训》："皋陶喑而为大理，天下无虐刑，有贵于言者也。"⑧

六、《竹书纪年》卷二《帝舜》："三年命皋陶作刑。"⑨

显然，汉以前之传说中多方面体现皋陶的人治情况，神兽神判巫术已变成象征符号，直至汉初出现皋陶成了哑巴的说法。汉代及以后各朝的刑法部门，法官戴的法冠便叫獬豸冠。《后汉书·舆服志下》云："法冠，一曰柱后。……或谓之獬豸冠。獬豸神羊，能别曲直，楚王尝获之，故以为冠。"⑩獬豸也成了古代

① (汉)毛公传，(汉)郑玄笺，(唐)孔颖达等正义《毛诗正义》卷二〇，中华书局1980年影印阮元校刻《十三经注疏》本，第611页。

② (晋)杜预注，(唐)孔颖达等正义《春秋左传正义》卷一九上，中华书局1980年影印阮元校刻《十三经注疏》本，第1843页。

③ (魏)何晏集解，(宋)邢昺疏《论语注疏》卷一二，中华书局1980年影印阮元校刻《十三经注疏》本，第2504页。

④ (周)管仲撰，(唐)房玄龄注，(明)刘绩增注《管子》卷六，上海古籍出版社1986年影印《二十二子》本，第114页。

⑤ (周)尸佼撰，(清)汪继培辑《尸子》卷下，上海古籍出版社1986年影印《二十二子》本，第377页。

⑥ (周)荀况撰，(唐)杨倞注，(清)卢文弨、谢墉校《荀子》卷三，上海古籍出版社1986年影印《二十二子》本，第295页。

⑦ (汉)宋衷注，(清)张澍粹集补注《世本》，《丛书集成初编》本，商务印书馆1937年版，第19页。

⑧ (汉)刘安撰，(汉)高诱注，(清)庄逵吉校《淮南子》卷九，上海古籍出版社1986年影印《二十二子》本，第1242页。

⑨ (清)徐文靖撰《竹书纪年统笺》卷二，上海古籍出版社1986年影印《二十二子》本，第1053页。

⑩ (晋)司马彪撰，(梁)刘昭注补《后汉书志》第三十，中华书局1965年版，第3667页。

法官的标志。在晋代，法官舆服有此标志，《晋书·舆服志》云："或谓獬豸神羊，能触邪佞。"[①]在北周，庾信《正旦上司宪府》诗曰："苍鹰下狱吏，獬豸饰刑官。"清倪璠注曰："秦灭楚，以其冠赐近臣御史服之，即今獬豸冠也。古有獬豸兽，触不直者，故执宪以其形用为冠，令触人也。"[②]在唐代，《新唐书·车服志》云："法冠者，御史大夫、中丞、御史之服也。一名解廌冠。"[③]在元代，关汉卿《温太真玉镜台杂剧》第一折曰："生前不惧獬豸冠，死来图画麒麟像。"[④]在明代，无名氏《霞笺记上》第二出云："官居侍御立朝班，铁面丹心獬豸冠。"[⑤]直至清代，御史及按察使补服前后均绣有獬豸图案。

25. 獬豸（二）〔《辞源》，商务印书馆 1982 年版，第 2014 页。〕

以獬豸为标志的神判巫术，在中国法律史上留下了不可磨灭的印记。瞿同祖著《中国法律与中国社会》即提到"獬字从荐，荐或作豸"，是能识别"有罪者"的"一只有角的神兽"[⑥]。一角神兽标志了中国法律的起源，已被中国法学界所认可。应当强调的是，神判的概念只是原始社会一个巫术与法律的问题，其对象只涉及嫌疑者（双方）及审判者，而不能扩大到别的不相干的对象。只有与惩罚罪犯有关之占卜才能被纳入神判范畴，不能把结婚、丧葬、生育、农时等等一切方面的占卜都拉来硬说它也是"神判"。神判只能限制在治罪的法律观念范围，这样才能将问题专门化，进而深入探讨。这是我们通过"一角羊"实例研究所得出的基本观点。

26. 楚人戴獬豸冠执法图（湖北随县擂鼓墩一号墓出土鸳鸯盒彩绘图之一）〔采自《中国古代服饰史》〕

总之，"一角羊"判案自先秦起便有广泛影响，在那时不一定是靠神羊自觉来触有罪者，而可能是以刀刺羊，羊被刺而起来触人。齐庄公时的一则实例，表现的便是战国时代的这一类民间神判。唐李冗《独异志》载："齐庄公时，有里征者，讼三年而狱不决。公乃使二人具一羊，诅于社。二子将羊而刺之，洒其血，

① （唐）房玄龄等撰《晋书》卷二五，中华书局 1974 年版，第 768 页。
② （北周）庾信撰，（清）倪璠注，许逸民校点《庾子山集注》卷三，中华书局 1980 年版，第 193 页。
③ （宋）欧阳修、宋祁撰《新唐书》卷二四，中华书局 1975 年版，第 521 页。
④ （明）臧晋叔编《元曲选》，中华书局 1958 年版，第 84 页。
⑤ （明）毛晋辑《六十种曲》，明末毛氏汲古阁刻本。
⑥ 瞿同祖著《中国法律与中国社会》，中华书局 1981 年版，第 252 页。

羊起触二子，殪于盟所。”[①]在出土的战国楚墓漆瑟上，有一幅彩绘獬豸冠图，可以说明战国时代的执法者头戴獬豸冠来执法的记载。图左带剑楚人，头戴獬豸冠，有两触角。

所谓“神羊性知有罪”者，只不过是古巫的幻想。“一角圣兽”也只是这种巫术曲折的现实反映，是将獬豸神化的结果。

第八节　原始时代占卜巫术与历史发展三阶段

原始时代占卜巫术主要用来预示人的未来命运之吉与凶，具有朴素的唯物主义的特征。占卜巫术原理的特别之处在于，发明这种占卜巫术的目的，就是管理巫术，或曰控制巫术，它是巫术的高级形态，通过它可以探测别的巫术施行的情况。《史记·龟策列传》云：“至以卜筮射蛊道，巫蛊时或颇中。”[②]意思是说，至于用卜筮猜测谁用邪术巫蛊害人，有时也很准确。占卜巫术的本质是与人为善的，所以《史记·龟策列传》亦云：“自古圣王将建国受命，兴动事业，何尝不宝卜筮以助善！”[③]意思很清楚，占卜巫术是原始时代的人利用卜筮来助成善事的。因此，助人行善的占卜巫术就是贯穿在全部中国巫术史当中统领巫术的巫术。这是有别于任何其他国家的最有我国特色的一种文明的高级巫术，古代称为“方术”。

《周易》就是这种文明的高级形态巫术的总结，其占卜之言必带哲理，要读懂它不是那么容易的。凡站在《周易》对立面来读《周易》的人，恐怕永远绕不出《周易》的“八卦阵”。凡站在孔子的中庸之道上来领教《周易》哲理的人，则会受益无穷。“卜”的载体是动植物，如龟甲、筮草，还有蛊。

一　龟卜

从原始时代晚期至奴隶制时代，直到战国时期，巫师主要用龟甲占卜吉凶，而龟卜的实物多为殷墟出土的甲骨文。《史记·龟策列传》曰：“褚先生曰……古者筮必称龟者，以其令名，所从来久矣。……其卜必北向，龟甲必尺二寸。”[④]占卜时龟甲受到炙灼而呈现的裂纹，称为“龟兆”。《左传·昭公五年》曰：“龟兆

---

① （唐）李冗撰，张永钦点校《独异志》补佚《齐庄公平狱》，中华书局1983年版，第88页。

② （汉）司马迁《史记》卷一二八，中华书局1959年版，第3224页。

③ （汉）司马迁《史记》卷一二八，中华书局1959年版，第3223页。

④ （汉）司马迁《史记》卷一二八，中华书局1959年版，第3238—3239页。

告吉，曰：克可知也。”①周代占卜巫师还任春官职，祭祀时专门奉龟供卜。《周礼·春官·龟人》：“龟人，掌六龟之属，各有名物。天龟曰灵属，地龟曰绎属，东龟曰果属，西龟曰雷属，南龟曰猎属，北龟曰若属。”注云：“属言非一也。色谓天龟玄，地龟黄，东龟青，西龟白，南龟赤，北龟黑。龟俯者灵，仰者绎。”②

二　筮卜

女娲、嫦娥、穆天子、舜、夏启等占卜，都用筮草。兹举以下五例：

其一，女娲占卜。据《归藏》称：“昔女娲筮，张云幕而枚占神明，占之曰：吉。昭昭九州，日月代极，平均土地，和合万国。”③

其二，嫦娥占卜。汉代民间传说。据《归藏》曰：“羿请不死之药于西王母，姮娥窃之以奔月。将往，枚筮之于有黄，有黄占之曰：吉。翩翩归妹，独将西行，逢天晦芒，毋惊毋恐，后且大昌。”④这显然是汉代流传的关于原始筮卜的民间传说。

其三，穆天子占卜。据《归藏》曰：“昔穆王天子筮出于西征，不吉，曰：龙降于天，而道里修远，飞而冲天，苍苍其羽。”⑤

其四，舜占卜。据《尚书》记载，舜把天下禅让给夏禹时就用了占卜巫术。《虞书·大禹谟》云：“禹曰：‘枚卜功臣，惟吉之从。’帝曰：‘禹！官占，惟先蔽志，昆命于元龟。朕志先定，询谋佥同，鬼神其依，龟筮协从。卜不习吉。’禹拜稽首，固辞。帝曰：‘毋！惟汝谐。’正月朔旦，受命于神宗，率百官，若帝之初。”⑥从原始社会起，人们就用占卜的办法选择继任者。进入封建社会，人们同样会用占卜的方法选官，如明朝。

27. 夏启像〔采自《三才图会》〕

其五，夏启占卜。禹子夏启也用筮卜预测命运。《归藏》曰：“昔者夏后启筮享神于晋之墟，作为璇台，于水之阳。”⑦又曰：“昔夏后启筮享神于大陵而上钧台，枚占皋陶曰：不吉。”⑧南北朝时还有启筮亭存在，传为夏启在此亭

---

① (晋)杜预注，(唐)孔颖达等正义《春秋左传正义》卷四三，中华书局1980年影印阮元校刻《十三经注疏》本，第2043页。

② (汉)郑玄注，(唐)贾公彦疏《周礼注疏》卷二四，中华书局1980年影印阮元校刻《十三经注疏》本，第804页。

③⑤ (清)严可均辑《全上古三代秦汉三国六朝文·全上古三代文》卷一五，《续修四库全书》集部第1603册，上海古籍出版社2002年影印本，第104页。

④⑦⑧ (清)严可均辑《全上古三代秦汉三国六朝文·全上古三代文》卷一五，《续修四库全书》集部第1603册，上海古籍出版社2002年影印本，第103页。

⑥ (汉)孔安国传，(唐)孔颖达等正义《尚书正义》卷四，中华书局1980年影印阮元校刻《十三经注疏》本，第136页。

中筮卜吉凶。据北魏郦道元撰《水经注》卷二二《颍水》注曰："（颍水）东南历大陵西连山，亦曰启筮亭。启享神于大陵之上，即钧台也。"①

三 蛊卜

巫师用咒语唤来能致人病残乃至死亡的蛊虫，用此邪术加害于人的一种巫法。这种特殊的蛊虫巫术产生于原始社会。在殷墟出土的甲骨文中，就已有关于蛊字和蛊事之记载，而在流传下来的原始时代的神话传说中，如在《山海经》里就记载有蛊雕，证明了蛊卜在原始时代之存在。

28. 蛊雕〔采自袁珂《山海经校注》〕

原始神话时代之蛊，似被人们认为是一种异常神秘的食人的兽——蛊雕。《山海经·南山经》云："鹿吴之山，上无草木，多金石。泽更之水出焉，而南流注于滂水。水有兽焉，名曰蛊雕，其状如雕而有角，其音如婴儿之音，是食人。"②这种可怖的食人的蛊雕，鸡嘴、兽身、头有角，且叫声像婴儿一样。这是古人对巫蛊形状之最古老的想象。

四 八卦巫术

继女巫后，登上巫术史坛的是男巫。伏羲是中国巫术史上首个男巫，他最为精彩的巫术是八卦卜筮巫术。关于伏羲创八卦，诸多文献都有记载，最主要的是《周易》。《周易》亦称《易经》，简称《易》，有《经》、《传》两部分。《经》的部分主要是伏羲创造的八卦和周文王在公元三千年以前被殷商王拘禁在殷墟的羑里（即今河南安阳）演绎的六十四卦和三百八十四爻，附有卦辞和爻辞。古传伏羲作卦，周文王作辞，但实际上是原始时代末期和奴隶社会初期占卜巫师们的集体创造，而以伏羲和周文王为代表。《传》的部分含有解释卦辞和爻辞的七种文辞共十篇，统称《十翼》，古传为孔子所作。但经过 20 世纪以来学者们的研究，可以确定《十翼》是在春秋战国时期完成的，是孔子领衔的集体创作。

《周易》这部在三千年以前中国奴隶社会初期出现的卜筮巫术书籍，在中国文化史上的地位非同小可，可谓是举足轻重。在此，我们首先了解伏羲所创造的八卦。《周易·系辞下》云："古者包牺氏之王天下也，仰则观象于天，俯则观法于地；观鸟兽之文，与地之宜，近取诸身，远取诸物，于是始作八卦，以通神明

① （北魏）郦道元撰，陈桥驿点校《水经注》卷二二，上海古籍出版社 1990 年版，第 416 页。

② （晋）郭璞传，（清）毕沅注《山海经》卷一，上海古籍出版社 1986 年影印《二十二子》本，第 1340 页。

之德，以类万物之情。作结绳而罔罟，以佃以渔，盖取诸离。”①

周尸佼撰《尸子》卷下曰：“伏羲始画八卦，列八节，而化天下。”②

汉王充撰《论衡·齐世篇》云：“宓牺之前，人民至质朴，卧者居居，坐者于于，群居聚处，知其母不识其父。至宓牺时，人民颇文，知欲诈愚，勇欲恐怯，强欲凌弱，众欲暴寡，故宓牺作八卦以治之。”③

晋王嘉撰，梁萧绮录《拾遗记》卷一《春皇庖牺》云：“春皇者，庖牺之别号。……调和八风，以画八卦，分六位以正六宗。”④

前蜀杜光庭撰《录异记》卷八云：“陈州为太昊之墟。东关城内有伏羲女娲庙。庙东南隅，有八卦坛。”又载：“房州上庸界有伏羲女娲庙，云是抟土为人民之所，古迹在焉。”⑤

明曹学佺撰《蜀中名胜记》卷八引《学斋呫哔》云：“资州掘地得汉碑，有‘伏戏(羲)仓精，初造工(王)业，画卦结绳，以理海内’等语。碑目云：隋敕改罗汉院碑，在法云院。”⑥

由上可见，伏羲之所以是巫师，因为他具有《周易·系辞》说的“神通”的主要特点。“神通”即通神。由于他生于“知其母不识其父”之时，显然是在女娲之后。他坐于方坛之上画那种神秘之八卦。这八卦坛之古迹，至今仍在陈州(今河南周口阳区)。

卜卦类巫术总称占卜巫术，它的历史发展分为三个阶段，即原始社会阶段、奴隶社会阶段、封建社会阶段。

原始社会占卜巫术主要用筮草、龟甲、牛甲骨和蛊虫做载体，用甲骨文或汉文民谣做咒语。奴隶社会阶段占卜巫术整体体现在《易经》中，只是占卜咒语多用汉文民谣做载体。占卜巫术在原始社会和奴隶社会阶段还具有心理治疗以及寓卜于教的示范作用。最初它是神的人性化，无论是女娲、嫦娥、东王公周穆王、舜、夏启等神都被解释作历史上的人，他们使用的占卜巫术，都是反映人的事迹和生活，弘扬人的感情与人性，预示人的命运吉凶。总之，原始社会和奴隶社会占卜等巫术是以唯物史观为基础。

---

① (魏)王弼、(晋)韩康伯注，(唐)孔颖达等正义《周易正义》卷八，中华书局 1980 年影印阮元校刻《十三经注疏》本，第 86 页。

② (周)尸佼撰，(清)汪继培辑《尸子》卷下，上海古籍出版社 1986 年影印《二十二子》本，第 374 页。

③ (汉)王充撰，陈蒲清点校《论衡》卷一八，岳麓书社 2006 年版，第 245 页。

④ (晋)王嘉撰，(梁)萧绮录，齐治平校注《拾遗记》卷一，中华书局 1981 年版，第 1 页。

⑤ (前蜀)杜光庭撰《录异记》卷八，《道藏》，文物出版社、上海书店、天津古籍出版社 1988 影印本，第 10 册，第 879 页。

⑥ (明)曹学佺撰《蜀中名胜记》卷八，《丛书集成初编》本，商务印书馆 1936 年版，第 133 页。

封建社会占卜巫术则完全颠倒过来，是宗教经书做载体，占卜用符篆（印章）和宗教咒语。封建社会占卜巫术的最大特点是宗教鬼神化和人的神性化。佛教符印巫术说，只要你把佛教印章在纸上一盖，无数神灵会在身边保护你。佛教神的神通广大，吸引着信众的瞻拜，极大地弘扬了佛教文化。总体而言，此种占卜巫术是以唯心史观为基础的，虽然具有反抗鬼怪、与人为善的主要目的，但它是以压制人性而献媚神灵的示范作用为特征，提升了宗教神性而泯灭了人性。

《易经》中反映中国原始社会和奴隶社会阶段古老卜卦巫术的卦爻辞说，是一种古典文化型的汉文字巫术。它开创了汉字韵文卜卦的先河，其传统一直延续到现在，它不具有对任何人的攻击性，而只有善良愿望的预测性和心理创伤的治疗性。它最大的特征就是以八卦符号作为工具、以生活故事为预示，对天地万物以及生命的延续进行探讨，从而留给了后世以广阔的想象和发展的空间，比那虚幻的宗教的尊神有用得多，也实在得多。《周易》卦爻辞字字珠玑，体现出商周人惊世骇俗的智慧。整体来说，《周易》衍生出的民间文化的卜卦巫术内容博大精深，与宗教鬼神型的符咒巫术已不可同日而语。

第七章　商周时代巫术

占卜巫术，在还处于原始社会之夏代已盛行。《汉书》卷三〇《艺文志》载《夏龟》二十六卷是夏代占卜巫术汇集，惜已亡佚。但考古资料中却发现夏代占卜巫术实例，即河南偃师二里头遗址卜骨就是明确证据，即演绎《连山易》。据专家论证，“夏代的占卜，还处于早期阶段”[①]。故《左传·桓公十一年》述：“卜以决疑，不疑何卜。”[②]“禹铸九鼎，五者以应阳法，四者以象阴数。使工师以雌金为阴鼎，以雄金为阳鼎。鼎中常满，以占气象之休咎。”[③]夏禹具有巫师特长，铸鼎是占卜阴阳的综合运用，说明巫文化已融入传统文化中。《周礼》包括《天》、《地》、《春》、《夏》、《秋》五篇，都被安排官职来掌握筮、卜及祭四时之礼，如此背景证明三代巫筮及其文化全是正统。

第一节　厌胜九鼎争夺战

中国巫术发展史上开端的巫术，应当归于夏朝反抗巫术中的厌胜九鼎。厌胜巫术是制成一种物品来压制鬼邪，趋吉避凶，是反抗巫术之一种。对厌胜九鼎的争夺，是中国巫术史的第一件大事。

1. 商代祭器——兽面龙纹青铜方鼎〔采自《龙凤图集》。下同〕

鼎原为宗庙祭祀礼器，被视为三代祥瑞物、辟邪物的开端。鼎上的图像有趋吉辟凶意义，《左传·宣公三年》云：“昔夏之方有德也，远方图物，贡金九牧，铸鼎象物，百物而为之备。使民知神奸。故民入川泽山林，不

① 孙淼著《夏商史稿》，文物出版社1987年版，第227页。

② （晋）杜预注，（唐）孔颖达等正义《春秋左传正义》卷七，中华书局1980年影印阮元校刻《十三经注疏》本，第1755页。

③ （晋）王嘉撰，（梁）萧绮录，齐治平校注《拾遗记》卷二《夏禹》，中华书局1981年版，第36页。

逢不若。螭魅罔两，莫能逢之。”[①]西汉时司马迁指出：“闻昔泰帝（即伏羲氏）兴神鼎一，一者壹统，天地万物所系终也。黄帝作宝鼎三，象天地人。禹收九牧之金，铸九鼎。皆尝亨觞上帝鬼神。遭圣则兴，鼎迁于夏商。”[②]圣人当朝时这些鼎就会出现，扫荡邪恶。《太平御览》引古本《说文》曰：“鼎三足，两耳，和五味之宝器也。昔《禹贡》九牧之金，铸鼎荆山之下，民入山林川泽，魑魅魍魉，莫能逢之。”[③]

根据厌胜巫术原理，显然鼎俱有辟邪御凶的超自然力。夏朝巫师设计和铸造好鼎，先来祭祀天地，鼎肯定就是施行祭礼的最好礼器。在上古人心目中，巫师是能干的领导者，不言而喻，他们造的鼎是厌胜神物。《孙氏瑞应图》曰：“神鼎者，质文精也。知吉凶存亡，能轻能重，能息能行，不灼而沸，不汲自盈，中生五味。昔黄帝作鼎，象太一。禹治水，收天下美铜，以为九鼎，象九州，王者兴则出，衰则去。”[④]九鼎刻有“百物”，能使人分辨善恶。

据上述记载，鼎是异常的神圣之物，鼎已经被完全拟人化和神化。鼎有灵性，知吉凶存亡，朝山里一放，鼎能自动蓄水又能自动烧成开水，又能生五味，这就保证了人畜的生存需要。因为水是生命之源，老子云“上善若水”，于是专门拣水的话题来说。所以鼎朝荆山下一放，魑魅魍魉害怕，见到人进入山林川泽，就自动逃避开，让人们过好日子。想必魑魅魍魉也怕失去水源，有了鼎就不敢得罪人类，不然鼎就不给它们水喝。想必魑魅魍魉也懂得，干了坏事，鼎就有禁止它们饮水的魔力。这些当然都是巫师的厌胜思维和实施，而体现在祥瑞物鼎上。

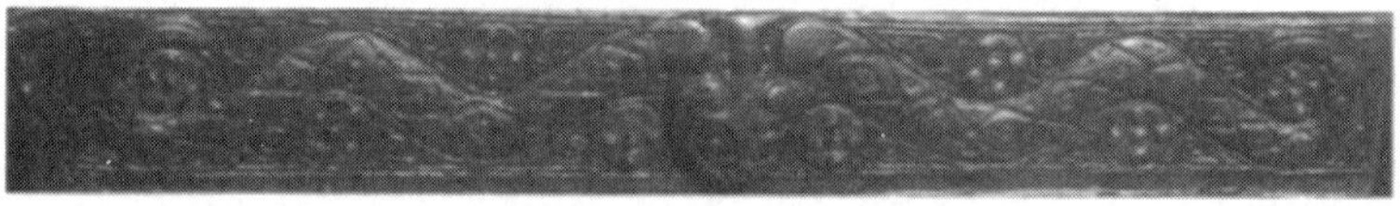

2. 商代祭器方鼎上的青龙厌胜图

根据《孙氏瑞应图》所说中国古代神话，鼎产生于原始社会伏羲之时，以后黄帝就是按照太一旨意，“铸鼎于荆山下”[⑤]，制造了宝鼎三尊。也就是黄帝成为沟通人与神的巫师。《史记》云“天神贵者太一”[⑥]，古者天子在春秋两次祭太一，

① （晋）杜预注，（唐）孔颖达等正义《春秋左传正义》卷二一，中华书局1980年影印阮元校刻《十三经注疏》本，第1868页。

② （汉）司马迁撰《史记》卷二八《封禅书》，中华书局1959年版，第1392页。

③ （宋）李昉等撰《太平御览》卷七五六《器物部一·器皿·鼎》，中华书局1960年影印本，第3355页。

④ （唐）欧阳询撰，汪绍楹校《艺文类聚》卷九九《祥瑞部下·鼎》，上海古籍出版社1982年版，第1719页。

⑤ （汉）司马迁撰《史记》卷二八《封禅书》，中华书局1959年版，第1394页。

⑥ （汉）司马迁撰《史记》卷二八《封禅书》，中华书局1959年版，第1386页。

想必也是用鼎作礼器，但黄帝的鼎并未指明是用铜铸，而且早已失而不存，难知其所以然。继黄帝后，就是禹铸九鼎，特地“收天下美铜，以为九鼎”。中国九州，一州铸造一尊青铜器鼎做厌胜鼎，亦即一鼎压制一州的魑魅魍魉邪恶势力，使人民永远安居乐业。可是“当夏桀之世，鼎水忽沸。及周将末，九鼎咸震，皆应灭亡之兆”[①]。从此有利于人类的巫术实物就成为九州争夺对象。

由此说明，中国巫术中起源于夏代时的九鼎巫术，是对人民有利的厌胜巫术，是反抗和压制黑恶势力的超自然力量的巫术。夏禹巫师创制的文化瑰宝——九鼎青铜器则成为商周时代和春秋战国时代各个国家争夺的焦点。汉刘向集录《战国策》言战国时秦国曾经兴师临周而求九鼎，记载云：

> 秦兴师临周而求九鼎，周君患之，以告颜率。颜率曰：“大王勿忧，臣请东借救于齐。”颜率至齐，谓齐王曰：“夫秦之为无道也，欲兴兵临周而求九鼎，周之君臣，内自尽计，与秦，不若归之大国。夫存危国，美名也；得九鼎，厚宝也。愿大王图之。”齐王大悦，发师五万人，使陈臣思将以救周，而秦兵罢。[②]

秦国兴师动众要来“求九鼎”，最后在齐国“发师五万人”的大军压境下，只好放弃争夺夏朝九鼎的如意算盘，但此时东周国君又在烦恼颜率找来的齐国何时来抢这九尊宝鼎。《战国策》又曰：

> 齐将求九鼎，周君又患之。颜率曰：“大王勿忧，臣请东解之。”颜率至齐，谓齐王曰：“周赖大国之义，得君臣父子相保也，愿献九鼎，不识大国何涂之从而致之齐？”齐王曰：“寡人将寄径于梁。”颜率曰：“不可。夫梁之君臣欲得九鼎，谋之晖台之下，少海之上，其日久矣。鼎入梁，必不出。”齐王曰：“寡人将寄径于楚。”对曰：“不可。楚之君臣欲得九鼎，谋之于叶庭之中，其日久矣。若入楚，鼎必不出。”王曰：“寡人终何涂之从而致之齐？”颜率曰：“弊邑固窃为大王患之。夫鼎者，非效醯壶酱甀耳，可怀挟提挈以至齐者；非效鸟集乌飞，兔兴马逝，漓然止于齐者。昔周之伐殷，得九鼎，凡一鼎而九万人挽之，九九八十一万人，士卒师徒，器械被具，所以备者称此。今大王纵有其人，何涂之从而出？臣窃为大王私忧之。”齐王曰：“子之数来

---

① （晋）王嘉撰，（梁）萧绮录，齐治平校注《拾遗记》卷二《夏禹》，中华书局 1981 年版，第 36 页。

② （汉）刘向集录《战国策》卷一，上海古籍出版社 1985 年版，第 1 页。

者，犹无与耳。”颜率曰：“不敢欺大国，疾定所从出，弊邑迁鼎以待命。”齐王乃止。[1]

商代方彝为宗庙祭祀巫术礼器，上刻夔龙厌胜图。夔原为一足兽，《山海经·大荒东经》言夔“苍身而无角，一足，出入水则必风雨，其光如日月，其声如雷”[2]，故商彝夔龙亦为“一足龙”。

3. 商青铜方彝上的夔龙厌胜图

4. 商代方彝一足夔龙图

由上可见，西周发动战争，百万雄师伐殷商，夺回九鼎，声势不可谓不浩大。后来单单把九鼎挽回来，九万人拖滑轮，才将一尊鼎给拖回来。把九鼎拖回周朝，用了九九八十一万人。

齐国在战国时代虽然是一个大国，但是，原来夏朝是一个拥有全部九州的统一大国。任一小国，其再大，也只像蛤蟆鼓足肚皮，大不过一个统一的夏国。齐国国君此时才感到，分裂成若干个小国，日子真不好过呀。战国分裂，给后世子孙提供了严重的历史教训。

九鼎至尊，早已名声在外，任何一国都想染指，怎甘心让其中一国“寄径(借道)”独吞？虎视眈眈的秦国首先就不会答应，秦国早先就盼望九州分裂成若干个小国，后来此愿望果然达成，他们高举酒杯弹冠相庆已久，现在正磨刀霍霍要来统一六国。酝酿着焚书坑儒、酝酿着消灭三代巫师、酝酿着杀戮，岂能让你齐国独占此至尊九鼎？“齐王乃止”，这只能是一个战国时期号称“大国之君”的无奈选择。

但至此，鹬蚌相争渔翁得利，站在一旁的秦国非常得意：与其花九九八十一万人去拖九鼎，不如先把你们六国都灭了，什么都归我秦国。秦国于是采取了

---

① (汉)刘向集录《战国策》卷一，上海古籍出版社 1985 年版，第 2—3 页。

② (晋)郭璞传，(清)毕沅校《山海经》卷一四，上海古籍出版社 1986 年影印《二十二子》本，第 1381 页。

各个击破的办法，吞并了战国六雄，不费吹灰之力就得到了九鼎。

司马迁指出，周王赧去世，西周百姓就东逃至成周，以归附东周君。秦国夺取周国的九鼎宝器，将西周公迁徙到惮狐。七年后，秦庄襄王灭亡东周。东西周都被并入秦国，周王朝的宗庙祭祀从此断绝。① 但是九鼎在哪里？司马迁在《史记》中只交代一句："武王营之，成王使召公卜居，居九鼎焉，而周复都丰、镐。"②这是司马迁以"太史公曰"交代的一句。意思是："武王营建洛邑，成王命令召公占卜洛邑是否适合居住，并将九鼎迁放在那里，成王以下的整个西周时代，仍是建都于丰、镐二京。"③

九鼎到手，秦国却不知道怎么使用这种巫术。从此九鼎就被撂在一边无人过问，久之不知所踪，成不解之谜。九鼎永远失传矣。后世考古所获的鼎，最早只有商代鼎，夏代九鼎始终没有被发现。但有一点可以明确，夏、商、周青铜器纹饰都具有厌胜意义。《左传·宣公三年》云："在德不在鼎……用能协于上下，以承天休。桀有昏德，鼎迁于商，载祀六百。商纣暴虐，鼎迁于周。德之休明，虽小，重也。其奸回昏乱，虽大，轻也。天祚明德，有所厎止。成王定鼎于郏鄏，卜世三十，卜年七百，天所命也。周德虽衰，天命未改。"④故其纹饰都具有"协于上下"而通鬼神的作用。

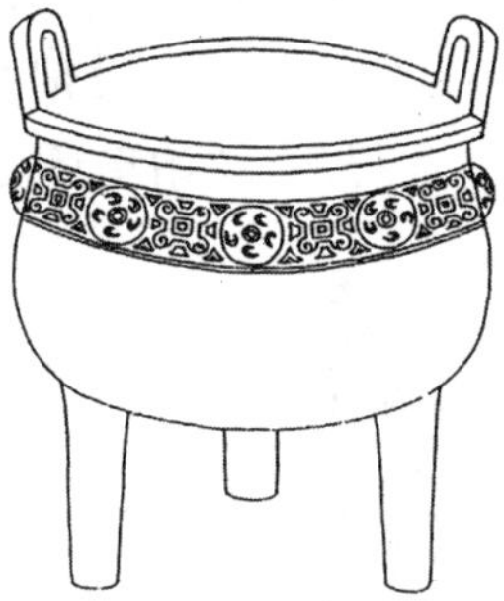

5. 商象形鼎〔(宋)王黼《重修宣和博古图》卷一《商象形鼎》，景印文渊阁《四库全书》第 840 册，第 400 页。〕

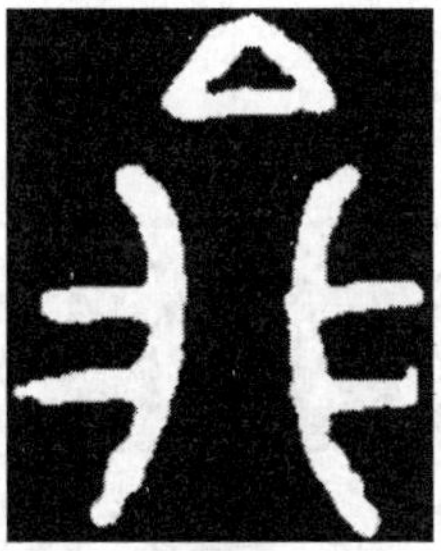

6. 鼎(鼎背面铭文)

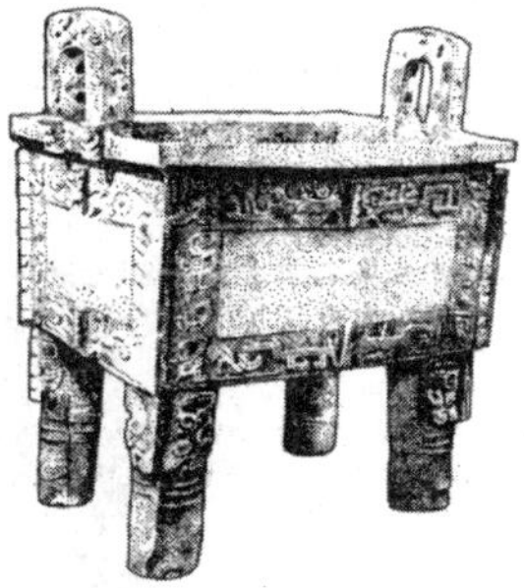

7. 商司母戊鼎(现藏北京中国历史博物馆)〔《文明中国行Ⅲ》总第七十期，2007 年特刊〕

著名的司母戊鼎为商代晚期宫廷的祭器，鼎腹内壁铸铭文"司母戊"三字，表示这是商王为思念母亲(戊)举行盛大祭祀巫术活动而铸造。此鼎 1939 年出

①③ (汉)司马迁撰，韩兆琦主译《史记》，中华书局 2008 年版，第 97 页。

② (汉)司马迁撰《史记》卷四《周本纪第四》，中华书局 1959 年版，第 170 页。

④ (晋)杜预注，(唐)孔颖达等正义《春秋左传正义》卷二一，中华书局 1980 年影印阮元校刻《十三经注疏》本，第 1868 页。

土于河南安阳殷墟，方形，四足，立耳，饰以饕餮纹厌胜。通耳高 133 厘米，横长 110 厘米，宽 79 厘米，重量达 832.84 千克，为我国已出土的最大的青铜器，也是世界青铜器之最。此鼎结构复杂，鼎身和四足是整体铸造，耳则是在鼎身铸成以后，再在上面安模、翻范、浇铸而成。它集中表现了商朝晚期高超的生产能力和青铜器冶铸的先进技术水平。

九鼎厌胜意义无穷。《汉书·郊祀志第五上》云："后百一十岁，周赧王卒，九鼎入于秦。或曰，周显王之四十二年卒，宋大丘社王，而鼎沦没于泗水彭城下。自赧王卒后七年，秦庄襄王灭东周，周祀绝。后二十八年，秦并天下，称皇帝。"①鼎入秦已过百余年，秦始皇死前终于发现九鼎对他治国治人是有大用的。昔大禹收九牧之金，集全国之青铜，铸成九鼎，刻有"百物"。神物助人行善，可以使贤君参照治世。故鼎有三德，即三正之德。《汉书》颜师古注云："三德，一曰正直，二曰刚克，三曰柔克。事见《周书·洪范》。"②总之九鼎已经成为三代最高统治者权力的象征。秦始皇又领悟到，重新得到九鼎是能延缓自己寿命的，因为九鼎能有"神降之福，故获寿考之美"③。《史记·封禅书》云："黄帝采首山铜，铸鼎于荆山下。鼎既成，有龙垂胡髯下迎黄帝。黄帝上骑，群臣后宫从上龙七十余人，龙乃上去。余小臣不得上，乃悉持龙髯。龙髯拔，堕，堕黄帝之弓。百姓仰望黄帝既上天，乃抱其弓与胡髯号，故后世因名其处曰鼎湖，其弓曰乌号。"④因此秦始皇死前心急火燎地想得到九鼎，拿它来救自己行将就木之痛。于是他在焚书坑儒若干年以后，兴师动众找寻九鼎。《史记·秦始皇本纪》云："始皇还，过彭

8. 泗水取鼎(山东嘉祥武氏祠)〔吴曾德著《汉代画象石》，文物出版社 1984 年版，第 143 页，图八六。〕

---

① (汉)班固撰《汉书》卷二五上，中华书局 1962 年版，第 1200 页。

② (汉)班固撰《汉书》卷二五上《郊祀志第五上》，中华书局 1962 年版，第 1226—1227 页。

③ (汉)班固撰《汉书》卷二五上《郊祀志第五上》颜师古注，中华书局 1962 年版，第 1227 页。

④ (汉)司马迁撰《史记》卷二八，中华书局 1959 年版，第 1394 页。

城，斋戒祷祠，欲出周鼎泗水。使千人没水求之，弗得。”①

北魏郦道元撰《水经注·泗水》云：“周显王四十二年，九鼎沦没泗渊，秦始皇时而鼎见于斯水，始皇自以德合三代，大喜，使数千人没水求之，不得，所谓鼎伏也。亦云系而行之，未出，龙齿啮断其系。故《语》曰：称乐大早绝鼎系。当是孟浪之传耳。”②秦始皇由于无德，九鼎始终不出，未出十年而亡。九鼎大战至此灰飞烟灭。

总之，结合《周礼》和九鼎的历史可以看出，三代巫筮已经参政，把巫术活动写进历史，并将巫术总结为原始文化史知识，显出正统文化独特的魅力。

第二节 商代巫师如何创造中国文化的历史

殷商历史翻开新的一页。商代巫术是中国巫术史上的开创期，殷商人有两大创造，一为甲骨文，一为玉器、青铜器，而其玉器、青铜器皆为巫师以反抗巫术制约邪恶而实现其超自然力的表现。现举出龙、凤、饕餮等，以观其如何运用反抗巫术中的厌胜巫术来创造中国文化之历史。龙、凤等吉祥厌胜在三代就被纳入正统文化之中。

一 龙厌胜

在妇好墓中发现的商代玉蟠龙，是佩戴的厌胜艺术品，径长 7 厘米，厚 1.5 厘米，重 118 克。蟠龙作蟠曲状，首尾相接，齿锐角钝，制作细腻，工艺精湛。祥瑞物本身已证明具有巫术艺术思维的制作者的睿智及前瞻性。何谓蟠龙？《广雅疏证》引班固《答客戏》称：“故夫泥蟠而天飞者，应龙之神也。”③

这只距今三千三百年前商朝的玉蟠龙，俗称“团龙”，是在 1976 年整理殷墟妇好墓时被发现的。这对在 21 世纪还坚持“龙从印度进口”论者无疑是一个否定。梵文称蛇为 nāga，根本就不能不伦不类地翻译成商朝时的中国龙。中国龙的起源，在原始社会的夏代只是传播在人们的口头，只是到了夏末商初奴隶社会时期，在巫师施行厌胜巫术时，创造了厌胜艺术品，作为给人民驱邪趋吉的祥瑞物，于是玉蟠龙现身矣。妇好墓中出土的还有妇好盘上的盘龙。

---

① （汉）司马迁撰《史记》卷六，中华书局 1959 年版，第 248 页。

② （北魏）郦道元撰，陈桥驿点校《水经注》卷二五，上海古籍出版社 1990 年版，第 497 页。

③ （魏）张揖撰，（清）王念孙疏证《广雅疏证》卷一〇下《释鱼》，江苏古籍出版社 2000 年影印本，第 369 页。

9. 商玉蟠龙〔采自《龙凤图集》。下同〕

10. 妇好盘上的蟠龙

商代还另有兽形玉龙。

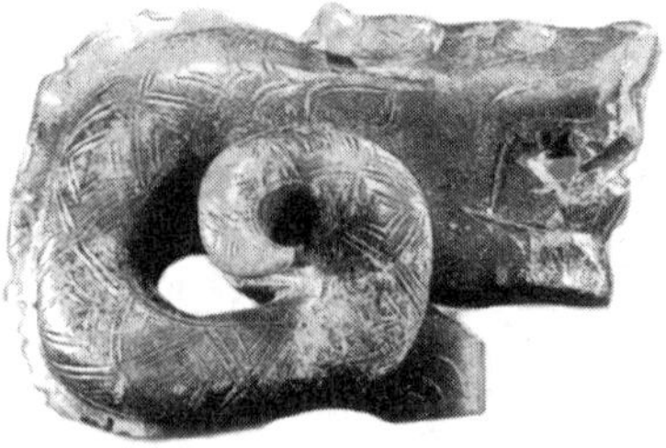

11. 商代兽形玉龙

12. 河南安阳殷墟宫殿宗庙遗址(大门两侧各有商朝厌胜巫术的玉蟠龙标志)〔自摄〕

还有一考古实例是一条商代的团龙。宋吕大临撰《续考古图》卷二《螭形卣盖》曰:“王晋玉所收卣盖,盘螭制作甚工,刻文在盖内,四字曰‘作母乙口’。径四寸五分,高四寸五分。按考古载,庚鼎、辛鼎、癸鼎,止作一字云。按《史记》,夏、商未有谥,其君皆以甲、乙为号,则此三器疑夏、商之器。又载祖丁彝,《李氏录》云名之可辨者,祖丁,商之十四世帝祖丁也。又有父己彝,父丁彝;又有父己、父乙卣、母乙鬲、母乙卣。然恐未必是夏商君号,恐止是用于父母祖考之器。器不同,故以甲、乙为次第之号也。”①

13. 螭形卣盖(盖上)

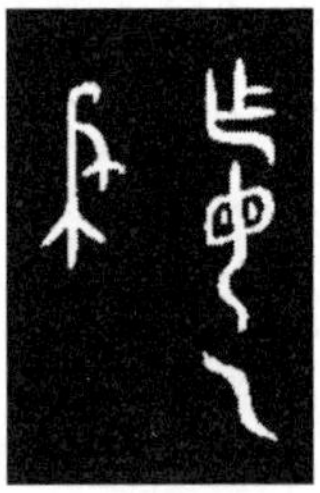

14. 作母乙口(盖底)〔采自《续考古图》〕

① (宋)吕大临撰《续考古图》卷二,景印文渊阁《四库全书》第840册,第289页。

按照宋人的意见，作母乙口螭形卣盖是夏、商时代巫师在主持庶民办父母丧事时给事主制作一个祭祀礼器，施以厌胜巫术，从而成为殉葬品，是死者携带到阴间的祥瑞物。此祥瑞物充分展示了商代的丧葬民俗。

在商代玉制龙厌胜品中，还有一种"雕玉蟠螭"不可忽视。蟠螭是一种盘曲的无角龙，它是殷墟玉蟠龙的艺术衍化。三代的青铜器中经常出现蟠螭纹图案。

15. 商代雕玉蟠螭〔（宋）吕大临撰《考古图》卷八，景印文渊阁《四库全书》第 840 册，第 229 页。〕

16. 青铜器上的蟠螭纹

由此观之，蟠螭及蟠螭纹都是在三代青铜器厌胜艺术品出现的背景下产生的厌胜纹，即巫术艺术思维一直贯彻到青铜器制作的艺术饰品细节。蛇在古时亦为祥物，故商代青铜器上雕刻的龙都是蛇躯。

17. 商代青铜器上雕刻的龙

18. 商代出土的青铜器上刻有龙

以上列举的商代墓中出土的龙玉制品和青铜器，实际都是厌胜物品。当然，在妇好墓 400 余件玉制品中，凡涉及动物、禽类和人类的玉制品，均是商代巫师留下的旨在养生的艺术品。像雕成虎形的玉器——"琥"，即是如此。

19. 殷墟妇好墓玉琥

商代还有青铜龙纹鸟鱼盘厌胜。盘，是承受祭祀器皿的媒介。《礼记·大学》曰："汤之《盘铭》曰：苟日新，日日新，又日新。"[①]《艺文类聚》小字注曰："盘铭，刻戒于盘，极犹尽也。君子新其德，尽其心力，不有余也。"[②]称盘有使"君子新其德"的魅力。如此，盘有神力，与四灵（龙、凤、龟、麟）有密切的联系，商代即出现此种龙纹盘厌胜。以下商代龙纹盘龙首花冠，双目圆睁，躯体健壮盘曲，雄伟稳重。商代龙纹盘厌胜，是商代首出，影响深远。[③]

20. 商代青铜龙纹鸟鱼盘厌胜图〔采自《龙凤图集》〕

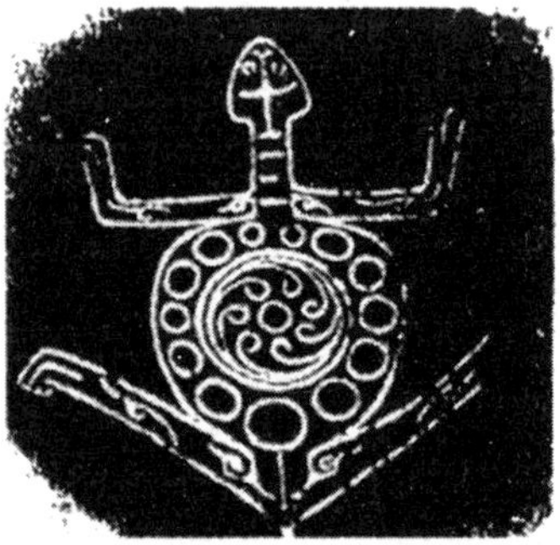

21. 龟厌胜〔《陕西出土商周青铜器》一，第 67 页。〕

商周青铜器中已有四灵之一的龟厌胜。到汉代出现玉龟盘厌胜，汉应劭《汉官仪》曰："封禅坛南有玉盘，盘中有玉龟。"[④]三国魏毌丘俭《承露盘铭》："赫赫圣魏，绍天惟则。承露瑰生，爰诏懿德。下有蛟龙，偃蹇虬纷。上有层盘，厉彼青云。"[⑤]歌颂龙厌胜；而曹植《承露盘铭》则歌颂四灵之一——凤厌胜。[⑥]如此看来，商代龙纹盘实际为厌胜盘之首出，有开创之意义。

在夏商周三代，巫师们施行的厌胜巫术，是纳入朝廷的礼仪中进行的，因此当时的巫师地位很高，人们对他们的厌胜艺术品的背景深信不疑，对他们的厌胜艺术品的价值评价甚高。《周礼·春官·大宗伯》云："以玉作六器，以礼天地四方。"[⑦]因此，这些龙厌胜艺术品在祭祀天地时首先发挥重要作用，巫师需要载歌载舞将它奉献给天神，这称为"礼"四方，然后由大宗伯奉献给需要的人佩戴和收藏。因此这是在隆重的仪式中完成的。不难理解，在妇好女将军率领一万三千名士兵出征前去保卫殷商王朝庞大的商人骆驼队的货物时，必定会举行盛

---

① （汉）郑玄注，（唐）孔颖达等正义《礼记正义》卷六〇，中华书局 1980 年影印阮元校刻《十三经注疏》本，第 1673 页。

②③④⑤⑥ （唐）欧阳询撰，汪绍楹校《艺文类聚》卷七三《杂器物部·盘》，上海古籍出版社 1982 年版，第 1256—1257 页。

⑦ （汉）郑玄注，（唐）贾公彦疏《周礼注疏》卷一八，中华书局 1980 年影印阮元校刻《十三经注疏》本，第 762 页。

大的祭祀天地仪式，大宗伯会将厌胜艺术品奉献给她，为她的军队祈福和趋吉辟凶，给予这支军队全体士兵们精神上极大的鼓励。而这场祭祀的焦点，就是三代巫师们呕心沥血制作出来的厌胜艺术品。因此，吾人不应该亵渎三代巫术，称其是低智的活动。如此精美的厌胜艺术品，已经完全证明，中国三代巫术创造了人类的文明和财富，压制了邪恶势力和黑巫术的乘虚而入。

二　凤厌胜

商代巫师都是开创中国文化的精英。夏代后之殷商，始祖神是殷契，封于商，故曰殷商，简称商。殷商时代整体导源于吞卵生子之巫术宇宙观。汉司马迁《史记・殷本纪》曰："殷契，母曰简狄，有娀氏之女，为帝喾次妃。三人行浴，见玄鸟堕其卵，简狄取吞之，因孕生契。契长而佐禹治水有功。帝舜乃命契曰：'百姓不亲，五品不训，汝为司徒而敬敷五教，五教在宽。'封于商，赐姓子氏。契兴于唐、虞、大禹之际，功业著于百姓，百姓以平。"①

"天命玄鸟，降而生商，宅殷土芒芒。"②商代初期巫师在此背景下创造玄鸟生商模仿巫术。郭沫若先生精辟地指出太皞就是帝喾，少皞就是殷契。他说："（少皞）最初可能是从太皞氏分出来的。在古代文字中'风'即'凤'，'风夷'也就是'凤夷'。从一个凤鸟氏族分为两个，一个属太皞，另一个属少皞。夷人中这两支，一支在江淮流域，另一支北上到黄河下游，后来大部分融化为华夏族。"③郭沫若先生赞同太皞和少皞都以鸟（凤）为图腾，凤夷就是"凤鸟氏族"。胡厚宣《甲骨文中殷商崇拜鸟图腾的遗迹》也认为太皞为风姓，风即凤，并说"姓是人之初生，即是原始社会图腾"④。这样看来，殷商出现更多的凤凰厌胜巫术是必然的，它也成了魏晋时《毛衣女》巫术故事直接的源头。

22. 玉凤凰高冠（河南安阳商代殷墟出土）〔张明华著《古代玉器》，文物出版社 2006 年版，彩图二。〕

在这一巫文化背景下，河南安阳商代殷墟发现玉凤高冠，便是合乎情理的事情。这只玉凤凰，当然表现出殷商民族信仰的是凤鸟图腾。此厌胜巫术特征就是

① (汉)司马迁撰《史记》卷三，中华书局 1959 年版，第 91 页。

② (汉)毛公传，(汉)郑玄笺，(唐)孔颖达等正义《毛诗正义》卷二三《商颂・玄鸟》，中华书局 1980 年影印阮元校刻《十三经注疏》本，第 622 页。

③ 郭沫若撰《中国史稿》，人民出版社 1976 年版，第 113 页。

④ 胡厚宣撰《甲骨文中殷商崇拜鸟图腾的遗迹》，《历史论丛》1965 年第一辑，第 134—137 页。

具有祥瑞性，这是商代巫师杰出的创造。

商代连祭祀的青铜器上也有对凤厌胜图。双凤对称昂首挺立，象征女性的一派勇武健硕的情态。长冠而长尾，肢爪粗壮有力，都有男子同等的气概。商代还有青铜凤纹卣厌胜。商代青铜卣，为祭祀时使用的中型酒樽，有提梁。《尔雅·释器》曰："彝、卣、罍器也。"宋邢昺疏："卣，中尊也。"郭云："不大不小者。"

23. 商代青铜器对凤厌胜图〔采自《龙凤图集》。下同〕

24. 商代青铜凤纹卣

实际上，殷墟墓中出土的所有关于人、动物、禽类等的青铜器、玉制品，除了那些小圆圈或长方块少有寓意以外，全都具有厌胜巫术趋吉辟凶的性质。

三　饕餮厌胜

商朝文化之最——司母戊鼎上铸有饕餮纹。饕餮从最凶恶的人转变为最凶恶的野兽，有较为复杂的流变史。《史记》卷一《五帝本纪》曰："缙云氏有不才子，贪于饮食，冒于货贿，天下谓之饕餮。天下恶之，比之三凶。"正义："谓三苗也。言贪饮食，冒货贿，故谓之饕餮。《神异经》曰：'西南有人焉，身多毛，头上戴豕，性很恶，好息，积财而不用，善夺人谷物。强者夺老弱者，畏群而击单，名饕餮。'"[①]饕餮最初是作为商代青铜器厌胜物，显现以恶驱恶的含义。

25. 青铜器之饕餮纹

在周鼎、彝、钟上也铸有饕餮，有先秦古书证实。《吕氏春秋·先识》曰："周鼎著饕餮，有首无身，食人未咽，害及其身，以言报更也。"[②]《左传·文公十八年》曰："缙云氏有不才子，贪于饮食，冒于货贿，侵欲崇侈，不可盈厌；聚敛积食，不知纪极，不分孤寡，不恤穷

① （汉）司马迁撰《史记》卷一，中华书局1959年版，第38页。

② （秦）吕不韦撰，（汉）高诱注，（清）毕沅校《吕氏春秋》卷一六，上海古籍出版社1986年影印《二十二子》本，第682页。

匮。天下之民，以比三凶，谓之饕餮。”[①]此三凶即浑沌、穷奇、梼杌，俱是黄帝的不才子，而缙云氏是当时黄帝手下一个官吏。“缙云氏，姜姓也，炎帝之苗裔，当黄帝时任缙云之官也。”[②]故古人用饕餮告诫后世官吏，务必教育好自己的下一代廉洁对民、奉公为国。

饕餮传说流播到晋代，郭璞注《山海经》解破谜底：饕餮实际就是凶恶的食人野兽狍鸮，已著录于夏代的九鼎之中。《山海经·北山经》曰：“钩吾之山……有兽焉，其状如羊身人面，其目在腋下，虎齿人爪，其音如婴儿，名曰狍鸮，是食人。”郭璞注：“为物贪啉，食人未尽，还害其身，象在夏鼎。《左传》所谓饕餮是也。”[③]

26. 狍鸮〔采自《山海经校注》〕

饕餮在夏代已是一个食人不吐骨头的贪啉的野兽。但传到明代，明人却认为饕餮是龙所生九子之六。

总之，商代巫师以龙、凤、饕餮作为厌胜品，都是象征消弭灾难、祈求平安、驱恶扬善之意，而且不独在唐前，在先秦时这些祥瑞之物已经有广泛影响。

第三节　商代巫师治国概述

占卜巫术在商代进入兴盛时期。甲骨文，又称“契文”、“卜辞”，或曰“龟甲文字”。它是龟甲和兽骨文字的简称，流行于黄河流域和中原地带。殷商王朝

27. 甲骨文一

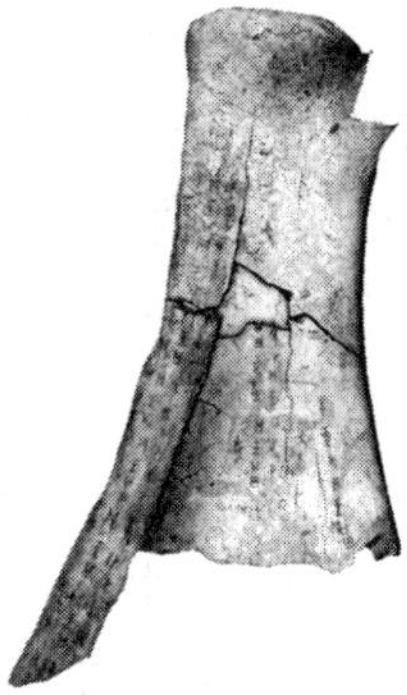
28. 甲骨文二

① （晋）杜预注，（唐）孔颖达等正义《春秋左传正义》卷二〇，中华书局 1980 年影印阮元校刻《十三经注疏》本，第 1863 页。

② （汉）司马迁撰《史记》卷一《五帝本纪》集解引贾逵注，中华书局 1959 年版，第 37 页。

③ （晋）郭璞传，（清）毕沅校《山海经》卷三《北山经》，上海古籍出版社 1986 年影印《二十二子》本，第 1351 页。

就常常利用龟甲和兽骨占卜吉凶。殷商人占卜以后就在龟甲兽骨上刻上卜辞和与占卜有关系的记事文字。

殷墟——殷商王朝的故都——在今河南省安阳市。光绪二十五年(1899)在安阳的小屯村殷墟遗址发现众多龟甲兽骨上刻有文字,因而被称作甲骨文,又被称作"殷墟文字"。1904年孙诒让著《契文举例》,对甲骨文加以初步考释,惊动海内外文化界。1928年以后,又经过考古工作者多次发掘,前后出土甲骨多达十万片,单字总数已有四千六百多,其中已识别的有一千七百多;再经王懿荣、刘鹗、王国维、罗振玉、李济、董作宾、郭沫若等学者的辨认和考释,作出了划时代的贡献,探明从盘庚迁殷至商朝灭亡共二百七十三年的历史过程。这也说明了中国巫文化历史极为悠久,巫文化的学问也极为深厚,它是中国文化中不可缺少的组成部分。商代占卜巫术承袭夏代而继续盛行,《尚书·君奭》记载:"在太戊……巫咸乂王家。在祖乙,时则有若巫贤。"[①]在成汤受命治商时,六位身居相位的辅佐者当中,有两位是巫师,即巫咸与巫贤。商周文化已经达到很高的水平且有特色,巫师们是当时的文化引路人。商周巫师的装扮头上有双角,脚蹬木屐,由于身份尊贵,故以玉人巫师作模仿巫术,以作镇墓和驱鬼之用。商代朝廷和民间的所有事情,都要由巫师请命于鬼神。

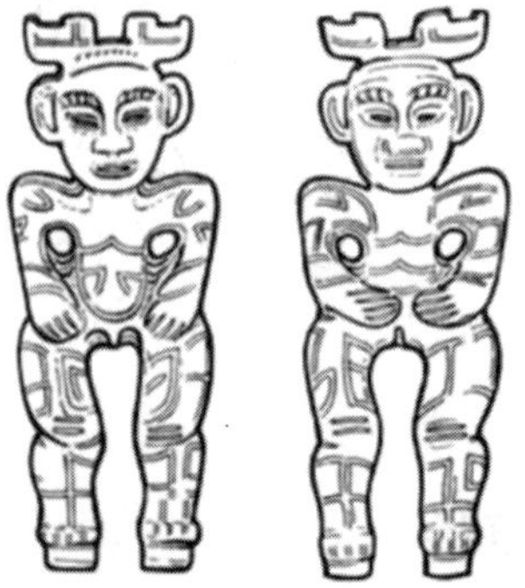

29. 商代玉人巫师俑(河南安阳殷墟妇好墓出土)〔采自《中国古俑白描》〕

在商王的左右,有卜官与祝官为其出谋划策,他们实际上也属巫师之流。汉刘向《说苑·君道篇》记载的占卜巫术是其典型表现:"殷太戊时,有桑谷生于庭,昏而生,比旦而拱,史请卜之汤庙,太戊从之。卜者曰:'吾闻之,祥者福之先者也。见祥而为不善,则福不生;殃者祸之先者也,见殃而能为善,则祸不至。'于是乃早朝而晏退,问疾吊丧,三日而桑谷自亡。"[②]

国王(即太戊)问事,先找卜巫来占卜吉凶。如天到底下雨否?要先找巫师占卜。据《殷墟文字丙编》卜辞:"癸未卜争贞,翼甲申易日?之夕月有食,甲雀,不雨。"[③]祭祀时一定要跳巫舞,据《周礼》卷二六"司巫"云:"司巫掌群巫之政令,

① (汉)孔安国传,(唐)孔颖达等正义《尚书正义》卷一六,中华书局1980年影印阮元校刻《十三经注疏》本,第223页。

② (汉)刘向撰《说苑》卷一,景印文渊阁《四库全书》第696册,第10页。参校向宗鲁《说苑校证》卷一,中华书局1987年版,第21页。

③ 董作宾等编《殷墟文字丙编》,中央研究院历史语言研究所1948年版,第59页。

若国大旱，则帅巫而舞雩。”[①]此俗春秋战国都没有改变。《礼记正义》卷一六《月令》云：“（仲夏）大雩帝。”注云：“雩，以吁嗟求雨之祭也。”[②]《春秋左传正义》卷六《桓五年》：“龙见而雩。”[③]此龙是东方七宿总称，象征苍龙。跳巫舞司巫手执礼器面具而求雨，这又发明了面具艺术品。

30. 礼器面具（两角象征巫师通神，后世演化为傩戏面具）

据《殷商甲骨粹编》卜辞：“癸丑卜贞，今岁受年，弘吉，在八月，隹（唯）王八祀。”在确定了雨情、吉凶、时间以后，作为太戊治事的根据，而卜巫便可以以占卜巫术来干预国家大事。但当时仅有卜巫还不够，还要有神巫来驱逐妖怪，《史记》卷三《殷本纪》指出：“帝雍已崩，帝太戊立，是为帝太戊。帝太戊立伊陟为相。亳有祥桑谷共生于朝，一暮大拱。帝太戊惧，问伊陟。伊陟曰：‘臣闻妖不胜德，帝之政其有阙与？帝其修德。’太戊从之，而祥桑枯死而去。伊陟赞言于巫咸，巫咸治王家有成，作《咸艾》，作《太戊》。”（《集解》引孔安国云：“祥，妖怪也。二木合生，不恭之罚。”）[④]

与《说苑》相比，《史记》的记载大为历史化，补充了《说苑》占卜之妖桑巫术情节。其中巫咸所作的两篇类似咒文的《咸艾》与《太戊》，似为赞扬太戊的巫术治国之道的成功，实则为以咒文来驱邪趋吉的一种巫术反映。

商王成汤时代与卜巫、神巫相类似的还有巫祝（即祝）。《说文解字》云：“祝，祭主赞词者。”[⑤]是为祭祀巫师。《吕氏春秋》卷一〇《孟冬纪·异宝》和《史记》卷三《殷本纪》曾讲到一个同样的祝者以巫术祝网的故事，即祝巫搞的象征巫术符号，反映了成汤治国的理念。

《吕氏春秋》卷一〇《孟冬纪·异用》：“五曰：万物不同，而用之于人异也，此治乱、存亡、死生之原。故国广巨，兵强富，未必安也；尊贵高大，未必显也；在于用之。桀、纣用其材，而以成其亡；汤、武用其材，而以成其王。汤见祝网者，置四面。其祝曰：‘从天坠者，从地出者，从四方来者，皆离吾网。’汤曰：‘嘻！尽之矣。非桀，其孰为此也？’汤收其三面，置其一面，更教祝曰：‘昔蛛蝥作网罟，今

---

① （汉）郑玄注，（唐）贾公彦疏《周礼注疏》卷二六，中华书局 1980 年影印阮元校刻《十三经注疏》本，第 816 页。

② （汉）郑玄注，（唐）孔颖达等正义《礼记正义》卷一六，中华书局 1980 年影印阮元校刻《十三经注疏》本，第 1369 页。

③ （晋）杜预注，（唐）孔颖达等正义《春秋左传正义》卷六，中华书局 1980 年影印阮元校刻《十三经注疏》本，第 1749 页。

④ （汉）司马迁撰《史记》卷三，中华书局 1959 年版，第 100 页。

⑤ （汉）许慎撰，（宋）徐铉校注《说文解字》卷一上，中华书局 1963 年影印本，第 8 页下。

之人学纾。欲左者左,欲右者右,欲高者高,欲下者下,吾取其犯命者,汉南之国闻之曰:'汤之德及禽兽矣。'四十国归之。"[①]《史记》卷三《殷本纪》:"汤出,见野张网四面,祝曰:'自天下四方皆入吾网。'汤曰:'嘻! 尽之矣!'乃去其三面。祝曰:'欲左,左。欲右,右。不用命,乃入吾网。'诸侯闻之,曰:'汤德至矣,及禽兽。'"[②]这是祝巫设计的有模拟巫术象征符号的打猎祭祀。以禽兽模拟四面八方之人事,禽兽入网,也象征天下"皆入吾网",妙在给它们求生空间,所以诸侯听到此事以后的反映是"汤之德及禽兽矣",结果四十国都愿意来归投。

商代祝巫之盛,在甲骨文中多有记述,例如以下四片提到"祝","祝以辞告"[③],即祝巫以辞告于鬼神:

召祖乙祝,叀祖丁用,王受佑。(《粹》1)

叀祖丁祝用。(《粹》261)

贞,叀祖丁祝用,王受佑。(《甲》3916)[④]

贞,叀祝用。(《甲》3916)[⑤]

但事实说明,商代是个由巫师统治的奴隶制国家,我们在墓葬中,见到无头殉葬人的人肢体骨,便是无头巫术运用于丧俗,即杀人祭祀巫术的明证。[⑥]

31. 河南安阳侯家庄 M1001 号墓南墓道内被砍头的殉人肢体骨

1959 年台湾地区"中央研究院"历史语言研究所刊布了《中国考古报告集(三)》第二本,殷墟小屯发掘报告"侯家庄 1001 号墓"称在这一墓中,共发现了

① (秦)吕不韦撰,(汉)高诱注,(清)毕沅校《吕氏春秋》卷一〇,上海古籍出版社 1986 年影印《二十二子》本,第 659 页。参校陆玖译注《吕氏春秋》,中华书局 2011 年版,第 302—303 页。

② (汉)司马迁撰《史记》卷三,中华书局 1959 年版,第 95 页。

③ 郭沫若著《殷契粹编》,科学出版社 1965 年版,第 343 页。

④⑤ 董作宾等编《殷墟文字甲编》,商务印书馆 1948 年版。

⑥ 关于杀人祭祀巫术,请参阅高国藩《黑城本〈大黑根本命咒〉与吐蕃人肉祭祀巫术》,《西夏研究》2014 年第 2 期。

无头人骨架 61 具、人头骨 73 具。他们是身份最低的奴隶，是无头巫术运用于丧俗的牺牲者。商代的巫祝显然认为他们是人与神鬼的沟通者，奴隶主到阴间去也要有众多的奴隶为之服务，而没有头脑的奴隶当然是最易被驯服的，于是人与神鬼之间便由他们来加以沟通，设计出来无头巫术，即把奴隶头砍了，把无头尸拿去殉葬祭祀，以便这些无头鬼在阴间更驯服地为奴隶主服务。当然，商代无头巫术不仅仅是其时代独有的特征。古墨西哥印第安人的杀人祭神巫术，与我国商代无头巫术非常相似，不同的是，印第安人将人头与肢体分别放在不同的容器里，且分吃人肉。

32. 古墨西哥印第安人的杀人祭神〔采自《巫与巫术》〕

河南安阳侯家庄 M1001 号墓南墓道内被砍头的殉人肢体骨的考古史迹，体现在甲骨文记载的羌族历史里。我国羌族的历史非常古老，虽然现在羌族只有十余万人分布在四川几个县内，生活在岷江上游南岸，但据《吴越春秋·越王无余外传》言："鲧娶于有莘氏之女，名曰女嬉，年壮未孳，嬉于砥山，得薏苡而吞之，意若为人所感，因而妊孕，剖胁而产高密。家于西羌，地曰石纽。石纽在蜀西川也。"[①]而西羌，正是夏禹的出生地。《史记·六国年表》云："禹兴于西羌。"正义曰："禹生于茂州汶川县，本冉駹国，皆西羌。"[②]可见，夏禹是羌族的祖先，正是夏禹建立了夏朝，但是到商朝，羌族却遭受了厄运，成了奴隶。《诗经·商颂·殷武》曰：

维女荆楚，	你们的荆楚在远方，
居国南乡。	殷商的南边地蛮荒。
昔有成汤，	古时创大业有成汤，
自彼氐羌，	制服氐族还有西羌，
莫敢不来享，	没人敢不来献方物，
莫敢不来王，	没人敢不来拜朝堂，
曰商是常。[③]	共尊殷主啊是商王。

① （汉）赵晔撰，（元）徐天祐音注，苗麓点校，辛正审订《吴越春秋》卷六，江苏古籍出版社 1992 年版，第 93 页。

② （汉）司马迁撰《史记》卷一五，中华书局 1959 年版，第 686 页。

③ （汉）毛公传，（汉）郑玄笺，（唐）孔颖达等正义《毛诗正义》卷二〇，中华书局 1980 年影印阮元校刻《十三经注疏》本，第 627 页。

甲骨文里有商朝大举征伐羌族而掠为奴隶的记录：

北吏伐羌？（《院藏》）①
戊伐羌？（《续》3.42.5）②

然后就有如上M1001号墓那样的集体屠杀奴隶之祭祀巫术的存在：

用三百羌于丁。（《续》2.16.8）③
羌十人用。（《甲》2124）

所谓“用”，就是杀的意思。一次便杀死三百个羌人来施行巫术祭祀。当然，更多的是羌人被用作奴隶从事劳动生产的记录。

以羌刍五十。（《珠》620）④
贞，王命多羌坚田。（《粹》1222）⑤

“刍”当是放牧的意思；“坚田”即从事耕田劳动。当然，也有友好往来的记录。“来羌。”（《燕》596）《竹书纪年统笺》卷之六《武丁》也有记载曰：“武丁三十四年，克鬼方，氐、羌来宾。”⑥但从夏禹时代算起，已经经过了三十九代，才到商朝武丁时代，即公元前15世纪前后。另有羌可、羌立二位巫师担任了武丁朝的祭祀官。

《羌族简史》指出：“总的来说，被俘羌人是商代奴隶阶级的主要构成者，他们用血泪劳动，推动着商代社会生产力的发展，为我国古代奴隶制时期的高度文明，作出了巨大的贡献。”⑦如今羌族依然生活在四川阿坝藏族羌族自治州。

---

① 李棪《联合书院图书馆所获东莞邓氏旧藏甲骨》，香港中文大学《联合书院学报》1969年第7期。

②③ 罗振玉类次《殷墟书契续编》，1933年影印本。

④ 金祖同类次《殷契遗珠》，上海中法文化出版委员会1939年版。

⑤ 郭沫若著《殷契粹编》，科学出版社1965年版，第658页。

⑥ （清）徐文靖撰《竹书纪年统笺》卷六，上海古籍出版社1986年影印《二十二子》本，第1066页。

⑦ 《羌族简史》编写组编《羌族简史》第一章《古代的羌》第一节《秦以前的羌》，《中国少数民族简史丛书》本，四川民族出版社1988年版，第4—5页。

商代巫祝除鼓动祭祀杀人之外，还鼓吹统治者必须顺应和屈从大自然。《庄子》卷五《天运》云："巫咸祒曰：'来！吾语女。天有六极五常，帝王顺之则治，逆之则凶。'"[①]巫咸祒为商代神巫，显然巫师认为人是自然的奴隶！顺则昌，逆则亡。人不必有战胜自然之愿望，从而标志着奴隶时代巫师屈从自然的本质。

无头巫术除运用于丧俗之外，还运用于战争。《山海经·大荒西经》云："有人无首，操戈盾立，名曰夏耕之尸。（郭璞注：亦形天尸之类。）故成汤伐夏桀于章山，克之，斩耕厥前。（郭璞注：头亦在前者。）耕既立，无首，走厥咎，（郭璞注：逃避罪也。）乃降于巫山。（郭璞注：自窜于巫山，巫山今在建平巫县。）"[②]"夏耕之尸"看来也是一种无头模仿巫术。它的最明显特征是"操戈盾立"，站在那里吓人的，故成汤很容易便"斩"之，其余被收走。

33. 夏耕之尸〔采自《古本山海经图说》〕

商汤用非凡的武力，破除了夏桀的无头巫术，迫使巫兵不得不逃避罪行返回巫山。照先秦的人们看来，成汤之所以取得破除巫术的胜利，是因为他有天神帮助的结果。《墨子》卷五《非攻下》中说他主要得到了祝融的神助：

> 逮至乎夏王桀，天有辖命，日月不时，寒暑杂至，五谷焦死，鬼呼国，鹤鸣十夕余。天乃命汤于镳宫，用受夏之大命："夏德大乱，予既卒其命于天矣，往而诛之，必使汝堪之。"汤焉敢奉率其众，是以乡有夏之境，帝乃使阴暴毁有夏之城。少少，有神来告曰："夏德大乱，往攻之，予必使汝大堪之。予既受命于天，天命融（即火神祝融）隆火于夏之城间西北之隅。"汤奉桀众以克有夏，属诸侯于薄。[③]

是天神指示火神祝融首先烧掉夏城，使夏桀失去根据地，最终灭亡。在夏代城乡已经"五谷焦死，鬼呼国"之时，什么巫术都挽救不了夏桀灭亡的命运。夏桀灭亡，百姓欢悦，这从屈原《天问》就可明白：

① （周）庄周撰，（晋）郭象注，（唐）陆德明音义《庄子》卷五，上海古籍出版社1986年影印《二十二子》本，第45—46页。

② （晋）郭璞传，（清）毕沅注《山海经》卷一六，上海古籍出版社1986年影印《二十二子》本，第1383页。

③ （周）墨翟撰，（清）毕沅校注《墨子》卷五，上海古籍出版社1986年影印《二十二子》本，第240页。

缘鹄饰玉，	伊尹用刻着鹄纹带有玉饰的鼎，
后帝是飨。	做出了美餐请商汤来享用。
何承谋夏桀，	伊尹怎样接受谋算夏桀的任务，
终以灭丧？	终于把那腐朽的夏朝灭亡？
帝乃降观，	商汤来到民间察访情况，
下逢伊挚。	在下面遇到了伊尹大臣。
何条放致罚，	商汤在鸣条终于惩罚了夏桀，
而黎伏大说？[1]	为什么民众和诸侯都欢畅？

商汤取得胜利后，接着天下大旱，他也照样搞起求雨巫术来。《文选》第十五卷张平子《思玄赋》注引《淮南子》：

汤时，大旱七年，卜，用人祀天。汤曰："我本卜祭为民，岂呼自当之。"乃使人积薪，剪发及爪，自洁，居柴上，将自焚以祭天。火将燃，即降大雨。[2]

从商承祚《殷契佚存》等录甲骨文中已知，商代有女巫"婞"、"姣"祈雨：

烄婞出雨，勿烄妌亡其雨。(《佚》1000)[3]
其姣求雨于南□(山)。(《甲》753)[4]

这是将女巫置于火中"烄"，或置于露天向南而晒之以求雨。

不仅有祈雨，也有祈禾巫术。例如：

壬申贞，𠦪禾于河。(《后》上22・3)[5]
……其𠦪禾于□(山)。(《甲》791)[6]

"𠦪"字似为祭祀之名，祈求之义也。祭禾于河或祭禾于山，即祭祀山河祈

① (汉)王逸撰《楚辞章句》卷一七《天问》，景印文渊阁《四库全书》第1062册，第29页。
② (梁)萧统编，(唐)李善注《文选》卷一五，中华书局1977年影印本，第218页。
③ 商承祚编纂《殷契佚存》，金陵大学中国文化研究所1933年版。
④⑥ 董作宾等编《殷墟文字甲编》，商务印书馆1948年版。
⑤ 罗振玉类次《殷墟书契后编》，1916年影印本。

求禾苗繁茂。

甲骨文中记载的跳舞求雨之事，便是女巫所为，出土的商代甲骨文中的卜筮巫术说：

> 卜辞姣以求雨之妫、婞等，系女字，乃是女巫。（《综述》603）①
> □□卜，今日舞沔罕㞢。从雨。（《粹》51）②
> 勿舞沔，亡从雨。（《乙》6859）③
> 滋舞，㞢从雨。（《粹》813）④
> 今日舞，㞢（雨）。今日舞，亡（雨）。（《佚》120.3）⑤
> 贞，我舞，雨。（《乙》7171）⑥
> 乎舞，㞢雨。乎雨亡雨。（《金》638）⑦
> 今夕奏舞，㞢从雨。（《前》3.20.4）⑧

商代求雨巫术，先是祀天，在祭祀天时用怎样的巫术动作，虽未明说，但我们根据新石器时代晚期的云南省沧源县原始岩画可作判断。

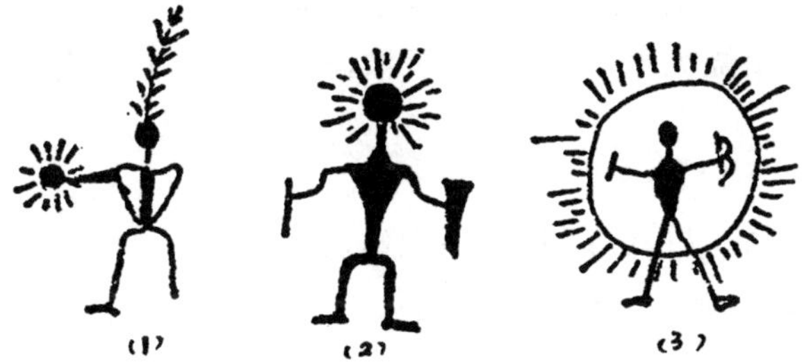

34. 云南省沧源县原始岩画〔《中国各民族原始宗教资料集成·考古卷》，中国社会科学出版社 1996 年版，第 643 页。〕

这是一组求雨前遮闭太阳的巫术动作：(1) 巫师从太阳取下火种，当然只是一种配合咒语的巫术动作；(2) 巫师将太阳之神光运送到巫师的头上，圆圆的头感应成圆圆的太阳；(3) 巫师向太阳作出遮闭的巫术动作。可见，这实际是一个巫师捉太阳求雨的巫术动作，是日崇拜的典型反映。类似的广西壮族自治区宁

---

① 陈梦家著《殷虚卜辞综述》，科学出版社 1956 年版，第 603 页。
②④ 郭沫若著《殷契粹编》，科学出版社 1965 年版。
③⑥ 董作宾等编《殷墟文字乙编》，商务印书馆 1948、1949 年版。
⑤ 商承祚编纂《殷契佚存》，金陵大学中国文化研究所 1933 年影印本。
⑦ 方法敛、白瑞华编《金璋所藏甲骨卜辞》，1939 年美国纽约影印本。
⑧ 罗振玉集《殷墟书契》，《国学丛刊》1911 年第 3 期。

明县花山岩画也是日崇拜的反映。这是一组更详细的巫师捉太阳求雨巫术动作：(1) 巫师双手高高举起，在招唤天上的太阳；(2) 太阳果然慢慢降落到巫师眼前；(3) 巫师胜利了，他终于用手抚摸太阳，施行了他的接触巫法；(4) 巫师在欢呼、在跳跃、在歌唱，他制服了太阳；(5) 巫师将施过巫法的太阳又放回空中，那太阳上还印着巫师那有魔术力的手印，它显然已失去炎热的光芒，已经被巫术制服；(6) 果然，天上太阳消逝，巫师显得高大无比，也显出巫术力量无穷。

35. 广西壮族自治区宁明县花山岩画〔《中国各民族原始宗教资料集成·考古卷》，中国社会科学出版社 1996 年版，第 498 页。〕

巫师在施术求雨时必须剪断头发，削剪指甲，洗净身体，铺起柴草，并坐在柴草上，装作要活烧，这时必感应了天而落下雨来。原始时代烧人祭天求雨巫术，此时已转变为模拟的烧人祭天求雨巫术了。日崇拜在匈奴也流行，《史记·匈奴传》云："而单于朝出营，拜日之始生，夕拜月。"①

关于殷商时代烧人祭天求雨之巫术，在甲骨文中多有记载，这种巫术称为"烄"：

> 烄，㞢从雨，烄，亡其从雨。(《前》5.33.2)②
> 今日烄，从雨。(《续》4.18.1)③
> 烄，雨，不雨。(《甲》637)④
> 㞢，妫烄，烄雨。(《乙》1288.6319)⑤
> 贞，妫烄，亡其雨。□贞，烄婞㞢雨。烄婞亡其雨。(《佚》1000)⑥
> 烄妫，烄，婞烄。(《杂集》67)⑦
> □□卜，其烄玟。(《粹》653)⑧

① (汉)司马迁撰《史记》卷一一〇，中华书局 1969 年版，第 2892 页。
② 罗振玉集《殷墟书契》，《国学丛刊》1911 年第 3 期。
③ 罗振玉类次《殷墟书契续编》，1933 年影印本。
④ 董作宾等编《殷墟文字甲编》，商务印书馆 1948 年版。
⑤ 董作宾等编《殷墟文字乙编》，商务印书馆 1948、1949 年版。
⑥ 商承祚编纂《殷契佚存》，金陵大学中国文化研究所 1933 年版。
⑦ 陈梦家《甲室杂集》(未刊)，今藏考古研究所。
⑧ 郭沫若著《殷墟粹编》，科学出版社 1965 年版。

其烄于囷。(《下》15.2)[①]

陈梦家《殷虚卜辞综述》资料第 60 项作如下解释:“以上之烄作烎或炗,像人立于火上之形。《说文》:‘炗,交木然也。’《玉编》:‘烄,交木然之以尞柴天。”……卜辞与文献上所记‘暴巫’、‘焚巫’之事相同。”陈氏对求雨炗祭巫术总的概括是正确的,但这只能说明在原始社会曾经出现过一种烧活人求雨的巫术,却不能完全说明在殷商时代仍无节制地流行这种残酷的巫术。因商代墓葬中出现的玉俑、泥人等,仍有作为模仿巫术替代品的可能性。

直至现在,杀人求雨巫术仍然保留在人们的记忆里,衍化出了民间故事。云南白族就流传有一个“杀子求雨”的故事。故事梗概为:“以前有一家人,生了一个小孩,从那个小孩生下之时起,天就开始不下雨,一连七年滴雨不下,地干裂了,植物枯死了,人也饿死了大半,后来经先生(巫师)说,这个小孩是火星下凡,必须把他杀掉祭天,不然天就不会下雨。小孩有一个爷爷,双目失明,但是他十分疼爱这个孩子,每天吃饭不见小孙子他就不吃。几年天旱,在饥饿中这位老人宁肯不吃饿着也要把自己吃的一份给小孙子吃。有一天小孩父亲和经先生商议把小孩杀了祭天,但他眼看老人没吃的快要饿死了,就把祭天的小孩肉拿回来煮给老人吃,还说是打了个麂子,是麂子肉,老人不见小孙子回来,便在吃一块肉的同时拣一块肉放在旁边,留给小孙子吃,等了几天,他吃了一半也留出一半,仍不见小孙子回来,他想念自己的小孙子,天天不停地呼叫,一直到死,就变成了杜鹃,变成杜鹃也一直在呼叫,一直呼叫到吐血而死。”[②]在大理白族地区也多有以人作祭祀的传说,南诏时代尚存在此习,如南诏与唐朝的攻守战中,曾杀李知古,以其尸祭天。

商代后期帝武乙本人也搞起模仿巫术,但主要是天神崇拜。《史记》卷三《殷本纪》云:“帝武乙无道,为偶人,谓之天神。与之博,令人为行。天神不胜,乃僇辱之。为革囊,盛血,卬而射之,命曰:‘射天。’”[③]武乙败德胡为,竟然用土木做些泥巴人、木头人,说是天神跟他下棋玩乐,还要别人也跟他一样做。天神如果下输了,他就想法去加以污辱,用皮袋子装满血高高挂起,当做箭靶子来射,说是“射天”。武乙搞的模仿巫术和射血袋交感巫术,其矛头是对准天神的,也是对准人民的,因为他要“射血”,就需要杀人取血,是其残暴本性的暴露。结

① 罗振玉类次《殷墟书契后编》,1916 年影印本。

② 董绍禹撰《西山区白族宗教调查》,载《昆明民族民俗和宗教调查》,云南民族出版社 1985 年版,第 89 页。

③ (汉)司马迁撰《史记》卷三,中华书局 1959 年版,第 104 页。

果，武乙帝到黄河渭水一带打猎时，被天雷殛死了，这件事预示了商代的灭亡。

天神崇拜在后世依然流传，苗族、蒙古族、纳西族、白族等都流行祭天交感巫术。

第四节　商代模仿巫术与交感巫术

一　伊尹生桑

商代有变形巫术，如人化为树。《楚辞・天问》云：

> 成汤东巡，有莘爰极。
> 何乞彼小臣，而吉妃是得？
> 水滨之木，得彼小子。
> 夫何恶之，媵有莘之妇？

意思是说，成汤东巡到有莘，从水边桑树中，得到伊尹小臣；为什么有莘氏国君讨厌他，却把他作陪嫁人送给成汤？①

成汤是商朝的建立者，史称"商汤"，他向东巡视，到达有莘这个地方，即今河南省开封市祥符区陈留镇。成汤向有莘氏索要他的奴隶伊尹，有莘氏不给，于是改为求婚，有莘氏就用伊尹当陪嫁送给成汤。后来伊尹成为商朝的大臣，为国作出重要贡献，活至百岁而卒。商朝第五代国王沃丁葬以天子之礼，亲自临丧，以报大德。伊尹生于空桑之中，是一个弃儿，包含着神奇的出生故事，故而屈原在《天问》中提出疑问。《楚辞・天问》王逸注记载了伊尹生桑的变形巫术故事，云："小子，谓伊尹。媵，送也。言伊尹母妊身，梦神女告之曰：'臼灶生蛙，亟去无顾。'居无几何，臼灶中生蛙。母去东走，顾视其邑，尽为大水母因溺死，化为空桑之木。水干之后，有小儿啼水涯，人取养之。既长大，有殊才。有莘恶伊尹从木中出，因以送女也。汤初举伊尹，以为凡臣耳。后知其贤，乃以备辅翼承疑，用其谋也。"②

伊尹生桑的变形巫术故事，完整记载在《吕氏春秋・本味篇》中，节文曰："有侁氏女子采桑，得婴儿于空桑之中，献之其君。其君令烰人养之，(高诱注：

① 参黄寿祺、梅桐生译注《楚辞全译》，贵州人民出版社1984年版，第69—70页。
② (宋)洪兴祖撰，白化文等点校《楚辞补注》，中华书局1983年版，第108页。

焞犹庖也。)察其所以然。曰:'其母居伊水之上,孕,梦有神告之曰:"臼出水而东走,毋顾!"明日,视臼出水,告其邻,东走十里而顾,其邑尽为水,身因化为空桑。(高诱注:伊尹母化作空桑。)故命之曰伊尹。(高诱注:此书第五纪云:颛顼生自若水,实处空桑,则前乎,伊尹之未生,已有空桑之地矣。)'此伊尹生空桑之故也。长而贤。汤闻伊尹,使人请之有侁氏……有侁氏喜,以伊尹媵女。故贤主之求有道之士,无不以也。有道之士求贤主,无不行也。相得然后乐。……志欢乐之,此功名所以大成也。"①

36. 商汤像(摹世界博物馆藏宋代马麟绘品)〔采自《中国古代服饰史》〕

伊尹母化作空桑,实为模仿巫术,其细节是不能讲话、不能回头看,就和采人参时的"勿语巫术"一样,一讲话、一回头,发现物即会消逝。这就是无我的交感巫术力起了作用,故此为双重巫术。但汉代人高诱认为,一是伊尹由庖人养大的;二是此事并不独见,前世已有颛顼"生自若水,实处空桑",后世空桑故事在其他地方继续流传。

二　头发巫术

头发巫术是商代交感巫术中的重要组成部分。在中国民间传统观念里,头发被摆在与肉体生命同等重要的地位,并且认为爱头发,就同爱自己父母一样,是孝心的表现。所以《孝经》中表述儒家观点称:"身体发肤,受之父母。不敢毁伤,孝之始也。"②这种看法是从巫术中把头发的魔力视为极其重要衍生的。由此也可见头发巫术在交感巫术当中的重要性了。巫术认为,子女与父母的头发有交感魔力,河北民间有一种巫术:"父母的坟墓被人践踏隐没了,就将自己的头发剪下来,在附近的地方拖着走,遇到拖不动的地方,便是父母的葬地。"③

商周时代人头上都梳有高髻,故有头发巫术流行。头发巫术可归于顺势巫法中,可沿及眉毛、眼毛、腋毛,各种动物毛。在古代巫师和笃信巫术的人看来,一个人或一个动物身上的毛发等物,就是一个人或一只动物生命的一部分。损害了这一部分,也就损害了一个人或一只动物的生命。一个人如舍弃自己的毛发,也就等于舍弃自己的生命。于是,众多令人奇怪或吃惊的毛发巫术便被设计出来了。

---

① (秦)吕不韦撰,(汉)高诱注,(清)毕沅校《吕氏春秋》卷一四,上海古籍出版社 1986 年影印《二十二子》本,第 669—670 页。

② (唐)玄宗御注,(宋)邢昺疏《孝经注疏》卷一《开宗明义章第一》,中华书局 1980 年影印阮元校刻《十三经注疏》本,第 2545 页。

③ 江绍原撰《发须爪——关于它们的风俗》,上海文艺出版社 1987 年版,第 172 页。

发爪巫术源于公元前16世纪。商代开国之君成汤祷雨，即用发爪。汤克夏，大旱五年，乃持三足鼎祭祀。汤以身祭祷，剪发爪表示"以身为牺牲"。

《吕氏春秋·季秋纪·顺民篇》云："昔者汤克夏而正天下。天大旱，五年不收，汤乃以身祷于桑林。曰：'余一人有罪，无及万夫。万夫有罪，在余一人。无以一人之不敏，使上帝鬼神伤民之命。'于是剪其发，鄌其手，以身为牺牲，用祈福于上帝。民乃甚说，雨乃大至。则汤达乎鬼神之化、人事之传也。"[①]晋皇甫谧撰《帝王世纪》云："汤自伐桀后，大旱七年，洛川竭，使人持三足鼎祝于山川，曰：'欲不节邪？使民疾邪？苞苴行邪？谗夫昌邪？宫室荣邪？女谒行邪？何不雨之极也。'殷史卜曰：'当以人祷。'汤曰：'吾所请雨者，民也。若必以人祷，吾请自当。'遂齐戒剪发断爪，以己为牲，祷于桑林之社。曰：'唯予小子履，敢用玄牲，告于上天后土曰：万方有罪，罪在朕躬。朕躬有罪，无及万方。无以一人之不敏，使上帝鬼神伤民之命。'言未已而大雨至，方数千里。"[②]《淮南子·主术训》亦云："汤之时，七年旱，以身祷于桑林之际，而四海之云凑，千里之雨至。"[③]

照发爪巫术看来，头发和指甲（爪）代表一个人的生命，所以成汤剪断他的头发和指甲拿去祭祀天，就等于是将一个人的生命牺牲了去祭祀一样。显然这种发爪巫术比以前烧活人求雨巫术进步许多。

三　杀狗止风

在商代，杀狗止风是一种卜筮巫术，也是交感巫术。这在殷墟出土的甲骨文中有明确记载：

> 于帝史风二犬。《卜通》398）[④]
> 罒于风。（《燕》558）[⑤]
> 罒巫，风。（《下》42.4）[⑥]
> 罒风，北巫犬。（《明续》45）[⑦]

---

① （秦）吕不韦撰，（汉）高诱注，（清）毕沅校《吕氏春秋》卷九，上海古籍出版社1986年影印《二十二子》本，第654页。参校陆玖译注《吕氏春秋》，中华书局2011年版，第253页。

② （宋）李昉等撰《太平御览》卷八三《皇王部八·殷帝成汤》引，中华书局1960年影印本，第388页。参校（晋）皇甫谧撰，陆吉点校《帝王世纪》第四《殷商》，齐鲁书社2010年版，第30页。

③ （汉）刘安撰，（汉）高诱注，（清）庄逵吉校《淮南子》卷九，上海古籍出版社1986年影印《二十二子》本，第1242页。

④ 郭沫若著《卜辞通纂》，科学出版社1983年版。

⑤ 容庚、瞿润缗《殷契卜辞》，《燕京学报》1933年刊本。

⑥ 罗振玉类次《殷墟书契后编》，1916年影印本。

⑦ 《明义士旧藏》，今藏山东省博物馆。

罗风，巫九犬。(《库》992)[①]

其罗风三羊三犬三豕。(《续》2.15.3)[②]

罗于四方其五犬。(《明续》487)[③]

“帝”即“禘”，禘祭风要用犬，即杀狗。“罗”即“宁(寧)”，即息风，巫要用杀狗的办法来止风，有时多到杀三只狗、五只狗，甚至九只狗。

陈梦家曾在《殷虚卜辞综述·风雨诸神》中精辟地指出：“汉世磔狗止风之法，和卜辞以犬罗风的记录是相符合的。”[④]此说确有文献记载，何谓“磔”？古时分裂祭牲以祭神叫磔。《吕氏春秋·季春纪第三》：“九门磔禳，以毕春气。”[⑤]故《月令》注云：“磔，禳也。”《尔雅·释天》云：“祭星曰布，祭风曰磔。”郭璞注：“今俗当大道中磔狗云以止风。”[⑥]杀狗止风目的是辟除天灾，所以《说文解字》云：“禳，磔禳，祀除厉殃也。”[⑦]

从商到周再到汉，杀狗止风巫术一直延续。《周礼注疏》卷一八《大宗伯》“祭四方百物”，郑玄注云：“披磔牲以祭，若今时磔狗祭以止风。”[⑧]《史记·封禅书》“磔狗邑四门”，《索隐》引《风俗通》云：“杀犬磔禳也。”[⑨]但由商至汉，这种杀狗止风巫术究竟属于何种类别巫术呢？这在以下文献中已经有所揭示。《淮南万毕术·补遗》云：“黑犬皮毛烧之，止天风。”[⑩]因为犬的皮毛显然有挡风的作用，因而巫师便认为黑犬皮毛烧灰便更有止风的魔术力了。《公羊传·僖公三十一年》“天子秩而祭之”，注疏云：“李氏曰：祭风以牲头、蹄及皮破之以祭故曰磔。郭氏曰：今俗当大道中磔狗云以止风，此其象云。”[⑪]这就是说，杀狗止风巫

---

① 方法敛、白瑞华编《库方二氏藏甲骨卜辞》，商务印书馆1935年版。

② 罗振玉类次《殷墟书契续编》，1933年影印本。

③ 《明义士旧藏》，今藏山东省博物馆。

④ 陈梦家著《殷虚卜辞综述》第十七章《宗教》第三节《风雨诸神》，科学出版社1956年版，第576页。

⑤ (秦)吕不韦撰，(汉)高诱注，(清)毕沅校《吕氏春秋》卷三，上海古籍出版社1986年影印《二十二子》本，第636页。

⑥ (晋)郭璞注，(宋)邢昺疏《尔雅注疏》卷六，中华书局1980年影印阮元校刻《十三经注疏》本，第2609页。

⑦ (汉)许慎撰，(宋)徐铉校定《说文解字》卷一上，中华书局1963年影印本，第8页下。

⑧ (汉)郑玄注，(唐)贾公彦疏《周礼注疏》卷一八，中华书局1980年影印阮元校刻《十三经注疏》本，第758页。

⑨ (汉)司马迁撰《史记》卷二八，中华书局1959年版，第1360页。

⑩ (汉)刘安撰，(清)茆泮林辑《淮南万毕术·补遗》，《丛书集成初编》本，商务印书馆1939年版，第15页。

⑪ (汉)何休注，(唐)徐彦疏《春秋公羊传注疏》卷一二，中华书局1980年影印阮元校刻《十三经注疏》本，第2263页。

术是属于交感巫术中的毛发巫术类。另有“焚鸡羽”止风之说,《淮南万毕术》云:“欲致疾风焚鸡羽。”①

商代也有神判巫术,那时是采取占卜形式来定罪行刑,即一切由天神之意来决定。甲骨文中记载卜筮巫术,辞云:

贞:王闻惟辟?

贞:王闻不惟辟?

兹人井(刑)不?

其实假借天意不过是商代统治者为了实现统治的愿望,它是交感巫术的一种表现。

四　彭祖长寿

殷商时代还有个巫师就是彭祖。《列仙传》卷上《彭祖》曰:“彭祖者,殷大夫也,姓篯名铿,帝颛顼之孙,陆终氏之中子。历夏至殷末,八百余岁,常食桂芝,善导引行气。”②

他擅长体内交感巫术的气功。《神仙传》云彭祖“常闭气内息,从平旦至日中,乃危坐拭目,摩搦身体,舔唇咽唾,服气数十乃起行,言笑如故”③。是为道教养生巫术。《史记·楚世家第十》亦曰:“陆终生子六人,拆剖而产焉。其长一曰昆吾;二曰参胡;三曰彭祖;四曰会人;五曰曹姓;六曰季连,芈姓,楚其后也。”④《医心方》卷二八“房内”引《彭祖经》称,该书是殷王派遣彩女问道于彭祖而撰述,则彭祖是殷商巫师明矣。与《神仙传》卷一说法一致:“殷王命彩女问道于彭祖,彭祖曰:‘吾遗腹而生,三岁而失母,遇犬戎之乱,流离西域,百有余年。加以少怙,丧四十九妻,失五十四子,数遭忧患,和气折伤,令肌肤不泽,荣卫焦枯,恐不度世。所闻素又浅薄,不足宣传。’”⑤晋干宝《搜神记》曰:“彭祖者,殷时大夫也。姓篯,名铿。帝颛顼之孙,陆终氏之中子。历夏而至

37. 彭祖像〔张兴发编著《道教神仙信仰·诸神篇》,中国社会科学出版社 2001 年版,第 104 页。〕

① (宋)李昉等撰《太平御览》卷九《天部九·风》,中华书局 1960 年影印本,第 46 页。

② (汉)刘向撰《列仙传》卷上,景印文渊阁《四库全书》第 1058 册,第 492 页。

③ (晋)葛洪撰,胡守为校释《神仙传校释》卷一,中华书局 2010 年版,第 15 页。

④ (汉)司马迁撰《史记》卷四〇,中华书局 1959 年版,第 1690 页。

⑤ (晋)葛洪撰,胡守为校释《神仙传校释》卷一,中华书局 2010 年版,第 16 页。

商末，号七百岁。常食桂芝。历阳有彭祖仙室。前世云：祷请风雨，莫不辄应。常有两虎在祠左右。今日祠之讫，地则有两虎迹。”[①]为何说彭祖是个医药巫师？《楚辞·天问》曰：“彭铿斟雉，帝何飨？受寿永多，夫何久长？”[②]（意思是说，彭祖献上他做的雉羹，天帝对此怎么乐于品尝？彭祖获得了永久的寿命，为什么能活得那么长久？）彭祖献雉羹给天帝，天帝报以永寿，他活到八百岁，还“犹自悔其不寿”。这样他就具有沟通人与神的巫师身份。由于彭祖以善于养生修性而著称，《马王堆汉墓帛书·十问》（肆）、张家山汉简整理组撰《张家山汉简〈引书〉释文》和《医心方》卷二八总结了他的养生经即房中术。主要是“多御少女而莫数泻精”，坚持“俗行阴阳取气养生之道，不可以一女为之，得之，若九，若十一，多多益善”。要“求子”、“消息之情”、“断鬼交”、“服食药物”等等。《隋书·经籍志》、《新唐书·艺文志》著录有《彭祖养性经》。《抱朴子》内篇卷一九《遐览》载有“《玄女经》、《素女经》、《彭祖经》”[③]。《抱朴子》内篇卷六《微旨》对彭祖养性经做了高度评价：“大都其要法，御女多多益善，如不知其道而用之，一两人足以速死耳。彭祖之法，最其要者。”[④]意是强调老人必须过正常性生活方能长寿。

五　虎神食鬼

虎神食鬼原属人的抽象感觉，本为商代交感巫术。殷商卜辞有“虎方”一族，但殷商出土铜器中有厌胜品即虎神食鬼，两者间有必然联系；即转为虎神食鬼反抗巫术，是虎方族用来配合克服困难的实用巫术。这是中国最早见的商代虎方族的虎神厌胜物。左边是一只虎，张开大口咬住了一个鬼。右边是两只老虎，正准备咬噬下边一个鬼。这是增强本民族心理优势，配合克服和战胜客观困难以利生存而产生。

38. 商代铜器中的虎神食鬼厌胜品〔采自《诸神的起源》图69〕

商代厌胜巫术艺术构思的精妙、美轮美奂，为青铜器精美艺术品的产生奠定了基础。

① （晋）干宝撰，汪绍楹校注《搜神记》卷一《彭祖》，中华书局1979年版，第3页。按，《法苑珠林》卷七八、《史记·始皇本纪》张守节《正义》均引《搜神记》。

② 林家骊译注《楚辞·天问》，中华书局2010年版，第97页。

③ （晋）葛洪撰《抱朴子》，上海古籍出版社1990年影印《诸子百家丛书》本，第148页。

④ （晋）葛洪撰《抱朴子》，上海古籍出版社1990年影印《诸子百家丛书》本，第48页。

第五节　周代交感巫术、模仿巫术及蛊道巫术

周代是一个制度化的时代，巫师个人的权威逐渐为制度所替代。但巫师仍成就非凡。起先，周文王喜好卜卦巫术，古人云："周文启龟，以卜良佐。"①作为个人的爱好，周文王在商代后期被拘羑里城时，却演绎了《易经》的六十四卦，在他以后的周代初期，巫师们就把《易经》系统化，供卜官专门使用。《连山》之外，又归纳成《归藏》，加上《周易》，古时统称"三易"。《归藏》虽在先秦已消逝，但它业已生发出的哲学思想却永远存在。《归藏》以坤卦为主，就是以阴性为主，显出土地之博大，表现出母性（阴性）在原始社会发挥的重要作用。所以《归藏》提出的"坤乾"顺序，与《易经》的"乾坤"顺序正好相反，分明有母系制度的特征。故而在以父系制度为发展特征的东周时代，是不会容许它的存在。《连山》、《归藏》的消逝，自在情理之中。卜卦巫术俱属交感巫术范围，先秦两汉人释为天人感应。

39. 玉人俑〔《中国各民族原始宗教资料集成·考古卷》，中国社会科学出版社 1996 年版，第 8 页。〕

一　周代巫的活动

周代史官多为巫师，他们既占卜、祭祀、祈禳，又搞巫术活动。史学研究者指出，这种史官和巫师不分的状态，一直持续到西周初叶。② 以后则称史官的多，称巫师的少。而厌胜品等均有史官管理。《周礼》把司巫列为中士。司巫是男女巫师的头领，也是大巫师。《周礼·春官·司巫》云："司巫掌群巫之政令。若国大旱，则帅巫而舞雩。国有大灾，则帅巫而造巫恒。"意谓，当大旱时，司巫率领群巫跳巫舞求雨。当大灾时，率领群巫造巫恒。所谓"巫恒"，是指巫师们祖传的模仿巫术法术，《周礼·春官·司巫》云："国有大灾，则帅巫而造巫恒。"郑玄注说："恒，久也，巫久者，先巫之故事，造之当按视所施为。"贾公彦疏说："司巫见国大灾，则帅领女巫等往造所行之事，按视旧所施为而法之。"③司巫当

---

① （晋）陈寿撰《三国志》卷一一《魏书·管宁传》，中华书局 1959 年版，第 360 页。

② 尹达主编《中国史学发展史》，中州古籍出版社 1985 年版，第 10 页。

③ （汉）郑玄注，（唐）贾公彦疏《周礼注疏》卷二六，中华书局 1980 年影印阮元校刻《十三经注疏》本，第 816 页。

然还有其他重要的事，如祭地："凡祭事守瘗。"[①]如进行丧事时，施行巫术，即："凡丧事，掌巫降之礼。"[②]

司巫在从事巫术时，都需要先设坛祭祀，供以模仿物——木偶之神像。这就是"祭祀则共匰主，及道布，及蒩馆"[③]。匰，是周代宗庙内安放神主的礼器，《周礼》注引杜子春云："匰，器名，主，谓木主也。"故主，即木偶神像。道布，即"为神所设巾"，就是铺在神坛桌边的席巾。蒩馆，即"租饱"，注云"茅裹肉也"，指祭祀食品，以上这一切均为司巫所安排。

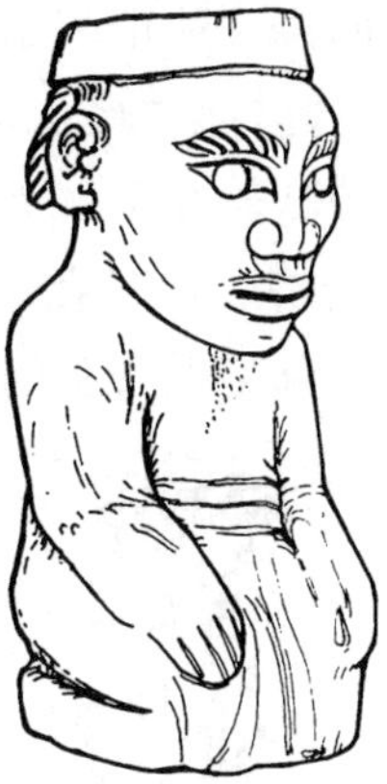
40. 商代石人俑〔采自《中国古俑白描》〕

男巫所管事，《周礼·春官·男巫》记载："男巫掌望祀、望衍授号，旁招以茅。冬堂赠，无方无算。春招弭，以除疾病。王吊，则与祝前。"[④]所谓"招以茅"，以白茅灵草招神的巫术动作，如注中所云"祭此神时，则以茅招之于四方也"，即请神也。白茅在周代已神化成为厌胜物。所谓"冬堂赠"，"赠"是指"逐疫"，言男巫管冬日逐疫驱鬼之事。"无方无算"，"无方"指"四方为可"；"无算"指"道里无数，远益善也"，即逐疫时"其行必由堂始，巫与神通言，当东则东，当西则西，可近则近，可远则远，无常数"。可以想见男巫逐疫通神时，那种凭强烈的交感巫术力与神讲话，忽儿走到东，又走到西，忽远忽近，无常定的样子。所谓"春招弭"，"招"即招福也。言男巫又管春日为民众招福除疾病之事。所谓"王吊"，即"上丧"（国君丧逝），男巫与祝都要在王前凭吊。男巫所做的事情，一如上述。女巫所管之事，《周礼·春官·女巫》亦有记载："女巫掌岁时祓除、衅浴。旱暵，则舞雩。若王后吊，则与祝前。凡邦之大灾，歌哭而请。"[⑤]女巫管理每年春时三月民众以香熏草药沐浴之事，夏天旱时则跳巫舞以祭祀。凡国遇大灾，还要歌哭以请神祇庇护。王后丧逝，女巫与祝也都要在王后前凭吊。

关于周代之女巫"旱暵则舞雩"，显然是在旱时因求雨而来跳巫舞。此种女巫之习俗，是沿袭于前代殷商人的旧制。《周礼》说女巫"旱暵则舞雩"[⑥]。一个"暵"字，指炎热之气，表明是在夏日求雨。而《说文解字》云："雩，夏祭乐于赤帝以祈甘雨也。"又云："雩，羽舞也。"[⑦]羽舞具有女性特征。羽舞手执雉羽和旄牛

---

①②③④⑥　（汉）郑玄注，（唐）贾公彦疏《周礼注疏》卷二六，中华书局1980年影印阮元校刻《十三经注疏》本，第816页。

⑤　（汉）郑玄注，（唐）贾公彦疏《周礼注疏》卷二六，中华书局1980年影印阮元校刻《十三经注疏》本，第816—817页。

⑦　（汉）许慎撰，（宋）徐铉校注《说文解字》卷一一下，中华书局1963年影印本，第242页上。

尾而舞,《礼记·乐记》云:“比音而乐之,及干戚羽旄谓之乐。”郑玄注:“羽,翟羽也。旄,旄牛尾也。文舞所执。”①女巫在跳羽舞中求雨方面与甲骨文记载一致。祭神歌舞并至,《周礼·春官·女巫》:“凡大邦之大灾,歌哭而请。”汉郑玄注:“有歌者、有哭者,冀以悲哀感神灵也。”唐贾公彦疏:“此云歌者,忧愁之歌。”能歌善舞是做女巫的基本条件。

41. 周文王像

综上所说,巫术发展到周代,各类巫师已形成,巫医在周代已经从官办的“司巫”制度中分离而出,晋孔晁注《逸周书》云:“乡立巫医,具百药以备疾灾,畜五味以备百草。”②到了周代,巫医实际上已经成为行使专门以百药治病之职能的医师。但是,也不能不看到,当时巫师们运用模仿巫术来装鬼驱邪驱病的风俗仍然很盛行。《周礼·夏官·方相氏》云:“方相氏掌蒙熊皮,黄金四目,玄衣朱裳,执戈扬盾,帅百隶而时难,以索室驱疫。”汉郑玄注:“蒙,冒也。冒熊皮者以惊殴疫疠之鬼,如今魌头也。”③装鬼逐瘟疫的风俗,显然与百药治病风俗互相缠绕着流行。

二　诅祝巫术

此类巫术属交感巫术。周代驱赶巫术被称为“诅祝判”,尚未脱离动物判案的原始性之窠臼,但已非用活物。《诗经·小雅·何人斯》云:“出此三物,以诅尔斯。”④诅者,精神加殃曰诅,也就是诅咒。三物,指诅咒所用的三种牺牲,即猪、犬、鸡,诅咒后求鬼神降灾祸于别人。《左传·隐公十一年》载,郑庄公让一百个人拿出一头公猪,二十五个人拿出一只狗和一只鸡,来诅咒射颍考叔的人,便是《何人斯》中“诅祝判”的反映。唐孔颖达疏云:“诅者盟之细,杀牲告神,令加之殃咎。”⑤《尚书·无逸》亦云:“民否则厥心违怨,否则厥口诅祝。”唐孔颖达

---

① (汉)郑玄注,(唐)贾公彦疏《周礼注疏》卷二六,中华书局1980年影印阮元校刻《十三经注疏》本,第817页。

② (晋)孔晁注《逸周书》卷四《大聚解第三十九》,景印文渊阁《四库全书》第370册,第27页。

③ (汉)郑玄注,(唐)贾公彦疏《周礼注疏》卷三一,中华书局1980年影印阮元校刻《十三经注疏》本,第851页。

④ (汉)毛公传,(汉)郑玄笺,(唐)孔颖达等正义《毛诗正义》卷一二,中华书局1980年影印阮元校刻《十三经注疏》本,第454页。

⑤ (晋)杜预注,(唐)孔颖达等正义《春秋左传正义》卷四,中华书局1980年影印阮元校刻《十三经注疏》本,第1736页。

亦疏:"诅祝,谓告神明令加殃咎也。"[①]故诅祝即诅咒驱赶巫术。对自然灾害也如此。《礼记·郊特牲》伊耆氏《蜡辞》:"土反其宅,水归其壑,昆虫毋作,草木归其泽。"[②]现今壮族的赌咒判,便是诅祝判的衍化形态。[③]《蜡辞》咒语的意思是:泥土回到堤坝上原有住处,洪水返回原有坑里,昆虫不准危害成灾,野草杂树返回原来沼泽地带。言辞中带有命令性,属于诅的范围。但祈求式便是属于祝的范围。如《史记·滑稽列传》载,髡曰:"今者臣从东方来,见道旁有禳田者,操一豚蹄,酒一盂,祝曰:'瓯窭满篝,污邪满车,五谷蕃熟,穰穰满家。'臣见其所持者狭而所欲者奢,故笑之。"[④]淳于髡讥笑道旁农民用一个猪蹄和一碗酒祭神禳田太简单了,花费这么便宜就想向神索要大丰收。故事是说给齐王听的,让齐王领悟必须出大价钱,楚国才可以发兵助齐。

正像《文心雕龙·祝盟》所说:"天地定位,祀遍群神。六宗既禋,三望咸秩。甘雨和风,是生黍稷。兆民所仰,美报兴焉。牺盛惟馨,本于明德;祝史陈信,资乎文辞。"[⑤]大意是说,全面祭祀神灵,对六尊神祇都应该专诚奉祀,风调雨顺的大丰收是亿万人民所仰望的,因而给神祇以丰美的酬报。这样看来,道旁农民禳田如此简陋,岂不是亵渎神灵吗?还有更重要的"牺盛惟馨,本于明德",这位道旁简单祭祀的农民本不具备一个祭者"崇高的品质"。可见诅祝巫术是越隆重越好,也就是祭神驱鬼一齐来,场面要大。但《文心雕龙·祝盟》指出更重要的一点:"汉之群祀,肃其旨礼。既总硕儒之仪,亦参方士之术。所以秘祝移过,异于成汤之心;振子驱疫,同乎越巫之祝:礼失之渐也。"[⑥]什么叫"秘祝移过"?意思是,他们用秘密的祝官,在祝祷时把皇帝的罪过推给臣民。把皇帝的罪过推给臣民,也就意味着把灾殃降给臣民。刘勰所称"汉代群祀"是泛指,不可能指出具体事件。可见汉代以后的统治者利用诅祝巫术转移罪责嫁祸于人民,倒是一大发明。刘勰揭示这一点太重要了。

三　梦鱼得吉

交感巫术中的鱼占,是周代占卜巫师们巫术思维的创造。当时有梦见鱼而占卜为丰年之说。《诗经·小雅·无羊》云:

---

① (汉)孔安国传,(唐)孔颖达等正义《尚书正义》卷一六,中华书局1980年影印阮元校刻《十三经注疏》本,第222页。

② (汉)郑玄注,(唐)孔颖达等正义《礼记正义》卷二六,中华书局1980年影印阮元校刻《十三经注疏》本,第1454页。

③ 参见第五十章第一、二节。

④ (汉)司马迁撰《史记》卷一二六,中华书局1959年版,第3198页。

⑤ (南朝宋)刘勰撰,赵仲邑译注《文心雕龙译注》,广西教育出版社1989年版,第87页。

⑥ (南朝宋)刘勰撰,赵仲邑译注《文心雕龙译注》,广西教育出版社1989年版,第89页。

牧人乃梦，　　　　牧人夜里做了一个梦，
众维鱼矣。　　　　梦见许多鱼儿无处放。
旐维旟矣，　　　　旌旗纷乱在长空舞动，
大人占之。　　　　太卜巫师占梦说端详。
众维鱼矣，　　　　梦见许多鱼儿无处放，
实为丰年。　　　　实代表了丰收好年景。
旐维旟矣，　　　　旌旗纷乱在长空舞动，
室家溱溱。[①]　　　象征着家族正当兴旺。

这是由于鱼特性是与水相连，有水则牧草便繁茂，牧业便丰收，故牧人梦见鱼便预示丰收。这是中国巫术史上最早出现的鱼占交感巫术。

四　灵魂崇拜

万物有灵观念是商周巫术的信仰形式之一。它的特点是认为人是最了不起的，躯体以外有灵魂，进而认为万物都有灵魂。这是商周人自我崇拜的产物。人与灵魂交相感应就可用巫术来调节，就成为灵魂崇拜交感巫术。灵魂崇拜来自原始时代的飞头巫术信仰，认为在夜里，甚至于在白天，头能够离开肉体自由活动。所以原始飞头，实际就是灵魂的一种形象解释。如刑天失去了头，反而成了灵物，成为神，也能够手握干戚与敌人战斗到底。而飞头也是灵物，能自由行动去觅食。

商周人把肉体和灵魂也分开来理解。《礼记·檀弓下》云："骨肉归复于土，命也！若魂气则无不之也，无不之也。"[②]骨肉虽已土葬，而灵魂却能自由行动，可到任何地方去。那么，怎么才能到任何地方去呢？《周易·系辞上》曰："精气为物，游魂为变，是故知鬼神之情状。"[③]所谓"精气"，即灵气。这灵气并不附于实物当中，而是自己成为灵物，这就是神。游魂离开了人的身体，而成就了人的又一次变化，这就成了鬼。圣人明白了这个道理，就知道了鬼神的情状。到战国时代，屈原的《楚辞》才有巫师施行《招魂》交感巫术之说，唱起了巫歌："魂兮归来！南方不可以止些。"意思是，魂魄啊！快回到你的身体。南方啊！也不可

---

① （汉）毛公传，（汉）郑玄注，（唐）孔颖达等正义《毛诗正义》卷一一，中华书局1980年影印阮元校刻《十三经注疏》本，第438页。

② （汉）郑玄注，（唐）孔颖达疏《礼记正义》卷一〇，中华书局1980年影印阮元校刻《十三经注疏》本，第1314页。参校杨天宇撰《礼记译注》，上海古籍出版社2004年版，第131页。

③ （魏）王弼、（晋）韩康伯注，（唐）孔颖达等正义《周易正义》卷七，中华书局1980年影印阮元校刻《十三经注疏》本，第77页。

以去安居。屈原的《九歌》才有巫师施行《礼魂》交感巫术之说，这是对礼魂祭祀巫术告成的乐歌：

成礼兮会鼓，	祭祀礼毕同时擂响大鼓，
传芭兮代舞，	人们传递花朵跳起巫舞，
姱女倡兮容与。	俊美巫女舞步时进时退。
春兰兮秋菊，	好像春兰秋菊年年开放，
长无绝兮终古！①	永远流传不绝直到终古！

屈原这首“礼善终者”的祭歌，就是祭祀一切活到老年、安然离去的鬼魂。由上可见，正是灵魂崇拜的信仰，催发了灵魂崇拜交感巫术的产生，从而导致了后世灵魂崇拜巫歌和巫舞的产生。而如今灵魂崇拜在少数民族中依然盛行。灵魂崇拜认为万物都有灵魂而有“返魂树”。梁任昉撰《述异记》云：“聚窟州有返魂树，伐其根心，于玉釜中煮取汁，又熬之令可，名曰‘惊精香’，或名‘震灵丸’，或名‘反生香’，或名‘却死香’；死尸在地，闻气即活。”②原来发明树的灵魂崇拜交感巫术，是为了死而复活以获长寿。

五　牛郎织女星崇拜

牛郎织女故事是中国四大民间故事之一，其源于模仿巫术的星占。星星变为人，是周代巫师变身乐官后用原来的巫术思维进行创作，编成歌谣。既然牛郎织女星变形为人，就为演绎牛郎织女神话敞开了大门。

42. 牵牛织女〔四川省博物馆、郫县文化馆撰《四川郫县东汉砖墓的石棺画象》，《考古》1979 年第 6 期。〕

《诗经・小雅・大东》云：

维天有汉，	天上银河虽然广大，
监亦有光。	镜没有人影空有光。
跂彼织女，	织女三星鼎足而立，
终日七襄。	一天有七次换地方。

① 黄寿祺、梅桐生译注《楚辞全译》，贵州人民出版社 1984 年版，第 53 页。

② （明）陶宗仪编《说郛一百二十弓》弓六五，上海古籍出版社 1988 年影印《说郛三种》本，第 3037 页。

虽则七襄，	虽然七次在换地方，
不成报章。	不能织布成为纹章。
睆彼牵牛，	牵牛星座光辉灿烂，
不以服箱。①	不能拉车把货物装。

牛郎织女星变形成人，是关键一变。织女在织布，牛郎拉牛车运货，在生活中相遇，怎么就擦不出爱情火花？历史一定会有交代。汉代《古诗十九首》的《迢迢牵牛星》云："迢迢牵牛星，皎皎河汉女。纤纤擢素手，札札弄机杼。终日不成章，泣涕零如雨。河汉清且浅，相去复几许？盈盈一水间，脉脉不得语。"②汉代在《大东》"不成报章"基础上，进一步写织女思念牛郎，竟然涕泣如雨。七夕鹊桥会，汉代已有其说。《岁华纪丽》卷三引汉应劭《风俗通》云："织女七夕当渡河，使鹊为桥。相传七日鹊首皆髡，因为梁以渡织女故也。"③鹊桥演变为鸟崇拜，在汉唐之间完成。《荆楚岁时记》引梁任昉《述异记》云："天河之东有美丽女人，乃天地之子，机杼女工，年年劳役，织成云雾绡缣之衣，辛苦无欢悦，容貌不暇整理，天帝怜其独处，嫁与河西牵牛之夫婿，自后竟废织纴之功，贪欢不归，帝怒责归河东，但使一年一度相会。"④变形巫术导致变形故事的产生与发展，说明周人喜爱牛郎织女故事，并热衷于向后世传播。

43. 牵牛织女(德兴里壁画墓)〔采自《新发掘的德兴里古坟壁画》,《朝鲜画报》1979 年第 11 期。〕

六　蛊道巫术

此类巫术在周代仍流行。周人普遍害怕蛊虫，但也想出了一些办法来治

① (汉)毛公传,(汉)郑玄注,(唐)孔颖达正义《毛诗正义》卷一三,中华书局 1980 年影印阮元校刻《十三经注疏》本,第 460 页。

② (清)王士禛选,(清)闻人倓笺《古诗笺》上《五言诗》卷一,上海古籍出版社 1980 年版,第 6 页。

③ 吴树平校释《风俗通校释·佚文》,天津人民出版社 1980 年版,第 4—5 页。

④ 罗永麟著《论中国四大民间故事——兼论民间文学与文人文学的关系》,中国民间文艺出版社 1986 年版,第 3—4 页。

蛊。《周礼·秋官·庶氏》云:“庶氏掌除毒蛊,以攻说禬之,嘉草攻之。(郑玄注:毒蛊,虫物而病害人者。《贼律》曰:敢蛊人及教令者,弃市。攻说,祈名,祈其神,求去之也。嘉草,药物,其状未闻。攻之,谓熏之。)凡驱,蛊则令之比之。(释曰:云驱之,止谓用嘉草熏之时,并使人驱之,既役人众,故须校比之。)”①

药草熏之,使人驱之,可见当时已开始探讨治蛊之法了。远在周代就有定言,《六韬·文韬·上贤》里“七害”之七,提到“伪方奇技,巫蛊左道,不祥之言,幻惑良民,王者必止之”②。这些历史记载说明周代统治者是制止巫蛊的。《周易》当中有“蛊”卦,正是周代蛊道巫术的反映。其卦辞云:“元亨。利涉大川,先甲三日,后甲三日。”③《序卦》曰:“蛊者,事也。”④用蛊虫占卜事情的吉凶。此条卦辞是说,卜筮遇到蛊卦即可举行大祭;元亨即为大享之祭祀,利涉大川就是利好,但是按照古历法,须在先甲三日之辛日,后甲三日之丁日。“蛊元亨”卦辞总的意思是事情宏大而嘉美。

44. 佩韦韠的男子(西周传世玉雕)〔华梅著《中国服装史》,天津人民美术出版社 1989 年版,第 7 页,图 8。〕

爻辞曰:“初六,干父之蛊,有子,考无咎,厉终吉。”意思是,有儿子为父亲除去这些毒虫,父亲(考)就没有灾祸了,危险最终化为吉利。又曰:“九二,干母之蛊,不可贞。”意思是,有儿子准备除去其母身上蛊虫,所卜问之事不可为。这实际是有所影射,将蛊虫比作小人。《左传》中讲到一件春秋时卫灵公夫人南子与宋公子朝通奸的丑闻。她儿子蒯聩欲除去之,未成,蒯聩遂被废除。⑤

《周易正义》卷三孔颖达疏引褚氏云:“蛊者,惑也。”意为凡是中了蛊毒者,都有迷惑不清醒之特征,所以孔颖达认为“惑”字是蛊字应有的意思。

由此可见《周易》卜筮中的蛊,是为蛊毒,也即为蛊道巫术的表现,故这蛊道

---

① (汉)郑玄注,(唐)贾公彦疏《周礼注疏》卷三七,中华书局 1980 年影印阮元校刻《十三经注疏》本,第 888 页。

② (周)吕望撰《六韬》卷一,景印文渊阁《四库全书》第 726 册,第 15 页。参校唐书文撰《六韬·三略译注》,上海古籍出版社 2012 年版,第 27 页。

③ (魏)王弼、(晋)韩康伯注,(唐)孔颖达等正义《周易正义》卷三,中华书局 1980 年影印阮元校刻《十三经注疏》本,第 35 页。参校高亨著《周易大传今注》卷二,齐鲁书社 1979 年版,第 200 页。

④ (魏)王弼、(晋)韩康伯注,(唐)孔颖达等正义《周易正义》卷九,中华书局 1980 年影印阮元校刻《十三经注疏》本,第 95 页。

⑤ (晋)杜预注,(唐)孔颖达等正义《春秋左传正义》卷五六,中华书局 1980 年影印阮元校刻《十三经注疏》本,第 2151 页。

巫术在周代《易经》中已经演变到占卜巫术阶段。而蛊道巫术，应产生于伏羲那个原始时代较早的时期。蛊术使人迷惑不醒，恐即是对人类施行麻醉法的最初的探衬，其目的似乎是企图使人能暂时升天求神，清醒后再返回人间。但至《周易》蛊卦，已完全预测的是人的生活实情。

七 《周易》占卜巫术

此类巫术也属于交感巫术的范围。经过周文王在羑里演绎前人卜筮成果和后人的创造，《易经》得以成书。这实际是商代和周初卜筮者集体伟大的创造，由伏羲和周文王领衔完成。就《易经》卜筮而论，这种占卦型的巫术，是通过汉字意义奇妙的组合实现的，具有鲜明的特点。首先，它是以一种韵语的形式来预测未来吉凶；其次，卦辞体现哲学含义，它促使受众在生活的偶然性中寻求必然性，在生活的必然性中注重偶然性；再次，它蕴含心理医疗和心理开导的智慧，给人启迪，没有迷信的因素。因此它在春秋时代就受到孔子及其弟子推崇，而且是毫无疑义地受到所有如《礼记》云"为民祈福"的奋斗者的追捧。

《周易》在中国传统文化发展中发挥了重大作用，产生了深远的影响，其哲理性影响无与伦比，绝不能小视。周代占卜巫术以动植物为载体，占卜时用筮草、龟甲和蛊虫。从甲骨文中女巫舞蹈求雨的卜筮巫术可知，它还是天帝意识的人性化，但从《周易》蛊卦可知，占卜已完全离开龟甲而采用八卦，完全用汉字作载体，起着心理治疗以及寓卜于教的示范作用。《周易》的卦爻辞，离开神性，全都反映的是人的事迹和生活的感情，具有唯物辩证的思维特征。

八 祭生育神

屈原《九歌》第六首《少司命》是一首关于郊媒的乐歌，所谓郊媒即郊野的媒合。《周礼・媒氏》云："仲春之月，令会男女。于是时也，奔者不禁。"①其实是群婚制遗迹尚未完全消失的风俗，人们会祭祀生育之神——少司命。据《楚辞・少司命》所述，祭祀巫术开始，男巫扮少司命，即为生育男神，由女巫迎神。其第一段为女巫之唱词，词云：

秋兰兮麋芜，	秋天的兰草啊芬芳的白芷，
罗生兮堂下。	茂密又葱茏啊在堂下生长。
绿叶兮素华，	碧绿的叶子啊雪白的花儿，

① （汉）郑玄注，（唐）贾公彦疏《周礼注疏》卷一四，中华书局1980年影印阮元校刻《十三经注疏》本，第733页。

芳菲菲兮袭予。	浓郁的香气啊熏染到我身。
夫人自有兮美子，	人人啊都会有俊美的子女，
荪何以兮愁苦！	你何必啊为此这样地惆怅。[①]

少司命，旧注称是星名，但清代王夫之《楚辞通释》云："大司命统司人之生死，而少司命则司人子嗣之有无。"[②]虽然仅就歌词立论，但是谓楚俗所祭祀的为生育神则是可信的。"夫人自有兮美子，荪何以兮愁苦！"就是司人子嗣之有无的实例。此风俗与周代《诗经·大雅·生民》所述相合，诗云：

厥初生民，	开初谁把周人生下，
时维姜嫄。	女祖姜嫄是有名声。
生民如何？	先人如何又被生下，
克禋克祀，	祭祀祈祷尊敬神灵，
以弗无子。[③]	意志虔诚祈求生子。

《少司命》中男巫女巫一唱一答，正是模拟人神之爱。

第六节　周代厌胜巫术

周代反抗巫术最讲究除邪消灾祭祀巫术，称为"禳"，故《周礼·天官·女祝》曰："掌以时招、梗、禬、禳之事，以除疾殃。"郑玄注："却变异曰禳。"[④]问题是怎么"却变异"？周人巫师想出妙招，即以一物压一物迫使对方不得变异。这就是厌胜。什么叫"厌"？《荀子·解蔽》曰："厌目而视者，视一以为两。"杨倞注："厌，指按也。"[⑤]即一个鬼物要冒头，就用手指将它按下去。

---

① 黄寿祺、梅桐生译注《楚辞全译》，贵州人民出版社 1984 年版，第 43 页。

② （清）王夫之撰《楚辞通释》，《续修四库全书》集部第 1302 册，上海古籍出版社 2002 年影印本，第 208 页。

③ （汉）毛公传，（汉）郑玄笺，（唐）孔颖达等正义《毛诗正义》卷一七，中华书局 1980 年影印阮元校刻《十三经注疏》本，第 528 页。按，姜嫄为生育女神。

④ （汉）郑玄注，（唐）贾公彦疏《周礼注疏》卷八，中华书局 1980 年影印阮元校刻《十三经注疏》本，第 690 页。

⑤ （周）荀况撰，（唐）杨倞注，（清）卢文弨、谢墉校《荀子》卷一五，上海古籍出版社 1986 年影印《二十二子》本，第 341 页。

周代第一个巫术厌胜品是周公的“金縢厌胜”。周灭商的第二年，周武王得了重病，周公就叫人做了一个金属装束的精致的匣子——金縢，为周武王厌胜。要完成一整套祭祀巫术——天人感应仪式和卜卦，其关键厌胜物就是金縢。《尚书·金縢》曰：“(周)公乃自以为功，为三坛同墠。为坛于南方，北面，周公立焉。植璧秉珪，乃告大王、王季、文王。”[①]即是说：第一，周公首先表示把自身作抵押；第二，扫出一块地，在上面筑起三座祭坛；第三，在三坛南面再筑起一座台子；第四，然后站在台上面向北方；第五，拿着玉和珪祈福，因为玉和珪都是厌胜品；第六，祷告三位祖宗在天之灵。如此可知周公本人就是祭祀巫师。祷告结束以后，还要“乃卜三龟，一习吉。启钥见书，乃并是吉”[②]。这一切结束以后，金縢厌胜巫术才告完毕。

周代厌胜巫术在继承商代的基础上已经非常兴盛。巫术是一种原始时代巫师创造的超自然力，运用的就是奇异的艺术想象。厌胜是一种趋吉避凶，以物品、动作或语言诅咒制胜于坏人坏事的反抗巫术，称为厌胜巫术。

一　龙厌胜

周代反抗巫术首倡龙厌胜。《周易·乾》载：“初九，潜龙，勿用。”[③]喻人隐居不出，不可能有所作为；而应当“九五，飞龙在天，利见大人”[④]。因大人居高位有作为，人见之也跟着有所作为，为社会作贡献。故《周易》谈龙有其积极意义的。读《周易》，应学龙的精神，积极生活。

西周龙厌胜可举出三种簋，簋是祭祀巫术时盛黍稷的器皿。《诗经·秦风·权舆》云：

于，我乎！	唉呀，我呀！
每食四簋，	以前每餐四簋黍稷饭，
今也每食不饱。	如今每次都吃不饱。
于嗟乎，	哎唉呀，
不承权舆。[⑤]	当初的好日子不再来。

①② （汉）孔安国传，（唐）孔颖达等正义《尚书正义》卷一三，中华书局1980年影印阮元校刻《十三经注疏》本，第196页。

③④ （魏）王弼、（晋）韩康伯注，（唐）孔颖达等正义《周易正义》卷一，中华书局1980年影印阮元校刻《十三经注疏》本，第1页。

⑤ （汉）毛公传，（汉）郑玄注，（唐）孔颖达等正义《毛诗正义》卷六，中华书局1980年影印阮元校刻《十三经注疏》本，第374页。

因天灾人祸，西周人感叹今不如昔。

第一种，龙纹簋。此件为周景王时代厌胜艺术品。周代厌胜品实为生活中时刻必用的趋吉辟凶工具，制壶工匠也必须具有令人尊敬的厌胜巫术技能。

45. 龙纹簋〔采自《龙凤图集》。下同〕

第二种，龙耳簋。簋两耳铸造为象鼻龙首状，俯视向下，保佑食物安全。

第三种，龙凤纹簋。西周青铜器上的龙凤纹簋，上为一对回首夔龙，下为一对回首双凤，长冠、长夷、长尾。龙凤对称工整。

46. 龙耳簋

47. 对龙对凤簋

周龙厌胜巫术的载体以青铜器为特征，故青铜器制作往往受巫师奇异巫术艺术思维之影响。以上这些精湛的厌胜艺术品，它们也产生了巨大的民族凝聚力。在中国奴隶社会产生如此富有智慧的唯物辩证法型的卜筮巫术与厌胜艺术品并不奇怪，它和希腊在奴隶社会产生的荷马史诗等文化同样，是人类早期文化创造的共性。在《周礼》一书中，已经详尽记载了商周巫师卓越的贡献，但本书的目标并不在于重复《周礼》的理论，而在于发掘巫师实际的贡献。

二　凤厌胜

周代巫师通过自己的巫术艺术思维，创造了一件寓意丰富的神奇的九只雏凤厌胜艺术品。宋吕大临撰《续考古图》卷三《九雏凤炉》曰："荣询之所收，无文刻，制作甚工。自背与两翅为盖。腹为炉。凤口衔铃，翅亦悬铃。身负九雏凤，立盘中。盘径黍尺五寸，凤高一尺，长一尺。"①九雏凤表九州，或观铃、或欲飞、或望天、或觅食，神态各异，令人叹为观止，浮想联翩，是周代极为精美的美术作品。《焦氏易林》比之第八："坤。麟

48. 周九雏凤炉厌胜图

① (宋)吕大临撰《续考古图》卷三，景印文渊阁《四库全书》第840册，第310页。

子凤雏。生长嘉国。和气所居。康乐无忧。邦多哲人。”[①]凤雏为灵鸟，能知安危，世治则出，圣人生焉。如此厌胜巫术珍品，证明巫师在商周时期是一个令人尊敬的称号，无异于美术家。

三　象厌胜

紧接商代，周代出现了“象尊”这样同样寓意深刻的厌胜艺术品。

49. 周象尊厌胜图〔采自《重修宣和博古图》〕

宋代王黼这位古代文物专家语出惊人，他道出厌胜巫术传播的一大秘密，即先秦巫师遭受了重大的灾难，整个社会礼乐崩坏。王黼撰《重修宣和博古图》卷七《周象尊》曰：“右通盖高九寸八分，耳高一寸五分，阔九分，深四寸五分，口径二寸二分，通长一尺二寸七分，阔三寸八分，容三升三合，共重四斤。四足有提梁，无铭。象之为物，感雷而文生。是尊取形于象，以明乎夏德而已。下者，假也，万物之所由而化也。方时天气下降，地气上腾，文明盛大而物趋于侈靡，此象尊所由设也。《周礼·司尊·彝》云：春祠夏禴。其再献用两象尊者其是欤。又况象南越大兽也，以鼻致用，而不以口，先王于是以见远夷来宾昭德之致，与夫养口体者异矣。然则用之于祭祀，岂徒然哉。今全作象形，而开背为尊。《礼记》曰，牺象，周尊也；郑氏则曰，以象骨饰尊；阮氏则曰，以画象饰尊，殊不合古。此作象形而出于冶铸，则郑阮之谬概可考矣。其所以然者，三代之器，遭秦灭学之后，礼乐扫地而尽。后之学者，知有其名，而莫知其器。于是为臆说以实之，以疑传疑，自为一家之论，牢不可破，安知太平日久，文物毕出，乃得时器，以证其谬耶。”[②]

王黼此番宏论有根有据，尽数夏商周三代之器，遭秦灭绝以后，后世知之甚少。秦始皇焚书坑儒，不仅灭了儒学、灭了巫师，也灭了巫术厌胜品对文化的贡献，以致礼乐扫地，从此后世莫知厌胜艺术品的发明者及礼器在文化上的崇高地位。这些祥瑞物只能湮没在厚厚的土层里，偶尔给后世子孙一个惊喜而已。

四　周辟邪钟厌胜

宋王黼撰《重修宣和博古图》卷二五曰：“第一器，高六寸九分，钮高一寸九分，阔一寸二分，两舞相距四寸九分，横二寸五分，两铣相距五寸四分，横二寸九

① （汉）焦延寿撰《焦氏易林》卷一，景印文渊阁《四库全书》第808册，第290页。

② （宋）王黼撰《重修宣和博古图》卷七，景印文渊阁《四库全书》第840册，第511—512页。

分，枚三十六，重五斤一十二两，无铭。”①

同卷又曰：“第二器，高六寸五分，钮高一寸九分，阔一寸三分，两舞相距五寸四分，横二寸九分，两铣相距五寸六分，横三寸一分，重五斤四两，枚三十六，无铭。”②

同卷又曰：“第三器高六寸五分，钮高一寸五分，阔一寸二分，两舞相距四寸六分，横二寸一分，两铣相距六寸，横三寸，重五斤三两，枚三十六，无铭。”③

同卷又曰：“第四器，高八寸，钮高二寸七分，阔二寸一分，两舞相距六寸，横二寸六分，两铣相距六寸五分，横三寸三分，重八斤七两，枚三十六，无铭。”④

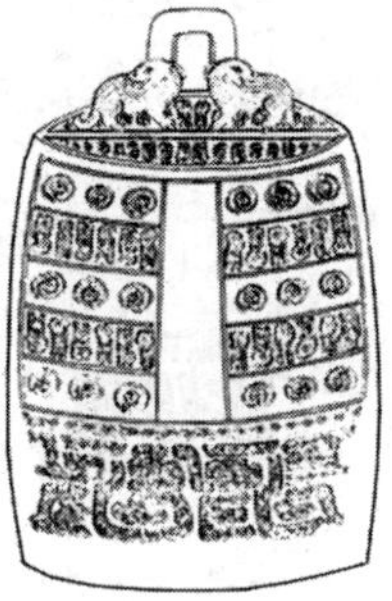

50. 周辟邪钟厌胜图(一)

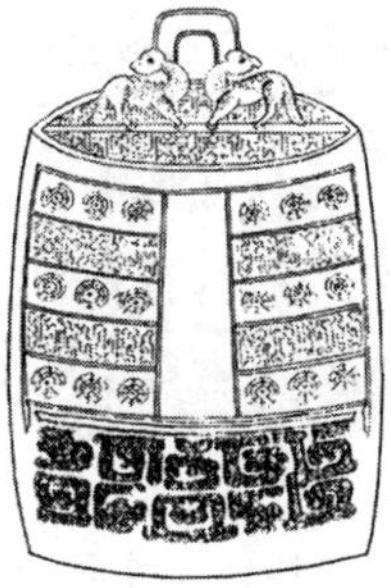

51. 周辟邪钟厌胜图(二)

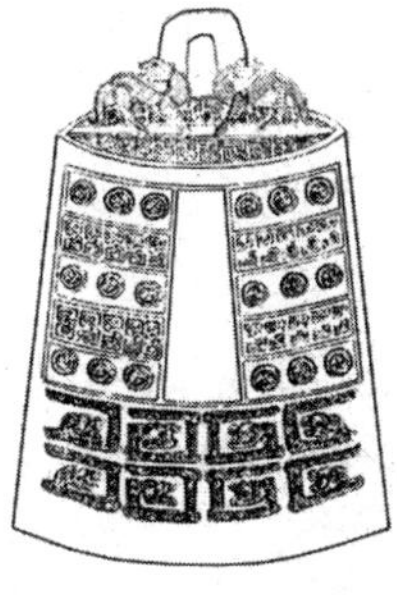

52. 周辟邪钟厌胜图(三)

53. 周辟邪钟厌胜图(四)

同卷又曰：“第五器，高六寸九分，钮高一寸九分，阔二寸五分，两舞相距五寸三分，横三寸五分，两铣相距四寸四分，横三寸三分，枚三十六，各长三分，重五斤二两，无铭。”⑤

同卷又曰：“第六器，高九寸，钮高二寸二分，阔三寸四分，两舞相距五寸八分，横五寸，两铣相距六寸八分，横五寸，枚三十六，各长三分，重四斤十有二两，无铭。”⑥

---

①②③④⑤⑥　(宋)王黼撰《重修宣和博古图》卷二五，景印文渊阁《四库全书》第840册，第912页。

之后,王黼对“周辟邪钟”六座进行总结道:“右六钟枚景皆作旋螺,设辟邪以为钮。盖古人造钟于旋干之间,着蹲熊、蟠龙辟邪为饰。是钮也,独取于此。古人寓意殆未可详,而制作与《周官》所载不同,又无铭款以稽世次,疑其为晚周物也。”小字注曰:“凡钟饰以辟邪皆汉物。”①王黼以为厌胜的意思全在于“设辟邪以为钮”。以两个带有神性的蹲熊与蟠龙来体现厌胜辟邪的意思,并指出此六钟是为周代的巫术艺术文物无疑。

54. 周辟邪钟厌胜图(五)

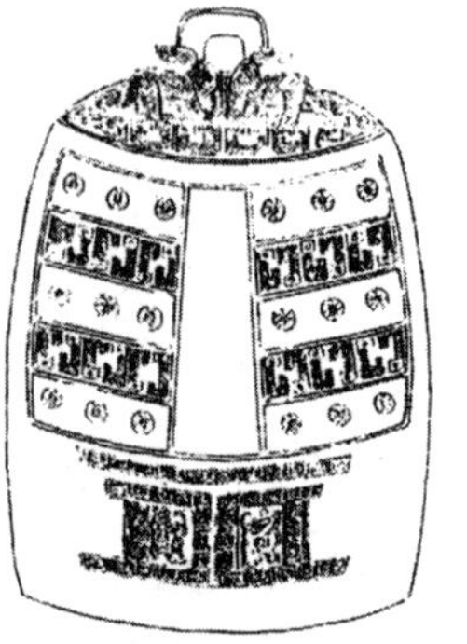

55. 周辟邪钟厌胜图(六)

这些精美厌胜艺术品,闪耀着中国久远的历史和文化之光辉。根据唐兰的研究,周代的钟最早出现在“殷周之间到西周前期”,“可以悬挂,当然是直悬的”②。可见制造周辟邪钟的技艺已经很规范并且成熟。

五　周车舆辂饰厌胜

周人将马车装饰厌胜化,以在精神上战胜邪恶,主要是辟凶。就连车辕这小地方也饰厌胜。

56. 周辟邪车辂托辕厌胜图(一)

(一) 舆辂饰

《重修宣和博古图》卷二七《周辟邪车辂托辕一》曰:“前一器高二寸三分,通长六寸,重一斤,无铭。”③

同卷《周辟邪车辂托辕二》曰:“后一器高二寸三分,通长六寸,重一斤,无铭。右二器舆辂饰也。盖古人舆服未尝无制。结旌绥旌,有见于车之别。如轻

① (宋)王黼撰《重修宣和博古图》卷二五,景印文渊阁《四库全书》第840册,第912页。

② 唐兰遗稿《关于大克钟》,文化部文物事业管理局古文献研究室编《出土文献研究》,文物出版社1985年版,第121页。

③ (宋)王黼撰《重修宣和博古图》卷二七,景印文渊阁《四库全书》第840册,第959页。

如轩，有见于车之容。衡则有鸾，和则在轼。而舆辂之设，取象为备焉。是物作辟邪蹲伏之状，复饰以螭虺。其圜空，可以容横梁，盖所谓车之托辕也。”[①]王黼对周代舆辂饰赞不绝口，还说“盖古人舆服未尝无制”，依笔者之见，其巫师必然参与了厌胜舆服的设计，要不然怎么有这种奇美的巫术艺术思维注入到这些厌胜艺术品中。

（二）舆辂饰

57. 周辟邪车辂托辕厌胜图（二）

《重修宣和博古图》卷二七《周辂饰虎首承辕》曰：“右长七寸三分，阔一寸九分。容笴径一寸二分，重一斤一两，无铭。古之车制，行一车者，有辀驾。一辀者，有梁服。马则出于梁下，而两骖又所以佐服马耳。故辀一谓之承辕，为衔梁之具。是器作虎首侈口，则口冲其梁也。然其上间错金银复饰，以鸾鹊回舞之态，故知昔人于舆服每有法度，此特一辕之饰耳。盖工之所聚，于车为多，则求其他可知也。”[②]周代巫师显然非常重视以厌胜品符合周朝的车制和舆服的法度，将周王朝的文化要求放在首位。亦可见周王朝使用巫师，看重的是他的文化创造，而绝非他的沟通鬼神的形式。

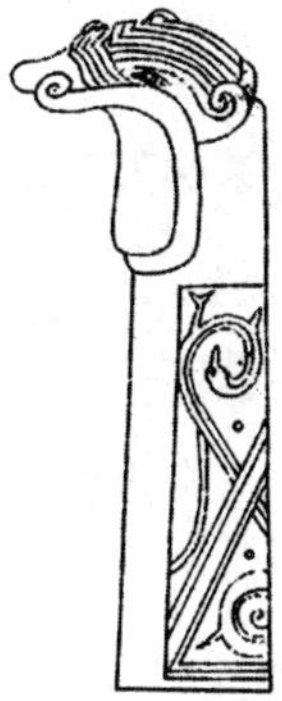

58. 周辂饰虎首乘辕厌胜图

六　周牺尊厌胜

周牺尊是周代祭祀巫术用的酒器。牺尊为牛形，背上开孔盛酒。此种祭祀巫术配套物品必须具有厌胜意义，否则不能用。《诗经·鲁颂·閟宫》云：“白牡骍刚，牺尊将将。”宋朱熹《诗集传》：“画牛于尊腹也。或曰：尊作牛形，凿其背以受酒也。”[③]宋王黼撰《重修宣和博古图》卷七《周牺尊一》曰：“前一器通盖高七寸七分，耳高二寸阔九分，深三寸四分，口径一寸九分，通长一尺一寸七分，阔五寸，容四升，共重七斤四两。以口为流，四足无铭。”[④]

又，《重修宣和博古图》卷七《周牺尊二》曰：“后一器通盖高九寸四分，耳高二寸二分，阔一寸，深三寸五分，口径二寸，通长一尺二寸，阔五寸二分，容三升

① （宋）王黼撰《重修宣和博古图》卷二七，景印文渊阁《四库全书》第 840 册，第 959 页。
② （宋）王黼撰《重修宣和博古图》卷二七，景印文渊阁《四库全书》第 840 册，第 960 页。
③ （宋）朱熹集注《诗集传》卷二〇，上海古籍出版社 1958 年版，第 241 页。
④ （宋）王黼撰《重修宣和博古图》卷七，景印文渊阁《四库全书》第 840 册，第 510—511 页。

三合,共重七斤二两。以口为流,四足无铭。"①

就以上牺尊,王黼阐明其厌胜意义及来历:"右二器按周官有司尊彝之职,而牺尊乃其一。取其牺牲享食之义。又以示其性顺而德重,以兴稼穑。助民功,致民力,以出作入息而服畎亩之事而已。后稷教民稼穑,种艺五谷,而人民育文武之功所自起。周人于此盖贵其本也。魏太和间得尊于青州。其制样正与此类,王肃注:礼以牺象二尊,并全牛象之形,而凿背为尊,则其说盖有自来也。汉儒之说,以谓牺读如婆娑之义,而刻凤皇之象,其形婆娑。然方是时,其器秘于潜壤,未之或见,则曲从臆断而迁就其义,以今观之,盖可笑矣。"②周牺尊厌胜主旨趋吉,因牛性顺且能兴稼穑,故能厌胜而助民。

59. 周牺尊厌胜图(纯色)

60. 周牺尊厌胜图(花色)

七　周凫尊厌胜

周人视水鸟凫为吉祥物。汉焦延寿撰《易林》曰:"凫舞鼓翼,嘉乐尧德。"③故凫为周人在宴饮之间使用物,希图吉庆,定要厌胜以后方才使用。

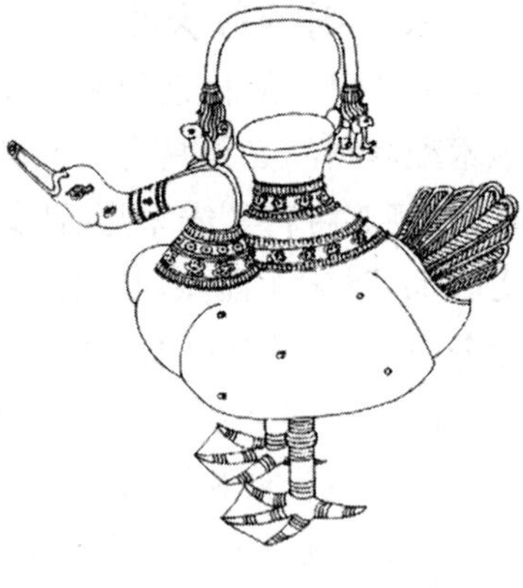

61. 周凫尊厌胜图

宋王黼《重修宣和博古图》卷七《周凫尊》曰:"右高七寸四分,深四寸八分,口径一寸八分,腹径长五寸九分。首尾积长一尺九分,容一升九合,重三斤九两。有流有鋬,阙盖无铭。按《周官》六尊有牺有象,皆取其形似,而凫不与焉。则知凫尊者,古人用于宴饮之间,非宗

①② (宋)王黼撰《重修宣和博古图》卷七,景印文渊阁《四库全书》第840册,第510—511页。

③ (宋)李昉等撰《太平御览》卷九一九《羽族部六·凫》引,中华书局1960年影印本,第4079页。

庙祭祀之器。盖凫习水而假以况，则闲于礼者也。故诗人以凫鹥歌太平，言君子之有礼。酒所以为礼，而饮酒者，虽始乎治，常卒乎乱，则闲于礼而不继以淫者，固亦鲜矣。此凫尊之象，寓意甚深，宜为宴饮之戒云。”①

周凫尊讲究“寓意”，正是三代厌胜巫术的特征。厌胜寓意有两种，一为祈吉，一为辟凶。周凫尊的祈吉便是“以凫鹥歌太平，言君子之有礼”。

八　周四神奁厌胜

周四神奁的四神，并非龙、凤、龟、麟“四灵”，而是四种神兽。

62. 周四神奁厌胜图

63. 周四神奁(盖)厌胜图

关于四种神兽，王黼《重修宣和博古图》说盖上有“三羊回颈”，“四神为饰”。奁盒的三足做成熊状，它们有厌胜的深意。《重修宣和博古图》卷二七《周四神奁》曰：“右通盖高六寸八分，深四寸三分，口径七寸五分，容六升八合，共重六斤九两，无铭。是器，奁也。盖起三羊回颈相向。顶间以四神为饰，且四神乃在天之象。昔人于军陈已尝取此，然奁乃妆鉴之具饰以此者。古人制器尚象，至于冕旒服饰，未有不取象于天者也。此器纯间为方斜雷纹，三足，作熊状。然熊者，男子之祥。着为妆鉴之饰，深有旨也。”②作熊状的三足，象征着“男子之祥”，意味着熊的性能力雄壮可以感应。妆奁是收藏女子化妆品之用，此厌胜寓男子之祥，即暗示性生活美满之意。

九　周象鼎厌胜

《尔雅》曰：“南方之美者，有梁山之犀象焉。”③《孟子》又曰：“周公驱犀象而远之，天下大悦。”④故周象鼎，象征吉祥，天下大悦。

---

① (宋)王黼撰《重修宣和博古图》卷七，景印文渊阁《四库全书》第840册，第512页。

② (宋)王黼撰《重修宣和博古图》卷二七，景印文渊阁《四库全书》第840册，第416页。

③④ (唐)欧阳询撰，汪绍楹校《艺文类聚》卷九五《兽部下·象》，上海古籍出版社1982年版，第1643页。

64. 周象鼎厌胜图

65. 象形文字：象

十 召中考父壶厌胜

66. 召中考父壶厌胜图

67. 厌胜铭文六行

六行铭文文字如下：

惟六月初吉丁亥
召仲考父自作壶
用祀用飨多福滂
用蕲眉寿万
年无疆子子孙孙
永宝是尚

以上图文出自宋吕大临撰《考古图》，原文曰："右得于京师，高尺有四寸半，深尺有二寸半，径七寸六分，容二斗七升，铭三十五字。李氏录云：'周景王燕晋文伯，尊以鲁壶用飨也。'《周官》司尊彝烝，尝馈献用两壶尊用祀也。公食大夫礼，门内用两圜。《壶坊记》曰：敬则用祭器，故祀飨兼用也。"①

① （宋）吕大临撰《考古图》卷四《召中考父壶》，景印文渊阁《四库全书》第840册，第187页。

第八章 《周易》的产生及其卜卦条文的民俗性

《周易》是商周时代卜卦书，分为《易经》和《大传》两部分。伏羲氏发明八卦，周文王演绎六十四卦，领衔创造《易经》的古典文化型的卜卦巫术，反映商代奴隶社会广阔生活面，根据生活经历预测人生的吉凶。在孔子领衔下最早完成十篇解释《易经》之作，称为“十翼”。《周易》蕴含的文化内容博大精深，其卦爻辞可概括为商代四类民间歌谣，涉及生活面广阔且具有哲理性。

第一节 《周易》时代背景及其八卦的设计和演绎

《周易》简称《易》，内容的形成包括《经》（也叫《易经》）和《传》（也叫《易传》或《大传》）两部分。《经》包括六十四卦，三百八十四爻。“——”为阳爻，“－－”为阴爻。卦、爻各有说明，叫卦辞、爻辞，是作为卜卦巫术用的。卦辞包括卦形、卦名，爻辞包括爻题。湖南长沙马王堆西汉初的古墓出土的汉代帛书《易经》，就不包括《大传》部分；其卦名和传世本中的卦名是同样的，只有文字差异；而且八经卦顺序和六十四别卦顺序也不同，这证明战国末西汉初，就有人想抛开《大

1. 伏羲女娲图〔采自《南阳汉代画像石刻》〕

2. 天帝和伏羲女娲图〔山东省博物馆等编《山东汉画像石选集》，齐鲁书社1982年版。〕

传》单纯研究《易经》。但《周易》两部分是一个整体，谈《易经》必据《大传》，两者密不可分。仅就《易经》研究《易经》，等于是为巫术而巫术，缺少了孔子思想的指导。离开《大传》规范的《易经》往往走不出八卦迷魂阵。

关于《周易》中《易经》的创造者，《周易・系辞下》曰：

> 古者包牺氏（伏羲）之王天下也，仰则观象于天，俯则观法于地，观鸟兽之文与地之宜，近取诸身，远取诸物，于是始作八卦，以通神明之德，以类万物之情。①

唐孔颖达疏云："（伏羲）今作八卦，以类万物之情皆可见也。"②晋王嘉撰《拾遗记・春皇包牺》曰："庖者包也，言包含万象；以牺牲登荐于百神，民服其圣，故曰庖牺，亦谓伏羲。"③据《大传》系辞所说，八卦的设计者是伏羲，他用八卦概括天下万物，形成无所不包的文化卜筮来预言、启迪人类的智慧。伏羲原来是原始时代神话中的中国始祖神，但在《周易》中出现时，已经不是原来人首蛇躯的神化状态，已被儒家规范成原始社会历史人物。这样就突出了创造八卦的是人，而不是宗教的神，并将八卦建立在唯物论基础上而与唯心论做了区分。《易经》文字包含着丰富的智慧，是商周时代卜筮者集体的创造。

传说伏羲画八卦，周文王演为六十四卦，就是《易经》中的六十四卦。每一卦六爻，这一种卜卦巫术法因为六十四卦而起课，称为文王课。周文王为中国历史文化作出过杰出的贡献。在被囚羑里前，他写过反对纣王无道的四言诗《文王操》，诗曰："翼翼翱翔，彼凤凰兮。衔书来游，以会昌兮。瞻天案图，殷将亡兮。苍苍之天，始有萌兮。五神连精，合谋房兮。兴我之业，望羊来兮。"诗成了讨纣檄文。此诗序称："《琴操》曰：'纣为无道，诸侯皆归文王。其后有凤皇衔书于郊，文王乃作此歌。'谢希逸《琴论》曰：'《文王操》，文王作也。'"④此诗大灭了纣王威风，在此背景下周文王被囚于羑里事出焉。值得注意的有四点：

3. 伏羲画八卦图〔采自《三才图会》〕

一、周文王可肯定被囚在羑里。先秦即有此一说，

①② （魏）王弼、（晋）韩康伯注，（唐）孔颖达等正义《周易正义》卷七《系辞下》，中华书局 1980 年影印阮元校刻《十三经注疏》本，第 86 页。

③ （晋）王嘉撰，（梁）萧绮录，齐治平校注《拾遗记》卷一《春皇包牺》，中华书局 1981 年版，第 1 页。

④ （宋）郭茂倩编《乐府诗集》卷五七，中华书局 1979 年版，第 830—831 页。

《庄子》卷九《盗跖》曰“文王拘羑里”①。《史记·殷本纪》确凿记载其囚于羑里："以西伯昌(即文王)、九侯、鄂侯为三公。九侯有好女,入之纣。九侯女不憙淫,纣怒,杀之,而醢九侯。鄂侯争之强,辩之疾,并脯鄂侯。西伯昌闻之,窃叹。崇侯虎知之,以告纣,纣囚西伯羑里。西伯之臣闳夭之徒,求美女奇物善马以献纣,纣乃赦西伯。”②

二、被囚七年。如《左传·襄公三十一年》载:“纣囚文王七年,诸侯皆从之囚,纣于是乎惧而归之,可谓爱之。文王伐崇,再驾而降为臣。”③《竹书纪年·帝辛》:“二十三年囚西伯于羑里。二十九年释西伯,诸侯逆西伯归于程。”④两书论定是囚七年。

三、在被囚期间,演示六十四卦。如《史记·周本纪》:“其囚羑里,盖益《易》之八卦为六十四卦。”⑤这是司马迁的定论。“益《易》之八卦”,但什么是“益”?《周易·益》:“益,利有攸往。”唐孔颖达疏曰:“益者,增足之名,损上益下,故谓之益。”⑥说明“益”只是文王演示时对《易经》做了增删,“损上益下”。

四、周文王又作《拘幽操》(古乐府诗),名闻古今,此篇就是在羑里创作的。汉蔡邕撰《琴操》最先录《拘幽操》诗云:“殷道溷溷,浸浊烦兮。朱紫相合,不别分兮。迷乱声色,信谗言兮。炎炎之虐,使我愆兮。幽闭牢阱,由其言兮。遘我四人,忧动勤兮。”⑦《乐府诗集》卷五七琴曲歌辞一《拘幽操》序云:“一曰《文王哀羑里》。《琴操》曰:‘《拘幽操》,文王拘于羑里而作也。文王修德,百姓亲附。崇侯虎疾之,谮于纣曰:“西伯昌,圣人也。长子发,中子旦,皆圣人也。三圣合谋,君其虑之。”乃囚文王于羑里,将杀之。于是文王四臣散宜生之徒,得美女、大贝、白马朱鬣以献于纣,纣遂出西伯。文王在羑里,演《易》八卦以

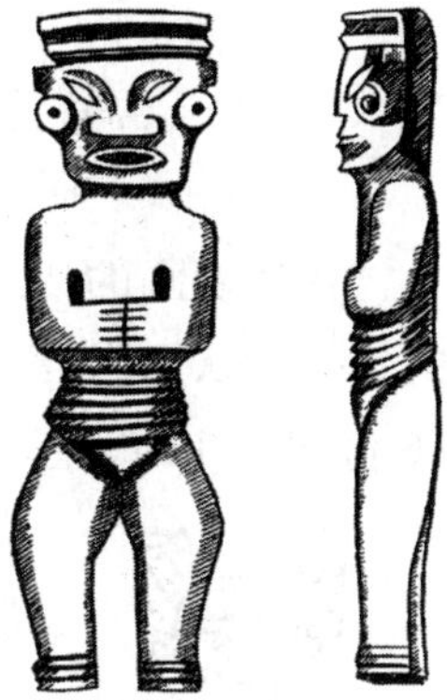

4. 摹上海博物馆藏西周玉人〔采自《中国古代服饰史》〕

---

① (周)庄周撰,(晋)郭象注,(唐)陆德明音义《庄子》卷九,上海古籍出版社1986年影印《二十二子》本,第79页。

② (汉)司马迁撰《史记》卷三,中华书局1959年版,第106页。

③ (晋)杜预注,(唐)孔颖达等正义《春秋左传正义》卷四〇,中华书局1980年影印阮元校刻《十三经注疏》本,第2016页。

④ (清)徐文靖撰《竹书纪年统笺》卷六,上海古籍出版社1986年影印《二十二子》本,第1069页。

⑤ (汉)司马迁撰《史记》卷四,中华书局1959年版,第119页。

⑥ (魏)王弼、(晋)韩康伯注,(唐)孔颖达等正义《周易正义》卷四,中华书局1980年影印阮元校刻《十三经注疏》本,第53页。

⑦ (宋)郭茂倩编《乐府诗集》卷五七《琴操》,中华书局1979年版,第830页。

为六十四,作郁厄之辞曰:"困于石,据于蒺藜。"乃申愤而作歌云。'"①

如此看来,文王被纣囚于羑里,是在"幽闭牢阱"中,而且还"困于石",捆缚在荆棘里动都不能动的状态下,演示六十四卦。他明白不能刚用,只能柔使,授意四臣"忧动勤兮"投纣所好(送美女等),得以解困。可见,文王解困,正是演《易》的结果。八卦的核心,是变革的智慧。什么变革的方法都行,只要选择得智慧,变革就能成功。

文王被囚羑里影响深远。三国魏曹植《诰纣文》曰:"崇侯何功,乃用为辅?西伯何辜,囚之囹圄?囹圄既成,负土既盈。兴立炮烙,贼害忠贞。"②谴责纣王发奴隶造土台囚文王,贼害忠良。唐韩愈写有《琴操十首》,其中有一首是纪念周文王被囚羑里的,诗题亦为《拘幽操》,诗序称"文王羑里作";诗曰:"目窈窈兮,其凝其盲,耳肃肃兮,听不闻声。朝不日出兮,夜不见月与星,有知无知兮,为死为生。呜呼,臣罪当诛兮,天王圣明。"③宋、元、明、清都有关于文王与羑里的诗。

第二节 《周易》卜卦巫术的文字内容

在伏羲画的八卦和周文王演示的六十四卦中,自然和万物是有密切关系的。一般认为《易经》反映的是殷商和周代的现实,而主要是商代民俗生活(前16世纪至11世纪),即《易经》把商代天下万物的生活都概括进了卜卦辞中,以备人们阅读、思考。这种卜卦巫术形式是《易经》创造的,经历三千六百多年,一直延续到现在。

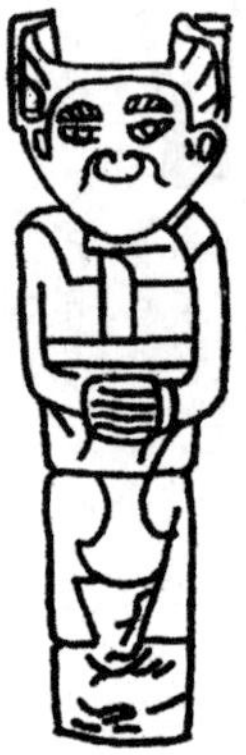

5. 西周玉人(用于养生和厌胜)〔采自《中国古代服饰史》〕

《大传》是第一部解释《易经》的著作,包括解释卦辞爻辞的七种文辞:

一、《彖》(上、下),又称《彖传》,主要解释卦辞。

二、《象》(上、下),又称《象传》,主要解释爻辞。

三、《文言》,解说《乾》、《坤》两卦。

四、《系辞》(上、下),是对《易经》的通论。

五、《说卦》,记述八经卦所象事物。

六、《序卦》,解说六十四卦顺序。

七、《杂卦》,解说六十四卦卦义。

① (宋)郭茂倩编《乐府诗集》卷五七,中华书局1979年版,第829—830页。

② (唐)封演撰,赵贞信校注《封氏闻见记》卷八《羑里城》,中华书局2005年版,第74页。

③ 《全唐诗》卷三三六,中华书局1960年版,第3762页。

七种文辞共十篇，古传孔子定为“十翼”[①]，说它好像《易经》的羽翅。这十翼，实际已流传在公元前475至221的战国时代，如《左传·昭公二年》曰：“二年春，晋侯使韩宣子来聘，且告为政而来见，礼也。观书于大史氏，见《易》、《象》与《鲁春秋》。”[②]可见七种文辞之一的《象》已在战国时代出现。又如《左传·襄公九年》曰：“姜曰：亡。是于《周易》曰：随，元亨利贞，无咎。”[③]“元亨利贞”正是《文言》解释的乾卦卦辞，又可见七种文辞之一的《文言》已在战国时出现。又据唐房玄龄等撰《晋书·束皙传》曰：“太康二年（281），汲郡人不准盗发魏襄王墓，或言安釐王冢，得竹书数十车。……其《易经》二篇，与《周易》上下经同。《易繇阴阳卦》二篇，与《周易》略同，《繇辞》则异。”[④]由此可见，战国时代中期魏襄王墓中已出现《易经》，和晋本《周易》关系密切，但与今本《大传》七种也脱离不了关系。总之，七种文辞出现比《易经》的产生晚了一千多年，一般认为那时已经是封建时代了。这样，《大传》显然是以封建社会的思想来解释奴隶社会的民间卜卦书——《易经》。在解释时，有趣的是时而有两种制度和两种思想不同而发生碰撞的情形发生（见下第三节论述）。

据汉司马迁撰《史记·孔子世家》言：“孔子晚而喜《易》，序《彖》、《系》、《象》、《说卦》、《文言》。读《易》，韦编三绝。曰：‘假我数年，若是，我于《易》则彬彬矣。’”[⑤]孔子晚年喜读《易经》，他为《易经》写了《彖》、《系》、《象》、《说卦》、《文言》。关于韦编三绝，汉班固撰《汉书·儒林传序》：“盖晚而好《易》，读之韦编三绝，而为之传。”颜师古注：“编，所以联次简也。言爱玩之甚，故编简之韦为之三绝也。”[⑥]

6. 周文王像〔采自《三才图会》〕

《儒林传序》没有提到孔子写《大传》五篇，汉班固撰《汉书·艺文志》提到：“孔氏为之《彖》、《象》、《系辞》、《文言》、《序卦》之属十篇。”[⑦]但先秦无此说，只是

① （元）阴劲弦、阴复春编《韵府群玉》卷二〇《十三职·十翼》曰：“《十翼》，孔子作。上彖、下彖、上象、下象、上下系辞、文言、说卦、序卦、杂卦。”（景印文渊阁《四库全书》第951册，第754页）

② （晋）杜预注，（唐）孔颖达等正义《春秋左传正义》卷四二，中华书局1980年影印阮元校刻《十三经注疏》本，第2029页。

③ （晋）杜预注，（唐）孔颖达等正义《春秋左传正义》卷三〇，中华书局1980年影印阮元校刻《十三经注疏》本，第1942页。

④ （唐）房玄龄等撰《晋书》卷五一，中华书局1974年版，第1432页。

⑤ （汉）司马迁撰《史记》卷四七，中华书局1959年版，第1937页。

⑥ （汉）班固撰《汉书》卷八八，中华书局1962年版，第3589页。

⑦ （汉）班固撰《汉书》卷三〇，中华书局1962年版，第1701页。

《论语》的《述而篇》和《子路篇》中都有孔子读《易》的记载。而《大传》七种文辞里,《文言》中有六条"子曰",《系辞》中有二十三条"子曰",都是孔子说过的话。但除此之外都非孔子所作。因此《易传》七种成书于战国时代,且不是出自一人之手。这样看来,《大传》七种是由孔子领衔,集体搜集整理出来的。

伏羲画八卦是战国时代创造者论定的;而文王参加《易经》的创造,则是汉代人论定的。汉班固撰《汉书·艺文志》又曰:"至于殷、周之际,纣在上位,逆天暴物,文王以诸侯顺命而行道,天人之占可得而效,于是重《易》六爻,作上下篇。"①

总之,谈《周易》主要指《易经》的部分,但也要结合《大传》,才能读懂《易经》的六十四卦和三百八十四爻文辞。《易经》和《大传》两者一个整体,不可偏废。

《周易》通过八卦形式(象征天、地、雷、风、水、火、山、泽八种自然现象),推测自然和社会的变化,认为阴阳两种势力的相互作用是产生万物的根源。这种说法虽然看来是虚幻的,但是《系辞下》中提出《易经》的八卦是"刚柔相推,变在其中",唐孔颖达疏云:"刚柔相推而生变化,是变化之道,在刚柔相推之中,刚柔即阴阳也,论其气即谓之阴阳,语其体即为之刚柔。"②刚柔相推,重在变化。变,就是变革,变革就是发展。这是依据生活和历史产生的朴素辩证法原则,具有广泛概括性哲理的意义。

7. 羑里周文王"演易台"〔自摄〕

郭沫若在《周易时代的社会生活》一文中,全面扼要地分析了《周易》的深厚思想内容,他把这部光辉的卜筮书所反映的社会生活内容分做三大类:一是生活的基础,有渔猎、牧畜、商旅(交通)、耕种、工艺(器用)五项。二是社会的结构,有家族关系、政治组织、行政事项、阶级四项。三是精神的生产,有宗教、艺术、思想三项。这一切内容,就民间文化观点来看,则多半是通过民歌韵文卜卦辞艺术形式反映的,从而反映出《周易》产生的那个时代相当广阔的社会生活。郭沫若先生书中有两个著名论点:一是认为《周易》的"作者不必是一个人,作的时期也不必是一个时代"③,所以《易经》绝不是周文王著,这个说法自有其道理;二是认为《周易》"由此而演出男女、父母、阴阳、刚柔、天地的观念"④,已经意识

① (汉)班固撰《汉书》卷三〇,中华书局1962年版,第1704页。

② (魏)王弼、(晋)韩康伯注,(唐)孔颖达等正义《周易正义》卷八,中华书局1980年影印阮元校刻《十三经注疏》本,第85页。

③ 郭沫若著《中国古代社会研究》,人民出版社1954年版,第28页。

④ 郭沫若著《中国古代社会研究》,人民出版社1954年版,第23页。

到八卦和生殖有关系，从而引发 20 世纪中期以后学界对八卦和民间生殖崇拜的讨论。这是《周易》内容的精华，虽没有包括卜卦巫术，但已经包括《周易》主要的文化内容。而其中卜卦巫术经过研究知晓，则是呈现着高级文化形态，与任何低级迷信巫术相区别。

《周易》卜卦巫术背景所呈现的并不是虚妄的神鬼，而是中华民族有崇高创造精神的原始社会人物。《周易·系辞下》曰："包牺氏没，神农氏作，斫木为耜，揉木为耒，耒耨之利，以教天下，盖取诸益。日中为市，致天下之民，聚天下之货，交易而退，各得其所。"[①]是神农氏教会百姓用耒与犁耕种，创造市场贸易，弘扬的是中华民族勇于创造的精神。《周易·系辞下》又曰："神农氏没，黄帝、尧、舜氏作，通其变，使民不倦；神而化之，使民宜之。《易》：'穷则变，变则通，通则久。'是以自天佑之，吉无不利。黄帝、尧、舜垂衣裳而天下治，盖取诸乾坤。"[②]黄帝、尧、舜弘扬的是中华民族勇于变革、不倦奋斗、吉无不利、战无不胜的进取精神。

伏羲、神农、黄帝、尧、舜都是原始社会人物。《周易》的卜卦巫术充满了生活气息，亲善友爱、乐观自信的崇高精神，传递的是唯物主义观念。寓教于卜，每 一条卦爻辞更多的是以描绘历史的社会生活的画面，包孕正确的思想于其中。借故事情节的流布，影响传播的受众之心理向热爱生命方向转化，形成卦爻辞强烈的文化氛围。所以我们的研究结果发现，《周易》中卜卦巫术在商代形成时已经是原典型的文献，而并不是神秘鬼神型的迷信品，应当和时下在社会上流播的封建社会下三滥"鬼神八卦"迷信品作严格的区分。但只有敦煌唐人卜卦是古典文化型的巫术，是《周易》中民间卜卦传统的延伸而已经演变为卜卦风俗。[③]《周易》正是由于在孔子领衔创造的《大传》正确地诠释《易经》的情况下，才将古典文化型的《周易》贡献于世，其庄严的内容不可能再有所变化。

第三节 《周易》卜卦巫术条文

《易经》是商周卜卦巫术之书，当时的人，不论上层或下层，在卜卦吉凶时大都用中国国语韵文来写卦爻辞。由于年代久远，中国国语韵文古奥难懂。这些

---

① (魏)王弼、(晋)韩康伯注，(唐)孔颖达等正义《周易正义》卷八，中华书局 1980 年影印阮元校刻《十三经注疏》本，第 86 页。

② (魏)王弼、(晋)韩康伯注，(唐)孔颖达等正义《周易正义》卷八，中华书局 1980 年影印阮元校刻《十三经注疏》本，第 86—87 页。

③ 请参阅高国藩《敦煌古俗与民俗流变——中国民俗探微》第一章，河海大学出版社 1989 年版，第 1—27 页。

韵文形式的卜辞，有许多实际是民谣、民间寓言诗、民间格言诗，有着丰富的哲学含义。《周易》具有了明显的文化价值，成为中国早期文化中灿烂的不可磨灭的丰碑，对推动社会的发展有着永恒的意义。

《周易》中的卜卦民谣，可以概括为生活民谣、婚俗民谣、格言民谣、寓言民谣四类，内容丰富多彩。商周时代人就用这四类民谣占卜吉凶，民谣即成了卦爻辞。

8. 炎帝神农氏像〔采自《三才图会》。下同〕

一　生活民谣

描写当时人的各种生活场景。卜卦结果是“吉凶以情迁”(《系辞下》)，即事之吉凶因其生活情况而转移。

有反映祭祀生活的。《归妹》上六曰：“女承筐无实，士刲羊无血，无攸利。”(意思是少女捧筐装果品，筐破无实在东西；男士拿刀来刺羊，羊病无血勿祭神。不吉。)“士”，男子未婚称士。显然当时举行婚礼时有庙祭之俗，要给宗庙献祭品。女的要捧一个盛果品的筐，男的要刺羊出血，用羊血来祭神。这是以祭庙行为表现当时婚俗场景的民谣。既然爻辞说筐破无物可装，又无羊血可以祭神，“无攸利”就是不祥之兆。故《象》曰：“上六无实，承虚筐也。”孔颖达疏云：“虚筐，空无所有也。”[①]经与传意见一致。

9. 黄帝轩辕氏

有反映行猎的生活的。《明夷》初九曰：“明夷于飞，垂其翼。君子于行，三日不食。有攸往，主人有言。”(意思是鹈鹕飞在天上，伤翅垂其左翼；君子行猎追赶，忍饥三日投宿；虽有地方住下，主人拒绝供食。)这是叙述“君子”(贵族)行猎偶遇难事之民谣，但也仅是一时的困难。但是“《象》曰：君子于行，义不食也”[②]，意思是说君子因为主人无理谴责，就以节义来对待这种谴责，宁愿忍饥也不食，所以“《象》曰”是赞扬君子“义不食”。

① (魏)王弼、(晋)韩康伯注，(唐)孔颖达等正义《周易正义》卷五，中华书局1980年影印阮元校刻《十三经注疏》本，第64页。参校高亨著《周易大传今注》，齐鲁书社1979年版，第444页。

② (魏)王弼、(晋)韩康伯注，(唐)孔颖达等正义《周易正义》卷四，中华书局1980年影印阮元校刻《十三经注疏》本，第49页。

何谓“嗟来之食”？即带有侮辱性的施舍。《礼记·檀弓下》曰：“齐大饥，黔敖为食于路，以待饿者而食之。有饿者，蒙袂，辑屦，贸贸然来。黔敖左奉食，右执饮，曰：‘嗟来食！’扬其目而视之，曰：‘予唯不食嗟来之食，以至于斯也。’从而谢焉，终不食而死。”①唐人孔颖达有另一种相似却又不同的看法，《周易·明夷》：“《象》曰：君子于行，义不食也。”疏云：“正义曰：义不食也者，君子逃难惟速，故义不求食也。”②意思是君子只想到快快逃难，本来就没有求食的意思，谴责什么呢？我们现在读起来，感觉“人谋鬼谋，百姓与能”（《系辞下》），虽是由人谋划出来的卦辞，但要通过卜筮“鬼谋”之，才能看出吉凶好坏。不过，即使此卦卜筮鬼谋，感觉也并不神秘，答案理所当然，肯定“义”不食，是好卦。

生活民谣还有形象描写商代监狱的。《坎》上六曰：“系用徽纆，寘于丛棘，三岁不得，凶。”③（意思是用黑绳捆着来，放进荆棘丛里，三年不得释放。）徽纆，捆囚犯用的黑绳子。那荆棘丛，自然是为了防止囚犯逃跑而设的障碍。《象》曰：“上六失道，‘凶三岁’也。”《大传》这样解释“坎上六”，代表的是战国时代人的观点，显然是站在谴责商朝官方的立场上。什么叫“失道”？就是认为当时的官吏对待囚犯失去正道。

10. 帝尧陶唐氏像

有些民谣描写惩罚坏人。《离》九四曰：“突如，其来如，焚如，死如，弃如。”④“突如”，《说文解字》曰：“突，犬从穴中暂出也。”⑤段玉裁注：“子之不顺者，谓之突如。”故“突如”，概括的是不孝之子、不忠之臣、不顺之民，这些害群之马，一定要逐之远方。如其再回来，则烧死他、处死他、抛弃他。民谣反映出商周人居住风俗观念，祖居地容不得一个坏人，如若不把他们驱逐出境，人们便无安全感。《象》曰：“‘突如，其来如’，无所容也。”《大传》持有相同观点，认为如果坏人再回

① （汉）郑玄注，（唐）孔颖达等正义《礼记正义》卷一〇，中华书局 1980 年影印阮元校刻《十三经注疏》本，第 1314 页。

② （魏）王弼、（晋）韩康伯注，（唐）孔颖达等正义《周易正义》卷四，中华书局 1980 年影印阮元校刻《十三经注疏》本，第 49 页。

③ （魏）王弼、（晋）韩康伯注，（唐）孔颖达等正义《周易正义》卷三，中华书局 1980 年影印阮元校刻《十三经注疏》本，第 42 页。

④ （魏）王弼、（晋）韩康伯注，（唐）孔颖达等正义《周易正义》卷三，中华书局 1980 年影印阮元校刻《十三经注疏》本，第 43 页。

⑤ （汉）许慎撰，（宋）徐铉校定《说文解字》卷七下，中华书局 1963 年影印本，第 153 页上。

来，家乡绝无其容身之地。

描写眼泪哭声的民谣。《离》六五："出涕沱若，戚嗟若，吉。"正面描绘出哭泣、流泪、悲伤和哀叹，历历如绘。总之，《周易》中的生活民谣，广泛反映了商代民间的生活，"变动以利言"(《系辞》下)，事情的变动以利为准，自然吉凶是以利论定的。

11. 帝舜有虞氏像

二　婚俗民谣

描写当时人婚姻习俗，符合其时代背景。如反映抢婚求婚习俗。《贲》六四："贲如皤如，白马翰如，匪寇，婚媾。"[①](意思是花色马匹奔走，白马鬃毛长悠，并非劫财贼寇，乃求女婚媾。)《屯》六二："屯如邅如，乘马班如；匪寇，婚媾。女子贞不字，十年乃字。"[②](意思是多人屯然拥至，乘马转行回旋；不是抢夺寇贼，而是求女婚媾。)此条爻辞，前四句是一首求婚民谣。后两句是占卜说明，意思是说，倘若是女人占卜抽到了这一条爻辞，即坚贞不字，要求十年以后才能许嫁。但是有趣的是，《大传》说她"反常"，《象》曰："六二之难，乘刚也。'十年乃字'，反常也。"意思是说，这个女人也太刚强了，简直就是以女凌男，以柔克刚，违反了男尊女卑和男健女顺的常道，所以就是"反常"。爻辞运用抢夺婚俗，说明了另外一个婚姻命题。

有学者以为以上两例只是写奴隶主"横行霸道地去抢夺妇女"，实误矣，因为"匪寇，婚媾"很明显反映了商代掠夺婚和求婚的古俗。有的婚俗民谣没有"匪寇，婚媾"字样，就是描写一般妇女婚姻情况。《屯》上六："乘马班如，泣血涟如。"[③](意思是男人骑马回还，女人挣扎，泪与血一同流淌。)这是描写婚姻的悲痛，是凶象，但与抢婚没有什么关系。梁启超对此早有讨论，是颇有见地的，他说："夫寇与昏媾，截然二事，何至相混？得毋古代昏媾所取之手段，与寇无大异耶？故闻马蹄蹴踏，有女啜泣，谓之遇寇，细审乃知其为昏媾也。"[④]这种掠夺婚自然是原始社会野蛮人行为之产物，多半发生在群婚向个体婚过度阶段。这些民谣无疑说明了在商代奴隶社会还残存着原始社会的抢婚习俗。

---

① (魏)王弼、(晋)韩康伯注，(唐)孔颖达等正义《周易正义》卷三，中华书局 1980 年影印阮元校刻《十三经注疏》本，第 38 页。

② (魏)王弼、(晋)韩康伯注，(唐)孔颖达等正义《周易正义》卷一，中华书局 1980 年影印阮元校刻《十三经注疏》本，第 19 页。

③ (魏)王弼、(晋)韩康伯注，(唐)孔颖达等正义《周易正义》卷一，中华书局 1980 年影印阮元校刻《十三经注疏》本，第 20 页。

④ 梁启超著《中国文化史·社会组织篇》，《饮冰室合集》专集第十八册，中华书局 1936 年版，第 5 页。

12. 河南安阳殷墟官殿遗址〔《文明》2007 年特刊〕

《周易》中的婚俗民谣还反映了老少婚之习俗。《大过》九二:“枯杨生稊,老夫得其女妻,无不利。”①(意思是枯杨树枝长嫩芽,老头娶了女娇娃。转向年轻,故无不利。)这是肯定老头娶少女的。《大过》九五:“枯杨生华,老妇得其士夫。无咎无誉。”②(意思是枯杨树枝开鲜花,老妇嫁了少年郎。可无灾咎,也无名誉。)这是反映老太嫁少男的。这两首商代民谣以生动的比兴,写出了老头、老太(似为有钱人)娶年轻配偶出现的欢欣。《易经》爻辞都为肯定,一个说“无不利”,一个说“无咎”。然而《象》都是把它们列在过失里。对老夫少妻者,“《象》曰:‘老夫女妻’,过以相与也”③。可见,在商代,对老夫少妻婚是认同的,“故无不利”嘛。而《象》却是否定的,非要说是“过以相与也”。“过”就是过失,“相与”即二人共处,非要把爻辞的意思解释做年龄不相当,相配是过失,是错误。这个矛盾说明《象》的作者(封建社会时人)不赞同爻辞作者(奴隶社会时人)的观点。

《大过》九二魏王弼、韩康伯的注,也是认为“以阳处阴,能过其本,而救其弱者也”。唐孔颖达疏强调普偏性,说“大过之时能行此道,无有衰者”④。而对老妇少夫者,“象曰:枯杨生华,何可久也?老妇士夫,亦可丑也”⑤。一个“何可久”,又一个“亦可丑”,谴责之意明显前后时代不同,《象》的作者怎么会赞同爻辞作者的观点呢?因为老夫少妻和老妇少夫不同,老夫少妻能够持久终身,双双颐养天年,这是事实;而老妇嫁得少年男,其夫易弃之,正如同杨花易落也。

13. 安阳殷墟出土的玉人立像〔采自《中国古代服饰史》〕

三 格言民谣

这一类也是别有风味的,通常只有三四句,短小精干地说明一个道理。《系辞上》:“鼓之以雷霆,润之以风雨。日月运行,一寒一暑。”⑥电闪雷鸣就必然要有风雨,四季日月轮回就必然要有

①③④ (魏)王弼、(晋)韩康伯注,(唐)孔颖达等正义《周易正义》卷三,中华书局 1980 年影印阮元校刻《十三经注疏》本,第 41 页。

②⑤ (魏)王弼、(晋)韩康伯注,(唐)孔颖达等正义《周易正义》卷三,中华书局 1980 年影印阮元校刻《十三经注疏》本,第 42 页。

⑥ (魏)王弼、(晋)韩康伯注,(唐)孔颖达等正义《周易正义》卷七,中华书局 1980 年影印阮元校刻《十三经注疏》本,第 76 页。

冬天和夏天。这四句韵文，实际是概括大自然普遍规律的格言民谣。

《系辞上》："二人同心，其利断金。同心之言，其臭如兰。"[①]这是说二人同心，像刀之锋利，可以斩断金属；人与人之间，彼此言语无间，谈吐之气像兰草一样芳香。这四句韵文，实言二人同心，无往不胜，是格言民谣无疑。以上是《大传》里有民谣的明证，《大传》具有民间文学价值和哲理性也显而易见。当然，《易经》里也是有格言民谣的。《泰》九三："无平不陂。无往不复。艰贞无咎。勿恤其孚，于食有福。"[②]此为占问艰难之事的爻辞，但却是一首格言民谣，意谓没有平坦中没有坎坷，没有往来中没有反复，只要去克服艰难，总会否极泰来。不要忧患被人掠夺，在饮食中可享有福。这首格言民谣具有明显的辩证法因素，即使到今天仍可以从各种不同角度加以理解、运用，所以说《周易》中的经典名言对推动社会发展具有永恒的意义。

四　寓言民谣

寓言民谣概括了当时的现实生活，并能让人从中预测出祸福。它们既具有一定思想意义，又具有精巧的艺术构思，是中国民间文学中难得的珍品。《睽》六三："见舆曳，其牛掣，其人天且劓，无初有终。"[③]意思是有个人赶牛车，想要牛车后退，这个人本应该紧抓缰绳，把牛稳稳地牵着后退才行，可是这个人并没有这样，反而拉车后退，让牛硬向前挣，结果便招来了割鼻的酷刑。这首简短的寓言民谣，从当时生活中残酷的割鼻刑法中总结出道理，曲折地反映了奴隶悲惨的失鼻命运，但归咎于奴隶违背客观规律而招来了灾祸，有思想局限性。《困》六三："困于石，据于蒺藜，入于其宫，不见其妻，凶。"[④]意思是有个人被困于石山里做苦役，由于自己粗心大意，攀附上蒺藜般险恶的小人，走进他的房间，从此再也见不到自己的老婆。这首寓言民谣反映了奴隶谨小慎微的恐惧心理，教育人要小心，不要投靠险恶的小人而失去自己的家和妻子。《井》卦辞："往来井井，汔至亦未繘井，羸其瓶，

14. 商出土透雕玉女人佩〔采自《中国古代服饰史》〕

① （魏）王弼、（晋）韩康伯注，（唐）孔颖达等正义《周易正义》卷七，中华书局 1980 年影印阮元校刻《十三经注疏》本，第 79 页。

② （魏）王弼、（晋）韩康伯注，（唐）孔颖达等正义《周易正义》卷二，中华书局 1980 年影印阮元校刻《十三经注疏》本，第 28 页。参高亨著《周易大传今注》，齐鲁书社 1979 年版，第 149 页。

③ （魏）王弼、（晋）韩康伯注，（唐）孔颖达等正义《周易正义》卷四，中华书局 1980 年影印阮元校刻《十三经注疏》本，第 51 页。

④ （魏）王弼、（晋）韩康伯注，（唐）孔颖达等正义《周易正义》卷五，中华书局 1980 年影印阮元校刻《十三经注疏》本，第 59 页。

凶。"[①]意谓人们只知道来来往往到井边汲水，而当井被堵塞的时候，又不去挖井，却紧紧缠绕着自己的水瓶不放。这首寓言民谣说，当人们生活中一种必需品断绝了来源的时候，不去着力于开源，反而一味强调节流，这是舍本求末的做法。以上三例卦爻辞，具备故事情节，主题思想突出，寓有一定深意，说明一定道理，艺术性上精炼简短，基本采取三、四字句，符合寓言民谣的条件。寓言民谣竟然在《周易》这样的卜筮书中出现，而在当时出现的其他古书里（如《简书》）是罕见的，是民间文学研究领域不可忽视的现象。

《周易》卜卦辞是集体所创造。在写定之前，经历了一个漫长的口头传承过程，而后筮官们搜集整理起来，并且将它们分别纳入卦爻辞之中。所以，这些民谣是集体智慧的结晶品，它们的主要内容或被嵌入了贵族们的思想意识，但朴素的唯物现实内容外，混入的神秘迷信成分并不浓厚，而辩证法和哲学因素却颇为浓郁。《周易》"经"的部分是如此，"大传"中的民谣也是经过记录采撷成篇的，情况也相似。高亨著《周易大传今注》中指出："以余观之，此两篇长文（指《系辞》上下两篇），结构不甚谨严，在文句前后相重者，有文意前后相复者，又有似随意记录或简篇错乱者。如选择《易经》爻辞共十九条，分置三处（上篇两处，下篇一处），皆与上下文不相联，此其显著者也。"[②]"随意记录"，自然要采撷自民间文学，只要看一看"大传"里有那样多谣谚，就可以确认这是有根据的。我认为《系辞》结构不甚严谨，甚至文中有重复处，插进了民间谣谚之类民间文学作品是其原因之一。古代谣与谚本不分，《周易》中谣谚也如此，因为谣谚有一个共同点，就是韵律。谣谚有强烈的音乐性和精粹的词意，值得深入研究。

---

① （魏）王弼、（晋）韩康伯注，（唐）孔颖达等正义《周易正义》卷五，中华书局 1980 年影印阮元校刻《十三经注疏》本，第 60 页。

② 高亨著《周易大传今注》卷五《系辞上》，齐鲁书社 1979 年版，第 503—504 页。

第九章　春秋战国时代巫术

春秋战国是一个百家争鸣和百花齐放的时代，巫术是二“百”之源。所谓的“百家争鸣”，是儒道两家领衔，围绕卜筮书《周易》的哲学命题而展开。就巫术史而言，所谓的“百花齐放”，则是围绕巫术所创造的文物及巫术思维开发的文化种类特别丰富。

第一节　春秋战国时代模仿巫术

春秋战国是中国的奴隶制到封建制过渡交替的时代。为适应变革需要，经济逐步发展，带来思想解放，学术文化空前活跃，百家争鸣，重新围绕《周易》探讨宇宙和人生哲理，重视人的生命，也重新探讨政治制度和思想改革，自由地展开各种全民议论，蔚然成风，对各种巫术相容并包，这是社会进步的标志。巫师的巫术思维得到广泛运用。在春秋战国时代，往往能看到一个突出的政治现象，就是上层统治阶级往往要通过巫师去传达他的意志，因为巫师的巫术思维得到广泛认可。《左传・僖公十年》记载的太子申生就是利用巫师来传达“天帝”的意思的，实际是传达自己的意思。记载说：这年秋天，狐突到陪都曲沃去，遇到太子申生。太子让他登车作为御者，告诉他说：“夷吾无礼，我已经请求天帝并且得到同意，准备把晋国给予秦国，秦国将会祭祀我。”狐突回答说：“臣听说，神灵不享受别族的祭品，百姓也不祭祀别族……”太子申生说：“好，我打算重新请求。过七天，新城的西边将要有一个巫人表达我的意见。”狐突同意去见这个巫人，申生就一下子不见了。到时候前去，巫人告诉他说：“天帝允许我惩罚有罪的人

1. 青铜少女俑〔丁晓愉编绘《中国古俑白描》，北京工艺美术出版社 1991 年版，第 7 页。下同〕

了，他将在韩地大败。”[①]这个巫师变为虚伪的代言人，致使其尊严威信扫地，地位降低。但是并不意味着巫师的所有巫术思维都是错误的，更不意味着智者使用巫术思维就不能成功。

烧活人求雨巫术的野蛮性已发生改变，新兴起巫术思维的象征法，渗入到巫术领域。《左传·僖公二十一年》记载这样一件事情：“夏，大旱。公欲焚巫尪。臧文仲曰：‘非旱备也。修城郭，贬食省用，务穑劝分，此其务也。巫尪何为？天欲杀之，则如勿生；若能为旱，焚之滋甚。’公从之。是岁也，饥而不害。”[②]意思是说，这年夏天大旱，僖公要烧死巫人和仰面朝天的畸形人。臧文仲对他说：这不是防备旱灾的办法。修理城墙，贬损饮食，节省开支，致力农事，劝人施舍，这才是应该做的。巫人、仰面朝天畸形人能做什么呢？上天要杀他们，就应当不生他们，如果他们能造成旱灾，烧死他们会更厉害。僖公听从了。关于“巫尪”，杜预注云：“巫尪，女巫也。主祈祷请雨者。或以为尪非巫也，瘠病之人，其面上向，俗谓无哀其病，恐雨入其鼻，故为之旱，是以公欲焚之。”[③]此模仿巫术以烧残疾巫师为主。

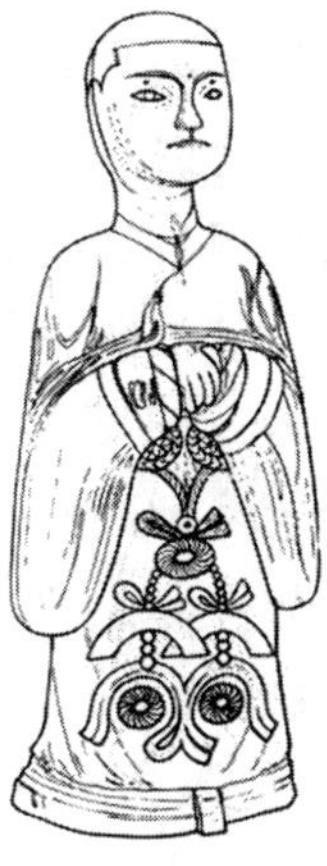

2. 彩绘挂佩饰的女木俑（河南信阳长台关一号战国楚墓出土）

但巫师的思维不断在进步。当时由于生产力的发展、文化的进步，巫术中不合人性的内容受到质疑，其权威地位已动摇，人们反思一遇灾年，巫人为何非成为替罪羊？于是当时就有人出来纠正这种不人道做法。当时还有人认为，不仅不应当烧活人求雨，也不应当继续实行那种把女巫拖至烈日下暴晒以求雨的巫术，这同样是不人道的。《礼记·檀弓下》云：

岁旱，穆公召县子而问然，曰：“天久不雨，吾欲暴尪而奚若？”曰：“天则不雨，而暴人之疾子，虐，毋乃不可与。”錮疾，人之所哀，暴之是虐。“然则吾欲暴巫而奚若？”曰：“天则不雨，而望之愚妇人，于以求之，毋乃已疏乎？”已犹甚也。巫主接神，亦觊天哀而雨之。[④]

① 沈玉成译《左传译文》，中华书局1981年版，第83页。

②③ （晋）杜预注，（唐）孔颖达等正义《春秋左传正义》卷一四，中华书局1980年影印阮元校刻《十三经注疏》本，第1811页。

④ （汉）郑玄注，（唐）孔颖达等正义《礼记正义》卷九，中华书局1980年影印阮元校刻《十三经注疏》本，第1317页。

按照孔颖达疏义之意，认为天旱时叫几位“愚妇人”在烈日下暴晒，以求老天爷开恩而下雨，这是没道理（“疏远于道理”）的事情。当时人也认为这是虐待。

那么，烧活人求雨不人道，拿活人暴晒求雨也不应该，当时人认为，国君最好不要高高在上指手画脚，最好自己跳进柴火里自焚以为黎民百姓求雨，如此做法是最好了。于是便有了以下这种巫术之传说。《庄子》云：“昔宋景公时大旱，卜之，必以人祠乃雨。景公下堂顿首曰：‘吾所以求雨，为民也。今必使吾以人祠乃雨，将自当之。’言未卒而大雨，何也？为有德于天而惠于民也。”①

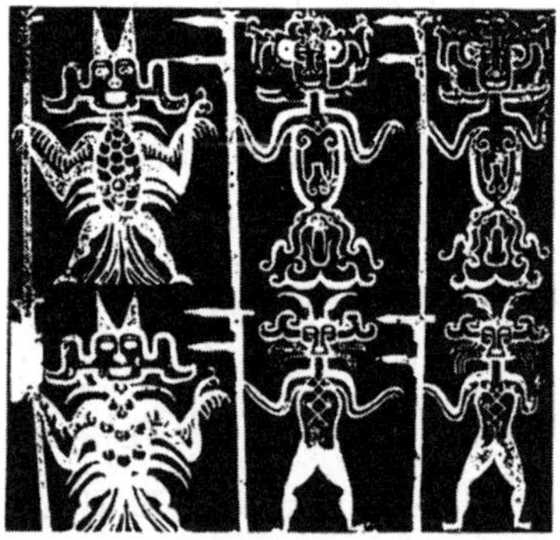
3. 战国曾侯乙墓内棺漆画上长角巫师装扮画（1978 年湖北随县出土）

此事纵然是传说，但民众强烈要求君王应有忧国忧民的品德，这是可以理解的。这种理想当然是最具有巫术性的，因为它认为天人是互相感应的，谁来沟通这种感应呢？那就是跳进柴火里自焚的君王，由他来亲任通神巫师的角色。这说明春秋战国时代当国君，已不再像一人为王的商纣时代那么容易了，国君执政，处处要受到民间的舆论监督，当时人认为不首先开放舆论自由，政治制度是无法进行改革的，因此有上述议论。

“以人祠雨”何以见得便是国君自焚呢？北魏郦道元撰《水经注》卷二一《汝水》引《桂阳先贤画赞》云：“临武张熹，字季智，为平舆令，时天大旱，熹躬祷雩，未获嘉应，乃积薪自焚，主簿侯崇、小吏张化从，熹焚焉，火既燎，天灵感应，即澍雨，此熹自焚处也。”②这种“积薪自焚”就是“以人祠雨”的具体化。但是否真死却无交代，为什么？因为在春秋战国时代，“以人祠雨”也可理解为国君在烈日下暴晒三天来求雨，当时的齐国便有这种模仿巫术与交感巫术互相结合的做法。《晏子春秋·内篇谏上第一》云：

> 齐大旱逾时，景公召群臣问曰：“天不雨久矣，民且有饥色。吾使人卜，云祟在高山广水。寡人欲少赋敛以祠灵山，可乎？”群臣莫对。晏子进曰：“不可！祠此无益也。夫灵山固以石为身，以草木为发，天久不雨，发将焦，身将热，彼独不欲雨乎？祠之何益。”公曰：“不然，吾欲祠河伯，可乎？”晏子

① （唐）欧阳询撰，汪绍楹校《艺文类聚》卷六六《产业部下·田猎》，上海古籍出版社 1982 年版，第 1172 页。

② （北魏）郦道元撰，陈桥驿点校《水经注》卷二〇，上海古籍出版社 1990 年版，第 411 页。

曰："不可！河伯以水为国，以鱼鳖为民，天久不雨，水泉将下，百川将竭，国将亡，民将灭矣。彼独不欲雨乎？祠之何益？"景公曰："今为之奈何？"晏子曰："君诚避宫殿暴露，与灵山、河伯共忧，其幸而雨乎！"于是景公出野暴露，三日，天果大雨，民尽得种时。景公曰："善哉，晏子之言，可无用乎！其维有德。"①

实际上国君野居暴露三天或"积薪自燃"是两个步骤，重天人感应的象征性，目的在表诚心以感化天。求雨巫术仪式化，人非真死，配合巫舞、占卜、祭祀巫术，又赢得好名声，何乐不为？遂成为春秋战国国君求雨的固定程序。

桃木巫术在神话时代已见端倪。射日英雄神后羿就是被桃木棒打死的，故《淮南子·诠言训》云："羿死于桃棓。"高诱注云："棓，大杖，以桃木为之，以击杀羿。由是以来，鬼畏桃也。"②《淮南子·说山训》又云："羿死桃部（逵吉按：桃部即桃棓），不给射。"③至周代，正如《周礼·夏官·戎右》云："赞牛耳、桃茢。"则桃木已经有扫除凶邪的巫术力了。

春秋战国人既然已能客观看待巫术，特别对烧活人求雨巫术已改革完毕，思路即转变到除邪上来。《左传·襄公二十九年》载："楚人使公亲襚，公患之。穆叔曰：'祓殡而襚，则布币也。'乃使巫以桃茢先祓殡。楚人弗禁，既而悔之。"④意思是说，楚国人让襄公亲自为楚王的尸体穿衣服，襄公对这件事感到忧虑。穆叔说："先扫除棺材的凶邪，然后给死者穿衣服，这就等于朝见时陈列皮币。"于是就让巫人制作桃棒做笤帚先在棺材上扫除凶邪。楚国人没有禁止，以后就感到后悔。由此例可知，此时已让巫人制作桃棒，其有"扫除凶邪"之巫术力。

从桃棒进而发展为桃人驱鬼。《礼记·檀弓下》云："君临臣丧，以巫祝、桃茢，执戈，(鬼)恶之也，所以异于生也。"⑤《战国策》卷一〇《齐策三·孟尝君将入秦》云："孟尝君见之。谓孟尝君曰：'今者臣来，过于淄上，有土偶人与桃梗相与语。桃梗谓土偶人曰：'子，西岸之土也，挻子以为人，至岁八月，降雨下，淄水

---

① (周)晏婴撰，(清)孙星衍校《晏子春秋》卷一，上海古籍出版社 1986 年《二十二子》影印本，第 560 页。参校汤化译注《晏子春秋》，中华书局 2011 年版，第 50—51 页。

② (汉)刘安撰，(汉)高诱注，(清)庄逵吉校《淮南子》卷一四，上海古籍出版社 1986 年《二十二子》影印本，第 1270 页。

③ (汉)刘安撰，(汉)高诱注，(清)庄逵吉校《淮南子》卷一六，上海古籍出版社 1986 年《二十二子》影印本，第 1282 页。

④ (晋)杜预注，(唐)孔颖达等正义《春秋左传正义》卷三九，中华书局 1980 年影印阮元校刻《十三经注疏》本，第 2004 页。

⑤ (汉)郑玄注，(唐)孔颖达等正义《礼记正义》卷九，中华书局 1980 年影印阮元校刻《十三经注疏》，第 1302 页。

至，则汝残矣。'土偶曰：'不然。吾西岸之土也，土则复西岸耳。今子，东国之桃梗也，刻削子以为人，降雨下，淄水至，流子而去，则子漂漂者将何如耳。'今秦四塞之国，譬若虎口，而君入之，则臣不知君所出矣。'孟尝君乃止。"①

此为苏秦阻止孟尝君入秦而说的桃人驱鬼巫术，其背景是桃人模仿巫术。这则巫术通过土偶与桃人可能具有的不同遭遇，启示人们看问题要善于抓住本质。正如汉应劭撰《风俗通义》祀典第八《桃梗苇茭画虎》曰："谨按《黄帝书》：'上古之时，有神荼与郁垒昆弟二人，性能执鬼。度朔山上有桃树，二人于树下简阅百鬼，无道理妄为人祸害，神荼与郁垒缚以苇索，执以食虎。'于是县官常以腊除夕饰桃人，垂苇茭，画虎于门，皆追效于前事，冀以御凶也。"②桃梗、桃人系用桃木雕成的木偶，用以御凶。这又是典型的模仿巫术特征，遂衍化成后世春节风俗。这表明已完成从活人祭祀向木偶祭祀的转变，而且巫术转变为文化，成为春秋战国时代巫术的特点。

春秋时，在"桃人驱鬼"巫术转变为文化背景下，又衍化出木人"倡偶唱戏"巫术。《列子·汤问篇》云："周穆王西巡狩，越昆仑，不至弇山。反还，未及中国，道有献工人名偃师，穆王荐之，问曰：'若有何能？'偃师曰：'臣唯命所试。然臣已有所造，愿王先观之。'穆王曰：'日以俱来。吾与若俱观之。'翌日偃师谒见王。王荐之，曰：'若与偕来者何人邪？'对曰：'臣之所造能倡者。'穆王惊视之，趋步俯仰，信人也。巧夫锁其颐，则歌合律；捧其手，则舞应节。千变万化，惟意所适。王以为实人也，与盛姬内御并观之。技将终，倡者瞬其目而招王之左右侍妾。王大怒，立欲诛偃师。偃师大慑，立剖散倡者以示王，皆傅会革、木、胶、漆、白、黑、丹、青之所为。王谛料之，内则肝、胆、心、肺、脾、肾、肠、胃，外则筋骨、支节、皮毛、齿发，皆假物也，而无不毕具者。合会复如初见。王试废其心，则口不能言；废其肝，则目不能视；废其肾，则足不能步。穆王始悦而叹曰：'人之巧乃可与造化者同功乎？'诏贰车载之以归。夫班输之云梯，墨翟之飞鸢，自谓能之极也。"③这证明列子也是一位把巫术

4. 列子（冲虚真人）与庄子（南华真人）〔张兴发编著《道教神仙信仰》，中国社会科学出版社 2001 年版，第 341 页。〕

① （汉）刘向集录《战国策》卷一〇，上海古籍出版社，1998 年版，第 374 页。

② （汉）应劭撰，吴树平校释《风俗通义校释》，天津人民出版社 1980 年版，第 306 页。

③ （周）列御寇撰，（晋）张湛注，（唐）殷敬顺释文《列子》卷五，上海古籍出版社 1986 年影印《二十二子》本，第 211—212 页。参严北溟、严捷译注《列子译注》，上海古籍出版社 1986 年版，第 129 页。

思维转为文化极成功的先贤。

《列子》载木人唱戏巫术和木鸢飞天巫术是春秋时人欲超越自然力的两大发明创造。木人唱戏巫术实际是女娲造人巫术的延续与具体化，故云“人之巧乃可与造化者同功”。“皆假物”造人，但人的功能却“无不毕具”，穆王“诏贰车载之以归”。表明春秋造人巫术取得了令人瞩目的成果，这也是巫术养生思路的延续。

木鸢飞天巫术也在春秋时开始试验。这是中国飞天文化之始。《墨子·鲁问》云：“公输子削竹木以为鹊，成而飞之，三日不下。”[①]《韩非子·外储说左上》云：“墨子为木鸢，三年而成，蜚一日而败。弟子曰：‘先生之巧，至能使木鸢飞。’墨子曰：‘吾不如为车輗者巧也。用咫尺之木，不费一朝之事，而引三十石之任，致远力多，久于岁数。今我为鸢，三年成，蜚一日而败。’惠子闻之曰：‘墨子大巧，巧为輗，拙为鸢。”[②]《淮南子·齐俗训》云：“鲁般、墨子以木为鸢而飞之，三日不集，而不可使为工也。”[③]时当公元前 8 世纪至公元前 6 世纪的春秋之时，此为首次飞天巫术试验时间段。此时墨子作为哲学家也参与了设计，并且参与造輗车，所以惠子说他“巧为輗为鸢”，不过《淮南子》一直认为鲁般造木鸢应该排名首位，因为他是工匠。

然春秋战国时代作木鸢巫术试验的，不止一个鲁国公输般，战国时代魏国安釐王也做过木鸢巫术试验。南朝宋刘敬叔撰《异苑》曰：

> 魏安釐王观翔鹄而乐之，曰：“寡人得如鹄之飞，视天下如芥也。”客有隐游者闻之，作木鹄而献王。王曰：“此有形无用者也。夫作无用之器，世之奸民也。”召隐游，欲加刑焉。隐游曰：“大王知有用之用，未悟无用之用也。今臣请为大王翔之。”乃取而骑焉。遂翻然飞去，莫知所之也。[④]

魏国安釐王，公元前 276 年至公元前 243 年在位。此为第二个飞天巫术试验时间段。有一群隐游者围绕在安釐王的周围做实验，而且已能“翻然飞去，莫知所之”了，取得了成功。造木鸢飞天巫术试验以中国为最早见，为世界造木鸟

---

① (周)墨翟撰，(清)毕沅校注《墨子》卷一三，上海古籍出版社 1986 年影印《二十二子》本，第 270 页。

② (周)韩非撰《韩非子》卷一一，上海古籍出版社 1986 年影印《二十二子》本，第 1155 页。

③ (汉)刘安撰，(汉)高诱注，(清)庄逵吉校《淮南子》卷一一《齐俗训》，上海古籍出版社 1986 年影印《二十二子》本，第 1256 页。

④ (南朝宋)刘敬叔撰《异苑》，(宋)李昉等编，汪绍楹点校《太平广记》卷二八四《幻术一·客隐游》引，中华书局 1961 年版，第 2262 页。

的源头。

鲁般造木鸢巫术在后世影响深远，在汉代和唐代都有后来者继续试验的记载，并云鲁般为此有益于人类实现飞天梦想的巫术，而牺牲了自己母亲的生命。

战国时代木偶巫术亦大为流行。秦欲灭宋，宋反抗，宋人制秦王木偶射其面孔。《战国策》卷三〇《燕策二·秦召燕王》曰："秦欲攻安邑，恐齐救之，则以宋委于齐，曰：'宋王无道，为木人以写寡人，射其面。寡人地绝兵远，不能攻也。王苟能破宋有之，寡人如自得之。'已得安邑，塞女戟，因以破宋为齐罪。"[①]

预言巫术的特点在《左传》中也得到反映：第一，巫人矞似的料事如神。《左传·文公十年》载，起初，楚国范地的巫人矞似预言说："成王和子玉、子西这三位都将横死。"城濮那次战役，楚王想到这句话，所以阻止子玉说："不要自杀。"但没有来得及去阻止子西，子西正好上吊而绳子断了，楚王的使者刚刚来到，就阻止了他自杀，让他做了商公。子西沿汉江而下，溯长江而上，将要进入郢都。楚王正在渚宫，下来接见他。子西害怕，就假惺惺地说："下臣幸而免于一死，但又有诬陷之辞，说下臣打算逃走，下臣现在回来请求死在司败那里。"楚王让他做了工尹，他又和子家策划杀死穆王。穆王听到以后，在五天中杀了他和子家。[②] 巫人矞似的预言还是变为现实了。模仿巫术思维成障眼法使预言成功。

第二，桑田巫人的悲惨丧命。《左传·成公十年》记载的桑田巫人的惨死，事情是这样的：晋侯梦见一个大鬼，披散的长发拖到地上，捶胸跳跃，说："你杀了我的子孙，这是不义。我的请求已经得到天帝允许了！"大鬼毁掉宫门和寝门走进来。晋侯害怕，躲进内室，大鬼又毁掉了内室的门，晋侯醒来，召见桑田的巫人。巫人所说的和晋侯梦见的情况一样。晋侯说："怎么样？"巫人说："君王吃不到新收的麦子了！"晋侯病重，到秦国请医生。秦伯派医缓给晋侯治病。医缓还没有到达，晋侯又梦见疾病变成两个小孩子，一个说："他是个好医生，恐怕会伤害到我们，往哪儿逃好？"另一个说："我们待在肓的上边、膏的下边，看他拿我们怎么办？"医生来看后，说："病不能治了，在肓的上边、膏的下边，砭石不能用，针刺够不着，药物的力量也到不了，不能治了。"晋侯说："真是好医生啊。"馈送给他丰厚的礼物让他回去。六月初六日，晋侯想吃麦子，让甸人奉献，馈人烹煮。晋侯召见桑田巫人，把煮好的新麦给他看，然后杀了他。将要进食时，晋侯肚子发胀，上厕所，跌进厕所里死去。有一个宦官早晨梦见背着晋侯登天，等到

---

① (汉)刘向集录《战国策》卷三〇，上海古籍出版社 1998 年版，第 1080 页。

② 参见沈玉成译《左传译文》，中华书局 1981 年版，第 147 页。

中午，他背着晋侯出厕所，于是就把他作为殉葬品。这是一个模仿与交感结合的巫术。

第三，梗阳巫皋的出谋划策。《左传·襄公十八年》记载，中行献子打算攻打齐国，梦见和晋厉公争讼，没有胜诉。晋厉公用戈打他，脑袋在前面掉下来，中行献子跪下来安在脖子上，两手捧着它走路，见到梗阳的巫皋。过几天，中行献子在路上碰见巫皋，和他谈起梦里的情况(竟和巫皋所梦见的)一样。巫皋说："今年您一定要死，如果在东边有战事，那是可以满足愿望的。"中行献子答应了。[①] 巫皋的一番换头巫术的行话，显然被中行献子所接受，于是为他出谋进行东边的战争。此换头巫术显然是模仿巫术。

由上可见，统治阶级往往要千方百计摆脱民间舆论的控制，而花样百出地通过巫师来搞他们的政治活动，散布巫师预言的舆论，以巩固自己的统治；反之，巫师也借助统治阶级的庇护而得以生存。

春秋战国时代夏禹变熊的模仿巫术故事被屈原《天问》提出，引发后人关注。屈原也是一位将巫术思维转变为文化的人。《楚辞·天问》曰：

禹之力献功，	大禹尽力献出圣功，
降省下土四方，	降临省视天下八方。
焉得彼涂山女，	哪里得来涂山之女，
而通之于台桑？	与她结合就在台桑？
闵妃匹合，	爱涂山女与之匹配，
厥身是继，	得到继嗣儿子出生。
胡维嗜不同味，	为何嗜欲与人同味，
而快朝饱？	求欢饱享一朝之情？

屈原问夏禹是怎么在台桑与涂山女结婚的？夏禹的儿子又是怎么出生的？《天问》的问题一直到宋代洪兴祖来补注《天问》此才揭开谜底。洪兴祖补注引古本《淮南子》曰：

禹治鸿水，通轘辕山，化为熊，谓涂山氏曰：欲饷，闻鼓声乃来。禹跳石，误中鼓，涂山氏往，见禹方作熊，惭而去。至嵩高山下，化为石，方生启。

① 以上《左传》的译文均采自沈玉成译《左传译文》，中华书局1981年版。

禹曰：归我子。石破北方而启生。①

此例“禹变熊”证明，人变形为动物的巫术思维，在春秋战国时代十分流行。还应当提到，庄子把在春秋时听说的巫术传说，全都转换为巫术寓言故事。《庄子·天运》所述“敬陈刍狗”即模仿巫术寓言：“孔子西游于卫。颜渊问师金曰：‘以夫子之行为奚如？’师金曰：‘惜乎，而夫子其穷哉！’颜渊曰：‘何也？’师金曰：‘夫刍狗之未陈也，盛以箧衍，巾以文绣，尸祝斋戒以将之。及其已陈也，行者践其首脊，苏者取而爨之而已；将复取而盛以箧衍，中以文绣，游居寝卧其下，彼不得梦，必且数眯焉。今而夫子，亦取先王已陈刍狗，聚弟子游居寝卧其下。故伐树于宋，削迹于卫，穷于商周，是非其梦邪？围于陈蔡之间，七日不火食，死生相与邻，是非其眯邪？’”②

5. 先圣像〔采自《三才图会》〕

“尸祝”，正是春秋战国时代祭祀巫师的名称。尸祝在祭祀以前，用草扎成狗，又运用模仿巫术来对它们施术。我们通过鲁国的太师师金讲说孔子游学遇到困厄的这段话可看到，所谓在祭祀前，用草扎成狗，又将这些草狗用竹制箱笼来装着，又用绣有图纹饰物的布来披在草狗身上，然后尸祝在斋戒以后再来迎送祭祀神。通过《庄子·天运》的描述，我们看到了一幅当时祭祀巫师如何施行模仿巫术来祭神的图画。

但实际上师金的话是在谴责孔子敬陈刍狗，居然把孔子讲学与之对比，不伦不类，言外之意是说孔子是赞同尸祝作法的，所以孔子在宋、卫、商、周、陈、蔡等国都受到驱逐。孔子对巫的态度是客观的。第一是“敬鬼神而远之”，首先是敬，继而是“远”，不受迷惑，不参加巫师活动；第二是对巫师特征加以客观分析，如《论语·泰伯》中对夏禹“致孝乎鬼神”的巫师身份作了准确界定；第三是肯定巫医对医术的钻研有恒心，所以说“人而无恒，不可以作巫医”；第四是对巫师驱傩风俗也表示尊重，所以《论语·乡党》云：“乡人傩，朝服而立于阼阶。”

庄子生活于春秋末至战国前期，与梁惠王同时，做过蒙地漆园吏，故陆德明《经典释文·序录》称其“梁国蒙县人也”。他最早把听到的民间巫术传说改编

① (宋)洪兴祖撰，白化文等点校《楚辞补注》，中华书局1983年版，第97页。

② (周)庄周撰，(晋)郭象注，(唐)陆德明音义《庄子》卷五，上海古籍出版社1986年影印《二十二子》本，第46页。

为寓言，成为巫术寓言的先驱。《庄子·逍遥游》内，“鲲鱼笑鹏”也是一个模仿巫术寓言，庄子记载下了他那个时代的巫术思维特点，以人一样思维的动物为故事主人翁，说明一个发人深省的道理。

> 穷发之北有冥海者，天池也。有鱼焉，其广数千里，未有知其修者，其名曰鲲。有鸟焉，其名曰鹏，背若太山，翼若垂天之云；抟扶摇、羊角而上者九万里，绝云气，负青天，然后图南，且适南冥也。斥鴳笑之曰：“彼且奚适也？我腾跃而上，不过数仞而下，翱翔蓬蒿之间，此亦飞之至也。而彼且奚适也？”①

这则表现雀笑鹏的模拟巫术思维，嘲笑目光短浅只满足于口腹小利的一类人。

《庄子·秋水》内，把坎井之蛙和东海之鳖也模拟巫术化，成了著名的变形巫术寓言。文曰：

> 子独不闻夫坎井之蛙乎？谓东海之鳖曰：“吾乐与！吾跳梁乎井干之上，入休乎缺甃之崖；赴水则接腋持颐，蹶泥则没足灭跗；还虷、蟹与科斗，莫吾能若也！且夫擅一壑之水，而跨跱坎井之乐，此亦至矣。夫子奚不时来入观乎？”东海之鳖左足未入，而右膝已絷矣，于是逡巡而却，告之海曰：“夫千里之远，不足以举其大；千仞之高，不足以极其深。禹之时十年九潦，而水弗为加益；汤之时八年七旱，而崖不为加损。夫不为顷久推移，不以多少进退者，此亦东海之大乐也。”于是坎井之蛙闻之，适适然惊，规规然自失也。②

当庄子把坎井之蛙和东海之鳖完全模仿巫术化以后，变形为蛙人和鳖人，便立刻显现出妙趣横生的庄严意义。鳖人立显四灵之一——神龟的灵性，站在哲学的高度阐述东海最大的快乐：千里的遥远，不足以称述它的大；千仞的高旷，不足以探究它的深。夏禹时代十年里有九年水涝，而海水不会因此增多；商汤的时代八年里有七年大旱，而岸边的水位不会因此下降。不因为时间的短暂与长久而有所改变，不因为雨量的多少而有所增减，这就是东海最大的快乐。

---

① （周）庄周撰，（晋）郭象注，（唐）陆德明音义《庄子》卷一《内篇·逍遥游》，上海古籍出版社1986年影印《二十二子》本，第12页。论述请参见高国藩著《中国民间文学》第四章《民间童话》第四节《我国民间童话与寓言的关系》，学生书局1995年版，第106—108页。

② （周）庄周撰，（晋）郭象注，（唐）陆德明音义《庄子》卷六，上海古籍出版社1986年影印《二十二子》本，第52页。

这一席话说得只有一孔之见的坎井之蛙不知所措，惊惶不安，明显地感到惭愧。此例说明艺术创造施行模仿巫术化能够引人入胜，这就是庄子所发掘的变形巫术思维的魅力所在。

自此以后，变形巫术思维转化为寓言民间文学就成为常态，此亦说明中国变形巫术幻想开始于公元前770年至前476年的春秋时代。

刘向集录的《战国策》也是他记录春秋战国盛行巫术转变为文化的实证。《战国策·楚策一》中“狐假虎威”也是一个模仿巫术寓言。民间巫师为了施术需要而将狐狸和老虎变为人来对待，一切都变样，于是而有狐假虎威巫术寓言。“虎求百兽而食之，得狐。狐曰：‘子无敢食我也。天帝使我长百兽，今子食我，是逆天帝命也。子以我为不信，吾为子先行，子随我后，观百兽之见我而敢不走乎？’虎以为然，故遂与之行。兽见之皆走。虎不知兽畏己而走也，以为畏狐也。”①

宋康王名声一贯不好，淫于酒且与妇人丑闻不断。《史记·宋微子世家》云：“（宋康王）君偃十一年，自立为王。东败齐，取五城；南败楚，取地三百里；西败魏军，乃与齐、魏为敌国。盛血以韦囊，悬而射之，命曰‘射天’。淫于酒妇人。群臣谏者辄射之。”②宋王腐化堕落还拒绝纳谏，用射天巫术对待谏言者。他是战国宋末代国君，公元前286年为齐所灭。

康王在位期间干过一件为人不齿的罪恶事情，即抢夺韩凭妻，杀害韩凭于青陵台，随后韩凭妻也自杀，夫妇俩变形为一对鸳鸯飞走了。魏曹丕撰《列异传》云：“宋康王埋韩凭夫妇，宿夕文梓生。有鸳鸯雌雄各一，恒栖树上。晨夕交颈，音声感人。”③《搜神记》卷一一《韩凭妻》云：“宋康王舍人韩凭，娶妻何氏，美，康王夺之。凭怨，王囚之，论为城旦。妻密遗凭书，缪其辞曰：‘其雨淫淫，河大水深，日出当心。’既而王得其书，以示左右，左右莫解其意。臣苏贺对曰：‘其雨淫淫，言愁且思也；河大水深，不得往来也；日出当心，心有死志也。’俄而凭乃自杀。其妻乃阴腐其衣。王与之登台，妻遂自投台，左右揽之，衣不中手而死。遗书于带曰：‘王利其生，妾利其死。愿以尸骨，赐凭合葬。’王怒，弗听。使里人埋之，冢相望也。王曰：‘尔夫妇相爱不已，若能使冢合，则吾弗阻也。’宿昔之间，便有大梓木生于二冢之端，旬日而大盈抱，屈体相就，根交于下，枝错于上。又有鸳鸯，雌雄各一，恒栖树上，晨夕不去，交颈悲鸣，音声感人。宋人哀之，遂号其木曰‘相思树’。相思之名，起于此也。南人谓此禽即韩凭夫妇之精魂。今睢

---

① （汉）刘向集录《战国策》卷一四《荆宣王问群臣》，上海古籍出版社1998年版，第482页。

② （汉）司马迁撰《史记》卷三八，中华书局1959年版，第1632页。

③ （魏）曹丕撰，郑学弢校注《列异传》，文化艺术出版社1988年版，第34页。

阳有韩凭城，其歌谣至今犹存。”[①]

韩凭自杀后，“其妻乃阴腐其衣”，是春秋战国时代夫妇间交感巫术，因夫妇衣服互有感应，妻将亡夫衣腐蚀表明死志，认为亡夫在阴间必有所感。此宋康王夺妻恶行致使夫妇变形为鸳鸯，震动千古。唐人命名为“韩朋鸟”，唐刘恂撰《岭表录异》卷下《韩朋鸟》云：“韩朋鸟者，乃凫鹥之类。此鸟每双飞，泛溪浦。……又有鸟如鸳鸯，恒栖其树，朝暮悲鸣。南人谓此禽即韩朋夫妇精魂，故以韩氏名之。”[②]韩朋鸟代表韩朋夫妇之爱情，在唐代首见。但唐代也是韩朋夫妇化蝶说之首创时期。李商隐《青陵台》诗云：“青陵台畔日光斜，万古真魂倚暮霞。莫讶韩凭为蛱蝶，等闲飞上别枝花。”[③]宋人则认为韩朋夫妇化蝶飞矣。宋乐史撰《太平寰宇记》卷一四记载：“宋大夫韩凭娶妻美，宋康王夺之，凭怨王自杀。妻阴腐其衣，与王登台，自投台下，左右揽之，著手化为蝶。”[④]

第二节　春秋战国时代交感巫术

一　邹衍(驺衍)吹笛

春秋战国，言行最有巫术味而且崇拜交感巫术者，就要数邹衍了。邹衍虽说奠定了后世阴阳五行学派的基础，但《史记·封禅书》指出他们的骗局：“自齐威、宣之时，驺子之徒论著终始五德之运，及秦帝而齐人奏之，故始皇采用之。而宋毋忌、正伯侨、充尚、羡门高最后皆燕人，为方仙道，形解销化，依于鬼神之事。驺衍以阴阳主运显于诸侯，而燕齐海上之方士传其术不能通。然则怪迂阿谀苟合之徒自此兴，不可胜数也。”[⑤]司马迁指出他们是一大批“怪迂阿谀苟合之徒”——即靠奇谈怪论迎合帝王心理的骗子。很显然，司马迁代表的是民间舆论的主要倾向。当时民间传说谓邹衍巫术大有神通。《后汉书·刘瑜传》注引古本《淮南子》云：“邹衍事燕惠王尽忠，左右谮之，王系之，仰天而哭，五月天为之下霜。”[⑥]以泪水引霜水，此传说大有窦娥冤促使六月下雪的巫术力之味道。当时还传说邹衍吹笛子，有能使禾苗生长的魔术力。《列子·汤问》云：“邹衍之

① (晋)干宝撰，汪绍楹校注《搜神记》卷一一，中华书局1979年版，第141—142页。
② (唐)刘恂撰《岭表录异》卷下，景印文渊阁《四库全书》第589册，第95—96页。
③ 《全唐诗》卷五三九，中华书局1960年版，第6174页。
④ (宋)乐史撰《太平寰宇记》卷一四《济州》，景印文渊阁《四库全书》第469册，第121页。
⑤ (汉)司马迁撰《史记》卷二八，中华书局1959年版，第1368—1369页。
⑥ (南朝宋)范晔撰《后汉书》卷五七，中华书局1965年版，第1856页。

吹律。（张湛注云："北方有地，美而寒，不生五谷。邹子吹律暖之，而禾黍滋也。"）"[①]这也可以说是一种特殊的交感音乐巫术。

二 发爪冶铁

春秋战国时，铸造武器也要活人投身冶炉巫术。据《吴越春秋》卷四《阖闾内传》云："干将者，吴人也，与欧冶子同师，俱能为剑。越前来献三枚，阖闾得而宝之，以故使剑匠作为二枚：一曰干将，二曰莫耶。莫耶，干将之妻也。干将作剑，采五山之铁精，六合之金英。候天伺地，阴阳同光，百神临观，天气下降，而金铁之精不销沦流。于是干将不知其由。莫耶曰：'子以善为剑闻于王，使子作剑，三月不成，其有意乎？'干将曰：'吾不知其理也。'莫耶曰：'夫神物之化，须人而成。今夫子作剑，得无得其人而后成乎？'干将曰：'昔吾师作冶，金铁之类不销，夫妻俱入冶炉中，然后成物。至今后世，即山作冶，麻绖萲服，然后敢铸金于山。今吾作剑不变化者，其若斯耶？'莫耶曰：'师知烁身以成物，吾何难哉？'于是干将妻乃断发剪爪，投于炉中，使童女童男三百人鼓橐装炭，金铁乃濡，遂以成剑。阳曰干将，阴曰莫耶。阳作龟文，阴作漫理。干将匿其阳，出其阴而献之，阖闾甚重。"[②]原来以活人祭祀，但春秋时已有变化。所谓"断发剪爪"，施行的乃是发爪交感巫术，以发爪代替自身投于炉中冶剑并作祭祀，三百个童男童女击鼓舞蹈吹火做巫术仪式的场面，促使金铁能够快熔化而能冶剑。可见春秋战国时代，制造武器也尚未能完全摆脱巫术的控制，但是文明多了。在这之前的商周时代，干将莫耶的前辈们采取的是"夫妻俱入冶炉中，然后成物"的自杀模仿巫术。这和远古巫师投身火中求雨的巫术有类似之处。

三 神巫占卜

春秋战国时代有神巫占卜交感巫术。季咸若神，能够知人生死存亡，"料事如神"，属于神判占卜之列。当时卜筮，过三违例。《庄子·应帝王》云：

> 郑有神巫曰季咸，知人之死生存亡、祸福寿夭，期以岁月旬日，若神。郑人见之，皆弃而走。列子见之而心醉，归，以告壶子，曰："始吾以夫子之道为至矣，则又有至焉者矣。"壶子曰："吾与汝既其文，未既其实，而固得道与？众雌而无雄，而又奚卵焉！而以道与世亢，必信，夫故使人得而相汝。

---

① （周）列御寇撰，（晋）张湛注，（唐）殷敬顺释文《列子》卷五，上海古籍出版社 1986 年影印《二十二子》本，第 211 页。

② （汉）赵晔撰，（元）徐天祜音注，苗麓点校，辛正审订《吴越春秋》卷四，江苏古籍出版社 1986 年版，第 32—33 页。

尝试与来，以予示之。”

明日，列子与之见壶子。出而谓列子曰：“嘻！子之先生死矣！弗活矣！不以旬数矣！吾见怪焉，见湿灰焉。”列子入，泣涕沾襟以告壶子。壶子曰：“乡吾示之以地文，萌乎不震不正。是殆见吾杜德机也。尝又与来。”

明日，又与之见壶子。出而谓列子曰：“幸矣，子之先生遇我也！有瘳矣，全然有生矣！吾见其杜权矣。”列子入，以告壶子。壶子曰：“乡吾示之以天壤，名实不入，而机发于踵。是殆见吾善者机也。尝又与来。”

明日，又与之见壶子。出而谓列子曰：“子之先生不齐，吾无得而相焉。试齐，且复相之。”列子入，以告壶子。壶子曰：“乡吾示之以太冲莫胜。是殆见吾衡气机也。鲵桓之审为渊，止水之审为渊，流水之审为渊。渊有九名，此处三焉。尝又与来。”

明日，又与之见壶子。立未定，自失而走。壶子曰：“追之！”列子追之不及。反，以报壶子曰：“已灭矣，已失矣，吾弗及已。”壶子曰：“乡吾示之以未始出吾宗。吾与之虚而委蛇，不知其谁何，因以为弟靡，因以为波流，故逃也。”

然后列子自以为未始学而归，三年不出。为其妻爨，食豕如食人。于事无与亲，雕琢复朴，块然独以其形立。纷而封哉，一以是终。[1]

庄子所述，揭示了春秋战国时代神巫季咸能根据人的表面现象来占卜吉凶，即看相占卜。但他的看相占卜只停留在从事物外层的矛盾来总结他的答案，看到一点就做结论，夸夸其谈；见壶子三次，结论次次相反。第一次，说壶子快要“死矣”，耸人听闻。第二次，次日就变“有生”了，还胡说是他救的。第三次，又说他没有“齐”（斋戒），看相和斋戒有什么关系，没有交代。第四次，已知历次不能自圆其说，就逃跑。说明季咸的神巫交感尚不能由此及彼，由表及里，融会贯通，而作出中肯结论，所以他屡次被壶子所作表面现象所迷惑，一而再再而三地作出错误的交感判断，使自己“若神”的名声受损，最后无法自圆其说，只能走为上。

春秋占卜神判根本不合理，经不起像列子的老师——壶子这样有学识者步步设疑的考验，使季咸一再地表现自己的肤浅，从而揭示神巫看相占卜不灵。由于神巫季咸在当时很有名，《淮南子·精神训》仍然记述有他的事迹：“郑之神巫相壶子林，见其征，告列子。列子行泣报壶子，壶子持以天壤，名实不入，机发

① （周）庄周撰，（晋）郭象注，（唐）陆德明音义《庄子》卷三，上海古籍出版社 1986 年影印《二十二子》本，第 32—33 页。

于踵,壶子之视死生亦齐。"[①]这里提到的"郑之神巫",虽无具体姓名,但对比《庄子·应帝王》的原文可见,其显然来自《庄子》,而且已大为简化。

如何解释神巫与壶子之争?春秋战国时代神判用占卜来决定,是有理论根据的。《礼记·曲礼上》云:"卜筮者,先圣王之所以使民信时日,敬鬼神,畏法令也;所以使民决嫌疑,定犹与也。故曰:'疑而筮之,则弗非也;日而行事,则必践之。'"[②]由于敬鬼神和畏法令,占卜即等于神判,故一切归之于由神判决定以后,"日而行事,则必践之",就成为法令。《礼记·曲礼上》:"卜巫不相袭。"郑玄注曰:"卜不吉则又筮,筮不吉则又卜,是渎龟策也。"[③]故春秋战国人并不认为神巫有什么不对,倒是壶子违反了游戏规则,亵渎了龟策。

之所以说神巫占卜神判根本不合理,是因为其把偶然性变为必然性。事物的表面现象是偶然性,不一定符合本质,即必然性。但春秋战国时代占卜神判俱把偶然当必然,把不确定性变为确定性。《韩非子·内储说上》说,春秋战国时代,"李悝为魏文侯上地之守,而欲人之善射也,乃下令曰:人之有狐疑之讼者,令之射的,中之者胜,不中者负"[④]。鼓励人善射本无可厚非,但魏文侯的太守李悝将之用于涉及诉讼法律问题时,就变为神判,有很大不确定性,罪犯如果中"的"——靶心,就无罪释放,反之,好人就成了罪犯,所以说赌神判根本不合理。

四　鲁侯养鸟

《庄子》卷六《至乐》内记载了孔子说过的一则交感巫术寓言"鲁侯养鸟":"昔者海鸟止于鲁郊,鲁侯御而觞之于庙,奏九韶以为乐,具太牢以为膳。鸟乃眩视忧悲,不敢食一脔,不敢饮一杯,三日而死。"[⑤]用交感巫术思维语言说明一个正确的道理。鸟活着有它的自由规律,擅自改动只能导致死亡。演奏九韶乐给鸟听,鸟没有交感魔术力的反映,无疑如对牛弹琴。

五　愚公移山

春秋时列子的文化贡献也是引人注目的。列子是郑国人,家贫,一向面带饥色,拒绝郑国暴力执政者馈赠的粮食。他也是将听到的交感巫术传说转换为

---

① (汉)刘安撰,(汉)高诱注,(清)庄逵吉校《淮南子》卷七,上海古籍出版社1986年影印《二十二子》本,第1236页。

② (汉)郑玄注,(唐)孔颖达等正义《礼记正义》卷三,中华书局1980年影印阮元校刻《十三经注疏》本,第1252页。

③ (汉)郑玄注,(唐)孔颖达等正义《礼记正义》卷三,中华书局1980年影印阮元校刻《十三经注疏》本,第1251页。

④ (周)韩非撰《韩非子》卷九,上海古籍出版社1986年影印《二十二子》本,第1150页。

⑤ (周)庄周撰,(晋)郭象注,(唐)陆德明音义《庄子》卷六,上海古籍出版社1986年影印《二十二子》本,第53页。

巫术寓言的能手。《列子》中的“愚公移山”是一个春秋时期天人感应交感巫术的寓言，影响深远。《列子·汤问篇》曰：“太形、王屋二山，方七百里，高万仞；本在冀州之南，河阳之北。北山愚公者，年且九十，面山而居。惩山北之塞，出入之迂也，聚室而谋，曰：‘吾与汝毕力平险，指通豫南，达于汉阴，可乎？’杂然相许。其妻献疑曰：‘以君之力，曾不能损魁父之丘。如太形、王屋何？且焉置土石？’杂曰：‘投诸渤海之尾，隐土之北。’遂率子孙荷担者三夫，叩石垦壤，箕畚运于渤海之尾。邻人京城氏之孀妻有遗男，始龀，跳往助之。寒暑易节，始一反焉。河曲智叟笑而止之，曰：‘甚矣汝之不惠！以残年余力，曾不能毁山之一毛；其如土石何？’北山愚公长息曰：‘汝心之固，固不可彻；曾不若孀妻弱子。虽我之死，有子存焉；子又生孙，孙又生子；子又有子，子又有孙；子子孙孙，无穷匮也；而山不加增，何苦而不平？’河曲智叟亡以应。操蛇之神闻之，惧其不已也，告知于帝。帝感其诚，命夸蛾氏二子负二山，一厝朔东，一厝雍南。自此，冀之南、汉之阴无陇断焉。”[①]这个天人合一的交感巫术传说重点在最后：九十岁愚公为实现梦想挖山不止，上帝感其诚，命夸蛾氏二子背负两座山，太行山中的一座背到山西省朔县东，王屋山中的一座背到春秋时的庸国，包括巴、秦、楚等地南部。这些上天的神都是巫师想象出来帮助九十岁老人挖山不止的，神是可爱的，原来就很受人民喜爱。神原来是人民的化身，也是百姓生活美学的一种反映。

六 凤鸟崇拜

凤鸟厌胜源于春秋时人与凤鸟的交感魔术力。《左传·昭公十七年》载，郯子对昭公云：“我高祖少皞挚之立也，凤鸟适至，故纪于鸟，为鸟师而鸟名：凤鸟氏，历正也。”杜预注：“凤鸟知天时，故以名历正之官。”孔颖达正义曰：“释鸟云：鶠凤其雌皇则此鸟。雄曰凤，雌曰凰。《说文》云：凤，神鸟也。《山海经》云：丹穴之山有鸟焉，其状如鹤，五采而文，名曰凤皇，见则天下大安。”[②]郯子以凤鸟氏为司历之官，此则以为少昊有天下之号，实为凤鸟崇拜之产物，春秋人认为凤鸟为吉鸟，见则天下大安，故而特别亲昵此种鸟类。

然则春秋时凤鸟厌胜具有五凤厌胜之特点，从而衍化出四灵厌胜，并形成四灵厌胜的背景。《拾遗记》卷一《少昊》云：“时有五凤，随方之色，集于帝

① (周)列御寇撰，(晋)张湛注，(唐)殷敬顺释文《列子》卷五《汤问》，上海古籍出版社 1986 年影印《二十二子》本，第 210 页。

② (晋)杜预注，(唐)孔颖达等正义《春秋左传正义》卷四八，中华书局 1980 年影印阮元校刻《十三经注疏》本，第 2083 页。

庭，因曰凤鸟氏。金鸣于山，银涌于地，或如龟蛇之类，乍似人鬼之形，有水屈曲亦如龙凤之状，有山盘纡亦如屈龙之势，故有龙山、龟山、凤水之目也。”[①]所谓“五凤”，即五种凤属之鸟。宋代王应麟《小学绀珠》曰：“五凤：赤者凤，黄者鹓鸰，青者鸾，紫者鸑鷟，白者鹄。”[②]所谓“随方之色”，谓随五方之色，即东方青色，南方赤色，西方白色，北方黑色，中央黄色。按黑、紫色相近，此以鸑鷟配北方黑色。

七　生育禁忌

战国、两汉时期有五月五日不生娃之禁忌，实为交感巫术的禁忌。《史记·孟尝君列传》云：“初，田婴有子四十余人，其贱妾有子名文，文以五月五日生。婴告其母曰：‘勿举也。’其母窃举生之。及长，其母因兄弟而见其子文于田婴。田婴怒其母曰：‘吾令若去此子，而敢生之，何也？’文顿首，因曰：‘君所以不举五月子者，何故？婴曰：‘五月子者，长与户齐，将不利其父母。’文曰：‘人生受命于天乎？将受命于户邪？’婴默然。文曰：‘必受命于天，君何忧焉。必受命于户，则可高奇户耳，谁能至者！’婴曰：‘子休矣。’”《索隐》按：“上‘举’谓初诞而举之，下‘举’谓浴而乳之。生谓长养之也。”《索隐》按：“《风俗通》云：俗说五月五日生子，男害父，女害母。”[③]何以五月五日生子犯忌？中国民俗长于谐音论，五月五日，五谐音误，双五实为双误，故五月五日生子，既误（害）父，又误（害）母矣，其实为交感巫术观作祟。但是，孟尝君也是五月五日生的，本来他父亲已令其母不让其出生，可是他母亲偷偷生他出世，非但没有害其父母，长大后反倒作出了贡献，成为齐之相。孟尝君成为此生育禁忌的破除者。故晋葛洪《西京杂记》卷二《王凤》云：“王凤以五月五日生，其父欲不举，曰：‘俗谚：举五日子，长及户则自害，不则害其父母。’其叔父曰：‘昔田文以此日生，其父婴敕其母曰：“勿举。”其母窃举之。后为孟尝君，号其母为薛公大家。以古事推之，非不祥也。’遂举之。”[④]这是晋代破除之例。南北朝因之。《南史》卷一六《王镇恶传》云：“王镇恶，北海剧人也。祖猛，仕苻坚，任兼将相。父休为河东太守。镇恶以五月生，家人以俗忌，欲令出继疏宗。猛曰：‘此非常儿。昔孟尝君恶月生而相齐，是儿亦将与吾门矣。’故名为镇恶。”[⑤]《北齐书》卷一二《武成十二王》曰：“南阳王绰，

---

① （晋）王嘉撰，（梁）萧绮录，齐治平校注《拾遗记》卷一，中华书局1981年版，第13页。

② （宋）王应麟撰《小学绀珠》卷一〇《五凤》，景印文渊阁《四库全书》第948册，第628页。

③ （汉）司马迁撰《史记》卷七五，中华书局1959年版，第2352—2353页。

④ （晋）葛洪撰《西京杂记》卷二《王凤》，中华书局1985年版，第14页。

⑤ （唐）李延寿撰《南史》卷一六，中华书局1975年版，第453页。

字仁通，武成长子也。以五月五日辰时生，至五时，后主乃生。”[①]这是南北朝破除之例。

八 佩带兰草

春秋时的香草——兰草，已被神化，佩带它会对人产生交感魅力，会媚于人，令人爱敬。《左传·宣公三年》载：“以兰有国香，人服媚之如是。”杜预注：“媚，爱也。欲令人爱之如兰。”[②]《楚辞·离骚》亦云：“扈江离与僻芷兮，纫秋兰以为佩。”这是说，战国时代兰草是佩带在身上的吉祥物。所以战国时代楚国女巫迎神以前，首先必须用兰汤沐浴，然后唱乐歌娱神，屈原《云中君》云：“浴兰汤兮沐芳，华采衣兮若英。”兰汤具有养生祛疾的作用。佩带兰草、兰汤沐浴对人体都有交感魔术力，佩带还有反抗魔力，于是形成春秋战国时代巫术流播的重要风俗。《本草纲目》草部卷一四《兰草》就指出：“时人煮水以浴，疗风，故又名香水兰。”又云吴人“货为头泽佩带”[③]，证明了兰草佩带与沐浴的药用价值。而巫术则证明了兰草的辟邪作用。但春秋战国时代的兰汤沐浴，却成了遮蔽通奸丑闻的遮羞布。《韩非子·内储说下六微》云：“燕人李季好远出，其妻私有通于士，季突至，士在内中，妻患之。其室妇曰：‘令公子裸而解发，直出门，吾属佯不见也。’于是公子从其计，疾走出门。季曰：‘是何人也?’家室皆曰：‘无有。’寄曰：‘吾见鬼乎?’妇人曰：‘然。’‘为之奈何?’曰：‘取五牲之矢浴之。’季曰：‘诺。’乃浴以矢。一曰浴以兰汤。”[④]

九 哭倒城墙

中国四大民间故事之一的孟姜女哭倒长城，来源于春秋战国时代交感巫术故事。[⑤] 孟姜女的美丽形象在《诗经》的《墉风·桑中》和《郑风·有女同车》中已产生，与哭倒长城尚无关系，不过美女孟姜影响深远。又经过大约五百年，《左传·鲁襄公二十三年》(前550)记载了一个杞梁妻哭夫故事，但和哭倒长城也无关系。至汉初，刘向(前77—前6)听到民间“齐东野人之语”，就在其《列女传》中叙述了杞梁妻哭倒城墙的巫术故事，这是孟姜女哭倒长城的前奏。《列女传·齐杞梁妻》曰：

---

① (唐)李百药撰《北齐书》卷一二，中华书局1972年版，第159页。

② (晋)杜预注，(唐)孔颖达等正义《春秋左传正义》卷二一，中华书局1980年影印阮元校刻《十三经注疏》本，第1868页。

③ (明)李时珍著《本草纲目》草部卷一四，人民卫生出版社1977年版，第二册，第904页。

④ (周)韩非撰《韩非子》卷一〇，上海古籍出版社1986年影印《二十二子》本，第1153页。

⑤ 请参阅高国藩《论敦煌写本中孟姜女故事的形成和价值》，《1983年全国敦煌学术讨论会文集·文史遗书编下》，甘肃人民出版社1987年版，第181页。

庄公袭莒，殖战而死。庄公归，遇其妻，使使者吊之于路。杞梁妻曰："今殖有罪，君何辱命焉？若令殖免于罪，则贱妾有先人之弊庐在，下妾不得与郊吊。"于是庄公乃还车诣其室，成礼然后去。杞梁之妻无子，内外皆无五属之亲。既无所归，乃就其夫之尸于城下而哭。内诚动人，道路过者，莫不为之挥涕，十日而城为之崩。既葬，曰："吾何归矣！夫妇人必有所倚者也，父在则倚父，夫在则倚夫，子在则倚子。今吾上则无父，中则无夫，下则无子，内无所依以见吾诚，外无所倚以立吾节，吾岂能更二哉？亦死而已。"遂赴淄水而死。君子谓杞梁之妻贞而知礼。《诗》云："我心伤悲，聊与子同归。"此之谓也。

颂曰：杞梁战死，其妻收丧。齐庄道吊，避不敢当。哭夫于城，城为之崩。自以无亲，赴淄而薨。[①]

运用天人合一的交感巫术思维，杞梁妻眼泪和哭声令城墙倒塌，然后其投水自尽。汉代人的传播，加速了其转向巫文化。汉蔡邕（132—192）《琴操》载有类似的一个民间传说云：

《芑梁妻叹》者，齐邑芑梁殖之妻所作也。庄公袭莒，殖战而死。妻叹曰："上则无父，中则无夫，下则无子，外无所依，内无所倚，将何以立吾节，岂能更二哉？亦死而已矣。"于是乃援琴而鼓之曰："乐莫乐兮新相知，悲莫悲兮生别离。"哀感皇天，城为之坠。曲终，遂自投淄水而死。[②]

这一死前"援琴而鼓"唱曲的细节，在汉代颇有影响，这是和杞梁妻会唱哭调有密切关系的。《古诗十九首》的《西北有高楼》一诗中也提到："上有弦歌声，音响一何悲。谁能为此曲，无乃杞梁妻。"[③]意思是说，如此悲哀的乐调，除了像杞梁妻那样的人是唱不出来的。从此"哭调"产生，应运而生的则是哭丧和哭丧风俗的产生。这都是杞梁妻交感巫术思维的变形。后世戏剧的哭腔即由此而来。

魏晋南北朝时期，杞梁故事基本上也没有变样，转成崩城说，便是类似的"城为之坠"说。曹植在《黄初六年令》、《精微篇》、《鞞舞歌》、《求通亲亲表》中数

---

① (汉)刘向撰，张涛译注《列女传译注》卷四《贞顺传》，山东大学出版社1990年版，第146页。

② (汉)蔡邕撰，(清)孙星衍校《琴操》卷下，《平津馆丛书》本。

③ (清)王士禛选，(清)闻人倓笺《古诗笺》上《五言诗》卷一，上海古籍出版社1980年版，第4页。

次提到的杞梁崩山巫术故事，都是类似的，如《求通亲亲表》中言："崩城陨霜，臣初信之，以臣心况，徒虚语耳。"①这里不仅转成崩城说，而且加上陨霜说，又成为元朝时期窦娥冤感应六月雪巫术思维的发端。

第三节　春秋战国时代四灵巫术信仰形成的精神力量

"四灵"的巫文化信仰经过商周时代的演变，在春秋战国时代仍然延续。《礼记·礼运第九》中，对什么是"四灵"有具体说明：

何谓"四灵"？麟、凤、龟、龙谓之四灵。故龙以为畜，故鱼鲔不淰；凤以为畜，故鸟不獝。麟以为畜，故兽不狘。龟以为畜，故人情不失。

孔颖达疏云："谓之灵者，谓神灵，以此四兽皆有神灵，异于他物，故谓之灵。"②

一　龙厌胜

"龙"字在我国最古文字（甲骨文与金文）中已见存在。

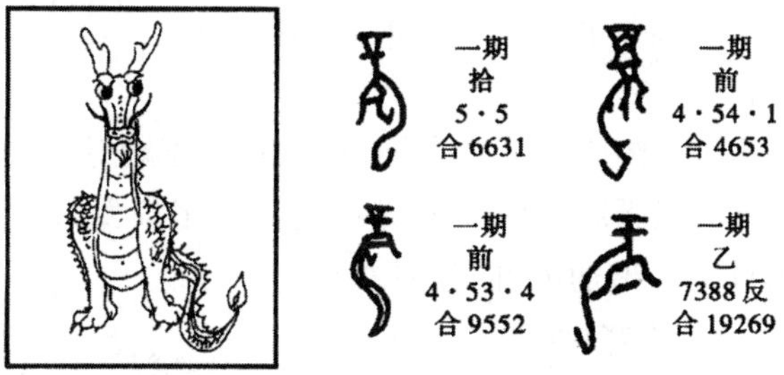

6. 甲骨文"龙"字〔采自于半丁《常用甲骨文图解初探》〕

《说文解字》云："龙，鳞虫之长，能幽能明，能细能巨，能短能长，春分而登天，秋分而潜渊。从肉飞之形，童省声。凡龙之属，皆从龙。"③元明之际罗贯中的《三国演义》据此发挥道："（曹）操曰：'龙能大能小，能升能隐；大则兴云吐雾，小则隐介藏形；升则飞腾于宇宙之间，隐则潜伏于波涛之内。方今春深，龙乘时

---

① （魏）曹植撰《曹子建集》卷八，景印文渊阁《四库全书》第1063册，第305页。

② （汉）郑玄注，（唐）孔颖达等正义《礼记正义》卷二二，中华书局1980年影印阮元校刻《十三经注疏》本，第1425页。

③ （汉）许慎撰，（宋）徐铉校定《说文解字》卷一一下，中华书局1963年影印本，第245页下。

变化，犹人得志而纵横四海。龙之为物，可比世之英雄。”①龙在古人的心中，是能上天能入水的神兽。

龙是中国人的图腾。因为开天辟地、衍化人类的伏羲女娲，最初是呈蛇躯交尾之形象，显系模仿巫术变形化身。汉王延寿《鲁灵光殿赋》中便说：“伏羲鳞身，女娲蛇躯。”而华夏民族，也正是龙的化身，因为夏禹之父鲧是龙，《山海经·海内经》郭璞注引《开筮》云：“鲧死三岁不腐，剖之以吴刀，化为黄龙。”而夏禹正是黄龙转化，《归藏》云“大副之吴刀，是用出禹”②。所以后世说中国人是龙的传人。中国人是驾御龙的能手，《左传·昭公二十九年》载：“古者畜龙，故国有豢龙氏，有御龙氏。”③所以尽管如《广雅》云龙有各种各样，“有鳞曰蛟龙，有翼曰应龙，有角曰虬龙，无角曰螭龙”④，但都被古人驯服。

春秋战国时代龙厌胜佳作迭出。

1. 春秋有青铜方座龙首双把簋厌胜。簋为祭祀巫术进行时盛黍稷米饭之祭器。此春秋青铜簋两龙头作把手，意为龙保佑食黍稷米饭平安，意义朴实无华。

7. 春秋时期青铜方座龙首双把簋〔采自《龙凤图集》。下同〕

以下 2、3、4、5 四例，皆为玉厌胜。春秋战国时人认为玉制品有趋吉辟凶的巫术力，故《国语》楚语下第十八《王孙聘于晋》云：“玉足以庇荫嘉谷，使无水旱之灾，则宝之。”⑤玉为祭祀之玉，因此，玉佩厌胜、玉璜厌胜层出不穷。

2. 战国镂空龙形玉佩厌胜。青龙回首蜿蜒，姿态矫健而灵巧。

3. 战国白玉龙形佩厌胜。两面皆成花冠马头张口龙，通体突雕蒲纹，平卧而卷尾，屈身而俯首。和谐通人性，又具神性。

8. 战国时期镂空龙形玉佩

9. 战国时期白玉龙形佩

① (元)罗贯中撰《三国演义》第二十一回，人民文学出版社 1957 年版，第 169 页。

② (晋)郭璞传，(清)毕沅校《山海经》卷一八，上海古籍出版社 1986 年影印《二十二子》本，第 1387 页。

③ (晋)杜预注，(唐)孔颖达等正义《春秋左传正义》卷五二，中华书局 1980 年影印阮元校刻《十三经注疏》本，第 2122—2123 页。

④ (魏)张揖撰，(清)王念孙疏证《广雅疏证》卷一〇下，江苏古籍出版社 2000 年影印本，第 369 页。

⑤ 徐元诰撰，王树民、沈长云点校《国语集解》，中华书局 2002 年版，第 527 页。

4. 战国青玉龙形佩厌胜。玉佩扁平，两面皆呈回头向背状，通体突雕卧蚕纹，亲昵和蔼，生机勃勃。

5. 战国青玉龙形佩厌胜。青玉龙屈身独角，尾尖灵活上卷，形态雄健。

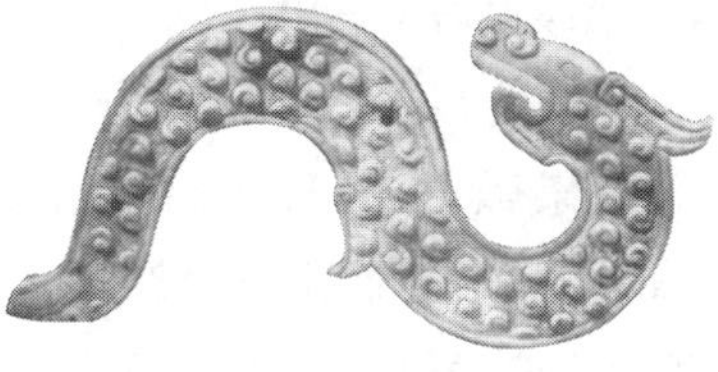

10. 战国时期青玉龙形佩

11. 战国时期青玉龙形佩

6. 战国青铜螭龙镜厌胜。三螭龙菱形折叠，互相缠绕，地纹作云雷状。

7. 战国青铜螭龙镜厌胜。三螭龙体菱形折叠，互相缠绕，分成三区域，纹路精雕，深涵智慧与技巧。

12. 战国青铜螭龙镜

13. 战国青铜螭龙镜

8. 战国帛画驭龙厌胜。上方有舆盖，龙呈舟形，昂头而翘尾，下方有鱼跃，龙尾有凤鸟站立而长鸣，神仙驾龙而游。龙随人意，灵活自如。

9. 秦变体龙纹厌胜。龙纹变体，风格异样；怪诞却晦涩，独特而神秘，大异其趣。秦人不知龙厌胜之妙乎。龙呈鸟嘴啄蝇，大才而小用乎。对比可见，春秋战国时代的龙厌胜，异彩纷呈，风格明亮，各展智慧，各呈佳境，和谐统一；而

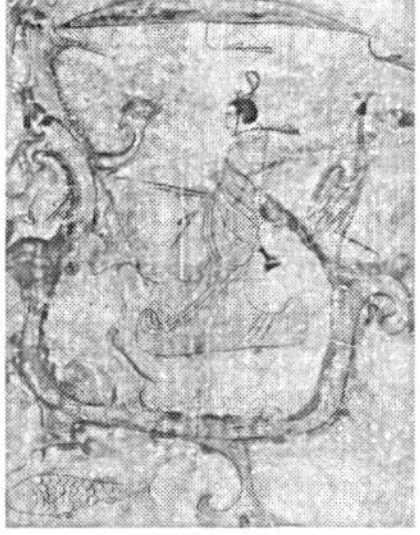

14. 战国帛画驭龙图(1949 年湖南长沙陈家大山战国楚墓帛画出土)

15. 秦变体龙纹

秦末变体龙却例外，龙为鸟嘴，不知所云耳。

二　麒麟厌胜

《史记》卷一一七《司马相如列传》载《上林赋》云："兽则麒麟角端觡。"《索隐》引张揖云："雄曰麒，雌曰麟，其状麇身，牛尾，狼蹄，一角。"郭璞云："麒似麟而无角。"《毛诗疏》云："麟黄色，角端有肉。"《京房传》："有五采，腹下黄色也。"① 古人认为麟是吉祥的瑞兽，对它非常爱护，非常崇敬。据《春秋》记载，哀公十四年(前480)，鲁哀公狩猎，捕获了麒麟，孔子知道后为这珍贵的瑞兽而哀伤，中断了《春秋》的写作。从此，《春秋》又被叫作《麟经》或《麟史》。孔子弟子后来为此写《麒麟书》。唐韦续《墨薮》云："麒麟书者，鲁西狩获麟，仲尼反袂拭面，称'吾道穷'，弟子为素王纪瑞所制书。"②

由于麒麟极珍贵，后来"麟角"就指称珍贵稀少之物。《抱朴子》内篇卷一三《极言》云："若夫睹财色而心不战，闻俗言而志不沮者，万夫之中，有一人为多矣。故为者如牛毛，获者如麟角也。"③在魏晋南北朝时代，麒麟被用来比喻杰出人物。《晋书·顾和传》云："和二岁丧父，总角便有清操，族叔荣雅重之，曰：'此吾家麒麟，兴吾宗者，必此子也。'"④又据《陈书·徐陵传》云，南朝陈徐陵，幼年早慧，被称为"天上石麒麟"⑤。

16. 麒麟送子图

唐代，麒麟形象被绣在武官袍服上而有"麒麟袍"，这是由于女皇武则天之爱好麒麟厌胜。《旧唐书·舆服志》云："延载元年(694)五月，则天内出绯紫单罗铭襟背衫，赐文武三品已上。左右监门卫将军等饰以对师子，左右卫饰以麒麟。"⑥白居易《醉送李二十常侍赴镇浙东》诗云："今日洛桥还醉别，金杯翻污麒麟袍。"⑦可见唐代因武则天送麒麟袍而流行此种服饰。武则天在她母亲之墓前，还竖了一头石刻的麒麟，作为镇墓兽，后来此种镇墓兽之俗在西域很流行。

---

① (汉)司马迁撰《史记》卷一一七，中华书局1959年版，第3025—3026页。
② (唐)韦续纂《墨薮》卷一，景印文渊阁《四库全书》第812册，第377页。
③ (晋)葛洪撰《抱朴子》，上海古籍出版社1990年影印《诸子百家丛书》本，第94页。
④ (唐)房玄龄等撰《晋书》卷八三，中华书局1974年版，第2163页。
⑤ (唐)姚思廉撰《陈书》卷二六，中华书局1972年版，第325页。
⑥ (后晋)刘昫等撰《旧唐书》卷四五，中华书局1975年版，第1953页。
⑦ 《全唐诗》卷四五四，中华书局1960年版，第5139页。

清代对麒麟提出新看法。徐珂编撰《清稗类钞》动物类《麒麟》条："麒麟似鹿而大，牛尾马蹄，有肉角一，背毛五彩，腹毛黄，不履生草，不食生物，圣人出，王道行，则见云。今非洲内地，有兽状似鹿，颈与前脚皆至长，头高于地一丈五尺以上，好食木之嫩芽，名 Giraffe，日本人亦译之为麒麟。"①晚清时麒麟已被描述得像长颈鹿，"头高于地一丈五尺以上"，颈与前脚都长，只有长颈鹿才会是这样。

《清稗类钞》又载产麟怪事："雍正壬子、癸丑皆有产麟事，一在山东，一在四川。山东巡抚岳睿题云：巨野县新城保李恩家（雍正）十年六月初五日辰时，有牛产麟。细加看视，瑞麟身长一尺八寸，高一尺七寸，麇身牛尾。头含肉角，顶带旋毛。目如水晶，额如白玉。遍身鳞甲，悉系青色甲缝俱有紫色绒毛。脊背黑毛三节，中直竖，前向前，后向后。胯腹蹄腕皆有白毫。尾长五寸五分，尾尖有黑毛四缕。"②这里记述的又不像长颈鹿，与前所述矛盾，依然神秘。

三　凤凰厌胜

远在原始、商周时代，凤凰已被作为吉祥的鸟加以崇敬。《尚书·益稷》云："箫韶九成，凤皇来仪。"汉孔安国传云："韶，舜乐名。言箫见细器之备。雄曰凤，雌曰皇，灵鸟也。仪，有容仪，备乐九奏而致凤皇，则余鸟兽不待九而率舞。"③后来在汉末还衍化出传说，说舜作箫韶，正是取凤凰的容仪，如汉应劭《风俗通义》声音第六《箫》云：舜作箫，"其形参差，像凤之翼，十管，长一尺"④。《诗经·大雅·卷阿》云："凤凰于飞，翙翙其羽，亦傅于天，蔼蔼王多吉人，维君子命，媚于庶人。"⑤意思是，湛蓝的天上飞着凤凰，百鸟展翅一起飞翔，比翼凌空高扬天际，周王贤士荟萃一堂，惟命是从意志如钢，爱护百姓诚心热肠。到春秋战国，衍生出占卜巫术习俗。《左传·庄公二十二年》载："初，懿氏卜妻敬仲，其妻占之，曰：'吉，是谓凤凰于飞，和鸣锵锵。'"杜预注："雄雌俱飞，相和而鸣锵锵然，犹敬仲夫妻相随适齐，有声誉。"⑥后世以"凤凰于飞"比喻夫妻和谐，即由此衍化而来，其与历代凤厌胜吉祥寓意一致。

---

①② 徐珂编撰《清稗类钞》，中华书局 1984 年版，第十二册，第 5556 页。

③ （汉）孔安国传，（唐）孔颖达等正义《尚书正义》卷五，中华书局 1980 年影印阮元校刻《十三经注疏》本，第 144 页。

④ （汉）应劭撰，吴树平校释《风俗通义校释》，天津人民出版社 1980 年版，第 248 页。

⑤ （汉）毛公传，（汉）郑玄笺，（唐）孔颖达等正义《毛诗正义》卷一七，中华书局 1980 年影印阮元校刻《十三经注疏》本，第 545 页。

⑥ （晋）杜预注，（唐）孔颖达等正义《春秋左传正义》卷九，中华书局 1980 年影印阮元校刻《十三经注疏》本，第 1775 页。

1. 战国织染双凤厌胜。

2. 战国帛画凤凰厌胜。这是一幅最早见战国帛画厌胜艺术品。画面描绘战国时代人亲手放飞一只凤凰，厌胜的寓意是：祈求天下安宁。凤凰羽毛五色，声如箫乐，因而象征祥瑞。

17. 战国织染双凤图〔采自《龙凤图集》。下同〕

18. 战国帛画凤凰图（1949 年湖南长沙陈家大山战国楚墓帛画出土）

3. 战国刺绣凤纹厌胜。刺绣图中凤凰展翅，双目有神，双翅又绣有左右两鸟头，显出灵气。

4. 战国玉璜凤纹厌胜。玉璜两面镂雕一对形态相似对称回首的长尾凤。玉璜为战国时代进行祭祀巫术时所悬挂的厌胜物。《楚辞·招魂》云："纂组绮缟，结琦璜些。"王逸注："璜，玉名也。……玉璜为帷帐之饰也。"

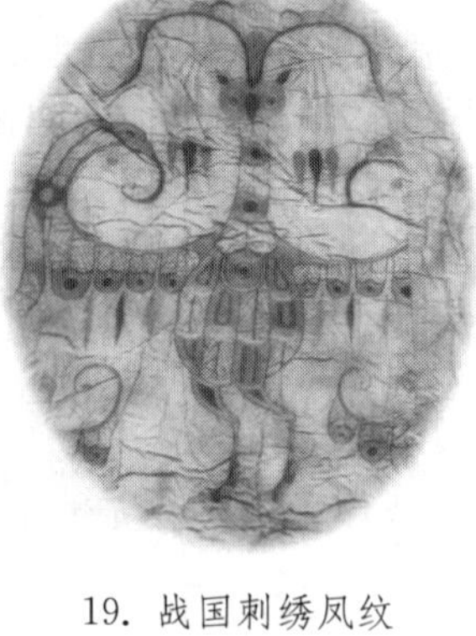

19. 战国刺绣凤纹

20. 战国回首双凤玉璜

5. 战国青玉镂空龙凤纹佩厌胜。以上青玉璜镂空雕双龙，龙神相连；龙身下长冠卷尾双凤亦相接，姿态和谐，形象秀美。

21. 战国青玉镂空龙凤纹佩

6. 战国楚绣龙凤虎纹厌胜。凤展翅高飞，龙返身回顾，虎啸吼刚健，蔓草萋萋，高贵典雅跃然纸上。

7. 战国漆凤鼓鸟音厌胜。

22. 战国楚绣龙凤虎纹

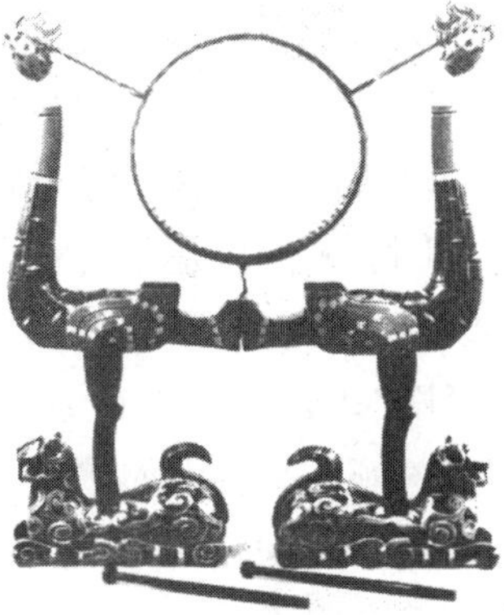

23. 战国漆凤鼓(1965 年湖北江陵出土)〔中国历史博物馆编《中国古代史参考图录·战国时期》，上海教育出版社 1989 年版，第 138 页。〕

此外，还有春秋战国时代的凤女台、公输刻凤故事的流传。北魏郦道元《水经注》卷一八《渭水》记述了反映箫声巫术的“凤女台”，云：“又有凤台、凤女祠。秦穆公时，有箫史者，善吹箫，能致白鹄、孔雀，穆公女弄玉好之，公为作凤台以居之。积数十年，一旦随凤去。云雍宫世有箫管之声焉。今台倾祠毁，不复然矣。”[①]箫声有唤来神鸟的魔力。此传说来自汉刘向《列仙传》卷上：“箫史者，秦穆公时人也。善吹箫，能致孔雀、白鹤于庭。穆公有女字弄玉，好之。公遂以女妻焉。日教弄玉作凤鸣。居数年，吹似凤声，凤凰来止其屋。公为作凤台。夫

① (北魏)郦道元撰，陈桥驿点校《水经注》卷一八，上海古籍出版社 1990 年版，第 356 页。

妇止其上下。不数年，一旦皆随凤凰飞去。故秦人为作凤女祠于雍宫中，时有箫声而已。”①凤台现仍在陕西宝鸡县东南。唐李峤《太平公主山亭侍宴应制景龙三年八月十三日》诗云：“龙舟下瞰鲛人室，羽节高临凤女台。”②

春秋时代人相信造木鸢的公输般刻的凤凰也功力超群，还流传寓言。《刘子·知人》云：“公输之刻凤也，冠距未成，翠羽未树，人见其身者，谓之龙鸹；见其首者，名曰鸰鸹，皆訾其丑而笑其拙。及凤之成，翠冠云耸，朱距电摇，锦身霞散，绮翮焱发，翙然一翥，翻翔云栋，三日而下集。然后赞其奇而称其巧。”③刘子借此认为：“凤成而知其巧者，是众人之知公输也。”这是“凡夫之识”，而非“明哲之鉴”。显然，刘子主张应有善作伯乐之人。

先秦古人为神鸟凤凰描绘了美丽的形象，确定了羽纹象征的意义。《山海经·南次三经》：“丹穴之山……有鸟焉，其状如鸡，五采而文，名曰凤皇，首文曰德，翼文曰义，背文曰礼，膺文曰仁，腹文曰信。是鸟也，饮食自然，自歌自舞，见则天下安宁。”④可见，这只神鸟能给人带来德、义、礼、仁、信，能把文明的精神带给人间。这是古人把爱鸟的感情加以神化的表现。

对于凤凰，人们总是相信它在生活中的存在，也表达了对它的爱护和赞赏。《清稗类钞》动物类曾记述在晚清时见到的三种凤凰。第一种称“大头凤”，该书“博白多凤凰”条云：“博白有绿含村，其山多凤凰，有高三尺者，备五采，冠似金杯，常栖高树颠。又有大如鹅者，尾甚长，动其羽，声如转轮，名大头凤。或为瑶僮所射，缉毛为裘，涅而不滓。两江溪洞中出鸣凤，形如孔雀，头上有彩，毫光如掣电，冠上垂二弱骨，长一尺五寸。其鸣叶宫商。”⑤第二种称乌凤，该书“乌凤”条云：“乌凤，大如喜鹊，绀碧色，背上带赤，腹白，羽黑而微赤。顶上有冠。眼大睑青。尾长尺余，有软骨，能回转。鸣声清越。其巢两端有口，此入则彼出，以尾长故也。生左、右江溪峒中，极难得。”⑥第三种称桐花凤，该书“倒挂鸟”条云：“粤产倒挂鸟，即桐花凤，日间收香气于翼，夜则倒挂放之。”⑦

四　龟厌胜

徐珂编撰《清稗类钞》动物类《龟》条云：

---

① (汉)刘向撰《列仙传》卷上《萧史》，景印文渊阁《四库全书》第1058册，第497页。

② 《全唐诗》卷六一，中华书局1960年版，第723页。

③ (北齐)刘昼撰《刘子》卷四，景印文渊阁《四库全书》第848册，第899页。

④ (晋)郭璞传，(清)毕沅校《山海经》卷一，上海古籍出版社1986年影印《二十二子》本，第1340页。

⑤⑥⑦ 徐珂编撰《清稗类钞》，中华书局1984年版，第十二册，第5573页。

龟腹背皆有甲，仅露头尾四足出入之孔。甲之表面，蔽以表皮变成之纹片。雌者背甲隆凸，雄者否。头似蛇，有鳞，色绿。性迟钝，耐饥渴，寿至百岁外。古用龟以卜，故称灵物，以为介虫之长。种类甚多。①

由于古人祭祀运用龟卜，所以龟被视为灵物。对于灵龟的信仰与崇拜，可概括为三个阶段。先秦属早期阶段。龟是吉祥象征，以衔符负图的形态出现。此阶段反映远古祭祀巫术请出灵龟来开创丰功伟绩。《艺文类聚》卷九九《龟》引《黄帝出军决》云："帝伐蚩尤，乃睡，梦西王母遣道人，披玄狐之裘，以符授之曰：太一在前，天一备后，河出符信，战即克矣。黄帝寤，思其符，不能悉忆，以告风后力牧。风后力牧曰：此兵应也，战必自胜。力牧与黄帝俱到盛水之侧，立坛，祭以大牢，有玄龟衔符，从水中出，置坛中而去。黄帝再拜稽首，受符视之，乃所梦得符也，广三寸，表一尺，于是黄帝备之以征，即日禽蚩尤。"②灵龟首先在黄帝战胜蚩尤时立了大功，被视为吉祥物。灵龟还支持过尧治理天下。《龙鱼河图》云："尧时，与群臣贤智到翠妫之川，大龟负图来投尧，尧敕臣下写取，告瑞应，写毕，龟还水中。"③因此龟在尧时也被视为吉之象征。灵龟还对大禹治水作出过贡献。晋王嘉《拾遗记》卷二云："禹尽力沟洫，导川夷岳，黄龙曳尾于前，玄龟负青泥于后。玄龟，河精之使者也。龟颔下有印，文皆古篆，字作九州山川之字。禹所穿凿之处，皆以青泥封记其所，使玄龟印其上。今人聚土为界，此之遗象也。"④可见在大禹时龟也被视为神物。

由此可见，在远古神话时代，龟是我国初民崇拜的精灵，是沟通人与神之间的媒介。这种状况是由于在远古时代，龟甲是用来占卜人类吉凶的神物。

春秋战国至两汉属中期阶段。《史记·龟策列传》记述了一个传说，说南方有一老人，他用四只乌龟来垫床脚以防潮湿，二十年后他死去了，别人来搬床时发现乌龟还活着，从此乌龟长寿的名声远播。《玄中记》云："千岁之龟，能与人语。"《述异记》卷上云："龟千年生毛，寿五千年谓之神龟，万年谓灵龟。"晋代葛洪还说食龟能长寿成仙。《抱朴子》内篇卷一一《仙药》云："千岁灵龟，五色具焉，其雄额上两骨起似角，以羊血浴之，乃剔取其甲，火炙捣服，方寸匕，日三，尽一具，寿千岁。"⑤于是古人以传说乌龟长寿为中心，逐渐演变为对它的崇拜。

---

① 徐珂编撰《清稗类钞》，中华书局 1984 年版，第十二册，第 5625 页。

②③ （唐）欧阳询撰，汪绍楹校《艺文类聚》卷九九，上海古籍出版社 1982 年版，第四册，第 1717—1718 页。

④ （晋）王嘉撰，（梁）萧绮录，齐治平校注《拾遗记》卷二，中华书局 1981 年版，第 37 页。

⑤ （晋）葛洪撰《抱朴子》，上海古籍出版社 1990 年影印《诸子百家丛书》本，第 79 页。

魏晋年间以后属后期阶段，衍化出多种传说。如成都又名为“龟城”、“龟化城”，即由于从乌龟的传说而来，此民俗多有典籍记载。《搜神记》卷一三《龟化城》曰：“秦惠王二十七年，使张仪筑成都城，屡颓。忽有大龟浮于江，至东子城东南隅而毙。仪以问巫。巫曰：‘依龟筑之。’便就。故名‘龟化城’。”[①]“秦惠王二十七年”为公元前373年。《太平御览》卷九三一引《华阳国志》作“秦惠王十二年”。证明战国时代巫师已参与筑城活动，依龟形筑城，便意味着适应自然使城有防水功能，龟有灵气。《太平御览》卷一六六引《九州志》云：“益州城初累筑不立，忽有大龟周行旋走，因其行筑之，遂得坚固，故曰龟城。”[②]《太平御览》卷一九二引《成都记》云：“府城本呼为锦城，秦灭蜀，张仪所筑也。每面各三里，周回十二里，高七丈，屡皆倾侧。忽有大龟周行，随其所蹑而筑之，功果就焉，故亦号为龟城。”[③]

龟所以显得有灵气，是因为龟知道感恩和报恩。唐戴孚《广异记》云：“唐刘彦回父为湖州刺史，有下僚于银坑得一龟，长一尺，持献刺史。群官毕贺，云：‘得此龟，人寿一千岁。’使君谢己非其人，故自骑马送龟，却至坑所放之。其后十余年，刺史亡，彦回为房州司士，将家属之官。属山水泛滥，平地尽没，一家惶惧，不知所适。俄有大龟来引其路，彦回与家人谋曰：‘龟乃灵物，今来相导，状若神。’三十余口随龟而行，悉是浅处。历十余里，乃至平地，得免水难，举家惊喜，亦不知其由。至此夕，彦回梦龟云：‘己昔在银坑，蒙先使君之惠，故此报恩。’”[④]民间有一种传说云，福厚之人得神龟而获宝，福薄之人错失而不得。南唐刘崇远撰《金华子杂编》卷下云：“徐太尉彦若之赴东南，将渡小海，亲随军将，息忽于浅濑中，得一小琉璃瓶子，大如婴儿之拳。其内有一小龟子，可长一寸许，旋转其间，略无暂已。瓶口极小，不知所入之由也。因取而藏之。其夕，忽觉船一舷压重，及晓，视之即有众龟层迭，乘船而上。大惧，以其将涉海，虑蹈不虞，因取所藏之瓶子，祝而投于海中，龟遂散。既而话于海舶之胡人，胡人曰：‘此所谓龟宝也，希世之灵物，惜其遇而不能得，盖薄福之人，不胜也；苟或得而藏于家，何虑宝藏之不丰哉！’胡客叹惋不已。”[⑤]此传说原出五代，其时动物崇拜

① （晋）干宝撰，汪绍楹校注《搜神记》卷一三，中华书局1979年版，第161页。

② （宋）李昉等撰《太平御览》卷一六六《州郡部一二・剑南道・益州》，中华书局1960年影印本，第808页。

③ （宋）李昉等撰《太平御览》卷一九二《居处部二十・城上》，中华书局1960年影印本，第930页。

④ （唐）戴孚撰，方诗铭辑校《广异记・刘彦回》，中华书局1992年版，第233页。

⑤ （南唐）刘崇远撰《金华子杂编》卷下《徐太尉》，景印文渊阁《四库全书》第1035册，第835页。

盛行。彦若因福薄,得龟宝而失之。

古人因为乌龟长寿,因而喜欢在乌龟壳上记事,传之后世。《述异记》卷上云:"陶唐之世,越常国献千岁神龟,方三尺余,背上有文,科斗书,记开辟已来,帝命录之,谓之龟历。伏滔述帝功德,名曰'胡书龟历之文'。"①

总之,四灵最终转化为中国人的精神力量,这是巫文化中四灵崇拜爆发出来的强大的凝聚力,像泰山一样不可摧毁,它如同血液永远在民族心灵中流动,就像长江和黄河一样永远不会枯竭。四灵的信仰表现了中国人的民族性格,善良、感恩、宽容、坚韧、豪迈、乐观而勇往直前;也表现了中国人的温良恭俭让的儒家的灵魂。四灵的信仰风俗体现出来的概括力和包容力无与伦比,这正是儒家精神培育出来的俗文化潜移默化的结果。

第四节　春秋战国避邪物与白茅禳枭、瓦当厌胜

避邪物是反抗巫术常用的东西,在原始人的信仰中认为,鬼怪虽然可以作祟于人,但是它们总有一种或几种害怕的东西,因而生活中采用某种东西作镇物,或佩带某物即可避邪。春秋战国时代的避邪物和厌胜品,可以说是丰富多彩,令人目不暇接,最重要的是四灵厌胜。它们闪耀着灿烂的中国文化艺术的光辉,也令人叹为观止。战国瓦当厌胜艺术品也是由巫术艺术思维催发出来的。

一　白茅禳枭

在春秋战国时代,白茅是最有名的辟邪物,成为当时反抗巫术重要的手段。《晏子春秋》卷六《内篇杂下第六》曰:

> 景公为路寝之台,成,而不踊焉。柏常骞曰:"君为台甚急,台成,君何为而不踊焉?"公曰:"然,有枭昔者鸣,声无不为也。吾恶之甚,是以不踊焉。"柏常骞曰:"臣请禳而去之。"公曰:"何具?"对曰:"筑新室,为置白茅。"公使为室,成,置白茅焉。柏常骞夜用事。明日,问公曰:"今昔闻鸮声乎?"公曰:"一鸣而不复闻。"使人往视之,鸮当陛,布翌(翼),伏地而死。公曰:

① (梁)任昉撰《述异记》卷上,景印文渊阁《四库全书》第1047册,第613页。

“子之道若此其明也，亦能益寡人之寿乎?”对曰:“能。”①

柏常骞，何许人也?《晏子春秋》卷四《内篇问下第四》云:“柏常骞去周之齐，见晏子曰:骞，周室之贱史也。”②周室史官，据《周礼·春官·占人》云:“史占墨，卜人占坼。”史为占卜巫师之列。贱乃谦词，史即巫史。周代以白茅裹祭品，故柏常骞善于白茅辟邪巫术。

景公感到猫头鹰叫丧声扰人，为此不能安寝。常骞巫师说，我有一样东西可以致它于死地，那就是白茅。景公就建筑了一间新室放白茅，派人去看，果然猫头鹰伏地而死。白茅何以有如此大的魔术力?因为白茅在周代常用以包裹祭神的物品，因此白茅也就被神化而具有反抗鬼邪的魔术力。《周易》中写到白茅。《大过》曰:“初六，藉用白茅，无咎。”③意思是，祭祀用白茅垫祭品，所以敬神没有什么灾祸。《大过》象曰:“藉用白茅，柔在下也。”④意思是，藉用白茅，因为白茅为柔物，垫于物品之下，最为适合，故无咎也。象传此解释乃以初六之爻象、爻位为根据。初六为阴爻，为柔，居一卦之下位，是为“柔在下”，象柔物在下。巫术就引申为将辟邪物压在下。所以，景公笃信，枭所以伏地而死，皆由于有白茅辟邪物之故。此种巫术在后世称为“禳枭”。宋陈栎《感应经》曰:“柏常骞尝为齐景公，以周礼之法禳枭，枭乃布翼当伏地死，盖用此术也。”⑤但禳枭只是其结果，实际是白茅禳枭。

二　瓦当厌胜

瓦当，又叫瓦头，这种极为寻常的建筑材料，经过巫师的设计，就成了战国时代最有时代特色的艺术品。在这些瓦头上画上避邪的像，写上避邪的字，它们便具有了反抗巫术的魔力，使鬼邪害怕，增强了人民生活的信心和生活乐趣。

瓦当巫术文化的内容丰富多彩。先来看战国画像瓦当。《左传·鲁隐公八

---

① (周)晏婴撰，(清)孙星衍校《晏子春秋》卷六，上海古籍出版社1986年影印《二十二子》本，第575页。

② (周)晏婴撰，(清)孙星衍校《晏子春秋》卷四，上海古籍出版社1986年影印《二十二子》本，第571页。

③④ (魏)王弼、(晋)韩康伯注，(唐)孔颖达等正义《周易正义》卷三，中华书局1980年影印阮元校刻《十三经注疏》本，第41页。

⑤ (宋)陈栎《感应经》，(明)陶宗仪编《说郛一百二十号》弓一〇九，上海古籍出版社1988年影印《说郛三种》本，第5053页。

年》就有“盟于瓦屋”[1]之记载，时至今日，在洛阳王城、侯马晋城、临淄齐城、曲阜鲁城、邯郸赵城、易县燕城、中山王的墓陵等地，不断发现战国晚期的画像瓦当。

这些瓦当花纹各异，都具有四灵厌胜巫术吉祥物和避邪物的性质。

1. 四鹤纹瓦当。

鹤，取其有禄位之意。《左传・闵公二年》云：“冬十二月，狄人伐卫。卫懿公好鹤，鹤有乘轩者。将战，国人受甲者皆曰：‘使鹤，鹤实有禄位。余焉能战！’”[2]四鹤纹瓦当便是保佑禄位的吉祥物。鹤与凤同为吉祥禽类，是为神禽，亦即瑞鸟。

2. 双凤纹瓦当。

24. 战国四鹤纹瓦当

25. 战国双凤纹瓦当

凤凰为传说中之瑞鸟，《论语・子罕》云：“子曰：凤鸟不至，河不出图，吾已矣夫。”[3]晋郭璞《凤鸟赞》云：“凤皇灵鸟，实冠羽群。八象其体，五德其文。羽翼来仪，应我圣君。”[4]故双凤纹瓦当也是象征幸福的吉祥物。

3. 双龙纹瓦当。

26. 双龙纹瓦当一

27. 双龙纹瓦当二

28. 双龙纹瓦当三

29. 双龙纹瓦当四

四种双龙纹瓦当均为河北易县出土。[5] 龙也为灵物，象征国君，象征圣人，自周代即已如此。《周易・乾》云：“飞龙在天，利见大人。”疏：“飞龙在天，犹圣

---

① (晋)杜预注，(唐)孔颖达等正义《春秋左传正义》卷四，中华书局 1980 年影印阮元校刻《十三经注疏》本，第 1733 页。

② (晋)杜预注，(唐)孔颖达等正义《春秋左传正义》卷一一，中华书局 1980 年影印阮元校刻《十三经注疏》本，第 1787 页。

③ (魏)何晏集解，(宋)邢昺疏《论语注疏》卷九，中华书局 1980 年影印阮元校刻《十三经注疏》本，第 2490 页。

④ (晋)郭璞《凤鸟赞》，《艺文类聚》卷九九《祥瑞部下・凤皇》，上海古籍出版社 1982 年版，第 1709 页。

⑤ 傅振伦撰《燕下都发掘品的初步整理与研究》，《考古通讯》1955 年第 4 期。

人之在王位。”[①]亦喻非凡之人,《左传·襄公二十一年》云:“深山大泽,实生龙蛇。”杜预注云:“言非常之地,多生非常之物。”双龙纹瓦当亦为吉祥物。

4. 虎纹瓦当。

30. 战国龙虎纹瓦当

31. 战国虎纹瓦当

画虎之瓦当,是最佳的避邪物。汉应劭《风俗通义》祀典第八《画虎》云:“虎者,阳物,百兽之长也,能执搏挫锐,噬食鬼魅。今人卒得恶遇,烧悟虎皮饮之,系其爪,亦能辟恶,此其验也。”[②]故画虎避邪是为厌胜,乃反抗巫术之表现。

5. 鹿纹瓦当。

32. 战国双鹿一树纹瓦当一

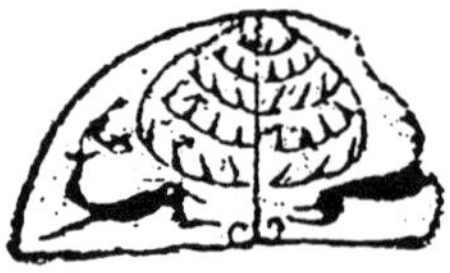

33. 战国双鹿一树纹瓦当二

瓦当上刻画鹿表示什么呢?《太平御览》卷九〇六引古本《抱朴子·玉策篇》曰:“鹿寿千岁,满五百岁则其色白。”[③]又引《瑞应图》曰:“天鹿者,能寿之兽,五色光晖,王者孝道则至。”[④]刻画鹿纹显然有保佑长寿意,是为吉祥物。

以上都是瓦当巫术表现。瓦当在秦汉之际,仍然有反抗巫术表现。

6. 双鱼瓦当。

34. 战国双鱼纹瓦当

瓦当上刻画双鱼纹意为辟邪消灾。在古代,鱼饰是用来作护身物的。远在商周之时就有随身佩带的玉鱼饰物。到唐代,金鱼饰纳入了官服,既作辟邪物,又作五品以上官位之表示。按唐制,五品以上服紫,佩金鱼符,故唐元稹《自责》诗云:“犀带金鱼束紫袍,不能将命报分毫。”[⑤]这种金鱼符名为“佩鱼”,有时是玉制的,古代以玉

① (魏)王弼、(晋)韩康伯注,(唐)孔颖达等正义《周易正义》卷一,中华书局1980年影印阮元校刻《十三经注疏》本,第14—15页。

② (汉)应劭撰,吴树平校释《风俗通义校释》,天津人民出版社1980年版,第307页。

③ (宋)李昉撰《太平御览》卷九〇六《兽部十八·鹿》,中华书局1960年影印本,第4056页。

④ (宋)李昉撰《太平御览》卷九〇六《兽部十八·鹿》,中华书局1960年影印本,第4018页。

⑤ 《全唐诗》卷四一六,中华书局1960年版,第4595页。

比德，故达官贵人佩玉为饰。

7. 咒语瓦当。

在秦汉瓦当中又有咒语融入其中者，作为反抗巫术的标志，“盗瓦者死”瓦当就是如此的。施术者以为，咒语融入瓦当，谁盗瓦，便会中魔力而死。这咒语瓦当便自然成为避邪之物。

35. 西汉“盗瓦者死”瓦当（长安城遗址出土）

8. 吉语瓦当。

36. 战国“维天降灵延元万年天下康宁”瓦当

在秦汉瓦当中也有诸多吉语瓦当，以下瓦当刻写有“维天降灵延元万年天下康宁”十二个篆字。

这是祝福天下康宁的。《尚书·洪范》云：“五福：一曰寿，二曰富，三曰康宁，四曰攸好德，五曰考终命。”[①]康宁为五福之一，祝福平安无患疾病。

以下“飞鸿延年”也为吉语瓦当。《荀子》第九卷《致士》云：“得众动天，美意延年。”唐杨倞注云：“得众则可以动天，言人之所欲天必从之。美意，乐意也。无忧患则延年也。”[②]《三辅黄图》卷之三《长乐宫》云：“（长乐宫）鸿台，秦始皇二十七年筑，高四十丈，上起观宇，帝尝射飞鸿于台上，故号鸿台。”[③]以瓦当作为反抗巫术的厌胜物用来延年，是秦汉巫师的一大发明。

37. 战国飞鸿延年瓦当（现藏西安市文物保护考古所）

综上所述，瓦当巫文化与古代民间建筑装饰风俗结合在一起形成的反抗巫术，形式特殊，别具风采。《汉官典职》曾指出，“德阳殿柱皆金刻镂作奇禽万巧”，似应再加上“以厌胜为瓦当”。《汉官典职》又指出，“德阳宫，画屋朱梁”[④]，亦似应再加上“其瓦则巫”。瓦当作为厌胜并不是孤立存在的，它是同建筑巫术中其他种类巫术紧密交织在一起的。华非《瓦当艺术简述》曾说：“自清代迄至现代，不独陕西西安、凤翔、宝鸡、咸阳、茂陵等地秦汉故都之地，时有瓦当出土，

---

① （汉）孔安国传，（唐）孔颖达等正义《尚书正义》卷一二，中华书局 1980 年影印阮元校刻《十三经注疏》本，第 193 页。

② （周）荀况撰，（唐）杨倞注，（清）卢文弨、谢墉校《荀子》卷九，上海古籍出版社 1986 年影印《二十二子》本，第 320 页。

③ 何清谷校注《三辅黄图校注》卷三，三秦出版社 2006 年版，第 176 页。

④ （宋）李昉等撰《太平御览》卷一八七《居处部一五》，中华书局 1960 年影印本，第 908—909 页。

此外在山东历城、曲阜、诸城、东莱、掖县、即墨、邹县，河南洛阳、新安、灵宝，河北怀柔、邯郸，辽宁沈阳，甘肃省天水，四川省重庆，青海省海安，山西省万家、洪洞，福建省崇安，江苏省赣榆，内蒙包头、呼市等各地区，都有不同数量的瓦当出土。”①可见这种瓦当巫术文化流行区域甚广。

第五节　春秋战国厌胜物的发展

“厌胜”——具有巫术魔力的物品，在我国春秋战国古典文献中多有记载。由于巫师认为许多物品都具有魔力，春秋战国遂广泛流传厌胜艺术品风习。

一　辟恶车厌胜

秦代用“辟恶车”来厌胜。宋马缟撰《中华古今注》卷上云：“辟恶车，秦制也。桃弓、苇矢，所以禳除不祥也。《春秋》云桃弓荆矢，以除其灾，所谓辟恶也。”②秦代的辟恶车上设有桃弓苇矢，这两件东西有驱邪魔力，故可以“禳除不祥”。

二　铜镜厌胜

春秋战国时代的反抗巫术铜镜厌胜也是十分精巧的。借助铜镜厌胜品的画面弘扬春秋战国时人的勇敢保卫生命的精神，其艺术图案具有永恒的价值，并激励后世子孙关爱生命和保护生命。裘士京编著《铜镜》指出：“金银错纹镜，是一种将金丝、银丝嵌入镜背组成图案的镜子，制工精细，纹饰美观。按纹饰不同可分为金银错狩猎纹镜、金银错虺龙纹镜，以前者最著名。”③图示为一武士全身披挂，骑马持剑与猛虎拼斗。

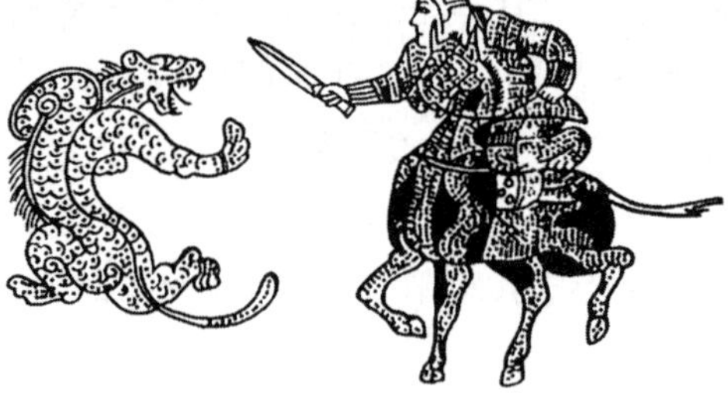

38. 披甲戴胄持剑斗虎骑士（据河南洛阳出土铜镜纹饰摹绘）〔《中国古代史参考图录·战国时期》，上海教育出版社 1989 年版。下同〕

① 华非编著《中国古代瓦当》，人民美术出版社 1983 年版，第 54 页。

② （明）陶宗仪编《说郛一百二十弓》弓一二，上海古籍出版社 1988 年影印《说郛三种》本，第 542 页。

③ 裘士京编著《铜镜》，黄山书社 1995 年版，第 62 页。

三 铜鉴纹饰厌胜

河南汲县出土的文物中有铜鉴，其纹饰中有徒兵作战的画面，表现了勇敢善战的精神，而厌胜巫术用以增加人民心理防卫功能。

39. 战国时代徒兵作战厌胜图(据河南汲县出土铜鉴纹饰摹绘)

春秋时期作战人员主要还是伴随着兵车行动的徒兵，但到战国时期已有步兵、骑兵、水兵之分。另外，春秋战国时期各个诸侯国都拥有军队，互相之间攻城略地，为配合打战，军队中也配有巫师，造成厌胜巫术艺术品的泛滥和发展。

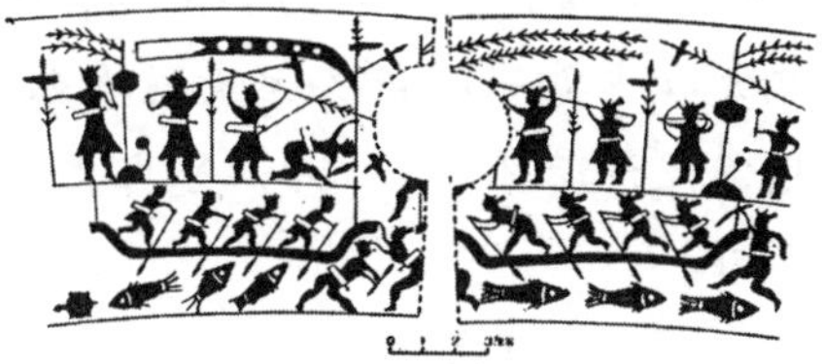

40. 战国时代水兵作战厌胜图(据河南汲县出土铜鉴纹饰摹绘)

41. 战国时代攻城作战厌胜图(据河南汲县出土铜鉴纹饰摹绘)

四 猎虎铜扣饰物厌胜

四个伏虎者抓住一只老虎，厌胜意义深远，表示猎人伏虎和战胜一切困难的决心，有非凡的厌胜气势。

42. 四人猎虎铜扣饰(1966年云南江川采集)

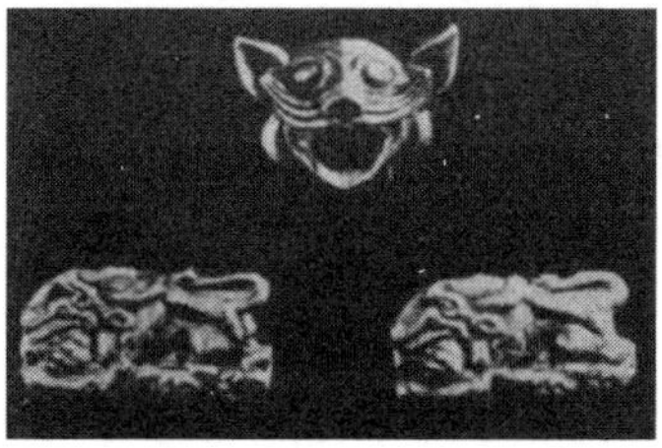

43. 虎头银饰(1973年内蒙古杭锦旗出土)

五 虎头银饰厌胜

春秋战国时期，即使在人们穿戴的银饰品上，巫师或具有巫术意识的工匠们也要设计一个虎头，具有趋吉辟凶的魔术力，达到厌胜目的。

六　镇墓兽厌胜

44. 漆镇墓兽（1957年河南信阳出土）

春秋战国时期的巫师将镇墓兽设计得面目狰狞，头上有两只带刺的长角，眼睛圆睁，伸出长长的舌头，显出要吞吃妖魔鬼怪的气势，使之望风而逃，以达到厌胜的目的。不像南北朝和隋唐时期单纯的镇墓兽那样温文尔雅地守墓。

七　象厌胜

宋吕大临撰《考古图》卷四《象尊・庐江李氏》曰：

45. 象尊〔采自《考古图》〕

> 右不知所从得。高尺有一寸，径三寸有半，深七寸有半，容九升四合，无铭识。安司尊彝眷，祠夏禴再献，用两象尊。郑众谓象尊以象凤凰。或曰：以象骨饰之。阮谌《礼图》曰：画象形于尊腹。王肃以为牺象尊为牛象之形，背上负尊。魏太和中青州掘得齐大夫送女器，为牛形，背上负尊。先儒之说既不同，乃为立象之形于盖上，又与先儒之解不同。①

古人参考齐大夫送女器，故疑此象尊出于战国时代巫师之手，用于厌胜，与先儒之说不同而有创造性，表现特殊的祥瑞性，并证明此象尊为“祠夏禴再献”的祭祀之物，亦即巫师用他们呕心沥血制作的祥瑞物为时代祈福和趋吉辟凶。

八　九尾狐厌胜

46. 九尾狐面对三足乌（汉代画像石刻）〔采自《中国神话传词典》〕

九尾狐厌胜主要源于大禹治水时，有九尾狐向他呈现吉祥，大禹遂娶涂山氏。提起九尾狐，《山海经》卷一四《大荒东经》云：“有青丘之国，有狐九尾。”郭璞注：“太平则出而为瑞也。”②故九尾狐为古时祥瑞物。

《吴越春秋》卷六《越王无余外传》云：“禹三十未娶，行到涂山，恐时之暮，失

① (宋)吕大临撰《考古图》卷四，景印文渊阁《四库全书》第840册，第181页。

② (晋)郭璞传，(清)毕沅校《山海经》卷一四，上海古籍出版社1986年影印《二十二子》本，第1380页。

其度制，乃辞云：'吾娶也，必有应矣。'乃有白狐九尾造于禹，禹曰：'白者，吾之服也。其九尾者，王之证也。'《涂山之歌》曰：'绥绥九狐，九尾痝痝。我家嘉夷，来宾为王。成家成室，我造彼昌。'天人之际，于兹则行，明矣哉！禹因娶涂山，谓之女娇，取辛壬癸甲。"注云："《吕氏春秋》曰：'禹娶涂山氏女，不以私害公，自辛至甲四日，复往治水。'"①

九尾狐厌胜不仅象征子孙繁息，而且也象征不以私害公，如此方能太平出而为瑞。

第六节　战国时代蛊道巫术、指甲巫术、占卜巫术

一　蛊道巫术

战国时代的蛊道巫术有了进一步发展。《太平御览》卷七四二引《左传》云："宣二，晋里克有蛊疾。"②当时人将蛊作为疾病来看待，似乎巫术性已有所削弱。

47. 春秋战国时代细腰舞女（湖南长沙楚墓出土漆奁纹饰）〔采自《中国服装史》。下同〕

《左传·昭公元年》记载春秋战国时代已有人专门培养这种剧毒的"蛊"。

赵孟曰："何谓蛊？"对曰："淫溺惑乱之所生也。于文，皿虫为蛊。谷之飞亦为蛊。在《周易》，女惑男，风落山，谓之蛊。皆同物也。"赵孟曰："良医也。"厚其礼归之。③

意思是，赵孟说："什么叫蛊？"医和回答说："这是沉迷惑乱所引起的。在文字

---

① （汉）赵晔撰，（元）徐天祜音注，苗麓点校，辛正审订《吴越春秋》卷六，江苏古籍出版社1986年版，第96—97页。

② （宋）李昉等撰《太平御览》卷七四二，中华书局1960年影印本，第3292页。

③ （晋）杜预注，（唐）孔颖达等正义《春秋左传正义》卷四一，中华书局1980年影印阮元校刻《十三经注疏》本，第2025页。

里，器皿中的毒虫是蛊。稻谷中的飞虫也是蛊。在《周易》里，女人迷惑男人，大风吹落山木叫做蛊。这都是同类事物。”赵孟说：“真是好医生啊。”于是赠给他很重的礼物而让他回去。

按照孔颖达疏中的意思来说：“人自有无故失志，志性恍惚不自知者，其疾名为蛊。蛊非尽由淫也，以毒药药人，令人不自知者，今律谓之蛊毒。”“皿”，当然是器皿，稻谷蛊当时已经培养出来了，有人专门用器皿来培养这种有剧毒的虫。

48. 春秋陶俑（山西侯马市东周墓出土陶俑）

这种培养蛊毒之法，在我国两千多年以前的春秋战国时期已经广泛流传了，并且成为后世培养蛊毒的主要模式。正如宋郑樵撰《通志》卷三一《六书略》所说：“造蛊之法，以百虫置皿中，俾相啖食，其存者为蛊。故从虫皿也。”①由此可见，百种毒虫置于皿中，互相残酷咬食，最后剩下最毒的一种毒虫，对其施以魔法，就成为蛊。

在秦汉之间，人们试着用食疗法来解除蛊毒，也可以说是一种创造。《山海经·中山经》云：“休水出焉，而北流注于洛，其中多鯑鱼，状如盩蜼而长距，足白而对，食者无蛊疾，可以御兵。”②《山海经·北山经》亦云：“（决决之水）其中多人鱼，其状如鯑鱼，四足，其音如婴儿，食之无痴疾。”③

清郝懿行对《山海经·中山经》“蛊疾”疏云：“《北次三经》云：‘人鱼如鯑鱼，四足，食之无痴疾。’此言‘食者无蛊疾’，蛊，疑惑也；痴，不慧也，其义同。”④实际上这是先秦至汉代民间以食疗解蛊毒之尝试，并为后世采用，《本草纲目》鳞部卷四四即指出：“（青鱼）解蛊毒。”便是鯑鱼解蛊疾的衍化。

二　指甲巫术

在交感巫术中，指甲巫术也颇重要。在战国时代的巫师看来，指甲与头发一样是一个人的化身，如果要伤害一个人，首先弄到他的指甲，然后对其施以巫术，念咒语，而后埋指甲在土中，这个人便会有痛苦的感觉。

① （宋）郑樵撰《通志》卷三一，景印文渊阁《四库全书》第373册，第399页。

② （晋）郭璞传，（清）毕沅校《山海经》卷五，上海古籍出版社1986年影印《二十二子》本，第1362页。

③ （晋）郭璞传，（清）毕沅校《山海经》卷三，上海古籍出版社1986年影印《二十二子》本，第1351页。

④ 见袁珂校注《山海经校注》第五《中山经》，上海文艺出版社1980年版，第147页。

指甲，战国时代又称爪，或称蚤。爪是手脚指甲的通称，如《列子·天瑞》：“皮肤爪发，随世随落。”[①]《礼记·丧大记》：“小臣爪足。”郑玄注云：“爪足，断足爪也。”[②]而“蚤”，在秦汉时读为“爪”音，如《仪礼·士丧礼》：“蚤，揃如他日。”注云：“蚤读为爪，断爪揃须也。”[③]所以那时指甲又称蚤甲，如《荀子·大略》：“争利如蚤甲而丧其掌。”注：“蚤与爪同。”[④]

49. 春秋战国玉人佩饰（河北平山三汲出土中山国玉人）

在古时，如果一个人生了病，就必须剪指甲来祭祀，以求神保佑，故《史记·鲁周公世家》云：“初，成王少时，病，周公乃自揃其蚤沉之河，以祝于神曰：王少未有识，奸神命者乃旦也。”[⑤]剪指甲祭祀便是施行指甲巫术。所以《礼记·曲礼下》云“不蚤鬋，不祭食”，疏云：“蚤治手足爪也。”[⑥]战国时代的人，指甲就是不能轻易亡失的。《韩非子·内储说上七术》云：“韩昭侯握爪，而佯亡一爪，求之甚急，左右因割其爪而效之。昭侯以此察左右之诚不。”[⑦]韩昭侯居然假装掉了指甲，看左右惊愕不惊愕，以察他们对自己诚心不诚心，害得他身边的人亦割下自己的手指甲。可见指甲对于一个人的重要。

凡此种种都说明，在战国时代，人们对指甲所持有的巫术观念并未消减。

三　占卜巫术

战国时代占卜巫术中，《楚辞》写到的茅卜也有深广的影响。这一种占卜方法，屈原在《离骚》里曾经唱过：“索藑茅以筳篿兮，命灵氛为余占之。”[⑧]意思是说，我找来了灵草和细竹片，请求神巫灵氛为我占卜。汉王逸注：“藑茅，灵草

---

① （周）列御寇撰，（晋）张湛注，（唐）殷敬顺释文《列子》卷一，上海古籍出版社 1986 年影印《二十二子》本，第 197 页。

② （汉）郑玄注，（唐）孔颖达等正义《礼记正义》卷四四，中华书局 1980 年影印阮元校刻《十三经注疏》本，第 1576 页。

③ （汉）郑玄注，（唐）贾公彦疏《仪礼注疏》卷三六，中华书局 1980 年影印阮元校刻《十三经注疏》本，第 1134 页。揃，理顺胡须。参校彭林译注《仪礼》，中华书局 2013 年版，第 413 页。

④ （周）荀况撰，（唐）杨倞注，（清）卢文弨、谢墉校《荀子》卷一九，上海古籍出版社 1986 年影印《二十二子》本，第 352 页。

⑤ （汉）司马迁撰《史记》卷三三，中华书局 1959 年版，第 1515 页。

⑥ （汉）郑玄注，（唐）孔颖达等正义《礼记正义》卷五，中华书局 1980 年影印阮元校刻《十三经注疏》本，第 1264 页。

⑦ （周）韩非撰《韩非子》卷九，上海古籍出版社 1986 年影印《二十二子》本，第 51 页。

⑧ 林家骊译注《楚辞》，中华书局 2013 年版，第 25 页。

也。筳,小折竹也。楚人名结草折竹而卜曰篿。"[①]胡文英《屈骚指掌》曰:"楚中或折草、折竹、折木枝、折炷香,信手布卦,以占吉凶。"[②]茅卜又称"掐茅卦"。檀默斋曰:"藑茅,折草以卜,俗云掐茅卦是也。"可见楚人信卜成风,到了随处可见的地步。

① (汉)王逸撰《楚辞章句》卷一《楚辞》,景印文渊阁《四库全书》第1062册,第11页。

② (清)胡文英《屈骚指掌》卷一,《续修四库全书》集部第1302册,上海古籍出版社2002年影印本,第563页。

第十章　春秋战国时代算命术的衍化形态

——敦煌本《立成孔子马坐卜占法》与《周易》

算命术是中国巫术发展过程中的重要门类。敦煌文书中共有六大算命术，其中第六类为占卜算命术。占卜算命术又分成四小类，《马坐卜》为其中一类，与《周易》关系密切。[①] 春秋战国时代算命术的衍化形态，最早见者，当属《马坐卜》。

第一节　概述与题识

——传说孔子作马坐卜的《周易》来源

敦煌唐人中有一些占卜算命人是流动人口，他们骑在马上，挂着龟板和星占图，敲着铃鼓，和商旅骆驼队同行在遥远丝绸之路上。旅行者如要求提供占卜算命术服务，他们便坐在马上让人抽签占卜，所以叫做“马坐卜”。其占卜算命术就是让人抽签，他来解答。马坐卜占法占卜算命文书皆为民间占卜算命人集体创作，在口头流传中逐渐被搜集来，日积月累，也就成了文本，成了俗文化，不著作者名，表现敦煌民间占卜人的集体智慧。在大戈壁沙漠地域，占卜是唐人一种驱邪求生意志的体现，因此它是有鼓励唐人追求生命意义的积极作用的。而这种价值体现在 S. 813/2《立成孔子马坐卜占法》中，与《周易》哲理及其辩证法有密切联系，它是中国古文化之精华。

1. 唐人坐马击鼓念经图（四川万县唐墓出土）〔采自《中国古俑白描》〕

在有关“马坐卜”或“马头卜”的敦煌卷子中有六个残卷：

① 请参阅高国藩著《敦煌算命风俗》第十六章至第十九章，东亚文化出版社 2006 年版，第 198—229 页。

一、S.813/2《立成孔子马坐卜占法》①

二、S.1339/1—2《孔子马头卜法》②

三、S.2578/1—2《孔子马头卜法一部》③

四、S.9502《孔子马头卜法》(与S.9501V并合)(参S.11419,S.13002V)④

五、S.11419V《孔子马头卜法》(参S.9501V,S.9502,S.13002V)两个断片⑤

六、S.13002《孔子马头卜法》(参S.9501V,S.9502,S.11419)两个断片⑥

这六个残卷,实际上只算四个,五、六只是两个片段。二、三、四卷子都称《马头卜》,条目都比较细碎。唯独第一个卷子特殊:1. 题目是《马坐卜》,显得与众不同;2. 题目还多加了"立成"两字,立成指算命立成;3. 占卜法的说法全面;4. 课抽讲的内容全都集中在"(拜)见月(亮)",即拜月风俗上,主题突出;5. 开头就强调"凡此上经",此"经"显然是指《周易》,这就揭示出有意义的重点课题。S.813/2《立成孔子马坐卜占法》内容和形式都比较完整。"麻雀虽小,五脏俱全",分析研究它,一定可以管中窥豹。

对于S.813/2《立成孔子马坐卜占法》的题目中何以要加入"孔子"之名,笔者认为,因为孔子与《周易》的成书有关。《周易》简称《易》,内容包括《经》(也叫《易经》)和《传》(也叫《易传》或《大传》)两部分。《大传》是第一部解释《易经》的著作,包括解释卦爻辞的七种文辞:1.《彖》(上、下);2.《象》(上、下);3.《文言》;4.《系辞》(上、下);5.《说卦》;6.《序卦》;7.《杂卦》。七种文辞共十篇,汉朝人把它称为"十翼"(见《易乾凿度》),说它好像《易经》的翼翅。西汉司马迁首先提出这十翼是孔子所作。《史记·孔子世家》曰:"孔子晚而喜《易》,序《彖》、《系》、《象》、《说卦》、《文言》。读《易》,韦编三绝。曰:'假我数年,若是,我于《易》则彬彬矣。'"注曰:"《正义》:序,《易序卦》也。夫子作《十翼》,谓《上彖》、

① 中国社会科学院历史研究所等合编《英藏敦煌文献》第二卷,四川人民出版社1990年版,第193页。

② 中国社会科学院历史研究所等合编《英藏敦煌文献》第二卷,四川人民出版社1990年版,第267—268页。

③ 中国社会科学院历史研究所等合编《英藏敦煌文献》第四卷,四川人民出版社1991年版,第103—104页。

④ 中国社会科学院历史研究所等合编《英藏敦煌文献》第十二卷,四川人民出版社1995年版,第262页。

⑤ 中国社会科学院历史研究所等合编《英藏敦煌文献》第十三卷,四川人民出版社1995年版,第260页。

⑥ 中国社会科学院历史研究所等合编《英藏敦煌文献》第十四卷,四川人民出版社1995年版,第125页。

《下彖》、《上象》、《下象》、《上系》、《下系》、《文言》、《序卦》、《说卦》、《杂卦》也。《易正义》曰：文王既繇六十四卦分为上下篇，先后之次，其理不易。孔子就上下二经，各序其相次之义。”①

正是汉代人认为孔子作《十翼》的原因，使唐代民间传说遂附会《马坐卜》、《马头卜》是孔子所作，以便取得受众广泛的笃信。其次，《论语》载孔子本人也确实学过《周易》，如《论语·述而》曰：“子曰：加我数年，五十以学《易》，可以无大过矣。”②意思是，老天爷如果让我多活几年，五十岁知天命之年得专心研究《易经》，便可以没有大过失了。这一章是讲孔子自述求学的心愿一直到老。再次，孔子也爱好《周易》占卜，《吕氏春秋·壹行篇》曰：“孔子卜，得《贲》。孔子曰：‘不吉。’子贡曰：‘夫《贲》亦好矣，何谓不吉乎？’孔子曰：‘夫白而白，黑而黑，夫《贲》又何好乎？’”③孔子既如此爱好《易》卜，引发唐人民间传说讲孔子又发明《马坐卜》，乃理所当然之事。

第二节 录文与认识

——打卦的四个要点

敦煌占卜算命术的法规叫“卜占法”，它是算命人卜卦吉凶的方法。S. 813/2《立成孔子马坐卜占法》即敦煌民间占卜算命法之文本。原文曰：

> 凡此上经，差得吉者，不从重问，重问不验，大急事只问一卦即止。昔孔子马头上坐，咒曰：
>
> 神卜零零(灵灵)，知死知生，
> 知败知成，知吉知凶，
> 知行知住，某某某事，
> 吉之与凶，唯卦所从。
>
> 卜者须清吉，端心定意，事无无中。所用策子，唯有九枚，枚别有刻数。咒讫，总把之，令人课抽一策，若得二刻、得三刻及九刻来，随策依经判之，

---

① (汉)司马迁撰《史记》卷四七，中华书局1959年版，第1937页。

② (魏)何晏集解，(宋)邢昺疏《论语注疏》卷七《述而第七》，中华书局1980年影印阮元校刻《十三经注疏》本，第2482页。

③ (秦)吕不韦撰，(汉)高诱注，(清)毕沅校《吕氏春秋》卷二二，上海古籍出版社1986年版，第713页。

立即可验。

每月一日见月，大吉；二日见月，所求称心；三日见月，斗诤；四日见月，大利；四（五）日见月，悲哀；六日见月，所求称意；七日见月，损才；八日见月，所见欢喜；九日见月，凶；十日见月，平安之事。（后缺）①

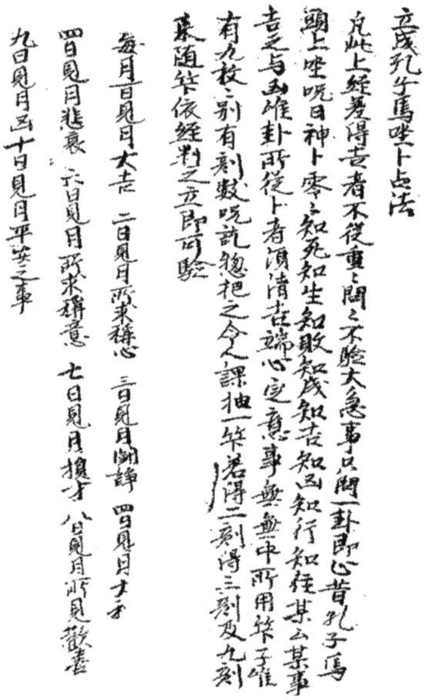

立成孔子馬坐卜占法
凡此上經若得吉者不從重問，問之不驗。大急事只問一卦即止。昔孔子馬
頭上坐，呪曰：神卜零零，知死知生，知敗知成，知吉知凶，知行知住，某乙某事
吉之與凶，唯卦所從。卜者須清潔端心定意，事無……所用竿子，唯
有九枚，別有刻數。呪訖，總把之，令人課抽一竿，若得一刻、得三刻及九刻
來，隨竿依經判之，立即可驗。
每月一日見月大吉　二日見月所求稱心　三日見月鬪諍　四日見月大才
四日見月悲哀　六日見月所求稱意　七日見月損才　八日見月所見歡喜
九日見月凶　十日見月平安之事

卜占法：“大急事只问一卦即止。”“课抽”一签就叫“打一卦”。打卦的过程有四个要点：第一，如果课抽选择的卦是吉卦，只能问一卦。“不从重问，重问不验。”“不从”，指占卜不吉。《左传·僖公三十一年》曰：“下四月，四卜郊，不从，乃免牲，非礼也。”②《谷梁传·哀公元年》：“郊自正月至於三月，郊之时也。我以十二月下辛卜正月上辛，如不从，则以正月下辛卜二月上辛，如不从，则以二月下辛卜三月上辛，如不从，则不郊矣。”范宁注：“意欲郊而卜，不吉，故曰不从。”③占卜算命不吉不得再重问一次，重问就不灵验矣。

第二，念咒语。四言八句，民间歌谣，通俗易懂，琅琅上口，便于记忆。“神卜零零（灵灵），知死知生，知败知成，知吉知凶，知行知住，某某某事，吉之与凶，唯卦所从。”所谓“知行”，指认识与实行。《礼记·中庸》：“夫妇之愚，可以与知

---

① 郝春文、金滢坤编著《英藏敦煌社会历史文献释录》第四卷，社会科学文献出版社 2006 年版，第 359 页。

② （晋）杜预注，（唐）孔颖达等正义《春秋左传正义》卷一七，中华书局 1980 年影印阮元校刻《十三经注疏》本，第 1830 页。

③ （晋）范宁注，（唐）杨士勋疏《春秋谷梁传注疏》卷二〇，中华书局 1980 年影印阮元校刻《十三经注疏》本，第 2448 页。

焉……夫妇之不屑，可以能行焉。”汉郑玄注：“言匹夫匹妇愚耳，亦可以其与有所知，可以其能有所行者，以其知行之极也。”[①]又指智虑和德行。《尸子·劝学》：“夫茧，舍而不治，则腐蠹而弃；使女工缫之，以为美锦，大君服而朝之。身者，茧也，舍而不治则知行腐蠹。”[②]《荀子·非相》：“知行浅薄。”杨倞注：“言智虑德行至浅薄。”[③]

第三，卜者。指占卜人。《吕氏春秋·制乐》：“其吏请卜其故。汤退卜者曰：‘吾闻祥者福之先也。’”[④]原来卜与筮分开，《淮南子·说林训》：“卜者操龟，筮者端策。”[⑤]《唐语林·补遗三》：“（李相回）尝之洛桥，有二术士，一卜者，一筮者。”[⑥]但敦煌《马坐卜》卜筮算命人均泛指卜者。要求占卜算命人必须清吉。所谓“清吉”指清平吉祥。元郑光祖《三战吕布》第一折：“他可是莅官清吉。”[⑦]《天雨花》第十六回：“今在闺中清吉否，向时娇病可安宁？”而且还要求端心定意。所谓“端心”，指专心，一心。《后汉书·韦彪传》：“宜简尝历州宰素有名者，虽进退舒迟，时有不逮；然端心向公，奉职周密。”[⑧]不能够三心二意。这样来打卦，才能够预测吉凶事无不中。

第四，策子。一次课抽一签，即一次只能打一卦。本残卷只留下十卦，但只有九枚筹子供人一次课抽一枚。也就是说，占卜者骑着马给人占卜算命，随喊随到。算命人骑马来到以后，念完咒语，就拿出九枚竹片制作的筹子，称“策子”，给受卜者课抽。所谓“策子”的制作，也有讲究。如北魏贾思勰《齐民要术·素食》所说：“蜜姜：生姜一斤，净洗，刮去皮，策子切；不患长，大如细漆箸。”石声汉注：“即竹制的筹。”[⑨]《太平广记》卷三九四唐薛用弱《集异记·徐智

---

① （汉）郑玄注，（唐）孔颖达等正义《礼记正义》卷五二，中华书局 1980 年影印阮元校刻《十三经注疏》本，第 1626 页。

② （周）尸佼撰，（清）汪继培辑《尸子》卷上，上海古籍出版社 1986 年影印《二十二子》本，第 367 页。

③ （周）荀况撰，（唐）杨倞注，（清）卢文弨、谢墉校《荀子》卷三，上海古籍出版社 1986 年影印《二十二子》本，第 295 页。

④ （秦）吕不韦撰，（汉）高诱注，（清）毕沅校《吕氏春秋》卷六，上海古籍出版社 1986 年影印《二十二子》，第 646 页。

⑤ （汉）刘安撰，（汉）高诱注，（清）庄逵吉校《淮南子》卷一七，上海古籍出版社 1986 年影印《二十二子》本，第 1284 页。

⑥ （宋）王谠撰，周勋初校证《唐语林校证》卷七，中华书局 1987 年版，第 654 页。

⑦ （元）郑光祖撰《虎牢关三战吕布》，载于隋树森编《元曲选外编》第二册，中华书局 1959 年版，第 476 页。

⑧ （南朝宋）范晔撰《后汉书》卷二六，中华书局 1965 年版，第 919 页。

⑨ （北魏）贾思勰《齐民要术》卷九，景印文渊阁《四库全书》第 730 册，第 128 页。

通》:“寺前槐林,劈槅分散,布之于地,皆如操作数,大小洪纤,无不相肖。”[①]故策子(操作数),竹片制作的筹子而已。“咒讫,总把之,令人课抽一策”,即在咒语念毕以后,就要课抽策子了,由算命人将九个筹子抓在手上,让受众课抽。但策子却甚有讲究,策子上有刻度,“若得二刻得三刻及九刻来”,即课抽的筹子是一刻,就是得“一日见月”的卦,课抽的筹子是二刻,就是得“二日见月”的卦,等等,以此类推。最后“随策依经判之,立即可验”。所谓“依经判之,立即可验”,经指《易》,即《周易》。就是依据《周易》判断,立即可验,即“立成”。

第三节　课抽贯穿《周易》哲理与辩证法

S. 813/2《立成孔子马坐卜占法》演算每月一日至十日“见月”占卜吉凶,都与《周易》哲理及辩证法有密切关系。见,谒见、拜见。“见月”与唐人拜月风俗有关。[②] 故本卷一日至十日拜见月亮,求问吉凶,乃是月崇拜的产物,拜月风俗之衍化。

让受众课抽打卦。卦名“见月,求吉凶”出来了,但卦辞、卦理却阙失,故卦辞的含义不甚清楚。占卜算命人就对十卦中的每一卦“依经判之”,给以解答,即借占卜拜月,祈求解答吉凶。必须结合后世《易林》等卦辞或相关《周易》哲理及辩证法来找到卦理,而使受众理解每一条卦辞中的意思,得到人生之启迪。兹将卦理解答如下。

第一卦“每月一日见月,大吉”,如何依经判之?《焦氏易林》卷一《乾之第一》曰:“蒙:鹄鹈鸤鸠,专一无尤,君子是则,长受嘉福。”[③]意思是,布谷斑鸠鸣唱,专心致志无过,君子坚持此理,长久接受嘉福。“一日见月”与“专一无尤”,两“一”扣合,故采用此卦辞。《周易·乾》曰:“乾:元亨,利贞。”[④]经意为:乾,卦名。元,大。亨即享,祭祀。利,利益。贞,占问。

卦辞言:筮遇此卦,可以举行大享之祭,乃有利占问。传解:“乾,卦名,天也。元,善。亨,美。利,利物。贞,正。天有善、美、利物、贞正之德,故曰:乾:元、亨、利、贞。”

第二卦“二日见月,所求称心”,如何依经判之?所谓“称心”,即遂心适意。

---

① (宋)李昉等编,汪绍楹校注《太平广记》卷三九四,中华书局 1961 年版,第 3148 页。

② 请参阅高国藩著《敦煌古俗与民俗流变——中国民俗探微》,河海大学出版社 1989 年版,第 398—414 页。

③ (汉)焦延寿撰《焦氏易林》卷一,景印文渊阁《四库全书》本第 808 册,第 272 页。

④ (魏)王弼、(晋)韩康伯注,(唐)孔颖达等正义《周易正义》卷一,中华书局 1980 年影印阮元校刻《十三经注疏》本,第 13 页。

晋陶渊明《时运》诗之二曰："称心而言，人亦易足。"[①]"二"者，即喻遂心适意之事。《周易·系辞上》曰："'同人先号咷而后笑。'子曰：'君子之道，或出或处，或默或语。二人同心，其利断金。同心之言，其臭如兰。'"[②]"二"与"二日见月"扣合而感应。利，锋利也。断金，斩断金属之物。臭，气味，如兰草，比喻其香。《周易》的意思是：笑到最后才是笑得最好的。两个同心同行的人，虽然最初也有悲泣不快，但最后还是笑逐颜开。孔子说：君子立身之道，无论是出而为官，还是退为隐士，不论是沉默不语还是发表议论，都要恪守同心同行的原则。二人见月之卦，依经判之，此经曰二人应同心行动，彼此互助，则无物不能，又能转祸为福，转悲为喜，就是所求最称心适意的事情。

第三卦"三日见月，斗诤（斗争）"，如何依经判之？《周易·损》曰："六三：'三人行则损一人；一人行，则得其友。'象曰：'一人行'，'三'则疑也。正义曰：三则疑者，言一人则可，三人疑加疑惑也。"[③]行，意为其主张得以实行。疑，意为其主张不能得以实行。一正一反，互相对立，于是引发斗争。传意：爻辞曰："三人行则损一人，一人行则得其友。"其意思是说：一个人出行，遇到事情自作主张，其主张自然能够得到实行，还会有朋友的帮助实行，所以说"故得其友"。但是，三人出行就不同了，遇到事情主张就不一样，就滋长了疑惑，明争暗斗，其异己之同伴就将离去，所以就少了一人。

《周易·系辞下》又曰："天地氤缊，万物化醇。男女构精，万物化生。《易》曰：'三人行，则损一人；一人行，则得其友。'言致一也。正义曰：此言众不如寡，三不及一也。言致一也者，此夫子释此爻之意。为此爻所论致其醇一也，故一人独行，乃得其友也。"[④]所释虽与《象》传稍微有所不同，但基本一致。

"三"与"三日见月"扣合而感应。受众得此卦，按照《周易·损》及《系辞》判之，虽课抽为"三日见月，斗诤"，但不必灰心，增加自信，寻找朋友，扭转"三人行，则损一人"的不利局面，可以取得圆满结果。

第四卦"四日见月，大利"，如何依经判之？在《易》中，"四"皆有吉利的含义。吉利即大利。《周易·乾》曰："文言曰：元者，善之长也；亨者，嘉之会也；利者，义之和也；贞者，事之干也。君子体仁足以长人，嘉会足以合礼，利物足以和

---

① 郭维森、包景诚译注《陶渊明全译》，贵州人民出版社1992年版，第6页。

② （魏）王弼、（晋）韩康伯注，（唐）孔颖达等正义《周易正义》卷七，中华书局1980年影印阮元校刻《十三经注疏》本，第79页。

③ （魏）王弼、（晋）韩康伯注，（唐）孔颖达等正义《周易正义》卷四，中华书局1980年影印阮元校刻《十三经注疏》本，第53页。

④ （魏）王弼、（晋）韩康伯注，（唐）孔颖达等正义《周易正义》卷八《系辞下》，中华书局1980年影印阮元校刻《十三经注疏》本，第88页。

义，贞固足以干事。君子行此四德者，故曰乾：元、亨、利、贞。”[①]“四日”与“四德”扣合而感应。受众得此卦，依经判之，这就意味着四日拜月，其得“大利”，应当首先做合乎四德的行为。此经曰“四日见月，大利”者，必须将仁、礼、义、干事的精神，贯穿于君子、嘉会、利物、贞固的行为中，受众在此卦中才能必获四德的教益，大利。

《周易·恒》又曰：“日月得天而能久照，四时变化而能久成。圣人久于其道，而天下化成。”[②]“四日”与“四时”扣合而感应。四时变化能久成，是说四时变化有永恒规律，圣人道术也有永恒规律，而将天下化成。依经判之，此经曰：“四日见月”合乎四时的规律，符合圣人长久之道，大利。

《周易·坤》又曰：“君子‘黄’中通礼，正位居体，美在其中，而畅于四支，发于事业，美之至也。”孔颖达疏：“四支，犹人手足，比于四方物务也。”[③]“四日”与“四支”扣合而感应。“君子”以下数句，解释六五爻辞“黄裳元吉”。黄裳，黄色衣裳。黄色为美丽吉祥的颜色，故黄裳也为比喻人心中道德的美丽。通礼，通达事理。正位，以正道居其位：居君位尽君道，居臣位尽臣道，居父位尽父道，居子位尽子道。畅，达也。支借为肢。故四支即四肢，指人的手足。畅于四肢，指的就是表现在行动上。先后“四”者，互相一致，交相感应。依经判之，此经曰：君子四日见月，穿黄衣通理，正位居礼，美德存于心中，表现于行动，大利。

第五卦“五日见月，悲哀”，如何依经判之？五日有生子害父母之忌讳。《史记·孟尝君列传》曰：“文（孟尝君）以五月五日生。婴告其母曰：‘勿举也。’其母窃举生之。及长，其母因兄弟而见其子文于田婴。田婴怒其母曰：‘吾令若去此子，而敢生之，何也？’文顿首，因曰：‘君所以不举五月子者，何故？’婴曰：‘五月子者，长与户齐，将不利其父母。”司马贞《索隐》曰：“《风俗通》云：‘俗说五月五日生子，男害父，女害母。’”[④]故五日见月，必悲哀。课抽此卦，就是要学会如何克服悲哀，走出凶境。

周代时形成五行相生克之“五行”说。《春秋繁露·五行之义》曰：“木，五行之始也；水，五行之终也；土，五行之中也。此其天次之序也。木生火，火生土，

---

① （魏）王弼、（晋）韩康伯注，（唐）孔颖达等正义《周易正义》卷一，中华书局 1980 年影印阮元校刻《十三经注疏》本，第 15 页。

② （魏）王弼、（晋）韩康伯注，（唐）孔颖达等正义《周易正义》卷四，中华书局 1980 年影印阮元校刻《十三经注疏》本，第 47 页。

③ （魏）王弼、（晋）韩康伯注，（唐）孔颖达等正义《周易正义》卷四，中华书局 1980 年影印阮元校刻《十三经注疏》本，第 19 页。

④ （汉）司马迁撰《史记》卷七五，中华书局 1959 年版，第 2352 页。

土生金，金生水，水生木，此其父子也。”[1]既有五行相生，必有五行相克。故唐封演《封氏闻见记·运次》曰：“自古帝王五运之次凡有二说：邹衍则以五行相胜为义，刘向则以五行相生为义。汉魏共遵刘说。”[2]先秦两说兼备。五行相胜亦称五行相克，其顺序是：水克火，火克金，金克木，木克土，土克水。结合古俗而形成五日子克父，女克母之民俗观。

五行理论最初形成于《周易》，故化解五日见月之悲哀，必依此经。《周易·系辞上》曰：“天数五，地数五，五位相得，而各有合。”魏王弼、韩康伯注曰：“天地之数各五，五数相配，以合成金、木、水、火、土。”[3]五行相克造成“不举五日子”禁忌。周代用祭祀五行神来消除五行相克悲哀。《周礼·春官·大宗伯》曰：“以血祭祭社稷、五祀、五岳。”郑玄注：“此五祀者，五官之神。”[4]五行神实为五岳神。又称五官神。《左传·昭公二十九年》曰：“故有五行之官，是谓五官。实列受氏姓，封为上公，祀为贵神。社稷五祀，是尊是奉。”[5]汉代因之，故《太平御览》卷五二九引《汉书议》曰：“祠五祀，谓五行金木水火土也。木正曰句芒，火正曰祝融，金正曰蓐收，水正曰玄冥，土正曰后土。皆古贤能治成五行有功者，主其神祀之。”[6]唐代马坐卜采取的则是“五日祭月，克服悲哀”的做法。故“五日见月，悲哀”，说的是祭五岳拜月消灾之意也。

《焦氏易林》卷三《恒之第三十二》曰：“井：五岳四渎，合润为德，行不失礼，民赖恩福。”[7]意思是，四渎五岳尽开颜，雨德润物细无声，言行不失仁义礼，庶民赖以增恩福。带着礼仪祭祀五岳。《周易·恒》曰：“恒：亨。无咎。利贞。利有攸往。”[8]经意：恒，卦名。亨即享字，祭。贞，占问。筮遇此卦言，可举行享祭；无灾咎；是有利之占问，利于有所往。传意：“恒，卦名，久也。亨，通也。贞，正也。”恒之卦辞言：人能有恒，则亨通而无咎，利在于正，也利于有所往。得到的

---

① （汉）董仲舒撰《春秋繁露》卷一一，上海古籍出版社 1986 年版，第 793 页。

② （唐）封演撰，赵贞信校注《封氏闻见记校注》卷四，中华书局 2005 年版，第 27 页。

③ （魏）王弼、（晋）韩康伯注，（唐）孔颖达等正义《周易正义》卷七，中华书局 1980 年影印阮元校刻《十三经注疏》本，第 80 页。

④ （汉）郑玄注，（唐）贾公彦疏《周礼注疏》卷一八，中华书局 1980 年影印阮元校刻《十三经注疏》本，第 758 页。

⑤ （晋）杜预注，（唐）孔颖达等正义《春秋左传正义》卷五三，中华书局 1980 年影印阮元校刻《十三经注疏》本，第 2123 页。

⑥ （宋）李昉等撰《太平御览》卷五二九，中华书局 1960 年影印本，第 2399 页。

⑦ （汉）焦延寿撰《焦氏易林》卷三，景印文渊阁《四库全书》第 808 册，第 355 页。

⑧ （魏）王弼、（晋）韩康伯注，（唐）孔颖达等正义《周易正义》卷四，中华书局 1980 年影印阮元校刻《十三经注疏》本，第 47 页。

启示是：人能有恒而走正道，可以增福德。《周易·井》曰："九五：井洌寒泉，食。"[①]经意：洌，清。此言因泉造井，井水清，泉水寒，则饮之。此爻比喻贤人有清德美才则用之。由上可见，"五日见月，悲哀"如何转悲为喜？依经判之，此经曰：人能有恒而走正道，修养清德美才，在祭享时去领悟人生，自能转危为安。

第六卦"六日见月，所求称意"，如何依经判之？《周易》阴爻称六。《周易·坤》曰："初六，履霜，坚冰至。象曰：'履霜坚冰，阴始凝也。驯致其道，至坚冰也。'"[②]朱熹曰："六，阴爻之名。阴数六老而八少，故谓阴爻为六也。""六日"与阴爻六扣合而感应。经意：人方在履霜时，而坚冰即将到来。此爻比喻人所面临凶事皆渐渐而来。传解之意与经意同。"初六"曰"履霜"，是讲阴气开始凝聚成霜；讲"坚冰至"，就是说顺推其自然规律，则坚冰将至矣。《马坐卜》第六卦"所求称意"，而今人事所面临的是坚冰至，又如何依经判之？《周易》涉六之爻，均贯穿古人主张谦虚的思想，即贵谦。《周易·谦》：

> 初六：谦谦君子，用涉大川，吉。
> 六二：鸣谦，贞吉。象曰"鸣谦贞吉"，中心得也。
> 上六：鸣谦，利用行师，征邑国。
> 六四：无不利，㧑谦。[③]

《周易·谦》解答曰：人事所面临的坚冰形势，无需惊慌，要用贵谦来解决，以取得所求称意之结果。整个《谦》卦都讲"谦：亨。君子有终。"经意：谦，卦名。亨，即享字，祭祀。终，古语曰好结果为终（说见《比》卦）。筮遇此卦，可举行享祭大会，集思广益，商讨破冰法，君子会有好结果。第一，谦谦。即谦而又谦。谦谦就是小心谨慎。君子以此态度涉大川之险，道路走对，就是破冰之旅，悉皆所求称意。第二，鸣谦。六二、上六两鸣谦。鸣谦，有名誉而谦。六二鸣谦，经意：贞，占问。鸣谦则所占问之事吉。传解：《象》传亦训鸣为名。贞，正也。有名而谦，得正乃吉，所求亦称意。上六鸣谦，行师，出兵。邑国，大夫之邑，诸侯之国。有名而谦，即有美誉声威而不骄傲，出兵征伐邑国，自然获胜，亦所求称意。第三，㧑谦。经意：㧑，施也。㧑谦，施德惠于人而谦。所以爻辞说：无不利

---

① （魏）王弼、（晋）韩康伯注，（唐）孔颖达等正义《周易正义》卷五，中华书局1980年影印阮元校刻《十三经注疏》本，第60页。

② （魏）王弼、（晋）韩康伯注，（唐）孔颖达等正义《周易正义》卷一，中华书局1980年影印阮元校刻《十三经注疏》本，第18页。

③ （魏）王弼、（晋）韩康伯注，（唐）孔颖达等正义《周易正义》卷二，中华书局1980年影印阮元校刻《十三经注疏》本，第31页。

者就是㧑谦。传解：高师亨释文："㧑郑读为宣。"宣，明智也。㧑谦，明智而谦。依此经，即不自以为是，则无不利，而所求称意。

第七卦"七日见月，损才"，如何依经判之？七日拜月，为何祈求免除"损才"？此"才"是否为"财"？答为否定。三代并非商业社会，不能把"才"改作"财"；三代重视人才，称人才为天才。损害人才谓之损才。人才是十窍龙身化生的天才，三代时有称"八元"者。《焦氏易林》卷一《谦之第十五》曰："升：十窍龙身。造化八元。法天则地。顺时施行。富贵长存。"[1]意思是，十窍龙身天才现，造化八大才子见，效法自然和天道，顺时施行在人间，富贵长存运恒通。八元，指有才德的人，远古传说中的八个才子。《左传·文公十八年》："高辛氏有才子八人，伯奋、仲堪、叔献、季仲、伯虎、仲熊、叔豹、季狸，忠、肃、共、懿，宣、慈、惠、和，天下之民谓之八元。"孔颖达疏："元，善也，言其善于事也。"[2]故《焦氏易林》中的"八元"，正是指这八个才子。七月拜月，祈求免除"损才"的现象，实乃敦煌唐人表达要求学习文化、发展教育，培育人才，免除损才的愿望。然《焦氏易林》此卦，乃出自《周易》谦、升两卦，蓄学习、教育之志。《周易·谦》曰："初六，谦谦君子，用涉大川，吉。"[3]谦谦，谦而又谦，形容更加虚心求教和学习，发挥自己之才能。君子以此态度跋涉大川之险，大吉。《周易·升》曰："上六：冥升，利于不息之贞。"[4]经意：冥，夜。息，休息。贞，占问。人在夜间，仍然在进行学习，进行工作，力求上升，自是有利。有利即在于不断前进而不停止。故占得此卦，有利于自强不息。故依经意，七日见月，免除损才之虑，必得更加虚心求教，自强不息，日夜努力学习和工作，以成就八元之大才。《文心雕龙·章表》曰："故尧咨四岳，舜命八元。"[5]至唐代，八元之说，愈加深入人心。唐刘禹锡《和浙西李大夫伊川卜居》："早入八元数，尝承三接恩。"[6]刘禹锡《和浙西李大夫晚下北固山》云："八元邦族盛，万石门风厚。"[7]唐时八元，出现频率高，已扩大为称颂有才德之人矣。

第八卦"八日见月，所见欢喜"，即八日拜月，占卜怎样才能所见欢喜？如何

---

① （汉）焦延寿撰《焦氏易林》卷一，景印文渊阁《四库全书》第 808 册，第 309 页。

② （晋）杜预注，（唐）孔颖达等正义《春秋左传正义》卷二〇，中华书局 1980 年影印阮元校刻《十三经注疏》本，第 1862 页。

③ （魏）王弼、（晋）韩康伯注，（唐）孔颖达等正义《周易正义》卷二，中华书局 1980 年影印阮元校刻《十三经注疏》本，第 30 页。

④ （魏）王弼、（晋）韩康伯注，（唐）孔颖达等正义《周易正义》卷五，中华书局 1980 年影印阮元校刻《十三经注疏》本，第 58 页。

⑤ （南朝）梁刘勰撰，赵仲邑注《文心雕龙》，广西教育出版社 1982 年版，第 201 页。

⑥ 《全唐诗》卷三六三，中华书局 1960 年版，第 4099 页。

⑦ 《全唐诗》卷三五五，中华书局 1960 年版，第 3994 页。

依经判之？其一，八月见月演绎八佾歌舞。《焦氏易林》卷一《讼之第六》曰："坎：初忧后喜。与福为市。八佾列陈。饮御嘉友。"[①]意思是，起初忧愁后转喜乐，与福禄寿聚会天下，八佾歌舞排列成阵，饮酒宴请亲朋好友。吉。《周易·讼》曰："六三：食旧德，贞厉，终吉。"[②]经意：食借为饬、修。旧德，故有的美德。贞，占问。厉，危险。爻辞言：人修其故有之美德，所占之事虽属危险，亦终吉。《周易·坎》曰："九五，坎不盈，祗既平，无咎。"[③]经意：祗借为坻，小丘也。以小丘之土，填空洼之坎，坎尚没有满，小丘已经填平，这是取多以益寡，损有余以补不足之象，自无咎。传解与经意同。故经曰：应坚持故有的美德，加强内省，取多以盈寡，使忧愁转为欢喜。

其二，八月见月演绎八极福禄。《焦氏易林》卷四《节之第六十》曰："大壮：德音孔博。升在王室。八极蒙佑。受其福禄。"[④]意思是，德言影响深远广博，王朝声威正在上升，八方都在蒙受护佑，受其庇荫福禄双全。吉。《周易·节》曰："天地节，而四时成。节以制度，不伤财，不害民。"[⑤]申释卦义为，天地有运动的规律，那是因为天地有节度。天地有节度，四时乃形成。国家有制度，用以节制君臣庶民，不骄奢以伤财，不残暴以害民。此为节卦重要的意义。

《周易·大壮》又曰："大壮利贞，大者正也，正大，而天地之情可见矣。"[⑥]卦辞"大壮利贞"是说不但要壮大而且要正。只有用正大态度观察分析天下万物，才能真正认识天下万物的性情。高亨著《周易大传今注》释曰："大壮卦辞云利贞者，贞，正也，谓其大者正也。如天道正，君道正，父道正，皆大者正之例。大者正，则小者无不正。天道正，则万物正。君道正，则臣民正。父道正，则家人正。推之细事，木干正，则枝叶正。"[⑦]故依经判之曰，应坚持正大之道，不伤财，不害民，方能国家有制度，受其福禄，所见欢喜。

第九卦"九日见月，凶"，即九日拜月，怎样才能破除凶险？如何依经判之？其一，九日见月，演绎九身无头鬼。《焦氏易林》卷一《坤之第二》曰："复：众尤所

---

① (汉)焦延寿撰《焦氏易林》卷一，景印文渊阁《四库全书》第808册，第286页。

② (魏)王弼、(晋)韩康伯注，(唐)孔颖达等正义《周易正义》卷二，中华书局1980年影印阮元校刻《十三经注疏》本，第24页。

③ (魏)王弼、(晋)韩康伯注，(唐)孔颖达等正义《周易正义》卷三，中华书局1980年影印阮元校刻《十三经注疏》本，第42页。

④ (汉)焦延寿撰《焦氏易林》卷四，景印文渊阁《四库全书》第808册，第425页。

⑤ (魏)王弼、(晋)韩康伯注，(唐)孔颖达等正义《周易正义》卷六，中华书局1980年影印阮元校刻《十三经注疏》本，第70页。

⑥ (魏)王弼、(晋)韩康伯注，(唐)孔颖达等正义《周易正义》卷四，中华书局1980年影印阮元校刻《十三经注疏》本，第48页。

⑦ 高亨著《周易大传今注》卷三《大壮》，齐鲁书社1979年版，第311页。

逐。反作光怪。九身无头。魂惊魄去。不可以居。”[①]意思是，众鬼追逐的地方，反作为光怪陆离，九个身躯没有头，失魂落魄散了架，赶紧迁走不可居。尤指最恶劣者，即鬼。九身无头，比喻词，泛指恶势力。凶。《周易·坤》曰：“积善之家必有余庆，积不善之家必有余殃。”[②]《周易·复》曰：“上六：迷复，凶，有灾眚。”[③]经意：迷复，迷路而返。眚，灾祸。爻辞言：迷路而返，凶而有灾。故经曰：人生迷路，只有先建立起一座积善之家，驱逐恶势力，此处不可居，然后走为上策，可以破除凶险。

其二，九日见月，演绎人面九口。《焦氏易林》卷一《临之第十九》曰：“坎：人面九口，长舌为斧，斫破瑚琏，殷商绝后。”[④]意思是，一个人有九张嘴，长舌为斧谗言恶，砍破瑚琏大礼器，殷商灭亡绝后嗣。凶。瑚琏：夏商周宗庙祭祀巫术盛黍稷的礼器。用以比喻治国安邦的人才。《论语·公冶长》曰：“子贡问曰：‘赐也何如？’子曰：‘女器也。’曰：‘何器也？’曰：‘瑚琏也。’”[⑤]意思是，子贡问孔子说：赐的造就，现在到了什么地步？孔子说：你已经造就成了有用的美器了。子贡说：什么器呢？孔子说：好比夏朝的瑚，商朝的琏。这一章是孔子评价子贡的才能到达什么程度。

《周易·临》曰：“临：元亨，利贞。至于八月有凶。”[⑥]经意：临：卦名。元，大也。亨即享字，祭祀也。贞，占问。筮遇此卦，可以举行大享之祭祀，乃有利之占问，但至于八月则有凶祸。传解：临，卦名，临民也，治民也。元，大。亨，美。利，利物。贞，正。为治民须有元大、亨美、利物、贞正的道德。余与经意同。《周易·坎》曰：“初六：习坎，入于坎，窞，凶。”[⑦]经意：习，重也。坎，坑也。窞，与陷同，坠入坑中矣。爻辞言：坎中有坎，人入于坎中而陷焉，凶。故经曰：须有元大、

2. 双头兽纹瑚（扶风西周遗址出土）〔采自《汉语大词典·玉部》〕

---

① (汉)焦延寿撰《焦氏易林》卷一，景印文渊阁《四库全书》第808册，第275页。

② (魏)王弼、(晋)韩康伯注，(唐)孔颖达等正义《周易正义》卷一，中华书局1980年影印阮元校刻《十三经注疏》本，第17页。

③ (魏)王弼、(晋)韩康伯注，(唐)孔颖达等正义《周易正义》卷三，中华书局1980年影印阮元校刻《十三经注疏》本，第38页。

④ (汉)焦延寿撰《焦氏易林》卷一《临之第十九》，景印文渊阁《四库全书》第808册，第318页。

⑤ (魏)何晏集解，(宋)邢昺疏《论语注疏》卷第五，中华书局1980年影印阮元校刻《十三经注疏》本，第2473页。

⑥ (魏)王弼、(晋)韩康伯注，(唐)孔颖达等正义《周易正义》卷三，中华书局1980年影印阮元校刻《十三经注疏》本，第35页。

⑦ (魏)王弼、(晋)韩康伯注，(唐)孔颖达等正义《周易正义》卷三，中华书局1980年影印阮元校刻《十三经注疏》本，第42页。

亨美、利物、贞正的道德，方能跳出陷阱，可以破除凶险也。

第十卦“十日见月，平安之事”，即十日拜月，祈求如何才能平安。如何依经判之？十日见月，演绎十雌百雏。《焦氏易林》卷一《谦之第十五》曰：“贲：十雌百雏，常与母俱，抱鸡搏虎，谁敢害者？”①意思是，十只母鸡有百只雏鸡，常与母亲团结在一起，母子抱成团与虎搏斗，谁敢害得了诸位勇士？《周易·谦》曰：“谦：亨。君子有终。”②经意：谦，卦名。亨即享字，祭祀也。终，好结果为终。筮遇此卦，可举行享祭，君子有好结果。传解：谦，卦名，谦虚也。亨，通。君子，指有才德的人。终，也是有好结果。这就是说一个人谦虚则通，君子行之就有好结果。《周易·贲》又曰：“贲：亨。小利有攸往。”③经意：贲，卦名。亨即享字，祭也。筮遇此卦，可举行享祭，有所往则小利，平安。故经曰：团结、谦虚、注重才德，可以获得平安。

《孔子马头易卜书》曾在隋代出现，增加了孔子信奉《易》卜算命术的可信度。《隋书》卷七八《临孝恭传》载：

> 临孝恭，京兆人也。明天文算数，高祖甚亲遇之。每言灾祥之事，未尝不中，上因令考定阴阳。官至上仪同。着《欹器图》三卷，《地动铜仪经》一卷，《九宫五墓》一卷，《遁甲月令》十卷，《元辰经》十卷，《元辰厄》一百九卷，《百怪书》十八卷，《禄命书》二十卷，《九宫龟经》一百一十卷，《太一式经》三十卷，《孔子马头易卜书》一卷，并行于世。④

记载中有孔子《易卜》字样，既与孔子有关，为孔子信命增添了新资料，又疑与《易》学有关。惜此书已佚而无从查考。据此饶宗颐先生认为，临孝恭著有《孔子马头易卜书》一卷，书名与此件相近，或者临孝恭就是此卜法的作者。⑤

---

① （汉）焦延寿撰《焦氏易林》卷一《谦之第十五》，景印文渊阁《四库全书》第 808 册，第 308 页。

② （魏）王弼、（晋）韩康伯注，（唐）孔颖达等正义《周易正义》卷二，中华书局 1980 年影印阮元校刻《十三经注疏》本，第 30 页。

③ （魏）王弼、（晋）韩康伯注，（唐）孔颖达等正义《周易正义》卷三，中华书局 1980 年影印阮元校刻《十三经注疏》本，第 37 页。

④ （唐）魏徵等撰《隋书》卷七八，中华书局 1973 年版，第 1778—1779 页。

⑤ 饶宗颐撰《敦煌本〈立成孔子马坐卜占法〉跋》，载于《敦煌学辑刊》1999 年第 1 期，第 1—2 页。

第十一章　汉代巫术(一)

第一节　汉高祖及其子孙信奉的龙厌胜巫术

汉代巫术，总的说来由于得到皇帝推崇、朝廷支持而迅猛发展，巫术向民俗文化艺术方向转化更加明显，这就是针对天灾人祸的反抗巫术，因民心所向，有儒道合璧新儒学的支持，转向厌胜巫术艺术而强调象征意义。大汉王朝是公元前后之交的中国第一王朝，此王朝如何对待巫术和运用巫术，对于后世各个王朝有导向性。尊者可以延续和大汉王朝一样的三百年江山，违者不可以延续而成短命之王朝。但汉高祖怎么对待和运用巫术的呢？略论如下：

汉高祖刘邦的出生就与占梦巫术和龙的模拟巫术有关。司马迁撰《史记》云，刘太婆在大泽边休息睡着，电闪雷鸣，天昏地暗，刘太公去找她，看见一条龙趴在她身上，后来便怀孕生下刘邦，故刘邦是龙种。[①] 刘邦做平民时，杀死过一条蛇，有神说蛇是白帝儿子，杀死它的是赤帝的儿子。故后来他作了汉王，刘邦相信自己是赤帝(炎帝)之子，崇尚赤色。

1. 汉高祖像〔采自《三才图会》〕

皇族既然造作出如此龙巫术来，巫师们岂有不遗余力实施龙巫术的，至此，四灵中的龙巫术、龟巫术、凤巫术等在汉代陆续发展开来。如何开展？且看刘邦如何思考，主要以厌胜的形式。首先汉高祖坚持三代的传统，认为巫人是技高一筹的人才，应当将龙文化作为举国的标志，极大地发展四灵文化，使汉朝江山永固。而对巫术，何怕之有？它能给当世提供神奇吉祥物，它是

---

① (汉)司马迁撰《史记》卷八《高祖本纪》云："其先刘媪尝息大泽之陂，梦与神遇。是时雷电晦冥，太公往视，则见蛟龙于其上。已而有身，遂产高祖。"中华书局 1959 年版，第 341 页。

一种珍贵的巫术艺术思维。因此，汉高祖必须首先召集巫师，使巫师们来落实他的龙巫术，巩固他的大汉王朝。《汉书》卷一下《高帝纪第一下》赞曰："及高祖即位，置祠祀官，则有秦、晋、梁、荆之巫，世祠天地，缀之以祀，岂不信哉！由是推之，汉承尧运，德祚已盛，断蛇著符，旗帜上赤，协于火德，自然之应，德天统矣。"

关于"秦、晋、梁、荆之巫"，应劭曰："先人所在之国，悉致祠巫祝，博求神灵之意也。"文颖曰："巫，掌神之位次者也。范氏世仕于晋，故祠祀有晋巫。范会支庶，留秦为刘氏，故有秦巫。刘氏随魏都大梁，故有梁巫。后徙丰，丰属荆，故有荆巫也。"①可见，汉代的巫术，特别是龙巫术既是推刘邦上台的，也是刘邦兴起来的，"德祚已盛，断蛇著符"，祥瑞缭绕，天地腾飞，威武勇猛，仁和包容，尽显大汉王朝江山一统的高贵精神气质，这才公开发达起来。秦、晋、梁、荆之巫堂而皇之进行巫术活动。首先搞起龙厌胜巫术活动。

据《史记》卷二八《封禅书第六》记载，汉高帝二年(前205)刘邦还下诏说，应当鼓励巫祠与巫祭，云："吾甚重祠而敬祭。今上帝之祭及山川诸神当祠者，各以其时礼祠之如故。"②刘邦"重祠与敬祭"，重巫祠，敬的是巫祭。后四岁，《史记》卷二八《封禅书第六》又云："长安置祠祝官、女巫。其梁巫，祠天、地、天社、天水、房中、堂上之属；晋巫，祠五帝、东君、云中君、司命、巫社、巫祠、族人、先炊之属；秦巫，祠社主、巫保、族累之属；荆巫，祠堂下，巫先、司命、施糜之属；九天巫，祠天九，皆以岁时祠宫中。其河巫祠河于临晋，而南山巫祠南山秦中。"③祠与祭皆由巫师领导，巫师当祠祝官。所以从朝廷到民间，巫觋是公开活动的。《汉书》卷二五上《郊祀志第五上》云："是以圣王为之典礼。民之精爽不贰，齐肃聪明者，神或降之，在男曰觋，在女曰巫，使制神之处位，为之牲器。使先圣之后，能知山川，敬于礼仪，明神之事者，以为祝；能知四时牺牲，坛场上下，氏姓所出者，以为宗。"④

在如此用龙巫术当头制神祭祀排位的背景下，《艺文类聚》卷九〇《鸟部上·凤》云："《礼记》曰："麟、凤、龟、龙，谓之四灵。"⑤使用龙厌胜艺术品，便会交感而获得灵气。而且汉代龙凤厌胜俱以实用为目的。汉代视龙为祥瑞。《艺文类聚》卷九八引《白虎通》曰："天下太平，符瑞所以来至者，以为王者承天顺

---

① (汉)班固撰《汉书》卷一下《高帝纪第一下》，中华书局1962年版，第83页。

②③ (汉)司马迁撰《史记》卷二八《封禅书》，中华书局1959年版，第1378—1379页。

④ (汉)班固撰《汉书》卷二五上《郊祀志第五上》，中华书局1962年版，第1189页。

⑤ (唐)欧阳询撰，汪绍楹校《艺文类聚》卷九〇，上海古籍出版社1982年版，第1558页。

理，调和阴阳，阴阳和，万物序，休气充塞，故符瑞并臻，皆应德而至。”[①]如此，汉代巫师由于具有龙巫术艺术思维，转向开发龙文化厌胜巫术产品，于是龙的厌胜艺术品层出不穷。如此精美的巫术艺术品使汉代巫术获得了艺术永恒的存在。这正是汉代巫师高明之处。汉代以后各朝纷纷仿效，掀起两千多年龙厌胜热，至今不减。

第一组：龙提梁和龙头拐杖。

一为汉龙提梁。汉龙提梁和商代玉蟠龙一样，都是具有开创意义的艺术传播媒体。宋王黼撰《重修宣和博古图》卷二七《汉龙提梁》曰：“高二寸三分，长六寸三分，阔八分，重八两七钱，无铭。通作龙形蜿蜒之状，角鬣足爪，灿然备足，真提梁也。盖鳞虫三百六十，龙为之长。故舜之时，观古人之象，而绘龙于衣，周为九章，而登龙于山，历代尊之，以为差等，于是后世人臣服饰，皆不得而有之。此提梁，汉物也。而状以龙形，宜非臣下所有者。”[②]但龙不一样，汉龙提梁的龙是带“鳞”的蛟龙。《广雅》卷一〇下云：“有鳞曰蛟龙。”即是。汉代人如何解释蛟龙？《说文解字》卷一三上曰：“蛟，龙之属也。池鱼满三千六百，蛟来为之长，能率鱼飞，置笱水中即蛟去。”[③]又何为“笱”？《说文解字》卷三上曰：“笱，曲竹捕鱼笱也。”[④]即放在捕鱼篓中沉入水里就化为蛟龙飞了。

2. 汉龙提梁

王黼鉴定此龙提梁是汉代艺术品无疑，故而创“汉龙提梁”之专有名称。而且他还认为此宝物“非臣下所有”，意思是属于皇宫内的宝物。“提梁”，一般是指水壶或篮子的提手。由于它重八两七钱，故认为应是厚的纯金片雕琢成的金提梁，应是皇帝使用的水壶的金提梁，因汉王朝是龙的子孙。既向龙的厌胜艺术品发展，便不是单一的，而是系列的永恒厌胜艺术品。

二为汉蟠龙杖头。蟠龙是指没有升天的龙，与蛟龙又有不同。《重修宣和博古图》卷二七《汉蟠龙杖头》曰：“长五寸，阔一寸四分，厚五分，重六两，无铭。杖头为一龙蟠，屈而下衔其柄，蜿蜒若飞动势。且以金鋈之，非近世物也。昔汉费长房从壶公之游，及其归，以杖投葛陂泽中，化龙而去，则以龙蟠杖头，岂其取

① (唐)欧阳询撰，汪绍楹校《艺文类聚》卷九八，上海古籍出版社1982年版，第1693页。
② (宋)王黼撰《重修宣和博古图》卷二七，景印文渊阁《四库全书》第840册，第966页。
③ (汉)许慎撰，(宋)徐铉校定《说文解字》卷一三上，中华书局1963年影印本，第281页下。
④ (汉)许慎撰，(宋)徐铉校定《说文解字》卷三上，中华书局1963年影印本，第50页下。

法耶。为汉物故宜有之，且九章之服，龙居其最，以龙者升降自如，不见制蓄神而变者也。于是惟尊者，得专有之耳。”①不言而喻，汉蟠龙杖头有养生长寿的灵气，是壶公仙游之宝物，唯有尊者才能获得。

3. 汉蟠龙杖头

三为汉蟠螭杖头。《广雅》卷一〇下：“无角曰螭龙。”蟠螭即没有升天的无角龙。《重修宣和博古图》卷二七《汉蟠螭杖头》曰：“长六寸，阔一寸五分，厚六分，重五两，无铭。按是器与蟠龙杖头略相似，但以土花所蚀，见其仿佛，比之龙而无角，故以螭名之。螭于鼎彝间，无所不用，宜杖头亦或有之。夏官伊祈氏供王之齿杖，谓赐老者。汉文以优老臣，故赐吴王濞几杖。其后灵寿杖，亦为大臣孔光之赐。是则蟠螭当赐臣下之物。其于龙头杖，非一等物也。盖若古之衣服、车马制度之等级同焉。”②象征符号意义大于这些厌胜艺术品本身。不言而喻，汉蟠螭杖头亦有养生长寿的灵气，是皇上优待老臣的“灵寿杖”。

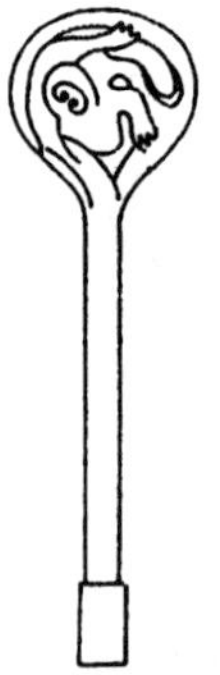

4. 汉蟠螭杖头

以上两个汉代的龙头拐杖的龙头也应是纯金的，是龙的传人——汉代皇帝赐给功臣和老臣的厌胜艺术品，旨在使臣子收藏而获得龙的保佑，趋吉辟凶，获得养生和高寿，这也是臣子的无上荣耀。此时的龙巫术只有象征符号的意义，而使人忘记巫术本体的存在，但却有巩固汉王朝的力量。汉代龙厌胜思维还向日用品渗透，而为老百姓日常生活增添龙厌胜趋吉辟凶、自我保护的意识。

汉文帝刘恒时代，《史记》卷一〇载：“十五年（前165），黄龙见成纪，天子乃复召鲁公孙臣，以为博士，申明土德事。”③此事《汉书》并载。由于黄龙现身，又推动龙厌胜品的发展。

第二组：汉携奁、龙铛、汉舆辂饰。

一为汉蟠虬携奁。宋王黼撰《重修宣和博古图》卷二七《汉蟠虬携奁》曰：“通盖高八寸四分，深七寸三分，口径三寸二分，容三升，共重二斤，无铭。奁盖闺房脂泽之具，按是器状若截

5. 汉蟠虬携奁

① （宋）王黼撰《重修宣和博古图》卷二七，景印文渊阁《四库全书》第840册，第963页。
② （宋）王黼撰《重修宣和博古图》卷二七，景印文渊阁《四库全书》第840册，第964页。
③ （汉）司马迁撰《史记》卷一〇《孝文本纪第十》，中华书局1959年版，第430页。

桶,盖顶饰以蟠虬,上下纯素,三足为熊形,而耳作兽状。连环龙首以为提梁,取其便于携挈。”①蟠龙紧紧咬住奁把手。

二为汉连环携奁。《重修宣和博古图》上这只汉连环携奁上的双龙口也是紧紧衔住奁把手。连装饰细节上,都贯穿了龙厌胜的传媒意识。

6. 汉连环龙把手携奁

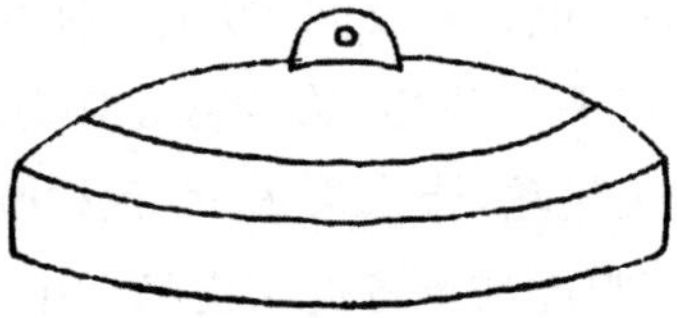

7. 汉连环携奁盖

三为龙铛。铛就是古代的锅。南朝宋刘义庆撰《世说新语·德行》载“母好食铛底焦饭”②故事。当时吴郡陈遗母亲喜欢吃锅巴,陈遗尽孝心,每天在外工作,每顿饭都要在铛底留下锅巴,带回去孝敬母亲。铛如此重要,故要龙厌胜。

四为汉携奁龙提梁厌胜。

8. 龙铛

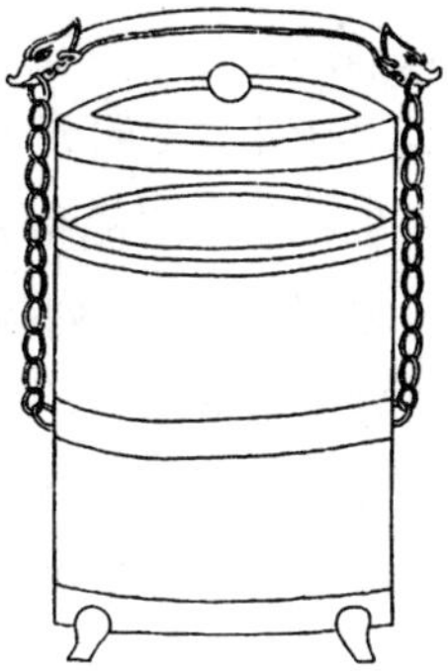

9. 汉携奁龙提梁

这幅图选自宋吕大临撰《考古图》卷一〇③,对汉携奁有一段说明,原文曰:“右不知所从得,高五寸八分,深五寸二分,径四寸,容三升,无铭识。按此器与风奁略相似,而有提梁,盖携奁也。”汉携奁上有龙提梁,是为汉携奁龙提梁无疑。

---

① (宋)王黼撰《重修宣和博古图》卷二七,景印文渊阁《四库全书》第840册,第953页。

② (南朝宋)刘义庆撰,徐震堮校笺《世说新语校笺》卷上,中华书局1984年版,第27页。

③ (宋)吕大临撰《考古图》卷一〇《携奁·开封刘氏》,景印文渊阁《四库全书》第840册,第265页。

五为汉舆辂饰。辂上有“文虎伏轼、龙首衔轭”厌胜，在汉代亦是常见，这被称为“汉舆辂饰”。

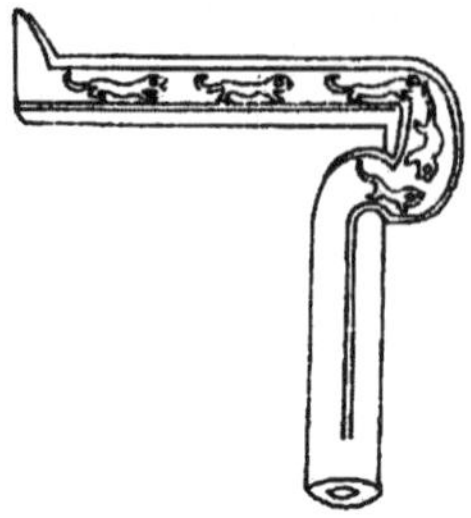

10. 汉舆辂饰

《重修宣和博古图》卷二七《汉舆辂饰》曰：“高二寸五分，阔五分，长二寸七分，重三两，无铭。按车辂之制，陶唐氏制彤车，有虞氏制鸾车，夏因鸾车而为钩车，商因钩车而为大辂，至周而后五辂备焉。唯制度略存，而文采之详，皆莫考据也。秦汉间，舆服号称甚盛，而史亦载其制。唯后汉光武平公孙述，始获葆车舆辇，遂因旧制金根车，以拟周之玉辂轮，皆朱斑重牙，贰毂两辖，文虎伏轼，龙首衔轭，与其驰虎饰皆备见于史。”①由此观之，此汉舆辂上的“文虎伏轼，龙首衔轭”明显有厌胜意。

汉宣帝甘露元年(前 53)，出大事了。据《汉书》卷八载，这年“夏四月，黄龙见新丰。丙申，太上皇庙火。甲辰，孝文庙火。上素服五日”②。黄龙见虽是好事，但汉高祖庙和汉文帝庙先后遭遇火灾，使汉宣帝深为忧虑，穿素服五天，进行反思。甘露二年(前 52)他做出三项决定：

第一，立皇子为王。《汉书》卷八云：“二年春正月，立皇子嚣为定陶王。”这是对两帝庙遭火的冲喜之举，反向获得交感魔术力，表达大汉王朝分封诸侯藩卫帝室的意志。

第二，下诏书，大赦天下。《汉书》卷八载《诏书》曰：“乃者凤凰甘露降集，黄龙登兴，醴泉滂流，枯槁荣茂，神光并见，咸受祯祥。其赦天下。减民算三十。赐诸侯王、丞相、将军、列侯、中二千石金钱各有差。赐民爵一级，女子百户牛酒，鳏寡孤独高年帛。”③

第三，改元。《汉书》卷八载：“黄龙元年(前 49)春正月，行幸甘泉，郊泰畤。”注引应劭曰：“先是黄龙见新丰，因以冠元焉。”颜师古曰：“汉注云此年二月黄龙见广汉郡，故改年。然则应说非也。见新丰者于此五载矣。”④但师古之说非是，黄龙见新丰和此年二月黄龙见广汉郡，凡两见，改元是为必然。

诏书载，赐金钱各有差，即指发行龙币和各种龙厌胜。

第一组：龙币。一为双龙钱。汉代厌胜钱币，如双龙钱、龙文钱等，也归于汉代龙厌胜中，它们实际加大了汉代龙厌胜的力度。《钱录》卷一五《双龙钱》

---

① (宋)王黼撰《重修宣和博古图》卷二七，景印文渊阁《四库全书》第 840 册，第 960 页。

②③ (汉)班固撰《汉书》卷八《宣帝纪》，中华书局 1962 年版，第 269 页。

④ (汉)班固撰《汉书》卷八《宣帝纪》，中华书局 1962 年版，第 273 页。

云:“又双龙钱二种,微有大小,俱空镂。”[①]俗称“龙币”。都是佩钱样式。

11. 双龙钱 1　　双龙钱 1 背　　12. 双龙钱 2　　双龙钱 2 背

龙币中,《钱录》又列出第三种双龙钱。《钱录》卷一五《双龙钱》又云:“又双龙钱,面文凸起,背无文。”[②]

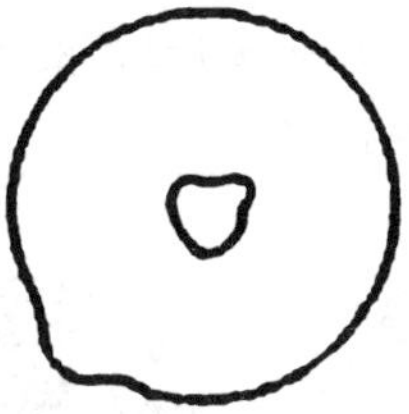

13. 双龙钱 3　　双龙钱 3 背

二为龙文钱。龙币中龙文钱亦属于龙厌胜。《钱录》卷一五《龙文钱》云:“右龙文钱。”[③]每一枚龙文都具有克邪致吉的魔力。

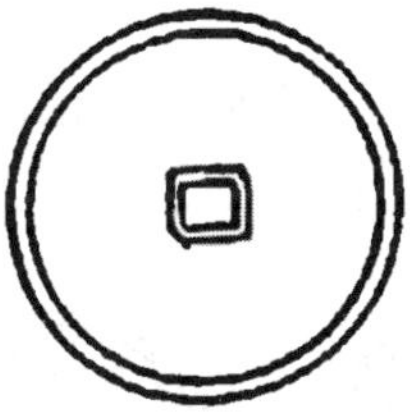

14. 龙文钱 1　　龙文钱 1 背

《钱录》卷一五《龙文钱》亦云:“右一画龙文钱,与前品并如洪《志》所录。”[③]

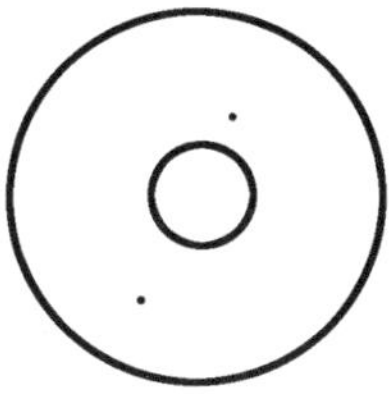

15. 龙文钱 2　　龙文钱 2 背

---

① (清)梁诗正、蒋溥等撰《钱录》卷一五,景印文渊阁《四库全书》第 844 册,第 185 页。

② (清)梁诗正、蒋溥等撰《钱录》卷一五,景印文渊阁《四库全书》第 844 册,第 185 页。

③③ (清)梁诗正、蒋溥等撰《钱录》卷一五,景印文渊阁《四库全书》第 844 册,第 187 页。

三为蟠龙抱珠钱。汉代龙币中还见有一种蟠龙抱珠钱。《钱录》卷一五《蟠龙抱珠》云:“右一品,文与前同,一面作蟠龙抱珠之状。”①

16. 蟠龙抱珠钱

蟠龙抱珠钱背

四为龙凤钱。在龙币中龙凤钱亦属于龙厌胜钱之列,一共发现有四枚。《钱录》卷一五《龙凤钱》曰:“右龙凤钱二种,背文一作翔鹤四,一为四人,各执刀楯之象,象武舞也。”

17. 龙凤钱 1

龙凤钱 1 背

18. 龙凤钱 2

龙凤钱 2 背

龙凤钱 3,又称“龙凤重轮钱”。《钱录》卷一五《龙凤重轮钱》云:“右龙凤重轮钱,永通泉货用。”②

19. 龙凤钱 3

龙凤钱 3 背

20. 龙凤钱 4

龙凤钱 4 背

龙凤钱 4,《钱录》卷一五《龙凤重轮钱》云:“右龙凤钱镂刻玲珑面背无异。”③

五为龙与南极老人钱。《钱录》卷一六《厌胜诸品》云:“右一品与前同亦作星官状。下为鼎,旁有一龙,取象辰位也。一面为一人趺坐,一人执杖侍,盖南

① (清)梁诗正、蒋溥等撰《钱录》卷一五,景印文渊阁《四库全书》第 844 册,第 183 页。

②③ (清)梁诗正、蒋溥等撰《钱录》卷一五,景印文渊阁《四库全书》第 844 册,第 184 页。

极老人之义。”[①]此钱意象，主要为龙与鼎。南极老人寓意祈寿，《史记》卷二七《天官书》云：“狼比地有大星，曰南极老人。老人见，治安；不见，兵起。”[②]唐张守节正义：“老人一星，在弧南，一曰南极，为人主占寿命延长之应。……见，国长命，故谓之寿昌，天下安宁；不见，人主忧也。”故知龙与南极老人钱厌胜意义重大。另“一人执杖侍”，杖指汉代敬老的鸠仗，也说明龙与南极老人钱是为汉代的寿币无疑。佩带它有护身符意义。

21. 龙与南极老人钱

龙与南极老人钱背

第四组：龙巫术厌胜图。反映在汉代各种文物中，现列举如下：

1. 汉代青龙厌胜。龙巫术一直演绎到汉代墓葬中。青龙亦然。汉画像中依然存在具有厌胜意义的青龙。关于青龙，法 Pel. chin. 2683《瑞应图》云：“《孙氏瑞应图》曰：青龙，水之精也，乘云雨而下上，不处渊泉；王者有仁则出。又曰：君子在位，不肖行退则见。”又说：“尚书中侯曰：周公摄命七年，归正成王，沉璧于河，荣光幕河，青云浮至，青龙玄甲临坛，吐图而去。”[③]

2. 汉代苍龙厌胜。在汉画像中依然存在具有厌胜意义的苍龙。原来苍龙在战国时期已经在传说之中，《楚辞·惜誓》云：“苍龙蚴虬于左骖兮，白虎骋而为右骓。”[④]但苍龙只在汉代才飞到汉画像中，加入汉代龙厌胜巫术。

22. 汉代青龙厌胜图（四川卢县王晖墓出土）〔采自《汉代画象石》。下同〕

23. 汉代苍龙厌胜图 1（现存南阳汉画馆）

① (清)梁诗正、蒋溥等撰《钱录》卷一六，景印文渊阁《四库全书》第 844 册，第 206 页。

② (汉)司马迁撰《史记》卷二七《天官书第五》，中华书局 1959 年版，第 1306 页。

③ 上海古籍出版社、法国国家图书馆编《法藏敦煌西域文献》第 17 册，上海古籍出版社 2001 年版，第 237 页。

④ 林家骊译注《楚辞》，中华书局 2013 年版，第 241 页。

3. 汉代龙纹瓦当厌胜。

瓦当龙体健壮雄伟，为住宅主人趋吉辟凶。

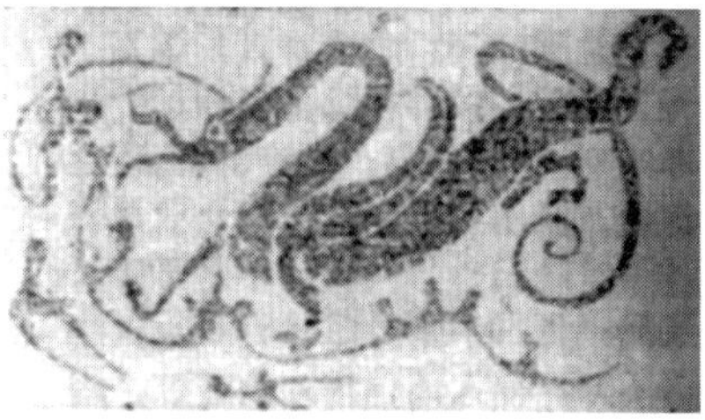

24. 汉代苍龙厌胜图2(现存南阳汉画馆)

25. 汉代瓦当龙纹厌胜〔采自《龙凤图集》。下同〕

4. 汉代龙纹陶井栏厌胜。

陶井栏上龙虎相戏，龙有翅膀，与前来井栏汲水的主人相映成趣。

5. 汉代龙纹屏风厌胜。

屏风，是汉代用以挡风或遮蔽的器具。《史记·孟尝君列传》记载："孟尝君待客坐语，而屏风后常有侍史，主记君所与客语，问亲戚居处。"①汉代彩绘屏风上有龙纹厌胜图。

26. 汉代陶井栏龙纹厌胜

27. 汉代龙纹屏风厌胜

总之，这正是汉代龙巫术的神秘之处，也是巫师使龙巫术步入了高级无我状态和低级日常生活状态。说明围在汉高祖周围的巫师，并不只是会唱巫歌跳巫舞凡人，也是一群有儒家治世头脑且能够把龙文化贯彻到生活琐事的特技艺术家。拥有巫术艺术思维正是其特长的表现。他们发行多种龙币的目的，也有朴素的经济目的之意义在。

汉代信仰龙厌胜巫术，是在龙实论基础上形成的。龙实实在在存在，才有以下四个特点。

① (汉)司马迁撰《史记》卷七五，中华书局1959年版，第2354页。

第一，要真心崇拜龙，就要顺应水乡特点绘龙纹身厌胜。《淮南子·原道训》云："九疑之南，陆事寡而水事众，于是民人被发文身，以像鳞虫。"高诱注："文身，刻画其体，内默其中，为蛟龙之状以入水，蛟龙不害也。故曰以象鳞虫也。"[①]真崇龙就需要龙纹身，也是龙实际存在的表现。

班固在《汉书》卷二八中更说："其君禹后，帝少康之庶子云，封于会稽，文身断发，以避蛟龙之害。"应劭曰："常在水中，故断其发，文其身，以象龙子，故不见伤害也。"[②]他认为龙纹身厌胜起自原始社会的夏代少康的庶子时期，所以汉代必须尊奉之。龙纹身正是为了避免蛟龙之害，也就是厌胜。

第二，提出著名的叶公好龙巫术寓言，提倡真崇拜，反对假崇拜。汉刘向撰《新序》卷五《杂事第五》云："叶公子高好龙，钩以写龙，凿以写龙，屋室雕文以写龙。于是夫龙闻而下之，窥头于牖，拖尾于堂。叶公见之，弃而还走，失其魂魄，五色无主。是叶公非好龙也，好夫似龙而非龙者也。"[③]"还走"即转身就逃。汉代反对假崇龙，不容许见到真龙转身就逃，要以真正龙的精神生活。"叶公好龙"就成了龙的精神文化标志的成语而流传于后世。

第三，龙肉是可以食用的。龙不是虚体，而是实体。这是汉昭帝一大发现。《拾遗记》卷六曰："元凤二年(前 79)……帝常以季秋之月，泛蘅兰云鹢之舟，穷晷系夜，钓于台下，以香金为钩，霜丝为纶，丹鲤为饵，钓得白蛟，长三长，若大蛇，无鳞甲。帝曰：'非祥也。'命太官为鲊，肉紫骨青，味甚香美，班赐群臣。帝思其美，渔者不能复得，知为神异之物。"[④]龙厌胜发展到汉代，龙已不是幻想的产物，而变为白色的蛟龙是可以食用的"神异之物"矣。由此可知，龙虚论可以休矣。

第四，龙肉虽然可以食用，但是龙的精子是有毒的，服用就会中毒得大病。汉张仲景撰《金匮要略》云："春夏二时，蛟龙带精入芹菜中。人食之，则病蛟龙症，痛不可忍。治以硬糖，日服二三升，当吐出如蜥蜴状也。"[⑤]龙不仅不是虚体，而且汉代名医张仲景在龙巫术的启发下，已经从医学角度对龙巫术展开中医科学研究。

如此可见，汉代人已对有关龙的巫术，在精神和龙体两方面开拓可持续发展的道路，并没有完全迷信龙仅是巫术幻想的存在而不作为。但是，也有唱反调的，他就是王充。王充的理论很特别，他采取揭露法，强调龙并不存在，《论

---

① (汉)刘安撰，(汉)高诱注，(清)庄逵吉校《淮南子》卷一《原道训》，上海古籍出版社 1986 年影印《二十二子》本，第 1207 页。

② (汉)班固撰《汉书》卷二八《地理志第八下》，中华书局 1962 年版，第 1669—1670 页。

③ (汉)刘向撰《新序》卷五，景印文渊阁《四库全书》第 696 册，第 228 页。

④ (晋)王嘉撰，(梁)萧绮录，齐治平校注《拾遗记》卷六《前汉下》，中华书局 1981 年版，第 130 页。

⑤ (明)李时珍著《本草纲目》鳞部卷四三《蛟龙》，人民卫生出版社 1981 年版，第四册，第 2382 页。

衡·龙虚篇》云：

> 盛夏之时，雷电击折破树木，发坏室屋，俗谓天取龙。谓龙藏于树木之中，匿于屋室之间也。雷电击折树木，发坏屋室，则龙见于外。龙见，雷取以升天。世无愚智贤不肖，皆谓之然。如考实之，虚妄言也。①

然而事实上汉代崇拜龙的目的，是将它作为一种文化，赶走一切鬼邪之气，使人们得到休养生息，使大汉王朝统一、繁荣、富强，为生活所用。王充不懂得巫文化的妙用。

第五，汉代人认为，龙居于渊水之中，与兵革是不兼容的。于是用龙来厌胜兵革之灾。马王堆汉墓出土帛书有《太一避兵图》与之相关。太一指天地之神。《史记》“或曰天一”张守节正义曰：“太一一星次天一南，亦天帝之神，主使十六神，知风雨、水旱、兵革、饥馑、疾疫。”②天帝既知兵革，故辟兵之灾顺理成章。但结合《太一避兵图》言之，太一作大字人形，跨踞三龙，就形成龙厌胜。③

28. 马王堆帛书《太一避兵图》〔傅举有、陈松长编著《马王堆汉墓文物》，湖南出版社1992年版，第35页。〕

由此观之，汉代的龙，不仅有龙实论，还有卜筮的哲学含义，深奥而通情达理。

第二节　汉高祖及其子孙信奉的龟厌胜巫术

《史记》卷一二八《龟策列传第六十八》云：“臣为郎时，见《万毕石朱方》，传曰：‘有神龟在江南嘉林中。嘉林者，兽无虎狼，鸟无鸱枭，草无毒螫，野火不及，斧斤不至，是为嘉林。’”《索隐》云：“按：《万毕术》中有《石朱方》，方中说嘉林中，故云传曰。”④由此可见曾有一本《万毕石朱方》的巫书，当成书于西汉。四灵之

---

① (汉)王充撰，陈蒲清点校《论衡》卷六，岳麓书社2006年版，第79页。

② (汉)司马迁撰《史记》卷二七《天官书》，中华书局1959年版，第1291页。

③ (魏)王弼、(晋)韩康伯注，(唐)孔颖达等正义《周易正义》卷一，中华书局1980年影印阮元校刻《十三经注疏》本，第13页。

④ (汉)司马迁撰《史记》卷一二八，中华书局1959年版，第3227—3228页。

一的神龟生活于嘉林中而象征人间，故万毕术加大龟巫术向厌胜艺术象征性方向发展，并且融合进《周易》的哲理。

据司马迁《史记》记载，当时人对乌龟非常敬重，称之为神龟。神龟出自长江之中，庐江郡经常每一年按时把二十只长成一尺二寸长的活龟缴纳给太卜官，太卜官就在吉日剔取其腹下的甲来占卜。当时人认为，龟活一千年才能长到一尺二寸长。所以君王在调兵遣将时，并且一定要在庙堂之上钻凿龟甲来决断吉凶并商量对策。汉高祖庙里就有一间龟室，专门收藏龟甲，把它看成是神圣宝物。说神龟在嘉林中，嘉林就是以上引文所说没有虎狼猛兽，没有鸱鸮恶鸟，草丛中没有毒虫，野火烧不到，斧头砍不到的地方。龟生活在嘉林中，经常栖息在莲花上。当时人认为，这样的神龟其胸左侧必然写有文字道："在甲子年出现日晕现象的那一天，有能得到我的，将从普通百姓变成统治者，当上有封地的官员。"这使百姓趋之若鹜，以至在白蛇出没的林中，寻求龟的人在斋戒以后就态度恭恭敬敬地等待，那样子就好像有人来告诉他有关龟的消息似的，还要酹酒浇地，祭祀鬼神一番，然后披散着头发，再祈求三天三夜才能得到龟。

在这样的龟巫术背景下，对神龟能不敬重吗？正是一条一条龟卜将刘邦遴选出来做皇帝(见后所述)。于是汉王朝的巫师们也和设计龙巫术的厌胜艺术品一样，设计出多种龟巫术的厌胜艺术品。

汉代厌胜巫术继续艺术化，感染到社会上广大知识阶层，主要变化在于向文房四宝通灵延伸，就有了汉代龟蛇砚台的出现，它成为唐代文房四宝通灵巫术的前奏。

因为乌龟是四灵之一，文人著文总想沾点灵气，于是争先恐后地使用有关四灵的文房四宝。

宋王黼《重修宣和博古图》卷二七《汉龟蛇砚滴一》曰："前一器，高一寸五分，深一寸二分，口径三分有半，容半合，重六两，无铭。"①

宋王黼《重修宣和博古图》卷二七《汉龟蛇砚滴二》亦曰："后一器，高一寸四分，深一寸一分，口径三分，容半合，重四两三分，无铭。"②

29. 汉龟蛇砚滴一

30. 汉龟蛇砚滴二

①② (宋)王黼撰《重修宣和博古图》卷二七，景印文渊阁《四库全书》第840册，第958页。

多么可爱有灵气的乌龟。宋人对之赞不绝口。王黼云："右二器，砚席中奇玩也。作龟负蛇而有形势。背为圜空，可以纳水。其一制小兽，如指大，以立背上。皆口衔物，若杯状，遇水出则吐杯中，制作精妙，宛有生意，非古人不能为也。按龟蛇，北方兽，主水。用以饰此，盖取其类耳。"①

赋在汉代文学中非常壮观，成为中国文学史中的绝唱。许多文学家以行云流水般的文笔，写出了绮丽的行云流水般的赋文，均来自汉龟蛇砚滴的一滴一滴墨水。这正应合了龟蛇巫术之象征意义："北方兽，主水。"这两个砚台，由于运用了巫术艺术思维而设计超凡脱俗，连宋人也为之叫绝，云"制作精妙，宛有生意，非古人不能为也"。这是对汉代厌胜巫术品的极大的褒奖。

以下"铜龟"亦作为社会上知识分子润笔之用，祝福著文如行云流水一般。此厌胜艺术品，亦为社会趋吉辟凶之用。

宋吕大临撰《续考古图》卷一《铜龟》曰："杨与权所收铜龟，口衔小杯，涂金，背上注水，即杯中水满，可以濡笔。龟身长黍尺之三寸，高二寸，阔二寸。容一合半杯，长寸半，阔七分。"②

31. 铜龟

32. 龟匜

宋吕大临编《续考古图》卷三《龟匜》曰："龟匜中空，背作方盖，盖上作狮子形。身长黍尺三寸半，身高二寸，头长一寸半，阔二寸，狮子高一寸半。容四合。"③一头狮子乘坐神龟远行，此巫术艺术思维绝妙地体现了英勇与稳固的象征意义，从而也表现了龟巫术的教育性。

汉代龟巫术的衍化形态，即厌胜钱中的龟币之属。龟币有两种：一种是龟鹤钱，又称万国钱。"万国"一词，出自《史记》。《史记·东越列传》云："今小国以穷困来告急天子，天子弗振，彼当安所告愬？又何以子万国乎？"④《钱录》卷一六《龟鹤》云："右一品，一面作星官，又龟鹤各一，上为玉兔。一面作水纹，篆书

---

① (宋)王黼撰《重修宣和博古图》卷二七，景印文渊阁《四库全书》第840册，第958页。

② (宋)吕大临撰《续考古图》卷一，景印文渊阁《四库全书》第840册，第279页。

③ (宋)吕大临撰《续考古图》卷三，景印文渊阁《四库全书》第840册，第312页。

④ (汉)司马迁撰《史记》卷一一四，中华书局1959年版，第2980页。

凡四,可辨者‘万国’二字。”[①]正面龟鹤星官,背面万国字样。

33. 龟鹤钱

龟鹤钱背

一种是四神钱。朱雀即凤元武即龟,故也是凤币、龟币。《钱录》卷一六《四神钱》云:“又四神钱,朱雀、玄武、青龙、白虎,并肖生为之。”[②]

34. 四神钱

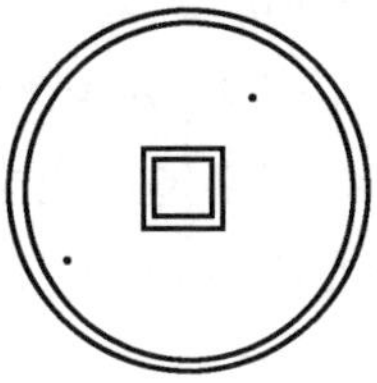

四神钱背

龟厌胜依然融入汉画像墓葬之中,那就是玄武。关于玄武,《后汉书·王梁传》云:“王梁主卫作玄武。”注称:“玄武,北方之神,龟蛇合体。”[③]

龟厌胜也融入建筑材料瓦当当中,有龟蛇同体的玄武图。在敦煌莫高窟壁画上,也有龟蛇同体的玄武。

35. 玄武(四川芦山县王晖墓出土石棺汉画像石刻)

36. 玄武(汉代瓦当纹)

37. 玄武(敦煌莫高窟第 249 窟　西魏)

《尔雅·释鱼》称龟有十种:“一曰神龟,二曰灵龟,三曰摄龟,四曰宝龟,五曰文龟,六曰筮龟,七曰山龟,八曰泽龟,九曰水龟,十曰火龟。”[④]其中神龟与灵

---

① (清)梁诗正,蒋溥等撰《钱录》卷一六,景印文渊阁《四库全书》第 844 册,第 207 页。

② (清)梁诗正、蒋溥等撰《钱录》卷一六,景印文渊阁《四库全书》第 844 册,第 209 页。

③ (南朝宋)范晔撰《后汉书》卷二二,中华书局 1965 年版,第 774 页。

④ (晋)郭璞注,(宋)邢昺疏《尔雅注疏》卷九,中华书局 1980 年影印阮元校刻《十三经注疏》本,第 2641 页。

龟都是天龟，寿命长达五千年到一万年。因为寿命长，古人就认为龟具有先知先觉的本领，所以就用龟甲来占卜吉凶。故西汉人刘安撰《淮南子·说林训》云："必问吉凶于龟者，以其历岁久矣。"在敦煌遗书中，法 Pel. chin. 2683《瑞应图》中的龟，正是从汉代龟厌胜巫术演绎而来。一曰神龟，《瑞应图》云："龟者，久也。能明于久远事也。王者不偏不党，尊耆不失故旧，则神龟出矣。"①所谓"神龟"，正如《述异记》上云："寿五千年谓之神龟。"二曰灵龟，最长寿。《瑞应图》曰："灵龟者，黑神之精也，王者德泽湛积，渔猎顺时，则灵龟出矣。五色已章则金王，倍(背)阴向阳，上宅象地，槃行象山，四出转运，生三百岁，游于藕叶之上，千岁化浦，上逢一尺二寸，能见存亡，明于吉凶，不偏不党，唯义之从。"②所谓"灵龟"，亦正如《述异记》上云："(龟)万年为灵龟。"三曰玉龟，《瑞应图》云："玉龟者，师旷时出河东之雀，为圣国出，出河录谶书。"③谶书所出之谶术，自然是巫师预卜未来的法术，皆由圣国出之玉龟完成。四曰龟武，《瑞应图》云："(龟武)似龟而黑色，常负蛇而行，北方神兽。"④

38. 灵龟〔采自《瑞应图》。下同〕

39. 玉龟

40. 武龟

汉代还创造了负重乌龟——赑屃，作为壮猛有力的辟邪神兽，在汉代也将它升格为"河神"。赑屃原称蠵龟，原来是海中大龟玳瑁形象。《山海经·东山经》云："有水焉，广员四十里皆涌，其名曰深泽，其中多蠵龟。"郭璞注："蠵，觜蠵，大龟也。甲有文采，似瑇瑁而薄。"⑤

汉代张衡《西京赋》称为巨灵赑屃，并进一步赋予它巫术的辟邪象征意义。汉张衡《西京赋》曰："汉氏初都，在渭之涘；秦里其朔，寔为咸阳。左有崤函重险，桃林之塞；缀以二华，巨灵赑屃，高掌远跖。以流河曲，厥迹犹存。"薛综注："华，山名也。巨灵，河神也；巨，大也。古语云：此本一山，当河水过之

①②③④ 上海古籍出版社、法国国家图书馆编《法藏敦煌西域文献》第17册，上海古籍出版社2001年版，第235页。

⑤ (晋)郭璞传，(清)毕沅校《山海经》卷四，上海古籍出版社1986年影印《二十二子》本，第1355页。

而曲行，河之神以手擘开其上，足蹋离其下，中分为二，以通河流，手足之迹，于今尚在。赑屃，作力之貌也。”①巨灵赑屃力大无比，它的四肢能将华山一分为二。

古人对此津津乐道。《文选·张衡〈西京赋〉》李善注引《遁甲开山图》曰：“有巨灵胡者，遍得坤元之道，能造山川，出江河。”②《太平御览》卷一引《遁甲开山图》曰：“有巨灵者，遍得元神之道，故与元气一时生混沌。”③《路史·前纪三》罗蘋注引《遁甲开山图》曰：“巨灵与元气齐生，为九元真母。”遁甲术即古代方术之一，盛行于南北朝。道教巫师幻想的遁甲术是实现超自然力，使人能入地奔驰。幻想的赑屃也有这种本领。《艺文类聚》卷七引《述征记》曰：“华山对河东首阳山，黄河流于二山之间。云本一山，巨灵所开。今睹手迹于华岳，而脚迹在首阳山下。”④

41. 赑屃

第三节　汉高祖及其子孙信奉的凤厌胜巫术

刘邦做为汉代的开国皇帝，他首先把四灵之一的凤凰绣在皇帝冕服上进行巫术厌胜，趋吉避凶。

西汉皇帝冕服上的彩凤气宇轩昂，阔步向前，引吭高歌，自有天下灵物，所向披靡之处。戚夫人侍汉高祖时，“辄使夫人击筑，高祖歌《大风》诗以和之。……既而相与连臂踏地为节，歌《赤凤凰来》”⑤。

42. 西汉皇帝冕服上的彩凤厌胜〔采自《龙凤图集》〕

再观以下西汉立凤，也表现不凡。英姿飒爽，步伐矫健，令人联想到刘邦《大风歌》，表现

①② (梁)萧统编，(唐)李善注《文选》卷二，中华书局1977年影印本，第37页。

③ (宋)李昉等撰《太平御览》卷一《天部一·元气》，中华书局1960年影印本，第1页。

④ (唐)欧阳询撰，汪绍楹校《艺文类聚》卷七《山部上·华山》，上海古籍出版社1982年版，第132页。

⑤ (晋)葛洪著《西京杂记》卷三，中华书局1985年版，第20页。

着大汉王朝雄壮豪迈的精神状态。歌曰："大风起兮云飞扬。威加海内兮归故乡。安得猛士兮守四方！"威加海内，指平定战乱统一天下；猛士，指守卫国家的将士群臣。

43. 西汉立凤图

汉孝景帝时代，衍化出"凤求凰"的巫术感应佳话，为凤厌胜巫术造势。司马相如被卓王孙员外请去陪饮酒，看见其女卓文君一见倾心，便作乐府《琴歌》，挑逗卓文君，词云：

凤兮凤兮归故乡，遨游四海求其凰。
时未遇兮无所得，何悟今夕升斯堂。
有艳淑女在闺房，室迩人遐毒我肠。
何缘交颈为鸳鸯，胡颉颃兮共翱翔。
凤兮凤兮从我栖，得托孳尾永为妃。
交情通体心和谐，中夜相从知者谁。
双翼俱起翻高飞，无感我思使余悲。①

宋代郭茂倩《乐府诗集》卷六〇"琴歌"按云："《琴集》曰：'司马相如客临邛，富人卓王孙有女文君新寡，窃于壁间见之。相如以琴心挑之，为《琴歌》二章。'按《汉书》相如饮卓氏，弄琴，文君窃从户。心悦而好之。乃夜亡奔相如，相如与驰归成都，后俱如临邛是也。"②

44. 有柄凤龟镫厌胜图

于是，龟厌胜又演绎出与凤厌胜奇妙结合的艺术品。宋吕大临撰《考古图》卷九载有凤龟镫图，无铭，但凤龟搭配显露厌胜凤龟镫深意。③

凤龟厌胜巫术艺术品的设计和制作同样不是单一的，而是系列制作出多种多样厌胜艺术品给社会用来趋吉辟凶，以适应稳固大汉王朝统治的需要，以巫文化配合汉王朝永恒的存在。

①② (宋)郭茂倩编《乐府诗集》卷六〇，中华书局1979年版，第881页。
③ (宋)吕大临撰《考古图》卷九，景印文渊阁《四库全书》第840册，第235页。

汉昭帝时代，凤凰集于东海，大汉王朝特遣使者，建祠对凤凰加以祭祀，以昭祥瑞。《汉书》卷七《昭帝纪》云：“始元三年(前84)，冬十月，凤凰集东海，遣使者祠其处。”①因此，民间又加强了对凤厌胜艺术品的制作。演绎出凤厌胜巫术另一种特殊产品的是丹凤独立奁厌胜。宋朝时曾发现一个汉明帝时代的厌胜镜奁，讲出一个有趣的口传故事。

宋人认为凤奁为汉代古董。宋吕大临撰《考古图》卷一〇载：“右得于京师，高六寸，径六寸，深五寸八分，容二升八合，无铭识，盖有立凤为饰。李氏录云：奁，或作奁。《说文》云：‘镜奁也。’后汉明帝上陵亲视太后镜奁中物感动，则非独藏镜也。《世说》云：‘弹棋，起自魏后宫妆奁之戏。’今观盖势，颇类棋局。按：今洛都宫中，有弹棋局。中隆外陀如奁。”②

45. 汉凤奁厌胜(一)

宋人确定此“凤奁”为汉代古物，为保藏妆镜的精致的匣子。上面一只立凤，《说文解字》曰：“凤，神鸟也。”《艺文类聚》卷九〇《鸟部上·凤》：“宋玉对问曰：‘凤凰上击九千里，绝云霓，负苍天乎窈冥之中，蕃篱之鷃，岂能与之料天地之高哉。’”③故此神鸟厌胜术——凤能将人带入苍天窈冥高远的境界，给人带来好运，故具有厌胜预警现世的深意。汉明帝看望太后时还遇见过，还感慨一番，但到三国魏时，一般俗人却挪作装弹棋之用，显得不伦不类。因魏时事过境迁，汉凤奁已失去它原有的四灵巫术艺术思维及其相应的境界，皮之不存毛将焉附，故而魏朝就注定是短命王朝，是趋吉辟凶意识不强之故。

汉宣帝刘询时代，也是凤厌胜大发展时期。宣帝是武帝曾孙，戾太子孙。《汉书》卷八云，宣帝“生数月，遭巫蛊事，太子、良娣、皇孙、王夫人皆遇害。语在《太子传》”④。故而宣帝上台以后，首先就是“治巫蛊于郡邸”，悼念死去的皇亲国戚，特别是良娣、王夫人等人。因而汉凤奁厌胜便具有女性特征。宋王黼撰《重修宣和博古图》卷二七《汉凤奁》：“通盖高六寸，深三寸五分，口径长三寸

46. 汉凤奁厌胜(二)

① (汉)班固撰《汉书》卷七《昭帝纪第七》，中华书局1962年版，第221页。
② (宋)吕大临撰《考古图·汉凤奁》，景印文渊阁《四库全书》第840册，第266页。
③ (唐)欧阳询撰，汪绍楹校《艺文类聚》卷九〇，上海古籍出版社1982年版，第1558页。
④ (汉)班固撰《汉书》卷八《宣帝纪》，中华书局1962年版，第235页。

二分，阔二寸六分，容九合有半，共重一斤十有(阙)两，无铭。”[①]

《汉书》又载，汉宣帝本始元年(前 73)：“五月，凤凰集胶东、千乘。赦天下。赐吏二千石、诸侯相、下至中都官、宦吏、六百石爵，各有差，自左更至五大夫。赐天下人爵各一级，孝者二级，女子百户牛酒。租税勿收。”[②]凤凰集于胶东引起大汉王朝如此大的反响，特为“女子百户牛酒”，故此时凤厌胜也有女性特征。

47. 凤凰(新津宝子山汉代崖墓石刻)〔采自《中国神话传说词典》〕

《汉书》又载，汉宣帝本始三年(前 71)，“五月，凤凰集北海安丘、淳于”[③]。宣帝继续悼念因巫蛊之狱死去的亲人。汉墓中亦有表现。如此汉代崖墓石刻凤凰厌胜出矣。

《汉书》又载，汉宣帝本始三年(前 71)，“夏四月，凤凰集鲁郡，群鸟从之。大赦天下”[④]。汉墓凤厌胜品续出。如四川梓檀县汉墓凤厌胜画像砖。凤厌胜成为汉代流行的建筑装饰艺术，为大汉王朝的存在尽心尽力服务。《四川汉代画象砖与汉代社会》中，有不少关于凤凰(包括朱雀)灵物的厌胜图录[⑤]，梓檀县出土的汉画像上还刻有“凤”字样。

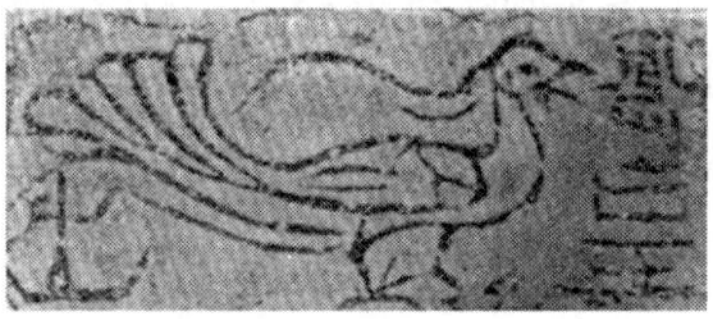

48. 汉画像凤厌胜朱雀(一)(四川梓檀县出土)

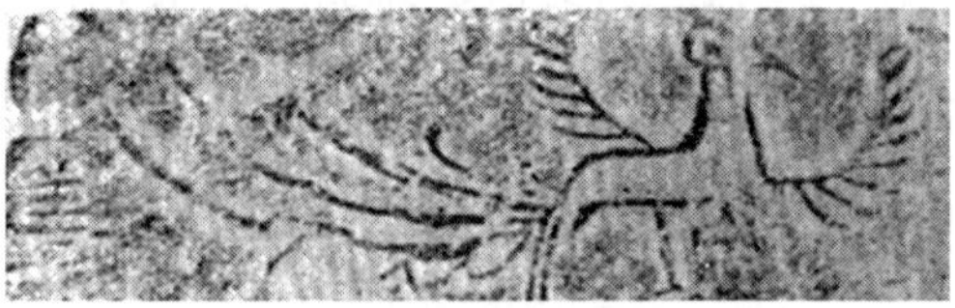

49. 汉画像凤厌胜朱雀(二)(四川宜宾市出土)

《汉书》又载，汉宣帝元康二年(前 64)“三月，以凤凰甘露降集，赐天下吏爵二级，民一级，女子百户牛酒，鳏寡孤独高年帛”[⑥]。依然强调“女子百户牛酒”，重点是厌胜凤凰，如四川宜宾市出土汉墓凤厌胜画像砖。

《汉书》又载，汉宣帝“(神爵)二年(前 60)春二月，诏曰：乃者正月乙丑，凤凰

① (宋)王黼撰《重修宣和博古图》卷二七，景印文渊阁《四库全书》第 840 册，第 951 页。

② (汉)班固撰《汉书》卷八，中华书局 1962 年版，第 243 页。

③ (汉)班固撰《汉书》卷八，中华书局 1962 年版，第 246 页。

④ (汉)班固撰《汉书》卷八，中华书局 1962 年版，第 247 页。

⑤ 刘志远、余德章、刘文杰编著《四川汉代画象砖与汉代社会》，文物出版社 1983 年版，第 102 页。

⑥ (汉)班固撰《汉书》卷八，中华书局 1962 年版，第 255 页。

甘露降集京师,群鸟从以万数。朕之不德,屡获天福,只事不殆,其赦天下"①。为增加吉庆感,乃有凤厌胜。如四川渠县汉墓凤厌胜画像砖。

《汉书》又载,汉宣帝神爵四年(前58),"四年春二月,诏曰:乃者凤凰甘露降集京师,嘉瑞并见。修兴泰一、五帝、后土之祠,祈为百姓蒙祉福。鸾凤万举,蜚览翱翔,集止于旁。斋戒之暮,神光显著。荐鬯之夕,神光交错。或降于天,或登于地,或从四方来集于坛。上帝嘉向,海内承福。其赦天下,赐民爵一级,女子百户牛酒,鳏寡孤独高年帛"②。这次亦是声势浩大,女子牛酒依旧。凤厌胜品亦多,如四川渠县汉墓凤厌胜画像砖。

50. 汉画像凤厌胜(三)(四川渠县沈君阙左石刻)

《汉书》又载,汉宣帝神爵四年(前58),"冬十月,凤凰十一集杜陵。十二月,凤凰集上林"③。推行凤厌胜,见以下河南唐河新店汉墓凤厌胜画像砖。

51. 汉画像凤厌胜(四)(四川渠县沈君阙右石刻)

52. 汉墓画像凤厌胜(五)(河南唐河新店出土)〔采自《汉代画象石》〕

《汉书》又载,汉宣帝"五凤元年(前57)春正月,行幸甘泉,郊泰畤。应劭注曰:'先者凤凰五至,因以改元云。"④改元是一件大事。汉代双凤厌胜钱纷纷出炉。汉代有专门的凤厌胜钱,称为"双凤钱"。《钱录》卷一五《双凤钱》云:"右双凤钱,空镂面背同。"⑤

① (汉)班固撰《汉书》卷八,中华书局1962年版,第262页。
② (汉)班固撰《汉书》卷八,中华书局1962年版,第263页。
③ (汉)班固撰《汉书》卷八,中华书局1962年版,第264页。
④ (汉)班固撰《汉书》卷八,中华书局1962年版,第265页。
⑤ (清)梁诗正、蒋溥等撰《钱录》卷一五,景印文渊阁《四库全书》第844册,第186页。

53. 双凤钱(一)　　双凤钱(一)背

继续铸造厌胜钱,创造吉庆气氛。

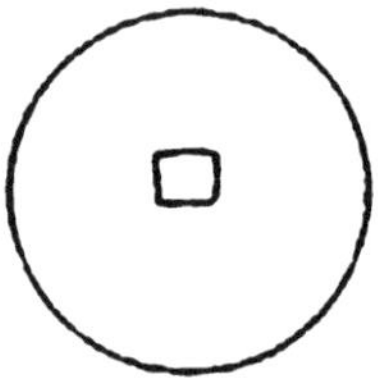

54. 双凤钱(二)　　双凤钱(二)

《汉书》又载,汉宣帝甘露三年(前 53)又下《诏书》,这是宣帝时代凤凰最后一次聚集,诏曰:"乃者凤凰集新蔡,群鸟四面行列,皆乡凤凰立,以万数。其赐汝南太守帛百匹,新蔡长吏、三老、孝弟力田、鳏寡孤独各有差。赐民爵二级。毋出今年租。"[①]继续大赦天下,为了人民安居乐业,大建民居,盖房子图吉庆,于是,汉代凤纹瓦当厌胜又出矣。汉代瓦当上的凤凰也是昂首挺胸向前进的飒爽英姿。

另外,凤厌胜印章又出矣。

55. 汉代凤纹瓦当厌胜

56. 汉代凤印章厌胜(一)

57. 汉代凤印章厌胜(二)

汉宣帝于黄龙元年十二月驾崩。汉代中兴,业垂后嗣。《汉书》赞曰汉宣帝"政事文学法理之士咸精其能"[②],因为龙凤厌胜得到大发展,有力地推动了经济、政治的发展。

最后一次在东汉,还衍化出"五凤凰见于颍川"的喜事,极大地增添了汉光

---

① (汉)班固撰《汉书》卷八,中华书局 1962 年版,第 272 页。

② (汉)班固撰《汉书》卷八,中华书局 1962 年版,第 273 页。

武帝的王朝威望。《后汉书》卷一下《光武帝纪第一下》云：

> 甲申，幸章陵。修园庙，祠旧宅，观田庐，置酒作乐，赏赐。时宗室诸母因酣悦，相与语曰："文叔少时谨信，与人不款曲，唯直柔耳。今乃能如此！"帝闻之，大笑曰："吾理天下，亦欲以柔道行之。"乃悉为舂陵宗室起祠堂。有五凤凰见于颍川之郏县。

《东观记》曰："凤高八尺，五彩群鸟并从，行列盖地数顷，停一十七日。"[1]这是东汉建武十七年(41)出现的喜事。据《京氏易传》载，这一只凤凰还不止"凤高八尺"，而是"凤凰高丈二"。形成百鸟朝凤、群鸟并从的天下奇观。许慎《说文解字》总结说："凤，神鸟也。天老曰：凤之象也，鸿前麟后，蛇颈鱼尾，鹳颡鸳思，龙文虎背，燕颔鸡喙，五色备举。出于东方君子之国，翱翔四海之外，过昆仑，饮砥柱，濯羽弱水，莫宿风穴。见则天下大安宁。"[2]由此可见，汉光武帝时代生态环境非常好，植被覆盖比例高，其时其地正是鸟类的天堂，故有此奇观出现。

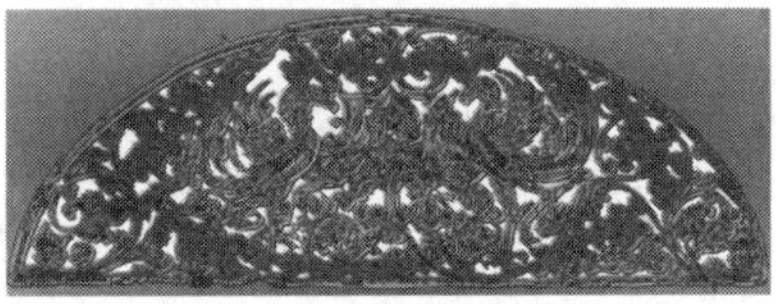

58. 汉代双凤纹璜厌胜
〔采自《龙凤图集》〕

汉代又增加了双凤纹璜厌胜。璜，玉佩。是古人进行祭神、朝聘、丧葬时佩戴的礼器，亦用于趋吉辟凶。汉代玉璜上镂刻双凤纹成为吉祥物。

龙、龟、凤等都属四灵范围，汉高祖开辟大汉王朝，将此三种巫文化性能提高到极致。明彭大翼撰《山堂肆考》卷一四九《四灵》云："四灵，四方之神也。《韵府》：朝四灵于九滨。"[3]可使所有使用四灵文化的人都受到灵气感染。潜移默化，深入人心，四灵艺术市场化作用也不可低估。汉代龙、龟、凤厌胜巫术的存在，使艺术力凝聚成社会的精神与文化，维护中华传统已二千余年。

第四节　汉高祖信奉铜人厌胜、方镜厌胜、鉴厌胜

汉高祖也喜好从龙厌胜起不断创新的其他种类厌胜巫术，这样会使大汉王朝的趋吉辟凶意识更加深入人心。尤以下列几种厌胜艺术品为甚。

---

① (南朝宋)范晔撰《后汉书》卷一下，中华书局1965年版，第69页。

② (汉)许慎撰，(宋)徐铉校定《说文解字》卷四上，中华书局1963年影印本，第79页上。

③ (明)彭大翼撰《山堂肆考》卷一四九，景印文渊阁《四库全书》第977册，第67页。

一　厌胜铜人

据晋葛洪《西京杂记》卷三《咸阳宫异物》云：

59. 铜人舞女(云南晋宁石寨山汉墓出土)〔采自《中国古俑白描》〕

> 高祖初入咸阳宫，周行库府，金玉珍宝，不可称言。其尤惊异者，有青玉五枝灯，高七尺五寸。作蟠螭，以口衔灯，灯燃，鳞甲皆动，焕炳若列星而盈室焉。复铸铜人十二枚，坐皆高三尺，列在一筵上，琴筑笙竽，各有所执，皆缀花采，俨若生人。筵下有二铜管。上口高数尺，出筵后。其一管空，一管内有绳，大如指，使一人吹空管，一人纽绳，则众乐皆作，与真乐不异焉。有琴长六尺，安十三弦，二十六孔徽，皆用七全饰之，铭曰：璠玙之乐。王管长二尺三寸，二十六孔，吹之则见车马山林，隐辚相次，吹息亦不复见，铭曰：昭华之管。①

铜人奏乐，显然是从模仿巫术中衍化出来的，在这里具有白巫术的祝吉贺喜之用，具巫术性。但是妙在蟠螭(即独角龙)口衔灯照明，以体现汉代龙厌胜的文化背景，便使其文化艺术价值更为深厚。

二　厌胜方镜

又据《西京杂记》卷三《咸阳宫异物》又云：“有方镜，广四尺，高五尺九寸，表里有明，人直来照之，影则倒见。以手扪心而来，则见肠胃五脏，历然无硋。人有疾病在内，则掩心而照之，则知病之所在。又女子有邪心，则胆张心动。秦始皇常以照宫人，胆张心动者则杀之。高祖悉封闭以待项羽，羽并将以东，后不知所在。”②故方镜未必是王莽时的“方格规矩镜”。

这种方镜是模仿巫术与交感巫术的双重构思，是汉代巫师的发明。这种方镜能照出人体内的疾病，照出肠胃五脏有没有“硋”(碍)。照出女子有无异心，据说秦始皇用之照宫女，也使汉高祖想用之照项羽的心肝。

镜的巫术功能，来源颇为久远。在夏代，《尚书·帝命期》云：“桀失其玉镜，用之噬虎。”郑玄注：“镜喻清明之道，虎喻暴也。”在秦代，《尚书考验耀》云：“秦失金镜，鱼目入珠。”注云：“金镜喻明道也，始皇不韦子言乱真也。”③

---

① (晋)葛洪撰《西京杂记》卷三，中华书局1985年版，第18页。

② (晋)葛洪撰《西京杂记》卷三，中华书局1985年版，第19页。

③ (宋)李昉撰《太平御览》卷七一七，中华书局1960年影印本，第3177页。

可见,夏桀与秦始皇失镜均导致天下之丧失。又魏张揖撰《广雅》卷七《释器》云:"舻谓之镜。"[①]镜可以鉴物也,道家认为,镜可照出一切妖魔鬼怪,晋葛洪《抱朴子》内篇卷一七《登涉》云:"万物之老者,其精悉能假托人形,以眩惑人目而常试人,唯不能于镜中易其真形耳。是以古之入山道士,皆以明镜径九寸已上,悬于背后,则老魅不敢近人。或有来试人者,则当顾视镜中,其是仙人及山中好神者,顾镜中故如人形。若是鸟兽邪魅,则其形貌皆见镜中矣。"[②]故知古镜巫术是道教著名巫术,古人认为镜为仙镜,可照妖也可使人长生等等,衍化为诸多巫术故事民间传闻。汉代有区别,鉴有铭,镜无铭。后世统一称镜。

(一) 照妖。《太平御览》卷七一七引《拾遗录》云:"方丈山池泥,百炼成金镜,色青,可照魑魅。"[③]《汉武洞冥记》云:"望蟾阁十二丈上有金镜,广四尺。元封中有祇国献此镜,照见魑魅,不获隐形。"[④]

(二) 长生。《太平御览》卷七一七引《刘根别传》云:"思形状可以长生。以九寸明镜,照面,熟视之,令自识己身形,常令不忘,久则身神不散,疾患不入。"[⑤]此为熟视己形的交感巫术。

(三) 防盗。此巫术又叫"厌盗贼法"。《太平御览》卷七一七《风角要占》云:"厌盗贼法:三月以小形铜镜七枚,埋于申地,秤七百斤土覆之,坎深二尺五寸,广二尺五寸,筑令坚固。"[⑥]等盗贼来到此处,铜镜便放光或龙吟。这是唐前巫师发明的也是最早见的防盗巫术装备,借用交感巫术。

(四) 对话。《太平御览》卷七一七引《拾遗录》云:"周穆王时,渠国贡火齐镜,广三尺六寸,暗中视物如昼,人向镜语,镜中则回应之也。"[⑦]

以上这些有关厌胜巫术品的民间传说,强调了镜子预警现世的作用,而具有哲学性的象征思想意义:照妖、长生、防盗、对话。它们正是大汉王朝所需要的。中国古镜是以铜磨制而成。由于古镜巫术的发展,导致了我国在夏代至秦汉便对铜矿进行了开发和利用。与黄帝大战的蚩尤,铜头铁额,也可以说是巫师的装扮,也证明原始社会巫师利用铜铁面罩打仗,自然也促进了铜铁冶炼术的产生与发展。单就这一点来说,最早的铜铁开矿术,就是因巫术创造的。

大汉王朝还特制有厌胜镜奁,将本王朝特制方镜保藏起来,供皇室使用。

---

① (魏)张揖撰《广雅》卷七,景印文渊阁《四库全书》第221册,第453页。

② (晋)葛洪撰《抱朴子》,上海古籍出版社1990年影印《诸子百家丛书》本,第128页。

③⑤⑥ (宋)李昉撰《太平御览》卷七一七《服用部·镜》,中华书局1960年影印本,第3179页。

④ (汉)郭宪撰《汉武洞冥记》卷一《望蟾阁》,景印文渊阁《四库全书》第1042册,第301页。

⑦ (宋)李昉等撰《太平御览》卷七一七《服用部·镜》引《拾遗录》,中华书局1960年影印本,第3178页。

三　厌胜鉴

“鉴”，青铜或铁制镜片，上有铭文神兽，为座右铭，符合厌胜原理。与厌胜钱一致，目的是趋吉避凶，作自我鉴戒，非照脸镜子。西汉流行宜子孙鉴。一个成年人步入朝廷或官府，成家立业后，要时刻想到为子孙积德，为子孙开拓发展空间。这反映了汉代人生活观和道德观。厌胜鉴完全必要，有时刻提醒的效用。宜子孙鉴，首先是从“汉宜官鉴”开始。

60. 汉宜官鉴〔采自《重修宣和博古图》。下同〕

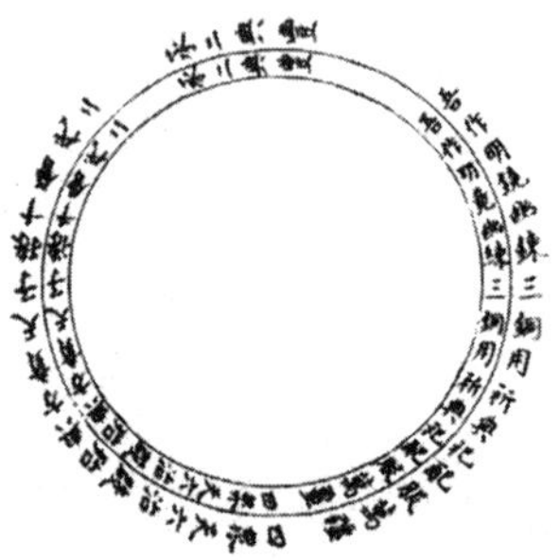

61. 汉宜官鉴背铭文

汉宜官鉴主要用于祭祀。铭文中有“吾作明镜，幽炼三铜，用祈典祀，配服万疆”之语。祭祀巫术注重贯彻《易经》的礼教：“君子乾乾，夕惕若厉。”告诫官吏，《易》曰“天道亏盈而益谦”。要求官吏加强内省，兢兢业业为朝廷办事，要有忧患意识。

62. 汉尚方宜子孙鉴

63. 汉尚方宜子孙鉴背铭文

“尚方”指制造帝王所用厌胜器物的官署。汉尚方宜子孙鉴，即尚方制造的宜子孙鉴，是专门供给皇宫教育皇族子女的铜(铁)镜。因此和汉宜官鉴的教育对象又有不同。铭文中有云：“尚方作镜四夷服，多贺国家人民息。”又云：“胡虏殄灭天下复，风雨时节五谷熟。”表示天下太平，人民休养生息。又曰：“长保二亲子孙力，传吉后世乐毋极。”总之要求皇子皇孙孝顺上进，才能长保皇父皇母安康。

还有四枚“汉长宜子孙鉴”，铭文只有“长宜子孙”四字。

64. 汉长宜子孙鉴(一)

65. 汉长宜子孙鉴(一)背铭文

汉长宜子孙鉴、汉宜侯王鉴与汉厌胜钱中的汉宜子孙钱、汉君宜侯王五铢钱，是共同出现在汉代社会中的。在改革开放初期，对汉代厌胜钱曾有一次大发现。1983 年山西朔县平朔露天煤矿出土有西汉时期的吉语钱，实际都是厌胜钱。这些汉代厌胜钱的吉语有“日入千金”、“长毋相忘”、“君宜侯王”、“长宜子孙”、“长乐未央”、“辟兵莫当”等等。《太原钱币简讯》第 8 期刊有《西汉墓出土吉语钱》一文详为介绍。

66. 汉长宜子孙鉴(二)

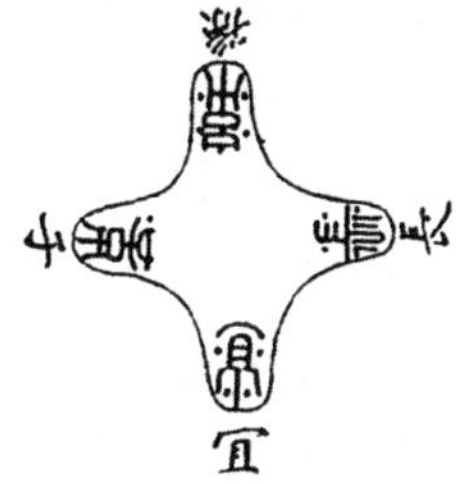

67. 汉长宜子孙鉴(二)背铭文

68. 汉长宜子孙鉴(三)

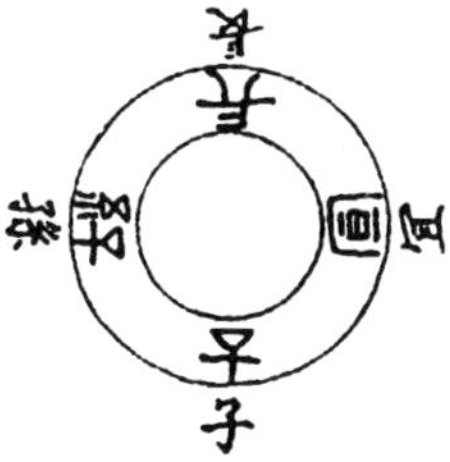

69. 汉长宜子孙鉴(三)背铭文

70. 汉长宜子孙鉴(四)

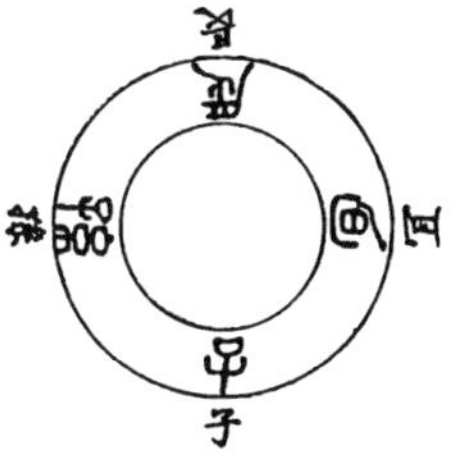

71. 汉长宜子孙鉴(四)背铭文

汉宜子孙鉴的厌胜巫术用于教育领域，是汉代巫文化的创新。汉代在厌胜鉴流行以后，在文化理论上就形成“三鉴”说。所谓“三鉴”，就是以古、以人、以镜为鉴，成为指导人的修养身心的标准。《北堂书钞》卷一三六引汉荀悦《申鉴》

云："君子有三鉴：鉴乎古，鉴乎人，鉴乎镜。"唐刘悚撰《隋唐嘉话》卷上，"鉴"皆作"镜"。大汉王朝由于宜子孙厌胜鉴的流行，注重抓紧教育下一代，综合经济文化优势，使其拥有三百九十多年江山。隋朝不注重抓紧教育下一代，下一代以黑巫术败国，三十余年就自我灭亡。唐太宗显然吸取了严重教训，在魏徵逝世后，"帝后临朝叹曰：'以铜为鉴，可正衣冠；以古为鉴，可知兴替；以人为鉴，可明得失。朕尝保此三鉴，内防己过。今魏徵逝，一鉴亡矣。'"[①]鉴为铭厌胜而存在，有铭即不用于照脸而用于厌胜鉴戒，鉴与镜应有区别。

第五节　汉代厌胜钱的反抗巫术

汉代厌胜巫术，由于高祖刘邦的大力推崇，经济和文化得以发展，以至于使其继续不断向民俗文化艺术方向转换而盛行于中国。厌胜巫术流行的主要思想是其防患于未然的哲学思维，古人云"人无远虑，必有近忧"，故而趋吉辟凶，以厌胜艺术品时刻提醒之而以实物见证。主要表现于除邪禳灾的巫术的流行，祭祀巫术也是一种。张衡《东京赋》："冯相观祲，祈褫禳灾。"李善注："禳，除也。"[②]每当外族来朝进贡，汉王朝也要施行厌胜巫术，在其下榻之地，为其驱邪趋吉一番。《汉书・匈奴传下》曰："元寿二年(前 2)单于来朝，上以太岁厌胜所在，舍之上林苑蒲陶宫。"[③]何谓"太岁厌胜"？俗语云："谁敢在太岁头上动土。"故而在接待地点挂一张太岁像来辟邪和祭祀一番，如此便叫"太岁厌胜"。此为大汉王朝运用厌胜巫术取得成功的又一例证。故以后厌胜钱、辟邪钟、辟邪镫、辟邪刚卯、辟邪威斗等等厌胜物文化瑰宝，也是一样层出不穷矣。

汉代反抗巫术的除邪消灾形态多种多样。它们都是以事先诅咒和驱逐邪恶来预先防备和制服坏人与恶物而为人祈福的厌胜巫术，说明汉代巫术由于侧重厌胜巫术而继续不断向民俗文化艺术方向转变。而厌胜巫术的作用是正面的，巫术一旦掌握在像汉高祖这样有雄才大略的皇帝手中，他就会利用无数厌胜巫术艺术品，使大汉王朝和平稳固地向前发展。

大汉王朝铸造厌胜钱，主要着力于发展经济、提振商业、繁荣市场，以求趋吉辟凶，使社会安定稳固，于是决定采用巫术构想策划和设计大汉王朝的厌胜钱，即皇帝万岁钱。

---

① (宋)欧阳修、宋祁撰《新唐书》卷九九《魏徵传》，中华书局 1975 年版，第 3880 页。

② (梁)萧统编，(唐)李善注《文选》卷三，中华书局 1977 年影印本，第 56 页。

③ (汉)班固撰《汉书》卷九四下，中华书局 1962 年版，第 3817 页。

72. 皇帝万岁钱(一)(正面)〔采自《钱录》。下同〕

73. 皇帝万岁钱(一)(背面)

《钱录》卷一五《撒帐吉语诸品·皇帝万岁钱》指出:“右一品,李孝美谓文曰‘皇帝万岁’,曰‘忠孝传家’。洪《志》所录有此钱。按《前汉书·高帝纪》:‘殿上群臣,皆称万岁。’称天子曰‘万岁’始此。”①根据《钱录》之说,这一种用作吉利品或辟邪物的古钱币形的汉代文物叫“厌胜钱”,利益关系到后世子孙,也开创了厌胜钱的历史。说明汉朝坚决维护儒家“忠孝传家”的传统。

同时,属于汉代的皇帝万岁钱,是一套两枚。《钱录》卷一六《厌胜诸品》曰:“右星官钱,一面作星官符印,朱雀、龟蛇之象;一面文曰‘皇帝万岁’。其制亦出于道家为祈祝制也。”②“星官”指北极仙翁,出现四灵玄武朱雀等,也是汉代四灵厌胜的延续,象征长寿和天下太平、江山永固。

74. 皇帝万岁钱(二)(正面)

75. 皇帝万岁钱(二)(背面)

宋王黼撰《重修宣和博古图》云:“厌胜钱有五,一体之间,龙马并著,形长而方。……孝美号之曰厌胜钱。”③我们已经在敦煌唐人中发现以埋钱币来给女子避孕的巫术,比这种巫术还要早产生的,是以铸造钱币作佩戴物的厌胜品,以作反抗巫术之用。按宋洪遵《泉志序》的传统说法,“泉(钱币)之兴,盖自燧人氏”,但是由于“秦汉而降,制作相踵,岁益久,类多湮没无传”④。现在所能见到的用厌胜钱币作佩戴物,是从汉代开始。厌胜钱既作辟邪佩戴物,也作钱币收藏,是

① (清)梁诗正、蒋溥等撰《钱录》卷一五,景印文渊阁《四库全书》第844册,第175页。
② (清)梁诗正、蒋溥等撰《钱录》卷一六,景印文渊阁《四库全书》第844册,第205页。
③ (宋)王黼撰《重修宣和博古图》卷三〇,景印文渊阁《四库全书》第840册,第954—956页。
④ (宋)洪遵撰《泉志序》,《泉志》,《丛书集成初编》本,商务印书馆1939年版,第1页。

一种金币型的收藏品。那是一种用之驱邪趋吉铸造的长方形龙币，也是龙厌胜巫术之一。

宋王黼撰《重修宣和博古图》卷二七收录汉代五枚长方形厌胜钱，记云："第一钱通长六寸八分，阔二寸一分，重六两有半，无铭。第二钱通长五寸六分，阔一寸七分，重三两有半，无铭。第三钱通长五寸七分，阔一寸七分，重三两有半，无铭。第四钱通长五寸七分，阔一寸八分，重三两有半，无铭。第五钱通长五寸七分，阔一寸八分，重三两有半，无铭。"①

76. 汉厌胜钱一　77. 汉厌胜钱二　78. 汉厌胜钱三　79. 汉厌胜钱四　80. 汉厌胜钱五

龙厌胜文物艺术品，汉武帝时代造。图饰以首枚为最引人注目，坐上一条文龙，象征中国是具有文化之龙的国度，表现中国自古以来以文化立国。坐中者为西王母，四方环绕四灵，象征汉武帝会见西王母，以四灵为代表演绎着祝愿人民健康长寿之意。《重修宣和博古图》卷二七曰："按封演《钱谱》：'汉武造铜锡白金为三品，一曰其文龙，二曰其文马，三曰其文龟而小椭之，谓其圜而长也。'今此钱一体之间龙马并著，形长而方，意有类于此，然下体蟠屈隐起，粟文似非汉武之制者。又李孝美《图谱》有永安五男钱，体势虽圜，轮郭皆著要文，与此少类，然孝美号之曰'厌胜钱'，则是钱殆亦用之为厌胜者邪。且钱谓之泉布，则取其流行无穷之义，而此著龙马者，盖行天莫如龙，行地莫如马，亦泉布流行之谓欤。"②汉代厌胜钱，只有花纹，不著文字，只意会而不言传。是从厌胜巫术演化出来的艺术品，证明是汉武帝时代造的铜、锡、白金混合熔铸的珍贵文物。五枚共分为三品，首枚一品曰文龙，故最上面有带孔的辟邪龙饰；第二枚二品曰

① （宋）王黼撰《重修宣和博古图》卷二七，景印文渊阁《四库全书》第840册，第955页。

② （宋）王黼撰《重修宣和博古图》卷二七，景印文渊阁《四库全书》第840册，第954—956页。

文马，故最上面有带孔的辟邪卧马；第三枚三品曰文龟，故最上面有带孔的辟邪神龟；第四枚与第五枚都属三品，第四枚最上面有带孔的辟邪委蛇，第五枚最上面有带孔的辟邪虬龙(独角龙)。

轻影钱与双鱼钱亦属汉代厌胜钱币，衍化出以下巫术故事。汉郭宪撰《汉武洞冥记》卷四云："帝升望月台时暝，望南端有三青鸭群飞，俄而止于台上，帝悦之。至夕，鸭宿于台端，日色已暗，帝求海肺之膏以为灯焉，取灵灌布为缠，火光甚微，而光色无幽不入。青鸭化为三小童，皆著青绮文襦，各握鲸文大钱五枚，置帝几前，身止影动，因名'轻影钱'。"[①]这是最早见的钱币厌胜巫术故事。

轻影钱载于宋洪遵撰《泉志》卷一四《神品》内，图面却为双鱼。轻影钱主要标志是双鱼或龙凤，演化出一套完整的巫术艺术思维的厌胜钱币。《钱录》卷一五《撒帐吉语诸品》有一枚龙凤配双鱼的厌胜钱币，云："右一品，一面为龙凤各一，一面为双鱼。"[②]

81. 轻影钱〔采自《泉志》〕

82. 龙凤双鱼钱(龙凤面)〔采自《钱录》。下同〕

83. 龙凤双鱼钱(双鱼面)

《钱录》卷一五《撒帐吉语诸品》又有两枚双鱼的厌胜钱币，云："右双鱼钱二种，按汉唐器多为双鱼形，此前一品，洪《志》有之，引《洞冥记》名轻影钱，后一种面背并空镂如一。"[③]至此双鱼厌胜亦自汉代始发。

84. 双鱼钱(一)(正面)

85. 双鱼钱(一)(背面)

86. 双鱼钱(二)(正面)

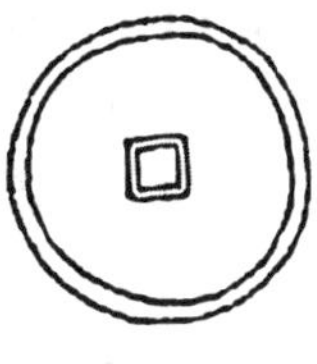

87. 双鱼钱(二)(背面)

公元前1世纪汉宣帝时期的辟邪钱也是汉代厌胜钱币的名品。汉宣帝刘询在位二十五年，是汉武帝的曾孙。其出生数月，汉宫巫蛊之灾猖獗，当时太

① (汉)郭宪撰《洞冥记》卷四，景印文渊阁《四库全书》第1042册，第309页。

②③ (清)梁诗正、蒋溥等撰《钱录》卷一五，景印文渊阁《四库全书》第844册，第188页。

子、良娣、皇孙、王夫人皆遇害，而他虽在襁褓，也被收系（即寄养在）郡邸狱，名为“巫蛊狱”，因此汉宣帝度过了惊心动魄的童年。进巫蛊狱以后，巫蛊事连岁不绝。至后元二年（前87），汉武帝终于病倒，“望气者（占卜巫师之流）言长安狱中有天子气”，于是汉武帝决定杀掉系狱者，不管长幼尊卑皆杀之。当时有一个小官邴吉任廷尉监，正好是他治巫蛊于郡邸，他可怜曾孙之无辜，拒绝开门交出小曾孙，曾孙赖邴吉得以保全性命。最后终于迎来大赦。邴吉才将曾孙送到祖母史良娣家。而当时曾孙系狱之际，他祖母在毫无办法之际，只有将一个厌胜镜挂在他胸前辟邪。《钱录》卷一六《厌胜诸品》曰：“右辟邪钱中作符篆，上下书‘福德’二字，一面作立兽，如辟邪。又方圜各一孔，盖以施组纠佩之，用袚除不祥。《西京杂记》史良娣合采宛转丝绳系身毒国宝镜，即此义也。”①

88. 汉辟邪钱（正面）

89. 汉辟邪钱（背面）

晋葛洪撰《西京杂记》卷一《身毒国宝镜》记载汉宣帝儿时被禁闭郡邸狱云：“宣帝被收系郡邸狱，臂上犹带史良娣合采婉转丝绳，系身毒国宝镜一枚，大如八铢钱。旧传此镜见妖魅，得佩之者为天神所福，故宣帝从危获济。及即大位，每持此镜，感咽移辰。常以琥珀笥盛之，缄以戚里织成锦，一曰斜文锦。帝崩，不知所在。”②如此将长方形和圆形辟邪宝镜铸成汉辟邪钱，扩大厌胜辟邪作用。注意：圆镜图和方镜图，皆是圆圈和长方形，无铭文，此为镜与鉴明显区别。将偶获钱币作为祥瑞之兆，是当时统治者钱币厌胜巫术观的具体表现，也表现汉代起始时期钱币厌胜巫术的特点。

进入汉代以后，钱币厌胜巫术表现得更为繁盛，渐渐融入了婚俗、佛教、道教之俗中。有专门的“厌胜品”。宋洪遵《泉志》将厌胜品分为十三种：永安五男钱、七夕钱、福庆钱、撒帐钱、男钱、辟兵钱、千金钱、丰乐钱、君宜侯王钱、长年钱、富钱、五男二女钱、天下太平钱。③ 虽并非都是汉代钱币，但生男钱曾在汉墓中出土，故定生贵子钱属汉代无疑。《钱录》卷一五《定生贵子》云：“右一品，文曰‘定生贵

① （清）梁诗正、蒋溥等撰《钱录》卷一六，景印文渊阁《四库全书》第844册，第199页。

② （晋）葛洪撰《西京杂记》卷一，中华书局1985年版，第4页。

③ （宋）洪遵撰《泉志》卷一五，《丛书集成初编》本，商务印书馆1939年版，第75—77页。

子’。按《公羊传》‘子以母贵，母以子贵’，则贵子其说已古，非近代语也。”①

90. 定生贵子钱(正面)

91. 定生贵子钱(背面)

92. 男钱

王莽时期所铸造的钱币——布泉，即《泉志》所说的“男钱”，汉代作为厌胜品，女人把“男钱”挂在腰间，就会产生魔术力而生男孩子。故唐杜佑撰《通典》卷九《食货九·钱币下》曰：“(汉代)布泉钱，一寸，重四铢半。代谓之男钱，云妇人佩之，即生男也。”②

93. 汉代厌胜钱(广衍故城汉墓出土)〔采自《泉志》〕

西汉流行“千金”说。如《史记·吕不韦列传》说吕不韦“家累千金”、“一字千金”。《史记·季布列传》说季布“千金一诺”。《史记·袁盎晁错列传》说富贵人家有“千金之子”。《史记·刘敬叔孙通列传赞》有“千金之裘”。故也流行千金厌胜钱。《钱录》卷一五《日入千金》云：“右一品，一面曰‘日入千金’，一面曰‘长毋相忘’。按《公羊传》注，百金犹百万也。古者金重一斤，若今万钱。又《史记·平准书》注，黄金一斤直万钱。”③

94. 千金钱(正面)〔采自《钱录》。下同〕

95. 千金钱(背面)

飞黄是汉代传说中的神马。典出汉刘安撰《淮南子·览冥训》：“青龙进驾，飞黄伏皂。”高诱注：“飞黄，乘黄也，出西方，状如狐，背上有角，寿千岁。”④《钱录》卷一五《飞黄》云：“右二种曰飞黄、曰渠黄。按飞黄为六闲之一，渠黄为八骏之一，所谓地用莫如马也。”⑤

---

①③　(清)梁诗正、蒋溥等撰《钱录》卷一五，景印文渊阁《四库全书》第 844 册，第 181 页。

②　(唐)杜佑撰《通典》卷九，景印文渊阁《四库全书》第 603 册，第 94 页。

④　(汉)刘安撰，(汉)高诱注，(清)庄逵吉校《淮南子》卷六，上海古籍出版社 1986 年影印《二十二子》本，第 1232 页。

⑤　(清)梁诗正、蒋溥等撰《钱录》卷一五，景印文渊阁《四库全书》第 844 册，第 193 页。

96. 飞黄钱(正面)

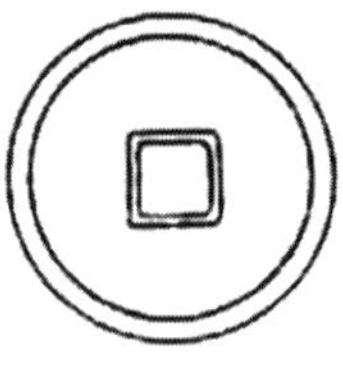

97. 飞黄钱(背面)

98. 渠黄钱(正面)

99. 渠黄钱(背面)

第六节 汉代厌胜巫术

一 汉辟邪钟

汉辟邪钟是汉代厌胜巫术的名品。辟邪原是汉代巫师传说中的神兽，一开始它就与鬼神交织在一起。汉史游撰《急就篇》卷三曰："射魃辟邪除群凶。"颜师古注云："魃，小儿鬼也。射魃，言能射去魃鬼。辟邪，言能辟御妖邪也。"①但是汉辟邪钟成为厌胜艺术品以后，它就脱离了鬼神，成为趋吉避凶的融合教育性和警示性的艺术品，具有哲学含义。这样汉辟邪钟也就继承了周辟邪钟的传统，钟钮铸造辟邪神兽用以驱邪除恶，从而使一切"邪恶"听到辟邪钟声而闻风丧胆。这种厌胜巫术既看物，又闻声，有双重反抗巫术功效。

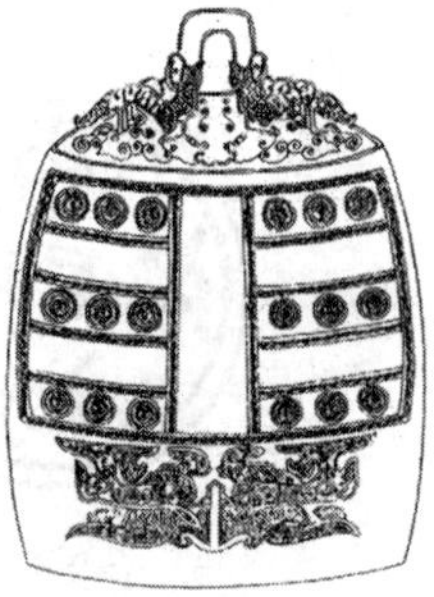

100. 汉辟邪钟(一)

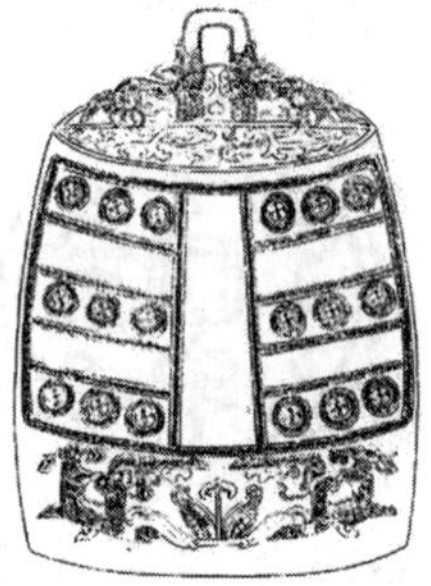

101. 汉辟邪钟(二)

汉辟邪钟一种以钟钮分别由两只辟邪蹲熊的嘴紧紧咬住关键的把手为特征。《重修宣和博古图》卷二五曰："(汉辟邪钟一)高一尺六寸五分，钮高四寸七分，阔一尺二寸，两舞相距一尺三寸四分，横一尺一寸二分，两铣相距一尺五寸六分，横一尺三寸五分，枚三十六，各长七分，重五十四斤，无铭。"②

一种以钟钮分别由两只辟邪蟠龙的嘴紧紧咬住为特征。《重修宣和博古

① (汉)史游撰，曾仲珊校点《急就篇》，岳麓书社1989年版，第193—194页。

② (宋)王黼撰《重修宣和博古图》卷二五，景印文渊阁《四库全书》第840册，第913页。

图》卷二五曰："(汉辟邪钟二)高七寸五分，钮高一寸九分，阔四寸九分，两舞相距五寸八分，横四寸三分，两铣相距六寸七分，横五寸，枚三十六，各长五分，重七斤二两，无铭。"①

《重修宣和博古图》对以上二钟做出结论云："古之钟制旋虫之上，或以蹲熊、蟠龙辟邪为饰，至后世不设旋虫，独以辟邪为钮，迨汉则俱有此体五钟是矣。篆枚又皆画出两铣微敛，与古制殊不相类，但钮作辟邪，有古人遗意尔。"②

汉辟邪钟原为五钟一套。这是对汉辟邪钟的钟钮，以厌胜巫术对艺术的创造做出肯定结论。钟钮塑造蹲熊、蟠龙辟邪，是为了突出驱邪趋吉的巫术的意义，而这正是古人没有讲出来的"遗意"。

汉辟邪钟之钟钮，也有运用蒲牢者，亦辟邪神兽。关于蒲牢，汉班固撰《两都赋》云："于是发鲸鱼，铿华钟。"唐李善注引三国吴薛综云："海中有大鱼曰鲸，海边又有兽名蒲牢。蒲牢素畏鲸，鲸鱼击蒲牢，辄大鸣。凡钟欲令声大者，故作蒲牢于上。"③

汉代人认为要想使钟声传得更响更远，就将蒲牢作为钟钮来厌胜，以后就把蒲牢作为钟的别名。唐皮日休《寺钟暝》诗云："重击蒲牢唅山日，冥冥烟树睹栖禽。"④

102. 蒲牢〔采自《南京妈祖文化》〕

二　汉辟邪镫

镫，古代叫膏镫、烛盘，汉代的一种照明用具。《说文解字》云："镫，锭也。从金登声。臣铉等曰：锭中置烛，故谓之镫。今俗别作灯，非是。"⑤因为它是铁器，祭祀用。故汉史游撰《急就篇》卷三"锻铸铅锡镫锭鐎"下颜师古注云："镫，所以盛膏夜然燎者也，其形若杆而中施钉。有柎者曰镫，无柎者曰锭。柎，谓下施足也。"⑥这种铸造的镫用作厌胜，即象征辟邪和禳灾，故汉辟邪镫出矣。

《考古图》卷九《汉辟邪镫　庐江李氏》曰："《李氏录》云：'古人以盘贮油，立兽其中，负炷，于背穴使火，气吸油自窍入，作明无穷。'后汉李尤金《羊镫铭》曰：'金羊载辉，作明以续。'"⑦这是趋吉厌胜。

---

①② (宋)王黼撰《重修宣和博古图》卷二五，景印文渊阁《四库全书》第840册，第914页。

③ (梁)萧统编，(唐)李善注《文选》卷一，中华书局1977年影印本，第32页。

④ 《全唐诗》卷六一六，中华书局1960年版，第7105页。

⑤ (汉)许慎撰，(宋)徐铉校定《说文解字》卷一四上，中华书局1963年影印本，第295页上。

⑥ (汉)史游撰，曾仲珊校点《急就篇》卷三，岳麓书社1989年版，第160页。

⑦ (宋)吕大临撰《考古图》卷九，景印文渊阁《四库全书》第840册，第237页。

103. 汉辟邪镫

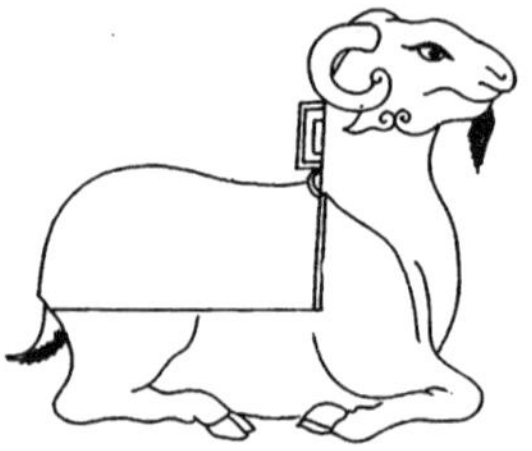

104. 羊镫

《考古图》卷九《羊镫　同上》曰："不知所从得，量度未考。无铭识，亡其盖。以上二镫与鹿卢镫略相似，但其盖不为鹿卢形，亦无仰锥以为炷。但于盖背，有圆空负炷，如辟邪之比也。"[①]照明用宫灯与祭品镫有别。

三　汉辟邪刚卯

刚卯即汉代人在正月卯日制成用来辟邪的佩饰。其材料为金、玉或桃木，上面刻有辟邪内容的文字。《汉书·王莽传中》曰："正月刚卯，金刀之利，皆不得行。"颜师古注："服虔曰：刚卯，以正月卯日作佩之，长三寸，广一寸，四方；或用玉，或用金，或用桃，著革带佩之。今有玉在者，铭其一面曰：正月刚卯。……晋灼曰：刚卯长一寸，广五分，四方。当中央从穿作孔，以采丝葺其底，如冠缨头蕤。刻其上面，作两行书，文曰：'正月刚卯既央，灵殳四方，赤青白黄，四色是当。帝令祝融，以教夔、龙，庶疫刚瘅，莫我敢当。'其一铭曰：'疾日严卯，帝令夔化，顺尔固伏，化兹灵殳。既正既直，既觚既方，庶疫刚瘅，莫我刚当。'师古曰：'今往往有土中得玉刚卯者，案大小及文，服说是也。莽以刘字上有卯，下有金，旁又有刀，故禁刚卯及金刀也。"[②]原为汉朝创造刚卯厌胜巫术，用以辟邪，正为防止篡位，到东汉末，居然让王莽篡位成功，王莽做贼心虚，害怕刘氏金刀，遂禁止刚卯辟邪。两相对照，形成莫大讽刺。

四　汉辟邪威斗

汉代以"威斗"壮军威。《汉书·王莽传下》："是岁(建国四年，12)八月莽亲之南郊，铸作威斗。威斗者，以五石铜为之，若北斗，长二尺五寸，欲以厌胜众兵。"[③]威斗在打仗前发给军队，为吉祥物或辟邪物。汉代此物用于镇墓，《南史》云：

---

① (宋)吕大临撰《考古图》卷九，景印文渊阁《四库全书》第840册，第240页。

② (汉)班固撰《汉书》卷九九中，中华书局1962年版，第4109页。

③ (汉)班固撰《汉书》卷九九下，中华书局1962年版，第4151页。

承天博见古今，为一时所重。张永尝开玄武湖，遇古冢，冢上得一铜斗，有炳。文帝以访朝士。承天曰："此亡新威斗。三莽三公亡，皆赐之。一在冢外，一在冢内。时三台居江左者，唯甄邯为大司徒，必邯之墓。"俄而永又启冢内，更得一斗，复有一石铭"大司徒甄邯之墓"。[1]

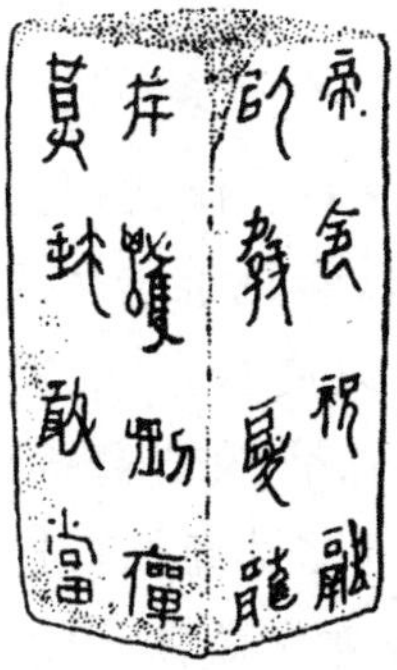

105. 刚卯(凤凰台一号汉墓出土)〔《亳县凤台一号汉墓清理报告》，《考古通讯》1974 年第 3 期。〕

106. 长信宫灯(河北满城一号汉墓出土)〔采自《中国服装史》〕

何承天有渊博的历史知识，一眼就看出南朝在南京玄武湖出土的威斗是汉代古物。惜此物出土过早，失而无存。汉避邪物还有刚卯。安徽亳县汉墓出土的玉刚卯，是汉代人用玉制作的立方体佩带物，用以辟邪。刻有咒文："帝令祝融，以教夔龙。庶疫刚瘅，莫我敢当。"

五　兔子厌胜

汉代曾经以兔子为辟邪物，用以趋吉避凶。《后汉书》卷五五《清河孝王庆传》云："因诬言欲作蛊道祝诅，以菟(兔)为厌胜之术，日夜毁谮，贵人母子遂渐见疏。"[2]以兔为厌胜，是专门对付"蛊道祝诅"的。古人认为兔为"瑞兽"，是吉祥的象征。梁孙柔之撰《孙氏瑞应图》云："赤兔者，瑞兽，王者盛德则至。"[3]不仅赤兔，白兔也是瑞兽，故《后汉书》载，南徼外蛮夷献白雉兔。既然兔子为厌胜物，则有一些忌讳：

第一，不能使之与犬相遇。《汉献帝春秋》曰："张杨大将睦固，屯于射犬，巫戒之曰：'将军本名白兔，兔见犬必惊，不宜屯此。'固不从，司空曰：'兔入犬城，

---

① (唐)李延寿撰《南史》卷三三，中华书局 1975 年版，第 870 页。

② (南朝宋)范晔撰《后汉书》卷五五，中华书局 1965 年版，第 1799 页。

③ (宋)李昉等撰《太平御览》卷九〇七《兽部十九 · 兔》引，中华书局 1960 年影印本，第 4022 页。

但当取。'遂进军击平之。"[①]睦固就是不听巫师之言而失败的。

第二，见白兔也不能射杀。王隐《晋书》曾记一事，说"慕容皇田于南鄙，见父老，曰：'此非猎所。'言卒不见。既明日又出，见白兔，驰射之，坠马于石即死"[②]。古人是忌讳射杀白兔的，白兔是神物，是长寿的象征，《抱扑子》内篇卷之三《对俗》云："兔寿千岁，寿满五百岁者，其毛色白。"[③]

六　狴犴辟邪

狴犴是一种辟邪野兽，但它带有神性，也是厌胜物。汉代把狴犴做成石雕放在监狱门口守门，因为汉代人认为狴犴生性好讼，看见谁干坏事就咬谁。故汉扬雄撰《法言》卷二《吾子》曰："剑客论曰：剑，可以爱身。曰：狴犴使人多礼乎？"[④]汉代人的意思是，在狴犴面前，谁也不敢乱做坏事，故而使人多礼尚往来起来。

107. 狴犴〔采自《南京妈祖文化》〕

明人也将狴犴立在监狱大门口，还将狴犴封为龙生九子之四。明杨慎撰《升庵外集》卷九五云："俗传龙生九子，……四曰狴犴，形似虎，有威力，故立于狱门。"[⑤]《玉芝堂谈荟》卷三三引《怀麓堂集》曰："狴犴平生好讼，今狱门上狮子头是其遗像。"[⑥]前者说像虎，后者说像狮。

七　茱萸辟邪

佩带茱萸，是汉唐流行的长寿风俗，在汉高祖时代作为九月九日老人长寿的辟邪物而被载入史册。《西京杂记》卷三《戚夫人侍儿贾佩兰》载：汉高祖时代"九月九日，佩茱萸，食蓬饵，饮菊花酒，令人长寿"[⑦]。茱萸被汉代人用作带有交感魔术力的中草药，可辟邪。汉刘安《淮南万毕术》云："井上宜种茱萸，叶落井中，人饮其水，无瘟疫。悬其子于屋，辟鬼魅。"[⑧]汉代人费长房曾经嘱咐人在袋子里装茱萸，用来消灾。南朝梁吴均《续齐谐记》云："汝南桓景随费长房游学累年，房谓之曰：'九月九日汝家有灾厄，宜令急去，家人各作绛囊盛茱萸，以系臂

①② (宋)李昉等撰《太平御览》卷九〇七《兽部十九·兔》引，中华书局1960年影印本，第4022页。

③ (晋)葛洪撰，王明校释《抱朴子内篇校释》(增订本)，中华书局1980年版，第47页。

④ (汉)扬雄撰《法言》卷二，上海古籍出版社1986年影印《二十二子》本，第813页。

⑤ (明)杨慎撰《升庵外集》卷九五，清道光二十四年(1844)翻刻本。

⑥ (明)徐应秋撰《玉芝堂谈荟》卷一三，景印文渊阁《四库全书》第883册，第783页。

⑦ (晋)葛洪撰《西京杂记》卷三，中华书局1985年版，第20页。

⑧ (明)李时珍著《本草纲目》果部卷三二《吴茱萸》，人民卫生出版社1978年版，第三册，第1861—1862页。

上,登高饮菊花酒,此祸可销。'景如言,举家登高山,夕还,见鸡犬牛羊一时暴死。房闻之曰:'此代矣。'今世人每至此日,登高山,饮酒,戴茱萸囊是也。"[①]《后汉书》卷八二下有《费长房传》。费长房使茱萸进一步仙化,但茱萸原本是中草药。《本草纲目》称为吴茱萸,引陈藏器云:"茱萸南北总有,入药以吴地者为好,所以有吴之名也。"[②]茱萸药效在书中有详叙。

茱萸在汉代被仙化以后,作为辟邪物,晋代时在文化上受到颂扬。晋孙楚《茱萸赋》云:"有茱萸之嘉木,植茅茨之前庭。历汉女而始育,关百载而长生。森蔓延以盛兴,布绿叶于紫茎。鹑火西徂,白藏授节。零露既凝,鹰隼飘厉。攀紫房于纤柯,缀朱实之酷烈。应神农之本草,疗生民之疹疾。"[③]故晋代茱萸继续作为辟邪物传播。晋周处《风土记》云:"九月九日律中无射而数九,俗尚此日折茱萸房以插头,言辟除恶气而御初寒。"[④]到唐代,承继汉代九月九日登高,戴茱萸,饮菊酒,继续养生。唐孙思邈《千金月令·登高》云:"重阳之日,必以肴酒,登高眺远,为时燕之游赏,以畅秋志。酒必采茱萸、甘菊以泛之,既醉而还。"[⑤]唐韩鄂《岁华纪丽》卷三《重阳》亦云:"重九登高,……菊制龄,萸系臂,佩茱萸,赐芳菊。"[⑥]可见茱萸至唐代已经融入风俗。

八　鸠杖厌胜

鸠杖厌胜巫术与汉代全国尊老敬老的民俗背景有密切关系。汉代提倡尊敬赡养老人,保障老人养生。《救济穷苦老人图》画面正中有一仓房,一人手捧量器走出仓房直接向左边状貌寒伧的老人走去,表示救济他。

成都市郊土桥东汉砖石墓出土的画像中(图 109)有座仓房,一人手捧器皿走向树旁,一老人执鸠杖而坐。后面楼上有两老人似在聊天饮酒。楼下有个侍者正在出来接老人。鸠杖是儒家传统具体体现。据《后汉书志》第五《礼仪中·立秋》记载:

---

① (宋)李昉等撰《太平御览》卷九九一《药部八·茱萸》引,中华书局 1960 年版,第 4386 页。

② (明)李时珍著《本草纲目》果部卷三二《吴茱萸》,人民卫生出版社 1978 年版,第三册,第 1861 页。

③ (唐)欧阳询撰,汪绍楹校《艺文类聚》卷八九《木部下·茱萸》,第三册,上海古籍出版社 1982 年版,第 1541 页。

④ (明)陶宗仪编《说郛一百二十弓》弓六〇,上海古籍出版社 1988 年影印《说郛三种》本,第 2787 页。

⑤ (明)陶宗仪编《说郛一百二十弓》弓六九,上海古籍出版社 1988 年影印《说郛三种》本,第 3222 页。

⑥ (明)陶宗仪编《说郛一百二十弓》弓六九,上海古籍出版社 1988 年影印《说郛三种》本,第 3246 页。

108. 老人执鸠杖养生汉画〔《养老》拓片，成都市郊汉墓石刻，采自《四川汉代画象砖与汉代社会》，图八三〕

109. 救济穷苦老人汉画〔《赈赡穷乏》拓片，德阳县出土，采自《四川汉代画象砖与汉代社会》，图八四〕

仲秋之月，县道皆案户比民。年始七十者，授之以王杖，铺之糜粥。八十九十，礼有加赐。王杖长〔九〕尺，端以鸠鸟为饰。鸠者，不噎之鸟也。欲老人不噎。是月也，祀老人星于国都南郊老人庙。①

《后汉书志》第四《礼仪上》又指出："明帝永平二年(公元59)三月，上始帅群臣躬养三老、五更于辟雍。行大射之礼。郡、县、道行乡饮酒于学校，皆祀圣师周公、孔子，牲以犬。于是七郊礼乐三雍之义备矣。"②养老、尊老和以上长生、防盗、照妖、对话巫术的意象实质是一致的。虽然都是养生巫术，但鸠杖厌胜巫术意义更为重大，它有深厚的儒学背景。《后汉书》注云："《孝经援神契》曰：'尊三老者，父象也。谒者奉几，安车软轮，供绥执〔授，兄〕事五更，宠以度，接礼交容，谦恭顺貌。'宋均曰：'三老，老人知天、地、人事者。奉几，授三老也。安车，坐乘之车。软轮，蒲裹轮。供绥，三老就车，天子亲执绥授之。五更，老人知五行更代之事者。度，法也。度以宠异之也。'"③

三根鸠杖是巫术转换成的艺术品，曾在甘肃武威汉墓出土。见《考古》1960年第9期《甘肃武威磨咀子汉墓发掘》一文。鸠杖作为巫术象征符号，在于强调敬老的象征意义。在汉代养生大背景下，巫师配合风俗，创造出各种巫术传闻和鸠杖风俗结合的厌胜巫术艺术品。鸠杖敬老的风俗在后世继续传播。

宋王黼撰《重修宣和博古图》卷二七《汉鸠杖首镦》曰："右通长七寸五分，径长一寸，阔六分，共重九两，无铭。是仗之端，独状鸠形，蹲伏其上，复回其喙，以理左翼。错以金银。其管箬处又饰之以山云、鹰隼、鹿兔之状，仅若毫髮，宛然画笔耳。其镦则专以银饰花草，虽精巧而韵古也。"④"箬"即鸠杖柄。其中大自

① (晋)司马彪撰，(梁)刘昭注补《后汉书志》第五，中华书局1965年版，第3124页。
②③ (晋)司马彪撰，(梁)刘昭注补《后汉书志》第四，中华书局1965年版，第3108页。
④ (宋)王黼撰《重修宣和博古图》卷二七，景印文渊阁《四库全书》第840册，第950页。

然中来的斑鸠、鹰隼、鹿兔等物对老人都具有趋吉避凶的厌胜巫术的意义，即在厌胜艺术品中注入了对老人们养生有利的思想意义。

110. 汉鸠仗首镦

宋吕大临编《续考古图》卷三《鸠杖》亦曰："荣询之所收，高三寸，长黍尺之五寸，涂金。"①所谓"鸠杖"，实际上是杖头刻有鸠形的拐杖。送鸠仗是汉代人赠送老人手杖祝其长寿之风俗，使老人拄走以利步行。典故出自楚汉相争时的传说。《艺文类聚》卷九二《鸟部下》引《风俗通》曰："俗说高祖与项羽战，败于京索，遁丛薄中，羽追求之，时鸠正鸣其上，追者以鸟在无人，遂得脱。及即位，异此鸟，故作鸠杖以赐老者。"②

111. 汉鸠仗

此俗在唐朝继续衍化。《新唐书·玄宗纪》载开元二年九月事称："丁酉，宴京师侍老于含元殿庭，赐九十以上几、杖，八十以上鸠杖。妇人亦如之，赐于其家。"③此俗亦反映在唐诗中。如唐李频《赋得长城斑竹杖》诗云："莫作鸠形并，空将鹤发期。"直到清代，乾隆时期千叟宴也赠鸠杖，清昭梿撰《啸亭杂录·千叟宴》曰："乾隆乙巳，纯皇帝以五十年开千叟宴于乾清宫，预宴者凡三千九百余人，各赐鸠杖。"④总之，鸠杖厌胜趋吉避凶很有意义，影响深远。

汉代反抗巫术是从正反两方面进行的。汉高祖将巫术化为厌胜艺术品，作为文物保护起来，达到宣传、教育、团结以及巩固大汉王朝的目的，效果是他始料未及的，但一定程度上可见大汉王朝实际以文化立国。

汉代反抗巫术当然不止厌胜一种，还有诅咒巫术，即以鬼为假想之敌，加以声讨。这是以岁末举行盛大的驱傩仪式为巫术背景的群众性反抗鬼邪逐疫活动，目的是伸张正气，以逐恶鬼于禁中。《后汉书志》第五《礼仪中》首先写模仿巫术的逐疫情形，然后记述反抗巫术的诅咒巫术。逐疫与诅咒曰：

> 先腊一日，大傩，谓之逐疫。其仪：选中黄门子弟年十岁以上，十二以下，百二十人为侲子。皆赤帻皂制，执大鼗。方相氏黄金四目，蒙熊皮，玄衣朱裳，执戈扬盾。十二兽有衣毛角。中黄门行之，冗从仆射将之，以逐恶

---

① (宋)吕大临撰《续考古图》卷三，景印文渊阁《四库全书》第840册，第314页。

② (唐)欧阳询撰，汪绍楹校《艺文类聚》卷九二，上海古籍出版社1982年版，第1599页。

③ (宋)欧阳修、宋祁撰《新唐书》卷五，中华书局1975年版，第123页。

④ (清)昭梿撰，何英芳点校《啸亭杂录》续录卷一，中华书局1980年版，第385页。

> 鬼于禁中。夜漏上水，朝臣会，侍中、尚书、御史、谒者、虎贲、羽林郎将执事，皆赤帻陛卫。乘舆御前殿。黄门令奏曰："侲子备，请逐疫。"于是中黄门倡，侲子和，曰："甲作食殸，胇胃食虎，雄伯食魅，腾简食不祥，揽诸食咎，伯奇食梦，强梁、祖明共食磔死寄生，委随食观，错断食巨，穷奇、腾根共食蛊。凡使十二神追恶凶，赫女躯，拉女干，节解女肉，抽女肺肠。女不急去，后者为粮！"①

所谓"侲子"，正如南朝梁刘勰撰《文心雕龙·祝盟》所述："振子驱疫，同乎越巫之祝。""振"通"侲"。祝即巫祝，通神巫师。而一百二十个童子为侲子则阳气最旺，方相氏又装扮成黄金四目，披着熊皮，黑衣紫裳，执戈扬盾，带着十二神兽，向一切妖魔鬼怪发出诅咒道："撕裂你的躯体，拉断你的骨头，分解你的肌肉，抽出你的肺肠。你要是不赶快滚，就将成为十二兽的美餐。"汉末以后，随着道教的发展，在以上惩罚性的诅咒语后，逐渐加上了"急急如律令"字样。

以上汉代的诅咒巫术是通过春节除夕之夜驱傩风俗表现出来的，有深远的影响。具体请参阅《敦煌古俗与民俗流变——中国民俗探微》第十章和第十一章，此不赘述。②

---

① (晋)司马彪撰，(梁)刘昭注补《后汉书志》第五，中华书局1965年版，第3127—3128页。

② 高国藩著《敦煌古俗与民俗流变——中国民俗探微》，河海大学出版社1989年版，第330—356页。

第十二章　汉代巫术(二)

第一节　汉代流行的占卜巫术

汉高祖刘邦一开始做沛公的时候，就是父老乡亲先通过龟甲占卜巫术而讨论决定的人选。《史记》卷八《高祖本纪第八》详细记载了此次龟占推举沛公的经过：

> 父老乃率子弟共杀沛令，开城门迎刘季(邦)，欲以为沛令。刘季曰："天下方扰，诸侯并起，今置将不善，壹败涂地。吾非敢自爱，恐能薄，不能完父兄子弟。此大事，愿更相推择可者。"萧、曹等皆文吏，自爱，恐事不就，后秦种族其家，尽让刘季。诸父老皆曰："平生所闻刘季诸珍怪，当贵，且卜筮之，莫如刘季最吉。"于是刘季数让。众莫敢为，乃立季为沛公。①

诸父老的话意思是："我们早就听说你的许多奇闻异事，说你一定显贵，而且我们也进行了龟占，没有比你更吉利的人了。"可见，正是通过龟占巫术，又经过不断的讨论，然后决定了刘邦走上历史舞台。

在刘邦以后，吕太后上台也很相信占卜巫术。但是，《史记》卷九《吕太后本纪第九》曰："三月中，吕后祓，还过轵道，见物如苍犬，据高后掖，忽弗复见。卜之，云赵王如意为祟。高后遂病掖伤。"②在吕后害死戚夫人和赵王以后，外出祭祀祈求免灾，遇到黑狗般怪物，受惊吓而去占卜，听信巫师说赵王为祟，从此腋下受伤，但实则是占卜巫术使她大吃一惊，占卜巫术遂成了吕后测量自己罪过的工具。

---

① (汉)司马迁撰《史记》卷八，中华书局 1959 年版，第 350 页。

② (汉)司马迁撰《史记》卷九，中华书局 1959 年版，第 405 页。

吕后驾崩，汉文帝即位，也是占卜巫术决定的。《史记》卷一〇《孝文本纪第十》曰："卜之龟，卦兆得大横。占曰：'大横庚庚，余为天王，夏启以光。'代王曰：'寡人固已为王矣，又何王？'卜人曰：'所谓天王者乃天子。'"[①]《汉书》卷四《文帝纪第四》亦曰："大臣遂使人迎代王。……中尉宋昌进曰：'……方今高帝子独淮南王与大王，大王又长，贤圣仁孝，闻于天下，故大臣因天下之心而欲迎立大王，大王勿疑也。'代王报太后，计犹豫未定。卜之，兆得大横。占曰：'大横庚庚，余为天王，夏启以光。'代王曰：'寡人固已为王，又何王乎？'卜人曰：'所谓天王者，乃天子也。'于是代王乃遣太后弟薄昭见太尉勃，勃等具言所以迎立王者。昭还报曰：'信矣，无可疑者。'代王笑谓宋昌曰：'果如公言。'乃令宋昌骖乘，张武等六人乘六乘传诣长安。"[②]这说明，占卜巫术成为汉王朝和平政权交接的最佳手段。这比"图穷匕首见"的血腥政变好得多。卜人即占卜巫师。可见卜人陈述理由供上层人士讨论，他们反复斟酌思考以后方才决定："信矣，无可疑者。"故汉朝占卜巫术起的是一种绝佳的心理咨询作用，因此符合汉王朝所有受众需要，流行甚广也就不足为怪。

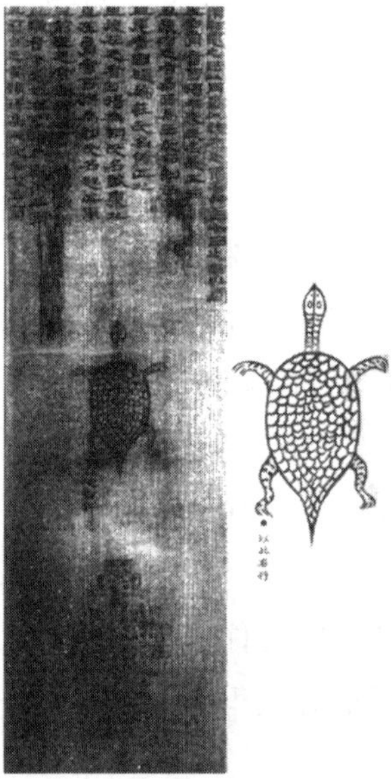

1. 江苏连云港尹湾汉墓中的《神龟占》和《六甲雨占》木牍与神龟图摹本，上位是神龟占，下位是六甲占雨〔《尹湾汉墓简牍》YM6D9正·1—2。〕

但是，必须明确一点，汉代占卜巫术是《周易》卜筮的衍化。例如，皇帝出巡都要问卜，《焦氏易林》九《小畜》第26条云："大畜：辰次降娄，王驾巡狩。广佑施惠，国安无忧。"[③]此类卜筮，其实是为一切人谋划生活，作预言推测以供参考思忖之用，因为它的目的是"广佑施惠，国安无忧"，即"国安"高于一切，古人认为有益而无害。《周易》在汉代无疑变为占卜巫术判断吉与凶的一把万能钥匙，因此绝不能低估《周易》深广的哲学思维在汉代的影响力。《周易》型的神龟占未必事事雷同，是其符合唯物主义的特征。根据考古所得汉代木牍，连云港市博物馆等编《尹湾汉墓简牍》公布了《神龟占》的内容，系根据日期占测偷盗人的巫术。从初一开始运行到失窃日，按照占文上的说明视小偷能否被抓到，通过窃贼的姓氏、人名和藏身方向可以发现破案线索。《神龟占》只有九行文字：

① （汉）司马迁撰《史记》卷一〇，中华书局1959年版，第414页。
② （汉）班固撰《汉书》卷四，中华书局1962年版，第105—106页。
③ （汉）焦延寿撰《焦氏易林》卷一，景印文渊阁《四库全书》第808册，第293页。

● 用神龟之法，以月鼂以后左足而右行，至今日之日止，问。

直右胁者，可得，姓朱氏，名长，正西。

直后右足者，易得，为王氏，名到，西北。

直尾者，自归，为庄氏，名余，正北。

直后左足者，可得，为朝氏，名欧，东北。

直左胁者，可得，为郑氏，名起，正东。

直前左足者，难得，为李氏，名多，东南。

直头者，毋来也，不可得，为张氏，正南。

直前右足者，难得，为陈氏，名安，正〈西〉南。[①]

这是在姓朱、王、庄、朝、郑、李、张、陈八个嫌疑人中间抓偷盗者。看全文是在用《神龟占》测试破案细节。每月初一(即月鼂，鼂通朝，月鼂即月朝)，在神龟图左后足下有“以此右行”四字，就是按逆时针方向运行。[②]

神龟再细分为八个部分，即八行文字所示：右胁、后右足、尾、后左足、左胁、前左足、头、前右足，每人代表一个方向，进行探索。不排除必须轮换进行重新测试，直到验证各种细节事实抓住作案人。如被盗日期为初六，就从神龟后左足开始算初一，一直数到初六，为头。根据占卜文字：“直头者，毋来也，不可得，为张氏，正南。”依据如果正南方没有留下张氏任何蛛丝马迹(如脚印、手纹、口供或有关实物等等)，就可排除张氏嫌疑人而“毋来”正南方。但此种排除法，至少还要循环八次寻找的过程，是不会让嫌疑人轻易过关的。可见，神龟图在《神龟占》中与占卜文字是配合使用的，是最不可缺少的。在二三千年以前能有如此细腻的占测水平，则可知发明这种神龟占卜巫术的巫师，必定是智慧过人的高手。无疑，此种破案方法是运用《周易》哲学思维的一种创新。如以上引文第一行“问”字，即来自《周易·系辞上》：“是以君子将有为也，将有行也，问焉而以言。”高亨注云：“筮时，将所占之事告蓍而问之。”[③]问是问占，问的对象当然是指偷盗嫌疑人。它并未涉及鬼神，有辩证法因素，根据现实条件做出唯物主义选择和判断。古人占卜即使涉鬼神，则鬼神也有鬼神用法，古人智慧中贯穿着美学思想。占文强调“自归”，即投案自首。汉代法律虽未摆脱交感占卜巫术的影响，但已强调自归。《史记·游侠列传》：“解使人微知贼处。贼窘自归，具以实

---

① 连云港市博物馆等编《尹湾汉墓简牍》，中华书局1997年版，第123页。

② 刘乐贤《简帛数术文献探论》，湖北教育出版社2003年版，第145—146页。

③ 高亨著《周易大传今注》卷五《系辞上》，齐鲁书社1979年版，第532页。

告解。”[①]《汉书·王莽传上》:“竦与崇族父刘嘉诣阙自归,莽赦弗罪。”[②]故神龟占巫术在法律实践方面也有可继承处。

第二节　汉武帝笃信巫师之言及脚印巫术

汉武帝刘彻热衷祭祀巫术,据《史记》卷一二《孝武本纪第十二》记载:“孝武皇帝初即位,尤敬鬼神之祀。”[③]他登帝第三年得到一位“神君”,于是把她供奉在蹏氏观,她原来是长陵邑因难产而死的女人,后来附在其妯娌宛若身上显灵。宛若实际就是女巫,将她供在室内,村里就有人去祭祀。

2. 汉武帝像〔采自《三才图会》〕

武帝外祖母平原君也曾去祭拜,故武帝登位后,就把神君请到宫里祭祀。外人只能听到她的说话声,看不见真人。其时又有个叫李少君的巫师,据说会祭祀灶神,召来精灵,把丹砂炼成黄金,然后制成器皿,盛食品以养生长寿,还可以见到蓬莱岛仙人。于是武帝亲自祭祀灶神,还派人到海上访求仙人。但不久李少君死了,武帝相信他尸解成仙了,这场巫师闹剧至此收场。[④] 后来又有个齐人少翁靠鬼神巫术被武帝召见。说有办法让死去的被皇上宠幸的王夫人的形貌在夜间出现,结果武帝果然从另一个帷帐中远远地好像真的是望见了王夫人,于是就拜巫师少翁为文成将军。谁知,巫师搞的是交感颜色巫术,什么画一张云气车子,每天让武帝改乘不同颜色的车子以趋避恶鬼,结果越来越没有用。巫师就在缎带上写咒语让牛吃下去,谎称牛肚里有奇物,武帝杀了牛鉴定咒语,发现笔迹是巫师伪造的,结果只有杀了他,并将此事隐瞒不让外传。折腾到第二年,武帝就在鼎湖宫病倒了[⑤]。病后,汉武帝也信巫医,据《史记》卷一二《孝武本纪第十二》载:

> 文成死明年,天子病鼎湖甚,巫医无所不致,不愈。游水发根乃言曰:“上郡有巫,病而鬼下之。”上召置祠之甘泉。及(上)病,使人问神君。神君

① (汉)司马迁撰《史记》卷一二四,中华书局 1959 年版,第 3185—3186 页。

② (汉)班固撰《汉书》卷九九上,中华书局 1962 年版,第 4082 页。

③ (汉)司马迁撰《史记》卷一二,中华书局 1959 年版,第 451 页。

④ (汉)司马迁撰《史记》卷一二,中华书局 1959 年版,第 455 页。

⑤ (汉)司马迁撰《史记》卷一二,中华书局 1959 年版,第 458—459 页。

3. 骑吏画像砖(四川汉代画像拓本,德阳县出土)〔高国藩《敦煌民俗学与汉代画像石》,《汉画研究》1992年第2期。〕

言曰:“天子毋忧病。病少愈,强与我会甘泉。”于是病愈,遂幸甘泉,病良已。[①]

《资治通鉴》卷二〇“汉纪十二”汉武帝元狩五年(前118)亦载:“天子病鼎湖甚,巫医无所不致,不愈。游水发根言上郡有巫,病而鬼神下之。上召置,祠之甘泉,及病,使人问神君,神君言曰:‘天子无忧病;病少愈,强与我会甘泉。’于是病愈,遂起幸甘泉,病良已。”[②]武帝信巫,到了“巫医无所不致”的地步。

游水发根介绍这位上郡神巫,请武帝病愈再去甘泉宫见他,武帝病愈后就大赦天下,还把神巫迁置到寿宫,又专门设置了神职官吏,分大夫、大禁、司命,命他们都围绕在神巫身旁,看他如何与神灵沟通。但是他们只能通过神巫听到神灵说话的声音,神巫说神灵是附着在他身体上的,故神灵什么样子看不到,说话的声音和普通人又没有区别。这神灵时而来时而去,来时使人感到有些飒飒微风。

神巫住在宫室帷帐里更神秘。白天偶尔说话,多半是在夜晚说话。通常只允许有一个巫祝来料理他的生活,往帐子里送吃送喝。武帝要见他,也必须先在外面做些净身准备才能进去。神巫有什么指令,也要先告诉巫祝,由巫祝再传达出来。在寿宫北侧有一间房子,里面张挂羽旗,摆上生活用具,是神巫的起居室。神巫说的话,武帝命人记下,称之为“画法”。其实他所说的只是世俗之言,一般人都知道,没有什么新鲜玩意儿。武帝就是对巫师的话言听计从,外面人却无法知道。武帝信奉越祠的鸡卜,鸡骨占卜就在京城流传。《史记》卷一二《孝武本纪第十二》载:“是时既灭南越,越人勇之乃言‘越人俗信鬼,而其祠皆见鬼,数有效。昔东瓯王敬鬼,寿至百六十岁。后世谩怠,故衰耗’。乃令越巫立越祝祠,安台无坛,亦祠天神上帝百鬼,而以鸡卜。上信之,越祠鸡卜始用焉。”[③]并详细注明鸡卜巫术施行用法。《史记集解》引《汉书音义》曰:“持鸡骨卜,如鼠卜。”[④]《史记正义》亦称:“鸡卜法用鸡一,狗一,生,祝愿讫,即杀鸡狗煮熟,又祭,

① (汉)司马迁撰《史记》卷一二,中华书局1959年版,第459页。

② (宋)司马光编著,(元)胡三省音注《资治通鉴》卷二〇,中华书局1956年版,第650页。

③④ (汉)司马迁撰《史记》卷一二,中华书局1959年版,第478页。又见《汉书》卷二五下《郊祀志第五下》,中华书局1962年版,第1241页。

4. 穿裙摘稻穗的妇女(四川汉代画像砖拓本)〔采自《中国古代服饰史》〕

独取鸡两眼,骨上自有孔裂,似人物形则吉,不足则凶。今岭南犹此法也。”①汉武帝与汉高祖相比已是大异其趣,已从龟卜过渡到鸡骨卜。

汉武帝也相信公孙卿的神仙之言,《史记》卷一二《孝武本纪第十二》有载,其大意说:有一年冬天,公孙卿在河南等候神,在缑氏城上看见仙人脚印,有一种像雉的动物,在城上飞来飞去。武帝亲自到缑氏城看脚印,告诉公孙卿:“你不要像文成、五利一样欺骗我!”公孙卿答称:“仙人不是要求人主,而是人主要求他,而求仙之道在于宽假些时日,如果不宽假些时日,仙人是不会出现的。谈到神仙这种事,看起来好像很怪异荒谬,其实一点都不,只要一年时间就可以看到了。”于是各郡国都扫除街道,广治宫观、山川神祠,祈望神仙的到来。②

公孙卿的脚印巫术,居然兴师动众,全国都来造宫观神祠,但是,公孙卿并未到此为止,他不断地吹嘘看见了神仙脚印,武帝又东巡海上,行礼祭祀八神。齐人上疏说有致神仙的奇方数以万计,然而都是一派胡言,毫无验证。于是武帝又发动数千人到海中访求蓬莱仙人。公孙卿常先拿符节到名山等候,曾到东莱,说在夜间看见一长数丈的人,当接近他时又不见了,只看到他的脚印好大,像禽兽脚印一样。群臣也说看见一老人牵狗,并说“我要见当今皇上”,一会儿就不见了。武帝听说看见大脚印,起初不十分相信,等到群臣又说老人时,又认为必定是仙,因此他便留住在海上,派几千求仙使者到海上访寻仙人。

上述记载,充分说明汉武帝周围有若干巫师,他被哄骗得团团转,到什么地方都谈巫并命巫师立祠。这样上行而下效之,在西伐大宛时,丁夫人及雒阳虞初等用方术诅咒匈奴及大宛。诅咒巫术居然被用到军事上。祭祀时又大搞模仿巫术,以木偶马代驹。直等到封禅以后,公孙卿等候神仙的脚印还是未等到,武帝才讨厌方士,但《史记》还是认为他受了影响,希望有一天真能遇仙。难怪当时引发“巫蛊之狱”,完全扭曲了汉高祖运用巫术的文化方向。汉武帝时祭祀巫术舞人手执的舞镜留传了下来,《三才图

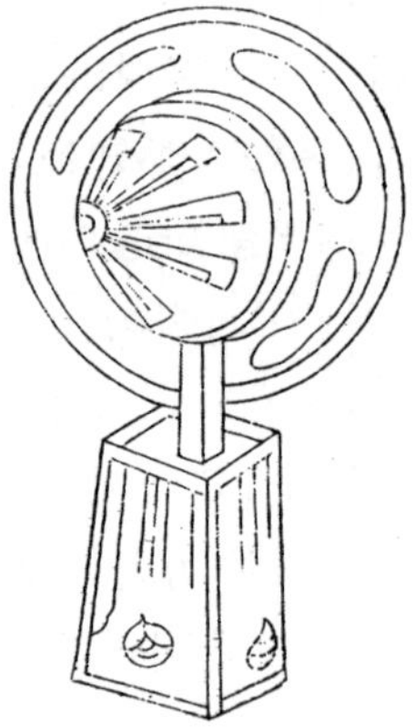

5. 舞镜〔采自《三才图会》〕

① (汉)司马迁撰《史记》卷一二,中华书局1959年版,第478页。又见《汉书》卷二五下《郊祀志第五下》,中华书局1962年版,第1241页。

② (汉)司马迁撰《史记》卷一二,中华书局1959年版,第472页。

会》所载舞镜，既是厌胜物，又是艺术品。

第三节　汉代巫史的特点

汉代巫术，由于汉高祖的倡导而兴盛起来，但没有按照他的巫文化构想发展，总的来说，汉代的巫史有以下四个特点。

第一，宫廷内的巫师斗争延续时间长。《汉书》卷六三《武五子传》云：

> 始，昭帝时，胥见上年少无子，有觊欲心。而楚地巫鬼，胥迎女巫李女须，使下神祝诅。女须泣曰："孝武帝下我。"左右皆伏。言"吾必令胥为天子。"胥多赐女须钱，使祷巫山。会昭帝崩，胥曰："女须良巫也！"杀牛塞祷。及昌邑王征，复使巫祝诅之。后王废，胥寖信女须等，数赐予钱物。宣帝即位，胥曰："太子孙何以反得立？"复令女须祝诅如前。①

巫觋对皇位的影响，一直起着明显作用，已经到了对女巫发话言听计从的地步。

第二，从使用汉族的占卜巫师转变到使用"胡巫"，是最大的失策。《史记》卷一二八《龟策列传》云："自古圣王将建国受命，兴动事业，何尝不宝卜筮以助善！"刘邦也和商周国君一样"宝卜筮"而使用占卜巫师。

但是，匈奴人不断与汉朝频繁的交流，造成"胡巫"不断附汉，开始时，胡巫尚在塞外从事破坏活动。李广利投降匈奴后，遭胡巫残害而死，就是例证。李广利的投降原本就是巫蛊残害，司马迁说出原因："贰师闻其家以巫蛊族灭，因并众降匈奴，得来还千人一两人耳。"②贰师既被巫蛊灭族，"使广利得降匈奴"③。李广利投降匈奴以后，先是受单于厚待，《汉书》云："单于素知其汉大将贵臣，以女妻之，尊宠在卫律上。"④单于给降将贰师将军送美女"妻之"，自然引起奸臣卫律的嫉妒，于是他便招来胡巫密谋杀害贰师将军。据《汉书》卷九四上《匈奴传第六十四上》载，丁灵王卫律串通胡巫在匈奴陷害了贰师将军李广利："贰师在匈奴岁余，卫律害其宠，会母阏氏病，律饬胡巫言先单于怒，曰'胡故时祠兵，常言得二师以社，今何故不用？'于是收贰师，贰师骂曰：'我死必灭匈奴！'

---

① (汉)班固撰《汉书》卷六三，中华书局1962年版，第2760—2761页。

②③ (汉)司马迁撰《史记》卷一一〇，中华书局1959年版，第2918页。

④ (汉)班固撰《汉书》卷九四上，中华书局1962年版，第3780页。

遂屠贰师以祠。会连雨雪数月，畜产死，人民疫病，谷稼不孰，单于恐，为贰师立祠室。”①祭祀社神(土地神)在汉民族是为祈祷安宁欢乐之白巫术，而在匈奴则是杀人祭祀的黑巫术。贰师被害，天降大悲，雨雪数月，使匈奴头领也害怕而为贰师将军立祠祭拜。另外，胡巫还埋牛羊施巫术对汉军设置障碍。单于赠汉王的马与裘，也要叫胡巫祝之诅咒。胡巫对匈奴军事政治影响甚大。汉武帝征和年间(前 92—前 89)，汉军追击匈奴至漠北范夫人城，范夫人就是女胡巫，居然念咒语来阻止汉军。这以后胡巫逐渐流入中原。《汉书》卷二八下《地理志第八下》记载，武帝元鼎三年在安定郡所属的朝那县(今甘肃省平凉县西北)就有“端旬祠十五所，胡巫祝。又有湫渊祠”。应劭注曰：“《史记》故戎那邑也。”②

《史记》卷一九《惠景闲侯者年表第七》记载，附汉的匈奴人遒侯隆强之子和容成侯唯徐卢之孙，都曾经因为使用过胡巫诅咒汉帝而被削爵。胡巫也进入了汉朝的宫廷之中，著名的“巫蛊之狱”便是胡巫造成的。《汉书》卷六三《戾太子刘据》载，戾太子斩掉江充之后，在上林苑中用火焚烧江充派遣来的胡巫，即“炙胡巫上林中”。服虔曰：“作巫蛊之胡人也。炙，烧也。”颜师古曰：“胡巫受充意指，妄作蛊状，太子特忿，且欲得其情实，故以火炙之，令毒痛耳。”③

6. 讲学受经汉画像砖(成都站东乡出土　重庆博物馆藏)〔采自《中国古代服饰史》〕

上述事实说明了汉代宫廷由使用本土巫师到利用胡巫之转变，而成为其巫术发展之特点。

第三，巫术的发展，促成了国内宗教的发展。汉代巫师发达的直接结果，是催化并促使了道教的产生。

首先，西汉成帝时出现了齐人甘忠可《天官历包元太平经》，是道教奠基的理论著作。其次，汉初梁巫提倡“房中”之术，按《汉书》卷三〇《艺文志》说法：“房中者，情性之极，至道之际，是以圣王制外乐以禁内情，而为之节文。传曰：‘先王之作乐，所以节百事也。’乐而有节，则和平寿考。及迷者弗顾，以生疾而陨性命。”④原为调节性生活的养生之道，也被道教吸收去作为修道的一种手段。另外，武帝拜神，“使人受书其言，命之曰画法”，此“画法”似启示了道教画符的发明。《晋书》卷一二〇《李特传》载：“汉末，张鲁居汉中，以鬼道教百姓，賨人敬

① (汉)班固撰《汉书》卷九四上，中华书局 1962 年版，第 3781 页。
② (汉)班固撰《汉书》卷二八下，中华书局 1962 年版，第 1615 页。
③ (汉)班固撰《汉书》卷六三，中华书局 1962 年版，第 2744 页。
④ (汉)班固撰《汉书》卷三〇，中华书局 1962 年版，第 1779 页。

信巫觋,多往奉之。"[①]《蜀志》云:"民失在于征巫,好鬼妖。"张鲁为张道陵之孙,《三国志·张鲁传》曰:"祖父陵,客蜀,学道鹄鸣山中,造作道书以惑百姓,从受道者出五斗米,故世号米贼。陵死,子衡行其道。衡死,鲁复行之。"[②]五斗米道由于奉巫而被称鬼道,张鲁之母就是女巫,《后汉书·刘焉传》:"沛人张鲁,母有姿色,兼挟鬼道,往来焉家,遂任鲁以为督义司马……鲁既得汉中,遂复杀张脩而并其众。"[③]川蜀因好巫而造就出道士与道书。前蜀杜光庭撰《仙传拾遗》云:"严遵字君平,汉蜀人。卜筮于成都市,每依卦辞,以忠孝信义教人。日得百钱即闭肆,而读老庄之书。著有《老子指归》十万言,后举家升天。"[④]另《先贤士女总赞》上亦指出"(严遵)专精大《易》,耽于《老》、《庄》。常卜筮于市,假蓍龟以教"[⑤],严遵所著《老子指归》"为道书之宗"。由上可见,巫术融入道教的理论、修道手段,启迪其符箓的产生,张鲁出生于巫家,拜巫被称鬼道,等等,均说明汉代道教的产生与巫之促进不无关系。

7. 汉代议事宴饮图(望都出土汉壁画)〔采自《中国古代服饰史》〕

第四,从巫师统治了全国祭祀巫术到巫师遭排斥。汉代巫师遍及全国,《史记》卷二八《封禅书第六》记载说的梁州有梁巫,晋州有晋巫,秦地有秦巫,荆地有荆巫,等等。他们不是民间小巫,而是在王朝支持下参与官方祭祀天地神灵的大巫。可见汉时巫师出入宫中,还设立有巫社与巫祠。到了东汉,由于佛教的传入,佛教为在中国立足、扎根,也不得不唆使统治者反对本土巫师和巫术,为佛教在中国的发展开辟道路。

《神秘的古城楼兰》一书中有如下明确的记载:"从佉卢文木简的材料看,当时佛教在古楼兰——鄯善国内已占有了一个十分重要的地位。佛教徒对王国内过去的原始宗教信仰活动是采取打击的手段,如对过去的女巫和法师,社会上蔑视排斥,甚至是发生打死女巫之事。如《残集》中第57号木简,其中有一段简文为:'……他等已将她杀死。第二次无其他口供。若她现仍未有下落,以及……并非女巫,则该妇女应予全价赔偿,该款由弗瞿及莱比耶收取,决定要依法作出。弗瞿及莱比耶将收取他等从该妇女处取走之财产以及她之人。'又同

---

① (唐)房玄龄等撰《晋书》卷一二〇,中华书局1974年版,第3022页。

② (晋)陈寿撰《三国志》卷八,中华书局1959年版,第263页。

③ (南朝宋)范晔撰《后汉书》卷七五,中华书局1965年版,第2431页。

④ 李叔还编纂《道教大辞典》,浙江古籍出版社1987年版,第184页。

⑤ (晋)常璩撰,刘琳校注《华阳国志校注》卷一〇上,巴蜀书社1984年版,第762—763页。

书中的第248号木简简文中也有一段记载：‘……应惩罚和禁止女巫，故现必须对女巫进行惩罚和禁止。’这些木简简文可以反映出这样的史实，即古楼兰——鄯善国早期曾有原始的宗教信仰活动，后来为佛教所代替，到公元三四世纪时佛教已成为当时古楼兰——鄯善国内的主要宗教。佛教徒有自己独立的僧界法规，对过去的宗教人士——法师和女巫都采取排斥态度，甚至处死。”[①]由此可见，佛教的传入对中国本土的巫师与巫术造成了灾难性的后果，在佛教与巫师的斗争中，佛教揭下了自己善良与慈家的面纱，露出了它那如佉卢文木简说的“应惩罚和禁止女巫”，乃至“杀死”女巫的可怖的面目。

但佛教反巫只是刚从西域始，而在我国内地广大地区，民间信巫仍有增无减，生活于东汉和帝刘肇与安帝刘祜时代的王符，在其《潜夫论》卷三《浮侈》云：

> 《诗》刺“不绩其麻，女也婆娑”。今多不修中馈，休其蚕织，而起学巫祝，鼓舞事神，以欺诬细民，荧惑百姓。妇女羸弱，疾病之家，怀忧积愦，皆易恐惧。至使奔走便时，去离正宅，崎岖路侧，上漏下湿，风寒所伤，奸人所利，盗贼所中，益祸益祟，以致重者，不可胜数。或弃医药，更信事神，故至于死亡，不自知为巫所欺误，乃反恨事巫之晚。此荧惑细民之甚者也。[②]

记载充分说明，东汉民间妇女学巫者多，“欺误”人多，已成为绝路，而正是在这种巫术于民间猖獗时，巫觋遂寻求宗教出路，结合阴阳五行家，产生了道教，走出死胡同。《后汉书》卷三〇《襄楷传》云：

> 初，顺帝时，琅邪宫崇诣阙，上其师干吉于曲阳泉水上所得神书百七十卷，皆缥白素朱介青首朱目，号《太平清领书》。其言以阴阳五行为家，而多巫觋杂语。有司奏崇所上妖妄不经，乃收臧之。后张角颇有其书焉。[③]

8. 涛神伍子胥〔《绘图三教源流搜神大全》，上海古籍出版社1990年影印，第337页。〕

《太平经》正是阴阳五行杂糅巫术的产物。

① 穆舜英著《神秘的古城楼兰》，新疆人民出版社1992年版，第105—106页。佉卢文原文请参阅《新疆出土佉卢文残卷译文集》一书，中国科学院新疆分院民族研究所已故王广智先生翻译。

② （汉）王符撰《潜夫论》卷三，景印文渊阁《四库全书》第696册，第377页。

③ （南朝宋）范晔撰《后汉书》卷三〇下，中华书局1965年版，第1084页。

另外可以提及的一点是,加大对贤臣封神。在安帝刘祜永初二年(108)时,浙江会稽有一个姓曹的祭祀巫师,在祭祀涛神伍子胥时溺死,尸体没有打捞上岸,他女儿曹娥哭了七天没有找到,最后也投江而亡。时人感念曹娥的孝心,立了《曹娥碑》。晋虞预撰《会稽典录》记载道:“女子曹娥者,会稽上虞人。父能弦歌为巫。汉安帝二年五月五日,于县江溯涛迎波神溺死,不得尸骸。娥年十四,乃缘江号哭,昼夜不绝声,七日,遂投江而死。”①文中的波神,就是指伍子胥。《集说诠真》引《事文类聚》曰:“吴相子胥为涛之神,号曰灵胥。”涛神即波神。《荆楚岁时记》记载邯郸淳《曹娥碑》曰:“(曹娥父)五月五日,时迎伍君。逆涛而上,为水所淹。”②这是对巫师的纪念。说明巫师在汉代仍是受到尊敬的,因其为传统文化传播者。

“涛神伍子胥”图的内容出于南北朝,证明伍子胥为涛神的祭祀巫术起源于魏晋南北朝时代。故梁慧皎撰《高僧传》卷一三记载,有一个名宝达的和尚见江潮大至,因此念咒,要将潮咒止。有一夜,江中有伟人来,头上戴着黑帽子,身上穿着红衣裳,护卫的侍从甚多,伟人自称是子胥,特来造访。但子胥成涛神之说起于汉代。汉司马迁撰《史记》卷六六《伍子胥列传第六》云:“吴王闻之大怒,乃取子胥尸盛以鸱夷革,浮之江中。”③汉王充撰《论衡》卷四《书虚篇》云:“传书言:吴王夫差杀伍子胥,煮之于镬,乃以鸱夷橐投之于江。子胥恚恨,驱水为涛,以溺杀人。”④汉赵晔著《吴越春秋》卷五亦云:“吴王乃取子胥尸,盛以鸱夷之器,投之于江中,言曰:‘胥,汝一死之后,何能有知?’即断其头,置高楼上,谓之曰:‘日月炙汝肉,飘风飘汝眼,炎光烧汝骨,鱼鳖食汝肉,汝骨变形灰,有何所见?’乃弃其驱,投之江中。子胥因随流扬波,依潮来往,荡激崩岸。”⑤

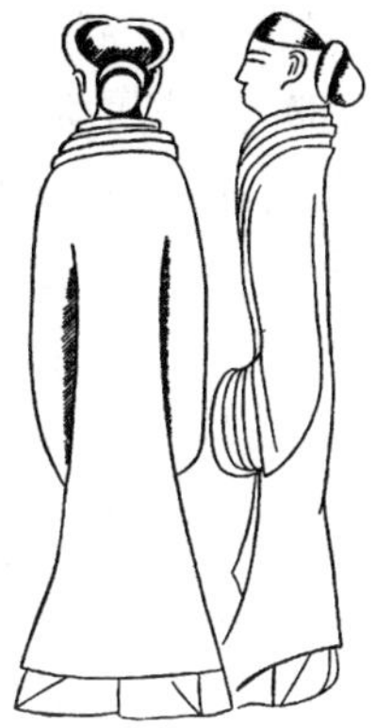

9. 汉代妇女梳髻图〔采自《中国古代服饰史》〕

① (明)陶宗仪编《说郛一百二十弓》弓五九,上海古籍出版社1988年影印《说郛三种》本,第2754页。

② (梁)宗懔著,姜彦稚辑校《荆楚岁时记》,岳麓书社1986年版,第36页。

③ (汉)司马迁撰《史记》卷六六,中华书局1959年版,第2180页。

④ (汉)王充撰,陈蒲清点校《论衡》卷四,岳麓书社2006年版,第50页。

⑤ (汉)赵晔撰,(元)徐天祜音注,苗麓点校,辛正审订《吴越春秋》卷五《夫差内传》,江苏古籍出版社1982年版,第77页。

第四节 汉代交感巫术

一 治水求雨巫术

10. 射箭刺水(向河水刺射,“吓唬”了水神,产生了感应魔术力,使河堤不溃)〔见《中国历史参考图录》汉代〕

汉代有一种交感巫术,被用于治水,据说十分灵验。汉代在敦煌与楼兰一带屯田,有一次军队在河流上筑堤蓄水,河水居然还“波陵冒堤”,索劢其人便在河堤边祭祀,并将军队列队,飞舞刀箭,又刺又射,“水乃回减”,这叫刺射治水巫术。

《水经注》卷二《河水》云:“敦煌索劢,字彦义,有才略,刺史毛奕表行贰师将军,将酒泉、敦煌兵千人,至楼兰屯田。起白屋,召鄯善、焉耆、龟兹三国兵各千,横断注滨河,河断之日,水奋势激,波陵冒堤。劢厉声曰:‘王尊建节,河堤不溢,王霸精诚,呼沱不流,水德神明,古今一也。劢躬祷祀,水犹未减,乃列阵被杖,鼓噪欢叫,且刺且射,大战三日,水乃回减,灌浸沃衍,胡人称神。大田三年,积粟百万,威服外国。”①

汉代求雨使用反抗巫术和交感巫术,即祭玉石鱼祈雨巫术。汉刘歆撰、晋葛洪辑《西京杂记》卷一《玉鱼动荡》云:“昆明池刻玉石为鱼,每至雷雨,鱼常鸣吼,鬐尾皆动。汉世祭之以祈雨,往往有验。”②玉鱼厌胜品亦与水有密切关系。祭祀鱼便对催下雨具有厌胜求雨魔术力。又有断水救枯树巫术。《后汉书》卷八二下《方术列传第七十二下》云:“徐登者,闽中人也。本女子,化为丈夫。善为巫术。又赵炳,字公阿,东阳人,能为越方。时遭兵乱,疾疫大起,二人遇于乌伤溪水之上,遂结言约,共以其术疗病。各相谓曰:‘今既同志,且可各试所能。’登乃禁溪水,水为不流,炳复次禁枯树,树即生荑,二人相视而笑,共行其道焉。”③徐、赵二术或许是相关连的,树泡在水里枯死,先断水,后救树,枯树最终发出嫩芽。此巫术思维极奇异。

二 头发巫术

依据中国传统民俗观,如果一个姑娘为了一个男子剪断她的头发,就说明她永生不变的忠贞,这种民俗是头发巫术所衍生出来的。汉代诸多文献对此有

① (北魏)郦道元撰,陈桥驿校注《水经注》卷二,上海古籍出版社1990年版,第22页。
② (晋)葛洪撰《西京杂记》卷一,中华书局1985年版,第6页。
③ (南朝宋)范晔撰《后汉书》卷八二下,中华书局1965年版,第2741页。

记载，说明了这种头发巫术衍化的风俗存在。汉代刘向《列女传》即有记载云："吴伯阳妻顾昭君早寡，剪发以明志。"又云："乐羊学书，其妻贞义，截发以供其费。"又云："广汉冯季宰妻者，李氏之女，名珥，字进，早寡无嗣，奉养继姑，守心纯固，以义自防。珥母愍其孤苦，阴有所许，珥断发自明，乡人称之。"①

女子断发表达忠贞这种巫术衍化出的民俗发展到极端，还有外加割耳朵者，例如晋陈寿撰《益部耆旧传》即云："蜀郡公乘会妻，同县张氏女也。会早卒，后欲问者，女乃断发割耳，以明不嫁。"②由此可见，古时贞洁烈女的产生，一方面由于封建贞操观念极端化，另一方面也有头发巫术影响。

在汉代，曾流行过《狸髡》故事，它是一个关于头发巫术的故事。《风俗通义》怪神第九《世间多有精物妖怪百端》云：

> 汝南汝阳西门习武亭有鬼魅，宾客宿止多死亡，其厉猒者皆亡发失精。寻问其故，云先时颇已有怪物。其后郡侍奉掾宜禄郑奇来，去亭六七里，有一端正妇人，乞得寄载。奇初难之，然后上车，入亭，趋至楼下，吏卒檄白："楼不可上。"奇云："我不恶也。"时亦昏冥，遂上楼，与妇人栖宿。未明，发去，亭卒上楼扫除，见死妇，大惊，走白亭长。亭长击鼓会诸庐吏，共集诊之，乃亭西北八里吴氏妇。新亡，以夜临殡，火灭；火至，失之，家即持去。奇发行数里，腹痛，到南顿利阳亭加剧物故，楼遂无敢复上。
>
> 谨按北部督邮西平郅伯夷年三十所，大有才决，长沙太守郅君章孙也。日晡时到亭，敕前导入。录事掾白："今尚早，可至前亭。"曰："欲作文书。"便留，吏卒惶怖，言当解去。传云："督邮欲于楼上观望，亟扫除。"须臾便上，未冥，楼镫阶下复有火。敕："我思道，不可见火，灭去。"吏知必有变，当用赴照，但藏置壶中耳。既冥，整服坐诵《六甲》、《孝经》、《易本》讫，卧。有顷，更转东首，以拏巾结两足帻冠之，密拔剑解带。夜时，有正黑者四五尺，稍高，走至柱屋，因覆伯夷。伯夷持被掩，足跣脱，几失再三，徐以剑带击魅脚，呼下火上照视，老狸正赤，略无衣毛，持下烧杀。明旦发楼屋，得所髡人结百余，因从此绝。伯夷举孝廉，益阳长。③

这个故事从"亡发失精"始，至"得所髡发人髻百余"终。前因后果虽仍不甚明白，然"亡发"而导致死亡却很明确。这个故事在魏晋年间传说得更明确(参

①② 以上均见(宋)李昉等撰《太平御览》卷三七三《人事部十四·发》，中华书局1960年影印本，第1721页。

③ (东汉)应劭撰，吴树平校释《风俗通义校释》，天津人民出版社1980年版，第353—354页。

见第十五章第二节),说“狸髡千人,得为神也”,形成了民俗观。在汉代人的观念看来,妇女只应整天围着锅台转,灶对妇女有魔力,必与头发有关。《淮南万毕术》云:“理发灶前,妇安夫家。”这也是头发巫术,妇女必须不断在灶前理发,便会具有在夫家安心的魔力。

三　指甲巫术

在汉代,将军在出征之时,要开一个面向北方的门,由此出发,以表示为国尽忠必死的战斗决心,这一扇门叫“凶门”。在出凶门以前,必须先剪掉指甲,象征必死报国的献身精神。《淮南子·兵略训》云:“将已受斧钺,答曰:‘……君若许之,臣辞而行。’乃爪鬋,鬋爪,送终之礼,去手足爪。设明衣也,明衣,丧衣也。在于暗冥,故言明。凿凶门而出。凶门,北出门也。将军之出,以丧礼处之,必其必死也。”[①]可见古人一贯认为指甲能代表一个人的生命,关键时刻剪指甲就表示赴难和就义的决心。

在汉代甚至传说,不仅指甲有交感巫术之魔力,而且手指也有,特别是母亲与儿子的手指,彼此间有天然的交感巫术力。母亲如果咬自己的手指,那么儿子在外必有所感;如果儿子在外,母亲要他回家,就咬自己的手指,儿子便知道母亲叫他回家。《太平御览》卷三七〇《人事部·指》引《后汉书》云:“蔡顺少孤,养母尝出求薪,有客卒至,母望顺不还,乃噬其指,顺即心动,弃薪驰归。跪问其故,母曰:‘有急客来,吾噬指以悟汝耳。’”[②]此乃借巫术传播孝道传统。

《搜神记》卷一一《周畅》亦云:“周畅,性仁慈。少至孝,独与母居。每出入,母欲呼之,常自啮其手,畅即觉手痛而至。治中从事未之信,候畅在田,使母啮手,而畅即归。元初二年,为河南尹,时夏大旱,久祷无应,畅收葬洛阳城旁客死骸骨万余,为立义冢,应时澍雨。”[③]可见汉代慈善事,有天人感应的认知传统。

四　祓除不祥

此为汉代除灾去邪的交感巫术。《后汉书·礼仪志上》曰:“是月(三月)上巳,官民皆絜于东流水上,曰洗濯祓除去宿垢疢为大絜。絜者,言阳气布畅,万物讫出,始絜之矣。”刘昭注:“《韩诗》曰:‘郑国之俗,三月上巳,之溱、洧两水之

---

① (汉)刘安撰,(汉)高诱注,(清)庄逵吉校《淮南子》卷一五,上海古籍出版社 1986 年影印《二十二子》本,第 1279 页。

② (宋)李昉等撰《太平御览》卷三七〇,中华书局 1960 年影印本,第 1706 页。

③ (晋)干宝撰,汪绍楹校注《搜神记》卷一一,中华书局 1979 年版,第 134 页。

上，招魂续魄，秉兰草，祓除不祥。'《汉书》'八月祓灞水'，亦斯义也。"[①]上巳日在东流水上祓除不祥，洗身洁体，还有招魂续魄、秉执兰草巫术之举。汉代也有为婴儿祓除不祥的，但是单门独户进行，就由祓除不祥转化为禊祠。《后汉书·礼仪志》刘昭注引一说云："后汉有郭虞者，三月上巳产二女，二日中并不育，俗以为大忌，至此月日讳止家，皆于东流水上为祈禳自絜濯，谓之禊祠。引流行觞，遂成曲水。"[②]汉代上巳祓除不祥与周代最大的不同点在于，已经没有《周礼》说的"女巫掌岁时以祓除衅浴"，但祓除还有招魂续魄的巫术活动。

五　喷水救火

汉代巫师控制大自然火灾，施行所谓喷水救火法，也做出巫术试验以证明自己的法术成功。

(一) 樊英谓自己的救火法是漱水救火法。《后汉书·樊英传》云："尝有暴风从西方起，英谓学者曰：'成都市火甚盛。'因含水西向漱之，乃令记其日时。客后有从蜀都来，云'是日大火，有黑云卒从东起，须臾大雨，火遂得灭'。于是天下称其术艺。"[③]结果汉安帝初，樊英被征为博士。朝廷肯定了他漱水救火法，即以水引雨的交感巫术成就。

(二) 郭宪谓自己的救火法是潠酒救火法。把酒这种液体和雨水这种液体相互交感，以酒引雨，取得成功。《后汉书·郭宪传》云："光武即位，求天下有道之人，乃征宪拜博士。再迁，建武七年，代张堪为光禄勋。从驾南郊。宪在位，忽回向东北，含酒三潠。执法奏为不敬。诏问其故。宪对曰：'齐国失火，故以此厌之。'后齐果上火灾，与郊同日。"[④]郭宪潠酒灭火巫术原理也得到光武帝的肯定。"潠酒"的"潠"，《后汉书·郭宪传》注云："《埤苍》曰：潠，喷也。音巽。"此"喷"字可概括潠、噀、漱三字。

(三) 栾巴谓自己的救火法是噀酒救火法。《后汉书·栾巴传》曰："巴素有道术，能役鬼神，乃悉毁坏房祀，翦理奸巫，于是妖异自消。百姓始颇为惧，终皆安之。迁沛相。所在有绩，征拜尚书。"注云："《神仙传》曰：'巴为尚书，正朝大会，巴独后到，又饮酒西南噀之。有司奏巴不敬。有诏问巴，巴顿首谢曰："臣本县成都市失火，臣故因酒为雨以灭火。臣不敢不敬。"诏即以驿书问成都，成都

---

①② (晋)司马彪撰，(梁)刘昭注补《后汉书志》第四《礼仪上》，中华书局1965年版，第3110—3111页。

③ (南朝宋)范晔撰《后汉书》卷八二上《方术列传第七十二上》，中华书局1965年版，第2722页。

④ (南朝宋)范晔撰《后汉书》卷八二上《方术列传第七十二上》，中华书局1965年版，第2709页。

答言:“正旦大失火,食时有雨从东北来,火乃息,雨皆酒臭。”’”[①]栾巴噀酒救火巫术原理也得到汉顺帝承认而继续坐在尚书的高位上。

由上三例可见,汉代已经对年纪轻的施行巫术的知识分子封官许愿,从名称上淘汰了原有巫师,原巫师被称为“奸巫”,俱在“翦理”之列。

六　犬崇拜

汉代出现的动物崇拜之一种。天人感应造成的大自然崇拜,也造成人类对犬的忠诚仁义属性感动不已,终于形成犬崇拜。《后汉书·南蛮传》云:

> 昔高辛氏有犬戎之寇,帝患其侵暴,而征伐不克。乃访募天下,有能得犬戎之将吴将军头者,购黄金千镒,邑万家,又妻以少女。时帝有畜狗,其毛五采,名曰盘瓠。下令之后,盘瓠遂衔人头造阙下,群臣怪而诊之,乃吴将军首也。帝大喜,而计盘瓠不可妻之以女,又无封爵之道,议欲有报而未知所宜。女闻之,以为帝皇下令,不可违信,因请行。帝不得已,乃以女配盘瓠。盘瓠得女,负而走入南山,止石室中。所处险绝,人迹不至。于是女解去衣裳,为仆鉴之结,著独力之衣。帝悲思之,遣使寻求,辄遇风雨震晦,使者不得进。经三年,生子一十二人,六男六女。盘瓠死后,因自相夫妻。织绩木皮,染以草实,好五色衣服,制裁皆有尾形。其母后归,以状白帝,于是使迎致诸子。衣裳班兰,语言侏离,好入山壑,不乐平旷。帝顺其意,赐以名山广泽。其后滋蔓,号曰蛮夷。外痴内黠,安土重旧。以先父有功,母帝之女,田作贾贩,无关梁符传,租税之赋。有邑君长,皆赐印绶,冠用獭皮。名渠帅曰精夫,相呼为姎徒。今长沙武陵蛮是也。[②]

与犬交相感应的巫术意识十分形象地体现了我国古代南方少数民族的图腾信仰。重要的是高辛氏皇帝女儿主动请行的结果,自行婚配,生六男六女,体现着原始群婚制的特征。此外,又说明中国自原始社会以来就是一个多民族的统一体,孔安国《尚书序》以少皞、颛顼、高辛、唐尧、虞舜为五帝,因此中华民族统一体坚如磐石发展至今五六千年。

魏晋时代犬巫术信仰继续传播,衍为卵生,并揭示了龙的传人之谜。《博物志》卷七载:

---

① (南朝宋)范晔撰《后汉书》卷五七,中华书局1965年版,第1841—1842页。

② (南朝宋)范晔撰《后汉书》卷八六,中华书局1965年版,第2829—2830页。

《徐偃王志》云：徐君宫人娠而生卵，以为不祥，弃之水滨。独孤母有犬名鹄苍，猎于水滨，得所弃卵，衔以东归。独孤母以为异，覆暖之，遂蛹成儿，生时正偃，故以为名。徐君宫中闻之，乃更录取。长而仁智，袭君徐国，后鹄苍临死生角而九尾，实黄龙也。偃王又葬之徐界中，今见狗袭（"垄"之误）。偃王既其国，仁义著闻，欲舟行上国，乃通沟陈、蔡之间，得朱弓矢，以己得天瑞，遂因名为弓，自称徐偃王。江淮诸侯皆伏从，伏从者三十六国。①

《搜神记》卷一四《古徐国》云：

古徐国宫人，娠而生卵，以为不祥，弃之水滨。有犬名"鹄苍"，衔卵以归，遂生儿，为徐嗣君。后鹄苍临死，生角而九尾，实黄龙也。葬之徐里中。见有狗垄在焉。②

此两例证明中国南方各少数民族，自古以来都是龙的传人，统一生活在中国广袤的土地上。

唐代犬崇拜传闻更为特殊，传说高辛氏公主生了个七胞胎，而且是七个男孩，为中国古代生育奇闻。唐樊绰撰《蛮书》云：

按王通明《广异记》云，高辛时人家生一犬初如小特。主怪之，弃于道下，七日不死，禽兽乳之，其形继日而大。主人复收之。当初弃道下之时以盘盛叶覆之，因以为瑞，遂献于帝，以盘瓠为名也。后立功，啮得戎寇吴将军头，帝妻以公主，封盘瓠为定边侯。公主分娩七块肉，割之有七男。长大各认一姓，今巴东姓田、雷、冉、向、蒙、旻、叔孙氏也。③

一次生了七个男孩，说明龙的传人有顽强生命力，故中国人口众多自属必然。犬崇拜还衍为犬图腾崇拜信仰文化。如瑶族祭祀狗。刘锡蕃撰《岭表纪蛮》曰："狗王，惟狗瑶祀之，每值正朔，家人负狗环行炉灶三匝，然后举家男女，向狗膜拜。是日就餐，必扣槽蹲地而食，以为尽礼。"④可见瑶族祭狗已融入岁时风俗。

① （晋）张华撰，范宁校证《博物志校证》，中华书局1980年版，第84页。
② （晋）干宝撰，汪绍楹校注《搜神记》卷一四，中华书局1979年版，第170页。
③ （唐）樊绰撰，向达校注《蛮书校注》卷一〇，中华书局1962年版，第256页。
④ 刘锡蕃撰《岭表纪蛮》第八章，商务印书馆1934年版，第81—82页。

七　鸟崇拜

天人感应造成的大自然崇拜，也使人类因鸟儿的生活属性所产生的草木繁衍，感动不已，遂形成鸟崇拜。汉袁康、吴平撰《越绝书》曰："大越海滨之民，独以鸟田。小大有差，进退有行，莫将自使，其故何也？曰：禹始也。"①

鸟田，即鸟耘田，南北朝时称之为"鸟来为之耘"。北魏郦道元撰《水经注》卷四〇《渐江水》讲了一个大禹治水的传说：

山上有禹冢，昔大禹即位十年，东巡狩，崩于会稽，因而葬之。有鸟来，为之耘，春拔草根，秋啄其秽，是以县官禁民不得妄害此鸟，犯则刑无赦。②

鸟耘田，也就是鸟耕田，鸟为什么能耕田？汉代王充曾加以解释，其《论衡》卷三《偶会篇》云：

雁鹄集于会稽，去避碣石之寒，来遭民田之毕，蹈履民田，啄食草粮。粮尽食索，春雨适作，避热北去，复之碣石。象耕灵陵，亦如此焉。传曰："舜耕苍梧，象为之耕；禹葬会稽，鸟为之佃。"③

鸟儿春去冬来，自然栖息，吃草根和害虫，又遗下鸟粪，起到自然耕耘作用。大象为舜耕田也可做如此理解。如此看来，王充认为鸟耘田是鸟儿不自觉的自然规律。但南朝宋刘敬叔却不以为然，认为鸟崇拜就是认为鸟是自觉地帮助人类尽孝道的行为。《水经注》卷四〇援引南朝宋刘敬叔《异苑》曰：

东阳颜乌以淳孝著闻，后有群乌助衔土块为坟，乌口皆伤，一境以为颜乌至孝，故致慈乌，欲令孝声远闻，又名其县曰乌伤矣。④

颜乌淳孝，死后群乌衔土为之造坟，乌口皆伤，成为颜乌与慈乌交感巫术奇观。所以无论是自觉还是不自觉，上述文献中体现的都是鸟崇拜，也是古人爱鸟的反映。

---

① （汉）袁康、吴平撰《越绝书》卷八，景印文渊阁《四库全书》第463册，第103页。

② （北魏）郦道元撰，陈桥驿点校《水经注》卷四〇，上海古籍出版社1990年版，第753页。

③ （汉）王充撰《论衡》卷三，岳麓书社2006年版，第36页。

④ （北魏）郦道元撰，陈桥驿点校《水经注》卷四〇《渐江水》，上海古籍出版社1990年版，第749页。

第五节　汉代模仿巫术与蛊道巫术

一　桐人巫术

西汉时传闻有埋桐木人致使汉武帝生病事。桐人与生病本无联系,但由于当时桐人是一种模仿巫术而被关连上了。在战国时代,桐人已与丧葬风俗结合,故汉袁康、吴平撰《越绝书》云:“桐不为器,但用为俑。”意为在阴间供养死者。故在汉武帝宫中挖出桐人,便意味着有人施巫术咒汉武帝早死。这本来和“蛊”无关,但《汉书》云武帝晚年多疑,错用坏人:“充典治巫蛊,既知上意,白言宫中有蛊气,入宫至省中,坏御座掘地。上使按道侯韩说、御使章赣、黄门苏文等助充。充遂至太子宫掘蛊,得桐木人。时上疾,辟暑甘泉宫,独皇后、太子在。太子召问少傅石德,德惧为师傅并诛,因谓太子曰:‘前丞相父子、两公主及卫氏皆坐此,今巫与使者掘地得征验,不知巫置之邪,将实有也,无以自明,可矫以节收捕充等系狱,穷治其奸诈。”①江充胡诌出“蛊气”,弄假成真,硬和蛊道不伦不类地牵连,成了气候,演绎成定论,武帝大开杀戒。《汉书》卷六云:“巫蛊起。二年春正月,丞相贺下狱死。闰月,诸邑公主、阳石公主皆坐巫蛊死。”②

汉代起初只称桐人巫术,后来木偶巫术流行,也与战国末至汉代“楚木俑”、“汉木俑”这些物品因制作精致而流行的背景有关。

《汉书》卷四五《江充传》亦云:“上以充为使者治巫蛊。充将胡巫掘地求偶人,捕蛊及夜祠,视鬼,染污令有处,(张晏曰:“充捕巫蛊及夜祭祠祝诅者,令胡巫视鬼,诈以酒醊地,令有处也。”)辄收捕验治,烧铁钳灼,强服之。民转相诬以巫蛊,吏辄劾以大逆亡道,坐而死者前后数万人。”③

11. 楚木偶

汉代喧闹一时的巫蛊之狱,牵连数万人,便是在模仿巫术桐人背景下进行的。桐人木偶容易制作而被带进宫中,此巫术遂成为政治斗争的一种手段,江充和胡巫串通谋害而假造,武帝醒悟后灭充三族,但数万人死去却不能再复活。

① (汉)班固撰《汉书》卷六三,中华书局1962年版,第2742—2743页。

② (汉)班固撰《汉书》卷六,中华书局1962年版,第208页。

③ (汉)班固撰《汉书》卷四五,中华书局1962年版,第2178页。

二　木人司命

在汉代，民间祭祀宫中小神司命是为延长寿命，以模仿巫术形式进行。《风俗通义》祀典第八《司命》曰："谨按《诗》云：'芃芃棫朴，薪之槱之。'《周礼》：'以槱燎祀司中、司命。'司命，文昌也。司中，文昌下六星也。槱者，积薪燔柴也。今民间独祀司命耳，刻木长尺二寸为人像，行者檐箧中，居者别作小屋。齐地大尊重之，汝南诸郡亦多有，皆祠以猪，率以春秋之月。"[①]这里明确指出是"刻木长尺二寸为人像"祭祀木人司命，一尺二寸的木人为其主要模拟物，还有"积薪燔柴"等巫术仪式加以配合。

三　木囚巫术

所谓"木囚"，即木制囚犯，对其施以巫术，来探求囚犯案情是有罪还是冤屈。唐段成式撰《酉阳杂俎》前集卷一〇《木囚》条云："木囚，《论衡》言，李子长为政，欲知囚情，以梧桐为人，象囚之形，凿地为臼，以芦苇为郭，借卧木囚于其中。囚当罪，木囚不动；囚或冤，木囚乃奋起。"[②]这些木偶被巫师利用去做模仿巫术原材料。以上《酉阳杂俎》所引原文见《论衡》卷一六《乱龙篇》："李子长为政，欲知囚情，以梧桐为人，象囚之形。凿地为坎，以卢为椁，卧木囚其中。囚罪正则木囚不动，囚冤侵夺，木囚动出。不知囚之精神着木人乎？将精神之气动木囚也？夫精神感动木囚，何为独不应从土龙？"[③]这样汉木偶就成为汉王朝内"蛊道巫术"自然的传播媒介，造成木偶模仿巫术泛滥。

12. 汉木偶

前者引文只是客观叙述之，后者原文提出疑问。这种木囚巫术原理，是巫师将神性注于木囚，认为木囚动与不动，决定于天命，所以《论衡》作者王充提出置疑。但正如《列子·力命》所说："可以生而生，天福也；可以死而死，天福也。可以生而不生，天罚也；可以死而不死，天罚也。可以生，可以死，得生得死，有矣；不可以生，不可以死，或死或生，有矣。然而生生死死，非物非我，皆命也。"[④]这种原理的基础既决定于天命，则木囚一动，囚犯即使有罪也会被判处无罪，可

---

① (汉)应劭撰，吴树平校释《风俗通义校释》，天津人民出版社1980年版，第322页。

② (唐)段成式撰，方南生点校《酉阳杂俎》前集卷一〇，中华书局1981年版，第96页。

③ (汉)王充撰，陈蒲清点校《论衡》卷一六，岳麓书社2006年版，第207页。

④ (周)列御寇撰，(晋)张湛注，(唐)殷敬顺释文《列子》卷六，上海古籍出版社1986年影印《二十二子》本，第214页。

见事实上是一种为囚犯开脱罪行的巫术。所谓神判实为木偶判，是桐人巫术衍生的怪胎，故被汉王朝所禁止，也为王充所否定。

木囚巫术的施术目的与控制大自然之道相背离，偏于追求新奇。可见之前汉代法律制度尚不完备，导致巫蛊之狱的发生，根据虚构的“巫术”判定罪行，是汉武帝执政的重大失误。

四　丁兰巫术

此术在汉代民间颇为流行，其影响一直波及到唐代。《敦煌变文集》卷八《孝子传》云：“丁兰列(刻)木作慈亲，孝养之心感动神，图舍忽然偷斩如，血流洒地真如人。”①这四句意思语焉不详，只是说丁兰刻木为“慈亲”，父焉母焉未说明。但是，日本中村不折藏敦煌写本句道兴《搜神记一卷》，却有了新说法：

> 昔有丁兰者，河内人也。早失二亲，遂乃刻木为母，供养过于所生之母。其妻曰：“木母有何所知之，今我辛勤，日夜侍奉。”见夫不在，以火烧之。兰即夜中梦见亡母语兰曰：“新妇烧我面痛。”寝寐心惶，往走来归家，至木母前，倒卧在地，面被火烧之处。兰即泣泪悲啼，究问不知事由。妻当巨讳，抵死不招。其时妻面上疮出，状如火烧，疼痛非常，后乃求哀伏首，始得差也。②

13. 丁兰侍木人(山东嘉祥汉武氏祠)〔采自《汉代画象石》〕

就以上敦煌民间传说的丁兰巫术看，这是一个模仿巫术与交感巫术相结合的故事。刻木为母来膜拜，显然是模拟的，新妇烧木偶脸而自己的脸生疮，则显然是交感的，可见敦煌民间传说的巫术内容，并没有涉及丁兰及其妻子以外的人物，也没有涉及当时的统治阶级，更没有交待出这个巫术故事的时代背景，它只是一个纯粹的民间巫术传说。丁兰巫术故事之始，是在汉代。首见于汉刘向的《孝子传》，但是久失不传，至清代茆泮林辑《古孝子传·丁兰》已大为简化：

① 王重民等编《敦煌变文集》卷八，人民文学出版社 1957 年版，第 910 页。

② 王重民等编《敦煌变文集》卷八，人民文学出版社 1975 年版，第 886 页。

丁兰早孤，不识其母，乃刻木作母而事之。《温公家范》云："贤者孝爱之心发于天性，失其亲而无所施，至于刻木犹可事也，况嫡继慈养之存乎。"①

茆泮林辑本所载不是这一巫术故事原型，而敦煌民间传说只是根据唐人口头故事，将木母面发疮与兰妻灼母面情节加以发展而成。值得注意是，汉代山东嘉祥县武氏汉墓画像上，刻的不是木母而是木父，上题十八字："丁兰二亲终殁，立木为父。邻人假物，报乃借与。"这是与刘向《孝子传》同一时代的故事，特征是改木母为木父，但最初显然是木母，有诗为证，三国魏曹植《灵芝篇》诗云："丁兰少失母，自伤早孤茕。刻木当严亲，朝夕致三牲。"②汉墓主重父轻母，遂改。

在汉代模仿巫术中，对后世有较大影响的，就数丁兰模仿巫术。丁兰以造木偶模拟死去的母亲而出名，成为后世"孝子"的楷模。但其事情节不断有改变：

1.《初学记》卷一七《孝第四》引晋孙盛《逸人传》云："丁兰者，河内人也。少丧考妣，不及供养，乃刻木为人，仿佛亲形。事之若生，朝夕定省。其后邻人张叔妻从兰妻有所借，兰妻跪报木人，木人不悦，不以借之。叔醉疾来，谇骂木人，以杖敲其头。兰还，见木人色不怿，乃问其妻，妻具以告之，即奋剑杀张叔。吏捕兰，兰辞木人去，木人见兰，为之垂泪。郡县嘉其至孝，通于神明，图其形像于云台也。"③

2.《太平御览》卷四八二《搜神记》："丁兰，河内野王人。年十五，丧母。乃刻木作母事之，供养如生。邻人有所借，木母颜和则与，不和不与。后邻人忿兰，盗斫木母，应刀血出。兰乃殡殓，报仇。汉宣帝嘉之，拜中大夫。"④

孝顺母亲，是中华民族的重要礼仪风俗。丁兰造个木偶，以模仿巫术方式来膜拜和祭祷母亲，由于前所未见，十分新奇，赢得了当时民众称赞，本无可厚非。但是，这件事情本身并不是一般的孝子故事。我国古代民众讲究孝顺父母，重点是在生前，所以二十四孝中有虞舜事亲、老莱子悦母、董永养父、蔡顺拾桑、王祥卧冰、吴猛饲蚊、郭巨养母等等，都是重在父母在世时尽孝心。丁兰却相反，敦煌本故事认为其"供养过于所生之母"。邻居张叔妻子向丁兰妻借东西用，丁兰妻小气，借口"木人不悦"而拒绝，这本身似在说明丁兰与妻私心重。张

① (汉)刘向撰，(清)茆泮林辑《孝子传》，《丛书集成初编》本，商务印书馆 1935 年版，第 30 页。

② (魏)曹植《灵芝篇》，此诗《曹子建集》未载。(梁)沈约撰《宋书》卷二二《乐志四》引，景印文渊阁《四库全书》第 257 册，第 387 页。

③ (唐)徐坚等撰《初学记》卷一七，中华书局 1962 年版，第 422 页。

④ (宋)李昉等撰《太平御览》卷四八二，中华书局 1960 年影印本，第 2207 页。

叔吃醉酒，耍酒疯，骂木人又打木人，这表现张叔为了私利而侮辱丁兰先人偶像的极其错误的行为。但是，丁兰不管三七二十一，拿起宝剑便直奔张叔家，一剑杀死张叔，成了杀人犯，就更为错误。

丁兰竟成杀人犯"孝子"，走到另一个极端，助长了"死后尽孝"论，而与汉初敬老风俗完全背道而驰。① 丁兰传说的特点，是模仿巫术渗透于孝的风俗中。丁兰借口护"木母"而故意杀人，官府居然以孝为理由包庇杀人犯，人伦居然大于国法，其故事内容已不可取。

但是，如上所引，此模仿巫术传说的内容显然为敦煌唐人所不采，而转变为交感巫术传说。敦煌本句道兴《搜神记一卷》认为，母与子具有天然交感魔术力，伤及母亲身体任一部分，母子之间都会有所感应，即使"木母"亦如此。而施加伤害者，都会受到交感魔术力报应，从而将模仿巫术故事转变为另一个交感巫术故事。

如此看来，敦煌丁兰故事内容比以上《逸人传》记载的丁兰故事思想纯正，并无丁兰护"木母"而杀人的情节，故知此杀人情节显然为敦煌唐人所否定，因而又造出法律意识健康的丁兰侍木人的民间传说。又汉画为木父，三国至唐改为木母。宋代还曾经衍化为"木母冢"的古迹，《说郛》一百二十卷本引宋李昕撰《九域志》云："木母冢乃丁兰母也。"②《说郛》一百卷本引《九域志》云："木母冢在光州，乃丁兰母也。"③光州即今河南潢川县，为丁兰传说发源地。

五　石人治病

汉代也流行原始神话中涂山女巫发明的石人模仿巫术，与石敢当镇邪物有关。《风俗通义》怪神第九《石贤士神》云：

> 谨按汝南汝阳彭氏墓路头立一石人，在石兽后。田家老母到市买数片饵，暑热行疲，顿息石人下，小瞑，遗一片饵，去，忽不自觉，行道人有见者。时客适会，问因有是饵，客聊调之："石人能治病，愈者来谢之。"转语头痛者摩石人头，腹痛者摩其腹，亦还自摩，他处于此。凡人病自愈者，因言得其福力，号曰贤士。辎辇毂击，帷帐绛天，丝竹之音，闻数十里。尉部常往护视，数年亦自歇沫，复其故矣。④

---

① 见骆承烈、朱锡禄《嘉祥武氏墓群石刻》，载《文物》1979 年 7 期。

② (明)陶宗仪编《说郛一百二十弖》弖六〇，上海古籍出版社 1988 年影印《说郛三种》本，第 2782 页。

③ (明)陶宗仪编《说郛一百卷》卷六，上海古籍出版社 1988 年影印《说郛三种》本，第 131 页。

④ (汉)应劭撰，吴树平校释《风俗通义校释》，天津人民出版社 1980 年版，第 343 页。

这实际是模仿巫术与交感巫术的合璧巫术。它以模仿巫术为主，头脑痛者，摸石人头受到接触感染而痛止；肚子痛者，摸石人肚亦受到接触感染而痛消。

六　石敢当镇邪

汉代流行大自然崇拜，大儒董仲舒就曾提出天人合一论。石头模仿巫术就是石崇拜，石敢当即是石头模仿巫术之一种。所谓"石敢当"就是在家门口或街区巷口竖立一块小石碑或者石雕武士像，用以镇邪。《急就篇》卷一《石敢当》条注云：

> 卫有石碏、石买、石恶。补曰：又石骀仲、石祈子。郑有石癸、石楚、石制，皆为石氏。周有石速。补曰：又石尚。齐有石之纷如，其后亦以命族。补曰：楚有石奢，宋有石驱、魏有石申夫，汉石奋。敢当，言所当无敌也。补曰：《孟子》曰："彼恶敢当我哉。"①

由上颜师古注、王应麟补注可知，汉时石敢当镇邪物绝不止石雕武士像一种，而是包括许多石制品和天然石品，对于后世有深远的影响。② 汉代石敢当镇邪，一般用于墓葬，刻石人、石马、石狮、石象等等镇邪。

14. 汉石牛(霍去病墓前)

15. 汉石马(霍去病墓前)

16. 汉石翁仲(登封嵩山中岳庙前)

七　木雕神像

汉代模仿巫术也渗透于军事。斯坦因曾在敦煌烽火台旧地发掘出了土中埋

① (汉)史游撰，曾仲珊校点《急就篇》卷一，岳麓书社1989年版，第51页。

② 请参阅高国藩著《中国俗文化学》第五章，东亚文化出版社2006年版，第69—80页。

着的所谓“木雕神像”,它的年代被断定为公元前一世纪之汉代。实际上,它不是神像,而是面目狰狞的敌人。烽火台是古代边防报警的军事信号台,直接关系到战争,这“木雕神像”被埋入土中,显然是一种模仿巫术,用来诅咒敌人一定会被埋葬,会死亡,与巫蛊之埋桐人,具有同一模仿巫术性。

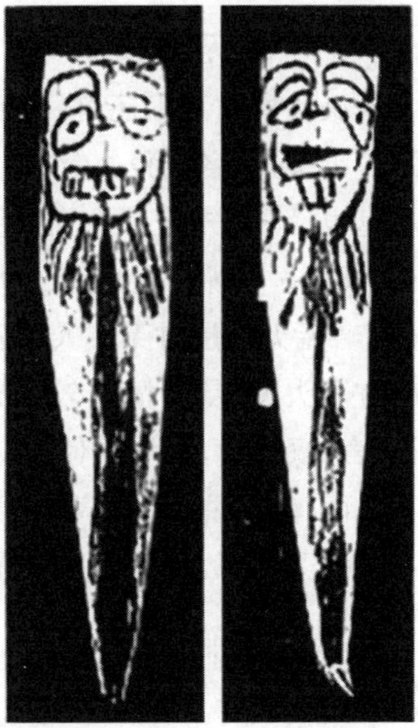

17. 木雕神像〔采自英国大英博物馆所编《大英博物馆所藏西域美术目录》147 图〕

八 箭射木人

汉代模仿巫术也渗透于民族的纷争里。据《汉书》卷九五《西南夷两粤朝鲜传》载,西汉成帝河平年间(前 27—前 25)曾派遣使节太中大夫张匡“持节和解”夜郎王兴、钩町王禹和云南漏卧侯俞互相举兵相攻造成的民族纠纷,夜郎王不从命,便“刻木象汉吏,立道旁射之”①。后太守陈立诛之。

九 木鸢飞天

在汉代,木鸢(或木鸟)飞天巫术在继续试验。《文士传》云:张衡“尝作木鸟,假以羽翮,腹中施机,能飞数里”②。汉代王充也曾记载,其《论衡·儒增篇》云:“儒书称鲁般、墨子之巧,刻木为鸢,飞之三日而不集。夫言其以木为鸢飞之,可也;言其三日不集,增之也。夫刻木为鸢以象鸢形,安能飞而不集乎?既能飞翔,安能至于三日?如审有机关,一飞遂翔,不可复下,则当言遂飞,不当言三日。犹世传言曰:‘鲁般巧,亡其母也。’言巧工为母作木车马、木人御者,机关备具,载母其上,一驱不还,遂失其母。如木鸢机关备具,与木车马等,则遂飞不集。机关为须臾间,不能远过三日,则木车等亦宜三日止于道路,无为径去以失其母。二者必失实者矣。”③

18. 汉代女俑〔采自山西省文物管理委员会等《山西孝义张家庄汉墓发掘记》,《考古通讯》1960 年第 7 期。〕

① (汉)班固撰《汉书》卷九五,中华书局 1962 年版,第 3843—3844 页。
② (清)陈梦雷辑《古今图书集成·考工典》引,中华书局、巴蜀书社 1986 年版。
③ (汉)王充撰,陈蒲清点校《论衡》卷八,岳麓书社 2006 年版,第 105 页。

十　驱无头鬼

汉代模仿巫术还有一种驱无头鬼巫术。它是以无头鬼和飞头人形态表现的。无头鬼，名獝狂。《汉书·扬雄上》云："梢夔魖而抶獝狂。"孟康注："獝狂亦恶鬼也。"[①]王先谦补注引隋萧该《汉书音义》云："獝狂，无头鬼也，见《字林》。"《后汉书·大傩》"凡使十二神追恶凶"刘昭注引三国魏张揖《埤苍》："獝狂，无头鬼。"[②]无头鬼是对无头人的联想，但其来历还难以弄清楚，无从知其全貌。汉代南方飞头民传说，情节较完整，《酉阳杂俎》前集卷四"境异"载："《王子年拾遗记》言，汉武时，因墀国使言，南方有解形之民，能先使头飞南海，左手飞东海，右手飞西泽，至暮，头还肩上，两手遇疾风，飘于海水外。"[③]这种巫术幻想别出心裁。头飞南海，双手分别飞东海与西泽，然后头再飞回肩上。

十一　射魃巫术

汉代又有一种驱小儿鬼巫术，亦即射魃巫术，俱作辟邪之用。《急就篇》卷三载："射魃辟邪除群凶。"颜师古注及王应麟补注如下：

> 射魃、辟邪，皆神兽名也。魃，小儿鬼也。射魃，言能射去魃鬼。补曰：《东京赋》"魃蜮"注："魃，小儿鬼。"《说文》："魃，鬼服。"……辟邪，言能辟御妖邪也。补曰：《考工记》"钟旋"注："今时旋有蹲熊、盘龙辟邪。"《汉书·西域传》注："桃拔一名符拔，似鹿长尾，一角者或为天鹿，两角者或为辟邪。"《续舆服志》："皇后步摇以黄金为山题，贯白珠，为桂枝相缪，八爵九华，熊、虎、赤罴、天鹿、辟邪。"……《南阳宗资碑》旁有两石兽，镌其膊，一曰天禄，一曰辟邪。谓以宝玉之类，二兽之状以佩带之，用除去凶灾，而保卫其身也。补曰：《杜阳编》有香玉辟邪。一曰射魃，谓大刚卯也。以金玉及桃木刻而为之。一名毅改，其上有铭，而旁穿孔，系以彩丝，用系臂焉，亦所以逐精魅也。[④]

"毅改"，刚卯的别称，汉代人的辟邪佩饰。《说文解字》称："毅改，大刚卯也，以逐精鬼。"[⑤]驱小儿鬼巫术形式上为模仿巫术，而涉及交感巫术。"毅改"，宋王观国撰《学林》卷五曰："以两汉所载刚卯制度考之，则'毅改'者，佩印也。"

---

① （汉）班固撰《汉书》卷八七上，中华书局 1962 年版，第 3523 页。
② （晋）司马彪撰，（梁）刘昭注补《后汉书志》第五《礼仪中》，中华书局 1965 年版，第 3129 页。
③ （唐）段成式撰，方南生点校《酉阳杂俎》前集卷四，中华书局 1981 年版，第 47—48 页。
④ （汉）史游撰，曾仲珊校点《急就篇》卷三，岳麓书社 1989 年版，第 193—194 页。
⑤ （汉）许慎撰，（宋）徐铉校定《说文解字》卷三下，中华书局 1963 年影印本，第 66 页下。

元末陶宗仪撰《辍耕录·刚卯》亦曰:“‘毅改’者,佩印也。以正月卯日作,故谓刚卯,又谓之大坚,以辟邪也。”由此观之,刚卯为两汉官吏佩戴的辟邪饰物,用以驱小儿鬼。王应麟补注亦曰:刚卯,“来年正月,庶人皆佩”。汉代官民齐戴避邪物,借此射魅巫术,夹杂刚卯,体现出较强的自我保护及防范意识。

十二　楞树人头

《搜神记》卷六《木生人状》云:

> 成帝永始元年二月,河南街邮樗树生枝如人头,眉目须皆具,亡发耳。至哀帝建平三年十月,汝南西平遂阳乡有材仆地,生枝如人形,身青黄色,面白,头有髭发,稍长大,凡长六寸一分。京房《易传》曰:“王德衰,下人将起,则有木生为人状。”其后有王莽之篡。[①]

汉代人认为唯有乱世才会出植物长成人形的怪事,表现出朝廷的德行和威信的下降,预示祸事将至。这是《易传》寓意之衍化,属于模仿巫术与交感巫术的结合形态。

十三　竹子崇拜

植物变人(或生人)巫术演化出来的夜郎竹王,也是汉代著名的模仿巫术。《后汉书·西南夷传》载:

> 夜郎者,初有女子浣于遁水,有三节大竹流入足间,闻其中有号声,剖竹视之,得一男儿,归而养之。及长,有才武,自立为夜郎侯,以竹为姓。武帝元鼎六年,平南夷,为牂柯郡,夜郎侯迎降,天子赐其王印绶。后遂杀之。夷獠咸以竹王非血气所生,甚重之,求为立后。牂柯太守吴霸以闻,天子乃封其三子为侯。死,配食其父。今夜郎县有竹王三郎神是也。[②]

自此以后竹子巫术在四川等地流行。晋常璩撰《华阳国志·南中志》亦记载竹王诞生巫术传说云:“有竹王者,兴于遁水。有一女子浣于水滨,有三节大竹流入女子足间,推之不肯去;闻有儿声,取持归,破之,得一男儿。长养有才武,遂雄夷狄,氏以竹为姓。捐所破竹于野,成竹林,今竹王祠竹林是也。”[③]如此竹子巫术

---

① (晋)干宝撰,汪绍楹校注《搜神记》卷六,中华书局1979年版,第79页。
② (南朝宋)范晔撰《后汉书》卷八六,中华书局1965年版,第2844页。
③ (晋)常璩撰《华阳国志》卷四,景印文渊阁《四库全书》第463册,第166页。

生子，汉武帝并不认同，责其“竹王非血气所生”，杀之。当地人求为立后，于是朝廷封其三子，后来成了“竹王三郎神”，又有竹王祠，或称竹王三郎祠。宋乐史《太平寰宇记》卷一六二《桂州阳朔县》条云：“竹王祠。《郡国志》云：竹王者，女子浣衣水次，有三节竹入足间，推之不去。中有声，破之，得一男儿，养之，有材武，遂雄诸夷地。今宁州始兴三狼乌浒，即竹王之裔，故有竹王三郎祠于此地。”①“此地”即广西桂林，为壮族自治区，壮族中流传的竹王民间传说《莫一大王的故事》，正是《后汉书》、《华阳国志》、《太平寰宇记》所记竹王巫术故事的延续②。但竹王祠很多，云南、贵州都有，不一而足。如清田雯《黔书·竹王》云：“予过杨老黄丝驿，见有竹二郎、竹三郎祠，土人祀之惟谨，诘其所从来，则不知，意以为山魈、木客、夔蚼之伦，及阅郡志，而后知为竹王子也。”③明倪辂《南诏野史》云南通海县有竹王祠。

十四　羽人飞仙

汉墓中的画像砖所刻羽人飞仙，也是缘模仿巫术的要素而来。它是死者生前幻想身后征服自然界，达到成为羽人，即飞仙遨游天界的目的。以天为发展空间，挣脱系绊，意为克服生活困难的束缚。值得注意的是，汉代日月神画像砖的内容，正是羽人飞仙巫术，它既反映了汉代人对天象的认识，也反映了其对日月恒星的憧憬，而开辟一个飞天巫术的空间的意识，也开始在人世蔓延。这为后世飞天巫术奠定了基础。成都出土的汉代日月神画像砖，日月神作人首鸟身，腹部有圆轮，头戴鸟冠，显然应作羽人看待。

19. 成都市郊出土《日神》、《月神》拓片〔《四川汉代画象砖与汉代社会》，图一〇九〕

左图羽人腹部圆轮中有金乌，右图羽人腹部圆轮中有蟾蜍、桂树，这表示汉代人胸怀广博，有日月之志。尽管是模仿巫术，但征服自然的形象和寓意都很奇特，富有哲学含义。它源于中国神话。《山海经》卷一四《大荒东经》云：“汤谷上有扶木，扶桑在上。一日方至，一日方出，言交会相代也。皆戴于乌。中有三足乌。”④无独有偶，长沙马王堆一号汉墓出土

① （宋）乐史撰《太平寰宇记》卷一六二，景印文渊阁《四库全书》第470册，第507页。

② 参见《壮族民间故事集·莫一大王的故事》，上海文艺出版社1984年版，第106页。

③ （清）田雯撰《古欢堂集》卷三九附《黔书》，景印文渊阁《四库全书》第1324册，第438页。

④ （晋）郭璞传，（清）毕沅校《山海经》卷一四，上海古籍出版社1986年影印《二十二子》本，第1381页。

的帛画上部，有类似图案。《淮南子》卷七《精神训》加以诠释："耳目者，日月也；血气者，风雨也。日中有踆乌，而月中有蟾蜍。日月失其行，薄蚀无光；风雨非其时，毁折生灾；五星失其行，州国受殃。"①汉代人以日月比拟有血气的人体之耳目，如果人善于保养身心，可以使踆乌飞翔，蟾蜍辟兵，从而长寿。倘若这一切正好相反，不仅日月薄蚀无光，风雨也非时而灾害不断，而使国家州县即人之一身遭其祸殃。因此汉代人将羽人巫术刻在汉墓画像上，既是墓主对自己身后成为羽人的幻想的实现，也是对子孙修炼养生长寿的鼓励。

四川邛崃县出土的《日神》、《月神》汉画像砖中两个羽人，也是人首鸟身，与成都市郊出土者基本一样。所不同者，头戴官帽，意寓生前为臣。腹部有圆轮。左图羽人圆轮上有乌，代表日，身边环绕七星。右图羽人圆轮上有蟾蜍、桂树，代表月，身边环绕六星。七星与六星，并非指天上星辰而言。《周易·系辞上》云："天一，地二；天三，地四；天五，地六；天七，地八；天九，地十。"②由此推知，七指天，六指地，二者组成一个极数。孔颖达正义曰："此言天地阴阳自然奇偶之数也。……《易》以极数通神明之德者，谓《易》之为道，先由穷极其数，乃以通神明之德也。"③故死者需天(七)地(六)体现一个极数，方能够羽人飞仙，以极数达到通神明之德，明矣。

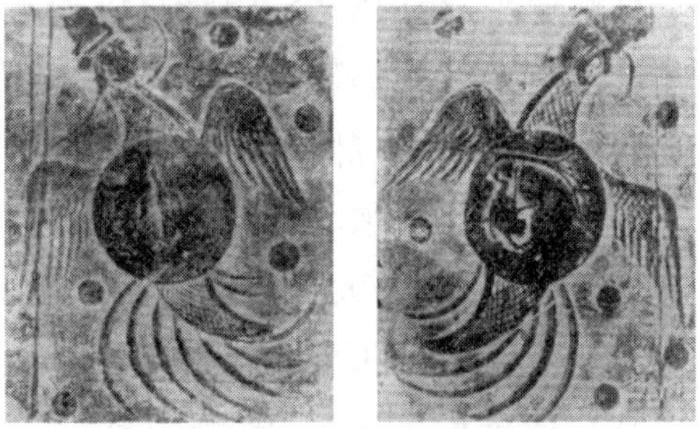

20. 邛崃县出土《日神》、《月神》拓片〔《四川汉代画象砖与汉代社会》，图一一〇〕

十五　望帝变鸟

望帝化为杜鹃鸟，此故事在东汉以后形成模仿巫术传播热潮，曲折多变。先是《后汉书·张衡传·思玄赋》云："鳖令殪而尸亡兮，取蜀禅而引世。"注云："鳖令，蜀王名也。令音灵。殪，死也。禅，传位也。引，长也。扬雄《蜀王本纪》曰'荆人鳖令死，其尸流亡，随江水上至成都，见蜀王杜宇，杜宇立以为相。杜宇号望帝，自以为德不如鳖令，以其国禅之，号开明帝。下至五代，有开明尚，始去帝号，复称王'也。"④但此条注语语焉不详：其一，其尸流亡至成都，未见复活，却被立为相，荒唐至极。其二，望帝以为其德不如鳖灵，但未说明原因。其三，与

① (汉)刘安撰，(汉)高诱注，(清)庄逵吉校《淮南子》卷七，上海古籍出版社1986年影印《二十二子》本，第1234页。

②③ (魏)王弼、(晋)韩康伯注，(唐)孔颖达等正义《周易正义》卷七，中华书局1980年影印阮元校刻《十三经注疏》本，第81页。

④ (南朝宋)范晔撰《后汉书》卷五九，中华书局1965年版，第1925页。

望帝化鸟为什么无关联？此条《蜀王本纪》引文是有问题的。

继而梁萧统《文选》、北魏郦道元《水经注》并载其事。《文选》卷一五《思玄赋》云："鳖令殪而尸亡兮，取蜀禅而引世。"注曰："鳖令，蜀王名也。殪，死也。禅，传也。引，长也。善曰：《蜀王本纪》曰：望帝治汶山下邑曰郫，积百余岁。荆地有一死人，名鳖令，其尸亡，随江水上至郫。与望帝相见，望帝以鳖令为相，以德薄，不及鳖令，乃委国授之而去。"①

以上李善注与《后汉书》注同样引的是《蜀王本纪》，三点问题依然没有解决。且看北魏郦道元《水经注》卷三三解释，原文曰："县治青衣江会，衿带二水矣，即蜀王开明故治也。来敏《本蜀论》曰，荆人鳖令死，其尸随水上，荆人求之不得，令至汶山下复生起，见望帝。望帝者，杜宇也，从天下。女子朱利，自江源出为宇妻，遂王于蜀，号曰望帝，望帝立以为相。时巫山峡而蜀水不流，帝使令凿巫峡通水，蜀得陆处，望帝自以德不若，遂以国禅，号曰开明。"②

郦道元引的是《本蜀论》，鳖令真的是死而复生了，且又加进一个神秘女子朱利为望帝妻。"自以德不若"，究竟原因何在？望帝化鸟为何仍无交代？此外又生出第四个问题，即把故事发生地明指在汶川，说明汶川在古代异常重要，因汶川是大禹故乡，大禹是羌族光荣的祖先。

晋张华注《师旷禽经》又有了新说法，曰："望帝杜宇者，盖天精也。李膺《蜀志》曰：望帝称王于蜀，时荆州有一人，化从井中出，名曰鳖灵。于楚身死，尸反溯流，上至汶山之阳，忽复生，乃见望帝，立以为相。其后，巫山龙斗，壅江不流，蜀民垫溺。鳖灵乃凿巫山，开三峡，降丘宅。土人得陆居，蜀人住江南，羌住城北。始立水栅，周三十里。令鳖灵为刺史，号曰西州。后数岁，望帝以其功高，禅位于鳖灵，号曰开明氏。望帝修道，处西山而隐，化为杜鹃鸟，或云化为杜宇鸟，亦曰子规鸟。至春则啼，闻者凄恻。"③张华揭示了五个问题：第一，蜀灵复活，不仅为相，还做刺史。第二，望帝以鳖灵功高，禅位与鳖灵，自己修道去了。第三，望帝修道后，就变为杜鹃鸟，发出凄恻鸣声。第四，土人、蜀人、羌人都各得其所。第五，望帝为"天精"，即沟通人神的巫师。

但是，《蜀王本纪》曰："后有一男子名曰杜宇，从天堕，止朱提；一女子名利，从江源井中出，为杜宇妻。乃自立为蜀王，号曰望帝，治汶山下邑曰郫。

---

① (梁)萧统编，(唐)李善注《文选》卷一五，中华书局 1977 年影印本，第 217 页。

② (北魏)郦道元撰，陈桥驿点校《水经注》卷三三，上海古籍出版社 1990 年版，第 632 页。按，标点有校改。

③ (明)陶宗仪编《说郛一百二十弓》弓一〇七《禽经》，上海古籍出版社 1988 年影印《说郛三种》本，第 4913 页。

化民往往复出。望帝积百余岁,荆有一人名鳖灵,其尸亡去,荆人求之不得。鳖灵尸随江水上,至郫,遂活,与望帝相见。望帝以鳖灵为相,时玉山出水,若尧之洪水。望帝不能治,使鳖灵决玉山,民得安处。鳖灵治水去后,望帝与其妻通,惭愧,自以德薄,不如鳖灵,乃委国授之而去,如尧之禅舜。鳖灵即位,号曰开明帝;帝生卢保,亦号开明。望帝去时,子鹃鸣,故蜀人悲子鹃鸣而思望帝。望帝,杜宇也。”①

其实汉扬雄《蜀王本纪》中“望帝与其妻通”的说法,是有实据的。本来在汉许慎撰《说文解字》卷四上云:“巂……一曰蜀王望帝淫其相妻,惭,亡去,为子巂鸟。故蜀人闻子巂鸣,皆起云望帝。”②望帝淫相妻而被迫下台,这是历史事实,其晚节不保,咎由自取,足令后人引以为戒。

但是,唐人李善不愿意引述望帝与鳖灵妻通奸这一件丑闻,故意隐去而秘而不宣,在唐人看来,望帝私通鳖灵妻或许也是合理的纳妃之举。南北朝时人却不像李善那样讳言,后魏阚骃撰《十三州志》曰:“望帝使鳖令凿巫山,治水有功。望帝自以德薄,乃委国于鳖令,号曰开明,遂自亡去,化为子规。故蜀人闻鸣,云:我望帝也。《太平御览》望帝使鳖令治水,而淫其妻。令还,帝惭,遂化为子规。杜宇死时适二月,而子规鸣。故蜀人闻之皆起。……”③阚骃已说清望帝化为杜鹃,是由于“淫其(鳖令)妻”不道德,结果是变成一只永远惭愧悲鸣的杜鹃鸟。不过唐代诗人依然不以为然,认为望帝化鸟是因为悲伤亡国。唐胡曾《成都》(七绝)云:“杜宇曾为蜀帝王,化禽飞去旧城荒。年年来叫桃花月,似向春风诉国亡。”④诗人对帝王淫人妻没有羞恶感,而撇开道德不谈,依然把杜鹃鸟的啼声与爱情相互联想。

唐杜甫《杜鹃》(五古)诗云:“西川有杜鹃,东川无杜鹃。涪万无杜鹃,云安有杜鹃。我昔游锦城,结庐锦水边。有竹一顷余,乔木上苍天。杜鹃暮春至,哀哀叫其间。我见常再拜,重是古帝魂。……”⑤杜甫认为望帝是“古帝”,言外之意,就是他有特权。但并非老杜心怀宽容,其实唐代诗人大都按照这个调子歌颂杜鹃,也就为望帝流下热泪矣。来鹄《子规》(七绝)诗云:“月落空山闻数声,此时孤馆酒初醒。投人语若似伊泪,口畔血流应始听。”⑥杜牧《杜鹃》(五律)诗

---

① (清)严可均辑《全上古三代秦汉三国六朝文·全汉文》卷五三,《续修四库全书》集部第1603册,上海古籍出版社2002年影印本,第403页。

② (汉)许慎撰,(宋)徐铉校定《说文解字》卷四上,中华书局1963年影印本,第76页上。

③ (北魏)阚骃撰,张澍辑本《十三州志》,《丛书集成初编》本,商务印书馆1936年版,第46页。

④ 《全唐诗》卷六四七,中华书局1960年版,第7423页。

⑤ 《全唐诗》卷二二一,中华书局1960年版,第2331页。

⑥ 《全唐诗》卷六四二,中华书局1960年版,第7360页。

云："杜宇竟何冤，年年叫蜀门。至今衔积恨，终古吊残魂。芳草迷肠结，红花染血痕。山川尽春色，呜咽复谁论。"①罗隐《子规》(七绝)诗云："铜梁路远草青青，此恨那堪枕上听。一种有冤犹可报，不如衔石叠沧溟。"②罗邺《闻杜鹃》(七律)诗云："花时一宿碧山前，明月东风叫杜鹃。孤馆觉来听夜半，羸僮相对亦无眠。汝身哀怨犹如此，我泪纵横岂偶然。争得苍苍知有恨，汝身成鹤我成仙。"③杜荀鹤《闻子规》(七绝)诗云："楚天空阔月沉沦，蜀魂声声似告人。啼得血流无用处，不如缄口过残春。"④

《本草纲目》则记述了杜鹃巫术的厌法："〔藏器曰〕杜鹃小如鹞，鸣呼不已。《蜀王本纪》云：杜宇为望帝，淫其臣鳖灵妻，乃禅位亡去。时子规鸟鸣，故蜀人见鹃鸣而悲望帝。《荆楚岁时记》云：杜鹃初鸣，先闻者主别离，学其声令人吐血，登厕闻之不祥。厌法，但作狗声应之。《异苑》云：有人山行，见一群，聊学之，呕血便殒。人言此鸟啼至血出乃止，故有呕血之事。"⑤山行不能学杜鹃叫声，否则会呕血而亡，成为行人禁忌。

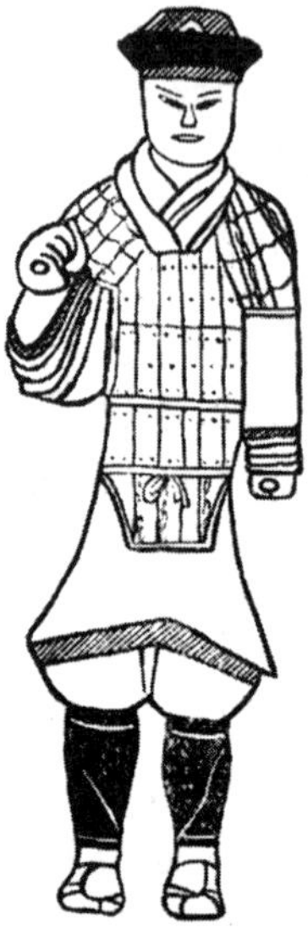

21. 西汉武士俑(摹本，陕西咸阳市杨家湾出土。短后衣与铠甲相连)〔采自《中国古代服饰史》〕

十六　蛊道巫术

汉代贵族们相信蛊虫巫法是实有其事的，进而演变成了蛊道巫术，被当时的皇亲国戚所利用，成为政治斗争的工具。它完全违背了蛊道巫术控制超自然力——蛊虫的初衷，离开治蛊病，混淆模仿巫术和蛊道巫术的界限，实际借模仿巫术杜撰的"蛊道巫术"，以涉嫌定罪为其特征，滥杀无辜。

《史记》卷一一八《淮南衡山列传第五十八》云："王后乘舒死，立徐来为王后。厥姬俱幸。两人相妒，厥姬乃恶王后徐来于太子曰：'徐来使婢蛊道杀太子母。'太子心怨徐来。徐来兄至衡山，太子与饮，以刃刺伤王后兄。"⑥这是厥姬以蛊道为由，挑拨离间的结果。《汉书·江充传》及《汉书·武帝五子传》的"巫蛊

① 《全唐诗》卷五二五，中华书局1960年版，第6014页。

② 《全唐诗》卷六五八，中华书局1960年版，第7561页。

③ 《全唐诗》卷六五四，中华书局1960年版，第7515页。

④ 《全唐诗》卷六九三，中华书局1960年版，第7983页。

⑤ (明)李时珍著《本草纲目》禽部卷四九《杜鹃》，人民卫生出版社1981年版，第四册，第2665页。

⑥ (汉)司马迁撰《史记》卷一一八，中华书局1959年版，第3095页。

之狱”,那是法律不完备时牵连数万人而轰动史坛的一件政治性的大事,直接使统治阶级人数骤降,有自然减员的效果,一定程度上可以认为这也是维持统治阶级与被统治阶级人数相对比例的历史规律。

李广利投降匈奴而被害,便是模仿巫术结合了蛊道巫术的结果。蛊道巫术在《六韬》中被斥为“左道”,但没有一针见血指出它“涉嫌定罪”的规律。至东汉,蛊道巫术仍是统治者手中的工具,政敌之间动不动诬称一方施行蛊道巫术,例如《后汉书·清河王庆传》就有“诬言欲作蛊道祝诅”之言。当时人们由于害怕蛊毒,便将蛊视为鬼魅,把它放在岁末驱傩中来驱逐,还造出几种神物来把蛊吞食,于是《后汉书·礼仪志》便记载汉代岁末驱傩的风俗云:“穷奇、腾根共食蛊。”[①]可见汉代对蛊何其重视。按汉许慎撰《说文解字》卷一三下“蛊”认为:“蛊,腹中虫也。”[②]汉史游撰《急就篇》卷四云:“疥,小蛊,攻啮皮肤,灌错如鳞介也。”[③]对于民间而言,治蛊还维持着控制超自然力——医治蛊病的范围,所以所谓蛊道巫术只是统治阶级内部自相残杀的政治运动,它起了败坏巫术名声的作用。

---

① (晋)司马彪撰,(梁)刘昭注补《后汉书志》第五《礼仪中·大傩》,中华书局1965年版,第3128页。

② (汉)许慎撰,(宋)徐铉校定《说文解字》卷一三下,中华书局1983影印本,第284页下。

③ (汉)史游撰,曾仲珊校点《急就篇》卷四,岳麓书社1989年版,第266页。

第十三章　汉代《淮南万毕术》巫术

第一节　《淮南万毕术》及其作者

《淮南万毕术》是一本记载汉代巫术简明条目之巫书，其巫术内容折射出经济、医术、文化艺术转换思维，由此涉及模仿、交感、反抗三大巫术，应当予以整理和研究。

《史记》卷一二八《龟策列传》云："褚(少孙)先生曰……臣为郎时，见《万毕·石朱方》，传曰：'有神龟在江南嘉林中。'"《索隐》云："《万毕术》中有《石朱方》。"[①]由此可见，《淮南万毕术》当成书于西汉。班固继续界定《淮南万毕术》为巫书，并推定为西汉淮南王刘安所撰。《汉书》卷三六《刘向传》云："上复兴神仙方术之事，而淮南有《枕中鸿宝苑秘书》。书言神仙使鬼物为金之术，及邹衍重道延命方，世人莫见，而更生父德武帝时治淮南狱得其书。更生幼而读诵，以为奇，献之，言黄金可成。上令典尚方铸作事，费甚多，方不验。"[②]可知汉代又称《淮南万毕术》为《枕中鸿宝苑秘书》，是一本"言神仙使鬼物为金之术"的奇书。"术"即巫术的简称，"鬼物"则是巫师施术之结果。《列子·黄帝篇》载："有一人从石壁中出，随烟烬上下。众谓鬼物。"[③]巫师使鬼物从石壁出，模仿巫术也。故该书无疑是巫师使鬼物为宝的巫书，并非如叶德辉辑本序所述"言万物之理尽具于此"。

晋代葛洪提出新说，其《神仙传》云："(汉淮南王)笃好儒学，兼占候方术。养士数千人，皆天下俊士。作内书二十二篇，又中篇八章，言神仙黄白之事，名为《鸿宝》。《万毕》三章，论变化之道，凡十万言。"[④]"《鸿宝》"即《枕中鸿宝苑秘书》之简称，"言神仙黄白之事"，即"神仙使鬼物为金之术"。由《神仙传》所载可

① (汉)司马迁撰《史记》卷一二八，中华书局1959年版，第3227页。

② (汉)班固撰《汉书》卷三六，中华书局1962年版，第1928—1929页。

③ 严北溟、严捷译注《列子译注》，上海古籍出版社1986年版，第39—40页。

④ (宋)李昉等编，汪绍楹点校《太平广记》卷八《刘安》，中华书局1961年版，第51页。

进一步推知，“万毕”应是人名，是淮南王幕府所养士，实际是一名巫师，写了三章十万字的巫术变化之道术。《拾遗记》卷四：“《淮南子》云：‘含雷吐火之术，出于万毕之家。’方毳羽于洪炉，炎烟火于冰水，漏海螺船之属，飞珠沉霞之类，千途万品，书籍之所未详，自神化以来，神奇莫与为例，岂末代浮诬，所能窥仰，夭龄促知之所效哉！”[①]注语指出：“今《淮南子》中无此语。按《汉书·淮南王传》称所著书有《中篇》八卷，言神仙黄白之术。《艺文志》天文有《淮南杂子星》十九卷，《隋书·经籍志》有《淮南万毕经》一卷，今俱不传，清孙冯翼、茆泮林等各有辑本。”[②]故“万毕之家”盖指整个汉代民间巫师集体，假托淮南之名，以行万毕之术。从整个万毕巫术来看，施术者有十分机灵的头脑，也具有发明家的眼光和创新的精神，真是千途万品“神奇莫与为例”。正如清代茆泮林辑《淮南万毕术序》所说，此书“瑰奇诡异，足以动人耳目者，往往森然罗列其间”。

对于汉代文献何以未著万毕之名，清人茆泮林提出：“《汉书》淮南王传，载刘安著内书二十一篇，外书甚众，其中篇八篇，多言黄白变幻之事。《艺文志》有淮南内篇、外篇，而不言中篇。意神仙之术，说多隐秘，故当时未著万毕之名。”[③]可备一说。《隋书》卷三四《经籍志三》著录有《淮南万毕经》、《淮南变化术》，分作两书。《旧唐书》卷四七《经籍下》仅著录“《淮南王万毕术》一卷，刘安撰”[④]，《新唐书》卷五九《艺文三》著录同，故此书在唐代已合为一卷了，而且唐代的《初学记》、《艺文类聚》、《法苑珠林》也加以征引，足见此书在唐代有广泛影响。到宋代，此书已失而不存，仅在《太平御览》中存有大量征引之条目。

《淮南万毕术》中的巫术影响，自然是一步一步发展来的。应当说，晋人首传其盛，故葛洪《抱朴子》内篇卷一九《遐览》中著有《万毕符》，还有《万毕高丘先生法》，是其巫术影响之明证。

《淮南万毕术》中保存了大量汉代口头巫术，十分离奇古怪，也颇为有趣，应当说，它出自当时一些方士巫师之手，后万毕巫师加以总结。晋葛洪撰《西京杂记》卷三《淮南与方士俱去》记载说：“淮南王好方士，方士皆以术见，遂有画地成江河，撮土为山岩，嘘吸为寒暑，喷嗽为雨雾。王亦卒与诸方士俱去。”[⑤]说淮南王好方士，“皆以术见”，这里的“术”正好表现于《淮南万毕术》中，故万毕其人乃

---

① （晋）王嘉撰，（梁）萧绮录，齐治平校注《拾遗记》卷四《秦始皇》，中华书局 1981 年版，第 108 页。

② （晋）王嘉撰，（梁）萧绮录，齐治平校注《拾遗记》卷四《秦始皇》，中华书局 1981 版，第 109 页。

③ （汉）刘安撰，（清）茆泮林辑《淮南万毕术》（序），《丛书集成初编》本，商务印书馆 1939 年版，第 1 页。

④ （后晋）刘昫等撰《旧唐书》卷四七，中华书局 1975 年版，第 2043 页。

⑤ （晋）葛洪撰《西京杂记》卷三，中华书局 1985 年版，第 16 页。

掇拾各方士巫师之巫术以成书。

淮南王手中，还有大量更精彩的巫术，比《淮南万毕术》还要高妙。清人曾作过一番推测，清人茆泮林之弟茆上林《淮南万毕术补遗》跋云："（《抱朴子·遐览篇》）又云：刘君安未仙去时，尝因《墨子五行记》，钞取其要，以为一卷，其法用药用符，最变化之术之大者。其次有《玉女隐微》一卷，亦大术也。尤为淮南鸿宝万毕之所不及，然其所钞，当时已少能谱之，术遂不传，惟万毕时时见于他说。"[①]《墨子五行记》一篇文献不载，惜此"最变化之术之大者"未能流传下来。

据茆泮林《淮南万毕术补遗》跋云："泮林编是书成，复闻沈阳孙氏旧有辑本，因于友人处得借观焉。其中为余集所未备者，《开元占经》、《法苑珠林》二事，亟为补入。"[②]"孙氏"即指孙冯翼。

迄今所见，《淮南万毕术》共有七种辑本，均标为汉刘安撰，现列举如下：

1.《淮南万毕术》一卷，阙名辑，见《说郛》（宛委山堂本）弓五（按，"万毕"原作"毕万"）。只有二十四条，极不完全。

2.《淮南万毕术》一卷，（清）孙冯翼辑，见《问经堂丛书·逸子书》、《丛书集成初编·哲学类》。

3.《淮南万毕术》一卷，（清）丁晏辑，见《南菁书院丛书》第三集。

4.《淮南万毕术》一卷、《补遗》一卷、《再补遗》一卷，（清）茆泮林辑，见《十种古逸书》、《龙溪精舍丛书·子部》、《丛书集成初编·哲学类》。

5.《淮南万毕术》一卷，（清）黄奭辑，见《汉学堂丛书·子史钩沈·子部艺术类》、《黄氏丛书考·子史钩沈》（民国修补本·民国补刊本）。

6.《淮南万毕术》一卷、《补遗》一卷、《附录》一卷，（清）王仁俊辑，见《玉涵山房辑佚书续编·子编艺术类》。

7.《淮南万毕术》二卷，（民国）叶德辉辑，见《观古堂所著书》第二集《郎园先生全书》（光绪本、民国重编本）。

关于《淮南万毕术》巫术条目的文字结构，有本文与注文的区别，比较典型的完整条目，均为"本文—注曰—注文"之样式。宋李昉等撰《太平御览》卷八〇八《云母》引《淮南万毕术》云："云母入地，千岁不朽；云母在足，无践棘。注曰：取大云母涂足，下践棘，不能刺。"[③]"注曰"前面为本文，后面为注文。但是，出

① （汉）刘安撰，（清）茆泮林辑《淮南万毕术 补遗 再补遗》，《丛书集成初编》本，商务印书馆1939年版，第16页。

② （汉）刘安撰，（清）茆泮林辑《淮南万毕术 补遗 再补遗》，《丛书集成初编》本，商务印书馆1939年版，第15页。

③ （宋）李昉等撰《太平御览》卷八〇八《云母》，中华书局1960年影印本，第3593页。

现在古典文献中的条目情况远不止这么简单。第一，有的仅采本文而未引注文。第二，有的仅采注文而未及本文。第三，又有的虽采本文与注文，但略去“注曰”二字，造成本文与注文难以区分。第四，又有的或采本文，而采注文不完全。凡此种种原因，便造成了我们校勘与理解上的困难。有的条目由于搜集不到注文，导致我们对其巫术原理理解不了。以下将能理解的巫术条目逐一讨论，而将不能理解者，或巫术味不浓者，列举以备考。《淮南万毕术》巫术内容的特点，都和汉代繁荣的历史生活有密切的关系，我们通过考察汉代画像砖石，可以发现它们之间千丝万缕的联系，其时代背景则反映它包含诸多历史文化价值。

第二节　《淮南万毕术》模仿、交感、反抗三类巫术剖析

《淮南万毕术》主要以人民休养生息之实用为目的，可谓“养生巫术”，具体涉及汉代模仿、交感、反抗三大类巫术四十余种。《淮南万毕术》内容与人们现实生活关系紧密，又与中草药药理密切融合，医疗价值突出，从中可见其运用综合巫术多侧重发明养生疗疾之巫医产品。下面一一举出养生三大巫术等内容，并结合历史背景与其衍化的巫药产品加以剖析。

一　制巫酒巫术

《太平御览》卷七三六引《淮南万毕术》云：“烧木卖酒，人民自聚。取失火家木，刻作人形，朝朝祭之，人聚也。”①这确是根据模仿巫术和交感魔力原理，结合祭祀与模仿巫术法力，制成巫酒。首先将失火人家木材刻作人形，每天模拟祭祀，才能使酒具有人民自聚的交感魔力。《本草纲目》谷部卷二五《酒》指出，米酒入药用，“大热，有毒”；“〔藏器曰〕凡酒忌诸甜物”。“朝朝祭之”，即成祭神酒。陈藏器告诫：“祭酒自耗，不可饮。”②只可祭撒于地。酿酒必先祭祀，制成巫酒需要一整套巫术程式。据北朝贾思勰著《齐民要术》卷七载：

1.《酿酒》拓片(新都县出土)〔《四川汉代画象砖与汉代社会》，图四九〕

① (宋)李昉等撰《太平御览》卷七三六，中华书局1960年影印本，第3266页。

② (明)李时珍著《本草纲目》谷部卷二五，人民卫生出版社1978年版，第三册，第1558页。

① 制酒曲祭祀仪式须在七天前进行。"七月取中寅日，使童子着青衣，日未出时，面向杀地，汲水二十斛。"

② 将酒曲制成五个"曲人"，由五个人假扮成"曲王"，祭祀时"屋用草屋，勿使瓦屋"。"作'曲人'，各置巷中——假置'曲王'，王者五人。"

③ 主人念祭祀文即祝曲文以前祭祀程式。要求是："湿'曲王'手中为碗，碗中盛酒、脯、汤饼。主人三遍读文，各再拜。"

④ 主人拜神和念《祝曲文》如下："《祝曲文》：东方青帝土公、青帝威神，南方赤帝土公、赤帝威神，西方白帝土公、白帝威神，北方黑帝土公、黑帝威神，中央黄帝土公、黄帝威神，某年、月，某日、辰，朝日，敬启五方五土之神：……急急如律令。祝三遍，各再拜。"[①]

整套祭祀巫术程序，均采取模仿巫术和交感巫术交织之法进行之，中国本土宗教——道教性非常明显。以下造鹊脑酒、木耳酒等等酒的祭祀巫术程式同此。

二　鹊脑相思巫术

将鹊脑泡入酒中，巫医施术调制成鹊脑酒。

2. 鹊〔采自《本草纲目》。下同〕

《淮南万毕术》云："鹊脑令人相思。取雌雄鹊各一，燔之四通道，丙寅日，与人共饮酒，置脑酒中则相思也。"[②]《淮南万毕术》云："鹊脑令人相思，取鹊一雌一雄头中脑烧之于道中，以与人酒中饮，则相思。"[③]鹊脑酒实为鹊崇拜产物。《本草纲目》禽部卷四九《鹊》释名："小说谓之神女。"[④]用鹊脑模拟鹊媒介，用酒作交感巫术媒介。此种交感巫术用法，如《本草纲目》鹊脑主治云："〔弘景曰〕五月五日取鹊脑，入术家用。"并用巢施行火巫术，祭祀念咒，《本草纲目》鹊巢云："多年者，烧之水服，疗颠狂鬼魅及蛊毒，仍呼祟物名号。"以模仿、交感、反抗巫术综合原理设计成混合巫术。取雌雄鹊一对，自然是模仿夫妻的成双成对。巫医认为人食鹊脑酒会增进交感魔力。

---

① (北朝)贾思勰著，缪启愉、缪桂龙译注《齐民要术译注》卷七，上海古籍出版社 2013 年版，第 414 页。

② (宋)李昉等撰《太平御览》卷七三六，中华书局 1960 年影印本，第 3265 页。

③ (宋)李昉等撰《太平御览》卷九二一，中华书局 1960 年影印本，第 4086 页。

④ (明)李时珍著《本草纲目》禽部卷四九，人民卫生出版社 1981 年版，第四册，第 2662 页。

李时珍引《淮南万毕术》云："丙寅鹊脑令人相思。"高诱注："取鹊脑雌雄各一，道中烧之，丙寅日入酒中饮，令人相思。又媚药方中亦有用之者。则陶氏所谓术家者，亦此类耳。"①鹊脑酒和相思形成交感巫术感应。鹊即喜鹊，七夕给牛郎织女搭桥。喜鹊崇拜，才给喜鹊交感通神，而用双翅给牛女搭桥。

三　制竹药酒巫术

竹称天竹，即意为天神之竹。《荆楚岁时记》载"折竹以卜"，故古人视竹有神性。巫医对竹神进行祭祀，亦用竹巫酒治病。《淮南万毕术》云："竹虫饮人，自言其诚。竹虫三枚，竹黄十枚，治之，欲得人情，取药如大豆烧酒中饮之，不令醉，以问其事，必得其实也。"②巫医认为竹黄有疗效。《本草纲目·竹黄》："竹黄生南海镛竹中。此竹极大，又名天竹。其内有黄，可以疗疾。"③竹黄，药名，出自南朝宋释赞宁《笋谱》，盖为印度巫药渗入演化而成。但本土巫医制竹巫药(或竹巫酒)皆自创，未必用竹黄，而皆采用竹实，且取自有自然崇拜传闻的竹子。如神化的严州越王竹，龙化的辰州龙孙竹，凤化的凤尾竹等。梁陈承认为"竹实，鸾凤所食"，"非常物也"。《神农本草经》认为，竹实通神明，食之轻身益气。本土竹巫药(酒)因之而造。

3. 天竹黄

古人敬畏竹，从而形成竹崇拜，实为《淮南万毕术》制竹巫酒饮之增寿而形成的文化背景。其一，不死竹能使人死而复生。《齐民要术》引《外国图》曰："高阳氏有同产而为夫妇者，帝怒放之，于是相抱而死。有神鸟以不死竹覆之。七年，男女皆活。同颈异头，共身四足。是为蒙双民。"④其实此为原始时代群婚制兄妹乱伦产下的连体怪胎，不死竹使其复生。其二，竹中产子。《齐民要术》引《华阳国志》曰："有一女浣于水滨，有三节大竹，流入女足间，推之不去。闻有儿声，持归，破竹，得男。"以后就是夜郎国王⑤。其三，涕挥竹成斑竹。《齐民要术》引《博物志》曰："洞庭之山，尧帝之二女常泣，以其

① (明)李时珍著《本草纲目》禽部卷四九，人民卫生出版社1981年版，第四册，第2663页。

② (宋)李昉等撰《太平御览》卷九四八，中华书局1960年影印本，第4209页。

③ (明)李时珍著《本草纲目》木部卷三七，人民卫生出版社1978年版，第三册，第2170页。

④⑤ (北朝)贾思勰著，缪启愉、缪桂龙译注《齐民要术译注》卷一〇，上海古籍出版社2013年版，第673页。

涕挥竹，竹尽成斑。”[①]交感巫术形成了斑竹。

四　制木耳酒巫术

《淮南万毕术》云：“八月榆檽音而，令人不饥。注曰：以美酒渍榆檽，曝干，以清粱米，紫苋实，蒸令相合，欲不食者，三指撮酒以服之，即不饥耳。”[②]榆檽，即榆耳，木耳类可食之物。《本草纲目》菜部卷二七云：“榆耳八月采之。〔主治〕令人不饥。时珍〔附方〕新一。服食方《淮南万毕术》云：八月榆檽，以美酒渍曝。同青粱米、紫苋实蒸熟为末。每服三指撮，酒下，令人辟谷不饥。”[③]

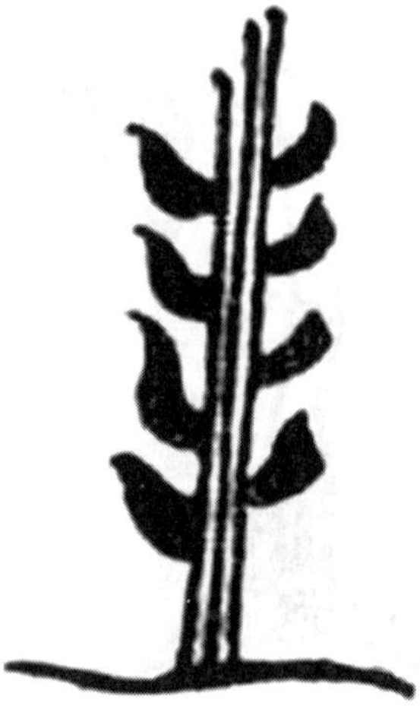

4. 木耳

考之文献，先有榆树崇拜，后才有木耳巫术。古有《周礼·夏官·司爟》“四时变国火”注“春取榆柳”之记载[④]，故知榆木、柳木皆周人祭祀之神木。榆叶寓大福，《梦书》曰：“榆为人君，德至仁也。梦采榆叶，受赐恩也。梦居树上，得贵官也。”[⑤]榆耳、柳耳等木耳巫术出焉。榆耳传承神力，《本草纲目》菜部卷二七谓：“紫苋茎叶通紫，吴人用染爪者，诸苋中惟此无毒，不寒。”[⑥]用榆耳辟谷祭祀，本是交感巫术活动。木耳生于朽木之上，无枝叶，乃湿热余气所生，可谓化腐朽为神奇。有桑、槐、楮、榆、柳宜生木耳，称五木耳，对此五木耳，巫医各有发明。种榆和枣亦须根据九久感应巫法，如《术》曰：“北方种榆九根，宜蚕桑，田谷好。”[⑦]《杂五行书》曰：“舍南种枣九株，辟县官，宜蚕桑。服枣核中人二七枚，辟疾病。能常服枣核中人及其刺，百邪不复干矣。”[⑧]如桑耳，治咽喉痹痛。《便民方》：“五月五日，收桑上木耳，白如鱼鳞者，临时捣碎，绵包弹子

---

① (北朝)贾思勰著，缪启愉、缪桂龙译注《齐民要术译注》卷一〇，上海古籍出版社 2013 年版，第 676 页。

② (宋)李昉等撰《太平御览》卷九五六，中华书局 1960 年影印本，第 4243 页。

③ (明)李时珍著《本草纲目》菜部卷二七，人民卫生出版社 1978 年版，第三册，第 1716 页。

④ (汉)郑玄注，(唐)贾公彦疏《周礼注疏》卷三〇，中华书局 1980 年影印阮元校刻《十三经注疏》本，第 843 页。

⑤ (唐)欧阳询撰，汪绍楹校《艺文类聚》卷八八《榆》，上海古籍出版社 1982 年版，第 1526 页。

⑥ (明)李时珍著《本草纲目》菜部卷二七，人民卫生出版社 1978 年版，第三册，第 1653 页。

⑦ (北朝)贾思勰著，缪启愉、缪桂龙译注《齐民要术译注》卷一〇，上海古籍出版社 2013 年版，第 291 页。

⑧ (北朝)贾思勰著，缪启愉、缪桂龙译注《齐民要术译注》卷四，上海古籍出版社 2013 年版，第 228 页。

大，蜜汤浸，含之立效。”[①]

五　禹余粮等制酒巫术

麦门冬，汉代称“禹余粮”，神话衍化为禹余粮巫药。《本草纲目》云禹余粮“多入神药用”。巫药入神是禹余粮特征。《淮南万毕术》云：“取麦门冬，赤黍，渍以狐血，阴干之，欲饮酒，取一丸置舌下，酒吞之，令人不醉。”[②]赤黍古称虋。唐代，道教称忍冬为“不死药”。

5. 麦门冬

药的价值实现，关键仍在祭祀。《本草纲目·麦门冬》称“久服轻身不老不饥”[③]，诚心祭祀才能久服轻身明目，安魂定魄。《本草纲目》引肘后方饮酒前先食盐一匕，后饮必倍，但都必须“祭祀供其苦盐、散盐”、“或以盐刻作虎形”等交感和模仿等巫术的法术相配合才能办到。[④]

禹余粮亦贯穿于“酒”巫术，反映汉代酿酒商业发展的巫术背景。同时，禹余粮制酒巫术也增加汉代商业酒肆繁荣。

6.《酿酒》拓片(新都县出土)〔《四川汉代画象砖与汉代社会》，图四九〕

① (明)李时珍著《本草纲目》菜部卷二八，人民卫生出版社1978年版，第三册，第1715页。

② (宋)李昉等撰《太平御览》卷八四二，中华书局1960年影印本，第3763页。

③ (明)李时珍著《本草纲目》草部卷一六，人民卫生出版社1977年版，第二册，第1034页。

④ (明)李时珍著《本草纲目》石部卷一一，人民卫生出版社1975年版，第一册，第630、633页。

7.《酒肆》拓片(彭县出土)〔《四川汉代画象砖与汉代社会》,图五〇〕

六　簸箕去咸巫术

《淮南万毕术》云:"弊箕止咸,取箕以内酱中,咸著箕矣。"①弊箕即破败的簸箕。此巫术有关饮食风俗,教厨师做菜去咸之法,演变为汉代庖厨饮食风俗。

《本草纲目·簸箕舌》"释名"称:"〔时珍曰〕簸扬之箕也。南人用竹,北人用杞柳为之。""主治"称:"重舌出涎(咸),烧研,酒服一钱。又主月水不断。时珍、千金、圣惠方。""附方"称:"催生簸箕淋雨一盏,饮数口。集玄方。"②这是竹崇拜和柳崇拜演化为簸箕灵物崇拜,具有巫医肯定的医药价值。柳有辟鬼法,如《术》说:"正月初一早晨,取杨柳枝条插在门户上,百鬼不敢进到家里来。"③

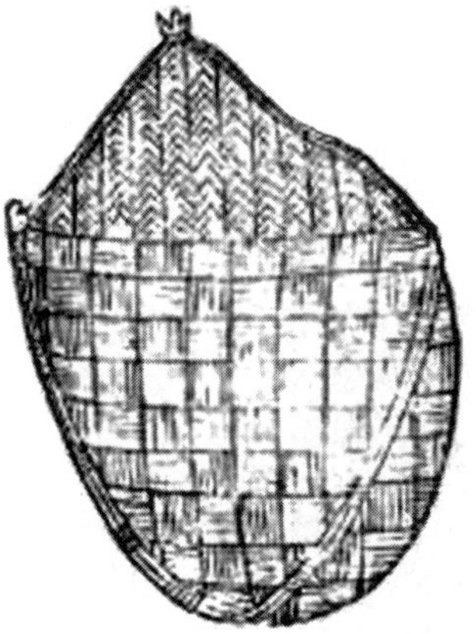

8. 簸箕〔采自《三才图会》〕

《三才图会》卷一一云:"箕,簸箕也。《说文》云簸扬米去糠也。《庄子》曰:箕之簸物,虽去粗留精,然取其终,皆有所除是也。然北人用柳,南人用竹,其制不同,用则一也。"④

为了去咸、佐食,此二项巫术反映了汉代盐业和餐饮业的发展,带来盐文化伴随之试验灵物崇拜巫术。

---

① (明)陶宗仪编《说郛一百二十号》号六,上海古籍出版社 1988 年影印《说郛三种》本,第 254 页。

② (明)李时珍著《本草纲目》服器部卷三八,人民卫生出版社 1978 年版,第三册,第 2211 页。

③ (北朝)贾思勰著,缪启愉、缪桂龙译注《齐民要术译注》卷一〇,上海古籍出版社 2013 年版,第 291 页。

④ (明)王圻、王思义编集《三才图会》器用十一卷,上海古籍出版社 1988 年影印本,第 1297 页。

9.《盐井》拓片(成都市郊出土)〔《四川汉代画象砖与汉代社会》,图四八〕

七　麻子养猪催肥巫术

《齐民要术》卷六《养猪第五十八》曰:"《淮南万毕术》曰:'麻盐肥豚豕。'取麻子三升,捣千余杵,煮为羹,以盐一升着中,和以糠三斛,饲豕即肥也。"①麻子用于养猪催肥,此巫术与种麻禁忌相关。麻子,即大麻子,是周代七种粮食之一,其与交感巫术交织,兹举二例:(一)《龙鱼河图》曰:"岁暮夕,四更中,取二七豆子,二七麻子,家人头发少许,合麻豆着井中,咒敕井,使其家竟年不遭伤寒,辟五方疫鬼。"②(二)《杂五行书》曰:"常以正月旦——亦用月半——以麻子二七颗,赤小豆七枚,置井中,辟疫病,甚神验。"又曰:"正月七日,七月七日,男吞赤小豆七颗,女吞十四枚,竟年无病,令疫病不相染。"③

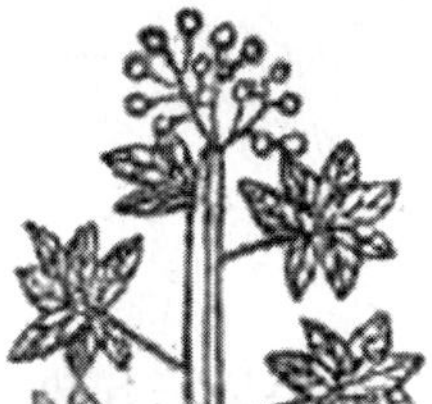

10. 大麻〔采自《本草纲目》〕

与交感巫术有关者,《齐民要术》卷六引有巫术性的书《杂阴阳书》:"种忌四季——辰、未、戌、丑——戊、己。"④即祭祀忌四季日。《本草纲目》谷部卷二二指出大麻有极高的药用价值,但食用时要注意将壳彻底去除,因"壳有毒而仁无毒"。麻蕡主治"五劳七伤。多服,令人见鬼狂走。利五脏,下血,寒气,破积止痺散脓。久服,通神明,轻身"⑤。如此借反抗巫术与交感巫术通神明健身,并给猪催肥,有巫术

---

① (北朝)贾思勰著,缪启愉、缪桂龙译注《齐民要术译注》卷六,上海古籍出版社 2013 年版,第 386 页。

②③ (北朝)贾思勰著,缪启愉、缪桂龙译注《齐民要术译注》卷二,上海古籍出版社 2013 年版,第 96 页。

④ (北朝)贾思勰著,缪启愉、缪桂龙译注《齐民要术译注》卷六,上海古籍出版社 2013 年版,第 104 页。

⑤ (明)李时珍著《本草纲目》谷部卷二二,人民卫生出版社 1978 年版,第三册,第 1445 页。

象征致富意。

八　悬或埋家畜耳蹄等巫术

《齐民要术》卷六《养猪五十八》引带有巫术性的《杂五行书》曰："悬腊月猪羊耳着堂梁上，大富。"[1]这是悬猪羊耳辟邪致富巫术。《齐民要术》卷六《养羊五十七》引《术》曰："悬羊蹄着户上，辟盗贼。泽中放六畜，不用令他人无事横截群中过。道上行，则不讳。"[2]这是悬羊蹄辟盗贼巫术。《术》指《淮南万毕术》。《齐民要术》卷五《种槐柳楸梓梧柞第五十》引《术》曰："正月旦取杨柳枝着户上，百鬼不入家。"[3]这是悬杨柳枝辟鬼巫术。

埋种巫术。一为《齐民要术》卷六《养牛马驴骡第五十六》引《术》曰："埋牛蹄着宅四角，令人大富。"[4]这是埋牛蹄致富巫术。二为《齐民要术》卷四《种茱萸第四十四》引《杂五行书》曰："舍东种白杨、茱萸三根，增年益寿，除患害也。"[5]这是种茱萸增寿巫术。

11.《庖厨》拓片（德阳县出土）〔《四川汉代画象砖与汉代社会》，图七九〕

悬埋巫术来自对生产经验总结与联想：（一）悬猴竿辟恶。《齐民要术》卷六《养羊第五十七》曰："羊脓鼻，口颊生疮如干癣者，名曰'可妒浑'，迭相染易，着者多死，或能绝群。治之方：竖长竿于圈中，竿头施横板，令猕猴上居数日，自然差。此兽辟恶，常安于圈中，亦好。"[6]（二）盐悬羊栏。《齐民要术》卷六《养羊第五十七》引《家政法》曰："养羊法，当以瓦器盛一升盐，悬羊栏中，羊喜盐，自数还啖之，不劳人收。"[7]（三）《齐民要

---

① (北朝)贾思勰著，缪启愉、缪桂龙译注《齐民要术译注》卷六，上海古籍出版社 2013 年版，第 386 页。

②⑦ (北朝)贾思勰著，缪启愉、缪桂龙译注《齐民要术译注》卷六，上海古籍出版社 2013 年版，第 382 页。

③ (北朝)贾思勰著，缪启愉、缪桂龙译注《齐民要术译注》卷五，上海古籍出版社 2013 年版，第 302 页。

④ (北朝)贾思勰著，缪启愉、缪桂龙译注《齐民要术译注》卷六，上海古籍出版社 2013 年版，第 364 页。

⑤ (北朝)贾思勰著，缪启愉、缪桂龙译注《齐民要术译注》卷四，上海古籍出版社 2013 年版，第 269 页。

⑥ (北朝)贾思勰著，缪启愉、缪桂龙译注《齐民要术译注》卷六，上海古籍出版社 2013 年版，第 381 页。

术》卷四《种茱萸第四十四》引《术》曰："悬茱萸子于屋内，鬼畏不入也。"①（四）《齐民要术》卷四《种茱萸第四十四》引《术》曰："井上宜种茱萸：茱萸叶落井中，饮此水者，无温病。"②种法即埋法。

九　勿忘亲娘巫术

《淮南万毕术》云："取家祠黍以啖儿，儿不思母。"③又云："取冢墓黍啖儿，不思母。取新冢前祠黍用啖儿，则不思母也。"④以上两术根据安稳感应交感巫术原理而发。汉代家祠一般连着祖先墓地，祭祖祠前有地必种黍，祭祀时以象征祖德泽被后世，子孙承受安乐生活。虽父亡而母存，也能取祠前所生粮食以维持生计。故儿在远行前，吃祠前种的粮食，便不会为慈母生计担心，故云"不思母"，实则勿忘亲娘也，其与宗教祭祀巫术关系密切。

12. 稷黍〔采自《本草纲目》。下同〕

《本草纲目·蜀黍》称"今人祭祀用以代稷者"⑤，明确指出其祭祀功用。黍粘，稷不粘，黍粘而寓使儿不忘故土，与故土"粘"在一起。故土安稳，慈母安享晚年，儿对母亲放心。

十　狼皮驯羊巫术

《淮南万毕术》云："狼皮在户，羊不出牢，羊畏狼故也。"⑥别本《淮南万毕术》云："取狼皮，以当空户，则羊畏不敢出矣。"⑦由于狼吃羊，狼皮对羊有巫术力，是由交感巫术原理衍化而来。这实际是劳动人民为生产和生活需要，总结的安全圈羊的经验。

13. 羊

《本草纲目》指出狼皮所具厌胜意，称其主治"暖人，辟邪恶气"⑧。

①② （北朝）贾思勰著，缪启愉、缪桂龙译注《齐民要术译注》卷四，上海古籍出版社2013年版，第269页。

③ （宋）李昉等撰《太平御览》卷七三六，中华书局1960年影印本，第3265—3266页。

④ （宋）李昉等撰《太平御览》卷八五〇，中华书局1960年影印本，第3803页。

⑤ （明）李时珍著《本草纲目》谷部卷二三，人民卫生出版社1978年版，第三册，第1477页。

⑥ （宋）李昉等撰《太平御览》卷七三六，中华书局1960年影印本，第3266页。

⑦ （宋）李昉等撰《太平御览》卷九〇九，中华书局1960年影印本，第4029页。

⑧ （明）李时珍著《本草纲目》兽部卷五一，人民卫生出版社1981年版，第四册，第2886页。

十一 马毛犬尾巫术

《艺文类聚》卷九三兽部引《淮南万毕术》云:“马毛大尾,亲友自绝。取马毛大尾,置朋友衣中,若夫妇衣中,夫妇自相憎矣。”①按“大”应校改为“犬”。《太平御览》卷七三六《术》引《淮南万毕术》云:“取马尾犬尾,置朋友、夫妻衣中,自相憎矣。”②《太平御览》卷九〇五《狗下》引作“马毛犬尾”。这是马毛狗尾巫术衍化,马尾、犬尾之毛取“散”意而有接触巫法交感巫术魔力。

14. 陕西绥德汉墓门楣画像及其局部

《本草纲目》兽部卷五〇《马》引《千金方》论“腹内蛇症”之马尾医治病理:“白马尾切,酒服。初服长五分一匕,大者自出;次服三分者一匕,中者亦出;更服二分者一匕,小者复出。不可顿服,杀人。”③马尾有“自相憎”病理因素,值得研究。马能厌胜而有交感巫术性,《氾胜之术》曰:“牵马令就谷堆食数口,以马践过为种,无蚜蚄,厌蚜蚄虫也。”④“厌“即厌胜术。

十二 戒马咬人巫术

《太平御览》卷八二五《蚕》引《淮南万毕术》云:“僵蚕使马不食。欲愈之,以桑拭口鼻,即食矣。马喜啮人,亦以僵蚕眉拭唇,即不啮也。”⑤《太平御览》卷七三六《术》引《淮南万毕术》云:“马啮人,取僵蚕涂上唇即止,复不啮人。”⑥蚕与马有密切关系。《搜神记》卷一四《女化蚕》曾记载蚕与马变形巫术故事,云:“旧说,太古之时,有大人远征,家无余人,唯有一女。牡马一匹,女亲养之。穷居幽处,思念其父,乃戏马曰:‘尔能为我迎得父还,吾将嫁汝。’马既承此言,乃绝缰而去,径至

---

① (唐)欧阳询撰,汪绍楹校《艺文类聚》卷九三,上海古籍出版社1982年版,第1616页。

②⑥ (宋)李昉等撰《太平御览》卷七三六,中华书局1960年影印本,第3266页。

③ (明)李时珍著《本草纲目》兽部卷五〇,人民卫生出版社1981年版,第四册,第2775页。

④ (北朝)贾思勰著,缪启愉、缪桂龙译注《齐民要术译注》卷一,上海古籍出版社2013年版,第43页。

⑤ (宋)李昉等撰《太平御览》卷八二五,中华书局1960年影印本,第3676页。

父所。父见马惊喜，因取而乘之。马望所自来，悲鸣不已。父曰：'此马无事如此，我家得无有故乎？'亟乘以归。为畜生有非常之情，故厚加刍养。马不肯食。每见女出入，辄喜怒奋击。如此非一。父怪之，密以问女。女具以告父，必为是故。父曰：'勿言，恐辱家门。且莫出入。'于是伏弩射杀之，暴皮于庭。父行，女与邻女于皮所戏，以足蹙之曰：'汝是畜生，而欲取人为妇耶？招此屠剥，如何自苦？'言未及竟，马皮蹶然而起，卷女以行。邻女忙怕，不敢救之。走告其父。父还，求索，已出失之。后经数日，得于大树枝间，女及马皮，尽化为蚕，而绩于树上。其茧纶理厚大，异于常蚕。邻妇取而养之，其收数倍。因名其树曰'桑'。桑者，丧也。由斯百姓竞种之，今世所养是也。言桑蚕者，是古蚕之余类也。"①

戒马咬人巫术设计乃根据交感巫术。马咬人，以僵蚕涂其上唇，即使其不忍心再咬人，因蚕是其亲人，对人对马都有交感魔力。此为古代兽医或兽巫医治疗马病药方。

十三　马蹄中土巫术

《淮南万毕术》云："东行马蹄中土，令人卧不起。取东行白马蹄下土，三家井中泥，合土和之，置卧人脐上，即不能起。"②所谓"三家井中泥"即井底泥，与人的感情起着交感巫术作用。祭祀土神即起交感魔力，使人增进爱恋乡土之感情。此俗发展到后世，就成为包一小袋家乡泥土带在身边，家乡好似就在眼前。

15. 陕西汉石"养马"画像

16. 马〔采自《本草纲目》。下同〕

"三家井中泥"对人既然有交感巫术魔力，于是巫医就用井底泥治病，而成为一种中药。《本草纲目》土部卷七载，"井底泥"是中药，具有医疗价值，能治疗"卧忽不寤"之病，引《肘后方》云："勿以火照，但痛啮其踵及足拇趾甲际，而多唾其面，以井底泥涂其目，令人垂头入井中，呼其姓名，便苏也。"③故此交感巫术系

① （晋）干宝撰，汪绍楹校注《搜神记》卷一四，中华书局1979年版，第172—173页。

② （宋）李昉等撰《太平御览》卷三七，中华书局1960年影印本，第177页。

③ （明）李时珍著《本草纲目》土部卷七，人民卫生出版社1975年版，第一册，第439页。

治疗“卧忽不寤”之民间偏方。

十四　萤火制马巫术

《淮南万毕术》云：“萤火却马。注云：取萤火，裹以羊皮，置土中，马见之鸣，却不敢行。”[1]

《本草纲目》虫部卷四一载萤火有大用：第一，萤火能辟邪。“萤火能辟邪明目，盖取其照幽夜明之义耳。”辟邪明目即交感巫术魔力。第二，萤火丸能辟病。《神仙感应篇》云：“曾试用之，一家五十余口俱染疫病，惟四人带此者不病也。”神应辟病亦为交感巫术魔力。第三，萤火丸能辟盗贼。“带于左臂上（从军系腰上，居家挂户上），甚辟盗贼也。”[2]辟盗亦为交感巫术魔力。

17. 萤火

十五　弓箭文化

此乃牛翁、黄蟮等生物崇拜之产物。《淮南万毕术》云：“牛翁十四，可以强弩。取牛翁十四枚，曲蟮白颈者二七，以三尺新布裹之，活涂布着之，无令人见，用之拭弩，令温，引之校半力也。”[3]牛翁即牛螉，一种飞箭，汉刘珍等撰《东观汉记》卷二三《赤眉》记载：“赤眉入安定、北地，至阳城，逢大雪，士卒多冻死。汉光武作飞虻箭以攻赤眉。”[4]飞虻箭即飞矛、标枪、袖箭之类，也称“牛螉”。牛螉在魏晋南北朝与隋唐时期均流行使用，梁简文帝《艳歌行》云：“控弦因鹊血，挽强用牛螉。”[5]曲蟮即蚯蚓，又称地龙。《本草纲目·蚯蚓》云：“〔弘景曰〕入药用白颈，是其老者。取得去土盐之，日暴须臾成水，道术多用之。”[6]

18. 唐狩猎纹印花绢（吐鲁番县阿斯塔那出土）〔《新疆考古三十年》，图231〕

古代打仗与狩猎中弋射飞禽都要使用弓箭远射，需要大臂力才能射远中的，那些力小者便不能使用弓箭，于是巫师发明拉弓交感巫术，强

① （宋）李昉等撰《太平御览》卷九四五，中华书局1960年影印本，第4197页。
② （明）李时珍著《本草纲目》虫部卷四一，人民卫生出版社1981年版，第四册，第2318页。
③ （宋）李昉等撰《太平御览》卷三四八，中华书局1960年影印本，第1604页。
④ （汉）刘珍等撰《东观汉记》卷二三，景印文渊阁《四库全书》第370册，第214页。
⑤ （宋）郭茂倩编《乐府诗集》卷三九，中华书局1979年版，第581页。
⑥ （明）李时珍著《本草纲目》虫部卷四二，人民卫生出版社1981年版，第四册，第2353页。

弓经过施术后，拉起来就省一半力。

这种巫术以善伸缩的蚯蚓作为交感巫术媒介，以取得引弓的魔力，巫师认为经过擦拭与磨擦弓箭令其温热，便能获得事半功倍的效果。这也说明在汉代巫师们参与了武器研发的试验。

19.《弋射收获》拓片（成都市郊出土）〔《四川汉代画象砖与汉代社会》，图三九〕

20.《习射》拓片（德阳县出土）〔《四川汉代画象砖与汉代社会》，图版壹之 2〕

十六　方诸取水巫术

《淮南万毕术》云："方诸取水。方诸形若杯，无耳，以五石合冶。以十二月壬子夜半作之以承水，即来。"[①]方诸是古代巫师于月下承露取水的器皿。这种巫术法器，先秦时用蛤壳，后来用陶器，再后来用铜铸。《淮南子·天文训》云："方诸见月，则津而为水。"高诱注："方诸，阴燧，大蛤也。熟摩令热，月盛时以向月下，则水生；以铜盘受之，下水数滴。先师说然也。"[②]方诸取水是向月承露，一切均强调"天然"二字，故《论衡·乱龙篇》又说："今使道之家，铸阳燧取飞火于日，作方诸取水于月，非自然也，而天然之也。"[③]既然是承露，便要问取水目的何在？汉代社会讲究成仙，其实就是养生长寿。

21. 汉长寿绣绛红绢〔《中国服装史》，图 62〕

在我国原始宗教看来，《太平御览》卷一二《露》引《山海经》云："仙丘降甘

① （宋）李昉等撰《太平御览》卷五八，中华书局 1960 年影印本，第 282 页。

② （汉）刘安撰，（汉）高诱注，（清）庄逵吉校《淮南子》卷三《天文训》，上海古籍出版社 1986 年影印《二十二子》本，第 1215 页。

③ （汉）王充撰，陈蒲清点校《论衡》卷一六，岳麓书社 2006 年版，第 206—207 页。

露，人常饮之。”①甘露来自仙丘，饮之能成仙。道家也有相近的认识。《老子》云：“天地相合，以降甘露。”②《庄子》云：“姑射之山，有神人焉，不食五谷，吸风饮露。”③但此巫术为什么要“以五石合治”呢？照巫师看来，五石将感应出五色仙露，在西汉便流传着五色露饮之可以治病的传闻，《太平御览》卷一二《露》引《洞冥记》云：“东方朔游吉云之地，汉武帝问朔曰：‘何名吉云？’曰：‘其国俗常以云气占吉凶，若吉乐之事，则满室云起五色，照着于草树，皆成五色露，露味甘。’帝曰：‘吉云五色露，可得以尝不？’朔乃东走，至夕而还，得玄黄青露，盛之琉璃器，以授帝。帝遍赐群臣，得露尝者，老者皆少，疾病皆愈。”④

从天而降的甘露饮之，可以返老还童，去病疗疾，具有养生功能，《淮南万毕术》还说：“八月一日作五明囊，盛取百草头露，以之洗眼，眼明也。”⑤五明囊承露，也要沾上一个“五”字交感，仙露洗眼，眼也明亮。这条巫术是为养老服务，讲究养生，是汉代风俗传统。

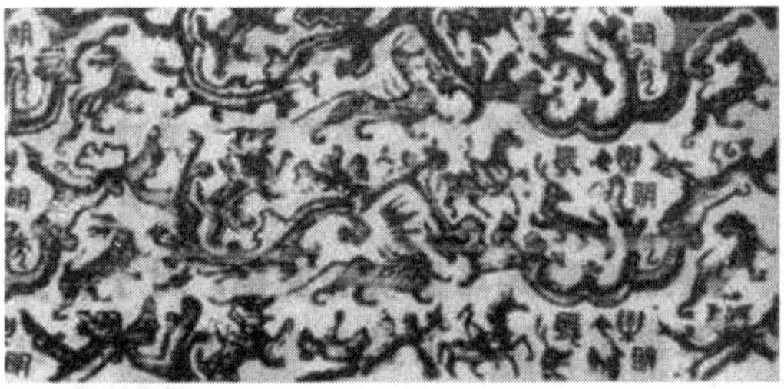

22. 汉长乐明光锦〔《中国服装史》，图 58〕

十七　蚖脂燃灯巫术

《初学记》卷二五《灯》引《淮南万毕术》曰：“取蚖脂为灯，置水中，即见诸物。”⑥“蚖”即蜥蜴。《国语·郑语》云：“化为玄鼋，以入于王府。”三国吴韦昭注云：“鼋，或为蚖。蚖，蜥蜴也，象龙。”⑦“蚖脂”即蚖膏，古代为点灯之用。《庾子山集注》卷一《灯赋》云：“烬长宵久，光青夜寒，秀华掩映，蚖膏照灼。”⑧《方言》卷八云：“守宫，秦晋西夏谓之守宫，或

23. 蜥蜴〔采自《本草纲目》。下同〕

① (宋)李昉等撰《太平御览》卷一二，中华书局 1960 年影印本，第 63 页。

②③④⑤ (宋)李昉等撰《太平御览》卷一二，中华书局 1960 年影印本，第 62 页。

⑥ (唐)徐坚等撰《初学记》卷二五，中华书局 1962 年版，第 615 页。

⑦ (吴)韦昭注《国语》卷一六，景印文渊阁《四库全书》第 406 册，第 147 页。

⑧ (北周)庾信撰，(清)倪璠纂注《庾子山集注》卷一，景印文渊阁《四库全书》第 1064 册，第 360 页。

谓之蚑蠼，或谓之蜥易。南阳人又呼蝘蜓。其在泽中者谓之易蜴。南楚谓之蛇医，或谓之蝾螈。”[①]蜥蜴俗名叫四脚蛇，古来与巫医有关，故又被称作“蛇医”。汉许慎撰《说文解字》卷一三上亦云：“荣蚖，蛇医，以注鸣者。从虫元声。”[②]晋崔豹《古今注》卷中《鱼虫第五》云：“蝘蜓（蜓）……短大者名蝾螈，一曰蛇医。”[③]故其脂被用于交感巫术亦必然也。《本草纲目》谓蜥蜴在泽中，是一味中药，又称石龙子。

十八　水灌烧曾青巫术

《太平御览》卷九八八《曾青》引《淮南万毕术》云：“取曾青十斤烧之，以水灌其地，云起如山云矣。曾青为药，令人不老。”[④]曾青是一种矿产——铜矿。魏吴普等述《神农本草经》卷一《曾青》云：“曾青，味酸小寒，主目痛止泪。出风痹，利关节，通九窍。破症坚积聚，久服轻身不老。能化金铜，生山谷。名医曰：生蜀中及越巂，采无时。案《管子·揆度篇》云：秦明山之曾青。《荀子》云：南海则有曾青。杨倞注：曾青，铜之精。”[⑤]道士经常用南海曾青炼制仙丹，故为巫术无疑焉。南齐宋居士撰《衡山记》云：“衡山有曾青岗，曾青可以合仙药。”[⑥]春秋战国时期人已知南海有曾青等矿产，《荀子·王制》云：“南海则有羽翮、齿革、曾青、丹干焉。”注云：“曾青，铜之精，可绘画及化黄金者，出蜀山、越巂。”[⑦]《本草纲目》对南海曾青有详载，认为“久服轻身不老”[⑧]，是良药。

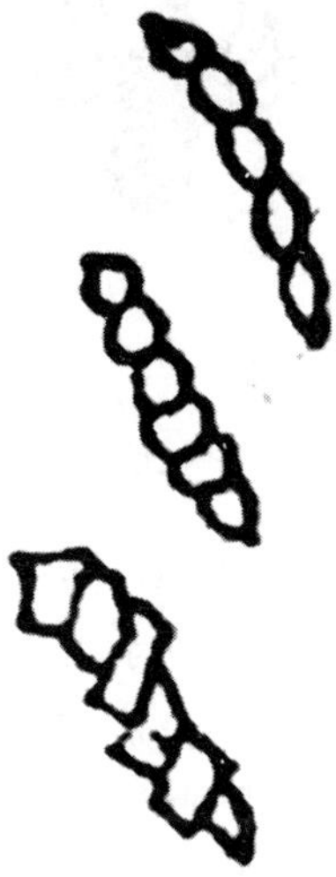

24. 曾青

此巫术可贵之处在于揭示，一曾青是令人不老与水有关的养生物，二南海岛礁与海底有丰富的矿藏。

十九　水上行走巫术

文献中记载此巫术有两种施行方法。一法：《淮南万毕术》云：“取蜘蛛与水

---

① （汉）扬雄撰，（晋）郭璞注《方言》卷八，《丛书集成初编》本，商务印书馆 1936 年版，第 77 页。

② （汉）许慎撰，（宋）徐铉校注《说文解字》卷一三上，中华书局 1963 年影印本，第 279 页上。

③ （晋）崔豹撰《古今注》，景印文渊阁《四库全书》第 850 册，第 107 页。

④ （宋）李昉等撰《太平御览》卷九八八，中华书局 1960 年影印本，第 4372 页。

⑤ （魏）吴普等述《神农本草经》卷一，《丛书集成初编》本，商务印书馆 1939 年版，第 8 页。

⑥ （南齐）宋居士撰，（清）陈运溶辑《衡山记》，《麓山精舍丛书》第一辑。

⑦ （周）荀况撰，（唐）杨倞注，（清）卢文弨、谢墉校《荀子》卷五，上海古籍出版社 1986 年影印《二十二子》本，第 305 页。

⑧ （明）李时珍著《本草纲目》石部卷一〇，人民卫生出版社 1975 年版，第一册，第 596 页。

狗及猪肪，置瓮中，密以新缣，仍悬室后，百日视之，蜘蛛肥，杀之以涂足，涉水不没矣。”①此巫术与丹鱼血交感巫术相似，均为使人能在水上行走而设计。

二法：《淮南万毕术》云：“又一法，取蜘蛛二七枚，内瓮中，合肪百日，以涂足，得行水上。故曰：蜘蛛涂足，不用桥梁。”②这也是人在水上行走之交感巫术，因蜘蛛能在水上行走，故涂人足，人足便具有水上行走交感魔术力。这是汉代巫师奇特创意。

25. 蜘蛛

《本草纲目》载蜘蛛也是一味中药，有诸多医方集解。如足上长瘤疣，不能水上行走，《本草纲目》引医书《总微论》云：“用稻上花蜘蛛十余，安桃枝上，待丝垂下，取东边者捻为线系之，七日一换，自消落也。”③

又如得了疟疾也不能水上行走，就要截虐，《本草纲目》虫部卷四〇引《普济方》云：“五月五日取花蜘蛛晒干，绛囊盛之。临期男左女右系臂上，勿令知之。”④系臂上是一种祭祀行为而获交感魔力。

二十　以檗水洗面

民谚：笑一笑，十年少。《淮南万毕术》云：“檗令面悦。取檗叶三寸，土莯三枚，大枣七枚，膏和涂面，不得四五日，立悦矣。先以汤洗面，乃傅药。”⑤此为汉代巫师设计的使人微笑的巫术，因檗为仙草而产生效应。《抱扑子》云：“黄檗，芝草也，千岁，黄檗根下有如三斛器，去本株三丈，细根相连，大如缕末，服之尽一丈，则地仙。”⑥故黄檗洗面有令人面悦之魔力，此属巫术养生美容文化。《本草纲目·檗木》引《孙氏集效方》云：“坎离丸：治男子、妇人诸虚百损。”⑦

26. 黄檗

另外黄檗还有改变眼目昏暗之功效，《本草纲目》又引《普济方》云：“每旦含黄檗一片，吐津洗之。终身行之，永

---

①② （宋）李昉等撰《太平御览》卷九四八《虫豸·蜘蛛》引，中华书局1960年影印本，第4207页。

③④ （明）李时珍著《本草纲目》虫部卷四〇，人民卫生出版社1981年版，第四册，第2280页。

⑤ （宋）李昉等撰《太平御览》卷九五九《黄檗》，中华书局1960年影印本，第4257页。

⑥ （宋）李昉等撰《太平御览》卷九五九《黄檗》，中华书局1960年影印本，第4258页。

⑦ （明）李时珍著《本草纲目》木部卷三五，人民卫生出版社1978版，第三册，第1979页。

无目疾。”[①]

二十一　安全渡江巫术

《淮南万毕术》云：“鸿毛囊之，可以渡江。盛鸿毛满囊，可渡江不溺也。”[②]别本《淮南万毕术》亦云：“鸿毛之囊，可以渡江。盛鸿毛于缣囊，可以渡江不溺也。”[③]

《本草纲目·雁》：“小者为雁，大者为鸿。”又引《日华》云：“自落翎毛，小儿佩之，辟惊痫。”[④]李时珍于“发明”下引《酉阳杂俎》云：“临邑人，春夏罗取鸿雁毛以御暑。又《淮南万毕术》云：鸿毛做囊，可以渡江。此亦中流一壶之意，水行者不可不知。”[⑤]鸿雁有四德，是为德鸟，故其有助人渡江的交感巫术力。

27. 雁

二十二　灭鼠巫术

因老鼠食稻而有此巫术。《淮南万毕术》云：“烧蟹致鼠。”[⑥]按《搜神记》云：“晋太康四年，会稽郡蟛蚑及蟹，皆化为鼠。其众覆野，大食稻为灾。始成，有毛肉而无骨，其行不能过田畻。数日之后，则皆为牝。”[⑦]古人以为鼠为蟹所化，故要灭鼠保稻，其动机符合民意。因蟹对鼠有魔力，烧蟹便能将鼠引来，此为汉代灭鼠巫术。《淮南子》卷一《原道训》：“使蟹捕鼠。”高诱注：“以艾灼蟹匡上，内置穴中，乃爇走穷穴，适能禽一鼠也。”[⑧]是为明证。

28. 鼠

29. 蟹

---

① (明)李时珍著《本草纲目》木部卷三五，人民卫生出版社 1978 版，第三册，第 1980 页。

② (宋)李昉等撰《太平御览》卷七〇四《囊》，中华书局 1960 年影印本，第 3141 页。

③ (宋)李昉等撰《太平御览》卷九一六《鸿》，中华书局 1960 年影印本，第 4063 页。

④⑤ (明)李时珍著《本草纲目》禽部卷四七，人民卫生出版社 1981 年版，第四册，第 2567 页。

⑥ (宋)李昉等撰《太平御览》卷九四二《蟹》，中华书局 1960 年影印本，第 4186 页。

⑦ (晋)干宝撰，汪绍楹校注《搜神记》卷七，中华书局 1979 年版，第 94 页。

⑧ (汉)刘安撰，(汉)高诱注，(清)庄逵吉校《淮南子》卷一《原道训》，上海古籍出版社 1986 年影印《二十二子》本，第 1206 页。

《本草纲目·蟹》云："烧之致鼠。〔弘景曰〕仙方用之，化漆为水，服之长生。以黑犬血灌之，三日烧之，诸鼠毕至。〔颂曰〕其黄能化漆为水，故涂漆疮用之。其螯烧烟，可集鼠于庭也。"①

二十三　涂与咒除鼠巫法

先说涂法，《淮南万毕术》云："孤（狐）目里（狸）脑，鼠〔去〕其穴。以涂鼠穴，即去。"②贾思勰著《齐民要术》卷五引《淮南万毕术》有详注："狐目狸脑，鼠去其穴。注曰：取狐两目，狸脑大如狐目三枚，捣之三千杵，涂鼠穴，则鼠去矣。"③注文将涂鼠穴的交感巫术的巫法具体化。涂法灭鼠巫术，《齐民要术》卷五又引《杂五行书》曰："取亭部地中土涂灶，水、火、盗贼不经；涂屋四角，鼠不食蚕；涂仓、箪，鼠不食稻；以塞坎，百日鼠种绝。"④据老鼠习性而施交感魔力治鼠，带有创新性思维。

30. 狐

31. 狸

《本草纲目》兽部卷五一"（狐）目"载："〔时珍曰〕狐目治破伤风，方见刘氏保寿堂方，云神效无比。腊月收取狐目阴干，临时用二目一副，炭火微烧存性，研末，无灰酒服之。又《淮南万毕术》云：狐目狸脑，鼠去其穴。谓涂穴辟鼠也。"⑤

再说交感巫术之咒法，《淮南万毕术》云："被发向北，咒杀巫鼠。夜有巫，被发北向禹步，咒曰：老鼠不祥，过者受其殃。"⑥按，禹步法为："前举左，右过左，左就右；次举右，左过右，右就左；次举左，右过左，左就右。"⑦

---

① （明）李时珍著《本草纲目》介部卷四五，人民卫生出版社1981年版，第四册，第2512页。

②⑥ （宋）李昉等撰《太平御览》卷九一一《鼠》，中华书局1960年影印本，第4036页。

③④ （北朝）贾思勰著，缪启愉、缪桂龙译注《齐民要术译注》卷五，上海古籍出版社2013年版，第286页。

⑤ （明）李时珍著《本草纲目》兽部卷五一，人民卫生出版社1981年版，第四册，第2879—2880页。

⑦ （晋）葛洪撰《抱朴子》，上海古籍出版社1990年影印《诸子百家丛书》本，第87页。

咒法亦作“祝法”。《齐民要术》卷五引《龙鱼河图》曰：“冬以腊月鼠断尾。正月旦，日未出时，家长斩鼠，着屋中，祝云：‘付敕屋吏，制断鼠虫；三时言功，鼠不敢行。’”①

《本草纲目·狸》：“〔时珍曰〕狸有数种，大小如狐。……有斑如貙虎，而尖头方口者为虎狸，善食虫、鼠、果实。”②狸善食鼠，故鼠惧狸。

二十四　捕鸟巫术

《淮南万毕术》云：“人面击地，飞鸟自下。取蘖木为人形似鸟，而血涂人面，以击地，飞鸟自下。”③制作似鸟人偶，以血涂其脸，以之叩地，吓得飞鸟都自动飞下就擒。此模仿巫术类似于霹雳木捕鸟巫术。

清茆泮林辑《淮南万毕术》引《博物志》周日用注云：“物类皆有所感，以霹雳木击鸟影，其鸟应时落地，则霹雳木可下飞鸟也。”④

二十五　灭蝇巫术

《韵府群玉》卷七云：“午日取蝇虎，杵碎拌豆，豆自踊跃，可以击蝇。”⑤“蝇虎”者，蜘蛛之天敌，不结网，常在壁角捕食蝇等小虫。晋崔豹《古今注》卷中《鱼虫第五》云：“蝇虎，蝇狐也。形似蜘蛛，而色灰白，善捕蝇。一名蝇蝗，一名蝇豹。”⑥故蝇虎粉末也具捕蝇的交感魔力，得以拌豆击蝇而灭蝇，此为交感巫术与模仿巫术结合的巫术。

32. 蝇

至唐代转为节令风俗，如唐崔寔撰《四民月令》有“捕蝇虎”条云：“五月五日取蝇虎杵碎拌豆，豆自踊跃，可以击蝇。出淮南王。”⑦

按《本草纲目》虫部卷四〇载蝇可入药，主治

---

① (北朝)贾思勰著，缪启愉、缪桂龙译注《齐民要术译注》卷五，上海古籍出版社 2013 年版，第 286 页。

② (明)李时珍著《本草纲目》兽部卷五一，人民卫生出版社 1981 年版，第四册，第 2875 页。

③ (宋)李昉等撰《太平御览》卷九一四《鸟》，中华书局 1960 年影印本，第 4051 页。

④ (汉)刘安撰，(清)茆泮林辑《淮南万毕术》，《丛书集成初编》本，商务印书馆 1939 年版，第 8 页。

⑤ (元)阴劲弦、阴复春编《韵府群玉》卷七《十蒸·蝇》引《淮南万毕术》，景印文渊阁《四库全书》第 951 册，第 289 页。

⑥ (晋)崔豹撰《古今注》，景印文渊阁《四库全书》第 850 册，第 107 页。

⑦ (唐)崔寔撰《四民月令》“捕蝇虎”条，(明)陶宗仪编《说郛一百二十弓》弓六九，上海古籍出版社 1988 年影印《说郛三种》本，第 3221 页。

"拳毛倒睫"①。又引《淮南子》曰:"烂灰生蝇。古人憎之,多有辟法。一种小蟢蛛,专捕食之,谓之蝇虎者是也。"②

二十六　驱虎巫术

《淮南万毕术》云:"烧角入山,虎豹自远。"③别本《淮南万毕术》云:"烧角入山,则虎豹自远,恶其臭也。"④角,犀角。《本草纲目》载"犀角"主治:"百毒蛊疰,邪鬼瘴气,杀钩吻、鸩羽、蛇毒,除邪,不迷惑魇寐。久服轻身。"⑤古代山林中多虎,人遇之,非死即伤,驱虎乃自卫养生之道。

33. 虎

二十七　驱狐巫术

《淮南万毕术》云:"犀角骇狐。犀角置狐穴,狐去不敢复居也。"⑥别本《淮南万毕术》云:"犀角置狐穴中,狐不归。"⑦古人认为犀角有制怪物之魔力。《晋书·温峤传》略云:温峤还武昌,"至牛渚矶,水深不可测,世云其下多怪物,峤遂毁犀角而照之。须臾,见水族覆火,奇形异状,或乘车马着赤衣者。峤其夜梦人谓己曰:'与君幽明道别,何意相照也?'……因中风,至镇未旬而卒"⑧。犀角有神力,飞禽走兽见皆避之。《本草纲目》载:"犀角,今以南海者为上,黔、蜀者次之。"⑨

34. 犀

三国吴万震撰《南州异物志》云:"犀有特神者,角有光曜,白日视之如角,夜暗之中,理皆灿然,光由中出,望如火炬,欲知此角神异,置之草野,飞鸟走兽过皆惊。昔行野中,见一死人,鸢鸟欲往啄之,每至其头,辄惊走飞

①② (明)李时珍著《本草纲目》虫部卷四〇,人民卫生出版社1981年版,第四册,第2291页。

③ (宋)李昉等撰《太平御览》卷七六六《杂物部一·角》,中华书局1960年影印本,第3400页。

④ (宋)李昉等撰《太平御览》卷七三六《方术部十七·术》,中华书局1960年影印本,第3265页。

⑤ (明)李时珍著《本草纲目》兽部卷五一《犀》,人民卫生出版社1981年版,第四册,第2831页。

⑥ (宋)李昉等撰《太平御览》卷八九〇《兽部二·犀》,中华书局1960年影印本,第3953页。

⑦ (宋)李昉等撰《太平御览》卷九〇九《兽部二十一·狐》,中华书局1960年影印本,第4030页。

⑧ (唐)房玄龄等撰《晋书》卷六七,中华书局1974年版,第1795页。

⑨ (明)李时珍著《本草纲目》兽部卷五一《犀》,人民卫生出版社1981年版,第四册,第2829页。

去，怪而视之，其头中有犀簪近此角也。”[1]古人甚至用犀角骇鸡，用犀角分水。《太平御览》引《抱扑子》云：“通天犀角有白理如綖者，以盛米置群鸡，欲啄米，至辄惊却，故南人名为骇鸡也。得直角一尺以上，刻以为鱼，而衔以入水，水常为开。”[2]犀角既有如此之神力，故亦具有驱狐的魔力。

二十八 鸮鸺捉鸟巫术

《淮南万毕术》云：“鸮鸺致鸟。取鸮鸺，折其大羽，绊其两足，以为媒，张罗其旁，鸟自聚矣。”[3]“鸮鸺”即小猫头鹰，食小鸟，鸟惧之，故捉之张罗其旁，鸟摄其威而聚之不敢飞也。《本草纲目》称为鸱鸺，李时珍云：“鸱鸺大如鸱鹰，黄黑斑色，头目如猫，有毛角两耳。昼伏夜出，鸣则雌雄相唤，其声如老人，初若呼，后若笑，所至多不祥。”[4]

35. 鸱鸺

二十九 守宫巫术

《淮南万毕术》云：“守宫涂脐，妇人无子。取守宫一枚，置瓮中，及蛇衣以新布密裹之，悬于阴处百日，治守宫、蛇衣分等，以唾和之，涂妇人脐，磨令温，即无子矣。”[5]守宫象征虎，蛇衣象征龙，龙虎斗，两败俱伤，巫术以两者涂妇人脐即象征无子。

《淮南万毕术》云：“取七月七日守宫，阴干之，治合以井花水，和涂女人身，有文章，则以丹涂之，不去者，不淫，去者，有奸。”[6]又一法：“守宫饰女臂，有文章。取守宫新合阴阳已牝牡各一，藏之瓮中，阴干百日，以饰女臂，则生文章，与男子合阴阳，辄灭去。”[7]守宫即壁虎，因为它经常守伏在宫室屋壁内，捕食虫蛾，故名守宫。于是汉代巫师便推断它具有守伏屋内以知奸情之魔力，用它来查验女子是否有奸情，因而具有交感巫术作用。

《本草纲目·井华水》：“和朱砂服，令人好颜色，镇心安神。……却邪调中，下热气，并宜饮之。”[8]

---

① (宋)李昉等编《太平御览》卷八九〇《兽部二·犀》，中华书局1960年影印本，第3954页。

② (宋)李昉等撰《太平御览》卷八九〇《兽部二·犀》，中华书局1960年影印本，第3953页。

③ (宋)李昉等撰《太平御览》卷九二七《羽族部十四·异鸟》引，中华书局1960年影印本，第4122页。

④ (明)李时珍著《本草纲目》禽部卷四九，人民卫生出版社版1981年版，第四册，第2676页。

⑤⑥⑦ (宋)李昉等撰《太平御览》卷九四六《守宫》，中华书局1960年影印本，第4200页

⑧ (明)李时珍著《本草纲目》水部卷五，人民卫生出版社版1975年版，第一册，第398—399页。

三十 践棘巫术

36. 棘

《淮南万毕术》云:"云母入地,千岁不朽;云母在足,无践棘。注曰:取大云母涂足,下践棘,不能刺。"①

37. 云母

云母是一种玉,古人认为它来自天上,《春秋运斗枢》云"枢星散为云母"②,故认为它是一种仙药。《太平御览》引《唐书》说"杜伏威性好左道,因合金丹求长生之术,常服云母散"③。云母既是仙药,故巫师认为涂于足,足成仙足,便可以践荆棘而不刺足矣。《本草纲目》金石部卷八言云母"下气坚肌,续绝补中,疗五劳七伤,……久服悦泽不老,耐寒暑,志高神仙"④。

三十一 日行千里巫术

38. 鹳

《淮南万毕术》云:"天雄鹳胎,日行千里。取鹳鸟胎,于月中暴,一日一增天雄,一月用三十天雄,而并治为丸,大如梧子,欲行,吞一丸,得腾蛇胆和大良,去天雄,乃独膳,即行千里。"⑤由于鹳鸟与腾蛇都有日行千里的本领,故和以为丸吞之,便具有了日行千里的交感魔力。天雄为药名,《淮南子·缪称训》云:"天雄、乌喙,药之凶毒也,良医以活人。"⑥梧子,即梧桐子。

三十二 金钱防盗巫术

《淮南万毕术》云:"伯劳守金,人不敢取。取伯劳血以涂金,人不敢取。"⑦别本

---

①③ (宋)李昉等撰《太平御览》卷八〇八《珍宝部七·云母》,中华书局1960年影印本,第3593页。

② (宋)李昉等撰《太平御览》卷八〇八《珍宝部七·云母》,中华书局1960年影印本,第3592页。

④ (明)李时珍著《本草纲目》金石部卷八《云母》,人民卫生出版社版1975年版,第一册,第509页。

⑤ (宋)李昉等撰《太平御览》卷九二五《羽族部·鹳雀》,中华书局1960年影印本,第4111页。

⑥ (汉)刘安撰,(汉)高诱注,(清)庄逵吉校《淮南子》卷一〇,上海古籍出版社影印《二十二子》本,第1249页。

⑦ (宋)李昉等撰《太平御览》卷九二三《羽族部十·伯劳》,中华书局1960年影印本,第4098页。

《淮南万毕术》:“取伯劳血涂金,令人不取,化为石也。”[①]伯劳,鸟名,这种鸟在古代一贯见恶于人。《楚辞·离骚》云:“恐鹈鴂之先鸣兮,使夫百草为之不芳。”洪兴祖补注云:“服虔曰:鶗(鹈)鴂一名鵙,伯劳也。”可见先秦时期就有伯劳鸣而使百草不香的传闻,伯劳为人所厌恶。

古人做梦,梦见伯劳,便认为有忧愁之事来临。《太平御览》卷九二三《伯劳》引《梦书》云:“伯劳为忧口舌,声可恶也,梦见伯劳忧口舌也。”[②]伯劳如果聚集于村邑,古人便认为不得了,要发大水了,《太平御览》卷九二三《伯劳》引《京房易·妖占》云:“伯劳聚邑,中岁大水。”[③]

更有甚者,古人认为伯劳至家则会死人。《太平御览》卷九二三引《陈思王植贪恶鸟论》云:“昔尹吉甫信后妻之谗而杀孝子伯奇,其弟伯封求而不得,作《黍离》之诗。俗传云吉甫后悟,追伤伯奇,出游于田,见异鸟鸣于桑,其声噭然。吉甫心动,曰:‘无乃伯奇乎?’鸟乃拊翼,其声尤切。吉甫曰:‘果吾子也。’乃顾曰:‘伯奇劳乎!是吾子,栖吾舆;非吾子,飞勿居。’言未卒,鸟寻声而栖其盖。归入门,集于井干之上,向室而号。吉甫命后妻载弩射之,遂射杀后妻以谢之。故俗恶伯劳鸣,言所鸣之家,必有尸也。”[④]伯劳既为凶兆之鸟,人遇之而见尸之虞,故用其血涂金,小偷便不敢偷窃,以免惹祸上身。伯劳血在汉代民俗心理上具有金钱防盗的魔力。

39. 伯劳

三十三　青蚨还钱巫术

《淮南万毕术》云:“青蚨还钱。青蚨一名鱼或曰蒲,以其子母各等置瓮中,埋东行阴垣下,三日后开之,即相从,以母血涂八十一钱,亦以子血涂八十一钱,以其钱更互市。置子用母,置母用子,钱皆自还。”[⑤]表面上看此为巫师设计的用钱买物后钱又自动飞回的交感巫术,但古人如何理解“钱”?汉代许慎撰《说文解字》说:“趺,青蚨,水虫,可还钱。”[⑥]青蚨母子因极有互相感知作用而著称。

---

① (宋)李昉等撰《太平御览》卷七三六《方术部十七·术》,中华书局 1960 年影印本,第 3266 页。

②③④ (宋)李昉等撰《太平御览》卷九二三《羽族部十·伯劳》,中华书局 1960 年影印本,第 4098 页。

⑤ (宋)李昉等撰《太平御览》卷九五〇《虫豸部七·青蚨》,中华书局 1960 年影印本,第 4216 页。

⑥ (汉)许慎撰,(汉)徐铉校定《说文解字》卷一三上,中华书局 1963 年影印本,第 282 页上。

晋干宝《搜神记》卷一三云:“南方有虫,名蠍蝺,一名蜘蠋,又名青蚨。形似蝉而稍大。味辛美,可食。生子必依草叶,大如蚕子。取其子,母即飞来,不以远近。虽潜取其子,母必知处。以母血涂钱八十一文,以子血涂钱八十一文,每市物,或先用母钱,或先用子钱,皆复飞归,轮转无已。故《淮南子术》以之还钱,名曰‘青蚨’。”①青蚨母子互相感知的魔力能使钱“轮转无已”而自动飞回。此巫术在古代颇有影响,宋李昉等撰《太平广记》引佚书《穷神秘苑》云:“青蚨似蝉而状稍大。其味辛,可食。每生子,必依草叶,大如蚕子。人将子归,其母亦飞来,不以近远,其母必知处。然后各致小钱于巾,埋东行阴墙下,三日开之,即以母血涂之如前。每市物,先用子,即子归母。用母者,即母归子。如此轮还,不知休息。若买金银珍宝,即钱不还。”②

40. 青蚨

《本草纲目》虫部卷四〇《青蚨》引《淮南万毕术》及高诱注,又引汉代杨孚撰《异物志》称:“蠍蝺生南海诸山。雄雌常处,不相舍。青金色。人采得以法末之,用涂钱,以货易于人,昼用夜归。”③又引佚书《岣嵝神书》云:“青蚨一名蒲虻,似小蝉,大如虻,青色有光。生于池泽,多集蒲叶上。春生子于蒲上,八八为行,或九九为行,如大蚕子而圆。取其母血及火炙子血涂钱,市物仍自还归,用之无穷,诚仙术也。”④

三十四　桃枝埋石驱鬼巫术

《淮南万毕术》云:“埋石四隅,家无鬼。取苍石四枚,及桃枝七枚,以桃弧射之,乃取,并埋弓矢四隅,故无鬼殃。”⑤别本《淮南万毕术》云:“岁暮腊,埋圆石于宅隅,杂以桃弧七枚,则无鬼疫。”⑥《术》曰:“东方种桃九根,宜子孙,除凶祸。胡桃、奈桃种亦同。”⑦

此外,桃枝巫术是与其药用、养生价值联系在一起的。一是桃枝煎汤沐浴,

① (晋)干宝撰,汪绍楹校注《搜神记》卷一三《青蚨》,中华书局 1979 年版,第 164 页。

② (宋)李昉等撰,汪绍楹点校《太平广记》卷四七七《昆虫四·青蚨》,中华书局 1961 年影印本,第 3927 页。

③④ (明)李时珍著《本草纲目》虫部卷四〇,人民卫生出版社 1981 年版,第四册,第 2263 页。

⑤ (宋)李昉等撰《太平御览》卷五一《地部十六·石上》,中华书局 1960 年影印本,第 250 页。

⑥ (宋)李昉等撰《太平御览》卷三三《时序部十八·腊》,中华书局 1960 年影印本,第 158 页。

⑦ (北朝)贾思勰著,缪启愉、缪桂龙译注《齐民要术译注》卷四,上海古籍出版社 2013 年版,第 231 页。

可治天行疫疠。《本草纲目》果部卷二九《桃》引《类要》云："常以东行桃枝煎熬汤浴之，佳。"①二是桃枝做枕头，可治疗心虚健忘。《本草纲目》果部卷二九《桃》引《圣惠》云："令耳目聪明。用戊子日，取东引桃枝二七寸枕之。"②三是佩桃枝木人，可治疗心虚健忘。《本草纲目》果部卷二九《桃》引《千金方》云："五月五日日未出时，取东引桃枝刻作三寸木人，着衣领带中佩之。"③四是桃枝煎酒，可治心痛。《本草纲目》果部卷二九《桃》引《肘后方》云："东引桃枝一把切，以酒一升，煎半升，顿服大效。"④五是桃枝煎汤，可养生。《本草纲目》果部卷二九《桃》引《崔氏》云："东引桃枝一握，去粗皮切，水二升，煎半升，顿服。"⑤

41. 桃

42. 磁石

三十五　磁石巫术

《淮南万毕术》云："磁石悬入井，亡人自归。取亡人衣带裹磁石，悬井中，亡人自归。"⑥古人以为用亡人衣带裹着磁石，对亡人有交感魔力。

三十六　鸡巫术

《淮南万毕术》云："孤桃之象，令鸡夜鸣。取孤桃，南北行，枝长三尺，折以为象，涂以三岁雄(鸡)血，夜居栖下(则鸣)。"⑦桃枝有驱鬼魔力。《典术》云："桃者五木之

---

①② (明)李时珍著《本草纲目》果部卷二九，人民卫生出版社 1978 年版，第三册，第 1749 页。

③ (明)李时珍著《本草纲目》果部卷二九，人民卫生出版社 1978 年版，第三册，第 1749—1750 页。

④⑤ (明)李时珍著《本草纲目》果部卷二九，人民卫生出版社 1978 年版，第三册，第 1750 页。

⑥ (宋)李昉等撰《太平御览》卷九八八《药部五・磁石》，中华书局 1960 年影印本，第 4372 页。

⑦ (宋)李昉等撰《太平御览》卷九一八《羽族部五・鸡》，中华书局 1960 年影印本，第 4072 页。

43. 鸡

精也，故厌伏邪气者也。桃之精生在鬼门，制百鬼，故今之作桃人梗着门，以厌邪，此仙木也。"[①]桃木者即为驱鬼的仙木，桃枝上涂雄鸡血即对鸡产生交感魔力，促其提早啼鸣，百鬼闻鸡鸣，以为天将亮，便及早逃归。此巫术演化为汉代趋吉避邪风俗。

《淮南万毕术》又云："磁石拒棋。取鸡血与作针，磨铁捣之，以和磁石，日涂棋头曝干之，置局上，即相拒不休。"[②]此为下棋使用的制胜巫术。

《本草纲目》禽部卷四八载，丹雄鸡肉，"通神，杀恶毒，辟不祥"。又能"辟禳瘟疫"，引《肘后方》曰："冬至日取赤雄鸡作腊，至立春日煮食至尽，勿分他人。"[③]李时珍引陶弘景《真诰》云："学道山中，宜养白鸡、白犬，可以辟邪。今术家祈禳皆用白鸡，其原本此。是乃异端一说耳，鸡亦何神何妖灾？"[④]

三十七　蛤蟆变鹑巫术

《淮南万毕术》云："虾蟆得瓜，平时为鹑。注云：取瓜去瓣，置生蛤蟆其中，杀鹑，以血涂瓜，坚塞之，埋东垣北角，深三尺，其平日发出之矣，为鹑矣。"[⑤]《庄子》中有"田鼠化为鴽"的记载，均运用交感巫术与模仿巫术结合的原理。

《本草纲目》禽部卷四八云，鹑为药膳："补五脏，益中续气，实筋骨，耐寒暑，消结热。和小豆、生姜煮食，止泄痢。"[⑥]《本草纲目》虫部卷四二又云，蛤蟆为良药，也为药膳，主治："邪气，破症坚血，痈肿阴疮。服之不患热病。本经主辟百邪鬼魅，涂臃肿及热结肿。药性治热狂，贴恶疮，解烦热，治犬咬。日华"[⑦]汉代巫医的创造成为后世医术发展的最好资源。

---

① (宋)李昉等撰《太平御览》卷九六七《果部四・桃》，中华书局1960年影印本，第4289页。

② (宋)李昉等撰《太平御览》卷九八八《药部五・磁石》，中华书局1960年影印本，第4372页。

③ (明)李时珍著《本草纲目》禽部卷四八《鸡》，人民卫生出版社1981年版，第四册，第2584—2585页。

④ (明)李时珍著《本草纲目》禽部卷四八《鸡》，人民卫生出版社1981年版，第四册，第2585页。

⑤ (宋)李昉等撰《太平御览》卷九二四《羽族部十一・鹑》，中华书局1960年影印本，第4106页。

⑥ (明)李时珍著《本草纲目》禽部卷四八《鹑》，人民卫生出版社版1981年版，第四册，第2622页。

⑦ (明)李时珍著《本草纲目》虫部卷四二《蛤蟆》，人民卫生出版社版1981年版，第四册，第2341页。

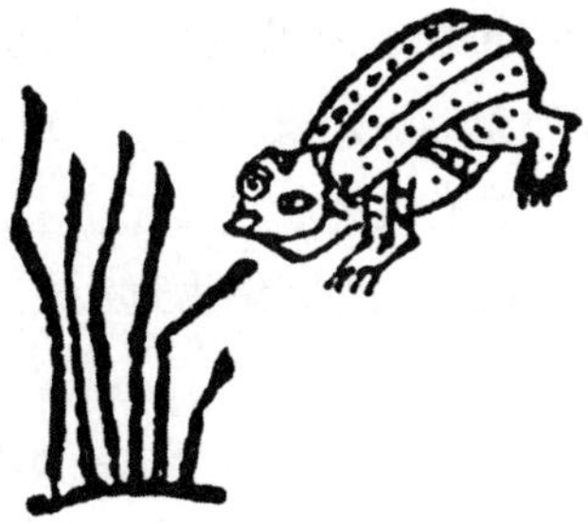

44. 蛤蟆

45. 鹑

三十八　妇人恋家巫术

《淮南万毕术》云："理发灶前，妇安夫家。"[①]古俗妇主炊，故因灶恋家。《淮南万毕术》又云："赤布在户，妇人留连。取妇人月事布，七月七日烧为灰，置楣上，即不复去。勿令妇人知。取苓皮置罂中，自沸如雨也。"[②]此巫术也是根据交感巫术原理设计而成。月事布上有血，最使妇人留意，故赤布在户，不便做事而必留室内，烧成灰而具有不复外出之巫术力。此条在魏晋时被采入《博物志》，参见本书《魏晋时代巫术》。这也是七月七日节令的传统风俗衍化。《本草纲目》人部卷五二《月经衣》指出妇人月水是一味中药，月事布又称月经衣："〔主治〕金疮血涌出，炙热熨之。又主虎狼伤及箭镞入腹。"[③]

三十九　勿忘故乡巫术

《淮南万毕术》云："灶之土，不思故乡。取灶前三寸，方半寸，取中土，持之远出，令人不思故乡。"[④]灶不可动，象征安稳。三国吴裴玄《新言》："俗间有土公之神，云土不可动。"[⑤]《淮南万毕术》又云："灶神晦日归天，白人罪。"[⑥]灶土不可动是因为古人认为土是食之本，五谷万物都是土中生长，故周申不言撰《申子》载："四海之内，六合之间，曰奚贵？曰贵土，土，食之本也。"[⑦]古代人带故乡的一撮灶土远行，心中便有一种安稳与踏实的感受，巫师遂将这种感受视为魔力的表现。

---

① (唐)欧阳询撰，汪绍楹校《艺文类聚》卷一七《人部一·发》，上海古籍出版社 1982 年版，第 319 页。

② (宋)李昉等撰《太平御览》卷七三六《方术部十七·术》，中华书局 1960 年影印本，第 3265 页。

③ (明)李时珍著《本草纲目》人部卷五二，人民卫生出版社 1981 年版，第四册，第 2953 页。

④⑤ (宋)李昉等撰《太平御览》卷三七《方术部十八·土》，中华书局 1960 年影印本，第 177 页。

⑥ (宋)李昉等撰《太平御览》卷一八六《居处部·灶》，中华书局 1960 年影印本，第 903 页。

⑦ (宋)李昉等撰《太平御览》卷三七《地部二·土》，中华书局 1960 年影印本，第 177 页。

前文中持土远行"令人不思故乡",是指心中安稳不再为思故乡而发愁之意,实际是勿忘故乡的表现。《淮南万毕术》云:"理发灶前,妇安夫家。"[①]灶是安稳的象征,也是食之本,有灶,女人才能安稳过日子,故有此术。

以上两种巫术,都是根据安稳感应原理而发。后世衍化为远行之人带一袋故乡的泥土象征思念故土的风俗。

此外,《本草纲目》中有一味药"百草霜",又名"灶突墨"、"灶额墨",李时珍曰:"此乃灶额及烟炉中墨烟也。其质轻细,故谓之霜。"[②]灶在古人生活中具有重要意义,反映在巫术及相关风俗、医药文化中。

46. 铜矿

四十　铜瓮雷鸣巫术

《淮南万毕术》云:"铜瓮雷鸣。取沸汤置瓮中,沉之井里,则鸣数十里。"[③]别本《淮南万毕术》云:"铜瓮雷鸣。取沸汤著铜瓮中,坚密塞内之井中,则雷鸣闻数十里。"[④]

《本草纲目》金石部卷八《诸铜器》云其主治:"霍乱转筋,肾堂及脐下疰痛,并炙器隔衣熨其脐腹肾堂。大明古铜器畜之,辟邪祟。"[⑤]铜瓮雷鸣可用以辟邪。

四十一　蒲席巫术

47. 石菖蒲

此巫术导源于蒲艾植物崇拜。蒲月就是农历五月,蒲艾为端午节时百姓挂门辟邪之物。蒲草具有交感巫术魔力,浸于酒就变为养生酒。《淮南万毕术》云:"酒薄复厚,渍以莞蒲。断蒲渍酒中,有顷出之,即酒厚也。"[⑥]又见《齐民要术》卷七引。《初学记》卷二六《酒第十一》:"万毕术注曰:断蒲渍酒中即厚。"[⑦]

《本草纲目》服器部卷三八《蒲席》云:"败蒲席……主筋溢恶疮。别录单用破血。从高坠下,损瘀在腹刺痛,取久卧

① (宋)李昉等撰《太平御览》卷三七三《人事部·发》,中华书局1960年影印本,第1721页。

② (明)李时珍著《本草纲目》土部卷七,人民卫生出版社1975年版,第一册,第448页。

③ (宋)李昉等撰《太平御览》卷七三六《方术部十七·术》,中华书局1960年影印本,第3265页。

④ (宋)李昉等撰《太平御览》卷七五八《器物部三·瓮》,中华书局1960年影印本,第3364页。

⑤ (明)李时珍著《本草纲目》金石部卷八,人民卫生出版社1975年版,第一册,第486页。

⑥ (宋)李昉等撰《太平御览》卷九九九《百卉部·蒲》,中华书局1960年影印本,第4421页。

⑦ (唐)徐坚等撰《初学记》卷二六,中华书局1962年版,第三册,第634页。

者烧灰，酒服二钱，……血当下。”①

综观之，《淮南万毕术》记载的巫术涉及较广。首先是生产风俗，涉及驯羊、灭鼠、捕鸟、驱虎、驱狐、驯马、造云、拉弓、取火、冶矿等方面。其次是生育婚丧风俗，涉及恋爱、恋家、长寿、行尸、查奸、避孕、长发、勿忘故乡、勿忘亲娘、驱鬼等方面。再次是行旅与饮食风俗，涉及水上行走、践棘、渡江、日行千里、蛤蟆变鹌鹑、去咸、渍酒、青蚨还钱等方面。

48. 汉画像灵蟾捣药〔《常任侠艺术考古论文选集》，图 2〕

以上四十一例大致概括了《淮南万毕术》巫术的总体面貌，可见其是汉代一部集中体现养生巫术的民间文化著作。

第三节　《淮南万毕术》巫术试验残条钩沉

《淮南万毕术》从多方面表现了西汉巫师所进行过的巫术试验，为研究中国古代巫术提供了极有价值的资料。下面便列举从各古籍中钩稽的《淮南万毕术》中的巫术试验条目（同一条见于他处，文字或有小异，暂不出校）：

1. 青垩（泥）杀鳖，得苋复生。（《艺文类聚》卷九六、《太平御览》卷九三二）
2. 欲致疾风，焚鸡羽。（《太平御览》卷九）
3. 虎啸则谷风生。（《太平御览》卷八九一、吴淑《事类赋》）
4. 烧穰杀瓠，物自然也。（《齐民要术》卷二）
5. 岑皮致水。（《太平御览》卷九九二）
6. 麦门冬、赤黍、薏苡为丸，令妇人不妒。（《太平御览》卷七三六、八四二）

① （明）李时珍著《本草纲目》服器部卷三八，人民卫生出版社 1981 年版，第四册，第 2203 页。

7. 鹊令猬反腹者，猬憎其意而心恶之也。（《史记》卷一二八《龟策列传》裴骃《集解》）

8. 千岁羊肝，化为地宰；蟾蜍得苽，卒时为鹑。（《法苑珠林》卷一一、《搜神记》卷一二）

9. 拔剑倚户，儿不夜惊。（《太平御览》卷三四四、卷七三六）

10. 黑犬皮毛烧灰扬之，止天风。（《本草纲目》兽部卷五〇《狗》）

11. 乌喙、蛇肝，病病作不苦。取乌喙、蛇肝各等治，和丸，如梧桐实，病欲作，吞一丸，人不倦矣。（《太平御览》卷九三三）

12. 南山牡荆，指病自愈，节不相当，有月晕时克之。（《太平御览》卷九五九）

13. 曾青为药，令人不老。（《太平御览》卷九八八）

14. 伯劳使蛇蜿蝉。乃天使然也。（《太平御览》卷九二三）

15. 朱沙为澒。（《太平御览》卷九八八）

16. 归终知来，狌狌知往。归终，神兽。（《艺文类聚》卷九五）归终知来，猩猩知往。注曰："归终、猩猩，并神兽。"（《太平御览》卷九〇八）

17. 寒皋断舌可使语。取寒皋，断其舌，即语。寒皋，一名鸜鹆。（《太平御览》卷九二三）按《异苑》云："五月五日剪鸜鹆舌，教令学人语。"①

18. 鸱脑令鸡自伏。取鸱脑，以涂鸡，自即伏不能起也。（《太平御览》卷九二三）

19. 蛇无故斗于君室，后必争立。小死，小不胜；大死，大不胜；小大皆死，皆不立也。（《开元占经》卷一二〇）

20. 胶挠水则清。（《太平御览》卷七三六）

21. 烧鼋致鳖。取鼋夜烧之，则鳖至也。（《艺文类聚》卷九六、《太平御览》卷九三二）

22. 甑瓦止枭鸣。取破甑瓦，向抵之，辄自止，物相胜其性耳。（《太平御览》卷九二七）

23. 艾火令鸡子飞。取鸡子，去其汁，燃艾火，内空卵中，疾风因举之飞。（《太平御览》卷九二八）取鸡子去汁，然艾火，内空中，疾风高举，自飞去。（《太平御览》卷七三六）

24. 橐驼之本出泉渠。（《初学记》卷二九《驼第七》）

25. 牛胆涂目，莫知其谁。注曰：取八岁黄牛胆，桂二寸，着胆中，百日以成，因使巧工刻象人，丈夫着目下，为女子着头上，为小儿着颐下，盛以五彩囊，先宿斋，无令人知也。（《太平御览》卷八九九）

---

① （南朝宋）刘敬叔撰，范宁校点《异苑》卷三，中华书局1996年版，第15页。

26. 苓皮螟脂，鱼鳖自聚。注曰：取苓皮之渍水斗半，烧石如炭状，以淬螟脂中，已置苓皮水中，七日已，置沼，则鱼鳖自聚矣。（《太平御览》卷九四七）

27. 蜘蛛涂布，而雨自晞。取蜘蛛置瓮中，食以膏百日，煞以涂布，而雨不能濡也。（《太平御览》卷九四八）

28. 黍成蛴螬。以秋冬获黍，置沟中，即生蛴螬也。（《太平御览》卷九四八）

29. 沙虱，一名蓬活，一名地脾。（《太平御览》卷九五〇）

30. 夜烧雄黄，水虫成列。水虫闻烧雄黄臭气，皆趣火。（《太平御览》卷九八八）

31. 莽草浮鱼。取莽草叶，并陈粟米，合捣之，以内水，鱼皆死。（《太平御览》卷九九三）

32. 以牡菊灰散池中，蛙尽死。（《太平御览》卷九九六）

33. 老血变为萍。聚血之精，至黄泉。（《初学记》卷二七《萍第十五》、《太平御览》卷一〇〇〇）

34. 牛胆鸣。取牛胆以涂热釜，即自鸣矣。（《太平御览》卷七五七）取牛胆，涂热釜，即鸣矣。（《太平御览》卷八九九）牛胆涂热釜，釜即鸣。（《本草纲目》兽部卷五〇《牛胆》）

35. 马柳生腐芽者。取马柳生芽，可以为药，食煞凫矣。（《太平御览》卷三五九）

36. 阿羊九头更食，国乱乃出。（《太平御览》卷九〇二）

37. 乾睪一名鹦鹉，断舌，可使言语。（《艺文类聚》卷九一《鹦鹉》）

38. 鵁胫血，涂鸡头，不能起。（《太平御览》卷七三六）

39. 马蹄破罂。取马蹄烧如炭，置罂中，有顷，破矣。（《太平御览》卷七五八）

40. 盐能累卵。取戎盐涂卵，取他卵置其上，即累也。"（《太平御览》卷八六五）

41. 回风之草见八方。取回风草三寸三枚，五寸五枚，以城西面土，三家不汲井中青泥，南鸡欲上栖不上者，并治合为丸，磨其面目，出户，视八方矣。（《太平御览》卷九九四）

42. 鼋暗（脂）得火，可以燃铁。取鼋杀之，烧铁如炭状，以卒其脂中，铁自燃。（《太平御览》卷九三二）

43. 从冬至日数至来年正月朔日，五十日者，民食足；不满五十日者，日减一斗；有余日，日益一斗。（《齐民要术》卷一《收种第二》）

由上可见，《淮南万毕术》中保存了许多汉代民间的巫术。

一、从其施术物品来看，涉及的多是民间习见的东西。有动物（虎、豹、狼、牛、马、羊、犬、猪、蛇、刺猬、猩猩、骆驼等）；有禽鸟（鸜鹆、乌鸦、鸱、鸡、鹊、鹦鹉、伯劳等）；有植物（榆橘、紫苋、赤黍、门冬、牡荆、艾、莽草、莞蒲、马柳、萍、牡菊、穰等）；有昆虫（萤、蜘蛛、蛴螬、水虫等）；有矿物（铜、铁、雄黄等）；有水族（鱼、鼋、鳖、蛙等）。巫师就地取材，用民间常见物施术，更能赢得人们的笃信。由于施术物品的增多，巫术内容也更为丰富。

二、由于《淮南万毕术》解决的大多是生活问题，显然它是民间巫术试验的产物。例如，牛胆涂目、用桂木二寸刻人像，是模仿巫术的产品；召疾风，用焚鸡毛的巫法，又显然是借羽毛与风的交感魔术力。但是，在《淮南万毕术》中，有些条目并非直接巫术的产品，而杂夹有间接巫术的成分。第一，有些纯粹是生活经验的总结，例如麻子羹加盐喂猪增肥，这显然是养猪的经验，所以它被采入了《齐民要术》之中。再例如，牛胆有明目的作用，乃古巫医治疗经验，也被采入了李时珍的《本草纲目》中。第二，有些完全是预言。例如“蛇无故斗于君室，后必争立”，它并未介绍巫术的本身，而只是介绍了巫师的答案。

三、《淮南万毕术》中的巫术试验，可以说并未受到佛教与道教的影响，因为在西汉，道教还未创立，佛教也未传入，这充分说明了《淮南万毕术》中巫术的古老。但是，它受到了秦汉之间方士的影响，故有求长寿巫术的表现。这样，它的宗教性并不明显(主要指佛道，并非指原始宗教)，受宗教唯心因素影响小，因此它所表现的巫术试验，常徘徊于科学与谬误之间，不能说《淮南万毕术》中的巫术完全是荒谬唯心的产物，它也有科学的成分，这种科学成分被《齐民要术》、《本草纲目》等书吸收，表明了巫文化在当时也有某些进步的因素，不能一概加以否定。

四、《淮南万毕术》中的巫术试验，与当时的经济文化背景有密切的关系。冶炼矿产品——铁和铜的生产经验，导致巫术铁文化、巫术铜文化的产生。汉代制酒业的发展，就导致巫术酒文化的产生。盐业的开发，又导致了膳食讲究合适的咸味，或用盐养猪催肥。农业的牛耕工具的发展，而导致有巫术牛文化的产生。在汉代，马作为战争、运输、代步工具具有非凡的重要作用，由此而产生了马巫术文化。汉代人民生活中出现了什么新事物，几乎全反映在《淮南万毕术》中了。值得指出的是，汉画像砖石，一定程度上成了形象的富于巫术背景的画册。

第十四章　汉代改火巫术

第一节　改火巫术的产生及历史演变

在原始人类心目中，火是神圣的，故曰圣火；万物有灵，圣火自然是有灵的。钻木取火，由于木质不同而变换颜色，遂成就改火巫术，人们向其膜拜，用其禳灾、去毒；后来结合《周易》占卜吉凶，促使社会文明发展，开创饮食文化、厌胜预防火灾文化。

钻木取火是燧人氏发明的，开创人类首次支配自然力的壮举，点燃华夏文明之火。周韩非撰《韩非子》卷一九《五蠹》："上古之世，人民少而禽兽众，人民不胜禽兽虫蛇。……民食果蓏蜯蛤，腥臊恶臭而伤害腹胃，民多疾病。有圣人作，钻燧取火以化腥臊，而民说之，使王天下，号之曰燧人氏。"①

燧人氏发明火种而使华夏文明得到发展的功绩被载入史册，其"圣人"特质被反复强调。

1. 燧人氏钻木取火塑像（陕西黄陵县黄帝陵）〔王慧《黄帝　黄帝陵》，作家出版社 2008 年版，第 40 页。〕

一、《太平御览》卷八六九引《王子年拾遗记》云："申弥国去都万里，有燧明国，不识四时昼夜。其人不死，厌世则升天。国有火树，名燧木，屈盘万识，云雾出于中间。折枝相钻，则火出矣。后世圣人，变腥臊之味，游日月之外，以食救万物，乃至南垂。目此树表有鸟若鸮，以口啄树，粲然火出。圣人成焉，因取小枝以钻火，号燧人氏。在庖羲之

① （周）韩非撰《韩非子》卷一九，上海古籍出版社 1986 年影印《二十二子》本，第 1183 页。

前，则火食起乎兹矣。”[1]

二、《太平御览》卷七八引《礼含文嘉》：“燧人始钻木取火，炮生为熟，令人无腹疾，有异于禽兽，遂天之意，故为燧人。”[2]

三、《初学记》卷二五引三国蜀谯周《古史考》：“古者茹毛饮血，燧人初作燧火，人始燔炙。”[3]

由此可以推论出，一是信仰“遂天”，俱有崇拜天神，并祭祀膜拜的行为；二是思维信仰“升天”、“游日月之外”，具有朴素的遐想特征；三是“变腥臊之味”为熟食，成就人类生存之道。燧人氏因在燧明国大树下见鸟啄树而“粲然火出”，受启发而发明钻木取火，之后又发现四季木料取用应不同，改火巫术遂生。

钻木取火所取木料，四季轮用，第二年复始，称为“改火”。取火过程也是改火过程。《论语·阳货》云：“钻燧改火。”改火过程的确立，标志着古人智慧的飞跃。

首先，必须先观察星辰，然后下察五木。《太平御览》卷八六九引《尸子》：“燧人上观辰星，下察五木，以为火也。”[4]这是先星辰崇拜，膜拜上天进行巫术祭祀，然后成就燧人氏“上观辰星，下察五木”之能力，从而使他能厌胜火种，沟通天上的神和地上的人，进行信息传递。燧人氏具有朴素科学思维萌芽时期巫师的特征。

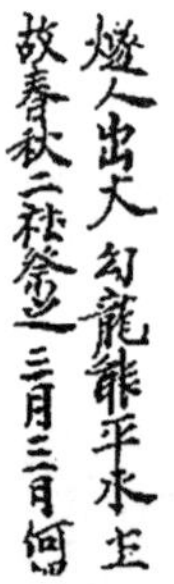

2. S. 5755/5《杂抄》(又名《珠玉抄》、《益智文》、《随身宝》)

其次，必须根据季节与树木不同而变换改火巫术，也是先树木崇拜而祭祀神灵，然后进行规模不断扩大的祭祀巫术仪式来改变火种。《艺文类聚》卷八七引《九州论》云：“魏郡好杏。燧人夏取枣杏之火。”[5]又《艺文类聚》卷八八引《淮南子》：“燧人秋取槐檀之火。”[6]原始先民的科学思维萌芽在巫术实践中发展。因季节不同而改用不同木材来钻木取火，正是燧人氏设计的改火巫术。而每改一次火，就需要举行庞大的祭祀巫术仪式来厌胜求吉，燧人氏也成为沟通天神与人间的圣人。到中世纪，敦煌唐人仍然在春秋两季祭祀燧人氏。S. 5755/5《杂抄》：“燧人出火，勾龙能平水土，故春秋二社祭之……”[7]

---

① (宋)李昉等撰《太平御览》卷八六九《火部二·火下》，中华书局1960年影印本，第3851页。

② (宋)李昉等撰《太平御览》卷七八《皇王部三·燧人氏》，中华书局1960年影印本，第363页。

③ (唐)徐坚等撰《初学记》卷二五《火第十六》，中华书局1962年版，第三册，第619页。

④ (宋)李昉等撰《太平御览》卷八六九《火部二·火下》，中华书局1960年影印本，第3853页。

⑤ (唐)欧阳询撰，汪绍楹校《艺文类聚》卷八七《杏》，上海古籍出版社1982年版，第1487页。

⑥ (唐)欧阳询撰，汪绍楹校《艺文类聚》卷八八《槐》，上海古籍出版社1982年版，第1517页。

⑦ 中国社会科学院历史研究所等合编《英藏敦煌文献》第九卷，四川人民出版社1994年版，第123页。

改火巫术一代一代往下传。商代改火巫术有了新内容，钻火时必先“祭爟”。爟是点燃的火炬，又称“爟火”，古人以为它有神性，故点火时要祭祀燃烧的火炬。秦吕不韦《吕氏春秋·本味》云：“汤得伊尹，祓之于庙，爝以爟火。”①商汤得到伊尹这位重要的辅佐臣，感到兴国有望，便来点燃火种，只见他束草为火炬（火爝），在庙里进行祭祀巫术，祓除不祥。可见祭祀巫术改火实则首先为辟邪。周代改火又有变化，对火种有严格管理制度，推其根本原因，是建立在改火巫术基础上。《周礼·夏官·司爟》：“司爟掌行火之政令，四时变国火，以救时疾。季春出火，民咸从之。季秋内火，民亦如之。时则施火令。凡祭祀，则祭爟。凡国失火，野焚莱，则有刑罚焉。”②祭爟，按方苞《周官集注》曰：“祭先代出火者。”即祭祀发明火的燧人氏。

3. 周代阳遂取火器（双面镜凹面聚日光取明火，此图面为双龙凸面，厌胜）

由于周民视火为神物，设司爟来专门管理火种，他四时不断祭祀，变换木头来取火，以造成一种国火的火种，然后传给民众烧食取暖之用。可见周代由于改火巫术的关系，司爟一年“四时”给民众火种，重点是春与秋出火，民咸从之。周代明火的火种，即以阳遂取自太阳之明火。《周礼·秋官·司烜氏》：“司烜氏掌以夫遂取明火于日，以鉴取明水于月，以共祭祀之明齍、明烛，共明水。”郑玄注云：“夫遂，阳遂也。”③用明水当是为淘洗祭祀巫术用的谷物。

清顾炎武撰《日知录》卷五《用火》分析周代改火巫术云：

> 有明火，有国火。明火以阳燧取之于日，司烜氏。近于天也，故卜与祭用之。華氏、大祝、大司寇。国火取之五行之木，司爟。近于人也，故烹饪用之。
>
> 古人用火，必取之于木，而复有四时五行之变。《素问》，黄帝言：“壮火散气，少火生气。”季春出火，贵其新者，少火之义也。今人一切取之于石，其性猛烈而不宜人，疾疢之多，年寿之减，有自来矣。详见第二十五卷

---

① （秦）吕不韦撰，（汉）高诱注，（清）毕沅校《吕氏春秋》卷一四《本味》，上海古籍出版社 1986 年影印《二十二子》本，第 670 页。

② （汉）郑玄注，（唐）贾公彦疏《周礼注疏》卷三〇《司爟》，中华书局 1980 影印阮元校刻《十三经注疏》本，第 843 页。

③ （汉）郑玄注，（唐）贾公彦疏《周礼注疏》卷三六《司烜氏》，中华书局 1980 影印阮元校刻《十三经注疏》本，第 885 页。

《介子推》条。

邵氏《学史》曰："古有火正之官。语曰，钻燧改火，此政之大者也。所谓'光融天下'者，于是乎在。《史记·楚世家》：重黎为帝喾火正，能光融天下，命曰祝融。《周礼》'司烜氏'所掌，及《春秋》宋、卫、陈、郑所纪者，政皆在焉。今治水之官，犹夫古也，而火独缺焉。饮知择水，而亨不择火，以祭以养，谓之备物可乎？或曰，庭燎则有司矣。虽然，此火之末也。"①

以上是《日知录》总结的周代改火巫术之说法。顾炎武正确指出了周代有明火与国火的区分。明火即在进行占卜巫术和祭祀巫术时，用阳燧映日聚光所点燃的火。国火即四季用不同的树木取火，以祭祀巫术来驱除疾病。顾氏也正确指出了周代已知改火的"五行之术"，用来配合改火巫术。《尚书·洪范》记载周文王十三年，武王向箕子咨询治国常理，箕子就提出了"五行"之说："五行：一曰水，二曰火，三曰木，四曰金，五曰土。"②可见五行是周代对地上五种物质的区分。周代改火巫术贯穿于占卜巫术与祭祀巫术之中。"明火"即"卜与祭用之"；"国火"在《周礼·夏官·司爟》中已明确指出，"凡祭祀，则祭爟"，是包括"卜与祭用之"的。

4. 日中三足乌(河南南阳唐河出土)〔《汉代画象石》，图二六〕

5. 汉拘捕盗贼的官吏(汉望都壁画)〔采自《中国古代服饰史》〕

春秋时代改火巫术可以说也是贯穿祭祀巫术的。按照《管子》对春季改火的说法，春季钻燧易火，伴随着盛大祭祀巫术活动，是改火巫术的典型表现。管仲(约前730—前645)是春秋前期齐国人，其书中反映的应该是东周前期的

① (清)顾炎武著，陈垣校注《日知录校注》卷五，安徽大学出版社2007年版，第273—274页。

② (汉)孔安国传，(唐)孔颖达等正义《尚书正义》卷一二，中华书局1980年影印阮元校刻《十三经注疏》本，第188页。

说法。

一、《管子·禁藏》云："当春三月，萩室熯造，钻燧易火，杼井易水，所以去兹毒也；举春祭，塞久祷，以鱼为牲，以糵为酒，相召，所以属亲戚也；毋杀畜生，毋拊卵，毋伐木，毋夭英，毋拊竿，所以息百长也；赐鳏寡，振孤独，贷无种，与无赋，所以劝弱民；发五正，赦薄罪，出拘民，解仇雠，所以建时功、施生谷也。"①此段虽冗长，但描画了春祭改火巫术的全貌。久祷、用牲、洒酒，配合五禁忌，并赐鳏寡、振孤独、贷无种、助弱民等等全是在祭祀巫术中进行。

二、《管子·轻重己》云："以冬日至始，数四十六日，冬尽而春始。天子东出其国四十六里而坛，服青而绝青，搢玉总，带玉监，朝诸侯、卿大夫、列士，循于百姓，号曰祭日，牺牲以鱼。发号出令曰：'生而勿杀，赏而无罚，罪狱无断，以待期年。'教民樵室钻燧，墐灶泄井，所以寿民也。"②此段所叙周代春日改火，依然是天子先设祭坛施行祭祀巫术，穿青服而绝青色礼冠也是配合祭祀巫术的一部分，从而教民钻燧取火。

春秋后期，改火巫术仍承周代。孔子（前551—前479），名丘，字仲尼，春秋后期鲁国人。《论语·阳货》载："宰我问：'三年之丧，期已久矣。君子三年不为礼，礼必坏；三年不为乐，乐必崩。旧谷既没，新谷既升，钻燧改火，期可已矣。'"③此"钻燧改火"，即指四季用不同木燧取火。这段话的意思是，宰我问孔子，父母死后要服三年的丧期，其实过一年之期已经很长久了。君子在三年的丧期中不去讲礼，礼节就要荒疏；三年不去讲乐，乐制也一定要败坏。如只守丧一年，旧谷子既吃完，新谷子已经登场，春夏秋冬四季钻取火种的木头，也已依次换过，这一年之期的守丧也就可以终止了。可见春秋后期改火，同周代一样，依然是四时改火。

6. 西官白虎星座（现存南阳汉画馆）〔《汉代画象石》，图三〇〕

战国时代改火巫术依然强调"去兹毒"，"寿民"。按照《邹子》的说法，一年又变为五次改火。《周礼》郑玄注提到一

① (周)管仲撰，(唐)房玄龄注，(明)刘绩增注《管子》卷一七，上海古籍出版社1986年影印《二十二子》本，第160—161页。

② (周)管仲撰，(唐)房玄龄注，(明)刘绩增注《管子》卷二四，上海古籍出版社1986年影印《二十二子》本，第192页。

③ (魏)何晏集解，(宋)邢昺疏《论语注疏》卷一七，中华书局1980年影印阮元校刻《十三经注疏》本，第2526页。

本《鄹子》。据《龙龛手镜》入声卷四邑部第十一载“邹”、“鄹”同字①，故为《邹子》。《汉书·艺文志》著录《邹子》四十九篇、《邹子终始》五十六篇。邹衍是战国齐人，《邹子》反映的是战国时期的说法。《周礼·夏官·司爟》：“司爟掌行火之政令，四时变国火，以救时疾。”郑玄注：“《鄹子》曰：春取榆柳之火，夏取枣杏之火，季夏取桑柘之火，秋取柞楢之火，冬取槐檀之火。”②所谓“国火”，是指传说中古帝王在四季用不同的树木取火，要求巫师以禳解来驱除疾病。四次进行改火巫术，至战国时代《邹子》增加了“季夏”一次。

东汉马融注释战国时代也是五次改火。《论语·阳货》：“钻燧改火，期可已矣。”何晏注引马融云：“《周书·月令》有更火之文，春取榆柳之火，夏取枣杏之火，季夏取桑柘之火，秋取柞楢之火，冬取槐檀之火。一年之中，钻火各异木，故曰改火也。”③马融是东汉人，他五次改火的说法，大概是承袭《邹子》之说的。

《邹子》的说法为郑玄转引，应当说是可信的。《邹子》之说后世还见于《太平御览》引述：1.《太平御览》卷九五五《木部四》引《邹子》曰：“季夏取桑柘之火。”④2.《太平御览》卷九五六《木部五》引《邹子》曰：“春取榆柳之火。”⑤3.《太平御览》卷九六五《果部二》引《邹子》曰：“夏取枣杏之火。”⑥可见，正是在邹衍生活的战国时代，将燧人氏的四次改火，增加了“季夏”而改为五次，但必须指出，因不同季节用不同树木来钻火，并不是邹衍的发明，而是源自燧人氏改火巫术的作法，周文王时明显附会了五行之变，其后在战国时规定了每年改火需要用的十种树木。

7.《龙车星辰》拓片(彭县出土)〔《四川汉代画象砖与汉代社会》，图一一一〕

① (辽)释行均编《龙龛手镜》，中华书局1985年影印本，第455页。

② (汉)郑玄注，(唐)贾公彦疏《周礼注疏》卷三〇《夏官·司爟》，中华书局1980年影印阮元校刻《十三经注疏》本，第843页。

③ (魏)何晏集解，(宋)邢昺疏《论语注疏》卷一七《阳货》，中华书局1980年影印阮元校刻《十三经注疏》本，第2526页。

④ (宋)李昉等撰《太平御览》卷九五五《木部四·桑》，中华书局1960年影印本，第4241页。

⑤ (宋)李昉等撰《太平御览》卷九五六《木部五·榆》，中华书局1960年影印本，第4243页。

⑥ (宋)李昉等撰《太平御览》卷九六五《果部二·枣》，中华书局1960年影印本，第4281页。

战国时改火巫术不仅明确与五行相结合，而且此时五行学有两方面发展：第一，战国中期在天文界，观察到木星色青、火星色赤、土星色黄、金星色白、水星色黑。五行进而结合上五色，为汉代人将改火与五色配合奠定了基础。第二，秦汉间，医学界又将五行学运用于医疗中，取得了重大的突破。这在《黄帝内经》中有明确的记载，《黄帝内经素问·阴阳应象大论》：

岐伯对曰：东方生风，风生木，木生酸，酸生肝，肝生筋，筋生心。肝主目，其在天为玄，在人为道，在地为化。化生五味，道生智，玄生神。神在天为风，在地为木，在体为筋，在藏为肝，在色为苍，在音为角，在声为呼，在变动为握，在窍为目，在味为酸，在志为怒。怒伤肝，悲胜怒；风伤筋，燥胜风；酸伤筋，辛胜酸。

南方生热，热生火，火生苦，苦生心，心生血，血生脾。心主舌，其在天为热，在地为火，在体为脉，在藏为心，在色为赤，在音为徵，在声为笑，在变动为忧，在窍为舌，在味为苦，在志为喜。喜伤心，恐胜喜；热伤气，寒胜热；苦伤气，咸胜苦。

中央生湿，湿生土，土生甘，甘生脾，脾生肉，肉生肺。脾主口，其在天为湿，在地为土，在体为肉，在藏为脾，在色为黄，在音为宫，在声为歌，在变动为哕，在窍为口，在味为甘，在志为思。思伤脾，怒胜思；湿伤肉，风胜湿；甘伤肉，酸胜肝。

西方生燥，燥生金，金生辛，辛生肺，肺生皮毛，皮毛生肾。肺主鼻，其在天为燥，在地为金，在体为皮毛，在藏为肺，在色为白，在音为商，在声为哭，在变动为欬，在窍为鼻，在味为辛，在志为忧。忧伤肺，喜胜忧；热伤皮毛，寒胜热；辛伤皮毛，苦胜辛。

北方生寒，寒生水，水生咸，咸生肾，肾生骨髓，髓生肝。肾主耳，其在天为寒，在地为水，在体为骨，在藏为肾，在色为黑，在音为羽，在声为呻，在变动为栗，在窍为耳，在味为咸，在志为恐。恐伤肾，思胜恐；寒伤血，燥胜寒；咸伤血，甘胜咸。①

改火巫术促使五行学与中药学结合，拓宽了中医病理学的内容，使其内涵更丰富。《黄帝内经》大体成书于秦汉之间，最晚至西汉前期②，此时古医将五行

---

①　（唐）王冰注，（宋）林亿等校正，（宋）孙兆重改误《补注黄帝内经素问》卷二，上海古籍出版社 1986 年影印《二十二子》本，第 881 页。按：哕，即“呃逆”。

②　张灿玾《〈黄帝内经〉概述》，载刘春援主编《内经选读》，同济大学出版社 2008 年版。

学在医疗诊断上加以综合运用，取得了重大成就。由以上引述的原文即可知道，古医们通过望、闻、问、切各个方面来运用五行学，他们以五行学为轴心，通过病人面色、音声、口味、脉象诸方面，来判断一个人内脏是否正常，而这一切都是以五行学为据。正如《黄帝八十一难经·第六十一难》所说："望而知之者，望见其五色以知其病。闻而知之者，闻其五音以别其病。问而知之者，问其所欲五味，以知其病所起所在也。切脉而知之者，诊其寸口，视其虚实，以知其病，病在何脏腑也。"①

8.《仙人骑鹿》拓片（彭县出土）〔《四川汉代画象砖与汉代社会生活》，图一一五〕

这一切都是根据五行生克的规律来判断一个人的病情的，特别是观察病人青赤黄白黑五色的变化。五行学中的五色观，可以说就在秦汉之间完成了，五色观既能适用于天文，也能适用于医疗，那么，它事实上也应当能适用于风俗各方面，特别是适用于改火。

改火巫术发展到汉代，可以说达到了高潮，不仅规范化而且具有创造性，次数不仅大为增加，钻火的木头种数也减少并做了更换，同时体现出来一个崇尚不同颜色的新特点，对后世有广泛而深远的影响，故研讨改火巫术应以汉代为主。汉刘安撰《淮南子》对改火巫术有详述②，列表于下：

汉代改火巫术要项表

次　数	时　间	钻火木名	崇尚的颜色
1	孟春之月	爨萁燧火	东宫御女青色衣
2	仲春之月	爨萁燧火	东宫御女青色衣
3	季春之月	爨萁燧火	东宫御女青色衣
4	孟夏之月	爨柘燧火	南宫御女赤色衣
5	仲夏之月	爨柘燧火	南宫御女赤色衣
6	季夏之月	爨柘燧火	中宫御女黄色衣

① 孙理军主编《全注全译黄帝八十一难经》第六十一难，贵州教育出版社2010年版，第121—122页。

② （汉）刘安撰，（汉）高诱注，（清）庄逵吉校《淮南子》卷五《时则训》，上海古籍出版社1986年影印《二十二子》本，第1225—1230页。

续表

次　数	时　间	钻火木名	崇尚的颜色
7	孟秋之月	爨柘燧火	西宫御女白色衣
8	仲秋之月	爨柘燧火	西宫御女白色衣
9	季秋之月	爨柘燧火	西宫御女白色衣
10	孟冬之月	爨松燧火	北宫御女黑色衣
11	仲冬之月	爨松燧火	北宫御女黑色衣
12	季冬之月	爨松燧火	北宫御女黑色衣

由上表可见，汉代改火巫术已空前复杂化了，次数从战国时的五次，增加到十二次，每月一次。汉初巫师大概是出于保护树种的考虑，厌胜钻火木头，从战国时的榆、柳、枣、杏、桑、柘、柞、楢、槐、檀十种，减少到萁、柘、松三种，而且萁与松两种，其它朝代从未用过。这说明改火巫术发展，使这些树种遭到了无节制的砍伐，以致到汉初已难觅这些树种了。居延汉简 82·2 条记载："第十二隧长张宣乃十月庚戌擅去署私中辟买榆木壹宿。"①可以算是明证。我们既不能低估改火巫术的巨大作用，也应认识到其负面影响。汉代改火巫术规定了崇尚颜色原则，至此五火之木随五行之色而变，逐渐转化为风俗，对后世也有较为深远的影响。

9. 汉代双人舞蹈俑（河南洛阳烧沟西十四号汉墓出土陶器）〔采自《中国古俑白描》〕

结合其它古典文献看来，汉代改火巫术有几点值得注意：

第一，汉朝设立专职官吏管理改火，把改火巫术正式纳入了官方渠道。《汉书·百官公卿表第七上》设有"别火三令丞"，如淳注曰："《汉仪注》别火，狱令

① 谢桂华、李均明、朱国炤校释《居延汉简释文合校》，文物出版社 1987 年版，第 144 页。

官，主治改火之事。”[①]将燧人氏生食改熟食之创举纳入祭祀巫术仪式，表示对圣火开创文明之延续。《汉旧仪补遗》曰：“皇帝唯八月饮酎。车驾夕牲牛，以绛衣之。皇帝暮视牲以鉴燧，取水于月以阳燧，取火于日为明水。左袒，以水沃牛右肩。手执鸾刀，以切牛毛血。荐之，而即更衣巾。侍上熟，乃祀之。”[②]为表示对生改熟圣火文明之延续，皇帝饮酎(醇酒)，食熟牛肉，定出一整套祭祀仪式。还要在会诸侯时设九宾陪位。《汉旧仪补遗》曰：“皇帝会诸侯，酎金庙中，以上计议，设九宾陪位也。”[③]改火文明推动了祭祀发展。

第二，汉代对“爟火”巫术仪式，赋予深一层象征意义。《史记・封禅书》载：“通权火，拜于咸阳之旁，而衣上白，其用如经祠云。”[④]意思是，到那时，烽火从咸阳一直排列到雍州的祭坛，皇帝在咸阳城外跪拜，衣冠都是白色，所用祭品和平常祭祀时一样。《集解》引张晏曰：“权火，烽火也，状若井絜皋矣。其法类称，故谓之权。欲令光明远照通祀所也。汉祠五畤于雍，五里一烽火。”[⑤]可见至汉代，爟火巫术仪式被赋予了象征意义，具有光明远照的吉祥意义，是商代“祓除不祥”的文明变换与发展，并又被用于烽火报警。

第三，西汉与东汉改火不一样。谢桂华、李均明、朱国炤《居延汉简释文合校》载：“官先夏至一日，以除隧(燧)取火，授中二千石、二千石官在长安、云阳者，其民皆受，以日至易故火，庚戌寝兵不听事，尽甲寅五日。臣请布，臣昧死以闻。5・10”[⑥]这一件改火事，与《居延汉简释文合校》所载另一条汉简有关：“御史大夫吉昧死言，丞相相上大常昌书言，大史丞定言，元康五年五月二日壬子日夏至，宜寝兵，大官抒井，更水火，进鸣鸡，谒以闻，布当用者。臣谨案，比原泉御者、水衡抒大官御井，中二千石、二千石，令官各抒别火。10・27”[⑦]

10. 冶铁图(山东滕县宏道院出土)〔《汉代画象石》，图五〕

---

① (汉)班固撰《汉书》卷一九上，中华书局 1962 年版，第 730 页。

②③ (汉)卫宏撰《汉旧仪补遗》卷下，《丛书集成初编》本，商务印书馆 1939 年版，第 30 页。

④⑤ (汉)司马迁撰《史记》卷二八，中华书局 1959 年版，第 1377 页。

⑥ 谢桂华、李均明、朱国炤校释《居延汉简释文合校》，文物出版社 1987 年版，第 8 页。按，标点为笔者所加。下同。

⑦ 谢桂华、李均明、朱国炤校释《居延汉简释文合校》，文物出版社 1987 年版，第 16 页。

5·10与10·27两条均言夏至改火事，后者所谓“别火”，即《汉书》中的“别火三令丞”，主治改火之事。吉，即丙吉，《汉书》有传。元康五年即公元前61年，时当汉宣帝刘询之时。显然，西汉此时是丙吉提议在夏至改火。但东汉并不一样，《后汉书志》第五《礼仪中》曰：“日冬至，钻燧改火云。”[①]可见东汉改火却在冬至之时。厌胜改火后并伴随祭祀大傩逐疫盛大活动，厌胜改火祭祀乃人类纪念由生食改为熟食的巨大创举。

魏晋南北朝时代，皇侃总结了汉代以来改火之木与五行之色的重要关系，明确指出以不同树木来钻火的原因，是随五行之色的变化而改换的。《论语·阳货》“钻燧改火”云云，皇侃曰：“改火之木，随五行之色而变也。榆柳色青，春是木，木色青，故春用榆柳也。枣杏色赤，夏是火，火色赤，故夏用枣杏也。桑柘色黄，季夏是土，土色黄，故季夏用桑柘也。柞楢色白，秋是金，金色白，故秋用柞楢也。槐檀色黑，冬是水，水色黑，故冬用槐檀也。所以一年必改火者，人若依时而食其火，则得气又宜，令人无灾厉也。”[②]

11. 庖厨(河南密县打虎亭出土)〔《汉代画象石》，图九五〕

北朝时，有人提出恢复改火之俗，可见其势已微。《北史》卷三五《王劭传》：“劭以上古有钻燧改火之义，近代废绝，于是上表请变火曰：‘臣谨案《周官》：“四时变火，以救时疾。”明火不数变，时疾必兴。圣人作法，岂徒然也？在晋时，有人以洛阳火度江者，世世事之，相续不灭，火色变青。昔师旷食饭，云是劳薪所爨，晋平公使视之，果然车辋。今温酒及炙肉，用石炭、木炭火、竹火、草火、麻荄火，气味各不同。以此推之，新火旧火，理应有异。伏愿远遵先圣，于五时取五木以变火。用功甚少，救益方大。纵使百姓习久，未能顿同，尚食内厨及东宫诸王食厨，不可不依古法。’上从之。”[③]北朝时改火似仅限于皇宫，范围很小，所以南北朝时改火记载已较少见。

唐代改火，据宋人钱易撰《南部新书》卷二载：“每岁寒食，荐饧粥、鸡球等，又荐雷子车。至清明尚食，内园官小儿于殿前钻火，先得火者进上，赐绢三匹，碗一口。都人并在延恩门，看人出城洒扫，车马喧闹。新进士则于月灯阁置打

---

① (晋)司马彪撰，(梁)刘昭注补《后汉书志》第五《礼仪中·桃印》，中华书局1965年版，第3122页。

② (魏)何晏集解，(梁)皇侃义疏《论语集解注疏》卷九，《知不足斋丛书》本。

③ (唐)李延寿撰《北史》卷三五，中华书局1974年版，第1293页。

球之宴，或赐宰臣以下酴醾酒。即重酿酒也。”[①]唐代诗人亦有歌颂改火之诗，见于《全唐诗》者如：

幸因榆柳暖，一照草茅贫。（窦叔向《寒食日恩赐火》）
九天初改火，万井属良辰。（史延《清明日赐百僚新火》）
火随黄道见，烟绕白榆新。（韩濬《清明日赐百僚新火》）
改火清明后，优恩赐近臣。（郑辕《清明日赐百僚新火》）
御火传香殿，华光及侍臣。（王濯《清明日赐百僚新火》）
犹堪持改火，未肯但空心。（韩愈《枯树》）[②]

到宋代，苏轼《徐使君分新火》诗：“临皋亭中一危坐，三月清明改新火。沟中枯木应笑人，钻灼不然谁似我。”[③]宋敏求撰《春明退朝录》卷中：“唐时惟清明取榆柳火，以赐近臣戚里。本朝因之，惟赐辅臣、戚里、帅臣、节察、三司使、知开封府、枢密直学士、中使，皆得厚赠，非常赐例也。”[④]

宋代以后，改火巫术转变为颜色的巫术并完全风俗化，“改火”几乎不再被人提起。只有钻木取火法在民间继续流传。

1. 宋代的云南积薪钻火。宋李焘撰《续资治通鉴长编》卷二六七引宋如愚《云南买马记》叙述北宋熙宁间旅滇生活：“未暮即相地架起桐材，上下周匝徽索而缠之。然后蔽以坐牌，副以网罟，将凑于其中。必积薪于其侧，钻燧火以待夜事。”[⑤]

2. 元代民间仍钻松木取火。元陶宗仪撰《辍耕录》卷五：“杭人削松木为小片，其薄如纸，镕硫黄涂木片顶分许，名曰发烛，又名焠儿，盖以发火及代灯烛用也。”[⑥]可见元代民间以松木取火时已有易燃物硫黄配合，是一项重大技术改进。

3. 清代民间钻木取火改用绳力牵钻。清揭暄撰《璇玑遗述》卷六：“如榆则取心一段为钻，柳桑取心，方尺为盘，中凿眼，钻头大旁开窦寸许，用绳力牵如车钻，则火星飞爆出窦，薄煤成火矣。”[⑦]

---

① （宋）钱易撰《南部新书》卷二，景印文渊阁《四库全书》第 1036 册，第 187 页。

② 《全唐诗》卷三四四，中华书局 1960 年版，第 3028、3194、3195、3858 页。

③ （宋）苏轼撰《苏轼诗集》卷二一，中华书局 1982 年版，第 1113 页。按“月”、“灼”据校勘记改。

④ （宋）宋敏求撰《春明退朝录》卷中，景印文渊阁《四库全书》第 862 册，第 518—519 页。

⑤ （宋）李焘撰《续资治通鉴长编》卷二六七《神宗》，上海古籍出版社 1985 年影印本，第 2516 页。

⑥ （明）陶宗仪撰《辍耕录》卷五《发烛》，景印文渊阁《四库全书》第 1040 册，第 465 页。

⑦ （清）揭暄撰《璇玑遗述》卷六《水火各征·木中火》，《续修四库全书》子部第 1033 册，上海古籍出版社 2002 年影印本，第 596 页。

宋代以后，改火巫术由于统治阶级不再提倡而终止了活动；它自始至终都是被统治者所利用的一种象征巫术工具，从商周国火到唐宋皇帝赐火，莫不如此。必须指出，汉代改火巫术以颜色来象征，是改火的重要转折。它与那种生了属于什么颜色的病，便用什么颜色的巫药来治疗相仿佛，是以颜色来象征事物本质。四季采用不同颜色巫术的行为与观念由此衍化而来。关于四时改火变换用不同的颜色来象征，体现的主要是象征律(Principle of Symbolism)巫术原则。

《论语·阳货》"钻燧改火"邢昺疏，发挥了汉代四季钻火用木不同并以颜色制约之说法："释者云：榆柳青，故春用之；枣杏赤，故夏用之；桑柘黄，故季夏用之；柞楢白，故秋用之；槐檀黑，故冬用之。"[①]可见这是颜色的象征巫术。春日榆柳青青，故用榆柳木钻火，象征生命常青；夏日枣杏火红，故用枣杏木钻火，象征生命之火炎赤；秋日柞楢白色，故用柞楢钻火，象征万物之萧瑟；冬日槐檀坚黑，故用槐檀木钻火，象征生命之水黑沉。这是改火巫术附会颜色的基本特征。

四季不同颜色的巫术行为与观念，便是由此改火巫术衍化而来。也就是晋郭璞传《尔雅》说的："四时。春为青阳，夏为朱明，秋为白藏，冬为玄英。"[②]《瑞应图》曰："春青、夏紫、秋白、冬黑。"这可说是四季不同颜色巫术之总观，于是颜色巫术被运用到居家风俗中。古人治家注重风水，首先便要区分赤、白、黑、青四色气。《太平御览》卷一八〇《居处部八·宅》引《地镜图》曰："人望百家宅法，中有赤气者，家有泛财；白气入人家，有财不保；黑气有五，其伏在宅中；青气者，有银，地宝也。"[③]颜色巫术既已被运用于生活中，这就造成颜色在四季生活中都被运用，并且分化，在民俗中有大量表现。

第二节　春日改火巫术与青色

改火巫术衍化到颜色巫术阶段，使巫文化的特色显得空前丰富起来。春日改火巫术的主要表现是崇尚青色。《太平御览》引《易通统图》："日春行东方青

① (魏)何晏集解，(宋)邢昺疏《论语注疏》卷一七，中华书局1980年影印阮元校刻《十三经注疏》本，第2526页。

② (晋)郭璞注，(宋)邢昺疏《尔雅注疏》卷六，中华书局1980年影印阮元校刻《十三经注疏》本，第2607页。

③ (宋)李昉等撰《太平御览》卷一八〇，中华书局1960年影印本，第879页。

道，曰东陆。”①又引《尚书》曰：“东方春龙房位其规仁，好生不贼。其帝青，表圣明，行趋德。”②又引《楚辞》云：“青春受谢白日昭。”③这是先秦时期产生的颜色巫术观，言春必言青。《风俗通》引《月令》曰：“（春日）衣青衣，服金玉。”春葵也冠以青字，古乐府诗云：“青青园中葵，朝露待日晞。阳春布德泽，万物生光辉。”汉代开始，春日必行盛大的青色之俗。《后汉书》载：“立春之日，夜漏未尽五刻，京师百官皆衣青衣，郡国县道官下至斗食令史皆服青帻，立青幡，施土牛耕人于门外，以示兆民，至立夏。”④“立春之日，迎春于东郊，祭青帝勾芒。车旗服饰皆青。歌《青阳》，八佾舞《云翘》之舞。”⑤“立春之日，皆青幡帻，迎春于东郭外。令一童男冒青巾，先在东郭外野中。迎春至者，自野中出，则迎者拜之而还。”⑥至汉代，春日必穿青衣了。唐宋承汉制，立春必祀青帝，《开元礼》曰：“立春祀青帝于东郊。”宋王应麟撰《玉海》卷九九载，绍兴十七年（1147）二月乙巳十三日，“上亲祠青帝于东郊”⑦。

由汉到宋，人们为什么要祭青帝呢？照古人看来，春分时天上要出来一股“青气”，造成人民得时疾，故必穿青、戴青、祭青，青帝才不会发怒而放出青气害人。《易通卦验》曰：“震，东方也，主春。春分日，青气出，直震，此正气也。气出右，物半死；气出左，蛟龙出。震气不出，则岁中少雷，万物不实，人民疾热。”⑧因此于春日大祭青色，青色遂贯穿于春日的民俗中。

12. 牵骆驼（嘉峪关六号汉墓画像）〔《文物》1972年第12期。〕

一、春日挂青缯帜。唐段成式撰《酉阳杂俎》前集卷一《礼异》：“北朝妇人，……立春进春书，以青缯为帜，刻龙象衔之，或为虾蟆。”⑨此是挂青求吉之俗。

二、春日把白饭染成青色来食。青精饭，宋陶岳撰《零陵总记》：“杨桐叶，细冬青，临水生者尤茂，居人遇寒食，采

①② （宋）李昉等撰《太平御览》卷一八《时序部三·春上》，中华书局1960年影印本，第92页。

③ （宋）李昉等撰《太平御览》卷二〇《时序部五·春下》，中华书局1960年影印本，第97页。

④ （晋）司马彪撰，（梁）刘昭注补《后汉书志》第四，中华书局1965年版，第3102页。

⑤ （晋）司马彪撰，（梁）刘昭注补《后汉书志》第八，中华书局1965年版，第3181页。

⑥ （晋）司马彪撰，（梁）刘昭注补《后汉书志》第九，中华书局1965年版，第3204—3205页。

⑦ （宋）王应麟撰《玉海》卷九九《绍兴高禖坛　亲祠》，景印文渊阁《四库全书》第945册，第638页。

⑧ （宋）李昉等撰《太平御览》卷二〇《时序部五·春下》引，中华书局1960年影印本，第99页。

⑨ （唐）段成式撰，方南生点校《酉阳杂俎》前集卷一，中华书局1981年版，第8页。

其叶染饭，色青而有光，食之资阳气，谓之杨桐饭，道家谓之青精乾石䭀饭。”[①]这是春日青色巫术的食俗化。

三、春日也有“挑青”之俗。湖南常德地区《石门县志》云：“清明日晚食青螺，谓之挑青。”[②]这又是一项由青色巫术衍化出的食俗。

四、春日踏青风俗。唐孙思邈撰《千金月令》：“三月三日上踏青鞋履。”[③]明刘侗、于奕正撰《帝京景物略》：“三月清明日，男女扫墓，担提尊榼，轿马后挂楮锭，粲粲然满道也。拜者，酹者，哭者，为墓除草添土者，焚楮锭，次以纸钱置坟头，望中无纸钱则孤坟矣。……是日簪柳，游高梁桥，曰踏青，多四方客未归者，祭扫日感念出游。”[④]明孙国敉撰《燕都游览志》：“大佛寺在西直门北三里，寺后有高阜，积土甃石为之，广袤几二里，山上有真武祠，踏青士女，正月必先至其地。”[⑤]佚名撰《壶中赘录》：“蜀中风俗以二月二日为踏青节。”[⑥]“踏青”，一方面是春游，另一方面也要践踏青草，表示祛除青气以求吉，俗称“踏青履”。唐李淖撰《秦中岁时记》：“唐上巳日，赐宴曲江，都人于江头禊饮，践踏青草，谓之曰踏青履。”[⑦]

五、春日又有食青艾饼之俗。《宋史·高丽国传》：“上巳日，以青艾染饼为盘羞之冠。”[⑧]这又是青色巫术衍化的食俗。

六、春日既以柳木钻火，便衍化出其它春柳民俗。略举三项：（一）采柳絮治病。《四民月令》：“三月三日以及上除，采柳絮可以愈疮。”[⑨]（二）祓除不祥之祭。《征齐道里记》：“城北十五里有柳泉，符朗常以为解禊处。”[⑩]（三）带柳免毒。唐武平一撰《景龙文馆记》：“唐制，上巳祓禊赐侍臣细柳圈，云带之免虿毒瘟疫。中宗四年（710）上巳，祓禊于渭滨，赋七言诗，赐细柳圈。”[⑪]

七、春日由穿青衣者治病必愈。这是唐俗。唐张鷟撰《朝野佥载》卷一：“贞观年中，定州鼓城县人魏全家富，母忽然失明。问卜者王子贞，子贞为卜

---

① （宋）陈元靓编《岁时广记》卷一五引，《十万卷楼丛书》本。

②⑤ （清）秦嘉谟编《月令粹编》卷三引，嘉庆壬申琳琅仙馆刻本。

③ （明）陶宗仪编《说郛一百二十号》号六九，上海古籍出版社1988年影印《说郛三种》本，第3222页。

④ 李家瑞编《北平风俗类征》上册，上海文艺出版社影印本（1986年），第49页。

⑥ （清）秦嘉谟编《月令粹编》卷五引，嘉庆壬申琳琅仙馆刻本。

⑦ 胡朴安《中华风俗志》上篇卷七，上海文艺出版社1988年影印本，第29页。按，“谓之曰踏青履”，据《月令粹编》卷六引《秦中岁时记》补。

⑧ （元）脱脱等撰《宋史》卷四八七，中华书局1985年版，第14043页。

⑨⑩ （清）秦嘉谟编《月令粹编》卷六引，嘉庆壬申琳琅仙馆刻本。

⑪ （唐）武平一撰《景龙文馆记》，（明）陶宗仪编《说郛一百二十号》号四六，上海古籍出版社1988年影印《说郛三种》本，第2155页。

之，曰：'明年有人从东来青衣者，三月一日来，疗必愈。'至时，候见一人着青绸襦，遂邀为设饮食。其人曰：'仆不解医，但解作犁耳，为主人作之。'持斧绕舍求犁辕，见桑曲枝临井上，遂斫下。其母两眼焕然见物。此曲桑盖井之所致也。"①

凡此种种，都是春日改火巫术的衍化。

第三节　夏日改火巫术与赤色

夏日改火巫术的主要表现是崇尚赤色。在天上，《易通统图》曰："夏日月行东南赤道，曰南陆。"②在地上有夏气，《尔雅》曰："夏为朱明。"③孙炎曰："夏气赤而光明。"夏气又叫赤气，其不以正出或不以时至则有害。《易通卦验》："离，南方也，夏，夏日中赤气出，直离，此正气也。气出右，万物半死；气出左，赤地千里。"④但是它却适于万物生长。汉蔡邕撰《独断》："夏至之日，离卦用事，日中时南方有赤云如马者，离气至也，宜黍；离气不至，日月无光，五谷不成，人病目疼。"⑤这样看来，夏日出赤云，有"离气"，使万物生长，对植物有利，《竺法真罗山疏》："荔枝以冬青，夏至日子始赤。"⑥对鱼类也有利，北魏郦道元撰《水经注》卷二〇《丹水》："水出丹鱼，先夏至十日，夜伺之，鱼浮水侧，赤光上照如火，网而取之。"⑦

13. 射兔〔嘉峪关市文物清理小组撰《嘉峪关汉画像砖墓》，《文物》1972 年第 12 期。〕

人们敬畏赤色，神化赤色。汉代开始，夏日要穿赤衣。《淮南子》卷五："孟

---

① （唐）张鷟撰，赵守俨点校《朝野佥载》卷一，中华书局 1979 年版，第 1 页。

② （宋）李昉等撰《太平御览》卷二一《时序部六・夏上》，中华书局 1960 年影印本，第 101 页。

③ （晋）郭璞注，（宋）邢昺疏《尔雅注疏》卷六《释天》，中华书局 1980 年影印阮元校刻《十三经注疏》本，第 2607 页。

④ （宋）李昉等撰《太平御览》卷二三《时序部八・夏至》，中华书局 1960 年影印本，第 110 页。

⑤⑥ （宋）李昉等撰《太平御览》卷二三《时序部八・夏至》，中华书局 1960 年影印本，第 112 页。

⑦ （北魏）郦道元撰，陈桥驿点校《水经注》卷二〇，上海古籍出版社 1990 年版，第 398 页。

夏之月，……南宫御女，赤色衣赤，采吹竽笙。”①还要祭祀“赤帝祝融之所司者万二千里”。《淮南子》卷五：“南方之极自北户孙之外，贯颛顼之国，南至委火炎风之野。”②此时天子必欲自赤色以求立德，《礼记·月令》曰：“先立夏三日，大史谒之天子曰：‘某日立夏，盛德在火。’天子乃齐。立夏之日，天子亲帅三公、九卿、大夫以迎夏于南郊。”③因为“盛德在火”，太史谒告天子举行斋戒祭祀，才能完成取德于火的巫术转变。在汉代，朝廷要在夏日干三件有关赤色的大事。第一件，穿赤衣。《后汉书志·礼仪中》：“立夏之日，夜漏未尽五刻，京都百官皆衣赤，至季夏衣黄，郊。其礼：祠特，祭灶。”④第二件，饰朱索。《后汉书志·礼仪中》：“五月五日，朱索五色印为门户饰，以难止恶气。”⑤又曰：“仲夏之月，万物方盛。日夏至，阴气萌作，恐物不林。其礼：以朱索连荤菜，弥牟〔朴〕蛊钟。以桃印长六寸，方三寸，五色书文如法，以施门户。”⑥第三件，乘赤车。三国魏缪袭撰《皇览逸礼》：“夏则衣赤衣，佩赤玉，乘赤辂，驾赤龙，载赤旗，以迎夏于南郊，其祭，先黍与鸡，居明堂正庙，启南户。”⑦

南北朝时期仍保留着改火巫术之传统。《周书·时训》曰：“夏取枣杏之火。”⑧唐代在夏日崇尚赤色也是出了名的，兹举以下事实：第一件，见赤龙。唐张说撰《张说之文集》卷一一：“皇帝临潞州，景龙二年(708)四月二十五日厅事据案假寐，百姓白鹤观道士宋大辩等三十余人同见赤龙在案。”⑨道士把唐玄宗比作赤龙。第二件，拜赤雀。《唐会要》卷二八：“(武德)八年(625)三月十三日，赤雀巢于殿门。”⑩第三件，赐紫服。《新唐书·李元纮传》：“五月五日，(明皇)宴武成殿，赐群臣袭衣，特以紫

14. 汉代母亲喂奶俑(四川汉墓出土陶器)〔采自《中国古俑白描》〕

---

① (汉)刘安撰，(汉)高诱注，(清)庄逵吉校《淮南子》卷五《时则训》，上海古籍出版社1986年影印《二十二子》本，第1226页。

② (汉)刘安撰，(汉)高诱注，(清)庄逵吉校《淮南子》卷五《时则训》，上海古籍出版社1986年影印《二十二子》本，第1229页。

③ (汉)郑玄注，(唐)孔颖达等正义《礼记正义》卷一五《月令》，中华书局1980年影印阮元校刻《十三经注疏》本，第1365页。

④ (晋)司马彪撰，(梁)刘昭注补《后汉书志》第五，中华书局1965年版，第3117页。

⑤⑥ (晋)司马彪撰，(梁)刘昭注补《后汉书志》第五，中华书局1965年版，第3122页。

⑦ (唐)欧阳询撰，汪绍楹校《艺文类聚》卷三《岁时上·夏》，上海古籍出版社1982年版，第46页。

⑧ (宋)李昉等撰《太平御览》卷二二《时序部七·夏中》，中华书局1960年影印本，第105页。

⑨ (唐)张说撰《张说之文集》卷一一《皇帝在潞州祥瑞颂十九首奉敕撰》，《四部丛刊》本。

⑩ (宋)王溥撰《唐会要》卷二八《祥瑞上》，景印文渊阁《四库全书》第606册，第397页。

服、金鱼锡元纮及萧嵩，群臣无与比。”[1]

赤色也贯穿于夏日的民俗中。

（一）夏日佩带赤色灵符。晋葛洪撰《抱朴子》：“午日，朱书赤灵符，著心前以辟兵疫百病。”[2]唐孙思邈撰《千金月令》亦云：“五月五日，作赤灵符，着心前，辟兵。”[3]

（二）夏日以枣饭待客。汉崔寔撰《四民月令》：“四月可以作枣糒，以待宾客。”[4]糒，干饭，枣糒即枣饭。枣，赤色。

（三）夏日采摘赤芝、紫芝。魏吴普等撰，清孙星衍、孙冯翼辑《神农本草经》卷一《赤芝》云：“赤芝，味苦平，主胸中结，益心气，补中，增慧智，不忘，久食，轻身不老，延年神仙，一名丹芝。”[5]又引《名医曰》：“赤芝生霍山，黑芝生恒山，青芝生太山，白芝生华山，黄芝生嵩山，紫芝生高夏地上，色紫，形如桑。六芝皆无毒，六月八月采。”[6]

（四）夏日举行火节。明江盈科撰《雪涛谈丛》：“滇省风俗，每年于六月二十八日，各家俱束苇为藁，高七八尺，凡两树，置门首，遇夜炳燎，其光烛天。是日各家俱用生肉切为脍，调以醯蒜，不加烹饪，名曰吃生，总称曰火节。”[7]

15. 击磬（山东祈南南北寨汉画像）〔《汉代画象石》，图三九〕

（五）夏日栽紫藤于庭。《本草纲目·紫藤》引唐陈藏器撰《本草拾遗》：“藤皮着树，从心重重有皮。四月生紫花可爱，长安人亦种之以饰庭池，江东呼为招

① （宋）欧阳修、宋祁撰《新唐书》卷一二六，中华书局1975年版，第4419页。

② （清）秦嘉谟编《月令粹编》卷九《五月日次·初五日》引，嘉庆壬申琳琅仙馆刻本。

③ （明）陶宗仪编《说郛一百二十弓》弓六九，上海古籍出版社1988年影印《说郛三种》本，第3222页。

④ （清）秦嘉谟编《月令粹编》卷二三《夏总杂识·四月令杂识》，嘉庆壬申琳琅仙馆刻本。

⑤⑥ （魏）吴普等撰，（清）孙星衍、孙冯翼辑《神农本草经》卷一，《丛书集成初编》本，商务印书馆1939年版，第24页。

⑦ （明）陶宗仪编《说郛续四十六弓》弓一六，上海古籍出版社1988年影印《说郛三种》本，第785页。

豆藤。其子作角，角中仁，熬香着酒中，令酒不败。败酒中用之，亦正。其花挼碎，拭酒醋白腐坏。”[①]

（六）夏日赤花瑞桐环绕于城。《舆地纪胜》卷一三〇《福建路·泉州·风俗形胜》：“泉之为郡，风俗淳厚。其人乐善，素号佛国。泉在七闽之中，民淳讼简，素号易治。绕城植桐，故曰桐城。泉州初筑城日，绕城植刺桐，故谓之桐城。”[②]此桐初夏开花鲜红，如叶先萌芽后花发，其年五谷丰登，故称瑞桐。

（七）荔枝（赤色）生于火山而先熟。唐刘恂撰《岭表录异》卷中：“梧州对岸西火山，山下有澄潭，水深无极。其火每三五夜，一见于山顶。每至一更初，火起，匝其顶，如野花之状，深广十丈余，少顷而息。或言其下有宝珠，光照于上如火。上有荔枝，四月先熟。以其地热，故为火山也。”[③]

（八）赤枣可以益气安神。旧题汉东方朔撰《神异经》：“北方荒中，有枣林焉，其高五十丈，敷张枝条数里余。疾风不能偃，雷电不能摧。其子长六七寸，围过其长。熟赤如朱，干之不缩。气味润泽，殊于常枣。食之可以安躯，益于气力。此枣枝条盛于常枣，亦益气安驱。赤松子云：‘北方大枣，味有殊，既可益气，又安驱。’”[④]

（九）赤乌被喻为火德繁昌之征兆。这是宋俗。宋王应麟撰《玉海》卷一九九《祥瑞·动物·至道赤乌》云：“至道元年（995）四月乙巳，知通利军钱昭序表献赤乌、白兔各一。上谓侍臣曰：乌正色如渥丹，信火德之符也。”[⑤]赤乌成为传达火德的巫术媒介。

第四节　秋日改火巫术与白色

秋日改火巫术的主要表现是崇尚白色。在天上，《易通统图》曰：“日行西方白道，曰西陆。”[⑥]在地上，《尔雅》曰“秋为白藏”[⑦]。在先秦时期即有“秋取柞楢

---

① （明）李时珍著《本草纲目》草部卷一八，人民卫生出版社1977年版，第二册，第1342页。

② （宋）王象之撰《舆地纪胜》卷一三〇，《续修四库全书》史部第585册，上海古籍出版社2002年影印本，第177页。

③ （唐）刘恂撰《岭表录异》卷中《梧州》，景印文渊阁《四库全书》第589册，第86页。

④ 旧题（汉）东方朔撰《神异经》，景印文渊阁《四库全书》第1042册，第267页。

⑤ （宋）王应麟撰《玉海》卷一九九，景印文渊阁《四库全书》第948册，第239页。按，钱昭序表云：“乌禀阳精，兔昭阴瑞，报火德繁昌之兆，示金方柔服之符。念兹希世之珍，罕有同时而见，望宣付史馆从之。”见《玉海》卷一九八，第223页。

⑥⑦ （宋）李昉等撰《太平御览》卷二四《时序部九·秋上》引，中华书局1960年影印本，第114页。

之火”(《邹子》)①的改火巫术。柞楢之火白色,故秋日一切尚白。

16. 汉代说唱俑(四川郫县宋家岭东汉墓出土)〔采自《中国古俑白描》〕

17. 建鼓舞(山东沂南南北寨出土)〔《汉代画象石》,图四九〕

《淮南子·时则训》曰:“孟秋之月,……西宫御女白色衣,白采,撞白钟。”②故从汉代开始穿白衣的不只是宫女,百官立秋日也穿白衣。《后汉书志·礼仪中》曰:“立秋之日,夜漏未尽五刻,京都百官皆衣白,施皂领缘中衣,迎气〔于〕白郊。”③当然在秋时也祭祀白帝。《后汉书志·祭祀中》又曰:“立秋之日,迎秋于西郊,祭白帝蓐收。车旗服饰皆白。”④每到立秋日,天子要行白色的大礼,骑白马,打白旗,穿的不仅是白的,吃的也要是白的,《礼记·月令》曰:“孟秋之月……凉风至,白露降,寒蝉鸣,鹰乃祭鸟,用始行戮。天子居总章左个,乘戎路,驾白骆,载白旗,衣白衣,服白玉,食麻与犬,其器廉以深。”⑤总之秋日到了,一切要从秋色,即白色。《礼记·月令》又云:“是月也以立秋。先立秋三日,太史谒于天子曰:‘某日立秋,盛德在金。’天子乃齐。立秋之日,天子亲帅三公、九

---

① (宋)李昉等撰《太平御览》卷二四《时序部九·秋上》引,中华书局1960年影印本,第116页。

② (汉)刘安撰,(汉)高诱注,(清)庄逵吉校《淮南子》卷五《时则训》,上海古籍出版社1986年影印《二十二子》本,第1227页。

③ (晋)司马彪撰,(梁)刘昭注补《后汉书志》第五《礼仪中·立秋》,中华书局1965年版,第3123页。

④ (晋)司马彪撰,(梁)刘昭注补《后汉书志》第八《祭祀中·迎气》,中华书局1965年版,第3182页。

⑤ (汉)郑玄注,(唐)孔颖达等正义《礼记正义》卷一六《月令》,中华书局1980年影印阮元校刻《十三经注疏》本,第1373页。

卿、诸侯、大夫，以迎秋于西郊。”汉郑玄注云：“迎秋者，祭白帝，白招炬于西郊之兆也。”[①]天子进行的这一切白色巫术仪式都具有改火巫术性质。统治阶级由于改火巫术观的作用，遂将秋天一切白色的动物都认为是吉祥物或灵验的征兆。《后汉书》卷一下曰：“（建武十三年，37）九月，日南徼外蛮夷献白雉、白兔。”[②]白雉与白兔便被视为具有吉祥魔力的神物。在南北朝时期，这种秋日白色巫术性动物，作为吉祥物被大量记入史书，标志此巫术文化达到了高潮。北齐魏收撰《魏书·灵征志》记载的白色吉祥动物很多，现择其要者，选列43例：

1. 永兴三年(411)八月，御府民张安获白鼠一。[③]
2. 神瑞二年(415)八月，豫章王夔获白鼠一。[④]
3. 世祖始光三年(426)八月，相州魏郡获白鼠。[⑤]
4. 太延元年(435)八月，雁门献白鼠。[⑥]
5. 高祖太和二十三年(499)八月，京师获白鼠。[⑦]
6. 世祖神䴥三年(430)七月，冀州献白龟。王者不私人以官，尊耆任旧，无偏党之应。[⑧]
7. 延昌四年(515)九月，相州献白狐。[⑨]
8. 武定元年(545)七月，幽州获白狐，以献上。[⑩]
9. 武定三年(547)七月，瀛州献白狐，二牡一牝。[⑪]
10. 武定三年九月，西兖州献白狐。[⑫]
11. 太宗永兴四年(535)九月，建兴郡献白鹿。[⑬]
12. 太和十九年(495)七月，司州获白鹿、麑以献。[⑭]
13. 永平四年(511)八月，平州献白鹿。[⑮]
14. 神龟二年(519)八月，徐州献白鹿。[⑯]
15. 孝静武定七年(549)七月，瀛州献白麞。[⑰]

---

① (汉)郑玄注，(唐)孔颖达等正义《礼记正义》卷一六《月令》，中华书局1980年影印阮元校刻《十三经注疏》本，第1373页。

② (南朝宋)范晔撰，(唐)李贤等注《后汉书》卷一下《光武帝纪第一下》，中华书局1965年版，第62页。

③④ (北齐)魏收撰《魏书》卷一一二上《灵征志上》，中华书局1974年版，第2923页。

⑤⑥⑦ (北齐)魏收撰《魏书》卷一一二上《灵征志上》，中华书局1974年版，第2924页。

⑧ (北齐)魏收撰《魏书》卷一一二上《灵征志下》，中华书局1974年版，第2927页。

⑨⑩⑪⑫ (北齐)魏收撰《魏书》卷一一二上《灵征志下》，中华书局1974年版，第2929页。

⑬⑭ (北齐)魏收撰《魏书》卷一一二上《灵征志下》，中华书局1974年版，第2930页。

⑮⑯ (北齐)魏收撰《魏书》卷一一二上《灵征志下》，中华书局1974年版，第2931页。

⑰ (北齐)魏收撰《魏书》卷一一二上《灵征志下》，中华书局1974年版，第2932页。

16. 高祖太和二年(478)七月,白乌见于凉州。王者宗庙肃敬则至。[①]

17. 高祖太和二年九月,白乌见于京师。[②]

18. 高祖太和三年(479)九月,白乌见于秦州。[③]

19. 正始三年(506)九月,颍川郡献白乌。[④]

20. 正始四年(507)七月,颍川又献白乌。[⑤]

21. 延昌二年(517)八月,平阳郡献白乌。[⑥]

22. 孝静天平二年(535)七月,齐献武王获白乌以献。[⑦]

23. 兴和四年(542)七月,北豫州献白乌。[⑧]

24. 武定四年(546)八月,阳夏郡献白乌。[⑨]

25. 高祖延兴四年(474)九月,白鹊见于中山。[⑩]

26. 武定二年(544)七月,林虑献白鹊。[⑪]

27. 太祖天兴二年(399)七月,并州献白兔一。王者敬耆老则见。[⑫]

28. 神䴥元年(428)九月,章武郡献白兔。[⑬]

29. 承明元年(476)八月,白兔见于云中。[⑭]

30. 太祖天兴五年(402)八月,上曜军览谷,见白燕一。[⑮]

31. 高祖太和二十三年(499)八月,荆州献白燕。[⑯]

32. 孝静元象元年(538)八月,西中府献白燕。[⑰]

33. 世祖神䴥元年(428)九月,沧水郡献白雀。[⑱]

34. 延昌四年(515)五月,荥阳献白雀。[⑲]

35. 延昌四年八月,秦州献白雀。[⑳]

36. 延昌四年八月,青州献白雀。[㉑]

37. 延昌四年八月,恒州献白雀。[㉒]

38. 延昌四年八月,洛阳获白雀。[㉓]

39. 延昌四年十一月,荆州献白雀。[㉔]

40. 太和二十三年(499)七月,瀛州献白鸠。[㉕]

---

① (北齐)魏收撰《魏书》卷一一二上《灵征志下》,中华书局 1974 年版,第 2935 页。

②③④⑤⑥⑦ (北齐)魏收撰《魏书》卷一一二下《灵征志下》,中华书局 1974 年版,第 2935 页。

⑧⑨ (北齐)魏收撰《魏书》卷一一二下《灵征志下》,中华书局 1974 年版,第 2936 页。

⑩⑪ (北齐)魏收撰《魏书》卷一一二下《灵征志下》,中华书局 1974 年版,第 2938 页。

⑫⑬ (北齐)魏收撰《魏书》卷一一二下《灵征志下》,中华书局 1974 年版,第 2942 页。

⑭ (北齐)魏收撰《魏书》卷一一二下《灵征志下》,中华书局 1974 年版,第 2943 页。

⑮ (北齐)魏收撰《魏书》卷一一二下《灵征志下》,中华书局 1974 年版,第 2946 页。

⑯⑰⑱ (北齐)魏收撰《魏书》卷一一二下《灵征志下》,中华书局 1974 年版,第 2947 页。

⑲⑳㉑㉒㉓㉔ (北齐)魏收撰《魏书》卷一一二下《灵征志下》,中华书局 1974 年版,第 2949 页。

㉕㉖ (北齐)魏收撰《魏书》卷一一二下《灵征志下》,中华书局 1974 年版,第 2953 页。

41. 太和二十三年八月，荥阳郡献白鸠。㉖

42. 孝静兴和四年(542)七月，郸县民献白玉一璞。①

43. 太祖天兴二年(399)七月，并州献白雉。周成王时越裳氏来献。②

封建统治者把白鼠、白龟、白狐、白鹿、白獐、白乌、白鹊、白兔、白燕、白鸠、白雉乃至白玉，都视为带有巫术力的灵物，用来做厌胜品。北魏太武帝拓跋焘把白色巫术力提高到政治祥瑞的高度，因白色雄鹿二次出现而改了年号。北齐魏收撰《魏书·灵征志下》曰："世祖神䴥元年二月，定州获白䴥，白䴥鹿又见于乐陵，因以改元。"③

不仅北齐魏收《魏书》如此记载白色吉祥物，南朝梁萧子显撰《南齐书》卷一八《祥瑞》也这么记载，形成南北朝潮流，略举6例：

1. 建元元年(479)八月，男子王约获白雀一头。④

2. 建元元年九月，秣陵县获白雀一头。⑤

3. 永明三年(485)七月，安成王暠第获白雀一头。⑥

4. 永明四年(486)七月，白雀见临汝县。⑦

5. 永明九年(491)七月，吴郡钱塘县获白雀一头。⑧

6. 永明十年(492)九月，义阳郡获白鼠一头。⑨

这种捕获白色动物的巫术风潮直到唐五代依然继续进行。兹举例以明之：

一、白鹿。《唐会要》卷二八《祥瑞上》："贞元八年正月，鄂州观察使何士干献白鹿。上曰朕初即位，即止祥瑞，士干致白鹿，其谓我何？还之，彼当惭惧；留之，远近复献。竟不视，遂放于苑中焉。"⑩

二、白雀。《唐会要》卷二八《祥瑞上》载，贞元十年，"怀州奏获白雀二"⑪。

三、白鸜鹆。《唐会要》卷二八《祥瑞上》载，贞元十二年七月，"河阳进白鸜鹆二"⑫。

---

① (北齐)魏收撰《魏书》卷一一二下《灵征志下》，中华书局1974年版，第2957页。

② (北齐)魏收撰《魏书》卷一一二下《灵征志下》，中华书局1974年版，第2964页。

③ (北齐)魏收撰《魏书》卷一一二下《灵征志下》，中华书局1974年版，第2930页。

④⑤⑥⑦⑧ (梁)萧子显撰《南齐书》卷一八《祥瑞志》，中华书局1972年版，第357页。

⑨ (梁)萧子显撰《南齐书》卷一八《祥瑞志》，中华书局1972年版，第358页。

⑩ (宋)王溥撰《唐会要》卷二八，景印文渊阁《四库全书》第606册，第399—400页。

⑪⑫ (宋)王溥撰《唐会要》卷二八，景印文渊阁《四库全书》第606册，第399页。

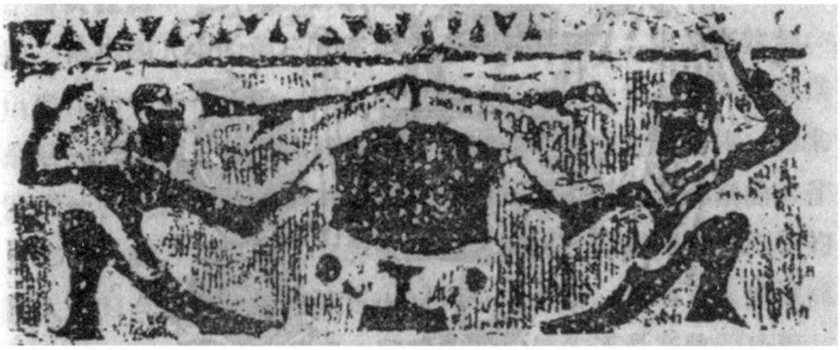

18. 建鼓舞(河南南阳汉画像馆)〔《汉代画象石》,图四八〕

四、白兔。《唐会要》卷二九《祥瑞下》:“天祐元年九月二十日,汴州进白兔一。”①

五、白龟。前蜀杜光庭撰《录异记》卷五《异龟》:“蜀皇帝乾德元年己卯(919)七月十五日庚辰降诞广圣节,堋口镇将王彦徽于罗真人宫内,得白龟以进。长沙县东晋太始元年有神龟,皎然白色,其形长四五尺,出其水中,巡行岸上,因名龟塘,下有良田百余顷。”②

白色巫术还衍化为诸多白色养生民俗传说,如白泉养生传说。晋顾野王撰《玉符瑞图·白泉》曰:“泉色白,自出山泽,得礼制则泽谷之白泉出,饮之使人长寿。”③《魏书·灵征志下》记载:“高祖太和八年正月,上谷郡惠化寺醴泉涌。醴泉,水之精也。味甘美,王者修治则出。”④

第五节　冬日改火巫术与黑色

冬日改火巫术的主要表现是崇尚黑色。在天上,《易通统图》云:“日冬行北方黑道,曰北陆。”⑤太阳冬行黑道,于是大寒时有“黑阳云”出现,《易通卦验》云:“小寒合冻,苍阳云出氐;大寒降雪,黑阳云出心。”⑥冬天也要出“黑气”。《尔

---

① (宋)王溥撰《唐会要》卷二九,景印文渊阁《四库全书》第606册,第402页。

② (前蜀)杜光庭撰《录异记》卷五,《道藏》,文物出版社、上海书店、天津古籍出版社1988年影印本,第10册,第871页。

③ (明)陶宗仪编《说郛一百二十弓》弓六〇,上海古籍出版社1988年影印《说郛三种》本,第2770页。

④ (北齐)魏收撰《魏书》卷一一二下《灵征志下》,中华书局1974年版,第2967页。

⑤ (宋)李昉等撰《太平御览》卷二六《时序部十一·冬上》,中华书局1960年影印本,第122页。

⑥ (宋)李昉等撰《太平御览》卷八《天部八·云》,中华书局1960年影印本,第37页。

雅·释天》云:“冬为玄英。”晋郭璞注:“气和则黑而清英也。”[①]玄者,黑也,冬季也称“玄英”,冬月也称“玄阴”,如唐欧阳询撰《艺文类聚》卷五七引魏王粲《七释》云:“农功既登,玄阴戒寒。”[②]

冬日改火巫术规定,孟冬时要祭黑帝颛顼。汉王符撰《潜夫论·五德志》云:“颛顼其相骈干,身号高阳,世号共工,代少皞氏,其德水行,以水纪,故为水师。”[③]这里明指黑帝颛顼是水师。所以《礼记·月令》云:“孟冬之月,日在尾,昏危中,旦七星中。其日壬癸,其帝颛顼,其神玄冥。”[④]按郑玄注,“其日壬癸”意思是:“壬之言任也。……癸之言揆也。”一切异之于“黑道”,“日之行东北从黑道,闭藏万物,月为之佐,时万物怀任于下,揆然萌芽,又因以为日名焉”。为什么要祭祀黑帝颛顼?按郑玄的话来说,因为“此黑精之君,水官之臣,自古以来著德立功者也。颛顼,高阳氏也。玄冥,少皞氏之子曰修曰熙,为水官”[⑤]。祭祀黑精,国君也就受感应魔力而“著德立功”。

19. 汉代跪侍女俑(西安东郊任家坡汉陵随葬坑出土彩绘陶瓷)〔采自《中国古俑白描》〕

每届孟冬与仲冬,据《礼记·月令》云:“天子居玄堂左个,乘玄路(辂),驾铁骊,载玄旂,衣黑衣,服玄玉,食黍与彘,其器闳以奄。”[⑥]也就是说,天子要住玄堂,乘玄路(黑车),驾铁骊(纯黑马),载玄旗(黑旗),衣黑衣,服玄玉(佩带黑玉),黑色吸收阳光。唐欧阳询撰《艺文类聚》卷三《冬》引《逸礼》亦云:“冬则衣黑衣,佩玄玉,乘玄辂,驾铁骊,载玄旂,以迎冬于北郊,其祭先豕,居明堂后庙,启北户。”[⑦]祭祀的猪应为黑公猪。以黑色迎冬阳,藏温暖于内,为古代重要养生礼俗。

从汉代开始,首先,冬至时宫女们都要穿黑衣。《淮南子》云:“冬至之日,北宫御女黑色衣,黑采,击磬石。”[⑧]其次,百官都要穿黑衣“迎气黑郊”。《后汉书

① (晋)郭璞注,(宋)邢昺疏《尔雅注疏》卷六,中华书局1980年影印阮元校刻《十三经注疏》本,第2607页。

② (唐)欧阳询撰,汪绍楹校《艺文类聚》卷五七《杂文部三·七》,上海古籍出版社1982年版,第1029页。

③ (汉)王符撰《潜夫论》卷八,景印文渊阁《四库全书》第696册,第421页。

④⑤ (汉)郑玄注,(唐)孔颖达等正义《礼记正义》卷一七,中华书局1980年影印阮元校刻《十三经注疏》本,第1380页。

⑥ (汉)郑玄注,(唐)孔颖达等正义《礼记正义》卷一七,中华书局1980年影印阮元校刻《十三经注疏》本,第1381页。

⑦ (唐)欧阳询撰,汪绍楹校《艺文类聚》卷三《岁时上·冬》引,上海古籍出版社1982年版,第54—55页。

⑧ (汉)刘安撰,(汉)高诱注,(清)庄逵吉校《淮南子》卷五《时则训》,上海古籍出版社1986年影印《二十二子》本,第1225页。

20. 北斗与帝车(山东嘉祥武氏祠出土)〔《汉代画象石》,图二八〕

志·礼仪中》云:"立冬之日,夜漏未尽五刻,京都百官皆衣皂,迎气于黑郊。"① "皂"即黑色,汉代百官在立冬之日都要穿保暖黑衣迎冬祭于黑郊。第三,用黑公畜祭司寒之神。《太平御览》卷二七《冬下》引《祠令》云:"季冬藏冰,仲春开冰,并用黑牡、秬黍祭司寒之神于冰室。"②

穿黑衣进行声势浩大的驱傩,是冬日改火巫术的典型表现。黑衣或作玄衣、皂制、玄制:(一)玄衣。《周礼·夏官·方相氏》云:"方相氏,掌蒙熊皮,黄金四目,玄衣朱裳,执戈扬盾,师百隶而时难(傩),以索室驱疫。大丧,先匶。及墓,入圹,以戈击四隅,驱方良。"③(二)皂制。《后汉书志·礼仪中》云:"先腊一日,大傩,谓之逐疫。其仪:选中黄门子弟年十岁以上,十二以下,百二十人为侲子。皆赤帻皂制,执大鼗。方相氏黄金四目,蒙熊皮、玄衣朱裳,执戈扬盾。十二兽有衣毛角。中黄门行之,冗从仆射将之,以逐恶鬼于禁中。"④(三)玄制。汉张衡《东京赋》云:"尔乃卒岁大傩,殴除群厉。方相秉钺,巫觋操茢。侲子万童,丹首玄制。桃弧棘矢,所发无臬。飞砾雨散,刚瘅必毙。煌火驰而星流,逐赤疫于四裔。然后凌天池,绝飞梁。捎魑魅,斮獝狂。斩蜲蛇,脑方良。囚耕父于清泠,溺女魃于神潢。"⑤

总之,冬日改火后必须驱傩,崇尚黑色,故穿黑衣;从《东京赋》可见,驱傩时必有男巫与女巫同时参加。直到唐代,冬日大傩之礼,也还有此两个特点,一必须穿"黑衣朱裳"驱鬼,二必须有"巫师二人"参加,见《新唐书·礼乐志》。

---

① (晋)司马彪撰,(梁)刘昭注补《后汉书志》第五,中华书局1962年版,第3125页。

② (宋)李昉等撰《太平御览》卷二七《时序部十二·冬下》,中华书局1960年影印本,第128页。

③ (汉)郑玄注,(唐)贾公彦疏《周礼注疏》卷三一,中华书局1980年影印阮元校刻《十三经注疏》本,第851页。

④ (晋)司马彪撰,(梁)刘昭注补《后汉书志》第五《礼仪中·腊》,中华书局1974年版,第3127页。

⑤ (梁)萧统编,(唐)李善注《文选》卷三《东京赋》,中华书局1977年影印本,第63页。

第六节　改火巫术的性质与遗留形态

改火巫术是一种以季节配合不同颜色的象征巫术。关于改火巫术的性质，其与厌胜巫术具有一致性，两者的禳解目的完全相同。汪宁生指出："禳解仪式目的在于消弭灾祸于无形，是原始巫术的一种，或称为'预防性巫术'(Preventive magic)。改火都是为了预防火的灾祸的。如景颇族、佤族改火为了预防失火。古代内地改火为了'去兹毒'(《管子·禁藏》)，'以救时疾'(《周礼·司爟》)，即为了预防生病；烹煮食物要用火，故因食致病亦被认为火的'作祟'，要举行针对火的巫术仪式。"①

可以认为，最初改火巫术实际是一种预防灾害的巫术。随着改火巫术在汉代分化出四季颜色的崇拜，改火巫术的目的随之扩大，治病、游乐、健身、食疗、求吉等等，与四季风俗相结合。宋代以后，改火名词虽然消失而不见人提起，但名亡而实存，承汉代制度扩大化为四季颜色的巫术，并完全演变为风俗。

21. 博戏中的汉代人(甘肃灵台付家沟汉墓出土铜器)〔采自《中国古俑白描》〕

改火巫术现在在我国少数民族中还有遗留形态：

(一) 布朗族新房取火种。在云南勐海布朗山地区，新房造好以后，主人就要从头人召曼的家里取火种，点燃自己房中的火塘，还要家中的小男孩滚动起一个大南瓜，在屋里绕几圈，以示赶走了鬼邪，祝贺家庭幸福，祈求家神的保佑、火种的永存。

---

① 汪宁生著《改火的由来》，载汪宁生著《民族考古学论集》，文物出版社1989年版，第174页。

（二）布朗族消灾送火神。在云南双江地区，布朗族在四月干旱时便要送火神。由正副祭师（召暗）取公鸡两只、酒一罐，村民出公鸡一只，各家凑米一碗、盐巴一团，在村头杀鸡祭祀，并烧稀饭。召暗祷告说：现在是干旱季节，草干、叶干，大家要注意防止火灾，不要造成灾害，现在我们要把火神送走，请火神不要回来危害我们，不要烧我们的房子，保佑我们寨内吉祥平安。召暗又当场将稀饭给大家分而食之，每碗放一块鸡肉，表示吃后可以消除火灾。

（三）景颇族消灾送火鬼。在云南盈江地区，景颇族为了防止失火，要由巫师董萨进行“送火鬼”巫术活动，先把各家中火塘里的火弄熄灭，保留一根燃烧的木柴，由一人取走朝前奔走，另一人持刀追赶，追到村外把燃烧的木柴丢进水塘，就表示送走了“火鬼”，然后再来锯竹取新火种。

（四）佤族消灾送火鬼。在云南西盟地区，佤族有送火鬼（艾荣）的巫术活动。由巫师魔巴背着口袋和盛水竹筒到全寨挨户作法，先取火塘中一块火炭放入口袋，用水灭掉火塘旧火，魔巴背走盛有各家火炭之口袋，另有老妇赶一头猪到寨外，将猪杀掉，以口袋内火炭和泥涂猪身，投入水圹，就表示送走了“火鬼”艾荣。然后各家再来以原始方法钻木取火。①

以上佤族改火巫术是20世纪80年代初的情况。到20世纪90年代初，虽然只是经过短短的10年，但佤族的改火巫术已经有所不同。陈卫东、王有明编著《佤族风情》一书，在其第九节“生产习俗”中也记载到改火巫术，说：“播种季节一般在春节后。播种前要先饮水、改火、祭社、做祛等活动。”现在只引述其中“改火”一段的原文：“改火通常是在春节前一天，全寨子各氏族聚居片，每片有一位老人，到各家各户收集‘旧火’。各家从火塘里撮一点火灰，再从屋檐下拔几根茅草，加上一点旧布或者旧棉花，交给收集‘旧火’的老人。由老人集中起来后朝寨外日落方向丢去。寨外日落方向有指定地点，此处有一小水潭，佤语叫‘董把热我吾’，直译‘灭火潭’。老人们去丢‘旧火’时，要带一条纯黑毛的公狗，或者纯黑毛的公鸡祭天神。到了‘灭火潭’边，老人用竹笋壳把收集的‘旧火’裹拢，然后点火将它燃着，再把那包笋壳连同火丢进潭里浸熄。将狗或鸡宰了，把血滴进潭里，然后就在潭边煮狗肉或鸡肉稀饭。饭熟后，要卜卦，以占卜来年的火情。佤族认为丢了旧火后就可以消除来年的火灾。然后再以摩擦取火的原始方法取得‘新火’。”②

① 以上参阅汪宁生《云南少数民族的原始取火方法》，载于中国人类学会编《人类学研究》，中国社会科学出版社1984年版，第264—274页。

② 陈卫东、王有明编著《佤族风情》，云南民族出版社1993年版，第332页。

22. 汉代献食、持瓶、舂米女俑(重庆化龙桥东汉墓出土陶器)〔采自《中国古俑白描》〕

以上佤族改火巫术的实施,还配合着占卜巫术,“以占卜来年的火情”;其后又谈到要配合祭祀巫术,如说:“在祭社之前,通常要先举行‘维’即祛除仪式。意思是先‘祛除邪恶,才能带来吉利’。其规矩是:由一位老人把一只小白鸡活活绑在桃树枝、大把树枝和扫把草扎成的草束上,拖着鸡在寨子里到处喊叫,检查有没有人乱搞不正当的男女关系。如果有,则要罚他们‘扫寨’。祛除邪恶后,祭社才会带来吉利。”①由此可见,佤族的改火巫术,是和占卜巫术、祭祀巫术结合着进行的,是其明显的特点。

(五) 高山族丧俗中“改火换水”。在台湾东部纵谷平原生活的高山族卑南人中,还保留改火遗俗。陈国强、田富达著《高山族》十《卑南人》称:“人死后,由家人及近亲装殓。长者为主丧人,先以一个槟榔放在死者的右手中,移尸至中柱下,将上下肢屈曲于胸前,以布包裹后背靠中柱,接受亲友告别吊祭。在室内挖墓穴,置尸入穴内,头朝西,面朝上,死者衣服饰物都放在墓内;男性放腰刀,女性放锄头,然后覆盖严实。死者配偶移床在墓上,与尸体相反的方向睡觉。翌日,请女巫‘改火换水’(即重新生火装水),表示开始新生活。第三天,凡参加葬礼的亲属,以茅草浸水,洒在各人身上除秽,当夜请女巫做驱灵祭。”②由女巫执行改火巫术,是高山族改火保留原始性的特点。

综上所述,现代各少数民族送火鬼等巫术活动的主要目的是消灾求福,与古代改火巫术的“去兹毒”、“救时疾”的目的相同,故知各少数民族改火巫术是古代改火巫术的延续与遗留。高山族改火巫术融入葬俗,却是改火巫术中十分特殊的形态。

---

① 陈卫东、王有明编著《佤族风情》,云南民族出版社 1993 年版,第 332 页。
② 陈国强、田富达著《高山族》,民族出版社 1988 年版,第 92 页。

第十五章　魏晋时代巫术

东汉后期(约公元二世纪),道教开始形成。太平道传播在青、徐、幽、冀、荆、扬、兖、豫八州,五斗米道活动在益州的巴蜀及汉中地区。起始时,道教和民间原始宗教信仰及“鬼道”巫术活动关系密切,巫文化得以发展;太平道发动黄巾起义,遂形成燎原之势。于是整个东汉王朝陷入空前混乱的军阀大战中,过渡到三国时代。

第一节　董卓、曹操、孙权信巫及其影响

魏晋巫术的特点是巫师与官府勾结。西凉军阀董卓军中有巫师频繁活动,巫师和政治阴谋紧密交织在一起,致使危机四伏。南朝宋刘义庆撰《幽明录》卷二《都言》载:

> 董卓信巫,军中常有巫都言,祷求福利。言一日从卓求布,仓卒无布,有手巾。言曰:“可用耳。”取便书巾上,如作两口,一口大,一口小,相累。以举谓卓曰:“慎此也!”卓后为吕布所杀,后人则知况(咒)吕布也。①

1. 变形四叶兽首镜(三国魏时期)〔裘士京编著《铜镜》,黄山书社 1995 年版,第 34 页。下同〕

从此奸邪之徒利用巫术专干坏事成了气候。

根据晋陈寿撰《三国志·董卓传》注引《英雄记》载,司徒王允、尚书仆射士孙瑞和吕布三人合谋杀掉董卓以前,“时有谣言曰:‘千里草,何青青,十日卜,

① (南朝宋)刘义庆撰,郑晚晴辑注《幽明录》卷二,文化艺术出版社 1988 年版,第 45 页。

犹不生。'又作《董逃》之歌。又有道士书布为'吕'字以示卓，卓不知其为吕布也"[①]。这个所谓"道士"，根据《幽明录》所载实际是巫师都言，董卓并没有听懂巫师都言的谶语，所以这才导致为吕布所杀。

董卓的女婿中郎将牛辅也笃信巫术，更加蔓延了屠杀的恐怖气氛。《三国志·董卓传》注引《魏书》说，董卓被部下吕布所杀，牛辅草木皆兵，常把辟兵符，并将斩人刑具——鈇锧放在身边自卫。中郎将董越来见牛辅，牛辅也杯弓蛇影，先命巫人筮之《易》卜，得兑下离上，巫人认为："火胜金，外谋内之卦也。"牛辅遂拿出鈇锧把董越杀死了。而这个倒霉的被杀中郎将董越也是一个笃信巫术之人，据《三国志·董卓传》注引《献帝纪》记载："筮人常为越所鞭，故因此以报之。"[②]他自己身边的筮人经常被鞭打，所以当时人认为董越被杀简直是报应。

汉魏之际流行符劾巫术。《后汉书·方术传·解奴辜》曰："又河南有曲圣卿，善为丹书符劾，厌杀鬼神而使命之。……初，章帝时有寿光侯者，能劾百鬼众魅，令自缚见形。"[③]符劾即用克制鬼神的符咒，由巫师发出使命，令鬼神见形，是一种黑巫术。巫师根据主人旨意，选中目标人，认定他为内鬼，毁坏其形象，最终加害之。此种符劾术在擅权董卓时又现。《三国志·董卓传》言，董卓女婿牛辅手下有个官叫李傕，爱搞符劾术。裴松之注引晋袁晔《献帝起居注》曰：

> 傕性喜鬼怪左道之术，常有道人及女巫歌讴击鼓下神，祠祭六丁，符劾厌胜之具，无所不为。又于朝廷省门外，为董卓作神坐，数以牛羊祠之，讫，过省阁问起居，求入见。[④]

作符劾术，先由道人(巫师)及女巫讴歌击鼓跳神，又祭祠六丁六甲神，还有符劾厌胜之巫术器具，简直是无所不为。李傕又在董卓立的那个朝廷的门外，为朝廷安置所谓厌胜"神坐"，摆起了牛羊肉来作巫术祭祠。李傕身揣三把刀，一手拿鞭，一手执匕首。侍中、侍郎见李傕这样全副武装，都甚为惶恐，自己也随身带着剑、拿着刀，而且抢先站立在献帝之侧来做"保卫"。特别是李傕被拜为大司马，自以为位在三公之右，又自以为这全是得符劾巫术鬼神之力，回军中就厚赐几位巫师。当时汉献帝正是在这种巫术加恐怖的状态下生活，那简直不

---

① (晋)陈寿撰《三国志》卷六，中华书局1959年版，第179页。
② (晋)陈寿撰《三国志》卷六，中华书局1959年版，第181页。
③ (南朝宋)范晔《后汉书》卷八二下，中华书局1965年版，第2749页。
④ (晋)陈寿撰《三国志》卷六，中华书局1959年版，第184页。

是人过的日子。①

2. 魏太祖曹操像〔采自《三才图会》〕

魏太祖曹操就不一样了。在镇压了黄巾起义之后,《三国志·武帝纪》注引王忱《魏书》说他大力"除奸邪鬼神之事,世之淫祀由此遂绝"②。曹操表面上反巫,实际上却是信巫的,特别是重用与优待米巫张鲁便是明证。但总的情况并不严重,他另有考虑,与其儒家思想合拍。③ 据《三国志》卷八《张鲁传》载:"鲁遂据汉中,以鬼道教民,自号'师君'。其来学道者,初皆名'鬼卒'。"④《三国志》卷八又载:

> 建安二十年(215),太祖(曹操)乃自散关出武都征之,至阳平关。……左右欲悉烧宝货仓库,鲁曰:"本欲归命国家,而意未达。今之走,避锐锋,非有恶意。宝货仓库,国家之有。"遂封藏而去。太祖入南郑,甚嘉之。又以鲁本有善意,遣人慰喻。鲁尽将家出,太祖逆拜鲁镇南将军,待以客礼,封阆中侯,邑万户。封鲁五子及阎圃等皆为列侯。⑤

曹操将米巫张鲁封为万户侯,又封鲁五子等为列侯,说明他体恤善心,但南朝宋裴松之注《三国志》时说:"臣松之以为张鲁虽有善心,要为败而后降,今乃宠以万户,五子皆封侯,过矣。"⑥

3. 三国吴分段式重列神兽镜(一)

曹操尊重民间信仰自由,使道教发展,其时民间巫术一度被道教吸收,是一个明显特征。賨人好鬼巫,当时是民间巫术与张鲁五斗米道的结合。晋常璩撰《华阳国志》卷九《李特》云:"李特,字玄休,略阳临渭人也。祖世本巴西宕渠賨民,种党劲勇,俗好鬼巫。汉末,张鲁居汉中,以鬼道教百姓,賨人敬信。值天下大乱,自巴西之宕渠移入汉中。"⑦

但曹操笼络鬼巫,又有他政治上的考虑,笼络賨人李

---

① (晋)陈寿撰《三国志》卷六,中华书局1959年版,第184页。
② (晋)陈寿撰《三国志》卷一,中华书局1959年版,第4页。
③ 请参阅高国藩《论曹操诗歌及其儒家思想》,载《宁夏师范学院学报》2011年第2期。
④ (晋)陈寿撰《三国志》卷八,中华书局1959年版,第263页。
⑤ (晋)陈寿撰《三国志》卷八,中华书局1959年版,第264—265页。
⑥ (晋)陈寿撰《三国志》卷八,中华书局1959年版,第265页。
⑦ (晋)常璩撰《华阳国志》卷九,景印文渊阁《四库全书》第463册,第222页。

特部落也是如此。据唐房玄龄等撰《晋书·李特传》:“李特字玄休,巴西宕渠人,其先廪君之苗裔也。……汉末,张鲁居汉中,以鬼道教百姓,賨人敬信巫觋,多往奉之。值天下大乱,自巴西之宕渠迁于汉中杨车坂,抄掠行旅,百姓患之,号为杨车巴。魏武帝克汉中,特祖将五百余家归之,魏武帝拜为将军,迁于略阳,北土复号之为巴氐。”①曹操所为主要着眼于安定北迁的西南少数民族,不管信巫与否,起到招安作用总于安定有利,这也是曹操儒家思想之流露。

魏文帝曹丕继位后,反对民间巫术。《三国志·魏书·文帝纪》载,曹丕曾正式下诏说:“先王制礼,所以昭孝事祖,大则郊社,其次宗庙,三辰五行,名山大川,非此族也,不在祀典。叔世衰乱,崇信巫史,至乃宫殿之内,户牖之闲,无不沃酹,甚矣其惑也。自今,其敢设非祀之祭,巫祝之言,皆以执左道论,著于令典。”②到魏明帝曹叡时情况有了变化,禁令松动,曹叡虽在青龙元年(233)重申“诏诸郡国,山川之不在祠典者勿祠”,但在青龙三年曾做了一件出尔反尔的纳巫又杀巫的事。《三国志》卷三载:“初,青龙三年中,寿春农民妻自言为天神所下,命为登女,当营卫帝室,蠲邪纳福。饮人以水,及以洗疮,或多愈者。于是立馆后宫,下诏称扬,甚见优宠。及帝疾,饮水无验,于是杀焉。”③这实际上已经起了纵巫作用。

曹丕早年曾著有《列异传》笔记小说,载有魏晋年间民间传说,与符箓巫术甚有关系。《隋书·经籍志》杂传类著录为三卷。此书至五代时已有散失,《旧唐书·经籍志》改题张华撰,三卷,但至宋初又有散失;《新唐书·艺文志》著录为一卷。但由于南朝宋裴松之《三国志注》和北魏郦道元撰《水经注》多有征引,则为魏晋人作无疑。《列异传》中变蛇巫术引人注目,“鲁少千”条云:

4. 三国吴分段式重列神兽镜(二)

> 鲁少千者,得仙人符。楚王少女为魅所病,请少千。少千未至数十里止宿,夜有鳖盖车从数千骑来,自称伯敬,候少千。遂请内酒数榼,肴馔数案。临别言:“楚王女病,是吾所为。君若相为一还,我谢君二十万。”千受钱,即为还,从他道诣楚,为治之。于女舍前有排户者,但闻云:“少千欺汝翁!”遂有风声西北去,视处有血满盆。女遂绝气,夜半乃苏。王使人寻风,

① (唐)房玄龄等撰《晋书》卷一二〇,中华书局1974年版,第3021—3022页。
② (晋)陈寿撰《三国志》卷二,中华书局1959年版,第84页。
③ (晋)陈寿撰《三国志》卷三,中华书局1959年版,第114页。

于城西北得一蛇，长数丈，小蛇千百伏死其旁。后诏下郡县，以其月日，大司农失钱二十万，太官失案数具。少千载钱上书，具陈说。天子异之。[①]

鲁少千者，乃西汉著名道士。晋干宝撰《搜神记》曰："鲁少千者，山阳人也。汉文帝尝微服怀金过之，欲问其道。少千拄金杖，执象牙扇，出应门。"[②]少千通过仙人符箓巫术，大发其财，拄金拐杖，执象牙扇，非常气派。

建安时代不仅曹氏父子喜好巫术，连大臣也爱巫术。《三国志·常林传》裴注引《魏略》载丞相府大臣时苗以模仿巫术来令人戒酒事："时苗字德胄，巨鹿人也。少清白，为人疾恶。建安中，入丞相府。出为寿春令，令行风靡。扬州治在其县，时蒋济为治中。苗以初至往谒济，济素嗜酒，适会其醉，不能见苗。苗恚恨还，刻木为人，署曰'酒徒蒋济'，置之墙下，旦夕射之。州郡虽知其所为不恪，然以其履行过人，无若之何。又其始之官，乘薄笨车，黄牸牛，布被囊。居官岁余，牛生一犊。及其去，留其犊，谓主簿曰：'令来时本无此犊，犊是淮南所生有也。'群吏曰：'六畜不识父，自当随母。'苗不听，时人皆以为激，然由此名闻天下。还为太官令，领其郡中正，定九品，于叙人才不能宽，然纪人之短，虽在久远，衔之不置。如所忿蒋济者，仕进至太尉，济不以苗前毁己为嫌，苗亦不以济贵更屈意。为令数岁，不肃而治。"[③]可能蒋济自时苗施行巫术后果然戒了酒，故升官太尉，尊与丞相等，居然不怪罪时苗。不过戒酒是白巫术，并未引起不良后果。

5. 敦煌木简符箓〔采自《汉晋西陲木简汇编·二编》，第45页〕

魏时，道教符箓巫术在甘肃有流传。民国间张凤编《汉晋西陲木简汇编·二编》有敦煌出土的木简符箓一枚，其木简正面文字有"先师敕令三天贵龙星镇定空炁安"等字。陈槃《敦煌木简符箓试释》考定为魏景元四年(263)道教木简。东夷各族也时兴信仰鬼神。《三国志·魏书·东夷传》载，当时沃沮流行有战国时代西门豹"河伯娶妇"类模仿巫术："(北沃沮)东得一岛，上有人，言语不相晓，其俗常以七月取童女沈海。"[④]

① (魏)曹丕撰，郑学弢校注《列异传》，文化艺术出版社1988年版，第13—14页。
② (晋)干宝撰，汪绍楹校注《搜神记》卷一，中华书局1979年版，第6页。
③ (晋)陈寿撰《三国志》卷二三，中华书局1959年版，第662—663页。
④ (晋)陈寿撰《三国志》卷三〇，中华书局1959年版，第847页。

如果我国战国时流行此俗确是在山东半岛的话，那里与朝鲜半岛仅一水之隔，互相应有联系与影响。

6. 吴大帝像〔采自《三才图会》〕

东夷族的巫师，称呼有些不同。《三国志·魏书·东夷传》云："(马韩)信鬼神，国邑各立一人主祭天神，名之天君。"又云天君"立大木，悬铃鼓，事鬼神"。可见天君实际上就是当时朝鲜半岛的巫师，是他来沟通人与鬼神之来往。

吴大帝孙权也信巫，有病时即找巫师看病，但很节制。南朝宋刘义庆撰《幽明录》载："孙权病，巫启云：'有鬼著绢巾，似是故将相。呵叱初不顾，径进入宫。'其夜，权见鲁肃来，衣巾悉如其言。"①说明孙权相信巫师之言，但并未寻巫开巫术药方。他的第六子孙休依然找巫觋看病，但也很谨慎。《三国志·吴书·赵达传》注引孙盛曰："吴景帝有疾，求觋视者，得一人。景帝欲试之，乃杀鹅而埋于苑中，架小屋，施床几，以妇人屐履服物著其上，乃使觋视之。告曰：'若能说此冢中鬼妇人形状者，当加赏而即信矣。'竟日尽夕无言，帝推问之急，乃曰：'实不见有鬼，但见一头白鹅立墓上，所以不即白之，疑是鬼神变化作此相，当候其真形而定。无复移易，不知何故，不敢不以实上闻。'景帝乃厚赐之。然则鹅死亦有鬼也。"②孙休把巫觋考察一番后理性地未加重用，而不像曹丕那样残忍地杀掉巫觋。

7. 晋驿使(嘉峪关晋墓画像砖，驿使头戴驿使冠)〔采自《中国古代服饰史》〕

三国吴时，民间巫术活动始终没有停止过。有个叫王亮的人利用巫术企图当皇帝。《三国志·吴书·三嗣主传孙休》曰："会稽郡谣言王亮当还为天子，而亮宫人告亮使巫祷祠，有恶言。有司以闻，黜为候官侯，遣之国。道自杀，卫送者伏罪。"③幸好有司当机立断没有产生大乱，而孙亮皇帝没有当成却送了性命。

民间巫师参与了晋代政治斗争。据唐房玄龄等撰《晋书》卷五九《赵王伦传》载，司马伦和孙秀都曾经"并惑巫鬼，听妖邪之说"，"拜道士胡沃为太平将军，以招福祐。(孙)秀家日为淫祀，作厌胜之文，使巫祝选择战日。又令近亲于嵩山著羽衣，诈称仙人王乔，作神仙书，述伦祚长久以惑

① (南朝)宋刘义庆撰，郑晚晴辑注《幽明录》卷四《鲁肃》，文化艺术出版社1988年版，第133页。

② (晋)陈寿撰《三国志》卷六三，中华书局1959年版，第1424页。

③ (晋)陈寿撰《三国志》卷四八，中华书局1959年版，第1158—1159页。

众”①。这又揭开了晋代新一轮的巫术斗争。

晋代巴蜀陈瑞倡导的道教，也是民间巫术之衍化。晋常璩撰《华阳国志》卷八《大同志》载：“咸宁三年(277)春，(益州)刺史(王)濬诛犍为民陈瑞。瑞初以鬼道惑民。一(其)道始用酒一斗、鱼一头，不奉他神，贵鲜洁。”②民间巫师行巫术通常是讲术而不道神名，可见陈瑞“鬼道”是从民间巫道而来，连当时统治者王濬也看出了这一点，故杀之以绝后患，“又禁民作巫祀，于是俗无淫祀之俗，教化大行”③。晋代显然延续了三国时代统治阶级压制道教发展的策略，主要是怕不法者利用其造反，这同时也抑制了与道教关联的巫术的发展。

晋代民间还流行过巫师也要下地狱受到审判和惩罚的故事。如南朝宋刘义庆撰《幽明录》卷五《舒礼》条云：“巴丘县有巫师舒礼，晋永昌元年病死，土地神将送诣太山。俗常谓巫师为道人，初过冥司福舍前，土地神问门吏：‘此云何所？’门吏曰：‘道人舍也。’土地神曰：‘舒礼即道人。’便以相付。礼入门，见千百间屋，皆悬帘置榻，男女异处。有念诵者、呗唱者，自然饮食，快乐不可言。礼名已送太山而身不至。……忽见一人，八手四眼，提金杵逐礼。礼怖走出，神已在门外，遂执礼送太山。太山府君问礼：‘卿在世间何所为？’礼曰：‘事三万六千神，为人解除、祠祀。’府君曰：‘汝佞神杀生，其罪应重，上热熬！’付吏牵去。礼见一物，牛头人身，持铁叉，捉礼投铁床上，身体焦烂，求死不得。经累宿，备极冤楚。府君问主者，知礼寿未尽，命放归。仍诫曰：‘勿复杀生淫祀！’礼既活，不复作巫师。”④

8. 羽人〔张朋川《酒泉丁家闸古墓壁画艺术》，《文物》1979年第6期。〕

巴丘县，故址在今江西省峡江县；永昌元年，即公元322年，是晋元帝司马睿之时，时届东晋之初，故知此故事出自东晋之江西。前述“自然饮食”之处，显系道教的理想之境，后述牛头人身之物、投铁床热熬等地狱之事，与《目连变》相仿佛，又显系来自佛教的地狱观念。整个故事反映了宗教发展带来的对民间巫师与巫术的打击与排斥。杀牲祭祀，是古代巫师主要的特征，道教与佛教那种“不许杀生”的宗教教律，最终站在民间巫师的对立面，对杀生加以抨击，并将巫师投入神的审判。

---

① (唐)房玄龄等撰《晋书》卷五九，中华书局1974年版，第1601—1603页。

② (晋)常璩撰《华阳国志》卷八，景印文渊阁《四库全书》第463册，第210页。

③ (晋)常璩撰《华阳国志》卷八，景印文渊阁《四库全书》第463册，第211页。

④ (南朝宋)刘义庆撰，郑晚晴辑注《幽明录》卷五，文化艺术出版社1988年版，第170—171页。参校《太平广记》卷二八三，中华书局1961年版，第2253页。

在晋代，也广泛流传着巫师预言灵验的传闻，大有“阎王叫你三更死，不会留你到五更”之神通。南朝宋刘义庆撰《幽明录》卷五《李巫》条云：

> 太元年中，临海有巫李，不知所由来。能卜相，作水符治病多愈，亦礼佛读经。语人云：“明年天下当大疫，此境尤剧。又二纪之后，此邦之西北大郡，僵尸横路。”时汝南周叔道罢临海令，权停家。巫云：“周令今去不宜南行，必当暴死。”便指北山曰：“后二十日此山应有异，则其事彰也。”后十日余，大石夜颓落百丈，砰磕若雷。庾楷为临海太守，过诣周，设馔作伎。至夜，庾还舫中。天晓，庾自披屏风，呼：“叔道，何痴不起！”左右抚看，气绝久矣。到明年，县内病死者数千人。《太平御览》卷七三五。①

“太元”之年号，历史上凡三见：一为三国吴大帝孙权之年号，时当公元251—252年；二为十六国前凉张骏之年号，时当公元324—346年；三为东晋孝武帝司马曜之年号，时当公元376—396年。文中“太元”指的是东晋，因其中庾楷为庾亮之孙，为桓玄所杀。桓玄为桓温之子，是晋明帝之女婿。桓玄生活于公元369—404年之间，故此为东晋巫师传闻无疑。

当时还有巫师预言“殃杀”的灵验故事，《太平广记》卷三一八引《稽神录》云：“彭虎子，少壮有膂力，常谓无鬼神。母死，俗巫诫之云：‘某日殃煞当还，重有所杀，宜出避之。’合家细弱，悉出逃隐，虎子独留不去。夜中，有人排门入，至东西屋。觅人不得，次入屋，向庐室中。虎子遑遽无计，床头先有一瓮，便入其中，以板盖头。觉母在板上。有人问：‘板下无人耶？’母云：‘无。’相率而去。”②“殃杀”即“眚神”，古人以为人死后，短期内便会有殃杀临丧家，故家人需回避，均为巫师妄言。

魏晋时亦见巫师与官府勾结。《晋书》载：“石邃保母刘芝初以巫术进，既养邃，遂有深宠，通贿赂，预言论，权倾朝廷，亲贵多出其门，遂封芝为宜城君。”③刘芝被封为宜城君，与其进巫术、通贿赂、搞预言巫术有关。

---

① （南朝宋）刘义庆撰，郑晚晴辑注《幽明录》卷五，文化艺术出版社1988年版，第163页。参校《太平御览》卷七三五，中华书局1960年影印本，第3258—3259页。

② （宋）李昉撰，汪绍楹点校《太平广记》卷三一八《鬼三・彭虎子》，中华书局1961年版，第2521页。

③ （唐）房玄龄等撰《晋书》卷一〇六《载记第六・石季龙上》，中华书局1974年版，第2763页。

第二节　魏晋时代交感巫术

一　头发巫术

魏晋年间，人们对于头发依然爱重。陶侃入仕即因"陶母截发"（见《龙文鞭影》卷下）。《晋书》卷六六《陶侃传》曰："侃早孤贫，为县吏。鄱阳孝廉范逵尝过侃，时仓卒无以待宾，其母乃截发得双髲，以易酒肴，乐饮极欢，虽仆从亦过所望。及逵去，侃追送百余里。"①后来陶侃被庐江太守张夔"称美"，召为督邮，领枞阳令。这是陶母截发引出的美差。

9. 晋顾恺之绘《女史箴图》(一)〔采自《中国古代服饰史》〕

魏晋头发巫术流变最显著的特征，是与梦兆的结合。

1.《列子·周穆王篇》云："飞鸟衔发则梦飞。"晋张湛注："此以物类致感。"②

2. 晋张华《博物志》卷一〇云："鸟衔人之发，梦飞。"③

这是一种奇特的毛发巫术想象。由于鸟衔着人的头发飞，因而此人在夜里做梦化为羽人，梦见自己也在飞。在魏晋年间巫术中，有一些动物作怪而喜欢咬走人的发髻的传说故事，实际是从当时《狸髡》故事衍化而来，也是从巫术观念出发所引出的故事。因为从一个人的头发代表一个人的生命之巫术观念而言，头发便是生命之象征，奇异情节由此而出。

1. 魏时的《狸髡》故事。曹丕的《列异传》云："汝南北部督邮西平刘伯夷，有大才略。案行到惧武亭夜宿。或曰：'此亭不可宿。'伯夷乃独往宿，去火，诵《诗》、《书》五经讫，卧。有顷，转东首，以絮巾结两足，以帻冠之，拔剑解带。夜时有异物稍稍转近，忽来覆伯夷。伯夷屈起，以袂掩之，以带系魅。呼火照视之，得一老狸，色赤无毛，持火烧杀之。明日，发视楼屋间，见魅所杀人发髻数百枚，于是亭遂清静。旧说：狸髡千人，得为神也。"④为什么狸咬去发髻便引起"杀人"惨祸？似由于头发巫术观所引起的人的精神崩溃所致。

2. 魏晋年间的《发妖》故事，也是从头发巫术中衍化出来的。原文云："晋安

---

① （唐）房玄龄等撰《晋书》卷六六，中华书局1974年版，第1768页。

② （周）列御寇撰，（晋）张湛注，（唐）殷敬顺释文《列子》卷三，上海古籍出版社1986年影印《二十二子》本，第204页。

③ （晋）张华撰，范宁校证《博物志校证》，中华书局1980年版，第110页。

④ （魏）曹丕撰，郑学弢校注《列异传》，文化艺术出版社1988年版，第32页。

帝义熙年（约405），琅邪费县王家恒失物，谓是人偷。每以扃钥为意，而零落不已。见宅后篱一孔穿，可容人臂，滑泽，试作绳罝，施于穴口。夜中闻有摆扑声，往掩得大发，长三尺许，而变为蟮，从此无虑。”[①]这样将头发神怪化，乃产生于古人对头发的巫术神秘感。

由于《孝经》说“身体发肤，受之父母”，因此中国人在父母逝世后，对于头发就要进行一些巫术式的处理，这使头发巫术与丧俗发生了密切的关系。人死，要将其手巾、椢、头发、指甲埋入墓中。

《仪礼·士丧礼》云：“巾椢鬊蚤埋于坎。”[②]陆德明《释文》云：“鬊音舜，刘（道拔）又音旬，乱发也。”蚤即爪（指甲）。《礼记·丧大记》亦云：“君、大夫鬊、爪，实于绿中，士埋之。”郑玄注云：“绿当为角，声之误也，角中谓棺内四隅也。鬊，乱发也。将实爪发棺中，必为小囊盛之，此绿或为篓。”孔颖达疏云：“正义曰：此一节明鬊、爪之异。实于绿中者，绿即棺角也，其死者乱发及手足之爪，盛于小囊，实于棺角之中。士埋之者，士贱亦有物盛发爪而埋之。”[③]掩埋发爪于墓中，自然也是发爪巫术之表现。由上可知，此俗分等级在先秦就已经颇为流行了。

中古以后，这种头发巫术衍化出的丧俗继续流行。在《吐鲁番出土文书》中，我们发现该地区在东晋到唐代的漫长岁月里，有一种头发随葬的奇特风俗，它可以说是头发巫术衍化的新形态。资料见于《吐鲁番出土文书》第一册。

阿斯塔那三〇五号墓是前秦建元二十年（384）所造，时当东晋孝武帝司马曜太元九年，此墓出土的《缺名随葬衣物疏一》中就有“绛结发两枚”[④]的记载。所谓“绛结发”是扎着绛色彩线的发结。同墓出土的《缺名随葬衣物疏二》中，也有“结发一枚”[⑤]的记载，这是最早见到的吐鲁番头发随葬的记载。时当4世纪80年代。

进入5世纪，头发随葬也再有所见，阿斯塔那一号墓出土的《西凉建初十四年（公元四一八年）韩渠妻随葬衣物疏》中，就有“故紫结发”[⑥]之记载。加“故”就表示是人死后剪下的紫线扎的发结。以上不加“故”，则表示在生前已剪下的发结。

阿斯塔那五九号墓是起北凉神玺三年（399）止玄始十二年（423）之墓，此墓

---

① （宋）李昉撰，汪绍楹点校《太平广记》卷四七三，中华书局1961年版，第3899页。

② （汉）郑玄注，（唐）贾公彦疏《仪礼注疏》卷三六，中华书局1980年影印阮元校刻《十三经注疏》本，第1135页。

③ （汉）郑玄注，（唐）孔颖达等正义《礼记正义》卷四五，中华书局1980年影印阮元校刻《十三经注疏》本，第1583页。

④ 国家文物局古文献研究室等编《吐鲁番出土文书》第一册，文物出版社1981年版，第10页。

⑤ 国家文物局古文献研究室等编《吐鲁番出土文书》第一册，文物出版社1981年版，第9页。

⑥ 国家文物局古文献研究室等编《吐鲁番出土文书》第一册，文物出版社1981年版，第14页。

出土的《北凉缺名随葬衣物疏》中，有“彭清（绮）结发一枚，紫结发一枚”①之记载。

哈拉和卓九九号墓出土的《建平六年（403）张世容随葬衣物疏》中，有“故绯结发一枚、故绀绮结发一枚”②之记载。“张世容”显然为一男性之名，他戴的是“绯结发”，“绯”者，红色；又有“绀绮”结发，绀为深青透红之色，绮亦为赤红色。《左传·定公四年》有“绮茷”词，疏云：“绮是染赤之草。……绮茷是大赤，大赤即今之红旗。”③所以绯绀绮俱为红色，唐制文武官员四五品均服深绯与浅绯，以上发结均为配合官服而戴。

二　指甲巫术

魏晋年间曾有传说，神仙都留有长指甲，神仙麻姑手指甲有四寸长，是超记录的。魏曹丕撰《列异传》云：“神仙麻姑降东阳蔡经家，手爪长四寸。经意曰：‘此女子实好佳手，愿得以搔背。’麻姑大怒，忽见经顿地，两目流血。”④

10. 麻姑仙人〔采自《道教神仙信仰》〕

11. 晋顾恺之绘洛神飞天图（故宫博物院藏品）〔采自《中国古代服饰史》〕

神仙手指甲长可能是用来施巫术的，道家看得很重要，冒犯了神仙的指甲，也等于污辱了神仙本人。麻姑指甲四寸长，蔡经想请她给他抓痒，他还未说出，只是头脑中有这个意思，就被施术倒地，“两目流血”，指甲之重要于此可见。这是一个魏晋年间神秘的指甲交感巫术的故事。

① 国家文物局古文献研究室等编《吐鲁番出土文书》第一册，文物出版社1981年版，第31页。

② 国家文物局古文献研究室等编《吐鲁番出土文书》第一册，文物出版社1981年版，第184页。

③ （晋）杜预注，（唐）孔颖达等正义《春秋左传正义》卷五四，中华书局1980年影印阮元校刻《十三经注疏》本，第2134页。

④ （魏）曹丕撰，郑学弢校注《列异传》，文化艺术出版社1988年版，第18页。

在东晋十六国时，吐鲁番地区流行一种手指甲与脚指甲随葬的风俗，是古代指甲巫术重要的发展形态。

阿斯塔那三〇五号墓是前秦建元二十年(384)的墓，此墓出土的《缺名随葬衣物疏一》，其中就有"手脚爪囊各一枚"①的记载。这说明，老人辞世前后，人们剪下他的手脚指甲分别装入小囊中一起随葬。

从此墓《缺名随葬衣物疏二》中又可见，有"帛縺(练)脚爪囊"②的记载，这又说明装死者指甲的小袋异常尊贵而被看重，于是人们用质地最好的丝制品来制作。

阿斯塔那五九号墓，是起北凉神玺三年(399)止玄始十二年(423)之墓，此墓出土的《北凉缺名随葬衣物疏》中，也有"手爪囊一枚"、"脚爪囊一枚"③的记载，这说明死者手指甲与脚指甲是分别装入两个小袋之中的。

阿斯塔那六二号墓是北魏太延二年(436)之墓，此墓《北凉缘禾五年(436)随葬衣物疏》中，也有"手爪囊一枚"④的记载。

哈拉和卓九一号墓是起西凉建初四年(408)止缘禾五年(436)之墓，此墓出土《北凉缺名随葬衣物疏》中，也有"手抓(爪)囊各一枚，脚抓(爪)囊各一枚"⑤的记载。

阿斯塔那二号墓是北凉缘禾六年(437)之墓，此墓出土的《北凉缘禾六年翟万随葬衣物疏》中，也有"故手爪囊一枚"⑥的记载。

12. 晋人骑乐陶俑(湖南长沙金盆岭十六号西晋永宁二年墓出土青釉)〔采自《中国古俑白描》〕

哈拉和卓九九号墓是建平六年之墓，其准确公元年代难以确定，因西汉哀帝刘欣，十六国后赵石勒、西燕慕容瑶、后燕慕容盛、南燕慕容德、白亚栗斯、刘虎(北朝)、刘义宣(南朝)、元愉(北朝)等人都使用过建平年号，今取后燕慕容盛公元398年称"建平"为准，建平六年当是公元403年。此墓出土的《建平六年张世容随葬衣物疏》中，也有"指抓(爪)囊一枚"的记载，这是在死者生前剪下的手指甲，所以不加"故"字；此墓出土的《荷长资父母墟墓随葬衣物疏》中写到"故手

① 国家文物局古文献研究室等编《吐鲁番出土文书》第一册，文物出版社1981年版，第9页。
② 国家文物局古文献研究室等编《吐鲁番出土文书》第一册，文物出版社1981年版，第10页。
③ 国家文物局古文献研究室等编《吐鲁番出土文书》第一册，文物出版社1981年版，第31页。
④ 国家文物局古文献研究室等编《吐鲁番出土文书》第一册，文物出版社1981年版，第98页。
⑤ 国家文物局古文献研究室等编《吐鲁番出土文书》第一册，文物出版社1981年版，第111页。
⑥ 国家文物局古文献研究室等编《吐鲁番出土文书》第一册，文物出版社1981年版，第176页。

爪囊各一枚”①,即为死者在死后剪下的手指甲了。

三　牛鱼占巫术

魏晋时代巫师对鱼巫术也有奇特的构想,鱼巫术多半是根据鱼的特性实施。当时出现了一种牛鱼,体型像水牛那样大。《太平御览》卷九三九引三国吴沈莹《临海异物志》云:“牛鱼,形如犊子,毛色青黄,好眠卧,人临上,及觉,声如大牛,闻一里。”②这种牛鱼不仅有毛,还能上岸与牛相斗。清屈大均著《广东新语》卷二一《牛》条云:“西江有潜牛,牛身鱼尾,能上岸与牛相斗,角软,入水既坚复出。牧者歌云:‘毋饮江流,恐遇潜牛。’”③牛鱼毛皮可作饰物。《太平御览》卷九三九引《魏武四时食制》云:“海牛鱼,皮生毛,可以饰物,出扬州。”④可能由于捕杀过量,牛鱼绝迹,现在只剩下牛鱼测潮的巫术回忆了。

由于牛鱼皮毛对海水有魔力,故能交相感应测潮水涨落。在魏晋时代便出现了“鱼皮测潮”巫术。晋张华撰《博物志》卷三《异鱼》条云:“东海有半体鱼,其形状如牛,剥其皮悬之,潮水至则毛起,潮去则毛伏。”⑤

四　丹鱼血巫术

在晋代的时侯,还有一种颇为有名的丹鱼血巫术,这是当时交感巫术中十分奇特的一种巫术。这种巫术的基本内容是:用丹鱼的血涂在人的脚上,由于丹鱼会游水,它的血对人有交感巫术力,使人能在水上行走,甚至能像鱼一样长久地居住于水中。晋葛洪撰《抱朴子》内篇卷四《金丹》云:“天下诸水,有名丹者,有南阳之丹水之属也。其中皆有丹鱼,常先夏至十日夜伺之,丹鱼必浮于水侧,赤光上照,赫然如火也。网而取之,可得之。得之虽多,勿尽取也。割其血,涂足下,则可步行水上,长居渊中矣。”⑥

13. 酒泉丁家闸晋墓画〔采自《敦煌研究文集》〕

此巫术见载于晋代葛洪著的道书《抱朴子》中,故其为道教的巫术传闻。

---

① 国家文物局古文献研究室等编《吐鲁番出土文书》第一册,文物出版社 1981 年版,第 184—185 页。

②④ (宋)李昉等撰《太平御览》卷九三九《鳞介部十一·牛鱼》,中华书局 1960 年影印本,第 4171 页。

③ (清)屈大均著《广东新语》卷二一,中华书局 1985 年版,第 534 页。

⑤ (晋)张华撰,范宁校证《博物志校证》卷三,中华书局 1980 年版,第 38 页。

⑥ (晋)葛洪撰《抱朴子》,上海古籍出版社 1990 年影印《诸子百家丛书》本,第 29 页。

五　脚印巫术

魏晋的时候，脚印交感巫术有比较大的发展，究其原因，是宗教作为了其发展的媒介。它上承我国原始时代之脚印巫术，下启明清时代的脚印巫术，承上启下的意义显著。

佛教自东汉时期传入我国以后，其意识渗入了中国脚印巫术之中。原始的生育性特点被崇拜释迦牟尼的神性特点所替代，巨人的脚印转变成了释迦牟尼的脚印。佛的脚印巫术传说比比皆是，这在魏晋年间的文献中已经有记载。章巽校注《法显传校注》云："佛遗足迹于此（即乌苌国）。迹或长或短，在人心念，至今犹尔。"①

北魏杨衒之撰《洛阳伽蓝记》卷五云："（乌长国）王城（北）八十里，有如来履石之迹，起塔笼之。履石之处，若水践泥，量之不定，或长或短。今立寺，可七十余僧。"②北魏郦道元撰《水经注》卷二《河水》注云："在道一月五日，得达于阗。其国殷庶，民笃信，多大乘学，威仪齐整，器钵无声。城南十五里，有利刹寺，中有石靴，石上有足迹，彼俗言是辟支佛迹。法显所不传，疑非佛迹也。"③

六　扶南神判

扶南是中南半岛的古国名，意为"山地之王"，位于今日柬埔寨王国。扶南国在公元一世纪的时候建国，建国以后和我国有密切之交往。扶南国奇异的神判巫术，遂被记载于我国古代典籍。

在晋代，有三种扶南神判巫术被记载下来，这就是老虎判、鳄鱼判、沸水判。晋干宝撰《搜神记》卷二云："扶南王范寻养虎于山，有犯罪者，投与虎，不噬，乃宥之。故山名大虫，亦名大灵。又养鳄鱼十头，若犯罪者，投与鳄鱼，不噬，乃赦之。无罪者皆不噬。故有鳄鱼池。又尝煮水令沸，以金指环投汤中，然后以手探汤。其直者，手不烂；有罪者，入汤即焦。"④

这是以人被虎吃、被鳄鱼吞、手烂于沸水等真实性代表一切罪恶，把法律建立于完全唯心的基础上，而且以杀残人体为特征，是扶南的野蛮神判。当时扶南国内存有七种神判巫术，这就是斧判、沸水判、鳄鱼判、猛兽判、锁判、沉水判、嚼米判。唐李延寿撰《南史》卷七八《夷貊上·扶南国》记载了前四种神判：

---

① （晋）法显撰，章巽校注《法显传校注》，上海古籍出版社1985年版，第33页。

② （北魏）杨衒之撰《洛阳伽蓝记》卷五，景印文渊阁《四库全书》第587册，第48页。

③ （北魏）郦道元撰，陈桥驿点校《水经注》卷二，上海古籍出版社1990年版，第21页。

④ （晋）干宝撰，汪绍楹校注《搜神记》卷二，中华书局1979年版，第24页。

国法，无牢狱，有讼者，先斋三日，乃烧斧极赤，令讼者捧行七步。又以金镮、鸡卵投沸汤中，令探取之，若无实者手即烂，有理者则不。又于城沟中养鳄鱼，门外圈猛兽，有罪者辄以喂猛兽及鳄鱼，鱼兽不食为无罪，三日乃放之。鳄大者长三丈余，状似鼍，有四足，喙长六七尺，两边有齿利如刀剑，常食鱼，遇得獐鹿及人亦啖之，苍梧以南及外国皆有之。①

鳄鱼判同见于唐姚思廉撰《梁书》卷五四《扶南国》云："又以金镮、鸡卵投沸汤中，令探取之，若无实者，手即焦烂，有理者则不。又于城沟中养鳄鱼，门外圈猛兽，有罪者，辄以喂猛兽及鳄鱼，鱼兽不食为无罪，三日乃放之。"②

《南齐书》卷五八《东南夷·扶南国》中又记有另外两种神判巫术，这就是锁判与沉水判，原文云：

无牢狱，有讼者，则以金指镮若鸡子投沸汤中，令探之，又烧锁令赤，着手上捧行七步，有罪者手皆焦烂，无罪者不伤。又令没水，直者入即不沈，不直者即沈也。③

扶南为南海附近古国，三国时吴国曾遣康泰、朱应出使扶南，其后与我国交往甚密。扶南国行六种神判巫术，其中斧判、烧锁判类似西藏珞巴族火中拾石判。④

嚼米判是扶南的第七种神判。《太平御览》卷七八六《扶南国》引《外国传》云：

扶南人若户中亡器物者，即以米一升诣神庙乞神见盗者。以米着神足下，明日取米呼户中奴婢分令啮之。盗者口中血出，米完不碎；不盗者入口即败。从日南至徼外悉尔。⑤

这种神判，民国年间的猓猓（彝）族中也曾流行。据《中华风俗志》下篇卷一〇《猓猓之迷信》云："如遗失宝器什物，穷搜不得，师巫则驰使四方，召集土人，每人与黑米一握，限以一定时间，令置口中啮碎吐出，米中现血点者，即指为

---

① （唐）李延寿撰《南史》卷七八，中华书局 1975 年版，第 1953 页。

② （唐）姚思廉撰《梁书》卷五四，中华书局 1973 年版，第 789 页。

③ （梁）萧子显撰《南齐书》卷五八，中华书局 1972 年版，第 1017 页。

④ 见《关于西藏珞巴族的几个调查材料》，中国社会科学院民族研究所 1978 年刊，第 17—45 页。

⑤ （宋）李昉等撰《太平御览》卷七八六，中华书局 1960 年影印本，第 3482 页。

行窃人。故不幸有血点时,实陷于无实之罪也。”[1]当代调查凉山彝族、门隅门巴族确有此俗。[2]

七 石祖生殖崇拜

魏晋年间,凡是大自然中石头酷似人类生殖器者,都受到膜拜,作为求子之用,称为石祖生殖崇拜。这出自天人合一巫术观,人类与大自然交相感应以求生存。晋袁山松撰《郡国志》云:“乞子石在马湖南岸,东石腹中出一小石,西石腹中怀一小石。故僰人祈子于此,有验,因号乞子石。”[3]

14. 骑马人(甘肃嘉峪关晋墓画)〔采自《中国服装史》〕

石祖生殖崇拜在后世陆续有所发现,四川的公母山,广东的牛卑山,广西的鸳鸯石,江西的龙虎山等(见本书清代石祖生殖崇拜),为现代开发石祖生殖崇拜旅游提供了丰富的文化资源。

第三节 晋代交感巫术的奇异形态

交感巫术在晋代继续流行。晋人有祭祀先人必请巫师的风习,《晋书》卷九四《夏统传》记载:“会母疾,统侍医药,宗亲因得见之。其从父敬宁祠先人,迎女巫章丹、陈珠二人,并有国色,庄服甚丽,善歌儛,又能隐形匿影。甲夜之初,撞钟击鼓,间以丝竹,丹、珠乃拔刀破舌,吞刀吐火,云雾杳冥,流光电发。统诸从兄弟欲往观之,难统,于是共绐之曰:‘从父间疾病得瘳,大小以为喜庆,欲因其祭祀,并往贺之,卿可俱行乎?’统从之。入门,忽见丹、珠在中庭,轻步佪儛,灵谈鬼笑,飞触挑柈,酬酢翩翻。”[4]夏统的叔叔祠祭先人,就请了两个女巫来实施交感巫术和反抗巫术。吞刀吐火,击鼓歌舞,无所不用其极,令人眼花缭乱。在这种女巫很流行的时代,交感巫术也反映出奇异的形态。

15. 晋人持盾武士俑(江苏南京石门坎东晋墓出土)〔采自《中国古俑白描》〕

---

① 胡朴安编《中华风俗志》,上海文艺出版社1988年影印本,第36页。

② 见《四川省凉山彝族社会调查资料选辑·普雄县瓦吉木乡社会调查》,民族出版社2009年版。

③ (宋)李昉等撰《太平御览》卷五二《地部一七·石下》,中华书局1960年影印本,第253页。

④ (唐)房玄龄等撰《晋书》卷九四,中华书局1974年版,第2428页。

一 衣服巫术

通常见到的有以下三种形态。其一，女穿男衣必生男孩。晋张华《博物志》卷一〇《杂说下》云："妇人妊娠未满三月，着婿衣冠，平旦左绕井三匝，映详影而去，勿反顾，勿令人知见，必生男。周日用曰：知女则可依法。或先是男如何？余闻有定法，定母年月日与受胎时日，算之，遇奇则为男，遇偶则为女，知为女后即可依法。"①因为衣帽为男子所穿，经男子身体接触后，便产生了男子特有的魔术力，根据接触巫法之原理，孕妇穿了这种男子穿过的衣服，"必生男"。

其二，鹅与女感应巫术。女人养鹅，杀鹅埋之，以该女衣服、鞋子放在上面，就可交相感应看见这只鹅在土中。晋干宝《搜神记》卷二云："吴孙休有疾，求觋视者，得一人，欲试之。乃杀鹅而埋于苑中；架小屋，施床几，以妇人屐履服物着其上。使觋视之，告曰：'若能说此冢中鬼妇人形状者，当加厚赏，而即信矣。'竟日无言，帝推问之急，乃曰：'实不见有鬼，但见一白头鹅立墓上。所以不即白之，疑是鬼神变化作此相。当候其真形，而定不复移易。不知何故，敢以实上。'"②因为女人养鹅，接触过鹅，故此女子之衣与鞋对鹅有交感巫术力，巫觋也根据接触巫法原理，看出墓中埋有鹅。

其三，衣与墓感应巫术。巫师借亡者衣服可识别亡者坟墓。《搜神记》卷二云："吴孙峻杀朱主（即朱夫人），埋于（南京）石子冈。归命即位，将欲改葬之。冢墓相亚，不可识别，而宫人颇识主亡时所着衣服。乃使两巫各住一处，以伺其灵，使察鉴之，不得相近。久时，二人俱白：'见一女人，年可三十余，上着青锦束头，紫白夹裳，丹绨丝履，从石子冈上。半冈而以手抑膝，长太息，小住须臾，更进一冢上便止，徘徊良久，奄然不见。'二人之言，不谋而合。于是开冢，衣服如之。"③因束头、夹裳、丝履均为朱夫人物，对她有交感巫术力，故在她死后施术于衣鞋，就能看见墓中相同之衣鞋。本事见《三国志·吴书·朱夫人传》。

二 生育禁忌

由于交感巫术融入了生育风俗之中，于是根据交感巫术原理，产生了一系列生育禁忌。例如《博物志》卷一〇《杂说下》云：

> 妇人妊娠，不欲令见丑恶物、异类鸟兽。食当避其异常味，不欲令见熊罴虎豹。御及鸟射射雉，食牛心、白犬肉、鲤鱼头。席不正不坐，割不正不

---

① （晋）张华撰，范宁校证《博物志校证》卷一〇，中华书局1980年版，第109页。

②③ （晋）干宝撰，汪绍楹校注《搜神记》卷二，中华书局1979年版，第26页。

食,听诵诗书讽咏之音,不听淫声,不视邪色。以此产子,必贤明端正寿考。所谓父母胎教之法。卢氏曰:子之得清杞滋液则生仁圣,谓错乱之年则生贪淫,子因父气也。故古者妇人妊娠,必慎所感,感于善则善,恶则恶矣。妊娠者不可啖兔肉。又不可见兔,令儿唇缺。又不可啖生姜,令儿多指。[1]

16. 晋顾恺之绘《女史箴图》(二)〔采自《中国古代服饰史》。下同〕

生育禁忌正是来自交感巫术之意识,所谓"感于善则善,恶则恶矣"。

三　龟蛇崇拜

晋人由于动物崇拜交感巫术意识极为浓郁,甚至产生了一种人学龟蛇伏地引颈,就能感受到龟蛇体轻不饥之情状,《博物志》载有奇妙的传说:

人有山行堕深涧者,无出路,饥饿欲死。左右见龟蛇甚多,朝暮引颈向东方,人因伏地学之,遂不饥,体殊轻便,能登岩岸。经数年后,竦身举臂,遂超出涧上,即得还家。颜色悦怿,颇更黠慧胜故。还食谷,啖滋味,百余日中复本质。[2]

这是龟蛇崇拜交感巫术意识与修仙风俗相结合,引出来人学龟蛇之态而生还的奇事。

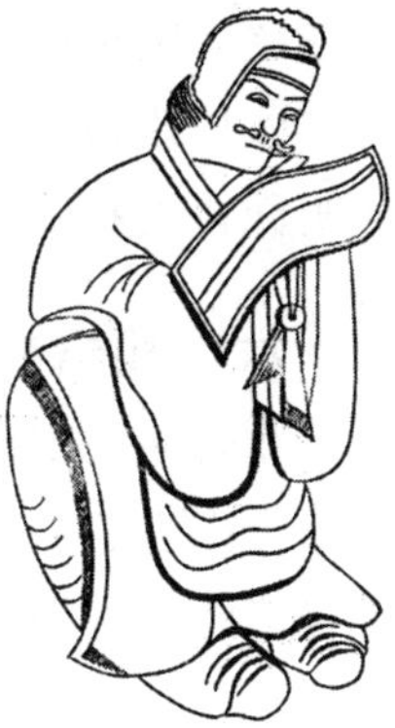
17. 晋武士坐式图(成都扬子山晋墓出土墓门石刻画像,重庆博物馆藏)

四　羊肉促性

晋人运用交感巫术原理,作性爱试验,即以淫羊肉来增进男女性交之机能,其法亦可谓之新奇。《太平御览》卷九〇二引古本《博物志》(今本不载)云:

阴夷山有淫羊,一日百遍。脯不可食,但着床席间,已自惊人。又有作淫羊脯法:取羖羜各一,别系令裁相近而不使相接。食之以地黄竹叶,饮以麦汁米渖。

① (晋)张华撰,范宁校注《博物志》卷一〇,中华书局1980年版,第109页。
② (晋)张华撰,范宁校注《博物志》卷一〇,中华书局1980年版,第111页。

百余日后，解放之，欲交未成，便牵两杀之，膊以为脯。男食羖，女食羚，则并如狂，好丑亦无所避。其势数日乃歇。治之方，煮茱萸、菖蒲汁饮之，又以水银、宫脂涂阴，男子即痿。宫脂，鹿脂也。①

这是中古时代进行的带有促进性机能的中药巫术试验。羊肉具有补肾、保暖等药效，是性食疗和治阳萎的重要食品。

五　家庭巫术

关于治妒、生男、恋家、孝顺，在家中施行的交感巫术，以下举出四条：

月布蛤蟆。明李时珍著《本草纲目》卷五二《月经衣》附方“令妇不妒”下引《博物志》(今本不载)云：“取妇人月水布裹蛤蟆，于厕前一尺，入地五寸埋之。”②

月布埋户。褚人获《坚瓠集》广集卷一《娼家魇术》云：“按《博物志》云：月布在户，妇人留连。注谓以月布埋户限下，妇女入户则自淹留不肯去。是女可以此留男，男亦可以此留女也。”③

视井生男。清褚人获《坚瓠集》秘集卷三《陈成生男》云：“《博物志》：陈成初生十女，使妻绕井三匝，祝曰：‘女为阴，男为阳，女多灾，男多祥。’绕井三日，果生一男。又云：妇人妊身，三月未满，着婿衣冠，平旦，绕井三匝，映水视影，勿返顾，必生男。”④

狗肝应土。《本草纲目》兽部卷五〇引《博物志》云：“以狗肝和土泥灶，令妇妾孝顺。则狗肝应土之说相符矣。”⑤

以蛤蟆、月布、视井、狗肝为感应巫术力，配合一定咒语来达到预想的目的，证明魏晋人有浓郁的感应巫术观。

六　和气相感

此为时代之动乱，人民渴望和平的心理反映。魏晋人认为天人感应之和气相感可以创造天地间瑞物，晋张华撰《博物志》卷一《物产》有下述两条可视为魏晋时交感巫术瑞物流行之证据。

---

① (宋)李昉等撰《太平御览》卷九〇二《兽部一四·羊》，中华书局1960年影印本，第4003页。

② (明)李时珍著《本草纲目》人部卷五二，人民卫生出版社1981年版，第四册，第2954页。

③ (清)褚人获撰《坚瓠集》广集卷一，《续修四库全书》子部第1261册，上海古籍出版社2002年影印本，第614页。

④ (清)褚人获撰《坚瓠集》秘集卷三，《续修四库全书》子部第1262册，上海古籍出版社2002年影印本，第183页。

⑤ (明)李时珍著《本草纲目》兽部卷五〇，人民卫生出版社1981年版，第四册，第2718页。

第一条:“和气相感则生朱草,山出象车,泽出神马,陵出黑丹,阜出土怪。江南大贝,海出明珠,仁主寿昌,民延寿命,天下太平。”①

第二条:“名山大川,孔穴相内,和气所出,则生石脂、玉膏,食之不死,神龙灵龟行于穴中矣。”②

18. 四叶人物镜(西晋)〔采自《铜镜》。下同〕

江山和气竟能感应泽出神马,海出珍珠,名山大川出生石脂、玉膏,食之不死。这应该是人民迭经战乱爆发出来的交感巫术之虚幻的想象,从而造成了社会上交感巫术盛行。

七 枕头催眠

在晋人的交感巫术中,枕头巫术(催眠巫术)也颇著名。中国民俗十分重视枕头。远在周代,《诗经·陈风·泽陂》中便唱道:“寤寐无为,辗转伏枕。”(意思是说,时刻想她也无为,辗转不眠伏枕上。)枕头与婚俗密切相关,于是在晋代便出现了玉枕嫁女巫术。晋干宝撰《搜神记》云:

> 焦湖庙有一玉枕,枕有小坼。时单父县人杨林为贾客,至庙祈求。庙巫谓曰:“君欲好婚否?”林曰:“幸甚。”巫即遣林近枕边,因入坼中。遂见朱门琼室,有赵太尉在其中,即嫁女与林。生六子,皆为秘书郎。历数十年,并无思乡之志。忽如梦觉,犹在枕傍。林怆然久之。③

这是我国较早见的催眠巫术。巫师施魔术力于枕头,先催眠,然后进入梦境。

八 求雨巫术

鞭石求雨。晋虞喜撰《虞喜志林》曰:“夷陵有阴阳石,阴石常润,阳石常燥。旱则鞭阴石,必雨。久雨鞭阳石,则止。”④晋代巫师怀疑石头和天气会产生交感魔术力,为战胜旱灾和雨灾,故作出此巫术试验。

祷龙求雨。《搜神后记》卷一〇《虬塘》云:“武昌虬山有龙穴,居人每见神虬飞翔出入。岁旱祷之,即雨。后人筑塘其下,曰虬塘。”⑤由于传说虬龙播雨,于

① (晋)张华撰,范宁校证《博物志校证》卷一,中华书局1980年版,第13页。

② (晋)张华撰,范宁校证《博物志校证》卷一,中华书局1980年版,第13页。

③ (晋)干宝撰,汪绍楹校注《搜神记·搜神记佚文,中华书局1979年版,第250页。

④ (明)陶宗仪编《说郛一百二十弓》弓五九,上海古籍出版社1988年影印《说郛三种》本,第2744页。

⑤ (晋)陶潜撰,汪绍楹校注《搜神后记》卷一〇,中华书局1981年版,第66页。

是祭祀虬龙便有下雨的交感巫术魔力了。

九　炙乳生男

晋顾微撰《广州记》云:"熙安县,有孤古度树生,其号曰古度。俗人无子,于祠炙其乳,则生男,以金帛报之。"[①]古度,为无花果。晋左思《吴都赋》云:"木则枫柙櫲樟……松梓古度。"唐李善注:"古度,树也。不华而实,子皆从皮中出,大如安石榴。正赤,初时可煮食。广州有之。"[②]

19. 龙虎四神镜(西晋)

晋人所作巫术试验,是生殖崇拜产物,无花果形似乳房,以火炙之,与女人产生交感魔术力而生男孩。为何生男?花为阴性标志,故无花果为阳性,交感而生男。

十　浮沉取舍

此即浮沉取子法,魏晋时期流行于中国西南少数民族地区。人们认为水有交感巫术力,婴儿在水中浮起,便以为吉,抱回去养育;沉底便以为凶,则弃之。《博物志》卷二《异俗》云:"荆州极西南界至蜀,诸民曰獠子,妇人妊娠七月而产。临水生儿,便置水中。浮则取养之,沉便弃之,然千百多浮。既长,皆拔去上齿牙各一,以为身饰。"[③]婴儿在羊水中浮动,故初生时有天然避水性,结果"千百多浮"。《太平御览》卷三六〇引《蜀郡记》云:"诸山夷獠子,任(妊)七月生。生时必临水,儿出便投水中,浮则取养,沉乃弃之。"[④]獠子是古代对西南地区少数民族的人的称谓。晋人相信交感巫术有巨大魔术力,它能够解决人类诸多生活中的困难,甚至能用巫术来战胜鬼神、旱灾、雨灾,亦能用以择子。

罗网原本是人类用来捕鸟的,它也能够发挥感应的魔力,用来缚鬼。魏晋时盛传以网缚鬼的巫术传说,晋陶潜撰《搜神后记》卷六云:

> 有一伧小儿,放牛野中,伴辈数人。见一鬼依诸丛草间,处处设网,欲以捕人。设网后未竟,伧小儿窃取前网,仍以罨捕,即缚得鬼。[⑤]

---

① (明)陶宗仪编《说郛一百二十弓》弓六一,上海古籍出版社1988年影印《说郛三种》本,第2835页。

② (梁)萧统编,(唐)李善注《文选》卷五,中华书局1977年影印本,第85页。

③ (晋)张华撰,范宁校证《博物志校证》卷二,中华书局1980年版,第24页。

④ (宋)李昉等撰《太平御览》卷三六〇《人事部一·孕》,中华书局1960年影印本,第1659页。

⑤ (晋)陶潜撰,汪绍楹校注《搜神后记》卷六,中华书局1981年版,第44页。

十一　梁祝合墓

中国四大民间故事之一的梁山伯与祝英台故事以交感巫术——合墓和变形巫术——化蝶，为其两个主要标志。合墓故事是在晋代产生的，而化蝶故事却是在明代完成的。据明徐树丕《识小录》所载："按梁祝事异矣，《金楼子》及《会稽异闻》皆载之。"[①]但今本《金楼子》不载，《会稽异闻》已佚，不足为据。宋张津等纂修《〔乾道〕四明图经》载"义妇冢"，只有合墓，无化蝶之事："义妇冢，即梁山伯、祝英台同葬之地也。在县西十里接待院之后，有庙存焉。旧记谓二人少尝同学，比及三年，而山伯初不知英台之为女也。其朴质如此。按《十道四蕃志》云：'义妇祝英台与梁山伯同冢。'即其事也。"[②]情节过于简短。初唐时有庙存，可见其为祭祀巫术之产物。宋代李茂诚《义忠王庙记》所载梁山伯从出生至逝世都是人神交感巫术之演绎，更为详实地记叙了东晋间梁祝事，使历史坐实矣。文曰：

神讳处仁，字山伯，姓梁氏，会稽人也。神母梦日贯怀，孕十二月，时东晋，穆帝永和壬子(352)三月一日，分瑞而生。幼聪慧有奇，长就学，笃好坟典。尝从名师过钱塘，道逢一子，容止端伟，负笈担簦。渡航相与坐而问曰："子为谁?"曰："姓祝名贞字信斋。"曰："奚自?"曰："上虞之乡。"曰："奚适?"曰："师氏在迩。"从容与之讨论旨奥，怡然相得。神乃曰："家山相连，予不敏，攀鳞附翼，望不为异。"于是乐然同往。肄业三年，祝思亲而先返。后二年，山伯亦归省，之上虞，访信斋，举无知者。一叟笑曰："我知之矣，善属文者，其祝氏九娘英台乎?"踵门引见，诗酒而别，山伯怅然，始知其为女子也。退而慕其清白，告父母求姻，奈何已许鄮城廊头马氏，弗克。神喟然叹曰："生当封侯，死当庙食，区区何足论也。"后简文帝举贤良，郡以神应召，诏为鄮令。婴疾弗瘳，嘱侍人曰："鄮西清道源九陇墟为葬之地也。"瞑目而殂。宁康癸酉(373)八月十六日辰时也。郡人不日为之茔焉。又明年乙亥(375)，暮春丙子，祝适马氏，乘流西来，波涛勃兴，舟航萦回莫进，骇问篙师，指曰："无他，乃山伯令之新冢，得非怪与?"英台遂临冢奠，哀恸地裂而埋壁焉。从者惊引其裾，风裂若云飞，至董溪西屿而坠之。马氏言官开椁，巨蛇护冢，不果。郡以事异闻于朝，丞相谢安奏请封义妇冢，勒石江左。至

---

① (明)徐树丕撰《识小录》,《涵芬楼秘笈》第一集。

② (宋)张津等纂修《〔乾道〕四明图经》卷二《冢墓六》,《续修四库全书》史部第704册,上海古籍出版社2002年影印本,第528页。

> 安帝丁酉秋，孙恩寇会稽，及鄮，妖党弃碑于江，太尉刘裕讨之，神乃梦裕以助。夜果烽燧荧煌，兵甲隐见，贼遁入海。裕嘉，奏闻，帝以神功显雄，褒封义忠神圣王，令有司立庙焉。越有梁王祠，西屿有前后二黄裙会稽庙。民间凡旱涝、疫疠、商旅不测，祷之辄应。宋大观元年(1107)季春，诏集《九域图志》及《十道四蕃志》，事实可考。夫记者，纪也，以纪其传不朽云尔。为之词曰：生同师道，人正其伦。死同窀穸，天合其姻。神功于国，膏泽于民。谥义谥忠，以祀以禋。名辉不朽，日新又新。①

此为东晋时交感巫术民间传说。梁山伯与祝英台是一对少男少女，英台女扮男装，都是十几岁的孩子，两人同学，互相切磋，怡然相得。山伯出生，时当永和八年(352)，晋穆帝司马聃在位；死时为宁康元年(373)，正当晋孝武帝司马曜在位。山伯死时才二十一岁，死前不久，幸遇简文帝司马昱于咸安元年(371)登基，急需治干之才，因此选中刚成才的十七八岁的优秀学子梁山伯为鄮县令。但简文帝第二年就驾崩，被晋孝武帝司马曜取代。更不幸的是三年后山伯也感染重病，英年早逝，与生同师道的祝英台竟成永别。英台虽已别嫁马氏，但难忘这一段生同师道的情义，两人心心相印，交相感应，终于铸成形影不离魔术力。英台祭奠山伯墓，墓在雷电中裂开，英台投入墓中，墓合拢。孝武帝感其诚，封为义妇冢，且立碑纪念。尤为令人诧异的是，梁山伯死后成神，忿恨"妖党弃碑于江"，居然冥冥中在战场上显灵，助刘裕大获全胜，巩固了安定局面。孝武帝又封山伯为"义忠神圣王"，并建山伯庙，使祭祀巫术及巫舞巫歌不断演绎之。整个晋代梁祝民间巫术传说，在晋穆帝司马聃、晋哀帝司马丕、晋废帝司马奕、晋简文帝司马昱、晋孝武帝司马曜这五朝皇帝平安的继承与更替时期，起了不可或缺的作用，故而影响巨大而深远。

第四节　魏晋时代模仿巫术

一　求爱

魏晋时代巫师曾认为，如爱上某少女，只要画下她的像，在画像心口钉上一钉，就可使其心痛，借机给她治病，暗中拔去画像上的钉子，她的心痛便又好了，从而可能获此少女之爱。基于这种模仿巫术原理，便造出一个顾恺之爱上邻女的故

① (清)汪源泽修，闻性道纂《鄞县志》卷九《敬仰考》，康熙二十五年刻本。

事。唐张彦远《历代名画记》卷五云："顾恺之，字长康，小字虎头，晋陵无锡人。多才艺，尤工丹青，传写形势，莫不妙绝。……又常悦一邻女，乃画女于壁，当心钉之。女患心痛，告于长康，拔去钉，乃愈。此一节事，亦见刘义庆与《幽明录》，而小不同，云思江陵美女，画像簪之于壁玩之。亦出《搜神记》也。"[1]《晋书》卷九二《顾恺之传》亦载其事曰："尝悦一邻女，挑之弗从，乃图其形于壁，以棘针钉其心，女遂患心痛。恺之因致其情，女从之，遂密去针而愈。"[2]顾恺之终于用模仿巫术将邻女追到手。

二　求雨

葛玄作土偶求雨之模仿巫术十分著名。晋干宝撰《搜神记》卷一云："葛玄字孝先，从左元放受《九丹液仙经》。……尝与吴主坐楼上，见作请雨土人。帝曰：'百姓思雨，宁可得乎？'玄曰："雨易得耳。'乃书符著社中，顷刻间，天地晦冥，大雨流淹。帝曰：'水中有鱼乎？'玄复书符掷水中，须臾，有大鱼数百头。使人治之。"[3]以土偶供奉加书符，立召"天地晦冥，大雨流淹"，巫术之感应力有立竿见影之效。

三　求医

魏晋时还有人拜石偶求医者，也颇为流行。《搜神记》卷四云："豫章有戴氏女，久病不差（瘥）。见一小石，形像偶人。女谓曰：'尔有人形，岂神？能差我宿疾者，吾将重汝。'其夜，梦有人告之：'吾将祐汝。'自后疾渐差。遂为立祠山下。戴氏为巫，故名戴侯祠。"[4]这显然为戴氏巫师造作出来的模仿巫术。

20. 晋代女巫立俑（江苏南京西善桥东晋墓出土陶瓷）〔采自《中国古俑白描》〕

四　制药

魏晋时代的"黄白术"，实际是道士发明的模仿巫术。《三洞群仙录》卷一七载："许懋，吴人，好黄白术。一日，遇一道人，将一画扇簇挂于壁。上有药炉，童子在上，道人呼童子，而童子跪于炉前。画扇频动，炉火光炎，少顷药成。道人曰：'黄白之术，役天地之数，非积功累行，不可求之。'遂告懋曰：'五十年后，当于茅山相寻。'遂不知所在。"[5]此术主要特征是以画扇上的童子制仙药为模拟

① （唐）张彦远撰《历代名画记》卷五，景印文渊阁《四库全书》第812册，第319页。

② （唐）房玄龄等撰《晋书》卷九二，中华书局1974年版，第2405页。

③ （晋）干宝撰，汪绍楹校注《搜神记》卷一《葛玄》，中华书局1979年版，第12页。

④ （晋）干宝撰，汪绍楹校注《搜神记》卷四《戴侯祠》，中华书局1979年版，第55页。

⑤ （宋）陈葆光撰集《三洞群仙录》卷一七，《道藏》，文物出版社、上海书店、天津古籍出版社1988年版，第32册，第345页。

物，非“积功累行”者不能得此药，实系道家之幻想。

五　变虎

魏晋时代还有画虎施术，即使人变为虎的模拟巫术。《太平御览》卷八八八引《续搜神记》云：“寻阳县北山中蛮人有术，能使人化作虎，毛色爪牙悉真虎。乡人周眕有一奴，使入山伐薪。奴有妇及妹，亦与俱行。既至，奴语二人云：‘汝且上高树，视我所为。’如其言，既而入草，须臾，见一黄班虎从草出，奋迅吼唤，甚为可畏。二人大怖。良久还草中，少时复还为人，语二人曰：‘归家慎勿道。’后遂向等辈说之。周得知，乃以淳酒饮之，令熟醉，使人解其衣服及身体，事事详视，了无所异。唯于髻中得一纸，画作大虎，虎边有符，周密取录之。奴既醒，唤问之，见事已露，遂具说本末云：‘先尝于蛮中告籴，有一蛮师云有此术，乃以三尺布、数升米面、一赤雄鸡、一升酒，授此法。’”[①]此术特征为在髻发中藏虎画，然后施符作法，髻发受到感应便使人头变为虎头，然后变为虎身，这是魏晋时模仿巫术与交感巫术的合璧巫术。此巫术思维非常宝贵，即在危难时刻可以变求生。晋张华《博物志》卷二认定人虎能互变云：“江陵有猛人，能化为虎，俗又曰虎化为人，好着紫葛人，足无踵。”[②]

21. 跪坐人(甘肃嘉峪关晋墓画)〔采自《中国服装史》〕

六　埋铜人

魏晋时代也有埋铜人模仿巫术。《太平御览》卷六〇六《刺》引南朝宋刘义庆《幽明录》云：“一士人姓王，坐斋中，有一人通刺诣之，题刺云‘舒甄仲’。既去，疑非人，寻刺，曰是‘予舍西土瓦中人’。令掘，果于瓦器中得一铜人，长尺余。”[③]又据《晋书》卷九二《邹湛传》载，邹湛改葬死人，其人自称舒甄仲，“葬毕，遂梦此人来谢”[④]。可见此为晋时事。这则巫术颇奇特，它是模仿巫术与离合谶语相结合的特殊形态。

① (宋)李昉等撰《太平御览》卷八八八《妖异部四・变化下》，中华书局1960年影印本，第3946页。

② (晋)张华撰，范宁校证《博物志校证》卷二《异人》，中华书局1980年版，第24页。

③ (宋)李昉等撰《太平御览》卷六〇六，中华书局1960年影印本，第2728页。

④ (唐)房玄龄等撰《晋书》卷九二，中华书局1974年版，第2380页。

七　离合字

汉字在秦统一中国后改为小篆，以后简化为隶，中国字笔画方折，棱角波磔，为以文字增损拆拼的离合字谜或离合诗的出现创造了条件。离合字谜或离合诗，都是利用汉字的方块形可以变化的特点来进行的。如著有《越绝书》的汉代人袁康，有关他的姓有离合诗云："以吉为姓，得衣乃成。"明杨用修注云"吉合衣为袁"，此诗便为"袁"字。又如汉孔融有《离合作郡姓名字诗》："渔父屈节，水潜匿方。与时进止，出行施张。吕公矶钓，阖口渭傍。九域有圣，无土不王。好是正直，女回于匡。海外有截，隼逝鹰扬。六翮将奋，羽仪未彰。蛇龙之蛰，俾也可忘。玟璇隐曜，美玉韬光。无名无誉，放言涤藏。按辔安行，谁谓路长。"根据诗注可知此诗离合为"鲁国孔融文举"六字。[①] 在后汉，离合诗与巫卜结合，产生谶语，当时有著名的咒董卓的童谣云："千里草，何青青。十日卜，不得生。"[②]一、三句为董卓二字的离合，二、四句为对他的诅咒。此为离合诗与卜相合之范例。离合字谜与巫术结合的范例，则数晋荀氏《灵鬼志·舒甄仲》，邹某"于瓦器中得桐人，长尺余"，乃其用离合体猜得"舒甄仲"三字为"予舍(舒) 西土瓦(甄) 中人(仲)"[③]。"桐人埋入门，门内要死人"即汉代巫术观，预示士人邹某的厄运。

八　落头民

魏晋时代无头巫术也是模仿巫术。南方有落头民，晚上头能飞出窗外找食吃，三国时曾盛传并轰动一时。所谓"落头民"，也就是无头巫术衍化的传闻。晋干宝撰《搜神记》卷一二载："秦时，南方有落头民，其头能飞。其种人部有祭祀，号曰'虫落'，故因取名焉。吴时，将军朱桓得一婢，每夜卧后，头辄飞去，或从狗窦，或从天窗中出入，以耳为翼。将晓复还。数数如此，傍人怪之。夜中照视，唯有身无头。其体微冷，气息裁属。乃蒙之以被。至晓头还，碍被，不得安，两三度堕地，噫咤甚愁，体气甚急，状若将死。乃去被，头复起，傅颈。有顷和平。桓以为大怪，畏不敢畜，乃放遣之。既而详之，乃知天性也。时南征大将，亦往往得之。又尝有覆以铜盘者，头不得进，遂死。"[④]朱桓字休穆，吴郡吴人，《三国志》卷五六有传。《搜神记》记述有关其婢的传说，主要说他的婢女每夜睡觉，头都从狗窦或天窗中飞出，到天亮再回来。这个落头人直接关系到秦代南方落头民，都是无头巫术，反映头能飞的巫术幻想，属于原始时代无头模仿巫术的延续。

---

① (汉)孔融撰《孔北海集》，景印文渊阁《四库全书》第 1063 册，第 244 页。

② (晋)司马彪撰，(梁)刘昭注补《后汉书志》第十三，中华书局 1965 年版，第 3285 页。

③ (晋)荀氏撰《灵鬼志》，载《列异传等五种》，文化艺术出版社 1988 年版，第 59 页。

④ (晋)干宝撰，汪绍楹校注《搜神记》卷一二，中华书局 1979 年版，第 151—152 页。

还有木人模仿巫术。晋虞喜撰《虞喜志林》曰:“李子长欲知囚情,以梧桐为人,芦苇为牢。当罪,木囚不动;或冤,木囚乃奋。”[①]这是模仿巫术和神判的结合。

九 凶宅得宝

魏晋时,凶宅得宝的巫术性界定,表现在实物(金银)变人的模仿巫术性,是《战国策》中记载的实物(桃木)变人巫术的延续与转化。魏曹丕撰《列异传·细腰》曰:“魏郡张奋者,家巨富。后暴衰,遂卖宅与黎阳程应。应入居,死病相继,转卖与邺人何文。文日暮乃持刀上北堂中梁上坐。至二更,忽见一人,长丈余,高冠黄衣,升堂呼问:‘细腰,舍中何以有生人气?’答曰:‘无之。’须臾,复有一人,高冠青衣,次又有高冠白衣者,问答并如前。及将曙,文下堂,如向法呼细腰,问曰:‘黄衣者谁也?’曰:‘金也。在堂西壁下。’‘青衣者谁也?’曰:‘钱也。在堂前井西五步。’‘白衣者谁也?’曰:‘银也。在堂东北角柱下。’‘汝谁也?’曰:‘我杵也。在灶下。’及晓,文按次掘之,得金银各五百斤,钱千余万。仍取杵焚之,宅遂清安。”[②]文中细腰者为木杵,和《战国策》中桃梗类似,俱属木偶一类。

十 杀牛祈雨

晋顾微撰《广州记》云:“郁林郡山东南有一池,池边有一石牛,人祀之。若旱,百姓杀牛祈雨。以牛血和泥,泥石牛背,礼毕,则天雨太(大)注;洗牛背,泥尽即晴。”[③]以真牛血涂抹石牛,施术和祭祀得巫术力而祈雨。

第五节 变形模仿巫术的发展与创新

魏晋时代模仿巫术泛滥以后,田螺女等异物变人、人变异物的变形模仿巫术故事也应时传播,可统称为“变形巫术传说”。这对于催发中国民间童话等类型故事的形成,提供了丰富的文化资源。

一 田螺女

晋陶潜撰《搜神后记》卷五《白水素女》曰:

---

① (明)陶宗仪编《说郛一百二十弓》弓五九,上海古籍出版社 1988 年影印《说郛三种》本,第 2745 页。

② (魏)曹丕撰,郑学弢校注《列异传》,文化艺术出版社 1988 年版,第 29 页。

③ (明)陶宗仪编《说郛一百二十弓》弓六一,上海古籍出版社 1988 年影印《说郛三种》本,第 2834 页。

晋安帝时，侯官人谢端，少丧父母，无有亲属，为邻人所养。至年十七八，恭谨自守，不履非法。始出居，未有妻，邻人共愍念之，规为娶妇，未得。端夜卧早起，躬耕力作，不舍昼夜。后于邑下得一大螺，如三升壶。以为异物，取以归，贮瓮中。畜之十数日。端每早至野还，见其户中有饭饮汤火，如有人为者。端谓邻人为之惠也。数日如此，便往谢邻人。邻人曰："吾初不为是，何见谢也。"端又以邻人不喻其意，然数尔如此，后更实问，邻人笑曰："卿已自娶妇，密着室中炊爨，而言吾为之炊耶？"端默然心疑，不知其故。后以鸡鸣出去，平早潜归，于篱外窃窥其家中，见一少女，从瓮中出，至灶下燃火。端便入门，径至瓮所视螺，但见女。乃到灶下问之曰："新妇从何所来，而相为炊？"女大惶惑，欲还瓮中，不能得去，答曰："我天汉中白水素女也。天帝哀卿少孤，恭慎自守，故使我权为守舍炊烹。十年之中，使卿居富得妇，自当还去。而卿无故窃相窥掩。吾形已见，不宜复留，当相委去。虽然，尔后自当少差。勤于田作，渔采治生。留此壳去，以贮米谷，常可不乏。"端请留，终不肯。时天忽风雨，翕然而去。端为立神座，时节祭祀。居常饶足，不致大富耳。于是乡人以女妻之。后仕至令长云。今道中素女祠是也。①

晋安帝司马德宗于隆安元年(397)至义熙十四年(418)在位，此则故事反映出当时祭祀善良的白水素女神风俗兴盛。素女祠巫师传播此穷困单身汉巫术故事，供人拜祭、效法，旨在维持其生活稳定。另外，谢端得螺而"委去"，把螺看成人一样，意为放生。

螺女之间的关联在魏晋时传说中并非偶然。《搜神后记》卷一《贞女峡》云：

中宿县有贞女峡。峡西岸水际有石，如人形，状似女子。是曰"贞女"。父老相传：秦世有女数人，取螺于此，遇风雨昼昏，而一女化为此石。②

中宿县，汉置，在今广东清远西北，隋废。故知贞女取螺变石巫术故事出自广东水乡。在《白水素女》巫术故事推动下，相关情节加速向民间童话转化。这

① (晋)陶潜撰，汪绍楹校注《搜神后记》卷五，中华书局1981年版，第30—31页。请参阅高国藩著《中国民间文学》第四章《田螺女》，学生书局1995年版，第88页。

② (晋)陶潜撰，汪绍楹校注《搜神后记》卷一，中华书局1981年版，第7页。

一类民间故事在中国大量存在。[①]

二　人化鹤

《搜神后记》卷一《丁令威》曰："丁令威，本辽东人，学道于灵虚山。后化鹤归辽，集城门华表柱。时有少年，举弓欲射之。鹤乃飞，徘徊空中而言曰：'有鸟有鸟丁令威，去家千年今始归。城郭如故人民非，何不学仙冢垒垒。'遂高上冲天。今辽东诸丁云其先世有升仙者，但不知名字耳。"[②]道教用变形禽鸟巫术故事来教育民众爱护鸟类，可谓用心良苦，并非单纯劝人求仙。另外，这个故事又是东北人民善良心灵之流露，因为我国自古就有鹤乃四灵之一的民俗传统，对鹤像贵人一样尊重。

三　人化山羊与青鸟

《搜神后记》卷一《剡县赤城》曰："会稽剡县民袁相、根硕二人猎，经深山重岭甚多，见一群山羊六七头，逐之。经一石桥，甚狭而峻。羊去，根等亦随渡，向绝崖。崖正赤，壁立，名曰赤城。上有水流下，广狭如匹布。剡人谓之瀑布。羊径有山穴如门，豁然而过。既入，内甚平敞，草木皆香。有一小屋，二女子住其中，年皆十五六，容色甚美，着青衣。一名莹珠，一名□□。见二人至，欣然云：'早望汝来。'遂为室家。忽二女出行，云复有得婿者，往庆之。曳履于绝岩上行，琅琅然。二人思归，潜去归路。二女追还已知，乃谓曰：'自可去。'乃以一腕囊与根等，语曰：'慎勿开也。'于是乃归。后出行，家人开视其囊。囊如莲花，一重去，一重复，至五盖，中有小青鸟，飞去。根还知此，怅然而已。后根于田中耕，家依常饷之，见在田中不动，就视，但有壳如蝉蜕也。"[③]根硕等二人由山羊引入异境，其地"草木皆香"，又与青鸟女子同居，后"思归"而返。青鸟女子给的信物实际是变形的法宝，最后根硕由于非常思念山中与动物善处的和谐生活，结果化鸟留壳而再回山中。人与动物和谐相处的生活，跃然纸上。

---

① 如郑师振铎整理的《螺壳中之女郎》(载《中国文学研究》〔下〕,《小说月报》十七卷号外)及《田螺精》(无锡县民间文学《三套集成》办公室编《中国民间文学集成·无锡县民间故事集》下册,1987年刊,第472—473页)、《田螺精》(常州市民间文学集成编委会编《常州民间故事集》,中国民间文艺出版社1989年版,第370—371页)、《田螺精》(伍稼青编《武进民间故事》,台湾"商务印书馆"1971年版)、《田螺姑娘》(淮安县民间文学集成编委会编《中国民间文学集成淮安县资料本》〔下〕,1987年刊,第11—12页)、《螺蛳变人》(《民间文学》1957年1月号,何陈记译)、《张大鹏鸪李钓鱼》(《民间文学》1957年9月号,孙剑冰整理);此类故事还流传到柬埔寨(见金满成、郑永慧选译《柬埔寨民间故事》,新文艺出版社1957年版,第37—42页)。

② (晋)陶潜撰,汪绍楹校注《搜神后记》卷一,中华书局1981年版,第1页。

③ (晋)陶潜撰,汪绍楹校注《搜神后记》卷一,中华书局1981年版,第2—3页。

四　毛衣女

在晋代,变形模仿巫术故事更明显地向着民间童话转化,《毛衣女》故事即为典型。现代学者称之为“天鹅处女型”故事,和《田螺女》故事一样,同为民间童话故事母题。晋干宝撰《搜神记》卷一四《毛衣女》曰:“豫章新喻县男子,见田中有六七女,皆衣毛衣。不知是鸟。匍匐往,得其一女所解毛衣,取藏之。即往就诸鸟。诸鸟各飞去,一鸟独不得去,男子取以为妇,生三女。其母后使女问父,知衣在积稻下,得之,衣而飞去。后复以迎三女,女亦得飞去。”[①]钟敬文先生评此故事为天鹅处女型故事中“占着及早的位置”[②]之开创者。

变鸟巫术之同一形态见载于郭氏《玄中记》中。郭氏,疑是西晋郭璞,但文献不足,不可确定,《玄中记》已失。北魏郦道元撰《水经注》卷三五《江水》云:“江之右岸,富水注之,水出阳新县之青湓山,西北流径阳新县,故豫章之属县矣。地多女鸟,《玄中记》曰:阳新男子于水次得之,遂与共居,生二女,悉衣羽而去。豫章间养儿不露其衣,言是鸟落尘于儿衣中,则令儿病,故亦谓之夜飞游女矣。”[③]豫章古地有养儿讳衣巫术,与养儿讳名巫术有异曲同工之妙。

新喻县即今江西省新余县,毛衣女巫术故事转化成著名民间童话以后,新余县即成为此非物质文化遗产源生地,亦为该县发扬传统文化的资源。毛衣女故事即公元前11世纪商初“天生玄鸟,降而生商”古巫术之衍化。

五　女嫁蛇或女杀蛇

此二巫术故事一正一反,正者嫁之,反者杀之。《搜神后记》卷一〇《女嫁蛇》云:

> 晋太元中,有士人嫁女于近村者,至时,夫家遣人来迎,女家好遣发,又令女乳母送之。既至,重门累阁,拟于王侯。廊柱下有灯火,一婢子严妆直守。后房帷帐甚美。至夜,女抱乳母涕泣,而口不得言。乳母密于帐中以手潜摸之,得一蛇,如数围柱,缠其女,从足至头。乳母惊走出外,柱下守灯婢子,悉是小蛇,灯火乃是蛇眼。[④]

---

① (晋)干宝撰,汪绍楹校注《搜神记》卷一四,中华书局1979年版,第175页。

② 钟敬文著《钟敬文民间文学论集》(下),上海文艺出版社1985年版,第55页。

③ (北魏)郦道元撰,陈桥驿点校《水经注》,上海古籍出版社1990年版,第666页。

④ (晋)陶潜撰,汪绍楹校注《搜神后记》卷一〇,中华书局1981年版,第68页。请参阅高国藩著《中国民间文学》第四章《蛇郎》,学生书局1995年版,第92页。

此巫术故事后世演化为《蛇郎》故事。

《搜神记》卷一九《李寄》云：

东越闽中，有庸岭，高数十里。其西北隰中，有大蛇，长七八丈，大十余围，土俗常惧。东治都尉及属城长吏，多有死者。祭以牛羊，故不得祸。或与人梦，或下谕巫祝，欲得啖童女年十二三者。都尉令长，并共患之。然气厉不息。共请求人家生婢子，兼有罪家女养之。至八月朝祭，送蛇穴口。蛇出，吞啮之。累年如此，已用九女。尔时预复募索，未得其女。将乐县李诞家，有六女，无男，其小女名寄，应募欲行，父母不听。寄曰："父母无相，惟生六女，无有一男，虽有如无。女无缇萦济父母之功，既不能供养，徒费衣食，生无所益，不如早死。卖寄之身，可得少钱，以供父母，岂不善耶?"父母慈怜，终不听去。寄自潜行，不可禁止。寄乃告请好剑及咋蛇犬。至八月朝，便诣庙中坐。怀剑，将犬。先将数石米餈，用蜜麨灌之，以置穴口。蛇便出，头大如囷，目如二尺镜。闻餈香气，先啖食之。寄便放犬，犬就啮咋，寄从后斫得数创。疮痛急，蛇因踊出，至庭而死。寄入视穴，得其九女髑髅，悉举出，咤言曰："汝曹怯弱，为蛇所食，甚可哀愍。"于是寄女缓步而归。越王闻之，聘寄女为后，拜其父为将乐令，母及姊皆有赏赐。自是东治无复妖邪之物。其歌谣至今存焉。①

大蛇变成妖精，居然"下谕巫祝"，每年给它送年十二三岁的童女啖食，此显然为当时"土俗常惧"的恶习演化。智勇双全的女孩子李寄斩蛇而废除之，她因此功做了越国的皇后，无疑是魏晋时反恶俗的巾帼英雄。

六　宋定伯卖鬼

变形鬼巫术故事，最著名的是宋定伯卖鬼。此故事鼓励人们不要怕鬼，是魏晋人的巫文化创造，寓含深刻的哲学意义。故事的原型载于晋干宝撰《搜神记》卷一六，文云：

南阳宋定伯，年少时，夜行逢鬼。问之，鬼言："我是鬼。"鬼问："汝复谁?"定伯诳之，言："我亦鬼。"鬼问："欲至何所?"答曰："欲至宛市。"鬼言："我亦欲至宛市。"遂行数里。鬼言："步行太迟，可共递相担，何如?"定伯曰："大善。"鬼便先担定伯数里。鬼言："卿太重，将非鬼也?"定伯言："我新

① （晋）干宝撰，汪绍楹校注《搜神记》卷一九《李寄》，中华书局1979年版，第231—232页。

鬼，故身重耳。”定伯因复担鬼，鬼略无重。如是再三。定伯复言：“我新鬼，不知有何所畏忌？”鬼答言：“惟不喜人唾。”于是共行，道遇水，定伯令鬼先渡，听之，了然无声音。定伯自渡，漕漼作声。鬼复言：“何以有声？”定伯曰：“新死，不习渡水故耳。勿怪吾也。”行欲至宛市，定伯便担鬼着肩上，急执之，鬼大呼，声咋咋然，索下，不复听之。径至宛市中，下着地，化为一羊，便卖之。恐其变化，唾之。得钱千五百乃去。当时石崇有言：“定伯卖鬼，得钱千五。”①

少年宋定伯懂得人情世故，从容面对纷繁社会而有胆识，善于见鬼说鬼话，应对自如，最终把鬼变成羊卖掉得钱，显然成为魏晋时反恶俗、不怕鬼的少年英雄。此巫术思维令人称叹，其为模仿巫术与反抗巫术交织，人作为厌胜品本身，能够逢凶化吉，是对生命极有自信的表现。

七　精卫变鸟

《山海经·北山经》讲到精卫：“有鸟焉，其状如乌，文首、白喙、赤足，名曰精卫。其鸣自詨。是炎帝之少女，名曰女娃。女娃游于东海，溺而不返，故为精卫。常衔西山之木石，以堙于东海。”②这一模仿巫术神话由人变鸟发展为民间传说，是在魏晋以后。③

晋张华撰《博物志》云：“有鸟如乌，文首、白喙、赤足，名曰精卫。昔赤帝之女名女媱，往游于东海，溺死而不返，其神化为精卫，故精卫常取西山之木石，以填东海。”④

22. 精卫鸟〔采自《本草纲目》〕

晋郭璞《山海经图赞·精卫》云：“炎帝之女，化为精卫。沈形东海，灵爽西迈。乃衔木石，以填波害。”⑤精卫衔木石填东海，永远填不满，故古人称她为“誓鸟”，或“冤禽”。

晋陶渊明《读〈山海经〉十三首》论精卫云：

---

① （晋）干宝撰，汪绍楹校注《搜神记》卷一六《宋定伯》，中华书局1979年版，第199页。

② （晋）郭璞传，（清）毕沅校《山海经》卷三，上海古籍出版社1986年影印《二十二子》本，第1353页。

③ 请参阅高国藩《精卫神话新解》，载《文学评论丛刊》第十三辑，中国社会科学出版社1982年版，第448—477页。

④ （宋）李昉等编《太平广记》卷四六三《精卫》引，中华书局1961年版，第3803页。范宁校证《博物志校证》卷三《异鸟》（中华书局1980年版，第37页）引此，缺“昔赤帝”以下二十四字，可据以补正。

⑤ （晋）郭璞著，聂恩彦校注《郭弘农集校注》卷二，山西人民出版社1991年版，第155页。

精卫衔微木，将以填沧海。刑天舞干戚，猛志固常在。同物既无虑，化去不复悔。徒设在昔心，良晨讵可待？[①]

南北朝时人在传播精卫变形巫术故事时，又增添了另外一个民间传说成分。梁任昉《述异记》卷上云："昔炎帝女溺死东海中，化为精卫。其名自呼。每衔西山木石填东海。偶海燕而生子，生雌状如精卫，生雄状如海燕。今东海精卫誓水处，曾溺于此川，誓不饮其水。一名鸟誓（誓鸟），一名冤禽，又名志鸟，俗呼帝女雀。"[②]

《述异记》的记载说明，炎帝少女的灵魂化为精卫鸟以后，并不是成年累月在填海，其乘间与海燕结成了配偶，所生雌鸟的样子像精卫，并到精卫原身淹死的东海之边悼念，又发一通誓言：永远不喝这里的水。它发誓的地方，后来就叫"东海精卫誓水处"。

精卫变鸟巫术故事的传播在清代达到高潮。清初顾炎武写过一首《精卫》诗："万事有不平，尔何空自苦？长将一寸心，衔木到终古。我愿平东海，身沉心不改。大海无平期，我心无绝时。……"[③]这是一首比喻体的诗歌，诗人通过对"精卫精神"的颂扬，反衬出自己坚决斗争不罢休的崇高气节。

清代民间对精卫的遭遇无比同情，并谴责恶势力以变形巫术害人。光绪年间有一个精卫求仙的民间故事。清光绪二十六年（1900）尚德斋主人谢氏重刊本《众喜粗言宝卷》卷三载："帝女精卫公主，年十五，一日游御花园，见蜂花情意，想来人比鲜花不能长生，心中即思修行之念。忽有一人，同青衣人至，谓公主曰：'吾乃西母，往东海过处，闻公主有出尘之心，特来指汝归仙乡，你他日往东海，可与我相会。'言讫不见。精卫次日禀明父母，登舟往东海求仙，左右侍从旛彩极盛，州县人尽来观看。公主见一美男，心起一邪。不想东王公在云头观知，急往龙宫，曰：'你把精卫淫女，淹死在发鸠山下，山在山西长子县，化为大鸟后，衔木石填东海。'偶遇赤松仙，求救，仙曰：'你衔木石填海，还有嗔心未断，我与你带往昆仑山瑶池中，洗去污心，方拜王母，然可学仙。'"

这是清代民间对精卫的看法，认为她变成鸟，是遭神仙陷害，诬称一位十五岁的小姑娘有"污心"，就用模仿巫术将她变成大鸟，其衔木石填海是受惩罚，而不是雄心壮志。

---

① （东晋）陶潜著，郭维森、包景诚译注《陶渊明集全译》卷四，贵州人民出版社 1992 年版，第 249 页。

② （梁）任昉撰《述异记》卷上，景印文渊阁《四库全书》第 1047 册，第 614 页。

③ 王冀民撰《顾亭林诗笺释》卷一，中华书局 1998 年版，第 123—124 页。

总之，在动乱的魏晋时代有战胜鬼邪的巫术故事流布，配合道教及原始宗教，如此诸多变形巫术故事就大行其道，反倒成为后世颇有特色的民间文化。在原始时代变形巫术开创性的贡献以后，魏晋时代变形巫术乃是直接继承其文化传统，已是不可争辩的事实。

第六节　魏晋时代反抗巫术

魏晋时代反抗巫术以祥瑞物厌胜为主，包括颜色厌胜和钱币厌胜。

一　祥瑞物厌胜

曹魏之时，人们对动植物旺盛的生命力及其种种自然生长属性，均持传统的敬畏和崇拜之情，龙凤祥瑞物厌胜亦由此而生。

三国时魏毋丘俭有《承露盘铭》歌颂龙厌胜，其文曰："赫赫圣魏，绍天惟则。承露瑰生，爰诏懿德。下有蛟龙，偃蹇虬纷。上有层盘，厉彼青云。……以近眉寿，以保万邦。"①三国时魏曹植则在《承露盘铭》中歌颂四灵之一——凤厌胜，曰："岧岧承露，峻极大清。神石礨磈，洪基岳停。下潜醴泉，上受云英。和气四充，翔凤所经。匪我明后，孰能经营。近历阐度，三光朗明。殊俗归义，祥瑞混并。鸾凤晨栖，甘露宵零。神明攸挟，高而不倾。奉戴巍巍，恭统神器。固若露盘，长存永贵。贤圣继迹，弈世明德。不忝先功，保兹皇极。垂祚亿兆，永荷天秩。"②

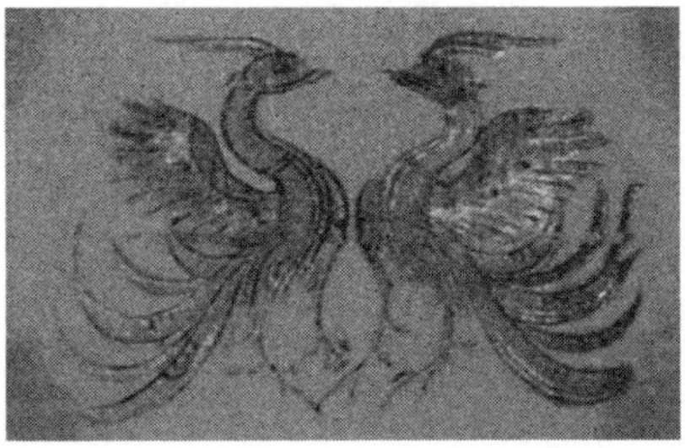

23. 三国漆器上双凤厌胜图〔采自《龙凤图集》。下同〕

三国魏曹植上《贺瑞表》中又歌颂龙凤厌胜，云："臣闻凤皇复见邺南，黄龙双出于清泉，圣德至理，以致嘉瑞。将栖凤于林，龙囿于池，为百姓旦夕之观也。"③《贺瑞表》有两点值得注意：其一，曹植言黄龙出于清泉，真事也。晋干宝撰《搜神记》卷二〇记载了一个孙登给龙治病痊愈，龙回报清泉之变形巫术故事。原文云："晋魏郡亢阳，农夫祷于

①② （唐）欧阳询撰，汪绍楹校《艺文类聚》卷七三《杂器物部·盘》，上海古籍出版社 1982 年版，第 1257 页。

③ （唐）欧阳询撰，汪绍楹校《艺文类聚》卷九八《祥瑞部上·龙》，上海古籍出版社 1982 年版，第 1705 页。

24. 东晋楚绣四鸟朝凤厌胜图

龙洞，得雨，将祭谢之。孙登见曰：‘此病龙雨，安能苏禾稼乎？如弗信，请嗅之。’水果腥秽。龙时背生大疽，闻登言，变为一翁，求治，曰：‘疾痊，当有报。’不数日，果大雨。见大石中裂开一井，其水湛然。龙盖穿此井以报也。”①

其二，在建邺南部复见的凤凰，“栖凤于林”，所言不虚。时在吴太元元年(251)。《吴历》云：“太元元年，有鸟集苑中，似雁，高足长尾，毛羽五色，咸以为凤皇，改元为凤皇元年。”②民间将它们绘入漆器传播。

图24中双凤展翼对立，扬尾相视，和谐吉祥。如此上呼而下应，魏晋时代龙凤厌胜继续出焉。

二　颜色厌胜

(一) 赤笔辟恶灾。晋干宝《搜神记》卷五《赵公明参佐》：“(通宾者)又曰：‘为卿留赤笔十余支，在荐下，可与人，使簪之。出入辟恶灾，举事皆无恙。’……所道与赤笔人，皆经疾病及兵乱，皆亦无恙。”③

(二) 朱书田字。晋干宝《搜神记》卷三《淳于智(一)》：“淳于智字叔平，济北庐人也。性深沉，有思义。少为书生，能《易》筮，善厌胜之术。高平刘柔夜卧，鼠啮其左手中指，意甚恶之。以问智，智为筮之，曰：‘鼠本欲杀君而不能，当为使其反死。’乃以朱书手腕横文后三寸，为田字，可方一寸二分，使夜露手以卧，有大鼠伏死于前。”④赤笔辟邪后世一直流传，皆缘于赤色驱鬼说。总之，受汉代改火巫术的五色巫术观影响，颜色厌胜巫术发展起来，首先表现的是赤朱之色厌胜。

(三) 带“万岁蟾蜍”辟兵灾。晋陆机撰《陆机要览》曰：“万岁蟾蜍头上有角，颔下有丹书重八字，名曰肉芝。以五月五日，取阴干，以其足画地，即流水，带之于身能辟兵。”⑤

---

① (晋)干宝撰，汪绍楹校注《搜神记》卷二〇《病龙雨》，中华书局1979年版，第237页。

② (唐)欧阳询撰，汪绍楹校《艺文类聚》卷九八《祥瑞部下·凤皇》，上海古籍出版社1982年版，第1709页。

③ (晋)干宝撰，汪绍楹校注《搜神记》卷五，中华书局1979年版，第63—64页。

④ (晋)干宝撰，汪绍楹校注《搜神记》卷三，中华书局1979年版，第35页。

⑤ (明)陶宗仪编《说郛一百二十号》号五九，上海古籍出版社1988年影印《说郛三种》本，第2738页。

（四）吞服西王母符治病。晋谢绰撰《宋拾遗录》曰："臣昔贫贱时，尝疾病。家人为臣斋，勤苦七日，臣昼夜梦见一童子，青衣持缣，广数寸与臣。臣问之：'用此何为？'答曰：'西王母符也。汝可服之。'服竟便觉，一二日病差。"[①]谢绰言所服道教的符箓，是烧成灰后和在中草药水里服用，有一定医疗作用。

三　厌胜钱

晋代流行钱币厌胜，有许多著以文字，表明厌胜的目的。

（一）百当千千当万钱。唐房玄龄等撰《晋书》卷一〇五《石勒传下》曰，泰始中建德校尉王和"又得一鼎，容四升，中有大钱三十文，曰：'百当千，千当万。'鼎铭十三字，篆书不可晓，藏之于永丰仓。因此令公私行钱"[②]。宋洪遵撰《泉志》卷一四《神品》亦云："右伪赵钱。《晋书·载记·石勒传》曰：泰始中建德校尉王和掘得一鼎，容四斗，中有大钱三十文，曰'百当千，千当万'，因此令公私行钱。"[③]

25. 百当千千当万钱〔采自《泉志》。下同〕

（二）丰货钱。宋代又称它为"富钱"。宋洪遵撰《泉志》卷一五《厌胜品》云："右富钱。《晋书·石勒载记》曰：勒铸丰货钱。旧谱曰：径寸，重四铢，文曰'丰货'，世人谓之'富钱'，言收此钱令人丰富。余按：此钱径九分，重三铢，轮深好阔，面文有'丰货'二字，篆书。"[④]

26. 丰货钱

（三）天罡钱。天罡星历史背景可证，出现在汉晋之间，并和道教驱鬼符令相关联，晋葛洪撰《抱朴子》内篇卷一八《地真》即云："左罡右魁。"《钱录》卷一六《厌胜诸品》曰："《汉书》：'玉衡杓，建天之纲也。'又《晋书》：'北落西南，一星曰天纲。'《参同契》注：'天罡，即北斗也。'道家以礼斗为修摄，而白玉蟾《琅书序》云：'作为符图印诀罡咒之文。'此钱文盖罡咒也。"[⑤]

---

① （明）陶宗仪编《说郛一百二十卷》卷五九，上海古籍出版社1988年影印《说郛三种》本，第2753页。

② （唐）房玄龄等撰《晋书》卷一〇五，中华书局1974年版，第2738页。

③ （宋）洪遵撰《泉志》卷一四，《丛书集成初编》本，商务印书馆1939年版，第72页。

④ （宋）洪遵撰《泉志》卷一五，《丛书集成初编》本，商务印书馆1939年版，第77页。

⑤ （清）梁诗正、蒋溥等撰《钱录》卷一六，景印文渊阁《四库全书》第844册，第202页。

27. 天罡钱正面〔采自《钱录》。下同〕

天罡钱背面

（四）龟鹤钱。龟鹤钱厌胜在魏晋年间呈现规范化，并有多种形态。其内容深刻，甚可玩味，文化气息浓厚。此种钱一面均为龟鹤星官，另一面均为十二生肖，这成为一种模式，即“龟鹤星官＋十二生肖”。以下三枚龟鹤钱艺术结构居然完全一样而画面全都不同，非常奇妙。但是其所表明的“星官”，却是从“本命星官”的说法介入的。

28. 龟鹤钱(一)

第一枚龟鹤钱。《钱录》卷一六《厌胜诸品》云：

右一品，楷书“本命星官”四字。按道家有祭星法，常以其受生所直之日，祈请司命，语详于洞章诸篇下。作星官二，盖南极、北极，中央一鼎，旁作龟鹤，皆道家养生之说。著之钱文，亦祈寿之意。一面为十二属。[①]

龟鹤钱(一)(十二属)

“星官”一词虽出《史记·天官书》，司马贞《索隐》曰：“天文有五官。官者，星官也。星座有尊卑，若人之官曹列位，故曰天官。”[②]但“本命”一词却出自三国魏管辂之口，《三国志·魏书·管辂传》云：“又吾本命在寅，加月食夜生。”[③]故此枚龟鹤钱肯定出自魏晋时代。

第二枚龟鹤钱。《钱录》卷一六《厌胜诸品》云：“右支钱二。亦肖十二属，特错综参伍与他品异。前一品，无字，背文为神仙龟鹤之象。后一品，背文全蚀，不可辨。”[④]录者说他发现二枚龟鹤钱，后一品被腐蚀，背文不可辨，但十二地支文字可见。现观其前一品龟鹤钱，即“龟鹤星官＋十二生肖”，文称“神仙龟鹤”，即“龟鹤星官”。

---

① （清）梁诗正、蒋溥等撰《钱录》卷一六，景印文渊阁《四库全书》第 844 册，第 206 页。

② （汉）司马迁撰《史记》卷二七《天官书第五》，中华书局 1959 年版，第 1289 页。

③ （晋）陈寿撰《三国志》卷二九，中华书局 1959 年版，第 826 页。

④ （清）梁诗正、蒋溥等撰《钱录》卷一六，景印文渊阁《四库全书》第 844 册，第 209 页。

29. 龟鹤钱(二)

龟鹤钱(二)(十二属)

30. 全蚀龟鹤钱

全蚀龟鹤钱(十二属)

第三枚龟鹤钱。《钱录》卷一六《厌胜诸品》云:“右一品为八卦位列,一如文王后天图,外环以十二属,一面为星官符印,亦道箓也。”[1]此枚龟鹤钱图面更为精彩,其一面出现八卦配十二属,标志古代算命术出现新形态,其起源于三国魏管辂时代。[2]

31. 龟鹤钱(三)

龟鹤钱(三)(八卦十二属)

魏晋时代,人们将偶然得到的一枚钱币,会把它作为祥瑞之兆来看待,视这些钱币带有祥瑞的魔术力,于是衍化出来以下记载。

(一) 梁沈约撰《宋书》卷三一《五行二》云:“晋海西太和中,会稽山阴县起仓,凿地得两大船,满中钱,钱皆轮文大形。时日向莫(暮),凿者驰以告官。官

① (清)梁诗正、蒋溥等撰《钱录》卷一六,景印文渊阁《四库全书》第844册,第216页。

② 请参阅高国藩著《敦煌算命风俗》一书,东亚文化出版社2006年版,第235页。

夜遣防守甚严。至明旦,失钱所在,唯有船存,视其状,悉有钱处。”①

(二)宋洪遵撰《泉志》卷一五引唐郑常撰《洽闻记》曰:“晋义熙十二载(416),湑阳县群童子浴于湑水,忽见侧有钱出如流沙,因竞取之,手满,放随流去,又以衣盛裹,各有所得。”②

魏晋所出龟鹤钱币的巫文化背景不可忽视,可总结两点:

1. 上面凡有趋吉辟凶中国文字者,都是厌胜品,即使玉钱亦如此。如晋王嘉撰《拾遗记》卷九《晋时事》载:“因墀国献五足兽,状如师子;玉钱千缗,其形如环,环重十两,上有‘天授永吉’之字。”③

2. 魏晋人崇拜龟鹤,乃由于龟鹤能感恩报恩,赢得人们尊敬,对其多有爱护,因而成为当时官府考察官员善恶的标准之一。龟报恩,故作为厌胜物。《搜神记》卷二〇《孔愉》云:“孔愉字敬康,会稽山阴人。元帝时,以讨华轶功封侯。愉少时,尝经行余不亭。见笼龟于路者,愉买之,放于余不溪中。龟中流,左顾者数过。及后以功封余不亭侯。铸印而龟钮左顾,三铸如初。印工以闻。愉乃悟其为龟之报,遂取佩焉。累迁尚书左仆射,赠车骑将军。”④四灵信仰对孔愉护生品德的形成有大功,其赢得晋元帝司马睿赏识,并取龟印佩挂以作厌胜之用。但是魏晋人也认为,作为四灵之一的龟,当人不以之为友而危及其安全时,龟也有使人生疮而亡的魔术力。晋陶潜撰《搜神后记》曰:“鄱阳县民黄赭,入山采荆杨子,遂迷不知道。数日,饥饿,忽见一大龟,赭便咒曰:‘汝是灵物,吾迷不知道,今骑汝背,示吾路。’龟即回右转,赭即从行。去十余里,便至溪水,见贾客行船。赭即往乞食,便语船人曰:‘我向者于溪边见一龟,甚大,可共往取之。’言讫,面即生疮。既往,亦复不见龟。还家数日,病疮而死。”⑤黄赭正是因出卖了龟,遂遭报应,病疮而亡。

32. 晋人对书俑(湖南长沙金盆岭十六号西晋墓出土青釉)〔采自《中国古俑白描》〕

又有鹤感恩报恩故事流传。《搜神记》卷二〇《鹤衔珠》曰:“哙参,养母至孝。曾有玄鹤,为弋人所射,穷而归参。参收养,疗治其疮,愈而放之。后鹤夜到门外,参执烛视之,见鹤雌雄双至,各衔明珠,以报参焉。”⑥正是在此巫文化背

① (梁)沈约撰《宋书》卷三一,中华书局 1974 年版,第 899 页。
② (宋)洪遵撰《泉志》卷一五《神品》,《丛书集成初编》本,商务印书馆 1939 年版,第 71 页。
③ (晋)王嘉撰,(梁)萧绮录,齐治平校注《拾遗记》卷九,中华书局 1981 年版,第 208 页。
④ (晋)干宝撰,汪绍楹校注《搜神记》卷二〇,中华书局 1979 年版,第 239 页。
⑤ (晋)陶潜撰,汪绍楹校注《搜神后记·搜神后记佚文》,中华书局 1981 年版,第 71 页。
⑥ (晋)干宝撰,汪绍楹校注《搜神记》卷二〇,中华书局 1979 年版,第 237—238 页。

景下,“龟鹤钱”厌胜品出焉。

魏晋时代的反抗巫术有多种形态,不只是厌胜术,禁咒术驱鬼也是一种。禁咒术又称作“禁祝术”。符者合也、信也,咒者祝也,故符咒亦称符祝。《三国志・魏书・张鲁传》裴注引《典略》曰:“太平道者,师持九节杖为符祝,教病人叩头思过,因以符水饮之,得病或日浅而愈者,则云此人信道,其或不愈,则为不信道。”[①]晋葛洪撰《抱朴子》内篇卷二〇《祛惑》曰:“或长于符水禁祝之法,治邪有效,而未必晓于不死之道也。”[②]可见禁咒术不能仅理解成“念咒治病”那么简单。它治邪有效,用法广泛。使用者虽未必知晓不死之道,但用来它抵御一时的困难,也是一种可用之术。禁咒术一开始用以治病,但后来变了。

第七节　魏晋时代蛊道巫术

魏晋时代的蛊道巫术有从宫廷返回到民间的特点。首先,民间已经有了世袭性的造蛊之家庭。其次,人们已经在探讨解蛊毒之法。再次,传说蛊这种毒虫,既能妖形变化,又能跳跃逃走,还能在天空中飞,等等。

晋代流传着蛊是一种人工培养的毒虫,谁害了这些毒虫,就要全家死绝的说法。晋干宝撰《搜神记》卷一二记载了这样一个可怕的故事:“荥阳郡有一家,姓廖,累世为蛊,以此致富。后取新妇,不以此语之。遇家人咸出,唯此妇守舍。忽见屋中有大缸,妇试发之,见有大蛇,妇乃作汤,灌杀之。及家人归,妇具白其事,举家惊惋。未几,其家疾疫,死亡略尽。”[③]

33.《竹林七贤与荣启期》砖印壁画之阮咸〔采自《中国服装史》。下同〕

晋代还传说治蛊毒有巫术之方,首先将施有巫术力的蘘荷根放在席下,然后大声念咒语来驱蛊。晋干宝撰《搜神记》卷一二又云:“余外妇姊夫蒋士,有佣客,得疾下血。医以中蛊,乃密以蘘荷根布席下,不使知。乃狂言曰:‘食我蛊者,乃张小小也。’乃呼小,小亡去。今世攻蛊,多用蘘荷根,往往验。蘘荷或谓嘉草。”[④]

蘘,蘘荷,又称阳藿、蕌藉、覆苴,是一种多年生的药草,叶尖长,类姜。夏月开

① (晋)陈寿撰《三国志》卷八,中华书局1959年版,第264页。

② (晋)葛洪撰《抱朴子》,上海古籍出版社1990年影印《诸子百家丛书》本,第154页。

③ (晋)干宝撰,汪绍楹校注《搜神记》卷一二,中华书局1979年版,第158页。

④ (晋)干宝撰,汪绍楹校注《搜神记》卷一二《蒋士》,中华书局1979年版,第157页。

白花或淡黄色花，花大，结蒴果，由地下茎而生，嫩芽供食用，其根可入药。蘘荷治蛊并不始于晋代，在汉代似已被运用，例如《史记》载司马相如《上林赋》云："茈姜蘘荷。"张守节《正义》云："蘘，人羊反。柯根旁生笋，若芙蓉，可以为葅，又治蛊毒也。"①

晋代还传说，鄱阳（汉属豫章郡，今属江西省）有所谓"狗豕"之蛊，还说它能变化成猪、狗、蛇、虫等形，大约是将狂犬病与蛊的传闻附会而成。其说法很恐怖，只要中了蛊毒的黄犬向人吠叫，此人必中蛊，而且只有桔梗可救。

晋干宝《搜神记》卷一二又云："鄱阳赵寿，有犬蛊。时陈岑诣寿，忽有大黄犬六七，群出吠岑。后余伯妇与寿妇食，吐血几死，乃屑桔梗以饮之而愈。蛊有怪物，若鬼，其妖形变化，杂类殊种，或为狗豕，或为虫蛇，其人皆自知其形状。行之于百姓，所中皆死。"②

34.《竹林七贤与荣启期》砖印壁画之刘伶

从蛊可以"妖形变化"来看，只有培养蛊虫者才"知其形状"用以害人，则可知它确是巫术了。晋代又传蛊道可以僧徒咒愿解之。晋陶潜《搜神后记》卷二云："昙游道人，清苦沙门也。剡县有一家事蛊，人啖其食饮，无不吐血死。游尝诣之。主人下食，游依常咒愿。双蜈蚣，长尺余，便于盘中跳走。游便饱食而归，安然无他。"③可见在晋代，佛教徒（沙门）开始介入破蛊道巫术。延续到唐代，敦煌也有佛教治蛊巫术。

晋代蛊道巫术衍化出蛊魅巫术，用为变形害人黑巫术。晋郭璞《玄中记》云："狐五十岁能变化为妇人，百岁为美女、为神巫，或为丈夫，与女人交接，能知千里外事。善蛊魅，使人迷惑失智。千岁即与天通，为天狐。"④狐、妇人、美女、丈夫、神巫，扑朔迷离，是蛊毒使人"迷惑失智"，皆美女神巫施毒所致。

---

① （汉）司马迁撰《史记》卷一一七，中华书局1959年版，第3024页。

② （晋）干宝撰，汪绍楹校注《搜神记》卷一二，中华书局1979年版，第157—158页。

③ （晋）陶潜撰，汪绍楹校注《搜神后记》卷二《昙游道人》，中华书局1981年版，第12—13页。

④ （明）陶宗仪编《说郛一百二十弓》弓六〇，上海古籍出版社1988年影印《说郛三种》本，第2774页。

第八节　晋代交感巫术《周易》占卜与郭璞占卜的传播

晋代交感巫术《周易》占卜也非常流行，因为文人谈玄，嗜好读《易》，试验《易》卜也就形成风气，蔚为大观。

一　韩友尝试用《周易》与绘画、厌胜结合行医

此法为带有创新性的精神疗法。《晋书》卷九五《韩友传》曰：

韩友字景先，庐江舒人也。为书生，受《易》于会稽伍振，善占卜，能图宅相冢，亦行京费厌胜之术。龙舒长邓林妇病积年，垂死，医巫皆息意。友为筮之，使画作野猪着卧处屏风上，一宿觉佳，于是遂差。舒县廷掾王睦病死，已复魄。友为筮之，令以丹画版作日月置床头，又以豹皮马障泥卧上，立愈。刘世则女病魅积年，巫为攻祷，伐空冢故城间，得狸鼍数十，病犹不差。友筮之，命作布囊，依女发时，张囊着窗牖间，友闭户作气，若有所驱。斯须之间，见囊大胀如吹，因决败之，女仍大发。友乃更作皮囊二枚，沓张之，施张如前，囊腹胀满，因急缚囊口，悬着树二十许日，渐消，开视有二斤狐毛，女遂差。①

35.《竹林七贤与荣启期》砖印壁画之山涛

韩友看出了此女病因之所由，然后设法救治成功。“友卜占神效甚多，而消殃转祸，无不皆验。”后来干宝来问他原因，韩友回答说：“筮卦用五行相生杀，如按方投药治病，以冷热相救。”②晋人认为韩友卜占甚有神效。

二　淳于智守《易》义以行医

《晋书》卷九五《淳于智传》曰：“（淳于智）性深沈，常自言短命，曰：‘辛亥岁天下有事，当有巫医挟道术者死。吾守《易》义以行之，犹当不应此乎！’”③现举其卦卜之一例：

上党鲍瑗家多丧病贫苦，或谓之曰：“淳于叔平神人也，君何不试就卜，知祸所在？”瑗性质直，不信卜筮，曰：“人生有命，岂卜筮所移！”会智来，应

① （唐）房玄龄等撰《晋书》卷九五，中华书局1974年版，第2476页。
② （唐）房玄龄等撰《晋书》卷九五，中华书局1974年版，第2477页。
③ （唐）房玄龄等撰《晋书》卷九五，中华书局1974年版，第2478页。

詹谓曰："此君寒士，每多屯虞，君有通灵之思，可为一卦。"智乃为卦，卦成，谓瑗曰："君安宅失宜，故令君困。君舍东北有大桑树，君径至市，入门数十步，当有一人持荆马鞭者，便就买以悬此树，三年当暴得财。"瑗承言诣市，果得马鞭，悬之三年，浚井，得钱数十万，铜铁器复二十余万，于是致赡，疾者亦愈。其消灾转祸，不可胜纪，而卜筮所占，千百皆中。应詹少亦多病，智乃为符使詹佩之，诵其文，既而皆验，莫能学也。①

淳于智由于知识广博，对许多由于精神方面引起疾病的必然性，寻求偶然性办法解决，加以卜筮占卦说服，疏导患者心理而完成治病过程。

三　杜不愆就外祖郭璞学《易》卜

《晋书》卷九五《杜不愆传》曰：

杜不愆，庐江人也。少就外祖郭璞学《易》卜，屡有验。高平郗超年二十余，得重疾，试令筮之。不愆曰："案卦言之，卿所苦寻除。然宜于东北三十里上宫姓家索其所养雄雉，笼盛置东檐下，却后九日丙午日午时，必当有雌雉飞来与交，既而双去。若如此，不出二十日病都除，又是休应，年将八十，位极人臣。若但雌逝雄留者，病一周方差，年半八十，名位亦失。"超时正羸笃，虑命在旦夕，笑而答曰："若保八十之半，便有余矣。一周病差，何足为淹！"然为之信。或劝依其言，索雉果得。至丙午日，超卧南轩之下观之，至日晏，果有雌雉飞入笼，与雄雉交而去，雄雉不动。超叹息曰："虽管郭之奇，何以尚此！"超病弥年乃起，至四十，卒于中书郎。②

杜不愆《易》卜在必然性中寻求雌雄雉交合之偶然性，又对患者进行耐心的心理指导，唤起其战胜病魔的信心，取得成功。

四　隗照藏金于《易》卜解妻之困

《晋书》卷九五《隗照传》曰：

隗照，汝阴人也。善于《易》。临终，书版授其妻曰："吾亡后当大荒穷，虽尔，慎莫卖宅也。却后五年春，当有诏使来顿此亭，姓龚，此人负吾金，即

① （唐）房玄龄等撰《晋书》卷九五，中华书局1974年版，第2478页。

② （唐）房玄龄等撰《晋书》卷九五，中华书局1974年版，第2479页。

以此版往责之，勿违言也。”照亡后，其家大困乏，欲卖宅，忆夫言辄止。期日，有龚使者止亭中，妻遂赍版往责之。使者执版惘然，不知所以。妻曰：“夫临亡，手书版见命如此，不敢妄也。”使者沉吟良久而悟，谓曰：“贤夫何善？”妻曰：“夫善于《易》，而未曾为人卜也。”使者曰：“噫，可知矣！”乃命取蓍筮之，卦成，抚掌而叹曰：“妙哉隗生！含明隐迹，可谓镜穷达而洞吉凶者也。”于是告照妻曰：“吾不相负金也，贤夫自有金耳，知亡后当暂穷，故藏金以待太平，所以不告儿妇者，恐金尽而困无已也。知吾善《易》，故书版以寄意耳。金有五百斤，盛以青瓮，覆以铜柈，埋在堂屋东头，去壁一丈，入地九尺。”妻还掘之，皆如卜焉。[①]

古人好将财宝埋在九尺以下的地里，此即一例。至于埋金寓卜，此为首例，鲜见也。

五　郭璞的渊博学识及其《周易》占卜的多面性

《易》卜的迷人处，就在于其学识的创造性。郭璞的《易》卜就是晋代学识创造性的典型，其施术围绕古城南京展开，今玄武湖设有郭璞纪念馆。

36. 郭璞雕像（自摄于南京玄武湖郭璞纪念馆）

郭璞（276—324），字景纯，晋河东闻喜（今山西闻喜县）人。博洽多闻，是著名的人文学家，集文学家、训诂学家、神话学家、方言学家、风水学家、占卜学家、巫学家于一身，影响甚为深远。郭璞的神妙无人能解，始终令人匪夷所思，然而又令人不得不研习他的学问而各取所需。《晋书·郭璞传》云：“璞好经术，博学有高才，而讷于言论，词赋为中兴之冠。好古文奇字，妙于阴阳算历。有郭公者，客居河东，精于卜筮，璞从之受业。公以《青囊中书》九卷与之，由是遂洞五行、天文、卜筮之术，攘灾转祸，通致无方，虽京房、管辂不能过也。璞门人赵载尝窃《青囊书》，未及读，而为火所焚。”[②]

郭璞的占卜涉及多方面，反映其学识渊博，无人能及。其一，占卜“活马”奇术。《晋书·郭璞传》云：

① (唐)房玄龄等撰《晋书》卷九五，中华书局 1974 年版，第 2480—2481 页。

② (唐)房玄龄等撰《晋书》卷七二，中华书局 1974 年版，第 1899 页。

惠怀之际，河东先扰。璞筮之，投策而叹曰："嗟乎！黔黎将湮于异类，桑梓其翦为龙荒乎！"于是潜结姻昵及交游数十家，欲避地东南。抵将军赵固，会固所乘良马死，固惜之，不接宾客。璞至，门吏不为通。璞曰："吾能活马。"吏惊入白固。固趋出，曰："君能活吾马乎？"璞曰："得健夫二三十人，皆持长竿，东行三十里，有丘林社庙者，便以竿打拍，当得一物，宜急持归。得此，马活矣。"固如其言，果得一物似猴，持归。此物见死马，便嘘吸其鼻。顷之马起，奋迅嘶鸣，食如常，不复见向物。固奇之，厚加资给。①

37. 奇术活马浮雕〔自摄〕

此为郭璞与社庙巫师联合施行交感巫术的范例。社庙祭祀交感巫术虽未提及，但其为施术之必然程序，而巫师化装成猴治马病，犹如化妆成方相氏驱鬼，用人工呼吸原理施救因劳累过度而窒息的马，一救即活。

其二，占卜妙法纳婢。《晋书·郭璞传》云：

行至庐江，太守胡孟康被丞相召为军谘祭酒。时江淮清宴，孟康安之，无心南渡。璞为占曰"败"。康不之信。璞将促装去之，爱主人婢，无由而得，乃取小豆三斗，绕主人宅散之。主人晨见赤衣人数千围其家，就视则灭，甚恶之，请璞为卦。璞曰："君家不宜畜此婢，可于东南二十里卖之，慎勿争价，则此妖可除也。"主人从之。璞阴令人贱买此婢。复为符投于井中，数千赤衣人皆反缚，一一自投于井，主人大悦。璞携婢去。后数旬而庐江陷。②

38. 妙法纳婢浮雕〔自摄〕

此为郭璞占卜和施行赤小豆变数千赤衣人的模仿巫术相结合，乘孟康败局已定，而巧纳其婢。

其三，占卜葬龙角天子问。《晋书·郭璞传》云：

① （唐）房玄龄等撰《晋书》卷七二，中华书局1974年版，第1899—1900页。

② （唐）房玄龄等撰《晋书》卷七二，中华书局1974年版，第1899页。

时明帝即位逾年，未改号，而荧惑守房。璞时休归，帝乃遣使赍手诏问璞。会暨阳县复上言曰赤乌见。璞乃上疏请改年肆赦，文多不载。璞尝为人葬，帝微服往观之，因问主人何以葬龙角，此法当灭族。主人曰："郭璞云此葬龙耳，不出三年当致天子也。"帝曰："出天子邪？"答曰："能致天子问耳。"帝甚异之。①

39. 葬龙角致天子问浮雕〔自摄〕

郭璞占卜称埋龙角"能致天子问"，果然，晋明帝司马绍就问上门来了。这也证明郭璞当时占卜之术颇有影响，常会牵动政治的敏感神经。

① (唐)房玄龄等撰《晋书》卷七二，中华书局1974年版，第1909页。

第十六章　南北朝时代巫术

第一节　南朝皇帝信巫与北朝皇帝反巫

南朝统治阶级爱好巫术并在政治层面加以利用。《太平广记》卷二八三引《述异记》:“义熙五年,宋武帝北讨鲜卑,大胜,进围广固,军中将佐乃遣使奉牲荐币,谒岱岳庙。有女巫秦氏,奉高人,同县索氏之寡妻也。能降灵宣教,言无虚唱。使使者设祷,因访克捷之期,秦氏乃称神教曰:‘天授英辅,神魔所拟,有征无战,蕞尔小虏,不足制也。到来年二月五日,当克。’如期而三齐定焉。”[①]女巫预言灵验,果然如期而定。

1. 宋武帝像〔采自《三才图会》。下同〕

“义熙”是东晋安帝司马德宗年号,义熙五年为公元409年,当时宋武帝还在四处争战中。通神巫师秦氏由于“降灵”成功,对安定大局有利。

刘裕之后形势大变。第三代皇帝宋文帝刘义隆以后,大儿刘劭、二儿刘濬和其姐东阳公主,走上邪路。三个人利用女巫严道育天师道,假借严道育的通灵巫术杀死父王宋文帝篡位,合谋制造巫蛊之乱,使南朝宋立刻暗无天日。

《南史》卷一四《宋宗室及诸王下》载:

有女巫严道育夫为劫,坐没入奚官。劭姊东阳公主应阁婢王鹦鹉白公主道育通灵,主乃白上托云善蚕,求召入。道育云:“所奉天神,当赐符应。”时主夕卧,见流光相随,状若萤火,遂入巾箱化为双珠,圆青可爱。于是主及劭并信惑之。始兴王濬素佞事劭,并多过失,虑上知,使道育祈请,欲令

① (宋)李昉等编,汪绍楹点校《太平广记》卷二八三《巫·女巫秦氏》,中华书局1961年版,第2254页。

过不上闻。歌儛咒诅，不舍昼夜。道育辄云："自上天陈请，必不泄露。"劭等敬事，号曰天师。后遂为巫蛊，刻玉为上形像，埋于含章殿前。……黄门庆国并与巫蛊事……虑将见及，乃以白上。上惊惋，即收鹦鹉家，得劭、濬手书，皆咒诅巫蛊之言。得所埋上形像于宫内。道育叛亡，捕之不得。①

女巫严道育所施行的巫术，几乎与汉武帝时"巫蛊之狱"所行巫术完全一样，是蛊道巫术与模仿巫术的结合形态。劭、濬二人杀父（宋文帝）合殿，篡位的阴谋得逞，史称"太初之难"。后由于南朝宋第四代皇帝、宋文帝第三子宋孝武帝刘骏的讨伐，二凶伏诛，"投劭、濬尸首于江"，"道育、鹦鹉并都街鞭杀，于石头四望山焚其尸，扬灰于江"②。这场由女巫导致的血淋淋的皇室大屠杀，突出反映了南朝时巫术被统治者利用干坏事。

宋孝武帝刘骏总共在位十一年，上行下效，不可能扭转巫觋败俗之事。《宋书》卷八二《周朗传》载，周朗上书揭露妖巫破俗曰："凡鬼道惑众，妖巫破俗，触木而言怪者不可数，寓采而称神者非可算。其原本是乱男女，合饮食，因之而以祈祝，从之而以报请，是乱不诛，为害未息。凡一苑始立，一神初兴，淫风辄以之而甚，今修堤以北，置园百里，峻山以右，居灵十房，糜财败俗，其可称限。"③巫觋聚财而败坏风习，谋乱害国。再如，豫章人陈谈之上书宋孝武帝，揭发竟陵王刘诞，称其弟陈咏之"恒见诞与左右小人庄庆、傅元祀潜图奸逆，言词丑悖。……又常疏陛下年纪姓讳，往巫郑师怜家祝诅"④。

南朝宋第五代皇帝前废帝刘子业，荒淫无耻，借巫蛊之术愈演愈烈。《南史》卷二《宋本纪中》记载，孝武帝刘骏整日整夜饮酒，"俄顷数斗，凭几昏睡"，极大地损害了身体，三十五岁便一命呜呼。他死后，皇太子刘子业即位，才十五岁，"凶悖日甚，诛杀相继，内外百官，不保首领"。更为无道之事相继发生："帝好游华林园竹林堂，使妇人裸身相逐，有一妇人不从命，斩之。经少时，夜梦游后堂，有一女子骂曰：'帝悖虐不道，明年不及熟矣。'帝怒，于宫中求得似所梦者一人戮之。其夕复梦所戮女骂曰：'汝枉杀我，已诉上帝。'至是，巫觋云'此堂有鬼'。帝与山阴公主及六宫彩女数百人随

2. 宋文帝像

① （唐）李延寿撰《南史》卷一四，中华书局 1975 年版，第 386—388 页。
② （唐）李延寿撰《南史》卷一四，中华书局 1975 年版，第 394 页。
③ （梁）沈约撰《宋书》卷八二，中华书局 1974 年版，第 2100 页。
④ （梁）沈约撰《宋书》卷七九，中华书局 1974 年版，第 2028 页。

群巫捕鬼，屏除侍卫，帝亲自射之。事毕，将奏靡靡之声。”[①]这样一个十七岁的恶魔，最后被部下怀刀直入追及之，砍杀于华光殿。这是南朝宋统治者演出的第二幕血淋淋的巫蛊之乱剧。

宋孝武帝培养出如此淫乱与信巫的儿子刘子业，自然不是偶然的。《南史》卷一一《后妃上》说，孝武帝宠妃殷淑仪死了，他便召来巫师：“时有巫者能见鬼，说帝言贵妃可致。帝大喜，令召之。有少顷，果于帷中见形如平生。帝欲与之言，默然不对。将执手，奄然便歇，帝尤哽恨，于是拟《李夫人赋》以寄意焉。”[②]父王如此，亦培养出一个荒淫无耻的儿子。

南朝宋第五代皇帝宋明帝刘彧泰始五年(469)下诏称庐江王祎：“每觇天察宿，怀协左道，咒诅祷请，谨事邪巫，常被发跣足，稽首北极，遂图画朕躬，勒以名字，或加之矢刃，或烹之鼎镬。公在江州，得一汉女，云知吉凶，能行厌咒，大设供养，朝夕拜伏，衣装严整，敬事如神，令其祝诅孝武，并及崇宪，祈皇室危弱，统天称己，巫称神旨，必得如愿，后事发觉，委罪所生，徼幸赦宥，仅得自免。”[③]其时巫术已离开原宗旨变为用神鬼欺世的政治工具。

南朝齐的统治者热衷巫术，亦多用于政治目的。齐武帝萧赜和废帝郁林王萧昭业都是宠女巫出了名的。《南史》卷五《废帝郁林王》载：

> (郁林王)又在西州令女巫杨氏祷祀，速求天位。及文惠薨，谓由杨氏之力，倍加敬信，呼杨婆。宋氏以来，人间有《杨婆儿哥》，盖此征也。武帝有疾，又令杨氏日夜祷祈，令宫车早晏驾。[④]

郁林王正是借女巫杨氏行厌咒，欲令武帝早亡，预谋夺位。

齐明帝萧鸾穿衣行事都要请巫师来加以指导。《南齐书》卷六《明帝纪》记载：

> 性猜忌多虑，故亟行诛戮。潜信道术，用计数，出行幸，先占利害，南出则唱云西行，东游则唱云北幸。简于出入，竟不南郊。上初有疾，无辍听览，秘而不传。及寝疾甚久，敕台省府署文簿求白鱼以为治，外始知之。身衣绛衣，服饰

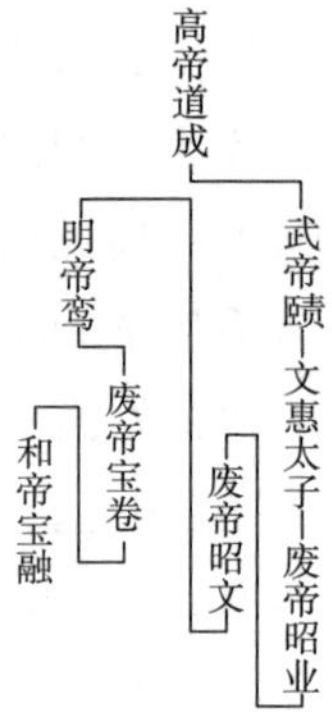

3. 齐世系图

① (唐)李延寿撰《南史》卷二，中华书局1975年版，第70页。
② (唐)李延寿撰《南史》卷一一，中华书局1975年版，第324页。
③ (梁)沈约撰《宋书》卷七九《庐江王祎传》，中华书局1974年版，第2040页。
④ (唐)李延寿撰《南史》卷五，中华书局1975年版，第136页。

皆赤，以为厌胜。巫觋云："后湖水头经过宫内，致帝有疾。"帝乃自至太官行水沟，左右启："太官若无此水则不立。"帝决意塞之，欲南引淮流。[1]

齐明帝患病，为什么用"白鱼以为治"？因为当时巫术尚白，白为吉。北齐魏收撰《魏书》，其中卷一一二《灵征志下》专门列出白龟、白狐、白鹿、白狼、白鼠、白獐、白乌、白鹊、白兔、白燕、白雀、白鸠、白马、白玉、白雉等被视为吉祥的灵物，故白鱼也有吉祥巫术治病的魔术力。[2] 齐明帝穿衣着赤色，赤色亦为吉色，具有厌胜反抗巫术之魔术力。

南京是六朝故都，当时后湖（玄武湖）水是活水，流经宫廷。齐明帝相信了巫师之言，为祛疾欲阻塞原有的活水道，从南面引秦淮河的水进玄武湖的宫殿区域，幸而他不久去世，计划未施行，否则又要劳民伤财。

从以上三点可见，齐明帝萧鸾是最信能和"鬼神"打交道的巫师。他的儿子废帝东昏侯萧宝卷上台两年也重巫师之言。《南史》卷五《废帝东昏侯》称他"偏信蒋侯神，迎来入宫，昼夜祈祷。左右朱光尚诈云见神，动辄谘启，并云降福。始安之平，遂加位相国，末又号为'灵帝'，车服羽仪，一依王者。又曲信小祠，日有十数，师巫魔媪，迎送纷纭。光尚辄托云神意"[3]。更有可恶之事："后东入乐游，人马忽惊，以问光尚，光尚曰：'向见先帝大瞋，不许数出。'帝大怒，拔刀与光尚等寻觅，既不见处，乃缚菰为明帝形，北向斩之，县首苑门。"[4]

东昏侯竟亲自施行模仿巫术，做模拟之明帝人偶，斩其首挂于苑门。需知明帝正是他死去的父王，东昏侯搞巫蛊之乱完全丧失人性。糟糕的统治者再次迫使巫术离开求福原宗旨而服务于政治。

南朝梁的统治者也是信巫的。《南史》卷八《梁本纪下》记载，梁元帝萧绎"始在寻阳，梦人曰：'天下将乱，王必维之。'又背生黑子，巫媪见曰：'此大贵不可言。'"[5]崇信巫言，萧绎便得意，想来似乎命该当皇帝。梁武帝萧衍的母亲张皇后是颇信奉交感巫术的。《南史》卷一二载："方孕（梁武帝），忽见庭前昌蒲花，光采非常，惊报，侍者皆云

4. 南朝人牵马俑（江苏南京六朝墓出土陶瓷彩绘）〔采自《中国古俑白描》〕

---

① （梁）萧子显撰《南齐书》卷六，中华书局 1972 年版，第 92 页。

② （北齐）魏收撰《魏书》卷一一二下，中华书局 1974 年版，第 2927—2969 页。

③ （唐）李延寿撰《南史》卷五，中华书局 1975 年版，第 155—156 页。

④ （唐）李延寿撰《南史》卷五，中华书局 1975 年版，第 156 页。

⑤ （唐）李延寿撰《南史》卷八，中华书局 1975 年版，第 244 页。

不见。后曰:‘常闻见昌蒲花者当富贵。’因取吞之,是月生武帝。”[①]张皇后居然崇信吞富贵花生富贵人的交感生育巫术,生下了梁武帝。到了梁武帝登位,他的郗皇后生时也受过巫礼。宋文帝女寻阳公主便是她的母亲。《南史》卷一二云:“方娠,梦当生贵子。及后生,有赤光照室,器物尽明,家人怪之。巫言此女光高,将有所妨,乃于水滨祓除之。”[②]梁武帝进行祭祀巫术,也以梦占的方式决定。《(万历)重修宜兴县志》卷一〇《九斗坛》云:“九斗坛在善权山,高三尺,周广十三步,山有九峰,状如覆斗。梁天监中,祷雨不应。武帝梦神告曰:‘阳羡九斗山有神,号张水曹,能兴云雨。’帝如其言,遣使筑坛致祭,雨果致。”[③]由以上种种记载观之,梁朝统治者也是相信巫与巫术的。

南朝陈的皇帝,荒淫且信巫者,莫过于陈后主叔宝了。当时美人张丽华被他封为“张贵妃”,据史载张丽华与女巫关系密切。《南史》卷一二记载:“(张贵妃)尝于阁上靓妆,临于轩槛,宫中遥望,飘若神仙。才辩强记,善候人主颜色。荐诸宫女,后宫咸德之,竞言其善。又工厌魅之术,假鬼道以惑后主。置淫祀于宫中,聚诸女巫使之鼓舞。”[④]后主陈叔宝与女巫在一起,整天昏昏然,“时后主怠于政事,百司启奏,并因宦者蔡临儿、李善度进请,后主倚隐囊,置张贵妃于膝上共决之”[⑤]。风流皇帝陈叔宝竟把女巫张丽华抱在膝上主持朝政。又据《陈书》卷七云:“张贵妃发长七尺,鬒黑如漆,其光可鉴。特聪慧,有神采,进止闲暇,容色端丽。每瞻视盼睐,光采溢目,照映左右。常于阁上靓妆,临于轩槛,宫中遥望,飘若神仙。”[⑥]张丽华如此美丽,故陈后主不爱江山爱美人,腐化堕落亡了国。宋程大昌撰《演繁露》卷五《辱井》条记载,隋开皇九年(589)韩擒虎等征陈,破建康,率军攻宫城,陈后主闻兵至,与张丽华等妃子出后堂景阳殿,自投于鸡鸣寺山下的枯井中,被隋军搜到,悉皆被捉,至今鸡鸣寺山上枯井仍在,号为辱井,俗称胭脂井。王安石《次韵登微之高斋有感》诗云:“台殿荒墟辱井堙,豪华

5. 陈后主像〔采自《中国古代服饰史》〕

---

① (唐)李延寿撰《南史》卷一二《后妃下》,中华书局 1975 年版,第 337 页。

② (唐)李延寿撰《南史》卷一二《后妃下》,中华书局 1975 年版,第 338 页。

③ (明)陈遴玮等修,(明)王升等纂《(万历)重修宜兴县志》卷一〇,《无锡文库》第一辑,凤凰出版社 2012 年影印本,第 207 页。

④⑤ (唐)李延寿撰《南史》卷一二《张贵妃传》,中华书局 1975 年版,第 348 页。

⑥ (唐)姚思廉撰《陈书》卷七《张贵妃传》,中华书局 1972 年版,第 132 页。

不复见临春。”[①]这辱井似乎仍然在叙述美人张丽华与女巫勾结使陈朝亡国的故事。[②]

综观当时南朝四代，皇室多利用巫蛊搞政治阴谋与腐败，而地方官吏对巫师则是采取严厉打击态度的。

第一，南朝宋豫章内史的焚神治巫。《南史》卷二六《袁君正传》云：“君正美风仪，善自居处，以贵公子早得时誉。为豫章内史。性不信巫邪，有师万世荣称道术，为一郡巫长。君正在郡小疾，主簿熊岳荐之。师云：‘须疾者衣为信命。’君正以所着襦与之，事竟取襦，云‘神将送与北斗君’。君正使检诸身，于衣里获之，以为乱政，即刑于市而焚神，一郡无敢行巫。”[③]巫长搞的显然是交感巫术中的衣服巫术，万世荣虽是袁君正的老师，但其巫行仍遭君正反对，被定为“乱政”遭惩罚。

第二，南朝梁青州刺史的禁止淫祠。《南史》卷六三《王神念传》：“王神念，太原祁人也。少好儒术，尤明内典。仕魏位颍川太守，与子僧辩据郡归梁，封南城县侯。历安成、武阳、宣城内史，皆著政绩。后为青、冀二州刺史。神念性刚正，所更州郡必禁止淫祠，时青州东北有石鹿山临海，先有神庙祆巫，欺惑百姓，远近祈祷，糜费极多。及神念至，便令毁撤，风俗遂改。”[④]神念禁止的是祆巫。[⑤]

第三，南朝梁吴兴太守的纵巫反省。《南史》卷二九《蔡撙传》曰：“初，撙在临海，百姓杨元孙以婢采兰贴与同里黄权，约生子，酬乳哺直。权死后，元孙就权妻吴赎婢母子五人，吴背约不还。元孙诉，撙判还本主。吴能为巫，出入撙内，以金钏赂撙妾，遂改判与吴。元孙挝登闻鼓讼之，为有司劾。时撙已去郡，虽不坐，而常以为耻。口不言钱，及在吴兴，不饮郡井，斋前自种白苋紫茄，以为常饵，诏褒其清。”[⑥]蔡撙是位善于改错的好官，其后他还平定了祆巫之乱。《蔡撙传》又云：“天监九年（510），宣城郡吏吴承伯挟祆道聚众攻宣城，杀太守朱僧勇，转寇吴兴，吏人并请避之。撙坚守不动，

6. 北魏人铠甲马骑兵俑（陕西西安草场坡北魏墓出土陶瓷彩绘）〔采自《中国古俑白描》。下同〕

---

① （宋）李壁撰《王荆公诗注》卷三〇，景印文渊阁《四库全书》第1106册，第214页。

② 请参阅高国藩《胭脂井：陈叔宝与张丽华》，载于《南京史志》1995年第1、2期合刊。

③ （唐）李延寿撰《南史》卷二六，中华书局1975年版，第716页。

④ （唐）李延寿撰《南史》卷六三，中华书局1975年版，第1535页。

⑤ 关于祆教，请参阅高国藩著《敦煌民俗学》第十六章第一节，上海文艺出版社1989年版，第273—275页。

⑥ （唐）李延寿撰《南史》卷二九，中华书局1975年版，第774—775页。

命众出战，摧破斩承伯，余党悉平。”[1]蔡撙纵容过巫婆，后来悔悟而能消除袄巫聚众闹事，可谓将功补过。

北魏王朝是反蛊道巫术的。据北齐魏收撰《魏书》卷一一一《刑罚志》记载，世祖即位曾下过诏书：“为蛊毒者，男女皆斩，而焚其家。巫蛊者，负羖羊抱犬沉诸渊。当刑者赎，贫则加鞭二百。”[2]采取如此高压手段，故北魏时蛊道巫术事稀见。

另外，在南北朝时，巫术往往与生育风俗结合在一起，表现在一些大人物的出生，往往要找巫师来杜撰神异的故事：

1. 在南朝，女巫编造王敬则大将的神奇出生故事。《南史》卷四五《王敬则》曰：“王敬则，临淮射阳人也。侨居晋陵南沙县。母为女巫，常谓人云：‘敬则生时胞衣紫色，应得鸣鼓角。’人笑之曰：‘汝子得为人吹角可矣。’”[3]

2. 在北朝，禳梦巫术流行，有巫师仿效汉高祖故事编造做梦怀孕生出窦泰大将的神奇故事。《北齐书》卷一五《窦泰传》曰：

> 初，泰母梦风雷暴起，若有雨状，出庭观之，见电光夺目，驶雨沾洒，寤而惊汗，遂有娠。期而不产，大惧。有巫曰：“度河湔裙，产子必易。”便向水所，忽见一人，曰：“当生贵子，可徙而南。”泰母从之。俄而生泰。及长，善骑射，有勇略。[4]

7. 北魏巫师

巫师造出这个奇梦，当然都是为窦泰做将军服务的，将他说成是自出生时便是神异天意使然。北朝时佛教的禳梦巫术显然已经渗透到政治层面，借此以壮大佛教势力，成为佛教中国化的一种手段。佛教禳梦巫术推崇的是托梦念经能够免灾，托梦的目的是劝人念经信佛而有奇效。俄 TK117《高王观世音经序》(6—1～3)云：

> 昔高欢国王在相州为郡，有一孙敬德为主宝藏宫犯法囚禁在狱中，知虚就死，持诵观世音普门品经，日夜不辍。于睡中梦僧言曰：“汝持此经，不能免死，持取《高王观世音经》一千遍，当离刑戮。”敬

① (唐)李延寿撰《南史》卷二九，中华书局1975年版，第775页。
② (北齐)魏收撰《魏书》卷一一一，中华书局1974年版，第2874页。
③ (唐)李延寿撰《南史》卷四五，中华书局1975年版，第1127页。
④ (唐)李百药撰《北齐书》卷一五，中华书局1972年版，第193页。

德曰："今在狱中，何时见本？"僧曰："口受与汝，睡觉无遗失。"志心诵持得九百遍。文案已成，付都市斩之。敬德怕惧，问使人曰："都市近远？"使曰："何故？"敬德曰："昨夜梦一僧，令教受持《高王观世音经》一千遍，当得免死。今欠一百遍，请求使慢行。"随路急念持经一千遍数满。使乃令斩之，敬德身不损，其刀为三段。将刀呈王，王宣敬德，问曰："汝有何术，得如此？"敬德曰："实无术。狱中怕死，自持观世音普门品经。梦见一僧，令持《高王观世音经》一千遍，获福如是。"王谓敬德："汝胜于我，与圣何异？"王处分狱中，更有合死之人，将此经各令持诵一千遍，斩之，是人悉得如此。王敕下国人，悉令持诵此经，普寿百岁，水陆怨债，托化梵天，更无轮报矣。[①]

《高王观世音经》简称《高王经》，《法苑珠林》卷二五作《观士音救生经》。《高王经》显系佛教借助托梦巫术和当时的政治势力相结合而谋求发展的标志，改名实是一时权宜之计。

第二节　南北朝时代交感巫术

一　蔽膝巫术

南北朝时代的交感巫术，以华山畿蔽膝巫术故事最为著名，它是古代衣服巫术类型的衍化，对后世颇有影响。宋郭茂倩《乐府诗集》卷四六引《古今乐录》云：

《华山畿》者，宋少帝时懊恼一曲，亦变曲也。少帝时，南徐一士子，从华山畿往云阳。见客舍有女子年十八九，悦之无因，遂感心疾。母问其故，具以启母。母为至华山寻访，见女具说闻感之因。脱蔽膝令母密置其席下卧之，当已。少日果差。忽举席见蔽膝而抱持，遂吞食而死。气欲绝，谓母曰："葬时车载，从华山度。"母从其意。比至女门，牛不肯前，打拍不动。女曰："且待须臾。"妆点沐浴，既而出。歌曰："华山畿，君既为侬死，独活为谁施？欢若见怜时，棺木为侬开。"棺应声开，女透入棺，家人叩打，无如之何，

① 俄罗斯科学院东方研究所圣彼得堡分所等编《俄藏黑水城文献》第三册，上海古籍出版社1996年版，第36—37页。

乃合葬，呼曰神女冢。[①]

蔽膝，即护膝的围裙。古人用之于跪拜时，又称为韨、韠。姑娘的蔽膝正是代表姑娘本人，对钟情于她的男子有魔术力，故密置于此害相思病男子之席下，其病“少日果差”。这一个活女配死男的冥婚故事，正是蔽膝巫术贯穿其中。

二　鱼巫术

南北朝时代鱼巫术并无转型特征，一般来说，在南北朝时代所出现的“鱼皮测潮”巫术，是承继魏晋时代鱼巫术而来。南朝梁任昉撰《述异记》卷下：“东海有牛鱼，其形如牛，海人采捕，剥其皮悬之，潮水至则尾起，潮落则尾伏。”[②]说法与魏晋时代一致。

《述异记》卷下又云：“龙巢山下有丹水，水中有丹鱼。欲捕其鱼，伺鱼之浮出水，有赤光如火，网取，割其血涂足，可涉水，如履平地。”[③]这一说法已见北魏郦道元撰《水经注·丹水》，其文简略：“水出丹鱼，先夏至十日，夜伺之，鱼浮水侧，赤光上照如火，网而取之，割其血以涂足，可以步行水上，长居渊中。”[④]

三　脚印巫术

由于受到魏晋时代佛教脚印巫术的影响，整个来说南北朝时代脚印巫术已经基本完全佛教化了。当时于阗流行脚印巫术，供虔诚膜拜佛祖之用，在膜拜中交相感受佛祖的伟大与庄严。《周书·异域下·于阗》：“城南五十里有赞摩寺，即昔罗汉比丘比卢旃为其王造覆盆浮图之所。石上有辟支佛趺处，双迹犹存。”[⑤]《北史·西域·于阗国》所载几乎相同：“城南五十里有赞摩寺，即昔罗汉比丘卢旃为其王造覆盆浮图之所。石上有辟支佛跣处，双迹犹存。”[⑥]这样的佛教脚印巫术一直影响到唐代。

8. 于阗人像〔采自《三才图会》〕

① (宋)郭茂倩编《乐府诗集》卷四六《清商曲辞三·华山畿二十五首》，中华书局 1979 年版，第 669 页。

② (南朝)梁任昉撰《述异记》卷下，景印文渊阁《四库全书》第 1047 册，第 631 页。

③ (南朝)梁任昉撰《述异记》卷下，景印文渊阁《四库全书》第 1047 册，第 634 页。

④ (北魏)郦道元撰，陈桥驿点校《水经注》卷二〇，上海古籍出版社 1990 年版，第 398 页。

⑤ (唐)令狐德棻等撰《周书》卷五〇，中华书局 1971 年版，第 917 页。

⑥ (唐)李延寿撰《北史》卷九七，中华书局 1974 年版，第 3209 页。

四　白石魇镇

唐李延寿撰《南史》卷七三《孝义上》曰："萧矫妻羊字淑祎，性至孝，居父丧，哭辄吐血。母尝有疾，淑祎于中夜祈祷，忽见一人在树下自称枯桑君，曰：'若人无患，今泄气在亥，西南求白石镇之。'言讫不见。明日如言而疾愈。"①白石有驱邪作用，心理上给病人交感以求生之激励。此亦汉代石敢当巫术之衍化。

五　头发巫术

由于先秦至南北朝年间头发巫术的盛行，南北朝的人们特别珍爱自己的头发，一旦有失落头发的事发生便非常恐慌，许多狸髡或蝙蝠取人髻的怪诞传说故事，便是从头发巫术中衍生出来的。再由于南北朝时代狸髡等巫术故事的流传，而更导致了狸髡、蝙蝠髡迷信的泛滥。

《魏书》卷一一二上《灵征志上》："高祖太和元年(477)五月辛亥，有狐魅截人发。时文明太后临朝，行多不正之征也。肃宗熙平二年(517)，自春，京师有狐魅截人发，人相惊恐。六月壬辰，灵太后召诸截发者，使崇训卫尉刘腾鞭之于千秋门外，事同太和也。"②将所谓"狐魅截人发"之事归咎于女子临朝治国，或将每个受害者都鞭笞一顿，荒谬之极。这是北魏时代的怪事。

《北齐书》卷八《帝纪第八·后主》："(武平)四年(573)春正月戊寅，以并省尚书令高阿那肱为录尚书事。庚辰，诏兼散骑常侍崔象使于陈。是月，邺都、并州并有狐媚，多截人发。"③这是北齐时代的怪事。

南北朝时的蝙蝠取人头髻故事。南朝宋刘义庆撰《幽明录》卷三《蝙蝠》："宋初，淮南郡有物取人头髻。太守朱诞曰：'吾知之矣。'多买黐(即黏汁)以涂壁。夕有一蝙蝠，大如鸡，集其上，不得去。杀之乃绝。观之，钩帘下已有数百人头髻。"④此故事与上述狐魅截人发故事相仿佛，只是未言取髻死人事。这类故事都是衍生于头发巫术的。

9. 北魏人骑马乐人俑(陕西西安草厂坡北魏墓出土陶瓷彩绘)〔采自《中国古俑白描》。下同〕

吐鲁番阿斯塔那出土的南北朝时代墓中继续见有人将发结作为随葬品，证明将头发巫术丧俗化的现象依然存在。哈拉和卓九六号墓是北凉真兴七年(425)时建，此墓出土的《龙兴某年宋泮妻翟氏随葬衣物疏》中，就有"故绯

① (唐)李延寿撰《南史》卷七三，中华书局1975年版，第1816页。

② (北齐)魏收撰《魏书》卷一一二上，中华书局1972年版，第2923页。

③ (唐)李百药撰《北齐书》卷八，中华书局1972年版，第106页。

④ (南朝宋)刘义庆撰，郑晚晴辑注《幽明录》卷三，文化艺术出版社1988年版，第78页。

碧绀绮结发六枚”[①]的记载。

阿斯塔那二号墓出土的《北凉缘禾六年(437)翟万随葬衣物疏》中,也有“故路绯结发两枚”[②]的记载。哈拉和卓九〇号墓是柔然永康十七年(482)之墓,其中出土的《高昌阿苟母随葬衣物疏》中,也有“故排(绯)绝(结)发一枚”[③]的记载。《吐鲁番出土文书》中所见5世纪头发随葬一共见有6例,是各世纪中最多见者,而4世纪只见2例,6世纪只见1例,7世纪只见3例,可知5世纪头发随葬在吐鲁番最为盛行。6世纪1例,见于阿斯塔那五一七号墓出土的《高昌延昌三十一年(591)缺名随葬衣物疏》中,有“头结一枚”[④]之记载。

10. 东魏人萨满巫师俑(河北磁县东魏茹茹公主墓出土陶瓷彩绘)

南北朝时代头发巫术引发群体恐慌,以《洛阳伽蓝记》卷四《城西》记述最为完整:“市北慈孝、奉终二里。里内之人以卖棺椁为业,赁辆车为事。有挽歌者孙岩,娶妻三年,不脱衣而卧。岩因怪之,伺其睡,阴解其衣,有毛长三尺,似野狐尾。岩惧而出之。妻临去,将刀截岩发而走。邻人逐之,变成一狐,追之不得。其后,京邑被截发者一百三十余人。初变妇人,衣服靓妆,行路人见而悦近之,皆被截发,当时有妇人着彩衣者,人皆指为狐魅。熙平二年(517)四月有此,至秋乃至。”[⑤]此与《魏书》记载相合,是紧密联系民间生活的群发性巫术事件。

六　柏枕巫术

《搜神记》记载有枕头巫术,到南北朝时代产生变异,与祭祀结合而演化为柏枕巫术。南朝宋刘义庆撰《幽明录》卷一《柏枕幻梦》云:“焦湖庙祝有柏枕,三十余年,枕后一小坼孔。县民汤林行贾,经庙祈福。祝曰:‘君婚姻未?可就枕坼边。’令林入坼内,见朱门,琼宫瑶台胜于世。见赵太尉,为林婚,育子六人,四男二女。选林秘书郎,俄迁黄门郎。林在枕中,永无思归之怀,遂遭违忤之事。

---

① 国家文物局古文献研究室等编《吐鲁番出土文书》第一册,文物出版社1981年版,第61页。

② 国家文物局古文献研究室等编《吐鲁番出土文书》第一册,文物出版社1981年版,第176页。

③ 国家文物局古文献研究室等编《吐鲁番出土文书》第二册,文物出版社1981年版,第2页。

④ 国家文物局古文献研究室等编《吐鲁番出土文书》第四册《补遗》,文物出版社1983年版,第2页。

⑤ (北魏)杨衒之撰,范祥雍校注《洛阳伽蓝记校注》卷四,上海古籍出版社2011年版,第204页。

祝令林出外间，遂见向枕。谓枕内历年载，而实俄顷之间矣。"[①]焦湖即今安徽的巢湖，庙祝是焦湖庙的祭祀巫师，庙中柏枕即魔枕，庙祝在庙中设一外室，床上放柏枕，专门供给来祈福之人头枕柏枕睡觉求好梦之用，从而演化出柏枕巫术故事。县民汤林是一个在外地做生意的人，来庙里祈福，也花钱租了柏木魔枕来求好梦，居然梦见自己娶了个美女，生了四男二女，官运亨通，一再高升。柏枕巫术受到广泛关注，唐沈既济撰《枕中记》记载此事，宋代编《文艺英华》卷八三三录入；而《太平广记》卷四七四所引《吕翁》，出自唐代陈翰撰《异闻集》；元代马致远将其演化为《邯郸道省悟黄粱梦》杂剧；明代汤显祖演为《邯郸记》昆剧，为著名"临川四梦"之一；清代蒲松龄在《聊斋志异》中又撰写了《续黄粱》，皆以《柏枕幻梦》为先导。

11. 北魏人女舞俑（北魏墓出土）

七　石纽所佑

汶川石纽山是大禹出生地，方圆广阔。南北朝时代有罪者逃进去，若能藏三年，即被认为受大禹神佑护而被原谅。这都是交感巫术的反映。最早介绍石纽山的是扬雄《蜀王本纪》，原书已失，严可均《全上古三代秦汉三国六朝文·全汉文》卷五三辑其文曰："禹本汶川郡广柔县人，生于石纽，其地名痢儿畔。禹母吞珠孕禹，坼副而生于县涂山。娶妻生子，名启。于今涂山有禹庙，亦为其母立庙。"[②]汉代即开始传播此说，但情节未完整。晋续传之，《华阳国志·蜀志》云："汶川石纽山中，夷人以为禹生处，共营其地，方百里内，今犹不敢牧。"唐李泰《括地志》卷四引之，依然不完整。南北朝时期才有完整记载。北魏郦道元撰《水经注》卷三六《沫水》云："沫水出广柔徼外，县有石纽乡，禹所生也。今夷人共营之，地方百里，不敢居牧，有罪逃野，捕之者不逼，能藏三年，不为人得，则共原之，言大禹之神所祐之也。"[③]"不逼"则可自我反省，有罪者可在此圣地改过自新。李锡书纂修《汶志记略》云："（汶川）县南十里飞沙关，岭上里许，地平衍，名曰刳儿坪。有羌民数家，地可种植，相传圣母生禹处。有地数百步，羌民指为禹王庙，又称启圣祠。"[④]

---

① （南朝宋）刘义庆撰，郑晚晴辑注《幽明录》卷一，文化艺术出版社 1988 年版，第 4 页。

② 转引自袁珂、周明编《中国神话资料萃编·鲧禹编》，四川省社会科学院出版社 1985 年版，第 244 页。

③ （北魏）郦道元撰，陈桥驿点校《水经注》卷三六，上海古籍出版社 1990 年版，第 672—673 页。

④ 转引自袁珂、周明编《中国神话资料萃编·鲧禹编》，四川省社会科学院出版社 1985 年版，第 245 页。

八　婴儿祓除

南北朝时代的水交感巫术，有两种形态。《梁书》卷七《高祖郗皇后》曰："初，后母寻阳公主方娠，梦当生贵子。及生后，有赤光照于室内，器物尽明，家人皆怪之。巫言此女光采异常，将有所妨，乃于水滨祓除之。"①此为水滨祓除，即将婴儿在水滨沐浴，进行除灾去邪之祭祀，使其趋吉避凶，茁壮生长。这是遵行巫师的安排。《北史》卷五四《窦泰传》曰："初，泰母梦风雷暴起，若有雨状，出庭观之，见电光夺目，驶雨沾洒，寤而惊汗，遂有娠。期而不产，大惧。有巫曰：'度河湔裙，产子必易。'便向水所，忽见一人曰：'当生贵子，可徙而南。'泰母从之，俄而生泰。"②此为过河祓除，即孕妇渡河洗裙以祓除不祥。由"可徙而南"可知，孕妇涉水过河向南方走，产子必易，且必生贵子。这也是遵行巫师的安排。

第三节　南北朝时代模仿巫术

一　换头巫术

此为与占梦巫术结合产生而非实践型巫术。南朝宋刘义庆撰《幽明录》卷一《换头》：

> 河东贾弼之，义熙中，为琅玡府参军。夜梦有一人，面查鼬甚，多须，大鼻瞯目，请之曰："爱君之貌，欲易头，可乎？"弼曰："人各有头面，岂容此理！"明昼又梦，意甚恶之，乃于梦中许易。明朝起，自不觉，而人悉惊走藏，云："那汉何处来？"弼取镜自看，方知怪异。因还家，家人悉惊入内，妇女走藏，云："那得异男子！"弼坐自陈说，后能半面啼，半面笑。两足、手、口各捉一笔，俱书，辞意皆美，此为异也。余并如先。③

河东，郡名，今山西省安邑县，东晋时侨立河东郡于上明（今湖北省松滋市西），换头巫术似即流传于这一地区。又按，贾弼之，东晋太元中，官员外散骑侍

---

① （唐）姚思廉撰《梁书》卷七，中华书局 1973 年版，第 157 页。

② （唐）李延寿撰《北史》卷五四，中华书局 1974 年版，第 1952 页。

③ （南朝）宋刘义庆撰，郑晚晴辑注《幽明录》卷一《换头》，文化艺术出版社 1988 年版，第 30 页。参校（唐）欧阳询撰，汪绍楹校《艺文类聚》卷一七《人部一・头》引，上海古籍出版社 1982 年版，第 312 页。

郎,《南史》卷五九《王僧孺传》中有记载。此换头巫术故事说明,古代巫师从无头鬼、无头人幻想,又发展到人类换头幻想,难于试验,只能托梦。

二　木人驱鼠

《搜神后记》卷二《鼠市》曰:"太兴中,衡阳区纯作鼠市:四方丈余,开四门,门有一木人。纵四五鼠于中,欲出门,木人辄以手推之。"[①]木人巫术最终被实用于灭鼠活动。晋庾翼撰《晋阳秋》中的记载与《搜神后记》略同,末句作"木人辄以框拒之"[②]。"太兴"是十六国北燕冯弘的年号。

12. 北朝门神〔采自《世界美术全集》〕

三　木人魇魅

木人不能用作魇魅,若用于为自己治病则等于自杀。唐佚名撰《广古今五行记》:"武平末,广平都省主事王惠照,息休为郡学生。刻木作一小儿,盛衣带里,每食必食之。告云奴啖,方自食。自此后迷,为魍魉着之。时餉不饲,则病发垂死。渐不向菜蔬,要索酒肉。休兄窃取,以火焚之。休病转困。其家事急,顾工匠刻木,妙写形状,为置灵床之处。下语云:'烧毁我如此,重刻何益?'岁余,休成狂病卒。"[③]

将木人用于福助搞厌胜之术也会遭到惩罚。唐姚思廉撰《陈书》卷二八《长沙王叔坚》载:"叔坚不自安,稍怨望,乃为左道厌魅以求福助,刻木为偶人,衣以道士之服,施机关,能拜跪,昼夜于日月下醮之,祝诅于上。其年冬,有人上书告其事,案验并实,后主召叔坚囚于西省,将杀之。其夜,令近侍宣敕,数之以罪,叔坚对曰:'臣之本心,非有他故,但欲求亲媚耳。臣既犯天宪,罪当万死,臣死之日,必见叔陵,愿宣明诏,责于九泉之下。'后主感其前功,乃赦之,特免所居官,以王还第。"[④]

四　针灸草人

南北朝时代巫医也将模仿巫术用于医术针灸试验。《南史》卷三二《徐文伯传》曾记述一件事:"文伯字德秀,濮阳太守熙曾孙也。熙好黄、老,隐于秦望山,

---

① (晋)陶潜撰,汪绍楹校注《搜神后记》卷二,中华书局 1981 年版,第 10 页。

② (明)陶宗仪编《说郛一百二十弓》弓五九,上海古籍出版社 1988 年影印《说郛三种》本,第 2749 页。

③ (宋)李昉等编,汪绍楹点校《太平广记》卷三六一《妖怪三・王惠照》引,中华书局 1961 年版,第 2863 页。

④ (唐)姚思廉撰《陈书》卷二八,中华书局 1962 年版,第 367 页。

有道士过求饮，留一瓠𤬪与之，曰：'君子孙宜以道术救世，当得二千石。'熙开之，乃《扁鹊镜经》一卷，因精心学之，遂名震海内。生子秋夫，弥工其术，仕至射阳令。尝夜有鬼呻吟，声甚凄怆，秋夫问何须，答言姓某，家在东阳，患腰痛死。虽为鬼痛犹难忍，请疗之。秋夫曰：'云何厝法?'鬼请为刍人，案孔穴针之。秋夫如言，为灸四处，又针肩井三处，设祭埋之。明日见一人谢恩，忽然不见。当世伏其通灵。"①"刍人"即草人，针刺草人，为鬼治病，自然是巫师传说造作，但这是运用针灸的医术试验。

五　魔钉画像

据《太平御览》卷七三五《厌蛊》引《梁书》记载："萧纪举岷蜀之众，由外水而下湘东。王命方士伯人于长州苑板上，画纪形像，亲下铁符，钉于支体以厌之。"②模仿巫术用于军事则花样翻新，将魔术钉钉在画像上打击敌人，成为战争中自欺欺人的"新"武器。

六　画人令生

南北朝时代此巫术已在试验。《太平御览》卷七三七《禁》引《北齐书》："崔子武，季舒之族孙也。幼时宿于外祖扬州刺史赵郡李宪家，一夜，梦一女姿色甚丽，自云封龙王女，愿与崔郎私通。子武悦之，牵其衣裙，微有裂绽。未晓告辞，结带而别。至明访问，乃是山神，遂往祠中观之。傍画女容，状即梦中见者。裂裙尚存，结带犹在。子武自是通梦，忽恍成疾，后逢医禁之乃绝。"③此画中女复活巫术，是晋代画像求爱术的发展，是神祠中巫师的描述。至唐代，画人令生巫术便具体化，并衍化出明代的画中女投胎之巫术小说。

七　生殖崇拜

南北朝时代水果生产模仿巫术最奇特，为生殖崇拜巫术与生产风俗相结合的试验。北齐贾思勰著《齐民要术》中记载的有关"嫁树"法，就是北朝人生殖崇拜巫术与生产风俗结合的实例。

第一，嫁枣。《齐民要术》卷四《种枣第三十三》云："正月一日日出时，反斧斑驳椎之，名曰'嫁枣'。不椎则花而无实；斫则子萎而落也。候大蚕入簇，以杖击其枝间，振去狂花。不打，花繁，不实不成。"④

---

① (唐)李延寿撰《南史》卷三二，中华书局1975年版，第838页。按，肩井，人体经穴名。

② (宋)李昉等撰《太平御览》卷七三五，中华书局1960年影印本，第3260页。

③ (宋)李昉等撰《太平御览》卷七三七，中华书局1960年影印本，第3267页。

④ (北朝)贾思勰著，缪启愉、缪桂龙译注《齐民要术译注》卷四，上海古籍出版社2013年版，第265页。

第二，嫁李。《齐民要术》卷四《种李第三十五》云："嫁李法：正月一日，或十五日，以砖石着李树歧中，令实繁。又法：腊月中，以杖微打歧间，正月晦日复打之，亦足子也。又法：以煮寒食醴酪火掭着树枝间，亦良。"①

第三，嫁林檎。《齐民要术》卷四《柰、林檎第三十九》云："林檎树以正月、二月中，翻斧斑驳椎子，则饶子。"②

所谓"嫁"，指嫁接法。现代嫁接果树之法，是按照现代技术原理，采用接枝法而具有科学性。接枝法讲究枝芽多端，使果树多结果，达到丰收目的。但以上嫁枣、嫁李、嫁林檎的"嫁"法，却具有模仿巫术性。斧头的长把，象征男性生殖器，斧头则象征睾丸；所以要"反斧斑驳椎之"，就是抓住斧头（睾丸），用长把（生殖器）碰击树干，以象征交配，这就带有生殖崇拜巫术的特征。很显然，古人的嫁枣等法，是将它作为一种促进生产发展的巫术仪式来对待。

八　人变驴马

北魏杨衒之撰《洛阳伽蓝记》卷四《城西》云："法云寺，西域乌场国胡沙门僧（昙）摩罗所立也。在宝光寺西，隔墙并门。摩罗聪慧利根，学穷释氏，至中国，即晓魏言隶书，凡闻见，无不通解，是以道俗贵贱，同归仰之，作祇洹寺一所，工制甚精。佛殿僧房，皆为胡饰，丹素炫彩，金玉垂辉。摹写真容，似丈六之见鹿苑；神光壮丽，若金刚之在双林。伽蓝之内，花果蔚茂，芳草蔓合，嘉木被庭。京师沙门好胡法者，皆就摩罗受持之，戒行真苦，难可揄扬。秘咒神验，阎浮所无。咒枯树能生枝叶，咒人变为驴马，见之莫不忻怖。西域所赍舍利骨及佛牙经像皆在此寺。"③此等佛教变形咒术被称为"胡法"。

九　桃人显灵

北魏杨衒之撰《洛阳伽蓝记》云："准财里内有开善寺，京兆人韦英宅也。英早卒，其妻梁氏不治丧而嫁，更纳河内人向子集为夫。虽云改嫁，仍居英宅。英闻梁氏嫁，白日来归，乘马将数人至于庭前，呼曰：'阿梁，卿忘我也？'子集惊怖，张弓射之，应弦而倒，即变为桃人，所骑之马亦变为茅马，从者数人尽为蒲人。

---

① （北朝）贾思勰著，缪启愉、缪桂龙译注《齐民要术译注》卷四，上海古籍出版社 2013 年版，第 281 页。

② （北齐）贾思勰著，缪启愉、缪桂龙译注《齐民要术译注》卷四，上海古籍出版社 2013 年版，第 306 页。

③ （北魏）杨衒之撰，范祥雍校注《洛阳伽蓝记校注》卷四，上海古籍出版社 2011 年版，第 201 页。

梁氏惶惧，舍宅为寺。”[1]因为梁氏“不治丧而嫁”，寡妇失德，违反民俗，遂招致邻里嫌恶，而出谋阻止之。巫师以桃人、茅马、蒲人为此模仿巫术的主角，暗中做法，使桃人显灵，交相感应于梁氏及其后夫，迫使梁氏“舍宅为寺”。

第四节　南北朝时代钱币厌胜巫术四个时期

南北朝时代的反抗巫术中，继续流行钱币厌胜之巫术，兹将它划分为四个时期论述之。

第一时期，南朝宋至齐的北斗钱。此种属南朝宋齐时期的厌胜钱，一直流行到南朝陈，与其相应的为北周时期的北斗厌胜钱。南朝宋至齐的北斗钱历史根据，记载于《南齐书》与《南史》中。《南齐书·祥瑞志》曰：“泰始中，世祖于青溪宅得钱一枚，文有北斗七星双节，又有人形带剑。”[2]泰始是南朝宋明帝刘彧的年号，当时齐世祖还没有登位。《南史》卷四《齐本纪上》亦曰：“（世祖于所住堂内）得异钱，文为‘北斗星’，双刀、双贝及有人形带剑焉。”[3]《南史》的说法与《南齐书》一致。

北斗钱的流传背景，是在三国魏管辂阐释北斗故事流传之后，被记载在晋干宝撰《搜神记》中，原文曰：

> 管辂至平原，见颜超貌主夭亡。颜父乃求辂延命。辂曰：“子归，觅清酒一榼，鹿脯一斤，卯日，刈麦地南大桑树下，有二人围棋次，但酌酒置脯，饮尽更酌，以尽为度。若问汝，汝但拜之，勿言。必合有人救汝。”颜依言而往，果见二人围棋。颜置脯酌酒于前。其人贪戏，但饮酒食脯，不顾。数巡，北边坐者忽见颜在，叱曰：“何故在此？”颜唯拜之。南边坐者语曰：“适来饮他酒脯，宁无情乎？”北坐者曰：“文书已定。”南坐者曰：“借文书看之。”见超寿止可十九岁。乃取笔挑上，语曰：“救汝至九十年活。”颜拜而回。管语颜曰：“大助子，且喜得增寿。北边坐人是北斗，南边坐人是南斗。南斗注生，北斗注死。凡人受胎，皆从南斗过北斗。所有祈求，皆向北斗。”[4]

---

① （北魏）杨衒之撰，范祥雍校注《洛阳伽蓝记校注》卷四，上海古籍出版社2011年版，第205页。

② （梁）萧子显撰《南齐书》卷一八，中华书局1972年版，第364页。

③ （唐）李延寿撰《南史》卷四，中华书局1975年版，第116页。

④ （晋）干宝撰，汪绍楹校注《搜神记》卷三《管辂二》，中华书局1979年版，第33—34页。

关于南斗与北斗的自然崇拜，在东汉以后地位突出。南斗是二十八宿中的斗宿，北方玄武第一宿，因为与北斗位置相对，因而称为南斗。在战国后期，它已经和北斗在民间信仰中占有重要地位。进入东汉以后，道教早期都在宣扬北斗注死、南斗注生之说，民间为了长寿，祭祀北斗之风竟盛于南斗。因此厌胜钱中就有了北斗系统的厌胜钱，齐世祖得的北斗钱，其实便是魏晋时代厌胜钱在南朝的被发现。

《钱录》载有图谱与之相应。北斗钱（一），《钱录》卷一六《厌胜诸品》曰："文作九星，其二丽于旗。盖北斗原九星，七见二隐。道家谓：内辅一星，外辅一星，见之者吉。又交剑上举，又一人带剑屹立。洪《志》谓之青溪宅钱。缘《南齐书·祥瑞志》所载齐世祖于青溪宅得钱一枚，文与此合也。"[①]

13. 南齐北斗钱（一）
〔采自《钱录》。下同〕

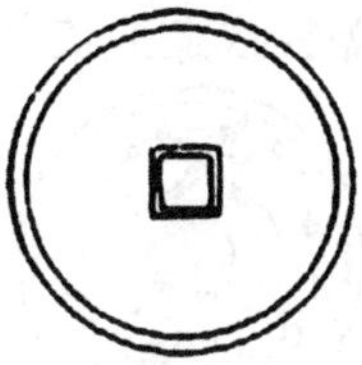

南齐北斗钱（一）背

北斗钱（二），《钱录》卷一六《厌胜诸品》曰："一面作七星文，凡二；一面曰'大泉五十'。用新莽钱文也。旧谱谓蓄之御火。"[②]

14. 南齐北斗钱（二）

南齐北斗钱（二）背

北斗钱（三），《钱录》卷一六《厌胜诸品》曰："一面作七星，又龟剑各一；一面曰'大泉五十'，与前同。"[③]

15. 南齐北斗钱（三）

南齐北斗钱（三）背

---

① （清）梁诗正、蒋溥等撰《钱录》卷一六，景印文渊阁《四库全书》第 844 册，第 204 页。
② （清）梁诗正、蒋溥等撰《钱录》卷一六，景印文渊阁《四库全书》第 844 册，第 202 页。
③ （清）梁诗正、蒋溥等撰《钱录》卷一六，景印文渊阁《四库全书》第 844 册，第 203 页。

北斗钱(四),《钱录》卷一六《厌胜诸品》曰:“背文曰‘永通万国’,用后周宣帝钱文也。洪《志》又谓之元武钱。”①所谓“后周宣帝”,当指北周宣帝宇文赟(578—579 在位),当时在南朝已属于陈明帝时期。

16. 南齐北斗钱(四)

南齐北斗钱(四)背

北斗钱(五),《钱录》卷一六《厌胜诸品》曰:“一面为七星萦绕,中作交剑,下为龟蛇纠结之状,盖元武象北辰方位也。一面为十二地支,并肖生为之。”②

17. 南齐北斗钱(五)

南齐北斗钱(五)背

北斗钱(六),《钱录》卷一六《厌胜诸品》云:“洪《志》有之,引顾烜说云,此钱为北斗轩辕之象,背文为立戟龙凤之形,谓之北斗星钱,亦谓轩辕钱。”③

18. 南齐北斗钱(六)

南齐北斗钱(六)背

北斗钱(七),《钱录》卷一六《厌胜诸品》云:“右文卓剑,左文为龟蛇各一,背文‘大泉五十’,与前北斗钱同。”④

19. 南齐北斗钱(七)

南齐北斗钱(七)背

① (清)梁诗正、蒋溥等撰《钱录》卷一六,景印文渊阁《四库全书》第 844 册,第 203 页。
② (清)梁诗正、蒋溥等撰《钱录》卷一六,景印文渊阁《四库全书》第 844 册,第 204 页。
③ (清)梁诗正、蒋溥等撰《钱录》卷一六,景印文渊阁《四库全书》第 844 册,第 205 页。
④ (清)梁诗正、蒋溥等撰《钱录》卷一六,景印文渊阁《四库全书》第 844 册,第 211 页。

第二时期，南朝梁武帝时期太平百岁钱。南朝梁萧子显《南齐书》卷一八《祥瑞志》：“（世祖）及治盆城，又得一大钱，文曰‘太平百岁’。”①

《钱录》载“龟背文钱”有“太平百钱”四字，其正面为龟背纹饰，象征长寿和稳定。《钱录》卷一五《撒帐诸品·龟背文钱》云：“右龟背文钱，‘太平百钱’四字用梁武帝时钱文也。”②

20. 太平百岁钱〔采自《泉志》〕

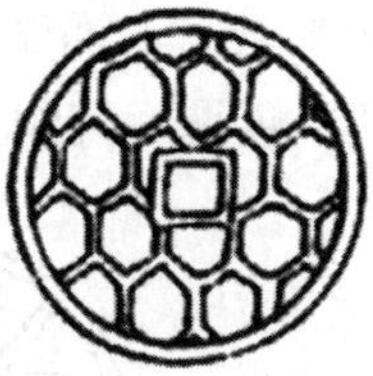

21. 龟背文钱〔采自《钱录》。下同〕

龟背文钱背

另有水纹钱两枚，也是南朝梁时的厌胜钱。《钱录》卷一五《撒帐吉语诸品·水纹钱》曰：“水纹钱亦曰‘太平百钱’，作篆隶二种。”③

22. 水纹钱（一）

水纹钱（一）背

23. 水纹钱（二）

水纹钱（二）背

由上可见，当时统治者发行厌胜钱币，一是顺应民间求富的心理，二是求政权永远归圣帝掌握。

第三时期，北朝魏永安五男钱。宋洪遵撰《泉志》卷一五《厌胜品》云：“永安五男钱。旧谱曰径二寸三分，重十八铢，厚一分。上下轮郭之间，皆作粟文，面上四出文，文曰‘永安五男’；背作四神之状。又有日月相对者。李孝美曰：按所见者，径寸二分，背面皆四出有粟文。面文曰‘永安五男’，篆文，与后魏永安五铢相似，唯男字真书耳。”④永安是北魏孝庄帝元子攸年号。

---

① （梁）萧子显撰《南齐书》卷一八，中华书局1972年版，第364页。

②③ （清）梁诗正、蒋溥等撰《钱录》卷一五，景印文渊阁《四库全书》第844册，第190页。

④ （宋）洪遵撰《泉志》卷一五，《丛书集成初编》本，商务印书馆1939年版，第75页。

24. 永安五男钱(一)〔采自《泉志》。下同〕

永安五男钱(一)(背)

《钱录》卷一六《厌胜诸品》亦指出:“右一种亦肖生。洪《志》并谓是‘四神钱’。一面曰‘永安’,曰‘五男’,意如谚称永保平安者。而李孝美谓篆文如后魏永安五铢,此钱盖为祈祝用,不必泥‘永安’二字,遂谓后魏纪元年号也。”①

25. 永安五男钱(二)〔采自《钱录》。下同〕

永安五男钱(二)背

第四时期,北朝齐日月星辰钱。宋洪遵《泉志》卷一四引《三国典略》:“北齐文宣帝天保元年(550)正月即位,十月广宗郡献瑞钱,文曰‘归于圣帝’。”②于是北齐文宣帝时相继出现一套以日月星为标志的三辰钱、日月钱、明月钱、星月钱、双星钱、三星钱,此六种厌胜钱同时流传。

26. 归于圣帝钱〔采自《泉志》〕

第一种:三辰钱。《钱录》卷一六《厌胜诸品》曰:“日月各一,又为北斗七星。《元门宝海经》曰:‘阳精为日,阴精为月。’分日月之精为星辰。一面曰‘常平五铢’,用北齐宣帝钱文也。”③

27. 三辰钱〔采自《钱录》。下同〕

三辰钱背

---

① (清)梁诗正、蒋溥等撰《钱录》卷一六,景印文渊阁《四库全书》第844册,第210页。

② (宋)洪遵《泉志》卷一四《神品》,《丛书集成初编》本,商务印书馆1939年版,第72页。

③ (清)梁诗正、蒋溥等撰《钱录》卷一六,景印文渊阁《四库全书》第844册,第211页。

第二种：日月钱。《钱录》卷一六《厌胜诸品》曰："日东月西，作丽天之象。"①

28. 日月钱

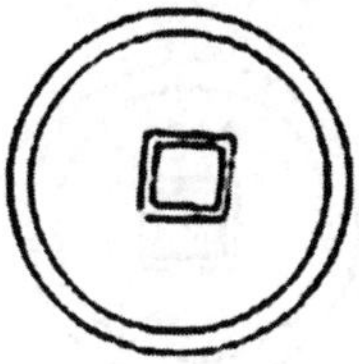
日月钱背

第三种：明月钱。《钱录》卷一六《厌胜诸品》曰："如篆书'明月'二字。"②

29. 明月钱

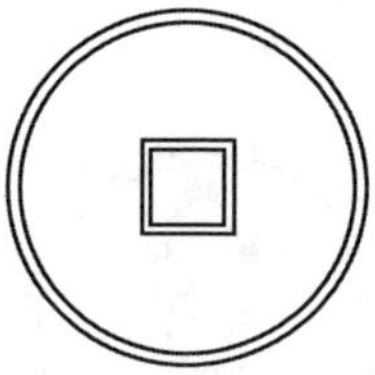
明月钱背

第四种：星月钱。《钱录》卷一六《厌胜诸品》曰："作月从星状。"③

30. 星月钱

明月钱背

第五种：双星钱(一双)。《钱录》卷一六《厌胜诸品》曰："穿四围俱作二星连珠，洪《志》谓之'八星钱'。"④

31. 双星钱(一)

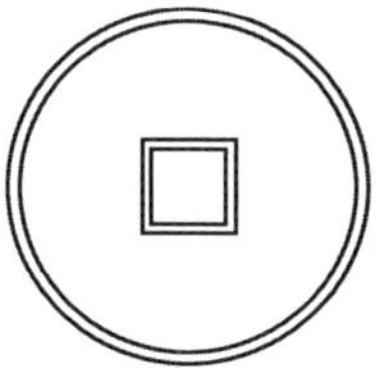
双星钱(一)背

---

①② (清)梁诗正、蒋溥等撰《钱录》卷一六，景印文渊阁《四库全书》第844册，第212页。
③④ (清)梁诗正、蒋溥等撰《钱录》卷一六，景印文渊阁《四库全书》第844册，第213页。

《钱录》卷一六《厌胜诸品》曰:“二星在穿上。”[1]

32. 双星钱(二)

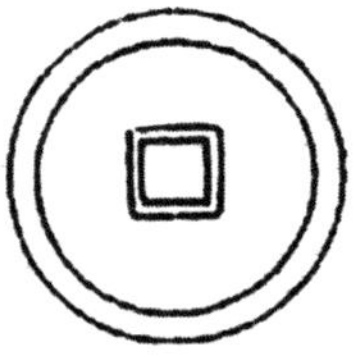

双星钱(二)背

第六种:三星钱。《钱录》卷一六《厌胜诸品》曰:“穿上下俱作三星连珠,洪《志》谓之‘柄文钱’。”[2]

33. 三星钱

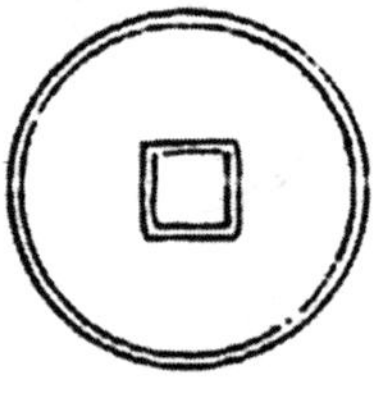

三星钱背

北齐文宣帝在登位之时,喜祥瑞之物助兴,据《北齐书》卷四《文宣》记载:“是日,京师获赤雀,献于南郊。”[3]有赤雀厌胜,则铸钱币厌胜亦合常理。

第五节　南北朝时期反抗巫术

一　驱鬼巫术

文献中常见有燃放爆竹驱鬼、捶床打门驱鬼、抛弃破衣驱鬼、朱书桃板驱鬼、张贴门神驱鬼、书写符箓驱鬼六种驱鬼巫术,所有驱鬼活动,都具有反抗巫术性,而且放爆竹一以贯之。兹分析如下:

(一) 燃放爆竹驱鬼。正月一日风俗。梁宗懔著《荆楚岁时记》第一条即云:“正月一日,是三元之日也。《史记》谓之端月。鸡鸣而起,先于庭前爆竹、燃草,以辟山臊恶鬼。按《神异经》云:‘西方山中有人焉,其长尺余,一足,性不畏人,犯之则令人寒热,名曰山臊。以竹著火中,烞烨有声,而山臊惊惮。’《玄黄经》所

①② (清)梁诗正、蒋溥等撰《钱录》卷一六,景印文渊阁《四库全书》第844册,第214页。

③ (唐)李百药撰《北齐书》卷四《帝纪第四》,中华书局1972年版,第50页。

谓山獗鬼也。俗人以为爆竹、燃草起于庭燎，家国不应滥于王者。”[①]此驱鬼之法当来源于道教。

宋代此俗更盛。宋孟元老撰《东京梦华录注》卷七《驾登宝津楼诸军呈百戏》曰：“驾登宝津楼，诸军百戏呈于楼下。……忽作一声如霹雳，谓之爆仗。则蛮牌者隐退，烟火大起，有假面披发，口吐狼牙烟火，如鬼神状者上场。着青帖金花短后之衣，帖金皂裤。跣足携大铜锣，随身步舞而进退，谓之抱锣。绕场数遭，或就地放烟火之类。又一声爆仗，乐部动拜新月慢曲，有面涂青绿戴面具金睛，饰以豹皮锦绣看带之类，谓之硬鬼。”[②]宋王安石《元日》诗云：“爆竹声中一岁除，春风送暖入屠苏。”[③]

34. 春节放爆竹驱鬼除旧迎新图〔采自《吉祥民俗》〕

（二）捶床打门驱鬼。正月夜吓唬鬼鸟，捶床打门，捩狗耳朵，得使狗嚎叫最好，把鬼鸟吓跑。《荆楚岁时记》云：“正月夜，多鬼鸟度。家家捶床打户，捩狗耳，灭灯烛以禳之。按《玄中记》云：‘此鸟名姑获，一名天帝女，一名隐飞鸟，一名夜行游女，一名钩星。衣毛为鸟，脱毛为女，好取人女子养之。有小儿之家，即以血点其衣以为志，故世人名为鬼鸟。荆州弥多。’斯言信矣。姑获夜鸣，闻则捩耳。”[④]南北朝养狗成风，一大功用是捩狗耳朵以驱鬼鸟。另外，《荆楚岁时记》又云：“正月未日夜，芦苣火照井厕中，则百鬼走。”[⑤]此与上文“灭灯烛”正相反。

（三）弃破衣送穷鬼。《荆楚岁时记》又云：“晦日，送穷。按《金谷园记》云：‘高阳氏子廋约，好衣敝食糜。人作新衣与之，即裂破，以火烧穿着之，宫中号曰“穷子”。正月晦日巷死。’今人作糜，弃破衣，是日祀于巷，曰‘送穷鬼’。”[⑥]此俗在唐代亦盛行。唐韩愈《送穷文》注中说：“予尝见《文宗备问》云：‘颛顼高辛时，宫中生一子，不著完衣，宫中号为穷子。其后正月晦死，宫中葬之，相谓曰‘今日送却穷子’，

① (梁)宗懔著，姜彦稚辑校《荆楚岁时记》，岳麓书社 1986 年版，第 1 页。
② (宋)孟元老撰，邓之诚注《东京梦华录》卷七，中华书局 1982 年版，第 193—194 页。
③ (宋)李壁撰《王荆公诗注》卷四一《元日》，景印文渊阁《四库全书》第 1106 册，第 299 页。
④ (梁)宗懔著，姜彦稚辑校《荆楚岁时记》，岳麓书社 1986 年版，第 19 页。
⑤ (梁)宗懔著，姜彦稚辑校《荆楚岁时记》，岳麓书社 1986 年版，第 20 页。
⑥ (梁)宗懔著，姜彦稚辑校《荆楚岁时记》，岳麓书社 1986 年版，第 21 页。

自尔相承送之。”[①]又唐代《四时宝鉴》曰：“高阳氏子，好衣弊食糜，正月晦，巷死。世作糜，弃破衣，是日祝于巷，曰除穷也。”[②]但唐代此俗，从送穷鬼变成送穷子。唐姚合《晦日送穷》云：“年年到此日，沥酒拜街中。万户千门看，无人不送穷。”[③]现代流行范围十分广泛，依旧有放爆竹驱鬼的反抗巫术特征，呼为“破五儿崩穷”。正月初五已成了清洁日，届时人们把室内污秽杂物打扫干净，送到田野去焚烧，同时燃上几炷香，口中念念有词，算作反抗巫术的咒语：“穷鬼去，福星来。”

（四）朱书桃板驱鬼。《重修政和经史证类备用本草》引古本《荆楚岁时记》曰：“谢道通登罗浮山，见数童子以朱书桃板贴户上。道通还，以纸写之贴户上，鬼见畏之。”[④]

（五）张贴门神驱鬼。《荆楚岁时记》曰：“帖画鸡，或斫镂五采及土鸡于户上，悬苇索于其上，插桃符其傍，百鬼畏之。岁旦，绘二神披甲持钺，贴于户之左右，左神荼，右郁垒，谓之门神。”[⑤]五采即五色。

（六）符箓镇妖驱鬼。符箓可谓是道教秘文，简称“符”。[⑥] 道教的符，屈曲成篆籀或星雷文状，箓者素书，记着天神官属吏佐之名。符箓，道教认为可以通天神，遣地祇，镇妖驱邪，故道教授道，必先受符箓。在北朝，据《北史·显祖献文皇帝》云：天安元年(466)三月“辛亥，帝幸道坛，亲受符箓。曲赦京师”[⑦]。又据《隋书·经籍志》所述，魏世祖太武帝也是亲受符箓的，自此以后，北魏每一位皇帝即位，都必受符箓，成了习俗。[⑧]

35. 北朝女乐俑(陕西西安草厂坡北魏墓出土陶瓷彩绘)〔采自《中国古俑白描》〕

①② 叶大兵、乌丙安主编《中国风俗辞典》，上海辞书出版社1990年版，第71页。

③ 《全唐诗》卷四九八，中华书局1960年版，第5669页。

④ (梁)宗懔著，姜彦稚辑校《荆楚岁时记》，岳麓书社1986年版，第60页。

⑤ (梁)宗懔著，姜彦稚辑校《荆楚岁时记》，岳麓书社1986年版，第60页。

⑥ 关于符箓，请参阅高国藩著《敦煌古俗与民俗流变——中国民俗探微》第三章《符咒风俗》，河海大学出版社1989年版，第62—182页。

⑦ (唐)李延寿撰《北史》卷二，中华书局1974年版，第74页。

⑧ (唐)魏徵等撰《隋书》卷三五，中华书局1973年版，第1093—1094页。

二　玉石魇镇巫术

36. 驱石榴鬼符〔(晋)许真人撰《增补玉匣记》卷下，内蒙古人民出版社 2010 年版，第 192 页。〕

南朝与北朝均流行白石魇镇巫术，都是石头崇拜的产物。镇即魇镇，是以白石念咒镇服鬼邪的反抗巫术，加上白石或白玉石作为辟邪物。唐李延寿撰《南史》卷七三《孝义上》曰："萧矫妻羊字淑祎，性至孝，居父丧，哭辄吐血。母尝有疾，淑祎于中夜祈祷，忽见一人在树下自称枯桑君，曰：'若人无患，今泄气在亥，西南求白石镇之。'言讫不见。明日如言而疾愈。"①白石有驱邪作用，心理上给病人交感求生之激励。白石亦汉代石敢当巫术之衍化。此术不仅用于心理医疗治病，亦反映于生活求吉交相感应的风俗之中。在南朝，白石魇镇与石兽驱邪实为同一类型反抗巫术。南朝皇族陵前多半有辟邪石头神兽，作用与以上"西南求白石镇之"一样。

37. 南朝梁萧绩墓石雕辟邪神兽〔采自《南京史志》〕

萧绩是梁武帝第四子，《梁书》卷二五载其"躬事约俭"云："大通三年(529)，因感病薨于任，时年二十五。赠侍中、中军将军、开府仪同三司，给鼓吹一部。谥曰简。"②萧绩墓前见此白石魇镇——辟邪神兽石雕，现已成为南京的城市标志。考辟邪神兽起自汉代。汉史游撰《急就篇》卷三云："射魃辟邪除群凶。"③《汉书·西域传》孟康注云："桃拔一名符拔，似鹿，长尾，一角者或为天鹿，两角或为辟邪。"④

南朝的白石魇镇而祛邪与北朝的白玉(石)灵征而求吉，是反抗巫术中同一种驱凶巫术形态。北齐魏收撰《魏书》卷一一二下《灵征志下》云："孝静兴和四年(542)七月，邺县民献白玉一璞。"据此，民间献白玉印亦为灵征以求吉。《魏书》卷一一二下又云："太和元年(477)三月，武川镇献玉印，青质素文，其文曰'太昌'。六月，雍州献玉印。是月，长安镇献玉印一，上有龟纽，下有文字，色甚

① (唐)李延寿撰《南史》卷七三，中华书局 1975 年版，第 1816 页。

② (唐)姚思廉撰《梁书》卷二五《高祖三王》，中华书局 1973 年版，第 428 页。

③ (汉)史游撰，曾仲珊点校《急就篇》卷三，岳麓书社 1989 年版，第 193 页。

④ (汉)班固撰《汉书》卷九六上，中华书局 1962 年版，第 3889 页。

38. 北魏人骑马乐人俑(陕西西安草厂坡北魏墓出土陶瓷彩绘)采自〔《中国古俑白描》〕

鲜白,有殊常玉。"[①]此时白石念咒转换为白玉铭文。

整个北朝颇流行白玉之印玺崇尚风俗,掀起求吉的感情浪潮,因为它具有在心理上魇镇求吉的交感巫术作用,同时还配合有热闹的道教寇天师请神祭祀巫术的斋醮活动。兹举《魏书》卷一一二下四例:(一) 皇帝玺。《魏书》云:"世祖延和三年(434)三月,乐安王范获玉玺一,文曰'皇帝玺'以献。"[②](二) 神中三字印。《魏书》云:"太延元年(435),自三月不雨至六月,使有司遍请群神,数日,大雨。是日,有妇人持一玉印至潞县侯孙家卖之。孙家得印,奇之,求访妇人,莫知所在。其文曰:'旱疫平。'寇天师曰:'《龙文纽书》云,此神中三字印也。"[③](三) 福乐日昌印。《魏书》云:"高宗和平三年(462)四月,河内人张超于坏楼所城北故佛图处获玉印以献。印方二寸,其文曰:'福乐日昌,永保无疆,福禄日臻,长享万年。'玉色光润,模制精巧,百僚咸曰:'神明所授,非人为也。'诏天下大酺三日。"[④](四) 蛟龙文印。《魏书》云:"高祖承明元年(476)八月,上谷郡民献玉印,上有蛟龙文。"[⑤]

还有祝子孙长寿玉印,此为北朝风俗。《北史》卷二《高宗文成帝》载,兴安二年(453)"八月戊戌,诏曰:'朕即位以来,风雨顺序,边方无事,众瑞兼呈,又于苑内获方寸玉印,其文曰"子孙长寿"。群公卿士咸曰休哉,岂朕一人,克臻斯应,实由天地祖宗降祐之所致也。'"[⑥]

39. 南京中山门外辟邪神兽〔2000 年自摄〕

汉民族素有石头崇拜的传统风俗,白石魇镇由此而起。农历正月初十就是石头神生日,是日,凡磨、碾、臼之类,皆忌移动,恐伤岁稼。

总之,南北朝时代的反抗巫术物品

① (北齐)魏收撰《魏书》卷一一二下,中华书局 1974 年版,第 2957 页。

②③④⑤ (北齐)魏收撰《魏书》卷一一二下《灵征志下》,中华书局 1974 年版,第 2956 页。

⑥ (唐)李延寿撰《北史》卷二,中华书局 1974 年版,第 66 页。

丰富多样，都是以实用为目的的，希望驱凶避灾、反抗邪恶而有利于生命和生活，有许多已衍化为民俗传统。

第六节　南北朝时代蛊道巫术

南北朝时代有人专门养蛊，用以杀人。梁萧统编《文选》卷二八《苦热行》“吹蛊痛行晖”李善注引梁顾野王《舆地志》曰：

江南数郡，有畜蛊者，主人行之以杀人，行食饮中，人不觉也。其家绝灭者，则飞游妄走，中之则毙。①

这种蛊道巫术是专门“杀人”的黑巫术，一定程度上说明动荡的时期邪恶势力必然猖獗。

据说凡中蛊毒者，口吐毒蛊，烂肠碎肚。《太平御览》卷七四二引沈约《宋书》曰：“沛郡相县唐赐往比村饮酒还，因得病，吐蛊虫十枚，临死语妻张曰：‘死后刳腹出病。’张手破之，藏悉糜碎。”②

南北朝时代还传说有粟蛊与谷蛊。梁任昉撰《述异记》卷下记载：“晋末，荆州久雨，粟化为蛊虫害民。《春秋》云：‘谷之飞为蛊，是也。’中郎王义兴表奏曰：‘臣闻尧生神禾而晋有蛊粟，陛下自以圣德何如?’帝有惭色。”③由此观之，当时又有人认为蛊是由自然灾害造成的。

南北朝时代巫蛊之风既盛，北魏时便制订了严格的法律制止蛊道巫术。北齐魏收撰《魏书》卷一一一《刑罚志》曰：“为蛊毒者，男女皆斩，而焚其家。巫蛊者，负羖羊抱犬沉诸渊。当刑者赎，贫则加鞭二百。”④

40. 红胎白衣北魏镇墓俑（河北北魏墓出土——美国西雅图美术馆藏）〔采自《中国古俑白描》〕

① (梁)萧统编，(唐)李善注《文选》卷二八，中华书局1977年影印本，第404页。
② (宋)李昉等撰《太平御览》卷七四二《疾病部五·蛊》，中华书局1960年影印本，第3292页。
③ (梁)任昉撰《述异记》卷下，景印文渊阁《四库全书》第1047册，第626页。
④ (北齐)魏收撰《魏书》卷一一一，中华书局1972年版，第2874页。

第十七章　隋代巫术

第一节　隋高祖信巫及其广泛影响

北周大定元年(581),隋王杨坚接受北周禅位而当皇帝,立国号隋,改元开皇,成为隋文帝,史称“隋高祖”。隋师随即渡江进入建康,于开皇九年(589),隋将韩擒虎在鸡鸣寺的胭脂井里,活捉了陈朝末代皇帝陈叔宝和他的美妃张丽华,陈亡。隋文帝最终结束了二百七十余年南北分裂的局面,人民欢欣鼓舞。

1. 隋朝女乐俑〔采自《中国古俑白描》〕

纵观整个隋朝,其祭祀巫术和驱傩巫术的礼制,仍然承袭南朝齐的做法。《隋书》卷八《礼仪三》曰:

齐制,季冬晦,选乐人子弟十岁以上,十二以下为侲子,合二百四十人。一百二十人,赤帻、皂褠衣,执鼗。一百二十人,赤布裤褶,执鞞角。方相氏黄金四目,熊皮蒙首,玄衣朱裳,执戈扬楯。又作穷奇、祖明之类,凡十二兽,皆有毛角。鼓吹令率之,中黄门行之,冗从仆射将之,以逐恶鬼于禁中。其日戊夜三唱,开诸里门,傩者各集,被服器仗以待事。戊夜四唱,开诸城门,二卫皆严。上水一刻,皇帝常服,即御座。王公执事官第一品已下、从六品已上,陪列预观。傩者鼓噪,入殿西门,偏于禁内。分出二上阁,作方相与十二兽儛戏,喧呼周遍,前后鼓噪。出殿南门,分为六道,出于郭外。

隋制,季春晦,傩,磔牲于宫门及城四门,以禳阴气。秋分前一日,禳阳气。季冬傍磔、大傩亦如之。其牲,每门各用羝羊及雄鸡一。选侲子,如后齐。冬八队,二时傩则四队。问事十二人,赤帻褠衣,执皮鞭。工人二十二人。其一人方相氏,黄金四目,梦熊皮,玄衣朱裳。其一人为唱师,着皮衣,执棒。鼓角各十。有司预备雄鸡羝羊及酒,于宫门为坎。未明,鼓噪以入。

方相氏执戈扬楯，周呼鼓噪而出，合趣显阳门，分诣诸城门。将出，诸祝师执事，预副牲胸，磔之于门，酌酒禳祝。举牲并酒埋之。[1]

据此知，隋朝每年季春、秋分、季冬都要举行声势浩大的祭祀巫术和驱傩巫术，由“诸祝师执事”，祝师即巫师，也就是说由诸位巫师来实施这项巫术。可见隋朝有祭祀和驱傩的巫师实际存在。朝中既然有巫师存在，隋代的皇帝、皇太子、外戚、臣子及百姓有相信巫术的风习，就是理所当然之事。

隋高祖原来“雅好符瑞，暗于大道”。尽管他完成了南北统一的大业，是一位具有开拓性的皇帝，但他在开皇十八年(598)，即在他逝世的六年前，忽然也可以说是被迫下诏书：“五月辛亥，诏畜猫鬼、蛊毒、魇魅、野道之家，投于四裔。”[2]四裔指四个边远地区：幽州、崇山、三危、羽山。隋高祖决定把搞黑巫术的巫师们流放四裔边远之地，这是由于他的几个儿子搞巫术败国，以及他的贤妻——文献独孤皇后遭到自己的亲人用黑巫术暗算。《隋书》卷三六载：“后异母弟陀，以猫鬼巫蛊，咒诅于后，坐当死。”[3]隋炀帝母亲是贤德的文献皇后，隋炀帝的舅舅用黑巫术害她，罪行当死，后来她却请隋炀帝刀下留人。在治病之事上，隋高祖却是一个一时糊涂听信巫师之言的皇帝。据《隋书》卷四四《卫昭王爽传》云：

(开皇)六年，复为元帅，步骑十五万，出合川。突厥遁逃，而返。明年，征为纳言。高祖甚重之。未几，爽寝疾，上使巫者薛荣宗视之，云众鬼为厉。爽令左右驱逐之。居数日，有鬼物来击荣宗，荣宗走下阶而毙。其夜爽薨，时年二十五。[4]

2. 隋文帝像〔采自《三才图会》〕

卫昭王爽得病，隋高祖不叫太医，竟然去叫巫师为其驱鬼“治病”，以致白白送了这位年仅二十五岁将军的性命，可见高祖信巫也产生了严重后果。

隋朝占梦巫术流行。据唐李冗《独异志》曰：“隋文帝未贵时，常舟行江中。夜泊中，梦无左手。及觉，甚恶之。及登岸，诣一草庵。中有一老僧，道极高。具以梦告之。

① (唐)魏徵等撰《隋书》卷八，中华书局1973年版，第168—169页。

② (唐)魏徵等撰《隋书》卷二《帝纪第二・高祖下》，中华书局1973年版，第43页。

③ (唐)魏徵等撰《隋书》卷三六《后妃・文献独孤皇后》，中华书局1973年版，第1108—1109页。

④ (唐)魏徵等撰《隋书》卷四四，中华书局1973年版，第1224页。

僧起贺曰:'无左手者,独拳也。当为天子。'后帝兴建此庵为吉祥寺。居武昌下三十里。"[①]此占梦术有祝贺之意,又有阿谀贵人之嫌,老僧但言隋高祖吉梦有江山,却未说没有左手的状态下,注定此王朝的短命。占梦术的答案是大吉,就麻痹了隋高祖的理智,从而助长其骄纵之志,加速了他走向深渊。

据唐刘悚撰《隋唐嘉话》上曰:"隋文帝梦洪水没城,意恶之,乃移都大兴。术者云:'洪水,即唐高祖之名也。'"[②]此占梦术有启迪和鉴戒之意,有《周易》卦辞特征。唐高祖李渊之"渊",乃洪水之意,预示李渊的发展,而隋高祖对此竟然毫无察觉和反应。

3. 隋文帝上朝图〔采自《中国古代服饰史》。下同〕

晋王杨广入主东宫是在隋高祖被他那废黜的皇太子杨勇气得病倒在床上时,其应诏入宫侍药在侧。这一场现实的政治妖变,带来的是高祖暴毙,杨广实际上成了其父的丧门星。在杨广被立为太子时,宣慈殿就已开始闹妖变。《太平御览》卷九四九《虾蟆》引古本《隋书》曰:"炀帝在东宫,宫中数月有妖变,乃命卫尉少卿萧吉禳邪气于宣慈殿座祭神。是时孟冬,地久无水,乃有虾蟆从西南来入至座,忽然而失。"[③]这些祭祀巫术的答案就是预示隋朝会"忽然而失",果然杨广在位不足十四年,其大业年号也随之而亡。

隋炀帝信奉道教巫术,但并未能给他带来任何好运。《隋书》卷三五云:"大业中,道士以术进者甚众。其所以讲经,由以《老子》为本,次讲《庄子》及《灵宝》、《升玄》之属。其余众经,或言传之神人,篇卷非一。自云天尊姓乐名静信,例皆浅俗,故世甚疑之。其术业优者,行诸符禁,往往神验。"[④]道教的"术"多半是巫术,符禁术则是典型的反抗巫术标本。隋杜宝撰《大业杂记》记载:

大业元年(605),敕有司于洛阳故王城东,营建东京。以越国公杨素为营东京大监,安得公宇文恺为副。废三崤旧道,令开夔堋道。时有术人章仇太翼表奏云:"陛下是本命人,雍州是破木之冲,不可久住。开皇之初,有

① (唐)李冗撰,张永钦、侯志明点校《独异志》,中华书局1983年版,第86—87页。
② (唐)刘悚撰,程毅中点校《隋唐嘉话》,中华书局1983年版,第3页。
③ (宋)李昉等撰《太平御览》卷九四九,中华书局1960年影印本,第4212页。
④ (唐)魏徵等撰《隋书》卷三五《经籍志》,中华书局1973年版,第1094页。

童谣云:'修治洛阳还晋家。'陛下曾封晋王,此其验矣。"帝览表,怆然有迁都之意,即日车驾往洛阳。改洛州为豫州。①

所谓"术人"之"术",也即巫术。《后汉书》卷二六《伏无忌传》云:"永和元年(136),诏无忌议与议郎黄景校定中书《五经》、诸子百家、艺术。"注云:"术谓医、方、卜、筮。"②宋西湖老人撰《西湖老人繁胜录》亦云:"御街应市,两岸术士有三百余人设肆。"③故术人是为俗称之巫人无疑。巫人章某向隋炀帝建议,皇帝是木命人,不得住在犯"破木之冲"的雍州,这实际是交感巫术之根据,居然被隋炀帝采纳,遂迁都于洛阳。实则国之将亡,首先导源于内部的腐败不堪,并非巫术之原因,但从隋炀帝信巫来看,此说不可谓无因,故被宋代司马光采入《资治通鉴》作为炀帝迁都洛阳的主要原因。

4. 隋供养人像(敦煌莫高窟第296窟)

隋代武臣中也有信巫者。卫昭王爽即因巫医送命,无独有偶,仁寿年间(601—604)代州总管李景在打仗时还要问巫。《隋书》卷六五《李景传》曰:

先是,景府内井中甃上生花如莲,并有龙见,时变为铁马甲士。又有神人长数丈见于城下,其迹长四尺五寸。景问巫,对曰:"此是不祥之物,来食人血耳。"景大怒,推出之。旬日而兵至,死者数万焉。景寻被征入京,进位柱国,拜右武卫大将军,赐缣九千匹,女乐一部,加以珍物。④

幸而最终李景未信巫言,"月余,朔州总管杨义臣以兵来援,合击大破之"。然而巫师渗透到军队中,扬言足迹巫术却是事实。

隋朝武臣多利用巫术作为军事斗争之武器。隋末叛臣王充,自立国号郑,建元曰开明,妄图自封为郑国皇帝,他就是利用巫术来惑人和起家的。《隋书》卷八五《王充传》云:

未几,李密破化及还,其劲兵良马多战死,士卒皆倦。充欲乘其敝而击

① (明)陶宗仪编《说郛一百卷》卷五七,上海古籍出版社1988年影印《说郛三种》本,第871页。
② (南朝宋)范晔撰《后汉书》卷二六,中华书局1965年版,第898页。
③ (宋)西湖老人撰《西湖老人繁胜录》,中国商业出版社1982年版,第18页。
④ (唐)魏徵等撰《隋书》卷六五,中华书局1973年版,第1530页。

之，恐人不一，乃假托鬼神，言梦见周公，乃立祠于洛水之上，遣巫宣言周公欲令仆射急讨李密，当有大功，不则兵皆疫死。充兵多楚人，俗信妖妄，故出此言以惑之。众皆请战。充简练精勇，得二万余人，马千余，迁营于洛水南。[①]

王充手下的巫乃纯粹的政治工具，可称为“政治巫师”。在政治巫师的蛊惑下，王充军队中“俗信妖妄”的楚兵纷纷响应，战胜李密军，势力大增，最后促使王充当了小“皇帝”，做了一场“代隋为帝”的美梦。

据隋代的民间传说，桃枝书符巫术能驱蛇，并有借施巫术碰巧发财者。《朝野佥载》卷五载：

隋绛州夏县树提家新造宅，欲移之。忽有蛇无数，从室中流出门外，其稠如箔上蚕，盖地皆遍。时有行客，云解符镇，取桃枝四枝书符，绕宅四面钉之，蛇渐退，符亦移就之。蛇入堂中心，有一孔大如盆口，蛇入并尽。令煎汤一百斛灌之。经宿以锹掘之，深尺，得古铜钱二十万贯。因陈破铸新钱，遂巨富。蛇乃是古铜之精。[②]

古代巫师借蛇作巫术，本来司空见惯，《山海经》中已有记述。《朝野佥载》所载是一件平常的蛇洞中发现隐藏的财宝之事，居然也有巫师施桃枝巫术之情节。“行客”原指过路行人，如《淮南子·精神训》云：“视至尊穷宠，犹行客也。”[③]《南史·夷貊下·文身国》亦载：“土俗欢乐，物丰而贱，行客不赍粮。”[④]这件事里的行客似为过路的巫师。由此可见隋代民间也信巫。

第二节　隋代宫廷蛊道巫术

隋代盛行蛊道巫术，首先在宫廷内部皇族之间展开，演出了一幕又一幕政治斗争惨剧。

隋高祖杨坚由于用错一个人——独孤陁，而引发一系列蛊道巫术事件，削

① （唐）魏徵等撰《隋书》卷八五，中华书局 1973 年版，第 1897 页。

② （唐）张鷟撰，赵守俨点校《朝野佥载》卷五，中华书局 1979 年版，第 122 页。

③ （汉）刘安撰，（汉）高诱注，（清）庄逵吉校《淮南子》卷七，上海古籍出版社 1986 年影印《二十二子》本，第 1235 页。

④ （唐）李延寿撰《南史》卷七九，中华书局 1975 年版，第 1975 页。

弱了朝廷掌控的力量。《隋书》卷七九《独孤陁传》云：

独孤陁字黎邪。仕周胥附上士，坐父徙蜀郡十余年。宇文护被诛，始归长安。高祖受禅，拜上开府、右领左右将军。久之，出为郢州刺史，进位上大将军，累转延州刺史。

好左道。其妻母先事猫鬼，因转入其家。上微闻而不之信也。会献皇后及杨素妻郑氏俱有疾，召医者视之，皆曰："此猫鬼疾也。"上以陁后之异母弟，陁妻杨素之异母妹，由是意陁所为，阴令其兄穆以情喻之。上又避左右讽陁，陁言无有。上不悦，左转迁州刺史。出怨言。上令左仆射高颎、纳言苏威、大理正皇甫孝绪、大理丞杨远等杂治之。陁婢徐阿尼言，本从陁母家来，常事猫鬼。每以子日夜祀之。言子者鼠也。其猫鬼每杀人者，所死家财潜移于畜猫鬼家。陁尝从家中索酒，其妻曰："无钱可酤。"陁因谓阿尼曰："可令猫鬼向越公家，使我足钱也。"阿尼便咒之归。数日，猫鬼向素家。十一年，上初从并州还，陁于园中谓阿尼曰："可令猫鬼向皇后所，使多赐吾物。"阿尼复咒之，遂入宫中。杨远乃于门下外省遣阿尼呼猫鬼。阿尼于是夜中置香粥一盆，以匙扣而呼之曰："猫女可来，无住宫中。"久之，阿尼色正青，若被牵曳者，云猫鬼已至。上以其事下公卿，奇章公牛弘曰："妖由人兴，杀其人可以绝矣。"上令以犊车载陁夫妻，将赐死于其家。陁弟司勋侍中整诣阙求哀，于是免陁死，除名为民，以其妻杨氏为尼。先是，有人讼其母为人猫鬼所杀者，上以为妖妄，怒而遣之。及此，诏诛被讼行猫鬼家。陁未几而卒。①

独孤陁是隋炀帝的舅舅，这是外戚用猫鬼巫蛊作乱。高帝的文献皇后首先受害，但这位"文献独孤皇后"却反过来为独孤陁保释。《隋书》卷三六《后妃》载："后异母弟陀(即陁)，以猫鬼巫蛊，咒诅于后，坐当死。后三日不食，为之请命曰：'陀若蠹政害民者，妾不敢言。今坐为妾身，敢请其命。'陀于是减死一等。"②《隋书》将此种巫术命名得已很完备，称它为"猫鬼巫蛊"，《独孤陁传》中也将阿尼施巫术情节描写得十分详尽。

独孤陁的巫蛊事件引起皇室间互相怀疑。隋高祖母弟滕穆王瓒之子纶，被怀疑搞巫蛊，结果很惨。《隋书》卷四四《嗣王纶传》云：

---

① (唐)魏徵等撰《隋书》卷七九，中华书局 1973 年版，第 1790—1791 页。

② (唐)魏徵等撰《隋书》卷三六，中华书局 1973 年版，第 1108—1109 页。

> 纶以穆王之故，当高祖之世，每不自安。炀帝即位，尤被猜忌。纶忧惧不知所为，呼术者王琛而问之。琛答曰："王相禄不凡。"乃因曰："滕即腾也，此字足为善应。"有沙门惠恩、崛多等，颇解占候，纶每与交通，常令此三人为度星法。有人告纶怨望咒诅，帝命黄门侍郎王弘穷治之。弘见帝方怒，遂希旨奏纶厌蛊恶逆，当坐死。……帝以公族不忍，除名为民，徙始安。[①]

杨纶被"除名为民"，完全是被人诬告的结果。

杨俊，即隋炀帝的大弟弟，闹起巫蛊之事也有记载。《太平御览》卷七三五《厌蛊》引古本《隋书》云："秦王俊好内，妃崔氏性妒，甚不平之，遂于瓜中进毒。俊由是遇疾，笃，含银，银色异，为遇蛊，未能白，遣使奉表陈谢。帝责以失德，薨，帝哭之数声而已，曰：'晋王前送一鹿，我令作脯拟赐秦王，王亡，可置灵坐之前，心已许之，不可亏信。'帝及后往视，见大蜘蛛、大蛷蝼从柩头出之，不见穷之，知妃所为也。"[②]此段揭露了妃崔氏搞蜘蛛蛊、蛷蝼蛊的某些细节。《隋书》卷四五《秦孝王俊》载："妃崔氏以毒王之故，下诏废绝，赐死于其家。"[③]这又是隋代的一个巫蛊之狱。

隋代之所以盛行巫蛊之术，与隋炀帝爱好巫蛊颇有些关系。隋炀帝"淫荒无度"，为了得到别人的美女，便施巫蛊邪术以求，结果衍为丑闻。《太平御览》卷七三五《厌蛊》引《两京记》云："杨素有美妾，姿色绝伦，时有千牛桑和有妖蛊异术，常云一见妇人便即能致，炀帝尝密使人窃之，素宅深邃，和朝奉诏，其夜便窃以匿。炀帝奇其能，便诏素赐之。"[④]献一两名美女，对"后庭妓妾曳绮罗者以千数"[⑤]的杨素来说，自然不成问题，于此可见隋炀帝之荒淫无道之极矣！

第三节　头发巫术与脚靡巫术的丧俗化

一　头发随葬

隋唐时代在吐鲁番阿斯塔那墓中发现有发结作为随葬品，证明将头发巫术丧俗化的现象也是存在的。庶民百姓头发甲爪受之父母，死后随身带走也是至

① (唐)魏徵等撰《隋书》卷四四，中华书局1973年版，第1222—1223页。
② (宋)李昉等撰《太平御览》卷七三五，中华书局1960年影印本，第3260—3261页。
③ (唐)魏徵等撰《隋书》卷四五，中华书局1973年版，第1240页。
④ (宋)李昉等撰《太平御览》卷七三五，中华书局1960年影印本，第3261页。
⑤ (唐)魏徵等撰《隋书》卷四八，中华书局1973年版，第1288页。

死不忘父母恩的表现，也是一种交感巫术的孝敬父母感应的风俗传统。朝廷官吏虽然头发甲爪受之父母，而终身功名利禄却是受之朝廷，死后头发随葬之意义也有了变化。

（一）阿斯塔那四八号墓出土的《高昌义和四年（公元六一七年）六月缺名随葬衣物疏》中，有“钗髻”[1]随葬的记载。高昌义和四年，即隋朝大业十三年。

（二）阿斯塔那一一三号墓出土的《高昌义和四年（公元六一七年）缺名随葬衣物疏》中，也有“钗髻一具并□□具”[2]的记载。

（三）阿斯塔那二一〇号墓是唐贞观二十三年（649）至广德元年（763）所见，在其出土的《唐居太夫人随葬衣物疏》中，还有“头发五十两”[3]的记载。

5. 隋朝女立俑（陕西西安隋朝李静训墓出土陶瓷）〔唐金裕《西安西郊隋李静训墓发掘简报》，《考古通讯》1959年第9期。〕

由以上三例可见，头发随葬作为头发巫术持续的结果，转变为丧葬风俗，隋唐时代是一致的；而且都是民间百姓，其头发随葬意义为感恩父母。其中两点颇为特殊：

其一，“钗髻”，说明发髻上插上了装饰品“钗”。

其二，“头发五十两”，这么多的头发随葬令人注目。这是唐代一位太夫人的随葬品，这可能是她多年剪下来的头发的总量。由此也可说明，唐代人平时剪下来的头发，是不能轻易丢弃的，它们被小心地保存起来，到死时随葬，因为古人认为头发亦代表一个人的生命。生命是父母赐予，死去将发入墓视为善终，也是尊敬父母给自己生命之表现。

在唐代，头发随葬对于官吏也是常见之事，但意义却与民间不一样。如《新唐书》卷二〇《礼乐志十》云：“（诸臣之丧）浴者举尸，易床，设枕，翦鬓断爪如生，盛以小囊，大敛内于棺中。”[4]除了生命，平生一切均为朝廷赐予，死后自然“翦鬓断爪如生”，也视为善终。如此看来，隋唐时代的头发甲爪随葬均为善终。在百姓是随葬尽孝，在臣子是随葬尽忠。

---

① 国家文物局古文献研究室等编《吐鲁番出土文书》第三册，文物出版社1981年版，第69页。

② 国家文物局古文献研究室等编《吐鲁番出土文书》第三册，文物出版社1981年版，第61页。

③ 国家文物局古文献研究室等编《吐鲁番出土文书》第六册，文物出版社1985年版，第64页。

④ （宋）欧阳修、宋祁撰《新唐书》卷二〇，中华书局1975年版，第448页。

二　脚靡随葬

进入隋唐时代，脚靡巫术转为随葬风俗，曾在吐鲁番地区流行。“脚靡”是否就是脚指甲无关紧要，确定这种情况本身是一种巫术现象是关键所在。脚靡是隋唐时期中国西部民间的中文俗语，古书无解。像是烂袜子、烂脚套，也经脚指甲接触过，其魔力是接触巫法的延伸。这种巫术现象在隋唐时代随葬品中所见颇多。

（一）脚靡。阿斯塔那三七〇号墓《高昌延和十二年（公元六一三年）缺名随葬衣物疏》中，有“脚靡一两”[①]的记载。高昌延和十二年即隋朝大业九年。有一两脚指甲或脚指甲接触过的脚套细碎物，故可见墓主平时有保存有关脚套遗留物的习惯。此随葬衣物疏有儒佛道三教融合的特征。

阿斯塔那三〇二号墓是唐永徽四年（653）之墓，其中《高昌缺名（女）随葬衣物疏》中也有“脚靡壹具”[②]的记载。

阿斯塔那四二号墓是唐永徽二年（651）之墓，在《唐缺名随葬衣物疏》中也有“脚靡一具”[③]的记载。

（二）脚躔。隋唐时代将“脚靡”写为“脚躔”较为多见。如阿斯塔那五二〇号墓出土的《高昌延和六年（公元六〇七年）碑儿随葬衣物疏》有“脚躔一两”[④]之记载。高昌延和六年即隋朝大业三年。此随葬衣物疏也有“佛弟子”、“急急如律令”等字样，体现了儒释道三教融合的特征。

写法不同的有三种：

（三）脚蹉。阿斯塔那二三号墓出土的《高昌延和四年（公元六〇五年）某甲随葬衣物疏》中有“脚蹉一两”[⑤]的记载，“蹉”是“指”的俗写，似为“脚指甲”之意，不似指脚上穿的袜子。高昌延和四年即隋朝大业元年，此随葬衣物疏亦有儒佛道融合之特征。

（四）脚米。阿斯塔那九一号墓是唐贞观十七年（643）建，在此墓出土的《唐缺名随葬衣物疏》中有“脚米壹量”[⑥]的记载，“米”即“靡”，“量”即“两”，盖同音致讹。

（五）脚膔。阿斯塔那一一六号墓出土的《高昌重光二年（公元六二一年）张

① 国家文物局古文献研究室等编《吐鲁番出土文书》第三册，文物出版社1981年版，第59页。
② 国家文物局古文献研究室等编《吐鲁番出土文书》第五册，文物出版社1983年版，第22页。
③ 国家文物局古文献研究室等编《吐鲁番出土文书》第六册，文物出版社1985年版，第211页。
④ 国家文物局古文献研究室等编《吐鲁番出土文书》第三册，文物出版社1981年版，第21页。
⑤ 国家文物局古文献研究室等编《吐鲁番出土文书》第三册，文物出版社1985年版，第9页。
⑥ 国家文物局古文献研究室等编《吐鲁番出土文书》第六册，文物出版社1985年版，第2页。

头子随葬衣物疏》中有“脚靡一具”[①]的记载，“靡”即“靡”。

由上可见，隋唐时期的吐鲁番文书中，已不见“手脚指甲”随葬之记载，代之以脚靡、脚躧、脚蹝、脚米、脚靡等随葬，这是最大的变化，也可以说是隋代至唐代的指甲巫术丧俗化演化的最明显特点。

第四节　隋代厌胜巫术

由于隋文帝“雅好符瑞”，故在国运短促的隋代亦见有厌胜巫术流布。

6. 护心镜厌胜（周家大湾隋墓出土武士像砖图）〔《中国古代服饰史》军图二〕

7. 巫兵出征图（隋初画像砖）〔《文物》1977年第5期。〕

其一为军中武士佩戴护心镜厌胜。图6马具装为长袍形，其胸前有两块圆护，即护心镜，厌胜意为忠君之心可鉴。隋初画像砖上的“马具装”也为长袍形。图7每个士兵头上均有两角，显然有巫师装扮特征，具有厌胜意义。敦煌壁画上的天王托塔也穿马具装。图8实际是一幅隋武士托塔厌胜图，属佛教的厌胜画品，胸前也有护心镜，起着趋吉辟凶的意义。

其二为莫高窟隋窟中佛教的壁画厌胜图。飞天、佛教莲花等壁画丰富多彩，亦起着交感巫术之厌胜祝福意义。

8. 天王托塔像（敦煌莫高窟第380窟　隋）〔《中国古代服饰史》军图八〕

① 国家文物局古文献研究室等编《吐鲁番出土文书》第三册，文物出版社1981年版，第151页。

飞天寓含吉祥如意的意义，是佛教厌胜画品之佳作。

9. 飞天(敦煌莫高窟 第404窟　隋)〔采自《敦煌学大辞典》〕

10. 飞天(敦煌莫高窟第407窟　隋)〔采自《敦煌图案集》。下同〕

莲花世界指的是福地，佛教将其比喻为西方极乐世界。隋朝佛教莲花祝吉的敦煌壁画，就表示向往福地，起到祝福吉祥而使人交相感应的作用。

11. 藻井莲花祝吉图案(莫高窟第314窟　隋)

12. 双凤祝吉厌胜图(莫高窟第380窟　隋)

凤凰为吉祥象征。《说文解字》曰："凤，神鸟也。"《周书·王会》曰："凤鸟戴仁抱义。"[①]故敦煌隋窟中双凤图显然具有厌胜之意义。

《抱朴子》曰："兔寿千岁，满五百岁则色白。"[②]莫高窟407窟(隋)窟顶三兔莲花图之厌胜意义即为祝吉祝寿。

---

① (唐)欧阳询撰，汪绍楹校《艺文类聚》卷九〇《凤》，上海古籍出版社1982年版，第1558页。

② (唐)欧阳询撰，汪绍楹校《艺文类聚》卷九五《兔》，上海古籍出版社1982年版，第1650页。

以上敦煌壁画都是莫高窟隋朝洞窟中的著名厌胜艺术品。

13. 三兔莲花(藻井中心)(莫高窟第407窟　隋)

其三为隋代的铜镜厌胜，别具特色。唐人小说《古镜记》为隋末唐初作品，程毅中考定当为隋末唐初王度所作。[①]《太平广记》卷二三〇《王度》即为《古镜记》无疑。文前叙述隋代汾阴人侯生，“临终，赠度以古镜曰：持此则百邪远人。度受而宝之”[②]，显然古镜起着厌胜的交感巫术作用。这类隋朝古镜图纹内区多为龟龙凤虎四兽，中区多为八卦，外区多为十二生肖图纹，具有交感巫术的厌胜辟邪之深刻含义。隋朝厌胜古镜虽经历千年以上，但仍有存世者，弥足珍贵。举三枚隋朝厌胜古镜如下：

（一）隋朝玉匣四兽镜。

14. 隋朝玉匣四兽镜

〔孔祥星、刘一曼著《铜镜鉴藏》，吉林科学技术出版社2004年版，第36页。下同。〕

镜中有四兽，符合《王度》所云：“龟龙凤虎，依方陈布。”[③]

（二）隋朝仙山四神镜。

15. 隋朝仙山四神镜

① 程毅中著《唐代小说史话》，文化艺术出版社1990年版，第27页。

②③ (宋)李昉等编，汪绍楹点校《太平广记》卷二三〇《王度》，中华书局1961年版，第1761页。

四神即龟龙凤虎四兽,此镜外环有二十四个篆字。符合《王度》所云:"辰畜之外,又置二十四字。"①

(三)隋朝瑞兽十二生肖镜。

16. 隋朝瑞兽十二生肖镜

此镜有十二生肖,符合《王度》所说:"卦外置十二辰位而具畜焉。"②

其四为隋朝的瓦当厌胜。隋代佛教盛行。敦煌莫高窟隋朝第314窟的藻井上,正画着佛教的菩萨手捧着莲花,亦坐在莲花上。莲花为弥陀之净土,以莲花为所居,故指净土为莲,佛地亦因此称莲花世界。唐崔融《为百官贺千叶瑞莲表》云:"谨按《华严经》云:'莲花世界是庐舍那佛成道之国,一莲花有百亿国。'"③唐沈佺期《奉和圣制同皇太子游慈恩寺应制》诗云:"肃肃莲花界,荧荧贝叶宫。金人来梦里,白马出城中。"④在如此浓郁之佛教净土莲花世界思想熏陶下,隋朝瓦当厌胜出矣。莲花厌胜是其主要构思。

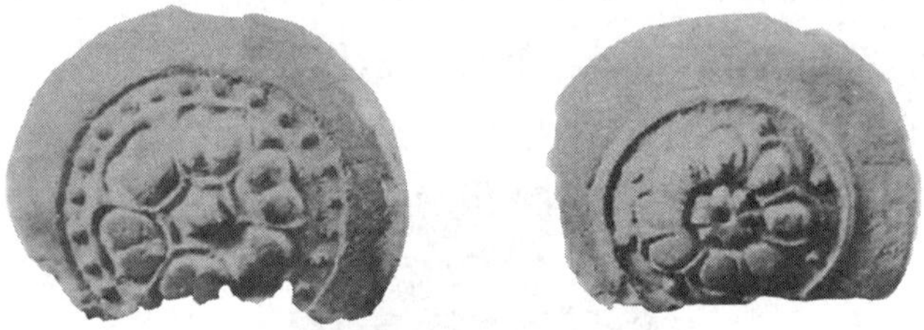

17. 隋朝莲花纹瓦当

图17莲花纹瓦当为陕西省扶风隋文帝陵遗址出土,见罗西章《隋文帝陵、祠勘察记》一文(《考古与文物》1985年第6期)。左为B型,"边轮与主体纹饰之

①② (宋)李昉等编,汪绍楹点校《太平广记》卷二三〇《王度》,中华书局1961年版,第1761页。

③ (宋)李昉等编《文苑英华》卷五六三《贺祥瑞三》,中华书局1966年影印本,第2887页。

④ 《全唐诗》卷九六,中华书局1960年版,第1033页。

间有一周凸弦纹，当面饰八瓣单廓单瓣莲花纹，每个莲瓣外侧间饰一乳钉”；右为C型，“边轮与主体莲花纹之间饰连珠纹一周”①。连珠纹环绕在莲花纹四周，莲花象征净土，珠代表佛珠，即如意珠，梵语“真陀摩尼”（Cintāmani）的意译。佛珠法力无边。《智度论》云：“此宝名如意，无有定色，清澈轻妙，四天下物皆悉照现。是宝常能出一切宝物，衣服饮食随意所欲，尽能与之。”《智度论》又云：“人得此珠，毒不能害，入火不能烧，有如是等功德。”②佛教认为佛珠是法宝，比喻实相之妙理，故此两枚佛珠莲花瓦当厌胜之交感魔力巨大自不待言。

总之，隋朝的厌胜巫术主要包括以上四类，既有道教的，也有佛教的，而护心镜厌胜则体现儒家的君臣和谐一致的精神，三教融合贯穿始终。

---

① 申云艳著《中国古代瓦当研究》，文物出版社2006年版，第190页。

② 丁福保编《佛学大辞典》，上海书店1991年影印本，第1095页。

第十八章　唐代宫廷信巫成风

第一节　唐太宗、唐高宗信巫术

唐初，太宗与武后都信巫。唐刘悚撰《隋唐嘉话》卷中记载："贞观中，西域献胡僧，咒术能死生人。太宗令于飞骑中拣壮勇者试之，如言而死，如言而苏。帝以告太常卿傅奕，奕曰：'此邪法也。臣闻邪不犯正，若使咒臣，必不得行。'帝召僧咒奕，奕对之，初无所觉。须臾，胡僧忽然自倒，若为所击者，便不复苏。"[①]这里说的贞观时胡僧咒术，虽然未详言，但实为骗人邪术，飞骑壮士、胡僧可串通一气，引皇帝信任，再见风使舵。不过太常卿全然不是为博皇帝一笑，而胡巫只好自倒不醒来逃责。

太宗生活优越，他的乐巫与纵巫，主要是想求长寿，想借助巫术取得长生不老的途径。最初太宗对巫师印象好是另有原因，主要在于巫师曾帮助高祖与太宗取得天下。《旧唐书》卷五五《薛举传》曾述及薛举之事云：

1. 敦煌莫高窟321窟　经变中的伎乐菩萨(初唐)〔吴曼英等《敦煌舞姿》(临摹图集)，上海文艺出版社1981年版。〕

> 武德元年(618)，丰州总管张长逊进击宗罗睺，举悉众来援，军屯高墌，纵兵虏掠，至于豳、岐之地。太宗又率众击之，军次高墌城，度其粮少，意在速战，乃命深沟坚壁，以老其师。未及与战，会太宗不豫，行军长史刘文静、殷开山请观兵于高墌西南，恃众不设备，为举兵掩乘其后。太宗闻之，知其必败，遽与书责之。未至，两军合战，竟为举所败，死者十五六，大将慕容罗睺、李安远、刘

---

① (唐)刘悚撰，程毅中点校《隋唐嘉话》卷中《西域献胡僧》，中华书局，1979年版，第21页。

弘基皆陷于阵。太宗归于京师，举军取高墌，又遣仁杲进围宁州。郝瑗言于举曰："今唐兵新破，将帅并擒，京师骚动，可乘胜直取长安。"举然之，临发而举疾，召巫视之，巫言唐兵为祟，举恶之，未几而死。举每破阵，所获士卒皆杀之，杀人多断舌、割鼻，或碓捣之。其妻性又酷暴，好鞭挞其下，见人不胜痛而宛转于地，则埋其足，才露腹背而捶之。由是人心不附。仁杲代董其众，伪谥举为武皇帝，未葬而仁杲灭。①

薛举之所以会死，是由于杀人太多，残暴无比，巫言"唐兵为祟"，一点没错，薛举被吓破了胆，忧、惧、恶、病交加而亡。这样看来，巫言在客观上起了精神炮弹的作用，从而促成高祖李渊在战场上的形势发生逆转，最终建立了唐朝。太宗对巫师有好感，乃是客观上曾得到过他们的帮助。

2. 唐太宗像〔采自《三才图会》〕

再从太宗诛刘文静来看，也是从巫师的所作所为中闻出了文静"反叛"的气味。《新唐书》卷八八《刘文静传》云：

文静自以材能过裴寂远甚，又屡有军功，而寂独用故旧恩居其上，意不平。每论政多戾驳，遂有隙。尝与弟散骑常侍文起饮酣，有怨言，拔刀击柱曰："当斩寂！"会家数有怪，文起忧，召巫夜被发衔刀为禳厌。文静妾失爱，告其兄上变，遂下吏。帝遣裴寂、萧瑀讯状，对曰："昔在大将军府，司马与长史略等。今寂已仆射，居甲第，宠赉不赀。臣官赏等众人，家无赢，诚不能无少望。"帝曰："文静此言，反明甚。"李纲、萧瑀明其不反；秦王亦以文静首决非常计，事成乃告寂，今任遇弗等，故怨望，非敢反，宜赐全宥。帝素疏忌之，寂又言："文静多权诡，而性猜险，忿不顾难，丑言怪节已暴验，今天下未靖，恐为后忧。"帝遂杀之，年五十二。文起亦死，籍其家。文静临刑，抚膺曰："高鸟尽，良弓藏，果不妄。"贞观三年(629)，追复官爵，以子树义袭鲁国公，诏尚主。然怨父不得死，谋反，诛。②

刘文静全家的灭亡，皆导源于"召巫夜被发衔刀"而大搞巫术活动，这样才

① (后晋)刘昫等撰《旧唐书》卷五五，中华书局1975年版，第2247页。
② (宋)欧阳修、宋祁撰《新唐书》卷八八，中华书局1975年版，第3736页。

被其失爱之妾告中，又被裴寂从中挑拨，唐太宗才决定杀掉刘文静这位屡立战功的户部尚书。当然，唐太宗不会怨巫，而只是怨刘文静，巫之被发衔刀，倒使太宗看出其中隐藏的杀机。

翦除薛举和刘文静这段时间，是唐太宗构建唐朝三百年江山的最关键时期。一部《贞观政要》反映出太宗雄才大略，奠定了整个大唐王朝的基业，而促成贞观之治盛世局面的还有著名的八位大臣——房玄龄、杜如晦、魏徵、王珪、李靖、虞世南、李勣、马周。但是，据笔者研究，从巫术史视角而言，第九位重要的大臣则是长孙无忌。《贞观政要》记载了两件事情：

第一，太宗要求直谏。“贞观十八年，太宗谓长孙无忌等曰：‘夫人臣之对帝王，多顺从而不逆，甘言以取容。朕今发问，不得有隐，宜以次言朕过失。’长孙无忌、唐俭等皆曰：‘陛下圣化道致太平，以臣观之，不见其失。’”①长孙无忌并没有直谏，他衷心耿耿做的一件事，是制定唐朝的法律。长孙无忌等撰成的《唐律疏议》，是使唐朝不发生巫蛊败国悲剧的主要保障，故其历史功勋不容忽视。

第二，高宗犯颜进谏。“太宗尝怒苑西监穆裕，命于朝堂斩之。时高宗为皇太子，遽犯颜进谏，太宗意乃解。司徒长孙无忌曰：‘自古太子之谏，或乘间从容而言。今陛下发天威之怒，太子申犯颜之谏，诚古今未有。’”②

长孙无忌的意思是，犯颜直谏可能带来的后果，就是以后会不执行既定方针，因为这是不冷静的结果。这就为高宗日后为武则天垂帘听政、企图取消克制巫术的《唐律疏议》并将长孙无忌流放治死埋下了伏笔。

太宗在位之时，巫术开始泛滥，五十三岁时，其身体不怎么好，更加想求长生仙丹，就请来了一个印度巫师。但胡巫进宫，后患无穷。《旧唐书》卷一九八《西戎·天竺国》云：“方士那罗迩娑婆寐，自言寿二百岁，云有长生之术。太宗深加礼敬，馆之于金飙门内，造延年之药。令兵部尚书崔敦礼监主之，发使天下，采诸奇药异石，不可称数。延历岁月，药成，服竟不效，后放还本国。太宗之葬昭陵也，刻石像阿罗那顺之形，列于玄阙之下。”③这里说“服竟不效”，主要指长寿丹不对症，虽未说太宗服后中毒而亡，实则据《资治通鉴》卷一九九“太宗贞观二十三年(649)四月”云：“上苦利增剧，太子昼夜不离

3. 敦煌莫高窟329窟经变中的伎乐菩萨(初唐)〔采自《敦煌舞姿》〕

①② (唐)吴兢编著《贞观政要》卷二《纳谏第五》，上海古籍出版社1978年版，第63页。
③ (后晋)刘昫等撰《旧唐书》卷一九八，中华书局1975年版，第5308页。

侧，或累日不食，发有变白者。上泣曰：'汝能孝爱如此，吾死何恨！'丁卯，疾笃，召长孙无忌入含风殿。上卧，引手扪无忌颐，无忌哭，悲不自胜；上竟不得有所言，因令无忌出。己巳，复召无忌及褚遂良入卧内，谓之曰：'朕今悉以后事付公辈。太子仁孝，公辈所知，善辅导之！'谓太子曰：'无忌、遂良在，汝勿忧天下！'又谓遂良曰：'无忌尽忠于我，我有天下，多其力也，我死，勿令谗人间之。'仍令遂良草遗诏。有顷，上崩。"[①]可见太宗最后要立遗诏保护长孙无忌，惜诏书还没有来得及记录，太宗驾崩，制定唐朝法律的长孙无忌命运岌岌可危。太宗虽未直接死于服用那罗巫师长寿丹，而主要是得"苦利"（疾病），而苦利可能由服长寿丹引起，治而未愈，拖了一段时间才逝世，不能说与服巫药"长寿丹"无关。太宗死后，将天竺国叛臣阿罗那顺刻石列于太宗墓前，召示胜利，也是交感巫术意味。

高宗即位后则任用巫师供他娱乐，因巫师擅长乐舞。《新唐书》卷二〇四叙述了巫师明崇俨给唐高宗施巫术消愁解闷之事："明崇俨，洛州偃师人，梁国子祭酒山宾五世孙。少随父恪令安喜，吏有能召鬼神者，尽传其术。乾封初，应岳牧举，调黄安丞，以奇技自名。高宗召见，甚悦，擢冀王府文学。试为窟室，使宫人奏乐其中，召崇俨问：'何祥邪？为我止之。'崇俨书桃木为二符，剚室上，乐即止，曰：'向见怪龙，怖而止。'盛夏，帝思雪，崇俨坐顷取以进，自云往阴山取之。四月，帝忆瓜，崇俨索百钱，须臾以瓜献，曰：'得之缑氏老人圃中。'帝召老人问故，曰：'埋一瓜失之，土中得百钱。'"[②]明崇俨只是施些桃符止乐、夏日进雪、以钱换瓜的白巫术，博得了高宗的喜好，让他做了官。

高宗时代模仿巫术中的魇魅黑巫术之属开始泛滥，这就是白铁余埋金铜像的蛊道巫术事，但幸好被唐朝的法律所扼制，笔者将在以下唐朝模仿巫术章加以详叙。

第二节　武则天、唐中宗信巫术

武则天是中国首位女性当政者，她总体上治国有方，在位二十八年间将大唐王朝推向经济发展的高峰。虽然武则天功不可没，但因为其在任内信奉巫术，犯有一系列严重错误，唐朝只认定为"则天皇后"阶段，并且唐高祖子孙中就

① （宋）司马光编著，（元）胡三省音注《资治通鉴》卷一九九，中华书局1956年版，第6267页。
② （宋）欧阳修、宋祁撰《新唐书》卷二〇四，中华书局1975年版，第5806页。

有忌讳武周当政的，包括她的儿子孙子都站在她的对立面，可悲也。但原因究竟何在？

4. 武则天像〔采自《三才图会》〕

需要强调的是，则天皇后一生中最悲痛的事，是失去继承大唐王位的皇太子李弘。唐高宗娶武则天为皇后以后，武则天所生的儿子李弘，就是唐高宗和她的长子。“显庆元年(656)，立为皇太子，大赦改元。”①但是，正当武则天热切期待他继承王位时，李弘却在上元二年(675)病逝，追谥为“孝敬皇帝”。武则天以后就专门派人敕令书写“《一切道经》卅六部”为李弘施行厌胜巫术，为他在阴间趋吉辟凶。武则天亲自为《一切道经》撰写《序》文，该《序》文非常有文采，但却是其欲篡权的信号。S. 1513/1《御制一切道经序》曰：

> 盖闻紫仙握契，括妙有而敷仁；青童赞历，周泰无而运道。开三元之秘检，著迹琅函；藻八会之灵编，刊功石笥。银书耀彩，盈宝印于丹房；锦字流文，焕神珠于玄阙。示迷途之归往，拯暗壑之沦滑，广洽譬于衢樽，普照均于堂镜。孝敬皇帝，前星赋象，贞列纬于乾枢；少海澄澜，奠名区于震域；问安视膳，体恭孝以端仪；抚军监国，服仁爱而凝范。学昭通敏，非受谕于春卿；识综沉几，自含章于秋礼。今者黄离遽殒，碧题旋虚。翔鹤可羁，奄促游仙之驾；鸣鸡载响，无复入谒之期。瞻对肃成，惨凝烟于胄序；循临博望，吊苦月于宾阶。拂虚帐而摧心，俯空筵而咽泪。兴言鞠育，感痛难胜。故展哀情，为写《一切道经》卅六部。龙经宝偈，还开垂露之书；凤箓英词，更入飞云之篆。九宫秘册，罄金版而无遗；五岳真筌，窥琳房而毕备。所愿以兹妙业，式祐储灵，总万福以扶维，严十仙而警卫。靡流星之琳旆，上星甸以游衿；驭驰日之琼轮，下日门而弭节。镇升光碧之宇，常安泰紫之庭。天地之所包含，阴阳之所播植。并乘六辨，俱出四迷。②

观其“循临博望，吊苦月于宾阶”句，李弘死时她尚未听政，还处于寒月“宾阶”之时，所以她只能“拂虚帐而摧心，俯空筵而咽泪”，还没有权力将空筵变为盛筵。唐高宗一死，即弘道元年(683)，武则天做的第一件事情就是撰写此文，

---

① (后晋)刘昫等撰《旧唐书》卷八六《孝敬皇帝弘》，中华书局1975年版，第2828页。

② 中国社会科学院历史研究所等合编《英藏敦煌文献》第三卷，四川人民出版社1994年版，第84页。

为她登基做舆论准备。这是完全在情理之中的。否则武则天为何独在此时重提皇太子李弘二十四岁时的早逝？是暗示他三个儿子别再白日做梦想登基啦。

《旧唐书》卷八六《高宗诸子》曰："高宗八男：则天顺圣皇后生中宗、睿宗及孝敬皇帝弘、章怀太子贤，后宫刘氏生燕王忠，郑氏生原王孝，杨氏生泽王上金，萧淑妃生许王素节。"[①]武则天早时爱巫与纵巫，全以她自己处心积虑当女皇为核心展开。高宗八子，武则天生有四子；后宫所生四子，一个早丧，遭武则天害死有三，其心肝不可谓不毒。燕王忠原本是高宗长子，唐太宗呵护过的长孙，已立为皇太子，但因武则天受宠后，她在长子李弘三岁时，就迫不及待废了李忠皇太子身份，改立李弘为皇太子；接着李忠被废为庶人，最后赐死于流放地，年仅二十二岁。原王孝早亡而未遭劫难。泽王上金和许王素节二人，被武则天的奸臣武承嗣诬告，同遭杀害。至此，后妃四子统统死光了，更为武则天篡权扫清了障碍。

俗语云："虎毒不食子。"可武则天为篡位竟然连自己亲生儿子也不放过。章怀太子贤，是武则天所生，"容止端重，少为帝爱"；成人后，孝敬皇帝逝世，李贤被立为皇太子。但因武则天预谋当女皇心切，将能致鬼神的巫师明崇俨召入宫中，授以"正谏大夫"。《新唐书》指出"时正谏大夫明崇俨以左道为武后所信"[②]，于是符劾巫术使这个女人疯狂，赐死皇太子李贤，唐宗室受到沉重打击。《旧唐书》卷八六《章怀太子贤》指出：

> 时正议大夫明崇俨以符劾之术为则天所任使，密称"英王状类太宗"。又宫人潜云，"贤是后姊韩国夫人所生"，贤亦自疑惧。则天又尝为贤撰《少阳政范》及《孝子传》以赐之，仍数作书以责让贤，贤逾不自安。调露二年(680)，崇俨为盗所杀，则天疑贤所为。俄使人发其阴谋事，诏令中书侍郎薛元超、黄门侍郎裴炎、御史大夫高智周与法官推鞫之，于东宫马坊搜得皂甲数百领，乃废贤为庶人，幽于别所。永淳二年(683)，迁于巴州。文明元年(684)，则天临朝，令左金吾将军丘神勣往巴州检校贤宅，以备外虞。神勣遂闭于别室，逼令自杀，年三十二。则天举哀于显福门，贬神勣为叠州刺史，追封贤为雍王。[③]

① (后晋)刘昫等撰《旧唐书》卷八六，中华书局1975年版，第2823页。

② (宋)欧阳修、宋祁撰《新唐书》卷八一《三宗诸子·章怀太子贤》，中华书局1975年版，第3591页。

③ (后晋)刘昫等撰《旧唐书》卷八六，中华书局1975年版，第2832页。

武则天终于踩着自己儿子李贤的尸体登上女皇宝座。很显然，这是利用符劾巫术导演出的一次母杀子政变。对比隋朝蛊道巫术之子逼死父悲剧，尽管时代不同，但骨肉相残，政治更替演绎仍旧血腥，令人胆战心惊。皇太子李贤变成刀下鬼，女皇登基靠的是符劾术，从本书魏晋时代巫术所述符劾术源头背景可知，女巫跳神、祭祀六丁神与厌胜神坐等等巫术配合自不必说，连同《少阳政范》、《孝子传》等等文献都变成皇太子李贤的催命符；还临时搭个草台班子来审问皇太子；一旦时机成熟，就置自己亲生儿子于死地。难怪唐人绝对不承认武则天是大唐王朝皇帝，而只认定其为"武周"篡权时期的"则天皇后"。李贤被逼自杀，是武则天警示另外两个儿子李显和李旦，不要妄想在她生前能够继承皇位。

武则天尽量笼络巫师，稳住阵脚。《隋唐嘉话》卷下叙述到武后召巫之事。"武后将如洛阳，至阕乡县东，骑忽不进。召巫者问之，巫言晋龙骧将军王濬云：'臣墓在道南，每为采樵者所苦。闻大驾今至，故来哀告。'后敕，去墓百步，不得耕殖。至今荆棘森然。"[①]武则天保护晋代古迹自然无可非议，但她是相信巫师之言而为之，巫之用心可谓良苦。

武则天还相信一种魔杖巫术。唐张鷟《朝野佥载》卷一云："如意年中，洛州人赵玄景病卒五日而苏。云见一僧与一木长尺余，教曰：'人有病者，汝以此木拄之即愈。'玄景得见机上尺，乃是僧所与者，试将疗病，拄之立差，门庭每日数百人。御史马知己以其聚众，追之禁左台，病者满于台门。则天闻之，追入内，宫人病，拄之即愈，放出任救病百姓。数月以后，得钱七百余贯。后渐无验，遂绝。"[②]武后时代的这种魔杖巫术之所以得以流行，其目的乃是利于养生，是武后在宫中大力推行的结果。

武后曾尝试在宫廷内设置巫师施术。唐张鷟撰《朝野佥载》卷三云："大足中，有袄妄人李慈德，自云能行符书厌，则天于内安置。布豆成兵马，画地为江河，与给使相知削竹为枪，缠被为甲，三更于内反，宫人扰乱相杀者十二三。羽林将军杨玄基闻内里声叫，领兵斩关而入，杀慈德、阉竖数十人。惜哉，慈德以厌为客，以厌而丧。"[③]这场李慈德"内反"之乱，表面上是巫师施巫术杀人引起，根子却在武则天引巫入宫，引狼入室。

---

① (唐)刘餗撰，程毅中点校《隋唐嘉话》卷下，中华书局1979年版，第38页。按，部分文字据(宋)李昉等撰《太平御览》卷七三四《方术部一六·巫下》本条校改，中华书局1960年影印本，第3257页。

② (唐)张鷟撰，赵守俨点校《朝野佥载》卷一《赵玄景》，中华书局1979年版，第3页。

③ (唐)张鷟撰，赵守俨点校《朝野佥载》卷三《李慈德》，中华书局1979年版，第66页。

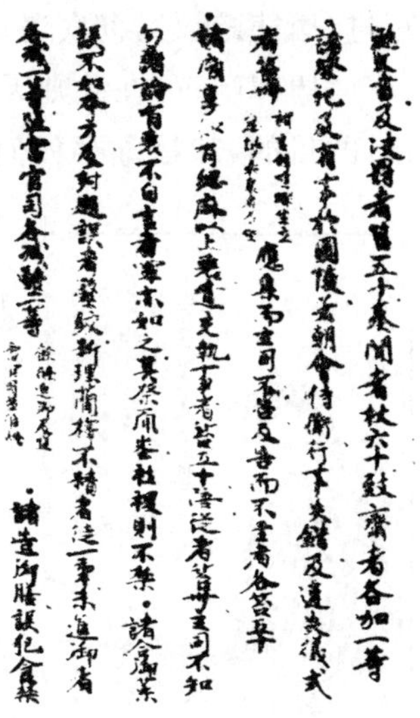

5. 法 Pel. chin. 3608《唐律疏议》(7—1)真迹(局部)〔采自《法藏敦煌西域文献》第 26 册，第 70 页〕

唐朝的法律禁止利用袄书、袄言妄说国家吉凶，以确保大唐王朝的江山永固。至今在敦煌写卷中还留下一份唐律残卷——法 Pel. chin. 3608《唐律疏议》残卷[①]，《敦煌学大辞典》的《唐律残卷》词条称，在此写卷中“有武后新字”[②]。这就证明武后时期，大唐王朝的法律文本发挥过重要作用。

《唐律疏议》中载入了处罚造袄书袄言之巫术的法律条文，这就扼制了武则天的肆意妄为。唐长孙无忌等撰《唐律疏义》卷一八曰：

诸造袄书及袄言者绞。造谓自造休咎及鬼神之言，妄说吉凶，涉于不顺者。

疏义曰：造袄书及袄言者，谓构成怪力之书，诈为鬼神之语。休谓妄说他人及己身有休征，咎谓妄言国家有咎恶。观天画地，诡说灾祥，妄陈吉凶，并涉于不顺者，绞。

传用以惑众者亦如之。传谓传言；用谓用书。其不满众者流三千里。言理无害者，杖一百。即私有袄书，虽不行用，徒二年。言理无害者，杖六十。

疏义曰：传用以惑众者，谓非自造。传用袄言袄书以惑三人以上，亦得绞罪。注云：传谓传言；用谓用书。其不满众者，谓被传惑者不满三人，若是同居，不入众人之限。此外，一人以上，虽不满众，合流三千里。其言理无害者，为袄书袄言，虽说变异无损于时，谓若豫言水旱之类，合仗一百。即私有袄书，谓前人旧作，衷私相传，非己所制，虽不行用，仍徒二年。其袄书言理无害于时者，杖六十。[③]

从法藏本《唐律疏议》残卷有武后时的字来看，武则天当政时应有运用。除了造袄书袄言的为首者服绞刑外，协从者一律不杀，只是流放，或打屁股一百、六十不等。唐王朝在其创建初期阶段就将禁止袄书袄言一类巫术的法律条款

① 上海古籍出版社、法国国家图书馆编《法藏敦煌西域文献》第 26 册，上海古籍出版社 2002 年版，第 70—73 页。

② 季羡林主编《敦煌学大辞典》，上海辞书出版社 1998 年版，第 377 页。

③ (唐)长孙无忌等撰《唐律疏义》卷一八，景印文渊阁《四库全书》第 672 册，第 233 页。按，《唐律疏义》《唐律疏议》为一书二名。

写进《唐律疏议》，彻底遏止了黑巫术的存在，使得其在唐朝销声匿迹。

《唐律疏议》在武则天时代发挥重要作用当无问题，但武则天研究《唐律疏议》的目的，却是琢磨如何消灭《唐律疏议》的执笔者——长孙无忌。长孙无忌原是唐太宗的重臣，立有大功。太宗疾笃，其与中书令褚遂良受遗令辅政。高宗即位，拜为太尉。永徽六年(655)，高宗立武则天为皇后时，无忌累言不可。他阻扰武则天当皇后，当然遭忌恨。显庆四年(659)长孙无忌遭中书令许敬宗诬陷谋反，高宗竟不问他是否真的谋反，一味听从许敬宗诬构之说，匆促地把长孙无忌流放于黔州而被害死。直到上元元年(674)，朝廷才不得不给他平反。

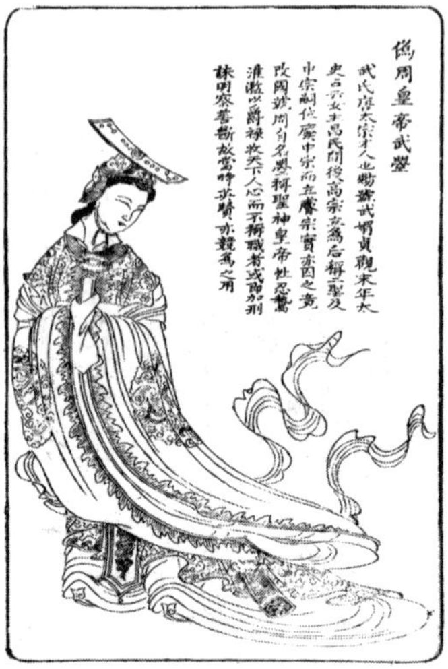

6. 武则天像〔采自清康熙二十九年(1690)刊本《无双谱》〕

在武后时代，巫蛊巫术也特别流行，“巫蛊之狱”虽不断发生，但由于法律控制及时，没出大乱子。而一般白巫术则向文化艺术的方向演化发展。唐代张鷟撰《朝野佥载》，是主要记载武后一朝的朝野见闻之。宋人洪迈评论它“纪事皆琐尾擿裂，且多媟语”①，这不符合事实。洪迈指责张鷟的所谓“媟语”，正是指张鷟记载的武则天朝的鬼神巫术艺术等事。张鷟记载有武则天朝流行琵琶巫术，这其实是非常重要的唐朝文化发展的大事，兹引两例：

一为阿来婆弹琵琶卜巫术。唐人巫师弹琵琶以反弹琵琶占卜算命闻名于世，张鷟闻名而去，并记其情形曰：

> 崇仁坊阿来婆弹琵琶卜，朱紫填门。浮休子张鷟曾往观之，见一将军，紫袍玉带甚伟，下一匹绸绫，请一局卜。来婆鸣弦柱，烧香，合眼而唱：“东告东方朔，西告西方朔，南告南方朔，北告北方朔，上告上方朔，下告下方朔。”将军顶礼既，告请甚多，必望细看，以决疑惑。遂即随意支配。②

阿来婆想必是个绝色美女，反弹琵琶技惊四座，而用反弹琵琶占卜算命更令人拍案叫绝。所以，张鷟主要是为看反弹琵琶巫术的绝技去的，果然那里“朱

---

① (唐)张鷟撰，赵守俨点校《朝野佥载·点校说明》，中华书局1979年版，第3页。

② (唐)张鷟撰，赵守俨点校《朝野佥载》卷三，中华书局1979年版，第64页。

紫填门”，盛况空前。请一局琵琶卜，居然要一匹绸绫的高价。

中唐时代的敦煌唐人就描绘有反弹琵琶的壁画，其作为经变中的伎乐菩萨，实际是女巫跳反弹琵琶卜的巫舞。一边反弹琵琶，一边跳舞寓言。伎乐菩萨许愿念经是交感巫术，女巫反弹琵琶许愿，其本质是一样的。唐人深谙其道。

7. 敦煌莫高窟第112窟（中唐）反弹琵琶图〔采自《敦煌舞姿》。下同〕

二为武后时代虽然盛行琵琶巫术，但是琵琶女巫的“知识”水平却不高。这个专门玩反弹琵琶的女巫阿来婆，又称何婆。唐张鷟撰《朝野佥载》卷三又曰：

> 浮休子张鷟为德州平昌令，大旱。郡符下令以师婆、师僧祈之，二十余日无效。浮休子乃推土龙倒，其夜雨足。江淮南好鬼，多邪俗，病即祀之，无医人。浮休子曾于江南洪州停数日，遂闻土人何婆善琵琶卜，与同行郭司法质焉。其何婆士女填门，饷遗满道，颜色充悦，心气殊高。郭再拜下钱，问其品秩。何婆乃调弦柱，和声气曰：“个丈夫富贵。今年得一品，明年得二品，后年得三品，更后年得四品。”郭曰：“阿婆错，品少者官高，品多者官小。”何婆曰：“今年减一品，明年减二品，后年减三品，更后年减四品，更得五六年总没品。”郭大骂而起。①

现在看来，这位姓郭的官僚真是无理。其实，女巫知道那么多官场“知识”有什么用呢？她搞反弹琵琶卜巫术纯粹是作秀的表演艺术，观者也多是醉翁之意不在酒，来看她反弹琵琶的艺术才是真，什么巫术不巫术并不重要。“士女填门，饷遗满道”，可见美丽的女巫阿来婆（何婆）反弹琵琶的舞蹈艺术魅力是不可抹煞的，巫术本身已经不重要。

8. 敦煌莫高窟第156窟（晚唐）背面反弹琵琶图

武则天时代，反弹琵琶艺术，随着琵琶卜巫术的流行，呈不可遏制之势。

到盛唐，唐玄宗也曾一度继承了武则天时代的琵琶音乐舞蹈艺术，令反弹琵琶巫术得到发展，这是因为杨贵妃也弹得一手好琵琶，一时间弹琵琶的音乐舞蹈风行于宫

① （唐）张鷟撰，赵守俨点校《朝野佥载》卷三，中华书局1979年版，第63页。

中的梨园子弟之中。唐郑处诲撰《明皇杂录》曰：

天宝中，上命宫女子数百人为梨园弟子，皆居宜春北院。上素晓音律，时有马仙期、贺怀智洞知音律。安禄山自范阳入觐，亦献白玉箫管数百事，安皆陈于梨园，自是音响殆不类人间。有中官白秀贞，自蜀使回，得琵琶以献。其槽以逻逤檀为之，温润如玉，光辉可见，有金缕红文蹙成双凤。贵妃每抱是琵琶奏于梨园，音韵凄清，飘如云外。而诸王贵主洎虢国以下，竞为贵妃琵琶弟子，每奏曲毕，广有进献。①

杨贵妃不仅是个舞蹈家，而且也是个琵琶演奏家，所奏“音韵凄清，飘如云外”，梨园弟子竞相争取做“贵妃琵琶弟子”。本来盛唐琵琶艺术照此可以持续发展，但是到头来才弄清楚，唐玄宗只是听琵琶取乐而已。唐段成式撰《酉阳杂俎》前集卷一《忠志》记载“猧子乱局”一事曰：

上夏日尝与亲王棋，令贺怀智独弹琵琶，贵妃立于局前观之。上数枰子将输，贵妃放康国猧子（小狗）于坐侧。猧子乃上局，局子乱，上大悦。②

但是在民间却不同，由于反弹琵琶巫术的发展，琵琶音乐舞蹈艺术从初唐盛行到晚唐，贯穿唐朝始终。“有心栽花花不发（巫术），无心插柳柳成荫（艺术）”，竟形成如此相反的民间文化发展的局面。这也正是艺术起源于巫术的一个例证。以下再举两例敦煌唐女弹琵琶巫术舞蹈图，来证明唐朝弹琵琶交感巫术的盛行这一点：

1. 敦煌莫高窟第12窟（晚唐）唐女弹琵琶占卜许愿跳舞，表达心许吉祥十二愿图。“十二愿”就是十二种美好的愿望。画面本身已具有弹琵琶许愿的交感巫术的意义。

2. 敦煌莫高窟第360窟晚唐女许愿，也是表达十二愿的弹琵琶许愿舞蹈图，这里表现许愿女有一个美妙的歌喉和柔软的肢体，也是一种弹琵琶许愿的交感巫术。

---

① (唐)郑处诲撰《明皇杂录·逸文》，丁如明辑校《开元天宝遗事十种》，上海古籍出版社1985年版，第37页。

② (唐)段成式撰，方南生点校《酉阳杂俎》前集卷一，中华书局1981年版，第3页。

9. 晚唐女弹琵琶卜舞蹈图1

10. 晚唐女弹琵琶卜舞蹈图2

想不到女巫跳舞竟带来了唐代文化艺术的繁荣。时过境迁，唐代的女皇赢得宋人的尊敬。宋人盛传武则天是广西钦州人的后裔，民间“巫者招神”而供奉她为“武太后娘娘”，亲切喊她为“武婆婆”。《岭外代答》卷一〇《志异门·武婆婆》曰：

> 广右人言武后母本钦州人，今皆祀武后也，冠帔巍然，众人环坐。所在神祠，无不以武为尊。巫者招神，称曰武太后娘娘，俗曰武婆婆也。①

《岭外代答》卷一〇《古迹门·陟屺寺》又曰：

> 钦州灵山县东南三十里，有武利场，俗传唐则天母氏故里也。去场不远，有陟屺寺遗址，云则天念母，为建寺祈福之地。犹有丰碑断裂茅桧间，字画略可辨，其文则卢肇奉敕撰。按则天父武士彟，晋人，母杨，未详家何地。后得志，封荣国夫人。荣国卒，后出珍币，建佛庐以徼福。然则陟屺之说故苗裔矣。惜肇碑剥落不可考也。然亦可疑，肇袁州人，奋迹武宗朝，去则天固远，将奉何敕作记耶？②

钦州即今广西钦州。南朝梁置安京县，唐代改为保京县，宋代改为安远县，明代入钦州，新中国成立后并入广西省壮族自治州。武则天感激母亲养育之恩，在其母逝世后，建陟屺寺为母祈福。宋人引以自豪祭为女神，民间巫

① (宋)周去非著，屠友祥校注《岭外代答》卷一〇，上海远东出版社1996年版，第271页。
② (宋)周去非著，屠友祥校注《岭外代答》卷一〇，上海远东出版社1996年版，第255页。

11. 武则天画像〔采自《中国古代服饰史》〕

师像庆祝节日一般带头祭祀，故云“巫者招神，称曰武太后娘娘”。宋代已成遗址，石碑断裂在茂密的茅草、桧树间。宋人还发现武则天为她的母亲立的石碑。宋不著撰人《宝刻类编》卷一载：“则天母孝明皇后杨氏碑。武三思撰，王正书，长安二年六月，京兆。”①武则天作为女皇，身居万人之上，但民间认为她是一个孝顺女儿。关于唐朝歌颂女皇武则天的四言民歌，请参阅笔者的《敦煌民间四言歌谣》，在此不赘。②

到了唐中宗时代，宫廷内信巫成风。中宗的皇后韦氏，就是一个非常相信巫师的女人。韦皇后“封巫赵陇西夫人，出入禁中，势与上官埒”③。

中宗甚至纵容巫人鬼师在朝廷内部公报私仇，为非作歹。《朝野佥载》卷三记载了这样一件巫师假宣圣旨之事：

12. 清康熙二十九年(1690)刊本《无双谱》中金古良写武则天的乐府诗

> 中宗之时，有见鬼师彭君卿被御史所辱。他日，对百官总集，诈宣孝和敕曰：“御史不检校，去却巾带。”即去之。曰：“有敕与一顿杖。”大使曰：“御史不奉正敕，不合决杖。”君卿曰：“若不合，有敕且放却。”御史裹头，仍舞蹈拜谢而去。观者骇之。④

鬼师彭君卿为了个人私怨，不惜假造圣旨，随意驱逐朝廷命官，这种巫师乱政的事件，在古代相当罕见。而且当时假造圣旨的事件，还不止这一件。这都说明韦氏乱政，中宗不能制止。《朝野佥载》卷三还记载了一件巫师诈骗事件，也是韦氏干的：

> 韦庶人葬其父韦玄贞，号酆王。葬毕，官人路见鬼师雍文智，诈宣酆王教曰：“常作官人，甚大艰苦，宜与赏，着绿者与绯。”韦庶人悲恸，欲依鬼教

① (宋)佚名撰《宝刻类编》卷一，景印文渊阁《四库全书》第 682 册，第 589 页。

② 请参阅高国藩著《敦煌民间文学》第九章《敦煌民间四言歌谣》，联经出版事业公司 1994 年版，第 191—214 页。此篇论文最初发表于《敦煌研究》1983 年第 1 期。

③ (宋)欧阳修、宋祁撰《新唐书》卷七六《韦皇后传》，中华书局 1975 年版，第 3487 页。

④ (唐)张鷟撰，赵守俨点校《朝野佥载》卷三，中华书局 1979 年版，第 63 页。

与之。未处分间，有告文智诈受赂贿验，遂斩之。①

鬼师雍文智也是假造酆王教旨，结果被朝廷发现而送了性命。这一切都是中宗韦皇后纵容巫师引出的后果。韦皇后全盛时还猖狂地搞出巫蛊败国之事，行为极其恶劣，极大地败坏了唐王朝。②

第三节　《推背图》的产生以及影响

初唐时期产生了一本谶纬书《推背图》，情况和《万法归宗》相似，都是托名隋末唐初李淳风撰写。《混元圣记》卷八就记载："大业十三年丁丑（617），老君降于终南山，语山人李淳风曰：唐公当受天命。"③此为预言，谶言是其反面意。古代巫师在唐朝实际以方士名称出现。谶言就是方士以谶术所作的政治预言。谶术是一种巫术形式，即以图画画出所施术的对象，然后配以七言韵语诗歌进行诅咒式的预言，名为"蛊言"。可见它是模仿巫术加上咒语的蛊道巫术，老样翻新，但万变不离其宗，即以变相的蛊道巫术向当朝的统治者发起攻击，故自唐代开始，各朝统治者都明令禁止其流传。

在唐朝，新形式的蛊道巫术《推背图》找到了一个最佳的突破口，即针对有争议的武则天皇后，向她发起攻击，明嘲暗讽，这正合李氏王朝臣民的心意，故而《推背图》名正言顺地登场。作者以拙劣的笔法，画出女皇的图像，又以并不高明的诗句来对她加以讽刺。

图13右题一行引语为："一妇人，戴金冠，坐殿上。手举一鹦鹉，一手击鼓。"图下标"第三图　武则天"，题为"山风蛊"，诗云："当空女子本姓武，手执金符坐中土。身着霞光五彩衣，自秉金锤挞金鼓。"所谓"自秉金锤"，是挖苦武则天篡朝执政。《推背图》的实质就是黑巫术——蛊道巫术，其目的是想利用女皇武则天与大唐宗室的内部矛盾大做文章，扩大矛盾，企图推翻大唐王朝本身。

13. 武则天击鼓图〔采自清抄本《推背图》。下同〕

① （唐）张鷟撰，赵守俨点校《朝野佥载》卷三，中华书局1979年版，第62—63页。

② 请参阅高国藩著《敦煌巫术与巫术流变》第二十四章，河海大学出版社1992年版，第464—484页。

③ （宋）谢守灏撰《混元圣记》卷八，《道藏》，文物出版社、上海书店、天津古籍出版社1988年影印本，第17册，第854页。

当然,《推背图》攻击的并不是武则天一人,连带着也攻击与她同时的唐睿宗李旦和大臣狄仁杰。武则天老迈逝世,唐中宗李显复出,于神龙元年(705)即位;中宗女安乐公主欲临朝称制,求立为皇太女,甚至演绎了女杀父的惨剧;其与皇太后韦氏等合谋进鸩,于神龙殿毒死了时年五十五岁的中宗李显。武后死后妖女发动此次政变,皇太后韦氏临朝称制,与武则天何干?武则天的孙子、睿宗第三子临淄王李隆基举兵诛韦、武诸凶,韦氏为乱兵所杀,妖女正在“览镜作眉,闻乱,走至右延明门兵及,斩其首”[①],终于拨乱反正。睿宗李旦便于景云元年(710)继位,随即传位给第三子李隆基。在如此背景下,《推背图》却匪夷所思地向唐睿宗李旦和狄仁杰发起攻击。从隋末到唐睿宗时已近百年,《推背图》必不是李淳风的“谶言”明矣。

14. 李旦狄仁杰

图 14 左题一行引语为:“一人左手牵犬,右手执火,立金钟前。”图标“第四图　唐皇李旦、狄仁杰”,意思是李旦当政就会牵着狄仁杰这一条狗。这种所谓“谶言”,根本就是荒谬的意欲亵渎大唐王朝,挑拨离间。题为“山风蛊”,诗云:“拟将社祭乱分离,怎奈天宫十八枝。赖得忠臣火边犬,方能扶正旧唐基。”所谓“火边犬”,指狄仁杰。睿宗李旦登基,和狄仁杰无关,完全是其第三子临淄王李隆基拨乱反正的结果。谶言不确。明朝谢肇淛《五杂俎》指出“(《推背图》)多验于事后,虽知之何益”[②],说法也不对,何来事后什么“多验”?实际是正好与历史事实相反,故曰《推背图》并无事后多验,只是一派胡言乱语而已。

《推背图》共分六十象,第一象引言,第六十象结束语。中间五十八象,每象有引语、谶言韵语、卦图,寓含自唐代至清朝一千多年的国家的命运,皆无稽之谈。由于《推背图》影响恶劣,各朝代都将其指定为禁书,不准刊印,只有抄本私下流传,代代都有邪恶黑巫术的巫师加以延续,直至清代。

第四节　唐玄宗、唐肃宗信巫术

到了盛唐,唐玄宗比起武则天来更崇信道教和巫术。唐郑綮撰《开天传信

① (宋)欧阳修、宋祁撰《新唐书》卷八三《诸公主・中宗八女》,中华书局 1975 年版,第 3655 页。

② (明)谢肇淛著《五杂俎》卷一三《事部一》,上海书店出版社 2001 年版,第 272 页。

记》讲过唐玄宗相信巫婆阿马婆之事，云："车驾次华阴，上见岳神数里迎谒。上问左右，莫之见。遂诏诸巫问神安在，独老巫阿马婆奏云：'三郎，在路左，朱发紫衣，迎候陛下。'上顾笑之，仍敕阿马婆，敕神先归。上至庙，见神櫜鞬，俯伏庭东南大柏树下，又诏阿马婆问之，对如上见。上加敬礼，命阿马婆致意，而旋降诏先诣岳，封为金天王，仍上自书制碑文以宠异之。其碑高五十余尺，阔丈余，厚四五尺，天下碑莫比也。其阴刻扈从太子王公以下百官名氏。制作壮丽，巧无伦比焉。"①

唐玄宗完全相信阿马婆一派神话是为弘道，还封东岳神为"金天王"，又为神立了一个"壮丽"无比的巨碑，把推崇道教连同信巫的风气推向高潮；同时，因巨碑可弘扬皇威，而封神又可团结道教的势力，增加大唐王朝的凝聚力。

唐玄宗时既把东岳神封为"金天王"，又到处建金天庙，官吏也有去谒金天庙的时尚。有处金天庙的巫师还为唐玄宗引来一位真人，生出了下面一则神奇的预言故事。宋李昉等编《太平广记》卷三五《神仙三十五·成真人》云：

> 成真人者，不知其名，亦不知所自。唐开元末，有中使自岭外回，谒金天庙。奠祝既毕，戏问巫曰："大王在否？"对曰："不在。"中使讶其所答，乃诘之曰："大王何往而云不在？"巫曰："关外三十里迎成真人耳。"中使遽令人于关候之。有一道士，弊衣负布囊，自关外来。问之姓成，延于传舍，问以所习，皆不对。以驿骑载之到京，馆于私第，密以其事奏焉。玄宗大异之，召入内殿，馆于蓬莱院，诏问道术及所修之事，皆拱默不能对，沉真朴略而已。半岁余，恳求归山，既无所访问，亦听其所适，自内殿挈布囊徐行而去，见者咸笑焉。所司扫洒其居，改张帏幕，见壁上题曰："蜀路南行，燕师北至。本拟白日升天，且看黑龙饮渭。"其字刮洗愈明，以事上闻，上默然良久，颇亦追思之。其后禄山起燕，圣驾幸蜀，皆如其谶。出《仙传拾遗》。②

由此事可见唐玄宗时推崇道教巫术之一斑。所谓"道术"，指道家的方术，但正如《晋书·戴洋传》云："为人短陋，无风望，然好道术，妙解占候卜数。"③"卜数"也就是占卜巫术，故"道术"实包含道教巫术，而道教巫术中也包括神秘的预

---

① （唐）郑綮撰《开天传信记》，丁如明辑校《开元天宝遗事十种》，上海古籍出版社 1985 年版，第 51 页。

② （宋）李昉等编，汪绍楹点校《太平广记》卷三五，中华书局 1961 年版，第 221 页。

③ （唐）房玄龄等撰《晋书》卷九五《戴洋传》，中华书局 1974 年版，第 2469 页。

言占卜巫术在内。

15. 唐玄宗像〔采自《三才图会》〕

唐玄宗之所以笃信巫，乃是与巫师王玙被召入宫中封为“祠祭使”有关。《新唐书》卷一〇九《王玙传》云：“王玙者，方庆六世孙，少为礼家学。玄宗在位久，推崇老子道，好神仙事，广修祠祭，靡神不祈。玙上言，请筑坛东郊祀青帝，天子入其言，擢太常博士、侍御史，为祠祭使。玙专以祠解中帝意，有所禳祓，大抵类巫觋。”①所以王玙实际上就是一个巫人，他专搞禳祓巫觋之道。《旧唐书》卷一三〇《王玙传》亦云：“玙专以祀事希幸，每行祠祷，或焚纸钱，祷祈福祐，近于巫觋，由是过承恩遇。”②王玙搞祭祀巫术也只是老一套的焚纸钱祈福，但只要与王朝有利，玄宗一概接纳之。

《新唐书·王玙传》云：“肃宗立，累迁太常卿，又以祠祷见宠。乾元三年(760)，拜蒲同绛等州节度使，俄以中书侍郎同中书门下平章事。时大兵后，天下愿治，屿望轻，无它才，不为士议谐可，既骤得政，中外怅骇。乃奏置太一坛，劝帝身见九公祠。帝由是专意，它议不能夺。帝尝不预，太卜建言祟在山川。”③王玙居然当了“节度使”，但还能搞出什么好把戏呢？终于弄出来一幕数十少年跟随美女巫而被杀的悲剧来。

《新唐书·王玙传》又曰：“玙遣女巫乘传分祷天下名山大川，巫皆盛服，中人护领，所至干托州县，赂遗狼藉。时有一巫美而蛊，以恶少年数十自随，尤憸狡不法。驰入黄州，刺史左震晨至馆请事，门镝不启。震怒，破镝入，取巫斩廷下，悉诛所从少年，籍其赃得十余万，因遣还中人。既以闻，玙不能诘，帝亦不加罪。明年，罢玙为刑部尚书，又出为淮南节度使，犹兼祠祭使，徙浙东。召入，再迁太子少师。卒，赠开府仪同三司，谥曰简怀。”④

16. 莫高窟148窟(盛唐)六臂飞天

此刺史不问青红皂白，斩杀女巫，悉诛少年，残忍如禽兽。其所以如此，《旧唐书·王玙传》云：“一巫盛年而美，以恶少年数十自随，尤为蠹弊，与其徒宿于

① (宋)欧阳修、宋祁撰《新唐书》卷一〇九《王玙传》，中华书局1975年版，第4107页。
② (后晋)刘昫等撰《旧唐书》卷一三〇，中华书局1975年版，第3617页。
③ (宋)欧阳修、宋祁撰《新唐书》卷一〇九《王玙传》，中华书局1975年版，第4107—4108页。
④ (宋)欧阳修、宋祁撰《新唐书》卷一〇九《王玙传》，中华书局1975年版，第4108页。

黄州传舍。”[①]可见，此一“盛年而美”的女巫涉嫌集体淫乱，所以招来杀身之祸。即使女巫被杀，王玙依然安然无恙，虽然被罢为刑部尚书，甚至出为淮南节度使，但最终仍封官进爵，风光一世。

第五节　唐代宗喜巫及其广泛影响

——赤山岭大捷巫师的贡献

唐肃宗之后，继位的唐代宗也笃信巫术。唐代宗那时相信巫师的灵言，听信巫师的灵言像听信灵物（祥瑞物）一样。唐人相信巫师独有的特异功能包括预言、召请风雪等，可以唐代宗时代唐回联合反击吐蕃奴隶主为例证。《新唐书》卷二一七上《回鹘上》曰：

> 永泰初，怀恩反，诱回纥、吐蕃入寇。俄而怀恩死，二虏争长，回纥首领潜诣泾阳见郭子仪，请改事。子仪率麾下叩回纥营。回纥曰：“愿见令公。”子仪出旗门，回纥曰：“请释甲。”子仪易服。酋长相顾曰：“真是公矣！”时李光进、路嗣恭介马在侧，子仪示酋长曰：“此渭北节度使某，朔方军粮使某。”酋长下马拜，子仪亦下见之。虏数百环视，子仪麾下亦至，子仪麾左右使却，且命酒与饮，遣以缠头彩三千，召可汗弟合胡禄等持手，因让曰：“上（指代宗）念回纥功，报尔固厚，何负而来？今即与汝战，何遽降也？我将独入尔营，虽杀我，吾将士能击汝。”酋长詟服曰：“怀恩诡我曰‘唐天子南走，公见废’，是以来。今天可汗在，公无恙，吾等愿还击吐蕃以报厚恩。然怀恩子，可敦弟也，愿赦死。”于是子仪持酒，胡禄请盟而饮，子仪曰：“唐天子万岁，回纥可汗亦万岁，二国将相如之。有如负约，身死行阵，家屠戮。”方时，虏宰相磨咄莫贺达干、顿莫贺达干等闻言皆夺气，酒至其所，辄曰：“无易公誓。”始，虏有二巫，言“此行必不战，当见大人而还”；及是相顾笑曰：“巫不吾绐也。”[②]

历史总是惊人的相似，唐代宗永泰元年（765）回纥也是引狼入室，吐蕃奴隶主拉上回纥闹分裂，要联合进攻唐朝，唐大将郭子仪单骑前往回纥营地，释甲退兵，晓以大义。由于这次唐王朝和回纥双方彼此都心向和平，而且回纥事先咨

① （后晋）刘昫等撰《旧唐书》卷一三〇《王玙传》，中华书局1975年版，第3617—3618页。
② （宋）欧阳修、宋祁撰《新唐书》卷二一七上，中华书局1975年版，第6119—6120页。

询了巫师，巫预言有大人来，必和，于是借巫师吉言，双方“相顾而笑”。唐回双方还达成回击吐蕃的一致决定。郭子仪非常高兴，举杯庆贺，又大赏了回纥巫师缠头彩，这下可把吐蕃奴隶主给气疯了，吐蕃在战场上一败涂地。《旧唐书》卷一九五《回纥》记载说：

> 子仪先执杯，合胡禄都督请咒，子仪咒曰：“大唐天子万万岁！回纥可汗亦万岁！两国将相亦万岁！若起负心违背盟约者，身死阵前，家口屠戮。”合胡禄都督等失色，及杯至，即译曰：“如令公盟约。”皆喜曰：“初发本部来日，将巫师两人来，云：‘此行大安稳，然不与唐家兵马斗，见一大人即归。’今日领兵见令公，令公不为疑，脱去衣甲，单骑相见，谁有此心胆！是不战斗见一大人，巫师有征矣。”欢跃久之。子仪抚其背，首领等分缠头彩以赏巫师，请诸将同击吐蕃，子仪如其约。翌日，使领回纥首领开府石野那等六人入京朝见。①

唐回结盟整个过程始终有巫师在场。郭子仪带领回纥首领入京朝见，盟约进一步巩固。五天以后，唐王朝和回纥联合回击吐蕃奴隶主的赤山岭之战终于打响。《旧唐书》卷一九五《回纥》记载了赤山岭大捷的情况，赤山岭大捷与巫师的贡献也是分不开的，说起来令人瞠目结舌，原文曰：

> 又五日，朔方先锋兵马使、开府、南阳郡王白元光与回纥兵马合于泾州灵台县西五十里赤山岭，共破吐蕃等十余万众，斩首五万余级，生擒一万余人，驼马牛羊凡百里相继，不可胜纪，收得蕃落五千余人。初白元光等到灵台县西，探知贼势，为月明，思少阴晦，回纥使巫师便致风雪，及迟明战，吐蕃尽寒冻，弓矢皆废，披毡徐进，元光与回纥随而杀之蔽野。②

赤山岭一战使吐蕃损兵折将达六七万人之众。史书明确记载着，因为“回纥使巫师便致风雨”，使吐蕃兵卒“寒冻，弓矢皆废”，才造成“杀之蔽野”的胜利成果。故云有特异功能的回纥巫师功不可没也，亦可知此为中国巫术史上的大事件。尔后重要的是，此战使吐蕃元气大伤，到唐德宗时代，吐蕃为了掠夺盐业资源而发动的骚扰朔方（今宁夏）受降城之战，由于兵力不济，腹背受敌，不得不大败而逃归老巢。关于唐德宗时代受降城之战，请参阅笔者《白居易〈城盐州〉

---

①② （后晋）刘昫等撰《旧唐书》卷一九五，中华书局1975年版，第5206页。

歌颂保卫盐州城的历史功绩》一文。①

中唐时代唐代宗和唐德宗两次反击吐蕃南侵的大捷，直接导致民族英雄张议潮在晚唐大中二年(848)率归义军将吐蕃一举赶出敦煌与广大河西地区，退回高原，使我国西北获得长治久安。

在吐蕃侵扰的背景下，巫师名声曾一度大盛，妖人王玙为唐肃宗的龙袍施以禳除凶邪的厌胜巫术，获得特别关注。巫术干扰了肃宗执政，导致吐蕃的猖獗，幸好德宗及时除巫祝，才赢得反击吐蕃南侵的大捷。《旧唐书·李泌传》记载："初，肃宗重阴阳祠祝之说，用妖人王玙为宰相，或命巫媪乘驿行郡县以为厌胜。凡有所兴造功役，动牵禁忌。而黎干得以左道位至尹京，尝内集众工，编刺珠绣为御衣，既成而焚之，以为禳襘，且无虚月。德宗在东宫，颇知其事，即位之后，罢集僧于内道场，除巫祝之祀。"②此种烧衣服禳除凶邪之巫术，自然是交感巫术，而巫师王玙就这样逐渐得势。此后，唐宪宗喜好长寿巫术也是出了名的。他一心求长生，《旧唐书》卷一七一《裴潾传》曰："宪宗季年锐于服饵，诏天下搜访奇士。"③他找到了道士柳泌，还提拔他做台州刺史，可是他吃了柳泌的长生药，却生了病，当时任左补阙的裴潾看不过去，就向宪宗进谏："今乃方士韦山甫、柳泌等以丹术自神，更相称引，诡为陛下延年。臣谓士有道者匿名灭景，无求于世，岂肯干谢贵近，自鬻其伎哉?"又劝说好好的"鱼肉"、"五谷"不吃而要吃金丹，"况又金石性托酷烈，而烧治积年，包炎产毒，未易可制"④。但忠言逆耳，唐宪宗哪里肯听，裴潾甚至要求"君之药，臣先尝之"，可是宪宗却大怒，贬其为"江陵令"。真是伴君如伴虎，好心好意侍奉皇帝，弄得里外不是人。

17. 回鹘人图像〔采自《三才图会》〕

同一时期，除回纥以外，吐蕃也笃信巫术。但吐蕃巫术更反科学。《新唐书》卷二一六上《吐蕃上》云："其俗，重鬼右巫，事羱羝为大神。喜浮屠法，习咒诅，国之政事，必以桑门参决。多佩弓刀。饮酒不得及乱。妇人无及政。"⑤吐蕃贵族除受其原始巫术影响，尊奉"羱羝"(大角野生公羊)为神灵以外，他们还尊奉佛教咒诅巫术，喜佛(浮屠)法，和尚也参与

① 高国藩《白居易〈城盐州〉歌颂保卫盐州城的历史功绩》，载《西夏研究》2010年第3期，第62—70页。

② (后晋)刘昫等撰《旧唐书》卷一三〇，中华书局1975年版，第3623页。

③ (后晋)刘昫等撰《旧唐书》卷一七一，中华书局1975年版，第4446页。

④ (宋)欧阳修、宋祁撰《新唐书》卷一一八，中华书局1975年版，第4287—4288页。

⑤ (宋)欧阳修、宋祁撰《新唐书》卷二一六上，中华书局1975年版，第6072页。

政事而成为“政治和尚”，并且重大政事均要经过沙门（桑门）裁判。

《新唐书》卷二一六上《吐蕃上》又云：“赞普与其臣岁一小盟，用羊、犬、猴为牲；三岁一大盟，夜肴诸坛，用人、马、牛、闾为牲。凡牲必折足裂肠陈于前，使巫告神曰：‘渝盟者有如牲。’”①

18. 敦煌莫高窟156窟　张议潮出行图中的舞人〔采自《敦煌莫高窟艺术》〕

由上可见，唐朝时期吐蕃巫术还停留在以人作牺牲祭神阶段，可命名为“吐蕃人祭巫术”，述此杀人巫术已够令人毛骨悚然。人在吐蕃贵族看来只是一个“奴隶”，祭祀时必须将人“折足裂肠”作为牲，陈列于神坛之上。何以如此？《旧唐书》卷一九六上《吐蕃上》指出：“与其臣下一年一小盟，刑羊狗猕猴，先折其足而杀之，继裂其肠而屠之，令巫者告于天地山川日月星辰之神云：‘若心迁变，怀奸反复，神明鉴之，同于羊狗。’”②

这是吐蕃贵族命令巫者讲的话，当然是说给臣下听的，意思是谁要是对我见异思迁，反复无常，神灵鉴戒，就如同狗羊一样被屠杀。人祭同于畜生，是“杀一儆百”和“杀鸡给猴看”的意思。这样的警告不止一次，《旧唐书》卷一九六上《吐蕃上》又指出：“三年一大盟，夜于坛墠之上与众陈设肴馔，杀犬马牛驴以为牲，咒曰：‘尔等咸须同心戮力，共保我家，惟天神地祇，共知尔志。有负此盟，使尔身体屠裂，同于此牲。”③

一年一小咒，三年一大咒。这是针对一切人说的，意思是“共保我家”，这个

① （宋）欧阳修、宋祁撰《新唐书》卷二一六上，中华书局1975年版，第6073页。

②③ （后晋）刘昫等撰《旧唐书》卷一九六上，中华书局1975年版，第5220页。

"家",指的是奴隶主的制度,那是天长地久不能变的。谁来改变就要报以这种以人肉为牲的巫术,即:"身体屠裂,同于此牲。"吐蕃巫术是属于吐蕃奴隶主的,他们发明和实施所有巫术,只有他们拥有实施巫术的权力;善于用羔羊面孔蛊惑人心也是其特征。这是一种典型的"顺我者昌,逆我者亡"的政治巫术。吐蕃巫术野蛮性数第一,"用人为牲"是人类最野蛮的巫术,它证据确凿地被写在史书里。吐蕃这种巫术,不知杀戮过多少奴隶。正由于活生生的自然人在吐蕃是属于奴隶主的,故《旧唐书》卷一九六上《吐蕃上》又指出,对奴隶"用刑严峻,小罪剜眼鼻,或皮鞭鞭之,但随喜怒而无常科。囚人于地牢,深数丈,二三年方出之"[①]。吐蕃奴隶主对"人"可以随心所欲,用鞭子抽打,或在深数丈的水牢酷刑中禁闭二三年直至折磨至死,和小罪被剜出来的人的眼睛和鼻子等一起,就成为"用人为牲"时源源不断的巫术供品资源。因此,正是吐蕃奴隶制保障了吐蕃杀人巫术的施行和发展。消灭这种制度的难度在于其宗教的政治化;只要宗教的政治化一天不退出历史舞台,如此反人类的吐蕃杀人巫术就会存在,威胁着人类的生存和发展。

19. 敦煌莫高窟 205 窟　经变中的伎乐菩萨(初唐)〔采自《敦煌舞姿》〕

唐代岭南指两广地区,那里是少数民族集居之地,巫与巫术均流行,尤其流行占卜巫术——鸡卜,唐人多有讨论。柳宗元《柳州峒氓》诗云:

> 郡城南下接通津,异服殊音不可亲。青箬裹盐归峒客,绿荷包饭趁虚人。鹅毛御腊缝山罽,鸡骨占年拜水神。愁向公庭问重译,欲投章甫作文身。[②]

由此不难看出鸡骨卜巫术在岭南地区盛行,同时还流行"文身"。唐段公路《北户录》卷二《鸡骨卜》曰:

> 南方逐除夜及将发船皆杀鸡择骨为卜,传古法也。《汉书·郊祀志》云,越祠鸡卜如鼠也。今南人凭之,颇有神验。每取雄鸡一只,以香米祝之,后即生折其腿,削去皮肉,或烹取之。卜男左,卜女右,看之,其骨有二窍或七八窍,左为人,右为鬼,取

① (后晋)刘昫等撰《旧唐书》卷一九六上,中华书局 1975 年版,第 5219—5220 页。
② 《全唐诗》卷三五二,中华书局 1960 年版,第 3936—3937 页。

阴阳之理也。乃以竹篿刺于窍中而究其兆，如人在上鬼在下，为吉，人在下鬼在上，为凶。如人鬼头相背，事迟缓，相就，事疾速。卜吉，即以肉祠船神，呼为孟公孟姥，其来尚矣。①

还有鸡卵卜。《北户录》卷二《鸡卵卜》曰：

邕州之南有善行禁者，取鸡卵墨画，祝而煮之，剖为二片，以验其黄，然后决嫌疑，定祸福，言如响答。据此，乃古法也。②

李商隐《异俗》诗题注云："时从事岭南。"故此诗描写岭南巫术情况："户尽悬秦网，家多事越巫。未曾容獭祭，只是纵猪都。点对连鳌饵，搜求缚虎符。贾生兼事鬼，不信有洪炉。"③岭南家家敬越巫，也信奉符咒，连商贾之人也兼事鬼巫，足见岭南巫术之盛行了。临近之湖南亦如此，唐许浑《送客南归有怀》有"瓦尊迎海客，铜鼓赛江神"④之描述。缙云郡（浙江）亦如此，唐段成式《好道庙记》云："郡人尚鬼，病不呼医，或拜槛壖间，火焚楮镪，故病患率以钓为名，有天钓、树钓、檐钓，所治曰吹曰方。"⑤也就是说人生了病只知道拜坟墓、烧纸钱，还把厌胜物吊在树下、屋檐下等等，当地是重巫不重医的。进入晚唐以后，李德裕治巫才有所改观。李德裕与李绅、元稹才名相类，情颇款密；他父亲是元和初宰相李吉甫。在唐代，非常讲究官员"壮年得位"。晚唐长庆年间，李德裕为浙西观察使，时当盛年，得展抱负。《旧唐书》卷一七四《李德裕传》记载：

（长庆）二年（822）之后，赋舆复集。德裕壮年得位，锐于布政，凡旧俗之害民者，悉革其弊。江、岭之间信巫祝，惑鬼怪，有父母兄弟厉疾者，举室弃之而去。德裕欲变其风，择乡人之有识者，谕之以言，绳之以法，数年之间，弊风顿革。属郡祠庙，按方志前代名臣贤后则祠之，祀郡之内，除淫祠一千一十所。又罢私邑山房一千四百六十，以清寇盗。人乐其政，优诏加之。⑥

---

① （唐）段公路撰，龟图注《北户录》卷二，景印文渊阁《四库全书》第589册，第45页。

② （唐）段公路撰，龟图注《北户录》卷二，景印文渊阁《四库全书》第589册，第44页。

③ 《全唐诗》卷五三九，中华书局1960年版，第6146页。

④ 《全唐诗》卷五三〇，中华书局1960年版，第6062页。

⑤ （清）董诰等编《全唐文》卷七八七，中华书局1983年版，第8235页。

⑥ （后晋）刘昫等撰《旧唐书》卷一七四，中华书局1975年版，第4511页。

李德裕治理巫术问题，一是按方志名贤标准；二是依靠乡人有识者；三是“谕之以言，绳之以法”；而不是像低智的西门豹那样只用一个“杀”字硬干，所以得到“人乐其政，优诏嘉奖”之结果而青史留名矣。但李德裕的治巫成绩，只是一个大唐王朝局部地区所得成果，并没有形成经验，上升到全国性的高度，因而不能影响全局。

第十九章　唐代民间流行的九曜算命术

唐人传承《周易》而别出心裁发明算命术，将《周易》数字中的哲学原理融入九曜算命术，是中国俗文化的创造。其算命术主要是关于怎样克服艰难的命运，逢凶化吉，获得平安与长寿。九曜算命术算得上是唐人的心理治疗秘方，是中国巫术发展史中重要的一类内容。而它的形成，正是唐人经历过从天竺《九执历》到开元《大衍历》的历程，扬弃不服水土的外来文化，而使中国本土文化《周易》占有主要地位。

第一节　九曜的来历与时代背景

法 Pel. chin. 3779《推九曜行年容厄法》是敦煌九曜算命术文本。① S. 3724V/4《郎君须立身诗》据第 9 行题《推九天行年灾厄法》。② 前卷“容”字意为容纳化解，后卷“灾”字意在体现算命术疏导心理之目的是消灾，故“容”、“灾”两字可以互用。法 Pel. chin. 3779 题名《推九曜行年容厄法》与 S. 3724V/4《推九天行年灾厄法》相比，以“九曜”一词为胜，而“九曜”的意思不可以用“九天”来替代。九天是天体的整体概念，而九曜则是九颗星的分体概念。

“行年”一词来源于先秦。周荀况撰《荀子·君道》曰：“以为好丽邪？则夫人行年七十有二，齫然而齿堕矣。”③“行年”原指当时经历的年龄（详见下论述）；但到唐代，民间算命人用来称某人当年所行的命运，也称小运。如唐张籍《赠任

---

① 上海古籍出版社、法国国家图书馆编《法藏敦煌西域文献》第 28 册，上海古籍出版社 2004 年版，第 32—33 页。

② 中国社会科学院历史研究所等合编《英藏敦煌文献》第五卷，四川人民出版社 1992 年版，第 151 页。

③ （周）荀况撰，（唐）杨倞注，（清）卢文弨、谢墉校《荀子》卷八，上海古籍出版社 1986 年影印《二十二子》本，第 317 页。

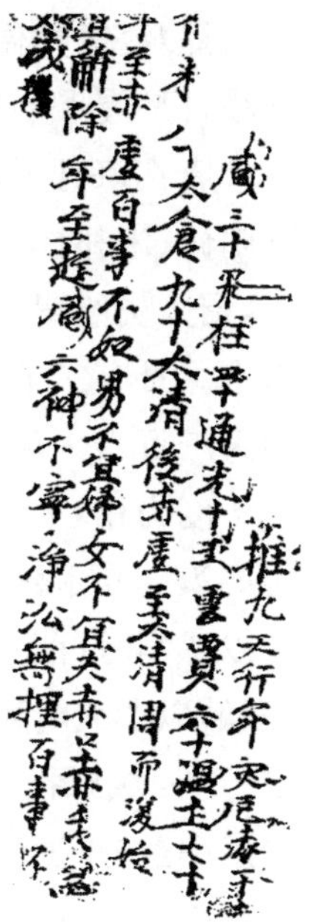

道人》："欲得定知身上事，凭君为算小行年。"[①]敦煌唐人以九曜配合各种年龄所遇灾厄和吉事，并以《周易》哲理比对来占卜算命。九曜算命术首见敦煌唐人中，故本篇是敦煌唐人中算命人发明的算命术。此术流行民间，结合《周易》占卜法，成为他们算命的底本，是口头流传的民间文化。

唐人九曜算命术是以《大衍历》中《周易》圆通的宇宙观为轴心而展现的。在佛教书籍里，唐僧一行撰《大日经疏》卷四曰："执有九种，即是日月火水木金土七曜及与罗睺、计都，合为九执。罗睺是交会蚀神，计都正翻为旗，旗星谓彗星也。除此二执之外，其余七曜，相次直日，其性类亦有善恶，如梵历中说。"[②]《大日经疏》认为七曜加罗睺、计都二曜称九执，尚未称九曜，这是天竺《九执历》的提法。九曜日首见于唐人所用。范文澜著《中国通史》曰："《九执》，唐人习称九曜，即七曜（日、月、水、金、火、木、土）及假想的星座罗睺和计都。"[③]因为这天上九星互相在追逐而不相离，互相执持才又称九执。这九星，一日曜为太阳，二月曜为太阴，三火曜为荧惑星，四水曜为辰星，五木曜为岁星，六金曜为太白星，七土曜为镇星，八罗睺为黄旛星，九计都为豹尾星。以九星配日，而定其日之吉凶。唐人习称九曜，九曜遂流行于民间。

"九曜"一词，见于我国古典文献，指北斗七星及辅佐二星。周辛钘撰《文子·十守》曰："天有四时、五行、九曜、三百六十日；人有四支、五脏、九窍、三百六十节。"[④]周人一开始就信仰九曜与现实有关，并将九曜与现实中的人体相比附。这也就难怪我国本土道教推崇信仰九曜是日（太阳），说里面住着四老真人。张君房撰《云笈七签》卷八曰："皇上四老道中君曰：皇上四老真人，在日中无影，呼日名为九曜生，常乘明玉之轮，转宴于日中。"[⑤]这就难怪敦煌唐人加以生发，将九曜用来算命，比附现实中的人的命运。佛书未言九曜最初出自梵历，"九曜"之说原出自东周，其时佛教尚未传入中国。至唐代，九曜在民间才愈多

---

① 《全唐诗》卷三八六，中华书局 1960 年版，第 4352 页。

② （唐）僧一行撰《大日经疏》，吴立民等主编《佛藏辑要》第 17 册，巴蜀书社 1993 年版，第 67 页。

③ 范文澜著《中国通史简编》（修订本）第三编第二册，人民出版社 1965 年版，第 797 页。

④ （周）辛钘原撰，（宋）杜道坚撰《文子缵义》卷三，上海古籍出版社 1986 年影印《二十二子》本，第 836 页。

⑤ （宋）张君房撰《云笈七签》卷八《三洞经教部·第十三章》，《道藏要籍选刊》第一册，上海古籍出版社 1989 年版，第 48 页。

为人提及，唐韩偓《梦中作》诗曰："九曜再新环北极，万方依旧祝南山。"[①]总之，九曜日是周人创造，道教沿袭之，至唐朝而流行于民间用来算命。

唐玄宗开元时代，梵历《九执历》传入我国。宋人提出九执历出于西域，宋欧阳修、宋祁撰《新唐书》卷二八下《历志》曰："《九执历》者，出于西域。开元六年，诏太史监瞿昙悉达译之。断取近距，以开元二年(714)二月朔为历首。度法六十。月有二十九日，余七百三分日之三百七十三。历首有朔虚分百二十六。周天三百六十度，无余分。日去没分九百分度之十三。二月为时，六时为岁。三十度为相，十二相而周天。望前曰白博义；望后曰黑博义。其算皆以字书，不用筹策。其术繁碎，或幸而中，不可以为法。名数诡异，初莫之辨也。陈玄景等持以惑当时，谓一行写其术未尽，妄矣。"[②]所谓"西域"，据《汉书·西域传序》曰："西域以孝武时始通，本三十六国，其后稍分至五十余，皆在匈奴之西，乌孙之南。"[③]西域原指中国最西部新疆地区三十六国。但汉代人说的西域是指西天，如汉牟融《正诬论》曰："原夫佛之所以夷迹于中岳，而曜奇于西域者，盖有至趣，不可得而缕陈矣。"[④]

《九执历》是由瞿昙悉达从印度语翻译过来，由宋人评述可见，由于它是洋历，水土不服，被指为"其术繁琐"、"名数诡异"，又认为它"或幸而中"，不足为据。《九执历》被人斥其妄，在唐朝就不怎么推行得开。故《新唐书·历志》曰："《天竺历》以《九执》之情，皆有所好恶。遇其所好之星，则趣之行疾，舍之行迟。"[⑤]又据《新唐书·历志》曰，《开元大衍历》中写入了某些九执内容，故曰"《大衍》写《九执历》，其术未尽"[⑥]。由于推行阻力大而不得不改掉原来的《九执历》名称，并用本土理论成分多的《大衍历》，替换了《九执历》。这样一先一后，《大衍历》代替了《九执历》的发展。唐人之所以扬弃天竺《九执历》，采取本土的《大衍历》，因为大衍之历法是中国祖先之创造。《旧唐书》卷三二《历志》曰："太古圣人，体二气之权舆，赜三才之物象，乃创纪以穷其数，画卦以通其变，而纪有大衍之法，卦有推策之文，由是历法生焉。"[⑦]

唐开元九年(721)因《麟德历》推测日食不验，玄宗下诏，由僧一行作《大衍历》，目的是代替梵历《九执历》。宋王应麟撰《玉海》卷一〇《唐开元大衍历》曰：

---

① 《全唐诗》卷六八一《韩偓二》，中华书局1960年版，第7801页。
② (宋)欧阳修、宋祁撰《新唐书》卷二八下，中华书局1975年版，第691—692页。
③ (汉)班固撰《汉书》卷九六上，中华书局1962年版，第3871页。
④ (汉)牟融撰《正诬论》，载(梁)僧祐编《弘明集》上册，中华书局2013年版，第72页。
⑤ (宋)欧阳修、宋祁撰《新唐书》卷二七下，中华书局1975年版，第634页。
⑥ (宋)欧阳修、宋祁撰《新唐书》卷二七上，中华书局1975年版，第587页。
⑦ (后晋)刘昫等撰《旧唐书》卷三二，中华书局1975年版，第1151页。

“臣(张)说奉诏金门,成书册府,纬合编次,勒成一部,名曰《开元大衍历》。《经》七章十卷,《长历》五卷,《历议》十卷,立成法,天竺《九执历》二卷,《古今历书》二十四卷,《略例奏草》一卷,凡五十二卷。”①可见《大衍历》中虽写入天竺《九执历》的某些内容,但据《唐书》载,它写其术未尽,因《九执历》诡异不科学,以至僧一行作了相当大的修改,并未采取天竺《九执历》中的主要内容,只是零星采用,因此全书只有天竺《九执历》二卷,占五十二卷总数的一个零头而已。但是,还必须注意到,当时民间已经有了《九曜占书》之流布,《玉海》卷三《唐九曜占书》曰:“见《浑天图》。《通志》:《九星行度歌》一卷,《九星长定历》一卷,《九曜星罗立成历》一卷。”②此《九曜占书》乃九曜占卜吉凶历,基本上和《推九曜行年容厄法》是同类的民间历法文化,而成为僧一行网罗其术的理由。其后僧一行又测各地纬度,南至交州,北尽铁勒,并步九服日晷,定各地见食分数;复又测见恒星移动,开元十五年(727)才将新历制成而僧一行病卒。唐玄宗又下诏,召张说、陈玄景等编订《历术》七篇(笔者注:这即是《开元大衍历》“《经》七章十卷”的主要内容),《略例》一篇,《历议》十篇,因是僧一行立法,他实际是依据《易》象大衍之数,揉合爻数、象统、推六十卦、推二十四节气、推五星术,包括岁星、镇星、太白、辰星等及阴阳爻之传统天文理论写成,因而和《周易》有密切之关系,故名《大衍历》。《旧唐书》有详载。但是《大衍历》自开元十七年(729)颁行,引起了唐时天竺历数家瞿昙悉达的不满。作为介绍天竺《九执历》到唐代来的第一人,他向唐玄宗上奏,说僧一行《大衍历》沿袭了天竺《九执历》,但其术并不完善。唐玄宗便命太史令校对灵台候簿,结果是一行《大衍历》的准确度十合七八,而《九执历》的准确度只是十合一二。③ 这就说明《大衍历》对“其术未尽”的外来《九执历》选择性的采取是正确的办法,因《九执历》并不怎么科学。而僧一行对我国本土产生的《周易》历数,在《大衍历》中却推崇备至,“《经》七章十卷”,即五十二卷中占有十卷,说明《周易》的因素在《大衍历》中占有主要地位。瞿昙悉达上奏时,僧一行已卒,他已无法当面对质。另外,瞿昙悉达在开元十七年前著《开元占经》,今存,其对《九执历》采取了“削除繁冗”、“缉缀新经”的方针。④ 虽然《大衍历》“行用垂五十年”,至至德二载(757)废用;但是五代人却以为“一行之法,历千古而无差”⑤。由此可见,敦煌本《推九曜行年容厄法》所出现流传的时代,

---

① (宋)王应麟撰《玉海》卷一〇,景印文渊阁《四库全书》第943册,第248页。

② (宋)王应麟撰《玉海》卷三,景印文渊阁《四库全书》第943册,第93页。

③ 请参阅高国藩著《敦煌古俗与民俗流变——中国民俗探微》第四章《算命风俗》,河海大学出版社1989年版,第194—213页。

④ (唐)瞿昙悉达著《开元占经》,九州出版社2012年版,第1017页。

⑤ (后晋)刘昫等撰《旧唐书》卷三二《历志》,中华书局1975年版,第1153页。

其下限当在晚唐五代时，因五代之后，学者们对《九执历》已不能详知矣。《旧五代史》卷一四〇《志二·历志》曰："臣检讨先代图籍，今古历书，皆无蚀神首尾之文，盖天竺胡僧之祆说也。只自司天卜祝小术，不能举其大体，遂为等接之法。盖从假用以求径捷，于是乎交有逆行之数，后学者不能详知，便言历有九曜，以为注历之恒式，今并削而去之。"①

《旧五代史》为宋人薛居正等撰，"不能详知"天竺《九执历》，以为历来"便言历有九曜"为不可取法，武断地将周代的九曜当作天竺的九执"削而去之"矣。《云笈七签》、《宣和画谱》乃至《元史·礼乐志》都是一鳞半爪提到，大体可证"不能详知"非虚言。

《大衍历》采入《周易》的哲理，扩大了唐代九曜算命术的影响，引起敦煌民间算命人的好奇，遂运用《大衍历》中联系《周易》之哲理，"《易》曰：'观乎天文以察时变。'是故古之哲王，法垂象以施化，考庶征以致理，以授人时，以考物纪，修其德以顺其度，改其过以慎其灾，去危而就安，转祸而为福者也"②，认定九曜也能预示人生吉凶祸福。

敦煌算命人以人的一生年龄来与《周易》爻辞联系，同时现实生活的变化，对算命术是又一次新探索。其目的是为人们在天灾人祸环境里寻找心理避风港，从而唤起人们求生的意志。因此不加分析地说九曜算命术为"道教迷信随意编造许多神灵"、"道士骗取各种用品和钱财"等等说法都是不客观的，我们应当尊重和探究唐人九曜算命术中所包含的民俗文化的价值——《周易》的哲学启迪，这一点应被研究者们注意。

第二节　《周易》与《推九曜行年容厄法》

"大衍之数"一语来自《周易》。《周易·系辞》曰："大衍之数五十，其用四十有九。"③唐陆德明撰《经典释文》引郑曰："衍，演也。"④周代人称算卦为衍，而汉代人称算卦为演。衍与演古字通用。《周易·系辞上》孔颖达正义曰："姚信、董

---

① （宋）薛居正等撰《旧五代史》卷一四〇，中华书局1975年版，第1866页。

② （后晋）刘昫等撰《旧唐书》卷三五，中华书局1975年版，第1293页。

③ （魏）王弼、（晋）韩康伯注，（唐）孔颖达等正义《周易正义》卷七，中华书局1980年影印阮元校刻《十三经注疏》本，第80页。

④ （唐）陆德明撰《经典释文》卷二《周易音义·周易系辞上第七》，景印文渊阁《四库全书》，第182册，第395页。

遇云：天地之数五十有五，者其六以象六爻之数，故减之而用四十九。”[①]“者”当作“省”。高师亨著《周易大传今注》卷五曰：“足证姚、董本作‘大衍之数五十有五’。此言用《易经》演算，备蓍草五十五策，但只用四十九策。所以备五十五策者，下文曰：‘凡天地之数五十有五。’此以天地之数定大衍之数也。所以余六策而不用者，以此六策标明六爻之数也。”[②]

这证明九曜算命术中的年龄数字，凡与《周易》相合者，都是经过《易经》蓍草演算出来的。《周易》是中国民间占卜文书的起源，富含哲理与辩证法。《周易》中的一切数字都是具有哲学含义的，与中国传统年岁中的民俗丝丝相扣，其意义是不可抹杀的。

敦煌本《推九曜行年灾厄法》显然是利用古代天文学区别日月星辰的自然科学理论，将人的年岁吉凶贯穿于《大衍历》内含的《周易》哲理，给人算命。例如《大衍历》中《大衍步五星术第七》[③]的岁星，九曜算命术中就有木曜；镇星，九曜算命术中就有土曜；太白星，九曜算命术中就有金曜；辰星，九曜算命术中就有水曜；荧惑星，九曜算命术中就有火曜。重要的是《大衍历》之五星术中贯穿了《周易》的象算和爻算，日、月与罗睺、计都四曜，自不必说亦贯穿爻与象；因而就给敦煌算命人找到了象算和爻算的入门途径。唐代就这一个《大衍历》与《周易》有关，因而敦煌唐人算命者别无选择的运用了《大衍历》；它的重点是在推测人们经过的年岁吉凶命运上，每段“行年”二字中已经标明了这种特征。所谓“行年”就是指人所经历过的年岁命运。《国语・晋语四第十》：“文公问元帅于赵衰，对曰：‘郤谷可，行年五十矣。’”注云：“行，历也。”[④]故“行年”指的是年岁的命运于风云变幻中所发生的一切。原卷九曜分为九段，即为《推九曜行年容厄法》，一段表明一曜，其次序为日、月、木、火、水、金、土、罗睺、计都。兹将九曜年龄数含义与《周易》含义，以及九曜占星术意思一一对比论述如下：

原卷首段为序：“凡人志心，每月供养本直星辰者，消灾答福所作。”“供养”一词来自道教，“犹言奉养也。道家以奉献于神圣之前，名为供养。如香称香供养，花称花供养，灯称灯供养，以及果品等之供，皆曰供养也”[⑤]。句意为凡人专心诚意，每月摆设供品奉祀本人意愿中的日月星辰者，其所做所为都可消灾免祸，得到福报。以下九段，多半都从“行年”开始，格式较为一律。

---

① （魏）王弼、（晋）韩康伯注，（唐）孔颖达等正义《周易正义》卷七，中华书局 1980 年影印阮元校刻《十三经注疏》本，第 80 页。

② 高亨著《周易大传今注》卷五《系辞上》，齐鲁书社 1979 年版，第 524—525 页。

③ （后晋）刘昫等撰《旧唐书》卷三四《历志三》，中华书局 1975 年版，第 1266—1277 页。

④ 徐元诰撰，王树民、沈长云点校《国语集解》，中华书局 2002 年版，第 357 页。

⑤ 李叔还编纂《道教大辞典》，浙江古籍出版社 1987 年影印本，第 82 页。

（一）日曜："行年至太阳神此星也，其星日周回[①]一千五百里，每日照遍天下：五岁、十四、廿三、卅二、四十一、五十、五十九、六十八、七十七、八十六、九十五。（若）临人命[②]，加官进禄，有喜事重重，当约贵人司接，此年吉。"[③]

日曜段列出十一种年龄，其人的命运，行年小运都为吉利，是加官进禄、喜事重重等好卦。至于抽签，兹以九曜算命术的日曜"九十五"岁对比《周易》衍"九五"为例。《周易》卷二《否》曰："九五：休否，大人吉。其亡其亡，系于苞桑。"[④]吉卦。经意：休犹怵，即恐惧警惕。否，闭塞。爻辞的意思是常常恐惧警惕那厄运的到来，就能够勤勉谨慎，大人如此则吉。一个人，如果每天都有忧患意识，思虑终生："我将亡！我将亡！"则其人及其国家就能坚固如茂密的桑树矣。[⑤]因为忧患意识能够转变一个人乃至一个国家，由弱到强，转危为安。由此可见，九十五岁只是形式。九应作长久理解，内含谐音，即理解为晚年之意。九五生活美学的含义才是通过算命悟出的人生哲理内容。当敦煌算命人向晚年的受众传播《周易》此爻意，自能激起他增进健康的精神力量而获得长寿，即使不能加官进爵，但是也能喜事重重，争取成为人瑞，自为大吉。日曜占星的意思，《京氏易传》卷上曰："《易》曰其亡其亡，系于苞桑。天地清浊，阴薄阳消，天地盈虚，与时消息。危难之世，势不可久，五位既分，四时行矣。上九云：否终则倾，何可长也。"吴陆绩注曰："否极则泰来。"[⑥]故为吉。

推九曜行年容厄法
凡人悉心每月供養本直星辰者消災荅福所從
行年至太陽神此星也　五歲十四廿三卌二
其星日周迴一千五四十一五十五十九六十　百里每日照
遍天　八十七十七八十六九十五下臨人命加官進祿有喜事
重重當約貴人司接此年吉
Pelliot chinois
Touen-houang

（二）月曜："行年至太阴月神，其月一千五百里，每夜照遍天下：八岁、十七、廿六、卅五、卌四、五十三、六十二、七十一、八十、八十九、九十八。若临人命，大吉，加官进禄，所作通达，长有喜吉之事。"[⑦]

---

① 周回，周围。《汉书·刘向传》曰："秦始皇帝葬于骊山之阿，下锢三泉，上崇山坟，其高五十余丈，周回五里有余。"

② 人命，人的命运。《楚辞·屈原九歌·大司命》曰："固人命兮有富，孰离合兮可为?"

③ 法 Pel. chin. 3779《推九曜行年容厄法》（3—1），上海古籍出版社、法国国家图书馆编《法藏敦煌西域文献》第 28 册，上海古籍出版社 2004 年版，第 32 页。

④ （魏）王弼、（晋）韩康伯注，（唐）孔颖达等正义《周易正义》卷二，中华书局 1980 年影印阮元校刻《十三经注疏》本，第 29 页。

⑤ 此处相关解释，参见高师亨著《周易大传今注》卷一，齐鲁书社 1979 年版，第 159 页。

⑥ （汉）京房撰，（吴）陆绩注《京氏易传》卷上，景印文渊阁《四库全书》第 808 册，第 442 页。

⑦ 法 Pel. chin. 3779《推九曜行年容厄法》（3—2），上海古籍出版社、法国国家图书馆编《法藏敦煌西域文献》第 28 册，上海古籍出版社 2004 年版，第 33 页。

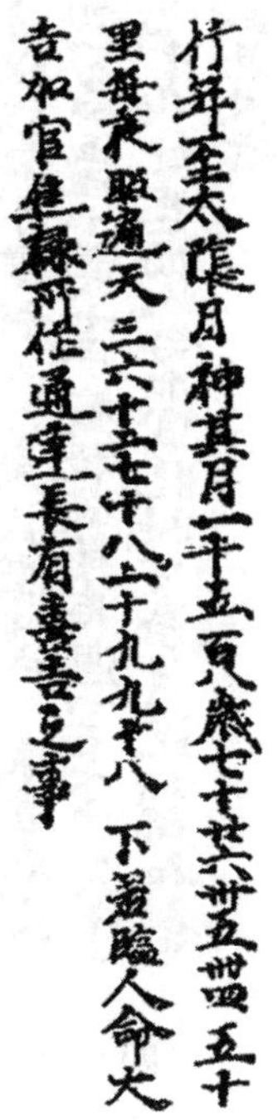
行年至太陰月神其月一千五百八歲七十廿六卅五卌四五十
里若夜眼通天 二六十三七十八二十九九十八 下若臨人命大
吉加官進祿所作通達長有喜吉之事

月曜段列出十一种年龄，其人的命运，行年小运都为吉利，是加官进禄、所作通达、常有喜吉之事等好卦。至于抽签，兹以九曜算命术的月曜“六十二”岁对比《周易》衍“六二”为例。《周易》卷四《明夷》曰：“六二：明夷夷于左股，用拯马，壮吉。”《象》曰：“‘六二’之‘吉’，顺以则也。”[①]经意：明夷，鸣雉。夷，受伤。鸣雉左腿受伤，是因被猎人射伤。拯马，拯假借为騬，騬马今谓之骟马，即被割去阳具的公马。周人骟马，先来占卜吉凶。爻辞的意思是，鸣雉伤了左腿，无害于双翼，仍能飞翔。公马被割去了阳具，无害于四足，仍能行走。故筮遇此爻，騬马则马壮而吉。[②] 由此可见，六十二岁并不嫌老，六二生活美学的含义是通过算命悟出的人生哲理内容。当敦煌算命者向六十二岁的受众传播《周易》此爻意，自能激起他实现人生壮志的精神而愈发为社会贡献自己的力量，不仅能够加官进爵，也能够所作通达，喜吉之事备至。曹操在他向六十岁迈入过程中，尚能够“老骥伏枥，志在千里”，生命力正当旺盛之时。曹操一生雄心勃勃，锐意进取，他说：“盈缩之期，不但在天。养怡之福，可得永年。”[③]一位将军和诗人，晚年能有如此的进取精神和不信天命的进步思想极为可贵，值得同龄人学习。月曜为吉卦，汉京房《易飞候》亦曰：“正月有偃月，必有嘉王。”[④]偃月指半弦月。这也印证了《周易·明夷》之说。

（三）木星曜。“行年至东方温没斯木星神，是东方岁（星）木精也；一名摄提，其星周回一百里：九岁、十八、廿七、卅六、卌五、五十四、六十三、七十二、八十一、九十九。若临人命，加官进禄，万事通达，婚姻和合，此年大吉。”

木星曜段列出十种年龄，其人的命运，行年小运都为吉利，是加官进禄、万事通达、婚姻和合之事等好卦。至于抽签，兹以九曜算命术的木曜“六十三”岁对比《周易》衍“六三”为例。《周易》卷二《讼》曰：“六三：食旧德，贞厉，终吉。或从王事，无成。”《象》曰：“‘食旧德’，从上‘吉’也。”[⑤]岁星木精为吉卦，与《尚书考

① （魏）王弼、（晋）韩康伯注，（唐）孔颖达等正义《周易正义》卷四，中华书局 1980 年影印阮元校刻《十三经注疏》本，第 49 页。

② 此处相关解释，参见高师亨《周易大传今注》卷三，齐鲁书社 1979 年版，第 323 页。

③ （三国）曹操《步出夏门行》，（宋）郭茂倩编《乐府诗集》卷三七，中华书局 1979 年版，第 545—546 页。请参阅高国藩《论曹操诗歌及其儒家思想》，载《宁夏师范学院学报》2011 年第 2 期。

④ （唐）欧阳询撰，汪绍楹校《艺文类聚》卷二《天部上·月》，上海古籍出版社 1982 年版，第 8 页。

⑤ （魏）王弼、（晋）韩康伯注，（唐）孔颖达等正义《周易正义》卷二，中华书局 1980 年影印阮元校刻《十三经注疏》本，第 24 页。

行年至東
東方歲木精
方温汲斯木星神是九歲十八廿七卅六
也一名卌五五十四六十三 衛提其星周迴一百七十二八十一
九十九 里若臨人命加官進禄万事通達婚姻和合
此并大吉

灵耀》所称“岁星得度五谷滋”①相合，亦为吉，并与《周易·讼》意也相合。经意：食借为饬，即饬修，谓思想言行谨严合礼。旧德，故有之美德。贞，占问。厉，危也。爻辞的意思是，人修其旧德，所占之事虽属于危险，亦最终获吉。又筮遇此爻，或为王做事情，则无成效。② 大传的意思是，爻辞曰“食旧德，贞，厉终吉”，言修其旧德，是为正道，正道在于服从君上，服从君上则虽危亦终吉。由此可见，六十三岁时重要的是保持晚节，六三生活美学的含义也是通过算命才能悟出人生哲理内容。这个年龄就应当为人厚重，坚持自己故有的美德，要为人师表，对上更要服从，这是正道。如此才能够加官进爵，万事通达。九曜算命术对中年和六十三岁的婚姻和合问题也提出遵循《周易》饬修的原则，这个年龄倘若抛弃故有婚姻而胡搞，常常弄得身败名裂，古代生活教训已有不少。

（四）火星曜。“南方云汉火星神是荧惑星也。行年至此宿者，其星周回七十里：六岁、十五、廿四、卅三、卌二、五十一、六十、六十九、七十八、八十七、九十六。若临人命，有口舌、疾病相缠，宜修福。”③

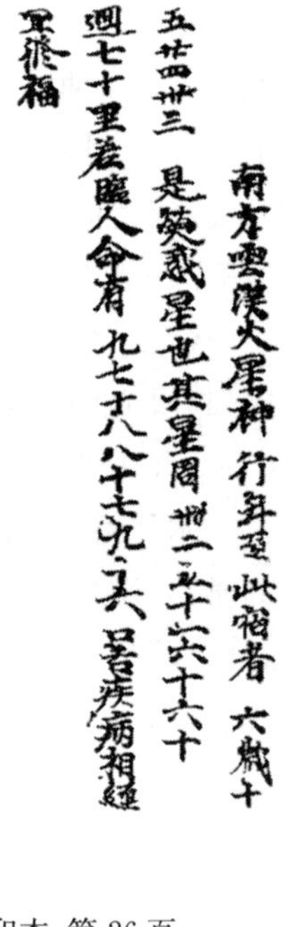
南方雲漢火星神 行年至此宿者 六歲十
五廿四卅三 是熒惑星也其星周 卌二五十一六十六十
迴七十里若臨人命有 九七十八八十七九十六 若疾病相纏
宜修福

火星曜段列出十一种年龄，其人的命运，行年小运有麻烦，口舌、疾病相缠，宜修福来加以避免。至于抽签，兹以九曜算命术的火曜“六岁”对比《周易》衍“六”为例。《周易》卷一《坤》曰：“用六：利永贞。”《象》曰：“‘用六永贞’，以大终也。”④ 经意：用六，汉帛书《周易》作“迵六”。迵，通。用六犹通六，谓六爻皆六。永贞，占问长期之吉凶。爻辞的意思是，筮遇用六，利于永贞。传解：贞，正也。利永贞，利在永远正直。传的意思是，用六曰“利永贞”，言永远正直，则得德业广大结果，故为利也。⑤ 由此可见，六岁已届人生早年，重要的是父母培养

① （宋）李昉等撰《太平御览》卷五《天部五·星上》，中华书局1960年影印本，第26页。

② 此处相关解释，参见高师亨著《周易大传今注》卷一，齐鲁书社1979年版，第116页。

③ 法Pel. chin. 3779《推九曜行年容厄法》（3—2），上海古籍出版社、法国国家图书馆编《法藏敦煌西域文献》第28册，上海古籍出版社2004年版，第33页。

④ （魏）王弼、（晋）韩康伯注，（唐）孔颖达等正义《周易正义》卷一，中华书局1980年影印阮元校刻《十三经注疏》本，第18页。

⑤ 此处相关解释，参见高师亨著《周易大传今注》卷一，齐鲁书社1979年版，第82页。

其正直，才能利永贞。六岁，对于女孩子也特别重要，因为阳爻称九，阴爻称六。阴爻称六应该作为一个发展变化的过程来加以思考，对于年龄，同样如此。这就涉及教育。孔颖达正义曰："众爻之六，六是柔顺，不可纯柔，故利在永贞。永，长也；贞，正也，言长能贞正也。"①以上意思很明显，女孩早年只教育她柔顺是不行的，关键在于教育她守贞洁、品德纯正，才能抵御未来的风险，才能健康成长，最终获得长寿。

火星曜之荧惑星为法星，《鬼谷子·符言》："四方上下，左右前后，荧燃之处安在？"陶弘景注："荧燃，天之法星，所居，灾眚吉凶尤著。"②故对女孩早年绝不可相轻，应为其修福，培养既柔顺又正直的天性。魏晋南北朝时代风俗，以食品来修福，在六月进行之。《荆楚岁时记》曰："六月伏日，并作汤饼，名为辟恶饼。按《魏氏春秋》：'何晏以伏日食汤饼，取巾拭汗，面色皎然，乃知非傅粉。'则伏日汤饼，自魏已来有之。"③敦煌唐人风俗，以赠物来修福，讲究六六大顺，赠女孩六物，也回赠六物。④

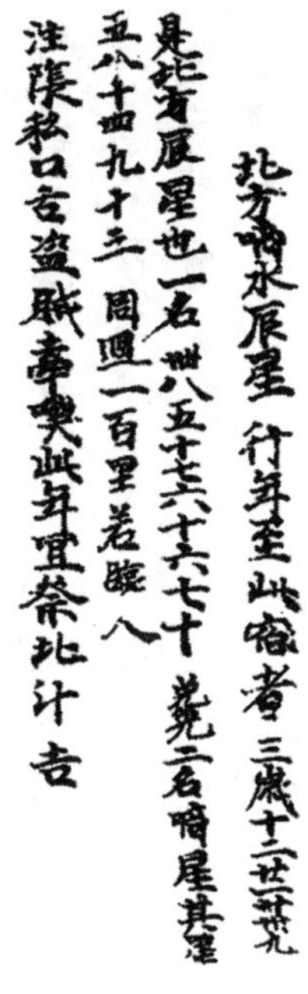

（五）水星曜。"北方嘀水辰星是北方辰星也。一名兑光，二名嘀星。行年至此宿者，其星周回一百里：三岁、十二、廿一、卅、卅九、卌八、五十七、六十六、七十五、八十四、九十三。若临人(命)，注(主)阴私口舌，盗贼牵吃。此年宜祭北斗，吉。"⑤吃，即持，同音相借，即牵持，盗贼牵吃，意为受盗贼事牵扯。水星为免星。《广雅·释天》："辰星谓之爨星，或谓之免星，或谓之钩星。"⑥《史记·天官书》："刑失者，罚出辰星，以其宿命国。"《正义》："《天官占》云：'辰星，北水之精，黑帝之子，宰相之祥也。'"⑦

水星曜段列出十一种年龄，其人的命运，行年小运有麻烦，口舌、盗贼等，宜祭北斗星，来加以避免。至于抽签，兹以九曜算命术水星曜"九十三岁"对比《周易》衍"九三"为例。

---

① (魏)王弼、(晋)韩康伯注，(唐)孔颖达等正义《周易正义》卷一，中华书局1980年影印阮元校刻《十三经注疏》本，第18页。

② (梁)陶弘景注《鬼谷子》，上海古籍出版社1990年影印《二十二子》本，第40页。

③ (梁)宗懔著，姜彦稚辑校《荆楚岁时记》，岳麓书社1986年版，第41页。

④ 高国藩著《敦煌俗文化学》，上海三联书店1999年版，第28页。

⑤ 法Pel. chin. 3779《推九曜行年容厄法》(3—2)，上海古籍出版社、法国国家图书馆编《法藏敦煌西域文献》第28册，上海古籍出版社2004年版，第33页。

⑥ (清)王念孙撰《广雅疏证》卷九上《释天》，江苏古籍出版社2000年版，第285页。

⑦ (汉)司马迁撰《史记》卷二七，中华书局1959年版，第1327页。

九，久也，人生七十古来稀，已经进入晚年，此之谓也。《周易》卷四《明夷》：“九三：明夷于南狩，得其大首，不可疾贞。”《象》曰：“‘南狩’之志，乃大得也。”[①]经意：明夷，鸣雉。汉帛书《周易》作“明夷夷”，下夷字，伤也。狩，猎也。首借为道。闻一多曰：“可亦利也。”贞，占问。爻辞言：鸣雉被射伤于君子往南方行猎之时，君子则迷路而得大道。又筮遇此爻，不利于占问疾病。传解：《象传》所据经文与今本同。明夷，日隐于地中，比喻君子遭难退隐。疾借为嫉，《逸周书·时训》：“小雪之日……天气不上腾，地气不下降，君臣相嫉。”朱右曾校释：“嫉，恶也。”[②]贞，正也。爻辞的意思是，君子遭难退隐，在南方打猎，迷路终得大道；人不可嫉恨正人正道。《象传》的意思是，爻辞言“明夷于南狩得其大首”，言君子南狩，得其大路，此行大得志也。[③] 一个人晚年重要的是厚重和洒脱，要求心态放松，晚年生活美学的含义也是通过算命才能悟出人生哲理内容。那就是对荣华富贵一切皆要看透，大彻大悟求稳定，认准所得大道，即养生长寿大道。对那些“春风得意马蹄疾”的正道者，更无嫉妒心，对其得大路、行大志，亦应由衷敬佩。

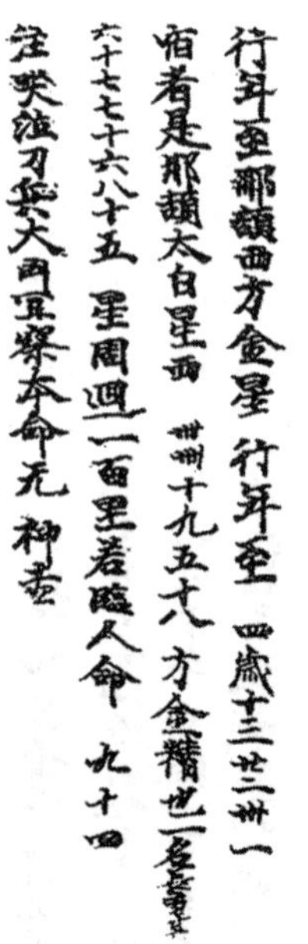
行年至那頡西方金星 行年至 四歳十三廿二卅一
宿者是那頡太白星西 卌卌十九五十八 方金精也一名長庚
六十七七十六八十五 星周迴一百里若臨人命 九十四
注哭泣刀兵大凶宜祭本命元 神吉

（六）金曜。“行年至那颉西方金星宿者，是那颉太白星，西方金精也。一名长庚，其星周回一百里。四岁、十三、廿二、卅一，卌、卌十九、五十八、六十七、七十六、八十五、九十四。若临人命，注（主）哭泣、刀兵大凶，宜察（祭）本命元神，吉。”[④]

金曜段列出十一种年龄，其人的命运，行年小运虽有麻烦，主哭泣、刀兵大凶，宜祭本命天神，即转危为安。至于抽签，兹以九曜算命术的金星曜“九十四”岁对比《周易》衍“九四”为例。《周易》卷二《豫》曰：“九四：由豫，大有得，勿疑朋盍簪。”[⑤]由豫，适当的娱乐。由，汉帛书《周易》作“允”。允，适当。盍簪，汉帛书《周易》作“甲谗”。朋甲，亲戚朋友。谗，坏话。爻辞的意思是，适当的娱乐，是很有好处的。不要怀疑亲戚朋友在说自己的坏话。由此可见，人的晚年重要的是开

---

① (魏)王弼、(晋)韩康伯注，(唐)孔颖达等正义《周易正义》卷四《明夷》，中华书局 1980 年影印阮元校刻《十三经注疏》本，第 50 页。

② (晋)孔晁注《逸周书》卷六《时训解第五十二》，景印文渊阁《四库全书》第 370 册，第 39 页。

③ 此处相关解释，参见高师亨著《周易大传今注》卷三，齐鲁书社 1979 年版，第 324 页。

④ 法 Pel. chin. 3779《推九曜行年容厄法》(3—2)，上海古籍出版社、法国国家图书馆编《法藏敦煌西域文献》第 28 册，上海古籍出版社 2004 年版，第 33 页。

⑤ (魏)王弼、(晋)韩康伯注，(唐)孔颖达等正义《周易正义》卷二《豫》，中华书局 1980 年影印阮元校刻《十三经注疏》本，第 32 页。

朗，要求心态豁达，晚年生活美学含义也是通过算命才能悟出人生哲理内容。即要健康快乐，绝不自我封闭，能和大众融在一起，随遇而安，不感寂寞，也莫怀疑亲朋说坏话。金曜段西方太白主哭泣，其星周回一百里。《史记·天官书》亦曰："察日行以处位太白。曰西方，秋，日庚、辛，主杀。杀失者，罚出太白。"《索隐》："《天官占》云：'太白者，西方金之精，白帝之子，上公、大将军之象也。……径一百里。"[①]主哭泣对主杀，周回一百里对径一百里，两相契合，所言不虚。

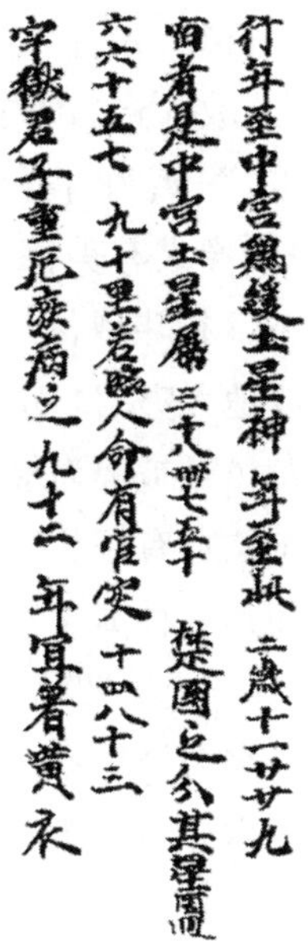

（七）土星曜。"行年至中宫鸡缓土星神，年至此宿者，是中宫土星。属楚国之分，其星周回九十里：二岁、十一、廿、廿九、三十八、卌七、五十六、六十五、七十四、八十三、九十二。若临人命，有官灾、牢狱。君子重厄、疾病之年，宜着黄衣。"[②]

土星曜段列出十一种年龄，其人的命运，行年小运有官灾、牢狱、疾病，宜穿黄衣修德加以避免。至于抽签，兹以九曜算命术土星曜"六十五"岁对比《周易》衍"六五"为例。《周易》卷五《艮》："六五：艮其辅，言有序，悔亡。"《象》曰："'艮其辅'，以中正也。"[③]经意：艮，顾也。辅，嘴巴。《周易·咸》："上六，咸其辅、颊、舌。"孔颖达正义："马融云：辅，上颔也。辅、颊、舌者，言语之具。"[④]为人处世，应当管好嘴巴。不能妄谈瞎说，言论需要有伦序，才不会悔恨说错了话。传解：艮，止也。艮其辅，谓闭口不谈。言有序，谓言语有条理。一个人要么就默不作声，要么就言有条理，则悔亡矣。传意：爻辞曰"艮其辅，言有序，悔亡"，就是说以其以正中之道为准则。一个人或默或言，皆应合乎正中之道，你就不会后悔；假如你的默不作声不是正确的，你要讲的话也一定不是正确的，则悔必至。《象传》解释乃是以六五之爻位为根据。六五居上卦之中位，像一个人守正中之道。[⑤] 中年至六十岁以上仍在为社会作出贡献之际，要检点言行，六五生活美学的含义也是通过算命才能悟出人生哲理内容。爻辞涉及哲学上一个重要命题，从语言上有序与无序来

---

① （汉）司马迁撰《史记》卷二七，中华书局 1959 年版，第 1322—1323 页。

② 法 Pel. chin. 3779《推九曜行年容厄法》(3—3)，上海古籍出版社、法国国家图书馆编《法藏敦煌西域文献》第 28 册，上海古籍出版社 2004 年版，第 33 页。

③ （魏）王弼、（晋）韩康伯注，（唐）孔颖达等正义《周易正义》卷五，中华书局 1980 年影印阮元校刻《十三经注疏》本，第 63 页。

④ （魏）王弼、（晋）韩康伯注，（唐）孔颖达等正义《周易正义》卷四，中华书局 1980 年影印阮元校刻《十三经注疏》本，第 47 页。

⑤ 此处相关解释，参见高师亨著《周易大传今注》卷四，齐鲁书社 1979 年版，第 430—431 页。

探讨其对于人们的祸福的关系。土星神要求嘴巴有德，否则有牢狱之灾；汉代人土星观亦曰主阳德，汉甘公石申撰《星经·北斗》曰："北斗星谓之七政……第一名天枢，为土星，主阳德，亦曰政星也。"《西京杂记》卷五："阳德用事，则和气皆阳。"①唐人观念承自汉代。韩愈《送惠师》诗："大哉阳德盛，荣茂恒留春。"②阳德盛则恩泽万物。

穿黄衣裳求吉观来自《周易》。《周易·坤》："六五：黄裳，元吉。"《象》曰："'黄裳，元吉'，文在中也。"③爻辞言黄裳元吉，乃以黄裳比喻人有美德在其内心，故大吉。《周易·离》："六二：黄离，元吉。"《象》曰："'黄离，元吉'，得中道也。"④黄为吉祥色。离为霓，黄霓出现于天空，大吉兆。《象传》意为黄色附丽其身，像人有美德附丽其身。美德非它，正中之道也。又土星为镇星，主黄色消灾，《礼斗威仪》："镇星黄时则祥风至。"⑤《尚书考灵耀》："镇星土精。……镇星得度地无灾。"⑥黄色辟邪为古民俗观。今时亦如此，如《风水与经商》："在中国古代，黄色是被视为最珍贵最神圣的颜色，象征中央，象征着权利和富贵，所以成为了皇帝的特有颜色。""人们对颜色所表现出来的习尚，已经不是一种简单的颜色欣赏，而是一种寓含着某种人类情感的凭托物，反映了一个民族的信仰观念。"⑦

（八）罗睺星。"行年至蚀头罗睺星也一名。至此宿者，罗睺星也一名，罗师一名，黄幡一名，太阳隐而不见：一岁、十岁、十九、廿八、卅七、四十八（旁作：四十六）、五十五、六十四（旁加：七十三、八十二、九十一）、一十（百）。丧服之厄，宜黑处画形供养。"⑧

罗睺星段列出十二种年龄，行年小运有丧服之厄，宜黑处画形供养加以避免。至于抽签，兹以九曜算命术的土星曜"六十四"岁对比《周易》衍"六四"为例。《周易》卷二《泰》曰："六四：翩翩，不富以其邻，不戒以孚。"《象》曰："'翩翩不富'，皆失实也。'不戒以孚'，中心愿也。"⑨经意：翩翩，鸟疾飞之貌，比喻人之

---

① （晋）葛洪撰《西京杂记》卷五《董仲舒天象》，中华书局 1985 年版，第 35 页。

② 《全唐诗》卷三三七，中华书局 1960 年版，第 3775 页。

③ （魏）王弼、（晋）韩康伯注，（唐）孔颖达等正义《周易正义》卷一，中华书局 1980 年影印阮元校刻《十三经注疏》本，第 18 页。

④ （魏）王弼、（晋）韩康伯注，（唐）孔颖达等正义《周易正义》卷二，中华书局 1980 年影印阮元校刻《十三经注疏》本，第 43 页。

⑤⑥ （宋）李昉等撰《太平御览》卷五《天部五·星上》，中华书局 1960 年影印本，第 26 页。

⑦ 周作明著《风水与经商》第十章《商店外观》，新智出版社 1995 年版，第 233—234 页。

⑧ 法 Pel. chin. 3779《推九曜行年容厄法》(3—3)，上海古籍出版社、法国国家图书馆编《法藏敦煌西域文献》第 28 册，上海古籍出版社 2004 年版，第 33 页。

⑨ （魏）王弼、（晋）韩康伯注，（唐）孔颖达等正义《周易正义》卷二《泰》，中华书局 1980 年影印阮元校刻《十三经注疏》本，第 28 页。

行年至蝕頭羅睺星者一名 至此宿者
一歲十歲十九 羅睺星也一名羅師一名 廿八廿七卅七四十八
黄幡一名太陰陽隱而不見 五十五六十四
宜服之厄宜畫 一千 形供養

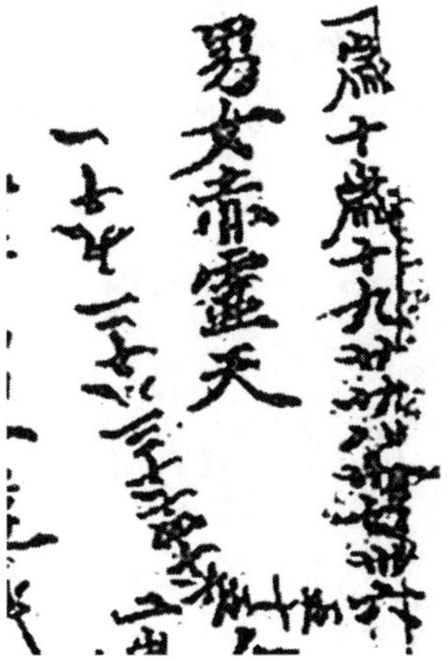

游荡。以，因。孚，古俘字，意为掠夺。爻辞的意思是，此游荡之人，本为当地富人，今则不富矣。他失去财富是因其邻居掠夺了他的财物；由于他整天游荡，不自戒备，才致使他的财富被掠夺。[①] 由此可见，六十四岁年龄的人重要的是在家养老，同时要认真过日子，《泰》爻“六四”生活美学的含义也是通过算命才能悟出人生哲理内容。九曜算命术六十四岁联系到的爻辞涉及老人自律的问题，这种岁数的老人还是安分守己为好，不要一天到晚丢开家在外游荡，甚至深更半夜才回家，以至于放松警惕，门户松散，给盗窃者提供了可乘之机，等到家财被洗劫一空，再悔悟已经来不及矣。可见《周易》爻辞之言，语重心长，发人深省。

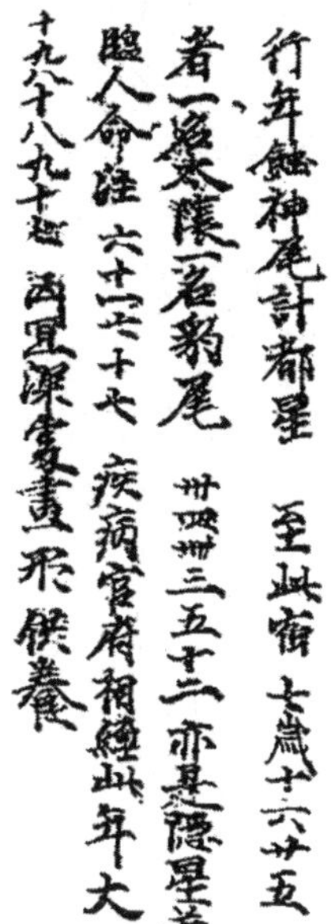
行年蝕神尾計都星 至此宿 七歲十六廿五
者一名太陰一名豹尾 卅四卅三五十二亦是隱星若
臨人命注 六十一七十七十九 疾病官府相纏此年大
十九八十八九十七 凶宜深處畫形供養

（九）计都星。“行年（至）蚀神尾计都星者，一名太阴，一名豹尾。至此宿，亦是（使）隐星：七岁、十六、廿五、卅四、卌三、五十二、六十一、七十、七十九、八十八、九十七。若临人命，注（主）疾病，官府相缠。此年大凶，宜深处画形供养。”[②]

计都星段列出十一种年龄，其人的命运，行年小运主疾病、官府相缠。此年是个大凶年份，宜深处画形供养，思考怎样掌握好自己的命运。十一种年龄有四种涉“七”，占三分之一强；而前八星涉“七”者，均少于计都星。日曜，1；月曜，2；木曜，2；火曜，1；水曜，2；金曜，2；土曜，2；罗睺，1。至于抽签，兹以九曜算命术的计都星曜“七”、“七十”、“七十

---

① 此处相关解释，参见高师亨著《周易大传今注》卷二，齐鲁书社 1979 年版，第 150 页。

② 法 Pel. chin. 3779《推九曜行年容厄法》(3—3)，上海古籍出版社、法国国家图书馆编《法藏敦煌西域文献》第 28 册，上海古籍出版社 2004 年版，第 33 页。

九”、“九十七”岁对比《周易》衍“七”为例。“七”在古代是一个凶的概念，古俗忌七。人死后七日一祭，称“七”。人死后归西方，西方也称“七”。对女人有“七出”之虑，影响更为深广。所谓“七出”，即古代婚姻风俗中丈夫遗弃妻子的七种道德标准。

1. 牛郎乘牛角船挑着子女升天会织女(黄梅戏)〔张济改编《牛郎织女》，中国电影出版社1979年版。〕

2. 牛郎织女(剪纸)〔郑洪峨编著《浮山民俗与剪纸》，山西人民出版社1990年版，图5。〕

《仪礼·丧服》“出妻之子为母”唐贾公彦疏：“七出者：无子，一也；淫佚，二也；不事舅姑，三也；口舌，四也；盗窃，五也；妒忌，六也；恶疾，七也。”①《春秋公羊传·庄公二十七年》亦曰：“大归曰来归。”何休注：“大归者，废弃来归也。妇人有七弃。”②《孔子家语·本命》亦曰：“七出者：不顺父母者，无子者，淫僻者，嫉妒者，恶疾者，多口舌者，窃盗者。”③先秦虽然也有“七夕”牛郎织女鹊桥相会之说，但那是从“七出”衍化出来的，因为七夕相会是为了产子，是给“七出”的第一条“无子”冲喜的。古语曰：“不孝有三，无后为大。”此之谓也。故七夕相会，牛郎必得挑着儿女去与织女会面。倘若织女生不出孩子，叫牛郎绝了后，必当遭遇七出的命运。

在江苏、湖南等地的民间婚姻风俗中还有七星灯。镇江《西石城风俗志》载，在新人婚房设七星灯一座，列置灯草七茎，注豆油燃之，俗谓七星灯能照破不祥，象征能照着新人走正道，而不走七出的歪门邪道。湘西土家族婚俗也有七星灯，放在堂屋门口，让新娘从七星灯上跨过去，象征不走七出邪道而走正道意义更为

① (汉)郑玄注，(唐)贾公彦疏《仪礼注疏》卷三〇，中华书局1980年影印阮元校刻《十三经注疏》本，第1104页。

② (汉)何休注，(唐)徐彦疏《春秋公羊传注疏》卷八，中华书局1980年影印阮元校刻《十三经注疏》本，第2239页。

③ (三国魏)王肃撰，王德明主编《孔子家语译注》卷六，广西师范大学出版社1998年版，第299页。

明显。二者均印证于《周易》的“七日得”之哲学含义。《周易》载涉七这一年如何生活，又有凡涉“七”年龄者如何生活。《周易》卷六《既济》曰：“六二：妇丧其茀，勿逐，七日得。”《象》曰：“‘七日得’，以中道也。”[①]经意：丧，失也。茀借为帗，通韨，蔽膝。《穆天子传》卷一曰：“天子大服冕袆、帗带。”郭璞注：“帗，韠也。天子赤帗。”[②]逐，追寻。爻辞的意思是，妇人遗失其帗，筮遇此爻，不必追寻，七日内可失而复得。《象传》意：中，正也。爻辞曰：“妇丧其帗无逐，七日得。”意思是失物不寻而得，是拾者拾物不昧，送还本人，行其正道。然则七日得乃由于人有正道也。《象传》此释乃以六二之爻位为据。六二居下卦之中位，像人守正中之道。[③] 当然，要求涉七的妇人走正道，不只出于避免七出之虑，而是关系《周易》整体的哲学含义。由此可见，凡涉七年龄的人重要的是走正道，方能平安和谐，“七日得”生活美学的含义也是通过算命才能悟出人生哲理内容。因九曜算命术涉七岁数可联系到的爻辞涉及《周易》主要处事的哲学意义：圆通。不圆通就不能和谐，不圆通就不能双赢。

九曜算命术的罗睺与计都的占星术俱来自天竺，随佛教传入，但经过九曜算命术的改造，已经中国化。罗睺与计都俱是古印度占星术名词。天竺天文学把黄道和白道的降交点叫作罗睺（rahu），升交点叫作计都（ketu），同日、月和木、火、水、金、土合称为九执，而成为天竺《九执历》占星的九大行星。敦煌唐人算命人不称九执，而运用周代的九星称为“九曜”。用中国习俗，以“罗师”和“黄幡”代替罗睺，以“太阴”和“豹尾” 代替计都，作为两个别名而写入《推九曜行年容厄法》罗睺段与计都段，事实胜于雄辩。因为日月蚀现象发生在黄白二道的交点附近，故又把罗睺当作食（蚀）神。《推九曜行年容厄法》就将罗睺称作“蚀头罗睺星”。这就是说古印度占星术认为罗睺、计都有关人间吉凶祸福，这和敦煌唐人所说“一名黄幡”、“一名豹尾”的吉凶意思一致。辽释希麟《续一切经音义》卷六：“今云罗睺即梵语也，或云摆护，此云暗障，能障日月之光，即暗曜也。”[④]宋沈括撰《梦溪笔谈》卷七《象数一》亦曰“开元《大衍历》法最为精密”，并说：“（黄道、月道）交道每月退一度余，凡二百四十九交而一期。故西天法罗睺、计都，皆逆步之，乃今之交道也。交初谓之‘罗睺’，交中谓之‘计都’。”[⑤]意为罗

---

① （魏）王弼、（晋）韩康伯注，（唐）孔颖达等正义《周易正义》卷六，中华书局 1980 年影印阮元校刻《十三经注疏》本，第 72 页。

② （晋）郭璞传，张耘点校《山海经·穆天子传》，岳麓书社 2006 年版，第 203—207 页。

③ 此处相关解释，参见高师亨著《周易大传今注》卷四，齐鲁书社 1997 年版，第 492 页。

④ （辽）释希麟集《续一切经音义》卷六，李学勤主编《中华汉语工具书库》第 54 册，安徽教育出版社 2002 年版，第 374 页。

⑤ （宋）沈括撰《梦溪笔谈》卷七，景印文渊阁《四库全书》第 862 册，第 742、748 页。

睺、计都俱纳于《大衍历》中而与《周易》发生密切联系；如此，敦煌唐人将罗睺与计又分别名为黄幡与豹尾，就是民间习惯的说法。这证明唐代的情况如此，是敦煌之源，不是流。清代《协纪辨方书》卷三引《乾坤宝典》所述："黄幡者，旌旗也。常居三合墓辰。所理之地，不可开门取土、嫁娶、纳财、市买及有造作，犯之主有损亡。"①此黄幡，包括豹尾，也不是清代的情况。因《乾坤宝典》在《宋史》中有著录，《宋史》卷二〇六《艺文五》载："史序《乾坤宝典》四百五十五卷。"②《乾坤宝典》的成书上限可推至唐五代，而与九曜算命术相衔接。这又是事实胜于雄辩。九曜算命术中只有罗睺与计都两曜来历最为复杂，但其仍然是最终以吸收中国传统文化的第一经典——《周易》为其传播点，而使罗睺与计都关乎人的命运而有了哲学的含义。

第三节　九曜算命术之剖析

《推九曜行年容厄法》全文一共有十二段，主要内容为九段，一段表明一曜，恰好是九曜，其次序为日、月、木、火、水、金、土、罗睺、计都。

九曜算命术既然以算人们各种年龄的吉凶为主，于是它在九段中，分别列出了从一岁到一百岁不同年龄将遭受的吉凶不同的命运。九段中所列出的年龄都不相同，凶吉情况也有差异，具体列表于下：

九曜年岁吉凶表

曜次	年岁 吉凶
日曜	五岁、十四、廿三、卅二、四十一、五十、五十九、六十八、七十七、八十六、九十五 加官进禄、喜事重重
月曜	八岁、十七、廿六、卅五、卌四、五十三、六十二、七十一、八十、八十九、九十八 加官进禄、所作通达
木曜	九岁、十八、廿七、卅六、卌五、五十四、六十三、七十二、八十一、九十九 加官进禄、万事通达、婚姻和合
火曜	六岁、十五、廿四、卅三、卌二、五十一、六十、六十九、七十八、八十七、九十六 口舌、疾病
水曜	三岁、十二、廿一、卅十、卅九、卌八、五十七、六十六、七十五、八十四、九十三 口舌、盗贼

① (清)允禄等撰，刘道超译注《协纪辨方书》卷三，广西人民出版社 1993 年版，第 110 页。

② (元)脱脱等撰《宋史》卷二〇六，中华书局 1985 年版，第 5250 页。

续表

曜次	年岁 吉凶
金曜	四岁、十三、廿二、卅一、卌、卌九、五十八、六十七、七十六、八十五、九十四 哭泣、刀兵
土曜	二岁、十一、廿、廿九、三十八、卌七、五十六、六十五、七十四、八十三、九十二 官灾、牢狱、重厄、疾病
罗睺	一岁、十岁、十九、廿八、卅七、四十八(六)、五十五、六十四、七十三、八十二、九十一、一十(百) 丧服之厄
计都	七岁、十六、廿五、卅四、卌三、五十二、六十一、七十、七十九、八十八、九十七 疾病、官府相缠

几点说明与剖析：

第一，年龄嵌入式。在九曜行年当中，年龄分别穿插在各曜的内容中，与各曜的内容有机结合在一起。我们如果要理解各曜的内容之意义，只需将各曜年龄的数位与《周易》中的数字对照，就能理解其意思。但是，各曜嵌入的年龄，又受到各曜标明的吉凶的控制，各曜不能混淆。而且，又不能机械地来理解。例如，九曜算命术每曜嵌入的年龄，表面是特指的具体年龄，可是由于它是我国早期唐人的九曜算命术，不是后世的根据每人的八字算命的年龄限定式，故在理解其意义时，就不必拘泥于个人的实际年龄，不是排八字，而是各种年龄都可引以为戒或互相参照；举一反三，接受教训。从而也嵌入了九曜算命术的新儒学属性。法 Pel. chin. 3779 列举出"南方云汉火星神是荧惑星也"。道教认为"赤帝之神为荧惑，位南方，故称南方火德荧惑星君"[①]。按照汉代民俗的传统观念，荧惑星一出即为凶兆，故《史记·天官书》曰："察刚气以处荧惑。曰南方火，主夏，日丙、丁。礼失，罚出荧惑，荧惑失行是也。出则有兵，入则兵散。以其舍命国。荧惑为勃乱，残贼、疾、丧、饥、兵。"[②]如此严重的境况，九曜算命术必得是凶兆："口舌、疾病"。实际上九曜算命术道教属性的例证，当然不止这一个。同时，九曜算命术是依据僧一行的《大衍历》而来，而《大衍历》凡五十二卷中，仅仅保留了佛教的天竺《九执历》二卷，这二卷的佛教因素遂渗入九曜算命术，例如"行年"虽在先秦已经出现，如上所述自有它的专门的意思，但"行"却融入佛教意。行，梵文 samskara 的意译，意为"造作"、"迁流"，指一切物质和精神现象的产生和变化活动。"行"分为三种，也是十二因缘之一，又称"行支"，即指能招致

① 荧惑，见李叔还编纂《道教大辞典》，浙江古籍出版社 1987 年影印本，第 438 页。

② (汉)司马迁撰《史记》卷二七，中华书局 1959 年版，第 1317 页。

罪福果报的身、口、意诸“业”，“业”亦即人的一切心、身活动。这同中国行年小运的意思可以融合一致，因此它出现在敦煌文献中是自然的。再加上《大衍历》其核心是《周易》的哲理，儒家十三经中的第一经，故九曜算命术中三教合一的新儒学特征明显。这样就又增加了神秘性，产生《文心雕龙・谐隐》所说“谜也者，回互其辞，使昏迷也”①的效果，但也增加了供人思考与回味的内涵。这绝不是所谓道士“骗人骗财”而故弄玄虚，是从唐代自然流传下来的民间文化，是九曜算命术主要的特征。

第二，年龄无重复。在九曜行年中，重复的年龄看不见。罗睺段四十八岁实为四十六岁的误写，各曜年龄都是按顺序排列的。按九曜年岁吉凶表所示，“六十”岁是个关键性的年龄，它可以是吉，也可以是凶。在日曜、月曜的年份可能是吉，“加官进爵，喜事重重”，可是“六十”多岁如果遇到的是不祥的土曜年份，就是凶兆了。按照九曜算命术的原话就是“官灾、牢狱”，“重厄、疾病”，各害俱全。年龄的无重复，表明年龄对吉兆与凶兆的涵盖面就大，不拘泥于单人，而是按照习惯、喜好，即可推衍如火曜六岁以上，如月曜六十岁以上，或如水曜九十岁以上。如上一节对九曜算命术对应《周易》实例的分析，九曜算命术将人的一生分为三阶段：第一阶段是从六岁懂事起，即早年，实际意味从出生到成年。第二阶段：中年，从成年到七十岁。第三阶段：晚年，七十岁到一百岁以上。

第一阶段主要是走正道。火曜，如《周易》卷一《坤》曰：“用六：利永贞。”《象》曰：“‘用六永贞’，从大终也。”②贞者，正直也。又如《周易》卷六《既济》六二：“《象》曰：‘七日得’，以中道也。”③“中道”就是“正道”。六七岁泛指少年，从小时候起就要受走正道的教育。从而一生都要走正道，方能获吉；走歪门邪道，必然大凶。

第二阶段要稳重。如月曜段所述，六十岁以后要求做一匹壮马，即“老骥伏枥”而“志在千里”。如木曜段所述，要保持晚节，不得乱来，否则，即使是吉，也会转为凶。如土曜段所述，也是要保晚节，谨言慎行，注意说话，戒祸从口出。如罗睺段所述，也要慎独，不得放纵，到处乱跑，丢了家，就有可能丢了一切。

第三阶段更要有忧患意识。如日曜段所述，“我将亡！我将亡!”忧患意识是贯穿人一生的思虑，但为什么在晚年又提出来？因为，晚年以后更需要有忧患意识。这样才会更激励自己争取活到百岁以后。如水曜段所述，要求豁达开

---

① （南朝梁）刘勰撰，赵仲邑译注《文心雕龙・谐隐》，广西教育出版社1982年版，第128页。

② （魏）王弼、（晋）韩康伯注，（唐）孔颖达等正义《周易正义》卷一，中华书局1980年影印阮元校刻《十三经注疏》本，第18页。

③ （魏）王弼、（晋）韩康伯注，（唐）孔颖达等正义《周易正义》卷六，中华书局1980年影印阮元校刻《十三经注疏》本，第72页。

朗，不要一个人在家生闷气，嫉妒别人的成就，怨天尤人等，如此就活不了多久。或如金曜所说，要娱乐自己，或者避免怀疑心理而伤害自己，自我封闭会减寿命。

九曜算命术增加了算命受众“对号入座”的可能性，各人按自己自由组合的年龄段的命运去思考，《周易》的哲理效用就会扩大，对各人不同命运的命中率就会提高，也就增加了人们对九曜算命术的信任。

第三，年龄与禁忌。这也是唐人九曜算命术的重要特征。水曜星段中明明白白写有“八十四”，罗睺星段中明明白白写有“七十三”，就是唐人禁忌这两个数字明明白白的反映。敦煌写卷中涉数字忌讳，通常有在某日前加一“忌”字，以示区别。如涉七忌讳，S. 3724V/3《李老君周易十二钱卜法》中就有“七月五日”是“土公日忌”[①]。但也有不带“忌”字的，以上已经举出诸多例证。还必须明白一点，就是我们结合《周易》的哲学含义，更能体会涉七的生活哲学的道理。

敦煌唐人在罗睺段忌讳七十三岁，认为它是不吉的征兆；水曜中列举的八十四岁凶兆之表现为“隐私口舌”、“盗贼牵吃”并有。总之，七十三与八十四之岁数是忌讳的岁数。正如《中国民间禁忌》一书中所指出：

> 岁数忌言七十三、八十四，据说与孔孟二圣终年有关。传说孔子是七十三岁死的，孟子是八十四岁死的。因此人们以为这两个岁数是人生的一大关口。连圣人都难以逃避的，一般人更不用提，所以都很忌讳。俗语中有“七十三、八十四，不死也是眼窝刺”“七十三、八十四，阎王不请自己去”等等一些说法。此俗流行于中原一带，其他地区也习见，至今不衰。[②]

由以上分析可见，九曜算命术从其设计的方法来看，与运用十二时、九宫、七星等算命术不同，是创新的，主要是以《周易》哲理为基础而与民俗传统相结合而展开的。对各种年龄所遇见的吉凶，为什么在日曜、月曜、木曜的年龄是吉，而又为什么在火曜、水曜、金曜、土曜、罗睺、计都的年龄是凶，则主要通过《周易》的爻辞与《象传》来作出合理的解释；而又有着天文学、民俗学、文化学上的根据。当然，这些属于某一曜的吉凶的年龄，是由敦煌算命人根据《周易》、民俗等说法演绎出来，而且已经从《周易》和民俗中举出了实例来加以验证的。九曜算命术在敦煌唐人中曾被笃信，因此才留下了《推九曜行年容厄法》的写本。

---

① 中国社会科学院历史研究所等合编《英藏敦煌文献》第五卷，四川人民出版社 1992 年版，第 151 页。

② 任骋著《中国民间禁忌》，作家出版社 1991 年版，第 302 页。

第二十章　唐代交感巫术

第一节　唐代交感巫术

唐代巫术由于各朝皇帝的大力倡导，呈现出了繁杂的景象。以交感巫术来说，也表现有诸多不同的形态。

其一，替身巫术，也称“代死巫术”。此种巫术认为，一个人生病，可以在被判死刑的犯人中选一个人，将之埋葬，替身既已埋掉，真身得到交相感应，病就可痊愈。《新唐书》卷八二《十一宗诸子·太子瑛》云：

> 岁中，惠妃数见庶人为祟，因大病。夜召巫祈之，请改葬，且射行刑者瘗之，讫不解。妃死，祟亡。①

武惠妃害死了太子瑛、鄂王瑶、光王琚后，因恐惧得病，召巫施替身交感巫术，也未能挽救自己的一条命。瑛、瑶、琚都是唐玄宗的儿子。玄宗由于听信惠妃挑拨离间而轻易将太子和二王废为“三庶人”，三人全部遇害，杀死亲生子既成事实，正应了当时中书令张九龄对唐玄宗的谏语，叫他不要学“汉武帝信江充巫蛊，祸及太子，京师蹀血”②，导致“遂失天下”之结果。可是玄宗后期的昏庸，已经到了认巫不认子的地步。

1. 传为唐代吴道子绘《送子天王图》〔采自《中国古代服饰史》〕

其二，鞋符巫术。此种巫术认为，女子施

① (宋)欧阳修、宋祁撰《新唐书》卷八二，中华书局1975年版，第3608页。

② (宋)欧阳修、宋祁撰《新唐书》卷八二，中华书局1975年版，第3607页。

巫术，将符箓置于其意中人鞋履中，能产生媚力。有人（指李琰，唐玄宗之子，钱妃生琰）因此而受人诬告，弄得家破人亡。《新唐书》卷八二《十一宗诸子·棣王琰》云：

棣王琰，开元二年(714)始王鄫，与鄂、鄄二王同封。后徙王棣，领太原牧、太原以北诸军节度大使。天宝初，为武威郡都督，经略节度河西、陇右。会妃韦以过置别室，而二孺人（妻妾）争宠不平，求巫者密置符琰履中以求媚。仇人告琰厌魅上，帝伺其朝，使人取履视之，信。帝怒责琰，琰顿首谢曰："臣罪宜死，然臣与妇不相见二年，有二孺人争长，臣恐此三人为之。"及推，果验。然帝犹疑琰，怒未置，太子以下皆为请，乃囚于鹰狗坊，以忧薨。妃，绦之女，无子，还本宗。[1]

2. 敦煌莫高窟66窟　经变中的伎乐菩萨（盛唐）〔采自《敦煌舞姿》〕

由于棣王琰妻妾争宠所搞的鞋子交感巫术，本和朝廷无关，但被怀疑暗害"上"（皇帝），导致棣王琰忧死于鹰狗坊。实际是唐玄宗害死亲生儿子。魇魅巫术被疑为损害皇帝，皆无确证，庸人自扰，但都在盛唐莺歌燕舞背后进行。

其三，尸感巫术。此种巫术认为，一个人如果总在家里感到意绪不佳，就要查一查家屋之下有无过去旧的尸骸，有时尸骸所感，使人不适。《朝野佥载》卷二云：

周左司郎中郑从简所居厅事常不佳，令巫者观之，果有伏尸姓宗，妻姓寇，在厅基之下。使问之，曰："君坐我门上，我出入常值君，君自不好，非我之为也。"掘之三丈，果得旧骸，有铭如其言。移出改葬，于是遂绝。[2]

其四，汗衫巫术。此种巫术认为，妻子的汗衫对她的丈夫是有交感魔力的，她丈夫变了心，或者即使是他妻子死去了，施行巫术于妻子的汗衫，就能唤回丈夫的爱心，甚至能使他妻子起死回生，和他重温旧梦。这种交感巫术衍化成了下面一个民间传说故事，《太平广记》卷二八三《许至雍》叙述的就是这样一种巫

① （宋）欧阳修、宋祁撰《新唐书》卷八二，中华书局1975年版，第3608页。

② （唐）张鷟撰，赵守俨点校《朝野佥载》卷二，中华书局1979年版，第38页。

术，全文可分为以下三段：

（一）亡妻嘱咐："许至雍妻某氏，仪容淡雅，早岁亡没。至雍颇感叹，每风景闲夜，笙歌尽席，未尝不叹泣悲嗟。至雍八月十五日夜于庭前抚琴玩月，已久，忽觉帘屏间有人行，吁嗟数声，至雍问曰：'谁人至此？'必有异也，良久，闻有人语云：'乃是亡妻。'云：'若欲得相见，遇赵十四，莫惜三贯六百钱。'至雍惊起问之，乃无所见。自此常记其言，则不知赵十四是何人也。后数年，至雍闲游苏州，时方春，见少年十余辈，皆妇人装，乘画船，将谒吴太伯庙。许君因问曰：'彼何人也？而衣裙若是。'人曰：'此州有男巫赵十四者，言事多中，为土人所敬伏，皆赵生之下辈也。'许生问曰：'赵生之术，所长者何也？'曰：'能善致人之魂耳。'许生乃知符其妻之说也。"①

（二）赵生施术："明日早，诣赵十四，具陈恳切之意。赵生曰：'某之所致者，生魂耳，今召死魂，又令生人见之，某久不为，不知召得否？知郎君有重念之意，又神理已有所白，某安得不为召之？'乃计其所费之直，果三贯六百耳。遂择良日，于其内，洒扫焚香，施床几于西壁下，于檐外结坛场，致酒脯，呼啸舞拜，弹胡琴。至夕，令许君处于堂内东隅，赵生乃于檐下垂帘卧，不语，至三更，忽闻庭际有人行声。赵生乃问曰：'莫是许秀才夫人否？'闻吁嗟数四，应云：'是。'赵生曰：'以秀才诚意恳切，故敢相迎，夫人无怪也，请夫人入堂中。'逡巡，似有人揭帘，见许生之妻，淡服薄装，拜赵生，徐入堂内，西向而坐。"②

3. 敦煌莫高窟126窟经变中的伎乐菩萨（盛唐）〔采自《敦煌舞姿》〕

（三）夫见亡妻："许生涕泗呜咽：'君行若此，无枉横否？'妻曰：'此皆命也，安有枉横？'因问儿女家人及亲旧闾里等事，往复数十句。许生又问：'人间尚佛经，呼为功德，此诚有否？'妻曰：'皆有也。'又问冥间所重何物？春秋奠享无不得，然最重者，浆水粥也。赵生致之，须臾粥至，向口如食，收之，复如故。许生又曰：'要功德否？'妻云：'某平生无恶，岂有罪乎？足下前与为者，亦已尽得。'良久，赵生曰：'夫人可去矣，恐多时即有谴谪。'妻乃出，许生相随泣涕曰：'愿惠一物，可以为记。'妻泣曰：'幽冥唯有泪可以传于人代，君有衣服，可投一事于地。'许生脱一汗衫，置之于地。其妻取之，于庭树前悬一树枝，以汗衫蔽其面，

① （宋）李昉等编，汪绍楹点校《太平广记》卷二八三，中华书局1961年版，第2258—2259页。

② （宋）李昉等编，汪绍楹点校《太平广记》卷二八三，中华书局1961年版，第2259页。

大哭。良久,挥手却许生,挂汗衫树枝间,若乘空而去。许生取汗衫视之,泪痕皆血也,许生痛悼,数日不食。卢求著幽居苏州,识赵生,赵生名何,苏州人皆传其事。出《灵异记》"[1]

由上可见,配合这种汗衫巫术的还有"召魂术",所施行的仪式有:1. 选择良(吉)日。2. 洒扫焚香。3. 檐外结坛。4. 祭祀酒脯。5. 呼啸舞拜。6. 巫师弹琴。7. 垂帘静卧。8. 巫魂对答。9. 血衫挂树。10. 夫哭取衫。但是这一系列巫术步骤,只不过是巫师为亡妻的丈夫表演的一场戏而已。

唐代有男女互穿衣服而增加爱情的故事,便是汗衫巫术的衍化形态。唐朱揆撰《钗小志·谢郎衣》云:

> 苏紫虅爱谢耽,只尺万里,靡由得亲。遣侍儿假耽恒着小衫,昼则私服于内,夜则拥之而寝。耽知之,寄以诗曰:"苏娘一别梦魂稀,来借青衫慰渴饥。若使闲情重作赋,也应愿作谢郎衣。"谢亦取女祖服衷之,后为夫妇。[2]

袒服,即女性的贴身衣服。小衫与内衣,恋人互穿,昼服于内,夜拥而寝,增加感情,终成夫妻。

其五,无言巫术。此巫术是唐代涉及佛道两教的三个连环交感巫术。最早见于玄奘《大唐西域记》的《救命池》,唐段成式撰《酉阳杂俎》援引说:

> 释玄奘《西域记》云:中天婆罗痆斯国鹿野东,有一涸池,名救命,亦曰烈士。昔有隐者于池侧结庵,能令人畜代形,瓦砾为金银,未能飞腾诸天,遂筑坛作法,求一烈士,旷岁不获。后遇一人于城中,乃与同游。至池侧,赠以金银五百,谓曰:"尽当来取。"如此数返,烈士屡求效命。隐者曰:"祈君终夕不言。"烈士曰:"死尽不惮,岂徒一夕屏息乎!"于是令烈士执刀立于坛侧,隐者按剑念咒。将晓,烈士忽大呼,空中火下,隐者疾引此人入池。良久出,语其违约。烈士云:"夜分后,惛然若梦,见昔事主躬来慰谕,忍不交言,怒而见害。托生南天婆罗门家住胎,备尝艰苦,每思恩德,未尝出声。及娶,生子,丧父母,亦不语。年六十五,妻忽怒,手剑提其子,若不言杀尔子。我自念已隔一生,年及衰朽,唯止此子,应遽止妻,不觉发此声耳。"隐

---

① (宋)李昉等编,汪绍楹点校《太平广记》卷二八三,中华书局 1961 年版,第 2259—2260 页。

② (明)陶宗仪编《说郛一百二十弓》弓七七,上海古籍出版社 1988 年影印《说郛三种》本,第 3590 页。

者曰:“此魔所为,吾过矣。”烈士惭忿而死。[1]

此婆罗痆斯国无言巫术在初唐时期传入中国,施术主旨语焉不详。虽名为救命,当术毕之时“隐者疾引此人入池”,也已实际救了二人性命,但烈士还遭隐者谴责“违约”,处于对立状态,隐者对手“魔”致使烈士“惭忿而死”,而且隐者作为雇主不加救助而任其死亡。故对烈士“赠以金银五百”是预先支付的买命钱。此术是佛教与印度教两教斗法的残酷体现,主要体现在支持佛教的虔诚无言者烈士,必须为其不能忍受妻杀子惨剧“违约”付出的生命代价;还要表露被标榜为烈士是心甘情愿的,从而充分表现出泯灭人性的消极出世的思想。

但到盛唐时期,道教对佛教无言巫术作了根本改造,首先将其主旨改变为炼丹求长寿,使其中国化;其次将虔诚的无言者改造成道教的支持者,无需为失败付出生命的代价,最多丹灶被毁而已。《酉阳杂俎》记载说:

相传天宝中,中岳道士顾玄绩,常怀金游市中。历数年,忽遇一人,强登旗亭,扛壶尽醉。日与之熟,一年中输数百金,其人疑有为,拜请所欲。玄绩笑曰:“予烧金丹八转矣,要一人相守,忍一夕不言,则济吾事。予察君神静有胆气,将烦君一夕之劳。或药成,相与期于太清也。”其人曰:“死不足酬德,何至是也。”遂随入中岳,上峰险绝,岩中有丹灶盆,乳泉滴沥,乱松闭景。玄绩取干饭食之,即日上章封剄。及暮,授其一板云:“可击此知更,五更当有人来此,慎勿与言也。”其人曰:“如约。”至五更,忽有数铁骑呵之曰避,其人不动。有顷,若王者,仪卫甚盛,问汝何不避,令左右斩之。其人如梦,遂生于大贾家。及长成,思玄绩不言之戒。父母为娶,有三子。忽一日,妻泣:“君竟不言,我何用男女为!”遂次第杀其子。其人失声,豁然梦觉,鼎破如震,丹已飞矣。”[2]

以上盛唐道教对佛教无言巫术的改造,还有梦中的妻子“遂次第杀其子”,然此种惨绝人寰的行为,究竟出自道教还是佛教?文中没有交代。

到了中唐时代,贞元年间(785—805)德宗在位时演绎的道教无言巫术,却又有了改变,认为修炼长生必须修炼无言巫术,即不能讲话,一讲话就会产生交感魔术力而毁术,纵然修炼一生,却功亏一篑。唐薛渔思撰《河东记》就记载了

---

①② (唐)段成式撰,方南生点校《酉阳杂俎》续集卷四《贬误》,中华书局1981年版,第235—236页。

洞玄和无为修无言巫术的经历[1]：

第一段，萧洞玄得《还丹秘诀》，寻找同心人修炼无言巫术：

王屋灵都观道士萧洞玄，志心学炼神丹，积数年，卒无所就。无何，遇神人授以《大还秘诀》曰："法尽此耳。然更须得一同心者，相为表里，然后可成，盍求诸乎。"洞玄遂周游天下，历五岳四渎，名山异境，都城聚落，人迹所辏，罔不毕至。经十余年，不得其人。至贞元中，洞玄自浙东抵扬州，至庱亭埭，维舟于逆旅主人，于时舳舻万艘，隘于河次，堰开争路，上下众船，相轧者移时，舟人尽力挤之。见一人船顿，蹙其右臂且折，观者为之寒栗，其人颜色不变，亦无呻吟之声，徐归船中，饮食自若。洞玄深嗟异之，私喜曰："此岂非天佑我乎?"问其姓名，则曰："终无为。"因与交结，话道欣然，遂不相舍。

第二段，十年后萧洞玄找到终无为，两人开始修炼无言巫术：

即俱之王屋，洞玄出《还丹秘诀》示之，无为相与揣摩。更终二三年，修行备至。洞玄谓无为曰："将行道之夕，我当作法护持，君当谨守丹灶，但至五更无言，则携手上升矣。"无为曰："我虽无他术，至于忍断不言，君所知也。"遂十日设坛场，焚金炉，饰丹灶。洞玄绕坛行道步虚，无为于药灶前，端拱而坐，心誓死不言。

第三段，第一次两道士逼无为发言：

一更后，忽见两道士自天而降，谓无为曰："上帝使问尔，要成道否?"无为不应。

第二次，群仙逼无为发言：

须臾，又见群仙，自称王乔、安期等，谓曰："适来上帝使左右问尔所谓，何得不对?"无为亦不言。

---

[1] （宋）李昉等编，汪绍楹点校《太平广记》卷四四《神仙四十四·萧洞玄》，中华书局1961年版，第276—278页。

第三次，美女逼无为发言：

有顷，见一女人，年可二八，容华端丽，音韵幽闲，绮罗缤纷，薰灼动地，盘旋良久，调戏无为，无为亦不顾。

第四次，虎狼等猛兽哮叫逼无为发言：

俄然有虎狼猛兽十余种类，哮叫腾掷，张口向无为，无为亦不动。

第五次，考妣宗亲逼无为发言：

有顷，见其祖考父母先亡眷属等，并在其前，谓曰："汝见我，何得无言？"无为涕泪交下，而终不言。

第六次，夜叉逼无为发言：

俄见一夜叉，身长三丈，目如电赩，口赤如血，朱发植竿，锯牙钩爪，直冲无为，无为不动。

第七次，黄衫人逼无为发言：

既而有黄衫人，领二手力至，谓无为曰："大王追，不愿行，但言其故即免。"无为不言。黄衫人即叱二手力可拽去，无为不得已而随之。须臾至一府署，云是平等王，南面凭几，威仪甚严，厉声谓无为曰："尔未合至此。若能一言自辨，即放尔回。"无为不对。平等王又令引向狱中，看诸受罪者，惨毒痛楚，万状千名。既回，仍谓之曰："尔若不言，便入此中矣。"无为心虽恐惧，终亦不言。平等王曰："即令别受生，不得放归本处。"无为自此心迷，寂无所知。

第八次，佛教平等王令无为第二次投生，逼其发言：

俄然复觉，其身托生于长安贵人王氏家，初在母胎，犹记宿誓不言。既生，相貌具足，唯不解啼，三日满月，其家大会亲宾，广张声乐，乳母抱儿出，众中递相怜抚，父母相谓曰："我儿他日必是贵人，因名曰贵郎。"聪慧日甚，只不解啼。才及三岁便行，弱不好弄。至五六岁，虽不能言，所为雅有高致。十岁操笔，即成文章，动静嬉游，必盈纸墨。既及弱冠，仪形甚都，举止雍雍，可为人表。然自以瘖痖，不肯入仕。其家富比王室，金玉满堂，婢妾歌钟，极于奢侈。

第九次，第二次投生二十六年后结婚，官名慎微，又生儿子，逼其发言：

年二十六，父母为之娶妻，妻亦豪家，又绝代姿容，工巧伎乐，无不妙绝。贵郎官名慎微，一生自矜快乐。娶妻一年，生一男，端敏惠黠，略无论比。慎微爱念，复过常情。

第十次，其妻突然发飙，摔死其子，逼其发言，不觉失声，前功尽弃：

一旦妻及慎微，俱在春庭游戏，庭中有盘石，可为十人之坐。妻抱其子在上，忽谓慎微曰："观君于我，恩爱甚深，今日若不为我发言，便当扑杀君儿。"慎微争其子不胜，妻举手向石扑之，脑髓迸出，慎微痛惜抚膺，不觉失声惊骇，恍然而寤，则在丹灶之前。而向之盘石，乃丹灶也。时洞玄坛上法事方毕，天欲晓矣。俄闻无为叹息之声，忽失丹灶所在。二人相与恸哭，即更炼心修行，后亦不知所终。出《河东记》

洞玄与无为是在庱亭埭会见的，庱亭埭，《元和郡县志》云："庱亭垒在(丹阳)县东四十七里。"[①]此文化背景标志本故事进一步中国本土化。而且通过巫术情节强调欲求长生必须要有坚定的意念，必须专心一致，不得三心二意，尤其是不能被黄衫人灌输佛教地狱杂念和世俗杂念。洞玄和无为尽管修行很久，最终由于被平等王绑架，又经历人生桃花运，在意念上又被女子摔死其子所害，不觉失声，一生功力毁于一旦。但无为不用自责，生命也没有受到威胁，洞玄也绝不谴责他"违约"，只是相与恸哭，表明离开佛教境界而到另一道教深山继续共同奋斗，"更炼心修行，后亦不知所终"，意为只有抛开佛教，到道教深山继续修炼无言长生术才能成功。中唐裴铏撰《传奇》中《韦自东》，牛僧孺撰《玄怪录》，结局都与《河东记》一样，本土化无言巫术均拒绝佛教的违约自杀说。

总之，无言巫术历初唐、盛唐、中唐三个时期，越来越中国化与本土化，拒绝了佛教违约者丧命的叙述模式，转而以求得道教的长生不老为其最终理想。境外巫术传入中国者，必经本土化改造以后方能传播后世。

---

① (唐)李吉甫撰《元和郡县志》卷二六《丹阳县》，景印文渊阁《四库全书》第468册，第431页。

其六，耳卜巫术。唐代巫师们继续利用铜镜搞巫术，强调一个“听”字，但必须由铜镜将话音意思传出，感受到声音的魔术力才行。镜听占卜法，是占卜巫师设计出的一种占卜法。怀镜于胸前，出门后听人讲话，用来占卜吉凶休咎。这种卜法又称“耳卜”。唐代王建写有《镜听词》云：“重重摩挲嫁时镜，夫婿远行凭镜听。回身不遣别人知，人意丁宁镜神圣。”①镜听占卜渗透到日常生活中，铜被广泛利用。巫术在客观上推动了矿冶学的开发。

其七，鞭桑除丧。唐代有一种“鞭桑除丧”的交感巫术，唐李冗撰《独异志》载：“鲍瑗家多丧及病，淳于智为筮之。卦成云：‘宜入市门数十步，有一人持荆马鞭，便就买取，悬东北桑树上。无病，三年当得财。’如其言。后穿井得钱及铜器二十万。”②

“无病”即达到养生之崇高目的。由于“桑”谐为“丧”，因此买马鞭悬挂在东北的桑树上，就意味着厌胜，也便意味着鞭笞丧事，增加生活的信心，即象征战胜死亡，带有预防性。古人认为人与物的名称亦有交感的魔力，这种魔力是一种超自然力量，此术在唐代的占卜巫师淳于智的卜卦中亦有反映。

其八，咒语成婚。这种以谐音为结合契机的巫术，多半在语言产生之初就已经形成了。唐代传说原始社会有一种“烟合成姻”的交感巫术，就是采用这种谐音法构成的交感巫术。唐李冗撰《独异志》卷下云：

> 昔宇宙初开之时，只有女娲兄妹二人在昆仑山，而天下未有人民，议以为夫妇，又自羞耻。兄即与其妹上昆仑山，咒曰：“天若遣我兄妹二人为夫妻而烟悉合；若不使，烟散。”于是烟即合。其妹即来就兄，乃结草为扇以障其面。今时人取妇执扇，象其事也。③

结婚乃生存、养生、长寿的延续。这种原始时代的男女结合，乃是因为“烟”谐音婚姻的“姻”，故用烟合烟散的巫术方法来判断男女之能否结姻。但它首先需要男女双方共念咒语，实际是双方宣誓永结同心。可见，只要有语言产生，便有了语言巫术，谐音咒语便是这种古老的语音巫术的一个门类，因此以上“鞭桑除丧”的谐音所构成的语言巫术，并非孤立存在的。《周易》中的超自然力的卜

---

① 《全唐诗》卷二九八，中华书局 1960 年版，第 3386 页。

② （唐）李冗撰，张永钦、侯志明点校《独异志》补佚《淳于智灵卦》，中华书局 1983 年版，第 85 页。

③ （唐）李冗撰，张永钦、侯志明点校《独异志》卷下《女娲兄妹为夫妇》，中华书局 1983 年版，第 79 页。

箧巫术也属于这一类。这是用谐音巫术提高自信的表现。

其九，却火雀巫术。唐代出现了抗火能力极强的禽鸟，它就是却火雀。雌雄一对，互相交感而却火。唐苏鹗撰《杜阳杂编》卷中云："顺宗皇帝即位岁，拘弭国贡却火雀一雄一雌、履水珠、常坚冰、变昼草。其却火雀，纯黑，大小似燕，其声清，殆不类寻常禽鸟。置于火中，火自散去。上嘉其异，遂盛于木精笼，悬于寝殿。夜则宫人持蜡炬以烧之，终不能损其毛羽。"①却火雀辟火作用非常明显，唐顺宗李诵悬于寝殿作辟火之用。却火雀奇特的消防作用具有预示性，令唐顺宗惊喜不已。却火雀来自我国新疆，拘弭国是唐代西域诸城国之一，又称拘弥，故址在今新疆维吾尔自治区于田县克里雅河以东。汉代即有进贡记载。《后汉书·顺帝纪》载，永建四年(129)，"拘弥国遣使贡献"②。

其十，履水珠巫术，亦可称潜水巫术。紧接却火雀记载之后，唐苏鹗撰《杜阳杂编》卷中又云：

> 履水珠，色黑，类铁，大于鸡卵，其上鳞皴，其中有窍，云持入江海内，可行于洪波之上下。上始不谓之实，遂命善浮者，以五色丝贯之，系于左臂。毒龙畏五色丝。潜入龙池，其人则步骤于波上，若在平地，亦潜于水中，良久复出，而遍体略无沾湿。上奇之，因以御馔赐使人。至长庆中，嫔御试弄于海池上，遂化为黑龙入于池内，俄而云烟暴起，不复追讨矣。③

这是唐人欲战胜潜水的困难而设计的潜水巫术，其交感巫术最终却转换为模仿巫术，履水珠变化为一只黑龙飞去而不复追讨。

晚唐时，段成式(约803—863)所撰《酉阳杂俎》续集卷一载有一篇《叶限》，是著名的交感巫术故事，由于其"灰姑娘"巫术属性而影响深远。

> 南人相传，秦汉前有洞主吴氏，土人呼为吴洞。娶两妻，一妻卒，有女名叶限。少惠善淘一作钩金，父爱之。末岁父卒，为后母所苦，常令樵险汲深。时尝得一鳞二寸余，赪鬐金目，遂潜养于盆水，日日长，易数器，大不能受，乃投于后池中。女所得余食，辄沉以食之。女至池，鱼必露首枕岸，他人至不复出。其母知之，每伺之，鱼未尝见也，因诈女曰："尔无劳乎，吾为尔新其襦。"乃易其弊衣。后令汲于他泉，计里数百一作里也。母徐衣其女

①③　(明)陶宗仪编《说郛一百二十弓》弓四六，上海古籍出版社1988年影印《说郛三种》本，第2125页。

②　(南朝宋)范晔撰《后汉书》卷六，中华书局1965年版，第257页。

衣，袖利刃行向池呼鱼，鱼即出首，因斫杀之。鱼已长丈余，膳其肉，味倍常鱼，藏其骨于郁栖之下。逾日，女至向池，不复见鱼矣，乃哭于野。忽有人被发粗衣，自天而降，慰女曰："尔无哭，尔母杀尔鱼矣！骨在粪下，尔归，可取鱼骨藏于室，所须第祈之，当随尔也。"女用其言，金玑衣食随欲而具。及洞节母往，令女守庭果。女伺母行远，亦往，衣翠纺上衣，蹑金履。母所生女认之，谓母曰："此甚似姊也。"母亦疑之，女觉遽反，遂遗一只履为洞人所得。母归，但见女抱庭树眠，亦不之虑。其洞邻海岛，岛中有国名陀汗，兵强，王数十岛，水界数千里。洞人遂货其履于陀汗国，国主得之，命其左右履之，足小者履减一寸。乃令一国妇人履之，竟无一称者。其轻如毛，履石无声。陀汗王意其洞人以非道得之，遂禁锢而拷掠之，竟不知所从来，乃以是履弃之于道旁，即遍历人家捕之，若有女履者，捕之以告。陀汗王怪之，乃搜其室，得叶限，令履之而信。叶限因衣翠纺衣，蹑履而进，色若天人也。始具事于王，载鱼骨与叶限俱还国。其母及女即为飞石击死，洞人哀之，埋于石坑，命曰懊女冢。洞人以为禖祀，求女必应。陀汗王至国，以叶限为上妇。一年，王贪求，祈于鱼骨，宝石无限。逾年，不复应。王乃葬鱼骨于海岸，用珠百斛藏之，以金为际，至征卒叛时，将发以赡军。一夕，为海潮所沦。成式旧家人李士元所说。士元本邕州洞中人，多记得南中怪事。①

以上《叶限》故事通篇具有交感巫术思维特征。其一，叶限的继母凶狠而邪恶，不仅虐待她，而且袖藏利刃，假扮叶限，杀死叶限精心喂养、照料、放生的一丈长的神鱼，不仅和其女膳其肉，而且把神鱼的骨头埋在郁栖（粪壤），即农家发酵的粪堆里。结果遭到报应，"为飞石击死"，被"埋于石坑"，成为"懊女冢"，天人感应，也是交感巫术思维之一种。

其二，神鱼没了，叶限在野外的池边哭鱼，这位善良的女孩终于感动了天神，与天神产生了交感魔术力，天神乃被发粗衣"自天而降"，来安慰她，并且告诉她，如有什么需要，就"祈"之。祈者，即向天神祷告。即天人发生感应，《尚书·召诰》曰："我非敢勤，惟恭奉币，用供王能祈天永命。"孔传："求天长命，将以庆王多福。"②远在商周时代，"祈"就是交感巫术的一种方式。文中"祈"字凡两见，还有一次为"一年，王贪求，祈于鱼骨，宝石无限"。神鱼对国王的"贪

① （唐）段成式撰，方南生点校《酉阳杂俎》续集卷一，中华书局1981年版，第200—201页。

② （汉）孔安国传，（唐）孔颖达正义《尚书正义》卷一五《召诰》，中华书局1980年影印阮元校《十三经注疏》本，第213页。

求”，只给一次机会，第二次就“不复应”矣。

其三，所谓“洞人以为禖祀”，禖祀即为求婚而进行的祭祀、祈祷。这也是邕州（今广西南宁）地方上的交感巫术反映。

从以上三点看来，《叶限》确是一篇交感巫术故事，它融合了中国本土的民俗习惯。它流传的地域——邕州，现在是壮族聚集地区。广西壮族民间至今流传的《达架》，其内容与晚唐的《叶限》一脉相传，而且也与德国《灰姑娘》故事内容相似[①]。可见，中国《叶限》交感巫术故事是世界上“灰姑娘故事”最早的文字记录。

第二节　唐代交感巫术与文房四宝通灵

文房四宝，即笔墨纸砚。唐人十分看重文房四宝，为了能使自己走笔得到灵感，文人往往求巫师给文房四宝施以巫术，于是唐代的巫师便设计了一种可称之为“文房四宝通灵”的巫术。这在唐李淳风著、袁天罡补的《增补秘传万法归宗》卷五《墨纸笔砚池朱章第二》有记载。

这种文房四宝通灵巫术的施术方法是这样的：

1. 施术

> 于六丁六甲日，用好纸四十九张，新笔五枝，墨五锭，砚五个，朱一两二，水池一个，祭于六甲垓下，脚踏“魁罡”二字，左手雷印，右手剑诀，取东方炁一口，吹在纸上，书符五道，念咒一遍，焚符（五）道，四十九日，其物通灵，应变任意。[②]

2. 咒语

> 日出东方，赫赫洋洋。
> 用笔之灵，用纸方方。
> 用墨黑黑，用池池光。
> 用朱朱赤，用砚砚汪。

① 蓝鸿恩《德国的〈灰姑娘〉与广西壮族的“达架”》，载 1980 年 6 月 19 日《广西日报》。

②③ （唐）李淳风著，袁天罡补《增补秘传万法归宗》，清刻本（南京图书馆藏）。

书库鬼泣，书天雨霈。

无祷不应，无求不祥。

吾奉三山九侯先生律令摄。③

3. 符箓

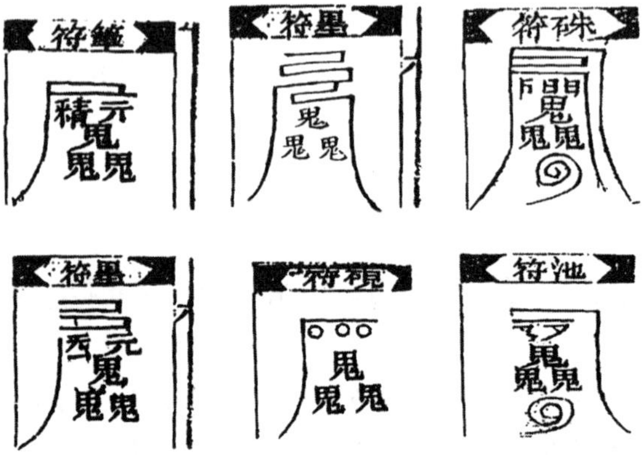

4. 唐朝文房用品符箓〔采自《增补秘传万法归宗》〕①

以上法术、咒语与符箓，目的是要达到“其物通灵，应变任意”的巫术目的。何谓“通灵”？是指文房六物与神灵相通。古来文士一贯追求自己的作品能“通灵”。顾恺之画画，认为自己的画妙绝通灵而复活了。南朝宋檀道鸾撰《续晋阳秋》记述说：“（顾）恺之尤好丹青，妙绝于时。曾以一厨画寄桓玄。……玄乃发厨后取之，好加理复。恺之见封题如初，而画并不存，直云‘妙画通灵，变化而去，如人之登仙矣’。”②古代名医治病，自然也要使用文房四宝，他写出的医方在纸上，也是能通灵的。《搜神后记》卷六云：“李子豫，少善医方，当代称其通灵。许永为豫州刺史，镇历阳。其弟得病，心腹疼痛十余年，殆死。忽一夜，闻屏风后有鬼谓腹中鬼曰：‘何不速杀之。不然，李子豫当从此过。以朱丸打汝，汝其死矣。’腹中鬼对曰：‘吾不畏之。’及旦，许永遂使人候子豫，果来。未入门，病者自闻中有呻吟声。及子豫入视，曰：‘鬼病也。’遂于巾箱中出八毒赤丸子与服之。须臾，腹中雷鸣鼓转，大利数行，遂差。今八毒丸方是也。”③可见医方通灵如此。这种文墨通灵的观念正是文房四宝巫术产生的基础。以上咒语便体现了这种文墨通灵的巫术观，正所谓：“书库鬼泣，书天雨霈。无祷不应，无求不

① 清刻本符箓有两墨符而缺少纸符，孙正治点校本六符中有纸符一幅，弥补了清刻本之不足。见中医古籍出版社 2012 年版，第 240 页。以下均参见此本。

② （南朝宋）檀道鸾撰，（清）汤球辑《续晋阳秋》卷二，《广雅丛书》本。

③ （晋）陶潜撰，汪绍楹校注《搜神后记》卷六，中华书局 1981 年版，第 42—43 页。

祥。"通灵就是通鬼神,唯有施了巫术才能"下笔如有神"。

直到清代秘密社会,我们仍可发现以上文房四宝通灵巫术带来的深远影响。天地会的巫师为了使其书符灵验,有祭笔墨的巫术仪式,图5便是巫师口中念念有词,在作祭笔的仪式。巫师还要将笔与墨,先用彩绸扎起,挂在墙上,然后念诗来祭祷。他们将这些仪式画进图谱。

5. 清代巫师龙虎山施术图〔采自《近代秘密社会史料》卷一。下同〕

6. 彩笔图

诗云:

五祖传来笔一枝,能习文章能味诗。
一笔写断氵月(清)朝终,斩了氵月君作鸡儿。①

诗里表达出天地会成员推翻清王朝的战斗意志和对清朝统治阶级的仇恨,其时中国已沦为半殖民地半封建社会,成为世界列强瓜分对象,秘密社会乃借巫术表现反抗的思想。

墨的画与墨的诗,见图7。

诗云:

此墨将来作栋梁,上有文章在两傍。
小子书中我点墨,两班文武在朝堂。

7. 京墨图

① 萧一山编《近代秘密社会史料》卷一,国立北平研究院总办事处出版课民国二十四年(1935)版。

诗里表达天地会成员要作国家栋梁之材的决心，以文治国，而不是以武治国，所以说是“上有文章在两傍”。

总之，清代秘密社会的笔墨巫术之形式虽然是落后迷信的，但其思想却具有反抗性，表达对清朝屈服于帝国主义侵略者的不满。

第三节　唐代头发巫术与信奉道教“壶天”仙境

唐代有一种使人信奉道教的头发巫术，实际是“壶天”仙境交感与模仿合璧的巫术。如果一个人不信奉道教，怎样使他信奉呢？道士们发明了一种巫术，这种巫术包括四项内容，记载于《增补秘传万法归宗》卷五《随形五破章第五》。

第一，施术过程。

以发爪为主要施术材料，《增补秘传万法归宗》卷五载：“用大瓷坛一个，以唾调朱坛之周围，书心肝脾肺肾五字于上，用脚手二指甲，并梳下乱头发，不拘多少，画人像一个，俱烧灰，用水一升装于坛内，以纸书符封口，祭六甲坛下，脚踏壶天二字，左手如意，右手剑诀。取东方炁一口，念‘五破咒’七遍，焚‘（五破）符’一道，四十九日毕。将前水沐浴沿身，凡遇险处不能逃躲，但遇瓷器而入，名曰小洞天。又令人守道惧法，若坛打破，其破随人以出，化前令五鬼者，心肝脾肺肾入于瓶之中，呼之每块俱应声矣。令人心信于吾教矣。”①很显然，这种巫术是交感巫术（发爪）、模仿巫术（画人像）与反抗巫术（书五破符）混合之巫术。

第二，念“五破咒”。

咒语为：“一块两块三四五，心肝脾肺肾随数。身中壶天与外天，尔随破瓦应声数。吾奉三山九侯先生律令摄。”

第三，焚“五破符”。

第四，画人像一个。

画什么样的人像也有具体规定，画的是典型的中国本土道士模样。所谓“心信于吾教”，当然是信奉道教宇宙观，即相信道教所说，整个宇宙是一个壶形天地，叫作“壶天”。故要“脚踏壶天二字”施术，在咒语中也相信有个“身中壶天”。道教信奉壶形宇宙观来源已久，它发端于我国远古原始宗教，并有漫长的流变史。

---

① （唐）李淳风撰，袁天罡补《增补秘传万法归宗》卷五，清刻本（南京图书馆藏）。

8. 五破符〔采自《增补秘传万法归宗》。下同〕

9. 人像图

在我国，最早可见的古人信仰的壶形宇宙观是在《山海经》中。《山海经·海外北经》云："钟山之神，名曰烛阴。视为昼，瞑为夜，吹为冬，呼为夏。不饮，不食，不息，息为风，身长千里。在无脊之东。其为物，人面，蛇身，赤色，居钟山下。"[①]《山海经·西次三经》云："西北四百二十里，曰钟山。其子曰鼓，其状如人面而龙身，是与钦䲹杀葆江于昆仑之阳，帝乃戮之钟山之东曰瑶崖。"[②]又云："黄帝乃取峚山之玉荣，而投之钟山之阳。"[③]按钟山，即为壶形仙境之山，汉墓出土的古酒器，即为壶形，而名为"钟"，故钟者，壶也。汉孔鲋撰《孔丛子》卷中《儒服第十三》云："尧舜千钟。"[④]此"千钟"酒器，后来称为酒杯，酒杯即酒钟，"钟"与"盅"通。所以东方朔撰《海内十洲记》描述钟山仙境："钟山在北海之子地，隔弱水之北一万九千里，高一万三千里，上方七千里，周旋三万里，自生玉芝及神草四十余种，上有金台玉阙，亦元气之所舍，天帝居治处也。钟山之南有平邪山，北有蛟龙山，西有劲草山，东有束木山，四山并钟山之枝干也。四山高钟山三万里，宫城五所如一，登四面山下望，乃见钟山尔。四面山乃天帝君之城域也。仙真之人出入道经自一路从平邪山东南入穴中，乃到钟山北阿门外也，天帝君总九天之维，贵无比焉。"[⑤]

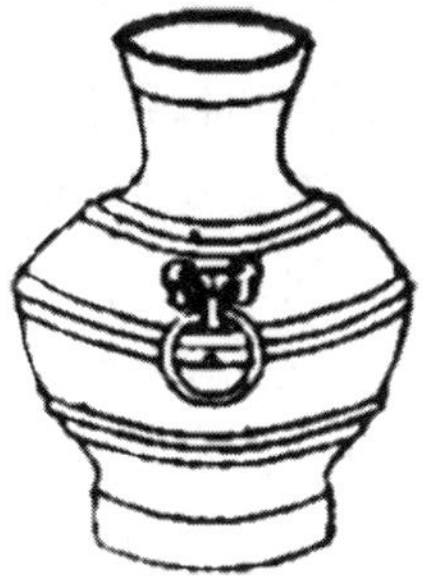

10. 汉代酒器：钟〔采自《辞源》〕

实际这也是一个钟山壶形的仙境，是道家宇宙观之体现。当然《玄中记》所描述的钟山："北方有钟山焉，山上有石首如人首，左目为日，右目为月，开左目为昼，闭右目为

① （晋）郭璞传，（清）毕沅注《山海经》卷八，上海古籍出版社1986年影印《二十二子》本，第1371页。

②③ （晋）郭璞传，（清）毕沅注《山海经》卷二，上海古籍出版社1986年影印《二十二子》本，第1344页。

④ 旧题（汉）孔鲋撰《孔丛子》卷中，景印文渊阁《四库全书》第695册，第339页。

⑤ （明）陶宗仪编《说郛一百二十弓》弓六六，上海古籍出版社1988年影印《说郛三种》本，第3079页。

夜，开口为春夏，闭口为秋冬。”[1]也是缘自《山海经》钟山壶形宇宙观。

汉代也信仰壶形仙境。例如《史记·孝武本纪》云：“其北治大池，渐台高二十余丈，名曰泰液池，中有蓬莱、方丈、瀛洲、壶梁，象海中神山龟鱼之属。”[2]其中的“壶梁”便是壶形宇宙观的表露，这时已有壶中天地故事构思。《后汉书》卷八二下《费长房传》云：“费长房者，汝南人也。曾为市掾。市中有老翁卖药，悬一壶于肆头，及市罢，辄跳入壶中。市人莫见之，唯长房于楼上睹之，异焉，因往再拜奉酒脯。”[3]费长房知老翁为非常人，因向其学道。

魏晋南北朝时，壶形宇宙观大为盛行，道教的推崇使它得以发展，文献中有不少记载：

1.《列子·汤问篇》云：“（终北）当国之中有山，山名壶领，状若甔甀（注：瓦瓶也）。顶有口，状若员环，名曰滋穴。有水涌出，名曰神瀵（注：山顶之泉曰瀵）。臭过兰椒，味过醪醴。”[4]唐卢重元注解：“山中喻心，水为慧用，盖神所瀵出者。”[5]意为饮了壶领山之泉水，令人增长智慧。

2.晋葛洪撰《神仙传》卷九《壶公》云：“壶公者，不知其姓名。今世所有召军符，召鬼神治病王府符凡二十余卷，皆出于壶公，故总名为壶公符。汝南费长房为市掾时，忽见公从远方来，入市卖药，人莫识之。其卖药口不二价，治百病皆愈，语卖药者曰，服此药必吐出某物，某日当愈，皆如其言。得钱日收数万，而随施与市道贫乏饥冻者，所留者甚少。常悬一空壶于坐上，日入之后，公辄转足跳入壶中，人莫之所在，唯长房于楼上见之，知其非常人也。长房乃日日自扫除公座前地，乃供馔物，公受而不谢。如此积久，长房不懈，亦不敢有所求，公知长房笃信，语长房曰：‘至暮无人时更来。’长房如其言而往，公语长房曰：‘卿见我跳入壶中时，卿便随我跳，自当得入。’长房承公言，为试展足，不觉已入。既入之后，不复见壶，但见楼观五色，重门阁道，见公左右侍者数十人。公语长房曰：‘我仙人也，忝天曹职，所统供事不勤，以此见谪，暂还人间耳。卿可教，故得见我。’长房不坐，顿首自陈：‘肉人无知，积劫厚，幸谬见哀愍，犹如剖棺布气，生枯起朽，但见臭秽顽弊，不任驱使，若见怜念，百生之厚幸也。’公曰：‘审尔大佳，勿语人也。’公后诣长房于楼上曰：‘我有少酒，汝相共饮之。酒在楼下。’长房遣人取之，不能举，益至数十人，莫能得上。长房白公，公乃自下，以一指提上，与长

---

① （宋）李昉等撰《太平御览》卷三八《地部三·钟山》，中华书局1960年影印本，第183页。

② （汉）司马迁撰《史记》卷一二，中华书局1959年版，第482页。

③ （南朝宋）范晔撰《后汉书》卷八二下，中华书局1965年版，第2743页。

④ （周）列御寇撰，（晋）张湛注，（唐）殷敬顺释文《列子》卷五，上海古籍出版社1986年影印《二十二子》本，第210页。

⑤ （唐）卢重元撰《列子注》卷五，清嘉庆八年秦恩复刻石研斋四种本。

房共饮之。酒器不过如蜯大，饮之至旦不尽。”[①]

3. 晋王嘉撰《拾遗记》卷一《高辛》云：“三壶，则海中三山也。一曰方壶，则方丈也；二曰蓬壶，则蓬莱也；三曰瀛壶，则瀛洲也。形如壶器。此三山上广、中狭、下方，皆如工制，犹华山之似削成。”[②]道教三山都离不开一个“壶”字。

4. 北魏郦道元《水经注》卷二一《汝水》云：“昔费长房为市吏，见王壶公悬壶郡市，长房从之，因而自远同入此壶，隐沦仙路，骨谢怀灵，无会而返，虽能役使鬼神，而终同物化。”[③]

5. 南朝信仰的壶形仙境即葫芦。《南史·徐熙传》云：“（徐）熙好黄、老，隐于秦望山，有道士过求饮，留一瓠瓠与之，曰：‘君子孙宜以道术救世，当得二千石。’熙开之，乃《扁鹊镜经》一卷，因精心学之，遂名震海内。”[④]

可见到了魏晋南北朝时期，壶形宇宙观已经有了很大的发展，从壶形的山演变到以壶来命名神仙，再演变到葫芦的故事，壶对天地万物竟无所不包了。

再到唐代，从王壶公到谢壶公，而且更进一步地提出“壶天”之说，是唐人的一种创新的说法，即相信壶中别有天地。《道藏·太平部》收入唐道士王悬河《三洞珠囊》云：“壶公谢元，历阳人，卖药于市，不二价，治病皆愈。语人曰：服此药必吐某物，某日当愈。事无不效，日收钱数万，均施与市中贫乏饥馁者。”

另外，唐诗有“壶天”说。李白《下途归石门旧居》云：“余尝学道穷冥筌，梦中往往游仙山。何当脱屣谢时去，壶中别有日月天。”[⑤]李白《赠饶阳张司户燧》云：“蹉跎人世间，寥落壶中天。独见游物祖，探玄穷化先。”[⑥]李商隐《赠白道者》云：“十二楼前再拜辞，灵风正满碧桃枝。壶中若是有天地，又向壶中伤别离。”[⑦]

“壶天”也就是“壶中天”，在唐代已经成为固定的说法。张乔《题古观》云：“洞水流花早，壶天闭春雪。其如为名利，归踏五陵尘。”[⑧]白居易《酬吴七见寄》云：“竹药闭深院，琴尊开小轩。谁知市南地，转作壶中天。”[⑨]

由上可见，至唐代李淳风《万法归宗》中提出壶天说，实为发展之必然。唐人信仰壶形之仙境，甚至造出巴邛人有橘中仙境之说。橘形与壶形相似。唐牛僧孺撰《玄怪录》卷三《巴邛人》记有橘中仙境的精彩故事：

---

① （晋）葛洪撰，胡守为校释《神仙传校释》卷九，中华书局 2010 年版，第 307—308 页。
② （晋）王嘉撰，（梁）萧绮录，齐治平校注《拾遗记》卷一，中华书局 1981 年版，第 20 页。
③ （北魏）郦道元撰，陈桥驿点校《水经注》卷二一，上海古籍出版社 1990 年版，第 411 页。
④ （唐）李延寿撰《南史》卷三二，中华书局 1975 年版，第 838 页。
⑤ 《全唐诗》卷一八一，中华书局 1960 年版，第 1841—1842 页。
⑥ 《全唐诗》卷一六八，中华书局 1960 年版，第 1737 页。
⑦ 《全唐诗》卷五三九，中华书局 1960 年版，第 6163 页。
⑧ 《全唐诗》卷六三八，中华书局 1960 年版，第 7320 页。
⑨ 《全唐诗》卷四二九，中华书局 1960 年版，第 4737 页。

11. 橘中二叟图〔采自《芥子园画传》〕

有巴邛人，不知姓名，家有橘园。因霜后，诸橘尽收，余有两大橘，如三斗盎，巴人异之，即令攀摘。轻重亦如常橘。剖开，每橘有二老叟，鬓眉皤然，肌体红润，皆相对象戏（即下象棋）。身长尺余，谈笑自若。剖开后，亦不惊怖，但相与决赌。决赌讫，一叟曰："君输我海上龙王第七女髲（假发）发十两，智琼额黄十二枝，紫绢帔一副，绛台山霞宝散二庾，瀛州玉尘九斛，阿母疗髓凝酒四钟，阿母女态盈娘子跻虚龙缟袜八緉。后日于王先生青城草堂还我耳。"又有一叟曰："王先生许来，竟待不得！橘中之乐，不减商山。但不得深根固蒂，为愚人摘下耳。"又一叟曰："仆饥矣，须龙根脯食之。"即于袖中抽出一草根，方圆径寸，形状宛转如龙，毫厘罔不周悉。因削食之，随削随满。食讫，以水噀之，化为一龙，四叟共乘之。足下泄泄云起。须臾，风雨晦冥，不知所在。巴人相传云：百五十年来如此，似在陈隋之间，但不知其年号耳。[①]

橘形宇宙观也是道教的宇宙观，以上故事也是道教故事的遗留。

至宋代，晋代创造的"壶公"与唐代创造的"壶天"竟然合二为一了。《云笈七签》卷二八《二十八治》云："《云台治中录》曰：施存，鲁人，夫子弟子，学大丹之道，三百年十炼不成，唯得变化之术。后遇张申为云台治官，常悬一壶，如五升器大，变化为天地，中有日月，如世间，夜宿其内，自号'壶天'，人谓曰'壶公'。因之得道在治中。"[②]这充分表现了宋代道家博采前世众说，而将各种道家壶形宇宙观融为一体。

八仙之一——铁拐李，他手上便拿着一个葫芦，天地会成员画像供奉，并题诗一首："拐李葫芦果是真，金箍头上有缘因。披发赤足街上过，一心掌定彪乾坤。"[③]此诗既提到头发又提到壶天仙镜——葫芦中的乾坤。实际上清代天地会尊奉的八仙之一——蓝采和也如此，他们画像供奉。蓝采和长发，手扶一个壶形花篮也正是壶天仙境的表现。

① （唐）牛僧孺撰，姜云、宋平校注《玄怪录》卷三《巴邛人》，《玄怪录 续玄怪录》，上海古籍出版社1985年版，第83—84页。

② （宋）张君房撰《云笈七签》卷二八，景印文渊阁《四库全书》第1060册，第321页。

③ 萧一山编《近代秘密社会史料》，国立北平研究院总办事处出版课民国二十四年（1935）版。

12. 铁拐李图〔采自《近代秘密社会史料》。下同〕

13. 蓝采和图

综上，本节所述头发巫术皆围绕道教"壶天"宇宙观为核心，而"壶天"宇宙观则来自我国原始宗教观，有漫长的流变史。它显然被道士施行头发巫术时所利用。

第四节　唐代发爪巫术与隐身术

我国道教施行的发爪巫术，与隐身术的幻梦产生了密切的关系，法 Pel. chin. 3810 敦煌写本中，有一篇唐人的《湘祖白鹤紫芝遁法》(11—1～2)，其中说将头发和指甲烧成灰，和入面粉打成糊状，经过一系列施魔力的过程，取用后就能隐身了。这是中古时代对头发巫术别出心裁的设计。《湘祖白鹤紫芝遁法》云："凡炼此法者，用白毛七根，自己头发七根，手足指甲共剪三分，用阴阳瓦焙焦，存性为末，入飞罗面打糊，表蛤蚌纸，为钱厚，剪成一牌，长三寸三分，宽二寸二分，五色纸绳系之。待鹤神下界之日，一面以鹤涎调朱书符，一面以人乳汁磨墨，画鹤一只听用。又采兰花七朵，己发七根，手足指甲共三分，照前焙干为末，入飞罗面打糊，表蛤蚌纸，为钱厚，剪成一牌，长三寸三分，阔二寸二分，五色绒纸系之。一面以兰叶捣汁，调雄黄书符，一面以人乳汁研墨，画紫芝一枝。制毕，但缝衣盛之，就于本月日起，净室之中，设位供奉祖师，物(务)要虔诚洁净，勿令产孝、鸡犬犯秽污，投词持练，案上放一明亮新镜，念咒各七遍，焚符为一道，斫水吞服，叩礼七拜，将二牌县于项下衣内掩之。一日三次，忌戒五荤三厌。炼至七日，念咒吞符拜毕，将牌出囊，挂在胸前，对镜照之，如见鹤草，不见人形，是其验也。如不见鹤草，仍见人形，再咒炼之一七日，务要照见鹤草，不见人形为止。若有缘者，道心坚固，诚意恪志，不过三七日照之，鹤草俱见，备办三牲祭礼送神。以后逢凶遇难，先出鹤牌而化鹤，后出草牌而化草，任意而行，此乃助身保命之仙术也。实为性命右(有)德之士,宜当誓授以为护身之宝。非人切不可轻传。若无德行禄薄之辈,侥幸一时炼成,辄起淫盗之心,上天谴罪,殃祸及身也。乃万金不传之秘,谨之慎之。”①

以上道教的隐身术,实际以发爪巫术作为基础并创新设计而成。有关隐身术系列问题论述,请参阅高国藩著《敦煌古俗与民俗流变——中国民俗探微》一书,本节补充论述以下问题。

以上所引法 Pel. chin. 3810《湘祖白鹤紫芝遁法》,显然出自唐代李淳风著、袁天罡补《增补秘传万法归宗》卷二《湘祖白鹤紫芝遁》;前半段字句也基本一致,《增补秘传万法归宗》文曰:

> 夫白鹤紫芝遁法,乃汉名将钟离翁传唐秀士吕纯阳,纯阳传韩湘子。阐扬大教,广发慈悲,虑后之进道,虽得住世延年,功行不完,未超三界,和光混俗,仍在尘寰。如值末(天)劫,兵荒马乱,遍挠天下,无计(日)逃避。噫,惜哉,今以仙术留传于世,夙有道缘。有道缘者获得是诀,虔心恳告,万法教主,历代仙师,其通诵意,某设立　祖师牌位,茶果、香灯、鹿脯、白鸭供献,虔诚持炼,功成行满之日,能脱凶灾大难,永不遭刀兵之手。故云:老君无世不出,先尘劫而行化,后无极而长存,隐显莫测,变化无穷,普度天下人,不可具述矣。②

14. 清代民间所绘吕纯阳(即吕洞宾)

15. 韩湘子像

这段是白鹤紫芝遁法的序文,点明修此巫术是为了“能脱凶灾大难”和“普度天下人”。传术要点是必须传授“有德之士”,不得传授“无德行禄薄之辈”。此秘法还联系到敦煌本《白鹤灵彰咒》、《紫芝灵禽咒诀》、《鹤神所在日期》、三角

① 上海古籍出版社、法国国家图书馆编《法藏敦煌西域文献》第 28 册,上海古籍出版社 2004 年版,第 132—133 页。按,文字漏误据《增补秘传万法归宗》补正。

② 个别文字与敦煌本有异,误字据之校改。

形印箓，以及《鹤符式》、《草行式》、《鹤牌符》、《草牌符》等符咒，这在《增补秘传万法归宗》里全有。

鹤神是南方流传已久的民俗信仰，《协纪辨方书》卷三末云："今按日游神载于时宪书，明代承元《授时历》即有之。其前则莫可考矣。《历例》曰：'其义未明'，自来未有为之说者，然俗所遵信。南方民俗又有所谓鹤神方者，出行忌抵向之。甲子乙丑日在东南方之巳，丙寅转丙午丁方，五日而转未坤申方，六日而转庚酉辛方，五日而转戌乾亥方，六日而转壬子癸方，尽五日则为壬辰矣。癸巳日起，至戊申日止，此十六日谓之鹤神上天。至己酉日，又出至丑艮寅方，六日而转甲卯乙方，五日而转辰巽巳方。凡四日，为癸亥矣。辰二日，巽二日，而甲子乙丑又从巳起。凡居四维则六日而去，居四正则五日而去。"[①]

以上所述，是完全按照古代民间道家设计的"鹤神图"来立论的。不看以下"鹤神图"就难以区分其中的八方和四十四日，其中意思也难以理解了。此八方为：

丙午丁方　未坤申方　庚酉辛方　戌乾亥方
壬子癸方　丑艮寅方　甲卯乙方　辰巽巳方

每一方又制约五至六日，八方共制约四十四日。这八方制约的日名是：

1. 丙午丁方，共五日：

丙寅　丁卯　戊辰　己巳　庚午

2. 未坤申方，共六日：

辛未　壬申　癸酉　甲戌　乙亥　丙子

3. 庚酉辛方，共五日：

丁丑　戊寅　己卯　庚辰　辛巳

---

① （清）允禄等撰，刘道超译注《协纪辨方书》卷三《日游神》，广西人民出版社 1993 年版，第 129 页。

4. 戌乾亥方，共六日：

壬午　癸未　甲申　乙酉　丙戌　丁亥

5. 壬子癸方，共五日：

戊子　己丑　庚寅　辛卯　壬辰

6. 丑艮寅方，共六日：

己酉　庚戌　辛亥　壬子　癸丑　甲寅

7. 甲卯乙方，共五日：

乙卯　丙辰　丁巳　戊午　己未

8. 辰巽巳方，共六日：

庚申　辛酉　壬戌　癸亥　甲子　乙丑

以下“鹤神图”采自《协纪辨方书》卷三，它与《增补秘传万法归宗》卷二《论鹤神所在日》及法 Pel. chin. 3810《鹤神所在日期》(11—4)的十句诗体咒语的内容是互相吻合的。诗云：

16. 鹤神图

鹤神癸巳上天堂，
己酉还居东北方。
乙卯正东居五日，
庚申却入巽宫藏。
丙寅午地磨金甲①，

① 敦煌写本少一“地”字。

辛未西南往遇乡。
丁丑南方奇白兽，
壬午寻乾金放光。
戊子北方居五日，
鹤神依旧到天堂。[①]

这种吻合只是体现在干支日期上，其余“往遇乡”、“奇白兽”、“巽宫藏”等说法则依然不可解。神秘圆圈排列的神秘数字包容的依然是神秘内容。其原因在于道士不可能实现“隐身”幻梦；而以上鹤神图，从现有资料看，似为配合唐代这首诗体咒语而作，是《协纪辨方书》作者采集明代以前的民俗鹤神观念实录，因此其书卷三引到明娄元礼撰《田家五行》中的相关记载。《田家五行》卷下《论鹤神》云：“已酉日下地东北方，乙卯转正东，庚申转东南，丙寅转正南，辛未转西南，丁丑撰正西，壬午转西北，戊子转正北，癸巳上天，在天上之北，戊戌日转天上之南，甲辰转天上之东，已酉复下，周而复始。括云：才逢癸巳上天堂，已酉还归东北方。上天下地之日，晴主久晴，雨主久雨，转方稍轻，若大旱年，虽转方，天并不作变，谚云：‘荒年无六亲，旱年无鹤神。’”[②]故鹤神是丰年的想象而已。

在以上所谓的“鹤神图”中，内圈所标明的十六日，即癸巳、甲午、乙未、丙申、丁酉、戊戌、癸卯、壬寅、辛丑、已亥、庚子、甲辰、乙巳、丙午、丁未、戊申，为“鹤神上天”之日，所以说“癸巳日起，至戊申日止，此十六日谓之鹤神上天”。这当然是道士们设计发爪巫术隐身法时故弄的玄虚，鹤为什么一定要在这十六日上天而不在其他日上天？没有答案，而文中所制定的每一个名词都有它特殊的不可解的含义。连《协纪辨方书》卷三也说：“唯鹤神之名则从俗之称而莫可解。”[③]道士实际上是利用了民俗的“鹤神”名称来实施发爪巫术隐身术，也运用了天干地支的纪日知识造作了一个神秘的鹤神上天的周期而已。不可解论就形成了它非科学的迷信。

但是，法 Pel. chin. 3810《湘祖白鹤紫芝遁法》、《白鹤灵彰咒》、《鹤神所在日期》的内容原文，则肯定辗转流传下来了，我们如果对照李淳风撰、袁天罡补的《增补秘传万法归宗》一书，就会发现法 Pel. chin. 3810 写卷内容与其相合，并可

① 上海古籍出版社、法国国家图书馆编《法藏敦煌西域文献》第 28 册，上海古籍出版社 2004 年版，第 134 页。

② (明)娄元礼撰《田家五行》卷下，《续修四库全书》子部第 975 册，上海古籍出版社 2002 年影印本，第 345 页。

③ (清)允禄等撰，刘道超译注《协记辩方书》卷三《日游神》，广西人民出版社 1993 年版，第 130 页。

互校，由此也可以肯定《增补秘传万法归宗》决不是一本后世杜撰的伪书，尽管《增补秘传万法归宗》是否为李淳风著尚有问题。在《增补秘传万法归宗》卷三《格天规模》之《祈雨叙》中有“时嘉靖丙辰春三月壬申天师张序”，嘉靖丙辰时当公元 1556 年，这是明代人增补《增补秘传万法归宗》之明证。另外，卷五附录的《天师心传口诀》有“时正德二年三月初九日主事张灵当空拜受”[①]字样，正德二年为公元 1507 年，也为明代人增补此书之明证。《增补秘传万法归宗》还有“刘伯温得此传也”之语，也是明人修改的痕迹。甚至《增补秘传万法归宗》有“维大清国某省某府”字样，则显然是清代巫师之加添。以上例证充分说明《增补秘传万法归宗》其主体部分是唐人著述，而加添处则有后人以各时署名来说明。

综观这项隐身发爪巫术，其结构除以上巫术概述外，还包括三咒三符组成的三套巫术，这在《增补秘传万法归宗》卷二有详细记载。

第一套为《白鹤灵彰咒》与《鹤符式》。

白鹤灵彰咒

白鹤灵禽白鹤神，
金丹一点得延龄。
大化白鹤升天去，
人跨白鹤驾祥云。
太上玉旨亲垂教，
留传助道遁真形。
走遍天涯人莫见，
非灾横祸不能侵。
弟子誓授神仙法，
逢凶遇难避刀兵。
慧眼遥观来害者，
须臾变态隐吾身。
一化白鹤，
二化紫芝。
隐显莫测，
众神护持。
吾奉太上老君，急急如律令，敕。

---

① 《增补秘传万法归宗》卷五附录《天师心传口诀》，仅见于南京图书馆藏清刻本。

北岳帝君速降摄。

真言曰：唵啮嗡哆唎哆唎摄。一炁念七遍。①

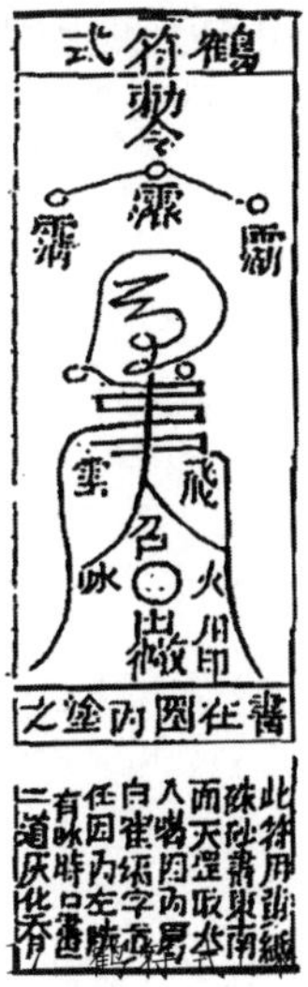

自《增补秘传万法归宗》。下同〕

图 17 是配合咒语的《鹤符式》。

《鹤符式》采自《增补秘传万法归宗》卷二，与法 Pel. chin. 3810(11—3)所载基本相似，符下说明讹字多，难以卒读。此诗重点渲染了道家“人跨白鹤驾祥云”的幻想，人能飞天而避开人间的灾难。战乱是产生这种幻想的土壤。

第二套为《紫芝灵禽咒诀》与《草符式》。

紫芝灵禽咒诀左手斗诀，右手剑诀，步前罡法

万化丛中一颗草，其色青青香更好。

神仙采取在花篮，千般变化用不了。

吾今法炼隐吾身，纵横世界无烦恼。

行亦无人知，坐亦无人晓。

遇兵不受惊，逢贼不受拷。

护道保长生，相随白鹤老。

吾奉太上老君，急急如律令，敕。

东岳帝君速降摄。又真言一炁念七遍。

真言曰：唵啮嗡唵哆唎唵哆唎摄。跟前咒念之。②

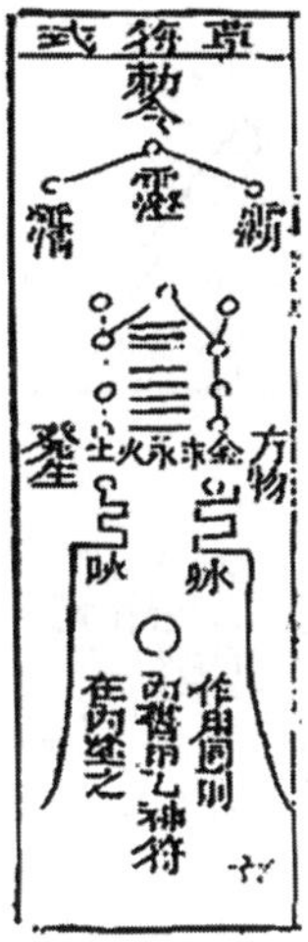

18. 草符氏

图 18 是配合咒语的《草符式》。

《草符式》亦采自《增补秘传万法归宗》卷二，与法 Pel. chin. 3810(11—4)所载也基本相同。道士之所以要选用白鹤与紫芝草来作为书符的内容，一来与爱大自然有关，二来也与恋故土之一禽一草有关，借此以增添这种隐身发爪巫术的本土性。

第三套为《鹤神所在日期》与鹤牌草牌。《鹤神所在日期》之十

① 参见上海古籍出版社、法国国家图书馆编《法藏敦煌西域文献》第 28 册，上海古籍出版社 2004 年版，第 133 页；论述请参阅高国藩《敦煌古俗与民俗流变——中国民俗探微》，河海大学出版社 1989 年版，第 131—133 页。孙正治点校《增补秘传万法归宗》卷二，中医古籍出版社 2012 年版，第 92 页。文字略有差异。

② 参见上海古籍出版社、法国国家图书馆编《法藏敦煌西域文献》第 28 册，上海古籍出版社 2004 年版，第 133 页；孙正治点校《增补秘传万法归宗》卷二，中医古籍出版社 2012 年版，第 92—93 页。文字略有差异。

句诗已见上引，兹从略。图 19 则是配合这首诗的鹤草二符印：

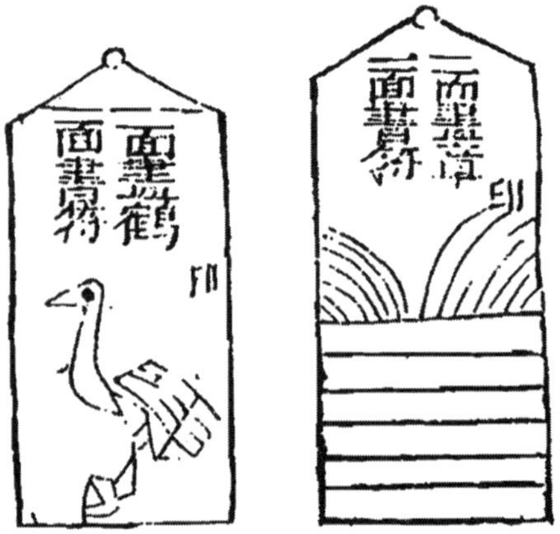

19. 鹤草二符印

鹤草二符印与法 Pel. chin. 3810（11—4）所载不甚相同，但是《增补秘传万法归宗》对这二符印有一段说明，与法 Pel. chin. 3810（11—4）所载基本相同，文曰：

> 此二牌画鹤草真形，总盛绢绛袋内，如欲用时，将左袖一展，先取出鹤牌，千百万军中，则见鹤不见人形。如作戏取乐，口谈诗词，任意舞蹈。如俗人见鹤追赶，急将右翅一拂，取出草牌，即化草矣。鹤牌入囊，只见碧兰一颗，真乃湘祖之妙诀也。其中变易多端，难以尽言。当誓授之，珍重珍重，秘之秘之。[①]

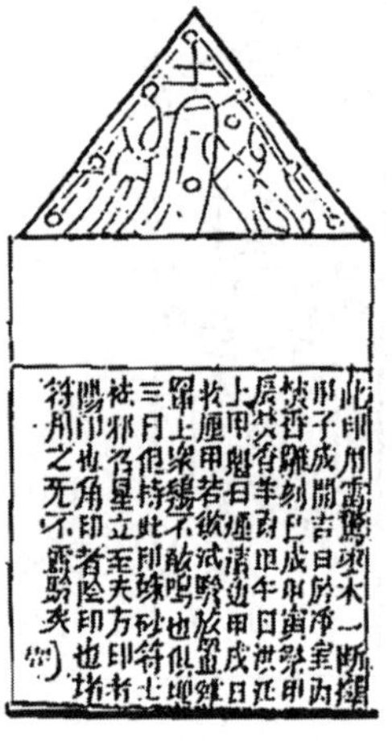

20. 雷惊枣木印篆

这段神秘语，一来说明鹤牌的神妙，而且以鹤牌为主；二来禁止“作戏取乐”，否则以草牌化草来禁止施术。此外，敦煌本《鹤神所在日期》（11—4）又云：“造鹤草二牌须择吉日，二牌以五色纸绳系之，盛绛囊内，悬之衣领内，掩之。”[②]通过《增补秘传万法归宗》卷二来看，法 Pel. chin.

① 参见上海古籍出版社、法国国家图书馆编《法藏敦煌西域文献》第 28 册，上海古籍出版社 2004 年版，第 134 页；孙正治点校《增补秘传万法归宗》卷二，中医古籍出版社 2012 年版，第 94—95 页。

② 上海古籍出版社、法国国家图书馆编《法藏敦煌西域文献》第 28 册，上海古籍出版社 2004 年版，第 134 页。参见孙正治点校《增补秘传万法归宗》卷二《论鹤草二牌须择吉日》，中医古籍出版社 2012 年版，第 94—95 页。

3810(11—4)中的三角形印篆,同样是隶属于鹤草二牌之后的。印下的注语中虽有讹字,但总体较顺:

> 此印用雷惊枣木一断(段)。择甲子成开吉日,于净室内焚香,雕刻已成。甲寅日祭。甲辰焚香羊肉。甲午日洪(供)汪(灶)上。甲申日埋渎(坟)边。甲戌日收厘(匣)用。若欲试验,放置鸡罩上,众鸡不敢鸣也。俱埋三日。但持此印朱砂符上,祛邪召星立至。夫方印者,阳印也。角印者,阴印也。诸符用之,无不灵验矣。[①]

从最末几句可见,此角印是为了配合以上三套符咒中的各个符的。最后还需指出,道士在施此发爪巫术前,还需念《步罡诀》,《增补秘传万法归宗》卷二也有记载。

21. 步罡诀符

综上所述,《增补秘传万法归宗》中众多段落见于敦煌唐人写卷,孙正治点校本之《内容提要》认为:"《增补秘传万法归宗》一书,旧题唐李淳风、袁天罡撰,根据其内容来分析,显然是明清时期的文人伪托而已。"[②]对照敦煌唐人写卷,"伪托"论实为误识,明矣。这一庞大系统的隐身发爪巫术,是民间书法、美术、民谣、工艺的综合体。它绝非荒诞,更非糟粕,而是一种科学和文化的独特的想象力文献,并引导人走向科学的文明。我们不知道道士的这种法术,怎样能使他们梦幻成真。但是,中古时代就能幻想人驾鹤上天,却可以看作是人类发明飞行物的前奏。

第五节　唐代吹毛为虎的交感巫术

古代由于野兽、盗贼危害民众,民众迫切需要遇险求生,唐代民间巫师为顺应民心,由头发巫术中得到了灵感,设计出拔一根虎毛来变一只老虎吓退盗贼的巫术。这项巫术的施术原则,也是与头发巫术相同,认为一根动物身上的毛,便是这

---

① 上海古籍出版社、法国国家图书馆编《法藏敦煌西域文献》第 28 册,上海古籍出版社 2004 年版,第 134 页。参见孙正治点校《增补秘传万法归宗》卷二《论鹤草二牌须择吉日》,中医古籍出版社 2012 年版,第 94—95 页。

② (唐)袁天罡、李淳风撰,孙正治点校《增补秘传万法归宗》,中医古籍出版社 2012 年版,第 1 页。

只动物生命的一部分，如果施术于毛，这根毛便可变为一只老虎。

《增补秘传万法归宗》卷五《吹毛为虎章第二》记载了这种道教巫术的详情。整个巫术包括三个部分：施术原则、咒、符。现在分别叙述如下：

第一，施术原则。

于寅日，取虎毛一撮。午时，死者亡人盖面纸一张。剪成纸虎一个，将虎毛两面粘糊之于上，余毛放纸虎一处，祭六甲坛下。脚踏"寅牛"二字，双手虎诀，取东方炁一口，念化虎咒七遍，焚符一道。四十九日毕，将前纸虎焚之，用祭水一钟吞服。余剩虎毛，每一根化虎一个。恰（掐）虎诀，念咒吹之，即化猛虎一只。欲收其虎，恰（掐）"寅"字，吸气一口，自入袖内，甚妙。凡郊外，登山涉水，独行之险，以此假虎为佯，诸凶皆避，大吉。①

第二，《化虎咒》。

脱胎换骨，
改祸为祥。
随吾应变，
在吾之傍。
放之威烈，
收之即藏。
吾奉三山九侯先生律令，摄。②

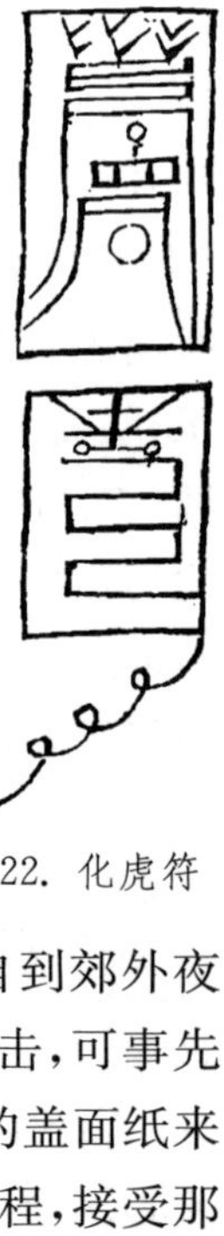

22. 化虎符

第三，《化虎符》。

这是唐代道士教人运用的一种"精神壮胆法"。如果有人要独自到郊外夜行，或独自登山涉水于险恶之途，很怕遇到豺狼野兽、歹徒强盗的袭击，可事先拔一撮虎毛和剪一个纸老虎来施以模仿巫术，但必须先抓一张死人的盖面纸来剪纸老虎，否则无效。也就是说，人必须首先经过一个可怖的锻炼过程，接受那张死人面孔恶梦般的恐吓，便能看穿人生浮云如梦的真相，顿悟一切只不过如此，然后再念咒焚符，于是一只自一根虎毛幻化而来的活老虎便出现在眼前。然后再和以祭水吞服那些剩余的虎毛，便具有了夜行的虎胆。当人进入巫术境

①② （唐）李淳风撰，袁天罡补《增补秘传万法归宗》卷五，清刻本（南京图书馆藏）。参见孙正治点校《增补秘传万法归宗》卷五，中医古籍出版社 2012 年版，第 261 页。

界后，一只只想象中的老虎便从虎毛中变出来，不用时就可以把它们一只只纳入袖内，于是一切便能化凶为吉了。

总之，整个吹毛为虎的施术过程，是一种精神幻化的过程。从这个意义上说，毛发巫术实际是道士施用的一种精神催眠术，也就是精神战术。实际上，他们未必能将一根虎毛变为一只老虎，但人一旦进入巫术境界，沉浸于有魔力的梦一般的幻境中，便能感觉到一撮虎毛变成了一群老虎，而要获得这一切幻觉，必须使一个纤弱的人看一看死人的面孔，亲自揭下死人脸上的盖面纸才行，不然，便不能有此幻觉。唯有经过巫术"脱胎换骨"的改造以后，他才能够有虎胆穿越险山恶水。看过死的人，才能够对死亡无所畏惧。

第六节　唐代的水巫术、脚印巫术与神判

唐代由于国家相对安定，经济不断发展，对外交流也活跃，所以唐代人见多识广，想象力特别丰富，因此各种交感巫术幻想也就显得特别繁杂多样。

一　水巫术

唐朝人也幻想能在水上走，"若履平地"，但唐代的水巫术已不再像汉代的足涂鱼血，而是用"履水珠"的法宝了。唐苏鹗撰《杜阳杂编》卷中云：

> 顺宗皇帝即位岁，拘弭国贡却火雀一雄一雌、履水珠、常坚冰、变昼草。其却火雀，纯黑，大小似燕，其声清，殆不类寻常禽鸟。置于火中，火自散去。上嘉其异。……履水珠，色黑，类铁，大于鸡卵，其上鳞皴，其中有窍，云持入江海内，可行于洪波之上下。上始不谓之实，遂命善浮者，以五色丝贯之，系于左臂。毒龙畏五色丝。潜入龙池，其人则步骤于波上，若在平地，亦潜于水中，良久复出，而遍体略无沾湿。上奇之，因以御馔赐使人。至长庆中，嫔御试弄于海池上，遂化为黑龙入于池内，俄而云烟暴起，不复追讨矣。①

这种"履水珠"法宝，显然是与西域交流之所获。善浮之巫术则是从拘弭国传入的。拘弭国，古代西域诸城国之一，故址在今新疆维吾尔自治区于田县克里雅河以东。这是唐人欲战胜潜水困难而设计的潜水巫术，其交感巫术最终却转换为模仿巫术，履水珠变化为一只黑龙飞去而不复追讨。

---

① （明）陶宗仪编《说郛一百二十弓》弓四六，上海古籍出版社1986年影印本，第2125页。

又有兰汤除巫患之法。唐薛渔思《河东记》记载韦浦其人在旅途中雇了个称为“归”的帮工同行，谁知此人是个会搞害人巫术的“客鬼”。住到一家旅店，“主人有稚儿戏于门下，乃见归以手挃其背，稚儿即惊闷绝，食顷不寤。主人曰：‘是状为中恶。’疾呼二娘，久方至。二娘巫者也，至则以琵琶迎神。欠嚏良久，曰：‘三郎至矣。’传语主人：‘此客鬼为祟，吾且录之矣。’言其状与服色，真归也。又曰：‘若以兰汤浴之，此患除矣。’如言而稚儿立愈。浦见归所为，已恶之，及巫者有说，呼则不至矣。”①客鬼干完坏事就逃走了。

23. 兰草〔采自《本草纲目》〕

兰草为中草药，明李时珍著《本草纲目》草部卷一四兰草叶“主治”云：“利水道，杀蛊毒，辟不祥。久服益气轻身不老，通神明。”②对《淮南子》所云“男子种兰，美而不芳”之说，李时珍云：“兰须女子种之，女兰之名，或因乎此。其叶似菊，女子、小儿喜佩之，则女兰、孩菊之名，又或以此也。”③

二　脚印巫术

唐人的脚印巫术也大有发展。从西域传入的佛脚印故事，似乎已代替了原始时代的大人脚印故事。

唐玄奘撰《大唐西域记·屈支国》云：“东昭怙厘佛堂中有玉石，面广二尺余，色带黄白，状如海蛤，其上有佛足履之迹，长尺有八寸，广余六寸矣。或有斋日，照烛光明。”④《大唐西域记·乌仗那国》云：“阿波逻罗龙泉西南三十余里，水北岸大磐石上，有如来足所履迹，随人福力，量有短长，是如来伏此龙已，留迹而去。后人于上积石为室，遐迩相趋，花香供养。”⑤

唐张读撰《宣室志》卷二《开业寺神人足迹》云：“至德二年十月二十三日，丰乐里开业寺有神人足迹甚长，自寺外门至佛殿。先是，阍人宿门下，梦一人长二丈余，披金甲，执银槊，立于寺门外，俄而以手轧其门，扃镉尽解，神人即俯而入寺，行至佛殿，顾望久之而没。阍人惊寤。及曙，视其门，已辟矣。即日以梦白于寺僧。

① (宋)李昉等编，汪绍楹点校《太平广记》卷三四一《韦浦》，中华书局1961年版，第2704—2705页。

② (明)李时珍著《本草纲目》草部卷一四，人民卫生出版社1977年版，第二册，第905页。

③ (明)李时珍著《本草纲目》草部卷一四，人民卫生出版社1977年版，第二册，第903页。

④ (唐)玄奘撰，章巽校点《大唐西域记》，上海人民出版社1977年版，第4页。

⑤ (唐)玄奘撰，章巽校点《大唐西域记》卷三，上海人民出版社1977年版，第60页。

众往共视，见神人之迹。告于京兆尹。尹具表以闻。肃宗命使验之，果如其言。”[①]唐段成式撰《酉阳杂俎》前集卷一〇《物异》云：“辟支佛靴，于阗国赞摩寺有辟支佛靴，非皮非彩，岁久不烂。”[②]

这些龙泉、东昭的佛足印，开业寺的神足迹，赞摩寺的佛靴，件件都说明了佛脚印在唐人中的广泛影响，但是，唐人巫师在脚印上又另有构想。

唐人巫师又发挥出奇异想象力和创造力，将脚印巫术设计出两种不同形态。第一种是鞋子巫术。例如，《增补秘传万法归宗》卷二记载着一种道教的鞋子巫术，名曰“鞋遁法”，原文云：

> 欲炼之日，用黄纸阔二寸，朱书“雷震符”于上面，向北烧灰，清水吞之。向北念咒三遍，取炁三口，吞入腹中。临用之时，弃右鞋一只，正东而去，行过三步，则鬼神不见。所留之鞋，如自己之形，人见似真死。过九日，法尽，乃众视之为鞋。[③]

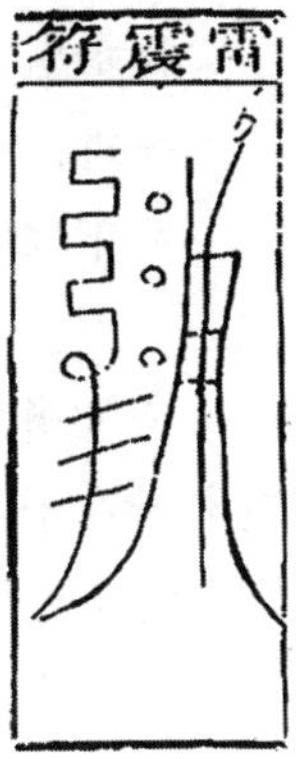

24. 雷震符〔采自《增补秘传万法归宗》。下同〕

雷震符下注云：“此术传有德之士，若轻举妄动及授非人，天必谴之。”[④]

“向北念咒”指《脱身守尸咒》，咒文云：

> 太上三官，五雷久随。
> 吃吾真炁，守吾真元。
> 奉太上老君，急急如律令，摄。[⑤]

“鞋遁法”即包括以上术文、雷震符及咒文。

这种道教鞋子巫术认为，留鞋如留“自己之形”，正如见脚印如见其人并与其人同感一样。用鞋子巫术使鞋作替身，以解救突然降临的灾难。宋曾慥《类说》卷二七《逸史·射罗公远》记罗公远故事云：

> 明皇欲传隐形之术，公远秘之，恐其游幸放恣。上怒，选善射者伏于壁，召公远与语，众矢俱发，乃死。上令瘗于宫中。月余，中使自蜀回，云：

① （唐）张读撰，张永钦、侯志明点校《宣室志》卷二，中华书局1983年版，第17页。

② （唐）段成式撰，方南生点校《酉阳杂俎》前集卷一〇《物异·辟支佛》，中华书局1981年版，第98页。

③④⑤ （唐）李淳风撰，袁天罡补《增补秘传万法归宗》卷二，清刻本（南京图书馆藏）。

"臣今至洛谷，见公远，令臣附起居，专于成都望车驾。"上惊，令开棺，唯见一草鞋，有箭孔数十。后上幸蜀，有称维公延来谒，召之不见。维公延即罗公远，上悔久之。[1]

唐玄宗杀罗公远巫师，罗公远就是以鞋子巫术逃脱了性命。他将鞋子作为替身，赋予鞋子极大的神秘性与传奇性，这是运用鞋子交感巫术神化的结果。

第二种是脚下泥土巫术。后世衍化成一种有趣甚至荒唐的恋爱巫术。如《增补秘传万法归宗》卷五《佳人返步章第八》记一种脚下泥结合姓名之巫术，原文云：

但于妇人行步去处，脚踪者最佳，取其二足心中土二撮，立仿作之形，一只书妇人、自己名，一只用剑诀一勾，如此等样 女名 男名 ，祭六甲坛下，脚踏魁罡二字，左手雷印，右手剑诀，取东方炁一口，念《返步咒》七遍，焚符一道。每呼妇名，如立日前，应步相似。四十九日毕，将土和泥，安自己脚足下，往返行步，一时去矣，佳人返步。

这种脚底泥巫术认为，女子脚下泥对钟情于她的男子互有交感魔术力，若施术于女子脚下泥，再将此女子姓名呼唤，经过四十九日施术过程，将泥土安在自己脚下，来回行走，女子便会返步回来。

关键处在于念《佳人返步咒》七遍：

佳人行处，步步踏迟。
吾今一剑，尔者自回。
结成一块，恋成一堆。
吾奉三山九侯先生律令，摄。

之后还要焚《返步符》一道。

25. 返步符

由上可见，符咒中都强调一个"合"字，这说明道士将吉利语也视为是有魔术力的。唐人的以上两种巫术虽荒诞，但却具有文化性，从鞋遁法可知道唐玄宗欲杀罗公远未成的巫术背景，从各种咒语可知民间白话歌谣的韵味。

① (宋)曾慥撰《类说》卷二七，景印文渊阁《四库全书》第873册，第458页。

三　神判

唐代也有一些从西域传来的神判信息。《大唐西域记》卷二即有滥波国、那揭罗曷国、健驮罗国的神判记叙，说“拒违所犯，耻过饰非，欲究情实，事须案者，凡有四条：水、火、称、毒”，即水判、火判、称判、毒判。文云：

> 水则罪人与石，盛以连囊，沈之深流，校其真伪，人沈石浮则有犯，人浮石沈则无隐。火乃烧铁，罪人踞上，复使足蹈，既遣掌案，又令舌舐，虚无所损，实有所伤；懦弱之人不堪炎炽，捧未开花，散之向焰，虚则花发，实则花焦。称则人石平衡，轻重取验，虚则人低石举，实则石重人轻。毒则以一羖羊，剖其右髀，随被讼人所食之分，杂诸毒药置剖髀中，实则毒发而死，虚则毒歇而苏。举四条之例，防百非之路。①

唐代时吐蕃松赞干布曾经制定出《十六法》的法律，规定判别是非可以用捞沸油法，是与上文水、火、称、毒“四判”一样的野蛮神判。

---

① （唐）玄奘撰，章巽校点《大唐西域记》卷二《印度总述·刑法》，上海人民出版社1977年版，第39页。

第二十一章　唐代模仿巫术

唐代模仿巫术中有诸多黑巫术，唐人一律概括为“厌魅”之术，又称“蛊厌”。故言厌魅之术，应当首先说明其法律背景。从这个角度来看，所有厌魅所属，都在初唐贞观制定的《唐律疏议》的控制和监督下，故厌魅不能泛滥成灾，唐王朝经济建设能够不断地向繁荣延伸。

唐长孙无忌等撰《唐律疏义》卷一八《憎恶造厌魅问答一》载：

诸有所憎恶而造厌魅及造符书、咒诅，欲以杀人者，各以谋杀论减二等。于期亲尊长及外祖父母、夫夫之祖父母、父母各不减。

疏义曰：有所憎嫌前人而造厌魅事，多方罕能详悉。或图画形像，或刻作人身，刺心钉眼，系手缚足。如此厌胜事，非一绪魅者，或假托鬼神，或妄行左道之类；或咒或诅，欲以杀人者，各以谋杀论减二等。若于期亲尊长及外祖父母、夫夫之祖父母、父母，各不减，依上条，皆合斩罪。①

1. 敦煌莫高窟205窟　经变中的伎乐菩萨（初唐）〔采自《敦煌舞姿》〕

“夫夫”，指“这个男子”。所有搞厌魅术的人及其关涉者，都要被绳之以法，皆合问斩。厌魅术是模仿巫术的极端，其往往是模仿巫术与蛊道巫术相结合的一种恶性巫术，造厌魅事大多出现在初唐高宗和武则天时代。因其发展势头为《唐律疏议》所扼制，并未引发大乱。唐朝显然接受了隋朝巫术败国的教训。现分别论述初唐扼制状况：

一为唐高宗时代白铁余利用模仿巫术造反事。唐张鷟撰《朝野佥载》卷三

---

① （唐）长孙无忌等撰《唐律疏义》卷一八，景印文渊阁《四库全书》第672册，第229页。

曰："白铁余者，延州稽胡也，左道惑众。先于深山中埋一金铜像于柏树之下，经数年，草生其上。给乡人曰：'吾昨夜山下过，每见佛光。'大设斋，卜吉日以出圣佛。及期，集数百人，命于非所藏处劚，不得。乃劝曰：'诸公不至诚布施，佛不可见。'由是男女争布施者百余万。更于埋处劚之，得金铜像。乡人以为圣，远近传之，莫不欲见。乃宣言曰：'见圣佛者，百病即愈。'左侧数百里，老小士女皆就之。乃以绯紫红黄绫为袋数十重盛像，人聚观者，去一重一回布施，收千端乃见像。如此矫伪一二年，乡人归伏，遂作乱，自号光王，署置官职，杀长吏，数年为患。命将军程务挺斩之。"[①]这是外族人裹胁汉族人派发的厌魅术。

一是武则天时代重用酷吏来俊臣夸大制造模仿巫术。《朝野佥载》曰："载初年中，来俊臣罗织，告故庶人贤二子夜遣巫祈祷星月，咒咀不道。栲楚酸痛，奴婢妄证，二子自诬，并鞭杀之，朝野伤痛。浮休子张鷟曰：下里庸人，多信厌祷，小儿妇女，甚重符书。蕴慝崇奸，构虚成实。坎土用血，诚伊戾之故为；掘地埋桐，乃江充之擅造也。"[②]载初年正当则天女皇执政，厌祷即厌魅。这是酷吏来俊臣利用则天女皇对他的宠信将厌魅术极端化，像条疯狗一样到处夸张罗织厌魅术，引起天下不宁。一收一纵，使唐王朝充分接受教训。从整个巫术史来看，唐王朝是控制黑巫术最有效和最及时的一个王朝。

第一节　唐代模仿巫术

一　铜人钉口

唐代巫师铸造铜人施行模仿巫术。《新唐书》卷二二四下《叛臣·高骈传》云："用之始诈行密曰：'庑下有瘞金五千斤，事平愿备一日乏。'行密掘地无埋金，但得铜人三尺，身桎梏，钉刺其口，刻骈名于背，盖用蛊厌骈也。"[③]《太平广记》卷二八三《高骈》有类似说法，云："唐高骈尝诲诸子曰：'汝曹善自为谋，吾必不学俗物，死入四板片中，以累于汝矣。'及遭毕师铎之难，与诸甥侄同坎而瘗焉。唯骈以旧毡苞之，果符所言。后吕用之伏诛，有军人发其中堂，得一石函，内有桐人一枚，长三尺许，身披桎，口贯长钉，背上疏骈乡贯甲子官品姓名，为厌

---

① (唐)张鷟撰，赵守俨点校《朝野佥载》卷三《白铁余》，中华书局1979年版，第73页。

② (唐)张鷟撰，赵守俨点校《朝野佥载》卷三《载初年中》，中华书局1979年版，第62页。

③ (宋)欧阳修、宋祁撰《新唐书》卷二二四下，中华书局1975年版，第6403页。

2. 唐代三彩抱袋胡人俑(陕西唐墓出土——美国西雅图美术馆藏)〔采自《中国古俑白描》。下同〕

胜之事。以是骈每为用之所制,如有助焉。出《妖乱志》”[①]此“厌胜”非祥瑞物,而应是以上蛊厌、魇魅巫术之误。

“桐人”、“铜人”应该是传写字异。从以上所述可知,当时人相信高骈之所以总是不得志,就是由于被人暗地里施行了模仿巫术,在模拟人口中贯长钉,所以就形成了“骈每为用之所制,如有助焉”。吕用之是个害人的巫师。此巫术之在模拟人上钉长钉历代常见。甚至还有传说铜人吃人的事情。《太平广记》卷三六六《张缜》引《闻奇录》云:

> 处士张缜,多能善琴。其妻早亡于江陵,纳妾甚丽。未旬日,主庖小青衣于灶下得一铜人,长可一寸,色如火。须臾渐大,长丈余,形状极异,走入缜室,取其妾食之,毛发皆尽。食讫渐小,复如旧形,入灶下而失。[②]

这样就更加使唐人信服铜人的巫术力了,于是便有人“左道惑众”,故意埋上铜人,假铜人模仿巫术来骗民众钱财。唐张鷟《朝野佥载》卷三记载说:

> 白铁余者,延州稽胡也,左道惑众。先于深山中埋一金铜像于柏树之下,经数年,草生其上。绐乡人曰:“吾昨夜山下过,每见佛光。”大设斋,卜吉日以出圣佛。及期,集数百人,命于非所藏处劚,不得,乃劝曰:“诸公不至诚布施,佛不可见。”由是男女争布施者百余万。更于埋处劚之,得金铜像。乡人以为圣,远近传之,莫不欲见。乃宣言曰:“见圣佛者,百病即愈。”左侧数百里,老小士女皆就之。乃以绯紫红黄绫为袋数十重盛像,人聚观者,去一重一回布施,收千端乃见像。如此矫伪一二年,乡人归伏,遂作乱,自号光王,署置官职,杀长吏,数年为患。命将军程务挺斩之。[③]

司马光《资治通鉴》卷二〇三《唐纪十九·弘道元年》载有此事。[④] 这就是唐

---

① (宋)李昉等编,汪绍楹点校《太平广记》卷二八三,中华书局1961年版,第2260—2261页。

② (宋)李昉等编,汪绍楹点校《太平广记》卷三六六,中华书局1961年版,第2908页。

③ (唐)张鷟撰,赵守俨点校《朝野佥载》卷三《白铁余》,中华书局1979年版,第73页。

④ (宋)司马光编著,(元)胡三省音注《资治通鉴》卷二〇三,中华书局1956年版,第6413—6414页。

3. 三彩吹笙唐人女俑(陕西西安西郊小土门村唐墓出土)

代喧闹一时的铜人巫术之乱。一个和尚,利用铜人模仿巫术骗取人们的钱财,最后发展到企图推翻唐王朝自己当皇帝的地步。

初唐的铜人巫术之乱并没有被唐代皇帝引为借鉴和教训,相反,他们仍然喜好模仿巫术。唐郑处诲撰《明皇杂录补遗》云:"唐天宝中,有孙甑生者,深于道术,玄宗召至京师,甑生善矮石累卵,折草为人马,乘之东西驰走。太真妃特乐其术,数召入宫试之,及禄山之乱,不知所之。"①杨贵妃特别喜欢这种折草人草马乘之驰走的模仿巫术,安禄山叛乱后,孙甑生就不知逃往何处了。

二　竹子变女

《太平广记》卷七二《陆生》引《原化记》云:"唐开元中,有吴人陆生……贫无仆从,常早就识,自驾其驴,驴忽惊跃,断缰而走,生追之……直至终南山下。……此驴直上,生随之上,五六里至一处,甚平旷,有人家,门庭整肃。……生遂叩门,良久,见一老人开门,延生入。……老人曰:'授学师资之礼,合献一女,度君无因而得,今授君一术求之。'遂令取一青竹,度如人长,授之曰:'君持此入城,城中朝官,五品已上,三品以下家人,见之,投竹于彼,而取其女来,但心存吾约,无虑也,然慎勿入权贵家,力或能相制伏。'生遂持杖入城,……误入户部王侍郎宅,复入阁,正见一女临镜晨妆,生投杖于床,携女而去,比下阶顾,见竹已化作女形,僵卧在床。一家惊呼云:'小娘子卒亡。'……叶天师至,诊视之曰:'此非鬼魅,乃道术者为之尔。'遂取水喷咒死女,立变为竹。……生既被擒,……就南山同取老人。……见老人杖策而下,……老人曰:'吾去日语汝,勿入权贵家,故违我命,患自掇也。然亦不可不救尔。'从人惊视之次,老人取水一口噀之,黑雾数里,白昼如暝,人不相见,食顷而

4. 三彩唐人妇女与胡侍俑(陕西唐墓出土)

① (唐)郑处诲《明皇杂录补遗》,丁如明辑校《开元天宝遗事十种》,上海古籍出版社1985年版,第31页。

散，已失陆生所在，而枷锁委地。”[①]此巫术乃道教巫术，能将竹子变为姑娘，又能反转把姑娘变为竹子，以此推度《华阳国志》、《后汉书·西南夷传》、《太平寰宇记》，乃至日本《竹取物语》中之竹子变人传说故事，都是模仿巫术的神话化。

三　画女变活

此巫术可称为画人变活求偶巫术。《太平广记》卷二八六《画工》引《闻奇录》云：

> 唐进士赵颜，于画工处得一软障，图一妇人甚丽，颜谓画工曰：“世无其人也，如何令生？某愿纳为妻。”画工曰：“余神画也，此亦有名，曰真真。呼其名百日，昼夜不歇，即必应之，应则以百家彩灰酒灌之，必活。”颜如其言，遂呼之百日，昼夜不止，乃应曰：“诺。”急以百家彩灰酒灌，遂活。下步言笑，饮食如常。曰：“谢君召妾，妾愿事箕帚。”终岁生一儿，儿年两岁，友人曰：“此妖也，必与君为患，余有神剑，可斩之。”其夕，乃遗颜剑，剑才及颜室，真真乃泣曰：“妾南岳地仙也，无何为人画妾之形，君又呼妾名，既不夺君愿，君今疑妾，妾不可住。”言讫，携其子却上软障，呕出先所饮百家彩灰酒，睹其障，唯添一孩子，皆是画焉。”[②]

如上说，此图画巫术先由画工画画，然后施术：（一）百日呼美人名，昼夜不歇；（二）等有应声，以百家彩灰酒灌，美人必活。这虽是巫师幻梦，但其对民间故事有深远影响，后世的《画中女》民间故事便是由此衍化而来。丁乃通《中国民间故事类型索引》将此种故事母题列入“一般的民间故事”400B类，母题为“英雄爱上肖像中的女子，或她已应允许配给他。她和他在一起住了些时，是真人的样子。但由于各种原因后来离开了。有时他忧伤而死。有时他去寻找她，终于把她找回”[③]。

四　女人变驴

唐代有个《板桥三娘子》记载三娘子变驴故事，其情节曲折多变，也表现中唐时的模仿巫术。《太平广记》卷二八六引《河东记》留有全文，现分以下七段剖析之。

---

① （宋）李昉等编，汪绍楹点校《太平广记》卷七二，中华书局1961年版，第448—449页。

② （宋）李昉等编，汪绍楹点校《太平广记》卷二八六，中华书局1961年版，第2283页。

③ 丁乃通编著，郑建成等译《中国民间故事类型索引》，中国民间文艺出版社1986年版，第109页。

5. 敦煌莫高窟112窟　经变中的伎乐菩萨(中唐)〔采自《敦煌舞姿》〕

其一,三娘子其人简介:“唐汴州西有板桥店,店娃三娘子者,不知何从来。寡居,年三十余,无男女,亦无亲属。有舍数间,以鬻餐为业。然而家甚富贵,多有驴畜。往来公私车乘,有不逮者,辄贱其估以济之。人皆谓之有道,故远近行旅多归之。”

其二,旅客赵季和的发现:“元和中,许州客赵季和,将诣东都,过是宿焉。客有先至者六七人,皆据便榻。季和后至,最得深处一榻,榻邻比主人房壁。既而三娘子供给诸客甚厚,夜深致酒,与诸客会饮极欢,季和素不饮酒,亦预言笑。至二更许,诸客醉倦,各就寝。三娘子归室,闭关息烛。人皆熟睡,独季和转展不寐,隔壁闻三娘子悉窣,若动物之声,偶于隙中窥之。”

其三,三娘子暗施模仿巫术,利用木人木牛做事:“即见三娘子向覆器下,取烛挑明之。后于巾箱中,取一副耒耜,并一木牛,一木偶人,各大六七寸,置于灶前,含水噀之,二物便行走。小人则牵牛驾耒耜,遂耕床前一席地,来去数出。又于厢中,取出一裹荞麦子,受于小人种之。须臾生,花发麦熟,令小人收割持践,可得七八升。又安置小磨子,碾成面讫,却收木人子于厢中,即取面作烧饼数枚。”

其四,三娘子再施模仿巫术,将旅客俱变为驴:“有顷鸡鸣,诸客欲发。三娘子先起点灯,置新作烧饼于食床上,与客点心。季和心动遽辞,开门而去,即潜于户外窥之。乃见诸客围床,食烧饼未尽,忽一时踣地,作驴鸣,须臾皆变驴矣。三娘子尽驱入店后,而尽没其货财。”

6. 三彩唐人男士对俑(陕西西安南河村鲜于庭唐墓出土)〔采自《中国古俑白描》〕

其五,赵季和再次发现三娘子施巫术:“季和亦不告于人,私有慕其术者,后月余日,季和自东都回,将至板桥店,预作荞麦烧饼,大小如前。既至,复寓宿焉。三娘子欢悦如初,其夕更无他客,主人供待愈厚。夜深,殷勤问所欲。季和曰:‘明晨发,请随事点心。’三娘子曰:‘此事无疑,但请稳睡。’半夜后,季和窥见之,一依前所为。”

其六,赵季和设计,把三娘子变成驴子乘策:“天明,三娘子具盘食,果实烧饼数枚于盘中讫,更取他物。季和乘间走下,以先有者易其一枚,彼不知觉也。季和将发,就食,谓三娘子曰:‘适会某自有烧饼,请撤去主人者,留待他宾,即取己者食之。方饮次，三娘子送茶出来，季和曰：'请主人尝客一片烧饼。'乃拣所易者与啖之，才入口，三娘子据地作驴声，即立变为驴，甚壮健。季和即乘之发，兼尽收木人木牛子等，然不得其术，试之不成，季和乘策所变驴，周游他处，未尝阻失，日行百里。"

其七，华岳庙东，老人救出三娘子："后四年，(赵季和)乘(驴)入关，至华岳庙东五六里，路傍忽见一老人，拍手大笑曰：'板桥三娘子，何得作此形骸？'因捉驴谓季和曰：'彼虽有过，然遭君亦甚矣，可怜许，请从此放之。'老人乃从驴口鼻边，以两手擘开，三娘子自皮中跳出，宛复旧身，向老人拜讫，走去，更不知所之。"①

这虽是中唐时代盗财变驴巫术故事，但它代表巫师们的幻想。以木人木牛来代替人类劳动，缩短粮食作物生长期，都表现巫术企图以魔术力控制自然，达到为人类服务之目的。此故事继承春秋变形巫术幻想而来，通过丝绸之路传至阿拉伯，《一千零一夜》中有类似情节。

五　少年变蛇

此模仿巫术流行甚广。唐李隐撰《潇湘录·王真妻》云："华阴县县令王真妻赵氏者，燕中富人之女也。美容貌，少适王真。洎随之任，近半年，忽有一少年，每伺真出，即辄至赵氏寝室。既频往来，因戏诱赵氏私之。忽一日，王真自外入，乃见此少年与赵氏同席，饮酌欢笑，甚大惊讶。赵氏不觉自仆气绝，其少年化一大蛇，突奔而去。真乃令侍婢扶腋起之，俄而赵氏亦化一蛇，突奔俱去。王真遂逐之，见随前出者俱入华山，久之不见。"②此巫术故事在丁乃通《中国民间故事类型索引》中，被编入 433E，据云此故事在怒族、白族中流传至今，影响深远，是非物质文化遗产中的名篇。变蛇巫术乃唐代巫医施治的对象。唐薛用弱撰《集异记》一卷《朱覲》曰："朱覲者，陈蔡游侠之士也。旅游于汝南，栖逆旅。时主人邓全宾家有女，姿容端丽，常为鬼魅之幻惑。凡所医疗，莫能愈之。覲时过友人饮，夜艾方归，乃憩歇于庭。至二更，见一人着白衣，衣甚鲜洁，而入全宾女房中。逡巡，闻房内语笑甚欢，不成寝。执弓矢于黑处，以伺其出。候至鸡鸣，见女送一少年而出。覲射之，既中而走。覲复射之，而失其迹。晓乃闻之全宾，遂

7. 唐代儿童图(陕西西安韦顼墓出土石椁画)〔采自《中国服装史》〕

---

① (宋)李昉等编，汪绍楹点校《太平广记》卷二八六，中华书局 1961 年版，第 2279—2281 页。

② (宋)李昉等编，汪绍楹点校《太平广记》卷四五六，中华书局 1961 年版，第 3732—3733 页。

与觐寻血迹。出宅可五里已来，其迹入一大枯树孔中。令人伐之，果见一蛇，雪色，长丈余，身带二箭而死。女子自此如故，全宾遂以女妻觐。”[①]朱觐虽游侠之士，有识鬼魅之术，并因此获得了妻子；而那条蛇则是寻求爱情的鬼魅。

六　人变猿猴

此巫术也流行于中唐。唐张读撰《宣室志》卷八《求人心遇猿僧》讲的是唐肃宗乾元初时求人心治病的事情。现分段叙述之：

其一，浙江有个富翁杨叟得了心病，其子宗素拟倾家荡产以求医术。“乾元初，会稽民有杨叟者，家以资产丰赡，甲于郡中。一日，叟将死，卧而呻吟，且经数月。叟有子曰宗素，以孝行称于里人。追其父病，罄其产以求医术。”

其二，陈生诊断病情，提出医术试验：以活人心脏，医治死去心脏。“后得陈生者，究其原，曰：‘是翁之病，心也。盖以财产既多，其心为利所运，故心已离去其身。非食生人心，不可以补之。而天下生人之心，焉可致也？舍是，则非吾之所知也。’”此医术试验是外科器官移植术前奏，当时巫术只是设想“食生人心补之”，已是极有医术创意矣。

其三，其子宗素听说佛寺有办法医治，就找胡僧以浮屠氏法医治。“宗素闻之，以生人之心固莫可得也，独修浮屠氏法，庶可以间其疾。即召僧转经，命工绘图铸像，已而自赍衣粮，诣郡中佛寺饭僧。”

其四，当时佛寺里的胡僧治病已经市场化，不过收费极低，胡僧提出只要请他吃一次美食即可，他就可以挖出心脏来请杨叟服用，于是宗素就挈食去请胡僧。“一日，因挈食去，误入一山径中，见山下有石龛，龛有胡僧，貌甚老瘦枯瘠，衣褐毛缕成袈裟，踞于磐石上。宗素以为异人，即礼而问曰：‘师，何人也？独处穷谷，以人迹不到之地为家，又无侍者，不惧山野之兽有害于师乎？不然，是得释氏之法者耶？’僧曰：‘吾本是袁氏。某祖世居巴山，其后子孙，或在弋阳，散游诸山谷中，尽能世修祖业，为林泉逸士，极得吟啸。人好为诗者，多称其善吟啸，于是稍闻于天下。有孙氏，亦族也，则多游权贵之门；亦以善谈谑，故又以资游于市肆间，每一戏，能使人获其利焉。独吾好浮屠氏，脱尘俗，栖心岩谷中不动，而在此且有年矣。常慕歌利王割截身体及萨埵投崖以饲饿虎，故吾啖橡栗，饮流泉，恨未有虎狼噬吾。吾于此候之。’宗素因告曰：‘师真至人，能舍其身而不顾，将以饲山兽，可谓仁勇俱极矣。然弟子父有疾已数月，进而不瘳，某夙夜忧迫，计无所出。有医者云，是心之病也，非食生人心则固不可得而愈矣。今师能弃身于豺虎以救其馁，岂若舍命于人以惠其生乎？愿师详之。’僧曰：‘诚如是，

① （宋）李昉等编，汪绍楹点校《太平广记》卷四五六，中华书局1961年版，第3733页。

果吾之志也。檀越为父而求吾心，岂有不可之意。且以身委于猛兽，曷若救人之生乎？然今日尚未食，愿致一饭而后死也。'宗素且喜且谢，即以所挈食置于前。僧食之立尽，而又曰：'吾既食矣，当亦奉命，然俟吾礼四方之圣也。"

其五，胡僧食完宗素所挈之食品以后，恢复了功力，便马上腾跃上一棵高大的树而翻脸不认账，换了一副说教的面孔说，光我答应把心挖给你没有用，佛教的《金刚经》的奥义说过去、现在、未来心都是不可得的。说完后马上变成一个猿猴逃走了。原文曰："于是整其衣，出龛而礼，礼四方已毕，忽跃而腾上一高树。宗素以为神通变化，殆不可测。俄召宗素，厉声问曰：'檀越向者所求何也？'宗素曰：'愿得生人心，以疗吾父疾。'僧曰：'檀越所愿者，吾已许焉。今欲先说《金刚经》之奥义，尔亦闻乎？'宗素曰：'某素尚浮屠氏，今日获遇吾师，安敢不听乎？'僧曰：'《金刚经》云：过去心不可得，现在心不可得，未来心不可得。檀越若要取吾心，亦不可得矣。'言已，忽跳跃大呼，化为一猿而去。宗素惊异，惶骇而归。"[①]换心巫术没有成功，胡僧设计了一个骗局，骗了宗素，最后无法向病人家人交代，只有耍变形巫术，变为一只猿猴落荒而逃。

七　辟除灾祸

唐代以模仿巫术来消除灾祸而不是害人，表现了唐人巫术的创新性。《增补秘传万法归宗》卷二《辟灾祸法》记载："五月五日，取梧桐西南枝，长五寸，刻成人形，用彩色作衣裹系左臂，千灾万祸，不能为害。"又有《反凶变吉法》："取梧桐木，刻作二人形，一人赤帽黑衣，立门左；一人黑帽赤衣，立门右；穿地使衣没。向外以土覆之讫，以酒沥之，各一(以)左足踏二七次，则反凶为吉矣。"[②]

用艺术品精刻木偶人赠人，祝福辟除灾祸，反凶为吉。

八　换头巫术

唐李冗《独异志》卷上《狗头新妇》云："贾耽为滑州(今河南滑县)节度，酸枣县有俚妇事姑不敬，姑年甚老，无双目，旦食，妇以食裹纳犬粪授姑。姑食之，觉有异气。其子出远还，姑问其子：'此何物？向者妇与吾食。'其子仰天大哭。有顷，雷电发，若有人截妇首，以犬续之。耽令牵行于境内，以告不孝者。时人谓之'狗头新妇'。"[③]这一换头故事正是由换头巫术幻想衍化出来的。不孝妇变为狗头新妇，表现民间舆论对虐待老人者的强烈谴责。

还有飞头模仿巫术。唐代岭南地方就有此类故事。《酉阳杂俎》前集卷四

---

① (唐)张读撰，张永钦、侯志明点校《宣室志》卷八，中华书局1983年版，第106—108页。

② (唐)李淳风撰，袁天罡补《增补秘传万法归宗》卷二，清刻本(南京图书馆藏)。

③ (唐)李冗撰，张永钦、侯志明点校《独异志》卷上，中华书局1983年版，第4页。

《境异》云："岭南溪洞中，往往有飞头者，故有飞头獠子之号。头将飞一日前，颈有痕，匝项如红缕，妻子遂看守之。其人及夜状如病，头忽生翼，脱身而去，乃于岸泥寻蟹蚓之类食之，将晓飞还，如梦觉，其腹实矣。　梵僧菩萨胜又言，阇婆国中有飞头者，其人目无瞳子，聚落时有一人据。　于氏《志怪》，南方落民，其头能飞，其俗所祠，名曰虫落，因号落民。　晋朱桓有一婢，其头夜飞。"①"头忽生翼"，大约也是像晋代《搜神记》中所说"以耳为翼"②罢，而且飞出的头还能自动到河岸去寻找螃蟹、蚯蚓之类东西吃，一觉醒来，受巫术感染肚子已经吃饱了。这显然是巫师的又一创新。阇婆达国，又称阇婆婆达国，古国名，《宋书·夷蛮传》有记载，在今印度尼西亚爪哇岛或苏门答腊岛，或兼称这两岛。③ 岭南飞头巫术与此类似。

8. 云南南涧"追魂马"剪纸，贴在门楣上祈福〔王树村著《中国民间剪纸艺术史话》，百花文艺出版社 2007 年版，第 23 页，图 18。〕

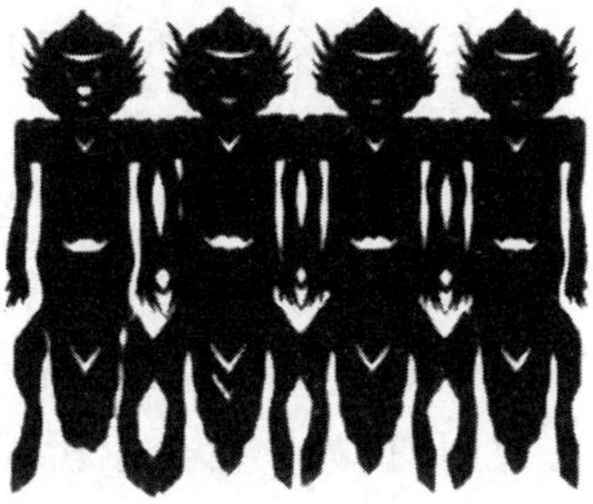

9. 广东潮阳"四方小人招魂"剪纸，贴在门楣上祈福〔《中国民间剪纸艺术史话》，图 16。〕

九　纸人招魂

《中国民间剪纸艺术史话》一书中有一幅云南南涧的"追魂马"剪纸和一幅广东潮阳的"四方招魂小人"的剪纸，这说明此种祈福巫术在云南和广东依然存在。

剪纸人招魂祈福模仿巫术，详细地表现在杜甫的诗里，类似于辟灾祸巫术。唐杜甫《彭衙行》诗云：

忆昔避贼初，北走经险艰。夜深彭衙道，月照白水山。尽室久徒步，逢

① (唐)段成式撰，方南生点校《酉阳杂俎》前集卷四，中华书局 1981 年版，第 47 页。
② (晋)干宝撰，汪绍楹校注《搜神记》卷一二《落头民》，中华书局 1979 年版，第 151 页。
③ (梁)沈约撰《宋书》卷九七《夷蛮》，中华书局 1974 年版，第 2383—2384 页。

> 人多厚颜。参差谷鸟吟，不见游子还。痴女饥咬我，啼畏虎狼闻。怀中掩其口，反侧声愈嗔。小儿强解事，故索苦李餐。一旬半雷雨，泥泞相牵攀。既无御雨备，径滑衣又寒。有时经契阔，竟日数里间。野果充糇粮，卑枝成屋椽。早行石上水，暮宿天边烟。少留周家洼，欲出芦子关。故人有孙宰，高义薄曾云。延客已曛黑，张灯启重门。暖汤濯我足，翦纸招我魂。从此出妻孥，相视涕阑干。众雏烂漫睡，唤起沾盘餐。誓将与夫子，永结为弟昆。遂空所坐堂，安居奉我欢。谁肯艰难际，豁达露心肝。别来岁月周，胡羯仍构患。何当有翅翎，飞去堕尔前。[①]

唐人孙宰以模仿巫术为病中的杜甫招魂与心理治疗是一次风俗的创造。安史之乱期间，杜甫率全家妻儿从长安向西北出逃至彭衙(在今陕西白水县东北)，一路讨饭，雷雨不断，在泥泞中跋涉。由于仓惶出走，雨具全无，杜甫一家人个个被淋成落汤鸡。饥寒交迫，杜甫一家只能以野果充饥，风餐露宿，苦不堪言，这时幸亏寻见老朋友孙宰。孙宰是有高尚道义之人，他热情欢迎杜甫一家的到来。孙宰目睹落难生病的老友，心里很难过，他先烧水给杜甫暖脚，脚一暖和，全身就暖和。然后按照彭衙风俗，拿剪刀剪出纸人，点起香烛，为杜甫招魂。这实际上是以隆重的风俗仪式来从精神上慰藉安定杜甫一家，为杜甫受伤的心灵叫魂，为杜甫全家祈福。可见这种白巫术是苦难中重要的心理稳定剂。两家妻孥都在剪纸招魂中，于栏杆边难过得哭泣，温暖情义极大地鼓舞了在场每个人，使人有信心活下去。杜甫终于恢复生气，稳住神，掏出心肝，誓与孙宰结为兄弟。小住一段时间后，杜甫全家才离开孙宰家，走上归家的路。这首《彭衙行》便是纪念，杜甫恨不得有翅膀再飞到老朋友身边，感谢老朋友在苦难中对他们全家的帮助。《彭衙行》详细交待了剪纸人祈福巫术的前因后果，唐人的崇高友谊和高尚情操读来令人动容。

招魂祈福至今仍流行于云南和广东等地。据笔者考证，云南昭通地区《镇雄县志》载，当地彝族“患病或死亡，请毕摩(即巫师)做斋，叫魂，宰牛杀羊，款待亲友”[②]，此俗与《彭衙行》类似。故风俗证明，招魂不一定是为死者，患病也可以请巫师叫魂，故杜甫云“翦纸招我魂”是也。叫魂主要是祈福，故云南“追魂马”也做祈福用。又云南玉溪地区《新平县志》载：“废历六月二十五日为‘滇炬节’，俗谓‘火把节’。是日，家家剁生肉为食，以鸡头当门叫唤，名为‘叫魂’。晚则儿

---

① 《全唐诗》卷二一七，中华书局 1960 年版，第七册，第 2274—2275 页。

② 丁世良、赵放主编《中国地方志民俗资料汇编》西南卷(下)，北京图书馆出版社 1991 年版，第 747 页。

童执火把相照，行路者过之，群以火把尾烧其后，以取笑乐。”[①]可见叫魂也是一项增添欢乐的祈福风俗。其与丧葬事情不搭界，与为死者安魂南辕北辙。

十 生殖崇拜

此模仿巫术在唐代表现得非常兴盛。在生产民俗中有唐郭橐驼的种果树结子法，就是诸如此类的生殖巫术。唐郭橐驼撰《种树书·桑》曰：“浙间植桑，斩其叶而植之，谓之稼桑。却以螺壳覆其顶，恐梅雨侵损其皮故也。二年即盛。”[②]稼桑，或作“嫁桑”，将螺壳覆桑枝顶，螺壳象征女性生殖器，而桑枝则象征雄性生殖器。故覆螺壳于桑树顶，一方面有防梅雨侵损其皮之作用，另一方面也是生殖崇拜巫术的反映。又《种树书·果》曰：“凡树木，当元日日未出时，以斧斑驳，惟接枣、李等树，谓之嫁树。”[③]“斑驳”是错杂之意，即乱锤树，象征雄性交配，可导致树“受孕”而结子不落或多结实。[④]

在女人产子民俗中，有“拟娩”之说。所谓“拟娩”，有人译为“产翁”、“库瓦迪”、“库瓦德”，国外许多民俗典籍都有记载。唐人有一种奇异生育风俗，即妻子产子以后，便下床劳动，丈夫却反而作为替身睡到床上去，假装生孩子、“绝食”。民俗学称之为“拟娩”。丈夫做妻子替身，这是典型的生殖崇拜模仿巫术。《南楚新闻》有记载，《新唐书》卷五八《艺文三》记载：“尉迟枢《南楚新闻》三卷。并唐末人。”[⑤]

《太平广记》卷四八三《獠妇》引《南楚新闻》云：“南方有獠妇，生子便起，其夫卧床褥，饮食皆如乳妇。稍不卫护，其孕妇疾皆生焉。其妻亦无所苦，炊爨樵苏自若。又云：越俗，其妻或诞子，经三日，便澡身于溪河，返，具糜以饷婿。婿拥衾抱雏，坐于寝榻，称为‘产翁’，其颠倒有如此。”[⑥]

可见此种生殖崇拜巫术已经融入民俗。父亲假作母亲之俗起初流行于唐朝南方的越地，古时江浙粤闽为越族所居，谓之“百越”。百越之俗，谓之越俗。獠是古代典籍中对我国少数民族仡佬族的侮辱性称呼，称为“犵獠”。见于《元和郡县

---

① 丁世良、赵放主编《中国地方志民俗资料汇编》西南卷(下)，北京图书馆出版社1991年版，第805页。

② (明)陶宗仪编《说郛一百二十弓》弓一〇六，上海古籍出版社1988年影印《说郛三种》本，第4901页。

③ (明)陶宗仪编《说郛一百二十弓》弓一〇六，上海古籍出版社1988年影印《说郛三种》本，第4904页。

④ 请参阅高国藩著《中国俗文化学》第四章《经济风俗》第二节，东亚文化出版社2006年版，第55页。

⑤ (宋)欧阳修、宋祁撰《新唐书》卷五八，中华书局1975年版，第1542页。

⑥ (宋)李昉等编，汪绍楹点校《太平广记》卷四八三，中华书局1961年版，第3981页。

志》卷三一《锦州·洛浦县》。[①] 仡佬族古时主要分布于贵州黔西、织金、遵义、仁怀和广西隆林等地。此生殖崇拜巫术也流行这些地区，至今已有一千多年。

生殖崇拜巫术在唐代房千里撰《异物志》亦有记载。宋周去非撰《岭外代答》卷一〇引房千里《异物志》云：

獠妇生子即出，夫惫卧如乳妇，不谨则病。其妻乃无苦。[②]

周去非为宋代淳熙间桂林通判，当时有人问岭外情况，他因写此书作答，故称《岭外代答》。全书已佚，今本是从《永乐大典》中辑出的。可见"产翁"之俗在唐宋元时期流行于岭南区域。

综上所述，唐代由于物产丰富，物资品种增多，模仿巫术材料也相应加多，因此才出现铜人、草人、竹人、画人、面人、木人、飞头人、纸人、生殖等多姿多态的模仿巫术，这都是唐人风俗和文化的创新。

十一　夸父支鼎

唐人有将高山模仿成巨神的炊事用品的巫术，它展现出人类生活的朝气和气魄，颂扬了夸父为中国人民开辟生活空间而自我牺牲的崇高精神，是唐人模仿巫术利民的创造。

唐张鷟撰《朝野佥载》卷五云："辰州东有三山，鼎足直上，各数千丈。古老传曰，邓夸父与日竞走，至此煮饭，此三山者，夸父支鼎之石也。"[③]辰州，今湖南沅陵。三山，远古称为夸父山，《山海经·中山经·中次六经》云："夸父之山……其北有林焉，名曰桃林，是广员三百里，其中多马。"[④]

10. 敦煌莫高窟 156 窟　经变中的伎乐菩萨（晚唐）〔采自《敦煌舞姿》〕

关于桃林，《山海经·海外北经》云："夸父与日逐走，入日。渴欲得饮，饮于河、渭，河、渭不足，北饮大泽。未至，道渴而死，弃其杖，化为邓林。"毕沅注"邓林"云："邓林即桃林也，邓、桃音相近，……盖即《中山经》所云，夸父之山，北有

① （唐）李吉甫撰《元和郡县志》卷三一，景印文渊阁《四库全书》第 468 册，第 507 页。

② （宋）周去非著，屠友祥校注《岭外代答》卷一〇《蛮俗门·獠俗》，上海远东出版社 1996 年版，第 258 页。

③ （唐）张鷟撰，赵守俨点校《朝野佥载》，中华书局 1979 年版，第 119 页。

④ （晋）郭璞传，（清）毕沅注《山海经》卷五，上海古籍出版社 1988 年影印《二十二子》本，第 1361 页。

桃林矣。"[①]故桃林亦泛指中国的土地和高山，是夸父留给中华子孙的自然遗产。

第二节　唐代化生巫术与摩睺罗

在唐代，又有模仿巫术以求子，衍为专门的"化生"巫术，并且融入祈子的风俗之中。薛能《吴姬十首》之十云："身是三千第一名，内家丛里独分明。芙蓉殿上中元日，水拍银台弄化生。"[②]薛能是晚唐武宗会昌六年(846)进士，故化生巫术是晚唐巫术。

化生巫术，俗谓求子巫术。据《岁时纪事》云："七夕，俗以蜡作婴儿形，浮水中以为戏，为妇人宜子之祥，谓之化生。本出西域，谓之摩睺罗。"[③]这种巫术采取活泼的游戏形式，七夕用蜡做成婴儿像，叫作化生，浮水中为戏，祝妇女生子。说它是从西域传来，可能它是佛教模仿巫术衍化，因为"化生"为佛教的提法，《俱舍论》卷八云："有情类，生无所托，是名化生。如那落迦天中有等，具根无缺，支分顿生，无而欻有，故名为化。"又因摩睺罗也是佛教神名，《大毗卢遮那成佛神变加持经》卷一："若有众生应佛度者，即现佛身，或现身闻声。……乃至摩睺罗伽人非人等身。"化生巫术在宋代转变为七夕节专卖的土偶木偶，象征祈子，叫"摩睺罗"，又写作摩侯罗、磨喝乐、摩猴罗儿等。

一、宋孟元老撰《东京梦华录》卷八《七夕》云："七月七夕，潘楼街东宋门外瓦子，州西梁门外瓦子，北门外，南朱雀门外街，及马行街内，皆卖磨喝乐，乃小塑土偶耳。悉以雕木彩装栏座，或用红纱碧笼，或饰以金珠牙翠，有一对直数千者。……七夕前三五日，车马盈市，罗绮满街，旋折未开荷花，都人善假做双头莲，取玩一时，提携而归，路人往往嗟爱。又小儿须买新荷叶执之，盖效颦磨喝乐，儿童辈特地新妆，竞夸鲜丽。至初六日七日晚，贵家多结彩楼于庭，谓之乞巧楼。铺陈磨喝乐、花、瓜、酒、炙、笔、砚、针、线，或儿童

11. 摩睺罗图〔张道一、廉晓春著《美在民间》，北京工艺美术出版社1987年版〕

① (晋)郭璞传，(清)毕沅注《山海经》卷八，上海古籍出版社1988年影印《二十二子》本，第1371页。

② 《全唐诗》卷五六一，中华书局1960年版，第十七册，第6520页。

③ (元)杨士宏编撰《唐音》卷一四薛大拙《宫词》引，景印文渊阁《四库全书》第1368册，第415页。参校(宋)周弼编，(清)高士奇辑注《三体唐诗》卷一薛能《吴姬》，景印文渊阁《四库全书》第1358册，第6页。

裁诗。女郎呈巧，焚香列拜，谓之乞巧。妇女望月穿针。或以小蜘蛛安合子内，次日看之，若网圆正，谓之得巧。里巷与妓馆，往往列之门首，争以侈靡相尚。磨喝乐本佛经摩睺罗，今通俗而书之。”①

在北宋东京，摩睺罗的偶像是七夕节幸福与和平的象征，代表民众祈子的愿望，可以说它贯穿在繁盛的节日欢乐中，伴随祖先度过了年复一年的美好岁月，而且连孟元老也认为这种风俗来自佛教。

二、宋陈元靓撰《岁时广记》卷二六《磨喝乐》云：“本佛经云摩睺罗，俗讹呼为磨喝乐，南人目为巧儿。今行在中瓦子后市街众安桥，卖磨喝乐最为旺盛。惟苏州极巧，为天下第一。进入内庭者，以金银为之，谑词云：‘天上佳期，九衢灯月交辉。摩睺孩儿，斗巧争奇。戴短檐珠子帽，披小缕金衣。嗔眉笑眼，百般地敛手相宜。转睛底工夫不少，引得人爱后如痴。快输钱，须要扑，不问归迟。归来猛醒，争如我活底孩儿。’”②

三、宋金盈之撰《醉翁谈录》卷四《七月》云：“京师是日多博泥孩儿，端正细腻，京语谓之摩猴罗，小大甚不一，价亦不廉，或加饰以男女衣服，有及于华侈者，南人目为巧儿。”③

12. 玉制摩睺罗〔采自张广文著《玉器史话》，紫禁城出版社1989年版，彩版二。〕

四、宋周密撰《武林旧事》卷三《乞巧》云：“七夕节物，多尚果食、茜鸡。及泥孩儿号‘摩睺罗’，有极精巧，饰以金珠者，其直不赀。”④文中又说摩睺罗还有用于宫内进贡之珍品，云：

> 七夕前，修内司例进摩睺罗十卓，每卓三十枚，大者至高三尺，或用象牙雕镂，或用龙涎佛手香制造，悉用镂金珠翠。⑤

五、宋吴自牧撰《梦粱录》卷四《七夕》：“内庭与贵宅皆塑卖磨喝乐，又叫摩睺罗孩儿，悉以土木雕塐，更以造彩装襕座，用碧纱罩笼之，下以桌面架之，用青绿销金桌衣围护，或以金玉珠翠装饰尤

① （宋）孟元老撰，邓之诚注《东京梦华录注》卷八，中华书局1982年版，第208—209页。

② （宋）陈元靓撰《岁时广记》卷二六，《续修四库全书》子部第885册，上海古籍出版社2002年影印，第356—357页。

③ （宋）金盈之撰《醉翁谈录》卷四，《续修四库全书》子部第1166册，上海古籍出版社2002年影印，第204页。

④ （宋）周密撰《武林旧事》卷三，中国商业出版社1982年版，第48页。

⑤ （宋）周密撰《武林旧事》卷三，中国商业出版社1982年版，第48—49页。

佳。……市井儿童，手执新荷叶，效摩睺罗之状。”①

六、宋西湖老人撰《西湖老人繁胜录》：“御街扑卖摩侯罗，多著干红背心，系青纱裙儿；亦有著背儿，戴帽儿者。”②

七、宋周密撰《乾淳岁时记・乞巧》：“七夕节物，多尚果食、茜鸡及泥孩儿，号摩睺罗。有极精巧饰以金珠者，其直不赀，并以蜡印凫雁水禽之类，浮之水上。妇人女子夜对月，穿针饾饤、杯盘饮酒为乐，谓之乞巧。及以小蜘蛛贮合内，以候结网之疏密，为得巧之多少。小儿女多衣荷叶半臂，手持荷叶效颦摩睺罗，大抵皆原旧俗也。”③

八、明田汝成撰《西湖游览志余》卷二〇《熙朝乐事》：“市中以土木雕塑孩儿，衣以彩服而卖之，号为摩睺罗。”④

13. 三彩唐代艺人俑（陕西西安西郊唐墓出土）〔采自《中国古俑白描》〕

综上所述，这种化生巫术自唐西域传至中原，到宋又由中原传至江浙。由于是安民祈子白巫术，因而获得广大民众喜爱，融入七夕风俗中。这些可爱的泥娃娃，由于众人喜好又被广泛制成木娃娃、象牙娃娃、银娃娃、金娃娃，甚至有小孩手执一根荷叶，仿效成活娃娃。它进入宫廷，为皇帝祈子，也进入普通人家，为民众祈子。化生巫术与民众乞求和平与幸福的心理相结合，获得广泛发展，用各种文化形态表现出来，最常见的是厌胜艺术品。其次在诗中讴歌它，不仅薛能的诗提到它，元代袁桷也写有《无题次伯庸韵》（其四）诗云：“蜡撚化生秋夕赐，翠标叠胜岁华移。”⑤明代《京本通俗小说・碾玉观音》，写到宋代玉制品摩侯罗：“又一个道：‘这块玉上尖下圆，好做一个摩侯罗儿。’郡王道：‘摩侯罗儿只是七月七日乞巧使得，寻常间又无用处。’数中一个后生，年纪二十五岁，姓崔名宁，趋事郡王数年，是升州建康府人，当时叉手向前，对着郡王道：‘告恩王：这块玉上尖下圆，甚是不好，只好碾一个南海观音。’郡王道：‘好，正合我意！’”⑥

摩侯罗儿娃娃，宋俗七夕乞巧时施行模仿巫术，供买卖用，一过七夕便过时

---

① （宋）吴自牧撰《梦粱录》卷四《七夕》，中国商业出版社1982年版，第23页。

② （宋）西湖老人撰《西湖老人繁胜录》，中国商业出版社1982年版，第12页。

③ （明）陶宗仪等编《说郛一百二十号》号六九，上海古籍出版社1988年影印《说郛三种》本，第3215页。

④ （明）田汝成撰《西湖游览余》卷二〇，景印文渊阁《四库全书》第585册，第548页。

⑤ （元）苏天爵编《元文类》卷七，景印文渊阁《四库全书》第1367册，第98页。

⑥ （明）佚名辑，杨长山点注《京本通俗小说・碾玉观音》，华夏出版社2012年版，第7页。

而无人问津，而玉观音则可常年买卖。此种厌胜玉制品在南宋都城杭州甚为流行。化生巫术除在河南与江浙流行，也流行于西北诸地。清张尔岐撰《蒿庵闲话》卷一云："大同于七夕以蜡若彩为女人形，涂朱施粉，衣奇锦，佩金珠，肩舆鼓吹道，送婚姻家，酒殽果饵继至，至则衰媪童姹焚香密祝，继以笑弄，名之曰摩侯罗。"①清代山西大同流行蜡制女摩侯罗，而且这种模仿巫术又衍化为婚俗中祝子习俗。

第三节　唐代的月老配偶巫术

唐代李淳风撰、袁天罡补的《增补秘传万法归宗》（五卷）一书，堪称道教巫术集大成之作。现在所见清末坊刻本，虽然有明清道士所作的某些修改，但是由于其基本内容在敦煌唐人写本中多有印证之处，故可断定此书很大程度上反映了中古时代巫师的成就。

在《增补秘传万法归宗》一书中模仿巫术有多种多样，表现内容与形式也较完整，通常施术、咒语与符箓齐备，构思也千奇百怪，融汇了诸多中国文化之元素。本节将摘其要者，论述一种颇为有趣的月老配偶巫术。顾名思义，这是唐代奇特恋爱巫术中之一种。主要是靠剪纸人施以白巫术，所以它是模仿巫术无疑。《增补秘传万法归宗》卷五记云：

> 凡取大丹，审实女子，真正洁白，及无疾病，年庚月日时生人的确。剪成纸女子一个，书女子姓名，亦剪男子一个，书自己年庚姓名。用桃符一块，刻成方圆五寸二分。纸人上用印一颗，仰合抱定，以绒线系之，祭六甲坛下。脚踏"姻缘和合"四字，左手雷文，右手和合剑诀，取东方炁一口，念咒七遍，焚符一道，四十九日毕，将前纸人焚六甲坛下。但凡作用剪纸男女人，书年庚月日姓名，用印于上，左手雷文，右手五龙合珠诀，将二纸人用印系之，其女自来成就。系印自缓，忽然女子来了露圭角。②

这一恋爱巫术围绕纸人做的模拟男女展开，认为活人的姓名与年庚，对于

① （清）张尔岐撰《蒿庵闲话》卷一《宋绍兴中》，《续修四库全书》子部第1136册，上海古籍出版社2002年影印，第120页。

② 录文据南图藏清刻本，参见孙正治点校《增补秘传万法归宗》卷五《月老配偶章第八》，中医古籍出版社2012年版，第284页。以下所引此书均参见孙正治点校本。

模拟纸人有魔力，一旦施术于写了活人姓名与年庚的纸人，两位男女便像中了丘比特的箭一样，心中便充满了对彼此的爱，而且女子便会“自来成就”好事，而且“露圭角”，即迫不及待。这项巫术里提到《和合咒》，咒语为四言韵文：

乾男坤女，
前世姻缘。
月老配偶，
百岁美全。
吾奉三山九侯先生律令，摄。

以上《和合咒》特别的地方在于祝福结婚男女“百岁美全”，生活和平而安定，这是民间婚礼中喜话之再现，所以民俗味浓郁，传统性稳定。如此，月老配偶之风俗观代代相传下去。这项巫术里还提到印式和和合符。

14. 印式

15. 和合符

以上便是月老配偶巫术原貌。唐李复言撰《续玄怪录》卷四《定婚店》记有第一个月老故事。现移录如下：

杜陵韦固，少孤，思早娶妇，多歧求婚，必无成而罢。元和二年，将游清河，旅次宋城南店。客有以前清河司马潘昉女见议者。来日先明期于店西龙兴寺门。固以求之意切，旦往焉，斜月尚明。有老人倚布囊，坐于阶上，向月捡书。固步觇之，不识其字；既非虫篆八分科斗之势，又非梵书，因问曰：“老父所寻者何书？固少小苦学，世间之字，自谓无不识者。西国梵字，亦能读之，唯此书目所未觌，如何？”老人笑曰：“此非世间书，君因何得见？”固曰：“非世间书则何也？”曰：“幽冥之书。”固曰：“幽冥之人，何以到此？”曰：“君行自早，非某不当来也。凡幽吏皆掌生人之事，掌人可不行冥中乎？今道途之行，人鬼各半，自不辨尔。”固曰：“然则君又何掌？”曰：“天下之婚牍耳。”固喜曰：“固少孤，常愿早娶，以广胤嗣。尔来十年，多方求之，竟不遂意。今者，人有期此，与议潘司马女，可以成乎?”曰:“未也。命苟未合，虽降衣缨而求屠博，尚不可得，况郡佐乎? 君之妇，适三岁矣。年十七，当入君门。”因问:“囊中何物?”曰:“赤绳子耳。以系夫妻之足。及其生，则潜用相系，虽仇敌之家，贵贱悬隔，天涯从宦，吴楚异乡，此绳一系，终不可逭。君之脚，已系于彼矣。他求何益?”曰:“固妻安在? 其家何为?”曰:“此店北卖菜陈婆女耳。”固曰:“可见乎?”曰:“陈尝抱来，鬻菜于市。能随我行，当即示君。”

16. 敦煌莫高窟 197 窟　经变中的伎乐菩萨(中唐)〔采自《敦煌舞姿》〕

及明，所期不至。老人卷书揭囊而行。固逐之，入菜市。有眇妪，抱三岁女来，弊陋亦甚。老人指曰:“此君之妻也。”固怒曰:“煞之可乎?”老人曰:“此人命当食天禄，因子而食邑，庸可煞乎?”老人遂隐。固骂曰:“老鬼妖妄如此! 吾士大夫之家，娶妇必敌。苟不能娶，即声伎之美者，或援立之，奈何婚眇妪之陋女?”磨一小刀子，付其奴曰:“汝素干事，能为我煞彼女，赐汝万钱。”奴曰:“诺。”明日，袖刀入菜行中，于众中刺之而走。一市纷扰，固与奴奔走获免。问奴曰:“所刺中否?”曰:“初刺其心，不幸才中眉间。”尔后固屡求婚，终无所遂。

又十四年，以父荫参相州军。刺史王泰俾摄司户掾，专鞫词狱，以为能，因妻以其女，可年十六七，容色华丽。固称惬之极。然其眉间，常帖一花子，虽沐浴寝处，未尝暂去。岁余，固讶之，忽忆昔日奴刀中眉间之说，因逼问之。妻潸然曰:“妾郡守之犹子也，非其女也。畴昔父曾宰宋城，终其官。时妾在襁褓，母兄次没，唯一庄在宋城南，与乳母陈氏居，去店近，鬻蔬以给朝夕。陈氏怜小，不忍暂弃。三岁时，抱行市中，为狂贼所刺，刀痕尚在，故以花子覆之。七八年前，叔从事卢龙，遂得在左右，仁念以为女嫁君耳。”曰:“陈氏眇乎?”曰:“然。何以知之?”固曰:“所刺者固也。”乃曰:“奇也! 命也!”因尽言之，相敬愈极。后生男鲲，为雁门太守，封太原郡太夫人。乃知阴骘之定，不可变也。

宋城宰闻之，题其店曰:“定婚店。”①

① (唐)李复言撰，姜云、宋平校注《续玄怪录》卷四，《玄怪录　续玄怪录》，上海古籍出版社 1985 年版，第 195—197 页。

时当中唐，观月老配偶巫术，就是民间月老故事之衍化。巫术与故事，均以命中注定姻缘说作为观念基础，故巫术特别强调“姻缘和合”四字，而故事则强调姻缘乃“阴骘之定，不可变也”。

另外，故事强调赤绳系夫妻足的风俗，一经月老系上，终不可变；巫术中便特地设立男女纸人，“仰合抱定，以绒线系之”，于是缘定今生。

总之，这一巫术与唐代民间文化紧密交织在一起，其价值不可忽视。月老风俗观对后世有广泛影响，不仅影响到“月老配偶巫术”的产生与流传，而且影响到古代戏剧，如明传奇明张四维撰《双烈记·就婚》就说：“岂不闻月下老人之事乎？千里姻缘着线牵。”[①]还影响到小说，如《红楼梦》第五十七回也说：“若是月下老人不用红线拴的，再不能到一处。”[②]可见这种巫术性风俗观流变长久，从中古时代已流传到清代。

① （明）张四维撰《双烈记》卷上，《续修四库全书》集部第 1772 册，上海古籍出版社 2002 年影印，第 541 页。

② （清）曹雪芹、高鹗撰《红楼梦》，人民文学出版社 1957 年版，第 732 页。

第二十二章　唐代反抗巫术(一)

第一节　唐代民间厌胜与厌胜巫术的特点

如果拿汉唐两代厌胜巫术作比较，唐人在巫术上所取得的成就显然与汉人不相上下，除了和汉代一样注重厌胜艺术品的文化因素，唐人还尽量在巫术和厌胜物品中展示出他们的文艺才华。他们书对联、画巫图、制八卦鉴、制团龙鉴、制凤舞鉴、跳巫舞、唱巫歌、住凶屋，将厌胜品变成艺术、文物、财富。

在唐代，敦煌民间的厌胜物，通常所见有以下几种：

1. 唐人三彩骆驼载乐舞俑(陕西西安西郊中堡村唐墓出土)〔采自《中国古俑白描》。下同〕

一、在门上挂桃枝。法 Pel. chin. 2661　*3735* V^0《诸杂略得要抄子一本》(9—6)云："常五月上卯日，取东南桃支悬户上，鬼不敢入舍，利。"①

二、在门上悬虎头。法 Pel. chin. 2661　*3735* V^0《诸杂略得要抄子一本》又云："(建日)悬虎头骨门户上，令子孙长寿。吉。"②

三、在门左右书对联。画宝鸡、瑞燕门左右用以辟邪。斯六一〇背："立春日：……宝鸡能僻恶，瑞燕解呈祥。立春题户上，富贵子孙昌。……年年多庆，月月无灾。鸡能僻恶，燕复宜财。门神护卫，厉鬼藏摧。书门左右，吾傥康哉。"③

四、画驱鬼的钟馗。法 Pel. chin. 4640 V^0《归义

①② 上海古籍出版社、法国国家图书馆编《法藏敦煌西域文献》第 17 册，上海古籍出版社 2001 年版，第 132 页。

③ 郝春文编著《英藏敦煌社会历史文献释录》第三卷，社会科学文献出版社 2003 年版，第 280 页。

军己未至辛酉年布纸破用历》(18—8)云:“同日支两作坊司画钟夔细纸两帖。”[①](18—14)“廿一日支与作坊使造钟夔细纸两帖。”[②]

五、跳巫舞作厌胜。为了驱鬼邪,原始巫总是与舞蹈相连的。《尚书·伊训》云:“敢有恒舞于宫,酣歌于室,时谓巫风。”[③]《说文解字》云:“巫,祝也。女能事无形,以舞降神者也。象人两褎舞形,与工同意。古者巫咸初作巫。凡巫之属皆从巫。武扶切。”[④]可见巫风是以巫舞来体现的,巫舞到战国时仍盛行,被认为能驱国之鬼邪,有个国君相信了,居然在敌人攻来时跳巫舞于坛上来驱敌,结果亡了国。汉桓谭撰《新论》曰:“昔楚灵王骄逸轻下,简贤务鬼,信巫祝之道,……起舞坛前,吴人来攻,其国人告急,而灵王鼓舞自若。”[⑤]

巫舞与唱歌是不分的。王国维《宋元戏曲史》认为:“歌舞之兴,其始于古之巫乎?巫之兴也,盖在上古之世。”[⑥]《楚辞·九歌》就是配合巫舞唱词,所以王逸撰《楚辞章句》卷二说:“(屈原)出见俗人祭祀之礼,歌舞之乐,其词鄙陋,因为作《九歌》之曲。上陈事神之敬,下以见己之冤结。”[⑦]《异苑》记有曹娥父弦歌为巫,端午于西江迎婆娑神而溺死事。[⑧] 说明巫师首先是精于舞蹈和歌唱。

2. 唐人妇女三彩奏乐俑
(陕西唐墓出土)

从敦煌民俗资料来看,巫舞与歌曲是结合进行的,用于驱鬼逐疫。斯二〇五五《除夕钟馗驱傩文》,巫术歌舞特征鲜明,词云:

五道将军亲至,
虎领十万熊罴。
衣领铜头铁额,

① 上海古籍出版社、法国国家图书馆编《法藏敦煌西域文献》第32册,上海古籍出版社2005年版,第262页。

② 上海古籍出版社、法国国家图书馆编《法藏敦煌西域文献》第32册,上海古籍出版社2005年版,第265页。

③ (汉)孔安国传,(唐)孔颖达等正义《尚书正义》卷八,中华书局1980年影印阮元校刻《十三经注疏》本,第163页。

④ (汉)许慎撰,(宋)徐铉校定《说文解字》卷五上,中华书局1963年影印本,第100页上。

⑤ (汉)桓谭撰,(清)孙冯翼辑《桓子新论》,《四部备要》本。

⑥ 王国维著《宋元戏曲史》第一章《上古至五代之戏剧》,中华书局2010年版,第1页。

⑦ (汉)王逸撰《楚辞章句》,景印文渊阁《四库全书》第1062册,第17页。

⑧ (南朝宋)刘敬叔撰《异苑》卷一〇《孝女曹娥》,景印文渊阁《四库全书》第1042册,第549页。

魂(浑)身总著豹皮。
教使朱砂染赤,
咸称我是钟馗。
捉取浮游浪鬼,
积郡扫出三峗。[①]

跳这种巫舞是要披豹皮、戴铜头、套兽爪,装成钟馗驱鬼。(参见本书第二章第二节《巫术与音乐舞蹈》)

法 Pel. chin. 4640 V⁰《归义军已未至辛酉年布纸破用历》(18—15)则云:“十四日支与王建铎队舞额子粗纸壹帖。”[②]所谓“额子”,据宋米芾撰《画史》云:“又其后方见用紫罗为无顶头巾,谓之额子。”[③]“无顶头巾”用粗纸做,大约便是上卷写的“铜头银额”之类的纸壳子了。又唐段成式撰《酉阳杂俎》前集卷四《境异》云:“婆罗遮,并服狗头猴面,男女无昼夜歌舞。八月十五日,行像及透索为戏。”[④]“婆罗遮”(苏莫遮)八月十五日“无昼夜”舞的巫舞,大都戴“狗头”,这“狗头”大约便是“额子”做成狗头形,跳狗头巫舞来驱鬼邪,属于反抗巫术。

第六,背刺天王像厌胜。中唐后期,市面上流氓地痞在背上文上天王像厌胜,以逃避官府惩罚——仗背。唐段成式撰《酉阳杂俎》前集卷八《黥》云:“李夷简,元和末在蜀。蜀市人赵高好斗,常入狱。满背镂毗沙门天王,吏欲杖背,见之辄止,恃此转为坊市患害。左右言于李,李大怒,擒就厅前,索新造筋棒,头径三寸,叱杖子打天王,尽则已,数三十余不绝。”[⑤]

隋至唐初巫师作厌胜巫术有以下四个特点:

第一,厌胜物总是由巫师来设计。《太平御览》卷七三五引《隋书》云:

有沙门惠恩、崛多等,颇善占候,纶每与交通,尝令此三人为厌胜法。[⑥]

---

① 本驱傩文,1983 年自敦煌文物研究所微缩胶卷录出,参校 S. 2055V/4,中国社会科学院历史研究所等合编《英藏敦煌文献》第三卷,四川人民出版社 1990 年版,第 235 页。

② 上海古籍出版社、法国国家图书馆编《法藏敦煌西域文献》第 32 册,上海古籍出版社 2005 年版,第 266 页。

③ (宋)米芾撰《画史》,景印文渊阁《四库全书》第 813 册,第 20 页。

④ (唐)段成式撰,方南生点校《酉阳杂俎》前集卷四,中华书局 1981 年版,第 46 页。

⑤ (唐)段成式撰,方南生点校《酉阳杂俎》前集卷八,中华书局 1981 年版,第 76 页。

⑥ (宋)李昉等撰《太平御览》卷七三五《方术部一六 · 厌蛊》,中华书局 1960 年影印本,第 3260 页。

惠恩、崛多等人实际便是巫师，由他们设计了厌胜法。但隋代太短暂，厌胜品也太少，在文化上不可能有太大的贡献。

3. 唐人三彩女舞俑(陕西唐墓出土)

第二，巫师作厌胜巫术时，首先要披头散发化装作法。《旧唐书》卷五七云：“家中妖怪数见，文起忧之，遂召巫者于星下被发衔刀，为厌胜之法。”①

第三，巫师作厌胜巫术，得到了皇帝的推崇。初唐时有个叫明崇俨的巫师，他搞厌胜巫术就是得到了武则天的支持，但是由于他支持武则天做女皇，准备为女皇驱邪辟凶做厌胜术而被暗害殒命。《新唐书》卷二〇四《方技·明崇俨传》云：

> (明崇俨)累迁正谏大夫。帝令入阁供奉，每谒见，陈时政，多托鬼神为言。至为武后作厌胜事，又言章怀太子不德。仪凤四年(679)，为盗所刺于东都，好事者为言：“崇俨役鬼劳苦，为鬼所杀。”而太后疑太子使客杀之，故赠侍中，谥曰庄，擢子珪为秘书郎。命御史中丞崔谧等杂治，诬服者甚众。及太子废，死状乃明。②

宋初对三代巫术的认识显然已经负面化，以致《新唐书》撰者不懂其妙，混淆黑白。还是《旧唐书》叙述较客观，巫师明崇俨受到武则天宠幸，是因他拥护则天做女皇，因此“崇俨密与天后为厌胜之法”③。搞厌胜术主要是厌胜祥瑞，对人对事都有益无害，因而有功。但这触动了李唐王朝的神经，导致明崇俨被害。究竟明崇俨的厌胜艺术品是什么？从现有考古实物看，极有可能是唐风鉴之类的祥瑞物，因为巫师施以祥瑞之物是有针对性的，是代表了武则天厌胜。

又据《旧唐书》载，唐肃宗亦重阴阳鬼神之事，或命巫媪乘驷行郡县为厌胜之术。由于厌胜巫术是与文化艺术演变缠绕在一起的巫术，女皇和肃宗才对它另眼看待。三代和汉唐时期此类文物都很丰富，是由于催化这些艺术品的厌胜巫术较为繁荣。

第四，四大巫术中，以反抗巫术中的厌胜术为主，而厌胜术又以祥瑞物和辟邪物为其主要标志。它是三代和汉唐巫术的主流。这些祥瑞、辟邪物可以是纸

---

① (后晋)刘昫等撰《旧唐书》卷五七《刘文静传》，中华书局1975年版，第2293页。

② (宋)欧阳修、宋祁撰《新唐书》卷二〇四，中华书局1975年版，第5806页。

③ (后晋)刘昫等撰《旧唐书》卷一九一，中华书局1975年版，第5097页。

做的，如符箓，也可以是木制品，或金属制品。虽然它们改变不了客观世界，但终究是对人们改变现实困难处境的一种心理慰藉和鼓励，因而能获得广泛接受和支持。例如，唐人多有铜镜随葬，因镜子也是厌胜物；唐人更有镜卜风俗，怀镜于胸前，出门听人言以占吉凶休咎，称耳卜巫术，又叫“镜听”，王建有《镜听词》。故镜子以后被认为有魔力，可驱红煞神，结婚时更用为重要的嫁妆物品，激励年轻夫妇奋斗取得幸福的人生等等。

第二节　唐代龙厌胜对文化艺术的贡献

原始社会至夏代产生了龙的神话，龙成为中国人重要的图腾。殷商人以团龙思维表达了巫术艺术思维的存在，用玉制的团龙厌胜以养生，开创了一种祥瑞符号，引导人民生存延续的激情。以至于周人在《易》八卦卜辞中，对龙的哲学含义作出高度的评价。汉代皇亲国戚将开国帝王变成龙的传人，使龙厌胜艺术化，也使这种祥瑞愈加贴近生活。唐人追随三代和大汉王朝传统，将龙厌胜艺术化，继续使祥瑞发挥积极意义。以下是唐代龙厌胜创造的厌胜艺术品，俱为团龙厌胜，一龙戏珠式或二龙抢珠式。此外，还有一系列四灵厌胜的发挥。

第一种团龙厌胜，唐龙鉴。

第二种团龙厌胜，唐云龙鉴。

第三种团龙厌胜，唐云龙八花鉴。

4. 唐龙鉴〔(宋)王黼撰《重修宣和博古图》卷三〇，景印文渊阁《四库全书》本。下同〕

5. 唐云龙鉴

6. 唐云龙八花鉴

第四种团龙厌胜，唐晋阳龙铁鉴。

第五种团龙厌胜，唐戏水龙铁鉴。

第六种团龙厌胜，唐二十八宿铁鉴。也是铁鉴团龙厌胜，因为此铁鉴一龙戏

珠,清晰可见,除了二十八宿星辰图,还有金木水火土五字刻在画面上。见下图:

7. 唐二十八宿铁鉴

8. 唐晋阳龙铁鉴

9. 唐戏水铁龙鉴

中国古时将周天黄道,即太阳与月亮所经天区的恒星,分为二十八个星宿。代表天,唐二十八宿铁鉴除将二十八宿列入,还列入五行,即水火木金土,用来代表地。中间一龙戏珠,代表中国的天地是龙的国度。故本鉴寓意为全国趋吉辟凶而祈福。

第七种团龙厌胜,唐捧敕佩(邛州天宁寺僧道)。

第八种团龙厌胜,唐捧敕佩。

10. 唐捧敕佩团龙厌胜1〔故宫博物院陈列设计组编绘《唐代图案集》,人民美术出版社1989年版。下同〕

11. 唐捧敕佩团龙厌胜2

唐代团龙厌胜蕴涵着深意。这种厌胜艺术品主要是用团龙来鉴戒人生。唐凤鉴以及唐八卦鉴等同此。《庄子·德充符》云:“鉴明则尘垢不止,止则不明也。”[①]成玄英疏:“鉴,镜也。”意思是,镜子明亮,则尘垢就没有停留在上面,尘垢落在上面,镜子也就不会明亮。寓意长久地跟贤人相处,便会没有过错。或者如《国语·楚语下》云:“人求多闻善败,以监戒也。”[②]总之,要从正反两方面,向

---

① (周)庄周撰,(晋)郭象注,(唐)陆德明音义《庄子》卷二《德充符》,上海古籍出版社1986年影印《二十二子》本,第25页。

② 徐元诰撰《国语集解》楚语下《子西使人召王孙胜》,中华书局2002年版,第531页。

贤人和失败者学习，总结经验和教训，唐人才能成为一条龙，而不是一个虫。以上两种唐捧敕佩，是唐人佩带的饰物。经过巫师刻上龙以后成为厌胜艺术品，而产生趋吉辟邪的心理优势。所谓“捧”，是以双手奉上意，即指情人相赠的定情物。

唐代团龙厌胜的巫术艺术思维贯穿于生活的各个方面，而且中国各民族在巫术艺术思维上各有发挥，将唐、宋、元团龙萦绕的祥瑞之气发挥到极致，也就是把中华民族的凝聚力强调到极致。以下再列举唐代十五种龙厌胜图：

一是唐代金碗团龙厌胜。

二是唐代银盒团龙厌胜。

三是唐代银盘团龙厌胜，意为鲤鱼跳龙门，然后烧断尾巴变成龙。

12. 唐代金碗团龙厌胜图（陕西省博物馆藏品）

13. 唐代银盒团龙厌胜图（陕西西安出土）〔欧阳琳、史苇湘、史敦宇编绘《敦煌图案集》，上海书店出版社 1995 年版。下同〕

14. 唐代银盘团龙厌胜图（故宫博物院藏品）

四是唐代石雕龙厌胜。

五是唐代敦煌壁画团龙厌胜。

六是唐代青铜双龙双鸟镜厌胜。

15. 唐代石雕龙厌胜图（故宫博物院藏品）

16. 唐代敦煌壁画团龙厌胜图（莫高窟第 369 窟　晚唐团龙，四只鹦鹉环绕）

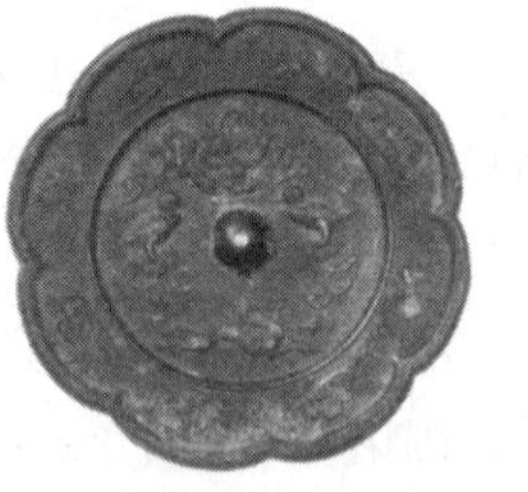

17. 唐代青铜双龙双鸟镜厌胜图〔宋成林、宋名辉等编撰《龙凤图集》，南方出版社 1998 年版。下同〕

七是唐青铜飞龙镜厌胜。

八是唐代飞龙瓷瓶厌胜。

九是唐代卢楞伽《六尊者像》飞龙厌胜。

18. 唐代青铜飞龙镜厌胜图

19. 唐代飞龙瓷瓶厌胜图

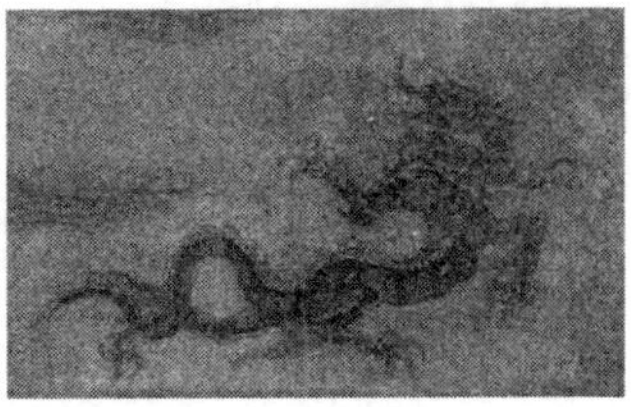

20. 唐代卢楞伽《六尊者像》飞龙厌胜图

十是唐代新疆柏孜克里克石窟壁画龙厌胜。

十一是唐代绿彩模印堆塑团龙盏厌胜。

十二是敦煌唐人龙纹砖厌胜。

21. 唐代吐鲁番柏孜克里克十九窟壁画龙厌胜图

22. 唐代绿彩模印堆塑团龙盏厌胜图

23. 敦煌唐人龙纹砖厌胜图(敦煌三危山老君堂唐人遗址出土)

十三是敦煌唐人神龙图厌胜。

在敦煌文书中,法 Pel. chin. 2683《瑞应图》中记载各种龙及其形象,是汉代龙厌胜巫术的演绎和传承。原书《孙氏瑞应图》为南朝梁孙柔之撰,《隋书·经籍志》有著录,但全书已失。据敦煌文献可知,其书所收集的乃是汉代谶纬巫术而无疑。一曰神龙,《瑞应图》(13—8)云:"旧图不载,君子在位,则神龙出矣。"①

24. 神龙图〔采自《瑞应图》。下同〕

① 上海古籍出版社、法国国家图书馆编《法藏敦煌西域文献》第 17 册,上海古籍出版社 2001 年版,第 238 页。

十四是敦煌唐人黄虯龙厌胜。

黄虯。《瑞应图》(13—10、11)云："黄虯，一名龙，无角曰虯。一则虯，龙子也。黄虯与人君之零(灵)瑞，背上负玉函，有玉牒，玉牒之录。录者，人君合符契，则有之应也。黄者中之色，言人君有中和之德，总六合以居中也。黄虯出，象人君之大变化。玉函者，象君有玉德。函盛背负者，象君有明天下。负戴(载)玉牒者，象者(君)有明白文章。牒者，(象)人君累明文之德。洛出书者，欲使君德临洛润泽，恩平天下，如水无穷也。如水之均平，天下酌取也。"①

25. 黄虯

十五是敦煌唐人黄龙厌胜。

26. 黄龙

黄龙。《瑞应图》(13—6)云："《孝经援神契》曰：德至渊泉则黄龙应。宋均注云：黄龙应则准绳正。"②(13—7)又云："《春秋运斗枢》曰：旋星得则黄龙见，蔡伯喈《月令章句》曰：智听政事则黄龙见。"③(13—8)又云："四龙之长也，不洒池而凛至渊泉，则黄龙游于池，能高能下，能细能精，能幽能冥，能短能长，乍存乍亡。"④

以上介绍的龙厌胜艺术图中，这些龙或潜伏于浩渺的苍海，或翱翔于万里的云天，威武刚强，无所畏惧，傲然进取，包容仁和，涉及人们生活各方面，凝聚着中华各民族高贵的精神气质，是中华各民族卓越的创造，表现着各民族统一繁荣的理想和现实是古今不变的传统。

附一种，唐蹲龙厌胜。

27. 唐蹲龙〔采自《重修宣和博古图》〕

宋王黼撰《重修宣和博古图》卷二七《唐蹲龙》曰："高三寸阔一寸七分，重四两，无铭。且昔人于栏楯、帷幄、车辂间，每有所饰。故或作水芝，或为斗鸭，种种不同，考之亦无意义。惟龙之饰，则非臣下可得用。凡衣服器用，著

① 上海古籍出版社、法国国家图书馆编《法藏敦煌西域文献》第17册，上海古籍出版社2001年版，第239—240页。

② 上海古籍出版社、法国国家图书馆编《法藏敦煌西域文献》第17册，上海古籍出版社2001年版，第237页。

③④ 上海古籍出版社、法国国家图书馆编《法藏敦煌西域文献》第17册，上海古籍出版社2001年版，第238页。

以龙者，皆表其人君所用之物。是器作龙状而蹲之，疑宫庙乘舆以为之饰。考其器则唐物也。”①可见此唐代厌胜艺术品，皆作为宫庙、乘舆饰品以为厌胜。

第三节　唐代凤厌胜对文化艺术的贡献

初唐时太宗撰写《凤赋》，讴歌凤凰以示崇拜：“有一威凤，憩翮朝阳，晨游紫雾，夕饮玄霜。资长风以举翰，戾天衢而远翔。西翥则烟氛阏色，东飞则日月腾光。化垂鹏于北裔，训群鸟于南荒。弥乱世而方降，膺明时而自彰。幸赖君子，以依以持。引此风云，濯斯尘滓。披蒙翳于叶下，发光华于枝里。仙翰屈而还舒，灵音摧而复起。眄八极以腾翥，临九天而高峙。庶广德于众禽，非崇利于一己。是以徘徊感德，顾慕怀贤。凭明哲而祸散，托英才而福延。答惠之情弥结，报功之志方宣。非知难而行易，思令后以终前。俾贤德之流庆，毕万叶而芳传。”②

唐太宗李世民，亲眼目睹隋朝黑巫术乱政导致灭亡的全过程，他在《凤赋》里，借一只威凤，寄托自己的理想；威凤虽“训群鸟于南荒”，实际是训示群臣，你们虽然在乱世降临，但千万别居功自傲、自我表彰；在广大民众之中，绝不要谋取一己之私利，言外之意就是：水能载舟亦能覆舟，要谨言慎行。你们要求取贤才，一定要反复找寻那些知恩感恩的好人。国家全凭明哲之举，才能使灾祸消散；国家会因为有英才，将福祉延长至后代。

如此，太宗的《凤赋》促使唐代凤厌胜向促进社会风气朝贤德方向演化，亦表现得多姿多态，代表性的厌胜艺术品有唐凤厌胜品等多种。以下略举数例：

第一种凤厌胜，唐舞凤狻猊鉴，是唐代凤凰和狻猊双辟邪鉴。

28. 唐舞凤狻猊鉴〔采自《重修宣和博古图》卷三〇〕

29. 狻猊〔采自《南京妈祖文化》〕

① (宋)王黼撰《重修宣和博古图》卷二七，景印文渊阁《四库全书》第840册，第964页。

② (唐)徐坚等撰《初学记》卷三〇《鸟部·凤第一》，中华书局1962年版，第725页。

此厌胜鉴主要以凤凰舞蹈象征和谐之祥瑞，配以狻猊。狻猊是何许物也？《尔雅·释兽》曰："狻猊如虦猫，食虎豹。"郭璞注："即师(狮)子也，出西域。"[①]但这狻猊究竟怎么成为厌胜品的？它在现实生活中是个什么样子呢？

原来狻猊正是如今的看门狮子。《十洲记》曰："聚窟洲在西海中，申未地，面各方三千里，北接昆仑二十六里，有师子、辟邪、凿齿、天鹿、长牙、铜头、铁额之兽。"[②]可见狻猊和辟邪一样都是神兽。它的特性是带来祥瑞。最初出现于周代，《穆天子传》曰："狻猊，日走五百里。"郭璞注："师子也，食虎豹。"[③]在明代，民间传说狻猊是龙生九子之老八。

30. 安西榆林窟第25窟　盛唐　狻猊(侧面像)

31. 安西榆林窟第25窟　盛唐　狻猊(正面像)

第二种凤厌胜，唐莲凤鉴。

唐莲凤鉴厌胜主要象征朝廷稳固，人主长寿之祥瑞。本来《太平御览》卷九七五《果部·莲》引《史记》曰："龟千岁，游于莲叶之上焉。"[④]而此莲凤鉴以凤凰代替长寿龟，与莲搭配，显然具有祝的意愿。

32. 唐莲凤鉴〔采自《重修宣和博古图》卷三〇。下同〕

33. 唐凤衔花鉴

①③　(宋)李昉等撰《太平御览》卷八八九《兽部一·师子》，中华书局1960年影印本，第3949页。

②　(宋)李昉等撰《太平御览》卷八八九《兽部一·师子》，中华书局1960年影印本，第3950页。

④　(宋)李昉等撰《太平御览》卷九七五，中华书局1960年影印本，第4322页。

第三种凤厌胜，唐凤衔花鉴。

此鉴依然是厌胜太平之祥瑞。《艺文类聚》卷九九《祥瑞部下·凤皇》引《礼斗威仪》曰："君乘土而王，其政太平，凤皇集于苑林。"①故由于太平，凤凰得以衔花飞翔。

第四种凤厌胜，唐鹿凤蒲萄鉴。

此鉴为环境和长寿厌胜祈福。《艺文类聚》卷九九《祥瑞部下·白鹿》引《孝经援神契》云："德至鸟兽，则白鹿见。"②同卷《祥瑞部下·凤皇》引《孝经援神契》曰："德至鸟兽，凤皇翔。"③《艺文类聚》卷八七《果部下·蒲萄》引《本草》云："蒲萄益气强志，令人肥健少饥，延年轻身。"④

第五种凤厌胜，唐自明铁鉴。此为四灵铁鉴，以龙凤龟麟为主，亦属龙凤厌胜之列。

34. 唐鹿凤蒲萄鉴

35. 唐自明铁鉴

唐自明铁鉴寓意，所谓"自明"，即自我表白之意。《楚辞·九章·惜诵》云："恐情质之不信兮，故重著以自明。"⑤故此铁鉴为唐王朝自鉴。《礼记·礼运》曰："何谓四灵？麟、凤、龟、龙，谓之四灵。"孔颖达疏："以此四兽皆有神灵，异于他物，故谓之灵。"⑥故四灵皆为祥瑞之象征。四灵总意，如《白虎通》云："天下太平，符瑞所以来至者，以为王者承天顺理，调合阴阳，阴阳和，万物序，休气充塞，故符瑞并臻，皆应德而至。"⑦

①③　(唐)欧阳询撰，汪绍楹校《艺文类聚》卷九九，上海古籍出版社 1982 年版，第 1707 页。

②　(唐)欧阳询撰，汪绍楹校《艺文类聚》卷九九，上海古籍出版社 1982 年版，第 1714 页。

④　(唐)欧阳询撰，汪绍楹校《艺文类聚》卷八七，上海古籍出版社 1982 年版，第 1494 页。

⑤　(汉)王逸撰《楚辞章句》卷四，景印文渊阁《四库全书》第 1062 册，第 36 页。

⑥　(汉)郑玄注，(唐)孔颖达等正义《礼记正义》卷二二，中华书局 1980 年影印阮元校刻《十三经注疏》本，第 1425 页。

⑦　(唐)欧阳询撰，汪绍楹校《艺文类聚》卷九八《祥瑞部上·祥瑞》，上海古籍出版社 1982 年版，第 1693 页。

第六种风厌胜，唐瑞图鉴。此鉴以四灵为中心，环绕各种祥瑞之物，亦属于龙凤厌胜之例。外环有“合璧、金并、出瑞”六字。中环有“同心、嘉麦、嘉苽、比目鱼、连理树、合璧”十四字。内环是四灵图案。

第七种风厌胜，唐凤凰银盒。

36. 唐瑞图鉴

37. 唐凤凰银盒厌胜图（故宫博物院藏品，陕西西安出土）〔采自《唐代图案集》〕

第八种风厌胜，唐敦煌壁画凤凰展翅灯。

第九种风厌胜，唐敦煌壁画凤凰衔花图。

38. 唐凤凰展翅灯（莫高窟　第 220 窟　初唐）〔采自《敦煌图案集》。下同〕

39. 唐凤凰衔花图（莫高窟　第 196 窟　晚唐）

凤凰衔花图寓意。《春秋合诚图》曰：“黄帝游玄扈雒水上，与大司马容光等临观，凤皇衔图置帝前，帝再拜受图。”①《春秋感精符》曰：“王者上感皇天，则鸾凤至。”②

第十种风厌胜，唐敦煌壁画双凤衔花图。

①② （唐）欧阳询撰，汪绍楹校《艺文类聚》卷九九《祥瑞部下・凤皇》，上海古籍出版社 1982 年版，第 1707 页。

第十一种凤厌胜，唐敦煌壁画双凤集于苑林。

40. 双凤衔花图(莫高窟　第196窟　晚唐)

41. 双凤集于苑林(莫高窟第196窟　晚唐)

双凤集于苑林寓意。《礼斗威仪》曰："君乘土而王，其政太平，凤皇集于苑林。"①

第十二种凤厌胜，唐三彩飞凤图一。

第十三种凤厌胜，唐三彩飞凤图二。

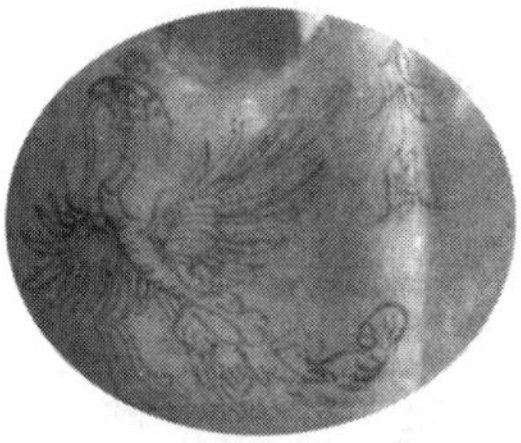

42. 唐三彩飞凤图一〔采自《龙凤图集》。下同〕

43. 唐三彩飞凤图二

44. 敦煌唐人凤纹砖厌胜图(敦煌三危山老君堂唐人遗址出土)〔采自《敦煌学大辞典》〕

唐代凤厌胜何以特别的兴盛？根源在于民间对凤凰特别的崇拜，盛传凤凰降临唐朝，上演了一出百鸟朝凤的壮观景象。唐张读撰《宣室志》卷一〇《睢阳凤》云："贞元十四年(798)秋，有异鸟，其色青，状类鸠鹊，翔于睢阳之郊，止蘩木中。有群鸟千数，俱率其类列于左右前后，而又朝夕各衔蜚虫稻粱以献焉。是鸟每飞，则群鸟咸噪而导其前，或翼其傍，或拥其后，若传唤警卫之状：止则环而向焉，虽人臣侍天子之礼，无以加矣。睢阳人咸适野纵观，以为羽族之灵者，然其状不类鸾凤，由是益奇之。时李翱客于睢阳，翱曰：'此真凤鸟也。'于是作《知

① (唐)欧阳询撰，汪绍楹校《艺文类聚》卷九九《祥瑞部下·凤皇》，上海古籍出版社1982年版，第1707页。

凤》一章,备书其事。”[①]

此一百鸟朝凤之异闻,激起唐人对凤凰的热爱,对吉祥与和平的向往。时间是贞元十四年。呼“此真凤鸟也”的李翱(774—841),是中唐诗人,河南开封人,也正于贞元十四年登进士第,著有《李文公集》,《知凤》收在第五卷中。李翱借此祥瑞,抒发了其“知贤圣人者,观其道”的观点,颇有创见。

唐代凤凰厌胜艺术品,承继三代和汉王朝的传统,是祥瑞的象征。厌胜巫术的特点,就在于它的预见性和含蓄性。唐代及后代的凤凰,寓意未来会有更多女性登上时代的舞台,发挥能量。这正是唐代凤厌胜留给后人的思考。

第四节　唐代八卦铁鉴厌胜之意义

周人以八卦思维表达了巫术思维的存在。用八卦符号来代表和概括天地万物的哲学思维,是人类认知的一次飞跃。这一次飞跃,使人类的思维超前化,跨越了古代与现代,八卦符号演绎成数字符号,有概括人类物质和思想的哲学含义。唐人深谙此理,就将“八卦”作为一种生命符号提出,并将其厌胜艺术化,用来鼓励人类对自然生活的追求;于是,令人爱不释手的“唐八卦铁鉴”出现了。很显然这是《周易》卜筮巫术衍化的又一件有深远影响的文化艺术品。唐人将龙凤厌胜和八卦乃至四灵、十二生肖等厌胜结合,适应各生肖人群不同年龄段的需求,体现了《周易》所说的“自强不息”的民族精神。

45. 唐八卦铁鉴一〔采自《重修宣和博古图》。下同〕

《重修宣和博古图》卷三〇曰:“唐八卦铁鉴一,径八寸,重三斤六两,铭二十二字,未详。”[②]鉴的核心是圆形的太阳和内缺的月亮,内环四灵。《礼记·礼运》曰:“何谓四灵?麟、凤、龟、龙,谓之四灵。”孔颖达疏:“以此四兽皆有神灵,异于他物,故谓之灵。”[③]这是先秦周人的图腾崇拜。到汉魏时期,道教又演化为苍龙、白虎、朱雀、玄武四神,故十国前蜀杜光庭《道门为皇帝醮太一并点金箓灯词》曰:“昨者以四神行运,在咸池之宫。”四神是四个

---

① (唐)张读撰,张永钦、侯志明点校《宣室志》卷一〇,中华书局1983年版,第141—142页。

② (宋)王黼撰《重修宣和博古图》卷三〇,景印文渊阁《四库全书》第840册,第1017页。

③ (汉)郑玄注,(唐)孔颖达等正义《礼记正义》卷二二,中华书局1980年影印阮元校刻《十三经注疏》本,第1425页。

吉祥的神，成为中国人的保护神。明田艺蘅撰《留青日札·四神四灵四祥》曰："天有苍龙、白虎、朱雀、玄武四星之精，降而在地则为龙、虎、鸟、龟四兽之象，兵家谓之四神。"①古人不会无缘无故造神，造神的主要目的是保卫自己的生存，不能盲目认为这是祖先迷信。后世又演化出四神纹，就是以苍龙、白虎、朱雀、玄武四种神像组成的纹饰，有瓦当、铜镜、铁鉴等形式。"唐八卦铁鉴一"上的四神纹就是其中一种，中环八卦，三环十二生肖，最外一环铭文实际上只有十五个篆字，比原解释少七个篆字。铭文待考。这种巫术艺术品表达的是对大自然和生活的热爱，鼓励人类与万物和谐共存。

46. 唐八卦铁鉴二

《重修宣和博古图》卷三〇曰："唐八卦铁鉴二，径七寸二分，重二斤十有一两，铭二十八字。"②鉴的核心是圆形的太阳和内缺的月亮，环绕四灵，中环八卦，三环十二生肖，最外一环二十八宿之名。二十八宿或者与《周易》不无关联，如亢宿，属金，为龙，《周易》第一卦乾云："亢之为言也，知进而不知退，知存而不知亡，知得而不知丧。其唯圣人乎！知进退存亡而不失其正者，其唯圣人乎！"③这对人们生活有非常高的指导意义。假如你飞扬跋扈，知进不知退，知得不知失，知存不知亡，思想偏执扭曲，那么一定会栽跟头，而成为"亢龙有悔"的印证。"唐八卦铁鉴"也可用来警示人生，这是周人至唐人时代智慧的结晶，是我们祖先给子孙留下的文化遗产和精神财富。

47. 唐十二辰铁鉴

《重修宣和博古图》卷三〇曰："唐十二辰铁鉴，径七寸九分，重三斤一十两，铭二十四字，未详。"④

《重修宣和博古图》卷三〇曰："唐日月铁鉴，径五寸八分，重十有一两，铭四十字。"⑤

---

① (明)田艺蘅《留青日札》卷二九，《四库全书存目丛书》子部第105册，齐鲁书社1995年影印本，第377页。

② (宋)王黼撰《重修宣和博古图》卷三〇，景印文渊阁《四库全书》第840册，第1012页。

③ (魏)王弼、(晋)韩康伯注，(唐)孔颖达等正义《周易正义》卷一《乾》，中华书局1980年影印阮元校刻《十三经注疏》本，第17页。

④⑤ (宋)王黼撰《重修宣和博古图》卷三〇，景印文渊阁《四库全书》第840册，第1017页。

48. 唐日月铁鉴

49. 唐凤龟八卦铁鉴

《重修宣和博古图》卷三〇曰:“唐凤龟八卦铁鉴,径一尺二分,重四斤有半,无铭。”①

《重修宣和博古图》卷三〇曰:“唐八卦龟凤铁鉴,径八寸三分,重三斤四两,无铭。”②

50. 唐八卦龟凤铁鉴

51. 唐四灵八卦铁鉴

《重修宣和博古图》卷三〇曰:“唐四灵八卦铁鉴,径七寸二分,重三斤,无铭。”③

《重修宣和博古图》卷三〇曰:“唐八卦方铁鉴,径四寸九分,重一斤十有二两,无铭。”④

52. 唐八卦方铁鉴

53. 唐八角八卦铁鉴

①②③④ (宋)王黼撰《重修宣和博古图》卷三〇,景印文渊阁《四库全书》第840册,第1013页。

《重修宣和博古图》卷三〇曰:“唐八角八卦铁鉴,径七寸八分,重二斤七两,无铭。”①

《重修宣和博古图》卷三〇曰:“唐千秋万岁铁鉴,径七寸六分,重三斤十有五两,铭八字。”②

“唐千秋万岁铁鉴”的核心是一只万年龟,龟负着一轮太阳,太阳的中心是一个“王”字,代表的是大唐王朝。内环是八个大字:“千秋万岁,富贵不断”。这是唐人欢呼大唐王朝万岁,为人民的富足生活而祝愿。中环是八只凤鸟环绕八卦符号飞翔。

唐人继承了周人八卦思维,实现了巫术艺术思维的现实化,为艺术家发挥才华提供了展示的空间。唐八卦铁鉴的图案之美,魅力无穷,令人叹为观止,作为巫术艺术化的结果,又推动了人们对生活、对生命的热爱之情。

附一种唐代象厌胜鉴。由此可见,直到唐代,商代巫师创造的象厌胜传统依然在延续着。

54. 唐千秋万岁铁鉴

55. 唐象鉴

唐代巫师已经把玉质象厌胜改变为铜质象厌胜,材料虽不同,但性质一样,表达了唐人趋吉辟凶的心愿。唐象鉴实际是一面为民消灾的鉴戒之镜,供人鉴赏,为人加油。

第五节　唐代厌胜钱的创新

唐代钱币厌胜因受道佛两教重视而日益流行,厌胜的内容也日益翻新。唐代钱币厌胜可分以下几组:

第一组,融入婚俗。如撒帐钱、长命富贵钱。宋洪遵《泉志》卷一五《厌胜

---

① (宋)王黼撰《重修宣和博古图》卷三〇,景印文渊阁《四库全书》第840册,第1017页。

② (宋)王黼撰《重修宣和博古图》卷三〇,景印文渊阁《四库全书》第840册,第1018页。

品》云：

右撒帐钱。旧谱曰：径寸，重六铢，肉好，背面皆有周郭，其形五出，穿亦随之。文曰：长命守富贵。背面皆为五出文，若角钱状。景龙中，中宗出降睿宗女荆山公主，特铸此钱，用以撒帐，敕近臣及修文馆学士拾钱。其银钱则散贮绢中，金钱每十文即系一彩绦，学士皆作却扇□，其最近御坐者，所获居多。有学士考功员外武平一既出，逢韦巨源、苏味道，各执平一将在烛下云："员外事仆射省主，欲有何取。"以手探平一怀，尽而后已。李孝美曰："顷见此钱于汝海王霖家，形制文字皆如旧谱所说，但差大而铜铸耳。"①

56. 撒帐钱〔采自《泉志》〕

宋董逌撰《钱谱》亦云："李唐铸撒帐钱，其文有曰：长命富贵，金玉满堂。又有忠孝传家、五男二女、天下太平、封侯拜相之类。"②

《说郛》版《钱谱》并未列出长命富贵钱的图谱，但是在清代，梁诗正、蒋溥等奉敕撰《钱录》卷一五《撒帐吉语诸品》中，却列出了图谱，并云："右一品文曰'长命富贵'，背文有仰月形。按崇高莫大乎富贵，富贵二字相联属始此。又《风土记》端午造百索系臂，名曰长命缕。"③因此长命富贵钱是融入婚俗的厌胜钱之二。

57. 长命富贵钱(正)〔采自《钱录》。下同〕

长命富贵钱(背)

金玉满堂钱是融入婚俗的厌胜钱之三。《钱录》卷一五《撒帐吉语诸品》曰："右一品文曰'金玉满堂'，《老子道德经》语也。背文作双螭。董逌谓有所谓异钱，虽不见于传记，然制作之近古者录之。如李唐撒帐钱，其文曰长命富贵、金玉满堂、忠孝传家、五男二女、天下太平云云。以上数种皆是按唐睿宗女荆山公

① (宋)洪遵撰《泉志》卷一五，《丛书集成初编》本，商务印书馆1939年版，第75—76页。

② (明)陶宗仪编《说郛一百二十弓》弓九七，上海古籍出版社1988年影印《说郛三种》本，第4483页。

③ (清)梁诗正、蒋溥等撰《钱录》卷一五，景印文渊阁《四库全书》第844册，第176页。

主出降铸金银钱撒帐，故董逌谓李唐撒帐钱。然此则并以铜为之，特仿其制度耳。　内府所收正用诸品而外岐出不同，亦莫识其何所用之，如洪《志》奇品、神品诸类，并著之于图，亦好古者所不废也。"[①]

58. 金玉满堂钱(正)

金玉满堂钱(背)

第二组，应元保运钱。《梦溪笔谈》云："庐山太平观，乃九天采访使者祠，自唐开元中创建。元丰二年(1079)道士陶智仙……发地忽得一瓶，封镉甚固，破之，其中皆五色土，唯有一铜钱，文有'应元保运'四字……不甚为异。至元丰四年(1081)忽有诏进号九天采访使者为应元保运真君……乃与钱文符同……乃以其钱付廖维表献之。"[②]

59. 应元保运钱〔采自《泉志》。下同〕

第三组，佛教利用钱币来作厌胜。如孙先生钱。宋洪遵《泉志》卷一四引《湘山野录》云："成都高僧诵《法华经》有功，忽一山仆至寺，言先生来晨请师诵经，在药市奉候。至则烟岚中横一跨溪山阁，乃其居也。仆曰：'先生请师且诵经。'至宝塔品，先失野服杖藜，嘿揖爇香，听罢遂入，不复出。斋以藤盘竹箸，秫饭一盂，杞菊数瓯，食讫，施衬一镮。仆送出路口，中途问仆曰：'先生何姓？'曰：'姓孙。'曰：'何名？'仆于僧掌中书'思邈'二字。僧大骇，欲再往，仆遽失之。视衬资乃金钱一百，皆良金也。中五六金，一半尚铁。"[③]《湘山野录》为宋释文莹撰，写的多为唐代佛教之事情。

从配图可见《泉志》中明人绘图之粗糙，佛教思邈厌胜钱的精细毫无展现，但是清人所绘孙思邈厌胜钱币却精细得多。孙思邈是唐代著名的医学家，著有《千金方》等医书。《钱录》卷一六《厌胜诸品·符印钱》收有两枚唐代符印钱，其一云："右符印钱，晋孙思邈作入山符，文略仿佛。背文为星官，又一

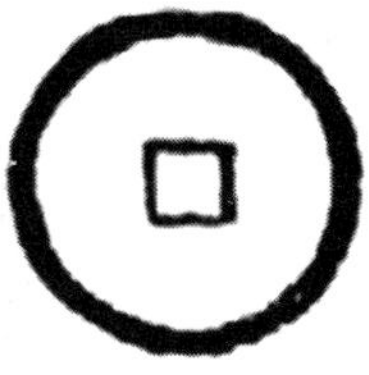

60. 佛教思邈钱

① (清)梁诗正、蒋溥等撰《钱录》卷一五，景印文渊阁《四库全书》第844册，第178页。

② (宋)沈括撰《梦溪笔谈》卷二〇，景印文渊阁《四库全书》第862册，第820—821页。参见(宋)洪遵《泉志》卷一四《神品》，第73—74页。

③ (宋)洪遵撰《泉志》卷一四《神品》，《丛书集成初编》本，商务印书馆1939年版，第73页。

人跽而供花，随以一鹤。”①称孙思邈为晋代人，却是大误。

符印钱亦称孙思邈钱，钱背图中所绘为僧人敬谒孙思邈，佛教符印在正面。

61. 佛教符印钱〔采自《钱录》。下同〕

佛教符印钱背

第四组，道教利用钱币来作厌胜。《钱录》卷一六《厌胜诸品·符印钱》其二云：“右符印钱，背文为星官，又肖生二。”

62. 道教符印钱

道教符印钱背

唐代道教符印钱以钱币上有道教符印为特征。道教信仰者还铸造出“符印斩妖杀鬼钱”，相当于厌胜钱型的护身符，是可以佩带使用的。

轩辕钱也是道教的厌胜钱。宋洪遵《泉志》卷一四曰：“令狐澄《大中遗事》曰：‘轩辕先生居罗浮山，唐宣宗召入禁中，以桐竹叶满手挼成钱。’ 晞阳子《宾仙传》曰：‘轩辕先生取榆荚肉于袖，良久写之，皆为小钱，遂治饮之。’”②

63. 道教斩妖杀鬼钱〔采自《钱录》〕

64. 轩辕钱〔采自《泉志》〕

① （清）梁诗正、蒋溥等撰《钱录》卷一六，景印文渊阁《四库全书》第 844 册，第 201 页。

② （宋）洪遵撰《泉志》卷一四《神品》，《丛书集成初编》本，商务印书馆 1939 年版，第 72 页。

宋代洪遵因缺乏绘图技能，只以空白小钱替代，失真而索然寡味，故《泉志》留下太多遗憾，看不出道教符印钱的特点。清代梁诗正、蒋溥等奉敕撰《钱录》卷一六《厌胜诸品·虎符钱》则为研究钱币提供了便利，图文并茂，道教符印钱异彩纷呈。文曰："右虎符钱。按道家有《神虎上符消魔智慧经》，其释文曰：'神者，灵也。虎者，威也。上者，太上。符者，信也。消魔者，灭鬼也。智者，日中之星也。慧者，宜以生生为急也。'此钱面文书符，上作虎头。背文扬旗按剑，势若擒捕鬼物，上丽以星文。与释文本义俱合。"①

65. 虎符钱〔采自《钱录》。下同〕

虎符钱背

唐罗隐《送王使君赴苏台》诗云："东南一望可长吁，犹忆王孙领虎符。"②唐代虽然依然在使用古代帝王授予臣下兵权或调动军队的信物，但是虎符钱上的道教符箓却已具有驱邪厌胜的含义。

总之，唐代用作撒帐、用作佛教或者道教的钱币厌胜等，都是特殊罕见的厌胜巫术。可见大唐王朝遵循三代和汉代的白巫术传统，将厌胜巫术继续作为维护儒家理念、治理国家、和谐民众、避免暴力的一种手段。白巫术何罪之有？

第六节　唐代道教反抗巫术符咒治病剖析

道教在唐朝惯以巫术——符咒来治病，充满了神秘性。在本节中，我们将剖析道教以符咒治病的过程。

在唐代李淳风撰、袁天罡补的《增补秘传万法归宗》卷一，收入了《后汉太极

---

① (清)梁诗正、蒋溥等撰《钱录》卷一六，景印文渊阁《四库全书》第844册，第200页。释文原出(宋)张君等撰《云笈七签》卷八《释神虎上符消魔智慧经》，上海古籍出版社1989年影印本，第52页。

② 《全唐诗》卷六六三，中华书局1960年版，第7596页。

左宫葛仙翁治三部诸病心法灵符》，它全面展示了道教早期巫术治病之详情。

66. 唐人三彩骑马俑（河南偃师杏园李延祯唐墓出土）〔采自《中国古俑白描》〕

所谓“三部诸病”，是道教接受了中古中医对人体病区所作的分类，巫术符咒也就是针对“三部”人体病区的。“上部符治头、目、口、耳、鼻、舌、喉关等病；中部符治胸膈、痰火、痞胀、咳嗽、脏、手、肘等病；下部符治脐下、膀胱、淋浊、经水不一、难产、脚疾等症。”尽管吞符前却有饮药汤之举，但是其研究重点不在病源的本身，而是在于符咒如何施用在人身上。

道教的“三部诸病心法灵符”原则：第一，“此符菩萨公用”，这里“菩萨”是指所有道士。任何道士都可用这些灵符为人治病。第二，主要药品是枣子加上符咒，而且“此咒枣济人无数。或书竹叶上，或桑叶上，煎汤服之。或纸书烧服，随人用之”。第三，为了灵验，必须做到：“须久学祭炼，至诚体道，方可救病，书符自然灵验。”第四，书符治病规则：“凡人有病，先诵诸净咒，次诵宝诰（即《葛仙翁宝诰》）及《敕纸笔咒》，就辰文巽宫嘘气，布纸笔上，方可下笔书符。”

诸净咒包括三条咒语，分别为净口神咒、净心神咒、净身神咒。

（一）净口神咒

丹朱口唇，吐秽除氛。
舌神正伦，通命养神。
罗于齿部，却邪卫真。
喉神虎贲，充气引津。
口神丹元，令我通真。
思慎炼液，道气常存。
急急如律令。

（二）净心神咒

太上台神，应变无停。
驱邪缚魅，保命护身。
通达仙灵，智慧明净。
心神安宁，三魂永固。

魄不丧倾。

急急如律令。

（三）净身神咒

以日洗身，以月炼形。

仙人扶起，玉女随行。

二十八宿，与吾合形。

千邪万秽，逐水而清。

急急如律令。

对诸净咒道教词语的解说：

① 太上——道教以最上最高最尊之神为太上。《礼记·曲礼上》："太上贵德，其次务施报。"疏云："太上谓三皇五帝之世也。"[①]按道俗，以太上老君简称为太上。

② 三魂——道家认为人有三魂七魄。宋张君房编《云笈七签》卷五四云："夫人身有三魂：一名胎光，太清阳和之气也；一名爽灵，阴气之变也；一名幽精，阴气之杂也。"[②]《黄庭内景经》："三魂自宁帝命书。"注："修道者有摄魂之法，三魂永久，魄无丧倾。"[③]《抱朴子》内篇卷一八《地真》云："师言欲长生，当勤服大药，欲得通神，当金水分形。形分则自见其身中之三魂七魄，而天灵地祇，皆可接见，山川之神，皆可使役也。"[④]

③ 炼形——道家修炼形体之术。《神仙传》云："是以所出度世之法，九丹八石，金醴金液，次存玄素守一，思神历藏，行气炼形，消灾辟恶，治鬼养性，绝谷变化，厌胜教戒，役使鬼魅之法，凡九百三十卷。"[⑤]

④ 玉女——指仙女。仙人所使之侍女也称玉女。《神异经》："东王公……恒与一玉女投壶，每投千二百矫，……矫出而脱误不接者，天为之笑。"[⑥]《汉武帝

---

① (汉)郑玄注，(唐)孔颖达等正义《礼记正义》卷一，中华书局1980年影印阮元校刻《十三经注疏本》，第1231页。

② (宋)张君房编，李永晟点校《云笈七签》卷五四，中华书局2003年版，第1188页。

③ 李叔还编纂《道教大辞典》，浙江古籍出版社1987年影印本，第16页。

④ (晋)葛洪撰《抱朴子》，上海古籍出版社1990年影印《诸子百家丛书》本，第145页。

⑤ (宋)李昉等编，汪绍楹点校《太平广记》卷一《老子》，中华书局1961年版，第2页。

⑥ (明)陶宗仪编《说郛一百二十号》弓六六，上海古籍出版社1988年影印《说郛三种》本，第3061页。

内传》："帝闲居承华殿，东方朔、董仲舒在侧，忽见一女子，著青衣，美丽非常。帝愕然问之，女对曰：我墉宫玉女王子登也，乃为王母所使。"[①]

⑤ 二十八宿——古天文学家把黄道的恒星分为二十八个星座，称为二十八宿，四方各有七宿。

以下是《葛仙翁宝诰》与《敕纸笔咒》之全文：

葛仙翁宝诰

志心皈命礼，天台得道，合宅成真。昔受东华，复传西蜀。诏命玉京金阙，位登太极仙班，慈怜拯授于沉沦，恩念普慈于苦海。葛天氏迁风，显著勾漏；令丹砂具存，括苍任游。罗浮乃止修闲，玉笥修理金书。大悲大愿，大圣大慈。太上玉京，东吴太极左宫仙公，雷霆系省，天机内相，玉虚紫灵，普化玄静常道冲应孚佑真君，垂恩广救慈悲大帝，度人无量天尊。

对《葛仙翁宝诰》道教词语之解说：

① 葛仙翁，即葛玄。《三洞群仙录》云：葛玄字孝先，三国吴丹阳人。慕神仙术，学炼气保形之道，人称葛仙翁。后于阁皂山灵宝法坛上，白日飞升。证位太极左宫，天机内相。宋封常道冲应孚佑真君，流传天台派。[②]

② 天台——中国道教早期盛地。陶弘景《真诰》云："上有八重，四面各一，当斗牛之分，上应台宿，故曰天台。"[③]由赤城、瀑布、佛陇、香炉、华顶、桐柏诸山组成。最高峰华顶海拔 1098 米。道教以天台为南岳衡山之佐理，赤城山玉京洞为十大洞天之一，桐柏山为七十二福地之一。西汉茅盈等曾入山修炼。又有东汉刘晨、阮肇入天台遇仙传说。三国吴赤乌二年(239)创建桐柏崇道观。晋代以后遂为佛教势力所侵占，佛教在此创立了天台宗，最终压倒了道教的势力，道观俱废。

③ 玉京——道家的天阙，为天帝所居。《魏书·释老志》云："道家之原，出于老子。其自言也，先天地生，以资万类。上处玉京，为神王之宗；下在紫微，为飞仙之主。"[④]晋葛洪《枕中书》："玄都玉京七宝山，周围九万里，在大罗天之

---

① (明)陶宗仪编《说郛一百二十弓》弓一一一，上海古籍出版社 1988 年影印《说郛三种》本，第 5112 页。

② 李叔还编纂《道教大辞典》，浙江古籍出版社 1987 年影印本，第 542 页。

③ 李叔还编纂《道教大辞典》，浙江古籍出版社 1987 年影印本，第 221 页。

④ (北齐)魏收撰《魏书》卷一一四，中华书局 1974 年版，第 3048 页。

上。”[①]李白《庐山遥寄卢侍御虚舟》:“遥见仙人彩云里,手把芙蓉朝玉京。”[②]

④ 金阙——道家谓天上有黄金阙、白玉京,为仙人或天帝居处。旧题汉东方朔《神异经》:“西北荒中有二金阙,高百丈。”[③]晋葛洪《枕中书》:“吾后千年之间,当招子登太上金阙,朝宴玉京也。”[④]

⑤ 太极——天地未分之前为“太极”,《易·系辞》云:“易有太极,是生两仪。”正义曰:“太极谓天地未分之前,元气混而为一,即是太初,太一也。”[⑤]

⑥ 葛天氏——中国神话中伏羲氏之前远古时的君号。《吕氏春秋·古乐》云:“昔葛天氏之乐,三人操牛尾,投足以歌八阕。”高诱注:“葛天氏,古帝名。”张揖曰:“葛天氏,三皇时君号。”[⑥]

⑦ 罗浮——指罗浮山。道教名山之一。在广东东江北岸,称“第七洞天”。东晋道士葛洪晚年赴穗,止于此山著书与炼丹。南朝宋谢灵运《初发石首城》云:“游当罗浮行,息必庐霍期。”[⑦]

敕纸笔咒

结空成梵,真气自生。赤书玉字,八威龙文。保制劫运,使天长存。治病斩邪,万类安宁。急急如高上神霄玉清真玉律令!须下辰女巽宫嘘气布纸笔上,方可下笔书符。

对《敕纸笔咒》道教词语之解说:

① 赤书——道书经典。《云笈七签》云:“《玉诀经》云:《元始赤书五篇真文》,‘置以五帝,导以阴阳,转轮九天之纽,运明五星之光’也。”[⑧]

② 八威——《黄庭内景经》云:“娇女窈窕翳霄晖,重堂焕焕明八威。”注:“喉咙者津液之路,流通上下,滋荣一体,焕明八方,八卦之神,曰八威也。”[⑨]

---

① 李叔还编纂《道教大辞典》,浙江古籍出版社1987年影印本,第450页。

② 《全唐诗》卷一七三,中华书局1960年版,第1773页。

③ (明)陶宗仪编《说郛一百二十弓》弓六六,上海古籍出版社1988年影印《说郛三种》本,第3066页。

④ 李叔还编纂《道教大辞典》,浙江古籍出版社1987年影印本,第616页。

⑤ (魏)王弼、(晋)韩康伯注,(唐)孔颖达等正义《周易正义》卷七《系辞上》,中华书局1980年影印阮元校刻《十三经注疏》本,第82页。

⑥ (秦)吕不韦撰,(汉)高诱注,(清)毕沅校《吕氏春秋》卷五,上海古籍出版社1986年影印《二十二子》本,第643页。

⑦ (南朝宋)谢灵运撰《谢康乐集》卷三,《续修四库全书》集部第1304册,上海古籍出版社2002年影印本,第430页。

⑧ (宋)张君房编,李永晟点校《云笈七签》卷七,中华书局2003年版,第125页。

⑨ 李叔还编纂《道教大辞典》,浙江古籍出版社1987年影印本,第101页。

③ 神霄——道家说的天的最高层。《宋史·林灵素传》云："（林灵素见徽宗）曰：'天有九霄，而神霄为最高。'"[1]灵素作符书，自名《神霄录》。

④ 玉清——三清之一，玉清圣境。《灵宝本元经》云："四人天之外，曰三清境，玉清、上清、太清，亦名三天。圣登玉清，真登上清，仙登太清。"玉清称为"圣境"，元始天尊所治。[2]

⑤ 律令——太上老君为万法之祖，故能以令役使鬼神曰律令。律者天律，令者帝令。

道士为人治病，从诵诸净咒开始，次诵宝诰，三念敕纸笔咒，即用激化熏陶为辅助，激励生存的精神力量。然后书符，为第二个阶段。两个阶段都贯穿汉字神化的特点，形成特殊的文化奇观。"真气"、"嘘气"在于恢复病人器官功能的健康，是为气功疗法的起源。

书写灵符治病巫术有三种：

（一）治上部（即头部）诸病灵符。咒与符相连。

下圈八祖炁写：唐宏霐。咒曰：
上丹明堂，白帝除凶。
六宫明净，道化堂存。
百病速去，使汝长生。
上元赤子，守于黄房。
弭神归命，保子永昌。
急急如律令。呼气三口。

67. 治上部诸病符〔采自《增补秘传万法归宗》。下同〕

写法：写在竹叶、桑叶或黄纸上，必须朱书，下同。

"治上部诸病灵符"道教词语之解说：

① 上丹明堂——神仙家以人两眉之间称"明堂"，其上为上丹田，简称"上丹"。为百灵命宅，炼丹基地也。

② 白帝——五天帝之一。《晋书·天文上》云："西方白帝，白招矩之神也。"[3]《拾遗记》卷一云："白帝之子，即太白之精，降乎水际，与皇娥宴戏，奏㛹娟之乐，游漾忘归。"[4]《太平御览》卷七九引《河图》云："黄帝时，大星如虹，下流华渚，女节气

① （元）脱脱等撰《宋史》卷四六二，中华书局1977年版，第13528页。

② 李叔还编纂《道教大辞典》，浙江古籍出版社1987年影印本，第451页。

③ （唐）房玄龄等撰《晋书》卷一一，中华书局1974年版，第292页。

④ （晋）王嘉撰，（梁）萧绮录，齐治平校注《拾遗记》卷一《少昊》，中华书局1981年版，第13页。

感,生白帝朱宣。”[1]

③ 六宫——相传古代天子有六宫。《周礼·天官·内宰》云:“上春,诏王后帅六宫之人。”又:“内宰……以阴礼教六宫。”[2]此处泛指皇宫。

④ 道化——言生成变化乃道之自然法则。《史记·太史公自序》:“易以道化。”[3]《列子·说符第八》:“故圣人恃道化而不恃智巧。”[4]

⑤ 上元——术数家以六十甲子配九宫、一百八十年一周始,第一甲子为上元,第二甲子为中元,第三甲子为下元,合称三元。《晋书·苻坚下》:“从上元人皇起,至中元,穷于下元,天地一变,尽三元而止。”[5]道家以上元甲子之始,即黄帝纪元之年为道历开始。

⑥ 赤子——引申意指子民百姓。《汉书》卷八九《龚遂传》云:“其民困于饥寒而吏不恤,故使陛下赤子盗弄陛下之兵于潢池中耳。”[6]

68. 治中部诸病符

(二) 治中部(即胸部)诸病灵符。咒与符相连。

下圈八祖炁写:葛雍靈。咒曰:
中丹赤子,黄帝元仙。
预晓吉咎,净肃心元。
丹晶一液,永命延年。
中元太乙,坐镇玉堂。
招魂卫身,得见真王。
急急如律令。呼气三口。

“治中部诸病灵符”道教词语之解说:

① 中丹——神仙家以人身正位为中丹田:曰黄庭、黄中、祖窍、玉房、金鼎,

---

① (宋)李昉等撰《太平御览》卷七九《皇王部四·少昊金天化》,中华书局 1960 年影印本,第 370 页。

② (汉)郑玄注,(唐)贾公彦疏《周礼注疏》卷七,中华书局 1980 年影印阮元校刻《十三经注疏》本,第 684、686 页。

③ (汉)司马迁撰《史记》卷一三〇,中华书局 1959 年版,第 3297 页。

④ (周)列御寇撰,(晋)张湛注,(唐)殷敬顺释文《列子》卷八《说符》,上海古籍出版社 1986 年影印《二十二子》本,第 219 页。

⑤ (唐)房玄龄等撰《晋书》卷一一四,中华书局 1974 年版,第 2910 页。

⑥ (汉)班固撰《汉书》卷八九,中华书局 1962 年版,第 3639 页。

又曰绛宫、中宫、戊己门、神明之舍、朱陵火府等，为炼丹之先天鼎也[①]。

② 黄帝元仙——李叔还编纂《道教大辞典》云："黄帝。道教始祖。《史记·黄帝本纪》：'黄帝姓公孙，少典氏子，母附宝，瞑见电光绕北斗枢星，感之有孕，怀二十四月，生于寿丘，长于姬水，居于轩辕，故又称轩辕氏。年十五受国于有熊，亦曰有熊氏。以土德王，故曰黄帝。蚩尤作乱，战于涿鹿之野，诛之！诸侯尊为天子。问道于广成子，在崆峒山师事之。修封禅事毕，采首山铜，铸鼎于荆山之下。鼎成，于鼎湖之上，乘龙升天。"[②]所引《史记》，今本不载。

（三）治下部（即腹部以下）诸病灵符。咒与符相连。

下圈八祖炁写：周斌霸。咒曰：
下府神君，赤帝黑王。
六腑流液，百病不伤。
金津保命，永符吉昌。
下元元主，列在神庭。
制魂成身，面生五堂。
急急如律令。呼气三口。

69. 治下部诸病符

"身有病，三符总用。"当道士书完三部符，念完三部咒以后，还要再念一个《总敕符咒》，算是给第二阶段作一个总结。《总敕符咒》是这样说的：

东华元君，韩君降临。
玉府真命，保佑生灵。
真气到处，永保长存。
急急如律令。

念完《总敕符咒》才算进入第三阶段，开始给病人治病。首先，面东南念神名，即"凡人有病，或竹叶、桑叶、黄纸，朱书灵符，面东南，念'太乙救苦天尊'三百声"。"太乙救苦天尊"即东极青玄上帝，化为太乙救苦天尊。《灵宝济度金书》云："东极青玄上帝化为太乙救苦天尊，又化号为十方灵宝救苦天尊。"其次，"将符化火"，即焚烧。最后，"枣汤服之，每日三道。不过一日，其病自愈"。灵符书于竹叶、桑叶之上，道教从而促成中草药治病的传统。

---

① 李叔还编纂《道教大辞典》，浙江古籍出版社 1987 年影印本，第 31 页。
② 李叔还编纂《道教大辞典》，浙江古籍出版社 1987 年影印本，第 687 页。

尤其值得注意的一点,除竹叶、桑叶,道家还将枣子作为包治百病的灵丹妙药,认为它会使病好得很快。道教将枣子的功效夸大到如此极限,自然有它的根据。在道教看来,枣子一贯为仙人所食,故《真人关令尹喜内传》云:“尹喜共老子西游,省太真王母,共食玉门之枣,其食(实)如瓶。”[①]《神仙传》卷三云:吴郡沈羲为仙人所迎上天去,天上见老君,老君“赐枣二枚,大如鸡子”[②]。《汉武帝内传》云:七月七日武帝“乃修除宫掖,设坐大殿”,“然九光之灯,列玉门之枣,酌蒲萄之醴”,迎接西王母[③]。

70. 唐人泥头木身绢衣女舞俑(新疆阿斯塔那唐墓出土)〔采自《中国古俑白描》〕

道教认为枣子为仙人所食所种,用于馈赠和招待凡人,枣子也就被命名为“仙枣”。故《大业拾遗录》云:“二年八月,信都献仲思枣四百枚,枣长四寸,五寸围,紫色细文,文绉,核肥,有味,胜于青州枣。北齐时,有仙人仲思,得此枣种之,亦名‘仙枣’。时海内唯有数树。”既然是仙枣,食枣子在道教信众看来,自然就能延年益寿乃至成仙。古代医生也有信奉道教者,故食枣成仙的观点,也就被纳入了医书。《本草》云:“凡枣九月采日干,补中益气,久服神仙。”《神异经》亦云:“北方荒中有枣林焉,其高五尺,子长六七寸,围过其长。熟赤如朱,干之不缩,气味甘润,殊于常枣。食之,可以安驱体,益气力。”正由于这些原因,道家便把枣子作为包治百病的灵丹妙药。[④]

道家既然将食枣看得如此重要,在食枣治病之前,必有隆重的仪式。因此饮枣汤并非那么轻而易举,必须先行《咒枣秘诀》仙法,也是《万法归宗》请仙箕法的一种。

> 修行者,当澄心洁己,寂静端坐,叩齿二遍。存变法身,是天仙想元辰,默朝金阙上帝,俨赐仙丹。将枣七枚,敷排面前几案,嘘呵呼呬,吹玉气于枣上,以手引水,书符于枣上,每枣书一敕八字,然后诵经。

① (唐)欧阳询撰,汪绍楹校《艺文类聚》卷八七《果部下·枣》,上海古籍出版社1982年版,第1485页。

② (晋)葛洪撰,胡守为校释《神仙传校释》卷三《沈羲》,中华书局2010年版,第70页。

③ 旧题(汉)班固撰《汉武帝内传》,景印文渊阁《四库全书》第1042册,第289页。

④ 以上各条,俱见(宋)李昉等撰《太平御览》卷九六五《果部二·枣》,中华书局1960年影印本,第4282页。

以上《咒枣秘诀》在施行时强调了道教的一些法仪规则。

第一，叩齿。这是道家设坛修建祈禳法事时，所行的一种重要法仪。《太清玉册》云："叩齿者，是集真而集神，击动天门而神炁应也。故左叩为鸣天鼓，右叩为击天(罄)〔磬〕。凡制伏驱降用之。至于当门上下八齿相叩，谓之鸣法鼓，所以通真格上帝，朝奏时用之。"[①]这里叩齿的目的，显然是为了通上帝，即前面引文所指"朝金阙上帝"。按《太清玉册》规定，修行者必须"当门上下八齿相叩"。

第二，修法身。道家认为修仙所现的是三身：法身、应身、化身。道书云：天神真仙，其所显现的自性之真身者，为法身；其所因应他性之报身者，为应身；其所变化别性之分身者，为化身。可见这里所修的仙法是初级的法身。

第三，定吉日。《咒枣秘诀》不是任何时候都能修行的，必须要在"元辰"默朝上帝。所谓"元辰"者，即吉日也。《吕氏春秋·孟春纪》云："是月也，天子……乃择元辰，天子亲载耒耜措之参于保介之御间。"注："元，善也；辰，十二辰，从子至亥也。"[②]故元辰指吉利的时日。

第四，枣上书符。《咒枣秘诀》中提到要"以手引水，书符于枣上"，这种在枣上画的符，是一种小型的特殊的符，共有九枚枣可供修行者选择来用。

第五，念咒言。文中说的"然后诵经"，"经"即"咒言"(注言："或七遍，或二七，或三七，或七七，随意行用。")咒言云：

> 天道清明，地道安宁，人道虚宁，三才一体。混合乾坤，百神归命；万将随行，阴阳涵育。水火流通，归根复命；龙虎奔行，必神火帝。连转无停，炼精炼液，一气成真。万魔拱服，百脉调荣。仙传仙枣，仙化仙丹。传成仙鼎，温饱仙灵；长生不老，果满飞升。急急如太上老君律令！玉皇上帝律令！长生大帝律令！王林二真人法旨，令我长生，令我神仙，飞升蓬岛，名列上仙。念完吞服，长生得道无疑矣。

71. 咒枣秘诀图

所谓《咒枣秘诀》仙法，实际也是符咒反抗巫术的再现，包括上述五点复杂的内容。秘诀图是一种特殊艺术化的文字，美观可爱，散发着

① 李叔还编纂《道教大辞典》，浙江古籍出版社1987年影印本，第161页。

② (秦)吕不韦撰，(汉)高诱注，(清)毕沅校《吕氏春秋》卷一，上海古籍出版社1986年影印《二十二子》本，第629页。

艺术的光辉。其艺术观赏性，远大过其巫术性。咒言所讲的“吞服”，是否是囫囵吞枣并未详说，如果囫囵吞枣，对病人身体则肯定无好作用，道士把枣子美化成“仙丹”，所谓“仙丹”自然是仙人的灵丹，陶弘景撰《真诰》曾说：“郑先生救度一切，有郭静者随郑导引，服山术茯苓，遂得寿三百岁成真人。”[①]那么，肯定道士也认为食七枚“仙枣”便能升天了。此处升天是否是死的代名词呢？

食枣咒言道教词语之解说：

① 三才——指天、地、人。《易・系辞下》云：“易之为书也，广大悉备。有天道焉，有人道焉，有地道焉。兼三材而两之，故六。”[②]故咒中天地人三道源于《易经》。

② 乾坤——指天地。《易・说卦》云：“乾，天也，故称乎父。坤，地也，故称乎母。”[③]杜甫《登岳阳楼》云：“吴楚东南拆，乾坤日夜浮。”[④]

③ 火帝——指炎帝，世以火之祖神为火帝。《汉书・五行志》云：“帝喾则有祝融，尧时有阏伯，民赖其德，死则以为火祖，配祭火星。”[⑤]南朝陈徐陵《劝进梁元帝表》云：“云师火帝，非无战阵之风；尧誓汤征，咸用干戈之道。”[⑥]

④ 一气——指太一混然先天之气。亦即构成天地万物的基本物质。《庄子・知北游》：“臭腐复化为神奇，神奇复化为臭腐。故曰通天下一气耳。”[⑦]汉王充《论衡・齐世篇》云：“一天一地，并生万物。万物之生，俱得一气。”[⑧]

⑤ 太上老君——道教至尊之神。道家以老子为道祖，称为太上老君。《老子内传》云：“太上老君，姓李名耳，字伯阳，一名重耳，生而白头，故号老子。耳有三漏，又号老聃。”

⑥ 玉皇上帝——即玉皇、玉帝，《宋史・礼志》云：“上玉皇大帝圣号曰太上开天执符御历含真体道玉皇大天帝。”[⑨]

⑦ 长生大帝——即南极星君。道家以南极星主者，称为南极长生大帝，总

---

① (梁)陶弘景撰《真诰》卷一四《稽神枢第四》，景印文渊阁《四库全书》第1059册，第450页。

② (魏)王弼、(晋)韩康伯注，(唐)孔颖达等正义《周易正义》卷八，中华书局1980年影印阮元校刻《十三经注疏》本，第90页。

③ (魏)王弼、(晋)韩康伯注，(唐)孔颖达等正义《周易正义》卷九，中华书局1980年影印阮元校刻《十三经注疏》本，第94页。

④ 《全唐诗》卷二三三，中华书局1960年版，第七册，第2566页。

⑤ (汉)班固撰《汉书》卷二七上，中华书局1962年版，第1325页。

⑥ (清)严可均辑《全上古三代秦汉三国六朝文・全陈文》卷七，《续修四库全书》集部第1607册，上海古籍出版社2002年影印本，第593页。

⑦ (周)庄周撰，(晋)郭象注，(唐)陆德明音义《庄子》卷七，上海古籍出版社1986年影印《二十二子》本，第61页。

⑧ (汉)王充撰，陈蒲清点校《论衡》卷一八，岳麓书社2006年版，第244页。

⑨ (元)脱脱等撰《宋史》卷一〇四，中华书局1977年版，第2542页。

御万灵。道教的全称为万灵帝主南极长生大帝。

⑧ 上仙——言离开尘世上升为仙,《庄子·天地》云:"千岁厌世,去而上仙。"[①]《墉城集仙录》云:"世之升天之仙,凡有九品,第一曰上仙。"[②]

⑨ 得道——言得成真道。《常清静妙经》:"如此清静,渐入真道,既入真道,名为得道。"[③]《抱朴子》云:"上士得道,成为天仙;中士得道,栖集昆仑;下士得道,长生世间。"[④]

在巫术符咒治病中,针对各种具体病症的疗法十分重要,《增补秘传万法归宗》中载有以下诸法:

一为《治诸疮肿痛秘诀》。其内容有以下几点:第一,定时。"大年五更时,持受此法,或端午持受。"第二,念咒。咒曰:"日出东方,苍苍皎皎,杳杳茫茫,金童玉女,委我收疮。一收,不要疼与痛;二收,不成脓与血;三收,不成疮与疖。急散急消,莫待来朝。急消急散,莫待来旦。神笔到处,万病消汗。吾奉太上老君急急如律令敕。"第三,书秘字。即写九个秘字在疮上,"将此九秘字书在疮上,即消退也"。九个秘字等于是符箓,不用纸,而是由施巫术治病的道士直接写在疮上。书秘字的中草药的药水没有透露。

72. 九个治疮秘字

符与《太平经》复字相似。

二为水吞法。《咒枣秘诀》水吞法内容是:"若救诸方病患,借书一敕八字,讳技之橘井、香泉、竹水、诵咒(按指食枣咒言),加八节蛮王令。"

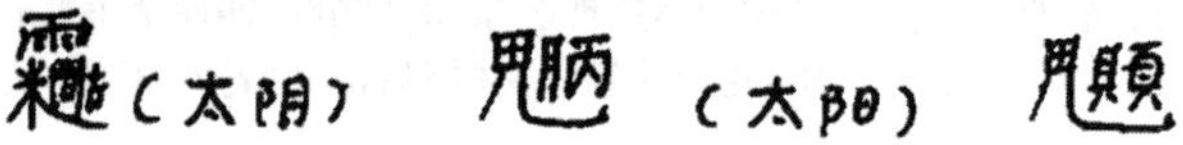

73. 三个治病令字

以上令字实亦为符衍化之形态。

---

① (周)庄周撰,(晋)郭象注,(唐)陆德明音义《庄子》卷五,上海古籍出版社1986年影印《二十二子》本,第41页。

② 李叔还编纂《道教大辞典》,浙江古籍出版社1987年影印本,第25页。

③④ 李叔还编纂《道教大辞典》,浙江古籍出版社1987年影印本,第310页。

“解除病毒。患者给之,以水吞之,退调热,除寒疾,退瘟癀,止泻痢。信心奉行,万感万应矣。”

以上给病毒患者退烧之法,实际是用大量饮水来退热、除寒、去瘟、止泻,使病毒排出体外,故水吞法对病毒患者无疑有治疗作用,具有一定科学性。故道士对一般病毒感冒之类施以水吞法来治疗,并非什么符咒的灵验,而是病人饮用的大量白开水起了作用,产生了疗效,加以人体自身的免疫力和抗病能力,使病痊愈,如此而已。然而,在穷山僻壤,道士之治病巫术却往往受到了民众狂热的崇拜,其根本之因,在于经济水准的限制,贫穷成为这种狂热之举的催化剂与火种。消除此种情况之根本,既不是去谴责与法办道士,也不是去规劝与制止民众,而在于发展民间经济与文化,促进民间通识教育与智育的发达,道士之巫术加上中草药治病无人信服,其自会成为历史。

三为治诸寒热毒疮火丹等证。

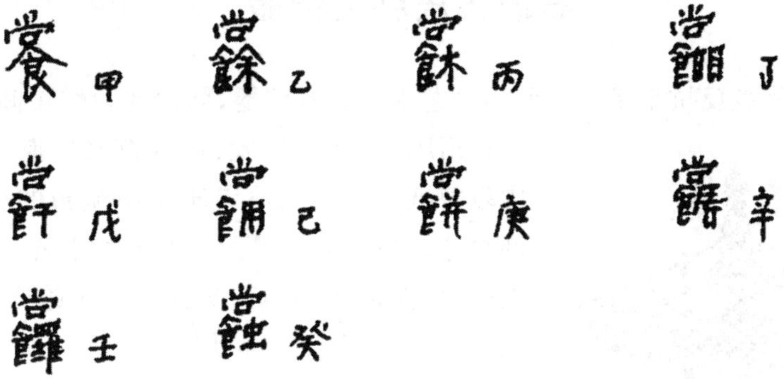

74. 十个治寒热秘字

书秘字厌胜:“男左女右,叱此随天干日神,每题书一字,至验。”

念咒语:“火神火神,三昧真火,火罗火铃神,烧砖化为尘。凡病从风散,气病气除服,瘟疫诸毒气,寒热速离身。万病从此散,男女早安宁。唵皈诸显贤啭哪吒唎急急摄敕。右存想:取乌鸦口中气吸吹,人将孤敕。”

以上之符(秘字)与咒,绝非常人所能做到,因为这种治病巫术,其关键在于“取乌鸦口中气吸吹”,乌鸦口中气并非人人都可弄到,这就注定此巫术乃仙人所施而他人莫属矣。

综上所述,以上符咒治病巫术,虽然标明是“后汉太极左宫葛仙翁”的灵符,但它实际是地道的唐代符咒治病巫术。其原因有:第一,它强调“丹砂”神效,所以在《葛仙翁宝诰》中提出“令丹砂具存”等。丹砂神效为唐代道士一贯所强调。如《大洞炼真宝经修伏灵砂妙诀》云:“丹砂者,太阳之至精,金火之正体也。通于八石,应二十四气。”还说:“丹砂者,万灵之主,造化之根,神明之本。”唐代道士把丹砂的作用提到前所未有的高度。故本篇葛仙翁灵符，显然是唐代丹砂派之杰作。第二，它强调崇拜老子为“金阙上帝”。所以在《咒枣秘诀》中提出“默朝金阙上帝”之说。我们知道，唐高宗是在乾封元年(666)尊老子为“太上玄元皇帝”的，这以后封号逐步升级，到了唐玄宗时代，天宝十三载(754)，据《新唐书·玄宗纪》载：“二月壬申，朝献于太清宫，加上玄元皇帝号曰大圣祖高上大道金阙玄元天皇大帝。”①俗称“金阙上帝”。由此可见，称“金阙上帝”实为盛唐时代明确的特征，后汉时老子尚未加上“金阙上帝”之头衔。由此又可知，初唐李淳风著、袁天罡补的《万法归宗》一书，经过了盛唐时代民间无名道士之修改补充。

第七节　唐代佛教反抗巫术剪纸厌胜和石敢当厌胜之传播

唐代佛教反抗巫术在民间剪纸艺术中亦有传播，即唐代敦煌民间不仅存在着钱币厌胜、瓦当厌胜、道教符箓厌胜，也存在着佛教剪纸厌胜。敦煌寺庙里中流布的剪纸，属于佛教艺术的一个门类。剪纸厌胜主要是用来为世人祈福，保佑平安，符合中国民间趋吉避凶的传统，故而成为唐代人喜爱的厌胜品。

75. 敦煌本佛塔剪纸厌胜品(唐)〔采自《法藏敦煌西域文献》第31册，第295页〕

佛塔剪纸厌胜，象征和平与稳定。法Pel. chin. 4518(38)为单层剪纸佛塔，塔檐两边各有风铃四个相贯联，塔檐作人字披。《敦煌学大辞典·剪纸佛塔》出词条云：

> 有两处题记：“天寿二年宝胜上天皇后之奏状”、“辛卯年十二月当宅物品登记册”。据《于阗史丛考》，天寿二年约公元964年，该剪纸佛塔应属十世纪之作。②

① (宋)欧阳修、宋祁撰《新唐书》卷五，中华书局1975年版，第149页。
② 季羡林主编《敦煌学大辞典》，上海辞书出版社1998年版，第244页。

以上考证有误。“天寿二年”，据《北史》载，宇文化及称帝于魏县，国号许，置百官，建元天寿；天寿二年(619)被窦建德剿灭。该剪纸浮图应属七世纪之作，应定为初唐剪纸。这幅厌胜画标名“佛塔”。塔，中文音译作浮图。《说文解字》卷一三下《塔》云：“西域浮图也。从土，荅声。土盍切。”[①]北魏杨衒之撰《洛阳伽蓝记》卷四《白马寺》云：“白马寺，汉明帝所立也，佛入中国之始。寺在西阳门外三里御道南。……明帝崩，起祇洹于陵上。自此以后，百姓冢上或作浮图焉。”[②]

敦煌莫高窟出土的群塔剪纸厌胜，其巫术象征意义也颇为明显。群塔剪纸厌胜，上有三塔，下刻一大塔，塔顶有两飞天，象征双双对对。塔身为四门石塔，象征四四如意。下有栏杆、石阶，双鹿朝拜，象征福禄双至。塔底雕刻双凤和瑞兽，象征自然和谐；亦象征埋佛骨于塔下，天地安定。

76. 敦煌群塔剪纸厌胜品(唐代)

77. 敦煌持幡菩萨剪纸厌胜(唐代)〔采自《法藏敦煌西域文献》第31册，第266页〕

敦煌莫高窟出土的持幡菩萨剪纸厌胜，体现了百姓对理想人世的追求。持幡菩萨形象优美。头戴花鬘，缨络披胸。斜挂条帛，下围裳裙。帔帛绕身，赤足袒胸。右手指前，左手持幡。手有玉镯，臂戴金钏。完全是唐朝贵妇人雍容华贵的形象，象征富裕美满。

唐代石敢当厌胜在宋代已有被发现者。宋王象之撰《舆地碑记目》卷四《兴化军碑记》曰：“石敢当碑。庆历中，张纬宰莆田，再新县治，得一石铭，其文曰：

① (汉)许慎撰，(宋)徐铉校定《说文解字》卷一三下，中华书局1963年本，第290页上。

② (北魏)杨衒之撰《洛阳伽蓝记》卷四，景印文渊阁《四库全书》第587册，第36页。

‘石敢当，镇百鬼，压灾殃。官吏福，百姓康。风教盛，礼乐昌。’大历五年县令郑和字记。今人家用碑石书曰‘石敢当’三字，镇于门外，亦此风也。”①

这个石敢当碑是“庆历中”发现的，约为宋仁宗庆历五年(1045)，但这块石碑是从唐代流传下来的，大历五年(770)是唐代宗李豫的年号，时在中唐。这是文献中记载的最早见到的唐代“石敢当”禁鬼压邪反抗巫术的厌胜实体。此俗是汉民族民间居住与建筑风俗，以石头镇百鬼以便安居，起源于秦汉之间而流行于唐宋之际，实际就是石敢当巫术。《急就篇》卷一就有“师猛虎，石敢当，所不侵，龙未央”之说，颜师古注曰：“以猛兽为名，尚其威也。”“敢当，言所当无敌也。”“不侵，言其谨悫，不为寇暴也。”“未央，言益寿无极也。”王应麟补曰“石祈子”，有保护孩子之意。②

《急就篇》成书约在公元前40年。石敢当巫术，唐宋元明清时期广泛流行于华东、华北、东北、华南等地区。

唐代以石“镇百鬼”为石敢当巫术的标志，以盛唐《苏遏》巫术故事最为著名。苏遏住到一所凶宅里，随机应变和逢凶化吉这两种巫术思维，使他不怕鬼，他在凶宅里挖地三尺，掘到一块方石，长一丈八寸，上面还有篆字，写明“紫金三十斤，赐有德者”，结果，这个穷光蛋发财啰。事载唐代谷神子撰《博异志》，原文曰：

天宝中，长安永乐里有一凶宅，居者皆破，后无复人住，暂至，亦不过宿而卒，遂至废破。其舍宇唯堂厅存，因生草树甚多。有扶风苏遏，悾悾遽苦贫穷，知之，乃以贱价，于本主质之。才立契书，未有一钱归主。

至夕，乃自携一榻，当堂铺设而寝。一更以后，未寝，出于堂，彷徨而行，忽见东墙下有一赤物，如人形，无手足，表里通彻光明，而叫曰：“咄。”遏视之不动，良久，又按声呼曰：“烂木，咄。”西墙下有物应曰：“诺。”问曰：“甚没人?”曰：“不知。”又曰：“大硬锵。”烂木对曰：“可畏。”良久，乃失赤物所在。

遏下阶，中庭呼烂木曰：“金精合属我，缘没敢叫唤。”对曰：“不知。”遏又问：“承前杀害人者在何处?”烂木曰：“更无别物，只是金精；人福自薄，不合居之，遂丧逝，亦不曾杀伤耳。”

至明，更无事。遏乃自假锹锸之具，先于西墙下掘，入地三尺，见一朽

① (宋)王象之撰《舆地纪胜》卷四，景印文渊阁《四库全书》第682册，第560页。

② (汉)史游撰，曾仲珊校点《急就篇》卷一，岳麓书社1989年版，第49—52页。

柱，当心木如血色，其坚如石。

后又于东墙下掘两日，近一丈，方见一方石，阔一丈四寸，长一丈八寸，上以篆书曰："夏天子紫金三十斤，赐有德者。"遏乃自思：我何以为德？又自为计曰：我得此宝，然修德亦可禳之。沉吟未决，至夜，又叹息不定。其烂木忽语曰："何不改名为有德？即可矣。"遏曰："善。"遂称有德。烂木曰："君子傥能送某于昆明池中，自是不复挠吾人矣。"有德许之。

明辰更掘丈余，得一铁瓮，开之，得紫金三十斤。有德乃还宅价修葺，送烂木于昆明池。遂闭门读书，三年，为范阳请入幕。七年内，获冀州刺史，其宅更无事。[①]

穷光蛋暴富，但也没有忘记"修德亦可禳之"，何为"禳"？禳者，祭祀巫术之名也。古代将除邪消灾的祭祀称为"禳"。《周礼・天官・女祝》曰："掌以时招、梗、襘、禳之事，以除疾殃。"郑玄注："却变异曰禳。"[②]禳灾在于消除不可预知的变化、不祥，与凶宅巫术思维"随机应变"相一致。

---

① (宋)李昉等编，汪绍楹点校《太平广记》卷四〇〇，中华书局1961年版，第3218—3219页。

② (汉)郑玄注，(唐)贾公彦疏《周礼注疏》卷七，中华书局1980年影印阮元校刻《十三经注疏》本，第690页。

第二十三章　唐代反抗巫术(二)

第一节　唐代道教护身符

道教护身符最为丰富,多姿多态。一言以蔽之,道教符箓均以保养自身为主,即使请神符,其目的也是给民间消灾和解除困厄。所以我们可以把道教符箓框定在"护身符"的概念中。至于隐身符、飞天符、护物符等等也都是为保护自己幸福之所为。可以说,每件护身符都表达对鬼邪反抗的意志,可以让佩戴者产生警惕、无畏等心理作用,装进口袋或挂在衣领里做吉祥物,已司空见惯。我们应当肯定它爱护生命的价值。

道教符箓通常包括三个部分,即符名、符形、咒语或用法说明。符箓一般用于带在身上各部位,或挂在某一特定处,或焚烧后将灰拌入水中吞服。按《本草纲目》服器部卷三八《纸》云:"诸纸:甘,平,无毒。"[①]纸灰有止血等医疗作用,故纸灰和水吞服于身体无妨,这是道士早已知道的。以下据《增补秘传万法归宗》卷二中的符箓对具体护身符加以阐释:

1. 辟大祸符

一　辟大祸符

用法说明:"此符二道朱书桃板上,悬北堂梁上,并辟灾祸、盗贼及妖怪。所求如意,秘之。"符书桃板上即谓之为"桃符"。《荆楚岁时记》有"插桃符百鬼畏之"之说。又言"进椒柏酒,饮桃汤","各进一鸡子",即先吃饱喝足,再"厌伏邪气,制百鬼也"[②]。

---

① (明)李时珍著《本草纲目》服器部卷三八,人民卫生出版社 1978 年版,第三册,第 2194 页。

② (梁)宗懔著,姜彦雅辑校《荆楚岁时记·正月》,岳麓书社 1986 年版,第 2 页。

二　辟怪符

2. 辟怪符

古人认为这种符极为灵验，甚至在宋元之际还造作出辟怪符治猫精、杖打妖鬼、执符追虎的故事。

（一）符治猫精。宋代民间的反抗巫术。宋洪迈撰《夷坚志》支乙卷一《顾端仁》云："顾端仁……恍恍间见一少女，颜貌光丽，从外入。……黄(法师)曰：'此为妖孽所凭，必猫精也。明日当为诛绝。'先书二符授之。其夕，女不至。迨旦，黄又与三符，使佩其一，焚其一，以一榜于门，遂绝不复来。"①

（二）杖打妖鬼。宋代民间的反抗巫术。宋洪迈《夷坚志》甲志卷一二《京师道流》云："京师有道流……尝骑驴入城，见一村民，急下驴语之曰：'有妖鬼随汝，不可不除。'命俱至茶肆。市人千百聚观，道流遣神将杖之，民号呼不已。杖毕，饮之以符，即如平常。……未几，复梦神人来告曰：'帝以师妄笞平民，令吾持牒尽索神将。'既寤，法不复行，得大病，几死。"②

（三）执符追虎。元佚名撰《湖海新闻夷坚续志》载执符追虎之事，是元代民间反抗巫术："张符郎守郓，境多虎害人，公令吏执符追虎，不往且斩吏。吏别其家，痛饮而行。果见巨虎，致符于地，虎乃口衔符，随吏而来。倾城闭户，登木屋舛木望虎蹲伏，公叱虎曰：'汝异类，敢食吾族？'呼吏治罪，案成，命如法治之，戒三日出境，不然尽杀之。虎乃去，死于其所，化为石虎。"③

这自然是书符道士造作出来的巫术故事，用于宣扬其辟怪符的灵验，并表达驯服野生动物的理想与智慧，争取民众的信服。《辟怪符》的用法说明如下：

> 此符辟怪，用朱书桃板上，独行万里，辟盗贼虎狼之灾。着怪可处，厌万怪。

辟怪符当然不止一种，正如《抱朴子》内篇卷一七《登涉》所说："道士常带天水符及上皇竹使符、老子左契及守真一思三部将军者，鬼不敢近人也。其次则论百鬼录，知天下鬼之名字，及白泽图、九鼎记，则众鬼自却。"④看来道士带的辟

---

① （宋）洪迈撰，何卓点校《夷坚志》支乙卷一，中华书局1981年版，第798—799页。

② （宋）洪迈撰，何卓点校《夷坚志》甲志卷一二，中华书局1981年版，第103页。

③ （元）无名氏撰，金心点校《湖海新闻夷坚续志》补遗，中华书局1986年版，第286页。

④ （晋）葛洪撰《抱朴子》，上海古籍出版社1990年影印《诸子百家丛书》本，第136页。

怪符是多种多样的。另外熟知天下鬼的名字很重要，因为一喊鬼的名字，因姓名巫术之故，“则众鬼自却”，这样《白泽图》一书成了宝贝[①]，因为它上面记载了许多鬼怪的名字，喊而却鬼。《九鼎记》一书也成了宝贝，《艺文类聚》卷七三引《史记》云：“禹收九牧之金，铸九鼎，今鼎至甘泉，承休无疆。”[②]九鼎是大禹所制，为何制鼎？刘宋何法盛撰《晋中兴书》解释说：“神鼎者，仁器也。能轻能重，能息能行，不炊而沸，不汲自盈。烟煴之气，自然所生也。乱则藏于深山，文明应运而至，故禹铸鼎以拟之。”[③]可见九鼎者，神鼎也，鬼怪见而怕之却之，所以《说文解字》云：“鼎，三足两耳，和五味之宝器也。昔禹收九牧之金，铸鼎荆山之下，入山林川泽，螭魅蝄蜽，莫能逢之。”[④]这样，鬼怪们见鼎而逃，使人入山林川泽而安然无恙，九鼎成了典型的厌胜物，记载九鼎的《九鼎记》也获得了反抗鬼怪的魔力，取《九鼎记》一书入山川，百鬼也莫敢逢之。惜此书已不见记载，但似为魏晋道人造作。

《九鼎记》既如此宝贵，在战国时代，曾为争夺九鼎国宝，秦国兴师动众，兵戈相见，向周国强讨恶索。《战国策》卷一《秦兴师临周而求九鼎》载，颜率谓齐王曰：“周之君臣，内自尽计，与秦，不若归之大国。愿大王图之。”齐王发师救周，而秦兵罢。率至齐曰：“愿献九鼎，不识大国何涂之从而致之齐?”齐王曰：“寡人将寄径于梁。”颜率曰：“不可。夫梁之君臣欲得九鼎，谋之晖台之下，少海之上，其日久矣。”[⑤]而这一切，皆由于九鼎乃反抗巫术厌胜物引起，可以说，正是巫术，促成了争夺九鼎的战争。巫术既影响到政治，也影响到军事。以九鼎为轴心，展现了历史上一幕幕惊心动魄的斗争。九鼎最终亡失，围绕它进行的一切巫术活动自然终止，《太平御览》卷七五六云：“周末有九鼎，徙秦氏曰：太丘社亡而鼎没于泗水彭城下，其后百一十五年而秦兼天下，始皇二十八年(前 219)过彭城，斋戒祷祀，欲出周鼎，使千人没水求之不得。”[⑥]秦始皇在彭城的斋戒祷祀，可说是为打捞泗水底的九鼎进行的最后一次巫术活动。详见第七章第一节《厌胜九鼎争夺战》。

---

① 关于白泽图，请参阅高国藩著《敦煌民俗学》第二十章《敦煌民间信仰的〈白泽精怪图〉》，上海文艺出版社 1989 年版，第 342—367 页。

② (唐)欧阳询撰，汪绍楹校《艺文类聚》卷七三《杂器物部・鼎》，上海古籍出版社 1982 年版，第 1253 页。

③ (宋)李昉等撰《太平御览》卷七五六《器物部一・鼎》，中华书局 1960 年影印本，第 3356 页。

④ (汉)许慎撰，(宋)徐铉校定《说文解字》卷七上，中华书局 1963 年影印本，第 143 页下。

⑤ (汉)刘向集录《战国策》卷一，上海古籍出版社 1985 年版，第 1—3 页。

⑥ (宋)李昉等撰《太平御览》卷七五六《器物部一・鼎》，中华书局 1960 年影印本，第 3356 页。

三　辟兵符

3. 辟兵符

用法说明:“此符朱书白素,著裆前,入军中所能辟刀兵、矢石也。”

符箓是“朱”书,即赤色厌胜品。以上符并不是孤立存在的,它与书字、与姓名巫术交织在一起。正如《抱朴子》内篇卷一五《杂应》云:“抱朴子曰:吾闻吴文皇帝曾从介先生受要道云,但知书北斗字及日月字,便不畏白刃。帝以试左右数十人,常为先登锋陷阵,皆终身不伤也。郑君云:但诵五兵名亦有验。”①先唐时代反抗巫术仍然在军事行动中占有一定地位。

四　辟神怪符

用法说明:“凡人起屋、安葬、动土,有伤我,或在刑上,令人口舌、疫病,如遇起工造作日,朱书门上及中庭,且不为害。凡有人书此符吞之,及悬屋四壁及鹊栖枝下,大吉,百怪自灭也。”

辟神怪符的实施,必须扣合模仿巫术,因为它属于反凶变吉法术之一种。“反凶变吉法”旨在将人的命运导向平安与健康。如何“反凶变吉”?就是要:“取梧桐木,刻作二人形,一人赤帽黑衣立门左,一人黑帽赤衣立门右,穿地便衣浸门外,以七覆之讫,以酒沥之,各一左脚踏二七次,则反凶为吉矣。”请注意此辟神怪符亦朱书门上,为赤色厌胜品。

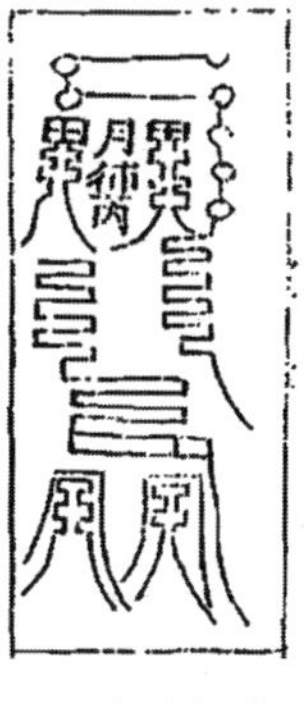

4. 辟神怪符

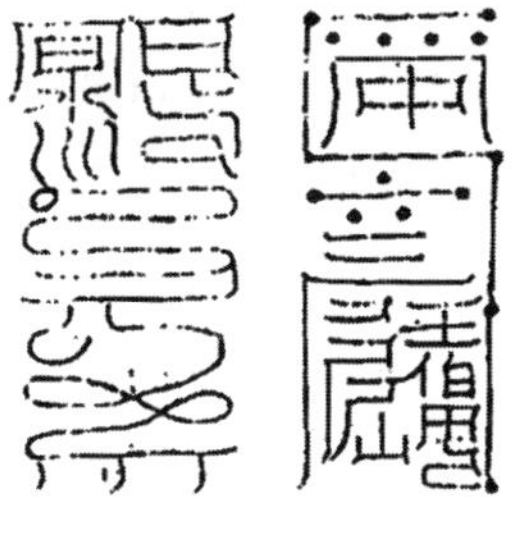

5. 老君入山符

《抱朴子》内篇卷一七《登涉》所附的“老君入山符”也属于此类。其说明云:“此符亦是老君入山符,户内梁柱皆可施。凡人居山林及暂入山,皆宜用

① (晋)葛洪撰《抱朴子》,上海古籍出版社 1990 年影印《诸子百家丛书》本,第 112—113 页。

之也。”[1]符的威力包容了山林与屋内外，这些符与咒是道士所施巫术的一部分。

以下是《增补秘传万法归宗》所载具体护身符与咒：

（一）吕纯阳符（包括吕纯阳符、通仙符、吕府先生早降符、斩妖驱邪符）

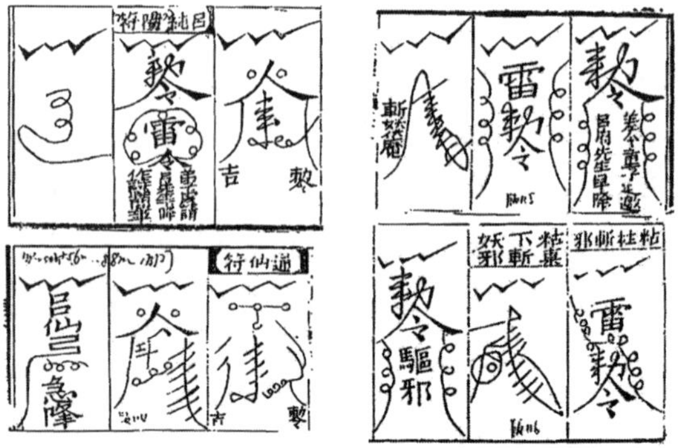

6. 吕纯阳符（十二连环符）

吕纯阳符分为四组十二幅符。书这十二幅符形的目的，就在于请神，也是保护人的身体安全，借吕真人之神力，为民众斩妖驱邪。配合这十二幅符的咒是《请吕真人咒》，为七言民谣体：

谨启蓬莱仙夫子，纯心妙道吕真人。
誓佐踢师宣政化，巡游天下阐武灵。
亲受钟离传秘法，誓将法力救群生。
九转金丹方外道，一轮明月照蓬瀛。
朝游苍梧并北海，时游阆宛转昆仑。
收拾乾坤归掌握，莫教迷却本原精。
大将阴公长拥护，我今启请望来临。

（二）紫姑仙符（包括紫姑仙符、速降符、急降符）

7. 紫姑仙符

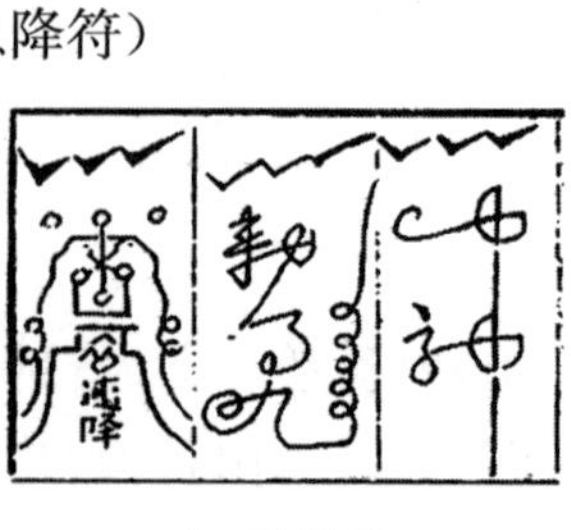

8. 速降符

① （晋）葛洪撰《抱朴子》，上海古籍出版社1990年影印《诸子百家丛书》本，第138页。

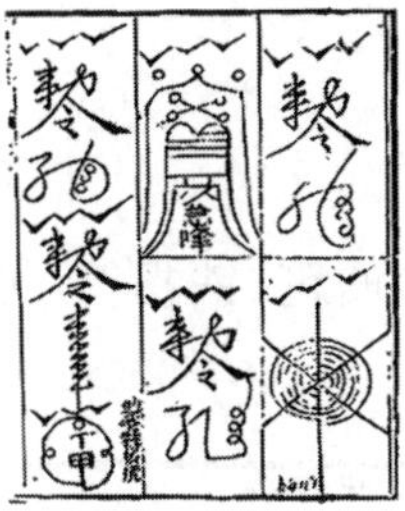

9. 急降符

10. 紫姑像〔采自《绘图三教源流搜神大全》〕

古人信奉紫姑仙，认为她十分灵验。《夷坚志》支乙卷二记载《吴虎臣梦卜》，实际上是一个紫姑卜灵验的故事，因请紫姑而得官：

> 吴虎臣曾博闻强识，知名江西。为举子日，谒梦于仰山，欲知科第迟速。其夜，梦红袖女子执板而歌，觉而不能省忆，但记一句曰："寻春不是探花郎。"是后竟不第，而以献书得官。吴奉紫姑神甚谨，每言事多验。邑人吴仲权镒将调官，请扣所向，箕箸既具，但画龙与羊各数四。虎臣曰："龙者，君象；羊者，仕涂禄料也。子必面君登朝矣。"仲权曰："镒乃一选人，名位甚卑，安得有此望。"虎臣曰："曾以布衣，犹被召对，况于已在簪裳之列乎！神言有证，当不谬矣。"仲权私谓辰未年或可奋发，及赴部，乃注龙阳丞。①

请紫姑仙必须符与咒两者结合，缺一不可。《请紫姑仙咒语》为七言民谣体：

> 虔请蓬莱紫姑仙，清茶一会临世间。
> 洞里乾坤时尽醉，空中星斗伴游行。
> 太平年上王母会，海底龙王献金珠。
> 弟子寸心恭叩请，神仙急降把事书。

11. 太白急降符

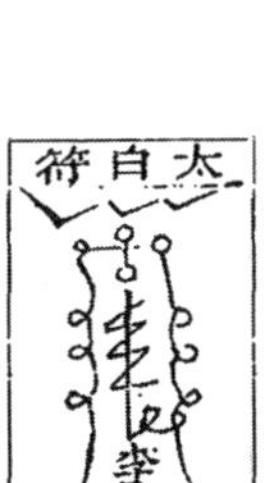

12. 太白符

（三）太白符（包括太白急降符、太白符）

《请太白仙咒》为七言民谣体：

---

① （宋）洪迈撰，何卓点校《夷坚志》支乙卷二，中华书局 1981 年版，第 808 页。

弟子虔诚设花筵，拜请香仙李谪仙。
伏劳仙童通达意，早降灵箕作诗联。

（四）八仙符（包括曹〔国舅〕仙符、张〔果老〕仙符、铁拐符、钟离符、韩湘子符、吕仙符、急降符等等，缺韩湘子、何仙姑）

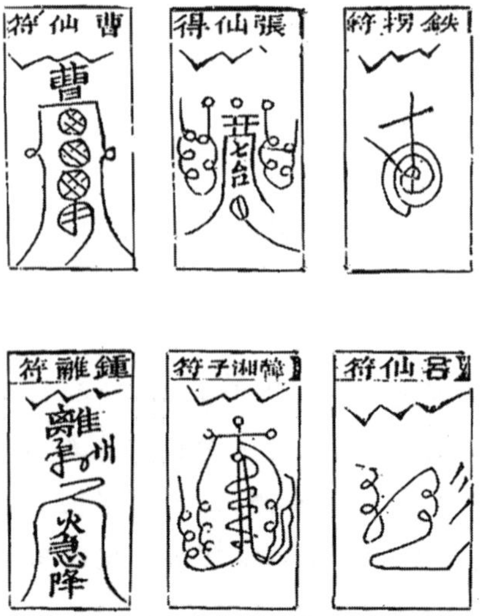

13. 八仙符（六幅）

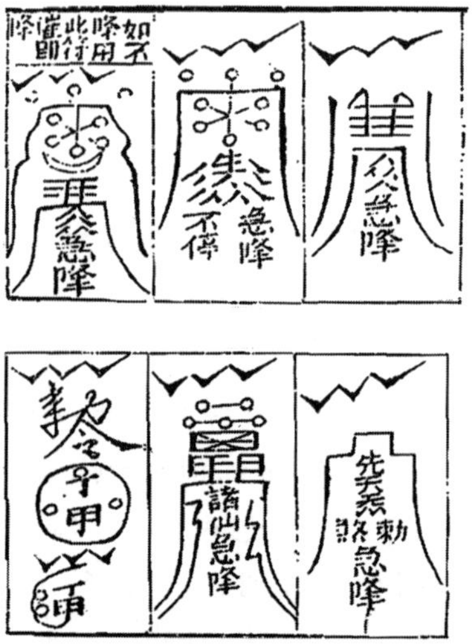

14. 诸仙急降符（六幅）

《请八仙咒》为七言民谣体：

谨请仙宫桃源洞，东海首郡是真仙。
李公铁拐汉钟离，吕公洞宾韩湘子。
曹公国舅蓝彩和，徐公仙姑张果老。
公明正直显灵通，传梦尚书范太保。
作诗作赋断吉凶，阴阳祸福无私告。
不分高下贫与贵，一一件件分明报。
灵威圣迹箕中显，有求皆应无不从。
回向作急降尘世，先时报兆显名声。
弟子焚香虔拜请，仙翁亲身齐降临。
天高高，地遥遥，海天万里来飘飘。
不为人间酒与肴，有如王母献蟠桃。
与汝共作神仙会，相随永结岁寒交。
敢请仙童达洞府，投伸弟子愿皈依。
头上插花迎仙侣，急急归来附我箕。

有些符只有第一、第二部分(符名与符形)，而无“咒或用法”，但其功能也是用于驱邪求吉。表现为一人、一物、一地、一事型的反抗巫术形态。

一、一人型的护身符。此符为病患者准备。

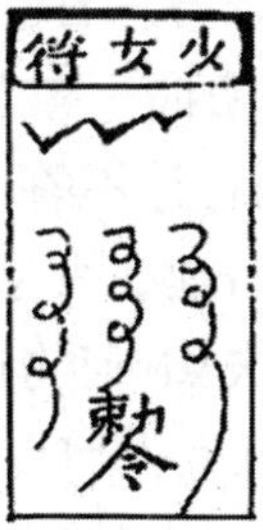

15. 少女符　　驱邪符　　退狂神符

二、一物型的护身符。种类繁多，有门符、桌符、床符等等。这类符一般有一上一下成双的特征。

(一) 门符

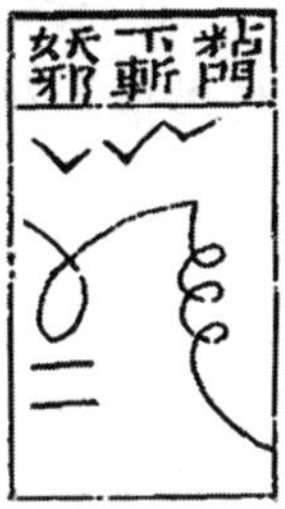

16. 门符　　门下符

古人特别重视门符，认为门符是抵挡鬼邪的法宝，这是道教巫师的妙用，也成为一种具有热爱生命意义的民间艺术品。兹举以下两例以窥一斑：

1. 门符驱鬼。宋代民间的反抗巫术。《夷坚志》支乙卷八《南陵美妇人》云：“宣之南陵，在汉为春谷县，古邑也。民某生者，就邑治大门之内开酒店。尝以月夜出户，逢美妇人，若自宅堂而来，见生即与笑语。时东平郭尧高叔为宰，生谓姬妾浪游，不敢应。妇前执其手，径趋店中。生固市井屠沽儿，迷于色，便留之寝。旦而去，他夕复至。如是数月。每至必有赠饷，初但得钱，久而携银盏，浸浸及于瓶罍，所获不胜多，益疑为窃主家物，然贪财溺爱，不以为虞。偶往郊外行干，遇道人乞钱，见生颜色枯悴，语之曰：‘汝满面是邪气，将死于鬼手。’生惊悟，弗隐，尽以告之。道人就近舍求纸三寸许，书一符，使贴于房门。是夜闻妇怒骂曰：‘吾以至诚待汝，汝受吾物亦不为薄，将终身是托，何乃遽起妄心，一旦如是？吾非畏符不敢入，以汝背义忘恩，誓将弃汝。’即怫然而去。经数夜，复扣门言曰：'汝不义已甚，使人不堪，明日夜当治汝。'又去。生始大怖，坐而须晓，始徙于他坊，由此遂绝。"①

2. 符悬门外。宋代民间的反抗巫术。《夷坚志》乙志卷五《刘子昂》云："绍兴三十二年(1162)，刘子昂为和州守，方淮上乱定，独身入官。他日，见好妇人出入郡舍，意惑之，招与合。历数月久，因诣天庆观朝谒。有老道士请问，曰：'使君不挈家，而神色枯悴黧黑，殆有妖气，如何？'刘初讳不答，再三言之，乃以买妾对。道士曰：'非人也，将不可治。今以二符相与，逮夜宜悬于户外，渠当不敢入。'刘以符归。夜未半，妇人至，怒骂曰：'相待如夫妇，何物道士乃尔！吾去即去，无忆我。'刘不能割爱，亟起取符坏之。终不悟生人何以畏符，复绸缪如初。又数日，道士入府问讯，望见刘，惊惋曰：'弗活矣，奈何！奈何！'然当令使君见之。命取水数十担覆于堂，其一隅方五六尺许，水至即干。掘之，但巨尸偃然于地，略无棺衾之属，僵而不损。刘审视，盖所偶妇人也。大恶之，不旬日而殂。王嘉叟说，得之于韩琎之子季明。"②

以上两个有关门符的故事，一正一反，前者信奉门符驱鬼，转危为安；后者不悟门符作用，"取符坏之"，结果丧了性命。两个故事可能都是道士编造，用以宣扬门符的驱鬼效用，也足见古人对门符的重视。

（二）桌符

（三）床符

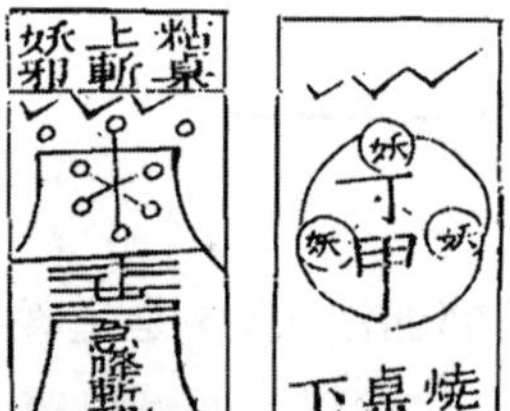

17. 护桌符(两幅)

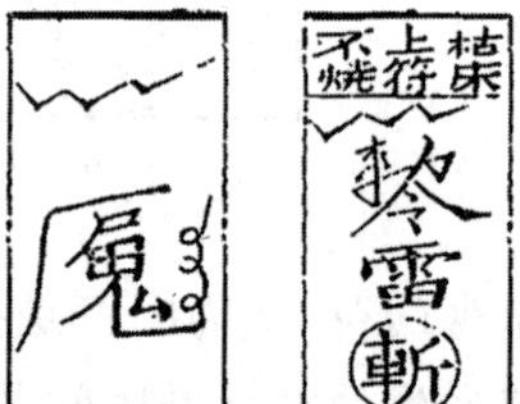

18. 护床符(两幅)

三、一地型的护身符。如泉符可保泉水清洁。

四、一事型的护身符。如为孕妇准备的"催生符"，为酗酒者准备的"退醉仙符"，为请神准备的"邀仙符"(图22、23、24、25、26)，为扶箕巫术准备的"扶箕符"(图27、28、29、30)。

---

① (宋)洪迈撰，何卓点校《夷坚志》支乙卷八，中华书局1981年版，第856页。

② (宋)洪迈撰，何卓点校《夷坚志》乙志卷五，中华书局1981年版，第222页。

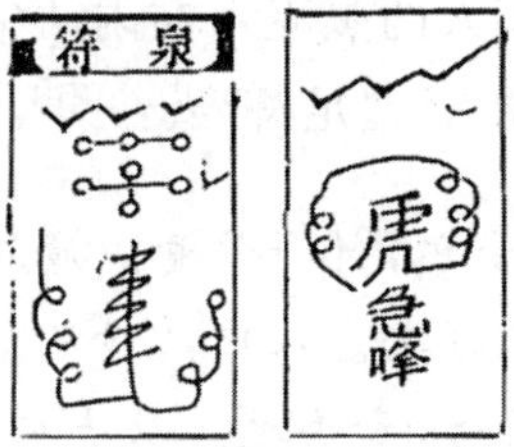

19. 护泉符(三幅)

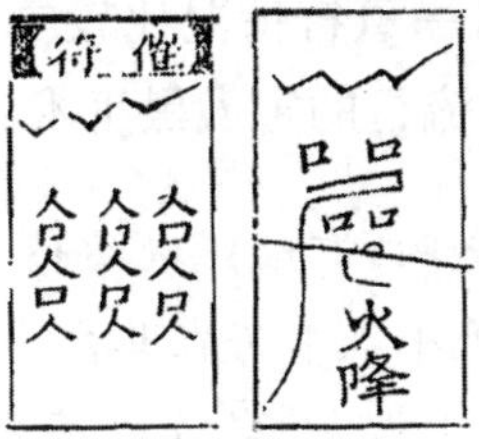

20. 催生符(两幅)

21. 退醉仙符

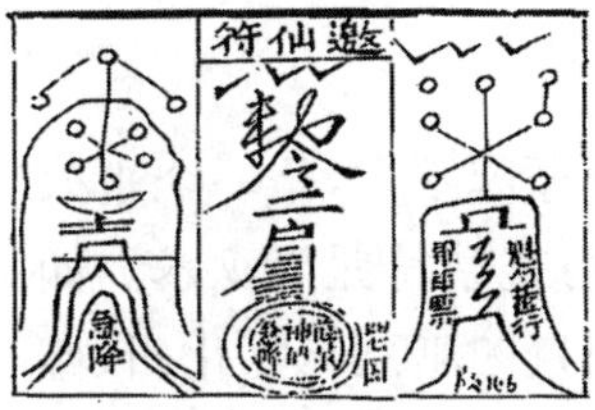

22. 邀仙符

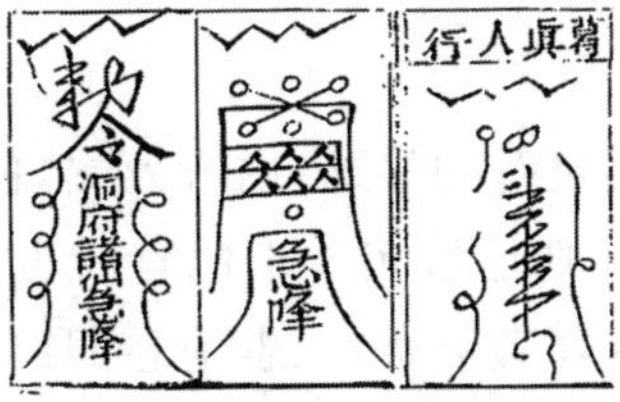

23. 葛真人行符

24. 敕令十圈符

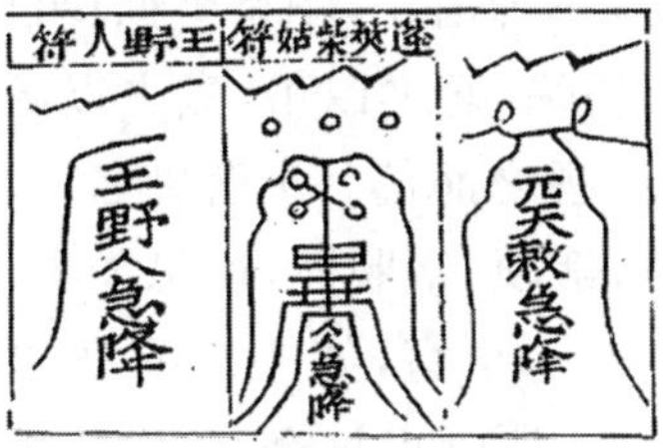

25. 王野人等急降符

26. 文曲星等符

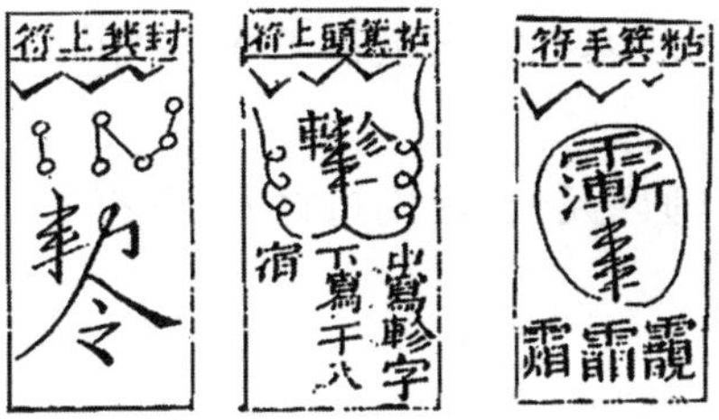

27. 封箕上等符

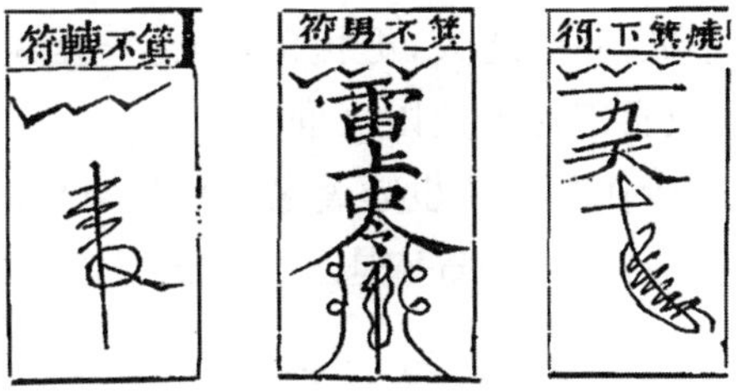

28. 箕不转等符

29. 定箕符

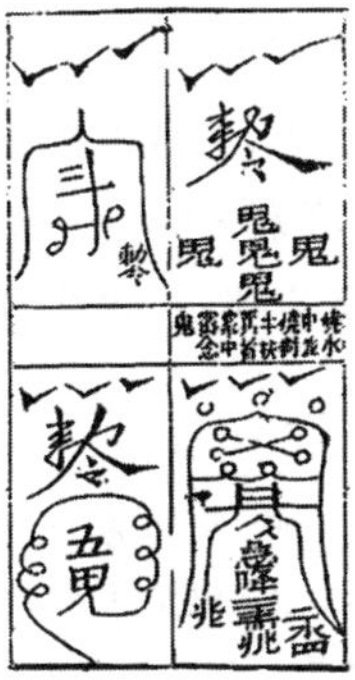

30. 驱除五鬼符

必须指出的是，一事符情况比较复杂，甚至掺杂有害人的黑巫术在内，“猪足符”便是宋代民间流行的害人黑巫术。《夷坚志》乙志卷六《猪足符》云：

> 聂景言居衡阳，有细民欲举债，买猪蹄来献，聂受之，付厨作羹。庖婢举刀，破爪间，见小纸书符在其内，亟出告。使呼其人还之。人曰：“适从屠机买来，方有求于君家，岂敢以符为厌咒？”复持与屠者，责谯之。屠者曰：“今旦方刲豕，安得有是？”取元直畀民，而自携归煮食之，一家四人皆死。五事皆郑次南说。①

屠夫一家四口吃了有猪足符的猪蹄，尽皆死去，但其原因不详，是一个永久的谜。不过道士利用符害人则是事实。宋代官府也严厉查禁符咒黑巫术。如有一种“符招生魂”的黑巫术，《夷坚志》三志壬卷四《化州妖凶巫》云：“（化州）墟落一巫，能禁人生魂，使之即病。适与邻人争田，石龙县宰知其名，将杀之。既严捕入狱，即觉头痛甚，疑而思之。宰固健吏，不为沮止，帕首坐狱户自鞫讯，不胜痛，始承伏云：‘因来时已收系知县生魂于法院，盛之以缶，煮之以汤，申之以符，见在法坐。’宰即押巫出城三十里，抵其居，视之而信。下著姓名、生年月日，因绐之曰：‘汝速解之，吾释汝。’巫禹步雷声，俄顷，宰脱然，所患如失。就估其资货，了不以屑意。毕事将反，吏白言：‘彼处一小室，妇人以死守之，意必有物。’宰翻然再入，破其锁，中才容膝，秉烛四照，所画鬼神怪绝，世所未睹，盖所谓法院也。妇人又捐舟遮障，争一小箧，吏夺而取之，正其秘法，宰畀诸火。巫死于狱，一邑之人，更相喜贺云。”②据说符咒黑巫术与姓名模拟巫术交织可以害人，故县宰对巫处以极刑。

唐代“飞符”也颇著名。唐代有位通神巫师许元长，使用过这种“飞符”来除怪。唐张读撰《宣室志》卷五云：

> 大和中，有江夏从事某，其官舍常有怪异，每夕见一巨人，身尽黑，甚光，见之即悸而病死。后有许元长者，善视鬼，从事命元长以符术考召。后一夕，元长坐于堂西轩下，巨人忽至，元长出一符飞之，中其臂，剨然有声，遂堕于地，巨人即去。元长视其堕臂，乃一枯木枝。至明日，有家僮谓元长曰：“堂之东北隅有枯树焉。先生符，今在其上。”即往视之。见其树有枝稍折者，果巨人所堕臂也。即伐而焚之。宅遂无怪。③

---

① （宋）洪迈撰，何卓点校《夷坚志》乙志卷六，中华书局1981年版，第234页。

② （宋）洪迈撰，何卓点校《夷坚志》三志壬卷四，中华书局1981年版，第1498—1499页。按，“捐舟”，校注称：“‘舟’字疑是‘身’字之误。”

③ （唐）张读撰，张永钦、侯志明点校《宣室志》卷五，中华书局1983年版，第60页。

许元长用飞符消灭了妖怪。这种由道士投出去的符飞起来去消灭祸害，故又可称为“投符”。唐代巫师特别擅长飞符。盛唐时，著名道士叶法善也擅长飞符。《太平广记》卷二六引《集异记》云，他有一种能投掷的黑符：“法善知之而促解缆，发岸咫尺，而暴风狂浪，天日昏晦，舟中之人，相顾失色。法善徐谓侍者曰：‘取我黑符，投之鹢首。’既投而波流静谧，有顷既济。法善顾舟人曰：‘尔可广召宗侣，沿流十里之间，或芦洲葭渚，有巨鳞在焉，尔可取之，当大获其资矣。’舟人承教，不数里，果有白鱼长百尺许、周三十余围，僵暴沙上，就而视，脑有穴嵌然流膏。舟人因脔割载归，左近村閭，食鱼累月。”[①]叶法善投符在江中，居然捕到一条百尺长的大鱼，足见其飞符威力之大。盛唐时，又一著名道士崔简，也擅长飞符招神。《太平广记》二八五引《通幽记》云，唐天宝二年(743)，吕谊失女来找崔简捕捉拐骗者，只见崔简于别室，夜设几席，焚名香以降神灵，并令吕生伏剑于户，然后“书符呵之，符飞出，食顷间，风声拔树发屋，忽闻一甲卒进曰：神兵备，愿王所用”[②]。崔简知道是一胡僧招来一位金刚神保护自己，胡僧便利用一个猪头人身怪物将吕谊之女摄来凌辱，将女关在一小房中。只见崔简“又书符飞之，倏忽有神兵万计，皆奇形异状，执剑戟列庭”。这神兵万计首先制服了佛教的金刚神，继而也制服猪头人身怪，救出吕女，胡僧逃走。整个故事是道佛大战，在唐玄宗尊道抑佛的历史背景下，自然是道教的飞符大显神威，无往而不胜。飞符在宋代仍流行，其中“水月大师符”颇著名，如止雨，《夷坚志》丙志卷一四《水月大师符》条云，“探怀中符投之，酌酒三祭而归。是夜雨止，明日水平如故，一郡敬而神之”[③]。

符的用法多种多样，有的带在身上，有的挂在门上，有的贴在物品上，有的烧成灰吞进肚子里，有的让它飞上天空祛邪，更有埋符驱邪者，据《孙公谈圃》卷下云：“何殿直，黥卒也，善行天心正法。子由妇遇祟二年，何治之。初见四鬼环守，后止见一。何更造天狱，筑坛追捕。鞭笞之声，闻于外。是夜，妇如醉而醒者，家人询二年之病，皆不记，但如梦中耳。公先娶抚州吴氏，因言吴氏有女为祟所苦，得洪州道士治之而愈。道士埋符庙下，一夕庙屋尽圮，至今修而复坏者数四，其术秘不传世。”[④]这个洪州道士的作为便是埋符驱祟治病的典型例证。

---

① (宋)李昉等编，汪绍楹点校《太平广记》卷二六《神仙二十六·叶法善》，中华书局1961年版，第170页。

② (宋)李昉等编，汪绍楹点校《太平广记》二八五，中华书局1961年版，第2273页。

③ (宋)洪迈撰，何卓点校《夷坚志》丙志卷一四，中华书局1981年版，第486页。

④ (宋)孙升语，(宋)刘延世编《孙公谈圃》卷一，景印文渊阁《四库全书》第1037册，第113页。

由上可见，道教的符箓是为了施行道术，支持其画符的是对符箓灵验的信仰，而这种符的表现形态不过是一些单调的不可解的线条。符，通常在道士手中不带咒语，不仅是行为艺术，也是为了具体目的所采用的手段，它并未夹杂在深奥的知识中，这降低了它在文化当中的价值。我们可以从以上的道士符里，弄清创造它的心理态度和一系列仪式。道士的符极为单调，倒与原始巫术极为单调的特征一致。信仰的窄狭，技术的简单，思想的不高明，文化上的浅陋，注定了道士反抗巫术——符的灭亡的命运。

法 Pel. chin. 3358《护宅神历卷》中之道教符箓，总括来说也具有以上几类①。它们多半无咒语，说明道教符咒有重符不重咒的特点，但是这些符对鬼来说，都具有反抗的魔力，当然，这只能在人精神上给以自我慰藉。另外，在敦煌道教有限的咒语中，孔夫子、董仲舒已被列入巫术之神，说明道教符咒吸收儒家名流的特点，这是本土主体精神之表现，并非是拉虎皮作大旗借以自炫。

道教还有一类“十干符”和“十二辰符”也是具有反抗巫术之魔力的。它是一种日符，即按天干地支为序，甲日符或庚日符，子日符或丑日符，等等，每天换一帖符来驱鬼逐祟。法 Pel. chin. 4793《符咒》便保留了一些。“十干符”只剩下甲乙日符（图 31、32、33）三幅。

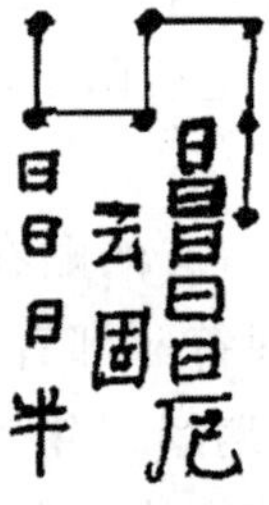

31. 固定符

32. 结合符

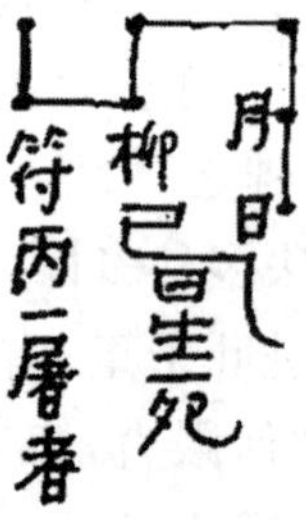

33. 屠者死符

“十二辰符”也只剩下三幅。

（1）子日符（图 34）：“子日见怪，朝害父，画害口口砂至天文符，奏户上。”此符似于子日贴于门上。

（2）丑日符（图 35）：“丑日见怪，朝害女，画害口口至书天文符，奏灶上。”此符似于丑日贴于灶上。

（3）寅日符（图 36）：“寅日见怪，朝害（下缺）。”

---

① 上海古籍出版社、法国国家图书馆编《法藏敦煌西域文献》第 23 册，上海古籍出版社 2002 年版，第 344 页。

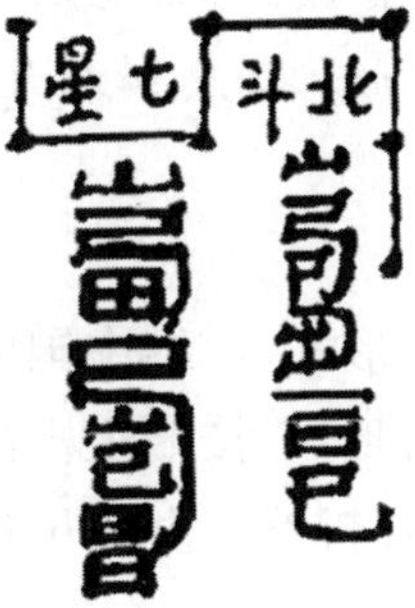

34. 北斗七星符

35. 丑日贴灶符

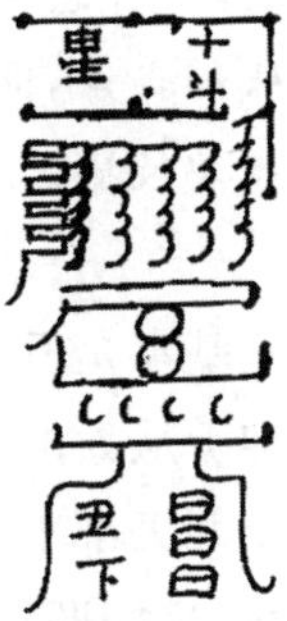

36. 寅日符

由以上干支符可见，它仍然是只见符而不见咒的。道教符的效验总的看来是具体的，但绝不存在其自吹的排山倒海、颠倒乾坤等巨大巫术力。佛教符咒便与道教符咒截然相反了，它的想象力可谓精彩异常。

第二节　唐代道教隐形符

唐代道士发明的反抗邪恶的巫术，其主要形态是护身符。护身符多种多样，其中有一种很特别的隐形符，又称隐身符。这种隐形仙术的获得，据说要修一种执柳条巫术。

从巫术角度来看，这种施术于柳条而获得隐身的特异功能，是接触巫术的一种。《增补秘传万法归宗》卷二《执草隐形避难法》对这种巫术有详细描述：

> 欲隐形时，执柳枝一尺二寸在手，用东南者，可念前《普召咒》四十九遍，用印向柳枝虚印二十四印，嚼信香一饼涂抹柳上，闭目在乾地挖一坑，深三尺埋之，四十九日足，取出用也。凡如不用，以黄绢朱书后，符包裹柳枝，常袋悬藏于身边。不可轻泄天机，实宜秘密，保命护身，以避难也。

给柳枝施以巫术不易，需要经过几道复杂的巫术程序：

第一，念《普召咒》四十九遍。《普召咒》是一种命令神来给自己隐身的神秘咒语。原文云：

> 九天都王君，敕吾方隐身。听吾之法令，遂昏之难行。一切远密意，勿停剎服巡。急敕如意法，九天印奉行。指天天推裂，指地地动惊。一摄诸

异法，众神急奉行。呼千万忆至，勿阻别滞形。信香诚意祝，遂应付法行。所从如我意，问信九天君。违吾法令者，奉斩你身形。急急如九天皇人帝君律令敕摄。

此咒基本是五言诗体，显然采取了古代文学的常见形式，承继中国的传统。命令天神听从人的意志，说什么“违吾法令者，奉斩你身形”。按照道士的见解，神若违反九天都王君的法令，也会像人犯了王法一样被斩首。由此可见，天上神的秩序，是按照地上人的法制来安排的。

第二，盖《六甲六丁印》二十四次[①]。“此印方圆各二寸四分，用雷震枣木为之，刻时择开除成三日，余日不用，只此三日吉，遇风云雷雨吉，忌鸡犬、僧尼、产妇、孝妇一切秽污见之。雕刻时切记，谨慎忌之。”从此说明中忌僧尼看来，道教施行巫术时，有排斥佛教之性质，真如俗话所说：“同行是冤家。”

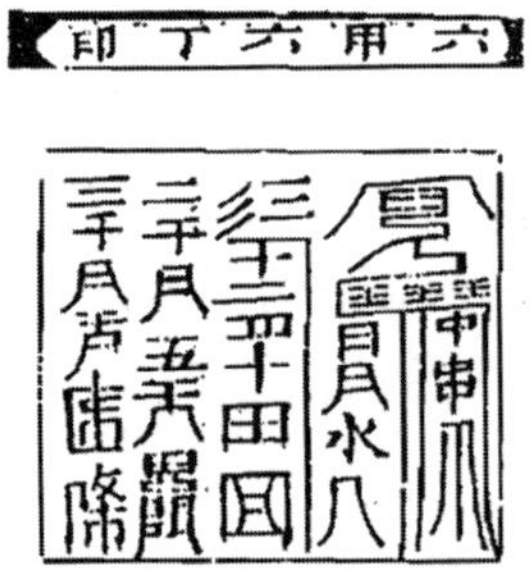

37. 六甲六丁印

道教创制符印，选用枣木，之所以用枣木来刻这种印，其原因也不难明白，道家称枣为仙枣，枣木也就被认为是仙木了。

第三，嚼信香一饼涂沫柳上。信香之说原本来自佛教，佛教说香为信心的使者，宋释赞宁撰《僧史略》中《行香唱导》云：“经中长者讲佛，宿夜登楼，手秉香炉，以达信心。明日食时，佛即来至，故知香为信心之使也。”此外，《象器笺》卷一〇、《贤愚经》卷六都作如是说，因此总云香为信香。就佛教说，禅僧住持一寺，初说法为开堂，这时和尚们要斋香寄师，而通嗣法之信，这时所斋之香即谓之信香。道士学来信香之说，用其名创造了“信香方”，内容有了新的创造，《增补秘传万法归宗》卷二《信香方》云：

枸杞子一两、柏仁子一两、官桂一两、川椒一两、茅香一两、藿香一两、白芷一两、大黄二两五钱、玄精石伍钱、地黄伍钱、细辛伍钱、金精石伍钱、银精石伍钱、安息香五钱，如无安息，川片代之。外加黄白紫降真香、射香，右十五味为末。用六甲神印，朱砂涂印，印黄纸上，二十五道，在香烛上执印，念《普召咒》二十一遍毕，用火化为灰，入药末内和匀，炼蜜为丸，作饼子。

① 关于“六甲六丁”，请参阅高国藩著《敦煌古俗与民俗流变——中国民俗探微》，河海大学出版社1989年版，第122—123页。

择日向大门上开坑三尺，埋十五天取出，以绢袋盛之，至六甲日或六丁日夜，望北斗焚香七饼，自食五饼，念咒四十九遍，望五方取炁五口咽之，勿语。到日出之时，毋得乱为妄行，天律非轻，保而敬之，自此其身通灵。

“信香方”是一种所谓使自身“通灵”的方法。枸杞、柏仁子，乃至安息香等等混合成药丸，成为一种保健药，到底与人体有害无害，无从知晓？道士们采用传统中药，这是巫术的需要，也是虔诚信仰。可见，直到唐代，医药与巫术仍然交织在一起，被道士用为与神“通灵”，实际上也是对医药效用的探索。

枸杞有养生作用。《本草纲目》木部卷三六《枸杞》主治：“久服，坚筋骨，轻身不老，耐寒暑。……别录补精气诸不足，易颜色，变白，明目安神，令人长寿。”①

柏仁子有养生作用。《本草纲目》木部卷三四《柏》云：“（柏实）久服，令人润泽美色，耳目聪明，不饥不老，轻身延年。”②

安息香有养生作用。《本草纲目》木部卷三四《安息香》释名曰：“〔时珍曰〕此香辟恶，安息诸邪，故名。”主治：“邪气魍魉，鬼胎血邪，辟蛊毒，霍乱风痛，男子遗精，暖肾气，妇人血噤，并产后血运。”③

巫术曾用此法对医药的形成作出过贡献，但巫师所有的成就都是采用传统中药的意内和意外之功。至中古，这样的探索虽显得微不足道，但吸取民间偏方的做法非常难能可贵。它不为人注意，也常被误解，遭遇令人同情。我们从“信香方”中看不出它对人类的害处，隐形和与虚无飘渺的神“通灵”，最终落实在延年益寿上；并有道教“执草隐形避难法”配合。

38. 柳枝符

有什么作用，幻梦依然幻梦！巫师治病常遭误解。只是中草药可以防病治病，嚼信香、吃枸杞子丸于身体健康有利，倒是被人民普遍接受矣。

第四，神符包裹仙木——柳枝。符形如图 38。

这是民间书法的衍化物。柳枝是镇邪物。《史记·季布列传》记载，刘邦捉拿季布，当时季布正在周氏家，于是周氏就将

① （明）李时珍著《本草纲目》木部卷三六，人民卫生出版社 1978 年版，第三册，第 2112—2113 页。

② （明）李时珍著《本草纲目》木部卷三四，人民卫生出版社 1978 年版，第三册，第 1914 页。

③ （明）李时珍著《本草纲目》木部卷三四，人民卫生出版社 1978 年版，第三册，第 1961—1962 页。

季布扮成奴隶，“置广柳车中”[①]，运到别处去卖。这柳车就是丧车。说明汉代丧车上要放柳枝辟邪。汉刘熙撰《释名·释丧制》曰：“舆棺之车曰輀。輀，耳也，悬于左右前后，铜鱼摇绞之属耳耳然也。其盖曰柳。柳，聚也。”[②]于是称丧车为柳车。可见柳枝和桃枝都是辟邪物。后世因之，明刘侗、于奕正撰《帝京景物志》记载：“凡岁时不雨，家贴龙王神马于门，磁瓶插柳枝，挂门之旁。”[③]也是为了祛邪。因此，此神符包裹仙木——柳枝，就加大了柳枝神符的驱邪性能。本节一开始论述唐代道教隐形符，在欲隐形时一定要做到有“柳枝”：

一、“执柳枝一尺二寸在手”；

二、“用印向柳枝虚印二十四印”；

三、“嚼信香一饼涂抹柳上”；

四、“符包裹柳枝，常袋悬藏于身边”。

综上所述，隐身符巫术是民间文学、工艺、书法、医药等的综合探索与利用。这种巫术贯穿着柳树崇拜而具有明显的唐代巫术的特征。唐代道家崇尚柳树成精，是为柳精，它是吕祖信仰的反映。《道缘汇录》云：“吕祖家僮郭寄儿，因吕祖弃家学道，遂与之失联络。后吕祖道成返里，始于柳树下遇见，使脱柳精，成为人形，复其本姓，世称为柳仙。”[④]《吕祖全书》亦载，吕祖得道后，自终南回乡里，于南郊见一人，坐柳树下，性极灵通，知即行童寄儿后身也。吕祖遂点化之，易其魔相，令守炉执炊，呼曰郭上灶。[⑤] 吕祖即吕洞宾，为唐代之仙人，故其唐代背景当无问题。

道家的隐身遁迹之术多种多样，遁迹术简称为隐遁或形遁，其遁法为借物遁形而去，故与隐身巫术不能同等看待。李叔还编纂《道教大辞典》引《抱朴子内篇·遐览》云：

> 服大丹十日，欲隐则左转，欲见则右回；或可为鸟兽六畜，或依木石水火而成，此所谓移形易貌，而隐遁也。[⑥]

---

① (汉)司马迁撰《史记》卷一〇〇《季布栾布列传第四十》，中华书局1959年版，第2729页。

② (汉)刘熙撰《释名》卷八，景印文渊阁《四库全书》第221册，第423页。

③ (明)刘侗、于奕正撰，孙小力校注《帝京景物略》卷二《城东内外·春场》，上海古籍出版社2001年版，第106页。

④ 李叔还编纂《道教大辞典》，浙江古籍出版社1987年影印本，第379页。

⑤ (清)刘体恕汇辑，(清)刘荫诚、刘允诚同校《吕祖全书》，香港青松观1979年据乾隆七年(1742)刘体恕汇辑本影印。

⑥ 李叔还编纂《道教大辞典》，浙江古籍出版社1987年影印本，第641页。

据传，道家的隐遁法一共有十三种：一木遁、二火遁、三土遁、四金遁、五水遁、六人遁、七禽遁、八兽遁、九虫遁、十鱼遁、十一雾遁、十二云遁、十三风遁。道家的十三遁法，能依金木水火土等任何一物而隐遁①。这当然是道教的神话。本节隐形护身符即为第一种木遁之法，故"木遁"所用之"木"，柳木当即其一无疑矣。

隐身符在明清话本小说中得到具体体现，许仲琳编《封神演义》第十二回《陈塘关哪吒出世》有绘声绘色的描写：

> 哪吒到了宝德门(东海龙宫)，来的尚早，不见敖光；又见天宫各门未开，哪吒站立在聚仙门下。不多时，只见敖光朝服叮当，径至南天门。只见南天门未开。敖光曰："来早了，黄巾力士还不曾至，不免在此间等候。"哪吒看见敖光；敖光看不见哪吒。——哪吒是太乙真人在他前心书了符箓，名曰"隐身符"，故此敖光看不见哪吒。哪吒看见敖光在此等候，心中大怒，撒开大步，提起手中乾坤圈，把敖光后心一圈，打了个饿虎扑食，跌倒在地。哪吒赶上去，一脚踏住后心。②

39. 台湾台南市新营区太子宫庙(哪吒庙)

哪吒乃唐代大将李靖第三子，曾凭借隐身符到东海龙宫闹事。敖光是东海龙王，太乙真人的隐身符有一个规定，用此符帮助自己打架可以，但不可伤害其它生灵性命。《封神演义》第十三回引明代的俗谚说："龙怕揭麟，虎怕抽筋。"哪吒就揭下敖光四五十片鳞片而把龙王制服了。哪吒运用隐身符演绎了制服对手的特技。

哪吒神话来自唐代，隐身巫术亦传自唐代。唐郑綮撰《开天传信记》云："宣律邃问：'弟子何人，中夜在此？'少年曰：'某非常人，即毗沙王之子那吒太子也。

① 李叔还编纂《道教大辞典》，浙江古籍出版社1987年影印本，第641页。

② 许仲琳编《封神演义》，人民文学出版社1973年版，第117页。

护法之故，拥护和尚久矣。’”[①]哪吒现身西明寺，宣律和尚遂向其求得佛牙。

至宋，释道原《景德传灯录》卷二五云：“那吒太子析肉还母，析骨还父；然后于莲华上为父母说法。未审如何是太子身？”[②]至明代，哪吒被收入阙名撰《三教源流搜神大全》，并云：

那吒本是玉皇驾下大罗仙，身长六丈，首带金轮，三头九眼八臂，口吐青云，足踏盘石，手持法律，大唢一声，云降雨从，乾坤烁动。因世间多魔王，玉帝命降凡。[③]

文中说他“三头九眼八臂”，但绘图还是凡人像，足见此说尚未被明人认可，但是至明代，哪吒却一变而为道教神祇，受玉皇大帝领导。明代又有话本小说《平妖传》写到哪吒。明代台湾新竹还建有东窑太子宫，有金铸哪吒一身等。据此可见，明清时代哪吒小说、戏剧泛滥，从而使哪吒巫术彻底道教化、艺术化和娱乐化，对民众的影响颇大。

法 Pel. chin. 4514(1)《1. 大圣毗沙门天王像》中大圣毗沙门天王左臂旁有一善神，手托其子哪吒，画像弥足珍贵。（图 41）[④]

40. 明人绘哪吒太子〔采自《绘图三教源流搜神大全》〕

41. 敦煌文献中哪吒像

总之，哪吒民间信仰、哪吒巫术及其孩童形象，均起于唐代佛教，而大盛于明清时期。在《封神演义》中，哪吒被演变为道教色彩浓厚的神，使用道教隐身术，

① （唐）郑綮撰《开天传信记》，载丁如明辑校《开元天宝遗事十种》，上海古籍出版社 1985 年版，第 57 页。

② （宋）释道原《景德传灯录》卷二五，《四部丛刊三编》本。

③ （明）阙名撰《绘图三教源流搜神大全》，上海古籍出版社 1990 年影印本，第 330—331 页。

④ 上海古籍出版社、法国国家图书馆编《法藏敦煌西域文献》第 31 册，上海古籍出版社 2005 年版，第 228 页。

而在民间则为佛道杂糅的神祇。哪吒本为佛教神，唐慧琳《一切经音义》中载有《那吒俱钵啰求成就经》一卷、《那吒太子求成就陀罗尼经》一卷，可资参阅。

第三节　敦煌神树祭祀巫术及其传承

敦煌由于地处沙漠中，树木十分珍贵，人们普遍认为，树为一家之根，也是一家繁荣的象征，进而认为一家的安乐，全要靠树神的庇佑、保护，因而有了神树崇拜，要祭祀神树。与之相配合的，一是贴神树符及念咒语来祭祀。咒语为："宅神不安，钱财不散失，家内难厄，安此符，安此神树，永无殃灾，大吉。"①神树符贴在家宅院内，保护树木生长。

二是树神符及其咒语，贴在树上保佑平安。咒语曰："先贤孔夫子，吕才定略。天圆地方，六律六享。辰日书劈霍王，急急如律令。"②此咒语的理解，应从六律着眼。六律即上古乐音标准名。相传黄帝时伶伦截竹为管，以管之长短分别声音的高低清浊。乐器的音调皆以此为准。乐律有十二，阴阳各六，阳为律，阴为吕。六律即为黄钟、太簇、姑洗、蕤宾、夷则、无射。此咒语旨在强调家庭中夫妻如琴瑟般和谐(六律六享)，男(阳)为律，女(阴)为吕。书写此符的目的在于辟除火灾。树木最怕火灾，防火才能六律六享。"急急如律令"显示其道教性。

42. 神树符

43. 树神图

①② 法 Pel. chin. 3358《护宅神历卷》，上海古籍出版社、法国国家图书馆编《法藏敦煌西域文献》第 23 册，上海古籍出版社 2002 年版，第 344 页。请参阅高国藩著《敦煌古俗与民俗流变——中国民俗探微》第三章《符咒风俗》第十类"树神符"和"神树符"，河海大学出版社 1989 年版，第 82—83 页。

以上二符均为神树崇拜之反映。可见，由于沙漠地区少树，人们爱树如命，敦煌唐人遂将大自然中的树林与树木本身，视为有生命、有意志，而且有威力的崇拜对象。敦煌唐人已有将大自然的树木神化的倾向，而且已经形成明确的超自然的巫术观念，去抵御大自然的灾害。

这种树神崇拜，在我国云南西双版纳拉祜族地区仍然存在着，但已经不是树符的形式，而是祭树巫术的形式。西双版纳拉祜族地区当地有一种"厥巴厥马都"——意为"神林"的崇拜。"每个村寨周围都有一片树林，择最高大者两株为'神树'。为村寨社神的象征。逢年过节，各户去神林点四对蜡烛，两对插地、两对贴树，以牲、饭、水为祭，求人畜平安。其四周禁放牧、采樵。"①

生活在云南兰坪、宁蒗的普米族，也有神树崇拜。普米族人有一种"日真崩"习俗，意为"祭山"，实际是祭神树。每个氏族选取一棵松树或麻栗树，作为本氏族的山神象征，各村再另选一棵树作为村社的山神树，认为这棵树所代表的山神，能赐福于民，使民温饱，以神树所在的树林为祭祀场所，并视之为不可侵犯之地。每一年要祭祀两次，氏族和村社各一次。夏历七月或腊月为氏族祭时，四、五月的"封山"和八、九月"开山"时，为全村公祭日。②

生活在云南红河南岸的哈尼族，将龙树视为神树，且视之村寨的守护神。哈尼族人每年阴历二、三月间总要祭祀龙树，在龙树林中选一棵高大挺拔的龙树作为村寨的守护神。佘仁澍在《哈尼族"祭龙"与植物崇拜》一文中，也把此种祭龙树活动视为树神崇拜的习俗③，其巫术意义很丰富，有送火神，送瘟神，还有"断路"举动，不准邪祟进村，在木刀、木枪上涂狗血，然后悬挂在村口路上，使鬼邪不敢进来。祭祀前还要全村大扫除，水井、水槽要淘洗干净，保持卫生。

生活在云南富民县、武定县的彝族支系密且人也祭祀龙树。当地称为"眯诺底"，直译为"祭田龙"。每一年农历四、五月都择日举行彝族祭白龙节日，实际是祭"龙树"，这是神树崇拜的反映。祭祀的地点通常是在距离村寨不远的山坡上。届时选一棵杉罗树当作龙树，用木板在龙树下搭起三道门，说成是"龙宫"。三道门有六根门柱，门柱上画朱色人像，称为"守门将军"。在"龙宫"后面，左边立一根金竹，在竹梢上竖一只木刻的金雀；右边也立一根金竹，顶端只系一木片。"龙宫"前是祭坛，祭祀时，插三杈松枝一根、香三炷、供米三碗、盐三碗、酒一杯、茶一杯，以及活羊一只。祭者跪着，摇动金竹尖端的木片，祷告卜卦。卜卦巫师将一节松枝劈成两半，然后丢在地上，劈面都朝上，或者都朝下，

①② 郑传寅、张健主编《中国民俗辞典》，湖北辞书出版社 1987 年版，第 449 页。

③ 佘仁澍《哈尼族"祭龙"与植物崇拜》，见中国民间文艺研究会云南分会、云南省民间文学集成编辑办公室编《云南民俗集刊》第一集，1984 年刊。

就算顺卦,一个上一个下,就算反卦,遇到反卦就再卜卦,直到遇见顺卦,就象征祈求白龙保佑当年风调雨顺成功。于是人们杀羊、烧纸、奠酒,还把羊角挂在龙树上。羊肉蒸熟后各户分食。祭龙树才算大功告成①。

此外,在云南省西部的陇川县户撒,梁河县九保、曩宋、河西,芒市五岔路乡等地生活的阿昌族,也有神树崇拜。《阿昌族简史》指出:“梁河县关璋乡的阿昌族神树,每年二月属马日献祭。”②

以上云南拉祜族、普米族、哈尼族、彝族、阿昌族的神树崇拜,就是敦煌唐人民间神树崇拜在后世的传承。尽管它们都已转变到模仿巫术或交感巫术中,不是纯粹的符咒反抗巫术,但其中仍有卜卦痕迹,依然夹杂着反抗巫术。

44. 阿昌族神树

① 高立士《彝族密且人的原始宗教》,《思想战线》1989年第1期。

② 《阿昌族简史》编写组编《阿昌族简史》,云南人民出版社1986年版,图版17。

第二十四章　唐代禳梦巫术

《汉书·艺文志》云："众占非一，而梦为大。"[1]唐人特别重视占梦。禳梦巫术是一种特殊的反抗巫术。古人认为，一个人之所以做恶梦，皆由于鬼邪作祟，为了解除鬼邪，就必须画符箓、念咒语，举行各种巫术仪式，来禳除恶梦，于是就产生了禳梦巫术。有人把占梦巫术贬称为"愚民术"，如同国人把巫术一律说成"伪科学"一样。

正如风俗是"随君上之情欲"而产生一样，禳梦也一样是因君上之情好所产生。女皇武则天就很喜欢让大臣给她占梦。占梦是唐人思想与文化交流的一种方式，融合着积极的精神力量。唐张鷟撰《朝野佥载》卷三载：

> 则天后尝梦一鹦鹉，羽毛甚伟，两翅俱折。以问宰臣，群公默然，内史狄仁杰曰："鹉者，陛下姓也；两翅折，陛下二子庐陵、相王也。陛下起此二子，两翅全也。"武承嗣、武三思连项皆赤。后契丹围幽州，檄朝廷曰"还我庐陵、相王来"，则天乃忆狄公之言，曰："卿曾为我占梦，今乃应矣。朕欲立太子，何者为得？"仁杰曰："陛下内有贤子，外有贤侄，取舍详择，断在圣衷。"则天曰："我自有圣子，承嗣、三思是何疥癣！"承嗣等惧，掩耳而走。即降敕追庐陵，立为太子，充元帅。初募兵，无有应者，闻太子行，北邙山头皆兵满，无容人处。贼自退散。[2]

女皇解梦的目的在于治国，解鹦鹉折翅梦，是为战胜契丹的侵犯，立意光明正大，应梦后果然"贼自退散"。女皇占梦既灵验，影响非同小可，遂引发唐人解梦热潮，于是著名的敦煌唐人占梦术出焉。

① (汉)班固撰《汉书》卷三〇，中华书局1962年版，第1773页。

② (唐)张鷟撰，赵守俨点校《朝野佥载》卷三《则天后尝梦》，中华书局1979年版，第60页。

第一节　道教禳梦巫术

《增补秘传万法归宗》卷五《解禳恶梦章》记载了禳梦巫术完整的形态，包括一仪式、二禳咒、三禳符，是道教禳梦巫术典型之作。

一　巫术仪式

用产生女儿有秽草七根作一束，铁剑一把，长二尺四寸，以纸共封一处，上书“混元神剑”四字，祭六甲坛下，脚踏“天蓬”二字。左手雷印，右手剑诀，取东方炁一口，念解禳咒七遍，焚符一道，四十九日毕。将剑草取出，用剑斩草三段，以草节仍擦剑，将草埋东南四十九步，但有恶梦不祥之事，醒而言说。待日出，不起身，不可梳头、洗面。自取无根水一碗，左手三山诀，右手恰中文，执剑立步，内先步。“三台生我来，三台养我来，三台护我来。”念一句，一步移一位。毕，将左脚踏鬼门，右脚立门内，取东方炁一口，念解咒一遍，金水一喷于门外，用剑将喷下湿处，横画一剑两段。诛恶梦不祥尽消，百事大吉。其剑斩邪诛妖，治病如神。[①]

通过秽草、铁剑、雨水等物及脚踏“天蓬”二字、喷金水、舞剑等动作，表达斩邪、治病的意志，对增加人对疾病的抵抗力有积极意义。

二　解禳咒

日出东方，夜梦不祥。
天下力士，在吾身傍。
桃花仙女，周公文王。
三台护我，百事吉昌。
神剑一下，万怪消亡。
吾奉三山九侯先生律令摄！

---

① (唐)李淳风撰，袁天罡补《增补秘传万法归宗》卷五，清刻本(南图藏)。参见《续修四库全书》本《新刻万法归宗》及孙正治点校《增补秘传万法归宗》，中医古籍出版社 2012 年版。本章下同。关于“六甲”，请参阅高国藩著《敦煌古俗与民俗流变——中国民俗探微》第三章第十节，河海大学出版社 1989 年版，第 123 页。

解禳咒是除邪消灾祭祀时用的咒语，反映了道教文化和智慧的力量。艺术形式是中国民歌四言白话体，为人民所喜闻乐见。咒语朗朗上口，易于传播，增添了生活情趣。

三　解禳符

禳，去邪除恶之祭也。《周礼·春官·鸡人》：“凡祭祀，面禳，衅，共其鸡牲。”疏云：“禳，谓禳去恶祥也。”①禳梦也就是去除恶梦。以上解禳恶梦巫术内容，涉及诸多问题，计有天蓬、混元神剑、雷印、三台咒、脚踏鬼门等等，充满了道教文化元素。

第一，所谓“天蓬”二字，显然是借“天蓬大元帅”姓名的魔力。法 Pel. chin. 3811 写卷的道教护身符中便有“天蓬大元帅”②字样。不同之处是，一个是踏着，另一个是挂着而已。

第二，“神剑”，还加有“混元”二字。所谓“混元”者，乃世界开辟之始也，《云笈七签》云：“混元者，记事于混沌之前，元气之始也。”③《宋史》卷八载，宋真宗尊老子号为“太上老君混元上德皇帝”④。故“混元神剑”者，乃道教始祖之剑，借其巫术魔力以斩断恶梦。“神剑”古来已有定说，《太平御览》卷三四二《剑上》引《晋书》云：“神剑服御除众毒。曜遂服之，剑随四时，变为五色。”⑤古人认定神剑能伏魔，四时还能变化五色以驱邪恶。巫术仪式中有“焚符一道”（见图 1）。

禳梦符强调用水驱鬼祛病，一是自取无根水，二是金水一喷，三是用剑将喷下湿处画两段，共同作用以驱鬼。水的哲学含义来自《老子道德经》，“上善若水”，故道教使用水作驱鬼的犀利武器。《本草纲目》水部卷五《节气水》曰：“立春、清明二节贮水，谓之神水。”⑥

第三，雷印与雷神有关。⑦ 雷印能招雷神至，民间早有“五雷轰顶”之说，招五雷当然需要雷印配合招五雷咒。《道藏》之《无

1. 解禳符

---

① （汉）郑玄注，（唐）贾公彦疏《周礼注疏》卷二〇，中华书局 1980 年影印阮元校刻《十三经注疏》本，第 773 页。

② 天蓬元帅，请参阅高国藩著《敦煌古俗与民俗流变——中国民俗探微》第三章第五节，河海大学出版社 1989 年版，第 95 页。

③ （宋）张君房编，李永晟点校《云笈七签》，中华书局 2003 年版，第 16 页。

④ （元）脱脱等撰《宋史》卷八《真宗三》，中华书局 1977 年版，第 154 页。

⑤ （宋）李昉等撰《太平御览》卷三四二，中华书局 1960 年影印本，第 1573 页。

⑥ （明）李时珍著《本草纲目》水部卷五，人民卫生出版社 1975 年版，第一册，第 401 页。

⑦ 关于雷神，请参阅拙文《雷公神话略谈》，载于《民间文学研究》1987 年第 3—4 期合刊。

上九霄玉清大梵紫微玄都雷霆玉经》中即有招五雷咒："雷大雷二雷三雷四雷五，唵吽吽三檀那呕嘻唯咁哔唎吒，急急召汝名天下知，速至速至，急急如律令。"[①]五个雷神来后，便会为民做事。民间的这种信仰，就导致巫师设计出诸多招雷办事的厌胜物，下面略举唐代三种雷神厌胜物：

（一）小儿与孕妇的厌胜物。宋李昉等编《太平广记》卷三九四引唐刘恂《岭表录异》云："雷州之西雷公庙，百姓每岁配连鼓雷车，有以鱼彘肉同食者，立为霆震，皆敬而惮之。每大雷雨后.多于野中得黳石，谓之'雷公墨'，叩之枪然，光莹如漆，又如霹雳处，或土木中，得楔如斧者，谓之'霹雳楔'。小儿佩带，皆辟惊邪；孕妇磨服，为催生药，必验。"[②]霹雳楔如斧头，为厌胜物，小儿挂之辟惊；孕妇服之，催生，来自雷神庙。

（二）讼者与病人的厌胜物。宋李昉等编《太平广记》卷三九四引《投荒杂录》云："又时有雷火发于野中，每雨霁，得黑石，或圆或方，号'雷公墨'。凡讼者投牒，必以雷墨杂常墨书之为利。人或有疾，即扫虚室，设酒食，鼓吹幡盖，迎雷于数十里外，既归，屠牛彘以祭。"[③]雷公墨也是厌胜物，讼者用之写文，打官司必胜；病人也通过祭雷神治病。显然，陈义自称通神巫师，他的雷神符如灵丹妙药，能招雨，能解雨，还能治病，均导源于他会招雷。

（三）招雨与祛疾的雷神符。前蜀杜光庭纂《神仙感遇传》云："叶迁韶者，信州人也。幼年采樵，避雨于大树下，忽见雷公为树枝所夹，奋飞不得。树枝雷霹后却合。迁韶为取石楔开枝间，然后得去，仍愧谢之，曰约来日却至此可也。如其言，明日复至树下，雷公亦来，以墨篆一卷与之，曰：'此行之，可以致雷雨，祛疾苦，立功救人也。我兄弟五人，要雷声唤，雷大雷二必即相应，然雷五性刚躁，无危急之事，不可唤之。'自是行符致雨，咸有殊效。尝于吉州市中醉，太守擒而责之，欲加凌辱，迁韶于阶下大呼雷五，一声时中旱日光猛炽，便震霹雳一声，人皆颠沛。太守下阶礼接之，请为致雨，信宿大霔，雨泽遂足。因为远近所传，游滑州时方久雨，黄河泛，官吏被水为劳，忘其寝。迁韶以铁扎，长二尺，作一符立于河岸之上，水涌溢推阜之形，而沿河流下，不敢出其符外，人见垫溺，于今传之。人有疾请符，不择笔墨，书而授之，皆得其效。多在江浙间周游，好啖荤腥，

① 《道藏》，文物出版社、上海书店、天津古籍出版社 1988 年影印本，第 1 册，第 751 页。

② （宋）李昉等编，汪绍楹点校《太平广记》卷三九四《雷二·雷公庙》，中华书局 1961 年版，第 3149 页。

③ （宋）李昉等编，汪绍楹点校《太平广记》卷三九四《雷二·陈义》，中华书局 1961 年版，第 3150 页。

不修道行，后不知所之。”①

由上可见，招雷巫术在唐代大有影响，而《增补秘传万法归宗》中的雷印，也就是招雷巫术之一，又被糅合在禳梦的巫术之中。

第四，“左手雷印，右手剑诀”，说明印与剑不可缺一。在道教巫术中，印与诀均配合使用。《太平广记》卷三八三《贺瑀》引前蜀杜光庭《录异记》曰：“会稽山阴贺瑀，字彦琚，曾得疾，不知人，惟心下尚温，居三日乃苏，云：吏将上天，见官府，府君居处甚严，使人将瑀入曲房，房中有层架，其上有印及剑，使瑀取之。及虽意所好，短不及上层，取剑以出。问之：‘子何得也？’瑀曰：‘得剑。’吏曰：‘恨不得印，可以驱策百神，今得剑，惟使社公耳。’疾既愈，每行，即社公拜谒道下，瑀深恶之。”②剑与印相较，印的神力比剑还要大，剑只能驱策社公（土地神），土地神在神中地位最低，正如《后汉书·费长房传》曰：“遂能医疗众病，鞭笞百鬼，及驱使社公。”③古人将土地神与百鬼并称，供人驱使，可见其地位之低，但是印却能驱百神。

第五，所谓“三台生我来，三台养我来，三台护我来”，是直接受宿星之神的护佑，《上清灵宝大法》曰：“三台者：上台虚精开德星君，中台六淳司空星君，下台曲生司禄星君，宿星之尊，和阴阳而理万物也。”④《晋书·天文志》亦曰：“三台六星，两两而居，起文昌，列抵太微。一曰天柱，三公之位也。在人曰三公，在天曰三台，主开德宣符也。”⑤可见这是召三台星神来保护的咒语。

第六，所谓“脚踏鬼门”，为什么一定要踏鬼门？汉王充《论衡·订鬼篇》曰：“《山海经》又曰：沧海之中，有度朔之山。上有大桃木，其屈蟠三千里，其枝间东北曰鬼门，万鬼所出入也。”⑥南朝宋裴骃《史记集解》引《海外经》曰：“东海中有山焉，名曰度索。上有大桃树，屈蟠三千里。东北有门，名曰鬼门，万鬼所聚也。”⑦既然是“万鬼所聚”，当然踏住鬼门，便可制服万鬼了。

综上所说，禳梦巫术仪式里综合了道教诸多反抗巫术的特征和传统，也是唐代民间心理状态的表现。从中我们也看见了它的内容具有深厚的传统文化因素。

---

① （前蜀）杜光庭纂《神仙感遇传》卷一《叶迁韶》，《道藏》，文物出版社、上海书店、天津古籍出版社1988年影印本，第10册，第882页。

② （宋）李昉等编，汪绍楹点校《太平广记》卷三八三《再生九》，中华书局1961年版，第3053页。

③ （南朝宋）范晔撰《后汉书》卷八二下，中华书局1965年版，第2744页。

④ 李叔还编纂《道教大辞典》，浙江古籍出版社1987年影印本，第9—10页。

⑤ （唐）房玄龄等撰《晋书》卷一一，中华书局1974年版，第293页。

⑥ （汉）王充撰，陈蒲清点校《论衡》卷二二，岳麓书社2006年版，第290页。

⑦ （汉）司马迁撰《史记》卷一，中华书局1959年版，第12页。

在道教的禳梦巫术中，还见有一种《吉梦咒》。无名氏《致虚杂俎》曰："梦神曰趾离，呼之而寝，梦清而吉，有咒曰：'元州牂管，娶竺米题。'临卧诵七遍，吉。"[1]此巫术出于道教当无异议。宋陈彭年等撰《宋本广韵》上声卷三"马第三十五"云："㰃，宜㰃，善梦神。见仙经。"[2]故"梦神"之说当出自道教的"仙经"。按"仙经"，即道教修仙之经典也。南朝宋鲍昭《代淮南王》云："淮南王好长生，服食炼气，读仙经。"[3]故此"梦神"之说，似出于西汉。唐冯贽撰《记事珠・梦神》云："梦神曰趾离，呼之而寝，梦清而吉。"[4]其文与《致虚杂俎》相同，此当是唐代民间流传之说而被《万法归宗》所采用。

第二节　佛教禳梦巫术

不仅道教有禳梦巫术，佛教也有禳梦巫术。敦煌写本中的《求梦咒》，便是唐人佛教禳梦巫术的反映。法 Pel. chin. 2322(8—5)记载了全文，分为两段，一为说明，二为咒文。[5]

一　说明

此是求梦咒，诵七遍，卧时诵，若无所见，至一七日，必有所见。烧香散花佛前，诵一百八遍，卧去，更不共人语。若欲所作，于梦中见，得不得，成不成。

二　咒文

那暮勒囊梨蛇蛇，那暮阿梨蛇，波路�提舍，婆罗蛇菩提萨谣蛇，摩诃萨谣蛇，多掷哆，至梨弥至梨勒勒义义，摩诃梨蛇婆路鞯提舍，婆罗蛇，莎呵。

---

① (明)陶宗仪编《说郛一百二十弓》弓三一，上海古籍出版社1988年影印《说郛三种》本，第1458页。

② (宋)陈彭年等撰《宋本广韵》，中国书店1982年影印本，第288页。

③ (唐)欧阳询撰，汪绍楹校《艺文类聚》卷四二《乐部二・乐府》，上海古籍出版社1982年版，第762页。

④ (明)陶宗仪编《说郛续四十六弓》弓二一，上海古籍出版社1988年影印《说郛三种》本，第1051页。

⑤ 上海古籍出版社、法国国家图书馆编《法藏敦煌西域文献》第11册，上海古籍出版社2000年版，第376页。

佛教咒文由于是梵文音译，普通人不易理解，这就限制了它流传的范围。

在唐代，佛教还有《夜神咒》，它的作用是禳恶梦。唐段成式撰《酉阳杂俎》前集卷五《怪术》云：

> 雍益坚云："主夜神咒，持之有功德，夜行及寐，可已恐怖恶梦。"咒曰："婆珊婆演底。"①

咒语只有五个字，也不清楚它是什么意思，但它似乎是字字珠玑，不仅能禳梦，还能增加功德，让人上天堂，充满了宗教的神秘性。此《夜神咒》在宋代仍有影响，宋李石《续博物志》卷六云："段成式云：'主夜神咒，可辟恶梦。咒曰："婆珊婆演帝。"'"②虽有一字之差，但仍可见它对后世的影响。

佛教的禳梦巫术不止以上两种。在唐代，还流传有一种《金轮咒》。所谓"金轮"是佛家语，佛书说：此世界最下层为风轮，其上为水轮，最上为金轮，金轮即地轮，谓大地(见《俱舍论》卷一一)。佛书又说：转轮王中，以金轮王为最胜；王出时，诸国咸服(见《俱舍论》卷一二)。"金轮"意识在唐代有广泛影响，武则天尊号屡用"金轮"字。《旧唐书·则天皇后本纪》载，长寿二年(693)九月加"金轮圣神皇帝"号；证圣元年(695)正月加"慈氏越古金轮圣神皇帝"号，九月改加"天册金轮圣神皇帝"号③。

在以上的宗教与政治背景下，唐代又衍化出来一个求梦的《金轮咒》，便不是偶然的了。唐冯贽《云仙杂记》卷五《念金轮咒》云："敲两耳珰，服桂心丸，念金轮咒，则所思之人，不以存没，是夜必梦见之。事略。"④

惜咒文与桂心丸制法，都让冯贽"事略"省掉了。这种求梦咒说明佛教巫师也试图主动制造一种对人有极大精神安慰作用的吉梦，摆脱梦的被动承受的心理状态，这固然具有创造性，但因"事略"而未交待成为现实之事，故即使梦再吉，亦无从复制。桂心丸当是一味良药，制桂心丸的桂心，《本草纲目》引《药性论》载雷敩说："用紫色厚者，去上粗皮并内薄皮，取心中味辛者用。"主治：九种心痛、杀三虫、补五劳七伤、通九窍、益精明目、杀草木毒、治阳虚失血、解蛇蝮毒等等⑤。桂心为良药，配合佛经咒语，能使人健康愉快，做吉梦自不在话下。此

---

① (唐)段成式撰，方南生点校《酉阳杂俎》前集卷五，中华书局1981年版，第57页。

② (宋)李石撰，李之亮点校《续博物志》卷六，巴蜀书社1991年版，第90页。

③ (后晋)刘昫等撰《旧唐书》卷六，中华书局1975年版，第123—124页。

④ (唐)冯贽撰《云仙杂记》卷五，景印文渊阁《四库全书》第1035册，第663页。

⑤ (明)李时珍著《本草纲目》木部卷三四《桂心》，人民卫生出版社1978年版，第三册，第1927—1928页。

为佛教禳梦巫术配合中草药以求本土化之实例。

第三节　唐朝人如何解梦

1900年敦煌石室发现的唐代《新集周公解梦书一卷》(法藏伯三九〇八)、《周公解梦书一卷》(法藏伯三二八一)与《解梦书》、《又别解梦书一卷》(法藏伯三一〇五),以及《解梦书》(英藏斯二二二二),这是迄今所见我国民间最古老的一批占梦书。它的内容反映了当时人丰富的社会生活和思想感情世界。书中的占梦条款,与先秦汉魏时代有明显的源流传承关系。

唐代人视梦为生活的指南,事无巨细,都记入《解梦书》中,当作黄历来使用;总之当时人认为它是一种实用的俗文化,并不意识到它是一种禳梦巫术。他们又视梦为神灵附体,认为世界万物都有超自然力量,通过《解梦书》展示了泛灵思想信仰。唐人解梦也有其创新的精神,把佛、儒、道思想融合进解梦条款中,通过古人的解梦,我们可以直探唐人《解梦书》的奥秘。

敦煌写本《解梦书》作为研究我国古代民间关于梦的风俗观之最珍贵的文献,自1900年在敦煌石室发现,迄今一直没有多少人研究。

占梦也叫圆梦,是依据梦中的见闻来预测人的命运吉凶的一种巫术。它在中国具有悠久的历史,在黄帝神话系统中就出现了吞梦的神兽,名叫伯奇。在远古神话时代,人们往往认为,梦应该是有神性的,梦是被神安排和管理着的。所以在敦煌本《白泽精怪图》中,说黄帝手下有个神兽叫伯奇,黄帝专门叫他吞食恶梦。在汉代还有"伯奇食梦"的记载,见于《后汉书·礼仪志中》,说在汉代每年"先腊一日,大傩,谓之逐疫",就有"伯奇食梦","穷奇、腾根共食蛊"之说①,食梦和食蛊都属于巫术范畴。直到敦煌唐人写本《白泽精怪图》(伯二六八二〔7—7〕)中还说:"人夜得恶梦,旦起于舍,(向)东北被发咒曰:伯奇!伯奇!不饮酒食肉,常食,高兴地,其恶梦归于伯奇,厌恶息,兴大福。如此七咒,无咎也。"②

伯奇吞恶梦是受黄帝神的指示。黄帝自己做梦,由于他是神,所以梦游称为"神游",这是一个象征符号。《列子·黄帝篇》云:"(黄帝)昼寝而梦,游于华

---

① (晋)司马彪撰,(梁)刘昭注补《后汉书志》第五,中华书局1965年版,第3127页。

② 上海古籍出版社、法国国家图书馆编《法藏敦煌西域文献》第17册,上海古籍出版社2003年版,第232页。按,伯奇是神兽之说,请参阅高国藩著《敦煌民俗学》第二十章《敦煌民间信仰的〈白泽精怪图〉》,上海文艺出版社1989年版。

胥氏之国。华胥氏之国在弇州之西，台州之北，不知斯齐国几千万里；盖非舟车足力之所及，神游而已。"[1]黄帝梦游华胥之国，后专称为"梦华"，又衍化出一个象征符号。后来发展到追思往事，恍如梦境为"梦华"。如宋代孟元老追忆北宋汴梁旧事，写有《东京梦华录》，即取意于此。这样看来，黄帝做梦游华胥氏之国，是神首次做梦巫术，甚至产生了专门的词语。

敦煌本解梦书卷数诸多，主要者为法藏伯三九〇八《新集周公解梦书一卷》，归纳系统完全不同，内容完备，分为天文章第一、地理章第二、山林草木章第三、水火盗贼章第四、官禄兄弟章第五、人身梳镜章第六、饭食章第七、佛道音乐章第八、庄园田宅章第九、衣服章第十、六畜禽兽章第十一、龙蛇章第十二、刀剑弓弩章第十三、夫妻花粉章第十四、楼阁家具钱帛章第十五、舟车桥市谷章第十六、生死疾病章第十七、冢墓棺财凶具章第十八、十二支得梦章第十九、十二时得梦第廿、建除满日得梦章第廿一、恶梦为无禁忌等章第廿二、猒禳恶梦章第廿三。

2. 黄帝与岐伯图〔采自《历代神仙通鉴》卷二〕

这二十三个梦方面的内容，加之其他《解梦书》的内容，包括广泛的现实生活，涉及生老病死、衣食住行、春夏秋冬、天文地理、山川林木等等，与《周礼》六梦做对比，敦煌民间的梦境显然包含了丰富的社会生活和思想感情，标志着敦煌民间梦境的现实性。梦是心灵的反光镜，敦煌民间关于梦的解释，总是有实际意义的。关于林木的梦，既有反面又有正面。就反面言，如"梦见拔草，忧官事"、"梦见桑木在堂上，忧官事"。先按读音联想，这是顺势巫法，拔有去意，桑有丧音，都为不吉。从这个意义上可以衍生出激励人们种草和植树的意识。拔草被认为不吉利，种草便是吉利的。桑木生长在堂上不吉利，要是将桑木种在地里便是吉利的。在沙漠地带，这种认识无疑是正确的。就正面言，认为梦见一切林木都是吉利的：梦见墓林茂盛，富。梦见门中生草、树，富贵。梦见果树及食，大吉。梦见伐树，所求皆得。梦见林木，大吉利。俗话说："日有所思，夜有所梦。"敦煌百姓由于

3. 佛涅盘头像（敦煌莫高窟第158窟）

① （周）列御寇撰，（晋）张湛注，（唐）殷敬顺释文《列子》卷二，上海古籍出版社1986年影印《二十二子》本，第198页。

梦寐以求的要绿化沙漠，还衍生出诸多有关巫术厌胜及其禁忌，如“悬桃枝于户，鬼不敢入舍”、“悬析车草，令子孙长寿”等都带有反抗巫术厌胜原理及多种形态。“每月逢六（己日），不伐树。”这是禁忌，回避则吉。民众如此爱树，进而有祭树神的祭祀巫术。

相似性预示着美好。所谓的“相似性”，即禳梦巫术用来做象征的符号，即如前所言拔草、伐桑和忧官，都是象征符号，在“除”的意思上均有相似性，敦煌民间的梦就是用这种象征符号来表示现实生活中已经、将要或正在发生的事情的。这种梦的相似性在敦煌写本《新集周公解梦书一卷》中有着多方面的表现。如：

> 梦见日月者，主大赦。梦见日月照身，大贵。
> 梦见拜日月者，大吉。梦见日生者，主官事。
> 梦见日月没者，大凶。①

日月是光明的象征，也是温暖的标志，故凡是梦见日月都是吉利的征兆。

另外，梦见天及登天也全是象征吉利，如“梦见天门及亲天者，其人贵且长命”、“梦见上天者，大吉，生贵子”。这些梦的象征符号，都说明了敦煌民间对天体的信仰和崇拜，认为它是人幸福生活的主宰。这不能算是迷信，而恰好说明这是对人生存的乐观与自信。梦见上天是生男的预兆，这与北魏刘昞《敦煌实录》记载的似有所关联：

> 索充梦一虏，脱上衣来诣充。索紞占曰：“虏去上半，下男字也。夷虏阴类，君妻当生男也。”已后果验。②

这是索紞在为索充占梦，即施行禳梦占卜巫术，这种拆字论吉凶的巫术是《周易》卜卦巫术的衍化形态。因为它与《周易》以文字卦爻辞表达占卜的意思同样不涉及鬼神，而象征符号都用文字表达清楚，以符合现实生活为原则，鼓励人重视生命乃其占梦的思想基础。索充与索紞均为四世纪前凉时代的敦煌人，处于一个战乱的时代，战争中俘获了大批的异族的奴隶，所以会经常疑惧“夷虏（奴）”的反叛，故而生男的梦之预兆在地上；但是，敦煌唐人生活于繁荣盛世，只恐惧于大自然——沙漠的洪荒，故生男的预兆移到了天上。然而两者之间有一

---

① 上海古籍出版社、法国国家图书馆编《法藏敦煌西域文献》第 29 册，上海古籍出版社 2003 年版，第 186 页。

② （清）张澍辑，李鼎文校点《续敦煌实录》，甘肃人民出版社 1985 年版，第 10 页。

个共同点，即生男孩可以防恐惧，有增加安全感的作用。敦煌民间关于梦的预兆，用一种伪装的形式反映了当时人内心的喜怒哀乐，曲折地以象征符号来表示欲望，体现实际的功利，只有从它们之间的相似性上，才能找出共同点。

4. 道教“护法四圣”之温琼〔采自《绘图三教源流搜神大全》〕

《解梦书》载：“梦见上天者，大吉，生贵子。”①果然如此。《宋史·礼七》云：“轩辕皇帝，凡世所知少典之子，非也。母感电梦天人，生于寿丘。”②明宋濂《温忠靖公庙碑》和元人《三教源流搜神大全》卷五等记载，汉代有一个姓张的女子，夜里梦见一个巨神擎火珠从天而降，此后她生下一子，取名温琼，温琼长到二十多岁，生得面清、发赤、兰身而成为巫师。能伐妖精，治病驱邪，玉帝封他为“元金大神”，赐“无拘霄汉”金牌一面，头上琼花一朵，左手执玉环，右手执铁锏，如有事可以自由出入天门朝奏。

第四节 梦的预兆

世界各民族对梦的预兆的解读都有一个共同点，即所谓“相反律”，激励人们的向上心理。古代敦煌民间关于梦的预兆也有“相反律”，如“梦见墓开，大吉”、“梦见棺木，得官吉”、“梦见棺中死人，得财”、“梦见身死，长命”、“梦见兄弟相打，和合”、“梦见父母亡，大吉”，它构成禳梦巫术的一部分。这一部分以“相反律”作为禳梦巫术象征符号的依据。

古代敦煌人民笃信梦的预兆。这些梦的“相反律”说明梦者始终在追逐一个曲折的途径，避免他的愿望过于直接地表现出来。从心理学角度而言，这大约由于被“潜意识压抑力”所阻拦的缘故，使人的心灵内部的力量失衡，以致不得不从心理相反的方向来满足愿望的达成。

在古代敦煌人们看来，梦是神秘而有威力的，有一种超自然的力量附着其中，因而相信凡是做梦，都能在人的生活中得到印证。这是由于敦煌民间梦的信仰是与古代神话或传说中的迷信思想的巫术内核结合产生的。这样看来，敦

① 上海古籍出版社、法国国家图书馆编《法藏敦煌西域文献》第29册，上海古籍出版社2003年版，第186页。

② (元)脱脱等撰《宋史》卷一〇四，中华书局1977年版，第2541页。

煌本《解梦书》中每一项具体的条款，应当都有一条相应的民间神话传说加以支撑，用象征符号加以表达，才能得到民间对解梦巫术普遍的信任。因为古时民间普遍相信神话与传说正是实际发生过的事情，故而足以被供奉为灵验的经验的总结。如“梦见服日月贵，又云生贵子”，贵和生贵子两个象征符号具有同一性，故拥有同一个神话传说，这一传说正是这个禳梦巫术的答案。

这是古老的中国神话梦兆的巫术观念在敦煌唐人中的再现。晋王嘉撰《拾遗记》卷一记载了这一远古神话故事，其特征就是梦中吞服太阳而生子。帝喾的妃子是个叫邹屠氏的神奇而美丽的女子，她走路的时候，总是脚不着地，常踩着风和云，游览于伊水、洛水一带。帝喾于是将她纳为妃子，妃子常梦见自己吞食太阳，每梦见一次，就生一个儿子。一共做了八个梦，吞了八个太阳，生了八个儿子。世人赞美这八子，称他们为“八神”，又称他们为“八翌(明)”、“八英”、“八力”，意思是“神力英明”①。其实，这“八神”可能正是历史上的“八元”——即帝喾的八个有功之臣。可见，敦煌吞食日月生子的梦兆观念，即是中国原始神话中梦兆观念的传承，也是祖先崇拜的产物。

中国的禳梦巫术文化可以说是非物质文化遗产的一部分，属于社会科学民俗文化范畴。帝喾妃子邹屠氏吞日生子并不是中国的祖先凭空造出来的，它是历史的古迹传承。至今帝喾的庙宇还在河南安阳市存在着，被人民崇拜着，它是中华民族巨大凝聚力的体现。据司马迁《史记·五帝本纪》所述，高辛氏帝喾约生活于公元前二三〇〇年的时候，在位七十五年，他在一百零五岁的时候才辞世。帝喾从少年时起就品德高尚，聪明智慧，十五岁就被高阳氏颛顼(五帝第二帝)选为助手，建立功勋，广泽德行，十五年以后，三十岁，被颛顼帝封于高辛，史称“高辛氏”，成为中国远古五帝中第三个天子。帝喾时政治开明，广泛招募贤人，其中最著名的有八个能人，他们是：伯奋、仲堪、叔献、季仲、伯虎、仲熊、叔豹、季狸，史称“八元”。《文献通考》、《初学记》等文献均有考证。

5. 颛顼帝喾陵，位于世界非物质文化遗产所在地河南安阳殷墟旁(笔者摄)

颛顼帝喾陵史称“二帝陵”，是唐朝人留下来的，民间称作“高王庙”。坐北朝南，有御桥、山门、祭拜陵、灵冢等建筑。位于鲋隅山南面，东是颛顼陵，西是帝喾陵。

① (晋)王嘉撰，(梁)萧绮录，齐治平校注《拾遗记》卷一《高辛》，中华书局1981年版，第18页。

敦煌本《解梦书》上说："梦见天上有人下来者，大吉。"这是一个汉末民间传说中的梦兆观念在敦煌的再现。敦煌本《搜神记》中记载了这个民间传说故事，其内容是：

汉朝末年长安有一个孝子，名叫焦华，曾做官至尚书左仆射。他的父亲身染疾病，病重之际，一晚，做了一梦，见一个天人下来接他，并且告诉他说："如果你能吃到一顿瓜，就可活。如果十天以内吃不到，终究要归天。"焦父非常忧虑地说，十二月的天，不是产瓜的季节，哪来的瓜吃，恐怕死期将至矣。

焦华听到这件事情，食饮不下，喉咙哽塞不成声。在第十天时，焦华梦见神来唤醒他，对他说："你的孝心感于天，天派我来送两个瓜给你，你可以拿去当你父亲的药。"焦华在梦中跪拜受瓜。醒来以后，发现手中果然有俩瓜，瓜香满室，父亲食后，果然痊愈。[①] 这一则故事正可以做《解梦书》条款的注解。

敦煌民间梦兆条款之形成，也与先秦汉魏时代的梦兆有明显的传承性。对于动物的梦兆之吉祥与否，都沿袭了古人既定的规则。

第一，梦见牛。《新集周公解梦书一卷》："梦见牛马者，有大吉。""梦见煞牛马者，家破。"[②]古人梦见牛是大吉利的征兆，已成常规。现代广西瑶族对牛的梦兆解释，也是好兆头，如"见牛群，则祖宗回家"（花蓝瑶），"见火烧山和黄牛，次日天晴"（坳瑶）[③]。《艺文类聚》卷九四引《蜀志》云："蒋琬夜梦，有一牛头在门前，流血滂沱，意甚恶之，问占梦赵直，直曰：'夫见血者，事分明也，牛角及鼻，公字之象，君位当至公，大吉之征也。'"[④]蒋琬梦见牛头，也是"大吉之征"，与敦煌《解梦书》的说法一致。

第二，梦见羊。《新集周公解梦书一卷》："梦见羊者，主得好妻。"[⑤]这是吉兆。汉许慎撰《说文解字》卷四上曰："羊，祥也。"[⑥]汉刘向撰《列仙传》卷上《葛由》云："葛由者，羌人也。周成王时，好刻木羊卖之，一日骑羊而入西蜀，蜀中王侯贵人追之，上绥山，绥山在峨眉山西南，高无极也。随之者不复还，皆得仙道。故里谚曰：得绥山一桃，虽不得仙，亦足以豪。山下祠数十处云。木可为羊，羊

---

① 焦华梦神，见于《敦煌变文集》，人民文学出版社 1957 年版，第 866—867 页。

②⑤ 上海古籍出版社、法国国家图书馆编《法藏敦煌西域文献》第 29 册，上海古籍出版社 2003 年版，第 188 页。

③ 《广西金秀大瑶山瑶族社会历史调查》，广西壮族自治区编辑组编《广西瑶族社会历史调查》第一册，广西民族出版社 1984 年版，第 420—421 页。

④ （唐）欧阳询撰，汪绍楹校《艺文类聚》卷九四《兽部中·牛》，上海古籍出版社 1982 年版，第 1627 页。

⑥ （汉）许慎撰，（宋）徐铉校定《说文解字》卷四上，中华书局 1963 年影印本，第 78 页上。

亦可灵。灵在葛由，一致无经。爰陟崇绥，舒翼扬声。知术者仙，得桃者荣。”[①]葛由骑羊成仙，故为祥兆，敦煌民间梦见骑羊亦是祥兆。

第三，梦见龟。《解梦书》：“梦见龟鳖，得人所爱。”[②]可见梦龟亦吉。在古人看来，龟原来就是祥物。其一，龟能令人致富。《史记·龟策列传》云：“能得名龟者，财物归之，家必大富致千万。”[③]这是西汉的观念。

其二，龟能治疾病。《山海经·南山经》云：“元龟，其状如龟而鸟首虺尾，其名曰旋（玄）龟，其音如判木，如破木声。佩之不聋，可以为底。底，躏也。为，犹治也。”[④]这是先秦的观念，龟能治耳疾、足疾。晋葛洪《抱朴子》内篇卷一一《仙药》云：“千岁灵龟，五色具焉，其雄额上两骨起似角，以羊血浴之，乃剔取其甲，火炙捣服方寸匕，日三，尽一具，寿千岁。”[⑤]

其三，龟长寿。古人敬龟若神，诸多古文献都有记载，如《尔雅·释鱼》云：龟有十种：“一曰神龟，二曰灵龟，三曰摄龟，四曰宝龟，五曰文龟，六曰筮龟，七曰山龟，八曰泽龟，九曰水龟，十曰火龟。”[⑥]其中神龟与灵龟均为“天龟”，寿五千岁至一万岁，故先知而先觉，用龟甲占卜，预知吉凶。

其四，龟甲能御侮。《楚辞·九怀·思忠》云：“玄武步兮水母。”《章句》曰：“天龟水神，侍送余也。”意思是：“天龟和水神都前来送我。”[⑦]龟背能防御，故为武器，故称玄武。《礼记·曲礼上》云：“前朱雀而后玄武。”疏曰：“玄武，龟也。龟有甲，能御侮用也。”[⑧]总之，龟为祥物，故“梦见龟鳖，得人所爱”沿袭了先秦的观念。

第四，梦见蛇。《解梦书》：“梦见蛇群，大吉利。”“梦见蛇入怀，有贵。”“梦见蛇入门，屋中财物。”“梦见蛇，选人妻吉。”梦见蛇都是吉祥之兆。现代广西瑶族对蛇的梦兆也是吉祥的，如“被蛇咬，预示将有钱”（兴安瑶）[⑨]，“被蛇咬出血，次

---

① （汉）刘向撰《列仙传》，景印文渊阁《四库全书》第 1058 册，第 494 页。

② 中国社会科学院历史研究所等合编《英藏敦煌文献》第四卷，四川人民出版社 1992 年版，第 48 页上。

③ （汉）司马迁撰《史记》卷一二八，中华书局 1959 年版，第 3226 页。

④ （晋）郭璞传，（清）毕沅注《山海经》卷一，上海古籍出版社 1986 年影印《二十二子》本，第 1338 页。

⑤ （晋）葛洪撰《抱朴子》，上海古籍出版社 1990 年影印《诸子百家丛书》本，第 79 页。

⑥ （晋）郭璞注，（宋）邢昺疏《尔雅注疏》卷九，中华书局 1980 年影印阮元校刻《十三经注疏》本，第 2641 页。

⑦ 黄寿祺、梅桐生译注《楚辞全译》，贵州人民出版社 1984 年版，第 249 页。

⑧ （汉）郑玄注，（唐）孔颖达等正义《礼记正义》卷三，中华书局 1980 年影印阮元校刻《十三经注疏》本，第 1250 页。

⑨ 《兴安县两金区瑶族社会历史调查》，广西壮族自治区编辑组编《广西瑶族社会历史调查》第四册，广西民族出版社 1986 年版，第 353 页。

日有钱进屋”(花蓝瑶),[①]蛇在古时为祥物,商代青铜器上雕刻的龙都是蛇躯,故远古时龙蛇不分(可参阅本书第七章《商周时代巫术》)。黄帝神也龙蛇不分。《史记·天官书》云:“轩辕(黄帝),黄龙体。”[②]《山海经·海外西经》云:“轩辕(黄帝)……人面蛇身。”[③]故龙为祥物。《易》曰:“时乘六龙以御天。”[④]故乘龙能够登天。后来又演变为蛇是龙的辅佐。《吕氏春秋》卷一二曰:“晋文公反国,介子推不肯受赏,自为赋诗曰:有龙于飞,周遍天下,五蛇从之,为之丞辅。”[⑤]故蛇总是辅佐龙的,龙凤呈祥,蛇也呈祥。蛇所以是女子之祥,考其根本,蛇乃象征母性美。如揉黄土做人的女娲,她是人类之母,便是蛇躯。直到现代俗语,形容女子美曰“水蛇腰”,形容反面女子之美曰“美女蛇”,故曰梦见蛇便“选人妻吉”。在古人看来,用蛇来占卜也必然是吉利的。

从以上几方面看,敦煌民间有关动物之梦兆,是中国人传统的意识,是在长久的历史发展中孕育而成的。由此可见,《解梦书》中每一条款的产生,如果没有民间风俗传说的依据,也需要有前代的传统观念支撑,这是其形成的又一个重要条件。

占梦反映了后世各阶层人们的愿望。这样看来,《解梦书》的产生是与人的思想相关的。从《解梦书》来分析古代敦煌民间的梦兆,有些已经脱离了原始性梦兆范围,并已进入了后世人为梦兆阶段,由于是后世人为对梦的判断,《解梦书》就带有一定的阶层性。

代表农民的愿望的如:“梦见蓝田宅,有喜事。”“梦见买地,大吉,富贵。”“梦见上山,所求皆得。”代表武士愿望的如:“梦见天开者,必有军事。”“梦见天地大小者,军事起,不吉。”“梦见炎天,必为国兵。”代表士宦愿望的如:“梦见身落地,失官位,忧凶。”“梦见棺木,得官吉。”“梦见桑木在堂上,忧官事。”

这种梦占,由于其内容的包罗万象和复杂性,为古代敦煌解梦巫师应付各种人解梦的需求提供了便利。当然,各种各样圆梦的解释,也附加了许多随机的成分。但是,《解梦书》的梦占代表了各阶层愿望这一点,却验证了弗洛伊德《梦的解析》的一些论断。“弗洛伊德相信梦是按照做梦人的愿望描绘世界。认

---

① 《广西金秀大瑶山瑶族社会历史调查》,广西壮族自治区编辑组编《广西瑶族社会历史调查》第一册,广西民族出版社 1986 年版,第 420 页。

② (汉)司马迁撰《史记》卷二七,中华书局 1959 年版,第 1299 页。

③ (晋)郭璞传,(清)毕沅注《山海经》卷七,上海古籍出版社 1986 年影印《二十二子》本,第 1370 页。

④ (魏)王弼、(晋)韩康伯注,(唐)孔颖达等正义《周易正义》卷一,中华书局 1980 年影印阮元校刻《十三经注疏》本,第 14 页。

⑤ (秦)吕不韦撰,(汉)高诱注,(清)毕沅校《吕氏春秋》卷一二《介立》,上海古籍出版社 1986 年影印《二十二子》本,第 663 页。

识的生活大部分是按照人的需要所要求的形式塑造的。”①

第五节　解梦的历史

在中国远古时代，人们对于梦自然不可理解。由于梦的内容复杂，又由于梦对人来说不可能自由选择，也不可能规定什么时候做梦，什么时候不做梦，造成了梦的神秘感。这种神秘性导致人们积极去探索梦的奥秘。古人相信梦是神安排和管理的，相爱的人按神的旨意能安排可以在梦中幽会。《山海经》说炎帝有个女儿瑶姬，死后化为䔄草，吃了䔄草就可以为人所爱。唐余知古撰《渚宫旧事》更进一步说，被人爱上以后还吃这种草，就可以和想念的人在梦中相会了②。这样看来，瑶姬所化的䔄草就是使恋人梦中相会的梦草，而梦则与现实生活相连系。

在古典文献和敦煌遗书中，都有中国原始社会时期尧、舜、禹占梦的记载。法 Pel. chin. 3281 V°《周公解梦书一卷》(10—9)曰：“尧梦见身上毛生，六十日得天子。”③“舜梦见眉长发白，六十日得天子。”④《白孔六帖》云：“夏禹未遇，梦乘舟月中过。”《周公解梦书一卷》曰：“汤梦见飞上楼四望，六十日得天子。”⑤“文王梦见日月照身，六十日为西(伯)。武王梦见登树落，八十日有应。”⑥

到汉代，开始有真正的梦草传说流传，这就是从䔄草神话里演化出来的怀梦草传说。汉郭宪撰《汉武洞冥记》记载：

> 有梦草似蒲，色红，昼缩入地，夜则出，亦名“怀梦”。怀其叶则知梦之吉凶，立验也。(汉武)帝思李夫人之容，不可得，朔(指东方朔)乃献一枝，帝怀之，夜果梦夫人，因改曰“怀梦草”。⑦

这是把梦神话化以后所形成的梦的传说。

---

① (美)加德纳·墨菲、约瑟夫·柯瓦奇著，林方、王景和译《近代心理学历史导引》，商务印书馆 1982 年版，第 382 页。

② (唐)余知古撰《渚宫旧事》卷三，景印文渊阁《四库全书》第 407 册，第 581 页。

③④⑤⑥ 上海古籍出版社、法国国家图书馆编《法藏敦煌西域文献》第 23 册，上海古籍出版社 2002 年版，第 36 页。

⑦ (汉)郭宪撰《洞冥记》卷三，景印文渊阁《四库全书》第 1042 册，第 306 页。

一　解梦与神通

原始时代人们普遍认为梦具有神性，并为神所管理着。到了传说时代，人们考虑的梦与原始神话时代有所不同了，其时人们将梦进一步看作是人与神沟通的一种渠道。最早的关于人神沟通的梦，是商汤大臣伊尹生空桑的传说。《吕氏春秋·本味篇》云：

> 有侁氏女子采桑，得婴儿于空桑之中，献之其君，其君令烰人养之。察其所以然，曰：其母居伊水之上，孕，梦有神告之曰："臼出水而东走，毋顾。"明日，视臼出水，告其邻，东走十里，而顾其邑，尽为水，身因化为空桑。故命之曰伊尹。①

神通过梦的方式，将发洪水的信息告诉了伊尹的母亲。

而后关于人神沟通的梦，是殷王武丁梦见上帝赐给他良臣傅说的传说，此事影响很大，许多古籍都有记载，但以《史记·殷本纪》记载最为完备：

> 帝小乙崩，子帝武丁立。帝武丁即位，思复兴殷，而未得其佐。三年不言，政事决定于冢宰，以观国风。武丁夜梦得圣人，名曰说。以梦所见视群臣百吏，皆非也。于是乃使百工营求之野，得说于傅险中。是时说为胥靡，筑于傅险。见于武丁，武丁曰是也。得而与之语，果圣人，举以为相，殷国大治。故遂以傅险姓之，号曰傅说。②

武丁按照梦中人的相貌，画出形象去找他，终于找到了傅说为相，使殷商得以大治。《尚书·商书·说命上》曰："梦帝赉予良弼，其代予言。"③意思是，梦见上帝赐给我一位贤良辅弼，他将代替我发言。同样是说武丁的梦兆。显然，梦为人神作了沟通，武丁就把梦视为预兆（梦兆）。梦作为预示性的前兆（吉兆或凶兆）便成立了。

---

① （秦）吕不韦撰，（汉）高诱注，（清）毕沅校《吕氏春秋》卷一四，上海古籍出版社 1986 年影印《二十二子》本，第 669—670 页。

② （汉）司马迁撰《史记》卷三，中华书局 1959 年版，第 102 页。

③ （汉）孔安国传，（唐）孔颖达等正义《尚书正义》卷一〇，中华书局 1980 年影印阮元校刻《十三经注疏》本，第 174 页。

殷王武丁梦得圣人，可能就在商朝的国都——殷墟发生的，因为殷墟卜辞中便已有梦兆的确凿记载。这就是占梦巫术。如“壬午卜，王曰贞，又梦”，只能按照《周易》乾卦的传解看这个“贞”字，就是贞正之德。这就是占梦巫术的象征符号。虽然史料并未说明梦兆的具体情形，但是结合这个具体的武丁传说故事，就《史记》看却可以说明人们把梦作为前兆在殷商时期已经出现，而且已经写进了卜辞，充分说明殷商人对梦兆的重视程度。

二　周代设梦官

进入周代，占梦巫术继续被用作前兆形成的象征符号来判断吉凶，已不再局限于龟甲和牛骨，以文字的卦辞做答案，因而要求梦的内容必须符合卜兆的性质。《尚书・周书・泰誓中》是一篇记述周武王率领军队渡过孟津，驻扎在黄河北岸以后的誓师词。周武王在誓师词里就讲到他的梦和占梦预示性的前兆的答案。他说：“天其以予乂民，朕梦协朕卜，袭于休祥，戎商必克。”[①]意思是，上天或许要使我治理百姓，我的梦符合我的卜兆，梦和卜兆都是吉祥的，征伐商一定会胜利。这还是借梦与神通。从天意和人事两方面来解梦，说明伐商必胜。周代还设立圆梦的官，依据梦中景象来推断人的吉凶。

周代民间因圆梦得兆的占卜巫术在《诗经》中有具体详细的记载。梦中见熊为生男的征兆，而梦中见蛇则为生女的征兆。《诗经・小雅・斯干》是一首歌颂周王宫室落成的歌谣。诗云：

下莞上簟，	下是草席上是竹席，
乃安斯寝。	主人安静睡在床上。
乃寝乃兴，	好好睡觉早早起来，
乃占我梦。	为我占梦祈求好运。
吉梦维何？	吉祥的梦竟是何物？
维熊维罴，	有的是熊有的是罴，
维虺维蛇。	有毒蛇有的无毒蛇。
大人占之，	占卜官为我来卜筮，
维熊维罴，	是熊是罴大喜临门，
男子之祥，	梦中见熊生男之祥，
维虺维蛇，	是蛇是虺如意来到，

① (汉)孔安国传，(唐)孔颖达等正义《尚书正义》卷一一，中华书局 1980 年影印阮元校刻《十三经注疏》本，第 181 页。

女子之祥。① 梦中见蛇生女之祥。

这是周代古老的占卜巫术梦兆的具体记录。

周代因为设有梦官，对于梦兆的解析就有了系统性的理论。《周礼》卷二五有《占梦》专节按照人的主观情绪来将梦分类，分为六类：一曰正梦，指"无所感动，平安自梦"；二曰噩梦，指"惊愕而梦"；三曰思梦，指"觉时所思念之而梦"；四曰寤梦，指"觉时道之而梦"；五曰喜梦，指"喜说（悦）而梦"；六曰惧梦，指"恐惧而梦"。②

从梦兆的产生到梦的分类的形成，标志着梦占的完备。梦兆与梦分类都是人为的结果，无所谓原始梦占转化为人为梦占。原始梦兆尚简单，梦的分类形成后，便按梦的分类来占卜吉凶，时代越往后，梦的分类越细，占卜吉凶也越细，如敦煌《解梦书》分类占卜那样。《解梦书》则是梦占的答案，梦占时再配以简单的占卜工具，抽签以及翻阅答案等。占梦也要举行盛大的仪式，根据唐欧阳询撰《艺文类聚》卷七九《灵异部下·梦》引《周书》记载可知：（一）周代占梦仪式在明堂举行，明堂是周代国君宣明政教的地方，朝会、祭祀、庆赏、选士、养老、教学等大典都在此举行，占梦也被列为国家大事而于此举行。（二）被梦见的当事人都必须到场占梦。（三）最后还有拜吉梦的程序，以接受商朝的大命于皇天上帝。③

综上所述，周代占梦巫术已经十分完备，可以说达到了前所未有的地步，后代的解梦，都是在周代占梦的基础上发展起来的。

三　隋唐时代出现梦魂说

在中古时代，特别是在唐代，解梦发展出了梦魂说的观点。法 Pel. chin. 3908(20—1)《新集周公解梦书一卷》序云："三魂从后，六魄于先。梦是神游，依附仿佛。"④

人的魂魄说，《周易》已经提出，可见人有魂与魄的观念，在周代已经广泛传播。但是，在先秦至汉魏南北朝，人的魂魄说似尚未与占梦挂钩，直到隋唐时代才合璧。这里说一个铁拐李梦游七日不返的故事。据《历代神仙通鉴》记载，李

① （汉）毛公传，（汉）郑玄笺，（唐）孔颖达等正义《毛诗正义》卷一一，中华书局 1980 年影印阮元校刻《十三经注疏》本，第 436 页。

② （汉）郑玄注，（唐）贾公彦疏《周礼注疏》卷二五，中华书局 1980 年影印阮元校刻《十三经注疏》本，第 808 页。

③ （唐）欧阳询撰，汪绍楹校《艺文类聚》卷七九，上海古籍出版社 1982 年版，第 1355 页。

④ 上海古籍出版社、法国国家图书馆编《法藏敦煌西域文献》第 29 册，上海古籍出版社 2003 年版，第 185 页。

凝阳一日欲赴老子之约，“嘱新来之徒曰：‘欲从游华山，倘游魂七日不返，方化我尸魄。’”然而其徒急欲回家省病母，六日即焚化尸魄，“凝阳失魄无依”，遂附身而为李铁拐。① 《续文献通考》云：“李铁拐，或云隋时陕人，名洪水，小字拐儿，又名铁拐。”故知此是隋唐时代之传说。

唐人认为，人既然有灵魂，在睡梦中这灵魂可以离开肉体，所以叫作“梦魂”。盛唐时代大诗人李白《长相思》诗云：“天长路远魂飞苦，梦魂不到关山难。”②

6. 李铁拐图〔采自《历代神仙通鉴》卷一〕

总之，中国古代的解梦流变史约分三个阶段。第一阶段，原始神话时代，人们认为梦被神所控制。第二阶段，殷商时代，人们认为梦是人与神沟通的一种渠道，并开始出现梦的预兆。第三阶段，周代是占梦巫术完备的时代，梦兆完全形成、梦官正式设立、梦的分类确认，占梦仪式获得固定。梦魂说直到中古时代才提出。

第六节　敦煌《解梦书》内容意义的勾勒

《解梦书》是占梦巫术的民俗形态反映，表现了民间对平安、养生等生活诸多方面的追求。本节以法 Pel. chin. 3908《新集周公解梦书一卷》为主进行探讨。

一　天体崇拜

《解梦书》天文章的内容，含天体崇拜的意义，先看以下列表，有梦见事物和释梦两部分。

梦见事物	释梦	梦见事物	释梦
上天	生贵子	日生	主官事
天明	合大喜	流星	宅不安

① （清）徐道述编《历代神仙通鉴》卷五，清康熙刻本。

② 《全唐诗》卷一六二，中华书局 1960 年版，第 1685 页。

续表

梦见事物	释梦	梦见事物	释梦
看天	主长命	雪下	得官
天帝释	大吉	霜露	忧死亡
天	主得财	雷雨	得酒肉
天崩	年大荒	日月没	大凶
日月	主大赦	天门	有喜事
日月照身	大贵	日初出	名位升
拜日月	大吉	北斗	有忧

《解梦书》概括梦的天体，包括天、天帝、天崩、日、月、星、雪、霜、露、雷、雨等。

天文章的解梦，实际是敦煌唐人自然崇拜的表现，是一种以自然物和自然力为崇拜对象的原始宗教形式。所谓天体崇拜，即天人可以互相感应，太阳、月亮、星辰和天（包括天门）被视为神灵和神灵所居的地方，而能控制人类的吉凶祸福，人类因此加以崇拜。

例如，“梦见天者，主得财”、“梦见天门者，有喜事”等等，天可以与人的吉凶有关。中国早有天门崇拜，屈原《九歌・大司命》云：“广开兮天门，纷吾乘兮玄云。”古人认为天门是上帝所居紫微宫门，可以任由我们乘玄云而上。梦见天门，自然是喜事。敦煌解梦表现的天体崇拜，一是太阳崇拜，太阳出入有定时，与人的生活有关，古人遂礼拜之。殷墟卜辞中已记载有迎送日神的仪式。敦煌民间一方面认为梦见日也必为喜事，故有“梦见日生者，主官事”、“梦见拜日月者，大吉”等解梦之语；但另一方面，又认为日升主吉，日没主凶，故有“梦见日初出，名位升”、“梦见日月没者，大凶”等解梦之语。二是月亮崇拜，敦煌民间梦月不单独施行，而经常是日月同梦，还没有单独梦见月而解之者，这就说明敦煌民间认为日与月之神性为同等。三是星辰崇拜，在古人看来，星辰的变化预示着人的吉凶祸福，星辰经常代表不测与不吉，故早有“禳星”之说，禳为祭名，即为驱邪除恶之祭。在敦煌，梦见流星、北斗星均非吉兆，故有“梦见流星者，宅不安”、“梦见北斗，有忧”等解梦之语。其他还包括雨雪雷霜露等自然体神化的倾向，古人认为它们似乎是有意志而又有威力的，它们能掌握人的吉凶祸福，故有相应的解梦之语。

总之，天体崇拜最终决定人究竟往哪个方向走，实际是古人重视生命、热爱生活的体现，因此唐人将它融入风俗，并在实际的生活里加以运用。唐人对天体的认识具有开放性。唐人认为解梦巫术增加了生活的情趣，调节了苦闷的心情，增加了抵御苦难的动力。

二　土石崇拜

《解梦书》地理章的内容，含土地崇拜的意义，先看以下列表，有梦见事物和释梦两部分。

梦见事物	释梦	梦见事物	释梦
地陷	宅不安	壁	官事
地光	主大富	盖田宅	有喜事
地卧	财强	堂阴土	大丧
扫地	有官事	地动	使有迁移
运土入宅	大吉	身落地	失官位，忧凶
土在身	大凶	火从地处	必得病
起土	官位至	大石	益财
身入土	大吉	地劈	忧母捐
土中金银	口舌	土在心腹上	失子孙
渥土污衣	大凶	买地	大吉，富贵

地理章的解梦基本上是土地崇拜之反映，即地神崇拜。《礼记》已有“祭地”的记载。远古人对地神的祭祀，开始是将土地认作自然神，直接就来向土地礼拜、祭祀，用牲血、酒、人血为祭品撒在地上，并且还叠土成堆，把它作为地神神体的象征，对“冢土”加以膜拜。后来对地神人格化，称为“社神”、“后土”，设立神位来崇拜。这种崇拜已渗透到敦煌解梦的内容中去。古代敦煌土地崇拜的梦境，最明显的是反映民以食为天，因为土地孕育万物，所以“梦见买地，大吉，富贵”。因为土地也能毁灭万物，所以“梦见地陷者，宅不安”。此外，也有石崇拜的反映，故有“梦见大石者，益财”。可见石崇拜在敦煌民俗中较多见，在建筑风俗中已有明显反映。在住家风俗中，敦煌写卷有“碓硙在辰巳午未无，子孙不利”（法 Pel. chin. 2661）。“碓硙”都是石制品。碓是捣米器具，硙是石磨，相传是鲁班仙人所造，故石硙在敦煌被视为仙物，具有灵性，如果家中四时无此石器，家败而子孙不利。这种石崇拜与以上梦石的情况一脉相传。

三　山神植物崇拜

《解梦书》山林草木章的内容，基本上是山神与植物崇拜之反映。先看以下列表，有梦见事物和释梦两部分。

梦见事物	释梦	梦见事物	释梦
头戴山	得财	花落	妻拜，凶
山林中行	吉	杂果	有孕
树木生	有大吉	竹笋	忧事起
树木死	大丧	上山	所求皆得
树折	损兄弟	树木忽枯死	主母病
上树	有喜事	桑木在堂上	忧官事
斫竹	主口舌	坐高楼山岩石	所求皆得
草木茂盛	宅王	墓林茂盛	富贵
柴木在堂	大凶	枣树繁	亦口舌
花发	身大贵		

古人将山岳与植物神化而加以崇拜。舜曾经巡察泰山、衡山、华山和恒山。历代皇帝封禅祭天地，也都要对山神进行一番大祭。在祭山神之时，按照风俗规定将玉器与玉石埋在地下，也有将祭品（如禽类、羊、猪、玉石等）投入山谷，或将祭品悬吊在山林的树梢上。就在这种山神祭拜的盛行风俗里，演化出以梦山为吉的象征符号，于是有“梦见头戴山者，得财”、“梦见山林中行者，吉”、“梦见上山，所求皆得”等等。

“梦见上树者，有喜事”，可以说是一个唐朝民间传说再现。《太平广记》卷二七八《梦三·刘檀》：“王蜀员外郎刘檀本名审义，忽梦一孝子，引令上檀香树，而谓曰：君速登。刘乃登，遂向怀内出绯衣，令服之，觉，因改名檀。未及一年，蜀郡牧请一杜评事充倅职，奏授殿中侍御史内供奉，赐绯，敕下，杜丁忧不行，杜遂举刘于郡侯。郡侯乃奏檀，而所授官与杜先奏拟无别，是时刘方闲居力困，杜因遗刘新绯公服一领，果征梦焉。”[1]刘檀因梦见上树获官，真是喜事盈门，与敦煌解梦之说毫无二致。

7. 古代士子梦中状元图〔采自《中国古代插图史》〕

① (宋)李昉等编，汪绍楹点校《太平广记》卷二七八，中华书局1961年版，第2212页。

有意思的是，有一则唐人故事正与“头戴山”之梦兆相反。唐范摅撰《云溪友议》卷下《去泰山》云：“宋言端公近十举，而名未播。大中十一年(857)，将取府解。言本名岳(嶽)，因昼寝，似有人报云：‘宋二郎秀才，若头上戴山，无因成名。但去其山，自当通泰。’觉来便思去之，不可名‘岳’，遂去二‘犬’，乃改为‘言’。及就府试，冯涯侍郎作掾而为试官，以解首送言也。时京兆张大夫毅夫，以冯参军解送举人有私，奏谴澧州司户。再试，退解头为第六十五人。知闻来唁，宋曰：‘来春之事，甘已参差。’李潘舍人放榜，以言第四人及第。”①

原始社会存在大量的植物图腾崇拜，图腾与人类自身起源相关。对树神的崇拜，特别是对一些果树的崇拜也就产生了。即使进入农耕时期，人们仍将树视为神灵的反映。敦煌地处沙漠地区，树林草木缺乏，人们产生并保留了植物崇拜的原始意识。敦煌《解梦书》视山林草木为神灵，认为它们能反映人的吉凶，正是基于此。

四　水崇拜

《解梦书》水火盗贼章的内容，以梦见水、河海、水井为主。先看以下列表，有梦见事物和释梦两部分。

梦见事物	释梦	梦见事物	释梦
水中	大吉	江潮海水	大昌
止水	大祸凶	穿井	得远信
饮水	得财帛	井佛	合大富
流水	主诉讼	视井	得远信
大水	主婚姻	身井中卧	大凶
把火行	大通达	恶人牵	主疾病
燃火	主大吉	狂贼入宅	主家破

水的学问非常深广。《老子》第八章说：“上善若水。”所以，水代表完美。水代表人格，君子是水，盗贼是油，故出现在同一章题目中。敦煌位于沙漠地带，人们对于水有更深刻的体会，而敦煌遗书中有伯二五八四《老子》等众多抄本流播。《老子》第八章又说：

居善地，　　　　　　居住要向水那样安于卑下，

① (唐)范摅著《云溪友议》卷下，古典文学出版社1957年版，第55页。

心善渊，	存心要像水那样深沉，
与善仁，	交友要向像水那样相亲，
言善信，	言语要像水那样真诚，
正善治，	为政要像水那样有条有理，
事善能，	办事要像水那样无所不能，
动善时。①	行为要像水那样待机而动。

有水才有生命。水是生活必需品，水等于生命，水是包治百病的良药。所以，在中国远古时期人们就有将水加以神化而崇拜的风俗。殷代祭河神以“沉”为主，即将牛羊沉入河底；也有用“浮”法，把祭品放在水上漂流。至唐代，崇拜水神的风俗在敦煌依然兴盛，根据《瓜沙两郡大事记》，直到唐玄宗时代仍沿袭河伯娶妇式的野蛮，以活人沉入水中。② 在水与水神密切相关的民俗背景下，产生了“梦见水者，大吉利”、“梦见江潮海水，大昌”、“梦见饮水者，得财帛”等解梦之语。反之，需注意一点，凡是“止水”或“流水”（即使水流走）都为不吉，这就充分说明敦煌民间对水的珍爱和对水的崇拜，故“梦见水中者大吉”、“梦见水者大吉利”、“梦见大水者主婚姻”。

8. 梦见松江游奕神〔采自《绘图三教源流搜神大全》〕

古代，梦见水神也是大吉利。宋曾慥《类说》载，陈尧咨当宰相前，在江上遇风暴，幸好江之游奕神告诉他避风，才躲过翻船的灾难。神告诉他：“由于你在他日当位宰相，固当奉告，我愿得一部《金光明经》。”后来陈派人到三山矶，投下三部《金光明经》给他。当晚陈做了一梦，梦中遇游奕神说：“我要一部，你给我三部，我使你连升三级。”③

五　儒家伦理道德的宣扬

《解梦书》官禄兄弟章的内容，把圣人摆在至高无上的位置上。先看以下列表，有梦见事物和释梦两部分。

① (周)老子撰，(魏)王弼注，(唐)陆德明音义《老子》，上海古籍出版社 1986 年影印《二十二子》本，第 1 页。

② 参见王仲荦著《敦煌石室地志残卷考释》，上海古籍出版社 1993 年版，第 167—172 页。

③ (宋)曾慥编《类说》卷五二《游奕将求金光明经》，景印文渊阁《四库全书》第 873 册，第 907—908 页。

梦见事物	释梦	梦见事物	释梦
圣人	主大吉	君王队仗	富
帝王崩	主大荒	戴冠帽	大贵
拜尊长	大吉	佩印	爵至
对大官	喜事	把笏	主迁移
得官	生贵子	父子相见	大吉
与贵人交往	吉	兄弟分散	口舌
贵人赐饭	主病	兄弟相打	和合
在官厨中行	吉	身成肥瘦	大凶
大赦	主宅平安	拜起不得	大吉

“圣人”指孔子，但这里泛指儒家，这一章是儒家影响的梦境观的流露，从中亦可见儒家在敦煌影响深远。[①] “梦见圣人者，主大吉”就意味着圣人是主宰命运的支柱。所谓“圣人”，在儒家看来，指才智和德性都超于常人的人，梦见圣人主大吉的解梦之说，显然来自儒家圣人观，是受儒家思想熏陶形成的。儒家思想渗透到占梦巫术中的情况，反映了唐人的思想。

本章主体是受儒家三纲五常伦理思想影响的。“梦见帝王崩，主大荒”、“梦见君王队仗者，富”等都是君王高于一切的表现，而“梦见拜尊长者，大吉”等又都是子尊其父的表现。“梦见兄弟分散，口舌”，以及相反律“梦见兄弟相打，和合”等，则是宣扬兄友弟恭的。综上所述，这一章解梦是宣扬儒家的伦理道德观的。家有伦理道德才能和谐。

六　各种民俗观的表现

《解梦书》人身梳镜章对梦境所得出的凶吉结论，所依据的是各种民俗观念。先看以下列表，有梦见事物和释梦两部分。

梦见事物	释梦	梦见事物	释梦
梳头	百事散	尿屎污水	大吉
发白	主长命	远行	大吉利
桓(大)头	百事吉	牙齿生	大凶

① 请参阅高国藩《敦煌曲法照〈出家乐〉及其依圣学的理念》，载《宁夏师范学院学报》2009 年第 4 期。

续表

梦见事物	释梦	梦见事物	释梦
镜明	吉	牙齿落	大衰
(镜)暗	凶	马	主大凶
镜破	主分散	照镜	行人至
身上虫出	大吉	身病	忧事
叩头	忧官事	枷锁	主得官
沐浴	百事吉	入狱、吃仗	并吉
绳索	主长命		

例一,“梦见镜明者,吉;暗,凶”,因为古代以镜明是心善知人的表现,《艺文类聚》卷七〇引《符子》云:“心善知人者,看如明镜,镜以耀明,故鉴人也。”[④]故为“吉”兆是当然的。例二,“梦见绳索者,主长命”,绳索象征长命为汉代以来的民俗。《太平御览》卷三一引《风俗通》曰:“亦因屈原,一名长命缕,一名续命缕。”[⑤]先有此俗,后才有绳索主长命之联想。例三,“梦见身上虫出,大吉”,实据初唐民间传说,《太平广记》卷二七七《梦休征上·唐高祖》条云:“高祖梦堕床下,见遍身为虫蛆所食,甚恶之。”[⑥]“梦见身上虫出”意为“群生共仰一人活”,唐高祖由于有此一梦而大吉大利当了皇帝。例四,“梦见镜破者,主分散”。唐朝以前的隋朝就有破镜重圆的故事。唐李冗《独异志》载:“隋朝徐德言妻陈氏,叔宝妹。因惧乱不能相保,德言乃破一镜分之,以为他年不知存亡,但端午日各持半镜于市内卖之,以图相合。至期适市,果有一破镜。德言乃题其背曰:‘镜与人俱去,镜归人不归。无复嫦娥影,空余半月辉。’时陈氏为杨素所爱。见之,乃命德言对饮,三人环坐,令陈氏赋诗一章,即还之。陈氏诗曰:‘今日何迁次,新官对旧官。笑啼俱不敢,方验作人难。’素感之,乃还德言。”[⑦]梦破镜主分散是此故事的衍化形态。

七　动物崇拜

《解梦书》饭食章的内容,主要是依据饮食的民俗禁忌观念。先看以下列表,有梦见事物和释梦两部分:

---

④ (唐)欧阳询撰,汪绍楹校《艺文类聚》卷七〇《服饰部下·镜》,上海古籍出版社1982年版,第1226页。

⑤ (宋)李昉等撰《太平御览》卷三一《时序部十六·五月五日》,中华书局1960年影印本,第147页。

⑥ (宋)李昉等编,汪绍楹点校《太平广记》卷二七七,中华书局1961年版,第2193页。

⑦ (唐)李冗撰,张永钦、侯志明点校《独异志》,中华书局1983年版,第78页。

梦见事物	释梦	梦见事物	释梦
食龙肉	生贵子	食死禽肉	分散
食马肉	妻有娠	食野兽肉	家破
食牛	大身健	百味	大吉
食驴肉	忧远行	食鸟肉	有子孕
食猪	主舌口	果子食	远人古
食犬	死亡	食酒	有喜

弗洛伊德曾说过，梦完全是有意义的精神现象。实际上，梦是一种愿望的体现。它可以算是一种清醒状态精神活动的延续。如果用这一观点来观察敦煌本《解梦书》中饭食章的内容，我们会发现，食牛肉、驴肉、猪肉、狗肉、死禽肉、野兽肉之所以为凶梦，其实是一种爱护动物愿望的体现，它也可以算成是一种斋戒的素食精神活动的延续。因为人们认识到，牛、驴、猪、狗等是民间重要的生产资料和食物，而野兽等又是对百姓生命有威胁的野生动物，于是，出于感恩或者笼络心理而加以尊崇，便不食它们的肉，进而制造出食其肉为凶兆的梦的解释。故这种爱护动物的愿望，归根结底仍然是动物崇拜之曲折反映。

八　居家风俗观

《解梦书》庄园田宅章的内容，主要反映了民间居家风俗观。先看以下列表，有梦见事物和释梦两部分。

梦见事物	释梦	梦见事物	释梦
新起屋宇	大富	屋动	家长凶
屋舍破	坏，大凶	家业破	孙病
屋倒	主疾病	私灶	主再婚
上屋高	大贵	灶下水流	大吉
屋柱折	家破	落厕中	主重病
盖屋	主长命	图画	有亲姻
宅空	主大凶	火烧屋	父母病
打人门	大吉	水入宅	得大财
人入门	官事	光明入宅	大贵

敦煌民间居家风俗观总原则是立为吉，破为凶，试分析其所用的梦的推理法：新起屋—大富；屋破—大凶。上屋高—大贵；屋倒—疾病。盖屋—长命；屋

柱折一家破。总体以破一凶梦为主，故有宅空大凶，屋动家长凶，家破孙病，落厕重病，烧屋父母病等恶梦，反映了古代敦煌民众承受灾难的深重，故以恶梦为主。

九　衣服与各种官制

《解梦书》衣服章的内容，主要反映了衣服的颜色及相关官制对应的预兆。先看以下列表，有梦见事物和释梦两部分。

梦见事物	释梦	梦见事物	释梦
着新衣	疾病	新巾子	吉
衣裳解	口舌	着黄衣	大喜
着青衣	得官	绿衣	妻有娠
着绯衣	官事	白衣	主大吉
着女人衣	大凶	新袜	吉
着衣服	大吉	破袜	凶
衣服砂(破)	忧妻病	鞋履	百事和合
戴腈(帻)	主官位	腰带	有官府
新裁幞头	死亡	钱线	主口舌
破巾子	凶	被幞等	有喜事

“梦见着青衣者，得官。”在汉魏以前，青衣是一种礼服。在唐代，一品、二品的大官，才穿“青衣纁裳”。梦兆言着青衣得官，可谓有根据。

“梦见着黄衣者，大喜。”隋唐时期黄衣专为皇帝之服，士庶都不得穿着。梦见着黄衣，自然是“大喜”，意味成了皇亲国戚或神护佑之人。着黄衣者之所以为吉利，又与黄色崇拜的衍生有密切的关系。

“梦见绿衣者，妻有娠。”因为绿衣在古时是妻子穿的衣裳。《诗经·邶风》中有一篇《绿衣》是写一个丧偶的男子，看到妻子的绿衣，引起感伤，联想到妻子的许多好处，更为悼惜不已。[①]

“梦见白衣者，主大吉。”古时穿白衣者，多是文人学士，他们都有仕进的机会，得到固定的经济收入，生活有保障。故在一般老百姓眼中就是有经济地位之人，遇见这样的人就是吉利。

① (汉)毛公传，(汉)郑玄笺，(唐)孔颖达等正义《毛诗正义》卷二一一，中华书局 1980 年影印阮元校刻《十三经注疏》本，第 297 页。

“梦见着绯衣者，官事。”绯即红色。唐制，文武官员四品服深绯，五品服浅绯。因此梦见绯衣者，即为官至而有官事。

十　现实风俗的反映

《解梦书》六畜禽兽章与饭食章应属于同类，都可以说是动物崇拜的曲折反映，只不过表现不同罢了。先看以下列表，有梦见事物和释梦两部分：

梦见事物	释梦	梦见事物	释梦
六畜语	先求食	猪	忧见官府
牛牵人	求事吉	师(狮)子	主大贵
煞牛马	家破	大虫	加官禄
牛出宅	好非事	章(獐)鹿	主得官
骑马	远信来	犬咬人	贵客来
羊	主得好妻	鸡鹅	主大庆
驴骡	有口舌		

与饭食章相比，对涉及的畜禽等，一章是反映在食其肉上，一章是反映在役其力上，大都是现实生活的映照。“梦见骑马者，远信来”，这是因为，古代驿站养马，专供载人或传邮件之用。唐人在敦煌设立了许多驿站就是证明。

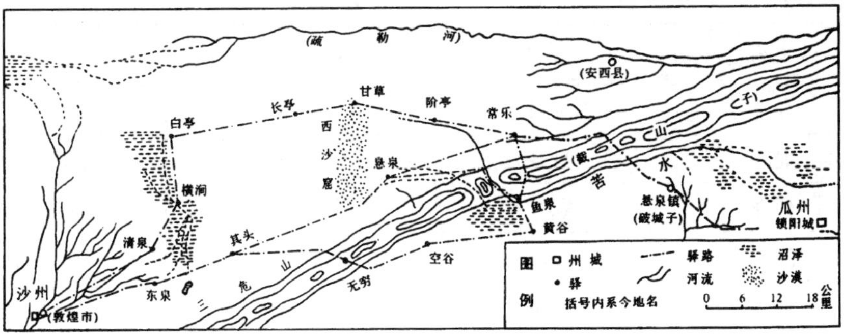

9. 唐代瓜州、沙州境内驿站图(李并成绘)〔采自季羡林主编《敦煌学大辞典》，上海辞书出版社 1998 年版，第 926 页〕

“梦见羊者，主得好妻。”这是因为，古代人娶妻子，不可缺羊，汉代纳采礼物中就有羊，羊与祥同音同义，是吉祥之意也。所以才有梦见羊得好妻的联想。汉代以羊为礼聘，虽已不见于唐代，但保留在解梦之语中。唐人新娘穿的绸缎礼服上，甚至婚礼时的盖头上，都有对对羊的图案，就是“梦羊得好妻”占梦术的答案。

“梦见狮子，主大贵。”唐人为了得到这个好梦，就雕刻石狮子，人们在出行时能看到、摸到，或者买作辟邪之物，以带来好梦。

10. 唐代茶色地花树对对羊绸缎图案（故宫博物院藏品）〔采自《唐代图案集》。下同〕

11. 唐代石狮子（故宫博物院藏品）

12. 唐代银盘上狮子的图案（故宫博物院藏品）

唐人将狮子刻画得如此可爱，狮子人立，前爪举起如两个拳头，象征着争取得到大贵的好运。

十一　龙的信仰

《解梦书》龙蛇章的内容也是各种风俗观的表现，尤其是龙的信仰延续着传统。先看以下列表，有梦见事物和释梦两部分：

梦见事物	释梦	梦见事物	释梦
龙斗	主口舌	打煞蛇	大吉
龙飞	身合贵	杂死鸟	远信至
黑龙	家大富	飞鸟入屋	凶死
蛇当道	大吉	飞鸟自死	行人病
蛇虎	主富，吉	百虫自灭	小口衰
蛇入床下	重病	蛇虬	大吉利
蛇上屋	大凶	蜘蛛蟢子	口舌
蛇上床	主死事	龟	口舌
蛇相趁	少口舌	鳖	主百吉
蛇咬人家	母衰	鱼	尽不祥
蛇作盘	宅不安		

唐人尤其喜欢将龙表现在生活各方面，如在生活必需品上尽可能刻上龙的形象，体现出龙的传人的身份。

“梦见龙斗者，主口舌”，这是凶兆，因为古人以二龙相斗为灾异之象。“梦见龙飞者，身合贵”，这是吉兆，因为《周易》云：“飞龙在天，利见大人。”晋代以后，以“龙飞”来比喻一个人的得志与升官。这些都是“身合贵”的体现，故有此释梦之语。此梦兆是《周易》哲理的阐发。

13. “飞龙在天”图〔采自明万历刊本《程氏墨苑》〕

十二　梦见武器

《解梦书》刀剑弓弩章以梦见武器所对应的预兆为内容。先看以下列表，有梦见事物与释梦两部分。

梦见事物	释梦	梦见事物	释梦
被刀伤	失财	被刀杀	得长命
把刀自刺	得财	把刀箭行	身贵
磨刀	有大利	弓弦	断事不就
把刀行	口舌，散	被射	得人力
与人刀剑	失利	狡剑行	大富
刀相斫	亲事	军阵	远行

刀剑弓弩对古人的重要性自不必说，在古人的梦中，凡梦见武器者，通常都是吉梦，则是其一般规律。例如，晋陆机撰《晋书》曰：“王浚之在郡也，梦悬四刀于其上，甚恶之，浚主簿李谷，拜贺曰：‘夫三刀为州，而见四，益一也，明府其临益州乎。’”①主簿李谷之说，未必是以文字谜来解梦，而古人——特别是军人，大多是唯武器论者，梦见武器，即使被杀也会以相反律来诠释，获得心理安慰，所以梦见武器通常是吉兆。这一章十二条其中有八条是吉兆。当然，那些相正律的梦更是如此。“梦见磨刀者，有大利。”从常理推断，刀剑磨砺后便锋利，甚至利刃能割玉，南朝梁吴均《咏宝剑》诗曰：“我有一宝剑，出自

① （晋）陆机撰，（清）黄奭辑《晋书》一卷，《汉学堂丛书》本。

昆吾溪。照人如照水，切玉如切泥。”①待到磨刀剑磨到如此锋利的地步，就必定有“梦见磨刀者，有大利”之语。

十三　女子地位

《解梦书》夫妻花粉章说明在敦煌民间家庭中，妻子占有重要地位。先看以下列表，有梦见事物与释梦两部分。

梦见事物	释梦	梦见事物	释梦
妻喜	得人财物	妻有娠	大凶
妻打身	得妻力	妻病	有失财
打妻	主失财	妻	得大财
遣妻	得外财	妻带刀	生子则速
夫妻相拜	主离	门开	妻有外债
夫妻执手	大凶	与女子交	夫刃
妻浓妆	必分	花钗妆粉	口舌
娶妻	主改动		

14. 唐玄宗梦见钟馗〔采自《绘图三教源流搜神大全》〕

本章主要强调唐人女子地位之高。第一，如“梦见打妻者，主失财”，即打老婆，会变成穷光蛋。第二，如“梦见妻病，有失财”，即老婆一病，不得了，等着过穷日子吧。第三，如“梦见妻者，得大财”，即娶老婆，准备发家致富。第四，如“梦见妻喜，得人财物”，即老婆一高兴，把财富都集中到家里来了。这四例充分表明妻子在一般家庭中的主要作用，唯有老婆才是家中财源之根本。这是敦煌唐人对女人的理念。

如何看待“梦见夫妻执手，大吉”？宋洪迈撰《夷坚志》甲志第四卷记载了一个《胡克己梦》的故事：“胡克己，字叔平，温州人。绍兴庚申应乡举，语其妻曰：‘吾梦棘园晨启，它人未暇进，独先入坐堂上，今兹必首选。’妻

① （唐）欧阳询撰，汪绍楹校《艺文类聚》卷六〇《军器部・剑》，上海古籍出版社 1982 年版，第 1082 页。

曰：'不然。君不忆《论语》乎？先进者，第十一也。'暨揭榜，果如妻言。"[1]俗语云："巧妇常伴拙夫眠。"胡克己的梦被其妻道中预兆，从某一方面说正是"夫妻执手大吉"。

十四　生死疾病与相反律

《解梦书》生死疾病章中有些解梦之语采取的是相反律。先看以下列表，有梦见事物与释梦两部分。

梦见事物	释梦	梦见事物	释梦
病人行	忧凶	病止	丧父母，家宁
病人	吉利	死人却活	主贵
唱歌	大忧	有死亡	忧子孙
病人沐浴	凶	与死人同食	吉
病人吃饭食	凶	吊孝	大吉利
病人吐	吉庆	哭泣	大吉利
病人落地	凶	邻舍有疾	吉庆
病人下船	大吉		

据《列仙传》卷六所说，吕洞宾是唐代人，有一次和仙人云房先生同息屋中，云房执炊煮饭，洞宾就枕昏睡，梦见自己赴京应试，状元及第，进秘阁做了大官，两娶富贵家女，凡五十年，子孙满堂，声名显赫，但最后偶被重罪，家破人亡，流放岭表，一身孑然。恍然梦觉，炊尚未熟。云房说他："黄粱犹未熟，一梦到华胥。"但吕洞宾顿悟："人世乃一大梦也。"随云房、凌虚而升仙。此占梦，作为人生哲理而存在。

15. 吕洞宾一梦五十年
〔采自《中国民间诸神》〕

十五　建除法

《解梦书》建除满日得梦章，讲的是以建除十二辰解读梦兆的方法，先看以下列表，有梦见事物与释梦两部分。

---

① （宋）洪迈撰，何卓点校《夷坚志》甲志卷四，中华书局1981年版，第34页。

做梦日	释梦	做梦日	释梦
建日	主大吉利	破日	有大吉事
除日	忧疾病起	危日	主官事起
满日	逢酒肉	成日	主吉事
平日	口舌事起	收日	大凶恶事
定日	主私从事	开日	主生贵子
执日	主失财	闭日	主惊恐

16. 何仙姑一梦成仙人〔采自《中国民间诸神》〕

建除，又称“建除十二辰”，或“建除十二种”，是战国时代民间占卜巫师用以定日辰吉凶的一种卜筮方法。“建除”以十二字为标志，即建、除、满、平、定、执、破、危、成、收、开、闭。占卜家将此十二字作为十二时辰，将之与十二地支相配，就变为《淮南子·天文训》所说“寅为建，卯为除，辰为满，巳为平，主生；午为定，未为执，主陷；申为破，主衡；酉为危，主杓；戌为成，主少德；亥为收，主大德；子为开，主太岁；丑为闭，主太阴”①，并用它来占卜吉凶。时过境迁，背景改换，又不涉及鬼神，后世子孙已经无法理解当时占卜预言之妙验。建除法有缜密的智慧，它在唐代有着深远文化影响。早在南北朝时期，建除法就渗透到文学领域，而产生特殊的诗体——建除体。从敦煌《解梦书》的这一章可见，建除的理论已经渗透到古代占梦领域，又已经成为梦兆构成的一种基础，如“建日得梦，主大吉利”，“除日得梦，忧疾病起”的结论都在建除的概念中被推出而加以引申，说明解梦理论基础的复杂性，即其理论基础绝非单纯的一种，而是重叠交错进行的。

十六　恶梦与无禁忌

恶梦为无禁忌章主要阐述了遵守社会禁忌就能够不做噩梦的观点。先列出以下二十条：

① (汉)刘安撰，(汉)高诱注，(清)庄逵吉校《淮南子》卷三，上海古籍出版社 1986 年影印《二十二子》本，第 1219 页。

1. 庙砖譂床脚	11. 井灶相见
2. 卧床对屋梁	12. 桃树近井
3. 神树木造床	13. 奴婢死，下妨书
4. 左绳缚荨	14. 破家具多年不烧
5. 面向北铺床	15. 碓硙安神上
6. 卧床下有枯骨	16. 吃饭不咒愿
7. 为人爱随邪	17. 无故杀龟、蛇
8. 家养白鸡、犬	18. 将刀安灶上
9. 近神庙前后住	19. 向井栏上坐
10. 六畜死自食	20. 着亡人衣服

由此可见，禁忌的民俗已经渗透到敦煌占梦巫术领域，并成为构成梦境的基础，具有社会性。凡有违反禁忌者，均会引出报复性的恶梦，印证了俗语云："为人不做亏心事，半夜敲门心不惊。"以上引出噩梦的二十种禁忌，可分为几类：

第一，冒犯了崇拜的庙神。"庙砖譂床脚。"将公众性的庙砖拆了变作自己的床脚，损公利己。"近神庙前后住。"公共祭祀重地，岂能任由个人搬近居住？《列仙全传》卷一云，庐山曾有一座仙人匡阜先生祠，东晋时僧人慧远夜宿祠下，梦见匡先生飞至，于是将祠改建为仙庙，凡水旱疠疫，祷之皆应。这却是僧道相辅为民众造福的梦兆了。

第二，冒犯了崇拜的动物。"六畜死自食"，"无故杀龟、蛇"，主要是"闻其声不忍食其肉"，要讲人道。龟、蛇乃神物，更要讲神道。

第三，冒犯了井神和树神。如"井灶相见"、"桃树近井"、"向井栏上坐"、"神树造床"，其中也隐含了谴责自私行为的观点。

17. 慧远梦仙〔采自《列仙全传》卷一〕

第四，接触了贱物、不洁物或危险物。"破家具"、"亡人衣服"、"将刀安灶上"、"绳缚"。唐人最忌讳接触污秽之物。

第五，冒犯了床神。如"卧床对屋梁"、"面向北铺床"、"卧床下有枯骨"。唐人最忌讳躺在尸骨上过日子。

第六，接触了恶色——白色。"家养白鸡、犬。"这是由于喜庆忌白而丧事尚白之原因。

第七，违反了儒家伦理观。如“为人爱随邪”、“吃饭不咒愿”、“奴婢死，下妨书”。唐人最忌讳逐臭之夫。倘若一个人有随邪作恶的习惯，或吃饭前不思一米一饭来之不易，或奴婢死了，还出恶言而不安慰其家人和灵魂，都被认为是不道德的行径，都要遭受夜晚做恶梦的报应。

敦煌占梦术的禁忌并不能一概加以否定，它对于维持社会秩序也具有某些积极的作用。

十七　驱恶梦符咒

夫人恶梦三日不说化为珍宝。

凡人夜得恶梦，早起且莫向人说，虔净其心，以黑书此符，安卧床脚下，勿令人知。乃可咒曰：赤赤阳阳，日出东方。此符断梦，辟除不祥。读之三遍，百鬼潜藏。急急如律令。夫恶梦姓云，名行鬼；恶想姓贯，名自直。吾知汝名，识汝字，远吾十里，急急如律令敕。又姓于，字世邻，吾知汝名，识汝字。①

18. 驱恶梦符〔采自法 Pel. chin. 3908 (20—15)〕

这种原始形态的驱恶梦符与咒文，有很重要的研究价值。它稀有珍贵，特别是咒文，曾对日本梦的信仰有深远的影响。

本章厌禳恶梦，说明了道士的驱恶梦符与咒，也已经渗透到古代占梦领域，恶梦是可以通过符咒来加以避免和控制的。

第七节　敦煌《解梦书》是唐人的日用百科大全

敦煌唐人对解梦书有如下的看法。

第一，敦煌唐人视梦为生活的指南，视《解梦书》为“日用百科大全”。事无巨细，都记入《解梦书》中，以备不时翻检，当作黄历来使用。因此，《解梦书》中牵涉的事物范围就非常广泛。人际关系占有很大比重，父母、夫妻、兄弟、官民、皇臣、僧道、商农，几乎都涉及了。生活一切方面也有所涉及，生老病死、衣食住行、婚丧嫁娶、六畜家禽、佛道音乐。各类解梦事物很具体，举凡

① 上海古籍出版社、法国国家图书馆编《法藏敦煌西域文献》第29册，上海古籍出版社2003年版，第192页。

刀剑弓弩、秤斗升尺、绫帛锦绣、金银财宝、纸笔书信、米面秫谷、衣鞋裤袜、车船桥路、梳头照镜、封官得子、水火盗贼……都应有尽有。这都反映出敦煌唐人在解梦时求实的精神，他们把《解梦书》真正看作是生活的必需品。

第二，敦煌唐人又视梦为神灵附体。他们把日月星辰、天体宇宙、大地山川、花林草木、河海水井，都视为神灵和神灵的居所，因而表现了他们对大自然的崇拜。因为敦煌地处沙漠地带，敦煌唐人对水对树林的崇拜尤为兴盛。因此人们把梦见树木与水流视为吉利与长寿，把毁坏树木与水流视为凶兆与死亡。敦煌唐人认为有超自然力量，把世间万物视为有灵性之物，通过《解梦书》，他们展示了原始性的泛灵信仰。

第三，敦煌唐人绝不把自己解梦理论的基础建立在一种思想之上，而是统合运用，具有创新的精神。

敦煌《解梦书》所依据的理论基础，已经排除了“五行”说，因为当时当地已流行了其他的理论，于是敦煌《解梦书》将“建除”、“二十禁忌”及民间驱恶梦的符箓与咒文，都杂糅进它的解梦理论当中，更把佛教的宇宙观、道教的魂魄观、儒家的伦理观，统统杂糅进了解梦之语中。

最后应当指出，研究敦煌《解梦书》的意义，不只是在中国巫术史中，也在敦煌民俗学中。《解梦书》是研究敦煌民间文化和中古社会史不可缺少的一部分，但占梦巫术往往被视为异端邪说，因此这一领域很少有人问津，以致我们至今对古代占梦术了解不够、认识不深。在这一方面进行一番拓荒的工作，对于开阔我们对于中国文化的眼界，认识民间心灵深处的情态与史迹，是大有益处的。

第二十五章　敦煌唐人的交感巫术

第一节　敦煌煮石巫术与埋石巫术

唐代敦煌时兴一类石头巫术，其施术方式以埋与煮两种为主。敦煌民间认为，巫师身上充满了魔力，他只要接触了坚硬的石头，这石头便立刻会产生魔力，听从巫师的调遣。它可以给人驱病、驱邪、聚财，赐人福禄，使人家庭兴旺，子孙繁盛。石头巫术有三种形态：煮石头、埋石头、埋石粉。这是接触巫法与石头崇拜结合后的巫术产物，其在敦煌民间之详情如下：

第一种，煮石巫术。法 Pel. chin. 3885 V⁰《医方》(2—2)云："煮石法：取鸽包青石似烧灰者，于清净处铁锡(锅)中，以桑柴灰汁煮之，以桑柴煎之，经一复时即烂，取食之，经七日后，即不要饮食。久服，力敌千人，身轻如风，日行数百里，能断房，入山隐，受(寿)数千岁。"①

1. 唐代敦煌骆驼砖(敦煌佛爷庙唐墓出土，现藏敦煌研究院)〔采自《敦煌学大辞典》〕

人们养鸽、采青石、烧过木柴，接触过鸽、青石、柴灰，再加上石头崇拜认为青石和东方青帝伏羲有同一种颜色，具有魔力，于是取鸽包青石，在锅中煮熟而食之，便能身轻如风，日行数百里，便能成仙人，长寿数千岁。此"煮石法"夹在疗病方中，因此是从巫医中衍化出来的。

这种煮石巫术来自原始社会对食品的石煮法；有一个从烤石板过渡到煮石

① 上海古籍出版社、法国国家图书馆编《法藏敦煌西域文献》第29册，上海古籍出版社2003年版，第91页。

头之漫长的演化过程。起初，煮食的釜甑尚未发明，只能在石板上烧石。据《礼记》卷二一《礼运》云："夫礼之初，始诸饮食。其燔黍捭豚，污尊而杯饮。"汉郑玄注云："中古未有釜甑，释米捭肉，加于烧石之上而食之耳。今北狄犹然。污尊，凿地为尊也。杯饮，手掬之也。"[①]后来，就将小石头烧红，扔进锅釜中煮食。此石煮法在清代古书中仍有记载，清方式济撰《龙沙纪略》曰："东北诸部落未隶版图以前，无釜甑罂瓿之属。熟物刳木贮水，灼小石淬水中数十次，瀹而食之。"[②]

《中国原始社会史》指出："最盛行的原始煮食方法是所谓石煮法，即先在木制或树皮器皿里盛上水和食物，同时把一些石块烧红，接着把炽热的石块投入水中，使水沸腾，从而把食物煮熟。"[③]又指出："鄂伦春族除以桦皮桶进行石煮法以外，还把肉和水盛在鹿或犴的胃里，然后利用树枝支架把胃吊在篝火上，由于火烤使胃里的水沸腾而胃不焦。这种方法也能达到煮食的目的。"[④]犴即驼鹿，出产于中国东北。

云南傣族在祭神巫术中就有石煮法，在进行剽牛仪式时，把刺死牛以后，就在地上挖一个坑，把牛皮垫在坑里，把水盛满，再把牛肉放进去，就把烧红的石块扔进汤中，放一些盐巴，等牛肉煮熟之后，首先将食物上供，献给部落神灵——勐，然后大家分而食之。这种在祭神巫术中保留的石煮法，也就是人类在原始社会阶段盛行的煮食方法。

2. 鄂伦春人的石煮法〔采自《巫与巫术》〕

四川和云南的纳西族、普米族，在实行石煮法时，已经有专门用于石煮法的木桶，平时烧开水，也用固定的木桶。洗澡也用石煮法，比如，在一个形似独木舟的水缸中装适量水，然后再将烧红的石头扔进去煮水，待水温热，人们就进去洗澡。

第二种，埋石巫术。法 Pel. chin. 4793《神符经》(魇釜鸣法第卅二)云："魇口舌以青文(石)，疾病用斑文石九十斤，于鬼门(埋)；又妨六畜，用黑石十斤埋子地五尺五(寸)，百斤埋大门中方二尺三寸，吉。"[⑤]

---

① (汉)郑玄注，(唐)孔颖达等正义《礼记正义》卷二一，中华书局 1980 年影印阮元校刻《十三经注疏》本，第 1415 页。

② (清)方式济撰《龙沙纪略》，《小方壶斋舆地丛钞》本。

③④ 宋兆麟、黎家芳、杜耀西著《中国原始社会史》第九章第二节《炊事和食物》，文物出版社 1983 年版，第 358 页。

⑤ 上海古籍出版社、法国国家图书馆编《法藏敦煌西域文献》第 33 册，上海古籍出版社 2003 年版，第 182 页。

敦煌民间认为青石和黑石等具有魔力，因为它们与东方青帝伏羲，北方黑帝颛顼有同一种颜色，所以它们能够镇住生活中一切邪恶。“鬼门”何解？它指东北。《论衡》卷二二《订鬼篇》引《山海经》云：“沧海之中，有度朔之山。上有大桃木，其屈蟠三千里，其枝间东北曰鬼门，万鬼所出入也。”①《符咒》中已用青、黑两色暗示了东、北两方，故用有魔力的石头镇住鬼门和大门，万鬼就不能出入自如了，而人便也获福了。

法 Pel. chin. 4793《神符经》又云：“妨□□停作人形，又妨子孙以黄石百斤(埋)，又一以魇埋之处各杵一千下。令妇人□□一升，随方色鸡一只，绢七尺，席一领，丹□净系，主人甲乙祭之。家中造作百事□时，不便妇人秽恶犯触大神，今日□门。急急如律令。”

敦煌民间认为接触黄石会产生魔力，因为它与中央天帝黄帝有同一种颜色，所以也有镇邪的作用。埋黄石镇邪后，还必须在埋石处用棍各杵一千下，这种巫术动作大约是象征增加镇邪的力量，因为木杵有魔杖的象征意义。唐人认为，即使不是黄石，而是黄衣，穿着睡觉，也会产生交感魔术力，使人做好梦或噩梦。唐佚名撰《五行记》载有《黄衣围城》条云：“陈后主梦黄衣人围城，绕城橘树尽伐去之。及隋兵至，上下通服黄衣。未几，为隋攻围之应。”②最终，身穿金黄盔甲的隋将韩擒虎，将陈叔宝和贵妃张丽华从南京鸡鸣寺的胭脂井里抓了出来。

3. 汉白玉石雕唐代武士俑（陕西西安市南郊等驾坡村唐杨思勖墓出土）〔采自《中国古俑白描》。下同〕

祭品中有重要的“方色鸡”，因为是黄石主镇，故即“黄色鸡”。鸡辟鬼，乃至鸡毛也能辟鬼，为中古时期的重要民俗观及风习，举例以明之：

1. 汉东方朔《神异经》云：“正月一日三元之日也，鸡鸣而起。案《周书纬通卦》云：‘鸡，阳鸟也，以为人候四时，人得以翘首结带正衣常也。’先于庭前爆竹、帖画鸡或斫镂五彩及土鸡于户上。”③

2. 三国吴裴玄《新语》云：“正朝，县官杀羊，悬其头于门。又磔鸡以副之。俗说以厌疠气，玄以问河南伏君。伏君曰：‘是土气上升，草木萌动，羊啮百草，

① (汉)王充撰，陈蒲清点校《论衡》卷二二，岳麓书社 2006 年版，第 290 页。

② (明)陶宗仪编《说郛一百二十弓》弓六〇，上海古籍出版社 1988 年影印《说郛三种》本，第 2772 页。

③ (宋)李昉等撰《太平御览》卷二九《时序部一四・元日》，中华书局 1960 年影印本，第 137 页。

鸡啄五谷，故杀之以助生气。”①

3. 晋王嘉《拾遗记》卷一：“尧在位七十年，有鸾雏岁岁来集，麒麟游于薮泽，枭鸱逃于绝漠。有秖支之国献重明之鸟，一名‘双睛’，言双睛在目。状如鸡，鸣似凤。时解落毛羽，肉翮而飞。能搏逐猛兽虎狼，使妖灾群恶不能为害。饴以琼膏。或一岁数来，或数岁不至。国人莫不扫洒门户，以望重明之集。其未至之时，国人或刻木，或铸金，为此鸟之状，置于门户之间，则魑魅丑类自然退伏。今人每岁元日，或刻木铸金，或图画为鸡于牖上，此之遗像也。”②

4. 南朝宋沈约《宋书》云：“旧时岁朔，常设苇茭桃梗，磔鸡于宫及百寺之门，以禳恶气。”③

5. 南朝梁宗懔《荆楚岁时记》云：“正月一日，是三元之日也。《史记》谓之端月。鸡鸣而起，先于庭前爆竹、燃草，以辟山臊恶鬼。”④“帖画鸡，或斫镂五采及土鸡于户上，悬苇索于其上，插桃符其傍，百鬼畏之。”⑤

6. 唐韩鄂《岁华纪丽》引杜公瞻《岁时纪》云：“元日贴画鸡于户上，插符于其中，而百鬼畏之。”⑥

7. 《太平御览》卷二九引《易通卦验》云：“正月五更，人整衣冠于家庭中，爆竹、帖画鸡子，或镂五色土于户上，厌不祥也。”⑦

8. 《太平御览》卷二九引《庄周》云：“有挂鸡于户，悬苇炭于其上，树桃其旁而鬼畏之。”⑧

9. 《太平御览》卷二九引《玄中记》云：“今人正朝，作两桃人立门旁，以雄鸡毛置索中，盖遗勇也。”⑨

4. 唐人三彩力士俑（甘肃泰安杨家沟一号唐墓出土）

10. 斯六一〇背载：“宝鸡能辟恶”、“鸡能僻恶”⑩。法 Pel. chin. 4092《新集

---

① （唐）欧阳询撰，汪绍楹校《艺文类聚》卷四《岁时中・元正》，上海古籍出版社 1982 年版，第 59 页。

② （晋）王嘉撰，（梁）萧绮录，齐治平校注《拾遗记》卷一，中华书局 1981 年版，第 24 页。

③ （唐）徐坚等著《初学记》卷四《岁时部下・元日一》，中华书局 1962 年版，第 64 页。

④⑤ （梁）宗懔著，姜彦稚辑校《荆楚岁时记》，岳麓书社 1986 年版，第 1、6 页。

⑥ （明）陶宗仪编《说郛一百二十弓》弓六九，上海古籍出版社 1988 年影印《说郛三种》本，第 3228 页。

⑦ （宋）李昉等撰《太平御览》卷二九《时序部一四・元日》，中华书局 1960 年影印本，第 135 页。

⑧⑨ （宋）李昉等撰《太平御览》卷二九《时序部一四・元日》，中华书局 1960 年影印本，第 137 页。

⑩ 斯六一〇背 二《桃符题辞》，郝春文编著《英藏敦煌社会历史文献释录》第三卷，社会科学文献出版社 2003 年版，第 280 页。

杂别纸》(23—1)亦载:“伏以礫鸡令序献。”①

《神符经》言进行石头巫术造作百事,妇女必须回避,因“妇女秽恶”。此项禁忌有伤害妇女因素,详见后述。由于此石头巫术夹在符咒当中,总体而言它是从信仰风俗中衍化出来的,被道士改造而具有道教性。

法 Pel. chin. 3594《宅经 · 用石镇宅法》(4—3)中记述的也是埋石巫术。人们在建造房屋时,在地下或门下埋石,只要在用石多少斤上讲究,而无须施术与念咒,就能发挥交感巫术魔力,镇住鬼怪、不祥。原文云:

> 凡人居宅处不利,有疾病、逃亡,耗财,以石九十斤,镇鬼门上,大吉利。②

为何用石九十斤?因为“九”谐音为“久”,疾病与逃亡,都内含不久意,故用石九十斤镇之。

> 人家居宅已来,数亡遗失,钱不聚,市买不利,以石八十斤,镇辰地,大吉。③

为何用石八十斤?因为“八”谐音为“发”,钱财既不聚,市买又不利,当然就要“发”,故用石八十斤镇之。

> 居宅以来,数遭□□(灾祸)、口舌、年年不鲍(饱),以石六十斤,镇大门下,大吉利。④

为何用石六十斤?因为“六”谐音为“禄”,累犯口舌与年年不饱,当然是福禄不进,故用石六十斤镇之。

九(久)、八(发)、六(禄)谐音象征的俗文化现象,乃敦煌唐人非遗特征,至今也是民间语言的厌胜习惯。从法 Pel. chin. 3594(4—4)卷中“求九方色从开元十二年(724)”之语可见,这是盛唐时代流行的石头巫术融合于建筑风俗中的体现。为何盛唐时代流行求九方色呢?所谓“九方”,即中央加上八方(四方和

---

① 上海古籍出版社、法国国家图书馆编《法藏敦煌西域文献》第 31 册,上海古籍出版社 2005 年版,第 100 页上。

②③④ 上海古籍出版社、法国国家图书馆编《法藏敦煌西域文献》第 26 册,上海古籍出版社 2002 年版,第 40 页。

四隅），而这八方实际是东南西北四方，再加中央是五方，故九方色与五方色是一致的。但为何非说成“九方色”？这似是为了德贯家族与子孙之原因。

《太平御览》卷五一《地部十六·石上》引汉刘向《淮南万毕术》云：“埋石四隅，家无鬼。取苍石四枚，及桃枝七枚，以桃弧射之，乃取，并埋弓矢四隅，故无鬼殃。”[①]由此可见，《用石镇宅法》是汉代埋石巫术的传承；同时也衍化为埋“泰山石敢当”之形态[②]。

第二节　敦煌石粉巫术

敦煌还流行过一种石粉巫术，非常奇妙。巫师们把若干种不同的矿物质的粉末拌和在一起，便能产生神异的魔力。

法 Pel. chin. 4522 V⁰《宅经推镇宅法第十》记载了石粉巫术全部的内容[③]。它共分为四部分：

一为配制药方。药方的原料都是矿物质，即石头的粉质形态，按量拌和来镇宅。石粉原料五种及其用量如下：

雄黄五两武都者
朱沙（砂）五两神门者
硿青五两不炼者
白石英五两
紫石英五两

敦煌民间认为这些石粉有魔力，因为它们对应着天上五帝的颜色：

中央黄帝	雄黄
东方青帝	硿青
南方赤帝	朱沙（砂）
西方白帝	白石英

5. 唐人三彩武士俑（湖南长沙黄土岭唐墓出土）

① （宋）李昉等撰《太平御览》卷五一，中华书局1960年影印本，第250页。

② （汉）史游撰《急就篇》卷一《石敢当》，岳麓书社1989年版，第51页。

③ 上海古籍出版社、法国国家图书馆编《法藏敦煌西域文献》第31册，上海古籍出版社2005年版，第319页。

北方黑帝　　　紫石英

所以它们能成为交感巫术的原料，用来镇宅。雄黄是矿物，又名石黄。鸡冠石，《抱朴子》称之为仙药。朱砂也是道家炼仙丹之原料。故从道教因素着眼，这种交感巫术似由道士创造。

二为石函盛埋。对以上五种成分的药方，用以下法术处理之：

> 右件等物，石函盛之，置中庭，以五色彩随埋之，彩三尺，令人宅家（吉）。

五色彩是辟鬼邪的。如《初学记》卷四《岁时部下·五月五日第七》引《风俗通》云："五月五日，以五彩丝系臂者辟兵及鬼，令人不病温（瘟）。"①

此俗来源久远，《太平御览》卷三一引《礼仪志》云："五月五日，朱索五色桃印为门户饰，以止恶气也。"②所以用五色物品随埋有令宅居吉祥的作用。彩用三尺，"三"为吉庆之数字。又，用石函盛之，仍然是石头成分。五色彩、五色石粉因配五帝（或曰五神）之五色而具有了神力，故人接触后可产生感应魔力。

6. 唐人青瓷骑马男乐俑（四川万县唐墓出土）

三为三读咒语。埋下石函，还要读三段咒语，以使巫术产生效应。每读咒毕，洒酒于地以祭祀。

第一段咒语：

> 时加正阳，宿镇天仓。
> 五神和合，壁（辟）阴祸殃。
> 急急如律令！
> 流酒一盏。

所谓"时加正阳"，正阳为陵阳子《明经》所述六气（朝霞、沦阴、沆瀣、正阳、天地、玄黄）之一，是为南方之日中正气，喻太阳普照。所谓"宿镇天仓"，天仓为星名，《史记》卷二七《天官书》云："胃为天仓。"《正义》曰："胃三星，昴七星，毕八星，为大梁，于辰在酉，赵之分野。胃主仓廪，五谷之府也。"③故此句喻五谷丰登。"五神"即五方神（五帝），"和合"指天下太平。这条咒语体现了民间和平的愿望。

① （唐）徐坚等著《初学记》卷四，中华书局1962年版，第74页。

② （宋）李昉等撰《太平御览》卷三一《时序部一六·五月五日》，中华书局1960年影印本，第146页。

③ （汉）司马迁撰《史记》卷二七，中华书局1959年版，第1305页。

第二段咒语：

今镇之后，安吾心，定吾意。
金玉煌煌，财物满房。
子子孙孙，世世吉昌。
急急如律令！
上酒一盏。

本咒语转入对家庭财产的丰厚和子孙满堂的祝福。"吾意金玉"，此"金玉"正如《诗经·小雅·白驹》篇云："毋金玉尔音，而有遐心。"①意思是，莫惜音讯如金玉，不要疏远朋友情。"煌煌"比喻贵重。贵重财产和子孙满堂，亦体现平民百姓之理想。

7. 唐人泥彩绘劳作女佣（新疆吐鲁番阿斯塔那一八七号唐墓出土）

第三段咒语：

东西起土，五神禳之。
南北起土，宅神壁（辟）之。
贼神迷之，发动五神诃之。
伏龙起土，五神塞之。
朱雀飞动，（五）神安之。
贵登三公，无有病衰。
急急如律令！
上酒一盏。

建房动土，在古人看来是会惊动神怪的，故祈请五神除去不祥，保佑新宅建成。"朱雀"者，《梦溪笔谈》卷七云："即凤也。故谓之凤鸟。"②其象征吉祥，故五神安之。新宅主人得此福佑，将贵登三公，身体健康无恙。三首咒文实际是一组特殊的四言为主的民谣，赋予这种特殊交感巫术民族文化之特色。

四为三不禁忌。埋好石函，诵好咒语，要等巫术药方产生效验，还必须实行

① （汉）毛公传，（汉）郑玄笺，（唐）孔颖达等正义《毛诗正义》卷九，中华书局1980年影印阮元校刻《十三经注疏》本，第434页。

② （宋）沈括撰《梦溪笔谈》卷七，景印文渊阁《四库全书》第862册，第752页。

三种禁忌，禁忌解除才能生效。禁忌为：“埋镇之后，百日内，不煞生，不行大(淫)、不出恶语，慎之大吉。”《释氏要览》卷上《戒法》中的十诫，就有不杀生、不淫、不妄语三诫，其意与三不禁忌相同。法 Pel. chin. 3932《2. 般若波罗蜜多心经一卷》之十愿中第八愿便是“不煞生”[①]，法 Pel. chin. 3932《3. 佛说续命经》则称“首愿不煞一众生”[②]，可见三禁忌是从佛经中脱胎出来的，此巫术受到佛教影响。

《宅经推镇宅法第十》还规定了哪几种住宅适合于用石粉巫术，文云：“凡人家虚耗，钱财失，家口不健，官职不迁，准九宫八宅及五姓宅、阴阳等宅，同用之，并得吉庆。”这是说有九宫八宅、五姓宅、阴阳宅三种住宅，在虚耗失财、家口不健、官职不迁等情况下，可以使用石粉巫术来化凶为吉。这三种住宅，是巫师以巫术看法为基础对民间建筑的分类。

8. 唐人室内装饰团花图(莫高窟　初唐　第 331 窟)〔采自《敦煌图案集》。下同〕

何谓“九宫八宅”呢？“九宫”是民间巫师取东汉之前《易》纬家之说，即以离、艮、兑、乾、巽、震、坤、坎为八卦之宫，加上中央，合为九宫。据《后汉书·张衡传》载，汉代张衡，对“重之以卜筮，杂之以九宫”[③]很有意见，曾经写有《请禁绝图谶书》。当然，如果利用九宫来从事算命、看相则有所谓迷信的“义理乖僻”之嫌，但是当九宫概念用于民间建筑上，虽为巫师提法，也未必能一概定为迷信。这种“九宫”与汉代徐岳《数术记遗》中的九宫排列算法相联系，不应当将它们孤立起来看待。《数术记遗》云：“九宫算，五行参数，犹如循环。”甄鸾注云：“九宫者，即二四为肩，六八为足，左三右七，戴九履一，五居中央。”[④]

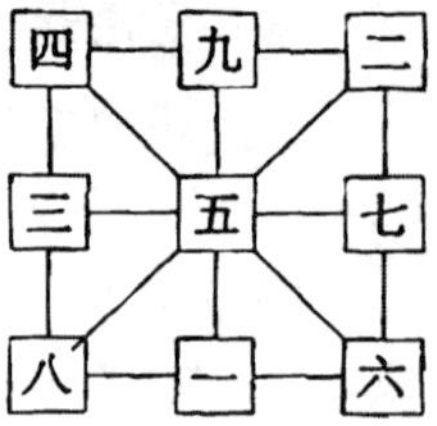

这个图式横竖斜加起来都为十五，其排列法似即为敦煌九宫八宅中的九宅排列之法。“八宅”之“宅”，意为“宇”或“寓”，即八宇之意，指八方之地。古人认为八方之地为兴旺威武之象征，故汉张衡《东京赋》云：“泽浸昆虫，威振八

---

① 上海古籍出版社、法国国家图书馆编《法藏敦煌西域文献》第 30 册，上海古籍出版社 2003 年版，第 242 页。

② 上海古籍出版社、法国国家图书馆编《法藏敦煌西域文献》第 30 册，上海古籍出版社 2003 年版，第 243 页。

③ (南朝宋)范晔撰《后汉书》卷五九，中华书局 1965 年版，第 1911 页。

④ (汉)徐岳撰，(北周)甄栾注《数术记遗》，景印文渊阁《四库全书》第 797 册，第 168 页。

寓。”唐李善注：“八寓，八方区宇也。”[1]由此可见，“九宫八宅”意为按八卦组列起来的九宅是吉祥的八方之地，其排列式已有《数术记遗》中排列之范例，故这是一种大型住宅群的建筑排列方案，脱胎于巫术，体现了风水术的特征，有利于民间的群居生活，礼尚往来而和睦相处。

何谓“五姓宅”呢？“五姓宅”即唐代民间以师巫（即巫师）提出的五行五音分配的标准而建立的五家住在一起的合宅。这五家的姓，都必须分别与宫商角徵羽五音相配，以此为纽带住在一个大院中，被认为各家都能富贵吉昌。此俗大约出自东汉，东汉王充《论衡》卷二五《诘术篇》即说：“五姓之宅门有宜向。向得其宜，富贵吉昌；向失其宜，贫贱衰耗。”[2]唐代官方不承认这种按五音姓氏自由结合在一起的居住风俗的合法性，认为它是巫师“义理乖僻”之说，故《旧唐书》卷七九《吕才传》云：

9. 唐人室内莲花藻井图（莫高窟　初唐　第331窟）

太宗以阴阳书近代以来渐致讹伪，穿凿既甚，拘忌亦多，遂命才与学者十余人共加刊正，削其浅俗，存其可用者。勒成五十三卷，并旧书四十七卷，十五年书成，诏颁行之。才多以典故质正其理，虽为术者所短，然颇合经义，今略载其数篇。

其叙宅经曰：《易》曰：“上古穴居而野处，后世圣人易以宫室，盖取诸大壮。”迨于殷、周之际，乃有卜宅之文，故《诗》称“相其阴阳”，《书》云“卜惟洛食”，此则卜宅吉凶，其来尚矣。至于近代师巫，更加五姓之说。言五姓者，谓宫、商、角、徵、羽等，天下万物，悉配属之，行事吉凶，依此为法。至如张、王等为商，武、庚等为羽，欲似同韵相求；及其以柳姓为宫，以赵姓为角，又非四声相管。其间亦有同是一姓，分属宫商，后有复姓数字，徵羽不别。验于经典，本无斯说，诸阴阳书，亦无此语，直是野俗口传，竟无所出之处。唯《堪舆经》，黄帝对于天老，乃有五姓之言。且黄帝之时，不过姬、姜数姓，暨于后代，赐族者多。至如管、蔡、郕、霍、鲁、卫、毛、聃、郜、雍、曹、滕、毕、原、酆、郇，并是姬姓子孙；孔、殷、宋、华、向、萧、亳、皇甫，并是子姓苗裔。自余诸国，准例皆然。因邑因官，分枝布叶，未知此等诸姓，是谁配属？又检《春秋》，以陈、卫及秦并同水姓，齐、郑及宋皆为火姓，或承所出之祖，或系所属

① （梁）萧统编，（唐）李善注《文选》卷三，中华书局1977年影印本，第63页。

② （汉）王充撰，陈蒲清校《论衡》卷二五，岳麓书社2006年版，第321页。

之星，或取所居之地，亦非宫、商、角、徵，共相管摄。此则事不稽古，义理乖僻者也。[1]

由此可见，这种五姓宅观念对儒家按望族门第分类的住宅观，简直是一种挑战，望姓和非望姓水火不相容，故唐代统治阶级对五姓宅说法持否定态度。正是基于这种朝野分歧，吕才打着唐太宗的旗号颁布的宅经遭到“术者所短”——即被那些“师巫”以及风水学者所诟病。

10. 人马砖（敦煌莫高窟112窟出土　中唐）〔采自《敦煌学大辞典》。下同〕

何谓“阴阳宅”呢？与大型的九宫八宅、中型的五姓宅相比较，阴阳宅就是以妻为阴、以夫为阳组成的小型住宅了。

综上所述，敦煌民间的三种石头巫术，以石粉巫术最为全面细致，有巫方、巫法、咒语、禁忌，以及施术范围。这种巫术从性质上讲是“埋祟”，到两宋时期，这种“埋祟”已不局限埋石粉和埋石头，而是举行声势浩大的驱傩活动。

宋孟元老撰《东京梦华录》卷一〇《十二月・除夕》记载：“至除日，禁中呈大傩仪并用皇城亲事官诸班直戴假面，绣画色衣，执金枪龙旗。教坊使孟景初身品魁伟，贯全副金镀铜甲，装将军；用镇殿将军二人，亦介胄装门神；教坊南河炭丑恶魁肥装判官，又装钟馗小妹、土地、灶神之类，共千余人。自禁中驱祟，出南薰门外转龙弯，谓之‘埋祟’而罢。是夜禁中爆竹山呼，声闻于外。士庶之家，围炉团坐，达旦不寐，谓之守岁。”[2]

宋吴自牧撰《梦粱录》卷六《除夜》记载：

十二月尽，俗云“月穷岁尽之日”，谓之“除夜”。士庶家不论大小家，俱洒扫门闾，去尘秽，净庭户，换门神，挂钟馗，钉桃符，贴春牌，祭祀祖宗。遇夜则备迎神香花供物，以祈新岁之安。禁中除夜呈大驱傩仪，并系皇城司诸班直，戴面具，著绣画杂色衣装，手执金枪、银戟、画木刀剑、五色龙凤、五色旗帜，以教乐所伶工装将军、符使、判官、钟馗、六丁、六甲、神兵、五方鬼使、灶君、土地、门户、神尉等神，自禁中动鼓吹，驱祟出东华门外，转龙池

① （后晋）刘昫等撰《旧唐书》卷七九，中华书局1975年版，第2721—2722页。

② （宋）孟元老撰，邓之诚注《东京梦华录》卷一〇，中华书局1982年版，第253页。

湾，谓之“埋祟”而散。[①]

由此我们可以推断，驱傩活动来自埋祟巫术，而埋祟巫术的活样板，就是敦煌这种埋石头、埋石粉的施术法，这是埋祟巫术较原始的一种形态，而两宋时期之埋祟已仅具象征意义了。

为什么原始人乃至古人如此热衷埋石头呢？这与石头崇拜有关。因为原始人类的生产活动首先与石头相连，人们不仅住在石洞中，而且用石击兽，用石头来从事生产劳动，敲石头来取火，烧食取暖，还用石斫为轮制车以代步。在漫长的岁月里，产生了石头文化。古人甚至认为宇宙和人也是石头变来的。盘古时，“天地混沌如鸡子，盘古生其中”[②]，孕育了天体，创造了宇宙。女娲用五彩石来补天，《淮南子》卷六《览冥训》曰：“于是女娲炼五色石以补苍天，断鳌足以立四极，杀黑龙以济冀州，积芦灰以止淫水。”[③]女娲与伏羲本是兄妹，由于推两扇石磨下山，配成夫妻，生育繁衍了中国人。“哥哥在梁山修磨子，妹妹还在那擒林行。两块那磨子那背到那高山去，两层那磨子就一齐滚。两层那磨子合到了，姊妹就成亲得为婚。”[④]鲧偷了天上的“息壤”治水（一种“息石”，能生长的神石）[⑤]；其子大禹劈开龙门石山治水，“禹凿龙关之山，亦谓之龙门”[⑥]；大禹化为熊钻洞治水，后脚踩落石头误中鼓，其妻涂山来送饭，见禹成熊，化为石人，禹大叫“归我子！”于是“石破北方而启生”[⑦]。夸父之所以去逐日，也与石有关，他用石支鼎煮饭，化为三山。唐张鷟撰《朝野佥载》卷五云：“辰州东有三山，鼎足直上，各数千丈。古老传曰，邓夸父与日竞走，至此煮饭，此三山者，夸父支鼎之石也。”[⑧]

远古巫师祭神跳舞要敲石头做乐器。《尚书·虞书·益稷》曰：“夔曰：‘於！

---

① (宋)吴自牧撰《梦粱录》卷六，浙江人民出版社1980年版，第50页。

② (唐)欧阳询撰，汪绍楹校《艺文类聚》卷一《天部上·天》，上海古籍出版社1982年版，第2页。

③ (汉)刘安撰，(汉)高诱注，(清)庄逵吉校《淮南子》卷六，上海古籍出版社1986年影印《二十二子》本，第1232页。

④ 川东端公(巫师)唱词《伏羲姊妹故事传说》，袁珂、周明编《中国神话资料萃编》，四川省社会科学院出版社1985年版，第15页。

⑤ (晋)郭璞传，(清)毕沅校《山海经·海内经》，上海古籍出版社1986年影印《二十二子》本，第1387页。

⑥ (晋)王嘉撰，(梁)萧绮录，齐治平校注《拾遗记》卷二《夏禹》，中华书局1981年版，第38页。请参阅高国藩《夸父神话略谈》，载《南京大学学报》(哲学社会科学)1980年第1期。

⑦ (汉)班固撰《汉书》卷六《武帝纪》颜师古注引《淮南子》，中华书局1962年版，第190页。

⑧ (唐)张鷟撰，赵守俨点校《朝野佥载》卷五《辰州东》，中华书局1979年版，第119页。

予击石拊石，百兽率舞，庶尹允谐。”[①]意思是，夔说：“唉！我轻敲重击着石盘，扮演着百兽的舞队都已经跳起舞来，各位官长也合着乐曲一同跳起来吧。”在生活上，“打醋弹”也是烧石头放在醋里祛祟除病；镇宅的“泰山石敢当”是石头。文学创作中，《红楼梦》是曹雪芹从女娲炼石补天遗留的一块石头开始构思创作出来的，它的原名是《石头记》。总而言之，中国文化既与石头有如此千丝万缕的联系，石头巫术产生也就是自然的事情了。[②]

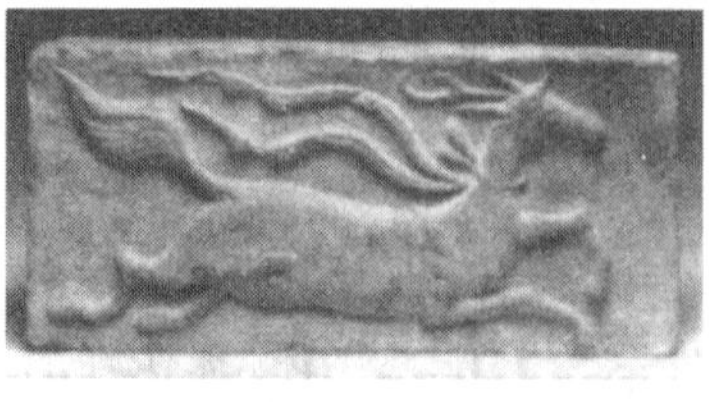
11. 有厌胜意思的天马砖（敦煌三危山老君堂唐人遗址出土）

第三节　敦煌预兆巫术及其巫书

把客观事物或人体某些部位出现的异常情况，看作是对吉或凶的一种预告，这种信仰便叫作预兆的巫术信仰；在道教的交感法术中，用竹片或木片等简单物品，对预感作求卜破凶的法术，便叫作预兆巫术。

敦煌变文中记载的唐人道教预兆巫术，其法术并不简单：一要画地为卜，二要念咒语；其间还穿插有插竹、用木、画地、卧倒等一系列巫术感应动作。《敦煌变文集》卷一《伍子胥变文》细致描述了伍子胥从楚国逃走时，他的两个外甥去告密以求赏，伍子胥在半路上感到耳热、眼皮跳，于是便施行起竹卜预兆巫术，用一连串古怪的巫术动作去求卜破凶，其具体记载说：

> （伍子胥）行得廿余里，遂乃眼瞤[耳热，遂即]画地而卜，占见外甥来趁。用水头上攘（禳）之，将竹插于腰下，又用木剧（屐）倒着，并画地户天门，随即卧于芦中，咒而言曰：“捉我者殃，趁我者亡，急急如律令！”[③]

伍子胥用竹片画地而卜后，就借助于水、竹、木屐，施行画地户天门、卧芦、念咒等一连串巫术动作，旨在使求卜破凶的预兆巫术发挥道教护身符的作用。

《伍子胥变文》描写此段预兆巫术时，贯穿了对邪恶人性的揭露，重点刻画他的两个外甥子安和子永泯灭人性，执意要卖舅求赏，并企图先以占卜巫术反

① （汉）孔安国传，（唐）孔颖达等正义《尚书正义》卷五，中华书局1980年影印阮元校刻《十三经注疏》本，第144页。

② 请参阅高国藩《海州石头文化》，载台北《故宫学术季刊》1992年第3期。

③ 王重民等编《敦煌变文集》卷一，人民文学出版社1957年版，第8页。

制于伍子胥以竹卜的预兆巫术。文云：

12. 伍子胥像〔采自《历代画像传》，清光绪刊本〕

> 子胥有两个外甥——子安、子永，[至家有一人食处，知是胥舅，不顾母之孔怀，遂即生恶意奔遂(逐)，我若见楚帝取赏，必得高迁。逆贼今既至门，何因不捉？行可十里，遂即息于道旁。子永]少解阴阳，遂即画地而卜，占见阿舅头上有水，定落河傍，腰间有竹，冢墓城(成)荒，木剧到(倒)着，不进傍徨。若着此卦，必定身亡；不复寻觅，废我还乡。子胥屈节看文，乃见外甥不趁，遂即奔走，星夜不停。①

两个外甥欲把胥舅当作向"楚帝取赏，必得高迁"的筹码，三个"遂即"将此邪恶行径揭露得十分透彻。子安和子永看见胥舅曾在家吃饭，由子永施行占卜巫术，获取了伍子胥预兆巫术施行的细节信息，继续想点子，要攻破伍子胥预兆巫术的防线，殊不知伍子胥预兆巫术已经灵验，趁星夜就逃走了。

这是敦煌俗文学利用巫术描写典型情节的成功。

13. 折柳送别图(敦煌莫高窟第217窟　盛唐)〔采自《敦煌研究文集》〕

伍子胥用预兆巫术，成功地走出了凶境，他预先算好了时间差，错开了凶恶的遭遇，顺利通过昭关，逃出了楚王的魔掌。伍子胥施行巫术后一夜白了头发。这一段道教预兆巫术写得比较典型，因为有"急急如律令"的字样，遂成为至今见到的较早的道教预兆巫术敦煌俗文学文本。

一定是在预兆巫术信仰普遍存在，而且在民间非常流行的情况下，敦煌唐人才乐于在变文的描写中，一而再，再而三地把眼睭耳热预兆巫术信仰穿插在里面。兹举三个例证来说明之。

第一，《敦煌变文集》卷一《汉将王陵变》记载说，楚霸王项羽活捉了王陵的母亲，王陵预先感到有不祥，就派卢绾进入楚国打探情况，欲救母亲，其中有以下一段描写：

① 王重民等编《敦煌变文集》卷一，人民文学出版社1957年版，第8—9页。

王陵眼瞤耳热，暂请卢绾入楚，探其陵母。陵亲若在，入楚救其慈母；陵母若无，共大夫却归汉朝，伏事圣体之君。[①]

大概由于王陵不如伍子胥那样会施行预兆巫术，卢绾终于没有能够救出陵母，“陵亲见卢绾到来，拔霸王剑自刎身终”[②]。

第二，《敦煌变文集》卷一《捉季布传文一卷》记载说，项羽手下的大将季布，曾经在阵前破口大骂刘邦无能，刘邦发誓要抓住他以证明自己的智慧。刘邦打败项羽后，就派人到处抓季布，季布像一条丧家犬，惶惶然逃到一位周员外家，当周员外确定刘邦正在捉季布时，便预感到不幸将要降临，传文以韵语描述道：

周氏夫妻餐馔次，须臾敢得动精神；
罢饭停餐惊耳热，捻箸横匙怪眼瞤。
忽然起立望门问：“阶下干当是鬼神？
若是生人须早语，忽然是鬼奔丘坟；
问看不言惊动仆，利剑钢刀必损君！”
季布暗中轻报曰：“可相阶下无鬼神！
只是旧时亲分义，夜送千金来与君。”[③]

季布为了在周员外家躲避追捕，便想用千金贿赂周氏夫妻，以便逃过这一劫。然而周氏夫妻眼瞤耳热，疑神疑鬼地预感到不幸将要降临，即便做千万富翁也买不到安全感，千金贿赂哪里敢要？周氏夫妻似乎错就错在没有请道士施行预兆巫术，结果是季布最终被刘邦的手下逮捕。

14. 难陀与妻孙陀利(敦煌莫高窟第254窟)〔采自《敦煌学大辞典》。下同〕

第三，《敦煌变文集》卷三《燕子赋》记载的寓言故事，是自《诗经》起就有记载的鸟雀争巢的寓言。[④] 故事说双燕垒泥筑好了巢，被雀儿所占；

① 王重民等编《敦煌变文集》卷一，人民文学出版社1957年版，第45页。

② 王重民等编《敦煌变文集》卷一，人民文学出版社1957年版，第46页。

③ 王重民等编《敦煌变文集》卷一，人民文学出版社1957年版，第55—56页。

④ 请参阅高国藩著《敦煌俗文化学》十五《敦煌寓言故事——〈燕子赋〉》，上海三联书店1999年版，第409—420页。

雀儿依仗权势，搬出自己的后台州县长官大人来压制双燕，从而引发出一场燕雀争巢的官司。在燕子上告以后，雀儿便有了预兆：

> [雀儿]云：[吾]昨夜梦恶，今朝眼瞤，若不私斗，克被官嗔。比来徭役，征已应频。多是燕子，下牒申论，约束男女，必莫开门。①

拟人化的雀儿也没有像伍子胥那样施行预兆巫术，尽管雀儿要出溜、拉、拖三法，但是仍被抓进牢狱后过堂审讯。

以上三种"眼瞤耳热"的预兆巫术例证，充分说明在敦煌唐人中由于流行预兆巫术信仰，为预兆巫术的产生提供了温床。值得注意的是，以上三例都具有象征和寓意的统一性。这是道家所倡导的以寓言启迪人生的延伸。《庄子》卷九《寓言》云："寓言十九，重言十七，卮言日出，和以天倪。寓言十九，借外论之。"②意思是，寄寓言论十句有九句令人相信，圣者的言论十句有七句令人相信，自然流露的心语日日更新，和合以天然的区分。寄寓之语之所以十句有九句让人相信，就是由于借助外在的客观的情况来论述道理。汉司马迁撰《史记》卷六三《老子列传》曰："故其著书十万余言，大抵率寓言也。"③道家是最善于写寓言的，这就证明，道家通过寄托与比喻来表现深刻思想内容的方式，也融合进了预兆巫术及其信仰中，最终形成预兆的民间风俗。

15. 结婚拜堂 男拜女揖（敦煌莫高窟第 474 窟）

敦煌唐人施行预兆巫术的占卜书，有三种值得注意：第一种是法 Pel. chin. 3398—2《推人十二时耳鸣热、足痒、手掌痒等法》④，第二种是法 Pel. chin. 3106《占狗缩鼻为怪》⑤，第三种是法藏伯 3106《占音声怪》⑥。以上三种原来都是以残卷的形式存在着，现在经过整理而成。

---

① 王重民等编《敦煌变文集》卷三，人民文学出版社 1957 年版，第 250 页。

② （周）庄周撰，（晋）郭象注，（唐）陆德明音义《庄子》卷九，上海古籍出版社 1986 年影印《二十二子》本，第 74—75 页。

③ （汉）司马迁撰《史记》卷六三，中华书局 1959 年版，第 2143 页。

④ 上海古籍出版社、法国国家图书馆编《法藏敦煌西域文献》第 24 册，上海古籍出版社 2002 年版，第 80—81 页。

⑤⑥ 上海古籍出版社、法国国家图书馆编《法藏敦煌西域文献》第 21 册，上海古籍出版社 2002 年版，第 317 页。

第一种《推人十二时耳鸣热、足痒、手掌痒等法》，以法 Pel. chin. 3398—2 残卷为底本，参校法 Pel. chin. 2621 V⁰《占耳鸣耳热心惊面热目瞤等法》[①]、法 Pel. chin. 2661　*3735* V⁰《诸杂略得要抄子一卷》[②]。法 Pel. chin. 3398—2 残卷虽言"推人十二时"，但是它只包括十个时辰，即子、丑、寅、卯、辰、巳、午、未、戌、亥、缺了申和酉，申与酉所缺的内容，可据法 Pel. chin. 2661 残卷背面的条文补入，需注意以下几点：

一、每一时包括了五到八种内容，子时最少，只有五种内容，是耳鸣、耳热、手掌痒、面热、足痒。丑时、未时最多，共有八种内容，丑时是心惊动、耳鸣、耳热、手痒、掌中痒、面热、心动、足痒、目瞤；未时是耳鸣、耳热、手痒、手掌痒、面热、心动、足痒、眼瞤。其余多为七种。它全面表现了敦煌唐人有关人体预兆巫术信仰的奥秘。

二、这篇预兆巫书内容的重点完全不在于鬼神，而在于人，概括了一个普通唐人家庭日常生活所遇到的各种事情，具有全面性。所涉及的人包括了家内外各种经常见到的人，家内有父母、夫妻（夫妇）、子女、奴婢八种人，家外有贵人、君子、贵客、县官、文人、行人六种人。这说明唐人社会是繁荣的，人际关系较为复杂，家庭处于相对稳固的状态。道教预兆巫术拥有如此深厚的人文内容，说明《伍子胥变文》中所述的预兆巫术的底本，是以反映现实中的人的思想行为为主体的，这样的预兆巫书便具有极大的社会科学研究价值。

三、所涉及的事共有：（一）口舌事（外人口舌、妇女口舌、文人口舌、妇人说之、县官口舌）。（二）思念事（思念儿子消息事、思女事、女人思之、女子思念、父母患念、有爱相思事）。（三）恶骂事（女妇骂之、女人恶骂）。（四）夫妻事（夫妇想通、夫妻相争）。（五）凌辱事（欺凌事）。（六）忧愁事（忧思、悲思事、有财小忧之事、忧官、进退事、丧亡忧事）。（七）财物事（有进财物、德才、有财来、有得横财事、得非财）。（八）市买事（市贸恶事）。（九）别离事（远行事、死事）。（十）饮食事（酒肉事、女人酒肉事）。（十一）客来事（呼迎事、君子来回、有众会事有贵客来）。（十二）奴婢事。此外，还有喜事、怒事、悲事、恶事、凶事。概言之，其所涉之事涵盖政治、经济、文化各方面，但没有涉及战争的事，故这篇预兆巫书所反映的是和平社会的面貌。女人骂人的事倒被强调了出来，如卯时"面热女妇骂之"，"心动有女人恶骂"，再如"耳热：左，夫妻相争"，等等。可见在敦

① 上海古籍出版社、法国国家图书馆编《法藏敦煌西域文献》第 16 册，上海古籍出版社 2001 年版，第 313—314 页。

② 上海古籍出版社、法国国家图书馆编《法藏敦煌西域文献》第 17 册，上海古籍出版社 2001 年版，第 130—131 页。

煌唐人中妇女地位之高，当时女人必定不是弱者，还可以和丈夫相争。一个“财”字也数度被强调，可见唐代老百姓要求致富和过富裕的日子的强烈愿望。饮食男女之事也被强调，酒肉事、女人思念男人、迎往送来、奴婢侍奉等等，描绘了一派和平幸福社会的景象。唐代张文成《游仙窟》中有“乌鹊语，好客来；眼皮瞤，见好人”之说，可与这篇巫术占卜书比较研究。

16. 青庐安帐（敦煌莫高窟第 360 窟）①

第二种和第三种预兆巫术占卜书均据法 Pel. chin. 3106 残卷校录。从篇中记载的桃木驱鬼、天文符祭祀等事中已可明白本篇的道教属性。有以下几点值得注意：

一、敦煌唐人家中的宠物是狗，因为狗在唐人生活中起着极为重要的作用，由于爱狗之极，故狗的一举一动都预示着人的吉凶祸福。不仅狗缩鼻有预兆，即使是狗尿尿、狗屙屎都被认为有预兆。

二、敦煌唐人对狗十分宠爱，以至于将狗宠得能跳到坐席上去坐着，甚至到床上去睡觉，狗在坐席上屙屎被认为是一种“君子高迁”的吉兆，但若狗在床上屙屎，则被认为是大凶兆。狗将尿撒在人的衣物上，也被认为是凶兆，但狗头有辟邪作用，杀了狗而把狗头悬在门上，就可驱鬼，且可防备夫妻分离。

三、敦煌唐人认定，狗长嚎必为凶兆，没有一件是吉事，全是忧患、丧亡、家破的预兆。敦煌民间对狗崇拜，其一举一动都被赋予了神性或魔法性。狗的预兆是敦煌道教预兆巫术的特色。

四、敦煌唐人对空旷沙漠中一切怪音，也赋予了神秘的预兆感。凡是听到音声之怪，都要树立桃木板，因为桃木板是驱鬼的，还要书天文符驱鬼。关于声音的预兆和狗的预兆，上古时即已流传。《尚书·牧誓》中就认为母鸡啼鸣是家祸将要到来的预兆②，即便现在，农家听到母鸡啼鸣，老农也要将其杀掉。后世又衍化成一系列诸如“乌鸦叫祸”、“猫头鹰叫孝”、“狗哭招灾”、“鸭嗓主雨”等怪声音的预兆。狗的预兆首先见于敦煌写本，后世有关狗的预兆均是它的衍化，例如安徽等地流行的“狗上屋兆盗”、“狗作揖兆祸”，江苏等地流行的“年夜狗吠

① 敦煌婚俗，法 Pel. chin. 2647《新集吉凶书仪上下两件并序》(11—10、11)曰：“西南角吉地安帐。……每逢同牢盘合卺杯，帐中夫妻左右坐。”上海古籍出版社、法国国家图书馆编《法藏敦煌西域文献》第 17 册，上海古籍出版社 2001 年版，第 89—90 页。

② （汉）孔安国传，（唐）孔颖达等正义《尚书正义》卷一一《周书·牧誓》云：“王曰：古人有言曰：‘牝鸡无晨；牝鸡之晨，惟家之索。’”中华书局 1980 年影印阮元校刻《十三经注疏》本，第 183 页。

叫，来年疾病少”，以及整个江南一带流行的“狗打喷嚏主雨”、“狗吃清，雨淋淋”等，不一而足。

总之，敦煌唐人中流行的道教预兆巫术和时下中国民间流行的预兆风俗，都有前后传承关系，是珍贵的非物质文化遗产。

中國巫術通史

龔鵬程敬題

下册

高国藩 著

凤凰出版社

第二十六章　敦煌指甲巫术、恋爱巫术与鸟卜巫术

第一节　唐代敦煌的指甲巫术

唐代敦煌，有一种奇怪的恋爱巫术，即指甲巫术。伯二六一〇V⁰《9.攘女子婚人述秘法》云："凡欲令夫爱敬，取夫大拇指甲，烧作灰，和酒服之，验。"①这是指丈夫的大拇指甲对妻子来说有感应的魔力，是治相思病的良药。

在唐代，据传曾经出现过一种专门食人指甲的怪鸟，也是指甲巫术派生出来的故事。唐人刘恂撰《岭表录异》云："鸺鹠，即鸱也。为鬭由，可以聚诸鸟。鸺鹠昼日目无所见，夜则飞撮蚊虻。鸺鹠乃鬼车之属也。皆夜飞昼藏，或好食人爪甲，则知吉凶。凶者辄鸣于屋上，其将有咎耳。故人除指甲，埋之户内，盖忌此也。亦名'夜行游女'。与婴儿作祟，故婴孩之衣不可置星露下，畏其祟耳。又名'鬼车'，春夏之间，稍遇阴晦则飞鸣而过，岭外犹多，爱入人家，烁人魂气。或云九首，曾为犬啮其一，常滴血。血滴之家则有凶咎。《荆楚岁时记》云闻之当唤犬耳。又曰鸮，大如鸠，恶声，飞入人家不祥。其肉美，堪为炙，故《庄子》云：见弹思鸮炙。又云：古人重鸮炙，尚肥美也。《说文》'枭'，不孝鸟，食母而后能飞。《汉书》曰：五月五日作枭羹以赐百官，以其恶鸟，故以五日食之。古者重鸮炙及枭羹，盖欲灭其族类也。"②鸺鹠曰枭，枭食其母而留恶名，故做枭羹。

1. 中国化的维摩诘智辩过人(敦煌莫高窟第103窟　盛唐)〔采自《敦煌莫高窟艺术》〕

---

① 上海古籍出版社、法国国家图书馆编《法藏敦煌西域文献》第16册，上海古籍出版社2001年版，第238页。

② (唐)刘恂撰《岭表录异》卷下《鸺鹠》，景印文渊阁《四库全书》第589册，第95页。

“鸺鹠”即猫头鹰，晋张华撰《博物志·逸文》云：“鸺鹠一名鵋鸺，昼日无所见，夜则目至明，人截爪甲弃露地，此鸟夜至人家拾取爪，分别视之，则知有吉凶。凶者辄便鸣，其家有殃也。”①此写出了猫头鹰的特征，与《岭表录异》描述的“昼日目无所见”一致。古人传说它专门吃人指甲，以卜吉凶。“为圝，可以聚诸鸟。”圝，意思同“囮”字，鸟媒，即用经过训练的活鸟引诱别的鸟前来，伺机捕促而食之。看来古人认为猫头鹰是与巫术有关的鸟，特别是与交感巫术颇有关联。

在古代，运用交感巫术的原理把指甲烧成灰来治病：（一）妻子妊娠尿血，必得用丈夫的指甲来治病。明李时珍著《本草纲目》人部卷五二《爪甲》云：“妊娠尿血。取夫爪甲烧灰，酒服。”②（二）儿子腹胀，必得用自己父母指甲来治病。《本草纲目》云：“小儿腹胀。父母指爪甲烧灰，傅乳上饮之。（《千金》）”③唐孙思邈撰《千金要方》，简称《千金》，故李时珍所据是唐代的医书。（三）男得病，必得女子指甲来治其病，反之，女得病，必得男子指甲来治其病。《本草纲目》云：“阴阳易病。用手足爪甲二十片，中衣裆一片，烧灰。分三服，温酒下。男用女，女用男。”④（四）孩子胞衣不下，必得用母亲本人的指甲来治病。《本草纲目》云：“胞衣不下。取本妇手足爪甲，烧灰酒服。即令有力妇人抱起，将竹筒于胸前赶下。”⑤

2. 木彩唐人绘天王俑（新疆吐鲁番阿斯塔那唐墓出土）〔采自《中国古俑白描》〕

以上四个民间偏方显然都是从指甲巫术中衍化出来的，其特征是采取亲人互感与男女互感的法则。可见唐代恋爱巫术与中医妇产活动有紧密联系。

道教的指甲巫术则是采取它们规定的庚申日为特征的。道家有一种“三尸”理论，也颇为引人注意，它与指甲巫术也有关联。道家认为人身中有三尸神在体内作祟，这三尸神有多种叫法，第一种叫三尸虫，分上虫、中虫、下虫。《中黄经》云：三尸虫，一者上虫居脑宫，二者中虫居心宫，三者下虫居腹胃，能为人害。“常守淡泊，三尸既亡，永无思虑矣。”⑥

---

① （晋）张华撰，范宁校证《博物志校证·佚文》，中华书局1980年版，第120页。

②③④⑤ （明）李时珍著《本草纲目》人部卷五二，人民卫生出版社1981年版，第四册，第2936页。

⑥ （唐）九仙君撰，中黄真人注《太清中黄真经》卷上《食气玄微章第二》，（宋）张君房撰《云笈七签》卷一三，景印文渊阁《四库全书》第1060册，第170页。

第二种叫“三姑”。《三尸中经》云：“上尸名青姑，好伐人目；中尸名白姑，好伐人五脏；下尸名血姑，好伐人胃命。”①

第三种叫“三彭”。《三尸中经》云：“上尸名彭倨，在人头中，伐人上分，令人貌暗，发落口臭，面皴齿落；中尸名彭质，在人腹中，伐人五藏，少气多志，令人好作恶事，啖食物命，或作梦寐倒乱；下尸名彭矫，在人足中，令人下关搔扰，五情勇动摇邪，不能自禁。”②

第四种叫“三灵”。或谓上尸名灵台，住脑海，中尸名灵爽，住绛宫，下尸名灵精，住腹下，故三名三灵。

道教《三尸中经》：“三尸神在人身中，每到庚申日，辄上詣天曹言人罪过。”对人加以惩罚。唐段成式撰《酉阳杂俎》前集卷二《玉格》云：

> 庚申日，伏尸言人过；本命日，天曹计人行。三尸一日三朝：上尸青姑，伐人眼；中尸白姑，伐人五脏；下尸血姑，伐人胃。③

到宋代，《云笈七签》卷八二《庚申部·梦三尸说》记得更为具体：“道书言曰：人身中有三尸虫，居三丹田，好惑人性，欲得早亡，每至庚申日上谗于帝，请降灾祸于人，故人多夭枉祸厄。修炼者用术及药以去之，则年长不死。”④

庚申日既然是三尸虫告状之日，对道士而言，最好的办法是这天呆在家里，什么地方也别去，这就叫宜守庚申也。按《酉阳杂俎》的说法叫“守庚申”。前集卷二《玉格》云：“七守庚申三尸灭，三守庚申三尸伏。”⑤这便是道家的修养之术，即于庚申之日，通过斋戒静坐不眠排除杂念，安定魂魄，并服用一些药物，实际是营养品：枸杞子、枣子、桃根桃叶茶、淳大醋等，加上叩齿、向东静坐运气、参拜运动等等，来预防克服三尸之灾，谓之“守庚申”。《真诰》卷一〇云：“凡甲寅、庚申之日，是尸鬼竞乱、精神躁秽之日也。不可与夫妻同席及言语面会，当清斋不寝，警备其日，遣诸可欲。”还有叩齿咽液修炼。《真诰》卷一〇又云：“又叩齿三七过，咽液七过，此名为帝君

3. 路不拾遗图(敦煌榆林窟第25窟中唐)〔采自《敦煌学大辞典》〕

---

①② 《永乐大典》卷九一二《三尸中经》，中华书局1986年影印本，第九册，第8635、8630页。
③⑤ （唐）段成式撰，方南生点校《酉阳杂俎》前集卷二，中华书局1981年版，第14页。
④ （宋）张君房撰《云笈七签》卷八二《庚申部》，景印文渊阁《四库全书》第1061册，第17页。

炼形拘魂制魄之道，使人精明神仙，长生不死。若不得祝者，亦可单存之耳。”[①]照此操作，有益养生。

“守庚申”在唐代衍化为民间风俗。不仅道士守庚申，平常人也有守庚申者。唐白居易《不睡》诗云：“年衰自无睡，不是守三尸。”[②]这是从反面着笔。唐许浑《赠王山人》诗云：“年长每劳推甲子，夜寒初共守庚申。近来闻说烧丹处，玉洞桃花万树春。”[③]所以，守庚申又叫守三尸，多半是老年人参加，成为一种习俗。

同时，在守庚申时，还要配合进行指甲巫术，叫“斩三尸法”。《三尸中经》云：“凡寅日去手爪甲，午日去足爪甲，名之斩三尸。”[④]《本草纲目》中记述“斩三尸法”云：“太上玄科云：常以庚辰日去手爪，甲午日去足爪。每年七月十六日将爪甲烧灰，和水服之。三尸九虫皆灭，名曰斩三尸。一云：甲寅日三尸游两手，翦去手爪甲；甲午日三尸游两足，翦去足爪甲。”[⑤]

守庚申目的既是对待三尸虫的，故凡是克服三尸虫的行为，都是守庚申风习的反映。

另外，由于指甲巫术的流行，指甲在医学上的价值被逐渐认识，从而导致指甲疗病偏方的产生，直到清代指甲疗病实验还在进行。清梁章钜《归田琐记》卷一载有《治喉鹅方》云：“黄霁青曰：‘族兄秋坪室钱氏素患喉鹅。喉鹅者，喉间起疱，肿痛甚者，两两胀塞，名为双鹅，勺水不能下咽。治稍稽缓，呼吸气闭，往往致毙。钱所患类是，屡治屡发，恒苦之。秋坪尝自粤东归，于江山舟次，闻同舟人有谭奇证及治喉鹅方者云：断灯草数茎，缠指甲，就火薰灼，俟黄燥，将二物研细，更用火逼壁虱即臭虫。十个，一并捣入为末，以银管向所患处吹之，极有神效。因关心而默记焉。及归，钱恙复发，较前尤剧，医者束手。忆及舟次所闻之方，亟依法制治，数吹后，则双疱忽溃，呕吐脓痰碗许，旋即平复。嗣是遂不复发，秋坪叹为神效，真不啻仙方云。’按指甲灯草，本喉症应用之品，至合壁虱为三味，则古方所未有，不知所述者从何处得来耳。”[⑥]像以上这个指甲偏方均为烧灰治疗，乃是由指甲巫术烧灰衍化而来。

---

① (梁)陶弘景撰《真诰》卷一〇，景印文渊阁《四库全书》第1059册，第411、412页。

② 《全唐诗》卷四四二，中华书局1960年版，第4948页。

③ 《全唐诗》卷五三五，中华书局1960年版，第6103页。

④ 《永乐大典》卷九一二，中华书局1986年影印本，第九册，第8635页。

⑤ (明)李时珍著《本草纲目》人部卷五二《爪甲》，人民卫生出版社1981年版，第四册，第2936页。

⑥ (清)梁章钜撰，于亦时校点《归田琐记》卷一，中华书局1981年版，第16—17页。

第二节　敦煌唐人恋爱头发巫术与中外头发巫术之比较

敦煌恋爱头发巫术格外引人注目。这一类恋爱巫术是属于顺势巫法的。男女的头发、眉毛、眼毛、腋毛等，莫不对异性具有奇异的魔力。伯二六一〇《攘女子婚人述秘法》中的巫术就是这一类。其中条文有：

1. “凡欲令夫爱敬，妇人自取目下毛二七枚，烧作灰，和酒与夫饮，验。”[①]这是指妻子的眼下毛有感应的魔术力。奇在非拔下“二七枚”，即十四枚才有魔力，此“二七”之数与伯二六六一《诸杂略得要抄子一本》中“二七”之数似有某种联系，文曰：“五月五日以未嫁女子发二七物作绳系脚，必有时人爱敬。”[②]关于此条解释，请参见《敦煌民俗学》[③]。这个数字是成双的，为吉利的象征，它暗示少女未嫁之时，即已爱上其夫，促使其夫回想初恋时的美好，从而使他回心转意。以上一条是女子求男子爱的条文。

2. “凡男子欲令妇爱，取女头发二十茎，烧作灰，以酒和成服之，验。”[④]这是指把所爱的女子的头发烧作灰，和酒饮之，这酒便有了爱情的魔术力，而且这“二十”的数字也是成双的，也有魔术力，合起来便加强了爱情顺势的魔力，使女子主动来接受这男子的爱了。

4. 唐人三彩武士俑（陕西咸阳唐墓出土）〔采自《中国古俑白描》〕

3.“凡男子欲求妇人私通，以庚子日，取自身右腋下毛，和指甲，烧作灰，遝署自□(验)。”[⑤]这是指男子右腋下毛和指甲也有爱情的魔术力。应注意这个“右”，中国传统观念认为，男左女右，因此右臂腋下毛对所爱的女子有魔力。

4. “凡欲令妇人爱，取苦杨和目下毛，烧作灰，和酒自服，即效验。”[⑥]这是指男子的眼下毛，由于他看上了一位女郎，认她作情人，于是他的眼下毛烧成灰，便对这位女郎有了爱情的魔力。以上三条是男子求女子爱的条文。

这种恋爱头发巫术的奇思异想，自然是自我幻想，能否如愿以偿，只有天知

---

①④⑤⑥　上海古籍出版社、法国国家图书馆编《法藏敦煌西域文献》第16册，上海古籍出版社2001年版，第238页。

②　上海古籍出版社、法国国家图书馆编《法藏敦煌西域文献》第17册，上海古籍出版社2001年版，第132页。

③　高国藩著《敦煌民俗学》，上海文艺出版社1989年版，第291页。

道。就敦煌恋爱巫术来看，它是唐代民俗的反映，但从巫术本身来看，它是不完整的。一条唐代完整的恋爱巫术，必须在头发、指甲等施术后，再配合以相思咒语和合符，还要在神坛上加以祭祀，才会达到男女催情而结合的目的。唐代李淳风著、袁天罡补的《增补秘传万法归宗》卷五《令妇相思章》云：

相思（豆）五个，妇人头发五钱，乳汁五钱，和成剂，作四十九丸，瓷器盛之；祭六甲坛下，脚踏"魁罡"二字，左手雷印，右手剑诀，取东方炁一口，念"相思咒"七遍，焚符一道，剪药丸日尽服止为度。如遇交姤（媾），服之，如在自己腰中寄放相似（思）（豆），如前作用，从丹田中运药一粒在舌，令妇人咂舌吞药，从此爱恋浓密，千思万想，时刻不能下也。①

5. 相思符

"相思咒"紧接上条："'相思咒'曰：精秉太阳，气秉太阴，汝受一粒，挂意系心。吾奉三山九侯先生律令摄。"②"相思符"如图5。

咒中提到"三山九侯先生"，三山指三神山，即方壶、蓬壶、瀛壶，是神仙之世界；九侯先生为神仙名，《增补秘传万法归宗》卷五之前序中，称他为"九老仙都府九侯先生。"而九老仙都乃是神仙居处，汉东方朔撰《海内十洲记》云："沧海岛在北海中。……岛中有紫石宫室，九老仙都所治，仙官数万人居焉。"③

由上可见，发爪施术后，一定要有一祭坛、二念咒、三焚符等一系列法术，恋爱巫术方能有效。这是对已认识的但不亲密的女子的催促相思法。但是，如果是在别处素不相识的女子，唐代道士施出的恋爱巫术，也能将她唤来，召到男子的面前，这就讲得更神乎了。《增补秘传万法归宗》卷二《和合法》中有更为复杂的巫术仪式描述：

要自己（女子）生辰、头发、姓名。先念"和合咒"，后念"阴阳和合诀"。步罡后，看生辰在何方。且如"寅"生辰，就"寅"上用书"和合符"，将发安符上，左脚踏之，念起"催神咒"，生神自然不安。三催不来，不可再催也，即念"退神咒"矣。

①② 录文据南图清刻本，参见孙正治点校《增补秘传万法归宗》卷五《令妇相思章第十》，中医古籍出版社2012年版，第285页。本章下引此书同。

③ （汉）东方朔撰《海内十洲记》，景印文渊阁《四库全书》第1042册，第278页。

当然，施行以上恋爱巫术并不是那么轻而易举的，还有四项繁杂仪式。

第一，念“和合咒”。《增补秘传万法归宗》卷二载“和合咒”云：“天精地精，日月之精。天地合其精，日月合其明，神鬼合其形。你心合我心，我心合你心。千心万心万万心，意合我心。太上老君，急急如律令敕。（此咒先念，立在乾上念之，念毕方步罡。）”这是通过语言呼唤和合。

第二，施行“步罡”。所谓“步罡”是道士遣神召灵的神秘而复杂之巫术，属交感巫术与施符反抗巫术之列。《增补秘传万法归宗》卷二载《步罡秘诀》云：

> 千和万合，与我心合。前秘诀念九遍，一口气念之。念一句走一步，一步不可乱走。且看〇〇生辰书符，用摄魂石书，念诀九遍，正步九步，不可大出声。

这是通过步法表示和合。

罡为一种神秘的巫术步法：

> 此罡仔细步之，念秘诀，结阴阳和合诀。印步毕。且看〇〇生辰，书符处，将头发左脚踏，书符地上，念催神咒，书和合符地上。

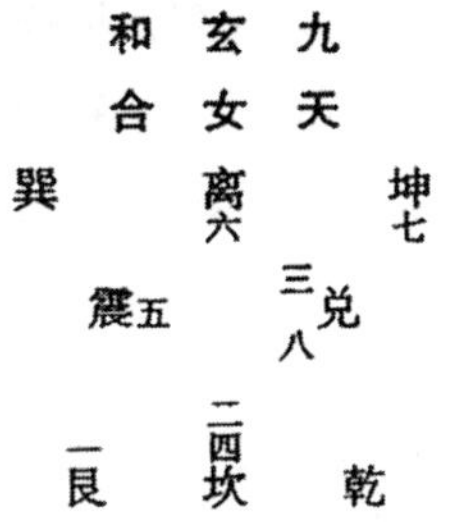

6. 罡(巫术步法图)

第三，再念“催神咒”。《增补秘传万法归宗》卷二载“催神咒”，这是带有威逼性的咒语：

> 吾有玄女真言诀，敕令某氏合。如若来顺吾，神鬼可停诀。如造不顺吾，山石皆崩裂。念动真言诀，天罡速现形。破军吾闻。鬼摄电形玄女，急急如律令。（此罡焚六甲符后，方可念之。）

第四，书“和合符”于地上。

> 此符地上用摄魔石书之。鬼字内书，年月生辰，摄雷形在内。

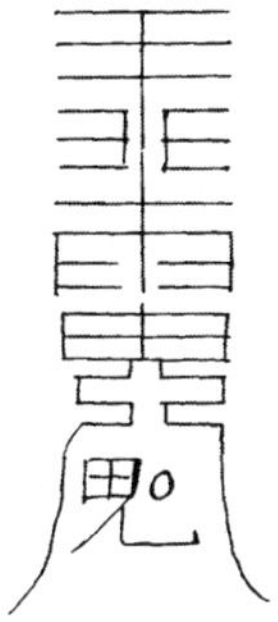

7. 和合符

如果施行了以上四项头发巫术仪式，不相识的女子再不来的话，要采取如下的方法：首先，要念一种更特殊的“急催咒”：

天精元元，地广山川。雷公击杖，电母制筵。地精神女，天精贲然。风伯混跃，雨师沉研。早呼星宿，暮引神仙。神龟合德，使鬼万千。左辅右弼，立在坛前。随吾驱使，禁闭魔缘。神龟急急如律令敕。（不来再念。）

这种急催咒与其说是咒语，不如说它是用鬼神吓唬弱女子的一种表现方式。其目的是在精神上摧残，达到驱使禁闭弱女子之目的。这是带点硬性的。

其次，还要念一种别致的“和合咒秘法”：

贞观元年五月五，万回圣僧生下士。
不信佛法不信仙，专管人间和合事。
和合来时利市来，眼观梨园舞三台。
拍手呵呵常要笑，冬冬金鼓滚地来。
男女相逢心相爱，营谋买卖大招财。
时时刻刻心常恋，万合千和万事谐。
吾奉万回欢歌，张圣僧律令敕。

8. 一种七收图（敦煌莫高窟第445窟　盛唐）〔采自《敦煌学大辞典》〕

以上与其说是咒语，不如说是民谣。句中有“贞观元年”即公元627年。它记载了唐俗，男女可至梨园看戏，因而能自由相逢、自由相爱。这种巫术显然带有“买卖”“利市”之市民阶层恋爱巫术之特色，这种和合咒秘法还带有鼓励自由恋爱的味道。所谓“张圣僧”有可能是指道教领袖张道陵（天师）。

再次，还要书以上的“和合符”。不同处在于一要书张天师的名字，二要书四位古代喜淫的美女的名字，故《万法归宗》载云：“此圈内书霥霻霻（此三字乃天师讳），霦（夏妹喜），霏（商妃女），霬（周褒姒）霙（唐贵妃）有和合诀。”

妹喜，为夏桀妃。据《国语·晋语一》载，妹喜为有施氏女，有施氏为夏桀打败，因进妹喜于桀，受到宠爱，最后助商汤灭夏。①

妲己，即“商妃女”（商王纣之妃）。据《国语·晋语一》载，妲己为有苏氏之

① 徐元诰撰，王树民、沈长云点校《国语集解》，中华书局2002年版，第250页。

女，苏氏为商纣打败，因进妲己于纣，受宠爱，后荒虐无道，引致周武王灭商纣。[①]《封神演义》对纣与妲己淫乱有绘声绘色的描述。

褒姒，为周幽王妃。据《国语·晋语一》载，周幽王伐有褒，有褒人进以褒姒女，为幽王宠爱。性不好笑，幽王百般悦之而不得，乃举烽火以召诸侯，诸侯急至，而无外敌入寇事，褒姒却大笑。幽王遂数举烽火，以博褒姒一笑。后申侯与犬戎攻周，幽王又举烽火，诸侯以为戏，不驰救，遂被杀而亡国。[②]

9. 木彩绘唐人马夫俑（新疆吐鲁番阿斯塔那唐墓出土）〔采自《中国古俑白描》〕

贵妃，即唐玄宗的贵妃杨玉环，玄宗宠爱她而不理朝政，导致安史之乱爆发。

之所以书这四位美女的名字，并不是汲取其历史的鉴戒，而是作为姓名巫术之材料，书其名而使不相识女子受其喜淫的魔力感染，以增加头发巫术之效果。由此可见，此种巫术有较深的中国文化渊源。

总之，这种恋爱巫术分两个阶段进行，一为四项繁杂仪式，二为三项增加的急催仪式。我们不必追究它是否真的灵验，这种神秘信仰的探索本身，乃是一种人性追求的试验，已成过去。召唤不相识的女子时，除了她的头发，还有姓名、生辰八字，都需先了解到的，然后才能念咒语催神，还要将发安在符上，左脚踏住符，这样就能将女子催来了。这种恋爱巫术自然也是极为荒唐可笑的，只有那些因相思而患神经病的患者可能会相信如此之鬼话，现实中找不出来男女相爱能用符咒为中介之合理性与可能性。

奇怪的是唐代恋爱头发巫术据传还有制止女子为爱情而妒之巫法。《增补秘传万法归宗》卷四《止妒法》：

> 用薏苡仁七枚，作索雌雄象，以妇人发贯，纳衣领中，即不妒。

“薏苡”是一种中草药，又称虉米、薏珠子，《本草纲目》谷部卷二三说“久服，轻身益气”[③]。道士们却借此药来施以交感和模仿巫术，作“雌雄象”，以女人长发挂衣领中，但是与嫉妒又有何关系呢？这仍是神秘巫术的探索。

另外，在唐代头发巫术试验中，还包括求子的巫术。在《增补秘传万法归

---

①② 徐元诰撰，王树民、沈长云点校《国语集解》，中华书局2002年版，第250页。

③ （明）李时珍著《本草纲目》谷部卷二三《薏苡》，人民卫生出版社1978年版，第三册，第1490页。

宗》卷四《陶朱公催花十锦术》中，有一条《求子方》，记云：

五月五日，散发向北方交合，其娠必生男子也。

散发是这种头发巫术主要的标志。但是，究竟是女子散发还是男子散发却无明确之记载。而为什么一定要"散发"，对其原因也无交待。巫术只要求人们虔诚地信奉与绝对地服从，而不能有任何一点点怀疑，更不容许提出一点点诘问。巫术将人的奴性推至极端，叫任何人只听从巫师的摆布。巫术，与觉醒永远是对立物，神秘而不可知是其主要的本质。一句话，巫术是巫师头脑中幻想的产物。

10. 九品弥陀（敦煌莫高窟第 217 窟　盛唐）〔采自《敦煌学大辞典》〕

唐代自然不仅敦煌有头发巫术，其他地区也有。古人在田间驱鸟，往往用类似模仿巫术法，即扎草人驱鸟，但是在唐代有些地方，却异想天开用交感巫术的头发巫术来驱鸟。唐段成式《酉阳杂俎》前集卷一一《广知》云："《隐诀》言太清外术：生人发挂果树，乌鸟不敢食其实。"[①]唐陈藏器《本草拾遗》亦云："生人发挂果树上，乌鸟不敢来食其实。……此皆神化。"[②]可见唐代有些地方在果园里挂头发来驱鸟。巫术将头发神化。

第三节　敦煌吐蕃人鸟卜巫术

敦煌石室遗书中，还发现吐蕃族占卜巫师鸟卜巫术，其巫术原理属人鸟感应，也是属于交感巫术的。伯一〇四五藏文卷子，便是一份以乌鸦的叫声来判断吉凶的鸟卜巫术文献。王尧、陈践《吐蕃的鸟卜研究——伯字 1045 号卷子译解》的发表，使我们得以了解这种鸟卜巫术的全貌[③]。

---

① （唐）段成式撰，方南生点校《酉阳杂俎》前集卷一一，中华书局 1981 年版，第 105 页。

② （明）李时珍《本草纲目》人部卷五二《人之一・发》，人民卫生出版社 1981 年版，第四册，第 2928 页。

③ 王尧、陈践《吐蕃的鸟卜研究——伯字 1045 号卷子译解》，《藏学研究文集》，民族出版社 1985 年版。

在《隋书》、两《唐书》中，我们已看见了有关鸟卜的确实的记载：

一、《隋书》卷八三云："(女国)俗事阿修罗神，又有树神，岁初以人祭，或用猕猴。祭毕，入山祝之，有一鸟如雌雉，来集掌上，破其腹而视之，有粟则年丰，沙石则有灾，谓之鸟卜。"①有树神崇拜的地方就有鸟卜。

二、《旧唐书》卷一九七云："(东女国)其俗每至十月，令巫者赍楮诣山中，散糟麦于空，大咒呼鸟。俄而有鸟如鸡，飞入巫者之怀，因剖腹而视之，每有一谷，来岁必登，若有霜雪，必多灾异。其俗信之，名为鸟卜。"②

11. 情侣图(敦煌莫高窟第321窟初唐)〔采自《敦煌学大辞典》〕

三、《新唐书》卷二二一上云："巫者以十月诣山中，布糟麦，咒呼群鸟，俄有鸟来如鸡状，剖视之，有谷者岁丰，否即有灾，名曰鸟卜。"③两《唐书》一致认定鸟卜是由"巫者"施行的，自然是一种占卜巫术。隋唐史籍的记载，使我们看见其时鸟卜在西域曾大行其道，而其具体巫术之施行法，则在伯一〇四五藏文卷子中披露了真实的一角。无论怎么看，它都是敦煌巫术的一个组成部分，是敦煌吐蕃族占卜巫师的杰作，有必要对它加以具体解剖以观全貌。伯一〇四五卷为序言与乌鸦占卜两部分内容，其序言部分是分行诗歌体的序言，作为这种鸟卜的理论文字，全文云：

乌鸦系人之怙主。传递仙人神旨。藏北系耗牛之乡。于该地之中央。它传递神旨翱翔飞忙。八面上方共九方。喔咚婉鸣三声。速将"多玛"供上。乌鸦若全部吃光。即为神鸟将供品用享。乌鸦所鸣非均是前兆。吉凶尚讲其征兆。仙人系先知。因有通灵鸟。女神口中言。吉凶皆灵验。乌鸦系神鸟。飞禽展双翅。飞到神高处。目明耳又聪。它精于神灵秘法。无一不能通达。对他务必虔诚。八面上方共九方。咙咙(之声)表吉祥。嗒嗒(之声)表无恙。咂咂(之声)表事急。啤啤(之声)表财旺。依乌依乌(之声)危难降。④

---

① (唐)魏徵等撰《隋书》卷八三《西域·女国》，中华书局1973年版，第1851页。

② (后晋)刘昫等撰《旧唐书》卷一九七《南蛮西南蛮·东女国》，中华书局1975年版，第5278页。

③ (宋)欧阳修、宋祁撰《新唐书》卷二二一上《西域上·东女》，中华书局1975年版，第6219页。

④ 伯一〇四五《鸦鸣占卜书》(2—1)，《法国国家图书馆藏敦煌藏文文献》第十册，上海古籍出版社2009年影印本，第101页。译文录自王尧、陈践《吐蕃的鸟卜研究——伯字1045号卷子译解》，《藏学研究文集》，民族出版社1985年版，第251—252页。

综观这一乌鸦占卜之理论，它实际是中国古代民俗文化的吐蕃地方化。首先，它所信奉的仙人，就是秦汉魏晋时期道教信奉的仙人。《释名·释长幼》云："老而不死曰仙。"[①]汉代《古诗十九首》之十五即云"仙人王子乔，难可与等期。"[②]晋葛洪《神仙传·彭祖传》云："仙人者，或竦身入云，无翅而飞。或驾龙乘云，上造天阶。或化为鸟兽，浮游青云。或潜行江海，翱翔名山。或食元气，或茹芝草。或出入人间，则不可识，或隐其身草野之间。面生异骨，体有奇毛，率好深僻，不交流俗。"（《汉魏》本）[③]伯一〇四五卷所云仙人便是《神仙传》所说的这种仙人。其次，它所说的"九方"观念，也是中国传统的九方观。南朝梁简文帝（萧纲）《七励》即云："情苞六合，德贯九方。"[④]道教典籍《云笈七签》也有"辉映照九方"之说，并注云："谓八方与中央也。"故伯一〇四五卷所云："八面上方共九方"，"上方"实际是指天的中央也。就以上两方面看，乌鸦占卜出于道家观念。就"通灵"而言，也是汉代已有的观念，班固《通幽赋》中说："精通灵而感物兮，神动气而入微。"[⑤]

至于伯一〇四五卷提到的"多玛"供品，在现代之西藏仍有流行。"多玛"是西藏门巴语的音译，是旧时门巴族祭祀的物品，流行于西藏、青海、四川等藏民区。这种祭品在各种各样祈求鬼神宽恕的祭祀仪式之中使用。它的外形是圆锥形状，上面还刻有宗教的纹饰，即使在现在，这种祭品仍是由主持仪式的巫师来制作的。一般是用糌粑、大米粉或玉米面做成的，有些巫师还加上牛奶、酒、红糖和酥油等。按照各种不同的仪式要求，它被分别用来喂鸟，投入河中或者是散发给人食用。由于这种祭品算是高级食物，在鸟卜以前投喂鸟类，乌鸦十分喜吃，喜吃而发出各种鸣叫之声，便促使巫师根据乌鸦等鸟类的叫声来判断吉凶。

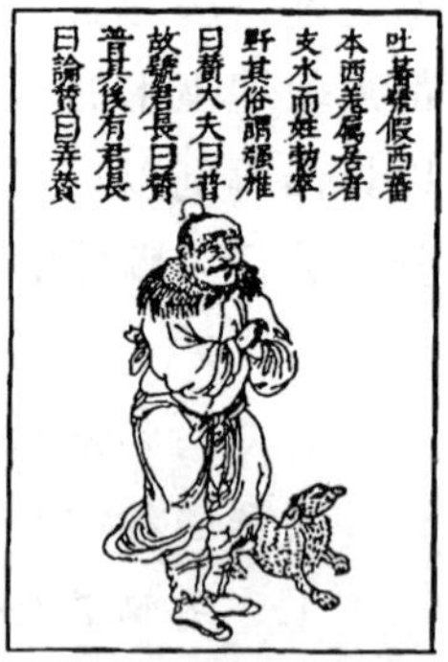
12. 吐蕃图〔采自《三才图会》〕

伯一〇四五卷乌鸦占卜内容，是以表格形式出现的，即是把时间、方位纵横交错用以检查吉凶的占卜巫术表格，这就将检定简易化了。而划定时间，也是按照汉代改朔的十二时法。即一日夜为十二时，以干支为纪。在先秦，

① （东汉）刘熙撰，（清）毕沅疏证，王先谦补，祝敏彻、孙玉文点校《释名疏证补》卷三，中华书局2008年版，第96页。

② （清）王士禛选，（清）闻人倓笺《古诗笺》五言诗卷一《古诗十九首》，上海古籍出版社1980年版，第9页。

③ 参见（晋）葛洪撰，胡守为校释《神仙传校释》，中华书局2010年版，第16页。

④ （宋）李昉等编《文苑英华》卷三五一，中华书局1966年影印本，第310页。

⑤ （梁）萧统编，（唐）李善注《文选》卷一四，中华书局1977年影印本，第212页。

据《左传·昭公五年》还有"故有十时，亦当十位"之说。[①] 但晋杜预注即据汉改朔的十二时，即夜半、鸡鸣、平旦(破晓)、日出、食时、隅中、日中(正南)、日映、晡时、日入、黄昏、人定。清赵翼《陔余丛考》卷三四论定"一日十二时始于汉"[②]。以此而言，吐蕃鸟卜时间的划分，也是沿袭于中国民俗文化的，以下就是"乌鸦叫声占卜表"：

施"多玛"仪规	东方凶 施牛奶	东南方凶 施芥籽	南方凶 施净水
方位 时间	东	东南	南
鸡鸣	大德光临	需远行	有请
平旦(破晓)	死人	遭谗言	觅坐骑
日出	遇急事	降王诏	尚论传令
食时	吉祥如意	敌诈	凶神伤害男人
隅中	遇雨	狩猎	为女人斗殴
日中(正南)	自财遭损	对他人保密	有风雨
日昳	王侯衰颓	闻丧报	遇恐惧
晡时	恐惧	病愈	出远门
日入	鬼魔来	觅失财	发大财
黄昏	妹婿来	东方来人	野兽伤人
施"多玛"仪规	西南方凶 施白芥子	西方凶 施鲜肉	西北方凶 施花朵
方位 时间	西南	西	西北
鸡鸣	来贼	去而事不成	吃官司
平旦(破晓)	狩猎	来尚论	来使者
日出	战神、福禄齐临	来猛兽	使圣者喜悦
食时	起风	有雨雪	有可怕之事
隅中	能成亲	遭王随从之害	大雨大雪不能出门

① (晋)杜预注，(唐)孔颖达等正义《春秋左传正义》卷四三，中华书局1980年影印阮元校勘《十三经注疏》本，第2040页。

② (清)赵翼撰《陔余丛考》卷三四，商务印书馆1957年版，第725页。

续表

施“多玛”仪规	西南方凶 施白芥子	西方凶 施鲜肉	西北方凶 施花朵
方位 时间	西南	西	西北
日中(正南)	来贼与暴风雨	为女人未斗殴	与尊者家人结亲
日昳	降大雪	有人送食品来	发大财
晡时	东方来人	有人领女人来	觅得食物
日入	时刻警惕	过河需谨慎	寻宿处
黄昏	南方来人	任尚论之职	西方来人
施“多玛”仪规	北方凶 施黑白安息香(松香)	东北方凶 施大米	天空凶 施粟米
方位 时间	北	东北	天空
鸡鸣	事能成	杀野牛	敌诈
平旦(破晓)	可以去山顶	来文牍	事急
日出	来贼	来野人	父方捎口信来
食时	斗殴	病逝	来陌生婆罗门
隅中	来坏人	需警惕	敌降
日中(正南)	来众人之喜讯	来白皙女人	闻不悦之言
日昳	发生自己未察之事	庆幸仇敌丧命	觅得食物
晡时	使圣者喜悦	使众人喜悦	有众人欢庆之酒宴
日入	兄、子同来	闻喜讯	交好运
黄昏	得帮手	遭绝嗣	来催债

在以上鸦鸣占卜表中，十二时缺了夜半与人定两个时辰，这是因为这两个时辰正当夜间，鸟类不会出巢，故而停止这种占卜巫术。

从表中可见吐蕃人当时的生活内容，食占有相当重要地位，故有“狩猎”、“有人送食品来”、“觅得食物”、“杀野牛”、“有众人欢庆之酒宴”等生活的内容，可以说以食为主。

色也占有相当重要之地位。吐蕃人一直沿袭一妻多夫制。女人没有地位，《新唐书・吐蕃传上》就说：“妇人无及政。”[①]即使女人做了母亲，也必须“母拜

① (宋)欧阳修、宋祁撰《新唐书》卷二一六上，中华书局1975年版，第6072页。

子”而不会儿子拜母亲。女人好比是工具。男人可以把她们抢来抢去，因此有“为女人斗殴”或“为女人未斗殴”之俗。自己不要了，也可以把她们送给别人，故而有“有人领女人来”、“来白皙女人”之俗。“食色性也。”唐代吐蕃人还处于奴隶主统治的野蛮时代。

13. 妓女供养人图　题字为“迦牟尼佛，六躯顿舍贱从良，妓女善和，一心供养”（敦煌莫高窟第107窟　盛唐）〔潘絜兹著《敦煌莫高窟艺术》，上海人民出版社1981年版，第84页。〕

表中列举的生活内容多为丑劣之社会现象：1. 遭谗言；2. 敌诈；3. 自财遭损；4. 遇恐惧；5. 鬼魔来；6. 失财；7. 伤害男人；8. 闻丧报；9. 来贼；10. 有可怕之事；11. 斗殴；12. 庆幸仇敌丧命；13. 遭绝嗣；14. 来催债；15. 遭王随从之害；16. 吃官司；等等。当然也有来自大自然的灾难，列举出了“有风雨”、“野兽伤人”、“起风”、“来贼与暴风雪”、“降大雪”、“大雨大雪不能出门”等。

总的看来，凶兆多于吉兆，可见唐代的吐蕃人，仍生活于荒漠的恶劣环境中，生活条件还十分简陋，且经常面对社会灾祸和自然灾祸，人的生命经常面临恐惧、死亡、谗诈、斗殴等危险，于是他们强烈地希望趋吉避凶，把克服必然的与偶然的，人为的与非人为的灾难事件的经验聚集起来，探索一条认识客观事物的方法，留意那些即将出现的或灾害前期的现象，是如何影响于生活，他们在探索一种能够未卜先知的灵性，这种灵性他们在鸟类中寻觅到了，这就是鸦鸣占卜。这种“鸦”代指好几种鸟，据伯一〇四五卷译者王尧、陈践注云：“属于鸦类的几种鸟，在藏语中有不同的称呼，可以各译为寒鸦，红咀乌鸦和小乌鸦。这里，为了行文的方便，我们一律称为乌鸦。”①

唐代的敦煌吐蕃人善用乌鸦的叫声以判断吉凶的占卜巫术。用鸟鸣来推测人生休咎的方法古已有之，最早的以鸟鸣占卜的记载出于公元以前，《淮南子·氾论训》云：“乾鹄知来而不知往。”汉高诱注云：“乾鹄，鹊也。人将有来事忧喜之征则鸣，此知来也。知岁多风，多巢于木枝，人皆探其卵，故曰不知往也。”②由此可见汉初就有这种“人将来临，鹊鸣报喜”之风俗。师旷《禽经》一卷

① 王尧、陈践《吐蕃的鸟卜研究——伯字1045号卷子译解》，《藏学研究文集》，民族出版社1985年版，第257页。

② （汉）刘安撰，（汉）高诱注，（清）庄逵吉校《淮南子》卷一三《氾论训》，上海古籍出版社1986年影印《二十二子》本，第1267页。

亦云："灵鹊兆喜，鹊噪则喜生。怪鹏塞耳。一名休鹠，《广雅》曰：江东呼为怪鸟，闻之多祸，人恶之，掩塞耳矣。"[①]据传《禽经》为周代师旷撰，晋代张华注。如按此说，则以鸟鸣占休咎之巫术，远在先秦之周代已有矣。但无论怎么看，鸟鸣占卜在我国都有两三千年流变史。关于喜鹊报喜之流变，请参阅《敦煌民俗学》第十六章第二节，此不赘述。

综上所述，伯一〇四五有关吐蕃鸟鸣占卜的藏文文书，从其文化渊源来看，是典型的中国民俗文化之反映。无论是鸟鸣占卜风俗之内容，还是文字所反映的仙人、九方、十二时等观念，都是彻底中国性的。

由以上对占卜巫术典型例证的剖析可以知道，敦煌吐蕃人以乌鸦鸣叫的声音判断吉凶祸福，说什么"咙咙表吉祥、嗒嗒表无恙、哑哑表事急、啅啅表财旺"，是明显的声音交感巫术特殊的形态。但从占卜巫术的总体看，它是各种巫术形态共同交织在一起的，有的占卜表现出的是模仿巫术，或反抗巫术，或蛊道巫术，不一而足，在各种巫术中都有占卜巫师在活动。

① (周)师旷撰，(晋)张华注《禽经》，景印文渊阁《四库全书》第847册，第686页。

第二十七章　敦煌唐人妇女巫术

接触巫法的交感巫术在敦煌比较普遍，并不单是石头巫术这一种。伯二六六六背面《奇方》、伯二六三五背面《王宗无忌单方》中记载的有关妇女巫术，是以巫医形式出现的，同样值得重视，它有强烈的风俗性与神秘性，是世所罕见的。这部分妇女巫术所涉及的生活内容，有治疗月经、避孕、妊娠、少乳、婚外恋、不育、纯生女、夫憎妇、妇憎夫、无子等方面。这十余个方面是影响妇女命运的主要因素，现在以其治疗内容为标准来定名，并对其内容略作剖析。

第一节　月经巫术与扶箕

“妇人月水不止，取簸箕舌烧作灰，和酒服，即止。”（伯二六六六背面）[①]

这是交感巫术和生育风俗结合的奇方。“簸箕舌烧作灰”为何有如此大的魔力？这与“扶箕”这种巫术活动有关。也说明扶箕巫术在敦煌唐人中已经比较流行。簸箕舌有药用价值。《本草纲目》服器部卷三八《簸箕舌》曰：“释名：〔时珍曰〕簸扬之箕也。南人用竹，北人用杞柳为之。主治：重舌出涎，烧研，酒服一钱。又主月水不断。时珍　千金、圣惠方。附方：新一。催生。簸箕淋水一盏，饮数口。　集玄方。”[②]说明扶箕巫术在治这种病时似要酒服簸箕舌灰，关键在于竹子和杞柳有这种中草药功效。《本草纲目》服器部卷三七《竹》载：“月水不断。青竹茹微炙，为末。每服三钱，水一盏，煎服。　普济方。”[③]

1. 三彩持如意唐人妇女坐俑（陕西西安唐墓出土）〔采自《中国古俑白描》〕

---

① 伯二六六六背面引文，参校丛春雨主编《敦煌中医药全书》，中医古籍出版社1994年版，第573页。

② （明）李时珍著《本草纲目》服器部卷三八，人民卫生出版社1978年版，第三册，第2211页。

③ （明）李时珍著《本草纲目》服器部卷三七，人民卫生出版社1978年版，第三册，第2166页。

所谓“扶箕”，即巫师假借神鬼的名义，以簸箕插笔，在沙盘上划字，以卜吉凶。据唐代李淳风的《增补秘传万法归宗》卷五《扶箕降笔章》云，进行扶箕有一系列巫术活动的内容。具体来说，包括烧香、念咒、书符三项。以下分别加以叙述：

（一）烧香。“用降真香一枝作成箕子，上书‘蓬莱’二字，祭于六甲坛下，脚踏‘魁罡’二字，左手雷印，右手剑诀，取东方炁一口，念追箕咒七遍，焚符一道，投词一张。弟子某人系某府县人，奉三山九侯先生法旨，为某事所求，四十九日毕，焚香作用而至。”这可以说是一种求神的巫术仪式。

（二）念咒。有两种咒语。一种是：“奉请六丁六甲神、天上地下神、蓬莱三岛神，直候游魂鬼神。有呼则至，有应来临，有吉判吉，有凶判凶。敢有私意，上霆发雨，九幽永无出身。吾奉三山九侯先生律令摄。”一种是：“速灵速灵，应变无停。先书名目，后判吉凶。敢有违者，罪而重刑。吾奉三山九侯先生律令摄。”

2. 三神山上的西王母〔南京博物院、山东省文物管理处合编《沂南古画像石墓发掘报告》，文化部文物管理局 1956 年版，图 26。〕

这两种咒语，作用各不相同。前一种是请神来为自己办事的咒语，“有呼则至，有应来临”，巫师秉公办理，不得有私，否则将受到神的惩罚。后一种则是命令神迅速显灵，如有违反，仙人（三山九侯先生）便要判他们“重刑”，以惩罚神的失职。关键在于请到“蓬莱三岛神”，此神定为西王母。

《史记·秦始皇本纪》曰：“既已，齐人徐市等上书，言海中有三神山，名曰蓬莱、方丈、瀛洲，仙人居之。”[①]即包括西王母众神居之。左图三柱即三岛，左右仙兔捣药，象征西王母即为制仙药之女神，亦即令人长寿之女神。故《史记·封禅书》又曰：“此三神山者，其傅在勃海中，去人不远；患且至，则船风引而去。盖尝有至者，诸仙人及不死之药皆在焉。”[②]意即三岛诸神仙是西王母领导的团队，有病人至者，诸仙人就用不死之药医治。白兔捣药遂成为西王母制不死之药的象征，嫦娥曾窃西王母不死之药以奔月，见下西王母监督白兔捣药图。

由此可见，巫师是按照唐代现实社会的法制来构想人与神之间关系的。敦煌民间月经巫术和《万法归宗》扶乩巫术均为古代西王母神话的演化；而簸箕烧

① （汉）司马迁撰《史记》卷六，中华书局 1959 年版，第 247 页。

② （汉）司马迁撰《史记》卷二八，中华书局 1959 年版，第 1369—1370 页。

舌治病则是敦煌民间偏方。但是，这两种咒语也存在明显的差异。第一种咒语，巫师完全听从神的摆布，神是统治者，随便他们施舍；而在后一种咒语中，巫师则变为至高无上的统治者，叫神俯首帖耳。这样看来，扶箕巫术只不过是巫师手中的魔方。可以随心所欲地处置，不灵是神的罪过，而灵便是巫师的功劳了。

3. 西王母监督白兔捣药图　郑州新通桥汉画像砖〔汤文兴编《河南汉代画像砖》，上海人民美术出版社，1985年版，图88。〕

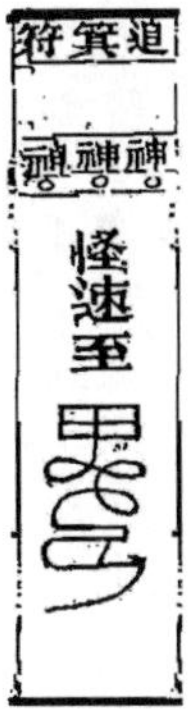

4. 追箕符

（三）书符。“凡欲扶箕，依前作用，掐诀焚香，其箕赴判周旋一定。字草不真及不书是何姓名，是仙是鬼是妖魅，即书符一道焚之。”这就是说，扶箕时一定要焚符（追箕符），符上一定要写上神的姓名，这就成了神得到了巫师的令牌（符）。不然，扶箕时“字草不真”是不行的。

总之，唐代扶箕巫术也是比较复杂的。宋人对唐代扶箕巫术具体做法有所描述，宋洪迈《夷坚志》三志壬卷《沈承务紫姑》云：“紫姑仙之名，古所未有，至唐乃稍见之。近世但以箕插笔，使两人扶之，或书字于沙中，不过如是。”①

洪迈所说“古所未有，至唐乃稍见之”，证以《万法归宗》和敦煌本此条，所言不虚。由于用簸箕来从事扶箕巫术，故而认为簸箕灰也有感应之魔力，并有治妇女病之疗效。宋徐铉《稽神录》、宋岳珂《愧郯录》卷六《仙释异教之禁》、清俞樾《曲园杂纂》卷三六《小繁露·扶箕》，对扶箕巫术均有所论述。但详考古籍，紫姑信奉自南北朝已经开始。南朝宋刘敬叔撰《异苑》卷五中已有记载：“世有紫姑神，古来相传，云是人家妾，为大妇所嫉（一作妒），每以秽事相次役，正月十五日感激而死。故世人以其日作其形，夜于厕间或猪栏边迎之，祝曰：‘子胥不在（是其婿名也），曹姑亦归（曹即其大妇也），小姑可出戏。’投者觉重，便是神来。奠设酒果，亦觉貌辉辉有色，即跳躞不住，能占众事，卜未来（一作行年）蚕桑。又善射钩，好则大儛，恶便仰眠。平昌孟氏恒不信，躬试往投，便自跃茅（一作穿）屋而去，永失所在也。”②梁宗懔著《荆楚岁时记》亦云：“其夕，迎紫姑，以卜将来蚕桑，并占众事。”③可见南北朝时紫姑还与扶箕无关，她只是占卜女巫占卜时尊奉之神。扶箕与紫姑关联在一起当在唐宋之间。

① （宋）洪迈撰，何卓点校《夷坚志》三志壬卷三，中华书局1981年版，第1486页。
② （南朝宋）刘敬叔撰《异苑》卷五，景印文渊阁《四库全书》，第1042册，第522页。
③ （梁）宗懔著，姜彦稚辑校《荆楚岁时记》“正月十五”，岳麓书社1986年版，第17页。

扶箕巫术大盛于南宋，陆游写有《箕卜》一诗专门加以描述：

孟春百草灵，古俗迎紫姑。
厨中取竹箕，冒以妇裙襦。
竖子夹扶持，插笔祝其书。
俄若有物凭，对答不须臾。
岂必考中否，一笑聊相娱。
诗章亦间作，酒食随所须。
兴阑忽辞去，谁能执其袪。
持箕畀灶婢，弃笔卧墙隅。
几席亦已彻，狼籍果与蔬。
纷纷竟何益，人鬼均一愚。①

5. 敦煌唐人少女舞蹈图（潘絜兹临摹）〔采自《敦煌莫高窟艺术》〕

陆游并不相信扶箕巫术，认为“人鬼均一愚”，不过是“一笑聊相娱”而已。

第二节　避孕巫术与产后偏方巫法

一　避孕巫术与埋钱

“妇人不用男女，产衣中安一钱，埋却，更不生，有验。”（伯二六六六背面）②

以上“不用男女”，即欲断产绝育。钱被认为具有感应魔力，能避孕、绝育，故此为交感巫术和生育风俗之结合。似因钱已被作为生殖崇拜物，钱孔被视为女阴之象征，故为仿其形而称泉，取泉水流行周遍之义。今既埋却，泉孔堵塞，故象征不能感应而生。以上巫术中的钱，并不为经济目的服务，而是象征完成某种生殖的职能，故能认为此种巫术中的钱，突破了原有普遍的概念，而具有了巫术性。反之，如不埋却，而是求诸钱中孔者，即象征着求子。其条件是：不用外人去埋，而要自己去埋；必须在自己产衣中安一钱，非产衣不行。条件中钱是关键，借此才能绝育和避孕。

明刘侗、于奕正撰《帝京景物略》卷二《城东内外·东岳庙》中曾记有一种

① （宋）陆游《剑南诗稿》卷五〇，景印文渊阁《四库全书》第1162册，第730页。
② 伯二六六六背面引文，参校丛春雨主编《敦煌中医药全书》，中医古籍出版社1994年版，第574页。

“悬钱求子”的风俗，曰：“帝妃前悬一金钱，道士赞中者得子，入者辄投以钱，不中不止，中者喜，益不止，罄所携以出。”①

《旧都文物略》亦云：“郊西白云观供邱真人，相传（正月）十九日生辰，亦求赛之会也。桥下悬一铜钱，其大愈盎，凡人祀神毕，皆于桥栏杆上掷钱，如中其孔，则大利市，中与不中，均无下拾之蹊级，十日闭会，而阿堵盈万，则为道人终岁之储。”②

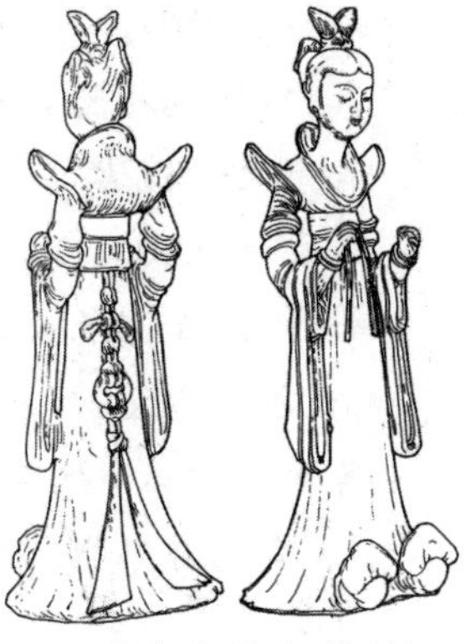
6. 三彩唐代仕女俑（陕西西安高楼村唐墓出土）〔采自《中国古俑白描》〕

《奉天通志》引《沈阳百咏》亦云：“焚香拜起倩花扶，阿嫂轻轻问阿姑，一个金钱凭乱掷，不知能保子孙无。”注云：“娘娘会日，庙祝骗财，于神座前悬一大金钱，上书‘子孙保重’四字，谓能用钱掷过此钱孔者，其人当生子，村妇辄中计焉。”③

综上所述，钱既已被认定有生殖的巫术作用，钱孔就被视作是女阴的象征。因此，“掷过此钱孔者，其人当生子”与前一例有所不同，前者只是求“利市”，后者则被作为吉庆的象征。

二　产后偏方与制松脂巫药之巫法

“妇人产后腹中痛，取松脂枣许大，服之，即差。”（伯二六六六背面）④

这是夹在巫术条目中的民间医疗偏方。松脂有疗效，《本草纲目》木部卷三四有记载（见下所述）。道家将松脂看成有魔力的仙药。晋葛洪《抱朴子》内篇卷一一《仙药》云：

余又闻上党有赵瞿者，病癞历年，众治之不愈，垂死。或云不如及活流弃之，后子孙转相注易，其家乃赍粮将之，送置山穴中。瞿在穴中，自怨不幸，昼夜悲叹，涕泣经月。有仙人行经过穴，见而哀之，具问讯之。瞿知其异人，乃叩头自陈乞哀，于是仙人以一囊药赐之，教其服法。瞿服之百许

① （明）刘侗、于奕正撰，孙小力校注《帝京景物略》卷二，上海古籍出版社 2001 年版，第 98 页。

② 汤用彬等编著，钟少华点校《旧都文物略》“十二、杂事略”，书目文献出版社 1986 年版，第 270 页。

③ 丁世良、赵放主编《中国地方志民俗资料汇编》东北卷，北京图书馆出版社 1989 年版，第 26 页。

④ 伯二六六六背面引文，参校丛春雨主编《敦煌中医药全书》，中医古籍出版社 1994 年版，第 574 页。

日，疮都愈，颜色丰悦，肌肤玉泽。仙人又过视之，瞿谢受更生活之恩，乞丐其方。仙人告之曰：此是松脂耳，此山中更多此物，汝炼之服，可以长生不死。瞿乃归家，家人初谓之鬼也，甚惊愕。瞿遂长服松脂，身体转轻，气力百倍，登危越险，终日不极，年百七十岁，齿不堕，发不白。夜卧，忽见屋间有光大如镜者，以问左右，皆云不见，久而渐大，一室尽明如昼日。又夜见面上有采女二人，长二三寸，面体皆具，但为小耳，游戏其口鼻之间，如是且一年，此女渐长大，出在其侧。又常闻琴瑟之音，欣然独笑，在人间三百许年，色如小童，乃入抱犊山去，必地仙也。于时闻瞿服松脂如此，于是竞服。其多役力者，乃车运驴负，积之盈室，服之远者，不过一月，未觉大有益辄止，有志者难得如是也。①

这种仙药要炼服，必须要真正采取巫术法则："勿令妇人鸡犬见之。"《本草纲目》木部卷三四《松》引"四圣不老丹"方云：

用明松脂一斤，以无灰酒沙锅内桑柴火煮数沸，竹枝搅稠，乃住火，倾入水内结块，复以酒煮九遍，其脂如玉，不苦不涩乃止，为细末。用十二两，入白茯苓末半斤，黄菊花末半斤，柏子仁去油取霜半斤，炼蜜丸如梧子大。每空心好酒送下七十二丸。须择吉日修合，勿令妇人、鸡、犬见之。②

7.《韩熙载夜宴图》中唐女吹笛图　明唐寅摹本〔采自《中国古代服饰史》〕

看来炼松脂丸所谓的"仙药"，实际仍是巫药，仙人方实际就是巫方，施行巫药的炼制，关键的一点仍是必须避女人、鸡、犬的法则。但此"仙药"，实际是中药研究的成果，是强身治病的良方。松脂、桑柴火等主治痈疽等病，如能对症下药，就有强筋补益、揩齿固牙等疗效。

① (晋)葛洪《抱朴子》内篇卷一一，上海古籍出版社 1990 年影印《诸子百家丛书》本，第 84 页。

② (明)李时珍著《本草纲目》木部卷三四，人民卫生出版社 1978 年版，第三册，第 1919 页。

第三节　催生巫术、妊娠巫术与产后巫术

一　催产巫术与死鼠

“妇人两三日产不出，取死鼠头烧作灰，和井华水服，即差。”（伯二六六六背面）①中国古代巫术有“厌鼠法”，即以埋老鼠祛邪趋吉。唐段成式《酉阳杂俎》前集卷五《怪术》载：“厌鼠法，七日以鼠九枚置笼中，埋于地，秤九百斤土覆坎，深各二尺五寸，筑之令坚固，杂五行书曰：‘亭部地上土。’涂灶，水火盗贼不经；涂屋四角，鼠不食蚕；涂仓，鼠不食稻；以塞坎，百鼠种绝。”②厌鼠法后，鼠头再不能钻坎洞。鼠头有药用功效，《本草纲目》兽部卷五一载：“头〔主治〕瘘疮鼻齇，汤火伤疮。”③

用巫术灭鼠后，能为人解决问题，带来吉庆。以上催产巫术即仿此厌鼠法进行，所不同的是，一为埋，一为烧。

老鼠爱打洞，故巫师认为鼠头具有钻洞的魔力，可以治病，井水亦可传达此魔力。此条巫术有中医学的根据。因井水是远从地脉而来，亦为治病良药。《本草纲目》水部卷五《井泉水》曰：“井水新汲，疗病利人。”李时珍又曰：“凡井以黑铅为底，能清水散结，人饮之无疾；入丹砂镇之，令人多寿。”④

8. 三彩唐人妇女坐俑（陕西西安东郊王家坟唐墓出土）〔采自《中国古俑白描》〕

二　妊娠巫术与拜太阳

“妇人妊娠经三月觉，即向南方礼三拜，令子端正，具足裳，吉。”（伯二六六六背面）⑤

这也是交感巫术和生育风俗结合之奇方。为什么“经三月觉”、“礼三拜”？“三”者代表吉庆。怀孕三月正是妊娠反应密集期，故云“经三月觉”⑥。

---

① 伯二六六六背面引文，参校丛春雨主编《敦煌中医药全书》，中医古籍出版社 1994 年版，第 574 页。

② （唐）段成式撰，方南生点校《酉阳杂俎》前集卷五，中华书局 1981 年版，第 57 页。

③ （明）李时珍著《本草纲目》兽部卷五一，人民卫生出版社 1981 年版，第四册，第 2903 页。

④ （明）李时珍著《本草纲目》水部卷五，人民卫生出版社 1975 年版，第一册，第 398 页。

⑤ 伯二六六六背面引文，参校丛春雨主编《敦煌中医药全书》，中医古籍出版社 1994 年版，第 574 页。

⑥ 请参阅高国藩著《郭煌民俗学》第十六章第五节《迷信与风俗的鉴别》，上海文艺出版社 1989 年版，第 291 页。

又为什么“向南方”礼拜呢？《淮南子·天文训》云：“南方火也，其帝炎帝，其佐朱明，执衡而治夏。”[①]《淮南子·时则训》云：“南方之极，自北户孙之外，贯颛顼之国，南至委火炎风之野，赤帝（即炎帝）、祝融之所司者万二千里。”[②]《白虎通·五行》云：“其帝炎帝者，太阳也。”[③]

由上可见，向南方礼拜即拜太阳也！敦煌地区天寒，故向南方拜太阳而交感产子。

三　产后巫术与灶神

“妇人产后血不止，取灶突中土，和酒服，良，止。”（伯二六六六背面）[④]

此条中之“酒”字，《敦煌古医籍考释》本作“取”。灶突中是灶神所在之处。宋祝穆《古今事文类聚·续集》云：“灶君神，字子郭，衣黄衣，披发，从灶中出，知其名呼之，可得除凶恶。”[⑤]灶神在古代又被称为“灶君”。灶神加祸于人的民俗观，在孔子时代即已流行，故灶神是千万不能得罪的，敦煌民间就出现了许多有关灶的禁忌。[⑥] 但是，为什么灶神又与巫术有关，并且管起妇女生孩子的事情来呢？似与以下三点原因有关：

9. 唐女供养人像（敦煌莫高窟第329窟　初唐）〔采自《中国古代服饰史》〕

第一，灶君是一位女神。《太上灵宝补谢灶王经》甚至说她是昆仑之“老母”。

道言：昔登昆仑之山，有一老母独处其中，莫知其由。是时即有妙行真人，上白天尊曰：“此之老母，未审复是何人，独住此山，殊无畏惧。”天尊曰：“惟此老母，是名种火之母，能上通天界，下统五行，达于神明，观乎二炁。在天则为天帝，在人间乃为司命。又为北斗

---

① （汉）刘安撰，（汉）高诱注，（清）庄逵吉校《淮南子》卷三，上海古籍出版社1986年影印《二十二子》本，第1216页。

② （汉）刘安撰，（汉）高诱注，（清）庄逵吉校《淮南子》卷五，上海古籍出版社1986年影印《二十二子》本，第1229页。

③ （汉）班固撰《白虎通义》卷上《五行》，景印文渊阁《四库全书》第850册，第22页。

④ 伯二六六六背面引文，参校丛春雨主编《敦煌中医药全书》，中医古籍出版社1994年版，第575页。

⑤ （宋）祝穆撰《古今事文类聚·续集》卷一〇《居处部·杂著·庖灶》，景印文渊阁《四库全书》第927册，第205页。

⑥ 请参阅高国藩著《敦煌古俗与民俗流变——中国民俗探微》第八章《民间禁忌》，河海大学出版社1989年版，第298—301页。

七元使者，主人寿命长短、富贵贫贱，掌人职禄。又为五帝灶君，管人住宅，十二时辰，普知人间之事。每月朔日，记人造诸善恶及其功德，录其轻重，夜半奏上天曹，定其簿书，悉是此母也。凡人家灶皆有禁忌，若不忌之，此母能致祸殃，弗可免也。①

既然是女神，那么管理妇女生孩子的事，也就不足为怪了。由《灶王经》看，这种说法是属于道家的，是道士编撰之神话。灶君原为男性神，《淮南子·汜论训》云："故炎帝于火而死为灶。"高诱注："炎帝神农以火德王天下，死托祀于灶神。"②这是汉初之说法。到唐代，《酉阳杂俎》前集卷一四《诺皋记上》云："灶神名隗，状如美女。"③便说灶神是女性了，故敦煌唐人便说灶君管妇女生孩子的事情。《灶王经》的说法还要晚些。

第二，灶君又是一位多子之神。所以其管生育之事，便顺理成章了。《酉阳杂俎》称其"状如美女"，生育六个女儿，"六女皆名察洽"，《藏外道书·太上感应篇集注》引古本《酉阳杂俎》云："灶神名隗，又姓张，名单，夫人字卿忌，有六女，皆名察洽（察，一作祭；洽，一作治）视如美人，有六女。常以月晦日上天白人罪状，大者夺纪，小者夺算，故为天帝督使。"④《太上灵宝补谢灶王经》称之"五方五帝灶君夫人"⑤。故这种说法，也为道士所发明。

10. 唐永泰公主墓壁画〔采自《中国古代服饰史》〕

第三，灶君的秘密为女巫所知晓。《古今图书集成·神异典》卷四三引《通幽录》云：

（唐）永泰中，牛爽授卢州别驾。将之任，有乳母乘驴，为蹬研破股，岁余疮不瘥。一旦苦疮痒，抑搔之，若虫行状，忽有数蝉从疮中飞出，集庭树，悲鸣竟夕。家人命巫卜之，有女巫颇通神鬼，巫至向树呵之，咄咄人诘之，答见一鬼黑衣冠据枝间，以手指蝉，以导其词曰"东堂下，余所处，享我致福，欺我致祸"及三。女巫又言：黑衣者，灶神耳。⑥

①⑤　《道藏》，文物出版社、上海书店、天津古籍出版社 1988 年影印本，第 6 册，第 248 页。

②　（汉）刘安撰，（汉）高诱注，（清）庄逵吉校《淮南子》卷一三《汜论训》，上海古籍出版社 1986 年影印《二十二子》本，第 1270 页。

③　（唐）段成式撰，方南生点校《酉阳杂俎》前集卷一四，中华书局 1981 年版，第 128 页。

④　《太上感应篇集注》，《藏外道书》本，巴蜀书社 1992 年版。

⑥　（清）陈梦雷编《古今图书集成·神异典》卷四三，中华书局 1934 年影印，第 493 册，第 8 页。

这是一个唐代民间传说故事。大意说在唐代永泰年间，有个女人由于骑驴子磨破大腿，害起坐板疮来，从疮中爬出虫子来，飞到树上悲鸣不已，家人找来女巫，女巫施术后，发现这些黑虫子正是灶神。这样，灶神便与巫术发生了某些联系。灶神的鬼祟行为只有女巫才能识破。

由以上三点可见，产后巫术与灶神关系密切，那是理所当然的。多半应归结于道士们发明的巫术。

灶土既然是灶王爷所在之处，土也就具有了感应的魔术力，故而被认为可以治疗妇人产后血不止。这也是交感巫术同生育风俗结合之奇方。按照汉代巫师的说法，认为灶之土也有使妇女出嫁后不思故乡而只恋小家之巫术力。《太平御览》卷三七《土》引《淮南万毕术》云："灶之土不思故乡。取灶前三寸方半寸，取中土之持远出，令人不思故乡。"①这可能由于妇女成天围着锅台转，所以灶土使其恋家而不思故乡。

第四节　牛足下土、白狗乳汁、武士弓弦巫术

一　牛足下土治婚外恋巫术

"知妇人造事，有外夫者，取牛足下土，着饮食中与妇人吃时，令夜卧唤外夫名字，又道期会处，勿使人传之。"(伯二六六六背面)②

牛足印有魔力。周代牛本为祭神之灵物。《周礼》卷一二《封人》云："凡祭祀，饰其牛牲，设其楅衡，置其絼，共其水稿。"③东夷之人还把牛骨作为占卜命运的灵骨，晋杨方《五经钩沉》云：

> 东夷之人以牛骨占事，呈示吉凶，无往不中。牛非含智之物，骨有若此之效。④

① (宋)李昉等撰《太平御览》卷三七，中华书局1960年影印本，第177页。

② 伯二六六六背面引文，参校丛春雨主编《敦煌中医药全书》，中医古籍出版社1994年版，第576页。"传"，原作"博"，丛疑为"知"，当为"傳"(传)，形似致误。

③ (汉)郑玄注，(唐)贾公彦疏《周礼注疏》卷一二，中华书局1980年影印阮元校刻《十三经注疏》本，第720页。

④ (晋)杨方撰，(清)马国翰辑《五经钩沉》，《续修四库全书》本，上海古籍出版社2002年影印，第1203册，第334页。

因此在敦煌唐人中，将牛足下土顺势地认定有巫术力便不足为奇了。而唤人之名字，又是模仿巫术之体现。牛心向主，妇人吃牛足下土受到感应，使妻心向其夫。牛也是最听主人使唤的，吃牛足下土受到感应，使妻子更为听从丈夫的使唤，心甘情愿地围着锅台转，奉侍公婆和丈夫儿女。而唤其外夫名字，又道期会处，使其外夫受到感应，不敢再到"期会处"来相见。这是以交感巫术与模仿巫术之综合法来治妇人的"婚外恋"。

11. 三彩唐代仕女俑（陕西西安高楼村唐墓出）〔采自《中国古俑白描》〕

二　白狗乳汁治无子巫术

"治妇人无子，多年不产，取白狗乳，内着产门中，以行房，立得。"（伯二六六六背面）[①]

敦煌唐人认为，白母狗之乳汁乃生子之灵物。将白母狗之乳汁加以采集，并把这种有魔力之液体，滴于女子的阴道中，然后与丈夫做爱，便会令结婚不孕的女子怀孕，使多年不产子的女子产子。这显然也是以交感巫术来治妇女的不孕症，因狗类为一胎多子之动物，故其乳汁也具有多子之魔力。

但为什么一定要用"白狗乳"，而不用别的品种狗呢？这是导源于白狗主富贵的民俗观。《艺文类聚》卷九四《狗》引《杂五行书》云：

> 犬生四子，取黄子养之；犬生五子，取青子养之；六子，取赤子养之；七子，取黑养之；八子，取白养之。白犬乌头，令人得财。白犬黑尾，令人世世乘车。黑犬白耳，犬主畜之，令人富贵。黑犬白前两足，宜子孙。黄犬白尾，令人世世衣冠。[②]

由上可见，白狗产子最多，能产八子。其他颜色的狗，黄狗四子，青狗五子，赤狗六子，黑狗七子，都没有白狗多。所以敦煌的治无子巫术就必须利用白狗乳汁来加强巫术的魔术力了。故《本草纲目》兽部卷五〇《狗》云："乳汁，白犬者良。"[③]

---

① 伯二六六六背面引文，参校丛春雨主编《敦煌中医药全书》，中医古籍出版社 1994 年版，第578 页。

② （唐）欧阳询撰，汪绍楹校《艺文类聚》卷九四，上海古籍出版社 1982 年版，第 1637 页。

③ （明）李时珍著《本草纲目》兽部卷五〇，人民卫生出版社 1981 年版，第四册，第 2717 页。

三 武士弓弦治纯生女巫术

“凡人纯生女，怀胎六十日，取弓弦烧作灰，取清酒服之，回女为男。”（伯二六六六背面）[①]

12. 勇猛武士图

弓弦者，为勇猛武士所执也。汉刘珍等撰《东观汉记》卷一〇《盖延》曰：“盖延，字巨卿，渔阳要阳人，身长八尺，弯弓三百斤，以气势闻。延为幽州从事。”[②]晋张璠撰《汉记》云：“陈球为零陵太守，州兵朱盖等反，球守城，弦大木为弓，羽矛为矢，机发之，远射千余人，斩朱盖等。”[③]盖延与陈球均以执大弓获战功而闻名，故《易》曰：“弧矢之利，以威天下。”[④]商周以前还是原始社会，当时发明弓箭主要用于狩猎，而以后就被用于部落之间的战争，故说“以威天下”。武士弓弦便具有典型的雄性之特征，正如高山族巫术所示，这些“携带的武器，无论弓箭、枪矛，都一一经巫师念咒祈祷具有神力”[⑤]。烧弓弦为灰，加入清酒，使纯生女夫妇服之，即可回女为男，这是以交感巫术与生育风俗结合之奇方。

我国满族的男孩生育风俗，件件与武士的弓箭有关，可与敦煌生男孩必饮弓弦酒之巫术对照研究。傅其仁《满族生育子女的风俗》一文载：

> 小儿生下以后，如果是男孩在门口挂上小弓小箭。如果是女孩挂上红布条。……
>
> 在八岁前，男孩玩具以弓箭为主。也开展比箭法游戏，谁射的准就受到重视。[⑥]

孩子褓褓期唱的摇篮曲，如果是男孩，唱的也是与弓箭有关的《愿望词》：“悠悠喳，巴不喳，小阿哥睡觉罢。你阿玛出兵发马啦，骑着大红马，挎上大腰

---

① 伯二六六六背面引文，参校丛春雨主编《敦煌中医药全书》，中医古籍出版社 1994 年版，第 578 页。

② （汉）刘珍等撰，吴树平校注《东观汉记校注》卷一〇，中华书局 2008 年版，第 346 页。

③ （晋）张璠撰，（清）黄奭辑《汉记》，《知足斋丛书》本。

④ （魏）王弼、（晋）韩康伯注，（唐）孔颖达等正义《周易正义》卷八《系辞下》，中华书局 1980 年影印阮元校刻《十三经注疏》本，第 87 页。

⑤ 高山族巫术，见《高山族风俗志》，中央民族学院出版社 1988 年版，第 87 页。

⑥ 傅英仁《满族生育子女的风俗》，见《黑龙江民间文学》第九集，黑龙江省出版局 1983 年刊，第 130—131 页。

刀，拉弓射箭武艺高。大花翎子啊，亮红顶子啊，挣下的功劳是你的啊。”①

可见，男孩与弓箭反映的尚武民俗观是这种巫术产生的基础。在后世，民间求子必拜手执弓箭的神祇。辽宁鞍山《海城县志》卷四《神道·张仙》云：“居民生子不育，率皆供奉张仙。其像手张弓以射犬，群儿绕其下，谓能驱除天狗，则婴儿可保也。其神位概设于寝室门后，箭向外射。有子之妇女，或朔望，或朝夕焚香叩拜，年节则设香烛供品与诸神并祀。据《金台纪闻》，世传张仙像者，乃蜀主孟昶弹图也。初，花蕊夫人费氏入宋宫，念其故主，以此图悬壁上。太祖致诘，跪答曰：‘此蜀中张神仙也，祀之令人有子。’后人不解真意，认为信能保子，遂祀之，相沿至今。”②

13. 小孩得医图　敦煌莫高窟第217窟（盛唐）〔采自《敦煌学大辞典》〕

这种挂弓弦促生男的交感巫术与生育风俗，来源颇为久远。由西汉戴圣编定的《礼记》，对挂弓弦促生男巫术已有记载，说明此俗乃是秦汉古俗也。

1.《礼记·内则》云：“子生，男子设弧于门左，女子设帨于门右。”郑玄注云：“表男女也。弧者，示有事于武也；帨者，事人之佩巾也。”③

《礼记·月令》云：“（仲春之月）是月也，玄鸟至。至之日，以大牢祠于高禖，天子亲往，后妃帅九嫔御。乃礼天子所御，带以弓韣，授以弓矢，于高禖之前。”郑玄注云：“天子所御，谓今有娠者，于祠大祝酌酒饮于高禖之庭，以神惠显之也，带以弓韣，授以弓矢，求男之祥也。《王居明堂礼》曰：带以弓韣，礼之禖下，其子必得天材。”④

2. 高禖神是我国古代著名的主宰生育之神。谁是高禖神，古代说法纷纭，《礼记·月令》郑玄注以简狄为高禖神，《世本》和谯周《古史考》以伏羲为高禖神，汉蔡邕《月令章句》认为是“人之先”即高禖神，宋罗泌《路史·余论》又以女娲为高禖神。《通典》卷五五则云：“高禖者，人之先也。故立石为主，祀以太牢

① 傅英仁《满族生育子女的风俗》，见《黑龙江民间文学》第九集，黑龙江省出版局1983年刊，第132页。

② 陈荫翘、常守陈、戚星岩修纂《海城县志》卷四，凤凰出版社、上海书店、巴蜀书社出版2006年版，第194页。

③ （汉）郑玄注，（唐）孔颖达等正义《礼记正义》卷二八，中华书局1980年影印阮元校刻《十三经注疏》本，第1469页。

④ （汉）郑玄注，（唐）孔颖达等正义《礼记正义》卷一五，中华书局1980年影印阮元校刻《十三经注疏》本，第1361页。

也。"[①]简狄、伏羲、女娲都是神话而已，并不具体，古人认为具体的是"立石"，即如连云港博物馆里立着的那一根大的石头，类似男性生殖器，大概是古人崇拜的高禖神了。

故挂弓箭求男的生育巫术，必得在高禖神下祭拜，连古代天子也如此。后妃有娠者在高禖之庭挂上弓矢，是"求男之祥"，而且，"其子必得天材"。

14. 唐朝妇女出行图 敦煌莫高窟第217窟(盛唐)〔采自《中国古代服饰史》。下同〕

有趣的是，这种生育巫术在印度与我国西藏也有，但是远没有敦煌此俗那么古老。林惠祥著《文化人类学》指出："在西藏的兄弟共妻制一个人结了婚，他的兄弟也同时有了妻。他们很和睦地住在一处，生小孩时诸兄弟都是父亲，但最大的哥哥行了一种仪式叫做'弓箭的给与'(giving the bow and arrow)于是他便成为法律上的父亲。"[②]

第五节　治婚外恋巫术、令夫爱妻巫术与令女爱男巫术

一　白马蹄中土治婚外恋巫术

"妇人别意，取白马蹄中土，安妇人炕下，物(勿)使人知，睡中自道姓名。"(伯二六六六背面)[③]

15. 唐女供养人祈祷　敦煌329窟

首先，古代巫师认为马蹄中土有令人"卧不起"的巫术力。《太平御览》卷三七《土》引《淮南万毕术》云：

> 东行马蹄中土令人卧不起。取东行白马蹄下土，三家井中泥合土和之，置卧人脐上，即不能起。[④]

① (唐)杜佑撰《通典》卷五五《高禖》，景印文渊阁《四库全书》第603册，第679页。

② 林惠祥著《文化人类学》，上海文艺出版社1991年版，第185页。

③ 伯二六六六背面引文，参校丛春雨主编《敦煌中医药全书》，中医古籍出版社1994年版，第580页。

④ (宋)李昉等撰《太平御览》卷三七《地部二》，中华书局1960年影印本，第177页。

可见，马蹄中土对不恋家的妇人，可能起着一种固定的作用，使其卧不起。

其次，古人视白马为一种灵物。《太平御览》卷八九七引葛洪的《抱朴子》一书曾经讲到一匹白马神灵的故事，说明古人认为白马是非比平常的神奇动物：

> 李南乘赤马行，道逢他人乘白马者，白马先鸣，而南赤马鸣应之。南谓从者曰："彼马言：汝今当见一黄马左目盲者，是吾子，可为告，使驶行相及。"从者不信，行二里所，果逢黄而左目盲。南之马先鸣，而盲马应之。问其主，果向白马子也。①

故事中的白马，在它的儿子还未来时，便已知道其子必来，其神灵令人惊异。但怎么就被李南识破的？李南懂马语吗？还是他是个通神的巫师？不得而知。

白马既为灵物，其蹄中土自然具有灵验之效力，将蹄中土安枕下，便使人有了魔术般的感应力，使婚外恋的妇人，在睡梦之中感染其身，讲出恋人的姓名，婚外恋的秘密便会被戳穿。这也是以交感巫术与模仿巫术综合法来治妇人的移情别恋。

在唐代的交感巫术中，一贯认为马蹄下之泥土，具有巫术之魔力。如果将马蹄下土制成丸后服用，就会使人具有抵抗别人巫术魔力的特异功能。《增补秘传万法归宗》卷四《陶朱公催花十锦术》中有一条巫术方子，云："取东方马蹄踏迹下土，二家井中清泥，贮合和十丸，相摩如粉，置卧人头上，一丸服下，传之不魔。"

以上敦煌马蹄中土的巫术并不是孤立存在的，唐代其他地方也流行过诸如此类的巫术方子。

二　令夫爱妻巫术与鼠尾烧灰

"夫憎妇，取鼠尾烧作灰，和酒与夫服之，即怜妇。"（伯二六六六背面）②

古人一贯认为鼠尾有聚合之魔力。《神异经》云："北方层冰万里，厚百丈，有磎鼠在冰下土中焉，形如鼠，食草木，肉重千斤，可以作脯，食之已热。其毛八尺，可以为褥，卧之却

16. 唐李重润墓壁画

① （宋）李昉等撰《太平御览》卷八九七《兽部九》，中华书局1960年影印本，第3982页。

② 伯二六六六背面引文，参校丛春雨主编《敦煌中医药全书》，中医古籍出版社1994年版，第580页。

寒。其皮可以蒙鼓，闻千里。其毛可以来鼠，此尾所在鼠聚。今江南鼠食草木为灾，此类也。”①

由上观之，鼠尾既有“聚”之神力，故施以巫术，可以使夫妇之间产生聚合力。

古人又认为鼠尾可以催生。《本草纲目》兽部卷五一《鼠》条曰：“四足及尾〔主治〕妇人堕胎易出。《别录》足：烧服，催生。”②故云生子会使丈夫回心转意。夫妇交相感应。

三　令女爱男巫术与男子鞋底土

“男子欲得妇人爱，取男子鞋底土，和酒与妇人服，即相爱。”（伯二六六六背面）③

正如弗雷泽所指出的那样：“对人发挥巫术交感作用，不仅可以通过他的衣服或某些从其身上掉下的东西来实现，也可通过他的身体在沙子上或地上留下的印迹来实现。”④

足迹巫术是交感接触巫术在爱情上的运用。不独足印泥有魔术力，对原始人来说，足印水也有魔术力。例如我国云南独龙族民间传说《马葛棒》，述说一个妮泰姑娘，由于采笋子口渴，找水解渴，“最后找到象的脚印中有一窝水，清亮亮的，能照见人的影子。妮泰高兴极了，急忙用身上披的独龙毯擦了擦手，捧来象脚印中的水，喝了个痛快”，这以后，“身子感到一天比一天不舒服”，肚子大起来，最后生下来一个大象的儿子，叫马葛棒。⑤

17. 唐永泰公主墓壁画（作男子服饰装，有衣带）

这个马葛棒故事正是交感巫术的衍生物，足印水具有了接触的巫术力。因为在原始人的巫术意义当中：

第一，足迹被视为人的有意识的标记。普列汉诺夫说原始人：“当人们彼此从远方交往的时候，踪迹（足迹）可以用来作为使用有意识的标记的范型（维·伊·约赫尔说）。”⑥足迹既然是

① 旧题（汉）东方朔撰，（晋）张华注《神异经》，景印文渊阁《四库全书》第1042册，第268页。

② （明）李时珍著《本草纲目》兽部卷五一，人民卫生出版社1981年版，第四册，第2904页。

③ 伯二六六六背面引文，参校丛春雨主编《敦煌中医药全书》，中医古籍出版社1994年版，第581页。

④ ［英］弗雷泽著，徐育新等译《金枝》，中国民间文艺出版社1987年版，第67页。

⑤ 谷德明编《中国少数民族神话选》，西北民族学院研究所1983年印行，第591页。

⑥ ［俄］普列汉诺夫著，曹葆华译《论艺术》，生活·读书·新知三联书店1972年版，第137页。

有意识之物，那么，恋人的足迹便具有了爱情的魔力，足印土也都是爱情的粒子。

第二，足迹也被视为是性器之象征。"澳洲土人认为足迹代表男子性器，因此，'履迹'便代表交合。此外，足迹还可以代表神灵的降临；'履迹'便代表神灵降临在崇拜者身上。"①这是陈炳良在《神话·礼仪·文学》一书《生民新解》中对足迹之解释，是颇有见地的。他认为，饮足泥之酒，便能受到性爱意识之感染。

总之，古人认为男子鞋底的土也是其爱情分出去的一部分，可使对方得到相互感应，故此法是以交感巫术效力来向女子求爱。

第六节　治妇人无子巫术与催乳、念咒催生巫术

一　治妇人无子巫术与树孔草灰

"治妇人无子，取桑树孔中草烧作灰，取井华水服之，验。"②（伯二六六六背面）

自远古起，古人便误认为从树孔中能生出人来，这可能与树孔和女阴之间的相似性有关。树生儿之传闻，在我国古典文献中多有所述：

> 伊尹母行汲，化为空桑。父寻至水滨，见桑穴中有儿，取归养之。（《尚书大传》）③
>
> 有侁氏女子采桑，得婴儿于空桑之中，献之其君，其君令烰人养之。察其所以然，曰："其母居伊水之上，孕，梦有神告之曰：'臼出水而东走，毋顾。'明日，视臼出水，告其邻，东走十里，而顾，其邑尽为水，身因化为空桑。"故命之曰伊尹。（《吕氏春秋》）④

---

① 陈炳良著《神话·礼仪·文学》，联经出版事业公司1985年版，第116页。

② 伯二六六六背面引文，参校丛春雨主编《敦煌中医药全书》，中医古籍出版社1994年版，第580页。

③ （清）蒋骥撰《山带阁注楚辞》卷三《天问》引《尚书大传》，景印文渊阁《四库全书》第1062册，第665页。

④ （秦）吕不韦撰，（汉）高诱注，（清）毕沅校《吕氏春秋》卷一四《本味篇》，上海古籍出版社1986年影印《二十二子》本，第669页。

18. 唐永泰公主墓壁画(女扮男装,有衣带)

王梵志,卫州黎阳人也。黎阳城东十五里有王德祖者,当隋之时,家有林檎树,生癭大如斗。经三年,其癭朽烂。德祖见之,乃撤其皮,遂见一孩儿,抱胎而出,因收养之。至七岁,能语。问曰:"谁人育我?"及问姓名。德祖具以实告。因曰:"林木而生,曰梵天(后改曰'志');我家长育,可姓王也。"作诗讽人,甚有义旨,盖菩萨示化也。(《桂苑丛谈》)①

以上所说"桑穴"、"空桑",即指桑树孔,伊尹生其中。林檎树即花红树,树癭指树木外部隆起如瘤之处,"其癭朽烂"乃化为孔,故王梵志生于其中。可见古代奇男子多有生于树孔中者,故认为树孔中草也有感应魔力,烧作灰和井水服即可治女子不孕症。这是交感巫术与生育风俗结合之奇方。

二 催乳巫术与衣带烧灰

伯二六三五背面《王宗无忌单方》中有生育风俗,也有巫术成分:"治妇人少乳,取母衣带烧作灰,三指撮,和酒及水服之。"②这可称为"催乳巫术",是从衣带巫术衍化而来的。

此巫术显然说明,敦煌唐人认为可以通过衣带发挥巫术交感之作用。运用"衣带"来施行巫术,在唐代并不鲜见。唐代李朝威《柳毅传》提到柳毅欲救龙女,龙女给他一条衣带,因这衣带龙女接触过,对洞庭湖底的龙王便有交感巫术之作用;柳毅用衣带束以他物,来叩击大桔树,树根通湖底,产生感应魔力,使龙王得知龙女的不幸信息,便来救她出困境。③ 与此同理,由于母亲将孩子哺育长大,连同衣服和母亲的衣带,自然都具有感应的魔力,故其衣带烧作灰能发乳。这也是以交感巫术与生育风俗结合之奇方。

运用"衣带"来施行恋爱巫术,明清时期见于贵州省,在少数民族中流行。清李宗昉撰《黔记》卷三载:"六洞夷人,在黎平府属,短衣色裙,细花尖鞋。未婚男女,剪衣换带为凭,卜吉嫁之。"④清陆次云撰《峒溪纤志》中卷《跳月》云:"苗童之未娶者曰罗汉,苗女之未嫁者曰观音,皆髻插鸡翎,于二月群聚歌舞,自相择

① (明)陶宗仪编《说郛三种》卷二六引,上海古籍出版社 1988 年影印本,第 1254 页。

② 伯二六三五背面引文,参校袁仁智、潘文主编《敦煌医药文献真迹释录》,中医古籍出版社 2015 年版,第 456 页。

③ 见(唐)李朝威撰《柳毅传》,《丛书集成初编》本,商务印书馆 1935 年版,第 1—17 页。

④ (清)李宗昉撰《黔记》卷三,《丛书集成初编》本,商务印书馆 1935 年版,第 29 页。

配，心许目成，即谐好合。余别有记以详其事。”[1]又陆次云《跳月记》载：“苗人之婚礼，曰跳月。……男则椎髻当前，纏以苗帨，袄不迨腰，裈不迨膝，裈袄之际，锦带束焉。……女反裙不裈，裙衫之际，亦锦带束焉。……渡涧越溪，选幽而合，解锦带而互系焉。相携以还于跳月之所，各随父母以还，而后议聘。”[2]

这条腰带中隐藏着诱惑异性的魔术力，故即使将它烧成灰和酒服也助女子“催乳”之用，唐代催乳巫术正由此而出。

三　念咒催生巫术

念咒催生巫术是敦煌唐人佛教的催生巫术。伯三九三〇《不知名医方第十种残卷》，由于卷子中有避“世”字讳的情况，故知为唐人写卷无疑。本卷的内容是以头部五官病以及妇女产科病为主的敦煌民间医方，渗透有民间佛教巫医的产科医方。念咒催生巫术即为敦煌唐人民间佛教巫医的产科医方之一。伯三九三〇原文第 81 行至 83 行云：

> 又方：有咒法：“南无乾施婆，天使我广说此咒偈：邪唎邪唎，邪婆怛他，邪婆怛他，莎诃。”右此咒于华皮上抄之。净漱口，含净水，烧香佛前，一气抄之，但觉欲产时。[3]

念催生巫术的咒法是：在产妇欲产时，先漱口，含净水，烧香拜佛，然后在桦皮上一口气抄写好以上佛教的咒语即可。

---

① (清)陆次云撰《峒溪纤志》中卷，《丛书集成初编》本，商务印书馆 1935 年版，第 15 页。

② (清)郑澍若编《虞初续志》卷六，上海书店 1986 年影印本，第 17—18 页。

③ 袁仁智、潘文主编《敦煌医药文献真迹释录》，中医古籍出版社 2015 年版，第 380 页。

第二十八章　敦煌奇异的模仿巫术与反抗巫术

第一节　敦煌佛教模仿巫术

——兼谈敦煌恋爱模仿巫术

在唐代敦煌佛教巫术中，佛教密宗借观音菩萨和释迦牟尼的盛名制作了不少模仿巫术。有一类是属于同类生死巫法的。法藏伯三八七四《2. 不空羂索观音菩萨法印上》(7—7)中，便有这种形态的模仿巫术，而且还是双重的巫术，文云：

1. 观音菩萨像

又法，若有恶人怨(怨)仇欺陵者，画此人形状，用细柴着火，诵咒一遍，取此形像，拍取一片，此中烧满八百遍，其恶人即因病。若若解法：用乳蜜，着干柴火同前满八百遍即损。又法，取骨灰一把，抄此恶人姓名，同哀诵咒一遍，称此姓名，脚踏一下，满八百遍，此恶人即因病。若不解，终不得损。若欲得作上种种事者，须阑结界，结界咒曰：怛侄他，底瑟咤，底线咤助，无他江伽喇，悉底莎诃。已上此咒诵七遍，即组成结界。①

这是佛教密宗搞的模仿巫术，方法新奇。他们画恶人的形状，制成图片，以细柴点火来烧，诵一遍咒，撕一片烧，烧满八百遍，甚至于把人的姓名放在脚下踩，踩八百遍，还配上咒语和骨灰之类。作此巫法必须先念结界咒，诵满七遍组成结界才能施术。何谓“结界”？即建立伽蓝(寺庙)或作戒坛，行一种作法，而

① 上海古籍出版社、法国国家图书馆编《法藏敦煌西域文献》第29册，上海古籍出版社2003年版，第49页。

定成为一种区域的境界，叫做“结界”，也就是说必须先立法坛，造成一种区域境界，才能施成巫术。

这种利用人的相片、姓名，甚至制木偶来施巫术害人，当然不是佛教密宗独有，外国也有。例如，英国曾有女人把情敌的照片放在油锅里炸，用以伤害情敌本人，这也是模仿巫术的变异形态。北美印第安人也有一种类似的做法：他们把某个人的像画在沙子上、灰烬上、泥土上，或任何其他被认为可以代替其真身的东西上，然后用尖棍刺或给予其他形式的损伤。他们相信，这样一来，画像所代表的那个人就会受到相应的伤害。另外，在我国云南西双版纳傣族中，有一种所谓“铜片刻名”的巫术，方法是在一块铜片上刻上仇人的名字，将它拴在一尾活鱼身上，然后放生，据说这条鱼因被拴而死于水中，被咒者也会死于地上。

敦煌恋爱巫术也有采取此法者。法藏伯二六一〇 V^0《9. 攘女子婚人述秘法》(11—7)就有类似的模仿巫术：

1. “凡男欲求女妇私通，以庚子日书女姓名，封腹，不经旬日，必得。”①此条在讨论顺势巫法时已提及，就男方封腹而言，它是顺势的交感巫术，但就使用女方姓名而言，它又是模仿巫术，是两种巫术结合的形态，内容并不复杂。

2. “凡欲令妇人爱敬，子日取东南引桃枝，则作木人、书名，安厕上，验。”②这是指模仿所爱女人的模样刻一个木人，木人上写此女子姓名，安置在厕所里，便有模仿魔力，摄女子魂，并且能得到她。

3. “凡欲令女爱，以庚子日书女姓名，方圆□□，无主，即得。”③这是施术于女人姓名，也有模仿魔术力，如果她仍然是无主的话，就可勾去她的魂。佛教密宗对模仿巫术的创造当然不止一种，还有一种更为有趣的追求龙女的巫术。

所谓龙女是指神话中那位美丽的龙王女儿，中古时代流传有许多有关龙女的故事：

1. 唐代梁载言撰《梁四公记》记载过一个梁武帝遇龙女的故事，云：

2. 唐代大食旅人俑(陕西西安唐墓出土釉陶瓷器)

震泽中，洞庭山南有洞穴，深百余尺，旁行五十余里至龙宫，杰公谓是东海龙王第七女，掌龙王珠藏，小龙千

①②③　上海古籍出版社、法国国家图书馆编《法藏敦煌西域文献》第16册，上海古籍出版社2001年版，第238页。

户卫护此珠。龙畏蜡，爱美玉及空青，而嗜烧燕，使通信可得宝珠。帝闻大喜，乃诏有能使者，厚赏之，于是罗子春兄弟三人应募，帝敕百工以于阗舒河中美玉，造小函二，以桐木灰发其光，求宣州空青，汰取其精者，用海鱼胶调之成二函，火坚之，龙脑香寻亦继之。杰公曰：以蜡涂子春等身及衣佩石，乃烧燕五百枚，入洞穴至龙宫。守门小蛟闻蜡气，俯伏不敢动，乃以烧燕百事赂之，令其通以其上。上者献龙女，龙女食之大喜。又上玉函青缶，具陈帝旨：洞中有龙五千余岁，能变化出入人间，善译时俗之言。龙女知帝礼之，以大珠三、小珠七、杂珠一石以报帝命。子春等乘龙载珠还国。①

以陆上于阗玉换海中宝珠，故事有文化价值。

2. 唐李朝威撰《柳毅传》写有龙女报恩的传奇故事，略云：唐仪凤中，有儒生柳毅者应举下第，将还湘滨，见有妇人，牧羊于道畔、蛾脸不舒，巾袖无光。毅诘之，妇终泣而对曰："妾洞庭龙君小女也，父母配嫁泾川次子，而夫婿乐逸，日以厌薄，毁黜以至此。"毅曰："吾义夫也。闻子之说，气血俱动，恨无毛羽，不能奋飞。然而洞庭深水也，子有何术，可导我邪？"女曰："洞庭之阴，有大橘树焉，乡人谓之社橘，君当解去兹带，束以他物，然后叩树三发，当有应者，因而随之，无有碍矣。"毅到乡还家，乃访于洞庭，因取书进之。洞庭君览毕，掩面而泣，左右皆流涕。时为钱塘赤龙所知，俄长千余尺，千雷万霆，乃劈青天而去。俄而祥风庆云，红妆千万而至。后有一人乃前寄辞者，香气环旋，入于宫中。明日，毅辞归，泾阳女当席拜毅以致谢。宴罢辞别，满宫凄然，赠遗珍宝，怪不可述，至家财以盈兆。有媒氏告之曰："有卢氏女，欲择德以配，不识何如？"毅乃卜日就礼，入户视其妻，妻曰："余即洞庭君之女也，衔君之恩，誓心求报。今日获君，死无恨矣。"因呜咽泣涕交下。乃相与归洞庭，后居南海为神仙。②

3. 唐人妇女骑马旅行图（莫高窟第217窟）

3. 宋乐史撰《杨太真外传》写有唐玄宗梦见龙女的传说故事："玄宗在东都，梦一女，容貌艳异，梳交心髻，大袖宽衣，拜于床前。上问：'汝何人？'曰：'妾是

① （宋）李昉等撰《太平御览》卷八〇三《珍宝部二·珠下》，中华书局1960年影印本，第3568页。

② （宋）李昉等编，汪绍楹点校《太平广记》卷四一九《龙二·柳毅》引《异闻集》，中华书局1961年版，第3410—3417页。

陛下凌波池中龙女。卫宫护驾，妾实有功，今陛下洞晓钧天之音，乞赐一曲以光族类。'上于梦中为鼓胡琴，拾新旧之曲声，为《凌波曲》。龙女再拜而去。及觉，尽记之。会禁乐，自御琵琶，习而翻之。与文武臣僚，于凌波宫临池奏新曲，池中波涛涌起，复有神女出池心，乃所梦之女也。上大悦，语于宰相，因于池上置庙，每岁命祀之。"①

由上观之，唐人中盛传龙女故事，不仅唐玄宗在宫里设龙女庙，民间也设龙女祠。唐边塞诗人岑参《龙女祠》诗云："龙女何处来，来时乘风雨。祠堂青林下，宛宛如相语。蜀人竞祈恩，捧酒仍击鼓。"②说明唐代民间已有捧酒击鼓祭龙女之习俗。当然，佛教经典中也有龙女成佛之故事。《法苑珠林》卷一一《乳糜部第五》云："时菩萨受被乳糜，持至尼连禅河，有一龙女名尼连荼耶，从地涌出。"③结果随菩萨出家。佛教的龙女故事更加强了唐人祭祀龙女之热潮，在如此的民俗背景下，佛教密宗推出了追求龙女的奇异的巫术。

法藏伯三八七四《2. 不空羂索观音菩萨法印上》(7—6)云：

> 又法，若欲追龙女者，先须吃水及面食，用蜂窠泥作龙女形，用香花供养，取牛乳诵八百遍，一切六道洒面形像，更取一白赤色花，一诵一遍彼形像，即令龙女速疾而来。④

通过比较可知，柳毅遇见的龙女显然使用了巫术，她给柳毅一根腰带，这腰带由于龙女接触过，故而束之于橘树时发出了感应魔力，从而使龙宫知道来人之信息，这是感应巫术在龙女故事中之再现。但追龙女巫术却不同，它是用蜂巢泥作了龙女像，口中还要念龙女名字，龙女中了这种模仿巫术，便会速跟施术人回家。如果说《柳毅传》所述还是一个虚幻故事的话，那么中国佛教密宗的追求龙女之巫术，简直就是一个追求美女的神奇秘方了。佛教密宗能获得众多情窦初开的少男少女的拥戴，大概与其有神奇的召唤异性恋人之魂的巫术有一定关系。

---

① (五代)王仁裕等撰，丁如明辑校《开元天宝遗事十种 · 杨太真外传》，上海古籍出版社 1985 年版，第 135 页。

② 《全唐诗》卷一九八，中华书局 1960 年版，第六册，第 2044 页。

③ (唐)释道世撰集《法苑珠林》卷一一，上海古籍出版社 1991 年影印本，第 94 页。

④ 上海古籍出版社、法国国家图书馆编《法藏敦煌西域文献》第 29 册，上海古籍出版社 2003 年版，第 48 页。

第二节　敦煌民俗中的模仿巫术

模仿巫术渗透于敦煌民俗各个方面，以下简要论述之。

一　召燕入室

在居家风俗中施用巫术。伯二六八二《白泽精怪图一卷》(7—7)云："燕不来入堂室，百井之虚也，取梧桐为人男女，各置井中，必来。"[①]男女木头人各具有模仿魔术力，被认为能召燕入堂室做巢。此巫术来自唐代民间，《酉阳杂俎》前集卷一六《羽篇》就搜集了一条唐代民间同样的巫术："旧说燕不入室，是井之虚也。取桐为男女各一投井中，燕必来。"[②]

五代马缟《中华古今注》卷下云："燕，一名天女。"[③]既然是天女下凡，自然家家盼燕入室做巢，以求吉祥，故有此巫术产生。

二　土狗灭鼠

见于生产风俗中。伯二六八二《白泽精怪图一卷》(7—6)云："凡鼠为怪，名阴贼，□□(以水)和黄土涂室内，近床下地方三尺；以黄土为犬，长六寸，宜土二日，取犬捐交道间，殃除已。"[④]

做六寸小土狗，被认为能辟鼠，这显然是模仿巫术。为什么要用模拟的黄土犬来除鼠害呢？这是因为，自战国时起，民间就流行用狗捉老鼠的风俗。《太平御览》卷九〇五引《吕氏春秋》云：

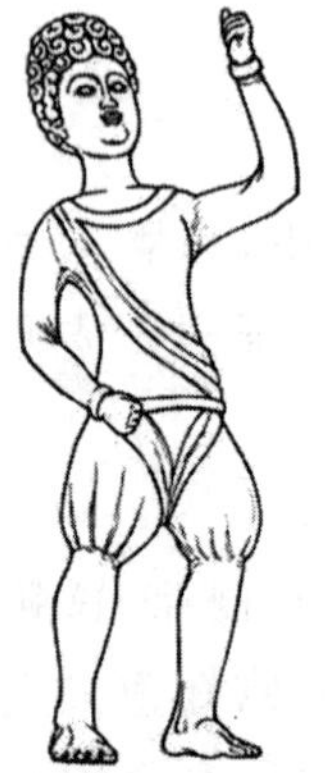

4. 唐代昆仑俑(陕西西安唐墓出土釉陶瓷器)

齐有善相狗者，其邻借之买鼠狗，期年而得，曰："是良狗也。"其邻畜之数年，不啖鼠，以告相者，曰："此良狗也，志在獐麋豕鹿，不在鼠，欲取其鼠

① 上海古籍出版社、法国国家图书馆编《法藏敦煌西域文献》第17册，上海古籍出版社2001年版，第232页。详细论述请参阅高国藩著《敦煌民俗学》第二十章《敦煌民间信仰的白泽精怪图》第六节《白泽精怪图中表现的民间风俗》，上海文艺出版社1989年版，第367页。

② (唐)段成式撰，方南生点校《酉阳杂俎》前集卷一六，中华书局1981年版，第153页。

③ (五代)马缟撰《中华古今注》卷下《燕》，景印文渊阁《四库全书》第850册，第136页。

④ 上海古籍出版社、法国国家图书馆编《法藏敦煌西域文献》第17册，上海古籍出版社2001年版，第232页。详细论述请参阅高国藩著《敦煌巫术与巫术流变——中国民俗探微》，河海大学出版社1993年版，第255页。

也，则柽之。”其邻柽其后足，则狗取鼠。[①]

由上可见，生活中狗捉老鼠的风俗衍化出来了敦煌地区以黄土狗除鼠怪的模仿巫术。进而言之，巫术原理的运用在相当大的程度上取决于风俗，即巫术以风俗为基础。风俗是什么模式，巫术也采取相应的模式。

这种狗捉鼠的风俗，直至魏晋南北朝仍盛行不衰，故《太平御览》卷九〇四引《魏志》曰：“太祖云：我有丁斐，犹人家有盗狗。盖捕鼠，虽小损而完囊储。”[②]敦煌唐人以黄土狗模拟捉鼠巫术可以算是魏晋风俗的承传。

三　纸人巫术

见于建筑风俗中。伯四五二二 V⁰《2. 宅经推镇宅法第十》(8—4)中，记有一条宅舍建筑物遇到街巷的镇宅法，便是施以模仿巫术，原文云：

> 宅舍寅卯地，有直街巷及开门冲吉，厌(魇)之法：针(剪)女七人，各长七寸，白石七两，虎头一具，用砖屋盛之，用庆(麸)埋于寅卯间，入土七尺，大吉。[③]

这是模仿巫术(剪女七人)与交感巫术(白石、虎头)结合型的巫术。

四　泥人留子

见于生育风俗中。伯二六六六背面《奇方》中有一条模仿巫术，云：“妇人多失子，取产血作泥人，埋着产处，更不失子。”[④]这是模仿巫术与生育风俗结合之奇例。

五　面蜡泥人

见于人生交往风俗中。伯三九二〇《千臂千眼陀罗尼神咒经》(卅六页)云：“若为人惡(怨)恶，横相谟(谋)害者，取净土或面或蜡，捻作彼人形状，于千眼像前咒，宾刀子一百八遍，一截一称彼名，烧尽一百八段，彼人即得欢喜，终身以厚

---

① (宋)李昉等撰《太平御览》卷九〇五《兽部十七·狗下》，中华书局 1960 年影印本，第 4012 页。

② (宋)李昉等撰《太平御览》卷九〇四《兽部十六·狗上》，中华书局 1960 年影印本，第 4009 页。

③ 上海古籍出版社、法国国家图书馆编《法藏敦煌西域文献》第 31 册，上海古籍出版社 2003 年版，第 319 页。

④ 伯二六六六背面，参校丛春雨主编《敦煌中医药全书》，中医古籍出版社 1994 年版，第 573 页。

重而相爱敬。”[1]这种模仿巫术是为佛教密宗所设计。

六　虎皮披身

见于医药风俗中。伯三九二〇《千臂千眼陀罗尼神咒经》(卅六页):“若人患鬼疟病者,取虎皮、犲狼皮,咒三七遍,披着身上,即差,若师(狮)子皮最上。”[2]“鬼疟病”似为疟疾(俗称打摆子),佛教密宗发明用披兽皮模仿巫术的办法来治疗。“咒三七遍”之“咒”,即指千臂千眼陀罗尼神咒。

5. 清代先师鲁班版画

治肿疾。伯三九一四《金刚童子禁蛇蝎咒》云:“取灰作人形,并作肿处,以刀□口言帝帝吒吒将将将,刀刺灰人肿上,以脚踏之,脚踏称过去不回顾,须臾失其肿处,甚验。”[2]取灰作人自然也是模仿巫术。

七　木鸢飞天

运用在求雨风俗中。《酉阳杂俎》续集卷四曾记载到一个鲁般与木鸢的故事,但此是木鸢模仿巫术之衍化,原文云:

> 今人每睹栋宇巧丽,必强谓鲁般奇工也。至两都寺中,亦往往托为鲁般所造,其不稽古如此。据《朝野佥载》云:鲁般者,肃州敦煌人,莫详年代,巧侔造化。于凉州造浮图,作木鸢,每击楔三下,乘之以归。无何,其妻有妊,父母诘之,妻具说其故。父后伺得鸢,击楔十余下,乘之,遂至吴会。吴人以为妖,遂杀之。般又为木鸢乘之,遂获父尸。怨吴人杀其父,于肃州城南作一木仙人,举手指东南,吴地大旱三年。卜曰般所为也,赍物具千数谢之,般为断一手,其日吴中大雨。国初,土人尚祈祷木仙。六国时,公输般亦为木鸢以窥宋城。[4]

张鷟是初唐人,敦煌鲁般作木鸢飞天是在整个唐朝飞天思潮发展中完成的。鲁般作木鸢之后又作的木仙人,便是模仿巫法。木仙手指东南,吴地便大

---

[1][2]　林世田、申国美编《敦煌密宗文献集成》(下),中华全国图书馆文献缩微复制中心2000年版,第33页。

[2]　林世田、申国美编《敦煌密宗文献集成续编》(上),中华全国图书馆文献缩微复制中心2000年版,第26页。

[4]　(唐)张鷟撰,赵守俨点校《朝野佥载·补辑》,中华书局1979年版,第153页。

旱，断其一手，便大雨滂沱。按唐时模仿巫术，凡断模拟人手臂者，均为天雨雷电之巫法。《太平广记》卷二九三《石人神》引《豫章古今记》云："石人神，在丰城县南，其石状似人形，先在罗山下水中，流潦不没，后有人于水边浣衣，挂着左臂，天忽大雨，雷电霹雳。石人臂折，走入山畔。时人异之，共立为祠，每有灵验，号曰石人神。"①可见，石人臂被覆盖，也引起大雨与雷电霹雳，与以上木人断手引起大雨之巫法为同样机制。此种模仿巫术来自断手臂滴血而带来犹如天上落雨联想所致。

在唐代，与敦煌人鲁般造木鸢同类型的巫术故事，还有唐李隐撰《潇湘录》所载的《襄阳老叟》木鹤巫术。原文曰：

> 唐并华者，襄阳鼓刀之徒也。尝因游春，醉卧汉水滨。有一老叟叱起，谓曰："观君之貌，不是徒博耳。我有一斧与君，君但持此造作，必巧妙通神，他日慎勿以女子为累。"华因拜受之。华得此斧后，造飞物即飞，造行物即行。至于上栋下宇，危楼高阁，固不烦余刃。后因游安陆间，止一富人王枚家。枚知华机巧，乃请华临水造一独柱亭，工毕，枚尽出家人以观之。枚有一女，已丧夫而还家，容色殊丽，罕有比伦。既见深慕之，其夜乃逾垣窃入女之室，其女甚惊。华谓女曰："不从，我必杀汝。"女荏苒同心焉。其后每至夜，窃入女室中。他日枚潜知之，即厚以赂遗遣华，华察其意，谓枚曰："我寄君之家，受君之惠已多矣。而复厚赂我，我异日无以为答。我有一巧妙之事，当作一物奉君。"枚曰："何物也？我无用，必不敢留。"华曰："我能做木鹤，令飞之，或有急，但乘其鹤，即千里之外也。"枚既尝闻，因许之。华即出斧斤，以木造成飞鹤一双。唯未成其目，枚怪问之。华曰："必须君斋戒，始成之能飞。若不斋戒，必不飞尔。"枚遂斋戒，其夜，华盗其女，俱乘鹤而归襄阳。至曙，枚失女，求之不获，因潜行入襄阳，以事告州牧，州牧密令搜求，果擒华。州牧怒，杖杀之，所乘鹤亦不能自飞。②

此木鹤巫术中也有斋戒的要求，和敦煌鲁般"土人祈祷木仙"同类，乃唐代湖北汉水边之襄阳市真人真事型的木鹤飞天巫术。季羡林先生在其《五卷书》中译本的序言中，却指出中国的《襄阳老叟》和印度的《金翅鸟》两个故事"同出一源，毫无疑问"。请参阅《春秋战国时代巫术》章，笔者已经考订清楚，唐代鲁

① （宋）李昉等编，汪绍楹点校《太平广记》卷二九三，中华书局1961年版，第2333页。
② （宋）李昉等编，汪绍楹点校《太平广记》卷二八七，中华书局1961年版，第2286—2287页。

般造木鸢巫术故事，是春秋时代鲁般刻木为鹊飞天的传承，又通过丝绸之路传播，印度《五卷书》中的《金翅鸟》和阿拉伯《一千零一夜》中的《乌木马的故事》因而与其有所关联。

八　田章娶妻

在婚姻风俗中也有求助模仿巫术的，如变一个天仙美女出来给自己生儿育女。于是乎就演绎出三个美女在河里洗澡，田章娶其中之一为妻的故事。随着敦煌石室遗书中的变文大量披露于世，其中句道兴《搜神记》里的巫术故事，引起大家注意。这是对干宝《搜神记》里《毛衣女》变形故事的传承。句道兴其人不可考，只能认定此故事是唐人造作来给单身汉出谋划策找老婆的。故事很长，但很精彩，全文征引并分段如下：

（一）三个美女在水池洗浴，两个化鹤飞去，田昆仑留住其一，娶以为妻。

昔有田昆仑者，其家甚贫，未娶妻室。当家地内，有一水池，极深清妙。至禾熟之时，昆仑向田行，乃见有三个美女洗浴。其昆仑欲就看之，遥见去百步，即变为三个白鹤，两个飞向池边树头而坐，一个在池洗垢中间。遂入谷茇底，匍匐而前往来看之。其美女者乃是天女，其两个大者抱得天衣乘空而去。小女遂于池内不敢出池，其天女遂吐实情，向昆仑道："天女当共三个姊妹，出来暂于池中游戏，被池主见之，两个阿姊当时收得天衣而去。小女一身邂逅中间，天衣乃被池主收将，不得露形出池，幸愿池主宽恩，还其天衣，用盖形体出池，共池主为夫妻。"昆仑进退思量，若与此天衣，恐即飞去，昆仑报天女曰："娘子若索天衣者，终不可得矣。若非吾脱衫，与且盖形，得不?"其天女初时不肯出池，口称至暗而去。其女延引，索天衣不得，形势不似，始语昆仑，亦听君脱衫，将来盖我着出池，共君为夫妻。其昆仑心中喜悦，急卷天衣，即深藏之。遂脱衫与天女，被之出池。语昆仑曰："君畏去时，你急捉我着还我天衣，共君相随。"昆仑生死不肯与天衣，即共天女相将归家见母。母实喜欢，即造设席，聚诸亲情眷属之言日呼新妇。

（二）天女产一子，叫田章，五岁时，其母索借天衣，阿婆与之，腾空而去。

虽则是天女，在于世情，色欲交合，一种同居。日往月来，遂产一子。形容端正，名曰田章。其昆仑点着西行，一去不还。其天女曰：夫去之后，养子三岁，遂启阿婆曰："新妇身是天女，当来之时，身缘幼小，阿耶与女造天衣，乘空而来。今见天衣，不知大小，暂借看之，死将甘美。"其昆仑当行去之日，殷勤属告母言："此是天女之衣，为深举(弃)，勿令新妇见之，必是乘空而去，不可更见。"其母告昆仑曰："天衣向何处藏之，时得安稳?"昆仑共母作计，其房自外，更无牢处。惟只阿娘床脚下作孔，盛着中央，恒在头上卧之，岂更取得。遂藏弃讫，昆仑遂即西行。去后天女忆念天衣，肝肠寸断，胡至意日无欢喜，语阿婆曰："暂借天衣着看。"频被新妇咬齿，不违其意，即遣新妇且出门外小时，安庠入来。新妇应声即出。其阿婆乃于床脚下取天衣，遂乃示之。其新妇见此天衣，心怀怆切，泪落如雨，拂模形容，即欲乘空而去。为未得方便，却还分付与阿婆藏着。于后不经旬日，复语阿婆曰："更借天衣暂看。"阿婆语新妇曰："你若着天衣弃我飞去。"新妇曰："先是天女，今与阿婆儿为夫妻，又产一子，岂容离背而去，必无此事。"阿婆恐畏新妇飞去，但令牢守堂门。其天女着衣讫，即腾空从屋窗而出。其老母捶胸懊恼，急走出门看之，乃见腾空而去。姑忆念新妇，声彻黄天，泪下如雨，不自舍死，痛切心肠，终期不食。

(三) 天女在下界五年，只是天上两日，三姊妹重聚，相约到下界见田章。

其天女在于阎浮提经五年已上，天上始经两日。其天女得脱到家，被两个阿姊皆骂老搖，你共他阎浮众生为夫妻，乃此悲啼泣泪其公母。乃两个阿姊语小女曰："你不须干啼湿哭，我明日共姊妹三人，更去游戏，定见你儿。"

(四) 小儿寻母，遇见巫师董仲，告知其池边秘密，母子相见，带田章飞天而去。

其田章年始五岁，乃于家啼哭，唤歌歌娘娘，乃于野田悲哭不休。其时乃有董仲先生来闲行，知是天女之男，又知天女欲来下界。即语小儿曰："恰日中时，你即向池边看，有妇人着白练裙，三个来，两个举头看你，一个低头佯不看你者，即是母也。"田章即用董仲之言，恰日中时，遂见池内相有三个天女，并白练裙衫，于池边割菜。田章向前看之，其天女等遥见，知是儿来，两个阿姊语小妹曰："你儿来也。"即啼哭唤言阿娘，其妹虽然惭耻不看，不那肠中而出，遂即悲啼泣泪。三个姊妹遂将天衣，共乘此小儿上天而去。

(五) 天公知是外孙，教习巫师技能，经十五年修成方术，乃返还人间。

天公见来，知是甥(外)孙，遂即心肠怜愍，乃教习学方术伎艺能。至四五日间，小儿到天上，状如下界人间，经十五年已上学问。公语小儿曰："汝将我文书八卷去，汝得一世荣华富贵。倘若入朝，惟须慎语。"小儿选(旋)即下来，天下所有闻者，皆得知之，三才俱晓。天子知闻，即召为宰相。于后殿内犯事，遂以配流西荒之地。

(六) 蒙皇帝召唤问道，上知天文，下知地理，对答如流，遂拜为朝廷宰相。

于后，官众游猎，在野田之中，射得一鹤，分付厨家烹之。厨家破割其鹤嗉中，乃得一小儿，身长三寸二分，带甲头牟，骂辱不休。厨家以事奏上官家，当时即召集诸群臣百僚及左右问之，并言不识。王又游猎野田之中，复得一板齿，长三寸二分，赍将归回，捣之不碎。又问诸群臣百官，皆言不识。遂即官家出敕，颁宣天下，谁能识此二事，赐金千斤，封邑万户，官职任选。尽无能识者。

时诸群臣百官，遂共商议，惟有田章一人识之，余者并皆不辩。官家遂发驿马走使，急追田章到来。问曰："比来闻君聪明广识，其(甚)事皆知。今问卿天下有大人不？"田章答曰："有。""有者谁也？""昔有秦故彦是皇帝之子，当为昔鲁家斗战，被损落一板齿，不知所在。有人得者，验之官家，自知身得。"更款问曰："天下有小人不？"田章答曰："有。""有者是谁也？""昔有李子敖身长三寸二分，带甲头牟，在于野田之中，被鸣鹤吞之，犹在鹤嗉中游戏，非有一人猎得者，验之即知。"官家道好。又问："天下之中有大声不？"章答曰："有。""有者何也？""雷震七百里，霹雳一百七十里，皆是大声。""天下有小声不？"章答曰："有。""有者何也？""三人并行，一人耳声鸣，二人不闻，此是小声。"又问："天下之中，有大鸟不？"田章答曰："有。""有有(者)何是也？""大鹏一翼起西王母，举翅一万九千里，然始食，此是也。"又问："天下有小鸟不？"曰："有。""有有(者)何是也？""小鸟者无过鹪鹩之鸟，其鸟常在蚊子角上养七子，犹嫌土广人稀。其蚊子亦不知头上有鸟，此是小鸟也。"帝王遂拜田章为仆射。因此以来，帝王及天下人民，始知田章是天女之子也。[1]

本篇所表现的是模仿巫术原理。模仿品：天衣。方式：藏匿。目的：取出飞天。唐代左右仆射都是宰相之职，但田章实际是沟通人与神的巫师。巫师的专

① 王重民等编《敦煌变文集》卷八《搜神记一卷》，人民文学出版社 1957 年版，第 882—885 页。

业知识就是天公传授的方术。说到底这篇巫术故事的主题，就是鼓励人做巫师。最初向田章解破三个仙女下凡秘密的，就是能够沟通人与神的巫师董仲，正是董仲将田章导向天上神仙世界。只有巫师才能够如此游刃有余地处理天上与人间的事情。这也反映出敦煌唐人对巫师的评价是肯定的。

田章故事通过丝绸之路传至阿拉伯世界。《一千零一夜》书中《巴士拉银匠哈桑的故事》与《田章》有许多相似处。羽衣得失，天女去留，对于夫妻和婆媳关系之描写，以及儿子出远门嘱咐母亲千万不能告知媳妇天衣藏在哪里，甚至将天衣藏在房间的地下等细节基本都吻合，这说明中国和阿拉伯很早已有文化交流。

综上所述，由模拟物形成的巫术，在唐代敦煌所表现的不可谓不丰富。模拟物贯穿了模仿巫术之始终，构成了这种巫术原理的特征。为明了起见，列表如下：

敦煌模仿巫术原理表

卷号	模仿品	方式	目的
伯三八七四	画人	烧、踩	致死
伯二六一〇	姓名	封腹	恋爱
伯二六一〇	桃木人	安厕内	恋爱
伯二六一〇	蜂巢作龙女	香花供养	恋爱
伯二六八二	梧桐刻人	置井中	召燕来
伯二六八二	黄土作犬	抛交道口	治鼠害
伯四五二二背面	剪纸女人 虎头一具	埋入土 挂屋内	建筑求吉
伯二六六六背面	产血作泥人	埋入土	不失子
《朝野佥载》	木仙人	断一手	大雨
伯三九二〇	面人、蜡人	砍一〇八刀 燃一〇八只香	由怨而恋爱
伯三九二〇	披虎皮豹狼皮	咒三七遍	治疟病
伯三九一四	取灰作人	脚踏之	治肿病

由上表可见：第一，所有模仿品都用动植物、泥土、纸、画、蜡、人血等作成，均为民间常见物，故可知取材方便。第二，施术方式采用烧、踩、咒、埋、挂、贴肚腹、抛路口、香花供、置井中、砍刀、燃香等，也均为常用简易之法，没有什么复杂的技巧。总的说来，反映了施术者头脑的简单，反过来，也可见信术者愚昧之深。第三，其所达之目的，均为一种纯粹之想象，与模仿品及施行方式之间并无内在的因果关系。

从世界范围来看,各国都有同类的生死巫法模仿巫术。对此,美国人弗朗兹·博厄斯(Franz Boas,1858—1942)在其著作《原始艺术》一书《前言》中说到:"巫术又是什么?我相信,如果一个男孩看到有人向他的照片上吐唾沫并将其剪碎,那他是有理由生气的。在我学生时代,如果遇到这种事情,其结果必然是一场斗殴,而我会竭尽全力给予对方实际的打击,作为他对我的象征打击的报复。如果打赢了,我会认为这是我遭到损害以后的报偿,而这一切并没有任何心理分析的含义。我相信,我的感情和其他青年不会有什么两样,在这种情况下我们的态度就成了'巫术的'了,这又是标准化和教条化的结果。"①

第三节　敦煌同类相疗模仿巫术

同类相疗的模仿巫术,在中国也颇流行,以中草药治疗法最为典型。什么颜色的药治什么颜色的病。红色象征的是血色,红花便是补血的或是治血液病的;而红曲,据《本草纲目》谷部卷二五记载也"有治脾胃营血之功,得同气相求之理"②。肝有病,脸色就发黄,故黄色中草药就治肝病,据《本草纲目》草部卷一三云,胡黄连"主治:补肝胆"③,黄芩"主治:诸热黄疸"④。可见强调服用各种不同颜色药,实际是强调"对症下药"。

敦煌民间也是强调病人服用带有颜色的药的,这是巫医施行同类相疗巫法的遗留。伯三三九八《推十二时人命相属法第三十五》是一篇算命书,是专门给病人算命的,算一算命中注定的病能不能好,请看敦煌民间算命先生怎样为病人算命的,他十分注意病人的脸色(望诊),说出以下的话来:

1. "子生鼠相人,命属北方黑帝子。日料黍三石五斗一升。宜着黑衣,有病宜复(服)黑药。"

2. "丑生牛相人,命属北方黄帝子。日料粟三石七斗一升。宜着黄衣,有病宜服黄药。"

---

① [美]弗朗兹·博厄斯著,金辉译,刘乃元校《原始艺术》,上海文艺出版社 1989 年版,第 7 页。

② (明)李时珍著《本草纲目》谷部卷二五,人民卫生出版社 1978 年版,第三册,第 1547—1548 页。

③ (明)李时珍著《本草纲目》草部卷一三《草之二·胡黄连》,人民卫生出版社 1977 年版,第二册,第 778 页。

④ (明)李时珍著《本草纲目》草部卷一三《草之二·黄芩》,人民卫生出版社 1977 年版,第二册,第 780 页。

3.“寅生虎相人，命属东方青帝子。日料白米三石二斗一升。宜着青衣，有病宜服青药。”

4.“卯生兔相人，命属北方青帝子。日食小麦叁硕叁斗一升。宜着青衣，有病宜服青药。”

5.“辰生龙相人，命属东方黄帝子。日料麻子三石九斗一升。宜着黄衣，有病宜服黄药。”

6.“巳生蛇相人，命属南方赤帝子。日料大豆三石二斗一升。宜着赤衣，有病宜服赤药。”

7.“午生马相人，命属南方赤帝子。日料小豆三石五斗一升。宜着赤衣，有病宜服赤药。”

8.“未生羊相人，命属武曲星西南方黄帝子。日食大豆一石二斗一升。宜着黄衣，有病宜服黄药。”

9.“申生猴相人，命属廉贞星西南方白帝子。日食麻子一石二斗一升。宜着白衣，有病宜服白药。”

10.“酉生鸡相人，命属文曲星西方白帝子。日食小麦一石八斗一升。宜着白衣，有病宜服白药。”

11.“戌生狗相人，命属禄存星西北方白帝子。日食粳米一石九斗一升。宜着白衣，有病宜服白药。”

12.“亥生猪相人，命属巨门星北方黑帝子。日食粟米一石四斗一升。宜着黑衣，有病宜服黑药。”①

我们还须注意到，伯三三九八卷中十二地支(子、丑、寅、卯……)所配十二生肖，与唐墓出土的十二生肖纹饰铜镜上之十二地支配十二生肖，是一致的，见右图。

由上可见，算命先生由于首先施行望诊，看见病人脸上是什么颜色，所以说出服用各种不同颜色的药来，另外，服用什么颜色的药，还必须穿相同颜色的衣服，这是加强模仿巫术的功能。再者，佛教巫术告诫世人“不得吊死”，即不要轻生，是有保护生命意义的。

6. 十二生肖铜镜(唐墓出土)

① 上海古籍出版社、法国国家图书馆编《法藏敦煌西域文献》第24册，上海古籍出版社2003年版，第77—79页。详细讨论请参阅高国藩《敦煌古俗与民俗流变——中国民俗探微》第四章《算命风俗》第二节《推十二时人命相属法的五神观和特殊主张》，河海大学出版社1989年版，第199—201页。

这说明同类相疗巫法结合了唐代十分流行的十二地支配十二生肖，使巫医之法术加上了命定的因素，成为这种模仿巫术重要之特点。

同类相疗巫法还有吃什么补什么的医术疗法，也是带有巫术性质的。第一，一个人贫血，要吃鸭血、猪血等动物血制品来滋补；一个人肾有病，要吃猪腰、羊腰等动物肾脏来滋补。《本草纲目》载："人阴茎，非药物也。陶九成《辍耕录》载：杭州沈生犯奸事露，引刀自割其势，流血经月不合。或令寻所割势，捣粉酒服，不数日而愈。观此则下蚕室者，不可不知此法也。故附于此云。"①以上医术疗法便是巫术带来的成果。

第二，这种同类相疗的巫法，在少数民族的医药巫师中，现在仍在延用。

彝族巫师用带膻味的羊腰子治狐臭，也是采用这种原理。卢央著《彝族星占学·彝族的祭祀》指出："有一个人患有狐臭的毛病，请求毕摩为之治疗，毕摩用羊腰子和荞巴巴塞在此人腋下，又将患者放在甑子里蒸一下，同时毕摩念经念咒等做一场法事。这样果然会将那人的狐臭治好，塞在他腋下的荞巴巴和羊腰子取出后扔给狗吃，狗理也不理。"②这即是以膻味治臭味的同类联想而发明的巫术吧！

第三，一个人痰迷了心，要吃猪心来补，也是同类相疗巫法。治痰迷谵语方，便是清代民间以猪心治人心病的一种药方，具有模仿巫术因素。清梁章钜撰《归田琐记》卷一《治痰迷谵语方》云："李葛峰太守景峄曰：'凡谵语者，皆心为痰所摇，应用鲜猪心一具，将辰砂一钱、甘遂二钱，合研为末，藏猪心中，外用牛粪煨热，取出药末，和作两丸，再将猪心煮汁，和丸吞下即愈。'时苏州有人患痰迷病，服此方而愈。李所自(目)击，故转以告余，因记之。"③

第四节　敦煌佛教护身符

再来看佛教反抗巫术护身符。法藏伯三八三五 V⁰《9.佛说大轮金刚总持陀罗尼法》(21—17～20)记有多种佛教符印，那便是特殊护身符。有旃檀摩兀印、波头摩印、如意摩尼印、神足印、隐形印、爱乐印等。这些佛教密宗的符印，是中古时代典型的反抗巫术的表现形式。佛教密宗认为他们的符印具有伟大

① (明)李时珍著《本草纲目》人部卷五二《人势》，人民卫生出版社 1981 年版，第四册，第 2967 页。

② 卢央著《彝族星占学》，云南人民出版社 1989 年版，第 10 页。

③ (清)梁章钜撰，于亦时校点《归田琐记》卷一，中华书局 1981 年版，第 17 页。

的不可战胜的神力，比道教的反抗巫术不知要强大多少倍。其有医用价值，同样否定不得。“旃檀摩兀印”有巨大的反抗巫术力。用此印印在心口，《佛说大轮金刚总持陀罗尼法》(21—17)云，世间一切事情“无有障碍，皆悉通达”；如果带在身上“经三个月，即超十地”，“十地”即佛的十种境界，而且带符印后“一切人所有出言，令人爱禁(敬)、敬信，常得解脱。若有带者，所有一切论语诸处，常得胜利”①。

何谓“旃檀”？即植物名，是一种香木，出自南印度摩罗耶山。有治病功效，《慧苑音义》上云：“旃檀，此云与乐。谓白檀能治热病，赤檀能去风肿，皆是除疾安身之药，故名与乐。”《本草纲目》木部卷三四《檀香》“释氏呼为旃檀”②，证明其有止血止痛价值。故人佩带此符印有治病作用。

佛教说的“波头摩印”。《佛说大轮金刚总持陀罗尼法》(21—18)云：“有大神力，以白檀木克印，印身即放大光明，大地六重震动。将印印于大地，变成金玉，一切立之处，以印照四方，皆作宝成。若遇见我者，用印印眼上，即见我真身。”③何谓“波头摩”？即植物名，赤莲花也。《慧苑音义》上云：“波头摩，正云钵特忙，此曰赤莲花也，其花茎有刺也。”《本草纲目》果部卷三三《红白莲花》曰：“主治：久服，令人好颜色，变白却老。藏器。”④

“如意摩尼印”则能够调动一切神兵天将，驱走一切妖魔鬼怪。《佛说大轮金刚总持陀罗尼法》云：“世尊，若有善男子善女人，诵持此如意摩尼咒者。欲使诸善神等，以好木克印带，常为天龙八部诸善神常当拥护。又遣蜜迹金刚、摩醯首罗、商羯罗为持护。有七十万亿金刚蜜迹，一切为君。”⑤一个符印竟能调动来“七十万亿”个金刚密迹神，由此可见其法力。

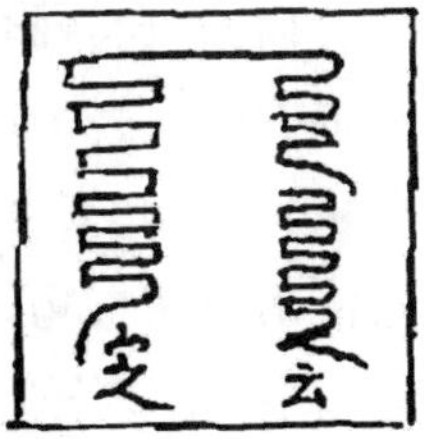

7. 旃檀摩兀印(伯三八三五背面)

8. 波头摩印(伯三八三五背面)

9. 如意摩尼印(伯三八三五背面)

① 上海古籍出版社、法国国家图书馆编《法藏敦煌西域文献》第28册，上海古籍出版社2004年版，第311页。

② (明)李时珍著《本草纲目》木部卷三四，人民卫生出版社1978年版，第三册，第1944页。

③⑤ 上海古籍出版社、法国国家图书馆编《法藏敦煌西域文献》第28册，上海古籍出版社2004年版，第312页。

④ (明)李时珍著《本草纲目》果部卷三三，人民卫生出版社1978年版，第三册，第1901页。

何谓“如意摩尼”?《探玄记》二云:“摩尼是珠宝通名,简通取别,故云如意摩尼。”摩尼者,梵语 Mani,珠宝之总名,即如意珠也。这种宝珠就是佛珠,《智度论》五十九云:“此宝名如意,无有定色,清彻微妙,四天下物,皆悉照现,是宝常能出一切宝物,衣服饮食,随意所欲,尽能与之。”

“神足印”似为旅行者准备的反抗巫术,因为用神足印来印足有神效。《佛说大轮金刚总持陀罗尼法》(21—19)云:“世尊此印神足,以沉水香木克印,方圆一寸三分,以用印足,欲进万里不以为难。”而且能够“须臾间即到西方极乐世界”①。

何谓“神足”?神足是佛教法术,五通之一。五通即五神通,不思议为神,自在为通。不思议自在之用,五为如意通,即神足通。《智度论》言其可以飞行自在,石壁无碍。此种神足印是木质符印,主要在于使用了沉水香,借其药用价值而显“神力”。《本草纲目》木部卷三四《沉香》云:“主治风水毒肿,去恶气。”有益精壮阳、益气和神等等药用价值。②

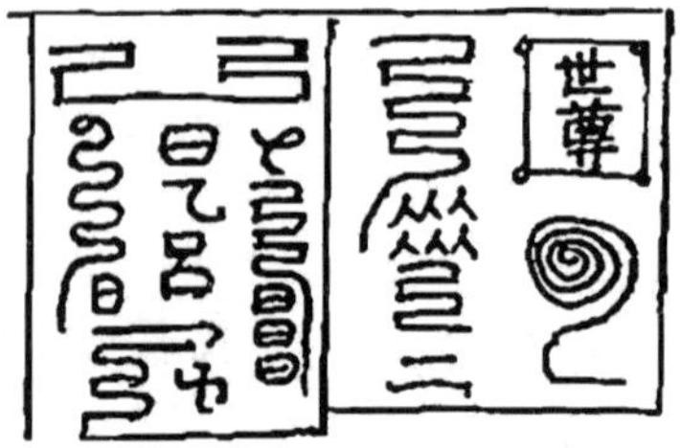

10. 神足印(伯三八三五背面)

“隐形印”则是为那些祈求隐身者,以及想当“天女”的少女,想做龙宫皇后或妃子的女人准备的反抗巫术。人一旦带上隐形印,取一束丁香烧之,再取一盆水洗身。《佛说大轮金刚总持陀罗尼法》(21—19～20)云“若有众生求隐形者,以好银写‘我’,随心所写,用印印身。诵观世音如意轮咒一千八遍,身着一净依”,便可以“隐形,万人不见”③,女人便可入龙宫化为后妃,姑娘也可入天宫变成天女。关键是隐形印是以檀木随大小克印,檀木有药用价值。《本草纲目》木部卷三四《檀香》云:“〔时珍曰〕檀,善木也。……云南人呼紫檀为胜沉香,即赤檀也。〔藏器曰〕白檀出海南。树如檀。”紫檀、白檀皆有消风热肿毒的疗效。④

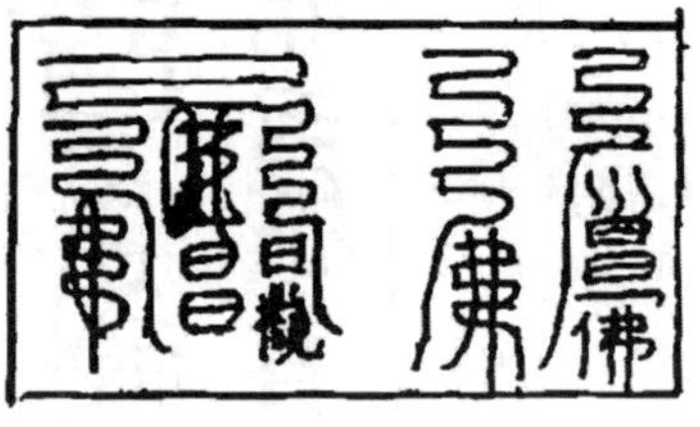

11. 隐形印(伯三八三五背面)

① 上海古籍出版社、法国国家图书馆编《法藏敦煌西域文献》第 28 册,上海古籍出版社 2004 年版,第 312 页。

② (明)李时珍著《本草纲目》木部卷三四,人民卫生出版社 1978 年版,第三册,第 1939 页。

③ 上海古籍出版社、法国国家图书馆编《法藏敦煌西域文献》第 28 册,上海古籍出版社 2004 年版,第 312—313 页。

④ (明)李时珍著《本草纲目》木部卷三四,人民卫生出版社 1978 年版,第三册,第 1944—1945 页。

"爱乐印"似是为一切有罪的人、生病的人、想腾空飞行的人准备的。将这种符印带在身上，就有奇异魔术力，《佛说大轮金刚总持陀罗尼法》云："世尊此爱乐之印，若有众生求爱乐之者，以桃木克印，方圆一寸八分。带行，见者欢喜，人人爱乐。若带一日，万罪消灭。若带二日，万病消除。若带三日，功力无比。若带四日，神通自在。若带五日，腾空游戏。若带六日，三千大世界，所有微尘，皆悉知数。若带七日，当得解脱。"[①]关键在于爱乐印以桃木克印。《本草纲目》果部卷二九《桃·桃符》云："桃符〔主治〕中恶，精魅邪气，水煮叶服之。孟诜。〔发明〕〔时珍曰〕《典术》云：桃乃西方之木，五木之精，仙木也。味辛气恶，故能厌伏邪气，制百鬼。今人门上用桃符以此。《玉烛宝典》云：户上着桃板辟邪，取《山海经》神荼、郁垒居东海蟠桃树下，主领众鬼之义。许慎云：羿死于桃棓。棓，杖也。故鬼畏桃。而今人用桃梗作杙橛以辟鬼也。《礼记》云：王吊则巫祝以桃茢前引，以辟不祥。茢者，桃枝作帚也。《博物志》云：桃根为印，可以召鬼。《甄异传》云：鬼但畏东南枝尔。据此诸说，则《本草》桃之枝、叶、根、核、桃枭、桃橛，皆辟鬼祟产忤，盖有由来矣。"[②]此为先秦至明朝中国桃文化辟邪之总结，佛教密宗借用之做成有益于养生的符印。

12. 爱乐印（伯三八三五背面）

可见佛教密宗之符印是诸多非凡奇迹的创造者，密宗发挥了丰富的想象力，隐身不见、腾空游戏、入龙宫、上天堂、永生无病、调动几十万亿位天神等等奇迹最终都在符印中交汇在一起，佛教符印便具有了多功能性。下列神咒也是如此。

法藏伯三八七四《1.观世音及世尊符印十二通及神咒》，这个卷子记录了佛教密宗派诸多巫术表现，其中包含"观世音如意印"，有"爱乐之印"，有"宝轮印"，有"如意轮王摩诃印"，有"摩诃花手之印"，有"摩诃印"，有"四月八日印"，有"陀罗尼别行法印"，有"阿弥陀释加印"，有"诸花印"，有"妙果印"，有"腾力印"，有"管一切诸秘法印"等十三枚符印。这些符印也都是具有巫术魔力护身符之变种，有无与伦比的反物神力。

如带上"爱乐之印"，"带一日，万罪消灭；若带二日，□□（万病）消除；若带三日，功力无比；若带四日，神通自在；若带五日，腾空□□（游戏）；若带六日，三千大千世界，所有微尘，皆悉知数；若带七日，□□（当得）解脱"[③]。

---

① 上海古籍出版社、法国国家图书馆编《法藏敦煌西域文献》第28册，上海古籍出版社2004年版，第313页。

② （明）李时珍著《本草纲目》果部卷二九，人民卫生出版社1978年版，第三册，第1751页。

③ 上海古籍出版社、法国国家图书馆编《法藏敦煌西域文献》第29册，上海古籍出版社2003年版，第46页。

又如带上“宝轮印”，“现一切宝藏之隐”，“所有宝藏自然空中而现”①。

如带上“观世音如意印”，就可以“隐身，万人不见；若入王宫，化诸妃后”。

如带上“如意轮王摩诃印”，“诵心中咒三遍，左手把印向天，右手把水向地，须臾中间即大地动振，阿鼻地狱，人皆得度”②。

如带上“摩诃花手之印”，就可以“万劫不食，共同一日”③。

如带上“摩诃印”，就可以“便服三变，身虚空中，以寿命九十大劫尽”④。

如带上“四月八日印”，就可以“有五色光照，明耀大地，十方国主悉皆助”⑤。

如带上“陀罗尼别行法印”，缚上两手，还要含水喷，“便有化佛不知边畔，总放光明照行者”⑥。

如带上“阿弥陀释加印”，“印在心上便入定”，“化度众生，一切众生总得成佛，身心不动，至于今日”⑦。

13. 唐懿德太子墓石椁浅雕

如带上“诸花印”，“带行之处，诸佛菩萨，常散妙花，行住坐卧，身心安稳，无诸咸恶，心眼清净，无诸障碍，生生世世，常得不败”⑧。

如带上“妙果印”，“须臾中间天雨宝花，质芬而下，种种香风，持□□养。行者更欲求验，以印印日月，岁(匆)落；印山河石壁，令如出产；用印印地，地狱罪人，随地涌出”⑨。

如带上“腾力印”，“向其母猪影中过之，其母猪便成正觉”。来生此母猪便投胎为人。“若见此印，七日即登正觉，所有微细之法，皆从此出，过去未来，见此印始出利。若不信此印，百千万亿劫不得成佛。”⑩

如带上“管一切诸秘法印”，“此印管九十二亿诸佛”。第一，“能隐身”；第二，“往腾空”；第三，“能隐物，令不见”；第四，能“破一切恶毒”；第五，能使一切“造罪者，尽得消灭”；第六，能使“所有身上诸病患者，皆悉消灭”；第七，“一切毒害(人)诸鬼神，不得其便”⑪；等等。

---

① 上海古籍出版社、法国国家图书馆编《法藏敦煌西域文献》第29册，上海古籍出版社2003年版，第46页。

②③④ 法藏伯三八七四《1.观世音及世尊符印十二通及神咒》(7—2)，上海古籍出版社、法国国家图书馆编《法藏敦煌西域文献》第29册，上海古籍出版社2003年版，第46页。

⑤⑥⑦⑧⑨⑩⑪ 法藏伯三八七四《1.观世音及世尊符印十二通及神咒》(7—3)，上海古籍出版社、法国国家图书馆编《法藏敦煌西域文献》第29册，上海古籍出版社2003年版，第47页。

伯三八七四、伯三八三五所载密宗各种符印，集中了中古时代反抗巫术许多怪异的说法，勾勒了中古时代唐人欲战胜超自然力与超社会力的非凡想象，而且这种才华卓绝的想象力为世所罕见。

第二十九章　敦煌脚印与姓名之魔力

第一节　脚印的魔力

在唐人巫术思维的观念中，不论是动物的脚印还是人类的脚印，都具有莫大的交感巫术力，它来自土地。在中古敦煌唐人看来，牛和马的脚印是有神奇魔力的。

1. 伯二六六六 V°《单方》(5—3)中便有："知妇人造事，有外夫者，取牛足下土，着饮食中，与妇人吃时；令夜卧唤外夫名字，又道期会处，勿使人传之。"①牛忠厚，它的脚印下的泥土也有致忠厚的魔力，故用它来治妇人的"婚外恋"，使之具有似牛对主人的忠厚性而"改邪归正"。

2. 伯二六六六 V°《单方》(5—5)："妇人别意，取白马蹄中土，安妇人枕下，物(勿)使人知，睡中自道姓名。"②其用意与牛脚印相同。

这是一千多年前的中古时代人们对于脚印感应力的观念。其实这种脚印交感巫术，流变颇广，在我国西南至云贵高原，西北至青藏高原，一直延伸至喜马拉雅山南麓地区，各少数民族中都广泛存在着这种以脚印魔力为特征的巫术。云南傣族、西藏珞巴族都有脚印黑巫术。在喜马拉雅山南麓珞巴族的阿卡人中，他们的脚印巫术表现为：

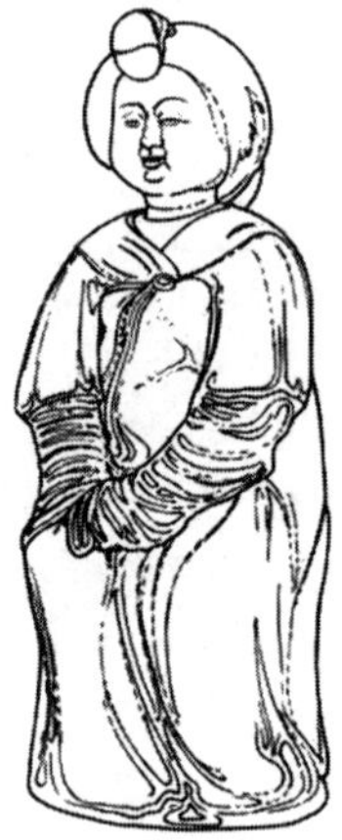

1. 三彩唐代女坐俑(河南洛阳唐墓出土)〔采自《中国古俑白描》〕

第一，"什佐巫术"。"一个人与某人吵了架，想进行报复，但又不能够直接地真正伤害对方，便请有经验的术士帮

① 上海古籍出版社、法国国家图书馆编《法藏敦煌西域文献》第 17 册，上海古籍出版社 2001 年版，第 146 页。

② 上海古籍出版社、法国国家图书馆编《法藏敦煌西域文献》第 17 册，上海古籍出版社 2001 年版，第 147 页。

助施放巫术,施行‘什佐’。施行这种巫术有许多步骤。他首先得杀一条狗,取出血……然后寻找仇人在尘土中的足迹。当他发现足迹时,首先要确定这些是否是他的仇人的脚印。然后把血倒在脚印上,随后悄然离开。如果巫术在要求的时间里有效应,那末就认为这个人会立即死掉。”①

第二,“福卡胡—西斯多—茶斯拉巫术”。“施巫术的人,首先要寻找一种野生动物如老虎、豹子、熊、野猪和蛇等的牙齿,找到牙齿尽量保留,以作为巫术的工具,就像在什佐巫术中使用狗血的作用一样。施术者顺便把兽牙放在对其施以黑巫术的仇人的脚印上,这些脚印可以在地面的尘土上发现,当他这样做的时候,他还念一些咒语,直到魔力进入这些牙齿里。他施放的这种巫术,是希望在巫术仪式时使用那种牙齿的野兽杀死他的巫术指向的那个仇人。”②

第三,“苏敦—索比巫术”。“施用这种黑巫术时,施术者必须取得大额牛或母牛的角,或者这在山区里人们称为富拉特姆的一种野生动物的角和一个鳄鱼的牙齿。角和牙齿一起放在这个被施放巫术的人的脚印上,人们宣称巫术的咒语使这些牙齿和角充满着超自然的力量。在一段时间内,施术者期待着由于巫术的作用,被咒者的下腹部肿胀,或瘦得仅剩一副骨架,或以其他的方式死掉。”③

在我国东北部,脚印巫术已有转变成民间禁忌的例子,如娜日新《达斡尔族禁忌》记载,达斡尔人一旦发现虎的足印,便不能顶着走,否则意味着要跟它较量。因此,发现了虎的脚印,即使原来从脚印对面走的人,也要先顺着脚印的方向慢慢拐过去。④

在我国云南独龙族中,脚印巫术仍然保留着古老的形态。宋兆麟先生记述独龙族传说云:弄力腊卡山下美女妮泰,因采笋口渴,“最后找到象的脚印中有一窝水,清亮亮的,能照见人的影子,妮泰高兴极了,急忙用身上披的独龙毯擦了擦手,捧来象脚印中的水,喝了个痛快”。后来居然“身子感到一天比一天不舒服”而怀孕,最后生下来一个儿子,起名叫“马葛棒”,独龙语义为“大象的儿子”⑤,这显然是

2. 耕获图(榆林窟第25窟 中唐)〔采自《敦煌壁画临本选集》〕

①②③ 均引自[印度]雷格胡维尔·辛哈著,伍昆明、李坚尚译《喜马拉雅山南麓的宗教和文化》,中国社会科学院民族研究所民族学研究室、民族史研究室1984年刊印(内部交流本),第126—130页。

④ 娜日新《达斡尔族禁忌》,见《黑龙江民间文学》第九集,黑龙江省出版局1984年刊。

⑤ 宋兆麟《原始的生育信仰——兼论图腾和石祖崇拜》,载《史前研究》1983年创刊号,第136页。

姜嫄履迹神话的衍生故事。

云南怒族则视足迹为神物。有传说云：猎人与女神相爱，并生了孩子，由于女神要保护山中动物，只能一年来看猎人和孩子一次，而且她每次来看他们，猎人和孩子都不能见到她。“只是在羚牛群走过的地方，在羚牛的蹄印的后边，人们见得有女人的脚迹，猎人料想这神秘的脚迹便是妻子的脚迹，就怀念起自己的妻子。”①足迹既然具有神性，巫师便能借之沟通而施行脚印巫术了。

正如弗雷泽在其名著《金枝》中所指出的：“你可以用伤害一个人的脚印来伤害其本人。这种巫术尤其广为流传，几乎已成为一种全球性的迷信。”②他一共举出了十四个例证来证明脚印魔力在世界范围内广泛存在。

第一例：“澳大利亚东南地区的土人认为：他们只要把石英石、玻璃、骨头或木炭等的锋利碎片，放入一个人的脚印中，就可以使他跛足。”③

第二例：“当霍威特博士询问一位跛得很厉害的塔通戈朗人，他发生了什么不幸时，他回答说：‘有人把（酒）瓶（碎片）放到我脚印里去了。’他实际上是患了风湿症。”④

3. 唐人三彩戴面具驱傩武士俑（河南洛阳唐墓出土）〔采自《中国古俑白描》。下同〕

第三例：“在梅克伦堡（德国北部，靠近波罗的海），据认为如果你将一根钉子插入一个人的脚印里，此人便将变成跛子，有时还要求那根钉子必须取自棺材。”⑤

第四例：“在法国……有一位经常去萨福克郡斯托地方的老妪，乃是一个巫婆。如果在她走路时有人走在她后面，把一根钉子或一把小刀插入印有她脚印的尘埃中，这位老妇人将一步也不能再往前挪动，直到取出它为止。”⑥

第五例：“在南斯拉夫人那里，一个女孩把印有他恋人脚印的土掘出来放在一个花盆中，然后在花盆中种上金盏花（这是一种被人认为永不凋谢的花），而由于它的金色蓓蕾长大开花，并且永不凋谢，她的情人对她的爱情也将与日俱增，永远永远不会衰退。”⑦

第六例：“丹麦有一种缔结盟约的古老仪式，也是基于这种在人与其脚印之间具有交感联系的概念：缔约双方要将自己的鲜血洒在对方的脚印上，以作为忠于盟约的保证。”⑧

第七例：“在古希腊……人们曾认为如果一匹马踩上了狼的足迹，骑马者将

① 见谷德明编《中国少数民族神话选》“女猎神”篇，西北民族学院1983年刊，第580页。

②③④⑤⑥⑦⑧ ［英］弗雷泽著，徐育新等译《金枝》，中国民间文艺出版社1987年版，第67—68页。

变得麻木迟钝。”①

第八例：“有一条据说是毕达哥拉斯提示的箴言：禁止人们用钉子或小刀刺入一个人的脚印。”②

第九例：“一个德国猎手会把一根取自棺材的钉子插入猎物的新鲜的足迹以防止它逃跑。”③

第十例：“维多利亚的土著居民将尚有余热的灰烬放在他所要追捕的动物的足印上。”④

第十一例：“霍吞套特(在西南非洲)的猎手们抓一把取自猎物足迹的土扔向空中，相信这样就会抓到它。”⑤

第十二例：“汤普森印第安人则经常对已受伤的鹿的足迹施加法术，此后，便认为当天再不需要到更远的地方去追踪这只动物了，因为在施加法术之后，它已不可能走远并将很快死去。”⑥

第十三例：“奥吉布威印第安人把‘药物’放在他们首先遇到的鹿和熊的足迹上，认为这样一来将使这头野兽很快来到眼前。”⑦

第十四例：“西非埃维地方的猎人们，为了使猎物成为残废以便追上它而用一根尖棍刺入猎物的足迹中。”⑧

综观弗雷泽所举的十四例，就缺亚洲，特别是中国之例证，而本书所列中国脚印之魔力诸例，将能补其不足。尤其值得指出的是，就全世界脚印巫术而言，中国履迹巫术出现最早，绵延时间也最长，直至现在，在中国西南、西北地区还能见到。

4. 三彩唐代赤膊胡人骑马俑(陕西乾县唐朝永泰公主墓出土)

第二节　姓名的魔力

在对中国古今巫术形态进行分类时，本书是将画像、肖像、姓名等这一部分巫术，划入模仿巫术中去的。如伯三八七四、伯二六一〇等卷有关内容就是如此。可是这在中国民俗学界，以往是未划清的。法国列维-布留尔《原始思维》一书对此巫术有相关分析，他在分析了原始人的画像或肖像的巫术以后指出：“为什么一张画像或肖像对原始人来说和对我们来说是完全不同的东西呢？如

①②③④⑤⑥⑦⑧　[英]弗雷泽著，徐育新等译《金枝》，中国民间文艺出版社 1987 年版，第 68—69 页。

5. 三彩唐人骑马斗兽俑(陕西乾县永泰公主墓出土)

在上面见到的那样,他们给这些画像和肖像添上神秘属性,这又作何解释呢?显然,任何画像、任何再现都是与其原型的本性、属性、生命'互渗'的。这种'互渗'不应当理解成一个部分,——好比说肖像包含了原型所拥有的属性的总和或生命的一部分。……由于原型和肖像之间的神秘结合……肖像就是原型,如同波罗罗人就是金钢鹦哥一样。这意味着,从肖像那里可以得到如同从原型那里得到的一样的东西;可以通过对肖像的影响来影响原型。"①

如同布留尔指出的那样,我考虑到画像、肖像,乃至姓名,都和原型有同一性的特征,因此将这部分巫术全划入模仿巫术之中,而不划入顺势巫法。

一　敦煌姓名巫术

姓名的魔力在敦煌巫术中已经充分展现出来了。请观以下例证:

(一) 伯三八七四《2. 不空羂索观音菩萨法印上》(7—7):"取骨灰一把,抄此恶人姓名,同哀诵咒一遍,称此姓名,脚踏一下,满八百遍,此恶人即因病。"②

(二) 伯二六一〇 V⁰《9. 攘女子婚人述秘法》(11—7):"凡男欲求女妇私通,以庚子日书女姓名,封腹,不经旬日,必得。"③

(三) 伯二六一〇 V⁰《9. 攘女子婚人述秘法》(11—7):"凡欲令妇人爱敬,子日取东西引桃枝,则作木人、书名,安厕上,验。"④

(四) 伯二六一〇 V⁰《9. 攘女子婚人述秘法》(11—7):"凡欲令女爱,以庚子日书女姓名,方圆□□,无主,即得。"⑤

(五) 伯二六六六 V《单方》(5—3):"知妇人造事,有外夫者,取牛足下土,着饮食中,与妇人吃时;令夜间唤外夫名字,又道期会处,勿使人传之。"⑥

(六) 伯二六六六 V《单方》(5—5):"妇人别意,取白马蹄中土,安妇人枕下,

① [法]列维-布留尔著,丁由译《原始思维》,商务印书馆 1985 年版,第 73 页。

② 上海古籍出版社、法国国家图书馆编《法藏敦煌西域文献》第 29 册,上海古籍出版社 2003 年版,第 49 页。

③④⑤ 上海古籍出版社、法国国家图书馆编《法藏敦煌西域文献》第 16 册,上海古籍出版社 2001 年版,第 238 页。

⑥ 上海古籍出版社、法国国家图书馆编《法藏敦煌西域文献》第 17 册,上海古籍出版社 2001 年版,第 146 页。

物(勿)使人知,睡中自道姓名。"①

以上六例敦煌姓名巫术,都有统一的施术模式,也可以说是一种"巫术八股",凡是此种姓名巫术,都可以按照这种固定模式来硬套,试列表如下:

敦煌姓名巫术施术模式表

施术物或定吉日	方式	条件
骨灰	写姓名	踩姓名
定吉日	写姓名	封腹
桃枝木人	写姓名	安厕上
定吉日	写姓名	无主
牛蹄土	唤姓名	坦白幽会
马蹄土	道姓名	安枕下

进一步可见,在巫师看来,要使姓名产生魔力,首先需找准感应物(如骨灰、桃枝、牛马蹄土等等)或感应日,没有巫术力的物品和不能施术的日子,就会不灵验。其次,讲究暴露姓名的方式,或写或喊或说,起一种催化作用。再次,就要讲究形成魔力的条件:要对方遇凶,必须踩他的姓名;要对方对你爱,必须将他的姓名贴在肚腹上;要对方相忘,必须将姓名安放枕下。

姓名巫术虽荒诞,却有着颇为广泛的文化影响。

在唐代以前,如魏晋南北朝时便有姓名巫术传说故事在传播。

(一) 山㺐问名。这是南朝宋时的姓名巫术传说,托名晋陶潜撰《搜神后记》卷七《山㺐》云:

宋元嘉初,富阳人姓王,于穷渎中作蟹断。旦往观之,见一材长二尺许,在断中。而断裂开,蟹出都尽。乃修治断,出材岸上。明往视之,材复在断中,断败如前。王又治断出材。明晨视,所见如初。王疑此材妖异,乃取内蟹笼中,系头担归,云:"至家,当斧斫燃之。"未至家二三里,闻笼中倅倅动。转头顾

6. 唐人三彩神将镇妖俑(陕西西安中堡村唐墓出土)

① 上海古籍出版社、法国国家图书馆编《法藏敦煌西域文献》第17册,上海古籍出版社2001年版,第147页。

视，见向材头变成一物，人面猴身，一身一足。语王曰："我性嗜蟹，比日实入水破君蟹断，入断食蟹。相负已尔，望君见恕，开笼出我。我是山神，当相佑助，并令断得大蟹。"王曰："如此暴人，前后非一，罪自应死。"此物种类，专请包放。王回顾不应。物曰："君何姓名，我欲知之。"频问不已，王遂不答。去家转近，物曰："既不放我，又不告我姓名，当复何计，但应就死耳。"王至家，炽火焚之，后寂然无复声。土俗谓之山猱，云知人姓名，则能中伤人。所以勤勤问王，欲害人自免。①

山猱知人姓名便能加害于人，因而不令其知。显然是南朝宋民间的一种捕猎讳名的巫术习俗，其原理正是姓名巫术。

（二）唤名中箭。这是晋代民间的姓名巫术传说，《搜神后记》卷七《周子文失魂》云：

晋中兴后，谯郡周子文，家在晋陵。少时喜射猎，常入山，忽山岫间有一人，长五六丈，手捉弓箭，箭镝头广二尺许，白如霜雪，忽出声唤曰："阿鼠。"子文小字。子文不觉应曰："喏。"此人便牵弓满镝向子文，子文便失魂厌伏。②

一个人被唤名后，一旦应声，箭头便有魔力。

二 《西游》姓名巫术

7. 唐人三彩骑跪驼俑（陕西西安唐鲜于庭海墓出土）

唐代以后姓名巫术也有发展，其在文学作品中，衍化出许多有趣的神异的姓名巫术故事。明代吴承恩的《西游记》第三十三回《外道迷真性　元神助本心》里就写有姓名巫术故事。故事说平顶山莲花洞里住着两个妖魔，一个叫金角大王，一个叫银角大王，他们有两件宝贝，都是玩的姓名巫术的把戏。吴承恩借这个故事对姓名巫术作了充分的描绘：

老魔笑道："贤弟好手段！两次捉了三个和尚。但孙行者虽是有山压

① （晋）陶潜撰，汪绍楹校注《搜神后记》卷七，中华书局1981年版，第48—49页。
② （晋）陶潜撰，汪绍楹校注《搜神后记》卷七，中华书局1981年版，第50页。

住,也须要作个法,怎么拿他来凑蒸,才好哩。”二魔道:“兄长请坐。若要拿孙行者,不消我们动手,只教两个小妖,拿两件宝贝,把他装将来罢。”老魔道:“拿甚么宝贝去?”二魔道:“拿我的‘紫金红葫芦’,你的‘羊脂玉净瓶’。”老魔将宝贝取出道:“差那两个去?”二魔道:“差精细鬼、伶俐虫二人去。”吩咐道:“你两个拿着这宝贝,径至高山绝顶,将底儿朝天,口儿朝地,叫一声‘孙行者!’他若应了,就已装在里面,随即贴上‘太上老君急急如律令奉敕’的帖儿。他就一时三刻化为脓了。”二小妖叩头,将宝贝领出去拿行者不题。①

山神、土地与五方揭谛神众从山下把孙悟空放出来;孙悟空又变作一个老神仙,使法把二小妖哄住,问他们两件宝贝的法术详情:“行者道:‘是甚宝贝?’精细鬼道:‘我的是“红葫芦”,他的是“玉净瓶”。’行者道:‘怎么样装他?’小妖道:‘把这宝贝的底儿朝天,口儿朝地,叫他一声,他若应了,就装在里面;贴上一张“太上老君急急如律令奉敕”的帖子,他就一时三刻化为脓了。’行者见说,心中暗惊道:‘利害!利害!当时日值功曹报信,说有五件宝贝,这是两件了;不知那三件又是什么东西?……’行者笑道:‘二位,你把宝贝借我看看。’那小妖那知甚么诀窍,就于袖中取出两件宝贝,双手递与行者。行者见了,心中暗喜道:‘好东西!好东西!’”②

之后,孙悟空拔了根毫毛,变作一个葫芦、一个瓶,与二妖换下了真葫芦和玉净瓶。换物以后二妖发觉上当受骗了,便回去报告了二魔头。二魔头不在意,又派二妖(巴山虎与倚海龙)去请另一老怪来吃唐僧肉。孙悟空又打死了虎妖、龙妖和狐狸老怪,骗进魔洞,又被二魔头用晃金绳将他缚住,葫芦和瓶又被魔头夺走。孙悟空又设法脱身,魔头便又使用姓名魔力瓶要将他吸进去,孙悟空由于知道了秘密,为了不被葫芦和瓶吸进去,特地把自己的姓名倒过来念,变为“者行孙”。妖魔就喊“者行孙”,孙悟空答应了,结果呢?请看描写:

8. 雨中耕作图(敦煌莫高窟第23窟 盛唐)〔采自《敦煌研究文集》〕

得了这件宝贝(晃金绳),急转身跳出门外,现了原身。高叫:“妖怪!”那把门的小妖问道:“你是甚人,在此呼喝?”行者道:“你快早进去报与你那

①② (明)吴承恩撰《西游记》,人民文学出版社1955年版,第425、428—429页。

泼魔，说者行孙来了。”那小妖如言报告，老魔大惊道：“拿住孙行者，又怎么有个者行孙?”二魔道：“哥哥，怕他怎的？宝贝都在我手里，等我拿那葫芦出去，把他装将来。”老魔道：“兄弟仔细。”二魔拿了葫芦，走出山门，忽看见与孙行者模样一般，只是略矮些儿。问道：“你是那里来的?”行者道：“我是孙行者的兄弟。闻说你拿了我家兄，却来与你寻事的。”二魔道：“是我拿了，锁在洞中。你今既来，必要索战；我也不与你交兵，我且叫你一声，你敢应我么?”行者道：“可怕你叫上千声，我就答应你万声！”那魔执了宝贝，跳在空中，把底儿朝天，口儿朝地，叫声“者行孙”。行者却不敢答应，心中暗想道：“若是应了，就装进去哩。”那魔道：“你怎么不应我?”行者道：“我有些耳闭，不曾听见。你高叫。”那怪物又叫声“者行孙”。行者在底下掐着指头算了一算，道：“我真名字叫做孙行者，起的鬼名字叫做者行孙。真名字可以装得，鬼名字好道装不得。”却就忍不住，应了他一声。飕的被他吸进葫芦去，贴上帖儿。原来那宝贝，那管什么名字真假，但绰个应的气儿，就装了去也。①

孙悟空吃了两回姓名巫术之苦，俗话说：“上回当，学回乖。”他施巧计又从葫芦里出来，再次夺了葫芦，便运用姓名的魔力来治妖了，孙悟空先将毫毛变一个假葫芦给“银角大王”拿着，说是“雄葫芦”。那怪甚喜，急纵身跳将起去，到空中，执着葫芦，叫一声“行者孙”。大圣听得，却就不歇气，连应了八九声，只是不能装去。那魔坠将下来，跌脚捶胸道：

天哪！只说世情不改变哩！这样个宝贝，也怕老公，雌见了雄，就不敢装了！”行者笑道：“你且收起，轮到老孙该叫你哩。”急纵筋斗，跳起去，将葫芦底儿朝天，口儿朝地，照定妖魔，叫声“银角大王”。那怪不敢闭口，只得应了一声，倏的装在里面，被行者贴上“太上老君急急如律令奉敕”的帖子。心中暗喜道：“我的儿，你今日也来试试新了！”②

接着，孙悟空又运用玉净瓶来收“金角大王”：

大圣见了，急纵云跳在空中，解下净瓶，罩定老魔，叫声“金角大王”。那怪只道是自家败残的小妖呼叫，就回头应了一声；飕的装将进去，被行者

①② (明)吴承恩撰《西游记》，人民文学出版社1955年版，第442—443、447页。

贴上“太上老君急急如律令奉敕”的帖子。只见那七星剑坠落尘埃，也归了行者。八戒迎着道：“哥哥，宝剑你得了，精怪何在？”行者笑道：“了了！已装在我这瓶儿里也。”沙僧听说，与八戒十分欢喜。①

9. 唐代石刻供养人像(四川绵阳，重庆博物馆)〔采自《中国古代服饰史》〕

综上所述，《西游记》从三十三回直到三十五回，主要就是以姓名巫术为线索进行小说的艺术构思的。它揭示了宋明之际道教姓名巫术之全貌。它的施术模式与敦煌姓名巫术相类似，如其感应物是葫芦或魔瓶，方式是采取喊姓名，形成魔力的条件是贴太上老君帖，使对方遇凶化脓等。

三 《封神》姓名巫术

在许仲琳编《封神演义》中，也有颇为精彩的姓名巫术表现。此书有明金阊舒载阳刊本，藏于日本内阁文库，尽管许仲琳生平不详，明刊本只说是“钟山逸叟许仲琳编辑”，但许仲琳为明代人应当是没有问题的。

《封神演义》中的姓名巫术出现在第三十六回《张桂芳奉诏西征》和第三十七回《姜子牙一上昆仑》两回中。书中写的张桂芳能施行一种奇特的“叫名便下马”的姓名巫术，这是古代战争中专门用来对付骑兵的巫术。书中说法十分有趣：

话说西岐报马报入相府：“张桂芳领十万人马，南门安营。”子牙升殿，聚将共议退兵之策。子牙曰：“黄将军，张桂芳用兵如何？”飞虎曰：“丞相下问，末将不得不以实陈。”子牙曰：“将军何故出此言？吾与你皆系大臣，为主心腹，何故说‘不得不实陈’者何也？”飞虎曰：“张桂芳乃左道旁门术士，有幻术伤人。”子牙曰：“有何幻术？”飞虎曰：“此术异常。但凡与人交兵会战，必先通名报姓。如末将叫黄某，正战之间，他就叫：‘黄飞虎不下马更待何时！’末将自然下马。故有此术。似难对战。丞相须分付众位将军，但遇桂芳交战，切不可通名。如有通名者，无不获去之理。”子牙听罢，面有忧色。旁有诸将不服此言的，道：“岂有此理！那有叫名便下马的？若这等，

① (明)吴承恩撰《西游记》，人民文学出版社1955年版，第455页。

10. 唐人三彩骆驼载乐舞俑(陕西西安南何村鲜于庭海墓出土)〔采自《中国古俑白描》〕

我们百员官将只消叫的百十声,便都拿尽。"众将俱各含笑而已。①

这种姓名巫术,明代人认为是"左道旁门术士"所搞的"幻术"。书中还描绘道:

且说张桂芳在马上又见武成王黄飞虎在子牙宝纛幡脚下,怒纳不住,纵马杀将过来。黄飞虎也把五色神牛催开,大骂:"逆贼!怎敢冲吾阵脚!"牛马相交,双枪并举,恶战龙潭。张桂芳仗胸中左道之术,一心要擒飞虎。二将酣战,未及十五合,张桂芳大叫:"黄飞虎不下骑更待何时!"飞虎不由自己,撞下鞍鞒。军士方欲上前擒获,只见对阵上一将,乃是周纪,飞马冲来,抡斧直取张桂芳;黄飞彪、飞豹二将齐出,把飞虎抢去。周纪大战桂芳。张桂芳掩一枪就走。周纪不知其故,随后赶来。张桂芳知道周纪,大叫一声:"周纪不下马更待何时!"周纪吊下马来。及至众将救时,已被众士卒生擒活捉,拿进辕门。②

这种奇特的姓名巫术,使助纣为虐的张桂芳连胜二将,又使与他敌对的主帅姜子牙"因他开口叫名字便落马,故不敢传令,且将'免战牌'挂出去"。看来姓名巫术一时是难以战胜的。

最后来了个脚登风火轮的哪吒,要求与张桂芳大战。书中用如下三段描述姓名巫术故事的全过程。

第一,哪吒要求张桂芳拿出"呼名落马"的本领:"哪吒打了风林,立在辕门,坐名要张桂芳。且说风林败回进营,见桂芳备言前事。又报:'哪吒坐名搦战。'张桂芳大怒,忙上马提枪出营,一见哪吒耀武扬威,张桂芳问曰:'踏风火轮者可是哪吒么?'哪吒答曰:'然。'张桂芳曰:'你打吾先行官,是尔?'哪吒大喝一声:'匹夫!说你善能呼名落马,特来会尔!'把枪一晃来取。桂芳急架相迎。轮马相交,双枪并举,好场杀:一个是莲花化身灵珠子,一个是'封神榜'上一丧门。"③

第二,张桂芳三次呼名,哪吒居然三次不落马,姓名巫术失灵:"话说张桂芳

---

①② (明)许仲琳编《封神演义》,人民文学出版社1973年版,第259、262页。

③ (明)许仲琳编《封神演义》,人民文学出版社1973年版,第264页。

大战哪吒三四十回合。哪吒枪乃太乙仙传，使开如飞电绕长空，似风声吼玉树。张桂芳虽是枪法精传，也自雄威，力敌不能久战；随用道术，要擒哪吒。桂芳大呼曰：'哪吒不下轮来更待何时！'哪吒也吃一惊，把脚登定二轮，却不得下来。桂芳见叫不下轮来，大惊：'老师秘授之吐语捉将，道名拿人，往常响应，今日为何不准！'只得再叫一声。哪吒只是不理。连叫三声，哪吒大骂：'失时匹夫！我不下来凭我，难道勉强叫我下来！'张桂芳大怒，努力死战。哪吒把枪紧一紧，似银龙翻海底，如瑞雪满空飞，只杀的张桂芳力尽筋舒，遍身汗流。哪吒把乾坤圈飞起来打张桂芳。"①

11. 唐李贤墓壁画（东壁仪卫腰间配有虎、豹尾）〔采自《中国古代服饰史》〕

第三，交待张桂芳姓名巫术失败的原因："话说哪吒一乾坤圈把张桂芳左臂打得筋断骨折，马上晃了三四晃，不曾闪下马来。哪吒得胜进城。探马报入相府。令：'哪吒来见。'子牙问曰：'与张桂芳见阵，胜负如何？'哪吒曰：'被弟子乾坤圈打伤左臂，败进营里去了。'子牙又问：'可曾叫你名字？'哪吒曰：'桂芳连叫三次，弟子不曾理他罢了。'众将不知其故。——但凡精血成胎者，有三魂七魄，被桂芳叫一声，魂魄不居一体，散在各方，自然落马；哪吒乃莲花化身，浑身俱是莲花，那里有三魂七魄，故此不得叫下轮来。"②

由上说来，封神姓名巫术的魔力，人是不可能抵挡的，因为人俱为"精血成胎"者。但所谓"三魂七魄"，原来是中国古中医认定的肝属东方木而藏魂，肺属西方金而藏魄。《太玄》以三为木，四为金。后被道教所利用，称人有"三魂七魄"，所以《抱朴子》内篇卷一八云："欲得通神，当金水分形。形分则自见其身中之三魂七魄，而天灵地祇，皆可接见，山川之神，皆可使役也。"③故人具有三魂七魄可不易，得修炼而成。按理说具"三魂七魄"者是有"通神"本领的，怎会中姓名巫术之魔力，被一叫而"魂魄不居一体"呢？可见由于作者不懂"三魂七魄"之道理而误用了这一成语。

四　近世讳名风俗

近世讳名风俗，正是从姓名巫术中演变出来的，它包括生产讳名风俗和生活讳名风俗两类。

---

①② （明）许仲琳编《封神演义》，人民文学出版社 1973 年版，第 264、265 页。

③ （晋）葛洪撰《抱朴子》内篇卷一八《地真》，上海古籍出版社 1990 年影印《诸子百家丛书》本，第 145 页。

（一）生产讳名风俗。在清代，姓名巫术已经被运用到生产风俗之中。清代王士禛著《池北偶谈》卷二四《采人参》条，记载到一种挖人参讳名的风俗，实际上也是姓名巫术的衍化形态。原文云：

《本草图经》：人参一桠至四桠，各五叶。今辽东采参者，识其苗，不语，急以纬帘（凉帽名）覆其上，然后集人发掘，则得参甚多。否则苗倏不见，发之无所得。《礼斗仪》云：下有人参，上有紫气，理或然也。康熙戊午，予直内庭，曾应制赋御苑人参诗，亲睹其树。唐人诗咏人参者绝少，惟韩翃云："上党人参五叶齐。"温岐云："松刺梳空石差齿，烟香风软人参蕊。"①

以上所述，采人参时，发现了人参苗时，不能高兴得叫出"这里有人参"，而应当急以凉帽先盖上，然后集中人来发掘，才能"得参甚多"，否则一叫出人参的名字，人参便会跑掉。这种做法实际是姓名巫术在生产中的运用。在姓名巫术看来，一个人或一只动物、一棵植物，它们的名字与它们的本体一样，可以受法术影响的。所以，姓名是不可以乱喊，也不可以乱答应的，"讳名"风俗在民间的广泛留存由此可见一斑。

（二）生活讳名风俗。在现代的青海藏族中，姓名巫术则已被运用到生活礼仪风俗之中。据仇保燕著《青海藏族风情丛话》记载：

青海藏区还有一个奇特的习俗，就是当一个人死去后，他的名字也应同他的肉体一样，在这个人世间消亡，真正做到声销迹灭，所有活着的人，再不能道出他的名字。如果需要提及死去的男性长者时，不论他生前是什么身份，一律要说"噶什顿博"在世时如何等情；当提及死去的女性长者时，要说"噶什顿玛"在世时如何等情。若提及中年死者，男性称为"喇不桑博"，女性称为"喇不桑玛"。若提及死去的儿童，男孩称"额多喝吾"，女孩称"额多喝玛"。若提及圆寂的喇嘛，须尊称为"谢合松努"。这种死后讳名的习俗，是任何人在任何场合都必须严格遵守的。若某人不慎道出了一个死者的名字，会被认为是一种大逆不道的行径。②

① （清）王士禛著《池北偶谈》卷二四，景印文渊阁《四库全书》第870册，第341—342页。

② 仇保燕著《青海藏族风情丛话》，中国旅游出版社1987年版，第106—107页。

这种死后讳名风俗，应须注意的是：第一，遇有同名者，其生者必须改名。该书指出："假如一位名叫桑杰丹周的老者去世了，在死者的远近周围还有一位同名者，在他得知老者不幸的消息后，就要尽早地寻找一个群众集会的场合，向在场的人郑重宣布：'当我得知"噶什顿博"离开人世时，心中十分悲痛。为了尊重他，兹通知大家，从现在起，我已更名为多不丹了。'当然，他也可以改名为他所愿意的其他名字。自此以后，人们对他以新名称呼。"

第二，在不得不提到死者姓名时，须先声明，并念六字真言。该书又指出："假如，在某个特定的场合，某人为了澄清某件事实，若不提及一位已经过世的死者名字，就无法说明问题的时候，他在发言前，须向在场的人郑重地申明：'有个人的名字本是不应说出来的，但现在到了非提他不可的时候了。我若说出他的名字，在佛、法、僧的面前，请求大家谅解。'接着才能把话继续讲下去，并在提名后紧跟着念诵一句'六字真言'，以求赎罪。"

第三，这种死后讳名的风习，"不仅对去世不久的死者适用，就是已经去世多年的，只要在众人的记忆中他还存在，就依然适用"①。

由上可见，此种死后讳名，或同名改名的风习，可能导源于佛教密宗派的姓名巫术，不得不提死者名时，须念"六字真言"，并请佛、法、僧谅解，就是来自佛教密宗派的明证。

另外，达斡尔族不能直呼狼名的禁忌也是属于生活讳名风俗的。达斡尔族人认为："在野外走的人对古思克（狼）不能直呼原名，而要叫它"和里和"。传说如果唤名，野兽身上发痒，感到有人叨咕它，就要来害人。"②这也是姓名巫术在后世风俗中的表现。

在哈尼族人中，也有生活讳名风俗存在。哈尼人对老人、中年人都有专门的尊称，从不直呼其名，而使用代称。为什么会有这种讳名风习呢？

> 传说在哈尼人祖先居住的腊咪地方，过去人们和睦亲热，互相称呼名字。腊咪村有个俊俏姑娘叫咪伊都拉（这名字是石榴花含苞待放的意思）。和她的名字一样，她生得非常美丽，能歌善舞。无论到什么地方，人们都亲切地称呼她"咪伊都拉"。有一天，她和情人沙鲁一同到森林中去砍柴，她俩在森林中唱起了情歌，歌声惊醒了森林中的魔王。魔王发现了美丽的咪伊都拉，妄想强占，率一群魔鬼来追赶。咪伊都拉和沙鲁与魔鬼拚搏了一

---

① 以上均见仇保燕著《青海藏族风情丛话》，中国旅游出版社1987年版，第107页。

② 娜日新《达斡尔族禁忌》，载于《黑龙江民间文学》第九集，黑龙江省出版局1984年刊，第236页。

阵之后，迎着阳光升起的地方拔腿就跑。途中路过一座悬崖时，咪伊都拉因脚下踩滑，跌进了深谷。沙鲁大声呼喊着咪伊都拉，“都拉”的名字在高山、森林中回响。幸好被一个砍柴人相救，咪伊都拉安然无恙。但咪伊都拉的名字被魔鬼知道了。在一个静悄悄的夜晚，躺在床上的咪伊都拉隐隐听到远处有人叫“咪伊都拉”，咪伊都拉一骨碌爬起来，寻声而去。但等她穿几座山岗来到森林边时，没见沙鲁的踪影，迎接她的是一群魔鬼。咪伊都拉被魔鬼拉进森林，再也没有出来……人们失去了美丽的姑娘，从此哈尼族对于老年人、中年人都不直呼其名，大都只用代称。[①]

哈尼族人认为，之所以要讳名，是因为称名道姓若被魔鬼听见，魔鬼便会来喊他，使其遭到不幸。

① 邓佑玲编著《民族风俗与生活趣谈》，今日中国出版社1992年版，第125—126页。

第三十章　敦煌双重巫术和敦煌巫术特征

第一节　敦煌双重巫术与埋石盒巫术

我们在佛教密宗的巫术中，可以看到许多双重巫术，这在道教巫术中是难以看到的。何谓“双重巫术”呢？即巫师设计了一种巫术，成功后又设计了另一种相反的巫术来解除前一种巫术，像这样一正一反的巫术，我们称之为双重巫术。伯三九一四《1.金刚童子心咒》(29—10)中便写有双重巫术：

1.“欲令恶人比丘令患病者，取烧死人灰，咒一百八遍，散其人门前，彼人踏之时，即得热病。若欲令差，咒黑砂糖廿一遍，并称彼人及比丘名，烧之即差。”①

2.“复次令恶人病者，取牛尿，向日下咒一百八遍，洒于火中之，恶人即病。欲令差者，取薰陆沉水等香，向日下烧，并称彼名，咒一百八遍即差。”②

以上两条很明显都是双重巫术。前一条踏死人灰是交感巫术，相反地喊姓名解除是模仿巫术；后一条烧牛尿又是交感巫术，相反地烧香喊姓名解除又是模仿巫术。英国人马林诺夫斯基曾就梅兰内西亚双重巫术精辟地分析道：“梅兰内西亚是我实地研究这等问题的地方，在那里没有一个巫术不是坚信有个相反的巫术的；这个反巫术倘若力量较大，便会完全取消前项巫术的效力。有几类巫术，如健康与疾病，乃是在一块连着的。一个巫者要学怎样给人家一种病的时候，同时也要学一套怎样解救这黑巫术的咒与仪式。在恋爱一方

1. 敦煌唐人楼角图（莫高窟第17窟　盛唐）〔采自《敦煌图案集》〕

①② 上海古籍出版社、法国国家图书馆编《法藏敦煌西域文献》第29册，上海古籍出版社2003年版，第267页。

面，不但相信两个恋爱巫术若有一个力量较强则两相夺取的目中人便顺从那个较强的巫者，而且相信有法可以离开旁人底爱人或妻子以成自己底胜利品。这样双重的巫术是否在全世界都象梅兰内西亚那样一致，还不易说，但吉凶正负等势力到处存在，则是没有疑惑的，所以巫术底失败永远是有原因的，不是因为记得不清，就是行得不尽合法或者犯了禁忌，更或者是因为旁人行了反巫术而取消了它底效力。”①

就敦煌双重巫术结构看，与梅兰内西亚是一致的，它为比较研究提供了条件。同时，伯四五二二背面卷中埋石粉并用石盒盛埋，也与英属海峡群岛巫术类似。

2. 唐人三彩女立俑（陕西西安鲜于庭海墓出土）〔采自《中国古俑白描》〕

与敦煌石粉巫术比较，埋药粉、装盒子（敦煌是石函，英属海峡群岛是铁盒）是一样的。为什么要埋石盒？因为盒里“装满魔鬼”，这令人想起希腊神话中的潘多拉的魔盒。

希腊神话说：美丽女神潘多拉接受了神王宙斯的指使，降临了人间，嫁给了“先知”普罗米修斯的弟弟“后知”厄庇米修。厄庇米修看见潘多拉有一个盒子，感到很好奇，就把这个盒子打开来一看，谁知这是一只魔盒，放出了疾病、疯狂、罪恶、嫉妒、死亡、不幸等种种灾祸，厄庇米修看见飞出这么多灾祸十分害怕，就随手关上了盒盖，于是留下了来不及飞出来的“希望”之神。这虽然是一个神话，但却是来自盒子里“装满魔鬼”一定要埋掉这种巫术观念。

第二节　敦煌变文《悉达太子修道因缘》中的妇女怀孕巫术

《悉达太子修道因缘》佛教故事是敦煌变文中的名篇。本节将以特殊视角来解读它的内容中反映的妇女怀孕巫术，揭示敦煌巫术的一个特点，即敦煌巫术也渗透在当时的俗文学作品中。

作为中国文化三大精神支柱之一的佛教，在中国文学、思想、哲学、艺术各

① ［英］马林诺夫斯基著，李安宅译《巫术科学宗教与神话》第五章第五节《巫术与科学》，中国民间文艺出版社1986年版，第73—74页。

方面，都如同三棱镜一样，折射出五彩斑斓的颜色。但是，佛教也在这个过程中嬗变演化，从本来以佛教教义为主的内容，逐渐吸收儒道之精华，开始了自身的中国化。敦煌写本《悉达多太子修道因缘》就是中国俗文化的典型；与雅文化相比，这一篇敦煌俗文化学的载体——民间口头语言，更为灵活，内容的变动性也更大。尽管敦煌本《悉达多太子修道因缘》是以书面语言固定下来的佛教写本，但它也是在总结和吸收敦煌民间风俗（包括巫术）的基础上产生的。因此，全篇不可避免地留下了明显的敦煌民俗加工和再创造的痕迹。

《悉达太子修道因缘》一卷，敦煌写本，全卷计 8 纸，共有 228 行，首尾完整，卷端题《悉达太子修道因缘》，书写清楚。经周绍良先生审定和改写，已经不是原卷面貌。他说："从书法审之，时代当在晚唐或五代，因为卷尾附录二诗，一《无常》，一《壁画和尚》，这种好随便于卷尾附加，晚唐之前不多见。"[①]故知本写卷大致产生在晚唐五代时期。

3. 唐人绘神鸟（迦陵频伽莫高窟第 148 窟　盛唐）〔采自《敦煌图案集》〕

我们必须清楚，在佛教传入中国以前，它在印度的民间就有一个艰难却又成功的跋涉过程。但是，它的原貌却又和它在中国的变体有所区别。《悉达太子修道因缘》显然是在中国本土敦煌民间的变体，它对摩耶夫人怀上悉达太子的描写，特别强调了那一根马"鞭"指腹，这根"鞭"是指什么？所以，当我们欣赏这一篇经典佛教故事变文的时候，应当始终有一个确定的意识，区分本源与变体，即敦煌民间文学中的佛教，只是佛经的变体，而不是佛经本身。佛经从梵文翻译成中文时，已经经历了一番中国化的过程；再从汉魏晋南北朝传到唐五代的敦煌民间又再一次经历了一番本土化的过程。

星云大师著《释迦牟尼佛传》，可视为准佛经，是星云大师参阅了许多佛经资料，又经过多方面的考察，从历史和学术的角度，客观地再现了公元前六世纪印度一国王子悉达多太子的修道故事。[②] 笔者认为星云大师的这一部佛学著作应当可以算是与佛经有同等价值的悉达多太子的本源故事，因此以星云大师《释迦牟尼佛传》的原始故事为蓝本，与《悉达太子修道因缘》作对照，就可以看出很多印度本生故事传到中国后在哪些方面实现了中国化，通过对比，我们可以探究佛教中国化的特点。

---

① 周绍良等选注《敦煌文学作品选·悉达太子修道因缘》，中华书局 1987 年版，第 107 页。

② 星云大师著《释迦牟尼佛传》，海南出版社 2007 年版。

4. 男剃度图(敦煌莫高窟　盛唐第445窟)〔采自《敦煌莫高窟艺术》〕

《悉达太子修道因缘》押座文这一中国式说书化的开头，是星云大师所述的本源故事中所没有的。敦煌佛教故事变文中一开始就是一段押座文，而押座文这种俗文学形式，溯其源头却来自西汉击鼓说唱①。这是原来佛经中和星云大师《释迦牟尼佛传》相应的开头都没有的敦煌俗文学形式。押座文是敦煌佛教俗讲和说因缘之前转送的一种诗篇，是敦煌寺院的法师说因缘时开场就讲出来的一组七言诗句，间或夹杂着一点说白。正如押座文之后本文所说："凡因讲论，法师便似乐官一般，每事须有调置曲词。"②押座文便是说因缘的调置曲词。这一段押座文便似《悉达太子修道因缘》的总纲一般，即开宗明义，用极为简练的诗句，把后面的修道因缘故事，概括地讲出来。使听众从一开始就对后面的修道因缘故事有了总体的印象。这一段押座文的性质，其实就是中国自西汉起便已流行的击鼓说书开头的韵文总纲诗句，它的作用就是使听众安静以便于演出，这样的开头具有明显的中国民间说唱文学的特征，宋元以后就演化为中国古典章回小说中每一回的开场诗。如《水浒传》、《西游记》、《金瓶梅》等每一回前都有"诗曰"、"词曰"等，就是这一形式衍化的结果。

本篇押座文并不简单，前面有周绍良先生的一段说明，认为"说因缘"即为"讲故事"。于是这篇故事就以这一段押座文开始。主持讲故事的人针对押座文提出了三个问题，原文曰：

> 适来先说者是《悉达太子押座文》，且看法师解说义段。其摩耶夫人自到王宫，并无太子，因甚于何处求得？太子后又不恋俗世，坚修苦行。其耶输彩女，修甚种果，复兴太子同为眷属？更又罗睺之子，从何而托生？如何证得真悟，同登正觉？小师略与门徒弟子解说，总教省知，暂舍火宅，莫喧莫闹，齐时应过。能不能，愿不愿？观世音菩萨，大慈悲菩萨。③

起名就叫做《悉达太子押座文》，对照押座文，第一个问题是摩耶夫人与太子问题，对应太子离家到慈母号哭一段，即押座文第一段：

---

① 请参阅高国藩著《敦煌民间文学》第一章《敦煌民间变文》，联经出版事业公司1994年版，第40—52页。

②③ 周绍良等选注《敦煌文学作品选·悉达太子修复因缘》，中华书局1987年版，第112页。

迦维卫国净饭王，悉达太子厌无常，誓求无上菩提路，半夜逾城坐道场。

太子十九远离宫，夜半腾空越九重，莫怪不辞父王去，修行暂到雪山中。

二月八日夜逾城，行至雪山犹未明，父王忆念号咷哭，慈母捶胸发大声。

雪山修道定安禅，苦行真心难更难，日食一麻或一麦，鸦雀巢窠顶上安。

太子行至檀德山，出家修道有何难，誓愿发心离宫阙，降魔修道度人天。

发遣车匿却回归，骒踪白马泪双垂，车匿闻言声哽咽，浑捶自扑告夫人。

5. 头戴宝钿、白角梳，身穿披帛礼衣的唐代妇女（大英博物馆藏画　十世纪）〔采自《世界之美术》〕

父王惊走出宫门，慈母号咷问出因，怨恨去时不相报，肝肠寸断更无踪。[①]

这一段二十八句主要回答第一个问题，摩耶只生了这一个儿子，他出家竟然不和母亲讲一声，为此慈母伤心得嚎啕大哭。显然这一中国化的改造透露出中国古训“父母在，不远游”的影子。

第二个问题是太子出家，父母基于媒妁之言的婚俗，给他娶了个老婆叫耶输，耶输怎么会成太子的眷属的？即押座文第二段：

父王为子纳耶输，容颜美貌世间无，彩女如仙都不顾，一心修道听真如。

既为新妇到王宫，将为君心有始终，准望百年同富贵，抛妾如今半路中。[②]

这一段一共八句，主要回答第二个问题，讲述遵循古训“父母之命、媒妁之言”嫁进王宫的美丽的耶输，准备和太子“百年同富贵”——正如敦煌民间谚语所说——岂知太子竟然抛妻半路出家了；成了他老婆的耶输却不能和太子同房。

---

① 周绍良等选注《敦煌文学作品选·悉达太子修道因缘》，中华书局1987年版，第107—109页。

② 周绍良等选注《敦煌文学作品选·悉达太子修道因缘》，中华书局1987年版，第109页。

第三个问题是：更离奇的敦煌民间婚俗的事情发生了，太子既然已经出家修行去了，他那在宫中守活寡的老婆（耶输）一个人住在王宫，闲来无事，用马鞭指一指自己的肚子玩，不知怎么搞的，这女人就怀孕了，肚子竟然大起来，最后竟然生下一个男孩，起名罗睺。押座文问道这罗睺"从何而托生？如何证得真悟，同登正觉？"即押座文第三段：

逾城修道也从君，无事将鞭指妾身，六年持养怨家子，此事如何辩正真？

父王闻说可笑怒，圣主闻说大煞嗔，若说万般交处置，中心更向阿谁陈？

敕下令交造火坑，罗睺子母被驱行，合掌乾恭发愿重，如来德为放光明。

武士拥至火坑傍，含涕泪落数千行，母身一个遭大难，乞惜怀中一子伤。

素手金炉焚保香，头面殷勤礼十方。若是世尊亲子息，火坑速化为清凉。

清净如来金色身，多劫曾经受苦辛，今日出离三界外，救度众生无等轮。①

父王就追究儿媳怎么就无夫怀孕生子的？耶输马鞭指腹的回答自然是被斥为荒诞不经和大逆不道的，大怒之下，就敕令武士挖一个火坑把耶输连同他的孩子活埋了，以通奸罪惩罚这个荒淫无耻的儿媳连同这个无辜的私生子。这一件事情自然惊动了已经成为佛祖的太子，随用大法力救度耶输母子出离三界之外，于是《悉达太子修道因缘》就圆满结束。这是本篇的核心内容和重点所在。

这一段一共二十四句，主要回答第三个问题，怎么解释丈夫不在家而家里面的妻子竟然怀孕，生下一个小孩罗睺；父王和圣主又怎么处置这两个人的。

敦煌本《悉达太子修道因缘》用押座文来解释很妙。认为这是"无事将鞭指妾身"而怀孕，在本文中对无夫而怀孕的描写也只有一句"其新妇答曰：'此是马

① 周绍良等选注《敦煌文学作品选·悉达太子修道因缘》，中华书局1987年版，第110—111页。

鞭指腹化生之男。'"[①]"鞭"、"马鞭"导致耶输怀孕，耶输对这种无夫自然怀孕的描述非常有趣，真难于理解，怎么会变成这样呢？不过，这种解释是蕴含着中国古代巫医深刻的原理的。对中国巫术史而言，无疑应当看作变文当中的巫术的特点来加以研究。

6. 唐人白釉加彩骑马女士俑（陕西礼泉唐郑仁泰墓出土）〔采自《中国古俑白描》〕

可以确凿地说，这是敦煌唐人佛教变文故事描述的民间婚俗所包含的妇女怀孕巫术内容。它是佛经中没有的，也是星云大师《释迦牟尼佛传》中所没有的。毫无疑问，它也是中国化的。从《中国巫术通史》所研究的所有巫术来看，它属于模拟和交感合璧的巫术之列。本文典型的解释应当是："此是马鞭指腹化生之男。"从学术解读来看，分为两个部分，一是"马鞭指腹"阶段，一是"化生之男"，即"生子"阶段。前一阶段是巫术仪式，"马鞭指腹"是用"马鞭指定服用"的意思，别解的"腹"谐音"服"。后一阶段是巫术实施。

在前一阶段中，这"鞭"自然明指的是佛教的"鞭"，或"马鞭"，但是，这里"鞭"字却是暗指生殖器，如中国民间把动物类如牛、马、鹿的阴茎称为"牛鞭"、"马鞭"、"鹿鞭"一样，因此用"马鞭指腹"致使女人怀孕，便是敦煌唐人发明的妇女怀孕巫术无疑。这里的"鞭"、"马鞭"就可以确凿不疑地以中草药中的动物阴茎来解释了。那么，这种敦煌民间巫术就是说：妇女用马鞭（阴茎）指腹便可以怀孕。但这仅是仪式而已，整个巫术的实施却不是这么简单的。

在后一阶段，为这个女人怀孕，就需要找到一种可以致孕的中草药，直接导致这个女人怀孕的答案在《本草纲目》中可找到线索。

《本草纲目》兽部卷五〇讲述的中草药中，对动物阴茎能导致性冷淡或无子的妇女怀孕并能治疗男人阳痿，列出诸多例证。这就为当代医学开发利用动物阴茎和制作性药品、中老年养生药品以及特殊营养品，提供了多方面有力的依据。现在选其四个例证排比如下：

1.《本草纲目》兽部卷五〇："牡狗阴茎　〔释名〕狗精。六月上伏日取，阴干百日。别录。　〔气味〕咸，平，无毒。（思邈曰）酸。　〔主治〕伤中，阴痿不起，令强

① 周绍良等选注《敦煌文学作品选·悉达太子修道因缘》，中华书局1987年版，第125页。

热大，生子，除女子带下十二疾。本经。治绝阳及妇人阴痿。日华补精髓。孟诜。”①

2.《本草纲目》兽部卷五〇：“阴茎黄牛、乌牛、水牛并良。〔主治〕妇人漏下赤白，无子。苏恭。”②

3.《本草纲目》兽部卷五〇：“白马阴茎 〔修治〕〔藏器曰〕凡收，当取银色无病白马，春月游牝时，力势正强者，生取阴干，百日用。〔敩曰〕用时以铜刀破作七片，将生羊血拌蒸半日，晒干，以粗布拭去皮及干血，挫碎用。〔气味〕甘、咸，平，无毒。〔主治〕伤中，脉绝阴不起，强志益气，长肌肉肥健，生子。本经。小儿惊痫。别录。益丈夫阴气。〔诜曰〕阴干，同肉苁蓉等分为末，蜜丸梧子大。每空心酒下四十丸，日再。百日见效。〔甄权曰〕主男子阴痿，房中术偏用之。”③

7. 狮子（安西榆林窟 第25窟 盛唐）〔采自《敦煌图案集》〕

4.《本草纲目》兽部卷五一《野马》曰：“阴茎 〔气味〕酸、咸，温，无毒。〔主治〕男子阴痿缩，少精。思邈。〔发明〕（时珍曰）野马，孙思邈《千金方》载有功用，而《本草》不收，今采补之。”④

由以上所举出的四个例证可见，牛鞭、马鞭是专门治疗妇人无子和男子阴痿之症的，而且特别指出古代房中术偏爱使用。这就不难理解敦煌本《悉达太子修道因缘》中耶输服马鞭怀孕的逻辑了。这种中草药原理源远流长，说明敦煌妇女怀孕巫术是从本土化的中草药知识里衍生，也是《悉达太子修道因缘》中国化的体现。

以上仅就《本草纲目》一书所举出的例证，唐代陈藏器、孙思邈以及唐宋中草药专书都有涉及，当今有关“性福”的特殊营养品，以及养生补品的开发利用之研究亟待加强。

8. 九品往生图（敦煌莫高窟 盛唐 第217窟）〔采自《敦煌学大辞典》〕

①② （明）李时珍著《本草纲目》兽部卷五〇，人民卫生出版社1981年版，第四册，第2720、2761页。

③ （明）李时珍著《本草纲目》兽部卷五〇，人民卫生出版社1981年版，第四册，第2771页。

④ （明）李时珍著《本草纲目》兽部卷五一，人民卫生出版社1981年版，第四册，第2835页。

第三节　敦煌巫术与其他巫术的比较及其特征

在敦煌巫术与外国同类形态的巫术的对比研究中，我们发现它们之中存在着一些共同点，将它们举例进行比较研究，可以深化我们对敦煌巫术的认识。

一　施巫术避女人

法藏伯三九二〇《2.千手千眼观世音菩萨广大圆满无碍大悲心陀罗尼经》（卅六页）（220—34）云：

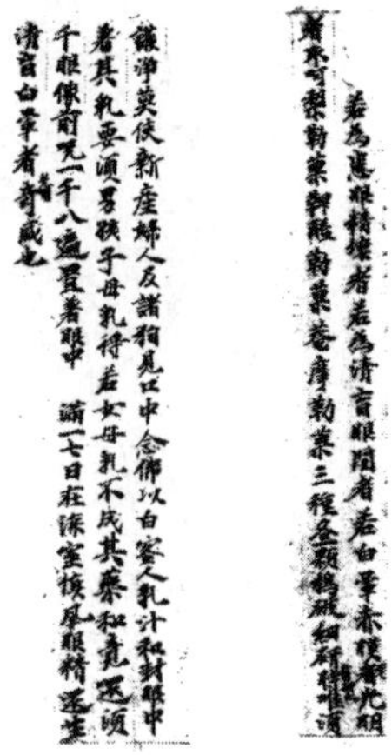

> 若为患眼精坏者，若为清盲眼暗者，若白晕赤膜无光明者，取呵梨勒果、鞞醯勒果、庵摩勒果，三种各一颗捣破细研。当研之时，唯须护净，莫使新产妇人及诸狗见。口中念佛，以白蜜、人乳汁和封眼中，着其乳，要须男孩子，母乳得，若女，母乳不成。其药和竟，还须千眼像前咒一千八遍，置着眼中，满一七日，在深室，慎风，眼精还生，清盲白晕者，光明奇威也。①

以上敦煌唐人治眼病的巫术，关键在于“莫使新产妇人”看见，这是为了“护净”，那么当然认为新产妇人是不洁之人了，由此观之，该巫术轻视妇女，实来自施行巫术之需要。

但是，在唐代民间一般是没有什么施巫术须避女人的禁忌的。例如，女巫就颇受欢迎。唐吕道生撰《定命录》之《姜皎僧善相》云：

> 姜皎之未贵也，好弋猎。猎还入门，见僧。姜曰：“何物道人在此？”僧云：“乞饭。”姜公令取肉食与之，僧食讫而去，其肉并在。姜公使人追问，僧云：“公大富贵。”姜曰：“如何得富贵？”僧曰：“见真人即富贵矣。”
>
> 姜曰：“何时得见真人？”僧举目看曰：“今日即见真人。”姜手臂一鹞子，直二十千。与僧相随骑马出城，偶逢上皇亦猎，时为临淄王。见鹞子识之曰：“此是某之鹞子否？”姜云：“是。”因相随猎。俄而失僧所在。后有女巫

① 上海古籍出版社、法国国家图书馆编《法藏敦煌西域文献》第30册，上海古籍出版社2003年版，第68页。

至，姜问云："汝且看今日有何人来?"女巫曰："今日天子来。"姜笑曰："天子在宫里坐，岂来看我耶?"俄有叩门者云："三郎来。"姜出见，乃上皇。自此倍加恭谨，钱马所须，无敢惜者。后上皇出潞府，百官亲旧尽送，唯不见姜，上皇怪之。行之渭北，于路侧，独见姜公供帐，盛相待，上皇欣然与别，便定君臣之分，后姜果富贵。①

9. 三彩唐代盛装妇女双人俑（陕西唐墓出土）

10. 三彩带兽骑马图（陕西唐墓出土）

此事中的姜皎就没有什么"施巫术避女人"的观念。恰相反，他偏偏要找一个女巫来给他预示一下："汝且看今日有何人来?"此事到底怎么占卜打卦并没有详细交代，但有一点是明确的，它没有涉及鬼神迷信，谈不上"反科学"。经过比较，可以说，这就是女巫预言的主要特征。

1. 女巫必须根据她所熟悉的当地的人文环境和流通的信息，作出合理的判断，既符合客观实际，又符合受众的心理，还要求快速地予以回答。而女巫回答的重点，则是点燃受众的生命欲望，心理治疗为重中之重。

2. 可见，从《周易》卜卦开始，以后所分化出来的算命、打卦、看相、风水等等，中国传统的趋吉避凶风俗观念之再现，全都是心理治疗的手段和唤起生命的欲望的心理医术。

3. 所有古代的方术，一旦脱离当时的实际情况，就不可能再有认同感。往事经过千年，事物已经起了根本变化，谴责祖先的浅薄已是多余和无知。

4. 施巫术避女人，肯定是宗教观念，这才是真的歧视妇女的巫术。

在清代，有一种"屏贼盗咒"的反抗巫术。这种巫术，据说出门在外住旅馆，只要念这种"屏贼盗咒"，就有伽蓝神护门，盗贼不会来光顾。清梁章钜《归田琐记》卷一《屏贼盗咒》条转录姚伯昂总宪《竹叶亭杂记》曰："山东李鼎和传得屏盗贼咒语，羁旅路宿，颇可预防。咒云：'七七四十九，盗贼满处走。伽蓝把住门，

① （宋）李昉等编，汪绍楹点校《太平广记》卷二二四《相四·姜皎》，中华书局1961年版，第1721页。

处处不着手。童七童七奈若何。’于清晨日出时，向东方默念四十九遍，勿令鸡犬妇女见之。”①

此佛教巫术与敦煌佛教巫术相类似，重咒不重符，一念咒，佛教的伽蓝神就来把门防盗贼。关键仍然在于“勿令鸡犬妇女见之”。前文是避“新产妇人”，这里是避开一切“妇女”，两篇都一致认为莫让女人和狗见到。

当然，还应注意佛教巫术避女人，也许它请的伽蓝护法神不能为女人所见，《释氏要览》称伽蓝有十八位，名为美音、梵音、天鼓、叹妙、叹美、摩妙、雷音、师子、妙叹、梵响、人音、佛奴、颂德、广目、妙眼、彻听、彻视、遍视。

11. 三彩唐人仕女俑(陕西西安唐墓出土)

这种伽蓝神地位低，明代曾传说朱元璋小时做和尚曾令伽蓝神缩起脚让他扫地事。如《古今图书集成·神异典》卷四八引《龙兴寺记》云：“圣祖幼时扫梵宇，以帚击伽蓝像令缩足起：‘待我扫！’即缩起。佛前烛鼠伤，责伽蓝不管，书其背曰：‘发去三千里。’其晚僧梦伽蓝辞行，曰：‘何也?’曰：‘当世祖遣发三千里矣。’明早僧视伽蓝背有字，追问之，圣祖曰：‘戏耳！’令释之。晚又梦伽蓝来谢。”②

这是明清时从和尚庙里传出的朱元璋的民间传说，可说明伽蓝神地位低，可为人呼来唤去，即使施行巫术，在民众的观念里，它也能随唤随到，并殷勤地为人们服务，甚至于看守大门防盗贼。避女人也许就是佛教对神的戒律，也是对僧的戒律。

根据以上两个巫术，佛教施巫术请来伽蓝神决不能让女人见到，仅就避女人这一点，和外国的巫术及道教的巫术都有相同之处。

清代有宜男歌求子巫术，也忌见女人、鸡犬。郝懿行《晒书堂笔录》云：“余在京师日，或传《宜男歌》云：‘五更风结桃花实，二月春深燕子飞。’用红帖纸一枚，勿令妇人、鸡犬见，择其有年德多子孙之人，每一气书一字，向夫妇房中所尝坐卧处最上头黏着，黏时亦勿令妇人知也。士大夫好事者试之，多有验。”③

清代还有祈禄命巫术，也忌见女人。袁枚著《续子不语》卷八《灵符》便记述

---

① (清)梁章钜撰，于亦时校点《归田琐记》卷一，中华书局1981年版，第18页。

② (清)陈梦雷等编《古今图书集成·神异典》卷四八，第493册，中华书局1934年影印本，第37页。

③ (清)郝懿行撰《晒书堂笔录》卷三，安作璋主编《郝懿行集》第七册，齐鲁书社2010年版，第5702页。

了一个女人破禄命的悲剧故事：

万近蓬言，闻胡中丞宝瑔病剧时，忽语家人曰："明日慎闭吾户，勿唤勿入也。"如其教。明日日将暮，亦不唤启钥。夫人疑之，自往从穴隙窥，见房内列二桌，南北相向。南向桌上，有一人头大如十石瓮，金目巨口，灼灼翕动。北向桌上，中丞坐与相对，桌上列纸笔，方握管，似与问答，欲作书状，第见口动，亦不闻声。遂大惊，排闼入。中丞掷笔而起曰："汝败吾事矣！不然，可得尚延岁月，然此亦天数也。速备我身后事，三日内当死。"已而果然，究不知此大头属何神怪。时张六乾在座，乃曰："此名灵符，文昌宫宿也。凡有文名才德者，喜往依护。昔朱紫阳注四书每见之，而文思日进，后能招之来，麾之去，遇疑义辄与剖晰。中丞盖欲召之来，以祈禄命，不意为妇女所败。"予因询其出何书？云朱子集中序上载其事，因记之，暇日尚当检集，以究其端末也。①

12. 三彩唐代高髻女俑(陕西唐墓出土)

文中所谓"文昌宫宿"，即《儒林外史》称中举者都是文曲星，也就是清代普遍信仰的文昌帝君，道教神名。《明史·礼志》云："梓潼帝君者，记云：'神姓张名亚子，居蜀七曲山。仕晋战没，人为立庙。唐、宋屡封至英显王。道家谓帝命梓潼掌文昌府事及人间禄籍，故元加号为帝君，而天下学校亦有祠祀者。景泰中，因京师旧庙辟而新之，岁以二月三日生辰，遣祭。'"②可见所谓"文昌宫宿"即文昌帝君掌禄命之神，清代巫师认为请来时最忌女人。

施巫术避女人，似与妇人不洁观有关。这种凡是妇人都不洁的观念，自然是原始人的巫术观，后来传给宗教。外国也有之。法国列维-斯特劳斯《野性的思维》曾分析北部澳大利亚土人的女人不净观，起源于如下的神话意识：

在万物之始，瓦维拉克姐妹动身向海边走去，一边走一边给土地、动物和植物命名。姐妹中一人怀着身孕，另一个带着孩子。……妹妹的孩子生出以后，她们继续遴程，一天在巨蛇玉尔龙古尔盘居的水池附近停了下来，这头巨

① (清)袁枚著，朱纯点校《续子不语》卷八，岳麓书社1986年版，第146页。

② (清)张廷玉等撰《明史》卷五〇，中华书局1974年版，第1309页。

蛇是姐妹俩所属的杜亚半族的图腾。姐姐用月经血弄污了池水，被惹怒的巨蛇冒出水面，制造出一场倾盆大雨和水灾，并吞食了女人和她们的孩子。巨蛇站起身来，水淹没整个大地和植物。巨蛇再躺倒时，洪水就退去了。①

人类学者据此得出原始人的“社会学意义上的女人群是不洁的”这一结论。相对而言，敦煌民间妇人不洁观也是相当严重的，形成诸多妇人不洁之禁忌，伯二六六一、三七三五 V⁰《诸杂略得要抄子一本》即有许多：

1. 妇着夫衣不得。正月不洗衣。

2. 妇人产不满百日，不得为夫裁衣、洗衣、大凶。

3. 妇人灶前不哭。

4. 妇人月水下裁衣煞夫。②

以上这些敦煌民间妇人不洁禁忌，正是密宗派妇人不洁巫术形成的基础，也是道教巫术避女人的原因。所以属于道教性质之写卷伯四七九三《符咒》云：“家中造作百事时，不便(使)妇人秽恶犯触大神，今日□门，急急如律令。”可见道士行巫术时女人也必须要回避。

到清末，避女人巫术竟然发展到新妇忌入人家或产妇禁忌等风俗，渗透到民间细微生活中。其一如徐珂编撰《清稗类钞》迷信类《新妇忌入人家》条曰：“江宁之新嫁娘，非于一月以后不能入人家，如或误犯，必责令斋百怪以祓除不祥。斋百怪者，须备香烛、纸马、牲牢、酒醴以往，且必男着女衣，女着男衣，夫妇双双顶礼，斋毕偕归。”③可笑的是，原来是重男轻女巫术，如今竟然“男着女衣，女着男衣”，用男女平等来矫正专对女人的巫术禁忌了。

13. 唐人妇女剃度出家(敦煌莫高窟第 445 窟　盛唐)〔采自《敦煌莫高窟艺术》〕

其二如徐珂编撰《清稗类钞》迷信类《鄂妇妊忌》条曰：“湖北妇人妊子，避忌最甚。有所谓换胎者，言所见之物入其腹中，换去其本来之胎也。故妇人妊子，凡房中所有人物画像，藏之弃之，或以针刺其目，云其目破即不为患矣。有一妇卧室悬一美女像，即生子，厥状肖焉。美女屈右臂，伸三指作指物状，此子亦屈

① [法]列维-斯特劳斯著，李幼蒸译《野性的思维》，商务印书馆 1987 年版，第 105 页。

② 上海古籍出版社、法国国家图书馆编《法藏敦煌西域文献》第 17 册，上海古籍出版社 2003 年版，第 132 页。

③ (清)徐珂编撰《清稗类钞》，中华书局 1986 年版，第十册，第 4683 页。

右臂伸三指，终身如此。又一妇偶观优，及生子，头上有肉隆起，如戴高冠，两耳旁各有肉一片下垂，如以巾幂之者然。因忆观优时，有优人之冠如是，为其换胎矣。其地每有游僧担荷衣装，乞食村落，担上有弥勒像，此尤为所忌，孕妇见之，谓生子必肖弥勒像矣。故此僧所至，村人辄噪而逐之。孕妇或不及避，猝与相遇，必坐于地，自解其履，以左履换至右足，右履换至左足。此僧亦必将所荷之担，从右肩换至左肩，从左肩换至右肩，如此相持。及人众咸集，逐此僧去，乃得无事。”[①]谁想到避女人巫术，也避见维纳斯之类“美女屈右臂”，最后竟发展到避弥勒佛和尚了。

14. 刘萨诃瑞祥图(敦煌莫高窟72窟)〔采自《敦煌学大辞典》〕

为何认为“妇人秽恶”呢？以上澳大利亚土人神话已作了解答，认为是月经引发了女人不净观。实际上，古人关于月经的原因之解释各民族也都有不同。新几内亚土人认为古时候的月亮原来是生活于地上的一位少年，全身长满淡色毛，后与一已婚妇人有了私情，被其夫烧死，少年的血飞上天空化为月亮，月亮为了复仇，遂使一切女子都来月经，以至于新西兰毛利族(Māori)人相信月是妇人永恒的丈夫。甚至在阿拉斯加(Alas-ka)，托伦基印第安人(Tlinkit-Indians)在少女来月经时，晚上禁止仰望天空。

关于月经，阿拉伯还有这样的传说：从前女子没有月经，男子腋下却出血，每天早上，男人避着女人用小刀刮下腋下的血，贮在壶中，不让女子知道，有一天壶被女人发现，她打开壶盖，手指伸进壶去粘到了血，女人以为是蜜便放进口内去尝，看见手指上舔过处仍然有血，洗也洗不掉，便来和男人商量，男人叫她去问贤人，贤人叫她回家去将带血的手指放进自己的阴道内，再吸手指，指上的血便完全脱落了，但至此以后，女人就每月都来月经了。

个中原因虽不同，但有个共同点，即女人的月经被认为是不洁的。另外，还必须看到，不仅佛教和道教认为女人不洁，基督教也认为女人不净。《圣经·利未记》第十五章云：

> 女人行经时，要不洁七天，所有碰过她的人，日落后才算洁净。她用过的床被椅子，也是不洁的。摸过她的床或椅子的人，都要洗衣沐浴，日落后

---

① (清)徐珂编撰《清稗类钞》，中华书局1986年版，第十册，第4683页。

才算洁净。在经期内和她交合的男子，也沾了她的污秽，要不洁七日；他躺过的床，也是不洁的。[1]

由此可见，宗教认为女人月经不洁，推动了世界范围的女人不洁民俗观的蔓延和各种束缚女性的禁忌之发展。

二　巫油的魔力

我们在敦煌巫术中，还看到一种有趣的现象，即在施术作法时必须使用带有魔力的巫油来取得巫术的效应，这种现象在国内外巫术中都有所反映，如马林诺夫斯基著《两性社会学》中，讲到梅兰内西亚一种巫油引梦的巫术，他认为那是弗洛伊德关于梦的"倒转过来的学说"："关于恋爱的巫术，有个方法是将某种香草浸酿在蔻蔻油里。唪诵一种咒术，使草得到引梦的强烈能力。倘将这项酿作物的气味使爱人的鼻孔吸进去，他便一定被她梦见。她在梦中有的意象和经验一定要在醒的时候去求实际生活上的实现。"[2]

以上巫术来自以下一个恋爱神话。苦米拉伯瓦嘎住着一个马拉西(Malasi)母系族的女人，她有一儿一女。一天儿子在草地上施行巫术，为的是获得一个女人的爱。他将薄荷叶放在椰子油里烧沸，施上咒术，然后到海水里去浴身。不巧这巫油被他姐姐的长发扫到，有些油滴在身上，姐姐也嗅到油味。巫油在姐姐身上发生魔力，引导她着了魔地去找弟弟求欢。弟弟正在岸边洗澡，未束护阴叶，知道事情不好，巫油被姐姐碰到了，他吓得逃跑，姐姐在后面紧追，直到他疲劳不堪，终于被姐姐追到，于是两人拥抱着跌落在浅水波里。于是满怀着乱伦的羞耻和悔恨，四臂互相拥抱着，不吃不喝死在包卡雷瓦塔的石洞里，两人连在一起的身体，化为一株薄荷。[3]

15. 三彩仕女倚坐俑(陕西西安唐墓出土)〔采自《中国古俑白描》〕

从以上巫术与神话可见，其中巫油产生了决定性的魔力。此种巫油巫术在敦煌巫术中，也时有所见，以下略举几例。

例一，伯二六六六 V^0《单方》(5—3)云："妇人子死腹中及衣不出，以用钱三

---

① 《圣经·利未记》第十五章，见《当代圣经》，中国圣经出版社 1979 年版，第 200 页。

② ［英］马林诺夫斯基著，李安宅译《两性社会学：母系社会与父系社会的比较》，中国民间文艺出版社 1986 年版，第 117 页。

③ ［英］马林诺夫斯基著，李安宅译《两性社会学：母系社会与父系社会的比较》，中国民间文艺出版社 1986 年版，第 118—121 页。

文，两眉相向洗油，朱粉和淋，取与产妇服，立即大验。”[①]钱受过人们的触摸，沾满了人的喜气，两枚相向便有顺应的魔力，洗以巫油，和以朱粉，巫油产生润滑魔力，于是将死胎与胎衣排出，这是交感巫术与生育风俗相结合之奇方。这可称之为巫油堕胎。另《本草纲目》金石部卷八《古文钱》主治“妇人生产横逆”[②]。说明古人曾做过古钱与妇人生产的巫术试验。

例二，伯三九一六《4. 不空羂索神咒心经》(129—42)云：“诸有病者，咒苏或油，或复咒水二十一遍，与之令服，即得除愈。”[③]这可称之为巫油治病。

例三，伯三九一四《1. 金刚童子心咒》(29—9)云：“复次疗治一切疥癣病法，于净当中煮油使热，次以右手内冷水中，然后诵咒，咒手三七遍讫，已内热当中，手冷如水而不觉热，次即以手摩疥癣上，即得永差。”[④]此为巫油治癣。

16. 西夏壶门图案(敦煌莫高窟329窟)〔采自《敦煌图案集》〕

例四，伯三九二〇《2. 千手千眼观世音菩萨广大圆满无碍大悲心陀罗尼经》(220—35)云：“若难产者，取胡麻油，咒三七遍，摩产妇齐中及玉门中，即易生。”[⑤]这可称之为巫油催生。

例五，伯三九二〇《2. 千手千眼观世音菩萨广大圆满无碍大悲心陀罗尼经》(220—35)云：“若患一边偏风，耳鼻不通，手脚不随者，取胡麻油煎青木香，咒三七遍，摩秽身上，永得除差。”[⑥]这也可称为巫油治病。

总之，敦煌巫术施以巫油法术，多半用在治病，巫油实际是巫医手上的万灵妙药。巫油法术在近世中国大陆仍然流行。在四川大、小凉山彝族中，有一种巫油治病驱鬼之巫术，当人病重时，便召巫师毕摩来以巫油治病。只见他把油放入锅中煮滚，然后念咒作法，将锅中滚油吹于竹扫帚之上，直到竹扫帚起火，据说这样就将病魔驱走了。这是巫油治病的活化石。在广大汉族居住地区，巫油法术在岁时风俗中有衍化形态。《图经》云：“(陕西)池阳上巳日，妇女以荠花

---

① 上海古籍出版社、法国国家图书馆编《法藏敦煌西域文献》第17册，上海古籍出版社2003年版，第146页；伯二六六六背面引文，又参校丛春雨主编《敦煌中医药全书》，中医古籍出版社1994年版，第574页。

② (明)李时珍著《本草纲目》金石部卷八，人民卫生出版社1975年版，第一册，第484页。

③ 上海古籍出版社、法国国家图书馆编《法藏敦煌西域文献》第29册，上海古籍出版社2003年版，第323页。

④ 上海古籍出版社、法国国家图书馆编《法藏敦煌西域文献》第29册，上海古籍出版社2003年版，第266页。

⑤⑥ 上海古籍出版社、法国国家图书馆编《法藏敦煌西域文献》第30册，上海古籍出版社2003年版，第68页。

点油，祝而洒之水中。若成龙凤花卉之状，则吉，谓之‘油花卜’。”①油花卜的特点在于点的油有魔术力，故为巫油法术的残余形态。

布依族有一种洒金银火（也称扫家）的巫术，实际应称为“煎油除鬼”巫术。据韦廉舟《布依族风土志》载：“某一家因为老年人死后，小孩跟着头痛脑热的，总是不太顺畅，或房梁上出现老蛇，或老鸹站在屋脊上叫等现象，均认为不祥之兆。主家便请巫师去洒金银火（扫家）”；“主家用一二斤菜油放在火上煎熬火辣之后，再将干柏树叶向油锅里丢去。此时，油锅、柏树叶同时喷燃，这叫‘猛火除鬼’。”②这种巫术，主要作用就在于施术的菜油，经过煎熬后有魔术力，可见巫油魔力之大。

这种巫油法术，在当代马来西亚仍有延续，而且表现有比较完整的形态。马来西亚有个叫怡保的地方，有一个走江湖卖草药的巫医，名叫巴蒂沙。他宣称自己制成一种有魔力的爱情油。他说了一个亲身经历的故事，在马来西亚山里生活着一种很凶猛的苏门答腊虎，其体形虽然不大，但是动作极快。有一次巴蒂沙入山的时候便遇到了这样一只老虎，他马上就在自己身上抹了一点爱情油，说来也真灵，老虎竟然不跳不扑上来，而是缓步地走过来，好像是见到情人一般。巴蒂沙等到老虎走到他跟前，很快伸出手指，将他制作的爱情油抹了一点在老虎鼻子上，老虎竟然舔着舌头转身走了，并且连连点着头，好像是表示和他拜拜一样。

17. 三彩唐人仕女俑（陕西西安唐墓出土）〔采自《中国古俑白描》〕

巴蒂沙还说，这种爱情油若涂在猫的鼻子上，这只猫便不咬老鼠也不扑雀子了。他走江湖卖草药，推销爱情油时，总是提着一只笼子，笼子里有猫、鼠、鸟，三种动物快乐地同住一笼。不管他走到哪里，只要将这样一只笼子在地摊上一放，保准就会吸引住一大批游人来围观。他将这一笼动物，称之为“亲善一家的仇敌”。但是提炼出这种爱情油却是很困难的。

在中国，远在敦煌唐人中便已有了诸多关于巫油法术的记载，巫油堕胎、治癣、催生、疗疾都是实例。文化人类学者十分注意搜集有关巫油法术的实例来进行研究。马林诺夫斯基在书中引证的梅兰内西亚的巫油引梦术中，香草浸酿的蔻蔻油无异也是一种爱情油。在苦米拉伯瓦嘎的马拉西母系族的人，用薄荷叶放在

① 胡朴安编《中华风俗志》上篇卷七，上海文艺出版社1988年影印本，第29页。

② 韦廉舟编著《布依族、苗族风土志稿》，黔南布依族苗族自治州民族事务委员会、文艺研究室1981年刊，第56页。

椰子油里烧沸，制出的油，滴在女人身上，便使她因性欲而着魔，并寻找她所爱的男子，这种油也是爱情油。但文化人类学者仅将它们看作是纯粹的“恋爱神话”而已。当代马来西亚爱情油的传闻，形态比较完整，有一定的研究价值。

三　蜂蜡的魔力

敦煌巫术中，有以蜂蜡作为巫术的主要原料者。伯三八七四《2. 不空羂索观音菩萨法印上》(7—6)曰：

> 若欲追龙女者，先须吃水及面食，用蜂窠泥作龙女形，用香花供养，取牛乳诵八百遍，一切六道洒面形像，更取一白赤色花，一诵一遍彼形象，即令龙女速疾而来。①

18. 驼车过桥图(敦煌莫高窟第302窟)〔采自《敦煌研究文集》〕

伯三九二〇《2. 千手千眼观世音菩萨广大圆满无碍大悲心陀罗尼经》(220—34)曰：“若为人恶(怨)恶，横相谟(谋)害者，取净土或面或蜡，捻作彼人形状，于千眼像前咒，宾刀子一百八遍，一截一称彼名，烧尽一百八段，彼人即得欢喜，终身以厚重而相爱敬。”②

敦煌卷所指的“蜂窠泥”、“蜡”，都为蜂蜡，是蜜蜂分泌出的脂质，并不是矿物蜡。蜂蜡是具有巫术魔力的。按中国古代巫术观念来说，唐代梁载言撰《梁四公记》记载的龙女故事，便明言“龙畏蜡”，此“蜡”也当系指蜂蜡而言。所以梁武帝当时派人入龙宫，“以蜡涂子春身”，结果子春进龙宫，“守门小蛟闻蜡气俯伏不敢动”，子春终于到了龙宫百洞，足见蜂蜡的魔力。所以敦煌卷子提出用蜂蜡作龙女形以摄取龙女魂的巫术，不为无因，《梁四公记》中蜂蜡魔力说即可作为它的依据。

同时，也必须指出，敦煌卷子中提出的蜂蜡巫术，是具有国际性的，弗雷泽在《金枝》中也提到这种巫术，现在列举如下，以资对照：

1. “马来人有类似的法术：你如想使某人死掉，首先你就得收集他身上每个

---

① 上海古籍出版社、法国国家图书馆编《法藏敦煌西域文献》第 29 册，上海古籍出版社 2003 年版，第 48 页。

② 上海古籍出版社、法国国家图书馆编《法藏敦煌西域文献》第 30 册，上海古籍出版社 2003 年版，第 68 页。

部分的代表物，如指甲屑、头发、眉毛、唾液等等。然后，从蜜蜂的空巢中取来蜂蜡，将它们黏在一起做成此人的蜡像，连续七个晚上将此蜡像放在灯焰上慢慢烤化。烤时还要反复说：‘我烧的不是蜡啊，烧的是某某人的脾脏、心、肝！’在第七晚上烧完蜡像之后，你要谋害的人就将死去。”

2.“马来法术的另一种形式则更接近于奥吉布威印第安人的巫术，即：用空蜂巢中的蜡做一个大约一个脚足那么长的尸体模型，若刺偶像眼睛，敌人的眼睛就瞎了，如刺他肚子，他就胃疼，如刺他脑袋，他就头疼，刺它胸膛，他就胸口疼。如果你干脆要杀死他，就从头顶往下将这偶像戳穿，用寿衣将它包裹起来，就像你包裹真的尸体一样，向它祈祷，就如同向真的死者祈祷一样，然后就把它埋在你的仇敌肯定会踩得着的那条路中间。为了他的血不至于溅到你的头上，你还必须说：‘不是我在埋他，是加百列在埋他。’”①

由上可见，世界上其他民族之巫师，也认为蜂蜡具有巫术力，但对比我国敦煌与梁载言之唐代传说，则以我国蜂蜡巫术出现最早，特别是敦煌民间巫术，更显出这种蜂蜡巫术的原始形态，有明显的学术价值。

以上所举三类敦煌巫术与其他巫术的简单比较只是窥豹一斑，敦煌巫术究竟有哪些特征呢？试总结三点如下：

第一，非原始性。由于敦煌巫术出自中古时代，它不可能具有原始巫术那种非常典型的原始形态，一般来说，它只是原始巫术的衍生物。在原始巫术中，魔骨与魔杖，是它的典型形态。但是，在敦煌巫术中却发生了变化。伯四五二二背面讲到模仿巫术时，没有提到魔杖。伯三八七四卷内讲到追求龙女巫术，也未见魔杖，只见有“香花”、“白赤色花”，那魔杖已变成具有魔术力的香味了。而讲到惩治恶人，画其像片、写其姓名时，也未见魔杖，只见将像片、姓名放在脚下踩了八百遍，很显然，那魔杖在这里已衍化成一双具有魔术力的脚了。可见敦煌巫术的非原始性特征是很明显的。

第二，广物质性。

1. 巫术在禽鸟尾巴上　伯三九二〇《2. 千手千眼观世音菩萨广大圆满无碍大悲心陀罗尼神咒经》(220—37)云：“若有夫妇不和，状如水火者，取鸳鸯尾，于大悲心像前，咒一千八遍，身上带，彼即终身欢喜相爱敬也。”②晋崔豹撰《古今

---

① 以上两例均引自《金枝》，中国民间文艺出版社 1987 年版，第 22—23 页。“加百列”是基督教《圣经》中说的七位大天使之一，向世人传播“上帝福音”。

② 上海古籍出版社、法国国家图书馆编《法藏敦煌西域文献》第 30 册，上海古籍出版社 2003 年版，第 69—70 页。

注》曰："鸳鸯，水鸟，凫类也。雌雄未尝相离，人得其一，则一思而至死，故曰'匹鸟'。"①但中医药讲究食疗更神奇。《本草纲目》禽部卷四七"鸳鸯"云："夫妇不和者，私与食之，即相爱怜。孟诜。炙食，治梦寐思慕者。孙思邈。"②

19. 唐人三彩"天王"俑
（河南洛阳唐墓出土）

2. 巫术在死猫的头骨上　伯三九二〇《2. 千手千眼观世音菩萨广大圆满无碍大悲心陀罗尼神咒经》(220—33)云："若有人为猫鬼所着者，取弭嘿吒那是死猫儿头骨。烧作灰，和净土，捻作猫儿形状，于千眼像前咒，净宾铁刀子一百八遍，断断割截亦作一百八段，一咒一称彼名，永差不着。"③

3. 巫术在牛粪中　伯三九一四《1. 金刚童子心咒》(29—6、7)云："复次若咒大小男女使看事者，当以牛粪什和漱口，咒水二七遍，洗小儿目三七遍，贵遣小儿闭目注想，咒二七遍，须臾见仏(佛)。"④《本草纲目》兽部卷五〇"牛粪"云，牛粪能治多种病症，如小儿口噤、夜啼、头疮、白秃、烂疮等。⑤

4. 巫术在桃枝上　伯三九一四《1. 金刚童子心咒》(29—8)云："若为猫鬼野道瘟疾时炁、恶疾邪病及以毒虫蛇蝎蜇者，净水咒之七遍，以桃枝搅水，以桃枝更打，咒人即差。"⑥

5. 巫术在花、姜、荠、蜜里　伯三九一四《1. 金刚童子心咒》(29—9)云："若患一切疮病之者，当咒毕，拨于姜和蜜，咒一百八遍，涂即差。"⑦

伯三九一四《1. 金刚童子心咒》(29—9、10)云："复次欲令一切恶人欲(不)来相恼，令及自困者，奉请舍利置于南方，使面向北，前安火炉，烧白芥子，赤花，一咒一掷炉中。如是满一百八遍，并称彼人名字，立即退散。"⑧

6. 巫术在胡麻油中　伯三九二〇《2. 千手千眼观世音菩萨广大圆满无碍大

---

① (晋)崔豹撰《古今注》卷中《鸟兽第四・鸳鸯》，景印文渊阁《四库全书》第850册，第97页。

② (明)李时珍著《本草纲目》禽部卷四七，人民卫生出版社1981年版，第四册，第2573页。

③ 上海古籍出版社、法国国家图书馆编《法藏敦煌西域文献》第30册，上海古籍出版社2003年版，第67页。

④ 上海古籍出版社、法国国家图书馆编《法藏敦煌西域文献》第29册，上海古籍出版社2003年版，第265页。

⑤ (明)李时珍著《本草纲目》兽部卷五〇《牛》，人民卫生出版社1982年版，第2764页。

⑥⑦ 上海古籍出版社、法国国家图书馆编《法藏敦煌西域文献》第29册，上海古籍出版社2003年版，第266页。

⑧ 上海古籍出版社、法国国家图书馆编《法藏敦煌西域文献》第29册，上海古籍出版社2003年版，第266—267页。

悲心陀罗尼神咒经》(220—35)》云:“若难产者,取胡麻油咒三七遍,摩产妇脐中及玉门中即易生。”①又云:“若患一边偏风耳鼻不通、手脚不随者,取胡麻油煎青木香咒三七遍,摩拶身上,永得除差。”②

7. 巫术在雄黄里　伯三九一四《1.金刚童子心咒》(29—10、11)云:“欲令一切贵贱,见即欢喜者,当咒雄黄一千八遍,系于臂上,或以手把之,彼若见之,必大欢喜。”③

8. 巫术在合欢木上　伯三九一四《1.金刚童子心咒》(29—12)云:“若爱彼者,取合欢木而寸截一百八段,一遍一咒,火中烧之,称彼名字,如是三日一日时,彼即爱人求自死。”④取其字义合欢而生交感之魔力,是最佳求爱巫术。《本草纲目》木部卷三五《合欢》引崔豹《古今注》曰:“欲蠲人之忿,则赠以青裳。青裳,合欢也。植之庭除,使人不忿。故嵇康《养生论》云:合欢蠲忿,萱草忘忧。”⑤又指出合欢木,“〔主治〕安五脏,和心志,令人欢乐无忧。久服,轻身明目,得所欲”。故而合欢木具有求爱魔力。

20. 唐人孔雀图(莫高窟盛唐第45窟)〔采自《敦煌图案集》〕

9. 巫术在绯线上　伯三九一四《1.金刚童子心咒》(29—9)云:“若患痔病之者,当咒绯线一百八遍,一咒一结,并咒水洗痔,其病立差。”⑥

10. 巫术在麦上　伯三九一四《1.金刚童子心咒》(29—11)云:“若欲得一切贵人欢喜者,取麦于十五日于月下,咒一百八遍,一州贵贱见者,欢喜而供养之。”⑦

第三,非完备性。由于年代的久远,我们已无法了解敦煌巫术的全貌,根据欧洲民俗学者的归纳,完备的巫术应具备四方面内容:声音的效力;施术方式;语言的发动;仪式的动作。而我们只能依据敦煌写本来窥探到敦煌巫术的一鳞半爪。敦煌巫术的书面性,决定了它的非完备性的特征。

①② 上海古籍出版社、法国国家图书馆编《法藏敦煌西域文献》第30册,上海古籍出版社2003年版,第68页。

③⑦ 上海古籍出版社、法国国家图书馆编《法藏敦煌西域文献》第29册,上海古籍出版社2003年版,第267页。

④ 上海古籍出版社、法国国家图书馆编《法藏敦煌西域文献》第29册,上海古籍出版社2003年版,第268页。

⑤ (明)李时珍著《本草纲目》木部卷三五,人民卫生出版社1978年版,第三册,第2013页。

⑥ 上海古籍出版社、法国国家图书馆编《法藏敦煌西域文献》第29册,上海古籍出版社2003年版,第266页。

例如，伯三九一四《1. 金刚童子心咒》(29—10)记载的如下交感巫术：

若治怨家者，取彼恶人头发咒一百八遍，如是三日一日时，其怨家失本性，即便自缚；若解时，口放即放。①

这个巫术若配合上声音的效力、语言的发动、仪式的动作，那一定具有生动的立体感。

① 上海古籍出版社、法国国家图书馆编《法藏敦煌西域文献》第 29 册，上海古籍出版社 2003 年版，第 267 页。

第三十一章　唐代培蛊治蛊与敦煌治蛊巫术

第一节　唐代培蛊法与治蛊法

唐代培蛊治蛊传承自短促的隋朝。《隋书》卷三一《地理下》:“新安、永嘉、建安、遂安、鄱阳、九江、临川、庐陵、南康、宜春,其俗又颇同豫章,而庐陵人厖淳,率多寿考。然此数郡,往往畜蛊,而宜春偏甚。其法以五月五日聚百种虫,大者至蛇,小者至虱,合置器中,令自相啖,余一种存者留之,蛇则曰蛇蛊,虱则曰虱蛊,行以杀人。因食入人腹内,食其五藏,死则其产移入蛊主之家,三年不杀他人,则畜者自钟其弊。累世子孙相传不绝,亦有随女子嫁焉。干宝谓之为鬼,其实非也。自侯景乱后,蛊家多绝,既无主人,故飞游道路之中则殒焉。”①

1. 唐人三彩武士俑(陕西西安唐孤独思敬墓出土)〔采自《中国古俑白描》。下同〕

历史进入唐代,在初唐武则天时代,为了防止巫蛊之乱从隋朝宫廷传入唐朝宫廷,武则天特地定出制度,隋代的尚书令杨素及其兄弟子孙一律不得在朝廷任职。据《旧唐书》卷六《则天皇后本纪》记载:

> 秋七月,(则天皇后)至自三阳宫。天官侍郎张锡为凤阁侍郎、同凤阁鸾台平章事;其甥凤阁鸾台平章事李峤为成均祭酒,罢知政事。壬寅,制曰:“隋尚书令杨素,昔在本朝,早荷殊遇。禀凶邪之德,有谄佞之才,惑乱君上,离间骨肉。摇动冢嫡,宁唯掘蛊之祸;诱扇后主,卒成请蹯之衅。隋室丧亡,盖惟多僻,究其萌兆,职此之由。生为不忠之人,死为不义之鬼,身虽幸免,子竟族诛。斯则奸逆之谋,是为庭训;险薄之行,遂成

① (唐)魏徵等撰《隋书》卷三一,中华书局1973年版,第887页。

门风。刑戮虽加，枝胤仍在，何得肩随近侍，齿列朝行？朕接统百王，恭临四海，上嘉贤佐，下恶贼臣。常欲从容于万机之余，褒贬于千载之外，况年代未远，耳目所存者乎！其杨素及兄弟子孙已下，并不得令任京官及侍卫。”①

杨素虽是隋朝开国大臣，他曾领兵出塞同突厥作战，并写有《出塞》诗反映战争苦难生活。但杨素在朝中影响很坏，藏污纳垢，一贯以妖蛊邪术干些丑恶的勾当。武则天全面否定他是有道理的。《太平御览》卷七三五《方术部十六》“厌蛊”条引《两京记》曰：“杨素有美妾，姿色绝伦。时有千牛桑和有妖蛊异术，常云：‘一见妇人，便即能致。’炀帝尝密使人窃之。素宅深邃，和朝奉诏，其夜便窃以匿。炀帝奇其能，便诏素赐之。”②杨素就是靠妖蛊异术促使炀帝淫乱于朝。这样的人武则天岂能任用？故连带他的兄弟子孙一律不用。

至中唐，肃宗之第七女郜国公主，在唐德宗时传出所谓蛊道巫术“丑闻”，最终连累其全家亲戚子女。《新唐书》卷八三《肃宗七女传》记载：“郜国公主，始封延光。下嫁裴徽，又嫁萧升。升卒，主与彭州司马李万乱，而蜀州别驾萧鼎，澧阳令韦恽、太子詹事李昪皆私侍主家。久之，奸闻。德宗怒，幽主它第，杖杀万，斥鼎、恽、昪岭表。贞元四年（788），又以厌蛊废。六年薨。子位，坐为蛊祝，囚端州，佩、儒、偲囚房州，前生子驸马都尉裴液囚锦州。主女为皇太子妃，帝畏妃怨望，将杀之，未发，会主薨，太子属疾，乃杀妃以厌灾，谥曰惠。”③

2. 唐人三彩文官图（陕西礼泉唐昭陵陪葬冢郑仁泰墓出土）

郜国公主命运悲惨，她在第二任丈夫逝世后与李万同居，另有三个小吏“私侍”，让唐德宗发现，结果李万被杖杀，三个小吏被流放边远之地，污蔑她淫乱，搞“厌蛊”，用邪术害人，最终逼死了她。其长子被诬为“蛊祝”（蛊道巫师），兄弟五人全部被囚各地。其女被杀，给太子“厌灾”。这是唐德宗用巫术栽赃陷害亲人，以致骨肉相残，是严重的巫蛊之乱。

唐代民间搞蛊道巫术的人，主要是“造蛊图富”；也传说有蛊虫的培养之法，起到以蛊治蛊的作用。《本草

① （后晋）刘昫等撰《旧唐书》卷六，中华书局1975年版，第129页。

② （宋）李昉等撰《太平御览》卷七三五，中华书局1960年影印本，第3261页。

③ （宋）欧阳修、宋祁撰《新唐书》卷八三，中华书局1975年版，第3662页。

纲目》虫部卷四二《蛊虫》指出：

【集解】〔藏器曰〕古人愚质，造蛊图富，皆取百虫入瓮中，经年开之，必有一虫尽食诸虫，即此名为蛊，能隐形似鬼神，与人作祸，然终是虫鬼。咬人致死者，或从人诸窍中出，信候取之，曝干。有患蛊人，烧灰服之，亦是其类自相伏耳。又云：凡蛊虫疗蛊，是知蛊名即可治之。如蛇蛊用蜈蚣蛊虫，蜈蚣蛊用蛤蟆蛊虫，蛤蟆蛊用蛇蛊虫之类，是相伏者，乃可治之。①

陈藏器认为蛊具有鬼神魔力，名为虫鬼，治法为以蛊治蛊。百虫存一造蛊法与它书说法一致。宋郑樵《通志·六书略第三》云："造蛊之法，以百虫置皿中，俾相啖食，其存者为蛊，故从虫皿也。"②宋李璆、张致远原辑《岭南卫生方》云："俚俗有病，必召巫觋而祭鬼神。"③又云："有人固造作之者，即谓之蛊。"④在唐代，传说有飞蛊之事，与南北朝的说法是一致的。这就不是巫术，而是毒虫使人致病。宋李昉等编《太平广记》卷二二〇载有《飞蛊》条，系转引自唐张鷟《朝野佥载》者，今本不载，全文云：

江岭之间有飞蛊，其来也有声，不见形，如鸟鸣啾啾唧唧然，中人即为痢，便血，医药多不差，旬日间必不救。出《朝野佥载》。⑤

3. 唐人泥彩绘骑马女俑（新疆吐鲁番阿斯塔纳一八七号唐墓出土）

按照唐人的理解，百里出一的蛊，是来无影去无踪的，它们在江岭间飞来又飞去，而人的肉眼是看不到它们的形状的，只可听见它们像鸟鸣一样的可怖的叫声，它们能使人肚痛，便血，以至于死。历史文献中许多资料虚虚实实，难以分辨。这些飞蛊是否经巫术培育而又大量繁殖，让人难以考究，只能一律将其划归蛊道巫

① （明）李时珍著《本草纲目》虫部卷四二，人民卫生出版社 1981 年版，第四册，第 2371 页。

② （宋）郑樵《通志》卷三三，中华书局 1987 年影印本，第 501 页。

③ （宋）李璆、张致远原辑，（元）释继洪纂修，郭瑞华、马湃点校《岭南卫生方》中卷《岭表十说》，上海科学技术出版社 2003 年版，第 32 页。

④ （宋）李璆，张致远原辑，（元）释继洪纂修，郭瑞华、马湃点校《岭南卫生方》中卷《集验治蛊毒诸方》，上海科学技术出版社 2003 年版，第 73 页。

⑤ （宋）李昉等编，汪绍楹点校《太平广记》卷二二〇，中华书局 1961 年版，第 1685 页。

术加以研究。

在唐代，蛊道巫术也一度成为统治者政治斗争之工具，特别在初唐更是如此。张鷟《朝野佥载》卷三："韦庶人之全盛日，好厌祷，并将昏镜以照人，令其速乱，与崇仁坊邪俗师婆阿来专行厌魅。平王诛之。后往往于殿上掘得巫蛊，皆逆韦之辈为之也。"①此种巫蛊，先用"昏镜"将人照昏，然后施以蛊术，是交感巫术与蛊道巫术结合的形态。当然，这又是一起"巫蛊之狱"，只不过规模不如汉武帝时那么大罢了。初唐巫蛊杀人主要以模仿巫术与蛊道巫术结合的形态发生，故此魇魅之属，在模仿巫术章详叙之。

初唐已有人开始研究治蛊的医法。《新唐书》卷二〇四《甄权传》记载："甄权，许州扶沟人。以母病，与弟立言究习方书，遂为高医。仕隋为秘书省正字，称疾免。鲁州刺史库狄嵚风痹不得挽弓，权使彀矢向堋立，针其肩隅，一进，曰：'可以射矣。'果如言。贞观中，权已百岁，太宗幸其舍，视饮食，访逮其术，擢朝散大夫，赐几杖衣服。寻卒，年一百三岁。所撰《脉经》、《针方》、《明堂》等图传于时。立言仕为太常丞。杜淹苦流肿，帝遣视，曰：'去此十日，午漏上，且死。'如之。有道人心腹懑烦弥二岁，诊曰：'腹有蛊，误食发而然。'令饵雄黄一剂，少选，吐一蛇如拇，无目，烧之有发气，乃愈。后以医显者，清漳宋侠、义兴许胤宗、洛阳张文仲、李虔纵、京兆韦慈藏。侠官朝散大夫、药藏监。"②

4. 经变中的伎乐菩萨（敦煌榆林窟25窟）〔采自《敦煌舞姿》〕

甄立言为道人治头发蛊，是用"雄黄一剂"来进行驱邪的。因为按巫师的说法，雄黄是有使妖魔恢复原形的魔力的，例如著名的白蛇传传说，白娘娘正是吃了雄黄酒才原形毕露的。

佛教也有治头发蛊的传说故事。唐段成式撰《酉阳杂俎》续集卷七《金刚经鸠异》云：

长庆初，荆州公安僧会宗，姓蔡，尝中蛊，得病骨立。乃发愿念《金刚经》以待尽，至五十遍，昼梦有人令开口，喉中引出发十余茎。夜又梦吐大螾长一肘余，因此遂愈。荆山僧行坚见其事。③

吐出大螾即大蚯蚓"一肘余"，《大唐西域记》卷二《印度总述》云"一肘为二

① （唐）张鷟撰，赵守俨点校《朝野佥载》卷三，中华书局1979年版，第62页。
② （宋）欧阳修、宋祁撰《新唐书》卷二〇四，中华书局1975年版，第5799页。
③ （唐）段成式撰，方南生点校《酉阳杂俎》续集卷七，中华书局1981年版，第269页。

十四指分”[①]，大约有一两尺长。《新唐书》卷二〇四《甄权传》中说其弟立言治蛊道人“吐一蛇如拇”，唐段成式撰《酉阳杂俎》续集卷七《金刚经鸠异》中说的蛊“大螾长一肘余”，其在唐代总称为蛇蛊，那时的医生采取用铁夹子从口中夹出，然后烧掉的治蛊法。《太平广记》引《玉堂闲话》对唐五代蛇蛊之治疗有详细的描述，现举出此书所载两件治蛊之事：

1. 颜燧召医治蛇蛊

京城及诸州郡阛阓中，有医人能出蛊毒者，目前之验甚多，人皆惑之，以为一时幻术。膏肓之患，即不可去。郎中颜燧者，家有一女使抱此疾，常觉心肝有物啮食，痛苦不可忍。累年后瘦瘁，皮骨相连，胫如枯木。偶闻有善医者，于市中聚众甚多，看疗此病，颜试召之。医生见曰：“此是蛇蛊也，立可出之。”于是先令炽炭一二十斤，然后以药饵之，良久，医工秉小钤子于旁，于时觉咽喉间有物动者，死而复苏，少顷，令开口，钤出一蛇子长五七寸。急投于炽炭中燔之，燔蛇屈曲，移时而成烬，其臭气彻于亲邻。自是疾平，永无啮心之苦耳，则知活变起虢肉徐甲之骨，信不虚矣。出《玉堂闲话》。[②]

5. 唐人三彩武官俑(陕西礼泉唐昭陵陪葬冢郑仁泰墓出土)〔采自《中国古俑白描》〕

这里描写的蛇蛊很可怕，它专门啃吃人的心肝，直到将人变为皮包骨的容貌，但蛇蛊治起来也甚为简单，先用药引动它，然后等它复苏时，在口中冒头，就将它夹出来，丢进炭火里消灭。

2. 于遘请钉铰匠夹蛊蛇

近朝中书舍人于遘，尝中蛊毒，医治无门，遂长告，渐欲远适寻医。一日，策杖坐于中门之外，忽有钉铰匠见之，问曰：“何苦而羸苶如是？”于即为陈之。匠曰：“某亦曾中此，遇良工，为某钤出一蛇而愈，某亦传得其术。”遘欣然，且祈之，彼曰：“此细事耳，来早请勿食，某当至矣。”翊日果至，请遘于舍檐下，向明张口，执钤俟之，及欲夹之，差跌而失。则又约以来日，经宿复

① (唐)释玄奘译，(唐)释辩机撰《大唐西域记》卷二，景印文渊阁《四库全书》第593册，第653页。

② (宋)李昉等编，汪绍楹点校《太平广记》卷二一九《医二·颜燧》，中华书局1961年版，第1681页。

至，定意伺之，一夹而中，其蛇已及二寸许，赤色，粗如钗股矣，遽命火焚之。遘遂愈，复累除官，至紫微而卒，其匠亦不受赠遗，但云某有誓救人，唯引数觞而别。出《玉堂闲话》。①

这里写治蛇蛊又有不同，即事先不必用药饵之，而是摸清它的习性，早晨当人空腹时，它必探头喉间欲寻食，此时再“一夹而中”将它拖出喉管。以上蛇蛊都不长，或二三寸，或五七寸。

在唐代还有传说讲，扬州大都督府长史高骈曾经礼遇方士，尝令一犯死罪的术士试其医术，治疗患风痹的病人，术士认为是蛊虫钻到头脑中去了，便麻醉病人后开颅取蛊虫，比从喉管夹蛇还要惊险，而且这一中医脑外科手术非常成功。《太平广记》卷二一九《高骈》条引《玉堂闲话》曰：“江淮州郡，火令最严，犯者无赦。盖多竹屋，或不慎之，动则千百间立成煨烬。高骈镇维扬之岁，有术士之家延火，烧数千户。主者录之，即付于法。临刃，谓监刑者曰：‘某之愆尤，一死何以塞责，然某有薄技，可以传授一人，俾其救济后人，死无所恨矣。’时骈延待方术之士，恒如饥渴。监刑者即缓之，驰白于骈，骈召入，亲问之。曰：‘某无他术，唯善医大风。’骈曰：‘可以核之。’对曰：‘但于福田院选一最剧者，可以试之。’遂如言，乃置患者于密室中，饮以乳香酒数升，则懵然无知。以利刀开其脑缝，挑出虫可盈掬，长仅二寸。然以膏药封其疮，别与药服之，而更节其饮食动息之候。旬余，疮尽愈。才一月，眉须已生，肌肉光净，如不患者。骈礼术士为上客。出《玉堂闲话》。”②

6. 唐开元石刻造像（陕西西安南郊杨思勖墓出土）〔采自《中国古代服饰史》〕

高骈礼遇此方术之士，因他将两寸长的蛊虫从病人脑中挑出，使病人安然无恙；但可悲的是，高骈本人却遭遇蛊道巫术的谋害而死亡。《旧唐书》卷一八二《高骈传》曰：“骈既死，左右奴客逾垣而遁，入行密军。行密闻之，举军缟素，绕城大哭者竟日，仍焚纸奠酒，信宿不已。骈与儿侄死于道院，都一坎瘗之，裹之以毡。行密入城，以骈孙俞为判官，令主丧事。葬送未行而俞卒，后故吏邝师虔收葬之。初师铎入城，吕用之、张守一出奔杨行密，诈言所居有金。行密入城，掘其家地下，得铜人长三尺余，身被桎梏，钉其心，刻‘高骈’二字于胸，盖以魅道厌胜蛊惑其心，以至族灭。”③

① （宋）李昉等编，汪绍楹点校《太平广记》卷二一九《医二·于遘》，中华书局1961年版，第1680页。

② （宋）李昉等编，汪绍楹点校《太平广记》卷二一九，中华书局1961年版，第1679页。

③ （后晋）刘昫等撰《旧唐书》卷一八二，中华书局1975年版，第4712页。

唐代的高骈在安南立有战功，故越南人民纪念他，古时越南还有高骈庙的存在。然而不幸的是高骈就这样被巫师吕用之等人以模仿巫术“钉其心”，遭蛊惑而身亡。连同他的儿侄和孙子，被灭族。这又是一起晚唐时代灭族的蛊道巫蛊之乱。

据传唐代著名的捉鬼者钟馗，也是由于施蛊道巫术才成名的。元代无名氏《湖海新闻夷坚续志补遗·拾遗门》中《钟馗传》云：

> 庐陵沈梅如宋国作《钟馗传》曰：钟馗，终南山人，唐武德中以进士试武功，不得，触殿阶而死。上命有司以七品服葬之。唐《逸史》说，开元二十三年(735)帝病蛊卧禁中，昼梦一绿衣，鞹一足，眇一目，腰一笏巾囊，蓬发无鬓，左手捉一鬼，以右手第三指剜其目作掐食貌。上问为谁，对曰：“臣先朝进士钟馗也。受国厚恩，生未有以为报，愿为厉以自见。今此宫中有蛊气，臣徐伺其旁，仍有二竖子坏大门及寝门而入，臣得请于帝，将杀之。”然自是罢朝辄不乐，高力士揣知上意，一日言于上曰：“陛下得无以前梦为意耶？昔李淳风言唐三百年当再造，将见独眼龙以昭天瑞者，陛下所梦眇目者，殆此也。”上大喜曰：“微此家老，朕几惑矣！”馗自是不复见云。郡达尊欧阳巽斋安道批曰：“此传寓言有味。以文为戏，前贤多有之，此则与人家国，足助规戒也。”《荆楚岁时杂记》曰：“世除夜画之以恶鬼。”相传授久，亦何从而订其正耶！①

唐玄宗“病蛊”，钟馗说“宫中有蛊气”，于是便来施术捉鬼以报国恩，“蛊气”之说在以前很少有记载②，这里是元代民间的说法，渗入钟馗传说中而造作出来的新说法。

第二节　敦煌治蛊巫术

蛊道巫术从汉武帝时代流行至唐代，已经相沿七八百年之久了。从现存的敦煌资料来看，敦煌蛊道巫术是以清除蛊道毒素而造福于民为其特征的。

敦煌蛊道巫术有四种方式。

---

① (元)无名氏撰，金心点校《湖海新闻夷坚续志》后集卷二，中华书局1986年版，第283页。

② 请参阅高国藩著《敦煌古俗与民俗流变——中国民俗探微》第十章《钟馗驱傩风俗》，河海大学出版社1989年版，第330—345页。

第一种方式：诵经治蛊。佛教认为完全可以用诵读佛经所产生的强大神力，来压倒巫蛊。伯三九二〇《2.千手千眼观世音菩萨广大圆满无碍大悲心陀罗尼神咒经》（220—11）云：“若诸人天诵持大悲心神咒者，得十五种善生，不受十五种恶死也。其恶死者，一者不令其人饥饿困苦死……九者不为蛊毒害死。”①这是认为诵神咒可以抵制巫蛊违害。下面还有四句诗：

7. 唐人釉陶彩绘力士俑（甘肃敦煌老爷庙唐墓出土）〔采自《中国古俑白描》。下同〕

若入野道蛊毒家，
饮食有药欲相害，
至诚称诵大悲咒，
毒药变成甘露浆。②

诗句虽言诵经治蛊，但前两句意，显然与《搜神记》、《搜神后记》、《舆地志》记载一致，民间有人专门搞蛊道巫术害人。伯三九一五《7.佛说八阳神咒经》（51—36）中也记载了诵经治蛊之方：“若在军兵对斗中，当读是经；若为蛊毒所中，当读是经。……”③认为在军兵对斗时中了蛊毒，可用诵八阳神咒经来解除。认为诵经以后“诸兵不敢害，蛊道亦不幸（兴），县官及盗贼，终不害是人”④。伯三九一六《4.不空羂索神咒心经》（129—34）也强调诵经治蛊，云：“若善男子或善女……八日受持斋戒，专心诵此大神咒心（经），乃至七遍，不杂异语，当知是至现世，定得二十胜利。云何二十？一者，身无众病，安隐快乐。……十六者，厌魅、咒诅、蛊道不着。”

8. 唐人三彩带兽胡人骑驼俑（陕西唐墓出土）

以上伯三九二〇卷之“千臂千眼”指千手千眼

---

① 上海古籍出版社、法国国家图书馆编《法藏敦煌西域文献》第30册，上海古籍出版社2003年版，第56页。

② 上海古籍出版社、法国国家图书馆编《法藏敦煌西域文献》第30册，上海古籍出版社2003年版，第61页。

③ 上海古籍出版社、法国国家图书馆编《法藏敦煌西域文献》第29册，上海古籍出版社2003年版，第294页。

④ 上海古籍出版社、法国国家图书馆编《法藏敦煌西域文献》第29册，上海古籍出版社2003年版，第319—320页。

观音，是密宗供奉的主要造像之一，他是佛在降魔时显现的特殊形象，故身份与佛相等。莫高窟79、113、148诸窟均有其造像。伯三九一六卷之“不空羂索”指不空羂索观音，也是密宗供奉的主要造像之一，莫高窟148窟有其造像。此神咒经是玄奘所译十部密典之一。

第二种方式：带护身物。伯三九一六《8.大佛顶如来顶髻白盖陀罗尼神咒经》(129—98)云：“若复有人或于緤上，或于桦皮，或于叶上，书此如来顶髻白盖，无有能及甚，能调伏陁罗尼，或带身上，或系颈上，乃至寿终，毒不能害，刀不能伤，水不能溺，蛊毒厌蛊，非时横死，亦不能害。”[①]以反抗巫术的方式来破除蛊道巫术的表现，这是密宗。但获此效果必先实行三密。伯三九一六《9.观自在菩萨如意轮念诵仪轨》(129—101)云：“佛部三昧耶印，以二手虚心合掌，开二头指，辅二中指，屈辅二头指下节其印。如来三十二相，八十种好了分明。如对目前，诵真言七遍，当顶散之。”[②]

佛教密宗规定密宗教徒作法必须口诵真言，即咒，称语密；手结契印，称身密；心作观想，称心密。三密相融合，身即成佛，便能胜一切灾邪。所以以上引文才有手结印、诵真言等之说法，密宗认为行了如此法术之后，便能战胜蛊道巫术。故有伯三九一六《8.大佛顶如来顶髻白盖陀罗尼神咒经》(129—97)云“或厌蛊男，或厌蛊女，所有咒术，悉皆禁断”[③]之论。结印和诵真言后便能避免，如：

第一，伯三九一六《8.大佛顶如来顶髻白盖陀罗尼神咒经》(129—96)曰避免“厌蛊女鬼所娆”[④]。

第二，伯三九一六《8.大佛顶如来顶髻白盖陀罗尼神咒经》(129—97)曰避免“毒药或蛊毒”所害[⑤]。

第三，伯三九一六《8.大佛顶如来顶髻白盖陀罗尼神咒经》(129—98)更说：“毒不能害，刀不能伤，水不能溺。蛊毒、猒(厌)蛊、非时横死，亦不能害。”[⑥]

第三种方式：佩带药丸。佛教密宗发明了治疗蛊毒的专门药丸。伯三九一六《4.不空羂索神咒心经》(129—45)云：“若咒药丸，系在身上，刀毒水火，恶兽

①⑤⑥　上海古籍出版社、法国国家图书馆编《法藏敦煌西域文献》第29册，上海古籍出版社影印本，2003年版，第351页。

②　上海古籍出版社、法国国家图书馆编《法藏敦煌西域文献》第29册，上海古籍出版社2003年版，第353页。

③　上海古籍出版社、法国国家图书馆编《法藏敦煌西域文献》第29册，上海古籍出版社2003年版，第349页。

④　上海古籍出版社、法国国家图书馆编《法藏敦煌西域文献》第29册，上海古籍出版社2003年版，第350页。

9. 唐人泥彩绘骑马武士俑(新疆吐鲁番阿斯塔那唐墓出土)

怨家，厌魅蛊道，一切灾横，皆不为害。”①

说明这种药丸的使用特点，不是服用的，而是外用“系在身上”的。制作这种解蛊药丸的方法是如伯三九一六《4. 不空羂索神咒心经》(129—44)曰：“若恐疾疫鬼魅着身，应取社邪药、毗社邪药、那矩梨药、健陁那矩梨药、婆剌尼药、唵跋邪波尼药、回达罗波尼药、健陁毕利样瞿药、㚲揭蓝药、斫讫罗药、莫诃斫托罗药，毗瑟怒讫烂多药、素摩罗时药、苏难陁药，如是诸药，细祷(捣)缉筛水，和为丸，形如大枣，咒百八遍，置于顶上或系两臂，疾疫鬼魅，皆不着身。”②以上 14 种药全是梵文译音，目前还不清楚这 14 种药的来历。

第四种方式：服药治蛊并念咒。密教发明了治疗蛊毒的药品，服用这些药品也要念咒。有一种专门治蛊的药方，十分特别。伯二六三七《2. 佛说停厨经》(3—2)云：

出蛊毒方，豆豉七粒，黄龙㸂(汤)一分，乌龙肝一分。右件药细研为末，都为一服，空腹下，若是先吃着药，服药时诵咒，即吐出。

咒曰：

父是蜣蜋虫，
母是耶暗鬼，
眷属百千万，
吾今悉识你。

真言：

奄迦吒　同吒萨婆诃

佛说咒蛊毒真言　奄支婆卓　毗尼婆卓　呜苏摩卓　菩提萨诃贺。③

---

① 上海古籍出版社、法国国家图书馆编《法藏敦煌西域文献》第 29 册，上海古籍出版社 2003 年版，第 325 页。

② 上海古籍出版社、法国国家图书馆编《法藏敦煌西域文献》第 29 册，上海古籍出版社 2003 年版，第 324 页。

③ 上海古籍出版社、法国国家图书馆编《法藏敦煌西域文献》第 17 册，上海古籍出版社 2001 年版，第 35 页。

以上药方实际是唐代民间治蛊的中草药方：一为豆豉，即大豆豉，《本草纲目》谷部卷二五《大豆豉》云治“中毒药蛊气”[①]，与伯二六三七同。二为黄龙汤（人粪），《本草纲目》人部卷五二《人粪》：“〔弘景曰〕近城市人以空罂塞口，纳粪中，积年得汁，甚黑而苦，名为黄龙汤，疗温病垂死者皆瘥。”[②]《本草纲目》人部卷五二《人屎》条附方黄龙汤有疗“蛊毒百毒”之效，文云黄龙汤治“蛊毒百毒，及诸热毒，时气热病，口鼻出血。用人屎尖七枚烧灰，水调顿服，温覆取汗即愈。勿轻此方，神验者也”[③]。

由上可见，密宗的《出蛊毒方》恐系采撷唐代民间偏方而成。服药时诵咒，念真言，使之具有巫术之特征。敦煌民间流传的服用治蛊毒偏方秘方，当然不止以上一种，伯二六六六《奇方》中就还有一条：“人蛊水遍身洪（红）肿，取马、牛尿每日服一盏，即差。”[④]据《本草纲目》兽部卷五〇云，牛尿果有治遍身水肿之效，又云白马溺能治肠胃中的白鳖毒虫[⑤]。这些唐代民间治蛊偏方流传的多，就为密宗治蛊巫术的产生提供了条件和依据。

另外，在伯三九二〇《2.千手千眼观世音菩萨广大圆满无碍大悲心陀罗尼经》（卅五页）（220—33），还见到一种治蛊服用药，文云：“若为蛊毒所害者，取药劫布罗，龙脑香是，和柮具罗香各等分，以井华水一升和煎，取半升于千眼像前咒一百八遍，服之即差。”[⑥]

龙脑香，据《本草纲目》木部卷三四《龙脑香》条云又名“羯婆罗香”[⑦]，宋寇宗奭撰《本草衍义》卷一四[⑧]、《重修政和证类本草》卷一三《龙脑香》条[⑨]俱作“羯布罗香”，殆即经文中“劫布罗”无疑矣！西方秣罗矩吒国，在南印度境，有羯布罗香树。《大唐西域记》卷一〇载：“冬蛰之后，方乃采伐。羯布罗香树，松身异叶，花果斯别，初采既湿，尚未有香，木干之后，循理而析，其中有香，状若云母，色如

---

① （明）李时珍著《本草纲目》谷部卷二五，人民卫生出版社1978年版，第三册，第1528页。

② （明）李时珍著《本草纲目》人部卷五二，人民卫生出版社1981年版，第四册，第2939页。

③ （明）李时珍著《本草纲目》人部卷五二，人民卫生出版社1981年版，第四册，第2941页。

④ 伯二六六六背面，参校丛春雨主编《敦煌中医药全书》，中医古籍出版社1994年版，第571页。

⑤ （明）李时珍著《本草纲目》兽部卷五〇《牛》、《马》，人民卫生出版社1981年版，第四册，第2763、2776页。

⑥ 上海古籍出版社、法国国家图书馆编《法藏敦煌西域文献》第30册，上海古籍出版社2003年版，第67页。

⑦ （明）李时珍著《本草纲目》木部卷三四，人民卫生出版社1978年版，第三册，第1965页。

⑧ （宋）寇宗奭撰《本草衍义》卷一四《龙脑》，《丛书集成初编》本，商务印书馆1935年版，第68页。

⑨ （宋）唐慎微撰，（宋）寇宗奭衍义，（金）张存惠重修《重修政和证类本草》卷一三《龙脑香》，《四部丛刊初编》本。

10. 佛教密宗火天神(敦煌莫高窟　盛唐第148窟)〔采自《敦煌学大辞典》。下同〕

冰雪,此所谓龙脑香也。”[①]证以《本草纲目》,此药治心腹邪气等甚有疗效,故密宗移来治蛊毒。卷中提及的“椣具罗香”,疑即《本草纲目》木部卷三四的安息香,因此药梵书谓之“椣具罗香”[②],唐义净译《金光明最胜王经》卷七作“窭具攞”[③],故知卷中“椣具罗香”,殆即安息香无疑！据《本草纲目》云此药亦具有“辟蛊毒”、“邪气魍魉”[④]之功效。

密宗服药治蛊巫术,由于吸收了民间治蛊偏方,而具有了医药学之价值。

综上所述,唐代佛教密宗的治蛊巫术,大致有以上四种方式。敦煌资料中也记载了唐王朝治蛊法律,表明当时是反对巫师利用黑巫术来害人的。伯三五九三《唐律疏议》(5—4),该卷实为《唐开元二十五年(737)律疏——名例律疏残卷》,其文称:

> 注云:造畜蛊毒、厌魅。议曰:谓造合成蛊,虽非造合乃传畜之,堪以害人者,皆是。即未成者,不入十恶。厌魅者,其事多端,不可具述,皆谓邪俗阴行不规,欲令前人疾苦及死者。[⑤]

佛教护法、听经八个天众,分别叫“天”(帝释、梵天)、“龙”、“夜叉”、“乾闼婆”、“阿修罗”、“迦楼罗”、“紧那罗”、“摩睺罗迦”,是八个部众的首领。它们被佛教视为凶禽猛兽、妖魔鬼怪的代表。画面一角,龙王头戴龙首,摩睺罗迦头盘大蟒蛇,人非人戴狮头盔。

可见蛊道巫术在唐代已被认为是“阴行不规”的“邪俗”并被绳之以法,转而大力提倡治疗蛊疾,因此蛊害得到了有效控制。唐代以后,蛊道巫术再没有像隋朝那样泛滥过。

以下征引唐朝官方的治蛊法律文献原文略加阐发。唐长孙无忌等撰《唐律

---

① (唐)释玄奘译,(唐)释辩机撰《大唐西域记》卷一〇《十七国·秣罗矩吒果》,景印文渊阁《四库全书》第593册,第776页。

② (明)李时珍著《本草纲目》木部卷三四《安息香》,人民卫生出版社1978年版,第三册,第1961页。

③ (唐)义净译《金光明最胜王经》卷七,见《大藏经》。

④ (明)李时珍著《本草纲目》木部卷三四《安息香》,人民卫生出版社1978年版,第三册,第1962页。

⑤ 上海古籍出版社、法国国家图书馆编《法藏敦煌西域文献》第26册,上海古籍出版社2002年版,第36页。

疏议》卷一八《造畜蛊毒问答四》曰：

11. 天龙八部(部分)(敦煌榆林窟第25窟　中唐)

诸造畜蛊毒谓造合成蛊，堪以害人者。及教令者，绞。造畜者同居家口，虽不知情，若里正坊正村正亦同。知而不纠者，皆流三千里。疏义曰：蛊有多种，罕能究悉，事关左道，不可备知。或集合诸蛊，置于一器之内，久而相食，诸蛊皆尽。若蛇在，即为蛇蛊之类。造谓自造，畜谓得畜，可以毒害于人，故注云"谓造合成蛊，堪以害人者"。若自造，若传畜猫鬼之类，及教令人，并合绞罪。若同谋而造，律不言"皆"，即有首从。其所造及畜者同居家口，不限籍之同异，虽不知情，若里正、坊正、村正知而不纠者，皆流三千里。

问曰：律文惟言里正、坊正等罪，不言州县知情之法，若州县官司知而不纠者，复合何罪？

答曰：里正之等，亲管百姓，既同里闬，多相暗委。州县去人稍远，管户又多，是故律文遂无节制。若知而不纠，依斗讼律，监临之官知所部有犯法不举劾者，减罪人罪三等，纠弹之官，唯减二等。

造畜者虽会赦，并居家口及教令人，亦流三千里。八十以上、十岁以下及笃疾无家口同流者放免。即以蛊毒毒同居者，被毒之人、父母、妻妾、子孙不知造蛊情者，不坐。

12. 人身象头妖怪毗那夜迦(敦煌莫高窟西魏第285窟)

疏义曰：造畜蛊毒之人，虽会大赦，并同居家口及教令人亦流三千里。注云：八十以上、十岁以下及笃疾无家口同流者放免。据此，老幼及笃疾，身自犯罪，犹尚免流，今以同居共活，有同流家口亦配，无同居家中共去，其老小及疾不能自存，故从放免。即造畜蛊毒之人，以蛊毒毒同居者，其被毒之人，父母、妻妾、子孙不知造蛊毒情者，并免流罪。

问曰：被毒之人，父母不知情者，放免。假有亲兄弟，大房造蛊，以毒小房，既同父母，未知父母合免以否？

答曰：蛊毒家口会赦犹流，恐其涉于知情，所以例不听住。若以蛊毒毒同居，被毒之人，父母、妻妾、子孙不知情者不坐。虽复兄弟相毒，终是被毒之人父母，既无不免之制，不知情者合原。

又问：老小笃疾，无家口同流者，放免。其家总无良口，惟有部曲，若有奴婢一人，得为有同流家口，老小笃疾仍配以否？

答曰：部曲既许转事，奴婢比之资财，诸条多不同良人，即非同流家口之例。

又问：依律，犯罪未发自首，合原。造畜蛊毒之家，良贱一人先首事，既首讫得免罪以否？

答曰：犯罪首免，木许自新，蛊毒已成，自新难雪，比之会赦，仍并从流。①

由上可见，唐人接受了隋人蛊道巫术败国的历史教训，对造蛊、畜蛊者立法，制订严厉的处罚措施，对罪大恶极的主犯处以绞刑，从犯流放三千里，终于遏止了蛊道巫术肆无忌惮地蔓延，又使唐朝的法制建设及其法律文化的文明程度跃进到当时空前的高度。以上看到的唐人在公元七世纪②时制定的处罚造蛊者具体的法律条文，人性化而富有人情味，保护好人与老弱病残成为治蛊法律的主要思路。

① （唐）长孙无忌等撰《唐律疏议》卷一八，《四部丛刊三编》本。

② 由于法藏伯三六〇八《唐律残卷》中有武则天时代造的新字，故唐律必定在初唐时就已经定稿。

第三十二章　敦煌唐宋时代与吐蕃奴隶制酒文化

巫文化派生出酒文化。《周礼·天官·酒人》云:“酒人掌为五齐、三酒,祭祀则共奉之。”[1]祭祀又分大祭,小祭;因此,酒文化发源于祭祀巫术。这种情况到唐代依然没有变化。唐元结撰《演兴四首·初祀》诗云:“灵巫譟兮舞颙干,荐天鲜兮酒阳泉。献水芸兮饭霜粈,与太灵兮千万年。”[2]可见唐人灵巫一边舞蹈,一边进酒祭天神。从这一角度来说,唐宋酒文化有相当一部分出自灵巫祭神。

商业酒文化最能反映一个时代的盛衰,敦煌唐宋时代商业酒文化亦然。本章勾勒盛唐至宋初敦煌酒文化的市场化,从开酒行到开酒店的概况都有涉及。特别对吐蕃占领敦煌前后的酒文化进行了对比,对吐蕃奴隶主统治下酒文化的特殊性进行了侧重剖析,揭示出大唐王朝酒文化的优越性。

第一节　大唐盛世商业酒文化的繁荣

敦煌唐代酒文化的繁荣与否,是衡量当时商业盛衰的一个重要标志,是观察商业经济演变的一个特殊窗口。敦煌唐人在民间虽然有酒禁忌,例如:“杜康以丁酉日死,不得聚会饮酒。”[3]但仅此一日,影响甚小。大唐盛世,欢乐无限,而正由于商业发展带动了酒文化的大发展。伯三九〇九《论〈障车词〉法弟八》载《儿郎伟》:“有酒如江,有肉如山。百味饮食,罗列班班。自余杂物,并有君前。”[4]好大

---

① (汉)郑玄注,(唐)贾公彦疏《周礼注疏》卷五,中华书局1980年影印阮元校刻《十三经注疏》本,第670页。

② 《全唐诗》卷二四〇,中华书局1960年版,第2701页。

③ 法Pel. chin. 2661　*3735* V°《诸杂略得要抄子一本》(9—6),上海古籍出版社、法国国家图书馆编《法藏敦煌西域文献》第17册,上海古籍出版社2002年版,第132页。

④ 黄征、吴伟校注《敦煌愿文集》,岳麓书社1995年版,第974页。

的气魄。在大唐盛世，真是如伯三四六八《达夜胡词》第五首云：“有口则皆食蒲萄，欢乐则无人不醉。万姓获福，百神降祉。”①唐朝时进行商业运作的买卖酒的专业店铺逐渐产生和繁荣起来，饮酒风俗也越来越多且不断演变；敦煌唐人酒文化丰富多彩，因而有酒行、酒店的相继出现，不断传播大唐盛世的饮酒风俗和欢乐。

《新唐书·食货志四》云：“唐初无酒禁。”②取得建国胜利的唐人，饮酒彻醉，一醉方休。商业制酒业在初唐和盛唐时期的敦煌唐人中得到长足发展的机会。正如伯三二七〇《儿郎伟》描述的盛况：

金杯银碗齐把，酒瓮像似甘泉。
家人急总着作，秋时广运麦图。③

正是盛世酒兴，唐人酒器极为考究，饮酒所用金杯、银碗、酒壶，俱豪华精美。这些金杯、银碗上边有的还雕刻着狩猎图案，是珍贵的艺术品。金杯、银碗考古文物多有发现。

1. 唐代狩猎纹金杯图案（故宫博物院藏品）〔故宫博物院陈列设计组编绘《唐代图案集》，人民美术出版社1989年版。下同〕

2. 唐代刻金银花鸟碗图案（故宫博物院藏品）

3. 唐代鎏金壶图案（陕西西安出土）

唐代的金杯、银碗、酒壶上的艺术图案精美细致，令人爱不释手，这正是经济发达的表现。正是在大唐盛世繁荣富裕之时，才有商业酒行的开设。伯四九七九背《天宝十载酒行胡到芬请出本残状》载：

酒行　　　　　状上
供糟廿瓮

① 黄征、吴伟校注《敦煌愿文集》，岳麓书社1995年版，第954—955页。
② （宋）欧阳修、宋祁撰《新唐书》卷五四，中华书局1975年版，第1381页。
③ 黄征、吴伟校注《敦煌愿文集》，岳麓书社1995年版，第951页。

右胡到芬，比日在于市，纳沽酒经纪，缘无本产，伏来经今廿日□□造酒，请乞给价直。谨状。

牒件状如前，谨牒。

天宝十载二月　日，酒行安胡到芬　牒

二月廿三日，付生绢壹匹，准时伍伯捌拾文，余欠于估付。（押）[1]

以上为造酒者向胡到芬酒行销售酒的牒文的原文。天宝年间（742—756）正是唐玄宗当政的盛唐时代。由本残状可知唐代商业买卖酒的地方称为“酒行”，这是该词在中国古代典籍中最早的记载。“酒行胡到芬”即“胡到芬酒行”，这一商业专卖酒行的名称，也是目前所见最早的私人设立的酒行名称。细读本残状内容，我们发现：

一、前称“右胡到芬”，落款则称“安胡到芬”，但文献中未见“安胡”姓，故题名仍从《法藏敦煌西域文献》之说。

二、造酒造好了，有司就写牒子向买主（沽酒者，即零售商）要钱。

三、此残状最后两行是唐代酒业零售商（胡到芬）付钱时写的一段说明，写明已经支付了生绢壹匹，折合唐币伍佰捌拾文。

非常有趣的是：

一、残状上所有的数字都大写，和今天我们写借条一样，可见这种唐人记账数字大写的风俗一直延续到今天。

二、这笔唐人售酒业务是以生绢支付的，其实买主已经用唐币进行了折算。这和伯三三四八《残佛经》的背面那一篇天宝三载至六载粟麦绢帛历所记是一样有平等交易意义的[2]，因而不能将其单纯理解作是形同蕃占时期奴隶主以物易物的低级交易形态，其实是以唐币折算买卖的公平交易。

三、这又明明白白是“赊酒”形式的反映，现在叫“记账”，古今风俗一致，可见盛唐时代的酒文化中会计制度已经很完备了，正常而有序的商业关系已经形成。

但是唐人酒文化背景并不简单，如长安这个拥有百万人口的国际大都市，商业买卖酒的地方不像敦煌叫“酒行”，而称“酒家”。唐杜甫撰《饮中八仙歌》

---

① 上海古籍出版社、法国国家图书馆编《法藏敦煌西域文献》第33册，上海古籍出版社2005年版，第329页。

② 天宝三载至六载粟麦绢帛历，请参阅高国藩著《敦煌民俗学》第一章第三节，上海文艺出版社1989年版，第12—13页。

曰："李白一斗诗百篇，长安市上酒家眠。"[①]也有酒家里摆放酒床的记载，唐陆龟蒙有《奉和袭美酒中十咏·酒床》诗专门歌咏酒床（饮酒时所用豪华几案）："六尺样何奇，溪边濯来洁。"还有《酒楼》诗："百尺江上起，东风吹酒香。"[②]这样看来唐代大城市酒家比敦煌酒行要气派得多。另外，敦煌壁画描述的民间婚礼中，有酒肆反映出敦煌商业酒文化，且配合着小型歌舞。这显然是唐代大城市饮酒助兴风习已传播进西部地区敦煌的表现。法 Pel. chin. 2555 V⁰《诗文集·咏拗笼筹》（8—3）：

幸得陪樽俎，良筹复在兹。
献酬君有礼，赏罚我□（无）私。
莫怪斜相向，还将正自持。
一朝权入手，看取令行时。[③]

诗题中的"拗笼"，又称"拗拢"，乃酒筹异名。明陈懋仁撰《庶物异名疏》卷一三器用部上《拗拢》称："《均（韵）藻》：拗拢，《三苍》云筹也，酒律也。案酒律即今酒签。"[④]筹是筹码，酒律即酒令，一般是带韵的四言诗。酒律里体现的是行酒令的规章，这是唐人商业酒文化娱乐性智慧的发明。所谓"一朝权入手"的"权"字，是指行酒令娱乐所用的"权"。唐郑廷诲撰《广陵妖乱志》云："吕用之，鄱阳安仁里细民也。性桀黠，略知文字。父璜以货茗为业，来往于淮浙间。时四方无事，广陵为歌钟之地，富商大贾，动逾百数。璜明敏善酒律，多与群商游。"[⑤]酒律在中唐已盛行，中唐诗人姚合撰《喜喻凫至》诗曰："道书虫食尽，酒律客偷将。"[⑥]姚合，唐宪宗元和十一年（816）登进士第，与刘禹锡友善。综上可知，"拗拢"是中国古代商业饮酒风俗中有趣的诗化形态。

---

① 《全唐诗》卷二一六，中华书局 1960 年版，第 2259 页。

② 《全唐诗》卷六二〇，中华书局 1960 年版，第 7141 页。

③ 上海古籍出版社、法国国家图书馆编《法藏敦煌西域文献》第 15 册，上海古籍出版社 2001 年版，第 342 页。

④ （明）陈懋仁撰《庶物异名疏》卷一三，《四库全书存目丛书》子部第 218 册，齐鲁书社 1995 年影印本，第 109 页。

⑤ （明）陶宗仪编《说郛一百二十号》号四四，上海古籍出版社 1988 年影印《说郛三种》本，第 2064 页。

⑥ 《全唐诗》卷五〇一，中华书局 1960 年版，第 5702 页。

第二节　中唐时代吐蕃奴隶制酒文化的特点

至中唐之后，吐蕃入侵敦煌河西地区，实行奴隶制统治，其酒文化发生了根本改变。吐蕃奴隶主善于搞祭祀巫术，但他们借酒文化之名，行民族压迫之实。

当时敦煌地区商业酿酒和买卖酒的地方改叫“酒店”，见伯三七七四《丑年（公元八二一年）十二月沙州僧龙藏牒——为遗产分割纠纷》。写本缩写的“丑年”，当即唐穆宗李恒当政的长庆元年辛丑年，所以这个酒店是早于此年创立的。牒中谈到一个叫齐周的人，是这起遗产分割纠纷的主角，涉及他在中唐时代商业投资开酒店的事情。非常有趣的是，我们从中可以清楚地看到中唐时代敦煌唐人开设和经营酒店业务的情况。原文曰：

> 先家中种田不得丰饶，齐周自开酒店，自雇人，并出本床粟卅石造酒。其年除吃用外，得利苭（议）价七十亩、柴十车、麦一百卅石。内卅五石，齐周买釜一口。余并家中破用。①

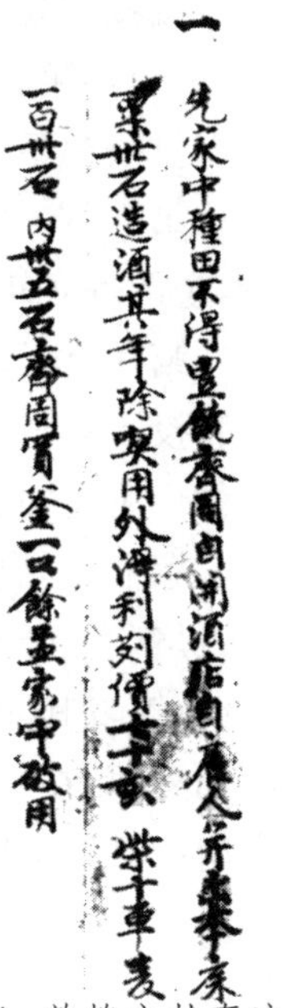

4. 敦煌文献真迹（一）

“酒店”一词，众多辞典均失载，此词最早当见于此牒。齐周酒店是敦煌吐蕃占领时期首现的一个酒店。牒文中引人注目的是，对齐周酒店得利的计算，不是用唐币，而是折价为地亩、柴草以及麦子，即以物易物；这与伯四九七九背残状记载的天宝年间唐王朝向敦煌民众购物折合成唐币计算的情况已是完全相反了，这是什么原因造成呢？说起它的背景来却令人心惊。

此牒首先提到齐周因为在中唐时代种田未获丰收，不得不转而投资开设酒店谋求生路。写这段记载时，其时正是唐代长庆元年（821），就是在此一敦煌卷子中，反映了当时贩酒获利的丰厚，可以概见吐番占领时期造酒贩酒发展的状况。当时吐蕃入侵沙州与河西，从中唐贞元二年（786）到晚唐大中二年（848），都是蕃占时期。齐周投资的商业酒店正是在公元 821 年这一特殊时期开设的。吐

① 唐耕耦、陆宏基编《敦煌社会经济文献真迹释录》第二辑，全国图书馆文献缩微复制中心 1990 年版，第 284 页。

蕃侵入敦煌后，吐蕃奴隶主倒行逆施将统治政策进行了调整：

第一，取消大唐王朝在沙州地区实行的县、乡、里分级政治管理的相对宽松和自由的封建文明制度及其风俗。取消唐朝年号，改为地支纪年。

第二，据《旧唐书》载，吐蕃奴隶主将敦煌“百姓丁壮者驱之以归，羸老者咸杀之，或断手凿目，弃之而去”[①]，即掳掠原敦煌县十三乡民众，屠杀或残害其中的老弱者，先制造惨绝人寰的悲剧，然后按照奴隶制划分为若干部落，敦煌写本中就记载有僧尼部落、行人部落、悉董萨部落、宁宗部落、丝绵部落、译人部落、蔡多部落、蕃波部落、甲杂部落、莫罗瓦部落、太虚部落等等。

第三，不能穿汉族服装而改为胡服发辫。唐人沦为“奴户”，悲惨地过着奴隶生活，梳起奴隶辫发，便于奴隶主识别和严酷管理。

第四，在经济上，废除大唐王朝货币制度，取消唐币，消灭唐朝商业制度，恢复奴隶制以物易物的低级交易规则。如 P. T. 1097《薪俸支出粮食清册》，这是一份古藏文吐蕃某官府粮油入破历，“又同日，水渠渠头竣工敬神支出酒料小米十驮，交与酿酒人张汉汉、康辛辛、石毕秋诸人”[②]，记载了吐蕃以物品交换的形式支付祭祀巫术的酿酒、敬神等费用。

第五，在文化上，大力推行吐蕃语和他们的拼音文字，逐渐禁止汉语汉文通行，企图彻底斩断敦煌与中华文化的血脉传承。

第六，将佛寺政治化。在寺院里设立监狱，关押俘虏。吐蕃奴隶主不断向寺庙投入资金，实行奴隶主监督统治，实际把佛寺变成对奴隶专政的工具。高级僧侣更是“政治和尚”，具有很高政治地位，能够直接参与政事。

第七，据唐赵璘撰《因话录》卷四载，凡被吐蕃统治的唐朝臣民都要被打上奴隶烙印。吐蕃将抓得的汉人称为“华人”。“每得华人，其无所能者，便充所在役使，辄黥其面；粗有文艺者，则涅其臂，以候赞普之命。”[③]吐蕃奴隶主肆意虐待唐朝战俘，在历史上有详细的记载。唐赵璘撰《因话录》卷四云：“元和十五年，淮南裨将谭可则因防边为吐蕃所掠，初到蕃中，蕃人未知宪宗弃天下，日夜惧王师复河湟，不安寝食，可则既至，械系之，置地牢中，绝其饮食，考问累至。可则具告以大行升遐，蕃人尚未之信。其傍有知书者，可则因略记遗诏示之，乃信焉。蕃法刻木为印，每有急事，则使人驰马赴赞府牙帐，日行数百里。使者上马如飞，号为马使，报得可则审宪皇崩问之状。先是每得华人，其无所能者，便充所在役使，辄黥其面；粗有文艺者，则涅其臂，以候赞普之命。……可则前后数

① （后晋）刘昫等撰《旧唐书》卷一九六《吐蕃下》，中华书局 1975 年版，第 5254 页。

② 王尧、陈践译注《敦煌吐蕃文献选》，四川民族出版社 1983 年版，第 53 页。

③ （唐）赵璘撰《因话录》卷四，景印文渊阁《四库全书》第 1035 册，第 488 页。

逃归，辄为候者所得。蕃帅虽不杀，以皮鞭榜之凡数百，竟得脱。”[①]

总之，吐蕃社会以寺院为核心，衣食住行及语言文化一切都围绕奴隶制转动。

敦煌吐蕃主具体怎样统治的？敦煌吐蕃文献 P. T. 1083 号《据唐人部落禀帖批复的告牒：禁止抄掠汉户沙州女子》载：“二唐人部落头人通禀云：往昔，吐蕃，孙波与尚论牙牙长官衙署等，每以配婚为借口，前来抄掠汉地沙州女子。其实，乃佣之为奴。”[②]此为奴隶主强掠汉族女子为奴的实证。一人被抓，全家遭殃。晚唐时张议潮起义赶走了吐蕃奴隶主，敦煌才恢复了商业酒文化的繁荣和中华民俗传统。但不久，甘凉一带又成为吐蕃、回鹘与唐王朝攻争之地，直至唐末。吐蕃入侵后的一切政令都是以取消唐朝年号、取消唐币、取消商业繁荣为核心展开的。吐蕃破坏敦煌地区原有商业民俗，遏制大唐酒文化发展，其借祭祀酒文化之名，行奴隶制之实。买卖物品实行以“以物易物”的标准，实际是割断敦煌河西与唐王朝的中华经济命脉之表现。[③]

据伯三七七四敦煌文书记载，中晚唐齐周酒店获利丰厚，这种“获利”是畸形的。之所以获利丰厚，是因为吐蕃奴隶主允许他开酒店，而能开酒店，是因为所有唐人都变作了奴隶，没有人来做酒了，统治者对酒的需求非常大，只好附属在寺院里开设酒店；酒不仅供统治者享用，也是军队在寒冷地带生活和打仗的需求。

还有吐蕃奴隶主推崇、利用佛教，把某些佛寺改造成他们奴隶统治的工具，赋予这些佛寺以特殊的政治权力。如在寺庙设监狱，看押俘虏和囚犯。吐蕃占领初期，沙州有寺院十三所，僧尼三百多人；到占领后期，寺院发展到十七所，僧尼已有一千人左右。僧人变作名副其实的“政治和尚”，而寺院对于念经和祈赛巫术时的卧酒及其之前的煮酒乃至沽酒的需求量也是很大的，故而由“政治和尚”进行统治和管理。

齐周酒店只投资了床粟三十石，就获利良多，议价中的总值按奴隶制以物易物计算。三十担细粮竟然可交换地七十亩，柴十车，麦子一百三十担。这种利润确实丰厚！平均一石细粮造酒竟然能赚到两亩多地和四担麦子，还有燃料。如此高的利润，难怪只要从中取出一点盈利来扩大再生产，“余并家中破用”，就解决了一家老小的生活问题。

可见中晚唐时期，在吐蕃奴隶主统治下，战乱频仍，粮食显然供给不足，小米和大米非常昂贵，酒也是高价商品。这也导致三十担粮食制酒竟取得如此暴利。百物价格也都居高不下，三十五石粮食居然只能买釜一口，酿酒的釜之所

---

① (唐)赵璘撰《因话录》卷四，景印文渊阁《四库全书》第 1035 册，第 488 页。

② 王尧、陈践译注《敦煌吐蕃文献选》，四川民族出版社 1983 年版，第 52 页。

③ 请参阅高国藩著《敦煌民俗学》第一章第二节，上海文艺出版社 1989 年版，第 7—17 页。

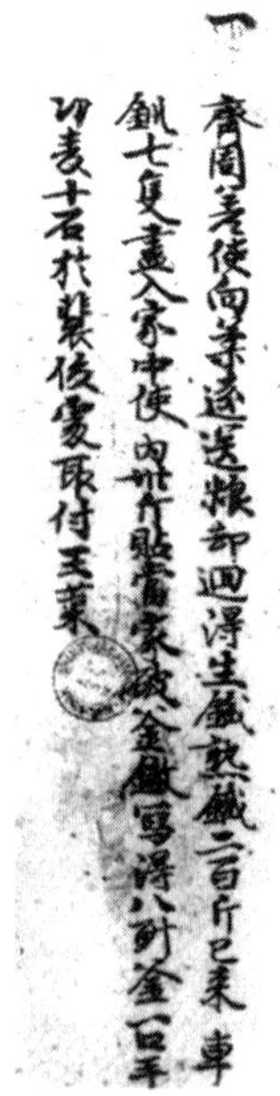
齐周差使向柔远送粮却回得生铁熟铁二百斤已来车
钏七只尽入家中使内卅斤贴当家破釜铁写得八斗釜一口手
功麦十石于裴俊处取付王菜

5. 敦煌文献真迹(二)

以这样昂贵,实际就是因为它对于酿酒大有用处。

这种酿酒的釜是用生铁制模浇铸而成的。伯三七七四《丑年(公元八二一年)十二月沙州僧龙藏牒——为遗产分割纠纷》有一段专门谈用了多少铁造釜,原文曰:

> 齐周差使向柔远送粮却回得生铁熟铁二百斤已来,车钏七只,尽入家中使。内卅斤贴当家破釜鏊写得八斗釜一口,手功麦十石,于裴俊处取付王菜。①

齐周到柔远送粮食,运回生熟铁二百斤,用了其中卅斤,再加上家中破釜的铁,一共鏊得(即脱模铸造)“八斗釜一口”,手工费花了十石麦子。若推测破釜之铁亦为30斤,则新铸“八斗釜一口”为60斤。这种酿酒的釜,无论造价或手工费都是当时最贵的,酿酒的成本显然很高。至于这种酿酒的釜是什么形状,笔者认为可能和榆林窟第三窟(西夏)的酿酒图中所画相似,它是被封闭在灶台中的釜。可见齐周创设的还是家庭式酿酒作坊,一般只要几个人操作,另置办一些酒壶、高足碗、木桶、酒海(大型盛酒容器)等即可。

第三节 晚唐至宋初敦煌的商业酒文化

晚唐时,敦煌唐人终于迎来了商业酒文化继续发展的大好时期。唐王朝官吏又开始掌权,首先设立的是官酒户。唐朝的官酒户的出现给敦煌酒文化带来繁荣和发展,将商业酒文化又推向一个高潮。法 Pel. chin. 3569 V°《光启三年四月押衙阴季丰奉判令算会官酒户马三娘龙粪堆酒本牒》(4—3)记载:

6. 归义军印〔采自《敦煌学大辞典》〕

> 押衙阴季丰
>
> 右奉敕令算会官酒户马三娘、龙粪推

---

① 唐耕耦、陆宏基编《敦煌社会经济文献真迹释录》第二辑,全国图书馆文献缩微复制中心1990年版,第284页。

从三月廿二日于官仓请酒，本粟贰拾驮，
又四月九日请酒，本粟壹拾伍驮，两件共
请粟叁拾伍驮。准粟数，合纳酒捌拾柒
瓮半，诸处供给使客及设会、赛神……
供给计用酒捌壹瓮半贰胜(升)，准粟数
使用外，余欠酒伍瓮伍斗八胜(升)……
伏请　　　处分
状如前谨立
　　光启三年(887)四月　日押衙阴季丰①

官酒户是为官方机构供酒的商业酒户名称。官方需要酒户供酒消费，就向供酒商(酒户)招标；马三娘和龙粪推招标成功，就成了官方指定的供酒商——官酒户。据这篇牒文叙述，唐朝地方政府实在是由于政务需要才这么干的。由于凉州、肃州蕃使繁多，疲于奔忙，几处供酒，都没有供完原需的瓮数，还缺五瓮，原有的酒已经用完，马、龙家贫无可再供，请求减免，遂由押衙代为写牒申请。这官酒户与官府的关系密切，但并不“强制”，表现了唐王朝地方政府对商业官酒户的宽容和支持，有利于商业酒文化的发展。

押衙阴季丰的报告只是记述了马三娘、龙粪推欠酒多少的情况，并没有予以追查，因此完全没有迫使酒户低价供酒的意思，更谈不上是一种所谓榨取小生产者超额剩余劳动力的手段。我们应将唐王朝地方政府同民商和谐相处的情况与吐蕃奴隶主压迫民商的情况作出严格的区分和评价，不应该混为一谈；不然就会扰乱我们关于大唐王朝对敦煌地区商业酒文化发展作出的历史贡献的评价。从牒文看，官酒户如有亏损是可以申诉减免的，马、龙这两个官酒户与唐王朝地方政府的关系是和谐互利的。

7. 饮酒观舞风俗(莫高窟 360 窟　晚唐)

五代和北宋时期敦煌地区的商业酒文化更加兴盛也是历史事实。由于敦煌人民挣断了奴隶制的锁链，商业饮酒风俗就更加繁荣，并继续向前发展。民

① 上海古籍出版社、法国国家图书馆编《法藏敦煌西域文献》第 25 册，上海古籍出版社 2003 年版，第 346 页。

间需求量的加大是其挣脱奴隶制的结果和特点。现将五代与北宋时期繁荣的敦煌商业饮酒文化考述如下。

五代商业酒文化繁荣，现举出二十一例。法 Pel. chin. 2032 V^0《净土寺食物等品入破历》，记载有商业酒文化诸多实例，时当后晋天福四年(939)。其他敦煌文献中亦有类似记载，一并列出。

一、粉碎奴隶主的统治，寺院奴仆享有商业卧酒的文化风俗。“麦伍㪷，付恩子卧酒用。”(50—11)[①]恩子是当时净土寺非常能干而备受重视的奴仆。当然，奴仆用酒也是祭祀参拜佛祖的需要。

二、招待修仓师傅饮酒。“卧酒沽酒西仓造(扫)尘时博士即人夫等三时食用。”(50—7)[②]

三、招待造钟楼工匠等人祭祀饮酒。“粟壹拾陆硕三斗六升，卧酒沽酒，造钟楼时五月廿三日至六月十三日中间廿一日工匠及众僧般(搬)砂车牛人夫等三时食用。”(50—9)[③]

四、搞祭祀巫术赛神饮酒。S. 4373《癸酉年六月至八月硙户董流达园硙主色破历》：“手(首)日赛神酒壹㪷。”[④]法 Pel. chin. 2629《归义军酒破历》(3—2)记载：“三日赛神酒半瓮。”[⑤]

五、招待淘麦僧人祭祀饮酒。“面一斗五升，粗面二斗，粟二斗，沽酒两件，淘麦僧食用。”(50—8)[⑥]

六、招待碾硙僧人祭祀饮酒。S. 5039《某寺诸色斛斗破历》：“沽酒就硙头庄(僧)看　阿郎用。”[⑦]S. 4373《癸酉年六月至八月硙户董流达园硙主色破历》：“七月十日面五㪷，酒四杓，众僧硙后朾略吃用。”[⑧]

---

① 上海古籍出版社、法国国家图书馆编《法藏敦煌西域文献》第 2 册，上海古籍出版社 1994 年版，第 37 页。

② 上海古籍出版社、法国国家图书馆编《法藏敦煌西域文献》第 2 册，上海古籍出版社 1994 年版，第 33 页。

③ 上海古籍出版社、法国国家图书馆编《法藏敦煌西域文献》第 2 册，上海古籍出版社 1994 年版，第 35 页。

④⑧ 中国社会科学院历史研究所等合编《英藏敦煌文献》第六卷，四川人民出版社 1992 年版，第 48 页。

⑤ 上海古籍出版社、法国国家图书馆编《法藏敦煌西域文献》第 16 册，上海古籍出版社 2001 年版，第 362 页。

⑥ 上海古籍出版社、法国国家图书馆编《法藏敦煌西域文献》第 2 册，上海古籍出版社 1998 年版，第 36 页。

⑦ 中国社会科学院历史研究所等合编《英藏敦煌文献》第七卷，四川人民出版社 1992 年版，第 16 页。

七、招待画窟门院生饮酒。“粟叁㪷,沽酒看院生画窟门用。”(50—11)[①]

八、招待牧羊人饮酒。“粟七斗五升,麦一斗五升,卧酒及沽酒,三件看(招待)牧羊人用。”(50—6)[②]

九、羊酒优劳风俗。S. 2241《公主君者者上北宅夫人状》:“善谘令公,赐与羊酒优劳,合有信仪。”[③]此状乃甘州回鹘公主者者呈送沙州司空曹元忠夫人。

8. 小酒店中的舞人〔采自《敦煌舞姿》〕(莫高窟61窟五代)

十、羊圈发愿祭祀风俗。法 Pel. chin. 2629《归义军酒破历》(3—2):“二日夜,羊圈发愿酒壹角。”[④]

十一、马院发愿和祭祀巫术拜酒风俗。法 Pel. chin. 2629《归义军酒破历》(3—2):“(八月三日)又马院发愿酒壹㪷,赛神酒五㪷。”[⑤]《归义军酒破历》(3—3):“十四日……马院祭拜酒伍升。”[⑥]

十二、饮迎赛神南山酒风俗。斯一三九八背《壬午年酒破历》:“十月四日迎賽(赛)南山酒壹㪷。”[⑦]

十三、祭祆神用酒。敦煌研究院 0001 号酒账:“(四月)廿日城东祆神酒壹瓮。”法 Pel. chin. 2748 V⁰《安城祆咏》:“更看雩祭处,朝夕酒如绳。”[⑧]

十四、饮马群入泽神酒。敦煌研究院 0001 号酒账:“(四月)廿二日马群入泽神酒壹角。”法 Pel. chin. 2629《归义军酒破历》(3—2):“(七月)十日城东祆赛神酒两瓮。”[⑨]此乃祆寺祀酒巫术求雨。

十五、造花树祭祀饮酒。法 Pel. chin. 2629《归义军酒破历》(3—2):“六日供造花树僧逐日酒壹㪷,至十日夜断,中间伍日,计给酒伍㪷。”[⑩]

十六、寒食祭祀祭酒。法 Pel. chin. 3763 V⁰《布緤褐麦粟入破历》(8—5):

---

① 上海古籍出版社、法国国家图书馆编《法藏敦煌西域文献》第 2 册,上海古籍出版社 1994 年版,第 37 页。

② 上海古籍出版社、法国国家图书馆编《法藏敦煌西域文献》第 2 册,上海古籍出版社 1994 年版,第 32 页。

③ 中国社会科学院历史研究所等合编《英藏敦煌文献》第四卷,四川人民出版社 1991 年版,第 53 页。

④⑤⑨⑩ 上海古籍出版社、法国国家图书馆编《法藏敦煌西域文献》第 16 册,上海古籍出版社 2001 年版,第 362 页。

⑥ 上海古籍出版社、法国国家图书馆编《法藏敦煌西域文献》第 16 册,上海古籍出版社 2001 年版,第 363 页。

⑦ 郝春文、赵贞编著《英藏敦煌社会历史文献释录》第六卷,社会科学文献出版社 2009 年版,第 102 页。

⑧ 上海古籍出版社、法国国家图书馆编《法藏敦煌西域文献》第 18 册,上海古籍出版社 2001 年版,第 68 页。

“粟叁㪷伍升卧酒,寒食祭拜用。”[①]《净土寺食物等品入破历》(50—8):“粟柒㪷卧酒,寒食祭拜。”[②]

十七、纳岁祭酒。《布緤褐麦粟入破历》(8—7):“粟二十一㪷,十四日卧酒,窟上纳岁用。”[③]

十八、悉磨遮祭祀饮酒风俗。悉磨遮又称苏莫遮。这是敦煌每年二月八日浴佛节,男青年戴着假面跳舞的风俗,此时要饮酒作乐。斯一〇五三背《丁卯至戊辰年某寺诸色斛斗破历》:“粟叁㪷,二月八日郎君踏悉磨遮用。”[④]又《归义军己未至辛酉年布纸破用历》(18—9):“二月七日支与悉磨遮粗纸叁拾张。”[⑤]粗纸是用来做假面的。

十九、寒食祭拜祖宗卧酒。法 Pel. chin. 2040 V°《净土寺食物等品入破历》(37—18):“粟七斗寒食卧酒祭拜,及弟子众僧应生地畔用。”[⑥]

9. 酒肆图(莫高窟第 61 窟　五代)〔采自《敦煌学大辞典》〕

二十、招待修硙师傅卧酒。《净土寺食物等品入破历》(37—19):“粟一斗六升卧酒硙面时看博士用。”[⑦]

二十一、招待建房垒梁的建筑师傅卧酒。《净土寺食物等品入破历》(37—19):“粟陆㪷肆升卧酒及沽垒西梁时看博士用。”[⑧]

此外,图 9 是维摩诘经变“方便品”情节之一。敦煌研究院研究员贺世哲指出:“经云:维摩诘‘入诸酒肆,能立其志’。画面为一酒店,内有数人,围桌对坐,桌上置酒瓶与酒碗。维摩诘立桌前,手挥麈尾,作高谈阔论状。店外有一(或二)舞者,翩翩起舞。晚唐

---

① 上海古籍出版社、法国国家图书馆编《法藏敦煌西域文献》第 27 册,上海古籍出版社 2002 年版,第 326 页。

② 上海古籍出版社、法国国家图书馆编《法藏敦煌西域文献》第 2 册,上海古籍出版社 1994 年版,第 34 页。

③ 上海古籍出版社、法国国家图书馆编《法藏敦煌西域文献》第 27 册,上海古籍出版社 2002 年版,第 327 页。

④ 郝春文编著《英藏敦煌社会历史文献释录》第五卷,社会科学文献出版社 2006 年版,第 132 页。

⑤ 上海古籍出版社、法国国家图书馆编《法藏敦煌西域文献》第 32 册,上海古籍出版社 2005 年版,第 265 页。

⑥ 上海古籍出版社、法国国家图书馆编《法藏敦煌西域文献》第 3 册,上海古籍出版社 1994 年版,第 37 页。

⑦⑧ 上海古籍出版社、法国国家图书馆编《法藏敦煌西域文献》第 3 册,上海古籍出版社 1994 年版,第 38 页。

第12窟，五代第98、108、61、146等窟皆有此情节。第61窟还有墨书榜题：'或入诸酒肆，共坐诸□，□教谈章，广为方□，□□生患，□立其志。'这些画面当是归义军时期沙州酒肆的局部写照，舞蹈图像显然为"俗舞"，是研究中国舞蹈史之珍贵资料。①

以上二十一例充分说明，五代时期广大民众饮酒的风俗，与吐蕃占领时期只有奴隶主及其军队和御用僧侣才有酒喝的情况，已有天渊之别。

10. 宋代嫁娶宴会图（榆林窟　第38窟）〔采自《敦煌舞姿》〕

敦煌地区的社会发展继续向前，至宋代时，距离吐蕃占领后施行奴隶制的时期愈加久远，敦煌地区商业酒文化越来越能体现出中华风俗传统。

斯六四五二(2)《辛巳年（公元九八一年）十二月十三日周僧正于常住库借贷油面物历》，公元981年为乾亨三年时当宋太宗在位，此卷记载了许多民间饮酒风俗。以下举出八个方面商业酒文化中的问题予以论证。

一、招待打银碗师傅——尊称"打银碗博士"饮酒。吐蕃时将他们掠为奴隶，也阻碍了大唐王朝的为饮酒打造金杯银碗的民俗传统，宋太宗时代恢复了。"壬午年正月三日，酒壹瓮，打银碗博仕吃用。同日酒壹瓮。大乘寺，九日打碗局席酒壹瓮。"②打银碗师傅不仅每餐必有酒，还要设酒局接待，显然其地位提高了。

二、招待造门师傅饮酒。"（正月）十二日，酒壹角，造门博仕吃用。十四日，酒壹㪷，造门博仕吃用。"③"十九日，酒壹斗，造门博仕手工价用。"④这是以酒与造门手工价对充的风俗。

三、丧葬祭祀饮酒风俗。"（二月）十日，酒壹瓮，马都料家助葬用。"⑤"（五月）十五日，酒壹瓮，胜连亡用。"⑥"（五月）廿七日，酒五升，墓头来吃用。"⑦

四、种麦、浇麦、上灰饮酒风俗。"（二月）十八日，酒壹角，种麦用。"⑧"五月

---

① 季羡林主编《敦煌学大辞典》，上海辞书出版社1998年版，第100页。

②③④⑤⑥⑧ 唐耕耦、路宏基编《敦煌社会经济文献真迹释录》第二辑，全国图书馆文献缩微复制中心1990年版，第239页。

⑦ 唐耕耦、路宏基编《敦煌社会经济文献真迹释录》第二辑，全国图书馆文献缩微复制中心1990年版，第240页。

三日，酒五升，河母浇麦用。”[①]“（六月）五日，酒壹斗，浇麦用。”[②]

五、买药、吃药饮酒风俗。“（二月）十四日，酒伍瓮，渠北坐翟胡边买药用。”[③]“（二月）廿二日，酒五升，吃药用。”[④]“（三月）九日，酒壹瓮，阿柴啀胡边买药用。”[⑤]

六、赛神饮酒风俗。“（八月）十九日，沽酒麦一斗和尚河母来吃用。廿五日写铧炭壹硕伍斗，麦壹斗沽酒炉头赛神用。”[⑥]

七、招待造按枷师傅饮酒。“（三月）廿六日，酒贰斗，造按枷博仕吃用。”[⑦]

八、禳灾祈福祀酒。S. 4400《太平兴国九年(984)二月廿一日归义军节度使敦煌王曹延恭镇宅文》：“谨择良月吉日，依法广备书符，清酒杂果，干鱼鹿肉，钱财米飵，是事皆新。敬祭于五方五帝、土地阴公、山川百灵一切诸神。”[⑧]

11. 酿酒图（榆林窟第 3 窟　西夏）〔采自《敦煌学大辞典》〕

图 11 为西夏地方酿酒图，画面中绘有一炉灶，灶台上叠压四层大小不同的方形以及梯形的器物，顶上还有梯形烟囱。据何丙郁和英国学者李约瑟在《中世纪早期中国炼丹家的实验设备》一文中考证，该梯形器物是酿造高浓度烧酒的蒸馏器。[⑨]

敦煌军民粉碎了吐蕃奴隶主欲长期实行奴隶制的政权，因此北宋时商业经济比起五代来又有所发展；无论是酒肆还是酒户都愈发多起来。斯六四五二(5)《辛巳年—壬午年(公元九八一年—九八二年)付酒本粟麦历》记载：

1　辛巳年十二月廿六日，氾法律店酒本粟叁硕伍斗。同日，盐子磨店
2　酒本粟肆硕贰斗，万定酒本粟壹硕肆斗。
3　壬午年正月十二日，盐子磨店酒本粟肆硕贰斗。同日，富昌酒
4　本粟两硕壹斗。十三日，富昌酒本麦肆斗、粟肆斗。廿日，万定酒
5　本粟壹硕肆斗。廿七日，万定酒本粟壹硕肆斗。二月四日，盐子磨

①②⑦　唐耕耦、路宏基编《敦煌社会经济文献真迹释录》第二辑，全国图书馆文献缩微复制中心 1990 年版，第 240 页。

③④⑤　唐耕耦、路宏基编《敦煌社会经济文献真迹释录》第二辑，全国图书馆文献缩微复制中心 1990 年版，第 239 页。

⑥　唐耕耦、路宏基编《敦煌社会经济文献真迹释录》第二辑，全国图书馆文献缩微复制中心 1990 年版，第 241 页。

⑧　中国社会科学院历史研究所等合编《英藏敦煌文献》第六卷，四川人民出版社 1992 年版，第 56 页。

⑨　季羡林主编《敦煌学大辞典》，上海辞书出版社 1998 年版，第 195 页。

酒本

6　粟柒硕，富昌酒本粟柒斗。廿八日，刘万定酒粟两硕壹斗。
7　三月十二日，氾押衙店酒本粟两硕壹斗，兴子酒本粟
8　壹硕肆斗。十九日，盐子磨店酒本粟拾伍硕。廿日氾押衙(店)酒
9　本粟两硕壹斗。四月廿七日，氾押衙店酒本粟两硕壹斗。
10　兴子本粟壹硕肆斗，幸通店酒本粟柒斗。五月十六
11　日，富昌本粟壹硕肆斗。七月九日，富昌本粟壹硕肆斗。
12　十月十六日，兴子酒本粟两硕壹斗。廿一日，定员(氾)押衙店酒
13　本粟叁硕伍斗。廿二日，郭法律酒本麦壹硕贰斗，粟壹
14　硕贰斗。十一月六日，盐子磨店酒本粟肆硕玖斗，麦
15　本两硕肆斗，粟两硕肆斗。十六日，氾押衙店麦粟
16　捌斗。十二月十七日，盐子磨(店)麦本捌斗。[①]

12. 斯六四五二(5)敦煌遗书真迹

此卷涉及的酒店有四家之多：氾法律店、盐子磨店、氾押衙店、幸通店。押衙原称押牙，唐宋时代官名，管领仪仗侍卫，是管理牙兵的小官。为了繁荣经济，宋初押衙这样的小官也能兼职开酒店，说明当时商业酒文化的繁荣。其余刘万定、富昌、兴子、郭法律等人应当都是酒户，但已有单独的酒商贩活跃于敦煌乡间。他们的名字就代表敦煌人民对经济繁荣的向往，“万定”寓意万国安

① 唐耕耦、路宏基编《敦煌社会经济文献真迹释录》第二辑，全国图书馆文献微复制中心1990年版，第243页。

定,“富昌”寓意富裕昌隆,“兴子”寓意子孙兴旺,等等。和吐蕃占领时期只准奴隶主饮酒享乐的情况相比,社会氛围已是大为不同了,正是这众多的酒店和酒商,才把宋代的饮酒风俗与民间经济需求有机结合,带来了经济发展和生活欢乐。吃得脑满肠肥的吐蕃奴隶主们,是不可能再有入侵敦煌的机会了,奴隶制的狭隘思维本身决定了奴隶主们不会有大的作为,其唯一要做的就是顺应时势退出历史舞台。

本章虽然没有对敦煌商业酒文化的包罗万象予以全面探讨,但尽量从经济发展这一个侧面揭示它反映的以巫术为主的社会生活历史状况。吐蕃占领时期奉行奴隶制制度,以巫术推动酒文化,使历史倒退,破坏了大唐王朝统治时形成的经济规律和中华民俗传统,也压制了商业酒文化的发展;吐蕃统治者被赶回老巢,大唐王朝商业酒文化在敦煌地区重新得以恢复,并繁荣发展。这是根据历史事实作出的结论。

第三十三章　敦煌西王母神话与西部道教养生文化

西王母原是我国西部古羌戎的部落首领，后来又成为道教之神。《山海经》中描叙西王母有着“豹尾虎齿”，可见其在原始时代已是被神秘化了。

西王母信仰流传在甘肃及新疆、宁夏、青海等广大西部地区，至唐代已经固化为各地西王母宫（庙），供人祭祀。本章主要揭示甘肃泾川和宁夏固原西王母祭祀巫术与道教养生文化的关联。

鸣沙山是敦煌的主要景点之一，流沙地区的道教古迹虽荡然无存，但西王母、东王公的道教养生文化遗存仍可以追寻，这也可以让今人感受敦煌唐人文化的精髓。鸣沙山，又名神沙山、沙角山，简称鸣山、沙山，现位于敦煌市城南五公里。《旧唐书》卷四〇《地理三·敦煌》曰：“鸣沙山，一名沙角山，又名神沙山，取州名焉，在县七里。”[①]这是一座由细沙聚积而成的山。

1. 东王公、西王母（山东曲阜梁公林汉画像石）〔采自《山东汉画像石选集》，第155图〕

鸣沙山东起大泉河西岸，隔水与三危山对峙；西头甘泉水横流而过。东西长约四十公里，南北宽约二十公里。山四面被佛教名胜古迹环绕，东面有莫高窟，南面有五个庙石窟，北麓有月牙泉，西麓有山阙涧（即今党河水库）。鸣沙山的最高处是后山的西南峰，海拔为1715米。山上出产五色沙石（红黄绿黑白），晶莹发光。据《乾隆敦煌县志》载，敦煌鸣沙山原来属于道家修行之地，有一系列道教神话传说故事。此流沙之地是西王母女神、道教始祖太上老君——老子和仙人关尹喜西游之地。古时敦煌民间认定，远在周朝的时候，佛教传入中国前，当地就流传着这三位仙人的事迹。西王母、老子、关尹喜神话传说统一于西王母神话传说的系统中，且有道教养生文

① （后晋）刘昫等撰《旧唐书》卷四〇，中华书局1975年版，第1644页。

化贯穿其间，内容精彩而耐人玩味。中国古人精神世界之丰富，探索长生不老之努力，持续创造活力之迸发，着实令人惊叹。

第一节　敦煌地方志和敦煌遗书记载的西王母神话

敦煌地方志记载的第一个仙释神话是关于西王母。《乾隆敦煌县志・仙释・周》曰："西王母，《史》、《汉》云，安息长老传闻条支有弱水、西王母，未尝见。而《列子》在《史》、《汉》之前已云，周穆王升昆仑之邱，遂宾于西王母，觞于瑶池之上。故晋太守马岌以肃州西南山当之。《山海经》又云，三危之山，有青鸟居之，为王母使者，传书、取食。要之流沙之境洵为仙灵窟宅，神人往来栖息之乡，奚弗著之于此焉。"[①]《太平寰宇记》曰："三危山，其山有三峰，故曰三危。……《山海经》云，三危之山，青鸟居之。三青鸟主为西王母取食者，别自栖息于此山也。"[②]即唐宋与明清时期敦煌人说敦煌鸣沙山与对面三危山四周，原是道教信仰的天下，但自从东汉佛教自丝绸之路传入，自魏晋南北朝以来敦煌石窟建设的繁荣，使道教文化受到压抑，逐渐形成了佛教占优的局面。

《乾隆敦煌县志》所言"流沙之境"，指的是鸣沙山乃至昆仑山和塔克拉玛干地区的整体环境，和《乾隆敦煌县志》提到的三危山一带西王母遗迹所在范围不同，关于青鸟的神话传说即是如此。《山海经》说青鸟传说原是属于三危山范围，可是后世却有了改变。元伊世珍撰《嫏嬛记》记载："西王母有三鸟，一曰青钟，二曰鹤，三曰燕子，常令三鸟送书于汉武帝也。"[③]故在流沙之地，西王母未必总是叫青鸟为之服务，还有鹤与燕能为西王母驱使。

《乾隆敦煌县志》将周代西王母、老子、关尹喜（或作尹喜）的仙释神话放在一起，并以周穆王与西王母会见于瑶池为时间界限，将西王母放在老子和尹喜之前，老子与尹喜的事迹被纳入西王母神话的范围。

2. 西王母画像（山东嘉祥宋山汉画像石）〔嘉祥县武氏祠文管所《山东嘉祥宋山发现汉画像石》，《文物》1979 年第 9 期。〕

法 Pel. chin. 2004《老子化胡经玄歌》

① （清）佚名修《乾隆敦煌县志》，凤凰出版社 2008 年版，《中国地方志集成・甘肃府县志辑》第 49 册，第 36 页。

② （宋）乐史撰《太平寰宇记》卷一五三《陇右道四・沙州》，景印文渊阁《四库全书》第 470 册，第 440 页。

③ （元）伊世珍撰《嫏嬛记》，（明）陶宗仪等编《说郛三种》本，上海古籍出版社 1988 年影印本，第 1473 页。

卷第十就是有关西王母、老子、尹喜的系列道教五言诗，其中第七十四行是“我昔求道时”的道教五言俗诗，为《尹喜哀叹五首》中的第四首。诗中歌咏尹喜跟老子化胡以后进谒西王母之事，可以与《乾隆敦煌县志》西王母与老子、尹喜仙释记载的传说互相印证，学者可加以综合研究。诗曰：

> 我昔求道时，径历数千崖，浮游八荒外，徒跣身无衣。东过日出界，西寻清山累，足底重蹦生，手中把少微。道见西王母，问我子何归？耻身不学道，意欲觅仙师。感我精诚至，乞我鞋以衣，尔乃得学道，仙炁渐微微。父母怪我晚，昼夜悲嗥啼，大道与俗返，一往不复归。高志日日远，不觉心肝摧，虽得不死道，气力甚微微，心精不退转，今作天人师。①

这首道教五言俗诗呈四四四四四六句式。“蹦”，应为“茧”。此首道教俗诗写到尹喜向西王母“学道”的目的，是求得“不死”而长寿，这正符合敦煌唐人认为西王母有“延龄”的本领。英藏斯五九五七，存文二十篇，最后一篇是《结坛发愿文》，此发愿文中记载了敦煌民间祝长寿的词：“伏愿南山等寿，同王母之延龄……西定戎烟，镇龙沙而永泰。”②此愿文祝王母长寿延龄，祈请其佑护的范围是包括“龙沙”山系在内之四围。

3. 西王母摇钱树（四川西昌汉墓出土）〔刘世旭《四川西昌高草出土汉代“摇钱树”残片》，《考古》1987 年第 3 期。〕

值得注意的是，除了西王母神话，文献中还记载了与西王母有关的遗迹。如西王母樗蒲山。宋乐史撰《太平寰宇记》载：“王母樗蒲山，山有盐池，在县西南。”③《太平御览》卷五〇地部十五引魏崔鸿撰《十六国春秋》曰：“甘松山东北有西王母樗蒲山，大有神验，江水出焉。”④又引《段国沙州记》曰：“羊鹘岭东北二百里有大山，遥望甚似东岳岱山，极高大险峻，嵯峨崔嵬，颇有灵验。羌胡父老传云是西王母樗蒲山。”③

① 法 Pel. chin. 2004《老子化胡经玄歌卷第十》(12—4)，上海古籍出版社、法国国家图书馆编《法藏敦煌西域文献》第 1 册，上海古籍出版社 1995 年版，第 38 页。

② 黄征、吴伟校注《敦煌愿文集》，岳麓书社 1995 年版，第 587 页。

③ (宋)乐史《太平寰宇记》卷一五三《陇右道四 · 沙州》，景印文渊阁《四库全书》第 470 册，第 440 页。

④③ (宋)李昉等撰《太平御览》卷五〇，中华书局 1960 年影印本，第 245 页。

西王母、老子、尹喜得以养生长寿，和食西王母枣有很大关系，这正是古人养生长寿精髓之所在。在晋代，西王母枣已经闻名于世。

晋陆翙撰《邺中记》曰："石虎园中有西王母枣，冬夏有叶，九月生花，十二月乃熟，三子一尺。又有羊角枣，亦三子一尺。"④

魏崔鸿撰《十六国春秋》卷一七《后赵录七·石虎下》亦曰："又有西王母枣，冬夏有叶，九月生华，十二月乃熟，三子一尺。又有羊角枣，亦三子一尺。"⑤

《真人关令尹喜内传》曰："尹喜共老子西游，省太真王母，共食玉门之枣，其食如瓶。"⑥

西王母枣三颗一尺长，玉门枣如小瓶子一样大，都堪称枣子之最，老子、尹喜食之，可以和王母一同长寿。"西王母枣"在晋代已有确凿文献记载。唐宋时期文献中亦有援引，宋李昉等编《太平广记》卷四一〇《西王母枣》称：

> 邺华林苑中西王母枣，冬夏有叶。九月生花，腊月乃熟。三子一尺，又有圭角枣，明钞本圭作羊。亦三子一尺。出《洽闻记》。⑦

故晋人至宋人都认为每天食几粒西王母枣，是养生长寿的良法。玉门枣也就是传说中记载的汉武帝招待西王母的枣子。《汉武内传》曰：

> 七月七日，西王母当下，帝设玉门之枣。⑧

玉门之枣是联系着鸣沙山下的敦煌人民的种枣风俗的，所以法 Pel. chin. 2661　*3735* V⁰《诸杂略得要抄子一本》(9—5)记载：

> 凡种树，东方种桃九根，西方种□九根，南方枣九根，北方榆九根。依此法，宜子孙，大吉利，富贵。⑨

---

④ （晋）陆翙撰《邺中记》，景印文渊阁《四库全书》第 463 册，第 312 页。

⑤ （魏）崔鸿撰《十六国春秋》卷一七，景印文渊阁《四库全书》第 463 册，第 458 页。

⑥ （唐）欧阳询撰，汪绍楹校《艺文类聚》卷八七《果部下·枣》，上海古籍出版社 1982 年版，第 1485 页。

⑦ （宋）李昉等编，汪绍楹点校《太平广记》卷四一〇，中华书局 1961 年版，第 3334 页。

⑧ （唐）欧阳询撰，汪绍楹校《艺文类聚》卷八七《果部下·枣》，上海古籍出版社 1982 年版，第 1486 页。

⑨ 上海古籍出版社、法国国家图书馆编《法藏敦煌西域文献》第 17 册，上海古籍出版社 2001 年版，第 132 页。

在四个方向各种植九棵包括枣在内的不同树木，就能“宜子孙，大吉利，富贵”，这是唐人的生活风俗，其紧连谐音风俗，即“九”谐音“久”，寓意长寿。

第二节　敦煌地方志和敦煌遗书记载的老子仙话

敦煌唐人信奉道教老子，在祭祀巫术中老子和西王母一齐受膜拜。这是敦煌文献中关于西王母神话的一部分。老子民间传说遂因此被采入地方志。

4. 诞圣日〔采自《太上老君八十一化图说》，清光绪十七年刊〕

《乾隆敦煌县志・仙释・周》曰：“老子，姓李，名耳，字伯阳，谥曰聃，楚若县人。身长八尺八寸，生有异表，当孔子问礼时，已二百余岁。为柱下史，居周，久之，见周之衰，乃乘青牛出关，以升昆仑。为关令尹喜著《道德》五千言，与俱之流沙。”[①]《道光敦煌县志》的记载同此，但这段内容显然粗略，甚至不确。

清初，“流沙”之地与鸣沙山所指一致，可以说流沙是鸣沙山的象征。老子又称太上老君。唐段成式撰《酉阳杂俎》前集卷二《玉格》已载：“老君西越流沙，历八十一国。”[②]故而以上老子前往流沙之地的仙释故事是敦煌唐人道教文化的衍化。

《乾隆敦煌县志》说老子“身长八尺八寸”，不确，说“生有异表”，亦显笼统。晋葛洪撰《抱朴子》内篇卷一五《杂应》曰：“老君真形者，思之，姓李名聃，字伯阳。身

① (清)佚名修《乾隆敦煌县志》，凤凰出版社 2008 年版，《中国地方志集成・甘肃府县志辑》第 49 册，第 36 页。

② (唐)段成式撰，方南生点校《酉阳杂俎》前集卷二，中华书局 1981 年版，第 14 页。

长九尺，黄色，鸟喙，隆鼻，秀眉长五寸，耳长七寸，额有三理上下彻，足有八卦。以神龟为床，金楼玉堂，白银为阶。五色云为衣，重叠之冠，锋铤之剑，从黄童百二十人。左有十二青龙，右有二十六白虎，前有二十四朱雀，后有七十二玄武，前道十二穷奇，后从三十六辟邪。雷电在上，晃晃昱昱。此事出于仙经中也。”①

法 Pel. chin. 2004《老子化胡经玄歌卷第十》(12—3)三十八首之第六首是讲老子在西入流沙以前会见尹喜。原文曰：

> 我昔离周时，西化向罽宾。路由函关去，会见尹喜身。尹喜通窈冥，候天见紫云。知吾当西过，沐浴斋戒身。日夜立香火，约敕守门人。执简迎谒请，延我入皇庭。叩搏亦无数，求欲从我身。道取人诚信，三日口不言。吾知喜心至，遗喜五千文。欲得求长生，读之易精神。将喜入西域，迁喜为真人。②

这就把老子、尹喜和西王母融入到一个神话传说。老子会尹喜和及其五千言(文)都与敦煌地方志记述一致，两者意境相合。法藏敦煌本《老子化胡经玄歌》主旨是“欲得求长生”，歌咏养生长寿的追求万变不离其宗。

此首化胡歌言尹喜迎老子是自己修炼的结果。其长寿之道，一是经常“沐浴”，即注重个人卫生，澡要常洗。二是“斋戒”，即俗话说的“吃素”，以现代医学知识来看，素食加上练功，脂肪摄入量不超标，会有“四不高”的效果，即血脂不高、血糖不高、血压不高、胆固醇不高，就有预防心脑血管病作用，就具备长寿基础。三是长烧香，所谓“日夜立香火”，就是不分昼夜站在那里练功烧香，具体怎么练功虽未交代，但想必是大运动量的；而据《本草纲目》所载，香也具有医疗价值。尹喜经常使用，带来了长寿。他遇到老子以后，更受到老子长寿法术的关怀。

据唐冯贽撰《云仙杂记》卷一〇《老子仆徐甲》所载，老子出关和尹喜相遇时，有一件非常奇怪的引人思考的事情发生，文曰：

> 老子西度关，关令尹喜知其非常人，从之问道。老子大惊，舌聃然，故号老聃。老子耳有三漏，手握十文。其仆徐甲，约日直百钱。自随二百年，计欠七百二十万钱。甲诣关令，索所欠。令问，老子对曰：“甲久应死，吾以太玄清生符救之，得至今日。”使甲张口向地，符出。丹书文字如新，甲立成

① (晋)葛洪撰《抱朴子》，上海古籍出版社 1990 年影印《诸子百家丛书》本，第 116 页。

② 上海古籍出版社、法国国家图书馆编《法藏敦煌西域文献》第 1 册，上海古籍出版社 1995 年版，第 37 页。

一聚枯骨。令知老子神异，叩头请命。复以符投骨上，甲乃复生。①

由此唐代民间传说可知，老子拥有施行太玄清生符以令人起死回生的伟大法力。他的仆人徐甲，本当早死，吞了太玄清生符后，立即死而复生；若吐出神符生命终止，立成一聚枯骨。尹喜叩头请命，可能是答应徐甲“索所欠”，为徐甲还清亏欠老子的那七百二十万钱的债，才使徐甲复生。如此描写，意味着唐代道教为人施法术已经市场化，是需要付费的，因为施术道士买制符等各种用品，以及他本人的劳务费，是需要成本核算的。因为道士也要生存，符箓养生作为一种事业更要发展，叫他贴钱为人施法术是不可能的。显而易见，唐代道佛两教的道士与和尚为信徒念经禳灾祈福，一样都是需要付费的。

5. 尹喜扫道四十里迎老子出关〔采自明代《濂溪集》附刻本《老子道德经》〕

这就不难理解《抱朴子》所说，老子住处“金楼玉堂，白银为阶”，非常豪华，且有一百二十个黄童为他护卫。《魏书》卷一一四《释老志》曰：“道家之原，出于老子。”又曰：“谦之守志嵩岳，精专不懈，以神瑞二年十月乙卯，忽遇大神，乘云驾龙，导从百灵，仙人玉女，左右侍卫，集止山顶，称太上老君。”②

这又说明道教是讲究居住楼堂和集体出游的高质量。所谓“从黄童百二十人”，与一百二十个人群居，人多彼此好照应；所谓“神龟为床”，龟甲坚硬，适合健康睡眠，就像现在许多老人睡木板床一样，这都合乎养生需要，道教崇尚如此仙人生活，岂有不长寿的。

如此看来，道教徒（包括晋代葛洪）既要生存，就不得不使道教市场化；既要养生，就不得不把老子世俗化；市场化与世俗化具有密切的关系。宋代张君房撰《云笈七签》说：“太上老君，混元皇帝也。”更把老子皇帝化了。从魏晋至唐代，宗教商业化发展的结果，使老子《道德》五千言与人世更近。

然而，《云仙杂记》中记载的徐甲因符而生的故事，在唐代是影响广泛的。晚唐诗人胡曾《流沙》一诗写道：

七雄戈戟乱如麻，四海无人得坐家。

---

① （明）陶宗仪编《说郛一百二十号》号一一九，上海古籍出版社 1988 年影印《说郛三种》本，第 5503 页。

② （北齐）魏收撰《魏书》卷一一四，中华书局 1974 年版，第 3048、3050 页。

老氏却思天竺住，便将徐甲去流沙。[1]

《流沙》这一首诗写的正是《云仙杂记》中的老子（老氏）与徐甲之事。在唐人看来，所谓“老子化胡”乃是老子去天竺（印度）避难，但胡曾用一个“却”字，对老氏此举就表达出不以为然，再用一个“便将”，又表达出其挟持徐甲去流沙的意味。

以上道教俗诗和民俗传说鼓励养生，以求长生不老，由此也详尽披露了道教始祖太上老君西游的细节，一为骑青牛出关，二有百余童子护卫，三为前后左右都有四灵当保镖，四有仆人徐甲忙前忙后做安排，五更有仙人玉女作陪，六为居住金楼玉堂。相关记述异彩纷呈，是非常珍贵的道教文化遗产。总之，老子神话是西王母神话的一部分，寓含的是道教的养生文化，传说的核心也是围绕着养生展开的。

第三节　敦煌地方志和敦煌遗书记载的尹喜仙话

敦煌地方志记载的第三个仙释神话是关尹喜，一般称尹真人，这是敦煌西王母神话传说的第三部分。《乾隆敦煌县志·仙释·周》曰：“关尹喜，周大夫，善内学，服精华，为函谷关令尹。老子西游，喜占风望紫气，逆知当有神人来过，扫道四十里以迎。老子遂授以长生之事及教戒五千文，喜退而书之，遂与俱之流沙之西，服巨胜实，莫知所终。”[2]《道光敦煌县志》的记载同此。

汉刘向撰《列仙传》卷上《关令尹》曰：“关令尹喜者，周大夫也。善内学，常服精华，隐德修行，时人莫知。老子西游，喜先见其气，知有真人当过，物色而遮之，果得见老子。老子亦知其奇，为著书授之。后与老子俱游流沙化胡，服苣胜实，莫知其所终。尹喜亦自著书九篇，号曰《关令子》。”[3]

以上两段引文首先引人关注的是尹喜与老子俱游流沙，在恶劣的塔克拉玛干大沙漠中是怎么生存下来的。据汉刘向所言，他们吃一种叫“巨胜”（或作“苣胜”）的粮食。《太平御览》卷九八九引晋葛洪《抱朴子》云：“胡麻好者，一夕蒸之，如炊。须曝干复蒸，细筛，白蜜和丸，如鸡子大，日二枚。一年，颜色美，身体滑；二年，白发黑；三年，齿落更生；四年，入水不濡；五年，入火不燋；六年，走及奔马。或蜜水

---

① 《全唐诗》卷六四七，中华书局 1960 年版，第 7432 页。

② （清）佚名修《乾隆敦煌县志》，凤凰出版社 2008 年版，《中国地方志集成·甘肃府县志辑》第 49 册，第 36 页。

③ （汉）刘向撰《列仙传》卷上，景印《文渊阁四库全书》第 1058 册，第 491 页。

和作饼如糖状，炙食一饼。”[①]又据晚唐诗人曹唐《皇一作黄初平将入金华山》诗曰：“白羊成队难收拾，吃尽溪边巨胜花。”[②]它是一种生长在水边的植物，羊非常喜欢吃它的花朵，又称胡麻，《神农本草经》卷一曰：“胡麻……一名巨胜。”它是有助于长寿的食品，《参同契》卷上曰：“巨胜尚延年，还丹可入口。”它是八谷之一，明李时珍著《本草纲目》谷部卷二二《胡麻》条【集解】引陶弘景曰：“胡麻，八谷之中，惟此为良。纯黑者名巨胜，巨者大也。本生大宛，故名胡麻。又以茎方者为巨胜，圆者为胡麻。”[③]属杂粮之列。李时珍对此杂粮有高度评价：“久服，轻身不老。坚筋骨，明耳目，耐饥渴，延年。”还有“补五内，益气力，长肌肉，填髓脑”的神效。[⑥]这种黑色食品是古人智慧的发现。

6. 关尹喜图〔(明)洪应明撰《仙佛奇踪》，明万历三十年刊本。〕

7. 西王母汉画像条砖拓片(成都市郊出土)〔采自《四川汉代画象砖与汉代社会》，图一〇五〕

青海、宁夏两地均产胡麻。青海产胡麻，清代苏铣纂修《顺治西镇志》物产曰：“胡麻。《本草》云：生上党川泽，一名狗虱，一名方茎，一名鸿藏。苗梗如麻，而叶圆锐光泽，嫩时可蔬，道家多食之，俗用以供油。”[④]

老子西游，敦煌遗书中有三国吴人葛玄著文记载。英藏斯七五《老子道德经序诀》中有老子西游时向关尹喜授五千文的两段论述，但侧重点有所不同。前一段为老子西游时尹喜邀授《道德经》，文曰：

世人谓老子当始于周代，老子之号，始于无数之劫，甚窈窈冥冥，眇邈久远矣。世衰，大道不行，西游天下，关令尹喜曰：大道将隐乎？愿为我著书。于是作《道》、《德》二篇，五千文，上下经焉。夫五千文，宣道德之源，大

---

① (宋)李昉等撰《太平御览》卷九八九《药部六・胡麻》，中华书局1960年版，第4375页。

② 《全唐诗》卷六四〇，中华书局1960年版，第7340页。

③⑥ (明)李时珍著《本草纲目》谷部卷二二，人民卫生出版社1978年版，第三册，第1435—1437页。

④ (清)苏铣纂修《顺治西镇志》，凤凰出版社2008年版，《中国地方志集成・青海府县志辑》第1册，第7页。

无不苞(包),细无不入,天人之自然经也。[①]

后一段为尹喜斋洁烧香、设坛称弟子,然后老子授《道德经》。斯七五《老子道德经序诀》又曰:"太极左仙公葛玄曰:老子以上皇元年正月十二日丙午太岁丁卯,下为周师,到无极元年太岁癸丑五月壬午,去周西度关。关令尹喜宿命合道,豫占见紫云西迈,知有道人当度,仍斋絜(洁)烧香,想见道真,以其年十二月廿五日老子度关也。喜见老子,迎设礼,称弟子。老子曰:汝应为此宛利天下,弃贤世传弘大道,子神仙者矣。以廿八日日中,授太上《道德经》,义洞虚无,大无不包,细无不入,圣王不能尽通其义。"[②]

在《老子道德经序诀》题目下,署款为"太极左仙公葛玄造"[③]。葛玄,据《三洞群仙录》载,葛玄字孝先,三国吴丹阳人。慕神仙术,学炼气保形之道,人称葛仙翁。后于阁皂山灵宝法坛上,白日飞升。证位太极左宫,天机内相。宋代封冲应孚佑真君,流传天台派。《抱朴子》作者葛洪为其侄孙。

敦煌唐人亦有道教诗予以描述。法 Pel. chin. 2004《老子化胡经玄歌卷第十》(12—4)第六十行总题目是《尹喜哀叹五首》,之后就是无名氏撰写的道教五言通俗诗歌。现依第一句题为《尹喜告世人》,诗曰:

欲求长生道,莫求时世荣。
我昔得道时,身为关府君,
一日三赏赐,杂彩以金银,
不以为己有,施与贫穷人。
白日沾王事,夜便习灵仙,
飡松食苦柏,微命乃得存。
精诚神明佑,守真仰苍天。
感得天地道,遇见老君身。
难我以父母,却遗五千文。
秘室伏读之,三年易精神,
授我先圣方,都体解自然。[④]

---

① 郝春文编著《英藏敦煌社会历史文献释录》第一卷,科学出版社 2001 年版,第 44—45 页。

② 郝春文编著《英藏敦煌社会历史文献释录》第一卷,科学出版社 2001 年版,第 46 页。

③ 郝春文编著《英藏敦煌社会历史文献释录》第一卷,科学出版社 2001 年版,第 44 页。

④ 上海古籍出版社、法国国家图书馆编《法藏敦煌西域文献》第 1 册,上海古籍出版社 1995 年版,第 38 页。

这首道教五言俗诗主要是讲“长生”之道，用尹喜道教仙释神话故事来印证，尹喜所作，一为金银施与穷人，助人为乐以调节心态也可养生，体现古人崇高的精神世界。二为“飡松食苦柏”养生，追求长寿之路，颐养天年。我们由此可发现古人养生美学之所在。据《本草纲目》载，松柏都是神仙食品。松柏“服一年，延十年命；服二年，延二十年命”①。柏“久服，令人润泽美色，耳目聪明，不饥不老，轻身延年”，能够“兴阳道，益寿，去百邪鬼魅”，“安魂定魄，益智宁神”②，“令人耐寒暑，去湿痹，止饥”④。松“久服，轻身不老延年”，能够“强筋补益，揩齿固牙”⑤。松花“润心肺，益气，除风止血。亦能酿酒”，根白皮“辟谷不饥。补五劳，益气”⑥。等等。尤其是松子，更是养生的精华食品。总之，道教的这些养生食品，大都被营养学证实了其价值。

8. 明代天顺年间《濂溪集》附老子出关图

《乾隆敦煌县志》所载尹喜和老子在函谷关见面的道教故事，与明朝天顺年间《濂溪集》附刻本《老子道德经》中老子出关图情节也一样。

总之，这说明古人不仅重视道教养生之法，深入研究食品的养生价值，而且在文学艺术上亦加以配合，绘声绘色地刻画出老子、尹喜求仙长生的故事，以助世人学习道教养生文化。

第四节　中国西部西王母神话传说的旅游价值

西王母的神话传说在中国西部的甘肃、宁夏、新疆等地都有流传。甘肃泾川县更是著名的西王母遗迹旅游胜地。自晚唐起，甘肃泾州就有王母宫的记载。晚唐诗人胡曾《回中》曰：“武皇无路及昆丘，青鸟西沈陇树秋。欲问生前躬祀日，几烦龙驾到泾州。”⑦

① (明)李时珍著《本草纲目》木部卷三四《柏》，人民卫生出版社 1978 年版，第三册，第 1915 页。

②④ (明)李时珍著《本草纲目》木部卷三四《柏》，人民卫生出版社 1978 年版，第三册，第 1914—1915 页。

⑤ (明)李时珍著《本草纲目》木部卷三四《松》，人民卫生出版社 1978 年版，第三册，第 1918—1919 页。

⑥ (明)李时珍著《本草纲目》木部卷三四《松》，人民卫生出版社 1978 年版，第三册，第 1922 页。

⑦ 《全唐诗》卷六四七，中华书局 1960 年版，第 7436 页。

9. 西王母汉画像(山东滕县大郭汉画像石)〔采自《山东汉画像石选集》,第 281 图〕

回中即今甘肃泾川县之回山,胡曾于晚唐咸通中登进士第。这位湖南长沙的诗人十分喜爱游历,《全唐诗》卷六四七收入他的诗作,其中《咏史诗》150 首全部是游历史迹的感慨之作。《回中》诗是歌咏甘肃泾州王母宫的,说汉武帝龙驾到泾州会西王母。泾川在古代确有王母宫,清张延福、李瑾纂修乾隆十九年(1754)刊刻《乾隆泾州志》上卷《寺观》曰:"王母宫,在宫(回)山上。"①

宋翰林学士陶谷《回山重修王母宫记》记述至宋时泾州王母宫已荒废,曰:"回中有王母之庙,非不经也。年纪寖远,栋宇毁坏。坛歆杏朽,蔽荆棘于荒庭;井废禽亡,噪鸟鸢于古堞。"②幸好经太师清河公之努力,王母宫才得以重修。至明代,据明太子太保、兵部尚书彭泽《重修王母宫记》记载:"宫在泾原西五里回中山巅,祠所谓王母宫,盖古迹也。"③正德至嘉靖年间又加以扩建。以上例证说明宋、明时代泾州西王母祭祀崇拜较胜,吸引人们前来游览。

明代出现不少歌咏王母宫的诗篇,兹举出以下七例。

1. 明翰林修撰岳正《登回山谒王母宫》曰:"云鬓霞帔一样妆,侍儿谁是段安香。仙家漫诧长春术,祠宇重来比旧荒。……"

2. 明总制三边、兵部尚书唐龙《谒王母宫》曰:"忆昔漫从山下过,今日却看雪中游。半空玉洞烟霞出,千古瑶池日月浮。……"

3. 明巡按陕西薛纲《过回山王母宫》曰:"晓骑骢马过回中,上有西池阿母宫。瑶草变成芳草绿,蟠桃让与野桃红。……"

4. 明黄辉《王母祠二律》(其二)曰:"茂林秋色落谁家,王母荒祠水一涯。祠前老柏才留叶,天上蟠桃可著花。……"

5. 明曾士毅《过王母宫》曰:"王母峰头宫殿巍,雨中行径草芳菲。谈仙汉代虚千载,览胜秦山碧四围。幡影不随青鸟下,洞门空闭紫霞微。好从泾汭通瑶沼,笑摘灵桃满袖归。"

---

① (清)张延福、李瑾纂修《乾隆泾州志》上卷,凤凰出版社 2008 年版,《中国地方志集成·甘肃府县志辑》第 20 册,第 327 页。

② (清)张延福、李瑾纂修《乾隆荆州志》下卷,凤凰出版社 2008 年版,《中国地方志集成·甘肃府县志辑》第 20 册,第 469 页。

③ (清)张延福、李瑾纂修《乾隆荆州志》下卷,凤凰出版社 2008 年版,《中国地方志集成·甘肃府县志辑》第 20 册,第 476 页。

6. 明巡按陕西孙永思《冬日登王母宫》曰："回岭高开王母祠，含风众壑迴凄其。空闻青鸟来金阙，不见蟠桃倒玉卮。……"

7. 明平庆兵备郭崇嗣《谒王母宫》曰："王母祠前古柏垂，周王曾此宴瑶池。一樽未毕回中乐，八骏归来国已移。青鸟不传云外信，白云空锁岭头碑。停骖欲问当年事，野草荒烟止渺瀰。"①

清杨丙荣宣统元年(1909)纂《宣统泾州采访新志·寺观》记载："王母宫，在治西二里，今废。"②故知泾州王母宫在清末已荒废。另外，在甘肃平凉县也有王母宫的记载。如刘兴沛修，郑濬、朱离明纂《民国平凉县志·古迹》曰"王母宫，在山麓路右"③，但未见详细说明。

10. 西王母汉画像(山东滕县宏道院汉画像石)〔采自《山东汉画像石选集》，第341图〕

但泾州远不止有王母宫。晚唐胡曾独具慧眼，又发现了泾州另一处西王母古迹。其《瑶池》诗是歌咏西王母与周穆王在瑶池会面的，诗曰："阿母瑶池宴穆王，九天仙乐送琼浆。漫矜八骏行如电，归到人间国已亡。"④胡曾诗里的瑶池与其《回中》诗中王母宫古迹相应，应当也是泾州的瑶池。《乾隆泾州志》上卷《古迹》记载："瑶池，在宫(回)山之阳，传为王母晏周穆王处。环池皆山泉自石……似古铁，又诸泉岔起，滴沥如雨。"⑤明何汝仁《瑶池夜月》诗曰："皓月盈盈射锦塘，九天蟾兔饮琼浆。兰波荡漾濯冰魄，玉镜森沉摇碧沧。桃苑春深飞凤辇，瑶

① (清)张延福、李瑾纂修《乾隆泾州志》下卷，凤凰出版社2008年版，《中国地方志集成·甘肃府县志辑》第20册，第500—506页。

② (清)杨丙荣纂《宣统泾州采访新志》，凤凰出版社2008年版，《中国地方志集成·甘肃府县志辑》第20册，第554页。

③ 刘兴沛、郑濬、朱离明纂修《民国平凉县志》，凤凰出版社2008年版，《中国地方志集成·甘肃府县志辑》第13册，第377页。

④ 《全唐诗》卷六四七，中华书局1960年版，第7427页。

⑤ (清)张延福、李瑾纂修《乾隆泾州志》上卷，凤凰出版社2008年版，《中国地方志集成·甘肃府县志辑》第20册，第306页。

池夜静映蟾妆。宫峦隐隐汭河北，山紫烟凝不胜凉。”[①]泾川县现在已经成为甘肃省西王母主题旅游的著名景区。

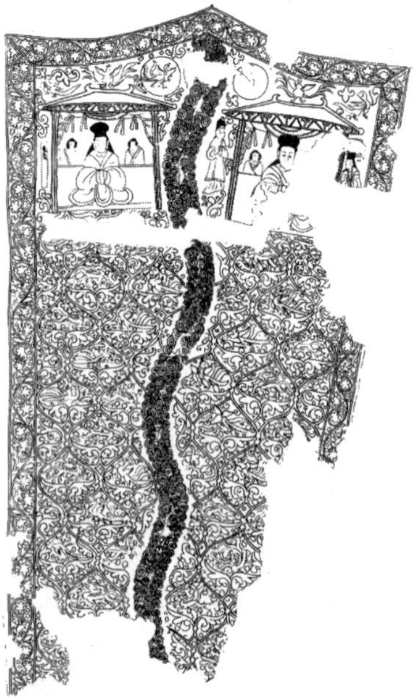

11. 西王母与东王公〔宁夏固原博物馆编《固原北魏墓漆棺画》，宁夏人民出版社 1988 年版。〕

西王母神话及其蕴含的道教养生文化在宁夏地区也有流传。中国西部古代祭祀雨师神就和西王母有密切的关系。清人画的雨师神，赤松子模样，头上有两角，完全是巫师装扮。汉刘向撰《列仙传》卷上《赤松子》曰：“赤松子者，神农时雨师也。服水玉以教神农，能入火自烧。往往至昆仑山上，常止西王母石室中，随风雨上下。炎帝少女追之，亦得仙俱去。至高辛时，复为雨师。今之雨师本是焉。”[②]由此可知，赤松子常去西王母石室，与西王母关系密切，进一步可以说是中国西部少雨缺水而产生雨神。甘肃也曾有西王母石室。唐李吉甫撰《元和郡县志》卷三九《兰州》曰：“平帝元始四年金城塞外羌献鱼盐之地，内属汉，遂得西王母石室以为西海郡，理龙夷城，即今河源军西一百八十里，威戎城是也。”[③]但现在已难确知在何地。

宁夏虽没有西王母石室，但大部分地区都有风雨雷神祠，且在宁夏固原出土文物中有北魏墓漆棺，其上画有西王母与东王公。

按宁夏固原出土的珍贵的漆棺西王母画，并非偶然，因为固原直到清代仍有“王母宫”这样的庙宇存在，供人们祭祀。“光绪丁未开修，宣统己酉告成”的清王学伊、锡麒纂修《宣统新修固原直隶州治》卷二《祠宇》记载：“王母宫，在余家套。”还有王母娘娘与玉皇大帝相对的“玉皇宫”，“在西山扫竹岭”。又有“玉皇阁”三座，一在黑城镇、一在杨郎庄、一在香炉山顶。[④] 三者自成体系。《宣统

① （清）张延福、李瑾纂修《乾隆泾州志》下卷，凤凰出版社 2008 年版，《中国地方志集成・甘肃府县志辑》第 20 册，第 523 页。

② （汉）刘向撰《列仙传》卷上，景印文渊阁《四库全书》第 1058 册，第 489 页。

③ （唐）李吉甫撰《元和郡县志》卷三九，景印文渊阁《四库全书》第 468 册，第 614 页。

④ （清）王学伊、锡麒纂修《宣统新修固原直隶州治》卷二，凤凰出版社 2008 年版，《中国地方志集成・宁夏府县志辑》第 8 册，第 160—161 页。

新修固原直隶州志》卷三《果类》又曰："蟠桃一种系余由肃州运来发试验场。"①故已有记载证明宁夏固原亦流传西王母神话传说，惜材料较少而影响亦小，但仍存在着复建王母宫、玉皇宫，重建蟠桃试验场，逐步恢复西王母玉皇遗迹，形成西王母玉皇旅游产业链的可能性。

12. 西王母画像（山东济宁慈云寺天王殿汉画像石）〔采自傅惜华《汉代画象全集》（二编）〕

之所以说有上述可能性，也与宁夏自古就有道教养生文化的底蕴相关。考查《中国地方志集成·宁夏府县志辑》中十三种地方志，可知宁夏大部分县均出产过道教养生食品——胡麻。兹举出以下七例。

1. 清张金城、杨浣雨纂修《乾隆宁夏府志》卷四《物产》记载产胡麻。②

2. 马福祥、陈必淮、王之臣纂修《民国朔方道志》卷三《物产》记载产胡麻，称："胡麻，一名狗虱，一名方茎，一名鸿藏。苗梗如麻而叶圆锐，嫩时可蔬，子可出油。"③

3. 清杨芳灿、郭楷纂修，嘉庆三年（1798）刊刻的《嘉庆灵州志迹》卷一《物产》记载产胡麻。④

4. 清陈日新纂修，清光绪五年（1879）刊刻《光绪平远县志》卷六《物产》记载产胡麻。⑤

① （清）王学伊、锡麒纂修《宣统新修固原直隶州志》卷三，凤凰出版社 2008 年版，《中国地方志集成·宁夏府县志辑》第 8 册，第 378 页。

② （清）张金城、杨浣雨纂修《乾隆宁夏府志》卷四，凤凰出版社 2008 年版，《中国地方志集成·甘肃府县志辑》第 1 册，第 75 页。

③ 马福祥、陈必淮、王之臣纂修《民国朔方道志》卷三，凤凰出版社 2008 年版，《中国地方志集成·甘肃府县志辑》第 2 册，第 164 页。

④ （清）杨芳灿、郭楷纂修《嘉庆灵州志迹》卷一，凤凰出版社 2008 年版，《中国地方志集成·甘肃府县志辑》第 6 册，第 85 页。

⑤ （清）陈日新纂修《光绪平远县志》卷六，凤凰出版社 2008 年版，《中国地方志集成·甘肃府县志辑》第 6 册，第 540 页。

5. 清杨金庚、陈廷珍纂修《光绪海城县志》卷七《物产》记载产胡麻。①

6. 清常星景、张炜纂修《康熙隆德县志》卷一《物产》记载产胡麻,注曰:"子作油,皮绩布。"②

7. 清佚名纂《光绪花马池志迹》卷壹《物产》记载产胡麻。③

8. 清汪绎辰纂《乾隆银川小志·物产》记载产胡麻。④

宁夏还拥有另一种养生食品——枸杞,又名"西王母杖",早已是宁夏重要的外销物产的龙头。明李时珍著《本草纲目》木部卷三六《枸杞》曰:"【释名】……西王母杖〔时珍曰〕枸、杞二树名。此物棘如枸之刺,茎如杞之条,故兼名之。道书言千载枸杞,其形如犬,故得枸名,未审然否?〔颂曰〕仙人杖有三种:一是枸杞;一是菜类,叶似苦苣;一是枯死竹竿之色黑者也。"⑤

枸杞是极好的养生食品,《本草纲目》对其药用价值有极高的评价。《本草纲目》木部卷三七《枸杞》曰:"【主治】枸杞:主五内邪气,热中消渴,周痹风湿。久服,坚筋骨,轻身不老,耐寒暑。本经下胸胁气,客热头痛,补内伤大劳嘘吸,强阴,利大小肠。别录补精气诸不足,易颜色,变白,明目安神,令人长寿。甄权"⑥

新疆天山亦有瑶池,现在称为天池;那里还有王母庙和蟠桃园。新疆天池也已成为西王母遗迹旅游胜地。有一种传说是三千年以前穆天子和西王母会面的地方,就在新疆瑶池。据说南宋嘉定十一年(1218)成吉思汗西征,曾经登天池,并召请全真道首领长春真人丘处机赴天池论道,于是丘处机率领 18 弟子,出发前往天池。参阅第三十四章第三节《成吉思汗天池问道》。

古人祭祀西王母,时下相关遗迹已成为人们旅游参观之需求。道教是中国本土宗教,有着较为深厚的文化积淀,其养生文化经历几千年而兴盛不衰,为民族凝聚力和创造力的永不衰歇作出了贡献。

---

① (清)杨金庚、陈廷珍纂修《光绪海城县志》卷七,凤凰出版社 2008 年版,《中国地方志集成·甘肃府县志辑》第 7 册,第 114 页。

② (清)常星景、张炜纂修《康熙隆德县志》卷一,凤凰出版社 2008 年版,《中国地方志集成·甘肃府县志辑》第 7 册,第 263 页。

③ (清)佚名纂《光绪花马池志迹》卷壹,凤凰出版社 2008 年版,《中国地方志集成·甘肃府县志辑》第 7 册,第 398 页。

④ (清)汪绎辰纂《乾隆银川小志》,凤凰出版社 2008 年版,《中国地方志集成·甘肃府县志辑》第 7 册,第 528 页。

⑤ (明)李时珍著《本草纲目》木部卷三七,人民卫生出版社 1978 年版,第三册,第 2111 页。

⑥ (明)李时珍著《本草纲目》木部卷三七,人民卫生出版社 1978 年版,第三册,第 2112—2113 页。

第三十四章　敦煌西王母神话与成吉思汗问道

第一节　敦煌石窟所表现的西王母神话

古代祭祀巫术所膜拜的西王母神主要流传于中国西部地区，派生出敦煌西王母壁画艺术品。敦煌壁画的成吉思汗问道选择的地点就在离敦煌不远的新疆天池西王母古庙内，这是建立在民间文学基础上的旅游景点，但天池论道从祭祀巫术一跃而成为著名的西王母旅游景点，自有它成功的内因。

在敦煌莫高窟的壁画中，有西王母和东王公神话，它呈现着佛道杂糅的特点，画面本身和它表达的故事已将其相应养生意义和医疗保健作用和盘托出，展现出敦煌西王母神话迷人的魅力。

西魏第249窟记载有西王母东王公壁画，樊锦诗论第249窟曰："南披的西王母头梳高髻，大袖长袍，乘坐三凤车，车上有华盖，车后旌旗飘动。东王公和西王母的前后有乘翔龙、鸾凤持节的方士、文鳐。大鲵、乌获、开明、禺强、羽人、飞廉、飞天等神灵卫护。画面采用奔放的笔触、飞荡的动势、表现山神海灵的怪物形象，呈现神仙世界的风驰电闪、飘忽无定的气氛。"①

段文杰论《西王母像》曰："画面呈梯形，与东王公相对。画面中部有凤辇（即云车），西王母着汉装袖手而坐，御者立其侧。四凤挽车、车顶悬重盖，车后扬旌旗。车前有乌获、羽人、乘鸾仙姬、持节仙人，扬幡前导。车的右侧有文鳐、白虎护卫，最后还有神兽开明簇拥随行。天空中天花旋转，彩云飘扬，展现了一个广阔的仙灵活动的天域。"②

另外在北周第296窟也有西王母和东王公壁画。敦煌研究院研究员在介绍北周第296窟时提到该窟"龛外两侧上部画东王公、西王母"③，而北周第296

---

① 季羡林主编《敦煌学大辞典》，上海辞书出版社1998年版，第47页。
② 季羡林主编《敦煌学大辞典》，上海辞书出版社1998年版，第174页。
③ 季羡林主编《敦煌学大辞典》，上海辞书出版社1998年版，第49页。

窟东王公西王母壁画，与西魏第 249 窟内容相同。

1. 敦煌莫高窟北周第 296 窟西王母壁画〔敦煌文物研究所《敦煌壁画》，新华书店 1958 年版，第 64 图。〕

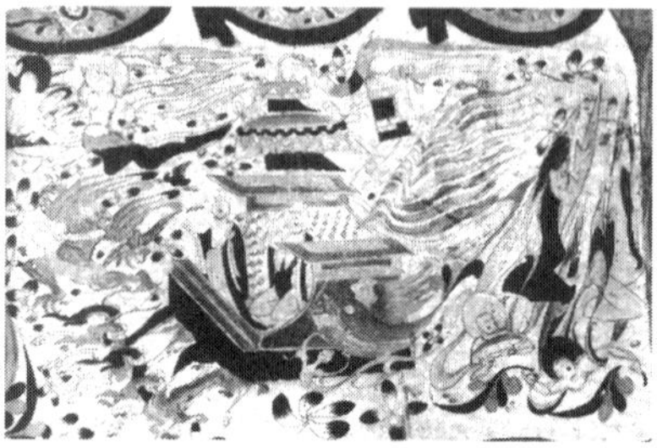

2. 敦煌莫高窟北周第 296 窟东王公壁画〔《敦煌壁画》，第 65 图。〕

画面描绘的是西王母东王公乘坐三凤车和凤辇，在文鳐和大鲵等动物神灵的护卫下外出游览的场景。

在敦煌壁画里，西魏第 249 窟和北周第 296 窟，东王公就是穆天子，是同一个神。是与西王母配对的神，成了西王母的知己；画面成梯形，与西王母相对；一男一女，一公一母，一雄一雌，一阴一阳，合乎天地之气，自然之理，男女之别，密友之谊，夫妇之道和养生之理。东王公又称东王父，东公，木公。这两窟敦煌西王母壁画是佛道杂糅的神仙旅游的理想境界，反映的是神仙旅游文化，目的是增进健康快乐。因此，敦煌西王母东王公壁画会增进我们对旅游的医疗价值和养生作用的新认识。

3. 西母、东母卜辞下段"壬申卜贞：□于东母、西母、若"①〔采自《殷墟书契后编》〕

考察最早文字记载西王母东王公祭祀巫术是殷墟卜辞。在卜辞中称作"西母"，东王公称作"东母"。见罗振玉《殷墟书契后编》上二八一五。

西王母卜辞的发现，说明敦煌西王母神话传说远在三千年前，就和河南安阳世界文化遗产——商代殷墟发生了密切关系。据陈梦家等考证，此西王母卜辞，商周时是作为祭祀西王母之用。这就鼓励我们到殷墟去寻根，原来敦煌西王母壁画和殷墟也息息相关，中原是中华民族文化渊薮。而属于殷商原始宗教卜辞祭祀西王母，目的显然是祈福和祛除病魔灾难，就是养生长寿。可见殷商人卜辞祭祀西王母，是因为西王母是令人养生长寿之神。

---

① 卜辞西母东母，参照陈梦家《古文字中之商周祭祀》(《燕京学报》第十九期，1936 年)；凌纯声《昆仑丘与西王母》，《"中央研究院"民族学研究所集刊》第二十二期，1966 年。

4. 河南安阳商朝殷墟的中国文字博物馆(自摄)

敦煌壁画讲的西王母东王公乘坐凤车游览养生的故事,有佛道二教的特点。周朝才传播和演化出西王母和穆天子游览会面之事。穆天子即周穆王,是周昭王的儿子,《国语·周语上第一》云:"昔昭王娶于房,曰房后,实有爽德,协于丹朱。丹朱凭身以仪之,生穆王焉。"①这位穆天子,因爱好养生"肆意远游"而出名,穆天子西游和西王母会见最为著名。实际上《列子·周穆王》记载,就是敦煌壁画西王母和东王公成双出现游览图的依据,原文云:"(穆王)不恤国事,不乐臣妾,肆意远游。命驾八骏之乘,右服骅骝而左绿耳,右骖赤骥而左白牺,主车则造父为御,泰丙为右。次车之乘,右服渠黄而左逾轮,左骖盗骊而右山子,柏夭主车,参百为御,奔戎为右。驰驱千里,至于巨搜氏之国。巨搜氏乃献白鹄之血以饮王,具牛马之湩以洗王之足,及二乘之人。已饮而行,遂宿于昆仑之阿,赤水之阳。别日升于昆仑之丘,以观黄帝之宫,而封之以诒后世。遂宾于西王母,觞于瑶池之上。西王母为王谣,王和之,其辞哀焉。"②

5. 左列子冲虚真人,右庄子南华真人〔采自《道教神仙信仰》〕

列子是先秦道家的冲虚真人,以上神话传说应当看作道家游览养生传说。

第二节　西王母神话体现的游览养生法

《旧唐书》卷九《玄宗下》记载唐玄宗问道,于是天宝元年(742)封列子号为"冲虚真人",赐其所著书改为《冲虚真经》。《宋史》卷七载宋真宗问道,景德四年(1007)加号列子,赐其所著书改为《冲虚至德真经》。《列子》主张清静无为独立处世,即贵虚和贵正;即主张摆脱贵贱、名利羁绊,听其自然。故《吕氏春秋·

① 徐元诰撰,王树民、沈长云点校《国语集解》,中华书局2002年版,第30页。
② (周)列御寇撰,(晋)张湛注,(唐)殷敬顺释文《列子》卷三,上海古籍出版社1986年影印《二十二子》本,第202页。

不二篇》曰："子列子贵虚。"[①]贵虚无为与《庄子·应帝王》"无为"的意思一致[②]；而贵正却与儒家一致矣。故《战国策·韩策二》曰："史疾为韩使楚，楚王问曰：'客何方所循？'曰：'治列子圉寇之言。'曰：'何贵？'曰：'贵正。'"[③]贵正即自重和操守贞正，说列子贵正近于为儒家正名。但这一切都有助于道家对游览和养生之有为。而《列子·周穆王》特别推崇穆天子会见西王母的游览养生之法，就是集中在以下两大养生法。

一为食疗。这里是指饮白鸽（或白鹄）之血。《穆天子传》卷四亦曰："巨搜之人若奴乃献白鹄之血以饮天子。"[④]《本草纲目》对家养鸽子的血之药用价值虽无记载，但对同类的野鸽子的血之药用价值却有记载，如《本草纲目》禽部卷四九载斑鸠血云："〔主治〕热饮，解蛊毒，良。"[⑤]对禽类孔雀血也有类似记载："〔主治〕生饮，解蛊毒，良。"[⑥]因此，食疗饮白鸽血显然是古代民间医疗的偏方。

二为足疗。足疗据《列子》此篇所载，在周代已是盛行为风俗矣。即巨搜氏"具牛马之湩，以洗王之足"，张湛处度注云："巨搜，西戎国名。"而湩，注为"湩，乳也。以己所珍贵献之至尊。"[⑦]《穆天子传》卷四亦曰："因具牛羊之湩以洗天子之足及二乘之人。"[⑧]《穆天子传》记载不仅穆王用牛奶足浴，连同他的驾乘人员也一起享受用牛奶足浴。

以上两大养生法《列子·周穆王》与《穆天子传》卷四记载一样，证明由春秋战国传来无疑。当然，传至宋代以后，道教西王母崇拜主要在于养生求健康。如清晨起床之际，据道教《洞真西王母宝神起居经》说，"夜卧觉旦，将起常更，又急闭两目，叩齿九通，咽液三过毕，反舌向喉中，乃摇头动项七过，以手按鼻孔边，左右上下数十过毕"[⑨]。

---

① （秦）吕不韦撰，（汉）高诱注，（清）毕沅校《吕氏春秋》卷一七，上海古籍出版社 1986 年影印《二十二子》本，第 691 页。

② （周）庄周撰，（晋）郭象注，（唐）陆德明音义《庄子》卷三，上海古籍出版社 1986 年版，第 33 页。

③ （汉）刘向集录《战国策》卷二七《史疾为韩使楚》，上海古籍出版社 1998 年版，第 992 页。

④ （晋）郭璞注，张耘点校《山海经·穆天子传》卷四《癸酉》，岳麓书社 2006 年版，第 226 页。

⑤ （明）李时珍著《本草纲目》禽部卷四九，人民卫生出版社 1981 年版，第四册，第 2651 页。

⑥ （明）李时珍著《本草纲目》禽部卷四九，人民卫生出版社 1981 年版，第四册，第 2669 页。

⑦ （周）列御寇，（晋）张湛注，（唐）殷敬顺释文《列子》卷三《周穆王》，上海古籍出版社 1986 年影印《二十二子》本，第 202 页。

⑧ （晋）郭璞注《穆天子传》卷四《癸酉》，岳麓书社 2006 年版，第 226 页。

⑨ 《道藏》，文物出版社、上海书店、天津古籍出版社 1988 年影印本，第 33 册，第 460 页。

东王公与西王母的此次会见颇有些情人派对的味道。东王公成了《穆天子传》神国里的国王，而西王母则成为神国里的第一夫人。请看《列子·周穆王》记载，穆天子在位的第十七年，命御者造父，驾八骏，游赤水，登昆仑山，又观黄帝之宫，在瑶池上专门听西王母唱歌，以愉悦身心而达到养生的目的，真是快乐极了。

穆天子会见西王母于昆仑山——中国第一神山，正是在西藏和新疆之间，是古代民间文学创作出的文学意境。从西汉起设西域都护府，统辖鄯善、于阗、莎车、大宛、龟兹等地区，直到清朝建省以前，一直被称为西域。"西域"一词，狭义而言，是指我国葱岭以西和以东(包括河西走廊以西的酒泉及敦煌)的广大地区，有时也专指新疆。而葱岭则是帕米尔高原和昆仑山、喀喇昆仑山脉西部诸山的总称；于阗(和田)正处于昆仑山脉之内。葱岭在《穆天子传》里称为春山，春、葱是音近字。

因此，敦煌壁画中西王母与东王公会面的古文献根据，还包括有《穆天子传》。《穆天子传》应确信是记载周穆王的历史文献。晋太康二年(281)有个叫不准的盗墓贼带了几个坏家伙盗掘战国魏襄王陵墓。在陪葬品中发现竹简书籍《穆天子传》。因此这部竹简书是战国墓葬中保存的周代遗留物。在《穆天子传》中西王母自称"我是帝女"，而五帝中的中央天帝是黄帝，故西王母是为黄帝之女；她是作为"黄帝之女"欢迎穆天子。请看，在汉画像上西母东公也以一对"情侣"的形象出现的。

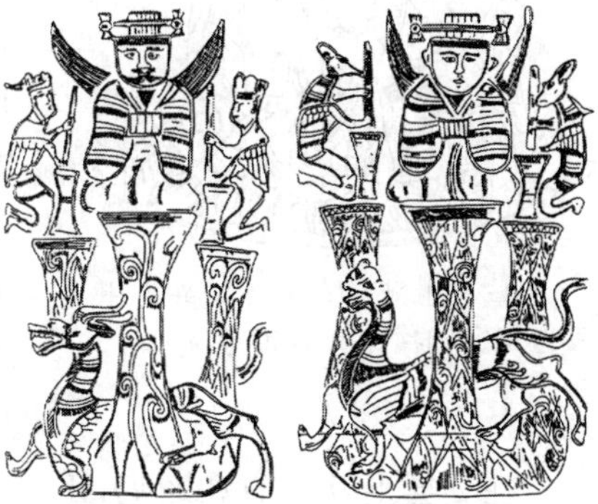

6. 三神山上西王母与东王公头戴玉胜〔南京博物院、山东省文物管理处合编《沂南古画像石墓发掘报告》，1956年，版图第25、26〕

穆天子到西王母这里来游览养生，受到了极为热情的接待。他们在欢宴之间，互相应酬唱和。明彭大翼撰《山堂肆考》曰：

西王母者，金女也。亦云金母，亦云九灵太妙龟山金母，亦云太虚九光龟台金母元君。昔道气无为自然先以东华至真之气，化生木公，以主阳和之气；又以西华至妙之气，配西方母养群品。男子得道者，名肆木公；女子得道者，名肆金母。王母所居，乃昆仑之圃，阆风之苑。曾城千里，玉楼十二，左带瑶池，右环翠水。《酉阳杂俎》：金母姓杨名回，治昆仑西北隅，以丁卯日死。一说姓缑名婉，衿虎齿蓬发戴胜善啸。①

周穆王与西王母在西域瑶池之交游，《穆天子传》卷三有详细记载。云：

吉日甲子，天子宾于西王母。乃执白圭玄璧以见西王母，好献锦组百纯，𬙊组三百纯，西王母再拜受之□。

乙丑，天子觞西王母于瑶池之上，西王母为天子谣曰："白云在天，山陵自出。道里悠远，山川间之。将子无死，尚能复来。"天子畣（古"答"字）之曰："予归东土，和治诸夏。万民平均，吾顾见汝。比及三年，将复而野。"西王母又为天子吟曰："徂彼西土，爰居其野。虎豹为群，乌鹊与处。嘉命不迁，我惟帝女。彼何世民，又将去子。吹笙鼓簧，中心翔翔。世民之子，唯天之望。"天子遂驱升于奄山，乃纪名迹于奄山之石，而树之槐，眉曰"西王母之山"。②

7. 头戴三山冠的东王公绍兴出土汉画像镜〔采自《绍兴古镜聚英》〕

《竹书纪年》卷八《穆王》确认《穆天子传》相会地点是在昆仑丘："穆王十七年，西征昆仑丘，见西王母。"③此昆仑丘是个"登之而不死"的成仙之地，已如前节所述，它是一个文学境界。东王公和西王母在这昆仑丘西王母山上会面，他们首先欣赏白玉养生，然后又饮酒养生，"觞"代表养生酒；后来又互相歌唱来养生。

在宴会上互相应和歌唱，也是古代一种养生风俗，歌唱养生法，也是周代东土诸夏文化与西域文化互相融合和交流的表现。《竹书纪年》又说："（穆王十七年）其年西王母来朝，宾于昭宫。"④可见穆王十七年西王母还回访过穆王，来朝以后就住在昭宫。

如果把西王母之地看成是与"虎豹为群，乌鹊与处"的母系制西戎王国，她是我们中华民族的始祖神——黄帝的女儿。因为她亲自对周穆王说过"我惟帝

① （明）彭大翼撰《山堂肆考》征集卷一五〇《金母》，景印文渊阁《四库全书》第977册，第89页。

② （晋）郭璞注《穆天子传》，岳麓书社2006年版，第220页。

③ （清）徐文靖撰《竹书纪年统笺》卷八，上海古籍出版社1986年影印本，第1079页。

④ （清）徐文靖撰《竹书纪年统笺》卷八《穆王》，上海古籍出版社1986年影印《二十二子》本，第1079页。

女”，这个“帝”，就是黄帝。《穆天子传》卷三中西王母为《天子谣》唱道：

白云在天，山陵自出。
道里悠远，山川间之。
将子无死，尚复能来。①

意思是，白云在高高的蓝天上，从山峦深谷飘游出来；您不远万里来到这里，经过千山和万水。祝愿您永远健康不死，希望您再次能够到来。

这是中国古典诗歌中最早见的祝寿诗。“将子无死”就是“祝愿您永远健康不死”的意思，是养生风俗的表现。穆天子接受西王母良好的祝愿和友好的邀请，创造了有利养生的愉悦氛围，他也用优美的对歌来答谢西王母盛情接待。《穆天子传》卷三唱道：

予归东土，和治诸夏。
万民平均，吾顾见汝。
比及三年，将复而野。②

8. 东王母图（绍兴出土田氏作神仙画像镜）〔王士伦《浙江出土铜镜》，文物出版社 1987 年版，图 36。〕

意思是，我将回到富饶的东土，和谐治理好我的华夏。让万民生活安乐均平，我愿意再来与您相会。大概用不了三年时间，就会再访这美丽的地方。

这也是最早见的中国古代神话中的唱和诗。开创了非物质文化遗产民间诗歌中唱和诗新时代，也开创了八代文学中文人唱和诗的先河。

在昆仑山临别之时，西王母高兴地赋诗一首为穆天子送别，诗曰：

徂彼西土，爰居其野。
虎豹为群，乌鹊与处。

嘉命不迁，我惟帝女。
彼何世民，又将去子。

---

①② （晋）郭璞注，张耘点校《穆天子传》，岳麓书社 2006 年版，第 220 页。

吹笙鼓簧，中心翱翔。
世民之子，唯天之望。①

意思是，自从我来到了西方之土，浩瀚旷野就是我的居所。老虎豹子成为我的朋友，乌鸦喜鹊和我相处娱乐。我守着父命不迁移别处，因为我就是黄帝的女儿。我那可爱又善良的子民，和你分别不能和你同去。让乐师们一齐吹笙鼓簧，让我的心在乐声里翱翔。你是东方万民的君王，唯有你才是上天的瞩望。

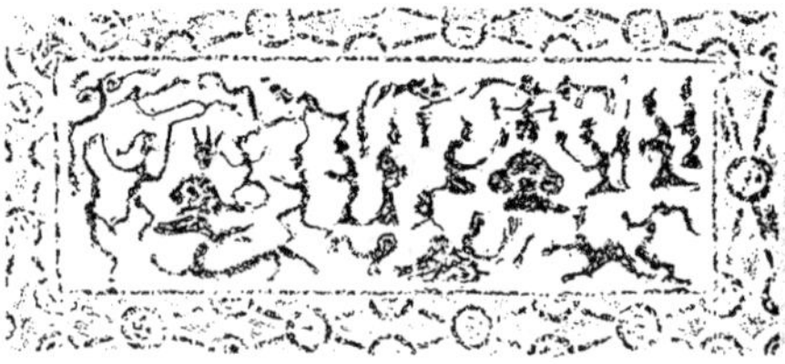
9. 头戴三山冠东王公与头戴玉胜西王母（山东曲阜梁公林汉画像石）〔《山东汉画像石选集》图 155〕

由此可知，西王母很会音乐养生，有许多音乐家和她在一起接待穆王。所以她才能够安排音乐家们“吹笙鼓簧”。因为奉父亲黄帝之“嘉命”，才迁徙到昆仑丘这西部的乐土。

西王母说：“将子无死，尚能复来。”周穆王答：“比及三年，将赴而野。”但最终却留下遗憾。《穆天子传》二神相会昆仑山瑶池仅此一次而已。晚唐诗人李商隐《瑶池》诗唱到由于穆王死去，三年后他再也没有回到瑶池与西王母会面，诗云：

瑶池阿母绮窗开，	瑶池西王母倚窗凝望等候穆王来，
黄竹歌声动地哀。	黄竹哀歌动地他呀永远不能再来。
八骏日行三万里，	虽然他八骏神马每日飞行三万里，
穆王何事不重来？	茫然无所知他为何不能再次回来？②

李商隐这首诗感伤地歌咏周穆王与西王母之会不会再有，《穆天子传》仅一次会面已成永恒，《瑶池》诗写出西王母对穆王之死的无可奈何。直到《西游记》才造作出来多次举行的瑶池蟠桃会，那只是小说家为了诱使唐僧三徒弟犯错误而设。直到清代，蟠桃会成为西王母生日，但既不是情人派对，也与《西游记》无关，那是民间风俗节日。

从古至今，与昆仑玉文化有关的记载也留下了不少。《山海经》、《穆天子

① （晋）郭璞注，张耘点校《穆天子传》，岳麓书社 2006 年版，第 220 页。
② 《全唐诗》卷五三九，中华书局 1960 年版，第十六册，第 6182 页。

传》还记载了穆天子游览昆仑丘的春山(葱岭)玩"玉石珍瑰",眺望春山之巅,玩帝王之宝,勒石王母之山,纪迹玄圃之上,乃取其嘉木艳草,奇鸟怪兽,玉石珍瑰之器,重膏银烛之宝,在玄圃之上依然强调"玉石珍瑰"养生,强调游玩"群玉之山"、欣赏玉文化。《穆天子传》卷二又曰:"季夏丁卯,天子北升于春山(葱岭)之上,以望四野。曰:'春山是唯天下之高山也。'"①又曰:"天子五日观于春山之上。乃为铭迹于县圃之上,以诏后世。"②

登高远望,使人心旷神怡,在上古时已有观山游览的养生风习,故有此记载。贯穿玉文化养生,说明上古时玉器已有制作并被高度重视。《穆天子传》与《列子・周穆王》是中国游览养生风俗史首见的篇章,都是道教典籍。

10. 玉胜——西王母的玉制发饰(山东武氏祠堂汉画像石)〔E. Chavannes, *Mission Archenlogique dans la Chine Septentrionale*, Planch-es, 1909. Paris, PL. 48. No. 102〕

第三节　成吉思汗天池问道

南宋嘉定十二年(1219),成吉思汗正率军在西域征战之时,决定问道,他就遣使臣到山东登州宣召全真道首领丘处机与之在西域见面。《元太祖成吉思皇帝召丘神仙手诏》曰:

访问丘师先生,体真履规,博物洽闻,探赜穷理,道冲德著。怀古君子之肃风,抱真上人之雅操。久栖岩谷,藏身隐形。阐祖师之遗化,坐致有道之士,云集仙经,莫可称数。自干戈而后,伏知先生犹隐山东旧境,朕心仰怀无已。岂不闻渭水同车、茅庐三顾之事,奈何山川悬阔,有失躬迎之礼。朕但避位侧身,斋戒沐浴,选差近侍官刘仲禄备轻骑素车,不远千里,谨邀先生暂屈仙步。不以沙漠悠远为念,或以忧民当世之务,或以恤朕保身之术,朕亲侍仙座叙,惟先生将咳嗽之余,但授一言斯

① (晋)郭璞注,张耘点校《穆天子传》卷二《甲子》,岳麓书社 2006 年版,第 211 页。
② (晋)郭璞注,张耘点校《穆天子传》卷二《甲子》,岳麓书社 2006 年版,第 212 页。

可矣。[1]

从诏书中“自干戈而后，伏知先生犹隐山东旧境”、“久栖岩谷”、“道冲德著”等语，足见成吉思汗首先是从全真道开始问道。他对丘处机所代表的全真道法的仰慕，再加需要广泛团结道佛两教的政治因素，以及自求长生的愿望，故有盛邀之举。全真道最主要的观点是推崇儒释道和谐相处，三教合一与并重，因此赢得成吉思汗的尊敬。当时丘处机是全真道创立者王重阳七大弟子中最年轻的一位，但也已过古稀之年。人称“蓑衣先生”，过着“皤溪穴居，日乞一食，行则一蓑，虽箪瓢不置也”[2]的生活。

11. 行则一蓑〔采自《中国古代服饰史》〕

如此“抱真上人之雅操”的穷苦道士，岂有不让成吉思汗“仰怀”之理。丘处机欣然应邀，以七十三高龄率领十八徒弟，跋涉万里路，远赴西域雪山行营中进谒成吉思汗。“所过，迎者动数千人”。成吉思汗尊称他为“丘神仙”，令他“掌管天下的出家人”。此次进谒前后历时五年之久，直至宋嘉定十七年(1224)才东还。“所去，至有拥马首以泣者，其感人心如此”。丘处机最终被赐居于燕京长春宫，全真道迎来极好的发展时期，进入全盛时代，其在元代为和平事业作出了积极的贡献。丘处机1227年逝世后，葬于长春宫顺堂，即今北京白云观。

丘处机西行论道在《元史》中有确实记载。《元史》卷二〇二《释老·丘处机》曰：

岁己卯，太祖自乃蛮命近臣札八儿、刘仲禄持诏求之。处机一日忽语其徒，使促装，曰：“天使来召我，我当往。”翌日，二人者至，处机乃与弟子十有八人同往见焉。明年，宿留山北，先驰表谢，拳拳以止杀为劝。又明年，趣使再至，乃发抚州，经数十国，为地万有余里。盖蹀血战场，避寇叛域，绝粮沙漠，自昆嵛历四载而始达雪山。常马行深雪中，马上举策试之，未及积雪之半。既见，太祖大悦，赐食，设庐帐甚饬。[3]

---

① 《金莲正宗仙源像传》，《道藏》，文物出版社、上海书店、天津古籍出版社1988年影印本，第3册，第366页。

② (元)陈时可撰《长春真人本行碑》，(元)李道谦集《甘水仙源录》卷二，《道藏》，文物出版社、上海书店、天津古籍出版社1988年影印本，第19册，第734页。

③ (明)宋濂等撰《元史》卷二〇二，中华书局1976年版，第4524页。

丘处机赴雪山论道，念念不忘是“拳拳以止杀为劝”，这就是道教为和平积极贡献的具体表现。以上记载的“雪山”，究竟在何处？出现了三种可能。第一种可能是一些学者提出来的，认为此“雪山”即今阿富汗境内兴都库什山。此说见于任继愈主编《中国道教史》第十四章《金元全真道》，原文曰：丘处机“远赴西域雪城（今阿富汗境内兴都库什山）行营见成吉思汗”①。但是该书没有出注注明这一地名的真实性。

12. 丘长春像〔采自香港青松观重刊本《磻溪集》〕

第二种可能是香港青松观道长们提出来的。50 年前香港青松观的道长们，已经研究全真道多年，但仍无法搜得丘处机的《磻溪集》。直至 20 世纪 70 年代初，在台湾购到了《磻溪集》，才有了后来的《磻溪集》青松观重刊本。集前撰有《丘长春祖师事略》一篇，全文简短，一览无余，移录如下：

师姓丘，名处机，字通密，号长春子，山东登州栖霞人。生于宋高宗绍兴十八年正月十九日。

年十九，师事王重阳真人于宁海全真庵。迨王真人羽化，师与三同门护丧，葬于终南。

师移居磻溪六年，龙门七年。元太祖遣使迎师，问道于阴山行在。师告以息兵爱民，去奢屏欲之旨。

时元兵蹂躏中原，民不堪命。师还燕，遣徒持牒招求于兵火之余，存活数万人。

丁亥七月九日师卒于葆光堂，年八十。②

前说“雪山行营”论道，此说“阴山行营论道”，是有可能的。丘处机赴阴山论道，是他一生中的一件大事。念念不忘对成吉思汗告以“息兵爱民，去奢屏欲”的道理，与《元史》之说一样。阴山横亘于今内蒙古自治区中部，山名蒙古语音为“达兰喀喇”，意为“七十个黑山头”。阴山山脉东起河北东部的桦山，西至内蒙古巴彦淖尔盟中部的狼山，从东到西绵延 1000 多公里。因此这“七十个黑山头”并非座座都在内蒙古，阴山从南到北长到 50 公里至 100 公里，也有的黑山头分布在宁夏，如宁夏固原市的隆德县就有阴山。而且笔者在《论敦煌西王

① 任继愈主编《中国道教史》第十四章《金元全真道》，上海人民出版社 1990 年版，第 524 页。

② （元）丘长春著《磻溪集》，香港青松观 1974 年重刊本，第 1 页。

母神话与西部道教养生文化》一文中指出过，宁夏固原古代就有王母庙和玉皇大帝庙。故成吉思汗和丘处机阴山论道，按青松观重刊本所示阴山恐即宁夏固原阴山也。

13. 王重阳真像〔采自香港青松观校刊本《重阳全真集》〕

第三种可能是民间文学的说法，认为是在新疆"天池论道"，因为天池旁的西王母祖庙就是成吉思汗和丘处机的论道地点。民间传说这个论道地点始建于1221年，距今已800多年，曾经几建几毁，至清朝光绪年间修葺过。此一说法也颇得大众认同，此雪山就是天池边的天山，此民间文学说法算是赢得旅游市场的青睐。

天山西王母旅游景点市场的开发，也得到了台湾道教人士的支持。1989年4月，台湾道教慈善堂总道长专程拜访新疆天池，说他忽然有一夜，西王母给他托梦，要求重建已经毁弃多年的仙宫——西王母祖庙。于是这位道长按照王母梦中所指示，到达天池，发现与梦境相合，乃捐资重建西王母祖庙并于2000年7月落成。

1219年成吉思汗邀请丘处机赴天山瑶池的论道一事，经过民间文学和市场的移花接木，终于成功。天池至今有王母宫、瑶池、蟠桃园、王母梳洗涧、王母浴仙盆等等古迹。新疆天池已经成为西王母旅游胜地。

至今在天池边仍然有"昆仑神泉"著名景点。与之相对应，王重阳也有相关诗歌流传，青松观校刊本《重阳全真集》卷二《圆相》曰：

一轮圆相自家知，王嚞于中正是时。
衮出昆仑山顶上，爽邀风月到天池。①

此昆仑天池与昆仑神泉的意境又相合。新疆天山属昆仑山脉，此"天池"就是天山的天池，不会无缘无故出现在这里和《圆相》诗中；它应是一个真实的地名无疑。旅游市场就是这样，与其相信论道在外国，不如相信论道就在天池；连全真道祖师王重阳也写到过天池。

《道藏》本《金莲正宗记》曾记述丘处机年十九岁，酷慕玄风，弃俗入道，居昆仑山。此一文学境界即吻合天山的天池之地。隐约可见亦随王重阳祖师"爽邀风月到天池"修道。故《重阳全真集》中有一些诗句直指昆仑山的瑶池、蟠桃园。

① （宋）王重阳著《重阳全真集》上册，香港青松观1976年校刊本，第105页。

兹举几例：

一是《赠京兆冯五郎》藏头诗，诗曰："（公）休弃业莫别妻，（女）姹儿婴自有时。日把心香频爇起，已将姓名达瑶池。"①

二是《声声慢》词曰："过瑶池，透青霄，顶上无为。"②

三是《虞美人——又以嫂为见在父母》词曰："功成行满仍须早，云步归蓬岛。好同现在赴瑶池，共摘蟠桃往昔结实枝。"③

四是《提茶坊》诗云："已吃蟠桃胜买瓜，此般风味属予家。"④

五是《神光灿》词曰："结正三重焰，紧紧相随过瑶池，透青霄顶上无为。"

以上诗词证实天山的天池与昆仑山的瑶池是不可分的，正是全真道意念修炼之所在，还出现了走出玉门关到昆仑山诸如此类的诗句。这是道教文学作品给出的天池论道的答案吧。

元丘处机著作甚丰。著有《丘祖全书》、《摄生消息论》、《大丹直指》、《磻溪集》、《磻溪词》、《栖霞长春子丘神仙磻溪集词》等。重要的是丘处机也是信仰西王母神话的，故元代以后民间文学讲成吉思汗和丘处机在西王母瑶池论道就在新疆天池王母宫，是其附会的内因。香港青松观 1974 年出版的《磻溪集》内就有歌咏西王母之诗作。丘处机于南宋淳熙元年（1174）八月，在陕西磻溪（今陕西宝鸡虢镇）等地苦修十三年悟道，撰成《磻溪集》。《磻溪集》卷三《其六仙游吟》诗曰：

阆苑红尘外，瑶台碧汉间。洞中仙不老，云外客长闲。
赤凤吟丹穴，红獍吠药栏。青衣传召下，白鹤送书还。
宴赴琼林会，诗裁羽客班。浩歌金母殿，长啸玉龟山。
果结三千岁，楼高十二环。穆王何日到，方朔几时攀。
姑射肌犹洁，双成貌更殷。飞琼投月窟，弄玉辫华鬟。
命驾游三岛，抟风过百蛮。周旋窥海狱，奋掷上天关。
荡荡空无极，滔滔兴未阑。恢然超法界，不复恋人寰。⑤

其一，诗中"金母"即指西王母。南朝梁陶弘景《真诰·甄命授》曰："昔汉

① （宋）王重阳著《重阳全真集》上集，香港青松观 1976 年校刊本，第 107 页。
② （宋）王重阳著《重阳全真集》中册，香港青松观 1976 年校刊本，第 398 页。
③ （宋）王重阳著《重阳全真集》中册，香港青松观 1976 年校刊本，第 510 页。
④ （宋）王重阳著《重阳全真集》中册，香港青松观 1976 年校刊本，第 376 页。
⑤ （元）邱长春著《磻溪集》卷三，香港青松观 1974 年重刊本，第 110 页。

初，有四五小儿，路上画地戏。一儿歌曰：'着青裙，入天门。揖金母，拜木公。'……所谓金母者，西王母也。"[①]唐韦渠牟《步虚词》曰："西海辞金母，东方拜木公。"[②]

《西王母传》曰："西王母者，九灵太妙龟山金母也。一号太虚九光龟台金母元君。"[③]《列仙全传》卷一亦曰："西王母，即龟台金母也。"[④]《集仙录》曰："西王母者，九灵太庙龟山金母也，姓侯氏。"[⑤]《集说诠真》曰："东王公亦号木公，西王母亦名金母。又以西华至妙之气，化而生金母，厥姓侯氏。"[⑥]故知西王母古时又称金母。

其二，诗中的瑶台即指神仙居处。晋王嘉《拾遗记》卷一〇《昆仑山》曰："傍有瑶台十二，各广千步，皆五色玉为台基。"[⑦]元高明《琵琶记·牛相奉旨招婿》曰："小娘子是瑶台阆苑神仙。"高明的"阆苑"说法与《磻溪集》一致。

其三再加上"穆王何日到"句，讲的也都是穆天子与西王母会面事，由此观之，与《穆天子传》瑶池的意境相合。[⑧]

另外，在《丘祖全书》中还传有《王母口诀》，说念他真传的口诀皆可，"或见王母来降"。[⑨] 云云。

总之，西王母神话时代游览养生风俗贯穿于汉民族和西戎民族融合的灵符文化、游览文化、食疗文化、足疗文化、玉文化等养生文化之中。至于唐代以后在各地传播的西王母传说，仍然没有离开昆仑山这个标志性的山脉，加入了各地独特的特色风貌。

---

① (梁)陶弘景撰，赵益点校《真诰》卷五《甄命授第一》，中华书局2011年版，第85页。

② 《全唐诗》卷三一四，中华书局1960年版，第3532页。

③ 《西王母传》，《古今图书集成·神异典》卷二二二。转引自《中国民间诸神》已编《西王母》，河北人民出版社1987年版，第433页。

④ (明)王世贞辑，汪云鹏校《列仙全传》，广陵书社2009年影印本。

⑤ (清)翟灏编《通俗编》，商务印书馆1958年版。转引自《中国民间诸神》已编《西王母》，河北人民出版社1987年版，第435页。

⑥ (清)黄斐然《集说诠真》，清光绪三十二年上海慈母堂排印本。转引自《中国民间诸神》已编《西王母》，河北人民出版社1987年版，第436页。

⑦ (晋)王嘉撰，(梁)萧绮录，齐治平校注《拾遗记》卷一〇，中华书局1981年版，第221页。

⑧ (元)邱长春著《磻溪集》卷三，香港青松观1974年重刊本，第134页。

⑨ 《丘祖全书·王母口诀》，《藏外道书》第十一册，巴蜀书社1994年版。

第三十五章　敦煌祭祀土地神巫术流变

第一节　敦煌唐人祭祀土地神的特点

从法藏和英藏敦煌写卷，结合中国古典文献的记载看来，敦煌唐人祭祀土地神有显著的时代特征。祭祀土地神在中国有久远的历史和传统，寄托着中华民族对和平安宁永恒的祝愿和祈求。庆祝土地神生日融入民间风俗以后，又演变出饮食文化和游乐文化，使祭祀土地神成为全国风俗的一部分。

敦煌鸣沙山地区，干旱少雨，因此水显得特别金贵，牵涉到数个道教神衹，敦煌唐人认为他们管理着鸣沙山四周的土地、风云、雨露及水资源。其中有个道教神是土地神，从他漫长的流变史中，我们可以看到贯穿古人生活的美学思想，和古代官员处理信仰问题的经验教训。本文即对敦煌本土地神之祭祀巫术流变加以考述。

敦煌唐人生活美学中有祭祀道教土地神祈求安宁的风俗。法藏伯二〇〇五《沙州都督府图经》曰："土地神。又在州南一里。立舍画神，主境内有灾患不安，因以祈焉，不知起在何代。"[①]州南即土地神祠在沙州城南。清苏履吉修、曾诚纂《道光敦煌县志》卷三"庙宇"曰："土地祠，在县署大门内东，雍正三年建。"[②]敦煌唐人祭祀土地神，看来并非只有道教信奉者信仰，佛教信奉者也信仰。

敦煌民间俗称土地神为"土府水官"就是佛教徒对土地神的一种提法，其表达的生活向往是战胜疾病，祈求安宁。例一，法藏伯三一三五题后《四分戒索清儿题记愿文》(拟)云："乙卯年四月十五日，弟子索清儿，为己身忽染热疾，非常困重，遂发愿写此《四分戒》一卷。上为一切诸佛，诸大菩萨摩诃萨及

---

① 法藏伯二〇〇五《沙州都督府图经》，王仲荦著，郑宜秀整理《敦煌石室地志残卷考释》，上海古籍出版社1993年版，第127页。

② (清)苏履吉修，曾诚纂《道光敦煌县志》卷三，台北学生书局1967年版，第142页。

太山府君、平等大王、五道大神、天曹地府、司命司录、土府水官、行病鬼王、疫使，知文籍官院长、押门官、专使可监官，并一切幽冥官典等，伏愿慈悲救护。愿疾苦早得痊平，增益寿命。所造前件功德，唯愿过去、未来、见在、数世以来冤家债主、负财负命者，各领受功德，速得生天。”[①]此文中“土府水官”就是土地神一类的神，祈求增益寿命。信奉佛教的唐人认为土地神生活在土地府里，故简称“土府”。

例二，英藏斯九八〇所抄经有后题《金光明最胜王经卷第二》，题后写音义一行，再后写有《金光明最胜王经等李恒题记愿文》（拟）也有：“遂发愿写此《金光明最胜王经》，上告一切诸佛、诸大菩萨摩诃萨及太山府君、平等大王、五道大神、天曹地府、司命司录、土府水官……伏愿慈悲救护。愿弘疾苦早得痊平，增益寿命。”[②]此文中求的“土府水官”，依然是求土地神一类的神，祈求增益寿命。这种提法将土地神和诸佛诸大菩萨等同，并融合到敦煌民间祭祀土地神风俗中。

祭祀土地神，儒家有悠久的传统。法藏伯二八一九载有唐代王绩《游北山赋》云：“地实儒素，人多高烈。”又云：“永怀世事，天长地久。”[③]这两句赋，虽然并非直接指土地神，但是与唐人供奉土地神的观念却是一致的。王绩指土地有“儒素”，儒素就是儒家的素质。“儒素”一词他沿用了前贤的提法，在《三国志·魏书·袁涣传》、《续晋阳秋》等文献中都有记载。因此指这块土地的唐人符合儒家思想的品格德行，人既这样，神也一样，因为神是人尊奉出来的。所以不管是神还是人在九州大地，实以儒家素质为主，人们永怀的世事是大地的安宁，符合儒家的中庸之道，与祭祀土神观念完全一致。土地神在儒家看来可追溯至原始神话时代，属于水神共工神话系统。《国语·鲁语上》第四《海鸟曰爰居》曰：“共工氏之伯九有也，其子曰后土，能平九土，故祀以为社。”韦昭注：“社，后土之神也。”[④]后土是水神共工的儿子，佐黄帝为土官，也是原始时代的土地神，称为“社”。儒家的《孝经援神契》云：“社，土地之主；稷，五谷之主，俱土神、而所主之功异。所主既异，故所配亦异。”[⑤]《论语》卷三《八佾》曰：“哀公问社于宰我，宰我

---

① 法藏伯三一三五题后《四分戒索清儿题记愿文》（拟），黄征、吴伟校注《敦煌愿文集》，岳麓书社 1995 年版，第 915 页。

② 英藏斯九八〇《金光明最胜王经等李恒题记愿文》（拟），黄征、吴伟校注《敦煌愿文集》，岳麓书社 1995 年版，第 920 页。

③ 法藏伯二八一九《游北山赋》，引自张锡厚录校《敦煌赋汇》，江苏古籍出版社 1996 年版，第 124 页。

④⑤ 徐元诰撰，王树民、沈长云点校《国语集解》，中华书局 2002 年版，第 155—166 页。

对曰：'夏后氏以松，殷人以柏，周人以栗。'"①意思是，鲁哀公向孔子的弟子宰我问关于立社种树的沿革和意义。宰我答说：夏朝的社坛上种的是松树，殷朝改种柏树，到周朝，又改种栗树。宋人邢昺疏："谓用其木以为社主。"这个"社主"，就是土地神的神主（牌位）。《淮南子》卷一一《齐俗训》云，"有虞氏之祀其社用土"；"夏后氏其社用松"；"殷人之礼其社用石，高诱注：'以石为社主也。'"；"周人之礼其社用栗祀灶。"②汉许慎撰《五经异义》卷上云："又《论语》曰：哀公问社于宰我，宰我对曰：'夏后氏以松，殷人以柏，周人以栗'，是乃土地之所宜也。"③可见，土地神的神主牌位，夏代用松木牌位，商代用柏木牌位，也有用石牌位的，周人用栗木牌位。总之，从众多儒家典籍看来，它记载的土地社神都有儒家思想的烙印，这就难怪王绩自然流露出"地实儒素，人多高烈"。用儒家记载和祭祀社神的历史也如此久远。敦煌唐人祭祀土地神有儒释道三教齐尊式的新儒学特点。

第二节　周代祭祀土地神与巫舞巫歌及其乐器

周代土地神为社神，亦简称社。土地神又作"土祇"，或作"土示"，起始名称混乱，最终统一于社。《周礼注疏》卷二二《大司乐》云："五变而致介物，及土示；六变而致象物，及天神。"郑玄注："土祇，原隰及平地之神也。"贾公彦疏："土祇者，五土之总神谓社……是社称土祇，故郑云土神也。"④；《孝经纬》曰："社，土地之主也。土地阔不可尽敬，故封土为社，以报功也。"⑤土地神是土地的主管者，分封为社官以后，以便通过巫师向天帝报告功绩。周代既然称土地神为"社"，祭祀土地神即简称"社祭"，如《周礼》卷一二《鼓人》曰：

> 以灵鼓鼓社祭。郑玄注：社祭，祭地祇也。

---

① （魏）何晏集解，（宋）邢昺疏《论语注疏》卷三，中华书局1980年影印阮元校刻《十三经注疏》本，第2466页。

② （汉）刘安撰，（汉）高诱注，（清）庄逵吉校《淮南子》卷一一，上海古籍出版社1986年影印《二十二子》本，第1254页。

③ （汉）许慎撰，（清）陈寿祺疏证《五经异义疏证》卷上《又论语曰》，《续修四库全书》本，上海古籍出版社2003年版。

④ （汉）郑玄注，（唐）贾公彦疏《周礼注疏》卷二二，中华书局1980年影印阮元校刻《十三经注疏》本，第787页。

⑤ （唐）欧阳询撰，汪绍楹校《艺文类聚》卷三九《礼部中·社稷》，中华书局1965年版，第706页。

鼓人"神祀祀天神"①。故鼓人是沟通人间与天上的巫师。祭祀土地神用灵鼓,说明周人载巫歌巫舞祭祀土地神。祭祀土地神的灵鼓是什么样子?明王圻、王思义编集《三才图会》器用三卷刊载了三种,美轮美奂令人赏心悦目。

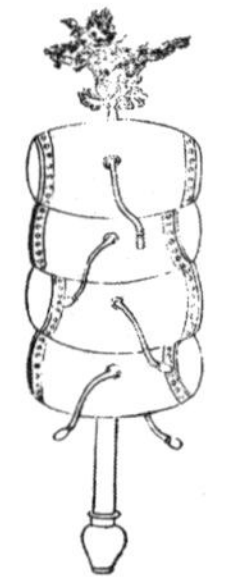

1. 灵鼓一〔采自《三才图会》。下同〕

2. 灵鼓二

3. 灵鼓三

《三才图会》器用卷三《灵鼓》云:"周礼鼓人以灵鼓鼓社祭。大司乐以为降地祇之乐。郑康成云灵鼓'灵鼓六面'。"②,最初是"灵鼓六面",后来何止六面?"灵鼓一"是八面鼓,"灵鼓二"是九面鼓,"灵鼓三"半边已是五面鼓,而且艺术愈加精湛华丽,独足四爪尖有四个辟邪神兽的头首做装饰,顶端立着一只凤凰象征吉祥,鼓架四角杆顶分别占着四只朱雀,啄衔着四串彩练。祭祀土地神是为祭祀巫术,周人祭祀土地神向文化艺术转化,创造了以上各式各样的灵鼓艺术品。使人们在祭祀土神时,尽情欢乐地跳起灵鼓舞,唱起《诗经》中祭祀神祇的歌谣,表达祈求土地神带来安宁的心愿,充分体现了中华民族淳朴的民族性;而这种民族性在祭祀土地神,敲响灵鼓时又是被充分艺术化地表达出来。

周人满腔热忱歌颂土地和土地神而有土地神祭祀歌,歌中称土地神为"社"。《诗经·小雅·甫田》中人民就歌咏祭祀土地神,称为"社"。诗曰:

以我齐明　　器皿里装满五谷
与我牺羊　　配上纯色羔羊肉
以社以方　　祭土地神四方神
我田既臧③　　使我田中获丰收

---

① (汉)郑玄注,(唐)贾公彦疏《周礼注疏》卷一二《鼓人》,中华书局1980年影印阮元校刻《十三经注疏》本,第720页。

② (明)王圻、王思义编集《三才图会》器用卷三,上海古籍出版社1988年影印本,第1127页。

③ (汉)毛公传,(汉)郑玄笺,(唐)孔颖达等正义《毛诗正义》卷一四,中华书局1980年影印,阮元校刻《十三经注疏》本,第474页。

对此汉代郑玄笺:"秋祭社与四方,为五谷成熟报其功也。"唐代孔颖达疏:"社,祭土神……祭四方。谓祭五官之神于四郊也。"[①]可见周代已有春社与秋社之分,甫田篇讲的是秋社。一年春秋两祭土地神之风俗,一直延续到清代和现代。

《诗经·大雅·绵》中人民亦有歌咏祭祀土地神歌词,带有巫术性。原诗曰:

乃立应门　　王公正门已建成
应门将将　　正门庄严气象新
乃立冢土　　为土地神立祭坛
戎丑攸行[②]　众人祈祷聚如云

周代土地神总称为社。这篇《绵》诗是叙述古公亶父营建岐周的诗篇,其中记载了周代民众祭祀土地神盛况。周人尽情祈祷歌颂土地神使和平和幸福来临,用来庆祝自己的欢乐生活。

周代晚期有了扩大的趋势。已经有大社、国社、侯社、署社之分。《礼记》卷四六《祭法》曰:"王为群姓立社,曰大社;王自为立社,曰王社。诸侯为百姓立社,曰国社;自侯自为立社,曰侯社。大夫以下成群立社,曰置社。"[③]王在国都和臣民立大社;各诸侯国有的立国社,有的立侯社;各大夫区域置社。王、诸侯、大夫各祭各的土地神,这就形成各地有各地的庆祝土地神壮观的画面。实际是庆祝丰收的节日,人民互贺丰衣足食的来临。

第三节　汉魏南北朝祭祀土地神与祈求安宁欢乐

汉代改称祭祀土地神为"社祀",即社祭。汉司马迁撰《史记》卷二八《封禅书》就有:"自禹兴而修社祀,后稷稼穑,故有稷祠,郊社所从来尚矣。"[④]而汉代祭

① (汉)毛公传,(汉)郑玄笺,(唐)孔颖达等正义《毛诗正义》卷一四,中华书局1980年影印阮元校刻《十三经注疏》本,第474页。

② (汉)郑玄笺,(唐)孔颖达等正义《毛诗正义》卷一六,中华书局1980年影印阮元校刻《十三经注疏》本,第511页。

③ (汉)郑玄注,(唐)孔颖达等正义《礼记正义》卷四六,中华书局1980年影印阮元校刻《十三经注疏》本,第1589页。

④ (汉)司马迁撰《史记》卷二八,中华书局1959年版,第1355页。

祀土地神的场所，就称为社场，如汉桓宽撰《盐铁论·散不足》曰："贫者鸡豕五芳，卫保散腊，倾盖社场。"①

汉代祭祀土地神曾遇到挫折和挑战。匈奴也有所谓"社祀"，但那些胡巫是勾结其他势力，利用祭祀社神在塞外从事破坏活动。由于匈奴还停留在野蛮奴隶制的阶段，汉代时匈奴的祭祀社神也就奉行绝灭人性的杀人社祀，而成为奴隶主手中的杀人工具。据《汉书》卷九四上《匈奴传》载，丁灵王卫律串通胡巫在匈奴杀害了曾为汉朝的贰师将军李广利：

> 贰师在匈奴岁余，卫律害其宠，会母阏氏病，律饬胡巫言先单于怒，曰"胡故时祠兵，常言得二师以社，今何故不用?"于是收贰师，贰师怒骂曰："我死必灭匈奴!"遂屠贰师以祠。(师古注：以祠社)会连雨雪数月，畜产死，人民疫病，谷稼不孰，单于怒，为贰师立祠。②

祭祀社神(土地神)在汉民族是为祈祷安宁欢乐，而后融入了饮食和娱乐文化的元素。而在匈奴则是杀人祭祀的黑巫术，被掌握在残暴的奴隶主手中。李广利被害，英勇就义，天降大悲，雨雪数月，使匈奴头领也害怕而不得不为贰师将军立祠祭拜。汉代人认为，土地神对人本来就无有恶意，但如果人自己犯了错误，神之圣心必然会愤怒。汉王充撰《论衡》卷二四《讥日篇》曰："如土地之神不能原人之意，苟恶人动扰之，则虽择日，何益哉?"③所以汉代人认为，绝不能允许恶人侵扰土地神。胡巫和卫律就是恶人动扰了社神，故胡巫和卫律屠杀李广利以后雨雪数月，人畜疫病，汉代人就认为是报应。这一比较就可明白土地神只是汉民族创造的善良的神祇，境外胡巫的所谓"社祀"恶俗恶性与之无关。

东汉也称土地神为社公。《后汉书·费长房传》："(长房)遂能医疗众病，鞭笞百鬼，及驱使社公。"④汉末以后，汉末秣陵尉蒋子文被神化成土地神。晋干宝撰《搜神记》卷五曰："蒋子文者，广陵人也。嗜酒好色，挑达无度。常自谓己骨清，死当为神。汉末为秣陵尉，逐贼至钟山下，贼击伤额，因解绶缚之，有顷遂死。及吴先主之初，其故吏见文于道，乘白马，执白羽，侍从如平生。见者惊走。文追之，谓曰：'我当为此土地神，以福尔下民。尔可宣告百姓，为我立祠。不尔，将有大咎。'是岁夏，大疫，百姓窃相恐动，颇有窃祠之者矣。文又下巫祝：

① (汉)桓宽撰《盐铁论》卷七，景印文渊阁《四库全书》第695册，第578页。
② (汉)班固撰《汉书》卷九四上，中华书局1962年版，第3781页。
③ (汉)王充撰，陈蒲清点校《论衡》卷二四，岳麓书社2006年版，第308—309页。
④ (南朝宋)范晔撰《后汉书》卷八二下，中华书局1965年版，第2744页。

‘吾将大启佑孙氏，宜为我立祠。不尔，将使虫入人耳为灾。’俄而小虫如尘虻，入耳皆死，医不能治。百姓愈恐。孙主未之信也。又下巫祝：‘若不祀我，将又以大火为灾。’是岁，火灾大发，一日数十处。火及公宫。议者以为鬼有所归，乃不为厉，宜有以抚之。于是使使者封子文为中都侯，次弟子绪为长水校尉，皆加印绶。为立庙堂。转号钟山为蒋山，今建康东北蒋山是也。自是灾厉止息，百姓遂大事之。”[①]南京紫金山原称为钟山，晋朝时曾改为蒋山，就是纪念这一位除贼良吏蒋子文的，他就成了钟山土地神。

晋代又当别论。晋干宝撰《搜神记》卷一五亦曰：“会稽贺瑀，字彦琚，曾得疾，不知人，惟心下温，死三日，复苏。云：‘吏人将上天，见官府。入曲房，房中有层架。其上层有印，中层有剑，使瑀惟意所取。而短不及上层，取剑以出。门吏问何得，云：‘得剑。’曰：‘恨不得印，可策百神。剑，惟得使社公耳。’疾愈，果有鬼来，称社公。”[②]这是生怪病，能沟通鬼神成为巫师又一实例，这在古代常见。此事表达晋人土地庙，须有巫师来管理，因为只有巫师能够沟通民众与土地神。

南北朝时代普遍认为，信仰自由应当受到尊重，无故毁坏土地庙的官员，是会受到惩罚的。《古今图书集成·神异典》卷四二引《汉沔记》曰：“襄阳汉水西村有庙，名土地主府君，极有灵验。齐永元末，龚双任冯翊郡守，不信鬼神，过见此庙，引领人烧之。忽旋风绞火，有二物挺出，变成双青鸟，入龚双两目，两目应时疼痛，举体壮热，至明日卒。”[③]南朝齐冯翊郡守龚双这位官员野蛮执法，无原无故领人烧毁土地庙，两只青鸟也无法生存，到处乱窜，恰巧就袭击了他的双眼致其死亡。民众认为这是报应，活该。土地庙好好的在那里供人烧香，烧它干什么？冯翊郡守龚双自寻死路，给后世官员提供了教训。南北朝时代确立春秋两次祭社，春祭社神是在社日。梁宗懔著《荆楚岁时记》有：“社日，四邻并结综会社，宰牲牢，为屋于树下，先祭神，然后飨其胙。”[④]社日，古代祭祀土地神的日子。春祭，一般在立春后第五个戊日。周代本用甲日，但汉唐各代各行其是而有不同，明清时代移至二月二日。秋祭社神是在秋分。梁宗懔著《荆楚岁时记》曰：“秋分以牲祠社，其供帐盛于仲秋之月。社之余胙，悉贡馈乡里周族。掷教于社神，以占来岁丰俭。或折竹以卜。”[⑤]春秋两祭社神在后世风俗

① （晋）干宝撰，汪绍楹校注《搜神记》卷五，中华书局1979年版，第57页。

② （晋）干宝撰，汪绍楹校注《搜神记》卷一五，中华书局1979年版，第182页。

③ （清）陈梦雷编《古今图书集成·博物汇编·神异典》卷四二《杂鬼神部》引《汉沔记》，中华书局1934年影印，第493册，第2页。

④ （梁）宗懔著，姜彦稚辑校《荆楚岁时记》，岳麓书社1986年版，第23页。

⑤ （梁）宗懔著，姜彦稚辑校《荆楚岁时记》，岳麓书社1986年版，第48页。

中得以延续。

第四节　唐宋明清祭祀土地神与民间风俗传说

唐代亦称土地神为社公。《礼记》卷二五《郊特牲第十一》:“社祭土而主阴气也。”唐孔颖达疏引汉许慎曰:“今人谓社神为社公。”①但又简称“土地”。唐李复言撰《续玄怪录》卷四《木工蔡荣》条曰:“中牟县三异乡木工蔡荣者,自幼信神祇,每食,必分置于地,潜祝土地,自总角至于不惑,未尝暂忘也。”②主要祈求风调雨顺,国泰民安,表达善良心愿,发扬中国传统的行为自律从善精神,这种信仰的行为收到唐人的肯定。唐代祭祀土地神设有社坛,《新唐书》卷一六《礼乐志六》:“郊社令立矛于社坛四隅,以朱丝绳萦之。太史一人赤帻、赤衣,立于社坛北,向日观变。”③尽显庄严之象。

唐代社日是春祭土地神诞生日,简称“春社”,这一天妇女们都停止针线活,避免针刺不吉。唐张籍《吴楚歌词》诗曰:“庭前春鸟啄林声,红夹罗襦缝未成。今朝社日停针线,起向朱樱树下行。”④但唐代秋祭土地神已在白露,如唐鲍溶《白露》诗曰:“迎社促燕心,助风劳雁翼。”⑤此句迎社即指秋社。

4. 五个土地神〔采自《中国民间诸神》〕

到了唐朝又有五土神之重新议论。唐丘光庭撰《兼明书》卷一《社神》条曰:“先儒以社祭五土之神。五土者,一曰山林,二曰川泽,三曰丘陵,四曰坟衍,五曰原隰,明曰社者,所在土地之名也。凡土之所在人皆赖之,故祭之也。若唯祭斯五者,则都邑之土人不赖之乎。且邑外之土,分为五事之外,无余地也。何必历举其名乎?以此推之,知社神所在土地之名也。或问曰:‘五土之名,出自周礼非乎?’答曰:‘按周礼地官,唯云辨五土之名物;不云五土为社也。又问曰:‘社既土神而夏至祭皇地祇于方丘,又何神也?’答曰:‘方丘之祭,祭大地之神,社之所祭,祭邦国乡原

① (汉)郑玄注,(唐)孔颖达等正义《礼记正义》卷二五,中华书局1980年影印阮元校刻《十三经注疏》本,第1449—1450页。

② (唐)牛僧孺、李复言撰《玄怪录　续玄怪录》,上海古籍出版社1985年版,第201页。

③ (宋)欧阳修、宋祁撰《新唐书》卷一六,中华书局1975年版,第392页。

④ 《全唐诗》卷三八六,中华书局1960年版,第4360页。

⑤ 《全唐诗》卷四八五,中华书局1960年版,第5513页。

之土神也。”[①]于是山林、川泽、丘陵、湿地等分成五个土地神之俗又继续盛行。清代画家就将土地神画成五个神。

唐代以后，土地神逐渐转变成一个助人为乐的老人形象。《河南通志·都土地庙》曾经说过五代十国后周世宗的一个故事。传说后周世宗年少时，在宜阳县西湾子北坡，其车队过山，“山路崎岖难行，忽出一白发老人，代为拉牵。及至平坦处，跪送于侧。世宗问其故，老人对曰：‘臣本山土地也。’世宗慰之曰：‘朕异日果登极，封汝为都土地。’今庙重新，土人岁时享祀。”[②]

宋代亦称祭祀土地神的日子为“社日”，饮食文化大放光彩。宋王安石《后歌元丰》：“百钱可得酒斗许，虽非社日长闻鼓。”[③]也有称土地神为社公者，如范成大《与王夷仲检讨祀社》：“社公亦塞责，罪此丰年樽。”[④]宋代讲究春秋两季祭祀土地神，如宋梅尧臣《送韩子华归许昌》诗曰：“社后清明前，燕与人归来。”[⑤]此社就是指春社。宋代的秋社，还有玩占卜巫术，以占来年农业丰歉的，如宋王宏《卜记》曰：“秋社之会，掷茭于社神，以占来岁丰歉，或折竹以卜。”[⑥]宋代春社与秋社祭祀土地神，饮食文化（酒、糕、肉食品等）就发达起来。统称为社酒、社糕、社肉、社饭；如宋孟元老撰《东京梦华录》卷八《秋社》曰：“八月秋社，各以社糕、社酒相赍送，贵戚宫院以猪羊肉、腰子、奶房、肚肺、鸭饼、瓜姜之属，切作棋子片样，滋味调和，铺于饭上，谓之社饭。”[⑦]春社同样饮食文化发达，如宋陆游《社肉》诗曰：“社肉取社猪、燔炙香满村。”[⑧]社日下雨就更惬意，称为“社公雨”，老诗人陆游就一边饮酒，一边喜雨，一边吟诗，如陆游《社日小饮》诗曰：“催花初过社公雨，对酒喜烹溪友鱼。”[⑨]风调雨顺，促成饮酒作乐。还有社羹，俗称“社零星”。宋陶谷撰《清异录·社零星》曰：“予偶以农干至庄墅，适秋社，庄丁皆戏社零星，盖用猪、羊、鸡、鸭、粉面、蔬、米为羹。”[⑩]宋人更有社日聚众饮酒的风俗习惯，因而社日的酒文化特别发达，称为社饮；众多诗人饮酒赋诗助兴，非常热闹，但陆

---

① （唐）丘光庭撰《兼明书》卷一，景印文渊阁《四库全书》第850册，第218页。

② （清）陈梦雷编《古今图书集成·博物汇编·神异典》卷五〇神庙部引《河南通志》，中华书局1934年影印，第493册，第45页。

③ （宋）王安石撰，（宋）李壁注《王荆公诗注》卷一，景印文渊阁《四库全书》第1106册，第9页。

④ （宋）范成大撰《石湖诗集》卷一〇，景印文渊阁《四库全书》第1159册，第664页。

⑤ （宋）梅尧臣撰《宛陵集》卷三二，景印文渊阁《四库全书》第1099册，第237页。

⑥ （宋）王宏《卜记》，宛委山堂本。

⑦ （宋）孟元老撰，邓之诚校注《东京梦华录》卷八，中华书局1982年版，第214页。

⑧ （宋）陆游撰《剑南诗稿》卷五三，景印文渊阁《四库全书》第1162册，第769页。

⑨ 《陆游全集》（上），中国文史出版社1999年版，第322页。

⑩ （宋）陶谷撰《清异录》卷下，景印文渊阁《四库全书》第1047册，第923页。

游《病中作》诗曰："病多辞社饮，贫甚辍春游。"①老诗人因贫病交加而告辞矣。尽管社酒有养生治聋的功效，如宋阮阅撰《诗话总龟·讥诮门上》曰："一日里中社饮，小马携酒一榼就杨公曰：'此社酒善治聋，愿持杯酌之无余沥。'"②因社日气氛热烈，故宋时更讲究给土地神配对儿，因而有社公社婆之说，如宋俞琰撰《席上腐谈》卷上："又有头如雪而肌肉纯白者，或者以为社日受胎，故男曰社公，女曰社婆。"③总之，宋人开发土地神信仰文化，开创了和谐的生活局面。

宋代有个土地神传说，讲说儒道思想结合的范例。宋洪迈撰《夷坚志》支志景卷六《孝义坊土地》条载："庆元元年(1195)正月，平江市人周翁疟疾不止。"听说疟疾是遇鬼而得，就躲进城隍庙，在神座下睡觉。连庙里祝史(祭祀巫师)都不知道。至半夜听到城隍老爷召集七八个土地神开会，有一个土地神说："某所主孝义坊，诚见本坊居民家家良善无过恶，恐难用病苦以困之。"城隍王怒斥之，认为天旨生病，土地只合奉行。这个土地神被迫就想起一个两全之策，说："既不可免，欲以小儿充数如何？"城隍王批准。周翁回家后告知邻居，大家都不信。再到二月，城中疠疫大作，孝义坊由于父慈子孝、生活和谐竟然没有人生病，只有个把儿童生病，也治好了。大家这才相信周翁的话。"迨病者安痊，坊众相率敛钱建大庙，已报土地之德。"④

这个土地神传说，实际是宣扬儒家和道教都遵行的孝道，倡导家庭生活和谐、有抵御家人疾病的作用。

宋时还有个土地神传说。宋洪迈撰《夷坚志》支癸卷四《画眉山土地》曰：

侯官县市井小民杨文昌，以造扇为业，为人朴直安分。每售扇皆有定价，虽村人及过往收市，未尝妄有增加。稍有余钱，则专用养母，自奉甚薄，闾井颇推重之。一日出街，歘闪仆于地，若气厥者。少顷复苏，与路人曰："适间逢黄衣人，持文牒在手。外题云：'拜呈交代。'接而启视之，云："杨文昌可作画眉山土地，替郑大良。"我应之曰："诺。"遂豁然而寤，此必不佳，吾甚以为忧。'有与之善者，掖以还家。明日，别母与妻子，沐浴而逝。时庆元元年(1195)春也。岁晚，客至闽，杨之子因其来买扇，从容话及前事。客言："画眉山者，正在西川嘉州。郡人尽谈今年二月内，多梦新土地上任。今比之昔时，顿觉灵显，一邦奉事甚谨。"杨子乃知父为神云。福州医李翼

① 《陆游全集》(下)，中国文史出版社1999年版，第884页。

② (宋)阮阅撰，周本淳校点《诗话总龟》前集卷三七，人民文学出版社1987年版，第361页。

③ (宋)俞琰撰《席上腐谈》卷上《阴阳均至》，景印文渊阁《四库全书》第1061册，第610页。

④ (宋)洪迈撰，何卓点校《夷坚志》支志景卷六，中华书局1981年版，第927页。

说亲睹其事。[①]

杨文昌因为"为人朴直安分"，又为社会作出过贡献，死后被封为土地神。这与晋干宝《搜神记》上的蒋子文类似。这是中国古代社会对老年人尊敬和安慰的风俗，就连杨文昌儿子当时都并不清楚，而是事后知道的。

宋何薳撰《春渚纪闻》卷一《李右辖抑神致雨二异》记载土地神管辖范围不能越界的传说："李右辖公素，初为吉州永丰尉。夜梦二神赴庭，一神秉牒，见诉云：'某县境地神也。被邻邑地神妄生威福，侵境以动吾民。民因为大建福宇，日餍牲牢之奉，某之祠香火不属也。以公异日当宰衡天下，故敢求决于公。'公素为抑邻神越疆之罪，二神拜伏而出。既觉，闻报新祠火起，神座一爇而尽。"[②]俗话说：一方土地保佑一方人。按风俗规定，一个地方只应有一个土地庙，多一个就是"违章建筑"。这个传说就是借托梦故事讲述抑制邻神越疆之"罪"，有趣的是，建违章土地庙的是富人"大建福宇"引起，处罚的却是"邻神越疆"。可见违章庙似为穷人烧掉，假托天命烧掉。土地神是一个神界小官，也有此清廉之俗。

宋人传说土地庙对退金兵很灵验。《河南通志・土地庙》条曰："庙在归安县三十三都，世传有陈许辛三姓者，没而为神，邑人祀诸东林山之阳。宋建炎中，金人南侵至庙，遁去。封灵应侯，元因之，明朝去侯爵，称东林山之神，岁春秋祭。"[③]

明代祭祀土地神特别兴盛。明文林撰《琅玡漫钞》曰："太祖高皇帝生于盱眙县灵迹乡土地庙，父老相传云：生时夜晦，惟庙有火光，明日，庙移植东路，至今所生地，方圆丈许不生草。"[④]因朱元璋贫苦农民出身，生于土地庙，土地神倍受尊敬。明郎瑛撰《七修类稿》卷一四国事类《土地》条曰："太祖常微行，遇一监生，同饮于酒家，奈坐已满，回观惟有土神之几，太祖遂移神于地曰：'且让我。'因对饮，问生曰：'何处人？'生曰：'重庆。'帝因出对曰：'千里为重，重水重山重庆府。'生对：'一人成大，大邦大国大明君。'帝甚喜。散后酒主复移土神上坐，是夜梦神曰：'皇帝命我不可上坐。'方疑之，则闻朝廷召昨日饮酒监生与官矣，

---

① （宋）洪迈撰，何卓点校《夷坚志》支癸卷四，中华书局 1981 年版，第 1249 页。

② （宋）何薳撰《春渚纪闻》，景印文渊阁《四库全书》第 863 册，第 457 页。

③ （清）陈梦雷编《古今图书集成・博物汇编・神异典》卷五〇《神庙部》，中华书局 1934 年影印，第 493 册，第 48 页。

④ （明）陶宗仪编《说郛续四十六弓》弓一七，上海古籍出版社 1988 年影印《说郛三种》本，第 812 页。

然后知太祖焉，故今天下土地多坐于下。”[①]

明太祖在民间微服私访，找寻治国人才，居然也坐在土神上坐，皇帝与土神亲近成为民间佳话。明朝仿照汉末将优秀官员蒋子文立为土地神，明叶盛撰《水东日记》卷六曰：“岭北仓库草场中皆有土地祠，仓中奉萧王，问之则曰：酂侯。盖以酂侯尝督馈运故也。”[②]如此，明朝初期祭祀土地风行一时，又据明周吉甫先生原著《金陵琐事》云，在明建文二年（1400），奉旨建造南京铁塔，在塔内特辟土地堂供奉土地神。[③]

明代在每一年春社日（二月二日）为养生日，休息一天。明瞿佑撰《居家宜忌》曰：“社日，令男女辍业一日，否则令人不聪。人家襁褓儿女俱令早起，恐社翁为祟。”[④]还有秋社日亦如此。明瞿祐撰《居家宜忌》亦曰：“秋社日，人家襁褓儿女俱令早起，恐社翁为祟。与春分同。”[⑤]明代在社日也要敲社鼓，如明叶宪祖《鸾锟记·挫权》：“傍路游镳初罢，有村歌相应，社鼓轻挝。”[⑥]指社庙内敲的鼓。

明代土地神信仰风俗讲究和蔼可亲，故土地公公土地婆婆成双祭祀，流行有给土地神添夫人和太子的传说故事。明阑庄撰《驹阴冗记》之《土地天（添）人》曰：“中丞东桥顾公璘，正德间（1506—1521）知台州府，有土地祠设夫人像。公曰：‘土地岂有夫人？’命撤去之。郡人告曰：‘府前庙神缺夫人请移土地夫人配之。’公令卜于神，神许，遂移夫人像入庙。时为语曰：‘土地夫人嫁庙神，庙神欢喜土地嗔。’既期年，郡人曰：‘夫人入配一年，当有子。’复卜于神，神许，遂设太子像。”[⑦]明正德年间官员顾公璘，处理民间信仰问题，就比齐代冯翊郡守龚双聪明得多，没有招来杀身之祸。他本来强令撤去之，但后来接受了郡人的忠告，命巫师两次卜于神，既给了民众信仰自由，又允许了巫师保住生计，祭祀土地神增添婚姻求子的许愿要求，于是皆大欢喜。

---

① （明）郎瑛撰《七修类稿》卷一四，上海书店出版社 2009 年版，第 139 页。

② （明）叶盛撰《水东日记》卷六，景印文渊阁《四库全书》第 1041 册，第 34 页。

③ （明）周吉甫原著《金陵琐事》，《四库禁毁书丛刊补编》本，北京出版社 2008 年版，第 617 页。

④ （明）陶宗仪编《说郛续四十六弓》弓三〇，上海古籍出版社 1988 年影印《说郛三种》本，第 1465 页。

⑤ （明）陶宗仪编《说郛续四十六弓》弓三〇，上海古籍出版社 1988 年影印《说郛三种》本，第 1466 页。

⑥ （明）叶宪祖撰《鸾锟记》卷上第十出《挫权》，《续修四库全书》本，上海古籍出版社 2003 年版，第 1770 册，第 640 页。

⑦ （明）陶宗仪编《说郛续四十六弓》弓十三，上海古籍出版社 1988 年影印《说郛三种》本，第 642 页。

清代更进一步，土地神添夫人之俗，土地神夫人在土地神堕落的情况下代行土地神职责，就有了土地庙由土地神夫人作主之说。清俞樾撰《茶香室丛钞》卷一五云："国朝景星杓《山斋客谈》云：吾杭仁和北乡有瓜山土地祠。俗戏惧内者，曰：'瓜山土神，夫人作主。'吾友卢书苍经其祠，视碑始知为汉祢衡也。祢正平为杭之土神，已不可解，乃更有惧内之说，则更奇矣。"[①]祢衡《后汉书》有传。二十余岁，居然恃才傲物自高自大，没有大才，却什么人也瞧不起，连孔融、曹操也不在他眼下，不断口出狂言，最后因出言不逊，大骂顶头上司黄祖而被杀，死时才二十六岁，毛头小伙自绝于人，成了另类典型。正如俞樾所说，祢衡成了当地土神已不可解，惧内之说更是本地人附会。但有一点可以肯定，从明朝沿袭下来的给土地神配夫人之俗，在清朝继续延续，由于祢衡在汉朝已被废掉，即使后世作了土地神，也不会有作为，故而只有"夫人作主"矣。

5. 清代土地神〔采自《道教神仙信仰》〕

清代民间风俗规定不得在土地祠中大小便，不然就要引起麻烦：挨打。清谈迁撰《枣林杂俎》和集幽冥"土神阴谴"条云："吾宁石井村某怙讼，寓杭城十三湾巷，醉而溲土神祠前，已悔而礼谢。及讼胜，赛饭而酣，谓'神费我爇一札于炉，当诉汝城隍庙'，盖戏也。夜梦神曰：'汝自亵自禳，于我何预？及诉于城隍可也。汝狂悖，关公行挞汝二十矣。'明发，惧不出，晚巷见辇上人传呼，过者避入酒肆，所悬牌适触之堕辇上。怒之，逮酒家，误及某，挞二十，则通判关世教也。"[②]这是教育人要有公德。

清朝嘉庆时祭祀土地神生日，即春社，在苏州很盛行。袁景澜撰《吴郡岁华纪丽》卷二《土神诞日作春社》曰：

> 二月二日为土地诞日。城中廨宇，各有专祠，牲乐以酬。乡村土谷神祠，农民亦家具壶浆，以祝神厘。俗称田公、田婆，古称社公、社母。社公不食宿水，故社日必有雨，曰社公雨。醵钱作会，曰社钱。叠鼓祈年，曰社鼓。饮酒治聋，曰社酒。以肉杂调和铺饭，曰社饭。张籍诗："今朝社日停针线，起向朱樱树下行。"故社日妇女不用针线。《月令》称：二月"择元日，命民社"。郑注谓：祭社稷之神。元日谓近春分前后，戊日元吉也。则今日二月

① （清）俞樾撰《茶香室丛钞》卷一五，江苏广陵古籍刻印社1983年影印本。
② （清）谈迁撰，罗仲辉、胡明校点校《枣林杂俎》，中华书局2006年版，第514页。

二日，犹古之社期欤？田事将兴，特祀社以祈农祥。[①]

土神诞日妇女停针线休假，不仅饮酒治聋，还要食社饭（卤肉饭）。

秋社也很盛行，养生食品也是非常丰富。《吴郡岁华纪丽》卷八《斋田头作秋社》曰："中元，农家祀田神，村翁里保敛钱。于土谷神祠作会。刑牲叠鼓，男女聚观，与会之人，归时各携花篮果实食物社糕而散，又或具粉团、鸡黍、瓜蔬之属，于田间十字路口，祝而祭之，谓之斋田头。"[②]

清道光年间土神诞日，地方官带头春社祭祀，如清顾禄撰《清嘉录》卷二《土地公公生日》曰："二日，为土地神诞，俗称土地公公。大小官廨，皆有其祠，官府谒祭，吏胥奉香火者，各牲乐以酬。村农亦家户壶浆，以祝神厘。俗称田公田婆。"[③]秋社也就是七月十五中元节，依然注重养生，《清嘉录》卷七《斋田头》曰："中元，农家祀田神，各具粉团鸡黍瓜蔬之属，于田间十字路口，再拜而祝，谓之斋田头。案：韩昌黎诗：'共向田头乐社神。'"[④]

民国年间，中国人祭祀土地神照旧进行，据胡朴安《中华风俗志》载，江苏阜宁："习俗相传，二月二日为土地神之生辰。阜宁农人以为土地是管理禾苗之人，我辈希望禾苗之盛旺，应该致敬，祈伊暗中默佐，免受风雹螟蝗之灾。阜宁人对于土地之供奉颇为郑重。大村庄均筹集公款，造起土地祠宇，小村庄无钱力起造祠宇者，则用粗瓦缸一只，将缸之近口处敲成长方洞门，覆之于地，将土地牌位供之于内，权当土地之祠宇。而其所敲之缺处，则祠门也。谚云：'土地老爷本姓张，有钱住瓦屋，没钱顶破缸。'即此之谓也。"[⑤]浙江湖州依然如此，"社日，各村率一，二十人为一社，屠牲洒酒，焚香张乐，以祀土谷之神，谓之'春福'"[⑥]。

古人祭祀土地神体现了深厚的文化底蕴。土地神信仰说明中华民族是一个热爱和平的民族。讲究土地的安宁与和谐，讲究在和平中养生。土地神信仰风俗如果从中国原始时代算起，已经流传五六千年，一直绵延至今。土地神信仰风俗起源于中国原始宗教，形成儒释道齐尊的局面。中国本土宗教——道教继承了原始宗教的传统，更着力于土地神信仰的传承与发扬。

---

① （清）袁景澜撰《吴郡岁华丽纪》卷二，江苏古籍出版社 1998 年版，第 60 页。
② （清）袁景澜撰《吴郡岁华纪丽》卷八，江苏古籍出版社 1998 年版，第 241 页。
③ （清）顾禄撰《清嘉录》卷二，江苏古籍出版社 1999 年版，第 44 页。
④ （清）顾禄撰《清嘉录》卷七，江苏古籍出版社 1999 年版，第 155 页。
⑤ 胡朴安编《中华全国风俗志》下篇卷三，上海文艺出版社 1988 年影印本，第 95 页。
⑥ 胡朴安编《中华全国风俗志》上篇卷三，上海文艺出版社 1988 年影印本，第 24 页。

第三十六章　敦煌本《乌占书》系列与吐蕃吞并西羌、东女国

敦煌本《乌占书》系列，包括《乌占习要事法》、《占卜书》、《乌占临决》和藏文卷《乌鸦叫声判断吉凶》、《吐蕃羊骨卜辞》五种，原为民间口传文化，是唐代非物质文化遗产。它以从民间搜集来的预兆与禁忌的语言，用鸟类来给人算命预言吉凶，形成《乌占书》。

《乌占书》有别于《隋书》中的《鸟情书》，《隋书・经籍志》载《鸟情书》系列包括六种《鸟情占一卷》（王乔撰）、《鸟情逆占一卷》、《鸟情书二卷》、《鸟情杂占禽兽语一卷》、《占鸟情二卷》、《六情鸟音内秘一卷》（焦氏撰）[①]；敦煌唐人乌占均变为"乌占"，包括《乌占习要事法》、《占卜书》、《乌占临决》三种。乌是鸟类一种，因此依然是隋代鸟情书系列延续，但乌占却不能更名为"乌鸣占"[②]，因敦煌本乌占不着一个"鸣"字。乌占书系列是敦煌占卜算命术乌占之一类。它表现了敦煌算命人的聪明才智和乐观向上的精神面貌，获得敦煌百姓的欢迎。敦煌唐人的乌崇拜是民间非物质文化遗产的体现。

第一节　敦煌本《乌占习要事法》等写本

敦煌乌占算命先生俗称剡子。剡，意举荐。东晋称剡客为隐士，宋代称剡士为举荐人，敦煌唐人称剡子为乌占算命先生。伯三四七九《乌占习要事法》、伯三九八八《乌占临决》、伯三八八八《占卜书》是剡子用乌类来卜筮，预言人的祸福的算命术。自然也是一种口传的新颖算命形式。这种乌占术的内容主要是预言人们吉凶之事，可以赢得百姓关注。

① （唐）魏徵等撰《隋书》卷三四，中华书局 1973 年版，第 1030 页。

② 季羡林主编《敦煌学大辞典》，上海辞书出版社 1998 年版，第 623 页。

由于鸟占术运用活泼可爱的鸟类来卜筮，形式新颖别致，引得敦煌民间效法。伯三四九七《乌占习要事法》称之为："占临决。凡所□□以来刑候吉凶法。"这说明剡子挖空心思地花样翻新是具有创造性的，这是为民服务与谋生的手段。鸟占师手提着沙漠中不易看见的鸟笼，鸟笼中跳着沙漠里人们难以见到的乌鸦，胸前挂着以十二个格子排列的方位图，在敦煌古城中漫步，等待人们来卜筮。人们看见羽毛乌黑透亮的乌鸦，爱不忍走，鸟占师便宣传神鸟能预言人祸福。人们便给他小费，一边欣赏乌鸦、一边听他占卜。用乌鸦占卜，一般分为两步：

1. 一是听乌鸦叫。乌鸦叫差别很大，向树上叫，向场上叫，向屋上叫，只听见剡子念念有词占起卜来。法藏伯三四七九《乌占习要事法》占词是：

> 辰日鸣树上，必有远客来。巳日鸣场上，少妇吉日。午甲。
>
> 未日鸣屋上，夏日吉事。申日鸣舍西树上，忧官事。酉甲。
>
> 戌日鸣东屋上，鬼来祟食。亥日鸣倦(圈)上，有分才(财)六畜亡。
>
> 凡从东来鸣，有使来。从南来鸣，有酒食事。从西来鸣，有忧事。从角(北)来(鸣)，有不安之事。[①]

十二日鸣占缺了子丑寅卯，四方鸣占全。

鸟占先生自然不会将上述各条全部说给人听，鸟占先生必须首先捉摸一下听者的心理，问问鸟占先生占卜是凶事还是吉事，然后根据情况选择条目。如果听者满意，还要再听下去，鸟占先生还会将另一部分占词来作出预言。但对鸟鸣现实意义已做了区分。最严重的预兆：鸟鸣地点在牲畜圈上，就预兆六畜死亡。鸟鸣地点在东屋上，预兆"鬼来祟食"，鬼进家门，人就生灾害病，甚至死亡。故占词实际是他搜集来的民间禁忌与预兆。敦煌百姓非常乐意听取，使生活避开禁忌趋向吉祥。巳日在场上撒些谷粒，使鸟鸣场上，就是家中少妇吉日。夏日在屋檐上栓只篮子，盛一些食物喂鸟，使鸟"未日鸣屋上"，夏日吉事就会来临。这样就把生活搞活了，敦煌百姓欢迎这种乐观的生活态度。

2. 伯三四七九《乌占习要事法》。十二地鸣占部分是看鸟跳鸣。他首先摊开那张"时辰图"，这张图四四方方，画成十二个小方格，方格里的字以干支排列，分为子、丑、寅、卯、辰、巳、午、未、申、酉、戌、亥诸格，然后他将鸟笼放在图

---

① 法藏伯三四七九《乌占习要事法》，上海古籍出版社、法国国家图书馆编《法藏敦煌西域文献》第24册，上海古籍出版社2002年版，第307页。

上，当乌一跳到中央鸣叫，他便念念有词地占起卜来：乌鸣坐中地……而当乌儿跳到丑、寅、辰……等格上，十二地鸣占各格有各格的占词：

乌鸣坐子地，酒食事。
丑地，官事。
寅地，远人来。（来，据伯三九八八《乌占临决》补）
卯地，买卖事。
辰地，客至，
巳地，得财物，（本卷无，据伯三九八八《乌占临决》补）
午地，有文书事。
未地，宅舍事。
申地，酒实（食）事
酉地，有忧事，慎之吉。
戌地，病患事。
亥地，盗贼事。[1]

末云："右前件乌占习要事法。家有用之，万不失一。看之法，若乌鸣在百步内即占，百步外不占。"

从方法来看，是根据乌儿跳跃地点作出预兆，除病患盗贼，全是吉事，让人乐于接受，这是敦煌唐人将"灵鹊报喜"[2]精神的发扬光大。与其将它看成是一种占卜算命术，不如将它看成是一种带有心理医疗作用的预兆喜庆的民间风俗。《乌占习要事法》的社会娱乐性大过于它的巫术卜筮性，也是一种集占卜和娱乐为一体的算命术。不一定每个古人都相信鬼神的，但他们相信民间预兆，宁可崇拜这些聪明的乌儿，相信其可能有智慧预示人的福祸凶吉，这是天人合一的大自然崇拜的传统。听听《乌占习要事法》不过游乐和好玩。乌儿是人类可爱的朋友，老人、儿童、妇女，都会爱乌儿。当人们看完了乌儿的表演，听完了乌儿清脆的鸣叫，再听完善良的敦煌算命先生的说明以后，心里得到希望和安慰。尽管《乌占习要事法》就像昙花一现的幻影那样，随时都会消失在敦煌古城的黑夜中，为什么不及时行乐呢？这种娱乐性也是社会的价值体现。

① 伯三四七九《乌占习要事法》，上海古籍出版社、法国国家图书馆编《法藏敦煌西域文献》第24册，上海古籍出版社2002年版，第307页。

② 请参阅高国藩著《敦煌曲子词欣赏・鹊踏枝》，南京大学出版社2003版，第148—159页。

敦煌乌占系列是乌鸦占卜，“古有《鸦经》以占吉凶”[1]。伯三八八八《占卜书》，其中残存《方鸣占第四》(拟)是刿子根据乌鸣方位来占卜吉凶：

□□□，向东南鸣，遇麦并得财物。□□□□南方鸣者，有人送口味来。西北方鸣者，得酒窖。西方鸣，得好□褥、果子、及刀剑、甘物。北方鸣，得车及□乳、甘物。东北方鸣，合得乳牛及贵客，速过。[2]

《行路占第五》是刿子为行旅人预测吉凶的底本，刿子曰：凡欲出行，见乌若近耳道，□□平安，所作不成。左边吉，右边凶。□□管辂曰：恶声必不得出。

《军营占第七》是敦煌占卜巫师，为唐朝军队预测军情的底本：

刿子曰：□□□□及人行次，忽见乌来树上，及牙旗上坐者，顿迅毛衣者，急移营，不得住。子夏□移□军中来，□毛羽便于树上坐，有不作声，必有贼来掩袭，切须惊。候两军相当，欲谋出战。忽见乌于营中作声，不正如月食相呼唤者，兵出必多死，当不战，吉。若于军猪貌物声，或云：讫多拓老马多，主将被伤虏，必须坚慎之，不得出。若以头于两脚，日点身作声，必合夺得敌人马。

咸通十一年岁次庚寅二月廿八日记。[3]

伯三八八八《占卜书》首见刿子，属唐人首创。《宋史·艺文五》载有刿子《占鸟经》二卷，另有《占鸟法图》一卷[4]，是其传承。这些乌占记载资料十分珍贵。前者反映和平时代旅行预兆和禁忌，后者可以看出唐王朝军队打仗前非常重视乌鸦的表现与敌军动静的关系。前者认为看见乌鸦向南方鸣叫，就会有食品来供旅行者食用；向西北方鸣叫，会意外遇到酒店；向西方鸣叫将会遇到被褥、果子、刀剑、甘美的食品等等；向北方鸣叫，可能会乘到车子等。后者军士看见乌鸦在牙旗上梳毛，是为敌人靠近目标前的短暂安宁，应引起高度警惕，所以必须马上移营。

总之，这一巫术在乌鸦身上寄托了人们的希望。乌鸦传递的战争信息，朝

---

① (明)李时珍著《本草纲目》禽部卷四九《乌鸦》，人民卫生出版社 1981 年版，第四册，第 2661 页。

②③ 法藏伯三八八八《占卜书》，上海古籍出版社、法国国家图书馆编《法藏敦煌西域文献》第 29 册，上海古籍出版社 2003 年版，第 97 页。

④ (元)脱脱等撰《宋史》卷二〇六，中华书局 1985 年版，第 5242 页。

四面八方开拔，只要能保卫唐朝的土地和百姓，都会得到支持。可见乌占书是借鸟类给将士以勇气和信心。从这个意义上说，唐朝军队，需要这样为的鸟文化。这也是为何敦煌本《乌占书》成为唐朝军人法宝的原因。

法藏伯三九八八《乌占临决》(3—2)依然如此，两卷可以参校。此卷以表格形式，外加说明的文字来预测吉凶，和法藏三四七九《乌占习要事法》表格列出的十个时辰一致。标题残破，卷面模糊不清。

表上列出十个时辰。共有东方署、平旦时、日出时、日食时、隅中时、日中时、日昳时、日晡时、日入时、黄昏时十个时辰。

但时间原分为十二时辰，据《敦煌掇琐》本《发愤》为平旦寅、日出卯、食时辰、隅中巳、日南午、日昳未、晡时申、日入酉、黄昏戌、人定亥、夜半子、鸡鸣丑[①]；夜半子和人定亥俱为夜间，都为不活动时间，所以不计算在内，故有十个时辰，与《乌占习要事法》相合[②]。

每个时辰下还画了九个格子，标出九个方位，即每栏下有九个方位格子列出吉凶，一共有九十个格子。鸟儿每跳进一个格子，都有令人防备和充满希望之语：

> 九个格子分给九方，即东方、东南方、南方、西南方、西方、西北方、北方、东北方、上方。
>
> 东方署：神及家亲来护，远行事，冤屈来，去处警事，钱被人谋，所求皆得，出猎得，贼发动，自身千辇。
>
> 平旦时：人死亡，人被伤，得龙马，游猎护，官使来，官使来，急去吉，书信来，急忙事。
>
> 日出时：急丧事，敕诏来，官事来，神祇瘫游，酒食来，官有急书表至，盗贼来，逢劫贼，边锋消息至。
>
> 日食时：所帛得，贼诈动，凶神伤害扰，暴风至，雨至猎护，灾难被伤，大诤梵事，病者亡，善人相迎。
>
> 隅中时：暴雨至，游猎得，回女妇相诤，亲朋来安，被官嗔责事，暴风雨至，弱人来至，令人防慎，足下拜谒。

---

① 敦煌曲《发愤》，见任中敏校《敦煌曲校录》，上海文艺联合出版社1955年版，第132页。

② 法藏伯三九八八《乌占临决》(3—2)，上海古籍出版社、法国国家图书馆编《法藏敦煌西域文献》第30册，上海古籍出版社2003年版，第319页。参校伯三四七九《乌占习要事法》，上海古籍出版社、法国国家图书馆编《法藏敦煌西域文献》第24册，上海古籍出版社2002年版，第307页。

日中时：自伤财，无人相见，暴风雨至，贼人暴至，女妇吉庆，贵客至，养消息至，女人衣服至，不善消息至。

日昳时：王事恐惧，恐惧消息至，大愳恐事，吉详贵事至，奉献酒食事，诉讼得理，有人来至，贼人死亡，酒食来至。

日晡时：大惊恐事，远行事，东方人来，自身犯罪，吉庆至，家有得食事，尽皆喜悦，病者差，得酒食喜事。

日入时：恶事来，人时财来，得爵禄，惊备吉，慎水则吉，西方人来，兄弟亲回至，闻喜事，得弓箭事。

黄昏时：姊妹及亲至，北（东？）方人来，闻人死，南方有人来，自身任官来，西方人来，身得武官，犯后到罪，索僧征债负事。①

每个格子里写的都是：防备灾难，养息生命，生活着是美好的。敦煌唐人“灵鹊报喜”真正反映了他们乐观的精神，令人对剡子肃然起敬。总的看来，剡子利用乌占书在口头上鼓励在荒凉沙漠地带的人热爱生活。

第二节　传为晚唐五代出现的占卜算命术

敦煌鸟占首先与中国古代女人调鸟风俗息息相关。是祖先热爱大自然，与鸟类和谐相处的生活智慧反映，也是鸟崇拜的反映。见右《三才图会》中的调莺图。

什么时候、又为什么会兴起这种可以使人与鸟类亲近的鸟占书系列呢？这与古代敦煌的百姓与统治者对鸟儿的崇拜有密切关系。自远古原始社会以来，中国人便把鸟儿作为吉祥的象征。《山海经·南山经》云：“有鸟焉，其状如鸡，五彩而文，名曰凤皇，首文曰德，翼文曰义，背文曰礼，膺文曰仁，腹文曰信。是鸟也，饮食自然，自歌自舞，见则天下安宁。”②凤凰崇拜推动了禽鸟崇拜。连国君也是鸟儿变来的，《诗经·商颂·玄鸟》云：“天命玄鸟，降而生商。”（天命玄鸟

1. 调莺图〔采自《三才图会》〕

① 法藏伯三九八八《乌占临决》(3—2)，上海古籍出版社、法国国家图书馆编《法藏敦煌西域文献》第30册，上海古籍出版社2003年版，第319页。

② （晋）郭璞传，（清）毕沅校《山海经》卷一《南山经》，上海古籍出版社1986年影印《二十二子》本，第1340页。

降下了神卵，被母亲吞食生下契，契被封为商王。）[①]汉司马迁《史记·殷本纪》云：“殷契，母曰简狄，有娀氏之女，为帝喾次妃。三人行浴，见玄鸟坠其卵，简狄取吞之，生契。”[②]《诗经·商颂·长发》云：“玄王桓拨，受小国是达，受大国是达。”（玄王威武是英华，小国受封政令发，大国教化亦通达。）宋朱熹注：“玄王，契也。玄者，深微之称。或曰，以玄鸟降而生也。”[③]鸟儿既是殷商的祖先也是秦的祖先，《史记·秦本纪》亦云：“秦之先，帝颛顼之苗裔孙曰女修。女修织，元鸟陨卵，女修吞之，生子大业。”[④]商周已成为鸟图腾崇拜的朝代。鸟图腾崇拜的标志便是鸟卜的产生；因此，中国的鸟卜是在原始社会后期产生，是世界文化史中最早产生鸟卜的国度。

在远古人们崇拜鸟儿基础上，古人把白燕作为祥瑞物。晋葛洪《西京杂记》卷四云：“元后在家，尝有白燕衔白石，大如指，坠后绩筐中。后取之，石自剖为二，其中有文曰：‘母天地’。后乃合之，遂复还合，乃宝录焉。后为皇后，常并置玺笥中，谓为天玺也。”[⑤]晋王嘉撰《拾遗记》卷七云：“魏禅晋之岁，白阙下有白光如鸟雀之状，时飞翔来去。有司闻奏帝所。罗之，得一白燕，以为神物，于是以金为樊，置于宫中。旬日不知所在。论者云：‘金德之瑞。昔师旷时，有白燕来巢。’检《瑞应图》，果如所论。白色叶于金德，师旷晋时人也，古今之义相符焉。”[⑥]晋代敦煌崇尚白色，于是“白雀、白雉、白鸠”等禽鸟悉皆崇拜，认为“白雀、白雉、白鸠皆栖其园囿，其群下以为白祥金精所诞，皆应时邕而至”[⑦]，故而“有白雀翔于靖恭堂，玄盛观之大悦。”[⑧]查南北朝史籍，元嘉元年至泰始二年（424—466），四十余年间，《符瑞志》著录的白燕有十五次之多；北魏也有十次之多；《隋书·经籍志》五行家载《瑞应图》三卷、《瑞图赞》二卷，而注云：“梁有孙柔之《瑞应图记》，孙氏《瑞应图赞》各三卷，亡。”[⑨]叶德辉辑有《瑞应图记》一卷，在《观古堂所著书》。

唐代更是把白燕作为进献皇帝祥瑞之物。《册府元龟》两次提到：1.“开元

---

① （汉）毛公传，（汉）郑玄笺，（唐）孔颖达等正义《毛诗正义》卷二〇，中华书局1980年影印阮元校刻《十三经注疏》本，第622页。

② （汉）司马迁撰《史记》卷三，中华书局1959年版，第91页。

③ （宋）朱熹集注《诗集传》卷二〇，上海古籍出版社1958年版，第245页。

④ （汉）司马迁撰，《史记》卷五，中华书局1959年版，第173页。

⑤ （晋）葛洪撰《西京杂记》卷四《元后燕石文兆》，中华书局1985年版，第29页。

⑥ （晋）王嘉撰，（梁）萧绮录，齐治平校注《拾遗记》卷七《魏禅晋之岁》，中华书局1981年版，第170页。

⑦ （唐）房玄龄等撰《晋书》卷八七《凉武昭王李玄盛》，中华书局，1974年版，第2264页。

⑧ （唐）房玄龄等撰《晋书》卷八七《凉武昭王李玄盛》，中华书局1974年版，第2259页。

⑨ （唐）魏徵等撰《隋书》卷三四，中华书局1973年版，第1038页。

八年(720)十二月,岐州获白燕,进之。"[①]2. "大历九年(774)十一月癸亥,福州获白燕二,献之。"[②]唐段成式《酉阳杂俎》则表达这样的思想:"妾媵有制,则白燕来。"[③]甚而至于白雀饲养最后变为神仙。《酉阳杂俎》又载曰:"天翁姓张名坚,字刺渴,渔阳人。少不羁,无所拘忌。尝张罗,得一白雀,爱而养之。梦天刘翁责怒,每欲杀之,白雀辄以报坚,坚设诸方待之,终莫能害。天翁遂下观之,坚盛设宾主,乃窃骑天翁车,乘白龙,振策登天,天翁乘余龙追之,不及。坚既到玄宫,易百官,堵塞北门,封白雀为上卿侯,改白雀之胤不产于下土。刘翁失治,徘徊五岳作灾,坚患之,以刘翁为泰山太守,主生死之籍。"[④]

由此可见,唐代对鸟崇拜事例很多,这种"白燕热"在敦煌也有体现。法藏伯二〇〇五《沙州都督府图经》曰:"右唐咸亨二年(671)一月,有百姓王会昌,于平康乡界获白雀一双,驯善玉惊,当即进上。"[⑤]

进而推之五色鸟崇拜:"右大周天授二年(691)一月,百姓阴嗣鉴于平康乡武孝通园内,见五色鸟,头上有冠,翅尾五色,丹嘴赤足,合州官人百姓并往看,见群鸟随及,青黄赤白黑,五色具备。头上有冠,性甚驯善。刺史李无亏表奏称:谨检《瑞应图》曰,代乐鸟者,天下有(道)则见也。止于武孝通园内,又阴嗣鉴得之。臣以为阴者母道,鉴者明也。天显。"[⑥]

《沙州志》记载的白雀等祥瑞之鸟,表达了敦煌民间有一种稳固的风俗观,即认为白雀等鸟是人生命的象征,吉凶的预兆,从五世纪初到七世纪末都有这种观念。

另一方面鸟崇拜发展到"灵鹊报喜"预兆阶段,实际便是鸟占预兆的前奏。斯三八三五《百鸟名一卷》云:"野鹊人家最有灵,好事于先来送喜。"[⑦]

斯二六〇七《宫怨春》云:"柳条垂处处,喜鹊语零零。焚香稽首表君情。"[⑧]鸟音预兆已经与祭祀巫术结合。

---

① (宋)王钦若等撰《册府元龟》卷二四《帝王部·符瑞第三》,凤凰出版社2006年版,第241页。

② (宋)王钦若等撰《册府元龟》卷二四《帝王部·符瑞第四》,凤凰出版社2006年版,第249—250页。

③ (唐)段成式撰,方南生点校《酉阳杂俎》前集卷一六《广动植之一》,中华书局1981年版,第151页。

④ (唐)段成式撰,方南生点校《酉阳杂俎》前集卷一四《诺皋记上》,中华书局1981年版,第128页。

⑤⑥ 王仲荦著,郑宜秀整理《敦煌石室地志残卷考释》,上海古籍出版社1993年版,第138页。

⑦ 斯三八三五/7《百鸟名》,中国社会科学院历史研究所等合编《英藏敦煌文献》第五卷,四川人民出版社1992年版,第167页。

⑧ 请参阅高国藩著《敦煌曲子词欣赏》,南京大学出版社2003年版,第371页。

晚唐五代，不仅白雀，而且白鹰也视为吉祥的预兆。斯一六五五背《白鹰呈祥诗二首并序》中凭借白色的鹰所呈现的吉祥的祥瑞，来歌颂当时沙州的统治者——尚书。前面有一篇短序，序文云：

> 盖闻君臣道泰，所感异端呈祥。尚书秉节龙沙，潜膺数彰，多现理人安边之术，万张(章)卒不尽言。且说目下灵通，自古不闻者矣。时当无射之日，感得素洁白鹰。设僧俗中筵，齐声贺之宝祥。自从五使(史)，世上相传，只是耳闻。我尚书道亚先贤，现得白鹰眼见。太初小吏，琐劣不材，奉命驱驰，倍增战汗，谨上《白鹰诗》一首。[1]

林聪明认为"'理'字当为'治'字，盖避唐高宗之讳，则此诗的写作时代，自在唐高宗之后"[2]。

但此《白鹰诗》何时出现却莫衷一是。"诗文创作的时代，荣新江推测作于公元九一九年前后，所称颂的'尚书'应即曹议金。李正宇认为此诗文应作于金山国建立以前，是为张承奉称白衣天子而做的应时之作。"[3]这两首白鹰诗，也渲染了吉鸟所呈现的祥瑞，与《乌占书》系列观念整体一致。而法藏伯三八八八《占卜书》说，该卷作于唐"咸通十一年(870)岁次庚寅二月廿八日记"[4]，其余均确年未详，时在晚唐，故只能断定乌占书系列均出于晚唐五代。

一

奇哉白昌(晶)灵圣峰，所感逞(呈)祥世不同。
尚书德备三边静，八方四海尽归从。
白鹰异俊今来现，雪羽新成力更雄。
平源(原)狡兔深藏影，争能路上出其纵。

二

白鹰玉爪膺灵祇，笔尽难成圣所稀。

---

① 郝春文主编《英藏敦煌社会历史文献释录》第七卷，社会科学文献出版社 2010 年版，第 437 页。

② 林聪明著《敦煌俗文学研究》，私立东吴大学中国学术著作奖助委员会 1984 年版，第 219 页。

③ 郝春文主编《英藏敦煌社会历史文献释录》第七卷，社会科学文献出版社 2010 年版，第 438 页。

④ 法藏伯三八八八《占卜书》，上海古籍出版社、法国国家图书馆编《法藏敦煌西域文献》第 29 册，上海古籍出版社 2003 年版，第 97 页。

远跳碧霄鹏鸟动，双羽搦落雪花飞。[①]

这和汉魏间白燕的祥瑞观念一脉相传，但从全国“白燕热”到敦煌的“白雀热”，乃至“白鹰热”，其特征是：从民间信仰发展到统治阶级将这种祥瑞的鸟儿衍化成自己的统治形象和统治手段。在敦煌统治者当中倍受推崇。

关于将白雀衍化成统治的形象方面，可从短促的金山国谈起。张奉之建金山国，称白衣天子，当与朱梁相终始。盖即位于唐天祐二年(905)，卒于梁贞明五、六年(919—920)享国约可十五年。曹义金承其位，仍为归义军，暂称兵马使留后，入贡于唐，始得实授。[②]

张奉建立的金山国和随后的曹氏政权，均以白雀作为政权之象征。伯二五九四与伯二八六四背面的《白雀歌》，是“渔人”张永进代表五凉八州百姓献给金山国天子张奉的，诗云：

白雀飞来过白亭，鼓翅翻身入帝城。
深向后宫呈宝瑞，玉楼高处送嘉声。
白衣白鞾白纱巾，白马银鞍佩白缨。
自古不闻书不载，一剑能却百万兵。[③]

诗中强调白雀为河西与敦煌汉族政权的标志：

自从汤帝升霞后，白雀无因宿帝廷。
今来降瑞报成康，果见河西再册王。
韩白满朝谋似雨，国门长镇在敦煌。[④]

这说明，白雀在敦煌一带民间乃至统治者之中，占有何等重要的地位。

关于将白雀衍化成统治的手段方面，可以从张奉卒后曹氏政权的统治谈起。我们在曹氏政权的统治时期里发现了一种奇特现象，即曹氏家族用鸟形图

① 郝春文主编《英藏敦煌社会历史文献释录》第七卷，社会科学文献出版社 2010 年版，第 437—438 页。

② 见王重民《金山国坠事拾零》，载《敦煌遗书论文集》，中华书局 1984 年版，第 106 页。

③ 颜廷亮《白雀歌》校本，《敦煌西汉金山国文学考述》，甘肃人民出版社 2009 年版，第 145 页。

④ 颜廷亮《白雀歌》校本，《敦煌西汉金山国文学考述》，甘肃人民出版社 2009 年版，第 147 页。

作为他们的印信和统治手段，这显然是从民间和金山国对白雀的崇拜衍化而来的。1979年法国人艾丽白发表《敦煌汉文写本中的鸟形押》，文章论述了几乎所有敦煌写本官方行政机构文书里的鸟形押，通过这些梳理，作者认为在官方文书上用画鸟形押签名的是曹元忠和曹延禄。他说："盖有印签或带有鸟形押的文书都是由曹氏家族这两位最杰出的代表人物所签署的。"①

艾丽白将它们分为两类，一类是简单的鸟形押，一类是带"辶"字旁的鸟形押。"尽管目前下最终定论为时尚早，但认为曹元忠是那种简单鸟形的画押人，他的儿子曹延禄是那种画于辶字偏旁一侧的鸟形押的签署者的可能性是不能排除的"。可以认为这些鸟形押，事实上已经成为曹氏家族统治敦煌的一种手段。法藏伯三九七五《僧保兴路证》是一张僧保兴护照，其文云：

> 其僧保兴到处州镇县管不许把勒，容许过去者。己未年八月二十八日。
>
> （签名绘一鸟。加盖："瓜沙等州观察使新印"。）②

2. 法藏伯三九七五《僧保兴路证》

签名所绘的这一只鸟，是统治者的形象和标志，具有无上的权威性，是通行证，是命令，是在曹氏家族统治下的敦煌人人必须服从的旨意。

统治的形象，统治的手段，当它用一只神奇的鸟来贯穿其间，表明敦煌人们对瑞鸟的崇拜已经达到登峰造极的地步，以至瑞鸟的一切叫声，一切动作都被认作是一种神的启示和象征。在这种历史背景和社会心理下，敦煌刕子创造性地用鸟来卜筮吉凶的《乌占书》，便必然产生和流布起来了。相反，一旦瑞鸟不再成为事实上的统治形象和手段之时，也就是《乌占书》消亡的时候。

如上所说，《乌占书》的盛传虽然是在十世纪初金山国时代前后，但是它的兴起却经过了漫长的过程，也受到过隋唐时代羌族"鸟卜"的影响。

---

① 耿升译《敦煌译丛》第1辑，甘肃人民出版社1985年版。

② 上海古籍出版社、法国国家图书馆编《法藏敦煌西域文献》第30册，上海古籍出版社2003年版，第308页。

第三节　东女国鸟卜与西羌、东女国被吐蕃消灭的命运

隋时西域有女国，女国有鸟卜。实则鸟卜最早见于女国。隋代有“女国”。据《隋书》卷八三《西域传·女国》云：

3. 女国图〔采自《三才图会》〕

女国，在葱岭之南，其国代以女为王。王姓苏毗，字末羯，在位二十年。女王之夫，号曰金聚，不知政事。国内丈夫唯以征伐为务。山上为城，方五六里，人有万家。王居九层之楼，侍女数百人，五日一听朝。复有小女王，共知国政。

其俗贵妇人，轻丈夫，而性不妒忌。男女皆以彩色涂面，一日之中，或数度变改之。人皆被发，以皮为鞋，课税无常。气候多寒，以射猎为业。出鍮石、朱砂、麝香、牦牛、骏马、蜀马。尤多盐，恒将盐向天竺兴贩，其利数倍。亦数与天竺及党项战争。其女王死，国中则厚敛金钱，求死者族中之贤女二人，一为女王，次为小王。贵人死，剥取皮，以金屑和骨肉置于瓶内而埋之。经一年，又以其皮内于铁器埋之。俗事阿修罗神，又有树神，岁初以人祭，或用猕猴。祭毕，入山祝之，有一鸟如雌雉，来集掌上，破其腹而视之，有粟则年丰，沙石则有灾，谓之鸟卜。开皇六年(586)，遣使朝贡，其后遂绝。①

观苏毗女国的商业及国王宰相政体，可知它实已进入封建母系制。六世纪中叶在藏北高原羌塘一带隔着雅鲁藏布江而与吐蕃对峙，是羌族一支，但中唐“自失河陇悉为吐蕃羁属”，为吐蕃所灭，将之变为奴隶，补充兵源，吐蕃迅速得到壮大。

唐代“东女国”是一支位于今西藏昌都及四川甘孜的西羌别种。据《旧唐书·东女国》云：“东女国，西羌之别种，以西海中复有女国，故称东女焉。俗以女为王。东与茂州、党项接，东南与雅州接，界隔罗女蛮及白狼夷。其境东西九日行，南北二十日行。有大小八十余城。其王所居名康延川，中有弱水南流，用牛皮为船以渡。户四万余众，胜兵万余人，散在山谷间。女王号为‘宾就’。有女官，曰‘高霸’，评议国事。在外官僚，并男夫为之。其王侍女数百人，五日

① (唐)魏徵等撰《隋书》卷八三，中华书局1973年版，第1850—1851页。

一听政。女王若死，国中多敛金钱，动至数万，更于王族求令女二人而立之。大者为王，其次为小王。若大王死，即小王嗣立，或姑死而妇继，无有篡夺。其所居，皆起重屋，王至九层，国人至六层。其王服青毛绫裙，下领衫，上披青袍，其袖委地。冬则羔裘，饰以纹锦。为小鬟髻，饰之以金。耳垂珰，足履鞣释。俗重妇人而而轻丈夫。文字同于天竺。以十一月为正。其俗每至十月，令巫者赍楮诣山中，散糟麦于空，大咒呼鸟。俄而有鸟如鸡，飞入巫者之怀，因剖腹而视之，每有一谷，来岁必登，若有霜雪，必多灾异。其俗信之，名为鸟卜。”[①]可见唐东女国是以女性当朝的和平国度，宾就女王当政，其体制依然是封建母系制。西羌，据汉赵晔著《吴越春秋·越王无余外传》云：夏禹“家于西羌，地曰石纽。石纽在蜀西川也”。故禹是西羌的祖先。唐代东女国依然流行鸟卜。《新唐书·东女国》云：“（东女国人）巫者以十月诣山中，布糟麦，咒呼群鸟，俄有鸟来如鸡状，剖视之，有谷者岁丰，否即有灾，名曰鸟卜。”[②]唐东女国生态环境好，林中鸟儿成群，何等兴盛。东西行九日才能走完，南北行二十日才能走完，东女国的女皇统治着大小八十多座城市，与唐朝关系密切。

东女国为西羌别种，而羌族的祖宗是夏禹。羌族都是夏禹的子孙，主要居住在西藏高原，曾经为中华民族的发展作出过杰出的贡献；而吐蕃原为羌族下属一个异族部落。东女国是西羌一支拥有八十余城的封建王朝，但亦为吐蕃消灭。《新唐书·东女》指出被土蕃消灭后的情景是：“其种散居在西山、弱水，虽自谓王，盖小小部落耳。自失河、陇，悉为吐蕃羁属，部数千户，辄置令，岁督丝絮。”[③]建中二年（781），吐蕃首先消灭位于西藏昌都的东女国，然后东进，攻占河、陇。敦煌陷吐蕃后，吐蕃令之实行奴隶制。《旧唐书》载原有大小八十余城，四万余户，以每户四人计就有十几万人的东女国封建王朝，陷蕃后，《新唐书》载只有“部数千户”的羌族“小小部落耳”，这就是大倒退，人口和地域缩小百分之九十以上，实际已蜕变为一个小部落，彻底毁灭了东女国的政治经济和文化。东女国曾在武德时频繁向唐朝进贡，争取加入唐朝，唐高祖厚报，但为突厥所掠。唐太宗置玺慰抚，武则天又册拜将军，唐玄宗开元间又封东女国为归昌王。唐朝竭力要将东女国纳入大唐王朝。陷蕃受制严酷，虽唐王朝仍授官职，直到中唐德宗时，《新唐书》云：“立悉等入朝，差赐官禄。于是松州羌二万人相踵入附。立悉等官刺史，皆得世袭，然阴附吐蕃，故谓‘两面羌’。”[④]唐朝还封仅有二万人的松州羌为州级刺史，但吐蕃严控后，此时东女国已无自主权，实则已国破

---

① （后晋）刘昫等撰《旧唐书》卷一九七，中华书局1975年版，第5277页。

② （宋）欧阳修、宋祁撰《新唐书》卷二二一上，中华书局1975年版，第6219页。

③④ （宋）欧阳修、宋祁撰《新唐书》卷二二一上，中华书局1975年版，第6220页。

家亡。事实说明成为“两面羌”是被吐蕃压制，十几万人最后就剩“部数千户”奴隶，这是何等可怕的历史大倒退。吐蕃叛盟，声名狼藉。

吐蕃何以崛起，原来统治西藏高原的西羌何以灭亡？其原因让人唏嘘。《史记·六国年表》云：“禹兴于西羌。”[①]《旧唐书》说：“吐蕃，在长安之西八千里，本汉西羌之地也。”[②]《宋史》亦指出：“吐蕃本汉西羌之地，其种落莫知所出。”[③]吐蕃其所以取而代之，灭亡西羌而统治西藏高原，自有其内因和外因。内因是西羌始终抑制人口增长。大禹有非正常出生的神话，“鲧殛死，三岁不腐，副之以吴刀，是用出禹”[④]。《山海经·海内经》：“帝令祝融杀鲧于羽郊，鲧腹生禹。”郭璞注：“鲧死三岁不腐，剖之以吴刀，化为黄龙也。”[⑤]此神话道出抑制人口增长的实情。大禹之妻涂山同样有自觉抑制人口增长的行为，《隋巢子》云：“禹娶涂山，治鸿水，通轘辕山，化为熊，涂山氏见之，惭而去，至嵩高山下化为石。禹曰：‘归我子！’石破北方而生启。”[⑥]如果说鲧时是不自觉地抑制人口，到涂山时则是女性自觉地抑制人口，以便在蛮荒时代渡过难关，所以化为石，不给大禹生孩子。故而大禹使之变为石人，以模仿巫术的方式，夏启才从石女人肚子里生出来。由此可见，在西藏高原，西羌的人口始终在减少；而吐蕃实行一妻多夫制，鼓励本族人口增长，压倒西羌而称雄西藏高原，最终取而代之。

吐蕃人口增长亦源于政教合一的奴隶制度。古人认为吐蕃灭西羌是吐蕃头领“建武多智”，“多智”主要指其实行政教合一制度。政教合一利用宗教，压制其征服的异族，使大量民众剃度入空门，抑制了人口的增长。同时，将另一部分未入空门的异族奴隶悉皆驱赶入战场充当炮灰。再加上吐蕃本族实行一妻多夫制，有利于人口的增长。在多种因素作用下，西羌人口迅速缩减，吐蕃人口迅速增加，从初唐到中唐灭亡东女国，西羌终被吐蕃吞并，政教合一的奴隶社会制度使吐蕃扩张到西藏高原全境。

东女国被吐蕃所灭内因，也来自于东女国压制人口增长。女子国自原始时代起就压制人口增长。《山海经·海外西经》云：“女子国在巫咸北，两女子居，

---

① （汉）司马迁撰《史记》卷一五，中华书局1959年版，第686页。

② （后晋）刘昫等撰《旧唐书》卷一九六上《吐蕃上》，中华书局1959年版，第5219页。

③ （元）脱脱等撰《宋史》卷四九二《外国八·吐蕃》，中华书局1977年版，第14151页。《史记·六国年表第三》指出：“禹兴于西羌。”（上海古籍出版社1986年版，第686页。）

④ （清）严可均编《全上古三代秦汉三国六朝文·全上古三代文》卷一五《归藏·启筮》，中华书局1965年影印本。

⑤ 《山海经·海内经》郭璞注引《开筮》，上海古籍出版社1986年版，第1387页。

⑥ （清）马骕撰《绎史》卷一二引，袁珂、周明编《中国神话资料萃编》，四川省社会科学院出版社1985年版，第275页。

水周之。一曰居一门中。(郭璞注:有黄池,妇人入浴,出即怀孕矣,若生男子,三岁辄死。)"[①]女子国生男孩只能活三年,如此就变成无阳纯阴之国,人口呈负增长。《太平御览》卷三九五引《外国图》亦云:女子国"方江之上,暑湿,生男子,三年而死;有黄水,妇人入浴,出则乳矣。去九嶷二万四千里。"[②]世界上女国都有此特征。直到元周致中《异域志》卷下亦云:女子国,"其国乃纯阴之地","其国无男"[③]。故由于男性人口的减少,东女国被吐蕃所灭实乃必然。

吐蕃于晚唐咸通二年(861)被张议潮驱赶出凉州[④],咸通时期是东女国由盛到衰的转折点。《新唐书》叙其来历云:"吐蕃本西羌属,盖百有五十种,散处河、湟、江、岷间;有发羌、唐旄等,然未始与中国通。居析支水西。祖曰:鹘提勃悉野,健武多智,稍并诸羌,据其地。"[⑤]吐蕃本为西羌属地的另一支异族,西藏高原原为羌族栖息地,至唐初吐蕃族鹘提勃悉野开始吞并诸羌,至中唐灭掉西羌占据西藏高原为老巢。至晚唐咸通后一蹶不振,所有叛盟开辟的新区均被驱逐,只得退回老巢。

千余年过去,东女国虽从西羌别种融入藏族,但隋唐时拥有八十余城十几万人口的东女国早已灰飞烟灭。

丹巴果真是东女国遗址吗?事情恐非那么简单:第一,在没有进行人类学田野调查以及考古学发掘得到确证以前,难以被世人确认。第二,丹巴当地民间传说的女儿国的女皇,据说是成吉思汗灭掉西夏国以后,成为西夏的女皇。这就又频添了复杂性。西夏国覆灭后,果真有女皇吗?即使如此,也与东女国无关。第三,对于俗文化研究而言,也要进行民族学的调查,在那里能搜集到有关鸟卜的历史遗迹吗?否则难以确认那就是东女国鸟卜。

东女人将鸟胃剖开以占卜,这种鸟卜比敦煌《乌占书》系列出现更早,故可推测敦煌受其鸟卜启示而衍化出以活鸟占卜的形态。中唐时代由于敦煌陷蕃,在被吐蕃消灭之时传入敦煌。可见敦煌《乌占书》系列实际是从羌族非物质文化遗产转化而来的,但绝大部分已属于藏族,只有一点东女鸟卜的成分而已。

P. T. 1045《鸦鸣占卜表》藏文卷子,就依稀有着东女人《乌占书》的成分,但已多半是藏族现实的典型反映。由于东女国唐时"悉为吐蕃羁属",加入吐蕃

---

① (晋)郭璞传,(清)毕沅校《山海经》卷七《海外西经》,上海古籍出版社 1986 年影印《二十二子》本,第 1370 页。

② (宋)李昉等撰《太平御览》卷三九五引,中华书局 1960 年版,第二册,第 1826 页。

③ (元)周致中撰,陆峻岭校注《异域志》卷下,中华书局 1981 年版,第 54 页。

④ 请参阅高国藩《白居易城盐州歌颂保卫盐州的历史功绩——为中国盐业史专业委员会成立大会而作》和《敦煌唐宋时代酒文化考述》两文,均载《西夏研究》。

⑤ (宋)欧阳修、宋祁撰《新唐书》卷二一六上《吐蕃上》,中华书局 1975 年版,第 6071 页。

族，因而流入吐蕃成为藏文本。东女国“女神口中言”的民间口头文学的序言云：“女神口中言。 吉凶皆灵验。 乌鸦系神鸟。 飞禽展双翅。 飞到神高处。 目明耳又聪。 它精于神灵秘法。 无一不能通达。 对他务必虔诚。 八面、上方共九方。 咙咙（之声）表吉祥。 嗒嗒（之声）表无恙。 咂咂（之声）表事急。 啅啅（之声）表财旺。 依乌依乌（之声）危难降。”[①]既然是“女神口中言”的民间口头文学，就是真实的非物质文化遗产，而有东女国“女神”的成分。但是，序言中还有“速将‘多玛’供上。乌鸦若全部吃光，即为神鸟将供品用享”[②]。“多玛”是西藏门巴语的音译，是门巴族祭祀物品，流行于西藏、青海、四川等藏民区[③]。显然融入了门巴族的风俗，再看看 P. T. 1045 列举那样多的丑劣社会现象：遭谗言、敌诈、鬼魔来、闻丧报、来贼、遭绝嗣等等，全为负面内容，反映奴隶制状态，是吐蕃现实反映，故已不是单纯东女的《鸟占书》。

“女人吉祥”的特征，才是东女国鸟占书成分的特征。如法藏伯三九八八《乌占临决》(3—2)：日中时：自伤财，无人相见，暴风雨至，贼人暴至，女妇吉庆，贵客至，养消息至，女人衣服至，不善消息至。

对比 P. T. 1045《鸦鸣占卜表》：日中：自财遭损，对他人保密，有风雨，来贼遇暴风雨，为女人未斗殴，与尊者家人结亲，来众人之喜讯，来白皙女人，闻不悦之言。

请看，“女妇吉庆”对“为女人未斗殴”；“女人衣服至”对“来白皙女人”，意思相近。实表现了东女《鸟占书》与敦煌唐人《乌占书》系列前后传承关系，仅有东女国的成分，此时每一条属于东女的鸟占，都流着女奴的血泪，明矣。

以上文献东女国鸟卜成分，说明敦煌鸟卜算命术也有来自羌族非物质文化遗产的成分。东女国曾经在开皇六年（586）遣使朝贡隋文帝杨坚。但是可惜整个隋朝只有短短三十四年，而到中唐羁属于吐蕃的东女国也已亡国，沦为几千人的部落，这是旷古仅见的悲剧，令人感慨万端。

鸟人就是占卜巫师。两《唐书》与《隋书》一样叙述到鸟卜，两《唐书》又特别提到是由“巫者”占鸟卜，《隋书》未提，故这个《隋书》中占鸟卜之人，必为巫者无疑，是为鸟人。故《鸟占书》的算命者，也就是巫师。

综上所述，《隋书》西域传以及两《唐书》中的女国鸟卜巫术的意境，与敦煌卷子乌占书系列的意境相合，一脉相传，在在都有古老优秀的羌族传统。

但再看敦煌吐蕃卷子，也有相似于《鸟占书》的《吐蕃羊骨卜辞》里的鸟占

---

①② 王尧、陈践《吐蕃的鸟卜研究——伯字 1045 号卷子译解》，中央民族学院藏族研究所编《藏学研究文集——献给西藏自治区成立二十周年》，民族出版社 1985 年版，第 251—252 页。

③ 请参阅高国藩著《中国巫术史》第二十二章第三节，上海三联书店 1999 年版，第 412 页。

条，这才是西藏真正的本地产品。据敦煌藏文写卷 P. T. 1047《吐蕃羊骨卜辞》记载，其中就有许多鸟的卜辞，如：

79. 从舒适睡处照进了阳光，听见杜鹃鸣叫。织院里边晒太阳，边听佳音。问个人生命、亲属，大吉。……

135. 以喜鹊翎为箭羽。……若问敌害？敌以箭伤害。

162. 常青树上有一只杜鹃鸟。人长寿，老而不死，（又有）登天索。吉。

165. 大雕觅得大量残剩物。……喜气人漫步时遇大财。

169. 大雕在天宫下盘旋，能窥见，能察觉（大地）一切，无所不见。……远方来消息。去他乡。

178. 大雕折翅。……遭流言蜚语损害。

179. 病人、折翅鸟、狼皆死。①

以鸟类生理的本能动作占卜人类和社会的吉凶，其占卜方式和《乌占书》同类，但比鸟占书系列出现为早。敦煌在中唐时代建中二年（781）陷蕃以后，此类"鸟卜"辞在民间流行而促使《乌占书》兴起。所以《乌占书》算命术的流行是在晚唐时代。但应指出，杜鹃、喜鹊这种鸟栖息的中国内陆，是鸟崇拜主要流传地区，西藏杜鹃、喜鹊等占卜是从内地传过去的。《本草纲目》已经将它们列为中药，渗入鸟崇拜巫术之中。《本草纲目》禽部卷四九《杜鹃》援引南朝梁宗懔撰《荆楚岁时记》记载的鸟卜云："杜鹃初鸣，先闻者主别离，学其声令人吐血，登厕闻之不祥。厌法：但作狗声应之。"②而在西藏由于少见，难得一见便被视为吉兆。

敦煌本《乌占书》系列，都是刿子们集体口头流传之作，也是唐人珍贵的非物质文化遗产。

① 王尧、陈践编著《敦煌吐蕃文书论文集》，四川民族出版社 1988 年版，第 85—91 页。
② （明）李时珍著《本草纲目》禽部卷四九，人民卫生出版社 1981 年版，第四册，第 2665 页。

第三十七章　五代巫术

第一节　五代时期模仿巫术之传播

五代时期的模仿巫术，首先是从朝廷兴起的。后唐庄宗的时候，为了求雨，乃施以模仿巫术。宋薛居正等撰《旧五代史》卷三二《庄宗纪》云："辛巳，以旱甚，诏河南府徙市，造五方龙，集巫祷祭。""戊申，幸龙门广化寺祈雨。""幸玄元庙祷雨。"[①]古人认为下雨是归龙王爷管的，于是制作一些模型五方龙便来求雨了。又据《册府元龟》庄宗三年云："（四月）令河南府于府门造五方龙，集巫祷祭徙市。五月壬子勒时雨尚未沾足，宜令河南府徙市闭坊门，依法画龙，置水祈请。"[②]画龙是模仿巫术，置水引雨则是交感巫术，以此二术求雨是五代官方祈雨的特征。当时求雨甚至"徙市闭坊"，妨碍市民正常生活。

1. 五代武士陶俑（江苏南京牛首山南唐李昇墓出土）〔采自《中国古俑白描》。下同〕

在中古时期，还有在认为有龙的地方，投放虎头骨以求雨的模仿巫术。《太平广记》卷四二三《虎头骨》云："南中旱，即以长绳系虎头骨，投有龙处，入水，即数人牵制不定。俄顷，云起潭中，雨亦随降。"[③]

此条原出《尚书故实》。虎头骨求雨是奇异形态的求雨模仿巫术。汉应劭撰《风俗通义》祀典第八《桃梗苇茭画虎》云："虎者，阳物，百兽之长也，能执搏挫锐，噬食鬼魅。今人卒得恶遇，烧悟虎皮饮之，系其爪，亦能辟恶，此其验也。"[④]虎皮、爪、头均有辟邪作用，尤以虎头骨最盛，故伯二六六一 伯三七三五 V

① （宋）薛居正等撰《旧五代史》卷三二，中华书局 1976 年版，第 448 页。

② （宋）王钦若等撰《册府元龟》庄宗三年，景印文渊阁《四库全书》本。

③ （宋）李昉等编，汪绍楹点校《太平广记》卷四二三，中华书局 1961 年版，第 3442 页。

④ （汉）应劭撰，吴树平校释《风俗通义校释》，天津人民出版社 1980 年版，第 307 页。

《诸杂略得要抄子一本》(9—4)写卷云:“小儿初生时,煮虎头骨,取汤洗,至老无病,吉。”[①]伯二六六一 伯三七三五Ⅴ 《诸杂略得要抄子一本》(9—6)又云:“建日,悬析车草、悬虎头骨门户上,令子孙长寿、吉。”[②]可见虎头祈雨乃顺理成章之事,来源于龙畏虎的常理。

到了后周,末帝又搞起以姓名巫术选大臣的把戏了。姓名巫术用于朝政,在古代还是首次见到。宋薛居正等撰《旧五代史》卷一二七《卢文纪》云:“清泰初(934),中书阙辅相,末帝访之于朝,左右曰:‘臣见班行中所誉,当大拜者,姚颛、卢文纪、崔居俭耳。’或品藻三人才行,其心愈惑。末帝乃俱书当时清望达官数人姓名,投琉璃瓶中,月夜焚香,祷请于天,旭旦以箸挟之,首得文纪之名,次即姚颛。末帝素已期待,欢然命之,即授中书侍郎、同平章事,与姚颛同升相位。”[③]但姓名巫术却是模仿巫术和交感巫术双料货,连接这两种巫术的,则是“箸”。

2. 五代十国南唐男女舞俑(江苏南京南唐墓出土陶瓷)

这种姓名巫术是把多人姓名投于缸中,“月夜焚香,祷请于天”,过一夜,至天明用筷子挟出,选出谁谁便当官。筷子(箸)便是巫师的魔杖。

五代时期,社会上模仿巫术盛行的结果,竟有活人娶庙中土塑女神的事情发生,五代何光远撰《鉴戒录》卷一〇《求冥婚》云:

> 传言鬼神所凭,有时而信,故黄龙入梦,不为无神。豕人立啼,显彰有鬼。蜀有曹孝廉第十九子晦,因游彭州导江县灌口,谒李冰相公庙。睹土塑三女俨然而艳,遂指第三者祝曰:“愿与小娘子为冥婚,某终身不媾凡庶矣。”遂呵卦子掷之,相交而立。良久,巫者度语曰:“相公请曹郎留著体衣一事,以为言定。”曹遂解汗衫留于女座。巫者复取女红披衫与之,曰:“望曹郎保惜此衣,后二纪当就姻好。”曹亦深信,竟不婚姻。纵遇国色,视之如粪土也。果自天祐甲子终于癸未二十年间,曹稍觉气微,又疑与神盟约数,乃自沐浴,俨然衣冠,俟神之迎也。是日至暝,车马甚盛,骈塞曹门,同街居人,竞来观瞩。至二更,邻人见曹升车而去,莫知其由。及晓视之,曹已奄

① 上海古籍出版社、法国国家图书馆编《法藏敦煌西域文献》第17册,上海古籍出版社2001年版,第131页。详细论述请参阅高国藩著《敦煌民俗学》,上海文艺出版社1989年版,第282页。

② 上海古籍出版社、法国国家图书馆编《法藏敦煌西域文献》第17册,上海古籍出版社2001年版,第132页。详细论述请参阅《敦煌民俗学》,第282页。

③ (宋)薛居正等撰《旧五代史》卷一二七,中华书局1976年版,第1667页。

然矣。议者以华岳灵姻，成疑谬说。芒罗所遇，亦恐妖称。今曹公冥婚，目验其异。於戏！自投鬼趣，不亦卑乎。①

曹孝廉目睹庙中美艳的土塑女神而想入非非，竟想与之“冥婚”，度他与这土偶人结合的是“巫者”，这巫者叫他先掷卦子，然后叫他与“她”互换“汗衫”与“披衫”，这显然是顺势巫法；于是这曹某就陷入了女神的魔力中而终身不娶。

记录此事的何光远，最后发出鄙视的话语：“自投鬼趣，不亦卑乎。”可见即使在五代，此事也是受社会舆论否定的。虽为“冥婚”，实际是活男娶泥美人的虚幻荒唐的恶梦。

五代时期，各朝代均很短命，但龙厌胜却再次在民间出现，它表达了人民对统一与和平的愿望。以下列出四幅龙厌胜图：

图 3 为五代道教女仙御龙图：

图 4 为五代敦煌壁画团龙厌胜图：

3. 五代阮郜《阆苑女仙图》〔采自《龙凤图集》〕

4. 五代敦煌壁画团龙厌胜图(莫高窟第 146 窟)〔采自《敦煌图案集》。下同〕

图 5 为五代敦煌壁画团龙厌胜图：

图 6 为五代敦煌壁画金钟龙厌胜图：

5. 五代敦煌壁画团龙厌胜图(莫高窟第 61 窟)

6. 五代敦煌壁画金钟龙厌胜图(莫高窟第 61 窟)

① (后蜀)何光远撰《鉴戒录》卷一〇《求冥婚》，景印文渊阁《四库全书》第 1035 册，第 923 页。参校邓星亮、邬宗玲、杨梅校注《鉴诫录校注》卷一〇，巴蜀书社 2011 年版，第 242 页。

五代十国时期人民盼望统一与和平，都借助龙厌胜图加以表达。正如五代后蜀马鉳撰《续事始》云："百官　郯子曰：太皞氏龙纪，故为龙师。而龙名，此乃命官之始也。至虞舜建官，惟百故，历代置百官焉。"[1]马鉳转述郯子的话，认为中国最初有一个统一的朝代，才能够称为龙纪，而领袖太皞氏成为龙师，才能够任命百官。意为五代十国俱为中国历史上分裂朝代，其所谓"皇帝"连龙师的资格都没有，呼唤统一局面的形成。

第二节　五代时期巫医的行医与治病

五代时期的巫医特别引人注目。在那纷乱的时代，人民生活得怎样，对巫医又有哪样的需求？巫术医疗有哪些构想？实值得人关注。

不得不提到徐铉。程毅中《唐代小说史话》对徐铉考据尤详，并指出他是南唐人。《稽神录》，《郡斋读书志》称作"南唐徐铉撰"。"徐铉（916—991），字鼎臣，扬州广陵人，是当时很有名气的文人和学者，在南唐时官至吏部尚书"[2]。入宋以后，并参与编撰《太平广记》、《太平御览》、《文苑英华》等巨著。《稽神录》确是作于李煜执政的南唐时期。

棺中病女。南唐时期，巫医送瘟神式的交感巫术医疗法甚为特殊。南唐徐铉撰《稽神录》中《渔人妻》云：

> 瓜村有渔人妻，得劳瘦疾，转相传染，死者数人。或云：取病者生钉棺中弃之，其病可绝。顷之，其女病，即生钉棺中，流之于江。至金山，有渔人见而异之，引之至岸。开视之，见女子犹活，因取置渔舍中，每多得鳗鳌鱼以食之。久之病愈，遂为渔人之妻，至今尚无恙。[3]

送瘟神治病法，是典型的巫术治病法，将病人钉在棺材中飘流于江中，渔人妻命大，居然逃过这一劫，吃鳗鳌鱼类，居然转危为安，最终安然无恙，实属天下奇闻。鳗鳌，《本草纲目・鳗鲡鱼》作"鳗鲡"。"〔颂曰〕鱼虽有毒，以五味煮羹，

① （明）陶宗仪编《说郛一百卷》卷一〇，上海古籍出版社 1988 年影印《说郛三种》本，第 202 页。

② 程毅中著《唐代小说史话》，文化艺术出版社 1990 年版，第 316 页。

③ （宋）李昉等编，汪绍楹点校《太平广记》卷二二〇，中华书局，1961 年版，第 1683 页。参校（宋）徐铉、郭象撰，傅成、李梦生校点《稽神录　睽车志》，上海古籍出版社 2012 年版，第 40 页。

能补虚损，及久病劳瘵。〔时珍曰〕鳗鲡所主诸病，其功专在杀虫去风耳。与蛇同类，故主治近之。"〔附方〕诸虫心痛。多吐清水。鳗鲡淡煮，饱食三五度，即瘥。外台。骨蒸劳瘦。用鳗鲡二斤治净，酒二盏煮熟，入盐，醋食之。圣惠。"①

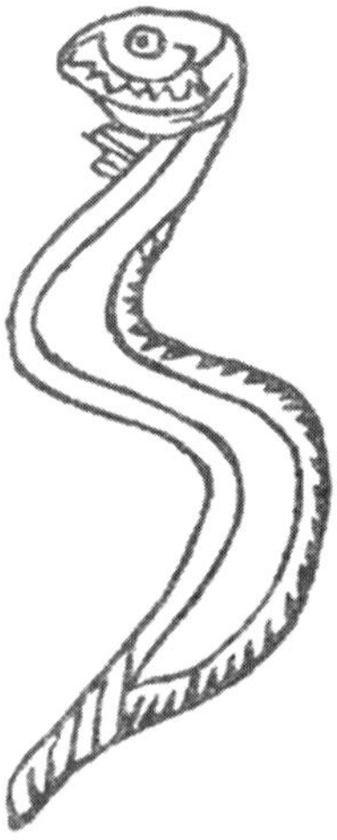

7. 鳗鲡鱼〔采自《本草纲目》〕

除此之外，还有更奇的事，《稽神录》有巫师移植心脏的外科手术成功的故事，讲得神乎其神。《稽神录·陈寨》曰：

陈寨者，泉州晋江巫也。善禁祝之术，为人治疾，多愈者。有漳州逆旅苏猛，其子病狂，人莫能疗，乃往请陈。陈至，苏氏子见之，戟手大骂。寨曰："此疾入心矣。"乃立坛于堂中，戒人不得窃视。至夜，乃取苏氏子，辟为两片，悬堂之东壁，其心悬北檐下。寨方在堂中作法，所悬之心，遂为犬食。寨求之不得，惊惧，乃持刀宛转于地，出门而去。主人弗知，谓其作法耳。食顷，乃持心而入，内于病者之腹，被发连叱，其腹遂合。苏氏子既寤，但连呼："递铺！递铺！"，家人莫之测。乃其日去家数里，有驿吏手持官文书，死于道旁。初，南中驿路，二十里置一递铺，驿吏持符牒，以次传授，欲近前铺，辄连呼以警之。乃寨取驿吏之心而活苏氏，苏遂愈如故。②

诚然只能将它看成巫术幻想故事。在现实生活里，将苏子"辟为两片，悬堂之东壁"，而将"其心悬北檐下"，已属不可能。再者，巫师杀死驿吏，取其心，"内于病者之腹"，杀了人，不被法律追究，更属妄想。

书生施药。中国道教试验炼制金丹，实为巫药之最，皆言金丹服用治愈百病而长命百岁，也在《稽神录》中出现。《稽神录·陶俊》讲了一个灵丹妙药的巫术故事，云："江南吉州刺史张曜卿，有傔力者陶俊，性谨直。尝从军征江西，为飞石所中，因有腰足之疾，恒扶杖而行。张命守舟于广陵之江口，因至白沙市中。避雨于酒肆，同立者甚众。有二书生过于前，独顾俊。相与言曰：'此人好心，宜为疗其疾。'即呼俊，与药二丸，曰：'服此即愈。'乃去。俊归舟吞之，良久，觉腹中痛楚甚，顷之痛止，疾亦多差。操篙理缆，尤觉轻健。白沙去城八十里，一日往复，不以为劳。后访二书生，竟不复见。"③

① (明)李时珍著《本草纲目》鳞部卷四四，人民卫生出版社1981年版，第四册，第2454页。
②③ (宋)李昉等编，汪绍楹点校《太平广记》卷二二〇，中华书局1961年版，第1684页。

神人施药。在五代，对丸药巫术幻想的存在是必然现象。关键是陶俊把幻想寄托在两个年轻书生的身上，并把二书生认为神，更具有催促发展的意义。以下一例更是这样。《稽神录·张易》曰：

江南刑部郎中张易，少居菑川，病热，困惙且甚。恍惚见一神人，长可数寸，立于枕前，持药三丸，曰："吞此可愈。"易受而亟吞之，二丸兼之，一丸落席有声。因自起求之，不得。家人惊问何为？具述所见。病因即愈。尔日出入里巷，了无所苦。[①]

以上二书生，变成"一神人长可数寸"了，更加突出了模仿巫术与交感巫术的特点。二例都有一个特点，就是助人不留姓名，书生和神人，给药以后，都说了一句："服此即愈"、"吞此可愈"，这实际反映了南唐社会风气良好与淳朴。南唐社会偏安江南一隅，生活较为稳定，也没有较大的社会矛盾，社会安定。

道士施药。以下一例，表明的更为明显。《稽神录·广陵木工》曰：

广陵有木工，因病，手足皆拳缩，不能复执斤斧，扶踊行乞。至后土庙前，遇一道士，长而黑色，神采甚异。呼问其疾，因与药数丸，曰："饵此当愈。旦日平明，复会于此。"木工辞曰："某不能行，家去此远，明日虽晚，尚未能至也。"道士曰："尔无忧，但早至此。"遂别去。木工既归，饵其药。顷之，手足痛甚，中夜乃止，因即得寐。五更而寤，觉手足甚轻，因下床，趋走如故，即驰诣后土庙前，久之，乃见道士倚杖而立，再拜陈谢。道士曰："吾授尔方，可救人疾苦，无为木匠耳。"遂再拜受之。因问其名居，曰："吾在紫极宫，有事可访吾也。"遂去。木匠得方，用以治疾，无不愈者。至紫极宫访之，竟不复见。后有妇人久疾，亦遇一道士，与药而差。言其容貌，亦木工所见也。广陵寻乱，木工竟不知所之。[②]

由上可知，道士炼丹，神人制药，实际上是制造巫药以供社会之需求，还并不单纯是为了升仙。当然这两方面并不矛盾。五代的巫医并不是等人上门才施药治病，而是主动地寻访病人，给予及时的医治，甚至不收取任何费用，完全是真诚救助型。可见，五代的巫医，正如同晋江巫陈寨那样，为获得超自然力的

---

① (宋)李昉等编，汪绍楹点校《太平广记》卷二二〇，中华书局1961年版，第1684页。
② (宋)李昉等编，汪绍楹点校《太平广记》卷二二〇，中华书局1961年版，第1685页。

医术，不惜以身试法，自己杀人，取其器官，救病人一命；他本来并没有准备杀人，谁知道那颗悬在北檐下苏子的心，被狗吞食了呢，因此，陈寨不可能不知道杀人要偿命，这种执著的追求，却令人尊敬。他知道即使自己死，也死而无憾，死得其所。

第三节　五代时期动物崇拜的巫术理念

南唐徐铉的《稽神录》表现出五代时期巫术思维是如何与民俗结合在一起的。五代时期的扬州（广陵）有白色禁忌。民俗与白色交相感应，白色是丧色，意味着死亡。《稽神录·李禅》曰：

> 李禅，楚州刺史承嗣少子也，居广陵宣平里大第。昼日寝庭前，忽有白蝙蝠，绕庭而飞，嫁僮辈竞以帚扑，皆不能中。久之，飞出院门，扑之亦不中。又飞出门，至外门之外，遂不见。其年，禅妻卒。輀车出入之路，即白蝙蝠飞翔之所也。[①]

但实际上，此为昆虫崇拜的另类衍化形态，对白蝙蝠有一种敬畏感。而另一方面，浙西对蚯蚓也有蚯蚓崇拜。《稽神录·蚓疮》曰：

> 天祐中，浙西重造慈和寺。治地既毕，每为蚯蚓穿穴，执事者患之。有一僧，教以石灰覆之。由是得定，而杀蚯蚓无数。顷之，其僧病苦，举身皆痒。曰："须得长指爪者搔之。"以至成疮。疮中辄得死蚯蚓一条，殆数百千条。肉尽至骨而卒。[②]

人扑杀蚯蚓，蚯蚓于人也会有交相感应的巫术力。扑杀数百千条，也就被约定成俗地定为"罪该万死"的罪恶，于是那个出主意的和尚"肉尽至骨而卒"。如此，浙西在五代时流行蚯蚓禁忌，绝不能像那个和尚般教人用这种方法来处置：石灰覆盖蚯蚓。否则就会受到报应而死亡。故此又知人类对蚯蚓也应有敬畏，而加以崇拜。

---

① （宋）李昉等编，汪绍楹点校《太平广记》卷四七九，中华书局1961年版，第3947页。

② （宋）李昉等编，汪绍楹点校《太平广记》卷四七九，中华书局1961年版，第3948页。

那么，对于蜜蜂呢？也要崇拜，庐陵人相信尊敬蜜蜂，蜜蜂就会善待他们。《稽神录·蜂余》曰：

庐陵有人应举，行遇夜，诣一村舍求宿。有老翁出见客，曰："吾舍窄人多。""容一榻可矣。"因止其家。屋室百余间，但窄小甚。久之，告饥，翁曰："吾家贫，所食唯野菜耳。"即以设，客，食之，甚甘美，与常菜殊。及就寝，唯闻讧讧之声。既曙而寤，身卧田中，旁有大蜂窝。客尝患风，因尔遂愈，盖食蜂之余尔。①

庐陵应举人求宿奇遇，住在大蜂窝里，吃的是甘美野菜，就是蜜蜂崇拜的结局。说明尊敬大自然昆虫，昆虫也会善待人类。

昆虫崇拜是保护生态环境巫术意识的滥觞。为什么保护生态环境竟然和巫术意识扯上了关系呢？因为这是大自然昆虫的要求，《稽神录·熊迺》曰：

信州有板山，山谷深远。采板之所，因以名之。州人熊迺，尝与其徒入山伐木，其弟从而追之。日暮，不及其兄。忽见甲士清道，自东来，传呼甚厉。乃迺惧恐，伏于草间。俄而旗帜戈甲，络绎而至。道旁亦有行人，其犯清道者，辄为所戮。至军中，有一人若大将者，西驰而去。度其远，乃敢起行。迨晓，方见其兄，具道所见。众皆曰："非巡逻之所，而西去溪滩险绝，往无所诣，安得有此人？"即共寻之。可十余里，隔溪滩，犹见旌旗，纷若布围畋猎之状。其徒有勇者，遥呼叱之，忽无所见。就视之，人皆树叶，马皆大蚁，取而碎之，皆有血云。②

伐木者熊迺及其弟发现，忽有甲士清道，于是伐木者被认为是被清道者，应当"辄为所戮"，大自然被模拟成一支军队，伐木者就成了"杀一儆百"的目标。如此亦真亦幻的巫术境界，竟然是山陵和大蚂蚁的神态之作。

然而，照五代人看起来，不独昆虫应当崇拜，就是家禽也应当崇拜。《稽神录·平固人》曰：

虔州平固人访其亲家，因留宿。夜分，闻寝室中有人语声，徐起听之。

---

① （宋）李昉等编，汪绍楹点校《太平广记》卷四七九，中华书局1961年版，第3948页。

② （宋）李昉等编，汪绍楹点校《太平广记》卷四七九，中华书局1961年版，第3949—3950页。

乃群鹅语曰："明旦主人将杀我，善视诸儿。"言之甚悉。既明，客辞去。主人曰："我有鹅甚肥，将以食子。"客具告之。主人于是举家不复食鹅。顷之，举乡不食矣。①

此事启迪主人将人道与鹅道并举，从此不杀鹅了。禽鸟的崇拜是动物崇拜的一种，也正是动物崇拜导致人类宠物的产生；于是，虔州平固人"举乡不食"鹅，举乡的鹅都成了宠物。

《本草纲目》却认为鹅是一味食疗中药，不可或缺，并列有如下鹅图：

8. 鹅〔采自《本草纲目》〕

同时，五代人认为，如果人类一旦不爱护动物而大开杀戒，必遭天谴。不信的话，举一件事实来印证。《稽神录·海陵斗鹅》曰：

乙卯岁，海陵郡西村中有二鹅，斗于空中，久乃坠地。其大可五六尺，双足如驴蹄。村人杀而食之者皆卒。明年，兵陷海陵。②

以上杀天鹅吃的人就遭到报应死去。因为五代人认为，动物也是通人性的，人与动物都有交相感应的巫术力，古人必须有自知之明，人与动物相处必须和谐，凡事应适可而止。《稽神录·海陵人》记述了一件捕雁者惭悔的事情，曰：

海陵县东居人，多以捕雁为业。恒养一雁，去其六翮，以为媒。一日，群雁回塞，时雁媒忽人语谓主人曰："我偿尔钱足，放我回去。"因腾空而去，此人遂不复捕雁。③

捕雁人和雁媒双方都能有魔术力的交相感应。大雁被捕，被剪掉翅膀做雁媒，其他大雁又被诱捕来被人类宰杀，成了可怕的恶性循环。如此伤天害理，捕雁人终于感悟，捕雁是一个没有前途的职业。毁掉了大雁南飞，也使自己心碎。故"遂不复捕雁"。这就是动物崇拜的结果，适可而止。《本草纲目》禽部卷四七亦认为雁的脂肪是食疗的一味药膳，"雁肪……〔气味〕甘，平，无毒。〔主治〕风

---

①② （宋）李昉等编，汪绍楹点校《太平广记》卷四六二，中华书局1961年版，第3790页。

③ （宋）李昉等编，汪绍楹点校《太平广记》卷四六二，中华书局1961年版，第3947页。

挛拘急偏枯，血气不通利。久服益气不饥，轻身耐老。长毛发须眉。杀诸石药毒。治耳聋。和黄豆作丸，补劳瘦，肥白人”[①]。

话又说回来，要是这位捕雁人并不适可而止，其结果又怎样呢？五代人也给出一个参考答案。《稽神录·合肥富人》曰：

9. 雁〔采自《本草纲目》〕

> 合肥有富人刘某，好食鸡。每杀鸡，必先刖双足，置木柜中，血沥尽力，乃烹。以为去腥气。某后病，生疮于鬓。既愈，复生小鸡足于疮瘢中。每巾栉，必伤其足，伤即流血被面，痛楚竟日。如是积岁，无日不伤，竟以是卒。[②]

古代有一种砍去双足的刑法叫“刖刑”。这位合肥富人，每杀鸡必先刖足，引起人残酷的联想，成了交相感应的巫术力。他还把“刖足”收藏起来，作为杀鸡的战利品，次次宣扬着刖刑，当然会引起众怒。结果，报应使其疮瘢生出刖足而亡。

总之，在五代人看来，一个人决不能利用动物干坏事，否则一定会遭天诛地灭。《稽神录·庐山卖油者》就记述了一个掺假油，造地沟油而遭暴雷劈死的人。原文曰：“庐山下卖油者，养其母甚孝谨，为暴雷震死。其母自以无罪，日号泣于九天使者之祠，愿知其故。一夕，梦朱衣人告曰：‘汝子恒以鱼膏杂油中，以图厚利。且庙中斋醮，恒用此油，腥气熏蒸，灵仙不降。其震死宜矣。母知其事，遂止。”[③]五代时民俗趋向于动物崇拜，庐山卖油者却反其道而行之，将居民扔掉的鱼内脏拿来熬油，掺杂在食用油里出售牟取暴利，结果被巡视人间的九天使者发现了，于是庐山卖油者遂遭暴雷劈死。

五代人的巫术思维信奉天网恢恢，疏而不漏的善恶观念。动物崇拜当然要对动物行善事，但反过来，也要求动物对人崇拜，动物应对人类行善事，如果动物不对人行善事，上天也绝不会饶恕，这个干坏事的动物也要遭暴雷劈死。《稽神录·茅山牛》曰：“庚寅岁，茅山有村中儿牧牛，洗所著汗衫，暴于草上而假寐。及寤，失之。唯一邻儿在旁，以为窃去，因相喧竞。邻儿父见之，怒曰：‘生儿为盗，将安用之？’即投水中。邻儿匍匐出水，呼天称冤者数四。复欲投之，俄而雷

① (明)李时珍著《本草纲目》禽部卷四七《雁》，人民卫生出版社 1981 年版，第四册，第 2566 页。

② (宋)李昉等编，汪绍楹点校《太平广记》卷四六一，中华书局 1961 年版，第 3786 页。

③ (宋)李昉等编，汪绍楹点校《太平广记》卷三九五，中华书局 1961 年版，第 3159 页。

雨暴至，震死其牛，汗衫自牛口中呕出，儿乃得免。”①

牛干了坏事，天也不饶它，救了幼儿一命，也洗刷了幼儿被玷污的纯洁的心灵，令人感动。我们只能认定这是五代时期的非物质文化遗产的杰作。有一点可以肯定，从动物崇拜到天体崇拜都来自中国古代特有的天人合一的世界观和人生观，自汉代董仲舒“罢黜百家，独尊儒术”以来，天人合一观念就被中国人民所信仰、所尊奉。五代时期虽然是分裂的，天人合一的观念却是一贯的。天人合一观认为天是保护弱者的，除《茅山牛》，《稽神录·番禺村女》曰：

> 庚申岁，番禺村女，有老姥与之饷田，忽云雨晦冥，及霁，乃失其女。姥号哭，乃求访，诸邻里相与寻之，不能得。后月余，复云雨昼晦，及霁，而庭中陈列筵席，有鹿脯、干鱼、果实、酒醢，甚丰腆。其女盛服而至，姥惊喜持之。女自言为雷师所娶，将至一石室中，亲戚甚众。婚姻之礼，一同人间。今使归返，而他日不可再归矣。姥问：“雷郎可得见耶？”曰：“不可得。”留数宿，一夕，复风雨晦冥，遂不可复见矣。②

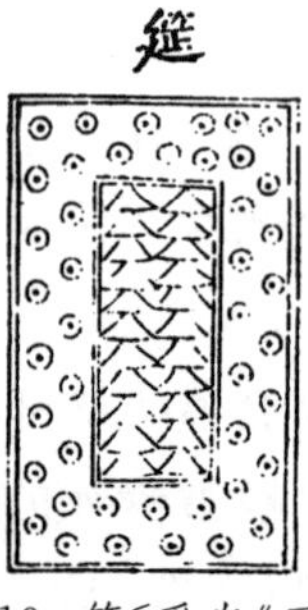

10. 筵〔采自《三才图会》〕

筵是什么？《三才图会》说：“《周礼》注云：筵亦席也。在上铺陈曰筵，在下蹈籍曰席。古人坐席三重，再重各有差。”③可见大概。

总之，天上和人间居然是一样的。雷神也娶凡人女为妻，凡人女穿得很好，“盛服而至”，吃的都是精美食品，“鹿脯干鱼，果实酒醢”。其实是地上有一个中国，天上还有一个想象中的中国，这也是巫师控制超自然力的表现。

---

① （宋）李昉等编，汪绍楹点校《太平广记》卷三九五，中华书局1961年版，第3160页。

② （宋）李昉等编，汪绍楹点校《太平广记》卷三九五，中华书局1961年版，第3161页。

③ （明）王圻、王思义编集《三才图会》器用二卷《筵》，上海古籍出版社1988年影印本，第1097页。

第三十八章　宋代盛治时期道教祭祀巫术意义和影响

宋代盛治时期道儒佛三教齐尊，而信仰道教和施行其祭祀巫术是主要部分，最终将道教由祭神提升到封神，其意义很明显：维护国家凝聚力，巩固大宋王朝统治、壮大声势和推动经济文化的发展。道教祭祀巫术和封神意义被发挥得淋漓尽致且影响深远。

元脱脱等撰《宋史》卷二八二论曰："宋至真宗之世，号为盛治，而得人亦多。"①所谓"盛治"之世，即指北宋前三个皇帝当政的最初六十余年。这与当时以道教信仰立国的方针关系密切。

第一节　宋太祖道教祭神及反巫意义和影响

宋太祖信奉道教祭祀神灵巫术，但他把巫术作了区分。在他眼中祭祀巫术无疑是应当坚持的，但条件是要有道士参与。因为祭祀巫术与本土宗教结合可以加强民众凝聚力，有利于宋王朝巩固和发展。据《宋史》所载，宋太祖最重视道教雨神的祭祀巫术，并频去道观请教养生之道；如果不下雨出现旱情，就要祭祀雨神求雨，除了直接给灾民免租税，还会减膳彻乐。因此，他在位十七年(960—976 年在位)，风调雨顺，国泰民安，经济文化得到发展。

1. 宋太祖像〔采自《三才图会》〕

雨神是道教有关民生的重要之神，宋代开国王朝非常重视治理旱涝灾害，故祷雨巫术时有进行。关于宋太祖频频举行祷雨祭祀巫术，《宋史·太祖纪》有详细记载。可以举出以下九例：

① (元)脱脱等撰《宋史》卷二八二《向敏中》，中华书局 1977 年版，第 9557 页。

1. 建隆二年(961),“六月,壬子,祈雨”①。

2. 建隆三年(962),“五月甲子,幸相国寺祷雨”;“甲申,复幸相国寺祷雨”;“五州自春不雨,以旱减膳彻乐”②。

3. 乾德元年(963),“夏四月,旱。甲申,偏祷京城祠庙,夕雨”③;“五月壬子朔,祷雨京城。甲寅,遣使祷雨岳渎”④;“(秋七月)丁卯,分命近臣祷雨”⑤。

4. 乾德二年(964),“三月辛巳,丁酉,遣使祈雨于五岳”⑥。

5. 乾德五年(967),“七月丁酉,禁毁铜佛像。己酉,免水旱灾户今年租”⑦。

6. 开宝三年(970),“夏四月,丁亥,幸寺观祷雨。辛卯,雨”⑧。

7. 开宝七年(974),“七年,二月,癸卯,命近臣祈雨”⑨。

8. 开宝八年(975),“三月,己丑,命祈雨”;“五月,辛巳,祈晴”⑩。

9. 开宝九年(976),“三月,庚寅,大雨,分命近臣诣诸祠庙祈晴”⑪;“六月,丙戌,命近臣祈晴。丁亥,命修先代帝王及五岳四渎祠庙”⑫。

以上九例,除第五例以外,均为祷雨祈晴之祭祀巫术。但其特点必须注意:久不下雨即演旱灾,祷雨以后,下大雨即演涝灾。因此从祈雨到祈晴,形成了恶性循环。如以上第八例,开宝八年三月祈雨,可是到了“八年五月,京师大雨水。濮州河决郭龙村”⑬。因此朝廷不得不下令祈晴。北宋开朝皇帝只有求助于道教的雨神,从祈雨到祈晴,频频祷之,贯穿了宋太祖在位的始终。这种雨师神祭祀巫术,宋王朝是不得已而为之,是实用主义的表现。

雨师神在古代是与人类社会生活关系最密切的神灵。宋代祷雨巫术沿袭唐代道教祭祀的风伯雨师神巫术而来,他们是气象神。法国伯希和敦煌文书第二〇〇五号《沙州都督府图经》载:“雨师神·右在州东二里。立舍画神,主境内亢旱,因即祈焉,不知起在何代。”唐代敦煌祭祀雨师神是与风伯神一齐祭祀的,故《沙州都督府图经》又云:“风伯神·右在州东二里。立舍画神,主境内亢旱,

① (元)脱脱等撰《宋史》卷一《太祖一》,中华书局1977年版,第9页。
② (元)脱脱等撰《宋史》卷一《太祖一》,中华书局1977年版,第11页。
③ (元)脱脱等撰《宋史》卷一《太祖一》,中华书局1977年版,第13页。
④ (元)脱脱等撰《宋史》卷一《太祖一》,中华书局1977年版,第14页。
⑤ (元)脱脱等撰《宋史》卷一《太祖一》,中华书局1977年版,第15页。
⑥ (元)脱脱等撰《宋史》卷一《太祖一》,中华书局1977年版,第17页。
⑦ (元)脱脱等撰《宋史》卷一《太祖一》,中华书局1977年版,第26页。
⑧ (元)脱脱等撰《宋史》卷一《太祖一》,中华书局1977年版,第31页。
⑨ (元)脱脱等撰《宋史》卷一《太祖一》,中华书局1977年版,第41页。
⑩ (元)脱脱等撰《宋史》卷一《太祖一》,中华书局1977年版,第44页。
⑪ (元)脱脱等撰《宋史》卷一《太祖一》,中华书局1977年版,第47页。
⑫ (元)脱脱等撰《宋史》卷一《太祖一》,中华书局1977年版,第48页。
⑬ (元)脱脱等撰《宋史》卷六一《五行一上》,中华书局1977年版,第1320页。

因即祈焉，不知起在何代。”[①]而敦煌民间在祭祀道教雨师风伯时，要念佛经愿文。法国伯希和敦煌文书第二二〇三(二)《金光明经题记愿文》(拟)云：“敬写《金光明最胜王经》一部十卷。右已上写经功德，并用庄严太山府君、平等大王、五道大神。天曹地府、伺(司)命伺(司)录、土府水官、行病鬼王并役(疫)使。府君诸郎君及善知识、胡使录公、使者、检部历官、舅母关官、保人可韩及新三使、风伯雨师等，伏愿哀垂，纳受功德，乞延年益寿。”[②]

北京图书馆新七〇一号《金光明最胜王经题记愿文》(拟)亦云：“丙寅至戊辰三年已来所有煞害生命、负债负命、怨家债主，并愿乘兹《金光明经》，速莫作怨家债主，愿解怨释结。并奉太山府君、平等大王、五道大神、天曹地府、伺(司)录伺(司)命、土府水官、行病鬼王及疫使等，并府君诸郎君、胡使录公、使者、舅母关官、保人可韩及新三使、风伯雨师、诸善知识等，同沾此幅(福)。”[③]

英藏敦煌写卷斯〇二七六《长兴四年癸巳岁(933)具注历日》亦云：“十四日庚申木平设祭雨神，魁。在外巽宫，胃管。”[④]

由上可见，敦煌唐人不单在进行祷雨巫术时要祭祀风伯雨师，即使在祈求长寿时，也要祭祀风伯雨师神。见雨师神像：

2. 雨师神〔采自《中国民间诸神》〕

而读以上《金光明经题记愿文》的，一定是唐代的和尚，因为它是民间的佛教愿文。这种愿文与祝文类似。在宋太祖时代官方也祭祀蚕氏神，读祭祀蚕氏神巫术的祝文一般由女祝，即宋代掌祭祀的女官担任。女祝读祭蚕氏神祝文，是一种祭祀鬼神的文辞，故这种女祝与沟通鬼神的女巫类似。如《开宝通礼》中记录祭祀蚕氏神：

> 季春吉巳，享先蚕于公桑。前享五日，诸与享官散斋三日，致斋二日。享日未明五刻，设先蚕氏神坐于坛上北方，南向。尚宫初献，尚仪亚献，尚食终献。女相引三献之礼，女祝读文，饮福、受胙如常仪。[⑤]

而以上雨师神是赤松子模样。巫师装扮，头上有两角。如此装扮，说明在

---

① 法国伯希和敦煌文书第二〇〇五号《沙州都督府图经》，见王仲荦著，郑宜秀整理《敦煌石室地志残卷考释》，上海古籍出版社1993年版，第127页。

② 黄征、吴伟校注《敦煌愿文集》，岳麓书社1995年版，第939页。

③ 黄征、吴伟校注《敦煌愿文集》，岳麓书社1995年版，第935页。

④ 郝春文编著《英藏敦煌社会历史文献释录》第一卷，科学出版社2001年版，第402页。

⑤ (元)脱脱等撰《宋史》卷一〇二《礼五》，中华书局1977年版，第2493页。

古人的心目中，赤松子也是道教的一个巫师，装扮成雨师神。晋干宝撰、汪绍楹校注《搜神记》卷一云：

赤松子者，神农时雨师也。服冰玉散，以教神农。能入火不烧。至昆仑山，常入西王母中，随风雨上下。炎帝少女追之，亦得仙，俱去。至高辛时，复为雨师，游人间。今之雨师本是焉。①

此为魏晋说法，实际上源远流长，远在周代就在祭祀雨师神。

宋太祖提倡的祭祀巫术中，也有道教的太岁神。宋岳珂撰《桯史》卷八《太岁方位》曰：

建隆三年(962)五月，诏增修大内。时太岁在戌，司天监以兴作之禁，移有司毋缮西北隅。艺祖按视见之，怒问所繇，司天以其书对。上曰："东家之西，即西家之东，太岁果何居焉？使二家皆作，岁且将谁凶？"司天不能答。于是即日莅撤一新之。今世士大夫号于达理者，每易一椽，覆一篑，翦翦拘泥，不得即决，稽之圣言，思过半矣。②

3. 太岁神〔采自《绘图三教源流搜神大全》〕

太岁神是中国民间信仰的凶神。谁也不敢得罪他，俗话说：谁敢在太岁头上动土？故宋太祖在祭祀巫术中，列上太岁神，尊崇之，以利于自己的统治和文化发展。清黄斐然撰《集说诠真》曰："《五礼通考》谓：《图书集成·博物篇·神异典》载：宋王安石《景灵宫修盖神御殿上梁祭告太岁祝文》曰：伏以钦奉仙游，肇营宝构，举修梁而揆日，具蠲肴以宁神。祓此后艰，仰繄天佑。案：太岁之祀，汉唐以来不载祀典，而王安石有祭太岁神文，岂宋时已有其祀耶？"③王安石祭祀太岁，正是有建隆三年大内祭太岁的根据，故云：宋时已有其祀焉。

信医不信巫，是宋太祖时代的特点。但同时亦反对蛊道巫术，如《宋史》卷一曰："徙永州诸县民之畜蛊者三百二十六家于县之辟处，不得复齿于乡。"④太祖曾为生病的弟弟(后为太宗)针灸灼艾，太宗觉痛，太祖就取艾自灸示范。太

① (晋)干宝撰，汪绍楹校注《搜神记》卷一，中华书局1979年版，第1页。
② (宋)岳珂撰《桯史》卷八，上海古籍出版社1991年版，第466页。
③ (清)黄斐然撰《集说诠真》，见光绪三十二年上海慈母堂排印本。
④ (元)脱脱等撰《宋史》卷一《本纪第一·太祖一》，中华书局1977年版，第17页。

宗生病，帝往视之，因此处理政事温文尔雅，善用中庸之道，官民道泰，天下咸安。

故宋太祖时期，将巫术治病列入黑名单，加以扫荡，而有涪陵太尉笞挞大巫的事件发生。元脱脱等撰《宋史》卷二六七《李惟清传》云：

> 李惟清字直臣，下邑人。父仲行，为章丘簿，因徙家焉。惟清，开宝中(971—972)，以三史解褐涪陵尉。蜀民尚淫祀，病不疗治，听于巫觋，惟清擒大巫笞之，民以为及祸。他日又加棰焉，民知不神。然后教以医药，稍变风俗。[①]

这是盛治之世四川长江流域的反巫术治病。第四任皇帝仁宗时期仍然坚持反对巫术治病的传统，侯可传亦记载巴州化城县"尚鬼而废医"，禁之，"几变其习"[②]。

宋太祖祭祀巫术自然不止雨师神、太岁神，还有翊圣神。宋高承撰《事物纪原》卷二《礼祭郊祀部九·黑煞号》引杨亿《谈苑》曰："开宝中(972)有神降于终南山。进士张守真自言：'我天之尊神，号黑煞将军，与真武、天蓬等列为天之大将。"[③]；以上"进士张守真"即为"县民张守真"之误。其实据宋王钦若编的《翊圣保德传》云，此神即"翊圣保德真君"[④]。此神在开宝年间出现以后，留下了悬念。有关他的祭祀巫术在宋太宗、宋真宗时代才陆续正式亮相。

另外，关于祭祀五岳神，宋太祖在平定湖南时，派李昉抢先祭祀南岳神。据《宋史》卷一〇二载："岳镇海渎之祀。太祖平湖南，命给事中李昉祭南岳，继令有司制诸岳神衣、冠、剑、履，遣使易之。"[⑤]"祭南岳"即祭南岳神，是为了巩固宋王朝在南方的统治的措施。有关祭祀五帝在宋真宗时代才盛大亮相。

4. 南岳大帝像〔采自《道教神仙信仰》〕

一方水土养一方人。宋太祖平定湖南就祭祀道教的南岳大帝，显然有其含义。《衡岳志》说南岳神主世界星象

① (元)脱脱等撰《宋史》卷二六七，中华书局1977年版，第9216页。

② (元)脱脱等撰《宋史》卷四五六《孝义》，中华书局1977年版，第13406页。

③ (宋)高承撰《事物纪原》卷二，景印文渊阁《四库全书》第920册，第45页。

④ (宋)王钦若编《翊圣保德传》卷上，《道藏》，文物出版社、上海书店、天津古籍出版社1988年影印本，第32册，第650页。

⑤ (元)脱脱等撰《宋史》卷一〇二《志第五十五·礼五》，中华书局1977年版，第2485页。

分野并兼水族鱼龙之事，与民间生活息息相关，此祭祀巫术象征关心民间疾苦。

总之，宋太祖祭祀的雨师神、太岁神、南岳大帝都是有关国计民生的神灵。说明他信仰道教神目的，是为了大宋王朝休养生息，稳定发展。另一方面则是关心道教，使其规范发展。据宋王栐撰《燕翼诒谋录》卷二《黄冠之教》载："道士不得畜养妻孥，已有家者，退出外居止。"①这是在开宝五年（972）诏书中的规定，这样便杜绝了光着道冠服不奉道教的"寄竭"现象，使道教更加得到民间尊崇。

第二节　宋太宗道教祭神封神的意义和影响

宋太宗时代祭祀巫术，祭祀的第一个神，就是"翊圣将军"。宋高承撰《事物纪原》卷二《礼祭郊祀部九·黑煞号》引杨亿《谈苑》以后紧接着说："太宗即位，筑宫终南山阴。太平兴国六年，封翊圣将军。《翊圣传》曰：建隆之初，凤翔府盩厔县民张守真游终南山，闻空中有召之者，曰：'吾高天大圣玉帝辅臣，授命卫时，乘龙降世。'太宗遣王守节、王龟从就终南山下筑宫。兴国初，诏封翊圣将军。真宗受元符封泰山后，大中祥符七年（1014）诏加号曰'翊圣保德真君'。"②

《佛祖统纪》卷四四引《宋会要》曰："国初（指太平兴国元年），有天神降于盩厔张守真家，自言玉帝之辅，奉上帝命，护卫宋朝，所言祸福皆验，守真遂为道士。至是，上召见守真入见，陈立坛设醮之法，敕于琼林苑设周天大醮，遣起居舍人王龟从就终南山建上清太平宫以奉天神。上亲征太原，天神降言：'宜设醮谢胜捷。'逾旬，王师奏捷，上遣使诣宫醮谢，其夕，降言曰：'上帝诸天皆喜，国祚延永，过于有唐。'乃诏封天神为翊圣保德真君，赐守真崇元大师。自是公卿士庶诣宫祈扣，必降语告诫。"③宋太宗封赐"翊圣保德真君"，据《四库全书总目》言："道家独尊玄武。此所谓翊圣真君，即玄武也。"④后世流传称呼复杂，玄武（真武）大帝、玄天上帝、太玄大将等。

5. 玄武大帝像〔采自《中国民间诸神》〕

① （宋）王栐撰《燕翼诒谋录》卷二，中华书局1981年版，第79页。

② （宋）高承撰《事物纪原》卷二，景印文渊阁《四库全书》第920册，第45页。

③ （宋）释志磐撰《佛祖统纪》卷四四引《宋会要》，《大正藏》卷四九，第401页。

④ （元）脱脱等撰《宋史》卷五《太宗二》，中华书局1977年版，第101页。

宋太宗完成从祭神到封神之转变。盛治时期祭祀玄武大帝及其封神，其巫术象征符号显然是为宋初平治社稷之用。《道藏・洞神部・玉诀类・太上说玄天大圣真武本传神咒妙经》曰："太玄大将皂纛玄旗，被发跣足，躬披铠甲，亲至人间，协助周武伐纣，平治社稷，功成而摄踏龟蛇回天。昊上玉尊亲行典仪，册封玄武，加号太上紫皇天一真人，玄天上帝，领九天采访使职，天称元帅，世号福神。"以上图像仍有"摄踏龟蛇回天"形象即为明证。祭祀这个福神和封赐翊圣保德真君，就是为使天下获福。

宋太宗赵匡义生性好学(976—997在位)。《宋史》卷五说他"帝之功德，炳焕史牒，号称贤君"[①]。一登皇位就崇善儒学，设立崇文院，发展儒学，还亲幸崇文院观书；《宋史》卷四：太平兴国二年(977)"丙子，诏禁天文卜相等书，私习者斩"。他又在四川、两广、湖南，禁止杀人祀鬼的巫术，举报者奖。[②]

6. 宋太宗像〔采自《三才图会》〕

宋太宗和宋太祖一样，十分重视道教的祭祀雨神巫术。兹举出以下八例。

1. 太平兴国三年(978)，"夏四月乙卯朔，命群臣祷雨。召华山道士丁少微"[③]。提倡道教祷雨巫术。

2. 太平兴国五年(980)，"五月，辛酉，命宰相祈晴"[④]。

3. 太平兴国六年(981)，"夏四月辛未，幸太平兴国寺祷雨"[⑤]。

4. 雍熙四年(987)，"十二月壬寅，幸建隆观、相国寺祈雪"[⑥]。

5. 淳化二年(991)，"三月，己巳，以岁蝗旱祷雨弗应，手诏宰相吕蒙正等：'朕将自焚，以答天谴。'翌日而雨，蝗尽死"[⑦]。

6. 淳化三年(992)，"九月丙申，遣官祈晴京城诸寺观"[⑧]。

7. 至道元年(995)，"二月甲申，命宰相祷雨"[⑨]。

8. 至道二年(996)，"三月丙寅，以京师旱，遣中使祷雨。戊辰，命宰臣祀郊庙、社稷，祷雨"[⑩]。

---

① (元)脱脱等撰《宋史》卷五《太宗二》，中华书局1977年版，第101页。
② (元)脱脱等撰《宋史》卷四《太宗一》，中华书局1977年版，第57页。
③ (元)脱脱等撰《宋史》卷四《太宗一》中华书局1977年版，第58页。
④ (元)脱脱等撰《宋史》卷四《太宗一》中华书局1977年版，第64页。
⑤ (元)脱脱等撰《宋史》卷四《太宗一》中华书局1977年版，第66页。
⑥ (元)脱脱等撰《宋史》卷五《太宗二》，中华书局1977年版，第81页。
⑦ (元)脱脱等撰《宋史》卷五《太宗二》，中华书局1977年版，第87页。
⑧ (元)脱脱等撰《宋史》卷五《太宗二》，中华书局1977年版，第90页。
⑨ (元)脱脱等撰《宋史》卷五《太宗二》，中华书局1977年版，第97页。
⑩ (元)脱脱等撰《宋史》卷五《太宗二》，中华书局1977年版，第99页。

宋太宗时期祭祀巫术和宋太祖祭祀巫术有类似处，就是祈雨以后，又忙着祈晴。例如以上第二例，太平兴国五年五月刚忙着祈雨，但是大雨如注，据《宋史》卷六一记载："五年五月，颍州颍水溢，坏堤及民舍。徐州白沟河溢入州城。"①故而又忙着祈晴。

特点二，禁止黑巫术，如"乙巳，禁川峡、岭南、湖南杀人祀鬼，州县察捕，募告者赏之。"②《宋史》卷五给宋太宗评价："绝远物，抑符瑞，闵农事，考治功。"③

特点三，太宗在位两年以后就重用道士丁少微，在华山祷雨。丁少微《宋史》卷四六一有传，云："丁少微，亳州真源人。为道士，持斋戒，奉科仪尤为精至。尝阴华山潼谷，密迩陈抟所居，与抟齐名。少微志尚清洁，抟嗜酒适性，其道不同，未尝相往还。少微善服气，多饵药，年百余岁，康强无疾。始，卜居山上，起坛场净室，通夕朝礼，五十余年未尝稍懈。太平兴国三年(978)，召赴阙，以金丹、巨胜、南芝、玄芝为献。留数月，遣还山。七年冬卒。"④可见丁少微进谒太宗，还献金丹和养生精品，早逝于宋太宗太平兴国七年。

宋太宗时代祭祀巫术最浩大的一次当属太平兴国五年(980)皇帝亲自带队"车驾北征"参加的那一次。《宋史》卷一〇二记载说："太平兴国五年十一月，车驾北征。前一日，遣官祭告天地于圜丘，用特牲；太庙、社稷用太牢；望祭岳渎、名山、大川于四郊，磔风于风伯坛，祀雨师于本坛，祷马于马祖坛，祭蚩尤、祃牙于北郊，并用少牢；祭北方天王于北郊迎气坛，用香、柳枝、灯油、乳粥、酥蜜饼、果。仍遣内侍一人监察。咸平中北征礼同。"⑤

此次是一次综合性的多神祭祀巫术仪式，祭祀有风伯神、雨师神、还有马祖、蚩尤、祃牙、北方天王。但主要是风伯雨师。《宋史》卷一〇三载："风师坛高四尺，东西四步三尺，南北减一尺。"⑥尤以突出风伯神为首。所谓"磔风"，"磔"者，古代祭祀时分裂牲畜肢体；以"磔牲"祭风神。以下见风伯神图：

风伯雨师在周代已经出现。汉郑玄注、唐贾公彦疏《周礼注疏》卷一八《大

---

① (元)脱脱等撰《宋史》卷六一《五行一上》，中华书局 1977 年版，第 1321 页。

② (元)脱脱等撰《宋史》卷五《太宗二》，中华书局 1977 年版，第 85—86 页。

③ (元)脱脱等撰《宋史》卷五《太宗二》，中华书局 1977 年版，第 101 页。

④ (元)脱脱等撰《宋史》卷四六一《列传第二百二十・丁少微》，中华书局 1977 年版，第 13512 页。

⑤ (元)脱脱等撰《宋史》卷一〇二《礼五》，中华书局 1977 年版，第 2497—2498 页。

⑥ (元)脱脱撰《宋史》卷一〇三《礼六》，中华书局 1977 年版，第 2517 页。

宗伯》曰："以槱燎祀司中、司命、风师、雨师。"[①]风师同风伯，故在周代风伯最初称为风师，而与雨师的二"师"对称，构成称呼上的特征。在远古，蚩尤是黄帝的反对派，晋郭璞传、清毕沅校《山海经》卷一七《大荒北经》曰："蚩尤作兵伐黄帝……请风伯雨师，从(纵)大风雨。"[②]正由于蚩尤有这个能耐，他的本领来自风伯雨师，故而宋太宗祭祀风伯雨师时，连带蚩尤也一起来见证他的祭祀。

7. 风伯神〔采自《中国民间诸神》。下同〕

祭祀宋太宗五岳神巫术是"按五郊迎气之日"，即在立春、立夏、立秋、立冬日、土王日进行。《宋史·礼五》曰：太平兴国八年(983)起，尊旧礼，就迎气日各祭于所隶之州。立春日祀东岳岱山于兖州，立夏日祀南岳衡山于衡州，立秋日祀西岳华山于华州，立冬祀北岳恒山，土王日祀中岳嵩山于河南府。[③]

在宋太宗提倡的祭祀巫术里，推崇三茅真君并且封神也是一个重要方面，以后的宋真宗跟进祭祀和封神。清姚福均撰《铸鼎余闻》卷一云："宋太宗及真宗封上茅九天上卿司命大元妙道冲虚佑圣真应真君，中茅地仙上真定录右禁至道冲静德佑妙应真君，下茅地仙至真三官保命微妙冲慧神佑神应真君。"[④]上茅、中茅、下茅三真人通称"三茅真君"。左图是三茅真君图。

清阙名撰《绘图三教源流搜神大全》卷二曰：

8. 三茅真君

《太玄真人内传》略曰：真人姓茅，咸阳南关人也。圣祖讳喜，字拱伦，仕秦庄襄王，为广信侯。其父乃广信侯第六子，讳祚，字彦英；有三子，长子讳盈，字叔申，次子讳固，字季伟，小子讳衷，字思和。盈年十八，弃家，恒山读《老子》书及《周易》传，采取山术而饵服之。积六年，夜梦太玄玉女把玉扎而携之曰："西城王君得真道，可为师矣。"明晨敬到西城，斋戒三月，卒见王君驾神龙之骈，翱翔于绣岩之阴。于是越艰难绝阻，不觉以前。君乃使卫官见摄将远王君洞台之中，亲侍旦夕执巾履之

① (汉)郑玄注，(唐)贾公彦疏《周礼注疏》卷一八，中华书局1980年影印阮元校刻《十三经注疏》本，第757页。

② (晋)郭璞传，(清)毕沅校《山海经》卷一七《大荒北经》，上海古籍出版社1986年影印《二十二子》本，第1385页。

③ (元)脱脱等撰《宋史》卷一〇二《礼五》，中华书局1977年版，第2486页。

④ (清)姚福均撰《铸鼎余闻》，见清光绪二十五年(1899)刊本。

役，如是十七日，王君见君谨密，使主领衣，书神箓之章。复三年，乃命驾造白玉龟山，请王母于清琳宫，君时从焉。西王母曰："总真今乃挟肉人以登灵台，不亦劳乎？"王君笑而不答，因目君起再拜自陈，愿赐长生之术。王母曰："吾昔先师元始天王及扶桑大帝君时乃闲居于希林之台、积霄之房，说玄玄之道，见遗以要言，所谓玉佩金珰之道，太极玄真之经也。"君拜受所言。王母救王君——解释玄玄之经，又自救出金珰之文，以口告于君也。受命言讫，王君将初归西城，按而行之，三年之中，色如女子，目有流光，而生玉泽。王君又赐君九转还丹二剂及神方一首，告之曰："道已成，可以反矣。复百年，求我于南岳，将受汝仙在于吴越也。"于是辞师乃归，时年四十九。君父母尚在，见之大怒，曰："为子不孝，不亲供养，寻逐妖亡，流走四方！"欲杖罚之。君长跪谢曰："盈受命应当得道，今道已成，不可杖击，恐三官考察，非小故也。"父不信，于是操杖向君，适欲举杖，杖即摧折成数段，数段皆发扬如弓矢之发，中壁壁穿，中柱柱陷。父悟，不敢打，怒乃至。父又曰："汝言得道，能起死人否？"君曰："死人有罪，重疾恶，不可复生。有夭寿短折者，则可令起也。"乃召社会，问此村中已死者谁可召还，促约所关由使发遣之。至日入之后，社公来白事，云："某甲已决了，便可发出。"于是掘地振棺，举而出之，三日能坐，语言了了。如此发数人家，皆遂生活，乡里远近，咸称神明之君。后十余年，君父母俱死，行丧如礼。中弟固，汉景帝时举孝廉，累迁至武威太守。弟衷少以节行显名，从梁国为孝王上宾。宣帝地节二年迁洛阳令，后拜为五更大夫，转西河太守。[①]

秦汉间人，秦广信侯第六子茅喜，有三子，茅盈、茅固、茅衷。其长子茅盈，到南岳衡山研修《老子》和《周易》，采取称为"山术"的巫术饵服之，成了医药巫师，受神仙太玄玉女之长生术而得道。茅盈修炼成功以后回到故乡，用长生术解救了许多病人，帮他们起死回生，乡里远近，父老乡亲，咸称神明之君，汉景帝举为孝廉。"百年"以后，在吴越之地——茅山，兄弟三人俱得道成仙，成为"三茅真君"。宋太宗赐封茅盈为"佑圣真君"称号，肯定了道教珍惜生命之可贵，也体现出追求长生术之不易，又肯定了长久流传民间的"有夭寿短折者"，令其召还生命。至今江苏茅山的三茅真君庙，已经成为著名的旅游景点，经千年，其信仰的凝聚力量依然。

① (清)阙名撰《绘图三教源流搜神大全》卷二，上海古籍出版社 1990 年影印本，第 83—84 页。

但是，这一切后世的影响力，在古人看来，茅盈的成功，不啻是他当担巫师的成功。因为他的社会效用，主要是为“有夭寿短折者”召唤生命，茅盈是沟通人与神的巫师。而又是谁赐他天书的？是他“夜梦”的太玄玉女赐他以“玉扎”，正是这一玉扎，使他进入了另一个进谒女神——西王母的更加广阔的道教世界。赐给他以“长生之术”，《列仙全传》卷一更说王母“授以太极玄真之经”。正是这个道教世界，使他救死扶伤工作上升到一个高度。因此，古人对太玄玉女赐茅盈玉扎之事非常重视，而有专门的插图。见图9茅盈接受“玉扎”。

9. 茅盈接受玉札图

请注意茅盈头上的两只角，这点和头上有两角的赤松子类似。而头上有角，正是巫师装扮的特征。关于头上显露两角或三角的巫师特征，可参阅本书第四章第一节“巫师的装扮”。因此，由图可见，在古人的心目中，茅盈确系巫师无疑，有趣的是三茅兄弟头上官帽上都装饰有两只角向上翘着，这不会是偶然的吧。

由上所述可见，在道教的世界观里，女性的地位往往高过于男性，西王母给予茅盈以太极玄真之经，太玄玉女又给予茅盈以带有魔法性的玉扎，当然，这个玉扎和潘多拉的盒子本质上并不相同，玉扎装的是道教的真理。由女神帮助黄帝等等男神征战蚩尤取得成功的实例，并不鲜见。如蚩尤伐黄帝，请风伯雨师纵大风雨，《山海经》卷一七《大荒西经》又曰：“黄帝乃下天女曰魃，雨止，遂杀蚩尤。”①正是女神魃，帮助黄帝伐蚩尤取得成功。

总之，宋太祖祭祀玄武大帝、风伯神、三茅真君，并加以封神，与他宣称自己“清静致治，黄老之深旨也，朕当力行之”②有关。他还不断召见当时道士，王怀隐是以善医诊治病得以召见；并编成《病源候论》一百卷，宋太宗御制序。赵自然以鬻茗养生而获召见。柴通玄为道士于承天观，年百余岁，善辟谷养生而获宋太宗、真宗召见。说明宋代对道教养生术和道教清静致治宗旨的推崇。

① （晋）郭璞传，（清）毕沅校《山海经》卷一七《大荒西经》，上海古籍出版社1986年影印《二十二子》本，第1385页。

② 《道藏》，文物出版社、上海书店、天津古籍出版社1988年影印本，第17册，第876页。

第三节　宋真宗道教祭神封神的意义和影响

宋初六十余年盛治时期是整个宋朝的黄金时代。宋真宗赵恒自咸平元年(998)即位,至乾兴元年(1022),共在位二十五年。分为咸平、景德、大中祥符、天禧四阶段,在发展本土宗教——道教方面,超越了宋太祖和宋太宗。

咸平阶段。有土龙祈雨巫术。宋真宗刚刚登位就推行祭祀巫术,首推祭祀雷师,目的是与民有利,求雨以求农业丰收。但官方规定不得用音乐和巫觋,在宋真宗时代明文规定,允许没有巫师参加的而只有"长吏斋三日"领衔参加的求雨祭祀巫术。这就是造龙祈雨巫术。《宋史》卷一〇二《礼五》记载:

10. 宋真宗像〔采自《三才图会》〕

咸平二年(999)旱,诏有司祠雷师、雨师。内出李邕祈雨法:以甲乙日择东方地作坛,取土造青龙,长吏斋三日,诣龙所,汲流水,设香案、茗果、餈饵,率群吏、乡老日再至祝酹,不得用音乐、巫觋。雨足,送龙水中。余四方皆如之,饰以方色。①

这种祈雨法带有模仿巫术成分,既是虔诚相信雷师神和雨师神会赐雨,也是相信人工模拟制造的这条土龙会显灵播雨,以泽天下。只是不让迷信的名声已经很不好的巫觋参加而已,李邕就成了没有巫师头衔的"巫觋"代表。此虽实为掩耳盗铃之举,但反映不错,乃"诏颁诸路"。

雷师称呼复杂。《楚辞·离骚》:"鸾皇为余先戒兮,雷师告余以未具。"②《楚辞·远游》:"左雨师使径待兮,右雷公以为卫。"③《山海经·海内东经》:"雷泽中有雷神,龙身而人头,鼓其腹。在吴西。"④宋人统一于雷师。也许是形状与龙有些类似,促使土龙祈雨向画龙祈雨发展,"土龙"向"画龙"过渡。

---

① (元)脱脱等撰《宋史》卷一〇二,中华书局1977年版,第2500页。

② 《楚辞·离骚》,卞孝萱、黄清泉主编《中国古代文学作品选》(先秦秦汉魏晋南北朝卷),华中师范大学出版社1999年版,第238页。

③ (汉)王逸注《楚辞章句》卷五,景印文渊阁《四库全书》第1062册,第51页。

④ (晋)郭璞撰,(清)毕沅校《山海经》卷一三,上海古籍出版社1986年影印《二十二子》本,第1376页。

景德阶段。过渡到画龙祈雨巫术。《宋史》卷一〇二《礼五》记载："景德三年(1006)五月旱，又以画龙祈雨法，付有司刊行。其法择潭洞或湫泺林木深邃之所，以庚、辛、壬、癸日，刺史、守令帅耆老斋洁，先以酒脯告社令讫，筑方坛三级，高二尺，阔一丈三尺，坛外二十步，界以白绳。坛上植竹枝，张画龙。其图以缣素，上画黑鱼左顾，环以天鼋十星；中为白龙，吐云黑色；下画水波，有龟左顾，吐黑气有线，和金银朱丹饰龙形。又设皂幡(执长条旗的差役)，刎鹅颈血盘中，杨枝洒水龙上，俟雨足三日，祭以一豭(公猪)，取画龙投水中。"①

11. 雷神〔采自《道教神仙信仰》〕

画龙祈雨巫术的提出，并非偶然。中国人是龙的传人，中国是龙的国度。在艺术界，画龙本身就有悠久的文化传统。《韩非子·说难》曰："夫龙之为虫也，柔可狎而骑也。然其喉下有逆鳞径尺，若人有婴之者，则必杀人。"②《论衡·龙虚篇》曰："世俗画龙之象，马首蛇尾。"③《酉阳杂俎》前集卷一七曰："龙、头上有一物如博山形，名尺木。龙无尺木，不能升天。"④画法具备，故画龙祈雨巫术的提出可谓水到渠成。正由于如此，就不应把景德元年以后宋真宗尊崇道教与契丹的战争挂钩，认为这是他掩饰懦弱的表现。

在此画龙祈雨巫术的文化背景下，宋王朝推动了画龙的艺术发展，并且对中国艺术有深远的影响。吉成名著《中国崇龙习俗》指出："北宋初年，画家董羽对当时所流行的画龙技法进行了总结，提出'三停九似说'。三停分别是自首至项、自项至腹、自腹至尾，九似分别是头似牛、嘴似驴、眼似虾、角似鹿、耳似象、鳞似鱼、须似人、腹似蛇、足似凤(《画龙辑议》)。这个总结颇得要领，将龙的各个重要部位的形貌特征都明确规定下来。董羽的'三停九似说'对于后来的画龙技法产生了深远的影响，后来的画龙技法一直到明清时期都始终没有离开三停九似这个框架。"⑤

董羽"三停九似说"后，宋代画家郭若虚撰《图画见闻志》六卷，又有了充实和补充。《四库全书总目》对郭若虚的艺术理论做出了肯定的评价："就其所载论之，一百五六十年之中，名人艺士，流派本末，颇称赅备。……其论制作之理，

---

① (元)脱脱等撰《宋史》卷一〇二，中华书局1977年版，第2500—2501页。
② (周)韩非撰《韩非子》卷四，上海古籍出版社1986年影印《二十二子》本，第1130页。
③ (汉)王充撰，陈蒲清点校《论衡》卷六，岳麓书社2006年版，第80页。
④ (唐)段成式撰，方南生点校《酉阳杂俎》前集卷一七，中华书局1981年版，第163页。
⑤ 吉成名著《中国崇龙习俗》，天津古籍出版社2002年版，第39页。

亦能深得画旨，故马端临以为看画之纲领。”[①]这说明，宋真宗时代所进行的画龙祈雨巫术，是与艺术界人士紧密结合进行的；在团结画家为民祈雨祈福上，无疑产生了生活的动力。

12. 画龙各部位图〔采自《中国崇龙习俗》〕

大中祥符阶段。宋真宗有关道教神的祭祀巫术及封神几乎年年都有，大中祥符年号持续九年，封神诸多。元年至四年祭祀泰山的东岳大帝和五岳大帝；五年祭祀河神伍子胥；六年至七年祭祀太上老君；五年至九年祭祀玉皇大帝。整个大中祥符阶段所进行的祭祀巫术，都是在与契丹战争背景下展开的，尊崇道教所起的和平作用不可小视；同样不能认为宋真宗尊崇道教是为了掩饰澶渊之“耻”，他的尊崇道教和与契丹和谈，实际是为宋朝赢得百年和平。

祭祀泰山东岳大帝巫术。其背景是景德一年澶渊之盟招致的对宋真宗战胜却屈和的非议。从大中祥符元年(1008)一月就开始自下而上酝酿。《宋史》卷七《真宗二》曰：“大中祥符元年春正月乙丑，有黄帛曳左承天门南鸱尾上，守门卒涂荣告，有司以闻。上召群臣拜迎于朝元殿启封，号称天书。丁卯，紫云见，如龙凤覆宫殿。戊辰，大赦改元，群臣加恩，赐京师酺。”[②]所有所谓“天书”、“仙册”自然是巫师的造作。礼部尚书王钦若为了解除宋真宗因澶渊之盟招致的困厄，不得不用此巫书，来作改元为“大中祥符”年号的理由。

接着：“(大中祥符元年)三月甲戌，兖州父老二百人诣厥请封禅；丁卯，兖州并诸路进士等八百四十人诣厥请封禅；壬午，文武官、将校、蛮夷、耆寿、僧道二万四千三百七十余人诣厥请封禅；不允。自是表凡五上。”[③]逼使宋真宗答应，这应该也是王钦若的造作。

朝廷内部商议一个月后，“夏四月甲午，诏以十月有事于泰山，遣官告天地、宗庙、岳渎诸祠。乙未，以知枢密院事王钦若、参知政事赵安仁为泰山封禅经度制置使。丙申，以王旦为封禅大礼使，冯拯、陈尧叟分掌礼仪使。”[④]“五月壬戌，王钦若言泰山礼泉出，锡山苍龙见。”终于作出要封禅的安排。

还没完。还有四个程序：第一，“六月乙未，天书再降于泰山礼泉北”[⑤]。第二，

---

① (清)永瑢等撰《四库全书总目》卷一一二，中华书局1965年影印本，第956页。

② (元)脱脱等撰《宋史》卷七，中华书局1977年版，第135页。

③④ (元)脱脱等撰《宋史》卷七，中华书局1977年版，第136页。

⑤ (元)脱脱等撰《宋史》卷七《真宗二》，中华书局1977年版，第137页。

"壬寅,迎泰山天书于含芳园,云五色见,俄黄如凤驻殿上"[①]。第三,冬十月,"辛卯,车驾发京师,扶持使奉天书先道"[②]。第四,冬十月"戊戌,许、郓、齐等州长吏赴泰山陪位"[③]。待这一切忙完以后进入封神阶段,才加封泰山东岳大帝神号为"仁圣天齐王"。

13. 东岳大帝〔采自《道教神仙信仰》。下同〕

然后,《宋史》卷一〇二《礼五》曰:"(大中祥符)四年,加五岳帝号,告天地、宗庙、社稷。"[④]宋高承撰《事物纪原》卷二《礼祭郊祀部九·五岳号》亦曰:"大中祥符元年十月十五日,诏泰山天齐王加号仁圣天齐王。四年二月二十一日,加号西岳曰顺圣金天王;二十六日,又诏加号中天王为崇圣中天王。五月,加上中岳曰中天崇圣帝,东岳曰天齐仁圣帝,南岳曰司天昭圣帝,西岳曰金天顺圣帝,北岳曰安天元圣帝。"[⑤]即在大中祥符四年,敕封五岳大帝的祭祀巫术才搞定。但这种祭祀巫术,并非宋真宗的首创,他是从唐玄宗那里学来的。唐杜佑撰《通典》卷四六《礼六·吉五·山川》曰:"开元十三年,封泰山神为天齐王。天宝五载,封中岳神为中天王,南岳神为司天王,北岳神为安天王。"[⑥]而宋真宗的意图是:只有道教能够帮助他摆脱困境和重振宋王朝的威风。果然,在大中祥符元年敕封东岳大帝为仁圣天齐王时,上下传呼万岁之声,震动山谷。《宋史》卷七《真宗二》记载泰山封禅曰:"(大中祥符元年冬十月)帝衮冕奠献,庆云绕坛,月有黄光;命群臣享五方帝诸神于山下奉祀坛,上下传呼万岁,振动山谷。降谷口,日有冠戴,黄气纷郁。"[⑦]《宋史》卷一〇二《礼五》又曰:"真宗封禅毕,加号泰山为仁圣天齐王,遣职方郎中沈维宗致告。"[⑧]壮大了宋王朝的声威。

14. 西岳大帝

15. 北岳大帝

16. 中岳大帝

①② (元)脱脱等撰《宋史》卷七《真宗二》,中华书局1977年版,第137页。
③⑦ (元)脱脱等撰《宋史》卷七《真二宗》,中华书局1977年版,第138页。
④ (元)脱脱等撰《宋史》卷一〇二,中华书局1977年版,第2498页。
⑤ (宋)高承撰《事物纪原》卷二,景印文渊阁《四库全书》第920册,第47页。
⑥ (唐)杜佑撰《通典》卷四六,景印文渊阁《四库全书》第603册,第563页。
⑧ (元)脱脱等撰《宋史》卷一〇二,中华书局1977年版,第2486页。

中国祭祀五岳历史悠久。《周礼注疏》卷一八《大宗伯》曰："以血祭祭社稷、五祀、五岳。以狸沈祭山林川泽。"①从周代已开始，由巫师领衔。秦汉对五帝进行祭祀巫术。汉司马迁撰《史记》卷二八《封禅书》第六曰："长安置祠祝官、女巫。其梁巫。祠天、地、天社、天水、房中、堂上之属；晋巫，祠五帝、东君、云中君、司命、巫社、巫祠、族人、先炊之属；秦巫，祠社主、巫保、族累之属；荆巫，祠堂下、巫先、司命、施糜之属；九天巫，祠九天；皆以岁时祠宫中。"②秦汉祭祀五帝均由巫师领衔。自唐代起，祭祀五岳改由道士代替。《文献通考》曰："开元时，天台道士司马承祯言：今五岳神祠是山林之神也，非正真之神也。五岳皆有洞府，有上清真人降任其职，山川风雨阴阳气序，是所理焉。"③可见道教在唐代上清派祭祀五岳，上清派多以扶乩巫术形式制作道经。由此才过渡到宋代祭祀五帝排除巫觋存在。

祭祀太上老君巫术并且封神。主要起于大中祥符六年（1013）亳州父老、道释、举人三千三百十六人诣阙，请车驾朝谒太清宫，宰臣帅百官表请。宋真宗才下诏同意。《宋史》卷八《真宗二》曰："八月庚申，诏来春亲谒亳州太清宫。辛酉，以丁谓为奉祀经度制置使。丙寅，禁太清宫五里内樵采。庚午，加号太上老君混元上德皇帝。置礼仪院。"④启用丁谓任太上老君制置使，其实丁谓的家里早已由女巫刘德妙设老君神像夜醮园中。《宋史》卷二八三《丁谓传》曰："先是，女道士刘德妙者，尝以巫师出入谓家。谓败，逮系德妙，内侍鞫之。德妙通款，谓尝教言：'若所为不过巫事，不若托言老君言祸福，足以动人。'于是即为家设神像，夜醮于园中，允恭数至请祷。及帝崩，引入禁中。"⑤故真宗祭祀老君及其封神依然有巫师背景。

在大中祥符七年（1014）春亲行朝谒礼。"七年正月十五日，发京师。十九日，至奉元宫，斋于迎禧殿。二十一日，帝服通天冠、绛纱袍，奉上太上老君混元上德皇帝加号册宝。夜漏上五刻，天书扶持使奉天书赴太清宫。二鼓，帝乘玉辂，驻大次。三鼓，奉天书升殿，改服衮冕，行朝谒之礼，相王元偓（即宋宗室之镇王元偓）为亚献，荣王元俨（即宋宗室周王元俨）为终献。帝还大次，太尉奉册

① （汉）郑玄注，（唐）贾公彦疏《周礼注疏》卷一八《大宗伯》，中华书局1980年影印阮元校刻《十三经注疏》本，第758页。

② （汉）司马迁撰《史记》卷二八，中华书局1959年版，第1378—1379页。

③ （元）马端临撰《文献通考》卷八三《郊社考十六》，景印文渊阁《四库全书》第612册，第42页。

④ （元）脱脱等撰《宋史》卷八，中华书局1977年版，第154页。

⑤ （元）脱脱等撰《宋史》卷二八三，中华书局1977年版，第9569页。

宝于玉匮，缠以金绳，封以金泥，印以受命之宝，纳于醮坛石匮，将作监加石盖其上。”①

李耳，字聃，俗称“老子”，“以其修道而养寿也”②。东周春秋时楚国著名哲学家。中国自秦汉以来，老子逐渐被神化。宋真宗祭祀老子，册封他为“太上老君混元上德皇帝”，此封号一直沿用至今。这次册封的背景，是檀渊之盟以后，宋真宗倍感道教的重要，亳州官吏父老三千三百人诣厥请谒太清宫祭祀老子，最终被采纳。

17. 太上老君图〔采自《中国民间诸神》。下同〕

而在册封太上老君时，宋真宗特别安排了两个弟弟，老六镇恭懿王元偓和老八周恭肃王元俨，进行终献之礼。用意明显，表明北宋王朝的治国，以不扰民的自然之治为主，要休养生息，而今后依然如此。难怪盛治三帝，特别重视举行祭祀雨神等巫术。

祭祀玉皇大帝巫术及封神。从大中祥符五年占梦巫术开始。大中祥符七、八、九年，直至天禧元年，一连五年，年年祭祀玉帝及封神。

第一次是《宋史》卷一〇四《礼七》曰：帝于大中祥符五年（1012）十月，语辅臣曰：朕梦先降神人传玉皇之命云云，于是设道场举行祭祀玉帝巫术。“闰十月，制九天司命保生天尊号曰圣祖上灵高道九天司命保生天尊大帝”③。

第二次，“（大中祥符）七年（1014）九月，即滋福殿设玉帝像，奉圣号匣，安于朝元殿后天书刻玉幄次。诏以来年正月上玉帝圣号，帝亲撰文，及天书下，亦以此日奏告，仍定仪式班之”④。

第三次，“（大中祥符）八年（1015）正月朔，驾诣玉清昭应宫奉表奏告，上玉皇大帝圣号曰太上开天制符御历含真体道玉皇大天帝，奉刻玉天书安于宝符阁，以帝御容侍立于侧，升阁酌献”⑤。

第四次，“（大中祥符）九年（1016）诏以来年正月朔诣玉清昭应宫上玉皇圣号宝册，二日诣景灵宫上圣祖天尊大帝徽号”⑥。

第五次，“天禧元年（1017）春正月辛丑朔，改元。诣玉清昭应宫荐献，上玉皇大天帝宝册、衮服。壬寅，上圣祖宝册。己酉，上太庙谥册。庚戌，享六室。辛亥，谢天地于南郊，大赦，御天安殿受册号。乙卯，宰相读天书于天安殿，遂幸玉清昭应宫，作

① （元）脱脱等撰《宋史》卷一〇四《志礼七》，中华书局1977年版，第2538页。

② （汉）司马迁撰《史记》卷六三《老子韩非列传第三》，中华书局1959年版，第2142页。

③④ （元）脱脱等撰《宋史》卷一〇四，中华书局1977年版，第2542页。

⑤⑥ （元）脱脱等撰《宋史》卷一〇四《礼七》，中华书局1977年版，第2542页。

钦承宝训述示群臣。壬戌,诏以四月旦日为天祥节”①。

玉皇大帝,是中国神话中三清之下最大的神祇。宋真宗之所以要把玉皇大帝列为国家奉祀对象,主要是为了维护大宋王朝的稳定和发展。据《宋史》载,宋王朝从大中祥符元年起,一是大赦天下,二是救济灾民、赐被水民粟、以及父老、耕民、宗室衣服、茶彩、器币等,还遣使赐军民辟瘴药。三是保护生态环境,泰山禁樵采。四是禁止中外群臣非休暇群饮废职。五是契丹饥饿,诏籴粟二万石。蕃部饥,贷以边谷。赈蕃族饥。六是告诫州府长吏无以助祭烦民,即所有祭祀神灵俱是朝廷职责,不要扰民。七是牧马草地还民。八是安抚被水农民,给饥民粥,减税赋,发粟赈饥,除灾民租,贷贫民麦种。九是接待契丹、女真、高丽西蕃、占城、宗哥族等民族来贡。十是蕃族来寇,击走之。蕃官率属来归,安抚之。抚水蛮寇宜州,掩击之。十一是留供米五十万担以备饥年。宋真宗遵从道教信仰,为国为民做了大量有益的工作,功不可没。因此不应当批判宋真宗为掩饰澶渊之耻等,纵容王钦若等人装神弄鬼,所谓“伪造符命”,谴责宋王朝发展迷信害国害民等都是不顾历史事实的错误论调。

18. 玉皇大帝图像

总之,宋真宗遵从中国本土道教之旨意,所祭祀及册封的雷神、龙神、东岳大帝等五帝神、太上老君、玉皇大帝等神祇,千年以来在中国民间产生了巨大而深远的影响,其对中国各民族产生的凝聚力不可估量,对政治、经济、文化各方面的影响力亦不可估量。正是由于宋真宗大力推行祭祀道教诸神巫术及大举封神,才把宋朝的崇道政策推向一个高潮,从而使宋朝盛治时期有了政治、经济和文化各方面的发展并出现了繁荣的景象。

① (元)脱脱等撰《宋史》卷八《真宗三》,中华书局1977年版,第161页。

第三十九章　宋代巫术

第一节　宋代反巫思潮之特征

与唐代皇帝崇尚胡僧道士相比，宋代皇帝似乎更偏重信仰佛教道教。据元脱脱等撰《宋史》所载，宋太祖赵匡胤禁毁佛铜像，并频去道观请教养生之道，如果出现旱情，除了直接给灾民免租税，还要减膳撤乐。《宋史·太祖一》载太祖于建隆三年(962)五月甲子“幸相国寺祷雨”。甲申，“复幸相国寺祷雨”。“五州自春不雨，以旱减膳彻乐”[①]。又云：乾德五年(967)“七月丁酉，禁毁铜佛像。己酉，免水旱灾户今年租”[②]。可见其处理政事温文尔雅，善用中庸之道，官民道泰，天下咸安。

1. 宋代道教人物像(波士顿藏画)〔采自《中国古代服饰史》道图六〕

宋太宗赵匡义生性好学。《宋史》卷四说他“工文业，多艺能”[③]，一登皇位就崇善儒学，设立崇文院，发展儒学，还亲幸崇文院观书，并诏禁天文卜相等迷信书，私习者斩。他又在四川、两广、湖南禁止杀人祀鬼的巫术，举报者奖。《宋史》卷四载：太平兴国二年(977)十月“丙子，诏禁天文卜相等书，私习者斩”[④]。太平兴国三年(978)“夏四月乙卯朔，命群臣祷雨。召华山道士丁少微”[⑤]，提倡道教。淳化元年(990)八月“己巳，禁川峡、岭南、湖南杀人祀鬼，州县察捕，募告者赏之”[⑥]。《宋史》给宋太宗的十二字评价曰：“绝远物，抑符瑞，闵农事，

① (元)脱脱等撰《宋史》卷一，中华书局1977年版，第11页。
② (元)脱脱等撰《宋史》卷二《太祖二》，中华书局1977年版，第26页。
③ (元)脱脱等撰《宋史》卷四《太宗一》中华书局1977年版，第53页。
④ (元)脱脱等撰《宋史》卷四《太宗一》中华书局1977年版，第57页。
⑤ (元)脱脱等撰《宋史》卷四《太宗一》，中华书局1977年版，第58页。
⑥ (元)脱脱等撰《宋史》卷五《太宗二》，中华书局1977年版，第85—86页。

考治功。”[①]《宋史》卷七《真宗二》载，宋真宗对祭祀巫术很慎重，从大中祥符三年(1010)“河中府父老千余人请祀后土，不许”[②]，到四年先是“习祀后土仪”，再是“祀后土地祇”[③]，直至五年，才加号太上老君混元上德皇帝。

无独有偶，又据《续资治通鉴》所载，北宋晚期，宋徽宗赵佶也信道教，“体神合道”，先是皇后不生儿子，他找来茅山第二十五代道士刘混康，施以巫术“广嗣之法”，皇后遂生子，徽宗高兴之极，重赏刘混康，又赐号“葆真观妙冲和先生”，又赠诗七十余次，又赠剑与田产，还向他要了“伤风符”、“镇心压惊符”来佩带。后来，徽宗又将龙虎山第30代天师张继先和江苏泰州道士徐守信(号神翁)召来，向他们要了“镇妖符”来佩带，还命他们施以占卜巫术来预言吉凶。[④]

宋代儒学的发展，推动了理学的盛行，抑制了巫术的抬头。

宋孔传撰《东家杂记》两卷，是专门介绍孔子事迹的史志。《东家杂记》卷下有《杏坛》条：“先圣殿前有坛一所，即先圣教授堂之遗址也。”[⑤]据《四库全书总目》：宋孔传，“字世文，至圣四十七代孙”[⑥]。杏坛是孔子聚集弟子讲学之处，此处是万世师表的象征。此书首列杏坛图说，是在北宋衢州刊本的基础上南宋补版补刻的。此图记述孔子乘车出鲁国东门，去杏坛讲学，逐级而上，先鼓琴而歌。画面是孔圣人坐在杏坛最高处弹琴，两侧站立着他的十位弟子。说明宋代儒学大发展，带来了巫术与风俗结合的良性转化，宋明理学融入儒学，继承和推动了中国文化传统的延伸。

2.“杏坛”图〔采自北宋衢州刊行南宋补版印本《东家杂记》〕

宋代各地对巫术和巫师的负面影响进行处理，加大了整肃的步伐。

一、江浙以南禁绝巫觋。《宋史》卷二八三《夏竦传》云：“仁宗即位，(夏竦)迁户部郎中，徙寿、安、洪三州。洪俗尚鬼，多巫觋惑民，竦索部中得千余家，敕还农业，毁其淫祠以闻。诏江、浙以南悉禁绝之。”[⑦]这是江浙一带的反巫。

---

① (元)脱脱等撰《宋史》卷五《太宗二》，中华书局1977年版，第101页。
② (元)脱脱等撰《宋史》卷七，中华书局1977年版，第143页。
③ (元)脱脱等撰《宋史》卷八《真宗三》，中华书局1977年版，第147页。
④ (清)毕沅撰《续资治通鉴》，《续修四库全书》本，上海古籍出版社2002年版，第346页。
⑤ (宋)孔传撰《东家杂记》卷下，景印文渊阁《四库全书》第446册，第82页。
⑥ (清)永瑢等撰《四库全书总目》卷五七，中华书局1965年影印本，第513页。
⑦ (元)脱脱等撰《宋史》卷二八三，中华书局1977年版，第9571页。

二、陕西户县(原称鄠县)勒巫为农。《宋史》卷二九八《陈希亮传》云:"(陈希亮)再迁殿中丞,徙知鄠县。老吏曹腆侮法,以希亮年少,易之。希亮视事,首得其罪。腆叩头出血,愿自新,希亮戒而舍之,卒为善吏。巫觋岁敛民财祭鬼,谓之春斋,否则有火灾;民讹言有绯衣三老人行火。希亮禁之,民不敢犯,火亦不作。毁淫祠数百区,勒巫为农者七十余家。及罢去,父老送之出境,泣曰:'公去我,绯衣老人复出矣。'迁太常博士。"①陈希亮反巫得到广大民众支持。

3. 道教人物像〔采自宋张择端绘《清明上河图》〕

三、江西安仁淫像投江。《宋史》卷三五六《蒋静传》云:"蒋静字叔明,常州宜兴人。第进士,调安仁令。俗好巫,疫疠流行,病者宁死不服药,静悉论巫罪,聚其所事淫像,得三百躯,毁而投诸江。"②"安仁"据《寰宇通志》,饶州府有安仁县,今属江西省。

四、民间驱赶与鞭笞巫师。宋洪迈撰《夷坚志》补卷二《陈俞治巫》云:"陈俞,字信仲,临川人。豪侠好义,自京师下第归,过谒伯姊,值其家病疫,闭门待尽,不许人来,人亦无肯至者。俞欲入,妇止之曰:'吾家不幸,罹此大疫,付之于命,无可奈何,何为甘心召祸!'俞不听,推户径前,见门内所奉神像,香火甚肃,乃巫者所设。俞为姊言:'凡疫疠所起,本以蒸郁熏染而得之,安可复加闭塞,不通内外!'即取所携苏合香丸十枚,煎汤一大锅,先自饮一杯,然后请姊及一家长少各饮之。以余汤遍洒房壁,撤去巫具,端坐以俟之。巫入,讶门开而具撤,作色甚怒。俞奋身出,掀髯瞪视,叱之曰:'汝何物人,敢至此!此家子弟皆幼,病者满屋,汝以邪术衒惑,使之弥旬弗愈,用意安在?是直欲为盗尔!'顾仆缚之,巫犹哓哓辩析,将致之官,始引伏请罪。俞释其缚,使自状其过,乞从私责,于是鞭之三十,尽焚其器具而逐之。邻里骇慑,争前非诮,俞笑不答。翌日,姊一家脱然,诮者乃服。又尝适县,遇凶人凌弱者,气盖一市,为之不平,运拳捶之死而遁。会建炎初元大赦,获免。后累举恩,得缙云主簿以卒,终身不娶妻妾,亦奇士也。"③

由上可见,在宋代,巫师活动一度是不合法的,巫师也是没有什么地位的。因此陈俞撤去巫具,要拖巫师"将致之官",巫师不愿进衙门受罚,只好"引伏请罪",由陈俞将他"鞭之三十",并且完全烧去他的巫具,然后把他驱逐出门外。

① (元)脱脱等撰《宋史》卷二九八,中华书局1977年版,第9918页。
② (元)脱脱等撰《宋史》卷三五六,中华书局1977年版,第11211页。
③ (宋)洪迈撰,何卓点校《夷坚志》补卷二,中华书局1981年版,第1558—1559页。

总之，地方官吏反巫思潮在宋代有所发展，这与宫廷内皇族喜好儒学与促使白巫术风俗化，形成强烈对照，但也给佛教巫术传播提供了条件。见下佛教卷首插图：

《天竺灵签》原见有明洪武年间刻本。郑师振铎却发现这本宋嘉定年间《天竺灵签》刊本，在被发现时已残缺，原书收签一百条，但只见第五条到第九十二条。第七十七签云：“累滞未能苏，求名莫远图，登舟风浪急，咫尺隔天衢。”解曰“此卦主伤财损失”云云。此卜卦巫术形式原自《周易》卜卦，与《焦氏易林》相仿，宋代地方上反巫，遂改头换面为佛教所采用，但此两条卦辞都没有佛教性，只是寺僧随手拈来的民间占卜俗品。

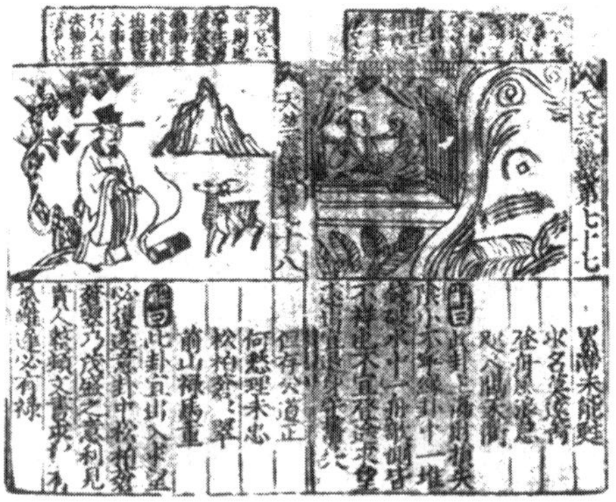

4.《天竺灵签》第七十七、七十八签

第二节　宋代求吉避凶巫术的发展

宋代巫术虽遭到民间反巫思潮的遏制，但就总体而言，宋代民间求吉避凶的巫术却有了较大的发展。

以祈雨巫术为例。《宋史》卷一〇二《礼五》记载：“熙宁元年(1068)正月，帝亲幸寺观祈雨，仍令在京差官分祷，各就本司先致斋三日，然后行事。”[①]这是指宋神宗赵顼亲临现场观祈雨一事。整个熙宁年间，以熙宁十年(1077)的祈雨活动最为壮观，是很热闹而文雅的文艺演出。《宋史》卷一〇二《礼五》记载：“十年四月，以夏旱，内出《蜥蜴祈雨法》：捕蜥蜴数十纳瓮中，渍之以杂木叶，择童男十三岁下、十岁上者二十八人，分两番，衣青衣，以青饰面及手足，人持柳枝沾水散洒，昼夜环绕，诵咒曰：‘蜥蜴蜥蜴，兴云吐雾，雨令滂沱，令汝归去！’雨足。”[②]主要是二十八个儿童求雨演出，而且是化妆的，手拿柳枝蘸着水洒，还要念咒(四言民谣)。此巫术乃传至民间。

① (元)脱脱等撰《宋史》卷一〇二，中华书局1977年版，第2501页。

② (元)脱脱等撰《宋史》卷一〇二，中华书局1977年版，第2502页。

由于宋代求吉避凶巫术不伤害他人，故而颇受欢迎。试举以下八例：

1. 蜥蜴求雨。宋代民间求雨巫术。宋李石撰《续博物志》卷五云："蜥蜴求雨法：以土实巨瓮，作木蜥蜴，小童操青竹、衣青衣以舞，歌曰：'蜥蜴蜥蜴，兴云吐雾。雨若滂沱，放汝归去。'"①

5. 宋代石雕武士俑（河南方城盐店庄村宋墓出土）〔采自《中国古俑白描》。下同〕

2. 扇天卜。宋代民间占卜巫术。宋李石撰《续博物志》卷五云："山东风俗，遇正月，取五姓女，年十余岁，共卧一榻，覆之以衾，以箕扇之，良久，如梦寐。或欲刺文绣，事笔砚，理管弦，俄顷乃寤，谓之'扇天卜'，以乞巧。"②

3. 插箸祭门。宋代民间筷子巫术。宋李石撰《续博物志》卷五云："正月望祭门，先以杨枝插门，随杨枝所指，以酒脯、饮食及豆粥插筯（箸）祭之。"③

4. 鸡卜与鸡卵卜。宋代民间占卜巫术。宋周去非撰《岭外代答》卷一〇《鸡卜》曰："南人以鸡卜。其法以小雄鸡未孳尾者，执其两足，焚香祷所，占而扑杀之。取腿骨洗净，以麻线束两骨之中，以竹梃插所束之处，俾两腿骨相背于竹梃之端。执梃再祷，左骨为侬，侬者我也，右骨为人，人者所占之事也，乃视两骨之侧所有细窍，以细竹梃长寸余者遍插之，或斜或直，或正或偏，各随其斜直正偏而定吉凶。其法有一十八变，大抵直而正或附骨者多吉，曲而斜或远骨者多凶。亦有用鸡卵卜者，焚香祷祝，书墨于卵，记其四维而煮之。熟乃横截，视当墨之处，辨其白之厚薄，而定侬人吉凶焉。昔汉武奉越祠鸡卜，其法无传，今姑记之。"④

5. 骰子卜。宋代民间占卜巫术。宋洪迈撰《夷坚志》丁志卷一《夏氏骰子》云："夏廑，字几道，卫州汲县人。崇宁大观间，居太学甚久，未成名。家故贫，至无一钱。同舍生或相聚博戏，则袖手旁观，时从胜者觅锱铢，欲谓之乞头是也。一夕，束带焚香，对局设拜曰：'廑闻博具有灵，敢以身事敬卜。今年或中选，愿于十掷内赐之浑化，不然，将束书归耕，无复进矣。'祝罢，即挼莎掷焉，六子皆赤。夏愕喜不敢自信，又祝曰：'廑至诚斋心，以平生为祷，恐适者偶然，愿更以告。'复再投之，三采皆同，乃再拜谢神贶。是岁果于莫俦榜登科，后官至中大夫

① （宋）李石撰，李之亮点校《续博物志》卷五《蜥蜴求雨法》，巴蜀书社 1991 年版，第 78—79 页。

② （宋）李石撰，李之亮点校《续博物志》卷五《山东风俗》，巴蜀书社 1991 年版，第 75 页。

③ （宋）李石撰，李之亮点校《续博物志》卷五《正月望祭门》，巴蜀书社 1991 年版，第 76 页。

④ （宋）周去非著，屠友祥校注《岭外代答》卷一〇，上海远东出版社 1996 年版，第 272—273 页。

川陕宣抚司参议官。其家藏所卜骰子,奉之甚肃。”①

6. 卦影。宋代民间占卜巫术。《夷坚志》丁志卷一《僧如胜》云:“永嘉僧如胜,与乡僧行脚至临安,憩道店,见小儿鬻卦影者,胜筮之,兆云:‘有玉在土中,至九月十六日当出土。’儿曰:‘吉卦也。’乡僧得兆,画官人挽弓射一僧,两矢不中,后一矢贯其足,下有龙蟠。儿不能晓。僧自推之曰:‘我必将以荐作长老,至三乃效耳。又龙者君象,我且游京师,庶或幸遇。’未几,镇江太守具帖疏备礼,延如胜住甘露寺,正以九月十六日。乡僧亦喜,谓且继此得志。数年无所成,会杭卒陈通作乱,僧避入南山。尝出至山腰,蔽树视下,贼党数辈行狭中,仰高乱射以搜伏兵,连发三矢,最后正中僧足。别一僧坐于傍曰隆上坐。乃始验卦中象无一不应云。”②

7. 卖卦。宋代民间占卜巫术。《夷坚志》丁志卷一《王浪仙》云:“温州隐者某,居于瑞安之陶山,所处深寂,以耕稼种植自供。易筮如神,每岁一下山卖卦,卦直千钱,率十卦即止,尽买岁中所用之物以归。好事者或赍金帛,经月邀伺,然出未十里,卦已满数,不复肯更占。郡人王浪仙,本书生,读书不成,决意往从学。值其出,再拜于涂,便追随入山,为执奴仆之役。稍稍白所求,隐者亦为说大概,又举是岁所占十卦,使演其义。王疲精竭虑,似若有得,彼殊不以为能,曰:‘汝天分止此,不可强进也。’遣出山。”③

6. 宋代石雕女侍俑(河南方城盐店庄村宋墓出土)

8. 取水求雨。宋代交感巫术,被称作“役使五雷神术”。《夷坚志》云:“林灵素传役使五雷神之术。京师尝苦热,弥月不雨,诏使施法焉。对曰:‘天意未欲雨,四海百川水源皆已封锢,非有上帝命,不许取。独黄河弗禁而不可用也。’上曰:‘人方在焚灼中,但得甘泽一洗之,虽浊何害!’林奉命,即往上清宫,敕翰林学士宇文粹中莅其事。林取水一盂,仗剑禹步,诵咒数通,谓宇文曰:‘内翰可去,稍缓或窘雨。’宇文出门上马,有云如扇大起空中,顷之如盖,震声从地起。马惊而驰,仅及家,雨大至,迅雷奔霆,逾两时乃止。人家瓦沟皆泥满其中,水积于地尺余,黄浊不可饮,于禾稼殊无所益也。”④

---

① (宋)洪迈撰,何卓点校《夷坚志》丁志卷一,中华书局 1981 年版,第 541 页。
② (宋)洪迈撰,何卓点校《夷坚志》丁志卷一,中华书局 1981 年版,第 539 页。
③ (宋)洪迈撰,何卓点校《夷坚志》丁志卷一,中华书局 1981 年版,第 538 页。
④ (宋)洪迈撰,何卓点校《夷坚志》丙志卷一八《林灵素》,中华书局 1981 年版,第 518 页。

关于宋徽宗相信巫医之事，史书上有记载。《宋史·王仔昔传》云："政和中，徽宗召见，赐号冲隐处士。帝以旱祷雨，每遣小黄门持纸求仔昔画，日又至，忽篆符其上，仍细书'焚符汤沃而洗之'。黄门惧不肯受，强之，乃持去。盖帝默祝为宫妃疗赤目者，用其说一沃，立愈。进封通妙先生，居上清宝箓宫。"①宋代统治者信巫医有理论根据，正如《宋史·方技上》序言中所说："昔者少皞氏之衰，九黎乱德，家为巫史，神人淆焉。颛顼氏命南正重司天以属神，北正黎司地以属民，其患遂息。厥后三苗复弃典常，帝尧命羲、和修重、黎之职，绝地天通，其患又息。然而天有王相孤虚、地有燥湿高下，人事有吉凶悔吝、疾病札瘥，圣人欲斯民趋安而避危，则巫医不可废也。后世占候、测验、厌禳、禜禬，至于兵家遁甲、风角、鸟占，与夫方士修炼、吐纳、导引、黄白、房中，一切焄蒿妖诞之说，皆以巫医为宗。汉以来，司马迁、刘歆又亟称焉。然而历代之君臣，一惑于其言，害于而国，凶于而家，靡不有之。宋景德、宣和之世，可鉴乎哉！然则历代方技何修而可以善其事乎？曰：'人而无恒，不可以作巫医。'汉严君平，唐孙思邈、吕才言皆近道，孰得而少之哉。"②

7. 宋人《纳凉图》中的少女〔采自《中国古代服饰史》褙子图十六〕

这段论证，可以说明我国古代肯定巫医在医药方面取得的成就。我国传统的中草药治病疗方中，有相当多巫医的经验总结，由此可见宋人肯定巫医，并不完全否定巫医的贡献和意义。

第三节　宋代以后妈祖女巫的信仰

我国福广、江浙、北方沿海、港台及海外地区广泛信仰妈祖（即天妃），在许多地方都能见到妈祖庙，流行祭祀巫术，宋、元、明、清沿袭不断。清姚福均撰《铸鼎余闻》卷一《天妃》引宋潜说友《临安志》云："神为五代时闽王统军兵马使林愿第六女，能乘席渡海，人呼龙女。宋太宗雍熙四年（984）升化湄州。常衣朱衣，飞翻海上，土人祀之。"③

---

① （元）脱脱等撰《宋史》卷四六二，中华书局 1977 年版，第 13528 页。

② （元）脱脱等撰《宋史》卷四六一，中华书局 1977 年版，第 13496 页。

③ （清）姚福均撰《铸鼎余闻》，《藏外道书》第十八册，巴蜀书社 1992—1994 年版，第 1588 页。

一、宋代。宋赵与泌修、黄岩孙纂《仙溪志》卷三云："顺济庙，本湄州林氏女，为巫，能知人祸福，殁而人祠之。"①该志宋宝祐五年(1257)修成，钞本。仙溪，即仙游县，属福建。赵与泌，武阳人，奉议郎，宝祐二年知县。黄岩孙，字景傅，泉州人，县尉。志十五卷，卷三为衣冠盛事，包括仙释、祠庙、祠堂、冢墓。宋徐道撰《历代神仙通鉴》卷一九云："(宋宣和中)遣路允迪使高丽，中流风作，诸船皆溺，独路舟有神灯降于樯杪，飘忽二千余里，胶泊一岛。询土民是何神庙，民曰：女贞，蒲田人，本朝都巡检林愿之女，生而神灵，能预言人祸福，矢心履救。没后乡人立庙于湄州之屿(兴化东南海中，与琉球国相望)。允迪至庙祭之，遂获安济。奉使回奏，敕授灵应夫人(累封天妃，证位碧霞元君。)。"②起初，妈祖只是一个女巫。

宋民俗典籍《夷坚志》也有刊载。《夷坚志》支景卷九《林夫人庙》条云："兴化军境内地名海口，旧有林夫人庙，莫知何年所立，室宇不甚广大，而灵异素著。凡贾客入海，必致祷祠下，求杯珓，祈阴护，乃敢行，盖尝有至大洋遇恶风而遥望百拜乞怜见神出现于樯竿者。里中豪民吴翁，育山林甚盛，深袤满谷。一客来指某处欲买，吴许之，而需钱三千缗，客酬以三百，吴笑曰：'君来求市而十分偿一，是玩我也。'无由可谐，客即去。是夕，大风雨。至旦，吴氏启户，则三百千钱整叠于地。正疑骇次，外人来报，昨客所议之木已大半倒折。走往视其见存者，每皮上皆写'林夫人'三字，始悟神物所为，亟携香楮，诣庙瞻谢。见群木多有运致于庙堧者，意神欲之，遂举此山之植悉以献，仍辇原值还主庙人，助其营建之费。远近闻者纷然而来，一老氓家最富，独悭吝，只施三万，众以为太薄，请益之，弗听。及遣仆负钱出门，如重物压肩背，不能移足，惶惧悔过，立增为百万。新庙不日而成，为屋数百间，殿堂宏伟，楼阁崇丽，今甲于闽中云。"③

8. 河北定县宋代塔基中的僧人像〔采自《清明上河图》〕

《林夫人庙》条叙述的是海口建林夫人庙的集资情况。值得注意的是：1. 早期天妃只称"林夫人"。2. 是由民间捐款集资修庙，尚未涉及官方。3. "林夫人庙"已"为屋数百间，殿堂宏伟，楼阁崇丽，今甲于闽中"。虽然是南宋洪迈的撰文，但所述当为北宋祭林夫人之情景。

洪迈又在《夷坚志》支戊卷一《浮曦妃祠》云："绍熙三年(1192)，福州人郑立

① (宋)赵与泌修，黄岩孙纂《仙溪志》卷三，钞本(北京图书馆藏)。

② (宋)徐道撰《历代神仙通鉴》卷一九，河北人民出版社1987年版，第394页。

③ (宋)洪迈撰，何卓点校《夷坚志》支景卷九，中华书局1981年版，第950—951页。

之，自番禺泛海还乡。舟次莆田境浮曦湾，未及出港，或人来告：'有贼船六只在近洋，盍谋脱计？'于是舟师诣崇福夫人庙求救护，得三吉珓。虽喜其必无虞，然迟回不决，聚而议曰：'我众力单寡，不宜以白昼显行迎祸？且安知告者非贼候逻之党乎？勿坠其计中。不若侵晓打发，出其不意，庶或可免。况神妃许我耶！'皆曰：'善！'迨出港，果有六船翔集洪波间，其二已逼近。舟人窘迫，但遥瞻神祠致祷，相与被甲发矢射之。矢且尽，贼舳舻已接，一魁持长叉将跳入。忽烟雾勃起，风雨歘至，惊波驾山，对面不相睹识，全如深夜。既而开霁帖然。贼船悉向东南去，望之绝小。立之所乘者，亦漂往数十里外，了无他恐。盖神之赐也，其灵异如此，夫人今进为妃云。"①

"浮曦妃祠"条转述的是从立之其人之口说出的有关天妃灵验传闻。值得注意的是：

1.《使琉球杂录》载天妃在宋高宗绍兴二十九年(1159)被封崇福灵惠昭应夫人。可见到南宋高宗赵构绍兴年间才由官方封天妃为"崇福"，其庙称为"崇福夫人庙"②。这样便将女巫变作神。关于昭封"崇福"亦见《莆田县志》之说。《使琉球杂录》亦曰：南宋孝宗朝以助剿温台寇，封灵慈昭应崇善福利夫人。

9. 宋代砖刻上的少女〔采自《中国古代服饰史》〕

2. 至南宋已被正式命名为"天妃"，故有"神妃许我"、"今进为妃"之说。

3. 两条材料都提到，求天妃救护前，必须求"杯珓"卜，"杯珓"即巫师用来占卜的工具，通常是两只鞋子，或蚌壳，或形如蚌壳的竹、木两片，掷于地，观其正反以测吉凶。据此林氏女巫应是占卜女巫。此卜式在唐代已流行。中唐韩愈《谒衡岳庙遂宿岳寺题门楼》诗云："手持杯珓导我掷，云此最吉余难同。"③清时则在福建很流行。杯珓的卜术，宋程大昌《演繁露》卷三"卜教"，叶梦得《石林燕语》卷一均有提及。清江湜《龙岩州除夕醉后赋长句》有云："掷珓问卜愁转加。"杯珓是在妈祖变神后附会上的。

二、元代。元王元恭修、王原孙纂《至正四明续志》卷九《祠祀》云："神姓林氏，兴化莆田都巡君之季女，生而神异，能力拯人患难。室居，未三十而卒。宋元祐间(1086—1094)，邑人祠之，水旱疠疫，舟航危急，有祷辄应。宣和五年

① (宋)洪迈撰，何卓点校《夷坚志》支戊卷一，中华书局1981年版，第1058页。
② (清)汪楫撰《使琉球杂录》卷五，见《悔斋集》本。
③ 《全唐诗》卷三三八，中华书局1960年版，第十册，第3790页。

(1123),给事中路允迪以八舟使高丽,风溺其七,独允迪舟见神女降于樯而免。事闻于朝,赐庙额曰'顺济'。绍兴二十六年(1156)封灵惠夫人。三十年(1160)海寇啸聚江口,居民祷之,神见空中,起风涛烟雾,寇溃就获。泉州上其事,封灵惠昭应夫人。乾道三年(1167)兴化大疫。神降曰:'去庙丈许有泉可愈病。'民掘斥卤,甘泉涌出,饮者立愈。又海寇作乱,官兵不能捕,神迷其道,俾至庙前就擒,封灵惠昭应崇福夫人。淳熙十一年(1184)福兴都巡检使姜特立捕温台海寇,祷之即获,封灵惠昭应崇福善利夫人。既而民疫夏旱,祷之愈且雨。绍熙三年(1192)特封灵惠妃。庆元四年(1198),瓯闽诸郡苦雨,唯莆三邑祷之霁且有年,封灵惠助顺妃。时方发闽禺舟师平大奚寇,神复效灵起大雾,我明彼暗,盗悉扫灭。嘉定元年(1208)金人寇淮甸,宋兵载神主战于花靥镇,仰见云间皆神兵旗帜,大捷。及战紫金山,复见神像,又捷三战,遂解合肥之围,封灵惠助顺显卫妃。嘉定十年(1217)亢旱,祷之雨。海寇犯境,祷之获,封灵惠助顺显卫英烈妃。嘉熙三年(1239),以钱塘潮决陡至艮山祠若有限而退,封灵惠助顺嘉应英烈妃。宝祐二年(1254)旱,祷之雨,封助顺嘉应英烈协正妃。三年(1255)封灵惠助顺嘉应慈济妃。四年(1256)封灵惠协正嘉应慈济妃。是岁(1256)又以浙江堤成筑,封灵惠协正嘉应善庆妃。景定三年(1262)祷捕海寇,得反风,胶舟(州)就擒,封灵惠显济嘉应善庆妃。宝祐之封,神之父母女兄以及神佐皆有锡命。皇元至元十八年(1287),封护国明著天妃。大德三年(1299)以漕运效灵封护国庇民明著天妃。延祐元年(1314),封护国庇民广济明著天妃。"①该志至正二年(1342)修成。排出宋元两代赐名表。

三、明代。明阙名撰《绘图三教源流搜神大全·天妃娘娘》云:

妃林姓,旧在兴化路宁海镇,即莆田县治八十里滨海湄洲地也。母陈氏,尝梦南海观音,与以优钵花吞之。已而孕,十四月,始免身得妃。以唐天宝元年(742)三月二十三日诞,诞之日异香闻里许,经旬不散。幼而颖异,甫周岁,在襁褓中见诸神像,叉手作欲拜伏。五岁能诵《观音经》,十一岁能婆娑按节乐神,如会稽吴望子、蒋子文事,然以衣冠族,

10. 宋人绘《货郎图》〔采自《中国古代服饰史》〕

① (元)王元恭修,王原孙纂《至正四明续志》,据清咸丰四年《宋元四明六志》卷九《祠祀篇》移录。

不欲得此声于里闬间，即妃亦且韬迹用晦，栉沐自嗛而已。兄弟四人业商，往来海岛间，忽一日，妃手足若有所失，瞑目移时。父母以为暴风疾，急呼之。妃醒而悔曰："何不使我保全兄弟无恙乎！"

父母不解其意，亦不之问。暨兄弟赢胜而归，哭言前三日飓风大作，巨浪接天，弟兄各异船，其长兄船飘没水中耳。切各言当风作之时，见一女子牵五两(舡蓬桅索也)而行，渡波涛若平地。父母始知妃向之瞑目，乃出元神救兄弟也。其长兄不得救者，以其乎之疾而神不及护也。恨无已。年及笄，誓不适人，即父母亦不能强其醮。居无何，俨然端坐而逝，芳香闻数里，亦就诞之日焉。自是往往见神于先后，人亦多见其舆从侍女拟西王母云。然尤善司孕嗣，一邑共奉之。邑有某妇，醮于人，十年不字，万方高禖，终无有应者，卒祷于妃，即产男子。嗣是凡有不育者，随祷随应。至宋路允迪、李富从中贵人使高丽，道湄州，飓风作，船几覆溺，忽明霞散绮，见有人登樯竿旋舞持舵甚力，久之获安济。中贵人诘于众，允迪、李富具列对南面谢拜曰："夫此金简玉书所不黖鲵腹，而能宣雨露于殊方重译之地，保君纶不辱命者，圣明力哉，亦妃之灵呵护不浅也。公等志之。"还朝具奏，诏封灵惠夫人，立庙于湄州，致守香火百家，斫朴梓材，丹雘张矣。

我国初成祖(指永乐皇帝)文皇帝七年中贵人郑和通西南夷，祷妃庙，征应如宋，归命，遂敕封护国庇民妙灵昭应弘仁普济天妃，赐祠京师，尸祝者遍天下焉。夫妃生而禀纯灵之精，怀神妙之慧，死而司胤则人无阙，司海则水不扬波，其造福于人岂浅鲜哉！余尝考之兴化郡诗并采之费晁采碑记因略为之传者如此。①

11. 东方药师变中的舞女(榆林十二窟　宋)〔采自《敦煌舞姿》。下同〕

此书记录明朝永乐时代，妈祖巫术发生重要转折，与郑和的航海壮举产生了紧密联系，保佑他航程的平安，对各国各地区的和平和交流作出了贡献，妈祖信仰与郑和海洋事业齐名。

明代官船上也祭祀天妃。明陈侃撰《使琉球录》载《天妃灵应记》亦曰："祷

① (明)阙名撰《绘图三教源流搜神大全·天妃娘娘》，上海古籍出版社1990年版，第186—187页。

于天妃之神，且官舫上方，为祠事之，舟中人朝夕拜礼。”[①]明航海官员中，也善于施行扶乩巫术。明萧崇业、谢杰撰《使琉球录》卷上《临水夫人记》曰：“众心惊惧，乃焚香设拜，求救于天妃之神。时管军叶千户平日善扶鸾，众人促其为之，符咒方事，天妃降箕，乃题诗于灰上。”[②]明夏子阳、王士祯撰《使琉球录》载“琉球过海图”言琉球西山有天后宫，广石有祭海坛；那霸港也有天妃宫、天使馆。[③]

四、清代。魏禧《魏叔子文集外编》卷一六《扬州天妃宫碑记》云：“（天妃）藁城倪中天妃庙记则云，神生宋元祐八年（1093），一云太平兴国四年（979）。神生有灵异，幼通悟秘法，预知休咎。比笄不字，能乘席渡海御云以游岛屿。”[④]在乾隆二十三年（1758）刊行的，由清汪大经等编撰的《兴化府莆田县志》卷三二《人物》中对天后的始末也有较为完整的记载，现全文引述如下：

12. 法华经变火宅中的舞人（敦煌莫高窟61窟　宋）

天后林姓，世居莆之湄州屿，五代闽王时，都巡检林愿之第六女也。母王氏，前编修藁城《倪中记》云：神生于宋元祐八年（一云太平兴国四年）三月二十三日，妃始生而地变紫，有祥光、异香，通悟秘法，预知休咎事，乡民以病告辄愈。长能乘席渡海，乘云游岛屿间，人呼曰神女，又曰龙女。雍熙四年（987）二月十九日升化（一云景德三年十月初十日也。《倪中记》谓：室居几三十年；前《莆阳志》谓年三十余），是后常衣朱衣，飞翻海上，里人祠之，雨旸祷应，宣和癸卯，给事中路允迪使高丽，中流震风，八舟七溺，独路所乘，神降于樯，安流以济，使还，奏闻，特赐顺济庙号。绍兴己卯，江口海寇猖獗，神驾风一扫而去。其年疫，神降于白湖，去潮尺许，掘坎涌泉，饮者辄愈，洊封昭应崇福。乾道己丑，都巡检使姜特立上其默相捕盗功，加封善利。淳熙间加封灵惠。庆元戊午，朝廷调舟师平大奚寇。神障以雾，此明彼暗寇，悉扫除。开禧丙寅，寇迫淮甸，神拥旗帜，一战解围。莆民艰食，朔

① （明）陈侃撰《使琉球录》，《续修四库全书》本，上海古籍出版社2002年版，第742册，第521页。

② （明）萧崇业、谢杰撰《使琉球录》，《续修四库全书》本，上海古籍出版社2002年版，第742册，第572页。

③ （明）夏子阳、王士祯撰《使琉球录》，《续修四库全书》本，上海古籍出版社2002年版，第742册，第630、633页。

④ （清）魏禧撰《魏叔子文集外编》卷一六，《续修四库全书》本，上海古籍出版社2002年版，第1409册，第85页。

风弥旬，南舟不至，神反风，不日辐辏，海寇入境，神为胶舟，悉就擒。景定辛酉，巨寇泊祠下祷神，不允，群肆暴慢醉卧廊庑间，神纵火焚之，贼骇遁，风沙昼晦，各跨浅而败，有司以闻，累封助顺显卫英烈协正善庆等号。

元以海漕有功，赐额灵济。明永乐间，内官甘泉郑和有暹罗西洋之役，各上灵迹，命修祠宇。己丑加封宏仁普济护国庇民明著天妃，自是遣官致祭岁以为常。

国朝康熙十九年，诏封护国庇民妙灵昭应弘仁普济天妃，二十年，舟师南征大捷，提督万正色以妃灵有反风之功，闻于朝，加封昭灵显应仁慈天后，遣官致祭。二十二年，靖海侯施琅师克澎湖，谒天妃庙，见妃衣袍沾湿，左右神将两手起泡，知邀神助溥中水泉，止可供百口，是日驻师万余，忽大涌，昼夜不竭；表上灵异，敕建神祠于湄洲，勒文以纪功德。又检讨汪楫中书林麟焻，册封琉球，舟行有双鱼前导，三日抵中山比归离那灞，一日程飓风大作，麟焻望空祷告，黑夜见二灯荧荧，舟遂平稳，使还奏请春秋祀典。六十年，台匪窃发鹿耳门，水骤涨数尺，舟师扬帆并进，七日克复全台。经巡台御史禅济布等疏闻，雍正四年，特颁御书神昭海表，额悬挂湄洲、厦门、台湾三处。十一年，总督郝玉麟奏请省会神祠，照龙神例，督抚主祭并令各省有江海处所一体葺祠致祭。乾隆二年，台湾兵饷在洋遭风，幸获安全，督臣据题加封福佑群生。二十二年，琉球册使侍讲全魁周煌，奏称风涛危险，叨神救护，奉旨加封诚感咸孚神号，委员祭告（按天后生卒，备载前志，一云系宋乾德间都巡检林愿女，旧志作五代闽王时误。生于太平兴国四年。旧志载元祐八年误。升化于景德四年，旧志作雍熙误。未知熟是，附志备考）。①

综合宋元明清资料可知，林氏女出生于北宋太宗当政的太平兴国四年（979），不到三十岁便夭折。她是一个女巫：第一，能为人治病，和为高禖之神，“乡民以病告辄愈”，是一个巫医，又能“卒祷于妃，即产男子”。第二，能为人“预知休咎”，“预言人祸福”，是一个占卜女巫。第三，能婆娑舞蹈、按节乐神，也是一个通神女巫。第四，能“通悟秘法”，自然是通晓巫术秘法。第五，她“生而神异”，“幼而颖异”。但林氏女从女巫到海

13. 佛传图五欲娱乐中的乐舞（敦煌莫高窟61窟　宋）

① （清）汪大经等编纂《兴化府莆田县志》，清乾隆二十三年（1758）刊行本。

神有个发展过程。

从以上资料里，还可以探讨以下几个问题：第一，这是北宋才开始流传的信仰风俗。志云其父林愿，虽说是为五代南唐卵翼下的五代闽王属下的都巡检，但在北宋太祖赵匡胤当政的乾德年间（961—965）仍任都巡检，而其第六个女儿（天后）正是在宋太宗太平兴国四年（979）或宋哲宗赵煦当政的元祐八年（1093）才出生，而死于北宋雍熙年间（985—988）或景德四年（1004）。对天后出生及升化的确凿年代，不必穷究。按传说所述，天妃传说最早见于南宋洪迈的《夷坚志》，《夷坚志》的“林夫人庙”显系北宋传闻，但至少能说在北宋已经流行，《古今图书集成·神异典》卷二八载：“宣和五年（1123）特赐南海神女庙号。”[①]说明在北宋宋徽宗赵佶时代，首次册封“南海女神”，与莆田县志所述吻合。“浮曦妃祠”说明封天妃之事始于南宋，时间与县志吻合。

第二，天后受到了宋元明清历代封建统治阶级的推崇（见后《天妃历代赐号表》），由官方出资建造天后庙，将她由女巫变为女神，并且官员亲自出场，带头信奉祭祀。《兴化府莆田县志》卷三《坛庙》云：“天后庙，在湄州屿。神，林姓，唐闽王时都巡检愿女。宋屡有封号。明永乐初，封宏仁普济天妃，立庙致祭凡使海外率皆祭祷。国朝敕封昭灵显应仁慈天后，加封福佑群生诚感咸孚神号，遣官致祭。康熙二十年总督姚启圣捐俸起盖三门及钟鼓二楼，焕然壮观，城中有行祠，在文峰宫。”[②]当然，各地也有民间绅士众商捐款修天后宫的，《兴化府莆田县志》卷三又云：“涵江天后宫在下徐霞明境，康熙己丑年建，乾隆四年涵绅士及众商，以殿宇狭隘，捐金重建，规模宽敞，丹雘一新。”[③]官方倡导，民间拥戴，遂使天后信仰风俗长久传流，并在民间根深蒂固。

14. 佛传图五欲娱乐中的乐舞（敦煌莫高窟61窟　宋）

第三，天后从此以后都是救苦救难的女神形象。宋代帮助民间平定海寇；明代保佑郑和完成下西洋的伟大壮举。另据明郎瑛撰《七修类稿》卷五〇《天妃显应》：“天妃，莆田林氏都巡君之季女，幼契玄理，预知祸福，在室三十年，宋元祐间遂有显应，立祠于州里。至元中显圣于海，护海运，万户马合法忽鲁循等奏立庙，号天妃，赐太牢。”[④]说明其于北宋元祐间显灵，故立被巫祠于州里。

① （清）陈梦雷编《古今图书集成·神异典》卷二八《海神部汇考一·宋》，中华书局1934年影印本，第491册，第28页。

②③ （清）汪大经等编纂《兴化府莆田县志》卷三《坛庙》，清乾隆二十三年（1758）刊行本。

④ 明郎瑛撰《七修类稿》卷五〇，上海书店出版社2009年版，第530页。

在元代，册封和祭祀天妃达到高潮。至元十五年(1278)元世祖忽必烈当朝，《元史》卷一〇载："制封泉州神女号护国明著灵惠协正善庆显济天妃。"①这是利用天妃安定民心，巩固统治，并不是元蒙朝廷真正信奉天妃和爱护人民。当时一边制封泉州神女天妃，一边围剿宋朝文天祥残部，"追及于五坡岭麓中，大败之，斩首七千余，执文天祥及其将校四人赴都"②。可见这一次册封天妃是在屠杀斩首文天祥部下七千多条生命的背景下进行的。这是当时的人民永远不会忘记的大事，对元蒙册封天妃形成极大的讽刺。

21年以后，元成宗大德三年(1299)二月又继续册封天妃。《元史》卷二〇《成宗三》曰："(加)泉州海神曰护国庇民明著天妃。"③接着，元英宗对天妃有两次祭祀：第一次在元至治元年(1321)五月，《元史》卷二七《英宗一》曰："辛卯，海漕粮至直沽，遣使祀海神天妃。"④第二次在元至治三年(1323)二月，《元史》卷二八《英宗二》曰："海漕粮至直沽，遣使祀海神天妃。"⑤

再接着，元泰定帝对天妃有过三次祭祀，并建造了一座天妃宫。第一次，元泰定三年(1326)秋七月，《元史》卷三〇《泰定帝二》曰："遣使祀海神天妃。"⑥八月建天妃宫，"作天妃宫于海津镇"⑦。

第二次，泰定四年(1327)秋七月，《元史》卷三〇《泰定帝二》曰："遣使祀海神天妃。"⑧

第三次，致和元年(1328)春正月，《元史》卷三〇《泰定帝二》曰："甲申，遣使祀海神天妃。"⑨

天历二年(1329)元文宗继续册封天妃。《元史》卷三三载："十月己亥，加封天妃为护国庇民广济福惠明著天妃，赐庙额曰灵慈，遣使致祭"⑩。又云："十一月乙卯，以立皇后，诏天下。""戊午，遣使代祀天妃。"⑪

至正十四年(1354)十月，元顺帝妥欢帖睦尔当朝，加号天妃。《元史》

---

① (明)宋濂等撰《元史》卷一〇《世祖七》，中华书局1976年版，第204页。
② (明)宋濂等撰《元史》卷一〇《世祖七》，中华书局1976年版，第206页。
③ (明)宋濂等撰《元史》卷二〇《成宗三》，中华书局1976年版，第426页。
④ (明)宋濂等撰《元史》卷二七《英宗一》，中华书局1976年版，第612页。
⑤ (明)宋濂等撰《元史》卷二八《英宗二》，中华书局1976年版，第629页。
⑥ (明)宋濂等撰《元史》卷三〇《泰定帝二》，中华书局1976年版，第671页。
⑦ (明)宋濂等撰《元史》卷三〇《泰定帝二》，中华书局1976年版，第672页。
⑧ (明)宋濂等撰《元史》卷三〇《泰定帝二》，中华书局1976年版，第680页。
⑨ (明)宋濂等撰《元史》卷三〇《泰定帝二》，中华书局1976年版，第684页。
⑩ (明)宋濂等撰《元史》卷三三《文宗二》，中华书局1976年版，第742页。
⑪ (明)宋濂等撰《元史》卷三三《文宗二》，中华书局1976年版，第744页。

卷四三《顺帝六》载："甲辰，诏加号海神为辅国护圣庇民广济福惠明著天妃。"①

15. 佛传图五欲娱乐中的乐舞(敦煌莫高窟第61窟　宋)

元蒙对林氏女巫"加封天妃神号"，带来了中国南方沿海天妃信仰的盛行。《元史》卷七六《名山大川忠臣义士之祠》条曰："凡名山大川、忠臣义士在祀典者，所在有司主之。惟南海女神灵惠夫人，至元中，以护海运有奇应，加封天妃神号，积至十字，庙曰灵慈。直沽、平江、周泾、泉、福、兴化等处，皆有庙。皇庆以来，岁遣使赍香遍祭，金幡一合，银一铤，付平江官漕司及本府官，用柔毛酒醴，便服行事。祝文云：'维年月日，皇帝特遣某官等，致祭于护国庇民广济福惠明著天妃。"②可见福建沿海的天妃庙是在元代发展起来的，直接得到元朝皇帝的支持，具有深远的影响。

明代继续有发展。明郎瑛撰《七修类稿》卷五〇《天妃显应》又曰："洪武初，海运风作，漂泊粮米数百万石于落漈，落漈言水往不可回处。万人号泣待死矣，大叫'天妃'，则风回舟转，遂济直沽。而后又封'昭应德正灵应孚济圣妃娘娘'之号，自后海舟显圣木一，四方受恩之人遂各立庙，故今在处有之也，特述其耳目所知者一二。吾杭永乐中百户郭保海运遭风，一旦昼如夕者似三昼夜矣，舟人泣天，许以立庙，顷刻遂见天日。成化间，吾杭给事中陈询钦命往日本国，至大洋，风雨大作，舟将覆矣，陈祷天曰：'予命已矣，如君命何？'远见二红灯，自天而下，若有人言曰救人不救船，则灯至舟上，有渔舟数只飘泊而至，遂得渡登山，即语曰：'吾辈为天妃所遣，此山自某地去可几日至广东也，但多蛇难行，今与尔盒药敷足则无害矣。'已而果然，复入京领敕，又行，下舟时梦天妃曰：'赐尔木，此回当刻我像，保去无虞也。'明日有大木浮水而来，舟人取之，乃沉香，至今刻像于家。嘉靖甲午朝命给事中四明陈侃封琉球，开舟明日飓风大作，柁折，舟将覆矣，举船大呼'天妃'，但见火光烛船，船即少宁，明日有粉蝶绕舟飞不去，黄雀立柁食米，食尽顷刻风又作，舟行如飞，彻晓至闽，午后入定海也，神实不可掩也。"③

16. 童子祭神伎乐(敦煌莫高窟第400窟　宋)

---

① (明)宋濂等撰《元史》卷四三《顺帝六》，中华书局1976年版，第916页。

② (明)宋濂等撰《元史》卷七六《祭祀五·名山大川忠臣义士之祠》，中华书局1976年版，第1904页。

③ (明)郎瑛撰《七修类稿》卷五〇，上海书店出版社2009年版，第530—531页。

明郎瑛撰《七修类稿》共记述明朝洪武、永乐、成化、嘉靖天后显灵事迹。反映民间以自身信仰，继续想象与塑造天后救苦救难的美好形象。地区已扩大至浙江、江苏北部与南部。浙江天妃传闻，见明田汝成撰《西湖游览志》卷二一："天妃宫，在孩儿巷北，以祀水神，洪武初建，神号不见经史。窃意宇宙间至尊者天有帝象焉，地为之配有后象焉，其次水为大有妃象焉，故崇其号曰天妃。而军营漕运之所，江海河汉之滨，悉崇奉之。"①另《杭州府志》，清姚福均撰《铸鼎余闻》卷一引宋潜说友《临安志》记杭州祀天妃情况。② 江苏天妃传闻，见明徐溥等撰《明会典》卷八五："天妃宫。正月十五日、三月二十三日遣南京太常寺官祭。"又云："广州天妃庙。今山东直隶诸处多有庙，不具载。"③《月令辑要》卷五《祭天妃》亦曰："《增续文献通考》：永乐五年建天妃庙于应天府治，正月十五日遣南京太常寺官祭。"④明陆深撰《俨山外集·金台纪闻》说："天妃宫，江淮间滨海多有之。其神为女子三人，俗传神女生林氏，遂实以为灵素三女。太虚之中惟天为大，地次之，故制字者，谓一大为天，二小为示。故天称皇，地称后，海次于地者，宜称妃耳。"⑤陆深说法颇别致新颖。扬州有天妃宫，清魏禧撰《魏叔子文集外编》卷一六有《扬州天妃宫碑记》记其盛况。

将天妃呼为"妈祖"，是清代民间才有的说法，见清赵翼撰《陔余丛考》卷三五："吾乡陆广霖进士云：台湾往来，神迹尤著，土人呼神为妈祖。倘遇风浪危急呼妈祖，则神披发而来，其效立应。若呼天妃，则神必冠帔而至，恐稽时刻。妈祖云者，盖闽人在母家之称也。"可见称妈祖来自民间，官方则称天妃，民间认为呼妈祖，她来救得快，不用临时穿官方的"冠帔"⑥。官方仍称庙宇为"天妃庙"，《平定台湾纪略》卷四六曰："天妃庙而厦门港口一庙，尤为灵应。臣因祈祷顺风，亦尝亲至拈香，即将此庙修理，恭请御书匾对张挂。"⑦

17. 童子祭神伎乐（敦煌莫高窟第400窟　宋）

民国《莆田县志》卷一八《天后庙》曾记载天后在古代至现代被信仰之概况，

① (明)田汝成撰《西湖游览志》卷二一，景印文渊阁《四库全书》第585册，第260页。

② (清)姚福均撰《铸鼎余闻》卷一《天妃》引，清光绪二十五年(1899)刊本。

③ (明)徐溥等撰，(明)李东阳重修《明会典》卷八五，景印文渊阁《四库全书》第617册，第801页、809页。

④ (清)李光地等撰《月令辑要》卷五，景印文渊阁《四库全书》第467册，第226页。

⑤ (明)陆深撰《俨山外集》卷七，景印文渊阁《四库全书》第885册，第43页。

⑥ (清)赵翼撰《陔余丛考》卷三五《天妃》，商务印书馆1957年版，第761页。

⑦ (清)纪昀等撰《平定台湾纪略》卷四六，景印文渊阁《四库全书》第363册，第587—588页。

曰:“天后庙在湄州屿神林氏,五代闽王时,都巡检林愿第六女。宋太平兴国四年(979)生于莆禧港,幼悟秘法,能布席渡海,父溺,神入海救之。救疫祷雨,屡著灵异。雍熙四年(987)渡湄州,升化远近,传观宣和,中路永迪。使高丽,中流八舟,溺其七。独迪一舟,神降于樯。安流以济,使还奏闻,赐顺济庙号。明永乐间,郑和使西洋,各上灵迹,封弘仁普济天妃,立庙致祭。清封昭灵显应仁慈天后,加封福佑群生诚感咸孚神号,遣官致祭。康熙二十一年(1682)总督姚启圣捐俸建三门、钟鼓楼。沿海七省及长江,各有庙祀。城中有行祠,在文峰宫。民国十八年(1929)破除迷信,林氏子孙,根据族谱,神有入海救父之事,呈请保存,奉文改为孝女祠。”[①]写到民国时曾有“破除迷信”取消天妃宫之事,幸亏林氏子孙据理力争,才保有了“孝女祠”的名称和庙宇。

天妃历代赐号表

朝代年月	公　元	赐　号	出　处
北宋宣和五年	1123 年	顺济	元・王元恭 《至正四明续志》
南宋绍兴二十六年	1156 年	灵惠	同上
绍兴三十年	1160 年	灵惠昭应	同上
乾道三年	1167 年	灵惠昭应崇福夫人	同上
淳熙十一年	1184 年	灵惠昭应崇福善利夫人	同上
昭熙三年	1192 年	灵惠妃	同上
庆元四年	1198 年	灵惠助顺妃	同上
嘉定元年	1208 年	灵惠助顺显卫妃	同上
嘉定十年	1217 年	灵惠助顺显卫英烈妃	同上
嘉熙三年	1239 年	灵惠助顺嘉应英烈妃	同上
宝祐二年	1254 年	助顺嘉应英烈协正妃	同上
宝祐三年	1255 年	灵惠助惠嘉应慈济妃	同上
宝祐四年	1256 年	灵惠协正嘉应慈济妃	同上
宝祐四年	1256 年	灵惠协正嘉应善庆妃	《四明续志》
景定三年	1262 年	灵惠显济嘉应善庆妃	同上
元　代			

① (民国)石有纪、张琴修纂《莆田县志》卷一八,《中国地方志集成》福建府县志辑,上海书店出版社 2000 年版,第 16 册,第 766—767 页。

续表

朝代年月	公　元	赐　号	出　处
至元十五年	1278年	护国明著灵惠协正善庆显济天妃	《元史·世祖纪》
至元十八年	1281年	护国明著天妃	《四明续志》
大德三年	1299年	护国庇民明著天妃	同上
延祐元年	1314年	护国庇民广济福惠明著天妃	同上
天历二年	1329年	护国庇民广济福惠明著天妃	《元史·文宗纪》
至正十四年	1354年	辅国护圣庇民广济福惠明著天妃	《元史·顺帝纪》
明　代			
洪武五年	1372年	孝顺纯天孚济感应圣妃	《闽书》
永乐七年	1409年	弘仁普济护国庇民明著天妃	《莆田县志》
洪武初	约1368年	济圣妃娘娘	《七修类稿》
崇　祯	约1632年	天仙圣母青灵普化　碧霞元君	《使琉球杂录》
清　代			
康熙十九年	1680年	护国庇民妙灵昭应弘仁普济天妃	《大清会典》
康熙二十年	1681年	昭灵显应仁慈天后	《莆田县志》
乾隆二年	1737年	增福佑群生天后	《文献通考二》

宋元明清四朝册封天妃海神，具有远见卓识，影响巨大，永传后世。祭祀天妃在明代是一个转折点。古代册封天妃海神影响深广，就连民国时中国内陆贵州省县里及东北地区也有天后宫存在，如贵州《民国麻江县志》卷九"祠庙寺观"载："天后宫，在平定下司。"①

辽宁《民国海城县志》卷三《地理坛庙》载："天后宫，在城大南门内，迤西正殿，五楹地，楼三楹。东西配庑，各五楹，戏楼三楹，耳房三楹。清乾隆初年，山东黄县同乡会捐资购地建筑会馆。因祀海神娘娘，又称天后宫。"②辽宁海城有天妃小姐庙，又曰："天妃小姐庙在城西四十里牛庄城西关，俗呼娘娘庙。考庙中碑碣曰：天妃小姐庙，清顺治二年建。时天妃小姐尚未晋封天后，俗称天妃为海神娘娘，故又曰娘娘庙。考天后传，天妃小姐，宋莆田人，林愿第六女，幼而神异。兄商海上遇暴风，小姐瞑目出神救之，年二十九卒。后屡显灵应于海上，渡

① （民国）拓泽忠、周恭寿修、熊继飞等纂贵州《民国麻江县志》，《中国地方志集成》贵州府县志辑，巴蜀书社、江苏古籍出版社、上海书店2006年版，第18册，第393页。

② （民国）廷瑞、孙绍宗、张辅相修纂《民国海城县志》卷三《地理坛庙》，凤凰出版社、上海书店、巴蜀书社2006年版，《中国地方志集成》辽宁府县志辑，第5册，第289页。

海者多祷祀之。明永乐中封天妃，立庙京师。清康熙二十二年晋封天后。”①

18. 经变中的伎乐菩萨（敦煌莫高窟第308窟　宋）

辽宁《民国庄河县志》卷一二《艺文》亦收入《重修天后宫碑记》（光绪十四年〔1888〕九月），原文曰：“孤山旧有天后宫，由来久矣。感应异常，慈悲昭著，赞灵显顺。当飓风而远，赐明灯救苦，循声冒蛋雨，而宏开宝筏。圣德允同坤，载母仪，克配乾行。诚泽国之福星，实海邦之生佛也。光绪庚辰年（1880）春，不戒于火自正殿燃及两厢，悉为灰烬。其何以安灵，爽而妥式凭耶。监院宋法师讳空岫，字虚谷，发愿重修，竭诚募化。于本年经始至壬午年（1882）落成，凡寒暑三移，而工程告竣矣。基宇仍旧，庙貌聿新，丹阁亘云四壁，仰丹青罨画，金容满月，重檐瞻金碧辉煌。越明年，宋法师功修甫毕解脱，旋闻化白鹤以西归，骑青牛而东度，嗣徒座莲。尹道友虔遵遗范，恪奉清规，已完者守之，未备者修之。尔时欲建丰碑，以铭师德，缘贞珉莫购，遂勒石未能。今者既为住持，难忘继述斋居，素室俟服，阙以终三卷，衍黄庭，知法门之不二行，见千艘万艇，顶礼装金，并期商舶，估帆捧资香火，九大宫阙被神化于孤山满地，江湖沐慈恩于洋水，所以经堂接武，逼观厥成，维兹悬碣镌文，永垂不朽云尔。”②

19. 嫁娶宴会图（榆林窟第38窟　宋）

总之，凡海图上没有记载到的小岛和海礁，只要渔民到过，天妃海神就保护过。因此，天妃海神早已经成为渔民的保护神，也成为世界各国和平海上贸易和友好往来的保护神。

① （民国）廷瑞、孙绍宗、张辅相修纂《民国海城县志》卷三，《中国地方志集成》辽宁府县志辑凤凰出版社、上海书店、巴蜀书社2006年版，第5册，第293—294页。

② （民国）廖彭、李绍阳、宋抢元等纂《民国庄河县志》卷一二，《中国地方志集成》辽宁府县志辑，凤凰出版社、上海书店、巴蜀书社2006年版，第577—578页。

第四十章　宋代女真、党项、契丹族的巫术

第一节　宋代女真族的大金巫术

女真族的金朝于12世纪上半叶在东北崛起，他的对手是契丹族的辽朝，在金太祖阿骨打的带领下起兵反辽，称帝为金太祖，建立大金王朝，国号大金，并于北宋宣和七年(1125)攻下吉林黄龙府(今农安)抓获辽朝天祚帝，灭亡辽朝，终与宋朝分庭抗礼。金朝世宗时期，世宗倾慕孔子，“宽仁爱人，雅有大度”，故而排斥女巫杂觋。《大金国志》卷一八曰：“大定二十六年(1186)二月，诏曰：‘曩者边场多事，南方未宾，致令孔庙颓落，礼典陵迟，女巫杂觋淫进非礼。自今有祭孔庙制，用酒脯而已，犯者以违制论。’”①限制女巫，发展儒学，说明金国世宗的圣明。但宣宗挑起战争腹背受敌铸成大错，至哀宋时期被灭，只享国120年。

1. 女真人图〔采自《三才图会》〕

明代《三才图会》人物卷一二《女真国》云：“女真国在契丹之东北，长北山之下，鸭绿水之源，古肃慎之地也。其先有新罗人曰完颜氏者，奔于其地，遂世居焉，因其地产金，故以为国号。至阿骨打，自称帝，国人皆以鹿皮鱼皮为衣。其国有一种野人，膝胻皆缚刀出入，昼夜不解，轻死重强，毒如虎狼，男子皆黥其面，女真人与其为婚者，亦刺其口。”②

建立大金王朝，其笃行之巫术即称为大金巫术。较为流行的大金巫术有以下五项：

一、巫觋诅咒巫术。《金史·完颜谢里忽传》曰：“(女

---

① (宋)宇文懋昭撰，崔文印校证《大金国志校证》卷一八《世宗圣明皇帝下》，中华书局1986年版，第250页。

② (明)王圻、王思义编集《三才图会》人物卷一二，上海古籍出版社1986年影印本，第817页。

真）国俗，有被杀者，必使巫觋以诅祝杀之者，乃系刃于杖端，与众至其家，歌而诅之曰：‘取尔一角指天，一角指地之牛，无名之马，向之则华面，背之则白尾，横视之则有左右翼者。’其声哀切凄婉，若《蒿里》之音。既而以刃画地，劫取畜产财物而还。其家一经诅咒，家道辄败。”[①]这是公开以巫术对穷人与弱者进行掠夺的恶俗。

二、招魂巫术。《大金国志》卷二三曰：“至宁元年（1213）正月，改元，大赦天下。三月，遣中使某人，于大军所经残蹂地，分设鱼肉酒炙招魂、奠酹，内出祭文，其略曰：‘禁烟祭先，土俗所崇，凡尔子孙，以此为恭。乃令乏祀，神哭阴风。惟予一人，致尔若此，痛恨填臆，有颡其泚。’文既颁行，读者泣下。”[②]人被处死，灵魂外游，招魂必用酒，使其归来“享受”大赦。

三、入山避病巫术。《大金国志》卷三九《初兴风土》曰：“（女真）其疾病无医药，尚巫祝，病者杀猪狗以禳之，或用车载病者入深山大谷以避之。”[③]信奉萨满教巫妪能通神。《三朝北盟会编》卷三《政宣上帙》云：珊蛮“国人号为萨满。萨满者，女真语巫妪也，以其通变如神”[④]。故而信奉巫师能消灾治病，以至入山避病。《三朝北盟会编》政宣上帙卷三亦云：女真人“其疾病则无医药，尚巫祝”[⑤]。病则巫者杀猪狗以禳之，或车载病人至深山大谷以避之。

2. 女真人乐舞女俑（河南焦作西冯村金墓出土陶瓷彩绘）〔采自《中国古俑白描》。下同〕

四、人马殉葬巫术。《大金国志》卷三九《初兴风土》曰：“其亲友死，则以刃嫠额，血泪交下，谓之‘送血泪’。死者埋之而无棺椁。贵者生焚所宠奴婢、所乘鞍马以殉之。其祀祭饮食之物尽焚之，谓之‘烧饭’。”[⑥]嫠额即以刀割额头流血泪祭祀死者，血泪交感于死者，属交感巫术。此巫术在中国古代各族中都有存在。《后汉

① （元）脱脱等撰《金史》卷六五，中华书局1975年版，第1540页。

② （宋）宇文懋昭撰，崔文印校证《大金国志校证》卷二三《东海郡侯下》，中华书局1986年版，第313页。

③ （宋）宇文懋昭撰，崔文印校证《大金国志校证》卷三九《初兴风土》，中华书局1986年版，第551页。

④ （宋）徐梦莘撰《三朝北盟会编》卷三《政宣上帙》，景印文渊阁《四库全书》第350册，第23页。

⑤ （宋）徐梦莘撰《三朝北盟会编》卷三《政宣上帙》，景印文渊阁《四库全书》第350册，第20页。

⑥ （宋）宇文懋昭撰，崔文印校证《大金国志校证》卷三九《初兴风土》，中华书局1986年版，第551—552页。

书》卷一九《耿秉传》载："匈奴闻秉卒，举国号哭，或至梨面(即剺面)流血。"[①]《周书》卷五〇《异域下》曰："绕帐走马七匝，一诣帐门，以刀剺面，且哭，血泪俱流，如此者七度，乃止。"[②]《旧唐书》卷一九五《回纥传》曰："依回纥法，剺面大哭。"[③]

五、祭天地巫术。来自女真人天地崇拜，是最主要的原始信仰。在祭祀天地的时候，举行隆重的仪式，用红木雕刻一个船型的盘子，上面放上祭品，放在五六尺高的架子上，然后整个宗族聚集祭拜天地。《金史》卷三五《礼志八》曰："其制，刳木为盘，如舟状，赤为质，画云鹤文。为架高五六尺，置盘其上，荐食物其中，聚宗族拜之。"国家大事，皇帝即位和带队出征都要举行祭天地巫术，如《金史·太祖纪》载：阿骨打发兵进军宁江州以前，即"祷于皇天后土"。

《大金国志》卷三九《初兴风土》曰："其节序：元旦则拜日相庆，重五则射柳祭天。"[④]佚名《女真传》亦曰："其节序，元日则拜日相庆，重午则射柳祭天。"[⑤]此两项都是祭祀巫术。大金国的射柳源于大辽的瑟瑟仪，但是已经有所改变，与求雨没有关系，而且都在五月五日射柳祭天。但祭天，不一定就射柳。而多半祭天和祭地一起进行之，统称祭天地。在大金巫术中，祭天和祭天地巫术大行其道，是为鼓舞斗志，激励生存之唯一。

1. 天辅五年(1122)。阿骨打打了胜仗，《大金国志》卷二曰："五月，国主用杨朴议，始合祭天地于南北郊及禘享太庙，颁赐番汉群臣以下有差。"[⑥]

2. 天辅六年(1123)。《大金国志》卷二曰："三月，郊，合祭天地，依天辅年间例施行。"[⑦]

3. 天会七年(1129)。《大金国志》卷二七曰："兀术回至镇江，宋将韩世忠提海舟驻扬子江以邀之，兀术不得渡，刑白马、杀妇人，自刃其额以祭天，后得破海舟之策，大战胜之，以轻骑绝江而回江〔北〕，屯于六合。时左监军诮其无功，欲再侵江南，兀术辞之。"[⑧]

---

① (南朝宋)范晔撰《后汉书》卷一九，中华书局1965年版，第718页。

② (唐)令狐德棻等撰《周书》卷五〇，中华书局1971年版，第910页。

③ (后晋)刘昫等撰《旧唐书》卷一九五，中华书局1975年版，第5202页。

④ (宋)宇文懋昭撰，崔文印校证《大金国志校证》卷三九《初兴风土》，中华书局1986年版，第552页。

⑤ 佚名《女真传》，(宋)宇文懋昭撰，崔文印校证《大金国志校证》附录一，中华书局1986年版，第585页。

⑥ (宋)宇文懋昭撰，崔文印校证《大金国志校证》卷二《纪年·太祖武元皇帝下》，中华书局1986年版，第24页。

⑦ (宋)宇文懋昭撰，崔文印校证《大金国志校证》卷二《纪年·太祖武元皇帝下》，中华书局1986年版，第29页。

⑧ (宋)宇文懋昭撰，崔文印校证《大金国志校证》卷二七《开国功臣传·兀术》，中华书局1986年版，第383页。

4. 正隆元年(1156)。又用于军事中,据宋徐梦莘撰《三朝北盟会编》记载,正隆元年(1156)海陵炀王在军中筑坛祭天乞风,他还送金碗给敢死队,“有敢死之人,赏以金碗一只,酌以好酒,然后登船”①。用祭天巫术和送金碗喝酒激励兵士为他卖命的办法,完成军事目的,这又是变相的大金饮酒巫术。

5. 正隆六年(1161)。金兵大举攻宋,在渡江以前,筑坛于江上,杀马祭天。《大金国志》卷一五载:“十月,渤海一军万人叛归会宁府,立葛王褒为帝。主为内变所挠,于是亲统‘细军’驻和州鸡笼山,临江筑坛,刑马祭天,必欲至采石而渡。”②

6. 大定二年(1162)。《大金国志》卷一六曰:“大定二年(1162)正月戊辰朔,日有食之。是月,入都于燕,告祠天地社稷,且告祖庙。以父故名宗辅,非帝王所称,改曰宗尧,追谥懿宗。”③

7. 明昌元年(1190)。《大金国志》卷一九曰:“二月,文武百官各增二级。甲辰,祀上帝于南郊。乙巳,享大社。丙午,享太庙。”④

8. 大安元年(1209)。《大金国志》卷二二曰:“二月,国主亲祈天,告祖宗之灵而誓众,锐欲北征,停群臣之谏而止。”⑤

9. 大安三年(1211)。《大金国志》卷二二曰:“春,礼部兼太常卿杜世昌奏请郊天地,用《周礼》春秋祈谷之制,张庆之以为不可。世昌曰:‘朝廷闵雨,遍〔从〕群望,今种多不入土,若一岁得稔,便可少安,不告之天,将安祷也?’众以为然,且用春秋龙见而雩之说,王亲祀南郊,与地祇合祭。先一日,祭太庙于大兴殿。秘监邵文虎奏乞州县立力田科,初〔秋〕遣使行诸路,观田之垦废,以为守令殿最。”⑥

3. 女真人吹口哨俳优俑(河南焦作西冯封村金墓出土陶瓷)

① (宋)徐梦莘撰《三朝北盟会编》卷二三九《炎兴下帙》,景印文渊阁《四库全书》第352册,第400页。

② (宋)宇文懋昭撰,崔文印校证《大金国志校证》卷一五《海陵炀王下》,中华书局1986年版,第210页。

③ (宋)宇文懋昭撰,崔文印校证《大金国志校证》卷一六《世宗圣明皇帝上》,中华书局1986年版,第222页。

④ (宋)宇文懋昭撰,崔文印校证《大金国志校证》卷一九《章宗皇帝上》,中华书局1986年版,第257页。

⑤ (宋)宇文懋昭撰,崔文印校证《大金国志校证》卷二二《东海郡侯上》,中华书局1986年版,第295页。

⑥ (宋)宇文懋昭撰,崔文印校证《大金国志校证》卷二二《东海郡侯上》,中华书局1986年版,第296页。

10. 崇庆元年(1212)。《大金国志》卷二三曰:“五月,改元,合祭天地于南郊。祀开国功臣,命有司定谥。”①

金人祭祀天神行占卜巫术,在汉代东北及北方民族都有。《后汉书》卷八五《东夷列传·夫余》载:夫余国“以腊月祭天,大会连日,饮食歌舞,名曰‘迎鼓’。……有军事亦祭天,杀牛,以蹏占其吉凶”。唐李善等注:“《魏志》曰:‘牛蹏解者为凶,合者为吉。’”②

宋文惟简撰《虏廷事实》“拜天”条载之更详:“拜天。虏人州军及军前,每遇端午、中元、重九三节,择宽敞之地,多设酒醴,牢气饼饵果实,祭于其所,名曰拜天。祭罢,则无贵贱,老幼能骑射者,咸得射柳中者,则金帛赏之;不中者,则褫衣以辱之。射柳既罢,则张宴饮以为极乐也。”③

金人祭天巫术源于《周礼》的雩祭——周代求雨祭祀巫术,金张师颜撰《南迁录》记载崇庆元年(1212)曰:“五月,天时大暑,复少雨,礼部侍郎太常卿杜昌世请奏,上郊天地,用《周礼》春秋祈祷之制。张庆之以为不可。昌世曰:‘国家闵雨,遍从民望,今种多不入土,国家非兵弱将庸,但乏粮储,为北兵所困,若得一岁稔,便可少安,不告之天,将安祷也?’众以为然。且用季秋龙见而雩之说,上亲祀南郊,与地祇合祭。先一日,祭太庙于大兴殿,列祀开国勋臣,惟忠显王用太庙乐……命有司定谥。十七日,连雨二十余日。”④

二书记载相同。《南迁录》此说,证明《周礼》春秋祭天求雨巫术曾为金人所采用,改变自己落后奴隶制的野蛮性。《大金国志》卷三三载《燕京制度》,称其“制度极草创”⑤,可见其野蛮性还没有完全消除。

4. 金许由巢父镜〔采自《铜镜鉴藏》〕

金代许由巢父镜出土较多,民间流传此故事,故有此厌胜镜流传。

金朝女真人非常信奉巫师之言,也往往相信巫师神语非常灵验。《金史》卷六五《始祖以下诸子》云:“巫者能道神语。”在皇亲生育习俗中,有召巫师来作预言之习惯。《盛京通志》卷一〇八《金昭祖》记载:“金昭祖久无子,有巫者能道神语甚验,乃往祷焉,巫良久曰:男子之魂至矣,此子厚有福德,子孙昌盛,可拜受

① (宋)宇文懋昭撰,崔文印校证《大金国志校证》卷二三《东海郡侯下》,中华书局 1986 年版,第 310 页。

② (南朝宋)范晔撰《后汉书》卷八五,中华书局 1965 年版,第 2810 页。

③ (宋)文惟简撰《虏廷事实》“拜天”条,载《说郛一百卷》卷八,上海古籍出版社 1988 年影印《说郛三种》本,第一册,第 172 页。

④ (金)张师颜撰《南迁录》一卷,《丛书集成初编》本,商务印书馆 1935 年版。

⑤ (宋)宇文懋昭撰,崔文印校证《大金国志校证》卷三三,中华书局 1986 年版,第 470 页。

之，生则名之曰'乌古鼐'，是为景祖。又良久曰：女子之魂至矣，可名曰'乌延巫'。又良久曰：女子之兆复见，可名曰'乌达布'。又良久曰：男子之兆复见，然性不驯良，长则残忍，无亲亲之恩，必行非义，不可受也。昭祖方念后嗣未立，乃曰：虽不良亦愿受之。巫者曰：当名之曰'乌肯彻'。既曰生二男二女，其次第先后皆如巫者言。"[①]金朝皇族笃信巫言，几乎到言听计从的地步。

金朝女真人曾流行害人的魇魅巫术，即纸木人模仿巫术。《金史》卷六四《后妃传下》云，宣宗大安二年（1210），卫绍王即位后发诏书说："先皇（章宗）平昔或有幸御，李氏（指李师儿）嫉妒，令女巫李定奴作纸木人、鸳鸯符以事魇魅，致绝圣嗣。"于是下诏赐元妃李师儿自尽。但卫绍王借巫术杀害亲属，罪不可赦。

金代对中国龙凤厌胜文化作出过杰出贡献。阿城县出土的团龙镜，明显地继承了三代汉唐的厌胜传统。团龙镜厌胜双龙对首，一龙身曲昂首，一龙竖直昂首，张牙舞爪，神奇百倍。

5. 金代团龙厌胜镜（一）〔采自《铜镜》〕

6. 金代团龙厌胜镜（二）

7. 金代凤凰厌胜黄玉佩图〔采自《龙凤图集》。下同〕

金代双鱼镜也具有厌胜巫术特色。摇头摆尾，前后鳍张开如翅飞跃。

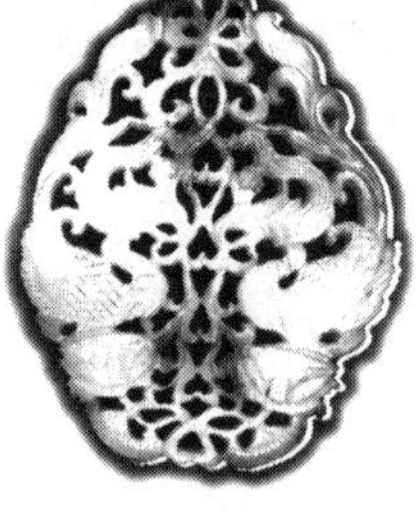

8. 金代双凤厌胜白玉佩图

9. 金代双鱼镜〔采自《铜镜》〕

① （清）阿桂、刘谨之等撰《盛京通志》卷一〇八，景印文渊阁《四库全书》第503册，第244—245页。

第二节　宋代西夏党项族的巫术

党项族历史悠久。据《旧唐书》卷一九八《党项羌》记载："党项羌，在古析支之地，汉西羌之别种也。魏、晋之后，西羌微弱，或臣中国，或窜山野。自周氏灭宕昌、邓至之后，党项始强。其界东至松州，西接叶护，南杂春桑、迷桑等羌，北连吐谷浑，处山谷间，亘三千里。"[①]早期分布在今青海四川草原上。

由于冶铁、耕作技术的发展使党项族的生产力不断提高，也使其文化不断发展。

北宋宝元元年(1038)党项族李元昊立国称帝，国号大夏，建立大夏王朝。西夏历190年。《辽史》卷一一五《西夏》曰："西夏，本魏拓跋氏后，其地则赫连国也。远祖思恭，唐季受赐姓曰李，涉五代至宋，世有其地。至李继迁始大，据夏、银、绥、宥、静五州，缘境七镇，其东西二十五驿，南北十余驿。子德明，晓佛书，通法律，常观《太一金鉴诀》、《野战歌》，制番书十二卷，又制字若符篆。"[②]由于李德明晓佛书，使佛书刻本得到大力发展，形成西夏文化特色。西夏拥有五州、七镇、三十五驿。据《隋书》卷八三《党项》称："党项羌者，三苗之后也。"隋朝时党项还处于无文字原始社会，流行祭天巫术。《隋书》卷八三《党项》曰："无文字，但候草木以记岁时。三年一聚会，杀牛羊以祭天。"[③]祭天是祭祀巫师干的事情。《北史》卷九六《党项羌》记述与《隋书》同。《旧唐书》卷一九八《党项羌》亦云："三年一相聚，杀牛羊以祭天。自周及隋，或叛或朝，常为边患。"并说："其人多寿，年一百五六十岁。"[④]

10. 打铁图(敦煌高窟第三窟　西夏)〔采自高国藩著《敦煌民俗学》，上海艺文出版社1989年版。下同〕

西夏文字典《文海》对巫的解释是："驱灾鬼害者用是也。"[⑤]对巫师和巫术的驱灾和驱鬼两方面的作用都是从正面予以肯定的。前者指自然，后者指人间。党项族崇尚神鬼，《文海》中有二十余处提到神鬼，认为"神者神祇也，守护者之

① (后晋)刘昫等撰《旧唐书》卷一九八，中华书局1975年版，第5290页。

② (元)脱脱等撰《辽史》卷一一五，中华书局1974年版，第1523页。

③ (唐)魏徵等撰《隋书》卷八三，中华书局1973年版，第1845页。

④ (后晋)刘昫等撰《旧唐书》卷一九八，中华书局1975年版，第5291页。

⑤ 史金波等著《文海研究》，中国社会科学出版社1983年版，第507页。

谓”,神是人的守护者;“鬼者害鬼也,魑魅也,魑鬼也,鬼怪也”,鬼是专门害人的。由此可见,党项族巫师大行驱鬼之道。

西夏王朝设有“官巫”专门管理巫术事项。所谓“官巫”是由政府任命的,见《天盛改旧新定律令》卷一一“矫误门”①。官巫中依据不同的职务,给予巫师不同的称呼。例如,有“巫提点”职务者,是专门管理民间宗教信仰巫术和巫术仪式的,见《天盛改旧新定律令》第一〇“司序行文门”②。为适应本王朝游牧民族的需要,由官巫来祭祀神马和神牛,牧民牲畜死亡和患病,都要向官巫报告,由官巫来处理祭祀和慰问。《天盛改旧新定律令》卷一九“畜患病门”曰:“有神马、祭牛、神牛一种者,年年四月三日于冬夏分别时,于旧宫内天神下当送马中散茶酒。其中有突然死亡及患病等时,牧人当速告局分处派人视之。谓已死之畜有神字迹,是实情,当令视者只关,派一官巫,三司内领取三两香、一斗酒、三斤稣、原粮一斗,当往本土地上,于彼畜所产幼仔之色美好者穿耳以祭祀。”③西夏王朝对巫师和巫术采取完全肯定的态度,官巫纳入政府的行政管理轨道,巫师的工作已经程序化,施行巫术变为政府降福于民的重要途径。

每当施行祭祀巫术之时总要用酒,故而西夏酿酒业得到大力发展。如《辽史·西夏》指出:“仇解,用鸡猪犬血和酒,贮于骷髅中饮之。”“有力小不能复仇者,集壮妇,享以牛羊酒食,驱仇家纵火,焚其庐舍。”④

11. 酿酒图(敦煌高窟第三窟　西夏)

西夏党项族巫师信仰原始性的多神教,故而祭祀多种神祇。西夏仁宗乾祐七年(1176)所建的《西夏黑水桥碑》(又称《黑河建桥敕碑》)中说:

敕镇夷郡境内,黑水河上下,所有隐显一切水土之主,山神、水神、龙神、树神、土地诸神等,咸听朕命。昔贤觉圣光菩萨哀悯此河年年暴涨,漂荡人畜,故发大慈悲,兴建此桥,普令一切往返有情咸免徒涉之患,皆沾安济之福。斯诚利国便民之大端也。朕昔已曾亲临此桥,嘉美贤觉兴造之功,仍罄虔恳,躬祭汝诸神等。自是之后,水患顿息。固知诸神冥歆朕意,

① 史金波、聂鸿音、白滨译注《天盛改旧新定律令》,法律出版社2000年版,第385页。
② 史金波、聂鸿音、白滨译注《天盛改旧新定律令》,法律出版社2000年版,第365页。
③ 史金波、聂鸿音、白滨译注《天盛改旧新定律令》,法律出版社2000年版,第582—583页。
④ (元)脱脱等撰《辽史》卷一一五,中华书局1974年版,第1524页。

阴加拥祐之所致也。今朕载启精虔，幸冀汝等诸多灵神，廓慈悲之心，恢济渡之德，重加神力，密运威灵，庶几水患永息，桥道久长。令此诸方有情，俱蒙利益，祐我邦家，则岂惟上契十方诸圣之心，抑可副朕之弘愿也。诸神鉴之。毋替朕命。大夏乾祐七年岁次丙申九月二十五日立石。①

此碑文充分说明其信仰多神教之特征，崇拜山神、水神、龙神、树神、土地神等中国本土的传统神祇，据此而有诸多巫术。关于《西夏黑水桥碑》，清代黎士宏《仁恕堂笔记》、叶昌炽《语石》、罗振玉《西陲石刻录》都有讨论。

西夏民间流行之巫术即称为大夏巫术，以朴素的农耕生活为背景，以驱鬼趋吉的善良预防性的巫术为主要内容。

1. 驱鬼医病巫术。元脱脱等撰《辽史》卷一一五《西夏》曰："病者不用医药，召巫者送鬼。"②在偏远的乡村人民缺医少药，小村少人，更缺人气，巫者送鬼应运而生，充其量只有精神安慰作用，但不能否定它的存在及其作用。

2. 神明巫术。即在居室中留一空屋给神明居住。宋沈括《梦溪笔谈》卷一八云："盖西戎（即西夏）之俗，所居正寝，常留中一间，以奉鬼神，不敢居之，谓之'神明'。"西夏人编著的西夏文字典《文海》，大约成书于 12 世纪中叶，即西夏中期的乾顺至仁孝时代，也指出："房舍中不住人，则鬼魅为依附，谓之闹鬼。"③每当农耕祭祀多神，也要用酒，如此就推动了农耕和酿酒业的发展。

《文海》中记有他杀、自缢而死的鬼、虚鬼、厉鬼、饿鬼、孤鬼等，必须留一空屋给他们居住，家中人才能安乐，并且定时酒食祭祀，形成风俗。

12. 农耕图（敦煌高窟第三窟　西夏）

3. 杀鬼招魂巫术。《宋史·夏国下》云："（兵）败三日，辄复至其处，捉人马射之，号曰'杀鬼招魂'，或缚草人埋于地，众射而还。"④捉人即捉俘虏射杀，若一时无俘虏可射，则缚草人射之，出兵必"用单日，避晦日"。西夏佛

① 西夏仁宗乾祐七年（1176）所建的《西夏黑水桥碑》，见北京中国社会科学院民族研究所藏拓片，据白滨编《西夏史论文集》所载王尧《西夏黑水桥碑考补》录文标点，宁夏人民出版社 1984 年版，第 465 页。

② （元）脱脱等撰《辽史》卷一一五，中华书局 1974 年版，第 1523 页。

③ 参见白滨《从西夏文字典〈文海〉看西夏社会》，载《西夏史论文集》，宁夏人民出版社 1984 版，第 165 页。

④ （元）脱脱等撰《宋史》卷四八六，中华书局 1986 年版，第 14029 页。

教发展,戒杀生,故而战事结束即以草人替代。

4. 埋鬼诅咒巫术。白滨指出:《文海》中的字条有谓在咒鬼处设立“坑壑”,即把鬼送入专设的坑中埋掉。又咒释为“诅咒声也,咒也,坑境上骂詈也”。即一边埋鬼,一边还要骂鬼与诅咒。这当然是一种交感巫术。其特征是一埋二咒,两者是结合在一起的①。不伤害身体,只是挖坑劳作诅咒而已。

5. 咒鬼消灾巫术。《宋史》卷四八六《夏国下》指出:“(西夏人)笃信机鬼,尚诅祝,每出兵则先卜。”②诅即诅咒,也就是为了消灾禳祸而咒鬼,祝也是咒的一种。这种巫术,与以上又埋又咒的巫术不同,它是一种专门诅咒鬼魅的巫术。黑城出土的西夏文献中有多种咒语集,例如《魔断要语》、《谨谈》以及无名称的祈祷、祈雨等咒语集,大约便是此种咒鬼消灾巫术的遗留物。这些咒语集请见《西夏文写本和刊本》一书③。此种不伤害身体,只是诅咒的巫术,对祈雨身有好处,对人亦无伤大雅,故流行之。

6. 占卜巫术。《宋史》卷四八六《夏国下》云:“笃信机鬼,尚诅祝,每出兵则先卜。卜有四:一、以艾灼羊脾骨以求兆,名‘炙勃焦’;二、擗竹于地,若揲蓍以求数,为之‘擗算’;三、夜以羊焚香祝之,又焚谷火布静处,晨屠羊,视其肠胃通则兵无阻,心有血则不利;四、以矢击弓弦,审其声,知敌至之期与兵交之胜负,及六畜之灾祥、五谷之凶稔。俗皆土屋,惟有命者得以瓦覆之。”④这是受《周易》卜筮影响的明证,乃《易》哲学思维的延伸。

一、以艾灼羊脾骨以求兆,名“炙勃焦”。

解:亦称“跋焦”。这是西夏人用羊骨占卜的一种方法,是由厮乩的卜师来施行的占卜巫术。这种巫术分为两种,一为生跋焦,先向粟米念咒,然后将这粟米喂羊,羊吃完后等到它摇头时便将它杀掉,由巫师挖出它的五脏来看,决定吉凶祸福。一为死跋焦,用艾草来烧灼羊的髀骨,即“以艾灼羊脾骨以求兆”,来看其征兆的位置,以占主客的胜负。这两种巫术相较,西夏人更相信前一种。在进行占卜巫术时,就要由巫师跳巫舞给予配合,因而西夏舞蹈被绘在敦煌壁画上。

13. 西夏拓枝舞壁画(敦煌莫高窟第 164 窟)〔采自《敦煌舞姿》〕

① 参见白滨《从西夏文字典〈文海〉看西夏社会》,载《西夏史论文集》,宁夏人民出版社 1984 年版,第 182 页。

②④ (元)脱脱等撰《宋史》卷四八六《夏国下》,中华书局 1977 年版,第 14029 页。

③ [苏]戈尔芭切娃、克恰诺夫合编《苏联科学院亚洲民族研究所列宁格勒分所所藏〈西夏文写本和刊本〉》,简称《西夏文写本和刊本》,莫斯科东方文献出版社 1963 年俄文版。

二、擗竹于地，若揲蓍以求数，为之“擗算”。

解：这种西夏时的占卜方式，所谓“擗竹于地，若揲蓍以求数”，是将一根竹子剖开，根据竹签的数目来定吉凶。这是从《周易》演化出来的。与“揲蓍”占卜法相似。《周易》卷七《系辞上》云：“揲之以四，以象四时。”①唐陆德明撰《经典释文》曰：“揲犹数也。”汉许慎撰《说文解字》曰：“揲，阅持也。从手，枼声。”②揲，用手持而分数之。筮时，在“卦一”以后，把上方的筮草每四根为一组，分别数之，就是揲之以四。即用蓍草五十根，先取其一，余四十九分为两迭，然后四根一数，以定阳爻或阴爻，可见受《周易》很深的影响。

三、夜以羊焚香祝之，又焚谷火布静处，晨屠羊，视其肠胃通则兵无阻，心有血则不利。

解：咒羊。这种西夏巫术以羊占卜。夜里巫师牵来一只羊，由卜师先行对羊焚香与念咒，然后烧起谷火，再撒布到僻静地方，第二天早晨杀羊，挖出五脏看羊肠、羊胃，如肠胃通，就主吉，羊心有血则不利。这一以羊占卜过程，正如《宋史》卷四八六《夏国下》指出：“夜以焚香祝之，又焚谷火布静处，晨屠羊，视其肠胃通则兵无阻，心有血则不利。”③这种巫术就以农耕生活为背景，与农村种植业，主要是谷类养生交织在一起进行之。

14. 舂米图（敦煌高窟第三窟　西夏）〔采自《敦煌民俗学》〕

四、以矢击弓弦，审其声，知敌至之期与交兵之胜负，及六畜之灾祥、五谷之凶稔。

解：占卜时，用箭敲击弓弦，巫师根据弓弦发出的声音，判断所卜事情的吉凶，知敌来临日期及交战的胜负。

据白滨译文，《文海》指出巫师的职能是：第一，驱鬼。“驱鬼也，驱灾鬼害者用是也”。第二，解疑。“（巫）能知语言，显说所问则故曰巫”。又云：“（卜）问意也……视好恶何向之谓。”1972年在甘肃武威发现了一批西夏文献，其中便有解释吉凶祸福的占卜辞的残页。

从黑城出土的西夏文献可见，在太后、命后、诸王、国师、大臣、统军等官阶和封号以后，接着便出现了“巫位”，可见巫在西夏王朝中有较高地位。

西夏党项族勤劳、智慧、勇敢，热爱中国文化，龙庆胜亦继承三代汉唐传统，

---

① （魏）王弼、（晋）韩康伯注，（唐）孔颖达等正义《周易正义》卷七《系辞上》，中华书局1980年影印阮元校刻《十三经注疏》本，第80页。

② （汉）许慎撰，（宋）徐铉校定《说文解字》卷一二，中华书局1963年影印本，第251页下。

③ （元）脱脱等撰《宋史》卷四八六，中华书局1977年版，第14029页。

其文化创新意义尤为突出：

图 15 是敦煌壁画五龙厌胜；

图 16 是敦煌壁画团龙厌胜。

15. 五龙厌胜图（敦煌高窟第 234 窟　西夏）〔采自《敦煌研究文集》〕

16. 团龙厌胜图（敦煌莫高窟第 310 窟　西夏）〔采自《敦煌图案集》〕

西夏巫文化发展是与佛教发展交织进行的。论西夏巫术信仰风俗，就必然牵涉到西夏佛教信仰风俗，两者相辅相成。西夏王朝可以说以佛教立国，在其建国之初 50 余年就着手刊刻西夏文《大藏经》，又称《番大藏经》（因西夏主体民族原称番族），丰富了中国佛经经藏系统，一共翻译有 8203620 卷。整个汉文《大藏经》译经，从汉至宋只有五千多卷。可见西夏译经比重之大。不仅如此，西夏还全力以赴地刊刻了全部汉文《大藏经》，皇帝皇后纷纷撰写碑铭、发愿文、佛经序，非常壮观。这是西夏对中国文化作出的贡献。

17. 西夏天庆间皇后罗氏施刊本《佛说宝雨经》卷首图〔采自《佛说宝雨经》〕

《天盛律令》是西夏的国家法典，忠孝是其思想核心，并将“失孝”定为十恶之一。西夏在佛教祭祀巫术上，结合了孝敬父母的风俗。西夏王朝译过《孝经》，推行儒家孝敬父母之孝道，西夏文类书《圣立义海》对“父母患病”条作出具体规定，曰：“父母患病则孝子忧戚，父母患病时，勿梳头发，勿穿新衣，勿唱戏，勿饮酒，勿饮郊宴，勿发怒，依病调药，饮时孝子亲手喂饮。父母饮药勿扰，犹如自己患病之忧戚也。”①

黑水城出土文书《乾定申年告近禀贴》记载过守城将士仁勇，因其母 77 岁高龄在家，自己远在黑城，请求调回家乡照顾老母。该禀贴实际为调职申请

① 克恰诺夫、李范文、罗矛昆《圣立义海研究》，宁夏人民出版社 1995 年版，第 74—75 页。

书。[1] 此文书显然是受儒家“父母在，不远游”孝道主张的影响。

西夏为了推行孝道，于是配合刊刻佛经，宣讲《佛说报父母恩重经》。见下图：

卷首中央是释迦牟尼佛说法图，佛祖端坐在莲花宝座上，头上祥云缭绕，身后佛光高照，供桌上放着法器，两旁边左右站着两个比丘，合着双手，聆听佛祖说法。卷首图两旁共有十六幅报恩父母的连环画，非常有教育意义。显然父母恩重经更贴近底层人民的生活。在唐代，相关孝道资料也曾在敦煌等地广泛流传。[2] 而本卷首图，如其中《为父母亲布施修福》，就是向小孩送东西。

18. 西夏刊本《佛说报父母恩重经》卷首图

又如另一幅连环画《为父母亲读诵经典》，当然指的是儒、佛、道经典，故而提倡的是新儒学。

再如另一幅连环画《为父母亲书写经典》。

19.《为父母亲布施修福》图

20.《为父母亲读诵经典》图

21.《为父母亲书写经典》图

总之，这十六幅连环画，实际上拥有厌胜巫术的意义，成为广义上的厌胜艺术品，也说明西夏国为父母书写经典亦不限某种宗教，可为儒家经典。《宋史》卷四八五《外国·夏国上》就记载李元昊曾经译过儒家的《孝经》[3]，证明他热爱祖国文化，为刊刻经典努力。西夏有刊刻《金光明最胜王经》的事实，见

① 黄振华《评苏联近三十年的西夏学研究》，《社会科学战线》1978 年第 2 期。

② 参阅《敦煌古俗与民俗流变——中国民俗探微》第十六章《十恩德民俗小调》、第十七章《辞娘赞民俗小调》，和《敦煌民俗学》第八章《太公家教》。

③ (元)脱脱等撰《宋史》卷四八五，中华书局 1977 年版，第 13995 页。

图 22。

22. 西夏刊本《金光明最胜王经》中的卷首画“说法”图

西夏王朝推崇佛教，皇后经常出资刊刻佛经。如姚秦三藏法师鸠摩罗什译的《金刚般若波罗蜜经》，就是罗氏皇后施资刊刻的。在该经的后面，注明是“大夏乾祐二十年(1189)岁次已酉三月十五日　正宫　皇后罗氏谨施”[①]罗氏皇后是正宫娘娘，刊刻《金刚般若波罗蜜经》是为了求长寿。《金刚般若波罗蜜经》云：

云何得长寿　金刚不坏身
复以何因缘　得大坚固力
云何于此经　究竟到彼岸
愿佛开微密　广为众生说
发愿文
稽首三界尊　归命十方佛
我今发弘愿　持此金刚经
上报四重恩　下济三涂苦
若有见闻者　悉发菩提心
尽此一报身　同生极乐国
《金刚般若波罗蜜经》姚秦三藏法师鸠摩罗什译[②]

佛教主张行善，“上报四重恩，下济三涂苦”，可以获长寿。《心地观经》谓四恩者，一父母恩，二众生恩，三国王恩，四三宝恩。[③]《释氏要览》中谓四恩者，一父母恩，二师长恩，三国王恩，四施主恩。三涂名火、刀、血。[④]《四解脱经》曰：涂者，途之义。一火途，地狱趣猛火所烧之处。二血途，畜生趣互相食之处。三刀途，饿鬼趣以刀剑杖逼迫之处。[⑤] 西夏王朝由于信奉佛教，就将祭祀巫术与念经

① 俄 TK42、TK44、TK46、TK48、TK49、TK52、TK54、TK57《金刚般若波罗蜜经》(19—19)，载于《俄藏黑水城文献》第二册，上海古籍出版社 1996 年版，第 36 页。

② 见俄 TK42、TK44、TK46、TK48、TK49、TK52、TK54、TK57《金刚般若波罗蜜经》(19—1)，载于《俄藏黑水城文献》第二册，上海古籍出版社 1996 年版，第 27 页。

③ 《心地观经》是《大乘本生心地观经》之略名。

④ 《释氏要览》、《心地观经》解释四恩，见丁福保编著《佛学大辞典》，上海书店 1991 年版，上册，第 779 页。

⑤ 《四解脱经》解释三涂，见丁福保编著《佛学大辞典》，上海书店 1991 年版，上册，第 340 页。

结合以求人民的长寿与和平的长久。

第三节　宋代契丹族的大辽巫术

对于契丹族最早的记载，见于北齐魏收所撰《魏书》卷一〇〇《契丹》，云契丹“在库莫奚(鲜卑同类)东，异种同类，俱窜于松漠之间。登国中，国军大破之，遂逃迸，与库莫奚分背”①。即公元388年左右，北魏大破库莫奚，契丹随之分离出来，“经数十年，稍滋蔓，有部落，于和龙之北数百里，多为寇盗”②，退居到内蒙古一带逐渐发展起来。

23. 契丹人图〔采自《三才图会》〕

五代后梁贞明二年(916)，契丹族耶律阿保机在今内蒙古西拉木伦河与老哈河流域(包括库伦、彰武、阜新)的广大地区，建立契丹国，后改号大辽。至五代后汉高祖刘暠的开运三年(947)耶律德光改国号为辽，直到北宋宣和七年(1125)为金朝所灭，享国210年。其笃行之巫术即称为大辽巫术。

《辽史》卷一一六《国语解》载，契丹族信奉“君基太一神福神名。其神所临之国，君能建极，孚于上下，则治化升平，民享多福”③。辽太祖信奉孔子，大辽开国之际于神册三年(918)，《辽史》卷一《太祖上》曰：“五月乙亥，诏建孔子庙、佛寺、道观。”④神册四年(919)，《辽史》卷二《太祖下》载：“(太祖)秋八月丁酉，谒孔子庙，命皇后、皇太子分谒寺观。”⑤表现了文化治国的意向。但由于辽代属奴隶制王朝，以鬼神立国，接着它就以射鬼箭巫术表现出落后、野蛮与残酷的一面。《辽史》卷一《太祖上》曰：神册七年(922)“夏四月戊寅，北追剌葛。己卯，次弥里，问诸弟面木叶山射鬼箭厌禳，乃执叛人解里向彼，亦以其法厌之”⑥。《辽史》卷一一六《国语解》曰：“凡帝亲征，服介胄，祭诸先帝，出则取死囚一人，置所向之方，乱矢射之，名射鬼箭，以祓不祥。及班师，则射所俘。后因为刑法之用。”⑦此巫术全名“射鬼箭厌禳”，所谓“厌禳”就是用巫术祈祷鬼神来除灾和降福。而射鬼箭厌禳则是以射活人(战俘)来除灾降福，野蛮性

①② (北齐)魏收撰《魏书》卷一〇〇，中华书局1974年版，第2223页。

③ (元)脱脱等撰《辽史》卷一一六，中华书局1974年版，第1536页。

④ (元)脱脱等撰《辽史》卷一，中华书局1974年版，第13页。

⑤ (元)脱脱等撰《辽史》卷二，中华书局1974年版，第15页。

⑥ (元)脱脱等撰《辽史》卷一，中华书局1974年版，第7页。

⑦ (元)脱脱等撰《辽史》卷一一六，中华书局1974年版，第1535页。

十足。辽俗好打猎，打猎必由巫师祭麃鹿神，《辽史·国语解》曰："祭麃鹿神辽俗好射麃鹿，每出猎，必祭其神以祈多获。"①

《辽史》卷六《本纪·穆宗上》载，穆宗在应历七年(957)"夏四月戊午朔，还上京。初，女巫肖古上延年药方，当用男子胆和之。不数年，杀人甚多"②。穆宗接受了女巫吃男子胆汁可以延年益寿的黑巫方，他杀近侍、杀鹿人、杀彘人、杀狼人、杀雉人、杀獠人、杀鹘人、杀酒人、杀前导，最多的一次杀了44个人。杀了许多人以后，《辽史》卷六《本纪·穆宗上》云："至是，觉其妄。辛巳，射杀之。"③最后把这个搞黑巫术的女巫也杀了。元脱脱等在《辽史·穆宗下》中对穆宗做了结论："穆宗在位十八年，知女巫妖妄见诛，谕臣下滥刑切谏，非不明也。而荒诞于酒，畋猎无厌。侦鹅失期，加炮烙铁梳之刑；获鸭甚欢，除鹰坊刺面之令。赏罚无章，朝政不视，而嗜杀不已。变起肘腋，宜哉！"④残暴过甚的辽穆宗，三十九岁就被六个近侍在他"欢饮方醉，驰还行宫"时杀死。

24. 河北宣化辽代张文藻墓壁画《五鬼图》(摹本)

穆宗死后，景宗上台，依然搞所谓的"射鬼箭"巫术。《辽史》卷九《景宗下》记载乾亨二年(980)巫术事云："冬十月辛未朔，(景宗)命巫者祠天地及兵神。辛巳，将南伐，祭旗鼓。癸未，次南京。丁亥，获敌人，射鬼箭。庚寅，次固安，以青牛白马祭天地。己亥，围瓦桥关。"⑤巫者祠天地兵神，控制着以下"祭旗鼓"、"射鬼箭"、"祭天地"等一系列巫术活动。所谓"射鬼箭"，不过是在出师前，将抓来的俘虏作为活靶子进行射杀人之巫术活动。射鬼箭巫术有三个特点：

第一，皇帝亲征仪式。《辽史》卷五一《军仪》云："皇帝亲征仪：常以秋冬，应敌制变或无时。将出师，必先告庙。乃立三神主祭之：曰先帝，曰道路，曰军旅。刑青牛白马以祭天地。其祭，常依独树；无独树，即所舍而行之。或皇帝服介胄，祭诸先帝宫庙，乃阅兵。将行，牝牡麃各一为禡祭。将临敌，结马尾，祈拜天地而后入。下城克敌，祭天地，牲以白黑羊。班师，以所获牡马、牛各一祭天地。出师以死囚，还师以一谍者，植柱缚其上，于所向之方乱射之，矢集如猬，谓之'射鬼箭'。"⑥

---

① (元)脱脱等撰《辽史》卷一一六，中华书局1974年版，第1537页。

② (元)脱脱等撰《辽史》卷六，中华书局1974年版，第74页。

③ (元)脱脱等撰《辽史》卷六，中华书局1974年版，第74页。

④ (元)脱脱等撰《辽史》卷七，中华书局1974年版，第87页。

⑤ (元)脱脱等撰《辽史》卷九，中华书局1974年版，第103页。

⑥ (元)脱脱等撰《辽史》卷五一，中华书局1974年版，第845页。

由上可见皇帝亲征，在出师、将行、克敌、班师、还师所有重要环节都要进行祭祀巫术，杀麃、杀羊、杀牛、杀马，把场面尽量搞得血腥和令人颤栗，以体现胜利的喜悦。

第二，射鬼箭也和祭天地结合进行。《辽史》卷三《太宗上》曰："十二年春正月丙辰，次堆子口。唐大同军节度判官吴峦闭城拒命，遣崔廷勋围其城。庚申，上亲征，至城下谕之，峦降。辛酉，射鬼箭于云州北。壬戌，祀天地。"①依据将抓来的俘虏当活靶子射鬼箭的原则，《辽史》卷一一《圣宗二》曰："庚辰，以所俘宋人射鬼箭。"②故不排除这次祭天地的活靶子就是吴峦。这就是投降奴隶制王朝的悲惨下场。

25. 河北宣化辽代张文藻墓巫乐壁画

第三，射鬼箭和选举臣民所爱戴者对照进行之。《辽史》卷四《太宗下》曰："己丑，以南王府二刺吏贪蠹，各仗一百，仍系虞候帐，备射鬼箭，选群臣为民所爱者代之。"③辽太祖是这样整治贪官的：首先仗一百下屁股，然后关押进"虞候帐"（军事监狱），射鬼箭备用。为什么不马上拿这些贪官射鬼箭呢？因为要先举行民所爱的群臣的选举活动，让群臣先知道贪官的射鬼箭下场，也就是用贪官来教育群臣廉洁奉公。耶律德光此举不可谓不聪明，惩办贪官可谓古今独步。

大辽巫术中，杀羊、杀牛、杀马、杀鹅等祭天地频繁出现。《辽史》记载历历如绘：

1. 天复七年（907）五月，"甲寅，奏擒剌葛、涅里衮阿钵于榆河，前北宰相萧实鲁、寅底石自刭不殊。遂以黑白羊祭天地"④。

2. 天复七年（907）五月，"时大军久出，辎重不相属，士卒煮马驹、采野菜以为食，孳畜道毙者十七八，物价十倍，器服资货委弃于楚里河，狼藉数百里，因更剌葛名暴里。丙寅，至库里，以青牛白马祭天地"⑤。

3. 神册四年（919），"冬十月丙午，次乌古部，天大风雪，兵不能进，上祷于天，俄顷而霁"⑥。

---

① (元)脱脱等撰《辽史》卷三，中华书局 1974 年版，第 40 页。
② (元)脱脱等撰《辽史》卷一一，中华书局 1974 年版，第 122 页。
③ (元)脱脱等撰《辽史》卷四，中华书局 1974 年版，第 46 页。
④ (元)脱脱等撰《辽史》卷一，中华书局 1974 年版，第 7 页。
⑤ (元)脱脱等撰《辽史》卷一，中华书局 1974 年版，第 7—8 页。
⑥ (元)脱脱等撰《辽史》卷二，中华书局 1974 年版，第 15 页。

4. 天赞三年(924),“八月乙酉,至乌孤山,以鹅祭天。甲午,次古单于国,登阿里典压得斯山,以麃鹿祭”①。

5. 天赞三年(924),“(九月)是月,破胡母思山诸蕃部,次业得思山,以赤牛青马祭天地”②。

6. 应历二年(952),“(九月)戊午,诏以先平察割日,用白黑羊、玄酒祭天,岁以为常”③。

26. 契丹男人发式〔采自《中国古代服饰史》〕

辽代也盛行用活人殉葬的巫术。

1. 据《辽史》卷一〇《圣宗一》载:“荆王道隐薨,辍朝三日,追封晋王,遣使抚慰其家。丙子,以于越休哥为南京留守,仍赐南面行营总管印绶,总边事。渤海挞马解里以受先帝厚恩,乞殉葬,诏不许,赐物以旌之。”④

2.《辽史》卷一〇《圣宗一》载:“甲午,葬景宗皇帝于乾陵,以近幸朗、掌饮伶人挞鲁为殉。上与皇太后因为书附上大行。丙申,皇太后诣陵置奠,命绘近臣于御容殿,赐山陵工人物有差。”⑤

尽管在圣宗时曾明令禁止杀奴隶,并曾将为数不多的奴隶变为民户,但活人殉葬依然被认为是名正言顺的事情。

巫师在朝廷内有崇高的地位。《辽史》卷四九《礼志一》载,在行吉仪的时候,“设天神”,皇帝、皇后至,便由太巫“以酒酹牲”来主持祭礼。此时皇帝服金文金冠,皇后御绛帓,络缝红袍,而“巫衣白衣,惕隐以素巾拜而冠之”。在整个仪式中,巫师排在首位,“巫三致辞。每致辞,皇帝、皇后一拜,在位者皆一拜”。最后,“太巫奠酹讫,皇帝、皇后再拜,在位者皆再拜”。在整个祭祀过程中,大家(包括皇帝)都向巫师膜拜。⑥

辽代有一种巫师主持的射柳求雨的巫术。《辽史》卷八《景宗上》曰:“辛亥,射柳祈雨。”⑦这实际是巫师设计的交感巫术,当时称“瑟瑟仪”。《辽史》卷四九《礼志一·吉仪》云:“瑟瑟仪:若旱,择吉日行瑟瑟仪以祈雨。前期,置百柱天棚。及期,皇帝致奠于先帝御容,乃射柳。皇帝再射,亲王、宰执以次各一射。

①② (元)脱脱等撰《辽史》卷二,中华书局1974年版,第20页。
③ (元)脱脱等撰《辽史》卷六,中华书局1974年版,第70页。
④ (元)脱脱等撰《辽史》卷一〇,中华书局1974年版,第108页。
⑤ (元)脱脱等撰《辽史》卷一〇,中华书局1974年版,第109页。
⑥ (元)脱脱等撰《辽史》卷四九,中华书局1974年版,第834—835页。
⑦ (元)脱脱等撰《辽史》卷八,中华书局1974年版,第94页。

中柳者质志柳者冠服，不中者以冠服质之。”[1]又称“瑟瑟礼”，《辽史》卷一一六《国语解》曰：“瑟瑟礼祈雨射柳之仪，遥辇苏可汗制。”[2]以上是瑟瑟仪祈雨的前期，关键却在于后期巫师的出场洒酒荐柳。《辽史》卷四九又云：“又翼日，植柳天棚之东南，巫以酒醴、黍稗荐植柳，祝之。皇帝、皇后祭东方毕，子弟射柳。”[3]可见“巫以酒醴”是这一求雨巫术的核心。

辽代还有一种巫师主持的孟冬拜陵的巫术。《辽史》卷四九《礼志一》云：“孟冬朔拜陵仪：有司设酒馔于山陵。皇帝、皇后驾至，敌烈麻都奏‘仪办’。阁门使赞皇帝、皇后诣位四拜讫，巫赞祝燔胙及时服，酹酒荐牲。大臣、命妇以次燔胙，四拜。皇帝、皇后率群臣、命妇，循诸陵各三匝。还宫。翼日，群臣入谢。”[4]这是一套孟冬拜陵的巫术，巫师读赞词，念咒语，并且还“燔胙”（祭肉），穿“时服”，洒酒荐牲，等等。

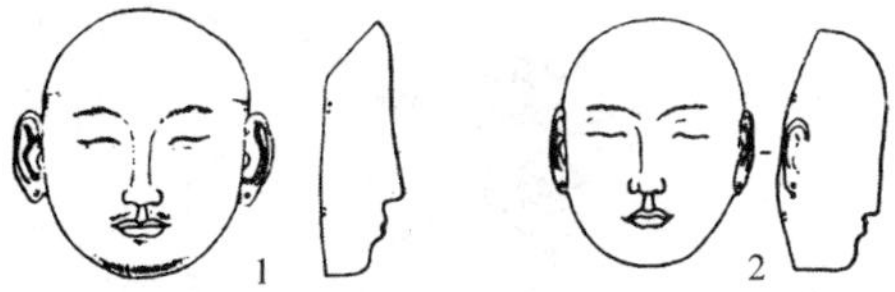

27. 辽代驱傩巫舞使用的面具〔采自杜承武《辽代墓葬出土的铜丝网络与面具》，《辽金史论集》第1集，上海古籍出版社1987年版。〕

辽代还有一种巫师主持的岁除拜火的巫术。《辽史》卷四九《礼志一》云：“岁除仪：初夕，敕使及夷离毕率执事郎君至殿前，以盐及羊膏置炉中燎之。巫及大巫以次赞祝火神讫，阁门使赞皇帝面火再拜。”[5]

辽代皇族的丧葬仪式，也由巫师来主持。第一，出柩时必须由巫师来祓除与祈禳。《辽史》卷五〇《礼志二・凶仪》云：“丧葬仪：圣宗崩，兴宗哭临于菆涂殿。大行之夕四鼓终，皇帝率群臣入，柩前三致奠。奉柩出殿之西北门，就辒辌车，藉以素裀。巫者祓除之。诘旦，发引，至祭所，凡五致奠。太巫祈禳。皇族、外戚、大臣、诸京官以次致祭。”[6]

第二，安葬时也必须葬在巫师管理的“医巫闾山”。《辽史》卷七一《后妃》云：“景宗立，葬二后于医巫闾山，建庙陵寝侧。”[7]《辽史》卷七二《宗室》云：“后太宗改葬于医巫闾山，谥曰文武元皇王。”[8]《辽史》卷七二《宗室・义宗倍》又云：“倍（指辽义宗耶律倍）初市书至万卷，藏于医巫闾绝顶之望海堂。”[9]《辽史》卷七

---

①③　（元）脱脱等撰《辽史》卷四九，中华书局1974年版，第835页。

②　（元）脱脱等撰《辽史》卷一一六，中华书局1974年版，第1537页。

④　（元）脱脱等撰《辽史》卷四九，中华书局1974年版，第837页。

⑤　（元）脱脱等撰《辽史》卷四九，中华书局1974年版，第838页。

⑥　（元）脱脱等撰《辽史》卷五〇，中华书局1974年版，第839页。

⑦　（元）脱脱等撰《辽史》卷七一，中华书局1974年版，第1201页。

⑧⑨　（元）脱脱等撰《辽史》卷七二，中华书局1974年版，第1211页。

二又云："(平王隆先)葬医巫闾山之道隐谷。"[①]医巫闾山即《周礼・夏官・职方氏》提到的"医无闾"，在今辽宁省北镇县西，为古代之名山，辽代写为"医巫闾山"，当为巫师管理之山。

辽代葬俗中有一种模拟巫术，称为烧饭巫术。流行于辽代高层官吏中。《契丹国志》卷二三《建官制度》曰："(其主)既崩，则设大穹庐，铸金为像，朔望、节辰、忌日辄致祭。筑台高丈余，以盆焚酒食，谓之烧饭。"[②]此巫术以"铸金为像"为核心进行之。当时有关记载，往往略去"铸金为像"这个核心，单纯讲"烧饭"祭祀之俗，使人不易识别它是模拟巫术。

28. 辽代女人展示马术绝技〔采自《便桥会盟图》〕

辽代正旦(初一)国俗，也须有十二位巫师出场。《辽史》卷五三《礼志六》云："正旦，国俗以糯饭和白羊髓为饼，丸之若拳，每帐赐四十九枚。戊夜，各于帐内窗中掷丸于外。数偶，动乐，饮宴。数奇，令巫十有二人鸣铃，执箭，绕帐歌呼，帐内爆盐炉中，烧地拍鼠，谓之惊鬼，居七日乃出。国语谓正旦为'乃捏咿呢'。'乃'，正也；'捏咿呢'，旦也。"[③]巫师鸣铃给辽代正旦时尚带来特殊的巫术风情。

人日举行占卜巫术风俗活动。《辽史・礼志六》曰："人日，凡正月之日，一鸡、二狗、三豕、四羊、五马、六牛、七日为人。其占、晴为祥，阴为灾。俗煎饼食于庭中，谓之'薰天'。"[④]在大辽巫术中，占卜巫术与祭天地巫术结合进行之。辽太宗耶律德光时代即如此。《辽史・太宗下》曰："九月癸巳，有飞鸶自坠而死，南府夷离堇曷鲁恩得之以献。卜之，吉。上曰：'此从珂自灭之兆也！'丁酉，入雁门。戊戌，次忻州，祀天地。"[⑤]

佛诞举行模仿巫术仪式。《辽史・礼志六》曰："二月八日为悉达太子生辰，京府及诸州雕木为像，仪仗百戏导从，循城为乐。悉达太子者，西域净梵王子，姓瞿昙氏，名释迦牟尼。以其觉性，称之曰'佛'。"[⑥]

太巫主持皇宫内再生仪，特别隆重。相当于前后任皇帝自然交接和承继开始。此再生指皇朝整体的再生，所以必须在皇帝十二岁时举行。《辽史》卷五三《礼志六》云："再生仪：凡十有二岁，皇帝本命前一年季冬之月，择吉日。前期，禁门北除地置再生室、母后室、先帝神主舆。在再生室东南，倒植三岐木。其

① (元)脱脱等撰《辽史》卷七二，中华书局1974年版，第1211页。
② (宋)叶隆礼撰《契丹国志》卷二三，景印文渊阁《四库全书》第383册，第784页。
③④ (元)脱脱等撰《辽史》卷五三，中华书局1974年版，第877页。
⑤ (元)脱脱等撰《辽史》卷三，中华书局1974年版，第38页。
⑥ (元)脱脱等撰《辽史》卷五三，中华书局1974年版，第878页。

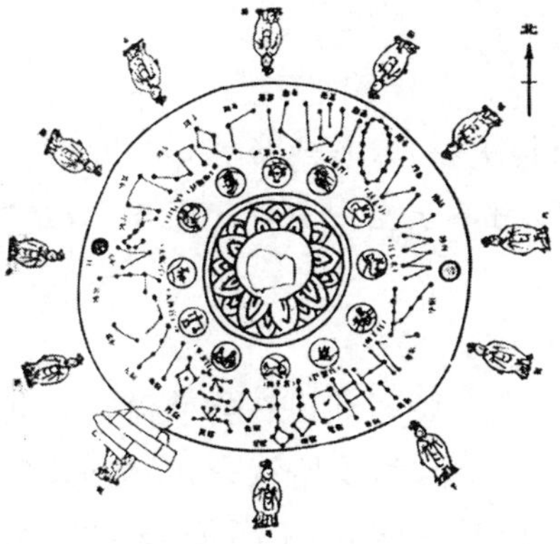

29. 辽墓墓顶展示的契丹人占星祈福巫术图〔采自河北宣化下八里2号辽墓顶部星图〕

日，以童子及产医妪置室中。一妇人执酒，一叟持矢箙，立于室外。有司请神主降舆，致奠。奠讫，皇帝出寝殿，诣再生室。群臣奉迎，再拜。皇帝入室，释服、跣。以童子从，三过岐木之下。每过，产医妪致词，拂拭帝躬。童子过岐木七，皇帝卧木侧，叟击箙（盛箭之器）曰：'生男矣。'太巫幪皇帝首，兴，群臣称贺，再拜。产医妪受酒于执酒妇以进，太巫奉襁褓、彩结等物赞祝之。预选七叟，各立御名系于彩，皆跪进。皇帝选嘉名受之，赐物。再拜，退。群臣皆进襁褓、彩结等物。皇帝拜先帝诸御容，遂宴群臣。"①此又为皇朝求子俗。敲箭筒（箙）祝贺生男孩，表示契丹族尚武精神。抱活小孩象征求子模仿巫术，其中太巫起主导作用。

辽代还有一种柴册礼的风俗，这时要施行一种叫"赤娘子"的木人模仿巫术进行祭拜。宋王易《燕北录》云："赤娘子者，番语多呼谓之'掠胡奥俗'，传是阴山七骑所得黄河中流下一妇人，因生其族类。其形木雕彩装，常时于木叶山庙内安置，每一新戎主行柴册礼时，于庙内取来作仪注，第三日送归本庙。七祖眷属七人，俱是木人，着红绵衣，于木叶山庙内。取到柴笼之制高三十三尺，用皮带榆柴叠就，上按黑漆木坛三层。坛上安御帐，当日戎主坐其中，下有契丹臣僚三百余人。皇后生产如遇八月，先启建无量寿道场，逐日行香礼拜一月。与戎主各帐寝预先造团白毡帐四十九座，又内一座，最大径围七十二尺。"②

30. 辽　契丹文字镜〔采自《铜镜鉴藏》〕

柴册礼是指辽代皇帝即位以后，必须积薪为坛，受群臣上呈的玉册，礼仪结束，烧柴祀天。《辽史》卷三《太宗上》云："癸亥，谒太祖庙。丙寅，行柴册礼。"③故这是辽代皇帝登基后的大礼，而赤娘子便是宋代契丹族尊奉的母神，尚保留有母系制度的特征。

当烧柴祀天发出霹雳声时，还有一种互相钩中指和

---

① （元）脱脱等撰《辽史》卷五三，中华书局1974年版，第879—880页。

② （宋）王易《燕北录》，（明）陶宗仪等编《说郛三种》本，上海古籍出版社1988年影印本，第2584页。

③ （元）脱脱等撰《辽史》卷三，中华书局1974年版，第28页。

模拟鸟叫的交感巫术。宋王易《燕北录》云：

> 戎主及契丹臣庶，每闻霹雳声，各相钩中指，只作唤雀声，以为禳厌也。戎主及契丹臣庶等，如见旋风时，便合眼，用拳子空中打四十九下，口道“坤不克”七声，汉语“鬼风”也，以禳厌之。[1]

所谓“禳厌”，即禳除邪恶灾祸之巫术也。南北朝时代已在异族流行，《北齐书》卷一七《斛律羡》云：“行燕郡守马嗣明医术之士，为羡所钦爱，乃窃问之，答曰：‘须有禳厌。’”[2]至唐代仍有流传。《新唐书》卷一四五《王缙传》云：“或夷狄入寇，必合众沙门诵《护国仁王经》为禳厌，幸其去，则横加锡与，不知纪极。”[3]唐姚合《酬任畴协律夏中苦雨见寄》诗云：“灰人漫禳厌，水马恣沉浮。”[4]可见唐代也有流传。

综上所述，辽代契丹族重巫与巫术，贯穿在医药、丧葬、军事、朝廷、求雨、拜陵、拜火、岁时、求子、祭祖等多种风俗与活动中。

---

① （明）陶宗仪编《说郛一百二十弓》弓五六，上海古籍出版社 1988 年影印《说郛三种》本，第 2585 页。

② （唐）李百药撰《北齐书》卷一七，中华书局 1972 年版，第 228 页。

③ （宋）欧阳修、宋祁撰《新唐书》卷一四五，中华书局 1975 年版，第 4716 页。

④ 《全唐诗》卷四九八，中华书局 1960 年版，第 5670 页。

第四十一章　宋代交感巫术与模仿巫术

第一节　宋代交感巫术(一)

宋代交感巫术种类较多，主要有：燃目求雨、五雷神术、诣井请水、禁祷小术、蜥蜴求雨、画龙祈雨、身夹木片、活人休死妻、家出一鸡、子孙合乐、天神惩罚、鬼怕恶人、梁祝合墓。

燃目求雨。宋代交感巫术，以求雨巫术最为流行，佛教与道教都有施行。宋代和尚发明了一种“燃目求雨”交感巫术，宋洪迈撰《夷坚志》乙志卷一三《法慧燃目》云：

> 绍兴五年(1135)夏大旱，朝廷遍祷山川祠庙，不应。遣临安守往上天竺迎灵感观音于法惠寺，建道场，满三七日，又弗应，时六月过半矣。苦行头陀潘法慧者，默祷于佛，乞焚右目以施，即取铁弹投诸火，煅令通红，置眼中，燃香其上。香焰才起，行云满空，大雨倾注，阖境沾足。[①]

1. 宋代李公麟画《维摩演教图》〔采自《中国古代服饰史》。下同〕

这里关键在于法慧十分注意选择“燃目”时间，在二十一天法事之后，眼见满空行云，大雨将倾盆而下，他便取铁弹煅红准备“烧眼睛”，实际上外面下雨了，他便停止“燃目”，后又编造两个梦，说梦中见白衣女子来向他的眼中“枯眶”内掷一弹，“物若鹅眼，瞻视如初，渐大，复旧”，同时又达到了宣扬佛法的目的。

五雷神术。道教求雨则不同，道士们通常以惯用符咒，不搞燃目烧身的把戏，有一种“役使五雷神术”，

---

① (宋)洪迈撰，何卓点校《夷坚志》乙志卷一三《法慧燃目》，中华书局1981年版，第292页。

便是取水求雨的交感巫术。宋洪迈撰《夷坚志》丙志卷一八《林灵素》，所说即是[①]。

道士施巫术，不管哪一种巫术，都有他一套传统的做法，不外乎“仗剑禹步，诵咒数通”之类，而“取水一盂”来求雨是这种巫术最明显的特征，与上面以眼泪水求雨有异曲同工之妙。关于宋代道士施巫术走禹步，宋周去非著《岭外代答》卷一〇《南法》有记载，原文曰：

祝融之墟，威灵所萃。其间异法，亦天地造化之流也。巫以荆得名，岂无自而然哉。尝闻巫觋以禹步咒诀，鞭笞鬼神，破庙殄灶。余尝察之，南方则果有源流。盖南方之生物也，自然禀禁忌之性。在物且然，况于人乎。邕州溪峒，有禽曰灵鹘，善禹步以去窒塞。又有鸩鸟，亦善禹步，已破山石。有蜮曰十二时，能含毒射人影致病。以是观之，南人之有法，气类实然。然今巫者画符，必为鸩顶之形，亦可见其源流矣。是故愈西南愈多诡异，茫茫天地，法各有本。必有精于法者，亦云自然而然，非人所能为也。[②]

周去非认为，道士施巫术善于禹步，主要是模拟自然得来的。灵鹘的禹步，鸩鸟的禹步，都成了道士禹步的示范。道教因崇善自然而得名，周去非看法可谓经典。他还特地介绍有人怎样观察灵鹘和鸩鸟走禹步。

2. 宋代《中兴祯应图》(波士顿美术馆藏画)

1. 宋周去非著《岭外代答》卷九《禽兽门·灵鹘》曰：“邕州有禽曰灵鹘，状如啄木而差大，巢于木穴，生子其中。人以木窒其穴，鹘至无所归，乃至地禹步，俄而所窒跃去，乃得入穴。其后以灰布地而窒其穴，欲观其步而效之。鹘禹步急以爪画步而入穴。人欲效之无由。”[③]

2. 宋周去非著《岭外代答》卷九《禽兽门·鸩》条曰：“邕州溪峒深山有鸩鸟，形如鸦而差大，黑身红目，音如羯鼓，唯食毒蛇。鸩禹步遇蛇，其声邦邦然。蛇入石穴，鸩于穴外禹步，有顷，石碎，吞之。凡山有鸩，草木悉枯。鸩集于石，其石必裂。或云鸩秋冬脱羽，人以银作爪勾取，致以银瓶，否则手烂。欲加鸩于人，以一羽致酒即死。”[④]鸩鸟也被

① (宋)洪迈撰，何卓点校《夷坚志》丙志卷一八，中华书局1981年版，第518页。
② (宋)周去非著，屠友祥校注《岭外代答》卷一〇，上海远东出版社1996年版，第275页。
③ (宋)周去非著，屠友祥校注《岭外代答》卷九，上海远东出版社1996年版，第234页。
④ (宋)周去非著，屠友祥校注《岭外代答》卷九，上海远东出版社1996年版，第235页。

巫术化。

诣井请水。宋代的道士与和尚有时也联合起来，共同施行求雨交感巫术，“诣井请水”就是佛道联合的杰作。宋洪迈撰《夷坚志》支丁卷二《龙溪巨蟹》云：“福州长溪之东二百里，有湫渊曰龙溪，与温州平阳接境，上为龙井山，其下有大井，相传神龙居之。淳熙初年七八月之交，不雨五十日，民间焦熬不聊生。罄祈祷请皆莫应。士人刘盈之者，一乡称善良，急义好施予。倡率道士僧巫，具旗鼓幡铙，农俗三百辈，用鸡鸣初时诣井投牒请水。到彼处，天已晓。僧道四方环诵经咒，将掬水于潭。见一巨蟹，游泳水面，一钳绝大，背上七星，状如斗，大如丸弹，光彩殊焕烂。遽涤净器迎挹之，蟹随之以舁者，才动足，云雾滃然乱兴，未达龙溪，雨已倾注。明日，遍迎往乡间，观者拥塞忽失蟹所在。”①

和尚道士向四方各自诵读经咒，到大井旁投牒，到井水中请雨水速降，这还是以水求雨的老法新作而已。

禁祷小术。在偏远乡村，土巫求雨的交感巫术也与和尚道士一样，采用以水求雨巫法。以宋代民间巫师的“禁祷小术”为例。宋洪迈撰《夷坚志》支乙卷第三《周狗师》云：

> 岳州崇阳县村巫周狗师者，能行禁祷小术。而嗜食狗肉，以是得名。最工于致雨，其法以纸钱十数束，猪头鸡鸭之供，乘昏夜诣湫洞有水源处，而用大竹插纸钱入水，谓之“刺泉”。凡以旱来请者，命列姓名及田畴亩步，具于疏内，不移日，雨必降。②

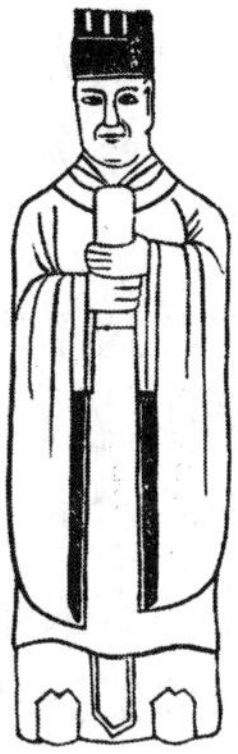

3. 河南巩县宋陵石人〔采自《中国古俑白描》〕

这种巫术除了有扎纸钱、供三牲的传统做法之外，还有大竹插纸钱入水求雨新法，但仍脱不了“以水求雨”的交感巫术模式。

蜥蜴求雨。对于贫穷的百姓来说，他们无力花费巨资来请和尚、道士祈雨，便发明了一种更为简便的求雨交感巫术，叫“蜥蜴求雨法”。宋李石撰《续博物志》卷五《蜥蜴求雨法》云：

> 蜥蜴求雨法：以土实巨瓮，做木蜥蜴，小童操青竹，衣青衣以舞，歌曰：
> 蜥蜴蜥蜴，

---

① (宋)洪迈撰，何卓点校《夷坚志》支丁卷二，中华书局1981年版，第983页。

② (宋)洪迈撰，何卓点校《夷坚志》支乙卷三，中华书局1981年版，第816页。

兴云吐雾。
雨若滂沱,
放汝归去。①

四言歌诀成求雨的咒语了。《抱朴子》云:“蜥蜴为神龙。”龙为播雨之神物,它的出现往往为雨兆。古人又认为蜥蜴是龙子,所以用以交感求雨。宋人这种求雨风俗带有交感巫术性。以上李石所述“蜥蜴蜥蜴”歌谣其实来自《宋史》。

宋代的求雨巫术之所以如此流行,全在于宋王朝的大力推行。将求雨巫术纳入整个王朝的礼仪系统,将其认为是民间风俗。因此堂而皇之进行之。蜥蜴自古以来便被认为是神龙所化,所以用它来求雨,称为:蜥蜴求雨法。《宋史》卷一〇二《礼五》:

(熙宁)十年(1077)四月,以夏旱,内出“蜥蜴求雨法”:捕蜥蜴数十纳瓮中,渍之以杂木叶,择童男十三岁下、十岁上者二十八人,分两番,衣青衣,以青饰面及手足,人持柳枝沾水散洒,昼夜环绕,诵咒曰:“蜥蜴蜥蜴,兴云吐雾,雨令滂沱,令汝归去!”雨足。②

这是宋代禳灾之祭祀巫术,称祈禜。以上宋李石撰《续博物志》内所述四言歌诀,在《宋史》中记载却是“诵咒”,表明它诵咒巫术性质。蜥蜴数十纳瓮中是“神龙”求雨;还要有二十八个儿童以青饰面和手脚,是汉朝驱傩求雨之再现;旁边还有人拿着柳枝蘸水,昼夜环绕蜥蜴瓮洒水,日日夜夜做着,与天雨交相感应而雨下。这是地道的宋代民间巫术,宋王朝是将它尊奉成民间风俗来做的。因这种巫术于民有利,又有振奋精神抗旱救灾之效。

对于此类群众性的求雨巫术,宋王朝掩耳盗铃,明令禁止巫觋参加,以便堵住历史和舆论的嘴,这下该不会谴责王朝搞迷信了吧?《宋史》卷一〇二《礼五》记载:

咸平二年(999)旱,诏有司祠雷师、雨师。内出李邕“祈雨法”:以甲乙日择东方地作坛,取土造青龙,长吏斋三日,诣龙所,汲流水,设香案、茗果、餈饵。率群吏、乡老日再至祝酹,不得用音乐、巫觋。雨足,送龙水中。余

① (宋)李石撰,李之亮点校《续博物志》卷五,岳麓书社 1991 年版,第 79 页。
② (元)脱脱等撰《宋史》卷一〇二,中华书局 1977 年版,第 2502 页。

四方皆如之，饰以方色。大凡日干及建坛取土之里数，器之大小及龙之修广，皆以五行成数焉。诏颁诸路。①

李邕祈雨法尽管不许巫觋参加，但是建坛、设香案祭祀雷神雨师的祭祀巫术照常进行，只是把它认定为民间风俗。还有取土造青龙，设香案长吏斋三日，“诣龙所”，“送龙水中”都不许巫觋参加，成为没有巫师参加的朝廷巫术。

4. 雷师像〔采自《道教神仙信仰》〕

先秦就已经把雷神称为“雷师”。《楚辞·离骚》：“鸾皇为余先戒兮，雷师告余以未具。”但后世也把雷师称雷神、雷公，而《宋史》一律采取“雷师”说。

画龙祈雨。《宋史》记载的画龙祈雨法，实际是画龙巫术，也是模仿巫术。《宋史》卷一〇二《礼五》记载：“景德三年(1006)五月旱，又以‘画龙祈雨法’，付有司刊行。其法择潭洞或湫泺林木深邃之所，以庚、辛、壬、癸日，刺史、守令帅耆老斋洁，先以酒脯告社令讫，筑方坛三级，高二尺，阔一丈三尺，坛外二十步，界以白绳。坛上植竹枝，张画龙。其图以缣素，上画黑鱼左顾，环以天鼋十星；中为白龙，吐云黑色；下画水波，有龟左顾，吐黑气如线，和金银朱丹饰龙形。又设皂幡。刎鹅颈，血置盘中，杨枝洒水龙上，俟雨足三日，祭以一豭(公猪)，取画龙投水中。祥符二年(1009)旱，遣司天少监史序祀玄冥五星于北郊，除地为坛，望告。已而雨足，遣官报谢及社稷。”②画龙巫术在雨足以后，有遣官报谢之举，不过画家们的艺术品“取画龙投水中”，实在是可惜！

5. 雨师像〔采自《道教神仙信仰》〕

身夹木片。在宋代交感巫术中，比较著名和离奇的还有“周身夹木片”巫术，这是宋代民间一种拜祈吉庆的交感巫术。本来是为了养生，结果巫术试验失败。宋洪迈撰《夷坚志》支丁卷四《王监之》云：

太学生王监之，婺州人也。绍熙壬子(1192)秋荐，告假还乡里。常时好招邀大仙，遂焚香泚笔，拜祈来岁得失。即大书十五字云：“罗春伯急欲相见，已为公讨冥州差遣。”是时罗以刑书兼吏部尚书，王甚喜，谓春闱必知

① (元)脱脱等撰《宋史》卷一〇二，中华书局1977年版，第2500页。

② (元)脱脱等撰《宋史》卷一〇二，中华书局1977年版，第2500—2501页。

贡举。当于其衡鉴下登科，欲诣学参假。方解舟，疝气大作。急还家，俄顷而卒。旋营周身之具，乃罗木柏木各两片，而前后用椿板足之。始验前说“罗春伯”三字，冥州之兆，安得云吉乎！①

由于罗春伯是朝廷大官，大仙（巫师）扶箕书字“罗春伯”，要太学生王监之相信，施行“周身夹木片”后，他必能获交感魔力，自已能知贡举而成大官。巫师将“罗”变为“罗木”片；“伯”变为“柏木”片；“春”变为椿板，给王监之周身绑上罗木柏木，足上则捆上椿板夹住，结果却夹出疝气，一命呜呼了！

由于巫师对大自然树木崇拜到极点，巫术试验没有想到有此结果，试验失败。

“生人休死妻”巫术，也是宋代离奇的交感巫术。《夷坚志》丁志卷一二《吉曈之妻》云：

岳州平江令吉曈之，唐州湖阳人。初娶王氏，枢密伦女弟也。既亡，复娶同郡张氏，居于长沙。张氏生女数日得危疾，医不能治。其母深忧之，邀巫媪测视，云：“王氏立于前，作祟甚剧。”命设位祷解，许以醮忏，不肯去。巫语曈之曰：“必得长官效人间夫妇决绝写离书与之，乃可脱。”曈之不忍从。张日加困笃。不得已，洒泪握笔，书之授巫。即杂纸钱焚付之，巫曰：“妇人执书展读竟，恸哭而出矣。”张果愈。生人休死妻，古未闻也。张与予室为同堂姊妹，今尚存。②

6. 宋代《女孝经图》中的妇女像〔采自《中国古代服饰史》。下同〕

也许丈夫向亡妻决绝写离书，能促进与续弦后妻的爱情，把对亡妻的爱转移到后妻身上来，因而产生了交感魔力，于是后妻的病便痊愈。这是一种转移爱情的交感巫术。

家出一鸡。宋代祭祀巫术已市场化，但付费并不高昂，家出一鸡而已。宋周去非著《岭外代答》卷一〇志异门《新圣》曰：

广西凌铁为变，邓运使擒之，盖杀降也。未几邓卒，若有所睹。广西群

① （宋）洪迈撰，何卓点校《夷坚志》支丁卷四，中华书局 1981 年版，第 999 页。

② （宋）洪迈撰，何卓点校《夷坚志》丁志卷一二，中华书局 1981 年版，第 639 页。

> 巫乃相造妖，且明言曰：有二新圣，曰邓运使、凌太保，必速祭，不然疠疫起矣。里巷大喧，结竹粘纸为轿马旗帜器械，祭之于郊，家出一鸡。既祭，人惧而散。巫独携数百鸡以归。因岁岁祠之。巫定例云：与祭者不得罪胙。故巫岁有大获，在钦为尤甚。[①]

举行一次祭祀所获"数百鸡"，而且岁岁"有大获"，至少在广西钦州地区是这样。可见宋时钦州人家祭祀鬼神是要请巫师的，也向巫师付费，"家出一鸡"并不多，这是应当的。

子孙合乐。《岭外代答》卷一〇《志异门·家鬼》描述说：

> 家鬼者，言祖考也，钦人最畏之。村家入门之右，必为小巷，升当小巷右壁，穴隙方二三寸，名曰鬼路，言祖考自此出入也。人入其门，必戒以不宜立鬼路之侧，恐妨家鬼出入。岁时祀祖先，即于鬼路之侧陈设酒肉，命巫致祭，子孙合乐以侑之，穷三日夜乃已。城中居民于厅事上置香火，别自堂屋开小门以通街。新妇升厅，一拜家鬼之后，竟不敢至厅，云傥至则家鬼必系杀之。惟其主妇无夫者，乃得至厅。[②]

"命巫致祭，子孙合乐"，这也是要家长向巫师付费，才能搞得起祭祀活动。这在宋代也算是一项巫术文化产业，用以养活巫师和支持巫术。

天神惩罚。也有无赖痞子掺杂其中骗吃骗喝的，就会受到天神惩罚。宋邓牧撰《伯牙琴》有一篇《楚佞鬼》曰：

> 楚佞鬼，有鬼降于楚曰：'天帝命我治若土余良威福而人。众愕然，共命唯谨。祀之庙，旦旦荐血食，跪而进之，将弊。市井亡赖附鬼益众，以身若婢妾然；不厌，及其妻若女。鬼气所入，言语动作与鬼无不类，乃益倚气势，骄齐民；凡不附鬼者，必赞使之祸。齐民由是重困。天神闻而下之，愈且笑曰："若妖也，而庙食于此，作威福不已！"为兴疾霆，碎其庙震亡赖以死，楚祸遂息。彼以鬼气势可常

7. 宋人《文会图》中之妇女

---

① （宋）周去非著，屠友祥校注《岭外代答》卷一〇，上海远东出版社1996年版，第272页。

② （宋）周去非著，屠友祥校注《岭外代答》卷一〇，上海远东出版社1996年版，第275页。

倚哉！①

巫术思维的特点之一是“神助人”，不仅在春秋战国时的《愚公移山》如此，在此篇《楚佞鬼》中同样如此。佞者，善辩也，这个能言善辩的楚佞鬼，假传圣旨，导致“市井亡赖附鬼益众”，倚仗鬼势欺压群众，结果天神非常愤怒：“若妖也，而庙食于此，作威福不已！”意思是，你本是个妖怪，却跑到这里来受人祭祀，总是作威作福！结局：“碎其庙震亡赖以死”。《楚佞鬼》是一篇非常好的巫术寓言，它依然是宋人巫术思维的衍化。

鬼怕恶人。当然，宋代也有反向认定巫术思维而演化出另一类“以神助人”的巫术寓言。这就是宋苏轼撰《艾子杂说》中的《鬼怕恶人》，原文曰：

8. 宋人《半闲秋兴图》中之侍女

艾子行水，途见一庙，矮小而装饰甚严。前有一小沟。有人行至水，不可涉。顾庙中，而辄取大王象，横于沟上，履之而去。

复有一人至，见之，再三叹之，曰：“神象直有如此亵慢！”乃自扶起，以衣拂饰，捧至座上，再拜而去。

须臾，艾子闻庙中小鬼曰：“大王居此以为神，享里人祭祀，反为愚民之辱，何不施祸以谴之？”王曰：“然则祸当行于后来者。”小鬼又曰：“前人以履大王，辱莫甚焉，而不行祸；后来之人，敬大王者，反祸之，何也？”王曰：“前人已不信矣，又安祸之！”

艾子曰：“真是鬼怕恶人也！”②

宋人从反面发挥巫术思维“以神助人”说，篇中的“大王”非“神像”，而是窃位于庙里的鬼王，以享里人祭祀。与鬼为武者，只能是鬼王，因而倒行逆施。

亵渎神像者不罚，爱护神像者反受罚。具有哲学含义，真是令人深思的巫术寓言。

① (宋)邓牧撰《伯牙琴》，景印文渊阁《四库全书》第1189册，第510页。

② (宋)苏轼撰《艾子杂说·鬼怕恶人》，《丛书集成初编》本，商务印书馆1935年版。

第二节　宋代交感巫术(二)

一　神判

宋代流行有煅砖判、沸水判、碎瓦判。在神判前应有盛大的驱傩仪式，而且巫师必须具有特异功能。《夷坚志》支丁卷三《李氏红蛇》云：

福州长溪人潘甲，妻李氏，颜色秀美，年二十三岁方嫁。后二年，偕娣姒众妇出游园，见红蛇蟠结于道上，凝然不动。注目谛观之，还家即得疾。初时语笑无节，杂出怪异不稽之语，然犹与人相应答。已而益甚，尽改变形态。或靓装华服，新洁冠履，簪花满头；或被发裸体，一丝不挂，跳行通衢中，泥涂荆棘皆弗避，路人聚观叠迹，殊不动容。潘生惧其蹈死地，闭诸空室，晓夕谨视之。招村巫马氏子施法考验。巫著绯衣，集邻里仆僮数十辈，如驱傩队结束。绕李向所游处山下，鸣金击鼓，立大旗，书四字曰“青阳大展”，齐声叫噪，称烧山捉鬼。遇虫蛇之属，则捕取以归，沃以酒醋而享其神。夜引李氏出唱邪诗，与之对。巫拾碎瓦一器，赤足践蹈。李初亦效焉，足破流血。巫又煅方砖通红，而立其上，煎汤百沸，置大镬，用手拈掇，顿于头，旋走三匝。李皆不能，遂敛臂屈伏。巫倾沸汤，令李濯足。坐之小椅，勒其供通姓名。具状言不敢再作孽。乃遣一介押出门，行百步许，仆于地。潘生掖起，拥归房，了不省人事，昏昏如醉。经一昼夜，精神稍复而极惭耻，凡两旬始安。扣向来所遇，不能言，盖亦羞之也。①

9. 宋仁宗皇后旁之宫女

宋代神判有三个特点：第一，在判前应有“烧山捉鬼”与“虫蛇享神”两种隆重的巫术仪式；第二，还有对唱《邪诗》之举；第三，进入煅砖判、沸水判、碎瓦判，巫师具有特异功能，自然无恙，被判者却“足破流血”，乃至“仆于地”，受够巫术的残害。此巫术流行于福建地区。

宋代的巫师宣称，他们所以具有特异功能，全来自于神秘的咒语。宋洪迈撰《夷坚志》支丁卷四《治汤火咒》云：

① (宋)洪迈撰，何卓点校《夷坚志》支丁卷三，中华书局1981年版，第986页。

里巫多能持咒语而蹈汤火者，元仲弟得其诀，为人拯治，无不立差。其咒但云："龙树王如来，授吾行持北方壬癸禁火大法；龙树王如来，吾是北方壬癸水，收斩天下火星辰，千里火星辰必降。急急如律令。"咒毕，手握真武印吹之，即用少许冷水洗。虽火烧手足成疮，亦可疗。右三事，洪元仲说。[①]

"龙树如来"即"龙树菩萨"。关于"蹈火"特技自然不能相信，因有作伪手法，宋兆麟著《巫与巫术》曾介绍到所见的伪装。

二　头发巫术——埋头发

在宋代，父母逝世以后，必须将他们的头发以及指甲，埋入坟墓里去。宋张君房《云笈七签》云："凡梳头发及爪，皆埋之，勿投水火，正尔抛掷，以敬父母之遗体。"可见在古代，孝子埋父母头发是尊敬父母遗体之表现。这种丧俗被道教吸收为头发巫术。宋代发爪随葬依然盛行。宋政和年间撰《五礼新仪》云："（品官与士庶人丧）剪须断爪，盛以小囊，大敛纳于棺。"

三　鱼巫术

宋代巫师继承了魏晋鱼巫术而有"鱼皮测潮"之巫术，但鱼的种类已有所扩大，不单有牛鱼，还有鱼獭、海马、海驴等的皮毛。宋寇宗奭编《衍义本草》卷二七《兽部上品·海獭》云："海中鱼獭、海牛、海马、海驴等皮毛，在陆地皆候风潮，犹能毛起，《博物志》有此说也。"[②]

还须指出，捕鱼巫术也有利用符咒反抗巫术的。书符瓦上捕鱼巫术，便是宋代民间巫师的作法。宋洪迈《夷坚志》支丁卷三《廖氏鱼圹》云：

绍兴四年(1134)六月，吕德卿以石城宰诣府，道经雩都县曲阳铺东，暂泊于居民廖少大旅舍。盛暑偃息，少大者，颇可与语，因言：有亲弟少四，与兄所居有两圹，各广袤二十亩，田畴素薄，只仰鱼利以资生。弟忽起分析之议，勉从之。至取鱼之时，弟倩村巫书符于瓦上，沉于吾得东塘，洎举网，不获一鳞。徐知其然，亦召此巫。如前法，于是西塘亦然。其后巫来相告曰："汝两人亲兄弟，自不相容，而使我以邪术干正。虑贻谴罚，各宜悔初心，复同居共业。吾当为尔解救之，切勿再起狂念。"兄弟皆奉其戒，巫乃别画二符投之，鱼遂如故。今每岁获直不下数百缗。巫能不为利诱，警人使和协，

---

① （宋）洪迈撰，何卓点校《夷坚志》支丁卷四，中华书局1981年版，第996页。

② （宋）寇宗奭编《图经衍义本草》卷二七，《道藏》，文物出版社、上海书店、天津古籍出版社1988年影印本，第17册，第625页。

为可嘉尚。惜不问其姓名。[①]

以上书符瓦上投水捕鱼巫术，并非纯交感巫术，而是反抗巫术与交感巫术结合的形态。巫师做善事，促进生产，古来罕见；能用鬼画符来捉鬼，更是巫师的奇谈怪论。

10. 宋人《春宴图》中的侍女

四　石祖生殖崇拜

继晋代发现乞子石以来，宋代又盛传石祖生殖崇拜，表现了宋人对女阴的信仰。《太平寰宇记》卷七六记载："石乳城水在县(指今四川简州阳安县)二十一里玉女灵山。东北有泉，西北两岸各有悬崖，腹名乳房一十七眼，状如人乳流下，土人呼为玉华池。每三月上巳日有乞子者，漉得石即是男，瓦即是女，自古有验。"[②]古人认为大自然有灵，按人类需要生成石乳房，渗下的矿泉水亦象征人乳，供人求子之用。宋人依然把大自然的赐予，融合进生殖崇拜巫术中。石乳房是石崇拜与生殖崇拜的演化物，可以称之为石祖生殖崇拜。

《太平寰宇记》卷七九又记载云："乞子石在州(指今四川戎州)南五里，西石夹青衣江树，对立如夫妇相向。故老相传，东石从西乞子将归。故风俗云：人无子祈祷有应。"[③]此亦为石祖生殖崇拜的演化物。

宋张君房撰《云笈七签》亦云：金堂县(即今四川成都市金堂县)昌利化圆元观南院有九井焉。每岁三月三日蚕食之辰，远近之人祈乞嗣儿于井中，探得石者男，瓦砾为女。此俗与玉华池摸石子瓦片一样，也是不能持久的。

第三节　宋代模仿巫术

一　迎茅娘

在宋代，模仿巫术融合进冥婚风俗中，"迎茅娘"是其典型表现，它是以模仿巫

---

① (宋)洪迈撰，何卓点校《夷坚志》支丁卷三，中华书局1981年版，第986页。

② (宋)乐史撰《太平寰宇记》卷七六《剑南西道五・阳安》，景印文渊阁《四库全书》第469册，第621—622页。

③ (宋)乐史撰《太平寰宇记》卷七九《剑南西道八・戎州》，景印文渊阁《四库全书》第469册，第643页。

术方式来为死人婚配。宋周去非著《岭外代答》卷一〇《蛮俗门·迎茅娘》云：

钦廉子未娶而死，则束茅为妇于郊，备鼓乐而迎归，而以合葬，谓之“迎茅娘”。昔魏武爱子苍舒卒，聘甄氏之亡女合葬。明帝爱女淑卒，娶甄后亡孙合葬。钦之“迎茅娘”，夷风也。曹氏父子，直为冥婚，岂足尚。①

周去非否定了曹操和曹睿实行的冥婚陋俗。他所指的“钦廉”是今广东省南部地区。所谓“茅娘”，即为殇男所娶的新娘，这新娘是用稻草束扎成的草人，而后遵守迎娶之礼仪，与殇男一齐合葬。这种风俗显然是从模仿巫术中衍化出来的。

11. 宋瓷双人牵马俑（江西景德镇市近郊出土）〔采自《中国古俑白描》〕

二　鬼媒人

宋康与之撰《昨梦录》记载的北方冥婚亦如此，谓“北俗男女年当嫁娶，未婚而死者，两家命媒互求之，谓之‘鬼媒人’。通家状细帖，各以父母命祷面卜之。得卜，即制冥衣，男冠带女裙帔等毕，备媒者就男墓，备酒果祭以令婚。设二座相并，各立小幡长尺余者于座后，其未奠也，二幡凝然直垂不动。奠毕，祝请男女相就，若合卺焉。其相喜者，则二幡微动，以致相合。若一不喜者，幡不为动，且合也。又有虑男女年幼，或未闲教训，男即取先生已死者，书其姓名，生时以荐之，使受教。女即作冥器，充保母，使婢云属。既已成婚，则或梦，新妇谒翁姑，婿谒外舅也。不如是，则男女或作祟秽恶之迹，谓之男祥鬼、女祥鬼。两家亦薄以币帛，酬鬼媒。鬼媒每岁察乡里男女之死者，而役资以养生焉”。这也是模拟活人的冥婚巫术，“鬼媒”即巫师，宋时已成为民间一种特殊的冥婚职业，鬼媒则靠此为生。②

12. 宋代儿童图（宋人《冬日婴戏图》局部）〔采自《中国服装史》。下同〕

三　活女抱牌位

到了清代，这种冥婚的模仿巫术，竟然发展到活

① （宋）周去非著，屠友祥校注《岭外代答》卷一〇，上海远东出版社1996年版，第268页。

② （宋）康与之撰《昨梦录》一卷，《说郛三种》本，上海古籍出版社1988年影印本，第四册，第1568—1569页。

女子抱着模拟的神主牌位来“结婚”的地步了，清梁绍壬撰《两般秋雨盦随笔》卷八云：“今（即清代）俗男女，已聘未婚而死者，女或抱主成亲，男或迎柩归葬。此虽俗情，亦有礼意。”[①]此俗至今台湾还有，何联奎、卫惠林著《台湾风土志》云：未婚妻之故，男家再议婚娶，以一黑轿接“孤娘”牌位，安置男家桌上，又以一红轿接新妇。

四　活男配女神

宋代有一种土偶巫术，用来治疗男子遗精，宋洪迈撰《夷坚志》甲志卷一七《土偶胎》云：“仙井监超觉寺九子母堂在山颠。一行者姓黄，主给香火，顾土偶中乳婢乳垂于外，悦之，每至，必摩拊咨惜。一旦，偶人目动，遂起行，携手入屏后狎昵。自是日以为常，累月矣。积以卧病，犹自力登山不已。主僧阴伺之，至半山，即有妇人迎笑。明日，尾其后，妇人复至。以拄杖击之，铿然仆地。于碎土中得一儿胎，如数月孕者。令行者取归，暴为屑，和药以食，遂愈。”[②]监超觉寺九子母堂，显然是宋代民间求子庙宇，庙内和尚伴以巫术治病，便用以上泥菩萨屑和以中草药治遗精，故为模仿巫术，故事疑为巫师编造。

五　活女配男神

以上巫术可谓活男配女神，反之也有活女与庙中男神相配的巫术，与以上巫术形成了鲜明对比。宋洪迈《夷坚志》支丁卷二《张承事女》云：

湖州张承事女，容色美丽，以乾道癸巳岁生，至绍熙庚戌，十有八年矣。事父母孝谨，不妄出户庭。是春，忽得感疾，常切切如与人昵语。医巫不能治。时有道流，善摄制鬼魅，行业孤高，呼为煞先生。郡人延誉于张，邀至家。方仗剑噀水，此女出侮困之，殊不少慑。生深自愧闷，起行外间，假寐桥侧。魂气萦绕而上，若出神然。逢九天采访使者巡游，仪卫甚肃。因诣车下，再拜，告以张氏女为妖所缠，不容遣逐，愿赐指示。使者曰：“可用金桥诀治之。”旋即梦觉。再登张门行法，女抑首屈服。问其姓名，曰：“某乃其邻庙神。张承事昔贫时来祷于某，愿以此女为妻，缘是加意拥护。今几成富翁，而顿负盟约，所以作祟。盖其父母素心相许如此，非敢擅殃之。法师赐鉴可也。”生曰：“欲命工塑女像于神位之左，尽可从容。而令舍其精

---

① （清）梁绍壬撰《两般秋雨庵随笔》卷八《冥婚》，《笔记小说大观》本，江苏广陵古籍刻印社1984年版，第110页。

② （宋）洪迈撰，何卓点校《夷坚志》甲志卷一七，中华书局1981年版，第146页。

魂，复还故千，如何？”神谢曰：“敬诺。”后遂帖然。今已纳婿。①

这是据当时媒约婚衍化的怪事。父母穷时去庙中拜杂神，许愿富时以女相配庙神，成富翁后，又不认账，于是“神”提出抗议，摄制女魂作人质。巫师想出了一个模仿巫术妙法，“塑女像于神位之左”，于是此女“精魂”也就“复还”如故。“绍熙”为南宋光宗赵惇年号，“庚戌”为绍熙元年(1190)，湖州为今江苏丹阳。

林惠祥《文化人类学》第十一章《巫觋》指出，巫师为“人类所行的各种宗教仪式和典礼，都是为要和解神灵的忿怒或引起其欢心”②。以上巫师将张承事女之塑像列于庙中男神之左，就是为了要和解神灵愤怒的实例。

六　求雨塑马

以下还可举出巫师为取得神的欢心所施巫术实例，塑造庙神的坐骑——石马。《夷坚志》支丁卷三《石城庙神》云：

赣州石城县城隍祠，在邑治之侧，水旱祈祷多应，土人敬事之。绍熙辛亥(1191)五月十七日，大雨倾注，溪流溢涌，浸通衢丈余。祠门颓败，士民合力一新之。门之左右原塑两马，是时忘设置。逾月后，知县吕大年梦紫袍吏立庭下声喏云：“大王令传语长官，出入乏马乘，欲暂假骏驷两匹。”吕许之。觉而思之，山邑原未尝养马，安能遣借？悟其事，乃自捐俸钱，即东西塑饰，用锦衣四健卒控驭。至七月，兼旬不雨，致祷祠下。香火才收，阴云正昼四合，随得膏泽，岁以大稔。县人或梦神导从甚伟，正乘所塑东边马云。③

这种求雨塑马娱神的模仿巫术，便是为了讨神灵的欢心。此发生在当时的江西赣州，巫师以说梦的形式反映出来。

13. 河南偃师宋墓画像砖

六　瓦覆纸人

宋代民间的泥瓦匠，也流传着一种可名为“瓦覆纸人”的模仿巫术，远较明清时代泥瓦匠中流行的厌镇巫术历史久远。宋洪迈撰《夷坚志》丙志卷一〇《常熟圬者》云：

---

① (宋)洪迈撰，何卓点校《夷坚志》支丁卷二，中华书局1981年版，第982页。

② 林惠祥著《文化人类学》，商务印书馆1996年版，第327页。

③ (宋)洪迈撰，何卓点校《夷坚志》支丁卷三，中华书局1981年版，第984页。

中大夫吴温彦，德州人，累为郡守，后居平江之常熟县。建第方成，每夕必梦七人，衣白衣，自屋脊而下。以告家人，莫晓何祥也。未几，得疾不起。其子欲验物怪，命役夫升屋，撤瓦遍观，得纸人七枚于其中，乃圬者（泥瓦匠）以佣直不满志，故为厌胜之术，以祸主人。时王显道唤为郡守，闻之，尽捕群匠送狱，皆杖脊配远州。吴人之俗，每覆瓦时，虽盛暑，亦遣子弟亲登其上临视，盖惧此也。吴君北人，不知此，故堕此邪计。①

由于主人盖房时，对泥瓦匠招待不周，或未满足他们额外的要求，他们便瓦覆纸人，用巫术“以祸主人”。这种陋习在宋代是严格禁止的，因为它是被人们痛恨的黑巫术。

七　斩草人

宋代尽管禁止黑巫术，但治病求吉的白巫术，不仅在民间，即使在宫廷中，也是颇为流行的，模仿巫术亦然。宋代道教“斩草人”治病的模仿巫术，就在宫廷中大行其道。宋洪迈撰《夷坚志》甲志卷一二《宣和宫人》云：“宣和中，有官人得病，谵语，持刃纵横，不可制。诏宝箓宫法师治之，不效。尽访京师道术者，皆莫能措手，于是闭之空室，不给食，如是数年。有程道士者，从龙虎山来，或以其名闻，命召之。上曰：‘切未可启户，彼挟刃将伤人。’道士请以禁卫数百，执兵仗围其室三匝，隔门与之语，且投符使服。遂缚草为人，书牒奏天讫，斩之。官人即苏。”②道士居然能调禁卫数百，声势浩大地施行巫术，大搞投符与缚草人之迷信活动，可见北宋宫廷受模仿巫术感染之深。

14. 宋代儿童图（宋苏汉臣《秋庭戏婴图》）〔采自《中国服装史》〕

八　嫁树生殖崇拜

在民间，巫婆变身为媒婆，为果树搞起了出嫁活动，这就是在生产风俗中掺杂生殖崇拜巫术的做法。生殖崇拜模仿巫术在宋庞元英撰《文昌杂录》卷一有记载，云：

礼部王员外，昔见朝议大夫李冠卿，说扬州所居堂前杏一窠，极大花多

① (宋)洪迈撰，何卓点校《夷坚志》丙志卷一〇，中华书局1981年版，第452页。

② (宋)洪迈撰，何卓点校《夷坚志》甲志卷一二，中华书局1981年版，第103页。

而不实，适有一媒妪见如此，笑谓家人曰："来春与嫁了此杏。"冬深，忽携酒一樽来，云是婚家撞门酒。索处子裙一腰，系杏上，已而奠酒辞祝再三。家人莫不笑之。至来春，此杏结子无数。江淮亦多有嫁橘法，不知是何术也。①

有趣的是，这个媒妪把杏树作为新娘，把处女穿的裙子系在树腰上，来年就会多结杏子，而且还是"结子无数"，难怪"江淮"亦多有效法。这是宋代江苏扬州的生产风俗，是较典型的生殖崇拜巫术。以下种芫荽讲粗话更在宋代知识阶层中引为笑谈。宋释文莹撰《湘山野录》卷中《冲晦处士李退夫》云：

冲晦处士李退夫者，事矫怪。携一子游京师，居北郊别墅。带经灌园，持古风外饰。一日，老圃请洒园荽，即《博物志》张骞《西域传》所得胡荽是也。俗传：撒此物须主人口诵猥语播之则茂。退夫者，固矜纯节。执菜子于手撒之，但低声密诵曰：夫妇之道、人伦之性云云，不绝于口。夫何客至，不能讫事，戒其子使毕之。其子尤矫，于父执余子，咒之曰："大人已曾上闻。"皇祐中，馆阁以为雅戏。凡或淡话清谈，则曰："宜撒芫荽一巡。"②

园荽、胡荽即芫荽。种芫荽关键在于"口诵猥语播之则茂"，就是说要讲黄色污秽的村话，越野流越好，才能使芫荽生长茂盛，枝叶里也会拥有更浓郁的怪香味。不幸这位叫李退夫的正人君子在地里撒芫荽种子，他是知道播种时必须讲涉及生殖器的黄色下流话的。不过他又是遵循孔夫子教导"非礼勿言"的人，村话怎么说得出口？于是就自觉扫黄，换了一句文雅语言"低声密诵"："夫妇之道、人伦之性。""夫妇之道、人伦之性。"……正念着有客人来找，李退夫只好去接待客人，交给儿子去继续撒种。但有其父必有其子，他儿子也是个正人君子，是什么村话也不说的人。他就想出一个妙法，继续一面撒一面背诵道："父亲大人已经说过，父亲大人已经说过……"这件事传开以后，种芫荽说脏话就出了名。宋

15. 戴笠老人　宋张择端《清明上河图》中人物〔采自《中国古代服饰史》〕

① (宋)庞元英撰《文昌杂录》卷一，景印文渊阁《四库全书》第862册，第658页。

② (宋)文莹撰《湘山野录》卷中，景印文渊阁《四库全书》第1037册，第246页。

仁宗皇祐年间文人雅士就把就把说黄色污秽言论称为“撒园荽”[①]。

配合这些嫁树生殖崇拜而有以上叙述的石祖生殖崇拜，即宋代民间对女阴信仰与生殖崇拜的风俗。《太平寰宇记》卷七六记载的石乳城和石乳房，水滴状如人乳流下，呼为玉华池。每三月上巳日有乞子者，摸得石即是男，摸得瓦即是女。[②] 这是大自然有灵，与人类交相感应，所以它是交感巫术。但是，嫁树却有些不一样，它是模仿人类给树穿女人的裙子来求子，故而是模仿巫术。

九　石敢当

在唐宋间石敢当模仿巫术亦有流传。即在家门口或街区巷口，立一小石碑，或一石雕武士像。据宋张邦基《墨庄漫录》记载，在北宋庆历年间，莆田张纬捡到一块石头，他看见上面刻有一段文字：石敢当，镇百鬼，压灾殃，官吏福，百姓康，风声盛，礼乐昌。并有“大历五年(770)县令郑押字记”字样。时当中唐。如今在民间，石敢当是化作一个石将军为镇宅之物，用来驱邪，而唐宋时的石敢当却在上面刻字，做收藏品，用来趋吉避凶。可见此为唐宋时代石崇拜的衍化物。

宋人认为石敢当其实就是石崇拜，包括各种石头和石粉。宋施青臣撰《继古丛编·不敢当》云：

> 汉史游《急就章》云：石敢当。颜师古注曰：卫有石碏、石买、石恶，郑有南石，制皆为石氏；周有石逮，齐有石纷。如其后以命族人名，敢当所向无敌也。余因吴民之庐舍，衢陌直冲，必设石人，或植片石，题镌曰“石敢当”，以寓厌禳之旨，亦有本也。[③]

石碏指彩色石，指雨花石类；即所有天然或人为的石制品都是石敢当巫术。如果将这些奇石在旅游事业中发掘出来，它既能增加旅游情趣，又能学到人类学文化知识，实一举两得之举。

十　门挂艾人

端午节时，两宋流传有门挂艾人或身带菖艾人的模仿巫术。以下举出四条

---

① 请参阅高国藩著《中国俗文化学》第四章《经济风俗》第二节《生殖崇拜与生产风俗的形成》，东亚文化出版社 2006 年版，第 54—58 页。另又见《佩文韵府》撒园荽条。

② (宋)乐史撰，王文楚等点校《太平寰宇记》三，中华书局 2007 年版，第 1538 页。

③ (明)陶宗仪编《说郛一百二十弓》弓二四，上海古籍出版社 1988 年影印《说郛三种》本，第 1158 页。

证据。

1. 宋孟元老撰《东京梦华录》云："自五月一日及端午前一日，卖桃、柳、葵花、蒲叶、佛道艾。次日家家铺陈于门首，与粽子、五色水团、茶酒供应。又钉艾人于门上，士庶递相宴赏。"①

2. 宋陈元靓撰《岁时广记》引古《端午》词云："门儿高挂艾人儿，鹅儿粉扑儿，结儿缀着小符儿，蛇儿百索儿。"②

3. 宋吕元明撰《岁时杂记·带蒲人》云："端午刻菖艾为小人子，或葫芦形带之辟邪。"③

4. 宋周密撰《乾淳岁时记·端午》云："端午以青罗作赤日，白舌帖子，与艾人并悬门楣，以为让禬。"④

按此俗源远流长。因艾草是中草药，《诗经·王风·采葛》即唱："彼采艾兮，一日不见，如三岁兮。"艾叶可药用和针灸用。《孟子·离娄上》曰："今之欲王者，犹七年之病，求三年之艾也。苟为不畜，终身不得。"⑤

意思是，现在那些想得天下的人，好比生了七年的老病，要找那三年的艾草，如果自己不预先收藏艾草，而把一生的光阴耗费在找寻上，也不会有得着的日子。

可见即使在春秋时，长到三年的老陈艾也是很难找的，因艾是医草，《神农本草经》记载，针灸医治各病有非常的重要性。

《四时纂要》卷三引晋周处《风土记》云："（五月五日）以艾、蒜为人，安门上。"

梁宗懔《荆楚岁时记》云："（五月五日）采艾以为人形，悬门户上，以禳毒气。"⑥但以上一切，至宋代发展成为盛况。

艾，李时珍著《本草纲目》对其药用价值做了总结，云："医家用灸百病，故曰灸草。一灼谓之一状，以壮人为法也。"⑦

艾，自周代以来就被用作医药，故巫术只是作为厌胜之用，

16. 艾白〔采自《本草纲目》〕

①② （宋）孟元老撰，邓之诚注《东京梦华录》卷八《端午》，中华书局 1982 年版，第 203、205 页。

③ （明）陶宗仪编《说郛一百二十弓》弓六九，上海古籍出版社 1988 年影印《说郛三种》本，第 3224 页。

④ （明）陶宗仪编《说郛一百二十弓》弓六九，上海古籍出版社 1988 年影印《说郛三种》本，第 3214 页。

⑤ （汉）赵岐注，（宋）孙奭疏《孟子注疏》卷七下《离娄上》，中华书局 1980 年影印阮元校刻《十三经注疏》本，第 2721 页。

⑥ （梁）宗懔著，姜彦稚辑校《荆楚岁时记》，岳麓书社 1986 年版，第 34 页。

⑦ （明）李时珍著《本草纲目》草部卷一五，人民卫生出版社 1977 年版，第二册，第 935 页。

艾又是主要中草药之一，与民俗文化亲密无间。唐韩鄂撰《岁华纪丽》卷二云："端午采艾节及浴兰，卦艾，百索绕臂。"①

第四节　宋代交感巫术中与《周易》有关的占卜巫术

在宋代的交感巫术中，占卜巫术也占有一定的位置，其占卜巫术与《周易》有关，并传承了商周时代《周易》古老的卜筮遗风。

一　轨革卜

又称"轨革影卜"，宋代民间与《周易》有关的占卜巫术。取生年八字成卦词，附会人间祸福，预言吉凶。《宋史·艺文志五·五行类》著录《轨革秘宝》、《轨革指迷照胆诀》、《轨革照胆诀》；《宋史·艺文志·蓍龟类》著录易通子《周易菥冀璇玑轨革口诀》、《轨革全庭玉鉴》、《轨革传道录》等书。宋洪迈撰《夷坚志》支甲卷八《朱讽得子》附轨革卜描述：

17. 骑驴女　宋张择端《清明上河图》中人物〔采自《中国古代服饰史》〕

> 下邳朱枫，往京师赴省试。至宋城，逢日者占轨革影，邀而卜之，遇《益》之《姤》，其像画一猴子，上有望字，一人衣紫腰金，执笏若进揖状，妇人以箕盛婴儿于前。日者曰："君此行必登科，他日仕宦亦显，但捧箕馈子事为不可晓。"遂别去。到京入试之次日，二仆挈笥送至贡闱而反，行穿曲巷，闻儿在地上啼，视之，见故帛裹一初生婴孩，因相谓曰："是必人家非正所出。吾主公未有子，不妨收养之。"乃抱归邸舍。适邸妇有乳，倩使哺育。迨暮朱来，仆迎以告，朱大喜，雇乳母，与之还家，询所弃处，正名簸箕巷。朱果擢第，名此子曰省郎。朱终身无子，遂为嗣。②

与《周易》的《益》卦和《姤》卦内容有关。今将两卦的意思解释如下：

1.《周易·益》云："益：利有攸往，利涉大川。"③经的意思是：益，卦名。筮

---

① (明)陶宗仪编《说郛一百二十弓》弓六九，上海古籍出版社1988年影印《说郛三种》本，第3236页。

② (宋)洪迈撰，何卓点校《夷坚志》支甲卷八，中华书局1981年版，第777—778页。

③ (魏)王弼、(晋)韩康伯注，(唐)孔颖达等正义《周易正义》卷四《益》，中华书局1980年影印阮元校刻《十三经注疏》本，第53页。

遇此卦，利于有所往，利于涉大川。传的解释是：益，卦名。有利，获助，增加。传解卦辞与经意同。

2.《周易·姤》云："姤：女壮，勿用取女。"[①]经的意思是：姤，卦名。取借为娶。筮遇此卦，女虽已壮，亦无娶之。传的解释是：姤，卦名，遇见。传的解释与经意同。

根据上述日者解释的意思，是扣合《益》卦和《姤》卦卦意的。第一，说朱枫必登科和宦途日显，正是《益》卦"利于有所往"之意。第二，说他"捧箕馈子"事，也是《易》卦暗示的吉利事。第三，说他雇乳母，哺育孩子。也暗合了以上记载，宋人朱枫抽到的卦是"遇《益》之《姤》"。《姤》卦说的"勿用取（娶）女"，即"取借为娶"。朱枫终于雇了一个保姆来带孩子，而不是娶妻生子。

18. 宋代缠足女子（《两宋名画》宋人绘《杂剧人物图》）〔采自《中国服装史》〕

二　茅卜

宋代民间与《周易》有关的占卜巫术。这是以茅草代蓍草的占卜术。宋周去非著《岭外代答》卷一〇《志异门·茅卜》条曰：

> 南人茅卜法：卜人信手摘茅，取占者左手自肘量至中指尖而断之，以授占者，使祷所求。即中折之，祝曰：奉请茅将军、茅小娘，上知天纲，下知地理云云。遂祷所卜之事。口且祷，手且掐，自茅之中掐至尾，又自茅中掐至首，乃各以四数之，余一为料，余二为伤，余三为疾，余四为厚。料者雀也，谓如占行人，早占遇料，行人当在路，此时雀已出巢故也。日中占遇料，则行人当晚至，时雀至暮当归尔。晚占遇料，则雀已入巢不归矣。伤者声也，谓之笑面猫，其卦甚吉，百事欢欣和合。疾者黑而猫也，其卦不吉，所在不和合。厚者滞也，凡事迟滞，茅首余二，名曰料贯伤首，余三名曰料贯疾，余皆仿此。南人卜此最验，精者能以时辰与茅折之，委曲分别五行而详说之，大抵不越上四余。而四余之中各有吉凶，又系乎所占之事，当卜之时，或遇人来，则必别卜，曰外人踏断卦矣。余以为此法，即《易》卦之世应揲蓍也。

① （魏）王弼、（晋）韩康伯注，（唐）孔颖达等正义《周易正义》卷五《姤》，中华书局 1980 年影印阮元校刻《十三经注疏》本，第 57 页。

尝闻楚人等卜，今见之。[①]

此卜是《周易》卜卦方法的延续。周去非指出："余以为此法，即《易》卦之世应揲蓍也"，颇有见地。但此卜只是采取了《周易·系辞上》卜筮的方法，并没有采取《周易》中卦的本身内容。《周易·系辞上》曰："揲之以四，以象四时。"唐孔颖达疏曰："分揲其蓍，皆以四四为数，以象四时。"[②]

唐陆德明撰《经典释文》曰："揲犹数也。"[③]《说文解字》卷一二上："揲，阅持也。"[④]所谓"揲"，是指手持而分数之。在卜筮的时候，在"挂一"之后，将上方的筮草每四策为一组分数之，就称为"揲之以四"。但是揲过之策仍然置于上方。所以，揲之以四，乃象四时。《易经》八卦不涉及鬼神，而是依据事实，对天地万物命运的预测。

19. 元赵孟頫《西园雅集图》中的米芾〔采自《中国古代服饰史》〕

三　活卦影

宋元怀撰《拊掌录》(三卷)载"活卦影"曰："熙宁中(1072)蜀中日者费孝先筮《易》，以丹青寓吉凶，谓之'卦影'。其后转相祖述其画人物，不常鸟或四足兽，或两翼人，或儒冠而僧衣，故为怪。以见像朝士米芾，好怪，常戴俗帽，衣深衣，而蹑朝靴，绀缘缬朋，从目为'活卦影'。"[⑤]

---

① (宋)周去非著，屠友祥校注《岭外代答》卷一〇，上海远东出版社1996年版，第273—274页。

② (魏)王弼、(晋)韩康伯注，(唐)孔颖达等正义《周易正义》，中华书局1980年影印阮元校刻《十三经注疏》本，第80页。

③ (唐)陆德明撰《经典释文》卷二《周易系辞上第七》，景印文渊阁《四库全书》第182册，第395页。

④ (汉)许慎撰，(宋)徐铉校定《说文解字》卷一二上，中华书局1963年影印本，第251页下。

⑤ (元)元怀撰《拊掌录》，《说郛三种》本，上海古籍出版社影印本，第一册，1988年版，第567—568页。

第四十二章　宋代反抗巫术与蛊道巫术

第一节　宋代反抗巫术

一　宋代乌头羊厌胜、打耗驱傩鬼与天鹿辟邪

宋代民间认为，通过托梦与解梦的巫术手段，连活的牲畜也能成为厌胜物。宋张邦基撰《墨庄漫录》卷二云：

> 周昕大夫居邓州，父中散卒数十年矣。一夕，昕妻梦中散如平生谓曰："我且为羊，今在某氏屠肆，五更即死，当速见赎，乌头者，即我也。"觉而语昕，以为梦中语勿信也。斯须复梦于昕，时以四更鼓。亟遣仆推门以至屠家，且问有乌头羊否？屠伯云：适有一头。仆曰："幸勿杀，周宅欲售为厌胜之用。"乃倍直牵归。视昕有喜色，遂养之，每昕自外归，径趁怀中得食。已如是者，数年，羊乃死。①

因为梦见乌头羊，经过巫师解梦找到这只乌头羊，它也就成为趋吉避凶的厌胜物，对死者与活者都有驱邪的作用。

宋代更有以"打耗"而驱傩鬼祟者。宋程大昌撰《演繁露》卷六《腊鼓》云：

> 湖州土俗，岁十二月，人家多设鼓而乱挝之，昼夜不停，至来年正月半乃止。问其所本，无能知者，但相传云，此名"打耗"。"打耗"云者，言警去鬼祟也。世说祢衡作渔阳蹀躞，而前正是正月十五，案时而言，此说近之矣，然其挝击不待正月，又似不相应也。②

① (宋)张邦基撰《墨庄漫录》卷二，景印文渊阁《四库全书》第864册，第12页。

② (宋)程大昌撰《演繁露》卷六，景印文渊阁《四库全书》第852册，第119页。

这种击鼓驱祟的傩文化形态，与厌胜等反抗巫术，不仅形态相同，其性质也相同，而且傩文化究其根本而言，乃隶属于反抗巫术这一大类别。“打耗”也是“打野狐”(进夜胡)风俗的另一衍化形式，而直至现代流行的傩戏中，都缺不了鼓的配合，这便是“打耗”古俗的遗留。

宋代我国西域地区人民则以天鹿来辟邪。宋程大昌撰《演繁露》卷一六《天鹿辟邪》云：“乌弋有桃拔，孟康曰：桃拔，一名‘符拔’，似鹿长尾一角者，或为天鹿两角者，或为辟邪，西域传。”[①]这是以野生动物为厌胜物，认为它们有祛邪魔力。

二　宋代厌胜钱

宋代，钱币厌胜巫术又跨入了一个新的阶段。当时融入生育、七夕、辟兵、丰乐、福庆太平诸俗的钱币厌胜，均有鲜明的民俗感。

一是五男二女钱。宋洪遵撰《泉志》卷一五《厌胜品》云：“五男二女钱，李孝美曰：此钱径七分，厚一分半，重十铢，背面有字，皆曰‘五男二女’。”[②]

二是福庆钱。宋洪遵撰《泉志》卷一五《厌胜品》云：“福庆钱。旧谱曰：径寸二分半，重十铢，肉好，背面皆有周郭。亦有径寸四分，重十八铢者，文曰‘伍男贰女，叁公玖卿’，好郭边作连珠文于外，分为八分，若箕形，其二三五九皆作大字。”[③]

以上钱币厌胜，传播了民间五男二女的生育观，同时可见，经过五代战乱，人口减少，宋朝统一以后，实行鼓励人口增长的国策。

三是七夕钱。利用钱币厌胜，配合七夕。宋洪遵撰《泉志》卷一五《厌胜品》云：“旧谱曰：经(径)寸四分，重十三铢，肉好，背面皆有周郭文，为牵牛织女相对形，穿上为花，穿下为草，制甚古质。李孝美曰：据所有者，面无好郭。”[④]

1. 五男二女钱〔采自《泉志》。下同〕

2. 福庆钱

3. 七夕钱 1

《钱录》卷一六《厌胜诸品》曰：“又七夕钱，牵牛织女取会合意也。亦见洪《志》

① (宋)程大昌撰《演繁露》卷一六，景印文渊阁《四库全书》第 852 册，第 205 页。

②③④ (宋)洪遵撰《泉志》卷一五，《丛书集成初编》本，商务印书馆 1939 年版，第 75 页。

引旧谱谓穿上为花，穿下为草。”[①]但《钱录》所载七夕钱画面又有差异：

四是辟兵钱。利用钱币厌胜，辟兵除凶。宋洪遵撰《泉志》卷一五《厌胜品》云：“旧谱曰：径八分，重三铢，背面皆有周郭。又有两重于方穿之中，复更有小穿，邪正安之，疑若八角然。其文一面曰‘去殃除凶’，一面曰‘辟兵莫当’，皆篆字，其间有八柱，郭外仍有小柄。”[②]

4. 七夕钱2〔采自《钱录》〕

《钱录》卷一六《厌胜诸品》又补充一种辟兵钱并云：“又辟兵钱，一面曰：去灾除凶，一面曰：辟兵莫当，旁作星文绕之务成子，所谓‘琭琭如玉，连连如珠者耶。’”[③]

5. 辟兵钱〔采自《泉志》〕

6. 辟兵钱〔采自《钱录》〕

此是南宋时代辟兵钱，其时南宋王朝避难临安，对全国的控制力减弱，边境时时战火不断，不得不出此下策，以辟兵钱厌胜，祈祝去灾除凶。

五是长年钱。利用钱币厌胜，祈禳丰乐太平。

长年钱，又叫“长年太宝”。宋洪遵撰《泉志》卷一五《厌胜品》云：“长年钱，旧谱曰：径七分，款文曰‘长年太宝’。”[④]

六是千金钱，又叫“长毋相忘”。宋洪遵撰《泉志》卷一五《厌胜品》云：“千金钱，旧谱曰：形制轻重类辟兵钱，其文一面曰‘长毋相忘’，一面曰‘日入千金’，钱间有八柱。”[⑤]向往致富，是所有宋人的梦想。

7. 长年钱〔采自《泉志》。下同〕

8. 千金钱

---

① (清)梁诗正、蒋溥等撰《钱录》卷一六，景印文渊阁《四库全书》第844册，第215页。

②⑤ (宋)洪遵撰《泉志》卷一五，《丛书集成初编》本，商务印书馆1939年版，第76页。

③ (清)梁诗正、蒋溥等撰《钱录》卷一六，景印文渊阁《四库全书》第844册，第199页。

④ (宋)洪遵撰《泉志》卷一五，《丛书集成初编》本，商务印书馆1939年版，第77页。

七是天下太平钱，配合五男二女图案。宋洪遵撰《泉志》卷一五《厌胜品》云："天下太平钱二品，李孝美曰：此二钱大小不等，面文皆曰'天下太平'，背文并隐起。大者径寸，重六铢，为持挺人旁有跃龙之状，而平地作水文，小者径八分，重五铢，为五男二女戏弄之象，而平地作球路文，疑亦厌胜之流也。余按此二钱今世有之。又有二种，其一面文亦曰'天下太平'，背文为四人持兵象之，象而平地作水文，径八分，重三铢六参。又有一种，面文亦曰'天下太平'，背为九子母之形，平地作球路文，径八分，重二铢四参。"①

八是君宜侯王钱。宋洪遵撰《泉志》卷一五《厌胜品》："君宜侯王钱，旧谱曰：此钱径寸重如其文，文有六字，曰'君宜侯王五铢'，并篆书，背面但有肉郭而无好郭。形制与汉五铢同而不甚精妙。李孝美曰：汉五铢钱面无好郭，而背有之，此钱既云背面皆有好郭，安得与汉钱同形制也。"②

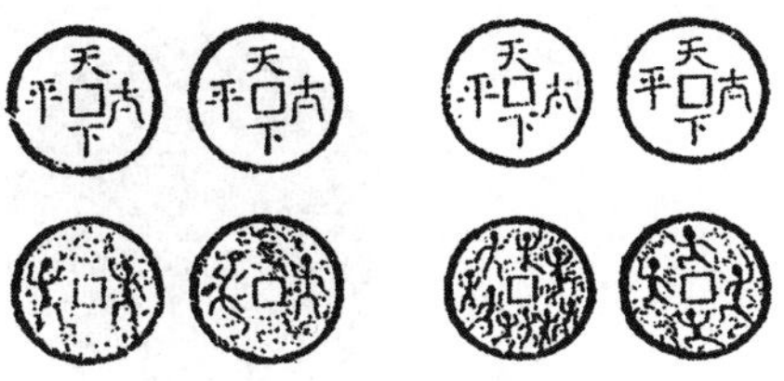

9. 天下太平钱

10. 君宜侯王五铢钱

九是丰乐钱。又叫"天清丰乐"。宋洪遵撰《泉志》卷一五《厌胜品》云："丰乐钱，旧谱曰：径八分，重二铢五黍，面文有四字，皆科斗书，其可识者'丰乐'，肉好，背面皆有周郭。李孝美曰：此钱文曰'天清丰乐'。"③宋人深谙此理之基础在于天下清明，即"天清"。

11. 丰乐钱

十是燕口洞钱。宋乐史撰《总仙记》："皇朝淳化元年(990)升州奏二月十五日夜，忽有雷声，茅山燕口洞宫石开二尺，里面得铜铁钱三十一文。"④

十一是严君平钱。中古钱币厌胜巫术。宋洪遵撰《泉志》卷一四云："赵抃《成都记》云：严真观，汉严君平宅也。内有井，名曰通仙。《耆旧传》云，此井与汉州绵竹县君平宅中井相通，近岁有人淘井得铜钱三文，径可二寸，因恍惚不安，投钱井中，立愈，或曰此君平掷卦钱也。"⑤

综上所述，祛邪趋吉是贯穿古代钱币厌胜巫术的一根主线。它不仅表现了当

---

① (宋)洪遵撰《泉志》卷一五，《丛书集成初编》本，商务印书馆 1939 年版，第 77 页。

② (宋)洪遵撰《泉志》卷一五，第 76—77 页。

③ (宋)洪遵撰《泉志》卷一五，第 76 页。

④⑤ (宋)洪遵撰《泉志》卷一四《神品》，《丛书集成初编》本，商务印书馆 1939 年版，第 74 页。

时统治阶级的思想与国策，而且反映了民间风俗观，是我国厌胜巫术的特殊形态。

祛邪趋吉之反抗巫术也有钩指头和挥拳头两种驱邪巫术存在，在契丹传播，非常有趣味性。

其一，钩指头巫术。如宋王易撰《燕北录》卷一载："戎主及契丹臣庶，每闻霹雳声，各相钩中指只作唤雀声，以为禳厌也。"[①]

其二，挥拳头巫术。如宋王易撰《燕北录》卷一又称："戎主及契丹臣庶等，如见旋风时，便合眼，用拳子空中打四十九下，口道：'坤不克'七声，汉语鬼风也，以禳厌之。"[②]可以说是宋代反抗巫术的特殊形态。

三　宋代龙凤厌胜

宋代龙厌胜。一是宋代敦煌壁画团龙厌胜，作双龙戏珠样，祈求长寿与统一。二是宋代青铜双龙菱花镜厌胜，亦作双龙戏珠样，祈求长寿与统一。

12. 宋代敦煌壁画双龙戏珠厌胜图(莫高窟第55窟)〔采自《敦煌图案集》〕

13. 宋青铜双龙菱花镜厌胜图〔采自《铜镜》〕

宋代凤厌胜。一是宋代青花双凤厌胜瓷盘，作双凤朝阳样，祈求和平与吉祥。

二是宋敦煌壁画凤凰扇图，祈求和平与吉祥。

14. 宋青花双凤厌胜瓷盘〔采自《龙凤图集》〕

15. 敦煌凤凰扇子厌胜图(莫高窟　第444窟　宋代)〔采自《敦煌图案集》〕

---

①② (宋)王易撰《燕北录》卷一，(明)陶宗仪等编《说郛三种》本，上海古籍出版社1988年影印本，第2585页。

第二节　宋代龙凤厌胜茶的创新

宋代皇帝善于学习汉唐以文化养国。所谓“以文化养国”，就是以平和的巫文化扼制社会，使其平和地发展。具体来说，宋人在饮茶上，也采取厌胜的作法，将大汉王朝提倡的龙巫术和凤巫术的文化形态发挥到极致，象征大宋王朝的威严，以实现政治统治的稳固。故团龙茶的出现，是宋人对厌胜巫文化的创新。于此可见宋人善于玩茶的文化巫术。

宋熊蕃撰《宣和北苑贡茶录》云：

开宝末下南唐，太平兴国初，特制龙凤模，遣使北苑，造团茶，以别庶饮，龙凤茶盖始于此。[①]

“特制龙凤模”一出现，立刻使茶叶沾染上龙凤的灵气，推动了茶艺的发展和茶叶装饰的更新。茶叶经龙凤厌胜以后，立刻身价百倍，成为贵族的抢手货，巫文化居然带动了经济的发展。这是大宋王朝始料未及的，君臣面面相觑，相视而笑，已经在不知不觉中为养生造势，创造历史。

龙凤模怎么就和茶叶沾上了关系？这种构想完全来自厌胜巫术思维。先来读以下的二十七幅龙凤模图，它是仿照厌胜钱的图样改进出来的：

龙园胜雪　竹圈　银模　宣和二年(1119)造

白茶　竹圈　银模　政和二年(1112)造

御苑玉芽　银圈　银模　大观二年(1108)造

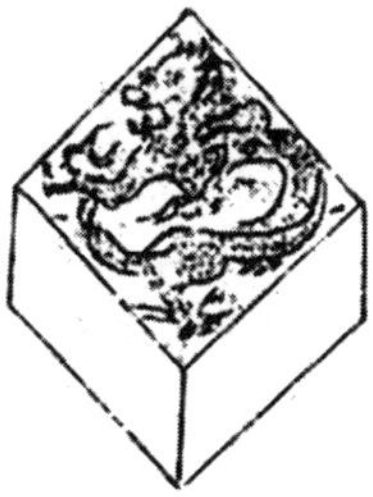

16. 龙凤模一：龙园胜雪〔采自《宣和北苑贡茶录》。下同〕

17. 龙凤模二：白茶

18. 龙凤模三：御苑玉芽

① (宋)熊蕃撰《宣和北苑贡茶录》，景印文渊阁《四库全书》第844册，第637页。

万兽龙芽　银圈　银模　大观二年(1108)造

雪英　银模　银圈　宣和三年(1121)造

云叶　银模　银圈　宣和三年(1121)造

19. 龙凤模四:万兽龙芽

20. 龙凤茶五:雪英

21. 龙凤茶六:云叶

蜀葵　银模　银圈　宣和三年(1121)造

金钱　银模　银圈　宣和三年(1121)造

玉华　银模　银圈　宣和三年(1121)造

22. 龙凤茶七:蜀葵

23. 龙凤茶八:金银

24. 龙凤茶九:玉华

寸金　银模　竹圈　宣和三年(1121)造

无比寿芽　银模　竹圈　大观四年(1110)造

万春银叶　银模　银圈　宣和二年(1119)造

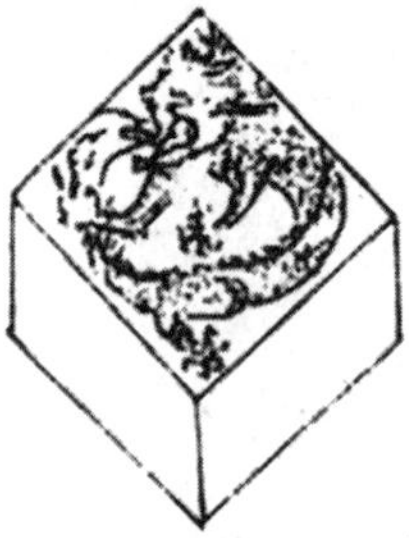

25. 龙凤茶十:寸金

26. 龙凤茶十一:无比寿芽

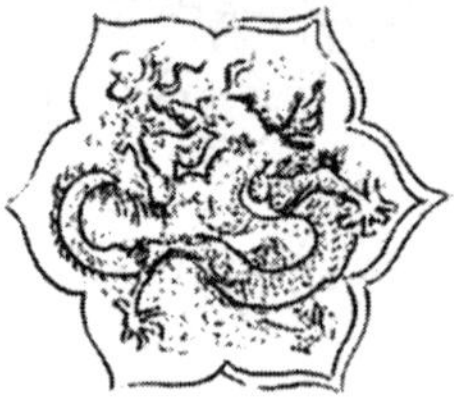

27. 龙凤茶十二:万春银叶

宜年宝玉　银模　银圈　宣和二年(1119)造

玉清庆云　银模　银圈　宣和二年(1119)造

无疆兽龙　银模　竹圈　宣和二年(1119)造

28. 龙凤茶十三:宜年宝玉

29. 龙凤茶十四:玉清庆云

30. 龙凤茶十五:无疆兽龙

瑞云翔龙　银模　铜圈　绍圣二年(1095)造
长寿玉圭　银模　铜圈　政和二年(1112)造
上品拣芽　银模　铜圈　绍圣二年(1095)造

31. 龙凤茶十六:瑞云翔龙

32. 龙凤茶十七:长寿玉圭

33. 龙凤茶十八:上品拣芽

新收拣芽　银模　铜圈　政和二年(1112)造
太平嘉瑞　银模　铜圈　政和二年(1112)造
龙苑报春　银模　铜圈　宣和四年(1122)造

34. 龙凤茶十九:新收拣芽

35. 龙凤茶二十:太平嘉瑞

36. 龙凤茶二十一:龙苑报春

南山应瑞　银模　银圈　宣和四年(1122)造
兴国岩拣芽　银圈　银模
小龙　银圈　银模

37. 龙凤茶二十二:南山应瑞

38. 龙凤茶二十三:兴国岩

39. 龙凤茶二十四:小龙

大龙　铜圈　银模
小凤　银模　铜圈
大凤　银模　铜圈

40. 龙凤茶二十五:大龙

41. 龙凤茶二十六:小凤

42. 龙凤茶二十七:大凤

宋朝提倡龙凤茶,最初是在宋太宗太平兴国年间。当时因求雨正盛而祈龙,龙巫术思维泛滥实属必然。龙是四灵之一,此时即视茶叶为"灵芽"。故宋熊蕃撰《宣和北苑贡茶录》云:"盖昔者山川尚闷,灵芽未露,至于唐末,然后北苑出,为之最是时。"灵芽未露意识正是厌胜茶的具体体现,龙凤模出现了,这是养生观念更新,导致产品更新。

但宋人用龙凤模造出多种多样的龙凤茶,还不仅是装饰和广告效应的出新,更是将厌胜巫术思维适时促进为养生饮品,尤具有出新意义。

第三节　宋代嫁金蚕及蛊道巫术

宋代的蛊道巫术,为官方明令禁止。《宋史》卷三〇《高宗七》记载:绍兴十九年(1149)"二月丁丑,禁湖北溪洞用人祭鬼及造蛊毒,犯者保甲同坐"①。

① (元)脱脱等撰《宋史》卷三〇,中华书局1977年版,第569页。

43. 祭祀舞人（敦煌莫高窟第454窟　宋）〔采自《敦煌舞姿》。下同〕

“嫁金蚕”即蛊道巫术之一种。宋蔡絛撰《铁围山丛谈》云：“金蚕毒始蜀中，近及湖广闽粤浸多。有人或拾此去，则为之嫁金蚕。率以黄金钗器、锦缎置道左，俾他人得焉。郁林守相晤时为吾言：尝见福清县有讼遭金蚕毒者，县官治求不得，纵或献谋，取两刺猬入捕必获矣。盖金蚕畏猬，猬入其家，金蚕不敢动。虽匿榻下墙隙，果为两猬，擒出之，亦可骇也。又峤岭多蜈蚣，动长二三寸，螫人求死不得，然独畏脱胎虫，必放自落于地。蜈蚣为局缩不得行，脱胎虫乃徐徐围绕周匝，蜈蚣愈益缩，然后登其首啖脑而食之死。故人遭蜈蚣害，必取脱胎虫涎，辄生捣涂焉，痛立止。且金蚕甚毒，若有鬼神蜈蚣，若是之强且大也。然则猬捕金蚕，脱胎制蜈蚣物，理有不可致诘而不可不知者。”①

宋代佛僧，有些仍坚持反巫蛊的传统，坚持用中草药治疗。宋姚宽撰《西溪丛语》卷上《治金蚕蛊毒之法》：“马监场云：‘泉州一僧，能治金蚕蛊毒。如中毒者，先以白矾末令尝，不涩，觉味甘，次食黑豆不腥，乃中毒也。即浓煎石榴根皮汁，饮之下，即吐出，有虫皆活，无不愈者。李晦之云：‘凡中毒，以白矾、牙茶捣为末，冷水饮之。’”②

44. 敦煌莫高窟第61窟（宋）佛传图中的舞人

宋朱佐编撰《类编朱氏集验医方》卷一四“中毒门”载有《治金蚕蛊毒方》，曰：“泉州一僧，治金蚕蛊毒，云：才觉中毒，先吮白矾，味甘而不涩，次嚼黑豆不腥者是也。但取石榴根皮，煎汁饮之，即吐出活虫，无不愈者。李晦之云：以白矾、茶芽捣为末，冷水服。凡中一切毒，皆可治之。”③以上都是泉州僧治蛊，如出一撤。

45. 宋代老妇作揖图〔采自《中国古代服饰史》。下同〕

宋代甚至有吞金蚕而不死的传闻。宋毕仲询撰《幕府燕闲录》略云：“池州进士邹阆家贫，一日启户，获一小笼，内有银器。持归，觉股上有物，蠕蠕如蚕，金色灿然，遂拨去之，仍复在旧处，践之斫之，投之水火，皆不能害。阆以问友

① （宋）蔡絛撰《铁围山丛谈》卷六，景印文渊阁《四库全书》第1037册，第619页。

② （宋）姚宽撰《西溪丛语》卷上，景印文渊阁《四库全书》第850册，第941页。

③ （宋）朱佐编撰，郭瑞华、孙德立、姜玉玫、陈洪荣点校《类编朱氏集验医方》卷一四，上海科学技术出版社2003年版，第331—332页。

人。友人曰:此金蚕也。备告其故。阆归告妻云:吾事之不可,送之家贫,何以为生? 遂吞之,家人谓其必死,寂无所苦,竟以寿终,岂至诚之盛,妖不胜正耶?”①

宋代蛊道巫术还有佛说解蛊毒神咒。第一种佛说解蛊毒神咒,载于宋洪迈撰《夷坚志》补卷二三《解蛊毒咒方》云:

> 蔡人李枢,避建炎之难,同数乡人入蜀。绍兴乙卯(1135),自夔之涪,过上岩,买一大鱼,其状如鲤,命仆治其半为羹,以半为鲊。初啜羹,其汁甚苦,意谓胆破,复尝肉脔,则一甘一苦,心疑焉。忆其父所书解毒咒,因急诵之,而屏去羹弗食。后三日,至武宁,市无屠肆,仆欲以鲊进,乃洗涤令净,沸油煎之,至盘桉间犹盛热,又诵咒数遍。一小青蜘蛛出鲊上,踸踔自如,即杀而屑之,尽投鲊于江。枢乃道父书云:顷有朝官,与一高僧西游,道由归峡,程镇荒远,日过午,馁甚。抵小村舍,闻其家畜蛊,而势必就食,去住未剖。僧曰:“吾有神咒,可无忧也。”食至,僧闭目诵持,俄见小蜘蛛延缘碗吻。僧曰:“速杀之。”于是竟食,无所损。其咒曰:“姑苏啄,磨耶啄,吾知蛊毒生四角,父是穹窿穷,母是舍耶女,眷属百千万,吾令悉知汝,摩诃。”是时同行者竞传其本,所至皆无恙。别传解毒方,用豆豉七颗,巴豆去皮两粒,入百草霜,一处研细,滴水圆如绿豆大,以茅香汤吞下七圆。又泉州一僧,能治金蚕毒,云:“才觉中毒,先含白矾,味甘而不涩,次嚼黑豆,不腥者是已。但取石榴根皮,煎汁饮之,即吐出活虫。无不立愈。”李晦之云:“以白矾芽茶捣为末,冷水调服,凡一切毒皆可治。”并载于此,以贻后人。②

解蛊咒语呈三三七五五五五二句式。

第二种佛说解蛊毒神咒,载于南宋朱佐编撰《类编朱氏集验医方》卷一四“中毒门”,可资对照。《解蛊毒并咒方》曰:

> 顷有朝官与一高僧西游,道由归峡,程颐荒远,日过中绥甚,只小村舍间其家,而势必就去住,未判。僧曰:吾有神咒,可无忧也。食至,僧闭目诵诗,俄见小蜘蛛缘碗吻。僧曰:“速杀之。”于是竟食无所损。其咒曰:“姑苏啄摩那,吾知蛊毒,生四角,父是穹窿男,母是舍耶女,眷属百万千,吾今悉知汝,摩萨萨摩诃。”时同行者,竟传其咒,所至无恙。别传解毒方,用:豆豉 六粒,巴豆

① (明)陶宗仪编《说郛一百卷》卷一四,上海古籍出版社 1988 年影印本,第 279 页。

② (宋)洪迈撰《夷坚志》补卷二三,中华书局 1981 年版,第 1765 页。

去皮 二粒，上入百草霜一处研细，滴水丸，绿豆大。以茅香汤吞下七丸。[①]

解蛊毒咒语呈五四三五五五五五句式。

第三种“佛说解蛊毒神咒”出《大藏经》，载于宋李璆、张致远原辑《岭南卫生方》中卷《佛说解蛊毒神咒》：

凡在旅中饮食，先默念七遍，其毒不行。咒曰：“姑苏啄，摩耶啄，吾知蛊毒生四角，父是穹窿男，母是舍耶女，眷属百万千，吾今悉知汝，摩诃萨摩诃。一法：每日或所到处，念“药王万福”四字一七遍，亦验。[②]

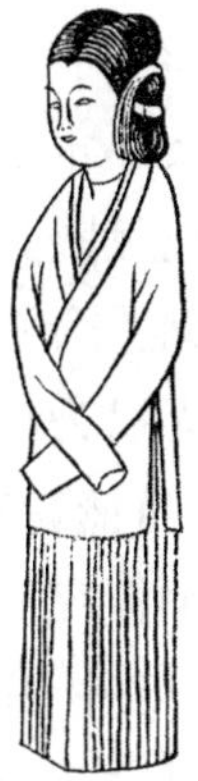

46. 宋盐店庄疆氏墓石质明器上的宋女（中国历史博物馆）

解蛊毒咒语呈三三七五五五五五句式。以上三种都是采用佛教的咒语驱蛊法。属于精神鼓励疗法之列。

据宋洪迈撰《夷坚志》所传，这种蛊虫放在油锅中也炸不死，但诵佛教“摩诃”咒却能将它唤出扑杀。“摩诃”为梵语音译，是佛教用语，是大多胜之义，所以有语音魔力。故佛教摩诃咒实为咒语治蛊。宋代和尚延续唐代和尚作法，也插入蛊道巫术中进行解蛊毒的研究。

宋代蛊道巫术流传在福建和广西的诸州。福建的蛊道巫术。宋洪迈撰《夷坚志》补卷二三《黄谷蛊毒》对它叙述甚详，现分别叙述其地点与种类。“福建诸州大抵皆有蛊毒，而福之古田，长溪为最。其种有四：一曰蛇蛊，二曰金蚕蛊，三曰蜈蚣蛊，四曰虾蟆蛊，皆能变化，隐见不常。”

1. “皆有雌雄，其交合皆有定日，近者数月，远者二年。”[③]

2. 仪式及施术规定。“至期，主家备礼迎降，设盆水于前，雌雄遂出于水中，交则毒浮其上，乃以针眼刺取，必于是日毒一人，盖阴阳化生之气，纳诸人腹，而托以孕育，越宿则不能生。故当日客至，不暇恤亲戚宗党，必施之，凡饮食药饵皆可入，特不置热羹中，过热则消烂。或无外人至，则推本家一人承之。”[④]

---

① （宋）朱佐编撰，郭瑞华、孙德立、姜玉玫、陈洪荣点校《类编朱氏集验医方》卷一四，上海科学技术出版社 2003 年版，第 331 页。

② （宋）李璆、张致远原辑，（元）释继洪纂修，郭瑞华、马湃点校《岭南卫生方》卷中，上海科学技术出版社 2003 年版，第 75 页。

③④ （宋）洪迈撰，何卓点校《夷坚志》补卷二三，中华书局 1981 年版，第 1761—1762 页。

3. 中蛊毒之症状："药初入腹，若无所觉。积久则蛊生，借人气血以活。益久则滋长，乃食五脏，晓夕痛楚不可忍，惟啜百沸汤，可暂息须臾。甚则叫呼宛转，爬刮床席。临绝之日，眼耳鼻口涌出虫数百，形状如一。"①

4. 蛊毒再培育之过程。"渍于水暴干，久而得水复活。人魂为虫，祟所拘，不能托化，翻受驱役于家，如虎食伥鬼然。死者之尸虽火化，而心肺独存，殆若蜂窠。"②

5. 蛊道巫术实例。宋洪迈撰《夷坚志》补卷二三《黄谷蛊毒》续云："淳熙二年(1175)，古田人林绍先母黄氏遭毒，垂尽，其家人曰：'若是中蛊，当烧床箦照之，必能自言。'黄氏遂云：'某年月日，为黄谷妻赖氏于某物内用置毒食我，其所事之神，今尚在谷房里厨中。'绍先即告集都保，入谷家开厨，得银珂锁子、五色线环珓及小木棋子，两面书'五逆五顺'四字，盛以七孔合，又针两包，各五十枚，而十一枚无眼，率非寻常人家所用物。即告官，捕谷，讯鞫则佯死，释之则苏，类有鬼相助。会稽余靖为主簿，府帖委治此狱，其奸态如在县时。靖无以为计，惧其幸免，不胜愤诃，系于庭下，砺刃断其首，贮以竹篮，持诣府自劾。府帅陈魏公具以状闻，诏提点刑狱谢师稷究实，谢与丞尉亲到谷家，诘之少顷，蜈蚣甚大，出现(从穴中出)。谢曰：'此明证也，摄赖氏还司自临考之。'三日狱具，亦论死。所谓顺逆棋子者，降蛊之时所用以卜也，得顺者客当之，逆者家当之。针之无眼者，以眼承药，既用则去之，盖所杀十一人矣。五色线，凡蛊喜食锦，锦不可得，乃以此代。银珂锁者，欲嫁祸移诸他处，置道傍，冀见者取之也。谷之罪恶，上通于天，余靖为民去一凶，士大夫作诗歌者甚众。"③

47. 仇英摹《萧照·中兴瑞应图》

6. 治疗蛊毒的药方。宋洪迈撰《夷坚志》补卷第二三《解蛊毒咒方》云："嘉祐中，范兵部师道为福州守日，揭一方于石云：'凡中蛊毒，无论年代远近，但煮一鸡卵，插银钗于内，并含之，约一食顷取视，钗卵俱黑，即中毒也。'其方用五倍子二两、硫黄末一钱、甘草三寸、一半炮出火毒，一半生、丁香、木香、麝香各十文、轻粉三文、糯米二十粒，共八味，入小沙瓶内，水十分煎，取其七，候药面生皱皮为熟，绢滤去滓，通口服，病人平正仰卧，令头高，觉腹间有物冲心者三，即不得动，若吐出，以桶盛之，如鱼鳔之类，乃是恶物。吐罢饮茶一盏，泻亦无妨，旋

①② (宋)洪迈撰，何卓点校《夷坚志》补卷二三，中华书局1981年版，第1761—1762页。

③ (宋)洪迈撰，何卓点校《夷坚志》补卷二三，中华书局1981年版，第1763页。

煮白粥补。忌生冷油腻酢酱。十日后，复服解毒丸三两丸，又经旬日平复。予所载黄谷事，孙㻩又以此方来示，故并录之。丁、木、麝三香之价，嘉祐时十文，以今言之，须数倍乃可耳。”①

《黄谷蛊毒》是宋代蛊道巫术的重要文献，内容具体而又典型，对蛊毒的地区、种类、取毒、放毒、症状、治疗过程、医方等都作了详尽的叙述。

在宋代，不怕蛊的民间传说故事也十分有趣。宋洪迈撰《夷坚志》三志壬卷第四《漳士食蛊蟆》记述道：

> 漳州一士人，负气壮猛，谓天下无可畏之事，人自怯耳。每恨无鬼神干我以试其勇。尝同数友出次村落，见精帛包物地上，皆莫敢正视，笑曰：“吾正贫，何得不取！”对众启之，于数匹绢内，贮白金三大笏，更一蛊暇如蟆，祝之曰：“汝蛊自去，吾所欲者银绢耳。”既持归，家人皆大哭曰：“祸至无日矣！”士曰：“吾自当之，不以累汝。”是夜升榻，有二青蟆，大如周岁儿，先据席上。士正念无以侑酒，连推敲杀之，家人又哭。士欣然割而煮食，乃就寝醉，竟晏然。明夜，又有蟆十余，小于前，复烹之。又明夜，出三十枚，夕夕增多，而益以减小，最后遂满屋充塞，不可胜食。至募工埋于野，胆气益振，一月后乃绝。士笑曰：“蛊毒之灵，止于是乎！”妻请多买刺猬防蟆，出则必搜啄，士曰：“我即刺猬也，尚何求哉！”其家竟亦妥贴，识者美之。②

48. 宋代磁州窑彩釉女坐像

癞蛤蟆，也就是虾蟆蛊了，竟然大到与周岁婴儿一般，真是够恐怖。但士人不信巫，不信蛊，杀而食之，居然也安然无恙。值得注意的是，宋代人认为刺猬能吃癞虾蟆蛊，这说明宋代福建漳州一带对蛊道巫术无恐怖感，认为它只是虾蟆的转化，并不是什么太神秘的黑巫术。

广西的蛊道巫术。宋周去非著《岭外代答》卷一〇《志异门·蛊毒》条曰：“广西蛊毒有二种，有急杀人者，又慢杀人者。急者顷刻死，慢者半年死。人有不快于己者，则阳敬而阴图之。毒发在半年之后，贼不可得，药不可解，蛊莫惨焉。乾道庚寅（六年，1170），钦州（今广西钦州）城东有卖浆者，畜蛊毒，败而伏辜。云其家造毒，妇人裸形披发夜祭，作糜粥一盘。蝗虫蛱蝶百虫自屋上来

① （宋）洪迈撰，何卓点校《夷坚志》补卷二三，中华书局1981年版，第1763页。
② （宋）洪迈撰，何卓点校《夷坚志》三志壬卷四，中华书局1981年版，第1499页。

食，遗矢乃药也。欲知蛊毒之家，入其门，上下无纤埃者是矣。今黎峒溪峒人置酒延客，主必先尝者，示客以不疑也。”[①]

宋人对蛊道巫术无恐怖感的重要原因，是由于他们十分注意吸收汉唐时代用药物治疗蛊毒的经验。在宋代类书《太平御览》中，就钩沉与辑纳了诸多治疗蛊毒的中草药。如：

1. 梨芦。《太平御览》卷九九〇引《本草经》云：“梨芦，一名葱苒，味辛寒，生山谷，主治蛊毒，生太山。”[②]

2. 野葛。《太平御览》卷九九〇引《本草经》云：“钩吻一名野葛，味辛，生山谷。主治金疮、中恶风，欬(克)逆上气、水肿，杀蛊毒鬼注。”[③]古人认为野葛是剧毒之药，食此巫药，虽神巫巫咸亦莫可救之。引《周易参同契》云：“治(野)葛、巴豆一两入喉，虽周文兆着，孔丘占相，扁鹊操针，巫咸叩鼓，安能苏之。”[④]但是却可治蛊毒，即为以毒攻毒之巫法。

49. 南宋绍兴十二年(1142)陶俑(四川省博物馆)

3. 升麻。《太平御览》卷九九〇引《本草经》云：“升麻一名周升麻，味甘、辛，生山谷，治辟百毒，杀百老殃鬼，辟温疾、瘴稚、毒蛊，久服不失，生益州。”[⑤]

4. 鬼督邮。《太平御览》卷九九一引《本草经》云：“徐长卿，一名鬼督邮，味辛温，生山谷，治鬼物、百精、蛊毒疾疫邪气温鬼，久服强悍轻身，生太山。”[⑥]

5. 芦精。《太平御览》卷九九一引《本草经》云：“芦精治蛊毒，味辛平，生益州。”[⑦]

宋李璆、张致远原辑《岭南卫生方》更补充了治疗蛊毒中草药的民间秘方。先对中了蛊毒的人的病形症状加以详细描绘。《岭南卫生方》卷中《集验》治蛊

---

① (宋)周去非著，屠友祥校注《岭外代答》卷一〇，上海远东出版社 1996 年版，第 276 页。

② (宋)李昉等撰《太平御览》卷九九〇《药部七·梨芦》，中华书局影印本 1960 年版，第 4381 页。

③ (宋)李昉等撰《太平御览》卷九九〇《药部七·冶葛》引，中华书局 1960 年影印本，第 4382 页。

④ (宋)李昉等撰《太平御览》卷九九〇《药部七·冶葛》引《周易参同契》，中华书局 1960 年影印本，第 4381 页。

⑤ (宋)李昉等撰《太平御览》卷九九〇《药部七·升麻》引，中华书局 1960 年影印本，第 4382 页。

⑥ (宋)李昉等撰《太平御览》卷九九一《药部八·鬼督邮》引，中华书局 1960 年影印本，第 4387 页。

⑦ (宋)李昉等撰《太平御览》卷九九一《药部八·芦精》引，中华书局 1960 年影印本，第 4389 页。

毒诸方曰：

> 凡虫毒有数种，曰蛇毒、蜥蜴毒、蛤蟆、蜣螂、草毒，皆是变乱元气也。有人固造作之者，即谓之蛊。多因饮食内而行之，与人患祸。患祸于他则蛊主吉利。所以蠹害之徒蓄事之。人中其毒者，心腹绞痛，如有物啮，或吐下血，皆如烂肉。或好卧暗室，不欲光明。或心性反常，乍嗔乍喜。或四肢沉重，百节酸疼。或乍寒乍热，身体习习而痹，胸中满闷。或头目痛。或吐逆不定。或面目青黄，甚至十指暗黑。诊其脉缓大而散，皆其候也。然其毒有缓有急，急者仓促，或数日乃死。缓者延引岁月，游走肠内，蚀五脏尽则死。治蛊方药甚多，今但去其简而易，用之已验者耳。①

先列出“验蛊毒法”，下列是化验蛊毒的三种方法。“令病人唾于水内，沉者是蛊，浮者即非。或令含黑豆验之。若豆胀烂皮脱则是蛊，不脱则非。又初虞世方云：嚼黑豆不腥，嚼白矾味甘，皆中毒之候也。”②

后列出《岭南卫生方·解蛊毒法》下列是解除蛊毒的两种药方。第一种“灸蛊毒法”：“当足小指尖灸三炷，即有物出。酒上得者酒出，肉菜上得者肉菜出，饭上得者饭出。”③这是采用精神鼓励和中医传统的针灸法来治蛊毒。

第二种“治蚂蟥蛊毒”：“觉是此物先念‘解蛊毒咒’，次次生蜜。其毒化为水。凡中一切水族之毒，以蜜或饮或涂伤处，立解。”④这是佛教咒语和中医外科治蛊法。精神治疗加上外敷药治疗蛊毒。真是“人而无恒不可以作巫医”，巫医采用一切医疗方法来治蛊毒，恒心之大都体现在以上民间药方中矣。

50. 河南巩义宋代陵墓女俑

由上可见，宋人对治蛊毒中草药的重视程度之高。但宋人对于蛊也有未可解者，如“气蛊”。宋洪迈撰《夷坚志》三志壬卷二《聂伯茂钱鸽》云：“临川聂伯茂，病腹下气蛊，病块如覆盆，积日不差，仅

① (宋)李璆、张致远原辑，(元)释继洪纂修，郭瑞华、马湃点校《岭南卫生方》卷中，上海科学技术出版社 2003 年版，第 73 页。

② (宋)李璆、张致远原辑，(元)释继洪纂修，郭瑞华、马湃点校《岭南卫生方》卷中，上海科学技术出版社 2003 年版，第 74 页。

③④ (宋)李璆、张致远原辑，(元)释继洪纂修，郭瑞华、马湃点校《岭南卫生方》卷中，上海科学技术出版社 2003 年版，第 75 页。

余年而卒。”[①]对气蛊就未有详解，依然神秘。他们一般认为蛊的现象单纯是“蛊病”，而不是蛊巫。《夷坚志》丙志卷八《顶山回客》云：如常熟某僧“绍兴三十二年，年七十八，忽得蛊病，水浮肤革间”。[②] 并无蛊虫记述，水肿病以抓家巫术治愈，过程神秘莫测。

第四节 宋代挑生蛊道巫术

宋元之际还有一种神秘的蛊道巫术即“挑生毒”。元代人认为是“桃生蛊”，实际应称为“挑生蛊”。如用鸡肉挑生，会在身体内长成鸡头、鸡尾、鸡翅；而用鱼肉挑生，则鱼肉会反生于腹中；也可以挑气，将人的肚皮吹成皮球，薄得能看见心肺，传说十分恐怖。宋代“挑生蛊”现在可见有以下四种形态：

第一种，肋生植物型。《夷坚志》丁志卷一《治挑生法》云：“莆田人陈可大知肇庆府，肋下忽肿起，如生痈疖状，顷刻间大如杯。识者云：‘此中挑生毒也，俟五更以绿豆嚼试，若香甘则是已。’果然。使捣川升麻为细末，取冷熟水调二大钱连服之，遂洞下，泻出生葱数茎，根须皆具，肿即消。续煎平胃散调补，且食白粥，经旬复常。”[③]这种挑生蛊，流行于今福建莆田、广东肇庆等地，肋下长痈疖之原因是体内长起生葱来。

51. 宋人《中兴祯应图》中官员

第二种，腹生动物型。《夷坚志》丁志卷一《治挑生法》亦云：“雷州民康财妻，为蛮巫林公荣用鸡肉挑生，值商人杨一者善医疗，与药服之，食顷，叶积肉一块，剖开，筋膜中有生肉存，已成鸡形，头尾嘴翅悉肖似。康诉于州，州捕林置狱，而呼杨生令具疾证及所用药。其略云：凡吃鱼肉、瓜果、汤菜，皆可挑。初中毒，觉胸腹稍痛，明日渐加搅刺，满十日则物生能动，腾上则胸痛，沉下则腹痛，积以瘦悴，此其候也。在上鬲，则取之，其法用热茶一瓯，投胆矾半钱于中，候矾化尽，通口呷服，良久，以鸡翎探喉中，即吐出毒物。在下鬲，则泻之，以米饮下郁金末二钱，毒即泻下，乃碾人参、白术末各半两，同无灰酒半升纳瓶内，慢火熬半日许，度酒熟取出，温服之，日一杯，五日乃止，然后饮食

① （宋）洪迈撰，何卓点校《夷坚志》三志壬卷二，中华书局1981年版，第1478页。
② （宋）洪迈撰，何卓点校《夷坚志》丙志卷八，中华书局1981年版，第434页。
③ （宋）洪迈撰，何卓点校《夷坚志》丁志卷一，中华书局1981年版，第541页。

如其故。”[①]这种挑生蛊流行于今广东雷州半岛地区，腹内能生出鸡嘴与鸡尾来，吃什么生什么，吃鱼生鱼，吃瓜生瓜，而当时官府对蛮巫投蛊毒是要逮捕置狱的。

第三种，挑气胀肚型。《夷坚志》丁志卷一《挑气法》云：“从事郎陈遹为德庆府理官，鞫一巫师狱。巫善挑气，其始与人有仇隙，欲加害，则中夜扣门呼之，俟其在内应答，语言相闻，乃以气挑过。是人腹肚渐胀，日久，腹皮薄如纸，窥见心肺，呼吸喘息，病根牢结，药不可治。狱未成而死。江璆鸣三作守，以事涉诞怪，不敢置于典宪，但杖脊配海南。此妖术盖有数种，或咒人使腹中生鳖者，或削树皮咒之，候树复生皮合而死者，然不得所以治法。右二事陈遹说。”[②]这种挑气蛊流行于今广东德庆，抓住投蛊的巫师，关进监狱，又流放海南。这种巫术大约采取“呼名挑气”法术，夜里扣门呼名，你若答应，便被“挑”上了，然后吹气入腹，使人肚皮圆得薄如纸，能看见心肺。

第四种，挑生杀人型。宋周去非著《岭外代答》卷一〇《志异门》“挑生”条：“广西挑生杀人。以鱼肉延客，对之行厌胜法，鱼肉能反生于人腹中，而人已死。相传谓人死阴役其家。有一名士，尝为雷州推官，亲勘一挑生公事。置肉盘下，俾囚作法以验其术。有顷发视，肉果生毛。何物淫鬼，乃能尔也。然解之亦甚易，但觉有物在胸膈，则急服升麻以吐之。觉在腹中，急服郁金以下之。此方亦雷州镂板印散者，盖得之于囚也。”[③]此术流行于今广西，但其药方却与广东雷州有关系。

52. 宋人《三高游赏图》中老者

以上四种均为南宋时代的“挑生蛊”。南宋时代关于医治挑生蛊有详细的药方，以下引证两个完例。

1. 宋代李璆、张致远原辑《岭南卫生方》一书记载到治疗蛊毒挑生的神效诸方。《岭南卫生方》中卷《又治蛊毒挑生及蒙汗诸中毒神效诸方》曰：

> 蛊毒之害，应人饮食可以中人。其候腹大胀紧入石，面目青黄，小便淋涩。或泻血，或吐而喉中妨闷，有如刀刺。
>
> 一方　川升麻　桔梗去芦　瓜蒌根各一两，上为细末。每服二钱，水

---

① （宋）洪迈撰，何卓点校《夷坚志》丁志卷一，中华书局 1981 年版，第 542 页。

② （宋）洪迈撰，何卓点校《夷坚志》丁志卷一《挑气法》，中华书局 1981 年版，第 542 页。

③ （宋）周去非著，屠友祥校注《岭外代答》卷一〇《志异门 · 挑生》，《宋明清小品文集辑注》本，上海远东出版社 1996 年版，第 275—276 页。

一盏，煎六分，去滓服，不拘时候。

一方　土瓜根如大拇指大，长三寸，铿碎，以酒一盏，浸一宿，为一服。吐出即愈。一方：皂角长一尺者，去黑皮并子，用酒一大盏，浸一宿，方去滓，空心服。

一方　败鼓皮烧为末。酒调二钱服之。凡中蛊毒，皆是昏睡不省人，用此方，能言下药人姓名，极验。

一方　桃树上的寄生三两，为细末，入点茶，每服一钱，不拘时候。

一方　蚕蜕纸是出了蚕子纸也。此药宜令常随行以备急用。不拘多少，用清油纸烛烧为灰，研极细。稍觉中毒，虽面青脉绝，腹胀吐血口噤。速以新汲水调一钱频服即活。若彼蒙汗，昏昧如醉，此药下咽即醒。

一方　茶芽焙　生甘草　生白矾乳钵研 上各等分，为细末。各服一钱，以新汲水调下。若中毒一月，其毒自大便下。若中蛊毒，即吐出肉块，次服补药。生糯米粉以乌猪胆汁为丸，如梧桐子大。每服三十丸。熟水吞下。

广南挑生杀人，以鱼肉延客。对之行厌胜法。鱼肉能反生于人腹中，而人已死。相传谓：人死阴役于其家。昔雷州推官司户符昌言：乾道五年(1169)亲勘一公事挑生，买肉置于盘中，俾囚作法，以验其术。有顷，肉果生毛。何物淫鬼，乃能尔也。然解之亦甚易。但觉有物在胸膈，则急服升麻以吐之。觉在腹中，急服郁金以下之。雷州镂板印行者，改的之于囚也。[梯注]按《范石湖文集》云：李焘为雷州推官，鞠狱得治蛊方。毒在上，用升麻吐之；在腹，用郁金下之；或合二汤服之，不吐则下。此方活人甚多也。

挑生之害，于饮食中鱼肉果菜，皆可挑生而中人。其候初觉胸腹痛，次日渐搅刺，十日毒在腹中能动。凡胸臆痛为在上膈，腹痛为在下膈。①

53. 宋人《半闲秋兴图》中的妇女像侧影

2. 南宋朱佐编撰《类编朱氏集验医方》卷一四“中毒门”也载有治挑生蛊的医方。其中《挑生毒方》曰：

兴化人陈可大，知肇庆府。肋下忽肿起，如生痈疖状。顷刻间，其大如

① (宋)李璆、张致远原辑，(元)释继洪纂修，郭瑞华、马湃点校《岭南卫生方》卷中，上海科学技术出版社2003年版，第78页。

碗，识者云：此中挑生毒也。俟五更以绿豆细嚼，试若香甜则是。已而果然。

凡捣：川升麻，为细末，上取冷熟水，调二大钱，连服之。遂洞泻出生葱数茎，根须皆具，肿即消缩。煎平胃散调补，且食白粥，后亦无他。

又方

雷州民康材妻为蛮巫，林公荣用鸡肉挑生，值商人杨一者，善医疗，与药服之。才食顷，吐积肉一块，剖开筋膜，中有生肉存，已成鸡形，头尾嘴翅悉肖似。康诉于州，州捕林置狱。而呼杨生，令具疾证、用药其略。云：凡吃鱼肉、瓜果、汤茶，皆可挑生。初中毒觉胸腹痛，明日渐加搅刺，满十日则物生能动，腾上胸痛，沉下则腹痛，积以瘦悴，此其候也。在膈上，则取之。其法：用热茶一瓯，投胆矾半钱于中，候矾化尽，通口呷服，良久以鸡翅探喉，即吐出毒物。在下膈即泻之。以米饮下郁金末二钱，毒即泻下。乃择人参、白术各半两，碾末，同无灰酒半升，纳瓶内慢火熬半日许，度酒熟，取温温服之，日一盏，五日止，然后饮食如故。[①]

以上两例都是宋代非常典型的治疗"蛮巫"挑生蛊毒的民间偏方，资料翔实可信。此种蛊道巫术被描绘得很恐怖，令人费解的是，为什么吃了挑生鱼肉，鱼肉还能反生在人腹中；吃了挑生鸡肉，肚内长出鸡来。而中医的治疗方法，采用的中草药也有交代。

① （宋）朱佐编撰，郭瑞华、孙德立、姜玉玫、陈洪荣点校《类编朱氏集验医方》卷一四，上海科学技术出版社2003年版，第333页。

第四十三章　元代巫术

《元史》卷一《太祖》中记载：成吉思汗的十世祖孛端叉儿，母亲是阿兰果火："既而夫亡，阿兰寡居，夜寝帐中，梦白光自天窗而入，化为金色神人，来趋卧榻。阿兰警觉，遂有娠，产一子，即孛端叉儿也。孛端叉儿状貌奇异，沉默寡言，家人谓之痴。独阿兰语人曰：'此儿非痴，后世子孙必有大贵者。'"①成吉思汗的曾祖母以一个人神交相感应巫术方式生下了孛端叉儿。阿兰逝世后，诸兄分走遗产，孛端叉儿分文未得，净身出户，在茫茫大草原上，从驯鹰觅食、臂鹰而猎开始了自己的谋生之路。又经过九世祖艰苦生存，烈祖也速该皇后宣懿太后月伦生下铁木真，即位号曰成吉思汗。成吉思汗从率领一个小部落开始走上了波澜壮阔的人生旅程。

1. 元太祖成吉思汗像（1162—1227）〔采自《中国古代服饰史》〕

《元史》卷一《太祖》云："帝深沉有大略，用兵如神，故能灭国四十，遂平西夏。其奇勋伟迹甚众，惜乎当时史官不备，或多失于纪载云。"②成吉思汗所开创的元代，是巫术发展的一个重要阶段。

第一节　元代国俗——巫师领衔祭祀

忽必烈于至元八年(1271)建国，号大元。八年后，灭宋统一全国，在它所确立的元代国俗中就不免加入巫师领衔祭祀的重要内容，这在我国古代汉族皇帝所统治的王朝中沿袭汉、唐传统。要确立巫师地位，首先就要立祠，方能使巫师有活动的舞台，这件事是由皇帝亲自抓的大事，宋濂等撰《元史》卷七八

① (明)宋濂等撰《元史》卷一，中华书局 1976 年版，第 1 页。

② (明)宋濂等撰《元史》卷一，中华书局 1976 年版，第 25 页。

《舆服一》云："世祖混一天下，近取金、宋，远法汉、唐。"[1]又《元史》卷三三《文宗二》即云：(天历二年，即 1329)文宗"命明里董阿为蒙古巫觋立祠"[2]。

2. 元世祖忽必烈像(1215—1294)〔采自《三才图会》〕

忽必烈头戴宝珠重顶冠，上缀重叠大珠两颗。冠上覆曰綖，青表朱里，綖之四周，匝以云龙。穿着衮龙服，有升龙四、复身龙四。这些龙具有厌胜作用。

一、太庙四祭巫师活动。据《元史》卷七七《祭祀六·国俗旧礼》云："每岁，太庙四祭，用司禋监官一员，名蒙古巫祝。当省牲时，法服，同三献官升殿，诣室户告腯，还至牲所，以国语呼累朝帝后名讳而告之。明旦，三献礼毕，献官、御史、太常卿、博士复升殿，分诣各室，蒙古博儿赤跪割牲，太仆卿以朱漆盂奉马乳酌奠，巫祝以国语告神讫，太祝奉祝币诣燎位，献官以下复版位载拜，礼毕。"[3]在四祭中巫师地位较高，封为"司禋监官"。并由他以蒙古语来告神，沟通人与神之关系。但在元蒙在开始时，由官员带头祭祀。《元史》卷三《宪宗》曰："阿忽察掌祭祀、医巫、卜筮、阿剌不花副之。"[4]官员掌祭，巫师副之。

二、洒马妳子的巫师活动。祭天活动。最初，《元史》卷三《宪宗》曰："秋，驻跸于军脑儿，酾马乳祭天。"[5]故或先称"酾马乳"；后乎为"洒马妳子"。《元史》卷七七《志第二十七下·祭祀六·国俗旧礼》又云："每岁，驾幸上都，以六月二十四日祭祀，谓之洒马妳子。用马一，羯羊八，彩段练绢各九匹，以白羊毛缠若穗者九，貂鼠皮三，命蒙古巫觋及蒙古、汉人秀才达官四员领其事，再拜告天。又呼太祖成吉思御名而祝之，曰：'托天皇帝福荫，年年祭赛者。'礼毕，掌祭官四员，各以祭币表里一与之，余币及祭物，则凡与祭者共分之。"[6]在洒马妳子巫术活动中，蒙古巫觋在掌祭官的督导下进行演出。

三、秋冬季节的巫师活动。《元史》卷七七又云："每岁，九月内及十二月十六日以后，于烧饭院中，用马一，羊三，马湩，酒醴，红织金币及里绢各三匹，命蒙古达官一员，偕蒙古巫觋，掘地为坎以燎肉，仍以酒醴、马湩杂烧之。巫觋以国语呼累朝御名而祭焉。"[7]蒙古巫师在这一活动中主持重要的祭火祭酒巫术。

四、射草狗巫术的巫师活动。《元史》卷七七又云："每岁，十二月下旬，择日，于西镇国寺内墙下，洒扫平地，太府监供彩币，中尚监供细毡针线，武备寺供

---

① (明)宋濂等撰《元史》卷七八，中华书局 1976 年版，第 1927 页。

② (明)宋濂等撰《元史》卷三三，中华书局 1976 年版，第 732 页。

③⑥⑦ (明)宋濂等撰《元史》卷七七，中华书局 1976 年版，第 1924 页。

④ (明)宋濂等撰《元史》卷三，中华书局 1976 年版，第 46 页。

⑤ (明)宋濂等撰《元史》卷三，中华书局 1976 年版，第 50 页。

弓箭环刀，束秆草为人形一，为狗一，剪杂色彩段为之肠胃，选达官世家之贵重者射之。非别速、札剌尔、乃蛮、忙古、台列班、塔达、珊竹、雪泥等氏族，不得与列。射至糜烂，以羊酒祭之。祭毕，帝后及太子嫔妃并射者，各解所服衣，俾蒙古巫觋祝赞之。祝赞毕，遂以与之，名曰脱灾。国俗谓之射草狗。”①射草狗巫术为模仿巫术，是蒙古巫师设计并融入民间风俗的特殊巫术。

五、脱灾迎福巫术的巫师活动。《元史》卷七七又云：“每岁十二月十六日以后，选日，用白黑羊毛为线，帝后及太子，自顶至手足，皆用羊毛线缠系之，坐于寝殿。蒙古巫觋念咒语，奉银槽贮火，置米糠于其中，沃以酥油，以其烟熏帝之身，断所系毛线，纳诸槽内。又以红帛长数寸，帝手裂碎之，唾之者三，并投火中。即解所服衣帽付巫觋，谓之脱旧灾、迎新福云。”②这是蒙古巫师指导皇帝搞的一种交感巫术，赋予酥油以魔力，烟熏帝身，代表驱去魔邪，手裂碎红帛，代表脱去旧灾。

3. 元代花团锦秀图（敦煌莫高窟第61窟　元代）〔采自《敦煌图案集》〕

还有皇帝生病饮水都要经过巫师祓除衅涤，也就是将清洁水巫术化以后才得饮用。《元史》卷一一五《睿宗拖雷》曰：“五月，太宗不预。六月，疾甚。拖雷祷于天地，请以身代之，又取巫觋祓除衅涤之水饮焉。居数日，太宗疾愈，拖雷从之北还。”③施术全过程是：在皇帝生病之时，拖雷（近臣）先要祷祀天地，请以身代病，然后取巫觋祓灾求吉之水，使水有了交感魔力，然后皇帝饮用之，病愈。

六、金灵马巫术的巫师活动。《元史》卷七七又云：“凡宫车晏驾，棺用香楠木，中分为二，刳肖人形，其广狭长短，仅足容身而已。殓用貂皮袄、皮帽、其靴韈、系腰、盒钵，俱用白粉皮为之。殉以金壶瓶二，盏一，碗楪匙箸各一。殓讫，用黄金为箍四条以束之。舆车用白毡青缘‘纳失失’为帘，覆棺亦以‘纳失失’为之。前行，用蒙古巫媪一人，衣新衣，骑马，牵马一匹，以黄金饰鞍辔，笼以‘纳失失’，谓之金灵马。日三次，用羊奠祭。至所葬陵地，其开穴所起之土成块，依次排列之，棺既下，复依次掩覆之。其有剩土，则远置他所，送葬官三员，居五里外。日一次烧饭致祭，三年然后返。”④元蒙统治者丧葬风俗中都有巫师主持，棺材中，“刳肖人形”。此为模仿巫术施术之主体，然后巫师引金灵马导死者入天堂。

① （明）宋濂等撰《元史》卷七七，中华书局1976年版，第1924页。
② （明）宋濂等撰《元史》卷七七，中华书局1976年版，第1925页。
③ （明）宋濂等撰《元史》卷一一五，中华书局1976年版，第2887页。
④ （明）宋濂等撰《元史》卷七七，中华书局1976年版，第1925—1926页。

七、巫师参与蒙古族民间生育风俗活动。木华黎是元太祖近臣，数次立大功，深得太祖信赖。《元史》卷一一九《木华黎传》曰：“有子五人，木华黎其第三子也。生时有白气出帐中。神巫异之，曰：‘此非常儿也。’及长，沉毅多智略，猿臂善射，挽弓二石强。”[①]家中女人生育时必有巫师在外，才能根据这一“生时有白气”的异象得出结论。

综上所述，元代蒙古习俗的重点是巫师起主导作用，引起模仿巫术与交感巫术的盛行。在当时的民间，宁愿相信巫，也决不相信医。元代揭傒斯《赠医氏汤伯高序》云：“楚俗信巫不信医……凡疾，不计久近深浅，药一入口，不效，即屏去。至于巫，反复十数不效，不悔，且引咎痛自责，殚其财竭其力，卒不效，且死，乃交责之曰：是医之误而用巫之晚也。终不一语咎巫。故功恒归于巫，败恒归于医。效不效，巫恒受上赏，而医辄后焉。”有些医者，看见人们如此信巫，也从巫师那里学来一套巫术把戏，迎合民众信巫的心理，急功好利，揭傒斯在以上序言中又揭示说：“医之稍欲急其利，信于人，又必假邪魅之侯以为容。”楚俗古本重巫，元代不仅未减，反而增多。这与元代统治者大力倡导巫术有关。元代巫术的特点是不涉及道教的炼丹巫术，例如《元史》卷一二六《廉希宪传》记载：“方士请炼大丹，敕中书给所需，希宪具以秦、汉故事奏，且曰：‘尧、舜得寿，不因大丹也。’帝曰：‘然。’，遂却之。时方尊礼国师，帝命希宪受戒，对曰：‘臣受孔子戒矣。’帝曰：‘孔子亦有戒耶？’对曰：‘为臣当忠，为子当孝，孔子之戒，如是而已。’”[②]由此可见，汉族臣子帮助了元朝皇帝避免了炼丹巫术的危害，也促成儒学忠孝观在元朝的发展。

在元代的典籍中，还记载了当时外国巫术之情况，今摘其要者选述如下：

4. 天竺国人图〔采自《三才图会》。下同〕

1. 天竺国。即今印度。元周致中撰《异域志》卷上《天竺国》云：“国内有圣水，能止风涛，番商等以琉璃瓶而盛之，若遇风涛，洒之即止，与默伽国水同。”[③]

2. 私诃条国。元周致中撰《异域志》卷下云：“近女真，金辽山庙，有古鼍，如人饮食将尽，向鼍作礼，则饮食悉具。其人多尚巫，谈祸福。”[④]按“私诃条”为巴利文 sihaladipa 对音，即今之斯里兰卡。石鼍巫术是一种变食品的巫术，此术萌发自唐代。唐段成式《酉阳杂俎》前集卷一〇《物异

① (明)宋濂等撰《元史》卷一一九，中华书局 1976 年版，第 2929 页。

② (明)宋濂等撰《元史》卷一二六，中华书局 1976 年版，第 3092 页。

③ (元)周致中撰，陆峻岭校注《异域志》卷上，中华书局 1981 年版，第 31 页。

④ (元)周致中撰，陆峻岭校注《异域志》卷下，中华书局 1981 年版，第 33 页。按，私诃条国即斯里兰卡。

篇》"石鼍"条云："石鼍，私诃条国金辽山寺中有石鼍，众僧饮食将尽，向石鼍作礼，于是饮食悉具，"[①]由此看来变食品巫术当是佛教徒施行的，目的在于宣扬佛法无边，以后演变为娱乐场中魔术师的拿手好戏。

3. 朝鲜国。元周致中撰《异域志》卷上《朝鲜国》云："古朝仙，一曰高丽，在东北海滨，周封箕子之国，以商人五千从之。其医巫卜筮，百工技艺，礼乐诗书皆从中国。"[②]

4. 占城。原名 Campa 或 Campapura，位于今越南中南部。元周致中《异域志》卷上云："王子入朝中国，比安南不尚文墨，尚战斗，喜师巫邪术。其民有犯讼不能决者，即令过鳄潭，其潭有神鱼，能知人善恶，理亏者鱼即食之。"[③]此鳄潭神判巫术类似于我国皋陶觟觽神判巫术。

5. 占城国人图

5. 日本国。元周致中撰《异域志》卷上《日本国》云："在大海岛中，岛方千里，即倭国也。其国乃徐福所领童男女始创之国。时福所带之人，百工技艺，医巫卜筮皆全，福因避秦之暴虐，已有遁去不返之意，遂为国焉。"[④]

圣水对风雨有魔术力，这种以圣水止风雨的巫术，显然是一种交感巫术。

6. 默伽国。亦作麻嘉，为 Mekka 对音。在红海东岸，即今沙特阿拉伯的麦加，为伊斯兰教圣城。元周致中撰《异域志》卷下云："古系荒郊，无人烟，因大食国祖师蒲罗吽娶妻，在荒野生一子，无水可洗，弃之地下。其子以脚擦地，涌出一泉，甚清澈，此子立名司麻烟(Ismeal)，砌成大井，逢旱不干，泛海遇风波，以水洒之即止。"[⑤]以圣水止风雨之巫术做法，在古印度与古麦加都有发现。

6. 默伽国人图

综上所述，有几点值得注意：1. 元人认为朝鲜与日本巫术文化均来自中国。2. 石鼍变食巫术出自唐代佛教巫术。3. 鳄潭神判巫术是古越南巫术中重要的一类。4. 以圣水止风雨巫术在元代的印度和麦加都有发现。元代可以说是一个比较开放的封建帝国，因此当时有许多人到外国去，外国也有许多人到中国来，中外巫术得到了交流与传

---

① (唐)段成式撰，方南生点校《酉阳杂俎》前集卷一〇，中华书局 1981 年版，第 99 页。
② (元)周致中撰，陆峻岭校注《异域志》卷上，中华书局 1981 年版，第 2 页。
③ (元)周致中撰，陆峻岭校注《异域志》卷上，中华书局 1981 年版，第 28 页。
④ (元)周致中撰，陆峻岭校注《异域志》卷上，中华书局 1981 年版，第 3 页。
⑤ (元)周致中撰，陆峻岭校注《异域志》卷下，中华书局 1981 年版，第 52 页。

播。但目前尚未搞清这些输入的巫术文化流变形态。

第二节　元代反抗巫术的创新——龙凤厌胜

元代在大都建立全国统一的王朝以后，首先发展的是中国传统文化，除了恢复科举，遵从儒家选士，也特别重视发展道教和佛教。而这一切则以反抗巫术创新——提倡龙厌胜和凤厌胜为其标志。

7. 元至元四年(1267)双龙镜厌胜图〔采自《铜镜鉴藏》〕

一　龙厌胜

1. 元代双龙镜厌胜。至元四年(1267)，就已造出双龙镜。德胜降双龙。《博物志》曰："夏德之盛，二龙降之。"[①]祈求元王朝入主中原，以德赐民而天下平安。

2. 元代霁蓝釉白龙瓷瓶厌胜。《河图》云："白金千岁生白龙。"[②]祈求普天下人长寿与和平。

8. 元代霁蓝釉白龙瓷瓶厌胜图〔采自《龙凤图集》。下同〕

9. 元代青花白龙八棱瓷瓶厌胜图

3. 元代青花白龙八棱瓷瓶厌胜。该瓶有白龙翻腾逐水，《拾遗记》曰："昆仑山第三层有螭潭，百里多龙螭，皆白色，千岁一蜕其五藏。"[③]祈愿普天下人长寿与和平。

4. 元代敦煌壁画八龙护珠厌胜。元人创造八龙护珠的伟大形象，体现中华

---

① (宋)李昉等撰《太平御览》卷九三〇《鳞介部二・龙下》，中华书局1960年影印本，第4133页。

② (宋)李昉等撰《太平御览》卷九二九《鳞介部一・龙上》，中华书局1960年影印本，第4128页。

③ (宋)李昉等撰《太平御览》卷九三〇《鳞介部二・龙下》引，中华书局1960年影印本，第41页。

民族统一意志和凝聚力固若金汤。

二 凤厌胜

1. 元代双凤镜厌胜。在至元四年发行双龙镜和双凤镜厌胜,以文化和平手段宣布朝代更替。故双龙和双凤镜的出现,既是当时政治性事件,也是巫术史大事。

10. 元代敦煌壁画八龙护珠厌胜图(莫高窟元代五号塔窟)〔采自《敦煌图案集》。下同〕

11. 元至元四年双凤镜厌胜图〔采自《铜镜鉴藏》〕

12. 敦煌四凤护珠厌胜图(安西榆林窟 第十窟 元代)

2. 元代四凤护珠厌胜。四凤象征四海。《太平御览》卷九一五引《史记》曰:"四海之内,咸载舜功,兴九韶之乐,而凤凰翔天下,明德自虞帝始。"①祝愿和平与安宁。

13. 龙子之九——椒图厌胜图〔采自《南京妈祖文化》〕

椒图,龙子之九。元代门上安装的辟邪野兽。元无名氏撰《赚蒯通》杂剧第一折云:"(萧相云)老司徒,你见我们排画戟,户列椒图,可不好那。(正末唱)谁待要你这门排双画戟,户列八椒图。"②明陆容撰《菽园杂记》卷二曰:"椒图,其形似螺蛳,性好闭口,故立于门上。"③清褚人获撰《坚瓠十集》龙九子曰:"九曰椒图,形似螺蚌,性好闭,故立于门铺首。"④

第三节 元代景教文献《巫师的崇拜》

1983 年第 2 期《世界宗教研究》发表了李经纬先生《回鹘文景教文献残卷

---

① (宋)李昉等撰《太平御览》卷九一五《羽族部二·凤》引,中华书局 1960 年影印本,第 4054 页。

② (明)臧晋叔编《元曲选》,中华书局 1958 年版,第一册,第 73 页。

③ (明)陆容撰《菽园杂记》卷二《古诸器物异名》,中华书局 1985 年版,第 18 页。

④ (清)褚人获撰《坚瓠十集》卷一《龙九子》,《续修四库全书》本,上海古籍出版社 2002 年版,第 1261 册,第 432 页。

〈巫师的崇拜〉译释》一文，披露了一篇难以见到的有关元代景教巫师的文献。下面就是这篇景教文献《巫师的崇拜》残卷的全文：

"让我们去向他的伟大福尊顶礼膜拜吧！"他们恳求道。那时，黑洛狄斯王这样吩咐他们说："喂！现在，亲爱的、我的孩子们，你们好生地去吧！他们怀着决心寻求吧！当你们得到什么的时候，再回来告诉我。我也要去向他顶礼膜拜。"他(这样)说了。而当那些巫师们从耶路撒冷出走的时候，那颗星星也同他们一起走去。当那些巫师们到达伯利恒时，那颗星星便一动不动地肃然而立。后来他们在这里找到了天主耶稣。当时他们恭敬地(或停下来)走近并进入(天主耶稣的居室)，他们解开自己的行囊，毅然决然地公开请求(天主耶稣)把他们带来的三种礼品：黄金、宝石、焚香(收下)并(向天主耶稣)顶礼膜拜，从而向天主耶稣恳求、赞美和奖赏。那些巫师们是这样想着走进(天主耶稣的居室)去的：即他若是天神之子，他就会说：'我把宝石和焚香收下'；他若是帝王，就会说：'我把黄金收下。'但他若是医生，就会说：'我把香料草药收下。'(巫师们这样想着，把三种礼品)放在一个大盘子上，带了进去。永恒的天神之子圣王耶稣知道了那些巫师们心里的想法以后，便毅然决然地把三种礼品全部收下了。并且这样对他们说道："嘿！巫师们哪！你们怀着三种想法进到(我的居室)来了，天神之子是我；帝王也是我；医生也是我。"(天主耶稣)这样说了。(天主耶稣)又这样说道："你们不要有任何怀疑地走吧！"天主耶稣从石头摇篮的角上像揪面团儿一样把一块圆石头扯下来，给了那些巫师们。巫师们拿到那块石头之后，他们自己的身体搬不起来。让牲口驮，牲口也驮不动。因此他们商量道："这石头十分沉重，这一(块)圆石……它对我们有什么用？连牲口都驮不动，我们是带不走的吧！"他们这样交谈了。后来就在原地出现一口井。他们搬着那块石头扔到了那口井里。就这样他们刚走不远(回头)一看，从那口井里，有一股可怕的巨光带着火焰一起喷出，直达蓝天之上。而他们看到了那奇异的……征兆以后，巫师们明白了，便诚惶诚恐地把头低下去，顶礼膜拜了。他们这样说道："他(天主耶稣)给了我们可敬可拜的宝物，而我们却没有加以敬拜，我们不自觉地把它扔到了井里。"他后悔地说。由于这种情况，到今天为止，巫师们之所以崇拜火

14. 陕西户县元贺氏墓出土陶彩绘骑马武士俑〔采自《中国古俑白描》〕

的原因就是这样的。那时天使出现了，并且降服了他们，让巫师们沿着另外一条道路走了。那些巫师们再没回到黑洛狄斯王那里去。

让我们再写下去吧！札哈利亚大圣僧就是死在有恶行的黑洛狄斯王之手的。当时黑洛狄王看见了那些巫师们在返回时，沿着另外的路走了，他以为："这是那些巫师们欺骗了我。"他非常愤怒。便这样命令刽子手、屠夫、监斩官说："你们去吧！在我的国家之内，有多少两岁以下的孩童，你们把他们统统杀死！"他这样命令道。后来一位天使出现在约瑟的梦中，这样传达命令说：……（以下残卷）[①]

初唐时西方基督教聂斯脱利派传入中国，称为景教。它是基督教中的一个小教派。唐太宗贞观九年（635）叙利亚人阿罗本到长安来传教，建成波斯寺（大秦寺）。唐德宗建中二年（781）还立了一块碑，叫《大秦景教流行中国碑》，说当时已在中国传播"寺满百城"了。但由于唐武宗在会昌五年（845）下诏禁止景教流传，两千多景教教士被驱逐出境，于是景教在中原地区绝迹，有些教士流入契丹与蒙古。元朝建立后景教曾又传入，但此时已与天主教一起统称为"也里可温教"，不再称景教了。这一篇回鹘文残卷《巫师的崇拜》，由于是景教文献，可能是元代留下的写本。李经纬《回鹘文景教文献残卷（巫师的崇拜）译释》也指出："从中外学者的著述中得知：回鹘人（维吾尔人古称）在宋末元初时曾信奉过景教，且极盛于元初。"

这篇景教《巫师的崇拜》发现于吐鲁番盆地的布拉依克（Bu-lagik）或布拉利克（Bularik）村。1908 年首先由德国人缪勒（F. W. K. Mullar）发表。1928 年俄国突厥语言学家拉德洛夫（W. W. Radloff）写出有关论文在《回鹘语文献》上发表。1951 年苏联学者马洛夫（S. E. Malov）将此文收入《古代突厥语文献》一书，本文即根据此书的俄文翻译。由于景教有关巫师文献极为罕见，其中讲了一个"石入井喷火"的故事，内容待考，故附载于此以供研究之用。

第四节　元代交感巫术与蛊道巫术

元代交感巫术继续流行，本节列出五项。

---

① 《巫师的崇拜》，载于李经纬《回鹘文景教文献残卷〈巫师的崇拜〉译释》，《世界宗教研究》1983 年第 2 期。

一　头发巫术

在元代，据传说，人死后骷髅必须埋好，不然，骷髅上一旦有一束头发，便会飞出来作怪。元无名氏撰《湖海新闻夷坚续志》后集卷二“怪异门”《骷髅为怪》云：“奉天县国盛村百姓姓刘，病狂发时，乱走不避井堑，其家为迎禁咒人侯公敏治之。公敏才至，刘忽起曰：‘我暂出，不假尔活。’因杖薪担至田中，袒而运担，状若击物。良久而返，乃曰：‘我病已矣，适打一鬼头落，埋于田中。’兄弟及咒者犹以为狂，遂同往观之，刘掘出一骷髅，戴发十余茎，其病顿愈。”①骷髅所以作怪，由于“戴发十余茎”缘故，是从头发巫术观衍化出来的故事。

15. 陕西户县元贺氏墓出土陶彩绘胡人骑驼击鼓俑〔采自《中国古俑白描》。下同〕

二　神判

元代有县官衙门仿效神判而有所谓“摸钟”判。据元代无名氏撰《湖海新闻夷坚续志》“补遗治道门”一节《摸钟辨盗》云：

> 陈襄述古知浦城县日，有人失物，捕得，莫知谁为盗，述古乃绐之曰：“某庙有一钟，能辨盗，至灵。”使人递置后阁祠之，引群内立钟前，自陈不为盗者摸之则无声，为盗者摸之则有声。述古自率职祷钟甚肃，祭讫，以帷帷之，乃阴使人以墨涂。良久，引内逐一摸之，出乃验其手，皆有墨，惟一囚无墨，计遂定为盗。盖恐钟有声，不敢摸也。②

元代在南海、扶南一带，民间神判就已盛行起了捞油判与坐塔判。元周达观撰《真腊风土记·争讼》叙述了这两种神判。

1. 捞油判，形式并不新鲜。《真腊风土记·争讼·捞油判》曰：“且如人家失物，疑此人为盗，不肯招认，遂以锅煎油极热，令此人伸手于其中，若果偷物，则手腐烂，否则皮肉如故云。”③

16. 陕西户县元贺氏墓出土陶彩绘兵士俑

2. 坐塔判，形式比较特别，俗称“天狱判”。元周达观撰《真腊风土记·

---

① (元)佚名撰，金心点校《湖海新闻夷坚续志》后集卷二，中华书局1986年版，第244页。

② (元)佚名撰，金心点校《湖海新闻夷坚续志》补遗，中华书局1986年版，第285页。

③ (元)周达观撰《真腊风土记》，景印文渊阁《四库全书》第594册，第62页。

争讼·坐塔判》曰:“又两家争讼,莫辨曲直。国宫之对岸有小石塔十二座,令一人各坐一塔中。其外,两家自以亲属互相堤防。或坐一二日,或坐三四日。其无理者,必获症候而出,或身上生疮疖,或咳嗽发热之类。有理者略无纤事。以此剖判曲直,谓之‘天狱’。盖其土地之灵有如此也。”①

三 蛊道巫术——桃生蛊

元代此术是以“下蛊杀人”为主,是专门害人的黑巫术。元佚名撰《湖海新闻夷坚续志》前集卷二《桃生蛊毒》云:“广南桃生杀人,以鱼肉延客,对之行厌胜法,鱼肉能反生于人腹中,而人以死。相传人死,阴役于其家中。有一名士尝为雷州推官,亲勘此事,置肉盘,以死囚作法,以验其术。有顷发现,肉果生毛,何物淫鬼乃能尔也!然解之亦甚易,但觉有物在胸臆间,则急服升麻以吐之,觉在腹中,急服郁金以下之。此方雷州印施,盖得之于囚也。”②

这种蛊毒巫术,奇就奇在“鱼肉能反生于人腹中”,其流传的地点也在雷州一带,也以升麻治之,自“广南”带来,广南包括今广东广西地区。“桃生”当为“挑生”之误写。

关于元代蛊道巫术流传的范围,据元周致中撰《异域志》卷下云:“洞蛮,有土官掌之,其人皆与广西人同。食蛇鼠为上等之馔,以猴肉为鲊,其人皆能下蛊杀人。”③洞,亦作峒,元代时候贵州、广西一带,部分苗族、侗族、僮族聚居地泛称为“洞蛮”。故知此流行范围,应当扩大到以上各少数民族中。

17. 元至治年间福建建安书肆虞氏刻本《新刊全相武王伐纣平话》中的“纣王梦玉女绶玉带”图,属元代传播占梦巫术之例

① (元)周达观撰《真腊风土记》,景印文渊阁《四库全书》第594册,第62页。

② (元)佚名撰,金心点校《湖海新闻夷坚续志》前集卷二,中华书局1986年版,第87—88页。

③ (元)周致中撰《异域志》卷下,中华书局1981年版,第61页。

元代还流行有“蛊毒犀”，言未详，现录于下以俟考。元史浩著《两钞摘腴》云：“伯玑云：今所谓‘骨拙犀’，乃蛇角也。以至毒能解毒，故曰：‘蛊毒犀’。”①

四 占梦巫术

元仇远撰《稗志》志忠“梦”条云：“陈文隆，兴化人。度宗朝状元及第，德祐末，归守本州。北兵入闽，不屈，生缚至杭，病卒于杭之猫儿桥巷。初，文隆入太学，累试不入格。太学守土之神，岳侯也。一日，梦神请，交代意必老死于太学，恒悒悒不乐。既而赴庭对第一，士宦日显，前梦不复记矣。及守乡州，又梦通书阅书前。面曰：交代后书年。曰：至元。心甚愕之。未几，王城陷，家残身俘，至杭幽于太学之侧。病将绝，适见故人赵有得，语其前梦。因笑曰：社稷人民，一旦易主，此大数也。吾不知宋亡之日，鬼神已奉其正朔，岂非天哉。吾今病必死于此，必为太学之神，前梦不虚也。故为君道之。数日，果卒。”②宋元文人中流行占梦术，预测能否考试及第。但陈文隆的悲剧却因改朝换代引起，两次梦神两次交代，虽然是心在太学，但在至元，他已“家残身俘”，病死于此。

五 祭祀巫术

元仇远撰《稗志》志异“狙猿朝庙”条曰：“道州有舜祠，凡遇正月初吉山狙群，聚于祠傍，以千百数跳踉、奋掷、狂奔、疾趋，如是者五日而后去。猿次至，亦如之，三日乃去。土人谓之狙猿朝庙。”③元朝仍流行祭祀舜神，形成道州特别的春节风俗。另外，元代的杭州仍有祭祀项羽庙。据元李有撰《古杭杂记》“项羽庙”条曰：“项羽庙在临安近郡三衢十八里头，樟戴市市人失火，延及羽庙。有人作诗曰：嬴秦久矣酷斯民，羽人关中又一秦。父老莫嗟遗庙毁，咸阳三月是何人。”④元人虽然祭祀项羽庙，但从其遗诗可见，仍不忘项羽的残暴。

18. 陕西户县元贺氏墓出土陶侍女双人俑

① (明)陶宗仪编《说郛一百二十弓》弓一九，上海古籍出版社1988年影印《说郛三种》本，第944页。

② (明)陶宗仪编《说郛一百卷》卷二一，上海古籍出版社1988年影印《说郛三种》本，第384页。

③ (明)陶宗仪编《说郛一百卷》卷二一，上海古籍出版社1988年影印《说郛三种》本，第387页。

④ (明)陶宗仪编《说郛一百卷》卷四，上海古籍出版社影印《说郛三种》本，1988年版，第85页。

六　悬艾辟邪

元费著撰《岁华纪丽谱》云："五月五日宴大慈寺，设厅医人，鬻艾，道人卖符，朱索彩缕，长命辟邪之物，筒饭角黍，莫不咸在。"[1]

① （明）陶宗仪编《说郛一百二十号》弓六九，上海古籍出版社 1988 年影印《说郛三种》本，第3197 页。

第四十四章　元代模仿巫术

第一节　元代婚姻、生产、生育、无头等模仿巫术

元代模仿巫术非常流行，主要来自道教和佛教。今在本节列出十项。

一　纸人巫术

《湖海新闻夷坚续志》后集卷一道教门《预知国祚》条曰："宋湖右有道人姓吴，名守澄，号孤云。每年随寓遨游市井，只丐残酒痛饮，人不见其吃饭，言事辄中。德祐甲戌，自正月旦日已来，醉中只言'他来也'、'我去也'，终日不住口。或问曰：'谁来？'答曰：'临行时与你说。'又问曰：'你去何处？'答曰：'去武当山逃性命。'到三月将去之时，用一大幅纸，画穿靴顶笠人，持弓箭旗帜，坐马不计数，后贴纸，书'保重'两字，撑起与人看。却渡江，从水面上行。去后，人方悟是大元军马到来，而宋祚亡也。"[①]道士画纸人书保重二字，安然渡江，迎接元军。因元初有成吉思汗向丘处机问道事，故元时全真道拥护元朝。接着，佛教流行各地，民众又虔心求佛。

以上是宋末元初流传的宋朝气数已尽，道教画纸人助元灭宋的模仿巫术故事。文中"德祐甲戌"指公元 1275 年南宋德祐元年，四年以后，即 1279 年祥兴二年，据《元史》记载，文天祥带领的十几万人马，被元军消灭在大海中；文天祥等四人被俘押往大都，其中十几万官员军队连带皇亲国戚全部淹死在海上，惨绝人寰，历史走到此处，令人惊心动魄，感慨万端。正如唐诗所言："尔曹身与名俱裂，不废江河万古流。"由上巫术可见成吉思汗团结道教已经效果显现。

1. 元至正元年（1341）中兴路资福寺刊住墨套印《金刚经注》中的"无闻和尚注经"图，是现存最早的木刻套印本〔采自《金刚经注》元刊本〕

① （元）佚名撰，金心点校《湖海新闻夷坚续志》后集卷一，中华书局 1986 年版，第 164 页。

第二例纸人巫术，依然是道教巫术。证明元代剪纸人巫术运用于生活中。《海南新闻夷坚续志》后集卷一道教门《神翁预知》条曰：

徐神翁云游至安福浮山观，每日饭后，块坐殿角，管辖曰："晏间歇，可为观中催租。"未几，告道众曰，某处米某日来，又某处则某日来。如期佃户俱荷米至，皆曰："米自当纳，何用撮髻，人日相煎炒耶！"盖神翁以纸剪人吹去，而人不知也。后迁于北真观。一日，观门前水泛，翁邀王道士渡江，王固辞，翁伸手巾一条于水面，以足踏手巾而过。王力挽之，但云："钟楼角有少文字，以付汝矣。"王急取之，雷法一宗，印一颗及告斗书。王由此行法甚灵。①

2. 元代儿童图〔采自《中国服装史》〕

元代道观神翁的模仿巫术实在身手不凡，它不仅使剪纸人巫术，用于催租，还用手巾搭桥过江，和唐代的叶静能差不多。说明巫师能帮助道士生活。不过元代邪教纸人巫术却制造命案被告发，成为当时头等大案要案。

第三例纸人巫术。即民间邪教"四个魇镇女身小纸人"黑巫术，杀三条童男童女，案情复杂，手段极端残忍，惨绝人寰。元陶宗仪撰《辍耕录》卷一三《中书鬼案》详尽记录全案道：

中书省准陕西行省咨察罕诺尔宣慰司呈。巴咱街礼敬坊王弼，告至正三年(1343)九月内到义利坊平易店，见有算卦王先生，因问来历致争。当月二十九日夜，睡房窗下，似风吹葫芦声，不时有之。请到李法师遣送虚空人，言：算卦先生使我来，哭声内称冤枉。弼祝之曰："尔神尔鬼，明以告我。"鬼云："我是丰州黑河村周大亲女月惜，至正二年(1342)九月十七日夜，因出后院被这王先生将我杀了做奴婢，使唤如今，教在你家作怪。"哭者索要衣服。抄写所说，赴官陈告，差卢捕盗等与社长吴信甫，于王先生房内，搜获木印二颗、黑罗绳二条、上钉铁针四个、魇镇女身小纸人八个、五色彩、五色线，上俱有头发相缠，又小葫芦一个，上栓红头绳一条、内盛琥珀珠二颗，外包五色线、朱书符命一沓。

---

① (元)佚名撰，金心点校《湖海新闻夷坚续志》后集卷一，中华书局 1986 年版，第 169—170 页。

又告十二月初三日，有鬼空中言：我是奉元路南坊开机房耿大第二男顽驴，这先生改名顽童，我年十八岁，被那老先生引三个伴，当杀了我。

二十二日，又有鬼空中云：我是察罕诺尔李帖家孩儿延奴，又名抢灰。那老贼杀了我，改名买卖；我被杀时年十四岁。

勘问得犯人王万里，即王先生，状招年五十一岁，江西省吉安路民，于襄阳周先生处，习会阴阳课命。至顺二年(1331)三月内到兴元府，逢见刘先生云：我会使术法，迷惑人心，收采生魂，使去人家作祸，广得财物。我有收下的卖与你一个，随于身畔，取出五色彩帛，并头发相结一块。言称：这个小名唤延奴。我课算，拣性格聪明的童男童女，用符命、法水、咒语迷惑，活割鼻、口、唇、舌尖、耳朵、眼睛，咒取活气，剖腹，掏割心肝，各小块晒干，捣罗为末收裹，及用五色彩帛，同生魂头发相结，用纸作人形样，符水咒遣，往人家作怪。

跟随到伊下处，至夜，刘先生焚香、念咒、烧符。听得口言，不见形影。问师父：你教我谁家里索甚去？刘先生分付李延奴，你与这先生做伴去，说罢将咒语收禁，万里与讫钞，七十五两买。得五色彩帛，头发相结一块。称说可改名买卖，传教采生，遣使收禁符命咒水。

又云：牛狗肉破法休吃，续后于房州山地面经过，逢见广州旧识邝先生，云我亦会遣使鬼魂，我有收下的生魂卖与你。万里与讫钞一锭。邝先生取出五色彩帛头发相结纸人儿一个，云此名耿顽童。万里将与李买卖一处遣使，以课算为由，前到大同路丰州黑河村地面往来。至正二年(1342)八月内到周大家课命，将伊女周月惜八字看算，性格聪慧，要将杀害，收采生魂。至九月十九日夜，于周大住宅后院墙下黑影内潜藏间，见一人往后院内来，认得系是月惜。在彼出后，万里密念咒语，向前拖拽，往东奔走，将月惜禁止端立，脱下沿身衣服。用元带鱼刀，将其额皮割开，扯下悬盖眼睛，及将头发割下一缕，用纸人，并五色采帛绒线相结作块，一如人性样，然后割下鼻、口、唇、舌、耳尖、眼睛、手十指梢、脚十趾梢却，剖开胃腹，才方倒地气绝。又将心肝肺各割一块，晒干倒末，装于小葫芦内。至正三年(1343)九月内，来到察汗诺尔平易店，安下开张卦肆，与王弼相争。挟雠令生魂周月惜等三名，前往本家作祸。为买马肉食，因店内将牛肉作马肉卖与，因此不能收禁，事发到官，及则得李福宝，即李帖，状结生到。孩儿延奴，常有疾病，于五岳观口许出家，落在纸灰内，改名抢灰。天历二年(1329)二月，内令其赶牛牧放不归。此时饥荒，想得被人

3. 汉龙凤鉴〔采自《至大重修宣和博古图录》〕

亏害，不曾根寻。及行移奉元路咸宁县，并大同路，丰州照勘耿硕童、周月惜致死缘由相同，呈乞咨请施行，准此送据刑部，拟得王万里残忍不道，合令凌迟处死，其妻子迁徙海南安置。①

关于以上中书鬼案属于什么民间宗教？笔者认为属于白莲教。因为此剪纸人巫术与明沈德符撰《万历野获编》卷二九《叛贼》中所叙妖妇人唐赛儿所持剪纸人黑巫术一样，参见本书明代模仿巫术章。另外本文所叙其活动地点在“大同路丰州黑河村地面”，丰州即丰城，而丰城一向为白莲道人觉全所占据，也预示它是白莲教的地盘。时下在中国民间宗教学术界，对白莲教爱护有加，只谈其理论不涉及其黑巫术，对元明两朝查禁白莲教黑巫术，等同封建统治者绞杀农民起义，甚至说朱元璋早年参加白莲教隶属红巾军，也是“邪教”出身。这都是不了解其黑巫术的内容，以致作出错误判断。

二　周大三婆恋土偶

元代无名氏撰《湖海新闻夷坚续志》后集卷一道教门《法诛土偶》云：

周大三婆因往寺中，见土偶像美貌，自言曰：“得一丈夫如此，足矣。”自是每夜必至。久焉，白昼亦至。其夫投巫治之莫验，遂投环法师。与之一符，令此妇佩之。一日，祟语之曰：“汝疑我。”夺其符为二，各人一半。法师怒曰：“自与你讨分晓。”每遇与人行持，必附奏。一日，阴雨大作，其妇人已寝，闻雷声顿悟，具言其祟为神捉去。自是怪绝。逾月，此妇人因在园中，见此祟在隔墙，悽惶垂泪，与语，曰：“久在囹圄，近方得归。”妇人曰：“因何得归？”答曰：“郊天赦耳。”②

姑姑冠是后妃和受有爵命大臣之妻所戴。明叶子奇撰《草木子》卷三下《杂制篇》云：“元朝后妃及大臣之正室。皆带姑姑、衣大袍。其次即带皮帽。姑姑高圆二尺许。用红色罗盖。唐金步摇冠之遗制也。”③

周大三婆去庙中见男偶美丽，模拟物产生了魔术力，遂使之迷恋男偶。其夫请巫师来治，却未治好，结果道教法师用书符法（即反抗巫术）来治，也未成功，周大三婆竟然隔墙与其互相对起话来。似乎已呈精神分裂症状态。

---

① （明）陶宗仪撰《辍耕录》卷一三，景印文渊阁《四库全书》第1040册，第549—550页。

② （元）佚名撰，金心点校《湖海新闻夷坚续志》后集卷一，中华书局1986年版，第164页。

③ （明）叶子奇撰《草木子》卷三下《杂制篇》，中华书局1959年版，第63页。

三　庙神娶妇

女人恋土偶巫术并非孤立存在,《湖海新闻夷坚续志》后集卷二神明门还有类似的一种活女配庙神的模仿巫术存在,其《庙神娶妇》云:

4. 元代英宗皇后像戴姑姑冠〔采自《中国古代服饰史》〕

> 浦城有护国庙大王极灵,神像雄美。邑人刘氏有两女。一日谒庙,长女有愿与王为偶之意。夜归,女梦神遣二直符赍金帛授刘氏,并荞从来迎,请归庙。梦觉,以告其父,方怪其事,女忽无病而卒。次早谒庙,见官中王者本泥塑中坐,已移于左。厥父以女梦祈筊于神,遂塑其女于右作夫人。①

看来女死后配神,首先得"祈筊",筊同珓,即施行杯珓卜,杯珓卜通过后才可为女塑像以成为神的夫人。这自然是占卜巫师搞出的模仿巫术的把戏。

四　扫晴娘

在元代,模仿巫术也渗透进生产风俗之中。流行于北京、陕西、江苏等地的"扫晴娘"风俗,就是由模仿巫术衍化而成的风俗。据清赵翼《陔余丛考》卷三三所记,此俗在元代已流行。元李俊民《扫晴妇》诗序云:"世俗为扫晴妇者,盖假燮理之手,导阴阳之和,使民间免干溢之患也。感其事而赋之。"诗曰:"卷袖搴裳手持帚,挂向阴空便摇手。前推后却不辞劳,欲动不动谁掣肘。偶人相对木与土,神女但夸朝复暮。龙公不作本分事,中间多少闲云雨。见说周人忧旱田,宁知东海无冤妇。殷勤更倩封家姨,一时断送龙回首。"②是一种求雨巫术。

5. 清代扫晴娘剪纸承袭元俗

此后,明代民间也以模仿巫术祈雨。明刘侗、于奕正《帝京景物略》卷二云:"凡岁时不雨,家贴龙王神马于门,磁瓶插柳枝,挂门之旁,小儿塑泥龙,张纸旗,击鼓金,焚香各龙王庙。群歌曰:'青龙头,白龙尾,声作以。小孩求雨天欢喜。麦子麦子焦黄,起动起动龙王,大下小下,初一下到十八,声作巴。摩诃萨。'初雨,小儿群

---

① (元)佚名撰,金心点校《湖海新闻夷坚续志》后集卷二,中华书局1986年版,第223页。

② (元)李俊民撰《庄靖集》,景印文渊阁《四库全书》第1190册,第529页。

喜而歌曰：'风来了，雨来了，禾场背了谷来了。'雨久，以白纸作妇人首，剪红绿纸衣之，以苕帚苗缚小帚，令携之，竿悬檐际，曰'扫晴娘'。"[①]按元初李俊民有《扫晴妇》诗：'卷袖搴裳手持帚，挂向阴空便摇手。'其形可想见也。俊民泽州人，而所咏如此，可见北省亦有此俗，不独江南为然矣。又其序云：所以使民免干溢之患。则不独祈晴，又以之祈雨。"[②]清赵翼《陔余丛考》卷三三亦云："吴俗久雨后，闺阁中有剪纸为女形，手持一扫帚，悬檐下以祈晴，谓之'扫晴娘'。"这种模仿巫术直至民国年间仍然流行。胡朴安《中华风俗志》下篇卷三《吴县之扫晴娘》云："吴县如遇久雨，则用纸剪为女子之状，名曰'扫晴娘'。手执扫帚，纸人须颠倒，足朝天，头朝地，其意盖谓足朝天，可扫去雨点也，用线穿之，挂于廊下或檐下，俟天已晴，然后将扫晴娘焚去。"[③]李万鹏等《山东民俗·巫术信仰》亦云："（山东）天阴雨不晴，人们剪彩作扫晴娘挂于门前，求得它把云彩扫去。"[④]民国年间河南淮阳农村流行有扫晴娘风俗。《淮阳乡村风土记》信仰民俗载："以扫晴娘祈祷者。此法颇为简单，即先用秫杆（秆）制作女人形一，同时假造扫帚一把插其手中，另一线绳将此人形系于院中树上，于日之晨午晚三时刻向之唱歌：'扫晴娘，扫清天，绿裳红裳任你穿。'倘就此不日天晴，则即以红绿纸为裁一衣裳，以火焚之。我处因俗名此人为'扫晴娘'云。"[⑤]

五　纳赤该

元代还有敬"纳赤该"神的模仿巫术。据《马可波罗行纪》云："（鞑靼）有神，名称纳赤该（Nacigay），谓是地神，而保佑其子女牲畜田麦者，大受礼敬。各置一神于家，用毡同布制作神像。并制神妻、神子之像。"[⑥]"地神"祭祀巫术带有集体性。祭众神是鞑靼人的家神特征，汉族家神通常只祭灶神。

六　圣佛生子

元代南海诸蕃皆以圆石模拟佛身，认它是佛化身，实际也是模仿巫术的表现。《湖海新闻夷坚续志》后集卷二怪异门的《圣佛生子》记载说："南海诸蕃国皆敬圣佛，其圣佛出世在真腊国古里婆城，有佛者，女子也，有夫，渡海而化，为

---

① （明）刘侗、于奕正撰，孙小力校注《帝京景物略》卷二《城东内外》，上海古籍出版社 2001 年版，第 106 页。

② （清）赵翼撰《陔余丛考》卷三三，商务印书馆 1957 年版，第 681 页。

③ 胡朴安《中华风俗志》下篇卷三，上海文艺出版社 1988 年影印本，第 71 页。

④ 李万鹏等《山东民俗》，山东友谊书社 1988 年版，第 379 页。

⑤ （民国）蔡蘅溪修《淮阳乡村风土记》，丁世良、赵放主编《中国地方志民俗资料汇编》中南卷（上），北京图书馆出版社 1991 年版，第 166 页。

⑥ 见冯承钧译《马可波罗行纪》，中华书局 1954 年版，第 246 页。

龙王所荡，乃谓龙王曰：'使我登岸，当岁生一子以奉龙王。'暨海神送其舟于古里婆城，乃显神异，人有轻慢，必降祸焉；人有祈求，必赴感焉；人有自欺于前，必报验焉；南蕃皆敬事之。凡相争者，必诣庙质于圣佛前，曲者不敢往也。南蕃所居皆茅庐，惟圣佛庙貌甚严，黄金饰像四躯，为四殿，盖一佛而三夫也。女巫最多，皆谓之夷婆。庙多鼓乐，血食无虚日。每岁正月十三日，设庐于庙前，积禾于中，请圣佛出庙，而焚禾以祭。十四日圣佛生子，乃忽有一圆石自圣佛身跃出。二十日夜，举国人民不寝，以听佛之生子。明日国人皆奉珍宝犀象献佛，而迎其所生子，舟载而投诸海以奉龙王云。德祐乙亥乃双生二石。六合以外，妖祥怪诞愈多如此。"①

6. 内蒙古赤峰三眼井元墓壁画〔采自《中国古代服饰史》。下同〕

文中所指"德祐"当指元世祖忽必烈至元十二年(1275)，此时即南宋德祐乙亥。此时南海诸蕃奉行佛为女神，一女神配三夫之俗已够奇妙，更奇的是女神每岁生一子丢进海里献龙王，而献的"儿子"并非活人，乃是施以模仿巫术，以圆石代人，"投诸海以奉龙王"。圆石象征乌蛋，象征生殖。

七　泥孩儿怪

前文曾谈到宋代的摩侯罗泥娃娃。《湖海新闻夷坚续志》后集卷二怪异门《泥孩儿怪》云：

> 临安风俗，嬉游湖上者，相尚多买平江泥孩儿，仍与邻家，谓之土宜像。院西有一民家女，因得压被孩儿，归置于床屏彩桥之上，玩弄爱惜无厌。一日午睡，忽闻有人歌诗云："绣被长年劳转展，香帏还许暂偎随。"及觉，不见有人。是夕，中夜睡微醒，复闻有歌前诗句。惊觉，月影朦胧，见一少年侵步帐西，女子惊起。进而抚之曰："毋恐，我所居去此不远，慕子之久，神魂到此，不待启关而入。"起视扃钥如故。女知其神，不得已与之合焉。正当风清月白之时，此子时复而来，因遗金环。女密投箱箧中，数日见金环实土为之，女心大惊。忽见压被孩儿左臂上金环不存，知此为怪，遂碎而投诸河，其怪遂绝。②

---

① (元)佚名撰，金心点校《湖海新闻夷坚续志》后集卷二，中华书局 1986 年版，第 231 页。

② (元)佚名撰，金心点校《湖海新闻夷坚续志》后集卷二，中华书局 1986 年版，第 233 页。

宋元之际临安（杭州）风俗，在女孩子绣床被子上，要放置泥娃娃摩侯罗压风，俗叫“压被孩儿”，这本身便是模仿巫术衍化出来的风俗，在这种巫术背景下，便衍化出来以上故事。封建社会女孩子被封闭在闺房内，不能与男子接触，一些精美艺术品——少男的模拟品，往往使受压抑的女孩子想入非非而神魂颠倒。

7. 元代儿童图（永乐宫壁画局部）

八　神救产蛇

模拟的生育巫术在元代也很盛行，祈求男嗣或妇人难产便要去拜求庙中的神灵，在所拜求的模拟神中，有一位陈夫人颇为有名。记载云：

> 建宁府徐清叟子妇怀孕，十有七月不产，举家忧惧。忽一妇人踵门，自言姓陈，专医难产。徐喜，留之，以事告陈妇。曰：“此易耳。”令徐别治有楼之室，楼中心凿一窍，楼下周围用板钉壁，置产妇于楼，陈妇同居焉。陈令备数仆持杖楼下，候有物堕地即棰死之。陈妇以产妇吹呵按摩。但见产一小蛇，长尺余，自窍而下，群仆棰杀之。产妇平安，全家举手相庆，重以礼物谢之，俱不受。但需手帕一事，令其亲书“徐某赠救产陈氏”数字。陈曰：“某居福州古田县某处，左右邻某人，异日若蒙青目，万幸。”辞别出门，忽已不见，心常疑异之。后徐知福州，忆其事，遣人寻访所居邻舍，云：“此间止有陈夫人庙，常化身于世救治难产。”细视之，则徐所题之手帕悬于像前。人归以报，徐为请于朝，增加封号，宏其庙宇。凡有祈求男嗣及妇人难产，祷之立应，至今香火尤盛。①

陈夫人便是救治难产的模拟神。属于祈子神之列，可见模仿巫术造神都是为了实用的目的。

九　妖巫断首

元代曾经出现过断头的巫师。《湖海新闻夷坚续志》前集卷二艺术门《妖巫断首》云：

---

① （元）佚名撰，金心点校《湖海新闻夷坚续志》后集卷二《神救产蛇》，中华书局1986年版，第222—223页。

太和袁文焴，调湖南宪干，待次于家。有谒士来访，告之曰："宪司有一疑狱不能决者三年，闻君将赴宪幕，愿献小忠。衡有妖巫李生，能以术断人之头。里有刘氏嫁女于张，去之日，中途而遇妖巫，女竟失首，刘氏不知也。至张，亲戚族党及环聚扶新人下车，忽见无首之女子，大骇，纽拽媒妁仆从，求白于官。"刘诉张则云：张杀其女。张诉则云："刘以无首之人欺骗。系狱者数人，前后囚死者十余人，州郡皆不得其情。君能平反，亦是阴德。"袁闻之喜。及任，果有是狱未断，乃以是言密告之提刑刘希仁，希仁委之县尉王君。尉告病假，月余不出，携仆至其地算卜。尉精于五行，祸福如神，里人皆敬之，与之言曰："吾里李巫，有术甚奇。何若更学之为佳！"尉欣然托其人求之于李，许以厚资，李喜，与之敛。先以其仆试之，李曰："请回头一觑。"则其仆无首矣，尉恐，李曰："无恐，且饮。"又与尉言："更一觑。"则其仆复存。盖其法过三日，断者不可复全矣。尉迟去，约以某日携钱楮来尽其术。及期领卒同行，尉先过其家，饮酒极欢。中夜令群卒围屋就缚，搜籍其家，有髑髅百五十个，并其妻子，悉以付官，狱遂解。宪司将妖巫一家弃刑于市。①

这是一个妖巫以无头巫术杀人的民间传说。元代人认为无头巫术是"妖巫"之所为。从《妖巫断首》可见，无头巫术也属黑巫术。妖巫竟以此杀了百人以上，"有骷髅百五十个"，结果引起公愤，受到应有的惩罚，被"弃刑于市"。

十　石敢当镇宅巫术

元末陶宗仪撰《辍耕录》多记录元代之事迹，在《辍耕录》卷一七《石敢当》条曰："今人家正门适当巷陌，桥道之冲，则立一小石将军，或植一小石碑，镌其上曰'石敢当'，以厌禳之。按西汉史游《急就章》云石敢当，颜师古注曰：'卫有石碏，石买石恶；郑有石制，皆为石氏；周有石速，齐有石之纷，如其后，以命族敢当所向无敌也。据所说，则世之用，此亦欲以为保障之意。"②元代石敢当是一个小石将军，保障住宅之用，有利于民生。

8. 马可·波罗（Marco Polo）（1254—1324）

① （元）佚名撰，金心点校《湖海新闻夷坚续志》前集卷二，中华书局1986年版，第87页。
② （明）陶宗仪撰《辍耕录》卷一七，景印文渊阁《四库全书》第1040册，第596页。

十一　拟娩生殖崇拜巫术

元代时马可·波罗撰《马可波罗行记》一一九章云，他在金齿州（即今云南西双版纳），也曾见到妇女产子后，把小孩洗干净，丈夫就到床上去看守孩子，卧床四十天，有要事才起床，亲戚朋友都来看他和陪他，而产妇则起床做事伺候丈夫。[①]

第二节　元末画中女投胎及模仿巫术

有关画上美女的巫术，从晋代的画像求爱术到南北朝的画人令生术，再到唐代的娶画美人为妻，与中外的烧画像念咒治人巫术一样，有一个发展的脉络。这种巫术发展到元明之间，居然演变出一个画中女投胎的巫术故事。元末明初时人罗贯中著的巫术章回小说《三遂平妖传》第一回《胡员外典当待仙画　张院君焚画产永儿》[②]，就叙述了这样一个故事。

第一，胡员外烧香求子。

“其中有一员外，家中巨富，真个是钱过壁头，米烂陈仓。家中开三个解库：左边这个解库专当绫罗缎匹；右边这个解库专当金银珠翠；中间这个解库专当琴棋书画，古玩之物。每个解库内用一个掌事、三个主管。这个员外姓胡名浩，字大洪，止有院君妈妈张氏，嫡亲两口儿，别无儿女。正是眼睛有一对，儿女无一人。

9. 包龙图下令捉妖僧〔采自明万历年间钱塘汪镇修刊本《三遂平妖传》〕

过数日，恰遇吉日良时，叫当直的买办香纸，安排轿马，伴当丫鬟跟随了，往到宝箓宫门前，歇下轿马，走入宫里来，到正殿上烧香，少不得各殿两廊都烧遍了。来到真武殿上，胡员外虔诚祷祝：生年月日，拜求一男半女，也作胡氏门中后代。”

第二，典当得仙画。

“主管道：‘此位师父有这幅小画，要当伍拾两银子，小人不敢当，令我师定要当。’员外把眼一觑，道：‘我师这画虽好，不值许多，如何当得伍拾两？’那先生

① 见冯承钧译《马可波罗行纪》第一一九章《金齿州》，商务印书馆2012年版，第266—270页。

② （元）罗贯中编，（明）吴龙子犹补《三遂平妖传》，北京大学出版社1983年版。

道:‘员外！你只知其一,不知其二。这幅画儿虽小,却有一件奇妙处。’员外道:‘有甚奇妙处?’先生道:‘此非说话处,请借一步方好细言。’员外与先生将着手经进书院内,四顾无人,员外道:‘这画果有何奇妙?’先生道:‘这画于夜静更深之时,不可教一人看见,将画在密室挂起,烧一炉好香,点两枝烛,咳嗽一声,去桌子上弹三弹,礼请仙女下来吃茶。一阵风过处,这画上仙女便下来。’那员外听得,思忖道“‘恁地是仙画了!’即同先生出来,交主管:‘当与师父去罢。’”

第三,请下画美人。

“回身把风窗门关上,点得灯明了,壁炉上汤罐内汤沸沸地滚了。员外烧一炉香,点起两枝烛来,取过画叉,把画挂起,真个是摘得落的妖娆美人。员外咳嗽一声,就桌子上弹三弹,只见就桌子边微微地起一阵风。风过处,只见那画上美人历历地一跳,跳在桌子上,桌子上一跳,跳在地上。这女子脚到头五尺三寸身材,生得如花似玉,白的是皮肉,黑的是头发。只见那女子觑着员外,深深地道个万福。那员外急忙还礼,去壁炉上汤罐内倾一盏茶递与那女子,自又倾一盏茶陪奉着。吃茶罢,盏托归台,不曾道个什么,那女子一阵风过处,依然又上画去了。员外不胜之喜,即时自收了画,叫当直的来收拾了,员外自回寝室歇息。不在话下,自此夜为始,每日至晚便去弄帐。”

第四,妻子怒烧画。

“妈妈轻轻地走到风窗边,将小拇指头蘸些口唾,去纸窗上轻轻地印一个眼儿,偷眼一张,见一个女子与员外对坐了说话。这妈妈两条忿气从脚板底直灌到顶门上,心中一把无名火高了三千丈,按纳不下,舒着手,推开风窗门,打入书院里来。员外吃了一惊,起身道:‘妈妈做什么?’那妈妈气做一团,道:‘做什么?老乞丐！老无知！做得好事！你这老没廉耻,每夜只推弄帐,到今半月有余,却在这里为这等不仁不义的勾当！正闹里,只见那女子一阵风过处,已自上画去了。那妈妈气喷喷的唤:‘梅香！来与我寻将出来,交你不要慌!’员外口中不道,心下思量,自道:‘你便把这书院颠倒翻将转来,也没寻处。’那妈妈寻不见这个女子,气做一堆,猛抬头起来,周围一看,看见壁上挂着这幅美女,妈妈用手一扯,扯将下来,便去灯上一烧,烧着,放在地上。”

第五,画灰入妇口投胎。

“员外见妈妈气,又不敢来夺。那画烘烘地烧着,纸灰在地上团团地转,看看旋来妈妈脚边来,妈妈怕烧了衣服,退后两步,只见那纸灰看着妈妈口里只一涌,那妈妈大叫一声,匹然倒地。胡员外慌了手脚,交迎儿、梅香相帮扶起来,坐在地上,去汤罐内倾些汤,将妈

10. 伎乐菩萨(榆林第三窟　元)〔采自《敦煌舞姿》。下同〕

妈灌醒，扶将起来，交椅上坐地。自此之后，只见妈妈眉低眼慢，乳胀腹高，身中有孕。胡员外甚是欢喜。”

第六，吃仙丸画中女分娩。

“时光似箭，日月如梭。经一年光景，妈妈将及分娩，员外去家堂面前烧香许愿，只听得门首有人热闹，当直的来报员外道：‘前番当画的先生在门前。胡员外听得说，吃了一个蹬心拳，只得出来迎接道：‘我师，又得一年光景不会。不敢告诉，今日我房下正在坐草之际，有缘得我师到来。’只见那先生呵呵大笑道：‘妈妈今日有难，贫道有些药在此。’就于荆筐篮内取出一个葫芦儿来，倾出一丸红药，递与员外，交将去用净水吞下，即时便分娩。员外收了药，留先生斋了，先生自去，亦不提起赎画之事。且不说先生，却说员外将药与妈妈吃了，无移时生下一个女儿来，员外甚是欢喜。老娘婆收了，不免做三朝、满月、百日，一周，取个小名：因是纸灰涌起腹怀有孕，因此取名叫做永儿。”

这部《三遂平妖传》将诸多明代的模仿巫术搜罗来衍化为各种情节，均标榜为《九天玄女法》。

1. 以米变米术。

“寻个空桶，安在地上，将十数粒米安在空桶内，把件衣服盖了，念了咒，喷一口水，喝声道：‘疾！’只见米从桶里涌将出来。”

2. 以钱变钱术。

“变钱法——画着一条索子，穿着一文铜钱。——要打个肐膊放在地上，用面桶盖着。舀一碗水在手，依咒语念七遍，含口水望下一喷，喝声：‘疾！’揭起面桶，就变成一贯铜钱。”(第三回《胡永儿试变钱米法》)

11. 元代佛教密宗派经变中的舞人(莫高窟元代465窟)

3. 以纸糊的金银锭变真金真银术。

“永儿接那(纸糊的)金银锭安在地上，腰里解下裙子来盖了，口中念念有词，喷上一口水，喝声道：‘疾！’揭起裙子看时，只见一堆金、一堆银在地上。”

4. 剪草为马，撒豆成兵术。

“只见那永儿把那葫芦儿拔去了塞的，打一倾，倾出二百来颗赤豆并寸寸剪的稻草在地下，口中念念有词，哈口水一喷，喝声道：‘疾！’都变做三尺长的人马，都是红盔、红甲、红袍、红缨、红旗、红号、赤马；在地上团团的转，摆一个阵势。”(第四回《胡永儿剪草为马　胡永儿撒豆成兵》)

5. 苕帚变尸首术。

“胡员外含糊过了一夜，次日早起，先生开柴房门看时，唬得员外呆了，只见刀在一边，剁的尸首却是一把竹苕帚。”

6. 剪纸月亮变真月亮术。

“先生就怀中取出一张纸来，将剪刀在手，把纸剪了一个圆圆月儿，用酒滴在月上，喝声：‘起！’只见那纸月望空吹将起去。三个人齐喝采道：‘好！’只见两轮月在天上。”

7. 摸死猪头变活猪头术。

“瘸师不想看着挂在案子上的猪头，摸一摸，口里动动地不知说些甚的，摇着法环自去了。翟二郎定下这个猪头，却交他娘来取，我除下猪头与他，这猪头扎眉扎眼，张开口把婆婆一口咬住，惊死那婆婆在地。”

8. 剪纸马变活马术。

“瘸师道：‘我再有一件剧术交你们看。’取出一张纸来，剪出一匹马，安在地上，喝声道：‘疾！’那纸马通身雪白，如绵做的一般，摇一摇，立起地上，能行快走。瘸师骑上那马，喝一声，只见曳曳地从空而起。良久，那马渐渐下地，瘸师歇下马来，依然是匹纸马。”

12. 舞人(莫高窟元代465窟)

9. 长板凳变大老虎术。

“胡永儿入去掇一条板凳出来，安在草厅前地上，永儿骑在凳上，口中念念有词，喝声道：‘疾！’只见那凳子变做一只吊睛白额大虫。胡永儿骑着大虫，叫声：‘起！’那大虫便腾空而起；喝声：‘住！’那大虫渐渐地下来。喝声：‘疾！’只见那大虫依旧是条板凳。”

10. 接头巫术。

“杜七圣道：我这家法术，是祖师留下，焰火炖油，热锅煅碗，唤做续头法。把我孩儿卧在凳上，用刀割下头来，把这布袱来盖了，依先接上这孩儿的头。

“只见那(失头)和尚慌忙放下碗和箸，起身去那楼板上摸一摸，摸着了头，双手捉住两只耳朵，掇那头安在腔子上，安得端正，把手去摸一摸。”

从以上十种元明之际的模仿巫术来看，《三遂平妖传》是一部用模仿巫术为主线进行艺术构思的章回小说。以上十种巫术都是属于“九天玄女法”的[①]。“九天玄女”是道教徒给“玄女”的尊号，又称“九天玄女娘娘”，是道教的神仙。宋代就有九天玄女炼丹的故事流传。

《三遂平妖传》小说出现九天玄女并非偶然，因施耐庵和罗贯中《水浒传》第

① 关于九天玄女法，请参阅高国藩著《敦煌古俗与民俗流变——中国民俗探微》第三章第十七节《佛教的九天玄女咒》，河海大学出版社 1989 年版，第 158—173 页。

四十二回《还道村受三卷天书　宋公明遇九天玄女》就写到这个女神。《水浒传》第四十二回载宋江躲避追捕来到九天玄女庙，“乘着月光，入进庙里来，寻个躲避处”。就祈祷神明保佑，果然，一阵恶风吹熄了士兵的火把，带兵的小头目赵能迷信观念重，叫了赵得道：“兄弟快走，神明不乐。”众人一哄都奔下殿来，望庙门外跑走。宋江在“玄女之庙”神厨的幔帐里因劳累困倦而睡着，做起梦来，梦见会见九天玄女，赐他三卷仙书和四句天言：“遇宿重重喜，逢高不是凶。外夷与内寇，几处见奇功。”①这一回以祭祀巫术和占梦巫术相结合的艺术构思，使情节引人入胜。

《三遂平妖传》中，也有禽蛋孵化成人巫术。但和《诗经》中“天生玄鸟，降而生商”的简狄神话大为不同。说的是泗州迎晖寺的住持僧慈云，他在水中得到一个禽蛋，从蛋中孵化出来一个小儿，感到吃惊，以为是妖怪。就把小儿活埋在菜园中，但是小儿没有死去。有一个叫刘狗儿的香火道人知道以后，就将他收为义子。周岁以后就给小儿剃发为僧，称小儿为“蛋子和尚”。蛋子和尚成长过程累受凌辱，只好远行求法。将巫术融入生活是其特征。

《三遂平妖传》中巫术往往有新奇构思，都是为了使小说引人入胜。画上美人复活巫术也有曲折情节。如写到开封府富翁胡浩，他收购一幅道士所当的“仙画”，夜晚就会到了画上仙女。但富翁胡浩的老婆张院君醋劲大发，以为他要图谋不轨偷养二奶了，勃然大怒，一把火烧毁了这一幅仙画。谁知仙画的纸灰飞到了妒妇张院君的口中，使她怀起孕来，接下来就生下一个宝贝女儿，起名为永儿。

13.《玄女授天书》〔采自明末刊本《忠义水浒全传图》〕②

总之，巫术在宋明之际与文学创作发生了联系，对其创作有借鉴和启迪作用。

第三节　元代《周易》占卜巫术的传播

由于《周易》是中国第一经典，卦爻辞拥有浓郁的哲学意味，其占卜巫术历

① (元)施耐庵、罗贯中撰《水浒传》第四十二回，上海人民出版社1975年版，第526页。

② (明)刘君裕刻绘《忠义水浒全传图》第三十七《玄女授天书》，黑龙江美术出版社2002年版，第37页。

来被视为文化瑰宝，元朝也不例外。元朝的“元”字，就来自《周易》。《湖海新闻夷坚续志》一书，第一条《大元昌运》记的是元太祖铁木真、元太宗窝阔台及元世祖忽必烈的事，故此书显然是元人作品。

14. 元文宗图贴睦尔像〔采自《中国古代服饰史》。下同〕

国号大元是《易经》乾元之意。《湖海新闻夷坚续志》前集卷一“人伦门”大元昌运条节曰：“国朝肇造区字，奄有四方。太祖圣武皇帝，握乾符而起朔土，以神武而膺帝国。庚申年四月即帝位，五月建年号，为中统元年。建元表岁，示人君万世之传；纪时书王，见天下一家之义。法《春秋》之正始，体大《易》之乾元。炳焕皇猷，权舆治道。内立都省，以总宏纲；外设总司，以平庶政。燕京修营宫室，加号上都。五年改为至元元年，八年建国号曰大元，盖《易经》乾元之义，以明资始之功。”①

元朝国号采自《周易》第一卦“乾”。经文是：“乾：元、亨、利、贞。”按照“传”的读法就是：“乾：元、亨、利、贞。”乾是卦名，指天。元，指善。亨，指美。利，指利物。贞，指正。意思是天有善、美、利物、贞正之德。可见，元朝国号采自《周易》，含义极为深刻。

15.《元人射雁图》

周文王在殷商时代曾被关在殷墟监狱——羑里城（今河南安阳），周文王演绎六十四卦的地方就称为“周文王祠”，元人曾去祭祀。《元史》卷七六《祭祀五》曰：“至顺元年（1330）三月，从太常奉礼郎薛元德言，彰德路汤阴县北故羑里城周文王祠，命有司奉祀如故事。”②只此一点就可证明《周易》在元朝文化的地位。

元代爱好《周易》者颇多，上上下下，读《易》成风。兹列举以下十一例。

1. 明宋濂等撰《元史》卷一八九《张须传》：“复为人，乐易而耿介。以自修读《易》求文王、孔子之用心为勉。”③

2. 明宋濂等撰《元史》卷一八九《胡一桂传》：“胡一桂，字庭芳，徽州婺源人。所著书有《周易本义附录纂疏》等”。④

---

① (元)佚名撰，金心点校《湖海新闻夷坚续志》前集卷一，中华书局 1986 年版，第 1—2 页。

② (明)宋濂等撰《元史》卷七六，中华书局 1976 年版，第 1903 页。

③ (明)宋濂等撰《元史》卷一八九，中华书局 1976 年版，第 4315 页。

④ (明)宋濂等撰《元史》卷一八九，中华书局 1976 年版，第 4322 页。

3. 明宋濂等撰《元史》卷一八九《胡炳文传》:“胡炳文,字仲虎,亦以《易》名家,作《易本义通释》。”①

4. 明宋濂等撰《元史》卷一八九《黄泽传》:“黄泽,作《易春秋二经解》《十翼举要》等。”②

5. 明宋濂等撰《元史》卷一九〇《郑滁孙传》:“郑滁孙,处州人。著有《大易法象通赞》《周易记玩》等书。”③

6. 明宋濂等撰《元史》卷一九〇《刘诜传》:“刘诜,吉安之庐陵任,所著《周易[集传]》多发前儒之所未发。”④

7. 明宋濂等撰《元史》卷一九〇《吴师道传》:“吴师道,婺州兰溪人。著有《易诗书杂说》等。”⑤

8. 明宋濂等撰《元史》卷一九〇《周仁荣传》:“周敬孙尝著《易象占》等。”⑥

9. 明宋濂等撰《元史》卷一九六《郑玉传》:“郑玉,字子美,徽州歙县人。所著有《周易纂注》。”⑦

10. 明宋濂等撰《元史》卷一九九《何中传》:“何中,字太虚,抚之乐安人。所著有《易类象》二卷。”⑧

11.《元史》卷一九九《危复之传》:“危复之,字见心。宋末为太学生,博览群书,好读《易》。”⑨

《周易》卜卦在元代亦甚为流行。如《周易》占卜针灸盛行民间,试行以易卜与针灸结合。有“卜知病证”者,《湖海新闻异坚续志》补遗“艺术门”卜知病证条曰:“柳休祖善卜筮,其妻病鼠漏,积年不瘥,命休祖卜,得《颐》之《复》,按卦,合得姓石人治之,当获鼠而愈也。既而邻里有奴姓石,能治此病,遂灸头上三处,觉少佳。俄而有一鼠遥前而伏,呼犬咋之,视鼠头有三处灸疮,妻遂瘥。”⑩元人试验用《周易》占卜结合中医针灸术治好了病,用现代观点看,这种医理也是具有科学性的尝试。

16. 戴姑姑冠的大臣之妻

① (明)宋濂等撰《元史》卷一八九,中华书局1976年版,第4322页。
② (明)宋濂等撰《元史》卷一八九,中华书局1976年版,第4323页。
③ (明)宋濂等撰《元史》卷一九〇,中华书局1976年版,第4338页。
④ (明)宋濂等撰《元史》卷一九〇,中华书局1976年版,第4342页。
⑤ (明)宋濂等撰《元史》卷一九〇,中华书局1976年版,第4344页。
⑥ (明)宋濂等撰《元史》卷一九〇,中华书局1976年版,第4346页。
⑦ (明)宋濂等撰《元史》卷一九六,中华书局1976年版,第4432页。
⑧⑨ (明)宋濂等撰《元史》卷一九九,中华书局1976年版,第4479页。
⑩ (元)佚名撰,金心点校《湖海新闻夷坚续志》补遗,中华书局1986年版,第287页。

第四十五章　明代巫术

第一节　明王朝对巫师的宽厚处理及占梦枚卜等巫术之流行

明初，朱元璋不相信长生不老之巫术。明余继登撰《典故纪闻》卷二记载："太祖闻公侯中有好神仙者，谕之曰：'神仙之术，以长生为说，又谬为不死之药以欺人，故前代帝王及大臣多好之，然卒无验，且有服药以丧其身者。盖由富贵之极，惟恐一旦身殁不能久享其乐，是以一心好之。假使其术信然可以长生，何故四海之内千百年间，曾无一人得其术而久住于世者？若谓神仙混物，非凡人所能识，此乃欺世之言，初不可信。人能惩忿窒欲，养以中和，自可延年。有善足称，名垂不朽，虽死犹生，何必枯坐服药，以求不死？况万无此理，当痛绝知。"①这样明初就不流行长生不老的巫术。而决心勤俭治国，反对奢侈。朱元璋对京卫诸将士说："勤俭为治身之本，奢侈为丧家之源。"②这两句经典语录影响深远。但是朱元璋却相信占卜巫术，所以在明初官职中设有卜筮之官。如《明实录》卷一二八即记载着明朝设立的卜筮之官。朱元璋甚至说："卜筮者，所以决疑，国有大事，必命卜筮……龟筮者，所以通神明之意，断国家之事也。"③所以占卜巫师在明初曾受优遇，《周易》卜筮在明代就很盛行，特别是占梦术尤其被明人重视。因此明人流传的巫术已经具有民俗文化的特点。

1. 明太祖朱元璋像〔采自《三才图会》〕

《周易》卜筮融合儒道学说，实际上推动了明朝的文化发

① (明)余继登撰《典故纪闻》卷二，中华书局 1981 年版，第 38 页。

② (明)余继登撰《典故纪闻》卷三，中华书局 1981 年版，第 43 页。

③ 《明太祖实录》卷一二八《将立卜筮之官》，"中央研究院"历史语言研究所 1962 年校印本，第三册，第 2035 页。

展，带来大明王朝的繁荣。占梦术发自民间，在实践和理论方面既各自发展，又相辅相成，在理论上，它已经趋向于哲学，显出占梦学问的深厚。明洪武二十七年(1394)，浙江定海张诚甫应试成功，廷试第一，中了状元。据说他赴京应试前，曾经做了一个梦。梦中他看见有人用竹片反压在一条黑狗的头上，并且把狗头放在案几上。张诚甫做梦以后，冥思苦想，不得其解，于是就请一位术士来占梦。术士占梦以后，向张诚甫表示祝贺，说："你实在是福星高照，才高八斗，学富五车，又岂能不知此梦之吉兆呢？竹片反压黑狗头上，正是一个"状"字，而狗头放在几上，就凑成了一个"元"字，合起来就是中"状元"。今年又是有极好的兆头，字义甚佳的"甲戌"年，你当中状元呀。占梦术士的一席妙占，使张诚甫心花怒放。后来张诚甫果然考运亨通，考中状元。由此可见，明初占梦巫术曾经流行。而且这种占梦术有着《周易》汉文字卜卦解字和哲学杂糅的特征。随后，明人陈士元撰《占梦逸旨》将占梦分为九类加以研究："感变九端，畴(谁)识其由然哉？一曰气盛、二曰气虚、三曰邪寓、四曰体滞、五曰清溢、六曰直叶、七曰比象、八曰反极、九曰厉妖。"①张诚甫梦中状元可谓陈士元概括的第八类反极，因反极之梦多与心理上的忧虑、忌讳，或者欲摆脱考试困境的愿望相关联，故占梦家反极之说极能言中。

明杨慎撰《滇载记》亦记载到占梦巫术。说段思平为蒙主杨于真手下大将，仪表堂堂，识天文地理，悟性极佳。但遭到杨于真嫉妒，派人去要杀他，段思平机智脱逃。以后举起义旗，讨伐杨于真。兵将渡河前夜，他一连做了三个梦。第一梦，有人砍下他的头。第二梦，玉壶断了耳朵。第三梦，梦见一个镜子被打破。第二天早起，段思平如雷轰顶，急令将士原地待命。由于军师董迦深通占梦巫术，他见按兵不动，觉必有缘故，而急请见。段思平将三梦事告知，董迦深思一会儿，忽然眉头一皱连声呼好。段思平问原因，董迦说：三梦都是好兆头。第一梦，砍去你的头，即"夫"字去头，"天"也。第二梦，玉壶断耳朵，即"玉"字少了耳朵，成"王"字。第三梦，说镜子破了。镜破则无影，无影即无敌。故宜速渡河，所向无敌，登天子位。段思平大喜，精神百倍，率领众将士渡江作战成功，灭了杨于真，建立大理国。② 由此可见，明代占梦巫术盛行一时。按照明郭子章撰《马迁纪梦》所说："夫人与阴阳通气，身与乾坤并形，吉凶往复，潜相关通。故曰：心应枣，肝应榆，我通天地；将阴梦水、将晴梦火，故曰：梦中有天地存焉，而何足以异哉！"③明代郭子章论证了梦具有先兆的预见性，乃和此梦相合。并也

① (明)陈士元撰《梦占逸旨》卷二《感变篇第十》，《丛书集成初编》本，商务印书馆1935年版。
② (明)杨慎撰《滇载记》，《丛书集成初编》本，商务印书馆1935年版。
③ (明)郭子章撰《马迁纪梦》，见《古今图书集成》卷一五〇，中华书局1934年影印本。

有《周易》卦辞的特征。

清乐钧撰《耳食录》卷一《谭襄敏夫人》里记载了一个“梦进皇宫”的故事，在明末清初非常流行。据云明代宜黄（今江西宜春）谭襄敏夫人丁氏，起初许配李姓，在乘轿到夫家的门外时，欢迎的人们忽闻到一股浓烈的尿臊味，有个小孩指着花轿大叫道：“在那儿，在那儿。”人们望去，果然从花轿底下流出淡黄色的尿，马上像炸开了锅，整个迎亲队伍乱成一锅粥。新郎的脸霎时涨得通红，只见他跳下马，摘掉大红花，挣脱人群逃掉了。新郎父母在喜堂里听说后气得脸上青一块白一块，当机立断，表示退婚，催喝花轿快快抬回丁家。于是这场婚姻就此终止。

2. 明太祖皇后马娘娘像〔采自《历代帝后像》〕

好事不出门，丑闻行千里，丁氏尽管生得国色天仙，可是再没有人愿意上门求亲。丁氏父母非常着急，眼见丁氏岁数不小，只好硬着头皮，拉下老脸，求媒婆给乡里穷秀才谭襄敏捎信，表示愿意把女儿嫁给他。谭襄敏一听喜出望外，丁员外家财万贯，自己则一贫如洗，这不是天上掉馅饼之喜事嘛。于是立马应承，不几天就把丁氏娶进寒门。撩开盖头，果真如花似玉一美人，八辈子修来艳福，便宜谭襄敏这穷小子。过门以后，谭襄敏面对端庄美丽的丁氏，更加努力读书准备考进士。有时问起夫人在花轿里撒尿之事，她就掩面大哭，始终讳莫如深，只好作罢。谁知谭襄敏就果真进士及第，官至太子少保，兵部尚书。丁氏因此贵为大臣夫人，有机会接受皇宫召见，真又是喜从天降。此时丁氏蒙后宫召见，在宫里游玩一天，回到自己府邸，这才向谭襄敏揭开梦中谜底。原来几十年前做的梦，今日才算清醒。早年李家迎娶时，她在轿子里睡着了做了一个梦。梦见两个宫女把她引进宫殿之中，她一时尿急想上厕所，宫女就提来一个红桶。她就放心小便开来，谁知全撒在花轿里了，酿成丑剧。今日喜进皇宫，发现皇宫正是梦中所去之处，而且在宫里，果然是红桶上撒了一泡尿。说完夫妇两人相视大笑。①

3. 放炮仗〔采自《中国古代服饰史》〕

明朝的占梦巫术理论比较发达，这也许就是明唐顺之撰《荆川禅编》中《论梦生于想》中所说：“无想则无因，无因则无梦，举天下之梦不出于‘想’而已矣。”②唐顺之的梦占

① （清）乐钧撰《耳食录》卷一《谭襄敏夫人》，台湾新兴书局有限公司 1984 年版，第 4014 页。

② （明）唐顺之撰《荆川禅编》，见《古今图书集成》卷一五〇，中华书局 1934 年影印本。

理论，是丁氏一定“想”过到皇宫坐红漆马桶撒尿事，所以才会在花轿中做梦撒尿。只讲对了一半，还使人觉不彻底，未交代丁氏为什么会想出来的？

明叶子奇撰《草木子》卷二下《钩玄篇》曰：“梦之大端二：想也，因也。想以目见，因以类感。谚云：南人不梦驼，北人不梦象。缺于所见也。盖寤则神舍于目，寐则神栖于心。盖目之所见，则为心之所想，所以形于梦也。因马而念车，因车而念盖，因类而感也。”①丁氏虽然达不到“想以目见”的要求，但她从道听途说也能有“因以类感”的感受，如此说来，此梦占断不能归于唯心主义范畴已十分明显。

明代占梦术也讨论到双梦偶合问题。据《状元事略》，明正统丁卯(1447)，湖广有位官员赴任，梦见皇榜揭晓，第一名：彭时。当时考试还没有开始，怎么就会梦见金榜题名一事？此官半信半疑，做了笔录。后来这位彭时，果然就是当年状元。但就在廷试前一月，明英宗朱祁镇也做了个有关考试的梦，他梦见儒、释、道三个人物前来拜谒，这使英宗惶惑不安，但考试发榜才使疑惑迎刃而解。此三人榜上有名，正是当年中榜状元、榜眼和探花。更奇特的是，彭时也是第一名，居然双梦偶合为同一人。怎么理解此占梦术？明人占梦术已经解破此梦，明人叶子奇认为“想以目见，因以类感”之说为佳。

民间有人做梦就要到庙里祈梦，有专门祈梦庙宇。福建泉州九鲤湖有座九仙庙。明王世贞辑《列仙全传》卷七曰：“何九仙，世传兄弟九人，居于山修道。又居湖侧炼丹，丹成，各乘鲤仙去。后因名其县曰仙游，山曰九仙，湖曰九鲤。”②

明佚名撰《绘图三教源流搜神大全》卷七曰：

> 九鲤仙，乃是福建兴化府仙游县何通判妻林氏生有九子，皆瞽目，止有大公子一目不瞽。其父一日见之大怒，欲害之。其母知觉，速命人引九子逃至仙游县东北山中修炼，名曰九仙山。又居湖畔侧炼丹，丹成，各乘赤鲤而去，故湖名九鲤。庙在湖上，最灵验。每大比岁，各郡中士子祈梦于此，信若蓍蔡。本朝黄孟良感其事赋诗一律以纪之云：

4. 九鲤湖九仙庙图〔采自《道教神仙信仰》〕

① (明)叶子奇撰《草木子》卷二下，中华书局1959年版，第34页。

② (明)王世贞辑《列仙全传》卷七，引自万历二十八年(1600)刻本。

人以登仙鲤化龙，伊谁湖上褠仙宫。
石遗丹鼍潺湲里，云锁琼楼飘渺中。
青鸟去来犹夜月，碧桃开落自春风。
此行不为邯郸梦，疑向邳桥遇石公。①

故每一年科举考试之前，各郡的士子都要在此地祈梦，希望九仙能保佑好梦成真。到九鲤湖祈梦，在明朝曾经盛行一时，有书为证。明李诩撰《戒庵老人漫笔》卷五《钱参政仙游梦》条记载曰："常熟云江钱公泮为闽之侯官令，遣仆祈梦于仙游九鲤湖，仙托梦于其仆曰：'你们老爷到京里去，带两只小犬回来，又不咬人，撑一顶黄伞去，换一顶青伞回来。好好大宪台前忠节坊下住。'其长子部梦面前抬一盘银，身骑马，有执荆棍者前导，所居门春联乃'镜里乾坤大，壶中日月长'。一时未测所谓。云江后改慈溪，历郎署、郡守，升陕西安察副使，报绩，又升江西参政，未行，丁外艰归。嘉靖乙卯(1555)五月间，同邑令死于倭难，事闻，朝廷赠光禄卿，官其子部为锦衣卫百户，世袭，建祠春秋二祀。始解梦所云'小犬不咬者'豸补也，撑黄换青者用黄荫青也，县台前忠节坊者建旌忠祠于都宪行台右也。追梦时都台，尚未见于此地。子之梦抬银，指应例胄监，马前有棍，是锦衣体，乾坤对联，即京中所僦寓舍旧黏于门者。一一券合，岂非仙哉！又祈云江乃堂寿数，其梦睹家中厅事中置一桌，桌上有果罍一，酒壶一，青大裥一。当时意揣必遇祝晨为吊时耳。及屡经寿诞，健饭无恙，至云江殁后越数年余，始患一疾，季子爱溪洽侍床头，适洽以谷振饥，县旌之扁，吏书计索谢，赍匾至，具壶榼称贺入，移桌于中堂，以待洽出，老夫人于是刻告终云，宛然梦中所陈也。夫云江旌节荫子，事关庙堂，冥冥预定无疑。若县官檄民家出谷发匾，事何琐细，而吏书入门景态，靡不前知，诗有之曰：'昊天曰明，及尔出亡，昊天曰旦，及尔游衍。'的的非虚言也。吾人可自欺暗室乎。前梦乃云江第五子廊为余侄女夫与余说。"②

5. 成都郊外东德胜乡出土明代墓画(四川省博物馆藏)〔采自《中国古代服饰史》〕

在明太祖朱元璋推崇的占卜巫术中，又以枚卜最为他看重。什么是枚卜呢？枚卜就是以占卜巫术法来选用官员。明朝专指选拔大臣为大学士，进入内阁主持政治事务。杨涟进升左副都御史时，曾坚决反对大太监魏忠贤把持朝

① (明)佚名撰《绘图三教源流搜神大全》卷七，上海古籍出版社1990年版，第318页。
② (明)李诩撰，魏连科点校《戒庵老人漫笔》卷五，中华书局1982年版，第195页。

政，私自决定枚卜是魏忠贤第五条罪状。《明史·杨涟传》曰："国家最重无如枚卜。忠贤一手握定，力阻首推之孙慎行、盛以弘，更为他辞以锢其出。岂真欲门生宰相乎？大罪五。"①占卜选官，承袭古制，但主要还是由王朝自主掌握。

明李清撰《三垣笔记》附识中《崇祯》揭示了明代崇祯、弘光两朝各个方面的真实资料，其中有五条记载枚卜巫术，反映了这种枚卜巫术的较详情况。

1.《三垣笔记》附识中《崇祯一》曰："上将枚卜，召周辅延儒、贺辅逢圣、陈辅演入德政殿，赐坐。逢圣以上允其休致，惓怀圣恩，忽大哭，闻者大骇，哭久不止。已，上移驾过中左门，入中极殿，三辅臣亦入殿，留赐宴。逢圣复大哭，拜跪十数不止，上命之出。及出殿槛外，行五拜三叩头礼，复絮哭不止。见者怪之，以为不祥。已，枚卜后，果有拏问下狱者。"②

皇帝参与枚卜。贺辅臣，心理素质差，可能与范进中举相似，入朝情绪失控，不能冷静面对事态，根本不能办事情，又哭又下跪有何用？反倒引出不祥之论，结果枚卜自然失败，还下狱被关起来。由此看来枚卜是放在最后进行的。

2.《三垣笔记》附识中《崇祯二》曰："上枚卜阁臣，面甲召对，蒋少宗伯德璟言：'边臣须当久任，如蓟督何等关系，半载已更五人，恐难展布。'上曰：'不称当更。'德璟曰：'与其以不称更，不如慎之于始。'上又问：'天变如何消弭？'德璟对曰：'天意只在百姓身上，救得百姓一分，即消得天变一分。近为加派所苦，万历年间各边旧饷只三百余万，今加新饷几百余万，又加练饷七百三十余万，民何以堪？'又言：'祖制，三协只一督一抚一总兵，今增二总督三巡抚六总兵，又有副总兵数十余人，总兵太多，不相统摄，督师亦提掇不灵，故皆不用命，宜裁之。'上颔其言。时宋少司空玫亦召对娓娓，九边地形，画成地图，上疑其干进，反不悦。惟徐少司寇石麒称疾不至。"③

6. 明俑（山西省博物馆）

明朝枚卜只有卜卦巫术的形式，皇帝亲自面试是其特点。最后举行枚卜选择，宛如搞内部选举一样。面试选拔是看综合素质。

3.《三垣笔记》附识中《崇祯三》曰："上以枚卜所推多滥，召李太宰日宣、吏科章都谏正宸、掌河南道张侍御瑄崇祯戊辰，介休人。责之，谓所推房少司空可壮、万历甲辰，益都人。宋玫、张三谟，俱属徇私。日宣与正宸、瑄等皆力辨，日

① （清）张廷玉等撰《明史》卷二四四，中华书局1976年版，第6325页。

② （明）李清撰，顾思点校《三垣笔记》，中华书局1982年版，第198页。

③ （明）李清撰，顾思点校《三垣笔记》，中华书局1982年版，第199页。

宣复奏:'臣与科道商榷数四,如可壮素有风采,玫少年向学,三谟亦曾掌印过。'上怒,命锦衣卫去六人冠,拿出候旨,旧辅及新辅俱力救,不从。处分毕,王总宪、道直复奏:'此番会推,俱冢臣与科道商榷,臣从不敢置一语。'上曰:'此后枚卜,只用翰林,其各衙门三品以上间陪一二人,不许多推,永著为例。'时皇太子与定、兴二王皆侍立,上黄袍,太子与二王则红也。"①

崇祯皇帝意为枚卜交给翰林处理,衙门只需派一、二个三品官监督即可,六个辅臣非要专权,有徇私枉法事情发生,结果当场揭穿被摘了乌纱帽。

4.《三垣笔记》附识中《崇祯四》曰:"大僚及台谏以枚卜构竞不休,其不得与会推者,遂造为二十四气之目,摇惑中外。以吴辅甡为杀气,下注'再生吴起'。孙廷尉晋为棍气,下注'两头蛇'。金佥宪光辰为戾气,下注'金甲神'。章都谏正宸为阴气,下注'灰地蛇'。吴铨曹昌时为妖气,下注'摩登伽女'。倪宗伯元璐为淫气,下注'假姜诗'。王少宗伯锡衮天启壬戌,云南人。为瘴气,下注'夜郎王'。黄辅景昉为时气,下注'赛黄巢'。马给谏嘉植为膻气,下注'小华光'。杨给谏枝起为贼气,下注'桃树精'。王给谏士熑为悔气,下注'金枪手'。倪给谏仁祯为霸气,下注'塑大虫'。周仪曹仲琏为疝气,下注'靠壁鬼'。房给谏之麒为粪气,下注'倭房公'。沈少宰维炳为痰气,下注'喉下癣'。姚都谏思孝为毒气,下注'姚令言'。贺冏丞王盛为逆气,下注'黑面豹'。房少司空可壮为臭气,下注'海上暴客'。吴谕德伟业为望气,下注'啮人马'。冯司马元飚为杂气,下注'顺风火'。袁给谏恺为浊气,下注'泼天罡'。徐词林汧为油气,下注'九尾狐'。瞿给谏式耜为秽气,下注'两眼枪'。钱寺丞元悫为尸气,下注'痴虎伥'。末又云:'若水棉花之李日宣,假飞虎之孙承泽,卑卑不足道也。'时日宣太宰,承泽都谏。"②

7. 捧礼盒图(中国历史博物馆藏)

由此可见,枚卜仅仅是初选,初选时选入枚卜之人,才得以与会枚卜。于是那些没有得到枚卜资格的人,就给参加者乱起绰号,如"两头蛇"、"靠壁鬼"等等。

5.《三垣笔记》附识中《崇祯五》曰:"谢辅升罢,贺辅逢圣乞归。时请枚卜,盛太学顺日奔走为宋少司空玫求与不得,奉旨再推来看。九列台省,纷纷各思市德,而热衷大老,有托人请求,亦有躬谒人望其拥戴者。顺或动以利,

① (明)李清撰,顾思点校《三垣笔记》,中华书局 1982 年版,第 200 页。
② (明)李清撰,顾思点校《三垣笔记》,中华书局 1982 年版,第 200—201 页。

或愚以周辅延儒意所钟，玫遂得与。及玫等送刑部后拟戍，顺惊窜，已事定，复入京。有言其招摇于延儒者，延儒榜朝房，弗与通，然弗能禁也。”①为了争取枚卜的机会，纷纷托人请求，“或动以利”，即贿赂。可见枚卜也引发了各种矛盾。

另外，整个明朝对民间巫师处理均较宽厚。对搞扶觇的巫婆，一律驱逐出京城。明俞如揖撰《礼部志稿》卷四五载马文升《覆奏四事疏》云：“弘治元年礼部覆奏左都御史马文升所奏四事，其曰逐术士者。宜令各该巡城监察御史及五城兵马司，并锦衣卫巡捕官，逐一搜访，但有扶鸾（即扶觇）祷圣、驱雷、唤雨、捉鬼、耳报，一切邪术人等及无名之人，俱限一月内尽逐出京。”②可见赶出京城，由他们在民间存在与发展。

对以上《礼部志稿》卷四五《覆奏四事疏》提到的巫术，明代民间仍旧照传不误。如耳报巫术，实际是明代流行的模仿巫术。明王士性著《广志绎》卷四《江南诸省　江西》云：

> 奉新有樟柳神者，假托九天玄女之术，俗名耳报。乃其地有此树，人取树刻儿形而传事之。其初乃章、柳二家子死，共埋于树下，久之其树显灵。儿形以一手掩耳，贯以针，炼以符咒，数以四十九日，耳边传言则去其针。其神乃小儿，故不忌淫秽，不讳尊亲，不明礼法，随事随报，然亦不能及远，亦不甚知来。其术炼之有用万家土、万人路者，土谓燕窠，路谓板桥，取伴其神裹之，验最速，若用金银诸物者，则皆冀以诓赚而去，非实也。其神之依人，则任其为盗而亦听之，故是儿神不明礼法。近见一二缙绅亦有事此神以谭幽吊诡者，最可笑。③

8. 九天玄女神〔采自《道教神仙信仰》〕

这种耳报巫术，连当时人也觉得荒唐可笑。人取树刻儿，耳边传言，随人乱说，造成了“则任其为盗亦听之”的恶劣结果，因此明王朝明文规定将这种耳报巫术，“限一月”驱逐出京师。

① （明）李清撰，顾思点校《三垣笔记》，中华书局1982年版，第202页。
② （明）俞如揖《礼部志稿》卷四五，景印文渊阁《四库全书》第597册，第847页。
③ （明）王士性著，吕景琳点校《广志绎》卷四，中华书局1981年版，第86页。

第二节　明代女巫预言巫术

明代民间亦流行女巫预言巫术。明代凌濛初著的拟话本《初刻拍案惊奇》第五卷卢生与郑生婚事中有明确的记载，它是以假说唐代故事的形式反映出来的。故事说：

唐朝时有一个弘农县尹，姓李，生一女，年已及笄，许配卢生。那卢生生得伟貌长髯，风流倜傥。李氏一家尽道："是个快婿。"一日，选定日子，赘他入宅。当时有一个女巫，专能说未来事情，颇有应验。与他家往来得熟，其日因为他家成婚行礼，也来看看耍子。李夫人平日极是信他的，就问他道："你看我家女婿卢郎，官禄厚薄如何？"女巫道："卢郎不是那个长髯后生么？"李母道："正是。"女巫道："若是这个人，不该是夫人的女婿。夫人的女婿，不是这个模样。"李夫人道："吾女婿怎么样的？"女巫道："是一个中形白面，一些髭髯也没有的。"李夫人失惊道："依你这等说起来，我小姐今日还嫁人不成哩！"女巫道："怎么嫁不成？今夜一定嫁人。"李夫人道："好胡说！既是今夜嫁得成，岂有不是卢郎的事？"女巫道："连我也不晓得缘故。"道言未了，只听得外面鼓乐喧天，卢生来行纳采礼，正在堂前拜跪。李夫人拽着女巫的手，向后堂门缝里，指着卢生道："你看这个行礼的，眼见得今夜成亲了，怎么不是我女婿？好笑！好笑！"那些使唤养娘们见夫人说他，大家笑道："这老妈妈惯扯大谎，这番不准了。"女巫只不做声。须臾之间，诸亲戚友都来看成婚盛礼。原来唐时衣冠人家，婚礼极重。合卺之夕，凡属两姓亲朋，无有不来的。就中有引礼赞礼之人，叫做"傧相"，都不是以下人做，都是至亲好友中间，有礼度熟闲，仪容出众，声音响亮的，众人就推举他做了，是个尊重的事。其时卢生同了两个傧相，堂上赞拜礼毕，新人入房。卢生将李小姐灯下揭巾一看，吃了一惊，打一个寒噤。叫声："呵呀！"往外就走。亲友问他，并不开口，直走出门，跨上了马，连加两鞭，飞也似去了。

宾友之中，有几个与他相好的，要问缘故。又有与李氏至戚的，怕有别话，要成全他的，多来追赶。有的赶不上罢了；有赶着的，问他劝他，只是摇手道："成不得！成不得！"也不肯说出缘故来，抵死不肯回马。

9．青花人物诸葛碗瓷画（山西洪洞县城东村明墓出土　山西省博物馆藏）〔采自《中国古代服饰史》〕

众人计无所出，只得走转来，把卢生光景，说了一遍。那李县令气得目睁口呆，大喊道："成何事体！成何事体！"自思女儿一貌如花，有何作怪？今且在众亲友面前说明，好教他们看个明白。因请众亲戚都到房门前，叫女儿出来拜见。就指着道："这个便是许卢郎的小女，岂有惊人丑貌？今卢郎一见就走，若不教他见见，众位到底认做个怪物了！"众人抬头一看，果然丰姿冶丽，绝世无双。这些亲友也有说："是卢郎无福的"；也有说："卢郎无缘的"；也有道："日子差池，犯了神煞的"，乱说一个不定。李县令气忿忿的道："料那生不能成就，我也不伏气与他了。宾客里面有愿聘的，便赴今夕佳期；有众亲在此作证盟，都可做大媒。"只见傧相之中，有一人走近前来，不慌不忙道："小子不才，愿事门婿。"众人定睛看时，那人姓郑，也是拜过官职的了。面如傅粉，唇若涂朱，下颏上真个一根髭须也不曾生，且是标致。众人齐喝一声采道："如此小娘子，该配此才郎！况且年貌相等，门阀相当。"就中推两位年高的为媒，另择一个年少的，代为傧相，请出女儿交拜成礼，且应佳期；一应未备礼仪，婚后再补。

是夜竟与郑生成了亲，郑生容貌果与女巫之言相合，方信女巫神见。成婚之后，郑生遇着卢生，他两个原相交厚的，问其"日前何故如此？"卢生道："小弟揭巾一看，只见新人两眼通红，大如灯盏，牙长数寸，爆出口外两边，那里是个人形？与壁殿所画夜叉无二，胆俱吓破了，怎不惊走？"郑生笑道："今已归小生了。"卢生道："亏兄如何受得？"郑生道："且请到弟家，请出来与兄相见则个。"卢生随郑生到家，李小姐梳妆出拜，天然美貌，绝非房中前日所见模样，懊悔无及。后来闻得女巫先曾有言，如此如此，晓得是有个定数，叹口气罢了。正合着古话两句道：

有缘千里能相会，无缘对面不相逢。[①]

以上这种特殊的预言巫术，主要是通过相面进行的。故事中的根据，便是"白面"、"髭髯"的俊男与"丰姿冶丽"的女子相配。这同唐代大相术家袁天罡，在武则天幼时相其面，认为此小女孩必定会成为皇帝一样，是一种相面术。所以，看相也应划为巫术之一类。[②]

---

① (明)凌濛初著《初刻拍案惊奇》，青海人民出版社 1981 年版，第 85—88 页。

② 请参阅高国藩《唐代敦煌的看相与算命》，载台北《历史》月刊第 27 期，1990 年 4 月 1 日刊。

第三节　明代天妃祭祀巫术之传播

明朝航海事业的兴盛，开始于明成祖朱棣的永乐时代。朱棣是朱元璋第四子。郑和的七次下西洋，对航海事业作出巨大的贡献，和永乐时代的文化经济繁荣景象及对外交流的活跃是分不开的。

10. 明成祖朱棣像〔采自《三才图会》〕

郑和下西洋，代表了当时航海知识的成就。据传茅元仪撰《武备志》卷二百四十收录有《自宝船厂开船从龙江关出水直抵外国诸番图》，就是郑和航海所用的海图。此外还有一些航海通书，诸如《海道针经》等等，这些航海通书，记载了我国漫长的海岸线，南海四大群岛岛屿之间的航线，和与南洋、西洋航线情况，便于郑和下西洋使用。明朝人撰写的《海道针经》在以下引到的祭祀《颂歌》《谨请》里就出现了十二个沿海地名。有了罗盘、海图，又有了航海通书地名坐标，就不会迷失方向。但郑和在航海遇险时，仍不忘天妃娘娘，以求振奋精神和斗志，战胜海上危难。《海道针经》之类书籍也搜集了有关符箓和咒语。在向达先生校注的明代《两种海道针经》内，就记载着明朝海船祭祀海神妈祖的巫术资料。《两种海道针经序言》强调："其所以可贵，为这些资料都出自普通航海者之手，是劳动人民自己的纪录，毫无夸饰之词。"①

此书包括佚名撰《海道针经(甲)顺风相送》，其中收入天妃(妈祖)祭祀巫术有关资料；包括佚名撰《海道针经(乙)指南正法》，其中收入海船必然经过乌坵到湄州岛施行天妃(妈祖)祭祀巫术的线路。书后附了《16—17世纪之"东西洋"略图》及《两种海道针经地名索引》。从全书内容来看，道教文化贯穿《两种海道针经》之中，实际是阐发道教对领土、岛屿的理解，体现了他们的情怀和意义。

二书撰者均佚名，书是从英国抄回来的。这甲乙两本书，是明朝人记载作为中国固有领土的四大群岛、钓鱼岛等等海道航路的著作，早已被英国人当成宝贝而收藏在伦敦牛津大学。《顺风相送序》内写道："永乐元年(1403)奉差前往西洋等国开诏，累次较正针路，牵星图样，海屿水势山形图画一本山为微簿。"又云："予因暇日，将更筹比对稽考通行较日，于天朝南京直隶至太仓并夷邦巫

① 向达校注《两种海道针经序言》，中华书局1961年版，第10页。

里洋等处更数针路山形水势澳屿浅深攒写于后，以此传好游者云尔。”[①]由此可见当时从南京到太仓出海，再到厦门、台湾、澳门、香港更远的到磨六甲（马六甲）、柬埔寨、暹罗（泰国）等等地方的航海线路已经开通，时间的上限是在明朝永乐元年以后。

首先，应当显示这艘海船上的《罗盘图》，不然无法理解海船上“转针位”、“寅卯”等是指罗盘针上的针位及航行环境。

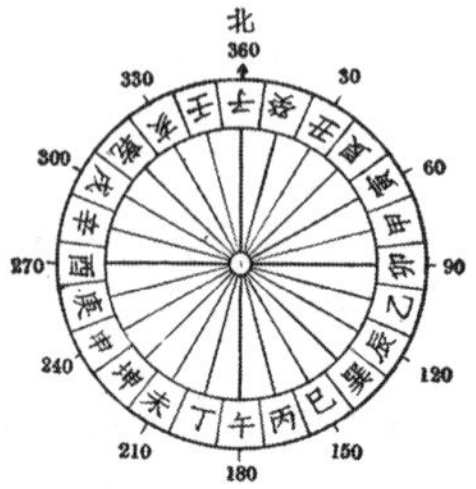

11.《指南正法》罗盘图〔采自《两种海道针经》〕

《顺风相送》中有一系列道教性的《歌》、《玉皇宝号》、《谨请》，为其核心内容。标名为《歌》者，是祭祀前的《颂歌》，为七言歌谣体，文曰：

> 灵山大佛常挂云，打锣打鼓放彩船。使到赤坎转针位，前去见山是昆仑。昆仑山头是实高，好风使去亦是过。彭亨港口我不宿，开去见山是苎盘。苎盘山头是实光，东西二竹都齐全。罗汉二屿有一浅，白礁过了龙牙门。郎去南番及西洋，娘仔后头烧好香；娘仔烧香下头拜，好风愿送到西洋。郎去南番及彭亨，贩卜玳瑁及龟筒。好个开梳乞娘插，怯个开梳卖别人。新做宝舟新又新，新打舵缭如龙根。新做舵齿如龙爪，抛在澳港值千金。[②]

“抛在澳港值千金”句很关键，尤其“澳港”两字引人注目，应当是指“澳门、香港”两地。这一提法出现在明朝，且“澳”在“港”前，引人推理出澳门海外贸易经济地位曾经高过香港。此一道教的祭祀海神妈祖巫术文献的发现，说明在明朝的时候经澳门和香港向西方的海运已经比较发达。明朝时候的澳门、香港绝不是荒芜人烟的两个小岛，不然葡、英两国也不用费心霸占它们。特别是英国人，通过《两种海道针经》的记载，早在明末清初就已对澳门、香港的经济和人文情况了如指掌且垂涎三尺。向达校注《两种海道针经序言》中云：

12. 戴毡帽的市民　明〔采自《皇朝积胜图卷》〕

---

① 向达校注《海道针经（甲）·顺风相送序》，《两种海道针经》，中华书局1961年版，第21页。

② 向达校注《海道针经（甲）顺风相送》，《两种海道针经》，中华书局1961年版，第47页。

两书原本都是旧钞本，原藏于英国牛津大学的鲍德林图书馆(Bodleian Library)。……《顺风相送》的副叶上有拉丁文题记一行，说此书是坎德伯里主教牛津大学校长劳德大主教(Arch. Laud)于一六三九年所赠。一六三九年为明崇祯十二年。据说劳德曾收购到欧洲一所耶稣会大学的藏书，有好几种中文书，《顺风相送》即为其中的一种。我们推测，此书很可能成于十六世纪，由在中国传教的耶稣会传教师带到欧洲，又辗转以入于牛津。这部《顺风相送》比日本池田好运的《元和航海记》似乎要早一点，记载内容也要丰富一些。①

这说明1840年鸦片战争前英国人对澳港经济人文情况已有深入了解，鸦片战争时逼迫清廷签订不平等条约前已有占领的企图；同时我们知晓，那些之前之后来到中国的传教士和探险家个个都是搜集历史人文资料的能手，起了传播殖民人文信息的作用。殖民主义者具有文化优势，他们通过研究中国道教天妃情况，了解地理和人文情况，为侵略中国出谋划策，倒是一大"发明"。

《歌》云"郎去南番及西洋，娘仔后头烧好香"，这是指海运贸易的远处目的地是南洋和西洋，即东南亚、南亚和欧洲。又云到西洋等处去不仅是做小贩，甚至"开铺"，这同时说明资金也已经有了一定的积累和规模。而在澳港的资金就更多了，能够建船厂造宝船了，出现了"新做宝船新又新"的句子，证明明朝已实施了制造远航海轮的计划。说明澳港的对外开放和贸易，在明朝控制鞭长莫及的情况下已经相对发达，故有了"抛在澳港值千金"的理念；只要中外宝船在澳港抛锚做生意，就能赚到很多很多钱，故"值千金"。这就证明远在十四世纪到十五世纪时候，澳门和香港的人民就在贸易上作出了杰出的贡献，从而在一定程度上推动了整个中国大明帝国的资本主义萌芽和经济发展。

13. 郑和上奏图〔采自明万历唐氏刻本《新刻全像三保太监西洋记通俗演义》〕

明人还将郑和七次下西洋加以文学化，来纪念这一亘古未见的壮举。

《玉皇宝号》歌颂自己的帆船——即明朝从澳港出海西去的宝船。文曰：

志心皈命礼太上，弥罗无上天。妙有玄真境，渺渺紫金阙。太微玉清

① 向达校注《两种海道针经》，中华书局1961年版，第3—4页。

宫,无极无上圣。福禄法光明,寂寂道无崇。玄范总十方,渐戚真长道,恢谋大神通。玉皇大天尊,玄穹高上帝。①

用道教最高神祇玉皇大帝命名远洋宝船,使妈祖护航护岛更为得力。这里的玉皇大帝,即玉皇天尊。《云笈七签》卷三《道教本始部》曰:“三代天尊者,过去元始天尊,见在太上玉皇天尊,未来金阙玉晨天尊。”②玉皇天尊是驾临于妈祖娘娘之上的守护神,他为海道护航,守卫钓鱼岛、东沙群岛、中沙群岛、西沙群岛、南沙群岛等中国四大群岛。甲乙两书都有典型的有关天妃道教祭祀巫术祝文的展示,具体见下。

《顺风相送》前有一篇《地罗经下针神文》,其实是巫术祝文,概括了道教的天妃和众多神仙保卫南海四大群岛和钓鱼岛等等海岛的功绩。原文曰:

伏以神烟缭绕,谨启诚心拜请,某年某月今日今时四直功曹使者,有功传此炉内心香,奉请历代御制指南祖师,轩辕皇帝,周公圣人,前代神通阴阳仙师,青鸦白鹤仙师,杨救贫仙师,王子乔圣仙师,李淳风仙师,陈抟仙师,郭璞仙师,历代过洋知山知沙知浅知深知屿知礁精通海道寻山认澳望斗牵星古往今来前传后教流派祖师,祖本罗经二十四向位尊神大将军,向子午酉卯寅申巳亥辰戌丑未乾坤艮巽甲庚壬丙乙辛丁癸二十四位尊神大将军,定针童子,转针童郎,水盏神者,换水神君,下针力士,走针神兵,罗经坐向守护尊神,见橹班师父,部下仙师神兵将使,一炉灵神,本船奉七记香火有感明神敕封护国庇民妙灵昭应明著天妃,暨二位侯王茅竹符仙师,五位尊王杨奋将军,最旧舍人,白水都公,林使总管,千里眼顺风耳部下神兵,擎波喝浪一炉神兵,海洋屿澳山神土地里社正神,今日下降天神纠察使者,虚空过往神仙,当年太岁尊神,某地方守土之神,普降香筵,祈求圣杯。或游天边戏驾祥云,降临香座以蒙列坐,谨具清樽。伏以奉献仙师酒一樽,乞求保护船只财物,今日良辰下针,青龙下海永无灾,谦恭虔奉酒味初伏献再献酌香醪。第二处下针酒礼奉先真,伏望圣恩常拥护,东西南北自然通。弟子诚心虔奉酒陈亚献,伏以三杯美酒满金钟,扯起风帆遇顺风。海道平安往回大吉,金珠财宝满船盈荣,虔心美酒陈献。献酒礼毕,敬奉圣恩,恭奉洪慈,俯垂同鉴纳伏望愿指南下盏,指东西南北永无差,朝暮使船长应护

① 向达校注《海道针经(甲)顺风相送》,《两种海道针经》,中华书局1961年版,第47页。
② (宋)张君房撰《云笈七签》卷三,上海古籍出版社1989年影印本,第16页。

往复过洋行正路，人船安乐，过洋平善，暗礁而不遇，双篷高挂永无忧。火化钱财以退残筵。奉请来则奉香供请，去则辞神拜送。稽首皈依，伏惟珍重！①

这篇神文称天妃为“护国庇民妙灵昭应明著天妃”。元大德三年(1299)赐天妃号为“护国庇民明著天妃”(《四明续志》)。康熙十九年(1680)又赐号“护国庇民妙灵昭应弘仁普济天妃”(《大清会典》)，神文中“妙灵昭应”四字为康熙十九年赐封时间特征，此神文为清初撰写。

文中“定针童子”、“转针童郎”以及“换水童郎”，即童子(巫师)一类，和敦煌《唐太宗入冥记》以及南通《十三部半巫书》中的童子皆一脉相传。文中“橹班师父”(鲁班仙师)也变作参与天妃保护海疆平安的众神之一②，使神文意味深长。因南海有鲁班墓可以参拜。

以上所有道教神仙俱保卫着南海在三沙群岛海域劳作的渔民和来往商贸、旅游的船只。

《指南正法》前也有一篇巫术祝文《定罗经中针祝文》，其概括了天妃众多神仙保卫三沙群岛海域渔民以及商民的祈请。原文曰：

伏以坛前弟子，谨秉诚心，俯伏躬身，焚香拜诸位请历代御前指南祖师，轩辕皇帝，周公圣人，前代神通阴阳仙师，鬼谷、孙膑先师，袁天罡、李淳风、杨救贫仙师，王子乔、陈希夷仙师，主倜郭仙师，历代过洋、知山形水势、知浅深、知礁屿、识湾澳、精通海岛、望斗牵星、往古来今前传后受流派祖师，奉祀罗经二十四位尊神，神针大将，夹石大神，定针童子，换水童郎，水盏圣者，起针神兵，位向守护尊神，鲁班仙师，部下神兵目龙杠棋一切神兵，本船护国庇民明著天后，三界伏魔关圣帝君，茅竹水仙，五位尊王部下，喝浪神兵，白水都公，林使总管，海洋澳屿里位正神，本船随带奉祝香火一切尊神，乞赐降临。伏念大清国某省某府某县某保某船主某人，兴贩某港，涓于某月某日开驾下针，虔备礼物，祈保平安。今日上针，东南西北无差，往来过洋已行正路。人船清吉，海岛安宁。暴风疾雨不相遇，暗礁沉石莫相逢。求谋遂意，财实自兴，来则流星，去则降神。稽

① 向达校注《海道针经(甲)顺风相送·地罗经下针神文》，《两种海道针经》，中华书局1961年版，第23—24页。

② 请参阅高国藩主编《和谐常熟宝卷》第一集《序·鲁班宝卷最有典型哲学意义》和《鲁班宝卷》，东亚文化出版社2009年版，第1—7、38页。

首皈依，无极珍重。①

这篇祝文中有“大清国”字样，又称天妃为天后。按康熙二十二年(1683)，助清廷收回澎湖，又加封天后，编列祀典。乾隆二年(1737)又加天后封号，增福佑群生四字。故此祝文亦为清初作品，为《两种海道针经》产生的下限。

以天妃为中心，又加了二十四位尊神，五位尊王，等等，调动了一切神灵，来做三种保佑。

第一，保佑“本船”，即航海所有的人，“人船清吉”。

第二，保佑中国四大群岛东沙群岛、西沙群岛、中沙群岛、南沙群岛及钓鱼岛、台湾岛、澎湖岛等“海岛安宁”。

第三，保佑海道的“精通海岛”。

总之，岛上和船上所有人，已经“虔备礼物，祈保平安”。其目的无非是“兴贩某港”，使贩卖商品成功，人货平安。如此善良的愿望，所有道教圣灵理应全力以赴，保驾护航。

《顺风相送》中有《谨请》一篇，谨请湄州娘妈，即天妃。全文整体是歌谣型的咒语：

五更起来鸡报晓，请卜娘妈来梳妆。梳了真妆缚了髻，梳了倒髻成琉璃。身穿罗裙十八幅，幅幅裥裥香麝香。举起凉伞盖娘妈，娘妈骑马出游香。东去行香香人请，北去行香人来迎。去时金钗插鬓边，到来银花插殿前。愿降临来真显赫，弟子一心专拜请。湄州娘妈降临来。急急如律令。②

湄州是一个海岛，俗称湄洲岛，在福建省泉州港北面湄洲湾之外，相传天后林氏就出生在莆禧所的贤良港。岛上有天后宫，海船来往，必须经过乌坵至天后宫祭祀。从英国抄回来的《指南正法》，就在这本书里，记载到湄洲岛以及来往船只经过乌坵到湄洲岛的天后宫，对妈祖进行祭祀巫术的种种情况。

1.《两种海道针经·指南正法》“对坐图”曰：“乌坵在共湄州找为乙卯辛酉对坐，有兼乙辛一条线。”向达注：“据《武备志》及《海国闻见录》，乌坵在湄洲岛东。”③

① 向达校注《海道针经(乙)指南正法》，《两种海道针经》，中华书局1961年版，第109页。

② 向达校注《海道针经(甲)顺风相送》，《两种海道针经》，中华书局1961年版，第47—48页。

③ 向达校注《两种海道针经》，中华书局1961年版，第131页。

2.《两种海道针经·指南正法》"对坐图"曰:"乌坵离一更开用单午七更取西屿头起。……湄州用单丙取西屿头,或用单丙及丙午亦可。或见猫屿西南并丁未风可用辰巽取打狗仔。或猫屿近南风,水是二涨一退,可用辰巽及单辰取台湾港口。"①

3.《两种海道针经·指南正法》"对坐图"曰:"乌坵陇用单午及丙转变八更取澎湖。……湄州开驾,用单丙三更、丙午五更取澎湖。"②

4.《两种海道针经·指南正法》"戬东山形水势"曰:"浮禧所,抛北南水浅,无水不便行船。内是黄螺港,妈祖家,港心打水七八托,好抛舡。"向达注:"浮禧所即莆禧所。天妃林氏相传家在贤良港,黄螺港即贤良港俗称。"③

5.《两种海道针经·指南正法》"厦门往长崎"曰:"大担开舡,用甲卯离山。用艮寅七更取乌坵,内是湄州妈祖,往祭献。用艮寅及单寅七更取鸡笼头。"④

由上可见,无论是厦门往日本长崎,还是由厦门去台湾,海船都要从乌坵到"妈祖家"来祭祀天后海神娘娘,以便取悦于"神"。

不能轻视《两种海道针经》记载的每一个小岛,甚至是每一个有名无名的海礁。那里自古以来,凡有渔民所到,就会有祭祀天妃和众神的巫术传播。这些岛屿和礁石确属中国领土,然后才记载在《海道针经》这类书里。中国的海岸线,清初时北面延伸到库页岛,该岛在黑龙江口外,唐代属于黑水都护府管辖。元代称骨嵬,属水达达路管辖。明代为奴儿干都司管辖,在那里设置囊哈儿、波罗河诸卫。清初为吉林省三姓副都统辖地。十八世纪中叶后,俄国和日本对其垂涎已久,相继侵占,俄国占领北部,起名萨哈林岛;日本占南部,改名桦太岛。但自1860年沙俄强迫清政府订立不平等的《北京条约》,将库页岛连同乌苏里江以东地区割让给俄国,中国从此便失去了那里的漫长海岸线及其领水。随着渔业区缩减,天妃也被迫退出被俄国割占的库页岛及其海域。

14. 惊梦图〔采自明崇祯十二年(1639)刊本《张之深先生北西厢秘本》〕

但天妃仍然护卫着东沙、西沙、中沙、南沙等我国四大群岛及其所属的广大海域。《指南正法》所称"南澳气"就是东沙群岛。向达先生注云:"南澳气之名

① 向达校注《两种海道针经》,中华书局1961年版,第133页。
② 向达校注《两种海道针经》,中华书局1961年版,第135页。
③ 向达校注《两种海道针经》,中华书局1961年版,第142页。
④ 向达校注《两种海道针经》,中华书局1961年版,第180页。

亦见《海国闻见录》，谓南澳气居南澳之东南，隔南澳水程七更，云云。校以今图，当即指东沙群岛而言。”[①]《指南正法》“南澳气”一节对东沙群岛地理状况有段描写：“南澳有一条水屿，俱各有树木。东边有一个屿仔，有沙湾拖尾，看似万里长沙样。近看南势有一湾，可抛舡，是泥地，若遇此山可防。”[②]证明中国渔民曾停船生活在此有树木之地，而且做过诸如祭祀天妃巫术以及占卜巫术之类事情。因接下来一段引文是记载占卜巫术的中文，如“初九盖屋主火灾”、“神仙留下此六日”等等。向达不解，注云：“冰消以下俱言吉凶宜忌，不知何以在此。”[③]可见中国渔民在东沙群岛上生活过，盖屋设庙，也祭祀过天妃，占卜过吉凶。

祭祀天妃所在的七州洋（山）指的是西沙群岛。《两种海道针经·顺风相送》在七州洋祭祀天妃等神用三牲：“七州洋，一百二十托水。往回三牲酒醴粥祭孤。贪东鸟多，贪西鱼多。”[④]

《两种海道针经》中提到的天妃施救的万里长沙，在清朝陈伦炯撰《海国闻见录》中，其《四海总图》概括部分主要是中沙群岛。《两种海道针经·顺风相送》描述道：“船若回唐，贪东，海水白色赤见百样禽鸟，乃是万里长沙，可防可防。多芦荻柴多流界，船若贪西，则见海南山，不可近。”[⑤]可见在中沙群岛的万里长沙上可以看见海南岛上的山。

而《两种海道针经》中提到的天妃施救的万里石塘，在清朝陈伦炯撰《海国闻见录》中，其《四海总图》概括部分主要是南沙群岛。《两种海道针经·指南正法》描述道：“使一日见外罗对开。东七更便是万里石塘，内有红石屿不高，如是看见舡身低水可防。”[⑥]

在天妃女神庇护和保佑的海洋小岛中，有个钓鱼岛（俗名钓鱼屿、钓鱼台），很有名气，是通往琉球和日本中途必经的一个中国小岛。钓鱼岛是中国固有的神圣领土，故在天妃保佑之列。

第一，向达校注《两种海道针经·顺风相送》中《福建往琉球》记载：“太武放洋，用甲寅针七更船取乌坵。用甲寅并甲卯针正南东墙开洋。用乙辰取小琉球头。又用乙辰取木山。北风东涌开洋，用甲卯取彭家山。用甲卯及单卯取钓鱼屿。南风东涌放洋，用乙辰取小琉球头，至彭家花瓶屿在内。正南风梅花开洋，用乙辰取小琉球。用单乙取钓鱼屿南边。用卯针取赤坎屿。用艮

①③ 向达校注《两种海道针经》，中华书局1961年版，第122页。

② 向达校注《两种海道针经》，中华书局1961年版，第121—122页。

④ 向达校注《两种海道针经·顺风相送》，中华书局1961年版，第33页。

⑤ 向达校注《两种海道针经·顺风相送》，中华书局1961年版，第28页。

⑥ 向达校注《两种海道针经》，中华书局1961年版，第108页。

针取枯美山。南风用单辰四更，看好风单甲十一更取古巴山，即马齿山，是麻山赤屿。用甲卯针取琉球国为妙。"[①]这一段写到"钓鱼屿"，即钓鱼岛，是福建驶往琉球必经之地。向达在书后《两种海道针经地名索引》中说明："钓鱼屿在台湾基隆东北海中，为我国台湾省附属岛屿，今名鱼钓岛，亦名钓鱼岛。甲：96。"[②]

第二，《两种海道针经・指南正法》中《福州往琉球针》记载："梅花开舡，用乙辰七更取圭笼长。用辰巽三更取花矸屿。单卯六更取钓鱼台北边过。用单卯四更取黄尾屿北边。甲卯十更取枯美山。看风沉南北用甲寅，临时机变。用乙卯七更取马齿北边过。用甲卯寅取濠灞港，即琉球也。"[③]这一段写到"钓鱼台"，也就是钓鱼岛。向达在书后《两种海道针经地名索引》中说明："钓鱼台：此指台湾基隆东北海上之钓鱼岛，一般作钓鱼屿，亦作钓鱼台。乙：168。"[④]

天妃祭祀巫术具有风俗性。祭祀祖先，酾酒临江，烧香磕头，散烧纸钱，祈求平安，等等，这些民众风俗性的祭祀巫术已约定俗成地融合进爱国传统，也已构成民俗传承。人们去天妃宫祭祀海神娘娘至今络绎不绝。

天妃祭祀巫术使信仰与实践相结合，比翼齐飞，是明人的卓越创造。明人有《天妃经》木板书出现。《天妃经》大书特书了郑和七下西洋的壮举。今人金秋鹏在《迄今发现最早的郑和下西洋船队图像资料——〈天妃经〉卷首插图》一文中，公布了他的发现。

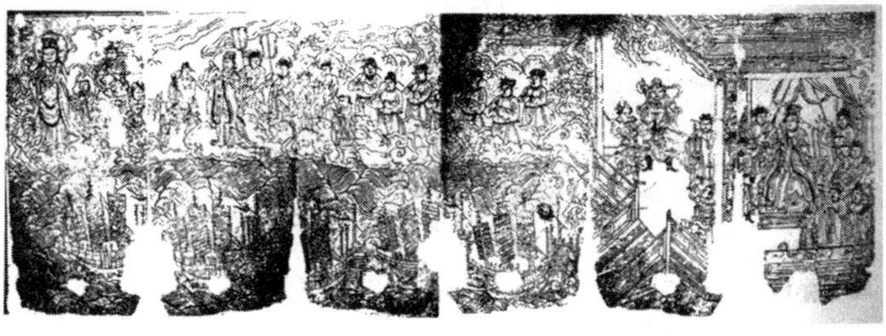

15. 明永乐十八年(1420)刊本《天妃经》卷首插图〔金秋鹏《迄今发现最早的郑和下西洋船队图像资料——〈天妃经〉卷首插图》，《中国科技史料》2001年第1期。〕

这一幅《天妃经》卷首插图是六幅连载的长卷式画卷。后四幅上层是人和神的巫术图，中层是海浪，下层是开阔海面成列成行的船队。

---

① 向达校注《两种海道针经》，中华书局1961年版，第95—96页。

②④ 向达校注《两种海道针经》，中华书局2000年版，第253页。

③ 向达校注《两种海道针经》，中华书局1961年版，第168页。

金秋鹏指出："《天妃经》卷首插图则为我们展示了宝船形象的历史图像。其所画的船，艏艉高跷，船舷高，吃水深，正符合福船的特征，可说是福船的写实和写意，而与艏艉起翘不大，船舷低矮，几乎接近水面的沙船完全两样。因此，此图可作为宝船系福船型这一结论的有力证据。画中，那开阔海面上成列、成行的船队，也为我们描绘了郑和下西洋气势磅礴的景象。"①

此为永乐十八年的刊本，说明郑和下西洋回来，明人刊刻此书加以纪念。《天妃经》原称《太上老君说天妃救苦灵验经》，一卷，收入《道藏·洞神部本文类》，有正统本、景正统本。特别应当指出，明代道教界人士，通过郑和下西洋的成功，智慧地提升了妈祖信仰的哲学含义，推动道教对航海事业作出贡献。即此一点便证明道教巫术信仰对于人类生存及探索世界有其积极意义，不容否定。对道教祭祀巫术态度应如此，对佛教祭祀巫术态度亦应如此。

郑和为世界航海史写下了辉煌的一页，美国《国家地理》杂志推选出的人类过去一千年中，最具历史影响力的海洋探险家，郑和是东方唯一的代表。郑和七下西洋的航海壮举是对人类的杰出贡献。当时，郑和祭祀天妃女神，建天妃宫于南京，还利用抄写经书和雕刻形象的方法来祈福。

在郑和下西洋及其刊刻《天妃经》以前，他也刊刻佛经进行祭祀巫术以乞求佛教神灵的帮助。明永乐元年(1403)郑和出资刊刻佛经《佛说摩利支天经》(全名是《摩利支天菩萨陀罗尼经》)，其中的佛像——摩利支菩萨是佛教的护法神，唐代不空和尚译《摩利支天经》曰："有天名摩利支，有大神通自在之法，常行日前，日不见彼，彼能见日，无人能见，无人能知，无人能捉，无人能害，无人能欺诳，无人能缚。"摩利支菩萨似天女形，有自在通天之神力，比妈祖娘娘还要有神通。据传她能在暗中明察秋毫，隐身为人类护法，故郑和刻写此经显然是想祈求摩利支菩萨，保佑他"宣德化而柔远人"的航海事业成功。郑和这样做，是因为永乐年间佛教祭祀巫术盛行，当时刊刻的许多佛经在市面上都有流传。

16. 郑和在永乐元年刊刻的佛经《佛说摩利支天经》首页图〔采自明刊本《佛说摩利支天经》〕

① 金秋鹏《迄今发现最早的郑和下西洋船队图像资料——〈天妃经〉卷首插图》，载于《中国科技史料》2000年第1期，第63页。

17. 明永乐年间刊行的《大佛顶心陀罗尼经》的首页图〔采自明刊本《大佛顶心陀罗尼》〕

第四节　明代《周易》卜卦巫术之传播

在明朝，《周易》卜卦巫术继续在全国传播，书籍当中多有记载，这离不开开国皇帝朱元璋的倡导。宋代理学将《周易》研究纳入神学，朱熹、邵雍的《周易》令人看不懂。明代理学有了不同，陈士元撰《梦林玄解》开始注重“梦证”[①]，到他再撰《梦占逸旨》更搜集了历代诸多民间传说的“梦证”[②]，使占梦拥有《周易》的哲学性，和宋代理学的不同点在于对唯物的论述。事实上，民间已有先声，今略为列举数例如下：

18. 戴顶珠帽穿绣龙纹服明朝官员〔采自《中国古代服饰史》。下同〕

1. 卜《易》甚验。明王锜撰《寓圃杂记》卷四《卜士》曰：“长洲沈景旸卜《易》甚验。宣德初，驿取至京，命于午门上布卦，乃问英国公征南之事。景旸得占，遂曰：‘此大胜之兆，明日正午当得捷音。’候其时，果有飞骑至，报生擒黎王，禁得其国，一刻不违，遂赐钞币，遣还故里。”[③]

《周易》卜卦在于预言灵验与否，这决定着信众的接受程度。以上英国公征南事，占卜巫师预言“大胜之兆”，结果领了奖金报酬回乡。可见，用《周易》卜筮明人并不认为是迷信活动。

2. 京房《易占》仝寅学卜。明黄瑜《双槐岁钞》卷八《仝寅王泰卜筮》载：“仝寅字景明，山西安邑人。少瞽而性聪警，乃学京房《易占》，断多奇中。正统间，

① (晋)葛洪真本，(明)陈士元增删，叶明鉴编译《梦林玄解》，朝华出版社 1993 年版。

② (明)陈士元撰《梦占逸旨》，中华书局 1985 年影印版。

③ (明)王锜撰，张德信点校《寓圃杂记》卷四，中华书局 1984 年版，第 32 页。

父清游云中，挟寅与俱，三边吏士有问身休戚及军利钝成败，必就寅决之，由是名闻四方。己巳秋，虏酋也先大人边，英庙北狩，阴遣使命镇守太监裴当问寅，寅筮得乾之初九附，奏曰：‘大吉，可以贺矣。龙君像也，四初之应也，龙潜跃必以秋，应以壬午，浃岁而更。龙变化之物也，庚者更也，庚午中秋，车驾其还乎？还则必幽，勿用故也。或跃应焉，或之者疑之也，后七八年必复辟。午火德之王也，丁者人之合也，其岁丁丑月壬寅日壬午乎？自今岁数更九，跃则必飞。九者乾之用也，南面子冲午也，其君位乎？故曰大吉。’英庙心识之。时忠国公石亨以参将守云中，贤寅，引为上客，动必咨之。暨景帝即位，虏益炽，召亨还，总京营。亨以清有干略，荐以自辅，寅因侍行至京。时也先复入寇，京师戒严，召寅问休咎，寅筮之曰：‘无能为也，且彼气已骄，战之必克。’虏果败去。庚午，也先欲奉英庙北还，时率以为诈，独武宁伯朱谦上书恳请，朝廷持不敢发，寅力言于亨曰：‘虏人顺天聚义，我中国反失迎奉之礼，独不为夷狄笑乎？’亨遂与少保于谦协议遣使，虏果奉乘舆来归。实庚午八月也。英庙以太上皇居南宫，锦衣指挥卢忠上变，外议汹汹。忠一日屏人请筮，寅以大义斥之曰：‘是兆大凶，死不足赎。’忠惧而佯狂为风状，两宫乃安。忠后伏诛，果如寅言。景帝弗豫，中外以储嗣未定为忧，寅言于亨曰：‘公国柱石，当委身致命，以安宗社。今危异之际，不早定大计，祸且不测。’亨意遂决。英庙复辟，将官寅，寅固辞，乃命工范金，铸‘阴阳神灵’四字为筮钱十八文，又制象牙盒贮之以赐，又赐鱼牙金酒杯一，白金彩币若干。会清以指挥佥事出莅徐州，上曰：‘仝寅得无偕往乎？其受锦衣卫百户，在京居住。’寅复固辞，不允。见亨宠位已极，每筮以持满之道反复戒之，弗纳，卒及于祸。寅年近九十卒。”①

19. 戴乌纱帽穿红蟒袍的抗倭名将戚继光

仝寅的《周易》卜筮，是根据汉代京房《易占》来的。《汉书·儒林传》载京房为焦延寿弟子，后被石显所杀，时年四十一。② 今见有《京氏易传》三卷本，深奥费解。仝寅“断多奇中”，将他“引为上客”。在于有学问，卜筮实际兼而为官吏出谋划策，成为朝廷的高参。故仝寅《周易》卜筮在朝廷大行其道。但他始终固辞朝廷的奖励，以避免其师京房显耀被诛，故最后获保命而归，年近九十卒。因《周易》卜筮与政治靠得太近，如焦延寿选择作隐士即为善策。

① (明)黄瑜撰，魏连科点校《双槐岁钞》卷八，中华书局1999年版，第144—145页。

② (汉)班固撰《汉书》卷八八，中华书局1962年版，第3601—3602页。

3. 京房《易占》王泰学卜。明黄瑜撰《双槐岁钞》卷八“仝寅王泰卜筮”称：“又有王泰者，小名驴儿，济宁卫人。双目瞽，其一稍通明。赋性灵异，尝遇一老妪，授以阴阳一篇，居数日，妪乃去。或曰妪老狐精也。泰卖卜，由是屡发屡中，人以为神。都御史马昂尝微服访泰，太愕然谓曰：‘是何大贵人也！’刻期某月日必升兵部尚书，果然。漕运佥都御史竑入觐，就问，泰曰：‘此去必升，三年必有大祸，然亦有大名。’至京，果升左副都御史，是岁甲戌也，丁丑为石亨所害，除名为民。复问之，泰又曰：‘公至某日，当有诏命，仍旧官，巡抚西北。’及期，果如所言。指挥卢彬金带自束复开者三，泰曰：‘今夕有锋刃之祸。’是夕彬入舍人王鸾家，为鸾所杀。其神妙如此。二人者可以备艺术传矣。”[①]以上王泰《周易》卜筮，依然来自京房《易占》。卖卜于市，屡发屡中。达官贵人微服私访求卜筮吉凶，皆据实以告，本人因贪念多不能避免杀身之祸。

亦可见明人《周易》卜筮与官场结合紧密，仝寅、王泰等对官场的凶险和尔虞我诈皆有所洞察。由此可见，明人认为《周易》卜筮可信，预言推测百发百中，不为迷信；再加上朝廷倡导，自有其存在理由，故《周易》卜筮在明代有良好的作用。

第五节　明代反抗巫术——厌胜术加速融入生活

明代巫文化，反抗厌胜术加速融入生活中趋吉辟凶的需要，在配合国家的稳定与发展方面，不余遗力。

一　符箓厌胜

明成祖朱棣，主持《永乐大典》编撰。在《永乐大典》中有这样一幅符咒巫术图，表现出整个大明王朝对于巫术所持的文化理念，即以巫文化保护民居。

这幅符咒图表现出大明王朝将驾临于巫术符咒之上气势，也表现出巫文化会在皇权的控制下得到发展。这种理念被宗教和民间所接受，宗教纳巫术于经典，民间则加速将巫术融入风俗传统。但大明王朝怎样延伸这些巫文化呢？答案是深入开发汉唐古风的建筑、服饰及其辟邪艺术。

20.《永乐大典》中的符咒图

① (明)黄瑜撰，魏连科点校《双槐岁钞》卷八，中华书局1999年版，第145页。

二　四灵厌胜

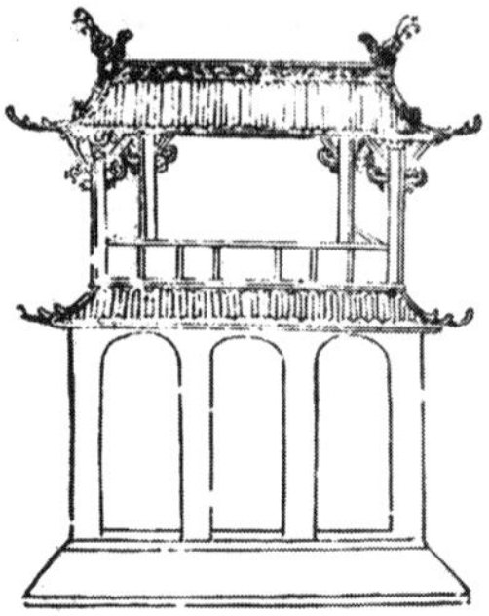

21. 阙上增添四灵标志〔采自《三才图会》。下同〕

将四灵神请入民居。例如“阙”,《三才图会》宫室一卷《阙》解释说:“阙在门两旁中间,阙然为道也。《释名》:‘阙,缺也。门两边缺然为道也。’《广志》:‘阙,观也。古每门树,两观于其前,以标表宫门,其上可居,登之则可远观,故谓之观。’人臣将朝,至此则思其所阙,故谓之阙。其上皆画云气仙灵,奇禽怪兽,以示四方苍龙、白虎、玄武、朱雀,并画其形。”①

明人喜爱“四灵”,将四灵巫文化融入民居建筑,从而成为居民的精神支柱,故而在民居房顶,出现了四灵标志的艺术装饰物。明人还强调自己豪华的居住标准,即每家每户建筑二合院或四合院,称为“五亩宅”,其房顶之上,亦见四灵标志,成为建筑美学特征。

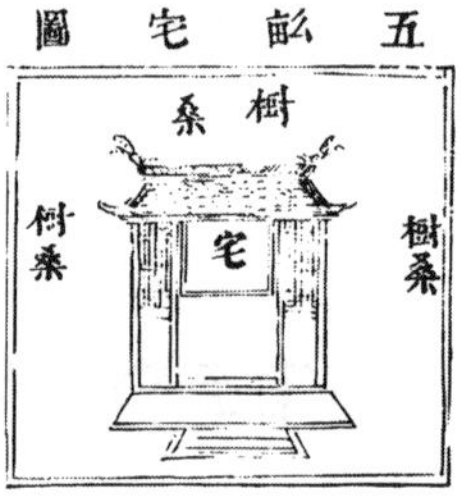

22. 五亩宅图

《三才图会》宫室一卷《五亩宅图》云:“五亩之宅外,环以墙,贾公彦曰:宫是合院之内。”②“合院”的建筑概念在明朝深入人心。在屋顶有巫文化四灵之神为人们驱邪祈福,宅外环以墙,合院之内提倡栽种桑树,户户养蚕,每年有桑椹可以养生。

三　凤鸟厌胜

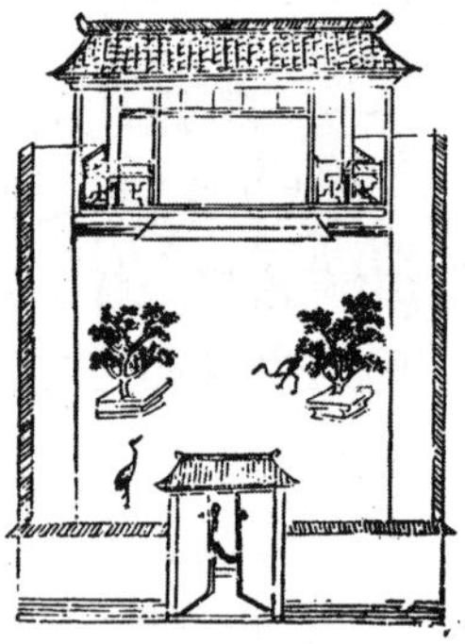

23. 庭院内养鹤图

有院必有庭,庭院不可分,明人认为这是黄帝时代祖先便为后人安排好的民居,以下见“庭”之图,两只凤鸟在庭内踱步,散发着祥和安乐的气氛:

《三才图会》宫室一卷《庭》云:“庭堂下至门,谓之庭(《玉海》)。《说文》曰:庭,朝中也。《扬子法言》曰:凤鸟跄跄,匪尧之庭。《列子》曰:黄帝居大庭之馆。此庭名之起。”③强调这是黄帝居住过的大庭院,“庭”图内有凤鸟跄跄踱步。庭内之所以要饲养仙鹤之类,因它是四灵之一凤凰的化身,明人认为它是活的四灵之一。鹤所到

---

① (明)王圻、王思义编集《三才图会》宫室一卷,上海古籍出版社 1988 年影印本,第 992 页。

② (明)王圻、王思义编集《三才图会》宫室一卷《五亩宅图》,上海古籍出版社 1988 年影印本,第 994 页。

③ (明)王圻、王思义编集《三才图会》宫室一卷,上海古籍出版社 1988 年影印本,第 993 页。

处，安稳生活必将形成，显出朱元璋《春水满四泽》诗“云谷山人鹤仗悠”的韵味。① 这就是四灵巫文化带来民居新理念。

四　还傩辟邪，烧草船纸马禳灾

大明王朝不断将巫术导向礼仪使生活稳定，于是厌胜艺术继续发展。地方巫术活动与相关风俗照常进行。明嘉靖本《常德府志》记载：

（正月）至十八日燃灯，以草为船，实以纸马，送至江浒焚之，谓之“禳灾”。三月清明，插柳于门，人簪一嫩枝，谓能辟邪。十二月岁除，岁将尽数日，乡村多用巫师，朱裳鬼面，锣鼓喧舞竟夜，名曰“还傩”。②

五　玉辟邪

辟邪神兽之厌胜品出矣。厌胜禳灾、辟邪、还傩，都是驱傩之意。带玉辟邪也是老弱妇孺重要的厌胜巫术文化风俗活动项目，它是养生长寿珍贵物品。明代巫术继续沿着艺术与民俗合璧的道路发展。明佚名撰《古玉图考》云：“右辟邪高二寸二分，长径四寸，有半色微白而红，占斑斓间有水银色处，传是太康墓中物；陕右耕夫锄得之，延祐中，赵子昂承旨购得之，以为书镇。”③原为西晋太康年间辟邪物，元代延祐中为赵子昂购得，成为他的书镇，如今是古玩中的珍品。（见图 24）

明佚名撰《古玉图考》云：“此辟邪乃杨元诚同签白都丁玉工家得之，长一尺二寸，高三寸二分，玉色微青，长尾，背有甬盖，古钟簴足也。”④钟簴足，即春秋战国时代挂编钟架子的四足。这也是辟邪巫术融入明代风俗之明证。（见图 25）

24. 玉辟邪 1〔采自《古玉图考》。下同〕

25. 玉辟邪 2

六　迎神辟邪

明朝万历本湖南《慈利县志》记载：

---

① 全明诗编纂委员会编《全明诗》卷四，上海古籍出版社 1990 年版，第 30 页。

② （明）嘉靖《常德府志》，北京图书馆出版社 1991 年版，第 649 页。

③④ （明）佚名撰《古玉图考》，（明）陶宗仪等编《说郛三种》本，上海古籍出版社 1988 年影印本，第 4529 页。

夏秋不雨，则凭巫打洞请水，又各立坛迎神，以祈祷之。秋冬夜，排门户设素斋会邻，凭老师降三圣神以询吉凶，谓之“做鬼”，一谓之“续神”，瓦鼓铃刀之声不绝。长夜，人有丧，必择吉日始成服，亲宾咸赍酒馔，以娱其哀情，主人亦自备酒馔相与饮啜。①

明代请巫、迎神、“做鬼”与饮酒结合，进行着巫术和风俗融合在一起的辟邪活动。

七　辟虐镜厌胜

明陆粲《庚己编》卷一〇《辟疟镜》曰：“吴县三都陈氏，祖传古镜一具，径八九寸。凡患疟者，执而自照，必见一物附于背，其状蓬首黧面，糊涂不可辨。一举镜而此物如惊，奄忽失去，病即时愈。盖疟鬼畏见其形而遁也。世以为宝。至弘治中，兄弟分财，剖镜，各得其半，再以照疟，不复见鬼矣。”②俗语云“破镜重圆”，但明代辟虐镜一经破镜便失去一切厌胜效用，两块破镜片而已。

八　厌胜钱卜

大将斩鬼钱，见于明李诩撰《戒庵老人漫笔》卷二《二古钱形》，曰：“大将持刀形，此钱厌胜物也。吴思橘藏。此古钱一，背面如上。徐进士文山亮所藏。都南濠得去。”③

26. 大将斩鬼钱〔采自《戒庵老人漫笔》〕

明代之所以厌胜钱流行，在于民间风俗将钱用于卜卦。明陆容撰《菽园杂记》卷一一云：“占卦者以钱代蓍，其来久矣。旧以无字一面为阳，有字一面为阴。至朱文公反之，以有字为面为阳，无字为背为阴。有储(冰)者，以为古铜器物款识皆在背，如镜是已。予按此说非也。钱之有文，为钱设也。今印信与宫术铜牌皆然。钱背间亦有一字者，印背有铸造年月字，铜牌背有号数字。若镜之为器，主照物，不重在文，岂可以此为律邪?”④朱文公是朱熹的谥号，可见连宋代的道学家都来玩“以钱代蓍”的占卦，实际已从厌胜钱，转变为“厌胜钱卜”的娱乐，极富文化品味。

---

① 《慈利县志》，丁世良、赵放主编《中国地方志民俗资料汇编》中南卷(上)，北京图书馆出版社 1991 年版，第 664 页。

② (明)陆粲撰《庚己编》，中华书局 2007 年版，第 127 页。

③ (明)李诩撰，魏连科点校《戒庵老人漫笔》卷二，中华书局 1982 年版，第 50 页。

④ (明)陆容撰《菽园杂记》卷五《占卦者》，中华书局 1985 年版，第 64 页。

九　镜厌胜

有双鹤门神吉祥镜厌胜、送子镜厌胜。

27.（明）双鹤门神吉祥多宝镜厌胜图〔采自《铜镜鉴藏》〕

28.（明）送子镜厌胜图〔采自《铜镜》〕

总之，明朝效法三代和汉唐，将厌胜贯穿到朝野生活当中，趋吉辟凶，亦用来稳固大明王朝的统治，促使明人安居乐业。

第六节　明代反抗巫术龙厌胜与凤厌胜之发展

明代反抗巫术不独表现在辟邪，更重视龙凤祥瑞物厌胜品。明代开国皇帝朱元璋在位期间，就爱写诗谈龙咏凤。《全明诗》第一卷共收入朱元璋诗五卷，共约二百多首。

明代龙厌胜与凤厌胜文化背景。明太祖即位后，在南京各地搞祭祀巫术，最大特点是总要在诗里谈龙咏风一番。他深知龙凤文化是中国传统的统一与和平的象征。如此，龙厌胜与凤厌胜之巫文化风行大明王朝。首先带头团龙镜厌胜。明朝开国皇帝一上台就选择巫文化，这自然是受到时代的限制。

29. 明洪武二十二年（1389）团龙镜厌胜图〔采自《铜镜鉴藏》〕

他在祭祀神时写《送神》颂龙："旌幢烨烨兮云衢长，龙车凤辇兮驾飞扬。遥瞻冉冉兮去上方，可见烝民兮永康。"[①]"烝民"指百姓，歌颂人民永远健康长寿，是在他龙凤"驾飞扬"下取得的。强调的是龙凤（统一与和平），但暖人心。强调"礼法国之纪纲，礼法正则人志定，上下安，建国之初，此为先务。"

① 全明诗编纂委员会编《全明诗》卷一，上海古籍出版社1990年版，第3页。

在另一首《送神》诗又曰："旌幢烨烨兮云衢长，龙车凤辇兮驾飞扬。遥瞻冉冉兮上下方，必烝民兮永康。"[1]两首诗几乎一样，只把"去上方"改为"上下方"；"可见"改为"必"。表达一定要使人民永远健康长寿，依然强调龙凤。又强调"立国之初，致贤为急"。才能做到这个"必"。在第三首《送神》诗曰："氤氲氲氲兮祥光张，龙车凤辇兮驾飞扬。遥瞻稽首兮去何方，民福留兮时雨旸。"[2]又在谈龙咏凤，像立遗嘱一样嘱咐他的子孙治国必以龙凤文化开创新局面。

由于朱元璋专爱谈龙咏凤，故他的子孙，不论永乐、宣德、嘉靖、万历、崇祯等皇帝，都在提倡反抗巫术中的龙厌胜与凤厌胜。

龙凤厌胜在明代高潮迭起，优秀的厌胜艺术品不断涌现。各地艺术家们发挥其想象力，尽情讴歌凤凰和祥龙，也寄托着他们向往和平安宁的愿望。

一　龙厌胜

第一组，瓷器碗、盘厌胜。龙文化在明代已融入民间风俗。《帝京景物略》卷二《城东内外》云："二月二日曰龙抬头，煎元旦祭余饼，熏床炕，曰熏虫儿，谓引龙，虫不出也。"[3]故龙抬头日人们用餐都需要使用有龙纹的瓷器。如此，以下众多的龙纹瓷器碗盘厌胜为适应民间需要应运而生。举出以下九例。

其一，碗，青花龙纹穿花大碗，明代在宣德年间的餐具上也设计有龙厌胜趋吉辟邪图。龙纹配合云纹、火纹、莲纹，青翠凝重。

其二，碗，明代在宣德朱瞻基时代的青花高足碗上，也有双龙纹。龙纹与水波纹相互流动，生气勃勃。

其三，碗，明代在高足瓷碗上也有龙纹厌胜。

30. 明代宣德青花龙纹穿花大碗厌胜图〔采自《龙凤图集》。下同〕

31. 明代宣德青花高足碗双龙纹厌胜图

在雪白底色衬托下，红彩金龙更为耀眼；龙身健壮，形象威严。

其四，碗，明代黄釉绿彩云龙纹碗厌胜。行龙呈弓形拗步，抬爪追珠，四爪张扬舒展。

---

① 全明诗编纂委员会编《全明诗》卷一，上海古籍出版社1990年版，第7页。

② 全明诗编纂委员会编《全明诗》卷一，上海古籍出版社1990年版，第8页。

③ （明）刘侗、于奕正撰，孙小力校注《帝京景物略》卷二，上海古籍出版社2001年版，第101页。

32. 明代高足碗龙纹厌胜图

33. 明代黄釉绿彩云龙纹碗厌胜图

其五，盘，明嘉靖剔彩荷叶式盘上的龙舟厌胜。仍是嘉靖时代杰作。龙舟前行在荷花湖面，上有亭阁、划船人摇动木筏，一派祥和欢乐的节日画面。看，龙舟如龙，生动活泼，惟妙惟肖。

其六，盘，明代万历青花五彩四凤五龙捧万寿字龙纹盘。讲究国家长寿。这是明代万历年间一个四凤五龙齐舞的世界，四凤在外环五龙在内环，其中一龙捧寿盘，上有中文“万寿”二字，寓意中国万寿无疆。创意迭出。

34. 明嘉靖剔彩荷叶式盘上的龙舟厌胜图

35. 明代万历青花五彩四凤五龙捧“万寿”字龙纹盘厌胜图

其七，盘，明万历剔红委角方盘上的双龙纹厌胜。

其八，盘，明万历黑光漆嵌螺钿云龙图厌胜。

其九，碗，明崇祯黄釉双龙牡丹纹瓷碗厌胜。

36. 明万历剔红委角方盘上的双龙纹厌胜图

37. 明万历黑光漆嵌螺钿云龙图厌胜图

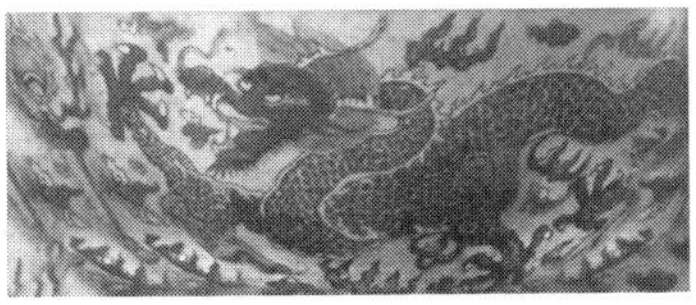

38. 明崇祯黄釉双龙牡丹纹瓷碗厌胜图

第二组，尊、瓶、觚、几、罐厌胜。由于明代民间在求雨时要祭祀龙神，故《帝京景物略》卷二《城东内外》云：“凡岁时不语，家贴龙王神马于门，瓷瓶插柳枝，挂门之旁，小儿塑泥龙，张纸旗，击鼓金，焚香各龙王庙。群歌曰：'青龙头，白龙尾，声作以。小孩求雨天欢喜。麦子麦子焦黄，启动启动龙王，大下小下，初一下到十八，声作巴。摩诃萨。'初雨，小儿群喜而歌曰：'风来了，雨来了，禾场背了谷声作古。来了。"[①]相应祭祀酒器尊与觚、插柳瓶瓷器与茶几等陆续上市，以下举出七例：

其一，尊，明代正德款黄地绿釉云龙瓷尊厌胜。如此在龙王庙祭祀时，需用酒，瓷器酒尊龙厌胜应运而生；明代在祭祀巫术使用的盛酒器——尊上，有龙厌胜瓷尊。

39. 明代正德款黄地绿釉云龙瓷尊厌胜

尊，是古代进行祭祀巫术和宴享盛酒器。明代在永乐年间以后的正德时期出现了以上正德款黄地绿釉云龙瓷尊。蟠龙戏珠，首尾相连。龙身修长，昂首突目。

其二，瓶，明代黄釉绿彩龙纹瓷瓶厌胜。明代民间求雨以前需要在瓷瓶里插柳枝引雨，因为柳树长在湖边，用柳树引雨，也是天人感应之举。

其三，觚，明代万历五彩龙凤纹瓷觚厌胜。觚，为周代木工、建筑工（梓人）祭祀巫术时所用饮酒器。衍化出一个崇拜鸟类的故事。《周地图记》曰："秦使蒙恬北筑长城，又于原上筑城，以觚尊酒而祭，有鹑飞止觚上，因名鹑觚县。"[②]鹑觚县即今甘肃灵台县。鹌鹑原是秦人爱护的吉祥灵鸟。明神宗朱翊钧在位的四十八年，制作五彩龙凤纹瓷觚厌胜。瓷觚中部每一棱都有一只飞翔的凤凰。在上下部，每棱都有五彩龙上下飞翔。

40. 明代黄釉绿彩龙纹瓷瓶厌胜图

41. 明代万历五彩龙凤纹瓷觚厌胜图

其四，觚，明代万历款五彩云龙纹瓷觚厌胜。刘伶《酒德颂》曰："止则操卮

① （明）刘侗、于奕正撰，孙小力校注《帝京景物略》卷二，上海古籍出版社2001年版，第101页。

② （宋）李昉等撰《太平御览》卷七六一《器物部六·觚》引《周地图记》，中华书局1960年影印本，第3377页。

执觚。”[①]刘伶，《晋书》有传，言晋人有此风俗，即在建筑工程结束时，建筑工要执觚饮酒以庆贺。明人在万历年间因之，同时使用万历款五彩云龙纹瓷觚饮酒厌胜。明万历觚分三位，上位繁华开放，中位云龙飞翔，下位寿桃添香，画面和谐而热烈，令人爱不释手。

其五，几，明宣德填漆戗金云龙纹双连环小几面上的双龙厌胜。

42. 明代万历款五彩云龙纹瓷觚厌胜图

43. 明宣德填漆戗金云龙纹双连环小几面上的双龙厌胜图

明宣宗朱瞻基在位期间，茶几面也有双龙厌胜图，创造出一种一统的气氛。只见双龙，左边龙昂首仰脖，右边龙俯首曲颈，演绎双龙抢珠。龙体皆婉转曲折，灵活自如，尽得风流。

其六，罐，明嘉靖款黄地红彩云龙纹瓷罐厌胜。明代对其要求也很高。有记载说：“正统间，江西所造九龙九凤膳亭及龙凤白瓷罐，俱不及式，工部请治提调官罪，复令改造。”[②]正统是明英宗第一次在位时的年号，可见明王朝对龙凤厌胜艺术品的重视。

44. 明嘉靖款黄地红彩云龙纹瓷罐厌胜图

以上黄瓷罐显然及式。黄彩双云龙纹，体形雄伟强壮。嘉靖时这一杰作显出明王朝不凡气势。明朝廷对罐之所以如此重视，是因为祭祀时盛酒之需要。清初李绿园撰《歧路灯》第五回曾描述请神祭酒时需用罐：“昨日备的祭酒，未必用清。我就叫门斗再带一罐儿酒去。”[③]故罐是祭祀请神时盛酒重要器皿。

45. 明万历青花双龙纹罐厌胜图

① (宋)李昉等撰《太平御览》卷七六一《器物部六·觚》引《周地图记》，中华书局1960年影印本，第3377页。

② (明)余继登撰《典故纪闻》卷一一，中华书局1981年版，第199页。

③ (清)李绿园著《歧路灯》第五回，华夏出版社2012年版，第37页。

其七，罐，明万历青花双龙纹罐厌胜。明代佛寺制作龙凤瓷器厌胜品需要经过官方批准。《典故纪闻》卷一三《天顺间》曰："天顺间，光禄寺以供用龙凤花素瓷器万余件皆损敝，请敕工部移文有司造。英宗以其劳民，已之。"①但以上制作龙凤画未见呈批记载。该画的龙显然是中国龙之形象。

第三组，衣服，画、椅披厌胜。

其一，衣服，明代嘉靖剔彩龙凤万兽纹补子。补子上的游龙戏凤，不亦乐乎，剔彩精雕而成。交织三星、寿字、卍。

其二，画，明代佛寺罗汉骑龙画厌胜。金龙正在乘风破浪昂首前进，龙背龙尾跃出水面，为佛教的罗汉所驾驭，多多碎浪也随之流转。

其三，壁画，明壁画龙纹厌胜。明壁画龙更显古朴。龙体曲折，尾巴扬起，龙口张开，突遇外来惊魂，瞬间跃到空中应对。

其四，浮雕画，明代山西大同九龙壁浮雕龙厌胜。浅浮雕龙体粗壮，龙首凸凹明显，瞪着双眼，扬起须眉，龙的气势非凡。龙纹绕成"○"形，前爪伸展有力，势不可挡，给人以振奋的力量。

46. 明代嘉靖剔彩龙凤万兽纹补子厌胜图

47. 明代佛寺罗汉骑龙厌胜图(明佚名《白描罗汉》局部)

48. 明壁画龙纹厌胜图

49. 明代山西大同九龙壁浮雕龙厌胜图

其五，皇帝常服，明代皇帝常服上团龙纹厌胜。团龙龙身健壮，活力十足，

① (明)余继登撰《典故纪闻》卷一三，中华书局1981年版，第241页。

龙爪伸展，苍劲有力，一股威严之气，呼之欲出。

其六，椅披，明代万历红地缂丝云龙纹椅披上的四爪金龙厌胜。

50. 明代皇帝常服上团龙纹厌胜图

51. 明代万历红地缂丝云龙纹椅披上的四爪金龙厌胜图

其七，漆图，明万历黑光漆嵌螺钿云龙图厌胜。

其八，皇冠，明万历金丝龙皇冠厌胜。

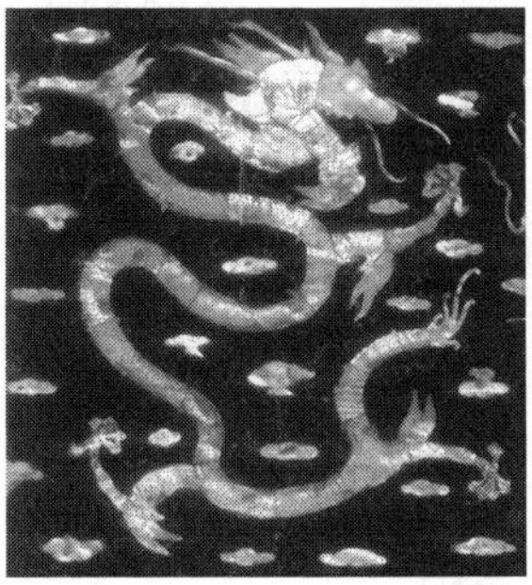

52. 明万历黑光漆嵌螺钿云龙图厌胜图

53. 明万历金丝龙皇冠厌胜图

其九，画轴，明画轴蛟龙厌胜。

其十，版画，明刻本刻印虬龙负熊厌胜图。虬龙。无角龙也被载入明代史册，背上还背着一头熊。《楚辞·天问》："焉有虬龙，负熊以游？"意思是，哪里会有无角的虬龙啊，驮着黄熊在河海里出游？汉王逸注："有角曰龙，无角曰虬。"[1]

---

① 黄寿祺、梅桐生译注《楚辞全译·天问》，贵州人民出版社 1984 年版，第 60 页。

《说文解字》提出新说，称虬为“龙子有角者”[1]。

54. 明画轴蛟龙厌胜图

55. 虬龙负熊〔采自《中国神话传说词典》〕

第四组，龙子雕塑厌胜。明人传说，龙生九子，老大是赑屃，却是一只巨龟，即汉代张衡《西京赋》披露的巨灵赑屃。[2]

其一，龙吻，习喜登高俯瞰，又称朝天吼。明人将它立于华表柱顶，对天咆哮，象征意义为上传天意，下达民情。在江苏省泗洪县洪泽湖滨明祖陵内，为明洪武元年(1368)所建，现尚留有华表两对，每一柱华表之顶原有龙吻或螭吻一个，今已不见。

以下是琉璃龙吻厌胜："龙吻"，指龙的口器和头驱尾端突出部分。要求龙的眼、须、驱、尾、爪，富有强悍力度，显出驱邪魔力。

其二，螭吻。是龙吻的阿弟，它是被安放在屋顶上，希望它能发挥守望祈求降雨和消防的功能。

56. 明代琉璃龙吻厌胜图

57. 明代屋顶螭吻厌胜图〔采自《南京妈祖文化》〕

---

① (汉)许慎撰，(宋)徐铉校定《说文解字》卷一三上《虬》，中华书局1963年影印本，第281页下。

② (汉)张衡《西京赋》："巨灵赑屃，高掌远蹠。"载《文选》卷二，中华书局1977年影印本，第37页。

以上明代的龙，以带麟的蛟龙为主。李时珍特别对蛟龙做出概括性的医药学探讨，可以看出李时珍是从医药学角度来利用龙巫术，作为一种医药研究。《本草纲目》灵部卷四三《蛟龙》有详细记载，可以参阅。[1]

58. 皇后九龙四凤冠〔采自《三才图会》〕

二　凤厌胜

朱元璋《神凤操》诗云："钧天奏兮列丹墀，俄翩翩兮凤凰仪。敛翱翔兮栖梧枝，彼观德兮直为我辞。"[2]于是各种凤厌胜艺术品都出来了。其一为凤冠厌胜图。

《三才图会》衣服二卷《皇后冠服》云："国朝皇后首饰冠为圆匡冒（帽），以翡翠上饰以九龙四凤，大花十二，小花如大花之数，两博鬓十二钿。服袆衣深青，为质画翠，赤质五色十二等素纱中，单黼领朱罗谷，褾襈裾蔽膝，随衣色，以緅（青赤色）为领，缘用翟，为章三等。大带随衣色，朱里纰，其外上以朱锦，下以丝锦纽约，用青组玉革带、青袜、青舄（鞋），舄以金饰，凡朝会、受册、谒庙皆服之。燕居则服双凤翊龙冠，首饰钏镯以金玉、珠宝、翡翠随用，诸色团衫，金绣龙凤，文带用金玉。"[3]游龙穿行于翠碧云间，金凤口衔珍珠，展翅欲飞。博鬓六条，如同五彩缤纷的凤尾，整个凤冠富丽堂皇。

59. 明代双凤衔珠冠〔采自《中国古代服饰史》〕

其二为明代永乐青花把壶上对凤纹厌胜图。其时明成祖朱棣在位（1402—1424），也流行此种对凤纹厌胜。双凤神采奕奕，展示凤凰于飞在人间的欢乐，福德至则凤凰翔。

其三为明代青花云凤厌胜图。凤纹与云纹和水纹互相映衬，形成凤凰双翅有抖动感。

60. 明代对凤纹厌胜图〔采自《龙凤图集》。下同〕

61. 明代青花云凤纹厌胜图

---

① （明）李时珍《本草纲目》鳞部卷四三，人民卫生出版社 1981 年版，第 2381—2382 页。

② 全明诗编纂委员会编《全明诗》卷一，上海古籍出版社 1990 年版，第 51 页。

③ （明）王圻、王思义编集《三才图会》衣服二卷，上海古籍出版社 1988 年影印本，第 1517 页。

以上明代青花云凤纹厌胜图案，寓意如《孝经援神契》云：“德至鸟兽，凤凰翔。”①百兽翔感，仪凤舞麟。

其四为明代隆庆年间瓷碗上的青花团凤纹厌胜图。明隆庆时代（1567—1572）的团凤杰作。此明代青花团凤纹碗心之厌胜图案，四周环绕三朵花，寓意向着一轮太阳，因而整个意境为：丹凤朝阳。

其五为明代凤凰双栖刺绣厌胜图。

62. 明代隆庆青花团凤纹碗心图

63. 明代双凤刺绣图

此明代凤凰双栖刺绣之厌胜图案，春光明媚，安富尊荣；祥云瑞气，一应俱全。真是如朱元璋《东风》诗云：“花成子结应花盛，春满乾坤始凤台。”②

其六为明代青花缠枝凤纹瓶厌胜。此瓶巫师施行巫术时作为趋吉辟邪之用。《杂五行书》曰：“悬瓶井中除邪鬼。”③故而瓶上都要有厌胜图借以趋吉辟凶，明朝因袭。

大明王朝还将神秘巫文化的祥瑞之物——麒麟、白泽、獬豸作为艺术图案印上大大小小官员等的朝服之上，称为“补子”，作为一种有寓意的华丽庄严装饰艺术。

三　麒麟厌胜

64. 明代青花缠枝凤纹瓶厌胜图〔采自《龙凤图集》〕

65. 麒麟补子厌胜图〔采自《三才图会》〕

① （唐）欧阳询撰，汪绍楹校《艺文类聚》卷九九，上海古籍出版社 1982 年版，第 1707 页。

② 全明诗编纂委员会编《全明诗》卷四，上海古籍出版社 1990 年版，第 34 页。

③ （宋）李昉等撰《太平御览》卷七五八，中华书局 1960 年影印本，第 365 页。

《三才图会》衣服二卷《麒麟补》:“公侯伯驸马服色。”[①]《艺文类聚》卷九八《祥瑞上·麟》引《春秋运斗枢》:“机星得其所,则麒麟生,和平合万民。”[②]麒麟厌胜意义重大,万民和平。

四　白泽厌胜

66. 明朝徐俌墓出土的麒麟补(实物)〔采自《中国古代服饰史》〕

67. 白泽补子厌胜图〔采自《三才图会》。下同〕

《三才图会》衣服二卷《白泽补》:“公侯伯驸马服色。”[③]《云笈七签》卷一〇〇引王钦若《先天记·轩辕本纪》云:“帝巡守,东至海,登桓山,于海滨得白泽神兽,能言,达于万物之情。因问天下鬼神之事,自古精气为物、游魂为变者,凡万一千五百二十种,白泽言之,帝令以图写之,以示天下。帝乃作祝邪之文以祝之。”[④]

五　獬豸厌胜

《三才图会》衣服二卷《獬豸补》:“文官风宪衙门服色。”[⑤]参见第六章《原始时代巫术》獬豸。

68. 獬豸补子厌胜图

---

① (明)王圻、王思义编集《三才图会》衣服二卷《麒麟补》,上海古籍出版社 1988 年影印本,第 1530 页。

② (唐)欧阳询撰,汪绍楹校《艺文类聚》卷九八《祥瑞上·麟》,上海古籍出版社 1982 年版,第 1705—1706 页。

③ (明)王圻、王思义编集《三才图会》衣服二卷《白泽补》,上海古籍出版社 1988 年影印本,第 1530 页。

④ 请参阅高国藩著《敦煌民俗学》第二十章《敦煌民间信仰的〈白泽精怪图〉》,上海文艺出版社 1989 年版,第 343 页。

⑤ (明)王圻、王思义编集《三才图会》衣服二卷《獬豸补》,上海古籍出版社 1988 年影印本,第 1529 页。

第四十六章　明代交感、模仿、蛊道巫术

第一节　明代交感巫术

一　鱼巫术三种

明代的鱼巫术比较发达，有江豚占风，槐豆花卜，以及捕石鳞鱼不可说话三种形态，在古代鱼巫术中独树一帜。

（一）江豚占风。明代有江豚占风之巫术。明李时珍著《本草纲目》鳞部卷四四《海豚鱼》集解引藏器云："海豚生海中，候风潮出没。形如豚，鼻在脑上作声，喷水直上，百数为群。其子如蠡鱼子，数万随幕而行。人取子系水中，其母自来就而取之。江豚生江中，状如海豚而小，出没水上，舟人候之占风。"①根据唐人陈藏器所述，此为江豚有在风潮中出没的特性而制定的占风原理，有科学的因素。

（二）槐豆花卜。明冯时可撰《雨航杂录》云："鲮，即石首鱼也。小者曰鲽，又名鳅鱼，最小者名梅首，又名梅童，其次名春来。士人以槐豆花卜其多寡，槐豆花繁，则鱼盛。"②石首鱼记载自魏晋，据《太平御览》卷九三八《石首鱼》引三国吴沈莹《临海异物志》云："石首小者名踖水，其次名春来。"③但与《雨航杂录》叙述不一致，无槐豆花卜。石首鱼，即黄花鱼，又称黄鱼，其形状特征正如明李时珍著《本草纲目》鳞部卷四四《石首鱼》引《志曰》所说："石首鱼，初出水能鸣，夜视

1. 明人木雕彩绘俑（上海卢湾区明潘氏墓出土）〔采自《中国古俑白描》〕

---

① （明）李时珍著《本草纲目》鳞部卷四四，人民卫生出版社 1981 年版，第四册，第 2467 页。

② （明）冯时可撰《雨航杂录》卷下，景印文渊阁《四库全书》第 867 册，第 346 页。

③ （宋）李昉等撰《太平御览》卷九三八，中华书局 1960 年影印本，第 4169 页。

有光，头中有石如棋子。”[①]煮食黄鱼可见，头额前有小洞十几个，宛如槐豆花大小，由此引起巫师的联想，认为槐豆花对于黄鱼有魔术力。当然这是巫师的联想而已。

（三）讳名巫术。明代还有一种捕石鳞鱼不可说话的巫术。明何乔远撰《闽书》卷一五一《南产志下·石鳞鱼》云：“石鳞鱼，一名石仑鱼，蛙属，皮斑，肉白，味美。是生高山深涧，昼伏窦中，夜居山头石顶。捕者不可预相告语，密摘黄历首一叶纳灶中，即抱松明火照之，鱼光不敌，遂不能动。泉州德化县为多。”[②]这是古代姓名巫术的衍化。有捕鱼时不能说出捕鱼的鱼名，不然便捕不到了，这如同东北挖人参不能说人参名一样。

明代采云母也是不可说话的巫术。明李时珍著《本草纲目》金石部卷八《云母》云：“云母以五色立名。按《荆南志》云：华容方台山出云母，土人候云所出之处，于下掘起，无不大获，有长五、六尺可为屏风者，但掘时忌作声也。据此，则此石乃云之根，故得云母之名，而云母之根，则阳起石也。”[③]

二　脚印巫术

明代不断有从国外传入的佛足印巫术。明马欢撰《瀛涯胜览》“锡兰国”云：“（别罗里）海边山脚光石上，有一足迹，长二尺许，云是释迦从翠蓝山来，从此处登岸，脚踏此石，故迹存焉。中有浅水不干，人皆手蘸其水洗面拭目，曰佛水清净。”[④]由上可见，佛足印中的水有魔术力，可用以清目，但是这种巫术未被人们采用，相反倒为我国本土原始盘古足迹所代替。

《明史》卷三二六《外国传·锡兰山》“盘古遗迹”云：“王所居则有大山高出云汉，其颠有巨人足迹，入石深二尺，长八尺余，云是盘古遗迹。此山产红雅姑、青雅姑、黄雅姑。昔剌泥窟没蓝等诸色宝石，每大雨冲流山下，土人竞拾之。”[⑤]又明马欢撰《瀛涯胜览》“佛迹”云：“王居之侧，有一大山（Adam's Deak），侵云高耸，山顶有人�迹一个，入石深二尺，长八尺余（冯校：吴本作深一尺，长八尺，黄绿作二尺许），云是人祖阿聃（Adam）圣人，即盘古之足迹也。”[⑥]两者显然来自我国《三五历纪》中有关盘古巨人的传说。

明代还有以脚底泥巫术防病者。明高濂撰《遵生八笺》卷六《十二月事宜·

---

① （明）李时珍著《本草纲目》鳞部卷四四，人民卫生出版社1981年版，第四册，第2434页。

② （明）何乔远撰《闽书》卷一五一，《四库全书存目丛书》史部第207册，齐鲁书社1996年影印本，第721—722页。

③ （明）李时珍著《本草纲目》金石部卷八，人民卫生出版社1975年版，第一册，第507页。

④ （明）马欢撰，冯承钧校注《瀛涯胜览》，商务印书馆1935年版，第50页。

⑤ （清）张廷玉等撰《明史》卷三二六，景印文渊阁《四库全书》第302册，第735—736页。

⑥ （明）马欢撰，冯承钧校注《瀛涯胜览》，商务印书馆1935年版，第36页。

玄枢》云:"玄枢曰:除日以合家头发烧灰,同脚底泥包投井中,咒曰:'敕令我家眷属竟年不害伤寒,辟却五瘟疫鬼。"①这种脚底泥巫术与头发结合起来施术,被认为能辟鬼。

三　头发巫术

明代的头发巫术亦趋向于丧俗化,据明徐溥等撰《明会典》卷九三《礼部五十二·庶人丧礼·大敛》云:"(品官、庶人丧)侍者与子孙妇女俱盥手,掩首结绞,共举尸纳于棺中,实生时所落发齿及所剪爪于棺角。"②这就说明,明代也与魏晋南北朝、唐代一样,都有头发随葬的丧俗。

四　神判

明代,在我国少数民族的巫师中也发现一些荒唐的神判巫术,它们对后世有广泛的影响。当时的巫师也用沸腾的热水来判定一个人的罪行,另外罪犯利用能知未来的野兽,进行"掩捕",也有神判之因素。

(一) 手入沸汤判罪法。明杨慎撰《南诏野史》卷下《土人》云:"有争者,告天,沸汤投物,以手捉之,曲则糜烂,直者无恙。"③清阮元、伊里布等修《云南通志》卷二四《土人》载武定府境:"有争者,告天煮沸汤,投物,以手捉之,屈则糜烂,直者无恙。"④

(二) 梼杌法。梼杌神话在明代转变为梼杌神判巫术。明董说撰《七国考》卷一四《楚琐征·梼杌》:"《湘东纪闻》云:梼杌之兽,能逆知未来。故人有掩捕,辄逃匿。史以示往知来,故名梼杌。"⑤既有"掩捕"作用,便具有了神判之特征。见右梼杌图:

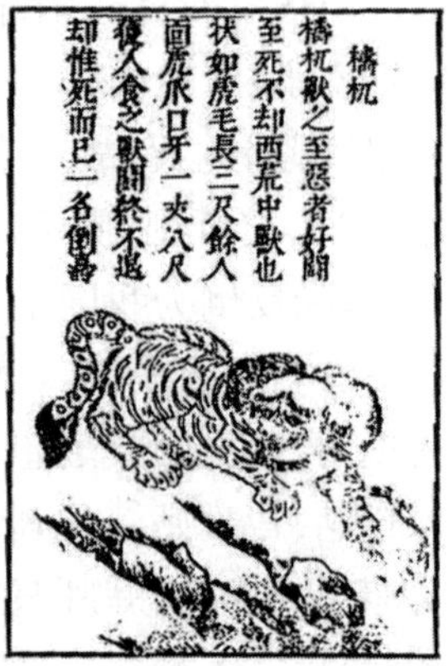

2. 梼杌神兽图〔采自《三才图会》〕

(三) 杀鸡狗判。明郑颙修、陈文纂《云南图经志书》卷五云:"(剑川百族)笃信巫鬼。凡有争讼不告官,必杀鸡狗誓于神,以求平其曲直。"⑥

---

① (明)高濂撰《遵生八笺》卷六,景印文渊阁《四库全书》第871册,第482页。

② (明)徐溥等撰《明会典》卷九三,景印文渊阁《四库全书》第617册,第867页。

③ (明)杨慎撰《南诏野史》卷下《土人》,见《中国方志丛书·华南地方》,成文出版社有限公司1968年版,第167页。

④ (清)鄂尔泰等监修,靖道谟等编纂《云南通志》卷二四,景印文渊阁《四库全书》第570册,第241页。

⑤ (明)董说撰《七国考》卷一四,景印文渊阁《四库全书》第618册,第996页。

⑥ (明)郑颙修,陈文纂《云南图经志书》卷五,《续修四库全书》本,上海古籍出版社2003年版。

五　小儿神祭祀

明代有一种非常奇特的祭祀巫术，即悼念小儿神——项托者。明黄瑜《双槐岁钞》卷六《先圣大王》条曰："正统改元之春，郡国多蝗。三月，有制分命大臣捕之。工部右侍郎邵旻往保定，至府西北四十五里为满城县，县之南门有先圣大王祠，父老言往岁遇蝗，捣之立应。时天久不雨，蝗生遍野，捕之愈盛。旻乃如父老言，帅郡县吏斋沐祷于祠下，旬月间，蝗果殄息，乃勒石以章神功。神姓项名托，周末鲁人，年八岁，孔子见而奇之，十岁而亡，时人尸而祝之，号小儿神。《史记·甘罗传》：项橐七岁为孔子师者，此也。第土人误谓托耳。旻以大臣，精诚不能格天，而小儿袄鬼是祷，亦可笑也已。"[①]《敦煌变文集》有《孔子项托相问书》可以研究，请参阅高国藩著《敦煌民间文学》一书。[②] 可见，祭祀巫术在灾难岁月实施，看来虽荒诞，但乃是缅怀祖先贤德，发扬和鼓励人性至善文化精神并鼓励战胜自然灾害，故实际有好作用。

3. 明人陶瓷武士俑（四川成都凤凰山明朱悦燫墓出土）〔采自《中国古俑白描》〕

六　驱鬼治病

《说郛三种》载明杨穆撰《西墅杂记》"骆堂送鬼"条就说的是女巫治病之事：

> 银工骆堂，馆张氏为甥。张之母疾，以巫言，捉鬼于罂中。加符楮封闭，使堂诣诸野外遣送之。堂至野，对罂语曰："汝乃鬼乎？吾未之信也。"乃启，灌以秽物，置于厕角而去。既归，皆隐之弗语。自是病者，漫以强爽。堂独谵语曰："我欲去矣，何乃俾我如是，我初为祸，讵若尔意为，毒之甚邪。"虽然终舍尔不获，言之数四，堂即死焉。[③]

骆唐送鬼为什么会把自己的命送掉？主要是他没有按巫师规定，把鬼捉于罂中后，遂即加符封闭，而是口出秽语，对圣物——罂，先加以亵渎，然后开

① (明)黄瑜撰，魏连科点校《双槐岁钞》卷六，中华书局 1999 年版，第 109—110 页。

② 高国藩著《敦煌民间文学》第十六章《论敦煌孔子与项托传说》，联经出版事业公司 1994 年版，第 423—468 页。

③ (明)杨穆撰《西墅杂记》，(明)陶宗仪等编《说郛三种》本，上海古籍出版社 1988 年影印本，第 343 页。

启罂盖，灌进粪便，放在厕所边扬长而去。殊不知鬼在他启罂时已经逃离罂中，然后治骆堂于死地。这是一个亵渎鬼神遭到报应的巫术故事。

七　石镜山崇拜

这是明代交感、模仿、反抗结合的巫术故事，也属于大自然崇拜的山崇拜信仰风俗。对比清代牛卑山崇拜，并非男阴女阴，而是男人女人。其实都是大自然崇拜的山崇拜，崇拜至极整座山成为厌胜山。明冯梦龙编《古今小说》卷二一《临安里钱婆留发迹》云：

> 这临安里中有座山，名石镜山。山有圆石，其光如镜，照见人形。钱婆留每日同众小儿在山边游戏，石镜中照见钱婆留头戴冕旒，身穿蟒衣玉带。众小儿都吃一惊，齐说神道出现。偏是婆留全不骇惧，对小儿说道："这镜中神道就是我，你们见我都该下拜。"众小儿罗拜于前，婆留安然受之，以此为常。一日回去，向父亲钱公说知其事。钱公不信，同到他石镜边照脸，果然如此。钱公吃了一惊，对镜暗暗祷告道："我儿婆留果有富贵之日，昌大钱宗，愿神灵隐蔽镜中之形，莫被人见，恐惹大祸。"祷告方毕，教婆留再照时，只见小孩儿的模样，并无王者衣冠。钱公故意骂道："孩子家眼花说谎，下次不可如此！"①

小孩在石镜山前做当皇帝游戏，确实"恐惹大祸"，钱公遂出巫术咒语破除之，产生交感巫术力而不再显形，但却显现交感巫术端倪，接着又演绎出大树崇拜与石头崇拜来。《古今小说》卷二一《临安里钱婆留发迹》又云："次日，婆留再到石镜边游戏，众小儿不见了神道，不肯下拜了。婆留心生一计。那石镜旁边，有一株大树，其大百围，枝叶扶疏，可荫数亩；树下有大石一块，有七八尺之高。婆留道：'这大树权做个宝殿，这大石权做个龙案，那个先爬上龙案坐下的，便是登宝殿了，众人都要拜贺他。'众小儿齐声道好。"②这虽是儿时游戏，但却是交感模拟当皇帝夺皇位，这山、树、石竟有如此大的推动力。杭州有婆留井，俱为十国吴越王交感巫术衍化。

---

①② （明）冯梦龙编《古今小说》卷二一，上海古籍出版社1992年版，第195页。

第二节　明代模仿巫术

一　草人勾魂及其草人捉鸬鹚、草人祈福

明代出现了一部著名的巫术小说，就是由明“钟山逸叟许仲琳”著的《封神演义》。其中第四十八回《陆压献计射公明》，便是草人模仿巫术的故事。故事说陆压道士帮助姜子牙作战，战胜本领高强的赵公明，公明有一把神剪，抛向空中，就能飞下，将人或动物剪成两段，谁人也不敌赵公明这件宝物。陆压却有一套能制服赵公明，并能治他于死地的巫术，这就是扎茅人来勾人魂模仿巫术。

陆压道士来见姜子牙和燃灯道士，书中描述说：“且说陆压回篷，与诸道友相见。燃灯问：‘会公明一事如何？’陆压曰：‘衲子自有处治，此事请子牙公自行。’子牙欠身。陆压揭开花篮，取出一幅书，书写明白，上有符印口诀……依此而用，可往岐山立一营；营内筑一台。扎一草人；人身上书‘赵公明’三字，头上一盏灯，足下一盏灯。自步罡斗，书符结印焚化，一日三次拜礼，至二十一日之时，贫道自来午时助你，公明自然绝也。”①

4. 明代《皇都积胜图卷》中手执遮扇的市民〔采自《中国古代服饰史》。下同〕

这是对此种巫术总的概括。从“衲子自有处治”一句看来，陆压道士多少带一点“洋”味，因为“衲子”一词原来是佛教僧徒的自称，如宋黄庭坚《送密老住五峰》诗云：“水边林下逢衲子，南北东西古道场。”②宋楼钥《径山兴圣万寿禅寺记》云：“绍兴七年，大慧禅师来主法席，衲子云集，至千七百众。”③土道士洋自称，说明佛教的影响。他所施行的巫术，扎草人外加书人的姓名，然后施法术，这又是模拟与顺势巫术力的结合形态。而“头上一盏灯，足下一盏灯”④，这种施术是点长明灯的作法，显然也是来自佛教燃灯习俗的影响，连燃灯一名也是佛教化的。按照陆压巫术的安排，这种巫术的效应，分五阶段加以显现，五阶段的特征都各有不同，总名“钉头七箭书”巫术。

第一，主方披发施术，施术对象就感到“心如火发”，作出“抓耳挠腮”的动

---

① (明)许仲琳编《封神演义》第四十八回，人民文学出版社 1973 年版，第 453 页。

② (宋)黄庭坚撰《山谷集》卷七，景印文渊阁《四库全书》第 1113 册，第 57 页。

③ (宋)楼钥撰《攻愧集》卷五七，景印文渊阁《四库全书》第 1153 册，第 36 页。

④ 请参阅高国藩著《敦煌古俗与民俗流变——中国民俗探微》第十二章《燃灯风俗》，河海大学出版社 1989 年版，第 360 页。

5. 明陶俑(戴四方平定巾)〔采自《中国古代服饰史》〕

作。书中描述道:"子牙领命,前往岐山,暗出三千人马,又令南宫适、武吉前去安置。子牙后随军至岐山,南宫适筑起将台,安排停当,扎一草人,依方制度。子牙披发仗剑,脚步罡斗,书符结印,连拜三五日,把赵公明只拜的心如火发,意似油煎,走投无路,帐前走到帐后,抓耳挠腮。闻太师见公明如此不安,心中甚是不乐,亦无心理论军情。"①此种巫术"连拜三五日"才能显出效应,而且开始时被施术者只是感到不安,走来走去,心神不定。

第二,六七日以后,被施术者开始进入昏睡过程,因为元神散而不归。书中描述道:"又见赵公明昏乱,不知军务,只是睡卧,尝闻鼻息之声。古云'神仙不寝',乃是清净六根,如何今日六七日只是昏睡!且不说汤营乱纷纷计议不一。且说子牙拜掉了赵公明元神散而不归,——但神仙以元神为主,游八极,任逍遥,今一旦被子牙拜去,不觉昏沉,只是要睡。闻太师心下甚是着忙。自思:'赵道兄为何只是睡而不醒,必有凶兆!'闻太师愈觉郁郁不乐。且说子牙在岐山拜了半月,赵公明越觉昏沉,睡而不醒人事。"②

第三,散魂昏睡以后,还能被人推醒谈话,然后还能再昏睡过去。书中写道:"太师入内帐,见公明鼻息如雷,用手推而问曰:'道兄,你乃仙体,为何只是酣睡?'公明答曰:'我并不曾睡。'二阵主见公明颠倒,谓太师曰:'闻兄,据我等观赵道兄光景,不是好事,想有人暗算他的,取金钱一卦,便知何故。"③

看来,醒来后讲话也有些颠倒。

第四,继而神志清楚,浑身冷汗,猛然大叫惭悔。书中描述闻太师派人去抢"钉头七箭书"失败,赵公明必死无疑。书中继续写道:

太师把前事(指抢巫书失败)说了一遍,二天君不语,同进后营,来见赵公明。公明鼻息之声如雷。三位来至榻前,太师垂泪叫曰:"赵道兄。"公明睁目见闻太师来至,就问抢书一事。太师实对公明说曰:"陈九公,姚少司俱死。"赵公明将身坐起,二目圆睁,大呼曰:"罢了!悔吾早不听吾妹之言,

① (明)许仲琳《封神演义》第四十八回《陆压献计射公明》,人民文学出版社1973年版,第453页。

②③ (明)许仲琳《封神演义》第四十八回《陆压献计射公明》,人民文学出版社1973年版,第456页。

果有丧身之祸！”

公明只吓的浑身汗出，无计可施。公明叹曰：“想吾在天皇时得道，修成玉肌仙体，岂知今日遭殃，反被陆压而死。真是可怜！闻兄，料吾不能再生，今追悔无及！但我死之后，你将金蛟剪连吾袍服包住，用丝绦缚定。我死，必定云霄诸妹来看吾之尸骸。你把金蛟剪连袍服递与他。吾三位妹妹见吾袍服，如见亲兄！”道罢，泪流满面，猛然一声大叫曰：“云霄妹子！悔不用你之言，致有今日之祸！”言罢，不觉哽咽，不能言语。[①]

第五，此钉头七箭书巫术，以最后三箭最为关键，射草人感应却在活人，两箭射草人目而活人两眼瞎，一箭射草人心，而活人心痛而死。《封神演义》在第四十九回《武王失陷红沙阵》继续描述道：

且说子牙在岐山拜了二十日，七篇书已拜完；明日二十一日，要绝公明，心下甚欢喜。再说赵公明卧于后营，闻太师坐于榻前看守。公明曰：“闻兄，吾与你止会今日。明日午时，吾命已休！”太师听罢，泣而言曰：“吾累道兄遭此不测之殃，使我心如刀割！”张天君进营来看赵公明，正是有力无处使，只恨钉头七箭书。把一个大罗神仙只拜得如俗子病夫一般，可怜讲什么五行遁术，说不起倒海移山，只落得一场虚话！大家相看流泪。且说子牙至二十一日巳牌时分，武吉来报：“陆压老爷来了。”子牙出营迎接，入帐行礼。序坐毕，陆压曰：“恭喜！恭喜！赵公明定绝今日！且又破了‘红水阵’，可谓十分之喜！”子牙深谢陆压：“若非道兄法力无边，焉得公明绝命。”陆压笑吟吟揭开花篮，取出小小一张桑枝弓，三只桃枝箭，递与子牙，“今日午时初刻，用此箭射之。”子牙曰：“领命。”二人在帐中等至午时，不觉阴阳官来报：“午时牌！”子牙净手，拈弓，搭箭。陆压曰：“先中左目。”子牙依命，先中左目。——这西岐山发箭射草人，成汤营里赵公明大叫一声，把左眼闭了。闻太师心如刀割，一把抱住公明，泪流满面，哭声甚惨——子牙在岐山，二箭射右目，三箭劈心一箭，三箭射了草人。——公明死于成汤营里。[②]

从以上五点来总观钉头七箭书巫术，它是我国明代道士以幻想的方式安排

---

① （明）许仲琳编《封神演义》第四十八回《陆压献计射公明》，人民文学出版社1973年版，第459—460页。

② （明）许仲琳编《封神演义》第四十九回，人民文学出版社1973年版，第462—463页。

的当时最为现代化的巫术战争模式。按照这种巫术设计：只需先知道敌人的模样，然后制模型，做替身，定姓名。模仿品一经制成，便将对方的身心框住了。然后施巫法，画符、念咒、披发、舞剑、步罡，使对方昏迷，二十一日后，向模仿品连射三箭使之身亡。按照道士的理解，对方死时一定很惨，赵公明死时的形象，依据《封神演义》第四十九回所述“三位娘娘见了棺木，揭开一看，见公明二目血水流津，心窝里流血”①可见道士无疑认为他们是战争的操纵者，要你活就活，要你死就死，他们可以运用最简单的材料：茅草与弓箭，避开对方的长矛大刀，便能治对方于死地。小说中还提到重要一点：即元神。道家以为人有一个独立于体外的灵魂，它就叫“元神”。南唐谭峭《化书》卷二《珠玉》云：“悲则雨泪，辛则雨涕。愤则结瘿，怒则结疽。心之所欲，气之所属。无所不育，邪苟为此正。必为彼是以大人节悲，辛诚愤怒；得灏气之门，所以收其根；知元神之囊，所以韬其光。若蚌内守，若石内藏，所以为珠玉之房。”②《丹经极论》一卷云：“万物生复死，元神死复生，以神入气穴，丹道自然成。”③这种元神自然是看不见，摸不着，嗅不到，感觉不到的抽象的理念而已，它只可意会而不可言传。道士将元神作为扎草人勾人魂巫术的基础，便意味着它的虚无飘渺而一切都不可知，它是神发明的，只有神知道。赵公明的死也是命中注定、神安排的。“天数已定”，这就更增加了它的神秘感。

蟒衣和皇帝穿的龙袍有区别，仅减一爪。蟒本无足无角，龙则有角有足。

最后，还应了解一点，明代拜草人勾人魂的模仿巫术并不是孤立存在的。在无名氏《杨文广平南全传》(四卷二十二回本）中第十五回《放淫鼠军师献计射草人小将归天》描写到金精娘娘射草人的故事，草人巫术的设计和《封神演义》子牙将草人当做赵公明。金精娘娘八月十五日见杨怀恩背约，便在飞鹅洞中暗施巫术，也将草人当做杨怀恩，把草人拜了七昼夜，最后的一夜用三枝箭来射他，第一箭也是射左目，同时在远处的杨怀恩的左眼便瞎了；第二箭也是射右目，同时在远处的杨怀恩的右眼也瞎了；第三箭也是直射草人的心脏，而杨怀恩也大叫一声痛死了。这部小说虽无著撰人，首冠序一篇，署有“上元李节斋题于海上”，这可能就是编著者。论其时代，由于这本书与明人《杨家将演义》卷八“文广领兵征李王”一回情节相似，只是略加润色，故知此书当沿袭于明人的著

---

① (明)许仲琳编《封神演义》第四十九回，人民文学出版社 1973 年版，第 467 页。

② (南唐)谭峭撰《化书》卷二《珠玉》，景印文渊阁《四库全书》第 849 册，第 234 页。

③ 佚名撰《丹经极论》，收于《正统道藏》洞真部方法类，文物出版社、上海书店、天津古籍出版社 1987 年版。

作，其巫术也是明人巫术无疑。①

草人捉鸬鹚。草人勾魂在明代有它的民俗背景。首先，明代的农村渔民习用草人勾魂来捉鸬鹚。鸬鹚在明代的民间称为鹚，俗称水乌鸦，群居在沿湖两岸，由于善于泅水与捉鱼，渔民就设法采取草人勾魂术捕获、驯养，用绳子拴船头使之捕鱼。明耿定向撰《权子·假人》云：

人有鱼池，苦群鹚窃啄食之。乃束草为人，披蓑戴笠持竿，植之池中以慑之。群鹚初回翔，不敢即下，已渐审视；下啄，久之，时飞止笠上，恬不为惊。人有见者，窃去刍人，自披蓑戴笠而立池中。鹚乃下啄，飞至如故。人随举手执其足，鹚不能脱。”②

鸬鹚像呆头鹅一样笨。“此一时也，彼一时也”。鸬鹚哪里明白这个道理呢？它虽然吸取了以前的经验，发现是一个草人，就不知不觉被草人勾了魂，“飞止笠上，恬不为惊”。当鸬鹚被草人勾魂，渔民“自披蓑戴笠而立池中”假扮刍人，就抓住了鸬鹚。这就成为巫师发明草人勾魂的妙用。

草人祈福。明代草人巫术也流行于民间风俗中。《帝京景物略》卷二《城东内外》云：“望前后夜，妇女束草人，纸粉面，首帕衫裙，号称姑娘，两童女掖之，祀以马粪，打鼓，歌马粪芗歌，三祝，神则跃跃，拜不已者，休，倒不起，乃咎也。”③这是正月十五日祀草人祈福，也是娱乐的一种通俗的形式。

二　白眉神巫术

徐珂编撰《清稗类钞》迷信类《娼家魔术》条云：“娼家魔术，在在有之。北方妓家必供白眉神，又名祆神，朝夕祷之。至朔望，则用手帕蒙神首，刺神面，视子弟奸猾者，佯怒之，撤帕着子弟面，将坠于地，令拾之，则悦而无他意矣。”④其实，祭祀白眉神巫术来自明朝。从刺神面来看，这是一种模仿巫术。确切地说，这是妓女们为了减轻自己所受的痛苦，而施行的制服嫖客的巫术。明沈德符撰《万历野获编》补遗卷四《神仙节·神名误称》云：

近来狭邪家，多供关壮缪像，余窃以为亵渎正神，后乃知其不然，是名

---

① （明）无名氏《杨文广平南全传》第十五回，此书现藏东北师范大学图书馆。

② （明）耿定向撰《权子·假人》，（明）陶宗仪等编《说郛三种》本，上海古籍出版社 1988 年影印本，第 2086 页。

③ （明）刘侗、于奕正撰，孙小力校注《帝京景物略》卷二，上海古籍出版社 2001 年版，第 101 页。

④ 徐珂编撰《清稗类钞》，中华书局 1984 年版，第 4687 页。

白眉神。长髯伟貌,骑马持刀,与关象略肖。但眉白而眼赤。京师相詈,指其人曰:“白眉赤眼儿”者,必大恨成贸首仇,其猥贱可知。狭邪讳之,乃驾名于关侯。坊曲娼女,初荐枕于人,必与其艾猳同拜此神,然后定情,南北两京皆然也。①

所谓“艾猳(家)”,老公猪也,明代民间对嫖客的蔑称。值得一提的是,白眉神又称“祆神”,它是否是从外国引入的呢?祆教即是从波斯传入的琐罗亚斯德教,又称拜火教,而祆神又是“白眉赤眼”,有火神的特征,故它是祆教的遗留品。②

三　无头巫术

明代的无头巫术莫过于《西游记》第四十六回《外道弄强欺正法　心猿显圣灭诸邪》中孙悟空“砍下头来能说话”之巫术了:

八戒沙僧闻言,呵呵大笑。行者上前道:“陛下,小和尚会砍头。”国王道:“你怎么会砍头?”行者道:“我当年在寺里修行,曾遇着一个方上禅和子,教我一个砍头法,不知好也不好,如今且试试新。”国王笑道:“那和尚年幼不知事。砍头那里好试新?头乃六阳之首,砍下即便死矣。”虎力道:“陛下,正要他如此,方才出得我们之气。”那昏君信他言语,即传旨,教设杀场。

一声传旨,即有羽林军三千摆列朝门之外。国王教:“和尚先去砍头。”行者欣然应道:“我先去!我先去!”拱着手,高呼道:“国师,恕大胆,占先了。”拽回头,往外就走。唐僧一把扯住道:“徒弟呀,仔细些。那里不是耍处。”行者道:“怕他怎的!撒了手,等我去来。”那大圣径至杀场里面,被刽子手挝住了,捆做一团。按在那土墩高处,只听喊一声‘开刀!’飕的把个头砍将下来。又被刽子手一脚踢了去,好似滚西瓜一般,滚有三四十步远近。行者腔子中更不出血。只听得肚里叫声:“头来!”慌得鹿力大仙见有这般手段,即念咒语,教本坊土地神祇:“将人头扯住,待我赢了和尚,奏了国王,与你把小祠堂盖作大庙宇,泥塑像改作正金身。”原来那些土地神祇因他有五雷法,也服他使唤,暗中真个把行者头按住了。

---

① (明)沈德符撰《万历野获编》补遗卷四,中华书局1959年版,第919—920页。

② 请参阅高国藩著《敦煌民俗学》第十六章《民间宗教信仰·祆教》,上海文艺出版社1989年版,第272—277页。

行者又叫声："头来!"那头一似生根，莫想得动。行者心焦，捻着拳，挣了一挣，将捆的绳子就皆挣断，喝声："长!"飕的腔子内长出一个头来。唬得那刽子手，个个心惊；羽林军，人人胆战。那监斩官急走入朝奏道："万岁，那小和尚砍了头，又长出一颗来了。"八戒冷笑道："沙僧，那知哥哥还有这般手段。"沙僧道："他有七十二般变化，就有七十二个头哩。"说不了，行者走来，叫声"师父。"三藏大喜道："徒弟，辛苦么?"行者道："不辛苦，倒好耍子。"八戒道："哥哥，可用刀疮药么?"行者道："你是摸摸看，可有刀痕?"那呆子伸手一摸，就笑得呆呆睁睁道："妙哉！妙哉！却也长得完全，截疤儿也没些儿!"

6. 山东邹县九龙山明朱檀墓出土木雕仪仗俑群〔采自《中国古俑白描》〕

兄弟们正都欢喜，又听得国王叫领关文："赦你无罪。快去！快去!"行者道："关文虽领，必须国师也赴曹砍砍头，也当试新去来。"国王道："大国师，那和尚也不肯放你哩。你与他赌胜，且莫唬了寡人。"虎力也只得去，被几个刽子手，也捆翻在地，晃一晃，把头砍下，一脚也踢将去，滚了有三十余步，他腔子里也不出血，也叫一声："头来!"行者即忙拔下一根毫毛，吹口仙气，叫"变!"变作一条黄犬，跑入场中，把那道士头，一口衔来，径跑到御水河边丢下不题。却说那道士连叫三声，人头不到，怎似行者的手段，长不出来，腔子中，骨都都红光迸出。可怜空有唤雨呼风法，怎比长生果正仙？须臾，倒在尘埃。众人观看，乃是一只无头的黄毛虎。①

7. 明代人扬起招魂幡　点燃炮仗吓煞妖魔〔采自《新刻绣像金瓶梅》〕

明代的无头巫术虽然经过了大文学家吴承恩的修订，但是它仍显示出了当时民间巫师对无头巫术创造性的想象。试图证明，一人失去了头颅，还能像树一样，再长出一个头来，进行这种尝试与探讨，也是创新的巫术幻想。

① (明)吴承恩撰《西游记》第四十六回，人民文学出版社1955年版，第644—645页。

四 木偶招魂

明黄瑜撰《双槐岁钞》卷六《旌忠祠》条略云："英庙九龄嗣位，宠信司礼太监王振，窃弄威福，或请太皇太后张氏垂帘听政。天顺改元(1457)，振党以闻，上大怒曰：'振为虏所杀，朕亲见之。'追责言者过失，皆贬窜。诏复其官，刻香木为人形，招魂以葬，塑像于智化寺北，祠之，敕赐额曰'旌忠'。僧然胜奉其香火，夤缘以孝行被旌。"①此种招魂巫术，皆以"刻香木为人形"，加以塑像于寺，为模仿巫术特征。

五 柳树穿裙

这已经成为旧时北京宛平一带地方的汉族民间节日。每一年农历四月初八举行。明代沈榜撰《宛署杂记》载，距离宛平县西五里的高梁桥有一座娘娘庙，里面的正殿有一座育婴娘娘的塑像。每到四月八日都会有不育妇女前往求子。全城妇女竞相奔向娘娘庙。她们每一个人都携带有各种节日食品，进庙向娘娘神跪拜，然后在河两岸坐下来，有的解下裙子，扎在柳树上作为围裙，在其中谈笑逗乐，共吃节日食品，游玩到天黑方归。这是一种模仿巫术，拜娘娘神，和给柳树围裙，都是模仿求子。《宛署杂记》云："倾城妇女，无长少竞往游之。各携酒果音乐，杂坐河之两岸或解裙系柳为围，妆点红绿，千态万状，至暮乃罢。"②也是明代生殖崇拜巫术的一种，宋代《文昌杂录》中媒姥给扬州的杏树穿围裙，有异曲同工之妙。

六 竹偶领丧

明凌濛初撰《初刻拍案惊奇》第十九卷《李工装巧解梦中言　谢小娥智擒船上盗》曰："远观是丧船上方相，近觑乃山门外金刚。"③吴地丧俗。出殡时以竹纸扎糊偶人"方相"，驱役辟邪。明朝苏州常熟县富人家大出丧时用之，在出丧行列前，有两个竹纸扎制的手执开山大斧的巨大偶人，其大小和佛庙中金刚相类似，足下有四个轮子拖行。常熟人俗呼之为"领丧大人"。

七 梁祝化蝶

中国四大民间故事之一梁祝故事流传到明代，已从合墓说演绎为化蝶说，明人已作为模仿巫术加以膜拜。明陆容(1436—1494)撰《菽园杂记》卷一一《梁

---

① (明)黄瑜撰，魏连科点校《双槐岁钞》卷六，中华书局 1999 年版，第 118 页。

② (明)沈榜撰，佟辉整理《宛署杂记》卷一七，载于车吉心主编《中华野史》明朝卷三，第九册，泰山出版社 2000 年版，第 2416 页。

③ (明)凌濛初撰《初刻拍案惊奇》，青海人民出版社 1981 年版，第 348 页。

山伯祝英台事》云："梁山伯祝英台事，自幼闻之，以其无稽，不之道也。近览《宁波志》，梁祝东晋人。梁家会稽，祝家上虞，尝同学。"

> 祝先归，梁后过上虞，寻访之，始知为女。归乃告父母，欲娶之，而祝已许马氏子矣，梁怅然若有所失。后三年，梁为鄞令，病死，遗言葬清道山下。又明年，祝适马氏，过其处，风涛大作，舟不能进。祝乃造梁冢，失声哀恸。忽地裂，祝投而死焉。马氏闻其事于朝，丞相谢安请封为义妇。和帝时，梁复显灵异，效劳于国，封为义忠。有司立庙于鄞云。吴中有花蝴蝶，橘蠹所化也，妇孺以梁山伯、祝英台呼之。[1]

此书特点，明写宁波，暗喻"吴中"(宜兴，属无锡)。鄞州即宁波，然而梁祝变形巫术化蝶，确实在"吴中"。而"吴中"——太湖流域，实指江苏宜兴。即明代梁祝巫术故事早已从宁波传到宜兴。明代宜兴梁祝化蝶，起于《庄子》庄周梦蝶，故为道教性，是道教性化蝶。明代梁祝宜兴化蝶凡四见：

第一，明王升纂《宜兴县志》卷一〇《祝陵》云："祝陵在善权山，其岩有巨石，刻云：祝英台读书处，号碧藓庵。俗传英台本女子，幼与梁山伯共学，后化为蝶。古有诗云：蝴蝶满园飞不见，碧藓空有读书坛。许有谷诗：故宅荒云感废兴，祝英台去锁空陵。年年洞口碧桃发，蝴蝶满园归未曾。"[2]这里梁祝化蝶同道教化蝶。

第二，明陈仁锡《潜确居类书》卷二八云："俗传祝英台本女子，幼与梁山伯为友，读书于此，后化为蝶。古有诗云：蝴蝶满园飞，不见碧藓空，盖咏其事。"[3]这里"后化为蝶"依然是道教化蝶。

第三，明冯梦龙《古今小说》云："乃知生为兄弟，死作夫妻。再看那飞的衣服碎片，变成两般花蝴蝶。传说是二人精灵所化，红者为梁山伯，黑者为祝英台。其种到处有之，至今犹呼其名为梁山伯祝英台也。"[4]这里梁祝化蝶也是道教化蝶。

第四，明杨守阯《碧藓坛》序云："即碧藓庵，相传祝英台读书处。"诗云："荒载读书坛，宿草含春荣。双双蝴蝶飞，两两花枝横。"[5]亦为道教化蝶。

---

① (明)陆容撰《菽园杂记》卷一一，中华书局1985年版，第135—136页。

② (明)陈遴玮修，王升纂《(万历)重修宜兴县志》卷一〇《祝陵》，载《无锡文库》第1辑，凤凰出版社2012年版，第207页。

③ (明)陈仁锡撰《潜确居类书》，徐观我大观堂本。

④ (明)冯梦龙编《古今小说》卷二八，上海古籍出版社1992年版，第270页。

⑤ (明)沈敕辑《荆溪外纪》卷二五，《常州先哲遗书后编》本。

明人论著梁祝化蝶俱有宜兴明朝文物背景——碧藓庵、祝英台读书处等。①

8. 宜兴善卷洞后洞处英台阁碧藓庵〔采自《中国俗文化学》。下同〕

9. 宜兴善卷洞后洞祝英台读书处

八　明石敢当

明王朝接过汉代石敢当模仿巫术、反抗巫术的双重含义，如在霍去病墓前立石人石兽一样，也如法炮制之。在江苏泗洪县洪泽湖畔建明祖陵。明洪武元年(1368)太祖朱元璋登基，追封高祖、曾祖、祖父、父亲四代祖皇帝。洪武二十年(1387)葬其高祖、曾祖、祖父、父亲于泗洪县明祖陵内。明祖陵总平面为长方形，前有石敢当式的神道石刻、棂星门以及金水河的三座石桥。这三座石桥也有巫术厌胜含意，即四祖从此用不着再过鬼卒押解的奈何桥，而平安走过金水桥。后面还有神厨、宰牲亭、享殿、配殿。现在灵前尚有神道石刻多种，计有人牵马一对、麒麟两对、狻猊(狮子)六对、华表两对、文官七对、武士一对、马一对，其他尚有石柱础三十余个。

10. 江苏泗洪明祖陵狻猊前(摄于1992年)

11. 江苏泗洪明祖陵石马石臣前(摄于1992年)

① 请参阅高国藩著《中国俗文化学》第二十七章《梁祝故事——太湖道教文化瑰宝》，东亚文化出版社2006年版，第440—508页。

九　白蛇传

中国四大民间故事之一白蛇传，受到唐宋蛇妖巫术故事启迪，而出自明代话本小说冯梦龙编《警世通言》卷二八《白娘子永镇雷峰塔》，是一个完全交感巫术结合模仿巫术的故事。[①]

第一，许宣施行交感巫术。他和白娘子“自此日为始，夫妻二人如鱼似水，终日在王主人家快乐昏迷缠定。”但是，许宣心怀鬼胎，居然对白娘子施行交感符箓巫术，欲加害白娘子。原文曰：“至晚，白娘子与青青睡着了，许宣起来道：‘料有三更了！’将一道符放在自头发内，正欲将一道符烧化，只见白娘子叹一口气道：‘小乙哥和我许多时夫妻，尚兀自不把我亲热，却信别人言语，半夜三更，烧符来压镇我！你且把符来烧看！’就夺过符来，一时烧化，全无动静。白娘子道：‘却如何？说我是妖怪！’许宣道：‘不干我事。卧佛寺前一云游先生，知你是妖怪。’白娘子道：‘明日同你去看他一看，如何模样的先生。”[②]于是整篇艺术线索就是在交感符箓巫术牵引下发展到模仿巫术阶段。

第二，白娘子变形为蟒蛇之模仿巫术。原文曰：“许宣把前因后事，一一对姐姐告诉了一遍。却好姐夫乘凉归房，姐姐道：‘他两口儿厮闹了，如今不知睡了也未，你且去张一张来。‘李募事走到房前看时，里头黑了，半亮不亮。将舌头舔破纸窗，不张万事皆休，一张时，见一条吊桶来大的蟒蛇，睡在床上，伸头在天窗内乘凉，鳞甲内放出白光来，照得房内如同白日。吃了一惊，回身便走。来到房中，不说其事，道：‘睡了，不见则声。’许宣躲在姐姐房中，不敢出头，姐夫也不问他。过了一夜。”[③]这是白蛇中途变形，情节进一步发展。

第三，法海禅师施行模仿巫术，白蛇青蛇皆变形，被压在雷锋塔下。原文曰：“不知禅师口里念的甚么。念毕，轻轻的揭起钵盂，只见白娘子缩做七八寸长，如傀儡人像，双眸紧闭，做一堆儿，伏在地下。禅师喝道：‘是何业畜妖怪，怎敢缠人？可说备细！’白娘子答道：‘禅师，我是一条大蟒蛇。因为风雨大作，来到西湖上安身，同青青一处。不想遇着许宣，春心荡漾，按纳不住。一时冒犯天条，却不曾杀生害命。望禅师慈悲则个！’禅师又问：‘青青是何怪？’白娘子道：‘青青是西湖内第三桥下潭内千年成气的青鱼。一时遇着，拖他为伴。他不曾得一日欢娱，并望禅师怜悯！’禅师道：‘念你千年修炼，免你一死，可现本相！’白

---

① 请参阅高国藩《谈白蛇传出生、养蛇、争食三说》，载中国民间文艺研究会浙江分会编《白蛇传论文集》，浙江古籍出版社 1986 年版，第 224—239 页。

② (明)冯梦龙编《警世通言》，上海古籍出版社 1992 年版，第 281 页。

③ (明)冯梦龙编《警世通言》，上海古籍出版社 1992 年版，第 289—291 页。

娘子不肯。禅师勃然大怒，口中念念有词，大喝道：'揭谛何在？快与我擒青鱼怪来，和白蛇现形，听吾发落！'须臾庭前起一阵狂风。风过处，只闻得豁剌一声响，半空中坠下一个青鱼，有一丈多长，向地拨剌的连跳几跳，缩做尺余长一个小青鱼。看那白娘子时，也复了原形，变了三尺长一条白蛇，兀自昂头看着许宣。禅师将二物置于钵盂之内，扯下褊衫一幅，封了钵盂口。拿到雷峰寺前，将钵盂放在地上，令人搬砖运石，砌成一塔。后来许宣化缘，砌成了七层宝塔，千年万载，白蛇和青鱼不能出世。"①

由上三点可见，皆为明代白蛇崇拜，和青鱼崇拜之产物，来自民间，都是非物质文化遗产珍贵的篇章。

第三节　明代蛊道巫术

明代蛊道巫术流传于福建、广西、甘肃广大地区，甚至还有传入日本的记载。福建的蓄蛊，有夫妇裸体拜祝之风习，其咒语也神秘而有趣。清曾日瑛等乾隆十七年(1752)修《汀州府志》卷四五《杂记丛谈》记载"嫁金蚕"巫术云：

> 赖子俊廖高蒲皆上杭人，翁婿也。子俊传其妇翁张德之术，于每年端午探取百虫封贮瓦罐，自相残食，逾年起视，独存一虫，形如蚕色，用金三四片茶叶、枫香养之，择日占断，一年当用几次，依占取出虫类，秘置饮食中，使人腹痛，死后魂魄为之力作，坐是致富。翁婿递相承受，逢朔望日，夫妇赤身拜祝云："金蚕公，金蚕娘，我家夫妇没衣裳"等语。万历三十一年(1603)，本乡曾莲峰，廖永祥等连遭毙命，事发到官验尸，黑虫群飞，搜其室，金蚕在罐，用炭火烧绝，二恶并服上刑。大凡畜蛊之家，久必为祸，须以银物伴送密封或置道旁，谓之"嫁金蚕"。万历四十六年(1618)，归化人杨兴、严孝孙、冯昆山、温三元、邓苟先等互相传授，乡民罗守仁、罗瑞等遭之惨毙，临葬棺内如水动，及开视，尸皆成血水，骨节皆有虫眼，事发供吐请神咒语，称："茅山一郎，茅山二郎，金花小姐，梅香小娘，早到炉前，存留形迹"等语，其被害魂魄，或午后，或夜间，有冷风一阵，即能见形，令其耕田、插秧，无往不可。解法：用茶子壳煎汤饮，泻毒尽愈。②

① （明）冯梦龙编《警世通言》，上海古籍出版社1992年版，第289—291页。

② （清）曾日瑛等修纂《汀州府志》卷四五《杂记丛谈》，同治六年(1867)刊本。

明代汀州某乡暗中害人，民怨很大。明代永乐至成化年间有一个日本学者叫贺茂在盛(1412—1479)著有《吉日考秘传》(又名《日法杂书》)，这是一本属于日本阴阳道的书，书中吸取了道教和佛教的一些要素，其中就有吸取佛教关于如何驱蛊的巫术。其中《禳蛊毒法》是吸取自中国密宗派佛典的："凡入蛊毒之家，即念此咒，则不能为害，咒曰：鸟苏啄磨耶！啄自知蛊毒之出四角，父名穹窿穷，母名耶蛇女，眷属百千万，吾至悉知汝，菩提萨诃，一气七返。"对照敦煌遗书伯二六三七《医方》(3—2)中《出蛊毒方》的驱蛊咒语："父是蜣螂虫，母是耶暗鬼，眷属百千万，吾今悉识你。"[①]显然是唐代佛教驱蛊咒语之衍化。"菩提萨诃"，是指佛教的菩萨，可见此驱蛊咒语与巫术，均吸取佛教的要素而无疑，是从中国传入日本的。

12. 明万历十八年(1591)《补遗雷公炮制便览》中耳塞图

在明代，甘肃庆阳曾流行稻田蛊与树蛊。明王士性撰《广志绎》卷三《江北四省》云："庆阳缘边人善蛊术，有为稻田蛊者，能使其人腹中有土一块，中出稻芒，穿肠而死；树蛊者，则出树枝撑肠，是亦桃生之类。然则是术不独粤中有之。徐南孺分宪延庆，为余言曾阅其牍云。"[②]稻田蛊与树蛊虽然可怕，但是看不出蛊害人之特别之处，而只是无稽的虚传而已。从《广志绎》"自序"中，知此书完成于明代万历丁酉中秋日，即公元1597年，故此术当流行于十六世纪末之庆阳。

又据《广志绎》卷五《西南诸省》云，当时广西流行蛊道巫术："蛊毒，广右草有断肠，物有蛇、蜘蛛、蜥蜴、蜣螂，食而中之，绞痛吐逆，面目青黄，十指俱黑。又有挑生蛊，食鱼则腹生活鱼，食鸡则腹生活鸡。验蛊法，吐于水，沉不浮，与嚼豆不腥、含矾不苦皆是。治蛊：饮白牛水血立效。王氏《博济方》'归魂散'《必用方》'雄珠丸'皆可。以上广西。"[③]从这里可以知道，首先蛊毒是可怖的，吃鱼腹生活鱼，吃鸡腹出活鸡，十指变黑，面目青黄。其次，明代已有

13. 蒋竹山医家〔采自《新刻绣像批评金瓶梅》〕

① 上海古籍出版社、法国国家图书馆编《法藏敦煌西域文献》第17册，上海古籍出版社2001年版，第35页。

② (明)王士性撰，吕景琳点校《广志绎》卷三，中华书局1981年版，第49页。

③ (明)王士性撰，吕景琳点校《广志绎》卷五，中华书局1981年版，第119—120页。

验蛊法和治疗的多种方子，而且已经纳入正式医书继承唐代蛊医而加以发展。

明代广西流传蛊道巫术，在明黄瑜《双槐岁钞》卷五《蛊吐活鱼》亦有记载："正统间(1436—1449)吴江周礼行贺广西思恩，有陈氏女寡，返在室，赘为婿，凡二十年。有子已十六岁矣，礼忽思归，妻不能止，寘蛊食中，礼不知也。因令其子随之，默嘱曰：'若父肯还，则与医治。'因授以解蛊之法。礼至家，蛊发腹胀，饮水无度，其子因请还期，礼曰：'吾亦思汝母，奈病何？稍瘥即行矣。'曰：'儿能治之。'即反接礼于柱上，礼告渴，以瓦盆盛水近口傍，欲饮则掣去之，如是者亡虑数百次，烦剧不可当，遂吐出一鲫鱼，拨刺尚活，腹遂消。盖蛮中多有限年限月之蛊，稍逾期，则毒发不可救。故寡妇号为鬼妻，人不敢近，旅客娶之，多受害焉。"①

此例就是《广志绎》所述"食鱼则腹生活鱼"，但从现代医学观点看，此鱼蛊就令人匪夷所思。以上蛊道巫术害得人夫妇分离，此类故事，还记载在明范受益撰，明王錂重订《寻亲记·遣奴》，原文有"你下挑生，拆得人夫妇分；下蛊毒，令人作鬼魂"②云云。

在明代还有采取用胞衣来治疗蛊毒的，这是一种特殊疗法。明李时珍著《本草纲目》人部卷五二《人胞》云："解诸蛊毒。不拘草蛊、蛇蛊、蜣螂蛊，其状入咽刺痛欲死。取胞衣一具洗切，暴干为末，熟水调服一钱匕。《梅师方》。"③此条李时珍采自民间偏方，反映了明代人民重视克服蛊道巫术。

---

① (明)黄瑜撰，魏连科点校《双槐岁钞》卷五，中华书局1999年版，第97页。

② (明)范受益撰，明王錂重订《寻亲记·遣奴》，见《六十种曲·子集》，中华书局2007年版。

③ (明)李时珍著《本草纲目》人部卷五二，人民卫生出版社1981年版，第四册，第2966页。

第四十七章　明清时代的魇镇与金花女巫之崇拜

第一节　明清工匠魇镇巫术

魇镇，又称“魇术”。是明清时代流传在木匠、瓦匠中的黑巫术。谁家要是盖新房，付给木匠或瓦匠的工资不高，得罪了他们，他们便在暗中捣鬼，在房梁、门顶，或一切不引人注意的屋角，放一些小木人，或者孝子的头巾等等，施以诅咒，让这些东西散发出死亡的魔术力。这就叫“魇镇”，又有人称“魇魅”。盖新房的这家，经过工匠魇镇，主人住进去，不是病就是死，一切怪事都因施术不同而发生。明杨穆撰《西墅杂记》载《梓人魇镇》云：“梓人魇镇，盖同出于巫蛊咒诅，其甚者，遂至乱人家室，贼人天恩如汉园事多矣，今述所知。余同里，莫氏故家也。其家每夜分闻室中角力声不已，缘知为怪，屡禳之弗验。他日专售于人而毁拆之，梁间有木刻二人，裸体披发，相角力也。又皋桥韩氏，从事营造，丧服不绝者四十余年，后以风雨败其垣，壁中藏一孝巾，以砖弁之，其意以为砖戴孝也。又常熟某氏建一新室，最后生女多不贞，二三世如之，一日脊敝而缉之，于椽间得一木人，为一女子在，三四男子勾引淫亵，急去之，帷箔方始清白。如此类者，不可殚言。闻凡梓人，家传未有不造魇镇者，苟不施于人，必至自孽，稍失其意，则忍心为之，此则营造所当知也。”①

1. 受赃枉法〔采自明刻本《金瓶梅词话》。下同〕

梓人即木工。杨穆将梓人魇镇归于巫蛊类似有不妥。木工在壁中藏孝巾，所谓“砖戴孝”是谐音“砖”（专），即专门戴孝也，这显然取其象征的交感巫术之

① （明）杨穆撰《西墅杂记》，（明）陶宗仪等编《说郛三种》本，上海古籍出版社1988年影印本，1988年版，第344页。

例。而椽中设木人，由三四男子淫亵一女子，则又显然是模仿巫术之例，足可见工匠魇镇，是交感巫术与模仿巫术相结合的一类奇特的巫术。

另外还传说明代木匠巫师，利用魇镇法，又可令人不育，或令人当乞丐。清杨式傅撰《果报闻见录》之《工匠魇魅》云：

明都给事中，陆茂龙，鄞县人，两世单传，至孙无嗣，以远族继焉。有江西术士至其家，称善解魇，命主人备福物香烛，书符念咒，次第焚之。一符飞着正梁，即于此处凿之，得木刻太监一个，故单传之后无嗣。

又寒族布政房，自明弘治造屋以来，时多禳祷，常闻锣鼓之声，后遭洪水破壁，见有摇鼓一具。

又余家有店房三间，每以赁人，不出三年，贫乏而去，甚至行乞，后有赁者，以灶坏拆修灶内，拆出破碗一只，竹棒一条，故来赁者，多致乞丐也。修后赁者平安顺遂，竟成吉宅矣。此皆主人造屋薄待工匠，或克减工食之故，贻祸不浅，可不慎哉。[1]

2. 抓捕犯人

这可能完全是由于被施术者巫术意识，造成了工匠魇魅这样意想不到的结果。工匠暗设木偶太监，便被巫师认为能有绝人生育的魔力。又设摇鼓于暗角，令人感有摇鼓声；设破碗木棒（讨饭棍），便令人感到要当叫化子。工匠的魇镇巫术在清代也十分盛行，有诸多古籍加以记载。乾隆年间清凉道人撰《听雨轩笔记》卷二续纪《工匠魇术》记云：

予姑夫邱云逵先生，问居新市镇之横街，父苍佩翁读而兼估，性素明敏，于事无弗精当者。后慕村居之乐，造别业于东栅中台街内，移家其中，而翁自造屋后，心渐昏沈，惟事鼾睡，询以事则所答非所问，人以为造屋用心太甚，血减神疲故也。投以药饵不效，其妻弟王学曾曰：此为工匠所魇也。令手持明镜，偏索室中，于中门上横枋内，觅得片纸，中书一“心”字，而四围以浓墨涂之如月晕然，王曰：“是矣！若炼以沸油，造魇者当立死，然处

---

① (清)杨式傅撰《果报闻见录》，《四库全书存目丛书》子部第250册，齐鲁书社1997年影印本，第355页。

之未免太甚。”因焚纸于原所，翁疾日以瘳，而造魇之匠，方居肆挥斤，忽一黑圈自空而下，直套其身、即病颠狂、终身不愈。计其时，即焚纸之候也。①

可见，工匠之魇术如若被发现，据传被害者如炼沸油，造魇者立死，如将施术物烧掉，造魇者就得病终身不愈。以上片纸写心字，令人心痛昏睡，采取的是交感巫术。但是，工匠魇术通常采取的是模仿巫术。《听雨轩笔记》卷二续纪《工匠魇术》又云：

又余杭章姓造一新宅，中夜常见吏役无数，排衙于堂，一官中坐，讼诉纷纭，若断事状，叱之则隐，少顷复集，至五更始杳。其家讼事大起经年不休，一日有所亲自远来，章具酒款之，道及室中怪异事，其人胆气素豪，而工于袖弩，欲亲睹之，因以猪羊血蘸矢端，设榻其处，倚枕以伺。二更后果有小人数十，长二寸余，自柱间出，未几渐长尺许，为吏为役，分列两行吆喝之，次一官，纱帽蓝袍，自正梁坠下，坐于胡床，言此处何得有生人气，速擒以来，声呖呖类鸲鹆，于是隶役十余辈，奔至榻前，逡巡不敢上。官怒，亲自向前指挥，使众登榻。其人暗发一矢，正中官心，遂倒于地，众惶惧俱奔至柱间而隐。起身拾视，则寸许木偶耳，纱帽蓝袍，宛如所见，呼主人起而告之。天晓，即使人舁柱起其下镂空，藏有小木人无数，亦如所见者。又梯视梁间，则梁与枋交缝处有窍在焉，即安所射木人之所也。因召昔日造屋之匠，诘之，推以伙伴所为，主人当匠前付木人于火，匠归心痛数日死，其屋此后无他异，讼事亦结云。予以为工匠魇魅之术，固可痛恨，然亦由于造屋者待之刻薄而然。语云：谋大事者不惜小费，谅哉。②

3. 酒店密谋

清代东轩主人辑《述异记》卷中《工匠魇魅》又记载有江苏昆山之魇镇术，也是模仿巫术：

昆山李左君，房舍闳巨，尝石匠修墙门薄其工食，匠作为魇魅，人不知也。修理毕，即典与曹明，经青虬迁居之居后，每岁家中多病，禳祷方愈，未

①② 乾隆年间清凉道人编《听雨轩笔记》卷二续纪，广陵书社 2007 年版，第 337 页。

久又病，又复禳祷。十年以来，禳费不赀矣。后值墙门壁坏，见壁内木穿画一绿衣判官，旁有小鬼持铁索，一足跪，一手指内傍，写"妙诀"二字，甚端楷，遂刮去之，宅得平安，此康熙丙子年事。[①]

清袁枚著《续子不语》卷七《勒勒》也记载到工匠的魇魅术：

淄川高念东侍郎玄孙明经某，自言其少时合卺后，得头眩疾，辄仆地不知人事。数日后耳边渐作声，如曰"勒勒"。又数日复见形，依稀若尺许小儿，自是日羸瘦不能起床。家人以为妖，延术士遣之不效，乃密于床头藏剑。病寤时，每见小儿由榻前疾趋木几下即灭。遂以铜盘盛水置几下。一日午寝方觉，见童子至，以剑挥之，豁然堕水中。家人于铜盘内，得一木偶小儿，穿红衣，头缠红丝，两手拽之作自勒状。乃毁之，妖遂绝。后相传里中某匠，即于是日死。盖明经入赘时，其岳家修葺房宇。匠有求而不遂，故为是魇魅术。术破，故匠即死。然自是明经病骨支离，不能胜步履。[②]

袁枚所述和乾隆年间清凉道人《听雨轩笔记》所述相合，魇魅的施术者，若被人破了法时，便肯定会"术破，故匠即死"，害别人反而害了自己。值得注意的是，宝剑辟邪的巫术观在破除魇魅术中得到了淋漓尽致地发挥，而破魇魅术的关键便是"密于床头藏剑"。

明清工匠魇镇巫术有以下三个特点：

第一，咒语的配合。在清杨式傅撰《果报闻见录》已指出破这种巫术时，需要"书符念咒"，但是在清王用臣撰《斯陶说林》中更指出，施行这种巫术时，也要有咒语的配合：

吴有富商，请工作舟。具稍薄，疑工必有他意，视工将讫，夜潜伏舟尾听之，工以斧敲椓曰："木龙木龙，听我祝词：第一年行船，得利倍之；次年得利十之三；三年人财俱失。"翁闻而识其言，初以舟行商，获利果倍，次年亦如言，遂不复出。一日破其舟，得木龙长尺许，沸油煎之，工仆地而绝，凡取厌胜者，必以油煎。[③]

① (清)东轩主人撰《述异记》卷中《工匠魇魅》，《四库全书存目丛书》子部第250册，齐鲁书社1997年影印本，第204页。

② (清)袁枚著，朱纯点校《续子不语》卷七，岳麓书社1986年版，第118页。

③ (清)王用臣撰《斯陶说林》卷一二，清光绪十八年(1892)刻本。

4. 恐人偷听

施术者的咒词即祝词，不能让被施术者听到，一旦泄露，巫术便会失败，反误害了自己的性命，以上木工“仆地而绝”便是例证。

第二，施术的多样。施术之所以多样，是因为施巫术者必须瞒过主人的眼睛，见机行事，甚至一旦看见于己不利时，立刻作有利主人的解释。清褚人获《坚瓠余集》卷一《木工厌胜》云：

> 木工造厌胜者，例以初安时一言为准，祸福皆由之。娄门李鹏，造楼，工初萌恶念，为小木人荷枷埋户限下，李适见，叱问之，工惶恐漫应曰：“翁不解此耶？走进类门第一家也”。李遂任之。自是家遂骤发，贤甲其里。①

此术以巫师初次“一言为准”，如果最初未安好心，但因客观形势被逼而不得不说好话也就破了原意而以“一言为准”。但是，以上情况是偶然的，在多数情况下，木工巫术总是成功的。例如，清汤用中撰《翼驷稗编》云，有个工匠巫师在主人家暗设了一个竹人，“口中红点累累”象征血，造成三世俱吐血而亡。② 再例如，清俞樾撰《右台仙馆笔记》云，鄂俗将吊死鬼称为“吃油面”，有个工匠巫师暗害主人，造屋时也在门下埋油面，主人的老婆受了油面魔力感应，在门上吊死，主人也拿带子要上吊，后来幸好相会者破了法。③ 总之，魇镇法是多种多样的。

第三，来源的久长。此术明代称“魇镇”(《西墅杂记》)，而清代却称“魇魅”(《果报闻见录》、《述异记》)，而明代也有称“魇魅”者。例如，明冯梦龙撰《醒世恒言》卷二七云：“后母还千方百计，做下魇魅，要他夫妻不睦。”④是，此术并不是在明代产生的，而是南北朝时期魇魅巫术的衍化，魇魅即厌魅也。《陈书·张丽华传》云：“(贵妃)又好魇魅之术，假鬼道以惑后主。”⑤

此术在唐代流行，并在被禁之列，唐长孙无忌撰《唐律疏议》卷一八《贼盗

① (清)褚人获撰《坚瓠余集》卷一《木工厌胜》，《笔记小说大观》第十五册，江苏广陵古籍出版社1984年版，第537页。

② (清)汤用中撰《翼驷稗编》卷八，道光二十九年(1849)刻本。

③ (清)俞樾撰《右台仙馆笔记》，《春在堂全书》本。

④ (明)冯梦龙编《醒世恒言》卷二七《李玉英狱中讼冤》，上海古籍出版社1992年版，第374页。

⑤ (唐)姚思廉撰《陈书》卷七，中华书局1972年版，第131页。

二》云："诸有所憎恶而造厌魅，及造符书咒诅欲以杀人者，各以谋杀论减二等。"[①]由此可见，这种巫术已流传了千年以上。宋代也在被禁之列，当时将此术称为"厌胜之术"，而且已被认定是"圬者"（即泥瓦匠）的害人黑巫术，但此"厌胜"为"厌魅"之误。宋洪迈撰《夷坚志》丙志卷一〇《常熟圬者》云：

5. 道士施巫法召神

中大夫吴温彦，德州人，累为郡守，后居平江之常熟县。建第方成，每夕必梦七人，衣白衣，自屋脊而下。以告家人，莫晓何祥也。未几，得疾不起。其子欲验物怪，命役夫升屋，撤瓦遍观，得纸人七枚于其中，乃圬者以佣直不满志，故为厌胜（魅）之术，以祸主人。时王显道唤为郡守，闻之，尽捕群匠送狱，皆杖脊配远州。吴人之俗，每覆瓦时，虽盛暑，亦遣子弟亲登其上临视，盖惧此也。吴君北人，不知此，故堕其邪计。[②]

宋代一旦查出圬者搞这种黑巫术，就要被逮捕送狱，并"杖脊配远州"，但此术却屡禁不止，一直流传至明、清。

第二节　明清的金花女巫信仰

明清的广州市一带普遍供奉着金花娘娘，又称金花夫人，或金花普主惠福夫人，或金华夫人，供奉她的祠是"金花夫人祠"或"金华夫人祠"。祭拜她主要是为了祈求子嗣的。据传旧历四月十七日是金花娘娘的生日，这天到金花庙里祭拜的人特别多。但是，实际上她却是一个女巫，而且是个 15 岁的神巫。起始于明代初期，发展在嘉靖年间。

（一）明初称为"金花夫人庙"。据《广州府志》卷一六三引《粤小记》云，金花娘娘故事，有以下两条：

1．"广郡金花夫人遗迹，各传其说，兹并录之，以俟稽考。笔记谓：金花者，神之讳也。本巫女，五月观竞渡，溺于湖。尸旁有香木偶，宛肖神像，因祀之月

① （唐）长孙无忌等撰《唐律疏议》卷一八，《四部丛刊三编》本。

② （宋）洪迈撰，何卓点校《夷坚志》丙志卷一〇，中华书局 1981 年版，第 452 页。

泉侧，名其地曰惠福湖，曰仙湖云。”①

2. “或曰：神本处女，有巡按夫人方娩，数日不下，几殆；梦神告曰：‘请金花女至则产矣！’密访得之；甫至署，夫人果诞子。由此无敢婚神者。神羞之，遂投湖死。粤人肖像以祀。神姓金，名花，当时人呼为金花小娘。以其令佑人生子，不当在处女之列，故称夫人云。庙碑载神生于洪武七年四月十七日子时，其时太史奏昴星不见。至洪武二十二年三月初七日午时，夫人卒。始奏昴星复位——盖感昴星而生云。”

由上可见，金花夫人，生于明朝洪武七年（1374），卒于洪武二十二年（1389），终年只有15岁。每年四月十七日为诞辰日，有庙碑，但是否称为“金花夫人庙”，则无具体说明。明朝是广州祭祀金华夫人全盛的时代。金花女巫作为一种信仰在明初至清末都在广泛流传，殆无疑问。

6. 嘉靖皇帝明世宗朱厚熜〔采自《三才图会》〕

（二）明代中期改称“灵应祠”。清同治十年（1871）刻本《番禺县志》卷五三引任志采访册参修云：“灵应祠在广州仙湖之西，其故老相传，神（指金花女）广之金氏女也。少为巫时，称为金花小娘，后没于仙湖之水，数日不坏，且有异香。里人陈光见而异之，偕众举殓，得香木如人形，因刻像立祠；祈祠，往往有验。祠毁成化五年，巡抚陈濂重建，称为金花普主惠福夫人。张诩诗：‘玉颜当日睹金花，化作仙湖水面霞；霞本无心还片片，晚风吹落万人家！’嘉靖初，提学魏校毁其祠，焚其像。广人笃信，于今立金花会，移祠于河之南。”②

和《粤小记》记载地点相同，都是在仙湖。但与“金花夫人庙”名不同，称作“灵应祠”。此志述及，明代成化五年（1469）毁而第二次建灵应祠。嘉靖初，有魏校其人毁祠恶举，广州人信奉金花女巫，就在河之南又第三次重建灵应祠，因此明朝的这一座祠就是如今的“金花夫人庙”。

（三）清代初期又改称“金花夫人祠”。清屈大均著《广东新语》卷六《金华夫人》条记载说：“广州多有金华夫人祠。夫人字金华，少为女巫，不嫁，善能调媚鬼神。其后溺死湖中，数日不坏，有异香，即有一黄沉女像，容貌绝类夫人者，浮出，人以为水仙，取祠之，因名其地曰仙湖。祈子往往有验。妇女有谣云：‘祈子金华，多得白花，三年两朵，离离成果。’越俗今无女巫，惟阳春有之。然亦自为

① （清）瑞麟、戴肇辰等修，史澄等纂《广州府志》卷一六三《杂录四》，成文出版有限公司1966年版，第三册，第851页上。

② （清）李福泰修，史澄等纂《番禺县志》卷五三，成文出版有限公司1967年版，第655页下。

7. 惩戒有伤风教〔采自明刻本《金瓶梅词话》。下同〕

女巫，不为人作女巫也。盖妇女病辄跳神，愈则以身为赛。垂髾盛色，缠结非常。头戴鸟毛之冠，缀以缨络。一舞一歌，回环婉转，观者无不称艳。盖自以身为媚，乃为敬神之至云。女巫琼州特重。每神会，必择女巫之姣少者，唱蛮词，吹黎笙以为乐，人妖淫而神亦尔，尤伤风教。”①

屈大均生于明崇祯三年(1630)，卒于康熙三十五年(1696)，他改称“金花”为“金华”。在金华夫人歌谣之外，又加添有女巫在广州、琼州两地，明末清初女巫装扮特殊，头戴鸟毛之冠，缀以缨络，一舞一歌，观者称绝。史料弥足珍贵。

（四）清代后期改称“金花夫人祠”。在清代的广东，一般都认为金花夫人生前是一个女巫。清李调元《南越笔记》卷四《金华夫人》也对她有所记述：“广州多有金花夫人祠，夫人字金华，少为女巫，不嫁，善能调媚鬼神。其后溺死湖中，数日不坏，有异香，即有一黄沉女像，容貌绝类夫人者浮出，人以为水仙，取祠之，因名其地曰‘仙湖’。祈子往往有验。妇女有谣云：‘祈子金华，多得百花。三年两朵，离离成果。’”②

李调元的这首《祈子金华》民谣显然来自《广东新语》，写得很有趣。按民间俗话说，总将孩子比喻为花朵，这首民谣也是这样，而且求金花夫人来“祈子”，居然三年能开“两朵”。“金花夫人祠”说法与前引的《广东新语》不相一致，“华”改为“花”，流行地区亦只限于广州地区。清末广州也曾流行过《占花祈子》谣，甚有民歌风味。徐珂编撰《清稗类钞》迷信类“占花祈子”条云：“广州祀金华夫人，祈子者以占得白花为喜。有谣云：‘祈子金华，多得白花。三年两朵，离离成果。”③其源也出自《广东新语》。

同时，从其他书籍记载来看，《玉匣记》记有“金花娘娘，三郎爷爷，神端公祖师”之说。④《吉林乡土志》“特殊风俗习惯及迷信”节又记有九台县巫者所请诸神中有“金花”神之说。⑤ 可以断定，不止在广州地区流行，在全国其他地区也有信奉金花女神的现象。

又据清梁绍壬撰《两般秋雨庵随笔》卷二《金花夫人》条云：“广东金花夫人

---

① （清）屈大均著《广东新语》卷六，中华书局 1985 年版，第 215 页。

② （清）李调元辑《南越笔记》卷四，《丛书集成初编》本，商务印书馆 1935 年版。

③ （清）徐珂编撰《清稗类钞》，中华书局 1984 年版，第十册，第 4660 页。

④ （东晋）许真人撰，赵嘉宁译注《增补万全玉匣记》，中医古籍出版社 2012 年版。

⑤ 魏声龢注《吉林乡土志　鸡林旧闻录　吉林地志》，吉林文史出版社 1986 年版。

庙最多，其说不一。或曰：‘金花者，神之讳也。本巫女，五月观竞渡，溺于湖。尸旁有香木偶，宛肖神像。因祀之月泉侧，名其湖曰仙湖。’或曰：‘神本处女，有巡按夫人方娩，数日不下，几殆，梦神告曰：请金花女至，则产矣。密访得之，甫至署，果诞子，由此无敢婚神者。神羞之，遂投湖死。粤人肖像以祀，呼金花小娘。后以其能佑人生子，不当在处女之列，故改称夫人云。’庙碑载神生于洪武七年四月十七日子时，其时太史奏昴星不见，至洪武二十二年三月初七日午时夫人卒，始奏昴星复位，盖感星精而生云。或言神系南汉女巫，按会城中故有湖，一曰西湖，一曰仙湖，皆南汉高祖所凿，仙湖之名，非自神始也。且诸书载南汉神女庙，只有谭氏二女及龙母两庙，并无金花神庙，则其说未可信也。明张参政诩诗云：‘玉颜当日睹金花，化作仙湖水面霞。霞本无心还片片，晚风吹落万人家。’写得及其飘渺。《广志》言神庙不知始自何时。成化五年巡抚陈廉重建。嘉靖中，魏校毁之，粤人奉神像于南岸石鳌村，其后复建故处，即今仙湖街庙是也。乾隆间翁覃溪学士方纲，视学粤东，适至仙湖街，见男女谒拜，肩舆不能过，怒命有司毁之，于是复祀于石鳌村。四月十七日神诞，画舫笙歌，祷赛极盛云。”[①]还有拜祀金花夫人的乳母庙。清道光《重修佛山忠义乡志》卷一四《杂录》云：“柳母者，俗传金华之乳母。庙在崾岐铺，求子亦有验。粤人祈子必于花王父母，有祝辞曰：白花男，红花女，故婚夕亲戚皆往送花。盖取诗‘花如桃女’之义。”[②]

8. 梦神告曰

民国年间广东的金花夫人庙很多。胡朴安《中华风俗志》下篇卷七《广州之金花夫人》记云：“广东金花夫人庙最多。其说不一，或曰金花者神之讳也，本巫女，五月观竞渡，溺于湖，尸旁有香木偶，宛肖神像，因礼之月泉侧，名其湖曰仙湖。或曰：神本处女，有巡按夫人方娩，数日不下，几殆，梦神告曰：请金花女至则产矣。密访得之，甫至署，果诞子，由此无敢婚神者，神羞之，遂投湖死，粤人肖像以祀，呼金花小娘。后以能佑人生子不当在处女之列，故改称夫人云。神诞为四月十七日，画舫笙歌，祷赛极盛云。”[③]

由上可见，民国有关金花小娘传说与明清所传溺死说、接生说一致。另外，

---

① （清）梁绍壬撰《两般秋雨庵随笔》卷二，江苏广陵古籍出版社 1984 年版，第 28 页。

② （清）吴荣光纂《重修佛山忠义乡志》卷一四《杂志》，《中国地方志集成·乡镇志专辑》第三十册，江苏古籍出版社 1992 年版，第 285 页。

③ 胡朴安编《中华风俗志》下篇卷七《广州之金花夫人》，上海文艺出版社 1988 年影印本，第 24 页。

1928年刘万章先生《关于金花夫人》记述了他亲见的金花庙情景。[1] 1929年容肇祖先生《广州河南的金花庙》也有较详的叙述。[2] 他发现"(广州)河南从前是有金花会的,故金花夫人庙特为宏伟。"[3]并引述道光《佛山忠义乡志》卷一四页三注云:"金花会盛行于省城河南,乡内则甚少,惟妇人则崇信之,如亚妈庙各处,内列十二奶娘,妇人求子者入庙礼拜,择奶娘所抱子,以红绳系之,则托生为己子,试之多验,然年卒不少。"[4]但清乾隆《佛山忠义乡志》卷一一却有另一说,云:"四月十七日,'金华夫人神诞'。祈子者率为'金花会'报赛,亦繁盛,然以拟珠江南岸之金花庙则远不殆矣。"[5]

9. 求子得子图

清道光《重修佛山忠义乡志》卷一四《杂录》亦云:"张诩显诗:玉颜当日睹金花,化作仙湖水面霞。霞本无心还片片,晚风吹落万人家。金花会盛于省城河南,乡内则甚少。唯妇人则崇信之,如亚妈庙各处内列十二奶娘。妇人求子者,入庙礼拜。择奶娘所抱子,以红绳系之,则托生为己子,求之多验,然年卒不永。"[6]

广东佛山地区《龙山乡志》卷三《习尚·岁时》也记载:"四月十七日,金华夫人神诞,祈子者率为'金花会'。"[7]

总之,拜女巫金花小娘目的是求子,求子巫术的作法,是由求子妇人入庙礼拜金花小娘(金华夫人),将红线系在他人怀抱的胖孩子上,便具有了生育的魔术力。因而这也是一种有利于人们的模仿巫术。

2000年2月出版的民俗学家刘志文著《广州民俗》一书有《金花夫人》条,记载了如今采访的情景,说:"金花夫人,旧时广州居民拜其为生育女神。供奉她的庙,称'金花庙'。妇女们每多拜她乞求子嗣。建国前,特别是抗日战争以前,广州城乡多有这庙宇,每年农历四月十七日诞期。"[8]"在广州河南的金花庙规模最为宏伟,里面供奉着80多尊神像即12位娘娘。她们是:白花夫人曹氏,保胎夫人陈氏,养育夫人邓氏,转花夫人宁氏,送子夫人谢氏,红花夫人叶氏,腰抱夫人万氏,送花夫人蒋氏等等,这些女神大都与妇女生育有关。在金花庙所处的江滨一带。还有八音歌台,画舫歌船,笙歌祷赛,盛极一时。庙前,还陈列了许

---

① 刘万章《关于金花夫人》,《民俗》合订本第二册,上海书店出版社1983年版。

②③④ 容肇祖《广州河南的金花庙》,《民俗》合订本第二册,上海书店出版社1983年版。

⑤ (清)乾隆《佛山忠义乡志》卷一一《岁时民俗》,北京图书馆出版社1991年版,第700页。

⑥ (清)吴荣光纂《重修佛山忠义乡志》,江苏古籍出版社1992年版,第285页。

⑦ (清)温汝能纂《龙山乡志》,见《中国地方志民俗资料汇编》中南卷(下),北京图书馆出版社1991年版,第802页。

⑧ 刘志文著《广州民俗》,广东省地图出版社2000年版,第127—128页。

多花卉盆景、古董、字画等。当时的广州妇女还组织有‘金花会’，集资以作醮费，如备办祭品，请戏班演戏、唱八音等，热闹非凡。”①

第三节　明清时剪纸人巫术妖魔化

剪纸人这种模仿巫术一旦被心术不正之人用来作为争权夺利的工具，就会立即蜕变为黑巫术。元明清三代流行的民间宗教白莲教，开始于南宋初茅子元创立的白莲宗，为佛教的一支。它的教义起初是源于净土宗，崇奉阿弥陀佛（无量寿佛），提倡五戒，至元代而渗入弥勒下生说，逐渐崇奉弥勒佛。元末曾被刘福通、徐寿辉、郭子兴等人领导的红巾军利用来发动农民起义，由于有朱元璋参加，当时白莲教并没有妖魔化。最后郭子兴牺牲，二十七岁的朱元璋升任为红巾军副元帅，于至正十六年（1356）先占领集庆（南京），并以此作为根据地。在南京养兵蓄锐，以逸待劳，积蓄物资，训练兵马，东征西讨，终于挫败了元王朝统治力量，于洪武元年（1368）在南京建立明王朝。

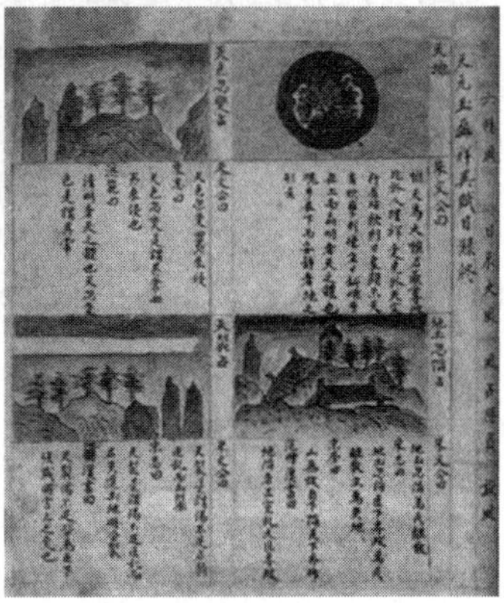

10. 明仁宗朱高炽《天元玉历祥异赋》“天色忽变占”、“地土忽陷占”、“天裂占”插图

一、永乐时代。明仁宗朱高炽，已经在着手研究安定天下的天时地利巫术。

在其《天元玉历祥异赋》中，明仁宗朱高炽对“天裂占”做出如下解释：“朱文公曰：天裂是为阳不足，君弱臣乱而土裂。《宋志》曰：‘天裂是谓阳不足，臣乱君失道，土地而分裂。’《汉书》曰：‘天裂，阳不足，皆为臣下强盛将害上之变也。’”②

在天裂地陷等自然灾害裂变现象面前，首先找其形成的社会因素，不可谓“荒谬”。恰相反，这种逆向思维的巫术意识，显然是加强统治术的高明之处。是的，“君弱臣乱”，不执行王朝的保护生态环境、保护风水平衡之指令，拒绝防范于未然者造成“土裂”；如此臣乱使君失道，整个王朝岂有不因天裂地陷而崩溃者。这就说明当时明王朝对国家动乱是有高度防备意识和手段的。

明初以后，白莲教开始其被妖魔化的进程。这说明，即使一个教派一统天

① 刘志文著《广州民俗》，广东省地图出版社2000年版，第127—128页。

② （明）朱高炽撰《天元玉历祥异赋》，明洪熙内府刊本（南京图书馆藏）。

下，也会滋生出一些败类，从内部裂变来损害天下安宁。不过，明王朝对此是有防备的，防备的方法就是加强巫术的研究，这在巫术史上是少有的现象。

对有关天裂、地陷等等自然现象，用占卜巫术来预测，以加速形成其统治术。故而朱高炽写了这一本著作，即《天元玉历祥异赋》。对于皇帝拥有占卜巫术技能，还能写书，在历史上也是少有的现象。另外，永乐年间佛教依然盛行。当时刊刻的许多佛经市面上都有流传。

11. 明永乐年间刊行的《金刚经》的首页局部“鬼子母接钵图”

但是，占卜巫术启示的防备术和佛教盛行的永乐时代，却对从佛教分出来的白莲教无控制力。山东林三的妻子唐赛儿，却搞起了剪纸人巫术，把白巫术变成黑巫术，利用剪纸人巫术造起反来，在益都卸石棚以白莲教名义组织群众起义，明人称她为“妖妇人”。明沈德符撰《万历野获编》卷二九《叛贼·妖妇人》条记载说：

> 永乐十八年(1420)山东鱼台县妖妇唐赛儿，本县民林三妻，少诵佛经，自号佛母。诡言能知前后成败事，又能剪纸为人马相斗。往来益都、诸城、安丘、莒州、即墨、寿光诸州县，拥众先据益都。指挥高凤等讨之，俱陷殁。上命使驰驿招抚之，不报；乃遣总兵安远侯柳升等讨之。贼众败去，余党渐俘至京师，而贼首不得。上以赛儿久稽大刑，虑削发为尼，或遁女道士中，命北京山东境内尼及女道士悉逮至京师面讯。既又命在外有司，凡军民妇女出家为尼及道姑者，悉送之京师，而赛儿终不获。①

起先永乐皇帝还派使去招安，表现朝廷宽宏大量。但办事大臣却“不报”，而派安远侯去讨伐。一触即溃，“贼众败去”，但唐赛儿却漏网。明代朝廷把所有尼姑和道姑抓到京师去问个究竟，连累了不少无辜者。沈德符最终揭开谜底。《万历野获编》卷二九叛贼“妖妇人”云：“一云：赛儿至故夫林三墓所，发土得一石匣，中有兵书宝剑，赛儿秘之。因以叛，后终逸去，盖神人所佑助云。”②

这是民间说法。有神佑助，其实就是民众保护起来了，得以善终。但是，此次造反使所有民间宗教变成“黑社会”。白莲教以后再没有良好发展。到了正德年间以后，受到罗教影响，改为崇奉无生老母，结果教派林立，红阳教、黄天

①② (明)沈德符撰《万历野获编》卷二九，中华书局1959年版，第749页。

教、混元教、八卦教等等，演化出一百多个教派，力量分散，根本对明王朝构不成威胁，也就注定了白莲教走向灭亡的命运。

二、嘉靖时代。明人正沉静在苏武牧羊、唐诗、《西游记》等等文学书籍的感动之中。嘉靖年间，苏武牧羊、唐诗，以及《西游记》等文学作品流布之际，社会安定，人民生活平静。

明嘉靖年间刊本《新刊图像音释唐诗鼓吹大全》中的"苏武牧羊"图，此图说明明人珍视和弘扬苏武忠于祖国的伟大精神。同时，嘉靖年间还流传着唐三藏西游记等有巫术影响的书籍。

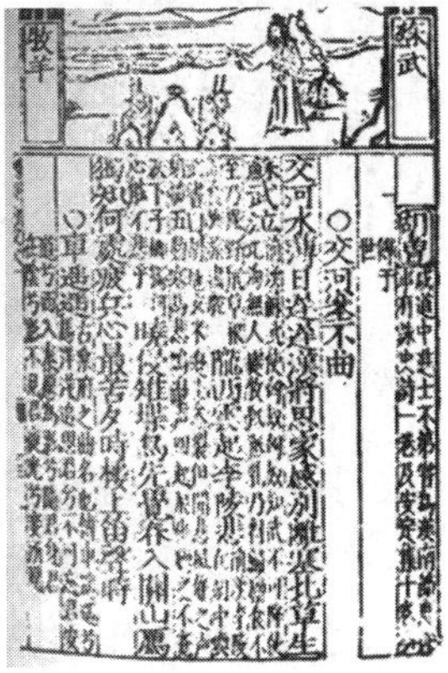

12. 明嘉靖《新刊图像音释唐诗鼓吹大全》书影

明嘉靖隆庆年间书林刘莲台刊本《鼎锲全相唐三藏西游传》中"太极初分，三皇始世"和"如来登坛，诸神谢经"插图。说明当时流传《西游记》反妖故事。[①]

但是，就在此时，江浙的白莲教却利用剪纸人巫术造反。明人称其为"马妖"。据明沈德符撰《万历野获编》卷二九《马祖师》云：

> 吾郡西北数十里，聚落名乌镇者，嘉、湖、苏三府交互之地。最为奸宄渊薮。嘉靖丁巳(1557)，有妖人马祖师(浙江白莲教教首)，寓居沈松家，以幻术惑众。有毛荃计中等为之羽翼，更相诳师，诱胁愚民。约以是秋九月之甲子日起兵，取吾嘉兴府。[②]

所谓"幻术"，即指用符咒变物的巫师之法术，即剪纸人之类的巫术。这次"马妖"在乌城的云雾山中，宣传"末劫"来临，自言能剪纸成兵，有方术分发印信、白巾，说持有这些可以免死。他还采用盆水照影判断人的贵贱的模仿巫术，吸收信徒。利用巫术造反依然被消灭。当时《西游记》流行的是白巫术，孙悟空三打白骨精，维护的是人民的生命和和平的生活；而马祖师却搞的是黑巫术，暗地里剪纸成兵来造反。沈德符指出："惟马妖树青白二旗，纵火肆掠，官兵追及于南浔双林间，众皆歼，独马祖师逸去。"[③]三十年以后才被抓获正法。

明嘉靖年间《西游记》就是在以上反"马妖"动乱的气势中，掀起了阅读的热潮。

---

① (明)朱鼎臣撰《鼎锲全相唐三藏西游传十卷》，日光轮王寺慈眼堂藏万历中刘氏刊本。

② (明)沈德符撰《万历野获编》卷二九，中华书局1959年版，第750页。

③ (明)沈德符撰《万历野获编》卷二九，中华书局1959年版，第754页。

三、万历时代。万历年间却有妖人出现，又利用剪纸人巫术造起反来。明沈德符撰《万历野获编》卷二九云：“己丑年（明万历十七年，1589），广东始兴县人李圆朗者，自云能剪纸为人马，飞剑斩人头，有起死回生之术，因结翁源人王子龙，称黄巢后裔，祖遗金十二窖，欲与人均用，因以聚众。托云弥勒下生，至龙南县亦有从之者，因肆焚掠。攻南雄府不下，虔抚秦耀檄兵讨捕，擒斩于阵。事已结矣。”①这次李圆朗等人也被擒斩了。

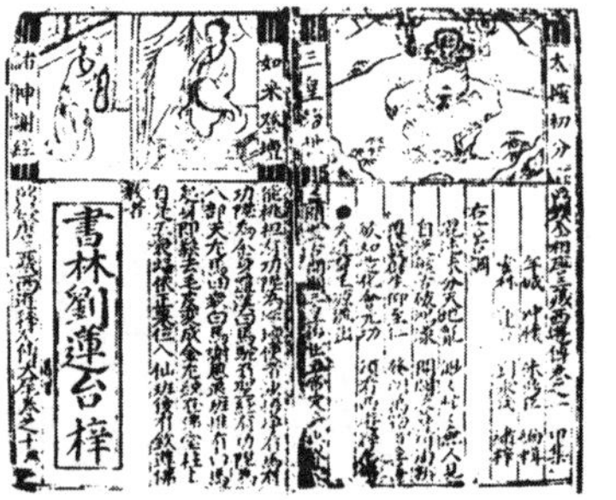

13. 明嘉靖《鼎锲全相唐三藏西游传》书影

明代白莲教的剪纸人黑巫术原来是一种白巫术。徐珂编撰《清稗类钞》方伎类中有白巫术的纸人巫术，可以说明。

其一，徐珂编撰《清稗类钞》方伎类《巫送大落水鬼》条讲的纸人巫术白巫术，原文为：“巫有送大落水鬼之术，以纸人一，共于病者榻前之小儿，上设酒醴鱼肉之属，焚香而祝之。至黄昏人静时，乃请善饮者一人，与之对酌，频频劝酒，一杯复一杯，至无量数。既而忽曰：‘闷饮寡欢，吾辈须寻一行乐法。’乃作种种诙谐语，鄙俚不堪，少顷，又曰：‘此亦不佳。吾辈盍拇战。’于是独伸其指，喧呼不已。时别有二人，渐移小儿至病室之外，而中堂，而大门，蹑其足以行，若惟恐纸人有所觉者，陪饮者亦随之出。既出门，则已有一船泊于水滨，于是复由岸上渐移至舟中，解维疾驶，速如激箭。陪饮者则仍与之对酌，频频劝酒不已。至四五里外旷野无人处，乃举纸人而掷之，铜钲乱鸣，拨棹即返。至家，则互相庆曰：‘大落水鬼去矣。’而于病者果有效否，不问也。”②这至少能起到心理安慰作用。

《红楼梦》里写纸人招鬼，而此条则是纸人送鬼，前者是招鬼术，后者是驱鬼术，实则是酒巫术。前者与人们有害。后者只是辟邪求吉而已，与人们有利。

其二，徐珂编撰《清稗类钞》迷信类《祈晴》条，讲的也是纸人巫术的白巫术。原文曰：“久不雨，出纸翦作人形者五六，佐以鼓一，钟一，梯一，举而黏之于廊，且祝之。偶或大雨滂沱，则翦人物如前，而益以作女子状者一，且持一帚曰：‘我将以祈晴也。’盖谓天空之云，皆为彼女之帚扫却矣。”③此种纸人巫术融于求晴风俗，便没有了巫师的祭祀和咒语。

但明万历间《牡丹亭》昆剧的出现，淡化了妖人利用巫术造反的色彩。万历

① （明）沈德符撰《万历野获编》卷二九，中华书局1959年版，第750页。

② 徐珂编撰《清稗类钞》，中华书局1984年版，第十册，第4560—4561页。

③ 徐珂编撰《清稗类钞》，中华书局1984年版，第十册，第4678页。

年间武林刊本汤显祖撰《牡丹亭还魂记》中画上美人复活，是明代典型的模仿巫术，《牡丹亭》写杜丽娘做梦，梦见一位少年柳梦梅，就爱上了，和现实生活相差十万八千里。不过此情节是明代非常流行占梦巫术的结果。因此从巫术史的视角而言，《牡丹亭》是模仿巫术与占梦巫术的合璧。万历时代明人特别钟爱汤显祖的《牡丹亭》，有万历刊刻本问世。

14. 玩真图〔采自明万历年间刊刻的《牡丹亭还魂记》武林刊本〕

而且，万历年间明人仍时时沉浸在郑和历事三朝（成祖、仁宗、宣宗）先后七次下西洋，经历三十余国，航程两万余哩的巨大成功的感情之中，具有时代感的《新刻全像三宝太监西洋记通俗演义》问世了。

明万历年间唐氏刻本《新刻全像三宝太监西洋记通俗演义》中的“补陀山四海龙王献宝”图。本书插图多达两百幅。书中描绘所有海神天神地神人神的神祇巫术都来保佑三宝太监郑和下西洋的成功，更冲淡了妖人用纸人巫术造反的吸引力。

就是说，《牡丹亭》的诞生，和明人沉浸在三宝太监下西洋成功的感情中，大明王朝成功地消灭了妖人利用纸人巫术造反。

清代晚期，平民百姓的生活也受到纸人巫术之黑巫术干扰，现举出以下六例。徐珂编撰《清稗类钞》方伎类《纸人为祟》条，表现的是道光以后的纸人巫术，可以和《红楼梦》中的纸人招魂术相对应来研究，它已转变为黑巫术。表现为：

15. 补陀山四海龙王献宝图〔采自明万历《新刻全像三宝太监西洋记通俗演义》〕

一、道光年代纸人巫术。徐珂编撰《清稗类钞》方伎类《纸人为祟》条：“道光壬辰(1832)，义宁居民之育鸡者，夜半，有物翦其翅，视之，无异常鸡，捉而观之，翅中必有数翎截去寸许者，亦不全翦也。比户哗噪，不知所云。有一妇置埘床下，备秽物以待。三更，埘中作声。掷击之，应而寂。移灯视之，地有纸人长三寸，执纸翦刀。焚之，无他异，月余乃安。”[①]此例说明，纸人巫术扰乱了家禽，也扰乱了人的正常生活。

二、妖人翦纸为人。徐珂编撰《清稗类钞》方伎类《纸人为祟》条：“光绪丙子(1876)夏秋之交，吴中盛传有妖人翦纸为人，夜入人房闼，绞取男妇辫髻，或压

① 徐珂编撰《清稗类钞》，中华书局1984年版，第十册，第4653页。

伏卧者胸部。受压者遂为梦魇，苦闷万状，气咻咻然不得醒，醒辄大病。世俗相传纸上附生人灵性，焚之，其生者便焦灼死。其遣纸人之法，或言令生人卧于地，以纸人置其身，一人从旁诵咒书符，则生者如睡，而真灵附纸人飞出矣。或有言须拜而遣之者。道路传闻，其说不一。后某令获其党数人，严鞫之，亦坚不承招，而肆扰颇甚。”[①]此条实际是头发巫术。纸人能否绞取人的辫髻？能不能引起“梦魇”，能否有如此害人的“魔力”？没有找到答案；故抓“数人”，人人“坚不成招”，奈何！如果巫术传播被夸大致害作用，就难以分清。

三、如厕失辫。徐珂编撰《清稗类钞》方伎类《纸人为祟》条又曰：“苏垣有衣匠，晨如厕，觉头上有黑气一团，良久始灭。初亦不以为意，比归，失辫。明日，有人如厕，亦如之。始犹在阊门、胥门一二处，数日而蔓延殆遍。由是相戒无敢登溷（厕所），而溷为之一空。”[②]这是清代苏州的失辫事件，属头发巫术，嫁接到与标题“纸人为祟”有牵连，情况不明。

四、头发被翦。徐珂编撰《清稗类钞》方伎类《纸人作祟》条又曰：“张姓子甫弱龄，发亦被翦。母将余发劚去，惟留一顶，即以劚下发置桶中，坐而溺焉。子方卧床，语母曰：‘辫还矣。’问在何所，曰：‘床下。’索之，果然。已而哗曰：‘来割势矣。’且哗且哭。母大惊，嘱其以一手握肾，以一手捉之。子如母教，捉其一股，软亦犹人。急欲遁，握愈固，窘甚，益挣扎欲去，相持间，股忽折，遂逸。’众往视子手中，乃纸翦人股耳，亦投桶中。”[③]此头发巫术就与翦纸人有关，情节扑朔迷离令人恐怖，居然要伤害小孩。

16. 清代女子读书〔采自《中国古代服饰史》〕

五、五寸纸人作祟。《清稗类钞》方伎类《纸人作祟》条：“某氏有妯娌三人，方刺绣，闻叩门声甚急。启视之，寂无人，以为行道者之相戏也。阖而入，忽门中吱咯作叫声，似欲挣扎未能而不堪其窘者。索之，见一纸人阖闭门隙中，蠕蠕动。三人惊哗，返身急遁，各相争前奔，跌而入，呼其夫出视。夫取妇溺浇之，遂不动，手衬秽，布捉之，乃五寸许纸人也。颈骨上书一‘出’字，两股皆有朱书符箓，足心左书‘飞’字，右书‘疾’字，胸前书‘藏’字，两手心书‘雷霆’二字，背脊上有‘道字五百七十三号’字样，手执纸翦。

①② 徐珂编撰《清稗类钞》，中华书局1984年版，第十册，第4653页。

③ 徐珂编撰《清稗类钞》，中华书局1984年版，第十册，第4653—4654页。

家人恐其复为害，爇火焚之，投之圊(厕所)。”[①]是谁让人在家不能安心做事，驱使纸人巫术鬼鬼祟祟？

六、《周易》辟邪。《清稗类钞》方伎类《纸人作祟》条：“常州梅姓有二女，以守贞课读养其母。自言某夕方于灯下治女红，忽闻门隙微有声，惶遽间，取案上《周易》一册投之，有纸人飘然坠于地，急夹置书中。迟明检视，五官四肢咸备，右手执翦刀一柄，投诸火，亦无他异。闻者信之，因哗言《周易》能辟邪。城乡塾师争咿唔课其徒，男妇老幼，无论识字不识字，每出，咸挟一册以自随，居则悬于户，坊肆及故书摊所存新旧《周易》搜购一空。扰攘数月乃已。”[②]此例说明，居民受到纸人巫术惊吓，纷纷去买《周易》保平安。《周易》卜筮巫术的良好影响，可以悬在屋内成为镇宅的照妖镜，又可以以一册《周易》达到平安和趋吉避凶的目的。

此盖为清代白莲教所为。徐珂编撰《清稗类钞》方伎类《纸人作祟》条曰：“至丁酉、戊戌间，大江以南，又盛传男辫妇髻及小孩阳物、鸡翼被翦之事，夜半鸡鸣，速倾以秽水，即得寸许白纸作持翦状之小人，谓为白莲教中人所为也。”[③]

总之，以上所有纸人巫术都令人吃惊一场，焚之乃安，此术依然是《红楼梦》里那种纸人令人神经错乱的黑巫术，所有这些都说明晚清时白莲教已完全不得人心，到了人人讨厌的地步。

---

①②③　徐珂编撰《清稗类钞》，中华书局 1984 年版，第十册，第 4654 页。

第四十八章　明清老鼠做亲巫术的风俗传承

老鼠做亲巫术，又称老鼠娶亲、老鼠嫁女。它已经发展成一系列的民俗文化形态，是以民间故事、民间童谣、民间艺术、民间风俗四者结合的产物。它是中国土生土长的道教巫术转变成中国本土风俗的延伸。它不仅与以上所说的老鼠娶亲故事及童谣有关，而且融入了春节风俗和元宵节风俗，并在众多的年画、剪纸等民间艺术中得到了淋漓尽致的表现，它是道教文化的反映。

第一节　明代老鼠嫁女巫术故事的道教性

最早提到老鼠做亲巫术的，是清代钱泳撰写的《履园丛话》里叙述的一个明代万历末年道教驱鼠巫术故事。征引如下：

1. 老鼠嫁女(陕北窗花)〔采自《中国民间剪纸艺术研究》。下同〕

吾乡九里桥华氏家有楼，扃钥已久。除夕之夜，忽闻楼上有鼓吹声，异之，家人于墙隙中偷窥，有小人数百，长不盈尺，若嫁娶状，傧礼前导，奁具俱备。旁有观者曰："明日嘉礼，当更盛也。"主人颇不信。至次日夜，乃亲视之，听鼓吹复作，花光镫彩，照耀满楼。有数十人拥一鸾舆，而新人在舆中哭，作呜呜声。后有老人坐兜轿，掩涕而送之。女从如云，俱出壁间去，主人大骇。自是每夜于隙间探之。不半月，闻呱呱声，生子矣。又数日，听生子就熟矣。其师纤长乌喙，白须飘然。向坐兜轿老人，手携童子出拜，师授以《中庸章句》，历历如人间。里中有闻之者，疑信参半。一日有道人过其门，曰："君家有妖气，当为驱除之，但须以牺牲谷食酬神，始能去也。"主人强诺之。道人仗剑作法，嘘气成烟，旋绕空际，即有金甲朱冠者现前，领道人指示梁柱而退。少顷，空中掷小人数十，道人飞剑叱之，须臾皆死。盛以竹筐，几盈石许。道人曰："我远来不敢言劳，惟惊扰诸神，酬之宜速也。”言讫而去。主人自念曰：“除妖，正也；因妖而索食，是亦妖也。”遂不酬神。忽闻梁间疾呼曰：“汝辈强项若此，吾为施神术而求之一饱不可得，吾曹日繁，将奈我何？”乃知所谓道人者，即掩涕送女之老人；金甲神者，亦即乌喙白须之蒙师也；而竹筐所盛之小人一石许，亦无有矣。因此，穿堂穴壁，啮橐衔秽，箱无完衣，遗矢淋漓，作闹无虚日。主人不得已，急往江西诉张真人，真人祷之坛，乃曰：“此群鼠误食仙草，变幻为祟也。”乃书符数纸。主人归，悬诸楼上，复以小符，用桃木针针其穴，遂寂然。越数日，秽气大作，启楼视之，见腐鼠千余头中有二白毛长尺许者，似即向之作法者也。此前明万历末年事。按今邑中风俗，岁朝之夜，皆早卧不上灯，诳小儿曰“听老鼠做亲”，即以此也。①

这是道士施行灭鼠巫术，为民除害而造作出来的巫术故事，效果卓著，一次灭鼠竟达“千余头”，大快人心。但此民间故事却将道士灭鼠故事艺术化，也将老鼠做亲拟人化，用模仿巫术手法来描述老鼠做亲时盛大的迎亲队伍，并以此为中心母题，抬着花轿，鼓吹俱作，与童谣及民间剪纸、民间版画上所描述的内容一致。此巫术故事以起源于道教文化为特征，归纳为四点：

第一，文中屡次提到“道人”。如“有道人过其门”、“道人飞剑”、“道人曰”等。道人，乃指的是奉道、修道以及得道的道士，即有道术之人。《汉书》卷七五《京房传》云：“法曰：道人始去，寒，涌水为灾。”颜师古注：“道人，有道术之人也。”②故事中又写“误食仙草”得道的群鼠，它们闹出一场老鼠做亲的悲剧，导致道人施以巫术加以消灭。这是最早见的老鼠做亲的道教巫术故事。

2. 老鼠娶亲剪纸

第二，真人。文中提到“急往江西诉张真人，真人祷之坛”，此“真人”乃指道家的存养本性或修真得道的人，也指成仙的人。如《庄子·大宗师》云：“古之真人，其寝不梦，其觉无忧，其食不甘，其息深深……古之真人，不知说生，不知恶死，其出不䜣，其人不距；翛然而来而已矣。”③在先秦，真人在《庄子·天下篇》中

---

① （清）钱泳撰《履园丛话》卷一六《精怪·鼠食仙草》，中华书局 1979 年版，第 420—421 页。

② （汉）班固撰《汉书》卷七五，中华书局 1962 年版，第 3164—3165 页。

③ （周）庄子撰，（晋）郭象注，（唐）陆德明音义《庄子》卷三，上海古籍出版社 1986 年影印《二十二子》本，第 28 页。

是指“常宽容于物，不削于人，可谓至极，关尹，老冉乎，古之博大真人哉”[①]！汉魏两晋以后，道教的真人已经神化，将真人定位于“大神之下，仙人之上”(《太平经》卷四二)。《云笈七签》将真人分为九种。可见真人是道教文化的产物。本文中的张真人指的是张天师(张道陵)，道教的创建者之一。法藏伯三八六六李翔《涉道诗·献龙虎山张天师》[②]，即明指张天师曾住江西龙虎山修道，文中地点(江西)与之相合。

第三，此故事与巫术交织在一起。仙草乃是道教的发明与专利，故此故事是仙话的传承，乃受道教反抗巫术和模仿巫术的影响而形成。仙草是道教传说中的一种灵异的草，服之可长生不老或起死回生。演化成一切有利于养生长寿的植物均包括在内。《海内十洲记·瀛洲》云：“瀛洲在东海中，地方四千里，大抵是对会稽去西岸七十万里，上生神芝仙草。”[③]仙草即仙人草，《本草纲目》草部卷二〇《仙人草》引陈藏器指出：“北地不生。”[④]那当然，只在南方东海中，如东沙群岛这地方而生。唐段成式《寄周繇求人参》诗云：“九茎仙草真难得，五叶灵根许惠无？”[⑤]由于群鼠误食仙草而作怪，遂采取一、“书符数纸，悬诸楼上”——这是反抗巫术；二、“用桃木针，针其穴”——这是模仿巫术。显然用巫术驱鼠灭鼠，乃是傩文化的一种特殊表现形态。

第四，此故事产生的时间环境，是在除夕之夜老鼠成亲之时展开，故后世老鼠成亲风俗时间也多在除夕夜之后，例如鲁迅所述的浙江绍兴风俗。民间所以选定除夕夜自有其风俗理由，而山东掖县民间又认为，老鼠长得一副寒酸相，“大年初一把老鼠嫁出去，可以送走晦气”。所以有些地方是在大年初一以前给老鼠娶亲。中国幅员辽阔，各地风俗不尽一致，如山东莱西民间传说认为：“正月十六老鼠娶亲，过了这一天，老鼠就没了。”这又挪到元宵节前后了。有些学者认为：“为什么老鼠娶亲的风俗，不仅在山东也曾在我国其他地方广泛流传？因为它在一定

3. 小猫监视下的老鼠娶亲(年画)〔采自《东方之履》〕

① (周)庄子撰，(晋)郭象注，(唐)陆德明音义《庄子》卷一〇，上海古籍出版社1986年影印《二十二子》本，第86页。

② 见陈尚君辑校《全唐诗补编》上《补全唐诗拾遗》卷一《残诗集》，中华书局1992年版，第58页。

③ (汉)东方朔撰《海内十洲记》，《说郛一百二十号》弓六六，上海古籍出版社1988年影印《说郛三种》本，第六册，第3074页。

④ (明)李时珍著《本草纲目》草部卷二〇，人民卫生出版社1977年版，第二册，第1397页。

⑤ 《全唐诗》卷五八四，中华书局1960年版，第6769页。

程度上反映了人们对老鼠的憎恶心情。老鼠在现实生活中是危害人类的小动物,人们除了采用畜猫等办法来捕杀驱除之以外,还希望它们从自己的家里嫁往别处去。”[①]又指出:“山东民间风俗,旧历正月初七(或初一、十六)是老鼠娶亲的日子。每到这天晚上,大人要给孩子们讲老鼠娶亲的故事,熄灯早睡。睡前教孩子们把鞋收藏好,免得被老鼠拖去当花轿。睡下之后又让孩子们静听老鼠娶亲的鼓乐之声,把他们引入梦想。”[②]中国西北地区老鼠娶亲的日期也有所不同,有的学者指出:“嫁女日期,有谓旧历正月二十五日‘填仓’为嫁女日。有谓正月十四日为嫁女日。陕北传说谓正月初七日为嫁女日。尽管说法不一但都没有超过岁春之首。”[③]

而张真人消灭老鼠,还要安排“祷之坛”的环境。坛即坛场,是道士斋醮法事的场所,这种道教风俗来源久远,在汉代已见有择良日斋戒、设坛场的记载,所以它是纯粹的中国本土道教文化的表现。

第五,此故事产生的地区,文中提到江西道士,故知它最初产生在中国南部江西省一带地区,江西有著名的道教圣地——龙虎山,而此俗流传的背景,似在鼠患危害民间之时,是畏惧心态与欲战胜心态结合民间强大的求子民俗之表现,而非崇拜心态之表现,而老鼠拣女婿故事则是崇拜大自然心态的表现,二者不是一回事。

中国自东汉以来,十二生肖中老鼠和求子就发生了密切的关系。王充《论衡》卷三《物势篇》云:“子,亦水也,其禽,鼠也。”[④]由此可见,十二生肖中的鼠年,是将“子”——即求子放在首位,因为老鼠是十二生肖之首,子年便在十二生肖年之首了。老鼠是子年十二生肖之首,虽在东汉确立,但是并不意味着老鼠娶亲故事那时就产生,中国民间求子风俗直到明代才和老鼠娶亲相联系。1932 年绍兴民间出版部出版了娄子匡先生编著的《新年风俗志》,这本书里记载了四川成都的风俗,说上元那一天,新嫁女儿的娘家要把一盏灯台和面粉做成的老鼠送给婆家,如此便能使

4. 老鼠娶亲年画(四川)

---

①② 叶又新《山东民间剪纸中的“老鼠娶亲”》,载于《中国民间剪纸艺术研究》,北京工艺美术出版社 1992 年版,第 246 页。

③ 叶又新《山东民间剪纸中的“老鼠娶亲”》,载于《中国民间剪纸艺术研究》,北京工艺美术出版社 1992 年版,第 221—222 页。

④ (汉)王充著,陈蒲清点校《论衡》卷三,岳麓书社 2006 年版,第 42 页。

新娘怀孕产子，这说明民国年间老鼠求子风俗依然盛行。[①] 但说到老鼠娶亲具体民俗物象的起源和发生，便是道士的发明，这与道士消灭鼠患并不矛盾，恰相反，道教所为是消除鼠害，受到明代民众的肯定，由于《履园丛话》中的道教与老鼠做亲故事最早见，故而是道教促成了具体而实际的老鼠娶亲故事，童谣、民间艺术和求子风俗与之融为一体，发展和全面繁荣，这便是合乎事实的结论。

从老鼠娶亲故事起源于道教仙话的考述可以明白，中国民间文学、民间艺术、民间风俗与民间数术，总之在整个中国俗文化学中，道教文化贯串其中，具有重要的价值和地位，诚然如香港道教学院院长蔡惠霖教授指出，道教文化给整个中华文化复添了光辉的色彩。[②] 老鼠娶亲故事的起源便证明了这个道理。道教文化确实给予了人与人之间，人与天地万物之间应有的和谐。

第二节　老鼠娶亲童谣、年画

——老鼠做亲巫术传承之一

老鼠娶亲故事又称“老鼠娶新娘”（台湾），“老鼠做亲”（苏州），“老鼠嫁女”（镇江、武进），“耗子姑娘出嫁”（河南），“鼠子完婚”（云南），“鼠纳妇”（通州），“耗子成家”（北京），“老鼠成亲”（绍兴）等等。全国的老百姓对其称呼虽然是用词各不相同，但实际讲述的是同一个故事。

老鼠娶亲的童谣是中国动物童谣中十分著名的一类。在中国长江和黄河南北，台湾海峡两岸，都发现有老鼠娶亲的童谣。在台湾，有一首老鼠娶新娘的童谣是这样唱的：“初一场，初二场，初三老鼠娶新娘。”所谓“场”，就是指赌场，旧时台湾每逢大年初一、初二，民间有赌博之陋习，初一、初二两天开放赌禁，赌排九，掷骰子，斗洋麻雀，没有人干涉，甚至在街头摆赌摊，警察也不管。初一、初二过完，就又取缔了，到了初三，赌徒们又要像老鼠一样转入地下活动了。恰好用初三老鼠娶新娘的俗称来谐称。

在江苏的苏州也流行一首老鼠做亲的童谣：

唧唧唧，啾啾啾，
老鼠做亲，红布作裙，

---

① 娄子匡编著《新年风俗志》二十七篇，上海文艺出版社 1989 年影印本。

② 见蔡惠霖《庆祝香港道教学院成立十周年暨“道教教义与现代社会国际学术研讨会”开幕典礼欢迎辞》，《香港道讯》2002 年第 23 期。

忙仔一夜，忘记回门。

苏州十分流行老鼠娶亲的传闻，老年人多半记得，从前的杨柳青版画，就出刊过老鼠娶亲的图画，画面上的老鼠新娘便围着红布裙，与童谣上唱的完全一样。

在江苏的镇江也流行过一首老鼠嫁女的童谣《天上有个月》，运用孩子们的语言，写得活泼可爱：

天上有个月，
地下有个阙，
打水蛤蟆跳过阙，
我在苏州背砻码，
看见老鼠嫁女儿，
龟吹箫，鳖打鼓，
两个蛤蟆朝前舞，
乌龟来看灯，鲢鱼来送嫁，
一送送到桥顶上。
一跌仰把叉，
一路哭到家，
告诉吾妈，
吾妈要骂，
告诉爹爹，
爹爹要打。

这一首镇江的童谣唱的却是苏州老鼠嫁女，可见两地习俗一致；老鼠嫁女时，连水族都来帮忙，反映了江南水乡吃河鲜习俗的特色。

中国河南省的《耗子姑娘出嫁》童谣那可是长篇巨作，也是最有趣的，老鼠娶亲完全是民间结婚风俗仪式的翻版，资料珍贵，全引如下：

小黄狗，汪汪咬，
问问黄狗叫啥哩？
对门耗子姑娘出嫁来！
什么轿？大花轿。
谁来抬？她二爷。
谁去送？她舅舅。

谁打锣？她大哥。
谁打鼓？她表哥。
谁打旗？她妹妹。
谁打灯？请来一对萤火虫。
谁吹笛儿？她小姨儿。
嫁谁家？嫁给东庄张二家。
张二家有一只花公鸡，
身披五彩头戴花，
站在门口等着她。
吹吹打打来的快，
来到门前轿落下。
谁来搀？鸡妹妹。
谁请客？鸡妈妈。
公鸡一见很快活，
拍着翅膀咯咯叫，
惊醒了大狸猫，
睁开眼睛张张嘴，
伸伸懒腰出来了。
喔！谁家娶亲这热闹？
原来是鸡大哥。
娶了谁家小母鸡？
叫我向前瞧一瞧。
唉，弄错了，
轿里坐了个小耗子，
这可是我的好点心。
送亲的耗子都吓跑，
单撇下轿里的小耗子，
狸猫向前乍住腰，
啊呜一口！吃完了。

写得多么可爱。其中猫吃老鼠“啊呜一口！吃完了”句采用了中国民间儿歌传统的写法。如《吴歌乙集》中的《黄狸猫》：

黄狸猫，花狸猫，

偷油老鼠该倒糟，
“啊—呜”一口才咬牢，
“泼勒泼勒”喊苦恼！
（采录者：王翼之）[1]

“阿呜一口”成了常用词，可见这种表现形式，来自中国本土的童谣。

还有这首童谣中娶亲时的打锣、吹笛、抬大轿的表现形式，也是来自中国民间儿歌传统写法的。如江苏的如皋有一首民间儿歌《乌龟嫁姐姐》这样写道：

我上河南去耍耍，看见乌龟嫁姐姐。
蟹打锣，鳖吹号，四个癞宝抬大轿；
黄颈鱼头上四个角，走在前头顶书桌；
鳑鲏眼睛红啊红，走在前头拎灯笼；
黑鱼头上七簇星，走在前头拎高灯；
鲈鲟儿，满肚籽，走在前头挑马子；
虾儿鱼啊，两头去摸喜酒吃。

口述者：薛长英
采录者：张瑞宏
1987 年 4 月 18 日采录于雪岸乡[2]

打锣、吹号、抬轿情节和以上河南省耗子姑娘出嫁童谣的主要情节是一致的，可见这种老鼠娶亲童谣的艺术构思，原本就是中国传统式的，有确凿的本土性。

这首童谣揭示了一个生动活泼的童话世界，这个童话世界最大的特征是拟人化，它表现了创作者们卓越的艺术构思，把许多动物进行了巧妙的戏剧性安排，绘声绘色地描写了它们的神态，使孩子极容易接受它，老鼠成亲童谣便永久地留在孩子们的记忆里，即便到老年也仍然难忘它。列宁曾说过：“如果你给儿童讲童话诗，其中鸡儿猫儿若不会说人话，那儿童们便不会对它发生兴趣。”列宁精辟地指出了童话中拟人化是达到教育儿童目的的一种必要手段，这手段不仅在民间童话中占有重要地位，在民间童谣中也占有重要地位。

---

① 《中国歌谣集成·儿歌》江苏卷，中国 ISBN 中心出版 1998 年版，第 568—569 页。
② 《中国歌谣集成·儿歌》江苏卷，中国 ISBN 中心出版 1998 年版，第 572 页。

已有确实资料证明，在清朝时，老鼠娶亲童谣中那种打鼓、吹笛、抬轿的画面，已经出现在中国民间剪纸艺术之中。据清代山东掖县画家张士葆的门人刘鸿宾说，他见到的剪纸“老鼠娶亲”已经走样，曾经重新画过一次。张氏是晚清人，至少生活在道光年间，所以老鼠娶亲的故事已被作为剪纸题材流行于胶东半岛。20 世纪 50 年代，山东叶又新先生因为搜集到的清代老鼠娶亲剪纸残缺，曾经与剪纸艺人赵淑芹复原过清代老鼠娶亲的剪纸。分为四个部分：

第一部分：二鼠抬着大喜字走在前面。接着依次出现 22 鼠抬嫁妆，成双成对的圈椅、八仙桌、柜子、衣箱、书桌、太师椅、炕桌、铜盆架、衣橱、食盒、灯台，包括当地所有乡土家具的样式，还有一只挺胸凸肚的耗子拿着短棒跟在后面押送。

第二部分：12 对老鼠分别打着三角龙旗、四方凤旗、开道大锣、伞、扇、虎头牌、金瓜、斫斧、朝天镫、高灯、方灯和圆灯，耀武扬威地缓步前行。

第三部分：8 对骑马的老鼠吹鼓手。老鼠们吹着管乐器长号、短号、笙、管、笛在前，持打击乐器小锣、手鼓、饶钹在后，吹吹打打，好不热闹。

第四部分：头戴罗帽和草帽，踞在马背上的两只送亲的公鼠，俗称“男送”，一般由新娘的舅父、叔伯或兄长充任。两顶大花轿，各由四只耗子抬着。新郎头戴瓜皮帽，脚蹬厚底鞋，大模大样地坐在前面的花轿里吸旱烟。新郎轿后马背上的小鼠是“押轿”。老鼠新娘体形娇小，头绾发髻，坐在后面花轿里，足踩花盆，“手”抚花叶。新娘轿后的马上还有一只送亲的母鼠，俗称“女送”。最后是两抬随身盒，一抬盒上系着一只大公鸡，俗称“长命鸡”，另一抬盒上放着两坛酒。嫁妆可多可少，据说长命鸡必不可少。① 可见明清时老鼠娶亲的故事和童谣配合民间艺术，使之融入老鼠娶亲的风俗。

云南省也有老鼠成亲的童谣，其特点是配合道教民俗里的巫术活动，用道教的咒语来灭鼠。云南旧时相传正月十六日为鼠子完婚的日期，这天晚上，各家都要做逐鼠之事。习惯做法是：一人左手拿葫芦，右手拿刀子，绕屋随走随锯，或者放在地上拖拖，一面口里唱童谣：“葫芦拖一拖，老鼠死一窝；葫芦锯一锯，老鼠不成器。”另外还有一个人，手里拿着一双鞋子，跟随在后面，也是一面走，一面拍地，一面唱道：“鞋儿掼一掼，鼠儿死一万；鞋儿拍一拍，鼠儿死一百。”做毕，各人须早睡，意思便是：这天晚间，我们不去吵扰鼠子完婚，这一年，鼠子也不来吵扰我们。②

---

① 据《中国民间剪纸艺术研究》，北京工艺美术出版社 1992 年版，第 246—247 页。

② 见周郁文编《中国奇风异俗》，广益书局 1933 年版，第 73—74 页。

老鼠成亲童谣反映的是民间岁时风俗。这种风俗盛行于明清之际，流行于我国的南北方。苏北南通地区有一种名为鼠纳妇的岁时风俗。《康熙直隶通州志》卷一七云："（正月）十六日爆秫米作花，置屋壁隙间，谓为鼠纳妇。"一种风俗不会在某个朝代突然发生，而是有一番渐变的过程的，故这种清代初期的风习实际上是明代风习的演变与传播。清代老鼠娶亲民俗故事中，娶亲时间并不一致。江南老鼠嫁女日子，据《光绪武进阳湖县志》卷一云："大年初一遇雨，晚不燃灯而卧，日老鼠嫁女。"这是在春节期间。西北陕西各地时间又有不同，《延绥镇志》云："正月十日名老鼠嫁女，是夜家人灭烛早寝，恐惊之也。"《临潼县志》则说："正月十一日夜不张灯，十二日厨不动刀，谓之鼠忌。"这是在元宵节前。北方时间也不同，如北京俗谚云："十七十八，耗子成家。"这是在元宵节以后了。

鲁迅在《朝花夕拾》的《狗猫鼠》一文中，具体描述了他幼年时候，大约十九世纪末，在浙江绍兴老家看见老鼠成亲的风俗贴纸：

> 小鼠大抵在地上走动，只有拇指那么大，也不很畏惧人，我们那里叫它"隐鼠"，与专住在屋上的伟大者是两种。我的床前就贴着两张花纸，一是"八戒招赘"，满纸长嘴大耳，我以为不甚雅观；别的一张"老鼠成亲"却可爱，自新郎、新妇以至宾相、宾客、执事没有一个不是尖嘴细腿，象煞读书人似的，但穿的都是红衫绿裤。我想，能举办这样大仪式的，一定只有我所喜欢的那些隐鼠。现在是粗俗了，在路上遇见人类的迎娶仪仗，也不过当作性交的广告看，不甚留心；但那时的想看"老鼠成亲"的仪式，却极其神往，即使象海昌蒋氏似的连拜三夜，怕也未必会看得心烦。正月十四日夜是我不肯轻易便睡，等候它们的仪仗从床下出来的夜。然而仍然只看见几个光着身子的隐鼠在地面游行，不象正在办着喜事。直到我熬不住了，怏怏睡去，一睁眼却已经天明，到了灯节了。①

5. 温州老鼠嫁女鞋当轿年画

鲁迅在这里描述的幼年的心情，是任何看见老鼠娶亲图的儿童都具有的心理，因为老鼠娶亲的童谣与风俗把孩子们吸引住了。鲁迅描述他所见的老鼠娶亲图，自新郎、新妇以至宾相、宾客、执事，全是尖腮细腿，红衫绿裤，这种鲜明的拟人化表现手法，

① 鲁迅先生纪念委员会主编《鲁迅全集》（二），人民文学出版社 1973 年版，第 221 页。

在民间童谣中有更精彩的描绘，如以上所举河南童谣，从中我们可以了解它是为什么会把孩子们吸引住的。

2005年10月9日至16日，温州大学艺术系举办中国首届鞋文化学术讨论会。在会中发下的《东方之履》2004年第一辑上读到纪诚《老鼠嫁女鞋当轿——谈反映祀鼠民俗的年画》一文，其中说："作者近觅得一张《老鼠嫁女鞋当轿》年画，更为异想天开，别出心裁，画中以一只大鞋代替花轿，让'鼠新娘'头戴盖头红，似乎羞涩地坐在'轿'中，让鞋当轿，这一构思比实际生活中的花轿更高一筹。因为它贴近老鼠的偷窃习性，使画面更加诙谐风趣。"①

考老鼠嫁女鞋当轿之民俗，在清代已有记载。清梁玉绳《瞥记·鼠嫁词》云：

> 偷米盗肉充嫁资，
> 穴中轰轰不得暇。
> 合好定知时在子，
> 以履为车鼠子迎。

词中有明确的"以履为车鼠子迎"的话，可以和"鼠嫁女鞋当轿"意思相合。此外，清代王衍海《月诗·鼠嫁词》中也提到老鼠嫁女以鞋作车云"香车飞驾雕梁边"。

第三节　老鼠娶亲的风俗

——老鼠做亲巫术传承之二

老鼠嫁女有深厚的民俗背景，兹考查文献记载，举27例如下：

1. 清乾隆四十四年(1779)山西《临汾县志》载："正月二十日，家食煎饼，名曰添仓夜不张灯，俗呼为'鼠娶妇日'。"②

2. 清乾隆元年(1736)山西《平阳府志》载："正月二十日，家食煎饼，名曰添

---

① 叶大兵主编《东方之履》，国际文化出版公司2004年版，第118页。

② (清)高塘、吴士淳修，(清)吕淙、吴克元纂《乾隆临汾县志》卷二《风俗》，凤凰出版社、上海书店、巴蜀书社2005年版，第33页。

仓。夜不张灯，俗呼为‘鼠忌’。”①

3. 清乾隆二十一年(1756)山西《崞县志》载:“正月十日夜，早眠，俗传‘鼠娶妇’。”②

4. 清光绪六年(1880)山西《河津县志》载:“正月二十夜不张灯，俗呼为‘鼠忌’。”③

5. 清乾隆四十八年(1783)刻本陕西榆林《府谷县志》载:“正月十日名‘鼠嫁女日’，是夜家人灭烛早寝，恐惊之致害百谷、啮衣裳。”④

6. 清道光八年(1828)抄本陕西榆林《清涧县志》载:“正月十二日名‘老鼠嫁女日’，忌汲水；至二十日，曰‘老鼠回门’，不推碾磨，不吃小米。”⑤

7. 清道光二十一年(1841)刻本陕西榆林《榆林府志》载:“正月十二日名‘鼠嫁女’，不炊米，谓之‘鼠忌’，是夜家人息烛早寝。”⑥

8. 清道光二十五年(1845)刻本四川《蓬溪县志·岁时》载:“十二月除夕，户插烛门首，谓之‘鼠嫁女’。余与他邑略同。”⑦

9. 清同治十三年(1874)山西《阳城县志》载:“新正念日前夕，咸于室隅邃处燃灯，名曰‘照鼠嫁’。”⑧

10. 清光绪八年(1882)山西《续修崞县志》载:“正月初十日夜，孩童置灯于墙角，谓‘鼠娶妇’。”⑨

11. 清光绪十八年(1892)刻本《新续渭南县志》(陕西)载:“正月十日名‘鼠嫁’，是夜家人熄烛早寝。十一日夜不张灯；十二日厨不动刀，谓之‘鼠忌’。”⑩

---

① (清)章廷珪、范安治纂修《平阳府志》卷二九《风俗》，凤凰出版社、上海书店、巴蜀书社 2005 年版，第 116 页。

② (清)邵丰锳、顾弼、贾瀛修纂《崞县志》卷四《风俗》，凤凰出版社、上海书店、巴蜀书社 2005 年版，第 223 页。

③ (清)茅丕熙、杨汉章修，(清)程象濂、韩秉钧纂《(光绪)河津县志》卷二《风俗》，凤凰出版社、上海书店、巴蜀书社 1990 年版，第 40 页。

④ (清)郑居中、麟书纂修《乾隆府谷县志》卷四《风俗》，凤凰出版社、上海书店、巴蜀书社 1990 年版，第 136 页。

⑤ (清)钟章元纂修《清涧县志》卷一《风俗·岁时》，成文出版有限公司 1970 年版，第 85 页。

⑥ (清)李熙龄纂修《道光榆林府志》卷二四《风俗志·岁时》，凤凰出版社、上海书店、巴蜀书社 1990 年版，第 356 页。

⑦ 《蓬溪县志》，北京图书馆出版社 1991 年版，第 117 页。

⑧ (清)赖昌期修，(清)谭沄、卢廷棠撰《阳城县志》卷五《风俗》，凤凰出版社、上海书店、巴蜀书社 2005 年版，第 268 页。

⑨ (清)赵冠卿、龙朝言修，(清)潘肯堂纂《光绪续修崞县志》卷一《风俗》，凤凰出版社、上海书店、巴蜀书社 2005 年版，第 347 页。

⑩ (清)严书麟修，(清)焦联甲纂《光绪新续渭南县志》卷二《风俗·岁时》，凤凰出版社、上海书店、巴蜀书社 2007 年版，第 381 页。

12. 清光绪三十一年(1905)刻本《绥德州志》载:“正月初十日俗称‘老鼠嫁女’,忌食米粥;是夜家人灭灯早寝,恐惊之也。”①

13.《光绪武进阳湖县志》载:“(正月初一)遇雨,晚不燃灯而卧,曰‘老鼠嫁女’。”②

14. 清宣统元年(1909)补刻本河北邢台《新河县志》载:“正月十二日,城市张灯,好事者以粉墨涂面,一扮鼠婿,一扮鼠妇,备鼓吹行亲还礼,谓之‘鼠娶妇’。”

15. 民国三年(1914)陕西延安《安塞县志》载:“正月十日名‘老鼠嫁女’,是夜家人灭烛早寝,恐惊之也。”③

16. 民国十六年(1927)重印本四川《广安州新志·岁时》载:“十二月二十四日,具馔祀先祖,家人团坐饮福,曰‘过小年’。夜插花彩,设果烛暗处,曰‘鼠嫁女’。”④

17. 民国十八年(1929)河北邢台《新河县志》载:“正月十二日,俗称‘鼠娶妇’。是日,民间忌用剪。好事者以粉墨涂面,一扮鼠婿,一扮鼠妇,鼓吹亲迎,游行娱众。晚,居民于门前燃敝屣败鞋,新嫁妇女坐其前观之,俗称‘看火’,否则将不利婆母也。”⑤

18. 民国十八年(1929)山西《武乡新志》载:“正月初十日夜,俗云‘鼠娶妇’,用谷粉作蒸食,名曰‘十子团’,夜则置诸壁封土穴,以饷之。”⑥

19. 民国二十四年(1935)山西《浮山县志》载:“上元夜则遍燃油灯,不留黑处,俗呼为鼠忌。”⑦

20. 民国二十一年(1932)铅印本(陕西渭南)《华阴县续志》载:“正月十二日

① (清)孔繁朴修,(清)高维岳纂《光绪绥德直隶州志》卷四《风俗》,凤凰出版社、上海书店、巴蜀书社2007年版,第391页。

② (清)王其淦、吴康寿修,(清)汤成烈等纂《光绪武进阳湖县志》卷一《风俗》,江苏古籍出版社、上海书店、巴蜀书社1991年版,第90页。

③ (民国)安庆丰修,郭永清纂《民国安塞县志》卷六《风俗》,凤凰出版社、上海书店、巴蜀书社2007年版,第227页。

④ 《广安州新志·岁时》,北京图书馆出版社1991年版,第308页。

⑤ 傅振伦纂《民国新河县志》第四册《风土考·近世风尚及礼俗》,上海书店、巴蜀书社、江苏古籍出版社2006年版,第463页。

⑥ (民国)张杨祚修,郝世桢纂《民国武乡新志》卷一《礼俗·节序》,凤凰出版社、上海书店、巴蜀书社2005年版,第145页。

⑦ (清)任耀先修,(清)乔本桂、张桂书纂《浮山县志》卷三二《风俗》,凤凰出版社、上海书店、巴蜀书社2005年版,第227页。

妇女不针刺，云老鼠嫁女之日，恐伤鼠目。”[①]

21. 民国二十一年(1932)陕西渭南《同官县志》载：“正月十日名‘老鼠嫁女’，是夜家人灭火早寝，恐惊之也。”[②]

22. 民国二十二年(1933)石印本陕西榆林《葭县志》载：“正月十日称‘鼠嫁女’，此夜灭灯早寝，恐惊之。”[③]

23. 民国二十二年(1933)山西《沁源县志》载：“正月初十日夜，俗传‘鼠娶妇’，设灯于屋隅墙角，并焚香楮。”[④]

24. 民国二十三年(1934)铅印本河北省张家口地区《万全县志》载：“正月初十日，谓之十至，各家多以糕为饭，取高升之意也。俗传是晚为老鼠娶媳妇之日，各家皆于置米面之隙地，焚香祝鼠，并蒸小面丸十个供之，以免终年鼠扰。”[⑤]

25. 民国二十四年(1935)铅印本河北省张家口地区《张北县志》载：“正月初十日，谓之十至，是日为老鼠娶媳妇之日，各家蒸糕，或煮小米饭，撒于各处，以为鼠食，焚香祷祝，免鼠搅扰。”[⑥]

26. 民国三十三年(1944)《米脂县志》载：“正月十日谓‘鼠嫁女’，晚以食物撒室隅，名谓‘为鼠撒路’。”[⑦]

27. 民国三十三年(1944)新中国印书馆铅印本《宜川县志》载：“老鼠嫁女节(正月十二日)，晚间小儿集于磨侧，静听老鼠嫁女。”[⑧]

---

① (民国)米登岳修，张崇善、王之彦纂《民国华阴县续志》卷三《风俗》，凤凰出版社2007年版，第193页。

② (民国)余正东修，黎锦熙纂《民国同官县志》卷二六《风俗志》，凤凰出版社2007年版，第438页。

③ (民国)陈琯修，赵思明纂《民国葭县志》卷二《风俗志》，凤凰出版社2007年版，第400页。

④ (民国)孔兆熊、郭蓝田修，阴国垣纂《民国沁源县志》卷二《风土略・节序》，凤凰出版社2005年版，第319页。

⑤ (民国)路联逵修，任守恭纂《民国万全县志》卷九《礼俗・岁时》，江苏古籍出版社、上海书店、巴蜀书社1990年版，第347页。

⑥ (民国)陈继淹修，许闻诗纂《民国张北县志》卷五《礼俗志・习惯》，江苏古籍出版社、上海书店、巴蜀书社1990年版，第454页。

⑦ (民国)严建章、高仲濂等修，高照初纂《民国米脂县志》卷四《礼俗・习惯》，江苏古籍出版社、上海书店、巴蜀书社1990年版，第140页。

⑧ (民国)余正东纂修，黎锦熙校订《民国宜川县志》卷二三《风俗志・四时节俗》，江苏古籍出版社、上海书店、巴蜀书社1990年版，第463页。

第四节　区别老鼠做亲巫术故事和老鼠拣女婿变形故事

欲探讨老鼠娶亲故事的来历，先要区别老鼠做亲巫术故事和老鼠拣女婿变形故事，以免两个故事相混淆，避免与印度和朝鲜半岛有关故事纠缠不清。江苏北部灌南农村流传着一首《老鼠拣女婿》儿歌：

老鼠姑娘要出嫁，鼠父鼠母闹嚷嚷。
女婿要拣来头大，有权有势有福享。
老鼠父亲开了声：天上太阳顶吃香，
如无太阳暗无光，就选太阳做新郎。
老鼠母亲摇摇头，太阳没得乌云强，
云遮太阳满天黑，女婿还得乌云当。
老鼠父亲不同意，风吹乌云飘四方，
拣风做婿蛮称心，威风凛凛天下扬。
老鼠母亲摆摆手，嫁风不如嫁围墙，
围墙能够把风挡，鼠家老小得安康；
老鼠父亲摇摇头，围墙再硬鼠打洞，
本领最大还是鼠，鼠男鼠女结成双。
老鼠母亲忙反对，猫捉老鼠顶灵光，
还是猫的来头大，女婿肯定猫来当。
嘀嘀打打吹喇叭，乒乒乓乓放炮仗，
老鼠姑娘坐花轿，欢天喜地入洞房，
猫见老鼠咪咪笑，连皮带肉吃精光。
咪的一声转身追，大小老鼠无处藏。

口述者：李良学
采录者：王汪
1987年5月10日采录①

此歌谣是糅合中国道教老鼠做亲故事和印度《五卷书》第三卷中第十三个

① 《中国歌谣集成·儿歌》江苏卷，中国ISBN中心1998年版，第572—573页。

故事《老鼠出嫁》而来。印度《老鼠出嫁》讲的是佛教有个苦行僧的变形巫术故事，把老鼠变成一个姑娘，这姑娘出奇的古怪，起初谈起结婚不愿和人结婚，既不愿嫁给太阳，也不愿嫁给看不见的风和看得见的山，就愿意嫁给老鼠，等等。

朝鲜半岛老鼠拣女婿的变形故事虽然也糅合道教文化演化，但它没有老鼠做亲巫术故事里的道士施巫术驱鼠的核心情节。在台湾地区林明德主编的《韩国汉文小说全集》卷六里收录了一篇名为《老鼠择婿》的古代汉文道教化小说，现引如下：

在昔大禹随山之日，伯益佐禹治水，遍历九州，详记异闻，而著《山海经》。有曰雍州地方，有一大名山，曰鸟鼠山，山中有鼷鼠、鸺鸟，俱得神通，变化无穷，而相为交合，所产皆是蝙蝠，故山由此而得名焉。荆南有八千岁大椿，下有一老鼠，即与椿同生者也。此老鼠也久而神，有升天入地之术，有驾风鞭霆之妙，自以为万物之灵莫我若也。东海有大壑，名曰尾闾，天下之水归朝于东海，入于尾闾而尽，若非尾闾，则天下必有陆沉之患，尾闾即老鼠之凿也。老鼠有一女，才貌绝伦，欲择新婿，必求胜己处为计，而每念之曰："裸虫三百六十，人为之长；皆不如我也。"书思夜度，终无胜己处，方闷闷愁愁之际，忽得一计，即诣于灵昭宝殿朝于玉皇毕，奏曰："臣老鼠有一女，择婿于胜己处，而五虫之属合为一万八千之众，一无称意者，伏愿陛下纳为婕妹焉。"玉皇厌而挥之，则恐其□志，乃下教曰："天门虽高，有胜于朕者，而其不知耶？"老鼠曰："臣懵昧不知，特赐明教。"帝曰："阴云蔽塞，则天文难知。朕不如云，云胜于朕，尔盍往求之于云师耶？"云师亦厌之，或恐触怒，谓之曰："浮云蔽天，日月无光，宝我之力，而若大风从西北起，则扫除寥落，织云无迹，我不如风伯，君可求之。"老鼠往求于风伯，曰："迷女虽驽钝，可配君子，愿为箕帚妾。"风伯闻此言，自思曰："鼠虽美丽，安可伉俪哉？"乃言曰："我之势力可谓猛矣，故载于汉帝之诗，入于荆卿之歌。有道之圣，治世之时，则海不扬波。无道之庸，乱绪之时，则舟不通辑。荒服之来，赭山之暴，在于我之去就矣。自古英雄豪杰、骚人墨客，无不咏我，而或号怒于杀伐之伤，则折木拔屋，飞沙走石。燕人从风而靡，楚兵眼曼莫开，孰能当我之威哉！虽然终不摇动者，犹恩津弥勒佛也。子何不求乎？"老鼠即往求之，弥勒对曰："我之重可万斤，而天下为物之重，无如我者。风伯之气势，虽翻海到推丘转石，不敢动我一发，可谓严重矣，推优心肝之忧，若鼷鼠掘我着脚之地，则我必有显倒之败，岂非心肝之忧乎？鼷必胜我，当求之于鼷鼠可矣。"老鼠听毕，自思曰："类类相从，理之常。不如往鸟鼠山访鼷鼠求婚之为愈也。"乃辞去。凡逾而分谋事者，还其于本，则俗称"鼠婚"。

韩国的《老鼠择婿》小说和江苏灌南《老鼠拣女婿》儿歌讲的是同一个类型的巫术变形故事，韩国的老鼠择婿的故事或许是从中国传过去的，林明德在收录这则故事时，即注上了“中国作品?”的字样，他也怀疑这是一则从中国传过去的小说。实际上在中国民间故事当中，老鼠择婿的故事很多，这篇《老鼠择婿》小说肯定也是道教化的作品。老鼠择婿，求玉皇大帝、云师和风伯，他们都是道教的神祇，但是这个故事虽然也是道士的发明，可是和老鼠做亲并不是一类故事，主要是没有巫术驱鼠的核心情节；倒是有《五卷书》相应故事情节。

1991 年 3 月在北京大学举行的中日民俗比较学术讨论会上，日本学人野村纯一提交《“老鼠成亲”的东渐北上——日中民间故事比较研究》一文，提到日本无住法师著的佛教故事集《沙石集》和韩国的青柳纲太郎编《朝鲜野谈集》，分别载有《鼠招天下无比之婿》和《野鼠向天下豪族求婚》的故事。笔者在会上当即指出野村纯一把老鼠拣女婿变形故事与老鼠做亲的巫术故事混为一谈。以上日韩两国的鼠求婚的故事和印度《五卷书》中的鼠招亲故事有相似之处，都是老鼠拣女婿的故事，因为其基本的母题均以老鼠拣选大自然(太阳、乌云、风等)为女婿为主干而开展其故事。但是，和我在上面所考述的中国老鼠娶亲故事完全是两回事，母题不一样。亦即老鼠做亲故事是地地道道的中国本土巫术故事，与印度《五卷书》、朝鲜半岛《野谈集》所载老鼠择婿故事没有关系。

野村纯一的文章中还提到中国的《应谐录》里的《猫号》。《应谐录》是一本笑话集，明代刘元卿撰，载于明末杭州刊本《雪涛谐史》中。《猫号》原文云：

> 齐奄家畜一猫，自奇之，号于人曰：虎猫。客说之曰：“虎诚猛，不如龙之神也，请更名曰龙猫。”又客说之曰：“龙固神于虎也，龙升天，须浮云，云其尚于龙乎，不如名曰云。”又客说之曰：“云霭蔽天，风倏散之，云故不敌风也，请更名曰风。”又客说之曰：“大风飙起，维屏以墙，斯足蔽矣，风其如墙何！名之曰墙猫可。”又客说之曰：“维墙虽固，维鼠穴之，墙斯圮矣，墙又如鼠何！即名曰鼠猫可也。”东里丈人嗤之曰：“噫嘻！捕鼠者故猫也，猫即猫耳，胡为自失本真哉?”①

野村纯一认为《猫号》是“基于‘老鼠娶亲’形成的”。但是其中并没有老鼠娶亲情节，而只是谈猫更改名字，所以也应排除它与中国老鼠娶亲故事有任何关系。其实这一故事受到老鼠拣女婿故事的影响。关于老鼠拣女婿故事的研

---

① (明)江盈科撰，黄仁生校注《雪涛小说外四种·雪涛谐史》，上海古籍出版社 2000 年版。

究，请参阅高国藩《谈朝鲜“野鼠的婚姻”之源流》和附录《野鼠的婚姻》，收于高国藩主编《心灵的传通》(Spiritual and Mental Intercommunication)。[①]

中国有些学者也把老鼠拣女婿故事与老鼠娶亲故事混淆，如称：“‘老鼠嫁女’在民俗中取其何义，众说纷纭，迄无定论。有谓出于‘诙谐’、‘逗乐’，有谓出于‘除害宣传’等等。故事内容大致是这样的：‘老鼠生个女儿，长得很美。鼠母十分疼爱，不愿把爱女嫁给庄稼汉，想找个有权有势，什么都不怕的女婿。老鼠看到太阳最高贵，就对太阳说，把女儿嫁给你吧！你什么都不怕，伟大啊！太阳说：不行，一片云就把我遮没了。老鼠想，云更伟大……’故事的作者，把太阳与老鼠硬捏合在一起，显然必有堂奥。”[②]只有区别上述两类故事的不同，才能正确判断老鼠娶亲故事的起源。

此外，印度《五卷书》中的巫术故事，影响中国民间故事的范围甚小，主要局限于藏族和蒙古族等少数民族民间故事，不能以其为“发源地”和“蓄水池”，要避免言过其实。

---

① 高国藩主编《心灵的传通》，江苏文艺出版社 1995 年版，第 152—157 页。

② 见《中国民间剪纸艺术研究》，北京工艺美术出版社 1992 年版，第 220—221 页。

第四十九章　清代巫术

第一节　从《离骚图》谈到满族的跳神

清初，由于满族入主中国，许多知识分子感到生活茫然，此时，《楚辞》及其与巫术有关的歌谣就流行开来，他们借助《楚辞》中巫术的象征符号，表达自己对未来人生的上下求索。

《卜居》和《渔父》都很难说是屈原的作品。但这并不妨碍我们对明末清初画家萧云从（1596—1673）所画涉及巫术的画的理解，要人学渔父的旷达和郑詹尹的理智。而占卜巫术对预测一个人的坚贞又有什么用？正如《楚辞·卜居》巫师郑詹尹对屈原所言："用君之心行君之意，龟策诚不能知此事。"[①]而《渔父》中的渔翁对屈原说完自己的见解以后，最后也不理会屈原了，"遂去，不复与言"[②]。含义是在新时代面前，不要再自命清高，固步自封。

1. 图中三人：屈原，《卜居》中的占卜巫师郑詹尹，《渔父》中的渔翁。〔采自清顺治二年（1645）刊本《离骚图》。下同〕

萧云从画的《离骚图》一共六十四幅图，并不是单纯的插图，而一定有所寓意，共同点都涉及巫术，表达见解。

《东君》是屈原歌颂太阳神的诗，东君就是太阳神。篇中由男巫扮太阳神领唱，众巫扮观者伴唱，故东君正是一首巫师之歌。词云：

---

① 黄寿祺、梅桐生译注《楚辞全译·卜居》，贵州人民出版社 1991 年版，第 135 页。

② 黄寿祺、梅桐生译注《楚辞全译·渔父》，贵州人民出版社 1991 年版，第 137 页。

暾将出兮东方，
照吾槛兮扶桑。
抚余马兮安驱，
夜皎皎兮既明。①

译文：

温暖的光芒将出现在东方，
照耀在我的栏杆扶桑树上。
我控制着龙马安全的驱驰，
漫漫的黑夜已经渐渐明亮。

诗中的“马”，指龙马，实际有龙的气质，可说是龙马厌胜。画面色彩灿烂，振奋人心，一派光明乐观的景象，歌颂一轮太阳在东方冉冉升起。给人以交感魔术力，催人奋进。寓意不言自明，与清初兴盛的龙文化十分合拍。何以会如此？因顺治皇帝倡导龙文化，百姓安心。虽改朝换代，但还是龙和中文国度的传统，这非常重要，所以萧云从用此表达画者心中的向往和支持。

中国民俗发展有个特点，通常皇帝爱好什么，民俗就发展什么。在清朝时，东北满族的跳神，属于祭祀巫术类别，也是康熙皇帝倡导起来的。清萧奭撰《永宪录》就记有康熙六十一年：“春三月丙戌朔，上回宫跳神。”②

2.《离骚图·九歌》中的“东君”图

皇帝既如此爱跳神，皇帝的宗室便也在祭神时大跳其神。清昭梿撰《啸亭杂录》卷九《满洲跳神仪》云：“明堂之制，余已载诸前卷中。凡八旗长白旧族跳神之仪，今书录之，以为文献之征。宗室、王、公家每祀神，一月前，于神房敬造旨酒，用黍米糟曲，如江南造酒式。前三日，每日朝暮献牲各二，名曰‘乌云’（华言引祀也）。前一日，敬制糕饵，用黄黍米以椎击碎，然后蒸馈，名曰‘打糕’。每神前

① 黄寿祺、梅桐生译注《楚辞全译·东君》，贵州人民出版社 1997 年版，第 45 页。
② （清）萧奭撰《永宪录》卷一，《古学汇刊》第一集，中华书局 1959 年版，第 15 页。

各置九盘，以为敬献。其大祀日，五鼓献糕于明堂如仪。俟其使归，主人吉服向西跪，设神幄向东，供糕酒素食，其中设如来、观音、关圣位，巫人（用女使）吉服舞刀，祝词曰：‘敬献糕饵，以祈康年’诸词。主人跪击神版，诸护卫击神版及弹弦、筝、月琴以和之，其声呜呜可听。巫者歌毕念祝词。主人敬聆毕，叩首，兴。司香妇敬请如来、观音二神位出，户牖西设龛，南向以供奉之。司俎者呼‘进牲’，牲入，主人跪，家人皆跪。巫者前致词毕，以酒浇牲耳，牲耳耦，司俎者高声曰：‘神已领牲’。主人叩谢。司俎者挥庖人进，邽牲俎，烹毕及熟荐，选牲内之最精者以为醢，供神位前。主人再拜谒，巫人致辞。主人叩毕，巫以系马吉帛进，巫者祝如仪，主人跪领吉帛付司牧者。叩，兴，始聚宗人分食胙肉焉。禁令肉不许出户庭中，讳言死丧事。宾至、主人迎送不出庭门，以志敬焉。

暮时供七仙女，长白山神及远祖、始祖，位西南向，以神幕隐蔽窗牖，以志幽冥之意。其祝词，舞刀、进牲祝词如朝仪，惟伐铜鼓作渊渊声，祝词声调各异焉。次早设位于庭院神竿前，位北向，主人吉服如仪。用男巫致词毕，以米洒扬，趋退，主人叩拜。其牲肉皆刲为俎醢，和稻米以进，名曰‘祭天还愿’焉。再明日，于神位祈福，供以饼饵，以五色缕供神前。祝辞毕，以缕系主人胸前，以为受福。凡三日祭乃毕。其长白满洲旧族近兴京城者，其祀典礼仪皆同，惟不于明堂报享焉。惟舒穆禄氏供昊天上帝、如来、菩萨诸像，又供貂神于神位侧。纳兰氏则供羊、鸡、鱼、鸭诸品。其巫用铜铃系腰以跳舞之，以铃坠为宜男之兆焉。有蒙古跳神，用羊、酒，辉和跳神以一人介胄持弓矢坐墙堵上以为仪，盖其先世有劫祀者，故预使人防之，因相沿用，以为制云。”①在跳神的同时，一些卖艺人也跟着凑热闹。

3. 准备跳神〔采自清光绪版《点石斋画报》〕

4. 清代卖艺人〔采自清光绪版《飞影阁仕装图》〕

该书记载的满族风俗自然十分可信。以上主要是记八旗长白旧族宗室王公家的跳神，很隆重，仪式要进行三天。其中还提到蒙古跳神、辉和跳神，可见不仅满族有跳神之俗，蒙古族也有。

跳神信仰风俗，具有较完整的内容，包括以下几个方面。

---

① （清）昭梿撰，何英芳点校《啸亭杂录》卷九《满洲跳神仪》，中华书局1980年版，第279—280页。

第一，供奉的神灵与设龛。清姚元之撰《竹叶亭杂记》节云："跳神，满洲之大礼也。无论富贵士宦，其内室必供奉神牌，只一木版，无字。亦有用木龛者。室之中西壁一龛，北壁一龛。几室南向、北向，以西方为上；东向、西向，则以南方为上，龛设于南，龛下有悬帘帏者，俱以黄云缎为之。有不以帘帏者。北龛上设一椅，椅下有木五，形若木主之座。西龛上设一杌，杌下有木三。春秋择日致祭，谓之'跳神'。其木则香盘也。祭时以香末洒于木上燃之。所跳之神，人多莫知，遂相以为祭祖。极尊处所奉之神，首为观世音菩萨，次为伏魔大帝，次为土地，是以用香盘三也。中壁所设，一为国朝朱果发祥仙女，一为明万历帝之太后，关东旧语称为'万历妈妈'。余则本家之祖也。"①《竹叶亭杂记》所说的跳神是满族民间供奉的神灵，与《啸亭杂录》所说满族封建统治者供奉的神灵是不完全相同的。民间供奉的是观世音菩萨、伏魔大帝等，官家供奉的则是如来、观音、关圣帝、七仙女、长白山神、远世始祖位、昊天上帝、貂神等。由此可见，满族统治者供奉的神比民间多。但不管民间与官家，有一共同点，即他们供奉神灵没有民族歧视。这成为清朝满族统治者赢得三百年江山之重要的原因。

第二，主持是女人与重点在食俗。一般是家庭主妇主持其事，以吃为主，做各式各样好点心吃，并邀请汉族邻里一起来参加欢乐的宴会。据清吴桭臣撰《宁古塔纪略》云："有跳神礼，每于春秋二时行之。半月前酿米儿酒，如吾乡之酒，酿味极甜。磨粉做糕，糕有几种，皆略用油煎，必极其洁净。猪羊鸡鹅毕具。以当家妇为主。衣服外系裙，裙腰上周围系长铁铃百数。打执纸鼓敲之，其声镗镗然。口诵满语，腰摇铃响，以鼓接应。旁更有大皮鼓数面，随之敲和，必西向。西炕上设炕桌，罗列食物。上以线横牵，线上挂五色绸旗，似乎祖先依其上也。自早至暮，日跳三次。凡满汉相识，乃妇女，必尽相邀。三日而止，以祭余相馈遗。"②跳神时，小贩也夹在人群中谋求营生。

5. 清代的小贩〔采自清光绪版《飞影阁仕装图》〕

跳神者是女巫或寡妇，食俗是在祭后邀请众邻里。清杨宾撰《柳边纪略》卷四《满人病》云："满人病，轻服药而重跳神。亦有无病而跳神者，富贵家或月一跳，或季一跳，至岁终，则无有弗跳者。未跳之先，树丈余细木于墙院南隅，置斗其上，谓之日竿。祭时着肉斗中，必有鸦来啄食之，谓为'神享'。跳神者或用女巫，或以冢妇，以铃系臀后摇之作

① (清)姚元之撰，李解民点校《竹叶亭杂记》卷三《跳神》，中华书局1982年版，第60页。

② (清)吴桭臣撰《宁古塔纪略》，《续修四库全书》第731册，上海古籍出版社2002年版，第611页。

声，而手击鼓。鼓以单牛皮冒铁圈，有环数枚在柄，且击且摇，其声索索然。而口致颂祷之词，词不可辨，祷毕，跳跃旋转。有‘老虎’、‘回回’诸名色。供祭者猪肉及‘飞石黑阿峰’。飞石黑阿峰者，粘谷米糕也。色黄如玉，质腻，糁以豆粉，蘸以蜜。跳毕，以此遍馈邻里亲族，而肉则拉人于家食之，以尽为度，不尽以为不祥。”①跳神日也是吃好东西的日子，酒糕猪羊鸡鹅样样都有，大吃特吃，也邀请汉族同胞来一起跳、一起吃。

第三，祭祀祖宗与勿忘祖宗。据清方拱乾（苏庵）撰《宁古塔志》云：“跳神犹之乎祝先也，率女子为之，女子韶秀者，亦知歌舞状。老则厌，男则更厌矣。马神则牵马于庭中，以红绿布帛丝系其尾鬣，而喃喃以祝之。跳毕，则召诸亲戚啖生肉，酌以米儿酒。尽醉饱，不许怀而出其户，曰神怒也。寻常庭中，必有一竿，竿头系布片，曰祖先所凭依，动之则如掘其墓。割豕而群鸟下啖其余胔，则喜曰先祖豫；否则愀然曰：先祖恫矣，祸至哉。”②又据清西清撰《黑龙江外纪》卷六云：“达呼尔病，必曰祖宗见怪，召萨玛跳神禳之。萨玛，巫觋（男巫）也。其跳神法，萨玛击太平鼓作歌，病者亲族和之。歌词不甚了了，尾声似曰耶格耶。无分昼夜，声彻四邻。萨玛曰：祖宗要马，则杀马以祭，要牛，则椎牛以祭。至于骊黄牝牡，一如其命。往往有杀无算，而病人死，家亦败者。然续有人病，无牛马，犹宰山羊以祭；萨玛之命，终不敢违。”③康熙帝这种不忘本的意识形态便在龙厌胜和跳神这一信仰风俗中反映出来。

第四，跳神仪式与汉文化。清姚元之撰《竹叶亭杂记》有详细之记载：“满洲跳神，有一等人专习跳舞、讽诵祝文者，名曰‘萨吗’。跳神之家先期具简邀之。乃至，摘帽向主家神座前叩首。主家设供，献黑豕毕，萨吗乃头戴神帽，身系腰铃，手击皮鼓，即‘太平鼓’，摇首摆腰，跳舞击鼓。铃声、鼓声一时俱起。鼓每抑扬击之，三击为一节，其节似街上童儿之戏者。萨吗诵祝文，旋诵旋跳。其三位神座前，文之首句曰‘伊兰梭林端机’，译言三位听著也。五位前，文之首句曰‘孙扎梭林端机’，译言五位听著也。下文乃‘某某今择某某吉日’云云。其鼓别有手鼓、架鼓，俱系主家自击，紧

6. 康熙皇帝像〔采自《中国古代服饰史》〕

① （清）杨宾撰《柳边纪略》卷四《满人病》，《续修四库全书》第731册，上海古籍出版社2002年版，第454—457页。

② （清）方拱乾撰《宁古塔志》，《昭代丛书》（道光本）丙集第五帙。

③ （清）西清撰《黑龙江外记》卷六，《续修四库全书》第731册，上海古籍出版社2002年版，第751页。按，“达呼尔”一作“打虎儿”，满族的一支。萨玛，即萨满。

缓一以'萨吗'鼓声为应。萨吗诵祝至紧处,则若癫若狂,若以为神之将来也。诵愈疾,跳愈甚,铃鼓愈急,众鼓轰然矣。少顷,祝将毕,萨玛复若昏若醉,若神之已至,凭其体也,却行作后仆状,主家预设椅,对神置,扶萨吗坐于椅,复作闭气状。主人于时叩神前,持杯酒灌豕耳,豕挣跃作声,主家乃阖族喜曰:'神圣领受矣。'乃密为萨吗去鼓、脱帽、解铃,不令铃鼓少有响声。萨吗良久乃苏开目,则闯然作惊状,以为己之对神坐之无礼也,急叩谢神,徐起、贺主家。礼毕,众乃受福。'萨吗'即古之巫祝也。其跳舞即婆娑乐神之意。帽上插翎,盖即鹭羽、鹭翱之意也。必跳舞,故曰'跳神'。"①

满族跳神的主角叫萨玛,萨玛即巫祝。何谓巫祝呢?即专门从事通鬼神的人,他们声称能以舞降神。我国公元前十六世纪至前十一世纪的商代最为重视巫,至周代地位渐降,因文明开化日渐,《周礼》已把司巫列为中士,属于司祝。徐元诰集解《国语》楚语下第十八《昭王问于观射父》云:"在男曰觋,在女曰巫。"②满族跳神既有男巫又有女巫。巫祝跳神主要祝人长寿并去病,《韩非子·显学》云:"今巫祝之祝人曰:使若千秋万秋、千岁万岁之声聒耳,而一日之寿无征于人,此人所以简巫祝也。"③先秦这种巫祝祝人长寿之特征,至清代满族跳神仍保留,跳神也是驱病以祝人长寿的。这一点说明满族跳神受到汉族巫术文化影响。

7. 面授机宜〔采自《清宫珍宝皕美图》〕

萨玛跳神用太平鼓,太平鼓是铁圈蒙羊驴皮而成,像蒲扇,鼓柄上套着铁环,长柄,敲鼓摇环,边舞边唱。这种以铁环为特征的鼓,唐代已产生。清代满族"太平鼓"沿袭于汉族民间。《清稗类钞》音乐类《年鼓》条称:"年鼓者,铁为圈,木为柄,柄系铁环,圈冒以皮,击之冬冬然,名'太平鼓',京师腊月有之,儿童之所乐也。"④由此可见满族跳神所用的太平鼓,与汉族风俗与文化渊源颇深。

清代已经深入民间形成太平鼓文化。《清稗类钞》音乐类《太平鼓》条称:"海宁朱声元贡生锽《咏太平鼓》诗曰:'六街冬冬鼓声彻,蠢者以动句者茁。其声刚劲气激扬,缀以铮铮几环铁。瓦腔革面古制移,炼铁糊纸凭胶黐。非蕢(大

① (清)姚元之撰,李解民点校《竹叶亭杂记》卷三《满州跳神》,中华书局1982年版,第63页。

② 徐元诰集解《国语》楚语下第十八,中华书局2002年版,第513页。

③ (周)韩非撰《韩非子》卷一九《显学》,上海古籍出版社1986年影印《二十二子》本,第1186页。

④ 徐珂编撰《清稗类钞》,中华书局1984年版,第十册,第4960页。

鼓)非鼗(长柄摇鼓)号曰鼓,金声革声齐奏之。纸作皮肤铁为骨,下拟斗柄上满月。群星在掌光摇摇,耳畔蛰雷争奋越。曾听腊鼓知春生,况复土鼓迎时鸣。羯鼓催花石鼓猎,那及社鼓兴耕氓。太平鼓击击且走,握之以作击以右。一哄鞭挝短棰声,几番高下小儿手。初疑方响梨园敲,旋兼中节铜丸抛。繁音飒飒砉然止,倏尔涛籁喧堂坳。竭来舞手复蹈足,日作呕哑太平曲。何如击壤康衢中,助汝含哺同鼓腹。"[①]可见民间太平鼓更为简单,"纸作皮肤铁为骨",用牛皮纸做鼓面,给孩子们玩儿。

第五,跳神与治病。萨玛跳神的目的,除了以上说的祀神、祭祖以外,还有治病。清西清撰《黑龙江外纪》卷六云:"伊彻满洲病,亦请萨玛跳神,而请'札林'一人为之相。札林,唱神歌者也。祭以羊鲤用腥。萨玛降神,亦击鼓。神来则萨玛无本色,如老虎神来狰狞,妈妈神来噢咻,姑娘神来腼腆,各因所凭而肖之。然后札林跪陈祈神救命意。萨玛则啜羊血嚼鲤,执刀枪自挺,即病者腹上,指画而默诵之。病亦小愈,然不能必其不死。"[②]此文提的"伊彻满洲",是为"新满洲"之意,包括齐齐哈尔、黑龙江、呼兰。然跳神治病,自然是精神疗法治病,所以说"不能必其不死"。清方式济撰《龙沙纪略》风俗节《降神之巫》中还记有萨玛"飞镜驱祟"治病之风俗:云:"降神之巫曰'萨满'。帽如兜鍪,绿檐垂五色缯条,长蔽面。缯外悬二小镜,如两目状。着绛布裙。鼓声阗然,应节而舞。其法之最异者,能舞马于室,飞镜驱祟。又能以镜治疾,偏体摩之,遇病则陷肉不可拔。一振荡之,骨节皆鸣,而病去矣。"[③]所谓"飞镜驱祟"、"以镜治病",自然也是交感巫术之感应和反抗巫术厌胜的相合力。综上所说,满族跳神风俗有它的积极精神鼓励意义。

第六,跳神与嫁娶。萨玛跳神的目的,也有为了结婚时跳神以志喜。清昭梿撰《啸亭杂录》卷九《满洲嫁娶礼仪》云:"改月择吉,男家下聘,用酒筵、衣服、绸缎、羊鹅诸物,名曰过礼,女家款待如仪。男家赠银于妇家,令其跳神以志喜焉。既定婚期,前一日,女家赠妆奁嫁资视其家之贫富,新婿乘骑往谢。五鼓,鼓乐娶妇至男家,竟夜笙歌不绝,谓之响房。新妇既至,新婿用弓矢对舆射之。新妇怀抱宝瓶入,坐向吉方。及吉时,用宗老吉服致祭庭中,奠羊、酒诸物。宗老以刀割肉,致吉词焉。礼毕,新婿新妇登床行合卺礼,男女争坐被上,以为吉兆,因交媾焉。次早五鼓兴,始拜天地、神像、宗祠、翁姑坐而受礼如仪。"[④]跳神

---

① 徐珂编撰《清稗类钞》,中华书局1984年版,第十册,第5006页。

② (清)西清撰《黑龙江外记》,《续修四库全书》第731册,上海古籍出版社2002年版,第751页。

③ (清)方式济撰《龙沙纪略》,景印文渊阁《四库全书》第592册,第854页。

④ (清)昭梿撰,何英芳点校《啸亭杂录》,中华书局1980年版,第281页。

与祭祀类交感巫术贯穿在婚礼的全过程之中，主要用以祝吉。

第二节　清代推崇龙厌胜巫术的杰出贡献

满族入主中国以后，推崇龙厌胜巫术达到高潮，为大力推崇中国统一的传统作出了积极的贡献。

清初顺治皇帝喜爱和提倡龙厌胜巫术。在盛祭品或食品的瓷盘上，刻上双龙，注入寓意，就能传播圣威和建国主旨。两条青花飞龙，在海涛银浪排空而来之时，腾空而起。奋爪腾身，矫健威猛，正在风驰电掣而去，大无畏气势无比磅礴。这象征符号令人浮想联翩，想象自由驰骋。顺治之后，清代诸帝把龙文化推向又一个高潮。

8. 清顺治青花双龙出水盘厌胜图〔采自《龙凤图集》。下同〕

康熙帝在位六十一年，非常强调龙厌胜巫术，继承统一的中华传统。平定三藩叛乱，驱逐黑龙江流域沙俄侵略军，收复台湾，平定藏族上层叛乱，都建立了不可磨灭的功勋。龙文化同他授意编纂的《全唐诗》、《佩文韵府》、《康熙字典》永存于世。

康熙帝缎绣夹褂团龙，典雅威严，黄龙四爪，气势宏伟。《孝经援神契》曰："德至水泉，则黄龙见者，君之象也。"[①]穿黄龙衣，才是中国国君的气派。为强化形象，他还要在其他衣着上体现真龙皇帝的意义，故而又在黄缎的衣袍上绣上五爪行龙龙厌胜图。黄缎上绣出五爪行龙云中飞翔，间以火纹、云纹齐飞，给人以喷薄的动感。

9. 清康熙缎绣夹褂团龙厌胜图

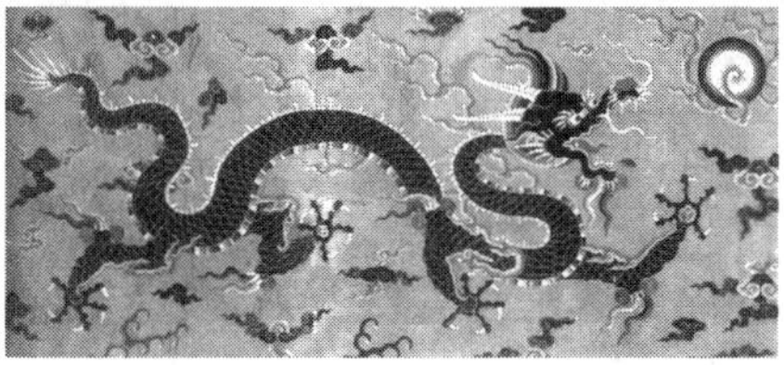

10. 清康熙黄缎绣袍五爪行龙厌胜图

康熙帝实现龙厌胜巫术用以治国的心愿比顺治帝还要迫切。顺治帝只做了一只寓意厌胜的双龙盘，而康熙帝一连做了五只寓意厌胜的龙纹盘，寓意治

① （唐）欧阳询撰，汪绍楹校《艺文类聚》卷九八《龙》引，上海古籍出版社1982年版，第1704页。

国创意迭出。如此龙厌胜盘平常小事，康熙帝下的功夫很大，件件体现着康熙时代蓬勃向上的精神状态。

第一，清康熙青花鱼龙纹瓷盘厌胜。盘心三鱼一龙，演绎龙腾鱼跃，追波逐浪，隐含着深沉的意境。

第二，清康熙黄釉绿彩龙纹盘厌胜。外环双龙齐飞，云纹漫天；内环飞龙鬓、发、须齐竖，显出威猛。

11. 清康熙青花鱼龙纹瓷盘厌胜图

12. 清康熙黄釉绿彩龙纹盘厌胜图

第三，清康熙雕填漆龙纹盘厌胜。黄鳍红龙，巨口戏珠，激舞劲爪，盘曲龙体，显出脚尖向上的精神。

第四，清康熙青花绿地云龙纹盘厌胜。龙须扬起，两目怒张，龙体健硕，云纹齐飞，龙腾于浩淼的宇宙。

第五，清康熙青花黄地云龙纹盘厌胜。金龙与云纹，齐飞与飘逸，蕴藏着力量，储备着智慧。

13. 清康熙雕填漆龙纹盘厌胜图

14. 清康熙青花绿地云龙纹盘厌胜图

15. 清康熙青花黄地云龙纹盘厌胜图

接下来雍正皇帝仍然坚持将发展龙厌胜巫术放在首位。在发展巫文化上，他也效法康熙帝，继续用龙纹盘进行厌胜，以传播中华统一的传统，而利于大清王朝在中国的统治。

第一，清雍正彩釉龙凤纹瓷盘厌胜。这实际是一幅龙飞凤舞图，具有显示出大清王朝磅礴气势和高贵精神的寓意。

第二，清雍正珐琅彩云双龙纹瓷碗厌胜。双龙戏珠环绕珐琅彩云瓷碗，碗底印“雍正年制”字样，显示出明丽高雅风格。

16. 清雍正彩釉龙凤纹瓷盘厌胜图

17. 清雍正珐琅彩云双龙纹瓷碗厌胜图

乾隆皇帝继位后也大力弘扬龙厌胜巫术，超越顺治、康熙、雍正所取得的成就。乾隆朝设计有多款龙文化艺术品，都品质不凡。

第一，清乾隆金嵌珍珠天球仪支架云龙纹厌胜。四条龙体，形成盘曲形，以爪作为天球仪的支撑地平圈；并且互相缠绕呈半圆拱形。又四条降龙连接掐丝珐琅托盘，构成半圆，中间有一条龙，盘绕抱着柱子。结构复杂，尽显匠心。巫术性已被人淡忘，尽显艺术成就。

第二，清乾隆剔彩人物镶金龙耳提梁盒厌胜。此椭圆提梁盒镶雕有四条铜龙，两条在盖上，咬住红色提梁，宛如两龙吞一道彩虹。两龙龙体在盒盖下，龙首伸出盒盖上，张口预备继续吞彩虹。显出气吞山河的气概。盒体雕驼背老人拄拐杖归去图。有敬老并引人养生的寓意。

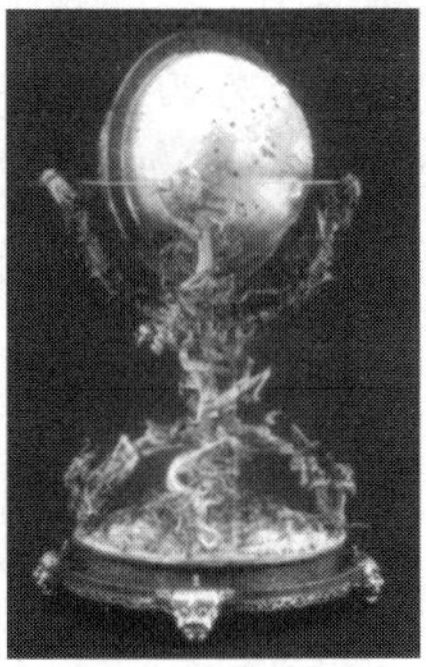

18. 清乾隆金嵌珍珠天球仪支架云龙纹厌胜图

19. 清乾隆剔彩人物镶金龙耳提梁盒厌胜图

第三，清乾隆青花缠枝龙纹瓷梅瓶厌胜。平面显出四朵牡丹五朵莲花环绕一条龙，背面另有一条龙只露一尾和一爪。龙体健壮，生机勃勃。

第四，清乾隆青花龙凤纹梅瓶厌胜。平面显出一只凤凰立于海涛一块礁石上，形态自若；口衔一支牡丹，四枚花骨朵。另有五朵牡丹，伴随八枚花骨朵。

背面另有一条龙，只露一爪。凤凰和蔼可亲，祥和之气跃然纸上。乾隆帝倡导龙厌胜巫术功不可没，以下还有贡献。乾隆时期的龙厌胜巫术将和他御批的《四库全书》一样不会被历史遗忘。

20. 清乾隆青花缠枝龙纹瓷梅瓶厌胜图

21. 清乾隆青花龙凤纹梅瓶厌胜图

据传，乾隆皇帝和他的儿子嘉庆皇帝都喜爱巫术，他们有时喜欢用咒语诅咒国之仇敌。乾隆皇帝喜爱巫术而有特技。徐珂编撰《清稗类钞》方伎类《和珅解西域秘密咒》条曰：

> 高宗训政，称上皇。一日早朝已罢，专召和珅入对。珅至，则上皇南面坐，仁宗西向坐一小杌。珅跪良久，上皇闭目，若熟寐然，口中喃喃有所语。久之，忽启目曰："其人姓名为何？"珅应声对曰："高天德，苟文明。"上皇复闭目诵不辍。移时，挥出，不更问。仁宗大愕，越翼日，密召珅问曰："汝前日召对，上皇云何？汝所对作何解？"珅曰："上皇所诵为西域秘密咒，诵之，则所恶之人虽在数千里外，亦当无疾而死，或有奇祸。奴才闻上皇持此咒，知所欲咒者，必为教匪悍酋，故以此二人名对也。"仁宗始知珅亦娴此术，益骇，故俟高宗宾天，而即赐珅死。[①]

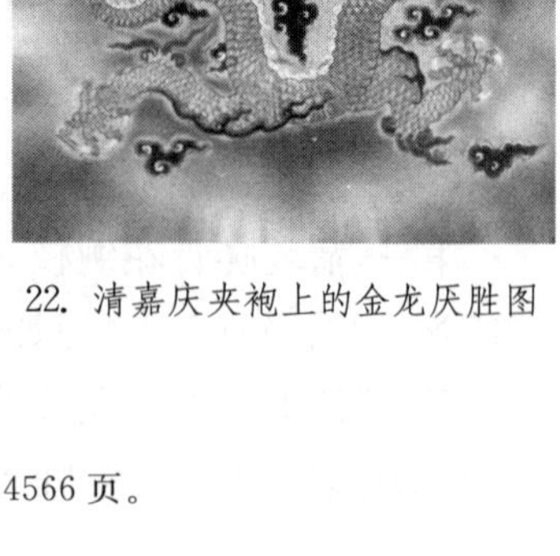

22. 清嘉庆夹袍上的金龙厌胜图

嘉庆帝上台后，依旧坚持龙厌胜巫术不变，在自己的夹袍上绣上一条金龙。金龙在彩云间，把玩一颗火珠。团身舞爪，张口露齿。象征欲扭转怒火燃烧的现实。

① 徐珂编撰《清稗类钞》，中华书局 1984 年版，第十册，第 4566 页。

清朝有关龙的传说也十分丰富，配合龙厌胜巫术一起传播。民间对龙的发现有很多次，是当时民间热门的话题，可见龙的信仰有强大的影响力。兹按时间顺序列举《清稗类钞》动物类中七例如下：

一、顺治。《宋牧仲见龙尸》条云："宋牧仲尝于顺治乙酉见大内所藏真龙之尸，全身盘屈。贮箧中，一角五爪，鳞甲如铁，长丈余。"①

二、顺治。《王衡门见诺龙》条云："顺治戊子二月五日，桐城楂林居民王衡门，偶于山涧中获一物，状如龙，长五尺余，头角麟爪皆具，剖视腹中，有石子升余，烹食之，味殊甘美，无他异。王文简公士祯谓即《太平广记》之诺龙，体似蜥蜴，微具龙形者是也。"②

三、康熙。《李鸿雷家见龙》条云："康熙壬子，某日正午，新城李鹾副鸿雷家，忽有一物，蜿蜒数尺，鳞鬣可畏，遍体金色，烂然夺目，自院入室。已，复出，形渐长大，知为龙也。忽云雾滃然，庭中晦冥，遂不见。"③

四、乾隆。《苏州龙斗》条云："乾隆甲寅五月，苏州有龙斗于空中，风雨骤至，天昏地黑，掀坍洞庭山湖滨民居无算，压毙若干人，至六月二十九日昧爽，吴江垂虹桥畔忽堕龙皮一张，约丈余，鳞大于碗。"④

五、道光。《岳州废井出龙》条云："道光季年，岳州有一龙，出自某村废井，长丈许，遍体黑色，爪角毕具。农人不知其为龙也，群执农具，逐而击之。龙不能抗，避入禾苗中。方搜索间，忽见白雾自禾中出，始如轻烟一缕，继则蓬蓬勃勃，布满空中，霹雳一声，龙乃夭矫而上。向之长丈许者，后则长数十百丈，遍体灿烂作黄金色。逾时雾散，群往探视，则稻田数十亩已化为深潭。"⑤

六、同治。《钟祥见龙》条云："钟祥城南二十里有地曰周家觜者，往往见龙，或垂空蜿蜒而下，腥云四塞，或拔地腾去，留窟深邃不可测。同治己巳四月二十有四日，忽有青蝇百千万亿，坌集地上，径长五十余丈，高三尺，尾五尺，头倍之。拨视其下，别无所见。旋拨旋合，三日方失。盖龙身多蝇，此堕地而隐形于其间者也。"⑥

七、光绪。《龙鸣如牛》条云："光绪戊戌，有由海道赴粤者，舟至中途，忽觉波浪翻腾，颠播殊甚，于窗次注视，见南方有二龙，蜿蜒向东行，其体屈曲，高处如山埠，且行且鸣，声类牛，又与吹竹筒之音相似。鸣时海水壁立，舟益播荡，舟中西人咸惊恐无人色，亟转舵向北行。一时许，波浪始平。后询其所见何物，则

①②③　徐珂编撰《清稗类钞》，中华书局 1984 年版，第十二册，第 5605 页。

④　徐珂编撰《清稗类钞》，中华书局 1984 年版，第十二册，第 5605—5606 页。

⑤⑥　徐珂编撰《清稗类钞》，中华书局 1984 年版，第十二册，第 5606 页。

以大海蛇对，华人则皆谓为龙也。”①

清朝有关龙的风俗也很兴盛。1. 清潘荣陛撰《帝京岁时纪胜》云：“(二月)二日为龙抬头日。乡民用灰自门外蜿蜒布入宅厨，旋绕水缸，呼为引龙回。”② 2. 清光绪七年(1881)刻本(河南)《宜阳县志》岁时民俗云：“二月二时，厂面茶为糊狼眼，食炒豆为蠮蝎子毒。小儿歌云：二月二龙抬头，蝎子狼虫都出游。初二日，取豆火炙之，以压毒虫。是日谓之‘龙抬头’。”③3. 清乾隆四八年(1783)刻本(河北)《通州县志》岁时民俗云：“二月二日为龙抬头，用灰撒地，谓之引龙。煎荞豆粉为饼，曰爊虫。”④ 4. 清光绪元年(1875)《吴桥县志》曰：“(二月)二日，名‘龙抬头日’。咸晨起汲水，谓之‘引龙’。”⑤二月二日在南方还要舞龙灯求雨。

23. 龙灯祈雨图〔何柏松著《吉祥民俗》，湖北教育出版社 2001 年版，第 55 页。〕

第三节　八卦旗与八旗人的标志

清初满族入关，统治中国，以八卦为标志。康熙帝即已实施汉唐制度，科举选才，乾隆帝将满族的子孙用八卦理论装备起来，将之作为八旗人(满族人)的标志。一旗一卦，八旗人拥有八卦的八面旗帜，从而完成了八旗满族人中国化的进程。乾隆帝以厌胜巫术的象征符号——八卦表达他以中国文化治国的方针，以彰显大一统中华古国凝聚力。乾隆以后则每况愈下。

八旗子弟拥有八面八卦旗，蔚为壮观。但每一面旗帜上的卦象，已经消退了巫术的性质，而转变为八卦的哲学内涵，成为八旗人以继承中国文化传统立国的神圣含义。将《周易》哲学思维如此推崇备至，意为以此文化立国继承汉唐古风。

---

① 徐珂编撰《清稗类钞》，中华书局 1984 年版，第十二册，第 5608 页。

② (清)潘荣陛等撰《帝京岁时纪胜·燕京岁时记》，北京出版社 1961 年版。

③ (清)谢应起等修，刘占卿等纂《宜阳县志》，成文出版有限公司 1968 年版，第 448 页。

④ (清)高天凤修，金梅纂《(乾隆)通州志》卷九，北京图书馆出版社 2005 年版，第 283 页。

⑤ (清)倪昌燮等修，施崇礼等纂《吴桥县志》卷一《风俗》，成文出版有限公司 1968 年版，第 182 页。

第一，乾风旗。全称为“皇帝大驾卤簿乾风旗”。

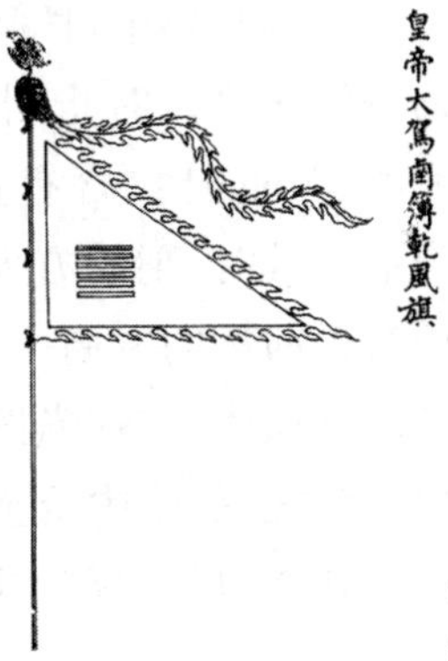

24. 八旗乾风旗

在《周易》中，乾第一，乾卦象天。《周易》卷一《乾第一》曰：“彖曰：大哉乾元，万物资始，乃统天。”[①]此统天的旗帜乃是八旗第一面旗帜。(清)允禄等撰，福隆安等校补《皇朝礼器图式》卷一一《皇帝大驾卤簿乾风旗》曰：“谨按《春秋左传》‘夫舞所以节八音而行八风’，杜预注：八方之风。孔颖达正义：虔以为八卦之风。乾音石，其风不周；坎音革，其风广莫；艮音匏，其风融；震音竹，其风明庶；巽音木，其风清明；离音丝，其风景；坤音土，其风凉；兑音金，其风阊阖。《元史・舆服志》：风伯旗，青质，赤火焰脚。《明会典》：风旗一画箕星。乾隆十三年钦定大驾卤簿乾风旗，黑缎为之，斜幅中绣金乾卦，缘及飘带俱白色，为火焰形，尺寸如八旗护军纛，杆首冠相风乌。”[②]

第二，坎风旗。全称为“皇帝大驾卤簿坎风旗”。

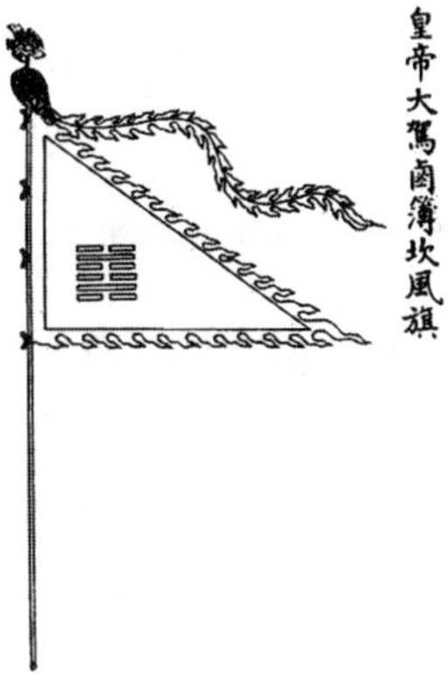

25. 八旗坎风旗

在《周易》中，坎第二十九。《周易》卷三《坎》曰：“彖曰：习坎，重险也。水流而不盈。行险而不失其信。维心亨。乃以刚中也。行有尚，往有功也。”[③]本卦二坎相重，为“习坎”，习即重，坎即险。坎又如流水，而水能相接而流。八旗人从《周易》坎卦获得前进的指针。举坎风旗，深思过前途的风险，但行险而绝不失其自信。只要刚强地履行中庸之道，行为有利于中华之风尚，将无往而不胜，为国立功。《皇朝礼器图式》卷一一《皇帝大驾卤簿坎风旗》曰：“谨按乾隆十三年钦定大驾卤簿坎风旗，黑缎为之，斜幅中绣金坎卦，缘及飘带俱如其色，为火焰形，尺寸如八旗护军纛，杆首冠相风乌。”[④]

第三，艮风旗。全称为“皇帝大驾卤簿艮风旗”。

---

① (魏)王弼、(晋)韩康伯注，(唐)孔颖达等正义《周易正义》卷一，中华书局1980年影印阮元校勘《十三经注疏》本，第14页。

②④ (清)允禄等撰，福隆安等校补《皇朝礼器图式》卷一一，景印文渊阁《四库全书》第656册，第619页。

③ (魏)王弼、(晋)韩康伯注，(唐)孔颖达等正义《周易正义》卷三，中华书局1980年影印阮元校刻《十三经注疏》本，第42页。

在《周易》中，艮第五十二。《周易》卷五《艮》曰："彖曰：艮，止也。时止则止，时行则行，动静不失其时，其道光明。"①此卦象含有止意。意为顺应自然，一切行动应当适应其时，则前方大道光明无限。言八旗人因从艮卦而获得前进的方向。《皇朝礼器图式》卷一一《皇帝大驾卤簿艮风旗》曰："谨按乾隆十三年钦定大驾卤簿艮风旗，黑缎为之，斜幅中绣金艮卦，缘及飘带俱蓝色，为火焰形，尺寸如八旗护军纛，杆首冠相风乌。"②

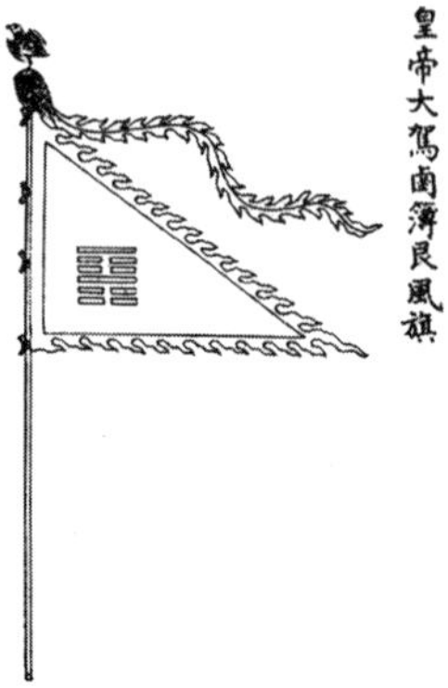

26. 八旗艮风旗

第四，震风旗。全称为"皇帝大驾卤簿震风旗"。

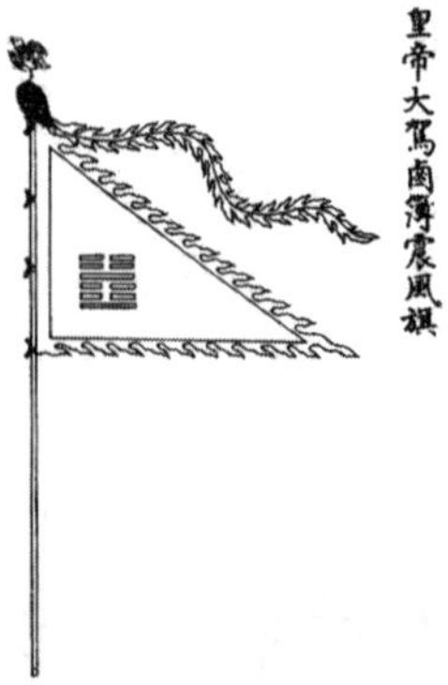

27. 八旗震风旗

在《周易》中，震第五十一。《周易》卷五《震》曰："彖曰：震，亨，震来虩虩，恐致福也。笑言哑哑，后有则也。震惊百里，惊远而惧迩也。不丧匕鬯，出可以守宗庙社稷，以为祭主也。"③此卦象含有巨雷震惊百里之时，依然镇定。社稷指国家，保卫国家，依然成为主人。就像惊雷百里时仍然不失匕鬯（黑米酒）在祭祀，言八旗人有保家卫国的决心。《皇朝礼器图式》卷一一《皇帝大驾卤簿震风旗》曰："谨按乾隆十三年钦定大驾卤簿震风旗，蓝缎为之，斜幅中绣金艮震卦，缘及飘带俱如其色，为火焰形，尺寸如八旗护军纛，杆首冠相风乌。"④

第五，巽风旗。全称为"皇帝大驾卤簿震巽风旗"。

在《周易》中，巽第五十七。《周易》卷六《巽》曰："彖曰：重巽以申命。刚巽乎中正而志行。"⑤巽风比喻君上之

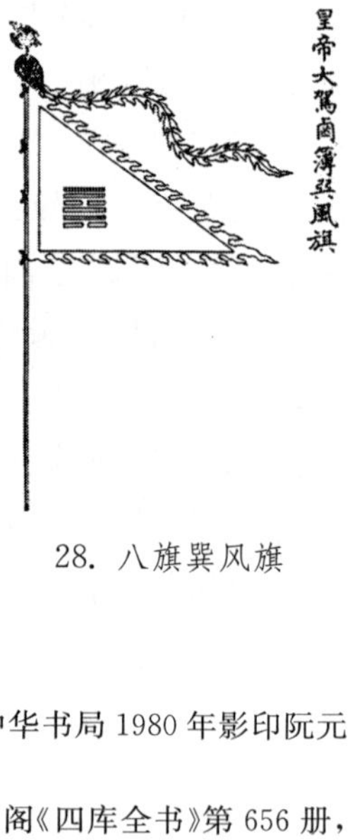

28. 八旗巽风旗

---

① （魏）王弼、（晋）韩康伯注，（唐）孔颖达等正义《周易正义》卷五，中华书局1980年影印阮元校刻《十三经注疏》本，第62页。

② （清）允禄等撰，福隆安等校补《皇朝礼器图式》卷一一，景印文渊阁《四库全书》第656册，第619页。

③ （魏）王弼、（晋）韩康伯注，（唐）孔颖达等正义《周易正义》卷五，中华书局1980年影印阮元校刻《十三经注疏》本，第61页。

④ （清）允禄等撰，福隆安等校补《皇朝礼器图式》卷一一，景印文渊阁《四库全书》第656册，第620页。

⑤ （魏）王弼、（晋）韩康伯注，（唐）孔颖达等正义《周易正义》卷五，中华书局1980年影印阮元校刻《十三经注疏》本，第69页。

教命，此卦象含有听从君上之教命而进入中正之道，因为其教命即合乎正，臣民从之，促君之志得行。言八旗人对君上之教命坚决从之。《皇朝礼器图式》卷二一《皇帝大驾卤簿巽风旗》曰："谨按乾隆十三年钦定大驾卤簿巽风旗，红缎为之，斜幅中绣金巽卦，缘及飘带俱蓝色，为火焰形，尺寸如八旗护军纛，杆首冠相风乌。①

第六，离风旗。全称为"皇帝大驾卤簿离风旗"。

在《周易》中，离第三十。《周易》卷三《离》曰："彖曰：离，丽也。日月丽乎天。百谷草木丽乎土。重明以丽乎正，乃化成天下，柔丽乎中正，故亨，是以'畜牝牛吉'也。"②日月丽于天地之正道，故而百谷草木才附丽于土地，而能够养育动物。而动物牛因附丽于人，受人使唤才不失其正，故蓄养之吉也。言八旗人，感朝廷养育之恩，寓意养兵千日用兵一时。《皇朝礼器图式》卷一一《皇帝大驾卤簿巽风旗》曰："谨按乾隆十三年钦定大驾卤簿离风旗，红缎为之，斜幅中绣金离卦，缘及飘带俱如其色，为火焰形，尺寸如八旗护军纛，杆首冠相风乌。"③

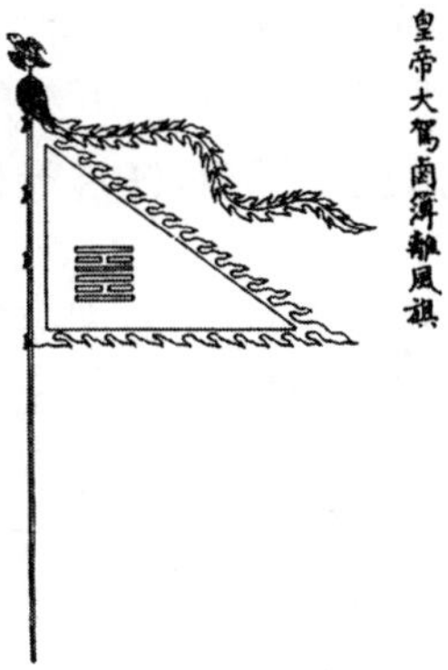

29. 八旗离风旗

第七，坤风旗。全称为"皇帝大驾卤簿坤风旗"。

在《周易》中，坤第二，坤卦象地。《周易》卷一《坤》曰："彖曰：至哉坤元，万物资生，乃顺承天。"④地道只能顺受天道的变化，用以生养万物。言八旗人只能服从君上之命，保家卫国。《皇朝礼器图式》卷一一《皇帝大驾卤簿巽风旗》曰："谨按乾隆十三年钦定大驾卤簿坤风旗，红缎为之，斜幅中绣金坤卦，缘及飘带俱白色，为火焰形，尺寸如八旗护军纛，杆首冠相风乌。"⑤

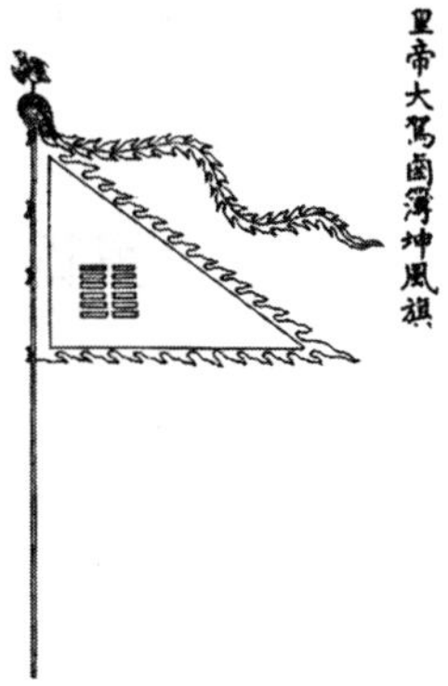

30. 八旗坤风旗

第八，兑风旗。全称为"皇帝大驾卤簿兑风旗"。

在《周易》中，兑第五十八。《周易》卷六《兑》曰："彖

①③　(清)允禄等撰，福隆安等校补《皇朝礼器图式》卷一一，景印文渊阁《四库全书》第656册，第621页。

②　(魏)王弼、(晋)韩康伯注，(唐)孔颖达等正义《周易正义》卷三，中华书局1980年影印阮元校刻《十三经注疏》本，第43页。

④　(魏)王弼、(晋)韩康伯注，(唐)孔颖达等正义《周易正义》卷一，中华书局1980年影印阮元校刻《十三经注疏》本，第17页。

⑤　(清)允禄等撰，福隆安等校补《皇朝礼器图式》卷一一，景印文渊阁《四库全书》第656册，第622页。

曰:兑,说也。刚中而柔外,说以利贞,是以顺乎天而应乎人。"①卦名兑,意为喜悦。即已利人之事使人喜悦,故君子内有刚健之德,而外应抱柔和之态度,决不能飞扬跋扈过日子。言八旗人应该履行做利人之事情而使人民高兴的义务。《皇朝礼器图式》卷一一《皇帝大驾卤簿巽风旗》曰:"谨按乾隆十三年钦定大驾卤簿兑风旗,白缎为之,斜幅中绣金兑卦,缘及飘带俱如其色,为火焰形,尺寸如八旗护军纛,杆首冠相风乌。"②

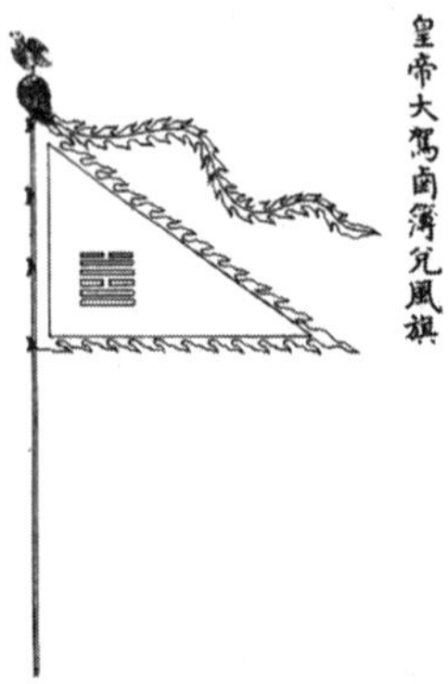

31. 八旗兑风旗

八卦旗全是清王朝根据《周易》哲理而创立。八旗之兴,起源于明万历二十九年(1601),努尔哈赤在牛录制基础上建立黄、白、红、蓝四旗;到万历四十三年(1615)增建镶黄、镶白、镶红、镶蓝四旗共为八旗。到皇太极时,又有"八旗蒙古"和"八旗汉军",成为生产、行政和军事三位一体的组织形式,适应了它的发展与壮大。后来在入关以后,就改为八旗兵制。至乾隆时期,皆由皇帝大驾统帅,而乾隆十三年就有规范八旗的旗帜之大事。八旗学习《周易》虽是好事,但流于口号。如此高深哲学理论,实行起来谈何容易,由于入关后八旗子弟享有特权,逐渐腐化,百无一能而招致失败。

第四节　清代龙旗展示中华威风与气魄

清朝追求三代和汉唐之风气很盛,不只是遵循《周易》把八卦绣在旗子上,三代以来流行的祥瑞物,也统统绣在旗子上,尤以龙旗为甚,以弘扬中国文化为宗旨。满族是中国五大民族之一,满族睿智,接受并改造巫文化发扬光大中国文化,在历史上作出了卓越的贡献。满族开拓了厌胜旗的内容,蔚为壮观。原则是维护中国统一的传统,表现在厌胜旗俱采用汉唐等王朝的规定。

皇帝出行时的厌胜旗,做工非常考究,龙旗威武雄壮,大展中华威风与气魄,体现大国风范,也将龙文化推崇备至。

第一幅,甘雨旗。《皇朝礼器图式》卷一一《皇帝大驾卤簿甘雨旗》言是乾隆

① (魏)王弼、(晋)韩康伯注,(唐)孔颖达等正义《周易正义》卷六,中华书局 1980 年影印阮元校刻《十三经注疏》本,第 69 页。

② (清)允禄等撰,福隆安等校补《皇朝礼器图式》卷一一,景印文渊阁《四库全书》第 656 册,第 622 页。

十三年(1748)根据《宋史·仪卫志》和《元史·舆服志》中风伯雨师旗的制定，云："浅黑缎为之，斜幅绣龙，簇以水云，红缘，飘带黑色为火焰形，尺寸如八旗护军纛，杆首冠踏金垂云顶，余俱如八旗骁骑纛之制。"①

第二幅，五色金龙小旗。《皇朝礼器图式》卷一一《皇帝大驾卤簿五色金龙小旗》云，亦根据张揖《广雅》有翼曰应龙，及《新唐书·仪卫志》和《元史·舆服志》应龙旗，于乾隆十三年制定。五色缎为之，各八斜幅。②

第三幅，八旗骁骑纛四旗。《皇朝礼器图式》卷一一《皇帝大驾卤簿八旗骁骑纛·四旗》云，乾隆十三年制定。

32. 甘雨旗〔采自《皇朝礼器图式》。下同〕

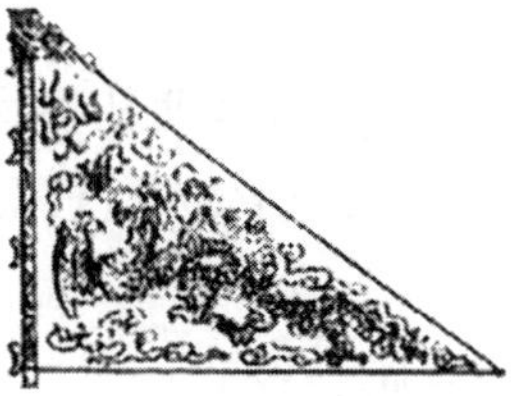

33. 五色金龙小旗

34. 八旗骁骑纛四旗

第四幅，八旗骁骑纛正四旗。《皇朝礼器图式》卷一一《皇帝大驾卤簿八旗骁骑纛·正四旗》云，和以上四旗同样，此八旗"俱以缎为之，各从其色，镶黄旗、镶白旗、镶蓝旗皆红缘，镶红旗白缘，俱左平右剡，绣金云龙。縿径四寸二尺"③。

第五幅，五色金龙纛。《皇朝礼器图式》卷一一《皇帝大驾卤簿五色金龙纛》云："谨按《宋史·仪卫志》五龙旗五，《元史·舆服志》五色龙旗，五色质五色，直脚，无火焰。大四色龙旗，青赤黄白四色质。乾隆十三年钦定大驾卤簿五色金龙纛，五色缎为之。各八，俱斜幅销金云龙不加缘，縿径五尺二寸，斿径六尺四寸五分，斜径九尺一寸，杆如八旗骁骑纛之制。法驾、銮驾、骑驾卤簿五色金龙纛皆同。"④金龙纛也是从宋元两朝传承下来的。

第六幅，八旗护军纛。《皇朝礼器图式》卷一一《皇帝大驾卤簿八旗护军纛》云："钦定大驾卤簿八旗护军纛，俱以缎为之，各从其色。镶黄旗、镶白旗、镶蓝

---

① (清)允禄等撰，福隆安等校补《皇朝礼器图式》卷一一，景印文渊阁《四库全书》第656册，第618页。

② (清)允禄等撰，福隆安等校补《皇朝礼器图式》卷一一，景印文渊阁《四库全书》第656册，第628页。

③ (清)允禄等撰，福隆安等校补《皇朝礼器图式》卷一一，景印文渊阁《四库全书》第656册，第575页。

④ (清)允禄等撰，福隆安等校补《皇朝礼器图式》卷一一，景印文渊阁《四库全书》第656册，第577页。

旗皆红缘，镶红旗白缘。正黄旗、正白旗、正红旗、正蓝旗，缘如旗色，俱斜幅，绣金云龙。"①

35. 八旗骁骑纛正四旗

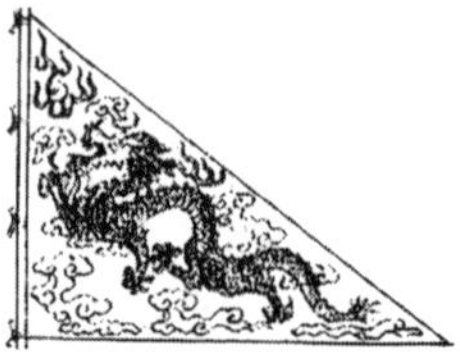

36. 五色金龙纛

37. 八旗护军纛

第七幅，八旗前锋纛·镶四旗。《皇朝礼器图式》卷一一《皇帝大驾卤簿八旗前锋纛》云："钦定大驾卤簿八旗前锋纛，杆顶金盘植豹尾，余俱如骁骑纛之制。"②

第八幅，八旗前锋纛·正四旗。

38. 八旗前锋纛·镶四旗

39. 八旗前锋纛·正四旗

八幅飞龙旗寓意均来于《易》，《周易》卷一《乾第一》曰："飞龙在天，上治也。"③比喻大人在上位治国临民，旗主要展示威风与气魄。清朝从顺治元年(1644)到宣统三年(1911)，总共二百六十七年中，厌胜旗当然不止八卦厌胜与龙厌胜，大清王朝对中华的天地万物都制有厌胜旗。现在分成以下几组展示大清王朝厌胜旗的图案。

第一组，祥瑞的禽鸟。深具文化底蕴，崇拜自然，是各朝代厌胜祥瑞、体现中国文化传统的众望所归。

1. 皇帝大驾卤簿瑞鹤旗。遵循《宋史·仪卫志》政和二年(1112)诏制瑞鹤旗。

①② (清)允禄等撰，福隆安等校补《皇朝礼器图式》卷一一，景印文渊阁《四库全书》第656册，第576页。

③ (魏)王弼、(晋)韩康伯注，(唐)孔颖达等正义《周易正义》卷一，中华书局1980年影印阮元校刻《十三经注疏》本，第16页。

2. 皇帝大驾卤簿仪凤旗。《说文解字》亦曰："凤，神鸟也。"[1]《山海经》亦曰："轩辕之丘，鸾自歌，凤自舞。"[2]遵循唐朝仪卫马队第十凤旗和元朝舆服。

3. 皇帝大驾卤簿翔鸾旗。《山海经》鸾鸟见则天下安宁之古传说。遵循汉朝鸾旗、唐朝仪卫马队第九鸾旗、宋朝仪卫步甲前队第八鸾旗、元朝舆服金鸾旗。

40. 瑞鹤旗

41. 仪凤旗

42. 翔鸾旗

4. 皇帝大驾卤簿孔雀旗。遵循《宋史・仪卫志》大驾卤簿步甲后队第六孔雀旗，乾隆十三年(1747)制定。

5. 皇帝大驾卤簿黄鹄旗。遵循《汉书》卷七《昭帝纪》始元元年(前86)春二月，黄鹄下建章宫太液池中。公卿上寿。"[3]师古注："黄鹄，大鸟也，一举千里。"[4]故厌胜意为，祝本朝朝运长久。

43. 孔雀旗

44. 黄鹄旗

第二组，祥瑞的野兽。强调保护野生动物，遵循历代王朝厌胜祥瑞动物传统。乾隆十三年参前代规格制定。

1. 皇帝大驾卤簿游麟旗。《皇朝礼器图式》卷一一《皇帝大驾卤簿游麟旗》云："谨按《淮南子》：昔者黄帝治天下，凤凰翔于庭，麒麟游于郊。《唐书・仪卫志》：大驾卤簿诸卫马队第七飞麟旗、第十二麟旗。《宋史・仪卫志》：大驾卤簿步甲前队第六飞麟旗二，第九麟旗二。《元史・舆服制》：麟旗，赤质青火焰脚，

---

[1][2] (唐)欧阳询撰，汪绍楹校《艺文类聚》卷九九《祥瑞部下・凤皇》，中华书局1965年版，第1707页。

[3][4] (汉)班固撰《汉书》卷七，中华书局1962年版，第218—219页。

绘麒麟。"①

2. 皇帝大驾卤簿驯狮旗。《皇朝礼器图式》卷一一《皇帝大驾卤簿驯狮旗》云:"谨按《尔雅·释兽》:狻猊如虎猫,食虎豹。郭璞注:即师子也。《宋史·仪卫志》:太祖诏造狮子旗。"②

3. 皇帝大驾卤簿白泽旗。《皇朝礼器图式》卷一一《皇帝大驾卤簿白泽旗》云:"谨按《宋书·符瑞志》:黄帝时巡守至于东滨,泽兽出能言,达于万物之情。《唐书·仪卫志》:大驾卤簿清游队建白泽旗二。"③

45. 游麟旗

46. 驯狮旗

47. 白泽旗

4. 皇帝大驾卤簿赤熊旗。《皇朝礼器图式》卷一一《皇帝大驾卤簿赤熊旗》云:"谨按《孝经援神契》:赤熊神灵,滋液百珍。《唐书·仪卫志》:大驾卤簿诸卫马队第十赤熊旗。《宋史·仪卫志》:大驾卤簿后部马队第二赤熊旗二。《元史·舆服制》:赤熊旗,赤质赤火焰脚,绘兽如熊。"④

5. 皇帝大驾卤簿天马旗。《皇朝礼器图式》卷一一《皇帝大驾卤簿天马旗》云:"谨按《山海经》:马成之山有兽焉,其状如白犬而黑头,见人则飞,其名曰天马。《史记·大宛列传》:多善马,马汗血,其先天马子也。《汉书·礼乐志》:天马徕,从西极。《新唐书·仪卫志》:大驾卤簿诸卫马队第三玉马旗、第十一飞黄旗。《宋史·仪卫志》:大驾卤簿掩尾天马旗二。《元史·舆服制》:玉马旗,赤质青火焰脚,绘白马两膊有火焰。飞黄旗,赤质赤火焰脚,形如马,色黄,有两翼。"⑤

---

① (清)允禄等撰,福隆安等校补《皇朝礼器图式》卷一一,景印文渊阁《四库全书》第656册,第584页。

② (清)允禄等撰,福隆安等校补《皇朝礼器图式》卷一一,景印文渊阁《四库全书》第656册,第585页。

③ (清)允禄等撰,福隆安等校补《皇朝礼器图式》卷一一,景印文渊阁《四库全书》第656册,第586页。关于白泽神兽,请参阅高国藩著《敦煌民俗学》第二十章《敦煌民间信仰的白泽精怪图》,上海文艺出版社1989年版,第342—367页。

④ (清)允禄等撰,福隆安等校补《皇朝礼器图式》卷一一,景印文渊阁《四库全书》第656册,第587页。

⑤ (清)允禄等撰,福隆安等校补《皇朝礼器图式》卷一一,景印文渊阁《四库全书》第656册,第591页。

48. 赤熊旗

49. 天马旗

第三组，祥瑞的四灵。有四灵厌胜钱，必有四灵厌胜旗，是为各朝传统。乾隆十三年参照前代规格制定。

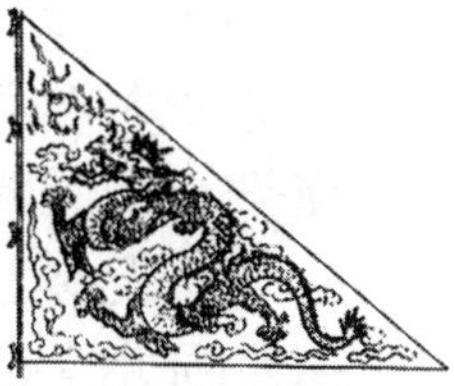

50. 青龙旗

1. 皇帝大驾卤簿青龙旗。据《皇朝礼器图式》卷一一《皇帝大驾卤簿青龙旗》云："谨按《礼记·曲礼》：行前朱鸟而后元武，左青龙而右白虎。陈澔《集说》：四方宿名也，以为旗章。马端临《文献通考》：唐制左青龙旗一。"[①]此为四灵旗的掌头旗。

2. 皇帝大驾卤簿白虎旗。《皇朝礼器图式》卷一一《皇帝大驾卤簿白虎旗》云："谨按马端临《文献通考》：唐制右白虎旗一。《元史·舆服志》：白虎旗，白质绘蹲虎。"[②]

3. 皇帝大驾卤簿朱雀旗。《皇朝礼器图式》卷一一《皇帝大驾卤簿朱雀旗》："谨按马端临《文献通考》：唐制，朱雀旗一。《宋史·仪卫志》：次朱雀旗一中道。《元史·舆服制》：朱雀旗，赤质，绘朱雀，其形如鸾。"[③]

4. 皇帝大驾卤簿神武旗。《皇朝礼器图式》卷一一《皇帝大驾卤簿神武旗》："谨按马端临《文献通考》：唐制，元武旗一。《宋史·仪卫志》：次真武队中道仙童、螣蛇、真武、神龟旗各一，宣和改真武为元武，又去仙童、龟、蛇。《元史·舆服志》：元武旗，黑质，绘龟蛇。"[④]

51. 白虎旗

52. 朱雀旗

53. 神武旗

---

① (清)允禄等撰，福隆安等校补《皇朝礼器图式》卷一一，景印文渊阁《四库全书》第656册，第593页。

②③ (清)允禄等撰，福隆安等校补《皇朝礼器图式》卷一一，景印文渊阁《四库全书》第656册，第594页。

④ (清)允禄等撰，福隆安等校补《皇朝礼器图式》卷一一，景印文渊阁《四库全书》第656册，第595页。

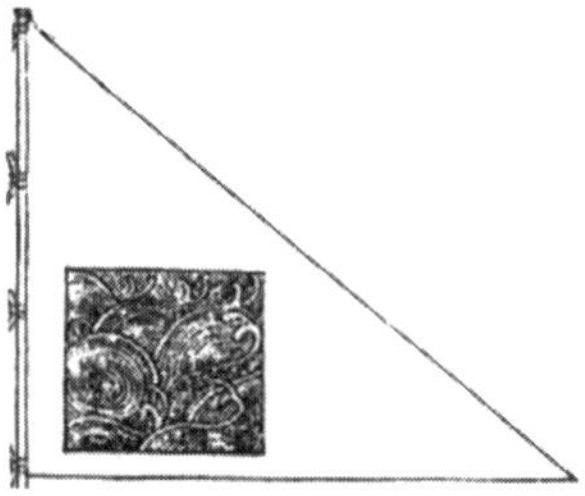

54. 江渎旗

第四组，祥瑞的中华江河。这组厌胜旗，各代皇帝和王朝用来表达对中华江河的崇敬和热爱。乾隆十三年参照前代规格制定。

1. 皇帝大驾卤簿江渎旗。《皇朝礼器图式》卷一一《皇帝大驾卤簿江渎旗》云："谨按《尔雅·释水》：江淮河济为四渎。《宋史·仪卫志》：陶谷作四渎旗、大驾卤簿四渎神旗各一。绍兴卤簿四渎旗，江淮在左，河济在右。《元史·舆服志》，江渎旗，赤质。"①

2. 皇帝大驾卤簿河渎旗。《皇朝礼器图式》卷一一《皇帝大驾卤簿河渎旗》云："谨按《元史·舆服志》：河渎旗，黑质。《明会典》：白质。"②

3. 皇帝大驾卤簿淮渎旗。《皇朝礼器图式》卷一一《皇帝大驾卤簿淮渎旗》云："谨按《元史·舆服志》：淮渎旗，素质。《明会典》：青质。"③

4. 皇帝大驾卤簿济渎旗。《皇朝礼器图式》卷一一《皇帝大驾卤簿济渎旗》云："谨按《元史·舆服志》：济渎旗，青质。《明会典》：黑质。"④

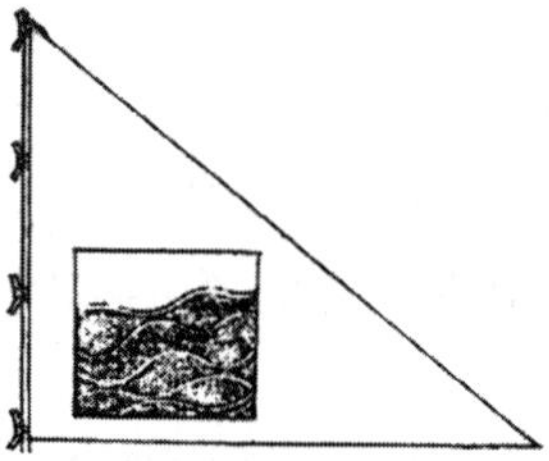

55. 河渎旗

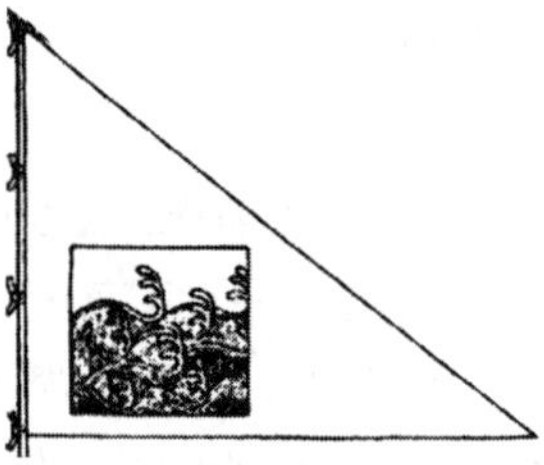

56. 淮渎旗

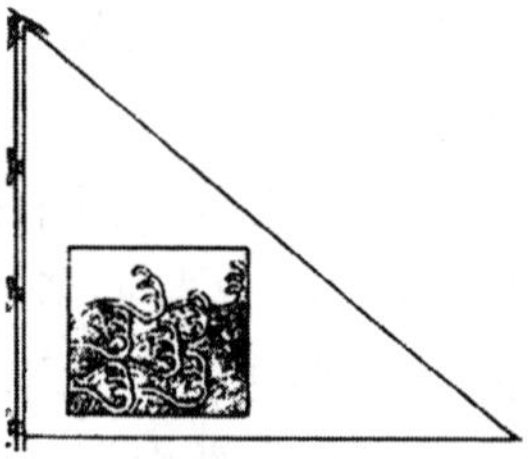

57. 济渎旗

第五组，祥瑞的中华五岳。这组厌胜旗各代皇帝和王朝用来表达对中国五座高山的崇敬和热爱。乾隆十三年参照前代规格制定。

1. 皇帝大驾卤簿东岳旗。《皇朝礼器图式》卷一一《皇帝大驾卤簿东岳旗》云："谨按《尔雅·释山》：泰山为东岳，华山为西岳，霍山为南岳，恒山为北岳。嵩高为中岳。《宋史·仪卫志》：大驾卤簿五岳神旗各一。

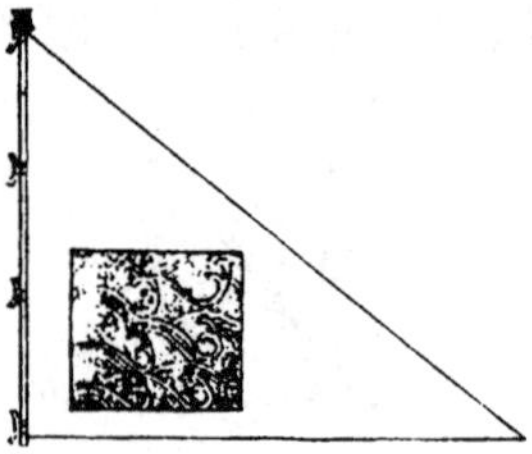

58. 东岳旗

①② （清）允禄等撰，福隆安等校补《皇朝礼器图式》卷一一，景印文渊阁《四库全书》第656册，第596页。

③④ （清）允禄等撰，福隆安等校补《皇朝礼器图式》卷一一，景印文渊阁《四库全书》第656册，第597页。

宣和去神字。《元史·舆服志》:东岳旗,青质。"①

2. 皇帝大驾卤簿西岳旗。《皇朝礼器图式》卷一一《皇帝大驾卤簿西岳旗》云:"谨按《元史·舆服志》:西岳旗,白质。"②

3. 皇帝大驾卤簿南岳旗。《皇朝礼器图式》卷一一《皇帝大驾卤簿南岳旗》云:"谨按《元史·舆服志》:南岳旗,赤质。"③

4. 皇帝大驾卤簿北岳旗。《皇朝礼器图式》卷一一《皇帝大驾卤簿北岳旗》云:"谨按《元史·舆服志》:北岳旗,黑质。"④

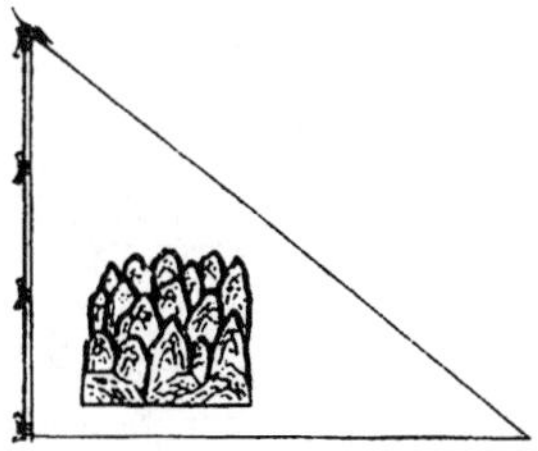

59. 西岳旗

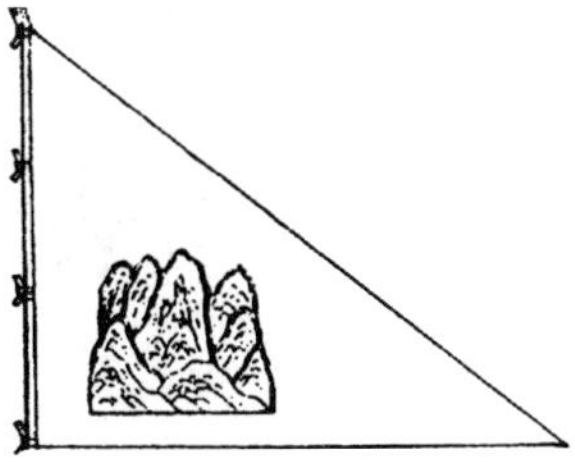

60. 南岳旗

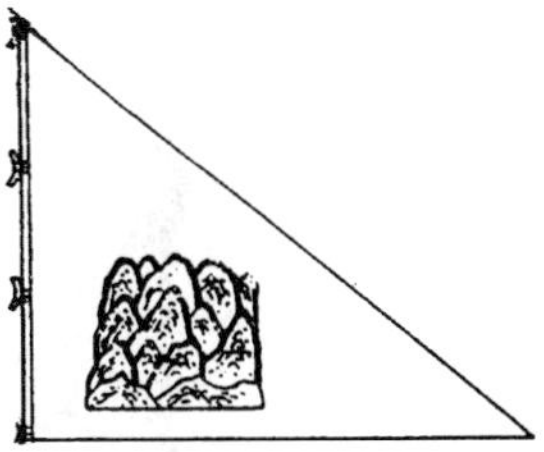

61. 北岳旗

5. 皇帝大驾卤簿中岳旗。《皇朝礼器图式》卷一一《皇帝大驾卤簿中岳旗》云:"谨按《元史·舆服志》:中岳旗,黄质。"⑤

第六组,祥瑞的天上星宿。金木水火土五星和二十八宿,这组厌胜旗,显露敬畏天空,表示愿与天神沟通的理想,实际则标志着各王朝对天空探索向往和愿望。其特点都是从汉朝讲起,即以《史记·天官书》为底本。五星就是这样。《皇朝礼器图式》卷一一《大驾卤簿土星旗》云:"谨按《史记·天官书》:水火金木填星,此五者,天之五佐,为经纬。《汉书·天文志》填星曰:中央季夏土。《宋史·仪卫志》:木火土金水星旗各一。元祐七年(1092)太常寺言二十八宿五星摄提旗,按卤簿图画人形及牛虎头、妇人、小儿之类,于礼无据。元丰三年(1080)礼文所上言,乞改制,各着其象以则天文。后有司循旧仪未曾改正,今欲改造从之。《元史·舆服志》:土星旗,黄质。"⑥可见清朝根据《史记》、《汉书》,已经对宋元两朝五星旗和二十八宿旗上的牛虎头、妇

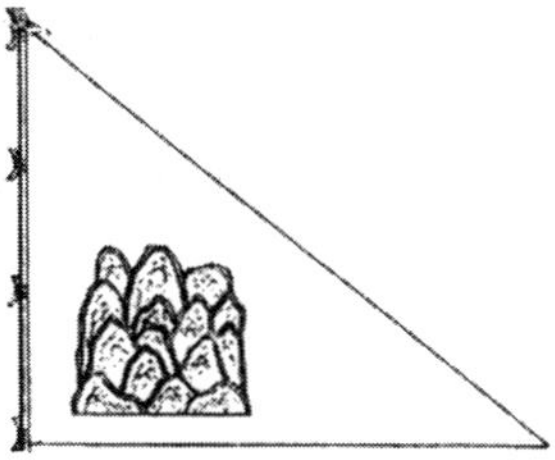

62. 中岳旗

①② (清)允禄等撰,福隆安等校补《皇朝礼器图式》卷一一,景印文渊阁《四库全书》第 656 册,第 598 页。

③④ (清)允禄等撰,福隆安等校补《皇朝礼器图式》卷一一,景印文渊阁《四库全书》第 656 册,第 599 页。北岳旗同此卷。

⑤⑥ (清)允禄等撰,福隆安等校补《皇朝礼器图式》卷一一,景印文渊阁《四库全书》第 656 册,第 600 页。

人、小儿之类怪异画面进行删改,改制后的五星旗和二十八宿旗,简明而庄严。今各举其一于后。

1. 皇帝大驾卤簿水星旗。《皇朝礼器图式》卷一一《皇帝大驾卤簿水星旗》云:“谨按《汉书·天文志》辰星曰:北方冬水。《元史·舆服志》:水星旗,黑质。”①

2. 皇帝大驾卤簿翼宿旗。《皇朝礼器图式》卷一一《皇帝大驾卤簿翼宿旗》云:“谨按《晋书·天文志》:翼二十二星。《元史·舆服志》:翼宿旗,青质,外仗绘二十二星。”②

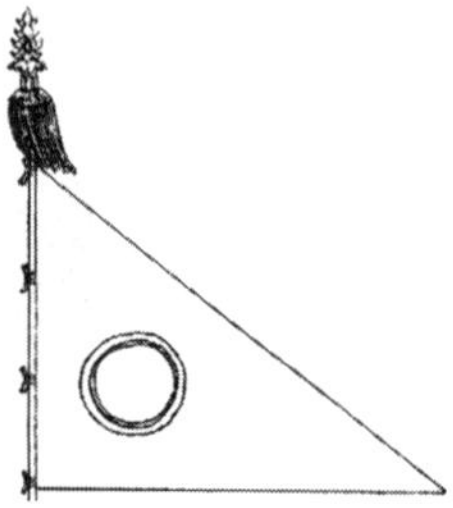

63. 水星旗

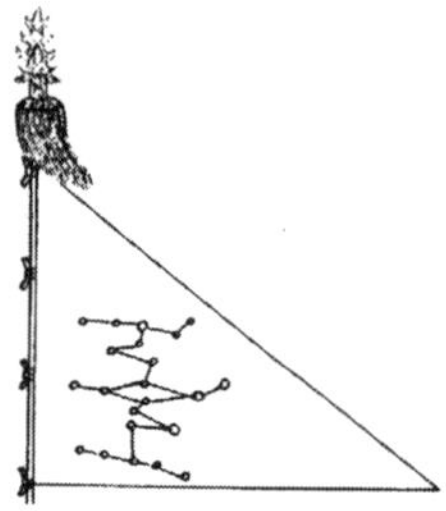

64. 翼宿旗

总之,大清王朝以龙旗为代表的厌胜旗,是总结了自汉代以后两千多年中华文化传统而发扬光大之,每一幅画面都是有学问的,也都是经过讨论研究以后决定的。证明中国巫术的特点是将文化融合在巫术里,具有用文化控制超自然力来实现人类的梦想和追求的目的。中国古代巫术起源于治水和改火两大巫术,当它出现在中国大地上,它就是正义的化身,以丰厚的厌胜艺术品贡献给人类。中国巫术是有别于外国巫术的一类不同风格的文化巫术,其白巫术却始终起着趋吉辟凶的预防作用占了上风;以至于中国各民族的凝聚力始终维护着统一的文化传统,使汉满蒙回藏为代表的中华民族牢固地统一在中华大地上。请看清末龙旗飘扬的爱国歌:

65. 龙旗〔《绘图唱歌教科书》卷二《爱我国》,清光绪三十二年(1906)石印本。〕

① (清)允禄等撰,福隆安等校补《皇朝礼器图式》卷一一,景印文渊阁《四库全书》第656册,第603页。

② (清)允禄等撰,福隆安等校补《皇朝礼器图式》卷一一,景印文渊阁《四库全书》第656册,第617页。

爱我国

祝我国兮炽而昌
愿我国兮富而强
长欧美兮雄东洋
陆军海军莫相当

全球翻动龙旗光
帝国主义新膨胀
无为老大徒悲伤
印度灭兮波兰亡

请看我帝国睡狮奋吼剧烈场
白人惧说黄种黄

虽然衰落的大清帝国当时既不可能“富而强”，也不可能“雄东洋”，且在鸦片战争以后，逐渐沦为半封建和半殖民地社会。但是这首歌怀有一腔中华国民的爱国情怀，对中国抱有崛起的愿望，相信中华民族复兴的梦想，是令我们中华民族后世子孙无限尊敬的。

第五节　清代其他厌胜巫术

清代厌胜巫术，除八旗的八卦旗厌胜以外，还流传有其他六种。

第一，“朱笔字辟邪”的厌胜巫术。清袁枚著《子不语》卷一《阿龙》云：“次日，阿龙痴迷不食，韩氏召女巫睑之，巫曰：‘取县官堂上朱笔，在病者心上书一正字，颈上书一刀字，两手书两火字，便可救也。’韩氏如其言，书至左手火字，阿龙张目大叫曰：‘勿烧我，我即去可也。’自此怪遂绝。阿龙至今犹存。”①

第二，在清末木匠中流行“厌胜(魅)术”，后来却变成黑巫术。徐珂编撰《清稗类钞》迷信类《木匠厌胜》条载：“凡雇匠筑室者，必厚遇之，礼貌必优厚，饮食必丰腆。否则将为所暗算，恐其有厌胜之术也。”②“厌胜术”变为黑巫术是乱世厌禳诅咒术的反映，已不能称之为“厌胜”，系徐珂误读。清代反抗巫术中的厌胜术渗透到风俗中，形态多种多样，可以称为“清代厌胜风俗”；而清代厌胜风俗

---

① (清)袁枚著，朱纯点校《子不语》卷一，岳麓书社1985年版，第18页。

② 徐珂编撰《清稗类钞》，中华书局1984年版，第十册，第4687页。

的来源，有的也发生于祭祀巫术中，例如祭祀刘猛将，就是为了驱灭蝗虫。清代厌胜风俗特点：一是多半没有巫师参加，因为它已融入民间风俗，已无需巫师念咒作法。二是与求佛教或拜道教的宗教行为相联系。三是老百姓自己敲锣打鼓，戴着面具游行，已经非常有驱傩厌胜的气氛。

第三，贴天师符镇压恶气。清顾禄撰《清嘉录》卷五《贴天师符》载："朔日，人家以道院所贻天师符贴厅事，以镇恶，肃拜烧香，至六月朔，始焚而送之。有贻自梵氏者，亦多以红黄白纸，用朱墨画韦陀镇凶，则非天师符矣。"①

第四，为挂钟馗图以驱邪魔。清顾禄撰《清嘉录》卷五《挂钟馗图》载："堂中卦钟馗画图一月，以祛邪魅。李福《钟馗图》诗云：'面目狰狞胆气粗，榴红蒲碧座悬图。仗君扫荡么么技，免使人间鬼画符。'又卢毓嵩有诗云：'榴花吐焰菖蒲碧，画图一幅生虚白。绿袍乌帽吉莫靴，知是终南山里客。眼如点漆发如虬，唇如腥红髯如戟。看彻人间索索徒，不食烟霞食鬼伯。何年留影在人间，处处端阳驱疠疫。呜呼！世上罔两不胜计，灵光一睹难逃匿。仗君百千亿万身，却鬼直教褫鬼魄。'"②

第五，抬像游街祭猛将。清顾禄撰《清嘉录》卷一《祭猛将》载："十三日，官府致祭刘猛将军之辰，游人骈集于吉祥庵。庵中燃铜烛二，大如杯棬，半月始灭，俗呼大蜡烛。相传神能驱蝗，天旱祷雨辄应，为福畎亩，故乡人酬答，尤为心愫。前后数日，各乡村民，击牲献礼，抬像游街，以赛猛将之神，谓之待猛将。穹窿山一带农人舁猛将，奔走如飞，倾跌为乐，不为慢亵，名曰赿猛将。余尝作《神弦曲》云：'扬旌旄，陈卤簿。焚旃檀，伐鼍鼓。三农竭脂膏，不惜脱布裤。但愿明神喜，生恐明神怒。借问此何神，尔农独畏怖？农云刘猛将，所司非细故。神怒蝗虫飞，神喜甘雨澍。斯神实有功，田祖同呵护。报赛亦人情，胡为乎中路？灾祥在一心，尔农宁不悟？'"③

第六，清末西藏达赖喇嘛搞所谓"厌禳"巫术毒死西宁阿嘉喇嘛之丑闻震惊全国。根据民国八年(1919)周敦肃编《古今怪异集成》中编上异教类记载：

> 甘肃西宁城外塔尔寺，为阿嘉喇嘛卓锡之所。光绪丁未(1907)，西藏达赖喇嘛逃入俄境，为驻藏办事大臣达寿邀回，安置西宁。达赖以掌理天下释教自居，不肯往谒阿嘉，而阿嘉亦以西宁一带为其管辖之地，傲不相下。彼此恶感既深，达赖思以(黑巫)术胜之。乃以牛羊等兽之首埋于土，

① (清)顾禄撰，王迈点校《清嘉录》卷五，江苏古籍出版社1999年版，第101页。

② (清)顾禄撰，王迈点校《清嘉录》卷五，江苏古籍出版社1999年版，第104页。

③ (清)顾禄撰，王迈点校《清嘉录》卷一，江苏古籍出版社1999年版，第25页。

加以禁咒，为厌胜（禳）之举。未几，阿嘉适以疾卒，年未三十也。其徒众大哗控之西宁办事大臣庆恕，谓达赖以（黑巫）术杀人。庆率众往所埋处验之，信，乃牒诘达赖。达赖覆称，按照藏经某条，行此法者，系感谢大皇帝相待之优，故借以祈福，并无他意云云。后亦不复究。①

清末西藏达赖喇嘛丑闻不断，声誉扫地。1907年西宁阿嘉喇嘛从不承认西藏达赖喇嘛管辖之地，“傲不相下”，故而遭到其黑巫术的虐杀，杀人证据确凿，竟然以所谓“感谢大皇帝相待之优”来“祈福”，从而暴露企图当大皇帝复辟奴隶制的狼子野心。但是，四年以后，辛亥革命爆发，孙中山先生建立了中华民国。此术不能称之为“厌胜之举”，而是厌魅诅咒的黑巫术，亦是记录者周敎肃误读。

综上所述，厌胜是反抗巫术的重要内容。法国列维—布留尔曾说：“那些用来防御可能的巫术的驱邪符、护身符、咒语，种种风俗之丰富多样，说明了关于巫术的观念怎样强烈地控制着不文明民族的头脑，甚至在比较发达的民族中间也能见到这种观念。”②布留尔的说法是错误的。正相反，这些巫术是文明的标志，是符合养生的聪明的创造。厌胜巫术主要是看其厌胜艺术品转换出的求吉避凶社会价值，巫术思维强烈地控制着古人，不仅不是坏事，恰相反，它是巫师战胜天灾人祸的武器，是激发产生文化、文物的智慧资源。

第六节　清代秘密社会与反抗巫术

历代秘密社会组织都会利用民间巫术来充实其宗教内容，如汉魏五斗米教的“米巫”张鲁便是靠民间巫术起家的。清代秘密社会组织，如天地会、三合会等，也毫无例外地利用了巫术。它们运用的符咒是来自道教的，如“净坛符”、“保身符”。

“净坛符”供奉的是道教之主太上老君。《魏书》卷一一四《释老志》云：“道家之原，出于老子。”③《魏书》卷一一四《释老志》又云：“谦之守志嵩岳，精专不懈，以神瑞二年（415）十月乙卯，忽遇大神，乘云驾龙，导从百灵，仙人玉女，左右

① 周敎肃编《古今怪异集成》，中国书店1991年影印本，第102页。

② （法）列维-布留尔著，丁由译《原始思维》，商务印书馆1985年版，第379页。

③ （北齐）魏收撰《魏书》卷一一四，中华书局1974年版，第3048页。

侍卫，集止山顶，称太上老君。”[1]这是首见的称老子为“太上老君”者。老子在历史上实有其人，《史记》卷六三《老子韩非列传》云：“老子者，楚苦县厉乡曲仁里人也，姓李氏，名耳，字聃，周守藏室之史也。”[2]《史记》卷六三《老子韩非列传》又云：“或曰：老莱子亦楚人也，著书十五篇，言道家之用，与孔子同时云。”[3]在东汉，方士们以老子道家学说为基础，吸收了民间巫术，创立了道教，老子便成为道教的祖师爷，《老子》五千言便成为经典。民间秘密宗教继承道教衣钵，也尊崇老子，敬称为“太上老君”。称“太上老君”也有一个过程，晋葛洪《抱朴子》先称为“老君”，然后在北魏拓跋嗣时才称“太上老君”。坛为道家礼天拜表、斋醮法事之所，净坛符便是设在坛上驱邪净场。

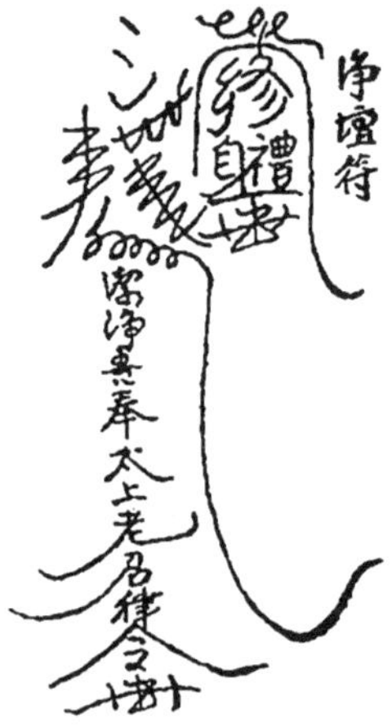

66. 净坛符〔采自《近代秘密社会史料》〕

“保身符”供奉的是“六甲”神。六甲，道教之神。六甲神在汉代即随道教产生，《后汉书》卷五〇《梁节王畅》云：“从官卞忌自言能使六丁，善占梦，畅数使卜筮。”[4]注云：“六丁，谓六甲中丁神也。”明代《三才图会》将六甲附会于六位神将：甲子神将名王文卿，甲戌神将名展子江，甲申神将名扈文长，甲午神将名韦玉卿，甲辰神将名孟非卿，甲寅神将名明文章。[5]

67. 清代小刀会士卒〔采自斯嘉兹《在华十二年》〕

《敦煌古俗与民俗流变——中国民俗探微》一书中指出：1. 这是道教信奉的武将神。2. 至明便把六甲神变为六位神将。[6] 这是唐代的区分，以上六甲中的“甲子神”和“甲戌神”，有“入水不溺”与“入火不烧”的巫术作用。唐段成式撰《酉阳杂俎》前集卷一四《诺皋记上》指出：“甲子神名弓隆，欲入水内，呼之，河伯

① （北齐）魏收撰《魏书》卷一一四，中华书局1974年版，第3050页。

② （汉）司马迁撰《史记》卷六三，中华书局1959年版，第2139页。

③ （汉）司马迁撰《史记》卷六三，中华书局1959年版，第2141页。

④ （南朝宋）范晔撰《后汉书》卷五〇，中华书局1965年版，第1675页。

⑤ （明）王圻、王思义编集《三才图会》人物卷一〇，上海古籍出版社1986年影印本，第774—776页。

⑥ 高国藩著《敦煌古俗与民俗流变——中国民俗探微》，河海大学出版社1989年版，第123页。

九千导引，入水不溺。”[①]又云：“甲戌神名执明，呼之，入火不烧。”[②]看来，这就是清代天地会、三合会等秘密社会组织佩带六甲保身符水火不犯的原因。具体神名由于时代流变而有所不同，但神的作用当前后不变。

清代秘密社会运用道教符咒，自然是以反抗律原则确立的。他们对符有各种秘密的称呼。在清光绪十年(1884)刊行的《新刻江湖切要》，此小册子是由八闽卓子亭收录的当时流传于南方秘密会党的江湖切口行话，其中关于符的黑话为：

1. 送符：出火头。

2. 书符：描黄。

3. 求签：抽条子。[③]

此外，清代秘密社会对巫师的尊奉，也是具有反抗性的，天地会与三合会之妇女大都尊奉道教八仙之一的何仙姑，画出她的图像来进行膜拜。

68. 何仙姑〔采自《近代秘密社会史料》〕

何仙姑，民间女巫也。历代信仰的仙姑有许多，例如：

1. 徐仙姑。《太平广记》卷七〇《徐仙姑》条云：“徐仙姑者，北齐仆射徐之才女也，不知其师，已数百岁，状貌常如二十四五岁耳，善禁咒之术。”[④]

2. 缑仙姑。《太平广记》卷七〇《缑仙姑》条云：“缑仙姑，长沙人也，入道，居衡山，年八十余，容色甚少，于魏夫人仙坛，精修香火。”[⑤]

3. 马仙姑。《夷坚志》甲志卷一五《马仙姑》条云：“果州马仙姑者，以女子得道。尝为一亡赖道人醉以药酒而淫之，后忽忽如狂。靖康元年(1126)闰十一月二十五日，衣衰麻杖绖，哭于市曰：‘今日天帝死、吾为行服。’市人皆唾骂逐之。后闻京师以是日失守。杨朴公全说，时为工曹掾。”[⑥]

由上可见徐仙姑善于禁咒的巫术，缑仙姑善于在仙坛上作祭祀巫术，马仙姑是通神女巫，善于预言巫术。何仙姑自然也是一女巫，但其传闻复杂而多变。《太平广记》卷六二记载有广州的何二娘，说她得仙之时在唐开元中，此时其巫师身份尚未明确，但到宋代便明确起来：

---

①② (唐)段成式撰，方南生点校《酉阳杂俎》，中华书局 1981 年版，第 129 页。

③ 参见萧一山编《中国近代会党史研究》附录，中华书局 1987 年版。

④ (宋)李昉等编，汪绍楹点校《太平广记》卷七〇，中华书局 1961 年版，第 435 页。

⑤ (宋)李昉等编，汪绍楹点校《太平广记》卷七〇《女仙十五・缑仙姑》，中华书局 1961 年版，第 436 页。

⑥ (宋)洪迈撰，何卓点校《夷坚志》甲志卷一五《马仙姑》，中华书局 1981 年版，第 127—128 页。

1. 宋魏泰撰《东轩笔录》卷一四云:“永州有何氏女,幼遇异人,与桃食之,遂不饥无漏。自是能逆知人祸福,乡人神之。为构楼以居,世谓之何仙姑。士大夫之好奇者多谒之以问休咎。”①

2. 宋李昌龄撰《乐善录》卷一《何仙姑》云:“何仙姑在世时,一主簿忽得天书,字不可识。以问仙姑,姑曰:‘天书言主簿受金十两,折禄五年。’以此知上天之难欺也。《劝戒录》”②这样,何仙姑预言巫术之精善明矣。

明代依然流行道教何仙姑传说。明王圻、王思义编集《三才图会》人物卷一一收有何仙姑图像,并做说明。明代传说何仙姑是初唐仙人的巫医。《三才图会》云:“何仙姑,广州增城县何泰女也。生而顶有六毫。年十四五,梦神人教曰:‘食云母粉当轻身不死。’因饵之,随誓不嫁。常往来山谷,其行如飞。每朝去,暮则持山果归,遗其母,后渐辟谷。武后遣使召赴关中,路复失去。景龙中,白日升仙。天宝九载,见于麻姑坛,立五色云中。大历中,又现身于广州小石楼。”③

69. 何仙姑图〔采自《三才图会》〕

明人虽回避何仙姑是巫医,执意说她是仙人,但她食云母粉“轻身不死”,且上山采药后“持山果归遗其母”,自然是给其母养生之用,此巫医特征是事实确凿的。

食云母粉令人长生不老,文献中对其特殊的养生价值多有记载。《淮南子·坠形训》云:“磁石上飞,云母来水。”④《抱朴子》内篇卷一一《仙药》云:“又曰,五芝及饵丹砂、玉扎、曾青、雄黄、雌黄、云母、太乙禹余粮,各可单服之,皆令人飞行长生。”⑤宋苏轼《濠州七绝·彭祖庙》诗云:“空餐云母连山尽,不见蟠桃著子时。”⑥《本草纲目》也给予云母极高评价:“久服轻身延年,悦泽不老,耐寒暑,志高神仙。”⑦等等。

---

① (宋)魏泰撰《东轩笔录》卷一四《永州有何氏女》,景印文渊阁《四库全书》第1037册,第497页。

② (宋)李昌龄撰《乐善录》卷一,《四库全书存目丛书》子部第83册,齐鲁书社1996年影印本,第459页。

③ (明)王圻、王思义编集《三才图会》人物卷一一《何仙姑》,上海古籍出版社1986年影印本,第803页。

④ (汉)刘安撰,(汉)高诱注,(清)庄逵吉校《淮南子》卷四《坠形训》,上海古籍出版社1986年版,第1222页。

⑤ (晋)葛洪撰《抱朴子》,上海古籍出版社1990年影印《诸子百家丛书》本,第75页。

⑥ (宋)苏轼撰,孔凡礼点校《苏轼诗集》卷六,中华书局1982年版,第284页。

⑦ (明)李时珍著《本草纲目》金石部卷八《云母》,人民卫生出版社1977年版,第一册,第509页。

《古今图书集成·神异典》卷二四二引《祁阳县志》亦云："何仙姑年十三，随女伴入山采茶，失伴独行迷路，遇异人，出一桃与之曰：食此尽当飞升，不然居地中。仙姑仅能食其半。自是不饥，洞知人事休咎。今祁阳白水之紫罗峡山顶一泉，传仙姑于此沐浴，其泉穴土皆白泥，一名白泥岭。又茶塬春有茶野生，亦云仙姑所植。"①

70. 何仙姑法器图〔采自《近代秘密社会史料》。下同〕

尤其在广东民间，何仙姑有广泛影响，有古迹何仙姑井。清屈大均著《广东新语》卷四《何仙姑井》条记载："井在增城会仙观，其深不测，水比他水重四两，味清甘，人多汲之。何仙姑去时，脱履其上，故井上有亭曰存仙。吾疑井脉通罗浮。仙姑当时从井中潜出，见于罗浮麻姑之峰，令人取其遗履井上，盖以水府为解也。浮丘为朱明门户，有珊瑚井，井者朱明门户地，地道四通。以一窍为往来之所自，此井如之。人见以为井，不知其为洞天也。"②

但是，清代秘密社会信奉女巫何仙姑，主要还是敬仰她的神通广大。秘密社会祭祷何仙姑的"如意"法器的目的，全喻意在以下这首题诗里：

仙姑如意在莲池，少林错恨去兴师。幸得各人神广大，战胜回京奏帝时。回至寺门把善思，昏皇听信奸臣语。为害僧人四散离，飘夕四海心难忿，招集洪英夺帝基。

71. 道教三角符印

这是为反抗清王朝而作，可知秘密社会祭拜女巫何仙姑目的正是反抗清王朝的。

清代秘密社会效法道教符印，也具有明显传承性。他们利用道教三角符印来进行政治斗争。以下各举出一枚三角符印加以对照，以观究竟。道教的三角符印出自唐代之敦煌。关于此印的说明，请参见《敦煌古俗与民俗流变——中国民俗探微》。

72. 天地会三角符印

天地会的三角符印系清政府从广西东兰州天地会成员姚大羔家中搜获，由广西巡抚成林于嘉庆十六年(1811)咨送军机处，原件现藏中国第一历史档案馆。在此印旁有文字："青气为天，黑气为地，山乃为合，青为天号。青黑山黑为地

① 《古今图书集成·神异典》卷二四二，中华书局1934年影印本，第508册，第55页。

② (清)屈大均著《广东新语》卷四，中华书局1985年版，第158页。

号，山为会号。”可见这个三角形的符印，是当地天地会的“会号”。为什么要佩带这种三角形的符印呢？这就牵涉到敦煌三角符印的作用，原来它是为隐身术服务的。既然这种三角形符印有隐身魔术力，故天地会也将这种符印设计为秘密活动的护身之物。

此外清代流传某些较特殊反抗巫术——五鬼搬运法，也值得注意，如圆光巫术的五鬼搬运法。清袁枚著《子不语》卷一八《骷髅乞恩》条云：“杭州陈以夔，善五鬼搬运法，替人圆光，颇有神效。其友孙姓者，宿其家。夜半，床下走出一白发翁，跪而言曰：‘乞致意陈先生，还我骷髅，使我全尸。’孙大骇，急起以灯照床下，则骷髅一具存焉。方知陈驱役鬼物，皆向败棺中取其天灵盖来施符用咒故也。孙初劝之，陈犹隐讳。取床下骨示之，陈乃无言，即送还原处。未见，陈为群鬼所击，遍身青肿死。”[①]文中提到清代杭州的陈以夔替人“圆光”，这圆光巫术本是道教的一种神术，它最初似来自于佛教。佛教称释迦牟尼佛头部轮光为“圆光”。《广弘明集》卷一三唐法琳《辨正论》“十喻篇”上云：“如来身长丈六，方正不倾，圆光七尺，照诸幽冥。”佛教徒乃将所谓“圆光”神化，兴起了圆光巫术。据《晋书·佛图澄》云：“佛图澄，天竺人也。本姓帛氏。少学道，妙通玄术。”[②]佛僧圆澄曾让孩子看他的手掌，能看见军队马匹等，这是最初所见到的手掌上画画的模拟巫术。可是传到道教，道士便用白纸书符，口中念咒，使童子观之，纸上能现出种种幻象，名为“圆光”，可见道士将它变成了白纸上画画的符箓配合咒语的反抗巫术。在明代还衍化出施术用具“圆光照牌”来，明代汤显祖《牡丹亭·莫判》中说的，“谁曾挂圆光照牌？谁和你拆白道字？”可见明代巫术施圆光巫术时，不再是佛僧的手掌，也不再是道士的符纸，而是专门的“圆光照牌”用以显像了。再到清代，符咒就配合上了骷髅头上的天灵盖，大概是在骷髅头上的天灵盖上显像，一种不引人注意的圆光巫术，竟衍化出这么多离奇古怪的构思来。

清代民间的驱邪反抗巫术，则表现在娱乐中，如放风筝驱灾。《漳州府志》云：“九月登高，童子作风鸢放于野，方言谓之放公灾。”[③]放风筝去公灾有益于身体健康，今已融入风俗。

---

① （清）袁枚著，朱纯点校《子不语》卷一八，岳麓书社 1985 年版，第 394 页。

② （唐）房玄龄等撰《晋书》卷九五，中华书局 1974 年版，第 2485 页。

③ （清）李维钰原本，沈定均续修，吴联薰增纂《光绪漳州府志》卷三八《民风·岁时》，上海书店出版社 2000 年版，第 915 页。

第七节　清代西藏省藏族巫术及其贯穿《周易》卜卦特征

清朝西藏省的巫术亦丰富多彩，在岁时风俗中渗透着模拟巫术——驱傩，驱傩就是戴面具装扮成鬼神状，声势浩大地举行祈禳和祭祀。有二月驱傩。清刻本《西藏见闻录》记载“岁时民俗”曰：“二月三十日，布达拉悬大佛像，系五色碎缎积成，长约三十余丈，自五层楼垂至山麓，华美庄严，并陈列大召（昭）库内留存宝玩、金珠、璎珞、幢幡、伞扇。喇嘛裹巾，傅粉墨，装扮神鬼。所服者，冠裳、介胄、羽衣、衲帔、袘襶之属。所执者，刀槊、麾盖、旌旗、佩帨之属。凡斗、跳、坐、立、偃、仰之状，与夫扬袂蹩裳，喜惧悲恚之情，不一而足，皆有声有色，尽态极妍。如是者匝月始散。”①

引文中“傅粉墨，装扮神鬼”的壮观场面，实际是模拟巫术驱傩的形象反映。喇嘛就是实际上的巫师。

另一记载，有二月、六月驱傩。清抄本《西藏志》记载“岁时民俗”曰：“二月三十日，布达拉悬挂大佛，其佛像系五色缎堆成，自布达拉第五层楼垂至山脚，长约三十丈。将大召（昭）中所有宝玩、金珠、器皿陈列。喇嘛装束神鬼诸妖、各番国人物、牛虎象等兽，转召三次，至布达拉大佛前各跳舞歌唱。如此一半月间始散。乃其地之春戏，神鬼人寿等，衣着颇极巧华丽，其宝玩无穷。六月三十日，别蚌寺、色拉寺挂大佛，亦装神鬼等类。垂仲下神，番民男女并皆华服眼装，或歌或唱，翻杆子、铁打各种跳舞，亦二寺之大会也。”②

这些驱傩活动都有“垂仲（巫师）下神”带领，说明巫术正统以及传承巫文化。十二月除夕前一日，也有这种模拟巫术的驱傩活动。清刻本《西藏见闻录》记载：“十二月除夕前一日，喇嘛假面赤布裤褶，装扮魑魅形状，绕召跳舞，放枪以驱逐之。”③

清抄本《西藏志》记载“岁时民俗”曰：“十二月二十九日，木鹿寺跳神逐鬼，喇嘛装束各种神佛鬼怪，至晚则绕召（昭），放枪呐喊，以为驱邪逐鬼云尔。是日，各寺院俱有会，男女皆华服盛饰，群聚歌饮，带醉而归。”④

以上两例均说明，藏族除夕驱傩的特点就是“放枪”，这与其说是“驱鬼”，倒不如说是“吓人”。喇嘛配备有武器，成为带武器的“巫师”。因为在唐代吐蕃占

---

①③　《西藏见闻录》（二卷），北京图书馆出版社 1991 年版，第 873—874 页。

②④　（清）焦应旂著《西藏志》，北京图书馆出版社 1991 年版，第 902 页。

领敦煌时，就是首先把寺庙武装起来，把一部分佛寺作为关押俘虏的监牢；那时寺庙里的和尚（藏语称喇嘛）就是拥有配备武器和扣押战争俘虏的特权，行使着宗教和官员的双重功能。

《西藏见闻录》记载“民间语言”云：“巫师曰垂仲。”虽然在下面巫术资料中见到“垂仲”，但是也见到喇嘛代替实际意义上的垂仲做了巫师应该做的事，两人的地位显然不同。清刻本《西藏见闻录》记载“信仰民俗”称：“医卜，蕃呼医曰‘恶木气’，亦知胗（诊）视辨症，用药多系丸散，或针灸，讲论穴道，颇亦详细。惜俗不重医而信巫，风寒伤感，动云命运衰低，冲犯神鬼，必延喇嘛诵经，或唱佛歌而禳之，或向垂仲以叩问吉凶。迨至日延一日，病人膏肓，而佛不为之救，然后求救于医，虽有卢扁不能治矣。”生病首先找喇嘛诵经禳之，这样喇嘛就代替垂仲实行了巫术活动。

《西藏新志》记载“信仰民俗”称：“凡土人有病，重则医治，轻则涂酥油于全体，而曝于日中。若天阴雨，以绒覆病者，烧柏叶而熏其烟。医者诊病者之脉，一时并诊左右手。其药与国内相异，有产于西藏或购自外国者，不炮制，皆用丸散。凡罹病时，不拘病之轻重即医治以否，必招喇嘛僧为之诵经，或使垂仲为之祈祷，又或使童男女为之唱佛歌以退病魔。三者必用其一。”[①]这也表明“必招”喇嘛意，“或使”就不一定招不招，也或招“童男女”而不一定“必招”垂仲。巫师垂仲显然不如巫师喇嘛。垂仲也有“道士”之意，在西藏佛教地位显然高于道教。

西藏的巫术尤其重视占卜巫术，因为它和中国的第一经典——《周易》有着千丝万缕的联系。清刻本《西藏见闻录》（二卷）指出：“至下筮之法，种种不一，有纸画八卦书蕃字占者，有用青稞排卦象占者，抽五色毛线占者，画地占者，数素珠占者，烧牛羊骨占者。俱颇验，传皆本《归藏》、《易》。《归藏》作于殷，专载卜筮，汉初已亡，晋时或有之，惟见信于郑夹漈。今云传于西藏，亦如谓书之古文在日本者，同时附会耳，未取据为定论也。又曰，西藏医、卜二术，皆唐金城公主所遗，主于玄宗十九年表请五经文籍，上纳裴光庭奏，敕秘书写赐。二说也，姑阙之，以待折衷云。”[②]

西藏有八卦卜筮，《西藏新志》有相似记载：“土人深信占卜，其术不一。有画八卦于纸书番字以占者，亦有以青稞排卦、抽五色索而占者，或数佛珠以占，或画地以占，或烧羊骨，或验水碗。法甚不一，颇有奇验，信者极多，皆喇嘛僧为

① 《西藏新志》，北京图书馆出版社 1991 年版，第 914 页。
② 《西藏见闻录》，北京图书馆出版社 1991 年版，第 873—874 页。

之，妇人亦有通奇术者。又有筮者翻检其经而告占者，吉凶俱详注于经上，其辞义与内地神签相类。”[①]这里强调八卦占者“颇有奇验，信者极多”。

《西藏见闻录》论证了西藏藏族的占卜巫术起源于《归藏》和《周易》二书。《归藏》书名、作者和成书的年代均不详。相传为《周易》之前殷商时周文王在殷墟羑里演绎八卦前的那本古《易》。但原书在汉初已经亡佚，只有清严可均编《全上古三代秦汉三国六朝文》收有部分佚文，清马国翰《玉函山房辑佚书》辑有一卷。晋郭璞注《山海经》已经多引此书，刘勰撰《文心雕龙·诸子篇》亦称：“按《归藏》之经，大明迂怪；乃称羿弊十日，嫦娥奔月。”[②]其书之内容大略可见。今存《郑母经》、《启筮篇》，内容多为涉及鲧、禹、启、羿等神话传说。关于《周易》一书，请参阅本书《原始时代巫术》和《商周时代巫术》。西藏的占卜巫术与《周易》有着不可分割的血肉关系。清代时《周易》在西藏之流行，与佛教之传播形成文化生态之平衡，并起着制约藏族文化思维的作用，其深远影响力不可低估，直至如今。

① 《西藏新志》，北京图书馆出版社 1991 年版，第 914 页。

② （梁）刘勰撰，赵仲邑译注《文心雕龙》，广西教育出版社 1990 年版，第 155 页。

第五十章　清代交感巫术

第一节　清代各民族流行的神判

清代，汉族地区流行佛教与道教，而边远地带却流行巫术，尤其是神判引人注目，它是在清代佛道两教盛行背景下发展的。在清代，神判巫术流行在我国南方各民族中。三种关于手的神判最为显眼，令人触目惊心。但亦表现巫师的特异功能，利用物理学的方法降温或隔热。

一　手入沸汤判罪法

清方亨咸撰《苗俗纪闻》载："自沅州以西即多苗民……若小隙争论不已，则彼此期以日以地辨曲直。地必酌道里之中，无偏近。届期，两寨之人及两家亲戚属以弓刀从左右列，中设一大镬，满贮水。于中置一斧。然以沸沸热不可执。两造各言是非，言竟互鸣金，声震林谷。金尽，彼此仰而呼天。移时，各以手入沸汤中取斧，得斧而手无恙者为直，焦烂者为曲。如直在左则右者奔，奔不脱者，则群执而杀之。虽死数人者不敢校，死者家亦不敢向怨主偿，云：天所命也。曲者复备多牛马以请成，右直亦然。"①

二　手抓火肉判罪法

清余庆远撰《维西见闻录》云："栗栗（傈僳），不敬佛而信鬼。借贷刻木为契。负约则延巫祝置膏于釜，烈火熬沸。对誓，置手膏内，不沃烂者为受诬。失物令巫卜其人，亦以此法明焉。"②

三　手入油锅判罪法

清陆次云撰《峒溪纤志》卷中云：

---

①　（清）方亨咸撰《苗俗纪闻》，《小方壶斋舆地丛钞》第八帙，杭州古籍书店1985年影印本。

②　（清）余庆远撰《维西见闻录》，《小方壶斋舆地丛钞》第八帙，杭州古籍书店1985年影印本。

蛮僚有事，争辨不明，则对神祠热油鼎，谓理直者深入鼎中，其手无恙。愚人不胜愤激，信以为然，往往焦溃其肤，莫能自白其意者。此习，土著之民亦皆从之，少抱微冤，动以捞油为说。①

这种种手的神判，实际是巫判。对于一个清白的民众，一旦被巫师指控有罪，便将他的手入于烈火、沸水、滚油中，当然，其手必烂，那么此人就被巫师判为有罪。巫师经常是为了头人的利益或集团的私利，借此巫法以残害良人，达到他们不可告人的目的。

清代另有多种神判在云、贵、粤、桂、湘诸省流行，还可举出以下四种：

（一）蛇判。清屈大均著《广东新语》卷六《二司》条云："广（东）有三界神者，人有斗争，多向三界神乞蛇以决曲直。蛇所向作咬人势则曲，背则直。或以香花钱米迎蛇至家，囊蛇而探之。曲则蛇咬其指，直则已。有许愿者不还，蛇则腾至人家索饮食。"②

（二）滚经宰鸡判。清光绪二十八年刻本贵州《增修仁怀厅志》卷一四《风俗志·申冤》云："凡乡民每于神前恶誓，曰'赌咒'；用鸡狗于敌家之门或神祠中，瞥斩其颈，曰'宰鸡狗'。又，取藏经布地，身衮（滚）其上，鸣冤求报，曰'衮（滚）经'。又有取神像供龛中或树下，朝夕焚香求报，曰'凭神'。此皆不明道理者所为，诚不可以为训。"③

（三）赌咒发誓判，《广西上林县志》卷六《设誓》云："若争斗两不相下，则择显赫神灵叩庙设誓，限日求报。有验者讼即得理，众皆直之。"④另广西《邕宁县志·社会一》亦云："尝有两造争执，黑白难分，辄令取香烛向土偶发誓，表明心迹。理曲者，恒惶恐不敢为，事反因此得解。又与人谋事，虽立有契约，恐后失其效力，辄于事前当神发誓，则此后信如金石。"⑤

（四）吃血判。《湖南府志》云："（苗人）遇有冤忿，必告庙誓神，刺猫血滴酒中，饮以盟心，谓之吃血。吃血后三日，必宰牲酬愿，谓之悔罪做鬼。其入庙，则膝行股栗，莫敢仰视，抱歉者则逡巡不敢饮。其誓必曰：'你若冤我，我大发大旺；我若冤你，我九死九绝。'犹云祸及子孙也。远不能赴庙者，建拜亭于路，于

---

① （清）陆次云撰《峒溪纤志》卷中，《小方壶斋舆地丛钞》第八帙，杭州古籍书店 1985 年影印本。

② （清）屈大均著《广东新语》卷六，中华书局 1985 年版，第 218 页。

③ （清）崇俊修，王椿纂，王培森校补《增修仁怀厅志》，巴蜀书社 2006 年影印本。

④ 《上林县志》卷六，北京图书馆出版社 1991 年版，第 892 页。

⑤ （民国）莫炳奎纂《（广西省）邕宁县志》卷四〇，成文出版有限公司 1975 年影印本，第五册，第 1599 页。

亭前盟誓，舆骑过亭必下，尊之至也。事无大小，吃血便无反悔，否则官断，亦不能活，盖苗人畏鬼，甚于畏法也。”

不仅在少数民族中，就是在汉族中也有神判流行。在清代，汉族江浙一带也流行有捞油锅神判巫术。清袁枚撰《续新齐谐》记载说，捞油锅中，油里加石块、铁斧、铜钱等，使人捞之。巫师们造作出神判巫术故事，宣扬神判是上天的意志，是不可抗拒的。清袁枚著《子不语》卷二〇便有此种故事，叫《代神判断》：

> 萧十洲参戎，致政归养，舟泊巫峡。是夜梦有若差官状者，持令箭骑马，沿江问孰是萧大老爷船。跃入船头，喘犹未定，怀中取出公文一角，面书“金龙四大王封”六字，随押七犯跪旁，请判斩字。萧骇曰：“此地方官之事，余武职，且退归林下之员，不敢越俎。”差官答曰：“公文上有公衔名，请照例办。”
>
> 顷刻间，灯烛辉煌，传呼升堂、开门，阶下仪仗吏卒排立，俨然坐公堂上，非舟中也。差官先喝绞犯六名毕，后唱斩犯一名，乃六七岁童子。萧问曰：“渠尚未成丁，何罪遽斩？”吏摇手曰：“罪名已定，毋须置议，请速判之。”随送标条，判讫，遂押众犯而去。
>
> 公梦觉，心恶之。次晨大雾弥江，公戒勿解缆。巳刻，向其母太夫人问话间，述前梦未竟，忽有一只上水货船，触石撞沉，呼救甚惨。乃急命舟子捞救，仅救起三客，业僵死矣。如法灌救，良久方活。其舵工六名，皆已淹毙。后复捞获无头童男一尸，认其衣服，即舵工之子也。
>
> 余按此事与无锡华师道梦中相同。华梦阴官差役，请华到和衙门判斩字。华以未审罪名，不肯落笔。有披发妇，再四哀求云：“公若不肯下判，则此案又拖累三年矣。”华终不肯，云：“我不知其所以应斩之罪，如何忍心落笔？”遂喝拒而醒。隔三年，师道卒。师道字半江，精篆隶之学，在淮上程莼江家处馆，与余交好。①

此故事宣扬了神判决定一切。从其描述可见，此事出现于江淮地区，它配合了以上江浙间捞油锅的神判巫术，足见清代汉族神判之严重性。直到民国年间仍然在流行，如云南《马关县志》风俗志“汉俗概略”琐记《捞油锅》条曰：“捞油锅。发生失窃事件，犯嫌疑者，既不肯自承亦不能指何人，乃请术人行捞油锅

① （清）袁枚著，朱纯标点《子不语》卷二〇，岳麓书社1985年版，第444—445页。

法，以判断其法。于露天置油锅，术人以细柴烧于锅底，且烧且咒。当锅热而水沸之时，以清酒一碗加入，冷热相激，油酒不容，遂起泡沸。旁观者见此形势，皆谓油已腾沸。其实油既未沸，更加冷酒，其热已经低降，且不再加柴，尤可保险。斯时投铜钱一枚于油中，术人先将此钱捞出以示其法之神。复将钱投油，使嫌疑者，以次捞之。宣言好人无恙坏人烂，各人作事自己明白。亦有真盗，畏而服罪者。亦有余烬未灭，热度渐增，后捞伤手，好人被诬。以神决狱，其弊愈深矣。”①

上刀梯亦是汉族地区流行神判，配合焚符念咒，为人求吉治病。《点石斋画报》有《高上刀梯》，其文字说明云：

湖人笃信鬼神，有病不事医药，惟召巫禳灾。巫之术不一，而以上刀梯一事为尤奇。大抵梯用直木两根，各长三丈余，矗立于大木盘内，而以大索系于木杪，四周牵住，使不摇动，旋用利刃百二十柄，横架两木，刀锋向上，次第层级而上，皆以绳缠系，直至其颠。届时巫童披发仗剑，跣足拾级而上，视蹈白刃如履平地然。及至绝顶，垂绠而下，取病者之衣，在梯一焚符念咒，播弄神通，呼其名而招之，名曰“赎魂”。然后仍将衣继下，即令病者衣之，旋在梯上以二竹竿挂红布于上如旗帜状，两手执旗拈毡而舞，盘旋天桥，做中种种之变态，恍若金镜法鼓之声相吻合，观时者皆曰：两神灵保护，故无失足颠仆之虑也。

以上文字极力宣扬巫童“跣足拾级而上，视蹈白刃如履平地”，有特异功能。清俞蛟撰《梦厂杂著》卷九亦云：

端公者，梦之袖由科，以符水疗疾能驱妖魅，召鬼魂。施法时，缚利刃作梯级，跣足登之；或炽炭于地，解衣卧其上，无焦灼割裂之伤，凡痈疽莫治者，为于树、或床几间，大如瘿，数日脓血溃烂，而人愈矣。或于高处失足坠地，折手足，或为金刃伤及胸腹，以水喷之，肤吻合，手

1. 清代巫童上刀梯图〔采自《点石斋画报》〕

① （民国）张自明、王富臣纂修《马关县志》，凤凰出版社、上海书店、巴蜀书社 2010 年版，第 211—212 页。

足续如故。

由上观之,巫童鬼神附体显然无稽之谈。而是巫童采用了某些科学的作法起了作用,显出了特异功能罢了。

2. 清代艺人上刀梯图
〔采自《中国风俗辞典》〕

清代广东潮州,人有病辄请巫师祈福,亦举行上刀梯仪式。用两根三丈长木头绑120把刀做成刀梯,四根绳索扎牢,巫师率巫童,身披龙凤甲,口念神咒,缚病人衣服而上,并呼其名,曰“赎魂”,衣服再给病人穿上,曰“禳病”。广西壮族上刀梯,在老人去世和安定寨子施行之,一般只有18把刀。先甩公鸡上刀梯,公鸡飞上飞下安然无恙,巫师念咒,祝全寨安康。云南大理市、鹤庆县等地白族,为祈求后代茁壮成长和长命百岁,亦有上刀梯仪式。巫师先在锣鼓声中跳神,然后赤足上刀梯,群众鼓掌称赞,将儿童衣服携带登刀梯厌胜之,起到辟邪驱鬼作用。

到晚清,上刀梯巫术已经发展成一种半巫术半杂技艺术活动,实际上上刀梯已经全凭一双臂力向上攀登,只留下一个神秘的外壳,而且全为祈福和衣服厌胜。

清杨炳南撰《海录》记述了“西南海”吉兰丹国(古为泰国属国)三种神判巫术其中蜡烛判称:“有争讼者,不用呈状,但取蜡烛一对,俯捧而进,王见烛,则问何事,讼者陈诉,王则命景子宣所讼者进质,王以片言决其曲直,无敢不遵者。”其与我国阿昌族蜡烛判甚为类似,可加以比较,但终有不同。吉兰丹国是王说了算,而阿昌人则是蜡烛本身长短决定,相比之下,阿昌人蜡烛判更古老。

第二节 区分清代不同性质的神判

神判巫术的原始形态与重生形态的性质是不相同的。原始形态的神判并不对人体构成直接的威胁。汉王充撰《论衡》卷一七《是应篇》记载的一角羊,“有罪则触,无罪则不触”①。仅是对罪疑者触之,并不残害人的肢体。《论衡》卷

① (汉)王充撰,陈蒲清点校《论衡》卷一七,岳麓书社2006年版,第228页。

一六《乱龙篇》记载的木囚判，“囚罪正则木囚不动”[①]，也不直接残害人的肢体。《礼记·曲礼》记载的占卜神判：“卜筮者，先圣王之所以使民信时日，敬鬼神，畏法令也。所以使民决嫌疑，定犹与也，故曰：疑而筮之，则弗非也。日而行事，则必践之。”[②]自然也不是以残害人的肢体为目的。

此类古卜神判当前仍流传在我国许多少数民族中。全国人民代表大会民族事务委员会 1963 年刊行的《阿昌族社会历史调查材料》记载说，阿昌族人如怀疑别人偷东西，便由巫师主持，原告与被告各点大小相同的蜡烛一根，谁蜡烛点的时间长谁胜。

进入阶级社会衍化的重生形态的神判巫术可就不同了。奴隶社会是人类社会最为野蛮残酷的时期，奴隶主残害奴隶肢体的各种酷刑都在这一时期被发明出来。猎头巫术便是此时神判巫术主要形态之一。

在外国，现代人类学者根据材料证明，猎头习俗产生于原始社会。可是根据中国古典文献和现当代从少数民族调查来的材料说明，情况不尽如此。猎头多半代表头人的利益，它更多的是标志着奴隶社会的特征。

总之，奴隶制社会产生的重生形态的神判巫术特征，便是以残害人体为主。此种残酷的神判，在原始社会晚期已开始产生。例如，我国佤族 1949 年前尚处于原始社会晚期。据全国人民代表大会民族事务委员会 1958 年刊行的《云南西盟佧佤族社会经济调查综合报告》第 76 页载，卡佤族人还流行一种“打头神判”，当事人双方各持木棍互相对打，以谁先将对方打得头破血流为胜者；还有一种“扎手神判”，由证人来用竹针刺双方手，谁先出血谁有理。这种残害人体的神判仍是属于重生形态的。

必须指出，清末民国年间，许多少数民族都曾流行过这种残人肢体的神判。

1. 傈僳族。据田家琪等《碧江县五区色德乡德一登村傈僳族社会经济调查》载，傈僳人将神石放进沸水让被指控者去拿，有因畏惧而被迫自杀者。[③]

2. 怒族。全国人民代表大会民族事务委员会调查研究组编《怒族社会历史调查·怒族社会概况》称，怒族由巫师禹谷苏主持被疑偷盗者从沸水中捞石头。[④]

---

① (汉)王充撰，陈蒲清点校《论衡》卷一六，岳麓书社 2006 年版，第 207 页。

② (汉)郑玄注，(唐)孔颖达等正义《礼记正义》卷三《曲礼上》，中华书局 1980 年影印阮元校刻《十三经注疏》本，第 1252 页。

③ 《碧江县五区色德乡德一登村傈僳族社会经济调查》，见《傈僳族社会历史调查》，云南人民出版社 1981 年出版，第 75—76 页。

④ 《怒族社会历史调查·怒族社会概况》，云南人民出版社 1981 年版，第 20 页。

3. 独龙族。据蔡家麒等《独龙族社会历史综合考察报告》第一集载，独龙族涉嫌者既要将火中石抓进水锅，又要将沸水中石捞出。①

4. 壮族。据樊登等《天峨县白定乡壮族政治及生活习俗的调查》载，广西壮族叫偷盗嫌疑犯用手从沸油锅中捞手镯来神判，配合以模拟巫术，在油锅边放稻草人七个。②

5. 四川藏族。据四川民族调查组编《四川省阿坝州藏族社会历史调查·卓克基土司统治地区调查》载，在四川阿坝马尔康藏族，令涉嫌者将手伸进沸油中捞起一根钢针。③

3. 彝族捞油锅神判〔采自《巫与巫术》图 25〕

6. 西藏僜人。据陈景源、张江华《"郭西斗雅"——僜人的神判》载，僜人涉嫌者被要求在黑白石子各一的沸水中捞出白石子。④

7. 景颇族。据《云南德宏傣族景颇族自治州社会概况，1956 年 11 月至 1957 年 6 月景颇族五个点调查综合报告》载，该族涉嫌偷盗者原告被告双方，在巫师董萨监督下，手伸进开水锅底捞钱币。⑤

8. 阿昌族。阿昌族既有以上说的无伤害神判，但也有捞油判。据王叔武等《户腊撒阿昌族社会经济调查》载，瑞丽阿昌要求通奸、斗殴等涉嫌者双方伸手在沸油锅中捞物。⑥

9. 佤族。据顾宗振、田继周等《1956 年 12 月至 1957 年 6 月云南西盟佧佤族社会经济调查综合报告》说，涉嫌者双方由一老人见证，伸手进开水中捞一枚鸡蛋或石子。⑦

10. 彝族。据四川民族调查组瓦吉木小组编《普雄县瓦吉木乡社会调查》说，大凉山彝族解决是非争端，双方先签订"具结书"，然后双方"捞开水"，捞不出者算输。⑧

---

① 蔡家麒等《独龙族社会历史综合考察报告》第一集，云南民族研究所 1983 年编印，第 1034—105 页。

② 《广西壮族社会历史调查》第 1 册，广西民族出版社 1984 年版，第 17 页。

③ 《四川省阿坝州藏族社会历史调查》，四川省社会科学院出版社出版 1985 年版，第 269 页。

④ 见北京《中央民族学院学报》1981 年第 1 期，第 36 页。

⑤ 《景颇族社会历史调查》，云南民族出版社 1983 年版，第 37 页。

⑥ 《户腊撒阿昌族社会经济调查》，云南民族出版社 1983 年版，第 162 页。

⑦ 《1956 年 12 月至 1957 年 6 月云南西盟佧佤族社会经济调查综合报告》，云南民族出版 1957 年编印，第 75—76 页。按，佤族旧称佧佤族，1962 年改为佤族。

⑧ 《四川省凉山彝族社会调查资料选辑》，四川社科出版社 1987 年版，第 88 页。

11. 苗族。据张民等《贵州台江县巫脚公社反排寨社会历史调查资料》说，当地苗族判别是非，将水先烧沸，迅速倒二三斤米，然后在开水锅中捞出斧头，取出为胜。①

又据贵州《八寨县志稿》载："捞油。又有事急不能办，曰'捞油'。谓热油于鼎，理直者以手探之，决无患，信以为然，往往焦烂其手，不能自明者。非特顽苗为然，即土著亦习以成风，故有稍抱微冤，每每以捞油为说者。"②

4. 清薛惠公双龙镜〔采自裘士京编著《铜镜》〕

12. 青海藏族。据张学忠《果洛藏族部落世俗法之研究》说，果洛藏族有世俗法《红本法》，其中"法理内部法"中规定，涉嫌者要以"摸石子、滚油锅、烧泥汤"解决。③

另外云南德昂族、西藏门巴族、广西毛南族都曾有此类神判。

区分两种神判不同形态是十分重要的。对原始形态的不伤害人体的白巫术，一般来说还是说服教育问题；而对重生形态伤害人体的黑巫术，由于它构成了对人体直接的威胁，所以必须要坚决取缔。

例如，以上提到的壮族神判，实际上它有两种形态，《天峨县白定乡壮族政治及生活习俗的调查》云：

> 神判：这是在被告坚决不承认，而且原告又无充分证据，各执一词，或者失主不知谁是偷窃者，无从判断的情况下，便采用神判的方法来"仲裁"。神判的方式有两种，一种是"捞油"，其作法是用一只大锅头，内放油脂十二斤和一个手镯，烧火煮沸，道师在油锅四周结七个草人，只念咒语，便由全村所有的人，先后用手去捞取油锅中的手镯，据说如果不是偷者就平安无事，如系偷者油锅就燃烧起来，便赔还失主的损失，并杀猪羊款待全村以谢罪。如捞者均平安无事，便是失主诬赖，也备酒席向全村人赔罪。其次是赌咒，作法由失主准备狗猫和大雄鸡各一只，狗是代表偷者，猫是代表失主，将雄鸡杀死，烧香点烛，祭土地公，由道师念经请神来监督，如果猫咬狗，对偷者便深信无疑，要赔还失主并罚款若干，如狗咬猫，便象征着是失

---

① 《贵州台江县巫脚公社反排寨社会历史调查资料》贵州省民族研究所1965年编印本，第97—101页。

② （民国）郭福祥修，王世鑫等纂《八寨县志稿》卷二一，巴蜀书社、凤凰出版社、上海书店2006年版，第19—217页。

③ 《果洛藏族部落世俗法研究》，《青海社会科学》1986年第1期，第105页。

主诬赖，杀猪羊来请村中父老及被诬者吃，当面谢罪。①

又如《环江县龙水乡壮族社会历史调查》云：“雷王与神判——凡遇偷盗事件的争执，便到雷王庙去进行‘神判’。神判前，由争执的双方各找一人代替赌咒，找不到别人代替的，则由自己赌咒，如果被指为偷盗犯的人因找不到别人代为赌咒，便要引起对方和社会更为怀疑。神判的方法很简单；用竹杆一条，一端挂个小篮，篮里燃香数枝，由巫师拿着念神一通，双方对神赌咒，接着杀小猪、公鸡各一只祭神，求神暗中惩罚偷盗者或诬赖者。”②

这是环江县龙水乡壮族的神判，也是属于无害人体的赌咒型。从广西壮族神判的实际情况来看，伤害人体的神判占少数，这可能就是神判长期存在的原因之一。通过田野调查获悉，捞油判也有障眼法，据说捞煮油以前先在手上涂抹一种特殊防伤药膏，但此说由于没有亲眼见到，很难令人相信。

第三节　清代交感巫术

一　游祖

中国的祖宗崇拜历代在各地都形成热潮，其表现就在祭祖巫术上。对于祭祖，不能仅观其形式，重要的是其动人心魄的内容。在清代畲族地区流行有“游祖”，又称为“行祖”，尤其有特色。我国畲族也是一个古老的民族，公元七世纪已经定居于闽、粤、赣交界的地区。其祖先最早住在湖南长沙五溪湾一带，后来一部分到南岭，称为瑶族；一部分到东部的，就称为畲族。明代开始迁徙到闽东、浙南一带。现有三十七万人以上，分布在福建、浙江、广东、江西等省。与汉族杂居，交往甚密。

5. 畲族男女图〔采自《中国服装史》〕

清浮云撰《畲客风俗》云：“客之祠堂，以竹箱为之。”③用竹箱两个，一个竹箱装香炉，其中雷姓的五个香炉，蓝姓的六个香炉，数目必须合其排行之数。还有放红布袋，内放木质龙头，即“盘瓠杖”等。另一个竹箱，装祖图。一般每一姓有一担

① 《广西壮族社会历史调查》，广西民族出版社 1984 年版，第 17 页。

② 《广西壮族社会历史调查》，广西民族出版社 1984 年版，第 282 页。

③ （清）浮云撰《畲客风俗》，上海虹口顺成书局光绪三十二年（1906）正月初九日刊。

竹箱，称为“祖宗担”，平时放于本姓祠堂内。要祭祖时，就到祠堂把竹箱挑回家中作祭祀巫术之用，故称为“游祖”。用木制龙头，表达对龙文化崇拜的传统。

二　祭鞋

清代秘密社会有藏鞋、画鞋、祭拜鞋之巫术，也是脚印巫术衍化的。在《近代秘密社会史料》卷一里，收录了一鞋图并题诗一首，它是以图形表现了交感巫术的特征。

诗云：

草鞋三宝五条刚，乌龙大战失抛荒；
仅存一只中州去，落在吴廷章手藏。[1]

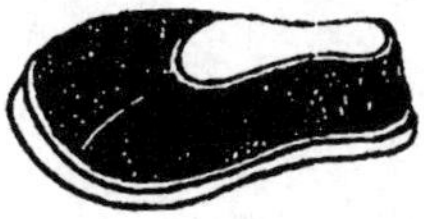

6. 祭鞋图

这一只鞋是秘密社会成员画出而挂在斋室中祭拜之圣物，其四句诗宛如巫术的咒语，在祭祀时背诵与朗读，表示对过去斗争的怀念。

三　头发巫术

清代的头发巫术也与前代一样都具丧俗化，即头发随葬。《大清通礼》卷五〇《凶礼·大殓》略云：品官丧，“三日大殓，执事者以棺入，承以两凳，棺内奠七星版，藉茵褥，施锦衾，垂其裔于四外，届时奉尸入棺，实生时所落齿发，卷衣以塞空处，令充实平满。丧主以下凭棺哭踊尽哀，乃盖棺加锭施漆”[2]。以上虽是官书记载，民间庶人实亦同此，交感巫术以丧俗的形式反映出来。

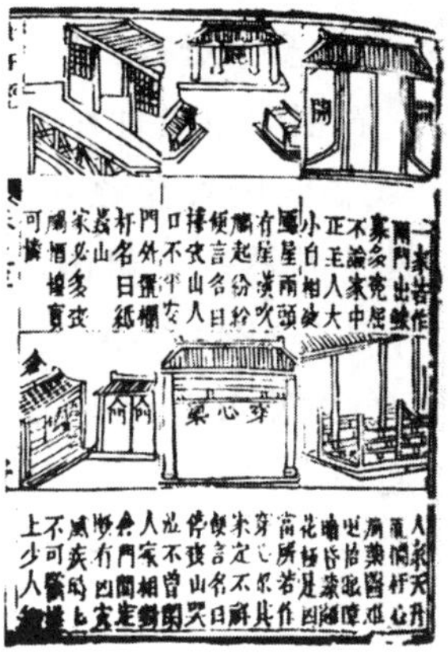

7. 清光绪二十年(1894)刊本《新刻京板工师雕镌正式鲁班经匠家境》六方格图“修门杂忌”图

四　《鲁班经》禁忌

清光绪年间新刻的《鲁班经》，其建筑禁忌凶险性质浓厚。六方格图标出六种禁忌，皆把建筑凶险化。

第一，内门不得双开。文曰：“一家若作尔门，出鳏寡，多冤屈。不论家中正主人大小，自相凌。”不说原因，只定禁忌。晚清王府，包括南京太平天国王府

---

① 萧一山编《近代秘密社会史料》卷一，国立北平研究院总办事处出版课民国二十四年(1935)版。

② (清)来宝、李玉鸣等撰《大清通礼》，景印文渊阁《四库全书》第655册，第500页。

都是内门双开，尽显气派。

第二，厅屋两头不得有屋。文曰：“厅屋两头有屋，横吹祸起，纷纷便言，名曰‘抬丧山’，人口不平安。”这条竟与清朝时候民间建筑四合院结构相反，因厅屋两头必须有屋，方能有利家族个体存在和有自由活动空间。

第三，门外不得有廊杆。文曰：“门外置栏杆，名曰‘纸钱山’。家必多丧祸，忧惶实可怜。”江南农家多有门外建栏杆院落之俗，此禁忌不合时宜。硬将栏杆与丧事比附，与民俗相反。

第四，天井不得置栏杆。文曰：“人家天井置栏杆，心痛药医难。更招眼障，暗昏朦脓花，极是凶。”硬将栏杆与心痛和眼疾比附，亦与民俗相反，使人难以理解。

第五，当厅禁止作穿心梁。即通往后院禁止盖遮雨走廊。刻文曰：“当厅若作穿心梁，其家定不祥。便言名曰‘停丧山’，哭泣不曾闲。”穿心梁等同停丧，荒唐至极。

8. 清薛惠公自造吉语鉴〔采自《铜镜》〕

五　石祖生殖崇拜

中国民间将山石酷似生殖器者，称为石祖。似男性生殖器称阳元石，似女性生殖器称阴元石。天地万物有交感巫术力，人类有生殖崇拜，大自然崇拜中也有生殖崇拜，为何天地与人类交感魔术力，竟有如此惊人相同的生殖器的构造，人类至今难得其解。

石祖生殖崇拜在晋代已有发现，在明清时代有系列实例发现。

1. 四川省盐源县公母山。盐源县的公母山，公山似男性生殖器，母山似女性生殖器。公母山的存在，已经融入盐源县的民间求子风俗。据清代光绪二十年(1894)刻本《盐源县志・岁时民俗》载：“二月仲春之月，公母山牡丹盛开，妇女沓来祈子于观，摸石怀之，姊姑喁喁，贺曰佩之宜男也。（公母山，今名连理山。）十九日，公母山观音会，进香者数人，络绎不绝，殆燕社禖祈遗意。别有焚顶穿肘者，愚哉！六月（十九）、九月（十九）公母山会如二月俗。”①

盐源县公母山旁，还有道观、佛寺，配合风俗，演为传统，足见不是短时期形成的，可以上朔到明朝。

2. 广东肇庆府和德庆州鸳鸯石。清屈大均著《广东新语》卷五云：“有鸳鸯石在肇庆七星岩口。石凡二，各长丈许，大四五尺，一俯一仰，号曰鸳鸯石。乙卯岁，岩上一巨石坠，击伤俯者。明年春兵乱，妇女多被掳掠。人以为此石破碎

① 见《中国地方志民俗资料汇编》西南卷(上)，北京图书馆出版社 1991 年版，第 381 页。

之兆。又有鸳鸯石，在德庆云蕴山上。石赤二，一大一小。崇祯间，大石先坠，去平田数里而止。后一日小石复坠，与大石同止一处。又好公婆石，是皆石之为怪者也。”①

又清李调元撰《南越笔记》卷三亦云：“有鸳鸯石在肇庆七星岩口。石凡二，各长丈许，大四五尺，一俯一仰，号曰鸳鸯石。又有鸳鸯石在德庆云蕴山上，石亦二，一大一小。”

从记载中可知，鸳鸯石在明代即已存在。一大一小之说，皆当地实际生活反映，男女相合成婚，俗以男子高过于女子为准。肇庆县原属肇庆府，清道光十三年《肇庆府志》卷二二《杂纪》中亦有“公婆石”等的记载。②

3. 广西省柳州牛卑山。清袁枚著《子不语》卷二四《牛卑山守岁》云：“广西柳州有牛卑山，形如女阴。粤人呼阴为‘卑’，因号牛卑山。每除夕，必男妇十人守之待旦。或懈于防范，被人戏以竹木梢抵之，则是年邑中妇无不奔淫。有邑令某恶之，命里保将土块填塞。是年其邑妇女小便梗塞，不能前后溲，致有伤命者。”③

这种天地之间万物交感与模仿结合巫术现象，是大自然鬼斧神工的造化；是任何人也改变不了的，也是大自然酷肖人体生殖器官最奇妙的创造。广东韶关的妙联村也发现了阳元石与阴元石。江西龙虎山的羞女岩与金枪峰也在压抑中脱颖而出；女阴山和金枪峰相对，每年都有人在山下求子。而在贵州省黔西南布依族苗族自治州北部，是中国喀斯特地貌发育最典型的地区，那里有两座山酷似女人的乳房，叫“双乳峰”。天人感应的现象处处存在，大自然实在是奇妙无比，令人瞠目结舌，成为世界奇观。

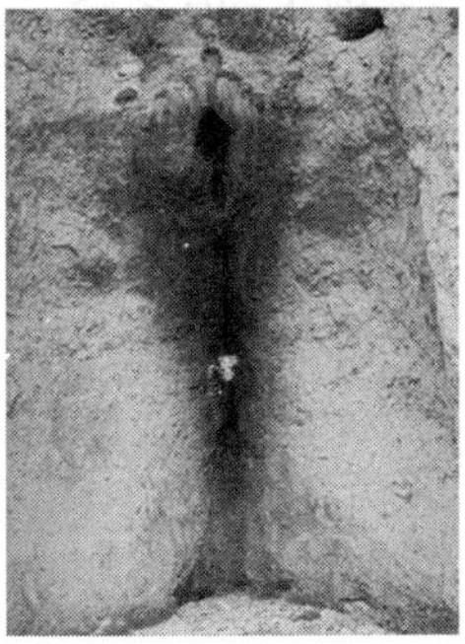

9. 江西龙虎山羞女岩

10. 江西龙虎山金枪峰

11. 贵州黔西南双乳峰

① (清)屈大均著《广东新语》卷五《犀象二石》，中华书局 1985 年版，第 49 页。
② (清)屠英等修，江藩等纂《道光肇庆府志》卷二二，上海书店出版社 2003 年版，第 856 页。
③ (清)袁枚著，朱纯点校《子不语》卷二四，岳麓书社 1985 年版，第 565 页。

12. 广东丹霞阳元石

13. 广东丹霞阴元石

六　祭猛将

又称赛猛将、待猛将，是清代江南灭蝗虫祭祀巫术，亦属交感巫术之列。但抬像游街，又包含有模仿巫术因素。《清嘉录》卷一《祭猛将》云："（正月）十三日，官府致祭刘猛将军之辰，游人骈集于吉祥庵。庵中燃铜烛二，大如杯棬，半月始灭，俗呼大蜡烛。相传神能驱蝗，天旱祷雨辄应，为福畎亩，故乡人酬答，尤为心愫。前后数日，各乡村民，击牲献礼，抬像游街，以赛猛将之神，谓之待猛将。穹窿山一带农人舁猛将，奔走如飞，倾跌为乐，不为慢亵，名曰赶猛将。余尝作《神弦曲》云：'扬旌旄，陈卤簿。焚旃檀，伐鼍鼓。三农竭脂膏，不惜脱布裤。但愿明神喜，生恐明神怒。借问此何神，尔农独畏怖？农云刘猛将，所思非细故。神怒蝗虫飞，神喜甘雨澍。斯神是有功，田祖同呵护。报赛亦人情，胡为乎中路？灾祥在一心，尔农宁不悟？'"[①]正月祭猛将，七月烧青苗，是连带的。《清嘉录》卷七《烧青苗》又曰："是时，田夫耕耘甫毕，各醵钱以赛猛将之神，舁神于场，击牲设醴，鼓乐以酬，四野遍插五色纸旗，谓如是则飞蝗不为灾，谓之烧青苗。"[②]场面非常壮观。

但以下民国袁景澜《吴郡岁华纪丽》大为不同，其卷一《正月·赛猛将》批判赛猛将："蠢蠢丁壮，举国若狂，逞酒意，任血气，铜角一声，两队并合前驱，赤棒纷争交击，杯盘对掷，巾帻飞坠，儿童骇窜，邻翁喊哑，彼自以为乐，实恶习也。"[③]抨击祭祀巫术者古今皆有，习以为常；但此人写赛猛将前一段抄自《清嘉录》，后一段抨击赛猛将，对赛猛将污称"实恶习也"，辱骂自己乡亲"蠢"，但民间依然赛猛将，至今猛将庙依然存在。

---

① （清）顾禄撰，王迈校点《清嘉录》卷一，江苏古籍出版社 1999 年版，第 25 页。

② （清）顾禄撰，王迈校点《清嘉录》卷一，江苏古籍出版社 1999 年版，第 153 页。

③ （清）袁景澜撰，甘兰经、吴琴校点《吴郡岁华纪丽》卷一，江苏古籍出版社 1998 年版，第 27 页。

第四节　清代巫师治病与流传全国的中草药崇拜

进入清代晚期以后，巫术治病交感巫术形态多端，各地都有，但民国初因受西方巫术野蛮观的影响，巫术事皆被批判。清代巫术均被民国初年作者改写出版，以《清稗类钞》为最。现列举以下十种以见一斑。

其一，山东淄川灵姑治病。徐珂编撰《清稗类钞》方伎类《灵姑为人治疾》条曰："康熙时，淄川有灵姑者，能于人前请仙。问病者应服何剂，所遇何邪，游魂何地，空中即能答之。谓服某方可愈，禳何神可瘳，魂在某处可返，言之凿凿，不假于昏夜，不假于暗室，当面捣鬼，群皆敬而信之。细测其声之所自来，则不在空中，不在口中，而乃在其人之胸以上喉以下也。"①将女巫灵姑说得神乎其神，不由人不相信，在于灵姑能与神交相感应。

其二，京津女巫治病。称为"看香头"。徐珂编撰《清稗类钞》方伎类《巫顶神》条曰："京津女巫自称顶神，以看香头为人治病，人称曰姑娘子。乡愚无识，偶有疾病，辄召姑娘子往疗之。姑娘子至，即爇香于炉，口喃喃作呓语。俄而所顶之神下降，或称白老太太，或称黄少奶奶，或谓胡七姑姑，所立名称，大抵妇女为多，故妇人易被蛊惑。至叩以神为何许人，则曰白者刺猬，黄者鼬鼠，胡者狐狸，更有柳氏者，蛇也，灰氏者，鼠也。胡、黄、白、柳、灰，京津人呼为五大家。其治病之法，或给药丸，或施圣水。病愈，则居功；不愈，则诿为命尽，人不得非难之也。光绪时，天津紫竹林有李氏妇得寒疾，女巫语之曰：'尔名在冥中，已书铜牌。越十日，当书铁牌，则虽神不能为矣。今幸有十日之期，宜速禳之。'病者惟巫言是听，大具牲醴，祷焉。一二日，病似小瘥，巫益自多，乃授以秘方，汤丸杂进。其药率由巫配合，所费不赀，而服之无厌，病日剧，屡变其方以侥幸，甚或朝补而夕泻，昨热而今寒，不十日，妇果死。"②

这是女巫用请神交感巫术，加上祭祀和"汤丸杂进"胡乱吃药，召顶神下降治病来蛊惑人心，天津李氏妇最终送了性命。

其三，上海南汇女巫治病。称为"看鬼娘"。徐珂编撰《清稗类钞》方伎类《南汇之巫多术》条曰："南汇女巫，有札仙、看仙、师娘、神婆、关王婆、看鬼娘之名，或称观音护身，或称杨爷护身，或称双瞳。一入病家，则手执炷香，周视室隅，或言城隍神在户，或言螣蛇在床，或言北阴五圣丧尸诸鬼种种作祟，继将病

---

① 徐珂编撰《清稗类钞》，中华书局 1986 年版，第十册，第 4571 页。

② 徐珂编撰《清稗类钞》，中华书局 1986 年版，第十册，第 4560 页。

14. 清代女巫侧影〔采自《点石斋画报》〕

家祖宗名字与其一切阴事。有沈某者,素为巫掉舟,述巫之能揭人隐,知往事,皆预以言舔病家延巫之人,或预询病家邻右,故届时言之如数家珍。及病势之如何凶险,灾星之如何禳解,鬼祟之如何驱遣,历历言之。病家诧为神异,至垂涕泣而求之。于是量其家之贫富,与议酬金,巫得以恣其欲矣。"①这是女巫妄言有所谓"观音护身"等的交感魔力为人治病,还是要"酬金"的。

其四,福建巫师治病。称为"操打筒"。徐珂编撰《清稗类钞》方伎类《打筒》条曰:"闽人信鬼,自古已然。俗有操打筒行业者,巫也。凡抱病、失物者,咸问之。其人衣红袍,执牙笏,书符诵咒,如道士。未几,神附其体,端坐公案,口中故作不伦不类之官话,声啾啾似鸟语,不可辨。旁有二人,东西分立,代宣其意。事必,起,做盘旋舞,则谓神已去矣。"②"神附其体"就是交感巫术表现,结合了"书符诵咒"的反抗巫术。福建巫师还带有两个"代宣其意"的助手。

其五,河南洛阳师婆治病。称为"祷疾"。徐珂编撰《清稗类钞》方伎类《师婆为人祷疾》条曰:"洛阳多丛祠,主之者皆妇女也,呼曰师婆,然率为诎谩之言,以欺罔妇竖耳。独某师婆所奉之神,颇著灵异,有求者踵于门,辄如其所祷,以牲醴来祭者无虚日,师婆大获利益。俞曲园太史之长媳樊氏,在其父河南太守署,日闻婢媪辈言其事。有一宦家妇以子病,祷于神,子病果愈,将亲往谢焉。师婆故辞曰:'神所居隘狭,不足辱夫人玉趾,可命臧获执其礼。'妇不可,盛服而往。甫一展拜,有鳖蹒跚从案下出,自此灵响寂然。"③祷疾的师婆也是属于通神女巫之列。

其六,黑龙江巫师治病。称为"以镜治疾"。徐珂编撰《清稗类钞》方伎类《巫以镜治疾》条曰:"索伦之巫,能以镜治疾,遍体磨之,遇病处,则陷肉不可拔,一振荡之,骨节皆鸣,而病去矣。然此于近世之按摩术颇相似,未可以其假托神权而鄙之也。"④索伦,即黑龙江的鄂温克族。清代西青撰《黑龙江外纪》卷三载,此族生活在黑龙江嫩江流域。勇敢善战,民风刚劲。明代以前鄂温克族被称为通古斯、雅库特;明代末年至清初以"索伦部"统称为索伦(鄂温克)、达斡尔、鄂伦春等族。索伦巫术有按摩术,于人体健康有利。

其七,贵州鬼师治病。徐珂编撰《清稗类钞》方伎类《鬼师》条曰:"贵州花苗

①④ 徐珂编撰《清稗类钞》,中华书局 1986 年版,第十册,第 4561 页。

② 徐珂编撰《清稗类钞》,中华书局 1986 年版,第十册,第 4562 页。

③ 徐珂编撰《清稗类钞》,中华书局 1986 年版,第十册,第 4568 页。

俗以六月为岁首，以牛酒祭天。病不用药，惟求鬼师，虽贫，必宰牲以祷。动作必卜，或折茅，或熟鸡，且取鸡之骨与脑以验之。”[①]鬼师治病也要出资。

其八，京师人家破除巫师治病。徐珂编撰《清稗类钞》方伎类《陈五破巫术》条曰：“有武人陈五者，家京师，厌其家人崇信女巫，莫能激悟。一日，含青李于口中，作患疮状，不语亦不食，呻吟竟日。家人视其颊之突肿也，恐甚，亟召女巫治之。巫至，降神，谓五之患素有口过，此特神道降罚，非仓卒可以解救。家人罗拜哀求，五愈佯作痛楚状，以手作势，欲家人招巫人视。迨巫近身，五突起批巫颊，吐李，使视之，巫大愧恨而去，自是家人无信巫者。”[②]反映了作弄巫师，羞辱巫师，巫师治病遭到抵制。

其九，海南多事巫祷。《会同县志》卷二《风俗·巫觋》曰：“巫觋，俗尚巫觋，有疾病多事巫祷。罕信药饼，妇女农家为甚。俗云‘灸不著强食药’，其是之为欤。”[③]《乐会县志》（四卷）“祈鬼神”曰：“祈鬼神。寡尚医药，病多泣鬼神。其无知村子犹滥杀牲命，呼邻与共，图醉饱，甚有聚巫歌舞灯醮，谓之乐神。此皆流俗之恶习惩戒者。”[④]

其十，放血驱鬼疗法。清顾炎武撰《天下郡国利病书》卷六八曰：“么些人，病则刺肉取血，有誓则击石，或挞狗者也。”[⑤]有瘀血处，人们认为是钻进了鬼，故以刀刺之出血，鬼就随血放走了。

总之，到了清朝晚期，巫师由于文化素质低下，导致巫师治病几乎完全不用中草药治病，和唐代巫师已经大相径庭；而被治病者，出了钱，病反倒没有痊愈，甚至一命呜呼，致使全国巫师治病声誉扫地，一蹶而不振，在广大城乡已经到了“老鼠过街，人人喊打”的地步，形成必然消亡之势。

但清代乃至晚期却有交感防病巫术的风俗遗留，以控制人文生态平衡，却不被清末民初巫术记载者所注意，而专门去谴责巫师治病。拾起一样，又扔掉一样。主要表现在清代民间对植物矿物崇拜，亦即中草药崇拜，其植物与矿物都是预防疾病的中草药，流行全国。以广西为例，举出五个县地方志记载如下。

1. 清康熙二十八年（1689）刻本《全州志·民俗》称：“五月一日，男女簪石榴叶祈眼睛。端阳作艾虎、香囊、箬叶粽以馈亲戚；研丹砂、雄黄末，切蒲根泛酒。

① 徐珂编撰《清稗类钞》，中华书局1986年版，第十册，第4563页。

② 徐珂编撰《清稗类钞》，中华书局1986年版，第十册，第4567页。

③ （清）陈述芹纂修《嘉庆会同县志》卷二，江苏古籍出版社、上海书店、巴蜀书社2001年版，第17页。

④ 《乐会县志》，北京图书馆出版社1991年版，第1119页。

⑤ （清）顾炎武撰《天下郡国利病书》卷六八，《四部丛刊三编》本。

又以雄黄遍洒墙壁，以辟虫豸。”①

2. 清光绪十五年(1889)凤岩书院刻本《恭城县志·风俗》云：“五月五日，龙舟竞赛，折艾插户，饮菖蒲酒，以角黍互饷。童子制五色香袋以佩。”②

3. 清光绪六年(1880)补刊本《临桂县志·民俗》云：“端阳折蒲艾插户，悬符于庭。造角黍相饷，饭菖蒲酒。妇人小儿制五色花及长命缕、雄黄袋佩之，名辟灾。”③

4. 清光绪二十年(1894)刻本《郁林州志·民俗》云：“端午，做馒头或凉粽相饷遗。童子佩艾人、艾虎。饮雄黄酒，用涂手足，谓能辟蛇。”④

5. 清光绪十年(1830)刻本《平南县志·民俗》云：“端午，包角黍。小儿女以五色丝剪碎绸结为猴、虎等形，系于衣扣间。以艾叶、菖蒲插户。”⑤

以上五县端午节流行的中草药有艾、菖蒲、黍、箬叶、石榴叶、蒲根、雄黄、丹砂等八种，《神农本草经》、《本草纲目》中都有记载，具有各种各样疗效。中草药崇拜虽来自巫医，但却已是中国人民独具的优良传统和风俗习惯。

其中雄黄酒，在端午节主要是用来喷洒以辟虫疫，或涂手足辟虫蛇之用，而治病则要根据不同病人，泡制不同的雄黄酒。《本草纲目》列举了饮雄黄酒的民间偏方六例。

1. 治鬼击成病。孙真人《千金方》云：“血漏腹中，烦满欲绝。雄黄粉酒服一刀圭，日三服，化血为水也。”⑥

2. 治伤寒咳逆。《活人书》云：“服药无效。雄黄二钱，酒一盏，煎七分，乘热嗅其气，即止。”⑦

3. 治尸注病。《肘后方》云：“发则痛变无常，昏恍沉重，缠结脏腑，上冲心胁，即身中尸鬼接引为害也。雄黄、大蒜各一两，杵丸弹子大。每热酒服一丸。”⑧

4. 治饮酒成癖。《剂局方》云：“酒症丸：治饮酒过度，头旋恶心呕吐，及酒积停于胃间，遇饮即吐，久而成癖。雄黄皂角子大六个，巴豆连皮油十五个，蝎梢十五个，同研，入白面五两半，滴水丸豌豆大，将干，入麸内炒香。将一粒放水试

---

① (清)黄志璋纂修《全州志》卷一《风俗》，中国书店 1992 年版，第 595 页。

② (清)陶壿修，陆履中等纂《恭城县志》卷四，成文出版有限公司 1968 年版，第 503 页。

③ (清)蔡呈韶等修，胡虔等纂《临桂县志》卷一二，成文出版有限公司 1967 年版，第 184 页。

④ (清)冯德材等修，文德馨等纂《郁林州志》卷四，成文出版有限公司 1967 年版，第 68 页。

⑤ (民国)郑湘畴纂修《平南县志》，成文出版有限公司 1974 年版，第 91 页。

⑥⑦ (明)李时珍著《本草纲目》石部卷九《雄黄》，人民卫生出版社 1975 年版，第一册，第 537 页。

⑧ (明)李时珍著《本草纲目》石部卷九《雄黄》，人民卫生出版社 1975 年版，第一册，第 538 页。

之，浮则取起收之。每服二丸，温酒下。”①

5. 治中风舌强。《卫生宝鉴》云：“正舌散，用雄黄、荆芥穗等分，为末。豆淋酒服二钱。”②

6. 治破伤风。邵真人《经验方》云：“雄黄、白芷等分，为末。酒煎灌之，即苏。”③

7. 治风(疯)狗咬伤。《救急良方》云：“雄黄五钱，麝香二钱，为末，酒下，作二服。”④

15. 雄黄〔采自《本草纲目》〕

以上治病偏方，都是从巫医使用雄黄脱胎出来的，古代的巫医的中医药发明大多都自生自灭，为各“仙人”、“真人”收集的药方，也都成为中国的非物质文化遗产。

第五节　清代肚仙探阴驱鬼巫术

清代晚期给亡人驱鬼的巫师称为“肚仙”，故有肚仙驱鬼，此为交感巫术。以下列举五种肚仙驱鬼巫术：

第一，肚仙驱鬼。徐珂编撰《清稗类钞》方伎类《肚仙驱鬼》条曰：“慈溪有王姓者，于粤寇乱时失其子，请肚仙探之。肚仙归，曰：‘此人为炮火轰死，今其鬼周身黑如炭，形状丑恶，且久与诸厉鬼伍，伧佇果毅，无复人理。生前之事，久已尽忘，招之入室，必将为祸，不如其已也。’而王必欲致之，强而后可。俄而肚仙云：‘尔子已至，无一言，闯然入内室矣，不可得而问也。’是夕，王姓果大不安，一女一媪均暴卒。王窘甚，复求驱之去。肚仙云：‘是非一人之力所能敌矣。幸腹中有三鬼，并力驱之，或尚可为。’俄闻空中搏击声甚厉，自内而外，久之始息。肚仙曰：‘已驱之去矣，甚矣惫！’”⑤

16. 穿斗篷的清代巫师〔采自《点石斋画报》〕

第二，肚仙招致烟鬼。徐珂编撰《清稗类钞》方伎类《肚仙招致烟鬼》条曰：“慈溪有冯氏者，延肚仙至家，使之招致亡人。其人生前嗜鸦片烟，及至，即索之。乃为铺设茵褥，如其生时，设盘于床，盛烟于筒。俄气屡屡出，似有人呼吸之者，

①②③④　(明)李时珍著《本草纲目》石部卷九《雄黄》，人民卫生出版社 1975 年版，第一册，第 538 页。

⑤　徐珂编撰《清稗类钞》，中华书局 1986 年版，第十册。第 4572—4573 页。

不逾时，烟尽矣。”①

第三，肚仙召福仔。徐珂编撰《清稗类钞》方伎类《肚仙召福仔》条曰：“花县凌福钱姬妾众多，而仅有一子，嫡出也，名福仔，年十五，以瘵死，其母思之切，召肚仙，欲致其魂。巫至，诵咒，喃喃毕，作呵欠状，谓福仔来矣。家人就之问讯，巫谓：‘九姨抚我善，将转生，为其子。六姨虐待我，亦前生孽耳。’语至此，凌入而呼之曰，‘汝果福仔乎？未死之前，师所讲授之《孟子·尽心》章，能覆讲否？’巫默然。凌曰：‘覆讲固不能，第背诵之。’巫又默然。凌大怒，挞之。巫曰：‘幸勿尔。’凌曰：‘吾挞子耳，何预汝？’巫大号，乃抱头而窜。”②

此例肚仙装成用通神来骗人，孔孟之书根本没有读过，还装样子福仔已经附着在他的身上，结果被凌氏狠揍一顿，抱头鼠窜。

第四，关肚仙“驱鬼”。徐珂编撰《清稗类钞》方伎类《关肚仙》条曰：“有所谓关肚仙者，亦巫属，一曰讨亡，亦曰关亡，妇女能之，俗谓之为灵姑。相传鬼于生前负人之钱，则入其人腹中。其人借鬼之力，为人招致亡魂，人必以钱酬之，赏满宿债，则鬼自去。有腹中仅一鬼者，有数鬼同居一腹者。鬼之初入，其人必大病，每食，必大呕吐。俟鬼所居妥帖，由口出入，游行无碍而病始愈。其实屏气诡为，非疾也，借诡言以求食耳。”③原来灵姑骗钱，所谓“赏满宿债，则鬼自去”，病就痊愈。

第五，探阴巫术。《甫田县志》卷八《探阴》云：“男巫代人探阴，择童端好者，坐于台上，以布系腰。男巫禹步吹角，持咒若导之前行。少顷，童子如醉梦，然自言至阴司。何地有关、有梁，巫询则答之。并言与死亡人相见。问事毕，巫以咒醒之。与近世催眠术相似。”④

总之，晚清巫师们水平低下，骗术不断翻新，不得人心。肚仙探阴等驱鬼交感巫术，社会反映也持否定的态度。

第六节　清代占卜巫术

清朝交感巫术中的占卜巫术受到人们喜爱，已到无以复加地步。此术不仅被用以占卜吉凶，而且作为指导人生、做人准则和心理咨询来应用。

---

① 徐珂编撰《清稗类钞》，中华书局 1986 年版，第十册，第 4572 页。

② 徐珂编撰《清稗类钞》，中华书局 1986 年版，第十册，第 4573 页。

③ 徐珂编撰《清稗类钞》，中华书局 1986 年版，第十册，第 4570 页。

④ （清）张琴、石有纪纂修《甫田县志》卷八，江苏古籍出版社、上海书店、巴蜀书社 2001 年版，第 289 页。

一　焚香拜《周易》

清屈大均著《广东新语》卷一〇《拜五经》条曰:“归善杨先生传芳,居尝读《易》,谓恐死去不见姬文、周、孔。每鸡鸣而起,焚香向《周易》再拜。日玩一卦,久之洞见象数之奥。”①

二　投木棒卜等

徐珂编撰《清稗类钞》方伎类《裸裸信师巫》条曰:“裸裸信师巫,事无大小,皆咨之,吉凶祸福,俟其判断。师巫保护土人。其占卜方法不一,有投木棒于空中,视其下落之方向而判断者;有烧羊骨,视其灰烬之迹已知吉凶者。避凶事,则以竹片插鸟翼,投之屋上,以卜凶事所至之方,而屠牛马羊以代之。如遗失宝器什物,穷搜不得,师巫辄驰使四方,召集土人,人与黑米一握,限以定时,令置口中,啮碎吐之,米中现血点者,即指为行窃人。”②裸裸占卜有投木棒卜、烧羊骨卜、投竹片卜、嚼黑米卜。裸裸族巫师保护土人,占卜给受众安全感,故大众争先恐后都来占卜。

三　扶乩

清吴庆坻撰《蕉廊脞录》卷八《扶乩》云:“世传扶乩率有仙人降其处,其实真仙孰与人间事,殆灵龟托之耳!然其言往往有可动人者。杭州某孝廉游食京师,后以资得内阁中书,而不迎养其母,书问亦罕达。庚申贼破杭州,乃仓皇归,觅其母不得。有请乩者,往焉,询母存否?盘中书云:‘仕则慕君,便把庭帏冷落,清夜自思,能不潸潸否?贫而为禄,亦仕之常,但求忠臣必于孝子之门。此言何解?尔问尔母,尔母自逍遥也,向西觅之可得。’某嗒焉若丧,于数月附舟至嘉、湖间,卒于舟中。舟人舁之岸,将藁葬矣,检衣中得一木牌,书姓名官爵甚悉。有马翁者,素相识,闻之,为具棺敛而葬之。乩坛数语,婉而多风(讽)。虽鬼也,吾犹敬之。”③清代扶乩巫术卦词俱贯彻儒家伦理道德,凡去占卜,均会受到善良的教育,使人获益,医治受众心理病痛,故清代吴庆坻《蕉廊脞录》给予扶乩巫术十五字评语:“乩坛数语,婉而多风(讽)。虽鬼也,吾犹敬之。”

17. 清代穿领衣的调查官员〔采自《点石斋画报》〕

① (清)屈大均著《广东新语》卷一〇,中华书局1985年版,第314页。

② 徐珂编撰《清稗类钞》,中华书局1986年版,第十册,第4564页。

③ (清)吴庆坻撰,张文其、刘德麟点校《蕉廊脞录》卷八,中华书局1990年版,第240页。

四 鸡骨卜

嘉庆《临安府志》卷一八哈尼族鸡卜："卜用雄鸡，先刳其两髀束之，细剖其皮，骨有细巧，刺以竹签，相多寡顺逆之形，以占吉凶。"

鸡骨卜在我国其他少数民族中都有流传。据李仰松《云南省西盟佤族的鸡骨卜》记载，巫师将鸡骨卜送给主人，主人将它悬挂在火塘的一端，这样在一些家庭里就有了成串的鸡骨卜挂在那里，作为驱邪之用。[①]

五 羊骨卜

清道光《茅洲志》卷一载：羌族"占卜……或去羊膊，以薪炙之，验纹路，占一年吉凶，曰炙羊膊"。羊骨卜最早见于西夏。《辽史》卷一一五《西夏》曰："凡出兵先卜，有四：一炙勃焦，以艾灼羊胛骨。"[②]也见于元代，《元史》卷一四六《耶律楚材传》载："帝每征讨，必命楚材卜，帝亦自灼羊胛，以相符应。"[③]在纳西族、彝族等族都有流传。

总之，清代占卜之所以受欢迎，是由于借《周易》儒家精神的指导，即不在于神道，而在于人道，对社会起了良好的稳定作用。

---

① 李仰松《云南省西盟佤族的鸡骨卜》，载于《民族学研究》第三辑，民族出版社 1982 年版。

② (元)脱脱等撰《辽史》卷一一五，中华书局 1974 年版，第 1523 页。

③ (明)宋濂等撰《元史》卷一四六，中华书局 1974 年版，第 3456 页。

第五十一章　清代模仿巫术

第一节　求子、魇魔、保福、剪鹤、无头等巫术

一　拴娃娃

在清代，巫术及巫术幻想泛滥于民间，一些有趣的模仿巫术在小说与笔记中都有所反映。在清代，北方有一种“拴娃娃”的求子风俗使用的就是模仿巫术。清纪昀撰《阅微草堂笔记》载彩丝系泥孩风俗云：

> 余两三岁时，尝见四五小人，彩衣金钏，随余嬉戏，皆呼余为弟，意似甚相爱。稍长时，乃皆不见。后以告先姚安公，公沉思久之，爽然曰：“汝前母恨无子，每令尼媪以彩丝系神庙泥孩归，置于卧内。各命以乳名，日饲果饵，与哺子无异。殁后，吾命人瘞楼后空院中，必是物也。恐后来为妖，拟掘出之，然岁久已迷其处矣。”①

以上模仿巫术是把彩丝系在神庙的泥孩身上带回家，家中孩子便获得此种模仿巫术之感应，得到神的保护，健康成长。甘肃庆阳民间拴娃石，就是从拴娃模仿巫术演化出来的另一种育子风俗形态，目的是祈福子女健康成长。

1. 拴娃石狮〔采自《民间艺术瑰宝》〕

冯真《来自华夏始祖发祥地的民间美术——甘肃省庆阳地区的民间美术》一文指出：

① (清)纪昀撰，夏风扬点校《阅微草堂笔记》卷五《滦阳消夏录五》，巴蜀书社 1995 年版，第 89—90 页。

那些质朴、粗犷的拴娃石，与其说是为了防止娃娃滚跌下炕和伴娃娃玩耍而设的实用品，不如说这里面深藏着一个祈求——拴住娃娃的灵魂生命！①

冯真《来自华夏始祖发祥地的民间美术——甘肃省庆阳地区的民间美术》又指出：

上古时代，当人们对自身生存的安全及繁衍后代的愿望无法利用科学予以实现时，人类中的智者便开始借助于艺术手段来同神鬼对话了！民间美术就是巫人所利用的重要手段之一，巫文化也开启了广大劳动者的智慧和艺术才能。请看！谁能给他们以胆量，竟能使他们驱使一个六个面的老虎来保护自己的娃娃。②

毫无疑问，民间巫术导致民间美术的产生，此即活生生的例证。因此决不能轻视中国巫术史的研究，决不能忽视巫术历史的贡献。

著名的“拴娃娃”模仿巫术曾经流行在山东省齐河县一带地方的三月三民间节日中。当地人把一年当中的节日重新做了重要区分，一是人节：有春节、端午节、中秋节。二是神节：有三月三、六月六、九月九。三是鬼节：有清明节、中元节、十月一。

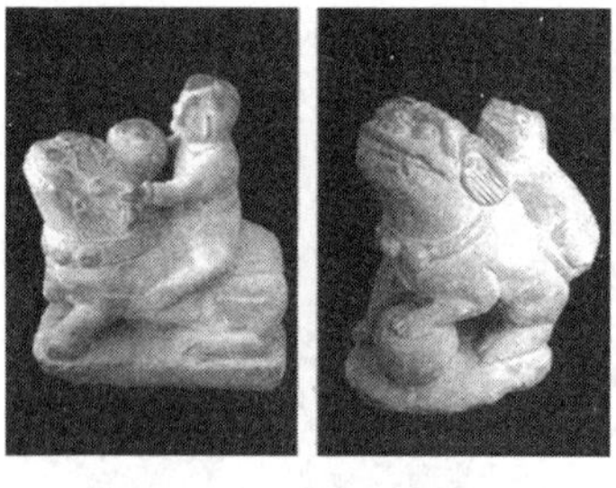

2. 拴娃石〔采自《民间艺术瑰宝》〕

神节当中的三月三这一天，小孩子有不能轻易出门的风俗。许多人家买上彩纸，带上供品到堂子里（巫医活动场所），让先生（巫医）施以模仿巫术，即扎彩纸人焚烧，这叫“换身”。而买不起供品的人家，早晨就把孩子喊醒，在小孩子的鼻子上抹上一点黑灰，叫“抹灰”。换身和抹灰，都是巫术的象征符号，称作“打灾”。

打灾的原因：一是三月三是神节，这一日天上私自下界投胎的童子要被神召回。“换身”以后，就等于先拿纸人顶替孩子到山上对神交了差，而“抹灰”则是为了改变孩子原来的面貌，借以避免孩子被神召回。二是三月三这一天，地上自称的假的“散仙”们，如狐狸精、黄鼠狼等等妖怪，它们要找一个替身混上天去当个神仙。而鼻子上抹了黑灰的孩子，会被那

①② 见王光普编著《民间艺术瑰宝》附文，陕西人民美术出版社 1988 年版，第 53—54 页。

些妖怪就觉得面目丑陋，以至于假“散仙”们就不会找他们做替身。

齐河县三月三的“换身”和“抹灰”两项风俗事项展开以后，还要进行“拴娃娃”风俗。凡有妇女婚后不育，就带些香烛纸钱到娘娘庙去，向娘娘女神燃香和烧纸钱，跪拜又磕头，还要交给巫医一定数量的钱，巫医就会为她施行模仿巫术，授予象征符号，即给她一根具有魔术力的红线，在一堆泥娃娃当中任意栓一个漂亮的娃娃回家，这便是娘娘女神赐给求子的女人的娃娃了。如果灵验，这个求子女人果真生了孩子，就要在炕的上方的墙上，挖一个洞，把泥娃娃安放在里面供养起来，这叫“娃娃龛”。三月三日，给娃娃龛写一副对联祝福。还要给泥娃娃上供，并且保存完好，千万不能损坏。这一整套模仿巫术都称为“拴娃娃”。

旧时河南安阳亦流行“拴娃娃”民谣。《续安阳县志》载《拴娃娃》（刺女大未嫁也）唱曰：

> 一个大姐三十九，十月十五有盼头（嫁期也）。手拿金缕线，走到娃娃殿。进去娃娃殿，先拴娃娃头。孩儿啦孩儿，随娘走，咱往东庄大西头。高门台，起门楼，门东边，狼牙村；门西边，流水沟，一个狂犬不下口。你娘住在三间堂楼上，鸳鸯席子鸳鸯炕。你爹枕的兔儿龙吃草，你娘枕的狮子滚绣球。烧饼麻糖尽孩儿吃，羊肉包子顺嘴溜。铃儿八仙帽，还有大虎头。①

清代求子也表现在不同的祭祀巫术里，以上是到娘娘庙求子，也有中秋节时在家里拜月求子的。清乾隆十二年(1747)《新乡县志》云：“中秋，戚友交馈月饼，妇女陈瓜果拜月。”清乾隆二十一年(1756)《获嘉县志》云：“十五夜，妇女设瓜果拜月。”拜月也是祭祀巫术的一种形式，瓜果里有子，故而这是因求子而拜月。但由于没有巫婆参加，巫术形式已经转变为节日拜月风俗。

3. 清代拜月求子图〔采自《吉祥民俗》〕

新中国成立以后，在泰山顶碧霞祠周围群众性的求子活动，继续演绎着自发的“拴娃娃”模仿巫术，已经演化成求子风俗热潮。

---

① (民国)方策等修，王子玉纂《续安阳县志》，载《中国地方志民俗资料汇编》中南卷(上)，北京图书馆出版社 1991 年版，第 104 页。

（一）拴子树。碧霞祠周围树上，有许多红线或红布条系在树枝上，民众叫做“拴子”，祝愿自己的孩子像绿色的树一样茁壮成长，表达善良愿望。

4. 拴子树〔刘慧著《泰山庙会》，山东教育出版社，1999年版，图27。〕

（二）娃娃拴红条。在碧霞宫送子娘娘殿有小卖部，陈列数种石膏做的娃娃供香客购买，这些坐像娃娃的外表涂了一层金粉。凡来购买娃娃，都称“拴娃娃”。手里拿着一条红布系上，然后就进行上供、烧香、磕头、祷告，然后拿出红布条系在娃娃颈子上，然后模仿巫师念咒语三遍：“长跟回家啦！回家找娘去！俺娘等你来！”表达了求子的虔诚。

5. 娃娃系红布〔《泰山庙会》，图13〕

挂铜钱。在碧霞祠东西两个碑亭内，有两块石碑，据说是唐玄宗皇帝送的，碑文漫灭不可认。求子妇女带着小铜钱在碑上磨蹭，用红头绳将铜钱拴起来，然后挂在石膏娃娃的颈子上。泰山谚语云：“铜碑磨，玉碑蹭，小孩带上不生病。”

以上两项活动做完以后，拴娃娃才告结束。

（三）换衣袍。农历三月十五日是泰山老奶奶（碧霞元君的俗称）生日，求子者于十四日下午便上山，晚上便在温台看戏，第二天一早在碧霞祠后面的神憩宫，给泰山老奶奶换衣袍。全是女香客，她们先上供、烧香、磕头、口头念些祝福语、吉利话，然后许愿求子，虔诚则灵，回去等着怀孕生小孩，由女道士主事。神憩宫的碧霞元君像是用檀香木制成，各个关节都能活动，元君像是躺在台子上的，一按机关，老奶奶就会坐起来，神情很严肃，但很亲切。

6. 由檀香木制成的碧霞元君木像〔《泰山庙会》，图28〕

（四）化缘求子。晚清时候，碧霞元君祠附近也有道士化缘求子的方式。道士化缘求子在当时的北京也可一见。道士化缘的时候，手持铜钹一扇，身上背着木牌一块，上绘太上老君（老子）像，木牌上拴着瓷娃娃，在地上放着施舍盘，便于大家拴娃娃时留香钱用。无子息的妇女们便用红布条或红头绳，栓一个娃娃走，就认为可以得子了。

二　魇魔法与纸人巫术

7. 道士化缘〔采自《北京民间风俗百图》〕

《红楼梦》第二十五回《魇魔法姊弟逢五鬼》描述的则是清代的又一种模仿巫术——纸人巫术。马道婆施行同类相生死的巫术害贾宝玉和王熙凤。所谓“五鬼”，据《协纪辨方书·五鬼》云，是巫师所说的恶煞，取像在鬼宿的第五颗星。[1] “魇魔法”即巫师施行的模仿巫术，先做一个人的替身，如纸人、布娃娃之类，然后施术害人，成为黑巫术。

第一段是写施术的准备：赵姨娘出资，马道婆受贿，指使赵姨娘暗中施行黑巫术。只见“赵姨娘便印了手模，走到橱柜里将梯己拿了出来，与马道婆看看，道：‘这个你先拿了去做香烛供奉使费，可好不好？’马道婆看看白花花的一堆银子，又有欠契，并不顾青红皂白，满口里应着，伸手先去抓了银子掖起来，然后收了欠契。又向裤腰里掏了半晌，掏出十个纸铰的青面白发的鬼来，并两个纸人，递与赵姨娘，又悄悄的教他道：‘把他两个的年庚八字写在这两个纸人身上，一并五个鬼都掖在他们各人的床上就完了，我只在家作法，自有效验。’千万小心，不要害怕！’正才说着，只见王夫人的丫鬟进来找道：‘奶奶可在这里，太太等你呢。’二人方散了，不在话下”[2]。

8. 秘密调查人员办案〔采自《点石斋画报》〕

第二段是写宝玉中魔法，寻死觅活。只见“这里宝玉拉着林黛玉的袖子，只是嘻嘻的笑，心里有话，只是口里说不出来。此时林黛玉只是禁不住把脸红涨了，挣着要走。宝玉忽然‘嗳哟’了一声，说：‘好头疼！’林黛玉道：‘该，阿弥陀佛！’只见宝玉大叫一声：‘我要死！’将身一纵，离地跳有三四尺高，口内乱嚷乱叫，说起胡话来了。林黛玉并丫头们都唬慌了，忙去报知王夫人、贾母等。此时王子腾的夫人也在这里，都一起来时，宝玉益发拿刀弄杖，寻死觅活的，闹得天翻地覆。贾母王夫人见了，唬的抖衣而颤，且‘儿’一声‘肉’一声放声恸哭。于是惊动诸人，连贾赦、邢夫人、贾珍、贾政、贾琏、贾蓉、贾芸、贾萍、薛姨妈、薛蟠并周瑞家的一干家中上上下下里里外外众媳妇丫头等，都来园内看视。登时园

① 参见《协记辨方书》上册，刘道超译注，广西人民出版社 1993 年版，第 125 页。

② (清)曹雪芹、高鹗著《红楼梦》(庚辰本)，人民文学出版社 1982 年版，第 351—352 页。

内乱麻一般”①。

第三段是写王熙凤中魔法，手持钢刀要杀人。“只见凤姐手持一把明晃晃钢刀砍进园来，见鸡杀鸡，见狗杀狗，见人就要杀人。众人越发慌了。周瑞媳妇忙带着几个有力量的胆壮的婆娘上去抱住，夺下刀来，抬回房去。平儿、丰儿等哭的泪天泪地。贾政等心中也有些烦难，顾了这里，丢不下那里。”②

第四段是写施术结果，宝玉、凤姐不省人事；贾府内众人反应，重点是议论如何请巫师来破除黑巫术。节云：“当下众人七言八语，有的说请端公送祟的，有的说请巫婆跳神的，有的又荐玉皇阁的张真人，种种喧腾不一。也曾百般医治祈祷，问卜求神，总无效验。堪堪日落。也有送符水的，也有荐僧道的，总不见效。他叔嫂二人愈发糊涂，不省人事，睡在床上，浑身火炭一般，口内无般不说。到夜晚间，那些婆娘媳妇丫头们都不敢上前。因此把他二人都抬到王夫人的上房内，夜间派了贾芸带着小厮门挨次轮班看守。贾母、王夫人、邢夫人、薛姨妈等寸地不离，只围着干哭”③。

写三天以后。“看看三日光阴，那凤姐和宝玉躺在床上，亦发连气都将没了。合家人口无不惊慌，都说没了指望，忙着将他二人的后世的衣履都治备下了。贾母、王夫人、贾琏、平儿、袭人这几个人更比诸人哭的忘餐废寝，觅死寻活。赵姨娘、贾环等自是称愿。”④

《红楼梦》对同类生死法的模仿巫术，从法术本身到巫术效果，都作了绘声绘色的描写，真实地反映了这种巫术实施的详情，造成了严重的后果，宛如整个贾府经历了一场大地震。

三　草人巫术

在清代的模仿巫术，不独纸人巫术融于风俗，就是草人巫术也融于风俗。其一，徐珂编撰《清稗类钞》迷信类《草人》条曰：“黑龙江之连呼尔人，家中父子兄弟有若干，其西壁草人亦若干，微具眉目，囊其半身，死则去之，生则增之，谓祖宗也。巴尔呼人亦然。最忌动摇，触之则主人病。病则祭以肉，举家分肥。故馋者恒阴撼壁上草人，冀以得食。”⑤

其二，徐珂编撰《清稗类钞》迷信类《驱贼神》曰：“鄞县居民遇窃贼之后，必有驱贼神之举。驱贼神者，乃扎一草人，置于被窃之室中，焚香化楮而祭之。祭毕，一人持竹板，一人持草人。持竹板者厉声问曰：‘汝在此何为?’持草人者曰：

① （清）曹雪芹、高鹗著《红楼梦》第二十五回，人民文学出版社 1982 年版，第 353—354 页。
②③ （清）曹雪芹、高鹗著《红楼梦》第二十五回，人民文学出版社 1982 年版，第 354 页。
④ （清）曹雪芹、高鹗著《红楼梦》第二十五回，人民文学出版社 1982 年版，第 355 页。
⑤ 徐珂编撰《清稗类钞》，中华书局 1986 年版，第十册，第 4691 页。

'无所事事，以迷途误至此耳，姑恕我初犯乎？'持竹板者曰：'姑饶汝，去否？'持草人者曰：'去，惟不知道路，奈何？'持竹板者曰：'既不知道路，待我送汝去。'遂迫持草人者前行，已则持竹板随之，且行且问曰：'出去否？'持草人者答如前。凡穿门过户，必一一问答。既出大门，持草人者即放步狂奔，持竹板者尾之急追。追至厕所，持草人者急以草人抛厕中，始返室大呼曰：'贼神去矣。'"①

四　召巫保福治病

清代四川人家有病便请来端公跳神，端公取一木偶人头像；或悬像于庭，或插一长棍，将病人衣服挂在头像下施巫术。

（一）召巫保福。四川绵阳地区《中江县新志·风俗》载："至人有疾，医未中病，好事者辄相率为首，召师巫于家，鼓乐喧阗，歌舞酣饮。并联名具保于神，名曰保福。官为之禁，亦自止也。"②四川温江地区《汉州志》记载："信仰民俗"云："有疾延巫祈祷，曰'打保福'；无疾亦为之，曰'太平保福'。若争端不白，赴城隍庙刑鸡狗相誓，其事亦息。古称蜀人尚鬼，大约如是。"③

（二）或者悬像召巫。四川江津地区《合州志》记载："信仰民俗"曰："请巫。病则请巫至家，悬像于庭，不忌酒荤，鼓锣喧闹，足蹈手舞，尽夜而罢，率以为常，惟秉礼家不尚其俗。"④

（三）也有涂面，模仿鬼魔来驱病的。四川绵阳地区《蓬溪县续志》记载："信仰民俗"曰："疾而医不效，或不知有赖于医，则禳以巫，吹角而跳歌，涂面作驱魅状，或串剧焉。"⑤

五　女巫通神破案

通神女巫诉冤情的奇事。清袁枚著《子不语》卷一《山西王二》曰："熊翰林涤斋先生为余言：康熙年间游京师，与陈参政仪、计副宪某饮报国寺。三人俱早贵，喜繁华，以席间不得声妓为怅，遣人召女巫某唱秧歌劝酒。女巫唱，终半席，腹胀，将溲焉。出至墙下，少顷返，则两目瞪视，跪三人前，呼曰：'我山西王二也，某年月日，为店主赵三谋财杀死，埋骨于此寺之墙下。求三长官代为伸冤。'三人相顾大骇，莫敢发声。熊晓之曰：'此司坊官事，非我辈所能主张。'女巫曰：

---

① 徐珂编撰《清稗类钞》，中华书局1986年版，第十册，第4683—4684页。

② （清）杨霈、李福源、范泰衡等纂《中江县新志·风俗》，北京图书馆出版社1991年版，第119页。

③ （清）刘长庚等修，侯肇元等纂《汉州志》，北京图书馆出版社1991年版，第64页。

④ （清）费兆钺修，张乃孚等纂《合州志》，北京图书馆出版社1991年版，第199页。

⑤ （清）周学铭修《蓬溪县续志》，北京图书馆出版社1991年版，第119页。

‘现任司坊官俞公，与熊爷有交，但求熊爷转请俞公到此掘验足矣。’熊曰：‘此事重大，空言无信，如何可行？’巫曰：‘论理某当自陈，但某形质朽烂，须附生人而言，诸位老爷替我筹之。’言毕，女巫仆地，良久，醒。问之，茫然无知。三公谋曰：我辈何能替鬼诉冤，诉亦不信。明日，盍请俞司坊官共饮此处，召女巫质之，则冤白矣。次日，招俞司坊至寺饮，告之故，召女巫。巫大惧，不肯复来。司坊官遣役拘之，巫始至。既入寺门，言状悉如昨日。司坊官启巡城御史，发掘墙下，得白骨一具，颈下有伤。询之土人，云从前此墙系山东济南府赵三安歇客寓之所，某年卷店逃归山东。乃移文专差关提至济南，果有其人。文到之日，赵三一叫而绝。”①

这件案子居然是女巫模拟神判之法搞成功的，或许女巫早知内情，乃借“通神”模拟死者声态以伸冤。从此记载还可见清代女巫也有兼作卖唱歌女者。女巫做“唱秧歌劝酒”之事，实在少见。

六　剪纸鹤与剪纸鸾

剪纸鹤的模仿巫术。清菊畦子《醒梦骈言》第十回云：“珍姑到了帝师府前，却便去空房子内，招王子函一同逃走。珍姑在袖内摸出两只纸剪的仙鹤来，念几句咒，呵一口气，便变成了真的，和王子函各骑一只，腾空而起。珍姑想道：若是回河南去，怕人认得，知道我家从贼一事，要来寻闹，不如另往别处的好。便一径投东去。看看已出了唐赛儿占据的地界，便又念句咒语，两只仙鹤都歇了下来。珍姑收了法，仍变做纸的，揣在袖中；又取出两只纸剪的驴子，变成真的，大家骑下一匹，投青州府来。”②清初由于广泛存在所谓“撒豆成兵，剪纸为马”的模仿巫术，才会流行这样剪纸成鹤的巫术传说。《醒梦骈言》是乾隆初期出现的话本小说，它改编的是《聊斋志异》的《小二》故事。《小二》故事中便有以上巫术原型，如说：“女知不可谏，乃易髻而髻。出二纸鸢，与丁各跨其一，鸢肃肃展翼，似鹣鹣之鸟，比翼而飞。质明，抵莱抚界。女以指捻鸢项，忽即敛堕。遂收鸢。更以双卫，驰至山阴里，托为避乱者，僦屋而居。”③《醒梦骈言》话本改编得更为通俗，巫术愈加趣味化。

9. 清光绪帝妃——珍妃〔采自《清宫琐记》〕

---

① (清)袁枚著，朱纯点校《子不语》卷一，岳麓书社1985年版，第19—20页。

② (清)菊畦子《醒梦骈言》第十回，首都图书馆藏本。

③ (清)蒲松龄撰《聊斋志异》卷三，上海古籍出版社1979年版，第159页。

到光绪年间，有剪纸鸾与剪纸鹤相对照，都是属于一个类型的模仿巫术。徐珂编撰《清稗类钞》方伎类《鸾楼》条曰："光绪甲辰夏，某邑设飞鸾坛于某会馆，建鸾楼。时湘、楚、豫、蜀来者二三千人，均茹素诵经，一志祝神之降临。一日，神忽示以期，坛员遂各备香楮及屏幅联对，然非坛员，亦有进纸索神笔者。及期，磨浓墨斛许，具新颖一束，制纸鸾一头，排列楼上，四围以红绦架素纸，烧烛焚檀，光艳夺人。布置毕，遂闭楼门。亡何而闻空际有笙箫声，于是佥持香伏毡毹，震恐屏息。微闻楼上履声橐橐，久之悄然，始启关入。则前所架素纸，墨审涂鸦，绿痕欲滴。字体皆无骨格，而得之者乃皆奉为金科玉律也。"①这是大型的二三千人参加的模仿巫术活动，茹素诵经，祈福吉祥。

剪纸鹤巫术的时代背景是清朝光绪年间，慈禧太后垂帘听政，危机四伏，怨声载道，连光绪皇帝都朝不保夕。

七　雕樟柳人

雕樟柳人模仿巫术。徐珂编撰《清稗类钞》方伎类《巫以樟柳人售术》条曰："方梦园少时尝从术士求术，术士乃以雕作婴孩形长一寸许之樟柳人置瓦器中，器以红布，持竹箸击器，则其中扑朔有声。询以愿从否，侧耳听之，曰：'需使费。'费几何。曰：'五万。'盖冥钱也，如数诺之。术士曰：'尚须镇以五宝。'所谓五宝者，人蓡(参)、珍珠、金、银、玉也。因出二碗，碗中一书阳字，一书阴字，曰：'以阳碗盛樟柳人及银，缄其口携归，其四宝则镇于外。以阴碗贮符篆灰并米，亦缄之。留肆中为之祈祷，三七以后开视，则指挥如意矣。'遂携阳碗归。越数日，往觇术者，已不知何往。亟返寓，启碗视之，乃阴碗也。碗内书阴，碗底则书阳。前视碗内，未视碗底，故为其所愚而不觉也，四宝存而银去矣。樟柳人者，以商陆根制之。商陆，亦作章陆，后讹为樟柳。"②

八　无头巫术

到清代，民间巫师对无头巫术又加以再创造。清袁枚著《续子不语》卷一《刑天国》有详细的叙述，包括下述几点巫术内容。

(一) 无头人刑天已形成了一个国度，他们都有奇异的长相和习俗。故事说当时温州有一个王谦光，客于通洋经纪，由于触礁沉舟，飘到了一个人迹绝至之处：

---

① 徐珂编撰《清稗类钞》，中华书局1986年版，第十册，第4559页。

② 徐珂编撰《清稗类钞》，中华书局1986年版，第十册，第4570页。

(王谦光)曾飘至一岛,男女千人,皆肥短无头,以两乳作眼,闪闪欲动,以脐作口,取食物至前。吸而啖之。声啾啾不可辨,见谦光有头,群相惊诧。男女逼而视之,脐中各伸一舌,长三寸许,争舔谦光。谦光奔至山顶,与其众抛石子击之,其人始散。①

有头人会见无头人之故事,以往绝无描写如此细腻与精彩者,这是一个罕见的巫术幻想之奇闻。

(二) 刑天国与大禹。"识者曰:'此《山海经》所载'刑天氏'也,为禹所诛,其尸不坏,能持干戚而舞。'"② 这又是一个新的巫术说法。刑天居然为夏禹所诛杀。

(三) 刑天国与《等慈寺碑》。"余按颜师古《等慈寺碑》作'形夭氏',则今所称'刑天'者,恐是传写之讹。"③此原见于唐颜师古撰《大业拾遗记》,但今失而复得之残本,《说郛一百二十弓》本中不载。恐唐人继续有形夭传闻之巫术,此能作证。

(四) 刑天国与《谈荟》。"徐应秋《谈荟》,载无头人织草履,盖战亡之卒,归而如生,妻子以饮食纳其喉管中,如欲食则书一饥字,不食则书一饱字,如此二十年才死。"④ 此《谈荟》即《玉芝堂谈荟》三十六卷,为明代徐应秋所编撰,亦研讨无头巫术必读之资料。

(五) 无头人说话。"又将军贾雍被斩,持头而归,立营帐外,问:'有头佳乎?无头佳乎?'帐中人应曰:'有头佳。'雍曰:'不然,无头亦佳。'此亦'刑天'之类欤!"⑤

此外,清纪昀《阅微草堂笔记》滦阳续录一亦记载刑天后代之无头巫术幻想之设计,也是民间传说:

阿公偶问余刑天干戚事,余举《山海经》以对,阿公曰:"君勿谓古记荒唐,是诚有也。昔科尔沁台吉达尔玛达都尝猎于漠北深山,遇一鹿负箭而奔,因引弧殪之。方欲收取,忽一骑驰而至,鞍上人有身无首,其目在两乳,其口在脐,语啁哳自脐出。虽不可辨,然观其手所指画,似言鹿其所射,不应夺之也。从骑皆震慑失次。台吉素有胆,亦指画示以彼射未仆,以射乃获,当剖而均分。其人会意,亦似首肯,竟持半鹿而去。不知其是何部族。

①② (清)袁枚著,朱纯点校《续子不语》卷一,岳麓书社 1986 年版,第 17 页。
③④ (清)袁枚著,朱纯点校《续子不语》卷一,岳麓书社 1986 年版,第 11—18 页。
⑤ (清)袁枚著,朱纯点校《续子不语》卷一,岳麓书社 1986 年版,第 18 页。

据其形状，岂非刑天之遗类欤？天地之大，何所不有？儒者自拘于见闻耳。”①

综上所说，所有无头巫术之神话传说故事都是巫师们编造用以宣传无头人存在于世的所谓“见证”。他们认为所有无头人有诸多特征：第一，以乳为目，以脐为口（或以喉管为口）。第二，住在日月降落的西方常羊（阳）之山。第三，刑天曾经是神农的一个乐神，作过《扶犁之乐》，专门供农民丰收之咏唱。第四，刑天能手操戈盾打仗，曾为暴君打过仗，失败而住在巫师集中之处——巫山。第五，刑天们的头也可白天装上，晚上从天窗中出入，以耳为翅的飞翔。第六，无头人的头手都是可以脱下的，“头飞南海，左手飞东海，右手飞西泽”。第七，无头人死后成为无头鬼。第八，无头人的头是活动的，能和别人的头互换，引出了东晋义熙（405—418）年间贾弼之换头事。第九，无头人的头还能飞到河边找螃蟹吃，其肚子又受到感应巫术力，在梦中可以填饱肚子。第十，无头人如需要，可从喉腔中长出另一个头来。第十一，无头人有一个“刑天国”。第十二，无头人的脐嘴里舌头有三寸长。第十三，无头人会编织草鞋。第十四，无头人以脐为嘴，饮液体食品，“吸而啖之”。第十五，无头人为禹砍了脑袋，其尸不坏而变成了无头人。第十六，人的头被割去（如古代有个将军贾雍），还能与其身有交感巫术力，可以按身子的意志，由被割去的头来说话。其实，所有都是古代巫师们想要探讨延缓人生命一种奇异的巫术想象。

无头模仿巫术的性质，在中国表现的是神判“天罚”巫术的延伸。它虽然采取的是象征律原理，但是无头人原有之头颅，都是神决定它离开所属的身体，无论是刑天，或者是狗头新妇都是上天惩罚结果，而这当然是巫师造作的产物。我国无头神判的漫长流变史，说明这种巫师的造作，决非一时之举，而有固定的巫术传统。用文明观点来看，以人的生命来探讨延缓人的生命，无异是野蛮犯罪行为。

九　金银片剪作人

这是云南夷俗之“打鬼”，《光绪镇雄州志》卷三《夷俗附》曰：“猡猡性多狡忤。疾病鲜用医药，多听巫，信鬼，死则束缚其尸，宰牛烹羊以待吊者。其葬，架木为楼，舁尸于上焚之，曰‘火葬’。往吊者族姓，则用鸡一只，谓同笼生长也。姻戚则邀亲好，率仆属步骑成群绕灵呼吁，哭声震地，名曰‘大鬼’。其祀，先三代以上，则祧之，祧者以金银为片，剪作人形，藏诸木桶，按世次奉于极险峻石洞，令人守之，曰‘鬼桶岩’。将祧，盛陈水陆为祭，大会宗族姻党，诹卜吉葬，则

① （清）纪昀撰，夏风扬校点《阅微草堂笔记》卷一九，巴蜀书社1995年版，第448页。

命头目先迎祖先至其所，又于鬼桶岩迎遗像合祀毕，以新祧之祖，共藏鬼桶。未祧者，仍奉于家庙。……其餐具用木器，状如笾豆，食以匙。此皆黑白猡猡旧俗也。今亦袭衣冠，渐汉礼矣。”①

十　生殖崇拜巫术

撒芫荽，说村话的生产风俗，继续在清代流行。清夏敬渠撰《野叟曝言》（一百五十四回本），康熙至乾隆年间成书，其中也记载到清朝农村这种生殖崇拜模仿巫术，说每当农村播种，就要“撒种子，说村话”，以此来象征种子阴阳交配而发芽。这些都是生殖崇拜巫术的延续。

同时进行的生殖崇拜巫术还有拟娩风俗。清李宗昉撰《黔记》卷四云：“郎慈苗……其俗更异，产生必夫守房，不逾门户，弥月乃出；产妇则出入耕作，措饮食以供夫及乳儿外，日无暇晷。”②

第二节　清代打醋弹治理环境卫生巫术

清代敦煌流行有一种“打醋弹”的风俗。道光《敦煌县志》说：“十二月二十三日，各家祭灶，除夕各家祭祖，先用木勺盛酒醋，取石块烧红，放在酒醋内，扫除邪秽，谓之打醋弹。”笔者在《敦煌民俗学》一书中曾指出：“敦煌民间的‘打醋弹’正是‘跨熏’的另一种表现形式，实际都是为了达到‘去一年灾毒之气’的目的。”这种“去一年灾毒之气”的打醋弹，是驱傩除祟巫术的反映，这种巫术最初的表现形式，是以模仿巫术开始的。它的目的是治理环境的卫生。

打醋弹在云南省有流传。《宣威县志稿》“岁时民俗”中有“打醋炭”记载：“（十二月“腊八日”）夷俗本亦信鬼，而其禁忌之时或破除也，则以质胜。是夕，祭天地、宗祖。祭时先烧拳石三，加炽炭，借以松针、柏叶、皂荚之属，洒香末，沃清油，烧符其上，以水（醋）淬之，曰‘打醋炭’，谓可辟邪除秽。其祭品，天地前用豚首与蹄，取有头有脚之义；用鱼，取有余之义；用鸡，取雄鸣之义，皆全荐，不加宰割。祖先前则尽量烹调，精洁丰腴，如延上宾。祭毕撤馔，放火爆，设宴席，老幼男女聚而畅饮，谓之‘团年’。”③可见云南宣威县“打醋炭”巫术是以祭祀为契

---

① （清）吴光汉、宋成基修纂《光绪镇雄州志》，江苏古籍出版社、上海书店、巴蜀书社 2001 年版，第 79—80 页。

② （清）李宗昉撰《黔记》卷四，《丛书集成初编》本，商务印书馆 1935 年版。

③ （民国）缪果章、陈其栋、王钧图纂修《民国宣威县志稿》卷八之四，江苏古籍出版社、上海书店、巴蜀书社 2001 年版，第 294 页。

机展开活动，而已经融入腊八节“团年”风俗。

云南省的玉溪县也有“打醋炭”巫术流行。《续修玉溪县志》卷一四记载“岁时民俗”云：“腊月二十四日，饴豆送灶。是晚以三牲祀祖先。昏后以朽铁烧红，激以醋，燃香焚楮，踊行诅咒，至门外道旁掷之，谓可驱邪，名曰‘打醋炭’。”①

玉溪县也有祭祖仪式，还有诅咒扔铁，象征驱邪之举。在云南省禄劝县，则已完全融入民间风俗之中，据云南《禄劝县志》记载“岁时风俗”云：“十二月二十四日‘祀灶’。‘除夕’，以牲醴祭神、先，祭灶。易楹联、门丞，燃爆竹。煨炉取桦木、皂荚热之，炽炭淬以醋，谓可除恶。是夕团坐不眠，曰‘守岁’。”②禄劝县已经没有“打醋炭”之名，而只有“打醋炭”之实，已经完全融入民间风俗。炽炭淬以醋，所散发醋气有预防感冒良效，故曰有“除恶”作用。云南玉溪地区宁州的打醋炭也是融入民间风俗的，据民国五年（1916）刘启藩铅印本《宣统宁州志》岁时风俗曰：“季冬月，‘除日’，易桃符、春帖、辞岁、家长散家众压岁钱。爇爆竹，醮醋石，围炉火‘守岁’。”③

马学良在1943年曾深入云南省武定茂莲乡黑夷地区考察黑夷语言文字，曾亲见“打醋弹”巫术施行全过程。后来他在1944年9月《边政公论》第三卷九期上公布《黑夷风俗之一——除祸祟》一文，论及这种巫术的详细情况。根据马先生实地考察所述，这种“打醋弹（炭）”模仿巫术分为下述三个阶段施行。

第一阶段：事前的准备。“呗耄（冒）先到除祸祟的主人家中，用秧草扎成一匹马，上面骑着一个草人，又用红绿布披在草人身上，作为衣服。这草人夷人名他为‘纪祖’，另外用柏栎枝干在一端的两旁划开两片，如同一个人头的两片耳朵，在耳朵下面扎一节丝线，这枝干就代表纪祖的兵将，夷人名他为‘卜祖’。”④

第二阶段：家祭的仪式。草人扎成以后，呗耄就在主人家的正门中，用一升谷子，放于门坎边。谷上一边放一碗米，米上搁一个鸡蛋，一块盐；一边放一杯酒，又用两个柏栎叶烧焦，泡在一碗冷水中，代替茶水，在屋里门坎前插三棵柏栎枝，旁边分插纪祖和卜祖，插时要把草人及马头面向屋内。

陈列完毕，呗耄便开始念除祟经，先用一块烧红的净石，以泡马桑叶的水泼上，趁白气蒸腾把所献之活牲（猪羊或鸡，以家之贫富而定，）在蒸气上绕一转，同时呗耄向牲身喷一口酒，“此为打醋炭”，表示净除牲身污邪。打醋炭是夷人举行任何法术之前，必须举行的一道重要仪式。然后呗耄手持一根柏栎棍，喃

---

① （民国）马联元纂修《续修玉溪县志》卷一四，北京图书馆出版社1991年版，第799页。

② （民国）许实纂修云南《禄劝县志》卷三，北京图书馆出版社1991年版，第850页。

③ （清）佚名纂修《宣统宁州志》，凤凰出版社2009年版，第32页。

④ 引自马学良著《云南彝族礼俗研究文集》，四川民族出版社1983年版，第56—57页。

喃诵念,驱除各种祸祟。

第三阶段:野祭。呗耄在干硬的地上,用长约一尺的柏栎枝及白柴,插成几丛行列,据说白柴是代表各种鬼神的灵位,然后先念祭山神经,请山神来享祭,并用牲畜或雄鸡供山神。祭后大家在祭场上吃晚餐。夜幕笼罩大地后燃起火把,作饭后法术,呗耄念经并把草圈拿在手上,用它在主人身上从头到脚抚摩一遍,表示该人祸祟,全束在圈中;并拿一把饭勺,主人全家人向勺中吐一口唾沫,这叫吐祟;又拿小草绳,与主人各持一端,念断殃经,表示一切祸祟断绝。最后在醋炭门中用三个醋炭石打了三次醋炭。在蒸气醋炭门中出入三匝,表示恐尚有冥顽的祸祟,依然附在身上,再由醋炭气来一个最后的大扫荡,交给太公收去处罚他,这场仪式才算完结。

又根据孙考著《青海乡俗》一书中《欢天喜地除夕夜》说:"(青海)有些人家,除夕夜还用食醋浇在烧红的印石上,用蒸发的气体,熏染大小住房,叫'熏醋蛋石',以示驱邪消瘟,除灾灭病。"①

陕西关中地区也流行"打醋坛",却与婚姻风俗相联系。请参见本书第五十六章。

可见,打醋弹在甘肃、青海、云南都有流传,不过在汉族中,表现的是除夕驱傩的岁时风俗形式,而在云南少数民族中则体现的是模仿巫术之形式,少数民族中的打醋炭形式最古老,故疑为此俗的原始形态。

1986 年 11 月上旬,笔者到长江下游北岸古瓜洲渡区域去调查民俗,对当地的民间建筑上梁风俗做了细致的调查研究。在瓜州农村,建房时要挑选最好的木材做为正梁,上梁时,鞭炮齐鸣,芝麻秸子烧得呼呼响,木匠师傅提着在芝麻秸里烧得灼红的秤砣或铁饼,向上面泼醋,让醋气熏到新房各处与四周环境,然后提着冒气的醋物绕着新房子跑一圈,意为洁净。这正是古敦煌民间"打醋弹"巫术在扬州瓜洲渡地区形象的体现,但是原来带有巫术性的岁时风俗,已移植到现代民间建筑的上梁风俗之中。

泼醋后,在正梁上还需要张贴对联。上联:"竖玉柱,喜逢黄道日。"下联:"上金梁,巧遇紫微星。"横批:"文昌化吉"。这显然又是巫术咒语的衍化物。还有人家在柱子上写上"日进斗金"、"万年如意"、"财源茂盛"等句,都是为了取个吉利。

总之,打醋弹巫术由于对人民身体健康和治理环境卫生有利,而在民间具有生命力,得以在中国各地绵延不断地发展。

① 孙考著《青海乡俗》,青海人民出版社 1984 年版,第 7 页。

第三节　高山族的猎头巫术

台湾地区高山族的猎头巫术，古时已颇著名，许多典籍都对它加以记载，最早见的是三国吴沈莹纂《临海水土志》。《太平御览》卷七八〇《四夷部一·叙东夷》引沈莹纂《临海水土志》云："得人头，斫去脑，驳其面肉，留置骨，取犬毛染之，以作鬓、眉、发，编具齿以作口，自临战斗时用之，如假面状，此是夷王所服。战得头，着首还，于中庭建一大材，高十余丈，以所得头差次挂之，历年不下，彰示其功。"①

清代记载多且系统，有供头、漆头、悬头、祭头诸项。

一、供头。清林谦光撰《台湾纪略》三云：

> (土番人)性好杀人，截其头洗剔之，粘以铜锡箔，供于家。②

《台湾纪略》是康熙二十三年平定郑克塽以后所作。

二、悬头。清周元文修《康熙台湾府志》卷七"风土"云：

> 土番风俗，凿穴而居，类太古之民者。性好杀人，取其头，剔骨饰金，悬于家，以示英雄。又有一种见生父年老，将父悬于树，听其杀去，获之者系一豕以易之。③

三、祭头。清范咸撰《(乾隆)重修台湾府志》"番社风俗"凤山县(二)附考引《使槎录》云：

> 傀儡生番，动辄杀人割首以去；髑髅用金饰以为宝。被杀之番，其子嗣于四个月释服后，必出杀人，取首级以祭。④

四、漆头。清柯培元撰《(道光)噶玛兰志略》卷一二云：

> 番尚武勇，性嗜杀。所屠人头携归入社，先灌以酒，令和血淋滴于壶中，俟众至，酌而饮之，受众称贺；然后剔去皮肉，煮去膏脂，涂漆以金色，以

① (宋)李昉等撰《太平御览》卷七八〇，中华书局1960年影印本，第3456页。

② (清)林谦光撰《台湾纪略》，《小方壶斋舆地丛钞》第九帙，杭州古籍出版社1985年影印本。

③ (清)周元文修《康熙台湾府志》卷七，《台湾文献丛刊》本。

④ (清)范咸撰《(乾隆)重修台湾府志》，清乾隆年间刊本。

数多者为豪雄。①

台湾高山族排湾人齐库湾部落的大酋长家内，有一块高五尺，幅宽 4.5 尺木板，上面有 50 多个雕刻画，但细加区分，只有 14 种不同的图形，都具有巫术性。

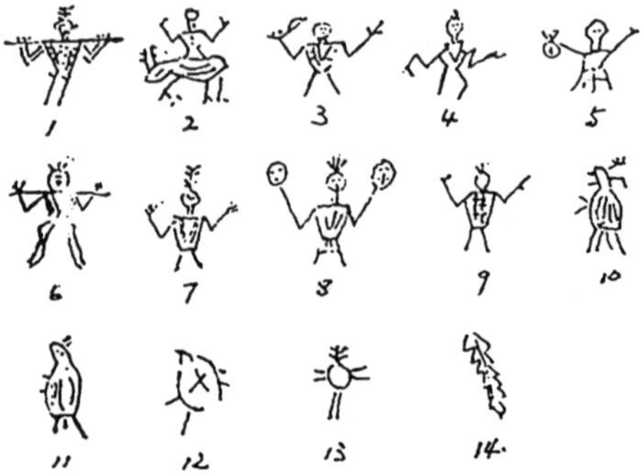

10. 台湾高山族巫术雕刻画〔陈国强、田富达著《高山族》，民族出版社 1988 年版，第 8 页。〕

这 14 种图形表示的意思是：1. 土人盛装持刺枪，头戴羽饰，穿上衣。2. 小孩骑鹿。3. 土人盛装，右手持刀。4. 土人戴羽直立。5. 土人猎获敌首，抓发提首。6. 土人饰鸟羽，横枪于肩。7. 土人戴羽饰盛装。8. 土人两手持敌首。9. 土人左手持木棒。10. 牡鹿。11. 小鹿。12. 鹿之牡仔。13. 儿童戴羽饰。14. 帽。（以上据陈、田两先生的意见。）图 5、8 两见土人手抓人头，这便是猎头巫术之反映。

从明代的《东番礼》可见，清代时的高山族有一种将斩下的人的首级，剔肉存骨，高悬于门上的神判；据《康熙台湾府志》，明末清初，高山族还处于“野蛮时代低级阶段”，所以 14 幅木刻画恐系清代产生。林惠祥《台湾高山族之原始文化》记载，高山族在现代仍流行一种猎头或称“馘首”的神判，当族人对一个问题争执不下时，酋长就令他们外出杀人，“先成功者谓有神佑，其理必直”。很显然，酋长随意杀人的思想与行为，就这样渗透进了神判巫术。

高山族的猎头巫术是从神判衍化而来的，但在其他族中则非来自神判，情况各异。

1. 有求福利的。例如，《魏书》卷一〇一《獠》节云：“獠者，盖南蛮之别种，自汉中达于邛笮川洞之间，所在皆有。种类甚多，散居山谷，略无氏族之别。性同禽兽，至于忿怒，父子不相避，惟手有兵刃者先杀之。若杀其父，走避，求得一狗

① （清）柯培元撰《（道光）噶玛兰志略》，清道光十七年（1837）抄本。

以谢其母，母得狗谢，不复嫌恨。亡失儿女，一哭便止，不复追思。其俗畏鬼神，尤尚淫祀。所杀之人，美鬓髯者必剥其面皮，笼之于竹，及燥，号之曰‘鬼’，鼓舞祀之，以求福利。”[①]野蛮时代，强者屠杀弱者，用神判为工具。

2. 有求丰收的。例如，田继周、罗之基《西盟佤族社会形态》云：“（佤族）他们用人头血滴在谷种或土上，把土撒在地里，认为这样会使谷子长得好。他们喜欢胡须多的人，认为胡须多象征谷子长得好。”[②]关于佤族的猎头巫术，陈卫东、王有明编著《佤族风情》第八章《宗教祭祀习俗》载：佤族的宗教祭祀活动很多，除了祭灶供神外，还有全寨性的坎木鼓、拉木桥、猎祭人头、祭水鬼、火鬼、扫寨子（袪）、祭老虎等。平时个别人家还要叫魂、送鬼、祭河神等。但必须强调指出，这些仅仅是过去的古老的祭祀活动。关于“猎祭人头”，原文曰：

> 砍木鼓是全寨子的大好事，是荣宗耀祖、显示富贵、能博得众人喝彩的好时机。砍好木鼓后，还要祭木鼓。木鼓是“通天神器”，要用最高贵的人头祭。猎人头是全寨性的活动、也是全寨子的大喜事。猎人头先是由头人、老人杀鸡卜卦后，选定几十个强壮的汉子，选择吉日去猎取。猎人头队伍出发时，到寨门外要听预兆鸟的叫声。是吉的便去，是凶的要退回，改日再去。猎人头队伍要小心，不能踩着伙伴的脚后跟。砍头时三刀砍下为最好。猎头时间一般在黄昏或者夜间为宜。猎获人头后，要尽快返回，当天返回最佳。人头不能背到别的寨子。若路过别的寨子要绕道而行。
>
> 猎人头的队伍当走到离寨子不远处就要停下来，鸣枪高呼。寨子里的头人得知获得人头后，就敲锣打木鼓，敬告寨子里的人们，让在野外劳动的人归回。猎人头队伍把获得的人头带到指定的地点，然后由头人领着老人带着红包头、一碗米、一只鸡蛋迎接人头。头人要恭恭敬敬地将红包头戴在那人头上，把米粒和鸡蛋喂到那人头的嘴里，以表示对那人头的欢迎和灵慰。然后向猎人头的人敬酒。“召比”（祝辞者）酹酒祝辞。其大意是：祝我们全寨平安丰收，不要有灾难。妇女要边装假哭边给人头梳洗。全寨人要跳舞庆贺。
>
> 人头砍回来了。头人、老人聚在一起选定能主祭人头的人家。主祭人家必须富有，因为猎祭人头那几天，全寨的人不能出寨门，不能干活。主祭人家要供大家吃饭，要杀猪剽牛。选定主祭人家后，几个男子砍一节长约

---

① （北齐）魏收撰《魏书》卷一〇一，中华书局 1974 年版，第 2249 页。

② 田继周、罗之基《西盟佤族社会形态》，云南人民出版社 1980 年版。

两米的竹筒，把另一端破成几丫，用篾子编制成漏斗形的竹笼、斗，要恰到好处，刚好能放进人头。准备停当，由"召比"先祝词酹酒敬告社神。祝词完毕后，由主祭人家的壮年男子，在众人吼叫声、铓锣声、木鼓声中，把人头抬到"把牙更"即放置人头的地方。"把牙更"一般在寨子上方，那里大树茂密参天，荆棘杂草丛生，蚊蝇乱飞，阴森森的。大树根旁立有木简、竹筒，上面用大石板压着，筒胸有个洞，洞口刚好能露出人头的脸面。

祭人头的最后一项活动是"帕外"即洗涤砍过人头的长刀。洗刀的人家也要由头人和老人选定。选定哪家洗刀，哪家就要煮饭供大家吃，同时还要准备一头黄牛一头水牛，在洗刀那天剽。选好吉日进行洗刀，洗刀那天将备好的牛牵到牛头桩场。这天，全寨子的男人老少都要穿上节日盛装，集中到剽牛场上，观看剽牛仪式。剽牛仪式开始了，牛的旁边站有两个装扮成女性的壮汉，一个手持梭镖、一个持着长刀，四周是围观的寨民。诅咒完毕后，手持梭镖的转身一跳，挥梭镖就剽牛。所剽部位是牛右前腋。剽后要注意观察牛所倒的方向，若是往左倒，让牛血滤向空中为最佳。

每年不一定都要砍木鼓，但不砍木鼓就要砍木桥。砍木桥、拉木桥的仪式也和砍木鼓基本相似。人头也不是年年要猎获，要看一些年份的收成如何，如果不能猎到活人头，也可以盗墓取死人头。这些习俗仅仅是一种精神寄托。解放后，佤族人民在党的领导下，废除了以前的陋习。①

11. 清代道士施术图〔采自《中国古代服饰史》〕

总之，应当承认猎头巫术的成因不是单一的，至少，有来自神判，也有来自求丰收等其他之原因，亦可能与族性相关，像明杨慎在其《南诏野史》下卷"卡瓦"就说该族"性恶，猎人以祭"。可为一说。

① 陈卫东、王有明编著《佤族风情》第八章，云南民族出版社 1993 年版，第 293—295 页。

第五十二章　清代蛊道巫术

第一节　两广云贵川闽湘等省的巫蛊

广东在清朝之时，蛊道巫术渗透进婚俗与行旅风俗之中。关于鬼妻害商旅等的记载，以清屈大均著《广东新语》一书记载最为翔实，其卷二四《蛊》条称：

> 西粤土州，其妇人寡者曰鬼妻，土人弗娶也。粤东之估客，多往赘焉。欲归则必与要约，三年返，则其妇下三年之蛊，五年则下五年之蛊，谓之定年药。愆期则蛊发，膨胀而死。如期返，其妇以药解之，辄得无恙。土州之妇，盖以得粤东夫婿为荣，故其谚曰："广西有一留人洞，广东有一望夫山。"以蛊留人，人亦以蛊而留。粤东诸山县，人杂傜蛮，亦往往下蛊。有挑生鬼者，能于权量间，出则使轻而少，入则使重而多，以害商旅，蛊主必敬事之。投宿者视其屋宇洁净，无流尘蛛网，斯则挑生鬼所为。饮食先嚼甘草，毒中则吐；复以甘草、姜煎水饮之，乃无患。入蛮村，不可不常携甘草也。挑生鬼亦蛊之属，盖鬼而蛊者也。以人蛊人已不可，况于以鬼乎。下蛊皆出于僮，出于僮之妇。若傜娘则不能下蛊也。蛊有鬼，名曰药鬼。药鬼之所附，僮妇恒不得自由，代代相传，必使其蛊不绝以为神。其中于人得解者，或吐出生鱼、生虾、生鸭子之属，皆药鬼之为之。粤东无僮，故无药鬼。①

在我国，蛊道巫术传播久远，但始终是个谜。以上书揭示僮、傜等族妇女，其所以放蛊是出于保卫入赘之婚姻，蛊是对负心郎的一种惩罚，果其如此，尚属情有可原，实乃保护婚姻生存权。所谓"定年药"，应称为"定情药"吧。

但是，蛊的扰乱正常生活，为僮、傜等族妇女所恨。此时此地的蛊，已经和

---

① (清)屈大均著《广东新语》卷二四，中华书局 1985 年版，第 599—600 页。

干宝《搜神记》时代不一样了，并不是她们自己在百种毒虫中所培育的，而是从自然界中发现和搜集的，经过她们正反两方面，即毒性及排除毒性的研究，用来作为保卫自己婚姻的工具。最好不过的例证，是《广东新语》里记载的“水蛊”和“木蛊”。

1. 关于水蛊。《广东新语》卷二四《水蛊》条曰：“粤西有三江。而左江之水尤毒。其源自交趾而来。皆蚺蛇、孔雀之粪所渍。夏间尤忌之。流至端州始平淡。然五六月西水涨溢。往往令人腹疾。又恩平水中多蚯蚓屯结。每水一升。可得蚯蚓数十许。色黄浊，饮之立蛊。又罗旁之水。多有桐木叶、木犀花叶浸其中。饮之亦辄胀满以死。是皆水之蛊。不因人力者也。”①

2. 关于木蛊。《广东新语》卷二四《木蛊》条曰：“高、雷间。木之所为者。皆有蝎蠹。善啮木心。其声入夜尤甚。木既穿穴。雨后化为天牛。飞满室中。角两而黑。背有黄白点。盖木之蛊也。凡器久不用而虫生谓之蛊。故凡物皆有蛊。蛊者虫之所为。虫。风族。风郁而不舒则为蛊。于文三虫食皿为蛊。二蚰食壼为蠹。然蠹之为患在物。而蛊之为患在人。人为天地之皿。物为天地之壼。壼而蠹焉。物不能全归于天地矣。人而蛊焉。人不能全归于天地矣。故圣人必务致中和以顺天地之风。风顺。而二虫、三虫乃不为害。”②

这两例只是民间一种说法，自然蛊的形成，未必就符合实际那么简单，但却会被需要的施蛊者发现而变为蛊道巫术。

据清乾隆年间记载说，客家人也有放蛊者。清青城子撰《亦复如是》卷八《放蛊》曰：“放蛊，边省常有其事，近虽渐革，然亦间有。广东新安县有客家能放蛊，与人有仇辄置蛊于饮食内。监生邓元捷龙跃头人，尝为仇家所算，以药下之，出虫如指如豆如环，蠕蠕动，约升余始安，虽得不死已瘦弱矣。闻放蛊之时最惧人吃生大蒜，大蒜入口，人即立死。故防人暗算者每身带大蒜，席间当主人面啖之，或向主人乞数瓣啖之；彼见吃大蒜则不敢放。盖放蛊者原欲其缓死，倘当时立死在家，反受其累，故不敢也。”③青城子生于乾隆二十二年(1757)。

清代蛤蟆蛊在广西盛行的原因。清袁枚著《子不语》卷一九《蛤蟆蛊》揭示说：

> 朱生依仁，工书，广西庆远府陈太守希芳延为记室。方盛暑，太守招僚友饮。就席，各去冠。众见朱生顶上蹲一大虾蟆，拂之落地，忽失所在。饮

---

① (清)屈大均著《广东新语》卷二四，中华书局1985年版，第600页。

② (清)屈大均著《广东新语》卷二四，中华书局1985年版，第601页。

③ (清)青城子撰《亦复如是》卷八，重庆出版社2005年版，第258页。

至夜分，虾蟆又登朱顶，而朱不知。同人又为拂落，席间肴核，尽为所毁，复不见。朱生归寝，觉顶间作痒。次日顶上发尽脱，当顶坟起如瘤，作红色。皮忽迸裂，一蟆自内伸头，瞪目而望。前二足踞顶，自腰以下，在头皮内。针刺不死，引出之，痛不可耐。医不能治。有老门役曰："此蛊也，以金簪刺之，当死。"试之果验，乃出其蟆。而朱生无他恙，惟顶骨下陷，若仰盂然。①

以上受害者头发尽脱，这绝不是入赘婚姻所引起，说明放蛊起于婚姻的因素很小，还是以畜蛊牟利所引起的原因更大。在贫穷年代，广西民间畜蛊获利者大有人在，成为蛊道巫术发展的重要原因。

下一例揭示云南蛊道巫术盛行原因。清袁枚著《子不语》卷一四《蛊》云：

云南人家家畜蛊。蛊能粪金银以获利。每晚即放蛊出，火光如电，东西散流。聚众噪之，可令堕地。或蛇或虾蟆，类亦不一。人家争藏小儿，虑为所食。养蛊者，别为密室，命妇人喂之；一见男子便败，盖纯阴所聚也。食男子者粪金，食女子者粪银。——此云南总兵华封为予言之。②

此例说明，当时云南民间畜毒，主要是为了钱财，奇怪的是，其所培养出来的蛊蛇与蛊虾蟆，皆能"火光如电"在夜晚飞翔。

在清代，云南省禄劝县地区也曾经流行过蛊道巫术。《续禄劝县志》云："土俗畜蛊，或蛙鼠之类，夜放晓收，其出入有金光，谓畜之者家顺利。蛊夜游傍檐宇，食蛛蝉网，小儿触之则中毒，善治者咀患处而出之，毒如小弹丸，则愈置丸于木盘，能自动也。蛊非金蚕，不甚为害。"③云南传闻的巫蛊事也像两广那么可怕。

清代张泓撰《滇南新语·蜀中多畜蛊》条也讲到四川、云南之畜蛊，夜晚飞出，闪闪如流星。文曰：

蜀中多畜蛊，以金蚕为最，能戕人之生，摄其魂而役以盗财帛。富则遣之，故有嫁金蛊之说。滇之东西两迤无金蚕，其鼠、蛇、虾蟆等蛊，害较烈。每夜静云密，有物熠熠如流星，低度掠屋脊而逍飞，尾铓修烁，寒焰摇动心

---

① (清)袁枚著，朱纯点校《子不语》卷一九，岳麓书社1985年版，第419页。

② (清)袁枚著，朱纯点校《子不语》卷一四，岳麓书社1985年版，第310页。

③ 《续禄劝县志》，载胡朴安编《中华风俗志》上篇，上海文艺出版社1988年影印本，第51页。

目。余甚诧之,询于同官,始知民家有放蛊事。并述蛊所止,善食小儿脑,为鬼盗如金蚕,然豢蛊之家,其妇女咸为蛊所淫,稍拂欲,即转食蛊家小儿女,千计莫遣,必蛊家贫绝,始自去。人颇畏不敢畜,且官法日严,亦更无造蛊者,而遗孽未殄,散落民家,犹惧祸豢养,踪迹隐秘,比邻莫知。余闻而痛恶之,屡于新兴、剑川设法告捕,思尽歼其种类。间有首者,往搜无所获,用生猬取之,亦缩缩无效,深以为恨。然缉之愈力,而蛊影流殃,亦随地渐灭。又山中摆夷,剥全牛,能咒其皮如芥子,货客入山,不戒,或为夷女所悦,当货毕言归,即私投饮食以食客,女约来期,如约至,乃得解,逾期,则蛊作腹裂,皮出如新剥者。更闻元郡江外,以木易客腿,索财既足,始复其胫,否则木脱夔立矣。其害亚于蛊,安能得此辈而尽律以大辟,边荒妖毒,庶其息乎,遗孽为害之说,余殊不敢信。①

张泓号西泽,清汉军镶蓝旗人,监生,历官云南,有《买桐轩集》。由于他长期生活在云南,故深知云南地方蛊的危害,描写得真切实在。其中提到蜀中有人搞蛊道巫术,也是由于“盗财帛”。

在清代,云南侬人中的妇女也有养蛊害人者。云南文山壮族苗族自治州《马关县志》记载“信仰民俗”:“侬人之迷信。有病不求医,而求白马(夷巫之称)。不拘贫富,家有病,辄曰送鬼,杀鸡、鸭、犬、豕甚多,必至病者痊或死而后已。白马以草签或鸡膀骨为卦,能卜吉凶,查鬼祟,笃信为深。每年祀屋后神最为重要,不祀则必召不测之祸。所祀神为杨六郎。该族妇女又多能养蛊厌人,放药病人,放五海(以邪术攫人魂),以致于人于死。”②侬人(Nung),自称“布侬”(Pu Nung),与壮族关系密切。云南文山今为壮族苗族自治州,也有布依族。

清代在福建地区也盛行过蛊道巫术。据清代典籍记载,福建蛊道巫术的施术者,供奉的是“蛊神”。清东轩主人辑《述异记》卷中《畜蛊》多有记述蛊者奉蛊神行规,文曰:“凡畜蛊之家,必盟于蛊神曰:愿此生得富,甘世世勿复为人。其用蛊也,其人既死,死者之家资器物悉运来蛊家,其受蛊之鬼,即为蛊家役使。凡男耕女织,起居伏侍,有命即赴,无不如意,若虎之役伥然。中斯毒者,唯自投粪窖中,稍或可解。闽之尤溪、永安、沙县诸邑,皆有蛊。近有尤溪王令,买瓜一担,次日瓜中皆蛊虫,责买办者,以某家所买对,遂拘卖瓜之人问之,云某家从不造蛊。刑讯之,其人云:有造蛊者,与某有仇,必是人也。即拘造蛊者至,其人不

① (清)张泓撰《滇南新语》十一,《小方壶斋舆地丛钞》第七帙,杭州古籍书店 1985 年影印本。
② 张自明修,王富臣等纂《马关县志》卷一〇,齐鲁书社 1997 年影印,第 220 页。

讳，遂夹三夹棍，打一百板，并无痛楚，收禁囹圄，半夜失其人所在。至其家追捕之，则已举室遁矣。近岁有异人传治法，凡至蛊者之家，须挟一鸡入门，蛊家解意，即付药一服，彼此不交言而退，服之无患矣。”[①]从中可见福建造蛊巫师之神奇，衙门里的肉刑，不管是夹指头，或打屁股，均无痛楚。

清东轩主人辑《述异记》卷中《飞蛊》又说：“石门沈心涯守开化时，偶坐晚堂，见空中有流光如帚似慧星之状，问之胥役，云此名‘飞蛊’，乃蛇蛊也。畜蛊之家，奉此蛊神能致富，但蛊家妻女，蛇必淫之。蛇每于晚间出游，其光如慧，遇人少处，下食人脑，故开化居民时届黄昏，不敢露坐，恐遭其毒也。”[②]可见所谓“蛊神”，即造什么蛊，便认什么蛊为神，以上的蛇蛊神，还有淫人妻女、食人头脑的习俗，都是典型。

清东轩主人辑《述异记》卷中《虾蟆蛊》又说：“闽有虾蟆蛊，与金蚕蛊大略相同，事之者辄富。其来也，人或于路侧见金帛甚多，知是送蛊，贪昧者遂奉以归，其蛊亦随至。送者遗一册书，事蛊之法及行蛊之术甚备。奉之者，家庭洒扫清洁，止奉蛊神，至二氏之教及一应神祇，俱不复奉。每至金日，则蛊神下粪如白鸟矢，刮取以毒人，非庚辛申酉日则不下蛊。中其毒者，必先一嚏，则虫入百节五脏矣。其始也，昏愦胀满，至虫食骨脏俱尽则死矣。其毒或入饮食中，或弹衣领上，或鸡鹅鱼肉果蔬之中，皆可下蛊。活鸡有蛊，则两腿中皆虫，而行止鸣啄自若，肉有蛊，则煮之不熟。凡蛊入食物，隔宿即虫出，故官于此地者，受馈饮食，必宿而用之，无虫者，非蛊也。事蛊之家，蛊死之人，皆为役使，凡耕织之事，鬼皆任之，故不用人力而粟满庾、帛盈箱。至除夕，则以鸡子祀之，夫妇裸拜。且与算帐，每蛊一，衙役算银五钱，秀才算银四两，官长算银五十两。蛊多者，获利必厚，少则薄。如或厌恶之者，必倍其来之数以送之，又有贪财者奉之而去。”[③]

由此可见，事蛊巫师行规甚严。除夕有夫妻裸体祭拜之礼以事蛊神；并有路旁遗金，附造蛊法，用来自然传播蛊道巫术；受害者成了蛊鬼，还要受蛊道巫师的终身差遣。

福建在盛传蛊道巫术的清代，甚而在农村的田地也有“蛊毒田”者。清屈大均著《广东新语》卷四记载：“长乐有两毒泉。曲江蒙里驿对岸，亦有毒泉，沾足溃烂，

---

① (清)东轩主人辑《述异记》,《四库全书存目丛书》子部第250册，齐鲁书社1997年影印本，第199—200页。

② (清)东轩主人辑《述异记》,《四库全书存目丛书》子部第250册，齐鲁书社1997年影印本，第200页。

③ (清)东轩主人辑《述异记》,《四库全书存目丛书》子部第250册，齐鲁书社1997年影印本，第202—203页。

泉所注田数十顷，食其田谷者，一二年辄死，号蛊毒田。斯乃地之孽气所注也。”①

福建蛊道巫术在清末之详情依然扑朔迷离，徐珂编撰《清稗类钞》“方伎类”《放口飞口》条说：“闽有放口之说，口字不知作何解，要亦巫蛊魇魅之属。大率互仇而力不能制，则放口打之，以致之死。设所打之人不为所中，亦必致放者于死命。更有所谓飞口者，当口不中其人而反也，路遇他人，亦间有中者，则为飞口。凡中口，必忽得无名之异疾，医药不能治。然有专业解口者，能以术治之。中口者愈，则放口者亦必自毙，故非万不得已，亦鲜肯放者，盖放时已置死生于度外也。光绪时，尝有一妇与其婶不睦，集怨既深，婶遂放口打之。时妇已有妊，忽得异疾，通体毛发牵掣，毛窾中出血缕缕，而腹痛欲死。群知其中口，亟延解口者解之。乃净一室，室不留他人，令以一大浴盆与病者，裸坐其中，背相贴，而神其用，一日夜而病者霍然若失，酬金不过三四千钱耳。放口之术，妇女辈间有自习之者，更有业此受人延聘，得数金即办者。”②可见放口飞口就是巫蛊魇魅之黑巫术，在清朝光绪年间挟私怨报复人，倘若有人解口，放口人也要死去。

民国年间，蛊道巫术在南方各省仍盛行不衰。王世祯曾叙述他亲身之经历：

> 大约蛊为古代遗传的神秘巫术，这也许是一种心理作用。民国五年(1916)夏天假期，我因避暑至龙溪、南汉两界之深山旅行。有供服役之潘姓者，数日间，猝血不华色，肌肉消瘦。山中人谓蛊毒。果如《西溪丛话》所言，嚼豆不腥。急延一巫师治之，数日而愈。我因厚赠巫师，其乃言造蛊之法。巫言只知其一种，法以古历五月五日午时，随意取一生毒虫，放于瓦制小香炉内，以辰砂醮笔，画符于黄纸上，将炉密封，不令透风。乘人不觉，埋于十字路口。至四十九日之后，密挖视之，若封符破，则术不灵；若封符如故，则密取归，置卧床下，晨夕以清茶馨香供奉。取香灰少许，置过客饮料或食品之中。(造此蛊者，皆开旅馆之人。)客受其毒，久必病发身死，其魂则依于施术者之家。能使施术者心灵中，预知求利之法。但未施术之先，当自承结果，于“孤”、“贫”、“夭”三者，必居其一，其术乃验。知其法者，亦不敢妄用云云。其言是否可信，无从悬决；且其符不肯示人，亦无实物可以根据。③

王世祯共记述了十多种蛊毒的害人之法，现摘录如下：

① (清)屈大均著《广东新语》卷四《毒泉》，中华书局 1985 年版，第 155 页。

② 徐珂编撰《清稗类钞》中华书局 1986 年版，第十册，第 4562 页。

③ 王世祯编著《中国民情风俗》，星光出版社 1981 年版，第 134 页。

金蚕的害人是能使人中毒，胸腹搅痛，肿腹如瓮，七孔流血而死。蔑片蛊的害人是将竹蔑一片，长约四五寸，悄悄的把它放在路上，行人过之，蔑跳上脚腿，痛得很厉害。久而久之，蔑又跳入膝盖去，由足脚小如鹤膝，其人不出四五年，便要一命呜呼了。石头蛊的害人而是将石头一块，放在路上，结茅标为记，但不要给他人知道。行人过之，石跳上人身或肚内，初则硬实。三四月后，更能够行动、鸣啼，人渐大便秘结而瘦弱，又能飞入两手两脚，不出三五年，其人必死。泥鳅蛊的害人是在煮泥鳅与客吃，食罢，肚内似有泥鳅三五个在走动，有时冲上喉头，有时走下肛门。如不知治，必死无疑。受害人是中蛊后，额焦、口腥、神昏、性躁、目闻邪鬼声，如犯大罪，如遇恶敌，尝思自尽。疳蛊的害人是将蛇虫末放入肉、菜、饭内与人吃；也有放在路上，踏着即入人身。入身后，药末粘肠脏之上，弄出肚胀、叫肚痛、欲泻、上下冲动的症状来。肿蛊的害人在獞俗谓之放"肿"，中毒后，腹大、肚鸣、大便结实，甚者，一耳常塞。癫蛊的害人是取菌毒人后，心昏、头眩、笑骂无常。饮酒时，药毒辄发，忿怒凶狠，俨同癫子。阴蛇蛊的害人是予人中毒的，不出三十日，必死。初则吐，泻，继则肚胀、减食、口腥、额热、面红。重的，脸上、耳、鼻、肚……有蛊行动翻转作声，大便秘结。加上癫肿药，更是没有治好的希望。生蛇蛊的害人中毒的情况，与阴蛇蛊害人相似，但也有些异点。即肿起物，长二三寸，能跳动，吃肉则止。入则成形，或为蛇，或为肉鳖，在身内各处乱咬，头也很痛，夜间更甚。又有外蛇随风入毛孔里来咬，内外交攻，真是无法求治。①

以上说法，自然不足为信。但我国西藏地区流行的"蛊毒"却更为奇特，《民族词典》描述说：

居住在西藏喜马拉雅山区的一些民族中个别妇女的迷信习俗。将自制毒剂暗中置于酒、茶中待客，使饮用者不知不觉中毒身亡。认为死者生前的"福气"(如健康、长寿、富有等)就可转移到投毒者身上。此俗仅传其女。投毒范围不包括官员、喇嘛等有权势者，除此则不分亲疏。中毒后也可用自制土药及时解毒，有的也借此毒害仇人，一般人对有此恶习者深恶痛绝，一旦发现即驱逐出村。民主改革后此俗已基本破除。②

---

① 王世祯编著《中国民情风俗》，星光出版社 1981 年版，第 140 页。

② 陈永龄主编《民族词典》，上海辞书出版社 1987 年版，第 988 页。

此说并无确实的文献根据，全凭口头调查所得，但由于前所未见，因而是民俗研究者所不可忽视者。

旧时之瑶族也有此类蛊道巫术，称为“放蛊”，或“闹巫海”，流行于今日云南省屏边等地区。村寨之中如有人久病不愈，便会怀疑是不是被人放了“巫海”。

我国壮族、布依族、苗族、瑶族等也有蛊道巫术。多半是畜养毒虫以害人，方法与古代相同，即在端午节这天，聚百毒于瓮中，互相啖食，仅留一虫，经年打开，此虫即蛊。有飞蛊、蜥蜴蛊、蜣螂蛊等。这种巫术，现已绝迹。

第二节　清代民国苗族的巫蛊

我国苗族在清代至民国年间其蛊道巫术亦十分流行。其培育蛊毒、“放草鬼”等是专门对付仇人的黑巫术。

清田雯撰《古欢堂集》卷三九《黔书·蛊毒》曰：“（蛊）从虫从皿，虫之藏于器者也。器有虫则必敝，故欲干之，其为害不易知，故又称蛊惑。蛊毒他省所无，惟云贵闽广则有之。苗狆欲致害者，多畜蚺虺、蜈蚣诸毒物于瓮缶中，滴其涎沫于酒食以饲人。中之者，绞肠吐逆，十指皆黑，吐水不沉，嚼豆不腥，含矾不苦，是其证也。又有挑生蛊，食鱼则腹有生鱼，食鸡则腹有生鸡。又有金蚕蛊，夜则飞出饮水，光如匹练。金彩烂然，要皆利人财物。或与人有隙，或代人抱怨，故以饷之。远则十季乃发，近则俄顷。一为所中，觉其有异，即服白蘘荷汁，可以无患。蘘荷叶似甘蕉，根似姜芽差肥，春初生根，可为菹，曰莼菹，性好阴，木下生者尤美。潘岳《闲居赋》云‘蘘荷依阴’，谓此也。白者为贵，《神农经》云：‘蘘荷治中蛊。’中蛊者服其汁，并卧其叶，即呼蛊主姓名。《周礼》‘庶氏掌除蛊，工祝桧之，嘉草攻之’，即此物也。”[①]

田雯，字子纶，康熙甲辰进士，官至户部侍郎。其客观描述中蛊与治蛊详情，而未做是非判定。

湖南吉首西南，康熙时称为乾州。据光绪三年（1877）蒋琦溥等纂修《光绪乾州厅志》卷七云：

> 苗妇能巫蛊杀人，名曰“放草鬼”。遇有仇怨嫌隙者放之，放于外则虫蛇食五体，放于内则食五脏。被放之人或痛楚难堪，或形神萧索，或风鸣于皮肤，或气胀于胸膛，皆致人于死之术也。将死前一月，必见放蛊人之生

① （清）田雯撰《古欢堂集》卷三九，景印文渊阁《四库全书》第1324册，第463页。

魂，背面来送物，谓之催药。病家如不能治，不一月人即死矣。闻其法不论男妇皆可学。必秘设一坛，以小瓦罐注水，养细虾数枚，或置暗室床下土中，或置山僻径石下。人得其瓦罐焚之，放蛊之人亦必死矣。放蛊时，有能伸一指放者，能戟二指放者，能骈三指、四指放者。一二指尚属易治，三指则难治，四指则不能治矣。苗人畏蛊，不学其母法，唯苗妇暗习之。嘉庆以前，苗得放蛊之妇则杀之。嘉庆以后，苗不敢杀妇，则卖于民间，民间亦渐得其法。黠者遂挟术以取利。虽前经傅中丞严示禁止，此风不少衰也。惟在贤司牧时加惩创，庶此辈稍知畏惧耳。①

以上《乾州厅志》描述的是施术前后的一般概况。湖南《永绥厅志》卷六《苗峒》的记载中，对施术苗妇的特征更作了进一步描述："真蛊妇目如朱砂，肚腹臂背均有红绿青黄纹路，无者即假。真蛊妇家无有毫厘蛛丝网。每日又须置水一盆于堂屋，将所放之蛊虫吐出，入水盆食水，无者即假。真蛊妇平日又必在山中，或放竹篙在云中为龙斗，或放斗篷在天上作鸟舞，无者即假。如有以上各异杀之后，剐开其腹，必有蛊虫在内，则为真蛊。真蛊妇害人，百日必死，若病经年，即非受蛊。此勋再三考求，得之禀词，考之舆论，皆合者。有父母斯民之责者，其慎之慎之哉。"②纂修者并言："素闻苗疆蛊患，几于谈虎色变，到任初，即有告蛊之案。曾详加考之，以记于篇，莅官者其慎也。"③

苗族造蛊人家取蛊的涎矢毒人。清王韬《黔阳苗妓纪闻》曰："苗家造蛊，每于端午聚蜈蚣、虺（毒蛇）、蝎于一器而咒之。积久启视，留其一，则为蛊。取其涎矢以毒人，奇病百出，即数年后千里外无得免者。凡遇夜间空际如流星闪电，即放蛊出饮也。长者为蛇蛊，圆者为蛤蟆蛊，而以金蚕蛊为最毒。盖一寨中辄有两三家也。"④

清人著作介绍了培养蛊虫等经过。清陆次云撰《峒溪纤志》中卷《蛊毒》云："苗人能为蛊毒，其法五月五日聚毒虫于一器之中，使相吞噬，并而为一，乃诸毒之尤也。以之为蛊，中者立毙。然造蛊之法多端，如有所谓金蚕蛊、蜈蚣蛊者。其术不可思议，大约其用蛊恒在冷茶、冷酒中及菜蔬、肉食中第一块上。行其地者，虑为所毒，宜带甘草嚼而咽汁，中毒即能吐出，仍以炙甘草三两、生姜四两、水六升，煮二升，日三服，或用都淋藤、黄藤酒煎温常服，则毒随大小溲出。若含甘草而不吐者，非毒也。又三七末、荸荠，皆可解。又白矾、细辛为末，各五钱，

① （清）蒋琦溥等纂修《光绪乾州厅志》卷七，江苏古籍出版社 2003 年版，第 214 页。

②③ 湖南《永绥厅志》卷六，江苏古籍出版社 2003 年版，第 121 页。

④ （清）王韬《黔阳苗妓纪闻》，《四库禁毁书丛刊》本，北京出版社 1997 年版，第 413 页。

新汲水调下，得吐即止。又蛮人解蛊毒药有名‘三百头牛’者，土常山也；有言‘三百两银’者，马兜铃藤也，皆宜佩带。有中蛊而卧病者，烧病人所卧之箦，则病者能自言下蛊何人也。蛊祟有神，夜出摄死者之魂，光如拽（曳）彗，流入人家，当知防御。又下蛊之家，其居必洁，盖蛊死之鬼，为之拂拭，故窗牖之上，纤尘不染也。觉之者为女字坐，则其蛊不灵。又闻畜蛊之家，鸡辄飞去，彼或蛊我，方食时，窃其少许，密埋十字街心，则蛊神反为彼祟。又蛊神畏猬，取猬入养蛊之家，其蛊立擒。数说皆有征验，故为附及。”[①]贵州蛊虫畏惧“女字坐”，其意未明，不知是否此巫术避女人而行。

贵州兴义地区蛊道巫术清咸丰年间也有金蚕蛊传闻。清张锳修《兴义府志》卷四一《苗类》曰：“《（贵州）通志》云：每畜蛊毒，夜飞而饮于河，有金光一道，谓之‘金蚕’，常以杀人，否则反啮其主，故虽至戚，亦必毒之，以泄蛊怒。”[②]

还有传说，畜蛊之家，以主人眼白有血丝，泪眼满眶为特征。贵州兴义地区民国二十三年（1934）《兴仁县志》卷九《风物志》记载：“（狆家）间有畜蛊毒者，中者则腹胀呕吐，治晚则死。若蛊未中人，必反噬，虽至戚独子，亦必毒之，以泄蛊怒。至其家，视其窗壁光洁，无蛸网灰尘；视其人，血丝缠眼白，泪盈盈湿眶者，慎勿唇沾其饮食。”[③]该志还记载有治蛊药方。《兴仁县志》卷九《风物志》曰：“吴县乔子木异俗志谓：‘中苗蛊毒者，急服白蘘荷汁，犹能解。’按，蘘荷，叶如芭蕉，根如姜芽，喜生阴木下，潘岳《闲居赋》所谓‘蘘荷依阴’是也。或曰：‘刺猬能擒蛊，其皮可解蛊毒。’”[④]

关于造蛊者杀人致富，在胡朴安《中华风俗志》中亦有描述，如其下篇卷一〇《苗族》篇云：

> 獞（苗）妇善畜蛊，天姬能破之，凡中蛊者，颜色反美于常，天姬望之笑，因叩头乞药，啖以一丸，立吐怪物，白矾浇之，其物立死，否则复还其家。凡蛊夜出有光，熠如曳彗，是名飞蛊。光积生影，状如生人，是名桃生影、积生形，能与人交，是名金蚕，于是任意所之，流毒乡邑。杀人多者，家益富。[⑤]

苗妇造蛊与白矾解蛊法之外，《中华风俗志》下篇卷一〇《苗族》篇又云有甘

---

① （清）陆次云撰《峒溪纤志》中卷，《丛书集成初编》本。第三〇二六册，第二三至二四页。

② （清）张锳修《兴义府志》，巴蜀书社、江苏古籍出版社、上海书店 2006 年影印，第 386 页。

③ 冉晸修，张俊颖纂《民国兴仁县志》卷九，巴蜀书社、江苏古籍出版社、上海书店 2006 年影印，第 109 页。

④ 《民国兴仁县志》卷九，巴蜀书社、江苏古籍出版社、上海书店 2006 年影印，第 114 页。

⑤ 胡朴安《中华风俗志》，上海文艺出版社 1988 年影印本，第 45 页。

草、马兜铃藤、烧床席解蛊毒法：

> 苗人能为蛊毒，其法五月五日，聚毒虫于一器之中，使相吞噬，并而为一，乃诸毒之尤者也。以之为蛊，中者立毙。然造蛊之法多端，如有所谓"金蚕蛊"、"蜈蚣蛊"者，其术不可思议。大约其用蛊，恒在冷茶冷酒中，及菜蔬肉食中，第一块上。行其地者，虑为所毒，宜带甘草，嚼而咽汁，中毒即能吐出。仍以炙甘草三两，生姜四两，水六升，煮二升，一日三服。或用都淋藤黄藤酒、煎温常服，则毒随大小便去。若含甘草而不吐者，非毒也。又三七末、荸荠皆可解。又白矾、细辛为末，各五钱，新汲水调，得吐即止。又蛮人解蛊毒药，有名三百头牛者，土常山也。有言三百两银者，马兜铃藤也。皆宜佩带，有中蛊而卧病者，烧病人所卧之箦，则病者能自言下蛊者为何人也。蛊祟有神，夜出摄死者之魂，光如雪，流入人家，当知防御。又下蛊之家，其居必洁，盖蛊死之鬼，为之拂拭，故窗牖之上，纤尘不染也。觉之者，为女字坐，则其蛊不灵。又畜蛊之家，鸡辄飞去，彼或蛊我，方食时，窃其少许，密埋十字街心，则蛊神反为彼祟。又蛊神喂猬，取猬入养蛊之家，其蛊立擒，数说皆有征验也。①

胡朴安此书编成于民国十一年(1922)，资料取自"各地方志书及古今人笔记、游记中"(胡怀琛跋语)，故以上资料均为清代史迹无疑。

徐珂编撰《清稗类钞》方伎类《苗人退蛊》条描述的预防放蛊害人，可以不经过中医药的治疗，仅仅是"挥双刀"，禹步作法就可奏效。文曰："蛊毒甚于黔南，豢蛊者不能伤人，必自殄其身。其放蛊也，不仅于饮食中，即两目注视，其人亦能中蛊。先事预防之法，相传以针置帽内，或值欲饮食，及有人注视时，默念此必放蛊以害我者，则蛊不入。有中之者，苗人亦能退之。苗人至室，挥双刀，往来忌刺，禹步作法，语呶呶不可辨，无何，病者霍然矣。"②道听途说，两目注视亦能中蛊，是否可空气传播，亦无印证；和古代许多治蛊药方形成对立，已无可信性和可知性。

苗妇畜蛊事，在民国年间仍有流行，人类学者亦有实地考察。凌纯声、芮逸夫著《湘西苗族调查报告》中有翔实的记载：

---

① 胡朴安编《中华风俗志》，上海文艺出版社 1988 年影印本，第 64—65 页。

② 徐珂编撰《清稗类钞》中华书局 1986 年版，第十册，第 4655 页。

> 蛊术只女子相传。如某蛊妇有女三人，其中必有一女习蛊，但不一定要传亲生之女，普通女子亦得相传。如有一女子向蛊妇学习女红与唱歌，蛊妇见此女可以传授蛊术，即在无意之中问女："你得了！"女即生病。如欲病好，非向其学习蛊术不可。传授的仪式与咒语，无从究得其详。蛊妇设有蛊坛，或在家中隐蔽处，或在山洞中，闻有一蛊妇设坛在家，一日早饭后，俟寨中人上山工作之时，妇即在家烧温水为神偶沐浴，不意为小儿所见。翌日，妇上山工作，小儿仿效之，烧沸水为神偶沐浴，将蛊偶烫死。中有一偶即为蛊妇自己之魂所附。妇在上山工作，即已自觉，返家换衣后，即气绝身死。蛊妇眼红，如不放蛊，自己要生病，脸变黄色。放蛊中一人，蛊妇自己可保无病三年；中一牛，可保一年；中一树，可保三个月。猪亦可放，狗则不能。故蛊妇怕狗，不吃狗肉。中蛊者的病象，脸呈黄色，想吃食物，得之又吃不下，大都腹胀。急医亦能痊愈。1928年，凤凰县发生一蛊毒案。有一苗人，二子相继而亡，疑为同寨蛊妇作祟。后告官抄搜其家，在隐蔽处抄出一瓦罐，内有蛇、鳖、蛤、蟆等物，并有纸剪的人形。因证据确实，即将蛊妇枪毙。①

调查可见，民国年间苗妇施蛊道巫术，多与"神偶"、"纸人"等模仿巫术相结合。同时，蛊妇之眼红，也和《永绥厅志》、《兴仁县志》叙述相合。

民国年间在黔东南苗族地区亦流传蛊道巫术。郭辅相修、王世鑫等纂《八寨县志稿》卷二一风俗《养蛊毒》载："俗谓苗人有养蛊者，每每暗置蛊于饭菜之中，凡食者必周身浮肿而死。其毒，有谓之水蛊者，有谓蛇蛊，各类甚伙，总之不离最毒之虫。近是养蛊皆女人，其夫亦不尽知。由彼喜爱之人，然后放之，若果如是，人亦何乐而为彼所爱也。"②

另外，又据马学良著《裸族的招魂和放蛊》所述，我国西南苗族地区，在旧时亦流行巫蛊："如放蛊毒人之说，西南苗夷区中，皆有此说，但我历年居苗夷区，何未之见，仅闻某某人中蛊毒因而昏狂，或残废死亡。曾记一裸妪告我彼于某村被仇人置蛊于饭中，食后眇一目。市上亦常见苗人卖解蛊之药，中蛊者服之即愈。且裸村中常明示人某家为放蛊者，称之'药王'，人皆敬而远之。裸胞议婚，若访明某家为药王，则不与通婚。"③可见，不独湘西之苗族，即使是云贵的苗族中，民国年间也流行着蛊道巫术，但现今苗族中已经绝迹。

---

① 凌纯声、芮逸夫《湘西苗族调查报告》，商务印书馆1947年初版，第200页。

② 《八寨县志稿》卷二一，巴蜀书社、江苏古籍出版社、上海书店2006年影印，第217页。

③ 见马学良著《云南彝族礼俗研究文集》，四川民族出版社1983年版，第234页。

北京图书馆藏民国二十八年抄本贵州《民国定番县乡土教材调查报告》之十七章有《放蛊》专文，叙述调查者亲身经历详情，全文转载如下：

放　蛊

放蛊一事，是苗夷社会中恶习之一。我们常可听见放蛊，她们也会同样的暗暗的放入饮食中，她们何以总要如此做法呢？因为在她们觉得那些蛊发生时，遍身会不舒畅。她们在路行途中，遇见小孩子，便摩擦孩子的头顶，这小孩便中蛊了。此外，遇见任何路人，也有意去碰撞，被碰撞者便会中蛊。她放蛊的对象，并没有一定的人，若找不到外人，就是她们的丈夫、儿子以及亲友，也都有被放的危险。尤其是她要报复的仇人，那被放的危险性就更大。凡在苗夷中娶苗夷女子为妻的汉人，若要归他的故里一行，她必先和他约定归期，暗地将蛊放在食物中，先使他误食，到归期回来时，她才给以解药解去，如遇到期不归，那蛊毒便会发作，此人立时会死。据说妇女蛊发之时，她的理智性全都丧失，情不由己地去施害他人，若放中了别人，那时她的身子舒畅，如放下了重担一般轻松。闻有蛊的苗、夷妇女，至低限度要放一次。放蛊的人，因被魔鬼缠绕，所以她一定要放出了蛊给别人，自己才能得救。这蛊毒在身中不放，日久繁殖到了容不了时，她自己也会熬不住而毙命的。

汉人因和苗夷最隔阂，一般汉人恃势欺凌他们，便会常受放蛊的报复，这种放蛊，当然非常危险。据云有蛊的苗夷妇女，她们的眼会发红，或脸上生着异样的毛，或额部格外地有光。蛊在她身上发作时，她的身子没有片刻的安宁，不止的抓痒。遇到这种情形时，我们便可准备预防，即使肚饿难受，也不能去吃她所烧的饮食，我们如要尝试的话，可以拿出自己备带的银筷或牙筷，插入食物中，筷子若变颜色，便是有毒，这时万不可吃，只有快离席而去为妥。若是在行路途中，遇见苗妇不怀好意向你撞来，你只有快快躲开，可以免祸。若是你心中常存怀疑放蛊这念头，放蛊倒也会变成无效。又或身带甘草，或是蜘蛛香，据说是免蛊最灵验的东西。蛊有轻重之别，受到轻的，发生头晕、头痛或是腹痛的症象，你若不去医治，身子便会一日弱似一日，精神萎靡，终于成了不治之症。至于受到重的，不等你医治，便会死去。不过重的蛊毒，极少见到。倘若不幸被中，可请专收蛊毒的术士，用蛋来收，收毕被蛋吸去，再用桐油烧那收获到的蛊毒，据说那放蛊的人，立时三刻会死。又说解蛊毒的方法，须烧食放蛊毒苗妇的手巾布块，甚至吃她家的粪溺才能治好。

这神秘性的苗夷妇女放蛊一事，极尽无稽之谈，但是请教定番汉人，据他们说放蛊这事是的确有的。这次作我们向导的龙君，能通苗人语言，早先他常往苗区去卖盐卖烟。有一次，在无意中中了一次蛊，幸而事后发觉得快，迅速救治，才得免一死，下面是龙君的自述：

我在前年常到九龙山（在定番）一带山槽内做挑盐或挑烟的买卖。早晨出门，晚上归来，中间的午饭就在山槽苗家买来吃的。有一天晚上，我睡在床上，觉得腹痛如绞，后来实在痛得不止，家里人才替我请医生来。这医生说我中了蛊毒。我当时想不起怎样中了蛊，也不知是谁放的，全家人听到我受了蛊，都嚎啕大哭，以为我要死。我知道身中蛊毒者的痛苦，现将苗夷放蛊一事，加以详尽的说明。

放蛊就是苗夷妇女暗地杀人的法门，绝不使任何人知道，俗又叫做“杀草鬼”。放蛊不是人人都能的，必须经过一种秘密的传授，才会知道其中的诀窍。传授者大都是苗女的母亲。在传授的时候，必须选择一种代表的东西，这种东西，苗女放在暗处，终身必须加以饲养。东西的性质，没有一定，或是斑鸠，或是老蛇，或是麻雀，或是蛤蟆，或是乌龟都可。蛊的名称，便随此种动物名称而变异的，有斑鸠蛊、老蛇蛊、麻雀蛊、蛤蟆蛊、乌龟蛊等名称。妇女暗饲这些东西，有暗放在她自己的衣箱中或柜子中，甚至放在墙壁中，上面围着红布，如果是蛤蟆，则放在妇女的盘龙髻之下，使别人无法看到，她们在没有人见到的时候，天天饲养这些东西。另有一种蛊，虽不是秘传的，但也不使人知道。每年端午节的正午，相传是五毒百虫现身之时（按，汉人有此传说），妇女便到高山上去捕捉各种五毒百虫，放在一个小坛内，置于暗处，经年不揭坛盖，坛内的虫便互相残杀，直留到最后一条虫，这虫便是蛊。一旦妇女暗地揭开坛盖，吸入一种难闻的气息，这气息日后便常会在妇女身中作蛊，以放出为快。同时，她们等那坛内的虫死了，便将死虫和那虫所遗的粪取出，研成细末，逢到妇女身中那种气息作蛊时，便将这种细末放入事物中。人若误食，便会中毒，日久不治，便会身死。

我就是中了上述秘传的蛊。当时自己也很着急，那医生虽懂得是中了蛊，但不敢胡乱解治，也是束手无策。我不知请了多少医生，吃了多少止痛的药，都是无效。后来又不知吃了哪个医生的药，才渐渐止痛。计算从中蛊的那一天起，我一直睡在床上，痛苦不堪，有半年之久，家人用尽心力医治，我才能病好，否则我会死去。先生，放蛊这回事，真是性命交关的，我从这一次吃了大亏，到苗区的时候，步步留神，以防放蛊。先生，我们九门寨（也在定番，是龙君家居之地）里的人，不时发生中蛊毒的事，并且有因此而死的。离我们家不远的地方，叫大坡，苗家住的最多，有一家放蛊最厉害，不吃他家的粪，就不会医好。过去这里县政府捉了此放蛊的苗妇，拷问过后，还是问不出他们为什么要下这毒手。

龙君这样娓娓地告诉我们他中蛊的经历，这是事实。不过这种中毒，是否真正的所谓的“中蛊”，亦或是一般不卫生状况下的偶然中毒？我们深深希望医学家能在这方面做一番功夫，使我们能切实了解这中蛊的谜。①

这最后陈述，已表明巫术“中蛊”，是贫穷岁月时难以治愈的创伤，连当地县政府捉了放蛊的苗妇，也没有拷问出一个结果。但民间流传着医治苗蛊的偏方，如贵州省民国二十七年(1938)《麻江县志》卷五“风俗”曰：“治中苗蛊。腹猝起包痞者，为中蛊。取红蓋麻根及龙胆草根煎水，冲少许酒服即愈。”②

在今贵州文山壮族苗族自治州，民国年间亦有蛊害的记载。如民国二十一年(1932)石印本(云南)张自明、王富臣等纂修《马关县志》风俗志曰：“侬人之迷信。该族妇女又多能养蛊厌人，放药病人，放五海(以邪术攫人魂)，以致人于死。”③

贵州榕江县为苗、彝、水、侗诸族聚集地，民国三十二年(1943)间亦有蛊传闻。据李绍良纂《榕江县乡土教材》第四章第四节《放蛊》记载：“放蛊之说，亦盛行于榕江，据说放蛊者，捕捉毒虫，如蜈蚣、壁虎、蝎蛇等入器皿中，令其自相蚕食，然后取出仅存之毒虫而杀之。研为细末，即为放蛊之原料。又说，放蛊者，捕取毒蛇，高挂于室中，令其自然腐烂，下滴毒水，毒水下滴则用杯装米承之，亦即放蛊之原料。放蛊时即用所制成之原料，放于意欲被害者之食品中。倘无意食下，即不免腹肿肚痛而致于死。据说放蛊者，多为女人，且为漂亮之女子，死时并须将放蛊之术传之于女，现榕江三区地方仍有采放蛊之术者，确否待考。”④

---

① (民国)吴泽霖撰《民国定番县乡土教材调查报告》，巴蜀书社、江苏古籍出版社、上海书店2006年影印，第328—329页。

② (民国)拓泽忠、周恭寿修，熊继飞等纂《(民国)麻江县志》卷五，巴蜀书社、江苏古籍出版社、上海书店2006年影印，第368页。

③ (民国)张自明、王富臣等纂修《马关县志》，凤凰出版社、上海书店、巴蜀书社2009年影印，第220页。

④ (民国)李绍良纂修《榕江县乡土教材》，巴蜀书社、江苏古籍出版社、上海书店2006年影印，第599页。

第五十三章　清代满族巫师跳神仪式

在日本东京大学东洋文化研究所里，收藏有一册《祭祀全书巫人诵念全录》（上、下）。日本学者早有人注意到这一册书，三田村泰助写有《满洲祭神祝同》一文，刊于《东洋学论丛》的《石演先生古稀纪念集》内；赤松智城、秋叶降合著的《满蒙的民族宗教》一书里也研究到它，昭和十六年（1941）出版于东京；渡边万次郎等十人合编《世界地理风俗大系》Ⅰ满洲篇（昭和5年〔1930〕，东京）和《世界地理·风俗大系》Ⅵ中央篇（昭和六年〔1931〕，东京）都节引和论述到它；成百仁撰《满洲的神歌》（明知大学出版部，1974），也提到它。英、俄、美学者也较早注意到这一册书，皆不提满洲即中国东北。以下列举四篇篇目：

1. Psychomental Complex of the Tungus: By S. M. Shirokogo-roff. 1935. London

2. The peoples of Siberia: Edited by M. G. Levin and L. P. POTAPOV, The University of Chicago Press, Chicago and London, This work WaS originally published by the Russian Academy of Science, Moscow 1956

3. Social organization of the Northern Tungus: By S. M. Shi-rokogoroff 1966. Netherlands

4. The tale of the Nisan shamaness: MARGARET NO WAK. STEPHEN DURRANT, University of Washington Press, Seattle and London 1977

由上可见，世界各国学者从20世纪30年代开始，对这一本来自中国东北后流落到日本东京的《祭祀全书巫人诵念全录》颇感兴趣。他们都从不同“角度”，对其萨满教内容进行探讨，尽管标题言及“满洲”或“满蒙”，但都不与中国及其中文古典文献相关联，因而此中国祭祀全书若无中国学者去研究就会走样，传统是不能割断的，也是割不断的，故特撰此章以回应。

第一节　祭歌、年代、作者和宗教的归属

《祭祀全书巫人诵念全录》是一个满汉文合璧的清代刻本，其中记录了中国东北满族祭祀巫师跳神的全套仪式，更可贵的是它图文并茂：除了用满汉文作文字记录外，还画了 69 幅连环画式的插图，而且图画画得细致逼真。此书汉文部分共 8 页，满文部分共 32 页，满汉文合璧部分 13 页。巫祝词在汉文部分没有，全在满文部分。计有：

1. 祭天(metembi)用词四首。
2. 蒙古祭神词六首。
3. 背灯祭(tuibumbi)词一首。
4. 祖宗神祭用词五首。
5. siyancu 祭用词二首。
6. fayangga 祭用词一首。
7. 求福祭用词二首。
8. 送净纸祭用词一首。

以上满巫祝词具有诸多文化内容，值得学者深入研究。在中国民间文学中，我们将它称为《萨满祭歌》，是萨满巫人用满语演唱的歌词，一共有 70 余种。现举出中国社会科学院文学研究所学者所搜集歌词中的一首以窥全貌：

选好了上上辰光，把清洁的祭品供上。
准备下方盘供桌，把黄米蒸糕摆放。
烈性的烧酒醇醪，甜性的米儿酒芬芳。
配上达子枝叶香，在桌前点起双行。
请出来诸位神像，鼓乐环铃一齐响。
“察齐”板轻轻击节，仪礼都成声和畅。
敬请那极尊至荣，快端坐领祭来享。
保我等子孙众多，佑我等福寿绵长。
庇我等风调雨顺，护我等五谷满仓。
但求能平安度日，心意是不敢奢望。
催粮的差官登门，能和气切勿强顶。
圈里边喂养黑猪，仔崽多个个肥壮。

祈念神永远垂顾，合家族欢乐安康。①

萨满巫人通过以上祭神祝词歌颂了中国满族人民和平的生活，表达了满族人民善良的愿望：人丁兴旺，福寿双至，五谷满仓，家畜满圈。这种萨满祭歌自然是受到了满族人民普遍的欢迎，这也是它长久流传存世的原因。

萨满祭歌启发了中国巫术史研究者，在研究满族神歌时，一定要考虑到它是如何反映社会需求和满族的精神与思想的。西方宗教和中国萨满教有所不同，因满族萨满教中有中国儒家礼教的成分，具有中国古代社会的特色，因此萨满巫人扮演的角色便不能一概斥之为迷信。

1. 斋坛开会〔采自清康熙四十二年(1703)四德堂刊本《雅趣藏书》〕

另外，康熙皇帝推崇佛教的发展。清代的《大藏经》刊刻于雍正十一年(1733)，成书于乾隆三年(1738)，又称为《龙藏》。总共有七百二十四函，七千二百四十卷。《龙藏》绘镌精细，追求庄严肃穆，经卷前冠以“佛说法”图。

2. 佛说法图〔采自清朝《大藏经》〕

由此说明，当时中国东北地区的宗教背景是多元的，有佛教、道教流传，非萨满教独树一帜。如此，此书中有其他宗教影响也是自然合理的。

关于此书写成的年代及作者的情况，该书最后一个汉文段如此写道：

乾隆三十六年，岁在丁卯，本族中正撒莫讳常青，虔心顶礼承造舒舒觉罗哈拉永远规模《祭祀全书巫人诵念全录》。

① 毛星主编《中国少数民族文学》，湖南人民出版社1983年版，第252—253页。按，米儿酒即黄米造的酒。

“撒莫”即萨满，满族巫师汉语的音译，即常青其人是也。他还是一个“正撒莫”，区别于副撒莫，说明他的资历较深。“舒舒觉罗”看来是本族中的一个头——主祭人。常青是一个比较有学问的巫人，他满汉文均通，尤精满文，他用汉文俗语体的文字来作汉字说明，但汉文水平并不很高，书上错讹的汉字较多，就拿以上一段话来说，“丁卯”应是“辛卯”之误。他根据他的实际工作体验虔心顶礼为舒舒觉罗写成了这本《祭祀全书巫人诵念全录》。但这个清代刻本却无详细交代，可能就是舒舒觉罗的族刻本，以后代代相传，可能已经刻了好几次。祭大祖宗竟然摆了八个酒杯，每刻一次，大祖宗酒杯便会增加(详见后)。所以，这本书只是乾隆三十六年写成，以后代代巫人均以此蓝本为进行跳神活动的规则，究竟刻印了多少次已经无从知道了。清代是满族入主中国的时代，满族自是盛极一时，尤其像舒舒觉罗这样的满族中正宗的望族，对跳神这种大事，每年是作为头等大事来抓的，刻一本巫人诵念全录，发到各处族人中，使各处主祭人与当地巫人都照此实行，维护传统，对这个大主祭人来说，是件轻而易举的事。

现在来谈一谈它属于哪一种宗教。从书名《祭祀全书巫人诵念全录》上看，似应属于满族原始宗教——萨满教的，而且主持跳神的又是称为“撒莫”(萨满别译)的巫人。日本学者论这册书，称它为满洲祭神祝词或神歌的书，不讲它是从中国东北满族人中出来的，给我的印象好像这个满洲还是日本扶持的溥仪的“满洲”，所以他们研究这本《全录》，当然也不会提它与中国宗教密切的关系。但是客观来看，清代从爱新觉罗·努尔哈赤于1616年建国，1644年入关，到这册书写成的乾隆三十六年(1771)，这中间已经经过了一个半世纪，从清世祖福临——即顺治皇帝算起，清朝皇帝也继任了六位。在宗教方面，他们既推崇中国化了的佛教，也推崇土生土长的道教，这种影响非常重要。

清朝皇帝的思想就是满族人的灵魂，也就是满族人萨满教巫人的灵魂，包括巫人常青也正是如此。在以上的推崇佛教道教思想背景下，满族人的原始宗教——萨满教，在满族入关以后渐渐渗进了中国佛教的和道教的因素，甚至于将原始信奉的神，改变成纯粹中国的道教神，《祭祀全书巫人诵念全录》正是这样的。巫人率大家祭拜的神，及为娱神而进行的跳神，竟是道教神。

图3中十八位神仙名，依次从右到左，上排以“天仙圣母”为底，下排以“碧霞元君”为底。实际上是以这两位神为主。这些女神对中国民众都并不陌生，也说明在满族中女神比男神更有崇高的地位。

图5中四人已跪拜，一人弯腰正准备跪拜的神，正是图3中的天仙圣母、碧霞元君所领衔的这十八位道教女神。碧霞元君最有名，又称“泰山玉女”，全称“东岳泰山天仙玉女碧霞元君”，民间俗称“泰山娘娘”。《古今图书集成·神异

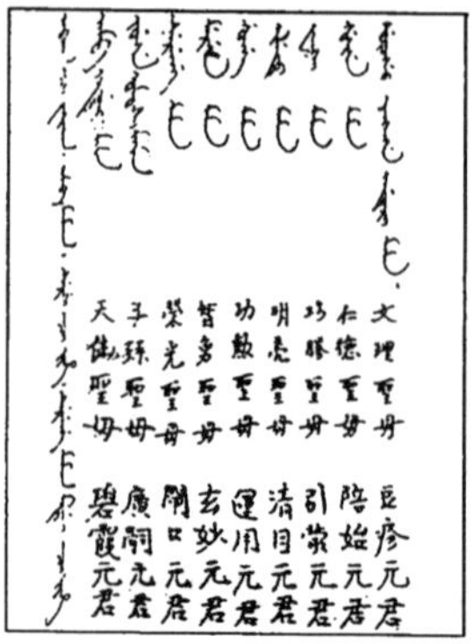

3. 十八位女神名单

典》卷二一引沈应奎《再谒元君存议》："泰山有碧霞元君祠，或曰玉女池。石像在侧。"①清顾炎武撰《日知录》卷二五《泰山顶碧霞元君》："泰山顶碧霞元君，宋真宗所封，世人多以为泰山之女。后之文人知其说之不经，而撰为黄帝遣玉女之事以附会之。不知当日所以褒封，固真以为泰山之女也。今考封号虽自宋时，而泰山女之说，则晋时已有之，张华《博物志》：文王以太公为灌坛令，期年风不鸣条，文王梦见有一妇人当道而哭，问其故，曰：我东海泰山神女，嫁为西海妇，欲东归，灌坛令当吾道。太公有德，吾不敢以暴风疾雨过也。文王梦觉，明日召太公，三日三夕，果有疾风骤雨自西来也。文王乃拜太公为大司马，此一事也。"②可见碧霞元君来源久远。清颜希深修、成城等纂《乾隆泰安府志》卷七曰："碧霞元君祠，在岳顶西南下里许，玉女池侧。按庙始创于宋之祥符，真宗有记。金改称为'昭真观'。明洪武中修，有学士刘定之记。成化间改称碧霞灵验宫。其制南向正殿五间，旧栏其东一间题曰东宝库，西一间题曰西宝库，用以投储诸所捐施焉。殿前香亭一间，左翼、右翼殿各三间，东鼓楼、西钟楼中为露台。"③清代游人写有诗歌颂之，清邹德溥《玉女山》诗云：

4. 泰山上碧霞元君庙

5. 五人跪拜女神

青天垂绝壁，
下有幽人居。

① （清）沈应奎《再谒元君存议》，《古今图书集成·神异典》卷二一，中华书局1934年影印本，第四九〇册之四七叶。

② （清）顾炎武撰《日知录》卷二五，景印文渊阁《四库全书》第858册，第951—952页。

③ （清）颜希深修，成城等纂《乾隆泰安府志》卷七，凤凰出版社、上海书店、巴蜀书社2008年影印，第284—285页。

跌跏坐白云，
澄然万籁虚。[①]

这十八位女神分为圣母和元君两类。中国道教神灵的产生和衍变非常复杂。圣母原来是中国东汉时代的女神，而这种女神正是从女巫衍变来的。《后汉书·郡国志三》云“广陵有东陵亭”[②]，这东陵亭正是东陵圣母之亭。李贤注引晋张华《博物记》云：“女子杜姜左道通神，县以为妖，闭狱桎梏，卒变形，莫知所极，以状上，因以其处为庙祠，号曰‘东陵圣母’。”这是中国最早见的圣母神，她最初是由女巫衍化而来；以后中国各地多有圣母祠和圣母庙了。唐鲍溶《送王炼师》诗云：“圣母祠堂药树香，邑君承命荐椒浆。”[③]可见唐代时候圣母信仰已经扩张到各地。根据杜光庭集《墉城集仙录》卷一《圣母元君》略云：“圣母元君者，乃洞阴玄和之炁，凝化成人，亦号玄妙玉女，为上帝之师。太上老君先天毓神历劫行化，应接隐显，不可称论。其欲示生于人间，表物之有始也。故散形分神，寄胞于元君焉，而更生也。昔于渺莽之劫，常寄诞于天岗灵镜之山。洎商十八王阳甲八年庚申之岁，老君乘日精，驾九龙，氤氲渐小如九色弹丸，自天而下，托孕于元君之胎。元君时在楚国苦县濑乡曲仁里涡泉之滨，昼日假寐，遂感日象如流星之光，径入口中，因而有娠。凡八十一年，所居之室，常有异香之气，日月之光，仿佛神明以卫其体，容状丽逸，曾不衰怠。至二十二王，武丁九年庚辰之岁二月十五日，元君因攀李树而生，诞于左胁。时有九龙自地涌出，腾跃空中，吐水而浴老君焉。龙出之处，因成九井，至今存焉，即亳州太清宫九井是也。老君既生，能行九步，步生莲花，以乘其足。日月扬辉，万灵侍卫，即指李树曰此余姓也，遂为李氏，时人亦因号元君为李母焉。既行九步，左手指天，右手指地，言曰：天上天下，唯我独尊，世间之苦何足乐。闻三日之中，身有九变，身长九尺，绿眉素发。……元君以其生而白首，故号老子。”[④]后老子得元君传授，五符九丹，而在世行化。元君乃乘八景之舆，白日升天。

中国道教认为圣母元君最初是一位女神即“玄妙玉女”，她是上帝的老师，是太上老君（老子）的母亲，以后才衍化为圣母神系与元君神系。而中国各民族的圣母神与元君神，都来自道教。

---

① （清）颜希深修，成城等纂《乾隆泰安府志》卷二二，凤凰出版社、上海书店、巴蜀书社 2008 年版，第 629 页。

② （晋）司马彪撰，（梁）刘昭注补《后汉书志》第二一，中华书局 1965 年版，第 3461 页。

③ 《全唐诗》卷四八六，中华书局 1960 年版，第 5527 页。

④ （前蜀）杜光庭集《墉城集仙录》卷一《圣母元君》，《道藏》，文物出版社、上海书店、天津古籍出版社 1988 年影印本，第 18 册，第 165 页。

中国汉族集居地区民众信奉圣母神，以上广陵(今江苏扬州)民奉东陵圣母，而小孤山(江西)民奉小姑圣母，宋欧阳修撰《归田录》卷下《世俗传讹》即云，“余尝过小孤山，庙像乃一妇人，而敕额为圣母庙”①。中国壮族集居地区(广西)民众亦信奉圣母神，又叫“花婆”，被认为是主宰人间生育与健康的女神。家家户户除了在香火神龛上面写着“祀奉圣母之神位”以外，还要经常向她请愿、还愿。相传二月初二是圣母神的诞生日，所以每一年的夏历二月初二，每个寨子里面的壮族民众，都要举行一次小祭，数年则举行一次大祭，谓之作星。这一盛大祭祀之日，非常热闹，又称“花婆节”、“圣母节”，家家杀鸡宰猪，在家祭祀以外，大祭则搭彩楼、建斋醮，延请道公(巫师)数十人，来念诵巫经、作巫法、跳巫舞(师公舞)，邻近的男女青年都来欢聚、宴饮歌唱，少的也有数百人，多的有数千人，活动持续三四日至六七日。旨在祈求圣母神保寨安家，赐予村寨人畜两旺、五谷丰登。由上可见，中国各民族流行的信奉圣母神，都是道教神祇的衍变。不难发现，满族民众信奉的圣母神：文理圣母、仁德圣母、巧胜圣母、明亮圣母、功勋圣母、智勇圣母、荣光圣母、子孙圣母、天仙圣母，也是道教神祇的衍变和儒家文化的衍生，讲文理、仁德、巧胜、功勋、智勇、荣光、子孙等，均是儒家观念，由此可见满族文化与中国本土的儒家文化结合得十分紧密，与道教文化结合得更紧密。

满族的天仙圣母，简称天仙，来自道教。《汉武帝内传》云：“唯见王母乘紫云之辇，驾九色斑龙，别有五十天仙，侧近鸾舆，皆长丈余，同执彩旄之节，佩金刚灵玺，戴天真之冠，咸住殿下。”②清代王肯堂《仙术秘库》云：“仙有五等：天仙、地仙、神仙、人仙、鬼仙。”天仙是属于第一等仙。在晋代葛洪《抱朴子》内篇卷二《论仙》云：“上士举形升虚，谓之天仙。中士游于名山，谓之地仙。下士先死后蜕，谓之尸解仙。”③天仙都是列在第一位的。

元君是道教徒对女仙的尊称。据明彭大翼《山堂肆考》“女仙”条说：“男高仙曰真人，女曰元君。”④后土夫人称碧霞元君，是地道的汉民族的道教神。

清谈迁撰《枣林杂俎》和集幽冥《碧霞元君》条记载说：

> 汉明帝时，西王孙宁国奉符县善士石某妻金氏，于中化元年甲子四月十八日子时生，名玉叶。貌端而性颖，三岁解人伦，七岁闻法，礼西王母，十四岁感母教，入山得曹仙长指，入天空山黄花洞修道焉。天空盖泰山，洞即

---

① (宋)欧阳修撰《归田录》卷下，景印文渊阁《四库全书》第1036册，第555页。

② (汉)班固撰《汉武帝内传》，景印文渊阁《四库全书》第1042册，第290页。

③ (晋)葛洪撰《抱朴子》，上海古籍出版社1990年影印《诸子百家丛书》本，第11页。

④ (明)彭大翼撰《山堂肆考》征集卷一一五〇，景印文渊阁《四库全书》第977册，第89页。

石室处也。三年丹就，元精发而光显，遂依于本山焉。

李谔《瑶地记》：黄帝建岱岳观，尝遣女七人，云冠衣羽，修奉香火，以迎西昆仑。繇是考之，则玉女必黄帝遣七女中之修而得仙者，后世因之祠于山。高诲《玉女考》。

岳顶玉女池侧故有玉女神像，泉源壅浊。宋真宗东封，泉忽涌澈，故祀之。马端临《通考》。又《稗史》：汉时仁圣帝前有石琢金童玉女，至五代殿圮，石像仆。至唐泉汹，玉女沦于地。至宋真宗封泰山还次，玉帐涤于池内，一石人浮出水面。出而涤之，玉女也。名有司祀之，封天仙玉女碧霞元君。后祠日加广。①

碧霞元君在中国北方非常有名，民间称她为泰山娘娘，又说她是泰山神女儿，甚至说她是黄帝派遣到泰山迎接西昆真人的玉女，又有人称她是华山玉女，全称应当是东岳泰山天仙玉女碧霞元君。远在汉代已有泰山女神的传说，民众在泰山顶雕刻了石像和修建了玉女池。北宋时，真宗东封泰山，疏浚了玉女池，重雕了白玉女神像，改名为昭真祠。明朝时扩建为碧霞宫，赐号碧霞元君。民间传说她能保佑人们耕种、经商、婚姻、治病、旅行、生子，敬之则灵，明代以后，在中国北方和东北信仰极盛，所以她融合到满族萨满教中去，成为萨满巫师带领大家尊奉的神。

由上可见，《祭祀全书巫人诵念全录》中所记的舒舒觉罗一族信仰的萨满教已经道教化，这本书实际是一个道教巫人的典籍。宗教的性质是根据它尊奉什么样的神来决定的，而不是仅仅根据它的名称来决定的。以上事实说明，满族的原始宗教——萨满教，在清朝入关以后逐渐与道教融合。萨满教一旦选取了道教的神作为满族人信仰的对象，便标志着它的量变过程已经终结，宗教内容已经起了质变，撒莫巫人虽然仍穿着萨满教的外衣，但是已具有了道教的灵魂，不过它的全套跳神仪式却仍保持着萨满教长久的原有的特点。

根据《全录》的记载，满族祭祀巫师跳神的仪式一共分为四个步骤：

一、还愿的仪式；

二、祭蒙古祖宗的仪式；

三、祭满族祖宗的仪式；

四、跳神的仪式。

在这四种仪式中，交感巫术和模仿巫术都是交织着进行的，而且就巫术本

① （清）谈迁撰，罗仲辉、胡明校点校《枣林杂俎》，中华书局2006年版，第505页。

身而言，跳神巫术式样最具有满族的特色，而穿插在其中的古老巫术，有些与风俗合璧，有些是对汉族的借鉴与发展，总体而言都是中国文化的模式。

第二节　还愿的仪式

还愿，作为中国汉民族的信仰风俗，由来已久。前蜀杜光庭就写有《张道衡常侍还愿醮词》，这是较早的道教词，故还愿风俗来自道教。又称作“还心愿”，元古杭书会撰《小孙屠》戏文第十出：“我从你爷爷在日，已曾许下东岳三年香愿。孩儿，你如今与我一同去还心愿。”[①]东岳指泰山，道教神仙之地。还愿风俗流行于全国各地，产生了深远的影响。

还愿即意为求神保佑的人，在他的心愿得到满足以后，一定要实现对神许下的诺言。人们往往在求神的祷告中，以重修道观、重塑仙身、重礼祭祀、唱戏还愿、说书还愿、吃长斋等等行为来酬谢所求之神。民间认为，对神许下的诺言，一定要兑现，“言而无信，岂成人也”，否则，将受到神的惩罚，或者再有求于神的时候，便不灵验了。

这种还愿风俗，自然也影响到中国境内的各少数民族民众，包括影响到他们的宗教活动。例如，在湖南、广东、广西盘瑶，便流行一种叫“还盘王愿”的宗教活动，又称“做盘王”、“跳盘王”。传说瑶族祖先有一次乘船迁移时，遇到了大风浪，就在船上向盘王祷告许愿，祈求风平浪静，船只平安，果然应验。因此抵岸后就要用猪、鸡祭祀，谓之还愿。以后此俗相沿成习，遇灾便请巫师(师公)祈福许愿。

这种还愿风俗，也传到满族民间去了。满族中求祖宗求神保佑的人，实践对祖宗对神许下的报酬，也就叫“还愿”。祖宗和神灵，都由巫人来沟通，还愿仪式以巫师为主角，但还有数人配合才能完成，并且其中贯穿着满族人的祭祀式样和食物风俗，都是非常有特色的，而还愿又分为三次，但是高潮却在还愿以后的吃肉阶段。

一　初次还愿

还愿初次交告式样：屋内迎门放高桌一张，中间供锡斗，放三寸碟子四个，两个内放仓米，两个内放净水，前供香碟一个，焚起香来，主祭人前跪，族中人等跪后，听巫人诵念。旁用人三名，一人提净水桶，一人擎铁锅，一

① (元)古杭书会编撰《小孙屠》戏文第十出，《古本戏曲丛刊初集》本。

人拿秫秸点着。俟巫人交告，扔米完毕，差二人搭桌出院，至祖宗石前。安放水火铁锅，随出院里西墙下安放、烧水、候宰牲、煮阿玛孙肉用。

由上可见，巫师称为“巫人”，他是被家族请来主持祭祀仪式的，在还愿这一仪式中，他主要的作用在于“交告”。交告即祷告，即向神祈求保佑的。族长和族人配合他的祷告行动，主祭人当然是族长，但是都必须在供案前跪着听巫人诵念祝词和咒语。旁边还要配备三个佣人忙宰牲（杀猪）、煮肉、烧水等之用，这就带动了一大帮人。祭祀用的肉称“阿玛孙肉”，“祖宗石”即满族人在院子里为祖宗立的柱石（参见图45）。香案便放在它的前面。还愿先是在屋内进行，巫人祷告以后才移至屋外，搭桌前还有个撒米的习俗，一如新婚夫妇洞房中撒果糖一般，古婚俗变为还愿俗。以下是初次还愿的三张插图：

图6是在室内还愿的情景。跪着的是主祭人，站着的巫人正在抓碟中的仓米抛撒。观此时巫人的打扮，与普通旗人并无两样，故可见还愿时巫人并不要求特殊的装扮，这是与以后跳神时的不同之处。撒米祭祀表示正在对祖宗和神还愿。

6. 室内还愿〔采自《祭祀全书巫人诵念全录》。下同〕

巫人“扔米”俗由来已久。这原是古代汉族婚俗，称“撒谷豆”。新妇下车，有阴阳人持斗，内盛米、豆、钱、果、草节等物，口念咒语，望门而撒，以破煞神。此俗相传始于汉代翼奉。宋高承撰《事物纪原》卷九《吉凶典制部四十七·撒豆谷》云：“汉世京房之女适翼奉子。奉择日迎之，房以其日不吉，以三煞在门故也。三煞者，谓青羊、乌鸡、青牛之神也。凡是三者在门，新人不得入，犯之，损尊长及无子。奉以谓不然。妇将至门，但以谷豆与草禳之，则三煞自避，新人可入也。自是以来，凡嫁娶者，皆置草于门阃内，下车则撒谷豆。既至蹙草于侧而入，今以为故事也。”[①]宋代此俗更为盛行。宋孟元老撰《东京梦华录·娶妇》云：“新妇下车子，有阴阳人执斗，内盛谷豆钱果草节等咒祝，望门而撒，小儿辈争拾之，谓之‘撒谷豆’。”[②]宋吴自牧撰《梦粱录·嫁娶》亦云：“新妇进门，克择官执花斗，盛五谷豆钱彩果，望门而撒，小儿争拾之，谓之‘撒谷豆’，以压青阳煞耳。”[③]由上可知，撒谷豆是一种交感巫术，青羊、青牛等为木精煞神，《太平御览》卷八八六引

① （宋）高承撰《事物纪原》卷九，景印文渊阁《四库全书》第920册，第243—244页。
② （宋）孟元老撰，邓之诚注《东京梦华录》卷五，中华书局1982年版，第144页。
③ （宋）吴自牧撰《梦粱录》卷二〇，浙江人民出版社1980年版，第186页。

《玄中记》即云："千岁树精为青羊，万岁树精为青牛。多出游人间。"[①]故撒谷豆是为了驱走妖怪。汉代至今已流传两千多年，影响深远，如今已传播于黄河流域、长江流域、松花江流域广大地区，各少数民族中，都有了相类似的风俗。以下我们略举几例：

1. 壮族有"撒五谷"之俗，流行于广西柳江等地，新妇入门，撒五谷，念彩词。

2. 保安族有"撒五色粮"之俗，流行于甘肃积石山保安族东乡族撒拉族自治县，新娘撒大米、玉米、麦、豆，祝丰收。

3. 仫佬族有"撒米认路"之俗，流行于广西罗城仫佬族自治县，新娘去夫家，一路撒米。

4. 白族有"撒辣椒"之俗，流行于云南大理白族自治州，婚礼中撒辣椒借谐音图吉利。

5. 门巴族有"撒参木"之俗，流行于西藏墨脱地区。

由以上各民族的撒米俗可见，满族中有撒米俗便不是孤立存在的，也不是偶然的，而是中国古俗，也是古代交感巫术的一种传承。

以下图7，可见宰牲，是一只猪，阿玛孙肉也是猪肉。图8便是三个佣人提水桶、搬锅、拿秫秸的情景，是配合还愿祭祀的情况。

7. 宰牲还愿

8. 烹调猪肉

总之，初次还愿仪式以突出祷告为主，还没有达到"祭"的高潮。

二　二次还愿

还愿二次交祭式样：将猪换新麻（绳）一子捆上，放在桌前，重新点香。主祭前跪，随祭后跪。巫人左边诵念，庖人右边打阡（扦）扶猪备用盅顺。巫人扔米念毕，点耳交牲，众皆摘帽，磕头。厨役将猪搭案上，用左手屠之，

① （宋）李昉等撰《太平御览》卷八八六，中华书局影印1960年本，第四册，第3937页。

血献桌前，挑四肢开剖，留四军卸分儿，每分儿上切下一块煮阿玛孙肉，同色勒胸岔儿下锅，将各分儿摆凑槽内，将皮盖上，苦胆尿泡放在桌上，刀口内点染杆尖，随急将碗子串上，将腱子骨套上，再将拱嘴头串上，将熟，阿玛孙肉再交熟牲。

二次还愿已从“交告”过渡到“交祭”阶段。这一阶段以巫人为中心展开交祭的仪式，在巫人之前跪着主祭人，之后跪着随祭人，右边站着庖人（厨师），巫人撒完米念完祭词，众人都要摘帽和磕头，并不重磕，大约是轻轻地磕，这时厨役便开始杀猪，而且必须用左手杀猪，因“男左女右”，左手带有阳刚之气。

这种“左手屠猪”观念，来自中国古老的礼仪风俗，流行于全国大多数地区。旧俗，男女有别，常见的事项包括：宗祠内的祭祀、家宴、婚礼、合葬等等位置的排定，当事人都必须遵循这种惯制，便于外人识别。就此书可言，满族也采用了这种“男左女右”的惯制。除“左手屠猪”以外，如图 45 立祖宗石；而女性“妈妈杆”则立于右侧。

以下图 9 便是巫人正在撒米；图 10 便是跪着的祭祀人的后面，庖人正在指挥厨役卷起袖子来准备杀猪，而且要血献桌前和把肉分切好。

9. 巫人撒米

10. 厨役准备杀猪

总之，二次还愿仪式以突出次祭宰牲为主，开始显出“祭”牲特点了。

三　三次还愿

还愿三次交牲式样：小肉熟了，厨役切完。第一碗仓米饭，匙一把；第二碗肉上，摆色勒筷一双；第三碗仓米饭，匙一把；第四碗肉上摆胸岔儿，筷一双。主祭人重新点香，前跪，众人齐跪。巫人诵念扔米毕，摘帽磞（磕）头完站起，将尿泡等放在锡斗内，将两个米碟，两个盅顺（和）碟，俱个（各）叩在供桌上。

图 11 巫人诵念扔米，供案上摆四大碗饭和肉，其摆式一如原文所述。以下图 12 便是众人齐跪图，妻儿老小一齐参加还愿祭祀仪式。在二次与三次还愿之间略去煮肉阶段，等小肉煮熟后才开始三次还愿。这阶段最重要的是满族人食物风俗的展现，他们早已经离开了原始性的生食、烤食阶段，已习于炖煮食物，与汉族风俗食品完全一样。怎么个吃法？便在以下第四阶段展现并达到三次还愿仪式最高潮。

11. 撒米祭祀

12. 众人跪拜

四　祭毕撤肉

祭毕撤肉式样：头碗饭头碗肉，撤在屋内，与族中人。二碗饭二碗肉，撤下留在院中，预备巫人吃用。其余放在锅内荡饭众人吃用。院中放方盘一个，将肉饭放在里。主祭人陪之巫人吃小肉饭，大肉下锅，熟时亲友吃用时，将肉皮用杈子架上，用秫秸点火烘燎，熟时族中人吃之。诸所一毕，将骨头撩影壁前面，使犬叼出吉。

三次还愿仪式的重点，是吃饭吃肉，众人的聚餐，像过节日一般，后世众人的聚餐会便是由祭祀发展而来；故祭毕撤肉阶段是以吃为主，在“民以食为天”的古代，这就是一切祭祀仪式都是人们向往之事的原因。人类不可能个个相信神，但是每逢祭祀时却人人必到，这决不是巫师有什么伟大的号召力，而是“吃”将大家聚集起来了。巫师也未必个个都相信神鬼，不相信神鬼的巫师扮演出来的神鬼才更像神鬼，因为他以施行巫术而混口饭吃以求生存，就不得不想方设法把神鬼装得更像更迷人，以求吃到更多的肉。果然，请看祭毕撤肉后，专门给巫人预备吃用的是第二碗饭和第二碗肉，特殊优待，还由主祭人陪他吃小肉，众人则是吃大锅饭肉。以吃为主，这就是满族人中有很多人愿意当巫人的原因。我们在其他民族中，例如贵州省的苗族和广西的瑶族等族巫师中，也仍然看到巫师的吃用备受优待的情景，就可以看到巫师职业与吃有很大关系是一种普遍的现象，宗教正是靠这种关系与社会密切化。

以下图13—20是祭毕撤肉阶段诸多程序的直观展现，极富趣味性。

第一，用大锅煮肉。

第二，切肉和猪大肠。

第三，锅内荡饭众人吃用。

13. 大锅煮肉

14. 准备切肉

15. 盛饭端饭

第四，主祭人陪巫人吃小肉饭。

第五，大肉下锅，熟时亲戚吃用。

第六，大肉下锅，熟时朋友吃用。

16. 主人巫人吃饭

17. 亲戚吃饭

18. 朋友吃饭

第七，将肉皮用杈子架上，用秫秸点火烘燎，熟时族中人吃用。

第八，将骨头撩影壁前面，使犬叼出吉。

19. 烤肉皮吃

20. 扔猪骨头

从图中只见风俗习惯，已不见宗教的影子，最终跳神巫术化为民间饮食风俗。总之，祭毕撤肉阶段展现了满族还愿仪式时很有特色的食俗。

第三节　祭蒙古祖宗的仪式

祭蒙古祖宗的仪式在室外举行，场面比还愿的仪式隆重，要细心地布置一番，使之体现出特色。《祭祀全书巫人诵念全录》上卷《祭祖》一节，有一张插图（见图21），独柱支撑的房屋是象征蒙古祖宗所在。对于这个场面，书中有一段详细的说明：

> 院中祭蒙古祖宗式样。头次交祭小房背后，放秫秸一捆，上搭红毡一条，插柳枝子三根，两夹间挂蓝纺子二块，东边放稻草一捆，上搭马鞊一块，柳枝子一根。各设油盘一个，盘内各放水饼二碟。阿拉占酒南边盘内两盅，东边盘内一盅，各放酒壶一把。南边盘沿儿，放扎板一付备用，念海扎盘前，放新布瓦一块，内放箭秆刨花团五个。主祭人手托瓦，巫人念完，急将刨花点着。庖人将羊往前一推，主祭人将瓦一引，羊若一闻刨花烟，是为领了，众人摘帽磕头，厨役就在盘子前，(把羊)放倒取心祭献。

21. 祭蒙古祖宗现场

图22是宰羊以前情景。主祭人正手托瓦，准备引羊闻烟。庖人正准备将羊一推，巫人正在后面指挥。图中三人都是跪在那里，形成跪祭仪式。综观祭

蒙古祖宗，有以下三个特点：

第一，尚武的特点。由于满族人认为自己的祖宗是蒙古族，而蒙古族有尚武的风习，所以就形成了祭祖的尚武特点。蒙古族擅长射箭，故用“箭秆刨花团”来象征。蒙古族又擅长骑马，故用“搭马粘一块”来象征。

第二，佛教的特点。祭祖仪式上南边放“柳枝子三根”，东边放“柳枝子一根”。佛教以柳枝子求吉庆，并将柳枝子神化，成为观音菩萨手中法宝。《释氏要览》下就有“折柳枝，扫拂洒，病者皆愈，毒气销亡”的记载，满族也受其影响。

22. 庖人观看祭祀羊

第三，儒家的风习。祭祀中用羊表示吉庆，用酒表示“长久”，也表示吉庆；用圆的水饼，来表示完满吉庆，都是儒家倡导的古俗中常见的祭祀品。故满族在祭祖仪式中，受汉民族风习同化现象颇为浓厚，也体现了儒家的传统。

巫人除了念一会儿经，已不占据主角地位，倒是主祭人在指挥一切。巫人影响未减小，虽文明程度已提高，佛教与儒家特点正是文明程度提高的标志，但巫人所起关键作用仍不可小视。祭祖仪式本身并不简单，还要求进行以下五道程序，要求展示和突出祭祖仪式的目的性。并不是为死去的祖宗，而是为活着的人。

第一，摆熟牲、念交祭。在木槽中摆熟羊肉，怎么样摆法是这道程序最有特点之处。原文云：“交熟牲凑上，摆在槽子内，将羊前左蹄儿卸下，放在羊嘴内含着，鼻子孔内插油纸捻子两根点着；主祭人手托布瓦，点着刨花团，巫诵念交祭。”巫人只是在一旁念词交祭，主祭人则是仪式上的表演者主角，如图 23。

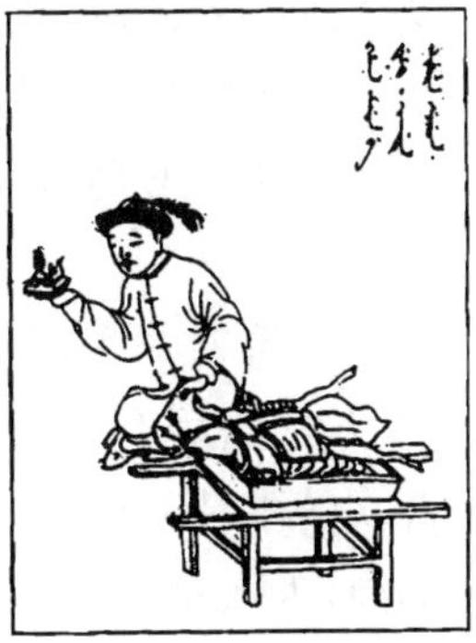

23. 巫人念词祭祀

此程序强调将羊前左蹄卸下，含在羊嘴内，与前节强调厨役用左手杀猪，有异曲同工之妙，表示出满族人尚左的民俗风习，这是巫人意识。

第二，接祖宗、立神座。原文云：“按此念交祭，接了蒙古祖宗来，站起案位，设立神座。设座完毕，掏心交祭牲完，备阿玛孙肉、汤。”

“念交祭”是巫人所为，接祖宗和设神座则是主祭人所为，如图 24。巫人手拿扎板在念经，主祭人一人跪着在接祖宗。还要立起案位和设神座，以及掏出羊心来祭祀等，这一切完毕，就备好羊肉和汤，准备吃了。

24. 跪接祖宗

第三，吃羊肉、吃水饼。原文云："院内放方盘一个，内装羊阿玛孙肉分儿秫秸三捆备用，巫人坐之吃分儿（式样），族中人吃水饼子（式样）。"见图25、26。

25. 巫人站着吃羊肉

26. 族人站着吃圆水饼

以上图25中巫人站着吃羊肉。所谓"秫秸三捆备用"是为了众人吃肉坐在秫秸上当长凳之用的。以上图26中族中人站着在吃圆水饼。站着或坐着吃祭品是自由的。巫人受优待而吃羊肉。

第四，三念法、九叩头。这一道程序是向蒙古祖宗叩头礼拜，接牌位，但是最后仍突出"吃"的目的。原文云："蒙古祖宗，念一次，若动摇时叩头。蒙古具子，头一位，上跪着接。如此三次念法，共九次（叩头）完，尝阿玛孙肉，吃完。"

以上话是以巫人口吻说的。巫人手举蒙古祖宗牌位，念一次摇晃一次，众人就叩一次头。"蒙古具子"是指牌位本身，跪者第一人接，叩九次头后开始吃阿玛孙肉，可以说达到了祭祖仪式的高潮，吃羊肉是众人最喜欢的事情，许多人便是要吃羊肉才来参加祭祖的，这时自然是众望所归，吃完羊肉，人人都心满意足了。

第五，取柳枝，洒酒祭奠。原文云："阿玛孙肉交完，拿扎板，念海扎。叩祭一毕，取下柳枝，大家用柳枝占（蘸）酒洒之，念诵。"

这是上卷祭蒙古祖宗结束。观其洒酒祭奠这一点，已与儒家之古俗完全一样，可知萨满教宗教仪式也有受儒家影响之处，所不同者是在巫人安排下进行。

总之，祭祀最有特色者，是供水饼礼，又称供糕礼。这是满族人民以糕点祭祖敬神的一种仪式。旧时多见，至今仍见于中国东北满族原籍地。各家在祭祖敬神前一天就"打糕"（制作水饼）以敬献列祖和诸神。这种水饼糕类是多种多样的，在大内（皇室）每年三、九月春秋大祭供打糕，有搓条饽饽，六月则供苏叶饽饽，七月的水饼叫"淋浆糕"，八月供饺子，其他数月水饼叫"洒糕"。淋浆糕用黍，其余用稷。也有以豆面作饽饽、稷米饭、煎饼供献于列祖和敬神。由上可见，供水饼礼，从一个侧面展示了满族糕点食物风俗的丰富多彩。

第四节　祭满族祖宗的仪式

祭祖，在满族萨满教祭祀风俗中很重要。满族入关前，每年秋收后祭祖皆已相因成习。其礼俗各地都有所不同。吉林、爱珲一带，以色纯黑公猪为牺牲，杀猪刀必先在西炕上搓磨，杀猪人左手执刀，在猪四大部分中割三块肉，煮熟后供于祖宗板前。祭时西炕设桌，上供黄米饽饽，点达子香，按辈分每人叩三次头，萨满跳神。沈阳一带略有不同，祭祖先上供、点香、燃烛，地铺拜垫。领牲后，主人叩头起立，杀猪人杀猪，切生肉八大块奉献，供后煮熟，族人叩头，入席饮酒食肉。

清代满族跳神，其重点是在祭祖的仪式上，更确切一点说，他们是为祭祖才跳神，跳神就是为了勿忘祖宗，至于祭完祖宗再礼拜道教的天仙圣母和碧霞元君等，却是出于政治需要。既然把跳神的重点是放在祭祖的仪式上，因此就有两种祭祖的仪式。以上我们论述的是《祭祀全书巫人诵念全录》上卷的祭祖的仪式，但是，以下还有并不相同的下卷祭祖的仪式。上卷与下卷的祭祖对象并不相同，总的来说，下卷祭祖的仪式比上卷还要丰富些，这是因为上卷祭的是蒙古祖宗，成吉思汗他们尽管在当时盛极一时，但是毕竟俱往矣，而下卷祭的是本民族的大祖宗，这就比祭蒙古祖宗还要隆重。

祭本民族的祖宗更是政治上的需要，满族统治中国社会的需要。我们研究清史，非应该考虑到清代宗教的道教化不可，这两者是有密切关系的。撒莫巫人的道教化，也就是萨满教在清代的道教化，这也正是政治上的需要和满族人统治中国社会的需要。清代的萨满教一旦道教化以后，就跟政府的关系更加密切，他们可以说："我们与占中国人口百分之九十五以上的汉族人信仰的是同一种道教神，满族人统治中国这是天命，也就是神的意志。"这样天命也与政府与满族人关系密切起来了。因此祭本民族的祖宗、信仰道教神、撒莫巫人的道教化、萨满教在清代的道教化，它们的目的都是一个样的，但祭蒙古祖宗侧重点不同，大致是出于历史的考虑和鼓励起满族人的自信力，这和以上的目的性当然是有连带关系的。

下卷的祭本民族祖宗的仪式，以色彩斑斓的跳神开始，这在祭祖的气氛上就比祭蒙古祖宗隆重，也更显露出宗教的特色，和宗教对于祭祖的这一个小社区扮演了重要的角色。这是在撒莫巫人用汉语高吼一声"念耶哥敬祖宗"以后，开始进行跳神。四个巫人分别出场跳神，祈求降福。

第一位：显示神鼓。第二位：舞动神巾。第三位：双鼓跳神。第四位：击鼓跳神。

27. 女巫展示神鼓

28. 女巫舞动神巾

29. 女巫双鼓跳神

30. 女巫单鼓跳神

从服饰与头饰可辨别以上四图中，四个都是女巫。以上跳神求福并实行“敬祖宗”的礼仪化。这是萨满教把礼的概念注入到祭祖上，是中国式道教的礼仪概念，从以下礼仪可见。敬祖宗的礼仪除了用跳神表示以外，还包括以下四种礼仪：

第一种，摆供礼仪。全由满族男性出场。摆供是宰杀后烤熟的完整的乳猪，满族人有食烤乳猪的习惯，这种食俗影响到广东人，广东人至今还习惯食烤乳猪。下跪时，跪在前边的人要拍手表示礼貌。

第二种，诵词礼仪。巫人击鼓念词，族人下跪倾听，这种词当然是祝词，是诵经的衍化形态。

第三种，奏乐礼仪。用鼓铃丝弦等奏神歌。

第四种，赞颂礼仪。拍手念赞颂词章。

31. 拍手表示礼貌

32. 击鼓念词

33. 弹奏神乐

34. 拍手赞颂

以上四种礼仪，都有道教祭祀祈祷仪式——斋醮活动的影子，统称“四礼”。

四种礼仪完毕以后，接下来就是三次设供，可见萨满教吸收了道教设坛摆供的仪式，并将它提到重要的地位。设坛摆供已移至室内。

第一，设坛摆供(包括焚香、念咒、牲拴血食)。原文云：

> 换索头，次屋内放饭桌，西抗(炕)下桌上放净水一盏，水饼二碟，每碟九个，香碟一个，焚起香来，将奶光小猪，用连绳拴再(在)左后腿上，拴在屋内桌前，差一人请柳枝，左手拉索，右手请枝，念完，差二人搭桌出院。猪索柳枝，随之至妈妈杆前。将桌放下，猪捆桌前柳枝旁，在杆上(拴)三道新麻(绳)为固，将索拴在头道固定杆尖上。柳枝上(挂)穗子三个，上九条，左七条，右五条。

满族祭祖时在柳枝上挂穗子的风俗，其形式与中国各个民族的风俗一样。例如，陕西米脂有“挂腊八穗”，广西金秀的瑶族有“挂葛藤”，皖南有“挂红纸穗”，苏北有“挂门钱穗”，广西隆林仡佬族有“挂珍珠”等等，都是中国民俗中已有的祈求平安、驱邪避魔的意思。满族民俗与全国民俗相互融合,互为因果和源流。

设坛摆供好以后,主祭人步入坛场,族中人下跪拜祖。

35. 步入坛场

36. 下跪拜祖

37. 请柳枝

38. 妈妈杆

"妈妈杆"即图38中一石座上竖的木杆,杆顶拴着柳枝(柳枝的佛教性已如前述),祭祖时挂着柳枝子风习,分别为九条、七条、五条的柳枝子,也是一种风俗习惯,一如清明扫墓用柳枝,上系白纸条子一样,又如妇女头上戴柳花、春日门头上插柳枝等等。

第二,领牲祭供(浇猪、念咒、捧碟、磕头)。原文云:

> 二次院内交活牲,主祭男捧香碟,女等巫人念毕,用净水浇猪耳,猪摇首声喊,是为领了,随急(即)磕响头,立身,俟屠猪。

对领牲祭供的两点说明:

1. 领牲。这是满族萨满教的祭祖仪式之一。在满族入关以前和以后进行祭祖或祭神的时候,先在祖宗板前或神板前上供、烧香、燃烛,地下铺上拜垫。

以毛色纯黑的生猪为牺牲，置于屋内，绳绑四足，主人手执酒杯(或盛水杯)肃跪垫上，右手执猪耳，以酒(或水)浇灌之，猪耳振摇，并且呼叫，是为“领牲”，意即祖宗和六神已享祭。

2. 磕头。对比领牲磕头和祭蒙古祖宗磕头，二者已有明显的区别。领牲磕头强调的是“磕响头”，以表示对祖宗的大忠诚，这说明敬本族祖宗乃有高于一切之地位，所以敬祖宗的磕头必得贯穿一个“响”字。

第三，饭肉祭供(包括摆供、举香、诵经)。原文云：

> 三次，阿玛孙肉以(已)得，第一碗仓米饭，匙一把；第二碗阿玛孙肉上，血肠一寸长五块，上盖右肋条三根，箸一双；第三碗仓米饭，匙一把；第四碗阿玛孙肉上，血肠一寸长七节、上盖左肋五根，箸一双；主祭人手举香碟交祭，巫人念诵。

39. 饭肉祭供

以上三次设供，统称“三供”。观察以上三供，也甚有道教醮祭的特点。道藏本《上清灵宝大法》卷五九《斋法宗旨门·谢恩醮》引杜光庭语云：“醮为祭之别名，牲拴血食称为祭，蔬果精修称为醮，都可延真降灵。”以上第一供品中有水饼二碟，属于蔬果精修之列，具有醮的特点。第二供品中的活猪，第三供品中的阿玛孙肉、血肠，则属于牲拴血食之列，具有祭的特点，不难看出萨满教的祭醮活动之道教化痕迹。

从图面可以看出，三供以后还有一个全族下跪求福的仪式，包括两项，总称“两求”。一项是全族跪求。中国有“五福临门”之说，故以五人做代表，照顾到男女老少各年龄层次的族中人。一项是子孙跪求。找一位上有祖父母和父母双全，下有弟妹的民间称为“五福”小孩，跪在妈妈杆前求福。

40. 全族跪求

41. 子孙跪求

祭本民族祖宗，经过跳神、四礼、三供、两求一共四种程序以后，就到了总结的阶段了。这在《祭祀全书巫人诵念全录》中，是以图录来展现的，很少用汉文来说明。有三种结果：

第一，享用祭品。即祭祖剩下的饭、肉、水饼等，族中人一齐来吃，表示祭本族祖宗也是宗教施惠于社会的一种方式，这样便可促使满族人都来参加。

1. 亲友同吃。

2. 子女同吃。

42. 亲友同吃

43. 子女同吃

3. 夫妇同吃。

墙上题字："共乐太平春"，意味着这是托祖宗的福。再清楚不过的是，说明了宗教是安定社会的巨大的力量。但是，这只是在教会、政府、民众和文化传统一致的情况下才能做到，一如萨满教与清王朝与满族人利益一致一样。从老百姓的日常生活来看，还愿、祭祖、跳神仪式，既给他们增添了欢乐，到精神安慰，又丰富了他们的食品，何乐而不为呢？可见萨满教的成功，正在于它把神的祭品转化为人的食品这一点上。

44. 夫妇同食

第二，重整世谱。先举行一些较简单的宗教仪式：

1. 立祖宗石。

2. 设坛祭祀。

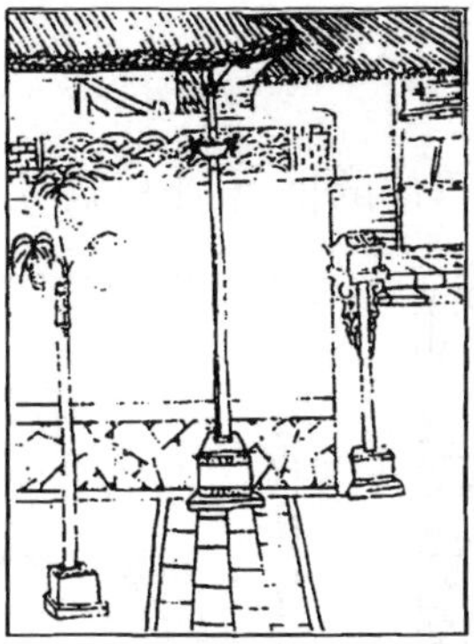

45. 立祖宗石

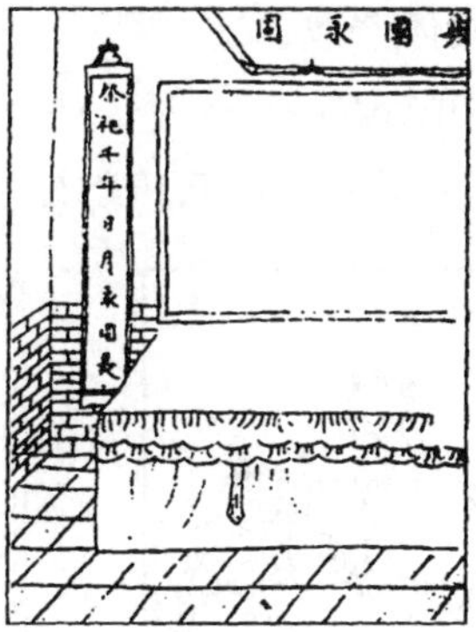

46. 设坛祭祀

3. 巫人舞笔念咒语保佑成功。
4. 重整世谱大讨论。
5. 提出重整世谱誊写式样。

47. 舞笔念咒

48. 世谱讨论

49. 提出誊写式样

6. 商量议论。
7. 各人撰写。

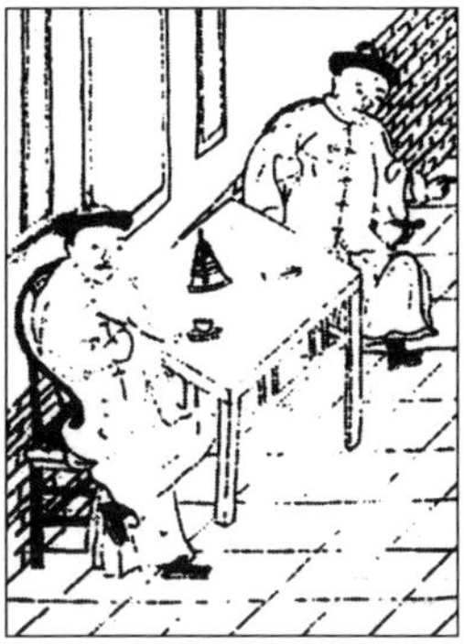

50. 商量议定

51. 撰写世谱(一)

52. 撰写世谱(二)

8. 集体修改。

9. 斟酌改定。

10. 主祭人下跪祭祷于祖宗石下，巫人手捧重修的世谱，下跪念咒语。

53. 集体修改

54. 斟酌改定

55. 捧谱祭祀

至此，祭祀祖宗的仪式才算大功告成。我们应当注重一点，未见巫人参与重修世谱活动。但是，重修世谱的开始与结尾，则都由巫人来念咒语、施法术驱走邪秽并保佑成功。可见，清代满族人即使是在撰写族谱这种极现实的事情中，也还未完全脱离巫术的控制。就中国巫术发展史来说，这是在清代最主要的演变，把重修世谱也纳入萨满教巫人控制之中，反映了萨满教社会功能的广泛性。

第三，巫术治病。原文云：

> 各项祭祀以(已)全后，载父母或有疾，许愿祀祭无力承举，可许送净纸一百日隔，凡跳面猪神，亦代活牲，同活牲规矩一样。
>
> 叩拜毕，一根秫秸夹白经文纸三张，至屋内相病患处擦念一毕，举纸，一准回头，一直送出门外。日期自己定着，或三六九日，或二五八(日)，或一四七日俱可，去本相日，或前一日或推一日亦可。

以上交代了萨满教巫人用巫术治病的细节。以下是有疾父母的图画。

当父母有病了，而又无钱举办正规的许愿的仪式来治病，就可以用面做一个“面猪神”来代替活牲举行祭祀，巫人即可为其施行巫术治病。怎么个治病法？

56. 巫人问病

57. 巫术治病

这个面猪，当然是一个模拟祭品，用来代替活猪祭祀的。面猪祭品上供以后，先叩拜并送巫人一百张净纸。这种净纸是白经文纸，由于是写道教经文所用的纸，便有了感应的魔术力。这时巫人用一根秫秸挑起三张净纸在病人生病的地方一边擦拭，一边念驱鬼咒。念咒完毕，举纸送出门外，就将病魔“驱”走了。这根秫秸棒，便是巫人施术的法器，净纸有魔术力，巫人念咒，用净纸擦去不洁的病菌，便可一驱了之了。这种交感巫术的驱病力，自然是巫人的幻想。撒莫巫人用以上巫术治病法给满族穷人治病。在 17 世纪至 19 世纪满族统治中国的时代，这种巫术治病一直合理存在着，引人深思。它阻碍了人们对疾病原理的探求，也妨害了医学科学研究的发展。

第五节　跳神的仪式

跳神，这种中国旧时的巫卜风俗，流行于汉族和许多少数民族地区，当然也包括满族地区。满族信奉萨满教，而在萨满教中是把跳神作为一项宗教仪式。它主要是用于宗教节日里祈福、求子、寻物、送魂和治病等。满族的跳神仪式显得比较复杂和曲折多变，一共有四种仪式。

58. 跳神现场

四种带有连环性的跳神仪式中，一步高过一步，一浪高过一浪，以这最后一种跳神的仪式，声势最为浩大，场面最为壮观，情绪也最为热烈。跳神之前有四道仪式的程序：

（一）跳神现场的安排。

据书中《跳神设立分式样》记载，分为四个部分。

第一,正面供大祖宗像。原文云:

西炕上供大祖宗。

大祖宗前,酒盅八盏,八碟水饼子,每一个碟内水饼九个,香碟三个。

第二,左面供蒙古祖宗像。原文云:

北炕蒙古祖宗二位像。

蒙古祖宗前,酒盅二盏,水饼二碟,酒壶一把。

第三,中间供香顺倭什混。原文云:

香顺倭什混(又写作"香顺倭车库"),(前)米斗一个,装上米,上插棍一根,黄绫片条三根,系铜铃三个,是为香顺倭什混。

香顺倭什混前,酒盅二盏,水饼二碟,香碟一个。

第四,右面供发阳阿(又写作"发洋阿")。原文解释说:

发阳阿是谁?主祭将他本人褂子供上,是为发阳阿。

发洋阿前,酒盅二盏,水饼二碟,香碟一个。

最有趣的现象就是供祭发阳阿了,也就是主祭人自己祭自己,用他本人的褂子来代替他本人的灵魂,通过模仿巫术的方式,以生魂引祖宗的死魂,即以阳魂引阴魂,以阳魂控制阴魂。故称"发阳",这本来是巫人作的模仿巫术之事,但想必他已施术于主祭人,由主祭人来代替巫人的位置了。

(二)主祭人、巫人、厨役首先出场。(见图59)原文云:

主祭人手托布瓦一块,内点着刨花,前跪厨役牵羊,在旁跪着,听巫人交告念诵一毕将羊往前一送,主祭人用瓦火一引,羊一闻,是为领照前取心。

59. 牵羊祭祀

这道程序后,众人俱退场。这与祭祖的仪式开始的场面一样，故原文交代得比较简略，但是环境仍有所不同，祭祖的仪式开始时是在室外院子里进行，而跳神的仪式开始时却在室内祭场中进行。

（三）祭熟牲。原文对宰羊与煮羊过程一律减去，跳神第三道程序便是祭熟牲（见图 60）。原文云：

交熟牲式样，二次交祭，羊鼻孔上插油纸捻子两根，点着，主祭人手托布瓦，点着刨花，听巫人诵念。

尽管与祭祖仪式第一道程序相同，但这是在祭场进行，而祭祖是在室外，而且还有主祭人全家下跪祭祀的场面与前不同。

60. 宰羊祭祀

61. 全家跪祭

（四）急请大祖宗按位。原文云：

祭完蒙古祖宗，收了神像，随急请大祖宗。

这是跳神前的最后一道程序。看起来虽然简单，但是却十分重要。蒙古祖宗已属过去，故祭祀后将其两座神像收走，不再为他们跳神。跳神只是为清朝的开创者，大祖宗牌位前有八个酒盅，自然是指清朝爱新觉罗氏王朝的前八位皇帝，他们依次是：太祖、太宗、世祖、圣祖、世宗、高宗、仁宗、宣宗。由八位清朝大祖宗的排列，可以大致推断《祭祀全书巫人诵念全录》中所记载的跳神仪式改定的时间，是在 19 世纪中叶的咸丰时代。

满族的跳神自然起自民族之始，但是祭祀的酒盅越来越多，则反映了跳神的阶段性的发展过程，急请的大祖宗便会越来越多。

跳神前的四道程序结束，便进入正式跳神阶段，这又分为两阶段进行。

第一阶段:巫人跳神。这时巫人已经换去平时的旗人服,改穿专门为跳神制作的跳神服,头戴的高帽上缀有鸟羽和兽尾,挂着彩色丝带,丝制的袍裙上,在腰际挂着铜铃,别着搭练,左手执板鼓,右手执鼓槌,一边敲鼓,一边念词,一边跳舞,一边请神,现场气氛顿显热烈。在鼓乐声中,众人精神顿感振奋,跳神仪式趋向高潮。这时男巫首先登场跳神,演出五种舞式。

第一,“头行”出场。

巫服要求华丽,展示巫人所应具有的风采,然后敲鼓绕场几周,先使观众情绪热烈起来,亮相演出神姿。呼吼、念念有词、神灵即将附身。

第二,“二行”出场。

小人抱负其腰,双脚悬空,显示巫人的武功,象征神灵已经附体,男巫用力绕场一周,高举敲板鼓,呼吼。

第三,“三行”出场。

62. 头行出场

63. 二行出场

64. 三行出场

65. 四行出场

平敲板鼓,摆动响铃,转动头羽,掀起飘带,又摆出神灵的架式,沟通人与神,天上与地下,四通八达,转动眼珠,表现巫人的艺能。

第四,“四行”出场。主要目的在于按神位,先将一头猪抬入现场,主祭人上场,带一处女入场,无产血之女性,阴性足。下跪礼拜,巫人敲板鼓念词,主祭人与小女子附和,用颤栗之音,反映出巫人的灵气。

66. 五行出场

第五,“五行”出场。

由男巫一人独自入场跳神,继续按神位,安人心。

巫人要竭力表现出按神位并不是那么轻而易举，显示它的艰难，也就显示了巫人的神力充足。

总之，以上五种舞式要求体现巫人的风采、武功、艺能、灵气、神力等等应有的素质。

男巫跳神结束以后，女巫紧接着便登场继续跳神，按神位。她们是多人上场，步伐灵活，转动自如。有的旋转头顶幡带如飞轮。有的又不戴巫帽，只穿巫裙，将板鼓举过头顶，边敲边跳，边舞蹈，边旋转，表现出刚毅的精神，显示出满族妇女坚强的特点。

67. 转顶幡带舞

68. 板鼓举头舞

69. 板鼓旋转舞

值得注意的是，图 62—69 中表现的巫术的祭具、法衣、服饰、装扮、舞蹈动作等，颇有艺术特色，再一次证明巫术推动了文化艺术的发展和繁荣。

1. 腰铃，又称环铃，这是满族萨满的祭具。流行于东北地区。分大小两种，大的一种铁(铜)制，圆锥形，多个。满族入关以前就已使用，春秋两季在行跳神的背灯礼时，便邀请跳祝者的萨满巫人来承祭。祭神的时候，萨满把腰铃系在宽幅的腰带上，随动作发出带有节奏的音响。小的一种也是铁制，形状和大者相似，有 5 寸 5 分长，2 寸阔，其底座比较大，在行背灯礼时由萨满巫人用一只手摇动发声。

2. 神鼓。满族萨满祭具。皮制或厚麻纸制单面鼓(有的有柄)，直径大小不等，一般有 1.2 尺，冒铁圈，柄上有环数个。在行跳神背灯礼时，萨满在神座前面，一边跳舞，一边击鼓，发出镗镗响声。在跳神时，通常有伴奏人，拿着手鼓，也可在一边架鼓数面，都是由主家自击，声音的缓急均以萨满的鼓声为应。满族人对这种手鼓最为重视，相信它能通神，所以常将它珍藏在装神具的神箱中。

3. 围裙。萨满巫人跳神时穿的法衣。是用各色绸条缎带串成。与达斡尔族萨满巫师的法衣类似。

女巫跳神，看其腰肢俯仰快速，步法灵活自如，臂膀伸举拉缩，都是经过百练常演的，而其年龄也偏低，二三十岁之间。中年以上满族妇女，或有数个孩子的母亲，已不能适应这种大运动量的跳神动作，四肢也难以跟上这种快捷的速度。

第二阶段，众人跳神。原文云："安完神位跳一次，跳念完毕，就请祥初倭什混安位。"又云："安位完，祖宗跟前交活，众人玛克什密后跳神一次，（巫人）就交告念诵。"由此可见，巫人虽然已退场不跳神，但是他仍然在一旁念诵祭祀经文和咒语，起着一种激励群众集体或独自跳神的作用，这是一定不可缺少的。

至于众人跳神的舞式，是更为丰富多彩了，以下列举四种：

第一种：男性双人跳神舞。

这种跳神舞式要求表现出满族男性英勇之气，阳刚之风；步法要求稳健、敏捷、配合得当；服饰方面，要求袖长，不露手，甩动灵活，腰间挂上满族男性常挂的吉祥物和彩带；头戴旗人帽，露出红须或长辫，脚上穿着厚底的布靴。

第二种，男女三人击鼓跳神舞。

70. 男性双人舞

71. 男女三人舞

72. 少女单人舞

这种舞式要求男子严肃沉静，突出女性跳神的风采。男子双人击鼓密切配合女性跳神舞蹈动作，并细心注视女性跳神者舞姿的变换，以调整鼓点的疏密。而这种跳神舞蹈则要求选择一个年轻的满族少女来跳，她的活泼跃动与击鼓者的畏严神情形成反差和强弱的对照。在服饰上也有要求，她必须穿起女巫跳神的长裙腰挂环铃，前腰带还挂长褡包，袖口卷过上腕以显示少女手腕的魅力，后飘带的舞起与飞飘，展现其青春的活力。

第三种，少女单人跳神舞。

这种单人跳神舞，在服饰和装扮上要有更严格的要求，少女要求戴满族特有的头饰和耳环；穿绣有花边的长袍，有绣制花纹的手盖，不露手指，还要求手执长条绸巾，长袍长到只露脚尖。长条绸巾使跳神时手与脚的快速配合形成艺术性的视觉上的线条，而增加跳神舞的神韵。这种长袍也不止一件，里面一件较长，外面一件略短，可能里外两件的颜色也并不相同。少女单人跳神舞有很高的艺术美感，与现今所见汉族巫婆跳的蓬头垢面迎神舞有天壤之别。

第四种，少男单人跳神舞。

少男单人跳神舞，也有严格的服饰和装扮上的要求，穿本民族男性华丽的套装，前胸带有龙的刺绣图案，袍尾又绣有海浪的波涛和溅起的浪花；头戴旗人帽，腰挂吉祥物和绸制飘带，尽显朝气蓬勃的英武之气概，也有很高的艺术美感。

73. 少男单人舞

总之，清朝刻本《祭祀全书巫人诵念全录》由于保留了全套的满族巫师跳神仪式的文字说明和连环插图，内容很重要，资料难以见到，十分珍贵，它有多方面的价值。

满族巫师的跳神仪式，虽说是一种巫术活动，但是，若透过这种满族萨满教的宗教形式，去看它实际包容的各种内容，我们会发现，它是由多种民俗文化类别所组成的。

第一，从饮食风俗来看。祭神食品都是民俗食品，祭神的“阿玛孙肉”只不过是普遍吃的猪肉和羊肉而被冠以特殊的名称。主食是中国人常吃的米饭和水饼，或者是肉汤泡饭，称为“荡饭”。满族人全家在一起吃饭，也讲究长幼尊卑，好的食品先敬老人吃。于是敬大祖宗的食品，“第四碗肉上摆胸岔”，这“胸岔”就是猪排骨，先敬老人和祖宗品尝。还有祭毕众人吃的“烘燎猪肉皮”，是满族人的风俗名菜，这种胶质肉非常好吃，特别是用杈子架上，用特别的秫秸点火烘燎的特殊制法。

第二，从服饰风俗来看。清朝巫人用特制的戏装作为跳神之用，说明他们对跳神重视的程度非比平常。我曾在广西的瑶族、壮族中作过民俗调查，当地巫师在祭祀请神时一般只是穿平时所穿的民族服装，像清朝满族巫人那样，对跳神时所使用的服装那样重视，而且制作得那样靓丽，那样重视制作的精工则是罕见的。我们有理由加以推论，这些巫人所用特殊的戏装，起初只是在跳神的民间所流传，后来它们被清朝流行的京戏所引用和吸收，现今京戏的戏装与清朝巫人跳神服饰相类似，于是我们发现京戏华丽的戏装的来源，原来也在民间文艺之中。清朝巫人在设计跳神服饰时，他们竟然取得了一个意想不到的成绩，成了京戏服装的原始设计师。

第三，从舞蹈风俗来看。清朝巫人跳神仪式中，肯定融合了多种多样的民间舞蹈形式进去。由于满族的跳神有民众参加，不只是巫师才能跳神，于是群众便把民间舞蹈带入了跳神之中。不管是单人舞或多人舞，跳神的转身、旋转、回首、张臂、蹬腿、禹步、摇头、扭腰、跳跃等等，一招一式，全从民间舞蹈的动作中吸收营养，于是满族的跳神中便保留了诸多民间舞蹈的成分。

清朝巫人跳神仪式还有这样一个特点，即它的娱神性大大地减弱，神像在整个跳神仪式中并未出现，两位蒙古祖宗像也早早撤走，八位大祖宗只是八个牌位，前面摆了八个酒盅，是作为象征性设置的。因此满族跳神，基本看不出娱神性。由于民众加入跳神舞，所以群众娱乐性大大加强。每当满族跳神日，真是如节日一般，突出了两个方面，一个是吃肉，一个是跳舞。从本质上来看，满族跳神日，已是虚有其表，至清代，已逐渐演变为人民的节日。

第五十四章　现代交感巫术与模仿巫术

第一节　民国年间东北跳神巫术逐渐消亡

民国年间，东北三省跳神巫术继续在广大农村满族聚集地流行，此种信仰民俗有的已经变为每一年三月三日和九月九日的跳神期会等风俗，但各县跳神情景不尽相同，各有差异。大致看来，属于交感巫术的跳神巫术，伴随着丑恶之事时有发生，已有趋于消亡之势。

黑龙江龙城禳病用巫祝。民国八年(1919)黑龙江《龙城旧闻》(四卷)记载："禳病用巫祝。汉籍曰'烧太平香'，满洲重跳神，曰'跳太平神'。三月三日、九月九日为跳神会期，有延僧道、方士建斋醮者。"[①]龙城定期跳太平神。

哈尔滨呼兰禳病必跳神。民国十九年(1930)黑龙江省《呼兰县志》卷五《祈禳》记载："巫觋，俗名'喇嘛'，又名'大神'。为人禳病必跳舞，故呼之曰'跳神'。跳神时，腰铃手鼓，作法演技，托为狐、黄、白、柳、𤟤五种神；神来格时，一问一答，答者俗称'二神'。乡人有疾者恒延之，知识阶级中人不之信也。"[②]呼兰县跳神要托为五种神。

松花江地区跳大神治病驱邪。民国十五年(1926)黑龙江省《双城县志》记载："跳神。俗呼之为跳大神，称其人为大神，巫类也。为之者，有男有女，以为专业，或称之为'萨满'，亦曰'叉玛'，盖满语而音之转也。萨玛者，在昔为满人通奉之一种教名，此即其教徒耳，专以治病驱邪惑人敛财。自称香童，奉胡、黄等仙，云系其神迫使为之，否则加祸。出而职业，谓之'出马'。迷信者流，多延为治病驱邪，设香案，备供品，复置钱物为跳神者用。跳神时，其人腰系铃铛，手执皮鼓，先击鼓，摇身振铃，喃喃作咒，旋闻铃声甚急，身体颤动，忽体直如僵，即

① (民国)魏毓兰撰《龙城旧闻》，见丁世良、赵放主编《中国地方志资料汇编》(东北卷)，北京图书馆出版社1989年版，第386页。

② (民国)廖飞鹏、柯寅修《呼兰县志》，凤凰出版社2006年版，第484页。

神来附其体矣。旁一人名二神，扶掖之，并击鼓歌问；始起立作神语回答，称系某山、某洞、某神。做怪状怪声类疯癫，索酒烟，更有能作种种幻术者，如吞火、自刃等事者。其治病之术：大抵幼者，则云系某庙神之侍从投生者，必须制纸人为替身，送庙焚而代之服役方可；壮者、老者，则谓冲犯鬼祟，为之作法驱逐。既讫，乃为神退状，而复常态，索钱之外，并香案上之供品、钱物悉取之以行。此辈为人治病时，有害命及奸淫之事发生，近年警察严禁，其风渐息，然暗中仍属不少，乡间尤多云。"[①]双城跳神结合有模拟巫术烧纸人替身驱邪，还有幻术吞火表演；但丑恶事时有发生，影响极坏，"近年警察严禁"就是最终结果。

黑龙江省绥化县满汉两族祈禳跳大神略同。民国九年(1920)常荫廷修、胡镜海纂《绥化县志》卷七"礼俗志"记载："禳病，汉、满族亦无大异。遇有病久不愈者，家人为之延巫驱治，谓之'跳大神'。巫者腰系铁铃，手击皮鼓，以唱代言，丑态百露。巫谓病者实系被冤鬼作祟，或谓病者当死室某神，信口开河，欺弄病者家属，使之恐惧，以便取财。间有因此发生淫恶事件，有伤风化，莫此为甚。近来，悬为厉禁，虽不敢公然形之于城市，而荒村陋里仍不免焉。"[②]绥化县跳大神延巫治病汉满同俗，只是淫恶事件时有发生，影响也不好。

绥化地区跳神延画工绘神像。黑龙江省绥化地区《望奎县志》四"风俗"记载："贺巫觋，每年三月初三，九月初九等日，谓之'大神会'，先曾治愈疾病之家馈赠腰铃、裙子，或大鼓，或延画工绘神像，装裱成轴，亦有以钱随礼者。"[③]望奎县跳大神还加有绘神像装裱成轴的风俗，巫术在风俗中的妙用，向艺术领域转化，增添了生活美学的艺术因素。

辽宁省桓仁跳神屡经严禁。民国侯锡爵、罗明述修纂《桓仁县志》风俗志卷九《杂礼》记载："巫觋，俗呼曰'叉马'。乡人请治病症，名曰'跳神'。愚夫愚妇多被所惑，屡经严禁，此风稍息。"[④]地方政府已经屡禁跳神巫术。

吉林省辑安县陋俗跳大神。民国吉林刘天成、苏显扬、张拱垣、于云峰修纂《民国辑安县志》卷三"礼俗巫医"记载："乡人病，多信巫，不信医，俗名曰'跳大神'。钲鼓喧阗，香火熏灼，病者固多妨害，不病者亦碍卫生，亦陋俗之一也。"[⑤]辑安县将跳神界定为妨碍卫生的陋俗。

---

① (民国)高文垣等修，张鼎铭等纂《民国双城县志》卷六，凤凰出版社 2006 年版，第 377 页。

② (民国)常荫廷修，胡镜海纂《民国绥化县志》，凤凰出版社 2006 年版，第 190 页。

③ (民国)严兆霖、张玉书等修纂《望奎县志》，凤凰出版社 2006 年版，第 445 页。

④ (民国)侯锡爵、罗明述修纂《民国桓仁县志》，凤凰出版社 2006 年版，第 183 页。

⑤ (民国)刘天成、苏显扬修，张拱垣、于云峰纂《民国辑安县志》，凤凰出版社 2006 年版，第 137 页。

大连庄河知识未开跳大神。廖彭、李绍阳、宋抡元等修纂《民国庄河县志》卷八“祀事”记载：“民间知识未开者，膺疾则延巫祈祷，名曰跳大神。其香童，男女皆有之。”又云：“乡村祀胡仙者颇多，似习见不足怪，惟称黄鼠曰黄仙，蛇曰常仙，妇女信祷之，最为淫祀。巫祝中，女占多数，专供胡、黄等仙，以治病为名，俗呼为大神。另有一种男巫，人家祭先祖时用以打鼓焚香，土人呼其人曰姑娘，着彩帽如菩萨状，束发腰铃，花裙跳舞，捽鼓歌祝，尚无淫词，俗云‘跳铛鼓’，又云‘喜乐祖宗’，盖意在安神祈福耳。”①

黑龙江省安达县被斥伤风败俗跳大神。黑龙江省绥化地区，高芝秀、潘鸿威修纂《民国安达县志》卷八“风俗习惯”记载：“(跳神)民间遇有疾病医药不效者，或婴孩偶患杂症者，家人往往为之延巫驱治，谓之‘跳大神’。巫者，男女皆有，腰系带铃布裙，手敲皮鼓，以唱代言，丑态百出。巫谓病者实系被冤鬼作祟，或谓病者当死事某神，信口开河，借以欺弄病者家属，使之恐惧，以便取财。甚有施行神针法水伤毙人命；亦有因此发生奸淫，造恶社会。种种伤风败俗之事，莫此为甚。迩来悬为厉禁，虽不敢公然行之于城市，而荒村僻壤仍不免焉。”②这与以上提到的十六年前绥化县志记载大致相同，跳神巫术负面影响加大，继续引起地方政府干预。

黑龙江省宁安县的跳神被认为系古俗，亦有记载。王世选、梅文昭修纂《民国宁安县志》卷四《风俗·古俗》曰：“满人有病必跳神，亦有无病而跳神者。富贵家或月一跳，或季一跳，至岁终，则无有不跳者。未跳之先，树丈余细木于墙院南隅。置斗其上，谓之曰竿。祭时着肉斗中，必有鸦来啄食之，谓为神享。跳神者，或用女巫，或以冢妇，以铃系臂，后摇之作声，而手击鼓。鼓以单牛皮，冒铁圈，有环数枚在柄。且击且摇，其声索索。然而口致颂祷之词，词不可辨。祷毕，跳跃旋转，有老虎回回诸名色，供祭者，猪肉及飞石黑阿峰。飞石黑阿峰者，粘谷米糕也。色黄如玉，质腻，掺以豆粉，蘸以蜜。跳毕，以此遍馈邻里亲族，而肉则拉人于家食之，以尽为度，不尽以为不祥。”③无病跳神者，加以团聚的食物风俗，以利于集中人气欢乐气氛，则未必斥之为迷信。

总之，东北三省的满族跳神巫术，至民国年间已经在声名狼藉中逐渐消亡。

---

① (民国)廖彭、李绍阳、宋抡元等修纂《民国庄河县志》，凤凰出版社2006年版，第484页。

② (民国)高芝秀、潘鸿威修纂《民国安达县志》，凤凰出版社2006年版，第520页。

③ (民国)王世选、梅文昭修纂《民国宁安县志》卷四，凤凰出版社2006年版，第85—86页。

第二节　现代发现的模仿巫术

民国年间云南农村有所谓“退鬼”术。巫师剪几个纸鬼，将柏枝点燃置于稻草扎成的筛盘内，左手执筛盘，右手抓桃枝，口念驱鬼咒，屋内到处熏烟，用以驱鬼。

据吴永立、王志高修、马太元纂《民国新平县志》卷一八《宗教》曰：云南新平“有男巫女觋各就私人住宅设有巫堂，教徒约百余人，其教以逐疫驱鬼为宗旨。凡患病之家，多有延巫祷祝，作种种异状，此等风俗乡里尤盛”①。

民国年间，江西农村有所谓“拽神检药”术。巫婆把尺许木偶像置于大药盒上，两人拽偶像之手，偶像(神)头碰到什么药上，就吃什么药。又据江西刘洪辟纂修《民国昭萍志略》卷一二《风土志·礼俗》曰：“乡里迷信鬼神，病彻异为鬼作祟”，“或有抬木偶神，以布捧系其项，名‘打菩萨’”②。

福建莆田地区农村有所谓“草人送魔”术，女巫扎一草人作病人替身，备钢刀一把，先将草人放在病人身上，一手握刀，一手点燃火把，在周身燎三次，然后将草人头向外置门坎上，用刀砍三下，连同火把一起送到十字路口投掷，以此驱鬼辟邪。石有纪修、张琴纂《民国莆田县志》卷八载“请亡”法术：“女巫附有童神曰‘柳木儿’，相传巫侦知人家生子，书其年庚，装草人，缚柳树日夜。致其儿童蠹死，砍柳木而刻为舍人，听役于巫往。有合商人信鬼，以巫咸为相，女巫或其支流欤?”③同卷又载“草人送凶”巫术：“俗以缢鬼必待七日回煞，束草为人，书死者年庚，召巫逐之。街巷鸣鼓、放爆，为堵截于途，防鬼之逗留也。此俗甚荒唐。”④

四川云南大小凉山彝族地区有所谓“撮日”术，将一牲畜腿骨，捆在一个草人身上，指明冤家的姓名，念“咒人经”，同时跑马打枪(鸟枪)。完毕后，将草人及腿骨偷偷放进冤家室内、宅边、村旁，据说就能使冤家得病而亡。

据《凉山彝族奴隶社会》一书载：“用来攻击或诅咒仇敌的巫术，即民族学中所称的黑色巫术，在彝族中也普遍存在。比如有一种称为‘子克觉’的诅咒仇敌的巫术，即是请毕摩(毕摩是凉山彝族的男性巫师——引者注)或苏业(苏业也是凉山彝族的巫师，但男女都有——引者注)将一根病死的牲畜腿骨和用麦秆

---

① (民国)吴永立、王志高修，马太元纂《民国新平县志》，凤凰出版社2009年版，第342页。

② (民国)刘洪辟纂修《民国昭萍志略》，江苏古籍出版社1996年版，第592页。

③④ (民国)石有纪修，张琴纂《民国甫田县志》卷八，上海书店出版社2000年版，第289页。

或草扎成的草人一起，指明仇敌的姓名，集合全家来进行诅咒，然后将此骨与草人抛在仇敌附近的路上或田野，他们相信仇敌将患病慢慢死去。另一诅咒的巫术是扎一草人或用一狗，施术后乘夜吊挂在仇敌附近的树上，让仇敌见到，对方必遭死亡。凉山彝族在械斗时，除用武力方式外，往往也辅以巫术手法来攻击对方。”

另外，凉山彝族在祭祀活动中，也夹杂着模拟巫术的使用。“祈丰年的祭祀，彝语称‘芝固’，也有祈求吉祥的意义。每逢耕种和收获时，各户均要举行，富有者在3、7、10月各举行一次。届时请毕摩主持，先请山神，再请毕摩的护法神，以及专管五谷丰收、财源茂盛的精灵‘吉尔尼荷’。此后毕摩即扎一些象征饥鬼的草人形象，接着打鸡，并以鸡血淋洒草人。继之打羊，取羊肉数块敬山神，再取煮熟的羊心、肝、腰敬毕摩的护法神，然后向四方洒羊肉汤，以示分享四方神鬼。此时主人又画一木刻代表鬼，毕摩将其甩出门外，表示鬼已除去。此后毕摩念招魂经，招唤主人家中已死去的亡灵来享供献。最后毕摩将作法所用的一枝树枝送到门外，表示丰收，祈丰年的仪式告一段落。第二、三次仪式基本相同，只不过没有招魂的内容。”①

以上两例，前面一例属于黑巫术而后一例则为白巫术，不仅有象征鬼的草人，还有象征鬼的木刻人，鬼形为人形样。

而且，凉山地区彝族的“牛力母”巫术也与此同类。“牛力母”意为“送干病鬼”。如果病人病得骨瘦如柴，当地百姓认为这是干病鬼在作祟，而病因则为猴子传染，于是便请毕摩来送鬼。毕摩在病人家中念经八天，并由家里人捉来一只猴子，然后扎一个草人，第九天带猴子上山，在地上插树枝作为神座，并把草人捆在猴子身上，最后把猴子放走，据说就把病带走了。

综上所述，我国历代都有这种同类生死法的模仿巫术，模拟人一般为草人、木偶、纸人等，从其巫术性质来看，大多是害人之黑巫术，而祛邪祈福者为少见。

从现代调查材料来看，模拟巫术在具体实施时较为复杂，这表现在以下几点：

第一，模拟巫术既包括白巫术也包括黑巫术，而白巫术的模拟品，一般不采用扎草人、制木偶、剪纸人等，而采用具有象征意义的代用品。例如，《凉山彝族奴隶社会》一书指出：“用以为自身谋利益的巫术，即是民族学中所称的白色巫术，在彝族中是比较普遍的。毕摩经常为人作的一种叫‘尔查苏’的解污术即属

---

① 以上两段均见《凉山彝族奴隶社会》第六章第三节之《巫术、祭祀和禁忌》，人民出版社1982年版，第176—177页。

此类。此种巫术,每户每年至少要请毕摩施行一次。是时毕摩先将一块烧红的石头淬入有艾蒿的瓢内,然后将此瓢在屋内四周转一圈,边转边念咒语,表示已经驱除了秽气,并用手折断一根木棍,表示已经折断了魔鬼的腰躯,再将水泼在灰上,当升起一片尘埃时,表示魔鬼已经逃窜或已经将疾病驱赶到了魔鬼身上。另一种保护自身的巫术叫'写俄布',汉语称'挡口嘴',每户每年也要施行数次。届时由毕摩念经,然后打一只公鸡。抛掷出去,以示将别人的恶言中伤或咒语抵挡回去。此外,还有招魂、捉鬼、送麻风病、防雹灾等巫术。”看来,以上凡是象征性的巫术动作都具有模拟性,如折断一根木棍,表示折断了魔鬼的腰躯;水泼在灰上升起尘埃,表示魔鬼已经逃窜;打走一只公鸡,表示将别人恶语也打走了等等,这种模仿性是模拟巫术的延伸。

第二,模仿巫术的施行,通常不是单纯一种巫术的施行,而是至少两种巫术同时交织着进行,如招魂巫术。弗雷泽在《金枝》中曾指出:“马来人有类似的法术:你如想使某人死掉,首先你就得收集他身上每个部分的代表物,如指甲屑、头发、眉毛、唾液等等。然后,从蜜蜂的空巢中取来蜂蜡,将它们粘在一起做成此人的蜡像,连续七个晚上将此蜡像放在灯焰上慢慢烤化。烤时还要反复说:‘我烧的不是蜡啊,烧的是某某人的脾脏、心、肝!’在第七个晚上烧完蜡像以后,你要谋害的人就将死去。”①这种巫术显然是顺势巫术和模仿巫术的合璧物。

但在中国巫术中,人的身上部分代表物,包括衣服也有顺势的巫术力。广西防城的越族有一种赎魂巫术。据《防城越族情况调查》记载:“赎魂:人患了病,主人去请‘降生童’,若神说病者的魂魄已经飘走,或说是某大王神捉去,主人需请师傅一人作法赎魂。作法事时,师傅用一根小竹,竹的末端缠着一个麻篮,篮内盛着剪刀一把,线十根和病者的衣裳一件,举起摇动,一面摇一面唱着:‘回罗!三魂七魄回来罗!’主人亦随着喊:‘爸爸回来罗!三魂七魄回来罗!’以招其魂魄归来,具‘三牲’(鸡、鱼、猪肉)、糖粥五碗祭拜,祈祷大王神,将病者的魂魄释放。”②越族人和唐人一样,生灾害病时均用剪刀施行招魂巫术。

与赎魂巫术相类似有云南马关汉族人的叫魂巫术,如《马关县志》记载汉族《叫魂烧胎》曰:“人有病每疑魂落他处,请巫师叫之使归。其法于门口置凳焚香灯,以米一碗,鸡蛋一枚,插高五六寸之细条于米内。将鸡蛋站立条端,则谓魂

---

① [英]弗雷泽著,徐育新、汪培基、张泽石译《金枝》,中国民间文艺出版社1987年版,第22页。

② 《防城越族情况调查》,引自《广西京族社会历史调查》,广西民族出版社1987年版,第137—138页。

已归来。又谓病人之魂，已投入人胎，则将此叫魂之蛋，以火烧之。以为经此一烧，则胎死魂归，信者甚重。”①

第三，扎纸人烧替身治病的白巫术在民间很流行。萧红《呼兰河传》就写到东北流行的烧替身治病巫术：“到彩铺去，扎了一个纸人，然后给纸人缝起布衣服穿上，——穿布衣服的是绝对像真人——擦脂抹粉，手里提着花手巾，很是好看，穿了满身花洋布的衣裳，打扮成一个十七八岁的大姑娘。用人抬着，抬到南河沿旁边那大豆坑去燃了。”替身上往往要写上病孩的姓名，由巫婆来主持这种巫术。

第四，狩猎活动时，制模拟动物，举行巫术仪式，用于增加生产。这种巫术流行于云南独龙族中。独龙族在狩猎前，即以荞麦、稗子磨成粉，和以水捏成各种动物形状，摆放于大树下，或用石灰在大树上画各种动物图形；先举行祭祀，祭毕以弩射之。② 这种巫术目的是为了促进生产，也是狩猎前操练武艺，有积极的一面。

第五，施行生殖崇拜模仿巫术时强调其象征意义。严汝娴与宋兆麟先生介绍见到的云南永宁纳西族信奉的那蹄女神说：

> (纳西族)虔诚地信仰“那蹄”——生育女神。
>
> 那蹄为女人形象，主宰妇女生育，保佑婴儿健康。祭祀时，由达巴用树枝或麻秆编制一个方形框框，中央插一根竹竿，上边拴若干彩色布条。此器称“那蹄底基”，即那蹄的房子。然后用糌粑塑成一个女人，腹部放一个鸡蛋，象征多产；蛋能孵鸡，又标志生育。“那蹄”的特点是乳房大，肚子大，阴部豁为妇女特征。这是一个典型多产妇女形象。③

这一生殖模仿巫术祭祀时，始终充满象征意义。那蹄底基象征竹竿(男阴)插入植物方形框框(女阴)，即模拟交配。然后，糌粑塑的女神，大腹象征多产，而腹旁鸡蛋，又象征生育。模仿巫术的象征意义在生殖巫术中表现得特别明显。中外考古学界发现的诸多实物都可证明这一点，参见以下五图：

---

① 张自明修，王富臣等纂《民国马关县志》，凤凰出版社 2010 年版，第 212 页。

② 云南民族调查组编写《独龙族调查材料之二》，1964 年刊印，第 257 页。又见《独龙族简史》第五章第四节《狩猎·采集和捕鱼·狩猎》，云南人民出版社 1986 年版，第 45 页。

③ 《云南省宁蒗彝族自治县永宁纳西族社会及其母权制的调查报告(宁蒗县纳西族调查材料之一)》，云南人民出版社 1963 年版，第 76—78 页。

1. 新疆阿斯塔那墓出土隋代彩色绢画伏羲女娲图，交配象征〔采自《西域考古图谱》〕

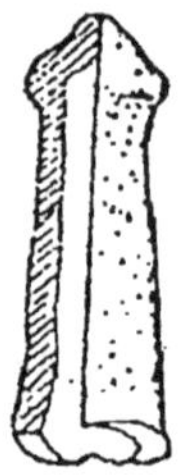

2. 河南二里岗商代遗址发现的陶祖（阴茎），生殖象征

3. 江苏连云港市赣榆徐福博物馆的"始祖石"（阴茎），生殖象征①

4. 不丹王宫房角悬挂的巨型阴茎，生殖象征

5. 古希腊墓穴"子宫门"，生殖象征

与纳西族相仿佛的生殖模仿巫术，还有白族的"召快舞呆"（白族语音），意为石头皇帝；"阿央白"（白族语音），意为女生殖器；还有"女儿石"、"本主"等四种，都是白族原始生殖崇拜的见证。可见在白族中，过去对巨石的崇拜极为普遍。这种崇拜，今天在民间尚有遗迹可寻。

第一，在河源县和云龙县交界的兔罗坪山上，有五间石屋，每间石屋里都供奉着一块巨石。人们称之为"召快舞呆"，意为石头皇帝。认为这些石头皇帝不仅是人类的主宰，而且管辖着野兽和山神，是那里的最高神祇。

第二，在剑川县石宝山石窟的第一窟的神座上，供奉着一具女性生殖器形状的石头，白语叫"阿央白"，意为女性生殖器。这既是对女性生殖器的崇拜，也是对巨石的崇拜。每一年都有开石宝山会，会期，不育的妇女们都要远道而来，向阿央白顶礼膜拜，乞求子嗣。石宝山会是白族传统节日。农历七月二十九日

① 关于石祖产生的时代背景，请参阅高国藩《海州石头文化》，载于台北《故宫学术季刊》第九卷第三期，1992年4月出版。

至九月初一在云南省剑川石宝山举行。届时，剑川、丽江、兰品、鹤庆等地白族青年男女，老少妇孺，携带行李和食品，欢聚于石宝山。一是进行佛教的祭祀活动，祈求吉庆平安。二是无子嗣的妇女，要朝拜石窟中的“阿央白”（女阴），乞求子嗣。三是青年男女自由对歌，倾吐爱情，找知心人。故石宝山会，既是祈求子嗣的集会，也是寻求配偶的传统合法的场所。

第三，南诏遗址太和村有一块巨石，人们称之为“女儿石”，全名直译为“女儿母亲的石头”。这既是对女性生殖器的崇拜，也是对巨石的崇拜。

第四，剑川县沙溪区南妹村的本主，是一块红沙石。云南省大理市喜州区金圭寺村的本主，则是一块白沙石头。这既是本主崇拜，也是巨石崇拜。

这些生殖崇拜巫术，结合石崇拜，在西藏等地亦有存在。据民国洪涤尘著《西藏史地大纲》载：西藏山上的石头“凸出如柱者，则信为山神之阳具，无子嗣者常祈祷之”①。云南西双版纳景洪县曼勒山上，有根石柱，傣族拜为男根。

总之，这些具有模仿性的石头，都是具有生殖象征意义的石崇拜。

第三节　现代发现的交感巫术

在中国广大的农村地区，头发巫术已经衍化成为重视头发的习俗了，民间谚语中就有“老爱胡子少爱发”之说，对于婴儿剃胎毛，更是重大的人生礼仪，也是头发巫术的残留形态。

在山东省，“胶县婴儿在出生满月那天铰头，从下到上铰三圈。胎毛铰下后，用一张面箩接住，再用红布包好，缝在小孩的枕头上。铰头时，小孩要怀抱一棵葱，意味着长大后聪明”。“沂水、费县等地，生男孩第十二天，生女孩第九天，姥姥、舅舅、姨姨来送粥时铰头，头发用葫芦接住，还得给孩子铰头钱。郯城在小孩出生后第二十四天铰头，届时在家备上香案，请邻居三个年轻姑娘，手持剪刀在小孩头上比划着铰三下，接着小孩的母亲再铰，口中念道：‘七铰灵俐八铰乖，二十四天铰秀才。’蒙阴县铰头必须有舅舅在场，剪下的胎毛放到小孩的鞋里”②。这当然是顺势巫法在风俗中的遗留。风俗仪式有比较复杂的，如讲究时间、铰头圈数、藏胎毛、抱葱、烧香、舅舅在场、给铰头钱、念咒等。非常有人情味和增进人生的乐趣，从而构成人们浓厚的乡情，也构成家庭亲情的凝聚力。

---

① （民国）洪涤尘著《西藏史地大纲》，中正书局1936年版，第70页。

② 见李万鹏等著《山东民俗》，山东友谊书社1988年版，第167—168页。

也有很简单的，如“孩子被意外事物或声音吓一跳，立时摸弄孩子的脑袋说：‘扑拉扑拉毛儿，吓不着。’”①

值得一提的是，我国的裕固族人给婴儿剃胎毛。据范玉梅撰写的《裕固族小孩剃头仪式》一文云：裕固族的娃娃在一至三岁的时候，第一次剃头发，要举行剃头仪式，同时还要为娃娃取上一个喇嘛教的经名，为婴儿剃头和取经名是家庭中的喜庆之日。举行仪式以前，首先要请喇嘛来念财神经，并且把剃头的吉日和时辰选定下来。这时辰按照十二属相计算，一般都选在初一、十五的午时进行。到了剃头的那一天，父母要设宴款待客人，亲友们要给孩子送些礼物，例如送一匹小骡马、一头小乳牛、也有送钱和其他东西的，以此表示祝贺。舅舅一般要送马或牛等贵重的物品。凡是送的幼畜都做上标记，说明为娃娃所有，直到娃娃长大成人。

剃头的仪式是这样开始的。先给娃娃戴上一个用酥油糌粑做的圆头箍，头顶要露在外面，一个人抱着婴儿，另一个人端一个盘子，盘中放一把剪刀和一小碗奶子，碗边放些酥。盘子最先端到舅舅的跟前，由他第一个开剪，他剪下一小撮头发放在盘里，然后用手指蘸一些酥油点在孩子的额头上，再抹到孩子的嘴里，并念祝词，许给娃娃一头小牲畜作为礼物。随后每个亲友一边剪点头发放在盘子里，一边还要说些吉祥语，同时送给娃娃的父母亲一条哈达，以示祝贺。如果当时有应到而暂时未到的亲友，还要留下一小撮头发，待他们到来以后由他们来剪。客人依次剪完之后，由舅舅除去娃娃头上的酥油糌粑头箍，给娃娃最后剃成光头。剪发时，依男左女右的古俗，男娃从左边开始，然后依次剪到右边、中间、后边；女娃从右边开始，然后依次剪左边、中间、后边。在给娃娃剪发的同时，宾客们还要为娃娃唱祝福歌，祝福娃娃长命百岁。祝福歌先由舅舅唱，歌词的最后一句由大家合唱，唱词云：

> 铁剪子，剪头发，
> 娃娃长成铁疙瘩。
> 金银剪子剪头发，
> 金银财宝都来啦。②

给婴儿剃胎毛，在我国有悠久的历史。在唐代，给婴儿剃胎毛最讲究选择

---

① 见黄地丁《从“囟毛”说起》，山东大学《民俗研究》1985 年试刊号。

② 引文见《少数民族民俗资料》第二集下册，1985 年印本，第 5—6 页。

良辰吉日。唐代王焘撰《外台秘要》卷三五《剃儿头法一首》云："崔氏初剃儿头良日，寅丑日吉，丁未日凶。"①

晋许真人撰《增补万全玉匣记》卷上云："小儿剃头吉日：初三欢，初四富贵，初五饮食，初七大吉，初八长命，初九吉，初十职禄，十一聪明，十三大吉，十四得财，十五大吉，十六利益，十九吉庆，二十二吉，二十三大吉，二十五财富，二十六祥瑞，二十九吉祥。"②由此可见，在一个月中，有半个月以上是剃胎毛吉日。另外此书还记载了剃胎毛忌日：

1. 忌丁火日初五日剃胎头——主儿黑。

2. 三十日剃胎头——主儿夭。

在我国少数民族中，旧时头发巫术存在着白巫术与黑巫术两种不同的形态。

白巫术是非害人巫术，毛发巫术用来促进生产的发展。在东北地区的达斡尔族人中，毛发巫术演变成了促进养马的风俗。达斡尔族人卖马时，要留下鬃毛一撮，意味着留下福气，牲畜兴旺③。新疆的巴里坤地区哈萨克族人也有这种风俗，"卖了牲畜，剪下马鬃和一撮羊毛，就能留下好运和'洪福'"④。

黑巫术则是害人巫术，例如旧时在云南省的西双版纳傣族自治州流行一种叫"头发诅咒"的巫术。施术者设法弄来一根被诅咒者的头发和他的脚印，再用纸剪一个人形，放在被诅咒者的楼下，据说就能令人心绞痛或致死，这是交感巫术与模仿巫术相结合的巫术，是整人的黑巫术。另外，旧时西藏珞瑜地区珞巴族中流行一种叫"略太"的巫术，这种巫术专门收集仇人的头发、指甲、衣服碎片、脚印尘土、饰物等等，请巫师装入小竹筒内，一边念咒，一边涂上鸡血，再用树叶包起来，然后派人悄悄把竹筒投入仇人的灶塘内烧毁，据说这就能产生巫术的魔术力，使被诅咒者渐渐地痴呆下去，以至死去。

挽发丧俗。据胡朴安《中华风俗志》载，清末至民国年间江苏省高邮县曾流行过一种叫"挽发"的丧俗，其中《高邮的丧礼》云：

高邮人民，凡不幸而遭父母大故，棺殓之时，孝子必须执杖跪请族长

① （唐）王焘撰《外台秘要》卷三五《剃儿头法一首》，景印文渊阁《四库全书》第737册，第449页。

② （东晋）许真人撰，赵嘉宁注《增补万全玉匣记》卷上《神煞择吉术·小儿剃头吉日》，中医古籍出版社2012年版。

③ 见娜日新《达斡尔族禁忌》，载于《黑龙江民间文学》第九集，1983年6月版。

④ 新疆维吾尔自治区丛刊编辑组编《巴里坤哈萨克族风俗习惯》"宗教信仰禁忌与卫生习惯"，新疆人民出版社1986年版，第18页。

(指父丧而言,若母丧,则请舅父,或表伯叔兄弟)执掌斧柄,连敲三下,然后次第实行。富者仍须赠贻执柄者以彩帛,执柄者若贫寒,且视为发财机会,预定封钉礼金,始允代敲。若不满意,或不延期到场,则惹起交涉,谴责频加,甚且打扰不休。噫,执柄职权,何关轻重,而为此跪请之虚文,敲击之表式,无厌之诛求,毋乃过当乎。封钉之时,必以孝子孝妇发丝,缠绕钉尖,谓之"挽发"。说鬼者流,且谓之亮钉,恒以傲凌伯道,争嗣之人,尤以挽发为重大问题。盖发既挽后,继承确有铁证,虽不当继,而亦必强为容纳。夫挽发之制,不知创于何年,俑于何人。闻江南及其他省份,并无此制,揣其用意,大抵发肤受于父母,仍还之父母,借以维系幽明,联络心性耳。今则垂辫不合时宜,趋重剪发制度,有人因无发可挽,刺血以代,其或血液贯注钉隙,以衅灵榇(棺材),庶无罅漏乎。又或血统绵延,世世传真,子孙永垂弗替乎,孝子仁人之用心,亦云苦矣。①

这种孝子孝妇以发丝缠绕棺材钉的"挽发"丧俗,显然具有头发巫术的意味。"挽发"丧俗说明民间对头发的重视,因为它对遗产的分配与继承有很大的关系,即使不是亲子女,一当"挽发",也有权力分享遗产。

云南白族中还有一种"削发为孝"的古老丧俗,可见古人对身体上的毛发是极为重视的。又据冬苇《削发为孝》一文载:

(白族)父亲或母亲死的当天,做了孝子的儿孙,必须将头发、须髯全部剃除干净,并且脱去脚上的鞋袜,穿上稻草编织成的草鞋,守坐于灵柩两边,吃睡都不能离开。在父母死后的一月内(有的地方是二十一天),剃除了头发的孝子孝孙,服丧期过了,才能蓄发留须。②

这种丧俗也是重发巫术的衍化形态。

在南京也有"父母丧,不理发"的风俗规定,并且要留"七七头",即 49 天不剃头理发。维吾尔族也有类似风俗,"死者子女,在死者死后 40 天内不准剃头和洗发"③。这一风俗汉族同样有。巫术就在民间重视毛发的风俗中继续衍化,而重视毛发的风俗又是更古老的头发巫术的遗留。

现代流行的交感巫术中辟邪巫术与咒语巫术,较有影响的有三种。

---

① 胡朴安编《中华风俗志》下篇卷三,上海文艺出版社 1988 年影印本,第 113—114 页。

② 见《民族文化》1983 年第 5 期。

③ 刘锡淦编著《新疆兄弟民族习俗简志》,新疆青年出版社 1963 年版,第 12 页。

（一）红伞辟邪。这种红色辟邪巫术观，今日仍在流行，据《扬子晚报》载："江苏盱眙境内各大小商店的红伞十分畅销，几次出现脱销。畅销的原因竟是迷信作祟。原来不知从何人口中传出，有个新生婴儿，落地时说了一句话：'今年是灾年，小孩死一半。'一些迷信的老人便纷纷买红伞为家中不满10岁的小孩避邪，以致差不多每个小孩都有一把红伞。"

（二）黑摩利鱼。有一则新闻，说几年以前有一家公司生意十分不景气，顾客冷淡，门可罗雀。于是老板便找来风水先生请教，风水先生说是因为公司对面新建一幢楼，阻塞了财源，所以他就设计出一种避邪趋吉的妙法，叫老板在写字间里养几尾"黑摩利鱼"（黑色金鱼的一种），用来镇慑"邪气"，风水先生的话，老板照办了。说也巧，从此以后公司果然大转鸿运，生意兴隆起来。此事不胫而走，公司商行纷纷效法，贩卖黑摩利鱼以及水族箱行业大行其道，大发其财。

（三）求老虎鱼。在舟山和东沙群岛流传的渔民咒语中，有一种求老虎鱼的韵语民谣。因为老虎鱼的鱼翅有毒，如果被它戳破皮肤，疼痛难当，过去海上渔民缺医少药，有人曾因中毒发狂而跳海。所以张网时，就要唱巫歌求老虎鱼发善心、饶人命，如此《求老虎鱼咒歌》出矣。

虾儿别别跳，
黄鱼嘎嘎叫，
虾而亮晶晶，
鳗鱼爬又咬，
鳍鱼勿老实，
乌贼墨水标（喷），
求求老虎发善心，
把我命来饶。

有些渔民还在渔船上点上香烛，祈祷时念以上咒语。

第五十五章　现代巫医与商业巫术

第一节　现代巫医的非科学性特征

如果说，人类史上早期巫术对治疗疾病和医药的鉴定曾进行探索，开拓了医术的起源，可是巫医发展到现代，它已经失去了进步的因素，并已经走到了科学医术的反面，我国各民族巫医治病的调查材料中，充分说明了这一点。

旧时汉族江西省部分地区，曾经出现一种“拽神检药”的模仿巫术。所谓“拽神检药”就是用一个大药盒，装上几百味中草药，将一个一尺多高的木偶放在这个大的药盒之上，然后两个巫医拽着木偶的手作摇曳状，看神头磕在哪个药上，巫医就捡取那种药。再摇再检，得几味即可。分轻重也是这样，秤旁站着一个巫医，每得一味药，就持戥秤一两，然后渐摇渐减。信奉者以为神在为他捡药治病，实际是乱来，故常误人病情，甚至造成病人死亡。

黑龙江赫哲族通常请巫医治病。龙志贤《赫哲族的宗教信仰》：“认为萨满能医病驱鬼。因此，生病时就请萨满跳神驱鬼招魂。有病人家去请萨满时，带一壶酒，先给萨满喝一盅，说明来意，再给萨满的神和神具点香磕头，然后把神和神具拿回家去。萨满都是在晚间进行医病驱鬼活动，到时就来。”①

1. 拽神检药〔采自《中国风俗辞典》〕

高山族泰雅人巫医治病通常采用祭祀式。现代巫医治病的特征在于，它不对病源体进行扼杀，而只是在病人生活的

---

① 龙志贤《赫哲族的宗教信仰》，《少数民族民俗资料》第二集上册，中国当代文学研究会少数民族文学分会1985年10月印制，第175页。

客观环境中，驱赶病魔，丝毫不能够抑制病源体对病人生命的侵害。“泰雅人患病，总是请巫师到家里禳灾，巫师问明病情之后，第一天令患者家属宰猪一头，取内脏及五官各一小块，整齐地排列在盘子里。巫师端着盘子，在昏睡不醒的病者上面缓缓运转，一边念念有辞，默祷致病的鬼灵‘出来享用祭肉’；然后，盘子置于屋檐之下，吁请各路神明协助禳祓。如果患者病情未见好转，第二天的牺牲改用一只鸡，如不见起色，第三天仅献一个鸡蛋，第四天供奉粟米糕点，让神明填饱肚子，努力用命，驱赶病魔。五天后，如果病情依然如故，说明病者的生命无可挽回，鬼灵非要带走他的灵魂不可，巫师无能为力，徒叹奈何，只好听之任之了。”[①]泰雅人找巫师用祭祀治病，又宰猪又杀鸡，又供奉糕点，伤财又于事无补。

2. 高山族男女图〔采自《中国服装史》。下同〕

云南省富民县罗免和赤就彝族采用卜卦式。得了病，请毕摩卜卦，求鬼拜神，所卜的卦有两种，一种叫“鸡蛋卦”，一种叫“松毛卦”。鸡蛋卦的卜法：毕摩盛一碗米，上放一鸡蛋，用点燃的香绕鸡蛋三圈，口中祷告：“天皇、人皇、地皇，保佑某某病愈。”然后将鸡蛋敲裂，取下四小片壳分东西南北贴在一个盛有少许水的瓢的四边，然后把鸡蛋打在瓢中说道：“你是东方的张三老爷，还是南方的李四恶煞？是北方的白虎老爹，还是西方的癞子鬼？难道某某（病者）得罪了你吗？要是得罪了哪一位，请显示出来。”念毕，放一粒米在瓢中，米漂向哪个方向，就表明病人是被哪方的恶鬼缠身，于是病人家属便按毕摩指示的方向，杀鸡烧纸钱请罪，求恶鬼宽恕。病情轻者不必杀鸡，泼点浆水饭即可，例如东核大队李怀典说他曾生过一次癞子病，浑身奇痒，坐卧不宁，遂请毕摩卜鸡蛋卦，才知闯了癞子鬼，家人为其焚香烧钱后，病就好了。[②]

3. 彝族男女图

松毛卦的卜法：有人生了病，高烧不醒，胡言乱语，神魂颠倒，当地彝族认为这是魂离身，要赶快把魂唤回，病人方能脱险，要想预测能否把魂唤回，或唤魂是否顺利，这就要卜松毛卦。卜卦时，在病人家中堂屋地上铺一层松毛，毕摩取三寸长的松枝短棍子一截，将这根短棍劈为两半，劈开的两个新口面为

① 许良国、曾思奇编著《高山族风俗志》，中央民族学院出版社 1988 年版，第 80—81 页。

② 马经、邓立木《富民县罗免和赤就彝族习俗和宗教调查》第四节《毕摩的传授与活动》，载于《昆明民族民俗和宗教调查》，云南民族出版社 1985 年版，第 81—82 页。

正面，树皮的两面为反面，然后毕摩把两半短棍合起随手抛去，短棍落到地上有三种不同的情况：正正、反反、正反，一正一反为吉，表示病人的魂好叫，两面都正或两面都反均为不吉，表示病人的魂难叫，通常只卜三次，若都吉，则顺利，若不吉，那么在唤魂时，就要多奉献供品，求神灵保佑，早日遣魂回转。①

云南省昆明西山区核桃箐彝族采取的则是驱鬼式。驱鬼治病在西山区核桃箐彝族中极为盛行，他们普遍信仰一种巫鬼，彝语叫"都姜恶浪"，意为独脚郎鬼。有一种人被认为是独脚郎鬼，据说此种人在其家中供祭有一张"都姜恶浪"鬼画，其形象为一恶鬼，头上竖立三撮毛，身着胄甲状衣服，右手举一利剑，左手背在背后，一脚独立，所以汉语称之为"独脚郎"。据说供祭此鬼的人，往往是得病后，巫师说他是供祭"都姜恶浪"，就给他一张画供祭在家。人们认为这个"都姜恶浪"鬼夜晚会变化为大蝴蝶或蟒蛇潜入人家中，专门吸食人血和五脏，所以人们对其十分恐惧，凡久病不愈者，往往被认为是受"都姜恶浪"之害。解救办法是请西波念经做法驱鬼。方法是：西波设坛，请西波神"毕么塞"（又称"洛基贴塞古"）念经，然后在病者身边点一火把，并在火把上喷酒和浇煮得滚烫的香油，使火光烛天，照得满屋通亮，在房中各个角落如此作法燃烧，口中念轰赶之语，一直赶至门口，即为赶鬼治病，他们认为"都姜恶浪"鬼唯一只怕西波，所以必须请西波来赶鬼。②

贵州黔南水族有十一万二千九百多人。"过去有病不施医药，认为是鬼作祟，凡生死，疾病，灾荒及意外事件发生，都延女巫和鬼师前来祭神驱鬼。"③

4. 水族妇女图

由上可见，现代巫医通常采用祭祀式、卜卦式、驱鬼式三种巫术来治病。祭祀式通常又与驱鬼式结合进行。但各地均有不同，例如昆明官渡区阿拉乡彝族的驱鬼治病，根据病人的病情，如果发烧、发炎、霍乱等传染病，念《观音救苦经》，然后杀一只花公鸡，将鸡冠上的血涂在草人头部，草人身上佩有锡纸做的小刀，象征刀兵五鬼，然后将草人焚烧，称为"开冠"。④苗族在村寨中疾病流行时通常采用较大的集体性巫术活

① 见马经、邓立木《富民县罗免和赤就彝族习俗和宗教调查》，载于《昆明民族民俗和宗教调查》，云南民族出版社1985年版，第81页。

② 董绍禹、雷宏安《西山区核桃箐彝族习俗与宗教调查》第二节，载于《昆明民族民俗和宗教调查》，云南民族出版社1985年版，第60—61页。

③ 《思想战线》编辑部编《西南少数民族风俗志》，中国民间文艺出版社1981年版，第244页。

④ 邓立木、赵永勤《官渡区阿拉乡彝族宗教调查》，载于《昆明民族民俗和宗教调查》，云南民族出版社1985年版，第42页。

动——洗寨，又叫扫寨。扫寨时，由巫师宛能举行“送鬼”，宛能即用根草绳串着若干木片，木片上染上狗血，横放在村前寨后的路上，并且杀牛、鸡、狗等献鬼，以为这样做便能将村中的恶鬼赶出村寨了。此外，多病的家庭也可找巫师用桃树枝扫鬼，这种巫术十分简单，由巫师用两根树枝沿屋四周扫鬼，最后扫到大门外便结束。[1]

贵州苗夷生病不服药专门请巫师“捉鬼”，是祭祀式、卜卦式和驱鬼式三结合。不只是治病，也扩大到风水八字等各方面，在民国年间也很盛行。民国二十八年(1939)吴泽霖撰《定番县乡土教材调查报告》第十一章《捉鬼》曰：

苗夷不讲医药，生病时听其自然，只等到病重，乃请篮师卜篮，是否碰到鬼邪？若巫师断定有鬼邪，则病家便请篮师到家捉鬼。此时篮师即一变而为“捉鬼师”，捉鬼的时候，先在屋内就病人床前念“把雅”(是一种咒语)、“做神福”以禳之。此时门边插上一根竹子，上飘白纸，门上并悬挂一柄染着鸡血的小木刀，这些便是家在捉鬼的标记，外人是不能闯入门的，否则捉鬼就不灵验，病家为此非归咎于此不速之客不可。但“捉鬼”也有在塍中举行者，其形状图示如右：

篮师捉鬼完毕后，便将所有的鸡米等煮熟在田塍中开怀畅饮，吃尽始散。

定番苗夷逢到须要“捉鬼”时，除请教篮师外，亦有自己在家中举行卜篮者，如同有叫做“排木卦”的，是一小木，剖为二块，掷于地下，看它覆仰向背以定吉凶。又叫做“钩梳卦”的，以一线钩木梳而祷告，看它倾向那一方以定吉凶。另有一种名“鸡蛋卦”的，是以鸡蛋放在盛器中，向日念咒，认定左右，煮熟后用手分开，看黄白质的厚薄，以决休咎。还有一种名叫“看鸡卦”的，是持鸡向野外，以小铜钱(从前的制钱)环绕周围，并插五色的旗于地上，手击木筒，对天祈祷，将鸡烧煮，取出两腔，用竹筒测验骨孔的深浅，以验祸福。[2]

---

① 王家才(苗族)、王朝荣讲述《节日风情与传说·苗族宗教迷信与禁忌》，引自《少数民族民俗资料》第二集上册，中国当代文学研究会少数民族文学分会 1985 年印本，第 333—337 页。

② 《定番县乡土教材调查报告》，巴蜀书社、江苏古籍出版社、上海书店 2006 年版，第 327 页。

以上捉鬼由巫师和筮师唱主角。巫师通神，筮师占卜，而主要是筮师工作量大些。《定番县乡土教材调查报告》揭示的巫师与筮师治病的非科学性有全面的特征，从人体涉及精神、文化各方面。筮师自然存在状态是怎样的？原文曰：

在定番县内大小乡场中，筮师摆着一张桌子，挂着韦陀画像，桌上陈设八卦、量尺、罗盘、烧蛋，以及纸张、书本等物，一般乡人，便以家中的婚丧、天地的买卖，房屋的修盖，坟地的风水，以及治病等事，都来请筮师，因此筮师的法门有以下数种，兹一梗述之。

一、金钱课——用小铜钱摇出正反面来，依“金钱课”书来卜所行事的吉凶。

二、合八字——这多是为定亲而合八字，即将男女年岁，出身年月日以及时辰，共八字批算是否相合。

三、抽纸牌——纸牌上有图及说明，筮师就图详解。

四、麻衣相与摸骨相——这两种全是相命，前者相面，后者细摸骨格，说出相命者终身的荣辱休咎来。

五、看风水——筮师有个罗盘，依照八卦的标准以定“调向”，活人的住屋或死人的墓穴，当建筑及葬埋时，都经筮师堪舆风水，观看龙脉，并合全家八字是否冲克，非至决定适宜地后不能动土。

六、烧蛋——俗称烧蛋曰“烧胎”，即筮师将鸡蛋上画符，并书写病者姓名，然后将蛋置于炭火中，筮师手摇师刀，口中念念有词，及至蛋壳爆裂，液汁流出，依其形状，预示疾病之凶吉，并将被烧之蛋，煮予病人服下。[①]

当这些衍生出的巫术项目抛弃它作为治疾病者的所谓“良药”时，在贫穷的乡村，筮师成为民众的心理医生。在一切穷乡僻壤，对一切因贫困而走投无路的弱者，筮师用以上神秘的带有娱乐性的方法，唤起人们生存的信心和对命运的执著追求。筮师的卜筮之所以存在，正是由于底层的弱者对他的笃信，而他们正是筮师的衣食父母，相互依存。

巫医具有心理医疗特征，因此当生活背景适合他们存在时，他们就附着在贫困的乱世进行巫术治疗，巫卜风俗便盛行开来。例如旧时北京等地流行一种称为“瞧香”的看病法；请瞧香的巫婆来看病，只能称她们为瞧香者，她们到病人

① 《定番县乡土教材调查报告》，巴蜀书社、江苏古籍出版社、上海书店 2006 年版，第 327 页。

家，假托鬼神说话。尔后便在香炉烧香，视香烧的情况来决定病重还是不重，或用药，或者只许愿。她们只是瞧香，而不治疗病痛，只是心理安慰而已。

5. 瞧香〔采自《中国古代服饰史》〕

民间禁忌单独使用有时也有它可取的一面，但是当簸师和巫师将之变为迷信治病说教时，就形成为反科学性而服务。

1. 对疾病：如病重时忌说死话；生病人忌荤食；捉鬼时忌人撞入；病人忌吃冷食等。这些禁忌当它变成"生病不用药"的反科学状态，就加速病人病情恶化。2. 对女人：如结婚时忌见孕妇；女子不能出手打男人耳光；孕妇与产妇不能入庙门；产房中不能有生人与产妇入房等。3. 对说话：如正月内忌说龙虎或鬼；初一、月半以及赶场，忌说不利话；秋收谷子时，忌说不利话等。4. 对动物：如夜闻狗哭，家有不利；老蛇进门，家必举丧；见鼠与老蛇大忌，宜立即打死等。巫师用的场合不当，即形成搅局作用。但是，但凡他们用在适当的场合，这些禁忌反而能起到良好的作用。

第二节　现代萨满教的巫术治病

我国达斡尔族人信奉萨满教。他们分布在内蒙古的莫力达瓦达斡尔族自治旗、鄂温克族自治旗、鄂伦春自治旗，黑龙江的齐齐哈尔市的梅里斯达斡尔族区、富拉尔基区、龙江县，还有新疆的塔城等广大地区。

萨满教，有人又称之为"黑教"，在古代亚洲，南起越南，北至西伯利亚、北极海，如此辽阔之地生活的各个民族都信奉它。

萨满一词，清代写作"萨吗(玛)"，它出自古通古斯语，意思是激动、不安和疯狂者，是萨满教巫师的统称。达斡尔语，称萨满为"耶德根"。萨满教是一种原始多神教，人们确信万物有灵，信仰多种不同的神灵，有天神、祖神、娘娘神、山神等等，而这些神的神像，是以油彩画在白纸上，贴在木制的神龛里。

人生的痛苦，达斡尔人认为以疾病为最，所以在遭受疾病侵害时，就以为是有鬼神在做怪，于是便找来能沟通人与鬼神消息的耶德根来跳神治病。

据《达斡尔族风俗志》载，巫医治病分为轻病祈祷与重病跳神两种医疗方法：

第一，轻病祈祷法。轻病不跳神只作祈祷，叫"特日古勒扎贝"(指路)，即给治病的神灵指下界之路，给作祟的鬼魔指遁去之路；也叫"特日古勒查库勒贝"(断路)，即断掉魔鬼再返之路。方法是杀牺供献，满足神鬼之需，叫"白特勒贝"。

6. 达斡尔族男女图〔采自《中国服装史》〕

“白特勒贝”仪式：先在夜间人们熟睡后，病家点上艾蒿和三支香，念念有词地给要请的耶德根磕三个头。据说耶德根闻到艾蒿香味，就知谁家在生病，并在梦中让他的神灵观察太空，掌握摧残病人的鬼神，这叫“索兰姚贝”。

次日，耶德根到病家，明确指示观察的结果，指出祭献哪些供品才妥当。病人家在宰杀牲畜之前要在神前先活供一下，然后由耶德根拿着一块方的白布哈达，立在病人面前来祈祷，恳求神灵保佑病人康复，协助驱逐魔鬼。祈祷毕，宰杀牺牲，把它的头、蹄、五脏和六腑供在神位之前，把它的肉按照骨节切开煮于院内吊锅中。这时候把丈余长的“吉勒”绳拉在两头，用三根柳棍支起在架子上。待肉熟了以后，就拿到吉勒处，由耶德根来祈祷一次，并且切上几块上好的肉扔向吉勒外，表示已供神鬼吃过了，然后所有在场者和耶德根一起席地而坐，大家一起吃肉，还留下几块给病人吃。

吃完了肉，耶德根先将两只嘴上浸过牺牲血的用草编扎成的鹰禽扔到吉勒以外去，意思是让它们飞上天空，告慰诸神。接着，耶德根又将三支箭用柳木弓射向吉勒外，意思是让魔鬼在神箭威力下远远逃遁。最后拔掉吉勒，远远地抛掷出去，意思是人间与魔鬼彻底断绝了来往。“白特勒贝”仪式才算完全结束。

第二，重病跳神法。耶德根给重病人治病时，在夜间穿上法衣，戴上神帽，拿上法具，先立在一处，神鼓从胸前一上一下地敲击片刻，然后边击鼓边走到中央，忽前忽后，忽左忽右，边击鼓边走碎步，从跳跃到旋转，然后坐到凳子或垫子上，边击鼓边轻声地唱《请神歌》，旁边有巴格其（耶德根的助手，也叫“二神”）等两个人，随和耶德根唱神歌的第一句或衬词，叫“伊若达嘎贝”。《请神歌》开头几句是这样：

天门地门全打开，列格莫列格，
耶德根和信徒请神仙，列格莫列格，
部落里有难让人急，列格莫列格，
是何鬼祟作请指点！列格莫列格。

唱完了《请神歌》，祷告片刻以后，耶德根再次站起来跳神，意思是请“斡恩高日”神灵附体。有时也跳到病人的面前，向病人喷“仙气”（塔林），还用一面带有魔术力的铜镜抹擦病人的患处，并向病人摇鼓和煽鼓，意思是驱走鬼魂，达斡尔语叫“搭日克贝”——镇慑。然后继续跳，直到“斡恩高日”神灵下界附体为止。巫师用乐舞艺术为病人带来精神的鼓励，消除寂寞和忧伤。

附体的表现是：耶德根在跳神当中突然昏晕，浑身发抖，人事不知，进入一种无我的境界，这时耶德根要做出仰倒的姿态，由事先安排好的壮汉扶住，这时巴格其来到耶德根身边，说几句抚慰神灵的话，耶德根这才开始手持阿萨朗，以“斡恩高日”神灵的代言人身份，通过唱神词来代神说话。《显神歌》唱道：

万能神灵已显灵，归勒耶归勒，
作孽妖怪已逃亡，归勒耶归勒，
霞光祥气照人间，归勒耶归勒，
消灾灭病幸福长，归勒耶归勒。

最后，耶德根还要问：“还有什么事相求？”巴格其答：“没有事相求了，请您走马吧！”这时神灵即刻离去，耶德根猛击几下神鼓，吟诵一段咒语后，也就恢复了常态。这时人们走过来，帮助耶德根脱去法衣和神帽，病人家属即刻按照神的旨意去准备祭献的供物。

耶德根在跳神过程中，还穿插有气功展示，如：1. 走铡刀，上刀山；2. 穿红铁鞋；3. 走火池；4. 结红带；5. 舔红熨斗；6. 翻滚石磨等等。[①] 黑龙江省《民国桦川县志》则记载：“萨妈一名萨满，莫详所自始。满洲、蒙古之土人多信奉之。或即因种族以为名欤。《北盟录》云：金人称女巫为萨满，或曰珊满。今俗亦称跳神者为巫；又曰义妈，今之巫非古之巫也。”[②]《宝清县志》“风俗志”记载：“满人最重祭祀。以族人为察玛，戴神帽，摇铃持鼓跳舞，口诵吉词，众人击鼓相和，曰跳家神。”[③]跳神巫术和乡间文化艺术交织在一起。

第三节　现代商业巫术

台湾地区郑志明教授所著《台湾的宗教与秘密教派》一书揭示了当今台湾社会兴起的一种商业巫术。这种商业巫术一般打着“正宗灵符”、“追心符”

① 巴图全音编著《达斡尔族风俗志》“万物有灵和萨满”，中央民族学院出版社 1991 年版，第 100—112 页。

② (民国)郑士纯、朱衣点等纂修《民国桦川县志》，凤凰出版社 2006 年版，第 595 页。

③ (民国)齐耀武、韩大光纂修《民国宝清县志》，凤凰出版社 2006 年版，第 614 页。

的招牌，来达到寻妻、夫妻和合、畸恋冲散、出走调回、解灾消厄与求财求缘等目的。

首先，求教者必须把寻求的对象和自己的生辰八字、姓名、相片、衣物，交给巫师(灵媒)来作法与画符，再依其所求事宜，教求教者如何使用“灵符”与“追心符”。

郑教授认为台湾地区近年来，宗教领域的灵媒咒术大行其道，“是与社会变迁下的通俗文化息息相关。工业文明的快速发展，人际间的疏离与压迫更趋严重，男女感情的脱轨也就时有所闻。当人的努力无济于事，就自然想借助超能力的操作形式来化解其困境。这种灵媒交感的巫术法力，实来自于原始宗教的神灵崇拜，当转化成一种商业性的交换行为时，已丧失了崇拜的庄严性与神圣性，更谈不上修善积德的人文价值”①。

台湾商业巫术的另一个特征，是它赢得了知识阶层的笃信。台湾《“中央”日报》1991 年 9 月 6 日载文说：“老实说，我们巫风巫俗之盛是遍及各阶层、各学历的！君不见戏剧舞蹈系师生竞相和扶乩童神同台演出，大学教授可以到龙山寺上香为民主祈福，久旱不雨时南北各庙宇更是‘官’才济济，还有达官显宦为偶像题匾额去做外交的，这些现象和‘溺子作法’不过五十步笑百步！若任由这种风气无节制地发展下去，我们是永不能真正现代化的，因为现代化的特质就是以理性淑世为本的向前之路。”

商业巫术不仅流行于我国台湾地区，也流行于世界其他各国。据 1990 年 12 月 3 日的《参考消息》所载：

> 前不久，阿根廷警察破获了一个自称叫“拍脉”的行巫集团，并逮捕了其 14 名成员。在阿根廷，行巫、占卜活动近来重新趋于时髦。
>
> 自从在 1930 年在西方承认预言术是一门“科学”并名之为“灵学”以来，像在许多西方国家一样，在阿根廷也开设有灵学学校。在灵学学校毕业的灵学学者，可以开设诊所，挂牌营业。近来，不少巫婆，占卜者也趁机私设“诊所”，招徕顾客，成为警察捕猎的目标。
>
> 卡拉·埃太太一度曾是行巫者的常客。谈到个人的体会时，卡拉讲得一针见血，许多算卦的都有一套行话，例如对来访者说“你境况不佳，缺钱花”或“你心绪不宁，有人在背后算计你”，其实都是在诈骗。他们会说，要

① 郑志明著《台湾的宗教与秘密教派》第四单元《宗教文化评论·传统巫术不可失去神圣性》，台原出版社 1990 年版。

想平安无事，你得花钱祭神。

在首都布宜诺斯艾利斯的下巴莱尔莫区的一幢老宅里，克里斯蒂娜太太从事用纸牌算卦的营生。《号角报》女记者西尔维娜·斯丘耐尔决定以顾客身份登门查访，事后她撰文写道：克里斯蒂娜摆完牌后，一连说了两个问题都不灵验，“这时她的脸上明显地流露出十分尴尬的神情”。

多丽达继承母业，在首都的博卡区行巫，她自称可以从盛着水的玻璃杯里看出求卜者的过去与未来。当这位女记者陪同一位女友去访问多丽达时，多丽达盯着水杯看了一阵后，对那位女友说，“在你周围有人死了”，“有人在暗中算计你”，女友对这两桩事都当场予以否认。

目前，在阿根廷行巫的方式多种多样，从水晶球、看手相到各种纸牌算命。求巫问卜的交费标准因人而易，有的行巫者每次“诊断”只收一只鸡或2万奥斯特拉尔(约合4美元)，有的则收15万奥斯特拉尔。此间报纸说，行巫现象又趋泛滥，实际上是阿根廷社会问题的副产品。旷日持久的经济危机带来的阴影和日趋紧张的城市生活节奏，使越来越多的人感到缺少安全感。目前，有近6%的阿根廷人患有某种程度的压抑症，许多人企望能从行巫者那里求得一点“启示与宽慰”。

总之，当代社会商业巫术的泛滥，有其深刻的社会经济原因，但归根结底，还是人对自身命运的不安和美好愿望使得当代商业巫术得以大行其道。

第四节　中国巫文化的影响

中国的巫术从巫名到种类对亚洲的许多国家曾产生过深远的影响。朝鲜民俗学家李能和(1869—1943)以中文所著《朝鲜巫俗考》，考证了朝鲜巫术源流，由韩国李在崑译为朝鲜文，书后附中文原文86页。

7. 高丽国人

清军入关以后，满族巫术文化便传入高丽国。李能和《朝鲜巫俗考》第十三章《巫觋术法》第八节《划栲栳》云：“李圭景《五洲衍文》云：今女巫祈神，以箸划栲栳面，节其唱曲，此出于女真之俗。清乾隆朝所编《礼器图式》曰：‘燕飨庆隆舞乐节，本朝制殿庭用之节，编竹为之，形如箕，舞划之以节乐。’此女真与我北关相接，染其俗而然也。”[①]《五洲衍文》是朝鲜人李圭景所作，在中国未见；《礼器图式》即《皇朝礼器图式》，此书收入《四库全书》。

朝鲜民族有些巫觋的别称，显然是来自中国，现在列举以下数条为证：

1. 巫堂　《红楼梦》第四回、《儒林外史》第廿六回，都把妇女称为堂客，朝鲜半岛则称女巫为“巫堂”。《朝鲜巫俗考》第一章《朝鲜巫术的由来》第二节《巫觋之别称》指出：“我语呼女巫曰巫堂（mu tang），盖女巫祀神之所曰堂，例如国师堂、城隍堂、山神堂、弥勒堂、七星堂、都堂及神堂等处是也。此与女真萨满（师巫）堂子祭神，其俗同源也。按高丽史籍，恭让王三年，政堂文学郑道传上疏，有‘殿下即位以来，道场高峙于宫禁，法席常设于佛宇道殿之醮无时，巫堂之事烦渎’云云等语，巫之称堂，以是可证也。”[②]

2. 万神　《朝鲜巫俗考》第一章《朝鲜巫术的由来》第二节《巫觋之别称》又云：“我语呼女巫曰万神。盖巫者无神不祀，故称之以万神者欤。万神之称由来最久，按《抱朴子》，黄帝东到青丘，过风山，见紫府先生，得三皇内文以刻名‘万神’云云，由是观之，则万神之称，源于青丘（朝鲜），出自仙书者欤。盖上古则神与仙无甚分别，而混同称之矣。”[③]

3. 博士　《朝鲜巫俗考》一章二节又云：“我语呼男巫曰‘博数’（pak su），疑即博士或卜师之转。按巫书（谚文）称卜师曰‘博士’，周易博士，多智博士等者即是也。”[④]按：唐代已将占卜巫师称为“卜博士”，《旧唐书·舆服志》有卜博士与医助教并列[⑤]，故朝鲜半岛称卜师为“博士”，是自唐代传入的。

4. 郎中　在中国秦汉时代，郎中原是官名，有郎中令之称。在民间，则将医生称为“郎中”，《东京梦华录》卷三所载医铺中便有柏郎中[⑥]，《夷坚志》三志己三《刘师道医》中便有刘郎中看病[⑦]。民间医生多为巫医，巫与医实难区分，故巫医也称“郎中”，传至朝鲜，郎中就为巫师之称呼了。朝鲜汉文古籍《李朝实录》云：“燕山君九年癸亥二月甲子，御经筵，侍讲官郑麟仁曰：闻下三道（忠清道、全罗道、庆尚道）祀神，必用男巫，号为‘郎中’，出入士族家，颇有丑声。甚者至有变女服而出。安琛为观察使，痛革其弊，其习稍衰。”

---

① （朝鲜）李能和著，李在崑译《朝鲜巫俗考》，东文选书店 1991 年汉城版，第 34 页。

② （朝鲜）李能和著，李在崑译《朝鲜巫俗考》，东文选书店 1991 年汉城版，第 1—2 页。

③④ （朝鲜）李能和著，李在崑译《朝鲜巫俗考》，东文选书店 1991 年汉城版，第 2 页。

⑤ （后晋）刘昫等撰《旧唐书》卷四五《舆服志》，中华书局 1975 年版，第 1946 页。

⑥ （宋）孟元老撰，邓之诚注《东京梦华录》卷三《马行街北诸衣铺》，中华书局 1982 年版，第 82 页。

⑦ （宋）洪迈撰，何卓点校《夷坚志》三志己三，中华书局 1981 年版，第 1322 页。

5. 才人 中国将有才艺的人称为才人。《论衡·书解篇》:“故才人能令其行可尊。”[1]南齐王融诗云:“三梦多秀士,江上复才人。”宋元杂剧话本中称说话艺人为才人,元无名氏杂剧《蓝采和》中便有“才人书会”之说[2]。传至朝鲜,遂将有才艺的巫师称“才人”。《朝鲜巫俗考》第一章《朝鲜巫术之由来》第二节《巫觋之别称》:“我语又称男巫为才人,是则以其所业才艺伎术得名者也。”[3]

古朝鲜,在高句丽王朝时期,一如中国的商周时代,将师巫尊为国君之师表。《朝鲜巫俗考》二章《高句丽巫俗》指出:

> 至于师巫即如周之太师为国家占吉凶,又如满洲之萨满主祭天神者也。且师巫劝王修德禳灾,语甚当理,若置诸《左传》或《汉书》之中,则与贤臣良佐之言论灾异,其义相类,自当不让一头地也。今以其言出于巫口故人皆不齿,虽然观其师巫之名义,可知当时为王之师表,故国有灾异,必质之师巫者矣。[4]

中国城隍神之民间信仰,对朝鲜半岛有深远影响,并与巫师有密切的配合。《朝鲜巫俗考》第五章《高丽巫风》第五节《城隍神降于巫》云:

> 朝鲜到处有城隍祠,巫觋聚集为祈祷处,又于各郡行别神事,巫觋辈歌舞以侑之,所呼请者皆城隍神,今按其源,出于丽代也。[5]

8. 中国道教的城隍神〔采自《道教神仙信仰》〕

《文献备考》记载英宗二十年的朝鲜国全国行城隍祭。《李朝实录》载太祖时曾有诸山川城隍神之封号;太宗六年曾设城隍祀典;世宗六年又订有关城隍祭祀制度。城隍信仰风行全朝鲜半岛。

古朝鲜还有许多特殊巫术是来自中国的。

1. 米卜来自辽俗。李德懋《青庄馆全书·巫女掷米》条云:“我东巫女,堆白

---

① (汉)王充撰,陈蒲清点校《论衡》卷二八,岳麓书社 2006 年版,第 363 页。

② (元)无名氏杂剧《蓝采和》,隋树森编《元曲选外编》第三册,中华书局 1959 年版,第 972 页。

③ (朝鲜)李能和著,李在崑译《朝鲜巫俗考》,东文选书店 1991 年汉城版,第 3 页。

④ (朝鲜)李能和著,李在崑译《朝鲜巫俗考》,东文选书店 1991 年汉城版,第 4 页。

⑤ (朝鲜)李能和著,李在崑译《朝鲜巫俗考》,东文选书店 1991 年汉城版,第 7 页。

米于盘中，撮米少许掷之，口诵咒而指头辨米，自言已知吉凶，此俗亦有所由。《辽史》正朝日，上于窗间掷米团得只数为不利，未知米团，粉团之类欤。”

2. 接煞法出自宋代。李圭景《五洲衍文》云：“《夷坚志》载董城二郎，死而既敛，家人用俚俗法，筛细灰于灶前，覆以甑，欲验死者所趋，早而举之，三鹅足俨立于灰上，即今接煞之说云。今我俗称返魂耳。”

3. 蛊道巫术也来自中国。《朝鲜巫俗考》第十四章《巫蛊诅咒》云：

> 我语巫蛊诅咒之事曰方子(pang cha)，译义“诅咒”，是即所谓巫蛊也。巫蛊之义见于《汉书》，释义曰：女能事无形，以舞降神曰巫，执左道以乱政惑人曰蛊者是也。汉武帝时宫中有巫蛊之变。我高丽忠烈王时，有人以巫蛊事，密告于元公主者，大官金方庆枉被刑讯，以事无实终得辩白。李朝列王之朝，宫中亦多巫蛊之变事，每为党争之利用，又在闾巷民家，常有诅咒之事，皆女巫为之阶也。……宋元凶劭与严巫道育为巫蛊，琢玉为宋王像埋之宫中，唐吕用之为铜人钉其胸，书高骈姓名埋之，如此者类甚多，至于民间厌胜禁咒之术，见于小说者不可胜记；我东此风尤炽，人家臧获仆妾，略有怨恨，辄用鸟兽及凿骨偶人等物，作法埋藏于墙屋灶突，使令人染病，不急治，往往致死，或传注他人如尸疰病，事发坐死者，相继而犹不衰息，巫觋能治诅咒者，入人家便知凶物所在，发而去之，又能言其犯人，而或中或不中云。①

不仅蛊道巫术，就是模仿巫术，朝鲜半岛也受中国巫术影响。古朝鲜半岛曾流行诸多汉文小说，笔者于1998年在韩国国立安东大学中文系讲学期间，用了两个学期的时间，遍读了《韩国古代汉文小说全集》。韩国汉文小说的中国道教化，令人印象深刻。② 道教巫术在韩国汉文小说里有绘声绘色之描写，现略为一说。宕翁著的韩国汉文长篇小说《玉仙梦》，在其道佛杂糅的内容中，就有巫术之刻画。例如，第十章《桂小姐生还帷房，卢火参巧造云棚》中写到一个女巫跳神：“一个世鬟女巫，茶红裙，松黄襦，摇双铃星星而语。”这个女巫的装扮显然是古代的韩国女巫的样子。道教巫术多半集中在符箓派，内丹派很少见。而《玉仙梦》重点是写怎样利用中国道教内丹派之巫术，正如小说中古嵩子所说：“服九转丹者，为者行仙，故道家以烹炼金石为外丹，龙虎胎息，吐故纳新为内，

① (朝鲜)李能和著，李在崑译《朝鲜巫俗考》，东文选书店1991年汉城版，第36—37页。

② 请参阅高国藩《幻化人生　把苦当乐——论韩国道教化汉文小说》，《盐城师范学院学报》(人文社会科学版)第31卷第1期(2011年2月)，第84—89页。

此乃补炼之第一方也”等等，故《玉仙梦》中有关道教巫术之描写，虽只是一鳞半爪，但却很关键，也绝非朝鲜古小说中仅有之例。

有些韩国汉文小说，背景是中国道教化的，却用巫女来加以贯穿，有中国东北满族萨满教女巫的影响力。有一篇不知作者名字的《寿圣宫梦游录》汉文小说，是由中国道教一条线贯穿，中间涉及一点佛教影响的作品。它是韩国古代汉文小说中的名篇。有人写过文章，将它称为《云英传》。[①] 这篇小说占二十三页，篇幅也不算短，它以情节曲折多变取胜。讲清坡士人柳咏到安平大君旧宅寿圣宫去游历，因饮酒，醉卧岩边，梦见一对男女，女的叫云英，是安平大君宫中的宫女，“大君”是朝鲜王朝的一品官，男的叫金进士，云英是宫中的“十仙女”之一，与金进士爱得死去活来。金进士也被描写为“容仪神秀，若仙中人也”。这篇小说描写始终未离开中国道教的圈子，进士与大君交往写诗，比喻为“李白天上神仙，长在玉皇香案前”，或云“求神仙，则如使东方朔侍左右，西王母献仙桃”，而李白、玉皇、西王母、东方朔等，全都是中国道教祭祀巫术的对象，这就形成中国化的艺术背景。有趣的是云英和金进士相爱以后，急求暗中见面，便去找一位巫女，经过金进士与巫女一番感情纠葛以后，巫女就施起交感巫术来，并决定帮助他们两人见面。这一段女巫的活动写得甚为精彩，兹引原文如下：

9. 唐代诗仙李白

10. 玉皇大帝〔采自《道教神仙信仰》〕

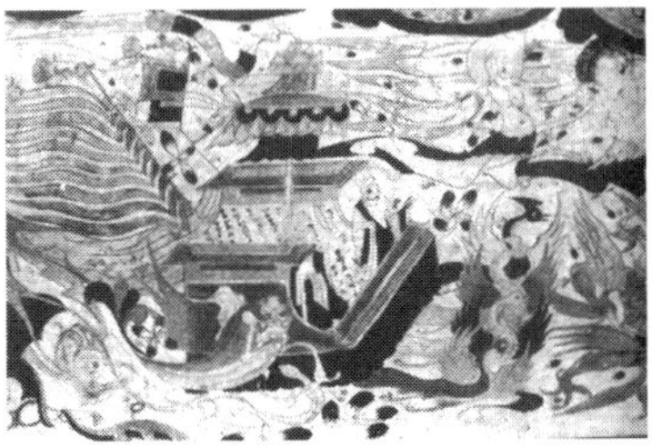

11. 敦煌莫高窟北周第 296 窟西王母壁画〔采自《敦煌学大辞典》〕

12. 东方朔〔采自《道教神仙信仰》〕

巫即就是灵座，拜于神前，摇铃祝说，遍身寒颤，顷之，动身而言曰：“郎君诚可怜也。以龃龉之策，欲遂其难成之计。非但其意不成，未及三年，其

① 见大谷森繁《云英传小考》，载于《朝鲜学报》第 20 辑，1965 年天理大学刊行。

为泉下之人哉。"进士泣而谢曰:"巫虽不言,我亦知之,然中心怨结,百药未解,若因神巫,幸得尺素,则死亦荣矣。"巫曰:"卑贱巫女,虽因神祀,时或出入,而非有招命,则不敢入。然为郎君试一往焉。"进士自怀中出一封书以赠曰:"慎毋往传,以作祸机。"巫持入宫门,则宫中之人,皆怪其来,巫权辞以对,仍得间目,引妾(云英)于后庭无人处,以封书授之,妾还房拆而视之。

看以上一段原文,巫女"摇铃祝说,遍身寒颤",这又有中国东北满族萨满教女巫跳神的特征。短短两百多字,情节几变,更何况以云英口吻叙述,而巫女寓言进士未及三年必死,果如其言。巫女自然也有道教化和满族萨满教艺术糅合的特征。

总之,朝鲜巫文化若从世界巫文化范围来看,它是在中国某些巫文化影响之下形成的。传播最为广泛的是道教的神仙,玉皇大帝、西王母、城隍神、诗仙李白等。当然,这些神仙,都是先通过民间传播到朝鲜半岛,属于非物质文化遗产的范围。但是,朝鲜巫文化也有它特殊的个性,这是自不待言的。

第五十六章　现当代中国人贯穿一生的巫术影响

中国是一个历史悠久、幅员辽阔、有五十六个兄弟民族的伟大国家，巫术思想源远流长，现代中国人的一生都不可能不受到巫术的影响。在贯穿中国人一生的巫术中，那些存在于各民族思想文化者并非全不可取，有许多令人意想不到的感染力，这就是那些已经完全融入各地良好风俗中的巫术。另外，有一些资料采集的时间上限是在20世纪50年代，直到改革开放初期才陆续披露于世。本章以全国各个民族中典型的巫术事例，严格以现当代的巫术资料为准，将我们的一生分为若干个阶段，分述现当代中国人所受到的巫术影响。

第一节　生育阶段巫术

从孕育、出生到儿童成年以前之阶段所接受的巫术，称为“生育阶段巫术”。此阶段从出生以前求子开始。

壮族大部居于广西，其余分别居住在云、贵、粤、湘诸省，现有人口已超过一千四百万，生育巫术有特色。壮族人一结婚就忙活着要到有关女神庙里，请巫师祈祷求子，所接受的就是“求子巫术”。1984年《广西壮族社会历史调查》(第一册)记载，广西人一结婚就忙着到“婆王庙”去，“祭王氏女——这里的壮族人民认为王世女(有些地区称为‘婆王’)是专管生育小孩的神。解放前，有的妇女因不生育，便到婆王庙去求子，祭时并请巫师作法祈祷”①。这种求子女神庙巫术，汉代《风俗通》就有记载：“女娲祷神祠，祈而为女谋，因置婚姻。”又像泰山上有碧霞元君祠，就是类似于广西民间的婆王庙，已经流传两千年以上，有些已经演化为婚姻中的求子风俗，往往带有巫术性。

---

① 《广西壮族社会历史调查》第一册，广西民族出版社1984年版，第282页。

1. 壮族男女图〔采自《中国服装史》。下同〕

婚俗中的丢鞋、合鞋、踏鞋等都是求子巫术衍化来的。1. 丢鞋。丽江纳西族婚俗。在办喜事时，当男家把新娘接进房，新娘首先送给新郎一双鞋；在入洞房时，女方送亲的人故意地把新娘送给新郎的那双鞋，丢到新床下的深处，这时新郎一定要爬进床下把鞋子取出，然后试脚，把鞋穿好。隐含交配之意。鞋为阴，脚为阳。2. 合鞋。广西防城瑶族婚俗。订婚时，男女双方要合做一双女鞋。男做左脚女鞋，女做右脚女鞋，然后，拿来合在一起，正巧是一对，就在订婚时赠给女方为信物，就算结束订婚礼。也是隐含交配之意。男脚为阳，女鞋为阴。男脚为天，女鞋为地。3. 踏夫鞋。旧时汉族江南婚俗。新娘下轿子，首次进夫家门的仪式。新娘下轿必须换上新郎鞋子进洞房。"鞋"音"偕"，取"白头偕老"之意。但实际仍然是取阴阳仰合之意，故而又有闹房婚俗接其后。即新娘新郎进洞房，就往门外抛一双绣花鞋，若正，则为生女的征兆；若反，则为生男的征兆。

壮族妇女依靠师公的符咒巫术来解决难产问题。1984 年《广西壮族社会历史调查》(第一册)记载："(壮族妇女)有时难产也不知是胎儿生长不正常，以为是命中有难，就请师公来念催生三道符：其做法是这样：主家将一碗饭、三杯酒、一碗清水、一碗荤菜摆在神台上，将这符'吾奉敕令〈甲子〉〈甲戌〉〈甲申〉〈甲午〉〈甲辰〉〈甲寅〉准此吉'画在水中，再念连画三次，然后将这符条烧灰放入这清水中，给产妇服食，还将其余一部用来括胸括背。这样做法，要使产妇解脱危难是不可能的，所以有许多难产的妇人往往因此死去。"①敦煌唐人巫师是把符咒烧灰以后，放进中草药熬制的汤药里服用的，煨中草药时选用专治难产的催生中草药，治病安全可靠，才不会发生死亡事故。以上调查并没有说明符条烧灰和水喝是有易产作用的。《本草纲目》已有记载。调查者带有偏见，就不能深入调查到巫医用药的价值。

2. 纳西族男女图

诞生巫术通过诞生礼而开展。云南宁蒗县永宁地区纳西族系摩梭人的诞生礼很优美。纳西族古代属于羌族，现有二十五万人以上，分居在云南西北部、四川西部、西藏东部。纳西族以东巴经祭天、消灾、求寿的巫术

① 《广西壮族社会历史调查》(第一册)，广西民族出版社 1984 年版，第 144 页。

都很有名。

纳西族摩梭人在孩子出生以后三天举行“拜太阳”仪式。这天太阳刚升时，由产妇母亲或姐姐在院里点燃一根松枝，产妇（或其母）左手抱着婴儿，右手拿着镰刀和麻杆（象征长矛）和一页喇嘛经书，能辟邪驱鬼，走出房间，在院里沐浴阳光，即求太阳保佑。拜太阳时同村老人们带上母鸡、鸡蛋、猪肉等礼品，一齐来看望产妇和婴儿。产妇必须当众露出乳房喂奶，显示体壮奶多。拜太阳以后，产妇可由后房迁入正房，从此可和亲友相见，接受祝福。

3. 裕固族男女图

裕固族自称“尧熬尔”和“恩格尔”两大部落，为古时鞑靼族后裔。多信奉喇嘛教。主要分布在甘肃西部的肃南裕固族自治县和酒泉县的黄泥堡地区。现有一万人以上。

裕固族婴儿祭祀巫术要找喇嘛，在孩子一岁到三岁时进行。《民族文化》1983 年第 3 期载文云：

> 裕固族娃娃长到一岁到三岁，第一次剃头时，要举行剃头仪式，同时为娃娃取上一个喇嘛教的经名。为孩子剃头和起经名是家庭中的喜庆日子。在举行剃头仪式之前，要请喇嘛念财神经，选定剃头吉日、时辰，时辰按十二属相计算，一般都选在初一、十五的午时。[①]

满族生育巫术略有不同，要“跳喜神”。孩子在五岁以前都必须进行婴儿祭祀巫术。1985 年《黑龙江民间文学》第九集载文云：“满族孩子在五岁以前必须进行一次家祭，俗名‘跳喜神’。一般只用一天，不杀猪，只做糕、杀鸡，祭祀祖先神，报答神送子女之恩。在族中公祭时，有一项是专祭佛托（陀）妈妈的仪式，名叫‘换锁’。凡新生男女都要参加，每人领取锁带、佩带一副，并拜柳求福。祭毕，再将锁带装入子孙袋里保存起来。”[②]满族主要分布在东三省地区。

瑶族在《后汉书》、《梁书》、《隋书》中已有记载。《隋书·地理志》称其为“莫瑶”。现有人口一百四十万以上，分布在桂、湘、云、贵、粤诸省区。富阳瑶族小孩生病占卜巫术，要找道师。《广西瑶族社会历史调查》第三册载 1957 年 8 月

① 范玉梅《裕固族小孩剃头仪式》，《民族文化》1983 年第 3 期。

② 傅其仁《满族生育子女风俗》，《黑龙江民间文学》第九集，1985 年刊印。

24 日署名“广西民族工作组”写的《富川县富阳区瑶族社会历史调查》一文指出：

在洋冲的平地瑶，如小孩病了便去占卦，占卦之后如说是冲犯了土地神，就写一红纸条，写道：“投拜土地位前更取洪名花男×××保佑易索成人清完”，将此条贴在土地位前烧香祭之。在涝溪的过山瑶人民若认为头痛、肚子痛或小孩有病是鬼捉弄，便请道师占卦送鬼，用鸡鸭、猪肉祭送。①

南丹瑶族拜寄巫术，要找魔公。瑶族生育阶段巫术，须有魔公参加。《广西瑶族社会历史调查》第三册载 1957 年黄钰等调查报告《南丹县大瑶寨瑶族社会历史调查》中“拜寄”部分文较长，分为四段。

第一，总叙拜寄巫术两类。

“瑶族凡遇小孩久病体弱者，都认为‘命差’，须要‘拜寄’他人或对象，以解‘命运’，而另取名或更名，以替小孩消灾消难，挽安去危，健康成长。‘拜寄’有拜人和拜物两种。”②

4. 广西南丹瑶族男女图

第二，拜寄巫术第一类：拜人和魔公施术过程。

“拜人，在拜寄前，必须物色拜祭对象，其条件要人畜兴旺，身体健康之家的成年人，年纪越老越好。对象选定之后，家人即请魔公择吉日，以进行拜祭仪式。拜祭之前一日，主要事先通知被拜寄的老人，是日早上登门。被拜寄的老人于当日清晨，盛碗清水置于门口，并请魔公喃神。待拜寄的父母老人带着小孩到时，魔公即将清水朝东散泼，迎入屋内吃饭。饭餐未就时，吃一碗清水亦可，总要吃一些东西为‘吉利’。之后，叫小孩至被拜寄的老人跟前，拜认为寄父母。

至黄昏时刻，主家把带来的酒肉，鸡鸭煮食，大家共同聚餐，饭后寄父母就给小孩取名，并送给一对竹筷，一个瓷碗给小孩带回家使用。如寄父母平生有忌食的东西；如狗肉、猫肉、蛇肉、岩鹰肉等，经过拜寄的小孩，也同样要禁食。拜寄之后，以后就变成亲属关系，互相往来。”

第三，拜寄巫术第二类：拜物和魔公施术过程。

“拜物的对象，一般是水、木、土、岩石。如拜水则到水塘边，拜木则选择常

① 《广西瑶族社会历史调查》第三册《富川县富阳区瑶族社会历史调查》，广西民族出版社 1985 年版，第 145 页。

② 《广西瑶族社会历史调查》第三册，广西民族出版社 1985 年版，第 51—52 页。

绿树如松柏樟等，拜岩石则上山选择一块大天然石，拜土即不需选择地点，认土为亲即可。拜物也请魔公选择‘吉日’，携带祭品，到拜寄的对象前喃神，并由拜寄的小孩跪拜，即由父母与小孩照拜物对象给于命名。如向水拜寄的则取与水有关的名字，如瑶里乡寨黎旁龙的女孩，曾到水塘拜寄，则取名黎水妹，又一男儿拜松树为寄，则取名黎木保。”

第四，拜寄巫术风俗的意义。

“拜寄是一种精神寄托。如拜旺盛之家则使拜寄者沾受一份旺盛的‘福气’，对方健旺，自己的拜祭人也和他一样健旺。其他拜物，如拜水则认为永远长流，拜木则似木四季常青，拜岩石则像岩石一般的坚硬，拜土则像土能生财。瑶族名字，经过拜祭的人，都有拜寄后的名字，如拜人的男的则有寄生、寄枝等名，女的则有寄妹、寄姣、寄英等名；拜物的男者则取木保、水生、土生、岩养、岩保等名，女的则取木妹、土妹、水英、岩妹等名。凡取有类似这样的称号，说明都是经过拜寄后而取名的。凡是拜寄之后，所取之名为社会上常用，原取的名字称呼则少了。”

南丹瑶族的拜寄巫术已经完全融入瑶族的民间风俗中。拜寄巫术以亲帮亲、邻帮邻，体现团结互助的精神；以爱国、爱乡、爱人、爱木、爱岩石、爱水、爱生命、爱生活为标志，拜寄巫术是和谐的巫术。

5. 瑶族妇女图

但是在新中国成立前，广西田东县平略乡瑶族的巫公给小孩治病解释病因，却完全说是遇上“五鬼”了。就给当地孩子和民众带来了灾难。

《广西瑶族社会历史调查》第六册《田东县平略乡瑶族社会历史调查》记载：“巫公：此地瑶族因过去科学知识方面很落后，再加上医药卫生方面也很差，故有人生病一般都是请巫公来驱鬼。巫公没有经、符，也没有法衣法器，他们大都是降神，什么神都降，没有一定。如一家小孩生病，即请巫公来，下神后，就胡说八道代神讲话说：‘你家小孩前几天出门撞见“五鬼”了，是被“五鬼”缠着了，必须杀两头猪，两只羊，一只鸡去山上祭“五鬼”，小孩病才能好’等等。农民因迷信思想较深，往往把家中的牲畜杀光祭‘五鬼’。有的穷苦人家没有牲畜杀，就去向地主借高利贷，甚至最后搞得卖房卖地，家破人亡。所以巫公在过去不但对农民生产有很大破坏性，并且也间接为地主阶级的剥削制度服务。新中国成立后，巫公的活动并未停止，目前经过破除迷信，群众觉悟提高了，不再召巫公看病了。但有个别落后群众生病，也还找巫公来看（但一般都在晚上，巫公也不敢再叫农民杀猪杀羊了)。”①

令人吃惊的是假巫师和假巫术。这主要是因为农村的极端贫困化,才导致有人假扮“巫公”来谋生,才导演出这种害人的假巫术。这些假巫师、假巫术实际是穷苦村民出的下策,文盲加法盲,表现出来既无经、符,又无法器、法衣,即没有实施巫术的技能,不可能拥有巫师合格资质和应有技能。杨堃著《民族学概论》指出:“由于原始人对造成各种疾病的人缺乏认识,所以原始医学不能不受到原始宗教的较大影响。它一般是和巫术有着密切联系的。巫医和巫师往往是一职两兼的。他们治病时,常常一面使用巫术驱走鬼邪,一面用原始药物进行治疗。”②只有既施了巫术又使病人服用原始药物而康复了,巫师才算尽到了责任,也才能获得很好的声誉。但“巫师”治病荒唐到如此不用原始药物的地步,消亡已成必然。

第二节 成人阶段巫术

成年礼以后到退休以前所接受的巫术就称为“成人阶段巫术”。普米族有成人祭神巫术。普米族旧称“西番”,古称“巴直”,古羌族的一支。普米族主要分布在云南兰坪县和宁蒗彝族自治县、丽江、永胜、维西及四川盐源、木里藏族自治县等地也有分布。宁蒗普米族供奉灶神——宗巴拉。③

“敬锅庄”就是普米族的在举行成人礼时施行的成人阶段巫术。潘秉正《普米族的成人礼》记载,普米族少年十三岁就进行成年礼仪式。“清晨,给要作仪式的人穿好衣裳,然后就在正房右侧火塘上方的香案上摆些青稞、酥油、糌粑、奶渣、猪膘油、酥里玛、茶叶、粗盐等作祭品;火塘正前方右边放一个大猪膘,左边放一个内装粮食的大麻袋。男子按年龄依此站在火塘上方,女子则站在下方。做成人礼的少年用右脚踩踢一下猪膘,左脚踩一下粮袋,然后向锅庄连磕三个头,表示敬请天神、地神、灶神保佑自己吉祥如意,不愁吃穿。这叫‘敬锅庄’。接着,他(她)依次向父辈和同辈的兄长、姐姐

6. 普米族男女图

① 《广西瑶族社会历史调查》第六册《田东县平略乡瑶族社会历史调查》,广西民族出版社1987年版,第121页。

② 杨堃著《民族学概论》,中国社会科学出版社1984年版,第266页。

③ 严汝娴、王树五著《普米族简史》,云南人民出版社1988年版。

每人磕三个头，而那些人要对他(她)说几句祝词，并且给一点钱。此后，父母还要带他(她)到附近亲戚家向长者磕头，请求祝愿。”①普米族的这种成人祭神礼仪，有利于本族敬老爱幼精神的发扬和传播。

锡伯族成人祭神巫术是这样。“脸上抹黑”，就是锡伯族的成人祭神巫术。据吴彬《锡伯族的抹黑节》记载：“每逢阴历正月十六，不等天放亮，锡伯人便成群结队，挨户串门，不分男女互相往脸上抹黑。为什么这一天都往脸上抹黑呢？

7. 锡伯族男子图

原来这里还有一段故事呢。故事大意是说，从前有老俩口，看见两只燕子在争巢，其中之一右腿折断，老俩口用线绑好，燕子飞去。几天后飞回，给老婆子一粒麦种。老俩口春种秋收，获得大丰收。后来远近邻舍都来借种，从此锡伯人就都种起麦子来了。后来天神知道了，就命令锡伯人：人吃面粉，狗吃麸皮。可是一个农妇烙饼，不小心烙糊了，就把糊饼喂了狗。

8. 锡伯族女子图

让天神知道了，发起怒来，就罚不守规矩的锡伯人，麦子全变成黑丹，这下可不得了，麦子粮食没有了。又是燕子引来老两口，集合全村人祈神恕罪。并且发誓说，宁愿往自己脸上抹黑，也不叫麦子上生黑丹，天神被感动，收回成命。从此以后，每年正月十六这一天，是巡天神出巡的日子。到了这一天，人们不等天放亮就往脸上抹黑，让巡天神看了别再让小麦生黑丹。”②

锡伯族，唐朝鲜卑族后代，主要分布在辽宁、吉林、新疆；信奉萨满教和喇嘛教。这种巫术已经融入风俗，激励着劳动的热情。

9. 红瑶跳舞(1995 年 4 月摄)

瑶族成人度戒巫术是一种原始宗教仪式。《广西瑶族社会历史调查》第一册第五章第六节“宗教信仰”记载“度戒”，分为四段：

① 潘秉正《普米族的成人礼》，原载《民族文化》1983 年第 5 期，收入《少数民族民俗资料》第二集下册，中国当代文学研究会 1985 年版，第 23 页。

② 吴彬《锡伯族的抹黑节》，原载《黑龙江民间文艺》第九集《少数民族民俗资料》第二集下册，中国当代文学研究会 1985 年版，第 2—4 页。

第一，总叙度戒的条件和各族系怎样举行。

瑶族各族系男子，年届十五六岁时，很多人都要举行一种宗教仪式，叫做“度戒”。其意义大致与成年礼相似。受过度戒的青年，① 可以结婚成家。② 参加社会活动的权力才被人所公认。③ 可以进一步接受道公或师公的法术的传授。④ 死后灵魂可升天做官。度戒的仪式，茶山瑶和山子瑶常结合“打冷斋”举行，盘瑶常结合做“做盘王”举行，花蓝瑶则单独举行。这都是度戒者单独一人的事。[①]

第二，花蓝瑶度戒。

花蓝瑶度戒，必经喃神请各神祇降坛，安名（替度戒者取法名）、喊村（报告村里有人度戒，并要由村内“过路”，不准带残废的人观看）、路祭（当度戒者过路回家时，中途祭神）、跳舞、唱歌（入夜跳度戒舞及唱度戒歌）等过程。历时两天三夜方能结束。举行度戒仪式，照例要请全村饮宴数餐：即是请全村男子一餐，各户男子家长一餐，全村男女老少一餐。（账单略）。[②]

第三，山子瑶度戒。与神判巫术结合，配唱《度戒歌》。

山子瑶度戒系集体举行（因生活贫困，这样做较经济），十年或二十年做一次，也结合集体“打冷斋”举行。山子瑶青年受戒，就其“度戒歌”看，从前是十种方法，也就是要接受十种危险和痛苦的考验的。

1. 云山法——从一丈多高的“云台”上跳下。
2. 刀山法——赤足爬上扎有十二张或五张利刀的刀梯。
3. 盐埠法——以生盐放入眼里，并以七口细针穿背。
4. 勒床法——勒即木上长的利刺，即要睡上满布利刺的床上。
5. 火砖法——用脚踏烧红了的砖头。
6. 犁头法——口含烧红了的犁头。
7. 油锅法——用手伸入煮滚了的油锅内摸物。

---

① 《广西瑶族社会历史调查》，广西民族出版社 1984 年版，第 413 页。
② 《广西瑶族社会历史调查》，广西民族出版社 1984 年版，第 414 页。

8. 岩堂法——赤足走过长丈余的炽热火堆。

9. 七吉法——内容不明。

10. 阳山法——内容不明。

10. 笔者参与瑶族姑娘跳傩舞

现在山子瑶由师公主持的度戒，受戒的人只受云山法一种考验了。所谓云山法，也叫“上云台”。以四条长木作柱，各条相距约一尺五寸，成正方形。一方扎横木为梯，竖成下宽上窄的四方小台，高一丈二尺或一丈八尺，叫做“云台”。受戒的人，由传度的师公引登台上。师公作法后，受戒的即手抱双膝从上倒翻下台，落在上铺有稻草和絮被的藤网上面。

受这种危险、痛苦考验的意义，就是认为原来的人已经死去，受戒后的是个不同的新人。这点可以从度戒时师公所唱的“引光唱引师儿上台歌”中看出：

(上略)保举师傅吹一口，小吾眼黑暗漏漏。引度师傅吹一口，小吾魂魄乱翻翻。正度师傅吹一口，小吾失命入阴间。沙或复头纸盖上，正同死了不悔翻。上下又安两块版，一家大小泪漏漏。(下略)

不度戒的人死后怎样，也可从“度戒歌”词中找到线索：

(上略)且说阳山不受戒，狂灵煞气有人担。一朝命尽归阴府，猪狗神来报旧冤。莫道眼前受报应，善恶算尽在近边。变化畜生转世上，六道轮回五百年。[①]

第四，盘瑶度戒。培养通神巫师的过程。

1. 请巫师十一人授法。

盘瑶男子到十五六岁，无论贫富，都要度戒。他们认为：度了戒，天上的玉皇给了他一颗“玉皇印”，不仅生前可到各处去救人(为别人作祭神的事)，死后还可上天，成为玉皇的人。再则，如果不接受，食量越吃越大，肚大了，米就不够吃。度了戒的，每餐当吃十两米的，只吃八两也就够了。举行度戒仪式时，要请师公十一人来作法祈禳，即是堂师、跨教师、卜崇师、金头师、银头师、证明师、参度证明师、继缘师、卜给师、送兵师、斋兵师等。

① 《广西瑶族社会历史调查》，广西民族出版社1984年版，第414—415页。

2. 受戒师男的“净身”准备。

受戒的师男，在一个月前即须“净身”：第一不得行房事；第二，须每天洗澡一次，家人共大木桶洗澡时，并须最先一个入桶，而不得洗别人的污水。举行仪式时，师公和师男的全家人都须斋戒，只是贺客才得吃荤。

3. 授“玉皇印”和“睡阴床”，巫师指导怎样昏睡通神和怎样收魂。

祭禳的第二天下午，进行度戒，由金头师、银头师带领受戒者师男到大门口作法请玉皇下界作证。祭毕，师公就把木刻的“玉皇印”交给师男，并嘱咐他说：“于今师男得了玉皇印，以后不论到哪方都可救人了。”至此，仍领师男回厅堂内，叫他睡在事先准备好的床上，叫“睡阴床”。师公在旁作法，受戒者昏昏睡去，不省人事，口中并吐白沫，似觉十分辛苦，说是魂已离体。金头师和银头师继续在床旁念读神书，约一小时许，他们再作法把师男的魂收转。受戒者方如梦初醒。也就算完成了度戒的仪式。接着，就杀猪祭神，全家开荤。

11. 笔者跟红瑶姑娘学舞蹈（作者摄于广西龙胜县红瑶寨，1995年4月11日）

这是一种选择性的巫术。这种受戒的巫术愈益简化直至缩小化将是其发展特征。一旦瑶族青年人认识到走出穷山僻壤会立刻改变自己的穷困生活，他就不会再选择巫师这个职业。

苗族成人筷子鬼巫术。《广西苗族社会历史调查》(七)“苗族信仰的鬼神”记载：

筷子鬼。十七八岁以后，有了妻子就可以做筷子鬼，说是二十五、二十七、三十岁，连做三次，保佑小孩不生病，长大快。做法：杀一只鸡，把头、颈、翅、肉、脚分别剁碎，分数碗装好，大家吃，每吃完一样，说吃完了，如“鸡头吃完了”、“鸡肉吃完了”。从头吃到尾，最后吃脚，在吃肉之前，把筷子一把一把地挂在香炉边，有13双、25双、30双。用楼梯挂上去，其他的人在下面围成一个圈，用牛角装酒给主人先喝，其次轮到下面，楼梯有几阶，就喝几角酒，但往往不喝到三角，就有人醉倒了。①

苗族这种巫术实际是和“筷子鬼”玩，从上述资料中，看不出筷子鬼所谓“信仰”对人有什么害处，而是带有娱乐性，也是一种艺术表演。主角是妈妈和他的孩子。逗孩子乐，陪孩子玩，看孩子笑，大家开心地笑，天伦之乐也。应当说，妻子扮演的不是筷子鬼，而是筷子女神，筷子女神会保佑她的孩子茁壮成长。所以筷子鬼巫术，应当改名为“筷子女神巫术”，是和谐的巫术。还要特别指出，这个“酒”是民间的米酒，酒酿一样的酒，甜蜜得使人醉了哟。

第三节　婚姻阶段巫术

从订婚到离婚这一阶段施行的巫术叫“婚姻阶段巫术”。

壮族订婚交给道公合命。融入婚姻生活中的巫术其影响是从媒妁婚姻开始的，首要的是算八字。1987年《广西壮族社会历史调查》第四册《陆“下雪土司”（六）》土官统治的衰落“婚姻”节记载壮族婚姻：“男方请媒人向女方索来姑娘的‘八字’。女方的父母和亲戚如果同意，务必要等到媒人第三次登门才能首肯。然后男家备办猪肉三四斤，沙糕十至一百封不等，及一斤豆腐，二三斤酒送到女家，取来姑娘的生辰八字，交给道公‘合命’，若八字相克则不成；相应的即可张罗订婚。”② 道公（巫师）和算八字巫术掌控了媒妁婚的订婚阶段。

12. 苗族男女图

苗族择婚条件的巫术影响。苗族，商周时称“髳人”，秦汉时称“五溪蛮”，自唐代起开始称“苗”。现分布在云、贵、川、两广等地。贵州清水江流域苗族的订婚，是受了蛊道等巫术的影响。清水江流域的苗族选择婚姻时有一种限制，就是首先要调查一下通婚对方的家庭有没有搞过“酿鬼”或受过“放蛊”的影响。1987年《苗族社会历史调查（三）》第四编《清水江流域部分地区苗族的婚姻（九）》“迷信性质的限制”载：

① 《广西苗族社会历史调查》，广西民族出版社1987年版，第76页。
② 《广西壮族社会历史调查》，广西民族出版社1987年版，第188页。

先谈所谓“酿鬼”。在炉山、黄平称为“老虎鬼”。苗族迷信有一种能够依附到人身的“酿鬼”。这种“鬼”附身以后，本人并不知觉，但“鬼”可以通过他任意作祟，招灾引祸，贻害他人。而且还会传子传孙。凡被认为身附“酿鬼”的人，一般以妇女为多，就被人疏远鄙视甚至仇恨。至于认为有“酿鬼”的人究竟有哪种标志，那没有人能够明确指出。常有一些姿容秀丽，劳动积极的姑娘，在任何方面看不出丝毫异象，终因群众认为身附“酿鬼”或出自有“酿鬼”的家庭，在婚姻上竟遭排斥。即或由于不了解情况，外面人和他订立婚姻后，一旦有所发觉，也可以无条件解除婚约。在黄平非但被认为附有“酿鬼”的本人遭人排斥，连他的家属、亲戚，甚至朋友都受到连累，也被认为有“酿鬼”，一般人都不愿和他们结婚。结果这些被另眼看待的人只好在自己的行列中互相通婚。解放前在迷信较深的苗族地区，“酿鬼”的风声是经常听到的。这不知道冤枉了多少青年，限制了他们应有的婚姻生活。

与“酿鬼”相似的另一种迷信就是相传的“放蛊”。据说苗族中有一些妇女暗中饲养毒虫，吸取毒汁，乘人不防备来放毒害人以为快。有些地区一提到放蛊即有谈虎色变的情况。比如在炉山缔结婚约时，首先要探听对方家庭是否“清白”。所谓“清白”，指的是家中没有蛊、没有“老虎鬼”、没有不治之病等。①

以上事实揭示的蛊道巫术等黑巫术在新中国成立后逐渐消失，但它令人谈虎色变的影响力在婚姻生活中还没有完全消失，竟然和改革开放以前社会上流行的血统论一拍即合；尽管放蛊者或者酿鬼者已经随着时间的推移，逐渐逝去而杳无音讯，但居然贻害了他们下一代或下下代，受到别人那种“龙生龙，凤生凤，老鼠生来爱打洞”的错误歧视。他们的下一代或下下代是完全无辜的受害者，自己家庭是无法选择的。何况解放后再来怀疑有人放蛊，实在是迷信观念作祟。这里可以举一个广西十万大山之中的山子瑶遭遇所谓“放蛊毒”的实例。《广西瑶族社会历史调查》第六册《十万大山山子瑶社会历史调查》之记载：

放蛊毒是山子瑶中谈虎色变的巫术，当地人称为“放鬼”。人们之间有了什么冤仇后，一方生病，经医治不好，往往会怀疑对方“放鬼”作弄。一旦被怀疑“放鬼”轻则被驱逐，重则被捕杀，还连累到家属子女。解放前，这类

① 《苗族社会历史调查》，贵州民族出版社 1987 年版，第 103 页。

事情就发生过几件，如渌西村××××因被怀疑会“放鬼”，而遭人杀死在江坡河中；解放后，虽然经过多次宣传，破除迷信，但至今仍有人相信“放鬼”的事。瑶族群众下山居住后，附近壮族村子里有人畜生病死亡，往往怀疑瑶族“放鬼”，弄得瑶族也不安心，影响民族关系。据说，“放鬼”有两种办法：一是“放鬼”，即将一些蛊毒放入水或食物之中，他人饮食之后，致人生病、死亡；一是“禁鬼”，即施法术，将他人生魂禁住，使人失魂落魄，生病死亡。其实，这都是没有科学根据的臆说。①

结婚要请巫师上门施以“送仙”和“斩煞”巫术，这是广西平地瑶的婚俗。根据《广西瑶族社会历史调查》第三册《富川县富阳区瑶族社会历史调查》一文的记载：“出嫁、送仙斩煞——嫁前要哭嫁约十天，嫁的前夜到三更女方要请道师念道，由四个妇女唱着梧州歌送新娘出门（假送，但很严肃），送出门外新娘又悄悄回来，这叫做‘送仙’（除邪的意思），第二天新娘出嫁，女方派出娘母（中年妇女）和陪娘妹（青年妇女）二人相送新娘到男家，到达时，男家也派出接娘母和接娘妹二人来迎接新娘，舀一盆清水泼在轿门口（表示好兆头，嫁过来后生产习惯、庄稼好），这时接母将红布一块（两端串上两枚铜钱）放在新娘的肩上，新娘习惯的将红布拿下接着就跟接娘母进屋，进到大门时，男的请道师念道，叫做‘斩煞’（除邪之意），之后才能进房间，晚上除了年轻人向新娘讨烟吸以外也不做花筵闹洞房，也不唱歌。”②

广西富川县平地瑶的巫师被称为“道师”，族中人结婚时被请来“送仙”和“斩煞”，都是为了除邪求吉。富川境内有平地瑶和高山瑶（也叫过山瑶）之分，在语言上也不同，但在宗教信仰和风俗习惯以及生活特点上都是基本一致的。由于地理和历史条件的不同，瑶民的宗教思想要比民家人（富川瑶族靠近城镇比较开化的称为“民家人”）和梧州人浓厚得多，所以才有结婚时也要请巫师驱邪的风俗。

另外，在结婚前一天的晚上富川瑶女开始哭嫁，叫做“坐歌堂”，也带有巫术性，但愈显古朴优雅之风。例如，当晚所有邻村的青年男子都可以聚集来唱歌，到门口一定要女青年以歌相迎才能进去，进屋后就要唱安家神、唱盘古，到三更还要哭拜祖宗，就有古朴的巫术味，但结婚勿忘祖先却令人感动。这时在酒席上，新娘与伴娘对每个来“坐歌堂”的人都要哭一首歌，歌的内容是根据每个人

---

① 《广西瑶族社会历史调查》，广西民族出版社 1987 年版，第 277 页。

② 《广西瑶族社会历史调查》，广西民族出版社 1985 年版，第 154 页。

的身份、老小亲疏等情况决定的，新娘每哭一首，男方也要答谢一首，叫做“陪歌”。可以说，结婚文化形态以富川瑶民的最为高尚和优秀。

本书第五十一章第二节“治理环境卫生的巫术”，提到的清朝流传一种打醋炭巫术，也融入了现当代人的婚俗之中。陕西关中汉族地区称之为“打醋坛神”。当迎亲车来到男方大门口停稳后，将马的御套牵走，然后将车辕架在门口的一张长板凳上，这个时候走出来一个男的长者，身上披着红布，一只手举着一个烧红的犁铧尖，另一只手端着一碗香醋，绕着车子顺转三圈，又倒转三圈，一边走，一边在犁铧尖上洒醋，不断地发出“吱啦吱啦”的声音。另外的一个人用竹竿把鞭炮挑起来绕着车鸣放，同时把几个点燃的鞭炮扔到空中，发出巨大的响声。以驱赶秽气，迎来吉祥。新婚夜吃饺子，称“吃子孙饺子”，煮饺子总要半生不熟，意欲使新娘说一个“生”字，有巫术味儿。

1955年，原桂西壮族自治区民族婚姻调查材料中，有一份《都安县七百弄瑶族婚姻调查》材料，披露了广西省瑶族抢婚现象，先要进行杀鸡祭鬼巫术，然后便成夫妻。记载说：“瑶族还有‘抢婚’现象，‘抢婚’就是不经女方父母及本人同意，率领房族数人在中途将女方抢回来，杀鸡祭鬼成婚，然后报知女方父母，以酒肉作赔礼，婚事即告成。因瑶族迷信很深，经杀鸡祭鬼后(俗称赌咒)便成夫妻，即使女方不愿，别人不敢再娶她。抢婚的人，多是家庭贫苦无力娶妻，有的则贪图女方美貌，持势行凶，前者颇得舆论同情，后者则召群众反对。”①

由于抢婚过程中有巫师，所以有点相似于云南德宏地区景颇族的“迷确”，亦称“奴帕劳拉”，即“拉婚”，先由巫师董萨占卜，卜定拉婚的对象和吉日期，拉婚男子决定一定要拉走女人身上的恶鬼之气和邪气，报知女方父母，女的默认，即日拉到男家成婚。

抢婚习俗起源于原始社会末期与奴隶社会之交，当时的母系氏族向父系氏族转变的时代，妇女地位渐趋下降，男子在经济地位上提高。不过我们所注意的是它的巫术现象，现当代景颇族人竟与它遭遇。景颇族原系羌族的一支，聚集在云南南部的德宏地区，人口有十万人以上，是一个活跃快乐的民族，喜欢唱对歌。

13. 景颇族男女图

在贵州苗族中，有融入婚姻风俗中的神判巫术

① 《都安县七百弄瑶族婚姻调查》，文载《广西瑶族社会历史调查》第九册，广西民族出版社1987年版，第45页。

影响的残余形态。贵州赫章县海确苗族就是这样。1987年《苗族社会历史调查(三)》第一编赫章县记载:“在成婚时,双方老人就说定:婚后不能离异,如有离异的情况,男方提出,就要男方给女方9头牛,9只羊,9斗粮;如果女方提出,则要女方给男方9头牛,9套花衣服,9只小羊。并在离异时,要交换铧口,以示决心无翻悔,如有翻悔,提出的是女方,她就要穿过铧口的眼来回三次。如果提出的是男方,他就要把铧口烧红后吃三口。”[①]“把铧口烧红后吃三口”,这就是以烧红的铬铁自残的形态,正是神判巫术的典型特征。但是在新中国的社会情况下,这个“神判”实际上是办不到的,这无非是表示父母希望子女在婚后关系稳定罢了。但是,如若发生意外情况,其处理形式就可能发生逆转。在《苗族社会历史调查》第四章《习惯法》第二节关于婚姻纠纷的处理中指出:“如果女方不愿离婚,且由于男家过度逼迫,造成女方自缢、服毒等而丧生者,男方就要被处以‘五牛分尸’。”[②]

总而言之,海确苗族融入婚姻风俗中的神判巫术,旨在促使本族婚姻关系的稳定,也就稳定了海确苗族社会的安宁和本民族的生存发展,这是海确苗族祖宗的一种智慧之举。

第四节　老死阶段巫术

现当代人到了老年就会有祝寿巫术活动。水族人分布在贵州省东南部的荔波、三都、都匀、独山、榕江、黎平以及广西壮族自治区的南丹、融水等县,主要生活于苗岭高原。史称僚、夷、水苗、水家等,现有人口三十万以上。

水族的祝寿活动称为“补命”,多从五十岁开始。补命的时候,就请来水书先生选择“大旺”、“杜空”等吉日,挖尖梢完好的竹子来家里,先绑在房柱上,根据不同的年岁,打制不同重量的项圈或者手镯,给大家佩戴。还要举行仪式,仪式一般在正堂中央举行,杀猪、宰鸡、设祭,还要打一升堆得冒尖的白米,放在祭桌上,再把做好的项圈和手镯放在米上,表示福如山,寿如山。来祝寿者大多送一升冒尖的大米。然后就

14. 水族男子图

① 《苗族社会历史调查》,贵州民族出版社1987年版,第21页。
② 《苗族社会历史调查》,贵州民族出版社1987年版,第24页。

由巫师来念完祝寿的咒词。就把项圈或者手镯给老者戴上，往后是不轻易下下来的。

现当代人一旦年老，在死前和死后都离不开巫师施行丧葬巫术。贵州沿河县在老人病重时进行的巫术活动，是“跳端公”、“跳神”、“打太保”、“大傩”。民国杨化育修、覃梦松纂《沿河县志》卷一三“风土志”记载：“男巫曰‘端公’。凡人有疾病，多不信医药，属巫诅焉，谓之‘跳端公’。跳一日者，谓之‘跳神’；三日者，谓之‘打太保’；五日至七日者，谓之‘大傩’。城乡均染此习，冬季则无时不有。胡端禁端公，论谓黔蜀之地，风教之至恶者，莫如端公，不悉禁必为大害，是亦宜禁也。”①老人一旦有病，当地人就又要请巫师来进行“还愿”、“打替代”、“打清醮”等巫术。贵州人就是这么做的，但民国年间曾加禁止，称以免引起“大害”。民国二十五年(1936)石印本贵州省《余庆县志》(四卷)“祭礼”曰：“俗于小有疾患，辄于夜间焚香楮以凉水和饭倾之门外，谓之‘泼水饭’。疾稍重，则延巫党于家，椎罗击鼓，装演杂剧，歌舞娱神，谓之‘还愿’，亦谓之‘冲锣’。亦有制纸船、扎茅人。请巫至河坝焚香楮祈祷，牵羊砍之者，谓之‘打替代’，然知义(天)命者不道也。春间醵金，延僧道逐疫，曰‘打清醮’，是则与古傩为近。”②以上是贵州余庆县的人在老人生病前后要进行的巫术活动，而且都有巫师在场的记录。

四川汉人也为老人祛病请巫。民国二十八年(1939)《巴县志》卷五曰：“延巫退病，以烟墨涂巫面，大声疾呼，赤身跳舞后乃席地而坐，仆役与之对饮共食，谓之‘和梅山’。其用一巫禳病，谓之‘小送’。雏妇延巫，削桃木作符，朱画符号，谓之‘钉符’。或书符，封水满罂，倒悬梁上，谓之‘起海水’。或信星士言命犯关煞，召巫作法，置刀前悬锁，抱小儿由刀经过，请宾开锁，谓之‘开关’。”③

湖南省保靖县土家族人，在新中国成立前也进行还傩愿巫术活动。遇有家中老人生病就会请来巫师占卜，许傩愿，拜傩神爷爷娘娘。老人病愈还愿，再请巫师作法，用三头猪，一头牛，四只羊，四只鸡共十二牲祭祀，前后需用七天。

广西人也有类此记载。1985 年版《广西壮族社会历史调查》第二册记载1949 年广西西林县那劳区维新乡壮族何大兴老先生母亲生病，请教巫公的过程，记云：

① 《沿河县志》卷一三，巴蜀书社、江苏古籍出版社、上海书店 2006 年版，第 655 页。

② 《余庆县志》，引文见丁世良、赵放主编《中国地方志民俗资料汇编》西南卷(下)，北京图书馆出版社 1991 年版，第 445 页。

③ 《巴县志》卷五，学生书局 1967 年影印本，第 785 页。

（巫公）认为人生在世是短促的，在那世的生涯是长久的，人来这世的原因是在那世犯了罪，鬼神用种种的灾难和感应来教化、考验他，其命运任由它们摆布，随时有被抓到那世的危险。因此，人们触犯了某位鬼神尊严时，它不高兴就会使你生病或死去，自己一生的命运或某时到底如何，认为只有巫公巫婆才知道，并能替自己解脱灾难。又认为何日有难、何日死去都是生前注定的，只有巫公才能预测吉凶，免除那些不应有的祸害。所以，过去人们每当染病的时候，就认为是神鬼难为自己的结果，只有请巫公巫婆才能解决问题。巫公诊病时，首先杀一只鸡蒸熟后，看其爪心的纹迹而说何神鬼在何地点，什么鬼侵入你身，和解除病害的办法，也就是拿供物送鬼的唯一办法。供物通常是鸡、鸭肉、米饭、酒等，也有杀牛送鬼的，使人们因办供物送鬼而弄得家贫如洗。如该乡岩扛屯何大兴，在一九四九年为母亲送杀牛一头，牛刚杀掉，其母就死去了。当时何大兴听了巫公之言，深信自己送物晚了，对巫公一点怀疑也没有，但他家已弄得很困难了。①

俗话说：破财消灾。但何大兴破了财也没有为母亲挽回一命。《广西壮族社会历史调查》第二册继续记载道："占卜：人们为了知道何日吉凶和死去，以便早作防备或找寻解除的方法，便请巫公来问卜。有时在占卜过程中，巫公为了讨好你，就说吉利的事情，企图取得更多占卜费；有时为了夺取钱财，也说何日有凶祸或者大灾大难，要人家杀牛送鬼来从中大捞一把。"②这份记载所谓"大捞一把"是谴责巫师，强调为病人省钱的观点，是贫穷逼出来的反映，可见巫师生存的条件已经十分窘迫和可怜。

人生在世，为了妻与子，当然应该是贪生怕死的，还是求祖宗、求老天爷保佑吧。好，这还是要搞巫术的。这就只好还是巫师领衔：第一，祭祀祖先；第二，自然崇拜。1985 年《广西壮族社会历史调查》第二册记载壮族那劳屯的老人们：

祭祀祖先：一方面是表示自己对祖上的孝心，另一方面也认为祖先在那世保佑自己人财两旺、太平富贵，因此，每逢春节正月初一至十五日，神台香火不断，晨昏三叩首，早晚三炷香，在初一、二、三，每天都有丰富的供物在神台上。在这些日子里，主祭人要吃素。也有很多人家每逢初一、十五都吃素，祭祖一次。那劳屯旁边有个大神庙，每逢春节、六月六、七月十

① 《广西壮族社会历史调查》，广西民族出版社 1985 年版，第 213—214 页。
② 《广西壮族社会历史调查》，广西民族出版社 1985 年版，第 214 页。

五时，家家都到神庙里去烧香上供，祷告上天保佑自己平安无事。

自然崇拜：人们对附近的每一个山头和小河，都认为有其保护神，每逢节日都去拜祭。同时很怕触犯它，路过该地都是小心翼翼的，如果是晚上便不敢去了。在那劳屯附近有一块叫“南丹”的肥田，据说过去曾有三个人去种过，都因为犯雷公神而相继死去，因而到现在，还没有人敢去种它。[①]

以上两项祭祀实际都是巫师做主。但是，汉族城乡老人要吃寿面，煮面时需要特别有技能不让面条断，目的是要一个“长”字。新年时将“福”字倒贴在老人家门上，目的是要使人说出“福倒(到)”了。笤把(扫帚)一定要顺放，目的是要一个“顺”字。

现当代壮族人在老人辞世后，也是要请巫师来做巫术活动的。1987年《广西壮族社会历史调查》第四册载太平土司壮族丧葬称：“太平地区丧葬之礼，圩镇、乡村大致相同。入殓应备制衣物、棺材到处一样。如家中有人死亡，请道公(巫公)来念经、超度，焚化纸衣纸钱。家中长子孝男，必到河流或沟塘中取水洗身，然后入殓。如家中无男孩，则以族内兄弟的儿子一人来代替取水，并定为承继人，把一部分田地分给他，有的继子可以全部继承死者遗产。死者的女婿和亲戚都要通知来吊丧，每个女婿得用红白两种布各五尺合起来，做成被单给死者遮盖：有几个女婿，就有几床这样的被单。吊祭之日，姑爷杀猪敬祭，并有挽联挽帐，以志死者之遗德。治丧之家，给死者做冥物，均以色纸扎成，出丧之日，将之焚化，意给死者带走。其物多少，亦看各人的财力而定。”[②]全茗和茗盈土司的壮族人在丧葬中，巫师发挥的祭祀作用更为丰富，“大陇屯(今镇都江南乡，前属全茗土州辖地)人死后，只是家里人哭，外人不哭，并请道公来念经，打斋，而后择日出殡。出殡时，道公穿袈裟衣，手里拿一把剑，念咒画符，以驱鬼神，并骑上棺材，由许多人抬起，直骑到墓穴为止。亲戚朋友送葬时唱歌，内容歌颂死者平生的功德，安慰死者在天之灵，声音沉痛，系一种挽歌”[③]。增加了舞剑骑棺等巫术细节。

环绕巫师，衍化出老人辞世以后一系列复杂的事情的处理。壮族的这则丧葬事例已与汉族大致相同。在旧时，老人辞世以后，各民族都会举行巫术活动。据民国二十二年(1933)黑龙江通志局铅印本《黑龙江志稿》(六十二卷)“礼仪”记载，汉族(汉军)和满族在进行棺葬时要用模仿巫术的安排：“棺底垫黄土，散

---

① 《广西壮族社会历史调查》，广西民族出版社1985年版，第214页。

② 《广西壮族社会历史调查》，广西民族出版社1987年版，第101页。

③ 《广西壮族社会历史调查》，广西民族出版社1987年版，第158页。

列铜钱做人形，上覆七星薄板，板上为棺盖，与民籍同。”“满族，棺内以铜钱铺成人形，钱数等死者年岁。”①

黑龙江赫哲族则要举行模仿巫术的送魂仪式。在屋外临时搭一个棚，用芦苇和白布围起。棚外有一雪橇上面放着亲友的祭品。做一个木人，并给木人穿戴上衣帽，代表死者，放在棚内。又请来“送神萨满”（达克苏特亦）在木人旁跳三天神，最后把木人放在雪橇上，萨满对木人祝福请他登程。萨满在高处现搭的高架上，向西方连射三支箭，启迪死者灵魂向三枝箭的方向走去，最后在墓地上烧掉死者的被褥等物，家属脱去孝服。

15. 赫哲族男子图

赫哲族，又叫“赫真”、“黑斤”等。赫哲人世代居住在黑龙江的三江原野，当地是特种鱼和贵重皮毛的产区。因日、俄帝国主义侵略而频临灭绝，是我国少数民族中人口最少的一个民族。主要集中在黑龙江省的同江县、街津口、八岔乡和饶河县、西林子等地，与汉族、满族杂居，以捕鱼为业。

① 《黑龙江志稿》，民国二十二年（1933）黑龙江通志局铅印本。

附　录

怎样看待奇卦奇相和奇梦

——《百代述奇丛书》代序

卜卦、看相和解梦，是中国民俗文化中的神秘民俗类别。在我国，它们有漫长的流变史，渗透到社会科学的各个领域，也渗透到古今人民生活的各个方面，为民众所喜闻乐见、津津乐道，因而倍受大家重视。

但是，从 80 年代以来，由于种种原因，一时从海外，或从以前故纸堆中，翻印出来了许多奇门遁甲、相学解、占卜术、易经发微等等书籍；或出版了许多名为通俗性的解释以及术数类的书籍。前者大多为清代末年的著作，后者大多依据这些著作，再根据泰勒、弗洛伊德等等洋理论，把我国民俗文化说成是洋理论的衍生物。这些书籍的共同特征有几个：

一是从正面赞扬肯定了这些卜卦、看相、解梦、算命、奇门遁甲的生活实用性，有些是“小骂大帮忙”，有些又是“抽象的反对、实际的肯定”；

二是故弄虚玄，把术数变成神秘不可解的谜语，使人猜不透、摸不着、看不懂，语言抽象莫测；

三是完全脱离我国传统文化，作单纯技术性的奇艺的传授，成为迷信的教科书。

由于它们的出现而将术数类书籍弄得声名狼藉，也败坏了民俗文化研究的名声，实在有必要来谈论一下应当如何正确地看待奇卦奇相和奇梦等的问题。

我国民俗文化的产生是与经济、社会、历史背景相一致的，它们不是无缘无故或孤立出现的，若只看术数的几个细胞，而不看培养出这些多色的细胞的温床，就不能看清它们的性质，而且会适得其反，把精神霉菌看成是人生花朵，结果是有害而无益。卜卦、看相、解梦等等，都是巫术的产物。我在《敦煌古俗与民俗流变——中国民俗探微》一书“导言”中已经指出，巫术即使在原始时代，也只代表酋长头人和掌握施术者的利益，在阶级社会当然首先代表的是统治者的利益。商代是巫师治国，《尚书·君奭》说成汤受命治商，他的六位辅佐者居于相位，就有两位是巫师——巫咸与巫贤。商王左右的谋划者卜官与祝官，也是巫师,《说苑·君道篇》记载殷太戊问事,先找来卜巫占卜吉凶,作为他治事的根据,卜巫便来以卜干预国家大事。周代是一个制度化的时代,虽然巫地位有所下降,但《周礼》仍把司巫列为中士,司巫们仍在全国祭祀,传巫法,掌丧葬,舞求雨。春秋战国时代,统治者往往要通过巫师传达意志,而巫师便借占卜为手段,假借天帝的旨意来发号施令。《左传·文公十年》便吹捧巫人矞似料事如神;僖公十年时巫师说太子申生的旨意是"天帝"的意思;襄公十八年梗阳巫皋解梦,正表现了巫师作为统治者的参谋长,为中行献子攻打齐国出谋划策。汉代据《汉书·高祖纪赞》云:"及高祖接位,置祠祀焉,则有秦晋梁荆之巫。"文颖注:"巫掌神之位次者也。"所以汉代巫术是刘邦提倡的,《史记·封禅书》记载刘邦"重祠与敬祭",重的是巫祠,敬的是巫祭,于是长安置祝官、女巫、梁巫、晋巫、秦巫、巫社等等。刘邦以后也是如此,武帝便叫越巫为他搞鸡骨卜,巫师专门拣好听的说,卜卦一律奇验,讨好统治者。

汉末农民起义利用了道教巫术造反,而魏武帝曹操则靠镇压黄巾起义做了皇帝,他上台后将米巫张鲁封为万户侯,又封鲁五子等为列侯,如此厚爱巫师,难怪巫师在卜卦看相解梦诸如此类的活动中都为他大说好话和巧话。连刘宋时人裴松之注《三国志·张鲁传》时也说:"臣松之以为张鲁虽有善心,今乃宠以万户,五子皆封侯,过矣。"但岂止曹操过分,魏明帝曹叡也是信巫的,当时董卓军中也有巫师卜卦,连孙权也信巫师搞的巫术。晋代也广泛流传着巫师卜相灵验的传闻,如《太平御览》卷七三五所引《幽明录》,记载晋明帝之女婿桓玄杀了人,故意找巫师卜卦说他杀的庾楷命当必死,为其开脱罪行。

南北朝时代也是如此的。宋武帝刘裕的军队中便信巫,在他还在四处争战之中,女巫秦氏便在军中"降灵宣教",大谈她的奇卦奇相与奇梦,明显的趋炎附势,自我投靠统治阶级,找政治靠山。宋文帝刘义隆,他的大儿子刘劭和二儿子刘浚,及其姐东阳公主,信奉天师道的女巫严道育,企图借严道育的巫术杀死父王宋文帝篡位,道育大搞符应卜卦灵验的把戏,迷惑了皇帝,终于将文帝杀死于合殿,后由于文帝第三子孝武帝刘骏的讨伐,二凶伏诛,女巫也被鞭杀。十分典型地反映了南朝时奇卦奇相奇梦仍然被统治者信奉与利用去进行政治斗争。

南朝宋第五代皇帝前废帝刘子业,依然利用所谓"奇梦"为其荒淫无耻的勾当服务。孝武帝由于沉湎酒色,极大地损害了身体,35 岁便一命呜呼。他死时皇太子刘子业才 17 岁,但已很凶残,"诛杀相继,内外百官,不保首领"。更为无耻的事相继登台了,他的"奇梦"出现了。《南史》说,"帝(刘子业)好游华林园竹林堂,使妇人裸身相逐,有一妇人不从命,斩之。经少时,夜梦游后堂,有一女子骂曰:'帝悖虐不道,明年不及熟矣。'帝怒,于宫中求得似所梦者一人戮之。其夕复梦所戮女骂曰:'汝枉杀我,已诉上帝。'"请看,这种所谓"奇梦",实在是刘子业杀了人，心虚而精神错乱的反映，可是当时巫师却宣扬这是有鬼的表现，于是大搞捉鬼的迷信把戏："至是，巫觋云'此堂有鬼'，帝与山阴公主及六宫彩女数百人随群巫捕鬼，屏除侍卫，帝亲自射之。事毕，将奏靡靡之声。"这样一个17岁的恶魔，最后被部下怀刀杀死于华光殿。

南朝齐明帝萧鸾也非常相信奇卦，此人"性猜忌多虑，故亟行诛戮"，弄得朝廷上上下下，人人自危，他每次出行，都要请巫师来占卜灵卦，"先占利害，南出则唱云西行，东游则唱云北幸"。可见他的占卜，其卦辞完全是为他的行踪打掩护的。所以，所谓"奇卦"，只不过是皇帝与占卜的巫师合起来骗人而已。

南朝梁的统治者也是利用奇梦奇相为自己当权服务的。梁元帝萧绎，为了当皇帝，便让巫师造作出一些奇梦奇相来为其登基制造舆论，巫师说："（萧绎）始在寻阳，梦人曰：'天下将乱，王必维之。'"这是胡说天的意思要他做王来维护天下。"又背生黑子，巫媪见曰：'此大贵不可言。'"萧绎本人当然相信女巫奇相之言的，他所以得意，想来命该当皇帝的，岂有不信之理？

当时的贵族，为了使自己家族进入朝廷，千方百计让巫师造作出奇梦生贵子之说。例如宋文帝的女儿寻阳公主是梁武帝的郗皇后的母亲，郗皇后为了自己能名正言顺地当皇后，便造作出其母生她时做了奇梦，"方娠，梦当生贵子。及后生，有赤光照室，器物尽明，家人怪之。巫言此女光高，将有所妨，乃于水滨祓除之"（《梁书·太祖张皇后传》）。女巫给女孩洗礼后，据说就祛除了不祥，郗皇后自称幼时已经过洗礼，便理所当然地做皇后了。可见奇梦的巫术往往与生育风俗结合在一起，表现在一些大人物的出生，往往要找巫师来杜撰他们神异出生的故事。在北朝，窦泰大将军也由巫师编造了奇梦出生故事的。《北齐书》卷一五《窦泰传》说：

> 初，泰母梦风雷暴起，若有雨状，出庭观之，见电光夺目，驶雨沾洒，寤而惊汗，遂有娠。期而不产，大惧。有巫曰："渡河湔裙，产子必易。"便向水所，忽见一人，曰："当生贵子，可徙而南。"泰母从之。俄而生泰。及长，善骑射，有勇略。

巫师造作这个奇梦，当然都是为了窦泰做将军服务的，将他说成是自出生便是神异天意之使然。

隋代，奇梦也与政治有密切之关系。隋代有个叛臣王充，他自立国号为"郑"，建元为"开明"，妄图自封为郑国皇帝，他就是利用奇梦来惑人和起家的。《隋书》卷八五《王充传》说：

未几，李密破化及还，其劲兵良马多战死，士卒皆倦。充欲乘其敝而击之，恐人不一，及假托鬼神，言梦见周公，乃立祠于洛水之上，遣巫宣言周公欲令仆射急讨李密，当有大功，不则兵皆疫死。充兵多楚人，俗信妖妄，故出此言以惑之。众皆请战。充简练精勇，得二万余人，马千余，迁营于洛水南。

王充手中的法宝——周公奇梦，便是派遣巫师搞出的纯粹政治的工具，为他做皇帝服务的。连唐代撰写《隋书》的魏徵等人，也认为这种奇梦，“乃假托鬼神”之举，由于王充兵士多楚人，“俗信妖妄”，所以他才能以这种奇梦来迷惑人。这说明，就连隋唐时代人也不相信奇梦是真的，并一再告诫它是假托骗人的。

唐代，奇相也被封建统治阶级利用来进入宫廷乃至当皇帝的工具。隋唐时代人便造作出来一个大相术家袁天罡给襁褓中的武则天看相的故事，这个传说最早见于《太平广记》卷七六引到的一本唐人无名氏著的《感定录》：“则天时在怀抱，衣男子衣服，乳母抱至，天纲举目一视，大惊曰：‘龙睛凤颈，贵之极也。若是女，当为天下主。’”这当然是趋炎附势的巫师造作出来为武则天当女皇制造“天意”的。唐代韦绚著《嘉话录》还记载了一个唐人相信瞎子看相之事，说“唐贞元末(805)，有相骨山人，瞽双目，人求相，以手扪之，必知贵贱。……且道个瘦杜长秀才位极人臣，何必更云，后杜循果带相印镇西蜀”。这个瞎子看的是一个镇西蜀将军之相，当然是为其进入宫廷找寻借口的。

宋代，真宗赵恒尊崇黄帝为赵宋王朝的始祖神，他利用奇梦来巩固大宋王朝的统治。《宋史·礼仪志七》云，宋真宗对他的臣子说：“朕梦先降神人传玉皇之命云：先令汝祖赵某授汝天书，再令见汝，如唐朝恭奉玄元皇帝。次日五鼓，有神降于延恩殿，对我说：吾人皇九人中一人也，是赵之始祖，再降，乃轩辕黄帝……后唐时，奉玉帝命，七月一日下降，总治下方，主赵氏之族，今已百年，皇帝善为抚育苍生，无怠前志。”于是封黄帝尊号为“圣祖上灵高道九天司命保生天尊大帝”，真宗利用奇梦制造出来的“天书”，是作给与大宋王朝对峙的异族政权——辽国看的，因为辽国是契丹族建立的奴隶制的国家，契丹王朝既爱巫成癖，又敬畏天命，真宗利用奇梦来炮制天书，便神化了大宋王朝，也就慑服了统治辽国的契丹奴隶主们，故这个奇梦不失为一种有用的政治工具。

元代，道教符箓派中的正一道被统治阶级所尊崇。元世祖忽必烈对奇卦尤其感兴趣。据《元史·释老志》云，远在忽必烈还未建立元朝时，在南宋开庆元年(1259)，他便派遣了密使，进入龙虎山道教圣地，访问了正一道第三十五代天师张可大，卜问天下什么时候能够统一。张可大身为道长，在民间目睹了元蒙统治者势力的强大，于是估算说：“后二十年，天下当混一。”(《元史·释老志》)

其实后来果然在二十年时祥兴二年(1279)南宋灭亡了。张可大本来是个大致的估算，居然碰巧了，这一巧合使忽必烈大喜，在建立元朝的第六年至元十三年(1276)，眼见南宋王朝马上就要灭亡，便召见了张可大的儿子——三十六代天师张宗演，又赐宴，又赠玉芙蓉冠，从此，正一道在元王朝大行其道。与张宗演同时入朝朝见的还有他的徒弟张留孙，也善于占卜，他专门选好听的奇卦说给忽必烈听，忽必烈很高兴，便将他留在宫中专门来算奇卦，于是正一道的奇卦在元朝代代被利用，正一天师们也就极尽所能为元蒙统治者及其政治大肆吹捧，成为元蒙统治者最好的政治工具。

明代，由于开国皇帝朱元璋相信奇卦，所以在明代初年，还有卜卦的巫师做了专门卜筮之官的事实。《明实录》卷一二八即记载着明朝设立了卜筮之官。朱元璋甚至这样说："卜筮者，所以决疑国之大事，必命卜筮……龟筮者，所以通神明之意，断国家之事也。"朱元璋居然利用奇卦来决疑国家大事了，因此占卜巫师们炮制奇卦的原则就是专拣好的说，不说坏的；绝大多数卦是吉卦，很少或没有凶卦，自然而然便赢得了统治者的欢迎。

清代，东北满族入主中国，跳神便是康熙皇帝倡导起来的。清黄奭龄《永宪录》就记有："康熙六十一年三月，上回宫，跳神。"满族的宗室王公之家也特别迷信，年年都要搞一些跳神、祀神的活动，清昭梿《啸亭杂录》便记有："凡八旗长白旧族跳神之仪，今书录之。"又说："宗室王公家每祀神，一日前于神房敬造旨酒。"不仅如此，清朝各代皇帝还大力扶持道教，特别是全真道，顺治皇帝支持全真中兴主将王常月，王常月"奉旨主讲白云观，赐紫衣凡三次"(清完颜崇实《昆阳王真人道行碑》)。康熙皇帝在王常月死后敕赠"抱一高士"，又命在墓上建飨堂、塑像，遣官致祭。雍正皇帝则封南宗祖师张伯端为"大慈圆通禅紫阳真人"。据《白云观志》记载，乾隆皇帝也数至白云观瞻礼，赐御笔诗。道光皇帝还加封了全真道五祖之一的吕洞宾。所有这一切王朝倡导的迷信活动，导致了奇卦奇相奇梦的迷信传说在清代的大肆泛滥。数量之多，超过了以前的任何朝代。

综上所述，统观两千年以来奇卦奇相奇梦的流变史可见，从先秦到两汉，再延续于魏晋南北朝，隋唐宋元明清各代，奇卦奇相奇梦等等的巫术迷信活动，都是以服务于封建王朝政治的需要为轴心而转动的，由此辐射并渗透到思想、学术、民俗、生活细节各个方面。这种辐射和渗透是全方位的，而从两千年以来奇卦奇相奇梦的横断面看来，它们的产生决不是无缘无故的，也决不是孤立的存在，更不是由于它的所谓"灵验"，而得到民众的喜好而流传。以政治需要为轴心转动之后，它所辐射和渗透出来的目的是多种多样的，但是不管这些奇卦奇相奇梦宣扬的目的有什么不同，它们都隶属于封建统治阶级思想的范畴，而为其经济基础与上层建筑服务。我们在认识它的时候,还必须注意到许多特殊的要点。

第一,宗教的利用。不管是哪一种宗教,它们利用奇卦奇相奇梦时,都是为其教旨服务的。例如,道教中的全真道,利用了奇梦。马钰《洞玄金玉集》卷五《自觉》云:"梦见娇妻称是母,又逢爱妾还称女,因为前生心不悟,心不悟,改头换面为夫妇。"这个奇梦便是宣扬全真道鼓励出家而禁欲之教旨的,宣扬了妻妾本是所谓"前生"的母与女的迷信观念,应当舍弃家庭,出家修道。

第二,古今的有别。从先秦的古典文献来看,由于古之圣贤都爱谈奇卦奇梦等等,它们与我国文化的发展交织在一起,情况十分复杂,并具有不可忽视的文化价值。正如宋洪迈著《容斋续笔》卷一五《古人占梦》所指出的:

> 周文王梦帝与九龄;武王伐纣,梦叶朕卜;宣王考牧,牧人有熊罴虺蛇之梦,召彼故老,讯之占梦。《左传》所书尤多。孔子梦坐奠于两楹。然则古之圣贤,未尝不以梦为大,是以见于《七略》者如此。魏晋方技犹时时或有之。今人不复留意此卜,虽市井妄术,所在如林,亦无一个以占梦自名者,其学殆绝矣。

奇卦奇相奇梦等巫术活动,发展到宋代以后,已变为"市井妄术",且已"所在如林"了,故对古今这类巫术必须区别对待。占梦发展到宋代,已经"其学殆绝"。卜卦看相也是如此,参见拙著《敦煌古俗与民俗流变——中国民俗探微》第一、二章。看相在敦煌唐人之中,其相色部分尚有可取之处,至宋代麻衣看相,便开始步入迷信的死胡同;而卜卦至宋代以后扶乩的发展,更加陷入了唯心妄说的泥潭,也是"其学殆绝"矣。对于明清时代的"市井妄术",更是如过街老鼠,人人喊打了。

第三,理论的指导。古人对于奇卦奇相奇梦的本质,一向有破除迷信的理论加以阐明,对人们思考这类问题,起着一种导读的作用,使人们能够参照奇卦奇梦一并阅读,增进对其内容的深入理解与正确认识。东汉王充《论衡》就是这样一种书。其特点是,对于奇卦奇相奇梦,他并不是简单的骂倒了事,例如《论衡·卜筮篇》,他对卜卦究竟神灵与否,先指出孔子认为卜筮只是占卜者假借的一种名义而已,接着才指出,所谓奇卦:"由此言之,蓍不神,龟不灵,盖取其名,未必有实也。无其实,则知其无神灵。"[①]那么"实",只不过是占卜者假借卜筮为

---

① (汉)王充撰,陈蒲清点校《论衡》卷二四,岳麓书社2006年版,第309页。

名，自己造作出来的“事实”罢了，不可信以为真的。清熊伯龙《无何集》也是一本破除迷信的书，对奇梦的是否灵验，也有很精辟的解释，说：“日之所思，夜则梦之。有验，有不验者。验者，偶与梦合，愚人不知，遂以为验，其实偶然适合，非兆之先见也。”其实奇卦奇相也是如此，愚人则将偶然巧合误为必然之预见。

第四，素质的低下。上古时，我国占卜看相与占梦，流行于宫廷与统治者上层，例如《周礼》太卜掌三梦之法，而占梦专为一官，其时这些掌握星相巫神之术者，文化素质很高，并有著作问世，单从《汉书·艺文志》来看，就有七略杂占十八家，以黄帝长柳占梦十一卷，甘德长柳占梦二十卷为首，等等，此时对奇卦奇相奇梦的制造，由于其文化层次高，态度严肃认真而取信于人，因而连古之圣贤，往往以梦为大，国君也相信看相与卜卦。但是，到了中古，情况则发生了根本变化，由于术数的流播于民间，而民间的搞奇卦奇相奇梦的巫觋，文化素质普遍低下，往往胡说八道一通，破绽百出，奇卦奇相奇梦开始声誉扫地。例如唐张鷟《朝野佥载》卷三所载，何婆弹琵琶卜，居然不知道“品少者官高，品多者官小”。反贺占卜者“今年得一品，明年得二品，后年得三品”。阿来婆弹琵琶卜，连东方朔是谁也不知道，还胡诌有什么南方朔、西方朔、北方朔等等；难怪听者“大骂而起”或任其随意胡说。至清代，那些星相巫神者，更是玩弄骗术了。清熊伯龙编《无何集》卷一四《勿广余言集》有《不信星相巫神》篇揭露道：“吾瞟多有女巫，召人先灵与人叙语。余幼随家人往，果于隔户隐隐有声，家人白日见鬼，哭而问讯。余恶之，从后阒密侦，见一人垂首瓮中而语，遂发其奸。”世界越文明，科学越昌盛，巫师素质反倒越低下，尽搞些骗人的把戏。

总之，应当正确看待卜卦看相和占梦，我们决不能够全盘接受巫师们的说教。在先秦，那些卜卦看相占梦等，是为统治者所豢养的有知识的巫师所为，但是到现在，那些卜卦看相占梦等等，早已变成了以营利为目的的赚钱工具，有些更是文盲半文盲混饭吃的工具，已经没有什么文化价值可言了。

最后，还要指出一点，本书所选编的奇卦奇相奇梦，其态度是较严肃的。表现在选译了灵验的也选译了不灵验的，正反两面都照顾到了，这是一。还选译了崇拜奇卦奇相奇梦的故事，但是也选译了反对和否定奇卦奇相奇梦的故事，这是二。还选译了一些揭露巫师素质的低下及其骗人把戏的故事，这是三。本书选译的奇相不仅仅是人的看相，还包括天象预兆等，是个较大的范围。所以本书题材较全面，便于认识奇卦奇相奇梦之中的种种问题。

1993 年 5 月 16 日改定于南京大学中文系

主要参考书目

(周)师旷著,(晋)张华注《禽经》,景印文渊阁《四库全书》本

(汉)刘向集录《战国策》,上海古籍出版社 1998 年版

(汉)刘安撰,(清)茆泮林辑《淮南子万毕术》,《丛书集成初编》本

(汉)司马迁撰《史记》,中华书局 1959 年版

(汉)班固撰《汉书》,中华书局 1962 年版

(汉)班固撰《汉武帝内传》,景印文渊阁《四库全书》本

(汉)班固撰《白虎通》,景印文渊阁《四库全书》本

(汉)宋衷注,(清)茆泮林辑《世本》,《丛书集成初编》本

(汉)刘向撰《说苑》,景印文渊阁《四库全书》本

(汉)刘向撰《列仙传》,景印文渊阁《四库全书》本

(汉)刘熙撰《释名》,景印文渊阁《四库全书》本

(汉)刘珍等撰《东观汉记》,景印文渊阁《四库全书》本

(汉)王逸撰《楚辞章句》,景印文渊阁《四库全书》本

(汉)王充撰,陈蒲清点校《论衡》,岳麓书社 2006 年版

(汉)韩婴撰《韩诗外传》,景印文渊阁《四库全书》本

(汉)史游撰《急就篇》,岳麓书社 1989 年影印本

(汉)许慎撰,(宋)徐铉校定《说文解字》,中华书局 1963 年影印本

(汉)焦延寿撰《易林》十卷,《续道藏》本

(汉)应劭撰,吴树平校释《风俗通义校释》,天津人民出版社 1980 年版

(汉)赵晔撰,(元)徐天祜音注,苗麓点校,辛正审订《吴越春秋》,江苏古籍出版社 1992 年版

(汉)崔寔撰,(清)王谟辑《四民月令》,《汉魏遗书钞》本

(汉)蔡邕撰《独断》,景印文渊阁《四库全书》本

(汉)蔡邕撰,(清)王谟辑《月令章句》,《汉魏遗书钞》本

(汉)孔鲋撰《孔丛子》,《四部丛刊》本

(汉)孔融撰《孔北海集》,景印文渊阁《四库全书》本

旧题(汉)东方朔撰,(晋)张华注《神异经》,景印文渊阁《四库全书》本

(汉)徐岳撰,(北周)甄鸾注《数术记遗》,景印文渊阁《四库全书》本

(汉)郭宪撰《汉武洞冥记》,景印文渊阁《四库全书》本

(汉)袁康撰《越绝书》,景印文渊阁《四库全书》本

(魏)张揖撰《埤苍》,崇文书局本

(魏)张揖撰《广雅》,景印文渊阁《四库全书》本

(魏)吴普等述,(清)孙星衍、(清)孙冯翼辑《神农本草经》,《丛书集成初编》本

(魏)缪袭撰,(清)王谟辑《皇览逸礼》,《汉魏遗书钞》本

(蜀)谯周撰,(清)黄奭辑《古史考》,黄氏逸书考本

(吴)丁孚撰,(清)孙星衍辑《汉仪》,《丛书集成初编》本

(晋)孔晁注《逸周书》,景印文渊阁《四库全书》本

(晋)郭璞撰《玄中记》,《丛书集成初编》本

(晋)陈寿撰,(宋)裴松之注《三国志》,中华书局 1959 年版

(晋)陶潜撰,汪绍楹校注《搜神后记》,中华书局 1981 年版

(晋)皇甫谧撰《帝王世纪》,《训纂堂丛书》本

(晋)陆机撰,(清)黄奭辑《晋书》,《汉学堂丛书》本

(晋)葛洪撰《神仙传》,景印文渊阁《四库全书》本

(晋)葛洪撰,程毅中点校《西京杂记》,中华书局 1985 年版

(晋)崔豹撰《古今注》,景印文渊阁《四库全书》本

(晋)干宝撰,汪绍楹校注《搜神记》,中华书局 1979 年版

(晋)张华撰,范宁校证《博物志校证》,中华书局 1980 年版

(晋)张璠撰,(清)黄奭辑《汉记》,《知足斋丛书》本

(晋)许逊撰《许真君玉匣记》,《续道藏》本

(晋)荀氏撰《灵鬼志》,文化艺术出版社 1988 年版

(晋)常璩撰《华阳国志》,景印文渊阁《四库全书》本

(南朝宋)范晔《后汉书》,中华书局 1965 年版

(南朝宋)刘义庆撰,郑晚晴辑注《幽明录》,文化艺术出版社 1988 年版

(南朝宋)檀道栾撰《续晋阳秋》,《广雅书局丛书》本

(南朝宋)刘敬叔撰《异苑》,景印文渊阁《四库全书》本

(南朝宋)何法盛撰《晋中兴书》,《丛书集成初编》本

(南齐)宗测撰,(清)陈运溶辑《衡山记》,《庐山精舍丛书》第一集

(北齐)魏收撰《魏书》,中华书局 1974 年版

(北齐)颜之推撰《颜氏家训》,上海古籍出版社 1980 年版

(北魏)刘昞撰,(清)张澍辑,李鼎文校点《续敦煌实录》,甘肃人民出版社1985年版

(梁)萧子显撰《南齐书》,中华书局1972年版

(梁)任昉撰《述异记》,景印文渊阁《四库全书》本

(梁)释慧皎撰《高僧传》,《海山仙馆丛书》本

(梁)宗懔著,姜彦稚辑校《荆楚岁时记》,岳麓书社1986年版

(梁)萧统编,(唐)李善注《文选》,中华书局1977年影印本

(梁)陶弘景撰《真诰》,景印文渊阁《四库全书》本

(梁)陶弘景撰《本草集注序录残一卷》,《吉石盦丛书初集》本

(梁)吴均撰《续齐谐记》,景印文渊阁《四库全书》本

(梁)沈约撰《宋书》,中华书局1974年版

(唐)姚思廉撰《梁书》,中华书局1978年版

(唐)令狐德棻等撰《周书》,中华书局1971年版

(唐)李百药撰《北齐书》,中华书局1972年版

(唐)姚思廉撰《陈书》,中华书局1972年版

(唐)魏徵等撰《隋书》,中华书局1973年版

(唐)房玄龄等撰《晋书》,中华书局1974年版

(唐)李延寿撰《南史》,中华书局1975年版

(唐)李延寿撰《北史》,中华书局1974年版

(唐)李冗《独异志》,中华书局1983年版

(唐)李鼎祚撰《周易集解》,《雅雨堂丛书》本

(唐)李复言撰,姜云、宋平校注《续玄怪录》,上海古籍出版社1985年版

(唐)李绰撰《尚书故实》,景印文渊阁《四库全书》本

(唐)李淳风撰,袁天罡补《增补秘传万法归宗》,清刻本(南京图书馆藏)

(唐)长孙无忌撰《唐律疏义》,景印文渊阁《四库全书》本

(唐)陆德明撰《经典释文》,《抱经堂丛书》本

(唐)杜佑撰《通典》,中华书局1988年版

(唐)徐坚等撰《初学记》,中华书局1982年版

(唐)范摅撰《云溪友议》,景印文渊阁《四库全书》本

(唐)段成式撰,方南生点校《酉阳杂俎》,中华书局1981年版

(唐)段公路撰《北户录》,《学海类编》本

(唐)苏鹗撰《杜阳杂编》,景印文渊阁《四库全书》本

(唐)冯贽撰《云仙杂记》,景印文渊阁《四库全书》本

(唐)冯贽撰《记事珠》,《五朝小说大观》本

（唐）郑处诲，丁如明辑校《明皇杂录》，上海古籍出版社 1985 年版

（唐）牛僧孺撰，姜云、宋平校注《玄怪录》，上海古籍出版社 1985 年版

（唐）玄奘、辩机原著，季羡林等校注《大唐西域记校注》，中华书局 1985 年版

（唐）孙光宪撰《北梦琐言》，景印文渊阁《四库全书》本

（唐）孙思邈撰《千金要方》，景印文渊阁《四库全书》本

（唐）张鷟撰，赵守俨校点《朝野佥载》，中华书局 1979 年版

（唐）张读撰《宣室志》，中华书局 1983 年版

（唐）张彦远撰《历代名画记》，景印文渊阁《四库全书》本

（唐）欧阳询撰，汪绍楹点校《艺文类聚》，中华书局 1982 年版

（唐）刘恂撰《岭表录异》，景印文渊阁《四库全书》本

（唐）吕嵓赞解《玉枢宝经》，《重刊道藏辑要 · 斗集》

（唐）吕道生撰《定命录》，《旧小说》民国本乙集

（唐）余知古撰，（清）孙星衍校并辑补遗《渚宫旧事》，《丛书集成初编》本

（唐）韩鄂撰《岁华纪丽》，《丛书集成初编》本

（唐）冯翊子子休《桂苑丛谈》，景印文渊阁《四库全书》本

（唐）释道世编纂《法苑珠林》，上海古籍出版社 1991 年影印本

（唐）梁载言撰《梁四公记》，《旧小说》民国本乙集

（唐）释道宣撰《广弘明集》，景印文渊阁《四库全书》本

（唐）韦述撰《两京新记》，《丛书集成初编》本

（唐）佚名撰《隋炀帝海山记》，人民文学出版社 1952 年版

（唐）白居易，（宋）孔传撰《白孔六帖》，景印文渊阁《四库全书》本

（南唐）谭峭撰《化书》，景印文渊阁《四库全书》本

（后晋）刘昫撰《旧唐书》，中华书局 1975 年版

（后蜀）何光远撰《鉴戒录》，景印文渊阁《四库全书》本

（宋）司马光编著，胡三省音注《资治通鉴》，中华书局 1956 年版

（宋）薛居正等撰《旧五代史》，中华书局 1976 年版

（宋）米芾撰《画史》，景印文渊阁《四库全书》本

（宋）欧阳修、宋祁撰《新唐书》，中华书局 1975 年版

（宋）王溥撰《唐会要》，景印文渊阁《四库全书》本

（宋）王钦若等编《册府元龟》，凤凰出版社 2006 年版

（宋）王应麟撰《玉海》，景印文渊阁《四库全书》本

（宋）王象之编纂《舆地纪胜》，中华书局 2003 年影印本

（宋）王象之撰《舆地碑记目》，景印文渊阁《四库全书》本

(宋)王黼撰《重修宣和博古图》,景印文渊阁《四库全书》本
(宋)孔传撰《东家杂记》,景印文渊阁《四库全书》本
(宋)陈彭年等撰《重修广韵》,中国书店 1982 年影印本
(宋)陈元靓撰《岁时广记》,景印文渊阁《四库全书》本
(宋)陈旉撰《农书》,明嘉靖九年(1530)山东布政司刊本
(宋)苏轼撰,(清)王文诰辑注,孔凡礼点校《苏轼诗集》,中华书局 1982 年版
(宋)文莹撰《湘山野录》,景印文渊阁《四库全书》本
(宋)李昉等编,汪绍楹点校《太平广记》,中华书局 1961 年版
(宋)梅尧臣撰《宛陵集》,景印文渊阁《四库全书》本
(宋)李昉等撰《太平御览》,中华书局 1963 年影印本
(宋)李涛撰《续资治通鉴长编》,景印文渊阁《四库全书》本
(宋)李石撰,李之亮点校《续博物志》,巴蜀书社 1991 年版
(宋)李昌龄传,(宋)郑清之赞《太上感应篇》,《道藏》本
(宋)白玉蟾撰《九天应元雷声普化天尊玉枢宝经集注》,《道藏》本
(宋)郭茂倩编《乐府诗集》,中华书局 1979 年版
(宋)乐史撰《太平寰宇记》,景印文渊阁《四库全书》本
(宋)乐史撰,丁如明辑校《杨太真外传》,上海古籍出版社 1985 年版
(宋)宋敏求撰《春明退朝录》,景印文渊阁《四库全书》本
(宋)金盈之撰《醉翁谈录》,《碧琳琅馆丛书》本
(宋)周敦颐撰,(宋)朱熹注《通书·六书略》,《重刊道藏辑要星集》
(宋)周密撰《武林旧事》,中国商业出版社 1982 年版
(宋)孟元老撰,邓之诚注《东京梦华录注》,中华书局 1982 年版
(宋)吴自牧撰《梦粱录》,浙江人民出版社 1980 年版
(宋)洪迈撰,何卓点校《异坚志》,中华书局 1981 年版
(宋)洪遵撰《泉志》,《丛书集成初编》本
(宋)洪适撰《隶释》,《四部丛刊三编》影印明万历刊
(宋)高承撰《事物纪原》,景印文渊阁《四库全书》本
(宋)徐铉撰《稽神录》,景印文渊阁《四库全书》本
(宋)徐梦莘撰《三朝北盟会编》,景印文渊阁《四库全书》本
(宋)陶岳撰,(清)陈运溶辑《零陵总记》,《麓山精舍丛书》本
(宋)赵彦卫《云麓漫钞》,景印文渊阁《四库全书》本
(宋)沈括撰《梦溪笔谈》,景印文渊阁《四库全书》本
(宋)俞琰撰《书斋夜话》,景印文渊阁《四库全书》本

(宋)朱熹《诗集传》,上海古籍出版社 1958 年版

(宋)朱佐编撰,郭瑞华、孙德立、姜玉玫、陈洪荣点校《朱氏集验医方类编》,上海科学技术出版社 2003 年版

(宋)张君房撰《云笈七签》,景印文渊阁《四库全书》本

(宋)张邦基撰《墨庄漫录》,景印文渊阁《四库全书》本

(宋)钱易撰《南部新书》,景印文渊阁《四库全书》本

(宋)西湖老人撰《西湖老人繁盛录》,景印文渊阁《四库全书》本

(宋)周去非著,屠友祥校注《岭外代答》,上海远东出版社 1996 年版

(宋)孙升述撰,(宋)刘延世录《孙公谈圃》,景印文渊阁《四库全书》本

(宋)祝穆撰《事文类聚》,景印文渊阁《四库全书》本

(宋)岳珂撰《愧郯录》,景印文渊阁《四库全书》本

(宋)程大昌撰《演繁露》,景印文渊阁《四库全书》本

(宋)叶梦得撰《石林燕语》,景印文渊阁《四库全书》本

(宋)叶隆礼撰《契丹国志》,景印文渊阁《四库全书》本

(宋)寇宗奭撰《本草衍义》,《丛书集成初编》本

(宋)唐慎微撰,(宋)寇宗奭衍义,(金)张存惠重修《重修政和经史证类备用本草》,《四部丛刊》本

(宋)庞元英撰《文昌杂录》,景印文渊阁《四库全书》本

(宋)蔡絛撰《铁围山丛谈》,景印文渊阁《四库全书》本

(宋)姚宽撰《西溪丛语》,景印文渊阁《四库全书》本

(宋)魏泰撰《东轩笔录》,景印文渊阁《四库全书》本

(宋)宇文懋昭撰,崔文印校证《大金国志校证》,中华书局 1986 年版

(宋)范成大撰《吴郡志》,江苏古籍出版社 1986 年版

(宋)郑樵撰《通志》,景印文渊阁《四库全书》本

(宋)米芾撰《画史》,景印文渊阁《四库全书》本

(宋)不著撰人《宝刻类编》,景印文渊阁《四库全书》本

(宋)洪兴祖补注《楚辞补注》,中华书局 1983 年版

(宋)叶隆礼撰《契丹国志》,景印文渊阁《四库全书》本

(辽)释行均编《龙龛手镜》,中华书局 1985 年影印本

(金)张师颜撰《南迁录》,《丛书集成初编》本

(元)施耐庵、罗贯中撰《水浒传》,人民文学出版社 1975 年版

(元)脱脱等撰《宋史》,中华书局 1985 年版

(元)苏天爵辑《元文类》,景印文渊阁《四库全书》本

(元)无名氏撰,金心点校《湖海新闻异坚续志》,中华书局 1986 年版

(元)王元恭撰《至正四明续志》,景印文渊阁《四库全书》本
(元)周致中撰,陆峻岭校注《异域志》,中华书局 1981 年版
(元)苏天爵辑《元文类》,景印文渊阁《四库全书》本
(明)郎瑛撰《七修类稿》,上海书店出版社 2009 年版
(明)刘君裕刻绘《忠义水浒全传图》,黑龙江美术出版社 2002 年版
(明)田汝成撰《西湖游览志》(二十四卷)景印文渊阁《四库全书》本
(明)董斯张撰《广博物志》,景印文渊阁《四库全书》本
(明)董说撰《七国考》,景印文渊阁《四库全书》本
(明)吴承恩著《西游记》,人民文学出版社 1955 年版
(明)萧良有、杨臣诤撰《龙文鞭影》,远方出版社 2006 年版
(明)冯梦龙编《警世通言》,上海古籍出版社 1992 年版
(明)冯时可撰《雨航杂录》,景印文渊阁《四库全书》本
(明)凌濛初著《初刻拍案惊奇》,青海人民出版社 1984 年版
(明)俞汝楫等纂《礼部志稿》,景印文渊阁《四库全书》本
(明)祝允明主修审定《兴宁县志》,明正德十年刻本
(明)孙瑴辑《易通统论》,《丛书集成初编》本
(明)孙瑴辑《易通卦验》,《丛书集成初编》本
(明)曹学佺撰《燕都名胜志》一卷,《京津风土丛书》本
(明)杨慎撰《升庵集》,景印文渊阁《四库全书》本
(明)杨慎原撰,(清)胡世安笺注《异鱼图赞笺》,景印文渊阁《四库全书》本
(明)杨慎撰《滇载记》,《丛书集成初编》本
(明)倪辂集《南诏野史》,《古今文艺丛书》本
(明)谢肇淛撰《滇略》,景印文渊阁《四库全书》本
(明)王九思等撰《王翰林集注黄帝八十一难经》,《四部丛刊》本
(明)王士性撰,吕景琳点校《广志绎》,中华书局 1981 年版
(明)王圻、王思义编集《三才图会》,上海古籍出版社 1985 年影印本
(明)王锜撰,张德信点校《寓圃杂记》,中华书局 1984 年版
(明)王世贞辑《列仙全传》,明万历二十八年(1600)刻本
(明)郭子章撰《马迁纪梦》,《古今图书集成》本,中华书局 1934 年影印
(明)许仲琳撰《封神演义》,人民文学出版社 1973 年版
(明)汤显祖撰《汤显祖戏曲集》,上海古籍出版社 1978 年版
(明)陳士元撰《梦占逸旨》,《丛书集成初编》本
(明)阙名撰《绘图三教源流搜神大全》,上海古籍出版社 1990 年版
(明)彭大翼撰《山堂肆考》,景印文渊阁《四库全书》本

（明）田汝成撰《西湖游览志》，景印文渊阁《四库全书》本

（明）李诩撰，魏连科校点《戒庵老人漫笔》，中华书局 1982 年版

（明）李宗昉《黔记》，《丛书集成初编》本

（明）李时珍著《本草纲目》，人民卫生出版社 1975—1981 年版

（明）唐顺之撰《荆川稗编》，景印文渊阁《四库全书》本

（明）徐溥等撰《明会典》，景印文渊阁《四库全书》本

（明）马欢撰，冯承钧校注《瀛涯胜览》，商务印书馆 1935 年版

（明）高濂撰《遵生八笺》，景印文渊阁《四库全书》本

（明）冯梦龙编《醒世恒言》，上海古籍出版社 1992 年版

（明）无名氏撰《绘图三教源流搜神大全》，上海古籍出版社 1990 年版

（明）曹学佺撰《蜀中名胜记》，《丛书集成初编》本

（明）何乔远撰《闽书·闽产诸鱼》，景印文渊阁《四库全书》本

（明）娄元礼撰《田家五行》，《广百川学海》本

（明）张四维撰《双烈记》，《古本戏曲丛刊》二集

（明）徐溥等撰，（明）李东阳重修《明会典》，景印文渊阁《四库全书》本

（明）陆深撰《金台纪闻》，《广百川学海》本

（明）陶宗仪等编《说郛三种》，上海古籍出版社 1988 年影印本

（明）陶宗仪撰《辍耕录》，景印文渊阁《四库全书》本

（清）董浩等编《全唐文》，中华书局 1983 年版

（清）马国翰辑《玉函山房辑佚书》，广陵书社 2005 年影印本

（清）张廷玉等撰《明史》，中华书局 1974 年版

（清）阿桂、刘谨之等撰《盛京通志》，景印文渊阁《四库全书》本

（清）允禄等撰，福隆安等校补《皇朝礼器图式》，景印文渊阁《四库全书》本

（清）谈迁撰，罗仲辉等点校《枣林杂俎》，中华书局 2006 年版

（清）王士祯撰《池北偶谈》，景印文渊阁《四库全书》本

（清）王韬撰《黔阳苗妓纪闻》，姜泣群辑《虞初广志》

（清）吴振臣撰《宁古塔纪略》，《丛书集成初编》本

（清）方拱乾撰《绝域纪略》，《说铃》前集

（清）方式济《龙沙纪略》，景印文渊阁《四库全书》本

（清）方亨咸撰《苗俗纪闻》，《小方壶斋舆地丛钞》本

（清）刘体恕汇辑，刘荫诚、刘允诚校《吕祖全书》，香港青松观宣道部 1979 年重刊本

（清）曹寅《楝亭集》，上海古籍出版社 1978 年版

（清）曹雪芹、高鹗著《红楼梦》，人民文学出版社 1982 年版

(清)顾炎武撰《天下郡国利病书》,《四部丛刊》本
(清)顾炎武撰《日知录》,景印文渊阁《四库全书》本
(清)吴谦等辑《医宗金鉴》,景印文渊阁《四库全书》本
(清)允禄、梅㲄成等编撰,刘道超译注《协纪辨方书》,广西人民出版社 1993 年版
(清)姚福均撰《铸鼎余闻》,清光绪二十五年(1899)刊本
(清)毕沅撰《续资治通鉴》,《四部备要》本
(清)清凉道人撰《听雨轩笔记》,《笔记小说大观》本
(清)徐宗亮撰《黑龙江述略》,《小方壶斋舆地丛钞》本
(清)徐崧、张大纯纂辑《百城烟水》,江苏古籍出版社 1999 年版
(清)余庆远撰《维西闻见纪》,《丛书集成初编》本
(清)徐道撰《历代神仙通鉴》,乾隆年间致和堂刻本
(清)梁章钜撰《归田琐记》,中华书局 1981 年版
(清)梁绍壬撰《两般秋雨盦随笔》,《笔记小说大观》本
(清)《佛山忠义乡志》,清乾隆十八年(1753)刻本
(清)四川《合州志》,清光绪四年(1878)刻本
(清)四川《蓬溪县续志》,清光绪二十五年(1899)刻本
(清)四川《中江县新志》,清道光十九年(1839)刻本
(清)四川《(汉)州志》,清嘉庆二十二年(1817)刻本
(清)湖南《石门县志》,清嘉庆二十三年(1818)刻本
(清)汪楫撰《使琉球杂录》,《悔斋集》本
(清)揭暄撰《璇玑遗述》,《刻鹄斋丛书》本
(清)屈大均著《广东新语》,中华书局 1985 年版
(清)采蘅子《虫鸣漫录》,《笔记小说大观》本
(清)纪昀著《阅微草堂笔记》,巴蜀书社 1995 年版
(清)马骕撰《绎史》,中华书局 1980 年版
(清)袁枚著,朱纯标点《子不语》,岳麓书社 1985 年版
(清)袁枚著,朱纯标点《续子不语》,岳麓书社 1986 年版
(清)袁景澜撰《吴郡岁华纪丽》,江苏古籍出版社 1998 年版
(清)赵翼撰《陔余丛考》,商务印书馆 1957 年版
(清)杨宾撰《柳边纪略》,《丛书集成初编》本
(清)杨式傅撰《果报闻见录》,《说铃》后集
(清)杨炳南撰《海录》,《丛书集成初编》本
(清)昭梿撰,何英芳点校《啸亭杂录》,中华书局 1997 年版

（清）李调元撰《南越笔记》，《丛书集成初编》本
（清）李宗昉撰《黔记》，《丛书集成初编》本
（清）李光庭撰，石继昌点校《乡言解颐》，中华书局1982年版
（清）李实撰，黄仁寿、刘家和等校注《蜀语校注》，巴蜀书社1990年版
（清）青城子撰《亦复如是》，重庆出版社1999年版
（清）严可均辑《全上古三代秦汉三国六朝文》，《续修四库全书》本
（清）蒋国祚注《黄庭内景经》，《道藏辑要》本
（清）鄂尔泰等修《云南通志》，景印文渊阁《四库全书》本
（清）郝懿行撰《晒书堂笔录》，《郝懿行集》本，齐鲁书社2010年版
（清）张尔岐撰《蒿庵闲话》，《丛书集成初编》本
（清）张庚撰《古诗十九首解》，《丛书集成初编》本
（清）张邦伸撰《锦里新编》，巴蜀书社1984年版
（清）张泓撰《滇南新语》，《艺海珠尘》本
（清）张潮辑《虞初新志》，《笔记小说大观》本
（清）陆次云撰《峒溪纤志》，《丛书集成初编》本
（清）乐钧撰《耳食录》，《笔记小说大观》本
（清）俞樾撰《曲园杂纂》，《春在堂全书》本
（清）俞樾撰，梁修校点《右台仙馆笔记》，中华书局2004年版
（清）魏禧撰《魏淑子文集》，中华书局2003年版
（清）阙名撰《新刻江湖切要》，清光绪十年（1884）刊本
（清）东轩主人撰《述异记》，《说铃》后集
（清）褚人获撰，李梦生点校《坚瓠集》，上海古籍出版社2012年版
（清）黄奭龄撰《永宪录》，《古学汇刊》本
（清）佚名撰《西藏志》，清抄本（中国国家图书馆藏）
（清）佚名撰《西藏见闻录》，中央民族学院图书馆1978年油印本
（清）佚名撰《西藏新志》，清宣统三年上海自治编辑社铅印本
（清）戴肇辰、苏佩训等修，（清）史澄等纂《广州府志》，清光绪五年（1879）刊本
（清）《番禺县志》，同治十年（1871）刻本
（清）阮元、伊里布等修《云南通志》，道光十五年（1835）刻本
（清）彭定求等编《全唐诗》，中华书局1960年版
（清）《广西上林县志》，清光绪二年（1876）刻本
（清）林佶撰《全辽备考》，民国二十年（1931）《辽海丛书》本
（清）顾禄撰《清嘉录》，江苏古籍出版社1999年版

《十三经注疏》,中华书局1980年影印阮元校刻本

《二十二子》,上海古籍出版社1986年影印本

《道藏》,文物出版社、上海书店出版社、天津古籍出版社1988年影印本

《黑龙江志稿》,民国二十二年(1933)黑龙江通志局铅印稿

黑龙江《龙城旧闻》,民国八年(1919)龙江印刷局铅印本

黑龙江《呼兰县志》,民国十九年(1930)哈尔滨铅印本

黑龙江《望奎县志》,民国八年(1919)铅印本

黑龙江《绥化县志》,民国九年(1920)铅印本

黑龙江《双城县志》,民国十五年(1926)铅印本

黑龙江《安达县志》,民国二十五年(1936)铅印本

黑龙江《桦川县志》,民国十七年(1928)铅印本

辽宁《桓仁县志》,民国十九年(1930)石印本

辽宁《庄河县志》,民国二十三年(1934)铅印本

辽宁《奉天通志》,民国二十三年(1934)铅印本

辽宁《海城县志》,民国二十六(1937)铅印本

辽宁《西丰县志》,民国二十七年(1938)铅印本

吉林《辑安县志》,民国二十年(1931)石印本

云南《蒙化县志稿》,民国九年(1920)云南崇文书馆铅印本

云南《马关县志》,民国二十一年(1932)石印本

云南《泸水志》,民国二十一年(1932)石印本

云南《禄劝县志》,民国十七年(1928)铅印本

云南《宣威县志稿》,民国二十三年(1934)云南开智印刷公司铅印本

云南《续修玉溪县志》,民国抄本

云南《丽江府志》,一九六四年中国书店抄本

云南昭通《镇雄县志》十二卷,云南人民出版社1987年版

贵州《余庆县志》,民国二十五年(1936)石印本

贵州《沿河县志》,民国二十三年(1934)铅印本

贵州《兴仁县志》,民国二十一年(1932)抄本

四川《巴县志》,民国二十八年(1939)刻本

河南《续安阳县志》,民国二十二年(1933)刻本

河南《淮阳乡村风土记》,民国二十三年(1934)铅印本

国家文物局古文献研究室、新疆维吾尔自治区博物馆、武汉大学历史系编《吐鲁番出土文书》,文物出版社1981—1987年版

《云南省德宏傣族景颇族自治州社会概况——景颇族调查材料之四》,云南

人民出版社 1959 年版

《羌族简史》编写组著《羌族简史》，四川民族出版社 1986 年版

《阿昌族简史》编写组著《阿昌族简史》，云南人民出版社 1986 年版

《怒族简史》编写组著《怒族简史》，云南人民出版社 1987 年版

《独龙族简史》编写组著《独龙族简史》，云南人民出版社 1985 年版

严汝娴、王树五著《普米族简史》，云南人民出版社 1988 年版

《广西彝族、仡佬族、水族社会历史调查》，广西民族出版社 1987 年版

徐珂编撰《清稗类钞》，中华书局 1984 年版

章炳麟撰《文始》，《章氏丛书》本

徐元诰撰，王树民、沈长云点校《国语集解》，中华书局 2002 年版

萧一山编《近代秘密社会史料》，国立北平研究院总办事处出版课民国二十四年(1935)版

郭沫若著《〈殷契粹编〉释文》，科学出版社 1965 年版

郑振铎著《中国版画史图录》，中国版画史社 1942 年版

郑振铎著《中国古代木刻画史略》，人民美术出版社 1984 年版

郑振铎著《中国古代木刻画选》，人民美术出版社 1984 年版

郑振铎著《郑振铎艺术考古文集》，文物出版社 1988 年版

郑振铎著《中国俗文学史》，香港古文书局 1975 年版

常任侠著《常任侠艺术考古论文选集》，文物出版社 1984 年版

任继愈译注《老子新译》，上海古籍出版社 1985 年版

唐长孺主编《中国通史参考资料·魏晋南北朝》，中华书局 1965 年版

林惠祥著《文化人类学》，商务印书馆 1991 年版

许良国、曾思奇编著《高山族风俗志》，中央民族出版社 1988 年版

陈国强、田富达著《高山族》，民族出版社 1988 年版

吴曾德著《汉代画象石》，文物出版社 1984 年版

孔祥星、刘一曼著《铜镜鉴藏》，吉林科学技术出版社 2004 年版

裘士京编著《铜镜》，黄山书社 1995 年版

仇保燕著《青海藏族风情丛话》，中国旅游出版社 1987 年版

昆明师范学院中文系一九五七级部分学生搜集、刘辉豪整理《牡帕密帕》，云南人民出版社 1979 年版

刘志远、余德章、刘文杰编著《四川汉代画象砖与汉代社会》，文物出版社 1983 年版

杨堃著《民族学概论》，中国社会科学出版社 1984 年版

杨鬃编《风俗的起源》上海文艺出版社 1988 年版

董绍禹等《昆明民族民俗和宗教调查》,云南民族出版社 1985 年版

邹进先编著《韩愈诗文译释》,黑龙江人民出版社 1985 年版

胡朴安编《中华风俗志》,上海文艺出版社 1988 年影印本

朱天顺著《原始宗教》,上海人民出版社 1982 年版

郭云龙校订《中国历代短篇小说选》,宏业书局印行 1978 年版

尹达主编《中国史学发展史》,中州出版社 1985 年版

王利器、王贞珉选编《中国笑话大观》,北京出版社 1995 年版

王利器辑录《历代笑话集》,上海古籍出版社 1981 年版

王士祯编著《中国民情风俗》,台北星光出版社 1981 年版

王文宝著《中国民俗学史》,巴蜀书社 1995 年版

王光普编著《民间艺术瑰宝》,陕西人民美术出版社 1988 年版

王树村著《中国民间剪纸艺术史话》,百花文艺出版社 2007 年版

马经、邓立木著《富民县罗免和赤就彝族习俗和宗教调查》,云南民族出版社 1985 年版

中国国家图书馆编《国家图书馆藏敦煌遗书》,北京图书馆出版社 2005 年版

上海古籍出版社、法国国家图书馆编《法国国家图书馆藏敦煌西域文献》,上海古籍出版社 2004 年版

俄罗斯科学院东方研究所圣彼得堡分所、中国社会科学院民族研究所、上海古籍出版社编《俄藏黑水城文献》,上海古籍出版社 1996 年版

郝春文主编《英藏敦煌社会历史文献释录》,社会科学文献出版社 2001—2010 年版

蒋礼鸿主编《敦煌文献语言词典》,杭州大学出版社 1994 年版

马继兴、王淑民、陶广正、樊飞伦辑校《敦煌医药文献辑校》,江苏古籍出版社,1998 年版

丛春雨主编《敦煌中医药全书》,中医古籍出版社 1994 年版

黄征著《敦煌俗字典》,上海教育出版社 2005 年版

黄征、吴伟校注《敦煌愿文集》,岳麓书社 1995 年版

(彝)卢央著《彝族星占学》,云南人民出版社 1989 年版

《民俗调查与研究》,河北人民出版社 1988 年版

《昆明民族民俗和宗教调查》,云南民族出版社 1985 年版

江绍原著《发须爪——关于它们的风俗》,上海文艺出版社 1987 年影印本

华非编著《中国古代瓦当》,人民美术出版社 1983 年版

《新疆概观》,仁声书局民国二十二年(1933)版

袁珂校注《山海经校注》，上海古籍出版社 1980 年版
袁珂、周明编《中国神话资料萃编》，四川省社会科学院出版社 1985 年版
袁珂编著《中国神话传说词典》，上海辞书出版社 1985 年版
杨伯峻撰《列子集释》，中华书局 1979 年版
丁乃通著《中国民间故事类型索引》，中国民间文艺出版社 1986 年版
郑志明编《宗教与文化》，台湾学生书局 1990 年版
刘志文著《广州民俗》，广东省地图出版社 2000 年版
刘志文著《中国民间信神俗》，广东旅游出版社 1991 年版
刘道超著《神秘的择吉》，广西人民出版社 1992 年版
刘锡淦编著《新疆兄弟民族习俗简志》，新疆青年出版社 1963 年版
山曼、李万鹏、姜文华、叶涛、王殿基著《山东民俗》，山东友谊书社 1988 年版
叶春生著《岭南俗文学简史》，广东高等教育出版社 1996 年版
叶春生著《岭南杂俎》，广东高等教育出版社 1989 年版
胡建国著《巫傩与巫术》，海南出版社 1993 年版
孙淼著《夏商史稿》，文物出版社 1987 年版
谢桂华、李均明、朱国炤《居延汉简释文合校》，文物出版社 1987 年版
宋兆麟著《巫与巫术》，四川民族出版社 1989 年版
宋兆麟、黎家芳、杜耀西著《中国原始社会史》，文物出版社 1983 年版
宋德金、史金波著《中国风俗通史》(辽金西夏卷)上海文艺出版社 2001 年版
张显成、周群丽撰《尹湾汉墓简牍校理》，天津古籍出版社 2011 年版
张兴发编著《道教神仙信仰》，中国社会科学出版社 2001 年版
张亚锦、刘金吾编著《佤族景颇族舞蹈》，云南人民出版社 1994 年版
马昌仪著《中国灵魂信仰》，上海文艺出版社 2000 年版
中央民族学院藏族研究所编《藏学研究文集》，民族出版社 1985 年版
中国人类学会编《人类学研究》，中国社会科学出版社 1984 年版
谷德明编《中国少数民族神话选》，西北民族学院研究所 1983 年印行
陈炳良著《神话 · 礼仪 · 文学》，台北联经出版公司 1985 年版
陈炳应译《西夏谚语》，山西人民出版社 1993 年版
陈卫东、王友明编著《佤族风情》，云南民族出版社 1993 年版
仇保燕著《青海藏族风情丛话》，北京中国旅游出版社 1987 年版
巴图全音编著《达斡尔族风俗志》，中央民族学院出版社 1991 年版
云南省博物馆编《云南人类起源与史前文化》，云南人民出版社 1991 年版
史波著《神鬼之祭——西南少数民族传统宗教文化研究》，云南教育出版社

1992 年版

普学旺、梁红罗、希吾戈译注《查诗拉书》，云南民族出版社 1987 年版

蒋廷瑜著《铜鼓史话》，文物出版社 1982 年版

玉溪地区文化局云南省民族艺术研究所编《玉溪傩戏傩文化论集》，云南人民出版社 1994 年版

新疆维吾尔自治区博物馆编《新疆历史文物》，文物出版社 1977 年版

新疆维吾尔自治区丛刊编辑组编《柯尔克孜族社会历史调查》，新疆人民出版社 1987 年版

新疆维吾尔自治区丛刊编辑组编《巴里坤哈萨克族风俗习惯》，新疆人民出版社 1986 年版

朱介凡著《中国民俗学历史发微》，渤海堂文化公司印行 1995 年版

莫福山主编《中国民间节日文化辞典》，职工教育出版社 1990 年版

白滨编《西夏史论文集》，宁夏人民出版社 1984 年版

克恰诺夫、李范文、罗矛昆《圣立义海研究》，宁夏人民出版社 1995 年版

陈永龄主编《民族词典》，上海辞书出版社 1987 年版

《思想战线》编辑部编《西南少数民族风俗志》，中国民间文艺出版社 1981 年版

广西壮族自治区编辑组编《广西瑶族社会历史调查》，广西民族出版社 1984—1987 年版

广西壮族自治区编辑组编《广西彝族、仡佬族、水族社会历史调查》，广西民族出版社 1987 年版

广西壮族自治区编辑组编《广西侗族社会历史调查》，广西民族出版社 1987 年版

广西壮族自治区编辑组编《广西仫佬族社会历史调查》，广西民族出版社 1985 年版

广西壮族自治区编辑组编《广西京族社会历史调查》，广西民族出版社 1987 年版

广西壮族自治区编辑组编《广西仫佬族毛难族社会历史调查》，广西民族出版社 1987 年版

广西壮族自治区编辑组编《广西苗族社会历史调查》，广西民族出版社 1987 年版

广西壮族自治区编辑组编《广西京族社会历史调查》，广西民族出版社 1987 年版

贵州省编辑组编《苗族社会历史调查》，贵州民俗出版社 1987 年版

广西壮族自治区编辑组编《广西壮族社会历史调查》，广西民族出版社 1984 年版

广西壮族自治区编辑组编《广西壮族社会历史调查》，广西民族出版社 1987 年版

故宫博物院陈列设计组编绘《唐代图案集》，人民美术出版社 1989 年版

丁晓愉编绘《中国古俑白描》，北京工艺美术出版社 1991 年版

宗力刘群《中国民间诸神》，河北人民出版社 1987 年版

徐小蛮、王福康著《中国古代插图史》，上海古籍出版社 2007 年版

赵杏根著《中国百神全书——民间神灵源流》，海南出版公司 1993 年版

向达校注《两种海道针经》，中华书局 1961 年版

向达著《唐代长安与西域文明》，生活·读书·新知三联书店 1957 年版

李叔还编纂《道教大辞典》，浙江古籍出版社 1987 年影印本

任继愈主编《宗教词典》，上海辞书出版社 1981 年版

唐祈、彭维金主编《中华民族风俗词典》，江西教育出版社 1988 年版

程毅中著《唐代小说史话》，文化艺术出版社 1999 年版

高国藩著《中国巫术史》，上海三联书店 1999 年版

高国藩著《中国民间文学》，台湾学生书局 1995 年版

高国藩著《敦煌古俗与民俗流变——中国民俗探微》，河海大学出版社 1989 年版

高国藩著《敦煌巫术与巫术流变》，河海大学出版社 1993 年版

高国藩著《敦煌民间文学》，联经出版事业公司 1994 年版

高国藩著《敦煌民俗学》，上海文艺出版社 1989 年版

高国藩著《敦煌民俗资料导论》，新文丰出版公司 1993 年版

高国藩著《敦煌学百年史述要》，台湾商务印书馆股份有限公司 2003 年版

高国藩著《敦煌曲子词欣赏》，南京大学出版社 2003 年版

高国藩著《敦煌俗文化学》，上海三联书店 1999 年版

高国藩著《中国俗文化学》，东亚文化出版社 2006 年 9 月初版

高国藩著《敦煌符咒风俗》，东亚文化出版社 2005 年 4 月初版

高国藩著《敦煌算命风俗》，东亚文化出版社 2006 年 11 月初版

（英）詹·乔·弗雷泽著，徐育新、汪培基、张泽石译《金枝》，中国民间文艺出版社 1987 版

（英）马林诺夫斯基著，李安宅译《两性社会学：母系社会与父系社会之比较》，中国民间文艺出版社 1986 年版

（英）马林诺夫斯基著，李安宅译《巫术科学宗教与神话》，中国民间文艺出

版社 1986 年版

(英)玛格丽特·穆礼著,黄建人译《女巫与巫术》,漓江出版社 1992 年版

(英)R. R. 马雷特著,张颖凡、汪宁红合译《心理学与民俗学》,山东人民出版社 1988 年版

(美)斯·南达著《文化人类学》,陕西人民教育出版社 1987 年版

(美)弗朗兹·博瓦斯著《原始艺术》,上海文艺出版社 1989 年版

(俄)普列汉诺夫著,曹葆华译《论艺术》,生活·读书·新知三联书店 1972 年版

(法)列维-斯特劳斯著,李幼蒸译《野性的思维》,商务印书馆 1987 年版

(法)列维-布留尔著,丁由译本《原始思维》,商务印书馆 1985 年版

(印度)雷格胡维尔·辛哈著,伍昆明、李坚尚译《喜马拉雅山南麓的宗教和文化》,中国社会科学院民族研究所民族学研究室民族史研究室 1984 年刊印(内部交流本)

后　记

本书又经过十多年撰修终于完成。中国是个有悠久历史文化的古国，她怎能没有一部《中国巫术通史》。我怀着一个中国学者所具有的使命感与责任感，作了执着而不懈的追求。本书的完成，便是我今生最大的安慰，谨以此献给我的祖国。

写巫术史并不是渲染那些离奇古怪的巫术，而是通过一个特殊的视角，反映那个时代的现实，总结中国古人的历史经验和教训。历史上一个个王朝倒台，都直接或间接和巫术有关，这始终是一个令人思考的问题。巫师创造的巫术及其演化的巫文化，至今还在影响人们的生活，这就更不能低估巫术的作用。我重申，研究巫术的目的，并不是要给巫术的崇拜者提供施行巫术的资料，因此对于施行巫术全过程的论述是有分寸的。

自从上世纪80年代初期，我有关巫术的论著在海峡两岸发表以来，就不断收到境内外读者的来信。有个弱女子，她的恋人离她而去，她来信问我："用什么巫术的良方，使他能再回到我的身边？"有个孝子，他的父亲因病住院，那病床上辗转反侧痛苦之况使他永远不能忘记，他来信给我："希望您能教我一些切史（实）可行的巫术治病方法，为那些备受痛苦的人们，减去一些苦恼。"……诸如此类问题，我总要向我的读者解释，我虽然研究巫术，但只是从民俗文化视角来研究，从来没有条件设计和施行巫术；长辈生病了，赶紧进医院看病，没有人会搞巫术治病那玩意儿；恋爱失败了，可能两人没有缘分，也不必搞巫术求爱那种把戏。巫术在历史上存在自有它存在的理由，但是，一旦离开它那生存的时代，时过境迁，就不可重复。因此，下一代巫师从不会复制前代巫师的杰作，而只是根据新的环境做出新的创造。任何巫术都是不可复制的。

即使我如此说，我的读者有的仍然不相信。有一个行商，从浙江大老远来看我，他说我的书里批判巫术，他颇理解，自认为不那样我的书就出版不了，所以他说我不相信巫术是言不由衷，他登门拜访的目的，是希望我私下传授给他"巫术经商之高招"，最后他还要将几包货物放在我的书房里。我不得不对他说："此言差矣！巫术是不能复制的，但我相信《周易》能教给你经商的高招，也要靠你的悟性,怎样巧用《周易》的哲学思维。你这几包货物放在我书房里,巫术也不可能把它变成钞票。还要靠你自己在市场上怎样快速的卖掉,才能换成钞票。而学习《周易》也绝非易事,不能立等可取。”见我爱莫能助,他只好将几包货物搬走了。

这十多年笔者都是在为搜集资料而奔忙。在增补和核对资料过程中,又发现许多重要史料,主要增补了国家民委民族问题五种丛书、中国少数民族社会历史调查资料丛刊的资料,增写出《现当代中国人贯穿一生的巫术影响》一章。新中国成立以来,我国政府就非常重视各民族信仰问题,做了大规模也是空前的调查研究工作。尤其这十多年来,国家文化发展很快,做学问的书籍已经大规模的出版了,就敦煌学资料而言,中藏本、英藏本、法藏本、俄藏本都出版了,全国地方志也如雨后春笋般面世了。这些来自现实生活的巫术资料,为我写成《中国巫术通史》提供了重要条件。所以,是我国的文化发展已有足够条件促使我写成这部著作。我一边写着,一边感动着。

重新研究《周易》,将它作为《中国巫术通史》的重要内容。中国巫术的哲学思维都来自《周易》,本书根据发现的材料对其进行了深入的探讨,在台北贞元集团召开的《周易》国际会议上提交的《〈周易〉的产生及其卜卦条文的民俗性》一文即为研究所得之一。感谢台北的朋友们及相关友生付出的辛劳、关怀和鼓励。

巫术与中医学有密切关系。本书增订初,于 2004 年 1 月,笔者收到山东省人民政府泰山学者特聘教授、国家 973 计划中药药性理论相关基础理论研究项目首席科学家、中医医史文献学国家重点学科大学带头人、山东中医药大学中医文献研究所所长、信息管理学院院长王振国教授赠予的一套该校主编点校的《两宋名家方书精选》古典文献丛书,得以了解宋人如何融合中医学与巫术之详细情况,获益良多,特表感谢。

巫术与道教亦关系密切。本世纪初笔者由于应聘为香港道教学院客座教授,得到香港青松观道长们的帮助,阅读到大量道教古典文献,对增订本书和增进本书的质量起到重要作用,特表感谢。

全国地方志始终是本书重要的内容支柱,在写作过程中得知凤凰出版社(原江苏古籍出版社)长期以来致力于出版《中国地方志集成》,故而在南京师范大学敦煌学研究中心主任黄征教授推荐本书出版之初,窃以为可能就要与该社合作了,后果然如此,故笔者感到很欣慰。感谢原编审王华宝博士(现为东南大学人文学院教授)付出的辛劳,以及责任编辑细致修改全稿,并提供了一些我难以找到的原书,非常感谢。

最后,感谢《宁夏社会科学》主编薛正昌先生,见到他撰写的对我早期出版的《中国巫术史》的评论，慷慨万端，其论点的归纳与对巫术的认识已经现实化，并吁请学者的科学认同。而事实上，不可忽视中国巫术在与宗教的关联运用中，对中华民族凝聚力，其中包含的人民对祖国的热爱成分，亦表现着中华民族的善良本性。

今日写《后记》于此，以告慰三位恩师郑振铎、郭沫若、高亨先贤在天之灵。

高国藩

2014 年 9 月 28 日改定于南京大学文学院

校 后 记

找原书，核对引用的段落、句子，出注或者修改注，成为本书校对的重点。其目的是消除引用文字及认识的错误，使之更准确地表达观点。但是，由于找寻原书不易，费时很多。有时历经周折找到原书，只校对出一个错字，或一个标点符号，但仍使自己如释重负，了却望眼欲穿的心情。最后修定了主要参考书目。这样，本书谨慎地走过了校对阶段。

希望这部《中国巫术通史》能够引起世人的关注。

2015 年 2 月 18 日校毕记

书稿终于定稿。走过草创期的《通史》，在内容的广度与深度上都有了提高。《通史》决定在国内出版，因是中文学术史作；又可及时听取意见，在质量上有保证。对原《中国巫术史》作了通盘修改，又增加了十三章内容，而这些章节先寄给国内的多家学术期刊求发表，经过主编挑选，提意见修改，然后刊出。在国内刊登论文并非易事，但笔者认真听取意见修改，已经坚持了一生，习惯成自然。再者《通史》在本土出版才有意义，而且传统观念在境外也很难被认知，只能对国内同胞如数家珍。惟笔者所愿者，即为业者所用，开展旅游活动，使民众尽享山水之间祭祷庙宇所带来的乐趣，身心健康快乐，利于养生。没有新中国各民族文化大发展，笔者就不可能写成这本《通史》。回顾 1956 年 12 月 24 日在中国科学院文学研究所接到郭沫若院长的信，遂把写巫术史为己任，实际《敦煌古俗》那本就是巫术史。至今，五十八年过去，笔者虽历经坎坷，但即使在被迫戴着“左派分子”帽子 23 年，期间陪审杀人犯、戴高帽游街都经历过，苦不堪言、求死而不能，皆因为妈活着，以及郭院长给我的一个梦想。如今梦想就要实现，我潸然泪下。这部书稿已经数次修改，缺点和错误肯定还有，请国内外诸贤达拨冗赐教。

2015 年 7 月 18 日于南京大学

跋

巫术是人类社会的一种文化现象，起源于原始社会时期，在现代社会仍有流传。中国古代的文献里，有许多关于“巫”的记载，如《国语·楚语下》言：“古者民神不杂。民之精爽不携贰者，而又能齐肃衷正，其智能上下比义，其圣能光远宣朗，其明能光照之，其聪能听彻之，如是则神明降之，在男曰觋，在女曰巫。”韦弘嗣注曰：“巫、觋，见鬼者。《周礼》，男亦曰巫。”《尚书·伊训》又言：“敢有恒舞于宫，酣歌于室，时谓巫风。”孔颖达疏曰：“巫以歌舞事神，故歌舞为巫觋之风俗也。”由此可知，巫觋是一些被认为能够“见鬼”或“事神”的人，而“歌”与“舞”盖为其与鬼神沟通的形式。也正是由于能够“见鬼”或“事神”，亦即与超现实的神秘力量进行沟通，所以巫术与宗教有着许多联系，甚至被视作宗教行为的一种形式。又由于中国古人认为患病多因鬼邪作祟，而巫者则擅长驱邪赶鬼、治病救人，所以巫术也多与医术有着关系，如《论语·子路》曾言：“人而无恒，不可以作巫医。”[①]据说，民国时期的中医诊所还留有以画符念咒、祈禳禁祝等巫术形式来治疗疑难杂症的“祝由科”。

十九世纪晚期以来，西方一些宗教学家、人类学家开始对广泛存在于全球的巫术现象进行学术性的研究，并取得了丰富的调查材料和理论成果，其著名者如爱德华·泰勒（Edward Burnett Tylor，1832—1917）的《原始文化》（*Primitive Culture*）、詹姆士·弗雷泽（James George Frazer，1854—1941）的《金枝》（*The Golden Bough*）与马林诺夫斯基（Bronislaw Kaspar Malinowski，1884—1942）的《巫术、科学与宗教》（*Magic，Science and Religion*）等。这些研究成果，或对巫术的起源和发展进行了探讨，或对巫术与宗教、科学的关系进行了剖析，或对巫术的形式、种类及功能进行了说明，诸家的观点虽然不尽一致，但却巨大地推动了人们对于巫术文化的认识。二十世纪早期，中国学者也开始了他们对于巫术文化的关注，除了李安宅（1900—1985）的一些编译作

① 以上所引文献皆为《四库全书》本。

品外，林惠祥（1901—1958）著《文化人类学》、《民俗学》等亦对巫术有所论述。改革开放以后，随着人们思想禁锢的解除，一批有关巫术研究的著作陆续在中国出版，但有关中国巫术发展历史之系统说明的作品却一直没有问世。

1999年，高国藩教授著《中国巫术史》由上海三联书店出版，从此始有关于中国巫术发展历史之系统说明的著作。作为北京大学文学研究所的高材生和著名学者郑振铎先生的高足，高国藩教授依其数十年搜集的资料，在该书中以43章的篇幅对中国巫术的发展状况作了详细的叙述，首次对中国巫术的发展脉络、演变历程进行了系统探索，并对巫术与中国社会、文化的关系展开了讨论，其学术贡献可谓巨大。2001年，该书荣获江苏省哲学社会科学优秀成果一等奖，表明其价值获得了当今学界的高度肯定。虽然如此，高国藩教授却不满足，仍在古稀之年不断搜集资料、继续修订书稿，其追求学术进步的精神令人肃然起敬！值得高兴的是，经过十余年的辛苦工作，高国藩教授终于在《中国巫术史》的基础上完成了《中国巫术通史》的书稿，并交由江苏凤凰出版社出版。与原书相比，《中国巫术通史》新增加了13章75节，在篇幅和内容上俱有很多扩展，如新著第八章《〈周易〉的产生及其卜辞条文的民俗性》、第三十七章《五代巫术》、第五十三章《清代满族巫师跳神仪式》、第五十六章《现当代中国人贯穿一生的巫术影响》等，以及第七章《商周时代巫术》中的《厌胜九鼎争夺战》、《商代巫师如何创造中国文化的历史》、《周代的厌胜巫术》诸节，第四十五章《明代巫术》中的《明代〈周易〉卜卦巫术之传播》、《明代反抗巫术——厌胜术加速融入生活趋吉避凶》、《明代反抗巫术龙厌胜术与凤厌胜之发展》诸节，皆为后来增撰的内容。与此同时，《中国巫术通史》还对原书的一些繁冗内容进行了合并与删减，如第二十七章《敦煌唐人妇女巫术》即由原来的14节合并为6节，第五十五章《现代巫医与商业巫术》则由原来的5节删减为4节。这样，就使新著在扩充内容的同时显得较为紧凑，而且其讨论深度也较原书颇有改观。相信新的《中国巫术通史》将使人们对于中国巫术发展状况的认识更加全面，为今后的相关研究提供丰富的资料，并获得学界更多的肯定与赞扬。

高国藩先生在修订书稿期间，曾将一些章节如《敦煌唐人道教预兆巫术漫谈》、《敦煌唐人西王母祭祀风俗与〈周易〉》、《敦煌西王母神话与西部道教养生文化》等，惠赐香港道教学院主办的《弘道》季刊。焚香拜读之余，觉其对于道教文化颇有新见，故曾大力推荐发表。今值新著付梓之际，高先生来信向我索跋，思其年岁堪比家父、学问誉满天下，作为后辈且才疏学浅的我实在不敢应承。几番推辞不得，故勉为其难，叙述始末，权作跋文。不妥之处，祈望教正！

郭　武

2015 年 7 月 10 日于成都

（郭武，四川大学道教与宗教文化研究所教授，博士生导师，国家“985 工程”四川大学社会研究创新基地学术带头人。香港道教学院《弘道》主编。）

跋

1999年,高国藩先生的大著《中国巫术史》由上海三联书店出版。我写过一篇《中华文化的根脉——评高国藩教授的新著〈中国巫术史〉》的书评,认为它是选题独特、时空跨度大、内容丰富、学术性强的原创性著作,也是一部系统地研究中国巫文化源起、发展与演进过程、填补中国巫术文化史研究空白的开拓性学术著作。

时隔十二年后的2015年盛夏,又接到先生寄来的《中国巫术通史》校样稿(56章)。《中国巫术通史》详尽梳理和深入研究了中国人从古至今数千年间的特殊信仰和民俗行为,上自宫廷,下至民间,巫文化渗透于社会生活的诸多方面;以大量丰富翔实的中外史料,系统地论述了中国巫文化的全貌,其走向和发展脉络清晰可见。在跨度如此之大的时代空间里,高先生从"巫文化"所特有的视角来审视中国的巫术文化及其发展过程,展现给读者的是时代背景宏大且色彩斑斓的巫文化世界:中国与外国,自然与社会,男人与女人,文字与图画,全局与区域,古代文化与现代文化等古今中外文化交织在一起,充分展示了巫文化的神秘性和传承性。同时,还配有各种古文献图录和各类精彩照片,包括考古出土的原始文物图录,文字与文物互为印证,在体现学术性的同时大大增强了视角的审美效果。

一部《中国巫术通史》,既是一部中国俗文化史,也是一部专门化学术史,更是一部巫文化视阈下的非物质文化遗产承载史。高先生以自己渊博的学识、丰厚的积淀和一种全新的学术思路,融历史学、考古学、伦理学、社会学、建筑学、医学、美学、文学、艺术、宗教、天文学、民俗学、心理学等综合学科的研究为一体,将如此巨大而浩繁的学术工程通过全景式结构体系,通俗晓畅的学术语言,散文化的表达方式,再现了巫文化的丰富内涵,思想性、艺术性、可读性极强。

周作人在《乡村与道教思想》一文中说过,统治国民思想的并非是儒教、佛教等表层文化,而是以道教思想为中心的基层文化——民俗文化。诸如信仰原始拜物教,相信鬼神、魔术、奇迹、符咒治病,相信命运等,这些都是在长期的民俗文化的熏陶下形成的。正是从这些意义上,我以为读《中国巫术通史》,如同读中国民俗文化史。民族性是离不开民俗的，因为“这些习俗……构成着一个民族的面貌，没有了它们，这民族就好比是一个没有脸的人物”(《别林斯基选集》，上海文艺出版社 1963 年版，第 27 页)。要了解和研究中国的民俗文化，凝结着高先生心血和汗水的《中国巫术通史》是一个多元通道。

文化的穿透力极强。中国巫文化对世界文化尤其是亚洲文化的影响，也是本书所研究的一个重要方面，如朝鲜巫文化、日本巫文化的形成和发展，都直接受中国巫文化的影响，有些特殊巫术直接来自中国。

我与高先生书信往还二十余年矣，深知高先生一生多半时间都生活在为实现梦想的日子里，不容易。再加上之前对其大著写过评介性文字，当《中国巫术通史》将要出版之际，先生嘱我写几句类似于跋语的话。实际上，无论从哪个分儿上说，我都是没有资格来写的。只是由于“忘年交”的经历，便斗胆写下这些先睹为快的文字，以谢先生之知遇与抬爱，就权当“跋语”吧！

薛正昌

2015 年 7 月 5 日于银川寓所

(薛正昌，宁夏社会科学院历史研究所所长、研究员，《西夏研究》主编；宁夏历史学会副会长，享受国务院政府津贴专家。)